Maxiletra LETRAS GRANDES

Legislação de Direito Previdenciário

As atualizações de 2023 e 2024 encontram-se destacadas em negrito e itálico.
Para acesso exclusivo às atualizações *on-line*, acesse o *site*:

www.apprideel.com.br

ORGANIZAÇÃO:

Nilson Martins Lopes Júnior

Maxiletra LETRAS GRANDES

Legislação de Direito Previdenciário

- Constituição Federal
- Legislação

18ª EDIÇÃO

2024

CF: atualizada até a EC nº 132/2023

ATUALIZAÇÃO On-line

EDITORA RIDEEL

Quem tem Rideel tem mais.

Expediente

Fundador	Italo Amadio (*in memoriam*)
Diretora Editorial	Katia Amadio
Equipe Técnica	Giovanna Homma Mayara Sobrane
Editora	Mônica Ibiapino
Revisão	Equipe Rideel
Projeto Gráfico	Sergio A. Pereira
Diagramação	Sheila Fahl/Projeto e Imagem

Dados Internacionais de Catalogação na Publicação (CIP)
Angélica Ilacqua CRB-8/7057

Brasil
[Leis etc.]
Legislação de direito previdenciário / Nilson Martins Lopes Júnior, organização. – 18. ed. – São Paulo : Rideel, 2024.
(Maxiletra)

Inclui: Constituição Federal
ISBN 978-85-339-6193-7

1. Direito previdenciário – Legislação – Brasil I. Lopes Júnior, Nilson Martins II. Título III. Série

CDD 344.8102
24-0099 CDU 34:368.4(81)

Índice para catálogo sistemático:
1. Brasil : Legislação : Direito previdenciário

Edição Atualizada até 15-1-2024

EDITORA RIDEEL

EDITORA AFILIADA

e-mail: sac@rideel.com.br
www.editorarideel.com.br

1 3 5 7 9 8 6 4 2
0 2 2 4

ÍNDICE GERAL DA OBRA

ÍNDICE GERAL DA OBRA

APRESENTAÇÃO

A Editora Rideel, empresa nacionalmente reconhecida por sua destacada atuação e pioneirismo na área de publicação de legislação, vem mais uma vez revolucionar o mercado editorial com a **Coleção de Legislação Maxiletra 2024**.

Baseada nas já renomadas e consagradas edições de sua coleção de legislação, obras que são ininterruptamente editadas desde a década de 1990, esta coleção possui projeto gráfico que traz a **letra 50% maior** do que a das edições anteriores (publicadas até 2017). Além do aumento no tamanho da letra, **a fonte também foi trocada e está mais legível e o espaço entre letras e parágrafos também foi aumentado**.

A **Coleção Maxiletra abrange os mais diversos ramos do Direito e é composta de 16 títulos**: • Constituição Federal • Código Civil • Código Comercial • Código de Processo Civil • Código Penal • Código de Processo Penal • Código Penal Militar e Código de Processo Penal Militar • Código de Defesa do Consumidor • Código Tributário Nacional • Código Eleitoral • Código de Trânsito Brasileiro • Consolidação das Leis do Trabalho • Legislação de Direito Previdenciário • Legislação de Direito Administrativo • Legislação de Direito Ambiental • Legislação de Direito Internacional.

O projeto gráfico e a organização conjugam praticidade e comodidade e os **diversos facilitadores de consulta** continuam sendo um diferencial desta obra, apreciados pelos operadores, professores e acadêmicos do Direito, a saber:

- Índice Cronológico Geral, contendo todos os diplomas legais publicados na obra;
- Notas remissivas a outros artigos, diplomas legais e súmulas;
- Índices Sistemático e Alfabético-Remissivo para cada Código;
- Índices por assuntos da legislação extravagante;
- Atualizações de 2023 e 2024 em destaque;
- Tarjas laterais identificativas das seções; e
- Indicação do número dos artigos no cabeçalho dos Códigos e do número das leis no cabeçalho da legislação.

Todos os diplomas legais estão **rigorosamente atualizados até a data indicada na página IV** dos livros e a Rideel oferece, gratuitamente, as atualizações publicadas até 31 de outubro de 2024, no *site* www.apprideel.com.br. Basta acessar e inserir o ISBN da obra.

Esta Editora, sempre empenhada em oferecer o melhor produto, continua seguindo seus objetivos de constante aprimoramento e atualização, mantendo-se sempre receptiva às críticas e às sugestões que podem ser feitas pelo *e-mail*: sac@rideel.com.br

O Editor

LISTA DE ABREVIATURAS

ADCT	Ato das Disposições Constitucionais Transitórias
ADECON	Ação Declaratória de Constitucionalidade
ADIN	Ação Direta de Inconstitucionalidade
Art.	Artigo
Arts.	Artigos
CADE	Conselho Administrativo de Defesa Econômica
c/c	combinado com
CC/1916	Código Civil de 1916
CC/2002	Código Civil de 2002
CCom.	Código Comercial
CDC	Código de Defesa do Consumidor
CE	Código Eleitoral
CEF	Caixa Econômica Federal
CF	Constituição Federal de 1988
CGJT	Corregedoria-Geral da Justiça do Trabalho
CLT	Consolidação das Leis do Trabalho
CONAMA	Conselho Nacional do Meio Ambiente
CONTRAN	Conselho Nacional de Trânsito
CP	Código Penal
CPC/1973	Código de Processo Civil de 1973
CPC/2015	Código de Processo Civil de 2015
CPM	Código Penal Militar
CPP	Código de Processo Penal
CPPM	Código de Processo Penal Militar
CTB	Código de Trânsito Brasileiro
CTN	Código Tributário Nacional
CTVV	Convenção de Trânsito Viário de Viena
CVM	Comissão de Valores Mobiliários
Dec.	Decreto
Dec.-lei	Decreto-lei
Del.	Deliberação
DENATRAN	Departamento Nacional de Trânsito
DSST	Departamento de Segurança e Saúde no Trabalho
DOU	Diário Oficial da União
EC	Emenda Constitucional
ECA	Estatuto da Criança e do Adolescente
ECR	Emenda Constitucional de Revisão
ER	Emenda Regimental
FAT	Fundo de Amparo ao Trabalhador
FGTS	Fundo de Garantia do Tempo de Serviço
IN	Instrução Normativa
LC	Lei Complementar
LCP	Lei das Contravenções Penais
LEP	Lei de Execução Penal
LINDB	Lei de Introdução às normas do Direito Brasileiro (Dec.-Lei nº 4.657, de 4-9-1942)
MP	Medida Provisória
MPAS	Ministério da Previdência e Assistência Social
MTE	Ministério do Trabalho e Emprego
OAB	Ordem dos Advogados do Brasil
OIT	Organização Internacional do Trabalho
OJ	Orientação Jurisprudencial
Port.	Portaria
REFIS	Programa de Recuperação Fiscal
REPORTO	Regime Tributário para Incentivo à Modernização e à Ampliação da Estrutura Portuária
Res.	Resolução
Res. Adm.	Resolução Administrativa
Res. Norm.	Resolução Normativa
RFB	Secretaria da Receita Federal do Brasil
RISTF	Regimento Interno do Supremo Tribunal Federal
RISTJ	Regimento Interno do Superior Tribunal de Justiça
SDC	Seção de Dissídios Coletivos
SDE	Secretaria de Direito Econômico
SDI	Seção de Dissídios Individuais
SEAE	Secretaria de Acompanhamento Econômico
SECEX	Secretaria de Comércio Exterior
SEPRT	Secretaria Especial de Previdência e Trabalho do Ministério da Economia
SPREV	Secretário de Previdência
SIT	Secretaria de Inspeção do Trabalho
SRT	Secretaria de Relações do Trabalho
STF	Supremo Tribunal Federal
STJ	Superior Tribunal de Justiça
STM	Superior Tribunal Militar
Súm.	Súmula
TDA	Títulos da Dívida Agrária
TFR	Tribunal Federal de Recursos
TJ	Tribunal de Justiça
TRF	Tribunal Regional Federal
TRT	Tribunal Regional do Trabalho
TSE	Tribunal Superior Eleitoral
TST	Tribunal Superior do Trabalho

Índice Cronológico da Legislação por Tipo de Ato Normativo

Emendas Constitucionais

Leis Complementares

Decreto-Lei

Leis

Decretos

Portarias

Resolução do INSS

Constituição Federal

Índice Sistemático da Constituição da República Federativa do Brasil

PREÂMBULO

TÍTULO I – DOS PRINCÍPIOS FUNDAMENTAIS

TÍTULO II – DOS DIREITOS E GARANTIAS FUNDAMENTAIS

TÍTULO III – DA ORGANIZAÇÃO DO ESTADO

TÍTULO IV – DA ORGANIZAÇÃO DOS PODERES

TÍTULO V – DA DEFESA DO ESTADO E DAS INSTITUIÇÕES DEMOCRÁTICAS

TÍTULO VI – DA TRIBUTAÇÃO E DO ORÇAMENTO

TÍTULO VII – DA ORDEM ECONÔMICA E FINANCEIRA

TÍTULO VIII – DA ORDEM SOCIAL

TÍTULO IX – DAS DISPOSIÇÕES CONSTITUCIONAIS GERAIS

ATO DAS DISPOSIÇÕES CONSTITUCIONAIS TRANSITÓRIAS

CONSTITUIÇÃO DA REPÚBLICA FEDERATIVA DO BRASIL

PREÂMBULO

Nós, representantes do povo brasileiro, reunidos em Assembleia Nacional Constituinte para instituir um Estado Democrático, destinado a assegurar o exercício dos direitos sociais e individuais, a liberdade, a segurança, o bem-estar, o desenvolvimento, a igualdade e a justiça como valores supremos de uma sociedade fraterna, pluralista e sem preconceitos, fundada na harmonia social e comprometida, na ordem interna e internacional, com a solução pacífica das controvérsias, promulgamos, sob a proteção de Deus, a seguinte CONSTITUIÇÃO DA REPÚBLICA FEDERATIVA DO BRASIL.

▸ Publicada no *DOU* nº 191-A, de 5-10-1988.

TÍTULO I – DOS PRINCÍPIOS FUNDAMENTAIS

Art. 1º A República Federativa do Brasil, formada pela união indissolúvel dos Estados e Municípios e do Distrito Federal, constitui-se em Estado Democrático de Direito e tem como fundamentos:

▸ No plebiscito realizado em 21-4-1993, disciplinado na EC nº 2, de 25-8-1992, foram mantidos a república e o presidencialismo, como forma e sistema de governo, respectivamente.

▸ Arts.18, *caput*, e 60, § 4º, I e II, desta Constituição.

I – a soberania;

▸ Arts. 20, VI, 21, I e III, 84, VII, VIII, XIX e XX, desta Constituição.

▸ Arts. 36, *caput*, 237, I a III, 260 e 263 do CPC/2015.

▸ Arts. 780 a 790 do CPP.

▸ Arts. 215 a 229 do RISTF.

II – a cidadania;

▸ Arts. 5º, XXXIV, LIV, LXXI, LXXIII e LXXVII, e 60, § 4º, desta Constituição.

▸ Lei nº 9.265, de 12-2-1996, estabelece a gratuidade dos atos necessários ao exercício da cidadania.

▸ Lei nº 10.835, de 8-1-2004, institui a renda básica da cidadania.

III – a dignidade da pessoa humana;

▸ Arts. 5º, XLII, XLIII, XLVIII, XLIX, L, 34, VII, *b*, 226, § 7º, 227 e 230 desta Constituição.

▸ Art. 8º, III, da Lei nº 11.340, de 7-8-2006 (Lei que Coíbe a Violência Doméstica e Familiar Contra a Mulher).

▸ Dec. nº 10.088, de 5-11-2019, consolida atos normativos editados pelo Poder Executivo Federal que dispõem sobre a promulgação de convenções e recomendações da Organização Internacional do Trabalho – OIT ratificadas pela República Federativa do Brasil.

▸ Súmulas Vinculantes nºs 6, 11 e 14 do STF.

IV – os valores sociais do trabalho e da livre iniciativa;

▸ Arts. 6º a 11 e 170 desta Constituição.

V – o pluralismo político.

▸ Art. 17 desta Constituição.

▸ Lei nº 9.096, de 19-9-1995 (Lei dos Partidos Políticos).

Parágrafo único. Todo o poder emana do povo, que o exerce por meio de representantes eleitos ou diretamente, nos termos desta Constituição.

▸ Arts. 14, 27, § 4º, 29, XIII, 60, § 4º, II, e 61, § 2º, desta Constituição.

▸ Art. 1º da Lei nº 9.709, de 19-11-1998, que regulamenta a execução do disposto nos incisos I, II e III do art. 14 desta Constituição.

Art. 2º São Poderes da União, independentes e harmônicos entre si, o Legislativo, o Executivo e o Judiciário.

▸ Art. 60, § 4º, III, desta Constituição.

▸ Súm. Vinc. nº 37 do STF.

▸ Súm. nº 649 do STF.

Art. 3º Constituem objetivos fundamentais da República Federativa do Brasil:

I – construir uma sociedade livre, justa e solidária;

▸ Art. 29, 1, *d*, do Dec. nº 99.710, de 21-11-1990, que promulga a convenção sobre os direitos das crianças.

▸ Art. 10, 1, do Dec. nº 591, de 6-7-1992, que promulga o Pacto Internacional Sobre Direitos Econômicos, Sociais e Culturais.

II – garantir o desenvolvimento nacional;

▸ Arts. 23, parágrafo único, e 174, § 1º, desta Constituição.

III – erradicar a pobreza e a marginalização e reduzir as desigualdades sociais e regionais;

▸ Arts. 23, X, e 214 desta Constituição.

▸ Arts. 79 a 81 do ADCT.

▸ LC nº 111, de 6-7-2001, dispõe sobre o Fundo de Combate e Erradicação da Pobreza.

IV – promover o bem de todos, sem preconceitos de origem, raça, sexo, cor, idade e quaisquer outras formas de discriminação.

► Art. 4º, VIII, desta Constituição.

► Lei nº 7.716, de 5-1-1989 (Lei do Racismo).

► Lei nº 8.081, de 21-9-1990, dispõe sobre os crimes e penas aplicáveis aos atos discriminatórios ou de preconceito de raça, cor, religião, etnia ou procedência nacional, praticados pelos meios de comunicação ou por publicação de qualquer natureza.

► Lei nº 11.340, de 7-8-2006 (Lei que Coíbe a Violência Doméstica e Familiar Contra a Mulher).

► Lei nº 12.288, de 20-7-2010 (Estatuto da Igualdade Racial).

► Dec. nº 3.956, de 8-10-2001, promulga a Convenção Interamericana para Eliminação de Todas as Formas de Discriminação contra as Pessoas Portadoras de Deficiência.

► Dec. nº 4.377, de 13-9-2002, promulga a Convenção sobre a Eliminação de Todas as Formas de Discriminação contra a Mulher, de 1979.

► Dec. nº 4.886, de 20-11-2003, dispõe sobre a Política Nacional de Promoção de Igualdade Racial – PNPIR.

► Dec. nº 7.388, de 9-12-2010, dispõe sobre a composição, estruturação, competências e funcionamento do Conselho Nacional de Combate à Discriminação – CNCD.

► Dec. nº 10.088, de 5-11-2019, consolida atos normativos editados pelo Poder Executivo Federal que dispõem sobre a promulgação de convenções e recomendações da Organização Internacional do Trabalho – OIT ratificadas pela República Federativa do Brasil.

► O STF, por unanimidade de votos, julgou procedentes a ADPF nº 132 (como ação direta de inconstitucionalidade) e a ADIN nº 4.277, com eficácia *erga omnes* e efeito vinculante, para dar ao art. 1.723 do CC interpretação conforme à CF para dele excluir qualquer significado que impeça o reconhecimento da união contínua, pública e duradoura entre pessoas do mesmo sexo como entidade familiar (*DOU* de 13-5-2011).

Art. 4º A República Federativa do Brasil rege-se nas suas relações internacionais pelos seguintes princípios:

► Arts. 21, I, e 84, VII e VIII, desta Constituição.

► Art. 39, V, da Lei nº 9.082 de 25-7-1995, que dispõe sobre a intensificação das relações internacionais do Brasil com os seus parceiros comerciais, em função de um maior apoio do Banco do Brasil S.A. ao financiamento dos setores exportador e importador.

I – independência nacional;

► Arts. 78, *caput*, e 91, § 1º, III e IV, desta Constituição.

► Lei nº 8.183, de 11-4-1991, dispõe sobre a organização e o funcionamento do Conselho de Defesa Nacional, regulamentada pelo Dec. nº 893, de 12-8-1993.

II – prevalência dos direitos humanos;

► Dec. nº 678, de 6-11-1992, promulga a Convenção Americana sobre Direitos Humanos – Pacto de São José da Costa Rica.

► Dec. nº 4.463, de 8-11-2002, dispõe sobre a declaração de reconhecimento da competência obrigatória da Corte Interamericana em todos os casos relativos à interpretação ou aplicação da Convenção Americana sobre Diretos Humanos.

III – autodeterminação dos povos;

IV – não intervenção;

V – igualdade entre os Estados;

VI – defesa da paz;

VII – solução pacífica dos conflitos;

VIII – repúdio ao terrorismo e ao racismo;

► Art. 5º, XLII e XLIII, desta Constituição.

► Lei nº 7.716, de 5-1-1989 (Lei do Racismo).

► Lei nº 8.072, de 25-7-1990 (Lei dos Crimes Hediondos).

► Dec. nº 5.639, de 26-12-2005, promulga a Convenção Interamericana contra o Terrorismo.

IX – cooperação entre os povos para o progresso da humanidade;

X – concessão de asilo político.

► Lei nº 9.474, de 22-7-1997, define mecanismos para a implementação do Estatuto dos Refugiados de 1951.

► Dec. nº 55.929, de 14-4-1965, promulgou a Convenção sobre Asilo Territorial.

Parágrafo único. A República Federativa do Brasil buscará a integração econômica, política, social e cultural dos povos da América Latina, visando à formação de uma comunidade latino-americana de nações.

► Dec. nº 350, de 21-11-1991, promulgou o Tratado de Assunção que estabeleceu o Mercado Comum entre o Brasil, Paraguai, Argentina e Uruguai – MERCOSUL.

► Dec. nº 922, de 10-9-1993, promulga o Protocolo para Solução de Controvérsias no âmbito do Mercado Comum do Sul – MERCOSUL.

TÍTULO II – DOS DIREITOS E GARANTIAS FUNDAMENTAIS

CAPÍTULO I

DOS DIREITOS E DEVERES INDIVIDUAIS E COLETIVOS

Art. 5º Todos são iguais perante a lei, sem distinção de qualquer natureza, garantindo-se aos brasileiros e aos estrangeiros residentes no País a inviolabilidade do direito à vida, à liberdade, à igualdade, à segurança e à propriedade, nos termos seguintes:

- Arts. 5º, §§ 1º e 2º, 14, *caput*, e 60, § 4º, IV, desta Constituição.
- Art. 7º do CPC/2015.
- Lei nº 1.542, de 5-1-1952, dispõe sobre o casamento dos funcionários da carreira de diplomata com pessoa de nacionalidade estrangeira.
- Lei nº 5.709, de 7-10-1971, regula a aquisição de imóvel rural por estrangeiro residente no país ou pessoa jurídica estrangeira autorizada a funcionar no Brasil.
- Lei nº 13.445, de 24-5-2017 (Lei de Migração).
- Arts. 4º e 24 do Pacto de São José da Costa Rica.
- Dec. nº 10.088, de 5-11-2019, consolida atos normativos editados pelo Poder Executivo Federal que dispõem sobre a promulgação de convenções e recomendações da Organização Internacional do Trabalho – OIT ratificadas pela República Federativa do Brasil.
- Súmulas Vinculantes nºs 6, 11, 34 e 37 do STF.
- Súm. nº 683 do STF.

I – homens e mulheres são iguais em direitos e obrigações, nos termos desta Constituição;

- Arts. 143, § 2º, e 226, § 5º, desta Constituição.
- Art. 372 da CLT.
- Art. 4º da Lei nº 8.159, de 8-1-1991, que dispõe sobre a política nacional de arquivos públicos e privados.
- Lei nº 9.029, de 13-4-1995, proíbe a exigência de atestado de gravidez e esterilização e outras práticas discriminatórias, para efeitos admissionais ou de permanência da relação jurídica de trabalho.
- Lei nº 12.318, de 26-8-2010 (Lei da Alienação Parental).
- Dec. nº 678, de 6-11-1992, promulga a Convenção Americana sobre Direitos Humanos – Pacto de São José da Costa Rica.
- Dec. nº 4.377, de 13-9-2002, promulga a Convenção sobre a Eliminação de todas as Formas de Discriminação contra a Mulher, de 1979.
- Dec. nº 10.088, de 5-11-2019, consolida atos normativos editados pelo Poder Executivo Federal que dispõem sobre a promulgação de convenções e recomendações da Organização Internacional do Trabalho – OIT ratificadas pela República Federativa do Brasil.
- Port. do MTE nº 1.246, de 28-5-2010, orienta as empresas e os trabalhadores em relação à testagem relacionada ao vírus da imunodeficiência adquirida – HIV.

II – ninguém será obrigado a fazer ou deixar de fazer alguma coisa senão em virtude de lei;

- Arts. 14, § 1º, I, e 143 desta Constituição.
- Súm. Vinc. nº 37 do STF.
- Súmulas nºs 636 e 686 do STF.

III – ninguém será submetido a tortura nem a tratamento desumano ou degradante;

- Incisos XLIII, XLVII, *e*, XLIX, LXII, LXIII, LXV e LXVI deste artigo.
- Arts. 2º e 8º da Lei nº 8.072, de 25-7-1990 (Lei dos Crimes Hediondos).
- Lei nº 9.455, de 7-4-1997 (Lei dos Crimes de Tortura).
- Lei nº 12.847, de 2-8-2013, institui o Sistema Nacional de Prevenção e Combate à Tortura; cria o Comitê Nacional de Prevenção e Combate à Tortura e o Mecanismo Nacional de Prevenção e Combate à Tortura.
- Art. 13 da Lei nº 13.869, de 5-9-2019 (Lei do Abuso de Autoridade).
- Dec. nº 40, de 15-2-1991, promulga a Convenção contra a Tortura e Outros Tratamentos ou Penas Cruéis, Desumanos ou Degradantes.
- Art. 5º, nº 2, do Pacto de São José da Costa Rica.
- Súm. Vinc. nº 11 do STF.

IV – é livre a manifestação do pensamento, sendo vedado o anonimato;

- Art. 220, § 1º, desta Constituição.
- Art. 6º, XIV, *e*, da LC nº 75, de 20-5-1993 (Lei Orgânica do Ministério Público da União).
- Art. 1º da Lei nº 7.524 de 17-7-1986, que dispõe sobre a manifestação, por militar inativo, de pensamento e opinião políticos e filosóficos.
- Art. 2º, *a*, da Lei nº 8.389, de 30-12-1991, que institui o Conselho Nacional de Comunicação Social.
- Art. 13 do Pacto de São José da Costa Rica.

V – é assegurado o direito de resposta, proporcional ao agravo, além da indenização por dano material, moral ou à imagem;

- Art. 220, § 1º, desta Constituição.
- Lei nº 7.524, de 17-7-1986, dispõe sobre a manifestação, por militar inativo, de pensamento e opinião políticos ou filosóficos.
- Art. 6º da Lei nº 8.159, de 8-1-1991, que dispõe sobre a Política Nacional de arquivos públicos e privados.

- Dec. nº 1.171, de 22-6-1994, aprova o código de ética profissional do servidor público civil do Poder Executivo Federal.
- Art. 14 do Pacto de São José da Costa Rica.
- Súmulas nºs 37, 227, 362, 387, 388 e 403 do STJ.

VI – é inviolável a liberdade de consciência e de crença, sendo assegurado o livre exercício dos cultos religiosos e garantida, na forma da lei, a proteção aos locais de culto e a suas liturgias;

- Arts. 208 a 212 do CP.
- Art. 24 da LEP.
- Arts. 16, II, e 124, XIV, do ECA.
- Art. 39 da Lei nº 8.313, de 23-12-1991, que restabelece princípios da Lei nº 7.505, de 2-7-1986, institui o Programa Nacional de Apoio a Cultura – PRONAC.
- Arts. 23 a 26 da Lei nº 12.288, de 20-7-2010 (Estatuto da Igualdade Racial).
- Lei nº 13.869, de 5-9-2019 (Lei do Abuso de Autoridade).
- Art. 12, 1, do Pacto de São José da Costa Rica.

VII – é assegurada, nos termos da lei, a prestação de assistência religiosa nas entidades civis e militares de internação coletiva;

- Art. 24 da LEP.
- Art. 124, XIV, do ECA.
- Lei nº 6.923, de 29-6-1981, dispõe sobre o serviço de assistência religiosa nas Forças Armadas.
- Lei nº 9.982, de 14-7-2000, dispõe sobre prestação de assistência religiosa nas entidades hospitalares públicas e privadas, bem como nos estabelecimentos prisionais civis e militares.

VIII – ninguém será privado de direitos por motivo de crença religiosa ou de convicção filosófica ou política, salvo se as invocar para eximir-se de obrigação legal a todos imposta e recusar-se a cumprir prestação alternativa, fixada em lei;

- Arts. 15, IV, e 143, §§ 1º e 2º, desta Constituição.
- Lei nº 7.210 de 11-7-1984 (Lei de Execução Penal).
- Lei nº 8.239, de 4-10-1991, dispõe sobre a prestação de serviço alternativo ao serviço militar obrigatório.
- Dec.-lei nº 1.002, de 21-10-1969 (Código de Processo Penal Militar).
- Art. 12 do Pacto de São José da Costa Rica.

IX – é livre a expressão da atividade intelectual, artística, científica e de comunicação, independentemente de censura ou licença;

- Art. 220, § 2º, desta Constituição.
- Art. 5º, *d*, da LC nº 75, de 20-5-1993 (Lei Orgânica do Ministério Público da União).
- Art. 39 da Lei nº 8.313, de 23-12-1991, que restabelece princípios da Lei nº 7.505, de 2-7-1986, institui o Programa Nacional de Apoio a Cultura – PRONAC.
- Lei nº 9.456, de 25-4-1997, institui a Lei de Proteção de Cultivares.
- Lei nº 9.609, de 19-2-1998, dispõe sobre a proteção da propriedade intelectual de programa de computador e sua comercialização no país.
- Lei nº 9.610, de 19-2-1998 (Lei de Direitos Autorais).

X – são invioláveis a intimidade, a vida privada, a honra e a imagem das pessoas, assegurado o direito à indenização pelo dano material ou moral decorrente de sua violação;

- Art. 37, § 3º, II, desta Constituição.
- Arts. 4º e 6º da Lei nº 8.159, de 8-1-1981, que dispõe sobre a Política Nacional de Arquivos Públicos e Privados.
- Art. 30, V, da Lei nº 8.935, de 18-11-1994 (Lei dos Serviços Notariais e de Registro).
- Art. 101, § 1º, da Lei nº 11.101, de 9-2-2005 (Lei de Recuperação de Empresas e Falências).
- Art. 11, 2, do Pacto de São José da Costa Rica.
- Súm. Vinc. nº 11 do STF.
- Súm. nº 714 do STF.
- Súmulas nºs 227, 387, 388, 403 e 420 do STJ.

XI – a casa é asilo inviolável do indivíduo, ninguém nela podendo penetrar sem consentimento do morador, salvo em caso de flagrante delito ou desastre, ou para prestar socorro, ou, durante o dia, por determinação judicial;

- Art. 212, § 2º, do CPC/2015.
- Art. 150, §§ 1º a 5º, do CP.
- Art. 283 do CPP.
- Art. 226, §§ 1º a 5º, do CPM.
- Art. 11 do Pacto de São José da Costa Rica.

XII – é inviolável o sigilo da correspondência e das comunicações telegráficas, de dados e das comunicações telefônicas, salvo, no último caso, por ordem judicial, nas hipóteses e na forma que a lei estabelecer para fins de investigação criminal ou instrução processual penal;

- Arts.136, § 1º, I, *b* e c, e 139, III, desta Constituição.
- Arts. 151 a 152 do CP.
- Art. 233 do CPP.
- Art. 227 do CPM.
- Art. 6º, XVIII, *a*, da LC nº 75, de 20-5-1993 (Lei Orgânica do Ministério Público da União).
- Arts. 55 a 57 da Lei nº 4.117, de 24-8-1962 (Código Brasileiro de Telecomunicações).

- ▸ Lei nº 6.538, de 22-6-1978, dispõe sobre os serviços postais.
- ▸ Art. 7º, II, da Lei nº 8.906, de 4-7-1994 (Estatuto da Advocacia e da OAB).
- ▸ Lei nº 9.296, de 24-7-1996 (Lei das Interceptações Telefônicas).
- ▸ Lei nº 13.869, de 5-9-2019 (Lei do Abuso de Autoridade).
- ▸ Art. 11 do Pacto de São José da Costa Rica.
- ▸ Dec. nº 3.505, de 13-6-2000, institui a Política de Segurança da Informação nos órgãos e entidades da Administração Pública Federal.
- ▸ Res. do CNJ nº 59, de 9-9-2008, disciplina e uniformiza as rotinas visando ao aperfeiçoamento do procedimento de interceptação de comunicações telefônicas e de sistemas de informática e telemática nos órgãos jurisdicionais do Poder Judiciário.

XIII – é livre o exercício de qualquer trabalho, ofício ou profissão, atendidas as qualificações profissionais que a lei estabelecer;

- ▸ Arts. 170 e 220, § 1º, desta Constituição.
- ▸ Art. 6º do Pacto de São José da Costa Rica.

XIV – é assegurado a todos o acesso à informação e resguardado o sigilo da fonte, quando necessário ao exercício profissional;

- ▸ Art. 220, § 1º, desta Constituição.
- ▸ Art. 154 do CP.
- ▸ Art. 8º, § 2º, da LC nº 75, de 20-5-1993 (Lei Orgânica do Ministério Público da União).
- ▸ Art. 6º da Lei nº 8.394, de 30-12-1991, que dispõe sobre a preservação, organização e proteção dos acervos documentais privados dos Presidentes da República.
- ▸ O STF, ao julgar a ADPF nº 130, declarou como não recepcionada pela Constituição de 1988 a Lei de Imprensa (Lei nº 5.250/1967).

XV – é livre a locomoção no território nacional em tempo de paz, podendo qualquer pessoa, nos termos da lei, nele entrar, permanecer ou dele sair com seus bens;

- ▸ Arts. 109, X, e 139 desta Constituição.
- ▸ Art. 2º, III, da Lei nº 7.685, de 2-12-1988, que dispõe sobre o registro provisório para o estrangeiro em situação ilegal em território nacional.
- ▸ Lei nº 13.869, de 5-9-2019 (Lei do Abuso de Autoridade).
- ▸ Art. 22 do Pacto de São José da Costa Rica.

XVI – todos podem reunir-se pacificamente, sem armas, em locais abertos ao público, independentemente de autorização, desde que não frustrem outra reunião anteriormente convocada para o mesmo local, sendo apenas exigido prévio aviso à autoridade competente;

- ▸ Arts. 109, X, 136, § 1º, I, *a*, e 139, IV, desta Constituição.
- ▸ Art. 2º, III, da Lei nº 7.685, de 2-12-1988, que dispõe sobre o registro provisório para o estrangeiro em situação ilegal em território nacional.
- ▸ Lei nº 13.869, de 5-9-2019 (Lei do Abuso de Autoridade).
- ▸ Art. 21 do Dec. nº 592, de 6-7-1992, que promulga o Pacto Internacional sobre Direitos Civis e Políticos.
- ▸ Art. 15 do Pacto de São José da Costa Rica.

XVII – é plena a liberdade de associação para fins lícitos, vedada a de caráter paramilitar;

- ▸ Arts. 8º, 17, § 4º, e 37, VI, desta Constituição.
- ▸ Art. 199 do CP.
- ▸ Art. 117, VII, da Lei nº 8.112, de 11-12-1990 (Estatuto dos Servidores Públicos Civis da União, Autarquias e Fundações Públicas Federais).
- ▸ Lei nº 13.869, de 5-9-2019 (Lei do Abuso de Autoridade).
- ▸ Art. 16 do Pacto de São José da Costa Rica.

XVIII – a criação de associações e, na forma da lei, a de cooperativas independem de autorização, sendo vedada a interferência estatal em seu funcionamento;

- ▸ Arts. 8º, I, e 37, VI, desta Constituição.
- ▸ Lei nº 5.764, de 16-12-1971 (Lei das Cooperativas).
- ▸ Lei nº 9.867, de 10-11-1999, dispõe sobre a criação e o funcionamento de Cooperativas Sociais, visando à integração social dos cidadãos.

XIX – as associações só poderão ser compulsoriamente dissolvidas ou ter suas atividades suspensas por decisão judicial, exigindo-se, no primeiro caso, o trânsito em julgado;

XX – ninguém poderá ser compelido a associar-se ou a permanecer associado;

- ▸ Arts. 4º, II, *a*, e 5º, V, do CDC.
- ▸ Art. 117, VII, da Lei nº 8.112, de 11-12-1990 (Estatuto dos Servidores Públicos Civis da União, Autarquias e Fundações Públicas Federais).
- ▸ Art. 16 do Pacto de São José da Costa Rica.
- ▸ O STF, ao julgar a ADIN nº 3.464, declarou a inconstitucionalidade do art. 2º, IV, *a*, *b*, e *c*, da Lei nº 10.779/2003, por condicionar a habilitação ao seguro-desemprego na hipótese descrita na lei à filiação à colônia de pescadores.

XXI – as entidades associativas, quando expressamente autorizadas, têm legitimidade para representar seus filiados judicial ou extrajudicialmente;

- ▶ Art. 18, parágrafo único, do CPC/2015.
- ▶ Art. 82, IV, do CDC.
- ▶ Art. 210, III, do ECA.
- ▶ Art. 5º da Lei nº 7.347, de 24-7-1985 (Lei da Ação Civil Pública).
- ▶ Arts. 3º e 5º, I e III, da Lei nº 7.853, de 24-10-1989 (Lei de Apoio às Pessoas Portadoras de Deficiência), regulamentada pelo Dec. nº 3.298, de 20-12-1999.
- ▶ Súm. nº 629 do STF.

XXII – é garantido o direito de propriedade;

- ▶ Art. 243 desta Constituição.
- ▶ Arts. 1.228 a 1.368 do CC.
- ▶ Lei nº 4.504, de 30-11-1964 (Estatuto da Terra).
- ▶ Arts. 1º, 4º e 15 da Lei nº 8.257, de 26-10-1991, que dispõe sobre a expropriação das glebas nas quais se localizem culturas ilegais de plantas psicotrópicas.

XXIII – a propriedade atenderá a sua função social;

- ▶ Arts.156, § 1º, 170, III, 182, § 2º, e 186 desta Constituição.
- ▶ Art. 5º do Dec.-lei nº 4.657, de 4-9-1942 (Lei de Introdução às normas do Direito Brasileiro).
- ▶ Arts. 2º, 12, 18, *a*, e 47, I, da Lei nº 4.504, de 30-11-1964 (Estatuto da Terra).
- ▶ Art. 2º, I, da Lei nº 8.171, de 17-1-1991 (Lei da Política Agrícola).
- ▶ Arts. 2º, § 1º, 5º, § 2º, e 9º, da Lei nº 8.629, de 25-2-1993, que regula os dispositivos constitucionais relativos à reforma agrária.
- ▶ Arts. 27 a 37 da Lei nº 12.288, de 20-7-2010 (Estatuto da Igualdade Racial).
- ▶ Art. 1º da Lei nº 12.529, de 30-11-2011 (Lei do Sistema Brasileiro de Defesa da Concorrência).

XXIV – a lei estabelecerá o procedimento para desapropriação por necessidade ou utilidade pública, ou por interesse social, mediante justa e prévia indenização em dinheiro, ressalvados os casos previstos nesta Constituição;

- ▶ Arts. 22, II, 182, § 4º, 184, *caput*, e 185, I e II,desta Constituição.
- ▶ Art. 1.275, V, do CC.
- ▶ LC nº 76, de 6-7-1993 (Lei de Desapropriação de Imóvel Rural para fins de Reforma Agrária).
- ▶ Lei nº 4.132, de 10-9-1962 (Lei da Desapropriação por Interesse Social).
- ▶ Arts. 17, *a*, 18, 19, §§ 1º a 4º, 31, IV, e 35, *caput*, da Lei nº 4.504, de 30-11-1964 (Estatuto da Terra).
- ▶ Lei nº 6.602, de 7-12-1978, altera a redação do art. 5º do Dec.-lei nº 3.365, de 21-6-1941 (Lei das Desapropriações).
- ▶ Arts. 2º, § 1º, 5º, § 2º, e 7º, IV, da Lei nº 8.629, de 25-2-1993, que regula os dispositivos constitucionais relativos à reforma agrária.
- ▶ Art. 10 da Lei nº 9.074, de 7-7-1995, que estabelece normas para outorga e prorrogações das concessões e permissões de serviços públicos.
- ▶ Art. 34, IV, da Lei nº 9.082, de 25-7-1995, que dispõe sobre as diretrizes para a elaboração da lei orçamentária de 1996.
- ▶ Dec.-lei nº 1.075, de 22-1-1970 (Lei da Imissão de Posse).
- ▶ Dec.-lei nº 3.365, de 21-6-1941 (Lei das Desapropriações).
- ▶ Súmulas nºs 23, 111, 157, 164, 218, 345, 378, 416, 561, 618 e 652 do STF.
- ▶ Súmulas nºs 56, 69, 70, 113, 114 e 119 do STJ.

XXV – no caso de iminente perigo público, a autoridade competente poderá usar de propriedade particular, assegurada ao proprietário indenização ulterior, se houver dano;

XXVI – a pequena propriedade rural, assim definida em lei, desde que trabalhada pela família, não será objeto de penhora para pagamento de débitos decorrentes de sua atividade produtiva, dispondo a lei sobre os meios de financiar o seu desenvolvimento;

- ▶ Art. 185 desta Constituição.
- ▶ Art. 4º, I, da LC nº 76, de 6-7-1993 (Lei de Desapropriação de Imóvel Rural para fins de Reforma Agrária).
- ▶ Lei nº 4.504, de 30-11-1964 (Estatuto da Terra).
- ▶ Art. 19, IX, da Lei nº 4.595, de 31-12-1964 (Lei do Sistema Financeiro Nacional).
- ▶ Art. 4º, § 2º, da Lei nº 8.009, de 29-3-1990 (Lei da Impenhorabilidade do Bem de Família).
- ▶ Art. 4º, II, e parágrafo único, da Lei nº 8.629, de 25-2-1993, que regula os dispositivos constitucionais relativos à reforma agrária.
- ▶ Súm. nº 364 do STJ.

XXVII – aos autores pertence o direito exclusivo de utilização, publicação ou reprodução de suas obras, transmissível aos herdeiros pelo tempo que a lei fixar;

- ▶ Art. 184 do CP.
- ▶ Art. 30 da Lei nº 8.977, de 6-1-1995, que dispõe sobre o serviço de TV a cabo, regulamentado pelo Dec. nº 2.206, de 8-4-1997.
- ▶ Lei nº 9.456, de 25-4-1997, institui a Lei de Proteção de Cultivares.

- Lei nº 9.609, de 19-2-1998, dispõe sobre a proteção da propriedade intelectual de programa de computador e sua comercialização no país.
- Lei nº 9.610, de 19-2-1998 (Lei de Direitos Autorais).
- Súm. nº 386 do STF.

XXVIII – são assegurados, nos termos da lei:

a) a proteção às participações individuais em obras coletivas e à reprodução da imagem e voz humanas, inclusive nas atividades desportivas;

- Lei nº 6.533 de 24-5-1978, dispõe sobre a regulamentação das profissões de Artista e de Técnico em Espetáculos de Diversões.
- Lei nº 9.610, de 19-2-1998 (Lei de Direitos Autorais).
- Art. 42 da Lei nº 9.615, de 24-3-1998, que institui normas gerais sobre desporto, regulamentada pelo Dec. nº 7.984, de 8-4-2013.

b) o direito de fiscalização do aproveitamento econômico das obras que criarem ou de que participarem aos criadores, aos intérpretes e às respectivas representações sindicais e associativas;

XXIX – a lei assegurará aos autores de inventos industriais privilégio temporário para sua utilização, bem como proteção às criações industriais, à propriedade das marcas, aos nomes de empresas e a outros signos distintivos, tendo em vista o interesse social e o desenvolvimento tecnológico e econômico do País;

- Art. 4º, VI, do CDC.
- Lei nº 9.279, de 14-5-1996 (Lei da Propriedade Industrial).
- Lei nº 9.456, de 25-4-1997, institui a Lei de Proteção de Cultivares.
- Art. 48, IV, da Lei nº 11.101, de 9-2-2005 (Lei de Recuperação de Empresas e Falências).

XXX – é garantido o direito de herança;

- Arts. 1.784 a 2.027 do CC.
- Art. 743, § 2º, do CPC/2015.
- Lei nº 6.858, de 24-11-1980, dispõe sobre o pagamento aos dependentes ou sucessores, de valores não recebidos em vida pelos respectivos titulares.
- Lei nº 8.971, de 29-12-1994, regula o direito dos companheiros a alimentos e sucessão.
- Lei nº 9.278, de 10-5-1996 (Lei da União Estável).

XXXI – a sucessão de bens de estrangeiros situados no País será regulada pela lei brasileira em benefício do cônjuge ou dos filhos brasileiros, sempre que não lhes seja mais favorável a lei pessoal do *de cujus*;

- Art. 10, §§ 1º e 2º, do Dec.-lei nº 4.657, de 4-9-1942 (Lei de Introdução às normas do Direito Brasileiro).

XXXII – o Estado promoverá, na forma da lei, a defesa do consumidor;

- Art. 48 do ADCT.
- Lei nº 8.078, de 11-9-1990 (Código de Defesa do Consumidor).
- Art. 4º da Lei nº 8.137, de 27-12-1990 (Lei dos Crimes contra a Ordem Tributária, Econômica e contra as Relações de Consumo).
- Lei nº 8.178, de 1º-3-1991, estabelece regras sobre preços e salários.
- Lei nº 12.529, de 30-11-2011 (Lei do Sistema Brasileiro de Defesa da Concorrência).

XXXIII – todos têm direito a receber dos órgãos públicos informações de seu interesse particular, ou de interesse coletivo ou geral, que serão prestadas no prazo da lei, sob pena de responsabilidade, ressalvadas aquelas cujo sigilo seja imprescindível à segurança da sociedade e do Estado;

- Arts. 5º, LXXII, e 37, § 3º, II, desta Constituição.
- Lei nº 12.527, de 18-11-2011, regula o acesso a informações previsto neste inciso.
- Súm. Vinc. nº 14 do STF.
- Súm. nº 202 do STJ.

XXXIV – são a todos assegurados, independentemente do pagamento de taxas:

a) o direito de petição aos Poderes Públicos em defesa de direitos ou contra ilegalidade ou abuso de poder;

- Súm. Vinc. nº 21 do STF.
- Súm. nº 373 do STJ.
- Súm. nº 424 do TST.
- Ao julgar a ADPF nº 156, o Plenário do STF declarou não recepcionada pela Constituição de 1988 a exigência de depósito prévio do valor correspondente à multa por infração trabalhista como condição de admissibilidade de recurso administrativo interposto junto à autoridade trabalhista, constante do § 1º do art. 636 da CLT. No mesmo sentido, o Plenário do STF, ao julgar a ADIN nº 1.976, concluiu pela inconstitucionalidade da regra constante do art. 32 da MP nº 1.699-41, convertida na Lei nº 10.522, de 19-7-2002, que exigia depósito ou arrolamento prévio de bens e direitos como condição de admissibilidade de recurso administrativo.

b) a obtenção de certidões em repartições públicas, para defesa de direitos e esclarecimento de situações de interesse pessoal;

- Art. 6º do Dec.-lei nº 4.657, de 4-9-1942 (Lei de Introdução às normas do Direito Brasileiro).
- Lei nº 9.051, de 18-5-1995, dispõe sobre a expedição de certidões para defesa de direitos e esclarecimentos de situações.
- Lei nº 9.307, de 23-9-1996 (Lei da Arbitragem).
- Art. 40 da Lei nº 11.101, de 9-2-2005 (Lei de Recuperação de Empresas e Falências).

XXXV – a lei não excluirá da apreciação do Poder Judiciário lesão ou ameaça a direito;

- Arts. 3º e 42 do CPC/2015.
- Lei nº 9.307, de 23-9-1996 (Lei da Arbitragem).
- Súm. Vinc. nº 28 do STF.
- Súm. nº 667 do STF.
- OJ da SBDI-I nº 391do TST.
- O Plenário do STF, ao julgar as cautelares das Ações Diretas de Inconstitucionalidade nºs 2.139 e 2.160 deram interpretação conforme à Constituição ao art. 625-D da CLT, para declararem que a submissão do litígio à Comissão de Conciliação Prévia não constitui fase administrativa obrigatória e antecedente ao exercício do direito de ação.
- Ao julgar a ADC nº 4, o Plenário do STF declarou a constitucionalidade do art. 1º da Lei nº 9.494, de 10-9-1997, a restringir o poder geral de cautela do juiz nas ações contra a Fazenda Pública.

XXXVI – a lei não prejudicará o direito adquirido, o ato jurídico perfeito e a coisa julgada;

- Art. 502 do CPC/2015.
- Art. 6º, *caput*, do Dec.-lei nº 4.657, de 4-9-1942 (LINDB).
- Súmulas Vinculantes nºs 1, 9 e 35 do STF.
- Súmulas nºs 654, 667, 678 e 684 do STF.
- Súm. nº 315 do TST.

XXXVII – não haverá juízo ou tribunal de exceção;

XXXVIII – é reconhecida a instituição do júri, com a organização que lhe der a lei, assegurados:

- Arts. 406 a 432 do CPP.
- Arts. 18 e 19 da Lei nº 11.697, de 13-6-2008 (Lei da Organização Judiciária do Distrito Federal e dos Territórios).

a) a plenitude de defesa;

- Súmulas nºs 156 e 162 do STF.

b) o sigilo das votações;

c) a soberania dos veredictos;

d) a competência para o julgamento dos crimes dolosos contra a vida;

- Arts. 74, § 1º, e 406 a 502 do CPP.
- Súm. Vinc. nº 45 do STF.
- Súmulas nºs 603, 713 e 721 do STF.

XXXIX – não há crime sem lei anterior que o defina, nem pena sem prévia cominação legal;

- Art. 1º do CP.
- Art. 1º do CPM.
- Art. 9º do Pacto de São José da Costa Rica.

XL – a lei penal não retroagirá, salvo para beneficiar o réu;

- Art. 2º, parágrafo único, do CP.
- Art. 2º, § 1º, do CPM.
- Art. 66, I, da LEP.
- Art. 9º do Pacto de São José da Costa Rica.
- Súmulas Vinculantes nºs 3, 5, 14, 21, 24 e 28 do STF.
- Súmulas nºs 611 e 711 do STF.

XLI – a lei punirá qualquer discriminação atentatória dos direitos e liberdades fundamentais;

- Lei nº 7.716, de 5-1-1989 (Lei do Racismo).
- Lei nº 8.081, de 21-9-1990, estabelece os crimes e as penas aplicáveis aos atos discriminatórios ou de preconceito de raça, cor, religião, etnia ou procedência de qualquer natureza.
- Lei nº 9.029, de 13-4-95, proíbe a exigência de atestados de gravidez e esterilização e outras práticas discriminatórias, para efeitos admissionais ou de permanência da relação jurídica de trabalho.
- Dec. nº 3.956, de 8-10-2001, promulga a Convenção Interamericana para eliminação de todas as Formas de Discriminação contra as Pessoas Portadoras de Deficiência.
- Dec. nº 4.377, de 13-9-2002, promulga a Convenção Sobre a Eliminação de Todas as Formas de Discriminação Contra a Mulher, de 1979.
- Dec. nº 4.886, de 20-11-2003, institui a Política Nacional de Promoção da Igualdade Racial – PNPIR.
- Dec. nº 7.388, de 9-12-2010, dispõe sobre a composição, estruturação, competências e funcionamento do Conselho Nacional de Combate à Discriminação – CNCD.

XLII – a prática do racismo constitui crime inafiançável e imprescritível, sujeito à pena de reclusão, nos termos da lei;

- Art. 323, I, do CPP.
- Lei nº 7.716, de 5-1-1989 (Lei do Racismo).
- Lei nº 10.678, de 23-5-2003, cria a Secretaria Especial de Políticas de Promoção da Igualdade Racial, da Presidência da República.

▸ Lei nº 12.288, de 20-7-2010 (Estatuto da Igualdade Racial).

XLIII – a lei considerará crimes inafiançáveis e insuscetíveis de graça ou anistia a prática da tortura, o tráfico ilícito de entorpecentes e drogas afins, o terrorismo e os definidos como crimes hediondos, por eles respondendo os mandantes, os executores e os que, podendo evitá-los, se omitirem;

▸ Lei nº 8.072, de 25-7-1990 (Lei dos Crimes Hediondos).

▸ Lei nº 9.455, de 7-4-1997 (Lei dos Crimes de Tortura).

▸ Lei nº 11.343, de 23-8-2006 (Lei Antidrogas).

▸ Lei nº 12.847, de 2-8-2013, institui o Sistema Nacional de Prevenção e Combate à Tortura; cria o Comitê Nacional de Prevenção e Combate à Tortura e o Mecanismo Nacional de Prevenção e Combate à Tortura.

▸ Lei nº 13.260, de 16-3-2016 (Lei de Terrorismo).

▸ Dec. nº 5.639, de 29-12-2005, promulga a Convenção Interamericana contra o Terrorismo.

▸ Súm. Vinc. nº 26 do STF.

XLIV – constitui crime inafiançável e imprescritível a ação de grupos armados, civis ou militares, contra a ordem constitucional e o Estado Democrático;

▸ Lei nº 12.850, de 2-8-2013 (Nova Lei do Crime Organizado).

XLV – nenhuma pena passará da pessoa do condenado, podendo a obrigação de reparar o dano e a decretação do perdimento de bens ser, nos termos da lei, estendidas aos sucessores e contra eles executadas, até o limite do valor do patrimônio transferido;

▸ Arts. 932 e 935 do CC.

▸ Arts. 32 a 52 do CP.

▸ Art. 5º, nº 3, do Pacto de São José da Costa Rica.

XLVI – a lei regulará a individualização da pena e adotará, entre outras, as seguintes:

▸ Arts. 32 a 52 do CP.

▸ Súm. Vinc. nº 26 do STF.

a) privação ou restrição da liberdade;

▸ Arts. 33 a 42 do CP.

b) perda de bens;

▸ Art. 43, II, do CP.

c) multa;

▸ Art. 49 do CP.

d) prestação social alternativa;

▸ Arts. 44 e 46 do CP.

e) suspensão ou interdição de direitos;

▸ Art. 47 do CP.

XLVII – não haverá penas:

▸ Art. 60, § 4º, IV, desta Constituição.

▸ Arts. 32 a 52 do CP.

▸ Súm. Vinc. nº 26 do STF.

a) de morte, salvo em caso de guerra declarada, nos termos do artigo 84, XIX;

▸ Arts. 55 a 57 do CPM.

▸ Arts. 707 e 708 do CPPM.

▸ Art. 4º, nºs 2 a 6, do Pacto de São José da Costa Rica.

b) de caráter perpétuo;

▸ Súm. nº 527 do STJ.

c) de trabalhos forçados;

▸ Art. 6º, nº 2, do Pacto de São José da Costa Rica.

▸ Dec. nº 10.088, de 5-11-2019, consolida atos normativos editados pelo Poder Executivo Federal que dispõem sobre a promulgação de convenções e recomendações da Organização Internacional do Trabalho – OIT ratificadas pela República Federativa do Brasil.

d) de banimento;

e) cruéis;

▸ Art. 7º, 7, do Pacto de São José da Costa Rica.

▸ Súmulas nºs 280, 309 e 419 do STJ.

XLVIII – a pena será cumprida em estabelecimentos distintos, de acordo com a natureza do delito, a idade e o sexo do apenado;

▸ Arts. 32 a 52 do CP.

▸ Arts. 82 a 104 da LEP.

XLIX – é assegurado aos presos o respeito à integridade física e moral;

▸ Art. 5º, III, desta Constituição.

▸ Art. 38 do CP.

▸ Art. 40 da LEP.

▸ Lei nº 8.653, de 10-5-1993, dispõe sobre o transporte de presos.

▸ Art. 5º, nº 1, do Pacto de São José da Costa Rica.

▸ Súm. Vinc. nº 11 do STF.

L – às presidiárias serão asseguradas condições para que possam permanecer com seus filhos durante o período de amamentação;

▸ Art. 89 da LEP.

LI – nenhum brasileiro será extraditado, salvo o naturalizado, em caso de crime comum, praticado antes da naturalização, ou de comprovado envolvimento em tráfico ilícito de entorpecentes e drogas afins, na forma da lei;

- Art. 12, II, desta Constituição.
- Arts. 81 a 99 da Lei nº 13.445, de 24-5-2017 (Lei de Migração).
- Lei nº 11.343, de 23-8-2006 (Lei Antidrogas).
- Súm. nº 421 do STF.

LII – não será concedida extradição de estrangeiro por crime político ou de opinião;

- Art. 82, VII da Lei nº 13.445, de 24-5-2017 (Lei de Migração).

LIII – ninguém será processado nem sentenciado senão pela autoridade competente;

- Art. 8º, nº 1, do Pacto de São José da Costa Rica.
- Súm. nº 704 do STF.

LIV – ninguém será privado da liberdade ou de seus bens sem o devido processo legal;

- Súmulas Vinculantes nºs 3, 14 e 35 do STF.
- Súm. nº 704 do STF.
- Súmulas nºs 255 e 347 do STJ.

LV – aos litigantes, em processo judicial ou administrativo, e aos acusados em geral são assegurados o contraditório e ampla defesa, com os meios e recursos a ela inerentes;

- Arts. 9º, 10 e 317 do CPC/2015.
- Lei nº 8.112, de 11-12-1990 (Estatuto dos Servidores Públicos Civis da União, Autarquias e Fundações Públicas Federais).
- Lei nº 9.784, de 29-1-1999 (Lei do Processo Administrativo Federal).
- Súmulas Vinculantes nºs 3, 5, 14, 21, 24 e 28 do STF.
- Súmulas nºs 523, 701, 704, 705, 707, 708 e 712 do STF.
- Súmulas nºs 196, 255, 312, 347 e 373 do STJ.

LVI – são inadmissíveis, no processo, as provas obtidas por meios ilícitos;

- Arts. 369 a 484 do CPC/2015.
- Art. 157 do CPP.
- Lei nº 9.296, de 24-7-1996 (Lei das Interceptações Telefônicas).

LVII – ninguém será considerado culpado até o trânsito em julgado de sentença penal condenatória;

- Art. 8º, nº 2, do Pacto de São José da Costa Rica.
- Súm. nº 9 do STJ.

LVIII – o civilmente identificado não será submetido à identificação criminal, salvo nas hipóteses previstas em lei;

- Lei nº 12.037, de 1º-10-2009, regulamenta este inciso.
- Art. 6º, VIII, do CPP.
- Súm. nº 568 do STF.

LIX – será admitida ação privada nos crimes de ação pública, se esta não for intentada no prazo legal;

- Art. 100, § 3º, do CP.
- Art. 29 do CPP.

LX – a lei só poderá restringir a publicidade dos atos processuais quando a defesa da intimidade ou o interesse social o exigirem;

- Art. 93, IX, desta Constituição.
- Arts. 11, 189, *caput*, I e II, e 368 do CPC/2015.
- Art. 20 do CPP.
- Art. 770 da CLT.
- Lei nº 9.800, de 26-5-1999, dispõe sobre sistemas de transmissão de dados para a prática de atos processuais.
- Art. 8º, nº 5, do Pacto de São José da Costa Rica.
- Súm. nº 708 do STF.
- Súm. nº 427 do TST.

LXI – ninguém será preso senão em flagrante delito ou por ordem escrita e fundamentada de autoridade judiciária competente, salvo nos casos de transgressão militar ou crime propriamente militar, definidos em lei;

- Art. 93, IX, desta Constituição.
- Art. 302 do CPP.
- Dec.-lei nº 1.001, de 21-10-1969 (Código Penal Militar).
- Art. 244 do CPPM.
- Lei nº 6.880, de 9-12-1980 (Estatuto dos Militares).
- Art. 7º, nº 2, do Pacto de São José da Costa Rica.
- Súmulas nºs 9 e 280 do STJ.

LXII – a prisão de qualquer pessoa e o local onde se encontre serão comunicados imediatamente ao juiz competente e à família do preso ou à pessoa por ele indicada;

- Art. 136, § 3º, IV, desta Constituição.

LXIII – o preso será informado de seus direitos, entre os quais o de permanecer calado, sendo-lhe assegurada a assistência da família e de advogado;

- Art. 289-A, § 4º, do CPP.
- Art. 8º, nº 2, *g*, do Pacto de São José da Costa Rica.

LXIV – o preso tem direito à identificação dos responsáveis por sua prisão ou por seu interrogatório policial;

► Art. 306, § 2º, do CPP.

LXV – a prisão ilegal será imediatamente relaxada pela autoridade judiciária;

► Art. 310, I, do CPP.
► Art. 224 do CPPM.
► Art. 7º, nº 6, do Pacto de São José da Costa Rica.
► Súm. nº 697 do STF.

LXVI – ninguém será levado à prisão ou nela mantido, quando a lei admitir a liberdade provisória, com ou sem fiança;

► Art. 310, III, do CPP.
► Arts. 270 e 271 do CPPM.

LXVII – não haverá prisão civil por dívida, salvo a do responsável pelo inadimplemento voluntário e inescusável de obrigação alimentícia e a do depositário infiel;

► Art. 652 do CC.
► Arts. 161 e 528, § 3º, do CPC/2015.
► Arts. 466 a 480 do CPPM.
► Arts. 19 e 22 da Lei nº 5.478, de 25-7-1968 (Lei da Ação de Alimentos).
► Dec.-lei nº 911, de 1-10-1969 (Lei das Alienações Fiduciárias).
► Art. 7º, 7, do Pacto de São José da Costa Rica.
► Súm. Vinc. nº 25 do STF.
► Súmulas nºs 280, 309 e 419 do STJ.
► Orientações Jurisprudenciais da SBDI-II nºs 89 e 143 do TST.

LXVIII – conceder-se-á *habeas corpus* sempre que alguém sofrer ou se achar ameaçado de sofrer violência ou coação em sua liberdade de locomoção, por ilegalidade ou abuso de poder;

► Art. 142, § 2º, desta Constituição.
► Arts. 647 a 667 do CPP.
► Arts. 466 a 480 do CPPM.
► Art. 5º da Lei nº 9.289, de 4-7-1996 (Regimento de Custas da Justiça Federal).
► Súmulas nºs 693 a 695 do STF.
► OJ da SBDI-II nº 156 do TST.

LXIX – conceder-se-á mandado de segurança para proteger direito líquido e certo, não amparado por *habeas corpus* ou *habeas data*, quando o responsável pela ilegalidade ou abuso de poder for autoridade pública ou agente de pessoa jurídica no exercício de atribuições do Poder Público;

► Lei nº 9.507, de 12-11-1997 (Lei do *Habeas Data*).
► Lei nº 12.016, de 7-8-2009 (Lei do Mandado de Segurança Individual e Coletivo).
► Súmulas nºs 266, 268, 271, 510, 512, 625 e 632 do STF.
► Súmulas nºs 33, 414, 415, 416, 417 e 418 do TST.

LXX – o mandado de segurança coletivo pode ser impetrado por:

► Súm. nº 630 do STF.

a) partido político com representação no Congresso Nacional;

b) organização sindical, entidade de classe ou associação legalmente constituída e em funcionamento há pelo menos um ano, em defesa dos interesses de seus membros ou associados;

► Art. 5º da Lei nº 7.347, de 24-7-1985 (Lei da Ação Civil Pública).
► Súmulas nºs 629 e 630 do STF.

LXXI – conceder-se-á mandado de injunção sempre que a falta de norma regulamentadora torne inviável o exercício dos direitos e liberdades constitucionais e das prerrogativas inerentes à nacionalidade, à soberania e à cidadania;

► Lei nº 9.265, de 12-2-1996, estabelece a gratuidade dos atos necessários ao exercício da cidadania.
► Lei nº 13.300, de 23-6-2016 (Lei do Mandado de Injunção).

LXXII – conceder-se-á *habeas data*:

► Art. 5º da Lei nº 9.289, de 4-7-1996 (Regimento de Custas da Justiça Federal).
► Lei nº 9.507, de 12-11-1997 (Lei do *Habeas Data*).
► Súm. nº 368 do STJ.

a) para assegurar o conhecimento de informações relativas à pessoa do impetrante, constantes de registros ou bancos de dados de entidades governamentais ou de caráter público;

► Súm. nº 2 do STJ.

b) para a retificação de dados, quando não se prefira fazê-lo por processo sigiloso, judicial ou administrativo;

► Súm. nº 368 do STJ.

LXXIII – qualquer cidadão é parte legítima para propor ação popular que vise a anular ato lesivo ao patrimônio público ou de entidade de que o Estado participe, à moralidade administrativa, ao meio ambiente e ao patrimônio histórico e cultural, ficando o autor, salvo comprovada má-fé, isento de custas judiciais e do ônus da sucumbência;

- Lei nº 4.717, de 29-6-1965 (Lei da Ação Popular).
- Lei nº 6.938, de 31-8-1981 (Lei da Política Nacional do Meio Ambiente).
- Súm. nº 365 do STF.

LXXIV – o Estado prestará assistência jurídica integral e gratuita aos que comprovarem insuficiência de recursos;

- Art. 134 desta Constituição.
- Arts. 98 a 102 do CPC/2015.
- LC nº 80, de 12-1-1994 (Lei da Defensoria Pública).
- Lei nº 1.060, de 5-2-1950 (Lei de Assistência Judiciária).
- Art. 8º, nº 2, e, do Pacto de São José da Costa Rica.
- Súm. nº 102 do STJ.

LXXV – o Estado indenizará o condenado por erro judiciário, assim como o que ficar preso além do tempo fixado na sentença;

- Art. 10 do Pacto de São José da Costa Rica.

LXXVI – são gratuitos para os reconhecidamente pobres, na forma da lei:

- Art. 30 da Lei nº 6.015, de 31-12-1973 (Lei dos Registros Públicos).
- Art. 45 da Lei nº 8.935, de 18-11-1994 (Lei dos Serviços Notariais e de Registro).
- Lei nº 9.265, de 12-2-1996, estabelece a gratuidade dos atos necessários ao exercício da cidadania.
- Dec. nº 6.190, de 20-8-2007, regulamenta o disposto no art. 1º do Decreto-Lei nº 1.876, de 15-7-1981, para dispor sobre a isenção do pagamento de foros, taxas de ocupação e laudêmios, referentes a imóveis de propriedade da União, para as pessoas consideradas carentes ou de baixa renda.

a) o registro civil de nascimento;

- Art. 46 da Lei nº 6.015, de 31-12-1973 (Lei dos Registros Públicos).

b) a certidão de óbito;

- Arts. 77 a 88 da Lei nº 6.015, de 31-12-1973 (Lei dos Registros Públicos).

LXXVII – são gratuitas as ações de *habeas corpus* e *habeas data* e, na forma da lei, os atos necessários ao exercício da cidadania;

- Lei nº 9.265, de 12-2-1996, estabelece a gratuidade dos atos necessários ao exercício da cidadania.
- Lei nº 9.507, de 12-11-1997 (Lei do *Habeas Data*).

LXXVIII – a todos, no âmbito judicial e administrativo, são assegurados a razoável duração do processo e os meios que garantam a celeridade de sua tramitação;

- Inciso LXXVIII acrescido pela EC nº 45, de 8-12-2004.
- Art. 4º do CPC/2015.
- Art. 75, parágrafo único, da Lei nº 11.101, de 9-2-2005 (Lei de Recuperação de Empresas e Falências).
- Art. 7º, nº 5º, do Pacto de São José da Costa Rica.

LXXIX – é assegurado, nos termos da lei, o direito à proteção dos dados pessoais, inclusive nos meios digitais.

- Inciso LXXIX acrescido pela EC nº 115, de 10-2-2022.

§ 1º As normas definidoras dos direitos e garantias fundamentais têm aplicação imediata.

§ 2º Os direitos e garantias expressos nesta Constituição não excluem outros decorrentes do regime e dos princípios por ela adotados, ou dos tratados internacionais em que a República Federativa do Brasil seja parte.

- Súm. Vinc. nº 25 do STF.

§ 3º Os tratados e convenções internacionais sobre direitos humanos que forem aprovados, em cada Casa do Congresso Nacional, em dois turnos, por três quintos dos votos dos respectivos membros, serão equivalentes às emendas constitucionais.

- Dec. nº 6.949, de 25-8-2009, promulga a Convenção Internacional sobre os Direitos das Pessoas com Deficiência.

§ 4º O Brasil se submete à jurisdição de Tribunal Penal Internacional a cuja criação tenha manifestado adesão.

- §§ 3º e 4º acrescidos pela EC nº 45, de 8-12-2004.
- Dec. nº 4.388, de 25-9-2002, promulga o Estatuto de Roma do Tribunal Penal Internacional.

CAPÍTULO II

DOS DIREITOS SOCIAIS

Art. 6º São direitos sociais a educação, a saúde, a alimentação, o trabalho, a moradia, o transporte, o lazer, a segurança, a previdência social, a proteção à maternidade e à infância, a assistência aos desamparados, na forma desta Constituição.

- *Caput* com a redação dada pela EC nº 90, de 15-9-2015.
- Arts. 208, 212, § 4º, e 227 desta Constituição.
- Lei nº 10.689, de 13-6-2003, cria o Programa Nacional de Acesso à Alimentação – PNAA.

- ► Lei nº 10.836, de 9-1-2004, cria o programa "Bolsa-Família", que tem por finalidade a unificação dos procedimentos da gestão e execução das ações de transferência de renda do Governo Federal, incluindo o "Bolsa-Alimentação".
- ► Art. 6º da Lei nº 12.288, de 20-7-2010 (Estatuto da Igualdade Racial).
- ► MP nº 2.206-1, de 6-9-2001, que até o encerramento desta edição não havia sido convertida em Lei, cria o Programa Nacional de Renda Mínima vinculado à saúde: "Bolsa-Alimentação", regulamentada pelo Dec. nº 3.934, de 30-9-2001.
- ► Dec. nº 3.964, de 10-10-2001, dispõe sobre o Fundo Nacional de Saúde.
- ► Dec. nº 10.088, de 5-11-2019, consolida atos normativos editados pelo Poder Executivo Federal que dispõem sobre a promulgação de convenções e recomendações da Organização Internacional do Trabalho – OIT ratificadas pela República Federativa do Brasil.
- ► Decreto Legislativo nº 269, 18-9-2008, aprova a Convenção nº 102 da OIT sobre normas mínimas da seguridade social.

Parágrafo único. Todo brasileiro em situação de vulnerabilidade social terá direito a uma renda básica familiar, garantida pelo poder público em programa permanente de transferência de renda, cujas normas e requisitos de acesso serão determinados em lei, observada a legislação fiscal e orçamentária.

- ► Parágrafo único acrescido pela EC nº 114, de 16-12-2021.

Art. 7º São direitos dos trabalhadores urbanos e rurais, além de outros que visem à melhoria de sua condição social:

- ► Lei nº 9.799, de 26-5-1999, insere na CLT regras de acesso da mulher ao mercado de trabalho.
- ► Arts. 38 e 39 da Lei nº 12.288, de 20-7-2010 (Estatuto da Igualdade Racial).
- ► Declaração sobre Princípios e Direitos Fundamentais no Trabalho e seu seguimento, aprovada pela Conferência Internacional do Trabalho da OIT, em 1998.

I – relação de emprego protegida contra despedida arbitrária ou sem justa causa, nos termos de lei complementar, que preverá indenização compensatória, dentre outros direitos;

- ► Art. 10 do ADCT.

II – seguro-desemprego, em caso de desemprego involuntário;

- ► Art. 201, IV, desta Constituição.
- ► Art. 12 da CLT.
- ► Lei nº 10.779, de 25-11-2003, dispõe sobre a concessão do benefício de seguro-desemprego, durante o período de defeso, ao pescador profissional que exerce a atividade pesqueira de forma artesanal.
- ► Dec. nº 10.088, de 5-11-2019, consolida atos normativos editados pelo Poder Executivo Federal que dispõem sobre a promulgação de convenções e recomendações da Organização Internacional do Trabalho – OIT ratificadas pela República Federativa do Brasil.
- ► Súm. nº 389 do TST.

III – Fundo de Garantia do Tempo de Serviço;

- ► Arts. 7º, 477, 478 e 492 da CLT.
- ► LC nº 110, de 29-6-2001, institui contribuições sociais, autoriza créditos de complementos de atualização monetária em contas vinculadas do FGTS, regulamentada pelos Decretos nº 3.913, de 11-9-2001, e 3.914, de 11-9-2001.
- ► Lei nº 8.036, de 11-5-1990, Dec. nº 99.684, de 8-11-1990 (Regulamento), e Lei nº 8.844, de 20-1-1994, dispõem sobre o FGTS.
- ► Súm. nº 353 do STJ.
- ► Súmulas nºs 63, 98, 206, 305, 362, 363 e 426 do TST.
- ► Orientações Jurisprudenciais da SBDI-I nºs 42, 125, 195, 232, 302, 341, 344, 362, 370 e 394 do TST.

IV – salário mínimo, fixado em lei, nacionalmente unificado, capaz de atender a suas necessidades vitais básicas e às de sua família com moradia, alimentação, educação, saúde, lazer, vestuário, higiene, transporte e previdência social, com reajustes periódicos que lhe preservem o poder aquisitivo, sendo vedada sua vinculação para qualquer fim;

- ► Art. 39, § 3º, desta Constituição.
- ► Art. 109, VII, do ADCT.
- ► Lei nº 6.205, de 29-4-1975, estabelece a descaracterização do salário mínimo como fator de correção monetária.
- ► Dec. nº 10.088, de 5-11-2019, consolida atos normativos editados pelo Poder Executivo Federal que dispõem sobre a promulgação de convenções e recomendações da Organização Internacional do Trabalho – OIT ratificadas pela República Federativa do Brasil.
- ► Súmulas Vinculantes nºs 4, 6, 15 e 16 do STF.
- ► Súm. nº 201 do STJ.
- ► Súm. nº 356 do TST.
- ► Orientações Jurisprudenciais da SBDI-I nºs 272, 358 e 393 do TST.
- ► Orientações Jurisprudenciais da SBDI-II nºs 2 e 71 do TST.
- ► Ao julgar a ADIN nº 4.568, o Plenário do STF declarou a constitucionalidade da Lei nº 12.382, de 25-2-2011, que estipula os parâmetros para fixação do

salário mínimo, cabendo ao Presidente da República aplicar os índices definidos para reajuste e aumento e divulgá-los por meio de decreto.

V – piso salarial proporcional à extensão e à complexidade do trabalho;

- ▶ LC nº 103, de 14-7-2000, autoriza os Estados e o Distrito Federal a instituir o piso salarial a que se refere este inciso.
- ▶ OJ da SBDI-I nº 358 do TST.

VI – irredutibilidade do salário, salvo o disposto em convenção ou acordo coletivo;

- ▶ Súm. nº 391 do TST.
- ▶ Orientações Jurisprudenciais da SBDI-I nºs 358 e 396 do TST.

VII – garantia de salário, nunca inferior ao mínimo, para os que percebem remuneração variável;

- ▶ Art. 39, § 3º, desta Constituição.
- ▶ Lei nº 8.716, de 11-10-1993, dispõe sobre a garantia do salário mínimo.
- ▶ Lei nº 9.032, de 28-4-1995, dispõe sobre o valor do salário mínimo.

VIII – décimo terceiro salário com base na remuneração integral ou no valor da aposentadoria;

- ▶ Arts. 39, § 3º, e 142, § 3º, VIII, desta Constituição.
- ▶ Leis nºs 4.090, de 13-7-1962, e 4.749, de 12-8-1965, dispõe sobre o 13º salário.
- ▶ Arts. 76 a 82 do Dec. nº 10.854, de 10-11-2021, que regulamenta disposições relativas à legislação trabalhista.
- ▶ OJ da SBDI-I nº 358 do TST.
- ▶ Súm. nº 349 do STJ.

IX – remuneração do trabalho noturno superior à do diurno;

- ▶ Art. 39, § 3º, desta Constituição.
- ▶ Art. 73, §§ 1º a 5º, da CLT.
- ▶ Dec. nº 10.088, de 5-11-2019, consolida atos normativos editados pelo Poder Executivo Federal que dispõem sobre a promulgação de convenções e recomendações da Organização Internacional do Trabalho – OIT ratificadas pela República Federativa do Brasil.
- ▶ Súmulas nºs 60, 140, 265 e 354 do TST.
- ▶ Orientações Jurisprudenciais da SBDI-I nºs 97, 265 e 388 do TST.

X – proteção do salário na forma da lei, constituindo crime sua retenção dolosa;

- ▶ Dec. nº 10.088, de 5-11-2019, consolida atos normativos editados pelo Poder Executivo Federal que dispõem sobre a promulgação de convenções e recomendações da Organização Internacional do Trabalho – OIT ratificadas pela República Federativa do Brasil.

XI – participação nos lucros, ou resultados, desvinculada da remuneração, e, excepcionalmente, participação na gestão da empresa, conforme definido em lei;

- ▶ Arts. 543 e 621 da CLT.
- ▶ Lei nº 10.101, de 19-12-2000 (Lei da Participação nos Lucros e Resultados).
- ▶ Súm. nº 451 do TST.
- ▶ OJ da SBDI-I Transitória nº 73 do TST.

XII – salário-família pago em razão do dependente do trabalhador de baixa renda nos termos da lei;

- ▶ Inciso XII com a redação dada pela EC nº 20, de 15-12-1998.
- ▶ Arts. 39, § 3º, e 142, § 3º, VIII, desta Constituição.
- ▶ Art. 12 da CLT.
- ▶ Leis nºs 4.266, de 3-10-1963, e 5.559, de 11-12-1968, dispõem sobre salário-família.
- ▶ Arts. 18, 26, 28, 65 a 70 da Lei nº 8.213, de 24-7-1991 (Lei dos Planos de Benefícios da Previdência Social).
- ▶ Arts. 5º, 25, 30 a 32, 42, 81 a 92, 173, 217, § 6º, 218, 225 e 255 do Dec. nº 3.048, de 6-5-1999 (Regulamento da Previdência Social).
- ▶ OJ da SBDI-I nº 358 do TST.

XIII – duração do trabalho normal não superior a oito horas diárias e quarenta e quatro semanais, facultada a compensação de horários e a redução da jornada, mediante acordo ou convenção coletiva de trabalho;

- ▶ Art. 39, § 3º, desta Constituição.
- ▶ Arts. 57 a 75 e 224 a 350 da CLT.
- ▶ Súmulas nºs 85 e 445 do TST.
- ▶ OJ da SBDI-I nº 323 do TST.

XIV – jornada de seis horas para o trabalho realizado em turnos ininterruptos de revezamento, salvo negociação coletiva;

- ▶ Art. 58 da CLT.
- ▶ Súm. nº 675 do STF.
- ▶ Súmulas nºs 360 e 423 do TST.
- ▶ Orientações Jurisprudenciais da SBDI-I nºs 360 e 395 do TST.

XV – repouso semanal remunerado, preferencialmente aos domingos;

- ▶ Art. 39, §§ 2º e 3º, desta Constituição.
- ▶ Art. 67 da CLT.

- ▶ Lei nº 605, de 5-1-1949 (Lei do Repouso Semanal Remunerado).
- ▶ Dec. nº 10.088, de 5-11-2019, consolida atos normativos editados pelo Poder Executivo Federal que dispõem sobre a promulgação de convenções e recomendações da Organização Internacional do Trabalho – OIT ratificadas pela República Federativa do Brasil.
- ▶ Arts. 151 a 162 do Dec. nº 10.854, de 10-11-2021, que regulamenta disposições relativas à legislação trabalhista.
- ▶ Súm. nº 27 do TST.
- ▶ Orientações Jurisprudenciais da SBDI-I nºs 394 e 410 do TST.

XVI – remuneração do serviço extraordinário superior, no mínimo, em cinquenta por cento à do normal;

- ▶ Art. 39, §§ 2º e 3º, desta Constituição.
- ▶ Art. 59 da CLT.

XVII – gozo de férias anuais remuneradas com, pelo menos, um terço a mais do que o salário normal;

- ▶ Art. 39, §§ 2º e 3º, desta Constituição.
- ▶ Arts. 7º e 129 a 153 da CLT.
- ▶ Dec. nº 10.088, de 5-11-2019, consolida atos normativos editados pelo Poder Executivo Federal que dispõem sobre a promulgação de convenções e recomendações da Organização Internacional do Trabalho – OIT ratificadas pela República Federativa do Brasil.
- ▶ Súm. nº 386 do STJ.
- ▶ Súmulas nºs 171 e 328 do TST.

XVIII – licença à gestante, sem prejuízo do emprego e do salário, com a duração de cento e vinte dias;

- ▶ O STF, por unanimidade de votos, julgou parcialmente procedente a ADIN nº 1.946-5, para dar, ao art. 14 da EC nº 20, de 15-12-1998, interpretação conforme a CF, excluindo-se sua aplicação ao salário da licença gestante, a que se refere este inciso (*DJU* de 16-5-2003 e *DOU* de 3-6-2003).
- ▶ Art. 39, §§ 2º e 3º, desta Constituição.
- ▶ Art. 10, II, *b*, do ADCT.
- ▶ Arts. 391 e 392 da CLT.
- ▶ Arts. 71 a 73 da Lei nº 8.213, de 24-7-1991 (Lei dos Planos de Benefícios da Previdência Social).
- ▶ Lei nº 10.421, de 15-4-2002, estende à mãe adotiva o direito à licença-maternidade e ao salário-maternidade.
- ▶ Lei nº 11.770, de 9-9-2008 (Lei do Programa Empresa Cidadã).
- ▶ Dec. nº 4.377, de 13-9-2002, promulga a Convenção Sobre a Eliminação de Todas as Formas de Discriminação Contra a Mulher, de 1979.
- ▶ Dec. nº 10.088, de 5-11-2019, consolida atos normativos editados pelo Poder Executivo Federal que dispõem sobre a promulgação de convenções e recomendações da Organização Internacional do Trabalho – OIT ratificadas pela República Federativa do Brasil.
- ▶ Arts. 137 a 142 do Dec. nº 10.854, de 10-11-2021, que regulamenta disposições relativas à legislação trabalhista.
- ▶ Súm. nº 244 do TST.
- ▶ OJ da SBDI-I nº 44 do TST.

XIX – licença-paternidade, nos termos fixados em lei;

- ▶ Art. 39, §§ 2º e 3º, desta Constituição.
- ▶ Art. 10, § 1º, do ADCT.

XX – proteção do mercado de trabalho da mulher, mediante incentivos específicos, nos termos da lei;

- ▶ Art. 39, §§ 2º e 3º, desta Constituição.
- ▶ Arts. 372 a 401 da CLT.
- ▶ Dec. nº 4.377, de 13-9-2002, promulga a Convenção sobre a Eliminação de Todas as Formas de Discriminação contra a Mulher, de 1979.
- ▶ Dec. nº 10.088, de 5-11-2019, consolida atos normativos editados pelo Poder Executivo Federal que dispõem sobre a promulgação de convenções e recomendações da Organização Internacional do Trabalho – OIT ratificadas pela República Federativa do Brasil.

XXI – aviso prévio proporcional ao tempo de serviço, sendo no mínimo de trinta dias, nos termos da lei;

- ▶ Arts. 7º e 487 a 491 da CLT.
- ▶ Lei nº 12.506, de 11-10-2011 (Lei do Aviso Prévio).
- ▶ Súm. nº 441 do TST.

XXII – redução dos riscos inerentes ao trabalho, por meio de normas de saúde, higiene e segurança;

- ▶ Art. 39, §§ 2º e 3º, desta Constituição.
- ▶ Arts. 154 a 159 e 192 da CLT.
- ▶ Dec. nº 10.088, de 5-11-2019, consolida atos normativos editados pelo Poder Executivo Federal que dispõem sobre a promulgação de convenções e recomendações da Organização Internacional do Trabalho – OIT ratificadas pela República Federativa do Brasil.
- ▶ Súm. nº 736 do STF.

XXIII – adicional de remuneração para as atividades penosas, insalubres ou perigosas, na forma da lei;

- Art. 39, § 2º, desta Constituição.
- Arts. 189 a 197 da CLT.
- Súm. Vinc. nº 4 do STF.
- Súm. nº 453 do TST.
- OJ da SBDI-I nº 385 do TST.

XXIV – aposentadoria;

- Art. 154 da CLT.
- Arts. 42 a 58 da Lei nº 8.213, de 24-7-1991 (Lei dos Planos de Benefícios da Previdência Social).
- Lei nº 9.477, de 24-7-1997, institui o Fundo de Aposentadoria Programa Individual – FAPI e o Plano de Incentivo à Aposentadoria Programa Individual.
- Arts. 25, 29, 30, 43 a 70-J, 120, 135, 167, 168, 173, 180, 181-B, 181-D, 183, 184, 187, 188, 188-A, 188-H a 188-Q, 190, parágrafo único, e 202 do Dec. nº 3.048, de 6-5-1999 (Regulamento da Previdência Social).

XXV – assistência gratuita aos filhos e dependentes desde o nascimento até 5 (cinco) anos de idade em creches e pré-escolas;

- Inciso XXV com a redação dada pela EC nº 53, de 19-12-2006.
- Art. 208, IV, desta Constituição.

XXVI – reconhecimento das convenções e acordos coletivos de trabalho;

- Arts. 611 a 625 da CLT.
- Dec. nº 10.088, de 5-11-2019, consolida atos normativos editados pelo Poder Executivo Federal que dispõem sobre a promulgação de convenções e recomendações da Organização Internacional do Trabalho – OIT ratificadas pela República Federativa do Brasil.
- Súmulas nºs 277 e 374 do TST.
- Orientações Jurisprudenciais da SBDI-I Transitória nºs 61 e 73 do TST.

XXVII – proteção em face da automação, na forma da lei;

- Dec. nº 10.088, de 5-11-2019, consolida atos normativos editados pelo Poder Executivo Federal que dispõem sobre a promulgação de convenções e recomendações da Organização Internacional do Trabalho – OIT ratificadas pela República Federativa do Brasil.

XXVIII – seguro contra acidentes de trabalho, a cargo do empregador, sem excluir a indenização a que este está obrigado, quando incorrer em dolo ou culpa;

- Art. 114, VI, desta Constituição.
- Art. 154 da CLT.
- Lei nº 6.338, de 7-6-1976, inclui as ações de indenização por acidentes do trabalho entre as que têm curso nas férias forenses.
- Lei nº 8.212, de 24-7-1991 (Lei Orgânica da Seguridade Social).
- Lei nº 8.213, de 24-7-1991 (Lei dos Planos de Benefícios da Previdência Social).
- Lei nº 9.307, de 23-9-1996 (Lei da Arbitragem).
- Art. 40 da Lei nº 11.101, de 9-2-2005 (Lei de Recuperação de Empresas e Falências).
- Dec. nº 3.048, de 6-5-1999 (Regulamento da Previdência Social).
- Dec. nº 10.088, de 5-11-2019, consolida atos normativos editados pelo Poder Executivo Federal que dispõem sobre a promulgação de convenções e recomendações da Organização Internacional do Trabalho – OIT ratificadas pela República Federativa do Brasil.
- Súm. Vinc. nº 22 do STF.
- Súm. nº 378 do TST.

XXIX – ação, quanto aos créditos resultantes das relações de trabalho, com prazo prescricional de cinco anos para os trabalhadores urbanos e rurais, até o limite de dois anos após a extinção do contrato de trabalho;

- Inciso XXIX com a redação dada pela EC nº 28, de 25-5-2000.
- Art. 11, I e II, da CLT.
- Art. 10 da Lei nº 5.889, de 8-6-1973 (Lei do Trabalho Rural).
- Súmulas nºs 206, 294, 308, 362 e 409 do TST.
- Orientações Jurisprudenciais da SBDI-I nºs 271, 359, 399 e 417 do TST.

a) e b) *Revogadas*. EC nº 28, de 25-5-2000.

XXX – proibição de diferença de salários, de exercício de funções e de critério de admissão por motivo de sexo, idade, cor ou estado civil;

- Art. 39, § 3º, desta Constituição.
- Lei nº 9.029, de 13-4-1995, proíbe a exigência de atestados de gravidez e esterilização, e outras praticas discriminatórias, para efeitos admissionais ou de permanência da relação jurídica de trabalho.
- Dec. nº 4.377, de 13-9-2002, promulga a Convenção sobre a Eliminação de Todas as Formas de Discriminação contra a Mulher, de 1979.
- Dec. nº 10.088, de 5-11-2019, consolida atos normativos editados pelo Poder Executivo Federal que dispõem sobre a promulgação de convenções e recomendações da Organização Internacional do Trabalho – OIT ratificadas pela República Federativa do Brasil.
- Port. do MTE nº 1.246, de 28-5-2010, orienta as empresas e os trabalhadores em relação à testagem relacionada ao vírus da imunodeficiência adquirida – HIV.

- Súm. nº 683 do STF.
- Súmulas nºs 6 e 443 do TST.
- OJ da SBDI-I nº 383 do TST.
- Orientações Jurisprudenciais da SDC nºs 25 e 26 do TST.

XXXI – proibição de qualquer discriminação no tocante a salário e critérios de admissão do trabalhador portador de deficiência;

- Dec. nº 3.298, de 20-12-1999, dispõe sobre a Política Nacional para Integração da Pessoa Portadora de Deficiência e consolida as normas de proteção.
- Dec. nº 10.088, de 5-11-2019, consolida atos normativos editados pelo Poder Executivo Federal que dispõem sobre a promulgação de convenções e recomendações da Organização Internacional do Trabalho – OIT ratificadas pela República Federativa do Brasil.

XXXII – proibição de distinção entre trabalho manual, técnico e intelectual ou entre os profissionais respectivos;

- Súm. nº 84 do TST.

XXXIII – proibição de trabalho noturno, perigoso ou insalubre a menores de dezoito e de qualquer trabalho a menores de dezesseis anos, salvo na condição de aprendiz, a partir de quatorze anos;

- Inciso XXXIII com a redação dada pela EC nº 20, de 15-12-1998.
- Art. 227 desta Constituição.
- Arts. 192, 402 a 410 e 792 da CLT.
- Arts. 60 a 69 do ECA.
- Art. 13 da Lei nº 11.685, de 2-6-2008 (Estatuto do Garimpeiro).
- Art. 68, VI, da Lei nº 14.133, de 1º-4-2021 (Nova Lei de Licitações e Contratos Administrativos).
- Dec. nº 10.088, de 5-11-2019, consolida atos normativos editados pelo Poder Executivo Federal que dispõem sobre a promulgação de convenções e recomendações da Organização Internacional do Trabalho – OIT ratificadas pela República Federativa do Brasil.

XXXIV – igualdade de direitos entre o trabalhador com vínculo empregatício permanente e o trabalhador avulso.

Parágrafo único. São assegurados à categoria dos trabalhadores domésticos os direitos previstos nos incisos IV, VI, VII, VIII, X, XIII, XV, XVI, XVII, XVIII, XIX, XXI, XXII, XXIV, XXVI, XXX, XXXI e XXXIII e, atendidas as condições estabelecidas em lei e observada a simplificação do cumprimento das obrigações tributárias, principais e acessórias, decorrentes da relação de trabalho e suas peculiaridades, os previstos nos incisos I, II, III, IX, XII, XXV e XXVIII, bem como a sua integração à previdência social.

- Parágrafo único com a redação dada pela EC nº 72, de 3-4-2013.
- Art. 7º da CLT.
- LC nº 150, de 1-6-2015 (Dispõe sobre o contrato de trabalho doméstico).

Art. 8º É livre a associação profissional ou sindical, observado o seguinte:

- Arts. 511 a 515, 524, 537, 543, 553, 558 e 570 da CLT.

I – a lei não poderá exigir autorização do Estado para a fundação de sindicato, ressalvado o registro no órgão competente, vedadas ao Poder Público a interferência e a intervenção na organização sindical;

- Dec. nº 10.088, de 5-11-2019, consolida atos normativos editados pelo Poder Executivo Federal que dispõem sobre a promulgação de convenções e recomendações da Organização Internacional do Trabalho – OIT ratificadas pela República Federativa do Brasil.
- Port. do MTE nº 186, de 10-4-2008, trata de procedimentos administrativos de registro sindical.
- Súm. nº 677 do STF.
- OJ da SDC nº 15 do TST.

II – é vedada a criação de mais de uma organização sindical, em qualquer grau, representativa de categoria profissional ou econômica, na mesma base territorial, que será definida pelos trabalhadores ou empregadores interessados, não podendo ser inferior à área de um município;

- Súm. nº 677 do STF.

III – ao sindicato cabe a defesa dos direitos e interesses coletivos ou individuais da categoria, inclusive em questões judiciais ou administrativas;

- Orientações Jurisprudenciais da SBDI-I nºs 359 e 365 do TST.
- OJ da SDC nº 22 do TST.

IV – a assembleia-geral fixará a contribuição que, em se tratando de categoria profissional, será descontada em folha, para custeio do sistema confederativo da representação sindical respectiva, independentemente da contribuição prevista em lei;

- Súm. Vinc. nº 40 do STF.
- Súm. nº 666 do STF.
- Súm. nº 396 do STJ.
- OJ da SDC nº 17 do TST.
- Precedente Normativo da SDC nº 119 do TST.

- Ao julgar a ADIN nº 4.033, o Plenário do STF julgou constitucional a isenção de contribuição sindical patronal das microempresas e empresas de pequeno porte, optantes do regime SIMPLES NACIONAL, constante do art. 13, § 3º, da LC nº 123, de 14-12-2006.
- No julgamento da ADIN nº 2.522, o Plenário do STF julgou constitucional o art. 47 da Lei nº 8.906, de 4-7-1994 (Estatuto da OAB) a isentar o recolhimento da contribuição sindical obrigatória aos advogados inscritos na Ordem dos Advogados do Brasil.

V – ninguém será obrigado a filiar-se ou manter-se filiado a sindicato;

- Art. 199 do CP.
- Dec. nº 10.088, de 5-11-2019, consolida atos normativos editados pelo Poder Executivo Federal que dispõem sobre a promulgação de convenções e recomendações da Organização Internacional do Trabalho – OIT ratificadas pela República Federativa do Brasil.
- OJ da SDC nº 20 do TST.

VI – é obrigatória a participação dos sindicatos nas negociações coletivas de trabalho;

- O STF, ao julgar as Ações Diretas de Inconstitucionalidade nºs 1.861 e 1.361, declararam a inconstitucionalidade de regra constante da MP nº 1.698-46, de 30-6-1998 e art. 2º da MP nº 1.136, de 26-9-1995, que previam a possibilidade de negociação coletiva para instituição de participação nos lucros, por meio de comissão de trabalhadores integrada por um representante indicado pelo sindicato, em alternativa ao acordo coletivo ou convenção coletiva de trabalho.

VII – o aposentado filiado tem direito a votar e ser votado nas organizações sindicais;

VIII – é vedada a dispensa do empregado sindicalizado, a partir do registro da candidatura a cargo de direção ou representação sindical e, se eleito, ainda que suplente, até um ano após o final do mandato, salvo se cometer falta grave nos termos da lei.

- Art. 543 da CLT.
- Dec. nº 10.088, de 5-11-2019, consolida atos normativos editados pelo Poder Executivo Federal que dispõem sobre a promulgação de convenções e recomendações da Organização Internacional do Trabalho – OIT ratificadas pela República Federativa do Brasil.
- Súm. nº 197 do STF.
- Súmulas nºs 369 e 379 do TST.
- Orientações Jurisprudenciais da SBDI-I nºs 365 e 369 do TST.

Parágrafo único. As disposições deste artigo aplicam-se à organização de sindicatos rurais e de colônias de pescadores, atendidas as condições que a lei estabelecer.

- Lei nº 11.699, de 13-6-2008, dispõe sobre as Colônias, Federações e Confederação Nacional dos Pescadores, regulamentando este parágrafo.

Art. 9º É assegurado o direito de greve, competindo aos trabalhadores decidir sobre a oportunidade de exercê-lo e sobre os interesses que devam por meio dele defender.

- Arts. 37, VII, 114, II, e 142, § 3º, IV, desta Constituição.
- Lei nº 7.783, de 28-6-1989 (Lei de Greve).

§ 1º A lei definirá os serviços ou atividades essenciais e disporá sobre o atendimento das necessidades inadiáveis da comunidade.

§ 2º Os abusos cometidos sujeitam os responsáveis às penas da lei.

- Súm. nº 316 do STF.
- OJ da SDC nº 10 do TST.

Art. 10. É assegurada a participação dos trabalhadores e empregadores nos colegiados dos órgãos públicos em que seus interesses profissionais ou previdenciários sejam objeto de discussão e deliberação.

Art. 11. Nas empresas de mais de duzentos empregados, é assegurada a eleição de um representante destes com a finalidade exclusiva de promover-lhes o entendimento direto com os empregadores.

- Art. 543 da CLT.
- Precedente Normativo da SDC nº 86 do TST.

Capítulo III

DA NACIONALIDADE

- Art. 5º, LXXI, desta Constituição.
- Dec. nº 4.246, de 22-5-2002, promulga a Convenção sobre o Estatuto dos Apátridas.

Art. 12. São brasileiros:

I – natos:

a) os nascidos na República Federativa do Brasil, ainda que de pais estrangeiros, desde que estes não estejam a serviço de seu país;

b) os nascidos no estrangeiro, de pai brasileiro ou mãe brasileira, desde que qualquer deles esteja a serviço da República Federativa do Brasil;

c) os nascidos no estrangeiro de pai brasileiro ou de mãe brasileira, desde que sejam registrados em repartição brasileira competente ou venham a residir na República Federativa do Brasil e optem, em qualquer tempo, depois de atingida a maioridade, pela nacionalidade brasileira;

► Alínea *c* com a redação dada pela EC nº 54, de 20-9-2007.

► Art. 95 do ADCT.

II – naturalizados:

► Lei nº 818, de 18-9-1949 (Lei da Nacionalidade Brasileira).

► Arts. 64 a 73 da Lei nº 13.445, de 24-5-2017 (Lei de Migração).

a) os que, na forma da lei, adquiram a nacionalidade brasileira, exigidas aos originários de países de língua portuguesa apenas residência por um ano ininterrupto e idoneidade moral;

b) os estrangeiros de qualquer nacionalidade, residentes na República Federativa do Brasil há mais de quinze anos ininterruptos e sem condenação penal, desde que requeiram a nacionalidade brasileira.

► Alínea *b* com a redação dada pela ECR nº 3, de 7-6-1994.

§ 1º Aos portugueses com residência permanente no País, se houver reciprocidade em favor de brasileiros, serão atribuídos os direitos inerentes ao brasileiro, salvo os casos previstos nesta Constituição.

► § 1º com a redação dada pela ECR nº 3, de 7-6-1994.

§ 2º A lei não poderá estabelecer distinção entre brasileiros natos e naturalizados, salvo nos casos previstos nesta Constituição.

§ 3º São privativos de brasileiro nato os cargos:

I – de Presidente e Vice-Presidente da República;
II – de Presidente da Câmara dos Deputados;
III – de Presidente do Senado Federal;
IV – de Ministro do Supremo Tribunal Federal;
V – da carreira diplomática;
VI – de oficial das Forças Armadas;

► LC nº 97, de 9-6-1999, dispõe sobre as normas gerais para organização, o preparo e o emprego das Forças Armadas.

VII – de Ministro de Estado da Defesa.

► Inciso VII acrescido pela EC nº 23, de 2-9-1999.

► LC nº 97, de 9-6-1999, dispõe sobre a criação do Ministério de Defesa.

§ 4º Será declarada a perda da nacionalidade do brasileiro que:

I – tiver cancelada sua naturalização, por sentença judicial, em virtude de fraude relacionada ao processo de naturalização ou de atentado contra a ordem constitucional e o Estado Democrático;

► Inciso I com a redação dada pela EC nº 131, de 3-10-2023.

► Art. 75 da Lei nº 13.445, de 24-5-2017 (Lei de Migração).

II – fizer pedido expresso de perda da nacionalidade brasileira perante autoridade brasileira competente, ressalvadas situações que acarretem apatridia.

► *Caput* do inciso II com a redação dada pela EC nº 131, de 3-10-2023.

► Art. 76 da Lei nº 13.445, de 24-5-2017 (Lei de Migração).

a e b) Revogadas. *EC nº 131, de 3-10-2023.*

§ 5º A renúncia da nacionalidade, nos termos do inciso II do § 4º deste artigo, não impede o interessado de readquirir sua nacionalidade brasileira originária, nos termos da lei.

► § 5º acrescido pela EC nº 131, de 3-10-2023.

Art. 13. A língua portuguesa é o idioma oficial da República Federativa do Brasil.

► Dec. nº 5.002, de 3-3-2004, promulga a Declaração Constitutiva e os Estatutos da Comunidade dos Países de Língua Portuguesa.

§ 1º São símbolos da República Federativa do Brasil a bandeira, o hino, as armas e o selo nacionais.

► Lei nº 5.700, de 1º-9-1971, dispõe sobre a forma e a apresentação dos Símbolos Nacionais.

► Dec. nº 98.068, de 18-8-1989, dispõe sobre o hasteamento da bandeira nacional nas repartições públicas federais e nos estabelecimentos de ensino.

§ 2º Os Estados, o Distrito Federal e os Municípios poderão ter símbolos próprios.

CAPÍTULO IV

DOS DIREITOS POLÍTICOS

► Art. 5º, LXXI, desta Constituição.

Art. 14. A soberania popular será exercida pelo sufrágio universal e pelo voto direto e secreto, com valor igual para todos, e, nos termos da lei, mediante:

► Lei nº 4.737, de 15-7-1965 (Código Eleitoral).

► Lei nº 9.709, de 18-11-1998, regulamenta a execução do disposto nos incisos I, II e III do artigo supratranscrito.

I – plebiscito;

- Arts. 18, §§ 3º e 4º, e 49, XV, desta Constituição.
- Art. 2º do ADCT.

II – referendo;

- Arts. 1º, II, 2º, § 2º, 3º, 6º, 8º e 10 a 12 da Lei nº 9.709, de 18-11-1998, que regulamenta a execução do disposto nos incisos I, II e III deste artigo.

III – iniciativa popular.

- Art. 61, § 2º, desta Constituição.
- Arts. 1º, III, 13 e 14 da Lei nº 9.709, de 18-11-1998, que regulamenta a execução do disposto nos incisos I, II e III deste artigo.

§ 1º O alistamento eleitoral e o voto são:

- Arts. 42 a 81 e 133 a 157 do CE.

I – obrigatórios para os maiores de dezoito anos;

- Lei nº 9.274, de 7-5-1996, dispõe sobre anistia relativamente às eleições de 3 de outubro e de 15 de novembro dos anos de 1992 e 1994.

II – facultativos para:

a) os analfabetos;

b) os maiores de setenta anos;

c) os maiores de dezesseis e menores de dezoito anos.

§ 2º Não podem alistar-se como eleitores os estrangeiros e, durante o período do serviço militar obrigatório, os conscritos.

§ 3º São condições de elegibilidade, na forma da lei:

I – a nacionalidade brasileira;

II – o pleno exercício dos direitos políticos;

- Art. 47, I, do CP.

III – o alistamento eleitoral;

IV – o domicílio eleitoral na circunscrição;

V – a filiação partidária;

- Lei nº 9.096, de 19-9-1995 (Lei dos Partidos Políticos).
- Res. do TSE nº 23.282, de 22-6-2010, disciplina a criação, organização, fusão, incorporação e extinção de partidos políticos.

VI – a idade mínima de:

a) trinta e cinco anos para Presidente e Vice-Presidente da República e Senador;

b) trinta anos para Governador e Vice-Governador de Estado e do Distrito Federal;

c) vinte e um anos para Deputado Federal, Deputado Estadual ou Distrital, Prefeito, Vice-Prefeito e juiz de paz;

- Dec.-lei nº 201, de 27-2-1967 (Lei de Responsabilidade dos Prefeitos e Vereadores).

d) dezoito anos para Vereador.

- Dec.-lei nº 201, de 27-2-1967 (Lei de Responsabilidade dos Prefeitos e Vereadores).

§ 4º São inelegíveis os inalistáveis e os analfabetos.

§ 5º O Presidente da República, os Governadores de Estado e do Distrito Federal, os Prefeitos e quem os houver sucedido ou substituído no curso dos mandatos poderão ser reeleitos para um único período subsequente.

- § 5º com a redação dada pela EC nº 16, de 4-6-1997.
- Súm. nº 8 do TSE.

§ 6º Para concorrerem a outros cargos, o Presidente da República, os Governadores de Estado e do Distrito Federal e os Prefeitos devem renunciar aos respectivos mandatos até seis meses antes do pleito.

§ 7º São inelegíveis, no território de jurisdição do titular, o cônjuge e os parentes consanguíneos ou afins, até o segundo grau ou por adoção, do Presidente da República, de Governador de Estado ou Território, do Distrito Federal, de Prefeito ou de quem os haja substituído dentro dos seis meses anteriores ao pleito, salvo se já titular de mandato eletivo e candidato à reeleição.

- Súm. Vinc. nº 18 do STF.
- Súmulas nºs 6 e 12 do TSE.

§ 8º O militar alistável é elegível, atendidas as seguintes condições:

I – se contar menos de dez anos de serviço, deverá afastar-se da atividade;

II – se contar mais de dez anos de serviço, será agregado pela autoridade superior e, se eleito, passará automaticamente, no ato da diplomação, para a inatividade.

- Art. 42, § 1º, desta Constituição.

§ 9º Lei complementar estabelecerá outros casos de inelegibilidade e os prazos de sua cessação, a fim de proteger a probidade administrativa, a moralidade para o exercício do mandato, considerada a vida pregressa do candidato, e a normalidade e legitimidade das eleições contra a influência do poder econômico ou o abuso do exercício de função, cargo ou emprego na administração direta ou indireta.

- § 9º com a redação dada pela ECR nº 4, de 7-6-1994.
- Art. 37, § 4º, desta Constituição.
- LC nº 64, de 18-5-1990 (Lei dos Casos de Inelegibilidade).

► Súm. nº 13 do TSE.

§ 10. O mandato eletivo poderá ser impugnado ante a Justiça Eleitoral no prazo de quinze dias contados da diplomação, instruída a ação com provas de abuso do poder econômico, corrupção ou fraude.

► O STF, ao julgar as Ações Diretas de Inconstitucionalidade nºs 3.999 e 4.086, confirmou a constitucionalidade da Res. do TSE nº 22.610, de 25-10-2007, que disciplina o processo de perda do mandato eletivo por infidelidade partidária.

§ 11. A ação de impugnação de mandato tramitará em segredo de justiça, respondendo o autor, na forma da lei, se temerária ou de manifesta má-fé.

§ 12. Serão realizadas concomitantemente às eleições municipais as consultas populares sobre questões locais aprovadas pelas Câmaras Municipais e encaminhadas à Justiça Eleitoral até 90 (noventa) dias antes da data das eleições, observados os limites operacionais relativos ao número de quesitos.

§ 13. As manifestações favoráveis e contrárias às questões submetidas às consultas populares nos termos do § 12 ocorrerão durante as campanhas eleitorais, sem a utilização de propaganda gratuita no rádio e na televisão.

► §§ 12 e 13 acrescidos pela EC nº 111, de 28-9-2021.

Art. 15. É vedada a cassação de direitos políticos, cuja perda ou suspensão só se dará nos casos de:

► Lei nº 9.096, de 19-9-1995 (Lei dos Partidos Políticos).

I – cancelamento da naturalização por sentença transitada em julgado;

II – incapacidade civil absoluta;

III – condenação criminal transitada em julgado, enquanto durarem seus efeitos;

► Art. 92, I e parágrafo único, do CP.

► Súm. nº 9 do TSE.

IV – recusa de cumprir obrigação a todos imposta ou prestação alternativa, nos termos do artigo 5º, VIII;

► Art. 143 desta Constituição.

► Lei nº 8.239, de 4-10-1991, dispõe sobre a prestação de serviço alternativo ao Serviço Militar Obrigatório.

V – improbidade administrativa, nos termos do artigo 37, § 4º.

Art. 16. A lei que alterar o processo eleitoral entrará em vigor na data de sua publicação, não se aplicando à eleição que ocorra até um ano da data de sua vigência.

► Artigo com a redação dada pela EC nº 4, de 14-9-1993.

► Lei nº 9.504, de 30-9-1997 (Lei das Eleições).

CAPÍTULO V

DOS PARTIDOS POLÍTICOS

Art. 17. É livre a criação, fusão, incorporação e extinção de partidos políticos, resguardados a soberania nacional, o regime democrático, o pluripartidarismo, os direitos fundamentais da pessoa humana e observados os seguintes preceitos:

► Lei nº 9.096, de 19-9-1995 (Lei dos Partidos Políticos).

► Lei nº 9.504, de 30-9-1997 (Lei das Eleições).

► Res. do TSE nº 23.282, de 22-6-2010, disciplina a criação, organização, fusão, incorporação e extinção de partidos políticos.

I – caráter nacional;

II – proibição de recebimento de recursos financeiros de entidade ou governo estrangeiros ou de subordinação a estes;

III – prestação de contas à Justiça Eleitoral;

► Lei nº 9.096, de 19-9-1995 (Lei dos Partidos Políticos).

IV – funcionamento parlamentar de acordo com a lei.

§ 1º É assegurada aos partidos políticos autonomia para definir sua estrutura interna e estabelecer regras sobre escolha, formação e duração de seus órgãos permanentes e provisórios e sobre sua organização e funcionamento e para adotar os critérios de escolha e o regime de suas coligações nas eleições majoritárias, vedada a sua celebração nas eleições proporcionais, sem obrigatoriedade de vinculação entre as candidaturas em âmbito nacional, estadual, distrital ou municipal, devendo seus estatutos estabelecer normas de disciplina e fidelidade partidária.

► § 1º com a redação dada pela EC nº 97, de 4-10-2017.

§ 2º Os partidos políticos, após adquirirem personalidade jurídica, na forma da lei civil, registrarão seus estatutos no Tribunal Superior Eleitoral.

§ 3º Somente terão direito a recursos do fundo partidário e acesso gratuito ao rádio e à televisão, na forma da lei, os partidos políticos que alternativamente:

I – obtiverem, nas eleições para a Câmara dos Deputados, no mínimo, 3% (três por cento) dos votos válidos, distribuídos em pelo menos um terço das unidades da Federação, com um mínimo de 2% (dois por cento) dos votos válidos em cada uma delas; ou

II – tiverem elegido pelo menos quinze Deputados Federais distribuídos em pelo menos um terço das unidades da Federação.

- § 3º com a redação dada pela EC nº 97, de 4-10-2017.
- Art. 241 do CE.

§ 4º É vedada a utilização pelos partidos políticos de organização paramilitar.

§ 5º Ao eleito por partido que não preencher os requisitos previstos no § 3º deste artigo é assegurado o mandato e facultada a filiação, sem perda do mandato, a outro partido que os tenha atingido, não sendo essa filiação considerada para fins de distribuição dos recursos do fundo partidário e de acesso gratuito ao tempo de rádio e de televisão.

- § 5º acrescido pela EC nº 97, de 4-10-2017.

§ 6º Os Deputados Federais, os Deputados Estaduais, os Deputados Distritais e os Vereadores que se desligarem do partido pelo qual tenham sido eleitos perderão o mandato, salvo nos casos de anuência do partido ou de outras hipóteses de justa causa estabelecidas em lei, não computada, em qualquer caso, a migração de partido para fins de distribuição de recursos do fundo partidário ou de outros fundos públicos e de acesso gratuito ao rádio e à televisão.

- § 6º acrescido pela EC nº 111, de 28-9-2021.

§ 7º Os partidos políticos devem aplicar no mínimo 5% (cinco por cento) dos recursos do fundo partidário na criação e na manutenção de programas de promoção e difusão da participação política das mulheres, de acordo com os interesses intrapartidários.

§ 8º O montante do Fundo Especial de Financiamento de Campanha e da parcela do fundo partidário destinada a campanhas eleitorais, bem como o tempo de propaganda gratuita no rádio e na televisão a ser distribuído pelos partidos às respectivas candidatas, deverão ser de no mínimo 30% (trinta por cento), proporcional ao número de candidatas, e a distribuição deverá ser realizada conforme critérios definidos pelos respectivos órgãos de direção e pelas normas estatutárias, considerados a autonomia e o interesse partidário.

- §§ 7º e 8º acrescidos pela EC nº 117, de 5-4-2022.

TÍTULO III – DA ORGANIZAÇÃO DO ESTADO

CAPÍTULO I

DA ORGANIZAÇÃO POLÍTICO-ADMINISTRATIVA

Art. 18. A organização político-administrativa da República Federativa do Brasil compreende a União, os Estados, o Distrito Federal e os Municípios, todos autônomos, nos termos desta Constituição.

§ 1º Brasília é a Capital Federal.

§ 2º Os Territórios Federais integram a União, e sua criação, transformação em Estado ou reintegração ao Estado de origem serão reguladas em lei complementar.

§ 3º Os Estados podem incorporar-se entre si, subdividir-se ou desmembrar-se para se anexarem a outros, ou formarem novos Estados ou Territórios Federais, mediante aprovação da população diretamente interessada, através de plebiscito, e do Congresso Nacional, por lei complementar.

- Arts. 3º e 4º da Lei nº 9.709, de 18-11-1998, que dispõe sobre a convocação do plebiscito e o referendo nas questões de relevância nacional, de competência do Poder Legislativo ou do Poder Executivo.

§ 4º A criação, a incorporação, a fusão e o desmembramento de Municípios, far-se-ão por lei estadual, dentro do período determinado por lei complementar federal, e dependerão de consulta prévia, mediante plebiscito, às populações dos Municípios envolvidos, após divulgação dos Estudos de Viabilidade Municipal, apresentados e publicados na forma da lei.

- § 4º com a redação dada pela EC nº 15, de 12-9-1996.
- Art. 5º da Lei nº 9.709, de 18-11-1998, que dispõe sobre o plebiscito destinado à criação, à incorporação, à fusão e ao desmembramento de Municípios.
- Lei nº 10.521, de 18-7-2002, assegura a instalação de Municípios criados por lei estadual.

Art. 19. É vedado à União, aos Estados, ao Distrito Federal e aos Municípios:

I – estabelecer cultos religiosos ou igrejas, subvencioná-los, embaraçar-lhes o funcionamento ou manter com eles ou seus representantes relações de dependência ou aliança, ressalvada, na forma da lei, a colaboração de interesse público;

II – recusar fé aos documentos públicos;

III – criar distinções entre brasileiros ou preferências entre si.

- Art. 325 da CLT.

Capítulo II

DA UNIÃO

Art. 20. São bens da União:

- Art. 176, §§ 1º a 4º, desta Constituição.
- Art. 99 do CC.
- Dec.-lei nº 9.760, de 5-9-1946 (Lei dos Bens Imóveis da União).

I – os que atualmente lhe pertencem e os que lhe vierem a ser atribuídos;

- Súm. nº 650 do STF.

II – as terras devolutas indispensáveis à defesa das fronteiras, das fortificações e construções militares, das vias federais de comunicação e à preservação ambiental, definidas em lei;

- Lei nº 4.504, de 30-11-1964 (Estatuto da Terra).
- Lei nº 6.383, de 7-12-1976 (Lei das Ações Discriminatórias).
- Lei nº 6.431, de 11-7-1977, autoriza a doação de porções de terras devolutas a Municípios incluídos na região da Amazônia Legal, para os fins que especifica.
- Lei nº 6.634, de 2-5-1979, dispõe sobre a faixa de fronteira.
- Lei nº 6.938, de 31-8-1981 (Lei da Política Nacional do Meio Ambiente).
- Dec.-lei nº 227, de 28-2-1967 (Código de Mineração).
- Dec.-lei nº 1.135, de 3-12-1970, dispõe sobre a organização, a competência e o funcionamento do Conselho de Segurança Nacional.
- Súm. nº 477 do STF.

III – os lagos, rios e quaisquer correntes de água em terrenos de seu domínio, ou que banhem mais de um Estado, sirvam de limites com outros países, ou se estendam a território estrangeiro ou dele provenham, bem como os terrenos marginais e as praias fluviais;

- Dec. nº 1.265, de 11-10-1994, aprova a Política Marítima Nacional – PMN.

IV – as ilhas fluviais e lacustres nas zonas limítrofes com outros países; as praias marítimas; as ilhas oceânicas e as costeiras, excluídas, destas, as que contenham a sede de Municípios, exceto aquelas áreas afetadas ao serviço público e a unidade ambiental federal, e as referidas no art. 26, II;

- Inciso IV com a redação dada pela EC nº 46, de 5-5-2005.
- Dec. nº 1.265, de 11-10-1994, aprova a Política Marítima Nacional – PMN.

V – os recursos naturais da plataforma continental e da zona econômica exclusiva;

- Lei nº 8.617, de 4-1-1993, dispõe sobre o mar territorial, a zona contígua, a zona econômica exclusiva e a plataforma continental brasileiros.
- Dec. nº 1.265, de 11-10-1994, aprova a Política Marítima Nacional – PMN.

VI – o mar territorial;

- Lei nº 8.617, de 4-1-1993, dispõe sobre o mar territorial, a zona contígua, a zona econômica exclusiva e a plataforma continental brasileira.
- Dec. nº 1.265, de 11-10-1994, aprova a Política Marítima Nacional – PMN.

VII – os terrenos de marinha e seus acrescidos;

- Súm nº 496 do STJ.

VIII – os potenciais de energia hidráulica;

IX – os recursos minerais, inclusive os do subsolo;

X – as cavidades naturais subterrâneas e os sítios arqueológicos e pré-históricos;

XI – as terras tradicionalmente ocupadas pelos índios.

- Súm. nº 650 do STF.

§ 1º É assegurada, nos termos da lei, à União, aos Estados, ao Distrito Federal e aos Municípios a participação no resultado da exploração de petróleo ou gás natural, de recursos hídricos para fins de geração de energia elétrica e de outros recursos minerais no respectivo território, plataforma continental, mar territorial ou zona econômica exclusiva, ou compensação financeira por essa exploração.

- § 1º com a redação dada pela EC nº 102, de 26-9-2019, para vigorar na data de sua publicação (*DOU* de 27-9-2019), produzindo efeitos a partir da execução orçamentária do exercício financeiro subsequente.
- Arts. 100, § 18, e 177 desta Constituição.
- Arts. 101, § 1º, e 107, § 6º, I, do ADCT.
- Art. 3º da EC nº 86, de 17-3-2015, que torna obrigatória a execução orçamentária que especifica.
- Lei nº 7.990, de 28-12-1989, institui, para os Estados, Distrito Federal e Municípios, compensação financeira pelo resultado da exploração de petróleo ou gás natural, de recursos hídricos para fins de geração de energia elétrica, de recursos minerais em seus respectivos territórios, plataforma continental, mar territorial ou zona econômica exclusiva.
- Lei nº 8.001, de 13-3-1990, define os percentuais da distribuição da compensação financeira instituída pela Lei nº 7.990, de 28-12-1989.
- Lei nº 9.427, de 26-12-1996, institui a Agência Nacional de Energia Elétrica (ANEEL), e disciplina o re-

gime de concessões de serviços públicos de energia elétrica.

- Lei nº 9.478, de 6-8-1997, dispõe sobre a Política Energética Nacional, as atividades relativas a o monopólio do petróleo, institui o Conselho Nacional de Política Energética e a Agência Nacional de Petróleo – ANP.
- Lei nº 9.984, de 17-7-2000, dispõe sobre a Agência Nacional de Águas e Saneamento Básico – ANA.
- Lei nº 12.858, de 9-9-2013, dispõe sobre a destinação para as áreas de educação e saúde de parcela da participação no resultado ou da compensação financeira pela exploração de petróleo e gás natural, com a finalidade de cumprimento da meta prevista no inciso VI do *caput* do art. 214 e no art. 196 desta Constituição.
- Dec. nº 1, de 11-1-1991, regulamenta o pagamento da compensação financeira instituída pela Lei nº 7.990, de 28-12-1989.

§ 2º A faixa de até cento e cinquenta quilômetros de largura, ao longo das fronteiras terrestres, designada como faixa de fronteira, é considerada fundamental para defesa do território nacional, e sua ocupação e utilização serão reguladas em lei.

- Lei nº 6.634, de 2-5-1979, dispõe sobre a faixa de fronteira.
- Art. 10, § 3º, da Lei nº 11.284, de 2-3-2006 (Lei de Gestão de Florestas Públicas).
- Dec.-lei nº 1.135, de 3-12-1970, dispõe sobre a organização, a competência e o funcionamento do Conselho de Segurança Nacional.

Art. 21. Compete à União:

I – manter relações com Estados estrangeiros e participar de organizações internacionais;

II – declarar a guerra e celebrar a paz;

III – assegurar a defesa nacional;

IV – permitir, nos casos previstos em lei complementar, que forças estrangeiras transitem pelo território nacional ou nele permaneçam temporariamente;

- LC nº 90, de 1º-10-1997, regulamenta este inciso e determina os casos em que forças estrangeiras possam transitar pelo território nacional ou nele permanecer temporariamente.
- Dec. nº 97.464, de 20-1-1989, estabelece procedimentos para a entrada no Brasil e o sobrevoo de seu território por aeronaves civis estrangeiras, que não estejam em serviço aéreo internacional regular.

V – decretar o estado de sítio, o estado de defesa e a intervenção federal;

VI – autorizar e fiscalizar a produção e o comércio de material bélico;

VII – emitir moeda;

VIII – administrar as reservas cambiais do País e fiscalizar as operações de natureza financeira, especialmente as de crédito, câmbio e capitalização, bem como as de seguros e de previdência privada;

- LC nº 108, de 29-5-2001, dispõe sobre a relação entre União, os Estados o Distrito Federal e os Municípios, suas autarquias, fundações, sociedades de economia mista e outras entidades públicas e suas respectivas entidades fechadas de previdência complementar.
- LC nº 109, de 29-5-2001 (Lei do Regime de Previdência Complementar).
- Lei nº 4.595, de 31-12-1964 (Lei do Sistema Financeiro Nacional).
- Lei nº 4.728, de 14-7-1965 (Lei do Mercado de Capitais).
- Dec.-lei nº 73, de 21-11-1966, regulamentado pelo Dec. nº 60.459, de 13-3-1967, dispõe sobre o sistema nacional de seguros privados e regula as operações de seguros e resseguros.

IX – elaborar e executar planos nacionais e regionais de ordenação do território e de desenvolvimento econômico e social;

- Lei nº 9.491, de 9-9-1997, altera procedimentos relativos ao programa nacional de desestatização.

X – manter o serviço postal e o correio aéreo nacional;

- Lei nº 6.538, de 22-6-1978, dispõe sobre os serviços postais.

XI – explorar, diretamente ou mediante autorização, concessão ou permissão, os serviços de telecomunicações, nos termos da lei, que disporá sobre a organização dos serviços, a criação de um órgão regulador e outros aspectos institucionais;

- Inciso XI com a redação dada pela EC nº 8, de 15-8-1995.
- Art. 246 desta Constituição.
- Lei nº 8.987, de 13-2-1995 (Lei da Concessão e Permissão da Prestação de Serviços Públicos).
- Lei nº 9.295, de 19-7-1996, dispõe sobre serviços de telecomunicações, organizações e órgão regulador.
- Lei nº 9.472, de 16-7-1997, dispõe sobre a organização dos serviços de telecomunicações, a criação e funcionamento de um Órgão Regulador e outros aspectos institucionais.

► Lei nº 10.052, de 28-11-2000, institui o Fundo para o Desenvolvimento Tecnológico das Telecomunicações – FUNTTEL.

► Dec. nº 3.896, de 23-8-2001, dispõe sobre a regência dos serviços de telecomunicações.

XII – explorar, diretamente ou mediante autorização, concessão ou permissão:

► Lei nº 4.117, de 24-8-1962 (Código Brasileiro de Telecomunicações).

► Dec. nº 2.196, de 8-4-1997, aprova o Regulamento de Serviços Especiais.

► Dec. nº 2.197, de 8-4-1997, aprova o Regulamento de Serviços Limitados.

► Dec. nº 2.198, de 8-4-1997, aprova o Regulamento de Serviços Público-Restritos.

a) os serviços de radiodifusão sonora e de sons e imagens;

► Alínea *a* com a redação dada pela EC nº 8, de 15-8-1995.

► Art. 246 desta Constituição.

► Lei nº 9.472, de 16-7-1997, dispõe sobre a organização dos serviços de telecomunicações, a criação e funcionamento de um Órgão Regulador e outros aspectos institucionais.

► Lei nº 10.052, de 28-11-2000, institui o Fundo para o Desenvolvimento Tecnológico das Telecomunicações – FUNTTEL.

b) os serviços e instalações de energia elétrica e o aproveitamento energético dos cursos de água, em articulação com os Estados onde se situam os potenciais hidroenergéticos;

► Lei nº 9.427, de 26-12-1996, institui a Agência Nacional de Energia Elétrica – ANEEL e disciplina o regime de concessão de serviços públicos de energia elétrica.

► Lei nº 9.648, de 27-5-1998, regulamentada pelo Dec. nº 2.655, de 2-7-1998, autoriza o Poder Executivo a promover a reestruturação da Centrais Elétricas Brasileiras – ELETROBRÁS e de suas subsidiárias.

► Lei nº 12.111, de 9-12-2009, dispõe sobre os serviços de energia elétrica nos Sistemas Isolados.

c) a navegação aérea, aeroespacial e a infraestrutura aeroportuária;

► Lei nº 7.565, de 19-12-1986 (Código Brasileiro de Aeronáutica).

► Lei nº 9.994, de 24-7-2000, institui o Programa de Desenvolvimento Científico e Tecnológico do Setor Espacial.

d) os serviços de transporte ferroviário e aquaviário entre portos brasileiros e fronteiras nacionais, ou que transponham os limites de Estado ou Território;

► Lei nº 9.277, de 10-5-1996, autoriza a União a delegar aos Municípios, Estados da Federação e ao Distrito Federal a Administração e Exploração de Rodovias e Portos Federais.

e) os serviços de transporte rodoviário interestadual e internacional de passageiros;

f) os portos marítimos, fluviais e lacustres;

► Lei nº 10.233, de 5-6-2001, dispõe sobre a reestruturação dos transportes aquaviário e terrestre, cria o Conselho Nacional de Integração de Políticas de Transporte, a Agência Nacional de Transportes Terrestres, a Agência Nacional de Transportes Aquaviários e o Departamento Nacional de Infraestrutura de Transportes.

► Dec. nº 1.265, de 11-10-1994, aprova a Política Marítima Nacional – PMN.

► Dec. nº 10.088, de 5-11-2019, consolida atos normativos editados pelo Poder Executivo Federal que dispõem sobre a promulgação de convenções e recomendações da Organização Internacional do Trabalho – OIT ratificadas pela República Federativa do Brasil.

XIII – organizar e manter o Poder Judiciário, o Ministério Público do Distrito Federal e dos Territórios e a Defensoria Pública dos Territórios;

► Inciso XIII com a redação dada pela EC nº 69, de 29-3-2012, em vigor na data de sua publicação, produzindo efeitos após 120 dias de sua publicação oficial (*DOU* de 30-3-2012).

XIV – organizar e manter a polícia civil, a polícia penal, a polícia militar e o corpo de bombeiros militar do Distrito Federal, bem como prestar assistência financeira ao Distrito Federal para a execução de serviços públicos, por meio de fundo próprio;

► Inciso XIV com a redação dada pela EC nº 104, de 4-12-2019.

► Art. 107, § 6º, I, do ADCT.

► Art. 25 da EC nº 19, de 4-6-1998 (Reforma Administrativa).

► Lei nº 10.633, de 27-12-2002, institui o Fundo Constitucional do Distrito Federal – FCDF, para atender o disposto neste inciso.

► Súm. Vinc. nº 39 do STF.

► Súm. nº 647 do STF.

XV – organizar e manter os serviços oficiais de estatística, geografia, geologia e cartografia de âmbito nacional;

- Art. 71, § 3º, da Lei nº 11.355, de 19-10-2006, que dispõe sobre plano de carreiras e cargos do Instituto Brasileiro de Geografia e Estatística – IBGE.
- Dec. nº 243, de 28-2-1967, fixa as diretrizes e bases da Cartografia Brasileira.

XVI – exercer a classificação, para efeito indicativo, de diversões públicas e de programas de rádio e televisão;

- Art. 23 do ADCT.

XVII – conceder anistia;

XVIII – planejar e promover a defesa permanente contra as calamidades públicas, especialmente as secas e as inundações;

XIX – instituir sistema nacional de gerenciamento de recursos hídricos e definir critérios de outorga de direitos de seu uso;

- Lei nº 9.433, de 8-1-1997, institui a Política Nacional de Recursos Hídricos, cria o Sistema Nacional de Gerenciamento de Recursos Hídricos e regulamenta o inciso acima transcrito.

XX – instituir diretrizes para o desenvolvimento urbano, inclusive habitação, saneamento básico e transportes urbanos;

- Lei nº 5.318, de 26-9-1967, institui a Política Nacional de Saneamento e cria o Conselho Nacional de Saneamento.
- Lei nº 7.196, de 13-6-1984, institui o Plano Nacional de Moradia – PLAMO.
- Lei nº 10.188, de 12-2-2001, cria o Programa de Arrendamento Residencial e institui o arrendamento residencial com opção de compra.
- Lei nº 10.233, de 5-6-2001, dispõe sobre a reestruturação dos transportes aquaviário e terrestre, cria o Conselho Nacional de Integração de Políticas de Transporte, a Agência Nacional de Transportes Terrestres, a Agência Nacional de Transportes Aquaviários e o Departamento Nacional de Infraestrutura de Transportes.
- Lei nº 11.445, de 5-1-2007, estabelece diretrizes nacionais para o saneamento básico, regulamentada pelo Dec. nº 7.217, de 21-6-2010.
- Lei nº 12.587, de 3-1-2012 (Lei da Política Nacional de Mobilidade Urbana).

XXI – estabelecer princípios e diretrizes para o sistema nacional de viação;

- Lei nº 10.233, de 5-6-2001, dispõe sobre a reestruturação dos transportes aquaviário e terrestre, cria o Conselho Nacional de Integração de Políticas de Transporte, a Agência Nacional de Transportes Terrestres, a Agência Nacional de Transportes Aquaviários e o Departamento Nacional de Infraestrutura de Transportes.

XXII – executar os serviços de polícia marítima, aeroportuária e de fronteiras;

- Inciso XXII com a redação dada pela EC nº 19, de 4-6-1998.
- Súm. Vinc. nº 36 do STF.

XXIII – explorar os serviços e instalações nucleares de qualquer natureza e exercer monopólio estatal sobre a pesquisa, a lavra, o enriquecimento e reprocessamento, a industrialização e o comércio de minérios nucleares e seus derivados, atendidos os seguintes princípios e condições:

- Lei nº 10.308, de 20-11-2001, estabelece normas para o destino final dos rejeitos radioativos produzidos em território nacional, incluídos a seleção de locais, a construção, o licenciamento, a operação, a fiscalização, os custos, a indenização e a responsabilidade civil.
- Dec.-lei nº 1.982, de 28-12-1982, dispõe sobre o exercício das atividades nucleares incluídas no monopólio da União e o controle do desenvolvimento de pesquisas no campo da energia nuclear.

a) toda atividade nuclear em Território Nacional somente será admitida para fins pacíficos e mediante aprovação do Congresso Nacional;

- Dec.-lei nº 1.809, de 7-10-1980, regulamentado pelo Dec. nº 2.210, de 22-4-1997, instituiu o Sistema de Proteção ao Programa Nuclear Brasileiro – SIPRON.

b) sob regime de permissão, são autorizadas a comercialização e a utilização de radioisótopos para pesquisa e uso agrícolas e industriais;

c) sob regime de permissão, são autorizadas a produção, a comercialização e a utilização de radioisótopos para pesquisa e uso médicos;

- Alíneas *b* e *c* com a redação dada pela EC nº 118, de 28-4-2022.
- Lei nº 10.308, de 20-11-2001, dispõe sobre a seleção de locais, a construção, o licenciamento, a operação, a fiscalização, os custos, a indenização, a responsabilidade civil e as garantias referentes aos depósitos de rejeitos radioativos.

d) a responsabilidade civil por danos nucleares independe da existência de culpa;

- Alínea *d* acrescida pela EC nº 49, de 8-2-2006.
- Lei nº 6.453, de 17-10-1977, dispõe sobre a responsabilidade civil por danos nucleares e responsa-

bilidade criminal por atos relacionados a atividades nucleares.

► Lei nº 9.425, de 24-12-1996, dispõe sobre a concessão de pensão especial às vítimas do acidente nuclear ocorrido em Goiânia, Goiás.

► Lei nº 10.308, de 20-11-2001, estabelece normas para o destino final dos rejeitos radioativos produzidos e território nacional, incluídos a seleção de locais, a construção, o licenciamento, a operação, a fiscalização, os custos, a indenização, a responsabilidade civil.

XXIV – organizar, manter e executar a inspeção do trabalho;

► Art. 174 desta Constituição.

► Dec. nº 10.088, de 5-11-2019, consolida atos normativos editados pelo Poder Executivo Federal que dispõem sobre a promulgação de convenções e recomendações da Organização Internacional do Trabalho – OIT ratificadas pela República Federativa do Brasil.

XXV – estabelecer as áreas e as condições para o exercício da atividade de garimpagem, em forma associativa;

► Lei nº 7.805, de 18-7-1989, regulamentada pelo Dec. nº 98.812, de 9-1-1990, disciplina o regime de permissão de lavra garimpeira.

XXVI – organizar e fiscalizar a proteção e o tratamento de dados pessoais, nos termos da lei.

► Inciso XXVI acrescido pela EC nº 115, de 10-2-2022.

Art. 22. Compete privativamente à União legislar sobre:

I – direito civil, comercial, penal, processual, eleitoral, agrário, marítimo, aeronáutico, espacial e do trabalho;

► Lei nº 556, de 25-6-1850 (Código Comercial).

► Lei nº 4.504, de 30-11-1964 (Estatuto da Terra).

► Lei nº 4.737, de 15-7-1965 (Código Eleitoral).

► Lei nº 4.947, de 6-4-1966, fixa normas de direito agrário, dispõe sobre o sistema de organização e funcionamento do Instituto Brasileiro de Reforma Agrária – IBRA.

► Lei nº 7.565, de 19-12-1986 (Código Brasileiro de Aeronáutica).

► Lei nº 10.406, de 10-1-2002 (Código Civil).

► Lei nº 13.105, de 16-3-2015 (Código de Processo Civil).

► Dec.-lei nº 2.848, de 7-12-1940 (Código Penal).

► Dec.-lei nº 3.689, de 3-10-1941 (Código de Processo Penal).

► Dec.-lei nº 5.452, de 1-5-1943 (Consolidação das Leis do Trabalho).

► Dec.-lei nº 1.001, de 21-10-1969 (Código Penal Militar).

► Dec.-lei nº 1.002, de 21-10-1969 (Código de Processo Penal Militar).

► Dec. nº 1.265, de 11-10-1994, aprova a Política Marítima Nacional – PMN.

► Súm. Vinc. nº 46 do STF.

► Súm. nº 722 do STF.

II – desapropriação;

► Arts. 184 e 185, I e II, desta Constituição.

► Arts. 1.228, § 3º, e 1.275, V, do CC.

► LC nº 76, de 6-7-1993 (Lei de Desapropriação de Imóvel Rural para fins de Reforma Agrária).

► Leis nº 4.132, de 10-9-1962, 8.257, de 26-11-1991, e 8.629, de 25-2-1993, dispõem sobre desapropriação por interesse social.

► Dec.-lei nº 3.365, de 21-6-1941 (Lei das Desapropriações).

► Dec.-lei nº 1.075, de 22-1-1970 (Lei da Imissão de Posse).

III – requisições civis e militares, em caso de iminente perigo e em tempo de guerra;

IV – águas, energia, informática, telecomunicações e radiodifusão;

► Lei nº 4.117, de 24-8-1962 (Código Brasileiro de Telecomunicações).

► Lei nº 9.295, de 19-7-1996, dispõe sobre os serviços de telecomunicações e sua organização e sobre o órgão regulador.

► Lei nº 9.472, de 16-7-1997, dispõe sobre a organização dos serviços de telecomunicações, a criação e funcionamento de um Órgão Regulador e outros aspectos institucionais.

► Lei nº 9.984, de 17-7-2000, dispõe sobre a Agência Nacional de Águas e Saneamento Básico – ANA.

► Dec. nº 2.196, de 8-4-1997, aprova o Regulamento de Serviços Especiais.

► Dec. nº 2.197, de 8-4-1997, aprova o Regulamento de Serviços Limitados.

► Dec. nº 2.198, de 8-4-1997, aprova o regulamento de Serviços Público-Restritos.

V – serviço postal;

► Lei nº 6.538, de 22-6-1978, dispõe sobre serviços postais.

VI – sistema monetário e de medidas, títulos e garantias dos metais;

► Leis nºs 9.069, de 26-9-1995, e 10.192, de 14-2-2001, dispõem sobre o Plano Real.

VII – política de crédito, câmbio, seguros e transferência de valores;

VIII – comércio exterior e interestadual;

IX – diretrizes da política nacional de transportes;

► Decretos nºs 4.122, de 13-2-2002, e 4.130, de 13-2-2002, dispõem sobre o Conselho Nacional de Integração de Políticas de Transportes.

X – regime dos portos, navegação lacustre, fluvial, marítima, aérea e aeroespacial;

► Lei nº 9.277, de 10-5-1996, autoriza a União a delegar aos Municípios, Estados da Federação e ao Distrito Federal a Administração e Exploração de Rodovias e Portos Federais.

► Lei nº 9.994, de 24-7-2000, institui o Programa de Desenvolvimento Científico e Tecnológico do Setor Espacial.

XI – trânsito e transporte;

► Lei nº 9.503, de 23-9-1997 (Código de Trânsito Brasileiro).

XII – jazidas, minas, outros recursos minerais e metalurgia;

► Dec.-lei nº 227, de 28-2-1967 (Código de Mineração).

XIII – nacionalidade, cidadania e naturalização;

► Lei nº 13.445, de 24-5-2017 (Lei de Migração).

XIV – populações indígenas;

► Art. 231 desta Constituição.

► Lei nº 6.001, de 19-12-1973 (Estatuto do Índio).

XV – emigração e imigração, entrada, extradição e expulsão de estrangeiros;

► Lei nº 13.445, de 24-5-2017 (Lei de Migração).

► Dec. nº 840, de 22-6-1993, dispõe sobre a organização e o funcionamento do Conselho Nacional de Imigração.

XVI – organização do sistema nacional de emprego e condições para o exercício de profissões;

XVII – organização judiciária, do Ministério Público do Distrito Federal e dos Territórios e da Defensoria Pública dos Territórios, bem como organização administrativa destes;

► Inciso XVII com a redação dada pela EC nº 69, de 29-3-2012, em vigor na data de sua publicação, produzindo efeitos após 120 dias de sua publicação oficial (*DOU* de 30-3-2012).

► LC nº 75, de 20-5-1993 (Lei Orgânica do Ministério Público da União).

► LC nº 80, de 12-1-1994 (Lei da Defensoria Pública).

XVIII – sistema estatístico, sistema cartográfico e de geologia nacionais;

► Art. 71, § 3º, da Lei nº 11.355, de 19-10-2006, que dispõe sobre plano de carreiras e cargos do Instituto Brasileiro de Geografia e Estatística – IBGE.

XIX – sistemas de poupança, captação e garantia da poupança popular;

► Leis nºs 8.177, de 1º-3-1991, 9.069, de 29-6-1995, e 10.192, de 14-2-2001, dispõem sobre regras para a remuneração das cadernetas de poupança.

► Dec.-lei nº 70, de 21-11-1966 (Lei de Execução de Cédula Hipotecária).

XX – sistemas de consórcios e sorteios;

► Lei nº 5.768, de 20-12-1971, regulamentada pelo Dec. nº 70.951, de 9-8-1972, dispõe sobre a distribuição gratuita de prêmios, mediante sorteio, vale-brinde ou concurso, a título de propaganda, e estabelece normas de proteção à poupança popular.

► Súm. Vinc. nº 2 do STF.

XXI – normas gerais de organização, efetivos, material bélico, garantias, convocação, mobilização, inatividades e pensões das polícias militares e dos corpos de bombeiros militares;

► Inciso XXI com a redação dada pela EC nº 103, de 12-11-2019.

XXII – competência da Polícia Federal e das Polícias Rodoviária e Ferroviária Federais;

► Lei nº 9.654, de 2-6-1998, cria a carreira de Policial Rodoviário Federal.

XXIII – seguridade social;

► Lei nº 8.212, de 24-7-1991 (Lei Orgânica da Seguridade Social).

XXIV – diretrizes e bases da educação nacional;

► Lei nº 9.394, de 20-12-1996 (Lei das Diretrizes e Bases da Educação Nacional).

XXV – registros públicos;

► Lei nº 6.015, de 31-12-1973 (Lei dos Registros Públicos).

XXVI – atividades nucleares de qualquer natureza;

► Lei nº 10.308, de 20-11-2001, dispõe sobre a seleção de locais, a construção, o licenciamento, a operação, a fiscalização, os custos, a indenização, a responsabilidade civil e as garantias referentes aos depósitos de rejeitos radioativos.

XXVII – normas gerais de licitação e contratação, em todas as modalidades, para as administrações públicas diretas, autárquicas e fundacionais da União, Estados, Distrito Federal e Municípios, obedecido o disposto no artigo 37, XXI, e para as empresas públicas e sociedades de economia mista, nos termos do artigo 173, § 1º, III;

- Inciso XXVII com a redação dada pela EC nº 19, de 4-6-1998.
- Art. 37, XXI, desta Constituição.
- Lei nº 14.133, de 1º-4-2021 (Nova Lei de Licitações e Contratos Administrativos).

XXVIII – defesa territorial, defesa aeroespacial, defesa marítima, defesa civil e mobilização nacional;

- Lei nº 12.340, de 1º-12-2010, dispõe sobre o Sistema Nacional de Defesa Civil – SINDEC, sobre as transferências de recursos para ações de socorro, assistência às vítimas, restabelecimento de serviços essenciais e reconstrução nas áreas atingidas por desastre, e sobre o Fundo Especial para Calamidades Públicas.
- Dec. nº 5.376, de 17-2-2005, dispõe sobre o Sistema Nacional de Defesa Civil – SINDEC e o Conselho Nacional de Defesa Civil.
- Dec. nº 7.294, de 6-9-2010, dispõe sobre a Política de Mobilização Nacional.

XXIX – propaganda comercial;

- Lei nº 8.078, de 11-9-1990 (Código de Defesa do Consumidor).

XXX – proteção e tratamento de dados pessoais.

- Inciso XXX acrescido pela EC nº 115, de 10-2-2022.

Parágrafo único. Lei complementar poderá autorizar os Estados a legislar sobre questões específicas das matérias relacionadas neste artigo.

- LC nº 103, de 14-7-2000, autoriza os Estados e o Distrito Federal a instituir o piso salarial a que se refere o inciso V do art. 7º desta Constituição.

Art. 23. É competência comum da União, dos Estados, do Distrito Federal e dos Municípios:

I – zelar pela guarda da Constituição, das leis e das instituições democráticas e conservar o patrimônio público;

II – cuidar da saúde e assistência pública, da proteção e garantia das pessoas portadoras de deficiência;

- Art. 203, V, desta Constituição.
- Lei nº 10.436, de 24-4-2002, dispõe sobre a Língua Brasileira de Sinais – LIBRAS.
- Lei nº 12.319, de 1º-9-2010, regulamenta a profissão de Tradutor e Intérprete da Língua Brasileira de Sinais – LIBRAS.
- Arts. 18 a 26 da Lei nº 13.146, de 6-7-2015 (Estatuto da Pessoa com Deficiência).
- Dec. nº 3.956, de 8-10-2001, promulga a Convenção Interamericana para eliminação de todas as Formas de Discriminação contra as Pessoas Portadoras de Deficiência.
- Dec. nº 3.964, de 10-10-2001, dispõe sobre o Fundo Nacional de Saúde.

III – proteger os documentos, as obras e outros bens de valor histórico, artístico e cultural, os monumentos, as paisagens naturais notáveis e os sítios arqueológicos;

- LC nº 140, de 8-12-2011, fixa normas, nos termos deste inciso, para a cooperação entre a União, os Estados, o Distrito Federal e os Municípios nas ações administrativas decorrentes do exercício da competência comum relativas à proteção das paisagens naturais notáveis, à proteção do meio ambiente, ao combate à poluição em qualquer de suas formas e à preservação das florestas, da fauna e da flora.
- Dec.-lei nº 25, de 30-11-1937, organiza a Proteção do Patrimônio Histórico e Artístico Nacional.

IV – impedir a evasão, a destruição e a descaracterização de obras de arte e de outros bens de valor histórico, artístico ou cultural;

V – proporcionar os meios de acesso à cultura, à educação, à ciência, à tecnologia, à pesquisa e à inovação;

- Inciso V com a redação dada pela EC nº 85, de 26-2-2015.

VI – proteger o meio ambiente e combater a poluição em qualquer de suas formas;

- LC nº 140, de 8-12-2011, fixa normas, nos termos deste inciso, para a cooperação entre a União, os Estados, o Distrito Federal e os Municípios nas ações administrativas decorrentes do exercício da competência comum relativas à proteção das paisagens naturais notáveis, à proteção do meio ambiente, ao combate à poluição em qualquer de suas formas e à preservação das florestas, da fauna e da flora.
- Lei nº 6.938, de 31-8-1981 (Lei da Política Nacional do Meio Ambiente).
- Lei nº 9.605, de 12-2-1998 (Lei dos Crimes Ambientais).
- Lei nº 9.966, de 28-4-2000, dispõe sobre a prevenção, o controle e a fiscalização da poluição causada por lançamento de óleo e outras substâncias nocivas ou perigosas em águas sob jurisdição nacional.
- Lei nº 11.284, de 2-3-2006 (Lei de Gestão de Florestas Públicas).
- Lei nº 12.305, de 2-8-2010 (Lei da Política Nacional de Resíduos Sólidos).
- Dec. nº 4.297, de 10-7-2002, regulamenta o inciso II do art. 9º da Lei nº 6.938, de 31-8-1981 (Lei da Política Nacional do Meio Ambiente), estabelecendo critério para o Zoneamento Ecológico-Econômico do Brasil – ZEE.

▶ Dec. nº 6.514, de 22-7-2008, dispõe sobre as infrações e sanções administrativas ao meio ambiente e estabelece o processo administrativo federal para apuração destas infrações.

VII – preservar as florestas, a fauna e a flora;

▶ LC nº 140, de 8-12-2011, fixa normas, nos termos deste inciso, para a cooperação entre a União, os Estados, o Distrito Federal e os Municípios nas ações administrativas decorrentes do exercício da competência comum relativas à proteção das paisagens naturais notáveis, à proteção do meio ambiente, ao combate à poluição em qualquer de suas formas e à preservação das florestas, da fauna e da flora.

▶ Lei nº 5.197, de 3-1-1967 (Lei de Proteção à Fauna).

▶ Lei nº 11.284, de 2-3-2006 (Lei de Gestão de Florestas Públicas).

▶ Lei nº 12.651, de 25-5-2012 (Novo Código Florestal).

▶ Dec.-lei nº 221, de 28-2-1967 (Lei de Proteção e Estímulos à Pesca).

▶ Dec. nº 3.420, de 20-4-2000, cria o Programa Nacional de Florestas.

VIII – fomentar a produção agropecuária e organizar o abastecimento alimentar;

▶ Lei nº 10.836, de 9-1-2004, cria o programa "Bolsa-Família", que tem por finalidade a unificação do procedimentos da gestão e execução das ações de transferência de renda do Governo Federal, incluindo o "Bolsa-Alimentação".

▶ MP nº 2.206-1, de 6-9-2001, que até o encerramento desta edição não havia sido convertida em Lei, cria o programa Nacional de Renda Mínima vinculado a saúde: "bolsa-alimentação", regulamentada pelo Dec. nº 3.934, de 30-9-2001.

IX – promover programas de construção de moradias e a melhoria das condições habitacionais e de saneamento básico;

▶ Lei nº 10.188, de 12-2-2001, cria o Programa de Arrendamento Residencial e institui o arrendamento residencial com opção de compra.

▶ Lei nº 11.445, de 5-1-2007, estabelece diretrizes nacionais para o saneamento básico, regulamentada pelo Dec. nº 7.217, de 21-6-2010.

X – combater as causas da pobreza e os fatores de marginalização, promovendo a integração social dos setores desfavorecidos;

▶ EC nº 31, de 14-12-2000, altera o ADCT, introduzindo artigos que criam o Fundo de Combate e Erradicação da Pobreza.

▶ LC nº 111, de 6-7-2001, dispõe sobre o Fundo de Combate e Erradicação da Pobreza, na forma prevista nos arts. 19, 80 e 81 do ADCT.

XI – registrar, acompanhar e fiscalizar as concessões de direitos de pesquisa e exploração de recursos hídricos e minerais em seus territórios;

▶ Lei nº 9.433, de 8-1-1997, institui a Política Nacional de Recursos Hídricos, e cria o Sistema Nacional de Gerenciamento de Recursos Hídricos.

XII – estabelecer e implantar política de educação para a segurança do trânsito.

Parágrafo único. Leis complementares fixarão normas para a cooperação entre a União e os Estados, o Distrito Federal e os Municípios, tendo em vista o equilíbrio do desenvolvimento e do bem-estar em âmbito nacional.

▶ Parágrafo único com a redação dada pela EC nº 53, de 19-12-2006.

▶ LC nº 140, de 8-12-2011, fixa normas, nos termos deste parágrafo único, para a cooperação entre a União, os Estados, o Distrito Federal e os Municípios nas ações administrativas decorrentes do exercício da competência comum relativas à proteção das paisagens naturais notáveis, à proteção do meio ambiente, ao combate à poluição em qualquer de suas formas e à preservação das florestas, da fauna e da flora.

Art. 24. Compete à União, aos Estados e ao Distrito Federal legislar concorrentemente sobre:

I – direito tributário, financeiro, penitenciário, econômico e urbanístico;

▶ Lei nº 4.320, de 17-3-1964, estatui normas gerais de direito financeiro para elaboração e controle dos orçamentos e balanços da União, dos Estados, dos Municípios e do Distrito Federal.

▶ Lei nº 5.172, de 25-10-1966 (Código Tributário Nacional).

▶ Lei nº 7.210, de11-7-1984 (Lei de Execução Penal).

II – orçamento;

III – juntas comerciais;

▶ Lei nº 8.934, de 18-11-1994 (Lei do Registro Público de Empresas Mercantis), regulamentada pelo Dec. nº 1.800, de 30-1-1996.

IV – custas dos serviços forenses;

▶ Lei nº 9.289, de 4-7-1996 (Regimento de Custas da Justiça Federal).

▶ Súm. nº 178 do STJ.

V – produção e consumo;

VI – florestas, caça, pesca, fauna, conservação da natureza, defesa do solo e dos recursos naturais, proteção do meio ambiente e controle da poluição;

▶ Lei nº 5.197, de 3-1-1967 (Lei de Proteção à Fauna).

▸ Lei nº 9.605, de 12-2-1998 (Lei dos Crimes Ambientais).

▸ Lei nº 9.795, de 27-4-1999, dispõe sobre a educação ambiental e institui a Política Nacional de Educação Ambiental.

▸ Lei nº 9.966, de 24-4-2000, dispõe sobre a prevenção, o controle e a fiscalização da poluição causada por lançamentos de óleo e outras substâncias nocivas ou perigosas em águas sob jurisdição nacional.

▸ Lei nº 12.651, de 25-5-2012 (Novo Código Florestal).

▸ Dec.-lei nº 221, de 28-2-1967 (Lei de Proteção e Estímulos à Pesca).

▸ Dec. nº 3.420, de 20-4-2000, cria o Programa Nacional de Florestas.

▸ Dec. nº 6.514, de 22-7-2008, dispõe sobre as infrações e sanções administrativas ao meio ambiente e estabelece o processo administrativo federal para apuração destas infrações.

VII – proteção ao patrimônio histórico, cultural, artístico, turístico e paisagístico;

▸ Lei nº 5.197, de 3-1-1967 (Lei de Proteção à Fauna).

▸ Dec.-lei nº 221, de 28-2-1967 (Lei de Proteção e Estímulos à Pesca).

VIII – responsabilidade por dano ao meio ambiente, ao consumidor, a bens e direitos de valor artístico, estético, histórico, turístico e paisagístico;

▸ Arts. 6º, VII, *b*, e 37, II, da LC nº 75, de 20-5-1993 (Lei Orgânica do Ministério Público da União).

▸ Lei nº 7.347, de 24-7-1985 (Lei da Ação Civil Pública).

▸ Art. 25, VI, *a*, da Lei nº 8.625, de 12-2-1993 (Lei Orgânica Nacional do Ministério Público).

▸ Lei nº 9.605, de 12-2-1998 (Lei de Crimes Ambientais).

▸ Dec. nº 1.306, de 9-11-1994, regulamenta o Fundo de Defesa de Direitos Difusos, e seu conselho gestor.

▸ Dec nº 2.181, de 20-3-1997, dispõe sobre a organização do Sistema Nacional de Defesa do Consumidor – SNDC, e estabelece as normas gerais de aplicação das sanções administrativas previstas no CDC.

▸ Dec. nº 6.514, de 22-7-2008, dispõe sobre as infrações e sanções administrativas ao meio ambiente, estabelece o processo administrativo federal para apuração destas infrações.

IX – educação, cultura, ensino, desporto, ciência, tecnologia, pesquisa, desenvolvimento e inovação;

▸ Inciso IX com a redação dada pela EC nº 85, de 26-2-2015.

▸ Lei nº 9.394, de 20-12-1996 (Lei das Diretrizes e Bases da Educação Nacional).

▸ Lei nº 9.615, de 24-3-1998, que institui normas gerais sobre desporto, regulamentada pelo Dec. nº 7.984, de 8-4-2013.

X – criação, funcionamento e processo do juizado de pequenas causas;

▸ Art. 98, I, desta Constituição.

▸ Lei nº 9.099, de 26-9-1995 (Lei dos Juizados Especiais).

▸ Lei nº 10.259, de 12-7-2001 (Lei dos Juizados Especiais Federais).

XI – procedimentos em matéria processual;

▸ Art. 98, I, desta Constituição.

▸ Lei nº 9.099, de 26-9-1995 (Lei dos Juizados Especiais).

▸ Lei nº 10.259, de 12-7-2001 (Lei dos Juizados Especiais Federais).

XII – previdência social, proteção e defesa da saúde;

▸ Lei nº 8.080, de 19-9-1990, dispõe sobre as condições para a promoção, proteção e recuperação da saúde e a organização e o funcionamento dos serviços correspondentes.

▸ Lei nº 8.213, de 24-7-1991 (Lei dos Planos de Benefícios da Previdência Social).

▸ Lei nº 9.273, de 3-5-1996, torna obrigatória a inclusão de dispositivo de segurança que impeça a reutilização das seringas descartáveis.

▸ Dec. nº 3.048, de 6-5-1999 (Regulamento da Previdência Social).

XIII – assistência jurídica e defensoria pública;

▸ LC nº 80, de 12-1-1994 (Lei da Defensoria Pública).

▸ Lei nº 1.060, de 5-2-1950 (Lei de Assistência Judiciária).

XIV – proteção e integração social das pessoas portadoras de deficiência;

▸ Art. 203, V, desta Constituição.

▸ Lei nº 7.853, de 24-10-1989 (Lei de Apoio às Pessoas Portadoras de Deficiência), regulamentada pelo Dec. nº 3.298, de 20-12-1999.

▸ Lei nº 13.146, de 6-7-2015 (Estatuto da Pessoa com Deficiência).

▸ Dec. nº 6.949, de 25-8-2009, promulga a Convenção Internacional sobre os Direitos das Pessoas com Deficiência.

XV – proteção à infância e à juventude;

▸ Lei nº 8.069, de 13-7-1990 (Estatuto da Criança e do Adolescente).

▸ Lei nº 10.515, de 11-7-2002, que institui o 12 de agosto como Dia Nacional da Juventude.

XVI – organização, garantias, direitos e deveres das polícias civis.

§ 1º No âmbito da legislação concorrente, a competência da União limitar-se-á a estabelecer normas gerais.

§ 2º A competência da União para legislar sobre normas gerais não exclui a competência suplementar dos Estados.

§ 3º Inexistindo lei federal sobre normas gerais, os Estados exercerão a competência legislativa plena, para atender a suas peculiaridades.

§ 4º A superveniência de lei federal sobre normas gerais suspende a eficácia da lei estadual, no que lhe for contrário.

Capítulo III

DOS ESTADOS FEDERADOS

Art. 25. Os Estados organizam-se e regem-se pelas Constituições e leis que adotarem, observados os princípios desta Constituição.

▸ Súm. nº 681 do STF.

§ 1º São reservadas aos Estados as competências que não lhes sejam vedadas por esta Constituição.

▸ Art. 19 desta Constituição.

§ 2º Cabe aos Estados explorar diretamente, ou mediante concessão, os serviços locais de gás canalizado, na forma da lei, vedada a edição de medida provisória para a sua regulamentação.

▸ § 2º com a redação dada pela EC nº 5, de 15-8-1995.

▸ Art. 246 desta Constituição.

▸ Lei nº 9.478, de 6-8-1997, dispõe sobre a Política Nacional, as atividades relativas ao monopólio do petróleo, institui o Conselho Nacional de Política Energética e a Agência Nacional do Petróleo – ANP.

§ 3º Os Estados poderão, mediante lei complementar, instituir regiões metropolitanas, aglomerações urbanas e microrregiões, constituídas por agrupamentos de municípios limítrofes, para integrar a organização, o planejamento e a execução de funções públicas de interesse comum.

Art. 26. Incluem-se entre os bens dos Estados:

I – as águas superficiais ou subterrâneas, fluentes, emergentes e em depósito, ressalvadas, neste caso, na forma da lei, as decorrentes de obras da União;

▸ Lei nº 9.984, de 17-7-2000, dispõe sobre a Agência Nacional de Águas e Saneamento Básico – ANA.

▸ Art. 29 do Dec. nº 24.643, de 10-7-1934 (Código de Águas).

II – as áreas, nas ilhas oceânicas e costeiras, que estiverem no seu domínio, excluídas aquelas sob domínio da União, Municípios ou terceiros;

▸ Art. 20, IV, desta Constituição.

III – as ilhas fluviais e lacustres não pertencentes à União;

IV – as terras devolutas não compreendidas entre as da União.

Art. 27. O número de Deputados à Assembleia Legislativa corresponderá ao triplo da representação do Estado na Câmara dos Deputados e, atingido o número de trinta e seis, será acrescido de tantos quantos forem os Deputados Federais acima de doze.

▸ Art. 32 desta Constituição.

§ 1º Será de quatro anos o mandato dos Deputados Estaduais, aplicando-se-lhes as regras desta Constituição sobre sistema eleitoral, inviolabilidade, imunidades, remuneração, perda de mandato, licença, impedimentos e incorporação às Forças Armadas.

§ 2º O subsídio dos Deputados Estaduais será fixado por lei de iniciativa da Assembleia Legislativa, na razão de, no máximo, setenta e cinco por cento daquele estabelecido, em espécie, para os Deputados Federais, observado o que dispõem os artigos 39, § 4º, 57, § 7º, 150, II, 153, III, e 153, § 2º, I.

▸ § 2º com a redação dada pela EC nº 19, de 4-6-1998.

§ 3º Compete às Assembleias Legislativas dispor sobre seu regimento interno, polícia e serviços administrativos de sua Secretaria, e prover os respectivos cargos.

▸ Art. 6º da Lei nº 9.709, de 18-11-1998, que dispõe sobre a convocação de plebiscitos e referendos pelos Estados, Distrito Federal e Municípios.

§ 4º A lei disporá sobre a iniciativa popular no processo legislativo estadual.

▸ Art. 6º da Lei nº 9.709, de 18-11-1998, que regulamenta a execução do disposto nos incisos I, II e III do art. 14 desta Constituição.

Art. 28. A eleição do Governador e do Vice-Governador de Estado, para mandato de 4 (quatro) anos, realizar-se-á no primeiro domingo de outubro, em primeiro turno, e no último domingo de outubro, em segundo turno, se houver, do ano anterior ao do término do mandato de seus antecessores, e a posse ocorrerá em 6 de janeiro do ano subsequente, observado, quanto ao mais, o disposto no art. 77 desta Constituição.

- *Caput* com a redação dada pela EC nº 111, de 28-9-2021.
- Art. 5º da EC nº 111, de 28-9-2021, que estabelece que a alteração efetuada neste *caput* será aplicada a partir das eleições de 2026.
- Lei nº 9.504, de 30-9-1997 (Lei das Eleições).

§ 1º Perderá o mandato o Governador que assumir outro cargo ou função na administração pública direta ou indireta, ressalvada a posse em virtude de concurso público e observado o disposto no artigo 38, I, IV e V.

- Parágrafo único transformado em § 1º pela EC nº 19, de 4-6-1998.
- Art. 29, XIV, desta Constituição.

§ 2º Os subsídios do Governador, do Vice-Governador e dos Secretários de Estado serão fixados por lei de iniciativa da Assembleia Legislativa, observado o que dispõem os artigos 37, XI, 39, § 4º, 150, II, 153, III, e 153, § 2º, I.

- § 2º acrescido pela EC nº 19, de 4-6-1998.

Capítulo IV

DOS MUNICÍPIOS

Art. 29. O Município reger-se-á por lei orgânica, votada em dois turnos, com o interstício mínimo de dez dias, e aprovada por dois terços dos membros da Câmara Municipal, que a promulgará, atendidos os princípios estabelecidos nesta Constituição, na Constituição do respectivo Estado e os seguintes preceitos:

I – eleição do Prefeito, do Vice-Prefeito e dos Vereadores, para mandato de quatro anos, mediante pleito direto e simultâneo realizado em todo o País;

- Lei nº 9.504, de 30-9-1997 (Lei das Eleições).

II – eleição do Prefeito e do Vice-Prefeito realizada no primeiro domingo de outubro do ano anterior ao término do mandato dos que devam suceder, aplicadas as regras do artigo 77 no caso de Municípios com mais de duzentos mil eleitores;

- Inciso II com a redação dada pela EC nº 16, de 4-6-1997.

III – posse do Prefeito e do Vice-Prefeito no dia 1º de janeiro do ano subsequente ao da eleição;

IV – para a composição das Câmaras Municipais, será observado o limite máximo de:

- *Caput* do inciso IV com a redação dada pela EC nº 58, de 23-9-2009 (*DOU* de 24-9-2009), produzindo efeitos a partir do processo eleitoral de 2008.
- O STF, por maioria de votos, referendou as medidas cautelares concedidas nas Ações Diretas de Inconstitucionalidade nºs 4.307 e 4.310, com eficácia *ex tunc*, para sustar os efeitos do art. 3º, I, da EC nº 58, de 23-9-2009, que altera este inciso IV (*DJE* de 8-10-2009).

a) 9 (nove) Vereadores, nos Municípios de até 15.000 (quinze mil) habitantes;

b) 11 (onze) Vereadores, nos Municípios de mais de 15.000 (quinze mil) habitantes e de até 30.000 (trinta mil) habitantes;

c) 13 (treze) Vereadores, nos Municípios com mais de 30.000 (trinta mil) habitantes e de até 50.000 (cinquenta mil) habitantes;

- Alíneas *a* a *c* com a redação dada pela EC nº 58, de 23-9-2009 (*DOU* de 24-9-2009), produzindo efeitos a partir do processo eleitoral de 2008.

d) 15 (quinze) Vereadores, nos Municípios de mais de 50.000 (cinquenta mil) habitantes e de até 80.000 (oitenta mil) habitantes;

e) 17 (dezessete) Vereadores, nos Municípios de mais de 80.000 (oitenta mil) habitantes e de até 120.000 (cento e vinte mil) habitantes;

f) 19 (dezenove) Vereadores, nos Municípios de mais de 120.000 (cento e vinte mil) habitantes e de até 160.000 (cento e sessenta mil) habitantes;

g) 21 (vinte e um) Vereadores, nos Municípios de mais de 160.000 (cento e sessenta mil) habitantes e de até 300.000 (trezentos mil) habitantes;

h) 23 (vinte e três) Vereadores, nos Municípios de mais de 300.000 (trezentos mil) habitantes e de até 450.000 (quatrocentos e cinquenta mil) habitantes;

i) 25 (vinte e cinco) Vereadores, nos Municípios de mais de 450.000 (quatrocentos e cinquenta mil) habitantes e de até 600.000 (seiscentos mil) habitantes;

j) 27 (vinte e sete) Vereadores, nos Municípios de mais de 600.000 (seiscentos mil) habitantes e de até 750.000 (setecentos e cinquenta mil) habitantes;

k) 29 (vinte e nove) Vereadores, nos Municípios de mais de 750.000 (setecentos e cinquenta mil) habitantes e de até 900.000 (novecentos mil) habitantes;

l) 31 (trinta e um) Vereadores, nos Municípios de mais de 900.000 (novecentos mil) habitantes e de até 1.050.000 (um milhão e cinquenta mil) habitantes;

m) 33 (trinta e três) Vereadores, nos Municípios de mais de 1.050.000 (um milhão e cinquenta mil) habitantes e de até 1.200.000 (um milhão e duzentos mil) habitantes;

n) 35 (trinta e cinco) Vereadores, nos Municípios de mais de 1.200.000 (um milhão e duzentos mil) habitantes e de até 1.350.000 (um milhão e trezentos e cinquenta mil) habitantes;

o) 37 (trinta e sete) Vereadores, nos Municípios de 1.350.000 (um milhão e trezentos e cinquenta mil) habitantes e de até 1.500.000 (um milhão e quinhentos mil) habitantes;

p) 39 (trinta e nove) Vereadores, nos Municípios de mais de 1.500.000 (um milhão e quinhentos mil) habitantes e de até 1.800.000 (um milhão e oitocentos mil) habitantes;

q) 41 (quarenta e um) Vereadores, nos Municípios de mais de 1.800.000 (um milhão e oitocentos mil) habitantes e de até 2.400.000 (dois milhões e quatrocentos mil) habitantes;

r) 43 (quarenta e três) Vereadores, nos Municípios de mais de 2.400.000 (dois milhões e quatrocentos mil) habitantes e de até 3.000.000 (três milhões) de habitantes;

s) 45 (quarenta e cinco) Vereadores, nos Municípios de mais de 3.000.000 (três milhões) de habitantes e de até 4.000.000 (quatro milhões) de habitantes;

t) 47 (quarenta e sete) Vereadores, nos Municípios de mais de 4.000.000 (quatro milhões) de habitantes e de até 5.000.000 (cinco milhões) de habitantes;

u) 49 (quarenta e nove) Vereadores, nos Municípios de mais de 5.000.000 (cinco milhões) de habitantes e de até 6.000.000 (seis milhões) de habitantes;

v) 51 (cinquenta e um) Vereadores, nos Municípios de mais de 6.000.000 (seis milhões) de habitantes e de até 7.000.000 (sete milhões) de habitantes;

w) 53 (cinquenta e três) Vereadores, nos Municípios de mais de 7.000.000 (sete milhões) de habitantes e de até 8.000.000 (oito milhões) de habitantes; e

x) 55 (cinquenta e cinco) Vereadores, nos Municípios de mais de 8.000.000 (oito milhões) de habitantes;

▸ Alíneas *d* a *x* acrescidas pela EC nº 58, de 23-9-2009 (*DOU* de 24-9-2009), produzindo efeitos a partir do processo eleitoral de 2008.

V – subsídios do Prefeito, do Vice-Prefeito e dos Secretários municipais fixados por lei de iniciativa da Câmara Municipal, observado o que dispõem os artigos 37, XI, 39, § 4º, 150, II, 153, III, e 153, § 2º, I;

▸ Inciso V com a redação dada pela EC nº 19, de 4-6-1998.

VI – o subsídio dos Vereadores será fixado pelas respectivas Câmaras Municipais em cada legislatura para a subsequente, observado o que dispõe esta Constituição, observados os critérios estabelecidos na respectiva Lei Orgânica e os seguintes limites máximos:

a) em Municípios de até dez mil habitantes, o subsídio máximo dos Vereadores corresponderá a vinte por cento do subsídio dos Deputados Estaduais;

b) em Municípios de dez mil e um a cinquenta mil habitantes, o subsídio máximo dos Vereadores corresponderá a trinta por cento do subsídio dos Deputados Estaduais;

c) em Municípios de cinquenta mil e um a cem mil habitantes, o subsídio máximo dos Vereadores corresponderá a quarenta por cento do subsídio dos Deputados Estaduais;

d) em Municípios de cem mil e um a trezentos mil habitantes, o subsídio máximo dos Vereadores corresponderá a cinquenta por cento do subsídio dos Deputados Estaduais;

e) em Municípios de trezentos mil e um a quinhentos mil habitantes, o subsídio máximo dos Vereadores corresponderá a sessenta por cento do subsídio dos Deputados Estaduais;

f) em Municípios de mais de quinhentos mil habitantes, o subsídio máximo dos Vereadores corresponderá a setenta e cinco por cento do subsídio dos Deputados Estaduais;

▸ Inciso VI com a redação dada pela EC nº 25, de 14-2-2000.

VII – o total da despesa com a remuneração dos Vereadores não poderá ultrapassar o montante de cinco por cento da receita do Município;

▸ Inciso VII acrescido pela EC nº 1, de 31-3-1992, renumerando os demais.

VIII – inviolabilidade dos Vereadores por suas opiniões, palavras e votos no exercício do mandato e na circunscrição do Município;

- Inciso VIII renumerado pela EC nº 1, de 31-3-1992.

IX – proibições e incompatibilidades, no exercício da vereança, similares, no que couber, ao disposto nesta Constituição para os membros do Congresso Nacional e, na Constituição do respectivo Estado, para os membros da Assembleia Legislativa;

- Inciso IX renumerado pela EC nº 1, de 31-3-1992.

X – julgamento do Prefeito perante o Tribunal de Justiça;

- Inciso X renumerado pela EC nº 1, de 31-3-1992.
- Dec.-lei nº 201, de 27-2-1967 (Lei de Responsabilidade dos Prefeitos e Vereadores).
- Súmulas nºs 702 e 703 do STF.
- Súm. nº 209 do STJ.

XI – organização das funções legislativas e fiscalizadoras da Câmara Municipal;

- Inciso XI renumerado pela EC nº 1, de 31-3-1992.
- Lei nº 9.452, de 20-3-1997, determina que as Câmaras Municipais sejam obrigatoriamente notificadas da liberação de recursos federais para os respectivos Municípios.

XII – cooperação das associações representativas no planejamento municipal;

- Inciso XII renumerado pela EC nº 1, de 31-3-1992.

XIII – iniciativa popular de projetos de lei de interesse específico do Município, da cidade ou de bairros, através de manifestação de, pelo menos, cinco por cento do eleitorado;

- Inciso XIII renumerado pela EC nº 1, de 31-3-1992.

XIV – perda do mandato do Prefeito, nos termos do artigo 28, parágrafo único.

- Inciso XIV renumerado pela EC nº 1, de 31-3-1992.

Art. 29-A. O total da despesa do Poder Legislativo Municipal, incluídos os subsídios dos Vereadores e excluídos os gastos com inativos, não poderá ultrapassar os seguintes percentuais, relativos ao somatório da receita tributária e das transferências previstas no § 5º do artigo 153 e nos artigos 158 e 159, efetivamente realizado no exercício anterior:

- Artigo acrescido pela EC nº 25, de 14-2-2000.

★ **Nova redação do dispositivo alterado:** "Art. 29-A. O total da despesa do Poder Legislativo Municipal, incluídos os subsídios dos Vereadores e os demais gastos com pessoal inativo e pensionistas, não poderá ultrapassar os seguintes percentuais, relativos ao somatório da receita tributária e das transferências previstas no § 5º do art. 153 e nos arts. 158 e 159 desta Constituição, efetivamente realizado no exercício anterior:"

- *Caput* com a redação dada pela EC nº 109, de 15-3-2021, para vigorar a partir do início da primeira legislatura municipal após a data de publicação desta Emenda Constitucional.

I – 7% (sete por cento) para Municípios com população de até 100.000 (cem mil) habitantes;
II – 6% (seis por cento) para Municípios com população entre 100.000 (cem mil) e 300.000 (trezentos mil) habitantes;
III – 5% (cinco por cento) para Municípios com população entre 300.001 (trezentos mil e um) e 500.000 (quinhentos mil) habitantes;
IV – 4,5% (quatro inteiros e cinco décimos por cento) para Municípios com população entre 500.001 (quinhentos mil e um) e 3.000.000 (três milhões) de habitantes;

- Incisos I a IV com a redação dada pela EC nº 58, de 23-9-2009 (*DOU* de 24-9-2009), para vigorar na data de sua promulgação, produzindo efeitos a partir de 1º de janeiro do ano subsequente ao da promulgação desta Emenda.

V – 4% (quatro por cento) para Municípios com população entre 3.000.001 (três milhões e um) e 8.000.000 (oito milhões) de habitantes;
VI – 3,5% (três inteiros e cinco décimos por cento) para Municípios com população acima de 8.000.001 (oito milhões e um) habitantes.

- Incisos V e VI acrescidos pela EC nº 58, de 23-9-2009 (*DOU* de 24-9-2009), para vigorar na data de sua promulgação, produzindo efeitos a partir de 1º de janeiro do ano subsequente ao da promulgação desta Emenda.

§ 1º A Câmara Municipal não gastará mais de setenta por cento de sua receita com folha de pagamento, incluído o gasto com o subsídio de seus Vereadores.

§ 2º Constitui crime de responsabilidade do Prefeito Municipal:

I – efetuar repasse que supere os limites definidos neste artigo;
II – não enviar o repasse até o dia vinte de cada mês; ou
III – enviá-lo a menor em relação à proporção fixada na Lei Orçamentária.

§ 3º Constitui crime de responsabilidade do Presidente da Câmara Municipal o desrespeito ao § 1º deste artigo.

▶ §§ 1º a 3º acrescidos pela EC nº 25, de 14-2-2000.

Art. 30. Compete aos Municípios:

I – legislar sobre assuntos de interesse local;

▶ Súm. Vinc. nº 38 do STF.

▶ Súm. nº 645 do STF.

II – suplementar a legislação federal e a estadual no que couber;

III – instituir e arrecadar os tributos de sua competência, bem como aplicar suas rendas, sem prejuízo da obrigatoriedade de prestar contas e publicar balancetes nos prazos fixados em lei;

▶ Art. 156 desta Constituição.

IV – criar, organizar e suprimir distritos, observada a legislação estadual;

V – organizar e prestar, diretamente ou sob regime de concessão ou permissão, os serviços públicos de interesse local, incluído o de transporte coletivo, que tem caráter essencial;

VI – manter, com a cooperação técnica e financeira da União e do Estado, programas de educação infantil e de ensino fundamental;

▶ Inciso VI com a redação dada pela EC nº 53, de 19-12-2006.

VII – prestar, com a cooperação técnica e financeira da União e do Estado, serviços de atendimento à saúde da população;

▶ Dec. nº 3.964, de 10-10-2001, dispõe sobre o Fundo Nacional de Saúde.

VIII – promover, no que couber, adequado ordenamento territorial, mediante planejamento e controle do uso, do parcelamento e da ocupação do solo urbano;

▶ Art. 182 desta Constituição.

IX – promover a proteção do patrimônio histórico-cultural local, observada a legislação e a ação fiscalizadora federal e estadual.

Art. 31. A fiscalização do Município será exercida pelo Poder Legislativo Municipal, mediante controle externo, e pelos sistemas de controle interno do Poder Executivo Municipal, na forma da lei.

§ 1º O controle externo da Câmara Municipal será exercido com o auxílio dos Tribunais de Contas dos Estados ou do Município ou dos Conselhos ou Tribunais de Contas dos Municípios, onde houver.

§ 2º O parecer prévio, emitido pelo órgão competente sobre as contas que o Prefeito deve anualmente prestar, só deixará de prevalecer por decisão de dois terços dos membros da Câmara Municipal.

§ 3º As contas dos Municípios ficarão, durante sessenta dias, anualmente, à disposição de qualquer contribuinte, para exame e apreciação, o qual poderá questionar-lhes a legitimidade, nos termos da lei.

§ 4º É vedada a criação de Tribunais, Conselhos ou órgãos de Contas Municipais.

CAPÍTULO V

DO DISTRITO FEDERAL E DOS TERRITÓRIOS

SEÇÃO I

DO DISTRITO FEDERAL

Art. 32. O Distrito Federal, vedada sua divisão em Municípios, reger-se-á por lei orgânica, votada em dois turnos com interstício mínimo de dez dias, e aprovada por dois terços da Câmara Legislativa, que a promulgará, atendidos os princípios estabelecidos nesta Constituição.

§ 1º Ao Distrito Federal são atribuídas as competências legislativas reservadas aos Estados e Municípios.

▶ Súm. nº 642 do STF.

§ 2º A eleição do Governador e do Vice-Governador, observadas as regras do artigo 77, e dos Deputados Distritais coincidirá com a dos Governadores e Deputados Estaduais, para mandato de igual duração.

§ 3º Aos Deputados Distritais e à Câmara Legislativa aplica-se o disposto no artigo 27.

§ 4º Lei federal disporá sobre a utilização, pelo Governo do Distrito Federal, da polícia civil, da polícia penal, da polícia militar e do corpo de bombeiros militar.

▶ § 4º com a redação dada pela EC nº 104, de 4-12-2019.

▶ Lei nº 6.450, de 14-10-1977, dispõe sobre a organização básica da Polícia Militar do Distrito Federal.

▶ Lei nº 7.289, de 18-12-1984, dispõe sobre o Estatuto dos Policiais Militares da Polícia Militar do Distrito Federal.

▶ Lei nº 7.479, de 2-6-1986, aprova o Estatuto dos Bombeiros Militares do Corpo de Bombeiros do Distrito Federal.

► Lei nº 12.086, de 6-11-2009, dispõe sobre os militares da Polícia Militar do Distrito Federal e do Corpo de Bombeiros Militar do Distrito Federal.

► Dec.-lei nº 667, de 2-7-1969, reorganiza as Polícias Militares e os Corpos de Bombeiros Militares dos Estados, dos Territórios e do Distrito Federal.

Seção II

DOS TERRITÓRIOS

Art. 33. A lei disporá sobre a organização administrativa e judiciária dos Territórios.

► Lei nº 8.185, de 14-5-1991 (Lei de Organização Judiciária do Distrito Federal).

§ 1º Os Territórios poderão ser divididos em Municípios, aos quais se aplicará, no que couber, o disposto no Capítulo IV deste Título.

§ 2º As contas do Governo do Território serão submetidas ao Congresso Nacional, com parecer prévio do Tribunal de Contas da União.

§ 3º Nos Territórios Federais com mais de cem mil habitantes, além do Governador nomeado na forma desta Constituição, haverá órgãos judiciários de primeira e segunda instância, membros do Ministério Público e defensores públicos federais; a lei disporá sobre as eleições para a Câmara Territorial e sua competência deliberativa.

Capítulo VI

DA INTERVENÇÃO

Art. 34. A União não intervirá nos Estados nem no Distrito Federal, exceto para:

I – manter a integridade nacional;

► Art. 1º desta Constituição.

II – repelir invasão estrangeira ou de uma Unidade da Federação em outra;

III – pôr termo a grave comprometimento da ordem pública;

IV – garantir o livre exercício de qualquer dos Poderes nas Unidades da Federação;

► Art. 36, I, desta Constituição.

V – reorganizar as finanças da Unidade da Federação que:

a) suspender o pagamento da dívida fundada por mais de dois anos consecutivos, salvo motivo de força maior;

b) deixar de entregar aos Municípios receitas tributárias fixadas nesta Constituição, dentro dos prazos estabelecidos em lei;

► Art. 10 da LC nº 63, de 11-1-1990, que dispõe sobre critérios e prazos de crédito das parcelas do produto da arrecadação de impostos de competência dos Estados e de transferências por estes recebidas, pertencentes aos Municípios.

VI – prover a execução de lei federal, ordem ou decisão judicial;

► Art. 36, § 3º, desta Constituição.

► Súm. nº 637 do STF.

VII – assegurar a observância dos seguintes princípios constitucionais:

► Art. 36, III e § 3º, desta Constituição.

a) forma republicana, sistema representativo e regime democrático;

b) direitos da pessoa humana;

c) autonomia municipal;

d) prestação de contas da administração pública, direta e indireta;

e) aplicação do mínimo exigido da receita resultante de impostos estaduais, compreendida a proveniente de transferências, na manutenção e desenvolvimento do ensino e nas ações e serviços públicos de saúde.

► Alínea e com a redação dada pela EC nº 29, de 13-9-2000.

► Art. 212 desta Constituição.

Art. 35. O Estado não intervirá em seus Municípios, nem a União nos Municípios localizados em Território Federal, exceto quando:

► Súm. nº 637 do STF.

I – deixar de ser paga, sem motivo de força maior, por dois anos consecutivos, a dívida fundada;

II – não forem prestadas contas devidas, na forma da lei;

III – não tiver sido aplicado o mínimo exigido da receita municipal na manutenção e desenvolvimento do ensino e nas ações e serviços públicos de saúde;

► Inciso III com a redação dada pela EC nº 29, de 13-9-2000.

► Art. 212 desta Constituição.

► Art. 119 do ADCT.

► Art. 2º da EC nº 119, de 27-4-2022, que altera o ADCT para determinar a impossibilidade de responsabilização dos Estados, do Distrito Federal, dos Municípios e dos agentes públicos desses entes federados pelo descumprimento, nos exercícios financeiros de 2020 e 2021, do disposto no *caput* do art. 212 da CF.

IV – o Tribunal de Justiça der provimento a representação para assegurar a observância de princípios indicados na Constituição Estadual, ou para prover a execução de lei, de ordem ou de decisão judicial.

Art. 36. A decretação da intervenção dependerá:

I – no caso do artigo 34, IV, de solicitação do Poder Legislativo ou do Poder Executivo coacto ou impedido, ou de requisição do Supremo Tribunal Federal, se a coação for exercida contra o Poder Judiciário;

II – no caso de desobediência a ordem ou decisão judiciária, de requisição do Supremo Tribunal Federal, do Superior Tribunal de Justiça ou do Tribunal Superior Eleitoral;

- Arts. 19 a 22 da Lei nº 8.038, de 28-5-1990, que institui normas procedimentais para os processos que especifica, perante o STJ e o STF.

III – de provimento, pelo Supremo Tribunal Federal, de representação do Procurador-Geral da República, na hipótese do art. 34, VII, e no caso de recusa à execução de lei federal.

- Inciso III com a redação dada pela EC nº 45, de 8-12-2004.
- Lei nº 12.562, de 23-12-2011, regulamenta este inciso para dispor sobre o processo e julgamento da representação interventiva perante o STF.

IV – *Revogado*. EC nº 45, de 8-12-2004.

§ 1º O decreto de intervenção, que especificará a amplitude, o prazo e as condições de execução e que, se couber, nomeará o interventor, será submetido à apreciação do Congresso Nacional ou da Assembleia Legislativa do Estado, no prazo de vinte e quatro horas.

§ 2º Se não estiver funcionando o Congresso Nacional ou a Assembleia Legislativa, far-se-á convocação extraordinária, no mesmo prazo de vinte e quatro horas.

§ 3º Nos casos do artigo 34, VI e VII, ou do artigo 35, IV, dispensada a apreciação pelo Congresso Nacional ou pela Assembleia Legislativa, o decreto limitar-se-á a suspender a execução do ato impugnado, se essa medida bastar ao restabelecimento da normalidade.

§ 4º Cessados os motivos da intervenção, as autoridades afastadas de seus cargos a estes voltarão, salvo impedimento legal.

CAPÍTULO VII

DA ADMINISTRAÇÃO PÚBLICA

- Lei nº 8.112, de 11-12-1990 (Estatuto dos Servidores Públicos Civis da União, Autarquias e Fundações Públicas Federais).
- Lei nº 8.727, de 5-11-1993, estabelece diretrizes para consolidação e o reescalonamento pela União, de dívidas internas da administração direta e indireta dos Estados, do Distrito Federal e dos Municípios.
- Lei nº 9.784, de 29-1-1999 (Lei do Processo Administrativo Federal).

SEÇÃO I

DISPOSIÇÕES GERAIS

Art. 37. A administração pública direta e indireta de qualquer dos Poderes da União, dos Estados, do Distrito Federal e dos Municípios obedecerá aos princípios de legalidade, impessoalidade, moralidade, publicidade e eficiência e, também, ao seguinte:

- *Caput* com a redação dada pela EC nº 19, de 4-6-1998.
- Art. 19 do ADCT.
- Arts. 3º e 5º, I a VI, §§ 1º e 2º, da Lei nº 8.112, de 11-12-1990 (Estatuto dos Servidores Públicos Civis da União, Autarquias e Fundações Públicas Federais).
- Lei nº 8.727, de 5-11-1993, estabelece diretrizes para a consolidação e o reescalonamento, pela União, de dividas internas das administrações direta e indireta dos Estados, do Distrito Federal e dos Municípios.
- Lei nº 8.730, de 10-11-1993, estabelece a obrigatoriedade da declaração de bens e rendas para o exercício de cargos, empregos, e funções nos Poderes Executivo, Legislativo e Judiciário.
- Súm. Vinc. nº 13 do STF.
- Súmulas nºs 346 e 473 do STF.

I – os cargos, empregos e funções públicas são acessíveis aos brasileiros que preencham os requisitos estabelecidos em lei, assim como aos estrangeiros, na forma da lei;

- Inciso I com a redação dada pela EC nº 19, de 4-6-1998.
- Art. 7º da CLT.
- Arts. 3º a 5º, I a VI, §§ 1º e 2º, da Lei nº 8.112, de 11-12-1990 (Estatuto dos Servidores Públicos Civis da União, Autarquias e Fundações Públicas Federais).
- Lei nº 8.730, de 10-11-1993, estabelece a obrigatoriedade da declaração de bens e rendas para o exercício de cargos, empregos e funções nos Poderes Executivo, Legislativo e Judiciário.
- Súm. Vinc. nº 44 do STF.
- Súmulas nºs 683, 684 e 686 do STF.

► Súm. nº 266 do STJ.

II – a investidura em cargo ou emprego público depende de aprovação prévia em concurso público de provas ou de provas e títulos, de acordo com a natureza e a complexidade do cargo ou emprego, na forma prevista em lei, ressalvadas as nomeações para cargo em comissão declarado em lei de livre nomeação e exoneração;

► Inciso II com a redação dada pela EC nº 19, de 4-6-1998.
► Art. 7º da CLT.
► Arts. 11 e 12 da Lei nº 8.112, de 11-12-1990 (Estatuto dos Servidores Públicos Civis da União, Autarquias e Fundações Públicas Federais).
► Lei nº 9.962, de 22-2-2000, disciplina o regime de emprego público do pessoal da administração federal direta, autárquica e fundacional.
► Dec. nº 7.203, de 4-6-2010, dispõe sobre a vedação do nepotismo no âmbito da administração pública federal.
► Súm. Vinc. nº 43 do STF.
► Súm. nº 685 do STF.
► Súmulas nºs 331 e 363 do TST.
► Orientações Jurisprudenciais da SBDI-I nºs 321, 338 e 366 do TST.

III – o prazo de validade do concurso público será de até dois anos, prorrogável uma vez, por igual período;

► Art. 12 da Lei nº 8.112, de 11-12-1990 (Estatuto dos Servidores Públicos Civis da União, Autarquias e Fundações Públicas Federais).
► Lei nº 12.562, de 23-12-2011, regulamenta este inciso para dispor sobre o processo e julgamento da representação interventiva perante o STF.

IV – durante o prazo improrrogável previsto no edital de convocação, aquele aprovado em concurso público de provas ou de provas e títulos será convocado com prioridade sobre novos concursados para assumir cargo ou emprego, na carreira;

► Art. 7º da CLT.

V – as funções de confiança, exercidas exclusivamente por servidores ocupantes de cargo efetivo, e os cargos em comissão, a serem preenchidos por servidores de carreira nos casos, condições e percentuais mínimos previstos em lei, destinam-se apenas às atribuições de direção, chefia e assessoramento;

► Inciso V com a redação dada pela EC nº 19, de 4-6-1998.

VI – é garantido ao servidor público civil o direito à livre associação sindical;

VII – o direito de greve será exercido nos termos e nos limites definidos em lei específica;

► Inciso VII com a redação dada pela EC nº 19, de 4-6-1998.
► Dec. nº 1.480, de 3-5-1995, dispõe sobre os procedimentos a serem adotados em casos de paralisações dos serviços públicos federais.
► Ao julgar os MIs nºs 708 e 712, o Plenário do Supremo Tribunal deferiu injunção e regulamentou provisoriamente o exercício do direito de greve pelos servidores públicos, com base nas Leis nºs 7.701, de 21-12-1988, e 7.783, 28-6-1989, no que for compatível.

VIII – a lei reservará percentual dos cargos e empregos públicos para as pessoas portadoras de deficiência e definirá os critérios de sua admissão;

► Lei nº 7.853, de 24-10-1989 (Lei de Apoio às Pessoas Portadoras de Deficiência), regulamentada pelo Dec. nº 3.298, de 20-12-1999.
► Art. 5º, § 2º, da Lei nº 8.112, de 11-12-1990 (Estatuto dos Servidores Públicos Civis da União, Autarquias e Fundações Públicas Federais).
► Lei nº 13.146, de 6-7-2015 (Estatuto da Pessoa com Deficiência).
► Dec. nº 6.949, de 25-8-2009, promulga a Convenção Internacional sobre os Direitos das Pessoas com Deficiência.
► Súmulas nºs 377 e 552 do STJ.

IX – a lei estabelecerá os casos de contratação por tempo determinado para atender a necessidade temporária de excepcional interesse público;

► Art. 2º da EC nº 106, de 7-5-2020.
► Lei nº 8.745, de 9-12-1993, dispõe sobre a contratação de servidor público por tempo determinado, para atender a necessidade temporária de excepcional interesse público.
► Art. 30 da Lei nº 10.871, de 20-5-2004, que dispõe sobre a criação de carreiras e organização de cargos efetivos das autarquias especiais denominadas Agências Reguladoras.
► MP nº 2.165-36, de 23-8-2001, que até o encerramento desta edição não havia sido convertida em Lei, institui o auxílio-transporte.

X – a remuneração dos servidores públicos e o subsídio de que trata o § 4º do artigo 39 somente poderão ser fixados ou alterados por lei específica, observada a iniciativa privativa em cada caso, assegurada revisão geral anual, sempre na mesma data e sem distinção de índices;

- Inciso X com a redação dada pela EC nº 19, de 4-6-1998.
- Arts. 39, § 4º, 95, III, e 128, § 5º, I, *c*, desta Constituição.
- Art. 109, § 3º, do ADCT.
- Lei nº 7.706, de 21-12-1988, dispõe sobre a revisão dos vencimentos, salários, soldos e proventos dos servidores, civis e militares, da Administração Federal Direta, das Autarquias, dos extintos Territórios Federais e das Fundações Públicas.
- Lei nº 10.331, de 18-12-2001, regulamenta este inciso.
- Súm. Vinc. nº 37 do STF.
- Súmulas nºs 672 e 679 do STF.

XI – a remuneração e o subsídio dos ocupantes de cargos, funções e empregos públicos da administração direta, autárquica e fundacional, dos membros de qualquer dos Poderes da União, dos Estados, do Distrito Federal e dos Municípios, dos detentores de mandato eletivo e dos demais agentes políticos e os proventos, pensões ou outra espécie remuneratória, percebidos cumulativamente ou não, incluídas as vantagens pessoais ou de qualquer outra natureza, não poderão exceder o subsídio mensal, em espécie, dos Ministros do Supremo Tribunal Federal, aplicando-se como limite, nos Municípios, o subsídio do Prefeito, e nos Estados e no Distrito Federal, o subsídio mensal do Governador no âmbito do Poder Executivo, o subsídio dos Deputados Estaduais e Distritais no âmbito do Poder Legislativo e o subsídio dos Desembargadores do Tribunal de Justiça, limitado a noventa inteiros e vinte e cinco centésimos por cento do subsídio mensal, em espécie, dos Ministros do Supremo Tribunal Federal, no âmbito do Poder Judiciário, aplicável este limite aos membros do Ministério Público, aos Procuradores e aos Defensores Públicos;

- Inciso XI com a redação dada pela EC nº 41, de 19-12-2003.
- O STF, *ad referendum* do Plenário, deferiu o pedido de medida cautelar na ADIN nº 6.257 para: "dar interpretação a este inciso no tópico em que a norma estabelece subteto, para suspender qualquer interpretação e aplicação do subteto aos professores e pesquisadores das universidades estaduais, prevalecendo, assim, como teto único das universidades no país, os subsídios dos Ministros do STF" (*DJe* de 3-2-2020).
- O STF, por maioria dos votos, julgou procedente os pedidos formulados nas Ações Diretas de Inconstitucionalidade nºs 3.854 e 4.014, dando interpretação conforme à Constituição ao art. 37, XI e § 12, para afastar a submissão dos membros da magistratura estadual da regra do subteto remuneratório (*DOU* de 8-1-2021).
- Arts. 27, § 2º, 28, § 2º, 29, V e VI, 39, §§ 4º e 5º, 49, VII, e VIII, 93, V, 95, III, 128, § 5º, I, *c*, e 142, § 3º, VIII, desta Constituição.
- Art. 3º, § 3º, da EC nº 20, de 15-12-1998 (Reforma Previdenciária).
- Arts. 7º e 8º da EC nº 41, de 19-12-2003.
- Art. 4º da EC nº 47, de 5-7-2005.
- Lei nº 8.112, de 11-12-1990 (Estatuto dos Servidores Públicos Civis da União, Autarquias e Fundações Públicas Federais).
- Leis nºs 8.448, de 21-7-1992, e 8.852, de 4-2-1994, dispõem sobre este inciso.
- Art. 3º da Lei nº 10.887, de 18-6-2004, que dispõe sobre a aplicação de disposições da EC nº 41, de 19-12-2003.
- Lei nº 12.770, de 28-12-2012, dispõe sobre o subsídio do Procurador-Geral da República.
- Lei Delegada nº 13, de 27-8-1982, institui Gratificações de Atividade para os servidores civis do Poder Executivo, revê vantagens.
- OJ da SBDI-I nº 339 do TST.

XII – os vencimentos dos cargos do Poder Legislativo e do Poder Judiciário não poderão ser superiores aos pagos pelo Poder Executivo;

- Art. 135 desta Constituição.
- Art. 42 da Lei nº 8.112, de 11-12-1990 (Estatuto dos Servidores Públicos Civis da União, Autarquias e Fundações Públicas Federais).
- Lei nº 8.852, de 4-2-1994, dispõe sobre a aplicação deste inciso.

XIII – é vedada a vinculação ou equiparação de quaisquer espécies remuneratórias para o efeito de remuneração de pessoal do serviço público;

- Inciso XIII com a redação dada pela EC nº 19, de 4-6-1998.
- Art. 142, § 3º, VIII, desta Constituição.
- Súm. Vinc. nº 42 do STF.
- Súm. nº 455 do TST.
- OJ da SBDI-I nº 297 do TST.

XIV – os acréscimos pecuniários percebidos por servidor público não serão computados nem acumulados para fins de concessão de acréscimos ulteriores;

- Inciso XIV com a redação dada pela EC nº 19, de 4-6-1998.
- Art. 142, § 3º, VIII, desta Constituição.

XV – o subsídio e os vencimentos dos ocupantes de cargos e empregos públicos são irredutíveis, ressalvado o disposto nos incisos XI e XIV deste artigo e nos artigos 39, § 4º, 150, II, 153, III, e 153, § 2º, I;

- Inciso XV com a redação dada pela EC nº 19, de 4-6-1998.
- Art. 142, § 3º, VIII, desta Constituição.

XVI – é vedada a acumulação remunerada de cargos públicos, exceto, quando houver compatibilidade de horários, observado em qualquer caso o disposto no inciso XI:

- Inciso XVI com a redação dada pela EC nº 19, de 4-6-1998.

a) a de dois cargos de professor;

b) a de um cargo de professor com outro, técnico ou científico;

- Alíneas *a* e *b* com a redação dada pela EC nº 19, de 4-6-1998.

c) a de dois cargos ou empregos privativos de profissionais de saúde, com profissões regulamentadas;

- Alínea *c* com a redação dada pela EC nº 34, de 13-12-2001.
- Arts. 118 a 120 da Lei nº 8.112, de 11-12-1990 (Estatuto dos Servidores Públicos Civis da União, Autarquias e Fundações Públicas Federais).

XVII – a proibição de acumular estende-se a empregos e funções e abrange autarquias, fundações, empresas públicas, sociedades de economia mista, suas subsidiárias, e sociedades controladas, direta ou indiretamente, pelo Poder Público;

- Inciso XVII com a redação dada pela EC nº 19, de 4-6-1998.
- Art. 118, § 1º, da Lei nº 8.112, de 11-12-1990 (Estatuto dos Servidores Públicos Civis da União, Autarquias e Fundações Públicas Federais).

XVIII – a administração fazendária e seus servidores fiscais terão, dentro de suas áreas de competência e jurisdição, precedência sobre os demais setores administrativos, na forma da lei;

XIX – somente por lei específica poderá ser criada autarquia e autorizada a instituição de empresa pública, de sociedade de economia mista e de fundação, cabendo à lei complementar, neste último caso, definir as áreas de sua atuação;

- Inciso XIX com a redação dada pela EC nº 19, de 4-6-1998.

XX – depende de autorização legislativa, em cada caso, a criação de subsidiárias das entidades mencionadas no inciso anterior, assim como a participação de qualquer delas em empresa privada;

XXI – ressalvados os casos especificados na legislação, as obras, serviços, compras e alienações serão contratados mediante processo de licitação pública que assegure igualdade de condições a todos os concorrentes, com cláusulas que estabeleçam obrigações de pagamento, mantidas as condições efetivas da proposta, nos termos da lei, o qual somente permitirá as exigências de qualificação técnica e econômica indispensáveis à garantia do cumprimento das obrigações;

- Art. 22, XXVII, desta Constituição.
- Dec. nº 3.555, de 8-8-2000, regulamenta a modalidade de licitação denominada pregão.
- Dec. nº 9.450, de 25-7-2018, institui a Política Nacional de Trabalho no âmbito do Sistema Prisional e regulamenta o disposto neste inciso.
- Lei nº 14.133, de 1º-4-2021 (Nova Lei de Licitações e Contratos Administrativos).
- Súm. nº 333 do STJ.
- Súm. nº 331 do TST.

XXII – as administrações tributárias da União, dos Estados, do Distrito Federal e dos Municípios, atividades essenciais ao funcionamento do Estado, exercidas por servidores de carreiras específicas, terão recursos prioritários para a realização de suas atividades e atuarão de forma integrada, inclusive com o compartilhamento de cadastros e de informações fiscais, na forma da lei ou convênio.

- Inciso XXII acrescido pela EC nº 42, de 19-12-2003.
- Art. 137, IV, desta Constituição.

§ 1º A publicidade dos atos, programas, obras, serviços e campanhas dos órgãos públicos deverá ter caráter educativo, informativo ou de orientação social, dela não podendo constar nomes, símbolos ou imagens que caracterizem promoção pessoal de autoridades ou servidores públicos.

- Lei nº 8.389, de 30-12-1991, institui o Conselho de Comunicação Social.
- Dec. nº 4.799, de 4-8-2003, dispõe sobre a comunicação de Governo do Poder Executivo Federal.

▸ Dec. nº 6.555, de 8-9-2008, dispõe sobre as ações de comunicação do Poder Executivo Federal.

§ 2º A não observância do disposto nos incisos II e III implicará a nulidade do ato e a punição da autoridade responsável, nos termos da lei.

▸ Arts. 116 a 142 da Lei nº 8.112, de 11-12-1990 (Estatuto dos Servidores Públicos Civis da União, Autarquias e Fundações Públicas Federais).

▸ Lei nº 8.429, de 2-6-1992 (Lei da Improbidade Administrativa).

▸ Súm. nº 466 do STJ.

▸ Súm. nº 363 do TST.

§ 3º A lei disciplinará as formas de participação do usuário na administração pública direta e indireta, regulando especialmente:

I – as reclamações relativas à prestação dos serviços públicos em geral, asseguradas a manutenção de serviços de atendimento ao usuário e a avaliação periódica, externa e interna, da qualidade dos serviços;

II – o acesso dos usuários a registros administrativos e a informações sobre atos de governo, observado o disposto no artigo 5º, X e XXXIII;

▸ Lei nº 12.527, de 18-11-2011, regula o acesso a informações previsto neste inciso.

III – a disciplina da representação contra o exercício negligente ou abusivo de cargo, emprego ou função na administração pública.

▸ § 3º e incisos I a III com a redação dada pela EC nº 19, de 4-6-1998.

§ 4º Os atos de improbidade administrativa importarão a suspensão dos direitos políticos, a perda da função pública, a indisponibilidade dos bens e o ressarcimento ao erário, na forma e gradação previstas em lei, sem prejuízo da ação penal cabível.

▸ Art. 15, V, desta Constituição.

▸ Arts. 312 a 327 do CP.

▸ Lei nº 8.026, de 12-4-1990, dispõe sobre a aplicação de pena de demissão a funcionário publico.

▸ Lei nº 8.027, de 12-4-1990, dispõe sobre normas de conduta dos servidores públicos civis da União, das Autarquias e das Fundações Públicas.

▸ Lei nº 8.112, de 11-12-1990 (Estatuto dos Servidores Públicos Civis da União, Autarquias e Fundações Públicas Federais).

▸ Art. 3º da Lei nº 8.137, de 27-12-1990 (Lei dos Crimes Contra a Ordem Tributária, Econômica e Contra as Relações de Consumo).

▸ Lei nº 8.429, de 2-6-1992 (Lei da Improbidade Administrativa).

▸ Dec.-lei nº 3.240, de 8-5-1941, sujeita a sequestro os bens de pessoas indiciadas por crimes de que resulta prejuízo para a Fazenda Pública.

▸ Dec. nº 4.410, de 7-10-2002, promulga a Convenção Interamericana contra a Corrupção.

§ 5º A lei estabelecerá os prazos de prescrição para ilícitos praticados por qualquer agente, servidor ou não, que causem prejuízos ao erário, ressalvadas as respectivas ações de ressarcimento.

▸ Lei nº 8.112, de 11-12-1990 (Estatuto dos Servidores Públicos Civis da União, Autarquias e Fundações Públicas Federais).

▸ Lei nº 8.429, de 2-6-1992 (Lei da Improbidade Administrativa).

§ 6º As pessoas jurídicas de direito público e as de direito privado prestadoras de serviços públicos responderão pelos danos que seus agentes, nessa qualidade, causarem a terceiros, assegurado o direito de regresso contra o responsável nos casos de dolo ou culpa.

▸ Art. 43 do CC.

▸ Arts. 143, 155, 181 e 182 do CPC/2015.

▸ Lei nº 6.453, de 17-10-1977, dispõe sobre a responsabilidade civil por danos nucleares e a responsabilidade criminal por atos relacionados com atividades nucleares.

▸ Dec. nº 10.088, de 5-11-2019, consolida atos normativos editados pelo Poder Executivo Federal que dispõem sobre a promulgação de convenções e recomendações da Organização Internacional do Trabalho – OIT ratificadas pela República Federativa do Brasil.

§ 7º A lei disporá sobre os requisitos e as restrições ao ocupante de cargo ou emprego da administração direta e indireta que possibilite o acesso a informações privilegiadas.

§ 8º A autonomia gerencial, orçamentária e financeira dos órgãos e entidades da administração direta e indireta poderá ser ampliada mediante contrato, a ser firmado entre seus administradores e o poder público, que tenha por objeto a fixação de metas de desempenho para o órgão ou entidade, cabendo à lei dispor sobre:

▸ Lei nº 13.934, de 11-12-2019, regulamenta este parágrafo.

I – o prazo de duração do contrato;

II – os controles e critérios de avaliação de desempenho, direitos, obrigações e responsabilidade dos dirigentes;

III – a remuneração do pessoal.

§ 9º O disposto no inciso XI aplica-se às empresas públicas e às sociedades de economia mista, e suas subsidiárias, que receberem recursos da União, dos Estados, do Distrito Federal ou dos Municípios para pagamento de despesas de pessoal ou de custeio em geral.

- §§ 7º a 9º acrescidos pela EC nº 19, de 4-6-1998.

§ 10. É vedada a percepção simultânea de proventos de aposentadoria decorrentes do artigo 40 ou dos artigos 42 e 142 com a remuneração de cargo, emprego ou função pública, ressalvados os cargos acumuláveis na forma desta Constituição, os cargos eletivos e os cargos em comissão declarados em lei de livre nomeação e exoneração.

- § 10 acrescido pela EC nº 20, de 15-12-1998.

§ 11. Não serão computadas, para efeito dos limites remuneratórios de que trata o inciso XI do *caput* deste artigo, as parcelas de caráter indenizatório previstas em lei.

- Art. 4º da EC nº 47, de 5-7-2005.

§ 12. Para os fins do disposto no inciso XI do *caput* deste artigo, fica facultado aos Estados e ao Distrito Federal fixar, em seu âmbito, mediante emenda às respectivas Constituições e Lei Orgânica, como limite único, o subsídio mensal dos Desembargadores do respectivo Tribunal de Justiça, limitado a noventa inteiros e vinte e cinco centésimos por cento do subsídio mensal dos Ministros do Supremo Tribunal Federal, não se aplicando o disposto neste parágrafo aos subsídios dos Deputados Estaduais e Distritais e dos Vereadores.

- §§ 11 e 12 acrescidos pela EC nº 47, de 5-7-2005.
- O STF, por maioria dos votos, julgou procedente os pedidos formulados nas Ações Diretas de Inconstitucionalidade nºs 3.854 e 4.014, dando interpretação conforme à Constituição ao art. 37, XI e § 12, para afastar a submissão dos membros da magistratura estadual da regra do subteto remuneratório (*DOU* de 8-1-2021).

§ 13. O servidor público titular de cargo efetivo poderá ser readaptado para exercício de cargo cujas atribuições e responsabilidades sejam compatíveis com a limitação que tenha sofrido em sua capacidade física ou mental, enquanto permanecer nesta condição, desde que possua a habilitação e o nível de escolaridade exigidos para o cargo de destino, mantida a remuneração do cargo de origem.

§ 14. A aposentadoria concedida com a utilização de tempo de contribuição decorrente de cargo, emprego ou função pública, inclusive do Regime Geral de Previdência Social, acarretará o rompimento do vínculo que gerou o referido tempo de contribuição.

§ 15. É vedada a complementação de aposentadorias de servidores públicos e de pensões por morte a seus dependentes que não seja decorrente do disposto nos §§ 14 a 16 do art. 40 ou que não seja prevista em lei que extinga regime próprio de previdência social.

- §§ 13 a 15 acrescidos pela EC nº 103, de 12-11-2019.

§ 16. Os órgãos e entidades da administração pública, individual ou conjuntamente, devem realizar avaliação das políticas públicas, inclusive com divulgação do objeto a ser avaliado e dos resultados alcançados, na forma da lei.

- § 16 acrescido pela EC nº 109, de 15-3-2021.

***§ 17. Lei complementar estabelecerá normas gerais aplicáveis às administrações tributárias da União, dos Estados, do Distrito Federal e dos Municípios, dispondo sobre deveres, direitos e garantias dos servidores das carreiras de que trata o inciso XXII do* caput.**

§ 18. Para os fins do disposto no inciso XI do* caput *deste artigo, os servidores de carreira das administrações tributárias dos Estados, do Distrito Federal e dos Municípios sujeitam-se ao limite aplicável aos servidores da União.

- §§ 17 e 18 acrescidos pela EC nº 132, de 20-12-2023, para vigorar a partir de 2027.

Art. 38. Ao servidor público da administração direta, autárquica e fundacional, no exercício de mandato eletivo, aplicam-se as seguintes disposições:

- *Caput* com a redação dada pela EC nº 19, de 4-6-1998.
- Art. 28 desta Constituição.
- Lei nº 8.112, de 11-12-1990 (Estatuto dos Servidores Públicos Civis da União, Autarquias e Fundações Públicas Federais).

I – tratando-se de mandato eletivo federal, estadual ou distrital, ficará afastado de seu cargo, emprego ou função;

- Art. 28, § 1º, desta Constituição.

II – investido no mandato de Prefeito será afastado do cargo, emprego ou função, sendo-lhe facultado optar pela sua remuneração;

III – investido no mandato de Vereador, havendo compatibilidade de horários, perceberá as vantagens de seu cargo, emprego ou função, sem prejuízo da remuneração do cargo eletivo, e, não havendo compatibilidade, será aplicada a norma do inciso anterior;

IV – em qualquer caso que exija o afastamento para o exercício de mandato eletivo, seu tempo de serviço será contado para todos os efeitos legais, exceto para promoção por merecimento;

► Art. 28, § 1º, desta Constituição.

V – na hipótese de ser segurado de regime próprio de previdência social, permanecerá filiado a esse regime, no ente federativo de origem.

► Inciso V com a redação dada pela EC nº 103, de 12-11-2019.

Seção II

DOS SERVIDORES PÚBLICOS

► Denominação desta Seção dada pela EC nº 18, de 5-2-1998.

► Lei nº 8.026, de 12-4-1990, dispõe sobre a aplicação de pena de demissão a funcionário público.

► Lei nº 8.027, de 12-4-1990, dispõe sobre normas de conduta dos servidores públicos civis da União, das autarquias e das fundações públicas.

► Lei nº 8.112, de 11-12-1990 (Estatuto dos Servidores Públicos Civis da União, Autarquias e Fundações Públicas Federais).

► Súm. nº 378 do STJ.

Art. 39. A União, os Estados, o Distrito Federal e os Municípios instituirão conselho de política de administração e remuneração de pessoal, integrado por servidores designados pelos respectivos Poderes.

► *Caput* com a redação dada pela EC nº 19, de 4-6-1998.

► O STF, por maioria de votos, deferiu parcialmente a medida cautelar na ADIN nº 2.135-4, para suspender, com efeitos *ex nunc*, a eficácia do *caput* deste artigo, razão pela qual continuará em vigor a redação original: "Art. 39. A União, os Estados, o Distrito Federal e os Municípios instituirão, no âmbito de sua competência, regime jurídico único e planos de carreira para os servidores da administração pública direta, das autarquias e das fundações públicas" (*DOU* de 14-8-2007).

► Art. 24 do ADCT.

► Lei nº 8.026, de 12-4-1990, dispõe sobre a aplicação de pena de demissão a funcionário público.

► Lei nº 8.027, de 12-4-1990, dispõe sobre normas de conduta dos servidores públicos civis da União, das Autarquias e das Fundações Públicas.

► Lei nº 8.112, de 11-12-1990 (Estatuto dos Servidores Públicos Civis da União, Autarquias e Fundações Públicas Federais).

► Súm. Vinc. nº 4 do STF.

► Súm. nº 97 do STJ.

§ 1º A fixação dos padrões de vencimento e dos demais componentes do sistema remuneratório observará:

I – a natureza, o grau de responsabilidade e a complexidade dos cargos componentes de cada carreira;

II – os requisitos para a investidura;

III – as peculiaridades dos cargos.

► Art. 41, § 4º, da Lei nº 8.112, de 11-12-1990 (Estatuto dos Servidores Públicos Civis da União, Autarquias e Fundações Públicas Federais).

► Lei nº 8.448, de 21-7-1992, regulamenta este parágrafo.

► Lei nº 8.852, de 4-2-1994, dispõe sobre a aplicação deste parágrafo.

► Lei nº 9.367, de 16-12-1996, fixa critérios para a progressiva unificação das tabelas de vencimentos dos servidores.

► Súm. Vinc. nº 4 do STF.

► Súm. nº 339 do STF.

§ 2º A União, os Estados e o Distrito Federal manterão escolas de governo para a formação e o aperfeiçoamento dos servidores públicos, constituindo-se a participação nos cursos um dos requisitos para a promoção na carreira, facultada, para isso, a celebração de convênios ou contratos entre os entes federados.

► §§ 1º e 2º com a redação dada pela EC nº 19, de 4-6-1998.

§ 3º Aplica-se aos servidores ocupantes de cargo público o disposto no artigo 7º, IV, VII, VIII, IX, XII, XIII, XV, XVI, XVII, XVIII, XIX, XX, XXII e XXX, podendo a lei estabelecer requisitos diferenciados de admissão quando a natureza do cargo o exigir.

► Dec.-lei nº 5.452, de 1-5-1943 (Consolidação das Leis do Trabalho).

► Decreto Legislativo nº 206, de 7-4-2010, aprova a ratificação da Convenção nº 151 da OIT sobre direito de sindicalização e relações de trabalho na administração pública.

► Súmulas Vinculantes nºs 4, 15 e 16 do STF.

► Súmulas nºs 683 e 684 do STF.

► Súm. nº 243 do TST.

§ 4º O membro de Poder, o detentor de mandato eletivo, os Ministros de Estado e os Secretários Estaduais e Municipais serão remunerados exclusivamente por subsídio fixado em parcela única, vedado o acréscimo de qualquer gratificação, adicional, abono, prêmio, verba de representação ou outra espécie remuneratória, obedecido, em qualquer caso, o disposto no artigo 37, X e XI.

- ▸ Arts. 27, § 2º, 28, § 2º, 29, V, e VI, 37, XV, 48, XV, 49, VII e VIII, 93, V, 95, III, 128, § 5º, I, *c*, e 135 desta Constituição.
- ▸ Lei nº 11.144, de 26-7-2005, dispõe sobre o subsídio do Procurador-Geral da República.
- ▸ Lei nº 12.770, de 28-12-2012, dispõe sobre o subsídio do Procurador-Geral da República.

§ 5º Lei da União, dos Estados, do Distrito Federal e dos Municípios poderá estabelecer a relação entre a maior e a menor remuneração dos servidores públicos, obedecido, em qualquer caso, o disposto no artigo 37, XI.

§ 6º Os Poderes Executivo, Legislativo e Judiciário publicarão anualmente os valores do subsídio e da remuneração dos cargos e empregos públicos.

§ 7º Lei da União, dos Estados, do Distrito Federal e dos Municípios disciplinará a aplicação de recursos orçamentários provenientes da economia com despesas correntes em cada órgão, autarquia e fundação, para aplicação no desenvolvimento de programas de qualidade e produtividade, treinamento e desenvolvimento, modernização, reaparelhamento e racionalização do serviço público, inclusive sob a forma de adicional ou prêmio de produtividade.

§ 8º A remuneração dos servidores públicos organizados em carreira poderá ser fixada nos termos do § 4º.

- ▸ §§ 3º a 8º acrescidos pela EC nº 19, de 4-6-1998.

§ 9º É vedada a incorporação de vantagens de caráter temporário ou vinculadas ao exercício de função de confiança ou de cargo em comissão à remuneração do cargo efetivo.

- ▸ § 9º acrescido pela EC nº 103, de 12-11-2019.

Art. 40. O regime próprio de previdência social dos servidores titulares de cargos efetivos terá caráter contributivo e solidário, mediante contribuição do respectivo ente federativo, de servidores ativos, de aposentados e de pensionistas, observados critérios que preservem o equilíbrio financeiro e atuarial.

- ▸ *Caput* com a redação dada pela EC nº 103, de 12-11-2019.
- ▸ Arts. 37, § 10, 73, § 3º, e 93, VI, desta Constituição.
- ▸ Arts. 4º e 6º da EC nº 41, de 19-12-2003.
- ▸ Art. 3º da EC nº 47, de 5-7-2005.

§ 1º O servidor abrangido por regime próprio de previdência social será aposentado:

- ▸ *Caput* do § 1º com a redação dada pela EC nº 103, de 12-11-2019.
- ▸ Art. 2º, § 5º, da EC nº 41, de 19-12-2003.
- ▸ Súm. nº 726 do STF.

I – por incapacidade permanente para o trabalho, no cargo em que estiver investido, quando insuscetível de readaptação, hipótese em que será obrigatória a realização de avaliações periódicas para verificação da continuidade das condições que ensejaram a concessão da aposentadoria, na forma de lei do respectivo ente federativo;

- ▸ Inciso I com a redação dada pela EC nº 103, de 12-11-2019.

II – compulsoriamente, com proventos proporcionais ao tempo de contribuição, aos 70 (setenta) anos de idade, ou aos 75 (setenta e cinco) anos de idade, na forma de lei complementar;

- ▸ Inciso II com a redação dada pela EC nº 88, de 7-5-2015.
- ▸ Art. 100 do ADCT.
- ▸ Arts. 2º, § 5º, e 3º, § 1º, da EC nº 41, de 19-12-2003.
- ▸ LC nº 152, de 3-12-2015, dispõe sobre aposentadoria por idade, com proventos proporcionais, nos termos deste inciso.

III – no âmbito da União, aos 62 (sessenta e dois) anos de idade, se mulher, e aos 65 (sessenta e cinco) anos de idade, se homem, e, no âmbito dos Estados, do Distrito Federal e dos Municípios, na idade mínima estabelecida mediante emenda às respectivas Constituições e Leis Orgânicas, observados o tempo de contribuição e os demais requisitos estabelecidos em lei complementar do respectivo ente federativo.

- ▸ Inciso III com a redação dada pela EC nº 103, de 12-11-2019.

§ 2º Os proventos de aposentadoria não poderão ser inferiores ao valor mínimo a que se refere o § 2º do art. 201 ou superiores ao limite máximo estabelecido para o Regime Geral de

Previdência Social, observado o disposto nos §§ 14 a 16.

§ 3º As regras para cálculo de proventos de aposentadoria serão disciplinadas em lei do respectivo ente federativo.

- Art. 2º da EC nº 41, de 19-12-2003.
- Art. 1º da Lei nº 10.887, de 18-6-2004, que dispõe sobre a aplicação de disposições da EC nº 41, de 19-12-2003.

§ 4º É vedada a adoção de requisitos ou critérios diferenciados para concessão de benefícios em regime próprio de previdência social, ressalvado o disposto nos §§ 4º-A, 4º-B, 4º-C e 5º.

- §§ 2º a 4º com a redação dada pela EC nº 103, de 12-11-2019.

§ 4º-A. Poderão ser estabelecidos por lei complementar do respectivo ente federativo idade e tempo de contribuição diferenciados para aposentadoria de servidores com deficiência, previamente submetidos a avaliação biopsicossocial realizada por equipe multiprofissional e interdisciplinar.

- Lei nº 13.146, de 6-7-2015 (Estatuto da Pessoa com Deficiência).

§ 4º-B. Poderão ser estabelecidos por lei complementar do respectivo ente federativo idade e tempo de contribuição diferenciados para aposentadoria de ocupantes do cargo de agente penitenciário, de agente socioeducativo ou de policial dos órgãos de que tratam o inciso IV do *caput* do art. 51, o inciso XIII do *caput* do art. 52 e os incisos I a IV do *caput* do art. 144.

§ 4º-C. Poderão ser estabelecidos por lei complementar do respectivo ente federativo idade e tempo de contribuição diferenciados para aposentadoria de servidores cujas atividades sejam exercidas com efetiva exposição a agentes químicos, físicos e biológicos prejudiciais à saúde, ou associação desses agentes, vedada a caracterização por categoria profissional ou ocupação.

- §§ 4º-A a 4º-C acrescidos pela EC nº 103, de 12-11-2019.
- Súm. Vinc. nº 33 do STF.

§ 5º Os ocupantes do cargo de professor terão idade mínima reduzida em 5 (cinco) anos em relação às idades decorrentes da aplicação do disposto no inciso III do § 1º, desde que comprovem tempo de efetivo exercício das funções de magistério na educação infantil e no ensino fundamental e médio fixado em lei complementar do respectivo ente federativo.

- § 5º com a redação dada pela EC nº 103, de 12-11-2019.
- Arts. 2º, § 1º, e 6º, *caput*, da EC nº 41, de 19-12-2003.
- Art. 67, § 2º, da Lei nº 9.394, de 20-12-1996 (Lei das Diretrizes e Bases da Educação Nacional).
- Súm. nº 726 do STF.

§ 6º Ressalvadas as aposentadorias decorrentes dos cargos acumuláveis na forma desta Constituição, é vedada a percepção de mais de uma aposentadoria à conta de regime próprio de previdência social, aplicando-se outras vedações, regras e condições para a acumulação de benefícios previdenciários estabelecidas no Regime Geral de Previdência Social.

§ 7º Observado o disposto no § 2º do art. 201, quando se tratar da única fonte de renda formal auferida pelo dependente, o benefício de pensão por morte será concedido nos termos de lei do respectivo ente federativo, a qual tratará de forma diferenciada a hipótese de morte dos servidores de que trata o § 4º-B decorrente de agressão sofrida no exercício ou em razão da função.

- §§ 6º e 7º com a redação dada pela EC nº 103, de 12-11-2019.
- Art. 42, § 2º, desta Constituição.

§ 8º É assegurado o reajustamento dos benefícios para preservar-lhes, em caráter permanente, o valor real, conforme critérios estabelecidos em lei.

- § 8º com a redação dada pela EC nº 41, de 19-12-2003.
- Arts. 2º, § 6º, e 6º-A da EC nº 41, de 19-12-2003.
- Súmulas Vinculantes nºs 20 e 34 do STF.

§ 9º O tempo de contribuição federal, estadual, distrital ou municipal será contado para fins de aposentadoria, observado o disposto nos §§ 9º e 9º-A do art. 201, e o tempo de serviço correspondente será contado para fins de disponibilidade.

- § 9º com a redação dada pela EC nº 103, de 12-11-2019.
- Art. 42, § 1º, desta Constituição.

§ 10. A lei não poderá estabelecer qualquer forma de contagem de tempo de contribuição fictício.

- Art. 4º da EC nº 20, de 15-12-1998 (Reforma Previdenciária).

§ 11. Aplica-se o limite fixado no artigo 37, XI, à soma total dos proventos de inatividade, inclusive quando decorrentes da acumulação de cargos ou empregos públicos, bem como de outras atividades sujeitas a contribuição para o regime geral de previdência social, e ao montante resultante da adição de proventos de inatividade com remuneração de cargo acumulável na forma desta Constituição, cargo em comissão declarado em lei de livre nomeação e exoneração, e de cargo eletivo.

§ 12. Além do disposto neste artigo, serão observados, em regime próprio de previdência social, no que couber, os requisitos e critérios fixados para o Regime Geral de Previdência Social.

§ 13. Aplica-se ao agente público ocupante, exclusivamente, de cargo em comissão declarado em lei de livre nomeação e exoneração, de outro cargo temporário, inclusive mandato eletivo, ou de emprego público, o Regime Geral de Previdência Social.

- ► Lei nº 9.962, de 22-2-2000, disciplina o regime de emprego público do pessoal da administração federal direta, autárquica e fundacional.

§ 14. A União, os Estados, o Distrito Federal e os Municípios instituirão, por lei de iniciativa do respectivo Poder Executivo, regime de previdência complementar para servidores públicos ocupantes de cargo efetivo, observado o limite máximo dos benefícios do Regime Geral de Previdência Social para o valor das aposentadorias e das pensões em regime próprio de previdência social, ressalvado o disposto no § 16.

- ► LC nº 108, de 29-5-2001, dispõe sobre a relação entre a União, e os Estados, o Distrito Federal e os Municípios, suas autarquias, fundações, sociedades de economia mista e outras entidades públicas e suas respectivas entidades fechadas de previdência complementar.
- ► Lei nº 12.618, de 30-4-2012, institui o regime de previdência complementar para os servidores públicos federais titulares de cargo efetivo.

§ 15. O regime de previdência complementar de que trata o § 14 oferecerá plano de benefícios somente na modalidade contribuição definida, observará o disposto no art. 202 e será efetivado por intermédio de entidade fechada de previdência complementar ou de entidade aberta de previdência complementar.

- ► §§ 12 a 15 com a redação dada pela EC nº 103, de 12-11-2019.
- ► Lei nº 12.618, de 30-4-2012, institui o regime de previdência complementar para os servidores públicos federais titulares de cargo efetivo.

§ 16. Somente mediante sua prévia e expressa opção, o disposto nos §§ 14 e 15 poderá ser aplicado ao servidor que tiver ingressado no serviço público até a data da publicação do ato de instituição do correspondente regime de previdência complementar.

- ► § 16 acrescido pela EC nº 20, de 15-12-1998.
- ► Lei nº 9.717, de 27-11-1998, dispõe sobre regras gerais para a organização e o funcionamento dos regimes próprios de previdência social dos servidores públicos da União, dos Estados, do Distrito Federal e dos Municípios, bem como dos militares dos Estados e do Distrito Federal.
- ► Lei nº 10.887, de 18-6-2004, dispõe sobre a aplicação de disposições da EC nº 41, de 19-12-2003.
- ► Lei nº 12.618, de 30-4-2012, institui o regime de previdência complementar para os servidores públicos federais titulares de cargo efetivo.

§ 17. Todos os valores de remuneração considerados para o cálculo do benefício previsto no § 3º serão devidamente atualizados, na forma da lei.

- ► Arts. 2º e 6º-A da EC nº 41, de 19-12-2003.

§ 18. Incidirá contribuição sobre os proventos de aposentadorias e pensões concedidas pelo regime de que trata este artigo que superem o limite máximo estabelecido para os benefícios do regime geral de previdência social de que trata o art. 201, com percentual igual ao estabelecido para os servidores titulares de cargos efetivos.

- ► §§ 17 e 18 acrescidos pela EC nº 41, de 19-12-2003.
- ► Art. 4º, I e II, da EC nº 41, de 19-12-2003.

§ 19. Observados critérios a serem estabelecidos em lei do respectivo ente federativo, o servidor titular de cargo efetivo que tenha completado as exigências para a aposentadoria voluntária e que opte por permanecer em atividade poderá fazer jus a um abono de permanência equivalente, no máximo, ao valor da sua contribuição previdenciária, até completar a idade para aposentadoria compulsória.

§ 20. É vedada a existência de mais de um regime próprio de previdência social e de mais de um órgão ou entidade gestora desse regime em cada ente federativo, abrangidos todos os poderes, órgãos e entidades autárquicas e fundacionais, que serão responsáveis pelo seu financiamento, observados os critérios, os parâmetros e a natureza jurídica definidos na lei complementar de que trata o § 22.

▶ §§ 19 e 20 com a redação dada pela EC nº 103, de 12-11-2019.

▶ Art. 28 da EC nº 19, de 4-6-1998 (Reforma Administrativa).

§ 21. A contribuição prevista no § 18 deste artigo incidirá apenas sobre as parcelas de proventos de aposentadoria e de pensão que superem o dobro do limite máximo estabelecido para os benefícios do regime geral de previdência social de que trata o artigo 201 desta Constituição, quando o beneficiário, na forma da lei, for portador de doença incapacitante.

▶ § 21 acrescido pela EC nº 47, de 5-7-2005, em vigor na data de sua publicação, com efeitos retroativos à data de vigência da EC nº 41, de 19-12-2003 (*DOU* de 6-7-2005).

▶ Este parágrafo estará revogado pela EC nº 103, de 12-11-2019, em vigor na data de publicação de lei de iniciativa privativa do respectivo Poder Executivo que o referende integralmente.

§ 22. Vedada a instituição de novos regimes próprios de previdência social, lei complementar federal estabelecerá, para os que já existam, normas gerais de organização, de funcionamento e de responsabilidade em sua gestão, dispondo, entre outros aspectos, sobre:

I – requisitos para sua extinção e consequente migração para o Regime Geral de Previdência Social;

II – modelo de arrecadação, de aplicação e de utilização dos recursos;

III – fiscalização pela União e controle externo e social;

IV – definição de equilíbrio financeiro e atuarial;

V – condições para instituição do fundo com finalidade previdenciária de que trata o art. 249 e para vinculação a ele dos recursos provenientes de contribuições e dos bens, direitos e ativos de qualquer natureza;

VI – mecanismos de equacionamento do *deficit* atuarial;

VII – estruturação do órgão ou entidade gestora do regime, observados os princípios relacionados com governança, controle interno e transparência;

VIII – condições e hipóteses para responsabilização daqueles que desempenhem atribuições relacionadas, direta ou indiretamente, com a gestão do regime;

IX – condições para adesão a consórcio público;

X – parâmetros para apuração da base de cálculo e definição de alíquota de contribuições ordinárias e extraordinárias.

▶ § 22 acrescido pela EC nº 103, de 12-11-2019.

Art. 41. São estáveis após três anos de efetivo exercício os servidores nomeados para cargo de provimento efetivo em virtude de concurso público.

▶ Súm. nº 390 do TST.

§ 1º O servidor público estável só perderá o cargo:

I – em virtude de sentença judicial transitada em julgado;

II – mediante processo administrativo em que lhe seja assegurada ampla defesa;

▶ Súmulas nºs 18, 19, 20 e 21 do STF.

▶ OJ da SBDI-I nº 247 do TST.

III – mediante procedimento de avaliação periódica de desempenho, na forma de lei complementar, assegurada ampla defesa.

▶ Art. 247 desta Constituição.

§ 2º Invalidada por sentença judicial a demissão do servidor estável, será ele reintegrado, e o eventual ocupante da vaga, se estável, reconduzido ao cargo de origem, sem direito a indenização, aproveitado em outro cargo ou posto em disponibilidade com remuneração proporcional ao tempo de serviço.

§ 3º Extinto o cargo ou declarada a sua desnecessidade, o servidor estável ficará em disponibilidade, com remuneração proporcional ao tempo de serviço, até seu adequado aproveitamento em outro cargo.

▶ Súmulas nºs 11 e 39 do STF.

§ 4º Como condição para a aquisição da estabilidade, é obrigatória a avaliação especial de desempenho por comissão instituída para essa finalidade.

▶ Art. 41 com a redação dada pela EC nº 19, de 4-6-1998.

▶ Art. 28 da EC nº 19, de 4-6-1998 (Reforma Administrativa).

Seção III

DOS MILITARES DOS ESTADOS, DO DISTRITO FEDERAL E DOS TERRITÓRIOS

▶ Denominação desta Seção dada pela EC nº 18, de 5-2-1998.

Art. 42. Os membros das Polícias Militares e Corpos de Bombeiros Militares, instituições organizadas com base na hierarquia e disciplina, são militares dos Estados, do Distrito Federal e dos Territórios.

► *Caput* com a redação dada pela EC nº 18, de 5-2-1998.
► Art. 37, § 10, desta Constituição.
► Art. 89 do ADCT.

§ 1º Aplicam-se aos militares dos Estados, do Distrito Federal e dos Territórios, além do que vier a ser fixado em lei, as disposições do artigo 14, § 8º; do artigo 40, § 9º; e do artigo 142, §§ 2º e 3º, cabendo a lei estadual específica dispor sobre as matérias do artigo 142, § 3º, X, sendo as patentes dos oficiais conferidas pelos respectivos governadores.

► § 1º com a redação dada pela EC nº 20, de 15-12-1998.
► Súm. Vinc. nº 4 do STF.

§ 2º Aos pensionistas dos militares dos Estados, do Distrito Federal e dos Territórios aplica-se o que for fixado em lei específica do respectivo ente estatal.

► § 2º com a redação dada pela EC nº 41, de 19-12-2003.

§ 3º Aplica-se aos militares dos Estados, do Distrito Federal e dos Territórios o disposto no art. 37, inciso XVI, com prevalência da atividade militar.

► § 3º acrescido pela EC nº 101, de 3-7-2019.

Seção IV

DAS REGIÕES

Art. 43. Para efeitos administrativos, a União poderá articular sua ação em um mesmo complexo geoeconômico e social, visando a seu desenvolvimento e à redução das desigualdades regionais.

§ 1º Lei complementar disporá sobre:

I – as condições para integração de regiões em desenvolvimento;

II – a composição dos organismos regionais que executarão, na forma da lei, os planos regionais, integrantes dos planos nacionais de desenvolvimento econômico e social, aprovados juntamente com estes.

► LC nº 124, de 3-1-2007, institui a Superintendência do Desenvolvimento da Amazônia – SUDAM.
► LC nº 125, de 3-1-2007, institui a Superintendência do Desenvolvimento do Nordeste – SUDENE.
► LC nº 134, de 14-1-2010, dispõe sobre a composição do Conselho de Administração da Superintendência da Zona Franca de Manaus – SUFRAMA.

§ 2º Os incentivos regionais compreenderão, além de outros, na forma da lei:

I – igualdade de tarifas, fretes, seguros e outros itens de custos e preços de responsabilidade do Poder Público;

II – juros favorecidos para financiamento de atividades prioritárias;

III – isenções, reduções ou diferimento temporário de tributos federais devidos por pessoas físicas ou jurídicas;

IV – prioridade para o aproveitamento econômico e social dos rios e das massas de água represadas ou represáveis nas regiões de baixa renda, sujeitas a secas periódicas.

§ 3º Nas áreas a que se refere o § 2º, IV, a União incentivará a recuperação de terras áridas e cooperará com os pequenos e médios proprietários rurais para o estabelecimento, em suas glebas, de fontes de água e de pequena irrigação.

§ 4º Sempre que possível, a concessão dos incentivos regionais a que se refere o § 2º, III, considerará critérios de sustentabilidade ambiental e redução das emissões de carbono.

► § 4º acrescido pela EC nº 132, de 20-12-2023.

TÍTULO IV – DA ORGANIZAÇÃO DOS PODERES

Capítulo I

DO PODER LEGISLATIVO

Seção I

DO CONGRESSO NACIONAL

Art. 44. O Poder Legislativo é exercido pelo Congresso Nacional, que se compõe da Câmara dos Deputados e do Senado Federal.

Parágrafo único. Cada legislatura terá a duração de quatro anos.

Art. 45. A Câmara dos Deputados compõe-se de representantes do povo, eleitos, pelo sistema proporcional, em cada Estado, em cada Território e no Distrito Federal.

§ 1º O número total de Deputados, bem como a representação por Estado e pelo Distrito Federal, será estabelecido por lei complementar, proporcionalmente à população, procedendo-se aos ajustes necessários, no ano anterior às eleições, para que nenhuma daquelas Unidades da

Federação tenha menos de oito ou mais de setenta Deputados.

▸ Arts. 1º a 3º da LC nº 78, de 30-12-1993, que disciplina a fixação do número de Deputados, nos termos deste parágrafo.

§ 2º Cada Território elegerá quatro Deputados.

Art. 46. O Senado Federal compõe-se de representantes dos Estados e do Distrito Federal, eleitos segundo o princípio majoritário.

§ 1º Cada Estado e o Distrito Federal elegerão três Senadores, com mandato de oito anos.

§ 2º A representação de cada Estado e do Distrito Federal será renovada de quatro em quatro anos, alternadamente, por um e dois terços.

§ 3º Cada Senador será eleito com dois suplentes.

Art. 47. Salvo disposição constitucional em contrário, as deliberações de cada Casa e de suas Comissões serão tomadas por maioria dos votos, presente a maioria absoluta de seus membros.

SEÇÃO II

DAS ATRIBUIÇÕES DO CONGRESSO NACIONAL

Art. 48. Cabe ao Congresso Nacional, com a sanção do Presidente da República, não exigida esta para o especificado nos artigos 49, 51 e 52, dispor sobre todas as matérias de competência da União, especialmente sobre:

I – sistema tributário, arrecadação e distribuição de rendas;

II – plano plurianual, diretrizes orçamentárias, orçamento anual, operações de crédito, dívida pública e emissões de curso forçado;

III – fixação e modificação do efetivo das Forças Armadas;

IV – planos e programas nacionais, regionais e setoriais de desenvolvimento;

V – limites do território nacional, espaço aéreo e marítimo e bens do domínio da União;

VI – incorporação, subdivisão ou desmembramento de áreas de Territórios ou Estados, ouvidas as respectivas Assembleias Legislativas;

▸ Art. 4º da Lei nº 9.709, de 18-11-1998, que regulamenta o art. 14 desta Constituição.

VII – transferência temporária da sede do Governo Federal;

VIII – concessão de anistia;

▸ Art. 187 da LEP.

IX – organização administrativa, judiciária, do Ministério Público e da Defensoria Pública da União e dos Territórios e organização judiciária e do Ministério Público do Distrito Federal;

▸ Inciso IX com a redação dada pela EC nº 69, de 29-3-2012, em vigor na data de sua publicação, produzindo efeitos após 120 dias de sua publicação oficial (*DOU* de 30-3-2012).

X – criação, transformação e extinção de cargos, empregos e funções públicas, observado o que estabelece o art. 84, VI, *b*;

XI – criação e extinção de Ministérios e órgãos da administração pública;

▸ Incisos X e XI com a redação dada pela EC nº 32, de 11-9-2001.

XII – telecomunicações e radiodifusão;

▸ Lei nº 9.295, de 19-7-1996, dispõe sobre serviços de telecomunicações, organizações e órgão regulador.

▸ Lei nº 9.472, de 16-7-1997, dispõe sobre a organização dos serviços de telecomunicações, a criação e funcionamento de um órgão regulador e outros aspectos institucionais.

▸ Lei nº 9.612, de 19-2-1998, institui o serviço de radiodifusão comunitária.

XIII – matéria financeira, cambial e monetária, instituições financeiras e suas operações;

XIV – moeda, seus limites de emissão, e montante da dívida mobiliária federal;

XV – fixação do subsídio dos Ministros do Supremo Tribunal Federal, observado o que dispõem os arts. 39, § 4º; 150, II; 153, III; e 153, § 2º, I.

▸ Inciso XV com a redação dada pela EC nº 41, de 19-12-2003.

▸ Lei nº 14.520, de 9-1-2023, fixa o subsídio de Ministro do Supremo Tribunal Federal.

Art. 49. É da competência exclusiva do Congresso Nacional:

▸ Art. 48 desta Constituição.

I – resolver definitivamente sobre tratados, acordos ou atos internacionais que acarretem encargos ou compromissos gravosos ao patrimônio nacional;

II – autorizar o Presidente da República a declarar guerra, a celebrar a paz, a permitir que forças estrangeiras transitem pelo território nacional ou nele permaneçam temporariamente, ressalvados os casos previstos em lei complementar;

III – autorizar o Presidente e o Vice-Presidente da República a se ausentarem do País, quando a ausência exceder a quinze dias;

IV – aprovar o estado de defesa e a intervenção federal, autorizar o estado de sítio, ou suspender qualquer uma dessas medidas;
V – sustar os atos normativos do Poder Executivo que exorbitem do poder regulamentar ou dos limites de delegação legislativa;
VI – mudar temporariamente sua sede;
VII – fixar idêntico subsídio para os Deputados Federais e os Senadores, observado o que dispõem os artigos 37, XI, 39, § 4º, 150, II, 153, III, e 153, § 2º, I;
VIII – fixar os subsídios do Presidente e do Vice-Presidente da República e dos Ministros de Estado, observado o que dispõem os artigos 37, XI, 39, § 4º, 150, II, 153, III, e 153, § 2º, I;

► Incisos VII e VIII com a redação dada pela EC nº 19, de 4-6-1998.

IX – julgar anualmente as contas prestadas pelo Presidente da República e apreciar os relatórios sobre a execução dos planos de governo;
X – fiscalizar e controlar, diretamente, ou por qualquer de suas Casas, os atos do Poder Executivo, incluídos os da administração indireta;
XI – zelar pela preservação de sua competência legislativa em face da atribuição normativa dos outros Poderes;
XII – apreciar os atos de concessão e renovação de concessão de emissoras de rádio e televisão;
XIII – escolher dois terços dos membros do Tribunal de Contas da União;

► Dec. Legislativo nº 6, de 22-4-1993, regulamenta a escolha de Ministro do Tribunal de Contas da União pelo Congresso Nacional.

XIV – aprovar iniciativas do Poder Executivo referentes a atividades nucleares;
XV – autorizar referendo e convocar plebiscito;

► Arts. 1º a 12 da Lei nº 9.709, de 18-11-1998, que regulamenta o art. 14 desta Constituição.

XVI – autorizar, em terras indígenas, a exploração e o aproveitamento de recursos hídricos e a pesquisa e lavra de riquezas minerais;
XVII – aprovar, previamente, a alienação ou concessão de terras públicas com área superior a dois mil e quinhentos hectares;
XVIII – decretar o estado de calamidade pública de âmbito nacional previsto nos arts. 167-B, 167-C, 167-D, 167-E, 167-F e 167-G desta Constituição.

► Inciso XVIII acrescido pela EC nº 109, de 15-3-2021.

***Art. 50.** A Câmara dos Deputados e o Senado Federal, ou qualquer de suas Comissões, poderão convocar Ministro de Estado, quaisquer titulares de órgãos diretamente subordinados à Presidência da República ou o Presidente do Comitê Gestor do Imposto sobre Bens e Serviços para prestarem, pessoalmente, informações sobre assunto previamente determinado, importando crime de responsabilidade a ausência sem justificação adequada.*

► *Caput* com a redação dada pela EC nº 132, de 20-12-2023.

§ 1º Os Ministros de Estado poderão comparecer ao Senado Federal, à Câmara dos Deputados, ou a qualquer de suas Comissões, por sua iniciativa e mediante entendimentos com a Mesa respectiva, para expor assunto de relevância de seu Ministério.

§ 2º As Mesas da Câmara dos Deputados e do Senado Federal poderão encaminhar pedidos escritos de informação a Ministros de Estado ou a qualquer das pessoas referidas no *caput* deste artigo, importando em crime de responsabilidade a recusa, ou o não atendimento, no prazo de trinta dias, bem como a prestação de informações falsas.

► § 2º com a redação dada pela ECR nº 2, de 7-6-1994.

Seção III

DA CÂMARA DOS DEPUTADOS

Art. 51. Compete privativamente à Câmara dos Deputados:

► Art. 48 desta Constituição.

I – autorizar, por dois terços de seus membros, a instauração de processo contra o Presidente e o Vice-Presidente da República e os Ministros de Estado;
II – proceder à tomada de contas do Presidente da República, quando não apresentadas ao Congresso Nacional dentro de sessenta dias após a abertura da sessão legislativa;
III – elaborar seu regimento interno;
IV – dispor sobre sua organização, funcionamento, polícia, criação, transformação ou extinção dos cargos, empregos e funções de seus serviços, e a iniciativa de lei para fixação da respectiva remuneração, observados os parâmetros estabelecidos na lei de diretrizes orçamentárias;

► Inciso IV com a redação dada pela EC nº 19, de 4-6-1998.

► Art. 107, § 2º, do ADCT.

V – eleger membros do Conselho da República, nos termos do artigo 89, VII.

Seção IV

DO SENADO FEDERAL

Art. 52. Compete privativamente ao Senado Federal:

► Art. 48 desta Constituição.

I – processar e julgar o Presidente e o Vice-Presidente da República nos crimes de responsabilidade, bem como os Ministros de Estado e os Comandantes da Marinha, do Exército e da Aeronáutica nos crimes da mesma natureza conexos com aqueles;

► Inciso I com a redação dada pela EC nº 23, de 2-9-1999.

► Art. 102, I, c, desta Constituição.

► Lei nº 1.079, de 10-4-1950 (Lei dos Crimes de Responsabilidade).

II – processar e julgar os Ministros do Supremo Tribunal Federal, os membros do Conselho Nacional de Justiça e do Conselho Nacional do Ministério Público, o Procurador-Geral da República e o Advogado-Geral da União nos crimes de responsabilidade;

► Inciso II com a redação dada pela EC nº 45, de 8-12-2004.

► Arts. 103-B, 130-A, 131 e 132 desta Constituição.

► Art. 5º da EC nº 45, de 8-12-2004 (Reforma do Judiciário).

III – aprovar previamente, por voto secreto, após arguição pública, a escolha de:

a) magistrados, nos casos estabelecidos nesta Constituição;

b) Ministros do Tribunal de Contas da União indicados pelo Presidente da República;

c) Governador de Território;

d) presidente e diretores do Banco Central;

e) Procurador-Geral da República;

f) titulares de outros cargos que a lei determinar;

IV – aprovar previamente, por voto secreto, após arguição em sessão secreta, a escolha dos chefes de missão diplomática de caráter permanente;

V – autorizar operações externas de natureza financeira, de interesse da União, dos Estados, do Distrito Federal, dos Territórios e dos Municípios;

VI – fixar, por proposta do Presidente da República, limites globais para o montante da dívida consolidada da União, dos Estados, do Distrito Federal e dos Municípios;

► Art. 100, § 19, desta Constituição.

► Art. 101, § 2º, III, do ADCT.

VII – dispor sobre limites globais e condições para as operações de crédito externo e interno da União, dos Estados, do Distrito Federal e dos Municípios, de suas autarquias e demais entidades controladas pelo Poder Público Federal;

► Art. 100, § 19, desta Constituição.

► Art. 101, § 2º, III, do ADCT.

VIII – dispor sobre limites e condições para a concessão de garantia da União em operações de crédito externo e interno;

IX – estabelecer limites globais e condições para o montante da dívida mobiliária dos Estados, do Distrito Federal e dos Municípios;

X – suspender a execução, no todo ou em parte, de lei declarada inconstitucional por decisão definitiva do Supremo Tribunal Federal;

XI – aprovar, por maioria absoluta e por voto secreto, a exoneração, de ofício, do Procurador-Geral da República antes do término de seu mandato;

XII – elaborar seu regimento interno;

XIII – dispor sobre sua organização, funcionamento, polícia, criação, transformação ou extinção dos cargos, empregos e funções de seus serviços, e a iniciativa de lei para fixação da respectiva remuneração, observados os parâmetros estabelecidos na lei de diretrizes orçamentárias;

► Inciso XIII com a redação dada pela EC nº 19, de 4-6-1998.

► Art. 107, § 2º, do ADCT.

XIV – eleger membros do Conselho da República, nos termos do artigo 89, VII;

XV – avaliar periodicamente a funcionalidade do Sistema Tributário Nacional, em sua estrutura e seus componentes, e o desempenho das administrações tributárias da União, dos Estados e do Distrito Federal e dos Municípios.

► Inciso XV acrescido pela EC nº 42, de 19-12-2003.

Parágrafo único. Nos casos previstos nos incisos I e II, funcionará como Presidente o do Supremo Tribunal Federal, limitando-se a condenação, que somente será proferida por dois terços dos votos do Senado Federal, à perda do cargo, com inabilitação, por oito anos, para o exercício de função pública, sem prejuízo das demais sanções judiciais cabíveis.

Seção V

DOS DEPUTADOS E DOS SENADORES

▸ Lei nº 9.504, de 30-9-1997 (Lei das Eleições).

Art. 53. Os Deputados e Senadores são invioláveis, civil e penalmente, por quaisquer de suas opiniões, palavras e votos.

▸ *Caput* com a redação dada pela EC nº 35, de 20-12-2001.

▸ Súm. nº 245 do STF.

§ 1º Os Deputados e Senadores, desde a expedição do diploma, serão submetidos a julgamento perante o Supremo Tribunal Federal.

▸ Art. 102, I, *b*, desta Constituição.

§ 2º Desde a expedição do diploma, os membros do Congresso Nacional não poderão ser presos, salvo em flagrante de crime inafiançável. Nesse caso, os autos serão remetidos dentro de vinte e quatro horas à Casa respectiva, para que, pelo voto da maioria de seus membros, resolva sobre a prisão.

▸ Art. 301 do CPP.

§ 3º Recebida a denúncia contra o Senador ou Deputado, por crime ocorrido após a diplomação, o Supremo Tribunal Federal dará ciência à Casa respectiva, que, por iniciativa de partido político nela representado e pelo voto da maioria de seus membros, poderá, até a decisão final, sustar o andamento da ação.

§ 4º O pedido de sustação será apreciado pela Casa respectiva no prazo improrrogável de quarenta e cinco dias do seu recebimento pela Mesa Diretora.

§ 5º A sustação do processo suspende a prescrição, enquanto durar o mandato.

§ 6º Os Deputados e Senadores não serão obrigados a testemunhar sobre informações recebidas ou prestadas em razão do exercício do mandato, nem sobre as pessoas que lhes confiaram ou deles receberam informações.

§ 7º A incorporação às Forças Armadas de Deputados e Senadores, embora militares e ainda que em tempo de guerra, dependerá de prévia licença da Casa respectiva.

▸ §§ 1º a 7º com a redação dada pela EC nº 35, de 20-12-2001.

§ 8º As imunidades de Deputados ou Senadores subsistirão durante o estado de sítio, só podendo ser suspensas mediante o voto de dois terços dos membros da Casa respectiva, nos casos de atos praticados fora do recinto do Congresso Nacional, que sejam incompatíveis com a execução da medida.

▸ § 8º acrescido pela EC nº 35, de 20-12-2001.

▸ Arts. 137 a 141 desta Constituição.

▸ Arts. 138 a 145 do CP.

Art. 54. Os Deputados e Senadores não poderão:

I – desde a expedição do diploma:

a) firmar ou manter contrato com pessoa jurídica de direito público, autarquia, empresa pública, sociedade de economia mista ou empresa concessionária de serviço público, salvo quando o contrato obedecer a cláusulas uniformes;

b) aceitar ou exercer cargo, função ou emprego remunerado, inclusive os de que sejam demissíveis *ad nutum*, nas entidades constantes da alínea anterior;

II – desde a posse:

a) ser proprietários, controladores ou diretores de empresa que goze de favor decorrente de contrato com pessoa jurídica de direito público, ou nela exercer função remunerada;

b) ocupar cargo ou função de que sejam demissíveis *ad nutum*, nas entidades referidas no inciso I, *a*;

c) patrocinar causa em que seja interessada qualquer das entidades a que se refere o inciso I, *a*;

d) ser titulares de mais de um cargo ou mandato público eletivo.

Art. 55. Perderá o mandato o Deputado ou Senador:

I – que infringir qualquer das proibições estabelecidas no artigo anterior;

▸ Art. 1º do Dec. Legislativo nº 16, de 24-3-1994, que submete à condição suspensiva a renúncia de parlamentar contra o qual pende procedimento fundado nos termos deste inciso.

II – cujo procedimento for declarado incompatível com o decoro parlamentar;

▸ Art. 1º do Dec. Legislativo nº 16, de 24-3-1994, que submete à condição suspensiva a renúncia de parlamentar contra o qual pende procedimento fundado nos termos deste inciso.

III – que deixar de comparecer, em cada sessão legislativa, à terça parte das sessões ordinárias da Casa a que pertencer, salvo licença ou missão por esta autorizada;

IV – que perder ou tiver suspensos os direitos políticos;
V – quando o decretar a Justiça Eleitoral, nos casos previstos nesta Constituição;
VI – que sofrer condenação criminal em sentença transitada em julgado.

▸ Art. 92, I, do CP.

§ 1º É incompatível com o decoro parlamentar, além dos casos definidos no regimento interno, o abuso das prerrogativas asseguradas a membro do Congresso Nacional ou a percepção de vantagens indevidas.

§ 2º Nos casos dos incisos I, II e VI, a perda do mandato será decidida pela Câmara dos Deputados ou pelo Senado Federal, por maioria absoluta, mediante provocação da respectiva Mesa ou de partido político representado no Congresso Nacional, assegurada ampla defesa.

▸ § 2º com a redação dada pela EC nº 76, de 28-11-2013.

§ 3º Nos casos previstos nos incisos III a V, a perda será declarada pela Mesa da Casa respectiva, de ofício ou mediante provocação de qualquer de seus membros, ou de partido político representado no Congresso Nacional, assegurada ampla defesa.

§ 4º A renúncia de parlamentar submetido a processo que vise ou possa levar à perda do mandato, nos termos deste artigo, terá seus efeitos suspensos até as deliberações finais de que tratam os §§ 2º e 3º.

▸ § 4º acrescido pela ECR nº 6, de 7-6-1994.

Art. 56. Não perderá o mandato o Deputado ou Senador:

I – investido no cargo de Ministro de Estado, Governador de Território, Secretário de Estado, do Distrito Federal, de Território, de Prefeitura de Capital ou chefe de missão diplomática temporária;
II – licenciado pela respectiva Casa por motivo de doença, ou para tratar, sem remuneração, de interesse particular, desde que, neste caso, o afastamento não ultrapasse cento e vinte dias por sessão legislativa.

§ 1º O suplente será convocado nos casos de vaga, de investidura em funções previstas neste artigo ou de licença superior a cento e vinte dias.

§ 2º Ocorrendo vaga e não havendo suplente, far-se-á eleição para preenchê-la se faltarem mais de quinze meses para o término do mandato.

§ 3º Na hipótese do inciso I, o Deputado ou Senador poderá optar pela remuneração do mandato.

Seção VI
DAS REUNIÕES

Art. 57. O Congresso Nacional reunir-se-á, anualmente, na Capital Federal, de 2 de fevereiro a 17 de julho e de 1º de agosto a 22 de dezembro.

▸ *Caput* com a redação dada pela EC nº 50, de 14-2-2006.

§ 1º As reuniões marcadas para essas datas serão transferidas para o primeiro dia útil subsequente, quando recaírem em sábados, domingos ou feriados.

§ 2º A sessão legislativa não será interrompida sem a aprovação do projeto de lei de diretrizes orçamentárias.

§ 3º Além de outros casos previstos nesta Constituição, a Câmara dos Deputados e o Senado Federal reunir-se-ão em sessão conjunta para:

I – inaugurar a sessão legislativa;
II – elaborar o regimento comum e regular a criação de serviços comuns às duas Casas;
III – receber o compromisso do Presidente e do Vice-Presidente da República;
IV – conhecer do veto e sobre ele deliberar.

§ 4º Cada uma das Casas reunir-se-á em sessões preparatórias, a partir de 1º de fevereiro, no primeiro ano da legislatura, para a posse de seus membros e eleição das respectivas Mesas, para mandato de 2 (dois) anos, vedada a recondução para o mesmo cargo na eleição imediatamente subsequente.

▸ § 4º com a redação dada pela EC nº 50, de 14-2-2006.

§ 5º A Mesa do Congresso Nacional será presidida pelo Presidente do Senado Federal, e os demais cargos serão exercidos, alternadamente, pelos ocupantes de cargos equivalentes na Câmara dos Deputados e no Senado Federal.

§ 6º A convocação extraordinária do Congresso Nacional far-se-á:

▸ § 6º com a redação dada pela EC nº 50, de 14-2-2006.

I – pelo Presidente do Senado Federal, em caso de decretação de estado de defesa ou de intervenção federal, de pedido de autorização para a decretação de estado de sítio e para o compromisso e a posse do Presidente e do Vice-Presidente da República;

II – pelo Presidente da República, pelos Presidentes da Câmara dos Deputados e do Senado Federal ou a requerimento da maioria dos membros de ambas as Casas, em caso de urgência ou interesse público relevante, em todas as hipóteses deste inciso com a aprovação da maioria absoluta de cada uma das Casas do Congresso Nacional.

► Inciso II com a redação dada pela EC nº 50, de 14-2-2006.

§ 7º Na sessão legislativa extraordinária, o Congresso Nacional somente deliberará sobre a matéria para a qual foi convocado, ressalvada a hipótese do § 8º deste artigo, vedado o pagamento de parcela indenizatória, em razão da convocação.

► § 7º com a redação dada pela EC nº 50, de 14-2-2006.

§ 8º Havendo medidas provisórias em vigor na data de convocação extraordinária do Congresso Nacional, serão elas automaticamente incluídas na pauta da convocação.

► § 8º acrescido pela EC nº 32, de 11-9-2001.

Seção VII – *DAS COMISSÕES*

Art. 58. O Congresso Nacional e suas Casas terão comissões permanentes e temporárias, constituídas na forma e com as atribuições previstas no respectivo regimento ou no ato de que resultar sua criação.

§ 1º Na constituição das Mesas e de cada Comissão, é assegurada, tanto quanto possível, a representação proporcional dos partidos ou dos blocos parlamentares que participam da respectiva Casa.

§ 2º Às comissões, em razão da matéria de sua competência, cabe:

I – discutir e votar projeto de lei que dispensar, na forma do regimento, a competência do Plenário, salvo se houver recurso de um décimo dos membros da Casa;

II – realizar audiências públicas com entidades da sociedade civil;

III – convocar Ministros de Estado para prestar informações sobre assuntos inerentes a suas atribuições;

IV – receber petições, reclamações, representações ou queixas de qualquer pessoa contra atos ou omissões das autoridades ou entidades públicas;

V – solicitar depoimento de qualquer autoridade ou cidadão;

VI – apreciar programas de obras, planos nacionais, regionais e setoriais de desenvolvimento e sobre eles emitir parecer.

§ 3º As comissões parlamentares de inquérito, que terão poderes de investigação próprios das autoridades judiciais, além de outros previstos nos regimentos das respectivas Casas, serão criadas pela Câmara dos Deputados e pelo Senado Federal, em conjunto ou separadamente, mediante requerimento de um terço de seus membros, para a apuração de fato determinado e por prazo certo, sendo suas conclusões, se for o caso, encaminhadas ao Ministério Público, para que promova a responsabilidade civil ou criminal dos infratores.

► Lei nº 1.579, de 18-3-1952 (Lei das Comissões Parlamentares de Inquérito).

► Lei nº 10.001, de 4-9-2000, dispõe sobre a prioridade nos procedimentos a serem adotados pelo Ministério Publico e por outros órgãos a respeito das conclusões das Comissões Parlamentares de Inquérito.

§ 4º Durante o recesso, haverá uma Comissão Representativa do Congresso Nacional, eleita por suas Casas na última sessão ordinária do período legislativo, com atribuições definidas no regimento comum, cuja composição reproduzirá, quanto possível, a proporcionalidade da representação partidária.

Seção VIII – *DO PROCESSO LEGISLATIVO*

Subseção I – *DISPOSIÇÃO GERAL*

Art. 59. O processo legislativo compreende a elaboração de:

I – emendas à Constituição;

II – leis complementares;

III – leis ordinárias;

IV – leis delegadas;

V – medidas provisórias;

► Arts. 70, 73 e 114 do ADCT.

VI – decretos legislativos;

► Art. 3º da Lei nº 9.709, de 18-11-1998, que dispõe sobre a convocação do plebiscito e o referendo nas questões de relevância nacional, de competência do Poder Legislativo ou do Poder Executivo.

VII – resoluções.

Parágrafo único. Lei complementar disporá sobre a elaboração, redação, alteração e consolidação das leis.

- LC nº 95, de 26-2-1998, trata do disposto neste parágrafo único.
- Dec. nº 9.191, de 1º-11-2017, estabelece as normas e as diretrizes para elaboração, redação, alteração, consolidação e encaminhamento de propostas de atos normativos ao Presidente da República pelos Ministros de Estado.

Subseção II

DA EMENDA À CONSTITUIÇÃO

Art. 60. A Constituição poderá ser emendada mediante proposta:

I – de um terço, no mínimo, dos membros da Câmara dos Deputados ou do Senado Federal;

II – do Presidente da República;

III – de mais da metade das Assembleias Legislativas das Unidades da Federação, manifestando-se, cada uma delas, pela maioria relativa de seus membros.

§ 1º A Constituição não poderá ser emendada na vigência de intervenção federal, de estado de defesa ou de estado de sítio.

- Arts. 34 a 36, e 136 a 141 desta Constituição.

§ 2º A proposta será discutida e votada em cada Casa do Congresso Nacional, em dois turnos, considerando-se aprovada se obtiver, em ambos, três quintos dos votos dos respectivos membros.

§ 3º A emenda à Constituição será promulgada pelas Mesas da Câmara dos Deputados e do Senado Federal, com o respectivo número de ordem.

§ 4º Não será objeto de deliberação a proposta de emenda tendente a abolir:

I – a forma federativa de Estado;

- Arts. 1º e 18 desta Constituição.

II – o voto direto, secreto, universal e periódico;

- Arts. 1º, 14 e 81, § 1º, desta Constituição.
- Lei nº 9.709, de 18-11-1998, regulamenta o art. 14 desta Constituição.

III – a separação dos Poderes;

- Art. 2º desta Constituição.

IV – os direitos e garantias individuais.

- Art. 5º desta Constituição.

§ 5º A matéria constante de proposta de emenda rejeitada ou havida por prejudicada não pode ser objeto de nova proposta na mesma sessão legislativa.

Subseção III

DAS LEIS

Art. 61. A iniciativa das leis complementares e ordinárias cabe a qualquer membro ou Comissão da Câmara dos Deputados, do Senado Federal ou do Congresso Nacional, ao Presidente da República, ao Supremo Tribunal Federal, aos Tribunais Superiores, ao Procurador-Geral da República e aos cidadãos, na forma e nos casos previstos nesta Constituição.

§ 1º São de iniciativa privativa do Presidente da República as leis que:

I – fixem ou modifiquem os efetivos das Forças Armadas;

II – disponham sobre:

- Súmulas nºs 679 e 681 do STF.

a) criação de cargos, funções ou empregos públicos na administração direta e autárquica ou aumento de sua remuneração;

- Súm. nº 679 do STF.

b) organização administrativa e judiciária, matéria tributária e orçamentária, serviços públicos e pessoal da administração dos Territórios;

c) servidores públicos da União e Territórios, seu regime jurídico, provimento de cargos, estabilidade e aposentadoria;

- Alínea *c* com a redação dada pela EC nº 18, de 5-2-1998.

d) organização do Ministério Público e da Defensoria Pública da União, bem como normas gerais para a organização do Ministério Público e da Defensoria Pública dos Estados, do Distrito Federal e dos Territórios;

e) criação e extinção de Ministérios e órgãos da administração pública, observado o disposto no artigo 84, VI;

- Alínea *e* com a redação dada pela EC nº 32, de 11-9-2001.

f) militares das Forças Armadas, seu regime jurídico, provimento de cargos, promoções, estabilidade, remuneração, reforma e transferência para a reserva.

- Alínea *f* acrescida pela EC nº 18, de 5-2-1998.

§ 2º A iniciativa popular pode ser exercida pela apresentação à Câmara dos Deputados de projeto de lei subscrito por, no mínimo, um por cento do eleitorado nacional, distribuído pelo menos por cinco Estados, com não menos de três décimos por cento dos eleitores de cada um deles.

► Arts. 1º, III, 13 e 14 da Lei nº 9.709, de 18-11-1998, que regulamenta o art. 14 desta Constituição.

Art. 62. Em caso de relevância e urgência, o Presidente da República poderá adotar medidas provisórias, com força de lei, devendo submetê-las de imediato ao Congresso Nacional.

► *Caput* com a redação dada pela EC nº 32, de 11-9-2001.
► Arts. 167, § 3º, e 246 desta Constituição.
► Art. 2º da EC nº 32, de 11-9-2001.
► Súm. nº 651 do STF.

§ 1º É vedada a edição de medidas provisórias sobre matéria:

I – relativa a:

a) nacionalidade, cidadania, direitos políticos, partidos políticos e direito eleitoral;
b) direito penal, processual penal e processual civil;
c) organização do Poder Judiciário e do Ministério Público, a carreira e a garantia de seus membros;
d) planos plurianuais, diretrizes orçamentárias, orçamento e créditos adicionais e suplementares, ressalvado o previsto no artigo 167, § 3º;

II – que vise a detenção ou sequestro de bens, de poupança popular ou qualquer outro ativo financeiro;
III – reservada a lei complementar;
IV – já disciplinada em projeto de lei aprovado pelo Congresso Nacional e pendente de sanção ou veto do Presidente da República.

§ 2º Medida provisória que implique instituição ou majoração de impostos, exceto os previstos nos artigos 153, I, II, IV, V, e 154, II, só produzirá efeitos no exercício financeiro seguinte se houver sido convertida em lei até o último dia daquele em que foi editada.

§ 3º As medidas provisórias, ressalvado o disposto nos §§ 11 e 12 perderão eficácia, desde a edição, se não forem convertidas em lei no prazo de sessenta dias, prorrogável, nos termos do § 7º, uma vez por igual período, devendo o Congresso Nacional disciplinar, por decreto legislativo, as relações jurídicas delas decorrentes.

§ 4º O prazo a que se refere o § 3º contar-se-á da publicação da medida provisória, suspendendo-se durante os períodos de recesso do Congresso Nacional.

§ 5º A deliberação de cada uma das Casas do Congresso Nacional sobre o mérito das medidas provisórias dependerá de juízo prévio sobre o atendimento de seus pressupostos constitucionais.

§ 6º Se a medida provisória não for apreciada em até quarenta e cinco dias contados de sua publicação, entrará em regime de urgência, subsequentemente, em cada uma das Casas do Congresso Nacional, ficando sobrestadas, até que se ultime a votação, todas as demais deliberações legislativas da Casa em que estiver tramitando.

§ 7º Prorrogar-se-á uma única vez por igual período a vigência de medida provisória que, no prazo de sessenta dias, contado de sua publicação, não tiver a sua votação encerrada nas duas Casas do Congresso Nacional.

§ 8º As medidas provisórias terão sua votação iniciada na Câmara dos Deputados.

§ 9º Caberá à comissão mista de Deputados e Senadores examinar as medidas provisórias e sobre elas emitir parecer, antes de serem apreciadas, em sessão separada, pelo plenário de cada uma das Casas do Congresso Nacional.

§ 10. É vedada a reedição, na mesma sessão legislativa, de medida provisória que tenha sido rejeitada ou que tenha perdido sua eficácia por decurso de prazo.

§ 11. Não editado o decreto legislativo a que se refere o § 3º até sessenta dias após a rejeição ou perda de eficácia de medida provisória, as relações jurídicas constituídas e decorrentes de atos praticados durante sua vigência conservar-se-ão por ela regidas.

§ 12. Aprovado projeto de lei de conversão alterando o texto original da medida provisória, esta manter-se-á integralmente em vigor até que seja sancionado ou vetado o projeto.

► §§ 1º a 12 acrescidos pela EC nº 32, de 11-9-2001.

Art. 63. Não será admitido aumento da despesa prevista:

I – nos projetos de iniciativa exclusiva do Presidente da República, ressalvado o disposto no artigo 166, §§ 3º e 4º;

II – nos projetos sobre organização dos serviços administrativos da Câmara dos Deputados, do Senado Federal, dos Tribunais Federais e do Ministério Público.

Art. 64. A discussão e votação dos projetos de lei de iniciativa do Presidente da República, do Supremo Tribunal Federal e dos Tribunais Superiores terão início na Câmara dos Deputados.

§ 1º O Presidente da República poderá solicitar urgência para apreciação de projetos de sua iniciativa.

§ 2º Se, no caso do § 1º, a Câmara dos Deputados e o Senado Federal não se manifestarem sobre a proposição, cada qual sucessivamente, em até quarenta e cinco dias, sobrestar-se-ão todas as demais deliberações legislativas da respectiva Casa, com exceção das que tenham prazo constitucional determinado, até que se ultime a votação.

▸ § 2º com a redação dada pela EC nº 32, de 11-9-2001.

§ 3º A apreciação das emendas do Senado Federal pela Câmara dos Deputados far-se-á no prazo de dez dias, observado quanto ao mais o disposto no parágrafo anterior.

§ 4º Os prazos do § 2º não correm nos períodos de recesso do Congresso Nacional, nem se aplicam aos projetos de código.

Art. 65. O projeto de lei aprovado por uma Casa será revisto pela outra, em um só turno de discussão e votação, e enviado à sanção ou promulgação, se a Casa revisora o aprovar, ou arquivado, se o rejeitar.

Parágrafo único. Sendo o projeto emendado, voltará à Casa iniciadora.

Art. 66. A Casa na qual tenha sido concluída a votação enviará o projeto de lei ao Presidente da República, que, aquiescendo, o sancionará.

§ 1º Se o Presidente da República considerar o projeto, no todo ou em parte, inconstitucional ou contrário ao interesse público, vetá-lo-á total ou parcialmente, no prazo de quinze dias úteis, contados da data do recebimento, e comunicará, dentro de quarenta e oito horas, ao Presidente do Senado Federal os motivos do veto.

§ 2º O veto parcial somente abrangerá texto integral de artigo, de parágrafo, de inciso ou de alínea.

§ 3º Decorrido o prazo de quinze dias, o silêncio do Presidente da República importará sanção.

§ 4º O veto será apreciado em sessão conjunta, dentro de trinta dias a contar de seu recebimento, só podendo ser rejeitado pelo voto da maioria absoluta dos Deputados e Senadores.

▸ § 4º com a redação dada pela EC nº 76, de 28-11-2013.

§ 5º Se o veto não for mantido, será o projeto enviado, para promulgação, ao Presidente da República.

§ 6º Esgotado sem deliberação o prazo estabelecido no § 4º, o veto será colocado na ordem do dia da sessão imediata, sobrestadas as demais proposições, até sua votação final.

▸ § 6º com a redação dada pela EC nº 32, de 11-9-2001.

§ 7º Se a lei não for promulgada dentro de quarenta e oito horas pelo Presidente da República, nos casos dos §§ 3º e 5º, o Presidente do Senado a promulgará, e, se este não o fizer em igual prazo, caberá ao Vice-Presidente do Senado fazê-lo.

Art. 67. A matéria constante de projeto de lei rejeitado somente poderá constituir objeto de novo projeto, na mesma sessão legislativa, mediante proposta da maioria absoluta dos membros de qualquer das Casas do Congresso Nacional.

Art. 68. As leis delegadas serão elaboradas pelo Presidente da República, que deverá solicitar a delegação ao Congresso Nacional.

§ 1º Não serão objeto de delegação os atos de competência exclusiva do Congresso Nacional, os de competência privativa da Câmara dos Deputados ou do Senado Federal, a matéria reservada à lei complementar, nem a legislação sobre:

I – organização do Poder Judiciário e do Ministério Público, a carreira e a garantia de seus membros;

II – nacionalidade, cidadania, direitos individuais, políticos e eleitorais;

III – planos plurianuais, diretrizes orçamentárias e orçamentos.

§ 2º A delegação ao Presidente da República terá a forma de resolução do Congresso Nacional, que especificará seu conteúdo e os termos de seu exercício.

§ 3º Se a resolução determinar a apreciação do projeto pelo Congresso Nacional, este a fará em votação única, vedada qualquer emenda.

Art. 69. As leis complementares serão aprovadas por maioria absoluta.

Seção IX

DA FISCALIZAÇÃO CONTÁBIL, FINANCEIRA E ORÇAMENTÁRIA

▸ Dec. nº 3.590, de 6-9-2000, dispõe sobre o Sistema de Administração Financeira Federal.

▸ Dec. nº 3.591, de 6-9-2000, dispõe sobre o Sistema de Controle Interno do Poder Executivo Federal.

▸ Dec. nº 6.976, de 7-10-2009, dispõe sobre o Sistema de Contabilidade Federal.

Art. 70. A fiscalização contábil, financeira, orçamentária, operacional e patrimonial da União e das entidades da administração direta e indireta, quanto à legalidade, legitimidade, economicidade, aplicação das subvenções e renúncia de receitas, será exercida pelo Congresso Nacional, mediante controle externo, e pelo sistema de controle interno de cada Poder.

Parágrafo único. Prestará contas qualquer pessoa física ou jurídica, pública ou privada, que utilize, arrecade, guarde, gerencie ou administre dinheiros, bens e valores públicos ou pelos quais a União responda, ou que, em nome desta, assuma obrigações de natureza pecuniária.

▸ Parágrafo único com a redação dada pela EC nº 19, de 4-6-1998.

Art. 71. O controle externo, a cargo do Congresso Nacional, será exercido com o auxílio do Tribunal de Contas da União, ao qual compete:

▸ Lei nº 8.443, de 16-7-1992, dispõe sobre a Lei Orgânica do Tribunal de Contas da União – TCU.

I – apreciar as contas prestadas anualmente pelo Presidente da República, mediante parecer prévio que deverá ser elaborado em sessenta dias a contar de seu recebimento;

II – julgar as contas dos administradores e demais responsáveis por dinheiros, bens e valores públicos da administração direta e indireta, incluídas as fundações e sociedades instituídas e mantidas pelo Poder Público federal, e as contas daqueles que derem causa a perda, extravio ou outra irregularidade de que resulte prejuízo ao erário público;

III – apreciar, para fins de registro, a legalidade dos atos de admissão de pessoal, a qualquer título, na administração direta e indireta, incluídas as fundações instituídas e mantidas pelo Poder Público, excetuadas as nomeações para cargo de provimento em comissão, bem como a das concessões de aposentadorias, reformas e pensões, ressalvadas as melhorias posteriores que não alterem o fundamento legal do ato concessório;

▸ Súm. Vinc. nº 3 do STF.

IV – realizar, por iniciativa própria, da Câmara dos Deputados, do Senado Federal, de Comissão técnica ou de inquérito, inspeções e auditorias de natureza contábil, financeira, orçamentária, operacional e patrimonial, nas unidades administrativas dos Poderes Legislativo, Executivo e Judiciário, e demais entidades referidas no inciso II;

V – fiscalizar as contas nacionais das empresas supranacionais de cujo capital social a União participe, de forma direta ou indireta, nos termos do tratado constitutivo;

VI – fiscalizar a aplicação de quaisquer recursos repassados pela União mediante convênio, acordo, ajuste ou outros instrumentos congêneres, a Estado, ao Distrito Federal ou a Município;

VII – prestar as informações solicitadas pelo Congresso Nacional, por qualquer de suas Casas, ou por qualquer das respectivas Comissões, sobre a fiscalização contábil, financeira, orçamentária, operacional e patrimonial e sobre resultados de auditorias e inspeções realizadas;

VIII – aplicar aos responsáveis, em caso de ilegalidade de despesa ou irregularidade de contas, as sanções previstas em lei, que estabelecerá, entre outras cominações, multa proporcional ao dano causado ao erário;

IX – assinar prazo para que o órgão ou entidade adote as providências necessárias ao exato cumprimento da lei, se verificada ilegalidade;

X – sustar, se não atendido, a execução do ato impugnado, comunicando a decisão à Câmara dos Deputados e ao Senado Federal;

XI – representar ao Poder competente sobre irregularidades ou abusos apurados.

§ 1º No caso de contrato, o ato de sustação será adotado diretamente pelo Congresso Nacional, que solicitará, de imediato, ao Poder Executivo as medidas cabíveis.

§ 2º Se o Congresso Nacional ou o Poder Executivo, no prazo de noventa dias, não efetivar as medidas previstas no parágrafo anterior, o Tribunal decidirá a respeito.

§ 3º As decisões do Tribunal de que resulte imputação de débito ou multa terão eficácia de título executivo.

§ 4º O Tribunal encaminhará ao Congresso Nacional, trimestral e anualmente, relatório de suas atividades.

Art. 72. A Comissão mista permanente a que se refere o artigo 166, § 1º, diante de indícios de despesas não autorizadas, ainda que sob a forma de investimentos não programados ou de subsídios não aprovados, poderá solicitar à autoridade governamental responsável que, no prazo de cinco dias, preste os esclarecimentos necessários.

▸ Art. 16, § 2º, do ADCT.

§ 1º Não prestados os esclarecimentos, ou considerados estes insuficientes, a Comissão solicitará ao Tribunal pronunciamento conclusivo sobre a matéria, no prazo de trinta dias.

§ 2º Entendendo o Tribunal irregular a despesa, a Comissão, se julgar que o gasto possa causar dano irreparável ou grave lesão à economia pública, proporá ao Congresso Nacional sua sustação.

Art. 73. O Tribunal de Contas da União, integrado por nove Ministros, tem sede no Distrito Federal, quadro próprio de pessoal e jurisdição em todo o Território Nacional, exercendo, no que couber, as atribuições previstas no artigo 96.

▸ Art. 84, XV, desta Constituição.
▸ Lei nº 8.443, de 16-7-1992, dispõe sobre a Lei Orgânica do Tribunal de Contas da União –TCU.

§ 1º Os Ministros do Tribunal de Contas da União serão nomeados dentre brasileiros que satisfaçam os seguintes requisitos:

I – mais de trinta e cinco e menos de setenta anos de idade;

▸ Inciso I com a redação dada pela EC nº 122, de 17-5-2022.

II – idoneidade moral e reputação ilibada;
III – notórios conhecimentos jurídicos, contábeis, econômicos e financeiros ou de administração pública;
IV – mais de dez anos de exercício de função ou de efetiva atividade profissional que exija os conhecimentos mencionados no inciso anterior.

▸ Dec. Legislativo nº 6, de 22-4-1993, dispõe sobre a escolha de Ministro do Tribunal de Contas da União.

§ 2º Os Ministros do Tribunal de Contas da União serão escolhidos:

▸ Súm. nº 653 do STF.

I – um terço pelo Presidente da República, com aprovação do Senado Federal, sendo dois alternadamente dentre auditores e membros do Ministério Público junto ao Tribunal, indicados em lista tríplice pelo Tribunal, segundo os critérios de antiguidade e merecimento;
II – dois terços pelo Congresso Nacional.

▸ Dec. Legislativo nº 6, de 22-4-1993, dispõe sobre a escolha de Ministro do Tribunal de Contas da União.

§ 3º Os Ministros do Tribunal de Contas da União terão as mesmas garantias, prerrogativas, impedimentos, vencimentos e vantagens dos Ministros do Superior Tribunal de Justiça, aplicando-se-lhes, quanto à aposentadoria e pensão, as normas constantes do art. 40.

▸ § 3º com a redação dada pela EC nº 20, de 15-12-1998.

§ 4º O auditor, quando em substituição a Ministro, terá as mesmas garantias e impedimentos do titular e, quando no exercício das demais atribuições da judicatura, as de juiz de Tribunal Regional Federal.

Art. 74. Os Poderes Legislativo, Executivo e Judiciário manterão, de forma integrada, sistema de controle interno com a finalidade de:

I – avaliar o cumprimento das metas previstas no plano plurianual, a execução dos programas de governo e dos orçamentos da União;
II – comprovar a legalidade e avaliar os resultados, quanto à eficácia e eficiência, da gestão orçamentária, financeira e patrimonial nos órgãos e entidades da administração federal, bem como da aplicação de recursos públicos por entidades de direito privado;
III – exercer o controle das operações de crédito, avais e garantias, bem como dos direitos e haveres da União;
IV – apoiar o controle externo no exercício de sua missão institucional.

§ 1º Os responsáveis pelo controle interno, ao tomarem conhecimento de qualquer irregularidade ou ilegalidade, dela darão ciência ao Tribunal de Contas da União, sob pena de responsabilidade solidária.

§ 2º Qualquer cidadão, partido político, associação ou sindicato é parte legítima para, na forma da lei, denunciar irregularidades ou ilegalidades perante o Tribunal de Contas da União.

▸ Arts. 1º, XVI, e 53, da Lei nº 8.443, de 16-7-1992, que dispõe sobre a Lei Orgânica do Tribunal de Contas da União – TCU.

Art. 75. As normas estabelecidas nesta seção aplicam-se, no que couber, à organização, composição e fiscalização dos Tribunais de Contas dos Estados e do Distrito Federal, bem como dos Tribunais e Conselhos de Contas dos Municípios.

▶ Súm. nº 653 do STF.

Parágrafo único. As Constituições estaduais disporão sobre os Tribunais de Contas respectivos, que serão integrados por sete Conselheiros.

Capítulo II

DO PODER EXECUTIVO

Seção I

DO PRESIDENTE E DO VICE-PRESIDENTE DA REPÚBLICA

▶ Lei nº 13.844, de 18-6-2019, estabelece a organização básica dos órgãos da Presidência da República e dos Ministérios.

Art. 76. O Poder Executivo é exercido pelo Presidente da República, auxiliado pelos Ministros de Estado.

Art. 77. A eleição do Presidente e do Vice-Presidente da República realizar-se-á, simultaneamente, no primeiro domingo de outubro, em primeiro turno, e no último domingo de outubro, em segundo turno, se houver, do ano anterior ao do término do mandato presidencial vigente.

▶ *Caput* com a redação dada pela EC nº 16, de 4-6-1997.
▶ Arts. 28, 29, II, 32, § 2º, desta Constituição.
▶ Lei nº 9.504, de 30-9-1997 (Lei das Eleições).

§ 1º A eleição do Presidente da República importará a do Vice-Presidente com ele registrado.

§ 2º Será considerado eleito Presidente o candidato que, registrado por partido político, obtiver a maioria absoluta de votos, não computados os em branco e os nulos.

§ 3º Se nenhum candidato alcançar maioria absoluta na primeira votação, far-se-á nova eleição em até vinte dias após a proclamação do resultado, concorrendo os dois candidatos mais votados e considerando-se eleito aquele que obtiver a maioria dos votos válidos.

§ 4º Se, antes de realizado o segundo turno, ocorrer morte, desistência ou impedimento legal de candidato, convocar-se-á, dentre os remanescentes, o de maior votação.

§ 5º Se, na hipótese dos parágrafos anteriores, remanescer, em segundo lugar, mais de um candidato com a mesma votação, qualificar-se-á o mais idoso.

Art. 78. O Presidente e o Vice-Presidente da República tomarão posse em sessão do Congresso Nacional, prestando o compromisso de manter, defender e cumprir a Constituição, observar as leis, promover o bem geral do povo brasileiro, sustentar a união, a integridade e a independência do Brasil.

Parágrafo único. Se, decorridos dez dias da data fixada para a posse, o Presidente ou o Vice-Presidente, salvo motivo de força maior, não tiver assumido o cargo, este será declarado vago.

Art. 79. Substituirá o Presidente, no caso de impedimento, e suceder-lhe-á, no de vaga, o Vice-Presidente.

Parágrafo único. O Vice-Presidente da República, além de outras atribuições que lhe forem conferidas por lei complementar, auxiliará o Presidente, sempre que por ele convocado para missões especiais.

Art. 80. Em caso de impedimento do Presidente e do Vice-Presidente, ou vacância dos respectivos cargos, serão sucessivamente chamados ao exercício da Presidência o Presidente da Câmara dos Deputados, o do Senado Federal e o do Supremo Tribunal Federal.

Art. 81. Vagando os cargos de Presidente e Vice-Presidente da República, far-se-á eleição noventa dias depois de aberta a última vaga.

§ 1º Ocorrendo a vacância nos últimos dois anos do período presidencial, a eleição para ambos os cargos será feita trinta dias depois da última vaga, pelo Congresso Nacional, na forma da lei.

§ 2º Em qualquer dos casos, os eleitos deverão completar o período de seus antecessores.

Art. 82. O mandato do Presidente da República é de 4 (quatro) anos e terá início em 5 de janeiro do ano seguinte ao de sua eleição.

▶ Artigo com a redação dada pela EC nº 111, de 28-9-2021.
▶ Art. 5º da EC nº 111, de 28-9-2021, que estabelece que a alteração efetuada neste artigo será aplicada a partir das eleições de 2026.

Art. 83. O Presidente e o Vice-Presidente da República não poderão, sem licença do Congresso Nacional, ausentar-se do País por período superior a quinze dias, sob pena de perda do cargo.

SEÇÃO II
DAS ATRIBUIÇÕES DO PRESIDENTE DA REPÚBLICA

Art. 84. Compete privativamente ao Presidente da República:

▸ Arts. 55 a 57 do CPM.
▸ Arts. 466 a 480 do CPPM.

I – nomear e exonerar os Ministros de Estado;
II – exercer, com o auxílio dos Ministros de Estado, a direção superior da administração federal;
III – iniciar o processo legislativo, na forma e nos casos previstos nesta Constituição;
IV – sancionar, promulgar e fazer publicar as leis, bem como expedir decretos e regulamentos para sua fiel execução;
V – vetar projetos de lei, total ou parcialmente;

▸ Art. 66, §§ 1º a 7º, desta Constituição.

VI – dispor, mediante decreto, sobre:

▸ Art. 61, § 1º, II, *e*, desta Constituição.

a) organização e funcionamento da administração federal, quando não implicar aumento de despesa nem criação ou extinção de órgãos públicos;
b) extinção de funções ou cargos públicos, quando vagos;

▸ Inciso VI com a redação dada pela EC nº 32, de 11-9-2001.
▸ Art. 48, X, desta Constituição.

VII – manter relações com Estados estrangeiros e acreditar seus representantes diplomáticos;
VIII – celebrar tratados, convenções e atos internacionais, sujeitos a referendo do Congresso Nacional;
IX – decretar o estado de defesa e o estado de sítio;
X – decretar e executar a intervenção federal;
XI – remeter mensagem e plano de governo ao Congresso Nacional por ocasião da abertura da sessão legislativa, expondo a situação do País e solicitando as providências que julgar necessárias;
XII – conceder indulto e comutar penas, com audiência, se necessário, dos órgãos instituídos em lei;

▸ Dec. nº 1.860, de11-4-1996, concede indulto especial e condicional.
▸ Dec. nº 2.002, de 9-9-1996, concede indulto e comuta penas.

XIII – exercer o comando supremo das Forças Armadas, nomear os Comandantes da Marinha, do Exército e da Aeronáutica, promover seus oficiais-generais e nomeá-los para os cargos que lhes são privativos;

▸ Inciso XIII com a redação dada pela EC nº 23, de 2-9-1999.
▸ Art. 49, I, desta Constituição.
▸ LC nº 97, de 9-6-1999, dispõe sobre as normas gerais para a organização, o preparo e o emprego das Forças Armadas.

XIV – nomear, após aprovação pelo Senado Federal, os Ministros do Supremo Tribunal Federal e dos Tribunais Superiores, os Governadores de Territórios, o Procurador-Geral da República, o presidente e os diretores do Banco Central e outros servidores, quando determinado em lei;
XV – nomear, observado o disposto no artigo 73, os Ministros do Tribunal de Contas da União;
XVI – nomear os magistrados, nos casos previstos nesta Constituição, e o Advogado-Geral da União;

▸ Arts. 131 e 132 desta Constituição.
▸ Súm. nº 627 do STF.

XVII – nomear membros do Conselho da República, nos termos do artigo 89, VII;
XVIII – convocar e presidir o Conselho da República e o Conselho de Defesa Nacional;
XIX – declarar guerra, no caso de agressão estrangeira, autorizado pelo Congresso Nacional ou referendado por ele, quando ocorrida no intervalo das sessões legislativas, e, nas mesmas condições, decretar, total ou parcialmente, a mobilização nacional;

▸ Art. 5º, XLVII, *a*, desta Constituição.
▸ Dec. nº 7.294, de 6-9-2010, dispõe sobre a Política de Mobilização Nacional.

XX – celebrar a paz, autorizado ou com o referendo do Congresso Nacional;
XXI – conferir condecorações e distinções honoríficas;
XXII – permitir, nos casos previstos em lei complementar, que forças estrangeiras transitem pelo Território Nacional ou nele permaneçam temporariamente;

▸ LC nº 90, de 1º-10-1997, regulamenta este inciso e determina os casos em que forças estrangeiras possam transitar pelo território nacional ou nele permanecer temporariamente.

XXIII – enviar ao Congresso Nacional o plano plurianual, o projeto de lei de diretrizes orçamentárias e as propostas de orçamento previstos nesta Constituição;

XXIV – prestar anualmente, ao Congresso Nacional, dentro de sessenta dias após a abertura da sessão legislativa, as contas referentes ao exercício anterior;

XXV – prover e extinguir os cargos públicos federais, na forma da lei;

XXVI – editar medidas provisórias com força de lei, nos termos do artigo 62;

XXVII – exercer outras atribuições previstas nesta Constituição;

XXVIII – propor ao Congresso Nacional a decretação do estado de calamidade pública de âmbito nacional previsto nos arts. 167-B, 167-C, 167-D, 167-E, 167-F e 167-G desta Constituição.

► Inciso XXVIII acrescido pela EC nº 109, de 15-3-2021.

Parágrafo único. O Presidente da República poderá delegar as atribuições mencionadas nos incisos VI, XII e XXV, primeira parte, aos Ministros de Estado, ao Procurador-Geral da República ou ao Advogado-Geral da União, que observarão os limites traçados nas respectivas delegações.

Seção III

DA RESPONSABILIDADE DO PRESIDENTE DA REPÚBLICA

Art. 85. São crimes de responsabilidade os atos do Presidente da República que atentem contra a Constituição Federal e, especialmente, contra:

► Lei nº 1.079, de 10-4-1950 (Lei dos Crimes de Responsabilidade).

► Lei nº 8.429, de 2-6-1992 (Lei da Improbidade Administrativa).

I – a existência da União;

II – o livre exercício do Poder Legislativo, do Poder Judiciário, do Ministério Público e dos Poderes Constitucionais das Unidades da Federação;

III – o exercício dos direitos políticos, individuais e sociais;

IV – a segurança interna do País;

► LC nº 90, de 1º-10-1997, determina os casos em que forças estrangeiras possam transitar pelo território nacional ou nele permanecer temporariamente.

V – a probidade na administração;

► Art. 37, § 4º, desta Constituição.

VI – a lei orçamentária;

VII – o cumprimento das leis e das decisões judiciais.

Parágrafo único. Estes crimes serão definidos em lei especial, que estabelecerá as normas de processo e julgamento.

► Lei nº 1.079, de 10-4-1950 (Lei dos Crimes de Responsabilidade).

► Súm. nº 722 do STF.

Art. 86. Admitida a acusação contra o Presidente da República, por dois terços da Câmara dos Deputados, será ele submetido a julgamento perante o Supremo Tribunal Federal, nas infrações penais comuns, ou perante o Senado Federal, nos crimes de responsabilidade.

§ 1º O Presidente ficará suspenso de suas funções:

I – nas infrações penais comuns, se recebida a denúncia ou queixa-crime pelo Supremo Tribunal Federal;

II – nos crimes de responsabilidade, após a instauração do processo pelo Senado Federal.

§ 2º Se, decorrido o prazo de cento e oitenta dias, o julgamento não estiver concluído, cessará o afastamento do Presidente, sem prejuízo do regular prosseguimento do processo.

§ 3º Enquanto não sobrevier sentença condenatória, nas infrações comuns, o Presidente da República não estará sujeito à prisão.

§ 4º O Presidente da República, na vigência de seu mandato, não pode ser responsabilizado por atos estranhos ao exercício de suas funções.

Seção IV

DOS MINISTROS DE ESTADO

► Lei nº 13.844, de 18-6-2019, estabelece a organização básica dos órgãos da Presidência da República e dos Ministérios.

Art. 87. Os Ministros de Estado serão escolhidos dentre brasileiros maiores de vinte e um anos e no exercício dos direitos políticos.

Parágrafo único. Compete ao Ministro de Estado, além de outras atribuições estabelecidas nesta Constituição e na lei:

I – exercer a orientação, coordenação e supervisão dos órgãos e entidades da administração federal na área de sua competência e referendar os atos e decretos assinados pelo Presidente da República;

II – expedir instruções para a execução das leis, decretos e regulamentos;

III – apresentar ao Presidente da República relatório anual de sua gestão no Ministério;

IV – praticar os atos pertinentes às atribuições que lhe forem outorgadas ou delegadas pelo Presidente da República.

Art. 88. A lei disporá sobre a criação e extinção de Ministérios e órgãos da administração pública.

▸ Artigo com a redação dada pela EC nº 32, de 11-9-2001.

Seção V

DO CONSELHO DA REPÚBLICA E DO CONSELHO DE DEFESA NACIONAL

Subseção I

DO CONSELHO DA REPÚBLICA

▸ Lei nº 8.041, de 5-6-1990, dispõe sobre a organização e o funcionamento do Conselho da República.

▸ Lei nº 13.844, de 18-6-2019, estabelece a organização básica dos órgãos da Presidência da República e dos Ministérios.

Art. 89. O Conselho da República é órgão superior de consulta do Presidente da República, e dele participam:

▸ Lei nº 8.041, de 5-6-1990, dispõe sobre a organização e o funcionamento do Conselho da República.

I – o Vice-Presidente da República;
II – o Presidente da Câmara dos Deputados;
III – o Presidente do Senado Federal;
IV – os líderes da maioria e da minoria na Câmara dos Deputados;
V – os líderes da maioria e da minoria no Senado Federal;
VI – o Ministro da Justiça;
VII – seis cidadãos brasileiros natos, com mais de trinta e cinco anos de idade, sendo dois nomeados pelo Presidente da República, dois eleitos pelo Senado Federal e dois eleitos pela Câmara dos Deputados, todos com mandato de três anos, vedada a recondução.

▸ Arts. 51, V, 52, XIV, e 84, XVII, desta Constituição.

Art. 90. Compete ao Conselho da República pronunciar-se sobre:

I – intervenção federal, estado de defesa e estado de sítio;
II – as questões relevantes para a estabilidade das instituições democráticas.

§ 1º O Presidente da República poderá convocar Ministro de Estado para participar da reunião do Conselho, quando constar da pauta questão relacionada com o respectivo Ministério.

§ 2º A lei regulará a organização e o funcionamento do Conselho da República.

▸ Lei nº 8.041, de 5-6-1990, dispõe sobre a organização e o funcionamento do Conselho da República.

Subseção II

DO CONSELHO DE DEFESA NACIONAL

▸ Lei nº 8.183, de 11-4-1991, dispõe sobre a organização e o funcionamento do Conselho de Defesa Nacional.

▸ Dec. nº 893, de 12-8-1993, aprova o regulamento do Conselho de Defesa Nacional.

▸ Lei nº 13.844, de 18-6-2019, estabelece a organização básica dos órgãos da Presidência da República e dos Ministérios.

Art. 91. O Conselho de Defesa Nacional é órgão de consulta do Presidente da República nos assuntos relacionados com a soberania nacional e a defesa do Estado democrático, e dele participam como membros natos:

▸ Lei nº 8.183, de 11-4-1991, dispõe sobre a organização e funcionamento do Conselho de Defesa Nacional.

▸ Dec. nº 893, de 12-8-1993, aprova o regulamento do Conselho de Defesa Nacional.

I – o Vice-Presidente da República;
II – o Presidente da Câmara dos Deputados;
III – o Presidente do Senado Federal;
IV – o Ministro da Justiça;
V – o Ministro de Estado da Defesa;

▸ Inciso V com a redação dada pela EC nº 23, de 2-9-1999.

VI – o Ministro das Relações Exteriores;
VII – o Ministro do Planejamento;
VIII – os Comandantes da Marinha, do Exército e da Aeronáutica.

▸ Inciso VIII acrescido pela EC nº 23, de 2-9-1999.

§ 1º Compete ao Conselho de Defesa Nacional:

I – opinar nas hipóteses de declaração de guerra e de celebração da paz, nos termos desta Constituição;
II – opinar sobre a decretação do estado de defesa, do estado de sítio e da intervenção federal;
III – propor os critérios e condições de utilização de áreas indispensáveis à segurança do território nacional e opinar sobre seu efetivo uso, especialmente na faixa de fronteira e nas relacionadas com a preservação e a exploração dos recursos naturais de qualquer tipo;
IV – estudar, propor e acompanhar o desenvolvimento de iniciativas necessárias a garantir a

independência nacional e a defesa do Estado democrático.

§ 2º A lei regulará a organização e o funcionamento do Conselho de Defesa Nacional.

► Lei nº 8.183, de 11-4-1991, dispõe sobre a organização e o funcionamento do Conselho de Defesa Nacional.

► Dec. nº 893, de 12-8-1993, aprova o Regulamento do Conselho de Defesa Nacional.

Capítulo III

DO PODER JUDICIÁRIO

Seção I

DISPOSIÇÕES GERAIS

Art. 92. São órgãos do Poder Judiciário:

I – o Supremo Tribunal Federal;

I-A – O Conselho Nacional de Justiça;

► Inciso I-A acrescido pela EC nº 45, de 8-12-2004.

► Art. 103-B desta Constituição.

► Art. 5º da EC nº 45, de 8-12-2004 (Reforma do Judiciário).

► O STF, ao julgar a ADIN nº 3.367, considerou constitucional a criação do CNJ, como órgão interno de controle administrativo, financeiro e disciplinar da magistratura, inovação trazida com a EC nº 45, de 8-12-2004.

II – o Superior Tribunal de Justiça;

II-A – o Tribunal Superior do Trabalho;

► Inciso II-A acrescido pela EC nº 92, de 12-7-2016.

III – os Tribunais Regionais Federais e Juízes Federais;

IV – os Tribunais e Juízes do Trabalho;

V – os Tribunais e Juízes Eleitorais;

VI – os Tribunais e Juízes Militares;

VII – os Tribunais e Juízes dos Estados e do Distrito Federal e Territórios.

§ 1º O Supremo Tribunal Federal, o Conselho Nacional de Justiça e os Tribunais Superiores têm sede na Capital Federal.

► Art. 103-B desta Constituição.

§ 2º O Supremo Tribunal Federal e os Tribunais Superiores têm jurisdição em todo o território nacional.

► §§ 1º e 2º acrescidos pela EC nº 45, de 8-12-2004.

Art. 93. Lei complementar, de iniciativa do Supremo Tribunal Federal, disporá sobre o Estatuto da Magistratura, observados os seguintes princípios:

► LC nº 35, de 14-3-1979 (Lei Orgânica da Magistratura Nacional).

► Lei nº 5.621, de 4-11-1970, dispõe sobre organização e divisão judiciária.

I – ingresso na carreira, cujo cargo inicial será o de juiz substituto, mediante concurso público de provas e títulos, com a participação da Ordem dos Advogados do Brasil em todas as fases, exigindo-se do bacharel em direito, no mínimo, três anos de atividade jurídica e obedecendo-se, nas nomeações, à ordem de classificação;

► Inciso I com a redação dada pela EC nº 45, de 8-12-2004.

II – promoção de entrância para entrância, alternadamente, por antiguidade e merecimento, atendidas as seguintes normas:

a) é obrigatória a promoção do juiz que figure por três vezes consecutivas ou cinco alternadas em lista de merecimento;

b) a promoção por merecimento pressupõe dois anos de exercício na respectiva entrância e integrar o juiz a primeira quinta parte da lista de antiguidade desta, salvo se não houver com tais requisitos quem aceite o lugar vago;

c) aferição do merecimento conforme o desempenho e pelos critérios objetivos de produtividade e presteza no exercício da jurisdição e pela frequência e aproveitamento em cursos oficiais ou reconhecidos de aperfeiçoamento;

d) na apuração de antiguidade, o tribunal somente poderá recusar o juiz mais antigo pelo voto fundamentado de dois terços de seus membros, conforme procedimento próprio, e assegurada ampla defesa, repetindo-se a votação até fixar-se a indicação;

► Alíneas *c* e *d* com a redação dada pela EC nº 45, de 8-12-2004.

e) não será promovido o juiz que, injustificadamente, retiver autos em seu poder além do prazo legal, não podendo devolvê-los ao cartório sem o devido despacho ou decisão;

► Alínea *e* acrescida pela EC nº 45, de 8-12-2004.

III – o acesso aos tribunais de segundo grau far-se-á por antiguidade e merecimento, alternadamente, apurados na última ou única entrância;

IV – previsão de cursos oficiais de preparação, aperfeiçoamento e promoção de magistrados, constituindo etapa obrigatória do processo de vitaliciamento a participação em curso oficial ou reconhecido por escola nacional de formação e aperfeiçoamento de magistrados;

- Incisos III e IV com a redação dada pela EC nº 45, de 8-12-2004.

V – o subsídio dos Ministros dos Tribunais Superiores corresponderá a noventa e cinco por cento do subsídio mensal fixado para os Ministros do Supremo Tribunal Federal e os subsídios dos demais magistrados serão fixados em lei e escalonados, em nível federal e estadual, conforme as respectivas categorias da estrutura judiciária nacional, não podendo a diferença entre uma e outra ser superior a dez por cento ou inferior a cinco por cento, nem exceder a noventa e cinco por cento do subsídio mensal dos Ministros dos Tribunais Superiores, obedecido, em qualquer caso, o disposto nos artigos 37, XI, e 39, § 4º;

- Inciso V com a redação dada pela EC nº 19, de 4-6-1998.
- Lei nº 9.655, de 2-6-1998, altera o percentual de diferença entre a remuneração dos cargos de Ministros do Superior Tribunal de Justiça e dos Juízes da Justiça Federal de Primeiro e Segundo Graus.

VI – a aposentadoria dos magistrados e a pensão de seus dependentes observarão o disposto no artigo 40;

- Inciso VI com a redação dada pela EC nº 20, de 15-12-1998.

VII – o juiz titular residirá na respectiva comarca, salvo autorização do tribunal;

- Inciso VII com a redação dada pela EC nº 45, de 8-12-2004.

VIII – o ato de remoção ou de disponibilidade do magistrado, por interesse público, fundar-se-á em decisão por voto da maioria absoluta do respectivo tribunal ou do Conselho Nacional de Justiça, assegurada ampla defesa;

- Inciso VIII com a redação dada pela EC nº 103, de 12-11-2019.
- Arts. 95, II, e 103-B desta Constituição.
- Art. 5º da EC nº 45, de 8-12-2004 (Reforma do Judiciário).

VIII-A – a remoção a pedido de magistrados de comarca de igual entrância atenderá, no que couber, ao disposto nas alíneas* a, b, c *e* e *do inciso II do* caput *deste artigo e no art. 94 desta Constituição;

- Inciso VIII-A com a redação dada pela EC nº 130, de 3-10-2023.

VIII-B – a permuta de magistrados de comarca de igual entrância, quando for o caso, e dentro do mesmo segmento de justiça, inclusive entre os juízes de segundo grau, vinculados a diferentes tribunais, na esfera da justiça estadual, federal ou do trabalho, atenderá, no que couber, ao disposto nas alíneas* a, b, c *e* e *do inciso II do* caput *deste artigo e no art. 94 desta Constituição;

- Inciso VIII-B acrescido pela EC nº 130, de 3-10-2023.

IX – todos os julgamentos dos órgãos do Poder Judiciário serão públicos, e fundamentadas todas as decisões, sob pena de nulidade, podendo a lei limitar a presença, em determinados atos, às próprias partes e a seus advogados, ou somente a estes, em casos nos quais a preservação do direito à intimidade do interessado no sigilo não prejudique o interesse público à informação;

- Súm. nº 123 do STJ.

X – as decisões administrativas dos tribunais serão motivadas e em sessão pública, sendo as disciplinares tomadas pelo voto da maioria absoluta de seus membros;

XI – nos tribunais com número superior a vinte e cinco julgadores, poderá ser constituído órgão especial, com o mínimo de onze e o máximo de vinte e cinco membros, para o exercício das atribuições administrativas e jurisdicionais delegadas da competência do tribunal pleno, provendo-se metade das vagas por antiguidade e a outra metade por eleição pelo tribunal pleno;

- Incisos IX a XI com a redação dada pela EC nº 45, de 8-12-2004.
- Art. 926, § 2º, do CPC/2015.

XII – a atividade jurisdicional será ininterrupta, sendo vedado férias coletivas nos juízos e tribunais de segundo grau, funcionando, nos dias em que não houver expediente forense normal, juízes em plantão permanente;

- Art. 214 do CPC/2015.

XIII – o número de juízes na unidade jurisdicional será proporcional à efetiva demanda judicial e à respectiva população;

XIV – os servidores receberão delegação para a prática de atos de administração e atos de mero expediente sem caráter decisório;

XV – a distribuição de processos será imediata, em todos os graus de jurisdição.

- Incisos XII a XV acrescidos pela EC nº 45, de 8-12-2004.

Art. 94. Um quinto dos lugares dos Tribunais Regionais Federais, dos Tribunais dos Estados, e do Distrito Federal e Territórios será composto de membros, do Ministério Público, com mais de dez anos de carreira, e de advogados de notório saber jurídico e de reputação ilibada, com mais de dez anos de efetiva atividade profissional, indicados em lista sêxtupla pelos órgãos de representação das respectivas classes.

▶ Arts. 104, II, e 115, II, desta Constituição.

Parágrafo único. Recebidas as indicações, o Tribunal formará lista tríplice, enviando-a ao Poder Executivo, que, nos vinte dias subsequentes, escolherá um de seus integrantes para nomeação.

Art. 95. Os juízes gozam das seguintes garantias:

I – vitaliciedade, que, no primeiro grau, só será adquirida após dois anos de exercício, dependendo a perda do cargo, nesse período, de deliberação do Tribunal a que o juiz estiver vinculado, e, nos demais casos, de sentença judicial transitada em julgado;

▶ Súm. nº 36 do STF.

II – inamovibilidade, salvo por motivo de interesse público, na forma do artigo 93, VIII;

III – irredutibilidade de subsídio, ressalvado o disposto nos artigos 37, X e XI, 39, § 4º, 150, II, 153, III, e 153, § 2º, I.

▶ Inciso III com a redação dada pela EC nº 19, de 4-6-1998.

Parágrafo único. Aos juízes é vedado:

I – exercer, ainda que em disponibilidade, outro cargo ou função, salvo uma de magistério;

II – receber, a qualquer título ou pretexto, custas ou participação em processo;

III – dedicar-se à atividade político-partidária;

IV – receber, a qualquer título ou pretexto, auxílios ou contribuições de pessoas físicas, entidades públicas ou privadas, ressalvadas as exceções previstas em lei;

V – exercer a advocacia no juízo ou tribunal do qual se afastou, antes de decorridos três anos do afastamento do cargo por aposentadoria ou exoneração.

▶ Incisos IV e V acrescidos pela EC nº 45, de 8-12-2004.

▶ Art. 128, § 6º, desta Constituição.

Art. 96. Compete privativamente:

▶ Art. 4º da EC nº 45, de 8-12-2004.

I – aos Tribunais:

a) eleger seus órgãos diretivos e elaborar seus regimentos internos, com observância das normas de processo e das garantias processuais das partes, dispondo sobre a competência e o funcionamento dos respectivos órgãos jurisdicionais e administrativos;

b) organizar suas secretarias e serviços auxiliares e os dos juízos que lhes forem vinculados, velando pelo exercício da atividade correicional respectiva;

c) prover, na forma prevista nesta Constituição, os cargos de juiz de carreira da respectiva jurisdição;

d) propor a criação de novas varas judiciárias;

e) prover, por concurso público de provas, ou de provas e títulos, obedecido o disposto no artigo 169, parágrafo único, os cargos necessários à administração da Justiça, exceto os de confiança assim definidos em lei;

▶ De acordo com a alteração processada pela EC nº 19, de 4-6-1998, a referência passa a ser ao art. 169, § 1º.

f) conceder licença, férias e outros afastamentos a seus membros e aos juízes e servidores que lhes forem imediatamente vinculados;

II – ao Supremo Tribunal Federal, aos Tribunais Superiores e aos Tribunais de Justiça propor ao Poder Legislativo respectivo, observado o disposto no artigo 169:

a) a alteração do número de membros dos Tribunais inferiores;

b) a criação e a extinção de cargos e a remuneração dos seus serviços auxiliares e dos juízos que lhes forem vinculados, bem como a fixação do subsídio de seus membros e dos juízes, inclusive dos tribunais inferiores, onde houver;

▶ Alínea *b* com a redação dada pela EC nº 41, de 19-12-2003.

▶ Lei nº 11.416, de 15-12-2006, dispõe sobre as carreiras dos servidores do Poder Judiciário da União.

c) a criação ou extinção dos Tribunais inferiores;

d) a alteração da organização e da divisão judiciárias;

III – aos Tribunais de Justiça julgar os juízes estaduais e do Distrito Federal e Territórios, bem como os membros do Ministério Público, nos crimes comuns e de responsabilidade, ressalvada a competência da Justiça Eleitoral.

Art. 97. Somente pelo voto da maioria absoluta de seus membros ou dos membros do respectivo órgão especial poderão os Tribunais declarar a inconstitucionalidade de lei ou ato normativo do Poder Público.

▸ Súm. Vinc. nº 10 do STF.

Art. 98. A União, no Distrito Federal e nos Territórios, e os Estados criarão:

I – juizados especiais, providos por juízes togados, ou togados e leigos, competentes para a conciliação, o julgamento e a execução de causas cíveis de menor complexidade e infrações penais de menor potencial ofensivo, mediante os procedimentos oral e sumaríssimo, permitidos, nas hipóteses previstas em lei, a transação e o julgamento de recursos por turmas de juízes de primeiro grau;

▸ Lei nº 9.099, de 26-9-1995 (Lei dos Juizados Especiais).

▸ Lei nº 10.259, de 12-7-2001 (Lei dos Juizados Especiais Federais).

▸ Lei nº 12.153, de 22-12-2009 (Lei dos Juizados Especiais da Fazenda Pública).

▸ Súmulas Vinculantes nºs 27 e 35 do STF.

▸ Súm. nº 376 do STJ.

II – justiça de paz, remunerada, composta de cidadãos eleitos pelo voto direto, universal e secreto, com mandato de quatro anos e competência para, na forma da lei, celebrar casamentos, verificar, de ofício ou em face de impugnação apresentada, o processo de habilitação e exercer atribuições conciliatórias, sem caráter jurisdicional, além de outras previstas na legislação.

▸ Art. 30 do ADCT.

§ 1º Lei federal disporá sobre a criação de juizados especiais no âmbito da Justiça Federal.

▸ Antigo parágrafo único renumerado para § 1º pela EC nº 45, de 8-12-2004.

▸ Lei nº 10.259, de 12-7-2001 (Lei dos Juizados Especiais Federais).

▸ Súm. nº 428 do STJ.

§ 2º As custas e emolumentos serão destinados exclusivamente ao custeio dos serviços afetos às atividades específicas da Justiça.

▸ § 2º acrescido pela EC nº 45, de 8-12-2004.

Art. 99. Ao Poder Judiciário é assegurada autonomia administrativa e financeira.

§ 1º Os Tribunais elaborarão suas propostas orçamentárias dentro dos limites estipulados conjuntamente com os demais Poderes na lei de diretrizes orçamentárias.

▸ Art. 134, § 2º, desta Constituição.

▸ Art. 107, § 2º, do ADCT.

§ 2º O encaminhamento da proposta, ouvidos os outros Tribunais interessados, compete:

▸ Art. 134, § 2º, desta Constituição.

I – no âmbito da União, aos Presidentes do Supremo Tribunal Federal e dos Tribunais Superiores, com a aprovação dos respectivos Tribunais;

II – no âmbito dos Estados e no do Distrito Federal e Territórios, aos Presidentes dos Tribunais de Justiça, com a aprovação dos respectivos Tribunais.

§ 3º Se os órgãos referidos no § 2º não encaminharem as respectivas propostas orçamentárias dentro do prazo estabelecido na lei de diretrizes orçamentárias, o Poder Executivo considerará, para fins de consolidação da proposta orçamentária anual, os valores aprovados na lei orçamentária vigente, ajustados de acordo com os limites estipulados na forma do § 1º deste artigo.

§ 4º Se as propostas orçamentárias de que trata este artigo forem encaminhadas em desacordo com os limites estipulados na forma do § 1º, o Poder Executivo procederá aos ajustes necessários para fins de consolidação da proposta orçamentária anual.

§ 5º Durante a execução orçamentária do exercício, não poderá haver a realização de despesas ou a assunção de obrigações que extrapolem os limites estabelecidos na lei de diretrizes orçamentárias, exceto se previamente autorizadas, mediante a abertura de créditos suplementares ou especiais.

▸ §§ 3º a 5º acrescidos pela EC nº 45, de 8-12-2004.

Art. 100. Os pagamentos devidos pelas Fazendas Públicas Federal, Estaduais, Distrital e Municipais, em virtude de sentença judiciária, far-se-ão exclusivamente na ordem cronológica de apresentação dos precatórios e à conta dos créditos respectivos, proibida a designação de casos ou de pessoas nas dotações orçamentárias e nos créditos adicionais abertos para este fim.

▸ *Caput* com a redação dada pela EC nº 62, de 9-12-2009.

▸ Arts. 33, 78, 86, 87 e 97 do ADCT.

▸ Art. 4º da EC nº 62, de 9-12-2009.

- ▸ Art. 6º da Lei nº 9.469, de 10-7-1997, que regula os pagamentos devidos pela Fazenda Pública em virtude de sentença judiciária.
- ▸ Res. do CNJ nº 303, de 18-12-2019, dispõe sobre a gestão dos precatórios e respectivos procedimentos operacionais no âmbito do Poder Judiciário.
- ▸ Súmulas nºs 655 e 729 do STF.
- ▸ Súmulas nºs 144 e 339 do STJ.
- ▸ Orientações Jurisprudenciais do Tribunal Pleno nºs 12 e 13 do TST.

§ 1º Os débitos de natureza alimentícia compreendem aqueles decorrentes de salários, vencimentos, proventos, pensões e suas complementações, benefícios previdenciários e indenizações por morte ou por invalidez, fundadas em responsabilidade civil, em virtude de sentença judicial transitada em julgado, e serão pagos com preferência sobre todos os demais débitos, exceto sobre aqueles referidos no § 2º deste artigo.

- ▸ § 1º com a redação dada pela EC nº 62, de 9-12-2009.
- ▸ Súm. Vinc. nº 47 do STF.

§ 2º Os débitos de natureza alimentícia cujos titulares, originários ou por sucessão hereditária, tenham 60 (sessenta) anos de idade, ou sejam portadores de doença grave, ou pessoas com deficiência, assim definidos na forma da lei, serão pagos com preferência sobre todos os demais débitos, até o valor equivalente ao triplo fixado em lei para os fins do disposto no § 3º deste artigo, admitido o fracionamento para essa finalidade, sendo que o restante será pago na ordem cronológica de apresentação do precatório.

- ▸ § 2º com a redação dada pela EC nº 94, de 15-12-2016.
- ▸ Art. 102 do ADCT.

§ 3º O disposto no *caput* deste artigo relativamente à expedição de precatórios não se aplica aos pagamentos de obrigações definidas em leis como de pequeno valor que as Fazendas referidas devam fazer em virtude de sentença judicial transitada em julgado.

- ▸ Art. 87 do ADCT.
- ▸ Lei nº 10.099, de 19-12-2000, regulamenta este parágrafo.
- ▸ Art. 17, § 1º, da Lei nº 10.259, de 12-7-2001 (Lei dos Juizados Especiais Federais).
- ▸ Art. 13 da Lei nº 12.153, de 22-12-2009 (Lei dos Juizados Especiais da Fazenda Pública).

§ 4º Para os fins do disposto no § 3º, poderão ser fixados, por leis próprias, valores distintos às entidades de direito público, segundo as diferentes capacidades econômicas, sendo o mínimo igual ao valor do maior benefício do regime geral de previdência social.

- ▸ §§ 3º e 4º com a redação dada pela EC nº 62, de 9-12-2009.
- ▸ Art. 97, § 12º, do ADCT.
- ▸ Orientações Jurisprudenciais nºs 1 e 9 do Tribunal Pleno do TST.

§ 5º É obrigatória a inclusão no orçamento das entidades de direito público de verba necessária ao pagamento de seus débitos oriundos de sentenças transitadas em julgado constantes de precatórios judiciários apresentados até 2 de abril, fazendo-se o pagamento até o final do exercício seguinte, quando terão seus valores atualizados monetariamente.

- ▸ § 5º com a redação dada pela EC nº 114, de 16-12-2021.
- ▸ Súm. Vinc. nº 17 do STF.

§ 6º As dotações orçamentárias e os créditos abertos serão consignados diretamente ao Poder Judiciário, cabendo ao Presidente do Tribunal que proferir a decisão exequenda determinar o pagamento integral e autorizar, a requerimento do credor e exclusivamente para os casos de preterimento de seu direito de precedência ou de não alocação orçamentária do valor necessário à satisfação do seu débito, o sequestro da quantia respectiva.

- ▸ § 6º com a redação dada pela EC nº 62, de 9-12-2009.
- ▸ Súm. nº 733 do STF.

§ 7º O Presidente do Tribunal competente que, por ato comissivo ou omissivo, retardar ou tentar frustrar a liquidação regular de precatórios incorrerá em crime de responsabilidade e responderá, também, perante o Conselho Nacional de Justiça.

- ▸ Lei nº 1.079, de 10-4-1950 (Lei dos Crimes de Responsabilidade).

§ 8º É vedada a expedição de precatórios complementares ou suplementares de valor pago, bem como o fracionamento, repartição ou quebra do valor da execução para fins de enquadramento de parcela do total ao que dispõe o § 3º deste artigo.

- ▸ §§ 7º e 8º acrescidos pela EC nº 62, de 9-12-2009.
- ▸ Art. 87 do ADCT.

§ 9º Sem que haja interrupção no pagamento do precatório e mediante comunicação da Fazenda

Pública ao Tribunal, o valor correspondente aos eventuais débitos inscritos em dívida ativa contra o credor do requisitório e seus substituídos deverá ser depositado à conta do juízo responsável pela ação de cobrança, que decidirá pelo seu destino definitivo.

► § 9º com a redação dada pela EC nº 113, de 8-12-2021.

§ 10. Antes da expedição dos precatórios, o Tribunal solicitará à Fazenda Pública devedora, para resposta em até 30 (trinta) dias, sob pena de perda do direito de abatimento, informação sobre os débitos que preencham as condições estabelecidas no § 9º, para os fins nele previstos.

► § 10 acrescido pela EC nº 62, de 9-12-2009.

► Orient. Norm. do CJF nº 4, de 8-6-2010, estabelece regra de transição para os procedimentos de compensação previstos neste inciso.

► O STF, por maioria dos votos, julgou parcialmente procedente a ADIN nº 4.425, para declarar a inconstitucionalidade deste parágrafo (*DOU* de 8-3-2021).

§ 11. É facultada ao credor, conforme estabelecido em lei do ente federativo devedor, com autoaplicabilidade para a União, a oferta de créditos líquidos e certos que originalmente lhe são próprios ou adquiridos de terceiros reconhecidos pelo ente federativo ou por decisão judicial transitada em julgado para:

► *Caput* do § 11 com a redação dada pela EC nº 113, de 8-12-2021.

I – quitação de débitos parcelados ou débitos inscritos em dívida ativa do ente federativo devedor, inclusive em transação resolutiva de litígio, e, subsidiariamente, débitos com a administração autárquica e fundacional do mesmo ente;
II – compra de imóveis públicos de propriedade do mesmo ente disponibilizados para venda;
III – pagamento de outorga de delegações de serviços públicos e demais espécies de concessão negocial promovidas pelo mesmo ente;
IV – aquisição, inclusive minoritária, de participação societária, disponibilizada para venda, do respectivo ente federativo; ou
V – compra de direitos, disponibilizados para cessão, do respectivo ente federativo, inclusive, no caso da União, da antecipação de valores a serem recebidos a título do excedente em óleo em contratos de partilha de petróleo.

► Incisos I a V acrescidos pela EC nº 113, de 8-12-2021.

► Dec. nº 11.249, de 9-11-2022, dispõe sobre o procedimento de oferta de créditos líquidos e certos decorrentes de decisão judicial transitada em julgado, nos termos do disposto neste parágrafo.

§ 12. A partir da promulgação desta Emenda Constitucional, a atualização de valores de requisitórios, após sua expedição, até o efetivo pagamento, independentemente de sua natureza, será feita pelo índice oficial de remuneração básica da caderneta de poupança, e, para fins de compensação da mora, incidirão juros simples no mesmo percentual de juros incidentes sobre a caderneta de poupança, ficando excluída a incidência de juros compensatórios.

► OJ do Tribunal Pleno nº 7 do TST.

► OJ da SBDI-I nº 382 do TST.

► O STF, por maioria dos votos, julgou parcialmente procedente a ADIN nº 4.425 para declarar a inconstitucionalidade parcial sem redução da expressão "independentemente de sua natureza", contida neste parágrafo, para determinar que, quanto aos precatórios de natureza tributária, sejam aplicados os mesmos juros de mora incidentes sobre todo e qualquer crédito tributário (*DOU* de 8-3-2021).

§ 13. O credor poderá ceder, total ou parcialmente, seus créditos em precatórios a terceiros, independentemente da concordância do devedor, não se aplicando ao cessionário o disposto nos §§ 2º e 3º.

► §§ 12 e 13 acrescidos pela EC nº 62, de 9-12-2009.

► Art. 5º da EC nº 62, de 9-12-2009, que convalida todas as cessões de precatórios efetuadas antes da sua promulgação, independentemente da concordância da entidade devedora.

► Arts. 286 a 298 do CC.

§ 14. A cessão de precatórios, observado o disposto no § 9º deste artigo, somente produzirá efeitos após comunicação, por meio de petição protocolizada, ao Tribunal de origem e ao ente federativo devedor.

► § 14 com a redação dada pela EC nº 113, de 8-12-2021.

§ 15. Sem prejuízo do disposto neste artigo, lei complementar a esta Constituição Federal poderá estabelecer regime especial para pagamento de crédito de precatórios de Estados, Distrito Federal e Municípios, dispondo sobre vinculações à receita corrente líquida e forma e prazo de liquidação.

► O STF, por maioria dos votos, julgou parcialmente procedente a ADIN nº 4.425, para declarar a inconstitucionalidade deste parágrafo.

► Art. 97, *caput*, do ADCT.

§ 16. A seu critério exclusivo e na forma de lei, a União poderá assumir débitos, oriundos de precatórios, de Estados, Distrito Federal e Municípios, refinanciando-os diretamente.

► §§ 15 e 16 acrescidos pela EC nº 62, de 9-12-2009.

§ 17. A União, os Estados, o Distrito Federal e os Municípios aferirão mensalmente, em base anual, o comprometimento de suas respectivas receitas correntes líquidas com o pagamento de precatórios e obrigações de pequeno valor.

§ 18. Entende-se como receita corrente líquida, para os fins de que trata o § 17, o somatório das receitas tributárias, patrimoniais, industriais, agropecuárias, de contribuições e de serviços, de transferências correntes e outras receitas correntes, incluindo as oriundas do § 1º do art. 20 da Constituição Federal, verificado no período compreendido pelo segundo mês imediatamente anterior ao de referência e os 11 (onze) meses precedentes, excluídas as duplicidades, e deduzidas:

I – na União, as parcelas entregues aos Estados, ao Distrito Federal e aos Municípios por determinação constitucional;

II – nos Estados, as parcelas entregues aos Municípios por determinação constitucional;

III – na União, nos Estados, no Distrito Federal e nos Municípios, a contribuição dos servidores para custeio de seu sistema de previdência e assistência social e as receitas provenientes da compensação financeira referida no § 9º do art. 201 da Constituição Federal.

§ 19. Caso o montante total de débitos decorrentes de condenações judiciais em precatórios e obrigações de pequeno valor, em período de 12 (doze) meses, ultrapasse a média do comprometimento percentual da receita corrente líquida nos 5 (cinco) anos imediatamente anteriores, a parcela que exceder esse percentual poderá ser financiada, excetuada dos limites de endividamento de que tratam os incisos VI e VII do art. 52 da Constituição Federal e de quaisquer outros limites de endividamento previstos, não se aplicando a esse financiamento a vedação de vinculação de receita prevista no inciso IV do art. 167 da Constituição Federal.

§ 20. Caso haja precatório com valor superior a 15% (quinze por cento) do montante dos precatórios apresentados nos termos do § 5º deste artigo, 15% (quinze por cento) do valor deste precatório serão pagos até o final do exercício seguinte e o restante em parcelas iguais nos cinco exercícios subsequentes, acrescidas de juros de mora e correção monetária, ou mediante acordos diretos, perante Juízos Auxiliares de Conciliação de Precatórios, com redução máxima de 40% (quarenta por cento) do valor do crédito atualizado, desde que em relação ao crédito não penda recurso ou defesa judicial e que sejam observados os requisitos definidos na regulamentação editada pelo ente federado.

► §§ 17 a 20 acrescidos pela EC nº 94, de 15-12-2016.

§ 21. Ficam a União e os demais entes federativos, nos montantes que lhes são próprios, desde que aceito por ambas as partes, autorizados a utilizar valores objeto de sentenças transitadas em julgado devidos a pessoa jurídica de direito público para amortizar dívidas, vencidas ou vincendas:

I – nos contratos de refinanciamento cujos créditos sejam detidos pelo ente federativo que figure como devedor na sentença de que trata o *caput* deste artigo;

II – nos contratos em que houve prestação de garantia a outro ente federativo;

III – nos parcelamentos de tributos ou de contribuições sociais; e

IV – nas obrigações decorrentes do descumprimento de prestação de contas ou de desvio de recursos.

§ 22. A amortização de que trata o § 21 deste artigo:

I – nas obrigações vencidas, será imputada primeiramente às parcelas mais antigas;

II – nas obrigações vincendas, reduzirá uniformemente o valor de cada parcela devida, mantida a duração original do respectivo contrato ou parcelamento.

► §§ 21 e 22 acrescidos pela EC nº 113, de 8-12-2021.

Seção II

DO SUPREMO TRIBUNAL FEDERAL

Art. 101. O Supremo Tribunal Federal compõe-se de onze Ministros, escolhidos dentre cidadãos com mais de trinta e cinco e menos de setenta anos de idade, de notável saber jurídico e reputação ilibada.

- *Caput* com a redação dada pela EC nº 122, de 17-5-2022.
- Lei nº 8.038, de 28-5-1990, institui normas procedimentais para os processos que especifica, perante o STJ e o STF.

Parágrafo único. Os Ministros do Supremo Tribunal Federal serão nomeados pelo Presidente da República, depois de aprovada a escolha pela maioria absoluta do Senado Federal.

Art. 102. Compete ao Supremo Tribunal Federal, precipuamente, a guarda da Constituição, cabendo-lhe:

I – processar e julgar, originariamente:

- Res. do STF nº 693, de 17-7-2020, regulamenta o processo eletrônico no âmbito do Supremo Tribunal Federal.

a) a ação direta de inconstitucionalidade de lei ou ato normativo federal ou estadual e a ação declaratória de constitucionalidade de lei ou ato normativo federal;

- Alínea *a* com a redação dada pela EC nº 3, de 17-3-1993.
- Lei nº 9.868, de 10-11-1999 (Lei da ADIN e da ADECON).
- Dec. nº 2.346, de 10-10-1997, consolida as normas de procedimentos a serem observadas pela administração pública federal em razão de decisões judiciais.
- Súmulas nºs 360, 642 e 735 do STF.

b) nas infrações penais comuns, o Presidente da República, o Vice-Presidente, os membros do Congresso Nacional, seus próprios Ministros e o Procurador-Geral da República;

c) nas infrações penais comuns e nos crimes de responsabilidade, os Ministros de Estado e os Comandantes da Marinha, do Exército e da Aeronáutica, ressalvado o disposto no artigo 52, I, os membros dos Tribunais Superiores, os do Tribunal de Contas da União e os chefes de missão diplomática de caráter permanente;

- Alínea c com a redação dada pela EC nº 23, de 2-9-1999.
- Lei nº 1.079, de 10-4-1950 (Lei dos Crimes de Responsabilidade).

d) o *habeas corpus*, sendo paciente qualquer das pessoas referidas nas alíneas anteriores; o mandado de segurança e o *habeas data* contra atos do Presidente da República, das Mesas da Câmara dos Deputados e do Senado Federal, do Tribunal de Contas da União, do Procurador-Geral da República e do próprio Supremo Tribunal Federal;

- Lei nº 9.507, de 12-11-1997 (Lei do *Habeas Data*).
- Lei nº 12.016, de 7-8-2009 (Lei do Mandado de Segurança Individual e Coletivo).
- Súm. nº 624 do STF.

e) o litígio entre Estado estrangeiro ou organismo internacional e a União, o Estado, o Distrito Federal ou o Território;

- Art. 24 do CPC/2015.

f) as causas e os conflitos entre a União e os Estados, a União e o Distrito Federal, ou entre uns e outros, inclusive as respectivas entidades da administração indireta;

g) a extradição solicitada por Estado estrangeiro;

- Súmulas nºs 367, 421 e 692 do STF.

h) *Revogada*. EC nº 45, de 8-12-2004;

i) o *habeas corpus*, quando o coator for Tribunal Superior ou quando o coator ou o paciente for autoridade ou funcionário cujos atos estejam sujeitos diretamente à jurisdição do Supremo Tribunal Federal, ou se trate de crime sujeito à mesma jurisdição em uma única instância;

- Alínea *i* com a redação dada pela EC nº 22, de 18-3-1999.
- Súmulas nºs 606, 691, 692 e 731 do STF.

j) a revisão criminal e a ação rescisória de seus julgados;

- Arts. 966 a 975 do CPC/2015.
- Arts. 621 a 631 do CPP.

l) a reclamação para a preservação de sua competência e garantia da autoridade de suas decisões;

- Súm. 734 do STF.

m) a execução de sentença nas causas de sua competência originária, facultada a delegação de atribuições para a prática de atos processuais;

n) a ação em que todos os membros da magistratura sejam direta ou indiretamente interessados, e aquela em que mais da metade dos membros do Tribunal de origem estejam impedidos ou sejam direta ou indiretamente interessados;

- Súmulas nºs 623 e 731 do STF.

o) os conflitos de competência entre o Superior Tribunal de Justiça e quaisquer Tribunais, entre Tribunais Superiores, ou entre estes e qualquer outro Tribunal;

▸ Arts. 105, I, *d*, 108, I, *e*, e 114, V, desta Constituição.

p) o pedido de medida cautelar das ações diretas de inconstitucionalidade;

q) o mandado de injunção, quando a elaboração da norma regulamentadora for atribuição do Presidente da República, do Congresso Nacional, da Câmara dos Deputados, do Senado Federal, das Mesas de uma dessas Casas Legislativas, do Tribunal de Contas da União, de um dos Tribunais Superiores, ou do próprio Supremo Tribunal Federal;

▸ Lei nº 13.300, de 23-6-2016 (Lei do Mandado de Injunção).

r) as ações contra o Conselho Nacional de Justiça e contra o Conselho Nacional do Ministério Público;

▸ Alínea *r* acrescida pela EC nº 45, de 8-12-2004.

▸ Arts. 103-A e 130-B desta Constituição.

II – julgar, em recurso ordinário:

a) o *habeas corpus*, o mandado de segurança, o *habeas data* e o mandado de injunção decididos em única instância pelos Tribunais Superiores, se denegatória a decisão;

▸ Lei nº 9.507, de 12-11-1997 (Lei do *Habeas Data*).

▸ Lei nº 12.016, de 7-8-2009 (Lei do Mandado de Segurança Individual e Coletivo).

▸ Lei nº 13.300, de 23-6-2016 (Lei do Mandado de Injunção).

b) o crime político;

III – julgar, mediante recurso extraordinário, as causas decididas em única ou última instância, quando a decisão recorrida:

▸ Arts. 928, II, e 1.029 a 1.044 do CPC/2015.

▸ Lei nº 8.658, de 26-5-1993, dispõe sobre a aplicação, nos Tribunais de Justiça e nos Tribunais Regionais Federais, das normas da Lei nº 8038, de 28-5-1990.

▸ Súmulas nºs 279, 283, 634, 635, 637, 640, 727 e 733 do STF.

a) contrariar dispositivo desta Constituição;

▸ Súmulas nºs 400 e 735 do STF.

b) declarar a inconstitucionalidade de tratado ou lei federal;

▸ Art. 948 do CPC/2015.

c) julgar válida lei ou ato de governo local contestado em face desta Constituição;

d) julgar válida lei local contestada em face de lei federal.

▸ Alínea *d* acrescida pela EC nº 45, de 8-12-2004.

§ 1º A arguição de descumprimento de preceito fundamental decorrente desta Constituição será apreciada pelo Supremo Tribunal Federal, na forma da lei.

▸ Parágrafo único transformado em § 1º pela EC nº 3, de 17-3-1993.

▸ Lei nº 9.882, de 3-12-1999 (Lei da Ação de Descumprimento de Preceito Fundamental).

§ 2º As decisões definitivas de mérito, proferidas pelo Supremo Tribunal Federal, nas ações diretas de inconstitucionalidade e nas ações declaratórias de constitucionalidade, produzirão eficácia contra todos e efeito vinculante, relativamente aos demais órgãos do Poder Judiciário e à administração pública direta e indireta, nas esferas federal, estadual e municipal.

▸ § 2º com a redação dada pela EC nº 45, de 8-12-2004.

▸ Lei nº 9.868, de 10-11-1999 (Lei da ADIN e da ADECON).

§ 3º No recurso extraordinário o recorrente deverá demonstrar a repercussão geral das questões constitucionais discutidas no caso, nos termos da lei, a fim de que o Tribunal examine a admissão do recurso, somente podendo recusá-lo pela manifestação de dois terços de seus membros.

▸ § 3º acrescido pela EC nº 45, de 8-12-2004.

▸ Arts. 1.035, 1.036, § 1º e 1.039 do CPC/2015.

Art. 103. Podem propor a ação direta de inconstitucionalidade e a ação declaratória de constitucionalidade:

▸ *Caput* com a redação dada pela EC nº 45, de 8-12-2004.

▸ Arts. 2º, 12-A e 13 da Lei nº 9.868, de 10-11-1999 (Lei da ADIN e da ADECON).

I – o Presidente da República;

II – a Mesa do Senado Federal;

III – a Mesa da Câmara dos Deputados;

IV – a Mesa de Assembleia Legislativa ou da Câmara Legislativa do Distrito Federal;

V – o Governador de Estado ou do Distrito Federal;

▸ Incisos IV e V com a redação dada pela EC nº 45, de 8-12-2004.

VI – o Procurador-Geral da República;

VII – o Conselho Federal da Ordem dos Advogados do Brasil;

VIII – partido político com representação no Congresso Nacional;

IX – confederação sindical ou entidade de classe de âmbito nacional.

§ 1º O Procurador-Geral da República deverá ser previamente ouvido nas ações de inconstitucionalidade e em todos os processos de competência do Supremo Tribunal Federal.

§ 2º Declarada a inconstitucionalidade por omissão de medida para tornar efetiva norma constitucional, será dada ciência ao Poder competente para a adoção das providências necessárias e, em se tratando de órgão administrativo, para fazê-lo em trinta dias.

▸ Art. 12-H da Lei nº 9.868, de 10-11-1999 (Lei da ADIN e da ADECON).

§ 3º Quando o Supremo Tribunal Federal apreciar a inconstitucionalidade, em tese, de norma legal ou ato normativo, citará, previamente, o Advogado-Geral da União, que defenderá o ato ou texto impugnado.

§ 4º *Revogado*. EC nº 45, de 8-12-2004.

Art. 103-A. O Supremo Tribunal Federal poderá, de ofício ou por provocação, mediante decisão de dois terços dos seus membros, após reiteradas decisões sobre matéria constitucional, aprovar súmula que, a partir de sua publicação na imprensa oficial, terá efeito vinculante em relação aos demais órgãos do Poder Judiciário e à administração pública direta e indireta, nas esferas federal, estadual e municipal, bem como proceder à sua revisão ou cancelamento, na forma estabelecida em lei.

▸ Art. 8º da EC nº 45, de 8-12-2004 (Reforma do Judiciário).

▸ Art. 927, II, do CPC/2015.

▸ Lei nº 11.417, de 19-12-2006 (Lei da Súmula Vinculante), regulamenta este artigo.

§ 1º A súmula terá por objetivo a validade, a interpretação e a eficácia de normas determinadas, acerca das quais haja controvérsia atual entre órgãos judiciários ou entre esses e a administração pública que acarrete grave insegurança jurídica e relevante multiplicação de processos sobre questão idêntica.

§ 2º Sem prejuízo do que vier a ser estabelecido em lei, a aprovação, revisão ou cancelamento de súmula poderá ser provocada por aqueles que podem propor a ação direta de inconstitucionalidade.

§ 3º Do ato administrativo ou decisão judicial que contrariar a súmula aplicável ou que indevidamente a aplicar, caberá reclamação ao Supremo Tribunal Federal que, julgando-a procedente, anulará o ato administrativo ou cassará a decisão judicial reclamada, e determinará que outra seja proferida com ou sem a aplicação da súmula, conforme o caso.

▸ Art. 103-A acrescido pela EC nº 45, de 8-12-2004.

Art. 103-B. O Conselho Nacional de Justiça compõe-se de 15 (quinze) membros com mandato de 2 (dois) anos, admitida 1 (uma) recondução, sendo:

▸ *Caput* com a redação dada pela EC nº 61, de 11-11-2009.

▸ Art. 5º da EC nº 45, de 8-12-2004 (Reforma do Judiciário).

▸ Lei nº 11.364, de 26-10-2006, dispõe sobre as atividades de apoio ao Conselho Nacional de Justiça.

I – o Presidente do Supremo Tribunal Federal;

▸ Inciso I com a redação dada pela EC nº 61, de 11-11-2009.

II – um Ministro do Superior Tribunal de Justiça, indicado pelo respectivo tribunal;

III – um Ministro do Tribunal Superior do Trabalho, indicado pelo respectivo tribunal;

IV – um desembargador de Tribunal de Justiça, indicado pelo Supremo Tribunal Federal;

V – um juiz estadual, indicado pelo Supremo Tribunal Federal;

VI – um juiz de Tribunal Regional Federal, indicado pelo Superior Tribunal de Justiça;

VII – um juiz federal, indicado pelo Superior Tribunal de Justiça;

VIII – um juiz de Tribunal Regional do Trabalho, indicado pelo Tribunal Superior do Trabalho;

IX – um juiz do trabalho, indicado pelo Tribunal Superior do Trabalho;

X – um membro do Ministério Público da União, indicado pelo Procurador-Geral da República;

XI – um membro do Ministério Público estadual, escolhido pelo Procurador-Geral da República dentre os nomes indicados pelo órgão competente de cada instituição estadual;

XII – dois advogados, indicados pelo Conselho Federal da Ordem dos Advogados do Brasil;

XIII – dois cidadãos, de notável saber jurídico e reputação ilibada, indicados um pela Câmara dos Deputados e outro pelo Senado Federal.

▸ Incisos II a XIII acrescidos pela EC nº 45, de 8-12-2004.

§ 1º O Conselho será presidido pelo Presidente do Supremo Tribunal Federal e, nas suas ausências e impedimentos, pelo Vice-Presidente do Supremo Tribunal Federal.

§ 2º Os demais membros do Conselho serão nomeados pelo Presidente da República, depois de aprovada a escolha pela maioria absoluta do Senado Federal.

▸ §§ 1º e 2º com a redação dada pela EC nº 61, de 11-11-2009.

§ 3º Não efetuadas, no prazo legal, as indicações previstas neste artigo, caberá a escolha ao Supremo Tribunal Federal.

▸ § 3º acrescido pela EC nº 45, de 8-12-2004.

§ 4º Compete ao Conselho o controle da atuação administrativa e financeira do Poder Judiciário e do cumprimento dos deveres funcionais dos juízes, cabendo-lhe, além de outras atribuições que lhe forem conferidas pelo Estatuto da Magistratura:

▸ *Caput* do § 4º acrescido pela EC nº 45, de 8-12-2004.

I – zelar pela autonomia do Poder Judiciário e pelo cumprimento do Estatuto da Magistratura, podendo expedir atos regulamentares, no âmbito de sua competência, ou recomendar providências;

II – zelar pela observância do art. 37 e apreciar, de ofício ou mediante provocação, a legalidade dos atos administrativos praticados por membros ou órgãos do Poder Judiciário, podendo desconstituí-los, revê-los ou fixar prazo para que se adotem as providências necessárias ao exato cumprimento da lei, sem prejuízo da competência do Tribunal de Contas da União;

▸ Incisos I e II acrescidos pela EC nº 45, de 8-12-2004.

III – receber e conhecer das reclamações contra membros ou órgãos do Poder Judiciário, inclusive contra seus serviços auxiliares, serventias e órgãos prestadores de serviços notariais e de registro que atuem por delegação do poder público ou oficializados, sem prejuízo da competência disciplinar e correicional dos tribunais, podendo avocar processos disciplinares em curso, determinar a remoção ou a disponibilidade e aplicar outras sanções administrativas, assegurada ampla defesa;

▸ Inciso III com a redação dada pela EC nº 103, de 12-11-2019.

IV – representar ao Ministério Público, no caso de crime contra a administração pública ou de abuso de autoridade;

V – rever, de ofício ou mediante provocação, os processos disciplinares de juízes e membros de tribunais julgados há menos de um ano;

VI – elaborar semestralmente relatório estatístico sobre processos e sentenças prolatadas, por unidade da Federação, nos diferentes órgãos do Poder Judiciário;

VII – elaborar relatório anual, propondo as providências que julgar necessárias, sobre a situação do Poder Judiciário no País e as atividades do Conselho, o qual deve integrar mensagem do Presidente do Supremo Tribunal Federal a ser remetida ao Congresso Nacional, por ocasião da abertura da sessão legislativa.

▸ Incisos IV a VII acrescidos pela EC nº 45, de 8-12-2004.

§ 5º O Ministro do Superior Tribunal de Justiça exercerá a função de Ministro-Corregedor e ficará excluído da distribuição de processos no Tribunal, competindo-lhe, além das atribuições que lhe forem conferidas pelo Estatuto da Magistratura, as seguintes:

I – receber as reclamações e denúncias, de qualquer interessado, relativas aos magistrados e aos serviços judiciários;

II – exercer funções executivas do Conselho, de inspeção e de correição geral;

III – requisitar e designar magistrados, delegando-lhes atribuições, e requisitar servidores de juízos ou tribunais, inclusive nos Estados, Distrito Federal e Territórios.

§ 6º Junto ao Conselho oficiarão o Procurador-Geral da República e o Presidente do Conselho Federal da Ordem dos Advogados do Brasil.

§ 7º A União, inclusive no Distrito Federal e nos Territórios, criará ouvidorias de justiça, competentes para receber reclamações e denúncias de qualquer interessado contra membros ou órgãos do Poder Judiciário, ou contra seus serviços auxiliares, representando diretamente ao Conselho Nacional de Justiça.

▸ §§ 5º a 7º acrescidos pela EC nº 45, de 8-12-2004.

▸ Res. do CNJ nº 103, de 24-2-2010, dispõe sobre as atribuições da Ouvidoria do Conselho Nacional de Justiça e determina a criação de ouvidorias no âmbito dos Tribunais.

Seção III

DO SUPERIOR TRIBUNAL DE JUSTIÇA

▶ Lei nº 8.038, de 28-5-1990, institui normas procedimentais para os processos que especifica, perante o STJ e o STF.

Art. 104. O Superior Tribunal de Justiça compõe-se de, no mínimo, trinta e três Ministros.

Parágrafo único. Os Ministros do Superior Tribunal de Justiça serão nomeados pelo Presidente da República, dentre brasileiros com mais de trinta e cinco e menos de setenta anos de idade, de notável saber jurídico e reputação ilibada, depois de aprovada a escolha pela maioria absoluta do Senado Federal, sendo:

▶ *Caput* do parágrafo único com a redação dada pela EC nº 122, de 17-5-2022.

▶ Lei nº 8.038, de 28-5-1990, institui normas procedimentais para os processos que especifica, perante o STJ e o STF.

I – um terço dentre juízes dos Tribunais Regionais Federais e um terço dentre desembargadores dos Tribunais de Justiça, indicados em lista tríplice elaborada pelo próprio Tribunal;

II – um terço, em partes iguais, dentre advogados e membros do Ministério Público Federal, Estadual, do Distrito Federal e Territórios, alternadamente, indicados na forma do artigo 94.

Art. 105. Compete ao Superior Tribunal de Justiça:

I – processar e julgar, originariamente:

a) nos crimes comuns, os Governadores dos Estados e do Distrito Federal, e, nestes e nos de responsabilidade, os desembargadores dos Tribunais de Justiça dos Estados e do Distrito Federal, os membros dos Tribunais de Contas dos Estados e do Distrito Federal, os dos Tribunais Regionais Federais, dos Tribunais Regionais Eleitorais e do Trabalho, os membros dos Conselhos ou Tribunais de Contas dos Municípios e os do Ministério Público da União que oficiem perante tribunais;

b) os mandados de segurança e os *habeas data* contra ato de Ministro de Estado, dos Comandantes da Marinha, do Exército e da Aeronáutica ou do próprio Tribunal;

▶ Alínea *b* com a redação dada pela EC nº 23, de 2-9-1999.

▶ Lei nº 9.507, de 12-11-1997 (Lei do *Habeas Data*).

▶ Lei nº 12.016, de 7-8-2009 (Lei do Mandado de Segurança Individual e Coletivo).

▶ Súm. nº 41 do STJ.

c) os *habeas corpus*, quando o coator ou paciente for qualquer das pessoas mencionadas na alínea *a*, ou quando o coator for tribunal sujeito à sua jurisdição, Ministro de Estado ou Comandante da Marinha, do Exército ou da Aeronáutica, ressalvada a competência da Justiça Eleitoral;

▶ Alínea *c* com a redação dada pela EC nº 23, de 2-9-1999.

d) os conflitos de competência entre quaisquer tribunais, ressalvado o disposto no artigo 102, I, *o*, bem como entre Tribunal e juízes a ele não vinculados e entre juízes vinculados a Tribunais diversos;

▶ Súm. nº 22 do STJ.

e) as revisões criminais e as ações rescisórias de seus julgados;

▶ Arts. 966 a 975 do CPC/2015.

▶ Arts. 621 a 631 do CPP.

f) a reclamação para a preservação de sua competência e garantia da autoridade de suas decisões;

g) os conflitos de atribuições entre autoridades administrativas e judiciárias da União, ou entre autoridades judiciárias de um Estado e administrativas de outro ou do Distrito Federal, ou entre as deste e da União;

h) o mandado de injunção, quando a elaboração da norma regulamentadora for atribuição de órgão, entidade ou autoridade federal, da administração direta ou indireta, excetuados os casos de competência do Supremo Tribunal Federal e dos órgãos da Justiça Militar, da Justiça Eleitoral, da Justiça do Trabalho e da Justiça Federal;

▶ Art. 109 desta Constituição.

▶ Arts. 961 e 965, parágrafo único, do CPC/2015.

▶ Lei nº 13.300, de 23-6-2016 (Lei do Mandado de Injunção).

i) a homologação de sentenças estrangeiras e a concessão de *exequatur* às cartas rogatórias;

▶ Alínea *i* acrescida pela EC nº 45, de 8-12-2004.

▶ Art. 109, X, desta Constituição.

▶ Arts. 961 e 965, parágrafo único, do CPC/2015.

▶ Dec. nº 9.039, de 27-4-2017, promulga a Convenção sobre a Obtenção de Provas no Estrangeiro em Matéria Civil ou Comercial, firmada em Haia, em 18-3-1970.

▶ Arts. 216-A a 216-X do RISTJ.

j) ***os conflitos entre entes federativos, ou entre estes e o Comitê Gestor do Imposto sobre Bens e Serviços, relacionados aos tributos previstos nos arts. 156-A e 195, V;***

▸ Alínea *j* acrescida pela EC nº 132, de 20-12-2023.

II – julgar, em recurso ordinário:

a) os *habeas corpus* decididos em única ou última instância pelos Tribunais Regionais Federais ou pelos Tribunais dos Estados, do Distrito Federal e Territórios, quando a decisão for denegatória;

b) os mandados de segurança decididos em única instância pelos Tribunais Regionais Federais ou pelos Tribunais dos Estados, do Distrito Federal e Territórios, quando denegatória a decisão;

▸ Lei nº 12.016, de 7-8-2009 (Lei do Mandado de Segurança Individual e Coletivo).

c) as causas em que forem partes Estado estrangeiro ou organismo internacional, de um lado, e, do outro, Município ou pessoa residente ou domiciliada no País;

III – julgar, em recurso especial, as causas decididas, em única ou última instância, pelos Tribunais Regionais Federais ou pelos Tribunais dos Estados, do Distrito Federal e Territórios, quando a decisão recorrida:

▸ Lei nº 8.658, de 26-5-1993, dispõe sobre a aplicação, nos Tribunais de Justiça e nos Tribunais Regionais Federais, das normas da Lei nº 8038, de 28-5-1990.

▸ Arts. 928, III, e 1.029 a 1.044 do CPC/2015.

▸ Súmulas nºs 5, 7, 86, 203, 207, 320 e 518 do STJ.

a) contrariar tratado ou lei federal, ou negar-lhes vigência;

b) julgar válido ato de governo local contestado em face de lei federal;

▸ Alínea *b* com a redação dada pela EC nº 45, de 8-12-2004.

c) der a lei federal interpretação divergente da que lhe haja atribuído outro Tribunal.

▸ Súm. nº 13 do STJ.

§ 1º Funcionarão junto ao Superior Tribunal de Justiça:

I – a escola nacional de formação e aperfeiçoamento de magistrados, cabendo-lhe, dentre outras funções, regulamentar os cursos oficiais para o ingresso e promoção na carreira;

II – o Conselho da Justiça Federal, cabendo-lhe exercer, na forma da lei, a supervisão administrativa e orçamentária da Justiça Federal de primeiro e segundo graus, como órgão central do sistema e com poderes correicionais, cujas decisões terão caráter vinculante.

▸ Parágrafo único renumerado para § 1º pela EC nº 125, de 14-7-2022.

§ 2º No recurso especial, o recorrente deve demonstrar a relevância das questões de direito federal infraconstitucional discutidas no caso, nos termos da lei, a fim de que a admissão do recurso seja examinada pelo Tribunal, o qual somente pode dele não conhecer com base nesse motivo pela manifestação de 2/3 (dois terços) dos membros do órgão competente para o julgamento.

§ 3º Haverá a relevância de que trata o § 2º deste artigo nos seguintes casos:

I – ações penais;
II – ações de improbidade administrativa;
III – ações cujo valor da causa ultrapasse 500 (quinhentos) salários mínimos;
IV – ações que possam gerar inelegibilidade;
V – hipóteses em que o acórdão recorrido contrariar jurisprudência dominante do Superior Tribunal de Justiça;
VI – outras hipóteses previstas em lei.

▸ §§ 2º e 3º acrescidos pela EC nº 125, de 14-7-2022.

Seção IV

DOS TRIBUNAIS REGIONAIS FEDERAIS E DOS JUÍZES FEDERAIS

Art. 106. São órgãos da Justiça Federal:

▸ Lei nº 7.727, de 9-1-1989, dispõe sobre a composição inicial dos Tribunais Regionais Federais e sua instalação, cria os respectivos quadros de pessoal.

I – os Tribunais Regionais Federais;
II – os Juízes Federais.

Art. 107. Os Tribunais Regionais Federais compõem-se de, no mínimo, sete juízes, recrutados, quando possível, na respectiva região e nomeados pelo Presidente da República dentre brasileiros com mais de trinta e menos de setenta anos de idade, sendo:

▸ *Caput* com a redação dada pela EC nº 122, de 17-5-2022.

I – um quinto dentre advogados com mais de dez anos de efetiva atividade profissional e membros do Ministério Público Federal com mais de dez anos de carreira;

II – os demais, mediante promoção de juízes federais com mais de cinco anos de exercício, por antiguidade e merecimento, alternadamente.

▶ Art. 27, § 9º, do ADCT.

▶ Lei nº 9.967, de 10-5-2000, dispõe sobre as reestruturações dos Tribunais Regionais Federais das cinco Regiões.

§ 1º A lei disciplinará a remoção ou a permuta de juízes dos Tribunais Regionais Federais e determinará sua jurisdição e sede.

▶ Parágrafo único transformado em § 1º pela EC nº 45, de 8-12-2004.

▶ Art. 1º da Lei nº 9.967, de 10-5-2000, que dispõe sobre as reestruturações dos Tribunais Regionais Federais das cinco regiões.

▶ Lei nº 9.968, de 10-5-2000, dispõe sobre a reestruturação do Tribunal Regional Federal da 3ª Região.

§ 2º Os Tribunais Regionais Federais instalarão a justiça itinerante, com a realização de audiências e demais funções da atividade jurisdicional, nos limites territoriais da respectiva jurisdição, servindo-se de equipamentos públicos e comunitários.

§ 3º Os Tribunais Regionais Federais poderão funcionar descentralizadamente, constituindo Câmaras regionais, a fim de assegurar o pleno acesso do jurisdicionado à justiça em todas as fases do processo.

▶ §§ 2º e 3º acrescidos pela EC nº 45, de 8-12-2004.

Art. 108. Compete aos Tribunais Regionais Federais:

I – processar e julgar, originariamente:

a) os juízes federais da área de sua jurisdição, incluídos os da Justiça Militar e da Justiça do Trabalho, nos crimes comuns e de responsabilidade, e os membros do Ministério Público da União, ressalvada a competência da Justiça Eleitoral;

b) as revisões criminais e as ações rescisórias de julgados seus ou dos juízes federais da região;

▶ Arts. 966 a 975 do CPC/2015.

▶ Arts. 621 a 631 do CPP.

c) os mandados de segurança e os *habeas data* contra ato do próprio Tribunal ou de juiz federal;

▶ Lei nº 9.507, de 12-11-1997 (Lei do *Habeas Data*).

▶ Lei nº 12.016, de 7-8-2009 (Lei do Mandado de Segurança Individual e Coletivo).

d) os *habeas corpus*, quando a autoridade coatora for juiz federal;

e) os conflitos de competência entre juízes federais vinculados ao Tribunal;

▶ Súmulas nºs 3 e 428 do STJ.

II – julgar, em grau de recurso, as causas decididas pelos juízes federais e pelos juízes estaduais no exercício da competência federal da área de sua jurisdição.

▶ Súm. nº 55 do STJ.

Art. 109. Aos juízes federais compete processar e julgar:

▶ Lei nº 7.492, de 16-6-1986 (Lei dos Crimes Contra o Sistema Financeiro Nacional).

▶ Lei nº 9.469, de 9-7-1997, dispõe sobre a intervenção da União nas causas em que figurarem, como autores ou réus, entes da Administração indireta.

▶ Lei nº 10.259, de 12-7-2001 (Lei dos Juizados Especiais Federais).

▶ Art. 70 da Lei nº 11.343, de 23-8-2006 (Lei Antidrogas).

▶ Súmulas nºs 15, 32, 42, 66, 82, 150, 173, 324, 349 e 365 do STJ.

I – as causas em que a União, entidade autárquica ou empresa pública federal forem interessadas na condição de autoras, rés, assistentes ou oponentes, exceto as de falência, as de acidentes de trabalho e as sujeitas à Justiça Eleitoral e à Justiça do Trabalho;

▶ Arts. 45 e 51 do CPC/2015.

▶ Súmulas Vinculantes nºs 22 e 27 do STF.

▶ Súmulas nºs 15, 32, 42, 66, 82, 150, 173, 324, 365, 374 e 489 do STJ.

II – as causas entre Estado estrangeiro ou organismo internacional e Município ou pessoa domiciliada ou residente no País;

III – as causas fundadas em tratado ou contrato da União com Estado estrangeiro ou organismo internacional;

▶ Súm. nº 689 do STF.

IV – os crimes políticos e as infrações penais praticadas em detrimento de bens, serviços ou interesse da União ou de suas entidades autárquicas ou empresas públicas, excluídas as contravenções e ressalvada a competência da Justiça Militar e da Justiça Eleitoral;

▶ Art. 9º do CPM.

▶ Art. 11 da Lei nº 13.260, de 16-3-2016 (Lei de Terrorismo).

▶ Súm. Vinc. nº 36 do STF.

▸ Súmulas nºs 38, 42, 62, 73, 104, 147, 165 e 208 do STJ.

V – os crimes previstos em tratado ou convenção internacional, quando, iniciada a execução no País, o resultado tenha ou devesse ter ocorrido no estrangeiro, ou reciprocamente;

V-A – as causas relativas a direitos humanos a que se refere o § 5º deste artigo;

▸ Inciso V-A acrescido pela EC nº 45, de 8-12-2004.

VI – os crimes contra a organização do trabalho e, nos casos determinados por lei, contra o sistema financeiro e a ordem econômico-financeira;

▸ Arts. 197 a 207 do CP.

▸ Lei nº 7.492, de 16-6-1986 (Lei dos Crimes contra o Sistema Financeiro Nacional).

▸ Lei nº 8.137, de 27-12-1990 (Lei dos Crimes Contra a Ordem Tributária, Econômica e contra as Relações de Consumo).

▸ Lei nº 8.176, de 8-2-1991 (Lei dos Crimes contra a Ordem Econômica).

VII – os *habeas corpus*, em matéria criminal de sua competência ou quando o constrangimento provier de autoridade cujos atos não estejam diretamente sujeitos a outra jurisdição;

VIII – os mandados de segurança e os *habeas data* contra ato de autoridade federal, excetuados os casos de competência dos Tribunais federais;

▸ Lei nº 9.507, de 12-11-1997 (Lei do *Habeas Data*).

▸ Lei nº 12.016, de 7-8-2009 (Lei do Mandado de Segurança Individual e Coletivo).

IX – os crimes cometidos a bordo de navios ou aeronaves, ressalvada a competência da Justiça Militar;

▸ Art. 125, § 4º, desta Constituição.

▸ Art. 9º do CPM.

X – os crimes de ingresso ou permanência irregular de estrangeiro, a execução de carta rogatória, após o *exequatur*, e de sentença estrangeira após a homologação, as causas referentes à nacionalidade, inclusive a respectiva opção, e à naturalização;

▸ Art. 105, I, *i*, desta Constituição.

▸ Art. 965, parágrafo único, do CPC/2015.

XI – a disputa sobre direitos indígenas.

▸ Súm. nº 140 do STJ.

§ 1º As causas em que a União for autora serão aforadas na seção judiciária onde tiver domicílio a outra parte.

§ 2º As causas intentadas contra a União poderão ser aforadas na seção judiciária em que for domiciliado o autor, naquela onde houver ocorrido o ato ou fato que deu origem à demanda ou onde esteja situada a coisa, ou, ainda, no Distrito Federal.

§ 3º Lei poderá autorizar que as causas de competência da Justiça Federal em que forem parte instituição de previdência social e segurado possam ser processadas e julgadas na justiça estadual quando a comarca do domicílio do segurado não for sede de vara federal.

▸ § 3º com a redação dada pela EC nº 103, de 12-11-2019.

▸ Lei nº 5.010, de 30-5-1966 (Lei de Organização da Justiça Federal).

▸ Súmulas nºs 11, 15 e 32 do STJ.

§ 4º Na hipótese do parágrafo anterior, o recurso cabível será sempre para o Tribunal Regional Federal na área de jurisdição do juiz de primeiro grau.

▸ Súm. nº 32 do STJ.

§ 5º Nas hipóteses de grave violação de direitos humanos, o Procurador-Geral da República, com a finalidade de assegurar o cumprimento de obrigações decorrentes de tratados internacionais de direitos humanos dos quais o Brasil seja parte, poderá suscitar, perante o Superior Tribunal de Justiça, em qualquer fase do inquérito ou processo, incidente de deslocamento de competência para a Justiça Federal.

▸ § 5º acrescido pela EC nº 45, de 8-12-2004.

Art. 110. Cada Estado, bem como o Distrito Federal, constituirá uma seção judiciária que terá por sede a respectiva Capital, e varas localizadas segundo o estabelecido em lei.

▸ Arts. 45 e 51 do CPC/2015.

▸ Lei nº 5.010, de 30-5-1966 (Lei de Organização da Justiça Federal).

Parágrafo único. Nos Territórios Federais, a jurisdição e as atribuições cometidas aos juízes federais caberão aos juízes da justiça local, na forma da lei.

▸ Lei nº 9.788, de 19-2-1999, dispõe sobre a reestruturação da Justiça Federal de Primeiro Grau, nas cinco regiões, com a criação de cem Varas Federais.

Seção V

DO TRIBUNAL SUPERIOR DO TRABALHO, DOS TRIBUNAIS REGIONAIS DO TRABALHO E DOS JUÍZES DO TRABALHO

- Seção V com a denominação dada pela EC nº 92, de 12-7-2016.
- Art. 743 e seguintes da CLT.
- Lei nº 9.957, de 12-1-2000, institui o procedimento sumaríssimo no processo trabalhista.
- Lei nº 9.958, de 12-1-2000, criou as Comissões de Conciliação Prévia no âmbito na Justiça do Trabalho.

Art. 111. São órgãos da Justiça do Trabalho:

I – o Tribunal Superior do Trabalho;

II – os Tribunais Regionais do Trabalho;

III – Juízes do Trabalho.

- Inciso III com a redação dada pela EC nº 24, de 9-12-1999.

§§ 1º a 3º *Revogados*. EC nº 45, de 8-12-2004.

Art. 111-A. O Tribunal Superior do Trabalho compõe-se de vinte e sete Ministros, escolhidos dentre brasileiros com mais de trinta e cinco e menos de setenta anos de idade, de notável saber jurídico e reputação ilibada, nomeados pelo Presidente da República após aprovação pela maioria absoluta do Senado Federal, sendo:

- *Caput* com a redação dada pela EC nº 122, de 17-5-2022.

I – um quinto dentre advogados com mais de dez anos de efetiva atividade profissional e membros do Ministério Público do Trabalho com mais de dez anos de efetivo exercício, observado o disposto no art. 94;

II – os demais dentre juízes do Trabalho dos Tribunais Regionais do Trabalho, oriundos da magistratura da carreira, indicados pelo próprio Tribunal Superior.

- Incisos I e II acrescidos pela EC nº 45, de 8-12-2004.

§ 1º A lei disporá sobre a competência do Tribunal Superior do Trabalho.

§ 2º Funcionarão junto ao Tribunal Superior do Trabalho:

I – a Escola Nacional de Formação e Aperfeiçoamento de Magistrados do Trabalho, cabendo-lhe, dentre outras funções, regulamentar os cursos oficiais para o ingresso e promoção na carreira;

II – o Conselho Superior da Justiça do Trabalho, cabendo-lhe exercer, na forma da lei, a supervisão administrativa, orçamentária, financeira e patrimonial da Justiça do Trabalho de primeiro e segundo graus, como órgão central do sistema, cujas decisões terão efeito vinculante.

- §§ 1º e 2º acrescidos pela EC nº 45, de 8-12-2004.
- Art. 6º da EC nº 45, de 8-12-2004 (Reforma do Judiciário).

§ 3º Compete ao Tribunal Superior do Trabalho processar e julgar, originariamente, a reclamação para a preservação de sua competência e garantia da autoridade de suas decisões.

- § 3º acrescido pela EC nº 92, de 12-7-2016.

Art. 112. A lei criará varas da Justiça do Trabalho, podendo, nas comarcas não abrangidas por sua jurisdição, atribuí-la aos juízes de direito, com recurso para o respectivo Tribunal Regional do Trabalho.

- Artigo com a redação dada pela EC nº 45, de 8-12-2004.

Art. 113. A lei disporá sobre a constituição, investidura, jurisdição, competência, garantias e condições de exercício dos órgãos da Justiça do Trabalho.

- Artigo com a redação dada pela EC nº 24, de 9-12-1999.
- Arts. 643 a 673 da CLT.
- LC nº 35, de 14-3-1979 (Lei Orgânica da Magistratura Nacional).

Art. 114. Compete à Justiça do Trabalho processar e julgar:

- *Caput* com a redação dada pela EC nº 45, de 8-12-2004.
- Art. 651 da CLT.
- Art. 6º, § 2º, da Lei nº 11.101, de 9-2-2005 (Lei de Recuperação de Empresas e Falências).
- Súm. Vinc. nº 22 do STF.
- Súmulas nºs 349 e 736 do STF.
- Súmulas nºs 57, 97, 137, 180, 222, 349 e 363 do STJ.
- Súmulas nºs 300, 389 e 392 do TST.

I – as ações oriundas da relação de trabalho, abrangidos os entes de direito público externo e da administração pública direta e indireta da União, dos Estados, do Distrito Federal e dos Municípios;

- O STF, por maioria de votos, julgou parcialmente procedente as Ações Diretas de Inconstitucionalidade nºs 3.395 e 3.529, confirmando a decisão liminar concedida e fixando, com aplicação de interpretação conforme a CF, que o disposto neste inciso não abrange causas ajuizadas para discussão de relação jurídico-estatutária entre o Poder Público dos Entes da Federação e seus Servidores (*DOU* de 23-4-2020).

▸ OJ da SBDI-I nº 26 do TST.

II – as ações que envolvam exercício do direito de greve;

▸ Art. 9º desta Constituição.
▸ Lei nº 7.783, de 28-6-1989 (Lei de Greve).
▸ Súm. Vinc. nº 23 do STF.
▸ Súm. nº 189 do TST.

III – as ações sobre representação sindical, entre sindicatos, entre sindicatos e trabalhadores, e entre sindicatos e empregadores;

▸ Lei nº 8.984, de 7-2-1995, estende a competência da Justiça do Trabalho.

IV – os mandados de segurança, *habeas corpus* e *habeas data*, quando o ato questionado envolver matéria sujeita à sua jurisdição;

▸ Arts. 5º, LXVIII, LXIX, LXXII, 7º, XXVIII, desta Constituição.
▸ Lei nº 9.507, de 12-11-1997 (Lei do *Habeas Data*).
▸ Lei nº 12.016, de 7-8-2009 (Lei do Mandado de Segurança Individual e Coletivo).
▸ OJ da SBDI-II nº 156 do TST.

V – os conflitos de competência entre órgãos com jurisdição trabalhista, ressalvado o disposto no art. 102, I, *o*;

▸ Arts. 803 a 811 da CLT.
▸ Súm. nº 420 do TST.
▸ OJ da SBDI-II nº 149 do TST.

VI – as ações de indenização por dano moral ou patrimonial, decorrentes da relação de trabalho;

▸ Arts. 186, 927, 949 a 951 do CC.
▸ Art. 8º da CLT.
▸ Súmulas nºs 227, 362, 370, 376 e 387 do STJ.
▸ Súm. nº 392 do TST.

VII – as ações relativas às penalidades administrativas impostas aos empregadores pelos órgãos de fiscalização das relações de trabalho;

▸ OJ da SBDI-II nº 156 do TST.

VIII – a execução, de ofício, das contribuições sociais previstas no art. 195, I, *a*, e II, e seus acréscimos legais, decorrentes das sentenças que proferir;

▸ Súm. Vinc. nº 53 do STF.
▸ Súm. nº 368 do TST.
▸ Orientações Jurisprudenciais da SBDI-I nºs 363, 368, 398 e 400 do TST.

IX – outras controvérsias decorrentes da relação de trabalho, na forma da lei.

▸ Incisos I a IX acrescidos pela EC nº 45, de 8-12-2004.
▸ O STF, por maioria de votos, julgou procedente a ADIN nº 3.684 para dar interpretação conforme a CF ao art. 114, I, IV e IX, com a redação dada pela EC nº 45, de 8-12-2004, para afastar qualquer interpretação que entenda competir à Justiça do Trabalho processar e julgar ações penais, nos termos da medida cautelar anteriormente deferida pelo Plenário (*DOU* de 22-5-2020).
▸ Súm. nº 736 do STF.
▸ Súm. nº 389 do TST.

§ 1º Frustrada a negociação coletiva, as partes poderão eleger árbitros.

§ 2º Recusando-se qualquer das partes à negociação coletiva ou à arbitragem, é facultado às mesmas, de comum acordo, ajuizar dissídio coletivo de natureza econômica, podendo a Justiça do Trabalho decidir o conflito, respeitadas as disposições mínimas legais de proteção ao trabalho, bem como as convencionadas anteriormente.

§ 3º Em caso de greve em atividade essencial, com possibilidade de lesão do interesse público, o Ministério Público do Trabalho poderá ajuizar dissídio coletivo, competindo à Justiça do Trabalho decidir o conflito.

▸ §§ 2º e 3º com a redação dada pela EC nº 45, de 8-12-2004.
▸ Art. 9º, § 1º, desta Constituição.
▸ Lei nº 7.783, de 28-6-1989 (Lei de Greve).
▸ Súm. nº 190 do TST.

Art. 115. Os Tribunais Regionais do Trabalho compõem-se de, no mínimo, sete juízes, recrutados, quando possível, na respectiva região e nomeados pelo Presidente da República dentre brasileiros com mais de trinta e menos de setenta anos de idade, sendo:

▸ *Caput* com a redação dada pela EC nº 122, de 17-5-2022.
▸ Súm. nº 628 do STF.

I – um quinto dentre advogados com mais de dez anos de efetiva atividade profissional e membros do Ministério Público do Trabalho com mais de dez anos de efetivo exercício, observado o disposto no art. 94;

II – os demais, mediante promoção de juízes do trabalho por antiguidade e merecimento, alternadamente.

► Incisos I e II acrescidos pela EC nº 45, de 8-12-2004.

§ 1º Os Tribunais Regionais do Trabalho instalarão a justiça itinerante, com a realização de audiências e demais funções de atividade jurisdicional, nos limites territoriais da respectiva jurisdição, servindo-se de equipamentos públicos e comunitários.

§ 2º Os Tribunais Regionais do Trabalho poderão funcionar descentralizadamente, constituindo Câmaras regionais, a fim de assegurar o pleno acesso do jurisdicionado à justiça em todas as fases do processo.

► §§ 1º e 2º acrescidos pela EC nº 45, de 8-12-2004.

Art. 116. Nas Varas do Trabalho, a jurisdição será exercida por um juiz singular.

► *Caput* com a redação dada pela EC nº 24, de 9-12-1999.

Parágrafo único. *Revogado*. EC nº 24, de 9-12-1999.

Art. 117. *Revogado*. EC nº 24, de 9-12-1999.

Seção VI

DOS TRIBUNAIS E JUÍZES ELEITORAIS

► Arts. 12 a 41 do CE.

Art. 118. São órgãos da Justiça Eleitoral:

I – o Tribunal Superior Eleitoral;

II – os Tribunais Regionais Eleitorais;

III – os Juízes Eleitorais;

IV – as Juntas Eleitorais.

Art. 119. O Tribunal Superior Eleitoral compor-se-á, no mínimo, de sete membros, escolhidos:

I – mediante eleição, pelo voto secreto:

a) três juízes dentre os Ministros do Supremo Tribunal Federal;

b) dois juízes dentre os Ministros do Superior Tribunal de Justiça;

II – por nomeação do Presidente da República, dois juízes dentre seis advogados de notável saber jurídico e idoneidade moral, indicados pelo Supremo Tribunal Federal.

Parágrafo único. O Tribunal Superior Eleitoral elegerá seu Presidente e o Vice-Presidente dentre os Ministros do Supremo Tribunal Federal, e o Corregedor Eleitoral dentre os Ministros do Superior Tribunal de Justiça.

Art. 120. Haverá um Tribunal Regional Eleitoral na Capital de cada Estado e no Distrito Federal.

§ 1º Os Tribunais Regionais Eleitorais compor-se-ão:

I – mediante eleição, pelo voto secreto:

a) de dois juízes dentre os desembargadores do Tribunal de Justiça;

b) de dois juízes, dentre juízes de direito, escolhidos pelo Tribunal de Justiça;

II – de um juiz do Tribunal Regional Federal com sede na Capital do Estado ou no Distrito Federal, ou, não havendo, de juiz federal, escolhido, em qualquer caso, pelo Tribunal Regional Federal respectivo;

III – por nomeação, pelo Presidente da República, de dois juízes dentre seis advogados de notável saber jurídico e idoneidade moral, indicados pelo Tribunal de Justiça.

§ 2º O Tribunal Regional Eleitoral elegerá seu Presidente e o Vice-Presidente dentre os desembargadores.

Art. 121. Lei complementar disporá sobre a organização e competência dos Tribunais, dos juízes de direito e das juntas eleitorais.

► Arts. 22, 23, 29, 30, 34, 40 e 41 do CE.

► Súm. nº 368 do STJ.

§ 1º Os membros dos Tribunais, os juízes de direito e os integrantes das juntas eleitorais, no exercício de suas funções, e no que lhes for aplicável, gozarão de plenas garantias e serão inamovíveis.

§ 2º Os juízes dos Tribunais eleitorais, salvo motivo justificado, servirão por dois anos, no mínimo, e nunca por mais de dois biênios consecutivos, sendo os substitutos escolhidos na mesma ocasião e pelo mesmo processo, em número igual para cada categoria.

§ 3º São irrecorríveis as decisões do Tribunal Superior Eleitoral, salvo as que contrariarem esta Constituição e as denegatórias de *habeas corpus* ou mandado de segurança.

§ 4º Das decisões dos Tribunais Regionais Eleitorais somente caberá recurso quando:

I – forem proferidas contra disposição expressa desta Constituição ou de lei;

II – ocorrer divergência na interpretação de lei entre dois ou mais Tribunais eleitorais;

III – versarem sobre inelegibilidade ou expedição de diplomas nas eleições federais ou estaduais;

IV – anularem diplomas ou decretarem a perda de mandatos eletivos federais ou estaduais;

V – denegarem *habeas corpus*, mandado de segurança, *habeas data* ou mandado de injunção.

▸ Lei nº 13.300, de 23-6-2016 (Lei do Mandado de Injunção).

Seção VII

DOS TRIBUNAIS E JUÍZES MILITARES

Art. 122. São órgãos da Justiça Militar:

▸ Lei nº 8.457, de 4-9-1992, organiza a Justiça Militar da União e regula o funcionamento de seus Serviços Auxiliares.

▸ Art. 90-A da Lei nº 9.099, de 26-9-1995 (Lei dos Juizados Especiais).

I – o Superior Tribunal Militar;

II – os Tribunais e Juízes Militares instituídos por lei.

Art. 123. O Superior Tribunal Militar compor-se-á de quinze Ministros vitalícios, nomeados pelo Presidente da República, depois de aprovada a indicação pelo Senado Federal, sendo três dentre oficiais-generais da Marinha, quatro dentre oficiais-generais do Exército, três dentre oficiais-generais da Aeronáutica, todos da ativa e do posto mais elevado da carreira, e cinco dentre civis.

Parágrafo único. Os Ministros civis serão escolhidos pelo Presidente da República dentre brasileiros com mais de trinta e cinco e menos de setenta anos de idade, sendo:

▸ *Caput* do parágrafo único com a redação dada pela EC nº 122, de 17-5-2022.

I – três dentre advogados de notório saber jurídico e conduta ilibada, com mais de dez anos de efetiva atividade profissional;

II – dois, por escolha paritária, dentre juízes auditores e membros do Ministério Público da Justiça Militar.

Art. 124. À Justiça Militar compete processar e julgar os crimes militares definidos em lei.

▸ Dec.-lei nº 1.002, de 21-10-1969 (Código de Processo Penal Militar).

▸ Art. 90-A da Lei nº 9.099, de 26-9-1995 (Lei dos Juizados Especiais).

Parágrafo único. A lei disporá sobre a organização, o funcionamento e a competência da Justiça Militar.

▸ Lei nº 8.457, de 4-9-1992, organiza a Justiça Militar da União e regula o funcionamento de seus Serviços Auxiliares.

Seção VIII

DOS TRIBUNAIS E JUÍZES DOS ESTADOS

Art. 125. Os Estados organizarão sua Justiça, observados os princípios estabelecidos nesta Constituição.

▸ Art. 70 do ADCT.

▸ Súm. nº 721 do STF.

§ 1º A competência dos Tribunais será definida na Constituição do Estado, sendo a lei de organização judiciária de iniciativa do Tribunal de Justiça.

▸ Súmulas Vinculantes nºs 27 e 45 do STF.

▸ Súm. nº 721 do STF.

▸ Súm. nº 238 do STJ.

§ 2º Cabe aos Estados a instituição de representação de inconstitucionalidade de leis ou atos normativos estaduais ou municipais em face da Constituição Estadual, vedada a atribuição da legitimação para agir a um único órgão.

§ 3º A lei estadual poderá criar, mediante proposta do Tribunal de Justiça, a Justiça Militar estadual, constituída, em primeiro grau, pelos juízes de direito e pelos Conselhos de Justiça e, em segundo grau, pelo próprio Tribunal de Justiça, ou por Tribunal de Justiça Militar nos Estados em que o efetivo militar seja superior a vinte mil integrantes.

§ 4º Compete à Justiça Militar estadual processar e julgar os militares dos Estados, nos crimes militares definidos em lei e as ações judiciais contra atos disciplinares militares, ressalvada a competência do júri quando a vítima for civil, cabendo ao tribunal competente decidir sobre a perda do posto e da patente dos oficiais e da graduação das praças.

▸ §§ 3º e 4º com a redação dada pela EC nº 45, de 8-12-2004.

▸ Súm. nº 673 do STF.

▸ Súmulas nºs 6, 53 e 90 do STJ.

§ 5º Compete aos juízes de direito do juízo militar processar e julgar, singularmente, os crimes militares cometidos contra civis e as ações judiciais contra atos disciplinares militares, cabendo ao Conselho de Justiça, sob a presidência de juiz de direito, processar e julgar os demais crimes militares.

§ 6º O Tribunal de Justiça poderá funcionar descentralizadamente, constituindo Câmaras regionais, a fim de assegurar o pleno acesso do jurisdicionado à justiça em todas as fases do processo.

§ 7º O Tribunal de Justiça instalará a justiça itinerante, com a realização de audiências e demais funções da atividade jurisdicional, nos limites territoriais da respectiva jurisdição, servindo-se de equipamentos públicos e comunitários.

► §§ 5º a 7º acrescidos pela EC nº 45, de 8-12-2004.

Art. 126. Para dirimir conflitos fundiários, o Tribunal de Justiça proporá a criação de varas especializadas, com competência exclusiva para questões agrárias.

► *Caput* com a redação dada pela EC nº 45, de 8-12-2004.

Parágrafo único. Sempre que necessário à eficiente prestação jurisdicional, o juiz far-se-á presente no local do litígio.

Capítulo IV

DAS FUNÇÕES ESSENCIAIS À JUSTIÇA

Seção I

DO MINISTÉRIO PÚBLICO

► LC nº 75, de 20-5-1993 (Lei Orgânica do Ministério Público da União).

► Lei nº 8.625, de 12-2-1993 (Lei Orgânica Nacional do Ministério Público).

Art. 127. O Ministério Público é instituição permanente, essencial à função jurisdicional do Estado, incumbindo-lhe a defesa da ordem jurídica, do regime democrático e dos interesses sociais e individuais indisponíveis.

§ 1º São princípios institucionais do Ministério Público a unidade, a indivisibilidade e a independência funcional.

§ 2º Ao Ministério Público é assegurada autonomia funcional e administrativa, podendo, observado o disposto no artigo 169, propor ao Poder Legislativo a criação e extinção de seus cargos e serviços auxiliares, provendo-os por concurso público de provas ou de provas e títulos, a política remuneratória e os planos de carreira; a lei disporá sobre sua organização e funcionamento.

► § 2º com a redação dada pela EC nº 19, de 4-6-1998.

► Lei nº 12.770, de 28-12-2012, dispõe sobre o subsídio do Procurador-Geral da República.

§ 3º O Ministério Público elaborará sua proposta orçamentária dentro dos limites estabelecidos na lei de diretrizes orçamentárias.

► Art. 107, § 2º, do ADCT.

§ 4º Se o Ministério Público não encaminhar a respectiva proposta orçamentária dentro do prazo estabelecido na lei de diretrizes orçamentárias, o Poder Executivo considerará, para fins de consolidação da proposta orçamentária anual, os valores aprovados na lei orçamentária vigente, ajustados de acordo com os limites estipulados na forma do § 3º.

§ 5º Se a proposta orçamentária de que trata este artigo for encaminhada em desacordo com os limites estipulados na forma do § 3º, o Poder Executivo procederá aos ajustes necessários para fins de consolidação da proposta orçamentária anual.

§ 6º Durante a execução orçamentária do exercício, não poderá haver a realização de despesas ou a assunção de obrigações que extrapolem os limites estabelecidos na lei de diretrizes orçamentárias, exceto se previamente autorizadas, mediante a abertura de créditos suplementares ou especiais.

► §§ 4º a 6º acrescidos pela EC nº 45, de 8-12-2004.

Art. 128. O Ministério Público abrange:

► LC nº 75, de 20-5-1993 (Lei Orgânica do Ministério Público da União).

I – o Ministério Público da União, que compreende:

a) o Ministério Público Federal;

b) o Ministério Público do Trabalho;

c) o Ministério Público Militar;

d) o Ministério Público do Distrito Federal e Territórios;

II – os Ministérios Públicos dos Estados.

§ 1º O Ministério Público da União tem por chefe o Procurador-Geral da República, nomeado pelo Presidente da República dentre integrantes da carreira, maiores de trinta e cinco anos, após a aprovação de seu nome pela maioria absoluta dos membros do Senado Federal, para mandato de dois anos, permitida a recondução.

§ 2º A destituição do Procurador-Geral da República, por iniciativa do Presidente da República, deverá ser precedida de autorização da maioria absoluta do Senado Federal.

§ 3º Os Ministérios Públicos dos Estados e o do Distrito Federal e Territórios formarão lista tríplice dentre integrantes da carreira, na forma da lei respectiva, para escolha de seu Procurador-Geral, que será nomeado pelo Chefe do Poder Executivo, para mandato de dois anos, permitida uma recondução.

§ 4º Os Procuradores-Gerais nos Estados e no Distrito Federal e Territórios poderão ser destituídos por deliberação da maioria absoluta do Poder Legislativo, na forma da lei complementar respectiva.

§ 5º Leis complementares da União e dos Estados, cuja iniciativa é facultada aos respectivos Procuradores-Gerais, estabelecerão a organização, as atribuições e o estatuto de cada Ministério Público, observadas, relativamente a seus membros:

I – as seguintes garantias:

a) vitaliciedade, após dois anos de exercício, não podendo perder o cargo senão por sentença judicial transitada em julgado;

b) inamovibilidade, salvo por motivo de interesse público, mediante decisão do órgão colegiado competente do Ministério Público, pelo voto da maioria absoluta de seus membros, assegurada ampla defesa;

▸ Alínea *b* com a redação dada pela EC nº 45, de 8-12-2004.

c) irredutibilidade de subsídio, fixado na forma do artigo 39, § 4º, e ressalvado o disposto nos artigos 37, X e XI, 150, II, 153, III, 153, § 2º, I;

▸ Alínea *c* com a redação dada pela EC nº 19, de 4-6-1998.

▸ Lei nº 12.770, de 28-12-2012, dispõe sobre o subsídio do Procurador-Geral da República.

II – as seguintes vedações:

a) receber, a qualquer título e sob qualquer pretexto, honorários, percentagens ou custas processuais;

b) exercer a advocacia;

c) participar de sociedade comercial, na forma da lei;

d) exercer, ainda que em disponibilidade, qualquer outra função pública, salvo uma de magistério;

e) exercer atividade político-partidária;

▸ Alínea e com a redação dada pela EC nº 45, de 8-12-2004.

f) receber, a qualquer título ou pretexto, auxílios ou contribuições de pessoas físicas, entidades públicas ou privadas, ressalvadas as exceções previstas em lei.

▸ Alínea *f* acrescida pela EC nº 45, de 8-12-2004.

§ 6º Aplica-se aos membros do Ministério Público o disposto no art. 95, parágrafo único, V.

▸ § 6º acrescido pela EC nº 45, de 8-12-2004.

Art. 129. São funções institucionais do Ministério Público:

I – promover, privativamente, a ação penal pública, na forma da lei;

▸ Art. 100, § 1º, do CP.

▸ Art. 24 do CPP.

▸ Lei nº 8.625, de 12-2-1993 (Lei Orgânica Nacional do Ministério Público).

▸ Súm. nº 234 do STJ.

II – zelar pelo efetivo respeito dos Poderes Públicos e dos serviços de relevância pública aos direitos assegurados nesta Constituição, promovendo as medidas necessárias a sua garantia;

III – promover o inquérito civil e a ação civil pública, para a proteção do patrimônio público e social, do meio ambiente e de outros interesses difusos e coletivos;

▸ Lei nº 7.347, de 24-7-1985 (Lei da Ação Civil Pública).

▸ Súm. nº 643 do STF.

▸ Súm. nº 329 do STJ.

IV – promover a ação de inconstitucionalidade ou representação para fins de intervenção da União e dos Estados, nos casos previstos nesta Constituição;

▸ Arts. 34 a 36 desta Constituição.

V – defender judicialmente os direitos e interesses das populações indígenas;

▸ Art. 231 desta Constituição.

VI – expedir notificações nos procedimentos administrativos de sua competência, requisitando informações e documentos para instruí-los, na forma da lei complementar respectiva;

▸ Súm. nº 234 do STJ.

VII – exercer o controle externo da atividade policial, na forma da lei complementar mencionada no artigo anterior;

▸ LC nº 75, de 20-5-1993 (Lei Orgânica do Ministério Público da União).

VIII – requisitar diligências investigatórias e a instauração de inquérito policial, indicados os fundamentos jurídicos de suas manifestações processuais;

IX – exercer outras funções que lhe forem conferidas, desde que compatíveis com sua finalidade, sendo-lhe vedada a representação judicial e a consultoria jurídica de entidades públicas.

§ 1º A legitimação do Ministério Público para as ações civis previstas neste artigo não impede a de terceiros, nas mesmas hipóteses, segundo o disposto nesta Constituição e na lei.

▸ Lei nº 7.347, de 24-7-1985 (Lei da Ação Civil Pública).

§ 2º As funções do Ministério Público só podem ser exercidas por integrantes da carreira, que deverão residir na comarca da respectiva lotação, salvo autorização do chefe da instituição.

§ 3º O ingresso na carreira do Ministério Público far-se-á mediante concurso público de provas e títulos, assegurada a participação da Ordem dos Advogados do Brasil em sua realização, exigindo-se do bacharel em direito, no mínimo, três anos de atividade jurídica e observando-se, nas nomeações, a ordem de classificação.

§ 4º Aplica-se ao Ministério Público, no que couber, o disposto no art. 93.

▸ §§ 2º a 4º com a redação dada pela EC nº 45, de 8-12-2004.

§ 5º A distribuição de processos no Ministério Público será imediata.

▸ § 5º acrescido pela EC nº 45, de 8-12-2004.

Art. 130. Aos membros do Ministério Público junto aos Tribunais de Contas aplicam-se as disposições desta seção pertinentes a direitos, vedações e forma de investidura.

Art. 130-A. O Conselho Nacional do Ministério Público compõe-se de quatorze membros nomeados pelo Presidente da República, depois de aprovada a escolha pela maioria absoluta do Senado Federal, para um mandato de dois anos, admitida uma recondução, sendo:

▸ *Caput* do art. 130-A acrescido pela EC nº 45, de 8-12-2004.

▸ Art. 5º da EC nº 45, de 8-12-2004 (Reforma do Judiciário).

I – o Procurador-Geral da República, que o preside;

II – quatro membros do Ministério Público da União, assegurada a representação de cada uma de suas carreiras;

III – três membros do Ministério Público dos Estados;

IV – dois juízes, indicados um pelo Supremo Tribunal Federal e outro pelo Superior Tribunal de Justiça;

V – dois advogados, indicados pelo Conselho Federal da Ordem dos Advogados do Brasil;

VI – dois cidadãos de notável saber jurídico e reputação ilibada, indicados um pela Câmara dos Deputados e outro pelo Senado Federal.

▸ Incisos I a VI acrescidos pela EC nº 45, de 8-12-2004.

§ 1º Os membros do Conselho oriundos do Ministério Público serão indicados pelos respectivos Ministérios Públicos, na forma da lei.

▸ § 1º acrescido pela EC nº 45, de 8-12-2004.

▸ Lei nº 11.372, de 28-11-2006, regulamenta este parágrafo.

§ 2º Compete ao Conselho Nacional do Ministério Público o controle da atuação administrativa e financeira do Ministério Público e do cumprimento dos deveres funcionais de seus membros, cabendo-lhe:

▸ *Caput* do § 2º acrescido pela EC nº 45, de 8-12-2004.

I – zelar pela autonomia funcional e administrativa do Ministério Público, podendo expedir atos regulamentares, no âmbito de sua competência, ou recomendar providências;

II – zelar pela observância do art. 37 e apreciar, de ofício ou mediante provocação, a legalidade dos atos administrativos praticados por membros ou órgãos do Ministério Público da União e dos Estados, podendo desconstituí-los, revê-los ou fixar prazo para que se adotem as providências necessárias ao exato cumprimento da lei, sem prejuízo da competência dos Tribunais de Contas;

▸ Incisos I e II acrescidos pela EC nº 45, de 8-12-2004.

III – receber e conhecer das reclamações contra membros ou órgãos do Ministério Público da União ou dos Estados, inclusive contra seus serviços auxiliares, sem prejuízo da competência disciplinar e correicional da instituição, podendo avocar processos disciplinares em curso, determinar a remoção ou a disponibilidade e aplicar outras sanções administrativas, assegurada ampla defesa;

▶ Inciso III com a redação dada pela EC nº 103, de 12-11-2019.

IV – rever, de ofício ou mediante provocação, os processos disciplinares de membros do Ministério Público da União ou dos Estados julgados há menos de um ano;

V – elaborar relatório anual, propondo as providências que julgar necessárias sobre a situação do Ministério Público no País e as atividades do Conselho, o qual deve integrar a mensagem prevista no art. 84, XI.

▶ Incisos IV e V acrescidos pela EC nº 45, de 8-12-2004.

§ 3º O Conselho escolherá, em votação secreta, um Corregedor nacional, dentre os membros do Ministério Público que o integram, vedada a recondução, competindo-lhe, além das atribuições que lhe forem conferidas pela lei, as seguintes:

I – receber reclamações e denúncias, de qualquer interessado, relativas aos membros do Ministério Público e dos seus serviços auxiliares;

II – exercer funções executivas do Conselho, de inspeção e correição geral;

III – requisitar e designar membros do Ministério Público, delegando-lhes atribuições, e requisitar servidores de órgãos do Ministério Público.

§ 4º O Presidente do Conselho Federal da Ordem dos Advogados do Brasil oficiará junto ao Conselho.

§ 5º Leis da União e dos Estados criarão ouvidorias do Ministério Público, competentes para receber reclamações e denúncias de qualquer interessado contra membros ou órgãos do Ministério Público, inclusive contra seus serviços auxiliares, representando diretamente ao Conselho Nacional do Ministério Público.

▶ §§ 3º a 5º acrescidos pela EC nº 45, de 8-12-2004.

Seção II

DA ADVOCACIA PÚBLICA

▶ Denominação da Seção dada pela EC nº 19, de 4-6-1998.

▶ LC nº 73, de 10-2-1993 (Lei Orgânica da Advocacia-Geral da União).

▶ Lei nº 9.028, de 12-4-1995, dispõe sobre o exercício das atribuições institucionais da Advocacia-Geral da União, em caráter emergencial e provisório.

▶ Dec. nº 767, de 5-3-1993, dispõe sobre as atividades de controle interno da Advocacia-Geral da União.

Art. 131. A Advocacia-Geral da União é a instituição que, diretamente ou através de órgão vinculado, representa a União, judicial e extrajudicialmente, cabendo-lhe, nos termos da lei complementar que dispuser sobre sua organização e funcionamento, as atividades de consultoria e assessoramento jurídico do Poder Executivo.

▶ LC nº 73, de 10-2-1993 (Lei Orgânica da Advocacia-Geral da União).

▶ Lei nº 9.028, de 12-4-1995, dispõe sobre o exercício das atribuições institucionais da Advocacia-Geral da União, em caráter emergencial e provisório.

▶ Dec. nº 767, de 5-3-1993, dispõe sobre as atividades de controle interno da Advocacia-Geral da União.

▶ Súm. nº 644 do STF.

§ 1º A Advocacia-Geral da União tem por chefe o Advogado-Geral da União, de livre nomeação pelo Presidente da República dentre cidadãos maiores de trinta e cinco anos, de notável saber jurídico e reputação ilibada.

§ 2º O ingresso nas classes iniciais das carreiras da instituição de que trata este artigo far-se-á mediante concurso público de provas e títulos.

§ 3º Na execução da dívida ativa de natureza tributária, a representação da União cabe à Procuradoria-Geral da Fazenda Nacional, observado o disposto em lei.

▶ Súm. nº 139 do STJ.

Art. 132. Os Procuradores dos Estados e do Distrito Federal, organizados em carreira, na qual o ingresso dependerá de concurso público de provas e títulos, com a participação da Ordem dos Advogados do Brasil em todas as suas fases, exercerão a representação judicial e a consultoria jurídica das respectivas unidades federadas.

Parágrafo único. Aos procuradores referidos neste artigo é assegurada estabilidade após três anos de efetivo exercício, mediante avaliação de desempenho perante os órgãos próprios, após relatório circunstanciado das corregedorias.

▶ Art. 132 com a redação dada pela EC nº 19, de 4-6-1998.

Seção III

DA ADVOCACIA

▶ Denominação da Seção dada pela EC nº 80, de 4-6-2014.

Art. 133. O advogado é indispensável à administração da justiça, sendo inviolável por seus atos e manifestações no exercício da profissão, nos limites da lei.

- Art. 103 do CPC/2015.
- Art. 791 da CLT.
- Lei nº 8.906, de 4-7-1994 (Estatuto da Advocacia e da OAB).
- Súm. Vinc. nº 14 do STF.
- Súm. nº 219, 329 e 425 do TST.
- O STF, ao julgar a ADIN nº 1.194, deu interpretação conforme à Constituição ao art. 21 e parágrafo único da Lei nº 8.906, de 4-7-1994 (Estatuto da OAB), no sentido da preservação da liberdade contratual quanto à destinação dos honorários de sucumbência fixados judicialmente.

Seção IV

DA DEFENSORIA PÚBLICA

- Denominação da Seção dada pela EC nº 80, de 4-6-2014.

Art. 134. A Defensoria Pública é instituição permanente, essencial à função jurisdicional do Estado, incumbindo-lhe, como expressão e instrumento do regime democrático, fundamentalmente, a orientação jurídica, a promoção dos direitos humanos e a defesa, em todos os graus, judicial e extrajudicial, dos direitos individuais e coletivos, de forma integral e gratuita, aos necessitados, na forma do inciso LXXIV do art. 5º desta Constituição Federal.

- *Caput* com a redação dada pela EC nº 80, de 4-6-2014.
- Art. 98 do ADCT.
- Art. 104 do CPC/2015.
- LC nº 80, de 12-1-1994 (Lei da Defensoria Pública).
- Súm. Vinc. nº 14 do STF.

§ 1º Lei complementar organizará a Defensoria Pública da União e do Distrito Federal e dos Territórios e prescreverá normas gerais para sua organização nos Estados, em cargos de carreira, providos, na classe inicial, mediante concurso público de provas e títulos, assegurada a seus integrantes a garantia da inamovibilidade e vedado o exercício da advocacia fora das atribuições institucionais.

- Parágrafo único transformado em § 1º pela EC nº 45, de 8-12-2004.
- Súm. nº 421 do STJ.

§ 2º Às Defensorias Públicas Estaduais é assegurada autonomia funcional e administrativa, e a iniciativa de sua proposta orçamentária dentro dos limites estabelecidos na lei de diretrizes orçamentárias e subordinação ao disposto no art. 99, § 2º.

- § 2º acrescido pela EC nº 45, de 8-12-2004.

§ 3º Aplica-se o disposto no § 2º às Defensorias Públicas da União e do Distrito Federal.

- § 3º acrescido pela EC nº 74, de 6-8-2013.
- Art. 107, § 2º, do ADCT.

§ 4º São princípios institucionais da Defensoria Pública a unidade, a indivisibilidade e a independência funcional, aplicando-se também, no que couber, o disposto no art. 93 e no inciso II do art. 96 desta Constituição Federal.

- § 4º acrescido pela EC nº 80, de 4-6-2014.

Art. 135. Os servidores integrantes das carreiras disciplinadas nas Seções II e III deste Capítulo serão remunerados na forma do artigo 39, § 4º.

- Artigo com a redação dada pela EC nº 19, de 4-6-1998.
- Art. 132 desta Constituição.

TÍTULO V – DA DEFESA DO ESTADO E DAS INSTITUIÇÕES DEMOCRÁTICAS

Capítulo I

DO ESTADO DE DEFESA E DO ESTADO DE SÍTIO

Seção I

DO ESTADO DE DEFESA

Art. 136. O Presidente da República pode, ouvidos o Conselho da República e o Conselho de Defesa Nacional, decretar estado de defesa para preservar ou prontamente restabelecer, em locais restritos e determinados, a ordem pública ou a paz social ameaçadas por grave e iminente instabilidade institucional ou atingidas por calamidades de grandes proporções na natureza.

- Arts. 89 a 91 desta Constituição.
- Lei nº 8.041, de 5-6-1990, dispõe sobre a organização e o funcionamento do Conselho da República.
- Lei nº 8.183, de 11-4-1991, dispõe sobre a organização e o funcionamento do Conselho de Defesa Nacional.
- Dec. nº 893, de 12-8-1993, aprova o regulamento do Conselho de Defesa Nacional.

§ 1º O decreto que instituir o estado de defesa determinará o tempo de sua duração, especificará as áreas a serem abrangidas e indicará, nos termos e limites da lei, as medidas coercitivas a vigorarem, dentre as seguintes:

I – restrições aos direitos de:

a) reunião, ainda que exercida no seio das associações;

b) sigilo de correspondência;

c) sigilo de comunicação telegráfica e telefônica;

II – ocupação e uso temporário de bens e serviços públicos, na hipótese de calamidade pública, respondendo a União pelos danos e custos decorrentes.

§ 2º O tempo de duração do estado de defesa não será superior a trinta dias, podendo ser prorrogado uma vez, por igual período, se persistirem as razões que justificaram a sua decretação.

§ 3º Na vigência do estado de defesa:

I – a prisão por crime contra o Estado, determinada pelo executor da medida, será por este comunicada imediatamente ao juiz competente, que a relaxará, se não for legal, facultado ao preso requerer exame de corpo de delito à autoridade policial;

II – a comunicação será acompanhada de declaração, pela autoridade, do estado físico e mental do detido no momento de sua autuação;

III – a prisão ou detenção de qualquer pessoa não poderá ser superior a dez dias, salvo quando autorizada pelo Poder Judiciário;

IV – é vedada a incomunicabilidade do preso.

§ 4º Decretado o estado de defesa ou sua prorrogação, o Presidente da República, dentro de vinte e quatro horas, submeterá o ato com a respectiva justificação ao Congresso Nacional, que decidirá por maioria absoluta.

§ 5º Se o Congresso Nacional estiver em recesso, será convocado, extraordinariamente, no prazo de cinco dias.

§ 6º O Congresso Nacional apreciará o decreto dentro de dez dias contados de seu recebimento, devendo continuar funcionando enquanto vigorar o estado de defesa.

§ 7º Rejeitado o decreto, cessa imediatamente o estado de defesa.

Seção II

DO ESTADO DE SÍTIO

Art. 137. O Presidente da República pode, ouvidos o Conselho da República e o Conselho de Defesa Nacional, solicitar ao Congresso Nacional autorização para decretar o estado de sítio nos casos de:

I – comoção grave de repercussão nacional ou ocorrência de fatos que comprovem a ineficácia de medida tomada durante o estado de defesa;

II – declaração de estado de guerra ou resposta a agressão armada estrangeira.

Parágrafo único. O Presidente da República, ao solicitar autorização para decretar o estado de sítio ou sua prorrogação, relatará os motivos determinantes do pedido, devendo o Congresso Nacional decidir por maioria absoluta.

Art. 138. O decreto do estado de sítio indicará sua duração, as normas necessárias a sua execução e as garantias constitucionais que ficarão suspensas, e, depois de publicado, o Presidente da República designará o executor das medidas específicas e as áreas abrangidas.

§ 1º O estado de sítio, no caso do artigo 137, I, não poderá ser decretado por mais de trinta dias, nem prorrogado, de cada vez, por prazo superior; no do inciso II, poderá ser decretado por todo o tempo que perdurar a guerra ou a agressão armada estrangeira.

§ 2º Solicitada autorização para decretar o estado de sítio durante o recesso parlamentar, o Presidente do Senado Federal, de imediato, convocará extraordinariamente o Congresso Nacional para se reunir dentro de cinco dias, a fim de apreciar o ato.

§ 3º O Congresso Nacional permanecerá em funcionamento até o término das medidas coercitivas.

Art. 139. Na vigência do estado de sítio decretado com fundamento no artigo 137, I, só poderão ser tomadas contra as pessoas as seguintes medidas:

I – obrigação de permanência em localidade determinada;

II – detenção em edifício não destinado a acusados ou condenados por crimes comuns;

III – restrições relativas à inviolabilidade da correspondência, ao sigilo das comunicações, à prestação de informações e à liberdade de imprensa, radiodifusão e televisão, na forma da lei;

▸ Lei nº 9.296, de 24-7-1996 (Lei das Interceptações Telefônicas).

IV – suspensão da liberdade de reunião;

▸ Lei nº 9.296, de 24-7-1996 (Lei das Interceptações Telefônicas).

V – busca e apreensão em domicílio;

VI – intervenção nas empresas de serviços públicos;

VII – requisição de bens.

Parágrafo único. Não se inclui nas restrições do inciso III a difusão de pronunciamentos de parlamentares efetuados em suas Casas Legislativas, desde que liberada pela respectiva Mesa.

Seção III

DISPOSIÇÕES GERAIS

Art. 140. A Mesa do Congresso Nacional, ouvidos os líderes partidários, designará Comissão composta de cinco de seus membros para acompanhar e fiscalizar a execução das medidas referentes ao estado de defesa e ao estado de sítio.

Art. 141. Cessado o estado de defesa ou o estado de sítio, cessarão também seus efeitos, sem prejuízo da responsabilidade pelos ilícitos cometidos por seus executores ou agentes.

Parágrafo único. Logo que cesse o estado de defesa ou o estado de sítio, as medidas aplicadas em sua vigência serão relatadas pelo Presidente da República, em mensagem ao Congresso Nacional, com especificação e justificação das providências adotadas, com relação nominal dos atingidos, e indicação das restrições aplicadas.

Capítulo II

DAS FORÇAS ARMADAS

- Dec. nº 3.897, de 24-8-2001, fixa as diretrizes para o emprego das Forças Armadas na garantia da Lei e da Ordem.

Art. 142. As Forças Armadas, constituídas pela Marinha, pelo Exército e pela Aeronáutica, são instituições nacionais permanentes e regulares, organizadas com base na hierarquia e na disciplina, sob a autoridade suprema do Presidente da República, e destinam-se à defesa da Pátria, à garantia dos poderes constitucionais e, por iniciativa de qualquer destes, da lei e da ordem.

- Art. 37, X, desta Constituição.
- Art. 14-A, § 6º, do CPP.
- LC nº 69, de 23-7-1991, dispõe sobre a organização e emprego das Forças Armadas.
- Lei nº 8.071, de 17-7-1990, dispõe sobre os efetivos do Exército em tempo de paz.

§ 1º Lei complementar estabelecerá as normas gerais a serem adotadas na organização, no preparo e no emprego das Forças Armadas.

- LC nº 97, de 9-6-1999, dispõe sobre as normas gerais para a organização, o preparo e o emprego das Forças Armadas.

§ 2º Não caberá *habeas corpus* em relação a punições disciplinares militares.

- Art. 42, § 1º, desta Constituição.
- Dec.-lei nº 1.001, de 21-10-1969 (Código Penal Militar).
- Dec. nº 76.322, de 22-9-1975 (Regulamento Disciplinar da Aeronáutica).
- Dec. nº 88.545, de 26-7-1983 (Regulamento Disciplinar para a Marinha).
- Dec. nº 4.346, de 26-8-2002 (Regulamento Disciplinar do Exército).

§ 3º Os membros das Forças Armadas são denominados militares, aplicando-se-lhes, além das que vierem a ser fixadas em lei, as seguintes disposições:

- § 3º acrescido pela EC nº 18, de 5-2-1998.
- Art. 42, § 1º, desta Constituição.
- Lei nº 9.786, de 8-2-1999, dispõe sobre o ensino do Exército Brasileiro.
- Dec. nº 3.182, de 23-9-1999, regulamenta a Lei nº 9.786, de 8-2-1999, que dispõe sobre o ensino do Exército Brasileiro.

I – as patentes, com prerrogativas, direitos e deveres a elas inerentes, são conferidas pelo Presidente da República e asseguradas em plenitude aos oficiais da ativa, da reserva ou reformados, sendo-lhes privativos os títulos e postos militares e, juntamente com os demais membros, o uso dos uniformes das Forças Armadas;

- Inciso I acrescido pela EC nº 18, de 5-2-1998.

II – o militar em atividade que tomar posse em cargo ou emprego público civil permanente, ressalvada a hipótese prevista no art. 37, inciso XVI, alínea *c*, será transferido para a reserva, nos termos da lei;

III – o militar da ativa que, de acordo com a lei, tomar posse em cargo, emprego ou função pública civil temporária, não eletiva, ainda que da administração indireta, ressalvada a hipótese prevista no art. 37, inciso XVI, alínea *c*, ficará agregado ao respectivo quadro e somente poderá, enquanto permanecer nessa situação, ser promovido por antiguidade, contando-se-lhe o tempo de serviço apenas para aquela promoção e transferência para a reserva, sendo depois de dois anos de afastamento, contínuos ou não, transferido para a reserva, nos termos da lei;

▸ Incisos II e III com a redação dada pela EC nº 77, de 11-2-2014.

IV – ao militar são proibidas a sindicalização e a greve;

V – o militar, enquanto em serviço ativo, não pode estar filiado a partidos políticos;

VI – o oficial só perderá o posto e a patente se for julgado indigno do oficialato ou com ele incompatível, por decisão de Tribunal militar de caráter permanente, em tempo de paz, ou de Tribunal especial, em tempo de guerra;

VII – o oficial condenado na justiça comum ou militar a pena privativa de liberdade superior a dois anos, por sentença transitada em julgado, será submetido ao julgamento previsto no inciso anterior;

▸ Incisos IV a VII acrescidos pela EC nº 18, de 5-2-1998.

VIII – aplica-se aos militares o disposto no art. 7º, incisos VIII, XII, XVII, XVIII, XIX e XXV, e no art. 37, incisos XI, XIII, XIV e XV, bem como, na forma da lei e com prevalência da atividade militar, no art. 37, inciso XVI, alínea c;

▸ Inciso VIII com a redação dada pela EC nº 77, de 11-2-2014.

▸ Súm. Vinc. nº 6 do STF.

IX – *Revogado*. EC nº 41, de 19-12-2003;

X – a lei disporá sobre o ingresso nas Forças Armadas, os limites de idade, a estabilidade e outras condições de transferência do militar para a inatividade, os direitos, os deveres, a remuneração, as prerrogativas e outras situações especiais dos militares, consideradas as peculiaridades de suas atividades, inclusive aquelas cumpridas por força de compromissos internacionais e de guerra.

▸ Inciso X acrescido pela EC nº 18, de 5-2-1998.

▸ Arts. 40, § 20, e 42, § 1º, desta Constituição.

▸ Súm. Vinc. nº 4 do STF.

Art. 143. O serviço militar é obrigatório nos termos da lei.

▸ Lei nº 4.375, de 17-8-1964 (Lei do Serviço Militar), regulamentada pelo Dec. nº 57.654, de 20-1-1966.

§ 1º Às Forças Armadas compete, na forma da lei, atribuir serviço alternativo aos que, em tempo de paz, após alistados, alegarem imperativo de consciência, entendendo-se como tal o decorrente de crença religiosa e de convicção filosófica ou política, para se eximirem de atividades de caráter essencialmente militar.

▸ Art. 5º, VIII, desta Constituição.

§ 2º As mulheres e os eclesiásticos ficam isentos do serviço militar obrigatório em tempo de paz, sujeitos, porém, a outros encargos que a lei lhes atribuir.

▸ Lei nº 8.239, de 4-10-1991, regulamenta os §§ 1º e 2º deste artigo.

▸ Súm. Vinc. nº 6 do STF.

Capítulo III

DA SEGURANÇA PÚBLICA

▸ Dec. nº 5.289, de 29-11-2004, disciplina a organização e o funcionamento da administração pública federal, para o desenvolvimento do programa de cooperação federativa denominado Força Nacional de Segurança Pública.

Art. 144. A segurança pública, dever do Estado, direito e responsabilidade de todos, é exercida para a preservação da ordem pública e da incolumidade das pessoas e do patrimônio, através dos seguintes órgãos:

▸ Arts. 14-A e 133-A do CPP.

▸ Dec. nº 4.332, de 12-8-2002, estabelece normas para o planejamento, a coordenação e a execução de medidas de segurança a serem implementadas durante as viagens presidenciais em território nacional, ou em eventos na capital federal.

I – polícia federal;

II – polícia rodoviária federal;

▸ Dec. nº 1.655, de 3-10-1995, define a competência da Polícia Rodoviária Federal.

III – polícia ferroviária federal;

IV – polícias civis;

V – polícias militares e corpos de bombeiros militares;

VI – polícias penais federal, estaduais e distrital.

▸ Inciso VI acrescido pela EC nº 104, de 4-12-2019.

§ 1º A polícia federal, instituída por lei como órgão permanente, organizado e mantido pela União e estruturado em carreira, destina-se a:

▸ § 1º com a redação dada pela EC nº 19, de 4-6-1998.

I – apurar infrações penais contra a ordem política e social ou em detrimento de bens, serviços e interesses da União ou de suas entidades autárquicas e empresas públicas, assim como outras infrações cuja prática tenha repercussão interestadual ou internacional e exija repressão uniforme, segundo se dispuser em lei;

- ▶ Lei nº 8.137, de 27-12-1990 (Lei dos Crimes contra a Ordem Tributária, Econômica e contra as Relações de Consumo).
- ▶ Lei nº 10.446, de 8-5-2002, dispõe sobre infrações penais de repercussão interestadual ou internacional que exigem repressão uniforme, para os fins de aplicação do disposto neste inciso.

II – prevenir e reprimir o tráfico ilícito de entorpecentes e drogas afins, o contrabando e o descaminho, sem prejuízo da ação fazendária e de outros órgãos públicos nas respectivas áreas de competência;

- ▶ Lei nº 11.343, de 23-8-2006 (Lei Antidrogas).
- ▶ Dec. nº 2.781, de 14-9-1998, institui o Programa Nacional de Combate ao Contrabando e o Descaminho.

III – exercer as funções de polícia marítima, aeroportuária e de fronteiras;

- ▶ Inciso III com a redação dada pela EC nº 19, de 4-6-1998.
- ▶ Súm. Vinc. nº 36 do STF.

IV – exercer, com exclusividade, as funções de polícia judiciária da União.

§ 2º A polícia rodoviária federal, órgão permanente, organizado e mantido pela União e estruturado em carreira, destina-se, na forma da lei, ao patrulhamento ostensivo das rodovias federais.

- ▶ Lei nº 9.654, de 2-3-1998, cria a carreira de Policial Rodoviário Federal.

§ 3º A polícia ferroviária federal, órgão permanente, organizado e mantido pela União e estruturado em carreira, destina-se, na forma da lei, ao patrulhamento ostensivo das ferrovias federais.

- ▶ §§ 2º e 3º com a redação dada pela EC nº 19, de 4-6-1998.

§ 4º Às polícias civis, dirigidas por delegados de polícia de carreira, incumbem, ressalvada a competência da União, as funções de polícia judiciária e a apuração de infrações penais, exceto as Militares.

- ▶ Art. 9º do CPM.
- ▶ Art. 7º do CPPM.

§ 5º Às polícias militares cabem a polícia ostensiva e a preservação da ordem pública; aos corpos de bombeiros militares, além das atribuições definidas em lei, incumbe a execução de atividades de defesa civil.

- ▶ Dec.-lei nº 667, de 2-7-1969, reorganiza as Polícias Militares e os Corpos de Bombeiros Militares dos Estados, dos Território e do Distrito Federal.

§ 5º-A. Às polícias penais, vinculadas ao órgão administrador do sistema penal da unidade federativa a que pertencem, cabe a segurança dos estabelecimentos penais.

- ▶ § 5º-A acrescido pela EC nº 104, de 4-12-2019.

§ 6º As polícias militares e os corpos de bombeiros militares, forças auxiliares e reserva do Exército subordinam-se, juntamente com as polícias civis e as polícias penais estaduais e distrital, aos Governadores dos Estados, do Distrito Federal e dos Territórios.

- ▶ § 6º com a redação dada pela EC nº 104, de 4-12-2019.

§ 7º A lei disciplinará a organização e o funcionamento dos órgãos responsáveis pela segurança pública, de maneira a garantir a eficiência de suas atividades.

- ▶ Lei nº 12.681, de 4-7-2012, institui o Sistema Nacional de Informações de Segurança Pública, Prisionais e sobre Drogas – SINESP.
- ▶ Lei nº 13.675, de 11-6-2018 (Lei do SUSP).
- ▶ Dec. nº 9.489, de 30-8-2018, regulamenta a Lei nº 13.675, de 11-6-2018 (Lei do SUSP).

§ 8º Os Municípios poderão constituir guardas municipais destinadas à proteção de seus bens, serviços e instalações, conforme dispuser a lei.

- ▶ Lei nº 13.022, de 8-8-2014, dispõe sobre o Estatuto Geral das Guardas Municipais.

§ 9º A remuneração dos servidores policiais integrantes dos órgãos relacionados neste artigo será fixada na forma do § 4º do artigo 39.

- ▶ § 9º acrescido pela EC nº 19, de 4-6-1998.

§ 10. A segurança viária, exercida para a preservação da ordem pública e da incolumidade das pessoas e do seu patrimônio nas vias públicas:

I – compreende a educação, engenharia e fiscalização de trânsito, além de outras atividades previstas em lei, que assegurem ao cidadão o direito à mobilidade urbana eficiente; e

II – compete, no âmbito dos Estados, do Distrito Federal e dos Municípios, aos respectivos órgãos ou entidades executivos e seus agentes de trânsito, estruturados em Carreira, na forma da lei.

- ▶ § 10 acrescido pela EC nº 82, de 16-7-2014.

TÍTULO VI – DA TRIBUTAÇÃO E DO ORÇAMENTO

- ► Lei nº 5.172, de 25-10-1966 (Código Tributário Nacional).

CAPÍTULO I

DO SISTEMA TRIBUTÁRIO NACIONAL

- ► Lei nº 8.137, de 27-12-1990 (Lei de Crimes contra a Ordem Tributária, Econômica e contra as Relações de Consumo).
- ► Lei nº 8.176, de 8-2-1991, define crimes contra a ordem econômica e cria o sistema de estoque de combustíveis.
- ► Dec. nº 2.730, de 10-8-1998, dispõe sobre o encaminhamento ao Ministério Público da representação fiscal para os crimes contra a ordem tributária.

SEÇÃO I

DOS PRINCÍPIOS GERAIS

Art. 145. A União, os Estados, o Distrito Federal e os Municípios poderão instituir os seguintes tributos:

- ► Arts. 1º a 5º do CTN.
- ► Súm. nº 667 do STF.

I – impostos;

- ► Arts. 16 a 76 do CTN.

II – taxas, em razão do exercício do poder de polícia ou pela utilização, efetiva ou potencial, de serviços públicos específicos e divisíveis, prestados ao contribuinte ou postos a sua disposição;

- ► Arts. 77 a 80 do CTN.
- ► Lei nº 7.940, de 20-12-1969, institui a Taxa de Fiscalização dos mercados de títulos e valores mobiliários.
- ► Súmulas Vinculantes nºs 19 e 41 do STF.
- ► Súmulas nºs 665 e 670 do STF.

III – contribuição de melhoria, decorrente de obras públicas.

- ► Arts. 81 e 82 do CTN.
- ► Dec.-lei nº 195, de 24-2-1967 (Lei da Contribuição de Melhoria).

§ 1º Sempre que possível, os impostos terão caráter pessoal e serão graduados segundo a capacidade econômica do contribuinte, facultado à administração tributária, especialmente para conferir efetividade a esses objetivos, identificar, respeitados os direitos individuais e nos termos da lei, o patrimônio, os rendimentos e as atividades econômicas do contribuinte.

- ► Lei nº 8.021, de 12-4-1990, dispõe sobre a identificação dos contribuintes para fins fiscais.
- ► Súmulas nºs 656 e 668 do STF.

§ 2º As taxas não poderão ter base de cálculo própria de impostos.

- ► Art. 77, parágrafo único, do CTN.
- ► Súm. Vinc. nº 29 do STF.
- ► Súm. nº 665 do STF.

§ 3º O Sistema Tributário Nacional deve observar os princípios da simplicidade, da transparência, da justiça tributária, da cooperação e da defesa do meio ambiente.

§ 4º As alterações na legislação tributária buscarão atenuar efeitos regressivos.

- ► §§ 3º e 4º acrescidos pela EC nº 132, de 20-12-2023.

Art. 146. Cabe à lei complementar:

I – dispor sobre conflitos de competência, em matéria tributária, entre a União, os Estados, o Distrito Federal e os Municípios;

- ► Arts. 6º a 8º do CTN.

II – regular as limitações constitucionais ao poder de tributar;

- ► Arts. 9º a 15 do CTN.

III – estabelecer normas gerais em matéria de legislação tributária, especialmente sobre:

- ► Art. 149 desta Constituição.

a) definição de tributos e de suas espécies, bem como, em relação aos impostos discriminados nesta Constituição, a dos respectivos fatos geradores, bases de cálculo e contribuintes;

b) obrigação, lançamento, crédito, prescrição e decadência tributários;

- ► Súm. Vinc. nº 8 do STF.

c) *adequado tratamento tributário ao ato cooperativo praticado pelas sociedades cooperativas, inclusive em relação aos tributos previstos nos arts. 156-A e 195, V;*

d) *definição de tratamento diferenciado e favorecido para as microempresas e para as empresas de pequeno porte, inclusive regimes especiais ou simplificados no caso dos impostos previstos nos arts. 155, II, e 156-A, das contribuições*

sociais previstas no art. 195, I e V, e § 12 e da contribuição a que se refere o art. 239.

▶ Alíneas *c* e *d* com a redação dada pela EC nº 132, de 20-12-2023.

★ **Nova redação do dispositivo alterado:** "*d)* definição de tratamento diferenciado e favorecido para as microempresas e para as empresas de pequeno porte, inclusive regimes especiais ou simplificados no caso dos impostos previstos nos arts. 155, II, e 156-A e das contribuições previstas no art. 195, I e V."

▶ Alínea *d* com a redação dada pela EC nº 132, de 20-12-2023, para vigorar a partir de 2027.

★ **Nova redação do dispositivo alterado:** "*d)* definição de tratamento diferenciado e favorecido para as microempresas e para as empresas de pequeno porte, inclusive regimes especiais ou simplificados no caso do imposto previsto no art. 156-A e das contribuições sociais previstas no art. 195, I e V."

▶ Alínea *d* com a redação dada pela EC nº 132, de 20-12-2023, para vigorar a partir de 2033.

§ 1º A lei complementar de que trata o inciso III,* d, *também poderá instituir um regime único de arrecadação dos impostos e contribuições da União, dos Estados, do Distrito Federal e dos Municípios, observado que:

I – será opcional para o contribuinte;

II – poderão ser estabelecidas condições de enquadramento diferenciadas por Estado;

III – o recolhimento será unificado e centralizado e a distribuição da parcela de recursos pertencentes aos respectivos entes federados será imediata, vedada qualquer retenção ou condicionamento;

▶ Art. 107, § 6º, I, do ADCT.

IV – a arrecadação, a fiscalização e a cobrança poderão ser compartilhadas pelos entes federados, adotado cadastro nacional único de contribuintes.

▶ Parágrafo único transformado em § 1º pela EC nº 132, de 20-12-2023.

§ 2º É facultado ao optante pelo regime único de que trata o § 1º apurar e recolher os tributos previstos nos arts. 156-A e 195, V, nos termos estabelecidos nesses artigos, hipótese em que as parcelas a eles relativas não serão cobradas pelo regime único.

§ 3º Na hipótese de o recolhimento dos tributos previstos nos arts. 156-A e 195, V, ser realizado por meio do regime único de que trata o § 1º, enquanto perdurar a opção:

I – não será permitida a apropriação de créditos dos tributos previstos nos arts. 156-A e 195, V, pelo contribuinte optante pelo regime único; e

II – será permitida a apropriação de créditos dos tributos previstos nos arts. 156-A e 195, V, pelo adquirente não optante pelo regime único de que trata o § 1º de bens materiais ou imateriais, inclusive direitos, e de serviços do optante, em montante equivalente ao cobrado por meio do regime único.

▶ §§ 2º e 3º acrescidos pela EC nº 132, de 20-12-2023.

Art. 146-A. Lei complementar poderá estabelecer critérios especiais de tributação, com o objetivo de prevenir desequilíbrios da concorrência, sem prejuízo da competência de a União, por lei, estabelecer normas de igual objetivo.

▶ Art. 146-A acrescido pela EC nº 42, de 19-12-2003.

Art. 147. Competem à União, em Território Federal, os impostos estaduais e, se o Território não for dividido em Municípios, cumulativamente, os impostos municipais; ao Distrito Federal cabem os impostos municipais.

Art. 148. A União, mediante lei complementar, poderá instituir empréstimos compulsórios:

I – para atender a despesas extraordinárias, decorrentes de calamidade pública, de guerra externa ou sua iminência;

II – no caso de investimento público de caráter urgente e de relevante interesse nacional, observado o disposto no artigo 150, III, *b*.

▶ Art. 34, § 12, do ADCT.

Parágrafo único. A aplicação dos recursos provenientes de empréstimo compulsório será vinculada à despesa que fundamentou sua instituição.

Art. 149. Compete exclusivamente à União instituir contribuições sociais, de intervenção no domínio econômico e de interesse das categorias profissionais ou econômicas, como instrumento de sua atuação nas respectivas áreas, observado o disposto nos artigos 146, III, e 150, I e III, e sem prejuízo do previsto no artigo 195, § 6º, relativamente às contribuições a que alude o dispositivo.

▶ Lei nº 10.336, de 19-12-2001, institui a Contribuição de Intervenção no Domínio Econômico incidente sobre a importação e a comercialização de petróleo e seus derivados, gás natural e seus derivados e álcool etílico combustível – CIDE a que se refere este artigo.

§ 1º Os Estados, o Distrito Federal e os Municípios instituirão contribuição, cobrada de seus servidores, para o custeio, em benefício destes, do regime previdenciário de que trata o art. 40, cuja alíquota não será inferior à da contribuição dos servidores titulares de cargos efetivos da União.

▶ § 1º com a redação dada pela EC nº 41, de 19-12-2003.

★ **Nova redação do dispositivo alterado:** "§ 1º A União, os Estados, o Distrito Federal e os Municípios instituirão, por meio de lei, contribuições para custeio de regime próprio de previdência social, cobradas dos servidores ativos, dos aposentados e dos pensionistas, que poderão ter alíquotas progressivas de acordo com o valor da base de contribuição ou dos proventos de aposentadoria e de pensões."

▶ § 1º com a redação dada pela EC nº 103, de 12-11-2019, em vigor na data de publicação de lei de iniciativa privativa do respectivo Poder Executivo que o referende integralmente.

§ 1º-A. Quando houver *deficit* atuarial, a contribuição ordinária dos aposentados e pensionistas poderá incidir sobre o valor dos proventos de aposentadoria e de pensões que supere o salário mínimo.

§ 1º-B. Demonstrada a insuficiência da medida prevista no § 1º-A para equacionar o *deficit* atuarial, é facultada a instituição de contribuição extraordinária, no âmbito da União, dos servidores públicos ativos, dos aposentados e dos pensionistas.

§ 1º-C. A contribuição extraordinária de que trata o § 1º-B deverá ser instituída simultaneamente com outras medidas para equacionamento do *deficit* e vigorará por período determinado, contado da data de sua instituição.

▶ §§ 1º-A a 1º-C acrescidos pela EC nº 103, de 12-11-2019, em vigor na data de publicação de lei de iniciativa privativa do respectivo Poder Executivo que os referende integralmente.

§ 2º As contribuições sociais e de intervenção no domínio econômico de que trata o *caput* deste artigo:

I – não incidirão sobre as receitas decorrentes de exportação;

II – incidirão também sobre a importação de produtos estrangeiros ou serviços;

▶ Inciso II com a redação dada pela EC nº 42, de 19-12-2003.

▶ Lei nº 10.336, de 19-12-2001, institui Contribuição de Intervenção no Domínio Econômico incidente sobre a importação e a comercialização de petróleo e seus derivados, e álcool etílico combustível – CIDE.

▶ Lei nº 10.865, de 30-4-2004, dispõe sobre o PIS/PASEP-Importação e a COFINS-Importação.

III – poderão ter alíquotas:

a) *ad valorem*, tendo por base o faturamento, a receita bruta ou o valor da operação e, no caso de importação, o valor aduaneiro;

b) específica, tendo por base a unidade de medida adotada.

§ 3º A pessoa natural destinatária das operações de importação poderá ser equiparada a pessoa jurídica, na forma da lei.

§ 4º A lei definirá as hipóteses em que as contribuições incidirão uma única vez.

▶ §§ 2º a 4º acrescidos pela EC nº 33, de 11-12-2001.

Art. 149-A. Os Municípios e o Distrito Federal poderão instituir contribuição, na forma das respectivas leis, para o custeio, a expansão e a melhoria do serviço de iluminação pública e de sistemas de monitoramento para segurança e preservação de logradouros públicos, observado o disposto no art. 150, I e III.

▶ *Caput* com a redação dada pela EC nº 132, de 20-12-2023.

Parágrafo único. É facultada a cobrança da contribuição a que se refere o *caput*, na fatura de consumo de energia elétrica.

▶ Parágrafo único acrescido pela EC nº 39, de 19-12-2002.

Art. 149-B. Os tributos previstos nos arts. 156-A e 195, V, observarão as mesmas regras em relação a:

I – fatos geradores, bases de cálculo, hipóteses de não incidência e sujeitos passivos;

II – imunidades;

III – regimes específicos, diferenciados ou favorecidos de tributação;

IV – regras de não cumulatividade e de creditamento.

Parágrafo único. Os tributos de que trata o caput observarão as imunidades previstas no art. 150, VI, não se aplicando a ambos os tributos o disposto no art. 195, § 7º.

Art. 149-C. O produto da arrecadação do imposto previsto no art. 156-A e da contribuição prevista no art. 195, V, incidentes sobre operações contratadas pela administração pública direta, por autarquias e por fundações públicas, inclusive suas importações, será integralmente destinado ao ente federativo contratante, mediante redução a zero das alíquotas do imposto e da contribuição devidos aos demais entes e equivalente elevação da alíquota do tributo devido ao ente contratante.

§ 1º As operações de que trata o caput poderão ter alíquotas reduzidas de modo uniforme, nos termos de lei complementar.

§ 2º Lei complementar poderá prever hipóteses em que não se aplicará o disposto no caput e no § 1º.

§ 3º Nas importações efetuadas pela administração pública direta, por autarquias e por fundações públicas, o disposto no art. 150, VI, a, será implementado na forma do disposto no caput e no § 1º, assegurada a igualdade de tratamento em relação às aquisições internas.

- ▸ Arts. 149-B e 149-C acrescidos pela EC nº 132, de 20-12-2023.

SEÇÃO II

DAS LIMITAÇÕES DO PODER DE TRIBUTAR

Art. 150. Sem prejuízo de outras garantias asseguradas ao contribuinte, é vedado à União, aos Estados, ao Distrito Federal e aos Municípios:

- ▸ Lei nº 5.172 de 25-10-1966 (Código Tributário Nacional).

I – exigir ou aumentar tributo sem lei que o estabeleça;

- ▸ Arts. 3º e 97, I e II, do CTN.

II – instituir tratamento desigual entre contribuintes que se encontrem em situação equivalente, proibida qualquer distinção em razão de ocupação profissional ou função por eles exercida, independentemente da denominação jurídica dos rendimentos, títulos ou direitos;

- ▸ Art. 5º, *caput*, desta Constituição.
- ▸ Súm. nº 658 do STF.

III – cobrar tributos:

a) em relação a fatos geradores ocorridos antes do início da vigência da lei que os houver instituído ou aumentado;

- ▸ Art. 9º, II, do CTN.

b) no mesmo exercício financeiro em que haja sido publicada a lei que os instituiu ou aumentou;

- ▸ Art. 195, § 6º, desta Constituição.

c) antes de decorridos noventa dias da data em que haja sido publicada a lei que os instituiu ou aumentou, observado o disposto na alínea *b*;

- ▸ Alínea *c* acrescida pela EC nº 42, de 19-12-2003.

IV – utilizar tributo com efeito de confisco;

V – estabelecer limitações ao tráfego de pessoas ou bens, por meio de tributos interestaduais ou intermunicipais, ressalvada a cobrança de pedágio pela utilização de vias conservadas pelo Poder Público;

- ▸ Art. 9º, III, do CTN.

VI – instituir impostos sobre:

a) patrimônio, renda ou serviços, uns dos outros;

- ▸ Art. 9º, IV, *a*, do CTN.

b) entidades religiosas e templos de qualquer culto, inclusive suas organizações assistenciais e beneficentes;

- ▸ Alínea *b* com a redação dada pela EC nº 132, de 20-12-2023.
- ▸ Art. 9º, IV, *b*, do CTN.

c) patrimônio, renda ou serviços dos partidos políticos, inclusive suas fundações, das entidades sindicais dos trabalhadores, das instituições de educação e de assistência social, sem fins lucrativos, atendidos os requisitos da lei;

- ▸ Art. 9º, IV, *c*, e 14 do CTN.
- ▸ Lei nº 3.193, de 4-7-1957, dispõe sobre isenção de impostos em templos de qualquer culto, bens e serviços de partidos políticos e instituições de educação e assistência social.
- ▸ Súm. Vinc. nº 52 do STF.
- ▸ Súmulas nºs 724 e 730 do STF.

d) livros, jornais, periódicos e o papel destinado à sua impressão;

- ▸ Lei nº 10.753, de 30-10-2003, institui a Política Nacional do Livro.

► Art. 1º, *caput*, I e II, da Lei nº 11.945, de 4-6-2009, que dispõe sobre o Registro Especial na Secretaria da Receita Federal do Brasil.

► Súm. nº 657 do STF.

e) fonogramas e videofonogramas musicais produzidos no Brasil contendo obras musicais ou literomusicais de autores brasileiros e/ou obras em geral interpretadas por artistas brasileiros bem como os suportes materiais ou arquivos digitais que os contenham, salvo na etapa de replicação industrial de mídias ópticas de leitura a *laser*.

► Alínea e acrescida pela EC nº 75, de 15-10-2013.

§ 1º A vedação do inciso III, *b*, não se aplica aos tributos previstos nos arts. 148, I, 153, I, II, IV e V; e 154, II; e a vedação do inciso III, *c*, não se aplica aos tributos previstos nos arts. 148, I, 153, I, II, III e V; e 154, II, nem à fixação da base de cálculo dos impostos previstos nos arts. 155, III, e 156, I.

► § 1º com a redação dada pela EC nº 42, de 19-12-2003.

§ 2º A vedação do inciso VI, a, é extensiva às autarquias e às fundações instituídas e mantidas pelo poder público e à empresa pública prestadora de serviço postal, no que se refere ao patrimônio, à renda e aos serviços vinculados a suas finalidades essenciais ou às delas decorrentes.

► § 2º com a redação dada pela EC nº 132, de 20-12-2023.

§ 3º As vedações do inciso VI, *a*, e do parágrafo anterior não se aplicam ao patrimônio, à renda e aos serviços, relacionados com exploração de atividades econômicas regidas pelas normas aplicáveis a empreendimentos privados, ou em que haja contraprestação ou pagamento de preços ou tarifas pelo usuário, nem exonera o promitente comprador da obrigação de pagar imposto relativamente ao bem imóvel.

§ 4º As vedações expressas no inciso VI, alíneas *b* e *c*, compreendem somente o patrimônio, a renda e os serviços, relacionados com as finalidades essenciais das entidades nelas mencionadas.

§ 5º A lei determinará medidas para que os consumidores sejam esclarecidos acerca dos impostos que incidam sobre mercadorias e serviços.

► Lei nº 12.741, de 8-12-2012, dispõe sobre as medidas de esclarecimento ao consumidor de que trata este parágrafo; regulamentada pelo Dec. nº 8.264, de 5-6-2014.

§ 6º Qualquer subsídio ou isenção, redução de base de cálculo, concessão de crédito presumido, anistia ou remissão, relativos a impostos, taxas ou contribuições, só poderá ser concedido mediante lei específica, federal, estadual ou municipal, que regule exclusivamente as matérias acima enumeradas ou o correspondente tributo ou contribuição, sem prejuízo do disposto no artigo 155, § 2º, XII, *g*.

⋆ **Nova redação do dispositivo alterado:** "§ 6º Qualquer subsídio ou isenção, redução de base de cálculo, concessão de crédito presumido, anistia ou remissão, relativos a impostos, taxas ou contribuições, só poderá ser concedido mediante lei específica, federal, estadual ou municipal, que regule exclusivamente as matérias acima enumeradas ou o correspondente tributo ou contribuição."

► § 6º com a redação dada pela EC nº 132, de 20-12-2023, para vigorar a partir de 2033.

§ 7º A lei poderá atribuir a sujeito passivo de obrigação tributária a condição de responsável pelo pagamento de imposto ou contribuição, cujo fato gerador deva ocorrer posteriormente, assegurada a imediata e preferencial restituição da quantia paga, caso não se realize o fato gerador presumido.

► §§ 6º e 7º acrescidos pela EC nº 3, de 17-3-1993.

Art. 151. É vedado à União:

I – instituir tributo que não seja uniforme em todo o Território Nacional ou que implique distinção ou preferência em relação a Estado, ao Distrito Federal ou a Município, em detrimento de outro, admitida a concessão de incentivos fiscais destinados a promover o equilíbrio do desenvolvimento socioeconômico entre as diferentes regiões do País;

► Art. 10 do CTN.

► Lei nº 9.440, de 14-3-1997, estabelece incentivos fiscais para o desenvolvimento regional.

► Lei nº 11.508, de 20-7-2007 (Lei das Zonas de Processamento de Exportação).

II – tributar a renda das obrigações da dívida pública dos Estados, do Distrito Federal e dos Municípios, bem como a remuneração e os proventos dos respectivos agentes públicos, em níveis superiores aos que fixar para suas obrigações e para seus agentes;

III – instituir isenções de tributos da competência dos Estados, do Distrito Federal ou dos Municípios.

▸ Súm. nº 185 do STJ.

Art. 152. É vedado aos Estados, ao Distrito Federal e aos Municípios estabelecer diferença tributária entre bens e serviços, de qualquer natureza, em razão de sua procedência ou destino.

▸ Art. 11 do CTN.

Seção III

DOS IMPOSTOS DA UNIÃO

Art. 153. Compete à União instituir impostos sobre:

I – importação de produtos estrangeiros;

▸ Arts. 60, § 2º, e 154, I, desta Constituição.
▸ Lei nº 7.810, de 30-8-1989, dispõe sobre a redução de impostos na importação.
▸ Lei nº 8.032, de 12-4-1990, dispõe sobre a isenção ou redução de imposto de importação.
▸ Lei nº 9.449, de 14-3-1997, reduz o Imposto de Importação para os produtos que especifica.

II – exportação, para o exterior, de produtos nacionais ou nacionalizados;

▸ Art. 60, § 2º, desta Constituição.

III – renda e proventos de qualquer natureza;

▸ Arts. 27, § 2º, 28, § 2º, 29, V e VI, 37, XV, 48, XV, 49, VII e VIII, 95, III, 128, § 5º, I, c, desta Constituição.
▸ Art. 34, § 2º, I, do ADCT.
▸ Lei nº 8.166, de 11-1-1991, dispõe sobre a não incidência do imposto de renda sobre lucros ou dividendos distribuídos a residentes ou domiciliados no exterior, doados a instituições sem fins lucrativos.
▸ Lei nº 9.430, de 27-12-1996, dispõe sobre a legislação tributária federal, as contribuições para a Seguridade Social, o processo administrativo de consulta.
▸ Súmulas nºs 125, 136 e 386 do STJ.

IV – produtos industrializados;

▸ Art. 60, § 2º, desta Constituição.
▸ Art. 34, § 2º, I, do ADCT.
▸ Lei nº 9.363, de 13-12-1996, dispõe sobre a instituição de crédito presumido do Imposto sobre Produtos Industrializados, para ressarcimento do valor do PIS/PASEP e COFINS nos casos que especifica.
▸ Lei nº 9.493, de 10-9-1997, concede isenção do Imposto sobre Produtos Industrializados – IPI na aquisição de equipamentos, máquinas, aparelhos e instrumentos, dispõe sobre período de apuração e prazo de recolhimento do referido imposto para as microempresas e empresas de pequeno porte, e estabelece suspensão do IPI na saída de bebidas alcoólicas, acondicionadas para venda a granel, dos estabelecimentos produtores e dos estabelecimentos equiparados a industrial.
▸ Dec. nº 7.212, de 15-6-2010, regulamenta a cobrança, fiscalização, arrecadação e administração do Imposto sobre Produtos Industrializados – IPI.

V – operações de crédito, câmbio e seguro, ou relativas a títulos ou valores mobiliários;

★ **Nova redação do dispositivo alterado:** "V – operações de crédito e câmbio ou relativas a títulos ou valores mobiliários;"

▸ Inciso V com a redação dada pela EC nº 132, de 20-12-2023, para vigorar a partir de 2027.
▸ Art. 60, § 2º, desta Constituição.
▸ Arts. 63 a 67 do CTN.
▸ Lei nº 8.894, de 21-6-1994, dispõe sobre o Imposto sobre Operações de Crédito, Câmbio e Seguro, ou relativas a Títulos e Valores Mobiliários.
▸ Dec. nº 6.306, de 14-12-2007, regulamenta o imposto sobre Operações de Crédito, Câmbio e Seguro, ou relativas a Títulos e Valores Mobiliários – IOF.
▸ Súm. Vinc. nº 32 do STF.
▸ Súm. nº 664 do STF.

VI – propriedade territorial rural;

▸ Lei nº 8.847, de 28-1-1994, dispõe sobre o Imposto sobre a Propriedade Territorial Rural – ITR.
▸ Lei nº 9.393, de 19-12-1996, dispõe sobre a Propriedade Territorial Rural – ITR, e sobre o pagamento da dívida representada por Títulos da Dívida Agrária – TDA.
▸ Dec. nº 4.382, de 19-9-2002, regulamenta a tributação, fiscalização, arrecadação e administração do Imposto sobre a Propriedade Territorial Rural – ITR.
▸ Súm. nº 139 do STJ.

VII – grandes fortunas, nos termos de lei complementar;

▸ LC nº 111, de 6-7-2001, dispõe sobre o Fundo de Combate e Erradicação da Pobreza, na forma prevista nos arts. 79 a 81 do ADCT.

VIII – produção, extração, comercialização ou importação de bens e serviços prejudiciais à saúde ou ao meio ambiente, nos termos de lei complementar.

▸ Inciso VIII acrescido pela EC nº 132, de 20-12-2023.

§ 1º É facultado ao Poder Executivo, atendidas as condições e os limites estabelecidos em lei, alterar as alíquotas dos impostos enumerados nos incisos I, II, IV e V.

▸ Art. 150, § 1º, desta Constituição.

▶ Lei nº 8.088, de 30-10-1990, dispõe sobre a atualização do Bônus do Tesouro Nacional e dos depósitos de poupança.

§ 2º O imposto previsto no inciso III:

I – será informado pelos critérios da generalidade, da universalidade e da progressividade, na forma da lei;

▶ Arts. 27, § 2º, 28, § 2º, 29, V e VI, 37, XV, 48, XV, 49, VII e VIII, 95, III, e 128, § 5º, I, c, desta Constituição.

II – *Revogado*. EC nº 20, de 15-12-1998.

§ 3º O imposto previsto no inciso IV:

I – será seletivo, em função da essencialidade do produto;

II – será não cumulativo, compensando-se o que for devido em cada operação com o montante cobrado nas anteriores;

III – não incidirá sobre produtos industrializados destinados ao exterior;

IV – terá reduzido seu impacto sobre a aquisição de bens de capital pelo contribuinte do imposto, na forma da lei.

▶ Inciso IV acrescido pela EC nº 42, de 19-12-2003.

§ 4º O imposto previsto no inciso VI do *caput*:

▶ *Caput* com a redação dada pela EC nº 42, de 19-12-2003.

▶ Lei nº 8.629, de 25-2-1993, regula os dispositivos constitucionais relativos à reforma agrária.

I – será progressivo e terá suas alíquotas fixadas de forma a desestimular a manutenção de propriedades improdutivas;

II – não incidirá sobre pequenas glebas rurais, definidas em lei, quando as explore o proprietário que não possua outro imóvel;

III – será fiscalizado e cobrado pelos Municípios que assim optarem, na forma da lei, desde que não implique redução do imposto ou qualquer outra forma de renúncia fiscal.

▶ Incisos I a III acrescidos pela EC nº 42, de 19-12-2003.

▶ Lei nº 11.250, de 27-12-2005, regulamenta este inciso.

§ 5º O ouro, quando definido em lei como ativo financeiro ou instrumento cambial, sujeita-se exclusivamente à incidência do imposto de que trata o inciso V do *caput* deste artigo, devido na operação de origem; a alíquota mínima será de um por cento, assegurada a transferência do montante da arrecadação nos seguintes termos:

▶ Arts. 74, § 2º, e 107, § 6º, I, do ADCT.

▶ Lei nº 7.766, de 11-5-1989, dispõe sobre o ouro, ativo financeiro e sobre seu tratamento tributário.

I – trinta por cento para o Estado, o Distrito Federal ou o Território, conforme a origem;

II – setenta por cento para o Município de origem.

▶ Arts. 72, § 3º, 74, § 2º, 75 e 76, § 1º, do ADCT.

▶ Lei nº 7.766, de 11-5-1989, dispõe sobre o ouro, ativo financeiro e sobre seu tratamento tributário.

§ 6º O imposto previsto no inciso VIII do caput deste artigo:

I – não incidirá sobre as exportações nem sobre as operações com energia elétrica e com telecomunicações;

II – incidirá uma única vez sobre o bem ou serviço;

III – não integrará sua própria base de cálculo;

IV – integrará a base de cálculo dos tributos previstos nos arts. 155, II, 156, III, 156-A e 195, V;

★ **Nova redação do dispositivo alterado:** "IV – integrará a base de cálculo dos tributos previstos nos arts. 156-A e 195, V;"

▶ Inciso IV acrescido pela EC nº 132, de 20-12-2023, para vigorar a partir de 2033.

V – poderá ter o mesmo fato gerador e base de cálculo de outros tributos;

VI – terá suas alíquotas fixadas em lei ordinária, podendo ser específicas, por unidade de medida adotada, ou ad valorem;

VII – na extração, o imposto será cobrado independentemente da destinação, caso em que a alíquota máxima corresponderá a 1% (um por cento) do valor de mercado do produto.

▶ § 6º acrescido pela EC nº 132, de 20-12-2023.

Art. 154. A União poderá instituir:

I – mediante lei complementar, impostos não previstos no artigo anterior, desde que sejam não cumulativos e não tenham fato gerador ou base de cálculo próprios dos discriminados nesta Constituição;

▶ Art. 195, § 4º, desta Constituição.

▶ Arts. 74, § 2º, e 75 do ADCT.

II – na iminência ou no caso de guerra externa, impostos extraordinários, compreendidos ou não em sua competência tributária, os quais serão suprimidos, gradativamente, cessadas as causas de sua criação.

▶ Arts. 62, § 2º, 150, § 1º, desta Constituição.

Seção IV

DOS IMPOSTOS DOS ESTADOS E DO DISTRITO FEDERAL

Art. 155. Compete aos Estados e ao Distrito Federal instituir impostos sobre:

▸ *Caput* com a redação dada pela EC nº 3, de 17-3-1993.

I – transmissão *causa mortis* e doação de quaisquer bens ou direitos;

II – operações relativas à circulação de mercadorias e sobre prestações de serviços de transporte interestadual e intermunicipal e de comunicação, ainda que as operações e as prestações se iniciem no exterior;

▸ Art. 60, § 2º, do ADCT.

▸ LC nº 24, de 7-1-1975, dispõe sobre os convênios para a concessão de isenções do imposto sobre operações relativas à circulação de mercadorias.

▸ LC nº 87, de 13-9-1996 (Lei Kandir – ICMS).

▸ Súm. nº 662 do STF.

▸ Súmulas nºs 334 e 457 do STJ.

III – propriedade de veículos automotores;

▸ Incisos I a III acrescidos pela EC nº 3, de 17-3-1993.

§ 1º O imposto previsto no inciso I:

▸ § 1º com a redação dada pela EC nº 3, de 17-3-1993.

I – relativamente a bens imóveis e respectivos direitos, compete ao Estado da situação do bem, ou ao Distrito Federal;

II – relativamente a bens móveis, títulos e créditos, compete ao Estado onde era domiciliado o de cujus, ou tiver domicílio o doador, ou ao Distrito Federal;

▸ Inciso II com a redação dada pela EC nº 132, de 20-12-2023.

▸ Art. 17 da EC nº 132, de 20-12-2023.

III – terá a competência para sua instituição regulada por lei complementar:

▸ Art. 16 da EC nº 132, de 20-12-2023.

a) se o doador tiver domicílio ou residência no exterior;

b) se o *de cujus* possuía bens, era residente ou domiciliado ou teve o seu inventário processado no exterior;

IV – terá suas alíquotas máximas fixadas pelo Senado Federal;

V – não incidirá sobre as doações destinadas, no âmbito do Poder Executivo da União, a projetos socioambientais ou destinados a mitigar os efeitos das mudanças climáticas e às instituições federais de ensino;

▸ Inciso V acrescido pela EC nº 126, de 21-12-2022.

VI – será progressivo em razão do valor do quinhão, do legado ou da doação;

VII – não incidirá sobre as transmissões e as doações para as instituições sem fins lucrativos com finalidade de relevância pública e social, inclusive as organizações assistenciais e beneficentes de entidades religiosas e institutos científicos e tecnológicos, e por elas realizadas na consecução dos seus objetivos sociais, observadas as condições estabelecidas em lei complementar.

▸ Incisos VI e VII acrescidos pela EC nº 132, de 20-12-2023.

§ 2º O imposto previsto no inciso II atenderá ao seguinte:

▸ *Caput* do § 2º com a redação dada pela EC nº 3, de 17-3-1993.

▸ LC nº 24, de 7-1-1975, dispõe sobre os convênios para a concessão de isenções do imposto sobre operações relativas à circulação de mercadorias.

▸ LC nº 101, de 4-5-2000 (Lei da Responsabilidade Fiscal).

▸ Dec.-lei nº 406, de 31-12-1968, estabelece normas gerais de direito financeiro, aplicáveis aos Impostos sobre Operações relativas à Circulação de Mercadorias e sobre Serviços de Qualquer Natureza.

I – será não cumulativo, compensando-se o que for devido em cada operação relativa à circulação de mercadorias ou prestação de serviços com o montante cobrado nas anteriores pelo mesmo ou outro Estado ou pelo Distrito Federal;

II – a isenção ou não incidência, salvo determinação em contrário da legislação:

▸ LC nº 24, de 7-1-1975, dispõe sobre os convênios para concessão para isenções do Imposto sobre Obrigações Relativas a Circulação de Mercadorias.

▸ LC nº 87, de 13-9-1996 (Lei Kandir – ICMS).

▸ Súm. nº 662 do STF.

a) não implicará crédito para compensação com o montante devido nas operações ou prestações seguintes;

b) acarretará a anulação do crédito relativo às operações anteriores;

III – poderá ser seletivo, em função da essencialidade das mercadorias e dos serviços;

IV – resolução do Senado Federal, de iniciativa do Presidente da República ou de um terço dos Senadores, aprovada pela maioria absoluta de seus membros, estabelecerá as alíquotas aplicáveis às operações e prestações, interestaduais e de exportação;

V – é facultado ao Senado Federal:

a) estabelecer alíquotas mínimas nas operações internas, mediante resolução de iniciativa de um terço e aprovada pela maioria absoluta de seus membros;

b) fixar alíquotas máximas nas mesmas operações para resolver conflito específico que envolva interesse de Estados, mediante resolução de iniciativa da maioria absoluta e aprovada por dois terços de seus membros;

VI – salvo deliberação em contrário dos Estados e do Distrito Federal, nos termos do disposto no inciso XII, *g*, as alíquotas internas, nas operações relativas à circulação de mercadorias e nas prestações de serviços, não poderão ser inferiores às previstas para as operações interestaduais;

VII – nas operações e prestações que destinem bens e serviços a consumidor final, contribuinte ou não do imposto, localizado em outro Estado, adotar-se-á a alíquota interestadual e caberá ao Estado de localização do destinatário o imposto correspondente à diferença entre a alíquota interna do Estado destinatário e a alíquota interestadual;

- ▶ Inciso VII com a redação dada pela EC nº 87, de 16-4-2015.

a) e *b*) *Revogadas*. EC nº 87, de 16-4-2015.

VIII – a responsabilidade pelo recolhimento do imposto correspondente à diferença entre a alíquota interna e a interestadual de que trata o inciso VII será atribuída:

a) ao destinatário, quando este for contribuinte do imposto;

b) ao remetente, quando o destinatário não for contribuinte do imposto;

- ▶ Inciso VIII com a redação dada pela EC nº 87, de 16-4-2015.

IX – incidirá também:

- ▶ Súmulas nºs 660 e 661 do STF.
- ▶ Súm. nº 155 do STJ.

a) sobre a entrada de bem ou mercadoria importados do exterior por pessoa física ou jurídica, ainda que não seja contribuinte habitual do imposto, qualquer que seja a sua finalidade, assim como sobre o serviço prestado no exterior, cabendo o imposto ao Estado onde estiver situado o domicílio ou o estabelecimento do destinatário da mercadoria, bem ou serviço;

- ▶ Alínea *a* com a redação dada pela EC nº 33, de 11-12-2001.
- ▶ Súm. Vinc. nº 48 do STF.
- ▶ Súmulas nºs 660 e 661 do STF.
- ▶ Súm. nº 198 do STJ.

b) sobre o valor total da operação, quando mercadorias forem fornecidas com serviços não compreendidos na competência tributária dos Municípios;

X – não incidirá:

a) sobre operações que destinem mercadorias para o exterior, nem sobre serviços prestados a destinatários no exterior, assegurada a manutenção e o aproveitamento do montante do imposto cobrado nas operações e prestações anteriores;

- ▶ Alínea *a* com a redação dada pela EC nº 42, de 19-12-2003.
- ▶ Súm. nº 433 do STJ.

b) sobre operações que destinem a outros Estados petróleo, inclusive lubrificantes, combustíveis líquidos e gasosos dele derivados, e energia elétrica;

c) sobre o ouro, nas hipóteses definidas no artigo 153, § 5º;

- ▶ Lei nº 7.766, de 11-5-1989, dispõe sobre o ouro, ativo financeiro, e sobre seu tratamento tributário.

d) nas prestações de serviço de comunicação nas modalidades de radiodifusão sonora e de sons e imagens de recepção livre e gratuita;

- ▶ Alínea *d* acrescida pela EC nº 42, de 19-12-2003.

XI – não compreenderá, em sua base de cálculo, o montante do imposto sobre produtos industrializados, quando a operação, realizada entre contribuintes e relativa a produto destinado à industrialização ou à comercialização, configure fato gerador dos dois impostos;

XII – cabe à lei complementar:

- ▶ Art. 4º da EC nº 42, de 19-12-2003.

a) definir seus contribuintes;

b) dispor sobre substituição tributária;

c) disciplinar o regime de compensação do imposto;

d) fixar, para efeito de sua cobrança e definição do estabelecimento responsável, o local das operações relativas à circulação de mercadorias e das prestações de serviços;

e) excluir da incidência do imposto, nas exportações para o exterior, serviços e outros produtos além dos mencionados no inciso X, *a*;

f) prever casos de manutenção de crédito, relativamente à remessa para outro Estado e exportação para o exterior, de serviços e de mercadorias;

g) regular a forma como, mediante deliberação dos Estados e do Distrito Federal, isenções, incentivos e benefícios fiscais serão concedidos e revogados;

▸ Art. 22, parágrafo único, da LC nº 123, de 14-12-2006 (Estatuto Nacional da Microempresa e da Empresa de Pequeno Porte).

▸ Art. 2º da LC nº 160, de 7-8-2017, que dispõe sobre convênio que permite aos Estados e ao Distrito Federal deliberar sobre a remissão dos créditos tributários, constituídos ou não, decorrentes das isenções, dos incentivos e dos benefícios fiscais ou financeiro-fiscais instituídos em desacordo com o disposto nesta alínea e a reinstituição das respectivas isenções, incentivos e benefícios fiscais ou financeiro-fiscais.

h) definir os combustíveis e lubrificantes sobre os quais o imposto incidirá uma única vez, qualquer que seja a sua finalidade, hipótese em que não se aplicará o disposto no inciso X, *b*;

▸ Alínea *h* acrescida pela EC nº 33, de 11-12-2001.

▸ Conforme o art. 4º da EC nº 33, de 11-12-2001, enquanto não entrar em vigor a lei complementar de que trata esta alínea, os Estados e o Distrito Federal, mediante convênio celebrado nos termos do § 2º, XII, *g*, deste artigo, fixarão normas para regular provisoriamente a matéria.

i) fixar a base de cálculo, de modo que o montante do imposto a integre, também na importação do exterior de bem, mercadoria ou serviço.

▸ Alínea *i* acrescida pela EC nº 33, de 11-12-2001.

▸ Súm. nº 457 do STJ.

§ 3º À exceção dos impostos de que tratam o inciso II do caput deste artigo e os arts. 153, I e II, e 156-A, nenhum outro imposto poderá incidir sobre operações relativas a energia elétrica e serviços de telecomunicações e, à exceção destes e do previsto no art. 153, VIII, nenhum outro imposto poderá incidir sobre operações relativas a derivados de petróleo, combustíveis e minerais do País.

▸ § 3º com a redação dada pela EC nº 132, de 20-12-2023.

▸ Súm. nº 659 do STF.

§ 4º Na hipótese do inciso XII, *h*, observar-se-á o seguinte:

I – nas operações com os lubrificantes e combustíveis derivados de petróleo, o imposto caberá ao Estado onde ocorrer o consumo;

II – nas operações interestaduais, entre contribuintes, com gás natural e seus derivados, e lubrificantes e combustíveis não incluídos no inciso I deste parágrafo, o imposto será repartido entre os Estados de origem e de destino, mantendo-se a mesma proporcionalidade que ocorre nas operações com as demais mercadorias;

III – nas operações interestaduais com gás natural e seus derivados, e lubrificantes e combustíveis não incluídos no inciso I deste parágrafo, destinadas a não contribuinte, o imposto caberá ao Estado de origem;

IV – as alíquotas do imposto serão definidas mediante deliberação dos Estados e Distrito Federal, nos termos do § 2º, XII, *g*, observando-se o seguinte:

a) serão uniformes em todo o território nacional, podendo ser diferenciadas por produto;

b) poderão ser específicas, por unidade de medida adotada, ou *ad valorem*, incidindo sobre o valor da operação ou sobre o preço que o produto ou seu similar alcançaria em uma venda em condições de livre concorrência;

c) poderão ser reduzidas e restabelecidas, não se lhes aplicando o disposto no artigo 150, III, *b*.

§ 5º As regras necessárias à aplicação do disposto no § 4º, inclusive as relativas à apuração e à destinação do imposto, serão estabelecidas mediante deliberação dos Estados e do Distrito Federal, nos termos do § 2º, XII, *g*.

▸ §§ 4º e 5º acrescidos pela EC nº 33, de 11-12-2001.

§ 6º O imposto previsto no inciso III:

▸ *Caput* do § 6º acrescido pela EC nº 42, de 19-12-2003.

I – terá alíquotas mínimas fixadas pelo Senado Federal;

▸ Inciso I acrescido pela EC nº 42, de 19-12-2003.

II – poderá ter alíquotas diferenciadas em função do tipo, do valor, da utilização e do impacto ambiental;

▸ Inciso II com a redação dada pela EC nº 132, de 20-12-2023.

III – incidirá sobre a propriedade de veículos automotores terrestres, aquáticos e aéreos, excetuados:

a) ***aeronaves agrícolas e de operador certificado para prestar serviços aéreos a terceiros;***

b) ***embarcações de pessoa jurídica que detenha outorga para prestar serviços de transporte aquaviário ou de pessoa física ou jurídica que pratique pesca industrial, artesanal, científica ou de subsistência;***

c) ***plataformas suscetíveis de se locomoverem na água por meios próprios, inclusive aquelas cuja finalidade principal seja a exploração de atividades econômicas em águas territoriais e na zona econômica exclusiva e embarcações que tenham essa mesma finalidade principal;***

d) ***tratores e máquinas agrícolas.***

▸ Inciso III acrescido pela EC nº 132, de 20-12-2023.

Seção V

DOS IMPOSTOS DOS MUNICÍPIOS

Art. 156. Compete aos Municípios instituir impostos sobre:

▸ Art. 167, § 4º, desta Constituição.

I – propriedade predial e territorial urbana;

▸ Arts. 32 a 34 do CTN.

▸ Súm. nº 589 do STF.

▸ Súm. nº 399 do STJ.

II – transmissão *inter vivos*, a qualquer título, por ato oneroso, de bens imóveis, por natureza ou acessão física, e de direitos reais sobre imóveis, exceto os de garantia, bem como cessão de direitos à sua aquisição;

▸ Arts. 34 a 42 do CTN.

▸ Súm. nº 656 do STF.

III – serviços de qualquer natureza, não compreendidos no artigo 155, II, definidos em lei complementar.

▸ Inciso III com a redação dada pela EC nº 3, de 17-3-1993.

▸ LC nº 116, de 31-4-2003 (Lei do ISS).

▸ Súm. Vinc. nº 31 do STF.

▸ Súm. nº 424 do STJ.

IV – *Revogado*. EC nº 3, de 17-3-1993.

§ 1º Sem prejuízo da progressividade no tempo a que se refere o artigo 182, § 4º, inciso II, o imposto previsto no inciso I poderá:

▸ *Caput* do § 1º com a redação dada pela EC nº 29, de 13-9-2000.

▸ Arts. 182, §§ 2º e 4º, e 186 desta Constituição.

▸ Súm. nº 589 do STF.

I – ser progressivo em razão do valor do imóvel; e

II – ter alíquotas diferentes de acordo com a localização e o uso do imóvel;

▸ Incisos I e II com a redação dada pela EC nº 29, de 13-9-2000.

▸ Lei nº 10.257, de 10-7-2001 (Estatuto da Cidade).

III – ter sua base de cálculo atualizada pelo Poder Executivo, conforme critérios estabelecidos em lei municipal.

▸ Inciso III acrescido pela EC nº 132, de 20-12-2023.

§ 1º-A. O imposto previsto no inciso I do *caput* deste artigo não incide sobre templos de qualquer culto, ainda que as entidades abrangidas pela imunidade de que trata a alínea *b* do inciso VI do *caput* do art. 150 desta Constituição sejam apenas locatárias do bem imóvel.

▸ § 1º-A acrescido pela EC nº 116, de 17-2-2022.

§ 2º O imposto previsto no inciso II:

I – não incide sobre a transmissão de bens ou direitos incorporados ao patrimônio de pessoa jurídica em realização de capital, nem sobre a transmissão de bens ou direitos decorrentes de fusão, incorporação, cisão ou extinção de pessoa jurídica, salvo se, nesses casos, a atividade preponderante do adquirente for a compra e venda desses bens ou direitos, locação de bens imóveis ou arrendamento mercantil;

II – compete ao Município da situação do bem.

§ 3º Em relação ao imposto previsto no inciso III do *caput* deste artigo, cabe à lei complementar:

▸ *Caput* do § 3º com a redação dada pela EC nº 37, de 12-6-2002.

I – fixar as suas alíquotas máximas e mínimas;

▸ Inciso I com a redação dada pela EC nº 37, de 12-6-2002.

▸ Art. 88 do ADCT.

II – excluir da sua incidência exportações de serviços para o exterior;

▸ Inciso II com a redação dada pela EC nº 3, de 17-3-1993.

III – regular a forma e as condições como isenções, incentivos e benefícios fiscais serão concedidos e revogados.

▸ Inciso III acrescido pela EC nº 37, de 12-6-2002.

▸ Art. 88 do ADCT.

§ 4º *Revogado*. EC nº 3, de 17-3-1993.

SEÇÃO V-A

DO IMPOSTO DE COMPETÊNCIA COMPARTILHADA ENTRE ESTADOS, DISTRITO FEDERAL E MUNICÍPIOS

► Seção V-A acrescida pela EC nº 132, de 20-12-2023.

***Art. 156-A.** Lei complementar instituirá imposto sobre bens e serviços de competência compartilhada entre Estados, Distrito Federal e Municípios.*

§ 1º O imposto previsto no caput será informado pelo princípio da neutralidade e atenderá ao seguinte:

I – incidirá sobre operações com bens materiais ou imateriais, inclusive direitos, ou com serviços;

II – incidirá também sobre a importação de bens materiais ou imateriais, inclusive direitos, ou de serviços realizada por pessoa física ou jurídica, ainda que não seja sujeito passivo habitual do imposto, qualquer que seja a sua finalidade;

III – não incidirá sobre as exportações, assegurados ao exportador a manutenção e o aproveitamento dos créditos relativos às operações nas quais seja adquirente de bem material ou imaterial, inclusive direitos, ou serviço, observado o disposto no § 5º, III;

IV – terá legislação única e uniforme em todo o território nacional, ressalvado o disposto no inciso V;

V – cada ente federativo fixará sua alíquota própria por lei específica;

VI – a alíquota fixada pelo ente federativo na forma do inciso V será a mesma para todas as operações com bens materiais ou imateriais, inclusive direitos, ou com serviços, ressalvadas as hipóteses previstas nesta Constituição;

VII – será cobrado pelo somatório das alíquotas do Estado e do Município de destino da operação;

VIII – será não cumulativo, compensando-se o imposto devido pelo contribuinte com o montante cobrado sobre todas as operações nas quais seja adquirente de bem material ou imaterial, inclusive direito, ou de serviço, excetuadas exclusivamente as consideradas de uso ou consumo pessoal especificadas em lei complementar e as hipóteses previstas nesta Constituição;

IX – não integrará sua própria base de cálculo nem a dos tributos previstos nos arts. 153, VIII, e 195, I, b, *IV e V, e da contribuição para o Programa de Integração Social de que trata o art. 239;*

★ **Nova redação do dispositivo alterado:** "IX – não integrará sua própria base de cálculo nem a dos tributos previstos nos arts. 153, VIII, e 195, V;"

► Inciso IX acrescido pela EC nº 132, de 20-12-2023, para vigorar a partir de 2027.

★ **Nova redação do dispositivo alterado:** "IX – não integrará sua própria base de cálculo nem a dos tributos previstos nos arts. 153, VIII, e 195, V;"

► Inciso IX acrescido pela EC nº 132, de 20-12-2023, para vigorar a partir de 2033.

X – não será objeto de concessão de incentivos e benefícios financeiros ou fiscais relativos ao imposto ou de regimes específicos, diferenciados ou favorecidos de tributação, excetuadas as hipóteses previstas nesta Constituição;

XI – não incidirá nas prestações de serviço de comunicação nas modalidades de radiodifusão sonora e de sons e imagens de recepção livre e gratuita;

XII – resolução do Senado Federal fixará alíquota de referência do imposto para cada esfera federativa, nos termos de lei complementar, que será aplicada se outra não houver sido estabelecida pelo próprio ente federativo;

XIII – sempre que possível, terá seu valor informado, de forma específica, no respectivo documento fiscal.

§ 2º Para fins do disposto no § 1º, V, o Distrito Federal exercerá as competências estadual e municipal na fixação de suas alíquotas.

§ 3º Lei complementar poderá definir como sujeito passivo do imposto a pessoa que concorrer para a realização, a execução ou o pagamento da operação, ainda que residente ou domiciliada no exterior.

§ 4º Para fins de distribuição do produto da arrecadação do imposto, o Comitê Gestor do Imposto sobre Bens e Serviços:

I – reterá montante equivalente ao saldo acumulado de créditos do imposto não compensados pelos contribuintes e não ressarcidos ao final de cada período de apuração e aos valores decorrentes do cumprimento do § 5º, VIII;

II – distribuirá o produto da arrecadação do imposto, deduzida a retenção de que trata o inciso I deste parágrafo, ao ente federativo de destino das operações que não tenham gerado creditamento.

§ 5º Lei complementar disporá sobre:

I – as regras para a distribuição do produto da arrecadação do imposto, disciplinando, entre outros aspectos:

a) *a sua forma de cálculo;*
b) *o tratamento em relação às operações em que o imposto não seja recolhido tempestivamente;*
c) *as regras de distribuição aplicáveis aos regimes favorecidos, específicos e diferenciados de tributação previstos nesta Constituição;*

II – o regime de compensação, podendo estabelecer hipóteses em que o aproveitamento do crédito ficará condicionado à verificação do efetivo recolhimento do imposto incidente sobre a operação com bens materiais ou imateriais, inclusive direitos, ou com serviços, desde que:

a) *o adquirente possa efetuar o recolhimento do imposto incidente nas suas aquisições de bens ou serviços; ou*
b) *o recolhimento do imposto ocorra na liquidação financeira da operação;*

III – a forma e o prazo para ressarcimento de créditos acumulados pelo contribuinte;

IV – os critérios para a definição do destino da operação, que poderá ser, inclusive, o local da entrega, da disponibilização ou da localização do bem, o da prestação ou da disponibilização do serviço ou o do domicílio ou da localização do adquirente ou destinatário do bem ou serviço, admitidas diferenciações em razão das características da operação;

V – a forma de desoneração da aquisição de bens de capital pelos contribuintes, que poderá ser implementada por meio de:

a) *crédito integral e imediato do imposto;*
b) *diferimento; ou*
c) *redução em 100% (cem por cento) das alíquotas do imposto;*

VI – as hipóteses de diferimento e desoneração do imposto aplicáveis aos regimes aduaneiros especiais e às zonas de processamento de exportação;

VII – o processo administrativo fiscal do imposto;

VIII – as hipóteses de devolução do imposto a pessoas físicas, inclusive os limites e os beneficiários, com o objetivo de reduzir as desigualdades de renda;

IX – os critérios para as obrigações tributárias acessórias, visando à sua simplificação.

§ 6º Lei complementar disporá sobre regimes específicos de tributação para:

I – combustíveis e lubrificantes sobre os quais o imposto incidirá uma única vez, qualquer que seja a sua finalidade, hipótese em que:

a) *serão as alíquotas uniformes em todo o território nacional, específicas por unidade de medida e diferenciadas por produto, admitida a não aplicação do disposto no § 1º, V a VII;*
b) *será vedada a apropriação de créditos em relação às aquisições dos produtos de que trata este inciso destinados a distribuição, comercialização ou revenda;*
c) *será concedido crédito nas aquisições dos produtos de que trata este inciso por sujeito passivo do imposto, observado o disposto na alínea* b *e no § 1º, VIII;*

II – serviços financeiros, operações com bens imóveis, planos de assistência à saúde e concursos de prognósticos, podendo prever:

a) *alterações nas alíquotas, nas regras de creditamento e na base de cálculo, admitida, em relação aos adquirentes dos bens e serviços de que trata este inciso, a não aplicação do disposto no § 1º, VIII;*
b) *hipóteses em que o imposto incidirá sobre a receita ou o faturamento, com alíquota uniforme em todo o território nacional, admitida a não aplicação do disposto no § 1º, V a VII, e, em relação aos adquirentes dos bens e serviços de que trata este inciso, também do disposto no § 1º, VIII;*

III – sociedades cooperativas, que será optativo, com vistas a assegurar sua competitividade, observados os princípios da livre concorrência e da isonomia tributária, definindo, inclusive:

a) *as hipóteses em que o imposto não incidirá sobre as operações realizadas entre a sociedade cooperativa e seus associados, entre estes e aquela e pelas sociedades cooperativas entre si quando associadas para a consecução dos objetivos sociais;*

b) o regime de aproveitamento do crédito das etapas anteriores;

IV – serviços de hotelaria, parques de diversão e parques temáticos, agências de viagens e de turismo, bares e restaurantes, atividade esportiva desenvolvida por Sociedade Anônima do Futebol e aviação regional, podendo prever hipóteses de alterações nas alíquotas, nas bases de cálculo e nas regras de creditamento, admitida a não aplicação do disposto no § 1º, V a VIII;

V – operações alcançadas por tratado ou convenção internacional, inclusive referentes a missões diplomáticas, repartições consulares, representações de organismos internacionais e respectivos funcionários acreditados;

VI – serviços de transporte coletivo de passageiros rodoviário intermunicipal e interestadual, ferroviário e hidroviário, podendo prever hipóteses de alterações nas alíquotas e nas regras de creditamento, admitida a não aplicação do disposto no § 1º, V a VIII.

§ 7º A isenção e a imunidade:

I – não implicarão crédito para compensação com o montante devido nas operações seguintes;

II – acarretarão a anulação do crédito relativo às operações anteriores, salvo, na hipótese da imunidade, inclusive em relação ao inciso XI do § 1º, quando determinado em contrário em lei complementar.

§ 8º Para fins do disposto neste artigo, a lei complementar de que trata o caput poderá estabelecer o conceito de operações com serviços, seu conteúdo e alcance, admitida essa definição para qualquer operação que não seja classificada como operação com bens materiais ou imateriais, inclusive direitos.

§ 9º Qualquer alteração na legislação federal que reduza ou eleve a arrecadação do imposto:

I – deverá ser compensada pela elevação ou redução, pelo Senado Federal, das alíquotas de referência de que trata o § 1º, XII, de modo a preservar a arrecadação das esferas federativas, nos termos de lei complementar;

II – somente entrará em vigor com o início da produção de efeitos do ajuste das alíquotas de referência de que trata o inciso I deste parágrafo.

§ 10. Os Estados, o Distrito Federal e os Municípios poderão optar por vincular suas alíquotas à alíquota de referência de que trata o § 1º, XII.

§ 11. Projeto de lei complementar em tramitação no Congresso Nacional que reduza ou aumente a arrecadação do imposto somente será apreciado se acompanhado de estimativa de impacto no valor das alíquotas de referência de que trata o § 1º, XII.

§ 12. A devolução de que trata o § 5º, VIII, não será considerada nas bases de cálculo de que tratam os arts. 29-A, 198, § 2º, 204, parágrafo único, 212, 212-A, II, e 216, § 6º, não se aplicando a ela, ainda, o disposto no art. 158, IV, b.

§ 13. A devolução de que trata o § 5º, VIII, será obrigatória nas operações de fornecimento de energia elétrica e de gás liquefeito de petróleo ao consumidor de baixa renda, podendo a lei complementar determinar que seja calculada e concedida no momento da cobrança da operação.

Art. 156-B. Os Estados, o Distrito Federal e os Municípios exercerão de forma integrada, exclusivamente por meio do Comitê Gestor do Imposto sobre Bens e Serviços, nos termos e limites estabelecidos nesta Constituição e em lei complementar, as seguintes competências administrativas relativas ao imposto de que trata o art. 156-A:

I – editar regulamento único e uniformizar a interpretação e a aplicação da legislação do imposto;

II – arrecadar o imposto, efetuar as compensações e distribuir o produto da arrecadação entre Estados, Distrito Federal e Municípios;

III – decidir o contencioso administrativo.

§ 1º O Comitê Gestor do Imposto sobre Bens e Serviços, entidade pública sob regime especial, terá independência técnica, administrativa, orçamentária e financeira.

§ 2º Na forma da lei complementar:

I – os Estados, o Distrito Federal e os Municípios serão representados, de forma paritária, na instância máxima de deliberação do Comitê Gestor do Imposto sobre Bens e Serviços;

II – será assegurada a alternância na presidência do Comitê Gestor entre o conjunto dos Estados e o Distrito Federal e o conjunto dos Municípios e o Distrito Federal;

III – o Comitê Gestor será financiado por percentual do produto da arrecadação do imposto destinado a cada ente federativo;

IV – o controle externo do Comitê Gestor será exercido pelos Estados, pelo Distrito Federal e pelos Municípios;

V – a fiscalização, o lançamento, a cobrança, a representação administrativa e a representação judicial relativos ao imposto serão realizados, no âmbito de suas respectivas competências, pelas administrações tributárias e procuradorias dos Estados, do Distrito Federal e dos Municípios, que poderão definir hipóteses de delegação ou de compartilhamento de competências, cabendo ao Comitê Gestor a coordenação dessas atividades administrativas com vistas à integração entre os entes federativos;

VI – as competências exclusivas das carreiras da administração tributária e das procuradorias dos Estados, do Distrito Federal e dos Municípios serão exercidas, no Comitê Gestor e na representação deste, por servidores das referidas carreiras;

VII – serão estabelecidas a estrutura e a gestão do Comitê Gestor, cabendo ao regimento interno dispor sobre sua organização e funcionamento.

§ 3º A participação dos entes federativos na instância máxima de deliberação do Comitê Gestor do Imposto sobre Bens e Serviços observará a seguinte composição:

I – 27 (vinte e sete) membros, representando cada Estado e o Distrito Federal;

II – 27 (vinte e sete) membros, representando o conjunto dos Municípios e do Distrito Federal, que serão eleitos nos seguintes termos:

a) 14 (quatorze) representantes, com base nos votos de cada Município, com valor igual para todos; e

b) 13 (treze) representantes, com base nos votos de cada Município ponderados pelas respectivas populações.

§ 4º As deliberações no âmbito do Comitê Gestor do Imposto sobre Bens e Serviços serão consideradas aprovadas se obtiverem, cumulativamente, os votos:

I – em relação ao conjunto dos Estados e do Distrito Federal:

a) da maioria absoluta de seus representantes; e

b) de representantes dos Estados e do Distrito Federal que correspondam a mais de 50% (cinquenta por cento) da população do País; e

II – em relação ao conjunto dos Municípios e do Distrito Federal, da maioria absoluta de seus representantes.

§ 5º O Presidente do Comitê Gestor do Imposto sobre Bens e Serviços deverá ter notórios conhecimentos de administração tributária.

§ 6º O Comitê Gestor do Imposto sobre Bens e Serviços, a administração tributária da União e a Procuradoria-Geral da Fazenda Nacional compartilharão informações fiscais relacionadas aos tributos previstos nos arts. 156-A e 195, V, e atuarão com vistas a harmonizar normas, interpretações, obrigações acessórias e procedimentos a eles relativos.

§ 7º O Comitê Gestor do Imposto sobre Bens e Serviços e a administração tributária da União poderão implementar soluções integradas para a administração e cobrança dos tributos previstos nos arts. 156-A e 195, V.

§ 8º Lei complementar poderá prever a integração do contencioso administrativo relativo aos tributos previstos nos arts. 156-A e 195, V.

► Arts. 156-A e 156-B acrescidos pela EC nº 132, de 20-12-2023.

SEÇÃO VI
DA REPARTIÇÃO DAS RECEITAS TRIBUTÁRIAS

Art. 157. Pertencem aos Estados e ao Distrito Federal:

► Art. 167, § 4º, desta Constituição.

► Art. 107, § 6º, I, do ADCT.

I – o produto da arrecadação do imposto da União sobre renda e proventos de qualquer natureza, incidente na fonte, sobre rendimentos pagos, a qualquer título, por eles, suas autarquias e pelas fundações que instituírem e mantiverem;

▶ Art. 159, § 1º, desta Constituição.

▶ Art. 76, § 1º, do ADCT.

▶ Súm. nº 447 do STJ.

II – vinte por cento do produto da arrecadação do imposto que a União instituir no exercício da competência que lhe é atribuída pelo artigo 154, I.

▶ Art. 72, § 3º, do ADCT.

Art. 158. Pertencem aos Municípios:

▶ Art. 167, IV, desta Constituição.

▶ Art. 104, IV, do ADCT.

▶ LC nº 63, de 11-1-1990, dispõe sobre critérios e prazos de crédito das parcelas do produto da arrecadação de impostos de competência dos Estados e de transferências por estes recebidas, pertencentes aos Municípios.

I – o produto da arrecadação do imposto da União sobre renda e proventos de qualquer natureza, incidente na fonte, sobre rendimentos pagos, a qualquer título, por eles, suas autarquias e pelas fundações que instituírem e mantiverem;

▶ Art. 159, § 1º, desta Constituição.

▶ Arts. 76, § 1º, e 107, § 6º, I, do ADCT.

III – 50% (cinquenta por cento) do produto da arrecadação do imposto do Estado sobre a propriedade de veículos automotores licenciados em seus territórios e, em relação a veículos aquáticos e aéreos, cujos proprietários sejam domiciliados em seus territórios;

▶ Inciso III com a redação dada pela EC nº 132, de 20-12-2023.

▶ Arts. 76, § 1º, e 107, § 6º, I, do ADCT.

▶ Súm. nº 139 do STJ.

III – cinquenta por cento do produto da arrecadação do imposto do Estado sobre a propriedade de veículos automotores licenciados em seus territórios;

▶ Art. 1º da LC nº 63, de 11-1-1990, que dispõe sobre critérios e prazos de crédito das parcelas do produto da arrecadação de impostos de competência dos Estados e de transferências por estes recebidas, pertencentes aos Municípios.

IV – 25% (vinte e cinco por cento):

▶ *Caput* do inciso IV com a redação dada pela EC nº 132, de 20-12-2023.

a) do produto da arrecadação do imposto do Estado sobre operações relativas à circulação de mercadorias e sobre prestações de serviços de transporte interestadual e intermunicipal e de comunicação;

b) do produto da arrecadação do imposto previsto no art. 156-A distribuída aos Estados.

▶ Alíneas *a* e *b* acrescidas pela EC nº 132, de 20-12-2023.

▶ Arts. 60, § 2º, e 82, § 1º, do ADCT.

▶ Art. 1º da LC nº 63, de 11-1-1990, que dispõe sobre critérios e prazos de crédito das parcelas do produto da arrecadação de impostos de competência dos Estados e de transferências por estes recebidas, pertencentes aos Municípios.

§ 1º As parcelas de receita pertencentes aos Municípios mencionadas no inciso IV, a, serão creditadas conforme os seguintes critérios:

I – 65% (sessenta e cinco por cento), no mínimo, na proporção do valor adicionado nas operações relativas à circulação de mercadorias e nas prestações de serviços, realizadas em seus territórios;

II – até 35% (trinta e cinco por cento), de acordo com o que dispuser lei estadual, observada, obrigatoriamente, a distribuição de, no mínimo, 10 (dez) pontos percentuais com base em indicadores de melhoria nos resultados de aprendizagem e de aumento da equidade, considerado o nível socioeconômico dos educandos.

▶ Parágrafo único transformado em § 1º e com a redação do *caput* dada pela EC nº 132, de 20-12-2023.

▶ Art. 3º da EC nº 108, de 26-8-2020, que estabelece que os Estados terão prazo de 2 (dois) anos, contados da data de promulgação desta Emenda, para aprovar a lei estadual prevista neste inciso.

§ 2º As parcelas de receita pertencentes aos Municípios mencionadas no inciso IV, b, serão creditadas conforme os seguintes critérios:

I – 80% (oitenta por cento) na proporção da população;

II – 10% (dez por cento) com base em indicadores de melhoria nos resultados de aprendizagem e de aumento da equidade, considerado o nível socioeconômico dos educandos, de acordo com o que dispuser lei estadual;

III – 5% (cinco por cento) com base em indicadores de preservação ambiental, de acordo com o que dispuser lei estadual;

IV – 5% (cinco por cento) em montantes iguais para todos os Municípios do Estado.

- § 2º acrescido pela EC nº 132, de 20-12-2023.

Art. 159. A União entregará:

- Art. 167, IV, desta Constituição.
- Arts. 72, §§ 2º e 4º, 80, § 1º, e 107, § 6º, I, do ADCT.
- LC nº 62, de 28-12-1989, dispõe sobre normas para cálculo, entrega e controle de liberações de recursos dos Fundos de Participação.

I – do produto da arrecadação dos impostos sobre renda e proventos de qualquer natureza e sobre produtos industrializados e do imposto previsto no art. 153, VIII, 50% (cinquenta por cento), da seguinte forma:

- *Caput* do inciso I com a redação dada pela EC nº 132, de 20-12-2023.
- Art. 3º da EC nº 17, de 22-11-1997.
- Art. 60, II, do ADCT.

a) vinte e um inteiros e cinco décimos por cento ao Fundo de Participação dos Estados e do Distrito Federal;

- Arts. 34, § 2º, II e 60, § 2º, 76, § 1º, do ADCT.
- LC nº 62, de 28-12-1989, estabelece normas sobre o cálculo, a entrega e o controle das liberações dos recursos dos fundos de participação dos Estados, do Distrito Federal e dos Municípios.

b) vinte e dois inteiros e cinco décimos por cento ao Fundo de Participação dos Municípios;

- Art. 76, § 1º, do ADCT.
- LC nº 62, de 28-12-1989, estabelece normas sobre o cálculo, a entrega e o controle das liberações dos recursos dos fundos de participação dos Estados, do Distrito Federal e dos Municípios.
- LC nº 91, de 22-12-1997, dispõe sobre a fixação dos coeficientes do Fundo de Participação dos Municípios.

c) três por cento, para aplicação em programas de financiamento ao setor produtivo das Regiões Norte, Nordeste e Centro-Oeste, através de suas instituições financeiras de caráter regional, de acordo com os planos regionais de desenvolvimento, ficando assegurada ao semiárido do Nordeste a metade dos recursos destinados à Região, na forma que a lei estabelecer;

- Lei nº 7.827, de 22-9-1989, regulamenta esta alínea.

d) um por cento ao Fundo de Participação dos Municípios, que será entregue no primeiro decêndio do mês de dezembro de cada ano;

- Alínea *d* acrescida pela EC nº 55, de 20-9-2007.
- Art. 2º da EC nº 55, de 20-9-2007, que estabelece que as alterações inseridas neste artigo somente se aplicam sobre a arrecadação dos impostos sobre renda e proventos de qualquer natureza e sobre produtos industrializados realizada a partir de 1º-9-2007.

e) 1% (um por cento) ao Fundo de Participação dos Municípios, que será entregue no primeiro decêndio do mês de julho de cada ano;

- Alínea *e* acrescida pela EC nº 84, de 2-12-2014.
- Art. 2º da EC nº 84, de 2-12-2014, que estabelece o aumento da entrega de recursos pela União para o Fundo de Participação dos Municípios.

f) 1% (um por cento) ao Fundo de Participação dos Municípios, que será entregue no primeiro decêndio do mês de setembro de cada ano;

- Alínea *f* acrescida pela EC nº 112, de 27-10-2021, para vigorar na data de sua publicação (*DOU* de 28-10-2021), produzindo efeitos financeiros a partir de 1º de janeiro do exercício subsequente.
- Art. 2º da EC nº 112, de 27-10-2021, que disciplina a distribuição de recursos pela União ao Fundo de Participação dos Municípios.

II – do produto da arrecadação do imposto sobre produtos industrializados e do imposto previsto no art. 153, VIII, 10% (dez por cento) aos Estados e ao Distrito Federal, proporcionalmente ao valor das respectivas exportações de produtos industrializados;

- Arts. 60, § 2º, e 76, § 1º, do ADCT.
- Art. 1º da LC nº 63, de 11-1-1990, que dispõe sobre critérios e prazos de crédito das parcelas do produto da arrecadação de impostos de competência dos Estados e de transferências por estes recebidas, pertencentes aos Municípios.
- Lei nº 8.016, de 8-4-1990, dispõe sobre a entrega das quotas de participação dos Estados e do Distrito Federal na arrecadação do Imposto sobre Produtos Industrializados – IPI, a que se refere este inciso.

III – do produto da arrecadação da contribuição de intervenção no domínio econômico prevista no art. 177, § 4º, 29% (vinte e nove por cento) para os Estados e o

Distrito Federal, distribuídos na forma da lei, observadas as destinações a que se referem as alíneas* c *e* d *do inciso II do referido parágrafo.

▸ Incisos II e III com a redação dada pela EC nº 132, de 20-12-2023.

▸ Art. 93 do ADCT.

§ 1º Para efeito de cálculo da entrega a ser efetuada de acordo com o previsto no inciso I, excluir-se-á a parcela da arrecadação do imposto de renda e proventos de qualquer natureza pertencente aos Estados, ao Distrito Federal e aos Municípios, nos termos do disposto nos artigos 157, I, e 158, I.

§ 2º A nenhuma unidade federada poderá ser destinada parcela superior a vinte por cento do montante a que se refere o inciso II, devendo o eventual excedente ser distribuído entre os demais participantes, mantido, em relação a esses, o critério de partilha nele estabelecido.

▸ LC nº 61, de 26-12-1989, dispõe sobre normas para participação dos Estados e do Distrito Federal no produto de arrecadação do Imposto sobre Produtos Industrializados – IPI, relativamente às exportações.

§ 3º Os Estados entregarão aos respectivos Municípios 25% (vinte e cinco por cento) dos recursos que receberem nos termos do inciso II do caput deste artigo, observados os critérios estabelecidos no art. 158, § 1º, para a parcela relativa ao imposto sobre produtos industrializados, e no art. 158, § 2º, para a parcela relativa ao imposto previsto no art. 153, VIII.

▸ § 3º com a redação dada pela EC nº 132, de 20-12-2023.

⋆ **Nova redação do dispositivo alterado:** "§ 3º Os Estados entregarão aos respectivos Municípios 25% (vinte e cinco por cento) dos recursos que receberem nos termos do inciso II do *caput* deste artigo, observados os critérios estabelecidos no art. 158, § 2º."

▸ § 3º com a redação dada pela EC nº 132, de 20-12-2023, para vigorar a partir de 2033.

▸ LC nº 63, de 11-1-1990, dispõe sobre critérios e prazos de crédito das parcelas do produto da arrecadação de impostos de competência dos Estados e de transferências por estes recebidas, pertencentes aos Municípios.

§ 4º Do montante de recursos de que trata o inciso III que cabe a cada Estado, vinte e cinco por cento serão destinados aos seus Municípios, na forma da lei a que se refere o mencionado inciso.

▸ § 4º acrescido pela EC nº 42, de 19-12-2003.

▸ Art. 93 do ADCT.

Art. 159-A. Fica instituído o Fundo Nacional de Desenvolvimento Regional, com o objetivo de reduzir as desigualdades regionais e sociais, nos termos do art. 3º, III, mediante a entrega de recursos da União aos Estados e ao Distrito Federal para:

I – realização de estudos, projetos e obras de infraestrutura;

II – fomento a atividades produtivas com elevado potencial de geração de emprego e renda, incluindo a concessão de subvenções econômicas e financeiras; e

III – promoção de ações com vistas ao desenvolvimento científico e tecnológico e à inovação.

§ 1º É vedada a retenção ou qualquer restrição ao recebimento dos recursos de que trata o caput.

§ 2º Na aplicação dos recursos de que trata o caput, os Estados e o Distrito Federal priorizarão projetos que prevejam ações de sustentabilidade ambiental e redução das emissões de carbono.

§ 3º Observado o disposto neste artigo, caberá aos Estados e ao Distrito Federal a decisão quanto à aplicação dos recursos de que trata o caput.

§ 4º Os recursos de que trata o caput serão entregues aos Estados e ao Distrito Federal de acordo com coeficientes individuais de participação, calculados com base nos seguintes indicadores e com os seguintes pesos:

I – população do Estado ou do Distrito Federal, com peso de 30% (trinta por cento);

II – coeficiente individual de participação do Estado ou do Distrito Federal nos recursos de que trata o art. 159, I, a, da Constituição Federal, com peso de 70% (setenta por cento).

§ 5º O Tribunal de Contas da União será o órgão responsável por regulamentar e calcular os coeficientes individuais de participação de que trata o § 4º.

▸ Art. 159-A acrescido pela EC nº 132, de 20-12-2023.

Art. 160. É vedada a retenção ou qualquer restrição à entrega e ao emprego dos recursos atribuídos, nesta seção, aos Estados, ao Distrito Federal e aos Municípios, neles compreendidos adicionais e acréscimos relativos a impostos.

▸ Art. 3º da EC nº 17, de 22-11-1997.

§ 1º A vedação prevista neste artigo não impede a União e os Estados de condicionarem a entrega de recursos:

I – ao pagamento de seus créditos, inclusive de suas autarquias;

II – ao cumprimento do disposto no artigo 198, § 2º, incisos II e III.

▸ Parágrafo único renumerado para § 1º pela EC nº 113, de 8-12-2021.

§ 2º Os contratos, os acordos, os ajustes, os convênios, os parcelamentos ou as renegociações de débitos de qualquer espécie, inclusive tributários, firmados pela União com os entes federativos conterão cláusulas para autorizar a dedução dos valores devidos dos montantes a serem repassados relacionados às respectivas cotas nos Fundos de Participação ou aos precatórios federais.

▸ § 2º acrescido pela EC nº 113, de 8-12-2021.

Art. 161. Cabe à lei complementar:

I – definir valor adicionado para fins do disposto no art. 158, § 1º, I;

▸ Inciso I com a redação dada pela EC nº 132, de 20-12-2023.

▸ LC nº 63, de 11-1-1990, dispõe sobre critérios e prazos de crédito das parcelas do produto da arrecadação de impostos de competência dos Estados e de transferências por estes recebidas, pertencentes aos Municípios.

II – estabelecer normas sobre a entrega dos recursos de que trata o artigo 159, especialmente sobre os critérios de rateio dos fundos previstos em seu inciso I, objetivando promover o equilíbrio socioeconômico entre Estados e entre Municípios;

▸ Art. 34, § 2º, do ADCT.

▸ LC nº 62, de 28-12-1989, estabelece normas sobre o cálculo, a entrega e o controle das liberações dos recursos dos fundos de participação dos Estados, do Distrito Federal e dos Municípios.

III – dispor sobre o acompanhamento, pelos beneficiários, do cálculo das quotas e da liberação das participações previstas nos artigos 157, 158 e 159.

▸ LC nº 62, de 28-12-1989, estabelece normas sobre o cálculo, a entrega e o controle das liberações dos recursos dos fundos de participação dos Estados, do Distrito Federal e dos Municípios.

Parágrafo único. O Tribunal de Contas da União efetuará o cálculo das quotas referentes aos fundos de participação a que alude o inciso II.

Art. 162. A União, os Estados, o Distrito Federal e os Municípios divulgarão, até o último dia do mês subsequente ao da arrecadação, os montantes de cada um dos tributos arrecadados, os recursos recebidos, os valores de origem tributária entregues e a entregar e a expressão numérica dos critérios de rateio.

Parágrafo único. Os dados divulgados pela União serão discriminados por Estado e por Município; os dos Estados, por Município.

CAPÍTULO II

DAS FINANÇAS PÚBLICAS

SEÇÃO I

NORMAS GERAIS

Art. 163. Lei complementar disporá sobre:

▸ Art. 30 da EC nº 19, de 4-6-1998.

▸ Lei nº 4.320, de 17-3-1964, estatui normas gerais de direito financeiro para elaboração e controle dos orçamentos e balanços da União, dos Estados, dos Municípios e do Distrito Federal.

▸ Lei nº 6.830, de 22-9-1980 (Lei das Execuções Fiscais).

I – finanças públicas;

▸ LC nº 101, de 4-5-2000 (Lei da Responsabilidade Fiscal).

II – dívida pública externa e interna, incluída a das autarquias, fundações e demais entidades controladas pelo Poder Público;

▸ Lei nº 8.388, de 30-12-1991, estabelece diretrizes para que a União possa realizar a consolidação e o reescalonamento de dívidas das administrações direta e indireta dos Estados, do Distrito Federal e dos Municípios.

III – concessão de garantias pelas entidades públicas;

IV – emissão e resgate de títulos da dívida pública;

▸ Art. 34, § 2º, I, do ADCT.

V – fiscalização financeira da administração pública direta e indireta;

▸ Inciso V com a redação dada pela EC nº 40, de 29-5-2003.

▸ Lei nº 4.595, de 31-12-1964 (Lei do Sistema Financeiro Nacional).

VI – operações de câmbio realizadas por órgãos e entidades da União, dos Estados, do Distrito Federal e dos Municípios;

▸ Lei nº 4.131, de 3-9-1962, disciplina a aplicação do capital estrangeiro e as remessas de valores para o exterior.

▸ Dec.-lei nº 9.025, de 27-2-1946, dispõe sobre as operações de cambio e regulamenta o retorno de capitais estrangeiros.

▸ Dec.-lei nº 9.602, de 16-8-1946, e Lei nº 1.807, de 7-1-1953, dispõem sobre operações de câmbio.

VII – compatibilização das funções das instituições oficiais de crédito da União, resguardadas as características e condições operacionais plenas das voltadas ao desenvolvimento regional;

▸ Art. 30 da EC nº 19, de 4-6-1998 (Reforma Administrativa).

▸ LC nº 101, de 4-5-2000 (Lei da Responsabilidade Fiscal).

▸ Lei nº 4.595, de 31-12-1964 (Lei do Sistema Financeiro Nacional).

VIII – sustentabilidade da dívida, especificando:

a) indicadores de sua apuração;

b) níveis de compatibilidade dos resultados fiscais com a trajetória da dívida;

c) trajetória de convergência do montante da dívida com os limites definidos em legislação;

d) medidas de ajuste, suspensões e vedações;

e) planejamento de alienação de ativos com vistas à redução do montante da dívida.

▸ Inciso VIII acrescido pela EC nº 109, de 15-3-2021.

Parágrafo único. A lei complementar de que trata o inciso VIII do *caput* deste artigo pode autorizar a aplicação das vedações previstas no art. 167-A desta Constituição.

▸ Parágrafo único acrescido pela EC nº 109, de 15-3-2021.

Art. 163-A. A União, os Estados, o Distrito Federal e os Municípios disponibilizarão suas informações e dados contábeis, orçamentários e fiscais, conforme periodicidade, formato e sistema estabelecidos pelo órgão central de contabilidade da União, de forma a garantir a rastreabilidade, a comparabilidade e a publicidade dos dados coletados, os quais deverão ser divulgados em meio eletrônico de amplo acesso público.

▸ Art. 163-A acrescido pela EC nº 108, de 26-8-2020.

Art. 164. A competência da União para emitir moeda será exercida exclusivamente pelo Banco Central.

§ 1º É vedado ao Banco Central conceder, direta ou indiretamente, empréstimos ao Tesouro Nacional e a qualquer órgão ou entidade que não seja instituição financeira.

§ 2º O Banco Central poderá comprar e vender títulos de emissão do Tesouro Nacional, com o objetivo de regular a oferta de moeda ou a taxa de juros.

§ 3º As disponibilidades de caixa da União serão depositadas no Banco Central; as dos Estados, do Distrito Federal, dos Municípios e dos órgãos ou entidades do Poder Público e das empresas por ele controladas, em instituições financeiras oficiais, ressalvados os casos previstos em lei.

Art. 164-A. A União, os Estados, o Distrito Federal e os Municípios devem conduzir suas políticas fiscais de forma a manter a dívida pública em níveis sustentáveis, na forma da lei complementar referida no inciso VIII do *caput* do art. 163 desta Constituição.

Parágrafo único. A elaboração e a execução de planos e orçamentos devem refletir a compatibilidade dos indicadores fiscais com a sustentabilidade da dívida.

▸ Art. 164-A acrescido pela EC nº 109, de 15-3-2021.

Seção II

DOS ORÇAMENTOS

Art. 165. Leis de iniciativa do Poder Executivo estabelecerão:

I – o plano plurianual;

II – as diretrizes orçamentárias;

III – os orçamentos anuais.

§ 1º A lei que instituir o plano plurianual estabelecerá, de forma regionalizada, as diretrizes, os objetivos e metas da administração pública federal para as despesas de capital e outras delas decorrentes e para as relativas aos programas de duração continuada.

§ 2º A lei de diretrizes orçamentárias compreenderá as metas e prioridades da administração pública federal, estabelecerá as diretrizes de política fiscal e respectivas metas, em consonância com trajetória sustentável da dívida pública, orientará a elaboração da lei orçamentária anual, disporá sobre as alterações na legislação tributária e estabelecerá a política de aplicação das agências financeiras oficiais de fomento.

► § 2º com a redação dada pela EC nº 109, de 15-3-2021.

► Art. 4º da LC nº 101, de 4-5-2000 (Lei da Responsabilidade Fiscal).

§ 3º O Poder Executivo publicará, até trinta dias após o encerramento de cada bimestre, relatório resumido da execução orçamentária.

► Art. 5º, II, da EC nº 106, de 7-5-2020.

§ 4º Os planos e programas nacionais, regionais e setoriais previstos nesta Constituição serão elaborados em consonância com o plano plurianual e apreciados pelo Congresso Nacional.

► Lei nº 9.491, de 9-9-1997, altera procedimentos relativos ao Programa Nacional de Desestatização.

§ 5º A lei orçamentária anual compreenderá:

I – o orçamento fiscal referente aos Poderes da União, seus fundos, órgãos e entidades da administração direta e indireta, inclusive fundações instituídas e mantidas pelo Poder Público;

II – o orçamento de investimento das empresas em que a União, direta ou indiretamente, detenha a maioria do capital social com direito a voto;

III – o orçamento da seguridade social, abrangendo todas as entidades e órgãos a ela vinculados, da administração direta ou indireta, bem como os fundos e fundações instituídos e mantidos pelo Poder Público.

§ 6º O projeto de lei orçamentária será acompanhado de demonstrativo regionalizado do efeito, sobre as receitas e despesas, decorrente de isenções, anistias, remissões, subsídios e benefícios de natureza financeira, tributária e creditícia.

§ 7º Os orçamentos previstos no § 5º, I e II, deste artigo, compatibilizados com o plano plurianual, terão entre suas funções a de reduzir desigualdades inter-regionais, segundo critério populacional.

► Art. 35 do ADCT.

§ 8º A lei orçamentária anual não conterá dispositivo estranho à previsão da receita e à fixação da despesa, não se incluindo na proibição a autorização para abertura de créditos suplementares e contratação de operações de crédito, ainda que por antecipação de receita, nos termos da lei.

► Art. 167, IV, desta Constituição.

§ 9º Cabe à lei complementar:

► Art. 168 desta Constituição.

► Art. 35, § 2º, do ADCT.

► Lei nº 4.320, de 17-3-1964, estatui normas gerais de direito financeiro para elaboração e controle dos orçamentos e balanços da União, dos Estados, dos Municípios e do Distrito Federal.

► Dec.-lei nº 200, de 25-2-1967, dispõe sobre a organização da Administração Federal, estabelece diretrizes para a Reforma Administrativa.

I – dispor sobre o exercício financeiro, a vigência, os prazos, a elaboração e a organização do plano plurianual, da lei de diretrizes orçamentárias e da lei orçamentária anual;

II – estabelecer normas de gestão financeira e patrimonial da administração direta e indireta, bem como condições para a instituição e funcionamento de fundos;

► Arts. 35, § 2º, 71, § 1º, e 81, § 3º, do ADCT.

► LC nº 89, de 18-2-1997, institui o Fundo para Aparelhamento e Operacionalização das Atividades-fim da Polícia Federal – FUNAPOL.

► LC nº 101, de 4-5-2000 (Lei da Responsabilidade Fiscal).

III – dispor sobre critérios para a execução equitativa, além de procedimentos que serão adotados quando houver impedimentos legais e técnicos, cumprimento de restos a pagar e limitação das programações de caráter obrigatório, para a realização do disposto nos §§ 11 e 12 do art. 166.

► Inciso III com a redação dada pela EC nº 100, de 26-6-2019, para vigorar na data de sua publicação (*DOU* de 27-6-2019), produzindo efeitos a partir da execução orçamentária do exercício financeiro subsequente.

§ 10. A administração tem o dever de executar as programações orçamentárias, adotando os meios e as medidas necessários, com o propósito de garantir a efetiva entrega de bens e serviços à sociedade.

► § 10 acrescido pela EC nº 100, de 26-6-2019, para vigorar na data de sua publicação (*DOU* de 27-6-2019), produzindo efeitos a partir da execução orçamentária do exercício financeiro subsequente.

§ 11. O disposto no § 10 deste artigo, nos termos da lei de diretrizes orçamentárias:

I – subordina-se ao cumprimento de dispositivos constitucionais e legais que estabeleçam metas fiscais ou limites de despesas e não impede o cancelamento necessário à abertura de créditos adicionais;

II – não se aplica nos casos de impedimentos de ordem técnica devidamente justificados;

III – aplica-se exclusivamente às despesas primárias discricionárias.

§ 12. Integrará a lei de diretrizes orçamentárias, para o exercício a que se refere e, pelo menos, para os 2 (dois) exercícios subsequentes, anexo com previsão de agregados fiscais e a proporção dos recursos para investimentos que serão alocados na lei orçamentária anual para a continuidade daqueles em andamento.

§ 13. O disposto no inciso III do § 9º e nos §§ 10, 11 e 12 deste artigo aplica-se exclusivamente aos orçamentos fiscal e da seguridade social da União.

§ 14. A lei orçamentária anual poderá conter previsões de despesas para exercícios seguintes, com a especificação dos investimentos plurianuais e daqueles em andamento.

§ 15. A União organizará e manterá registro centralizado de projetos de investimento contendo, por Estado ou Distrito Federal, pelo menos, análises de viabilidade, estimativas de custos e informações sobre a execução física e financeira.

▸ §§ 11 a 15 acrescidos pela EC nº 102, de 26-9-2019, para vigorar na data de sua publicação (*DOU* de 27-9-2019), produzindo efeitos a partir da execução orçamentária do exercício financeiro subsequente.

§ 16. As leis de que trata este artigo devem observar, no que couber, os resultados do monitoramento e da avaliação das políticas públicas previstos no § 16 do art. 37 desta Constituição.

▸ § 16 acrescido pela EC nº 109, de 15-3-2021.

Art. 166. Os projetos de lei relativos ao plano plurianual, às diretrizes orçamentárias, ao orçamento anual e aos créditos adicionais serão apreciados pelas duas Casas do Congresso Nacional, na forma do regimento comum.

§ 1º Caberá a uma Comissão mista permanente de Senadores e Deputados:

I – examinar e emitir parecer sobre os projetos referidos neste artigo e sobre as contas apresentadas anualmente pelo Presidente da República;

II – examinar e emitir parecer sobre os planos e programas nacionais, regionais e setoriais previstos nesta Constituição e exercer o acompanhamento e a fiscalização orçamentária, sem prejuízo da atuação das demais comissões do Congresso Nacional e de suas Casas, criadas de acordo com o artigo 58.

§ 2º As emendas serão apresentadas na Comissão mista, que sobre elas emitirá parecer, e apreciadas, na forma regimental, pelo Plenário das duas Casas do Congresso Nacional.

§ 3º As emendas ao projeto de lei do orçamento anual ou aos projetos que o modifiquem somente podem ser aprovadas caso:

I – sejam compatíveis com o plano plurianual e com a lei de diretrizes orçamentárias;

II – indiquem os recursos necessários, admitidos apenas os provenientes de anulação de despesa, excluídas as que incidam sobre:

a) dotações para pessoal e seus encargos;

b) serviço da dívida;

c) transferências tributárias constitucionais para Estados, Municípios e Distrito Federal; ou

III – sejam relacionadas:

a) com a correção de erros ou omissões; ou

b) com os dispositivos do texto do projeto de lei.

§ 4º As emendas ao projeto de lei de diretrizes orçamentárias não poderão ser aprovadas quando incompatíveis com o plano plurianual.

▸ Art. 63, I, desta Constituição.

§ 5º O Presidente da República poderá enviar mensagem ao Congresso Nacional para propor modificação nos projetos a que se refere este artigo enquanto não iniciada a votação, na Comissão mista, da parte cuja alteração é proposta.

§ 6º Os projetos de lei do plano plurianual, das diretrizes orçamentárias e do orçamento anual serão enviados pelo Presidente da República ao Congresso Nacional, nos termos da lei complementar a que se refere o artigo 165, § 9º.

§ 7º Aplicam-se aos projetos mencionados neste artigo, no que não contrariar o disposto nesta seção, as demais normas relativas ao processo legislativo.

§ 8º Os recursos que, em decorrência de veto, emenda ou rejeição do projeto de lei orçamentária anual, ficarem sem despesas correspondentes poderão ser utilizados, conforme o caso, mediante créditos especiais ou suplementares, com prévia e específica autorização legislativa.

§ 9º As emendas individuais ao projeto de lei orçamentária serão aprovadas no limite de 2% (dois por cento) da receita corrente líquida do exercício anterior ao do encaminhamento do projeto, observado que a metade desse percentual será destinada a ações e serviços públicos de saúde.

- § 9º com a redação dada pela EC nº 126, de 21-12-2022.
- Art. 111 do ADCT.

§ 9º-A. Do limite a que se refere o § 9º deste artigo, 1,55% (um inteiro e cinquenta e cinco centésimos por cento) caberá às emendas de Deputados e 0,45% (quarenta e cinco centésimos por cento) às de Senadores.

- § 9º-A acrescido pela EC nº 126, de 21-12-2022.

§ 10. A execução do montante destinado a ações e serviços públicos de saúde previsto no § 9º, inclusive custeio, será computada para fins do cumprimento do inciso I do § 2º do art. 198, vedada a destinação para pagamento de pessoal ou encargos sociais.

- § 10 acrescido pela EC nº 86, de 17-3-2015.

§ 11. É obrigatória a execução orçamentária e financeira das programações oriundas de emendas individuais, em montante correspondente ao limite a que se refere o § 9º deste artigo, conforme os critérios para a execução equitativa da programação definidos na lei complementar prevista no § 9º do art. 165 desta Constituição, observado o disposto no § 9º-A deste artigo.

- § 11 com a redação dada pela EC nº 126, de 21-12-2022.
- Art. 111 do ADCT.

§ 12. A garantia de execução de que trata o § 11 deste artigo aplica-se também às programações incluídas por todas as emendas de iniciativa de bancada de parlamentares de Estado ou do Distrito Federal, no montante de até 1% (um por cento) da receita corrente líquida realizada no exercício anterior.

- Art. 2º da EC nº 100, de 26-6-2019, que determina que o montante previsto neste parágrafo será de 0,8% (oito décimos por cento) no exercício subsequente ao da promulgação da referida Emenda Constitucional (*DOU* de 27-6-2019).
- Art. 3º da EC nº 100, de 26-6-2019, que determina que a partir do 3º (terceiro) ano posterior à promulgação da referida Emenda Constitucional até o último exercício de vigência do regime previsto na EC nº 95, de 15-12-2016, a execução prevista neste parágrafo corresponderá ao montante de execução obrigatória para o exercício anterior, corrigido na forma estabelecida no inciso II do § 1º do art. 107 do ADCT.

§ 13. As programações orçamentárias previstas nos §§ 11 e 12 deste artigo não serão de execução obrigatória nos casos dos impedimentos de ordem técnica.

- §§ 12 e 13 com a redação dada pela EC nº 100, de 26-6-2019, para vigorar na data de sua publicação (*DOU* de 27-6-2019), produzindo efeitos a partir da execução orçamentária do exercício financeiro subsequente.

§ 14. Para fins de cumprimento do disposto nos §§ 11 e 12 deste artigo, os órgãos de execução deverão observar, nos termos da lei de diretrizes orçamentárias, cronograma para análise e verificação de eventuais impedimentos das programações e demais procedimentos necessários à viabilização da execução dos respectivos montantes.

- *Caput* do § 14 com a redação dada pela EC nº 100, de 26-6-2019, para vigorar na data de sua publicação (*DOU* de 27-6-2019), produzindo efeitos a partir da execução orçamentária do exercício financeiro subsequente.

I a IV – *Revogados*. EC nº 100, de 26-6-2019, para vigorar na data de sua publicação (*DOU* de 27-6-2019), produzindo efeitos a partir da execução orçamentária do exercício financeiro subsequente.

§ 15. *Revogado*. EC nº 100, de 26-6-2019, para vigorar na data de sua publicação (*DOU* de 27-6-2019), produzindo efeitos a partir da execução orçamentária do exercício financeiro subsequente.

§ 16. Quando a transferência obrigatória da União para a execução da programação prevista nos §§ 11 e 12 deste artigo for destinada a Estados, ao Distrito Federal e a Municípios, independerá da adimplência do ente federativo destinatário e não integrará a base de cálculo da receita corrente líquida para fins de aplicação dos limites de despesa de pessoal de que trata o *caput* do art. 169.

- § 16 com a redação dada pela EC nº 100, de 26-6-2019, para vigorar na data de sua publicação (*DOU* de 27-6-2019), produzindo efeitos a partir da execução orçamentária do exercício financeiro subsequente.

§ 17. Os restos a pagar provenientes das programações orçamentárias previstas nos §§ 11 e 12 deste artigo poderão ser considerados para fins de cumprimento da execução financeira até o limite de 1% (um por cento) da receita corrente líquida do exercício anterior ao do encaminhamento do projeto de lei orçamentária, para as programações das emendas individuais, e até o limite de 0,5% (cinco décimos por cento), para as programações das emendas de iniciativa de bancada de parlamentares de Estado ou do Distrito Federal.

▸ § 17 com a redação dada pela EC nº 126, de 21-12-2022.

§ 18. Se for verificado que a reestimativa da receita e da despesa poderá resultar no não cumprimento da meta de resultado fiscal estabelecida na lei de diretrizes orçamentárias, os montantes previstos nos §§ 11 e 12 deste artigo poderão ser reduzidos em até a mesma proporção da limitação incidente sobre o conjunto das demais despesas discricionárias.

▸ § 18 com a redação dada pela EC nº 100, de 26-6-2019, para vigorar na data de sua publicação (*DOU* de 27-6-2019), produzindo efeitos a partir da execução orçamentária do exercício financeiro subsequente.

§ 19. Considera-se equitativa a execução das programações de caráter obrigatório que observe critérios objetivos e imparciais e que atenda de forma igualitária e impessoal às emendas apresentadas, independentemente da autoria, observado o disposto no § 9º-A deste artigo.

▸ § 19 com a redação dada pela EC nº 126, de 21-12-2022.

§ 20. As programações de que trata o § 12 deste artigo, quando versarem sobre o início de investimentos com duração de mais de 1 (um) exercício financeiro ou cuja execução já tenha sido iniciada, deverão ser objeto de emenda pela mesma bancada estadual, a cada exercício, até a conclusão da obra ou do empreendimento.

▸ § 20 acrescido pela EC nº 100, de 26-6-2019, para vigorar na data de sua publicação (*DOU* de 27-6-2019), produzindo efeitos a partir da execução orçamentária do exercício financeiro subsequente.

Art. 166-A. As emendas individuais impositivas apresentadas ao projeto de lei orçamentária anual poderão alocar recursos a Estados, ao Distrito Federal e a Municípios por meio de:

I – transferência especial; ou

▸ Art. 2º da EC nº 105, de 12-12-2019, que acrescentou este artigo para autorizar a transferência de recursos federais a Estados, ao Distrito Federal e a Municípios mediante emendas ao projeto de lei orçamentária anual.

II – transferência com finalidade definida.

§ 1º Os recursos transferidos na forma do *caput* deste artigo não integrarão a receita do Estado, do Distrito Federal e dos Municípios para fins de repartição e para o cálculo dos limites da despesa com pessoal ativo e inativo, nos termos do § 16 do art. 166, e de endividamento do ente federado, vedada, em qualquer caso, a aplicação dos recursos a que se refere o *caput* deste artigo no pagamento de:

I – despesas com pessoal e encargos sociais relativas a ativos e inativos, e com pensionistas; e

II – encargos referentes ao serviço da dívida.

§ 2º Na transferência especial a que se refere o inciso I do *caput* deste artigo, os recursos:

I – serão repassados diretamente ao ente federado beneficiado, independentemente de celebração de convênio ou de instrumento congênere;

II – pertencerão ao ente federado no ato da efetiva transferência financeira; e

III – serão aplicadas em programações finalísticas das áreas de competência do Poder Executivo do ente federado beneficiado, observado o disposto no § 5º deste artigo.

§ 3º O ente federado beneficiado da transferência especial a que se refere o inciso I do *caput* deste artigo poderá firmar contratos de cooperação técnica para fins de subsidiar o acompanhamento da execução orçamentária na aplicação dos recursos.

§ 4º Na transferência com finalidade definida a que se refere o inciso II do *caput* deste artigo, os recursos serão:

I – vinculados à programação estabelecida na emenda parlamentar; e

II – aplicados nas áreas de competência constitucional da União.

§ 5º Pelo menos 70% (setenta por cento) das transferências especiais de que trata o inciso I do *caput* deste artigo deverão ser aplicadas em despesas de capital, observada a restrição a que se refere o inciso II do § 1º deste artigo.

▸ Art. 166-A acrescido pela EC nº 105, de 12-12-2019.

Art. 167. São vedados:

I – o início de programas ou projetos não incluídos na lei orçamentária anual;

II – a realização de despesas ou a assunção de obrigações diretas que excedam os créditos orçamentários ou adicionais;

III – a realização de operações de créditos que excedam o montante das despesas de capital, ressalvadas as autorizadas mediante créditos suplementares ou especiais com finalidade precisa, aprovados pelo Poder Legislativo por maioria absoluta;

► Art. 37 do ADCT.

► Art. 4º da EC nº 106, de 7-5-2020.

► Art. 38, § 1º, da LC nº 101, de 4-5-2000 (Lei da Responsabilidade Fiscal).

IV – a vinculação de receita de impostos a órgão, fundo ou despesa, ressalvadas a repartição do produto da arrecadação dos impostos a que se referem os arts. 158 e 159, a destinação de recursos para as ações e serviços públicos de saúde, para manutenção e desenvolvimento do ensino e para realização de atividades da administração tributária, como determinado, respectivamente, pelos arts. 198, § 2º, 212 e 37, XXII, e a prestação de garantias às operações de crédito por antecipação de receita, previstas no art. 165, § 8º, bem como o disposto no § 4º deste artigo;

► Inciso IV com a redação dada pela EC nº 42, de 19-12-2003.

► Art. 100, § 19, desta Constituição.

► Art. 101, § 2º, III, do ADCT.

► Art. 2º, parágrafo único, da LC nº 111, de 6-7-2001, que dispõe sobre o Fundo de Combate e Erradicação da Pobreza, na forma prevista nos arts. 79 a 81 do ADCT.

V – a abertura de crédito suplementar ou especial sem prévia autorização legislativa e sem indicação dos recursos correspondentes;

VI – a transposição, o remanejamento ou a transferência de recursos de uma categoria de programação para outra ou de um órgão para o outro, sem prévia autorização legislativa;

VII – a concessão ou utilização de créditos ilimitados;

VIII – a utilização, sem autorização legislativa específica, de recursos dos orçamentos fiscal e da seguridade social para suprir necessidade ou cobrir déficit de empresas, fundações e fundos, inclusive dos mencionados no artigo 165, § 5º;

IX – a instituição de fundos de qualquer natureza, sem prévia autorização legislativa;

X – a transferência voluntária de recursos e a concessão de empréstimos, inclusive por antecipação de receita, pelos Governos Federal e Estaduais e suas instituições financeiras, para pagamento de despesas com pessoal ativo, inativo e pensionista, dos Estados, do Distrito Federal e dos Municípios;

► Inciso X acrescido pela EC nº 19, de 4-6-1998.

XI – a utilização dos recursos provenientes das contribuições sociais de que trata o artigo 195, I, *a*, e II, para realização de despesas distintas do pagamento de benefícios do regime geral de previdência social de que trata o artigo 201;

► Inciso XI acrescido pela EC nº 20, de 15-12-1998.

XII – na forma estabelecida na lei complementar de que trata o § 22 do art. 40, a utilização de recursos de regime próprio de previdência social, incluídos os valores integrantes dos fundos previstos no art. 249, para a realização de despesas distintas do pagamento dos benefícios previdenciários do respectivo fundo vinculado àquele regime e das despesas necessárias à sua organização e ao seu funcionamento;

XIII – a transferência voluntária de recursos, a concessão de avais, as garantias e as subvenções pela União e a concessão de empréstimos e de financiamentos por instituições financeiras federais aos Estados, ao Distrito Federal e aos Municípios na hipótese de descumprimento das regras gerais de organização e de funcionamento de regime próprio de previdência social;

► Incisos XII e XIII acrescidos pela EC nº 103, de 12-11-2019.

XIV – a criação de fundo público, quando seus objetivos puderem ser alcançados mediante a vinculação de receitas orçamentárias específicas ou mediante a execução direta por programação orçamentária e financeira de órgão ou entidade da administração pública.

► Inciso XIV acrescido pela EC nº 109, de 15-3-2021.

§ 1º Nenhum investimento cuja execução ultrapasse um exercício financeiro poderá ser iniciado sem prévia inclusão no plano plurianual, ou sem lei que autorize a inclusão, sob pena de crime de responsabilidade.

§ 2º Os créditos especiais e extraordinários terão vigência no exercício financeiro em que forem autorizados, salvo se o ato de autorização for promulgado nos últimos quatro meses daquele exercício, caso em que, reabertos nos limites de seus saldos, serão incorporados ao orçamento do exercício financeiro subsequente.

§ 3º A abertura de crédito extraordinário somente será admitida para atender a despesas imprevisíveis e urgentes, como as decorrentes de guerra, comoção interna ou calamidade pública, observado o disposto no artigo 62.

▶ Art. 107, § 6º, II, do ADCT.

§ 4º É permitida a vinculação das receitas a que se referem os arts. 155, 156, 156-A, 157, 158 e as alíneas a, b, d, e e f do inciso I e o inciso II do caput do art. 159 desta Constituição para pagamento de débitos com a União e para prestar-lhe garantia ou contragarantia.

▶ § 4º com a redação dada pela EC nº 132, de 21-12-2023.

§ 5º A transposição, o remanejamento ou a transferência de recursos de uma categoria de programação para outra poderão ser admitidos, no âmbito das atividades de ciência, tecnologia e inovação, com o objetivo de viabilizar os resultados de projetos restritos a essas funções, mediante ato do Poder Executivo, sem necessidade da prévia autorização legislativa prevista no inciso VI deste artigo.

▶ § 5º acrescido pela EC nº 85, de 26-2-2015.

§ 6º Para fins da apuração ao término do exercício financeiro do cumprimento do limite de que trata o inciso III do *caput* deste artigo, as receitas das operações de crédito efetuadas no contexto da gestão da dívida pública mobiliária federal somente serão consideradas no exercício financeiro em que for realizada a respectiva despesa.

▶ § 6º acrescido pela EC nº 109, de 15-3-2021.

§ 7º A lei não imporá nem transferirá qualquer encargo financeiro decorrente da prestação de serviço público, inclusive despesas de pessoal e seus encargos, para a União, os Estados, o Distrito Federal ou os Municípios, sem a previsão de fonte orçamentária e financeira necessária à realização da despesa ou sem a previsão da correspondente transferência de recursos financeiros necessários ao seu custeio, ressalvadas as obrigações assumidas espontaneamente pelos entes federados e aquelas decorrentes da fixação do salário mínimo, na forma do inciso IV do *caput* do art. 7º desta Constituição.

▶ § 7º acrescido pela EC nº 128, de 22-12-2022.

Art. 167-A. Apurado que, no período de 12 (doze) meses, a relação entre despesas correntes e receitas correntes supera 95% (noventa e cinco por cento), no âmbito dos Estados, do Distrito Federal e dos Municípios, é facultado aos Poderes Executivo, Legislativo e Judiciário, ao Ministério Público, ao Tribunal de Contas e à Defensoria Pública do ente, enquanto permanecer a situação, aplicar o mecanismo de ajuste fiscal de vedação da:

I – concessão, a qualquer título, de vantagem, aumento, reajuste ou adequação de remuneração de membros de Poder ou de órgão, de servidores e empregados públicos e de militares, exceto dos derivados de sentença judicial transitada em julgado ou de determinação legal anterior ao início da aplicação das medidas de que trata este artigo;

II – criação de cargo, emprego ou função que implique aumento de despesa;

III – alteração de estrutura de carreira que implique aumento de despesa;

IV – admissão ou contratação de pessoal, a qualquer título, ressalvadas:

a) as reposições de cargos de chefia e de direção que não acarretem aumento de despesa;

b) as reposições decorrentes de vacâncias de cargos efetivos ou vitalícios;

c) as contratações temporárias de que trata o inciso IX do *caput* do art. 37 desta Constituição; e

d) as reposições de temporários para prestação de serviço militar e de alunos de órgãos de formação de militares;

V – realização de concurso público, exceto para as reposições de vacâncias previstas no inciso IV deste *caput*;

VI – criação ou majoração de auxílios, vantagens, bônus, abonos, verbas de representação ou benefícios de qualquer natureza, inclusive os de cunho indenizatório, em favor de membros de Poder, do Ministério Público ou da Defensoria Pública e de servidores e empregados públicos e de militares, ou ainda de seus dependentes, exceto quando derivados de sentença judicial transitada em julgado ou de determinação legal anterior ao início da aplicação das medidas de que trata este artigo;

VII – criação de despesa obrigatória;

VIII – adoção de medida que implique reajuste de despesa obrigatória acima da variação da inflação, observada a preservação do poder aquisitivo referida no inciso IV do *caput* do art. 7º desta Constituição;

IX – criação ou expansão de programas e linhas de financiamento, bem como remissão, renegociação ou refinanciamento de dívidas que impliquem ampliação das despesas com subsídios e subvenções;

X – concessão ou ampliação de incentivo ou benefício de natureza tributária.

§ 1º Apurado que a despesa corrente supera 85% (oitenta e cinco por cento) da receita corrente, sem exceder o percentual mencionado no *caput* deste artigo, as medidas nele indicadas podem ser, no todo ou em parte, implementadas por atos do Chefe do Poder Executivo com vigência imediata, facultado aos demais Poderes e órgãos autônomos implementá-las em seus respectivos âmbitos.

§ 2º O ato de que trata o § 1º deste artigo deve ser submetido, em regime de urgência, à apreciação do Poder Legislativo.

§ 3º O ato perde a eficácia, reconhecida a validade dos atos praticados na sua vigência, quando:

I – rejeitado pelo Poder Legislativo;

II – transcorrido o prazo de 180 (cento e oitenta) dias sem que se ultime a sua apreciação; ou

III – apurado que não mais se verifica a hipótese prevista no § 1º deste artigo, mesmo após a sua aprovação pelo Poder Legislativo.

§ 4º A apuração referida neste artigo deve ser realizada bimestralmente.

§ 5º As disposições de que trata este artigo:

I – não constituem obrigação de pagamento futuro pelo ente da Federação ou direitos de outrem sobre o erário;

II – não revogam, dispensam ou suspendem o cumprimento de dispositivos constitucionais e legais que disponham sobre metas fiscais ou limites máximos de despesas.

§ 6º Ocorrendo a hipótese de que trata o *caput* deste artigo, até que todas as medidas nele previstas tenham sido adotadas por todos os Poderes e órgãos nele mencionados, de acordo com declaração do respectivo Tribunal de Contas, é vedada:

I – a concessão, por qualquer outro ente da Federação, de garantias ao ente envolvido;

II – a tomada de operação de crédito por parte do ente envolvido com outro ente da Federação, diretamente ou por intermédio de seus fundos, autarquias, fundações ou empresas estatais dependentes, ainda que sob a forma de novação, refinanciamento ou postergação de dívida contraída anteriormente, ressalvados os financiamentos destinados a projetos específicos celebrados na forma de operações típicas das agências financeiras oficiais de fomento.

Art. 167-B. Durante a vigência de estado de calamidade pública de âmbito nacional, decretado pelo Congresso Nacional por iniciativa privativa do Presidente da República, a União deve adotar regime extraordinário fiscal, financeiro e de contratações para atender às necessidades dele decorrentes, somente naquilo em que a urgência for incompatível com o regime regular, nos termos definidos nos arts. 167-C, 167-D, 167-E, 167-F e 167-G desta Constituição.

Art. 167-C. Com o propósito exclusivo de enfrentamento da calamidade pública e de seus efeitos sociais e econômicos, no seu período de duração, o Poder Executivo federal pode adotar processos simplificados de contratação de pessoal, em caráter temporário e emergencial, e de obras, serviços e compras que assegurem, quando possível, competição e igualdade de condições a todos os concorrentes, dispensada a observância do § 1º do art. 169 na contratação de que trata o inciso IX do *caput* do art. 37 desta Constituição, limitada a dispensa às situações de que trata o referido inciso, sem prejuízo do controle dos órgãos competentes.

Art. 167-D. As proposições legislativas e os atos do Poder Executivo com propósito exclusivo de enfrentar a calamidade e suas consequências sociais e econômicas, com vigência e efeitos restritos à sua duração, desde que não impliquem despesa obrigatória de caráter continuado, ficam dispensados da observância das limitações legais quanto à criação, à expansão ou ao aperfeiçoamento de ação governamental que acarrete aumento de despesa e à concessão ou à ampliação de incentivo ou benefício de natureza tributária da qual decorra renúncia de receita.

Parágrafo único. Durante a vigência da calamidade pública de âmbito nacional de que trata o art. 167-B, não se aplica o disposto no § 3º do art. 195 desta Constituição.

Art. 167-E. Fica dispensada, durante a integralidade do exercício financeiro em que vigore a calamidade pública de âmbito nacional, a observância do inciso III do *caput* do art. 167 desta Constituição.

Art. 167-F. Durante a vigência da calamidade pública de âmbito nacional de que trata o art. 167-B desta Constituição:

I – são dispensados, durante a integralidade do exercício financeiro em que vigore a calamidade pública, os limites, as condições e demais restrições aplicáveis à União para a contratação de operações de crédito, bem como sua verificação;

II – o superávit financeiro apurado em 31 de dezembro do ano imediatamente anterior ao reconhecimento pode ser destinado à cobertura de despesas oriundas das medidas de combate à calamidade pública de âmbito nacional e ao pagamento da dívida pública.

§ 1º Lei complementar pode definir outras suspensões, dispensas e afastamentos aplicáveis durante a vigência do estado de calamidade pública de âmbito nacional.

§ 2º O disposto no inciso II do *caput* deste artigo não se aplica às fontes de recursos:

I – decorrentes de repartição de receitas a Estados, ao Distrito Federal e a Municípios;

II – decorrentes das vinculações estabelecidas pelos arts. 195, 198, 201, 212, 212-A e 239 desta Constituição;

III – destinadas ao registro de receitas oriundas da arrecadação de doações ou de empréstimos compulsórios, de transferências recebidas para o atendimento de finalidades determinadas ou das receitas de capital produto de operações de financiamento celebradas com finalidades contratualmente determinadas.

Art. 167-G. Na hipótese de que trata o art. 167-B, aplicam-se à União, até o término da calamidade pública, as vedações previstas no art. 167-A desta Constituição.

§ 1º Na hipótese de medidas de combate à calamidade pública cuja vigência e efeitos não ultrapassem a sua duração, não se aplicam as vedações referidas nos incisos II, IV, VII, IX e X do *caput* do art. 167-A desta Constituição.

§ 2º Na hipótese de que trata o art. 167-B, não se aplica a alínea *c* do inciso I do *caput* do art. 159 desta Constituição, devendo a transferência a que se refere aquele dispositivo ser efetuada nos mesmos montantes transferidos no exercício anterior à decretação da calamidade.

§ 3º É facultada aos Estados, ao Distrito Federal e aos Municípios a aplicação das vedações referidas no *caput*, nos termos deste artigo, e, até que as tenham adotado na integralidade, estarão submetidos às restrições do § 6º do art. 167-A desta Constituição, enquanto perdurarem seus efeitos para a União.

▶ Arts. 167-A a 167-G acrescidos pela EC nº 109, de 15-3-2021.

Art. 168. Os recursos correspondentes às dotações orçamentárias, compreendidos os créditos suplementares e especiais, destinados aos órgãos dos Poderes Legislativo e Judiciário, do Ministério Público e da Defensoria Pública, ser-lhes-ão entregues até o dia 20 de cada mês, em duodécimos, na forma da lei complementar a que se refere o art. 165, § 9º.

▶ *Caput* com a redação dada pela EC nº 45, de 8-12-2004.

§ 1º É vedada a transferência a fundos de recursos financeiros oriundos de repasses duodecimais.

§ 2º O saldo financeiro decorrente dos recursos entregues na forma do *caput* deste artigo deve ser restituído ao caixa único do Tesouro do ente federativo, ou terá seu valor deduzido das primeiras parcelas duodecimais do exercício seguinte.

▶ §§ 1º e 2º acrescidos pela EC nº 109, de 15-3-2021.

Art. 169. A despesa com pessoal ativo e inativo e pensionistas da União, dos Estados, do Distrito Federal e dos Municípios não pode exceder os limites estabelecidos em lei complementar.

▶ *Caput* com a redação dada pela EC nº 109, de 15-3-2021.

▶ Arts. 96, II, e 127, § 2º, desta Constituição.

▶ Arts. 19 a 23 da LC nº 101, de 4-5-2000 (Lei da Responsabilidade Fiscal).

▶ Lei nº 9.801, de 14-6-1999, dispõe sobre normas gerais para a perda de cargo público por excesso de despesa.

§ 1º A concessão de qualquer vantagem ou aumento de remuneração, a criação de cargos, empregos e funções ou alteração de estrutura de carreiras, bem como a admissão ou contratação de pessoal, a qualquer título, pelos órgãos e entidades da administração direta ou indireta, inclusive fundações instituídas e mantidas pelo poder público, só poderão ser feitas:

▶ Art. 96, I, *e*, desta Constituição.

▶ Art. 2º da EC nº 106, de 7-5-2020.

I – se houver prévia dotação orçamentária suficiente para atender às projeções de despesa de pessoal e aos acréscimos dela decorrentes;

II – se houver autorização específica na lei de diretrizes orçamentárias, ressalvadas as empresas públicas e as sociedades de economia mista.

► § 1º com a redação dada pela EC nº 19, de 4-6-1998.

§ 2º Decorrido o prazo estabelecido na lei complementar referida neste artigo para a adaptação aos parâmetros ali previstos, serão imediatamente suspensos todos os repasses de verbas federais ou estaduais aos Estados, ao Distrito Federal e aos Municípios que não observarem os referidos limites.

§ 3º Para o cumprimento dos limites estabelecidos com base neste artigo, durante o prazo fixado na lei complementar referida no *caput*, a União, os Estados, o Distrito Federal e os Municípios adotarão as seguintes providências:

I – redução em pelo menos vinte por cento das despesas com cargos em comissão e funções de confiança;

II – exoneração dos servidores não estáveis.

► Art. 33 da EC nº 19, de 4-6-1998 (Reforma Administrativa).

§ 4º Se as medidas adotadas com base no parágrafo anterior não forem suficientes para assegurar o cumprimento da determinação da lei complementar referida neste artigo, o servidor estável poderá perder o cargo, desde que ato normativo motivado de cada um dos Poderes especifique a atividade funcional, o órgão ou unidade administrativa objeto da redução de pessoal.

► Art. 198, § 6º, desta Constituição.

§ 5º O servidor que perder o cargo na forma do parágrafo anterior fará jus a indenização correspondente a um mês de remuneração por ano de serviço.

§ 6º O cargo objeto da redução prevista nos parágrafos anteriores será considerado extinto, vedada a criação de cargo, emprego ou função com atribuições iguais ou assemelhadas pelo prazo de quatro anos.

§ 7º Lei federal disporá sobre as normas gerais a serem obedecidas na efetivação do disposto no § 4º.

► §§ 2º a 7º acrescidos pela EC nº 19, de 4-6-1998.

► Art. 247 desta Constituição.

► Lei nº 9.801, de 14-6-1999, dispõe sobre as normas gerais para a perda de cargo público por excesso de despesa.

TÍTULO VII – DA ORDEM ECONÔMICA E FINANCEIRA

CAPÍTULO I

DOS PRINCÍPIOS GERAIS DA ATIVIDADE ECONÔMICA

► Lei nº 8.137, de 27-12-1990 (Lei dos Crimes contra a Ordem Tributária, Econômica e contra as Relações de Consumo).

► Lei nº 8.176, de 8-2-1991, define crimes contra a ordem econômica e cria o sistema de estoque de combustíveis.

► Lei nº 12.529, de 30-11-2011 (Lei do Sistema Brasileiro de Defesa da Concorrência).

Art. 170. A ordem econômica, fundada na valorização do trabalho humano e na livre iniciativa, tem por fim assegurar a todos existência digna, conforme os ditames da justiça social, observados os seguintes princípios:

I – soberania nacional;

► Art. 1º, I, desta Constituição.

II – propriedade privada;

► Art. 5º, XXII, desta Constituição.

► Arts. 1.228 a 1.368 do CC.

III – função social da propriedade;

► Lei nº 12.529, de 30-11-2011 (Lei do Sistema Brasileiro de Defesa da Concorrência).

IV – livre concorrência;

► Lei nº 12.529, de 30-11-2011 (Lei do Sistema Brasileiro de Defesa da Concorrência).

► Art. 52 do Dec. nº 2.594, de 15-4-1998, que dispõe sobre a defesa da concorrência na desestatização.

► Súm. Vinc. nº 49 do STF.

► Súm. nº 646 do STF.

V – defesa do consumidor;

► Lei nº 8.078, de 11-9-1990 (Código de Defesa do Consumidor).

► Lei nº 10.504, de 8-7-2002, institui o Dia Nacional do Consumidor, que é comemorado anualmente, no dia 15 de março.

► Dec. nº 2.181, de 20-3-1997, dispõe sobre a organização do Sistema Nacional de Defesa do Consumidor – SNDC e estabelece normas gerais de aplicação das sanções administrativas previstas no CDC.

► Súm. Vinc. nº 49 do STF.

► Súm. nº 646 do STF.

VI – defesa do meio ambiente, inclusive mediante tratamento diferenciado conforme o impacto ambiental dos produtos e serviços e de seus processos de elaboração e prestação;

- ▶ Inciso VI com a redação dada pela EC nº 42, de 19-12-2003.
- ▶ Art. 5º, LXXIII, desta Constituição.
- ▶ Lei nº 7.347, de 24-7-1985 (Lei da Ação Civil Pública).
- ▶ Lei nº 9.605, de 12-2-1998 (Lei dos Crimes Ambientais).
- ▶ Dec. nº 6.514, de 22-7-2008, dispõe sobre as infrações e sanções administrativas ao meio ambiente e estabelece o processo administrativo federal para apuração destas infrações.
- ▶ Res. do CONAMA nº 369, de 28-3-2006, dispõe sobre os casos excepcionais, de utilidade pública, interesse social ou baixo impacto ambiental, que possibilitam a intervenção ou supressão de vegetação em Área de Preservação Permanente – APP.

VII – redução das desigualdades regionais e sociais;

- ▶ Art. 3º, III, desta Constituição.

VIII – busca do pleno emprego;

- ▶ Arts. 6º e 7º desta Constituição.
- ▶ Art. 47 da Lei nº 11.101, de 9-2-2005 (Lei de Recuperação de Empresas e Falências).
- ▶ Dec. nº 10.088, de 5-11-2019, consolida atos normativos editados pelo Poder Executivo Federal que dispõem sobre a promulgação de convenções e recomendações da Organização Internacional do Trabalho – OIT ratificadas pela República Federativa do Brasil.

IX – tratamento favorecido para as empresas de pequeno porte constituídas sob as leis brasileiras e que tenham sua sede e administração no País.

- ▶ Inciso IX com a redação dada pela EC nº 6, de 15-8-1995.
- ▶ Art. 246 desta Constituição.
- ▶ LC nº 123, de 14-12-2006 (Estatuto Nacional da Microempresa e da Empresa de Pequeno Porte).
- ▶ Lei nº 6.174, de 1-8-2007, institui e regulamenta o Fórum Permanente das Microempresas de Pequeno Porte.

Parágrafo único. É assegurado a todos o livre exercício de qualquer atividade econômica, independentemente de autorização de órgãos públicos, salvo nos casos previstos em lei.

- ▶ Súm. Vinc. nº 49 do STF.
- ▶ Súm. nº 646 do STF.

Art. 171. *Revogado*. EC nº 6, de 15-8-1995.

Art. 172. A lei disciplinará, com base no interesse nacional, os investimentos de capital estrangeiro, incentivará os reinvestimentos e regulará a remessa de lucros.

- ▶ Lei nº 4.131, de 3-9-1962, disciplina a aplicação do capital estrangeiro e as remessas de valores para o exterior.
- ▶ Dec.-lei nº 37, de 18-11-1966 (Lei do Imposto de Importação).

Art. 173. Ressalvados os casos previstos nesta Constituição, a exploração direta de atividade econômica pelo Estado só será permitida quando necessária aos imperativos da segurança nacional ou a relevante interesse coletivo, conforme definidos em lei.

- ▶ OJ da SBDI-I nº 364 do TST.

§ 1º A lei estabelecerá o estatuto jurídico da empresa pública, da sociedade de economia mista e de suas subsidiárias que explorem atividade econômica de produção ou comercialização de bens ou de prestação de serviços, dispondo sobre:

- ▶ *Caput* do § 1º com a redação dada pela EC nº 19, de 4-6-1998.
- ▶ Lei nº 13.303, de 30-6-2016 (Estatuto Jurídico da Empresa Pública, da Sociedade de Economia Mista e de suas Subsidiárias).

I – sua função social e formas de fiscalização pelo Estado e pela sociedade;

II – a sujeição ao regime jurídico próprio das empresas privadas, inclusive quanto aos direitos e obrigações civis, comerciais, trabalhistas e tributários;

- ▶ Súm. nº 455 do TST.

III – licitação e contratação de obras, serviços, compras e alienações, observados os princípios da administração pública;

- ▶ Art. 22, XXVII, desta Constituição.
- ▶ Súm. nº 333 do STJ.

IV – a constituição e o funcionamento dos conselhos de administração e fiscal, com a participação de acionistas minoritários;

V – os mandatos, a avaliação de desempenho e a responsabilidade dos administradores.

- ▶ Incisos I a V com a redação dada pela EC nº 19, de 4-6-1998.

§ 2º As empresas públicas e as sociedades de economia mista não poderão gozar de privilégios fiscais não extensivos às do setor privado.

§ 3º A lei regulamentará as relações da empresa pública com o Estado e a sociedade.

§ 4º A lei reprimirá o abuso do poder econômico que vise à dominação dos mercados, à eliminação da concorrência e ao aumento arbitrário dos lucros.

- ▶ Lei nº 8.137, de 27-12-1990 (Lei dos Crimes Contra a Ordem Tributária, Econômica e Contra as Relações de Consumo).
- ▶ Lei nº 8.176, de 8-2-1991 (Lei dos Crimes Contra a Ordem Econômica).
- ▶ Lei nº 9.069, de 29-6-1995, dispõe sobre o Plano Real, o Sistema Monetário Nacional, estabelece as regras e condições de emissão do Real e os critérios para conversão das obrigações para o Real.
- ▶ Lei nº 12.529, de 30-11-2011 (Lei do Sistema Brasileiro de Defesa da Concorrência).
- ▶ Súm. nº 646 do STF.

§ 5º A lei, sem prejuízo da responsabilidade individual dos dirigentes da pessoa jurídica, estabelecerá a responsabilidade desta, sujeitando-a às punições compatíveis com sua natureza, nos atos praticados contra a ordem econômica e financeira e contra a economia popular.

Art. 174. Como agente normativo e regulador da atividade econômica, o Estado exercerá, na forma da lei, as funções de fiscalização, incentivo e planejamento, sendo este determinante para o setor público e indicativo para o setor privado.

§ 1º A lei estabelecerá as diretrizes e bases do planejamento do desenvolvimento nacional equilibrado, o qual incorporará e compatibilizará os planos nacionais e regionais de desenvolvimento.

§ 2º A lei apoiará e estimulará o cooperativismo e outras formas de associativismo.

- ▶ Lei nº 5.764, de 16-12-1971 (Lei das Cooperativas).
- ▶ Lei nº 9.867, de 10-11-1999, dispõe sobre a criação e o funcionamento de Cooperativas Sociais, visando à integração social dos cidadãos.

§ 3º O Estado favorecerá a organização da atividade garimpeira em cooperativas, levando em conta a proteção do meio ambiente e a promoção econômico-social dos garimpeiros.

- ▶ Dec.-lei nº 227, de 28-2-1967 (Código de Mineração).

§ 4º As cooperativas a que se refere o parágrafo anterior terão prioridade na autorização ou concessão para pesquisa e lavra dos recursos e jazidas de minerais garimpáveis, nas áreas onde estejam atuando, e naquelas fixadas de acordo com o artigo 21, XXV, na forma da lei.

Art. 175. Incumbe ao Poder Público, na forma da lei, diretamente ou sob regime de concessão ou permissão, sempre através de licitação, a prestação de serviços públicos.

- ▶ Lei nº 8.987, de 13-2-1995 (Lei da Concessão e Permissão da Prestação de Serviços Públicos).
- ▶ Lei nº 9.074, de 7-7-1995, estabelece normas para outorga e prorrogações das concessões e permissões de serviços públicos.
- ▶ Lei nº 9.427, de 26-12-1996, institui a Agência Nacional de Energia Elétrica – ANEEL e disciplina o regime das concessões de serviços públicos de energia elétrica.
- ▶ Lei nº 9.791, de 24-3-1999, dispõe sobre a obrigatoriedade de as concessionárias de serviços públicos estabelecerem ao consumidor e ao usuário datas opcionais para o vencimento de seus débitos.
- ▶ Dec. nº 2.196, de 8-4-1997, aprova o Regulamento de Serviços Especiais.

Parágrafo único. A lei disporá sobre:

I – o regime das empresas concessionárias e permissionárias de serviços públicos, o caráter especial de seu contrato e de sua prorrogação, bem como as condições de caducidade, fiscalização e rescisão da concessão ou permissão;

II – os direitos dos usuários;

III – política tarifária;

- ▶ Súm. nº 407 do STJ.

IV – a obrigação de manter serviço adequado.

Art. 176. As jazidas, em lavra ou não, e demais recursos minerais e os potenciais de energia hidráulica constituem propriedade distinta da do solo, para efeito de exploração ou aproveitamento, e pertencem à União, garantida ao concessionário a propriedade do produto da lavra.

§ 1º A pesquisa e a lavra de recursos minerais e o aproveitamento dos potenciais a que se refere o *caput* deste artigo somente poderão ser efetuados mediante autorização ou concessão da União, no interesse nacional, por brasileiros ou empresa constituída sob as leis brasileiras e que tenha sua sede e administração no País, na forma da lei, que estabelecerá as condições específicas quando essas atividades se desenvolverem em faixa de fronteira ou terras indígenas.

- ▶ § 1º com a redação dada pela EC nº 6, de 15-8-1995.
- ▶ Art. 246 desta Constituição.
- ▶ Dec.-lei nº 227, de 28-2-1967 (Código de Mineração).

§ 2º É assegurada participação ao proprietário do solo nos resultados da lavra, na forma e no valor que dispuser a lei.

- Lei nº 8.901, de 30-6-1995, regulamenta este parágrafo.
- Dec.-lei nº 227, de 28-2-1967 (Código de Mineração).

§ 3º A autorização de pesquisa será sempre por prazo determinado, e as autorizações e concessões previstas neste artigo não poderão ser cedidas ou transferidas, total ou parcialmente, sem prévia anuência do poder concedente.

§ 4º Não dependerá de autorização ou concessão o aproveitamento do potencial de energia renovável de capacidade reduzida.

Art. 177. Constituem monopólio da União:

- Lei nº 9.478, de 6-8-1997, dispõe sobre a política energética nacional, as atividades relativas ao monopólio do petróleo, institui o Conselho Nacional de Política Energética e a Agência Nacional do Petróleo – ANP.

I – a pesquisa e a lavra das jazidas de petróleo e gás natural e outros hidrocarbonetos fluidos;

- Lei nº 12.304, de 2-8-2010, autoriza o Poder Executivo a criar a empresa pública denominada Empresa Brasileira de Administração de Petróleo e Gás Natural S.A. – Pré-Sal Petróleo S.A. (PPSA).

II – a refinação do petróleo nacional ou estrangeiro;

- Art. 45 do ADCT.

III – a importação e exportação dos produtos e derivados básicos resultantes das atividades previstas nos incisos anteriores;

- Lei nº 11.909, de 4-3-2009, dispõe sobre as atividades relativas a importação, exportação, transporte por meio de condutos, tratamento, processamento, estocagem, liquefação, regaseificação e comercialização de gás natural.

IV – o transporte marítimo do petróleo bruto de origem nacional ou de derivados básicos de petróleo produzidos no País, bem assim o transporte, por meio de conduto, de petróleo bruto, seus derivados e gás natural de qualquer origem;

- Lei nº 11.909, de 4-3-2009, dispõe sobre as atividades relativas a importação, exportação, transporte por meio de condutos, tratamento, processamento, estocagem, liquefação, regaseificação e comercialização de gás natural.

V – a pesquisa, a lavra, o enriquecimento, o reprocessamento, a industrialização e o comércio de minérios e minerais nucleares e seus derivados, com exceção dos radioisótopos cuja produção, comercialização e utilização poderão ser autorizadas sob regime de permissão, conforme as alíneas *b* e *c* do inciso XXIII do *caput* do art. 21 desta Constituição Federal.

- Inciso V com a redação dada pela EC nº 49, de 8-2-2006.

§ 1º A União poderá contratar com empresas estatais ou privadas a realização das atividades previstas nos incisos I a IV deste artigo, observadas as condições estabelecidas em Lei.

- § 1º com a redação dada pela EC nº 9, de 9-11-1995.
- Lei nº 12.304, de 2-8-2010, autoriza o Poder Executivo a criar a empresa pública denominada Empresa Brasileira de Administração de Petróleo e Gás Natural S.A. – Pré-Sal Petróleo S.A. (PPSA).

§ 2º A lei a que se refere o § 1º disporá sobre:

- Lei nº 9.478, de 6-8-1997, dispõe sobre a Política Energética Nacional, as atividades relativas ao monopólio do petróleo, institui o Conselho Nacional de Política Energética e a Agência Nacional de Petróleo – ANP.
- Lei nº 9.847, de 26-10-1999, dispõe sobre a fiscalização das atividades relativas ao abastecimento nacional de combustíveis de que trata a Lei nº 9.478, de 6-8-1997, e estabelece sanções administrativas.

I – a garantia do fornecimento dos derivados de petróleo em todo o Território Nacional;
II – as condições de contratação;
III – a estrutura e atribuições do órgão regulador do monopólio da União.

- § 2º acrescido pela EC nº 9, de 9-11-1995.
- Lei nº 9.478, de 6-8-1997, dispõe sobre a política energética nacional, as atividades relativas ao monopólio do petróleo, que institui o Conselho Nacional de Política Energética e a Agência Nacional de Petróleo – ANP.

§ 3º A lei disporá sobre transporte e a utilização de materiais radioativos no Território Nacional.

- Antigo § 2º transformado em § 3º pela EC nº 9, de 9-11-1995.
- Art. 3º da EC nº 9, de 9-11-1995.

§ 4º A lei que instituir contribuição de intervenção no domínio econômico relativa às atividades de importação ou comercialização de petróleo e seus derivados, gás natural e seus derivados e álcool combustível deverá atender aos seguintes requisitos:

- *Caput* do § 4º acrescido pela EC nº 33, de 11-12-2001.

I – a alíquota da contribuição poderá ser:

a) diferenciada por produto ou uso;

b) reduzida e restabelecida por ato do Poder Executivo, não se lhe aplicando o disposto no artigo 150, III, *b*;

▶ Inciso I acrescido pela EC nº 33, de 11-12-2001.

II – os recursos arrecadados serão destinados:

▶ *Caput* do inciso II acrescido pela EC nº 33, de 11-12-2001.

a) ao pagamento de subsídios a preços ou transporte de álcool combustível, gás natural e seus derivados e derivados de petróleo;

▶ Lei nº 10.453, de 13-5-2002, dispõe sobre subvenções ao preço e ao transporte do álcool combustível e subsídios ao preço do gás liquefeito de petróleo – GLP.

b) ao financiamento de projetos ambientais relacionados com a indústria do petróleo e do gás;

c) ao financiamento de programas de infraestrutura de transportes;

▶ Alíneas *a* a *c* acrescidas pela EC nº 33, de 11-12-2001.

▶ O STF, por maioria de votos, julgou parcialmente procedente a ADIN nº 2.925-8, para dar interpretação conforme a CF, no sentido de que a abertura de crédito suplementar deve ser destinada às três finalidades enumeradas nas alíneas *a* a *c*, deste inciso (*DJ* de 4-3-2005).

▶ Lei nº 10.336, de 19-12-2001, institui Contribuição de Intervenção no Domínio Econômico incidente sobre a importação e a comercialização de petróleo e seus derivados, gás natural e seus derivados, e álcool etílico combustível – CIDE.

▶ Art. 1º da Lei nº 10.453, de 13-5-2002, que dispõe sobre subvenções ao preço e ao transporte do álcool combustível e subsídios ao preço do gás liquefeito de petróleo – GLP.

d*) *ao pagamento de subsídios a tarifas de transporte público coletivo de passageiros.

▶ Alínea *d* acrescida pela EC nº 132, de 20-12-2023.

Art. 178. A lei disporá sobre a ordenação dos transportes aéreo, aquático e terrestre, devendo, quanto à ordenação do transporte internacional, observar os acordos firmados pela União, atendido o princípio da reciprocidade.

▶ Art. 246 desta Constituição.

▶ Lei nº 7.565, de 19-15-1986, dispõe sobre o Código Brasileiro de Aeronáutica.

▶ Lei nº 11.442, de 5-1-2007, dispõe sobre o transporte rodoviário de cargas por conta de terceiros e mediante remuneração.

▶ Dec.-lei nº 116, de 25-1-1967, dispõe sobre as operações inerentes ao transporte de mercadorias por via d'água nos portos brasileiros, delimitando suas responsabilidades e tratando das faltas e avarias.

Parágrafo único. Na ordenação do transporte aquático, a lei estabelecerá as condições em que o transporte de mercadorias na cabotagem e a navegação interior poderão ser feitos por embarcações estrangeiras.

▶ Art. 178 com a redação dada pela EC nº 7, de 15-8-1995.

▶ Art. 246 desta Constituição.

▶ Lei nº 10.233, de 5-6-2001, dispõe sobre a reestruturação dos transportes aquaviário e terrestre, cria o Conselho Nacional de Integração de Políticas de Transporte, a Agência Nacional de Transportes Terrestres, a Agência Nacional de Transportes Aquaviários e o Departamento Nacional de Infraestrutura de Transportes.

▶ Dec. nº 4.130, de 13-2-2002, aprova o Regulamento e o Quadro Demonstrativo dos Cargos Comissionados e dos Cargos Comissionados Técnicos da Agência Nacional de Transporte Terrestre – ANTT.

▶ Dec. nº 10.267, de 5-3-2020, dispõe sobre o transporte aéreo de autoridades em aeronaves do Comando da Aeronáutica.

Art. 179. A União, os Estados, o Distrito Federal e os Municípios dispensarão às microempresas e às empresas de pequeno porte, assim definidas em lei, tratamento jurídico diferenciado, visando a incentivá-las pela simplificação de suas obrigações administrativas, tributárias, previdenciárias e creditícias, ou pela eliminação ou redução destas por meio de lei.

▶ Art. 47, § 1º, do ADCT.

▶ LC nº 123, de 14-12-2006 (Estatuto Nacional da Microempresa e da Empresa de Pequeno Porte).

Art. 180. A União, os Estados, o Distrito Federal e os Municípios promoverão e incentivarão o turismo como fator de desenvolvimento social e econômico.

Art. 181. O atendimento de requisição de documento ou informação de natureza comercial, feita por autoridade administrativa ou judiciária estrangeira, a pessoa física ou jurídica residente ou domiciliada no País dependerá de autorização do Poder competente.

Capítulo II

DA POLÍTICA URBANA

- Lei nº 10.257, de 10-7-2001 (Estatuto da Cidade).

Art. 182. A política de desenvolvimento urbano, executada pelo Poder Público municipal, conforme diretrizes gerais fixadas em lei, tem por objetivo ordenar o pleno desenvolvimento das funções sociais da cidade e garantir o bem-estar de seus habitantes.

- Lei nº 10.257, de 10-7-2001 (Estatuto da Cidade), regulamenta este artigo.
- Lei nº 12.587, de 3-1-2012 (Lei da Política Nacional de Mobilidade Urbana).
- Lei nº 13.089, de 12-1-2015 (Estatuto da Metrópole).

§ 1º O plano diretor, aprovado pela Câmara Municipal, obrigatório para cidades com mais de vinte mil habitantes, é o instrumento básico da política de desenvolvimento e de expansão urbana.

§ 2º A propriedade urbana cumpre sua função social quando atende às exigências fundamentais de ordenação da cidade expressas no plano diretor.

- Art. 186 desta Constituição.
- Súm. nº 668 do STF.

§ 3º As desapropriações de imóveis urbanos serão feitas com prévia e justa indenização em dinheiro.

- Art. 46 da LC nº 101, de 4-5-2000 (Lei da Responsabilidade Fiscal).
- Dec.-lei nº 3.365, de 21-6-1941 (Lei das Desapropriações).
- Súmulas nºs 113 e 114 do STJ.

§ 4º É facultado ao Poder Público municipal, mediante lei específica para área incluída no plano diretor, exigir, nos termos da lei federal, do proprietário do solo urbano não edificado, subutilizado ou não utilizado, que promova seu adequado aproveitamento, sob pena, sucessivamente, de:

I – parcelamento ou edificação compulsórios;

II – imposto sobre a propriedade predial e territorial urbana progressivo no tempo;

- Art. 156, § 1º, desta Constituição.
- Súm. nº 668 do STF.

III – desapropriação com pagamento mediante títulos da dívida pública de emissão previamente aprovada pelo Senado Federal, com prazo de resgate de até dez anos, em parcelas anuais, iguais e sucessivas, assegurados o valor real da indenização e os juros legais.

- Lei nº 10.257, de 10-7-2001 (Estatuto da Cidade).
- Dec.-lei nº 3.365, de 21-6-1941 (Lei das Desapropriações).

Art. 183. Aquele que possuir como sua área urbana de até duzentos e cinquenta metros quadrados, por cinco anos, ininterruptamente e sem oposição, utilizando-a para sua moradia ou de sua família, adquirir-lhe-á o domínio, desde que não seja proprietário de outro imóvel urbano ou rural.

- Arts. 1.238 e 1.240 do CC.
- Lei nº 10.257, de 10-7-2001 (Estatuto da Cidade), regulamenta este artigo.

§ 1º O título de domínio e a concessão de uso serão conferidos ao homem ou à mulher, ou a ambos, independentemente do estado civil.

- MP nº 2.220, de 4-9-2001, que até o encerramento desta edição não havia sido convertida em Lei, dispõe sobre a concessão de uso especial de que trata este parágrafo.

§ 2º Esse direito não será reconhecido ao mesmo possuidor mais de uma vez.

§ 3º Os imóveis públicos não serão adquiridos por usucapião.

- Lei nº 10.257, de 10-7-2001 (Estatuto da Cidade), regulamenta este artigo.

Capítulo III

DA POLÍTICA AGRÍCOLA E FUNDIÁRIA E DA REFORMA AGRÁRIA

- LC nº 93, de 4-2-1998, cria o Fundo de Terras e da Reforma Agrária – Banco da Terra, e seu Dec. regulamentador nº 2.622, de 9-6-1998.
- Lei nº 4.504, de 30-11-1964 (Estatuto da Terra).
- Lei nº 8.174, de 30-1-1991, dispõe sobre princípios de política agrícola, estabelecendo atribuições ao Conselho Nacional de Política Agrícola – CNPA, tributação compensatória de produtos agrícolas, amparo ao pequeno produtor e regras de fixação e liberação dos estoques públicos.
- Lei nº 8.629, de 25-2-1993, regulamenta os dispositivos constitucionais relativos à reforma agrária.
- Lei nº 9.126, de 10-11-1995, dispõe sobre a concessão de subvenção econômica nas operações de crédito rural.
- Lei nº 9.138, de 29-11-1995, dispõe sobre o crédito rural.
- Lei nº 9.393, de 19-12-1996, dispõe sobre o ITR.

Art. 184. Compete à União desapropriar por interesse social, para fins de reforma agrária, o imóvel rural que não esteja cumprindo sua função social, mediante prévia e justa indenização em títulos da dívida agrária, com cláusula de preservação do valor real, resgatáveis no prazo de até vinte anos, a partir do segundo ano de sua emissão, e cuja utilização será definida em lei.

► Lei nº 8.629, de 25-2-1993, regula os dispositivos constitucionais relativos à reforma agrária.

§ 1º As benfeitorias úteis e necessárias serão indenizadas em dinheiro.

§ 2º O decreto que declarar o imóvel como de interesse social, para fins de reforma agrária, autoriza a União a propor a ação de desapropriação.

§ 3º Cabe à lei complementar estabelecer procedimento contraditório especial, de rito sumário, para o processo judicial de desapropriação.

► LC nº 76, de 6-7-1993 (Lei de Desapropriação de Imóvel Rural para fins de Reforma Agrária).

§ 4º O orçamento fixará anualmente o volume total de títulos da dívida agrária, assim como o montante de recursos para atender ao programa de reforma agrária no exercício.

§ 5º São isentas de impostos federais, estaduais e municipais as operações de transferência de imóveis desapropriados para fins de reforma agrária.

Art. 185. São insuscetíveis de desapropriação para fins de reforma agrária:

► Lei nº 8.629, de 25-2-1993, regula os dispositivos constitucionais relativos à reforma agrária.

I – a pequena e média propriedade rural, assim definida em lei, desde que seu proprietário não possua outra;
II – a propriedade produtiva.

Parágrafo único. A lei garantirá tratamento especial à propriedade produtiva e fixará normas para o cumprimento dos requisitos relativos à sua função social.

Art. 186. A função social é cumprida quando a propriedade rural atende, simultaneamente, segundo critérios e graus de exigência estabelecidos em lei, aos seguintes requisitos:

► Lei nº 8.629, de 25-2-1993, regula os dispositivos constitucionais relativos à reforma agrária.

I – aproveitamento racional e adequado;

II – utilização adequada dos recursos naturais disponíveis e preservação do meio ambiente;

► Res. do CONAMA nº 369, de 28-3-2006, dispõe sobre os casos excepcionais, de utilidade pública, interesse social ou baixo impacto ambiental, que possibilitam a intervenção ou supressão de vegetação em Área de Preservação Permanente – APP.

III – observância das disposições que regulam as relações de trabalho;
IV – exploração que favoreça o bem-estar dos proprietários e dos trabalhadores.

Art. 187. A política agrícola será planejada e executada na forma da lei, com a participação efetiva do setor de produção, envolvendo produtores e trabalhadores rurais, bem como dos setores de comercialização, de armazenamento e de transportes, levando em conta, especialmente:

► Lei nº 8.171, de 17-1-1991 (Lei da Política Agrícola).

► Lei nº 8.174, de 30-1-1991, dispõe sobre princípios de política agrícola, estabelecendo atribuições ao Conselho Nacional de Política Agrícola – CNPA, tributação compensatória de produtos agrícolas, amparo ao pequeno produtor e regras de fixação e liberação dos estoques públicos.

► Súm. nº 298 do STJ.

I – os instrumentos creditícios e fiscais;
II – os preços compatíveis com os custos de produção e a garantia de comercialização;
III – o incentivo à pesquisa e à tecnologia;
IV – a assistência técnica e extensão rural;
V – o seguro agrícola;
VI – o cooperativismo;
VII – a eletrificação rural e irrigação;
VIII – a habitação para o trabalhador rural.

§ 1º Incluem-se no planejamento agrícola as atividades agroindustriais, agropecuárias, pesqueiras e florestais.

§ 2º Serão compatibilizadas as ações de política agrícola e de reforma agrária.

Art. 188. A destinação de terras públicas e devolutas será compatibilizada com a política agrícola e com o plano nacional de reforma agrária.

§ 1º A alienação ou a concessão, a qualquer título, de terras públicas com área superior a dois mil e quinhentos hectares a pessoa física ou jurídica, ainda que por interposta pessoa, dependerá de prévia aprovação do Congresso Nacional.

§ 2º Excetuam-se do disposto no parágrafo anterior as alienações ou as concessões de terras públicas para fins de reforma agrária.

Art. 189. Os beneficiários da distribuição de imóveis rurais pela reforma agrária receberão títulos de domínio ou de concessão de uso, inegociáveis, pelo prazo de dez anos.

▸ Lei nº 8.629, de 25-2-1993, regula os dispositivos constitucionais relativos à reforma agrária.

▸ Art. 6º, II, da Lei nº 11.284, de 2-3-2006 (Lei de Gestão de Florestas Públicas).

Parágrafo único. O título de domínio e a concessão de uso serão conferidos ao homem ou à mulher, ou a ambos, independentemente do estado civil, nos termos e condições previstos em lei.

Art. 190. A lei regulará e limitará a aquisição ou o arrendamento de propriedade rural por pessoa física ou jurídica estrangeira e estabelecerá os casos que dependerão de autorização do Congresso Nacional.

▸ Lei nº 5.709, de 7-10-1971, regula a aquisição de imóveis rurais por estrangeiro residente no País ou pessoa jurídica estrangeira autorizada a funcionar no Brasil.

▸ Lei nº 8.629, de 25-2-1993, regula os dispositivos constitucionais relativos à reforma agrária.

Art. 191. Aquele que, não sendo proprietário de imóvel rural ou urbano, possua como seu, por cinco anos ininterruptos, sem oposição, área de terra, em zona rural, não superior a cinquenta hectares, tornando-a produtiva por seu trabalho ou de sua família, tendo nela sua moradia, adquirir-lhe-á a propriedade.

▸ Art. 1.239 do CC.

▸ Lei nº 6.969, de 10-12-1981 (Lei do Usucapião Especial).

Parágrafo único. Os imóveis públicos não serão adquiridos por usucapião.

CAPÍTULO IV

DO SISTEMA FINANCEIRO NACIONAL

Art. 192. O sistema financeiro nacional, estruturado de forma a promover o desenvolvimento equilibrado do País e a servir aos interesses da coletividade, em todas as partes que o compõem, abrangendo as cooperativas de crédito, será regulado por leis complementares que disporão, inclusive, sobre a participação do capital estrangeiro nas instituições que o integram.

▸ *Caput* com a redação dada pela EC nº 40, de 29-5-2003.

I a VIII – *Revogados.* EC nº 40, de 29-5-2003.

§§ 1º a 3º *Revogados.* EC nº 40, de 29-5-2003.

TÍTULO VIII – DA ORDEM SOCIAL

CAPÍTULO I

DISPOSIÇÃO GERAL

Art. 193. A ordem social tem como base o primado do trabalho, e como objetivo o bem-estar e a justiça sociais.

Parágrafo único. O Estado exercerá a função de planejamento das políticas sociais, assegurada, na forma da lei, a participação da sociedade nos processos de formulação, de monitoramento, de controle e de avaliação dessas políticas.

▸ Parágrafo único acrescido pela EC nº 108, de 26-8-2020.

CAPÍTULO II

DA SEGURIDADE SOCIAL

▸ Lei nº 8.212, de 24-7-1991 (Lei Orgânica da Seguridade Social).

▸ Lei nº 8.213, de 24-7-1991 (Lei dos Planos de Benefícios da Previdência Social).

▸ Lei nº 8.742, de 7-12-1993 (Lei Orgânica da Assistência Social).

▸ Dec. nº 3.048, de 6-5-1999 (Regulamento da Previdência Social).

SEÇÃO I

DISPOSIÇÕES GERAIS

Art. 194. A seguridade social compreende um conjunto integrado de ações de iniciativa dos Poderes Públicos e da sociedade, destinadas a assegurar os direitos relativos à saúde, à previdência e à assistência social.

▸ Lei nº 8.212, de 24-7-1991 (Lei Orgânica da Seguridade Social).

▸ Lei nº 8.213, de 24-7-1991 (Lei dos Planos de Benefícios da Previdência Social).

Parágrafo único. Compete ao Poder Público, nos termos da lei, organizar a seguridade social, com base nos seguintes objetivos:

I – universalidade da cobertura e do atendimento;

II – uniformidade e equivalência dos benefícios e serviços às populações urbanas e rurais;

III – seletividade e distributividade na prestação dos benefícios e serviços;

IV – irredutibilidade do valor dos benefícios;

V – equidade na forma de participação no custeio;

VI – diversidade da base de financiamento, identificando-se, em rubricas contábeis específicas para cada área, as receitas e as despesas vinculadas a ações de saúde, previdência e assistência social, preservado o caráter contributivo da previdência social;

▸ Inciso VI com a redação dada pela EC nº 103, de 12-11-2019.

VII – caráter democrático e descentralizado da administração, mediante gestão quadripartite, com participação dos trabalhadores, dos empregadores, dos aposentados e do Governo nos órgãos colegiados.

▸ Inciso VII com a redação dada pela EC nº 20, de 15-12-1998.

Art. 195. A seguridade social será financiada por toda a sociedade, de forma direta e indireta, nos termos da lei, mediante recursos provenientes dos orçamentos da União, dos Estados, do Distrito Federal e dos Municípios, e das seguintes contribuições sociais:

▸ Art. 12 da EC nº 20, de 15-12-1998 (Reforma Previdenciária).

▸ LC nº 70, de 30-12-1991, institui contribuição para financiamento da Seguridade Social, eleva a alíquota da contribuição social sobre o lucro das instituições financeiras.

▸ Lei nº 7.689, de 15-12-1988 (Lei da Contribuição Social Sobre o Lucro das Pessoas Jurídicas).

▸ Lei nº 7.894, de 24-11-1989, dispõe sobre as contribuições para o Finsocial e PIS/PASEP.

▸ Lei nº 9.363, de 13-12-1996, dispõe sobre a instituição de crédito presumido do Imposto sobre Produtos Industrializados, para ressarcimento do valor do PIS/PASEP e COFINS nos casos que especifica.

▸ Lei nº 9.477, de 24-7-1997, institui o Fundo de Aposentadoria Programada Individual – FAPI e o plano de incentivo à aposentadoria programada individual.

▸ Súmulas nºs 658, 659 e 688 do STF.

▸ Súm. nº 423 do STJ.

I – do empregador, da empresa e da entidade a ela equiparada na forma da lei, incidentes sobre:

▸ Súm. nº 688 do STF.

a) a folha de salários e demais rendimentos do trabalho pagos ou creditados, a qualquer título, à pessoa física que lhe preste serviço, mesmo sem vínculo empregatício;

▸ Art. 114, VIII, desta Constituição.

b) a receita ou o faturamento;

c) o lucro;

▸ Inciso I com a redação dada pela EC nº 20, de 15-12-1998.

▸ Art. 195, § 9º, desta Constituição.

▸ LC nº 70, de 30-12-1991, institui contribuição para o funcionamento da Seguridade Social e eleva alíquota da contribuição social sobre o lucro das instituições financeiras.

II – do trabalhador e dos demais segurados da previdência social, podendo ser adotadas alíquotas progressivas de acordo com o valor do salário de contribuição, não incidindo contribuição sobre aposentadoria e pensão concedidas pelo Regime Geral de Previdência Social;

▸ Inciso II com a redação dada pela EC nº 103, de 12-11-2019.

▸ Arts. 114, VIII, e 167, IX, desta Constituição.

▸ Lei nº 9.477, de 24-7-1997, institui o Fundo de Aposentadoria Programada Individual – FAPI e o Plano de Incentivo à Aposentadoria Programada Individual.

III – sobre a receita de concursos de prognósticos;

▸ Art. 4º da Lei nº 7.856, de 24-10-1989, que dispõe sobre a destinação da renda de concursos de prognósticos.

IV – do importador de bens ou serviços do exterior, ou de quem a lei a ele equiparar;

▸ Inciso IV acrescido pela EC nº 42, de 19-12-2003.

▸ Lei nº 10.865, de 30-4-2004, dispõe sobre o PIS/PASEP-Importação e a COFINS-Importação.

V – sobre bens e serviços, nos termos de lei complementar.

▸ Inciso V acrescido pela EC nº 132, de 20-12-2023.

§ 1º As receitas dos Estados, do Distrito Federal e dos Municípios destinadas à seguridade social constarão dos respectivos orçamentos, não integrando o orçamento da União.

§ 2º A proposta de orçamento da seguridade social será elaborada de forma integrada pelos órgãos responsáveis pela saúde, previdência social e assistência social, tendo em vista as metas e prioridades estabelecidas na lei de diretrizes orçamentárias, assegurada a cada área a gestão de seus recursos.

§ 3º A pessoa jurídica em débito com o sistema da seguridade social, como estabelecido em lei, não poderá contratar com o Poder Público nem dele receber benefícios ou incentivos fiscais ou creditícios.

▸ Lei nº 8.212, de 24-7-1991 (Lei Orgânica da Seguridade Social).

§ 4º A lei poderá instituir outras fontes destinadas a garantir a manutenção ou expansão da seguridade social, obedecido o disposto no artigo 154, I.

▸ Lei nº 9.876, de 26-11-1999, dispõe sobre a contribuição previdenciária do contribuinte individual e o cálculo do benefício.

§ 5º Nenhum benefício ou serviço da seguridade social poderá ser criado, majorado ou estendido sem a correspondente fonte de custeio total.

▸ Art. 24 da LC nº 101, de 4-5-2000 (Lei da Responsabilidade Fiscal).

§ 6º As contribuições sociais de que trata este artigo só poderão ser exigidas após decorridos noventa dias da data da publicação da lei que as houver instituído ou modificado, não se lhes aplicando o disposto no artigo 150, III, *b*.

▸ Art. 74, § 4º, do ADCT.

▸ Súm. Vinc. nº 50 do STF.

▸ Súm. nº 669 do STF.

§ 7º São isentas de contribuição para a seguridade social as entidades beneficentes de assistência social que atendam às exigências estabelecidas em lei.

▸ Súm. nº 659 do STF.

▸ Súm. nº 352 do STJ.

▸ Ações Diretas de Inconstitucionalidade nºs 2.028, 2.036, 2.228 e 2.621 convoladas em Ações de Descumprimento de Preceito Fundamental.

§ 8º O produtor, o parceiro, o meeiro e o arrendatário rurais e o pescador artesanal, bem como os respectivos cônjuges, que exerçam suas atividades em regime de economia familiar, sem empregados permanentes, contribuirão para a seguridade social mediante a aplicação de uma alíquota sobre o resultado da comercialização da produção e farão jus aos benefícios nos termos da lei.

▸ § 8º com a redação dada pela EC nº 20, de 15-12-1998.

▸ Súm. nº 272 do STJ.

§ 9º As contribuições sociais previstas no inciso I do *caput* deste artigo poderão ter alíquotas diferenciadas em razão da atividade econômica, da utilização intensiva de mão de obra, do porte da empresa ou da condição estrutural do mercado de trabalho, sendo também autorizada a adoção de bases de cálculo diferenciadas apenas no caso das alíneas *b* e *c* do inciso I do *caput*.

▸ § 9º com a redação dada pela EC nº 103, de 12-11-2019.

★ **Nova redação do dispositivo alterado:** "§ 9º As contribuições sociais previstas no inciso I do *caput* deste artigo poderão ter alíquotas diferenciadas em razão da atividade econômica, da utilização intensiva de mão de obra, do porte da empresa ou da condição estrutural do mercado de trabalho, sendo também autorizada a adoção de bases de cálculo diferenciadas apenas no caso da alínea *c* do inciso I do *caput*."

▸ § 9º com a redação dada pela EC nº 132, de 21-12-2023, para vigorar a partir de 2027.

§ 10. A lei definirá os critérios de transferência de recursos para o sistema único de saúde e ações de assistência social da União para os Estados, o Distrito Federal e os Municípios, e dos Estados para os Municípios, observada a respectiva contrapartida de recursos.

▸ § 10 acrescido pela EC nº 20, de 15-12-1998.

§ 11. São vedados a moratória e o parcelamento em prazo superior a 60 (sessenta) meses e, na forma de lei complementar, a remissão e a anistia das contribuições sociais de que tratam a alínea *a* do inciso I e o inciso II do *caput*.

▸ § 11 com a redação dada pela EC nº 103, de 12-11-2019.

▸ Art. 11, § 3º, da Lei nº 13.988, de 14-4-2020 (Lei da Transação Tributária).

§ 12. A lei definirá os setores de atividade econômica para os quais as contribuições incidentes na forma dos incisos I, *b*; e IV do *caput*, serão não cumulativas.

▸ § 12 acrescido pela EC nº 42, de 19-12-2003.

§ 13. *Revogado*. EC nº 103, de 12-11-2019.

§ 14. O segurado somente terá reconhecida como tempo de contribuição ao Regime Geral de Previdência Social a competência cuja contribuição seja igual ou superior à contribuição mínima mensal exigida para sua categoria, assegurado o agrupamento de contribuições.

▸ § 14 acrescido pela EC nº 103, de 12-11-2019.

§ 15. A contribuição prevista no inciso V do **caput** ***poderá ter sua alíquota fixada em lei ordinária.***

§ 16. Aplica-se à contribuição prevista no inciso V do caput o disposto no art. 156-A, § 1º, I a VI, VIII, X a XIII, § 3º, § 5º, II a VI e IX, e §§ 6º a 11 e 13.

§ 17. A contribuição prevista no inciso V do caput não integrará sua própria base de cálculo nem a dos tributos previstos nos arts. 153, VIII, 156-A e 195, I, b, e IV, e da contribuição para o Programa de Integração Social de que trata o art. 239.

⋆ **Nova redação do dispositivo alterado:** "§ 17. A contribuição prevista no inciso V do *caput* não integrará sua própria base de cálculo nem a dos impostos previstos nos arts. 153, VIII, e 156-A."

▸ § 17 acrescido pela EC nº 132, de 21-12-2023, para vigorar a partir de 2027.

⋆ **Nova redação do dispositivo alterado:** "§ 17. A contribuição prevista no inciso V do *caput* não integrará sua própria base de cálculo nem a dos impostos previstos nos arts. 153, VIII, e 156-A."

▸ § 17 acrescido pela EC nº 132, de 20-12-2023, para vigorar a partir de 2033.

§ 18. Lei estabelecerá as hipóteses de devolução da contribuição prevista no inciso V do caput a pessoas físicas, inclusive em relação a limites e beneficiários, com o objetivo de reduzir as desigualdades de renda.

§ 19. A devolução de que trata o § 18 não será computada na receita corrente líquida da União para os fins do disposto nos arts. 100, § 15, 166, §§ 9º, 12 e 17, e 198, § 2º.

▸ §§ 15 a 19 acrescidos pela EC nº 132, de 20-12-2023.

⋆ **Nova redação do dispositivo alterado:** "§ 19. A devolução de que trata o § 18: I – não será computada na receita corrente líquida da União para os fins do disposto nos arts. 100, § 15, 166, §§ 9º, 12 e 17, e 198, § 2º; II – não integrará a base de cálculo para fins do disposto no art. 239."

▸ § 19 acrescido pela EC nº 132, de 21-12-2023, para vigorar a partir de 2027.

Seção II

DA SAÚDE

▸ Lei nº 8.147, de 28-12-1990, dispõe sobre a alíquota do Finsocial.

▸ Lei nº 9.790, de 23-3-1999, dispõe sobre a qualificação de pessoas jurídicas de direito privado, sem fins lucrativos, como organizações da sociedade civil de interesse público e institui e disciplina o termo de parceria.

▸ Lei nº 9.961, de 28-1-2000, cria a Agência Nacional de Saúde Suplementar – ANS, regulamentada pelo Dec. nº 3.327, de 5-1-2000.

▸ Lei nº 10.216, de 6-4-2001, dispõe sobre a proteção e os direitos das pessoas portadoras de transtornos mentais e redireciona o modelo assistencial em saúde mental.

▸ Dec. nº 3.964, de 10-10-2001, dispõe sobre o Fundo Nacional de Saúde.

Art. 196. A saúde é direito de todos e dever do Estado, garantido mediante políticas sociais e econômicas que visem à redução do risco de doença e de outros agravos e ao acesso universal e igualitário às ações e serviços para sua promoção, proteção e recuperação.

▸ Lei nº 9.273, de 3-5-1996, torna obrigatória a inclusão de dispositivo de segurança que impeça a reutilização das seringas descartáveis.

▸ Lei nº 9.313, de 13-11-1996, dispõe sobre a distribuição gratuita de medicamentos aos portadores do HIV e doentes de AIDS.

▸ Lei nº 9.797, de 5-6-1999, dispõe sobre a obrigatoriedade da cirurgia plástica reparadora da mama pela rede de unidades integrantes do Sistema Único de Saúde – SUS nos casos de mutilação decorrentes de tratamento de câncer.

▸ Lei nº 12.858, de 9-9-2013, dispõe sobre a destinação para as áreas de educação e saúde de parcela da participação no resultado ou da compensação financeira pela exploração de petróleo e gás natural, com a finalidade de cumprimento da meta prevista no inciso VI do *caput* do art. 214 e no art. 196 desta Constituição.

Art. 197. São de relevância pública as ações e serviços de saúde, cabendo ao Poder Público dispor, nos termos da lei, sobre sua regulamentação, fiscalização e controle, devendo sua execução ser feita diretamente ou através de terceiros e, também, por pessoa física ou jurídica de direito privado.

▸ Lei nº 8.080, de 19-9-1990, dispõe sobre as condições para a promoção, proteção e recuperação da saúde, a organização e o funcionamento dos serviços correspondentes.

▸ Lei nº 9.273, de 3-5-1996, torna obrigatória a inclusão de dispositivo de segurança que impeça a reutilização das seringas descartáveis.

Art. 198. As ações e serviços públicos de saúde integram uma rede regionalizada e hierarquizada e constituem um sistema único, organizado de acordo com as seguintes diretrizes:

I – descentralização, com direção única em cada esfera de governo;

▶ Lei nº 8.080, de 19-9-1990, dispõe sobre as condições para a promoção, proteção e recuperação da saúde, a organização e o funcionamento dos serviços correspondentes.

II – atendimento integral, com prioridade para as atividades preventivas, sem prejuízo dos serviços assistenciais;

III – participação da comunidade.

§ 1º O sistema único de saúde será financiado, nos termos do artigo 195, com recursos do orçamento da seguridade social, da União, dos Estados, do Distrito Federal e dos Municípios, além de outras fontes.

▶ Parágrafo único transformado em § 1º pela EC nº 29, de 13-9-2000.

§ 2º União, os Estados, o Distrito Federal e os Municípios aplicarão, anualmente, em ações e serviços públicos de saúde recursos mínimos derivados da aplicação de percentuais calculados sobre:

▶ Art. 167, IV, desta Constituição.

I – no caso da União, a receita corrente líquida do respectivo exercício financeiro, não podendo ser inferior a 15% (quinze por cento);

▶ Inciso I com a redação dada pela EC nº 86, de 17-3-2015.

▶ Art. 110, I, do ADCT.

II – no caso dos Estados e do Distrito Federal, o produto da arrecadação dos impostos a que se referem os arts. 155 e 156-A e dos recursos de que tratam os arts. 157 e 159, I, a, e II, deduzidas as parcelas que forem transferidas aos respectivos Municípios;

III – no caso dos Municípios e do Distrito Federal, o produto da arrecadação dos impostos a que se referem os arts. 156 e 156-A e dos recursos de que tratam os arts. 158 e 159, I, b, e § 3º.

▶ Incisos II e III com a redação dada pela EC nº 132, de 20-12-2023.

§ 3º Lei complementar, que será reavaliada pelo menos a cada cinco anos, estabelecerá:

▶ *Caput* do § 3º acrescido pela EC nº 29, de 13-9-2000.

I – os percentuais de que tratam os incisos II e III do § 2º;

▶ Inciso I com a redação dada pela EC nº 86, de 17-3-2015.

II – os critérios de rateio dos recursos da União vinculados à saúde destinados aos Estados, ao Distrito Federal e aos Municípios, e dos Estados destinados a seus respectivos Municípios, objetivando a progressiva redução das disparidades regionais;

III – as normas de fiscalização, avaliação e controle das despesas com saúde nas esferas federal, estadual, distrital e municipal;

▶ Incisos II e III acrescidos pela EC nº 29, de 13-9-2000.

IV – *Revogado*. EC nº 86, de 17-3-2015.

▶ LC nº 141, de 13-1-2012, regulamenta este parágrafo para dispor sobre os valores mínimos a serem aplicados anualmente pela União, Estados, Distrito Federal e Municípios em ações e serviços públicos de saúde.

§ 4º Os gestores locais do sistema único de saúde poderão admitir agentes comunitários de saúde e agentes de combate às endemias por meio de processo seletivo público, de acordo com a natureza e complexidade de suas atribuições e requisitos específicos para sua atuação.

▶ § 4º acrescido pela EC nº 51, de 14-2-2006.

▶ Art. 2º da EC nº 51, de 14-2-2006, que dispõe sobre a contratação dos agentes comunitários de saúde e de combate às endemias.

§ 5º Lei federal disporá sobre o regime jurídico, o piso salarial profissional nacional, as diretrizes para os Planos de Carreira e a regulamentação das atividades de agente comunitário de saúde e agente de combate às endemias, competindo à União, nos termos da lei, prestar assistência financeira complementar aos Estados, ao Distrito Federal e aos Municípios, para o cumprimento do referido piso salarial.

▶ § 5º com a redação dada pela EC nº 63, de 4-2-2010.

▶ Lei nº 11.350, de 5-10-2006, regulamenta este parágrafo.

§ 6º Além das hipóteses previstas no § 1º do art. 41 e no § 4º do art. 169 da Constituição Federal, o servidor que exerça funções equivalentes às de agente comunitário de saúde ou de agente de combate às endemias poderá perder o cargo em caso de descumprimento dos requisitos específicos, fixados em lei, para o seu exercício.

▶ § 6º acrescido pela EC nº 51, de 14-2-2006.

§ 7º O vencimento dos agentes comunitários de saúde e dos agentes de combate às endemias fica sob responsabilidade da União, e cabe aos Estados, ao Distrito Federal e aos Municípios estabelecer, além de outros consectários e vantagens, incentivos, auxílios, gratificações e indenizações, a fim de valorizar o trabalho desses profissionais.

§ 8º Os recursos destinados ao pagamento do vencimento dos agentes comunitários de saúde e dos agentes de combate às endemias serão consignados no orçamento geral da União com dotação própria e exclusiva.

§ 9º O vencimento dos agentes comunitários de saúde e dos agentes de combate às endemias não será inferior a 2 (dois) salários mínimos, repassados pela União aos Municípios, aos Estados e ao Distrito Federal.

§ 10. Os agentes comunitários de saúde e os agentes de combate às endemias terão também, em razão dos riscos inerentes às funções desempenhadas, aposentadoria especial e, somado aos seus vencimentos, adicional de insalubridade.

§ 11. Os recursos financeiros repassados pela União aos Estados, ao Distrito Federal e aos Municípios para pagamento do vencimento ou de qualquer outra vantagem dos agentes comunitários de saúde e dos agentes de combate às endemias não serão objeto de inclusão no cálculo para fins do limite de despesa com pessoal.

▸ §§ 7º a 11 acrescidos pela EC nº 120, de 5-5-2022.

§ 12. Lei federal instituirá pisos salariais profissionais nacionais para o enfermeiro, o técnico de enfermagem, o auxiliar de enfermagem e a parteira, a serem observados por pessoas jurídicas de direito público e de direito privado.

§ 13. A União, os Estados, o Distrito Federal e os Municípios, até o final do exercício financeiro em que for publicada a lei de que trata o § 12 deste artigo, adequarão a remuneração dos cargos ou dos respectivos planos de carreiras, quando houver, de modo a atender aos pisos estabelecidos para cada categoria profissional.

▸ §§ 12 e 13 acrescidos pela EC nº 124, de 14-7-2022.

§ 14. Compete à União, nos termos da lei, prestar assistência financeira complementar aos Estados, ao Distrito Federal e aos Municípios e às entidades filantrópicas, bem como aos prestadores de serviços contratualizados que atendam, no mínimo, 60% (sessenta por cento) de seus pacientes pelo sistema único de saúde, para o cumprimento dos pisos salariais de que trata o § 12 deste artigo.

§ 15. Os recursos federais destinados aos pagamentos da assistência financeira complementar aos Estados, ao Distrito Federal e aos Municípios e às entidades filantrópicas, bem como aos prestadores de serviços contratualizados que atendam, no mínimo, 60% (sessenta por cento) de seus pacientes pelo sistema único de saúde, para o cumprimento dos pisos salariais de que trata o § 12 deste artigo serão consignados no orçamento geral da União com dotação própria e exclusiva.

▸ §§ 14 e 15 acrescidos pela EC nº 127, de 22-12-2022.

Art. 199. A assistência à saúde é livre à iniciativa privada.

▸ Lei nº 9.656, de 3-6-1998 (Lei dos Planos e Seguros Privados de Saúde).

§ 1º As instituições privadas poderão participar de forma complementar do sistema único de saúde, segundo diretrizes deste, mediante contrato de direito público ou convênio, tendo preferência as entidades filantrópicas e as sem fins lucrativos.

§ 2º É vedada a destinação de recursos públicos para auxílios ou subvenções às instituições privadas com fins lucrativos.

§ 3º É vedada a participação direta ou indireta de empresas ou capitais estrangeiros na assistência à saúde no País, salvo nos casos previstos em lei.

▸ Lei nº 8.080, de 19-9-1990, dispõe sobre as condições para a promoção, proteção e recuperação da saúde, a organização e o funcionamento dos serviços correspondentes.

§ 4º A lei disporá sobre as condições e os requisitos que facilitem a remoção de órgãos, tecidos e substâncias humanas para fins de transplante, pesquisa e tratamento, bem como a coleta, processamento e transfusão de sangue e seus derivados, sendo vedado todo tipo de comercialização.

▸ Lei nº 8.501, de 30-11-1992, dispõe sobre a utilização de cadáver não reclamado, para fins de estudos ou pesquisas científicas.

▸ Lei nº 9.434, de 4-2-1997 (Lei de Remoção de Órgãos e Tecidos), regulamentada pelo Dec. nº 9.175, de 18-10-2017.

▸ Lei nº 10.205, de 21-3-2001, regulamenta este parágrafo, relativo à coleta, processamento, estocagem, distribuição e aplicação do sangue, seus componentes e derivados.

▶ Lei nº 10.972, de 2-12-2004, autoriza o Poder Executivo a criar a empresa pública denominada Empresa Brasileira de Hemoderivados e Biotecnologia – HEMOBRÁS.

Art. 200. Ao sistema único de saúde compete, além de outras atribuições, nos termos da lei:

▶ Lei nº 8.080, de 19-9-1990, dispõe sobre as condições para a promoção, proteção e recuperação da saúde e a organização e o funcionamento dos serviços correspondentes.

▶ Lei nº 8.142, de 28-12-1990, dispõe sobre a participação da comunidade na gestão do Sistema Único de Saúde – SUS e sobre as transferências intergovernamentais de recursos financeiros na área da saúde.

I – controlar e fiscalizar procedimentos, produtos e substâncias de interesse para a saúde e participar da produção de medicamentos, equipamentos, imunobiológicos, hemoderivados e outros insumos;

▶ Lei nº 9.431, de 6-1-1997, dispõe sobre a obrigatoriedade da manutenção de programa de controle de infecções hospitalares pelos hospitais do País.

▶ Lei nº 9.677, de 2-7-1998, dispõe sobre a obrigatoriedade da cirurgia plástica reparadora da mama pela rede de unidades integrantes do Sistema Único de Saúde – SUS, nos casos de mutilação decorrente do tratamento de câncer.

▶ Lei nº 9.695, de 20-8-1998, incluíram na classificação dos delitos considerados hediondos determinados crimes contra a saúde pública.

II – executar as ações de vigilância sanitária e epidemiológica, bem como as de saúde do trabalhador;

III – ordenar a formação de recursos humanos na área de saúde;

IV – participar da formulação da política e da execução das ações de saneamento básico;

V – incrementar, em sua área de atuação, o desenvolvimento científico e tecnológico e a inovação;

▶ Inciso V com a redação dada pela EC nº 85, de 26-2-2015.

VI – fiscalizar e inspecionar alimentos, compreendido o controle de seu teor nutricional, bem como bebidas e águas para consumo humano;

VII – participar do controle e fiscalização da produção, transporte, guarda e utilização de substâncias e produtos psicoativos, tóxicos e radioativos;

▶ Lei nº 14.785, de 27-12-2023, dispõe sobre a pesquisa, a experimentação, a produção, a embalagem, a rotulagem, o transporte, o armazenamento, a comercialização, a utilização, a importação, a exportação, o destino final dos resíduos e das embalagens, o registro, a classificação, o controle, a inspeção e a fiscalização de agrotóxicos, de produtos de controle ambiental, de seus produtos técnicos e afins.

VIII – colaborar na proteção do meio ambiente, nele compreendido o do trabalho.

Seção III

DA PREVIDÊNCIA SOCIAL

▶ Lei nº 8.147, de 28-12-1990, dispõe sobre a alíquota do Finsocial.

▶ Lei nº 8.213, de 24-7-1991 (Lei dos Planos de Benefícios da Previdência Social).

▶ Lei nº 9.796, de 5-5-1999, dispõe sobre a compensação financeira entre o Regime Geral de Previdência Social e os Regimes de previdência dos servidores da União, dos Estados, do Distrito Federal e dos Municípios, nos casos de contagem recíproca de tempo de contribuição para efeito de aposentadoria.

▶ Dec. nº 3.048, de 6-5-1999 (Regulamento da Previdência Social).

Art. 201. A previdência social será organizada sob a forma do Regime Geral de Previdência Social, de caráter contributivo e de filiação obrigatória, observados critérios que preservem o equilíbrio financeiro e atuarial, e atenderá, na forma da lei, a:

▶ *Caput* com a redação dada pela EC nº 103, de 12-11-2019.

▶ Arts. 40, 167, XI e 195, II, desta Constituição.

▶ Art. 14 da EC nº 20, de 15-12-1998 (Reforma Previdenciária).

▶ Arts. 4º, parágrafo único, I e II, e 5º, da EC nº 41, de 19-12-2003.

▶ Lei nº 8.212, de 24-7-1991 (Lei Orgânica da Seguridade Social).

▶ Lei nº 8.213, de 24-7-1991 (Lei dos Planos de Benefícios da Previdência Social).

▶ Dec. nº 3.048, de 6-5-1999 (Regulamento da Previdência Social).

I – cobertura dos eventos de incapacidade temporária ou permanente para o trabalho e idade avançada;

▶ Inciso I com a redação dada pela EC nº 103, de 12-11-2019.

II – proteção à maternidade, especialmente à gestante;

III – proteção ao trabalhador em situação de desemprego involuntário;

► Lei nº 7.998, de 11-1-1990 (Lei do Seguro-Desemprego).

► Lei nº 10.779, de 25-11-2003, dispõe sobre a concessão do benefício de seguro-desemprego, durante o período de defeso, ao pescador profissional que exerce a atividade pesqueira de forma artesanal.

IV – salário-família e auxílio-reclusão para os dependentes dos segurados de baixa renda;

V – pensão por morte do segurado, homem ou mulher, ao cônjuge ou companheiro e dependentes, observado o disposto no § 2º.

► Incisos II a V com a redação dada pela EC nº 20, de 15-12-1998.

§ 1º É vedada a adoção de requisitos ou critérios diferenciados para concessão de benefícios, ressalvada, nos termos de lei complementar, a possibilidade de previsão de idade e tempo de contribuição distintos da regra geral para concessão de aposentadoria exclusivamente em favor dos segurados:

I – com deficiência, previamente submetidos a avaliação biopsicossocial realizada por equipe multiprofissional e interdisciplinar;

► Art. 41 da Lei nº 13.146, de 6-7-2015 (Estatuto da Pessoa com Deficiência).

II – cujas atividades sejam exercidas com efetiva exposição a agentes químicos, físicos e biológicos prejudiciais à saúde, ou associação desses agentes, vedada a caracterização por categoria profissional ou ocupação.

► § 1º com a redação dada pela EC nº 103, de 12-11-2019.

§ 2º Nenhum benefício que substitua o salário de contribuição ou o rendimento do trabalho do segurado terá valor mensal inferior ao salário mínimo.

§ 3º Todos os salários de contribuição considerados para o cálculo de benefício serão devidamente atualizados, na forma da lei.

► Súm. nº 456 do STJ.

§ 4º É assegurado o reajustamento dos benefícios para preservar-lhes, em caráter permanente, o valor real, conforme critérios definidos em lei.

§ 5º É vedada a filiação ao regime geral de previdência social, na qualidade de segurado facultativo, de pessoa participante de regime próprio de previdência.

§ 6º A gratificação natalina dos aposentados e pensionistas terá por base o valor dos proventos do mês de dezembro de cada ano.

► §§ 2º a 6º com a redação dada pela EC nº 20, de 15-12-1998.

► Leis nºs 4.090, de 13-7-1962, e 4.749, de 12-8-1965, dispõe sobre o 13º salário.

► Arts. 76 a 82 do Dec. nº 10.854, de 10-11-2021, que regulamenta disposições relativas à legislação trabalhista.

► Súm. nº 688 do STF.

§ 7º É assegurada aposentadoria no regime geral de previdência social, nos termos da lei, obedecidas as seguintes condições:

► *Caput* com a redação dada pela EC nº 20, de 15-12-1998.

I – 65 (sessenta e cinco) anos de idade, se homem, e 62 (sessenta e dois) anos de idade, se mulher, observado tempo mínimo de contribuição;

II – 60 (sessenta) anos de idade, se homem, e 55 (cinquenta e cinco) anos de idade, se mulher, para os trabalhadores rurais e para os que exerçam suas atividades em regime de economia familiar, nestes incluídos o produtor rural, o garimpeiro e o pescador artesanal.

► Incisos I e II com a redação dada pela EC nº 103, de 12-11-2019.

§ 8º O requisito de idade a que se refere o inciso I do § 7º será reduzido em 5 (cinco) anos, para o professor que comprove tempo de efetivo exercício das funções de magistério na educação infantil e no ensino fundamental e médio fixado em lei complementar.

► Art. 67, § 2º, da Lei nº 9.394, de 20-12-1996 (Lei das Diretrizes e Bases da Educação Nacional).

§ 9º Para fins de aposentadoria, será assegurada a contagem recíproca do tempo de contribuição entre o Regime Geral de Previdência Social e os regimes próprios de previdência social, e destes entre si, observada a compensação financeira, de acordo com os critérios estabelecidos em lei.

► §§ 8º e 9º com a redação dada pela EC nº 103, de 12-11-2019.

► Art. 100, § 18, III, desta Constituição.

► Art. 101, § 1º, II, do ADCT.

► Lei nº 9.796, de 5-5-1999, dispõe sobre a compensação financeira entre o Regime Geral de Previdência

Social e os Regimes de Previdência dos Servidores da União, dos Estados, do Distrito Federal e dos Municípios, nos casos de contagem recíproca de tempo de contribuição para efeito de aposentadoria.

▸ Dec. nº 10.188, de 20-12-2019, regulamenta a Lei nº 9.796, de 5-5-1999.

§ 9º-A. O tempo de serviço militar exercido nas atividades de que tratam os arts. 42, 142 e 143 e o tempo de contribuição ao Regime Geral de Previdência Social ou a regime próprio de previdência social terão contagem recíproca para fins de inativação militar ou aposentadoria, e a compensação financeira será devida entre as receitas de contribuição referentes aos militares e as receitas de contribuição aos demais regimes.

▸ § 9º-A acrescido pela EC nº 103, de 12-11-2019.

§ 10. Lei complementar poderá disciplinar a cobertura de benefícios não programados, inclusive os decorrentes de acidente do trabalho, a ser atendida concorrentemente pelo Regime Geral de Previdência Social e pelo setor privado.

▸ § 10 com a redação dada pela EC nº 103, de 12-11-2019.

§ 11. Os ganhos habituais do empregado, a qualquer título, serão incorporados ao salário para efeito de contribuição previdenciária e consequente repercussão em benefícios, nos casos e na forma da lei.

▸ § 11 acrescido pela EC nº 20, de 15-12-1998.

▸ Art. 3º da EC nº 20, de 15-12-1998 (Reforma Previdenciária).

▸ Lei nº 8.213, de 24-7-1991 (Lei dos Planos de Benefícios da Previdência Social).

▸ Dec. nº 3.048, de 6-5-1999 (Regulamento da Previdência Social).

§ 12. Lei instituirá sistema especial de inclusão previdenciária, com alíquotas diferenciadas, para atender aos trabalhadores de baixa renda, inclusive os que se encontram em situação de informalidade, e àqueles sem renda própria que se dediquem exclusivamente ao trabalho doméstico no âmbito de sua residência, desde que pertencentes a famílias de baixa renda.

§ 13. A aposentadoria concedida ao segurado de que trata o § 12 terá valor de 1 (um) salário mínimo.

▸ §§ 12 e 13 com a redação dada pela EC nº 103, de 12-11-2019.

§ 14. É vedada a contagem de tempo de contribuição fictício para efeito de concessão dos benefícios previdenciários e de contagem recíproca.

§ 15. Lei complementar estabelecerá vedações, regras e condições para a acumulação de benefícios previdenciários.

§ 16. Os empregados dos consórcios públicos, das empresas públicas, das sociedades de economia mista e das suas subsidiárias serão aposentados compulsoriamente, observado o cumprimento do tempo mínimo de contribuição, ao atingir a idade máxima de que trata o inciso II do § 1º do art. 40, na forma estabelecida em lei.

▸ §§ 14 a 16 acrescidos pela EC nº 103, de 12-11-2019.

Art. 202. O regime de previdência privada, de caráter complementar e organizado de forma autônoma em relação ao regime geral de previdência social, será facultativo, baseado na constituição de reservas que garantam o benefício contratado, e regulado por lei complementar.

▸ *Caput* com a redação dada pela EC nº 20, de 15-12-1998.

▸ Art. 40, § 15, desta Constituição.

▸ Art. 7º da EC nº 20, de 15-12-1998 (Reforma Previdenciária).

▸ LC nº 109, de 29-5-2001 (Lei do Regime de Previdência Complementar), regulamentada pelo Dec. nº 4.206, de 23-4-2002.

▸ Lei nº 9.656, de 3-6-1998 (Lei dos Planos e Seguros Privados de Saúde).

▸ Lei nº 10.185, de 12-2-2001, dispõe sobre a especialização das sociedades seguradoras em planos privados de assistência à saúde.

▸ Dec. nº 3.745, de 5-2-2001, institui o Programa de Interiorização do Trabalho em Saúde.

▸ Dec. nº 7.123, de 3-3-2010, dispõe sobre o Conselho Nacional de Previdência Complementar – CNPC e sobre a Câmara de Recursos de Previdência Complementar – CRPC.

▸ Súm. nº 149 do STJ.

§ 1º A lei complementar de que trata este artigo assegurará ao participante de planos de benefícios de entidades de previdência privada o pleno acesso às informações relativas à gestão de seus respectivos planos.

§ 2º As contribuições do empregador, os benefícios e as condições contratuais previstas nos estatutos, regulamentos e planos de benefícios das entidades de previdência privada não integram o contrato de trabalho dos participantes, assim como, à exceção dos benefícios concedidos, não integram a remuneração dos participantes, nos termos da lei.

▸ §§ 1º e 2º com a redação dada pela EC nº 20, de 15-12-1998.

§ 3º É vedado o aporte de recursos a entidade de previdência privada pela União, Estados, Distrito Federal e Municípios, suas autarquias, fundações, empresas públicas, sociedades de economia mista e outras entidades públicas, salvo na qualidade de patrocinador, situação na qual, em hipótese alguma, sua contribuição normal poderá exceder a do segurado.

▸ § 3º acrescido pela EC nº 20, de 15-12-1998.

▸ Art. 5º da EC nº 20, de 15-12-1998 (Reforma Previdenciária).

▸ LC nº 108, de 29-5-2001, regulamenta este parágrafo.

§ 4º Lei complementar disciplinará a relação entre a União, Estados, Distrito Federal ou Municípios, inclusive suas autarquias, fundações, sociedades de economia mista e empresas controladas direta ou indiretamente, enquanto patrocinadores de planos de benefícios previdenciários, e as entidades de previdência complementar.

▸ Art. 40, § 14, desta Constituição.

▸ LC nº 108, de 29-5-2001, regulamenta este parágrafo.

§ 5º A lei complementar de que trata o § 4º aplicar-se-á, no que couber, às empresas privadas permissionárias ou concessionárias de prestação de serviços públicos, quando patrocinadoras de planos de benefícios em entidades de previdência complementar.

▸ LC nº 108, de 29-5-2001, regulamenta este parágrafo.

§ 6º Lei complementar estabelecerá os requisitos para a designação dos membros das diretorias das entidades fechadas de previdência complementar instituídas pelos patrocinadores de que trata o § 4º e disciplinará a inserção dos participantes nos colegiados e instâncias de decisão em que seus interesses sejam objeto de discussão e deliberação.

▸ §§ 4º a 6º com a redação dada pela EC nº 103, de 12-11-2019.

▸ LC nº 108, de 29-5-2001, regulamenta este parágrafo.

▸ LC nº 109, de 29-5-2001 (Lei do Regime de Previdência Complementar).

Seção IV

DA ASSISTÊNCIA SOCIAL

▸ Lei nº 8.147, de 28-12-1990, dispõe sobre a alíquota do Finsocial.

▸ Lei nº 8.742, de 7-12-1993 (Lei Orgânica da Assistência Social).

▸ Lei nº 8.909, de 6-7-1994, dispõe sobre a prestação de serviços por entidades de assistência social, entidades beneficentes de assistência social e entidades de fins filantrópicos e estabelece prazos e procedimentos para o recadastramento de entidades junto ao Conselho Nacional de Assistência Social.

▸ Lei nº 9.790, de 23-3-1999, dispõe sobre a promoção da assistência social por meio de organizações da sociedade civil de interesse público.

Art. 203. A assistência social será prestada a quem dela necessitar, independentemente de contribuição à seguridade social, e tem por objetivos:

▸ Lei nº 8.213, de 24-7-1991 (Lei dos Planos de Benefícios da Previdência Social).

▸ Lei nº 8.742, de 7-12-1993 (Lei Orgânica da Assistência Social).

▸ Lei nº 8.909, de 6-7-1994, dispõe, em caráter emergencial, sobre a prestação de serviços por entidades de assistência social, entidades beneficentes de assistência social e entidades de fins filantrópicos e estabelece prazos e procedimentos para o recadastramento de entidades junto ao Conselho Nacional de Assistência Social.

▸ Lei nº 9.429, de 26-12-1996, dispõe sobre prorrogação de prazo para renovação de Certificado de Entidades de Fins Filantrópicos e de recadastramento junto ao Conselho Nacional de Assistência Social – CNAS e anulação de atos emanados do Instituto Nacional do Seguro Social – INSS contra instituições que gozavam de isenção da contribuição social, pela não apresentação do pedido de renovação do certificado em tempo hábil.

I – a proteção à família, à maternidade, à infância, à adolescência e à velhice;

II – o amparo às crianças e adolescentes carentes;

III – a promoção da integração ao mercado de trabalho;

IV – a habilitação e reabilitação das pessoas portadoras de deficiência e a promoção de sua integração à vida comunitária;

▸ Dec. nº 6.949, de 25-8-2009, promulga a Convenção Internacional sobre os Direitos das Pessoas com Deficiência.

▸ Arts. 14 a 17, 39 e 40 da Lei nº 13.146, de 6-7-2015 (Estatuto da Pessoa com Deficiência).

V – a garantia de um salário mínimo de benefício mensal à pessoa portadora de deficiência e ao idoso que comprovem não possuir meios de prover à própria manutenção ou de tê-la provida por sua família, conforme dispuser a lei;

▸ Lei nº 10.741, de 1º-10-2003 (Estatuto da Pessoa Idosa).

▸ Art. 40 da Lei nº 13.146, de 6-7-2015 (Estatuto da Pessoa com Deficiência).

VI – a redução da vulnerabilidade socioeconômica de famílias em situação de pobreza ou de extrema pobreza.

▸ Inciso VI acrescido pela EC nº 114, de 16-12-2021.

Art. 204. As ações governamentais na área da assistência social serão realizadas com recursos do orçamento da seguridade social, previstos no artigo 195, além de outras fontes, e organizadas com base nas seguintes diretrizes:

I – descentralização político-administrativa, cabendo a coordenação e as normas gerais à esfera federal e a coordenação e a execução dos respectivos programas às esferas estadual e municipal, bem como a entidades beneficentes e de assistência social;

II – participação da população, por meio de organizações representativas, na formulação das políticas e no controle das ações em todos os níveis.

Parágrafo único. É facultado aos Estados e ao Distrito Federal vincular a programa de apoio à inclusão e promoção social até cinco décimos por cento de sua receita tributária líquida, vedada a aplicação desses recursos no pagamento de:

I – despesas com pessoal e encargos sociais;

II – serviço da dívida;

III – qualquer outra despesa corrente não vinculada diretamente aos investimentos ou ações apoiados.

▸ Parágrafo único acrescido pela EC nº 42, de 19-12-2003.

Capítulo III

DA EDUCAÇÃO, DA CULTURA E DO DESPORTO

Seção I

DA EDUCAÇÃO

▸ Lei nº 9.394, de 20-12-1996 (Lei das Diretrizes e Bases da Educação Nacional).

▸ Lei nº 9.424, de 24-12-1996, dispõe sobre o fundo de manutenção e desenvolvimento e de valorização do magistério.

▸ Lei nº 9.766, de 18-12-1998, altera a legislação que rege o salário-educação.

▸ Lei nº 10.219, de 11-4-2001, cria o Programa Nacional de Renda Mínima vinculado à educação – "Bolsa-Escola", regulamentada pelo Dec. nº 4.313, de 24-7-2002.

▸ Lei nº 10.558, de 13-11-2002, cria o Programa Diversidade na Universidade.

▸ Lei nº 11.096, de 13-1-2005, institui o Programa Universidade para Todos – PROUNI.

▸ Lei nº 11.274, de 6-2-2006, fixa a idade de seis anos para o início do ensino fundamental obrigatório e altera para nove anos seu período de duração.

▸ Lei nº 12.089, de 11-11-2009, proíbe que uma mesma pessoa ocupe 2 (duas) vagas simultaneamente em instituições públicas de ensino superior.

Art. 205. A educação, direito de todos e dever do Estado e da família, será promovida e incentivada com a colaboração da sociedade, visando ao pleno desenvolvimento da pessoa, seu preparo para o exercício da cidadania e sua qualificação para o trabalho.

▸ Lei nº 8.147, de 28-12-1990, dispõe sobre a alíquota do Finsocial.

▸ Lei nº 9.394, de 20-12-1996 (Lei das Diretrizes e Bases da Educação Nacional).

Art. 206. O ensino será ministrado com base nos seguintes princípios:

I – igualdade de condições para o acesso e permanência na escola;

II – liberdade de aprender, ensinar, pesquisar e divulgar o pensamento, a arte e o saber;

III – pluralismo de ideias e de concepções pedagógicas, e coexistência de instituições públicas e privadas de ensino;

IV – gratuidade do ensino público em estabelecimentos oficiais;

▸ Art. 242 desta Constituição.

▸ Súm. Vinc. nº 12 do STF.

V – valorização dos profissionais da educação escolar, garantidos, na forma da lei, planos de carreira, com ingresso exclusivamente por concurso público de provas e títulos, aos das redes públicas;

▸ Inciso V com a redação dada pela EC nº 53, de 19-12-2006.

▸ Lei nº 9.424, de 24-12-1996, dispõe sobre o Fundo de Manutenção e Desenvolvimento do Ensino Fundamental e de Valorização do Magistério.

VI – gestão democrática do ensino público, na forma da lei;

▸ Lei nº 9.394, de 20-12-1996 (Lei das Diretrizes e Bases da Educação Nacional).

VII – garantia de padrão de qualidade;

VIII – piso salarial profissional nacional para os profissionais da educação escolar pública, nos termos de lei federal;

▸ Inciso VIII acrescido pela EC nº 53, de 19-12-2006.

IX – garantia do direito à educação e à aprendizagem ao longo da vida.

▸ Inciso IX acrescido pela EC nº 108, de 26-8-2020.

Parágrafo único. A lei disporá sobre as categorias de trabalhadores considerados profissionais da educação básica e sobre a fixação de prazo para a elaboração ou adequação de seus planos de carreira, no âmbito da União, dos Estados, do Distrito Federal e dos Municípios.

▸ Parágrafo único acrescido pela EC nº 53, de 19-12-2006.

Art. 207. As universidades gozam de autonomia didático-científica, administrativa e de gestão financeira e patrimonial, e obedecerão ao princípio de indissociabilidade entre ensino, pesquisa e extensão.

§ 1º É facultado às universidades admitir professores, técnicos e cientistas estrangeiros, na forma da lei.

§ 2º O disposto neste artigo aplica-se às instituições de pesquisa científica e tecnológica.

▸ §§ 1º e 2º acrescidos pela EC nº 11, de 30-4-1996.

Art. 208. O dever do Estado com a educação será efetivado mediante a garantia de:

I – educação básica obrigatória e gratuita dos 4 (quatro) aos 17 (dezessete) anos de idade, assegurada inclusive sua oferta gratuita para todos os que a ela não tiveram acesso na idade própria;

▸ Inciso I com a redação dada pela EC nº 59, de 11-11-2009.

▸ Art. 6º da EC nº 59, de 11-11-2009, que determina que o disposto neste inciso deverá ser implementado progressivamente, até 2016, nos termos do Plano Nacional de Educação, com apoio técnico e financeiro da União.

II – progressiva universalização do ensino médio gratuito;

▸ Inciso II com a redação dada pela EC nº 14, de 12-9-1996.

▸ Art. 6º da EC nº 14, de 12-9-1996.

III – atendimento educacional especializado aos portadores de deficiência, preferencialmente na rede regular de ensino;

▸ Lei nº 7.853, de 24-10-1989 (Lei de Apoio às Pessoas Portadoras de Deficiência), regulamentada pelo Dec. nº 3.298, de 20-12-1999.

▸ Lei nº 10.436, de 24-4-2002, dispõe sobre a Língua Brasileira de Sinais – LIBRAS.

▸ Lei nº 10.845, de 5-3-2004, institui o Programa de Complementação ao Atendimento Educacional Especializado às Pessoas Portadoras de Deficiência – PAED.

▸ Arts. 27 a 30 da Lei nº 13.146, de 6-7-2015 (Estatuto da Pessoa com Deficiência).

▸ Dec. nº 3.956, de 8-10-2001, promulga a Convenção Interamericana para a Eliminação de todas as Formas de Discriminação contra as Pessoas Portadoras de Deficiências.

▸ Dec. nº 6.949, de 25-8-2009, promulga a Convenção Internacional sobre os Direitos das Pessoas com Deficiência.

IV – educação infantil, em creche e pré-escola, às crianças até 5 (cinco) anos de idade;

▸ Inciso IV com a redação dada pela EC nº 53, de 19-12-2006.

▸ Art. 7º, XXV, desta Constituição.

V – acesso aos níveis mais elevados do ensino, da pesquisa e da criação artística, segundo a capacidade de cada um;

▸ Lei nº 10.260, de 10-7-2001, dispõe sobre o Fundo de Financiamento ao Estudante do Ensino Superior.

▸ Lei nº 12.089, de 11-11-2009, proíbe que uma mesma pessoa ocupe 2 (duas) vagas simultaneamente em instituições públicas de ensino superior.

VI – oferta de ensino noturno regular, adequado às condições do educando;

VII – atendimento ao educando, em todas as etapas da educação básica, por meio de programas suplementares de material didático-escolar, transporte, alimentação e assistência à saúde.

▸ Inciso VII com a redação dada pela EC nº 59, de 11-11-2009.

▸ Arts. 6º e 212, § 4º, desta Constituição.

§ 1º O acesso ao ensino obrigatório e gratuito é direito público subjetivo.

§ 2º O não oferecimento do ensino obrigatório pelo Poder Público, ou sua oferta irregular, importa responsabilidade da autoridade competente.

§ 3º Compete ao Poder Público recensear os educandos no ensino fundamental, fazer-lhes a chamada e zelar, junto aos pais ou responsáveis, pela frequência à escola.

Art. 209. O ensino é livre à iniciativa privada, atendidas as seguintes condições:

I – cumprimento das normas gerais da educação nacional;

II – autorização e avaliação de qualidade pelo Poder Público.

Art. 210. Serão fixados conteúdos mínimos para o ensino fundamental, de maneira a assegurar formação básica comum e respeito aos valores culturais e artísticos, nacionais e regionais.

§ 1º O ensino religioso, de matrícula facultativa, constituirá disciplina dos horários normais das escolas públicas de ensino fundamental.

§ 2º O ensino fundamental regular será ministrado em língua portuguesa, assegurada às comunidades indígenas também a utilização de suas línguas maternas e processos próprios de aprendizagem.

Art. 211. A União, os Estados, o Distrito Federal e os Municípios organizarão em regime de colaboração seus sistemas de ensino.

- ▸ Art. 60 do ADCT.
- ▸ Art. 6º da EC nº 14, de 12-9-1996.

§ 1º A União organizará o sistema federal de ensino e o dos Territórios, financiará as instituições de ensino públicas federais e exercerá, em matéria educacional, função redistributiva e supletiva, de forma a garantir equalização de oportunidades educacionais e padrão mínimo de qualidade de ensino mediante assistência técnica e financeira aos Estados, ao Distrito Federal e aos Municípios.

§ 2º Os Municípios atuarão prioritariamente no ensino fundamental e na educação infantil.

- ▸ §§ 1º e 2º com a redação dada pela EC nº 14, de 12-9-1996.

§ 3º Os Estados e o Distrito Federal atuarão prioritariamente no ensino fundamental e médio.

- ▸ § 3º acrescido pela EC nº 14, de 12-9-1996.

§ 4º Na organização de seus sistemas de ensino, a União, os Estados, o Distrito Federal e os Municípios definirão formas de colaboração, de forma a assegurar a universalização, a qualidade e a equidade do ensino obrigatório.

- ▸ § 4º com a redação dada pela EC nº 108, de 26-8-2020.

§ 5º A educação básica pública atenderá prioritariamente ao ensino regular.

- ▸ § 5º acrescido pela EC nº 53, de 19-12-2006.

§ 6º A União, os Estados, o Distrito Federal e os Municípios exercerão ação redistributiva em relação a suas escolas.

§ 7º O padrão mínimo de qualidade de que trata o § 1º deste artigo considerará as condições adequadas de oferta e terá como referência o Custo Aluno Qualidade (CAQ), pactuados em regime de colaboração na forma disposta em lei complementar, conforme o parágrafo único do art. 23 desta Constituição.

- ▸ §§ 6º e 7º acrescidos pela EC nº 108, de 26-8-2020.

Art. 212. A União aplicará, anualmente, nunca menos de dezoito, e os Estados, o Distrito Federal e os Municípios vinte e cinco por cento, no mínimo, da receita resultante de impostos, compreendida a proveniente de transferências, na manutenção e desenvolvimento do ensino.

- ▸ Arts. 34, VII, *e*, 35, III, e 167, IV, desta Constituição.
- ▸ Arts. 60, *caput*, § 6º, 72, §§ 2º e 3º, 76, § 3º, e 110, I, do ADCT.
- ▸ Lei nº 9.424, de 24-12-1996, dispõe sobre o Fundo de Manutenção e Desenvolvimento do Ensino Fundamental e de Valorização do Magistério.

§ 1º A parcela da arrecadação de impostos transferida pela União aos Estados, ao Distrito Federal e aos Municípios, ou pelos Estados aos respectivos Municípios, não é considerada, para efeito do cálculo previsto neste artigo, receita do governo que a transferir.

§ 2º Para efeito do cumprimento do disposto no *caput* deste artigo, serão considerados os sistemas de ensino federal, estadual e municipal e os recursos aplicados na forma do artigo 213.

§ 3º A distribuição dos recursos públicos assegurará prioridade ao atendimento das necessidades do ensino obrigatório, no que se refere a universalização, garantia de padrão de qualidade e equidade, nos termos do plano nacional de educação.

- ▸ § 3º com a redação dada pela EC nº 59, de 11-11-2009.

§ 4º Os programas suplementares de alimentação e assistência à saúde previstos no artigo 208, VII, serão financiados com recursos provenientes de contribuições sociais e outros recursos orçamentários.

§ 5º A educação básica pública terá como fonte adicional de financiamento a contribuição social do salário-educação, recolhida pelas empresas na forma da lei.

- § 5º com a redação dada pela EC nº 53, de 19-12-2006.
- Art. 76, § 2º, do ADCT.
- Lei nº 9.424, de 24-12-1996, dispõe sobre o Fundo de Manutenção e Desenvolvimento do Ensino Fundamental e de Valorização do Magistério.
- Lei nº 9.766, de 18-12-1998, dispõe sobre o salário-educação.
- Dec. nº 6.003, de 28-12-2006, regulamenta a arrecadação, a fiscalização e a cobrança da contribuição social do salário-educação.
- Súm. nº 732 do STF.

§ 6º As cotas estaduais e municipais da arrecadação da contribuição social do salário-educação serão distribuídas proporcionalmente ao número de alunos matriculados na educação básica nas respectivas redes públicas de ensino.

- § 6º acrescido pela EC nº 53, de 19-12-2006.
- Art. 107, § 6º, I, do ADCT.

§ 7º É vedado o uso dos recursos referidos no *caput* e nos §§ 5º e 6º deste artigo para pagamento de aposentadorias e de pensões.

§ 8º Na hipótese de extinção ou de substituição de impostos, serão redefinidos os percentuais referidos no *caput* deste artigo e no inciso II do *caput* do art. 212-A, de modo que resultem recursos vinculados à manutenção e ao desenvolvimento do ensino, bem como os recursos subvinculados aos fundos de que trata o art. 212-A desta Constituição, em aplicações equivalentes às anteriormente praticadas.

§ 9º A lei disporá sobre normas de fiscalização, de avaliação e de controle das despesas com educação nas esferas estadual, distrital e municipal.

- §§ 7º a 9º acrescidos pela EC nº 108, de 26-8-2020.

Art. 212-A. Os Estados, o Distrito Federal e os Municípios destinarão parte dos recursos a que se refere o *caput* do art. 212 desta Constituição à manutenção e ao desenvolvimento do ensino na educação básica e à remuneração condigna de seus profissionais, respeitadas as seguintes disposições:

- *Caput* do art. 212-A acrescido pela EC nº 108, de 26-8-2020.
- Lei nº 14.113, de 25-12-2020, regulamenta o Fundo de Manutenção e Desenvolvimento da Educação Básica e de Valorização dos Profissionais da Educação (FUNDEB), de que trata este artigo.

I – a distribuição dos recursos e de responsabilidades entre o Distrito Federal, os Estados e seus Municípios é assegurada mediante a instituição, no âmbito de cada Estado e do Distrito Federal, de um Fundo de Manutenção e Desenvolvimento da Educação Básica e de Valorização dos Profissionais da Educação (FUNDEB), de natureza contábil;

- Inciso I acrescido pela EC nº 108, de 26-8-2020.
- Art. 60-A do ADCT.

II – os fundos referidos no inciso I do caput deste artigo serão constituídos por 20% (vinte por cento):

- *Caput* do inciso II com a redação dada pela EC nº 132, de 20-12-2023.

a) das parcelas dos Estados no imposto de que trata o art. 156-A;

b) da parcela do Distrito Federal no imposto de que trata o art. 156-A, relativa ao exercício de sua competência estadual, nos termos do art. 156-A, § 2º; e

c) dos recursos a que se referem os incisos I, II e III do caput do art. 155, o inciso II do caput do art. 157, os incisos II, III e IV do caput do art. 158 e as alíneas a e b do inciso I e o inciso II do caput do art. 159 desta Constituição;

- Alíneas *a* a *c* acrescidas pela EC nº 132, de 20-12-2023.

★ **Nova redação do dispositivo alterado:** "*c)* dos recursos a que se referem os incisos I e III do *caput* do art. 155, o inciso II do *caput* do art. 157, os incisos II, III e IV do *caput* do art. 158 e as alíneas *a* e *b* do inciso I e o inciso II do *caput* do art. 159 desta Constituição;"

- Alínea *c* acrescida pela EC nº 132, de 20-12-2023, para vigorar a partir de 2033.

III – os recursos referidos no inciso II do *caput* deste artigo serão distribuídos entre cada Estado e seus Municípios, proporcionalmente ao número de alunos das diversas etapas e modalidades da educação básica presencial matriculados nas respectivas redes, nos âmbitos de atuação prioritária, conforme estabelecido nos §§ 2º e 3º do art. 211 desta Constituição, observadas as ponderações referidas na alínea *a* do inciso X do *caput* e no § 2º deste artigo;

IV – a União complementará os recursos dos fundos a que se refere o inciso II do *caput* deste artigo;

▸ Art. 60 do ADCT.

V – a complementação da União será equivalente a, no mínimo, 23% (vinte e três por cento) do total de recursos a que se refere o inciso II do *caput* deste artigo, distribuída da seguinte forma:

a) 10 (dez) pontos percentuais no âmbito de cada Estado e do Distrito Federal, sempre que o valor anual por aluno (VAAF), nos termos do inciso III do *caput* deste artigo, não alcançar o mínimo definido nacionalmente;

b) no mínimo, 10,5 (dez inteiros e cinco décimos) pontos percentuais em cada rede pública de ensino municipal, estadual ou distrital, sempre que o valor anual total por aluno (VAAT), referido no inciso VI do *caput* deste artigo, não alcançar o mínimo definido nacionalmente;

c) 2,5 (dois inteiros e cinco décimos) pontos percentuais nas redes públicas que, cumpridas condicionalidades de melhoria de gestão previstas em lei, alcançarem evolução de indicadores a serem definidos, de atendimento e melhoria da aprendizagem com redução das desigualdades, nos termos do sistema nacional de avaliação da educação básica;

▸ Art. 60, § 2º, do ADCT.

VI – o VAAT será calculado, na forma da lei de que trata o inciso X do *caput* deste artigo, com base nos recursos a que se refere o inciso II do *caput* deste artigo, acrescidos de outras receitas e de transferências vinculadas à educação, observado o disposto no § 1º e consideradas as matrículas nos termos do inciso III do *caput* deste artigo;

VII – os recursos de que tratam os incisos II e IV do *caput* deste artigo serão aplicados pelos Estados e pelos Municípios exclusivamente nos respectivos âmbitos de atuação prioritária, conforme estabelecido nos §§ 2º e 3º do art. 211 desta Constituição;

VIII – a vinculação de recursos à manutenção e ao desenvolvimento do ensino estabelecida no art. 212 desta Constituição suportará, no máximo, 30% (trinta por cento) da complementação da União, considerados para os fins deste inciso os valores previstos no inciso V do *caput* deste artigo;

IX – o disposto no *caput* do art. 160 desta Constituição aplica-se aos recursos referidos nos incisos II e IV do *caput* deste artigo, e seu descumprimento pela autoridade competente importará em crime de responsabilidade;

X – a lei disporá, observadas as garantias estabelecidas nos incisos I, II, III e IV do *caput* e no § 1º do art. 208 e as metas pertinentes do plano nacional de educação, nos termos previstos no art. 214 desta Constituição, sobre:

a) a organização dos fundos referidos no inciso I do *caput* deste artigo e a distribuição proporcional de seus recursos, as diferenças e as ponderações quanto ao valor anual por aluno entre etapas, modalidades, duração da jornada e tipos de estabelecimento de ensino, observados as respectivas especificidades e os insumos necessários para a garantia de sua qualidade;

b) a forma de cálculo do VAAF decorrente do inciso III do *caput* deste artigo e do VAAT referido no inciso VI do *caput* deste artigo;

c) a forma de cálculo para distribuição prevista na alínea *c* do inciso V do *caput* deste artigo;

d) a transparência, o monitoramento, a fiscalização e o controle interno, externo e social dos fundos referidos no inciso I do *caput* deste artigo, assegurada a criação, a autonomia, a manutenção e a consolidação de conselhos de acompanhamento e controle social, admitida sua integração aos conselhos de educação;

e) o conteúdo e a periodicidade da avaliação, por parte do órgão responsável, dos efeitos redistributivos, da melhoria dos indicadores educacionais e da ampliação do atendimento;

XI – proporção não inferior a 70% (setenta por cento) de cada fundo referido no inciso I do *caput* deste artigo, excluídos os recursos de que trata a alínea *c* do inciso V do *caput* deste artigo, será destinada ao pagamento dos profissionais da educação básica em efetivo exercício, observado, em relação aos recursos previstos na alínea *b* do inciso V do *caput* deste artigo, o percentual mínimo de 15% (quinze por cento) para despesas de capital;

XII – lei específica disporá sobre o piso salarial profissional nacional para os profissionais do magistério da educação básica pública;

XIII – a utilização dos recursos a que se refere o § 5º do art. 212 desta Constituição para a complementação da União ao FUNDEB, referida no inciso V do *caput* deste artigo, é vedada.

▸ Incisos III a XIII acrescidos pela EC nº 108, de 26-8-2020.

§ 1º O cálculo do VAAT, referido no inciso VI do *caput* deste artigo, deverá considerar, além dos recursos previstos no inciso II do *caput* deste artigo, pelo menos, as seguintes disponibilidades:

I – receitas de Estados, do Distrito Federal e de Municípios vinculadas à manutenção e ao desenvolvimento do ensino não integrantes dos fundos referidos no inciso I do *caput* deste artigo;

II – cotas estaduais e municipais da arrecadação do salário-educação de que trata o § 6º do art. 212 desta Constituição;

III – complementação da União transferida a Estados, ao Distrito Federal e a Municípios nos termos da alínea *a* do inciso V do *caput* deste artigo.

§ 2º Além das ponderações previstas na alínea *a* do inciso X do *caput* deste artigo, a lei definirá outras relativas ao nível socioeconômico dos educandos e aos indicadores de disponibilidade de recursos vinculados à educação e de potencial de arrecadação tributária de cada ente federado, bem como seus prazos de implementação.

§ 3º Será destinada à educação infantil a proporção de 50% (cinquenta por cento) dos recursos globais a que se refere a alínea *b* do inciso V do *caput* deste artigo, nos termos da lei.

▸ §§ 1º a 3º acrescidos pela EC nº 108, de 26-8-2020.

Art. 213. Os recursos públicos serão destinados às escolas públicas, podendo ser dirigidos a escolas comunitárias, confessionais ou filantrópicas, definidas em lei, que:

▸ Art. 212 desta Constituição.

▸ Art. 61 do ADCT.

▸ Lei nº 9.394, de 20-12-1996 (Lei das Diretrizes e Bases da Educação Nacional).

I – comprovem finalidade não lucrativa e apliquem seus excedentes financeiros em educação;

II – assegurem a destinação de seu patrimônio à outra escola comunitária, filantrópica ou confessional, ou ao Poder Público, no caso de encerramento de suas atividades.

▸ Art. 61 do ADCT.

§ 1º Os recursos de que trata este artigo poderão ser destinados a bolsas de estudo para o ensino fundamental e médio, na forma da lei, para os que demonstrarem insuficiência de recursos, quando houver falta de vagas e cursos regulares da rede pública na localidade da residência do educando, ficando o Poder Público obrigado a investir prioritariamente na expansão de sua rede na localidade.

▸ Lei nº 9.394, de 20-12-1996 (Lei das Diretrizes e Bases da Educação Nacional).

§ 2º As atividades de pesquisa, de extensão e de estímulo e fomento à inovação realizadas por universidades e/ou por instituições de educação profissional e tecnológica poderão receber apoio financeiro do Poder Público.

▸ § 2º com a redação dada pela EC nº 85, de 26-2-2015.

▸ Lei nº 8.436, de 25-6-1992, institucionaliza o Programa de Crédito Educativo para estudantes carentes.

Art. 214. A lei estabelecerá o plano nacional de educação, de duração decenal, com o objetivo de articular o sistema nacional de educação em regime de colaboração e definir diretrizes, objetivos, metas e estratégias de implementação para assegurar a manutenção e desenvolvimento do ensino em seus diversos níveis, etapas e modalidades por meio de ações integradas dos poderes públicos das diferentes esferas federativas que conduzam a:

▸ *Caput* com a redação dada pela EC nº 59, de 11-11-2009.

I – erradicação do analfabetismo;

II – universalização do atendimento escolar;

III – melhoria da qualidade do ensino;

IV – formação para o trabalho;

V – promoção humanística, científica e tecnológica do País;

▸ Lei nº 10.172, de 9-1-2001, aprova o Plano Nacional de Educação.

VI – estabelecimento de meta de aplicação de recursos públicos em educação como proporção do produto interno bruto.

▸ Inciso VI acrescido pela EC nº 59, de 11-11-2009.

▸ Lei nº 9.394, de 20-12-1996 (Lei das Diretrizes e Bases da Educação Nacional).

▸ Lei nº 10.172, de 9-1-2001, aprova o Plano Nacional de Educação.

▸ Lei nº 12.858, de 9-9-2013, dispõe sobre a destinação para as áreas de educação e saúde de parcela da participação no resultado ou da compensação financeira pela exploração de petróleo e gás natural, com a finalidade de cumprimento da meta prevista no inciso VI do *caput* do art. 214 e no art. 196 desta Constituição.

Seção II DA CULTURA

Art. 215. O Estado garantirá a todos o pleno exercício dos direitos culturais e acesso às fontes da cultura nacional, e apoiará e incentivará a valorização e a difusão das manifestações culturais.

- ▸ Lei nº 8.313, de 23-12-1991, institui o Programa Nacional de Apoio à Cultura – PRONAC), regulamentada pelo Dec. nº 5.761, de 27-4-2002.
- ▸ Lei nº 8.685, de 20-7-1993, cria mecanismos de fomento à atividade audiovisual.
- ▸ Lei nº 10.454, de 13-5-2002, dispõe sobre remissão da Contribuição para o Desenvolvimento da Indústria Cinematográfica – CONDECINE.
- ▸ MP nº 2.228-1, de 6-9-2001, que até o encerramento desta edição não havia sido convertida em Lei, cria a Agência Nacional do Cinema – ANCINE.
- ▸ Dec. nº 2.290, de 4-8-1997, regulamenta o art. 5º, VIII, da Lei nº 8.313, de 23-12-1991.

§ 1º O Estado protegerá as manifestações das culturas populares, indígenas e afro-brasileiras, e das de outros grupos participantes do processo civilizatório nacional.

§ 2º A lei disporá sobre a fixação de datas comemorativas de alta significação para os diferentes segmentos étnicos nacionais.

§ 3º A lei estabelecerá o Plano Nacional de Cultura, de duração plurianual, visando ao desenvolvimento cultural do País e à integração das ações do poder público que conduzem à:

- ▸ Lei nº 12.343, de 2-12-2010, institui o Plano Nacional de Cultura – PNC e cria o Sistema Nacional de Informações e Indicadores Culturais – SNIIC.

I – defesa e valorização do patrimônio cultural brasileiro;
II – produção, promoção e difusão de bens culturais;
III – formação de pessoal qualificado para a gestão da cultura em suas múltiplas dimensões;
IV – democratização do acesso aos bens de cultura;
V – valorização da diversidade étnica e regional.

- ▸ § 3º acrescido pela EC nº 48, de 10-8-2005.

Art. 216. Constituem patrimônio cultural brasileiro os bens de natureza material e imaterial, tomados individualmente ou em conjunto, portadores de referência à identidade, à ação, à memória dos diferentes grupos formadores da sociedade brasileira, nos quais se incluem:

I – as formas de expressão;
II – os modos de criar, fazer e viver;
III – as criações científicas, artísticas e tecnológicas;

- ▸ Lei nº 9.610, de 19-2-1998 (Lei de Direitos Autorais).

IV – as obras, objetos, documentos, edificações e demais espaços destinados às manifestações artístico-culturais;
V – os conjuntos urbanos e sítios de valor histórico, paisagístico, artístico, arqueológico, paleontológico, ecológico e científico.

- ▸ Lei nº 3.924, de 26-7-1961 (Lei dos Monumentos Arqueológicos e Pré-Históricos).
- ▸ Arts. 1º, 20, 28, I, II e parágrafo único, da Lei nº 7.542, de 26-9-1986, que dispõe sobre a pesquisa, exploração, remoção e demolição de coisas ou bens afundados, submersos, encalhados e perdidos em águas sob jurisdição nacional, em terreno de marinha e seus acrescidos e em terrenos marginais, em decorrência de sinistro, alijamento ou fortuna do mar.

§ 1º O Poder Público, com a colaboração da comunidade, promoverá e protegerá o patrimônio cultural brasileiro, por meio de inventários, registros, vigilância, tombamento e desapropriação, e de outras formas de acautelamento e preservação.

- ▸ Lei nº 7.347, de 24-7-1985 (Lei da Ação Civil Pública).
- ▸ Lei nº 8.394, de 30-12-1991, dispõe sobre a preservação, organização e proteção dos acervos documentais privados dos presidentes da República.
- ▸ Dec. nº 3.551, de 4-8-2000, institui o registro de bens culturais de natureza imaterial que constituem Patrimônio Cultural Brasileiro e cria o Programa Nacional do Patrimônio Imaterial.

§ 2º Cabem à administração pública, na forma da lei, a gestão da documentação governamental e as providências para franquear sua consulta a quantos dela necessitem.

- ▸ Lei nº 8.159, de 8-1-1991, dispõe sobre a Política Nacional de arquivos públicos e privados.
- ▸ Lei nº 12.527, de 18-11-2011, regula o acesso a informações previsto neste parágrafo.

§ 3º A lei estabelecerá incentivos para a produção e o conhecimento de bens e valores culturais.

- ▸ Lei nº 7.505, de 2-7-1986, dispõe sobre benefícios fiscais na área do imposto de renda concedidos a operações de caráter cultural ou artístico.

▸ Lei nº 8.313, de 23-12-1991, dispõe sobre benefícios fiscais concedidos a operações de caráter cultural ou artístico e cria o Programa Nacional de Apoio a Cultura – PRONAC.

▸ Lei nº 8.685, de 20-7-1993, cria mecanismos de fomento à atividade audiovisual.

▸ Lei nº 10.454, de 13-5-2002, dispõe sobre remissão da Contribuição para o Desenvolvimento da Indústria Cinematográfica – CONDECINE.

▸ MP nº 2.228-1, de 6-9-2001, que até o encerramento desta edição não havia sido convertida em Lei, cria a Agência Nacional do Cinema – ANCINE.

§ 4º Os danos e ameaças ao patrimônio cultural serão punidos, na forma da lei.

▸ Lei nº 3.924, de 26-7-1961 (Lei dos Monumentos Arqueológicos e Pré-Históricos).

▸ Lei nº 4.717, de 29-6-1965 (Lei da Ação Popular).

▸ Lei nº 7.347, de 24-7-1985 (Lei da Ação Civil Pública).

§ 5º Ficam tombados todos os documentos e os sítios detentores de reminiscências históricas dos antigos quilombos.

§ 6º É facultado aos Estados e ao Distrito Federal vincular a fundo estadual de fomento à cultura até cinco décimos por cento de sua receita tributária líquida, para o financiamento de programas e projetos culturais, vedada a aplicação desses recursos no pagamento de:

I – despesas com pessoal e encargos sociais;
II – serviço da dívida;
III – qualquer outra despesa corrente não vinculada diretamente aos investimentos ou ações apoiados.

▸ § 6º acrescido pela EC nº 42, de 19-12-2003.

Art. 216-A. O Sistema Nacional de Cultura, organizado em regime de colaboração, de forma descentralizada e participativa, institui um processo de gestão e promoção conjunta de políticas públicas de cultura, democráticas e permanentes, pactuadas entre os entes da Federação e a sociedade, tendo por objetivo promover o desenvolvimento humano, social e econômico com pleno exercício dos direitos culturais.

§ 1º O Sistema Nacional de Cultura fundamenta-se na política nacional de cultura e nas suas diretrizes, estabelecidas no Plano Nacional de Cultura, e rege-se pelos seguintes princípios:

I – diversidade das expressões culturais;
II – universalização do acesso aos bens e serviços culturais;
III – fomento à produção, difusão e circulação de conhecimento e bens culturais;
IV – cooperação entre os entes federados, os agentes públicos e privados atuantes na área cultural;
V – integração e interação na execução das políticas, programas, projetos e ações desenvolvidas;
VI – complementaridade nos papéis dos agentes culturais;
VII – transversalidade das políticas culturais;
VIII – autonomia dos entes federados e das instituições da sociedade civil;
IX – transparência e compartilhamento das informações;
X – democratização dos processos decisórios com participação e controle social;
XI – descentralização articulada e pactuada da gestão, dos recursos e das ações;
XII – ampliação progressiva dos recursos contidos nos orçamentos públicos para a cultura.

§ 2º Constitui a estrutura do Sistema Nacional de Cultura, nas respectivas esferas da Federação:

I – órgãos gestores da cultura;
II – conselhos de política cultural;
III – conferências de cultura;
IV – comissões intergestores;
V – planos de cultura;
VI – sistemas de financiamento à cultura;
VII – sistemas de informações e indicadores culturais;
VIII – programas de formação na área da cultura; e
IX – sistemas setoriais de cultura.

§ 3º Lei federal disporá sobre a regulamentação do Sistema Nacional de Cultura, bem como de sua articulação com os demais sistemas nacionais ou políticas setoriais de governo.

§ 4º Os Estados, o Distrito Federal e os Municípios organizarão seus respectivos sistemas de cultura em leis próprias.

▸ Art. 216-A acrescido pela EC nº 71, de 29-11-2012.

Seção III

DO DESPORTO

▸ Lei nº 9.615, de 24-3-1998, institui normas gerais sobre desporto, regulamentada pelo Dec. nº 7.984, de 8-4-2013.

▸ Lei nº 14.597, de 14-6-2023 (Lei Geral do Esporte).

Art. 217. É dever do Estado fomentar práticas desportivas formais e não formais, como direito de cada um, observados:

I – a autonomia das entidades desportivas dirigentes e associações, quanto a sua organização e funcionamento;

II – a destinação de recursos públicos para a promoção prioritária do desporto educacional e, em casos específicos, para a do desporto de alto rendimento;

III – o tratamento diferenciado para o desporto profissional e o não profissional;

IV – a proteção e o incentivo às manifestações desportivas de criação nacional.

§ 1º O Poder Judiciário só admitirá ações relativas à disciplina e às competições desportivas após esgotarem-se as instâncias da justiça desportiva, regulada em lei.

§ 2º A justiça desportiva terá o prazo máximo de sessenta dias, contados da instauração do processo, para proferir decisão final.

§ 3º O Poder Público incentivará o lazer, como forma de promoção social.

Capítulo IV

DA CIÊNCIA, TECNOLOGIA E INOVAÇÃO

- Capítulo IV com a denominação dada pela EC nº 85, de 26-2-2015.
- Lei nº 9.257, de 9-1-1996, dispõe sobre o Conselho Nacional de Ciência e Tecnologia.
- Lei nº 10.168, de 29-12-2000, institui Contribuição de Intervenção de Domínio Econômico destinado a financiar o Programa de Estímulo à Interação Universidade-Empresa para o apoio à inovação.
- Lei nº 10.332, de 19-12-2001, institui mecanismo de financiamento para o Programa de Ciência e Tecnologia para o Agronegócio, para o Programa de Fomento à Pesquisa em Saúde, para o Programa Biotecnologia e Recursos Genéticos, para o Programa de Ciência e Tecnologia para o Setor Aeronáutico e para o Programa de Inovação para Competitividade.

Art. 218. O Estado promoverá e incentivará o desenvolvimento científico, a pesquisa, a capacitação científica e tecnológica e a inovação.

- *Caput* com a redação dada EC nº 85, de 26-2-2015.
- Lei nº 10.973, de 2-12-2004, estabelece medidas de incentivo à inovação e à pesquisa científica e tecnológica no ambiente produtivo, com vistas à capacitação e ao alcance da autonomia tecnológica e ao desenvolvimento industrial do país, nos termos deste artigo e do art. 219.

§ 1º A pesquisa científica básica e tecnológica receberá tratamento prioritário do Estado, tendo em vista o bem público e o progresso da ciência, tecnologia e inovação.

- § 1º com a redação dada pela EC nº 85, de 26-2-2015.

§ 2º A pesquisa tecnológica voltar-se-á preponderantemente para a solução dos problemas brasileiros e para o desenvolvimento do sistema produtivo nacional e regional.

§ 3º O Estado apoiará a formação de recursos humanos nas áreas de ciência, pesquisa, tecnologia e inovação, inclusive por meio do apoio às atividades de extensão tecnológica, e concederá aos que delas se ocupem meios e condições especiais de trabalho.

- § 3º com a redação dada pela EC nº 85, de 26-2-2015.

§ 4º A lei apoiará e estimulará as empresas que invistam em pesquisa, criação de tecnologia adequada ao País, formação e aperfeiçoamento de seus recursos humanos e que pratiquem sistemas de remuneração que assegurem ao empregado, desvinculada do salário, participação nos ganhos econômicos resultantes da produtividade de seu trabalho.

- Lei nº 9.257, de 9-1-1996, dispõe sobre o Conselho Nacional de Ciência e Tecnologia.

§ 5º É facultado aos Estados e ao Distrito Federal vincular parcela de sua receita orçamentária a entidades públicas de fomento ao ensino e à pesquisa científica e tecnológica.

- Lei nº 8.248, de 23-10-1991, dispõe sobre a capacitação e competitividade do setor de informática e automação.

§ 6º O Estado, na execução das atividades previstas no *caput*, estimulará a articulação entre entes, tanto públicos quanto privados, nas diversas esferas de governo.

§ 7º O Estado promoverá e incentivará a atuação no exterior das instituições públicas de ciência, tecnologia e inovação, com vistas à execução das atividades previstas no *caput*.

- §§ 6º e 7º acrescidos pela EC nº 85, de 26-2-2015.

Art. 219. O mercado interno integra o patrimônio nacional e será incentivado de modo a viabilizar o desenvolvimento cultural e socioeconômico, o bem-estar da população e a autonomia tecnológica do País, nos termos de lei federal.

- Lei nº 10.973, de 2-12-2004, estabelece medidas de incentivo à inovação e à pesquisa científica e tecnológica no ambiente produtivo, com vistas à capacitação e ao alcance da autonomia tecnológica e ao desenvolvimento industrial do país, nos termos deste artigo e do art. 218.

Parágrafo único. O Estado estimulará a formação e o fortalecimento da inovação nas empresas, bem como nos demais entes, públicos ou privados, a constituição e a manutenção de parques e polos tecnológicos e de demais ambientes promotores da inovação, a atuação dos inventores independentes e a criação, absorção, difusão e transferência de tecnologia.

▸ Parágrafo único acrescido pela EC nº 85, de 26-2-2015.

Art. 219-A. A União, os Estados, o Distrito Federal e os Municípios poderão firmar instrumentos de cooperação com órgãos e entidades públicos e com entidades privadas, inclusive para o compartilhamento de recursos humanos especializados e capacidade instalada, para a execução de projetos de pesquisa, de desenvolvimento científico e tecnológico e de inovação, mediante contrapartida financeira ou não financeira assumida pelo ente beneficiário, na forma da lei.

Art. 219-B. O Sistema Nacional de Ciência, Tecnologia e Inovação será organizado em regime de colaboração entre entes, tanto públicos quanto privados, com vistas a promover o desenvolvimento científico e tecnológico e a inovação.

§ 1º Lei federal disporá sobre as normas gerais do Sistema Nacional de Ciência, Tecnologia e Inovação.

§ 2º Os Estados, o Distrito Federal e os Municípios legislarão concorrentemente sobre suas peculiaridades.

▸ Arts. 219-A e 219-B acrescidos pela EC nº 85, de 26-2-2015.

Capítulo V

DA COMUNICAÇÃO SOCIAL

Art. 220. A manifestação do pensamento, a criação, a expressão e a informação, sob qualquer forma, processo ou veículo não sofrerão qualquer restrição, observado o disposto nesta Constituição.

▸ Arts. 1º, III e IV, 3º, III e IV, 4º, II, 5º, IX, XII, XIV, XXVII, XXVIII e XXIX, desta Constituição.

▸ Arts. 36, 37, 43 e 44 do CDC.

▸ Lei nº 4.117, de 24-8-1962 (Código Brasileiro de Telecomunicações).

▸ Art. 1º da Lei nº 7.524, de 17-7-1986, que dispõe sobre a manifestação, por militar inativo, de pensamento e opinião políticos ou filosóficos.

▸ Art. 2º da Lei nº 8.389, de 30-12-1991, que institui o Conselho de Comunicação Social.

▸ Lei nº 9.472, de 16-7-1997, dispõe sobre a organização dos serviços de telecomunicações, a criação e funcionamento de um Órgão Regulador e outros aspectos institucionais.

▸ Art. 7º da Lei nº 9.610, de 19-2-1998 (Lei de Direitos Autorais).

§ 1º Nenhuma lei conterá dispositivo que possa constituir embaraço à plena liberdade de informação jornalística em qualquer veículo de comunicação social, observado o disposto no artigo 5º, IV, V, X, XIII e XIV.

▸ Art. 45 da Lei nº 9.504, de 30-9-1997 (Lei das Eleições).

§ 2º É vedada toda e qualquer censura de natureza política, ideológica e artística.

§ 3º Compete à lei federal:

I – regular as diversões e espetáculos públicos, cabendo ao Poder Público informar sobre a natureza deles, as faixas etárias a que não se recomendem, locais e horários em que sua apresentação se mostre inadequada;

▸ Art. 21, XVI, desta Constituição.

▸ Arts. 74, 80, 247 e 258 do ECA.

II – estabelecer os meios legais que garantam à pessoa e à família a possibilidade de se defenderem de programas ou programações de rádio e televisão que contrariem o disposto no artigo 221, bem como da propaganda de produtos, práticas e serviços que possam ser nocivos à saúde e ao meio ambiente.

▸ Arts. 9º e 10 do CDC.

▸ Art. 5º da Lei nº 8.389, de 30-12-1991, que institui o Conselho de Comunicação Social.

§ 4º A propaganda comercial de tabaco, bebidas alcoólicas, agrotóxicos, medicamentos e terapias estará sujeita a restrições legais, nos termos do inciso II do parágrafo anterior, e conterá, sempre que necessário, advertência sobre os malefícios decorrentes de seu uso.

▸ Lei nº 9.294, de 15-7-1996, dispõe sobre as restrições ao uso e à propaganda de produtos fumígenos, bebidas alcoólicas, medicamentos, terapias e defensivos agrícolas referidos neste parágrafo.

▸ Lei nº 10.359, de 27-12-2001, dispõe sobre a obrigatoriedade de os novos aparelhos de televisão conterem dispositivo que possibilite o bloqueio temporário da recepção de programação inadequada.

§ 5º Os meios de comunicação social não podem, direta ou indiretamente, ser objeto de monopólio ou oligopólio.

► Arts. 36 e segs. da Lei nº 12.529, de 30-11-2011 (Lei do Sistema Brasileiro de Defesa da Concorrência).

§ 6º A publicação de veículo impresso de comunicação independe de licença de autoridade.

► Art. 114, parágrafo único, da Lei nº 6.015, de 31-12-1973 (Lei dos Registros Públicos).

Art. 221. A produção e a programação das emissoras de rádio e televisão atenderão aos seguintes princípios:

I – preferência a finalidades educativas, artísticas, culturais e informativas;

► Dec. nº 4.901, de 26-11-2003, institui o Sistema Brasileiro de Televisão Digital – SBTVD.

II – promoção da cultura nacional e regional e estímulo à produção independente que objetive sua divulgação;

► Lei nº 10.454, de 13-5-2002, dispõe sobre remissão da Contribuição para o Desenvolvimento da Indústria Cinematográfica – CONDECINE.

► Art. 2º da MP nº 2.228-1, de 6-9-2001, que cria a Agência Nacional do Cinema – ANCINE.

III – regionalização da produção cultural, artística e jornalística, conforme percentuais estabelecidos em lei;

► Art. 3º, III, desta Constituição.

IV – respeito aos valores éticos e sociais da pessoa e da família.

► Arts. 1º, III, 5º, XLII, XLIII, XLVIII, XLIX, L, 34, VII, *b*, 225 a 227 e 230 desta Constituição.

► Art. 8º, III, da Lei nº 11.340, de 7-8-2006 (Lei que Coíbe a Violência Doméstica e Familiar Contra a Mulher).

Art. 222. A propriedade de empresa jornalística e de radiodifusão sonora e de sons e imagens é privativa de brasileiros natos ou naturalizados há mais de dez anos, ou de pessoas jurídicas constituídas sob as leis brasileiras e que tenham sede no País.

► *Caput* com a redação dada pela EC nº 36, de 28-5-2002.

§ 1º Em qualquer caso, pelo menos setenta por cento do capital total e do capital votante das empresas jornalísticas e de radiodifusão sonora e de sons e imagens deverá pertencer, direta ou indiretamente, a brasileiros natos ou naturalizados há mais de dez anos, que exercerão obrigatoriamente a gestão das atividades e estabelecerão o conteúdo da programação.

§ 2º A responsabilidade editorial e as atividades de seleção e direção da programação veiculada são privativas de brasileiros natos ou naturalizados há mais de dez anos, em qualquer meio de comunicação social.

► §§ 1º e 2º com a redação dada pela EC nº 36, de 28-5-2002.

§ 3º Os meios de comunicação social eletrônica, independentemente da tecnologia utilizada para a prestação do serviço, deverão observar os princípios enunciados no art. 221, na forma de lei específica, que também garantirá a prioridade de profissionais brasileiros na execução de produções nacionais.

§ 4º Lei disciplinará a participação de capital estrangeiro nas empresas de que trata o § 1º.

► Lei nº 10.610, de 20-12-2002, dispõe sobre a participação de capital estrangeiro nas empresas jornalísticas e de radiodifusão sonora e de sons e imagens.

§ 5º As alterações de controle societário das empresas de que trata o § 1º serão comunicadas ao Congresso Nacional.

► §§ 3º a 5º acrescidos pela EC nº 36, de 28-5-2002.

Art. 223. Compete ao Poder Executivo outorgar e renovar concessão, permissão e autorização para o serviço de radiodifusão sonora e de sons e imagens, observado o princípio da complementaridade dos sistemas privado, público e estatal.

► Lei nº 9.612, de 19-2-1998, institui o serviço de radiodifusão comunitária.

► Arts. 2º e 10 do Dec. nº 52.795, de 31-10-1963, que aprova regulamento dos serviços de radiodifusão.

§ 1º O Congresso Nacional apreciará o ato no prazo do artigo 64, §§ 2º e 4º, a contar do recebimento da mensagem.

§ 2º A não renovação da concessão ou permissão dependerá de aprovação de, no mínimo, dois quintos do Congresso Nacional, em votação nominal.

§ 3º O ato de outorga ou renovação somente produzirá efeitos legais após deliberação do Congresso Nacional, na forma dos parágrafos anteriores.

§ 4º O cancelamento da concessão ou permissão, antes de vencido o prazo, depende de decisão judicial.

§ 5º O prazo da concessão ou permissão será de dez anos para as emissoras de rádio e de quinze para as de televisão.

Art. 224. Para os efeitos do disposto neste Capítulo, o Congresso Nacional instituirá, como seu órgão auxiliar, o Conselho de Comunicação Social, na forma da lei.

- ▶ Lei nº 6.650, de 23-5-1979, dispõe sobre a criação, na Presidência da República, da Secretaria de Comunicação Social.
- ▶ Lei nº 8.389, de 30-12-1991, institui o Conselho de Comunicação Social.
- ▶ Dec. nº 4.799, de 4-8-2003, dispõe sobre a comunicação de Governo do Poder Executivo Federal.
- ▶ Dec. nº 6.555, de 8-9-2008, dispõe sobre as ações de comunicação do Poder Executivo Federal.

Capítulo VI

DO MEIO AMBIENTE

- ▶ Lei nº 9.605, de 12-2-1998 (Lei dos Crimes Ambientais).
- ▶ Lei nº 14.785, de 27-12-2023, dispõe sobre a pesquisa, a experimentação, a produção, a embalagem, a rotulagem, o transporte, o armazenamento, a comercialização, a utilização, a importação, a exportação, o destino final dos resíduos e das embalagens, o registro, a classificação, o controle, a inspeção e a fiscalização de agrotóxicos, de produtos de controle ambiental, de seus produtos técnicos e afins.
- ▶ Dec. nº 4.339, de 22-8-2002, institui princípios e diretrizes para a implementação Política Nacional da Biodiversidade.
- ▶ Dec. nº 4.411, de 7-10-2002, dispõe sobre a atuação das Forças Armadas e da Polícia Federal nas unidades de conservação.

Art. 225. Todos têm direito ao meio ambiente ecologicamente equilibrado, bem de uso comum do povo e essencial à sadia qualidade de vida, impondo-se ao Poder Público e à coletividade o dever de defendê-lo e preservá-lo para as presentes e futuras gerações.

- ▶ Lei nº 7.735, de 22-2-1989, dispõe sobre a extinção de órgão e de entidade autárquica, cria o Instituto Brasileiro do Meio Ambiente e dos Recursos Naturais Renováveis.
- ▶ Lei nº 7.797, de 10-7-1989 (Lei do Fundo Nacional de Meio Ambiente).
- ▶ Lei nº 11.284, de 2-3-2006 (Lei de Gestão de Florestas Públicas).
- ▶ Dec. nº 4.339, de 22-8-2002, institui princípios e diretrizes para a implementação Política Nacional da Biodiversidade.

§ 1º Para assegurar a efetividade desse direito, incumbe ao Poder Público:

- ▶ Lei nº 9.985, de 18-7-2000 (Lei do Sistema Nacional de Unidades de Conservação da Natureza).

I – preservar e restaurar os processos ecológicos essenciais e prover o manejo ecológico das espécies e ecossistemas;

- ▶ Lei nº 9.985, de 18-7-2000 (Lei do Sistema Nacional de Unidades de Conservação da Natureza), regulamentada pelo Dec. nº 4.340, de 22-8-2002.

II – preservar a diversidade e a integridade do patrimônio genético do País e fiscalizar as entidades dedicadas à pesquisa e manipulação de material genético;

- ▶ Lei nº 9.985, de 18-7-2000 (Lei do Sistema Nacional de Unidades de Conservação da Natureza), regulamentada pelo Dec. nº 4.340, de 22-8-2002.
- ▶ Lei nº 11.105, de 24-3-2005 (Lei de Biossegurança), regulamenta este inciso.
- ▶ Dec. nº 5.705, de 16-2-2006, promulga o Protocolo de Cartagena sobre Biossegurança da Convenção sobre Diversidade Biológica.

III – definir, em todas as Unidades da Federação, espaços territoriais e seus componentes a serem especialmente protegidos, sendo a alteração e a supressão permitidas somente através de lei, vedada qualquer utilização que comprometa a integridade dos atributos que justifiquem sua proteção;

- ▶ Lei nº 9.985, de 18-7-2000 (Lei do Sistema Nacional de Unidades de Conservação da Natureza), regulamentada pelo Dec. nº 4.340, de 22-8-2002.
- ▶ Res. do CONAMA nº 369, de 28-3-2006, dispõe sobre os casos excepcionais, de utilidade pública, interesse social ou baixo impacto ambiental, que possibilitam a intervenção ou supressão de vegetação em Área de Preservação Permanente – APP.

IV – exigir, na forma da lei, para instalação de obra ou atividade potencialmente causadora de significativa degradação do meio ambiente, estudo prévio de impacto ambiental, a que se dará publicidade;

- ▶ Lei nº 11.105, de 24-3-2005 (Lei de Biossegurança), regulamenta este inciso.

V – controlar a produção, a comercialização e o emprego de técnicas, métodos e substâncias que comportem risco para a vida, a qualidade de vida e o meio ambiente;

▶ Lei nº 9.985, de 18-7-2000 (Lei do Sistema Nacional de Unidades de Conservação da Natureza), regulamentada pelo Dec. nº 4.340, de 22-8-2002.

▶ Lei nº 11.105, de 24-3-2005 (Lei de Biossegurança), regulamenta este inciso.

▶ Lei nº 14.785, de 27-12-2023, dispõe sobre a pesquisa, a experimentação, a produção, a embalagem, a rotulagem, o transporte, o armazenamento, a comercialização, a utilização, a importação, a exportação, o destino final dos resíduos e das embalagens, o registro, a classificação, o controle, a inspeção e a fiscalização de agrotóxicos, de produtos de controle ambiental, de seus produtos técnicos e afins.

VI – promover a educação ambiental em todos os níveis de ensino e a conscientização pública para a preservação do meio ambiente;

▶ Lei nº 9.795, de 27-4-1999, dispõe sobre a educação ambiental e a instituição da Política Nacional de Educação Ambiental.

VII – proteger a fauna e a flora, vedadas, na forma da lei, as práticas que coloquem em risco sua função ecológica, provoquem a extinção de espécies ou submetam os animais à crueldade;

▶ Lei nº 5.197, de 3-1-1967 (Lei de Proteção à Fauna).

▶ Lei nº 9.605, de 12-2-1998 (Lei dos Crimes Ambientais).

▶ Lei nº 9.985, de 18-7-2000 (Lei do Sistema Nacional de Unidades de Conservação da Natureza), regulamentada pelo Dec. nº 4.340, de 22-8-2002.

▶ Lei nº 11.794, de 8-10-2008, regulamenta este inciso, estabelecendo procedimentos para o uso científico de animais.

▶ Lei nº 12.651, de 25-5-2012 (Novo Código Florestal).

▶ Lei nº 14.785, de 27-12-2023, dispõe sobre a pesquisa, a experimentação, a produção, a embalagem, a rotulagem, o transporte, o armazenamento, a comercialização, a utilização, a importação, a exportação, o destino final dos resíduos e das embalagens, o registro, a classificação, o controle, a inspeção e a fiscalização de agrotóxicos, de produtos de controle ambiental, de seus produtos técnicos e afins.

▶ Dec.-lei nº 221, de 28-2-1967 (Lei de Proteção e Estímulos à Pesca).

VIII – manter regime fiscal favorecido para os biocombustíveis e para o hidrogênio de baixa emissão de carbono, na forma de lei complementar, a fim de assegurar-lhes tributação inferior à incidente sobre os combustíveis fósseis, capaz de garantir diferencial competitivo em relação a estes, especialmente em relação às contribuições de que tratam o art. 195, I,* b, *IV e V, e o art. 239 e aos impostos a que se referem os arts. 155, II, e 156-A.

▶ Inciso VIII com a redação dada pela EC nº 132, de 20-12-2023.

★ **Nova redação do dispositivo alterado:** "VIII – manter regime fiscal favorecido para os biocombustíveis e para o hidrogênio de baixa emissão de carbono, na forma de lei complementar, a fim de assegurar-lhes tributação inferior à incidente sobre os combustíveis fósseis, capaz de garantir diferencial competitivo em relação a estes, especialmente em relação à contribuição de que trata o art. 195, V, e aos impostos a que se referem os arts. 155, II, e 156-A."

▶ Inciso VIII com a redação dada pela EC nº 132, de 20-12-2023, para vigorar a partir de 2027.

★ **Nova redação do dispositivo alterado:** "VIII – manter regime fiscal favorecido para os biocombustíveis e para o hidrogênio de baixa emissão de carbono, na forma de lei complementar, a fim de assegurar-lhes tributação inferior à incidente sobre os combustíveis fósseis, capaz de garantir diferencial competitivo em relação a estes, especialmente em relação à contribuição de que trata o art. 195, V, e ao imposto a que se refere o art. 156-A."

▶ Inciso VIII com a redação dada pela EC nº 132, de 20-12-2023, para vigorar a partir de 2033.

§ 2º Aquele que explorar recursos minerais fica obrigado a recuperar o meio ambiente degradado, de acordo com solução técnica exigida pelo órgão público competente, na forma da lei.

▶ Dec.-lei nº 227, de 28-2-1967 (Código de Mineração).

§ 3º As condutas e atividades consideradas lesivas ao meio ambiente sujeitarão os infratores, pessoas físicas ou jurídicas, a sanções penais e administrativas, independentemente da obrigação de reparar os danos causados.

▶ Art. 3º, *caput*, e parágrafo único, da Lei nº 9.605, de 12-2-1998 (Lei dos Crimes Ambientais).

▶ Dec. nº 6.514, de 22-7-2008, dispõe sobre as infrações e sanções administrativas ao meio ambiente e estabelece o processo administrativo federal para apuração destas infrações.

§ 4º A Floresta Amazônica brasileira, a Mata Atlântica, a Serra do Mar, o Pantanal Mato-Grossense e a Zona Costeira são patrimônio nacional, e sua utilização far-se-á, na forma da lei, dentro de condições que assegurem a preservação do meio ambiente, inclusive quanto ao uso dos recursos naturais.

- Lei nº 6.902, de 27-4-1981 (Lei das Estações Ecológicas e das Áreas de Proteção Ambiental).
- Lei nº 6.938, de 31-8-1981 (Lei da Política Nacional do Meio Ambiente).
- Lei nº 7.347, de 24-7-1985 (Lei da Ação Civil Pública).
- Dec. nº 4.297, de 10-7-2002, regulamenta o inciso II do art. 9º da Lei nº 6.938, de 31-8-1981 (Lei da Política Nacional do Meio Ambiente), estabelecendo critério para o Zoneamento Ecológico-Econômico do Brasil – ZEE.
- Res. do CONAMA nº 369, de 28-3-2006, dispõe sobre os casos excepcionais, de utilidade pública, interesse social ou baixo impacto ambiental, que possibilitam a intervenção ou supressão de vegetação em Área de Preservação Permanente – APP.

§ 5º São indisponíveis as terras devolutas ou arrecadadas pelos Estados, por ações discriminatórias, necessárias à proteção dos ecossistemas naturais.

- Lei nº 6.383, de 7-12-1976 (Lei das Ações Discriminatórias).
- Dec.-lei nº 9.760, de 5-9-1946 (Lei dos Bens Imóveis da União).
- Res. do CONAMA nº 369, de 28-3-2006, dispõe sobre os casos excepcionais, de utilidade pública, interesse social ou baixo impacto ambiental, que possibilitam a intervenção ou supressão de vegetação em Área de Preservação Permanente – APP.

§ 6º As usinas que operem com reator nuclear deverão ter sua localização definida em lei federal, sem o que não poderão ser instaladas.

- Dec.-lei nº 1.809, de 7-10-1980, institui o Sistema de Proteção ao Programa Nuclear Brasileiro – SIPRON.

§ 7º Para fins do disposto na parte final do inciso VII do § 1º deste artigo, não se consideram cruéis as práticas desportivas que utilizem animais, desde que sejam manifestações culturais, conforme o § 1º do art. 215 desta Constituição Federal, registradas como bem de natureza imaterial integrante do patrimônio cultural brasileiro, devendo ser regulamentadas por lei específica que assegure o bem-estar dos animais envolvidos.

- § 7º acrescido pela EC nº 96, de 6-6-2017.

Capítulo VII

DA FAMÍLIA, DA CRIANÇA, DO ADOLESCENTE, DO JOVEM E DO IDOSO

- Capítulo VII com a denominação dada pela EC nº 65, de 13-7-2010.
- Lei nº 8.069, de 13-7-1990 (Estatuto da Criança e do Adolescente).
- Lei nº 8.842, de 4-1-1994, dispõe sobre a composição, estruturação, competência e funcionamento do Conselho Nacional dos Direitos do Idoso – CNDI.
- Lei nº 10.741, de 1º-10-2003 (Estatuto da Pessoa Idosa).
- Lei nº 12.010, de 3-8-2009 (Lei da Adoção).
- Lei nº 12.852, de 5-8-2013 (Estatuto da Juventude).

Art. 226. A família, base da sociedade, tem especial proteção do Estado.

- Arts. 1.533 a 1.542 do CC.
- Lei nº 6.015, de 31-12-1973 (Lei dos Registros Públicos).
- Lei nº 8.069, de 13-7-1990 (Estatuto da Criança e do Adolescente).

§ 1º O casamento é civil e gratuita a celebração.

- Arts. 1.511 a 1.570 do CC.
- Arts. 67 a 76 da Lei nº 6.015, de 31-12-1973 (Lei dos Registros Públicos).

§ 2º O casamento religioso tem efeito civil, nos termos da lei.

- Lei nº 1.110, de 23-5-1950, regula o reconhecimento dos efeitos civis ao casamento religioso.
- Arts. 71 a 75 da Lei nº 6.015, de 31-12-1973 (Lei dos Registros Públicos).
- Lei nº 9.278, de 10-5-1996 (Lei da União Estável).
- Art. 5º do Dec.-lei nº 3.200, de 19-4-1941, que dispõe sobre a organização e proteção da família.

§ 3º Para efeito da proteção do Estado, é reconhecida a união estável entre o homem e a mulher como entidade familiar, devendo a lei facilitar sua conversão em casamento.

- Arts. 1.723 a 1.727 do CC.
- Art. 73, § 3º, do CPC/2015.
- Lei nº 8.971, de 29-12-1994, regula o direito dos companheiros a alimentos e sucessão.
- Lei nº 9.278, de 10-5-1996 (Lei da União Estável).
- O STF, por unanimidade de votos, julgou procedentes a ADPF nº 132 (como ação direta de inconstitucionalidade) e a ADIN nº 4.277, com eficácia *erga omnes* e efeito vinculante, para dar ao art. 1.723 do CC interpretação conforme à CF para dele excluir qualquer significado que impeça o reconhecimento da união

contínua, pública e duradoura entre pessoas do mesmo sexo como entidade familiar (*DOU* de 13-5-2011).

§ 4º Entende-se, também, como entidade familiar a comunidade formada por qualquer dos pais e seus descendentes.

§ 5º Os direitos e deveres referentes à sociedade conjugal são exercidos igualmente pelo homem e pela mulher.

- Arts. 1.511 a 1.570 do CC.
- Arts. 2º a 8º da Lei nº 6.515, de 26-12-1977 (Lei do Divórcio).

§ 6º O casamento civil pode ser dissolvido pelo divórcio.

- § 6º com a redação dada pela EC nº 66, de 13-7-2010.
- Lei nº 6.515, de 26-12-1977 (Lei do Divórcio).

§ 7º Fundado nos princípios da dignidade da pessoa humana e da paternidade responsável, o planejamento familiar é livre decisão do casal, competindo ao Estado propiciar recursos educacionais e científicos para o exercício desse direito, vedada qualquer forma coercitiva por parte de instituições oficiais ou privadas.

- Lei nº 9.263, de 12-1-1996 (Lei do Planejamento Familiar), regulamenta este parágrafo.

§ 8º O Estado assegurará a assistência à família na pessoa de cada um dos que a integram, criando mecanismos para coibir a violência no âmbito de suas relações.

- Lei nº 11.340, de 7-8-2006 (Lei que Coíbe a Violência Doméstica e Familiar Contra a Mulher).

Art. 227. É dever da família, da sociedade e do Estado assegurar à criança, ao adolescente e ao jovem, com absoluta prioridade, o direito à vida, à saúde, à alimentação, à educação, ao lazer, à profissionalização, à cultura, à dignidade, ao respeito, à liberdade e à convivência familiar e comunitária, além de colocá-los a salvo de toda forma de negligência, discriminação, exploração, violência, crueldade e opressão.

- *Caput* com a redação dada pela EC nº 65, de 13-7-2010.
- Arts. 6º, 208 e 212, § 4º, desta Constituição.
- Lei nº 8.069, de 13-7-1990 (Estatuto da Criança e do Adolescente).
- Lei nº 12.318, de 26-8-2010 (Lei da Alienação Parental).
- Lei nº 13.431, de 4-4-2017, estabelece o sistema de garantia de direitos da criança e do adolescente vítima ou testemunha de violência.
- Dec. nº 3.413, de 14-4-2000, promulga a Convenção sobre os Aspectos Civis do Sequestro Internacional de Crianças, concluída na cidade de Haia, em 25-10-1980.
- Dec. nº 3.951, de 4-10-2001, designa a Autoridade Central para dar cumprimento às obrigações impostas pela Convenção sobre os Aspectos Civis do Sequestro Internacional de Crianças, cria o Conselho da Autoridade Central Administrativa Federal Contra o Sequestro Internacional de Crianças e institui o Programa Nacional para Cooperação no Regresso de Crianças e Adolescentes Brasileiros Sequestrados Internacionalmente.
- Dec. nº 10.088, de 5-11-2019, consolida atos normativos editados pelo Poder Executivo Federal que dispõem sobre a promulgação de convenções e recomendações da Organização Internacional do Trabalho – OIT ratificadas pela República Federativa do Brasil.
- Dec. Legislativo nº 79, de 15-9-1999, aprova o texto da Convenção sobre os Aspectos Civis do Sequestro Internacional de Crianças, concluída na cidade de Haia, em 25-10-1980, com vistas a adesão pelo governo brasileiro.
- Res. do CNJ nº 94, de 27-10-2009, determina a criação de Coordenadorias da Infância e da Juventude no âmbito dos Tribunais de Justiça dos Estados e do Distrito Federal.

§ 1º O Estado promoverá programas de assistência integral à saúde da criança, do adolescente e do jovem, admitida a participação de entidades não governamentais, mediante políticas específicas e obedecendo aos seguintes preceitos:

- § 1º com a redação dada pela EC nº 65, de 13-7-2010.
- Lei nº 8.642, de 31-3-1993, dispõe sobre a instituição do Programa Nacional de Atenção à Criança e ao Adolescente – PRONAICA.

I – aplicação de percentual dos recursos públicos destinados à saúde na assistência materno-infantil;

II – criação de programas de prevenção e atendimento especializado para as pessoas portadoras de deficiência física, sensorial ou mental, bem como de integração social do adolescente e do jovem portador de deficiência, mediante o treinamento para o trabalho e a convivência, e a facilitação do acesso aos bens e serviços coletivos, com a eliminação de obstáculos arquitetônicos e de todas as formas de discriminação.

- Inciso II com a redação dada pela EC nº 65, de 13-7-2010.
- Lei nº 7.853, de 24-10-1989 (Lei de Apoio às Pessoas Portadoras de Deficiência), regulamentada pelo Dec. nº 3.298, de 20-12-1999.

► Lei nº 8.069, de 13-7-1990 (Estatuto da Criança e do Adolescente).

► Lei nº 10.216, de 6-4-2001, dispõe sobre a proteção e os direitos das pessoas portadoras de transtornos mentais e redireciona o modelo assistencial em saúde mental.

► Lei nº 13.146, de 6-7-2015 (Estatuto da Pessoa com Deficiência).

► Dec. nº 3.956, de 8-10-2001, promulga a Convenção Interamericana para Eliminação de Todas as Formas de Discriminação contra as Pessoas Portadoras de Deficiência.

► Dec. nº 6.949, de 25-8-2009, promulga a Convenção Internacional sobre os Direitos das Pessoas com Deficiência.

§ 2º A lei disporá sobre normas de construção dos logradouros e dos edifícios de uso público e de fabricação de veículos de transporte coletivo, a fim de garantir acesso adequado às pessoas portadoras de deficiência.

► Art. 244 desta Constituição.

► Art. 3º da Lei nº 7.853, de 24-10-1989 (Lei de Apoio às Pessoas Portadoras de Deficiência), regulamentada pelo Dec. nº 3.298, de 20-12-1999.

► Lei nº 13.146, de 6-7-2015 (Estatuto da Pessoa com Deficiência).

► Dec. nº 6.949, de 25-8-2009, promulga a Convenção Internacional sobre os Direitos das Pessoas com Deficiência.

§ 3º O direito a proteção especial abrangerá os seguintes aspectos:

I – idade mínima de quatorze anos para admissão ao trabalho, observado o disposto no artigo 7º, XXXIII;

► O art. 7º, XXXIII, desta Constituição, foi alterado pela EC nº 20, de 15-12-1998, e agora fixa em dezesseis anos a idade mínima para admissão ao trabalho.

II – garantia de direitos previdenciários e trabalhistas;

III – garantia de acesso do trabalhador adolescente e jovem à escola;

► Inciso III com a redação dada pela EC nº 65, de 13-7-2010.

IV – garantia de pleno e formal conhecimento da atribuição de ato infracional, igualdade na relação processual e defesa técnica por profissional habilitado, segundo dispuser a legislação tutelar específica;

V – obediência aos princípios de brevidade, excepcionalidade e respeito à condição peculiar de pessoa em desenvolvimento, quando da aplicação de qualquer medida privativa da liberdade;

VI – estímulo do Poder Público, através de assistência jurídica, incentivos fiscais e subsídios, nos termos da lei, ao acolhimento, sob a forma de guarda, de criança ou adolescente órfão ou abandonado;

► Arts. 33 a 35 do ECA.

VII – programas de prevenção e atendimento especializado à criança, ao adolescente e ao jovem dependente de entorpecentes e drogas afins.

► Inciso VII com a redação dada pela EC nº 65, de 13-7-2010.

► Lei nº 11.343, de 23-8-2006 (Lei Antidrogas).

§ 4º A lei punirá severamente o abuso, a violência e a exploração sexual da criança e do adolescente.

► Arts. 217-A a 218-B e 224 do CP.

► Arts. 225 a 258 do ECA.

§ 5º A adoção será assistida pelo Poder Público, na forma da lei, que estabelecerá casos e condições de sua efetivação por parte de estrangeiros.

► Arts. 1.618 e 1.619 do CC.

► Arts. 39 a 52 do ECA.

► Lei nº 12.010, de 3-8-2009 (Lei da Adoção).

► Dec. nº 3.087, de 21-6-1999, promulga a Convenção Relativa a Proteção das Crianças e a Cooperação em Matéria de Adoção Internacional, concluída em Haia, em 29-5-1993.

§ 6º Os filhos, havidos ou não da relação do casamento, ou por adoção, terão os mesmos direitos e qualificações, proibidas quaisquer designações discriminatórias relativas à filiação.

► Art. 41, §§ 1º e 2º, do ECA.

► Lei nº 8.560, de 29-12-1992 (Lei de Investigação de Paternidade).

► Lei nº 10.317, de 6-12-2001, dispõe sobre a gratuidade no exame de DNA nos casos que especifica.

► Lei nº 12.010, de 3-8-2009 (Lei da Adoção).

§ 7º No atendimento dos direitos da criança e do adolescente levar-se-á em consideração o disposto no artigo 204.

§ 8º A lei estabelecerá:

I – o estatuto da juventude, destinado a regular os direitos dos jovens;

II – o plano nacional de juventude, de duração decenal, visando à articulação das várias esferas do poder público para a execução de políticas públicas.

▸ § 8º acrescido pela EC nº 65, de 13-7-2010.

Art. 228. São penalmente inimputáveis os menores de dezoito anos, sujeitos às normas da legislação especial.

▸ Art. 27 do CP.

▸ Arts. 101, 104 e 112 do ECA.

Art. 229. Os pais têm o dever de assistir, criar e educar os filhos menores, e os filhos maiores têm o dever de ajudar e amparar os pais na velhice, carência ou enfermidade.

▸ Art. 22 do ECA.

Art. 230. A família, a sociedade e o Estado têm o dever de amparar as pessoas idosas, assegurando sua participação na comunidade, defendendo sua dignidade e bem-estar e garantindo-lhes o direito à vida.

▸ Lei nº 8.842, de 4-1-1994, dispõe sobre a política nacional do idoso.

▸ Lei nº 10.741, de 1º-10-2003 (Estatuto da Pessoa Idosa).

§ 1º Os programas de amparo aos idosos serão executados preferencialmente em seus lares.

§ 2º Aos maiores de sessenta e cinco anos é garantida a gratuidade dos transportes coletivos urbanos.

CAPÍTULO VIII

DOS ÍNDIOS

Art. 231. São reconhecidos aos índios sua organização social, costumes, línguas, crenças e tradições, e os direitos originários sobre as terras que tradicionalmente ocupam, competindo à União demarcá-las, proteger e fazer respeitar todos os seus bens.

▸ Lei nº 6.001, de 19-12-1973 (Estatuto do Índio).

▸ Dec. nº 26, de 4-2-1991, dispõe sobre a educação indígena no Brasil.

▸ Dec. nº 1.775, de 8-1-1996, dispõe sobre o procedimento administrativo de demarcação de terras indígenas.

▸ Dec. nº 3.156, de 7-10-1999, dispõe sobre as condições para a prestação de assistência à saúde dos povos indígenas, no âmbito do Sistema Único de Saúde.

▸ Dec. nº 4.412, de 7-10-2002, dispõe sobre a atuação das Forças Armadas e da Polícia Federal nas terras indígenas.

▸ Dec. nº 6.040, de 7-2-2007, institui a Política Nacional de Desenvolvimento Sustentável dos Povos e Comunidades Tradicionais.

▸ Dec. nº 7.747, de 5-6-2012, institui a Política Nacional de Gestão Territorial e Ambiental de Terras Indígenas – PNGATI

▸ Dec. nº 10.088, de 5-11-2019, consolida atos normativos editados pelo Poder Executivo Federal que dispõem sobre a promulgação de convenções e recomendações da Organização Internacional do Trabalho – OIT ratificadas pela República Federativa do Brasil.

§ 1º São terras tradicionalmente ocupadas pelos índios as por eles habitadas em caráter permanente, as utilizadas para suas atividades produtivas, as imprescindíveis à preservação dos recursos ambientais necessários a seu bem-estar e as necessárias a sua reprodução física e cultural, segundo seus usos, costumes e tradições.

§ 2º As terras tradicionalmente ocupadas pelos índios destinam-se a sua posse permanente, cabendo-lhes o usufruto exclusivo das riquezas do solo, dos rios e dos lagos nelas existentes.

§ 3º O aproveitamento dos recursos hídricos, incluídos os potenciais energéticos, a pesquisa e a lavra das riquezas minerais em terras indígenas só podem ser efetivados com autorização do Congresso Nacional, ouvidas as comunidades afetadas, ficando-lhes assegurada participação nos resultados da lavra, na forma da lei.

§ 4º As terras de que trata este artigo são inalienáveis e indisponíveis, e os direitos sobre elas, imprescritíveis.

§ 5º É vedada a remoção dos grupos indígenas de suas terras, salvo, *ad referendum* do Congresso Nacional, em caso de catástrofe ou epidemia que ponha em risco sua população, ou no interesse da soberania do País, após deliberação do Congresso Nacional, garantindo, em qualquer hipótese, o retorno imediato logo que cesse o risco.

§ 6º São nulos e extintos, não produzindo efeitos jurídicos, os atos que tenham por objeto a ocupação, o domínio e a posse das terras a que se refere este artigo, ou a exploração das riquezas naturais do solo, dos rios e dos lagos nelas existentes, ressalvado relevante interesse público da União, segundo o que dispuser lei complementar, não gerando a nulidade e a extinção direito a indenização ou ações contra a União, salvo, na forma da lei, quanto às benfeitorias derivadas da ocupação de boa-fé.

▶ Art. 62 da Lei nº 6.001, de 19-12-1973 (Estatuto do Índio).

§ 7º Não se aplica às terras indígenas o disposto no artigo 174, §§ 3º e 4º.

Art. 232. Os índios, suas comunidades e organizações são partes legítimas para ingressar em juízo em defesa de seus direitos e interesses, intervindo o Ministério Público em todos os atos do processo.

▶ Lei nº 6.001, de 19-12-1973 (Estatuto do Índio).

TÍTULO IX – DAS DISPOSIÇÕES CONSTITUCIONAIS GERAIS

Art. 233. *Revogado.* EC nº 28, de 25-5-2000.

Art. 234. É vedado à União, direta ou indiretamente, assumir, em decorrência da criação de Estado, encargos referentes a despesas com pessoal inativo e com encargos e amortizações da dívida interna ou externa da administração pública, inclusive da indireta.

▶ Art. 13, § 6º, do ADCT.

Art. 235. Nos dez primeiros anos da criação de Estado, serão observadas as seguintes normas básicas:

I – a Assembleia Legislativa será composta de dezessete Deputados se a população do Estado for inferior a seiscentos mil habitantes, e de vinte e quatro, se igual ou superior a esse número, até um milhão e quinhentos mil;

II – o Governo terá no máximo dez Secretarias;

III – o Tribunal de Contas terá três membros, nomeados, pelo Governador eleito, dentre brasileiros de comprovada idoneidade e notório saber;

IV – o Tribunal de Justiça terá sete Desembargadores;

V – os primeiros Desembargadores serão nomeados pelo Governador eleito, escolhidos da seguinte forma:

a) cinco dentre os magistrados com mais de trinta e cinco anos de idade, em exercício na área do novo Estado ou do Estado originário;

b) dois dentre promotores, nas mesmas condições, e advogados de comprovada idoneidade e saber jurídico, com dez anos, no mínimo, de exercício profissional, obedecido o procedimento fixado na Constituição;

VI – no caso de Estado proveniente de Território Federal, os cinco primeiros Desembargadores poderão ser escolhidos dentre juízes de direito de qualquer parte do País;

VII – em cada Comarca, o primeiro Juiz de Direito, o primeiro Promotor de Justiça e o primeiro Defensor Público serão nomeados pelo Governador eleito após concurso público de provas e títulos;

VIII – até a promulgação da Constituição Estadual, responderão pela Procuradoria-Geral, pela Advocacia-Geral e pela Defensoria-Geral do Estado advogados de notório saber, com trinta e cinco anos de idade, no mínimo, nomeados pelo Governador eleito e demissíveis *ad nutum*;

IX – se o novo Estado for resultado de transformação de Território Federal, a transferência de encargos financeiros da União para pagamento dos servidores optantes que pertenciam à Administração Federal ocorrerá da seguinte forma:

a) no sexto ano de instalação, o Estado assumirá vinte por cento dos encargos financeiros para fazer face ao pagamento dos servidores públicos, ficando ainda o restante sob a responsabilidade da União;

b) no sétimo ano, os encargos do Estado serão acrescidos de trinta por cento e, no oitavo, dos restantes cinquenta por cento;

X – as nomeações que se seguirem às primeiras, para os cargos mencionados neste artigo, serão disciplinadas na Constituição Estadual;

XI – as despesas orçamentárias com pessoal não poderão ultrapassar cinquenta por cento da receita do Estado.

Art. 236. Os serviços notariais e de registro são exercidos em caráter privado, por delegação do Poder Público.

▶ Art. 32 do ADCT.

▶ Lei nº 8.935, de 18-11-1994 (Lei dos Serviços Notariais e de Registro).

§ 1º Lei regulará as atividades, disciplinará a responsabilidade civil e criminal dos notários, dos oficiais de registro e de seus prepostos, e definirá a fiscalização de seus atos pelo Poder Judiciário.

§ 2º Lei federal estabelecerá normas gerais para fixação de emolumentos relativos aos atos praticados pelos serviços notariais e de registro.

▶ Lei nº 10.169, de 29-12-2000, dispõe sobre normas gerais para a fixação de emolumentos relativos aos atos praticados pelos serviços notariais e de registro.

§ 3º O ingresso na atividade notarial e de registro depende de concurso público de provas e títulos, não se permitindo que qualquer serventia fique vaga, sem abertura de concurso de provimento ou de remoção, por mais de seis meses.

Art. 237. A fiscalização e o controle sobre o comércio exterior, essenciais à defesa dos interesses fazendários nacionais, serão exercidos pelo Ministério da Fazenda.

▶ Dec. nº 2.781, de 14-9-1998, institui o Programa Nacional de Combate ao Contrabando e ao Descaminho.

Art. 238. A lei ordenará a venda e revenda de combustíveis de petróleo, álcool carburante e outros combustíveis derivados de matérias-primas renováveis, respeitados os princípios desta Constituição.

▶ Lei nº 9.478, de 6-8-1997, dispõe sobre a Política Energética Nacional, as atividades relativas ao monopólio do petróleo, institui o Conselho Nacional de Política Energética e a Agência Nacional de Petróleo – ANP.

▶ Lei nº 9.847, de 26-10-1999, disciplina a fiscalização das atividades relativas ao abastecimento nacional de combustíveis, de que trata a Lei nº 9.478, de 6-8-1997, e estabelece sanções.

Art. 239. A arrecadação decorrente das contribuições para o Programa de Integração Social, criado pela Lei Complementar nº 7, de 7 de setembro de 1970, e para o Programa de Formação do Patrimônio do Servidor Público, criado pela Lei Complementar nº 8, de 3 de dezembro de 1970, passa, a partir da promulgação desta Constituição, a financiar, nos termos que a lei dispuser, o programa do seguro-desemprego, outras ações da previdência social e o abono de que trata o § 3º deste artigo.

▶ *Caput* com a redação dada pela EC nº 103, de 12-11-2019.

⋆ **Nova redação do dispositivo alterado:** "Art. 239. A arrecadação correspondente a 18% (dezoito por cento) da contribuição prevista no art. 195, V, e a decorrente da contribuição para o Programa de Formação do Patrimônio do Servidor Público, criado pela Lei Complementar nº 8, de 3 de dezembro de 1970, financiarão, nos termos em que a lei dispuser, o programa do seguro-desemprego, outras ações da previdência social e o abono de que trata o § 3º deste artigo."

▶ *Caput* com a redação dada pela EC nº 132, de 20-12-2023, para vigorar a partir de 2027.

▶ Art. 72, §§ 2º e 3º, do ADCT.

▶ Lei nº 7.998, de 11-1-1990 (Lei do Seguro-Desemprego).

▶ Lei nº 9.715, de 25-11-1998, dispõe sobre as contribuições para os Programas de Integração Social e de Formação do Patrimônio do Servidor Público – PIS/PASEP.

§ 1º Dos recursos mencionados no *caput*, no mínimo 28% (vinte e oito por cento) serão destinados para o financiamento de programas de desenvolvimento econômico, por meio do Banco Nacional de Desenvolvimento Econômico e Social, com critérios de remuneração que preservem o seu valor.

▶ § 1º com a redação dada pela EC nº 103, de 12-11-2019.

§ 2º Os patrimônios acumulados do Programa de Integração Social e do Programa de Formação do Patrimônio do Servidor Público são preservados, mantendo-se os critérios de saque nas situações previstas nas leis específicas, com exceção da retirada por motivo de casamento, ficando vedada a distribuição da arrecadação de que trata o *caput* deste artigo, para depósito nas contas individuais dos participantes.

§ 3º Aos empregados que percebam de empregadores que contribuem para o Programa de Integração Social ou para o Programa de Formação do Patrimônio do Servidor Público, até dois salários mínimos de remuneração mensal, é assegurado o pagamento de um salário mínimo anual, computado neste valor o rendimento das contas individuais, no caso daqueles que já participavam dos referidos programas, até a data da promulgação desta Constituição.

⋆ **Nova redação do dispositivo alterado:** "§ 3º Aos empregados que percebam de empregadores que recolhem a contribuição prevista no art. 195, V, ou a contribuição para o Programa de Formação do Patrimônio do Servidor Público até 2 (dois) salários mínimos de remuneração mensal é assegurado o pagamento de 1 (um) salário mínimo anual, computado neste valor o rendimento das contas individuais, no caso daqueles que já participavam dos referidos programas, até a data de promulgação desta Constituição."

▶ § 3º com a redação dada pela EC nº 132, de 20-12-2023, para vigorar a partir de 2027.

§ 4º O financiamento do seguro-desemprego receberá uma contribuição adicional da empresa cujo índice de rotatividade da força de trabalho superar o índice médio da rotatividade do setor, na forma estabelecida por lei.

▸ Lei nº 7.998, de 11-1-1990 (Lei do Seguro-Desemprego).

▸ Lei nº 8.352, de 28-12-1991, dispõe sobre as disponibilidades financeiras do Fundo de Amparo ao Trabalhador – FAT.

§ 5º Os programas de desenvolvimento econômico financiados na forma do § 1º e seus resultados serão anualmente avaliados e divulgados em meio de comunicação social eletrônico e apresentados em reunião da comissão mista permanente de que trata o § 1º do art. 166.

▸ § 5º acrescido pela EC nº 103, de 12-11-2019.

Art. 240. Ficam ressalvadas do disposto no artigo 195 as atuais contribuições compulsórias dos empregadores sobre a folha de salários, destinadas às entidades privadas de serviço social e de formação profissional vinculadas ao sistema sindical.

▸ Art. 13, § 3º, da LC nº 123, de 14-12-2006 (Estatuto Nacional da Microempresa e da Empresa de Pequeno Porte).

Art. 241. A União, os Estados, o Distrito Federal e os Municípios disciplinarão por meio de lei os consórcios públicos e os convênios de cooperação entre os entes federados, autorizando a gestão associada de serviços públicos, bem como a transferência total ou parcial de encargos, serviços, pessoal e bens essenciais à continuidade dos serviços transferidos.

▸ Artigo com a redação dada pela EC nº 19, de 4-6-1998.

▸ Lei nº 11.107, de 6-4-2005 (Lei de Consórcios Públicos), regulamenta este artigo.

▸ Arts. 3º, II, e 8º, § 1º, da Lei nº 11.445, de 5-1-2007, que estabelece diretrizes nacionais para o saneamento básico, regulamentada pelo Dec. nº 7.217, de 21-6-2010.

Art. 242. O princípio do artigo 206, IV, não se aplica às instituições educacionais oficiais criadas por lei estadual ou municipal e existentes na data da promulgação desta Constituição, que não sejam total ou preponderantemente mantidas com recursos públicos.

§ 1º O ensino da História do Brasil levará em conta as contribuições das diferentes culturas e etnias para a formação do povo brasileiro.

§ 2º O Colégio Pedro II, localizado na cidade do Rio de Janeiro, será mantido na órbita federal.

Art. 243. As propriedades rurais e urbanas de qualquer região do País onde forem localizadas culturas ilegais de plantas psicotrópicas ou a exploração de trabalho escravo na forma da lei serão expropriadas e destinadas à reforma agrária e a programas de habitação popular, sem qualquer indenização ao proprietário e sem prejuízo de outras sanções previstas em lei, observado, no que couber, o disposto no art. 5º.

▸ Lei nº 8.257, de 26-11-1991, dispõe sobre a expropriação das glebas nas quais se localizem culturas ilegais de plantas psicotrópicas, regulamentada pelo Dec. nº 577, de 24-6-1992.

Parágrafo único. Todo e qualquer bem de valor econômico apreendido em decorrência do tráfico ilícito de entorpecentes e drogas afins e da exploração de trabalho escravo será confiscado e reverterá a fundo especial com destinação específica, na forma da lei.

▸ Art. 243 com a redação dada pela EC nº 81, de 5-6-2014.

Art. 244. A lei disporá sobre a adaptação dos logradouros, dos edifícios de uso público e dos veículos de transporte coletivo atualmente existentes a fim de garantir acesso adequado às pessoas portadoras de deficiência, conforme o disposto no art. 227, § 2º.

▸ Lei nº 7.853, de 24-10-1989 (Lei de Apoio às Pessoas Portadoras de Deficiência), regulamentada pelo Dec. nº 3.298, de 20-12-1999.

▸ Lei nº 8.899, de 29-6-1994, concede passe livre às pessoas portadoras de deficiência, no sistema de transporte coletivo interestadual.

▸ Lei nº 10.098, de 19-12-2000, estabelece normas gerais e critérios básicos para a promoção da acessibilidade das pessoas portadoras de deficiência ou com mobilidade reduzida.

▸ Arts. 46 a 62 da Lei nº 13.146, de 6-7-2015 (Estatuto da Pessoa com Deficiência).

▸ Dec. nº 6.949, de 25-8-2009, promulga a Convenção Internacional sobre os Direitos das Pessoas com Deficiência.

Art. 245. A lei disporá sobre as hipóteses e condições em que o Poder Público dará assistência aos herdeiros e dependentes carentes de pessoas vitimadas por crime doloso, sem prejuízo da responsabilidade civil do autor do ilícito.

▸ LC nº 79, de 7-1-1994, cria o Fundo Penitenciário Nacional – FUNPEN.

Art. 246. É vedada a adoção de medida provisória na regulamentação de artigo da Constituição cuja redação tenha sido alterada por meio de emenda promulgada entre 1º de janeiro de 1995 até a promulgação desta emenda, inclusive.

▸ Artigo com a redação dada pela EC nº 32, de 11-9-2001.

▸ Art. 62 desta Constituição.

Art. 247. As leis previstas no inciso III do § 1º do artigo 41 e no § 7º do artigo 169 estabelecerão critérios e garantias especiais para a perda do cargo pelo servidor público estável que, em decorrência das atribuições de seu cargo efetivo, desenvolva atividades exclusivas de Estado.

Parágrafo único. Na hipótese de insuficiência de desempenho, a perda do cargo somente ocorrerá mediante processo administrativo em que lhe sejam assegurados o contraditório e a ampla defesa.

▸ Art. 247 acrescido pela EC nº 19, de 4-6-1998.

Art. 248. Os benefícios pagos, a qualquer título, pelo órgão responsável pelo regime geral de previdência social, ainda que à conta do Tesouro Nacional, e os não sujeitos ao limite máximo de valor fixado para os benefícios concedidos por esse regime observarão os limites fixados no artigo 37, XI.

Art. 249. Com o objetivo de assegurar recursos para o pagamento de proventos de aposentadoria e pensões concedidas aos respectivos servidores e seus dependentes, em adição aos recursos dos respectivos tesouros, a União, os Estados, o Distrito Federal e os Municípios poderão constituir fundos integrados pelos recursos provenientes de contribuições e por bens, direitos e ativos de qualquer natureza, mediante lei que disporá sobre a natureza e administração desses fundos.

Art. 250. Com o objetivo de assegurar recursos para o pagamento dos benefícios concedidos pelo regime geral de previdência social, em adição aos recursos de sua arrecadação, a União poderá constituir fundo integrado por bens, direitos e ativos de qualquer natureza, mediante lei que disporá sobre a natureza e administração desse fundo.

▸ Arts. 248 a 250 acrescidos pela EC nº 20, de 15-12-1998.

ATO DAS DISPOSIÇÕES CONSTITUCIONAIS TRANSITÓRIAS

Art. 1º O Presidente da República, o Presidente do Supremo Tribunal Federal e os membros do Congresso Nacional prestarão o compromisso de manter, defender e cumprir a Constituição, no ato e na data de sua promulgação.

Art. 2º No dia 7 de setembro de 1993 o eleitorado definirá, através de plebiscito, a forma (república ou monarquia constitucional) e o sistema de governo (parlamentarismo ou presidencialismo) que devem vigorar no País.

▸ EC nº 2, de 25-8-1992.

▸ Lei nº 8.624, de 4-2-1993, dispõe sobre o plebiscito que definirá a Forma e o Sistema de Governo, regulamentando este artigo.

▸ No plebiscito realizado em 21-4-1993, disciplinado pela EC nº 2, de 25-8-1992, foram mantidos a República e o Presidencialismo, como forma e sistema de Governo, respectivamente.

§ 1º Será assegurada gratuidade na livre divulgação dessas formas e sistemas, através dos meios de comunicação de massa cessionários de serviço público.

§ 2º O Tribunal Superior Eleitoral, promulgada a Constituição, expedirá as normas regulamentadoras deste artigo.

Art. 3º A revisão constitucional será realizada após cinco anos, contados da promulgação da Constituição, pelo voto da maioria absoluta dos membros do Congresso Nacional, em sessão unicameral.

▸ Emendas Constitucionais de Revisão nºs 1 a 6.

Art. 4º O mandato do atual Presidente da República terminará em 15 de março de 1990.

§ 1º A primeira eleição para Presidente da República após a promulgação da Constituição será realizada no dia 15 de novembro de 1989, não se lhe aplicando o disposto no artigo 16 da Constituição.

§ 2º É assegurada a irredutibilidade da atual representação dos Estados e do Distrito Federal na Câmara dos Deputados.

§ 3º Os mandatos dos Governadores e dos Vice-Governadores eleitos em 15 de novembro de 1986 terminarão em 15 de março de 1991.

§ 4º Os mandatos dos atuais Prefeitos, Vice-Prefeitos e Vereadores terminarão no dia 1º de janeiro de 1989, com a posse dos eleitos.

Art. 5º Não se aplicam às eleições previstas para 15 de novembro de 1988 o disposto no artigo 16 e as regras do artigo 77 da Constituição.

§ 1º Para as eleições de 15 de novembro de 1988 será exigido domicílio eleitoral na circunscrição pelo menos durante os quatro meses anteriores ao pleito, podendo os candidatos que preencham este requisito, atendidas as demais exigências da lei, ter seu registro efetivado pela Justiça Eleitoral após a promulgação da Constituição.

§ 2º Na ausência de norma legal específica, caberá ao Tribunal Superior Eleitoral editar as normas necessárias à realização das eleições de 1988, respeitada a legislação vigente.

§ 3º Os atuais parlamentares federais e estaduais eleitos Vice-Prefeitos, se convocados a exercer a função de Prefeito, não perderão o mandato parlamentar.

§ 4º O número de vereadores por município será fixado, para a representação a ser eleita em 1988, pelo respectivo Tribunal Regional Eleitoral, respeitados os limites estipulados no artigo 29, IV, da Constituição.

§ 5º Para as eleições de 15 de novembro de 1988, ressalvados os que já exercem mandato eletivo, são inelegíveis para qualquer cargo, no território de jurisdição do titular, o cônjuge e os parentes por consanguinidade ou afinidade, até o segundo grau, ou por adoção, do Presidente da República, do Governador de Estado, do Governador do Distrito Federal e do Prefeito que tenham exercido mais da metade do mandato.

Art. 6º Nos seis meses posteriores à promulgação da Constituição, parlamentares federais, reunidos em número não inferior a trinta, poderão requerer ao Tribunal Superior Eleitoral o registro de novo partido político, juntando ao requerimento o manifesto, o estatuto e o programa devidamente assinados pelos requerentes.

§ 1º O registro provisório, que será concedido de plano pelo Tribunal Superior Eleitoral, nos termos deste artigo, defere ao novo partido todos os direitos, deveres e prerrogativas dos atuais, entre eles o de participar, sob legenda própria, das eleições que vierem a ser realizadas nos doze meses seguintes à sua formação.

§ 2º O novo partido perderá automaticamente seu registro provisório se, no prazo de vinte e quatro meses, contados de sua formação, não obtiver registro definitivo no Tribunal Superior Eleitoral, na forma que a lei dispuser.

Art. 7º O Brasil propugnará pela formação de um Tribunal Internacional dos Direitos Humanos.

- Dec. nº 4.388, de 25-9-2002, promulga o Estatuto de Roma do Tribunal Penal Internacional.
- Dec. nº 4.463, de 8-11-2002, promulga a Declaração de Reconhecimento da Competência Obrigatória da Corte Interamericana em todos os casos relativos à interpretação ou aplicação da Convenção Americana sobre Direitos Humanos.

Art. 8º É concedida anistia aos que, no período de 18 de setembro de 1946 até a data da promulgação da Constituição, foram atingidos, em decorrência de motivação exclusivamente política, por atos de exceção, institucionais ou complementares, aos que foram abrangidos pelo Decreto Legislativo nº 18, de 15 de dezembro de 1961, e aos atingidos pelo Decreto-Lei nº 864, de 12 de setembro de 1969, asseguradas as promoções, na inatividade, ao cargo, emprego, posto ou graduação a que teriam direito se estivessem em serviço ativo, obedecidos os prazos de permanência em atividade previstos nas leis e regulamentos vigentes, respeitadas as características e peculiaridades das carreiras dos servidores públicos civis e militares e observados os respectivos regimes jurídicos.

- Lei nº 10.559, de 13-11-2002, regulamenta este artigo.
- Lei nº 12.528, de 18-11-2011, cria a Comissão Nacional da Verdade no âmbito da Casa Civil da Presidência da República.
- Súm. nº 674 do STF.

§ 1º O disposto neste artigo somente gerará efeitos financeiros a partir da promulgação da Constituição, vedada a remuneração de qualquer espécie em caráter retroativo.

§ 2º Ficam assegurados os benefícios estabelecidos neste artigo aos trabalhadores do setor privado, dirigentes e representantes sindicais que, por motivos exclusivamente políticos, tenham sido punidos, demitidos ou compelidos ao afastamento das atividades remuneradas que exerciam, bem como aos que foram impedidos de exercer atividades profissionais em virtude de pressões ostensivas ou expedientes oficiais sigilosos.

§ 3º Aos cidadãos que foram impedidos de exercer, na vida civil, atividade profissional específica, em decorrência das Portarias Reservadas do Ministério da Aeronáutica nº S-50-GM5, de 19 de junho de 1964, e nº S-285-GM5 será concedida reparação de natureza econômica, na forma que dispuser lei de iniciativa do Congresso Nacional e a entrar em vigor no prazo de doze meses a contar da promulgação da Constituição.

§ 4º Aos que, por força de atos institucionais, tenham exercido gratuitamente mandato eletivo de vereador serão computados, para efeito de aposentadoria no serviço público e Previdência Social, os respectivos períodos.

§ 5º A anistia concedida nos termos deste artigo aplica-se aos servidores públicos civis e aos empregados em todos os níveis de governo ou em suas fundações, empresas públicas ou empresas mistas sob controle estatal, exceto nos Ministérios militares, que tenham sidos punidos ou demitidos por atividades profissionais interrompidas em virtude de decisão de seus trabalhadores, bem como em decorrência do Decreto-lei nº 1.632, de 4 de agosto de 1978, ou por motivos exclusivamente políticos, assegurada a readmissão dos que foram atingidos a partir de 1979, observado o disposto no § 1º.

- ▶ O referido Decreto-lei foi revogado pela Lei nº 7.783, de 28-6-1989 (Lei de Greve).

Art. 9º Os que, por motivos exclusivamente políticos, foram cassados ou tiveram seus direitos políticos suspensos no período de 15 de julho a 31 de dezembro de 1969, por ato do então Presidente da República, poderão requerer ao Supremo Tribunal Federal o reconhecimento dos direitos e vantagens interrompidos pelos atos punitivos, desde que comprovem terem sido estes eivados de vício grave.

Parágrafo único. O Supremo Tribunal Federal proferirá a decisão no prazo de cento e vinte dias, a contar do pedido do interessado.

Art. 10. Até que seja promulgada a lei complementar a que se refere o artigo 7º, I, da Constituição:

I – fica limitada a proteção nele referida ao aumento, para quatro vezes, da porcentagem prevista no artigo 6º, *caput* e § 1º, da Lei nº 5.107, de 13 de setembro de 1966;

- ▶ A referida Lei foi revogada pela Lei nº 7.839, de 12-10-1989, e essa pela Lei nº 8.036, de 11-5-1990.
- ▶ Art. 18 da Lei nº 8.036, de 11-5-1990 (Lei do FGTS).

II – fica vedada a dispensa arbitrária ou sem justa causa:

a) do empregado eleito para cargo de direção de comissões internas de prevenção de acidentes, desde o registro de sua candidatura até um ano após o final de seu mandato;

- ▶ Súm. nº 676 do STF.
- ▶ Súm. nº 339 do TST.

b) da empregada gestante, desde a confirmação da gravidez até cinco meses após o parto.

- ▶ LC nº 146, de 25-6-2014, estende a estabilidade provisória prevista na alínea *b* do inciso II do art. 10 do ADCT à trabalhadora gestante, nos casos de morte desta, a quem detiver a guarda de seu filho.
- ▶ Súm. nº 244 do TST.
- ▶ OJ da SDC nº 30 do TST.

§ 1º Até que a lei venha a disciplinar o disposto no artigo 7º, XIX, da Constituição, o prazo da licença-paternidade a que se refere o inciso é de cinco dias.

§ 2º Até ulterior disposição legal, a cobrança das contribuições para o custeio das atividades dos sindicatos rurais será feita juntamente com a do imposto territorial rural, pelo mesmo órgão arrecadador.

§ 3º Na primeira comprovação do cumprimento das obrigações trabalhistas pelo empregador rural, na forma do artigo 233, após a promulgação da Constituição, será certificada perante a Justiça do Trabalho a regularidade do contrato e das atualizações das obrigações trabalhistas de todo o período.

- ▶ O referido art. 233 foi revogado pela EC nº 28, de 25-5-2000.

Art. 11. Cada Assembleia Legislativa, com poderes constituintes, elaborará a Constituição do Estado, no prazo de um ano, contado da promulgação da Constituição Federal, obedecidos os princípios desta.

Parágrafo único. Promulgada a Constituição do Estado, caberá à Câmara Municipal, no prazo de seis meses, votar a Lei Orgânica respectiva, em dois turnos de discussão e votação, respeitado o disposto na Constituição Federal e na Constituição Estadual.

Art. 12. Será criada, dentro de noventa dias da promulgação da Constituição, Comissão de Estudos Territoriais, com dez membros indicados pelo Congresso Nacional e cinco pelo Poder Executivo, com a finalidade de apresentar estudos sobre o território nacional e anteprojetos relativos a novas unidades territoriais, notadamente na Amazônia Legal e em áreas pendentes de solução.

§ 1º No prazo de um ano, a Comissão submeterá ao Congresso Nacional os resultados de seus estudos para, nos termos da Constituição, serem apreciados nos doze meses subsequentes, extinguindo-se logo após.

§ 2º Os Estados e os Municípios deverão, no prazo de três anos, a contar da promulgação da Constituição, promover, mediante acordo ou arbitramento, a demarcação de suas linhas divisórias atualmente litigiosas, podendo para isso fazer alterações e compensações de área que atendam aos acidentes naturais, critérios históricos, conveniências administrativas e comodidade das populações limítrofes.

§ 3º Havendo solicitação dos Estados e Municípios interessados, a União poderá encarregar-se dos trabalhos demarcatórios.

§ 4º Se, decorrido o prazo de três anos, a contar da promulgação da Constituição, os trabalhos demarcatórios não tiverem sido concluídos, caberá à União determinar os limites das áreas litigiosas.

§ 5º Ficam reconhecidos e homologados os atuais limites do Estado do Acre com os Estados do Amazonas e de Rondônia, conforme levantamentos cartográficos e geodésicos realizados pela Comissão Tripartite integrada por representantes dos Estados e dos serviços técnico-especializados do Instituto Brasileiro de Geografia e Estatística.

Art. 13. É criado o Estado do Tocantins, pelo desmembramento da área descrita neste artigo, dando-se sua instalação no quadragésimo sexto dia após a eleição prevista no § 3º, mas não antes de 1º de janeiro de 1989.

§ 1º O Estado do Tocantins integra a Região Norte e limita-se com o Estado de Goiás pelas divisas norte dos Municípios de São Miguel do Araguaia, Porangatu, Formoso, Minaçu, Cavalcante, Monte Alegre de Goiás e Campos Belos, conservando a leste, norte e oeste as divisas atuais de Goiás com os Estados da Bahia, Piauí, Maranhão, Pará e Mato Grosso.

§ 2º O Poder Executivo designará uma das cidades do Estado para sua Capital provisória até a aprovação da sede definitiva do governo pela Assembleia Constituinte.

§ 3º O Governador, o Vice-Governador, os Senadores, os Deputados Federais e os Deputados Estaduais serão eleitos, em um único turno, até setenta e cinco dias após a promulgação da Constituição, mas não antes de 15 de novembro de 1988, a critério do Tribunal Superior Eleitoral, obedecidas, entre outras, as seguintes normas:

I – o prazo de filiação partidária dos candidatos será encerrado setenta e cinco dias antes da data das eleições;

II – as datas das convenções regionais partidárias destinadas a deliberar sobre coligações e escolha de candidatos, de apresentação de requerimento de registro dos candidatos escolhidos e dos demais procedimentos legais serão fixadas em calendário especial, pela Justiça Eleitoral;

III – são inelegíveis os ocupantes de cargos estaduais ou municipais que não se tenham deles afastado, em caráter definitivo, setenta e cinco dias antes da data das eleições previstas neste parágrafo;

IV – ficam mantidos os atuais diretórios regionais dos partidos políticos do Estado de Goiás, cabendo às Comissões Executivas Nacionais designar comissões provisórias no Estado do Tocantins, nos termos e para os fins previstos na lei.

§ 4º Os mandatos do Governador, do Vice-Governador, dos Deputados Federais e Estaduais eleitos na forma do parágrafo anterior extinguir-se-ão concomitantemente aos das demais Unidades da Federação; o mandato do Senador eleito menos votado extinguir-se-á nessa mesma oportunidade, e os dos outros dois, juntamente com os dos Senadores eleitos em 1986 nos demais Estados.

§ 5º A Assembleia Estadual Constituinte será instalada no quadragésimo sexto dia da eleição de seus integrantes, mas não antes de 1º de janeiro de 1989, sob a presidência do Presidente do Tribunal Regional Eleitoral do Estado de Goiás, e dará posse, na mesma data, ao Governador e ao Vice-Governador eleitos.

§ 6º Aplicam-se à criação e instalação do Estado do Tocantins, no que couber, as normas legais disciplinadoras da divisão do Estado de Mato Grosso, observado o disposto no artigo 234 da Constituição.

§ 7º Fica o Estado de Goiás liberado dos débitos e encargos decorrentes de empreendimentos no território do novo Estado, e autorizada a União, a seu critério, a assumir os referidos débitos.

Art. 14. Os Territórios Federais de Roraima e do Amapá são transformados em Estados Federados, mantidos seus atuais limites geográficos.

§ 1º A instalação dos Estados dar-se-á com a posse dos Governadores eleitos em 1990.

§ 2º Aplicam-se à transformação e instalação dos Estados de Roraima e Amapá as normas e critérios seguidos na criação do Estado de Rondônia, respeitado o disposto na Constituição e neste Ato.

§ 3º O Presidente da República, até quarenta e cinco dias após a promulgação da Constituição, encaminhará à apreciação do Senado Federal os nomes dos Governadores dos Estados de Roraima e do Amapá que exercerão o Poder Executivo até a instalação dos novos Estados com a posse dos Governadores eleitos.

§ 4º Enquanto não concretizada a transformação em Estados, nos termos deste artigo, os Territórios Federais de Roraima e do Amapá serão beneficiados pela transferência de recursos prevista nos artigos 159, I, *a*, da Constituição, e 34, § 2º, II, deste Ato.

Art. 15. Fica extinto o Território Federal de Fernando de Noronha, sendo sua área reincorporada ao Estado de Pernambuco.

Art. 16. Até que se efetive o disposto no artigo 32, § 2º, da Constituição, caberá ao Presidente da República, com a aprovação do Senado Federal, indicar o Governador e o Vice-Governador do Distrito Federal.

§ 1º A competência da Câmara Legislativa do Distrito Federal, até que se instale, será exercida pelo Senado Federal.

§ 2º A fiscalização contábil, financeira, orçamentária, operacional e patrimonial do Distrito Federal, enquanto não for instalada a Câmara Legislativa, será exercida pelo Senado Federal, mediante controle externo, com o auxílio do Tribunal de Contas do Distrito Federal, observado o disposto no artigo 72 da Constituição.

§ 3º Incluem-se entre os bens do Distrito Federal aqueles que lhe vierem a ser atribuídos pela União na forma da lei.

Art. 17. Os vencimentos, a remuneração, as vantagens e os adicionais, bem como os proventos de aposentadoria que estejam sendo percebidos em desacordo com a Constituição serão imediatamente reduzidos aos limites dela decorrentes, não se admitindo, neste caso, invocação de direito adquirido ou percepção de excesso a qualquer título.

▸ Art. 9º da EC nº 41, de 19-12-2003, dispõe sobre a Reforma Previdenciária.

§ 1º É assegurado o exercício cumulativo de dois cargos ou empregos privativos de médico que estejam sendo exercidos por médico militar na administração pública direta ou indireta.

§ 2º É assegurado o exercício cumulativo de dois cargos ou empregos privativos de profissionais de saúde que estejam sendo exercidos na administração pública direta ou indireta.

Art. 18. Ficam extintos os efeitos jurídicos de qualquer ato legislativo ou administrativo, lavrado a partir da instalação da Assembleia Nacional Constituinte, que tenha por objeto a concessão de estabilidade a servidor admitido sem concurso público, da administração direta ou indireta, inclusive das fundações instituídas e mantidas pelo Poder Público.

Art. 18-A. Os atos administrativos praticados no Estado do Tocantins, decorrentes de sua instalação, entre 1º de janeiro de 1989 e 31 de dezembro de 1994, eivados de qualquer vício jurídico e dos quais decorram efeitos favoráveis para os destinatários ficam convalidados após 5 (cinco) anos, contados da data em que foram praticados, salvo comprovada má-fé.

▸ Art. 18-A acrescido pela EC nº 110, de 12-7-2021.

Art. 19. Os servidores públicos civis da União, dos Estados, do Distrito Federal e dos Municípios, da administração direta, autárquica e das fundações públicas, em exercício na data da promulgação da Constituição, há pelo menos cinco anos continuados, e que não tenham sido admitidos na forma regulada no artigo 37, da Constituição, são considerados estáveis no serviço público.

▸ OJ da SBDI-I nº 364 do TST.

§ 1º O tempo de serviço dos servidores referidos neste artigo será contado como título quando se submeterem a concurso para fins de efetivação, na forma da lei.

§ 2º O disposto neste artigo não se aplica aos ocupantes de cargos, funções e empregos de confiança ou em comissão, nem aos que a lei declare de livre exoneração, cujo tempo de serviço não será computado para os fins do *caput* deste artigo, exceto se se tratar de servidor.

§ 3º O disposto neste artigo não se aplica aos professores de nível superior, nos termos da lei.

Art. 20. Dentro de cento e oitenta dias, proceder-se-á à revisão dos direitos dos servidores públicos inativos e pensionistas e à atualização dos proventos e pensões a eles devidos, a fim de ajustá-los ao disposto na Constituição.

- ► EC nº 41, de 19-12-2003, dispõe sobre a Reforma Previdenciária.
- ► Lei nº 8.112, de 11-12-1990 (Estatuto dos Servidores Públicos Civis da União, Autarquias e Fundações Públicas Federais).

Art. 21. Os juízes togados de investidura limitada no tempo, admitidos mediante concurso público de provas e títulos e que estejam em exercício na data da promulgação da Constituição, adquirem estabilidade, observado o estágio probatório, e passam a compor quadro em extinção, mantidas as competências, prerrogativas e restrições da legislação a que se achavam submetidos, salvo as inerentes à transitoriedade da investidura.

Parágrafo único. A aposentadoria dos juízes de que trata este artigo regular-se-á pelas normas fixadas para os demais juízes estaduais.

Art. 22. É assegurado aos defensores públicos investidos na função até a data de instalação da Assembleia Nacional Constituinte o direito de opção pela carreira, com a observância das garantias e vedações previstas no artigo 134, parágrafo único, da Constituição.

- ► O referido parágrafo único foi renumerado para § 1º, pela EC nº 45, de 8-12-2004.

Art. 23. Até que se edite a regulamentação do artigo 21, XVI, da Constituição, os atuais ocupantes do cargo de Censor Federal continuarão exercendo funções com este compatíveis, no Departamento de Polícia Federal, observadas as disposições constitucionais.

- ► Lei nº 9.688, de 6-7-1998, dispõe sobre a extinção dos cargos de Censor Federal e o enquadramento de seus ocupantes.

Parágrafo único. A lei referida disporá sobre o aproveitamento dos Censores Federais, nos termos deste artigo.

Art. 24. A União, os Estados, o Distrito Federal e os Municípios editarão leis que estabeleçam critérios para a compatibilização de seus quadros de pessoal ao disposto no artigo 39 da Constituição e à reforma administrativa dela decorrente, no prazo de dezoito meses, contados da sua promulgação.

Art. 25. Ficam revogados, a partir de cento e oitenta dias da promulgação da Constituição, sujeito este prazo a prorrogação por lei, todos os dispositivos legais que atribuam ou deleguem a órgão do Poder Executivo competência assinalada pela Constituição ao Congresso Nacional, especialmente no que tange à:

I – ação normativa;

II – alocação ou transferência de recursos de qualquer espécie.

§ 1º Os decretos-leis em tramitação no Congresso Nacional e por este não apreciados até a promulgação da Constituição terão seus efeitos regulados da seguinte forma:

I – se editados até 2 de setembro de 1988, serão apreciados pelo Congresso Nacional no prazo de até cento e oitenta dias a contar da promulgação da Constituição, não computado o recesso parlamentar;

II – decorrido o prazo definido no inciso anterior, e não havendo apreciação, os decretos-leis ali mencionados serão considerados rejeitados;

III – nas hipóteses definidas nos incisos I e II, terão plena validade os atos praticados na vigência dos respectivos decretos-leis, podendo o Congresso Nacional, se necessário, legislar sobre os efeitos deles remanescentes.

§ 2º Os decretos-leis editados entre 3 de setembro de 1988 e a promulgação da Constituição serão convertidos, nesta data, em medidas provisórias, aplicando-se-lhes as regras estabelecidas no artigo 62, parágrafo único.

- ► Art. 62, § 3º, desta Constituição.

Art. 26. No prazo de um ano a contar da promulgação da Constituição, o Congresso Nacional promoverá, através de Comissão Mista, exame analítico e pericial dos atos e fatos geradores do endividamento externo brasileiro.

§ 1º A Comissão terá a força legal de Comissão Parlamentar de Inquérito para os fins de requisição e convocação, e atuará com o auxílio do Tribunal de Contas da União.

§ 2º Apurada irregularidade, o Congresso Nacional proporá ao Poder Executivo a declaração de nulidade do ato e encaminhará o processo ao Ministério Público Federal, que formalizará, no prazo de sessenta dias, a ação cabível.

Art. 27. O Superior Tribunal de Justiça será instalado sob a Presidência do Supremo Tribunal Federal.

§ 1º Até que se instale o Superior Tribunal de Justiça, o Supremo Tribunal Federal exercerá as atribuições e competências definidas na ordem constitucional precedente.

§ 2º A composição inicial do Superior Tribunal de Justiça far-se-á:

I – pelo aproveitamento dos Ministros do Tribunal Federal de Recursos;

II – pela nomeação dos Ministros que sejam necessários para completar o número estabelecido na Constituição.

§ 3º Para os efeitos do disposto na Constituição, os atuais Ministros do Tribunal Federal de Recursos serão considerados pertencentes à classe de que provieram, quando de sua nomeação.

§ 4º Instalado o Tribunal, os Ministros aposentados do Tribunal Federal de Recursos tornar-se-ão, automaticamente, Ministros aposentados do Superior Tribunal de Justiça.

§ 5º Os Ministros a que se refere o § 2º, II, serão indicados em lista tríplice pelo Tribunal Federal de Recursos, observado o disposto no artigo 104, parágrafo único, da Constituição.

§ 6º Ficam criados cinco Tribunais Regionais Federais, a serem instalados no prazo de seis meses a contar da promulgação da Constituição, com a jurisdição e sede que lhes fixar o Tribunal Federal de Recursos, tendo em conta o número de processos e sua localização geográfica.

- Lei nº 7.727, de 9-1-1989, dispõe sobre a composição inicial dos Tribunais Regionais Federais e sua instalação, cria os respectivos quadros de pessoal.

§ 7º Até que se instalem os Tribunais Regionais Federais, o Tribunal Federal de Recursos exercerá a competência a eles atribuída em todo o território nacional, cabendo-lhe promover sua instalação e indicar os candidatos a todos os cargos da composição inicial, mediante lista tríplice, podendo desta constar juízes federais de qualquer região, observado o disposto no § 9º.

§ 8º É vedado, a partir da promulgação da Constituição, o provimento de vagas de Ministros do Tribunal Federal de Recursos.

§ 9º Quando não houver juiz federal que conte o tempo mínimo previsto no artigo 107, II, da Constituição, a promoção poderá contemplar juiz com menos de cinco anos no exercício do cargo.

§ 10. Compete à Justiça Federal julgar as ações nela propostas até a data da promulgação da Constituição, e aos Tribunais Regionais Federais bem como ao Superior Tribunal de Justiça julgar as ações rescisórias das decisões até então proferidas pela Justiça Federal, inclusive daquelas cuja matéria tenha passado à competência de outro ramo do Judiciário.

- Súmulas nºs 38, 104, 147 e 165 do STJ.

§ 11. São criados, ainda, os seguintes Tribunais Regionais Federais: o da 6ª Região, com sede em Curitiba, Estado do Paraná, e jurisdição nos Estados do Paraná, Santa Catarina e Mato Grosso do Sul; o da 7ª Região, com sede em Belo Horizonte, Estado de Minas Gerais, e jurisdição no Estado de Minas Gerais; o da 8ª Região, com sede em Salvador, Estado da Bahia, e jurisdição nos Estados da Bahia e Sergipe; e o da 9ª Região, com sede em Manaus, Estado do Amazonas, e jurisdição nos Estados do Amazonas, Acre, Rondônia e Roraima.

- § 11 acrescido pela EC nº 73, de 6-6-2013.
- O STF, na ADIN nº 5.017, deferiu, em caráter excepcional e sujeita ao referendo do Colegiado, medida cautelar para suspender os efeitos da EC nº 73, de 6-6-2013 (*DJe* 1º-8-2013).

Art. 28. Os juízes federais de que trata o artigo 123, § 2º, da Constituição de 1967, com a redação dada pela Emenda Constitucional nº 7, de 1977, ficam investidos na titularidade de varas na Seção Judiciária para a qual tenham sido nomeados ou designados; na inexistência de vagas, proceder-se-á ao desdobramento das varas existentes.

- Dispunha o artigo citado: "A lei poderá atribuir a juízes federais exclusivamente funções de substituição, em uma ou mais seções judiciárias e, ainda, as de auxílio a juízes titulares de Varas, quando não se encontrarem no exercício de substituição".

Parágrafo único. Para efeito de promoção por antiguidade, o tempo de serviço desses juízes será computado a partir do dia de sua posse.

Art. 29. Enquanto não aprovadas as leis complementares relativas ao Ministério Público e à Advocacia-Geral da União, o Ministério Público Federal, a Procuradoria-Geral da Fazenda Nacional, as Consultorias Jurídicas dos Ministérios, as Procuradorias e Departamentos Jurídicos de autarquias federais com representação própria e os membros das Procuradorias das Universidades fundacionais públicas continuarão a exercer suas atividades na área das respectivas atribuições.

- LC nº 73, de 10-2-1993 (Lei Orgânica da Advocacia-Geral da União).
- LC nº 75, de 20-5-1993 (Lei Orgânica do Ministério Público da União).

► Dec. nº 767, de 5-3-1993, dispõe sobre as atividades de controle interno da Advocacia-Geral da União.

§ 1º O Presidente da República, no prazo de cento e vinte dias, encaminhará ao Congresso Nacional projeto de lei complementar dispondo sobre a organização e o funcionamento da Advocacia-Geral da União.

§ 2º Aos atuais Procuradores da República, nos termos da lei complementar, será facultada a opção, de forma irretratável, entre as carreiras do Ministério Público Federal e da Advocacia-Geral da União.

§ 3º Poderá optar pelo regime anterior, no que respeita às garantias e vantagens, o membro do Ministério Público admitido antes da promulgação da Constituição, observando-se, quanto às vedações, a situação jurídica na data desta.

§ 4º Os atuais integrantes do quadro suplementar dos Ministérios Públicos do Trabalho e Militar que tenham adquirido estabilidade nessas funções passam a integrar o quadro da respectiva carreira.

§ 5º Cabe à atual Procuradoria-Geral da Fazenda Nacional, diretamente ou por delegação, que pode ser ao Ministério Público Estadual, representar judicialmente a União nas causas de natureza fiscal, na área da respectiva competência, até a promulgação das leis complementares previstas neste artigo.

Art. 30. A legislação que criar a Justiça de Paz manterá os atuais juízes de paz até a posse dos novos titulares, assegurando-lhes os direitos e atribuições conferidos a estes, e designará o dia para a eleição prevista no artigo 98, II, da Constituição.

Art. 31. Serão estatizadas as serventias do foro judicial, assim definidas em lei, respeitados os direitos dos atuais titulares.

► Lei nº 8.935, de 18-11-1994 (Lei dos Serviços Notariais e de Registro).

Art. 32. O disposto no artigo 236 não se aplica aos serviços notariais e de registro que já tenham sido oficializados pelo Poder Público, respeitando-se o direito de seus servidores.

Art. 33. Ressalvados os créditos de natureza alimentar, o valor dos precatórios judiciais pendentes de pagamento na data da promulgação da Constituição, incluído o remanescente de juros e correção monetária, poderá ser pago em moeda corrente, com atualização, em prestações anuais, iguais e sucessivas, no prazo máximo de oito anos, a partir de 1º de julho de 1989, por decisão editada pelo Poder Executivo até cento e oitenta dias da promulgação da Constituição.

► Res. do CNJ nº 303, de 18-12-2019, dispõe sobre a gestão dos precatórios e respectivos procedimentos operacionais no âmbito do Poder Judiciário.

► Art. 97, § 15, deste Ato.

Parágrafo único. Poderão as entidades devedoras, para o cumprimento do disposto neste artigo, emitir, em cada ano, no exato montante do dispêndio, títulos de dívida pública não computáveis para efeito do limite global de endividamento.

► Súm. nº 144 do STJ.

Art. 34. O sistema tributário nacional entrará em vigor a partir do primeiro dia do quinto mês seguinte ao da promulgação da Constituição, mantido, até então, o da Constituição de 1967, com a redação dada pela Emenda nº 1, de 1969, e pelas posteriores.

§ 1º Entrarão em vigor com a promulgação da Constituição os artigos 148, 149, 150, 154, I, 156, III, e 159, I, *c*, revogadas as disposições em contrário da Constituição de 1967 e das Emendas que a modificaram, especialmente de seu artigo 25, III.

§ 2º O Fundo de Participação dos Estados e do Distrito Federal e o Fundo de Participação dos Municípios obedecerão às seguintes determinações:

I – a partir da promulgação da Constituição, os percentuais serão, respectivamente, de dezoito por cento e de vinte por cento, calculados sobre o produto da arrecadação dos impostos referidos no artigo 153, III e IV, mantidos os atuais critérios de rateio até a entrada em vigor da lei complementar a que se refere o artigo 161, II;

II – o percentual relativo ao Fundo de Participação dos Estados e do Distrito Federal será acrescido de um ponto percentual no exercício financeiro de 1989 e, a partir de 1990, inclusive, à razão de meio ponto por exercício, até 1992, inclusive, atingindo em 1993 o percentual estabelecido no artigo 159, I, *a*;

III – o percentual relativo ao Fundo de Participação dos Municípios, a partir de 1989, inclusive, será elevado à razão de meio ponto percentual por exercício financeiro, até atingir o estabelecido no artigo 159, I, *b*.

§ 3º Promulgada a Constituição, a União, os Estados, o Distrito Federal e os Municípios poderão editar as leis necessárias à aplicação do sistema tributário nacional nela previsto.

§ 4º As leis editadas nos termos do parágrafo anterior produzirão efeitos a partir da entrada em vigor do sistema tributário nacional previsto na Constituição.

§ 5º Vigente o novo sistema tributário nacional, fica assegurada a aplicação da legislação anterior, no que não seja incompatível com ele e com a legislação referida nos §§ 3º e 4º.

- ▶ Súm. nº 663 do STF.
- ▶ Súm. nº 198 do STJ.

§ 6º Até 31 de dezembro de 1989, o disposto no artigo 150, III, *b*, não se aplica aos impostos de que tratam os artigos 155, I, *a* e *b*, e 156, II e III, que podem ser cobrados trinta dias após a publicação da lei que os tenha instituído ou aumentado.

- ▶ Com a alteração determinada pela EC nº 3, de 17-3-1993, a referência ao art. 155, I, *b*, passou a ser ao art. 155, II.

§ 7º Até que sejam fixadas em lei complementar, as alíquotas máximas do imposto municipal sobre vendas a varejo de combustíveis líquidos e gasosos não excederão a três por cento.

§ 8º Se, no prazo de sessenta dias contados da promulgação da Constituição, não for editada a lei complementar necessária à instituição do imposto de que trata o artigo 155, I, *b*, os Estados e o Distrito Federal, mediante convênio celebrado nos termos da Lei Complementar nº 24, de 7 de janeiro de 1975, fixarão normas para regular provisoriamente a matéria.

- ▶ De acordo com a nova redação dada pela EC nº 3, de 17-3-1993, a referência ao art. 155, I, *b* passou a ser art. 155, II.
- ▶ LC nº 24, de 7-1-1975, dispõe sobre os convênios para a concessão de isenções de imposto sobre operações relativas à circulação de mercadorias.
- ▶ LC nº 87, de 13-9-1996 (Lei Kandir – ICMS).
- ▶ Súm. nº 198 do STJ.

§ 9º Até que lei complementar disponha sobre a matéria, as empresas distribuidoras de energia elétrica, na condição de contribuintes ou de substitutos tributários, serão as responsáveis, por ocasião da saída do produto de seus estabelecimentos, ainda que destinado a outra Unidade da Federação, pelo pagamento do Imposto sobre Operações Relativas à Circulação de mercadorias incidente sobre energia elétrica, desde a produção ou importação até a última operação, calculado o imposto sobre o preço então praticado na operação final e assegurado seu recolhimento ao Estado ou ao Distrito Federal, conforme o local onde deva ocorrer essa operação.

§ 10. Enquanto não entrar em vigor a lei prevista no artigo 159, I, *c*, cuja promulgação se fará até 31 de dezembro de 1989, é assegurada a aplicação dos recursos previstos naquele dispositivo da seguinte maneira:

- ▶ Lei nº 7.827, de 27-9-1989, regulamenta o art. 159, inciso I, alínea *c*, desta Constituição, institui o Fundo Constitucional de Financiamento do Norte – FNO, o Fundo Constitucional de Financiamento do Nordeste – FNE e o Fundo Constitucional de Financiamento do Centro-Oeste – FCO.

I – seis décimos por cento na Região Norte, através do Banco da Amazônia S/A;

II – um inteiro e oito décimos por cento na Região Nordeste, através do Banco do Nordeste do Brasil S/A;

III – seis décimos por cento na Região Centro-Oeste, através do Banco do Brasil S/A.

§ 11. Fica criado, nos termos da lei, o Banco de Desenvolvimento do Centro-Oeste, para dar cumprimento, na referida região, ao que determinam os artigos 159, I, *c*, e 192, § 2º, da Constituição.

- ▶ O referido § 2º foi revogado pela EC nº 40, de 29-5-2003.

§ 12. A urgência prevista no artigo 148, II, não prejudica a cobrança do empréstimo compulsório instituído, em benefício das Centrais Elétricas Brasileiras S/A (ELETROBRÁS), pela Lei nº 4.156, de 28 de novembro de 1962, com as alterações posteriores.

Art. 35. O disposto no artigo 165, § 7º, será cumprido de forma progressiva, no prazo de até dez anos, distribuindo-se os recursos entre as regiões macroeconômicas em razão proporcional à população, a partir da situação verificada no biênio 1986/1987.

§ 1º Para aplicação dos critérios de que trata este artigo, excluem-se das despesas totais as relativas:

I – aos projetos considerados prioritários no plano plurianual;

II – à segurança e defesa nacional;

III – à manutenção dos órgãos federais no Distrito Federal;

IV – ao Congresso Nacional, ao Tribunal de Contas da União e ao Poder Judiciário;
V – ao serviço da dívida da administração direta e indireta da União, inclusive fundações instituídas e mantidas pelo Poder Público Federal.

§ 2º Até a entrada em vigor da lei complementar a que se refere o artigo 165, § 9º, I e II, serão obedecidas as seguintes normas:

I – o projeto do plano plurianual, para vigência até o final do primeiro exercício financeiro do mandato presidencial subsequente, será encaminhado até quatro meses antes do encerramento do primeiro exercício financeiro e devolvido para sanção até o encerramento da sessão legislativa;
II – o projeto de lei de diretrizes orçamentárias será encaminhado até oito meses e meio antes do encerramento do exercício financeiro e devolvido para sanção até o encerramento do primeiro período da sessão legislativa;
III – o projeto de lei orçamentária da União será encaminhado até quatro meses antes do encerramento do exercício financeiro e devolvido para sanção até o encerramento da sessão legislativa.

Art. 36. Os fundos existentes na data da promulgação da Constituição, excetuados os resultantes de isenções fiscais que passem a integrar patrimônio privado e os que interessem à defesa nacional, extinguir-se-ão, se não forem ratificados pelo Congresso Nacional no prazo de dois anos.

Art. 37. A adaptação ao que estabelece o artigo 167, III, deverá processar-se no prazo de cinco anos, reduzindo-se o excesso à base de, pelo menos, um quinto por ano.

Art. 38. Até a promulgação da lei complementar referida no artigo 169, a União, os Estados, o Distrito Federal e os Municípios não poderão despender com pessoal mais do que sessenta e cinco por cento do valor das respectivas receitas correntes.

§ 1º A União, os Estados, o Distrito Federal e os Municípios, quando a respectiva despesa de pessoal exceder o limite previsto neste artigo, deverão retornar àquele limite, reduzindo o percentual excedente à razão de um quinto por ano.

► Parágrafo único renumerado para § 1º pela EC nº 127, de 22-12-2022.

§ 2º As despesas com pessoal resultantes do cumprimento do disposto nos §§ 12, 13, 14 e 15 do art. 198 da Constituição Federal serão contabilizadas, para fins dos limites de que trata o art. 169 da Constituição Federal, da seguinte forma:
I – até o fim do exercício financeiro subsequente ao da publicação deste dispositivo, não serão contabilizadas para esses limites;
II – no segundo exercício financeiro subsequente ao da publicação deste dispositivo, serão deduzidas em 90% (noventa por cento) do seu valor;
III – entre o terceiro e o décimo segundo exercício financeiro subsequente ao da publicação deste dispositivo, a dedução de que trata o inciso II deste parágrafo será reduzida anualmente na proporção de 10% (dez por cento) de seu valor.

► § 2º acrescido pela EC nº 127, de 22-12-2022.

Art. 39. Para efeito do cumprimento das disposições constitucionais que impliquem variações de despesas e receitas da União, após a promulgação da Constituição, o Poder Executivo deverá elaborar e o Poder Legislativo apreciar projeto de revisão da lei orçamentária referente ao exercício financeiro de 1989.

Parágrafo único. O Congresso Nacional deverá votar no prazo de doze meses a lei complementar prevista no artigo 161, II.

Art. 40. É mantida a Zona Franca de Manaus, com suas características de área livre de comércio, de exportação e importação, e de incentivos fiscais, pelo prazo de vinte e cinco anos, a partir da promulgação da Constituição.

► Art. 92 deste Ato.
► Arts.92 e 92-A deste Ato.
► Dec. nº 205, de 5-9-1991, dispõe sobre a apresentação de guias de importação ou documento de efeito equivalente, na Zona Franca de Manaus e suspende a fixação de limites máximos globais anuais de importação, durante o prazo de que trata este artigo.

Parágrafo único. Somente por lei federal podem ser modificados os critérios que disciplinaram ou venham a disciplinar a aprovação dos projetos na Zona Franca de Manaus.

Art. 41. Os Poderes Executivos da União, dos Estados, do Distrito Federal e dos Municípios reavaliarão todos os incentivos fiscais de natureza setorial ora em vigor, propondo aos Poderes Legislativos respectivos as medidas cabíveis.

► Arts. 151, I, 155, XII, *g*, 195, § 3º, e 227, § 3º, VI, desta Constituição.

▶ Lei nº 8.402, de 8-1-1992, restabelece os incentivos fiscais que menciona.

§ 1º Considerar-se-ão revogados após dois anos, a partir da data da promulgação da Constituição, os incentivos que não forem confirmados por lei.

§ 2º A revogação não prejudicará os direitos que já tiverem sido adquiridos, àquela data, em relação a incentivos concedidos sob condição e com prazo certo.

§ 3º Os incentivos concedidos por convênio entre Estados, celebrados nos termos do artigo 23, § 6º, da Constituição de 1967, com a redação da Emenda nº 1, de 17 de outubro de 1969, também deverão ser reavaliados e reconfirmados nos prazos deste artigo.

Art. 42. Durante 40 (quarenta) anos, a União aplicará dos recursos destinados à irrigação:

I – 20% (vinte por cento) na Região Centro-Oeste;
II – 50% (cinquenta por cento) na Região Nordeste, preferencialmente no Semiárido.

Parágrafo único. Dos percentuais previstos nos incisos I e II do *caput*, no mínimo 50% (cinquenta por cento) serão destinados a projetos de irrigação que beneficiem agricultores familiares que atendam aos requisitos previstos em legislação específica.

▶ Art. 42 com a redação dada pela EC nº 89, de 15-9-2015.

Art. 43. Na data da promulgação da lei que disciplinar a pesquisa e a lavra de recursos e jazidas minerais, ou no prazo de um ano, a contar da promulgação da Constituição, tornar-se-ão sem efeito as autorizações, concessões e demais títulos atributivos de direitos minerários, caso os trabalhos de pesquisa ou de lavra não hajam sido comprovadamente iniciados nos prazos legais ou estejam inativos.

▶ Lei nº 7.886, de 20-11-1989, regulamenta este artigo.

Art. 44. As atuais empresas brasileiras titulares de autorização de pesquisa, concessão de lavra de recursos minerais e de aproveitamento dos potenciais de energia hidráulica em vigor terão quatro anos, a partir da promulgação da Constituição, para cumprir os requisitos do artigo 176, § 1º.

§ 1º Ressalvadas as disposições de interesse nacional previstas no texto constitucional, as empresas brasileiras ficarão dispensadas do cumprimento do disposto no artigo 176, § 1º, desde que, no prazo de até quatro anos da data da promulgação da Constituição, tenham o produto de sua lavra e beneficiamento destinado a industrialização no território nacional, em seus próprios estabelecimentos ou em empresa industrial controladora ou controlada.

§ 2º Ficarão também dispensadas do cumprimento do disposto no artigo 176, § 1º, as empresas brasileiras titulares de concessão de energia hidráulica para uso em seu processo de industrialização.

§ 3º As empresas brasileiras referidas no § 1º somente poderão ter autorizações de pesquisa e concessões de lavra ou potenciais de energia hidráulica, desde que a energia e o produto da lavra sejam utilizados nos respectivos processos industriais.

Art. 45. Ficam excluídas do monopólio estabelecido pelo artigo 177, II, da Constituição as refinarias em funcionamento no País amparadas pelo artigo 43 e nas condições do artigo 45 da Lei nº 2.004, de 3 de outubro de 1953.

▶ A referida Lei foi revogada pela Lei nº 9.478, de 6-8-1997.

Parágrafo único. Ficam ressalvados da vedação do artigo 177, § 1º, os contratos de risco feitos com a Petróleo Brasileiro S/A (PETROBRAS), para pesquisa de petróleo, que estejam em vigor na data da promulgação da Constituição.

Art. 46. São sujeitos à correção monetária desde o vencimento, até seu efetivo pagamento, sem interrupção ou suspensão, os créditos junto a entidades submetidas aos regimes de intervenção ou liquidação extrajudicial, mesmo quando esses regimes sejam convertidos em falência.

▶ Súm. nº 304 do TST.

Parágrafo único. O disposto neste artigo aplica-se também:

I – às operações realizadas posteriormente à decretação dos regimes referidos no *caput* deste artigo;
II – às operações de empréstimo, financiamento, refinanciamento, assistência financeira de liquidez, cessão ou sub-rogação de créditos ou cédulas hipotecárias, efetivação de garantia de depósitos do público ou de compra de obrigações passivas, inclusive as realizadas com recursos de fundos que tenham essas destinações;
III – aos créditos anteriores à promulgação da Constituição;

IV – aos créditos das entidades da administração pública anteriores à promulgação da Constituição, não liquidados até 1º de janeiro de 1988.

Art. 47. Na liquidação dos débitos, inclusive suas renegociações e composições posteriores, ainda que ajuizados, decorrentes de quaisquer empréstimos concedidos por bancos e por instituições financeiras, não existirá correção monetária desde que o empréstimo tenha sido concedido:

I – aos micro e pequenos empresários ou seus estabelecimentos no período de 28 de fevereiro de 1986 a 28 de fevereiro de 1987;

II – aos mini, pequenos e médios produtores rurais no período de 28 de fevereiro de 1986 a 31 de dezembro de 1987, desde que relativos a crédito rural.

§ 1º Consideram-se, para efeito deste artigo, microempresas as pessoas jurídicas e as firmas individuais com receitas anuais de até dez mil Obrigações do Tesouro Nacional, e pequenas empresas as pessoas jurídicas e as firmas individuais com receita anual de até vinte e cinco mil Obrigações do Tesouro Nacional.

▸ Art. 179 desta Constituição.

§ 2º A classificação de mini, pequeno e médio produtor rural será feita obedecendo-se às normas de crédito rural vigentes à época do contrato.

§ 3º A isenção da correção monetária a que se refere este artigo só será concedida nos seguintes casos:

I – se a liquidação do débito inicial, acrescido de juros legais e taxas judiciais, vier a ser efetivada no prazo de noventa dias, a contar da data da promulgação da Constituição;

II – se a aplicação dos recursos não contrariar a finalidade do financiamento, cabendo o ônus da prova à instituição credora;

III – se não for demonstrado pela instituição credora que o mutuário dispõe de meios para o pagamento de seu débito, excluído desta demonstração seu estabelecimento, a casa de moradia e os instrumentos de trabalho e produção;

IV – se o financiamento inicial não ultrapassar o limite de cinco mil Obrigações do Tesouro Nacional;

V – se o beneficiário não for proprietário de mais de cinco módulos rurais.

§ 4º Os benefícios de que trata este artigo não se estendem aos débitos já quitados e aos devedores que sejam constituintes.

§ 5º No caso de operações com prazos de vencimento posteriores à data-limite de liquidação da dívida, havendo interesse do mutuário, os bancos e as instituições financeiras promoverão, por instrumento próprio, alteração nas condições contratuais originais de forma a ajustá-las ao presente benefício.

§ 6º A concessão do presente benefício por bancos comerciais privados em nenhuma hipótese acarretará ônus para o Poder Público, ainda que através de refinanciamento e repasse de recursos pelo Banco Central.

§ 7º No caso de repasse a agentes financeiros oficiais ou cooperativas de crédito, o ônus recairá sobre a fonte de recursos originária.

Art. 48. O Congresso Nacional, dentro de cento e vinte dias da promulgação da Constituição, elaborará Código de Defesa do Consumidor.

▸ Lei nº 8.078, de 11-9-1990 (Código de Defesa do Consumidor).

Art. 49. A lei disporá sobre o instituto da enfiteuse em imóveis urbanos, sendo facultada aos foreiros, no caso de sua extinção, a remição dos aforamentos mediante aquisição do domínio direto, na conformidade do que dispuserem os respectivos contratos.

▸ Dec.-lei nº 9.760, de 5-9-1946 (Lei dos Bens Imóveis da União).

§ 1º Quando não existir cláusula contratual, serão adotados os critérios e bases hoje vigentes na legislação especial dos imóveis da União.

§ 2º Os direitos dos atuais ocupantes inscritos ficam assegurados pela aplicação de outra modalidade de contrato.

▸ Lei nº 9.636, de 15-5-1998, regulamenta este parágrafo.

§ 3º A enfiteuse continuará sendo aplicada aos terrenos de marinha e seus acrescidos, situados na faixa de segurança, a partir da orla marítima.

▸ Art. 2.038, § 2º, do CC.

▸ Dec.-lei nº 9.760, de 5-9-1946 (Lei dos Bens Imóveis da União).

§ 4º Remido o foro, o antigo titular do domínio direto deverá, no prazo de noventa dias, sob pena de responsabilidade, confiar à guarda do registro de imóveis competente toda a documentação a ele relativa.

Art. 50. Lei agrícola a ser promulgada no prazo de um ano disporá, nos termos da Constituição, sobre os objetivos e instrumentos de política agrícola, prioridades, planejamento de safras, comercialização, abastecimento interno, mercado externo e instituição de crédito fundiário.

▸ Lei nº 8.171, de 17-1-1991 (Lei da Política Agrícola).

Art. 51. Serão revistos pelo Congresso Nacional, através de Comissão Mista, nos três anos a contar da data da promulgação da Constituição, todas as doações, vendas e concessões de terras públicas com área superior a três mil hectares, realizadas no período de 1º de janeiro de 1962 a 31 de dezembro de 1987.

§ 1º No tocante às vendas, a revisão será feita com base exclusivamente no critério de legalidade da operação.

§ 2º No caso de concessões e doações, a revisão obedecerá aos critérios de legalidade e de conveniência do interesse público.

§ 3º Nas hipóteses previstas nos parágrafos anteriores, comprovada a ilegalidade, ou havendo interesse público, as terras reverterão ao patrimônio da União, dos Estados, do Distrito Federal ou dos Municípios.

Art. 52. Até que sejam fixadas as condições do art. 192, são vedados:

▸ *Caput* com a redação dada pela EC nº 40, de 29-5-2003.

I – a instalação, no País, de novas agências de instituições financeiras domiciliadas no exterior;

II – o aumento do percentual de participação, no capital de instituições financeiras com sede no País, de pessoas físicas ou jurídicas residentes ou domiciliadas no exterior.

Parágrafo único. A vedação a que se refere este artigo não se aplica às autorizações resultantes de acordos internacionais, de reciprocidade, ou de interesse do Governo brasileiro.

Art. 53. Ao ex-combatente que tenha efetivamente participado de operações bélicas durante a Segunda Guerra Mundial, nos termos da Lei nº 5.315, de 12 de setembro de 1967, serão assegurados os seguintes direitos:

▸ Lei nº 8.059, de 4-7-1990, dispõe sobre a pensão especial devida aos ex-combatentes da Segunda Guerra Mundial e a seus dependentes.

I – aproveitamento no serviço público, sem a exigência de concurso, com estabilidade;

II – pensão especial correspondente à deixada por segundo-tenente das Forças Armadas, que poderá ser requerida a qualquer tempo, sendo inacumulável com quaisquer rendimentos recebidos dos cofres públicos, exceto os benefícios previdenciários, ressalvado o direito de opção;

III – em caso de morte, pensão à viúva ou companheira ou dependente, de forma proporcional, de valor igual à do inciso anterior;

IV – assistência médica, hospitalar e educacional gratuita, extensiva aos dependentes;

V – aposentadoria com proventos integrais aos vinte e cinco anos de serviço efetivo, em qualquer regime jurídico;

VI – prioridade na aquisição da casa própria, para os que não a possuam ou para suas viúvas ou companheiras.

Parágrafo único. A concessão da pensão especial do inciso II substitui, para todos os efeitos legais, qualquer outra pensão já concedida ao ex-combatente.

Art. 54. Os seringueiros recrutados nos termos do Decreto-Lei nº 5.813, de 14 de setembro de 1943, e amparados pelo Decreto-Lei nº 9.882, de 16 de setembro de 1946, receberão, quando carentes, pensão mensal vitalícia no valor de dois salários mínimos.

▸ Art. 54-A deste Ato.

▸ Lei nº 7.986, de 28-12-1989, dispõe sobre a concessão do benefício previsto neste artigo.

▸ Lei nº 9.882, de 3-12-1999 (Lei da Ação de Descumprimento de Preceito Fundamental).

▸ Dec.-lei nº 5.813, de 14-9-1943, aprova o acordo relativo ao recrutamento, encaminhamento e colocação de trabalhadores para a Amazônia.

§ 1º O benefício é estendido aos seringueiros que, atendendo a apelo do Governo brasileiro, contribuíram para o esforço de guerra, trabalhando na produção de borracha, na Região Amazônica, durante a Segunda Guerra Mundial.

§ 2º Os benefícios estabelecidos neste artigo são transferíveis aos dependentes reconhecidamente carentes.

▸ Art. 2º da EC nº 78, de 14-5-2014.

§ 3º A concessão do benefício far-se-á conforme lei a ser proposta pelo Poder Executivo dentro de cento e cinquenta dias da promulgação da Constituição.

Art. 54-A. Os seringueiros de que trata o art. 54 deste Ato das Disposições Constitucionais Transitórias receberão indenização, em parcela única, no valor de R$ 25.000,00 (vinte e cinco mil reais).

► Artigo acrescido pela EC nº 78, de 14-5-2014.

► Art. 2º da EC nº 78, de 14-5-2014.

Art. 55. Até que seja aprovada a lei de diretrizes orçamentárias, trinta por cento, no mínimo, do orçamento da seguridade social, excluído o seguro-desemprego, serão destinados ao setor de saúde.

Art. 56. Até que a lei disponha sobre o artigo 195, I, a arrecadação decorrente de, no mínimo, cinco dos seis décimos percentuais correspondentes à alíquota da contribuição de que trata o Decreto-Lei nº 1.940, de 25 de maio de 1982, alterada pelo Decreto-Lei nº 2.049, de 1º de agosto de 1983, pelo Decreto nº 91.236, de 8 de maio de 1985, e pela Lei nº 7.611, de 8 de julho de 1987, passa a integrar a receita da seguridade social, ressalvados, exclusivamente no exercício de 1988, os compromissos assumidos com programas e projetos em andamento.

► LC nº 70, de 30-12-1991, institui contribuição para financiamento da Seguridade Social e eleva alíquota da contribuição social sobre o lucro das instituições financeiras.

► Dec.-lei nº 1.940, de 25-5-1982, institui contribuição social para financiamento da Seguridade Social e cria o Fundo de Investimento Social – FINSOCIAL.

► Súm. nº 658 do STF.

Art. 57. Os débitos dos Estados e dos Municípios relativos às contribuições previdenciárias até 30 de junho de 1988 serão liquidados, com correção monetária, em cento e vinte parcelas mensais, dispensados os juros e multas sobre eles incidentes, desde que os devedores requeiram o parcelamento e iniciem seu pagamento no prazo de cento e oitenta dias a contar da promulgação da Constituição.

§ 1º O montante a ser pago em cada um dos dois primeiros anos não será inferior a cinco por cento do total do débito consolidado e atualizado, sendo o restante dividido em parcelas mensais de igual valor.

§ 2º A liquidação poderá incluir pagamentos na forma de cessão de bens e prestação de serviços, nos termos da Lei nº 7.578, de 23 de dezembro de 1986.

§ 3º Em garantia do cumprimento do parcelamento, os Estados e os Municípios consignarão, anualmente, nos respectivos orçamentos as dotações necessárias ao pagamento de seus débitos.

§ 4º Descumprida qualquer das condições estabelecidas para concessão do parcelamento, o débito será considerado vencido em sua totalidade, sobre ele incidindo juros de mora; nesta hipótese, parcela dos recursos correspondentes aos Fundos de Participação, destinada aos Estados e Municípios devedores, será bloqueada e repassada à Previdência Social para pagamento de seus débitos.

Art. 58. Os benefícios de prestação continuada, mantidos pela Previdência Social na data da promulgação da Constituição, terão seus valores revistos, a fim de que seja restabelecido o poder aquisitivo, expresso em número de salários mínimos, que tinham na data de sua concessão, obedecendo-se a esse critério de atualização até a implantação do plano de custeio e benefícios referidos no artigo seguinte.

► Súm. nº 687 do STF.

Parágrafo único. As prestações mensais dos benefícios atualizadas de acordo com este artigo serão devidas e pagas a partir do sétimo mês a contar da promulgação da Constituição.

Art. 59. Os projetos de lei relativos à organização da seguridade social e aos planos de custeio e de benefício serão apresentados no prazo máximo de seis meses da promulgação da Constituição ao Congresso Nacional, que terá seis meses para apreciá-los.

Parágrafo único. Aprovados pelo Congresso Nacional, os planos serão implantados progressivamente nos dezoito meses seguintes.

► Lei nº 8.212, de 24-7-1991 (Lei Orgânica da Seguridade Social).

► Lei nº 8.213, de 24-7-1991 (Lei dos Planos de Benefícios da Previdência Social).

Art. 60. A complementação da União referida no inciso IV do *caput* do art. 212-A da Constituição Federal será implementada progressivamente até alcançar a proporção estabelecida no inciso V do *caput* do mesmo artigo, a partir de 1º de janeiro de 2021, nos seguintes valores mínimos:

► Lei nº 14.113, de 25-12-2020, regulamenta o Fundo de Manutenção e Desenvolvimento da Educação Básica e de Valorização dos Profissionais da Educação (FUNDEB).

I – 12% (doze por cento), no primeiro ano;
II – 15% (quinze por cento), no segundo ano;

III – 17% (dezessete por cento), no terceiro ano;
IV – 19% (dezenove por cento), no quarto ano;
V – 21% (vinte e um por cento), no quinto ano;
VI – 23% (vinte e três por cento), no sexto ano.

§ 1º A parcela da complementação de que trata a alínea *b* do inciso V do caput do art. 212-A da Constituição Federal observará, no mínimo, os seguintes valores:

I – 2 (dois) pontos percentuais, no primeiro ano;
II – 5 (cinco) pontos percentuais, no segundo ano;
III – 6,25 (seis inteiros e vinte e cinco centésimos) pontos percentuais, no terceiro ano;
IV – 7,5 (sete inteiros e cinco décimos) pontos percentuais, no quarto ano;
V – 9 (nove) pontos percentuais, no quinto ano;
VI – 10,5 (dez inteiros e cinco décimos) pontos percentuais, no sexto ano.

§ 2º A parcela da complementação de que trata a alínea c do inciso V do *caput* do art. 212-A da Constituição Federal observará os seguintes valores:

I – 0,75 (setenta e cinco centésimos) ponto percentual, no terceiro ano;
II – 1,5 (um inteiro e cinco décimos) ponto percentual, no quarto ano;
III – 2 (dois) pontos percentuais, no quinto ano;
IV – 2,5 (dois inteiros e cinco décimos) pontos percentuais, no sexto ano.

▸ Art. 60 com a redação dada pela EC nº 108, de 26-8-2020.

Art. 60-A. Os critérios de distribuição da complementação da União e dos fundos a que se refere o inciso I do *caput* do art. 212-A da Constituição Federal serão revistos em seu sexto ano de vigência e, a partir dessa primeira revisão, periodicamente, a cada 10 (dez) anos.

▸ Art. 60-A acrescido pela EC nº 108, de 26-8-2020.

Art. 61. As entidades educacionais a que se refere o artigo 213, bem como as fundações de ensino e pesquisa cuja criação tenha sido autorizada por lei, que preencham os requisitos dos incisos I e II do referido artigo e que, nos últimos três anos, tenham recebido recursos públicos, poderão continuar a recebê-los, salvo disposição legal em contrário.

Art. 62. A lei criará o Serviço Nacional de Aprendizagem Rural (SENAR) nos moldes da legislação relativa ao Serviço Nacional de Aprendizagem Industrial (SENAI) e ao Serviço Nacional de Aprendizagem do Comércio (SENAC), sem prejuízo das atribuições dos órgãos públicos que atuam na área.

▸ Lei nº 8.315, de 13-12-1991, dispõe sobre a criação do Serviço Nacional de Aprendizagem Rural – SENAR.

Art. 63. É criada uma Comissão composta de nove membros, sendo três do Poder Legislativo, três do Poder Judiciário e três do Poder Executivo, para promover as comemorações do centenário da proclamação da República e da promulgação da primeira Constituição republicana do País, podendo, a seu critério, desdobrar-se em tantas subcomissões quantas forem necessárias.

Parágrafo único. No desenvolvimento de suas atribuições, a Comissão promoverá estudos, debates e avaliações sobre a evolução política, social, econômica e cultural do País, podendo articular-se com os governos estaduais e municipais e com instituições públicas e privadas que desejem participar dos eventos.

Art. 64. A Imprensa Nacional e demais gráficas da União, dos Estados, do Distrito Federal e dos Municípios, da administração direta ou indireta, inclusive fundações instituídas e mantidas pelo Poder Público, promoverão edição popular do texto integral da Constituição, que será posta à disposição das escolas e dos cartórios, dos sindicatos, dos quartéis, das igrejas e de outras instituições representativas da comunidade, gratuitamente, de modo que cada cidadão brasileiro possa receber do Estado um exemplar da Constituição do Brasil.

Art. 65. O Poder Legislativo regulamentará, no prazo de doze meses, o artigo 220, § 4º.

Art. 66. São mantidas as concessões de serviços públicos de telecomunicações atualmente em vigor, nos termos da lei.

▸ Lei nº 9.472, de 16-7-1997, dispõe sobre a organização dos serviços de telecomunicações, a criação e funcionamento de um Órgão Regulador e outros aspectos institucionais.

Art. 67. A União concluirá a demarcação das terras indígenas no prazo de cinco anos a partir da promulgação da Constituição.

Art. 68. Aos remanescentes das comunidades dos quilombos que estejam ocupando suas terras é reconhecida a propriedade definitiva, devendo o Estado emitir-lhes os títulos respectivos.

▸ Dec. nº 4.887, de 20-11-2003, regulamenta o procedimento para identificação, reconhecimento, delimitação, demarcação e titulação das terras ocupadas por remanescentes das comunidades dos quilombos de que trata este artigo.

▶ Dec. nº 6.040, de 7-2-2007, institui a Política Nacional de Desenvolvimento Sustentável dos Povos e Comunidades Tradicionais.

Art. 69. Será permitido aos Estados manter consultorias jurídicas separadas de suas Procuradorias-Gerais ou Advocacias-Gerais, desde que, na data da promulgação da Constituição, tenham órgãos distintos para as respectivas funções.

Art. 70. Fica mantida a atual competência dos tribunais estaduais até que a mesma seja definida na Constituição do Estado, nos termos do artigo 125, § 1º, da Constituição.

▶ Art. 4º da EC nº 45, de 8-12-2004 (Reforma do Judiciário).

Art. 71. É instituído, nos exercícios financeiros de 1994 e 1995, bem assim nos períodos de 1º de janeiro de 1996 a 30 de junho de 1997 e 1º de julho de 1997 a 31 de dezembro de 1999, o Fundo Social de Emergência, com o objetivo de saneamento financeiro da Fazenda Pública Federal e de estabilização econômica, cujos recursos serão aplicados prioritariamente no custeio das ações dos sistemas de saúde e educação, incluindo a complementação de recursos de que trata o § 3º do artigo 60 do Ato das Disposições Constitucionais Transitórias, benefícios previdenciários e auxílios assistenciais de prestação continuada, inclusive liquidação de passivo previdenciário, e despesas orçamentárias associadas a programas de relevante interesse econômico e social.

▶ *Caput* com a redação dada pela EC nº 17, de 22-11-1997.

§ 1º Ao Fundo criado por este artigo não se aplica o disposto na parte final do inciso II do § 9º do artigo 165 da Constituição.

§ 2º O Fundo criado por este artigo passa a ser denominado Fundo de Estabilização Fiscal a partir do início do exercício financeiro de 1996.

§ 3º O Poder Executivo publicará demonstrativo da execução orçamentária, de periodicidade bimestral, no qual se discriminarão as fontes e usos do Fundo criado por este artigo.

▶ §§ 1º a 3º acrescidos pela EC nº 10, de 4-3-1996.

Art. 72. Integram o Fundo Social de Emergência:

▶ *Caput* acrescido pela ECR nº 1, de 1º-3-1994.

I – o produto da arrecadação do imposto sobre renda e proventos de qualquer natureza incidente na fonte sobre pagamentos efetuados, a qualquer título, pela União, inclusive suas autarquias e fundações;

▶ Inciso I acrescido pela ECR nº 1, de 1º-3-1994.

II – a parcela do produto da arrecadação do imposto sobre renda e proventos de qualquer natureza e do imposto sobre operações de crédito, câmbio e seguro, ou relativas a títulos e valores mobiliários, decorrente das alterações produzidas pela Lei nº 8.894, de 21 de junho de 1994, e pelas Leis nºs 8.849 e 8.848, ambas de 28 de janeiro de 1994, e modificações posteriores;

III – a parcela do produto da arrecadação resultante da elevação da alíquota da contribuição social sobre o lucro dos contribuintes a que se refere o § 1º do artigo 22 da Lei nº 8.212, de 24 de julho de 1991, a qual, nos exercícios financeiros de 1994 e 1995, bem assim no período de 1º de janeiro de 1996 a 30 de junho de 1997, passa a ser de trinta por cento, sujeita a alteração por lei ordinária, mantidas as demais normas da Lei nº 7.689, de 15 de dezembro de 1988;

IV – vinte por cento do produto da arrecadação de todos os impostos e contribuições da União, já instituídos ou a serem criados, excetuado o previsto nos incisos I, II e III, observado o disposto nos §§ 3º e 4º;

▶ Incisos II a IV com a redação dada pela EC nº 10, de 4-3-1996.

V – a parcela do produto da arrecadação da contribuição de que trata a Lei Complementar nº 7, de 7 de setembro de 1970, devida pelas pessoas jurídicas a que se refere o inciso III deste artigo, a qual será calculada, nos exercícios financeiros de 1994 a 1995, bem assim nos períodos de 1º de janeiro de 1996 a 30 de junho de 1997 e de 1º de julho de 1997 a 31 de dezembro de 1999, mediante a aplicação da alíquota de setenta e cinco centésimos por cento, sujeita a alteração por lei ordinária posterior, sobre a receita bruta operacional, como definida na legislação do imposto sobre renda e proventos de qualquer natureza;

▶ Inciso V com a redação dada pela EC nº 17, de 22-11-1997.

VI – outras receitas previstas em lei específica.

▶ § 1º acrescido pela ECR nº 1, de 1º-3-1994.

§ 1º As alíquotas e a base de cálculo previstas nos incisos III e IV aplicar-se-ão a partir do primeiro dia do mês seguinte aos noventa dias posteriores à promulgação desta Emenda.

§ 2º As parcelas de que tratam os incisos I, II, III e V serão previamente deduzidas da base de cálculo de qualquer vinculação ou participação constitucional ou legal, não se lhes aplicando o disposto nos artigos 159, 212 e 239 da Constituição.

§ 3º A parcela de que trata o inciso IV será previamente deduzida da base de cálculo das vinculações ou participações constitucionais previstas nos artigos 153, § 5º, 157, II, 212 e 239 da Constituição.

§ 4º O disposto no parágrafo anterior não se aplica aos recursos previstos nos artigos 158, II, e 159 da Constituição.

§ 5º A parcela dos recursos provenientes do imposto sobre renda e proventos de qualquer natureza, destinada ao Fundo Social de Emergência, nos termos do inciso II deste artigo, não poderá exceder a cinco inteiros e seis décimos por cento do total do produto da sua arrecadação.

▸ §§ 2º a 5º acrescidos pela EC nº 10, de 4-3-1996.

Art. 73. Na regulação do Fundo Social de Emergência não poderá ser utilizado o instrumento previsto no inciso V do artigo 59 da Constituição.

▸ Artigo acrescido pela ECR nº 1, de 1º-3-1994.

Art. 74. A União poderá instituir contribuição provisória sobre movimentação ou transmissão de valores e de créditos e direitos de natureza financeira.

▸ Art. 84 deste Ato.

§ 1º A alíquota da contribuição de que trata este artigo não excederá a vinte e cinco centésimos por cento, facultado ao Poder Executivo reduzi-la ou restabelecê-la, total ou parcialmente, nas condições e limites fixados em lei.

▸ Alíquota alterada pela EC nº 21, de 18-3-1999.

§ 2º À contribuição de que trata este artigo não se aplica o disposto nos artigos 153, § 5º, e 154, I, da Constituição.

§ 3º O produto da arrecadação da contribuição de que trata este artigo será destinado integralmente ao Fundo Nacional de Saúde, para financiamento das ações e serviços de saúde.

§ 4º A contribuição de que trata este artigo terá sua exigibilidade subordinada ao disposto no artigo 195, § 6º, da Constituição, e não poderá ser cobrada por prazo superior a dois anos.

▸ Art. 74 acrescido pela EC nº 12, de 15-8-1996.

▸ Lei nº 9.311 de 24-10-1996, institui a Contribuição Provisória sobre Movimentação ou Transmissão de Valores e de Créditos e Direitos de Natureza Financeira – CPMF.

Art. 75. É prorrogada, por trinta e seis meses, a cobrança da contribuição provisória sobre movimentação ou transmissão de valores e de créditos e direitos de natureza financeira de que trata o artigo 74, instituída pela Lei nº 9.311, de 24 de outubro de 1996, modificada pela Lei nº 9.539, de 12 de dezembro de 1997, cuja vigência é também prorrogada por idêntico prazo.

▸ Arts. 80, I, e 84 deste Ato.

§ 1º Observado o disposto no § 6º do artigo 195 da Constituição Federal, a alíquota da contribuição será de trinta e oito centésimos por cento, nos primeiros doze meses, e de trinta centésimos, nos meses subsequentes, facultado ao Poder Executivo reduzi-la total ou parcialmente, nos limites aqui definidos.

§ 2º O resultado do aumento da arrecadação, decorrente da alteração da alíquota, nos exercícios financeiros de 1999, 2000 e 2001, será destinado ao custeio da Previdência Social.

§ 3º É a União autorizada a emitir títulos da dívida pública interna, cujos recursos serão destinados ao custeio da saúde e da Previdência Social, em montante equivalente ao produto da arrecadação da contribuição, prevista e não realizada em 1999.

▸ Art. 75 acrescido pela EC nº 21, de 18-3-1999.

▸ O STF, por maioria de votos, julgou parcialmente procedente a ADIN nº 2.031-5, para declarar a inconstitucionalidade deste parágrafo, acrescido pela EC nº 21, de 18-3-1999 (*DOU* de 5-11-2003).

▸ LC nº 111, de 6-7-2001, dispõe sobre o Fundo de Combate e Erradicação da Pobreza, na forma prevista nos arts. 79, 80 e 81 do ADCT.

Art. 76. São desvinculados de órgão, fundo ou despesa, até 31 de dezembro de 2024, 30% (trinta por cento) da arrecadação da União relativa às contribuições sociais, sem prejuízo do pagamento das despesas do Regime Geral de Previdência Social, às contribuições de intervenção no domínio econômico e às taxas, já instituídas ou que vierem a ser criadas até a referida data.

▸ *Caput* com a redação dada pela EC nº 126, de 21-12-2022.

§ 1º *Revogado.* EC nº 93, de 8-9-2016 (*DOU* de 9-9-2016 – edição extra), produzindo efeitos a partir de 1º de janeiro de 2016.

§ 2º Excetua-se da desvinculação de que trata o *caput* a arrecadação da contribuição social do salário-educação a que se refere o § 5º do art. 212 da Constituição Federal.

▶ § 2º com a redação dada pela EC nº 68, de 21-12-2011.

§ 3º *Revogado*. EC nº 93, de 8-9-2016 (*DOU* de 9-9-2016 – edição extra), produzindo efeitos a partir de 1º de janeiro de 2016.

§ 4º A desvinculação de que trata o *caput* não se aplica às receitas das contribuições sociais destinadas ao custeio da seguridade social.

▶ § 4º acrescido pela EC nº 103, de 12-11-2019.

Art. 76-A. São desvinculados de órgão, fundo ou despesa, até 31 de dezembro de 2032, 30% (trinta por cento) das receitas dos Estados e do Distrito Federal relativas a impostos, taxas e multas já instituídos ou que vierem a ser criados até a referida data, seus adicionais e respectivos acréscimos legais, e outras receitas correntes.

▶ *Caput* com a redação dada pela EC nº 132, de 20-12-2023.

Parágrafo único. Excetuam-se da desvinculação de que trata o *caput*:

I – recursos destinados ao financiamento das ações e serviços públicos de saúde e à manutenção e desenvolvimento do ensino de que tratam, respectivamente, os incisos II e III do § 2º do art. 198 e o art. 212 da Constituição Federal;

II – receitas que pertencem aos Municípios decorrentes de transferências previstas na Constituição Federal;

III – receitas de contribuições previdenciárias e de assistência à saúde dos servidores;

IV – demais transferências obrigatórias e voluntárias entre entes da Federação com destinação especificada em lei;

V – fundos instituídos pelo Poder Judiciário, pelos Tribunais de Contas, pelo Ministério Público, pelas Defensorias Públicas e pelas Procuradorias-Gerais dos Estados e do Distrito Federal.

▶ Parágrafo único acrescido pela EC nº 93, de 8-9-2016 (*DOU* de 9-9-2016 – edição extra).

Art. 76-B. São desvinculados de órgão, fundo ou despesa, até 31 de dezembro de 2032, 30% (trinta por cento) das receitas dos Municípios relativas a impostos, taxas e multas, já instituídos ou que vierem a ser criados até a referida data, seus adicionais e respectivos acréscimos legais, e outras receitas correntes.

▶ *Caput* com a redação dada pela EC nº 132, de 20-12-2023.

Parágrafo único. Excetuam-se da desvinculação de que trata o *caput*:

I – recursos destinados ao financiamento das ações e serviços públicos de saúde e à manutenção e desenvolvimento do ensino de que tratam, respectivamente, os incisos II e III do § 2º do art. 198 e o art. 212 da Constituição Federal;

II – receitas de contribuições previdenciárias e de assistência à saúde dos servidores;

III – transferências obrigatórias e voluntárias entre entes da Federação com destinação especificada em lei;

IV – fundos instituídos pelo Tribunal de Contas do Município.

▶ Parágrafo único acrescido pela EC nº 93, de 8-9-2016 (*DOU* de 9-9-2016 – edição extra).

Art. 77. Até o exercício financeiro de 2004, os recursos mínimos aplicados nas ações e serviços públicos de saúde serão equivalentes:

I – no caso da União:

a) no ano 2000, o montante empenhado em ações e serviços públicos de saúde no exercício financeiro de 1999 acrescido de, no mínimo, cinco por cento;

b) do ano de 2001 ao ano de 2004, o valor apurado no ano anterior, corrigido pela variação nominal do Produto Interno Bruto – PIB;

II – no caso dos Estados e do Distrito Federal, doze por cento do produto da arrecadação dos impostos a que se refere o artigo 155 e dos recursos de que tratam os artigos 157 e 159, inciso I, alínea *a* e inciso II, deduzidas as parcelas que forem transferidas aos respectivos Municípios; e

III – no caso dos Municípios e do Distrito Federal, quinze por cento do produto da arrecadação dos impostos a que se refere o artigo 156 e dos recursos de que tratam os artigos 158 e 159, inciso I, alínea *b* e § 3º.

§ 1º Os Estados, o Distrito Federal e os municípios que apliquem percentuais inferiores aos fixados nos incisos II e III deverão elevá-los gradualmente, até o exercício financeiro de 2004, reduzida a diferença à razão de, pelo menos, um quinto por ano, sendo que, a partir de 2000, a aplicação será de pelo menos sete por cento.

§ 2º Dos recursos da União apurados nos termos deste artigo, quinze por cento, no mínimo, serão aplicados nos Municípios, segundo o critério populacional, em ações e serviços básicos de saúde, na forma da lei.

§ 3º Os recursos dos Estados, do Distrito Federal e dos Municípios destinados às ações e serviços públicos de saúde e os transferidos pela União para a mesma finalidade serão aplicados por meio de Fundo de Saúde que será acompanhado e fiscalizado por Conselho de Saúde, sem prejuízo do disposto no artigo 74 da Constituição Federal.

§ 4º Na ausência da lei complementar a que se refere o artigo 198, § 3º, a partir do exercício financeiro de 2005, aplicar-se-á à União, aos Estados, ao Distrito Federal e aos Municípios o disposto neste artigo.

▸ Art. 77 acrescido pela EC nº 29, de 13-9-2000.

Art. 78. Ressalvados os créditos definidos em lei como de pequeno valor, os de natureza alimentícia, os de que trata o artigo 33 deste Ato das Disposições Constitucionais Transitórias e suas complementações e os que já tiverem os seus respectivos recursos liberados ou depositados em juízo, os precatórios pendentes na data da publicação desta Emenda e os que decorram de ações iniciais ajuizadas até 31 de dezembro de 1999 serão liquidados pelo seu valor real, em moeda corrente, acrescido de juros legais, em prestações anuais, iguais e sucessivas, no prazo máximo de dez anos, permitida a cessão dos créditos.

▸ O STF, por maioria de votos, deferiu as cautelares, nas Ações Diretas de Inconstitucionalidade nºs 2.356 e 2.362, para suspender a eficácia do art. 2º da EC nº 30/2000, que introduziu este artigo ao ADCT (*DOU* de 7-12-2010).

▸ Arts. 86, 87 e 97, § 15, do ADCT.

▸ Res. do CNJ nº 303, de 18-12-2019, dispõe sobre a gestão dos precatórios e respectivos procedimentos operacionais no âmbito do Poder Judiciário.

§ 1º É permitida a decomposição de parcelas, a critério do credor.

§ 2º As prestações anuais a que se refere o *caput* deste artigo terão, se não liquidadas até o final do exercício a que se referem, poder liberatório do pagamento de tributos da entidade devedora.

▸ Art. 6º da EC nº 62, de 9-12-2009, que convalida todas as compensações de precatórios com tributos vencidos até 31-10-2009 da entidade devedora, efetuadas na forma deste parágrafo, realizadas antes da promulgação desta Emenda Constitucional.

§ 3º O prazo referido no *caput* deste artigo fica reduzido para dois anos, nos casos de precatórios judiciais originários de desapropriação de imóvel residencial do credor, desde que comprovadamente único à época da imissão na posse.

§ 4º O Presidente do Tribunal competente deverá, vencido o prazo ou em caso de omissão no orçamento, ou preterição ao direito de precedência, a requerimento do credor, requisitar ou determinar o sequestro de recursos financeiros da entidade executada, suficientes à satisfação da prestação.

▸ Art. 78 acrescido pela EC nº 30, de 13-12-2000.

Art. 79. É instituído, para vigorar até o ano de 2010, no âmbito do Poder Executivo Federal, o Fundo de Combate e Erradicação da Pobreza, a ser regulado por lei complementar com o objetivo de viabilizar a todos os brasileiros acesso a níveis dignos de subsistência, cujos recursos serão aplicados em ações suplementares de nutrição, habitação, educação, saúde, reforço de renda familiar e outros programas de relevante interesse social voltados para melhoria da qualidade de vida.

▸ Art. 4º da EC nº 42, de 19-12-2003.

▸ EC nº 67, de 22-12-2010, prorroga, por tempo indeterminado, o prazo de vigência do Fundo de Combate e Erradicação da Pobreza.

Parágrafo único. O Fundo previsto neste artigo terá Conselho Consultivo e de Acompanhamento que conte com a participação de representantes da sociedade civil, nos termos da lei.

▸ Art. 79 acrescido pela EC nº 31, de 14-12-2000.

▸ LC nº 111, de 6-7-2001, dispõe sobre o Fundo de Combate e Erradicação da Pobreza, na forma prevista nos arts. 79 a 81 do ADCT.

▸ Dec. nº 3.997, de 1º-11-2001, define o órgão gestor do Fundo de Combate e Erradicação da Pobreza, e regulamenta a composição e o funcionamento do seu Conselho Consultivo e de Acompanhamento.

Art. 80. Compõem o Fundo de Combate e Erradicação da Pobreza:

▸ Art. 31, III, do Dec. nº 6.140, de 3-7-2007, que regulamenta a Contribuição Provisória sobre Movimentação ou Transmissão de Valores e de Créditos e Direitos de Natureza Financeira – CPMF.

I – a parcela do produto da arrecadação correspondente a um adicional de oito centésimos por cento, aplicável de 18 de junho de 2000 a 17 de junho de 2002, na alíquota da contribuição social de que trata o art. 75 do Ato das Disposições Constitucionais Transitórias;

▸ Art. 84 deste Ato.

▸ Art. 4º da EC nº 42, de 19-12-2003.

II – a parcela do produto da arrecadação correspondente a um adicional de cinco pontos percentuais na alíquota do Imposto sobre Produtos Industrializados – IPI, ou do imposto que vier a substituí-lo, incidente sobre produtos supérfluos e aplicável até a extinção do Fundo;
III – o produto da arrecadação do imposto de que trata o artigo 153, inciso VII, da Constituição;
IV – dotações orçamentárias;
V – doações, de qualquer natureza, de pessoas físicas ou jurídicas do País ou do exterior;
VI – outras receitas, a serem definidas na regulamentação do referido Fundo.

§ 1º Aos recursos integrantes do Fundo de que trata este artigo não se aplica o disposto nos artigos 159 e 167, inciso IV, da Constituição, assim como qualquer desvinculação de recursos orçamentários.

§ 2º A arrecadação decorrente do disposto no inciso I deste artigo, no período compreendido entre 18 de junho de 2000 e o início da vigência da lei complementar a que se refere o artigo 79, será integralmente repassada ao Fundo, preservando o seu valor real, em títulos públicos federais, progressivamente resgatáveis após 18 de junho de 2002, na forma da lei.

▸ Art. 80 acrescido pela EC nº 31, de 14-12-2000.

▸ LC nº 111, de 6-7-2001, dispõe sobre o Fundo de Combate e Erradicação da Pobreza, na forma prevista nos arts. 79 a 81 do ADCT.

Art. 81. É instituído Fundo constituído pelos recursos recebidos pela União em decorrência da desestatização de sociedades de economia mista ou empresas públicas por ela controladas, direta ou indiretamente, quando a operação envolver a alienação do respectivo controle acionário a pessoa ou entidade não integrante da Administração Pública, ou de participação societária remanescente após a alienação, cujos rendimentos, gerados a partir de 18 de junho de 2002, reverterão ao Fundo de Combate e Erradicação da Pobreza.

▸ Art. 31, III, do Dec. nº 6.140, de 3-7-2007, que regulamenta a Contribuição Provisória sobre Movimentação ou Transmissão de Valores e de Créditos e Direitos de Natureza Financeira – CPMF.

§ 1º Caso o montante anual previsto nos rendimentos transferidos ao Fundo de Combate e Erradicação da Pobreza, na forma deste artigo, não alcance o valor de quatro bilhões de reais, far-se-á complementação na forma do artigo 80, inciso IV, do Ato das Disposições Constitucionais Transitórias.

§ 2º Sem prejuízo do disposto no § 1º, o Poder Executivo poderá destinar o Fundo a que se refere este artigo outras receitas decorrentes da alienação de bens da União.

§ 3º A constituição do Fundo a que se refere o *caput*, a transferência de recursos ao Fundo de Combate e Erradicação da Pobreza e as demais disposições referentes ao § 1º deste artigo serão disciplinadas em lei, não se aplicando o disposto no artigo 165, § 9º, inciso II, da Constituição.

▸ Art. 81 acrescido pela EC nº 31, de 13-12-2000.

▸ LC nº 111, de 6-7-2001, dispõe sobre o Fundo de Combate e Erradicação da Pobreza, na forma prevista nos arts. 79 a 81 do ADCT.

Art. 82. Os Estados, o Distrito Federal e os Municípios devem instituir Fundos de Combate à Pobreza, com os recursos de que trata este artigo e outros que vierem a destinar, devendo os referidos Fundos ser geridos por entidades que contém com a participação da sociedade civil.

▸ *Caput* acrescido pela EC nº 31, de 14-12-2000.

▸ Art. 4º da EC nº 42, de 19-12-2003.

§ 1º Para o financiamento dos Fundos Estaduais e Distrital, poderá ser criado adicional de até dois pontos percentuais na alíquota do Imposto sobre Circulação de Mercadorias e Serviços – ICMS, sobre os produtos e serviços supérfluos e nas condições definidas na lei complementar de que trata o art. 155, § 2º, XII, da Constituição, não se aplicando, sobre este percentual, o disposto no art. 158, IV, da Constituição.

▸ § 1º com a redação dada pela EC nº 42, de 19-12-2003.

§ 2º Para o financiamento dos Fundos Municipais, poderá ser criado adicional de até meio ponto percentual na alíquota do Imposto sobre serviços ou do imposto que vier a substituí-lo, sobre os serviços supérfluos.

► § 2º acrescido pela EC nº 31, de 14-12-2000.

★ **Nova redação do dispositivo alterado:** "Art. 82. Os Estados, o Distrito Federal e os Municípios devem instituir Fundos de Combate à Pobreza, devendo os referidos Fundos ser geridos por entidades que contem com a participação da sociedade civil. § 1º Para o financiamento dos Fundos Estaduais, Distrital e Municipais, poderá ser destinado percentual do imposto previsto no art. 156-A da Constituição Federal e dos recursos distribuídos nos termos dos arts. 131 e 132 deste Ato das Disposições Constitucionais Transitórias, nos limites definidos em lei complementar, não se aplicando, sobre estes valores, o disposto no art. 158, IV, da Constituição Federal. § 2º *Revogado*. EC nº 132, de 20-12-2023."

► Art. 82 com a redação dada pela EC nº 132, de 20-12-2023, para vigorar a partir de 2033.

Art. 83. Lei federal definirá os produtos e serviços supérfluos a que se referem os arts. 80, II, e 82, § 2º.

► Artigo com a redação dada pela EC nº 42, de 19-12-2003.

Art. 84. A contribuição provisória sobre movimentação ou transmissão de valores e de créditos e direitos de natureza financeira, prevista nos arts. 74, 75 e 80, I, deste Ato das Disposições Constitucionais Transitórias, será cobrada até 31 de dezembro de 2004.

► Art. 90 deste Ato.

► Dec. nº 6.140, de 3-7-2007, regulamenta a Contribuição Provisória sobre Movimentação ou Transmissão de Valores e de Créditos e Direitos de Natureza Financeira – CPMF.

§ 1º Fica prorrogada, até a data referida no *caput* deste artigo, a vigência da Lei nº 9.311, de 24 de outubro de 1996, e suas alterações.

§ 2º Do produto da arrecadação da contribuição social de que trata este artigo será destinada a parcela correspondente à alíquota de:

► Art. 31 do Dec. nº 6.140, de 3-7-2007, que regulamenta a Contribuição Provisória sobre Movimentação ou Transmissão de Valores e de Créditos e Direitos de Natureza Financeira – CPMF.

I – vinte centésimos por cento ao Fundo Nacional de Saúde, para financiamento das ações e serviços de saúde;

II – dez centésimos por cento ao custeio da previdência social;

III – oito centésimos por cento ao Fundo de Combate e Erradicação da Pobreza, de que tratam os arts. 80 e 81 deste Ato das Disposições Constitucionais Transitórias.

§ 3º A alíquota da contribuição de que trata este artigo será de:

I – trinta e oito centésimos por cento, nos exercícios financeiros de 2002 e 2003;

II – *Revogado*. EC nº 42, de 19-12-2003.

► Art. 84 acrescido pela EC nº 37, de 12-6-2002.

Art. 85. A contribuição a que se refere o art. 84 deste Ato das Disposições Constitucionais Transitórias não incidirá, a partir do trigésimo dia da data de publicação desta Emenda Constitucional, nos lançamentos:

► Art. 3º do Dec. nº 6.140, de 3-7-2007, que regulamenta a Contribuição Provisória sobre Movimentação ou Transmissão de Valores e de Créditos e Direitos de Natureza Financeira – CPMF.

I – em contas correntes de depósito especialmente abertas e exclusivamente utilizadas para operações de:

► Art. 2º da Lei nº 10.892, de 13-7-2004, que dispõe sobre multas nos casos de utilização diversa da prevista na legislação das contas correntes de depósitos beneficiarias da alíquota 0 (zero), bem como da inobservância de normas baixadas pelo BACEN que resultem na falta de cobrança do CPMF devida.

a) câmaras e prestadoras de serviços de compensação e de liquidação de que trata o parágrafo único do art. 2º da Lei nº 10.214, de 27 de março de 2001;

b) companhias securitizadoras de que trata a Lei nº 9.514, de 20 de novembro de 1997;

c) sociedades anônimas que tenham por objeto exclusivo a aquisição de créditos oriundos de operações praticadas no mercado financeiro;

► Art. 2º, § 3º, da Lei nº 10.892, de 13-7-2004, que altera os arts. 8º e 16 da Lei nº 9.311, de 24-10-1996, que institui a Contribuição Provisória sobre Movimentação ou Transmissão de Valores e de Créditos e Direitos de Natureza Financeira – CPMF.

II – em contas correntes de depósito, relativos a:

a) operações de compra e venda de ações, realizadas em recintos ou sistemas de negociação de bolsas de valores e no mercado de balcão organizado;

b) contratos referenciados em ações ou índices de ações, em suas diversas modalidades, negociados em bolsas de valores, de mercadorias e de futuros;

III – em contas de investidores estrangeiros, relativos a entradas no País e a remessas para o exterior de recursos financeiros empregados, exclusivamente, em operações e contratos referidos no inciso II deste artigo.

§ 1º O Poder Executivo disciplinará o disposto neste artigo no prazo de trinta dias da data de publicação desta Emenda Constitucional.

§ 2º O disposto no inciso I deste artigo aplica-se somente às operações relacionadas em ato do Poder Executivo, dentre aquelas que constituam o objeto social das referidas entidades.

§ 3º O disposto no inciso II deste artigo aplica-se somente a operações e contratos efetuados por intermédio de instituições financeiras, sociedades corretoras de títulos e valores mobiliários, sociedades distribuidoras de títulos e valores mobiliários e sociedades corretoras de mercadorias.

- Art. 85 acrescido pela EC nº 37, de 12-6-2002.

Art. 86. Serão pagos conforme disposto no art. 100 da Constituição Federal, não se lhes aplicando a regra de parcelamento estabelecida no *caput* do art. 78 deste Ato das Disposições Constitucionais Transitórias, os débitos da Fazenda Federal, Estadual, Distrital ou Municipal oriundos de sentenças transitadas em julgado, que preencham, cumulativamente, as seguintes condições:

I – ter sido objeto de emissão de precatórios judiciários;

- Res. do CNJ nº 303, de 18-12-2019, dispõe sobre a gestão dos precatórios e respectivos procedimentos operacionais no âmbito do Poder Judiciário.

II – ter sido definidos como de pequeno valor pela lei de que trata o § 3º do art. 100 da Constituição Federal ou pelo art. 87 deste Ato das Disposições Constitucionais Transitórias;

III – estar, total ou parcialmente, pendentes de pagamento na data da publicação desta Emenda Constitucional.

§ 1º Os débitos a que se refere o *caput* deste artigo, ou os respectivos saldos, serão pagos na ordem cronológica de apresentação dos respectivos precatórios, com precedência sobre os de maior valor.

- Res. do CNJ nº 303, de 18-12-2019, dispõe sobre a gestão dos precatórios e respectivos procedimentos operacionais no âmbito do Poder Judiciário.

§ 2º Os débitos a que se refere o *caput* deste artigo, se ainda não tiverem sido objeto de pagamento parcial, nos termos do art. 78 deste Ato das Disposições Constitucionais Transitórias, poderão ser pagos em duas parcelas anuais, se assim dispuser a lei.

§ 3º Observada a ordem cronológica de sua apresentação, os débitos de natureza alimentícia previstos neste artigo terão precedência para pagamento sobre todos os demais.

- Art. 86 acrescido pela EC nº 37, de 12-6-2002.

Art. 87. Para efeito do que dispõem o § 3º do art. 100 da Constituição Federal e o art. 78 deste Ato das Disposições Constitucionais Transitórias serão considerados de pequeno valor, até que se dê a publicação oficial das respectivas leis definidoras pelos entes da Federação, observado o disposto no § 4º do art. 100 da Constituição Federal, os débitos ou obrigações consignados em precatório judiciário, que tenham valor igual ou inferior a:

I – quarenta salários mínimos, perante a Fazenda dos Estados e do Distrito Federal;

II – trinta salários mínimos, perante a Fazenda dos Municípios.

Parágrafo único. Se o valor da execução ultrapassar o estabelecido neste artigo, o pagamento far-se-á, sempre, por meio de precatório, sendo facultada à parte exequente a renúncia ao crédito do valor excedente, para que possa optar pelo pagamento do saldo sem o precatório, da forma prevista no § 3º do art. 100.

- Art. 87 acrescido pela EC nº 37, de 12-6-2002.
- Res. do CNJ nº 303, de 18-12-2019, dispõe sobre a gestão dos precatórios e respectivos procedimentos operacionais no âmbito do Poder Judiciário.

Art. 88. Enquanto lei complementar não disciplinar o disposto nos incisos I e III do § 3º do art. 156 da Constituição Federal, o imposto a que se refere o inciso III do *caput* do mesmo artigo:

I – terá alíquota mínima de dois por cento, exceto para os serviços a que se referem os itens 32, 33 e 34 da Lista de Serviços anexa ao Decreto-Lei nº 406, de 31 de dezembro de 1968;

II – não será objeto de concessão de isenções, incentivos e benefícios fiscais, que resulte, direta ou indiretamente, na redução da alíquota mínima estabelecida no inciso I.

▸ Art. 88 acrescido pela EC nº 37, de 12-6-2002.

Art. 89. Os integrantes da carreira policial militar e os servidores municipais do ex-Território Federal de Rondônia que, comprovadamente, se encontravam no exercício regular de suas funções prestando serviço àquele ex-Território na data em que foi transformado em Estado, bem como os servidores e os policiais militares alcançados pelo disposto no art. 36 da Lei Complementar nº 41, de 22 de dezembro de 1981, e aqueles admitidos regularmente nos quadros do Estado de Rondônia até a data de posse do primeiro Governador eleito, em 15 de março de 1987, constituirão, mediante opção, quadro em extinção da administração federal, assegurados os direitos e as vantagens a eles inerentes, vedado o pagamento, a qualquer título, de diferenças remuneratórias.

▸ *Caput* com a redação dada pela EC nº 60, de 11-11-2009.

▸ Art. 1º da EC nº 60, de 11-11-2009, que veda o pagamento, a qualquer título, em virtude da alteração pela referida Emenda, de ressarcimentos ou indenizações, de qualquer espécie, referentes a períodos anteriores à data de sua publicação (*DOU* de 12-11-2009).

▸ Arts. 2º, 4º e 5º da EC nº 79, de 27-5-2014, que altera o art. 31 da EC nº 19, de 4-6-1998, para prever a inclusão, em quadro em extinção da Administração Federal, de servidores e policiais militares admitidos pelos Estados do Amapá e de Roraima, na fase de instalação dessas unidades federadas.

▸ Lei nº 13.681, de 18-6-2018, que dispõe sobre as tabelas de salários, vencimentos, soldos e demais vantagens aplicáveis aos servidores civis, aos militares e aos empregados dos ex-Territórios Federais, integrantes do quadro em extinção de que trata este artigo.

§ 1º Os membros da Polícia Militar continuarão prestando serviços ao Estado de Rondônia, na condição de cedidos, submetidos às corporações da Polícia Militar, observadas as atribuições de função compatíveis com o grau hierárquico.

§ 2º Os servidores a que se refere o *caput* continuarão prestando serviços ao Estado de Rondônia na condição de cedidos, até seu aproveitamento em órgão ou entidade da administração federal direta, autárquica ou fundacional.

▸ §§ 1º e 2º acrescidos pela EC nº 60, de 11-11-2009.

Art. 90. O prazo previsto no *caput* do art. 84 deste Ato das Disposições Constitucionais Transitórias fica prorrogado até 31 de dezembro de 2007.

§ 1º Fica prorrogada, até a data referida no *caput* deste artigo, a vigência da Lei nº 9.311, de 24 de outubro de 1996, e suas alterações.

§ 2º Até a data referida no *caput* deste artigo, a alíquota da contribuição de que trata o art. 84 deste Ato das Disposições Constitucionais Transitórias será de trinta e oito centésimos por cento.

▸ Art. 90 acrescido pela EC nº 42, de 19-12-2003.

Art. 91. *Revogado.* EC nº 109, de 15-3-2021.

Art. 92. São acrescidos dez anos ao prazo fixado no art. 40 deste Ato das Disposições Constitucionais Transitórias.

▸ Artigo acrescido pela EC nº 42, de 19-12-2003.

▸ Art. 92-A deste Ato.

Art. 92-A. São acrescidos 50 (cinquenta) anos ao prazo fixado pelo art. 92 deste Ato das Disposições Constitucionais Transitórias.

▸ Artigo acrescido pela EC nº 83, de 5-8-2014.

Art. 92-B. As leis instituidoras dos tributos previstos nos arts. 156-A e 195, V, da Constituição Federal estabelecerão os mecanismos necessários, com ou sem contrapartidas, para manter, em caráter geral, o diferencial competitivo assegurado à Zona Franca de Manaus pelos arts. 40 e 92-A e às áreas de livre comércio existentes em 31 de maio de 2023, nos níveis estabelecidos pela legislação relativa aos tributos extintos a que se referem os arts. 126 a 129, todos deste Ato das Disposições Constitucionais Transitórias.

§ 1º Para assegurar o disposto no caput, serão utilizados, isolada ou cumulativamente, instrumentos fiscais, econômicos ou financeiros.

§ 2º Lei complementar instituirá Fundo de Sustentabilidade e Diversificação Econômica do Estado do Amazonas, que será constituído com recursos da União e por ela gerido, com a efetiva participação do Estado do Amazonas na definição das políticas, com o objetivo de fomentar o desenvolvimento e a diversificação das atividades econômicas no Estado.

§ 3º A lei complementar de que trata o § 2º:

I – estabelecerá o montante mínimo de aporte anual de recursos ao Fundo, bem como os critérios para sua correção;

II – preverá a possibilidade de utilização dos recursos do Fundo para compensar eventual perda de receita do Estado do Amazonas em função das alterações no sistema tributário decorrentes da instituição dos tributos previstos nos arts. 156-A e 195, V, da Constituição Federal.

§ 4º A União, mediante acordo com o Estado do Amazonas, poderá reduzir o alcance dos instrumentos previstos no § 1º, condicionado ao aporte de recursos adicionais ao Fundo de que trata o § 2º, asseguradas a diversificação das atividades econômicas e a antecedência mínima de 3 (três) anos.

§ 5º Não se aplica aos mecanismos previstos no caput o disposto nos incisos III e IV do caput do art. 149-B da Constituição Federal.

§ 6º Lei complementar instituirá Fundo de Desenvolvimento Sustentável dos Estados da Amazônia Ocidental e do Amapá, que será constituído com recursos da União e por ela gerido, com a efetiva participação desses Estados na definição das políticas, com o objetivo de fomentar o desenvolvimento e a diversificação de suas atividades econômicas.

§ 7º O Fundo de que trata o § 6º será integrado pelos Estados onde estão localizadas as áreas de livre comércio de que trata o caput e observará, no que couber, o disposto no § 3º, I e II, sendo, quanto a este inciso, considerados os respectivos Estados, e no § 4º.

▸ Art. 92-B acrescido pela EC nº 132, de 20-12-2023.

Art. 93. A vigência do disposto no art. 159, III, e § 4º, iniciará somente após a edição da lei de que trata o referido inciso III.

▸ Artigo acrescido pela EC nº 42, de 19-12-2003.

Art. 94. Os regimes especiais de tributação para microempresas e empresas de pequeno porte próprios da União, dos Estados, do Distrito Federal e dos Municípios cessarão a partir da entrada em vigor do regime previsto no art. 146, III, *d*, da Constituição.

▸ Artigo acrescido pela EC nº 42, de 19-12-2003.

Art. 95. Os nascidos no estrangeiro entre 7 de junho de 1994 e a data da promulgação desta Emenda Constitucional, filhos de pai brasileiro ou mãe brasileira, poderão ser registrados em repartição diplomática ou consular brasileira competente ou em ofício de registro, se vierem a residir na República Federativa do Brasil.

▸ Artigo acrescido pela EC nº 54, de 20-9-2007.

▸ Art. 12 desta Constituição.

Art. 96. Ficam convalidados os atos de criação, fusão, incorporação e desmembramento de Municípios, cuja lei tenha sido publicada até 31 de dezembro de 2006, atendidos os requisitos estabelecidos na legislação do respectivo Estado à época de sua criação.

▸ Artigo acrescido pela EC nº 57, de 18-12-2008.

Art. 97. Até que seja editada a Lei Complementar de que trata o § 15 do art. 100 da Constituição Federal, os Estados, o Distrito Federal e os Municípios que, na data de publicação desta Emenda Constitucional, estejam em mora na quitação de precatórios vencidos, relativos às suas administrações direta e indireta, inclusive os emitidos durante o período de vigência do regime especial instituído por este artigo, farão esses pagamentos de acordo com as normas a seguir estabelecidas, sendo inaplicável o disposto no art. 100 desta Constituição Federal, exceto em seus §§ 2º, 3º, 9º, 10, 11, 12, 13 e 14, e sem prejuízo dos acordos de juízos conciliatórios já formalizados na data de promulgação desta Emenda Constitucional.

▸ O STF, por maioria dos votos, julgou parcialmente procedente a ADIN nº 4.425, para declarar a inconstitucionalidade deste artigo.

▸ Art. 3º da EC nº 62, de 9-12-2009, que estabelece que a implantação do regime de pagamento criado por este artigo deverá ocorrer no prazo de até 90 (noventa dias), contados da data de sua publicação (*DOU* de 10-12-2009).

§ 1º Os Estados, o Distrito Federal e os Municípios sujeitos ao regime especial de que trata este artigo optarão, por meio de ato do Poder Executivo:

▸ Art. 4º da EC nº 62, de 9-12-2009, que estabelece os casos em que a entidade federativa voltará a observar somente o disposto no art. 100 da CF.

I – pelo depósito em conta especial do valor referido pelo § 2º deste artigo; ou

II – pela adoção do regime especial pelo prazo de até 15 (quinze) anos, caso em que o percentual a ser depositado na conta especial a que se refere o § 2º deste artigo corresponderá, anualmente, ao saldo total dos precatórios devidos, acrescido do índice oficial de remuneração básica da caderneta de poupança e de juros simples no mesmo percentual de juros incidentes sobre a caderneta de poupança para fins de compensação da mora, excluída a incidência de juros compensatórios, diminuído das amortizações e dividido pelo número de anos restantes no regime especial de pagamento.

§ 2º Para saldar os precatórios, vencidos e a vencer, pelo regime especial, os Estados, o Distrito Federal e os Municípios devedores depositarão mensalmente, em conta especial criada para tal fim, 1/12 (um doze avos) do valor calculado percentualmente sobre as respectivas receitas correntes líquidas, apuradas no segundo mês anterior ao mês de pagamento, sendo que esse percentual, calculado no momento de opção pelo regime e mantido fixo até o final do prazo a que se refere o § 14 deste artigo, será:

I – para os Estados e para o Distrito Federal:

a) de, no mínimo, 1,5% (um inteiro e cinco décimos por cento), para os Estados das regiões Norte, Nordeste e Centro-Oeste, além do Distrito Federal, ou cujo estoque de precatórios pendentes das suas administrações direta e indireta corresponder a até 35% (trinta e cinco por cento) do total da receita corrente líquida;

b) de, no mínimo, 2% (dois por cento), para os Estados das regiões Sul e Sudeste, cujo estoque de precatórios pendentes das suas administrações direta e indireta corresponder a mais de 35% (trinta e cinco por cento) da receita corrente líquida;

II – para Municípios:

a) de, no mínimo, 1% (um por cento), para Municípios das regiões Norte, Nordeste e Centro-Oeste, ou cujo estoque de precatórios pendentes das suas administrações direta e indireta corresponder a até 35% (trinta e cinco por cento) da receita corrente líquida;

b) de, no mínimo, 1,5% (um inteiro e cinco décimos por cento), para Municípios das regiões Sul e Sudeste, cujo estoque de precatórios pendentes das suas administrações direta e indireta corresponder a mais de 35 % (trinta e cinco por cento) da receita corrente líquida.

§ 3º Entende-se como receita corrente líquida, para os fins de que trata este artigo, o somatório das receitas tributárias, patrimoniais, industriais, agropecuárias, de contribuições e de serviços, transferências correntes e outras receitas correntes, incluindo as oriundas do § 1º do art. 20 da Constituição Federal, verificado no período compreendido pelo mês de referência e os 11 (onze) meses anteriores, excluídas as duplicidades, e deduzidas:

I – nos Estados, as parcelas entregues aos Municípios por determinação constitucional;

II – nos Estados, no Distrito Federal e nos Municípios, a contribuição dos servidores para custeio do seu sistema de previdência e assistência social e as receitas provenientes da compensação financeira referida no § 9º do art. 201 da Constituição Federal.

§ 4º As contas especiais de que tratam os §§ 1º e 2º serão administradas pelo Tribunal de Justiça local, para pagamento de precatórios expedidos pelos tribunais.

§ 5º Os recursos depositados nas contas especiais de que tratam os §§ 1º e 2º deste artigo não poderão retornar para Estados, Distrito Federal e Municípios devedores.

§ 6º Pelo menos 50% (cinquenta por cento) dos recursos de que tratam os §§ 1º e 2º deste artigo serão utilizados para pagamento de precatórios em ordem cronológica de apresentação, respeitadas as preferências definidas no § 1º, para os requisitórios do mesmo ano e no § 2º do art. 100, para requisitórios de todos os anos.

§ 7º Nos casos em que não se possa estabelecer a precedência cronológica entre 2 (dois) precatórios, pagar-se-á primeiramente o precatório de menor valor.

§ 8º A aplicação dos recursos restantes dependerá de opção a ser exercida por Estados, Distrito Federal e Municípios devedores, por ato do Poder Executivo, obedecendo à seguinte forma, que poderá ser aplicada isoladamente ou simultaneamente:

I – destinados ao pagamento dos precatórios por meio do leilão;

II – destinados a pagamento a vista de precatórios não quitados na forma do § 6º e do inciso I, em ordem única e crescente de valor por precatório;

III – destinados a pagamento por acordo direto com os credores, na forma estabelecida por lei própria da entidade devedora, que poderá prever criação e forma de funcionamento de câmara de conciliação.

§ 9º Os leilões de que trata o inciso I do § 8º deste artigo:

I – serão realizados por meio de sistema eletrônico administrado por entidade autorizada pela Comissão de Valores Mobiliários ou pelo Banco Central do Brasil;

II – admitirão a habilitação de precatórios, ou parcela de cada precatório indicada pelo seu detentor, em relação aos quais não esteja pendente, no âmbito do Poder Judiciário, recurso ou impugnação de qualquer natureza, permitida por iniciativa do Poder Executivo a compensação com débitos líquidos e certos, inscritos ou não em dívida ativa e constituídos contra devedor originário pela Fazenda Pública devedora até a data da expedição do precatório, ressalvados aqueles cuja exigibilidade esteja suspensa nos termos da legislação, ou que já tenham sido objeto de abatimento nos termos do § 9º do art. 100 da Constituição Federal;

III – ocorrerão por meio de oferta pública a todos os credores habilitados pelo respectivo ente federativo devedor;

IV – considerarão automaticamente habilitado o credor que satisfaça o que consta no inciso II;

V – serão realizados tantas vezes quanto necessário em função do valor disponível;

VI – a competição por parcela do valor total ocorrerá a critério do credor, com deságio sobre o valor desta;

VII – ocorrerão na modalidade deságio, associado ao maior volume ofertado cumulado ou não com o maior percentual de deságio, pelo maior percentual de deságio, podendo ser fixado valor máximo por credor, ou por outro critério a ser definido em edital;

VIII – o mecanismo de formação de preço constará nos editais publicados para cada leilão;

IX – a quitação parcial dos precatórios será homologada pelo respectivo Tribunal que o expediu.

§ 10. No caso de não liberação tempestiva dos recursos de que tratam o inciso II do § 1º e os §§ 2º e 6º deste artigo:

I – haverá o sequestro de quantia nas contas de Estados, Distrito Federal e Municípios devedores, por ordem do Presidente do Tribunal referido no § 4º, até o limite do valor não liberado;

II – constituir-se-á, alternativamente, por ordem do Presidente do Tribunal requerido, em favor dos credores de precatórios, contra Estados, Distrito Federal e Municípios devedores, direito líquido e certo, autoaplicável e independentemente de regulamentação, à compensação automática com débitos líquidos lançados por esta contra aqueles, e, havendo saldo em favor do credor, o valor terá automaticamente poder liberatório do pagamento de tributos de Estados, Distrito Federal e Municípios devedores, até onde se compensarem;

III – o chefe do Poder Executivo responderá na forma da legislação de responsabilidade fiscal e de improbidade administrativa;

IV – enquanto perdurar a omissão, a entidade devedora:

a) não poderá contrair empréstimo externo ou interno;

b) ficará impedida de receber transferências voluntárias;

V – a União reterá os repasses relativos ao Fundo de Participação dos Estados e do Distrito Federal e ao Fundo de Participação dos Municípios, e os depositará nas contas especiais referidas no § 1º, devendo sua utilização obedecer ao que prescreve o § 5º, ambos deste artigo.

§ 11. No caso de precatórios relativos a diversos credores, em litisconsórcio, admite-se o desmembramento do valor, realizado pelo Tribunal de origem do precatório, por credor, e, por este, a habilitação do valor total a que tem direito, não se aplicando, neste caso, a regra do § 3º do art. 100 da Constituição Federal.

§ 12. Se a lei a que se refere o § 4º do art. 100 não estiver publicada em até 180 (cento e oitenta) dias, contados da data de publicação desta Emenda Constitucional, será considerado, para os fins referidos, em relação a Estados, Distrito Federal e Municípios devedores, omissos na regulamentação, o valor de:

I – 40 (quarenta) salários mínimos para Estados e para o Distrito Federal;

II – 30 (trinta) salários mínimos para Municípios.

§ 13. Enquanto Estados, Distrito Federal e Municípios devedores estiverem realizando pagamentos de precatórios pelo regime especial, não poderão sofrer sequestro de valores, exceto no caso de não liberação tempestiva dos recursos de que tratam o inciso II do § 1º e o § 2º deste artigo.

§ 14. O regime especial de pagamento de precatório previsto no inciso I do § 1º vigorará enquanto o valor dos precatórios devidos for superior ao valor dos recursos vinculados, nos termos do § 2º, ambos deste artigo, ou pelo prazo fixo de até 15 (quinze) anos, no caso da opção prevista no inciso II do § 1º.

§ 15. Os precatórios parcelados na forma do art. 33 ou do art. 78 deste Ato das Disposições Constitucionais Transitórias e ainda pendentes de pagamento ingressarão no regime especial com o valor atualizado das parcelas não pagas relativas a cada precatório, bem como o saldo dos acordos judiciais e extrajudiciais.

§ 16. A partir da promulgação desta Emenda Constitucional, a atualização de valores de requisitórios, até o efetivo pagamento, independentemente de sua natureza, será feita pelo índice oficial de remuneração básica da caderneta de poupança, e, para fins de compensação da mora, incidirão juros simples no mesmo percentual de juros incidentes sobre a caderneta de poupança, ficando excluída a incidência de juros compensatórios.

§ 17. O valor que exceder o limite previsto no § 2º do art. 100 da Constituição Federal será pago, durante a vigência do regime especial, na forma prevista nos §§ 6º e 7º ou nos incisos I, II e III do § 8º deste artigo, devendo os valores dispendidos para o atendimento do disposto no § 2º do art. 100 da Constituição Federal serem computados para efeito do § 6º deste artigo.

§ 18. Durante a vigência do regime especial a que se refere este artigo, gozarão também da preferência a que se refere o § 6º os titulares originais de precatórios que tenham completado 60 (sessenta) anos de idade até a data da promulgação desta Emenda Constitucional.

▸ Art. 97 acrescido pela EC nº 62, de 9-12-2009.

Art. 98. O número de defensores públicos na unidade jurisdicional será proporcional à efetiva demanda pelo serviço da Defensoria Pública e à respectiva população.

§ 1º No prazo de 8 (oito) anos, a União, os Estados e o Distrito Federal deverão contar com defensores públicos em todas as unidades jurisdicionais, observado o disposto no *caput* deste artigo.

§ 2º Durante o decurso do prazo previsto no § 1º deste artigo, a lotação dos defensores públicos ocorrerá, prioritariamente, atendendo as regiões com maiores índices de exclusão social e adensamento populacional.

▸ Art. 98 acrescido pela EC nº 80, de 4-6-2014.

▸ Art. 134 da CF.

Art. 99. Para efeito do disposto no inciso VII do § 2º do art. 155, no caso de operações e prestações que destinem bens e serviços a consumidor final não contribuinte localizado em outro Estado, o imposto correspondente à diferença entre a alíquota interna e a interestadual será partilhado entre os Estados de origem e de destino, na seguinte proporção:

I – para o ano de 2015: 20% (vinte por cento) para o Estado de destino e 80% (oitenta por cento) para o Estado de origem;

II – para o ano de 2016: 40% (quarenta por cento) para o Estado de destino e 60% (sessenta por cento) para o Estado de origem;

III – para o ano de 2017: 60% (sessenta por cento) para o Estado de destino e 40% (quarenta por cento) para o Estado de origem;

IV – para o ano de 2018: 80% (oitenta por cento) para o Estado de destino e 20% (vinte por cento) para o Estado de origem;

V – a partir do ano de 2019: 100% (cem por cento) para o Estado de destino.

▸ Art. 99 acrescido pela EC nº 87, de 16-4-2015.

Art. 100. Até que entre em vigor a lei complementar de que trata o inciso II do § 1º do art. 40 da Constituição Federal, os Ministros do Supremo Tribunal Federal, dos Tribunais Superiores e do Tribunal de Contas da União aposentar-se-ão, compulsoriamente, aos 75 (setenta e cinco) anos de idade, nas condições do art. 52 da Constituição Federal.

▸ Artigo acrescido pela EC nº 88, de 7-5-2015.

▸ O STF, por maioria de votos, deferiu o pedido de medida cautelar na ADIN nº 5.316 (*DOU* de 9-6-2015), para: "1) suspender a aplicação da expressão *"nas condições do art. 52 da Constituição Federal"* contida no art. 100 do ADCT, introduzido pela EC nº 88/2015, por vulnerar as condições materiais necessárias ao exercício imparcial e independente da função jurisdicional, ultrajando a separação dos Poderes, cláusula pétrea inscrita no art. 60, § 4º, III, da CRFB; 2) fixar a interpretação, quanto à parte remanescente da EC nº 88/2015, de que o art. 100 do ADCT não pode ser estendido a outros agentes públicos até que seja editada a lei complementar a que alude o art. 40, § 1º, II, da CRFB, a qual, quanto à magistratura, é a lei complementar de iniciativa do Supremo Tribunal Federal nos termos do art. 93 da CRFB; 3) suspender a tramitação de todos os processos que envolvam a aplicação a magistrados do art. 40, § 1º, II da CRFB e do art. 100 do ADCT, até o julgamento definitivo da presente demanda, e 4) declarar sem efeito todo e qualquer pronunciamento judicial ou administrativo que afaste, amplie ou reduza a literalidade do comando previsto no art. 100 do ADCT e, com base neste fundamento, assegure a qualquer outro agente público o exercício das funções relativas a cargo efetivo após ter completado setenta anos de idade."

Art. 101. Os Estados, o Distrito Federal e os Municípios que, em 25 de março de 2015, se encontravam em mora no pagamento de seus precatórios quitarão, até 31 de dezembro de 2029, seus débitos vencidos e os que vencerão dentro desse período, atualizados pelo Índice Nacional de Preços ao Consumidor Amplo Especial (IPCA-E), ou por outro índice que venha a substituí-lo, depositando mensalmente em conta especial do Tribunal de Justiça local, sob única e exclusiva administração deste, 1/12 (um doze avos) do valor calculado percentualmente sobre suas receitas correntes líquidas apuradas no segundo mês anterior ao mês de pagamento, em percentual suficiente para a quitação de seus débitos e, ainda que variável, nunca inferior, em cada exercício, ao percentual praticado na data da entrada em vigor do regime especial a que se refere este artigo, em conformidade com plano de pagamento a ser anualmente apresentado ao Tribunal de Justiça local.

► *Caput* com a redação dada pela EC nº 109, de 15-3-2021.

§ 1º Entende-se como receita corrente líquida, para os fins de que trata este artigo, o somatório das receitas tributárias, patrimoniais, industriais, agropecuárias, de contribuições e de serviços, de transferências correntes e outras receitas correntes, incluindo as oriundas do § 1º do art. 20 da Constituição Federal, verificado no período compreendido pelo segundo mês imediatamente anterior ao de referência e os 11 (onze) meses precedentes, excluídas as duplicidades, e deduzidas:

I – nos Estados, as parcelas entregues aos Municípios por determinação constitucional;

II – nos Estados, no Distrito Federal e nos Municípios, a contribuição dos servidores para custeio de seu sistema de previdência e assistência social e as receitas provenientes da compensação financeira referida no § 9º do art. 201 da Constituição Federal.

► § 1º acrescido pela EC nº 94, de 15-12-2016.

§ 2º O débito de precatórios será pago com recursos orçamentários próprios provenientes das fontes de receita corrente líquida referidas no § 1º deste artigo e, adicionalmente, poderão ser utilizados recursos dos seguintes instrumentos:

► *Caput* do § 2º com a redação dada pela EC nº 99, de 14-12-2017.

I – até 75% (setenta e cinco por cento) dos depósitos judiciais e dos depósitos administrativos em dinheiro referentes a processos judiciais ou administrativos, tributários ou não tributários, nos quais sejam parte os Estados, o Distrito Federal ou os Municípios, e as respectivas autarquias, fundações e empresas estatais dependentes, mediante a instituição de fundo garantidor em montante equivalente a 1/3 (um terço) dos recursos levantados, constituído pela parcela restante dos depósitos judiciais e remunerado pela taxa referencial do Sistema Especial de Liquidação e de Custódia (SELIC) para títulos federais, nunca inferior aos índices e critérios aplicados aos depósitos levantados;

► Inciso I com a redação dada pela EC nº 99, de 14-12-2017.

II – até 30% (trinta por cento) dos demais depósitos judiciais da localidade sob jurisdição do respectivo Tribunal de Justiça, mediante a instituição de fundo garantidor em montante equivalente aos recursos levantados, constituído pela parcela restante dos depósitos judiciais e remunerado pela taxa referencial do Sistema Especial de Liquidação e de Custódia (SELIC) para títulos federais, nunca inferior aos índices e critérios aplicados aos depósitos levantados, destinando-se:

► *Caput* do inciso II com a redação dada pela EC nº 99, de 14-12-2017.

a) no caso do Distrito Federal, 100% (cem por cento) desses recursos ao próprio Distrito Federal;

► Alínea *a* acrescida pela EC nº 94, de 15-12-2016.

b) no caso dos Estados, 50% (cinquenta por cento) desses recursos ao próprio Estado e 50% (cinquenta por cento) aos respectivos Municípios, conforme a circunscrição judiciária onde estão depositados os recursos, e, se houver mais de um Município na mesma circunscrição judiciária, os recursos serão rateados entre os Municípios concorrentes, proporcionalmente às respectivas populações, utilizado como referência o último levantamento censitário ou a mais recente estimativa populacional da Fundação Instituto Brasileiro de Geografia e Estatística (IBGE);

▸ Alínea *b* com a redação dada pela EC nº 99, de 14-12-2017.

III – empréstimos, excetuados para esse fim os limites de endividamento de que tratam os incisos VI e VII do *caput* do art. 52 da Constituição Federal e quaisquer outros limites de endividamento previstos em lei, não se aplicando a esses empréstimos a vedação de vinculação de receita prevista no inciso IV do *caput* do art. 167 da Constituição Federal;

▸ Inciso III com a redação dada pela EC nº 99, de 14-12-2017.

IV – a totalidade dos depósitos em precatórios e requisições diretas de pagamento de obrigações de pequeno valor efetuados até 31 de dezembro de 2009 e ainda não levantados, com o cancelamento dos respectivos requisitórios e a baixa das obrigações, assegurada a revalidação dos requisitórios pelos juízos dos processos perante os Tribunais, a requerimento dos credores e após a oitiva da entidade devedora, mantidas a posição de ordem cronológica original e a remuneração de todo o período.

▸ Inciso IV acrescido pela EC nº 99, de 14-12-2017.

§ 3º Os recursos adicionais previstos nos incisos I, II e IV do § 2º deste artigo serão transferidos diretamente pela instituição financeira depositária para a conta especial referida no *caput* deste artigo, sob única e exclusiva administração do Tribunal de Justiça local, e essa transferência deverá ser realizada em até sessenta dias contados a partir da entrada em vigor deste parágrafo, sob pena de responsabilização pessoal do dirigente da instituição financeira por improbidade.

▸ § 3º acrescido pela EC nº 99, de 14-12-2017.

§ 4º *Revogado*. EC nº 109, de 15-3-2021.

§ 5º Os empréstimos de que trata o inciso III do § 2º deste artigo poderão ser destinados, por meio de ato do Poder Executivo, exclusivamente ao pagamento de precatórios por acordo direto com os credores, na forma do disposto no inciso III do § 8º do art. 97 deste Ato das Disposições Constitucionais Transitórias.

▸ § 5º acrescido pela EC nº 113, de 8-12-2021.

Art. 102. Enquanto viger o regime especial previsto nesta Emenda Constitucional, pelo menos 50% (cinquenta por cento) dos recursos que, nos termos do art. 101 deste Ato das Disposições Constitucionais Transitórias, forem destinados ao pagamento dos precatórios em mora serão utilizados no pagamento segundo a ordem cronológica de apresentação, respeitadas as preferências dos créditos alimentares, e, nessas, as relativas à idade, ao estado de saúde e à deficiência, nos termos do § 2º do art. 100 da Constituição Federal, sobre todos os demais créditos de todos os anos.

▸ *Caput* acrescido pela EC nº 94, de 15-12-2016.

§ 1º A aplicação dos recursos remanescentes, por opção a ser exercida por Estados, Distrito Federal e Municípios, por ato do respectivo Poder Executivo, observada a ordem de preferência dos credores, poderá ser destinada ao pagamento mediante acordos diretos, perante Juízos Auxiliares de Conciliação de Precatórios, com redução máxima de 40% (quarenta por cento) do valor do crédito atualizado, desde que em relação ao crédito não penda recurso ou defesa judicial e que sejam observados os requisitos definidos na regulamentação editada pelo ente federado.

▸ Parágrafo único transformado em § 1º pela EC nº 99, de 14-12-2017.

§ 2º Na vigência do regime especial previsto no art. 101 deste Ato das Disposições Constitucionais Transitórias, as preferências relativas à idade, ao estado de saúde e à deficiência serão atendidas até o valor equivalente ao quíntuplo fixado em lei para os fins do disposto no § 3º do art. 100 da Constituição Federal, admitido o fracionamento para essa finalidade, e o restante será pago em ordem cronológica de apresentação do precatório.

▸ § 2º acrescido pela EC nº 99, de 14-12-2017.

Art. 103. Enquanto os Estados, o Distrito Federal e os Municípios estiverem efetuando o pagamento da parcela mensal devida como previsto no *caput* do art. 101 deste Ato das Disposições Constitucionais Transitórias, nem eles, nem as respectivas autarquias, fundações e empresas estatais dependentes poderão sofrer sequestro de valores, exceto no caso de não liberação tempestiva dos recursos.

▸ *Caput* acrescido pela EC nº 94, de 15-12-2016.

Parágrafo único. Na vigência do regime especial previsto no art. 101 deste Ato das Disposições Constitucionais Transitórias, ficam vedadas desapropriações pelos Estados, pelo Distrito Federal e pelos Municípios, cujos estoques de precatórios ainda pendentes de pagamento, incluídos os precatórios a pagar de suas entidades da administração indireta, sejam superiores a 70% (setenta por cento) das respectivas receitas correntes líquidas, excetuadas as desapropriações para fins de necessidade pública nas áreas de saúde, educação, segurança pública, transporte público, saneamento básico e habitação de interesse social.

▸ Parágrafo único acrescido pela EC nº 99, de 14-12-2017.

Art. 104. Se os recursos referidos no art. 101 deste Ato das Disposições Constitucionais Transitórias para o pagamento de precatórios não forem tempestivamente liberados, no todo ou em parte:

▸ *Caput* acrescido pela EC nº 94, de 15-12-2016.

I – o Presidente do Tribunal de Justiça local determinará o sequestro, até o limite do valor não liberado, das contas do ente federado inadimplente;

II – o chefe do Poder Executivo do ente federado inadimplente responderá, na forma da legislação de responsabilidade fiscal e de improbidade administrativa;

III – a União reterá os recursos referentes aos repasses ao Fundo de Participação dos Estados e do Distrito Federal e ao Fundo de Participação dos Municípios e os depositará na conta especial referida no art. 101 deste Ato das Disposições Constitucionais Transitórias, para utilização como nele previsto;

▸ Incisos I a III acrescidos pela EC nº 94, de 15-12-2016.

IV – os Estados e o Comitê Gestor do Imposto sobre Bens e Serviços reterão os repasses previstos, respectivamente, nos §§ 1º e 2º do art. 158 da Constituição Federal e os depositarão na conta especial referida no art. 101 deste Ato das Disposições Constitucionais Transitórias, para utilização como nele previsto.

▸ Inciso IV com a redação dada pela EC nº 132, de 20-12-2023.

★ **Nova redação do dispositivo alterado:** "IV – o Comitê Gestor do Imposto sobre Bens e Serviços reterá os repasses previstos no § 2º do art. 158 da Constituição Federal e os depositará na conta especial referida no art. 101 deste Ato das Disposições Constitucionais Transitórias, para utilização como nele previsto."

▸ Inciso IV com a redação dada pela EC nº 132, de 20-12-2023, para vigorar a partir de 2033.

Parágrafo único. Enquanto perdurar a omissão, o ente federado não poderá contrair empréstimo externo ou interno, exceto para os fins previstos no § 2º do art. 101 deste Ato das Disposições Constitucionais Transitórias, e ficará impedido de receber transferências voluntárias.

▸ Parágrafo único acrescido pela EC nº 94, de 15-12-2016.

Art. 105. Enquanto viger o regime de pagamento de precatórios previsto no art. 101 deste Ato das Disposições Constitucionais Transitórias, é facultada aos credores de precatórios, próprios ou de terceiros, a compensação com débitos de natureza tributária ou de outra natureza que até 25 de março de 2015 tenham sido inscritos na dívida ativa dos Estados, do Distrito Federal ou dos Municípios, observados os requisitos definidos em lei própria do ente federado.

▸ *Caput* acrescido pela EC nº 94, de 15-12-2016.

§ 1º Não se aplica às compensações referidas no *caput* deste artigo qualquer tipo de vinculação, como as transferências a outros entes e as destinadas à educação, à saúde e a outras finalidades.

▸ Parágrafo único transformado em § 1º pela EC nº 99, de 14-12-2017.

§ 2º Os Estados, o Distrito Federal e os Municípios regulamentarão nas respectivas leis o disposto no *caput* deste artigo em até cento e vinte dias a partir de 1º de janeiro de 2018.

§ 3º Decorrido o prazo estabelecido no § 2º deste artigo sem a regulamentação nele prevista, ficam os credores de precatórios autorizados a exercer a faculdade a que se refere o *caput* deste artigo.

▸ §§ 2º e 3º acrescidos pela EC nº 99, de 14-12-2017.

Arts. 106 e 107. *Revogados.* EC nº 126, de 21-12-2022.

Art. 107-A. Até o fim de 2026, fica estabelecido, para cada exercício financeiro, limite para alocação na proposta orçamentária das despesas com pagamentos em virtude de sentença judiciária de que trata o art. 100 da Constituição Federal, equivalente ao valor da despesa paga no exercício de 2016, incluídos os restos a pagar pagos, corrigido, para o exercício de 2017, em

7,2% (sete inteiros e dois décimos por cento) e, para os exercícios posteriores, pela variação do Índice Nacional de Preços ao Consumidor Amplo (IPCA), publicado pela Fundação Instituto Brasileiro de Geografia e Estatística, ou de outro índice que vier a substituí-lo, apurado no exercício anterior a que se refere a lei orçamentária, devendo o espaço fiscal decorrente da diferença entre o valor dos precatórios expedidos e o respectivo limite ser destinado ao programa previsto no parágrafo único do art. 6º e à seguridade social, nos termos do art. 194, ambos da Constituição Federal, a ser calculado da seguinte forma:

▸ *Caput* do art. 107-A com a redação dada pela EC nº 126, de 21-12-2022.

I – no exercício de 2022, o espaço fiscal decorrente da diferença entre o valor dos precatórios expedidos e o limite estabelecido no *caput* deste artigo deverá ser destinado ao programa previsto no parágrafo único do art. 6º e à seguridade social, nos termos do art. 194, ambos da Constituição Federal;

II – no exercício de 2023, pela diferença entre o total de precatórios expedidos entre 2 de julho de 2021 e 2 de abril de 2022 e o limite de que trata o *caput* deste artigo válido para o exercício de 2023; e

III – nos exercícios de 2024 a 2026, pela diferença entre o total de precatórios expedidos entre 3 de abril de dois anos anteriores e 2 de abril do ano anterior ao exercício e o limite de que trata o *caput* deste artigo válido para o mesmo exercício.

▸ Incisos I a III acrescidos pela EC nº 114, de 16-12-2021.

§ 1º O limite para o pagamento de precatórios corresponderá, em cada exercício, ao limite previsto no *caput* deste artigo, reduzido da projeção para a despesa com o pagamento de requisições de pequeno valor para o mesmo exercício, que terão prioridade no pagamento.

§ 2º Os precatórios que não forem pagos em razão do previsto neste artigo terão prioridade para pagamento em exercícios seguintes, observada a ordem cronológica e o disposto no § 8º deste artigo.

§ 3º É facultado ao credor de precatório que não tenha sido pago em razão do disposto neste artigo, além das hipóteses previstas no § 11 do art. 100 da Constituição Federal e sem prejuízo dos procedimentos previstos nos §§ 9º e 21 do referido artigo, optar pelo recebimento, mediante acordos diretos perante Juízos Auxiliares de Conciliação de Pagamento de Condenações Judiciais contra a Fazenda Pública Federal, em parcela única, até o final do exercício seguinte, com renúncia de 40% (quarenta por cento) do valor desse crédito.

§ 4º O Conselho Nacional de Justiça regulamentará a atuação dos Presidentes dos Tribunais competentes para o cumprimento deste artigo.

§ 5º Não se incluem no limite estabelecido neste artigo as despesas para fins de cumprimento do disposto nos §§ 11, 20 e 21 do art. 100 da Constituição Federal e no § 3º deste artigo, bem como a atualização monetária dos precatórios inscritos no exercício.

§ 6º Não se incluem nos limites estabelecidos no art. 107 deste Ato das Disposições Constitucionais Transitórias o previsto nos §§ 11, 20 e 21 do art. 100 da Constituição Federal e no § 3º deste artigo.

§ 7º Na situação prevista no § 3º deste artigo, para os precatórios não incluídos na proposta orçamentária de 2022, os valores necessários à sua quitação serão providenciados pela abertura de créditos adicionais durante o exercício de 2022.

§ 8º Os pagamentos em virtude de sentença judiciária de que trata o art. 100 da Constituição Federal serão realizados na seguinte ordem:

I – obrigações definidas em lei como de pequeno valor, previstas no § 3º do art. 100 da Constituição Federal;

II – precatórios de natureza alimentícia cujos titulares, originários ou por sucessão hereditária, tenham no mínimo 60 (sessenta) anos de idade, ou sejam portadores de doença grave ou pessoas com deficiência, assim definidos na forma da lei, até o valor equivalente ao triplo do montante fixado em lei como obrigação de pequeno valor;

III – demais precatórios de natureza alimentícia até o valor equivalente ao triplo do montante fixado em lei como obrigação de pequeno valor;

IV – demais precatórios de natureza alimentícia além do valor previsto no inciso III deste parágrafo;

V – demais precatórios.

▸ §§ 1º a 8º acrescidos pela EC nº 114, de 16-12-2021.

Art. 108. *Revogado*. EC nº 113, de 8-12-2021.

Arts. 109 a 112. *Revogados.* EC nº 126, de 21-12-2022.

Art. 113. A proposição legislativa que crie ou altere despesa obrigatória ou renúncia de receita deverá ser acompanhada da estimativa do seu impacto orçamentário e financeiro.

► Artigo acrescido pela EC nº 95, de 15-12-2016.

Art. 114. *Revogado.* EC nº 126, de 21-12-2022.

Art. 115. Fica excepcionalmente autorizado o parcelamento das contribuições previdenciárias e dos demais débitos dos Municípios, incluídas suas autarquias e fundações, com os respectivos regimes próprios de previdência social, com vencimento até 31 de outubro de 2021, inclusive os parcelados anteriormente, no prazo máximo de 240 (duzentos e quarenta) prestações mensais, mediante autorização em lei municipal específica, desde que comprovem ter alterado a legislação do regime próprio de previdência social para atendimento das seguintes condições, cumulativamente:

I – adoção de regras de elegibilidade, de cálculo e de reajustamento dos benefícios que contemplem, nos termos previstos nos incisos I e III do § 1º e nos §§ 3º a 5º, 7º e 8º do art. 40 da Constituição Federal, regras assemelhadas às aplicáveis aos servidores públicos do regime próprio de previdência social da União e que contribuam efetivamente para o atingimento e a manutenção do equilíbrio financeiro e atuarial;

II – adequação do rol de benefícios ao disposto nos §§ 2º e 3º do art. 9º da Emenda Constitucional nº 103, de 12 de novembro de 2019;

III – adequação da alíquota de contribuição devida pelos servidores, nos termos do § 4º do art. 9º da Emenda Constitucional nº 103, de 12 de novembro de 2019; e

IV – instituição do regime de previdência complementar e adequação do órgão ou entidade gestora do regime próprio de previdência social, nos termos do § 6º do art. 9º da Emenda Constitucional nº 103, de 12 de novembro de 2019.

Parágrafo único. Ato do Ministério do Trabalho e Previdência, no âmbito de suas competências, definirá os critérios para o parcelamento previsto neste artigo, inclusive quanto ao cumprimento do disposto nos incisos I, II, III e IV do *caput* deste artigo, bem como disponibilizará as informações aos Municípios sobre o montante das dívidas, as formas de parcelamento, os juros e os encargos incidentes, de modo a possibilitar o acompanhamento da evolução desses débitos.

Art. 116. Fica excepcionalmente autorizado o parcelamento dos débitos decorrentes de contribuições previdenciárias dos Municípios, incluídas suas autarquias e fundações, com o Regime Geral de Previdência Social, com vencimento até 31 de outubro de 2021, ainda que em fase de execução fiscal ajuizada, inclusive os decorrentes do descumprimento de obrigações acessórias e os parcelados anteriormente, no prazo máximo de 240 (duzentos e quarenta) prestações mensais.

§ 1º Os Municípios que possuam regime próprio de previdência social deverão comprovar, para fins de formalização do parcelamento com o Regime Geral de Previdência Social, de que trata este artigo, terem atendido as condições estabelecidas nos incisos I, II, III e IV do *caput* do art. 115 deste Ato das Disposições Constitucionais Transitórias.

§ 2º Os débitos parcelados terão redução de 40% (quarenta por cento) das multas de mora, de ofício e isoladas, de 80% (oitenta por cento) dos juros de mora, de 40% (quarenta por cento) dos encargos legais e de 25% (vinte e cinco por cento) dos honorários advocatícios.

§ 3º O valor de cada parcela será acrescido de juros equivalentes à taxa referencial do Sistema Especial de Liquidação e de Custódia (SELIC), acumulada mensalmente, calculados a partir do mês subsequente ao da consolidação até o mês anterior ao do pagamento.

§ 4º Não constituem débitos dos Municípios aqueles considerados prescritos ou atingidos pela decadência.

§ 5º A Secretaria Especial da Receita Federal do Brasil e a Procuradoria-Geral da Fazenda Nacional, no âmbito de suas competências, deverão fixar os critérios para o parcelamento previsto neste artigo, bem como disponibilizar as informações aos Municípios sobre o montante das dívidas, as formas de parcelamento, os juros e os encargos incidentes, de modo a possibilitar o acompanhamento da evolução desses débitos.

Art. 117. A formalização dos parcelamentos de que tratam os arts. 115 e 116 deste Ato das Disposições Constitucionais Transitórias deverá ocorrer até 30 de junho de 2022 e ficará condicionada à autorização de vinculação do Fundo de Participação dos Municípios para fins de pagamento das prestações acordadas nos termos de parcelamento, observada a seguinte ordem de preferência:

I – a prestação de garantia ou de contragarantia à União ou os pagamentos de débitos em favor da União, na forma do § 4º do art. 167 da Constituição Federal;

II – as contribuições parceladas devidas ao Regime Geral de Previdência Social;

III – as contribuições parceladas devidas ao respectivo regime próprio de previdência social.

▶ Arts. 115 a 117 acrescidos pela EC nº 113, de 8-12-2021.

Art. 118. Os limites, as condições, as normas de acesso e os demais requisitos para o atendimento do disposto no parágrafo único do art. 6º e no inciso VI do *caput* do art. 203 da Constituição Federal serão determinados, na forma da lei e respectivo regulamento, até 31 de dezembro de 2022, dispensada, exclusivamente no exercício de 2022, a observância das limitações legais quanto à criação, à expansão ou ao aperfeiçoamento de ação governamental que acarrete aumento de despesa no referido exercício.

▶ Artigo acrescido pela EC nº 114, de 16-12-2021.

Art. 119. Em decorrência do estado de calamidade pública provocado pela pandemia da COVID-19, os Estados, o Distrito Federal, os Municípios e os agentes públicos desses entes federados não poderão ser responsabilizados administrativa, civil ou criminalmente pelo descumprimento, exclusivamente nos exercícios financeiros de 2020 e 2021, do disposto no *caput* do art. 212 da Constituição Federal.

▶ Art. 35, III, da CF.

▶ Art. 2º da EC nº 119, de 27-4-2022, que altera este ADCT para determinar a impossibilidade de responsabilização dos Estados, do Distrito Federal, dos Municípios e dos agentes públicos desses entes federados pelo descumprimento, nos exercícios financeiros de 2020 e 2021, do disposto no *caput* do art. 212 da CF.

Parágrafo único. Para efeitos do disposto no *caput* deste artigo, o ente deverá complementar na aplicação da manutenção e desenvolvimento do ensino, até o exercício financeiro de 2023, a diferença a menor entre o valor aplicado, conforme informação registrada no sistema integrado de planejamento e orçamento, e o valor mínimo exigível constitucionalmente para os exercícios de 2020 e 2021.

▶ Art. 119 acrescido pela EC nº 119, de 27-4-2022.

Art. 120. Fica reconhecido, no ano de 2022, o estado de emergência decorrente da elevação extraordinária e imprevisível dos preços do petróleo, combustíveis e seus derivados e dos impactos sociais dela decorrentes.

Parágrafo único. Para enfretamento ou mitigação dos impactos decorrentes do estado de emergência reconhecido, as medidas implementadas, até os limites de despesas previstos em uma única e exclusiva norma constitucional observarão o seguinte:

I – quanto às despesas:

a) serão atendidas por meio de crédito extraordinário;

b) não serão consideradas para fins de apuração da meta de resultado primário estabelecida no *caput* do art. 2º da Lei nº 14.194, de 20 de agosto de 2021, e do limite estabelecido para as despesas primárias, conforme disposto no inciso I do *caput* do art. 107 do Ato das Disposições Constitucionais Transitórias; e

c) ficarão ressalvadas do disposto no inciso III do *caput* do art. 167 da Constituição Federal;

II – a abertura do crédito extraordinário para seu atendimento dar-se-á independentemente da observância dos requisitos exigidos no § 3º do art. 167 da Constituição Federal; e

III – a dispensa das limitações legais, inclusive quanto à necessidade de compensação:

a) à criação, à expansão ou ao aperfeiçoamento de ação governamental que acarrete aumento de despesa; e

b) à renúncia de receita que possa ocorrer.

▶ Art. 120 acrescido pela EC nº 123, de 14-7-2022.

Art. 121. As contas referentes aos patrimônios acumulados de que trata o § 2º do art. 239 da Constituição Federal cujos recursos não tenham sido reclamados por prazo superior a 20 (vinte) anos serão encerradas após o prazo de 60 (sessenta) dias da publicação de aviso no *Diário Oficial da União*, ressalvada reivindicação por eventual interessado legítimo dentro do referido prazo.

Parágrafo único. Os valores referidos no *caput* deste artigo serão tidos por abandonados, nos termos do inciso III do *caput* do art. 1.275 da Lei nº 10.406, de 10 de janeiro de 2002 (Código Civil), e serão apropriados pelo Tesouro Nacional como receita primária para realização de despesas de investimento de que trata o § 6º-B do art. 107, que não serão computadas nos limites previstos no art. 107, ambos deste Ato das Disposições Constitucionais Transitórias, podendo o interessado reclamar ressarcimento à União no prazo de até 5 (cinco) anos do encerramento das contas.

Art. 122. As transferências financeiras realizadas pelo Fundo Nacional de Saúde e pelo Fundo Nacional de Assistência Social diretamente aos fundos de saúde e assistência social estaduais, municipais e distritais, para enfrentamento da pandemia da COVID-19, poderão ser executadas pelos entes federativos até 31 de dezembro de 2023.

▸ Arts. 121 e 122 acrescidos pela EC nº 126, de 21-12-2022.

Art. 123. Todos os termos de credenciamentos, contratos, aditivos e outras formas de ajuste de permissão lotérica, em vigor, indistintamente, na data de publicação deste dispositivo, destinados a viabilizar a venda de serviços lotéricos, disciplinados em lei ou em outros instrumentos de alcance específico, terão assegurado prazo de vigência adicional, contado do término do prazo do instrumento vigente, independentemente da data de seu termo inicial.

▸ Artigo acrescido pela EC nº 129, de 5-7-2023.

Art. 124. A transição para os tributos previstos no art. 156-A e no art. 195, V, todos da Constituição Federal, atenderá aos critérios estabelecidos nos arts. 125 a 133 deste Ato das Disposições Constitucionais Transitórias.

Parágrafo único. A contribuição prevista no art. 195, V, será instituída pela mesma lei complementar de que trata o art. 156-A, ambos da Constituição Federal.

Art. 125. Em 2026, o imposto previsto no art. 156-A será cobrado à alíquota estadual de 0,1% (um décimo por cento), e a contribuição prevista no art. 195, V, ambos da Constituição Federal, será cobrada à alíquota de 0,9% (nove décimos por cento).

§ 1º O montante recolhido na forma do caput será compensado com o valor devido das contribuições previstas no art. 195, I, b, e IV, e da contribuição para o Programa de Integração Social a que se refere o art. 239, ambos da Constituição Federal.

§ 2º Caso o contribuinte não possua débitos suficientes para efetuar a compensação de que trata o § 1º, o valor recolhido poderá ser compensado com qualquer outro tributo federal ou ser ressarcido em até 60 (sessenta) dias, mediante requerimento.

§ 3º A arrecadação do imposto previsto no art. 156-A da Constituição Federal decorrente do disposto no caput deste artigo não observará as vinculações, repartições e destinações previstas na Constituição Federal, devendo ser aplicada, integral e sucessivamente, para:

I – o financiamento do Comitê Gestor do Imposto sobre Bens e Serviços, nos termos do art. 156-B, § 2º, III, da Constituição Federal;

II – compor o Fundo de Compensação de Benefícios Fiscais ou Financeiro-Fiscais do imposto de que trata o art. 155, II, da Constituição Federal.

§ 4º Durante o período de que trata o caput, os sujeitos passivos que cumprirem as obrigações acessórias relativas aos tributos referidos no caput poderão ser dispensados do seu recolhimento, nos termos de lei complementar.

Art. 126. A partir de 2027:

I – serão cobrados:

a) a contribuição prevista no art. 195, V, da Constituição Federal;

b) o imposto previsto no art. 153, VIII, da Constituição Federal;

II – serão extintas as contribuições previstas no art. 195, I, b, e IV, e a contribuição para o Programa de Integração Social de que trata o art. 239, todos da Constituição Federal, desde que instituída a contribuição referida na alínea a do inciso I;

III – o imposto previsto no art. 153, IV, da Constituição Federal:

a) terá suas alíquotas reduzidas a zero, exceto em relação aos produtos que tenham industrialização incentivada na Zona Franca de Manaus, conforme critérios estabelecidos em lei complementar; e

b) não incidirá de forma cumulativa com o imposto previsto no art. 153, VIII, da Constituição Federal.

ADCT

Art. 127. Em 2027 e 2028, o imposto previsto no art. 156-A da Constituição Federal será cobrado à alíquota estadual de 0,05% (cinco centésimos por cento) e à alíquota municipal de 0,05% (cinco centésimos por cento).

Parágrafo único. No período referido no caput, a alíquota da contribuição prevista no art. 195, V, da Constituição Federal, será reduzida em 0,1 (um décimo) ponto percentual.

Art. 128. De 2029 a 2032, as alíquotas dos impostos previstos nos arts. 155, II, e 156, III, da Constituição Federal, serão fixadas nas seguintes proporções das alíquotas fixadas nas respectivas legislações:

I – 9/10 (nove décimos), em 2029;
II – 8/10 (oito décimos), em 2030;
III – 7/10 (sete décimos), em 2031;
IV – 6/10 (seis décimos), em 2032.

§ 1º Os benefícios ou os incentivos fiscais ou financeiros relativos aos impostos previstos nos arts. 155, II, e 156, III, da Constituição Federal não alcançados pelo disposto no caput deste artigo serão reduzidos na mesma proporção.

§ 2º Os benefícios e incentivos fiscais ou financeiros referidos no art. 3º da Lei Complementar nº 160, de 7 de agosto de 2017, serão reduzidos na forma deste artigo, não se aplicando a redução prevista no § 2º-A do art. 3º da referida Lei Complementar.

§ 3º Ficam mantidos em sua integralidade, até 31 de dezembro de 2032, os percentuais utilizados para calcular os benefícios ou incentivos fiscais ou financeiros já reduzidos por força da redução das alíquotas, em decorrência do disposto no caput.

Art. 129. Ficam extintos, a partir de 2033, os impostos previstos nos arts. 155, II, e 156, III, da Constituição Federal.

Art. 130. Resolução do Senado Federal fixará, para todas as esferas federativas, as alíquotas de referência dos tributos previstos nos arts. 156-A e 195, V, da Constituição Federal, observados a forma de cálculo e os limites previstos em lei complementar, de forma a assegurar:

I – de 2027 a 2033, que a receita da União com a contribuição prevista no art. 195, V, e com o imposto previsto no art. 153, VIII, todos da Constituição Federal, seja equivalente à redução da receita:

a) das contribuições previstas no art. 195, I, b, e IV, e da contribuição para o Programa de Integração Social de que trata o art. 239, todos da Constituição Federal;
b) do imposto previsto no art. 153, IV; e
c) do imposto previsto no art. 153, V, da Constituição Federal, sobre operações de seguros;

II – de 2029 a 2033, que a receita dos Estados e do Distrito Federal com o imposto previsto no art. 156-A da Constituição Federal seja equivalente à redução:

a) da receita do imposto previsto no art. 155, II, da Constituição Federal; e
b) das receitas destinadas a fundos estaduais financiados por contribuições estabelecidas como condição à aplicação de diferimento, regime especial ou outro tratamento diferenciado, relativos ao imposto de que trata o art. 155, II, da Constituição Federal, em funcionamento em 30 de abril de 2023, excetuadas as receitas dos fundos mantidas na forma do art. 136 deste Ato das Disposições Constitucionais Transitórias;

III – de 2029 a 2033, que a receita dos Municípios e do Distrito Federal com o imposto previsto no art. 156-A seja equivalente à redução da receita do imposto previsto no art. 156, III, ambos da Constituição Federal.

§ 1º As alíquotas de referência serão fixadas no ano anterior ao de sua vigência, não se aplicando o disposto no art. 150, III, c, da Constituição Federal, com base em cálculo realizado pelo Tribunal de Contas da União.

§ 2º Na fixação das alíquotas de referência, deverão ser considerados os efeitos sobre a arrecadação dos regimes específicos, diferenciados ou favorecidos e de qualquer outro regime que resulte em arrecadação menor do que a que seria obtida com a aplicação da alíquota padrão.

§ 3º Para fins do disposto nos §§ 4º a 6º, entende-se por:

I – Teto de Referência da União: a média da receita no período de 2012 a 2021, apurada como proporção do PIB, do imposto previsto no art. 153, IV, das contribuições previstas no art. 195, I, b, e IV, da contribuição para o Programa de Integração Social de que trata o art. 239 e do imposto previsto no art. 153, V, sobre operações de seguro, todos da Constituição Federal;

II – Teto de Referência Total: a média da receita no período de 2012 a 2021, apurada como proporção do PIB, dos impostos previstos nos arts. 153, IV, 155, II e 156, III, das contribuições previstas no art. 195, I, b, e IV, da contribuição para o Programa de Integração Social de que trata o art. 239 e do imposto previsto no art. 153, V, sobre operações de seguro, todos da Constituição Federal;

III – Receita-Base da União: a receita da União com a contribuição prevista no art. 195, V, e com o imposto previsto no art. 153, VIII, ambos da Constituição Federal, apurada como proporção do PIB;

IV – Receita-Base dos Entes Subnacionais: a receita dos Estados, do Distrito Federal e dos Municípios com o imposto previsto no art. 156-A da Constituição Federal, deduzida da parcela a que se refere a alínea b do inciso II do caput, apurada como proporção do PIB;

V – Receita-Base Total: a soma da Receita-Base da União com a Receita-Base dos Entes Subnacionais, sendo essa última:

a) multiplicada por 10 (dez) em 2029;
b) multiplicada por 5 (cinco) em 2030;
c) multiplicada por 10 (dez) e dividida por 3 (três) em 2031;
d) multiplicada por 10 (dez) e dividida por 4 (quatro) em 2032;
e) multiplicada por 1 (um) em 2033.

§ 4º A alíquota de referência da contribuição a que se refere o art. 195, V, da Constituição Federal será reduzida em 2030 caso a média da Receita-Base da União em 2027 e 2028 exceda o Teto de Referência da União.

§ 5º As alíquotas de referência da contribuição a que se refere o art. 195, V, e do imposto a que se refere o art. 156-A, ambos da Constituição Federal, serão reduzidas em 2035 caso a média da Receita-Base Total entre 2029 e 2033 exceda o Teto de Referência Total.

§ 6º As reduções de que tratam os §§ 4º e 5º serão:

I – definidas de forma a que a Receita-Base seja igual ao respectivo Teto de Referência;

II – no caso do § 5º, proporcionais para as alíquotas de referência federal, estadual e municipal.

§ 7º A revisão das alíquotas de referência em função do disposto nos §§ 4º, 5º e 6º não implicará cobrança ou restituição de tributo relativo a anos anteriores ou transferência de recursos entre os entes federativos.

§ 8º Os entes federativos e o Comitê Gestor do Imposto sobre Bens e Serviços fornecerão ao Tribunal de Contas da União as informações necessárias para o cálculo a que se referem os §§ 1º, 4º e 5º.

§ 9º Nos cálculos das alíquotas de que trata o caput, deverá ser considerada a arrecadação dos tributos previstos nos arts. 156-A e 195, V, da Constituição Federal, cuja cobrança tenha sido iniciada antes dos períodos de que tratam os incisos I, II e III do caput.

§ 10. O cálculo das alíquotas a que se refere este artigo será realizado com base em propostas encaminhadas pelo Poder Executivo da União e pelo Comitê Gestor do Imposto sobre Bens e Serviços, que deverão fornecer ao Tribunal de Contas da União todos os subsídios necessários, mediante o compartilhamento de dados e informações, nos termos de lei complementar.

Art. 131. De 2029 a 2077, o produto da arrecadação dos Estados, do Distrito Federal e dos Municípios com o imposto de que trata o art. 156-A da Constituição Federal será distribuído a esses entes federativos conforme o disposto neste artigo.

§ 1º Serão retidos do produto da arrecadação do imposto de cada Estado, do Distrito Federal e de cada Município apurada com base nas alíquotas de referência de que trata o art. 130 deste Ato das Disposições Constitucionais Transitórias, nos termos dos arts. 149-C e 156-A, § 4º, II, e § 5º, I e IV, antes da aplicação do disposto no art. 158, IV, b, todos da Constituição Federal:

I – de 2029 a 2032, 80% (oitenta por cento);
II – em 2033, 90% (noventa por cento);
III – de 2034 a 2077, percentual correspondente ao aplicado em 2033, reduzido à razão de 1/45 (um quarenta e cinco avos) por ano.

§ 2º Na forma estabelecida em lei complementar, o montante retido nos termos do

§ 1º será distribuído entre os Estados, o Distrito Federal e os Municípios proporcionalmente à receita média de cada ente federativo, devendo ser consideradas:

I – no caso dos Estados:

a) *a arrecadação do imposto previsto no art. 155, II, após aplicação do disposto no art. 158, IV, a, todos da Constituição Federal; e*

b) *as receitas destinadas aos fundos estaduais de que trata o art. 130, II,* b, *deste Ato das Disposições Constitucionais Transitórias;*

II – no caso do Distrito Federal:

a) *a arrecadação do imposto previsto no art. 155, II, da Constituição Federal; e*

b) *a arrecadação do imposto previsto no art. 156, III, da Constituição Federal;*

III – no caso dos Municípios:

a) *a arrecadação do imposto previsto no art. 156, III, da Constituição Federal; e*

b) *a parcela creditada na forma do art. 158, IV,* a, *da Constituição Federal.*

§ 3º Não se aplica o disposto no art. 158, IV, b, *da Constituição Federal aos recursos distribuídos na forma do § 2º, I, deste artigo.*

§ 4º A parcela do produto da arrecadação do imposto não retida nos termos do § 1º, após a retenção de que trata o art. 132 deste Ato das Disposições Constitucionais Transitórias, será distribuída a cada Estado, ao Distrito Federal e a cada Município de acordo com os critérios da lei complementar de que trata o art. 156-A, § 5º, I, da Constituição Federal, nela computada a variação de alíquota fixada pelo ente em relação à de referência.

§ 5º Os recursos de que trata este artigo serão distribuídos nos termos estabelecidos em lei complementar, aplicando-se o seguinte:

I – constituirão a base de cálculo dos fundos de que trata o art. 212-A, II, da Constituição Federal, observado que:

a) *para os Estados, o percentual de que trata o art. 212-A, II, será aplicado proporcionalmente à razão entre a soma dos valores distribuídos a cada ente nos termos do § 2º, I,* a, *e do § 4º, e a soma dos valores distribuídos nos termos do § 2º, I e do § 4º;*

b) *para o Distrito Federal, o percentual de que trata o art. 212-A, II, será aplicado proporcionalmente à razão entre a soma dos valores distribuídos nos termos do § 2º, II,* a, *e do § 4º, e a soma dos valores distribuídos nos termos do § 2º, II, e do § 4º, considerada, em ambas as somas, somente a parcela estadual nos valores distribuídos nos termos do § 4º;*

c) *para os Municípios, o percentual de que trata o art. 212-A, II, será aplicado proporcionalmente à razão entre a soma dos valores distribuídos nos termos do § 2º, III,* b, *e a soma dos valores distribuídos nos termos do § 2º, III;*

II – constituirão as bases de cálculo de que tratam os arts. 29-A, 198, § 2º, 204, parágrafo único, 212 e 216, § 6º, da Constituição Federal, excetuados os valores distribuídos nos termos do § 2º, I, b;

III – poderão ser vinculados para prestação de garantias às operações de crédito por antecipação de receita previstas no art. 165, § 8º, para pagamento de débitos com a União e para prestar-lhe garantia ou contragarantia, nos termos do art. 167, § 4º, todos da Constituição Federal.

§ 6º Durante o período de que trata o caput *deste artigo, é vedado aos Estados, ao Distrito Federal e aos Municípios fixar alíquotas próprias do imposto de que trata o art. 156-A da Constituição Federal inferiores às necessárias para garantir as retenções de que tratam o § 1º deste artigo e o art. 132 deste Ato das Disposições Constitucionais Transitórias.*

Art. 132. Do imposto dos Estados, do Distrito Federal e dos Municípios apurado com base nas alíquotas de referência de que trata o art. 130 deste Ato das Disposições Constitucionais Transitórias, deduzida a retenção de que trata o art. 131, § 1º, será retido montante correspondente a 5% (cinco por cento) para distribuição aos entes com as menores razões entre:

I – o valor apurado nos termos dos arts. 149-C e 156-A, § 4º, II, e § 5º, I e IV, com base nas alíquotas de referência, após a aplicação do disposto no art. 158, IV, b, *todos da Constituição Federal; e*

II – a respectiva receita média, apurada nos termos do art. 131, § 2º, I, II e III, deste Ato das Disposições Constitucionais Transitórias, limitada a 3 (três) vezes a média nacional por habitante da respectiva esfera federativa.

§ 1º Os recursos serão distribuídos, sequencial e sucessivamente, aos entes com as menores razões de que trata o caput, de maneira que, ao final da distribuição, para todos os entes que receberem recursos, seja observada a mesma a razão entre:

I – a soma do valor apurado nos termos do inciso I do caput com o valor recebido nos termos deste artigo; e

II – a receita média apurada na forma do inciso II do caput.

§ 2º Aplica-se aos recursos distribuídos na forma deste artigo o disposto no art. 131, § 5º deste Ato das Disposições Constitucionais Transitórias.

§ 3º Lei complementar estabelecerá os critérios para a redução gradativa, entre 2078 e 2097, do percentual de que trata o caput, até a sua extinção.

Art. 133. Os tributos de que tratam os arts. 153, IV, 155, II, 156, III, e 195, I, b, *e IV, e a contribuição para o Programa de Integração Social a que se refere o art. 239 não integrarão a base de cálculo do imposto de que trata o art. 156-A e da contribuição de que trata o art. 195, V, todos da Constituição Federal.*

Art. 134. Os saldos credores relativos ao imposto previsto no art. 155, II, da Constituição Federal, existentes ao final de 2032 serão aproveitados pelos contribuintes na forma deste artigo e nos termos de lei complementar.

§ 1º O disposto neste artigo alcança os saldos credores cujos aproveitamento ou ressarcimento sejam admitidos pela legislação em vigor em 31 de dezembro de 2032 e que tenham sido homologados pelos respectivos entes federativos, observadas as seguintes diretrizes:

I – apresentado o pedido de homologação, o ente federativo deverá se pronunciar no prazo estabelecido na lei complementar a que se refere o caput;

II – na ausência de resposta ao pedido de homologação no prazo a que se refere o inciso I deste parágrafo, os respectivos saldos credores serão considerados homologados.

§ 2º Aplica-se o disposto neste artigo também aos créditos reconhecidos após o prazo previsto no caput.

§ 3º O saldo dos créditos homologados será informado pelos Estados e pelo Distrito Federal ao Comitê Gestor do Imposto sobre Bens e Serviços para que seja compensado com o imposto de que trata o art. 156-A da Constituição Federal:

I – pelo prazo remanescente, apurado nos termos do art. 20, § 5º, da Lei Complementar nº 87, de 13 de setembro de 1996, para os créditos relativos à entrada de mercadorias destinadas ao ativo permanente;

II – em 240 (duzentos e quarenta) parcelas mensais, iguais e sucessivas, nos demais casos.

§ 4º O Comitê Gestor do Imposto sobre Bens e Serviços deduzirá do produto da arrecadação do imposto previsto no art. 156-A devido ao respectivo ente federativo o valor compensado na forma do § 3º, o qual não comporá base de cálculo para fins do disposto nos arts. 158, IV, 198, § 2º, 204, parágrafo único, 212, 212-A, II, e 216, § 6º, todos da Constituição Federal.

§ 5º A partir de 2033, os saldos credores serão atualizados pelo IPCA ou por outro índice que venha a substituí-lo.

§ 6º Lei complementar disporá sobre:

I – as regras gerais de implementação do parcelamento previsto no § 3º;

II – a forma pela qual os titulares dos créditos de que trata este artigo poderão transferi-los a terceiros;

III – a forma pela qual o crédito de que trata este artigo poderá ser ressarcido ao contribuinte pelo Comitê Gestor do Imposto sobre Bens e Serviços, caso não seja possível compensar o valor da parcela nos termos do § 3º.

Art. 135. Lei complementar disciplinará a forma de utilização dos créditos, inclusive presumidos, do imposto de que trata o art. 153, IV, e das contribuições de que tratam o art. 195, I, b, *e IV, e da contribuição para o Programa de Integração Social a que se refere o art. 239, todos da Constituição Federal, não apropriados ou não utilizados*

até a extinção, mantendo-se, apenas para os créditos que cumpram os requisitos estabelecidos na legislação vigente na data da extinção de tais tributos, a permissão para compensação com outros tributos federais, inclusive com a contribuição prevista no inciso V do caput do art. 195 da Constituição Federal, ou ressarcimento em dinheiro.

Art. 136. Os Estados que possuíam, em 30 de abril de 2023, fundos destinados a investimentos em obras de infraestrutura e habitação e financiados por contribuições sobre produtos primários e semielaborados estabelecidas como condição à aplicação de diferimento, regime especial ou outro tratamento diferenciado, relativos ao imposto de que trata o art. 155, II, da Constituição Federal, poderão instituir contribuições semelhantes, não vinculadas ao referido imposto, observado que:

I – a alíquota ou o percentual de contribuição não poderão ser superiores e a base de incidência não poderá ser mais ampla que os das respectivas contribuições vigentes em 30 de abril de 2023;
II – a instituição de contribuição nos termos deste artigo implicará a extinção da contribuição correspondente, vinculada ao imposto de que trata o art. 155, II, da Constituição Federal, vigente em 30 de abril de 2023;
III – a destinação de sua receita deverá ser a mesma das contribuições vigentes em 30 de abril de 2023;
IV – a contribuição instituída nos termos do caput será extinta em 31 de dezembro de 2043.

Parágrafo único. As receitas das contribuições mantidas nos termos deste artigo não serão consideradas como receita do respectivo Estado para fins do disposto nos arts. 130, II, b, e 131, § 2º, I, b, deste Ato das Disposições Constitucionais Transitórias.

Art. 137. Os saldos financeiros dos recursos transferidos pelo Fundo Nacional de Saúde e pelo Fundo Nacional de Assistência Social, para enfrentamento da pandemia de COVID-19 no período de 2020 a 2022, aos fundos de saúde e assistência social estaduais, municipais e do Distrito Federal poderão ser aplicados, até 31 de dezembro de 2024, para o custeio de ações e serviços públicos de saúde e de assistência social, observadas, respectivamente, as diretrizes emanadas do Sistema Único de Saúde e do Sistema Único de Assistência Social.

▸ Arts. 124 a 137 acrescidos pela EC nº 132, de 20-12-2023.

Brasília, 5 de outubro de 1988.

Ulysses Guimarães – Presidente,
Mauro Benevides – 1º Vice-Presidente,
Jorge Arbage – 2º Vice-Presidente,
Marcelo Cordeiro – 1º Secretário,
Mário Maia – 2º Secretário,
Arnaldo Faria de Sá – 3º Secretário,
Benedita da Silva – 1º Suplente de Secretário,
Luiz Soyer – 2º Suplente de Secretário,
Sotero Cunha – 3º Suplente de Secretário,
Bernardo Cabral – Relator Geral,
Adolfo Oliveira – Relator Adjunto,
Antônio Carlos Konder Reis – Relator Adjunto,
José Fogaça – Relator Adjunto.

Índice Alfabético-Remissivo da Constituição da República Federativa do Brasil, de suas Disposições Transitórias e Emendas Constitucionais

D

E

G

H

S

U

V

Z

Emendas Constitucionais

EMENDA CONSTITUCIONAL Nº 20, DE 15 DE DEZEMBRO DE 1998

Modifica o sistema de previdência social, estabelece normas de transição e dá outras providências.

- Publicada no *DOU* de 16-12-1998.
- EC nº 41, de 19-12-2003, modifica dispositivos da CF e desta Emenda.

As Mesas da Câmara dos Deputados e do Senado Federal, nos termos do § 3º do artigo 60 da Constituição Federal, promulgam a seguinte Emenda ao texto constitucional:

Art. 1º A Constituição Federal passa a vigorar com as seguintes alterações:

- Alterações inseridas no texto da CF.

Art. 2º A Constituição Federal, nas Disposições Constitucionais Gerais, é acrescida dos seguintes artigos:

- Alterações inseridas no texto da CF.

Art. 3º É assegurada a concessão de aposentadoria e pensão, a qualquer tempo, aos servidores públicos e aos segurados do regime geral de Previdência Social, bem como aos seus dependentes, que, até a data da publicação desta Emenda, tenham cumprido os requisitos para a obtenção destes benefícios, com base nos critérios da legislação então vigente.

§ 1º O servidor de que trata este artigo, que tenha completado as exigências para aposentadoria integral e que opte por permanecer em atividade fará jus à isenção da contribuição previdenciária até completar as exigências para aposentadoria contidas no artigo 40, § 1º, III, *a*, da Constituição Federal.

§ 2º Os proventos da aposentadoria a ser concedida aos servidores públicos referidos no *caput*, em termos integrais ou proporcionais ao tempo de serviço já exercido até a data de publicação desta Emenda, bem como as pensões de seus dependentes, serão calculados de acordo com a legislação em vigor à época em que foram atendidas as prescrições nela estabelecidas para a concessão destes benefícios ou nas condições da legislação vigente.

§ 3º São mantidos todos os direitos e garantias assegurados nas disposições constitucionais vigentes à data de publicação desta Emenda aos servidores e militares, inativos e pensionistas, aos anistiados e aos ex-combatentes, assim como àqueles que já cumpriram, até aquela data, os requisitos para usufruírem tais direitos, observado o disposto no artigo 37, XI, da Constituição Federal.

Art. 4º Observado o disposto no artigo 40, § 10, da Constituição Federal, o tempo de serviço considerado pela legislação vigente para efeito de aposentadoria, cumprido até que a lei discipline a matéria, será contado como tempo de contribuição.

Art. 5º O disposto no artigo 202, § 3º, da Constituição Federal, quanto à exigência de paridade entre a contribuição da patrocinadora e a contribuição do segurado, terá vigência no prazo de dois anos a partir da publicação desta Emenda, ou, caso ocorra antes, na data de publicação da lei complementar a que se refere o § 4º do mesmo artigo.

Art. 6º As entidades fechadas de previdência privada patrocinadas por entidades públicas, inclusive empresas públicas e sociedades de economia mista, deverão rever, no prazo de dois anos, a contar da publicação desta Emenda, seus planos de benefícios e serviços, de modo a ajustá-los atuarialmente a seus ativos, sob pena de intervenção, sendo seus dirigentes e os de suas respectivas patrocinadoras responsáveis civil e criminalmente pelo descumprimento do disposto neste artigo.

Art. 7º Os projetos das leis complementares previstas no artigo 202 da Constituição Federal deverão ser apresentados ao Congresso Nacional no prazo máximo de noventa dias após a publicação desta Emenda.

Art. 8º *Revogado*. EC nº 41, de 19-12-2003.

Art. 9º *Revogado*. EC nº 103, de 12-11-2019.

Art. 10. *Revogado*. EC nº 41, de 19-12-2003.

Art. 11. A vedação prevista no artigo 37, § 10, da Constituição Federal, não se aplica aos membros de poder e aos inativos, servidores e militares, que, até a publicação desta Emenda, tenham ingressado novamente no serviço público por concurso público de provas ou de provas e títulos, e pelas demais formas previstas na Constituição Federal, sendo-lhes proibida a percepção de mais de uma aposentadoria pelo regime de previdência a que se refere o artigo 40 da Constituição Federal, aplicando-se-lhes, em qualquer hipótese, o limite de que trata o § 11 deste mesmo artigo.

Art. 12. Até que produzam efeitos as leis que irão dispor sobre as contribuições de que trata o artigo 195 da Constituição Federal, são exigíveis as estabelecidas em lei, destinadas ao custeio da seguridade social e dos diversos regimes previdenciários.

Art. 13. *Revogado*. EC nº 103, de 12-11-2019.

Art. 14. O limite máximo para o valor dos benefícios do regime geral de Previdência Social de que trata o artigo 201 da Constituição Federal é fixado em R$ 1.200,00 (um mil e duzentos reais), devendo, a partir da data da publicação desta Emenda, ser reajustado de forma a preservar, em caráter permanente, seu valor real, atualizado pelos mesmos índices aplicados aos benefícios do regime geral de Previdência Social.

- O STF, por unanimidade de votos, julgou parcialmente procedente a ADIN nº 1.946-5, para dar, a este artigo, interpretação conforme a CF, excluindo-se sua aplicação ao salário da licença gestante, a que se refere o art. 7º, XVIII, da CF (*DJU* de 16-5-2003 e *DOU* de 3-6-2003).

Art. 15. *Revogado*. EC nº 103, de 12-11-2019.

Art. 16. Esta Emenda Constitucional entra em vigor na data de sua publicação.

Art. 17. Revoga-se o inciso II do § 2º do artigo 153 da Constituição Federal.

Brasília, 15 de dezembro de 1998.

Mesa da Câmara dos Deputados: Deputado Michel Temer, Presidente; Deputado Heráclito Fortes, 1º Vice-Presidente; Deputado Severino Cavalcanti, 2º Vice-Presidente; Deputado Ubiratan Aguiar, 1º Secretário; Deputado Nelson Trad, 2º Secretário; Deputado Paulo Paim, 3º Secretário; Deputado Efraim Morais, 4º Secretário

Mesa do Senado Federal: Senador Antonio Carlos Magalhães, Presidente; Senador Geraldo Melo, 1º Vice-Presidente; Senadora Júnia Marise, 2º Vice-Presidente; Senador Ronaldo Cunha Lima, 1º Secretário; Senador Carlos Patrocínio, 2º Secretário; Senador Flaviano Melo, 3º Secretário; Senador Lucídio Portella, 4º Secretário

EMENDA CONSTITUCIONAL Nº 41, DE 19 DE DEZEMBRO DE 2003

Modifica os arts. 37, 40, 42, 48, 96, 149 e 201 da Constituição Federal, revoga o inciso IX do § 3º do art. 142 da Constituição Federal e dispositivos da Emenda Constitucional nº 20, de 15 de dezembro de 1998, e dá outras providências.

- Publicada no *DOU* de 31-12-2003.
- Lei nº 10.887, de 18-6-2004, dispõe sobre a aplicação de disposições desta Emenda.

As Mesas da Câmara dos Deputados e do Senado Federal, nos termos do § 3º do art. 60 da Constituição Federal, promulgam a seguinte Emenda ao texto constitucional:

Art. 1º A Constituição Federal passa a vigorar com as seguintes alterações:

- Alterações inseridas no texto da CF.
- O STF, *ad referendum* do Plenário, deferiu o pedido de medida cautelar na ADIN nº 6.257 para: "dar interpretação a este artigo no tópico em que a norma estabelece subteto, para suspender qualquer interpretação e aplicação do subteto aos professores e pesquisadores das universidades estaduais, prevalecendo, assim, como teto único das universidades no país, os subsídios dos Ministros do STF" (*DJe* de 3-2-2020).

Art. 2º Observado o disposto no art. 4º da Emenda Constitucional nº 20, de 15 de dezembro de 1998, é assegurado o direito de opção pela aposentadoria voluntária com proventos calculados de acordo com o art. 40, §§ 3º e 17, da Constituição Federal, àquele que tenha ingressado regularmente em cargo efetivo na Administração Pública direta, autárquica e fundacional, até a data de publicação daquela Emenda, quando o servidor, cumulativamente:

- Este artigo estará revogado pela EC nº 103, de 12-11-2019, em vigor na data de publicação de lei de iniciativa privativa do respectivo Poder Executivo que o referende integralmente.

I – tiver cinquenta e três anos de idade, se homem, e quarenta e oito anos de idade, se mulher;

II – tiver cinco anos de efetivo exercício no cargo em que se der a aposentadoria;

III – contar tempo de contribuição igual, no mínimo, à soma de:

a) trinta e cinco anos, se homem, e trinta anos, se mulher; e

b) um período adicional de contribuição equivalente a vinte por cento do tempo que, na data de publicação daquela Emenda, faltaria para atingir o limite de tempo constante da alínea *a* deste inciso.

§ 1º O servidor de que trata este artigo que cumprir as exigências para aposentadoria na forma do *caput* terá os seus proventos de inatividade reduzidos para cada ano antecipado em relação aos limites de idade estabelecidos pelo art. 40, § 1º, III, *a*, e § 5º da Constituição Federal, na seguinte proporção:

I – três inteiros e cinco décimos por cento, para aquele que completar as exigências para aposentadoria na forma do *caput* até 31 de dezembro de 2005;

II – cinco por cento, para aquele que completar as exigências para aposentadoria na forma do *caput* a partir de 1º de janeiro de 2006.

§ 2º Aplica-se ao magistrado e ao membro do Ministério Público e de Tribunal de Contas o disposto neste artigo.

§ 3º Na aplicação do disposto no § 2º deste artigo, o magistrado ou o membro do Ministério Público ou de Tribunal de Contas, se homem, terá o tempo de serviço exercido até a data de publicação da Emenda Constitucional nº 20, de 15 de dezembro de 1998, contado com acréscimo de dezessete por cento, observado o disposto no § 1º deste artigo.

§ 4º O professor, servidor da União, dos Estados, do Distrito Federal e dos Municípios, incluídas suas autarquias e fundações, que, até a data de publicação da Emenda Constitucional nº 20, de 15 de dezembro de 1998, tenha ingressado, regularmente, em cargo efetivo de magistério e que opte por aposentar-se na forma do disposto no *caput*, terá o tempo de serviço exercido até a publicação daquela Emenda contado com o acréscimo de dezessete por cento, se homem, e de vinte por cento, se mulher, desde que se aposente, exclusivamente, com tempo de efetivo exercício nas funções de magistério, observado o disposto no § 1º.

§ 5º O servidor de que trata este artigo, que tenha completado as exigências para aposentadoria voluntária estabelecidas no *caput*, e que opte por permanecer em atividade, fará jus a um abono de permanência equivalente ao valor da sua contribuição previdenciária até completar as exigências para aposentadoria compulsória contidas no art. 40, § 1º, II, da Constituição Federal.

§ 6º Às aposentadorias concedidas de acordo com este artigo aplica-se o disposto no art. 40, § 8º, da Constituição Federal.

Art. 3º É assegurada a concessão, a qualquer tempo, de aposentadoria aos servidores públicos, bem como pensão aos seus dependentes, que, até a data de publicação desta Emenda, tenham cumprido todos os requisitos para obtenção desses benefícios, com base nos critérios da legislação então vigente.

§ 1º O servidor de que trata este artigo que opte por permanecer em atividade tendo completado as exigências para aposentadoria voluntária e que conte com, no mínimo, vinte e cinco anos de contribuição, se mulher, ou trinta anos de contribuição, se homem, fará jus a um abono de permanência equivalente ao valor da sua contribuição previdenciária até completar as exigências para aposentadoria compulsória contidas no art. 40, § 1º, II, da Constituição Federal.

§ 2º Os proventos da aposentadoria a ser concedida aos servidores públicos referidos no *caput*, em termos integrais ou proporcionais ao tempo de contribuição já exercido até a data de publicação desta Emenda, bem como as pensões de seus dependentes, serão calculados de acordo com a legislação em vigor à época em que foram atendidos os requisitos nela estabelecidos para a concessão desses benefícios ou nas condições da legislação vigente.

Art. 4º Os servidores inativos e os pensionistas da União, dos Estados, do Distrito Federal e dos Municípios, incluídas suas autarquias e fundações, em gozo de benefícios na data de publicação desta Emenda, bem como os alcançados pelo disposto no seu art. 3º, contribuirão para o custeio do regime de que trata o art. 40 da Constituição Federal com percentual igual ao estabelecido para os servidores titulares de cargos efetivos.

Parágrafo único. A contribuição previdenciária a que se refere o *caput* incidirá apenas sobre a parcela dos proventos e das pensões que supere:

I – cinquenta por cento do limite máximo estabelecido para os benefícios do regime geral de previdência social de que trata o art. 201 da Constituição Federal, para os servidores inativos e os pensionistas dos Estados, do Distrito Federal e dos Municípios;

► O STF, por unanimidade de votos, nas Ações Diretas de Inconstitucionalidade nºs 3.105-8 e 3.128-7, julgou inconstitucional a expressão "cinquenta por cento do" contida neste inciso, forma pela qual se aplica então o art. 40, § 18, da CF, introduzido pela mesma emenda constitucional (*DOU* e *DJU* de 27-8-2004).

II – sessenta por cento do limite máximo estabelecido para os benefícios do regime geral de previdência social de que trata o art. 201 da Constituição Federal, para os servidores inativos e os pensionistas da União.

► O STF, por unanimidade de votos, nas Ações Diretas de Inconstitucionalidade n°s 3.105-8 e 3.128-7, julgou inconstitucional a expressão "sessenta por cento do", contida neste inciso, forma pela qual se aplica então o art. 40, § 18, da CF, introduzido pela mesma emenda constitucional (*DOU* e *DJU* de 27-8-2004).

Art. 5º O limite máximo para o valor dos benefícios do regime geral de previdência social de que trata o art. 201 da Constituição Federal é fixado em R$ 2.400,00 (dois mil e quatrocentos reais), devendo, a partir da data de publicação desta Emenda, ser reajustado de forma a preservar, em caráter permanente, seu valor real, atualizado pelos mesmos índices aplicados aos benefícios do regime geral de previdência social.

Art. 6º Ressalvado o direito de opção à aposentadoria pelas normas estabelecidas pelo art. 40 da Constituição Federal ou pelas regras estabelecidas pelo art. 2º desta Emenda, o servidor da União, dos Estados, do Distrito Federal e dos Municípios, incluídas suas autarquias e fundações, que tenha ingressado no serviço público até a data de publicação desta Emenda poderá aposentar-se com proventos integrais, que corresponderão à totalidade da remuneração do servidor no cargo efetivo em que se der a aposentadoria, na forma da lei, quando, observadas as reduções de idade e tempo de contribuição contidas no § 5º do art. 40 da Constituição Federal, vier a preencher, cumulativamente, as seguintes condições:

I – sessenta anos de idade, se homem, e cinquenta e cinco anos de idade, se mulher;

II – trinta e cinco anos de contribuição, se homem, e trinta anos de contribuição, se mulher;

III – vinte anos de efetivo exercício no serviço público; e

IV – dez anos de carreira e cinco anos de efetivo exercício no cargo em que se der a aposentadoria.

► Art. 2º da EC nº 47, de 5-7-2005.

Parágrafo único. *Revogado.* EC nº 47, de 5-7-2005.

► Este artigo estará revogado pela EC nº 103, de 12-11-2019, em vigor na data de publicação de lei de iniciativa privativa do respectivo Poder Executivo que o referende integralmente.

Art. 6º-A. O servidor da União, dos Estados, do Distrito Federal e dos Municípios, incluídas suas autarquias e fundações, que tenha ingressado no serviço público até a data de publicação desta Emenda Constitucional e que tenha se aposentado ou venha a se aposentar por invalidez permanente, com fundamento no inciso I do § 1º do art. 40 da Constituição Federal, tem direito a proventos de aposentadoria calculados com base na remuneração do cargo efetivo em que se der a aposentadoria, na forma da lei, não sendo aplicáveis as disposições constantes dos §§ 3º, 8º e 17 do art. 40 da Constituição Federal.

Parágrafo único. Aplica-se ao valor dos proventos de aposentadorias concedidas com base no *caput* o disposto no art. 7º desta Emenda Constitucional, observando-se igual critério de revisão às pensões derivadas dos proventos desses servidores.

► Art. 6º-A acrescido pela EC nº 70, de 29-3-2012.

► Este artigo estará revogado pela EC nº 103, de 12-11-2019, em vigor na data de publicação de lei de iniciativa privativa do respectivo Poder Executivo que o referende integralmente.

Art. 7º Observado o disposto no art. 37, XI, da Constituição Federal, os proventos de aposentadoria dos servidores públicos titulares de cargo efetivo e as pensões dos seus dependentes pagos pela União, Estados, Distrito Federal e Municípios, incluídas suas autarquias e fundações, em fruição na data de publicação desta Emenda, bem como os proventos de aposentadoria dos servidores e as pensões dos dependentes abrangidos pelo art. 3º desta Emenda, serão revistos na mesma proporção e na mesma data, sempre que se modificar a remuneração dos servidores em atividade, sendo também estendidos aos aposentados e pensionistas quaisquer benefícios ou vantagens posteriormente concedidos aos servidores em atividade, inclusive quando decorrentes da transformação ou reclassificação do cargo ou função em que se deu a aposentadoria ou que serviu de referência para a concessão da pensão, na forma da lei.

Art. 8º Até que seja fixado o valor do subsídio de que trata o art. 37, XI, da Constituição Federal, será considerado, para os fins do limite fixado naquele inciso, o valor da maior remuneração atribuída por lei na data de publicação desta Emenda a Ministro do Supremo Tribunal Federal, a título de vencimento, de representação mensal e da parcela recebida em razão de tempo de serviço, aplicando-se como limite, nos Municípios, o subsídio do Prefeito, e nos Estados e no Distrito Federal, o subsídio mensal do Governador no âmbito do Poder Executivo, o subsídio dos Deputados Estaduais e Distritais no âmbito do Poder Legislativo e o subsídio dos Desembargadores do Tribunal de Justiça, limitado a noventa inteiros e vinte e cinco centésimos por cento da maior remuneração mensal de Ministro do Supremo Tribunal Federal a que se refere este artigo, no âmbito do Poder Judiciário, aplicável este limite aos membros do Ministério Público, aos Procuradores e aos Defensores Públicos.

Art. 9º Aplica-se o disposto no art. 17 do Ato das Disposições Constitucionais Transitórias aos vencimentos, remunerações e subsídios dos ocupantes de cargos, funções e empregos públicos da administração direta, autárquica e fundacional, dos membros de qualquer dos Poderes da União, dos Estados, do Distrito Federal e dos Municípios, dos detentores de mandato eletivo e dos demais agentes políticos e os proventos, pensões ou outra espécie remuneratória percebidos cumulativamente ou não, incluídas as vantagens pessoais ou de qualquer outra natureza.

Art. 10. Revogam-se o inciso IX do § 3º do art. 142 da Constituição Federal, bem como os arts. 8º e 10 da Emenda Constitucional nº 20, de 15 de dezembro de 1998.

Art. 11. Esta Emenda Constitucional entra em vigor na data de sua publicação.

Brasília, em 19 de dezembro de 2003.

Mesa da Câmara dos Deputados: Deputado João Paulo Cunha, Presidente; Deputado Inocêncio de Oliveira, 1º Vice-Presidente; Deputado Luiz Piauhylino, 2º Vice-Presidente; Deputado Geddel Vieira Lima, 1º Secretário; Deputado Severino Cavalcanti, 2º Secretário; Deputado Nilton Capixaba, 3º Secretário; Deputado Ciro Nogueira, 4º Secretário;

Mesa do Senado Federal: Senador José Sarney, Presidente; Senador Paulo Paim, 1º Vice-Presidente; Senador Eduardo Siqueira Campos, 2º Vice-Presidente; Senador Romeu Tuma, 1º Secretário; Senador Alberto Silva, 2º Secretário; Senador Heráclito Fortes, 3º Secretário; Senador Sérgio Zambiasi, 4º Secretário

EMENDA CONSTITUCIONAL Nº 47, DE 5 DE JULHO DE 2005

Altera os arts. 37, 40, 195 e 201 da Constituição Federal, para dispor sobre a previdência social, e dá outras providências.

► Publicada no *DOU* de 6-7-2005.

As Mesas da Câmara dos Deputados e do Senado Federal, nos termos do § 3º do art. 60 da Constituição Federal, promulgam a seguinte Emenda ao texto constitucional:

Art. 1º Os arts. 37, 40, 195 e 201 da Constituição Federal passam a vigorar com a seguinte redação:

► Alterações inseridas no texto da CF.

► O STF, por maioria de votos, concedeu a liminar na ADIN nº 3.854-1, para dar interpretação conforme a CF ao art. 37, XI e § 12, o primeiro dispositivo com a redação dada pela EC nº 41, de 19-12-2003, e o segundo introduzido pela EC nº 47, de 5-7-2005, excluindo a submissão dos membros da magistratura estadual ao subteto de remuneração (*DOU* de 8-3-2007).

Art. 2º Aplica-se aos proventos de aposentadorias dos servidores públicos que se aposentarem na forma do *caput* do art. 6º da Emenda Constitucional nº 41, de 2003, o disposto no art. 7º da mesma Emenda.

Art. 3º Ressalvado o direito de opção à aposentadoria pelas normas estabelecidas pelo art. 40 da Constituição Federal ou pelas regras estabelecidas pelos arts. 2º e 6º da Emenda Constitucional nº 41, de 2003, o servidor da União, dos Estados, do Distrito Federal e dos Municípios, incluídas suas autarquias e fundações, que tenha ingressado no serviço público até 16 de dezembro de 1998 poderá aposentar-se com proventos integrais, desde que preencha, cumulativamente, as seguintes condições:

► Este artigo estará revogado pela EC nº 103, de 12-11-2019, em vigor na data de publicação de lei de iniciativa privativa do respectivo Poder Executivo que o referende integralmente.

I – trinta e cinco anos de contribuição, se homem, e trinta anos de contribuição, se mulher;

II – vinte e cinco anos de efetivo exercício no serviço público, quinze anos de carreira e cinco anos no cargo em que se der a aposentadoria;

III – idade mínima resultante da redução, relativamente aos limites do art. 40, § 1º, inciso III, alínea *a*, da Constituição Federal, de um ano de idade para cada ano de contribuição que exceder a condição prevista no inciso I do *caput* deste artigo.

Parágrafo único. Aplica-se ao valor dos proventos de aposentadorias concedidas com base neste artigo o disposto no art. 7º da Emenda Constitucional nº 41, de 2003, observando-se igual critério de revisão às pensões derivadas dos proventos de servidores falecidos que tenham se aposentado em conformidade com este artigo.

Art. 4º Enquanto não editada a lei a que se refere o § 11 do art. 37 da Constituição Federal, não será computada, para efeito dos limites remuneratórios de que trata o inciso XI do *caput* do mesmo artigo, qualquer parcela de caráter indenizatório, assim definida pela legislação em vigor na data de publicação da Emenda Constitucional nº 41, de 2003.

Art. 5º Revoga-se o parágrafo único do art. 6º da Emenda Constitucional nº 41, de 19 de dezembro de 2003.

Art. 6º Esta Emenda Constitucional entra em vigor na data de sua publicação, com efeitos retroativos à data de vigência da Emenda Constitucional nº 41, de 2003.

Brasília, em 5 de julho de 2005.

Mesa da Câmara dos Deputados: Deputado Severino Cavalcanti, Presidente; Deputado José Thomaz Nonô, 1º Vice-Presidente; Deputado Ciro Nogueira, 2º Vice-Presidente; Deputado Inocêncio Oliveira, 1º Secretário; Deputado Eduardo Gomes, 3º Secretário; Deputado João Caldas, 4º Secretário

Mesa do Senado Federal: Senador Renan Calheiros, Presidente; Senador Tião Viana, 1º Vice-Presidente; Senador Efraim Morais, 1º Secretário; Senador Paulo Octávio, 3º Secretário; Senador Eduardo Siqueira Campos, 4º Secretário

EMENDA CONSTITUCIONAL Nº 70, DE 29 DE MARÇO DE 2012

Acrescenta art. 6º-A à Emenda Constitucional nº 41, de 2003, para estabelecer critérios para o cálculo e a correção dos proventos da aposentadoria por invalidez dos servidores públicos que ingressaram no serviço público até a data da publicação daquela Emenda Constitucional.

▸ Publicada no *DOU* de 30-3-2012.

As Mesas da Câmara dos Deputados e do Senado Federal, nos termos do § 3º do art. 60 da Constituição Federal, promulgam a seguinte Emenda ao texto constitucional:

Art. 1º A Emenda Constitucional nº 41, de 19 de dezembro de 2003, passa a vigorar acrescida do seguinte art. 6º-A:

▸ Alterações inseridas no texto da EC.

Art. 2º A União, os Estados, o Distrito Federal e os Municípios, assim como as respectivas autarquias e fundações, procederão, no prazo de 180 (cento e oitenta) dias da entrada em vigor desta Emenda Constitucional, à revisão das aposentadorias, e das pensões delas decorrentes, concedidas a partir de 1º de janeiro de 2004, com base na redação dada ao § 1º do art. 40 da Constituição Federal pela Emenda Constitucional nº 20, de 15 de dezembro de 1998, com efeitos financeiros a partir da data de promulgação desta Emenda Constitucional.

Art. 3º Esta Emenda Constitucional entra em vigor na data de sua publicação.

Brasília, 29 de março de 2012.

Mesa da Câmara dos Deputados: Deputado Marco Maia, Presidente; Deputada Rose de Freitas, 1ª Vice-Presidente; Deputado Eduardo da Fonte, 2º Vice-Presidente; Deputado Eduardo Gomes, 1º Secretário; Deputado Jorge Tadeu Mudalen, 2º Secretário; Deputado Inocêncio Oliveira, 3º Secretário; Deputado Júlio Delgado, 4º Secretário

Mesa do Senado Federal: Senador José Sarney, Presidente; Senadora Marta Suplicy, 1ª Vice-Presidente; Senador Waldemir Moka, 2º Vice-Presidente; Senador Cícero Lucena, 1º Secretário; Senador João Ribeiro, 2º Secretário; Senador João Vicente Claudino, 3º Secretário; Senador Ciro Nogueira, 4º Secretário

EMENDA CONSTITUCIONAL Nº 78, DE 14 DE MAIO DE 2014

Acrescenta art. 54-A ao Ato das Disposições Constitucionais Transitórias, para dispor sobre indenização devida aos seringueiros de que trata o art. 54 desse Ato.

▸ Publicada no *DOU* de 15-5-2014.

As Mesas da Câmara dos Deputados e do Senado Federal, nos termos do § 3º do art. 60 da Constituição Federal, promulgam a seguinte Emenda ao texto constitucional:

Art. 1º O Ato das Disposições Constitucionais Transitórias passa a vigorar acrescido do seguinte art. 54-A:

▸ Alteração inserida no texto do ADCT.

Art. 2º A indenização de que trata o art. 54-A do Ato das Disposições Constitucionais Transitórias somente se estende aos dependentes dos seringueiros que, na data de entrada em vigor desta Emenda Constitucional, detenham a condição de dependentes na forma do § 2º do art. 54 do Ato das Disposições Constitucionais Transitórias, devendo o valor de R$ 25.000,00 (vinte e cinco mil reais) ser rateado entre os pensionistas na proporção de sua cota-parte na pensão.

Art. 3º Esta Emenda Constitucional entra em vigor no exercício financeiro seguinte ao de sua publicação.

Brasília, em 14 de maio de 2014.

Mesa da Câmara dos Deputados: Deputado Henrique Eduardo Alves, Presidente; Deputado Arlindo Chinaglia, 1º Vice-Presidente; Deputado Fábio Faria, 2º Vice-Presidente; Deputado Marcio Bittar, 1º Secretário; Deputado Simão Sessim, 2º Secretário; Deputado Maurício Quintella Lessa, 3º Secretário; Deputado Antonio Carlos Biffi, 4º Secretário

Mesa do Senado Federal: Senador Renan Calheiros, Presidente; Senador Jorge Viana, 1º Vice-Presidente; Senador Romero Jucá, 2º Vice-Presidente; Senador Flexa Ribeiro, 1º Secretário; Senadora Angela Portela, 2ª Secretária; Senador Ciro Nogueira, 3º Secretário; Senador João Vicente Claudino, 4º Secretário

EMENDA CONSTITUCIONAL Nº 103, DE 12 DE NOVEMBRO DE 2019

Altera o sistema de previdência social e estabelece regras de transição e disposições transitórias.

▸ Publicada no *DOU* de 13-11-2019.

As Mesas da Câmara dos Deputados e do Senado Federal, nos termos do § 3º do art. 60 da Constituição Federal, promulgam a seguinte Emenda ao texto constitucional:

Art. 1º A Constituição Federal passa a vigorar com as seguintes alterações:

▸ Alterações inseridas no texto da CF.

Art. 2º O art. 76 do Ato das Disposições Constitucionais Transitórias passa a vigorar com a seguinte redação:

▸ Alteração inserida no texto do ADCT.

Art. 3º A concessão de aposentadoria ao servidor público federal vinculado a regime próprio de previdência social e ao segurado do Regime Geral de Previdência Social e de pensão por morte aos respectivos dependentes será assegurada, a qualquer tempo, desde que tenham sido cumpridos os requisitos para obtenção desses benefícios até a data de entrada em vigor desta Emenda Constitucional, observados os critérios da legislação vigente na data em que foram atendidos os requisitos para a concessão da aposentadoria ou da pensão por morte.

§ 1º Os proventos de aposentadoria devidos ao servidor público a que se refere o *caput* e as pensões por morte devidas aos seus dependentes serão calculados e reajustados de acordo com a legislação em vigor à época em que foram atendidos os requisitos nela estabelecidos para a concessão desses benefícios.

§ 2º Os proventos de aposentadoria devidos ao segurado a que se refere o *caput* e as pensões por morte devidas aos seus dependentes serão apurados de acordo com a legislação em vigor à época em que foram atendidos os requisitos nela estabelecidos para a concessão desses benefícios.

§ 3º Até que entre em vigor lei federal de que trata o § 19 do art. 40 da Constituição Federal, o servidor de que trata o *caput* que tenha cumprido os requisitos para aposentadoria voluntária com base no disposto na alínea *a* do inciso III do § 1º do art. 40 da Constituição Federal, na redação vigente até a data de entrada em vigor desta Emenda Constitucional, no art. 2º, no § 1º do art. 3º ou no art. 6º da Emenda Constitucional nº 41, de 19 de dezembro de 2003, ou no art. 3º da Emenda Constitucional nº 47, de 5 de julho de 2005, que optar por permanecer em atividade fará jus a um abono de permanência equivalente ao valor da sua contribuição previdenciária, até completar a idade para aposentadoria compulsória.

Art. 4º O servidor público federal que tenha ingressado no serviço público em cargo efetivo até a data de entrada em vigor desta Emenda Constitucional poderá aposentar-se voluntariamente quando preencher, cumulativamente, os seguintes requisitos:

I – 56 (cinquenta e seis) anos de idade, se mulher, e 61 (sessenta e um) anos de idade, se homem, observado o disposto no § 1º;

II – 30 (trinta) anos de contribuição, se mulher, e 35 (trinta e cinco) anos de contribuição, se homem;

III – 20 (vinte) anos de efetivo exercício no serviço público;

IV – 5 (cinco) anos no cargo efetivo em que se der a aposentadoria; e

V – somatório da idade e do tempo de contribuição, incluídas as frações, equivalente a 86 (oitenta e seis) pontos, se mulher, e 96 (noventa e seis) pontos, se homem, observado o disposto nos §§ 2º e 3º.

§ 1º A partir de 1º de janeiro de 2022, a idade mínima a que se refere o inciso I do *caput* será de 57 (cinquenta e sete) anos de idade, se mulher, e 62 (sessenta e dois) anos de idade, se homem.

§ 2º A partir de 1º de janeiro de 2020, a pontuação a que se refere o inciso V do *caput* será acrescida a cada ano de 1 (um) ponto, até atingir o limite de 100 (cem) pontos, se mulher, e de 105 (cento e cinco) pontos, se homem.

§ 3º A idade e o tempo de contribuição serão apurados em dias para o cálculo do somatório de pontos a que se referem o inciso V do *caput* e o § 2º.

§ 4º Para o titular do cargo de professor que comprovar exclusivamente tempo de efetivo exercício das funções de magistério na educação infantil e no ensino fundamental e médio, os requisitos de idade e de tempo de contribuição de que tratam os incisos I e II do *caput* serão:

I – 51 (cinquenta e um) anos de idade, se mulher, e 56 (cinquenta e seis) anos de idade, se homem;

II – 25 (vinte e cinco) anos de contribuição, se mulher, e 30 (trinta) anos de contribuição, se homem; e

III – 52 (cinquenta e dois) anos de idade, se mulher, e 57 (cinquenta e sete) anos de idade, se homem, a partir de 1º de janeiro de 2022.

§ 5º O somatório da idade e do tempo de contribuição de que trata o inciso V do *caput* para as pessoas a que se refere o § 4º, incluídas as frações, será de 81 (oitenta e um) pontos, se mulher, e 91 (noventa e um) pontos, se homem, aos quais serão acrescidos, a partir de 1º de janeiro de 2020, 1 (um) ponto a cada ano, até atingir o limite de 92 (noventa e dois) pontos, se mulher, e de 100 (cem) pontos, se homem.

§ 6º Os proventos das aposentadorias concedidas nos termos do disposto neste artigo corresponderão:

I – à totalidade da remuneração do servidor público no cargo efetivo em que se der a aposentadoria, observado o disposto no § 8º, para o servidor público que tenha ingressado no serviço público em cargo efetivo até 31 de dezembro de 2003 e que não tenha feito a opção de que trata o § 16 do art. 40 da Constituição Federal, desde que tenha, no mínimo, 62 (sessenta e dois) anos de idade, se mulher, e 65 (sessenta e cinco) anos de idade, se homem, ou, para os titulares do cargo de professor de que trata o § 4º, 57 (cinquenta e sete) anos de idade, se mulher, e 60 (sessenta) anos de idade, se homem;

II – ao valor apurado na forma da lei, para o servidor público não contemplado no inciso I.

§ 7º Os proventos das aposentadorias concedidas nos termos do disposto neste artigo não serão inferiores ao valor a que se refere o § 2º do art. 201 da Constituição Federal e serão reajustados:

I – de acordo com o disposto no art. 7º da Emenda Constitucional nº 41, de 19 de dezembro de 2003, se cumpridos os requisitos previstos no inciso I do § 6º; ou

II – nos termos estabelecidos para o Regime Geral de Previdência Social, na hipótese prevista no inciso II do § 6º.

§ 8º Considera-se remuneração do servidor público no cargo efetivo, para fins de cálculo dos proventos de aposentadoria com fundamento no disposto no inciso I do § 6º ou no inciso I do

§ 2º do art. 20, o valor constituído pelo subsídio, pelo vencimento e pelas vantagens pecuniárias permanentes do cargo, estabelecidos em lei, acrescidos dos adicionais de caráter individual e das vantagens pessoais permanentes, observados os seguintes critérios:

I – se o cargo estiver sujeito a variações na carga horária, o valor das rubricas que refletem essa variação integrará o cálculo do valor da remuneração do servidor público no cargo efetivo em que se deu a aposentadoria, considerando-se a média aritmética simples dessa carga horária proporcional ao número de anos completos de recebimento e contribuição, contínuos ou intercalados, em relação ao tempo total exigido para a aposentadoria;

II – se as vantagens pecuniárias permanentes forem variáveis por estarem vinculadas a indicadores de desempenho, produtividade ou situação similar, o valor dessas vantagens integrará o cálculo da remuneração do servidor público no cargo efetivo mediante a aplicação, sobre o valor atual de referência das vantagens pecuniárias permanentes variáveis, da média aritmética simples do indicador, proporcional ao número de anos completos de recebimento e de respectiva contribuição, contínuos ou intercalados, em relação ao tempo total exigido para a aposentadoria ou, se inferior, ao tempo total de percepção da vantagem.

§ 9º Aplicam-se às aposentadorias dos servidores dos Estados, do Distrito Federal e dos Municípios as normas constitucionais e infraconstitucionais anteriores à data de entrada em vigor desta Emenda Constitucional, enquanto não promovidas alterações na legislação interna relacionada ao respectivo regime próprio de previdência social.

§ 10. Estende-se o disposto no § 9º às normas sobre aposentadoria de servidores públicos incompatíveis com a redação atribuída por esta Emenda Constitucional aos §§ 4º, 4º-A, 4º-B e 4º-C do art. 40 da Constituição Federal.

Art. 5º O policial civil do órgão a que se refere o inciso XIV do *caput* do art. 21 da Constituição Federal, o policial dos órgãos a que se referem o inciso IV do *caput* do art. 51, o inciso XIII do *caput* do art. 52 e os incisos I a III do *caput* do art. 144 da Constituição Federal e o ocupante de cargo de agente federal penitenciário ou socioeducativo que tenham ingressado na respectiva carreira até a data de entrada em vigor desta Emenda Constitucional poderão aposentar-se, na forma da Lei Complementar nº 51, de 20 de dezembro de 1985, observada a idade mínima de 55 (cinquenta e cinco) anos para ambos os sexos ou o disposto no § 3º.

§ 1º Serão considerados tempo de exercício em cargo de natureza estritamente policial, para os fins do inciso II do art. 1º da Lei Complementar nº 51, de 20 de dezembro de 1985, o tempo de atividade militar nas Forças Armadas, nas polícias militares e nos corpos de bombeiros militares e o tempo de atividade como agente penitenciário ou socioeducativo.

§ 2º Aplicam-se às aposentadorias dos servidores dos Estados de que trata o § 4º-B do art. 40 da Constituição Federal as normas constitucionais e infraconstitucionais anteriores à data de entrada em vigor desta Emenda Constitucional, enquanto não promovidas alterações na legislação interna relacionada ao respectivo regime próprio de previdência social.

§ 3º Os servidores de que trata o *caput* poderão aposentar-se aos 52 (cinquenta e dois) anos de idade, se mulher, e aos 53 (cinquenta e três) anos de idade, se homem, desde que cumprido período adicional de contribuição correspondente ao tempo que, na data de entrada em vigor desta Emenda Constitucional, faltaria para atingir o tempo de contribuição previsto na Lei Complementar nº 51, de 20 de dezembro de 1985.

Art. 6º O disposto no § 14 do art. 37 da Constituição Federal não se aplica a aposentadorias concedidas pelo Regime Geral de Previdência Social até a data de entrada em vigor desta Emenda Constitucional.

Art. 7º O disposto no § 15 do art. 37 da Constituição Federal não se aplica a complementações de aposentadorias e pensões concedidas até a data de entrada em vigor desta Emenda Constitucional.

Art. 8º Até que entre em vigor lei federal de que trata o § 19 do art. 40 da Constituição Federal, o servidor público federal que cumprir as exigências para a concessão da aposentadoria voluntária nos termos do disposto nos arts. 4º, 5º, 20, 21 e 22 e que optar por permanecer em atividade fará jus a um abono de permanência equivalente ao valor da sua contribuição previdenciária, até completar a idade para aposentadoria compulsória.

Art. 9º Até que entre em vigor lei complementar que discipline o § 22 do art. 40 da Constituição Federal, aplicam-se aos regimes próprios de previdência social o disposto na Lei nº 9.717, de 27 de novembro de 1998, e o disposto neste artigo.

§ 1º O equilíbrio financeiro e atuarial do regime próprio de previdência social deverá ser comprovado por meio de garantia de equivalência, a valor presente, entre o fluxo das receitas estimadas e das despesas projetadas, apuradas atuarialmente, que, juntamente com os bens, direitos e ativos vinculados, comparados às obrigações assumidas, evidenciem a solvência e a liquidez do plano de benefícios.

§ 2º O rol de benefícios dos regimes próprios de previdência social fica limitado às aposentadorias e à pensão por morte.

§ 3º Os afastamentos por incapacidade temporária para o trabalho e o salário-maternidade serão pagos diretamente pelo ente federativo e não correrão à conta do regime próprio de previdência social ao qual o servidor se vincula.

§ 4º Os Estados, o Distrito Federal e os Municípios não poderão estabelecer alíquota inferior à da contribuição dos servidores da União, exceto se demonstrado que o respectivo regime próprio de previdência social não possui deficit atuarial a ser equacionado, hipótese em que a alíquota não poderá ser inferior às alíquotas aplicáveis ao Regime Geral de Previdência Social.

§ 5º Para fins do disposto no § 4º, não será considerada como ausência de deficit a implementação de segregação da massa de segurados ou a previsão em lei de plano de equacionamento de deficit.

§ 6º A instituição do regime de previdência complementar na forma dos §§ 14 a 16 do art. 40 da Constituição Federal e a adequação do órgão ou entidade gestora do regime próprio de previdência social ao § 20 do art. 40 da Constituição Federal deverão ocorrer no prazo máximo de 2 (dois) anos da data de entrada em vigor desta Emenda Constitucional.

§ 7º Os recursos de regime próprio de previdência social poderão ser aplicados na concessão de empréstimos a seus segurados, na modalidade de consignados, observada regulamentação específica estabelecida pelo Conselho Monetário Nacional.

§ 8º Por meio de lei, poderá ser instituída contribuição extraordinária pelo prazo máximo de 20 (vinte) anos, nos termos dos §§ 1º-B e 1º-C do art. 149 da Constituição Federal.

§ 9º O parcelamento ou a moratória de débitos dos entes federativos com seus regimes próprios de previdência social fica limitado ao prazo a que se refere o § 11 do art. 195 da Constituição.

Art. 10. Até que entre em vigor lei federal que discipline os benefícios do regime próprio de previdência social dos servidores da União, aplica-se o disposto neste artigo.

§ 1º Os servidores públicos federais serão aposentados:

I – voluntariamente, observados, cumulativamente, os seguintes requisitos:

a) 62 (sessenta e dois) anos de idade, se mulher, e 65 (sessenta e cinco) anos de idade, se homem; e

b) 25 (vinte e cinco) anos de contribuição, desde que cumprido o tempo mínimo de 10 (dez) anos de efetivo exercício no serviço público e de 5 (cinco) anos no cargo efetivo em que for concedida a aposentadoria;

II – por incapacidade permanente para o trabalho, no cargo em que estiverem investidos, quando insuscetíveis de readaptação, hipótese em que será obrigatória a realização de avaliações periódicas para verificação da continuidade das condições que ensejaram a concessão da aposentadoria; ou

III – compulsoriamente, na forma do disposto no inciso II do § 1º do art. 40 da Constituição Federal.

§ 2º Os servidores públicos federais com direito a idade mínima ou tempo de contribuição distintos da regra geral para concessão de aposentadoria na forma dos §§ 4º-B, 4º-C e 5º do art. 40 da Constituição Federal poderão aposentar-se, observados os seguintes requisitos:

I – o policial civil do órgão a que se refere o inciso XIV do *caput* do art. 21 da Constituição Federal, o policial dos órgãos a que se referem o inciso IV do *caput* do art. 51, o inciso XIII do *caput* do art. 52 e os incisos I a III do *caput* do art. 144 da Constituição Federal e o ocupante de cargo de agente federal penitenciário ou socioeducativo, aos 55 (cinquenta e cinco) anos de idade, com 30 (trinta) anos de contribuição e 25 (vinte e cinco) anos de efetivo exercício em cargo dessas carreiras, para ambos os sexos;

II – o servidor público federal cujas atividades sejam exercidas com efetiva exposição a agentes químicos, físicos e biológicos prejudiciais à saúde, ou associação desses agentes, vedada a caracterização por categoria profissional ou ocupação, aos 60 (sessenta) anos de idade, com 25 (vinte e cinco) anos de efetiva exposição e contribuição, 10 (dez) anos de efetivo exercício de serviço público e 5 (cinco) anos no cargo efetivo em que for concedida a aposentadoria;

III – o titular do cargo federal de professor, aos 60 (sessenta) anos de idade, se homem, aos 57 (cinquenta e sete) anos, se mulher, com 25 (vinte e cinco) anos de contribuição exclusivamente em efetivo exercício das funções de magistério na educação infantil e no ensino fundamental e médio, 10 (dez) anos de efetivo exercício de serviço público e 5 (cinco) anos no cargo efetivo em que for concedida a aposentadoria, para ambos os sexos.

§ 3º A aposentadoria a que se refere o § 4º-C do art. 40 da Constituição Federal observará adicionalmente as condições e os requisitos estabelecidos para o Regime Geral de Previdência Social, naquilo em que não conflitarem com as regras específicas aplicáveis ao regime próprio de previdência social da União, vedada a conversão de tempo especial em comum.

§ 4º Os proventos das aposentadorias concedidas nos termos do disposto neste artigo serão apurados na forma da lei.

§ 5º Até que entre em vigor lei federal de que trata o § 19 do art. 40 da Constituição Federal, o servidor federal que cumprir as exigências para a concessão da aposentadoria voluntária nos termos do disposto neste artigo e que optar por permanecer em atividade fará jus a um abono de permanência equivalente ao valor da sua contribuição previdenciária, até completar a idade para aposentadoria compulsória.

§ 6º A pensão por morte devida aos dependentes do policial civil do órgão a que se refere o inciso XIV do *caput* do art. 21 da Constituição Federal, do policial dos órgãos a que se referem o inciso IV do *caput* do art. 51, o inciso XIII do *caput* do art. 52 e os incisos I a III do *caput* do art. 144 da Constituição Federal e dos ocupantes dos cargos de agente federal penitenciário ou socioeducativo decorrente de agressão sofrida no exercício ou em razão da função será vitalícia para o cônjuge ou companheiro e equivalente à remuneração do cargo.

§ 7º Aplicam-se às aposentadorias dos servidores dos Estados, do Distrito Federal e dos Municípios as normas constitucionais e infraconstitucionais anteriores à data de entrada em vigor desta Emenda Constitucional, enquanto não promovidas alterações na legislação interna relacionada ao respectivo regime próprio de previdência social.

Art. 11. Até que entre em vigor lei que altere a alíquota da contribuição previdenciária de que tratam os arts. 4º, 5º e 6º da Lei nº 10.887, de 18 de junho de 2004, esta será de 14% (quatorze por cento).

▸ Art. 36, I, desta EC, que vigorará no primeiro dia do quarto mês subsequente ao da data de sua publicação (*DOU* de 13-11-2019).

§ 1º A alíquota prevista no *caput* será reduzida ou majorada, considerado o valor da base de contribuição ou do benefício recebido, de acordo com os seguintes parâmetros:

I – até 1 (um) salário mínimo, redução de seis inteiros e cinco décimos pontos percentuais;

II – acima de 1 (um) salário mínimo até R$ 2.000,00 (dois mil reais), redução de cinco pontos percentuais;

III – de R$ 2.000,01 (dois mil reais e um centavo) até R$ 3.000,00 (três mil reais), redução de dois pontos percentuais;

IV – de R$ 3.000,01 (três mil reais e um centavo) até R$ 5.839,45 (cinco mil, oitocentos e trinta e nove reais e quarenta e cinco centavos), sem redução ou acréscimo;

V – de R$ 5.839,46 (cinco mil, oitocentos e trinta e nove reais e quarenta e seis centavos) até R$ 10.000,00 (dez mil reais), acréscimo de meio ponto percentual;

VI – de R$ 10.000,01 (dez mil reais e um centavo) até R$ 20.000,00 (vinte mil reais), acréscimo de dois inteiros e cinco décimos pontos percentuais;

VII – de R$ 20.000,01 (vinte mil reais e um centavo) até R$ 39.000,00 (trinta e nove mil reais), acréscimo de cinco pontos percentuais; e

VIII – acima de R$ 39.000,00 (trinta e nove mil reais), acréscimo de oito pontos percentuais.

§ 2º A alíquota, reduzida ou majorada nos termos do disposto no § 1º, será aplicada de forma progressiva sobre a base de contribuição do servidor ativo, incidindo cada alíquota sobre a faixa de valores compreendida nos respectivos limites.

§ 3º Os valores previstos no § 1º serão reajustados, a partir da data de entrada em vigor desta Emenda Constitucional, na mesma data e com o mesmo índice em que se der o reajuste dos benefícios do Regime Geral de Previdência Social, ressalvados aqueles vinculados ao salário mínimo, aos quais se aplica a legislação específica.

§ 4º A alíquota de contribuição de que trata o *caput*, com a redução ou a majoração decorrentes do disposto no § 1º, será devida pelos aposentados e pensionistas de quaisquer dos Poderes da União, incluídas suas entidades autárquicas e suas fundações, e incidirá sobre o valor da parcela dos proventos de aposentadoria e de pensões que supere o limite máximo estabelecido para os benefícios do Regime Geral de Previdência Social, hipótese em que será considerada a totalidade do valor do benefício para fins de definição das alíquotas aplicáveis.

Art. 12. A União instituirá sistema integrado de dados relativos às remunerações, proventos e pensões dos segurados dos regimes de previdência de que tratam os arts. 40, 201 e 202 da Constituição Federal, aos benefícios dos programas de assistência social de que trata o art. 203 da Constituição Federal e às remunerações, proventos de inatividade e pensão por morte decorrentes das atividades militares de que tratam os arts. 42 e 142 da Constituição Federal, em interação com outras bases de dados, ferramentas e plataformas, para o fortalecimento de sua gestão, governança e transparência e o cumprimento das disposições estabelecidas nos incisos XI e XVI do art. 37 da Constituição Federal.

§ 1º A União, os Estados, o Distrito Federal e os Municípios e os órgãos e entidades gestoras dos regimes, dos sistemas e dos programas a que se refere o *caput* disponibilizarão as informações necessárias para a estruturação do sistema integrado de dados e terão acesso ao compartilhamento das referidas informações, na forma da legislação.

§ 2º É vedada a transmissão das informações de que trata este artigo a qualquer pessoa física ou jurídica para a prática de atividade não relacionada à fiscalização dos regimes, dos sistemas e dos programas a que se refere o *caput*.

Art. 13. Não se aplica o disposto no § 9º do art. 39 da Constituição Federal a parcelas remuneratórias decorrentes de incorporação de vantagens de caráter temporário ou vinculadas ao exercício de função de confiança ou de cargo em comissão efetivada até a data de entrada em vigor desta Emenda Constitucional.

Art. 14. Vedadas a adesão de novos segurados e a instituição de novos regimes dessa natureza, os atuais segurados de regime de previdência aplicável a titulares de mandato eletivo da União, dos Estados, do Distrito Federal e dos Municípios poderão, por meio de opção expressa formalizada no prazo de 180 (cento e oitenta) dias, contado da data de entrada em vigor desta Emenda Constitucional, retirar-se dos regimes previdenciários aos quais se encontrem vinculados.

§ 1º Os segurados, atuais e anteriores, do regime de previdência de que trata a Lei nº 9.506, de 30 de outubro de 1997, que fizerem a opção de permanecer nesse regime previdenciário deverão cumprir período adicional correspondente a 30% (trinta por cento) do tempo de contribuição que faltaria para aquisição do direito à aposentadoria na data de entrada em vigor desta Emenda Constitucional e somente poderão aposentar-se a partir dos 62 (sessenta e dois) anos de idade, se mulher, e 65 (sessenta e cinco) anos de idade, se homem.

§ 2º Se for exercida a opção prevista no *caput*, será assegurada a contagem do tempo de contribuição vertido para o regime de previdência ao qual o segurado se encontrava vinculado, nos termos do disposto no § 9º do art. 201 da Constituição Federal.

§ 3º A concessão de aposentadoria aos titulares de mandato eletivo e de pensão por morte aos dependentes de titular de mandato eletivo falecido será assegurada, a qualquer tempo, desde que cumpridos os requisitos para obtenção desses benefícios até a data de entrada em vigor desta Emenda Constitucional, observados os critérios da legislação vigente na data em que foram atendidos os requisitos para a concessão da aposentadoria ou da pensão por morte.

§ 4º Observado o disposto nos §§ 9º e 9º-A do art. 201 da Constituição Federal, o tempo de contribuição a regime próprio de previdência social e ao Regime Geral de Previdência Social, assim como o tempo de contribuição decorrente das atividades militares de que tratam os arts. 42 e 142 da Constituição Federal, que tenha sido considerado para a concessão de benefício pelos regimes a que se refere o *caput* não poderá ser utilizado para obtenção de benefício naqueles regimes.

§ 5º Lei específica do Estado, do Distrito Federal ou do Município deverá disciplinar a regra de transição a ser aplicada aos segurados que, na forma do *caput*, fizerem a opção de permanecer no regime previdenciário de que trata este artigo.

Art. 15. Ao segurado filiado ao Regime Geral de Previdência Social até a data de entrada em vigor desta Emenda Constitucional, fica assegurado o direito à aposentadoria quando forem preenchidos, cumulativamente, os seguintes requisitos:

I – 30 (trinta) anos de contribuição, se mulher, e 35 (trinta e cinco) anos de contribuição, se homem; e

II – somatório da idade e do tempo de contribuição, incluídas as frações, equivalente a 86 (oitenta e seis) pontos, se mulher, e 96 (noventa e seis) pontos, se homem, observado o disposto nos §§ 1º e 2º.

§ 1º A partir de 1º de janeiro de 2020, a pontuação a que se refere o inciso II do *caput* será acrescida a cada ano de 1 (um) ponto, até atingir o limite de 100 (cem) pontos, se mulher, e de 105 (cento e cinco) pontos, se homem.

§ 2º A idade e o tempo de contribuição serão apurados em dias para o cálculo do somatório de pontos a que se referem o inciso II do *caput* e o § 1º.

§ 3º Para o professor que comprovar exclusivamente 25 (vinte e cinco) anos de contribuição, se mulher, e 30 (trinta) anos de contribuição, se homem, em efetivo exercício das funções de magistério na educação infantil e no ensino fundamental e médio, o somatório da idade e do tempo de contribuição, incluídas as frações, será equivalente a 81 (oitenta e um) pontos, se mulher, e 91 (noventa e um) pontos, se homem, aos quais serão acrescidos, a partir de 1º de janeiro de 2020, 1 (um) ponto a cada ano para o homem e para a mulher, até atingir o limite de 92 (noventa e dois) pontos, se mulher, e 100 (cem) pontos, se homem.

§ 4º O valor da aposentadoria concedida nos termos do disposto neste artigo será apurado na forma da lei.

Art. 16. Ao segurado filiado ao Regime Geral de Previdência Social até a data de entrada em vigor desta Emenda Constitucional fica assegurado o direito à aposentadoria quando preencher, cumulativamente, os seguintes requisitos:

I – 30 (trinta) anos de contribuição, se mulher, e 35 (trinta e cinco) anos de contribuição, se homem; e

II – idade de 56 (cinquenta e seis) anos, se mulher, e 61 (sessenta e um) anos, se homem.

§ 1º A partir de 1º de janeiro de 2020, a idade a que se refere o inciso II do *caput* será acrescida de 6 (seis) meses a cada ano, até atingir 62 (sessenta e dois) anos de idade, se mulher, e 65 (sessenta e cinco) anos de idade, se homem.

§ 2º Para o professor que comprovar exclusivamente tempo de efetivo exercício das funções de magistério na educação infantil e no ensino fundamental e médio, o tempo de contribuição e a idade de que tratam os incisos I e II do *caput* deste artigo serão reduzidos em 5 (cinco) anos, sendo, a partir de 1º de janeiro de 2020, acrescidos 6 (seis) meses, a cada ano, às idades previstas no inciso II do *caput*, até atingirem 57 (cinquenta e sete) anos, se mulher, e 60 (sessenta) anos, se homem.

§ 3º O valor da aposentadoria concedida nos termos do disposto neste artigo será apurado na forma da lei.

Art. 17. Ao segurado filiado ao Regime Geral de Previdência Social até a data de entrada em vigor desta Emenda Constitucional e que na referida data contar com mais de 28 (vinte e oito) anos de contribuição, se mulher, e 33 (trinta e três) anos de contribuição, se homem, fica assegurado o direito à aposentadoria quando preencher, cumulativamente, os seguintes requisitos:

I – 30 (trinta) anos de contribuição, se mulher, e 35 (trinta e cinco) anos de contribuição, se homem; e

II – cumprimento de período adicional correspondente a 50% (cinquenta por cento) do tempo que, na data de entrada em vigor desta Emenda Constitucional, faltaria para atingir 30 (trinta) anos de contribuição, se mulher, e 35 (trinta e cinco) anos de contribuição, se homem.

Parágrafo único. O benefício concedido nos termos deste artigo terá seu valor apurado de acordo com a média aritmética simples dos salários de contribuição e das remunerações calculada na forma da lei, multiplicada pelo fator previdenciário, calculado na forma do disposto nos §§ 7º a 9º do art. 29 da Lei nº 8.213, de 24 de julho de 1991.

Art. 18. O segurado de que trata o inciso I do § 7º do art. 201 da Constituição Federal filiado ao Regime Geral de Previdência Social até a data de entrada em vigor desta Emenda Constitucional poderá aposentar-se quando preencher, cumulativamente, os seguintes requisitos:

I – 60 (sessenta) anos de idade, se mulher, e 65 (sessenta e cinco) anos de idade, se homem; e

II – 15 (quinze) anos de contribuição, para ambos os sexos.

§ 1º A partir de 1º de janeiro de 2020, a idade de 60 (sessenta) anos da mulher, prevista no inciso I do *caput*, será acrescida em 6 (seis) meses a cada ano, até atingir 62 (sessenta e dois) anos de idade.

§ 2º O valor da aposentadoria de que trata este artigo será apurado na forma da lei.

Art. 19. Até que lei disponha sobre o tempo de contribuição a que se refere o inciso I do § 7º do art. 201 da Constituição Federal, o segurado filiado ao Regime Geral de Previdência Social após a data de entrada em vigor desta Emenda Constitucional será aposentado aos 62 (sessenta e dois) anos de idade, se mulher, 65 (sessenta e cinco) anos de idade, se homem, com 15 (quinze) anos de tempo de contribuição, se mulher, e 20 (vinte) anos de tempo de contribuição, se homem.

§ 1º Até que lei complementar disponha sobre a redução de idade mínima ou tempo de contribuição prevista nos §§ 1º e 8º do art. 201 da Constituição Federal, será concedida aposentadoria:

I – aos segurados que comprovem o exercício de atividades com efetiva exposição a agentes químicos, físicos e biológicos prejudiciais à saúde, ou associação desses agentes, vedada a caracterização por categoria profissional ou ocupação, durante, no mínimo, 15 (quinze), 20 (vinte) ou 25 (vinte e cinco) anos, nos termos do disposto nos arts. 57 e 58 da Lei nº 8.213, de 24 de julho de 1991, quando cumpridos:

a) 55 (cinquenta e cinco) anos de idade, quando se tratar de atividade especial de 15 (quinze) anos de contribuição;

b) 58 (cinquenta e oito) anos de idade, quando se tratar de atividade especial de 20 (vinte) anos de contribuição; ou

c) 60 (sessenta) anos de idade, quando se tratar de atividade especial de 25 (vinte e cinco) anos de contribuição;

II – ao professor que comprove 25 (vinte e cinco) anos de contribuição exclusivamente em efetivo exercício das funções de magistério na educação infantil e no ensino fundamental e médio e tenha 57 (cinquenta e sete) anos de idade, se mulher, e 60 (sessenta) anos de idade, se homem.

§ 2º O valor das aposentadorias de que trata este artigo será apurado na forma da lei.

Art. 20. O segurado ou o servidor público federal que se tenha filiado ao Regime Geral de Previdência Social ou ingressado no serviço público em cargo efetivo até a data de entrada em vigor desta Emenda Constitucional poderá aposentar-se voluntariamente quando preencher, cumulativamente, os seguintes requisitos:

I – 57 (cinquenta e sete) anos de idade, se mulher, e 60 (sessenta) anos de idade, se homem;

II – 30 (trinta) anos de contribuição, se mulher, e 35 (trinta e cinco) anos de contribuição, se homem;

III – para os servidores públicos, 20 (vinte) anos de efetivo exercício no serviço público e 5 (cinco) anos no cargo efetivo em que se der a aposentadoria;

IV – período adicional de contribuição correspondente ao tempo que, na data de entrada em vigor desta Emenda Constitucional, faltaria para atingir o tempo mínimo de contribuição referido no inciso II.

§ 1º Para o professor que comprovar exclusivamente tempo de efetivo exercício das funções de magistério na educação infantil e no ensino fundamental e médio serão reduzidos, para ambos os sexos, os requisitos de idade e de tempo de contribuição em 5 (cinco) anos.

§ 2º O valor das aposentadorias concedidas nos termos do disposto neste artigo corresponderá:

I – em relação ao servidor público que tenha ingressado no serviço público em cargo efetivo até 31 de dezembro de 2003 e que não tenha feito a opção de que trata o § 16 do art. 40 da Constituição Federal, à totalidade da remuneração no cargo efetivo em que se der a aposentadoria, observado o disposto no § 8º do art. 4º; e

II – em relação aos demais servidores públicos e aos segurados do Regime Geral de Previdência Social, ao valor apurado na forma da lei.

§ 3º O valor das aposentadorias concedidas nos termos do disposto neste artigo não será inferior ao valor a que se refere o § 2º do art. 201 da Constituição Federal e será reajustado:

I – de acordo com o disposto no art. 7º da Emenda Constitucional nº 41, de 19 de dezembro de

2003, se cumpridos os requisitos previstos no inciso I do § 2º;

II – nos termos estabelecidos para o Regime Geral de Previdência Social, na hipótese prevista no inciso II do § 2º.

§ 4º Aplicam-se às aposentadorias dos servidores dos Estados, do Distrito Federal e dos Municípios as normas constitucionais e infraconstitucionais anteriores à data de entrada em vigor desta Emenda Constitucional, enquanto não promovidas alterações na legislação interna relacionada ao respectivo regime próprio de previdência social.

Art. 21. O segurado ou o servidor público federal que se tenha filiado ao Regime Geral de Previdência Social ou ingressado no serviço público em cargo efetivo até a data de entrada em vigor desta Emenda Constitucional cujas atividades tenham sido exercidas com efetiva exposição a agentes químicos, físicos e biológicos prejudiciais à saúde, ou associação desses agentes, vedada a caracterização por categoria profissional ou ocupação, desde que cumpridos, no caso do servidor, o tempo mínimo de 20 (vinte) anos de efetivo exercício no serviço público e de 5 (cinco) anos no cargo efetivo em que for concedida a aposentadoria, na forma dos arts. 57 e 58 da Lei nº 8.213, de 24 de julho de 1991, poderão aposentar-se quando o total da soma resultante da sua idade e do tempo de contribuição e o tempo de efetiva exposição forem, respectivamente, de:

I – 66 (sessenta e seis) pontos e 15 (quinze) anos de efetiva exposição;

II – 76 (setenta e seis) pontos e 20 (vinte) anos de efetiva exposição; e

III – 86 (oitenta e seis) pontos e 25 (vinte e cinco) anos de efetiva exposição.

§ 1º A idade e o tempo de contribuição serão apurados em dias para o cálculo do somatório de pontos a que se refere o *caput*.

§ 2º O valor da aposentadoria de que trata este artigo será apurado na forma da lei.

§ 3º Aplicam-se às aposentadorias dos servidores dos Estados, do Distrito Federal e dos Municípios cujas atividades sejam exercidas com efetiva exposição a agentes químicos, físicos e biológicos prejudiciais à saúde, ou associação desses agentes, vedada a caracterização por categoria profissional ou ocupação, na forma do § 4º-C do art. 40 da Constituição Federal, as normas constitucionais e infraconstitucionais anteriores à data de entrada em vigor desta Emenda Constitucional, enquanto não promovidas alterações na legislação interna relacionada ao respectivo regime próprio de previdência social.

Art. 22. Até que lei discipline o § 4º-A do art. 40 e o inciso I do § 1º do art. 201 da Constituição Federal, a aposentadoria da pessoa com deficiência segurada do Regime Geral de Previdência Social ou do servidor público federal com deficiência vinculado a regime próprio de previdência social, desde que cumpridos, no caso do servidor, o tempo mínimo de 10 (dez) anos de efetivo exercício no serviço público e de 5 (cinco) anos no cargo efetivo em que for concedida a aposentadoria, será concedida na forma da Lei Complementar nº 142, de 8 de maio de 2013, inclusive quanto aos critérios de cálculo dos benefícios.

Parágrafo único. Aplicam-se às aposentadorias dos servidores com deficiência dos Estados, do Distrito Federal e dos Municípios as normas constitucionais e infraconstitucionais anteriores à data de entrada em vigor desta Emenda Constitucional, enquanto não promovidas alterações na legislação interna relacionada ao respectivo regime próprio de previdência social.

Art. 23. A pensão por morte concedida a dependente de segurado do Regime Geral de Previdência Social ou de servidor público federal será equivalente a uma cota familiar de 50% (cinquenta por cento) do valor da aposentadoria recebida pelo segurado ou servidor ou daquela a que teria direito se fosse aposentado por incapacidade permanente na data do óbito, acrescida de cotas de 10 (dez) pontos percentuais por dependente, até o máximo de 100% (cem por cento).

▶ O STF, por maioria, julgou improcedente o pedido formulado na ADIN nº 7.051 para declarar a constitucionalidade deste artigo (*DOU* de 7-7-2023).

§ 1º As cotas por dependente cessarão com a perda dessa qualidade e não serão reversíveis aos demais dependentes, preservado o valor de 100% (cem por cento) da pensão por morte quando o número de dependentes remanescente for igual ou superior a 5 (cinco).

§ 2º Na hipótese de existir dependente inválido ou com deficiência intelectual, mental ou grave, o valor da pensão por morte de que trata o *caput* será equivalente a:

I – 100% (cem por cento) da aposentadoria recebida pelo segurado ou servidor ou daquela a que teria direito se fosse aposentado por incapacidade permanente na data do óbito, até o limite máximo de benefícios do Regime Geral de Previdência Social; e

II – uma cota familiar de 50% (cinquenta por cento) acrescida de cotas de 10 (dez) pontos percentuais por dependente, até o máximo de 100% (cem por cento), para o valor que supere o limite máximo de benefícios do Regime Geral de Previdência Social.

§ 3º Quando não houver mais dependente inválido ou com deficiência intelectual, mental ou grave, o valor da pensão será recalculado na forma do disposto no *caput* e no § 1º.

§ 4º O tempo de duração da pensão por morte e das cotas individuais por dependente até a perda dessa qualidade, o rol de dependentes e sua qualificação e as condições necessárias para enquadramento serão aqueles estabelecidos na Lei nº 8.213, de 24 de julho de 1991.

§ 5º Para o dependente inválido ou com deficiência intelectual, mental ou grave, sua condição pode ser reconhecida previamente ao óbito do segurado, por meio de avaliação biopsicossocial realizada por equipe multiprofissional e interdisciplinar, observada revisão periódica na forma da legislação.

§ 6º Equiparam-se a filho, para fins de recebimento da pensão por morte, exclusivamente o enteado e o menor tutelado, desde que comprovada a dependência econômica.

§ 7º As regras sobre pensão previstas neste artigo e na legislação vigente na data de entrada em vigor desta Emenda Constitucional poderão ser alteradas na forma da lei para o Regime Geral de Previdência Social e para o regime próprio de previdência social da União.

§ 8º Aplicam-se às pensões concedidas aos dependentes de servidores dos Estados, do Distrito Federal e dos Municípios as normas constitucionais e infraconstitucionais anteriores à data de entrada em vigor desta Emenda Constitucional, enquanto não promovidas alterações na legislação interna relacionada ao respectivo regime próprio de previdência social.

Art. 24. É vedada a acumulação de mais de uma pensão por morte deixada por cônjuge ou companheiro, no âmbito do mesmo regime de previdência social, ressalvadas as pensões do mesmo instituidor decorrentes do exercício de cargos acumuláveis na forma do art. 37 da Constituição Federal.

§ 1º Será admitida, nos termos do § 2º, a acumulação de:

I – pensão por morte deixada por cônjuge ou companheiro de um regime de previdência social com pensão por morte concedida por outro regime de previdência social ou com pensões decorrentes das atividades militares de que tratam os arts. 42 e 142 da Constituição Federal;

II – pensão por morte deixada por cônjuge ou companheiro de um regime de previdência social com aposentadoria concedida no âmbito do Regime Geral de Previdência Social ou de regime próprio de previdência social ou com proventos de inatividade decorrentes das atividades militares de que tratam os arts. 42 e 142 da Constituição Federal; ou

III – pensões decorrentes das atividades militares de que tratam os arts. 42 e 142 da Constituição Federal com aposentadoria concedida no âmbito do Regime Geral de Previdência Social ou de regime próprio de previdência social.

§ 2º Nas hipóteses das acumulações previstas no § 1º, é assegurada a percepção do valor integral do benefício mais vantajoso e de uma parte de cada um dos demais benefícios, apurada cumulativamente de acordo com as seguintes faixas:

I – 60% (sessenta por cento) do valor que exceder 1 (um) salário mínimo, até o limite de 2 (dois) salários mínimos;

II – 40% (quarenta por cento) do valor que exceder 2 (dois) salários mínimos, até o limite de 3 (três) salários mínimos;

III – 20% (vinte por cento) do valor que exceder 3 (três) salários mínimos, até o limite de 4 (quatro) salários mínimos; e

IV – 10% (dez por cento) do valor que exceder 4 (quatro) salários mínimos.

§ 3º A aplicação do disposto no § 2º poderá ser revista a qualquer tempo, a pedido do interessado, em razão de alteração de algum dos benefícios.

§ 4º As restrições previstas neste artigo não serão aplicadas se o direito aos benefícios houver sido adquirido antes da data de entrada em vigor desta Emenda Constitucional.

§ 5º As regras sobre acumulação previstas neste artigo e na legislação vigente na data de entrada em vigor desta Emenda Constitucional poderão ser alteradas na forma do § 6º do art. 40 e do § 15 do art. 201 da Constituição Federal.

Art. 25. Será assegurada a contagem de tempo de contribuição fictício no Regime Geral de Previdência Social decorrente de hipóteses descritas na legislação vigente até a data de entrada em vigor desta Emenda Constitucional para fins de concessão de aposentadoria, observando-se, a partir da sua entrada em vigor, o disposto no § 14 do art. 201 da Constituição Federal.

§ 1º Para fins de comprovação de atividade rural exercida até a data de entrada em vigor desta Emenda Constitucional, o prazo de que tratam os §§ 1º e 2º do art. 38-B da Lei nº 8.213, de 24 de julho de 1991, será prorrogado até a data em que o Cadastro Nacional de Informações Sociais (CNIS) atingir a cobertura mínima de 50% (cinquenta por cento) dos trabalhadores de que trata o § 8º do art. 195 da Constituição Federal, apurada conforme quantitativo da Pesquisa Nacional por Amostra de Domicílios Contínua (PNAD).

§ 2º Será reconhecida a conversão de tempo especial em comum, na forma prevista na Lei nº 8.213, de 24 de julho de 1991, ao segurado do Regime Geral de Previdência Social que comprovar tempo de efetivo exercício de atividade sujeita a condições especiais que efetivamente prejudiquem a saúde, cumprido até a data de entrada em vigor desta Emenda Constitucional, vedada a conversão para o tempo cumprido após esta data.

§ 3º Considera-se nula a aposentadoria que tenha sido concedida ou que venha a ser concedida por regime próprio de previdência social com contagem recíproca do Regime Geral de Previdência Social mediante o cômputo de tempo de serviço sem o recolhimento da respectiva contribuição ou da correspondente indenização pelo segurado obrigatório responsável, à época do exercício da atividade, pelo recolhimento de suas próprias contribuições previdenciárias.

Art. 26. Até que lei discipline o cálculo dos benefícios do regime próprio de previdência social da União e do Regime Geral de Previdência Social, será utilizada a média aritmética simples dos salários de contribuição e das remunerações adotados como base para contribuições a regime próprio de previdência social e ao Regime Geral de Previdência Social, ou como base para contribuições decorrentes das atividades militares de que tratam os arts. 42 e 142 da Constituição Federal, atualizados monetariamente, correspondentes a 100% (cem por cento) do período contributivo desde a competência julho de 1994 ou desde o início da contribuição, se posterior àquela competência.

§ 1º A média a que se refere o *caput* será limitada ao valor máximo do salário de contribuição do Regime Geral de Previdência Social para os segurados desse regime e para o servidor que ingressou no serviço público em cargo efetivo após a implantação do regime de previdência complementar ou que tenha exercido a opção correspondente, nos termos do disposto nos §§ 14 a 16 do art. 40 da Constituição Federal.

§ 2º O valor do benefício de aposentadoria corresponderá a 60% (sessenta por cento) da média aritmética definida na forma prevista no *caput* e no § 1º, com acréscimo de 2 (dois) pontos percentuais para cada ano de contribuição que exceder o tempo de 20 (vinte) anos de contribuição nos casos:

I – do inciso II do § 6º do art. 4º, do § 4º do art. 15, do § 3º do art. 16 e do § 2º do art. 18;
II – do § 4º do art. 10, ressalvado o disposto no inciso II do § 3º e no § 4º deste artigo;
III – de aposentadoria por incapacidade permanente aos segurados do Regime Geral de Previdência Social, ressalvado o disposto no inciso II do § 3º deste artigo; e
IV – do § 2º do art. 19 e do § 2º do art. 21, ressalvado o disposto no § 5º deste artigo.

§ 3º O valor do benefício de aposentadoria corresponderá a 100% (cem por cento) da média aritmética definida na forma prevista no *caput* e no § 1º:

I – no caso do inciso II do § 2º do art. 20;
II – no caso de aposentadoria por incapacidade permanente, quando decorrer de acidente de trabalho, de doença profissional e de doença do trabalho.

§ 4º O valor do benefício da aposentadoria de que trata o inciso III do § 1º do art. 10 corresponderá ao resultado do tempo de contribuição dividido por 20 (vinte) anos, limitado a um inteiro, multiplicado pelo valor apurado na forma do *caput* do § 2º deste artigo, ressalvado o caso de cumprimento de critérios de acesso para aposentadoria voluntária que resulte em situação mais favorável.

§ 5º O acréscimo a que se refere o *caput* do § 2º será aplicado para cada ano que exceder 15 (quinze) anos de tempo de contribuição para os segurados de que tratam a alínea *a* do inciso I do § 1º do art. 19 e o inciso I do art. 21 e para as mulheres filiadas ao Regime Geral de Previdência Social.

§ 6º Poderão ser excluídas da média as contribuições que resultem em redução do valor do benefício, desde que mantido o tempo mínimo de contribuição exigido, vedada a utilização do tempo excluído para qualquer finalidade, inclusive para o acréscimo a que se referem os §§ 2º e 5º, para a averbação em outro regime previdenciário ou para a obtenção dos proventos de inatividade das atividades de que tratam os arts. 42 e 142 da Constituição Federal.

§ 7º Os benefícios calculados nos termos do disposto neste artigo serão reajustados nos termos estabelecidos para o Regime Geral de Previdência Social.

Art. 27. Até que lei discipline o acesso ao salário-família e ao auxílio-reclusão de que trata o inciso IV do art. 201 da Constituição Federal, esses benefícios serão concedidos apenas àqueles que tenham renda bruta mensal igual ou inferior a R$ 1.364,43 (mil, trezentos e sessenta e quatro reais e quarenta e três centavos), que serão corrigidos pelos mesmos índices aplicados aos benefícios do Regime Geral de Previdência Social.

§ 1º Até que lei discipline o valor do auxílio-reclusão, de que trata o inciso IV do art. 201 da Constituição Federal, seu cálculo será realizado na forma daquele aplicável à pensão por morte, não podendo exceder o valor de 1 (um) salário mínimo.

§ 2º Até que lei discipline o valor do salário-família, de que trata o inciso IV do art. 201 da Constituição Federal, seu valor será de R$ 46,54 (quarenta e seis reais e cinquenta e quatro centavos).

Art. 28. Até que lei altere as alíquotas da contribuição de que trata a Lei nº 8.212, de 24 de julho de 1991, devidas pelo segurado empregado, inclusive o doméstico, e pelo trabalhador avulso, estas serão de:

▸ Art. 36, I, desta EC, que vigorará no primeiro dia do quarto mês subsequente ao da data de sua publicação (*DOU* de 13-11-2019).

I – até 1 (um) salário mínimo, 7,5% (sete inteiros e cinco décimos por cento);
II – acima de 1 (um) salário mínimo até R$ 2.000,00 (dois mil reais), 9% (nove por cento);
III – de R$ 2.000,01 (dois mil reais e um centavo) até R$ 3.000,00 (três mil reais), 12% (doze por cento); e
IV – de R$ 3.000,01 (três mil reais e um centavo) até o limite do salário de contribuição, 14% (quatorze por cento).

§ 1º As alíquotas previstas no *caput* serão aplicadas de forma progressiva sobre o salário de contribuição do segurado, incidindo cada alíquota sobre a faixa de valores compreendida nos respectivos limites.

§ 2º Os valores previstos no *caput* serão reajustados, a partir da data de entrada em vigor desta Emenda Constitucional, na mesma data e com o mesmo índice em que se der o reajuste dos benefícios do Regime Geral de Previdência Social, ressalvados aqueles vinculados ao salário mínimo, aos quais se aplica a legislação específica.

Art. 29. Até que entre em vigor lei que disponha sobre o § 14 do art. 195 da Constituição Federal, o segurado que, no somatório de remunerações auferidas no período de 1 (um) mês, receber remuneração inferior ao limite mínimo mensal do salário de contribuição poderá:

I – complementar a sua contribuição, de forma a alcançar o limite mínimo exigido;
II – utilizar o valor da contribuição que exceder o limite mínimo de contribuição de uma competência em outra; ou
III – agrupar contribuições inferiores ao limite mínimo de diferentes competências, para aproveitamento em contribuições mínimas mensais.

Parágrafo único. Os ajustes de complementação ou agrupamento de contribuições previstos nos incisos I, II e III do *caput* somente poderão ser feitos ao longo do mesmo ano civil.

Art. 30. A vedação de diferenciação ou substituição de base de cálculo decorrente do disposto no § 9º do art. 195 da Constituição Federal não se aplica a contribuições que substituam a contribuição de que trata a alínea *a* do inciso I do *caput* do art. 195 da Constituição Federal instituídas antes da data de entrada em vigor desta Emenda Constitucional.

Art. 31. O disposto no § 11 do art. 195 da Constituição Federal não se aplica aos parcelamentos previstos na legislação vigente até a data de entrada em vigor desta Emenda Constitucional, sendo vedadas a reabertura ou a prorrogação de prazo para adesão.

Art. 32. Até que entre em vigor lei que disponha sobre a alíquota da contribuição de que trata a Lei nº 7.689, de 15 de dezembro de 1988, esta será de 20% (vinte por cento) no caso das pessoas jurídicas referidas no inciso I do § 1º do art. 1º da Lei Complementar nº 105, de 10 de janeiro de 2001.

▸ Art. 36, I, desta EC, que vigorará no primeiro dia do quarto mês subsequente ao da data de sua publicação (*DOU* de 13-11-2019).

Art. 33. Até que seja disciplinada a relação entre a União, os Estados, o Distrito Federal e os Municípios e entidades abertas de previdência complementar na forma do disposto nos §§ 4º e 5º do art. 202 da Constituição Federal, somente entidades fechadas de previdência complementar estão autorizadas a administrar planos de benefícios patrocinados pela União, Estados, Distrito Federal ou Municípios, inclusive suas autarquias, fundações, sociedades de economia mista e empresas controladas direta ou indiretamente.

Art. 34. Na hipótese de extinção por lei de regime previdenciário e migração dos respectivos segurados para o Regime Geral de Previdência Social, serão observados, até que lei federal disponha sobre a matéria, os seguintes requisitos pelo ente federativo:

I – assunção integral da responsabilidade pelo pagamento dos benefícios concedidos durante a vigência do regime extinto, bem como daqueles cujos requisitos já tenham sido implementados antes da sua extinção;

II – previsão de mecanismo de ressarcimento ou de complementação de benefícios aos que tenham contribuído acima do limite máximo do Regime Geral de Previdência Social;

III – vinculação das reservas existentes no momento da extinção, exclusivamente:

a) ao pagamento dos benefícios concedidos e a conceder, ao ressarcimento de contribuições ou à complementação de benefícios, na forma dos incisos I e II; e

b) à compensação financeira com o Regime Geral de Previdência Social.

Parágrafo único. A existência de *superavit* atuarial não constitui óbice à extinção de regime próprio de previdência social e à consequente migração para o Regime Geral de Previdência Social.

Art. 35. Revogam-se:

I – os seguintes dispositivos da Constituição Federal:

a) o § 21 do art. 40;

b) o § 13 do art. 195;

II – os arts. 9º, 13 e 15 da Emenda Constitucional nº 20, de 15 de dezembro de 1998;

III – os arts. 2º, 6º e 6º-A da Emenda Constitucional nº 41, de 19 de dezembro de 2003;

IV – o art. 3º da Emenda Constitucional nº 47, de 5 de julho de 2005.

Art. 36. Esta Emenda Constitucional entra em vigor:

I – no primeiro dia do quarto mês subsequente ao da data de publicação desta Emenda Constitucional, quanto ao disposto nos arts. 11, 28 e 32;

II – para os regimes próprios de previdência social dos Estados, do Distrito Federal e dos Municípios, quanto à alteração promovida pelo art. 1º desta Emenda Constitucional no art. 149 da Constituição Federal e às revogações previstas na alínea *a* do inciso I e nos incisos III e IV do art. 35, na data de publicação de lei de iniciativa privativa do respectivo Poder Executivo que as referende integralmente;

III – nos demais casos, na data de sua publicação.

Parágrafo único. A lei de que trata o inciso II do *caput* não produzirá efeitos anteriores à data de sua publicação.

Brasília, em 12 de novembro de 2019.

Mesa da Câmara dos Deputados: Deputado Rodrigo Maia, Presidente; Deputado Marcos Pereira, 1º Vice-Presidente; Deputado Luciano Bivar, 2º Vice-Presidente; Deputada Soraya Santos, 1ª Secretária; Deputado Mário Heringer, 2º Secretário; Deputado Fábio Faria, 3º Secretário; Deputado André Fufuca, 4º Secretário.

Mesa do Senado Federal: Senador Davi Alcolumbre, Presidente; Senador Antonio Anastasia, 1º Vice-Presidente; Senador Lasier Martins, 2º Vice-Presidente; Senador Sérgio Petecão, 1º Secretário; Senador Eduardo Gomes, 2º Secretário; Senador Flávio Bolsonaro, 3º Secretário; Senador Luis Carlos Heinze, 4º Secretário.

Legislação Previdenciária

LEI Nº 8.212, DE 24 DE JULHO DE 1991

Dispõe sobre a organização da Seguridade Social, institui Plano de Custeio, e dá outras providências.

- ▸ Publicada no *DOU* de 25-7-1991, republicada no *DOU* de 11-4-1996 e no *DOU* de 14-8-1998.
- ▸ LC nº 142, de 8-5-2013, regulamenta o § 1º do art. 201 da CF, no tocante à aposentadoria da pessoa com deficiência.
- ▸ Lei nº 11.457, de 16-3-2007 (Lei da Super-Receita).
- ▸ Dec. nº 3.048, de 6-5-1999 (Regulamento da Previdência Social).
- ▸ IN do INSS nº 45, de 6-8-2010, dispõe sobre a administração de informações dos segurados, o reconhecimento, a manutenção e a revisão de direitos dos beneficiários da Previdência Social e disciplina o processo administrativo previdenciário no âmbito do Instituto Nacional do Seguro Social – INSS.
- ▸ Súm. nº 518 do STJ.

LEI ORGÂNICA DA SEGURIDADE SOCIAL

TÍTULO I – CONCEITUAÇÃO E PRINCÍPIOS CONSTITUCIONAIS

- ▸ Arts. 194 e 195 da CF.

Art. 1º A Seguridade Social compreende um conjunto integrado de ações de iniciativa dos poderes públicos e da sociedade, destinado a assegurar o direito relativo à saúde, à previdência e à assistência social.

Parágrafo único. A Seguridade Social obedecerá aos seguintes princípios e diretrizes:

a) universalidade da cobertura e do atendimento;

b) uniformidade e equivalência dos benefícios e serviços às populações urbanas e rurais;

c) seletividade e distributividade na prestação dos benefícios e serviços;

d) irredutibilidade do valor dos benefícios;

e) equidade na forma de participação no custeio;

f) diversidade da base de financiamento;

g) caráter democrático e descentralizado da gestão administrativa com a participação da comunidade, em especial de trabalhadores, empresários e aposentados.

- ▸ Art. 1º do Dec. nº 3.048, de 6-5-1999 (Regulamento da Previdência Social).

TÍTULO II – DA SAÚDE

Art. 2º A Saúde é direito de todos e dever do Estado, garantido mediante políticas sociais e econômicas que visem à redução do risco de doença e de outros agravos e ao acesso universal e igualitário às ações e serviços para sua promoção, proteção e recuperação.

Parágrafo único. As atividades de saúde são de relevância pública e sua organização obedecerá aos seguintes princípios e diretrizes:

a) acesso universal e igualitário;

b) provimento das ações e serviços através de rede regionalizada e hierarquizada, integrados em sistema único;

c) descentralização, com direção única em cada esfera de governo;

d) atendimento integral, com prioridade para as atividades preventivas;

e) participação da comunidade na gestão, fiscalização e acompanhamento das ações e serviços de saúde;

f) participação da iniciativa privada na assistência à saúde, obedecidos os preceitos constitucionais.

- ▸ Art. 2º do Dec. nº 3.048, de 6-5-1999 (Regulamento da Previdência Social).

TÍTULO III – DA PREVIDÊNCIA SOCIAL

Art. 3º A Previdência Social tem por fim assegurar aos seus beneficiários meios indispensáveis de manutenção, por motivo de incapacidade, idade avançada, tempo de serviço, desemprego involuntário, encargos de família e reclusão ou morte daqueles de quem dependiam economicamente.

Parágrafo único. A organização da Previdência Social obedecerá aos seguintes princípios e diretrizes:

a) universalidade de participação nos planos previdenciários, mediante contribuição;

b) valor da renda mensal dos benefícios, substitutos do salário de contribuição ou do rendimento do trabalho do segurado, não inferior ao do salário mínimo;

c) cálculo dos benefícios considerando-se os salários de contribuição, corrigidos monetariamente;

d) preservação do valor real dos benefícios;

e) previdência complementar facultativa, custeada por contribuição adicional.

- ▸ Arts. 4º e 5º do Dec. nº 3.048, de 6-5-1999 (Regulamento da Previdência Social).

TÍTULO IV – DA ASSISTÊNCIA SOCIAL

Art. 4º A Assistência Social é a política social que provê o atendimento das necessidades básicas, traduzidas em proteção à família, à maternidade, à infância, à adolescência, à velhice e à pessoa portadora de deficiência, independentemente de contribuição à Seguridade Social.

- ► Lei nº 8.742, de 7-12-1993 (Lei Orgânica da Assistência Social).
- ► Dec. nº 6.214, de 26-9-2007, regulamenta o benefício de prestação continuada da assistência social devido à pessoa com deficiência e ao idoso de que trata a Lei nº 8.742, de 7-12-1993, e a Lei nº 10.741, de 1º-10-2003.

Parágrafo único. A organização da Assistência Social obedecerá às seguintes diretrizes:

a) descentralização político-administrativa;

b) participação da população na formulação e controle das ações em todos os níveis.

- ► Art. 3º do Dec. nº 3.048, de 6-5-1999 (Regulamento da Previdência Social).

TÍTULO V – DA ORGANIZAÇÃO DA SEGURIDADE SOCIAL

Art. 5º As ações nas áreas de Saúde, Previdência Social e Assistência Social, conforme o disposto no Capítulo II do Título VIII da Constituição Federal, serão organizadas em Sistema Nacional de Seguridade Social, na forma desta Lei.

Arts. 6º e 7º *Revogados.* MP nº 2.216-37, de 31-8-2001.

Art. 8º As propostas orçamentárias anuais ou plurianuais da Seguridade Social serão elaboradas por Comissão integrada por três representantes, sendo um da área da saúde, um da área da previdência social e um da área de assistência social.

Art. 9º As áreas de Saúde, Previdência Social e Assistência Social são objeto de leis específicas, que regulamentarão sua organização e funcionamento.

TÍTULO VI – DO FINANCIAMENTO DA SEGURIDADE SOCIAL

INTRODUÇÃO

Art. 10. A Seguridade Social será financiada por toda sociedade, de forma direta e indireta, nos termos do artigo 195 da Constituição Federal e desta Lei, mediante recursos provenientes da União, dos Estados, do Distrito Federal, dos Municípios e de contribuições sociais.

- ► Art. 194 do Dec. nº 3.048, de 6-5-1999 (Regulamento da Previdência Social).

Art. 11. No âmbito federal, o orçamento da Seguridade Social é composto das seguintes receitas:

I – receitas da União;

II – receitas das contribuições sociais;

III – receitas de outras fontes.

Parágrafo único. Constituem contribuições sociais:

a) as das empresas, incidentes sobre a remuneração paga ou creditada aos segurados a seu serviço;

- ► Art. 39, *caput*, desta Lei.
- ► Arts. 2º e 32, *caput*, da Lei nº 11.457, de 16-3-2007 (Lei da Super-Receita).
- ► Lei nº 13.485, de 2-10-2017, dispõe sobre o parcelamento de débitos com a Fazenda Nacional relativos às contribuições previdenciárias de responsabilidade dos Estados, do Distrito Federal e dos Municípios, e sobre a revisão da dívida previdenciária dos Municípios pelo Poder Executivo federal; altera a Lei nº 9.796, de 5 de maio de 1999; e dá outras providências.
- ► Art. 1º do Dec. nº 5.612, de 12-12-2005, que regulamenta o parcelamento dos débitos dos Municípios, relativos às contribuições sociais de que trata esta alínea.
- ► Dec. nº 6.166, de 24-7-2007, regulamenta o parcelamento dos débitos dos Estados e do Distrito Federal, relativos às contribuições sociais de que trata esta alínea.
- ► Dec. nº 6.804, de 20-3-2009, regulamenta o parcelamento de débitos dos municípios e de suas autarquias e fundações, junto à Secretaria da Receita Federal do Brasil e à Procuradoria-Geral da Fazenda Nacional, relativos às contribuições sociais de que trata esta alínea.
- ► Dec. nº 6.922, de 5-8-2009, regulamenta o parcelamento dos débitos dos Municípios, autarquias e fundações, relativos às contribuições sociais de que trata esta alínea.
- ► Súm. nº 458 do STJ.

b) as dos empregadores domésticos;

- ► Art. 39, *caput*, desta Lei.
- ► Art. 2º da Lei nº 11.457, de 16-3-2007 (Lei da Super-Receita).

c) as dos trabalhadores, incidentes sobre o seu salário de contribuição;

► Art. 39, *caput*, desta Lei.

► Arts. 2º e 32, *caput*, da Lei nº 11.457, de 16-3-2007 (Lei da Super-Receita).

► Art. 1º do Dec. nº 5.612, de 12-12-2005, que regulamenta o parcelamento dos débitos dos Municípios, relativos às contribuições sociais de que trata esta alínea.

► Dec. nº 6.166, de 24-7-2007, regulamenta o parcelamento dos débitos dos Estados e do Distrito Federal, relativos às contribuições sociais de que trata esta alínea.

► Dec. nº 6.804, de 20-3-2009, regulamenta o parcelamento de débitos dos municípios e de suas autarquias e fundações, junto à Secretaria da Receita Federal do Brasil e à Procuradoria-Geral da Fazenda Nacional, relativos às contribuições sociais de que trata esta alínea.

► Dec. nº 6.922, de 5-8-2009, regulamenta o parcelamento dos débitos dos Municípios, autarquias e fundações, relativos às contribuições sociais de que trata esta alínea.

d) as das empresas, incidentes sobre faturamento e lucro;

e) as incidentes sobre a receita de concursos de prognósticos.

► Arts. 195 a 280 do Dec. nº 3.048, de 6-5-1999 (Regulamento da Previdência Social).

CAPÍTULO I

DOS CONTRIBUINTES

SEÇÃO I

DOS SEGURADOS

Art. 12. São segurados obrigatórios da Previdência Social as seguintes pessoas físicas:

I – como empregado:

a) aquele que presta serviço de natureza urbana ou rural à empresa, em caráter não eventual, sob sua subordinação e mediante remuneração, inclusive como diretor empregado;

b) aquele que, contratado por empresa de trabalho temporário, definida em legislação específica, presta serviço para atender a necessidade transitória de substituição de pessoal regular e permanente ou a acréscimo extraordinário de serviços de outras empresas;

► Lei nº 6.019, de 3-1-1974 (Lei do Trabalho Temporário).

c) o brasileiro ou estrangeiro domiciliado e contratado no Brasil para trabalhar como empregado em sucursal ou agência de empresa nacional no exterior;

d) aquele que presta serviço no Brasil a missão diplomática ou a repartição consular de carreira estrangeira e a órgãos a ela subordinados, ou a membros dessas missões e repartições, excluídos o não brasileiro sem residência permanente no Brasil e o brasileiro amparado pela legislação previdenciária do país da respectiva missão diplomática ou repartição consular;

e) o brasileiro civil que trabalha para a União, no exterior, em organismos oficiais brasileiros ou internacionais dos quais o Brasil seja membro efetivo, ainda que lá domiciliado e contratado, salvo se segurado na forma da legislação vigente do país do domicílio;

f) o brasileiro ou estrangeiro domiciliado e contratado no Brasil para trabalhar como empregado em empresa domiciliada no exterior, cuja maioria do capital votante pertença a empresa brasileira de capital nacional;

g) o servidor público ocupante de cargo em comissão, sem vínculo efetivo com a União, Autarquias, inclusive em regime especial, e Fundações Públicas Federais;

► Alínea *g* acrescida pela Lei nº 8.647, de 13-4-1993.

h) o exercente de mandato eletivo federal, estadual ou municipal, desde que não vinculado a regime próprio de previdência social;

► Res. do SF nº 26, de 21-6-2005, suspendeu a execução desta alínea, conforme declaração de inconstitucionalidade em decisão definitiva do STF nos autos do RE nº 351.717-1/PR.

i) o empregado de organismo oficial internacional ou estrangeiro em funcionamento no Brasil, salvo quando coberto por regime próprio de previdência social;

► Alínea *i* acrescida pela Lei nº 9.876, de 26-11-1999.

j) o exercente de mandato eletivo federal, estadual ou municipal, desde que não vinculado a regime próprio de previdência social;

► Alínea *j* acrescida pela Lei nº 10.887, de 18-6-2004.

II – como empregado doméstico: aquele que presta serviço de natureza contínua a pessoa ou família, no âmbito residencial desta, em atividades sem fins lucrativos;

III e IV – *Revogados*. Lei nº 9.876, de 26-11-1999;

V – como contribuinte individual:

► Inciso V com a redação dada pela Lei nº 9.876, de 26-11-1999.

► Art. 4º da Lei nº 10.666, de 8-5-2003, que dispõe sobre a concessão da aposentadoria especial ao cooperado de Cooperativa de Trabalho ou de Produção.

a) a pessoa física, proprietária ou não, que explora atividade agropecuária, a qualquer título, em caráter permanente ou temporário, em área superior a 4 (quatro) módulos fiscais; ou, quando em área igual ou inferior a 4 (quatro) módulos fiscais ou atividade pesqueira, com auxílio de empregados ou por intermédio de prepostos; ou ainda nas hipóteses dos §§ 10 e 11 deste artigo;

► Alínea *a* com a redação dada pela Lei nº 11.718, de 20-6-2008.

b) a pessoa física, proprietária ou não, que explora atividade de extração mineral – garimpo, em caráter permanente ou temporário, diretamente ou por intermédio de prepostos, com ou sem o auxílio de empregados, utilizados a qualquer título, ainda que de forma não contínua;

► Alínea *b* com a redação dada pela Lei nº 9.876, de 26-11-1999.

► Lei nº 11.685, de 2-6-2008 (Estatuto do Garimpeiro).

c) o ministro de confissão religiosa e o membro de instituto de vida consagrada, de congregação ou de ordem religiosa;

► Alínea *c* com a redação dada pela Lei nº 10.403, de 8-1-2002.

d) *Revogada*. Lei nº 9.876, de 26-11-1999;

e) o brasileiro civil que trabalha no exterior para organismo oficial internacional do qual o Brasil é membro efetivo, ainda que lá domiciliado e contratado, salvo quando coberto por regime próprio de previdência social;

► Alínea e com a redação dada pela Lei nº 9.876, de 26-11-1999.

f) o titular de firma individual urbana ou rural, o diretor não empregado e o membro de conselho de administração de sociedade anônima, o sócio solidário, o sócio de indústria, o sócio gerente e o sócio cotista que recebam remuneração decorrente de seu trabalho em empresa urbana ou rural, e o associado eleito para cargo de direção em cooperativa, associação ou entidade de qualquer natureza ou finalidade, bem como o síndico ou administrador eleito para exercer atividade de direção condominial, desde que recebam remuneração;

g) quem presta serviço de natureza urbana ou rural, em caráter eventual, a uma ou mais empresas, sem relação de emprego;

h) a pessoa física que exerce, por conta própria, atividade econômica de natureza urbana, com fins lucrativos ou não;

► Alíneas *f* a *h* acrescidas pela Lei nº 9.876, de 26-11-1999.

VI – como trabalhador avulso: quem presta, a diversas empresas, sem vínculo empregatício, serviços de natureza urbana ou rural definidos no regulamento;

VII – como segurado especial: a pessoa física residente no imóvel rural ou em aglomerado urbano ou rural próximo a ele que, individualmente ou em regime de economia familiar, ainda que com o auxílio eventual de terceiros a título de mútua colaboração, na condição de:

► *Caput* do inciso VII com a redação dada pela Lei nº 11.718, de 20-6-2008.

a) produtor, seja proprietário, usufrutuário, possuidor, assentado, parceiro ou meeiro outorgados, comodatário ou arrendatário rurais, que explore atividade:

1. agropecuária em área de até quatro módulos fiscais; ou
2. de seringueiro ou extrativista vegetal que exerça suas atividades nos termos do inciso XII do *caput* do art. 2º da Lei nº 9.985, de 18 de julho de 2000, e faça dessas atividades o principal meio de vida;

b) pescador artesanal ou a este assemelhado, que faça da pesca profissão habitual ou principal meio de vida; e

c) cônjuge ou companheiro, bem como filho maior de 16 (dezesseis) anos de idade ou a este equiparado, do segurado de que tratam as alíneas *a* e *b* deste inciso, que, comprovadamente, trabalhem com o grupo familiar respectivo.

► Alíneas *a* a *c* acrescidas pela Lei nº 11.718, de 20-6-2008.

§ 1º Entende-se como regime de economia familiar a atividade em que o trabalho dos membros da família é indispensável à própria subsistência e ao desenvolvimento socioeconômico do núcleo familiar e é exercido em condições de mútua dependência e colaboração, sem a utilização de empregados permanentes.

► § 1º com a redação dada pela Lei nº 11.718, de 20-6-2008.

§ 2º Todo aquele que exercer, concomitantemente, mais de uma atividade remunerada sujeita ao Regime Geral de Previdência Social é obrigatoriamente filiado em relação a cada uma delas.

§ 3º *Revogado*. Lei nº 11.718, de 20-6-2008.

§ 4º O aposentado pelo Regime Geral de Previdência Social – RGPS que estiver exercendo ou que voltar a exercer atividade abrangida por este Regime é segurado obrigatório em relação a essa atividade, ficando sujeito às contribuições de que trata esta Lei, para fins de custeio da Seguridade Social.

- § 4º acrescido pela Lei nº 9.032, de 28-4-1995.

§ 5º O dirigente sindical mantém, durante o exercício do mandato eletivo, o mesmo enquadramento no Regime Geral de Previdência Social – RGPS de antes da investidura.

- § 5º acrescido pela Lei nº 9.528, de 10-12-1997.

§ 6º Aplica-se o disposto na alínea *g* do inciso I do *caput* ao ocupante de cargo de Ministro de Estado, de Secretário Estadual, Distrital ou Municipal, sem vínculo efetivo com a União, Estados, Distrito Federal e Municípios, suas autarquias, ainda que em regime especial, e fundações.

- § 6º acrescido pela Lei nº 9.876, de 26-11-1999.
- Art. 9º do Dec. nº 3.048, de 6-5-1999 (Regulamento da Previdência Social).

§ 7º Para serem considerados segurados especiais, o cônjuge ou companheiro e os filhos maiores de 16 (dezesseis) anos ou os a estes equiparados deverão ter participação ativa nas atividades rurais do grupo familiar.

- § 7º acrescido pela Lei nº 11.718, de 20-6-2008.

§ 8º O grupo familiar poderá utilizar-se de empregados contratados por prazo determinado ou trabalhador de que trata a alínea *g* do inciso V do *caput* deste artigo, à razão de no máximo 120 (cento e vinte) pessoas por dia no ano civil, em períodos corridos ou intercalados ou, ainda, por tempo equivalente em horas de trabalho, não sendo computado nesse prazo o período de afastamento em decorrência da percepção de auxílio-doença.

- § 8º com a redação dada pela Lei nº 12.873, de 24-10-2013.

§ 9º Não descaracteriza a condição de segurado especial:

I – a outorga, por meio de contrato escrito de parceria, meação ou comodato, de até 50% (cinquenta por cento) de imóvel rural cuja área total não seja superior a quatro módulos fiscais, desde que outorgante e outorgado continuem a exercer a respectiva atividade, individualmente ou em regime de economia familiar;

II – a exploração da atividade turística da propriedade rural, inclusive com hospedagem, por não mais de 120 (cento e vinte) dias ao ano;

III – a participação em plano de previdência complementar instituído por entidade classista a que seja associado, em razão da condição de trabalhador rural ou de produtor rural em regime de economia familiar;

IV – ser beneficiário ou fazer parte de grupo familiar que tem algum componente que seja beneficiário de programa assistencial oficial de governo;

V – a utilização pelo próprio grupo familiar, na exploração da atividade, de processo de beneficiamento ou industrialização artesanal, na forma do § 11 do art. 25 desta Lei; e

VI – a associação em cooperativa agropecuária ou de crédito rural; e

- Inciso VI com a redação dada pela Lei nº 13.183, de 4-11-2015.

VII – a incidência do Imposto Sobre Produtos Industrializados – IPI sobre o produto das atividades desenvolvidas nos termos do § 14 deste artigo;

- Inciso VII com a redação dada pela Lei nº 12.873, de 24-10-2013.

VIII – a participação em programas e ações de pagamento por serviços ambientais.

- Inciso VIII acrescido pela Lei nº 14.119, de 13-1-2021.

§ 10. Não é segurado especial o membro de grupo familiar que possuir outra fonte de rendimento, exceto se decorrente de:

I – benefício de pensão por morte, auxílio-acidente ou auxílio-reclusão, cujo valor não supere o do menor benefício de prestação continuada da Previdência Social;

II – benefício previdenciário pela participação em plano de previdência complementar instituído nos termos do inciso IV do § 9º deste artigo;

III – exercício de atividade remunerada em período não superior a 120 (cento e vinte) dias, corridos ou intercalados, no ano civil, observado o disposto no § 13 deste artigo;

▸ Inciso III com a redação dada pela Lei nº 12.873, de 24-10-2013.

IV – exercício de mandato eletivo de dirigente sindical de organização da categoria de trabalhadores rurais;

V – exercício de mandato de vereador do município onde desenvolve a atividade rural, ou de dirigente de cooperativa rural constituída exclusivamente por segurados especiais, observado o disposto no § 13 deste artigo;

VI – parceria ou meação outorgada na forma e condições estabelecidas no inciso I do § 9º deste artigo;

VII – atividade artesanal desenvolvida com matéria-prima produzida pelo respectivo grupo familiar, podendo ser utilizada matéria-prima de outra origem, desde que a renda mensal obtida na atividade não exceda ao menor benefício de prestação continuada da Previdência Social; e

VIII – atividade artística, desde que em valor mensal inferior ao menor benefício de prestação continuada da Previdência Social.

§ 11. O segurado especial fica excluído dessa categoria:

I – a contar do primeiro dia do mês em que:

a) deixar de satisfazer as condições estabelecidas no inciso VII do *caput* deste artigo, sem prejuízo do disposto no art. 15 da Lei nº 8.213, de 24 de julho de 1991, ou exceder qualquer dos limites estabelecidos no inciso I do § 9º deste artigo;

b) enquadrar-se em qualquer outra categoria de segurado obrigatório do Regime Geral de Previdência Social, ressalvado o disposto nos incisos III, V, VII e VIII do § 10 e no § 14 deste artigo, sem prejuízo do disposto no art. 15 da Lei nº 8.213, de 24 de julho de 1991;

c) tornar-se segurado obrigatório de outro regime previdenciário; e

▸ Alíneas *b* e *c* com a redação dada pela Lei nº 12.873, de 24-10-2013.

d) participar de sociedade empresária, de sociedade simples, como empresário individual ou como titular de empresa individual de responsabilidade limitada em desacordo com as limitações impostas pelo § 14 deste artigo;

▸ Alínea *d* com a redação dada pela Lei nº 12.873, de 24-10-2013.

II – a contar do primeiro dia do mês subsequente ao da ocorrência, quando o grupo familiar a que pertence exceder o limite de:

a) utilização de trabalhadores nos termos do § 8º deste artigo;

b) dias em atividade remunerada estabelecidos no inciso III do § 10 deste artigo; e

c) dias de hospedagem a que se refere o inciso II do § 9º deste artigo.

§ 12. Aplica-se o disposto na alínea *a* do inciso V do *caput* deste artigo ao cônjuge ou companheiro do produtor que participe da atividade rural por este explorada.

▸ §§ 9º a 12 acrescidos pela Lei nº 11.718, de 20-6-2008.

§ 13. O disposto nos incisos III e V do § 10 e no § 14 deste artigo não dispensa o recolhimento da contribuição devida em relação ao exercício das atividades de que tratam os referidos dispositivos.

▸ § 13 com a redação dada pela Lei nº 12.873, de 24-10-2013.

§ 14. A participação do segurado especial em sociedade empresária, em sociedade simples, como empresário individual ou como titular de empresa individual de responsabilidade limitada de objeto ou âmbito agrícola, agroindustrial ou agroturístico, considerada microempresa nos termos da Lei Complementar nº 123, de 14 de dezembro de 2006, não o exclui de tal categoria previdenciária, desde que, mantido o exercício da sua atividade rural na forma do inciso VII do *caput* e do § 1º, a pessoa jurídica componha-se apenas de segurados de igual natureza e sedie-se no mesmo Município ou em Município limítrofe àquele em que eles desenvolvam suas atividades.

▸ § 14 com a redação dada pela Lei nº 12.873, de 24-10-2013.

§ 15. VETADO. Lei nº 12.873, de 24-10-2013.

Art. 13. O servidor civil ocupante de cargo efetivo ou o militar da União, dos Estados, do Distrito Federal ou dos Municípios, bem como o das respectivas autarquias e fundações, são excluídos do Regime Geral de Previdência Social consubstanciado nesta Lei, desde que amparados por regime próprio de previdência social.

§ 1º Caso o servidor ou o militar venham a exercer, concomitantemente, uma ou mais atividades abrangidas pelo Regime Geral de Previdência Social, tornar-se-ão segurados obrigatórios em relação a essas atividades.

§ 2º Caso o servidor ou o militar, amparados por regime próprio de previdência social, sejam requisitados para outro órgão ou entidade cujo regime previdenciário não permita a filiação nessa condição, permanecerão vinculados ao regime de origem, obedecidas as regras que cada ente estabeleça acerca de sua contribuição.

- ▶ Art. 13 com a redação dada pela Lei nº 9.876, de 26-11-1999.
- ▶ Art. 10 do Dec. nº 3.048, de 6-5-1999 (Regulamento da Previdência Social).

Art. 14. É segurado facultativo o maior de quatorze anos de idade que se filiar ao Regime Geral de Previdência Social, mediante contribuição, na forma do artigo 21, desde que não incluído nas disposições do artigo 12.

- ▶ Art. 11 do Dec. nº 3.048, de 6-5-1999 (Regulamento da Previdência Social).

Seção II

DA EMPRESA E DO EMPREGADOR DOMÉSTICO

Art. 15. Considera-se:

I – empresa – a firma individual ou sociedade que assume o risco de atividade econômica urbana ou rural, com fins lucrativos ou não, bem como os órgãos e entidades da administração pública direta, indireta e fundacional;

II – empregador doméstico – a pessoa ou família que admite a seu serviço, sem finalidade lucrativa, empregado doméstico.

Parágrafo único. Equiparam-se a empresa, para os efeitos desta Lei, o contribuinte individual e a pessoa física na condição de proprietário ou dono de obra de construção civil, em relação a segurado que lhe presta serviço, bem como a cooperativa, a associação ou a entidade de qualquer natureza ou finalidade, a missão diplomática e a repartição consular de carreira estrangeiras.

- ▶ Parágrafo único com a redação dada pela Lei nº 13.202, de 8-12-2015.
- ▶ Art. 12 do Dec. nº 3.048, de 6-5-1999 (Regulamento da Previdência Social).

Capítulo II

DA CONTRIBUIÇÃO DA UNIÃO

Art. 16. A contribuição da União é constituída de recursos adicionais do Orçamento Fiscal, fixados obrigatoriamente na lei orçamentária anual.

Parágrafo único. A União é responsável pela cobertura de eventuais insuficiências financeiras da Seguridade Social, quando decorrentes do pagamento de benefícios de prestação continuada da Previdência Social, na forma da Lei Orçamentária Anual.

- ▶ Art. 169 do Dec. nº 3.048, de 6-5-1999 (Regulamento da Previdência Social).

Art. 17. Para pagamento dos encargos previdenciários da União, poderão contribuir os recursos da Seguridade Social referidos na alínea *d* do parágrafo único do artigo 11 desta Lei, na forma da Lei Orçamentária anual, assegurada a destinação de recursos para as ações desta Lei de Saúde e Assistência Social.

- ▶ Artigo com a redação dada pela Lei nº 9.711, de 20-11-1998.
- ▶ Art. 197 do Dec. nº 3.048, de 6-5-1999 (Regulamento da Previdência Social).

Art. 18. Os recursos da Seguridade Social referidos nas alíneas *a*, *b*, *c* e *d* do parágrafo único do artigo 11 desta Lei poderão contribuir, a partir do exercício de 1992, para o financiamento das despesas com pessoal e administração geral apenas do Instituto Nacional do Seguro Social – INSS, do Instituto Nacional de Assistência Médica da Previdência Social – INAMPS, da Fundação Legião Brasileira de Assistência – LBA e da Fundação Centro Brasileira para Infância e Adolescência.

Art. 19. O Tesouro Nacional repassará mensalmente recursos referentes às contribuições mencionadas nas alíneas *d* e *e* do parágrafo único do artigo 11 desta Lei, destinados à execução do Orçamento da Seguridade Social.

- ▶ Artigo com a redação dada pela Lei nº 9.711, de 20-11-1998.

Capítulo III

DA CONTRIBUIÇÃO DO SEGURADO

Seção I

DA CONTRIBUIÇÃO DOS SEGURADOS EMPREGADO, EMPREGADO DOMÉSTICO E TRABALHADOR AVULSO

Art. 20. A contribuição do empregado, inclusive o doméstico, e a do trabalhador avulso é calculada mediante a aplicação da correspondente alíquota sobre o seu salário de contribuição mensal, de forma não cumulativa, observado o disposto no artigo 28, de acordo com a seguinte tabela:

► *Caput* com a redação dada pela Lei nº 9.032, de 28-4-1995.

► Art.11, II, do Dec. nº 6.140, de 3-7-2007, que regulamenta a Contribuição Provisória sobre Movimentação ou Transmissão de Valores e de Créditos e Direitos de Natureza Financeira – CPMF.

Salário de Contribuição (R$)	Alíquota Progressiva para fins de Recolhimento ao INSS
até 1.302,00	*7,5%*
de 1.302,01 até 2.571,29	*9%*
de 2.571,30 até 3.856,94	*12%*
de 3.856,95 até 7.507,49	*14%*

► Valores atualizados pela Port. Interministerial do MTPrev e MF nº 26, de 10-1-2023 (*DOU* de 11-1-2023).

§ 1º Os valores do salário de contribuição serão reajustados, a partir da data de entrada em vigor desta Lei, na mesma época e com os mesmos índices que os do reajustamento dos benefícios de prestação continuada da Previdência Social.

► § 1º com a redação dada pela Lei nº 8.620, de 5-1-1993.

§ 2º O disposto neste artigo aplica-se também aos segurados empregados e trabalhadores avulsos que prestem serviços a microempresas.

► § 2º acrescido pela Lei nº 8.620, de 5-1-1993.

► Art. 198 do Dec. nº 3.048, de 6-5-1999 (Regulamento da Previdência Social).

Seção II

DA CONTRIBUIÇÃO DOS SEGURADOS CONTRIBUINTE INDIVIDUAL E FACULTATIVO

► Seção com denominação dada pela Lei nº 9.876, de 26-11-1999.

Art. 21. A alíquota de contribuição dos segurados contribuinte individual e facultativo será de vinte por cento sobre o respectivo salário de contribuição.

► *Caput* com a redação dada pela Lei nº 9.876, de 26-11-1999.

I e II – *Revogados.* Lei nº 9.876, de 26-11-1999.

§ 1º Os valores do salário de contribuição serão reajustados, a partir da data de entrada em vigor desta Lei , na mesma época e com os mesmos índices que os do reajustamento dos benefícios de prestação continuada da Previdência Social.

► Parágrafo único transformado em § 1º pela LC nº 123, de 14-12-2006.

► Art. 199 do Regulamento da Previdência Social, aprovado pelo Dec. nº 3.048, de 6-5-1999.

§ 2º No caso de opção pela exclusão do direito ao benefício de aposentadoria por tempo de contribuição, a alíquota de contribuição incidente sobre o limite mínimo mensal do salário de contribuição será de:

► *Caput* do § 2º com a redação dada pela Lei nº 12.470, de 31-8-2011.

► Arts. 9º, § 1º, 18, § 3º, 55, § 4º, e 94, § 2º, da Lei nº 8.213, de 24-7-1991 (Lei dos Planos de Benefícios da Previdência Social).

I – 11% (onze por cento), no caso do segurado contribuinte individual, ressalvado o disposto no inciso II, que trabalhe por conta própria, sem relação de trabalho com empresa ou equiparado e do segurado facultativo, observado o disposto na alínea *b* do inciso II deste parágrafo;

► Inciso I com a redação dada pela Lei nº 12.470, de 31-8-2011.

II – 5% (cinco por cento):

► *Caput* do inciso II com a redação dada pela Lei nº 12.470, de 31-8-2011.

a) no caso do microempreendedor individual, de que trata o art. 18-A da Lei Complementar nº 123, de 14 de dezembro de 2006; e

b) do segurado facultativo sem renda própria que se dedique exclusivamente ao trabalho doméstico no âmbito de sua residência, desde que pertencente a família de baixa renda.

► Alíneas *a* e *b* acrescidas pela Lei nº 12.470, de 31-8-2011.

§ 3º O segurado que tenha contribuído na forma do § 2º deste artigo e pretenda contar o tempo de contribuição correspondente para fins de obtenção da aposentadoria por tempo de contribuição ou da contagem recíproca do tempo de contribuição a que se refere o art. 94 da Lei nº 8.213, de 24 de julho de 1991, deverá complementar a contribuição mensal mediante recolhimento, sobre o valor correspondente ao limite mínimo mensal do salário de contribuição em vigor na competência a ser complementada, da diferença entre o percentual pago e o de 20% (vinte por cento), acrescido dos juros moratórios de que trata o § 3º do art. 5º da Lei nº 9.430, de 27 de dezembro de 1996.

- Art. 45, § 7º, desta Lei.
- Arts. 55, § 4º, e 94, § 2º, da Lei nº 8.213, de 24-7-1991 (Lei dos Planos de Benefícios da Previdência Social).

§ 4º Considera-se de baixa renda, para os fins do disposto na alínea *b* do inciso II do § 2º deste artigo, a família inscrita no Cadastro Único para Programas Sociais do Governo Federal – CadÚnico cuja renda mensal seja de até 2 (dois) salários mínimos.

- §§ 3º e 4º com a redação dada pela Lei nº 12.470, de 31-8-2011.

§ 5º A contribuição complementar a que se refere o § 3º deste artigo será exigida a qualquer tempo, sob pena de indeferimento do benefício.

- § 5º acrescido pela Lei nº 12.507, de 11-10-2011.

Capítulo IV

DA CONTRIBUIÇÃO DA EMPRESA

Art. 22. A contribuição a cargo da empresa, destinada à Seguridade Social, além do disposto no artigo 23, é de:

- Art. 146, III, *d*, da CF.
- Arts. 13, VI, e 33, § 2º, da LC nº 123, de 14-12-2006 (Estatuto Nacional da Microempresa e da Empresa de Pequeno Porte).
- LC nº 187, de 16-12-2021, que dispõe sobre a certificação das entidades beneficentes.

I – vinte por cento sobre o total das remunerações pagas, devidas ou creditadas a qualquer título, durante o mês, aos segurados empregados e trabalhadores avulsos que lhe prestem serviços, destinadas a retribuir o trabalho, qualquer que seja a sua forma, inclusive as gorjetas, os ganhos habituais sob a forma de utilidades e os adiantamentos decorrentes de reajuste salarial, quer pelos serviços efetivamente prestados, quer pelo tempo à disposição do empregador ou tomador de serviços, nos termos da lei ou do contrato ou, ainda, de convenção ou acordo coletivo de trabalho ou sentença normativa.

- Inciso I com a redação dada pela Lei nº 9.876, de 26-11-1999.
- Art. 195, § 13, da CF.
- LC nº 187, de 16-12-2021, que dispõe sobre a certificação das entidades beneficentes.
- Art. 4º da Lei nº 10.421, de 15-4-2002, que estende à mãe adotiva o direito à licença-maternidade e ao salário-maternidade, alterando a Consolidação das Leis do Trabalho.
- Art. 14 da Lei nº 11.774, de 17-9-2008, que altera a legislação tributária federal.
- Arts. 7º, 8º e 9º da Lei nº 12.546, de 14-12-2011.
- Art. 3º da Lei nº 13.670, de 30-5-2018.

II – para o financiamento do benefício previsto nos artigos 57 e 58 da Lei nº 8.213, de 24 de julho de 1991, e daqueles concedidos em razão do grau de incidência de incapacidade laborativa decorrente dos riscos ambientais do trabalho, sobre o total das remunerações pagas ou creditadas, no decorrer do mês, aos segurados empregados e trabalhadores avulsos:

a) 1% (um por cento) para as empresas em cuja atividade preponderante o risco de acidentes do trabalho seja considerado leve;

b) 2% (dois por cento) para as empresas em cuja atividade preponderante esse risco seja considerado médio;

c) 3% (três por cento) para as empresas em cuja atividade preponderante esse risco seja considerado grave.

- Inciso II com a redação dada pela Lei nº 9.732, de 11-12-1998.
- Súm. nº 351 do STJ.

III – vinte por cento sobre o total das remunerações pagas ou creditadas a qualquer título, no decorrer do mês, aos segurados contribuintes individuais que lhe prestem serviços;

- Art. 14 da Lei nº 11.774, de 17-9-2008, que altera a legislação tributária federal.
- Art. 3º da Lei nº 13.670, de 30-5-2018.

IV – quinze por cento sobre o valor bruto da nota fiscal ou fatura de prestação de serviços, relativamente a serviços que lhe são prestados por cooperados por intermédio de cooperativas de trabalho.

- Incisos III e IV acrescidos pela Lei nº 9.876, de 26-11-1999.
- Res. do SF nº 10, de 2016 (*DOU* 31-3-2016), suspendeu a execução deste inciso, conforme declaração de inconstitucionalidade em decisão definitiva do STF nos autos do RE nº 595.838/SP.

§ 1º No caso de bancos comerciais, bancos de investimentos, bancos de desenvolvimento, caixas econômicas, sociedades de crédito, financiamento e investimento, sociedades de crédito imobiliário, sociedades corretoras, distribuidoras de títulos e valores mobiliários, empresas de arrendamento mercantil, cooperativas de crédito, empresas de seguros privados e de capitalização, agentes autônomos de seguros privados e de crédito e entidades de previdência privada abertas e fechadas, além das contribuições referidas neste artigo e no artigo 23, é devida a contribuição adicional de dois vírgula cinco por cento sobre a base de cálculo definida nos incisos I e III deste artigo.

▸ § 1º com a redação dada pela Lei nº 9.876, de 26-11-1999.

▸ Art. 1º da MP nº 2.158-35, de 24-8-2001, que até o encerramento desta edição não havia sido convertida em Lei, altera a legislação do COFINS, PIS/PASEP e do IR.

§ 2º Não integram a remuneração as parcelas de que trata o § 9º do artigo 28.

§ 3º O Ministério do Trabalho e da Previdência Social poderá alterar, com base nas estatísticas de acidentes do trabalho, apuradas em inspeção, o enquadramento de empresas para efeito da contribuição a que se refere o inciso II deste artigo, a fim de estimular investimentos em prevenção de acidentes.

§ 4º O Poder Executivo estabelecerá, na forma da lei, ouvido o Conselho Nacional da Seguridade Social, mecanismos de estímulo às empresas que se utilizem de empregados portadores de deficiências física, sensorial e/ou mental com desvio do padrão médio.

§ 5º *Revogado*. Lei nº 10.256, de 9-7-2001.

§ 6º A contribuição empresarial da associação desportiva que mantém equipe de futebol profissional destinada à Seguridade Social, em substituição à prevista nos incisos I e II deste artigo, corresponde a cinco por cento da receita bruta, decorrente dos espetáculos desportivos de que participem em todo território nacional em qualquer modalidade desportiva, inclusive jogos internacionais, e de qualquer forma de patrocínio, licenciamento de uso de marcas e símbolos, publicidade, propaganda e de transmissão de espetáculos desportivos.

§ 7º Caberá à entidade promotora do espetáculo a responsabilidade de efetuar o desconto de cinco por cento da receita bruta decorrente dos espetáculos desportivos e o respectivo recolhimento ao Instituto Nacional do Seguro Social, no prazo de até dois dias úteis após a realização do evento.

§ 8º Caberá à associação desportiva que mantém equipe de futebol profissional informar à entidade promotora do espetáculo desportivo todas as receitas auferidas no evento, discriminando-as detalhadamente.

§ 9º No caso de a associação desportiva que mantém equipe de futebol profissional receber recursos de empresa ou entidade, a título de patrocínio, licenciamento de uso de marcas e símbolos, publicidade, propaganda e transmissão de espetáculos, esta última ficará com a responsabilidade de reter e recolher o percentual de cinco por cento da receita bruta decorrente do evento, inadmitida qualquer dedução, no prazo estabelecido na alínea *b*, inciso I, do artigo 30 desta Lei.

§ 10. Não se aplica o disposto nos §§ 6º ao 9º às demais associações desportivas, que devem contribuir na forma dos incisos I e II deste artigo e do artigo 23 desta Lei.

▸ §§ 6º a 10 acrescidos pela Lei nº 9.528, de 10-12-1997.

§ 11. O disposto nos §§ 6º ao 9º deste artigo aplica-se à associação desportiva que mantenha equipe de futebol profissional e atividade econômica organizada para a produção e circulação de bens e serviços e que se organize regularmente, segundo um dos tipos regulados nos arts. 1.039 a 1.092 da Lei nº 10.406, de 10 de janeiro de 2002 – Código Civil.

▸ § 11 com a redação dada pela Lei nº 11.345, de 14-9-2006.

§ 11-A. O disposto no § 11 deste artigo aplica-se apenas às atividades diretamente relacionadas com a manutenção e administração de equipe profissional de futebol, não se estendendo às outras atividades econômicas exercidas pelas referidas sociedades empresariais beneficiárias.

▸ § 11-A acrescido pela Lei nº 11.505, de 18-7-2007.

§ 12. VETADO.

§ 13. Não se considera como remuneração direta ou indireta, para os efeitos desta Lei, os valores despendidos pelas entidades religiosas e instituições de ensino vocacional com ministro de confissão religiosa, membros de instituto de vida consagrada, de congregação ou de ordem religiosa em face de seu mister religioso ou para sua subsistência desde que fornecidos em condições que independam da natureza e da quantidade do trabalho executado.

▸ § 13 acrescido pela Lei nº 10.170, de 29-12-2000.

▸ Art. 201 do Dec. nº 3.048, de 6-5-1999 (Regulamento da Previdência Social).

§ 14. Para efeito de interpretação do § 13 deste artigo:

I – os critérios informadores dos valores despendidos pelas entidades religiosas e instituições de ensino vocacional aos ministros de confissão religiosa, membros de vida consagrada, de congregação ou de ordem religiosa não são taxativos e sim exemplificativos;

II – os valores despendidos, ainda que pagos de forma e montante diferenciados, em pecúnia ou a título de ajuda de custo de moradia, transporte, formação educacional, vinculados exclusivamente à atividade religiosa não configuram remuneração direta ou indireta.

▸ § 14 acrescido pela Lei nº 13.137, de 19-6-2015.

§ 15. Na contratação de serviços de transporte rodoviário de carga ou de passageiro, de serviços prestados com a utilização de trator, máquina de terraplenagem, colheitadeira e assemelhados, a base de cálculo da contribuição da empresa corresponde a 20% (vinte por cento) do valor da nota fiscal, fatura ou recibo, quando esses serviços forem prestados por condutor autônomo de veículo rodoviário, auxiliar de condutor autônomo de veículo rodoviário, bem como por operador de máquinas.

▸ § 15 acrescido pela Lei nº 13.202, de 8-12-2015.

§ 16. Conforme previsto nos arts. 106 e 110 da Lei nº 5.172, de 25 de outubro de 1966 (Código Tributário Nacional), o disposto no § 14 deste artigo aplica-se aos fatos geradores anteriores à data de vigência da Lei nº 13.137, de 19 de junho de 2015, consideradas nulas as autuações emitidas em desrespeito ao previsto no respectivo diploma legal.

▸ § 16 acrescido pela Lei nº 14.057, de 11-9-2020.

§ 17. A alíquota da contribuição prevista no inciso I do caput deste artigo será de 8% (oito por cento) para os Municípios enquadrados nos coeficientes inferiores a 4,0 (quatro inteiros) da tabela de faixas de habitantes do § 2º do art. 91 da Lei nº 5.172, de 25 de outubro de 1966.

▸ § 17 acrescido pela Lei nº 14.784, de 27-12-2023, promulgado nos termos do art. 66, § 7º, da CF.

▸ Este parágrafo estará revogado pela MP nº 1.202, de 28-12-2023, que até o encerramento desta edição não havia sido convertido em lei, a partir de 1º-4-2024.

Art. 22-A. A contribuição devida pela agroindústria, definida, para os efeitos desta Lei, como sendo o produtor rural pessoa jurídica cuja atividade econômica seja a industrialização de produção própria ou de produção própria e adquirida de terceiros, incidente sobre o valor da receita bruta proveniente da comercialização da produção, em substituição às previstas nos incisos I e II do artigo 22 desta Lei, é de:

I – 2,5 % (dois vírgula cinco por cento) destinados à Seguridade Social;

II – 0,1 % (zero vírgula um por cento) para o financiamento do benefício previsto nos artigos 57 e 58 da Lei nº 8.213, de 24 de julho de 1991, e daqueles concedidos em razão do grau de incidência de incapacidade para o trabalho decorrente dos riscos ambientais da atividade.

§ 1º VETADO.

§ 2º O disposto neste artigo não se aplica às operações relativas à prestação de serviços a terceiros, cujas contribuições previdenciárias continuam sendo devidas na forma do artigo 22 desta Lei.

§ 3º Na hipótese do § 2º, a receita bruta correspondente aos serviços prestados a terceiros será excluída da base de cálculo da contribuição de que trata o *caput*.

§ 4º O disposto neste artigo não se aplica às sociedades cooperativas e às agroindústrias de piscicultura, carcinicultura, suinocultura e avicultura.

§ 5º O disposto no inciso I do artigo 3º da Lei nº 8.315, de 23 de dezembro de 1991, não se aplica ao empregador de que trata este artigo, que contribuirá com o adicional de 0,25% (zero vírgula vinte e cinco por cento) da receita bruta proveniente da comercialização da produção, destinado ao Serviço Nacional de Aprendizagem Rural (SENAR).

▸ Art. 22-A acrescido pela Lei nº 10.256, de 9-7-2001.

§ 6º Não se aplica o regime substitutivo de que trata este artigo à pessoa jurídica que, relativamente à atividade rural, se dedique ao florestamento e reflorestamento como fonte de matéria-prima para industrialização própria mediante a utilização de processo industrial que modifique a natureza química ou a transforme em pasta celulósica.

§ 7º Aplica-se o disposto no § 6º ainda que a pessoa jurídica comercialize resíduos vegetais ou sobras ou partes da produção, desde que a receita bruta decorrente dessa comercialização represente menos de um por cento de sua receita bruta proveniente da comercialização da produção.

- §§ 6º e 7º acrescidos pela Lei nº 10.684, de 30-5-2003.
- Art. 201-A do Dec. nº 3.048, de 6-5-1999 (Regulamento da Previdência Social).

Art. 22-B. As contribuições de que tratam os incisos I e II do artigo 22 desta Lei são substituídas, em relação à remuneração paga, devida ou creditada ao trabalhador rural contratado pelo consórcio simplificado de produtores rurais de que trata o artigo 25-A, pela contribuição dos respectivos produtores rurais, calculada na forma do artigo 25 desta Lei.

- Art. 22-B acrescido pela Lei nº 10.256, de 9-7-2001.

Art. 23. As contribuições a cargo da empresa provenientes do faturamento e do lucro, destinadas à Seguridade Social, além do disposto no artigo 22, são calculadas mediante a aplicação das seguintes alíquotas:

I – Dois por cento sobre sua receita bruta, estabelecida segundo o disposto no § 1º do artigo 1º do Decreto-lei nº 1.940, de 25 de maio de 1982, com a redação dada pelo artigo 22, do Decreto-lei nº 2.397, de 21 de dezembro de 1987, e alterações posteriores;

- A partir de 1º de abril de 1992, por força da LC nº 70, de 30-12-1991, a alíquota prevista neste inciso passou a incidir sobre o faturamento mensal.

II – Dez por cento sobre o lucro líquido do período base, antes da provisão para o Imposto de Renda, ajustado na forma do artigo 2º da Lei nº 8.034, de 12 de abril de 1990.

- O art. 19 da Lei nº 9.249, de 26-12-1995, alterou a alíquota prevista neste inciso para 8%.

§ 1º No caso das instituições citadas no § 1º do artigo 22 desta Lei, a alíquota da contribuição prevista no inciso II é de quinze por cento.

- A LC nº 70, de 30-12-1991, elevou a alíquota prevista neste parágrafo em mais 8%. Posteriormente, a mesma foi reduzida para 18%, pela Lei nº 9.249, de 26-12-1995.

§ 2º O disposto neste artigo não se aplica às pessoas de que trata o artigo 25.

- Art. 204 do Dec. nº 3.048, de 6-5-1999 (Regulamento da Previdência Social).

Capítulo V

DA CONTRIBUIÇÃO DO EMPREGADOR DOMÉSTICO

Art. 24. A contribuição do empregador doméstico incidente sobre o salário de contribuição do empregado doméstico a seu serviço é de:

- *Caput* com a redação dada pela Lei nº 13.202, de 8-12-2015.

I – 8% (oito por cento); e

II – 0,8% (oito décimos por cento) para o financiamento do seguro contra acidentes de trabalho.

- Incisos I e II acrescidos pela Lei nº 13.202, de 8-12-2015.
- Art. 211 do Dec. nº 3.048, de 6-5-1999 (Regulamento da Previdência Social).

Parágrafo único. Presentes os elementos da relação de emprego doméstico, o empregador doméstico não poderá contratar microempreendedor individual de que trata o art. 18-A da Lei Complementar nº 123, de 14 de dezembro de 2006, sob pena de ficar sujeito a todas as obrigações dela decorrentes, inclusive trabalhistas, tributárias e previdenciárias.

- Parágrafo único acrescido pela Lei nº 12.470, de 31-8-2011.

Capítulo VI

DA CONTRIBUIÇÃO DO PRODUTOR RURAL E DO PESCADOR

- Capítulo com a denominação dada pela Lei nº 8.398, de 7-1-1992.

Art. 25. A contribuição do empregador rural pessoa física, em substituição à contribuição de que tratam os incisos I e II do artigo 22, e a do segurado especial, referidos, respectivamente, na alínea *a* do inciso V e no inciso VII do artigo 12 desta Lei, destinada à Seguridade Social, é de:

- *Caput* com a redação dada pela Lei nº 10.256, de 9-7-2001.

I – 1,2% (um inteiro e dois décimos por cento) da receita bruta proveniente da comercialização da sua produção;

- Inciso I com a redação dada pela Lei nº 13.606, de 9-1-2018.

II – 0,1% da receita bruta proveniente da comercialização da sua produção para financiamento das prestações por acidente do trabalho.

▶ Inciso II com a redação dada pela Lei nº 9.528, de 10-12-1997.

▶ Res. do Senado Federal nº 15, de 12-9-2017, suspendeu a execução deste inciso, conforme declaração de inconstitucionalidade em decisão definitiva do STF nos autos do RE nº 363.852.

§ 1º O segurado especial de que trata este artigo, além da contribuição obrigatória referida no *caput*, poderá contribuir, facultativamente, na forma do artigo 21 desta Lei.

§ 2º A pessoa física de que trata a alínea *a* do inciso V do artigo 12 contribui, também, obrigatoriamente, na forma do artigo 21 desta Lei.

▶ §§ 1º e 2º com a redação dada pela Lei nº 8.540, de 22-12-1992.

§ 3º Integram a produção, para os efeitos deste artigo, os produtos de origem animal ou vegetal, em estado natural ou submetidos a processos de beneficiamento ou industrialização rudimentar, assim compreendidos, entre outros, os processos de lavagem, limpeza, descaroçamento, pilagem, descascamento, lenhamento, pasteurização, resfriamento, secagem, fermentação, embalagem, cristalização, fundição, carvoejamento, cozimento, destilação, moagem e torrefação, bem como os subprodutos e os resíduos obtidos por meio desses processos, exceto, no caso de sociedades cooperativas, a parcela de produção que não seja objeto de repasse ao cooperado por meio de fixação de preço.

▶ § 3º com a redação dada pela Lei nº 13.986, de 7-4-2020, promulgado nos termos do art. 66, § 5º, da CF (*DOU* de 20-8-2020).

▶ Art. 200 do Dec. nº 3.048, de 6-5-1999 (Regulamento da Previdência Social).

§ 4º *Revogado*. Lei nº 11.718, de 20-6-2008.

§ 5º VETADO.

§§ 6º a 8º *Revogados*. Lei nº 10.256, de 9-7-2001.

§ 9º VETADO. Lei nº 10.256, de 9-7-2001.

§ 10. Integra a receita bruta de que trata este artigo, além dos valores decorrentes da comercialização da produção relativa aos produtos a que se refere o § 3º deste artigo, a receita proveniente:

I – da comercialização da produção obtida em razão de contrato de parceria ou meação de parte do imóvel rural;

II – da comercialização de artigos de artesanato de que trata o inciso VII do § 10 do art. 12 desta Lei;

III – de serviços prestados, de equipamentos utilizados e de produtos comercializados no imóvel rural, desde que em atividades turística e de entretenimento desenvolvidas no próprio imóvel, inclusive hospedagem, alimentação, recepção, recreação e atividades pedagógicas, bem como taxa de visitação e serviços especiais;

IV – do valor de mercado da produção rural dada em pagamento ou que tiver sido trocada por outra, qualquer que seja o motivo ou finalidade; e

V – de atividade artística de que trata o inciso VIII do § 10 do art. 12 desta Lei.

§ 11. Considera-se processo de beneficiamento ou industrialização artesanal aquele realizado diretamente pelo próprio produtor rural pessoa física, desde que não esteja sujeito à incidência do Imposto Sobre Produtos Industrializados – IPI.

▶ §§ 10 e 11 acrescidos pela Lei nº 11.718, de 20-6-2008.

§ 12. Não integra a base de cálculo da contribuição de que trata o *caput* deste artigo a produção rural destinada ao plantio ou reflorestamento, nem o produto animal destinado à reprodução ou criação pecuária ou granjeira e à utilização como cobaia para fins de pesquisas científicas, quando vendido pelo próprio produtor e por quem a utilize diretamente com essas finalidades e, no caso de produto vegetal, por pessoa ou entidade registrada no Ministério da Agricultura, Pecuária e Abastecimento que se dedique ao comércio de sementes e mudas no País.

▶ § 12 com a redação dada pela Lei nº 13.606, de 9-1-2018, promulgado nos termos do art. 66, § 5º, da CF (*DOU* de 18-4-2018).

§ 13. O produtor rural pessoa física poderá optar por contribuir na forma prevista no *caput* deste artigo ou na forma dos incisos I e II do *caput* do art. 22 desta Lei, manifestando sua opção mediante o pagamento da contribuição incidente sobre a folha de salários relativa a janeiro de cada ano, ou à primeira competência subsequente ao início da atividade rural, e será irretratável para todo o ano-calendário.

▶ § 13 acrescido pela Lei nº 13.606, de 9-1-2018.

§ 14. Considera-se receita bruta proveniente da comercialização da produção o valor da fixação de preço repassado ao cooperado pela cooperativa ao qual esteja associado, por ocasião da realização do ato cooperativo de que trata o art. 79 da Lei nº 5.764, de 16 de dezembro de 1971, não compreendidos valores pagos, creditados ou capitalizados a título de sobras, os quais não representam preço ou complemento de preço.

§ 15. Não se considera receita bruta, para fins de base de cálculo das contribuições sociais devidas pelo produtor rural cooperado, a entrega ou o retorno de produção para a cooperativa nas operações em que não ocorra repasse pela cooperativa a título de fixação de preço, não podendo o mero retorno caracterizar permuta, compensação, dação em pagamento ou ressarcimento que represente valor, preço ou complemento de preço.

§ 16. Aplica-se ao disposto no *caput* e nos §§ 3º, 14 e 15 deste artigo o caráter interpretativo de que trata o art. 106 da Lei nº 5.172, de 25 de outubro de 1966 (Código Tributário Nacional).

► §§ 14 a 16 acrescidos pela Lei nº 13.986, de 7-4-2020, promulgados nos termos do art. 66, § 5º, da CF (*DOU* de 20-8-2020).

Art. 25-A. Equipara-se ao empregador rural pessoa física o consórcio simplificado de produtores rurais, formado pela união de produtores rurais pessoas físicas, que outorgar a um deles poderes para contratar, gerir e demitir trabalhadores para prestação de serviços, exclusivamente, aos seus integrantes, mediante documento registrado em cartório de títulos e documentos.

§ 1º O documento de que trata o *caput* deverá conter a identificação de cada produtor, seu endereço pessoal e o de sua propriedade rural, bem como o respectivo registro no Instituto Nacional de Colonização e Reforma Agrária – INCRA ou informações relativas a parceria, arrendamento ou equivalente e a matrícula no Instituto Nacional do Seguro Social – INSS de cada um dos produtores rurais.

§ 2º O consórcio deverá ser matriculado no INSS em nome do empregador a quem hajam sido outorgados os poderes, na forma do regulamento.

§ 3º Os produtores rurais integrantes do consórcio de que trata o *caput* serão responsáveis solidários em relação às obrigações previdenciárias.

§ 4º VETADO.

► Art. 25-A acrescido pela Lei nº 10.256, de 9-7-2001.

► Art. 200-A do Dec. nº 3.048, de 6-5-1999 (Regulamento da Previdência Social).

Capítulo VII

DA CONTRIBUIÇÃO SOBRE A RECEITA DE CONCURSOS DE PROGNÓSTICOS

Art. 26. Constitui receita da Seguridade Social a contribuição social sobre a receita de concursos de prognósticos a que se refere o inciso III do *caput* do art. 195 da Constituição Federal.

► *Caput* com a redação dada pela Lei nº 13.756, de 12-12-2018.

§§ 1º a 3º *Revogados*. Lei nº 13.756, de 12-12-2018.

§ 4º O produto da arrecadação da contribuição será destinado ao financiamento da Seguridade Social.

§ 5º A base de cálculo da contribuição equivale à receita auferida nos concursos de prognósticos, sorteios e loterias.

§ 6º A alíquota da contribuição corresponde ao percentual vinculado à Seguridade Social em cada modalidade lotérica, conforme previsto em lei.

► §§ 4º a 6º acrescidos pela Lei nº 13.756, de 12-12-2018.

Capítulo VIII

DAS OUTRAS RECEITAS

Art. 27. Constituem outras receitas da Seguridade Social:

I – as multas, a atualização monetária e os juros moratórios;

II – a remuneração recebida por serviços de arrecadação, fiscalização e cobrança prestados a terceiros;

III – as receitas provenientes de prestação de outros serviços e de fornecimento ou arrendamento de bens;

IV – as demais receitas patrimoniais, industriais e financeiras;

V – as doações, legados, subvenções e outras receitas eventuais;

VI – 50% (cinquenta por cento) dos valores obtidos e aplicados na forma do parágrafo único do artigo 243 da Constituição Federal;

VII – 40% (quarenta por cento) do resultado dos leilões dos bens apreendidos pelo Departamento da Receita Federal;

VIII – outras receitas previstas em legislação específica.

Parágrafo único. As companhias seguradoras que mantêm o seguro obrigatório de danos pessoais causados por veículos automotores de vias terrestres, de que trata a Lei nº 6.194, de dezembro de 1974, deverão repassar à Seguridade Social 50% (cinquenta por cento) do valor total do prêmio recolhido e destinado ao Sistema Único de Saúde – SUS, para custeio da assistência médico-hospitalar dos segurados vitimados em acidentes de trânsito.

► Art. 213 do Dec. nº 3.048, de 6-5-1999 (Regulamento da Previdência Social).

Capítulo IX

DO SALÁRIO DE CONTRIBUIÇÃO

Art. 28. Entende-se por salário de contribuição:

► Súm. nº 310 do STJ.

I – para o empregado e trabalhador avulso: a remuneração auferida em uma ou mais empresas, assim entendida a totalidade dos rendimentos pagos, devidos ou creditados a qualquer título, durante o mês, destinados a retribuir o trabalho, qualquer que seja a sua forma, inclusive as gorjetas, os ganhos habituais sob a forma de utilidades e os adiantamentos decorrentes de reajuste salarial, quer pelos serviços efetivamente prestados, quer pelo tempo à disposição do empregador ou tomador de serviços nos termos da lei ou do contrato ou, ainda, de convenção ou acordo coletivo de trabalho ou sentença normativa;

► Inciso I com a redação dada pela Lei nº 9.528, de 10-12-1997.

II – para o empregado doméstico: a remuneração registrada na Carteira de Trabalho e Previdência Social, observadas as normas a serem estabelecidas em regulamento para comprovação do vínculo empregatício e do valor da remuneração;

III – para o contribuinte individual: a remuneração auferida em uma ou mais empresas ou pelo exercício de sua atividade por conta própria, durante o mês, observado o limite máximo a que se refere o § 5º;

► Inciso III com a redação dada pela Lei nº 9.876, de 26-11-1999.

IV – para o segurado facultativo: o valor por ele declarado, observado o limite máximo a que se refere o § 5º.

► Inciso IV acrescido pela Lei nº 9.876, de 26-11-1999.

§ 1º Quando a admissão, a dispensa, o afastamento ou a falta do empregado ocorrer no curso do mês, o salário de contribuição será proporcional ao número de dias de trabalho efetivo, na forma estabelecida em regulamento.

§ 2º O salário-maternidade é considerado salário de contribuição.

§ 3º O limite mínimo do salário de contribuição corresponde ao piso salarial, legal ou normativo, da categoria ou, inexistindo este, ao salário mínimo, tomado no seu valor mensal, diário ou horário, conforme o ajustado e o tempo de trabalho efetivo durante o mês.

► § 3º com a redação dada pela Lei nº 9.528, de 10-12-1997.

§ 4º O limite mínimo do salário de contribuição do menor aprendiz corresponde à sua remuneração mínima definida em lei.

§ 5º O limite máximo do salário de contribuição é de CR$ 170.000,00 (cento e setenta mil cruzeiros), reajustado a partir da data da entrada em vigor desta Lei, na mesma época e com os mesmos índices que os do reajustamento dos benefícios de prestação continuada da Previdência Social.

► Art. 2º da Port. Interministerial do MTPrev e MF nº 26, de 10-1-2023 (*DOU* de 11-1-2023), que estabelece que o salário de benefício e o salário de contribuição não poderão ser inferiores a R$ 1.302,00 (mil trezentos e dois reais) nem superiores a R$ 7.507,49 (sete mil quinhentos e sete reais e quarenta e nove centavos), a partir de 1º-1-2023.

§ 6º No prazo de cento e oitenta dias, a contar da data de publicação desta Lei, o Poder Executivo encaminhará ao Congresso Nacional projeto de lei estabelecendo a previdência complementar, pública e privada, em especial para os que possam contribuir acima do limite máximo estipulado no parágrafo anterior deste artigo.

§ 7º O décimo-terceiro salário (gratificação natalina) integra o salário de contribuição, exceto para o cálculo de benefício, na forma estabelecida em regulamento.

► § 7º com a redação dada pela Lei nº 8.870, de 15-4-1994.

► Súm. nº 688 do STF.

§ 8º *Revogado*. Lei nº 13.467, de 13-7-2017.

a) *Revogada*. Lei nº 13.467, de 13-7-2017.

b) VETADA;

c) *Revogada*. Lei nº 9.711, de 20-11-1998.

§ 9º Não integram o salário de contribuição para os fins desta Lei, exclusivamente:

▶ § 9º com a redação dada pela Lei nº 9.528, de 10-12-1997.

▶ Súm. nº 310 do STJ.

a) os benefícios da previdência social, nos termos e limites legais, salvo o salário-maternidade;

▶ Alínea *a* com a redação dada pela Lei nº 9.528, de 10-12-1997.

b) as ajudas de custo e o adicional mensal recebidos pelo aeronauta nos termos da Lei nº 5.929, de 30 de outubro de 1973;

c) a parcela *in natura* recebida de acordo com os programas de alimentação aprovados pelo Ministério do Trabalho e da Previdência Social, nos termos da Lei nº 6.321, de 14 de abril de 1976;

d) as importâncias recebidas a título de férias indenizadas e respectivo adicional constitucional, inclusive o valor correspondente à dobra da remuneração de férias de que trata o artigo 137 da Consolidação das Leis do Trabalho – CLT;

▶ Alínea *d* com a redação dada pela Lei nº 9.528, de 10-12-1997.

e) as importâncias:

1. previstas no inciso I do artigo 10 do Ato das Disposições Constitucionais Transitórias;
2. relativas à indenização por tempo de serviço, anterior a 5 de outubro de 1988, do empregado não optante pelo Fundo de Garantia do Tempo de Serviço – FGTS;
3. recebidas a título da indenização de que trata o artigo 479 da CLT;
4. recebidas a título da indenização de que trata o artigo 14 da Lei nº 5.889, de 8 de junho de 1973;
5. recebidas a título de incentivo à demissão;

▶ Alínea *e* alterada e itens 1 a 5 acrescidos pela Lei nº 9.528, de 10-12-1997.

6. recebidas a título de abono de férias na forma dos artigos 143 e 144 da CLT;
7. recebidas a título de ganhos eventuais e os abonos expressamente desvinculados do salário;
8. recebidas a título de licença-prêmio indenizada;
9. recebidas a título da indenização de que trata o artigo 9º da Lei nº 7.238, de 29 de outubro de 1984;

▶ Itens 6 a 9 acrescidos pela Lei nº 9.711, de 20-11-1998.

f) a parcela recebida a título de vale-transporte, na forma da legislação própria;

g) a ajuda de custo, em parcela única, recebida exclusivamente em decorrência de mudança de local de trabalho do empregado, na forma do artigo 470 da CLT;

▶ Alínea *g* com a redação dada pela Lei nº 9.528, de 10-12-1997.

h) as diárias para viagens;

▶ Alínea *h* com a redação dada pela Lei nº 13.467, de 13-7-2017.

i) a importância recebida a título de bolsa de complementação educacional de estagiário, quando paga nos termos da Lei nº 6.494, de 7 de dezembro de 1977;

▶ A referida lei foi revogada pela Lei nº 11.788, de 25-9-2008, dispõe sobre o estágio de estudantes.

j) a participação nos lucros ou resultados da empresa, quando paga ou creditada de acordo com lei específica;

l) o abono do Programa de Integração Social – PIS e do Programa de Assistência ao Servidor Público – PASEP;

m) os valores correspondentes a transporte, alimentação e habitação fornecidos pela empresa ao empregado contratado para trabalhar em localidade distante da de sua residência, em canteiro de obras ou local que, por força da atividade, exija deslocamento e estada, observadas as normas de proteção estabelecidas pelo Ministério do Trabalho;

n) a importância paga ao empregado a título de complementação ao valor do auxílio-doença, desde que este direito seja extensivo à totalidade dos empregados da empresa;

o) as parcelas destinadas à assistência ao trabalhador da agroindústria canavieira, de que trata o artigo 36 da Lei nº 4.870, de 1º de dezembro de 1965;

p) o valor das contribuições efetivamente pago pela pessoa jurídica relativo a programa de previdência complementar, aberto ou fechado, desde que disponível à totalidade de seus empregados e dirigentes, observados, no que couber, os artigos 9º e 468 da CLT;

▶ Alíneas *l* a *p* acrescidas pela Lei nº 9.528, de 10-12-1997.

q) o valor relativo à assistência prestada por serviço médico ou odontológico, próprio da empresa ou por ela conveniado, inclusive o reembolso de despesas com medicamentos, óculos, aparelhos ortopédicos, próteses, órteses, despesas médico-hospitalares e outras similares;

▶ Alínea *q* com a redação dada pela Lei nº 13.467, de 13-7-2017.

r) o valor correspondente a vestuários, equipamentos e outros acessórios fornecidos ao empregado e utilizados no local do trabalho para prestação dos respectivos serviços;

s) o ressarcimento de despesas pelo uso de veículo do empregado e o reembolso creche pago em conformidade com a legislação trabalhista, observado o limite máximo de seis anos de idade, quando devidamente comprovadas as despesas realizadas;

▶ Alíneas *r* e *s* acrescidas pela Lei nº 9.528, de 10-12-1997.

t) o valor relativo a plano educacional, ou bolsa de estudo, que vise à educação básica de empregados e seus dependentes e, desde que vinculada às atividades desenvolvidas pela empresa, à educação profissional e tecnológica de empregados, nos termos da Lei nº 9.394, de 20 de dezembro de 1996, e:

▶ *Caput* da alínea *t* com a redação dada pela Lei nº 12.513, de 26-10-2011.

1. não seja utilizado em substituição de parcela salarial; e
2. o valor mensal do plano educacional ou bolsa de estudo, considerado individualmente, não ultrapasse 5% (cinco por cento) da remuneração do segurado a que se destina ou o valor correspondente a uma vez e meia o valor do limite mínimo mensal do salário de contribuição, o que for maior;

▶ Itens 1 e 2 acrescidos pela Lei nº 12.513, de 26-10-2011.

u) a importância recebida a título de bolsa de aprendizagem garantida ao adolescente até quatorze anos de idade, de acordo com o disposto no artigo 64 da Lei nº 8.069, de 13 de julho de 1990;

v) os valores recebidos em decorrência da cessão de direitos autorais;

x) o valor da multa prevista no § 8º do artigo 477 da CLT;

▶ Alíneas *u* a *x* acrescidas pela Lei nº 9.528, de 10-12-1997.

y) o valor correspondente ao vale-cultura;

▶ Alínea *y* acrescida pela Lei nº 12.761, de 27-12-2012.

z) os prêmios e os abonos;

▶ Alínea *z* acrescida pela Lei nº 13.467, de 13-7-2017.

aa) os valores recebidos a título de bolsa-atleta, em conformidade com a Lei nº 10.891, de 9 de julho de 2004.

▶ Alínea *aa* redação dada pela Lei nº 13.756, de 12-12-2018.

§ 10. Considera-se salário de contribuição, para o segurado empregado e trabalhador avulso, na condição prevista no § 5º do artigo 12, a remuneração efetivamente auferida na entidade sindical ou empresa de origem.

▶ § 10 acrescido pela Lei nº 9.528, de 10-12-1997.

§ 11. Considera-se remuneração do contribuinte individual que trabalha como condutor autônomo de veículo rodoviário, como auxiliar de condutor autônomo de veículo rodoviário, em automóvel cedido em regime de colaboração, nos termos da Lei nº 6.094, de 30 de agosto de 1974, como operador de trator, máquina de terraplenagem, colheitadeira e assemelhados, o montante correspondente a 20% (vinte por cento) do valor bruto do frete, carreto, transporte de passageiros ou do serviço prestado, observado o limite máximo a que se refere o § 5º.

▶ § 11 acrescido pela Lei nº 13.202, de 8-12-2015.

Art. 29. *Revogado*. Lei nº 9.876, de 26-11-1999.

Capítulo X

DA ARRECADAÇÃO E RECOLHIMENTO DAS CONTRIBUIÇÕES

Art. 30. A arrecadação e o recolhimento das contribuições ou de outras importâncias devidas à Seguridade Social obedecem às seguintes normas:

▶ *Caput* com a redação dada pela Lei nº 8.620, de 5-1-1993.

I – a empresa é obrigada a:

a) arrecadar as contribuições dos segurados empregados e trabalhadores avulsos a seu serviço, descontando-as da respectiva remuneração;

b) recolher os valores arrecadados na forma da alínea *a* deste inciso, a contribuição a que se refere o inciso IV do art. 22 desta Lei, assim como as contribuições a seu cargo incidentes sobre as remunerações pagas, devidas ou creditadas, a qualquer título, aos segurados empregados, trabalhadores avulsos e contribuintes individuais a seu serviço até o dia 20 (vinte) do mês subsequente ao da competência;

▶ Alínea *b* com a redação dada pela Lei nº 11.933, de 28-4-2009.

c) recolher as contribuições de que tratam os incisos I e II do artigo 23, na forma e prazos definidos pela legislação tributária federal vigente;

II – os segurados contribuinte individual e facultativo estão obrigados a recolher sua contribuição por iniciativa própria, até o dia quinze do mês seguinte ao da competência;

▶ Inciso II com a redação dada pela Lei nº 9.876, de 26-11-1999.

III – a empresa adquirente, consumidora ou consignatária ou a cooperativa são obrigadas a recolher a contribuição de que trata o art. 25 até o dia 20 (vinte) do mês subsequente ao da operação de venda ou consignação da produção, independentemente de essas operações terem sido realizadas diretamente com o produtor ou com intermediário pessoa física, na forma estabelecida em regulamento;

▶ Inciso III com a redação dada pela Lei nº 11.933, de 28-4-2009.

IV – a empresa adquirente, consumidora ou consignatária ou a cooperativa ficam sub-rogadas nas obrigações da pessoa física de que trata a alínea *a* do inciso V do artigo 12 e do segurado especial pelo cumprimento das obrigações do artigo 25 desta Lei, independentemente de as operações de venda ou consignação terem sido realizadas diretamente com o produtor ou com intermediário pessoa física, exceto no caso do inciso X deste artigo, na forma estabelecida em regulamento;

▶ Inciso IV com a redação dada pela Lei nº 9.528, de 10-12-1997.

▶ Res. do Senado Federal nº 15, de 12-9-2017, suspendeu a execução deste inciso, conforme declaração de inconstitucionalidade em decisão definitiva do STF nos autos do RE nº 363.852.

V – o empregador doméstico fica obrigado a arrecadar e a recolher a contribuição do segurado empregado a seu serviço e a parcela a seu cargo, até o vigésimo dia do mês seguinte ao da competência;

▶ Inciso V com a redação dada pela Lei nº 14.438, de 24-8-2022.

VI – o proprietário, o incorporador definido na Lei nº 4.591, de 16 de dezembro de 1964, o dono da obra ou condômino da unidade imobiliária, qualquer que seja a forma de contratação da construção, reforma ou acréscimo, são solidários com o construtor, e estes com a subempreiteira, pelo cumprimento das obrigações para com a Seguridade Social, ressalvado o seu direito regressivo contra o executor ou contratante da obra e admitida a retenção de importância a este devida para garantia do cumprimento dessas obrigações, não se aplicando, em qualquer hipótese, o benefício de ordem;

▶ Inciso VI com a redação dada pela Lei nº 9.528, de 10-12-1997.

VII – exclui-se da responsabilidade solidária perante a Seguridade Social o adquirente de prédio ou unidade imobiliária que realizar a operação com empresa de comercialização ou incorporador de imóveis, ficando estes solidariamente responsáveis com o construtor;

VIII – nenhuma contribuição à Seguridade Social é devida se a construção residencial unifamiliar, destinada ao uso próprio, de tipo econômico, for executada sem mão de obra assalariada, observadas as exigências do regulamento;

IX – as empresas que integram grupo econômico de qualquer natureza respondem entre si, solidariamente, pelas obrigações decorrentes desta Lei;

X – a pessoa física de que trata a alínea *a* do inciso V do artigo 12 e o segurado especial são obrigados a recolher a contribuição de que trata o artigo 25 desta Lei no prazo estabelecido no inciso III deste artigo, caso comercializem a sua produção:

a) no exterior;

b) diretamente, no varejo, ao consumidor pessoa física;

c) à pessoa física de que trata a alínea *a* do inciso V do artigo 12;

d) ao segurado especial;

► Inciso X com a redação dada pela Lei nº 9.528, de 10-12-1997.

XI – aplica-se o disposto nos incisos III e IV deste artigo à pessoa física não produtor rural que adquire produção para venda no varejo a consumidor pessoa física;

► Inciso XI acrescido pela Lei nº 9.528, de 10-12-1997.

XII – sem prejuízo do disposto no inciso X do *caput* deste artigo, o produtor rural pessoa física e o segurado especial são obrigados a recolher, diretamente, a contribuição incidente sobre a receita bruta proveniente:

a) da comercialização de artigos de artesanato elaborados com matéria-prima produzida pelo respectivo grupo familiar;

b) de comercialização de artesanato ou do exercício de atividade artística, observado o disposto nos incisos VII e VIII do § 10 do art. 12 desta Lei; e

c) de serviços prestados, de equipamentos utilizados e de produtos comercializados no imóvel rural, desde que em atividades turística e de entretenimento desenvolvidas no próprio imóvel, inclusive hospedagem, alimentação, recepção, recreação e atividades pedagógicas, bem como taxa de visitação e serviços especiais;

XIII – o segurado especial é obrigado a arrecadar a contribuição de trabalhadores a seu serviço e a recolhê-la no prazo referido na alínea *b* do inciso I do *caput* deste artigo.

► Incisos XII e XIII acrescidos pela Lei nº 11.718, de 20-6-2008.

§ 1º *Revogado*. Lei nº 9.032, de 28-4-1995.

§ 2º Se não houver expediente bancário nas datas indicadas:

► *Caput* do § 2º com a redação dada pela Lei nº 11.933, de 28-4-2009.

I – no inciso II do *caput*, o recolhimento deverá ser efetuado até o dia útil imediatamente posterior; e

II – na alínea *b* do inciso I e nos incisos III, V, X e XIII do *caput*, até o dia útil imediatamente anterior.

► Incisos I e II com a redação dada pela Lei nº 13.202, de 8-12-2015.

§ 3º Aplica-se à entidade sindical e à empresa de origem o disposto nas alíneas *a* e *b* do inciso I, relativamente à remuneração do segurado referido no § 5º do artigo 12.

► § 3º acrescido pela Lei nº 9.528, de 10-12-1997.

§ 4º Na hipótese de o contribuinte individual prestar serviço a uma ou mais empresas, poderá deduzir, da sua contribuição mensal, quarenta e cinco por cento da contribuição da empresa, efetivamente recolhida ou declarada, incidente sobre a remuneração que esta lhe tenha pago ou creditado, limitada a dedução a nove por cento do respectivo salário de contribuição.

§ 5º Aplica-se o disposto no § 4º ao cooperado que prestar serviço a empresa por intermédio de cooperativa de trabalho.

► §§ 4º e 5º acrescidos pela Lei nº 9.876, de 26-11-1999.

§ 6º *Revogado*. Lei nº 13.202, de 8-12-2015.

§ 7º A empresa ou cooperativa adquirente, consumidora ou consignatária da produção fica obrigada a fornecer ao segurado especial cópia do documento fiscal de entrada da mercadoria, para fins de comprovação da operação e da respectiva contribuição previdenciária.

§ 8º Quando o grupo familiar a que o segurado especial estiver vinculado não tiver obtido, no ano, por qualquer motivo, receita proveniente de comercialização de produção deverá comunicar a ocorrência à Previdência Social, na forma do regulamento.

§ 9º Quando o segurado especial tiver comercializado sua produção do ano anterior exclusivamente com empresa adquirente, consignatária ou cooperativa, tal fato deverá ser comunicado à Previdência Social pelo respectivo grupo familiar.

► §§ 7º a 9º acrescidos pela Lei nº 11.718, de 20-6-2008.

► Art. 216 do Dec. nº 3.048, de 6-5-1999 (Regulamento da Previdência Social).

Art. 31. A empresa contratante de serviços executados mediante cessão de mão de obra, inclusive em regime de trabalho temporário, deverá reter 11% (onze por cento) do valor bruto da nota fiscal ou fatura de prestação de serviços e recolher, em nome da empresa cedente da mão de obra, a importância retida até o dia 20 (vinte) do mês subsequente ao da emissão da respectiva nota fiscal ou fatura, ou até o dia útil imediatamente anterior se não houver expediente bancário naquele dia, observado o disposto no § 5º do art. 33 desta Lei.

- *Caput* com a redação dada pela Lei nº 11.933, de 28-4-2009.
- Dec. nº 6.166, de 24-7-2007, regulamenta o parcelamento dos débitos dos Estados e do Distrito Federal relativos às contribuições sociais de que tratam as alíneas a e c do parágrafo único do art. 11 desta Lei e instituído pelos arts. 32 a 39 da Lei nº 11.457, de 16-3-2007.
- Súm. nº 425 do STJ.

§ 1º O valor retido de que trata o *caput* deste artigo, que deverá ser destacado na nota fiscal ou fatura de prestação de serviços, poderá ser compensado por qualquer estabelecimento da empresa cedente da mão de obra, por ocasião do recolhimento das contribuições destinadas à Seguridade Social devidas sobre a folha de pagamento dos seus segurados.

- § 1º com a redação dada pela Lei nº 11.941, de 27-5-2009.
- Dec. nº 6.166, de 24-7-2007, regulamenta o parcelamento dos débitos dos Estados e do Distrito Federal relativos às contribuições sociais de que tratam as alíneas *a* e *c* do parágrafo único do art. 11 desta Lei e instituído pelos arts. 32 a 39 da Lei nº 11.457, de 16-3-2007.

§ 2º Na impossibilidade de haver compensação integral na forma do parágrafo anterior, o saldo remanescente será objeto de restituição.

§ 3º Para os fins desta Lei, entende-se como cessão de mão de obra a colocação à disposição do contratante, em suas dependências ou nas de terceiros, de segurados que realizem serviços contínuos, relacionados ou não com a atividade-fim da empresa, quaisquer que sejam a natureza e a forma de contratação.

- §§ 2º e 3º com a redação dada pela Lei nº 9.711, de 20-11-1998.

§ 4º Enquadram-se na situação prevista no parágrafo anterior, além de outros estabelecidos em regulamento, os seguintes serviços:

- *Caput* do § 4º com a redação dada pela Lei nº 9.711, de 20-11-1998.

I – limpeza, conservação e zeladoria;
II – vigilância e segurança;
III – empreitada de mão de obra;
IV – contratação de trabalho temporário na forma da Lei nº 6.019, de 3 de janeiro de 1974.

- Incisos I a IV com a redação dada pela Lei nº 9.711, de 20-11-1998.

§ 5º O cedente da mão de obra deverá elaborar folhas de pagamento distintas para cada contratante.

- § 5º acrescido pela Lei nº 9.711, de 20-11-1998.
- Art. 219 do Dec. nº 3.048, de 6-5-1999 (Regulamento da Previdência Social).

§ 6º Em se tratando de retenção e recolhimento realizados na forma do *caput* deste artigo, em nome de consórcio, de que tratam os arts. 278 e 279 da Lei nº 6.404, de 15 de dezembro de 1976, aplica-se o disposto em todo este artigo, observada a participação de cada uma das empresas consorciadas, na forma do respectivo ato constitutivo.

- § 6º acrescido pela Lei nº 11.941, de 27-5-2009.

Art. 32. A empresa é também obrigada a:

I – preparar folhas de pagamento das remunerações pagas ou creditadas a todos os segurados a seu serviço, de acordo com os padrões e normas estabelecidos pelo órgão competente da Seguridade Social;

II – lançar mensalmente em títulos próprios de sua contabilidade, de forma discriminada, os fatos geradores de todas as contribuições, o montante das quantias descontadas, as contribuições da empresa e os totais recolhidos;

III – prestar à Secretaria da Receita Federal do Brasil todas as informações cadastrais, financeiras e contábeis de seu interesse, na forma por ela estabelecida, bem como os esclarecimentos necessários à fiscalização;

IV – declarar à Secretaria da Receita Federal do Brasil e ao Conselho Curador do Fundo de Garantia do Tempo de Serviço – FGTS, na forma, prazo e condições estabelecidos por esses órgãos, dados relacionados a fatos geradores, base de cálculo e valores devidos da contribuição previdenciária e outras informações de interesse do INSS ou do Conselho Curador do FGTS;

- Incisos III e IV com a redação dada pela Lei nº 11.941, de 27-5-2009.
- Art. 39, § 3º, desta Lei.

V – VETADO. Lei nº 10.403, de 8-1-2002;

VI – comunicar, mensalmente, aos empregados, por intermédio de documento a ser definido em regulamento, os valores recolhidos sobre o total de sua remuneração ao INSS.

- Inciso VI acrescido pela Lei nº 12.692, de 24-7-2012.

§ 1º *Revogado*. Lei nº 11.941, de 27-5-2009.

§ 2º A declaração de que trata o inciso IV do *caput* deste artigo constitui instrumento hábil e suficiente para a exigência do crédito tributário, e suas informações comporão a base de dados para fins de cálculo e concessão dos benefícios previdenciários.

► § 2º com a redação dada pela Lei nº 11.941, de 27-5-2009.

§§ 3º a 8º *Revogados*. Lei nº 11.941, de 27-5-2009.

§ 9º A empresa deverá apresentar o documento a que se refere o inciso IV do *caput* deste artigo ainda que não ocorram fatos geradores de contribuição previdenciária, aplicando-se, quando couber, a penalidade prevista no art. 32-A desta Lei.

§ 10. O descumprimento do disposto no inciso IV do *caput* deste artigo impede a expedição da certidão de prova de regularidade fiscal perante a Fazenda Nacional.

§ 11. Em relação aos créditos tributários, os documentos comprobatórios do cumprimento das obrigações de que trata este artigo devem ficar arquivados na empresa até que ocorra a prescrição relativa aos créditos decorrentes das operações a que se refiram.

► §§ 9º a 11 com a redação dada pela Lei nº 11.941, de 27-5-2009.

► Art. 225 do Dec. nº 3.048, de 6-5-1999 (Regulamento da Previdência Social).

§ 12. VETADO. Lei nº 12.692, de 24-7-2012.

Art. 32-A. O contribuinte que deixar de apresentar a declaração de que trata o inciso IV do *caput* do art. 32 desta Lei no prazo fixado ou que a apresentar com incorreções ou omissões será intimado a apresentá-la ou a prestar esclarecimentos e sujeitar-se-á às seguintes multas:

► Arts. 48 a 50 da Lei nº 13.097, de 19-1-2015 (Altera a Legislação Federal).

► Lei nº 14.397, de 8-7-2022, anistia infrações e anula multas por atraso na entrega da Guia de Recolhimento do Fundo de Garantia do Tempo de Serviço e Informações à Previdência Social (GFIP).

I – de R$ 20,00 (vinte reais) para cada grupo de 10 (dez) informações incorretas ou omitidas; e

II – de 2% (dois por cento) ao mês-calendário ou fração, incidentes sobre o montante das contribuições informadas, ainda que integralmente pagas, no caso de falta de entrega da declaração ou entrega após o prazo, limitada a 20% (vinte por cento), observado o disposto no § 3º deste artigo.

§ 1º Para efeito de aplicação da multa prevista no inciso II do *caput* deste artigo, será considerado como termo inicial o dia seguinte ao término do prazo fixado para entrega da declaração e como termo final a data da efetiva entrega ou, no caso de não apresentação, a data da lavratura do auto de infração ou da notificação de lançamento.

§ 2º Observado o disposto no § 3º deste artigo, as multas serão reduzidas:

I – à metade, quando a declaração for apresentada após o prazo, mas antes de qualquer procedimento de ofício; ou

II – a 75% (setenta e cinco por cento), se houver apresentação da declaração no prazo fixado em intimação.

§ 3º A multa mínima a ser aplicada será de:

I – R$ 200,00 (duzentos reais), tratando-se de omissão de declaração sem ocorrência de fatos geradores de contribuição previdenciária; e

II – R$ 500,00 (quinhentos reais), nos demais casos.

► Art. 32-A com a redação dada pela Lei nº 11.941, de 27-5-2009.

Art. 32-B. Os órgãos da administração direta, as autarquias, as fundações e as empresas públicas da União, dos Estados, do Distrito Federal e dos Municípios, cujas Normas Gerais de Direito Financeiro para elaboração e controle dos orçamentos estão definidas pela Lei nº 4.320, de 17 de março de 1964, e pela Lei Complementar nº 101, de 4 de maio de 2000, ficam obrigados, na forma estabelecida pela Secretaria da Receita Federal do Brasil do Ministério da Fazenda, a apresentar:

I – a contabilidade entregue ao Tribunal de Controle Externo; e

II – a folha de pagamento.

Parágrafo único. As informações de que trata o *caput* deverão ser apresentadas até o dia 30 de abril do ano seguinte ao encerramento do exercício.

► Art. 32-B com a redação dada pela Lei nº 12.810, de 15-5-2013.

Art. 32-C. O segurado especial responsável pelo grupo familiar que contratar na forma do § 8º do art. 12 apresentará as informações relacionadas ao registro de trabalhadores, aos fatos geradores, à base de cálculo e aos valores das contribuições devidas à Previdência Social e ao Fundo de Garantia do Tempo de Serviço – FGTS e outras informações de interesse da Secretaria da Receita Federal do Brasil, do Ministério da Previdência Social, do Ministério do Trabalho e Emprego e do Conselho Curador do FGTS, por meio de sistema eletrônico com entrada única de dados, e efetuará os recolhimentos por meio de documento único de arrecadação.

► *Caput* acrescido pela Lei nº 12.873, de 24-10-2013 (*DOU* de 25-10-2013), em vigor a partir do 1º (primeiro) dia do sétimo mês subsequente à data de sua publicação.

§ 1º Os Ministros de Estado da Fazenda, da Previdência Social e do Trabalho e Emprego disporão, em ato conjunto, sobre a prestação das informações, a apuração, o recolhimento e a distribuição dos recursos recolhidos e sobre as informações geradas por meio do sistema eletrônico e da guia de recolhimento de que trata o *caput*.

§ 2º As informações prestadas no sistema eletrônico de que trata o *caput* têm caráter declaratório, constituem instrumento hábil e suficiente para a exigência dos tributos e encargos apurados e substituirão, na forma regulamentada pelo ato conjunto que prevê o § 1º, a obrigatoriedade de entrega de todas as informações, formulários e declarações a que está sujeito o grupo familiar, inclusive as relativas ao recolhimento do FGTS.

► §§ 1º e 2º acrescidos pela Lei nº 12.873, de 24-10-2013 (*DOU* de 25-10-2013), em vigor a partir do 1º (primeiro) dia do sétimo mês subsequente à data de sua publicação.

§ 3º O segurado especial de que trata o *caput* deste artigo fica obrigado a arrecadar, até o vigésimo dia do mês seguinte ao da competência:

► *Caput* do § 3º com a redação dada pela Lei nº 14.438, de 24-8-2022.

I – as contribuições previstas nos incisos X, XII e XIII do *caput* do art. 30 desta Lei;

II – os valores referentes ao FGTS; e

III – os encargos trabalhistas sob a sua responsabilidade.

► Incisos I a III acrescidos pela Lei nº 14.438, de 24-8-2022.

§ 4º Os recolhimentos devidos, nos termos do § 3º, deverão ser pagos por meio de documento único de arrecadação.

§ 5º Se não houver expediente bancário na data indicada no § 3º, o recolhimento deverá ser antecipado para o dia útil imediatamente anterior.

§ 6º Os valores não pagos até a data do vencimento sujeitar-se-ão à incidência de acréscimos e encargos legais na forma prevista na legislação do Imposto sobre a Renda e Proventos de Qualquer Natureza para as contribuições de caráter tributário, e conforme o art. 22 da Lei nº 8.036, de 11 de maio de 1990, para os depósitos do FGTS, inclusive no que se refere às multas por atraso.

§ 7º O recolhimento do valor do FGTS na forma deste artigo será creditado diretamente em conta vinculada do trabalhador, assegurada a transferência dos elementos identificadores do recolhimento ao agente operador do fundo.

§ 8º O ato de que trata o § 1º regulará a compensação e a restituição dos valores dos tributos e dos encargos trabalhistas recolhidos, no documento único de arrecadação, indevidamente ou em montante superior ao devido.

§ 9º A devolução de valores do FGTS, depositados na conta vinculada do trabalhador, será objeto de norma regulamentar do Conselho Curador e do Agente Operador do Fundo de Garantia do Tempo de Serviço.

§ 10. O produto da arrecadação de que trata o § 3º será centralizado na Caixa Econômica Federal.

§ 11. A Caixa Econômica Federal, com base nos elementos identificadores do recolhimento, disponíveis no sistema de que trata o *caput* deste artigo, transferirá para a Conta Única do Tesouro Nacional os valores arrecadados dos tributos e das contribuições previstas nos incisos X, XII e XIII do *caput* do art. 30.

§ 12. A impossibilidade de utilização do sistema eletrônico referido no *caput* será objeto de regulamento, a ser editado pelo Ministério da Fazenda e pelo Agente Operador do FGTS.

§ 13. A sistemática de entrega das informações e recolhimentos de que trata o *caput* poderá ser estendida pelas autoridades previstas no § 1º para o produtor rural pessoa física de que trata a alínea *a* do inciso V do *caput* do art. 12.

§ 14. Aplica-se às informações entregues na forma deste artigo o disposto no § 2º do art. 32 e no art. 32-A.

► §§ 4º a 14 acrescidos pela Lei nº 12.873, de 24-10-2013 (*DOU* de 25-10-2013), em vigor a partir do 1º (primeiro) dia do sétimo mês subsequente à data de sua publicação.

Art. 33. À Secretaria da Receita Federal do Brasil compete planejar, executar, acompanhar e avaliar as atividades relativas à tributação, à fiscalização, à arrecadação, à cobrança e ao recolhimento das contribuições sociais previstas no parágrafo único do art. 11 desta Lei, das contribuições incidentes a título de substituição e das devidas a outras entidades e fundos.

► *Caput* com a redação dada pela Lei nº 11.941, de 27-5-2009.

§ 1º É prerrogativa da Secretaria da Receita Federal do Brasil, por intermédio dos Auditores Fiscais da Receita Federal do Brasil, o exame da contabilidade das empresas, ficando obrigados a prestar todos os esclarecimentos e informações solicitados o segurado e os terceiros responsáveis pelo recolhimento das contribuições previdenciárias e das contribuições devidas a outras entidades e fundos.

§ 2º A empresa, o segurado da Previdência Social, o serventuário da Justiça, o síndico ou seu representante, o comissário e o liquidante de empresa em liquidação judicial ou extrajudicial são obrigados a exibir todos os documentos e livros relacionados com as contribuições previstas nesta Lei.

§ 3º Ocorrendo recusa ou sonegação de qualquer documento ou informação, ou sua apresentação deficiente, a Secretaria da Receita Federal do Brasil pode, sem prejuízo da penalidade cabível, lançar de ofício a importância devida.

§ 4º Na falta de prova regular e formalizada pelo sujeito passivo, o montante dos salários pagos pela execução de obra de construção civil pode ser obtido mediante cálculo da mão de obra empregada, proporcional à área construída, de acordo com critérios estabelecidos pela Secretaria da Receita Federal do Brasil, cabendo ao proprietário, dono da obra, condômino da unidade imobiliária ou empresa corresponsável o ônus da prova em contrário.

► §§ 1º a 4º com a redação dada pela Lei nº 11.941, de 27-5-2009.

§ 5º O desconto de contribuição e de consignação legalmente autorizadas sempre se presume feito oportuna e regularmente pela empresa a isso obrigada, não lhe sendo lícito alegar omissão para se eximir do recolhimento, ficando diretamente responsável pela importância que deixou de receber ou arrecadou em desacordo com o disposto nesta Lei.

§ 6º Se, no exame da escrituração contábil e de qualquer outro documento da empresa, a fiscalização constatar que a contabilidade não registra o movimento real de remuneração dos segurados a seu serviço, do faturamento e do lucro, serão apuradas, por aferição indireta, as contribuições efetivamente devidas, cabendo à empresa o ônus da prova em contrário.

§ 7º O crédito da seguridade social é constituído por meio de notificação de lançamento, de auto de infração e de confissão de valores devidos e não recolhidos pelo contribuinte.

§ 8º Aplicam-se às contribuições sociais mencionadas neste artigo as presunções legais de omissão de receita previstas nos §§ 2º e 3º do art. 12 do Decreto-Lei nº 1.598, de 26 de dezembro de 1977, e nos arts. 40, 41 e 42 da Lei nº 9.430, de 27 de dezembro de 1996.

► §§ 7º e 8º com a redação dada pela Lei nº 11.941, de 27-5-2009.

► Art. 229 do Dec. nº 3.048, de 6-5-1999 (Regulamento da Previdência Social).

Art. 34. *Revogado.* Lei nº 11.941, de 27-5-2009.

Art. 35. Os débitos com a União decorrentes das contribuições sociais previstas nas alíneas *a*, *b* e *c* do parágrafo único do art. 11 desta Lei, das contribuições instituídas a título de substituição e das contribuições devidas a terceiros, assim entendidas outras entidades e fundos, não pagos nos prazos previstos em legislação, serão acrescidos de multa de mora e juros de mora, nos termos do art. 61 da Lei nº 9.430, de 27 de dezembro de 1996.

► *Caput* com a redação dada pela Lei nº 11.941, de 27-5-2009.

I a III – *Revogados.* Lei nº 11.941, de 27-5-2009.

§§ 1º a 4º *Revogados.* Lei nº 11.941, de 27-5-2009.

Art. 35-A. Nos casos de lançamento de ofício relativos às contribuições referidas no art. 35 desta Lei, aplica-se o disposto no art. 44 da Lei nº 9.430, de 27 de dezembro de 1996.

► Art. 35-A com a redação dada pela Lei nº 11.941, de 27-5-2009.

Art. 36. *Revogado.* Lei nº 8.218, de 29-8-1991.

Art. 37. Constatado o não recolhimento total ou parcial das contribuições tratadas nesta Lei, não declaradas na forma do art. 32 desta Lei, a falta de pagamento de benefício reembolsado ou o descumprimento de obrigação acessória, será lavrado auto de infração ou notificação de lançamento.

▸ *Caput* com a redação dada pela Lei nº 11.941, de 27-5-2009.

§§ 1º e 2º *Revogados*. Lei nº 11.941, de 27-5-2009.

Art. 38. *Revogado*. Lei nº 11.941, de 27-5-2009.

Art. 39. O débito original e seus acréscimos legais, bem como outras multas previstas em lei, constituem dívida ativa da União, promovendo-se a inscrição em livro próprio daquela resultante das contribuições de que tratam as alíneas *a*, *b* e *c* do parágrafo único do art. 11 desta Lei.

▸ *Caput* com a redação dada pela Lei nº 11.457, de 16-3-2007.

§ 1º *Revogado*. Lei nº 11.501, de 11-7-2007.

§ 2º É facultado aos órgãos competentes, antes de ajuizar a cobrança da dívida ativa de que trata o *caput* deste artigo, promover o protesto de título dado em garantia, que será recebido *pro solvendo*.

§ 3º Serão inscritas como dívida ativa da União as contribuições que não tenham sido recolhidas ou parceladas resultantes das informações prestadas no documento a que se refere o inciso IV do art. 32 desta Lei.

▸ §§ 2º e 3º com a redação dada pela Lei nº 11.457, de 16-3-2007.

Art. 40. VETADO.

Art. 41. *Revogado*. Lei nº 11.941, de 27-5-2009.

Art. 42. Os administradores de autarquias e fundações públicas, criadas e mantidas pelo Poder Público, de empresas públicas e de sociedades de economia mista sujeitas ao controle da União, dos Estados, do Distrito Federal ou dos Municípios, que se encontrarem em mora, por mais de 30 (trinta) dias, no recolhimento das contribuições previstas nesta Lei, tornam-se solidariamente responsáveis pelo respectivo pagamento, ficando ainda sujeitos às proibições do artigo 1º e às sanções dos artigos 4º e 7º do Decreto-Lei nº 368, de 19 de dezembro de 1968.

Art. 43. Nas ações trabalhistas de que resultar o pagamento de direitos sujeitos à incidência de contribuição previdenciária, o juiz, sob pena de responsabilidade, determinará o imediato recolhimento das importâncias devidas à Seguridade Social.

§ 1º Nas sentenças judiciais ou nos acordos homologados em que não figurarem, discriminadamente, as parcelas legais relativas às contribuições sociais, estas incidirão sobre o valor total apurado em liquidação de sentença ou sobre o valor do acordo homologado.

§ 2º Considera-se ocorrido o fato gerador das contribuições sociais na data da prestação do serviço.

§ 3º As contribuições sociais serão apuradas mês a mês, com referência ao período da prestação de serviços, mediante a aplicação de alíquotas, limites máximos do salário de contribuição e acréscimos legais moratórios vigentes relativamente a cada uma das competências abrangidas, devendo o recolhimento ser efetuado no mesmo prazo em que devam ser pagos os créditos encontrados em liquidação de sentença ou em acordo homologado, sendo que nesse último caso o recolhimento será feito em tantas parcelas quantas as previstas no acordo, nas mesmas datas em que sejam exigíveis e proporcionalmente a cada uma delas.

§ 4º No caso de reconhecimento judicial da prestação de serviços em condições que permitam a aposentadoria especial após 15 (quinze), 20 (vinte) ou 25 (vinte e cinco) anos de contribuição, serão devidos os acréscimos de contribuição de que trata o § 6º do art. 57 da Lei nº 8.213, de 24 de julho de 1991.

§ 5º Na hipótese de acordo celebrado após ter sido proferida decisão de mérito, a contribuição será calculada com base no valor do acordo.

§ 6º Aplica-se o disposto neste artigo aos valores devidos ou pagos nas Comissões de Conciliação Prévia de que trata a Lei nº 9.958, de 12 de janeiro de 2000.

▸ §§ 1º a 6º com a redação dada pela Lei nº 11.941, de 27-5-2009.

Art. 44. *Revogado*. Lei nº 11.501, de 11-7-2007.

Art. 45. *Revogado*. LC nº 128, de 19-12-2008.

Art. 45-A. O contribuinte individual que pretenda contar como tempo de contribuição, para fins de obtenção de benefício no Regime Geral de Previdência Social ou de contagem recíproca do tempo de contribuição, período de atividade remunerada alcançada pela decadência deverá indenizar o INSS.

§ 1º O valor da indenização a que se refere o *caput* deste artigo e o § 1º do art. 55 da Lei nº 8.213, de 24 de julho de 1991, corresponderá a 20% (vinte por cento):

I – da média aritmética simples dos maiores salários de contribuição, reajustados, correspondentes a 80% (oitenta por cento) de todo o período contributivo decorrido desde a competência julho de 1994; ou

II – da remuneração sobre a qual incidem as contribuições para o regime próprio de previdência social a que estiver filiado o interessado, no caso de indenização para fins da contagem recíproca de que tratam os arts. 94 a 99 da Lei nº 8.213, de 24 de julho de 1991, observados o limite máximo previsto no art. 28 e o disposto em regulamento.

§ 2º Sobre os valores apurados na forma do § 1º deste artigo incidirão juros moratórios de 0,5% (cinco décimos por cento) ao mês, capitalizados anualmente, limitados ao percentual máximo de 50% (cinquenta por cento), e multa de 10% (dez por cento).

§ 3º O disposto no § 1º deste artigo não se aplica aos casos de contribuições em atraso não alcançadas pela decadência do direito de a Previdência constituir o respectivo crédito, obedecendo-se, em relação a elas, as disposições aplicadas às empresas em geral.

▸ Art. 45-A acrescido pela LC nº 128, de 19-12-2008.

Art. 46. *Revogado*. LC nº 128, de 19-12-2008.

CAPÍTULO XI

DA PROVA DE INEXISTÊNCIA DE DÉBITO

Art. 47. É exigida Certidão Negativa de Débito – CND, fornecida pelo órgão competente, nos seguintes casos:

▸ *Caput* com a redação dada pela Lei nº 9.032, de 28-4-1995.

I – da empresa:

a) na contratação com o Poder Público e no recebimento de benefícios ou incentivo fiscal ou creditício concedido por ele;

▸ Art. 4º, IV, da Lei nº 13.999, de 18-5-2020, que institui o Programa Nacional de Apoio às Microempresas e Empresas de Pequeno Porte (PRONAMPE), para o desenvolvimento e o fortalecimento dos pequenos negócios.

b) na alienação ou oneração, a qualquer título, de bem imóvel ou direito a ele relativo;

c) na alienação ou oneração, a qualquer título, de bem móvel de valor superior a CR$ 2.500.000,00 (dois milhões e quinhentos mil cruzeiros) incorporado ao ativo permanente da empresa;

▸ Art. 8º, V, da Port. Interministerial do MTPrev e MF nº 26, de 10-1-2023 (*DOU* de 11-1-2023), que altera o valor previsto nesta alínea para R$ 77.500,38 (setenta e sete mil quinhentos reais e trinta e oito centavos).

d) no registro ou arquivamento, no órgão próprio, de ato relativo a baixa ou redução de capital de firma individual, redução de capital social, cisão total ou parcial, transformação ou extinção de entidade ou sociedade comercial ou civil e transferência de controle de cotas de sociedades de responsabilidade limitada;

▸ Alínea *d* com a redação dada pela Lei nº 9.528, de 10-12-1997.

II – do proprietário, pessoa física ou jurídica, de obra de construção civil, quando de sua averbação no registro de imóveis, salvo no caso do inciso VIII do artigo 30.

§ 1º A prova de inexistência de débito deve ser exigida da empresa em relação a todas as suas dependências, estabelecimentos e obras de construção civil, independentemente do local onde se encontrem, ressalvado aos órgãos competentes o direito de cobrança de qualquer débito apurado posteriormente.

§ 2º A prova de inexistência de débito, quando exigível ao incorporador, independe da apresentada no registro de imóveis por ocasião da inscrição do memorial de incorporação.

§ 3º Fica dispensada a transcrição, em instrumento público ou particular, do inteiro teor do documento comprobatório de inexistência de débito, bastando a referência ao seu número de série e data da emissão, bem como a guarda do documento comprobatório à disposição dos órgãos competentes.

§ 4º O documento comprobatório de inexistência de débito poderá ser apresentado por cópia autenticada, dispensada a indicação de sua finalidade, exceto no caso do inciso II deste artigo.

§ 5º O prazo de validade da certidão expedida conjuntamente pela Secretaria Especial da Receita Federal do Brasil e pela Procuradoria-Geral da Fazenda Nacional do Ministério da Economia, referente aos tributos federais e à dívida ativa da União por elas administrados, será de até 180 (cento e oitenta) dias, contado da data de emissão da certidão, prorrogável, excepcionalmente, pelo prazo determinado em ato conjunto dos referidos órgãos.

▸ § 5º com a redação dada pela Lei nº 14.148, de 3-5-2021.

§ 6º Independe de prova de inexistência de débito:

a) a lavratura ou assinatura de instrumento, ato ou contrato que constitua retificação, ratificação ou efetivação de outro anterior para o qual já foi feita a prova;

b) a constituição de garantia para concessão de crédito rural, em qualquer de suas modalidades, por instituição de crédito pública ou privada, desde que o contribuinte referido no artigo 25, não seja responsável direto pelo recolhimento de contribuições sobre a sua produção para a Seguridade Social;

c) a averbação prevista no inciso II deste artigo, relativa a imóvel cuja construção tenha sido concluída antes de 22 de novembro de 1966;

d) o recebimento pelos Municípios de transferência de recursos destinados a ações de assistência social, educação, saúde e em caso de calamidade pública;

▸ Alínea *d* acrescida pela Lei nº 11.960, de 29-6-2009.

e) a averbação da construção civil localizada em área objeto de regularização fundiária de interesse social, na forma da Lei nº 11.977, de 7 de julho de 2009.

▸ Alínea e acrescida pela Lei nº 12.424, de 16-6-2011 (*DOU* de 17-6-2011 e republicada no *DOU* de 20-6-2011).

§ 7º O condômino adquirente de unidades imobiliárias de obra de construção civil não incorporada na forma da Lei nº 4.591, de 16 de dezembro de 1964, poderá obter documento comprobatório de inexistência de débito, desde que comprove o pagamento das contribuições relativas à sua unidade, conforme dispuser o regulamento.

§ 8º *Revogado*. Lei nº 11.941, de 27-5-2009.

Art. 48. A prática de ato com inobservância do disposto no artigo anterior, ou o seu registro, acarretará a responsabilidade solidária dos contratantes e do oficial que lavrar ou registrar o instrumento, sendo o ato nulo para todos os efeitos.

§ 1º Os órgãos competentes podem intervir em instrumento que depender de prova de inexistência de débito, a fim de autorizar sua lavratura, desde que o débito seja pago no ato ou o seu pagamento fique assegurado mediante confissão de dívida fiscal com o oferecimento de garantias reais suficientes, na forma estabelecida em regulamento.

§ 2º Em se tratando de alienação de bens do ativo de empresa em regime de liquidação extrajudicial, visando à obtenção de recursos necessários ao pagamento dos credores, independentemente do pagamento ou da confissão de dívida fiscal, o Instituto Nacional do Seguro Social – INSS poderá autorizar a lavratura do respectivo instrumento, desde que o valor do crédito previdenciário conste, regularmente, do quadro geral de credores, observada a ordem de preferência legal.

▸ § 2º acrescido pela Lei nº 9.639, de 25-5-1998.

§ 3º O servidor, o serventuário da Justiça, o titular de serventia extrajudicial e a autoridade ou órgão que infringirem o disposto no artigo anterior incorrerão em multa aplicada na forma estabelecida no artigo 92, sem prejuízo da responsabilidade administrativa e penal cabível.

▸ § 2º transformado em § 3º e com a redação dada pela Lei nº 9.639, de 25-5-1998.

▸ Arts. 264 e 265 do Dec. nº 3.048, de 6-5-1999 (Regulamento da Previdência Social).

TÍTULO VII – DAS DISPOSIÇÕES GERAIS

Art. 49. A matrícula da empresa será efetuada nos termos e condições estabelecidos pela Secretaria da Receita Federal do Brasil.

▸ *Caput* com a redação dada pela Lei nº 11.941, de 27-5-2009.

I e II – *Revogados*. Lei nº 11.941, de 27-5-2009.

§ 1º No caso de obra de construção civil, a matrícula deverá ser efetuada mediante comunicação obrigatória do responsável por sua execução, no prazo de 30 (trinta) dias, contado do início de suas atividades, quando obterá número cadastral básico, de caráter permanente.

▸ § 1º com a redação dada pela Lei nº 11.941, de 27-5-2009.

a e *b*) *Revogadas*. Lei nº 11.941, de 27-5-2009.

§ 2º *Revogado*. Lei nº 11.941, de 27-5-2009.

§ 3º O não cumprimento do disposto no § 1º deste artigo sujeita o responsável a multa na forma estabelecida no art. 92 desta Lei.

- § 3º com a redação dada pela Lei nº 11.491, de 27-5-2009.

§ 4º O Departamento Nacional de Registro do Comércio (DNRC), por intermédio das Juntas Comerciais, e os Cartórios de Registro Civil de Pessoas Jurídicas prestarão, obrigatoriamente, ao Ministério da Economia, ao INSS e à Secretaria da Receita Federal do Brasil todas as informações referentes aos atos constitutivos e alterações posteriores relativos a empresas e entidades neles registradas.

- § 4º com a redação dada pela Lei nº 13.846, de 18-6-2019.

§ 5º A matrícula atribuída pela Secretaria da Receita Federal do Brasil ao produtor rural pessoa física ou segurado especial é o documento de inscrição do contribuinte, em substituição à inscrição no Cadastro Nacional de Pessoa Jurídica – CNPJ, a ser apresentado em suas relações com o Poder Público, inclusive para licenciamento sanitário de produtos de origem animal ou vegetal submetidos a processos de beneficiamento ou industrialização artesanal, com as instituições financeiras, para fins de contratação de operações de crédito, e com os adquirentes de sua produção ou fornecedores de sementes, insumos, ferramentas e demais implementos agrícolas.

§ 6º O disposto no § 5º deste artigo não se aplica ao licenciamento sanitário de produtos sujeitos à incidência de Imposto sobre Produtos Industrializados ou ao contribuinte cuja inscrição no Cadastro Nacional de Pessoa Jurídica – CNPJ seja obrigatória.

- §§ 5º e 6º acrescidos pela Lei nº 11.718, de 20-6-2008.
- Art. 256 do Dec. nº 3.048, de 6-5-1999 (Regulamento da Previdência Social).

Art. 50. Para fins de fiscalização do INSS, o Município, por intermédio do órgão competente, fornecerá relação de alvarás para construção civil e documentos de "habite-se" concedidos.

- Artigo com a redação dada pela Lei nº 9.476, de 23-6-1997.
- A alteração que seria introduzida neste artigo pela Lei nº 11.941, de 27-5-2009, foi vetada, razão pela qual mantivemos a sua redação.

Art. 51. O crédito relativo a contribuições, cotas e respectivos adicionais ou acréscimos de qualquer natureza arrecadados pelos órgãos competentes, bem como a atualização monetária e os juros de mora, estão sujeitos, nos processos de falência, concordata ou concurso de credores, às disposições atinentes aos créditos da União, aos quais são equiparados.

- A concordata foi substituída pela recuperação judicial, conforme Lei nº 11.101, de 9-2-2005 (Lei de Recuperação de Empresas e Falências).

Parágrafo único. O Instituto Nacional do Seguro Social – INSS reivindicará os valores descontados pela empresa de seus empregados e ainda não recolhidos.

Art. 52. Às empresas, enquanto estiverem em débito não garantido com a União, aplica-se o disposto no art. 32 da Lei nº 4.357, de 16 de julho de 1964.

- *Caput* com a redação dada pela Lei nº 11.941, de 27-5-2009.

I e II – *Revogados*. Lei nº 11.941, de 27-5-2009.

Parágrafo único. *Revogado*. Lei nº 11.941, de 27-5-2009.

Art. 53. Na execução judicial da dívida ativa da União, suas autarquias e fundações públicas, será facultado ao exequente indicar bens à penhora, a qual será efetivada concomitantemente com a citação inicial do devedor.

§ 1º Os bens penhorados nos termos deste artigo ficam desde logo indisponíveis.

§ 2º Efetuado o pagamento integral da dívida executada, com seus acréscimos legais, no prazo de 2 (dois) dias úteis contados da citação, independentemente da juntada aos autos do respectivo mandado, poderá ser liberada a penhora, desde que não haja outra execução pendente.

§ 3º O disposto neste artigo aplica-se também às execuções já processadas.

§ 4º Não sendo opostos embargos, no caso legal, ou sendo eles julgados improcedentes, os autos serão conclusos ao juiz do feito, para determinar o prosseguimento da execução.

- Lei nº 6.830, de 22-9-1980 (Lei das Execuções Fiscais).

Art. 54. Os órgãos competentes estabelecerão critério para a dispensa de constituição ou exigência de crédito de valor inferior ao custo dessa medida.

Art. 55. *Revogado.* Lei nº 12.101, de 27-11-2009.

▸ Ações Diretas de Inconstitucionalidade nºs 2.028, 2.036, 2.228 e 2.261 convoladas em Arguições de Descumprimento de Preceitos Fundamentais.

Art. 56. A inexistência de débitos em relação às contribuições devidas ao Instituto Nacional do Seguro Social – INSS, a partir da publicação desta Lei, é condição necessária para que os Estados, o Distrito Federal e os Municípios possam receber as transferências dos recursos do Fundo de Participação dos Estados e do Distrito Federal – FPE e do Fundo de Participação dos Municípios – FPM, celebrar acordos, contratos, convênios ou ajustes, bem como receber empréstimos, financiamentos, avais e subvenções em geral de órgãos ou entidades da administração direta e indireta da União.

§ 1º *Revogado.* MP nº 2.187-13, de 24-8-2001.

▸ Antigo parágrafo único renumerado para § 1º pela Lei nº 12.810, de 15-5-2013.

§ 2º Os recursos do FPE e do FPM não transferidos em decorrência da aplicação do *caput* deste artigo poderão ser utilizados para quitação, total ou parcial, dos débitos relativos às contribuições de que tratam as alíneas *a* e *c* do parágrafo único do art. 11 desta Lei, a pedido do representante legal do Estado, Distrito Federal ou Município.

▸ § 2º acrescido pela Lei nº 12.810, de 15-5-2013.

Art. 57. Os Estados, o Distrito Federal e os Municípios serão, igualmente, obrigados a apresentar, a partir de 1º de junho de 1992, para os fins do disposto no artigo anterior, comprovação de pagamento da parcela mensal referente aos débitos com o Instituto Nacional do Seguro Social – INSS, existentes até 1º de setembro de 1991, renegociados nos termos desta Lei.

Art. 58. Os débitos dos Estados, do Distrito Federal e dos Municípios para com o Instituto Nacional do Seguro Social – INSS, existentes até 1º de setembro de 1991, poderão ser liquidados em até 240 (duzentos e quarenta) parcelas mensais.

§ 1º Para apuração dos débitos será considerado o valor original atualizado pelo índice oficial utilizado pela Seguridade Social para correção de seus créditos.

▸ Parágrafo único transformado em § 1º pela Lei nº 8.444, de 20-7-1992.

§ 2º As contribuições descontadas até 30 de junho de 1992 dos segurados que tenham prestado serviços aos Estados, ao Distrito Federal e aos Municípios poderão ser objeto de acordo para parcelamento em até doze meses, não se lhes aplicando o disposto no § 1º do artigo 38 desta Lei.

▸ § 2º acrescido pela Lei nº 8.444, de 20-7-1992.

Art. 59. O Instituto Nacional do Seguro Social – INSS implantará, no prazo de 90 (noventa) dias a contar da data da publicação desta Lei, sistema próprio e informatizado de cadastro dos pagamentos e débitos dos Governos Estaduais, do Distrito Federal e das Prefeituras Municipais, que viabilize o permanente acompanhamento e fiscalização do disposto nos artigos 56, 57 e 58 e permita a divulgação periódica dos devedores da Previdência Social.

Art. 60. O pagamento dos benefícios da Seguridade Social será realizado por intermédio da rede bancária ou por outras formas definidas pelo Ministério da Previdência Social.

▸ *Caput* com a redação dada pela Lei nº 11.941, de 27-5-2009.

Parágrafo único. *Revogado.* MP nº 2.170-36, de 23-8-2001.

Art. 61. As receitas provenientes da cobrança de débitos dos Estados e Municípios e da alienação, arrendamento ou locação de bens móveis ou imóveis pertencentes ao patrimônio do Instituto Nacional do Seguro Social – INSS, deverão constituir reserva técnica, de longo prazo, que garantirá o seguro social estabelecido no Plano de Benefícios da Previdência Social.

Parágrafo único. É vedada a utilização dos recursos de que trata este artigo, para cobrir despesas de custeio em geral, inclusive as decorrentes de criação, majoração ou extensão dos benefícios ou serviços da Previdência Social, admitindo-se sua utilização, excepcionalmente, em despesas de capital, na forma da lei de orçamento.

Art. 62. A contribuição estabelecida na Lei nº 5.161, de 21 de outubro de 1966, em favor da Fundação Jorge Duprat Figueiredo de Segurança e Medicina do Trabalho – FUNDACENTRO, será de 2% (dois por cento) da receita proveniente da contribuição a cargo da empresa, a título de financiamento da complementação das prestações por acidente do trabalho, estabelecida no inciso II do artigo 22.

Parágrafo único. Os recursos referidos neste artigo poderão contribuir para o financiamento das despesas com pessoal e administração geral da Fundação Jorge Duprat Figueiredo de Segurança e Medicina do Trabalho – FUNDACENTRO.

► Parágrafo único acrescido pela Lei nº 9.639, de 25-5-1998.

TÍTULO VIII – DAS DISPOSIÇÕES FINAIS E TRANSITÓRIAS

Capítulo I

DA MODERNIZAÇÃO DA PREVIDÊNCIA SOCIAL

Arts. 63 a 66. *Revogados*. MP nº 2.216-37, de 31-8-2001.

Art. 67. Até que seja implantado o Cadastro Nacional do Trabalhador – CNT, as instituições e órgãos federais, estaduais, do Distrito Federal e municipais, detentores de cadastros de empresas e de contribuintes em geral, deverão colocar à disposição do Instituto Nacional do Seguro Social – INSS, mediante a realização de convênios, todos os dados necessários à permanente atualização dos cadastros da Previdência Social.

Art. 68. O Titular do Cartório de Registro Civil de Pessoas Naturais remeterá ao INSS, em até 1 (um) dia útil, pelo Sistema Nacional de Informações de Registro Civil (SIRC) ou por outro meio que venha a substituí-lo, a relação dos nascimentos, dos natimortos, dos casamentos, dos óbitos, das averbações, das anotações e das retificações registradas na serventia.

§ 1º Para os Municípios que não dispõem de provedor de conexão à internet ou de qualquer meio de acesso à internet, fica autorizada a remessa da relação em até 5 (cinco) dias úteis.

§ 2º Para os registros de nascimento e de natimorto, constarão das informações, obrigatoriamente, a inscrição no Cadastro de Pessoas Físicas (CPF), o sexo, a data e o local de nascimento do registrado, bem como o nome completo, o sexo, a data e o local de nascimento e a inscrição no CPF da filiação.

§ 3º Para os registros de casamento e de óbito, constarão das informações, obrigatoriamente, a inscrição no CPF, o sexo, a data e o local de nascimento do registrado, bem como, acaso disponíveis, os seguintes dados:

I – número do cadastro perante o Programa de Integração Social (PIS) ou o Programa de Formação do Patrimônio do Servidor Público (PASEP);

II – Número de Identificação do Trabalhador (NIT);

III – número de benefício previdenciário ou assistencial, se a pessoa falecida for titular de qualquer benefício pago pelo INSS;

IV – número de registro da Carteira de Identidade e respectivo órgão emissor;

V – número do título de eleitor;

VI – número e série da Carteira de Trabalho e Previdência Social (CTPS).

§ 4º No caso de não haver sido registrado nenhum nascimento, natimorto, casamento, óbito ou averbações, anotações e retificações no mês, deverá o Titular do Cartório de Registro Civil de Pessoas Naturais comunicar este fato ao INSS até o 5º (quinto) dia útil do mês subsequente.

§ 5º O descumprimento de qualquer obrigação imposta neste artigo e o fornecimento de informação inexata sujeitarão o Titular do Cartório de Registro Civil de Pessoas Naturais, além de outras penalidades previstas, à penalidade prevista no art. 92 desta Lei e à ação regressiva proposta pelo INSS, em razão dos danos sofridos.

Art. 68-A. A lavratura de procuração pública e a emissão de sua primeira via para fins exclusivos de recebimento de benefícios previdenciários ou assistenciais administrados pelo INSS são isentas do pagamento das custas e dos emolumentos.

► Art. 68-A acrescido pela Lei nº 14.199, de 2-9-2021.

Art. 69. O INSS manterá programa permanente de revisão da concessão e da manutenção dos benefícios por ele administrados, a fim de apurar irregularidades ou erros materiais.

§ 1º Na hipótese de haver indícios de irregularidade ou erros materiais na concessão, na manutenção ou na revisão do benefício, o INSS notificará o beneficiário, o seu representante legal ou o seu procurador para apresentar defesa, provas ou documentos dos quais dispuser, no prazo de:

I – 30 (trinta) dias, no caso de trabalhador urbano;

II – 60 (sessenta) dias, no caso de trabalhador rural individual e avulso, agricultor familiar ou segurado especial.

§ 2º A notificação a que se refere o § 1º deste artigo será feita:

I – preferencialmente por rede bancária ou por meio eletrônico, conforme previsto em regulamento;

II – por via postal, por carta simples, considerado o endereço constante do cadastro do benefício, hipótese em que o aviso de recebimento será considerado prova suficiente da notificação;

III – pessoalmente, quando entregue ao interessado em mãos; ou
IV – por edital, nos casos de retorno com a não localização do segurado, referente à comunicação indicada no inciso II deste parágrafo.

§ 3º A defesa poderá ser apresentada pelo canal de atendimento eletrônico do INSS ou na Agência da Previdência Social do domicílio do beneficiário, na forma do regulamento.

§ 4º O benefício será suspenso nas seguintes hipóteses:
I – não apresentação da defesa no prazo estabelecido no § 1º deste artigo;
II – defesa considerada insuficiente ou improcedente pelo INSS.

§ 5º O INSS deverá notificar o beneficiário quanto à suspensão do benefício de que trata o § 4º deste artigo e conceder-lhe prazo de 30 (trinta) dias para interposição de recurso.

§ 6º Decorrido o prazo de 30 (trinta) dias após a suspensão a que se refere o § 4º deste artigo, sem que o beneficiário, o seu representante legal ou o seu procurador apresente recurso administrativo aos canais de atendimento do INSS ou a outros canais autorizados, o benefício será cessado.

§ 7º Para fins do disposto no *caput* deste artigo, o INSS poderá realizar recenseamento para atualização do cadastro dos beneficiários, abrangidos os benefícios administrados pelo INSS, observado o disposto no § 8º deste artigo.

▸ § 7º com a redação dada pela Lei nº 14.199, de 2-9-2021.

§ 8º Aquele que receber benefício realizará anualmente, no mês de aniversário do titular do benefício, a comprovação de vida, preferencialmente por meio de atendimento eletrônico com uso de biometria, ou outro meio definido pelo INSS que assegure a identificação inequívoca do beneficiário, implementado pelas instituições financeiras pagadoras dos benefícios, observadas as seguintes disposições:

▸ *Caput* com a redação dada pela Lei nº 14.199, de 2-9-2021.

I – a prova de vida e a renovação de senha serão efetuadas pelo beneficiário, referencialmente no mesmo ato, mediante identificação por funcionário da instituição financeira responsável pelo pagamento, quando não realizadas por atendimento eletrônico com uso de biometria;

II – a prova de vida poderá ser realizada por representante legal ou por procurador do beneficiário, legalmente cadastrado no INSS;

▸ Incisos I e II com a redação dada pela Lei nº 14.199, de 2-9-2021.

III – *Revogado*. Lei nº 14.199, de 2-9-2021;
IV – os órgãos competentes deverão dispor de meios alternativos que garantam a realização da prova de vida do beneficiário com idade igual ou superior a 80 (oitenta) anos ou com dificuldade de locomoção, inclusive por meio de atendimento domiciliar quando necessário;

▸ Inciso IV com a redação dada pela Lei nº 14.199, de 2-9-2021.

IV-A – as instituições financeiras deverão, obrigatoriamente, envidar esforços a fim de facilitar e auxiliar o beneficiário com idade igual ou superior a 80 (oitenta) anos ou com dificuldade de locomoção, de forma a evitar ao máximo o seu deslocamento até a agência bancária e, caso isso ocorra, dar-lhe preferência máxima de atendimento, para diminuir o tempo de permanência do idoso no recinto e evitar sua exposição a aglomeração;
IV-B – a instituição financeira, quando a prova de vida for nela realizada, deverá enviar as informações ao INSS, bem como divulgar aos beneficiários, de forma ampla, todos os meios existentes para efetuar o procedimento, especialmente os remotos, a fim de evitar o deslocamento dos beneficiários; e
V – o INSS poderá bloquear o pagamento do benefício encaminhado às instituições financeiras até que o beneficiário realize a prova de vida, permitida a liberação do pagamento automaticamente pela instituição financeira.

▸ Incisos IV-A a V acrescidos pela Lei nº 14.199, de 2-9-2021.

§ 9º O recurso de que trata o § 5º deste artigo não terá efeito suspensivo.

§ 10. Apurada irregularidade recorrente ou fragilidade nos procedimentos, reconhecida na forma prevista no *caput* deste artigo ou pelos órgãos de controle, os procedimentos de análise e concessão de benefícios serão revistos, de modo a reduzir o risco de fraude e concessão irregular.

§ 11. Para fins do disposto no § 8º deste artigo, preservados a integridade dos dados e o sigilo eventualmente existente, o INSS:

I – terá acesso a todos os dados biométricos mantidos e administrados pelos órgãos públicos federais; e

II – poderá ter, por meio de convênio, acesso aos dados biométricos:

a) da Justiça Eleitoral; e

b) de outros entes federativos.

► Arts. 68 e 69 com a redação dada pela Lei nº 13.846, de 18-6-2019.

Art. 70. Os beneficiários da Previdência Social, aposentados por invalidez, ficam obrigados, sob pena de sustação do pagamento do benefício, a submeterem-se a exames médico-periciais, estabelecidos na forma do regulamento, que definirá sua periodicidade e os mecanismos de fiscalização e auditoria.

Art. 71. O Instituto Nacional do Seguro Social – INSS deverá rever os benefícios, inclusive os concedidos por acidente do trabalho, ainda que concedidos judicialmente, para avaliar a persistência, atenuação ou agravamento da incapacidade para o trabalho alegada como causa para a sua concessão.

Parágrafo único. Será cabível a concessão de liminar nas ações rescisórias e revisional, para suspender a execução do julgado rescindendo ou revisando, em caso de fraude ou erro material comprovado.

► Parágrafo único acrescido pela Lei nº 9.032, de 28-4-1995.

Art. 72. O Instituto Nacional do Seguro Social – INSS promoverá, no prazo de 180 (cento e oitenta) dias a contar da publicação desta Lei, a revisão das indenizações associadas a benefícios por acidentes do trabalho, cujos valores excedam a CR$ 1.700.000,00 (um milhão e setecentos mil cruzeiros).

Art. 73. O setor encarregado pela área de benefícios no âmbito do Instituto Nacional do Seguro Social – INSS deverá estabelecer indicadores qualitativos e quantitativos para acompanhamento e avaliação das concessões de benefícios realizadas pelos órgãos locais de atendimento.

Art. 74. Os postos de benefícios deverão adotar como prática o cruzamento das informações declaradas pelos segurados com os dados de cadastros de empresas e de contribuintes em geral quando da concessão de benefícios.

Art. 75. *Revogado.* Lei nº 9.711, de 20-11-1998.

Art. 76. O Instituto Nacional do Seguro Social – INSS deverá proceder ao recadastramento de todos aqueles que, por intermédio de procuração, recebem benefícios da Previdência Social.

§ 1º O documento de procuração deverá ser revalidado, anualmente, nos termos de norma definida pelo INSS.

► Parágrafo único transformado em § 1º e com a redação dada pela Lei nº 14.199, de 2-9-2021.

§ 2º Na hipótese de pagamento indevido de benefício a pessoa não autorizada, ou após o óbito do titular do benefício, a instituição financeira é responsável pela devolução dos valores ao INSS, em razão do descumprimento das obrigações a ela impostas por lei ou por força contratual.

► § 2º acrescido pela Lei nº 14.199, de 2-9-2021.

Art. 77. *Revogado.* MP nº 2.216-37, de 31-8-2001.

Art. 78. O Instituto Nacional do Seguro Social – INSS, na forma da legislação específica, fica autorizado a contratar auditorias externas, periodicamente, para analisar e emitir parecer sobre demonstrativos econômico-financeiros e contábeis, arrecadação, cobrança e fiscalização das contribuições, bem como pagamento dos benefícios, submetendo os resultados obtidos à apreciação do Conselho Nacional da Seguridade Social.

Art. 79. *Revogado.* Lei nº 9.711, de 20-11-1998.

Art. 80. Fica o Instituto Nacional do Seguro Social – INSS obrigado a:

I – enviar às empresas e aos seus segurados, quando solicitado, extrato relativo ao recolhimento das suas contribuições;

► Inciso I com a redação dada pela Lei nº 12.692, de 24-7-2012.

II – *Revogado.* Lei nº 11.941, de 27-5-2009;

III – emitir e enviar aos beneficiários o Aviso de Concessão de Benefício, além da memória de cálculo do valor dos benefícios concedidos;

IV – reeditar versão atualizada, nos termos do Plano de Benefícios, da Carta dos Direitos dos Segurados;

V – divulgar, com a devida antecedência, através dos meios de comunicação, alterações porventura realizadas na forma de contribuição das empresas e segurados em geral;

VI – descentralizar, progressivamente, o processamento eletrônico das informações, mediante extensão dos programas de informatização de postos de atendimento e de Regiões Fiscais;

VII – disponibilizará ao público, inclusive por meio de rede pública de transmissão de dados, informações atualizadas sobre as receitas e despesas do regime geral de previdência social, bem como os critérios e parâmetros adotados para garantir o equilíbrio financeiro e atuarial do regime.

► Inciso VII acrescido pela Lei nº 10.887, de 18-6-2004.

§ 1º O Ministério do Trabalho e Previdência divulgará, mensalmente, o resultado financeiro do Regime Geral de Previdência Social, no qual considerará:

I – para fins de aferição do equilíbrio financeiro do regime, as renúncias previdenciárias em adição às receitas realizadas; e

II – para os demais fins, apenas as receitas efetivamente arrecadadas e as despesas orçamentárias e financeiras efetivamente liquidadas e pagas.

§ 2º Para fins de apuração das renúncias previdenciárias de que trata o inciso I do § 1º deste artigo, serão consideradas as informações prestadas pela Secretaria Especial da Receita Federal do Brasil do Ministério da Economia.

► §§ 1º e 2º acrescidos pela Lei nº 14.360, de 1º-6-2022.

Art. 81. *Revogado*. Lei nº 11.941, de 27-5-2009.

Art. 82. A Auditoria e a Procuradoria do Instituto Nacional do Seguro Social – INSS deverão, a cada trimestre, elaborar relação das auditorias realizadas e dos trabalhos executados, bem como dos resultados obtidos, enviando-a a apreciação do Conselho Nacional da Seguridade Social.

Art. 83. O Instituto Nacional do Seguro Social – INSS deverá implantar um programa de qualificação e treinamento sistemático de pessoal, bem como promover a reciclagem e redistribuição de funcionários conforme as demandas dos órgãos regionais e locais, visando a melhoria da qualidade do atendimento e o controle e a eficiência dos sistemas de arrecadação e fiscalização de contribuições, bem como de pagamento de benefícios.

Art. 84. *Revogado*. MP nº 2.216-37, de 31-8-2001.

Capítulo II

DAS DEMAIS DISPOSIÇÕES

Art. 85. O Conselho Nacional da Seguridade Social será instalado no prazo de 30 (trinta) dias após a promulgação desta Lei.

► Arts. 295 e 296 do Dec. nº 3.048, de 6-5-1999 (Regulamento da Previdência Social).

Art. 85-A. Os tratados, convenções e outros acordos internacionais de que Estado estrangeiro ou organismo internacional e o Brasil sejam partes, e que versem sobre matéria previdenciária, serão interpretados como lei especial.

► Art. 85-A acrescido pela Lei nº 9.876, de 26-11-1999.

Art. 86. *Revogado*. MP nº 2.216-37, de 31-8-2001.

Art. 87. Os orçamentos das pessoas jurídicas de direito público e das entidades da administração pública indireta devem consignar as dotações necessárias ao pagamento das contribuições da Seguridade Social, de modo a assegurar a sua regular liquidação dentro do exercício.

Art. 88. Os prazos de prescrição de que goza a União aplicam-se à Seguridade Social, ressalvado o disposto no artigo 46.

Art. 89. As contribuições sociais previstas nas alíneas *a*, *b* e *c* do parágrafo único do art. 11 desta Lei, as contribuições instituídas a título de substituição e as contribuições devidas a terceiros somente poderão ser restituídas ou compensadas nas hipóteses de pagamento ou recolhimento indevido ou maior que o devido, nos termos e condições estabelecidos pela Secretaria da Receita Federal do Brasil.

► *Caput* com a redação dada pela Lei nº 11.941, de 27-5-2009.

► Art. 247 do Dec. nº 3.048, de 6-5-1999 (Regulamento da Previdência Social).

§§ 1º a 3º *Revogados*. Lei nº 11.941, de 27-5-2009.

§ 4º O valor a ser restituído ou compensado será acrescido de juros obtidos pela aplicação da taxa referencial do Sistema Especial de Liquidação e de Custódia – SELIC para títulos federais, acumulada mensalmente, a partir do mês subsequente ao do pagamento indevido ou a maior que o devido até o mês anterior ao da compensação ou restituição e de 1% (um por cento) relativamente ao mês em que estiver sendo efetuada.

► § 4º com a redação dada pela Lei nº 11.941, de 27-5-2009.

§§ 5º a 7º *Revogados*. Lei nº 11.941, de 27-5-2009.

§ 8º Verificada a existência de débito em nome do sujeito passivo, o valor da restituição será utilizado para extingui-lo, total ou parcialmente, mediante compensação.

► § 8º acrescido pela Lei nº 11.196, de 21-11-2005.

§ 9º Os valores compensados indevidamente serão exigidos com os acréscimos moratórios de que trata o art. 35 desta Lei.

§ 10. Na hipótese de compensação indevida, quando se comprove falsidade da declaração apresentada pelo sujeito passivo, o contribuinte estará sujeito à multa isolada aplicada no percentual previsto no inciso I do *caput* do art. 44 da Lei nº 9.430, de 27 de dezembro de 1996, aplicado em dobro, e terá como base de cálculo o valor total do débito indevidamente compensado.

§ 11. Aplica-se aos processos de restituição das contribuições de que trata este artigo e de reembolso de salário-família e salário-maternidade o rito previsto no Decreto nº 70.235, de 6 de março de 1972.

► §§ 9º a 11 com a redação dada pela Lei nº 11.941, de 27-5-2009.

§ 12. O disposto no § 10 deste artigo não se aplica à compensação efetuada nos termos do art. 74 da Lei nº 9.430, de 27 de dezembro de 1996.

► § 12 acrescido pela Lei nº 13.670, de 30-5-2018.

Art. 90. O Conselho Nacional da Seguridade Social, dentro de 180 (cento e oitenta) dias da sua instalação, adotará as providências necessárias ao levantamento das dívidas da União para com a Seguridade Social.

Art. 91. Mediante requisição da Seguridade Social, a empresa é obrigada a descontar, da remuneração paga aos segurados a seu serviço, a importância proveniente de dívida ou responsabilidade por eles contraída junto à Seguridade Social, relativa a benefícios pagos indevidamente.

Art. 92. A infração de qualquer dispositivo desta Lei para a qual não haja penalidade expressamente cominada sujeita o responsável, conforme a gravidade da infração, a multa variável de CR$ 100.000,00 (cem mil cruzeiros) a CR$ 10.000.000,00 (dez milhões de cruzeiros), conforme dispuser o regulamento.

► Art. 8º, III, da Port. Interministerial do MTPrev e MF nº 26, de 10-1-2023 (*DOU* de 11-1-2023), que altera o valor previsto neste artigo de multa variável para R$ 3.100,06 (três mil e cem reais e seis centavos) a R$ 310.004,70 (trezentos e dez mil quatro reais e setenta centavos).

Art. 93. *Revogado*. Lei nº 9.639, de 25-5-1998.

Parágrafo único. *Revogado*. Lei nº 11.941, de 27-5-2009.

Art. 94. *Revogado*. Lei nº 11.501, de 11-7-2007.

Art. 95. *Revogado*. Lei nº 9.983, de 14-7-2000.

a a *j*) *Revogadas*. Lei nº 9.983, de 14-7-2000.

§ 1º *Revogado*. Lei nº 9.983, de 14-7-2000.

§ 2º A empresa que transgredir as normas desta Lei, além das outras sanções previstas, sujeitar-se-á, nas condições em que dispuser o regulamento:

► Art. 15 da Lei nº 9.964, de 10-4-2000, que institui o Programa de Recuperação Fiscal – REFIS.

a) à suspensão de empréstimos e financiamentos, por instituições financeiras oficiais;

b) à revisão de incentivos fiscais de tratamento tributário especial;

c) à inabilitação para licitar e contratar com qualquer órgão ou entidade da administração pública direta ou indireta federal, estadual, do Distrito Federal ou municipal;

d) à interdição para o exercício do comércio, se for sociedade mercantil ou comerciante individual;

e) à desqualificação para impetrar concordata;

► A concordata foi substituída pela recuperação judicial, conforme Lei nº 11.101, de 9-2-2005 (Lei de Recuperação de Empresas e Falências).

f) à cassação de autorização para funcionar no país, quando for o caso.

§§ 3º a 5º *Revogados*. Lei nº 9.983, de 14-7-2000.

Art. 96. O Poder Executivo enviará ao Congresso Nacional, anualmente, acompanhando a Proposta Orçamentária da Seguridade Social, projeções atuariais relativas à Seguridade Social, abrangendo um horizonte temporal de, no mínimo, 20 (vinte) anos, considerando hipóteses alternativas quanto às variáveis demográficas, econômicas e institucionais relevantes.

Art. 97. Fica o Instituto Nacional do Seguro Social – INSS autorizado a proceder a alienação ou permuta, por ato da autoridade competente, de bens imóveis de sua propriedade considerados desnecessários ou não vinculados às suas atividades operacionais.

► *Caput* com a redação dada pela Lei nº 9.528, de 10-12-1997.

§ 1º Na alienação a que se refere este artigo será observado o disposto no artigo 18 e nos incisos I, II e III do artigo 19, da Lei nº 8.666, de 21 de junho de 1993, alterada pelas Leis nºs 8.883, de 8 de junho de 1994, e 9.032, de 28 de abril de 1995.

► § 1º acrescido pela Lei nº 9.528, de 10-12-1997.

► A Lei nº 8.666, de 21-6-1993, foi revogada pela Lei nº 14.133, de 1º-4-2021.

§ 2º VETADO.

Art. 98. Nas execuções fiscais da dívida ativa do INSS, o leilão judicial dos bens penhorados realizar-se-á por leiloeiro oficial, indicado pelo credor, que procederá à hasta pública:

I – no primeiro leilão, pelo valor do maior lance, que não poderá ser inferior ao da avaliação;
II – no segundo leilão, por qualquer valor, excetuado o vil.

§ 1º Poderá o juiz, a requerimento do credor, autorizar seja parcelado o pagamento do valor da arrematação, na forma prevista para os parcelamentos administrativos de débitos previdenciários.

§ 2º Todas as condições do parcelamento deverão constar do edital de leilão.

§ 3º O débito do executado será quitado na proporção do valor de arrematação.

§ 4º O arrematante deverá depositar, no ato, o valor da primeira parcela.

§ 5º Realizado o depósito, será expedida carta de arrematação, contendo as seguintes disposições:

a) valor da arrematação, valor e número de parcelas mensais em que será pago;

b) constituição de hipoteca do bem adquirido, ou de penhor, em favor do credor, servindo a carta de título hábil para registro da garantia;

c) indicação do arrematante como fiel depositário do bem móvel, quando constituído penhor;

d) especificação dos critérios de reajustamento do saldo e das parcelas, que será sempre o mesmo vigente para os parcelamentos de débitos previdenciários.

§ 6º Se o arrematante não pagar, no vencimento, qualquer das parcelas mensais, o saldo devedor remanescente vencerá antecipadamente, que será acrescido em cinquenta por cento de seu valor a título de multa, e, imediatamente inscrito em dívida ativa e executado.

§ 7º Se no primeiro ou no segundo leilões a que se refere o *caput* não houver licitante, o INSS poderá adjudicar o bem por cinquenta por cento do valor da avaliação.

§ 8º Se o bem adjudicado não puder ser utilizado pelo INSS, e for de difícil venda, poderá ser negociado ou doado a outro órgão ou entidade pública que demonstre interesse na sua utilização.

§ 9º Não havendo interesse na adjudicação, poderá o juiz do feito, de ofício ou a requerimento do credor, determinar sucessivas repetições da hasta pública.

§ 10. O leiloeiro oficial, a pedido do credor, poderá ficar como fiel depositário dos bens penhorados e realizar a respectiva remoção.

► Artigo restabelecido e com a redação dada pela Lei nº 9.528, de 10-12-1997.

§ 11. O disposto neste artigo aplica-se às execuções fiscais da Dívida Ativa da União.

► § 11 com a redação dada pela Lei nº 10.522, de 19-7-2002.

Art. 99. O Instituto Nacional do Seguro Social – INSS poderá contratar leiloeiros oficiais para promover a venda administrativa dos bens, adjudicados judicialmente ou que receber em dação de pagamento.

Parágrafo único. O INSS, no prazo de sessenta dias, providenciará alienação do bem por intermédio do leiloeiro oficial.

► Art. 99 restabelecido e com a redação dada pela Lei nº 9.528, de 10-12-1997.

Art. 100. *Revogado.* Lei nº 9.528, de 10-12-1997.

Art. 101. *Revogado.* MP nº 2.187-13, de 24-8-2001.

Art. 102. Os valores expressos em moeda corrente nesta Lei serão reajustados nas mesmas épocas e com os mesmos índices utilizados para o reajustamento dos benefícios de prestação continuada da Previdência Social.

§ 1º O disposto neste artigo não se aplica às penalidades previstas no art. 32-A desta Lei.

§ 2º O reajuste dos valores dos salários de contribuição em decorrência da alteração do salário mínimo será descontado por ocasião da aplicação dos índices a que se refere o *caput* deste artigo.

▸ §§ 1º e 2º com a redação dada pela Lei nº 11.941, de 27-5-2009.

Art. 103. O Poder Executivo regulamentará esta Lei no prazo de sessenta dias a partir da data de sua publicação.

Art. 104. Esta Lei entrará em vigor na data de sua publicação.

Art. 105. Revogam-se as disposições em contrário.

Brasília, em 24 de julho de 1991;
170º da Independência e
103º da República.

Fernando Collor

LEI Nº 8.213, DE 24 DE JULHO DE 1991

Dispõe sobre os Planos de Benefícios da Previdência Social e dá outras providências.

▸ Publicada no *DOU* de 25-7-1991, republicada no *DOU* de 11-4-1996 e *DOU* de 14-8-1998.

▸ LC nº 142, de 8-5-2013, regulamenta o § 1º do art. 201 da CF, no tocante à aposentadoria da pessoa com deficiência.

▸ Dec. nº 3.048, de 6-5-1999 (Regulamento da Previdência Social).

▸ IN do INSS nº 45, de 6-8-2010, dispõe sobre a administração de informações dos segurados, o reconhecimento, a manutenção e a revisão de direitos dos beneficiários da Previdência Social e disciplina o processo administrativo previdenciário no âmbito do Instituto Nacional do Seguro Social – INSS.

▸ Súm. nº 518 do STJ.

TÍTULO I – DA FINALIDADE E DOS PRINCÍPIOS BÁSICOS DA PREVIDÊNCIA SOCIAL

Art. 1º A Previdência Social, mediante contribuição, tem por fim assegurar aos seus beneficiários meios indispensáveis de manutenção, por motivo de incapacidade, desemprego involuntário, idade avançada, tempo de serviço, encargos familiares e prisão ou morte daqueles de quem dependiam economicamente.

▸ Art. 201 da CF.

▸ Art. 9º, § 1º, desta Lei.

▸ Lei nº 7.998, de 11-1-1990 (Lei do Seguro-Desemprego).

Art. 2º A Previdência Social rege-se pelos seguintes princípios e objetivos:

I – universalidade de participação nos planos previdenciários;

▸ Arts. 39, § 12, e 194, I, da CF.

▸ Art. 39 desta Lei.

II – uniformidade e equivalência dos benefícios e serviços às populações urbanas e rurais;

▸ Art. 195, § 8º, da CF.

▸ Arts. 39, 48, § 1º, e 55, § 2º, desta Lei.

III – seletividade e distributividade na prestação dos benefícios;

IV – cálculo dos benefícios considerando-se os salários de contribuição corrigidos monetariamente;

V – irredutibilidade do valor dos benefícios de forma a preservar-lhes o poder aquisitivo;

▸ Art. 114 desta Lei.

VI – valor da renda mensal dos benefícios substitutos do salário de contribuição ou do rendimento do trabalho do segurado não inferior ao do salário mínimo;

▸ Art. 58 do ADCT.

VII – previdência complementar facultativa, custeada por contribuição adicional;

▸ LC nº 109, de 29-5-2001 (Lei do Regime de Previdência Complementar).

VIII – caráter democrático e descentralizado da gestão administrativa, com a participação do governo e da comunidade, em especial de trabalhadores em atividade, empregadores e aposentados.

▸ Arts. 10 e 194, parágrafo único, VII, da CF.

Parágrafo único. A participação referida no inciso VIII deste artigo será efetivada a nível federal, estadual e municipal.

▸ Art. 4º do Dec. nº 3.048, de 6-5-1999 (Regulamento da Previdência Social).

Art. 3º Fica instituído o Conselho Nacional de Previdência Social – CNPS, órgão superior de deliberação colegiada, que terá como membros:

▸ Art. 295 do Dec. nº 3.048, de 6-5-1999 (Regulamento da Previdência Social).

I – 6 (seis) representantes do Governo Federal;

II – 9 (nove) representantes da sociedade civil, sendo:

a) 3 (três) representantes dos aposentados e pensionistas;
b) 3 (três) representantes dos trabalhadores em atividade;
c) 3 (três) representantes dos empregadores.

▸ Incisos I e II com a redação dada pela Lei nº 8.619, de 5-1-1993.

▸ EC nº 20, de 15-12-1998.

§ 1º Os membros do CNPS e seus respectivos suplentes serão nomeados pelo Presidente da República, tendo os representantes titulares da sociedade civil mandato de 2 (dois) anos, podendo ser reconduzidos, de imediato, uma única vez.

§ 2º Os representantes dos trabalhadores em atividade, dos aposentados, dos empregadores e seus respectivos suplentes serão indicados pelas centrais sindicais e confederações nacionais.

§ 3º O CNPS reunir-se-á, ordinariamente, uma vez por mês, por convocação de seu Presidente, não podendo ser adiada a reunião por mais de 15 (quinze) dias se houver requerimento nesse sentido da maioria dos conselheiros.

§ 4º Poderá ser convocada reunião extraordinária por seu Presidente ou a requerimento de um terço de seus membros, conforme dispuser o regimento interno do CNPS.

§ 5º *Revogado.* Lei nº 9.528, de 10-12-1997.

§ 6º As ausências ao trabalho dos representantes dos trabalhadores em atividade, decorrentes das atividades do Conselho, serão abonadas, computando-se como jornada efetivamente trabalhada para todos os fins e efeitos legais.

§ 7º Aos membros do CNPS, enquanto representantes dos trabalhadores em atividade, titulares e suplentes, é assegurada a estabilidade no emprego, da nomeação até um ano após o término do mandato de representação, somente podendo ser demitidos por motivo de falta grave, regularmente comprovada através de processo judicial.

§ 8º Competirá ao Ministério do Trabalho e da Previdência Social proporcionar ao CNPS os meios necessários ao exercício de suas competências, para o que contará com uma Secretaria Executiva do Conselho Nacional de Previdência Social.

§ 9º O CNPS deverá se instalar no prazo de 30 (trinta) dias a contar da publicação desta Lei.

Art. 4º Compete ao Conselho Nacional de Previdência Social – CNPS:

▸ Art. 296 do Dec. nº 3.048, de 6-5-1999 (Regulamento da Previdência Social).

I – estabelecer diretrizes gerais e apreciar as decisões de políticas aplicáveis à Previdência Social;
II – participar, acompanhar e avaliar sistematicamente a gestão previdenciária;
III – apreciar e aprovar os planos e programas da Previdência Social;
IV – apreciar e aprovar as propostas orçamentárias da Previdência Social, antes de sua consolidação na proposta orçamentária da Seguridade Social;
V – acompanhar e apreciar, através de relatórios gerenciais por ele definidos, a execução dos planos, programas e orçamentos no âmbito da Previdência Social;
VI – acompanhar a aplicação da legislação pertinente à Previdência Social;
VII – apreciar a prestação de contas anual a ser remetida ao Tribunal de Contas da União, podendo, se for necessário, contratar auditoria externa;
VIII – estabelecer os valores mínimos em litígio, acima dos quais será exigida a anuência prévia do Procurador-Geral ou do Presidente do INSS para formalização de desistência ou transigência judiciais, conforme o disposto no artigo 132;
IX – elaborar e aprovar seu regimento interno.

Parágrafo único. As decisões proferidas pelo CNPS deverão ser publicadas no *Diário Oficial da União.*

Art. 5º Compete aos órgãos governamentais:

I – prestar toda e qualquer informação necessária ao adequado cumprimento das competências do CNPS, fornecendo inclusive estudos técnicos;
II – encaminhar ao CNPS, com antecedência mínima de 2 (dois) meses do seu envio ao Congresso Nacional, a proposta orçamentária da Previdência Social, devidamente detalhada.

Art. 6º Haverá, no âmbito da Previdência Social, uma Ouvidoria Geral, cujas atribuições serão definidas em regulamento.

▸ Artigo com a redação dada pela Lei nº 9.711, de 20-11-1998.

Arts. 7º e 8º *Revogados.* MP nº 2.216-37, de 31-8-2001.

TÍTULO II – DO PLANO DE BENEFÍCIOS DA PREVIDÊNCIA SOCIAL

Capítulo Único

DOS REGIMES DE PREVIDÊNCIA SOCIAL

Art. 9º A Previdência Social compreende:

- ▸ Art. 11 desta Lei.
- ▸ Arts. 183 a 230 da Lei nº 8.112, de 11-12-1990 (Estatuto dos Servidores Públicos Civis da União, Autarquias e Fundações Públicas Federais).

I – o Regime Geral de Previdência Social;

II – o Regime Facultativo Complementar de Previdência Social.

§ 1º O Regime Geral de Previdência Social – RGPS garante a cobertura de todas as situações expressas no art. 1º desta Lei, exceto as de desemprego involuntário, objeto de lei específica, e de aposentadoria por tempo de contribuição para o trabalhador de que trata o § 2º do art. 21 da Lei nº 8.212, de 24 de julho de 1991.

- ▸ § 1º com a redação dada pela LC nº 123, de 14-12-2006.

§ 2º O Regime Facultativo Complementar de Previdência Social será objeto de lei específica.

- ▸ LC nº 108, de 29-5-2001, dispõe sobre a relação entre a União, os Estados, o Distrito Federal e os Municípios, suas Autarquias, Fundações, Sociedades de Economia Mista e outras Entidades Públicas e suas respectivas Entidades Fechadas de Previdência Complementar.
- ▸ LC nº 109, de 29-5-2001 (Lei do Regime de Previdência Complementar).
- ▸ Lei nº 8.112, de 11-12-1990 (Estatuto dos Servidores Públicos Civis da União, Autarquias e Fundações Públicas Federais).
- ▸ Lei nº 12.154, de 23-12-2009, cria a Superintendência Nacional de Previdência Complementar – PREVIC, autarquia de fiscalização e de supervisão das atividades das entidades fechadas de previdência complementar.
- ▸ Art. 6º do Dec. nº 3.048, de 6-5-1999 (Regulamento da Previdência Social).

TÍTULO III – DO REGIME GERAL DE PREVIDÊNCIA SOCIAL

Capítulo I

DOS BENEFICIÁRIOS

Art. 10. Os beneficiários do Regime Geral de Previdência Social classificam-se como segurados e dependentes, nos termos das Seções I e II deste capítulo.

- ▸ Art. 102 desta Lei.
- ▸ Art. 8º do Dec. nº 3.048, de 6-5-1999 (Regulamento da Previdência Social).

Seção I

DOS SEGURADOS

Art. 11. São segurados obrigatórios da Previdência Social as seguintes pessoas físicas:

- ▸ Arts. 2º e 3º da CLT.
- ▸ Art. 9º do Dec. nº 3.048, de 6-5-1999 (Regulamento da Previdência Social).

I – como empregado:

a) aquele que presta serviço de natureza urbana ou rural à empresa, em caráter não eventual, sob sua subordinação e mediante remuneração, inclusive como diretor empregado;

b) aquele que, contratado por empresa de trabalho temporário, definida em legislação específica, presta serviço para atender a necessidade transitória de substituição de pessoal regular e permanente ou a acréscimo extraordinário de serviços de outras empresas;

c) o brasileiro ou o estrangeiro domiciliado e contratado no Brasil para trabalhar como empregado em sucursal ou agência de empresa nacional no exterior;

d) aquele que presta serviço no Brasil a missão diplomática ou a repartição consular de carreira estrangeira e a órgãos a elas subordinados, ou a membros dessas missões e repartições, excluídos o não brasileiro sem residência permanente no Brasil e o brasileiro amparado pela legislação previdenciária do país da respectiva missão diplomática ou repartição consular;

e) o brasileiro civil que trabalha para a União, no exterior, em organismos oficiais brasileiros ou internacionais dos quais o Brasil seja membro efetivo, ainda que lá domiciliado e contratado, salvo se segurado na forma da legislação vigente do país do domicílio;

f) o brasileiro ou estrangeiro domiciliado e contratado no Brasil para trabalhar como empregado em empresa domiciliada no exterior, cuja maioria do capital votante pertença a empresa brasileira de capital nacional;

g) o servidor público ocupante de cargo em comissão, sem vínculo efetivo com a União,

Autarquias, inclusive em regime especial, e Fundações Públicas Federais.

- Alínea *g* acrescida pela Lei nº 8.647, de 13-4-1993.
- Art. 40, § 13, da CF.

h) o exercente de mandato eletivo federal, estadual ou municipal, desde que não vinculado a regime próprio de previdência social;

- Alínea *h* acrescida pela Lei nº 9.506, de 30-10-1997.
- A Res. do SF nº 26, de 21-6-2005, declarou suspensa a execução da alínea *h* do inciso I do art. 12 da Lei nº 8.212, de 24-7-1991, acrescida pelo § 1º do art. 13 da Lei nº 9.506, de 30-10-1997, em virtude de declaração de inconstitucionalidade em decisão definitiva do Supremo Tribunal Federal, nos autos do Recurso Extraordinário nº 351.717-1/PR, dispositivo que tinha a mesma redação da alínea.

i) o empregado de organismo oficial internacional ou estrangeiro em funcionamento no Brasil, salvo quando coberto por regime próprio de previdência social;

- Alínea *i* acrescida pela Lei nº 9.876, de 26-11-1999.

j) o exercente de mandato eletivo federal, estadual ou municipal, desde que não vinculado a regime próprio de previdência social;

- Alínea *j* acrescida pela Lei nº 10.887, de 18-6-2004.
- A mesma Lei ao determinar o acréscimo desta alínea, reproduziu o texto da alínea *h*.

II – como empregado doméstico: aquele que presta serviço de natureza contínua a pessoa ou família, no âmbito residencial desta, em atividades sem fins lucrativos;

III e IV – *Revogados*. Lei nº 9.876, de 26-11-1999;

V – como contribuinte individual:

- *Caput* do inciso V com a redação dada pela Lei nº 9.876, de 26-11-1999.

a) a pessoa física, proprietária ou não, que explora atividade agropecuária, a qualquer título, em caráter permanente ou temporário, em área superior a quatro módulos fiscais; ou, quando em área igual ou inferior a quatro módulos fiscais ou atividade pesqueira, com auxílio de empregados ou por intermédio de prepostos; ou ainda nas hipóteses dos §§ 9º e 10 deste artigo;

- Alínea *a* com a redação dada pela Lei nº 11.718, de 20-6-2008.

b) a pessoa física, proprietária ou não, que explora atividade de extração mineral – garimpo, em caráter permanente ou temporário, diretamente ou por intermédio de prepostos, com ou sem o auxílio de empregados, utilizados a qualquer título, ainda que de forma não contínua;

- Alínea *b* com a redação dada pela Lei nº 9.876, de 26-11-1999.

c) o ministro de confissão religiosa e o membro de instituto de vida consagrada, de congregação ou de ordem religiosa;

- Alínea *c* com a redação dada pela Lei nº 10.403, de 8-1-2002.
- Art. 5º, VI e VIII, da CF.

d) *Revogado*. Lei nº 9.876, de 26-11-1999;

e) o brasileiro civil que trabalha no exterior para organismo oficial internacional do qual o Brasil é membro efetivo, ainda que lá domiciliado e contratado, salvo quando coberto por regime próprio de previdência social;

- Alínea *e* com a redação dada pela Lei nº 9.876, de 26-11-1999.

f) o titular de firma individual urbana ou rural, o diretor não empregado e o membro de conselho de administração de sociedade anônima, o sócio solidário, o sócio de indústria, o sócio gerente e o sócio cotista que recebam remuneração decorrente de seu trabalho em empresa urbana ou rural, e o associado eleito para cargo de direção em cooperativa, associação ou entidade de qualquer natureza ou finalidade, bem como o síndico ou administrador eleito para exercer atividade de direção condominial, desde que recebam remuneração;

g) quem presta serviço de natureza urbana ou rural, em caráter eventual, a uma ou mais empresas, sem relação de emprego;

h) a pessoa física que exerce, por conta própria, atividade econômica de natureza urbana, com fins lucrativos ou não;

- Alíneas *f* a *h* acrescidas pela Lei nº 9.876, de 26-11-1999.

VI – como trabalhador avulso: quem presta, a diversas empresas, sem vínculo empregatício, serviço de natureza urbana ou rural definidos no Regulamento;

VII – como segurado especial: a pessoa física residente no imóvel rural ou em aglomerado urbano ou rural próximo a ele que, individualmente ou em regime de economia familiar, ainda que com o auxílio eventual de terceiros, na condição de:

- *Caput* do inciso VII com a redação dada pela Lei nº 11.718, de 20-6-2008.
- Súm. nº 41 da TNU-JEF.

a) produtor, seja proprietário, usufrutuário, possuidor, assentado, parceiro ou meeiro outorgados, comodatário ou arrendatário rurais, que explore atividade:

1. agropecuária em área de até quatro módulos fiscais;
2. de seringueiro ou extrativista vegetal que exerça suas atividades nos termos do inciso XII do *caput* do art. 2º da Lei nº 9.985, de 18 de julho de 2000, e faça dessas atividades o principal meio de vida;

b) pescador artesanal ou a este assemelhado que faça da pesca profissão habitual ou principal meio de vida; e

c) cônjuge ou companheiro, bem como filho maior de 16 (dezesseis) anos de idade ou a este equiparado, do segurado de que tratam as alíneas *a* e *b* deste inciso, que, comprovadamente, trabalhem com o grupo familiar respectivo.

► Alíneas *a* a *c* acrescidas pela Lei nº 11.718, de 20-6-2008.

► Art. 7º, XXXIII, CF.

§ 1º Entende-se como regime de economia familiar a atividade em que o trabalho dos membros da família é indispensável à própria subsistência e ao desenvolvimento socioeconômico do núcleo familiar e é exercido em condições de mútua dependência e colaboração, sem a utilização de empregados permanentes.

► § 1º com a redação dada pela Lei nº 11.718, de 20-6-2008.

§ 2º Todo aquele que exercer, concomitantemente, mais de uma atividade remunerada sujeita ao Regime Geral de Previdência Social é obrigatoriamente filiado em relação a cada uma delas.

§ 3º O aposentado pelo Regime Geral de Previdência Social – RGPS que estiver exercendo ou que voltar a exercer atividade abrangida por este Regime é segurado obrigatório em relação a essa atividade, ficando sujeito às contribuições de que trata a Lei nº 8.212, de 24 de julho de 1991, para fins de custeio da Seguridade Social.

► § 3º acrescido pela Lei nº 9.032, de 28-4-1995.

§ 4º O dirigente sindical mantém, durante o exercício do mandato eletivo, o mesmo enquadramento no Regime Geral de Previdência Social – RGPS de antes da investidura.

► § 4º acrescido pela Lei nº 9.528, de 10-12-1997.

§ 5º Aplica-se o disposto na alínea *g* do inciso I do *caput* ao ocupante de cargo de Ministro de Estado, de Secretário Estadual, Distrital ou Municipal, sem vínculo efetivo com a União, Estados, Distrito Federal e Municípios, suas autarquias, ainda que em regime especial, e fundações.

► § 5º acrescido pela Lei nº 9.876, de 26-11-1999.

§ 6º Para serem considerados segurados especiais, o cônjuge ou companheiro e os filhos maiores de 16 (dezesseis) anos ou os a estes equiparados deverão ter participação ativa nas atividades rurais do grupo familiar.

► § 6º acrescido pela Lei nº 11.718, de 20-6-2008.

§ 7º O grupo familiar poderá utilizar-se de empregados contratados por prazo determinado ou de trabalhador de que trata a alínea *g* do inciso V do *caput*, à razão de no máximo 120 (cento e vinte) pessoas por dia no ano civil, em períodos corridos ou intercalados ou, ainda, por tempo equivalente em horas de trabalho, não sendo computado nesse prazo o período de afastamento em decorrência da percepção de auxílio-doença.

► § 7º com a redação dada pela Lei nº 12.873, de 24-10-2013.

§ 8º Não descaracteriza a condição de segurado especial:

I – a outorga, por meio de contrato escrito de parceria, meação ou comodato, de até 50% (cinquenta por cento) de imóvel rural cuja área total não seja superior a 4 (quatro) módulos fiscais, desde que outorgante e outorgado continuem a exercer a respectiva atividade, individualmente ou em regime de economia familiar;

II – a exploração da atividade turística da propriedade rural, inclusive com hospedagem, por não mais de 120 (cento e vinte) dias ao ano;

III – a participação em plano de previdência complementar instituído por entidade classista a que seja associado em razão da condição de trabalhador rural ou de produtor rural em regime de economia familiar; e

IV – ser beneficiário ou fazer parte de grupo familiar que tem algum componente que seja beneficiário de programa assistencial oficial de governo;

V – a utilização pelo próprio grupo familiar, na exploração da atividade, de processo de beneficiamento ou industrialização artesanal, na forma do § 11 do art. 25 da Lei nº 8.212, de 24 de julho de 1991; e

VI – a associação em cooperativa agropecuária ou de crédito rural; e

▸ Inciso VI com a redação dada pela Lei nº 13.183, de 4-11-2015.

VII – a incidência do Imposto Sobre Produtos Industrializados – IPI sobre o produto das atividades desenvolvidas nos termos do § 12.

▸ Inciso VII com a redação dada pela Lei nº 12.873, de 24-10-2013.

§ 9º Não é segurado especial o membro de grupo familiar que possuir outra fonte de rendimento, exceto se decorrente de:

I – benefício de pensão por morte, auxílio-acidente ou auxílio- reclusão, cujo valor não supere o do menor benefício de prestação continuada da Previdência Social;

II – benefício previdenciário pela participação em plano de previdência complementar instituído nos termos do inciso IV do § 8º deste artigo;

III – exercício de atividade remunerada em período não superior a 120 (cento e vinte) dias, corridos ou intercalados, no ano civil, observado o disposto no § 13 do art. 12 da Lei nº 8.212, de 24 de julho de 1991;

▸ Inciso III com a redação dada pela Lei nº 12.873, de 24-10-2013.

IV – exercício de mandato eletivo de dirigente sindical de organização da categoria de trabalhadores rurais;

V – exercício de mandato de vereador do Município em que desenvolve a atividade rural ou de dirigente de cooperativa rural constituída, exclusivamente, por segurados especiais, observado o disposto no § 13 do art. 12 da Lei nº 8.212, de 24 de julho de 1991;

VI – parceria ou meação outorgada na forma e condições estabelecidas no inciso I do § 8º deste artigo;

VII – atividade artesanal desenvolvida com matéria-prima produzida pelo respectivo grupo familiar, podendo ser utilizada matéria-prima de outra origem, desde que a renda mensal obtida na atividade não exceda ao menor benefício de prestação continuada da Previdência Social; e

VIII – atividade artística, desde que em valor mensal inferior ao menor benefício de prestação continuada da Previdência Social.

§ 10. O segurado especial fica excluído dessa categoria:

I – a contar do primeiro dia do mês em que:

a) deixar de satisfazer as condições estabelecidas no inciso VII do *caput* deste artigo, sem prejuízo do disposto no art. 15 desta Lei, ou exceder qualquer dos limites estabelecidos no inciso I do § 8º deste artigo;

b) enquadrar-se em qualquer outra categoria de segurado obrigatório do Regime Geral de Previdência Social, ressalvado o disposto nos incisos III, V, VII e VIII do § 9º e no § 12, sem prejuízo do disposto no art. 15;

c) tornar-se segurado obrigatório de outro regime previdenciário; e

▸ Alíneas *b* e *c* com a redação dada pela Lei nº 12.873, de 24-10-2013.

d) participar de sociedade empresária, de sociedade simples, como empresário individual ou como titular de empresa individual de responsabilidade limitada em desacordo com as limitações impostas pelo § 12;

▸ Alínea *d* com a redação dada pela Lei nº 12.873, de 24-10-2013.

II – a contar do primeiro dia do mês subsequente ao da ocorrência, quando o grupo familiar a que pertence exceder o limite de:

a) utilização de terceiros na exploração da atividade a que se refere o § 7º deste artigo;

b) dias em atividade remunerada estabelecidos no inciso III do § 9º deste artigo; e

c) dias de hospedagem a que se refere o inciso II do § 8º deste artigo.

§ 11. Aplica-se o disposto na alínea *a* do inciso V do *caput* deste artigo ao cônjuge ou companheiro do produtor que participe da atividade rural por este explorada.

▸ §§ 8º a 11 acrescidos pela Lei nº 11.718, de 20-6-2008.

§ 12. A participação do segurado especial em sociedade empresária, em sociedade simples, como empresário individual ou como titular de empresa individual de responsabilidade limitada de objeto ou âmbito agrícola, agroindustrial ou agroturístico, considerada microempresa nos termos da Lei Complementar nº 123, de 14 de dezembro de 2006, não o exclui de tal categoria previdenciária, desde que, mantido o exercício da sua atividade rural na forma do inciso VII do *caput* e do § 1º, a pessoa jurídica componha-se apenas de segurados de igual natureza e sedie-se no mesmo Município ou em Município limítrofe àquele em que eles desenvolvam suas atividades.

▸ § 12 com a redação dada pela Lei nº 12.873, de 24-10-2013.

§ 13. VETADO. Lei nº 12.873, de 24-10-2013.

Art. 12. O servidor civil ocupante de cargo efetivo ou o militar da União, dos Estados, do Distrito Federal ou dos Municípios, bem como o das respectivas autarquias e fundações, são excluídos do Regime Geral de Previdência Social consubstanciado nesta Lei, desde que amparados por regime próprio de previdência social.

§ 1º Caso o servidor ou o militar venham a exercer, concomitantemente, uma ou mais atividades abrangidas pelo Regime Geral de Previdência Social, tornar-se-ão segurados obrigatórios em relação a essas atividades.

§ 2º Caso o servidor ou o militar, amparados por regime próprio de previdência social, sejam requisitados para outro órgão ou entidade cujo regime previdenciário não permita a filiação, nessa condição, permanecerão vinculados ao regime de origem, obedecidas as regras que cada ente estabeleça acerca de sua contribuição.

▸ Art. 12 com a redação dada pela Lei nº 9.876, de 26-11-1999.

▸ Art. 10 do Dec. nº 3.048, de 6-5-1999 (Regulamento da Previdência Social).

Art. 13. É segurado facultativo o maior de 14 (quatorze) anos que se filiar ao Regime Geral de Previdência Social, mediante contribuição, desde que não incluído nas disposições do artigo 11.

▸ Art. 7º, XXXIII, da CF.

▸ Art. 11 do Dec. nº 3.048, de 6-5-1999 (Regulamento da Previdência Social).

Art. 14. Consideram-se:

▸ Art. 33 da Lei nº 8.212, de 24-7-1991 (Lei Orgânica da Seguridade Social).

I – empresa – a firma individual ou sociedade que assume o risco de atividade econômica urbana ou rural, com fins lucrativos ou não, bem como os órgãos e entidades da administração pública direta, indireta ou fundacional;

II – empregador doméstico – a pessoa ou família que admite a seu serviço, sem finalidade lucrativa, empregado doméstico.

Parágrafo único. Equiparam-se a empresa, para os efeitos desta Lei, o contribuinte individual e a pessoa física na condição de proprietário ou dono de obra de construção civil, em relação a segurado que lhe presta serviço, bem como a cooperativa, a associação ou entidade de qualquer natureza ou finalidade, a missão diplomática e a repartição consular de carreira estrangeiras.

▸ Parágrafo único com a redação dada pela Lei nº 13.202, de 8-12-2015.

▸ Art. 12 do Dec. nº 3.048, de 6-5-1999 (Regulamento da Previdência Social).

Art. 15. Mantém a qualidade de segurado, independentemente de contribuições:

▸ Art. 24, parágrafo único, desta Lei.

▸ Lei nº 10.666, de 8-5-2003, dispõe sobre a Concessão da Aposentadoria Especial ao Cooperado de Cooperativa de Trabalho ou de Produção.

▸ Súm. nº 416 do STJ.

I – sem limite de prazo, quem está em gozo de benefício, exceto do auxílio-acidente;

▸ Inciso I com a redação dada pela Lei nº 13.846, de 18-6-2019.

▸ Art. 476 da CLT.

II – até 12 (doze) meses após a cessação das contribuições, o segurado que deixar de exercer atividade remunerada abrangida pela Previdência Social ou estiver suspenso ou licenciado sem remuneração;

III – até 12 (doze) meses após cessar a segregação, o segurado acometido de doença de segregação compulsória;

IV – até 12 (doze) meses após o livramento, o segurado retido ou recluso;

V – até 3 (três) meses após o licenciamento, o segurado incorporado às Forças Armadas para prestar serviço militar;

VI – até 6 (seis) meses após a cessação das contribuições, o segurado facultativo.

§ 1º O prazo do inciso II será prorrogado para até 24 (vinte e quatro) meses se o segurado já tiver pago mais de 120 (cento e vinte) contribuições mensais sem interrupção que acarrete a perda da qualidade de segurado.

§ 2º Os prazos do inciso II ou do § 1º serão acrescidos de doze meses para o segurado desempregado, desde que comprovada essa situação pelo registro no órgão próprio do Ministério do Trabalho e da Previdência Social.

§ 3º Durante os prazos deste artigo, o segurado conserva todos os seus direitos perante a Previdência Social.

§ 4º A perda da qualidade de segurado ocorrerá no dia seguinte ao do término do prazo fixado no Plano de Custeio da Seguridade Social para recolhimento da contribuição referente ao mês imediatamente posterior ao do final dos prazos fixados neste artigo e seus parágrafos.

- Art. 13 do Dec. nº 3.048, de 6-5-1999 (Regulamento da Previdência Social).

Seção II

DOS DEPENDENTES

Art. 16. São beneficiários do Regime Geral de Previdência Social, na condição de dependentes do segurado:

- Arts. 7º, XII e XXV, e 201, IV e V, da CF.
- Art. 16 do Dec. nº 3.048, de 6-5-1999 (Regulamento da Previdência Social).

I – o cônjuge, a companheira, o companheiro e o filho não emancipado, de qualquer condição, menor de 21 (vinte e um) anos ou inválido ou que tenha deficiência intelectual ou mental ou deficiência grave;

- Inciso I com a redação dada pela Lei nº 13.146, de 6-7-2015.

II – os pais;

III – o irmão não emancipado, de qualquer condição, menor de 21 (vinte e um) anos ou inválido ou que tenha deficiência intelectual ou mental ou deficiência grave;

- Inciso III com a redação dada pela Lei nº 13.146, de 6-7-2015.

IV – *Revogado*. Lei nº 9.032, de 28-4-1995.

§ 1º A existência de dependente de qualquer das classes deste artigo exclui do direito às prestações os das classes seguintes.

§ 2º O enteado e o menor tutelado equiparam-se a filho mediante declaração do segurado e desde que comprovada a dependência econômica na forma estabelecida no Regulamento.

- § 2º com a redação dada pela Lei nº 9.528, de 10-12-1997.
- O STF, por maioria dos votos, julgou procedente a ADIN nº 4.878, de modo a conferir interpretação conforme a este parágrafo, para contemplar, em seu âmbito de proteção, o "menor sob guarda" (*DOU* de 16-6-2021).

§ 3º Considera-se companheira ou companheiro a pessoa que, sem ser casada, mantém união estável com o segurado ou com a segurada, de acordo com o § 3º do artigo 226 da Constituição Federal.

§ 4º A dependência econômica das pessoas indicadas no inciso I é presumida e a das demais deve ser comprovada.

§ 5º As provas de união estável e de dependência econômica exigem início de prova material contemporânea dos fatos, produzido em período não superior a 24 (vinte e quatro) meses anterior à data do óbito ou do recolhimento à prisão do segurado, não admitida a prova exclusivamente testemunhal, exceto na ocorrência de motivo de força maior ou caso fortuito, conforme disposto no regulamento.

§ 6º Na hipótese da alínea c do inciso V do § 2º do art. 77 desta Lei, a par da exigência do § 5º deste artigo, deverá ser apresentado, ainda, início de prova material que comprove união estável por pelo menos 2 (dois) anos antes do óbito do segurado.

§ 7º Será excluído definitivamente da condição de dependente quem tiver sido condenado criminalmente por sentença com trânsito em julgado, como autor, coautor ou partícipe de homicídio doloso, ou de tentativa desse crime, cometido contra a pessoa do segurado, ressalvados os absolutamente incapazes e os inimputáveis.

- §§ 5º a 7º acrescidos pela Lei nº 13.846, de 18-6-2019.

Seção III

DAS INSCRIÇÕES

Art. 17. O Regulamento disciplinará a forma de inscrição do segurado e dos dependentes.

§ 1º Incumbe ao dependente promover a sua inscrição quando do requerimento do benefício a que estiver habilitado.

- § 1º com a redação dada pela Lei nº 10.403, de 8-1-2002.

§ 2º *Revogado*. Lei nº 13.135, de 17-6-2015.

§ 3º *Revogado*. Lei nº 11.718, de 20-6-2008.

§ 4º A inscrição do segurado especial será feita de forma a vinculá-lo ao respectivo grupo familiar e conterá, além das informações pessoais, a identificação da propriedade em que desenvolve a atividade e a que título, se nela reside ou o Município onde reside e, quando for o caso, a identificação e inscrição da pessoa responsável pelo grupo familiar.

► § 4º com a redação dada pela Lei nº 12.873, de 24-10-2013.

► Art. 38-A desta Lei.

§ 5º O segurado especial integrante de grupo familiar que não seja proprietário ou dono do imóvel rural em que desenvolve sua atividade deverá informar, no ato da inscrição, conforme o caso, o nome do parceiro ou meeiro outorgante, arrendador, comodante ou assemelhado.

► § 5º acrescido pela Lei nº 11.718, de 20-6-2008.

§ 6º *Revogado*. Lei nº 12.873, de 24-10-2013.

§ 7º Não será admitida a inscrição *post mortem* de segurado contribuinte individual e de segurado facultativo.

► § 7º acrescido pela Lei nº 13.846, de 18-6-2019.

Capítulo II

DAS PRESTAÇÕES EM GERAL

Seção I

DAS ESPÉCIES DE PRESTAÇÕES

Art. 18. O Regime Geral de Previdência Social compreende as seguintes prestações, devidas inclusive em razão de eventos decorrentes de acidente do trabalho, expressas em benefícios e serviços:

► Art. 25 do Dec. nº 3.048, de 6-5-1999 (Regulamento da Previdência Social).

I – quanto ao segurado:

a) aposentadoria por invalidez;
b) aposentadoria por idade;
c) aposentadoria por tempo de contribuição;

► Alínea *c* com a redação dada pela LC nº 123, de 14-12-2006.

d) aposentadoria especial;

► Súm. nº 726 do STF.

e) auxílio-doença;
f) salário-família;
g) salário-maternidade;
h) auxílio-acidente;
i) *Revogada*. Lei nº 8.870, de 15-4-1994.

II – quanto ao dependente:

a) pensão por morte;
b) auxílio-reclusão;

III – quanto ao segurado e dependente:

a) *Revogada*. Lei nº 9.032, de 28-4-1995.
b) serviço social;
c) reabilitação profissional.

§ 1º Somente poderão beneficiar-se do auxílio-acidente os segurados incluídos nos incisos I, II, VI e VII do art. 11 desta Lei.

► § 1º com a redação dada pela LC nº 150, de 1º-6-2015.

§ 2º O aposentado pelo Regime Geral de Previdência Social – RGPS que permanecer em atividade sujeita a este Regime, ou a ele retornar, não fará jus a prestação alguma da Previdência Social em decorrência do exercício dessa atividade, exceto ao salário-família e à reabilitação profissional, quando empregado.

► § 2º com a redação dada pela Lei nº 9.528, de 10-12-1997.

§ 3º O segurado contribuinte individual, que trabalhe por conta própria, sem relação de trabalho com empresa ou equiparado, e o segurado facultativo que contribuam na forma do § 2º do art. 21 da Lei nº 8.212, de 24 de julho de 1991, não farão jus à aposentadoria por tempo de contribuição.

► § 3º acrescido pela LC nº 123, de 14-12-2006.

§ 4º Os benefícios referidos no *caput* deste artigo poderão ser solicitados, pelos interessados, aos Oficiais de Registro Civil das Pessoas Naturais, que encaminharão, eletronicamente, requerimento e respectiva documentação comprobatória de seu direito para deliberação e análise do Instituto Nacional do Seguro Social (INSS), nos termos do regulamento.

► § 4º acrescido pela Lei nº 13.846, de 18-6-2019.

Art. 19. Acidente do trabalho é o que ocorre pelo exercício do trabalho a serviço de empresa ou de empregador doméstico ou pelo exercício do trabalho dos segurados referidos no inciso VII do art. 11 desta Lei, provocando lesão corporal ou perturbação funcional que cause a morte ou a perda ou redução, permanente ou temporária, da capacidade para o trabalho.

► *Caput* com a redação dada pela LC nº 150, de 1º-6-2015.

§ 1º A empresa é responsável pela adoção e uso das medidas coletivas e individuais de proteção e segurança da saúde do trabalhador.

§ 2º Constitui contravenção penal, punível com multa, deixar a empresa de cumprir as normas de segurança e higiene do trabalho.

§ 3º É dever da empresa prestar informações pormenorizadas sobre os riscos da operação a executar e do produto a manipular.

§ 4º O Ministério do Trabalho e da Previdência Social fiscalizará e os sindicatos e entidades representativas de classe acompanharão o fiel cumprimento do disposto nos parágrafos anteriores, conforme dispuser o Regulamento.

Art. 20. Consideram-se acidente do trabalho, nos termos do artigo anterior, as seguintes entidades mórbidas:

I – doença profissional, assim entendida a produzida ou desencadeada pelo exercício do trabalho peculiar a determinada atividade e constante da respectiva relação elaborada pelo Ministério do Trabalho e da Previdência Social;

II – doença do trabalho, assim entendida a adquirida ou desencadeada em função de condições especiais em que o trabalho é realizado e com ele se relacione diretamente, constante da relação mencionada no inciso I.

§ 1º Não são consideradas como doença do trabalho:

a) a doença degenerativa;

b) a inerente a grupo etário;

c) a que não produza incapacidade laborativa;

d) a doença endêmica adquirida por segurado habitante de região em que ela se desenvolva, salvo comprovação de que é resultante de exposição ou contato direto determinado pela natureza do trabalho.

§ 2º Em caso excepcional, constatando-se que a doença não incluída na relação prevista nos incisos I e II deste artigo resultou das condições especiais em que o trabalho é executado e com ele se relaciona diretamente, a Previdência Social deve considerá-la acidente do trabalho.

Art. 21. Equiparam-se também ao acidente do trabalho, para efeitos desta Lei:

I – o acidente ligado ao trabalho que, embora não tenha sido a causa única, haja contribuído diretamente para a morte do segurado, para redução ou perda da sua capacidade para o trabalho, ou produzido lesão que exija atenção médica para a sua recuperação;

II – o acidente sofrido pelo segurado no local e no horário do trabalho, em consequência de:

a) ato de agressão, sabotagem ou terrorismo praticado por terceiro ou companheiro de trabalho;

b) ofensa física intencional, inclusive de terceiro, por motivo de disputa relacionada ao trabalho;

c) ato de imprudência, de negligência ou de imperícia de terceiro ou de companheiro de trabalho;

d) ato de pessoa privada do uso da razão;

e) desabamento, inundação, incêndio e outros casos fortuitos ou decorrentes de força maior;

III – a doença proveniente de contaminação acidental do empregado no exercício de sua atividade;

IV – o acidente sofrido pelo segurado ainda que fora do local e horário de trabalho:

a) na execução de ordem ou na realização de serviço sob a autoridade da empresa;

b) na prestação espontânea de qualquer serviço à empresa para lhe evitar prejuízo ou proporcionar proveito;

c) em viagem a serviço da empresa, inclusive para estudo quando financiada por esta dentro de seus planos para melhor capacitação da mão de obra, independentemente do meio de locomoção utilizado, inclusive veículo de propriedade do segurado;

d) no percurso da residência para o local de trabalho ou deste para aquela, qualquer que seja o meio de locomoção, inclusive veículo de propriedade do segurado.

§ 1º Nos períodos destinados a refeição ou descanso, ou por ocasião da satisfação de outras necessidades fisiológicas, no local do trabalho ou durante este, o empregado é considerado no exercício do trabalho.

§ 2º Não é considerada agravação ou complicação de acidente do trabalho a lesão que, resultante de acidente de outra origem, se associe ou se superponha às consequências do anterior.

Art. 21-A. A perícia médica do Instituto Nacional do Seguro Social (INSS) considerará caracterizada a natureza acidentária da incapacidade quando constatar ocorrência de nexo técnico epidemiológico entre o trabalho e o agravo, decorrente da relação entre a atividade da empresa ou do empregado doméstico e a entidade mórbida motivadora da incapacidade elencada na Classificação Internacional de Doenças (CID), em conformidade com o que dispuser o regulamento.

▸ *Caput* com a redação dada pela LC nº 150, de 1º-6-2015.

▸ Art. 22, § 5º, desta Lei.

§ 1º A perícia médica do INSS deixará de aplicar o disposto neste artigo quando demonstrada a inexistência do nexo de que trata o *caput* deste artigo.

► § 1º acrescido pela Lei nº 11.430, de 26-12-2006.

§ 2º A empresa ou o empregador doméstico poderão requerer a não aplicação do nexo técnico epidemiológico, de cuja decisão caberá recurso, com efeito suspensivo, da empresa, do empregador doméstico ou do segurado ao Conselho de Recursos da Previdência Social.

► § 2º com a redação dada pela LC nº 150, de 1º-6-2015.

Art. 22. A empresa ou o empregador doméstico deverão comunicar o acidente do trabalho à Previdência Social até o primeiro dia útil seguinte ao da ocorrência e, em caso de morte, de imediato, à autoridade competente, sob pena de multa variável entre o limite mínimo e o limite máximo do salário de contribuição, sucessivamente aumentada nas reincidências, aplicada e cobrada pela Previdência Social.

► *Caput* com a redação dada pela LC nº 150, de 1º-6-2015.

§ 1º Da comunicação a que se refere este artigo receberão cópia fiel o acidentado ou seus dependentes, bem como o sindicato a que corresponda a sua categoria.

§ 2º Na falta de comunicação por parte da empresa, podem formalizá-la o próprio acidentado, seus dependentes, a entidade sindical competente, o médico que o assistiu ou qualquer autoridade pública, não prevalecendo nestes casos o prazo previsto neste artigo.

§ 3º A comunicação a que se refere o § 2º não exime a empresa de responsabilidade pela falta do cumprimento do disposto neste artigo.

§ 4º Os sindicatos e entidades representativas de classe poderão acompanhar a cobrança, pela Previdência Social, das multas previstas neste artigo.

§ 5º A multa de que trata este artigo não se aplica na hipótese do *caput* do art. 21-A.

► § 5º acrescido pela Lei nº 11.430, de 26-12-2006.

Art. 23. Considera-se como dia do acidente, no caso de doença profissional ou do trabalho, a data do início da incapacidade laborativa para o exercício da atividade habitual, ou o dia da segregação compulsória, ou o dia em que for realizado o diagnóstico, valendo para este efeito o que ocorrer primeiro.

► Súm. nº 507 do STJ.

Seção II
DOS PERÍODOS DE CARÊNCIA

Art. 24. Período de carência é o número mínimo de contribuições mensais indispensáveis para que o beneficiário faça jus ao benefício, consideradas a partir do transcurso do primeiro dia dos meses de suas competências.

► Art. 89, § 7º, da Lei nº 8.212, de 24-7-1991 (Lei Orgânica da Seguridade Social).

► Art. 26 do Dec. nº 3.048, de 6-5-1999 (Regulamento da Previdência Social).

Parágrafo único. *Revogado*. Lei nº 13.457, de 26-6-2017.

Art. 25. A concessão das prestações pecuniárias do Regime Geral de Previdência Social depende dos seguintes períodos de carência, ressalvado o disposto no artigo 26:

I – auxílio-doença e aposentadoria por invalidez: 12 (doze) contribuições mensais;

► Art. 151 desta Lei.

II – aposentadoria por idade, aposentadoria por tempo de serviço e aposentadoria especial: 180 (cento e oitenta) contribuições mensais.

► Inciso II com a redação dada pela Lei nº 8.870, de 15-4-1994.

► Art. 142 desta Lei.

► Súm. nº 726 do STF.

III – salário-maternidade para as seguradas de que tratam os incisos V e VII do *caput* do art. 11 e o art. 13 desta Lei: 10 (dez) contribuições mensais, respeitado o disposto no parágrafo único do art. 39 desta Lei; e

► Inciso III com a redação dada pela Lei nº 13.846, de 18-6-2019.

IV – auxílio-reclusão: 24 (vinte e quatro) contribuições mensais.

► Inciso IV acrescido pela Lei nº 13.846, de 18-6-2019.

Parágrafo único. Em caso de parto antecipado, o período de carência a que se refere o inciso III será reduzido em número de contribuições equivalente ao número de meses em que o parto foi antecipado.

► Parágrafo único acrescido pela Lei nº 9.876, de 26-11-1999.

▸ Art. 29 do Dec. nº 3.048, de 6-5-1999 (Regulamento da Previdência Social).

Art. 26. Independe de carência a concessão das seguintes prestações:

I – pensão por morte, salário-família e auxílio-acidente;

▸ Inciso I com a redação dada pela Lei nº 13.846, de 18-6-2019.

▸ Súm. nº 416 do STJ.

II – auxílio-doença e aposentadoria por invalidez nos casos de acidente de qualquer natureza ou causa e de doença profissional ou do trabalho, bem como nos casos de segurado que, após filiar-se ao RGPS, for acometido de alguma das doenças e afecções especificadas em lista elaborada pelos Ministérios da Saúde e da Previdência Social, atualizada a cada 3 (três) anos, de acordo com os critérios de estigma, deformação, mutilação, deficiência ou outro fator que lhe confira especificidade e gravidade que mereçam tratamento particularizado;

▸ Inciso II com a redação dada pela Lei nº 13.135, de 17-6-2015.

III – os benefícios concedidos na forma do inciso I do artigo 39, aos segurados especiais referidos no inciso VII do artigo 11 desta Lei;
IV – serviço social;
V – reabilitação profissional;
VI – salário-maternidade para as seguradas empregada, trabalhadora avulsa e empregada doméstica.

▸ Inciso VI acrescido pela Lei nº 9.876, de 26-11-1999.

▸ Art. 30 do Dec. nº 3.048, de 6-5-1999 (Regulamento da Previdência Social).

Art. 27. Para cômputo do período de carência, serão consideradas as contribuições:

I – referentes ao período a partir da data de filiação ao Regime Geral de Previdência Social (RGPS), no caso dos segurados empregados, inclusive os domésticos, e dos trabalhadores avulsos;

II – realizadas a contar da data de efetivo pagamento da primeira contribuição sem atraso, não sendo consideradas para este fim as contribuições recolhidas com atraso referentes a competências anteriores, no caso dos segurados contribuinte individual, especial e facultativo, referidos, respectivamente, nos incisos V e VII do art. 11 e no art. 13.

▸ Art. 27 com a redação dada pela LC nº 150, de 1º-6-2015.

▸ Art. 28 do Dec. nº 3.048, de 6-5-1999 (Regulamento da Previdência Social).

Art. 27-A. Na hipótese de perda da qualidade de segurado, para fins da concessão dos benefícios de auxílio-doença, de aposentadoria por invalidez, de salário-maternidade e de auxílio-reclusão, o segurado deverá contar, a partir da data da nova filiação à Previdência Social, com metade dos períodos previstos nos incisos I, III e IV do *caput* do art. 25 desta Lei.

▸ Art. 27-A com a redação dada pela Lei nº 13.846, de 18-6-2019.

SEÇÃO III
DO CÁLCULO DO VALOR DOS BENEFÍCIOS

SUBSEÇÃO I
DO SALÁRIO DE BENEFÍCIO

Art. 28. O valor do benefício de prestação continuada, inclusive o regido por norma especial e o decorrente de acidente do trabalho, exceto o salário-família e o salário-maternidade, será calculado com base no salário de benefício.

▸ *Caput* com a redação dada pela Lei nº 9.032, de 28-4-1995.

▸ Art. 31 do Dec. nº 3.048, de 6-5-1999 (Regulamento da Previdência Social).

§§ 1º a 4º *Revogados*. Lei nº 9.032, de 28-4-1995.

Art. 29. O salário de benefício consiste:

▸ *Caput* com a redação dada pela Lei nº 9.876, de 26-11-1999.

▸ Art. 32 do Dec. nº 3.048, de 6-5-1999 (Regulamento da Previdência Social).

I – para os benefícios de que tratam as alíneas *b* e *c* do inciso I do artigo 18, na média aritmética simples dos maiores salários de contribuição correspondentes a 80% (oitenta por cento) de todo o período contributivo, multiplicada pelo fator previdenciário;

II – para os benefícios de que tratam as alíneas *a*, *d*, *e* e *h* do inciso I do artigo 18, na média aritmética simples dos maiores salários de contribuição correspondentes a 80% (oitenta por cento) de todo o período contributivo.

▸ Incisos I e II com a redação dada pela Lei nº 9.876, de 26-11-1999.

§ 1º *Revogado*. Lei nº 9.876, de 26-11-1999.

§ 2º O valor do salário de benefício não será inferior ao de um salário mínimo, nem superior ao do limite máximo do salário de contribuição na data de início do benefício.

► Lei nº 10.999, de 15-12-2004, autoriza a revisão dos benefícios previdenciários concedidos, com data base posterior a fevereiro de 1994, e o pagamento dos valores atrasados nas condições que especifica.

► Art. 2º da Port. Interministerial do MTPrev e MF nº 26, de 10-1-2023 (*DOU* de 11-1-2023), que estabelece que o salário benefício e o salário de contribuição não poderão ser inferiores a 1.302,00 (mil trezentos e dois reais) nem superiores a R$ 7.507,49 (sete mil quinhentos e sete reais e quarenta e nove centavos), a partir de 1º-1-2023.

§ 3º Serão considerados para cálculo do salário de benefício os ganhos habituais do segurado empregado, a qualquer título, sob forma de moeda corrente ou de utilidades, sobre os quais tenha incidido contribuições previdenciárias, exceto o décimo-terceiro salário (gratificação natalina).

► § 3º com a redação dada pela Lei nº 8.870, de 15-4-1994.

§ 4º Não será considerado, para o cálculo do salário de benefício, o aumento dos salários de contribuição que exceder o limite legal, inclusive o voluntariamente concedido nos 36 (trinta e seis) meses imediatamente anteriores ao início do benefício, salvo se homologado pela Justiça do Trabalho, resultante de promoção regulada por normas gerais da empresa, admitida pela legislação do trabalho, de sentença normativa ou de reajustamento salarial obtido pela categoria respectiva.

§ 5º Se, no período básico de cálculo, o segurado tiver recebido benefícios por incapacidade, sua duração será contada, considerando-se como salário de contribuição, no período, o salário de benefício que serviu de base para o cálculo da renda mensal, reajustado nas mesmas épocas e bases dos benefícios em geral, não podendo ser inferior ao valor de 1 (um) salário mínimo.

► Súm. nº 557 do STJ.

§ 6º O salário de benefício do segurado especial consiste no valor equivalente ao salário mínimo, ressalvado o disposto no inciso II do art. 39 e nos §§ 3º e 4º do art. 48 desta Lei.

► § 6º com a redação dada pela Lei nº 11.718, de 20-6-2008.

I e II – *Revogados*. Lei nº 11.718, de 20-6-2008.

§ 7º O fator previdenciário será calculado considerando-se a idade, a expectativa de sobrevida e o tempo de contribuição do segurado ao se aposentar, segundo a fórmula constante do Anexo desta Lei.

► A referência feita a "Anexo desta Lei", conforme consta na publicação oficial, deve ser entendida como sendo "Anexo da Lei nº 9.876, de 26-11-1999".

§ 8º Para efeito do disposto no § 7º, a expectativa de sobrevida do segurado na idade da aposentadoria será obtida a partir da tábua completa de mortalidade construída pela Fundação Instituto Brasileiro de Geografia e Estatística – IBGE, considerando-se a média nacional única para ambos os sexos.

► Dec. nº 3.266, de 29-11-1999, atribui competência e fixa a periodicidade para a publicação da tábua completa de mortalidade de que trata este parágrafo.

§ 9º Para efeito da aplicação do fator previdenciário, ao tempo de contribuição do segurado serão adicionados:

I – 5 (cinco) anos, quando se tratar de mulher;

II – 5 (cinco) anos, quando se tratar de professor que comprove exclusivamente tempo de efetivo exercício das funções de magistério na educação infantil e no ensino fundamental e médio;

III – 10 (dez) anos, quando se tratar de professora que comprove exclusivamente tempo de efetivo exercício das funções de magistério na educação infantil e no ensino fundamental e médio.

► §§ 6º a 9º acrescidos pela Lei nº 9.876, de 26-11-1999.

§ 10. O auxílio-doença não poderá exceder a média aritmética simples dos últimos 12 (doze) salários de contribuição, inclusive em caso de remuneração variável, ou, se não alcançado o número de 12 (doze), a média aritmética simples dos salários de contribuição existentes.

► § 10 com a redação dada pela Lei nº 13.135, de 17-6-2015.

§§ 11 a 13. VETADOS. Lei nº 13.135, de 17-6-2015.

Art. 29-A. O INSS utilizará as informações constantes no Cadastro Nacional de Informações Sociais – CNIS sobre os vínculos e as remunerações dos segurados, para fins de cálculo do salário de benefício, comprovação de filiação ao Regime Geral de Previdência Social, tempo de contribuição e relação de emprego.

► *Caput* com a redação dada pela LC nº 128, de 19-12-2008.

§ 1º O INSS terá até 180 (cento e oitenta) dias, contados a partir da solicitação do pedido, para fornecer ao segurado as informações previstas no *caput* deste artigo.

§ 2º O segurado poderá solicitar, a qualquer momento, a inclusão, exclusão ou retificação de informações constantes do CNIS, com a apresentação de documentos comprobatórios dos dados divergentes, conforme critérios definidos pelo INSS.

► § 2º com a redação dada pela LC nº 128, de 19-12-2008.

§ 3º A aceitação de informações relativas a vínculos e remunerações inseridas extemporaneamente no CNIS, inclusive retificações de informações anteriormente inseridas, fica condicionada à comprovação dos dados ou das divergências apontadas, conforme critérios definidos em regulamento.

§ 4º Considera-se extemporânea a inserção de dados decorrentes de documento inicial ou de retificação de dados anteriormente informados, quando o documento ou a retificação, ou a informação retificadora, forem apresentados após os prazos estabelecidos em regulamento.

§ 5º Havendo dúvida sobre a regularidade do vínculo incluído no CNIS e inexistência de informações sobre remunerações e contribuições, o INSS exigirá a apresentação dos documentos que serviram de base à anotação, sob pena de exclusão do período.

► §§ 3º a 5º acrescidos pela LC nº 128, de 19-12-2008.

Art. 29-B. Os salários de contribuição considerados no cálculo do valor do benefício serão corrigidos mês a mês de acordo com a variação integral do Índice Nacional de Preços ao Consumidor – INPC, calculado pela Fundação Instituto Brasileiro de Geografia e Estatística – IBGE.

► Art. 29-B acrescido pela Lei nº 10.887, de 18-6-2004.

Art. 29-C. O segurado que preencher o requisito para a aposentadoria por tempo de contribuição poderá optar pela não incidência do fator previdenciário no cálculo de sua aposentadoria, quando o total resultante da soma de sua idade e de seu tempo de contribuição, incluídas as frações, na data de requerimento da aposentadoria, for:

I – igual ou superior a noventa e cinco pontos, se homem, observando o tempo mínimo de contribuição de trinta e cinco anos; ou

II – igual ou superior a oitenta e cinco pontos, se mulher, observado o tempo mínimo de contribuição de trinta anos.

§ 1º Para os fins do disposto no *caput*, serão somadas as frações em meses completos de tempo de contribuição e idade.

§ 2º As somas de idade e de tempo de contribuição previstas no *caput* serão majoradas em um ponto em:

I – 31 de dezembro de 2018;

II – 31 de dezembro de 2020;

III – 31 de dezembro de 2022;

IV – 31 de dezembro de 2024; e

V – 31 de dezembro de 2026.

§ 3º Para efeito de aplicação do disposto no *caput* e no § 2º, o tempo mínimo de contribuição do professor e da professora que comprovarem exclusivamente tempo de efetivo exercício de magistério na educação infantil e no ensino fundamental e médio será de, respectivamente, trinta e vinte e cinco anos, e serão acrescidos cinco pontos à soma da idade com o tempo de contribuição.

§ 4º Ao segurado que alcançar o requisito necessário ao exercício da opção de que trata o *caput* e deixar de requerer aposentadoria será assegurado o direito à opção com a aplicação da pontuação exigida na data do cumprimento do requisito nos termos deste artigo.

§ 5º VETADO. Lei nº 13.183, de 4-11-2015.

► Art. 29-C com a redação dada pela Lei nº 13.183, de 4-11-2015.

► Súm. nº 557 do STJ.

Art. 29-D. VETADO. Lei nº 13.183, de 4-11-2015.

Art. 30. *Revogado.* Lei nº 9.032, de 28-4-1995.

Art. 31. O valor mensal do auxílio-acidente integra o salário de contribuição, para fins de cálculo do salário de benefício de qualquer aposentadoria, observado, no que couber, o disposto no artigo 29 e no artigo 86, § 5º.

► Artigo restabelecido e com a redação dada pela Lei nº 9.528, de 10-12-1997.

Art. 32. O salário de benefício do segurado que contribuir em razão de atividades concomitantes será calculado com base na soma dos salários de contribuição das atividades exercidas na data do requerimento ou do óbito, ou no período básico de cálculo, observado o disposto no art. 29 desta Lei.

I a III – *Revogados.* Lei nº 13.846, de 18-6-2019.

§ 1º O disposto neste artigo não se aplica ao segurado que, em obediência ao limite máximo do salário de contribuição, contribuiu apenas por uma das atividades concomitantes.

§ 2º Não se aplica o disposto neste artigo ao segurado que tenha sofrido redução do salário de contribuição das atividades concomitantes em respeito ao limite máximo desse salário.

► Art. 32 com a redação dada pela Lei nº 13.846, de 18-6-2019.

Subseção II
Da Renda Mensal do Benefício

Art. 33. A renda mensal do benefício de prestação continuada que substituir o salário de contribuição ou o rendimento do trabalho do segurado não terá valor inferior ao do salário mínimo, nem superior ao do limite máximo do salário de contribuição, ressalvado o disposto no artigo 45 desta Lei.

► Art. 35 do Dec. nº 3.048, de 6-5-1999 (Regulamento da Previdência Social).

Art. 34. No cálculo do valor da renda mensal do benefício, inclusive o decorrente de acidente do trabalho, serão computados:

► *Caput* com a redação dada pela LC nº 150, de 1º-6-2015.

► Art. 36 do Dec. nº 3.048, de 6-5-1999 (Regulamento da Previdência Social).

I – para o segurado empregado, inclusive o doméstico, e o trabalhador avulso, os salários de contribuição referentes aos meses de contribuições devidas, ainda que não recolhidas pela empresa ou pelo empregador doméstico, sem prejuízo da respectiva cobrança e da aplicação das penalidades cabíveis, observado o disposto no § 5º do art. 29-A;

II – para o segurado empregado, inclusive o doméstico, o trabalhador avulso e o segurado especial, o valor mensal do auxílio-acidente, considerado como salário de contribuição para fins de concessão de qualquer aposentadoria, nos termos do art. 31;

► Incisos I e II com a redação dada pela LC nº 150, de 1º-6-2015.

III – para os demais segurados, os salários de contribuição referentes aos meses de contribuições efetivamente recolhidas.

► Inciso III acrescido pela Lei nº 9.528, de 10-12-1997.

Art. 35. Ao segurado empregado, inclusive o doméstico, e ao trabalhador avulso que tenham cumprido todas as condições para a concessão do benefício pleiteado, mas não possam comprovar o valor de seus salários de contribuição no período básico de cálculo, será concedido o benefício de valor mínimo, devendo esta renda ser recalculada quando da apresentação de prova dos salários de contribuição.

► Artigo com a redação dada pela LC nº 150, de 1º-6-2015.

► Art. 36, § 2º, do Dec. nº 3.048, de 6-5-1999 (Regulamento da Previdência Social).

Art. 36. Para o segurado empregado doméstico que, tendo satisfeito as condições exigidas para a concessão do benefício requerido, não comprovar o efetivo recolhimento das contribuições devidas, será concedido o benefício de valor mínimo, devendo sua renda ser recalculada quando da apresentação da prova do recolhimento das contribuições.

Art. 37. A renda mensal inicial, recalculada de acordo com o disposto no art. 35, deve ser reajustada como a dos benefícios correspondentes com igual data de início e substituirá, a partir da data do requerimento de revisão do valor do benefício, a renda mensal que prevalecia até então.

► Artigo com a redação dada pela LC nº 150, de 1º-6-2015.

► Art. 37 do Dec. nº 3.048, de 6-5-1999 (Regulamento da Previdência Social).

Art. 38. Sem prejuízo do disposto no art. 35, cabe à Previdência Social manter cadastro dos segurados com todos os informes necessários para o cálculo da renda mensal dos benefícios.

► Artigo com a redação dada pela LC nº 150, de 1º-6-2015.

Art. 38-A. O Ministério da Economia manterá sistema de cadastro dos segurados especiais no Cadastro Nacional de Informações Sociais (CNIS), observado o disposto nos §§ 4º e 5º do art. 17 desta Lei, e poderá firmar acordo de cooperação com o Ministério da Agricultura, Pecuária e Abastecimento e com outros órgãos da administração pública federal, estadual, distrital e municipal para a manutenção e a gestão do sistema de cadastro.

► *Caput* com a redação dada pela Lei nº 13.846, de 18-6-2019.

§ 1º O sistema de que trata o *caput* deste artigo preverá a manutenção e a atualização anual do cadastro e conterá as informações necessárias à caracterização da condição de segurado especial, nos termos do disposto no regulamento.

§ 2º Da aplicação do disposto neste artigo não poderá resultar nenhum ônus para os segurados, sem prejuízo do disposto no § 4º deste artigo.

▸ §§ 1º e 2º com a redação dada pela Lei nº 13.846, de 18-6-2019.

§ 3º O INSS, no ato de habilitação ou de concessão de benefício, deverá verificar a condição de segurado especial e, se for o caso, o pagamento da contribuição previdenciária, nos termos da Lei nº 8.212, de 24 de julho de 1991, considerando, dentre outros, o que consta do Cadastro Nacional de Informações Sociais (CNIS) de que trata o art. 29-A desta Lei.

▸ § 3º acrescido pela Lei nº 13.134, de 16-6-2015.

§ 4º A atualização anual de que trata o § 1º deste artigo será feita até 30 de junho do ano subsequente.

§ 5º É vedada a atualização de que trata o § 1º deste artigo após o prazo de 5 (cinco) anos, contado da data estabelecida no § 4º deste artigo.

§ 6º Decorrido o prazo de 5 (cinco) anos de que trata o § 5º deste artigo, o segurado especial só poderá computar o período de trabalho rural se efetuados em época própria a comercialização da produção e o recolhimento da contribuição prevista no art. 25 da Lei nº 8.212, de 24 de julho de 1991.

▸ §§ 4º a 6º acrescidos pela Lei nº 13.846, de 18-6-2019.

Art. 38-B. O INSS utilizará as informações constantes do cadastro de que trata o art. 38-A para fins de comprovação do exercício da atividade e da condição do segurado especial e do respectivo grupo familiar.

▸ *Caput* acrescido pela Lei nº 13.134, de 16-6-2015.

§ 1º A partir de 1º de janeiro de 2023, a comprovação da condição e do exercício da atividade rural do segurado especial ocorrerá, exclusivamente, pelas informações constantes do cadastro a que se refere o art. 38-A desta Lei.

§ 2º Para o período anterior a 1º de janeiro de 2023, o segurado especial comprovará o tempo de exercício da atividade rural por meio de autodeclaração ratificada por entidades públicas credenciadas, nos termos do art. 13 da Lei nº 12.188, de 11 de janeiro de 2010, e por outros órgãos públicos, na forma prevista no regulamento.

§ 3º Até 1º de janeiro de 2025, o cadastro de que trata o art. 38-A poderá ser realizado, atualizado e corrigido, sem prejuízo do prazo de que trata o § 1º deste artigo e da regra permanente prevista nos §§ 4º e 5º do art. 38-A desta Lei.

§ 4º Na hipótese de divergência de informações entre o cadastro e outras bases de dados, para fins de reconhecimento do direito ao benefício, o INSS poderá exigir a apresentação dos documentos referidos no art. 106 desta Lei.

§ 5º O cadastro e os prazos de que tratam este artigo e o art. 38-A desta Lei deverão ser amplamente divulgados por todos os meios de comunicação cabíveis para que todos os cidadãos tenham acesso à informação sobre a existência do referido cadastro e a obrigatoriedade de registro.

▸ §§ 1º a 5º acrescidos pela Lei nº 13.846, de 18-6-2019.

Art. 39. Para os segurados especiais, referidos no inciso VII do *caput* do art. 11 desta Lei, fica garantida a concessão:

▸ *Caput* com a redação dada pela Lei nº 13.846, de 18-6-2019.

I – de aposentadoria por idade ou por invalidez, de auxílio-doença, de auxílio-reclusão ou de pensão, no valor de 1 (um) salário mínimo, e de auxílio-acidente, conforme disposto no art. 86 desta Lei, desde que comprovem o exercício de atividade rural, ainda que de forma descontínua, no período imediatamente anterior ao requerimento do benefício, igual ao número de meses correspondentes à carência do benefício requerido, observado o disposto nos arts. 38-A e 38-B desta Lei; ou

▸ Inciso I com a redação dada pela Lei nº 13.846, de 18-6-2019.

II – dos benefícios especificados nesta Lei, observados os critérios e a forma de cálculo estabelecidos, desde que contribuam facultativamente para a Previdência Social, na forma estipulada no Plano de Custeio da Seguridade Social.

Parágrafo único. Para a segurada especial fica garantida a concessão do salário-maternidade no valor de um salário mínimo, desde que comprove o exercício de atividade rural, ainda que de forma descontínua, nos doze meses imediatamente anteriores ao do início do benefício.

▸ Parágrafo único acrescido pela Lei nº 8.861, de 25-3-1994.

► Art. 39 do Dec. nº 3.048, de 6-5-1999 (Regulamento da Previdência Social).

Art. 40. É devido abono anual ao segurado e ao dependente da Previdência Social que, durante o ano, recebeu auxílio-doença, auxílio-acidente ou aposentadoria, pensão por morte ou auxílio-reclusão.

Parágrafo único. O abono anual será calculado, no que couber, da mesma forma que a Gratificação de Natal dos trabalhadores, tendo por base o valor da renda mensal do benefício do mês de dezembro de cada ano.

Seção IV

DO REAJUSTAMENTO DO VALOR DOS BENEFÍCIOS

► Lei nº 12.254, de 15-6-2010, dispõe sobre o reajuste dos benefícios mantidos pela Previdência Social em 2010 e 2011.

Art. 41. *Revogado.* Lei nº 11.430, de 26-12-2006.

Art. 41-A. O valor dos benefícios em manutenção será reajustado, anualmente, na mesma data do reajuste do salário mínimo, *pro rata*, de acordo com suas respectivas datas de início ou do último reajustamento, com base no Índice Nacional de Preços ao Consumidor – INPC, apurado pela Fundação Instituto Brasileiro de Geografia e Estatística – IBGE.

► *Caput* acrescido pela Lei nº 11.430 de 26-12-2006.

§ 1º Nenhum benefício reajustado poderá exceder o limite máximo do salário de benefício na data do reajustamento, respeitados os direitos adquiridos.

§ 2º Os benefícios com renda mensal superior a um salário mínimo serão pagos do primeiro ao quinto dia útil do mês subsequente ao de sua competência, observada a distribuição proporcional do número de beneficiários por dia de pagamento.

§ 3º Os benefícios com renda mensal no valor de até um salário mínimo serão pagos no período compreendido entre o quinto dia útil que anteceder o final do mês de sua competência e o quinto dia útil do mês subsequente, observada a distribuição proporcional dos beneficiários por dia de pagamento.

§ 4º Para os efeitos dos §§ 2º e 3º deste artigo, considera-se dia útil aquele de expediente bancário com horário normal de atendimento.

§ 5º O primeiro pagamento do benefício será efetuado até quarenta e cinco dias após a data da apresentação, pelo segurado, da documentação necessária a sua concessão.

§ 6º Para os benefícios que tenham sido majorados devido à elevação do salário mínimo, o referido aumento deverá ser compensado no momento da aplicação do disposto no *caput* deste artigo, de acordo com normas a serem baixadas pelo Ministério da Previdência Social.

► §§ 2º a 6º com a redação dada pela Lei nº 11.665, de 29-4-2008.

Seção V

DOS BENEFÍCIOS

Subseção I

DA APOSENTADORIA POR INVALIDEZ

Art. 42. A aposentadoria por invalidez, uma vez cumprida, quando for o caso, a carência exigida, será devida ao segurado que, estando ou não em gozo de auxílio-doença, for considerado incapaz e insusceptível de reabilitação para o exercício de atividade que lhe garanta a subsistência, e ser-lhe-á paga enquanto permanecer nesta condição.

§ 1º A concessão de aposentadoria por invalidez dependerá da verificação da condição de incapacidade mediante exame médico-pericial a cargo da Previdência Social, podendo o segurado, às suas expensas, fazer-se acompanhar de médico de sua confiança.

► Arts. 1.767 a 1.783 do CC.

§ 1º-A. O exame médico-pericial previsto no § 1º deste artigo poderá ser realizado com o uso de tecnologia de telemedicina ou por análise documental conforme situações e requisitos definidos em regulamento.

► § 1º-A acrescido pela Lei nº 14.724, de 14-11-2023.

§ 2º A doença ou lesão de que o segurado já era portador ao filiar-se ao Regime Geral de Previdência Social não lhe conferirá direito à aposentadoria por invalidez, salvo quando a incapacidade sobrevier por motivo de progressão ou agravamento dessa doença ou lesão.

► Art. 43 do Dec. nº 3.048, de 6-5-1999 (Regulamento da Previdência Social).

Art. 43. A aposentadoria por invalidez será devida a partir do dia imediato ao da cessação do auxílio-doença, ressalvado o disposto nos §§ 1º, 2º e 3º deste artigo.

► Súm. nº 576 do STJ.

§ 1º Concluindo a perícia médica inicial pela existência de incapacidade total e definitiva para o trabalho, a aposentadoria por invalidez será devida:

▶ § 1º com a redação dada pela Lei nº 9.032, de 28-4-1995.

a) ao segurado empregado, a contar do 16º (décimo sexto) dia do afastamento da atividade ou a partir da entrada do requerimento, se entre o afastamento e a entrada do requerimento decorrerem mais de 30 (trinta) dias;

b) ao segurado empregado doméstico, trabalhador avulso, contribuinte individual, especial e facultativo, a contar da data do início da incapacidade ou da data da entrada do requerimento, se entre essas datas decorrerem mais de 30 (trinta) dias.

▶ Alíneas *a* e *b* com a redação dada pela Lei nº 9.876, de 26-11-1999.

§ 2º Durante os primeiros 15 (quinze) dias de afastamento da atividade por motivo de invalidez, caberá à empresa pagar ao segurado empregado o salário.

▶ § 2º com a redação dada pela Lei nº 9.876, de 26-11-1999.

§ 3º *Revogado.* Lei nº 9.032, de 28-4-1995.

§ 4º O segurado aposentado por invalidez poderá ser convocado a qualquer momento para avaliação das condições que ensejaram o afastamento ou a aposentadoria, concedida judicial ou administrativamente, observado o disposto no art. 101 desta Lei.

▶ § 4º acrescido pela Lei nº 13.457, de 26-6-2017.

§ 5º A pessoa com HIV/AIDS é dispensada da avaliação referida no § 4º deste artigo.

▶ § 5º acrescido pela Lei nº 13.847, de 19-6-2019, promulgado nos termos do art. 66, § 5º, da CF (*DOU* de 21-6-2019).

▶ Art. 44 do Dec. nº 3.048, de 6-5-1999 (Regulamento da Previdência Social).

Art. 44. A aposentadoria por invalidez, inclusive a decorrente de acidente do trabalho, consistirá numa renda mensal correspondente a 100% (cem por cento) do salário de benefício, observado o disposto na Seção III, especialmente no artigo 33 desta Lei.

▶ *Caput* com a redação dada pela Lei nº 9.032, de 28-4-1995.

§ 1º *Revogado.* Lei nº 9.528, de 10-12-1997.

§ 2º Quando o acidentado do trabalho estiver em gozo de auxílio-doença, o valor da aposentadoria por invalidez será igual ao do auxílio-doença se este, por força de reajustamento, for superior ao previsto neste artigo.

Art. 45. O valor da aposentadoria por invalidez do segurado que necessitar da assistência permanente de outra pessoa será acrescido de 25% (vinte e cinco por cento).

Parágrafo único. O acréscimo de que trata este artigo:

a) será devido ainda que o valor da aposentadoria atinja o limite máximo legal;

b) será recalculado quando o benefício que lhe deu origem for reajustado;

c) cessará com a morte do aposentado, não sendo incorporável ao valor da pensão.

▶ Art. 45 e Anexo I, do Dec. nº 3.048, de 6-5-1999 (Regulamento da Previdência Social).

Art. 46. O aposentado por invalidez que retornar voluntariamente à atividade terá sua aposentadoria automaticamente cancelada, a partir da data do retorno.

▶ Art. 48 do Dec. nº 3.048, de 6-5-1999 (Regulamento da Previdência Social).

Art. 47. Verificada a recuperação da capacidade de trabalho do aposentado por invalidez, será observado o seguinte procedimento:

I – quando a recuperação ocorrer dentro de 5 (cinco anos), contados da data do início da aposentadoria por invalidez ou do auxílio-doença que a antecedeu sem interrupção, o benefício cessará:

a) de imediato, para o segurado empregado que tiver direito a retornar à função que desempenhava na empresa quando se aposentou, na forma da legislação trabalhista, valendo como documento, para tal fim, o certificado de capacidade fornecido pela Previdência Social; ou

b) após tantos meses quantos forem os anos de duração do auxílio-doença ou da aposentadoria por invalidez, para os demais segurados;

II – quando a recuperação for parcial, ou ocorrer após o período do inciso I, ou ainda quando o segurado for declarado apto para o exercício de trabalho diverso do qual habitualmente exercia, a aposentadoria será mantida, sem prejuízo da volta à atividade:

a) no seu valor integral, durante 6 (seis) meses contados da data em que for verificada a recuperação da capacidade;

b) com redução de 50% (cinquenta por cento), no período seguinte de (seis) meses;

c) com redução de 75% (setenta e cinco por cento), também por igual período de 6 (seis) meses, ao término do qual cessará definitivamente.

▸ Art. 49 do Dec. nº 3.048, de 6-5-1999 (Regulamento da Previdência Social).

Subseção II

DA APOSENTADORIA POR IDADE

Art. 48. A aposentadoria por idade será devida ao segurado que, cumprida a carência exigida nesta Lei, completar sessenta e cinco anos de idade, se homem, e 60 (sessenta), se mulher.

▸ *Caput* com a redação dada pela Lei nº 9.032, de 28-4-1995.

▸ Art. 201, I e § 7º, II, da CF.

§ 1º Os limites fixados no *caput* são reduzidos para 60 (sessenta) e 55 (cinquenta e cinco) anos no caso de trabalhadores rurais, respectivamente homens e mulheres, referidos na alínea *a* do inciso I, na alínea *g* do inciso V e nos incisos VI e VII do artigo 11.

▸ § 1º com a redação dada pela Lei nº 9.876, de 26-11-1999.

§ 2º Para os efeitos do disposto no § 1º deste artigo, o trabalhador rural deve comprovar o efetivo exercício de atividade rural, ainda que de forma descontínua, no período imediatamente anterior ao requerimento do benefício, por tempo igual ao número de meses de contribuição correspondente à carência do benefício pretendido, computado o período a que se referem os incisos III a VIII do § 9º do art. 11 desta Lei.

▸ § 2º com a redação dada pela Lei nº 11.718, de 20-6-2008.

§ 3º Os trabalhadores rurais de que trata o § 1º deste artigo que não atendam ao disposto no § 2º deste artigo, mas que satisfaçam essa condição, se forem considerados períodos de contribuição sob outras categorias do segurado, farão jus ao benefício ao completarem 65 (sessenta e cinco) anos de idade, se homem, e 60 (sessenta) anos, se mulher.

§ 4º Para efeito do § 3º deste artigo, o cálculo da renda mensal do benefício será apurado de acordo com o disposto no inciso II do *caput* do art. 29 desta Lei, considerando-se como salário de contribuição mensal do período como segurado especial o limite mínimo de salário de contribuição da Previdência Social.

▸ §§ 3º e 4º acrescidos pela Lei nº 11.718, de 20-6-2008.

▸ Art. 51 do Dec. nº 3.048, de 6-5-1999 (Regulamento da Previdência Social).

Art. 49. A aposentadoria por idade será devida:

I – ao segurado empregado, inclusive o doméstico, a partir:

a) da data do desligamento do emprego, quando requerida até essa data ou até 90 (noventa) dias depois dela; ou

b) da data do requerimento, quando não houver desligamento do emprego ou quando for requerida após o prazo previsto na alínea *a*;

II – para os demais segurados, da data da entrada do requerimento.

▸ Art. 52 do Dec. nº 3.048, de 6-5-1999 (Regulamento da Previdência Social).

Art. 50. A aposentadoria por idade, observado o disposto na Seção III deste Capítulo, especialmente no artigo 33, consistirá numa renda mensal de 70% (setenta por cento) do salário de benefício, mais 1% (um por cento) deste, por grupo de 12 (doze) contribuições, não podendo ultrapassar 100% (cem por cento) do salário de benefício.

Art. 51. A aposentadoria por idade pode ser requerida pela empresa, desde que o segurado empregado tenha cumprido o período de carência e completado 70 (setenta) anos de idade, se do sexo masculino, ou 65 (sessenta e cinco) anos, se do sexo feminino, sendo compulsória, caso em que será garantida ao empregado a indenização prevista na legislação trabalhista, considerada como data da rescisão do contrato de trabalho a imediatamente anterior à do início da aposentadoria.

Subseção III

DA APOSENTADORIA POR TEMPO DE SERVIÇO

Art. 52. A aposentadoria por tempo de serviço será devida, cumprida a carência exigida nesta Lei, ao segurado que completar 25 (vinte e cinco) anos de serviço, se do sexo feminino, ou 30 (trinta) anos, se do sexo masculino.

▸ Art. 201, § 7º, II, da CF.

▸ Súm. nº 272 do STJ.

Art. 53. A aposentadoria por tempo de serviço, observado o disposto na Seção III deste Capítulo, especialmente no artigo 33, consistirá numa renda mensal de:

I – para a mulher: 70% (setenta por cento) do salário de benefício aos 25 (vinte e cinco) anos de serviço, mais 6% (seis por cento) deste, para cada novo ano completo de atividade, até o máximo de 100% (cem por cento) do salário de benefício aos trinta anos de serviço;

II – para o homem: 70% (setenta por cento) do salário de benefício aos 30 (trinta) anos de serviço, mais 6% (seis por cento) deste, para cada novo ano completo de atividade, até o máximo de 100% (cem por cento) do salário de benefício aos 35 (trinta e cinco) anos de serviço.

Art. 54. A data do início da aposentadoria por tempo de serviço será fixada da mesma forma que a da aposentadoria por idade, conforme o disposto no artigo 49.

Art. 55. O tempo de serviço será comprovado na forma estabelecida no Regulamento, compreendendo, além do correspondente às atividades de qualquer das categorias de segurados de que trata o artigo 11 desta Lei, mesmo que anterior à perda da qualidade de segurado:

I – o tempo de serviço militar, inclusive o voluntário, e o previsto no § 1º do artigo 143 da Constituição Federal, ainda que anterior à filiação ao Regime Geral de Previdência Social, desde que não tenha sido contado para inatividade remunerada nas Forças Armadas ou aposentadoria no serviço público;

II – o tempo intercalado em que esteve em gozo de auxílio-doença ou aposentadoria por invalidez;

III – o tempo de contribuição efetuada como segurado facultativo;

► Inciso III com a redação dada pela Lei nº 9.032, de 28-4-1995.

IV – o tempo de serviço referente ao exercício de mandato eletivo federal, estadual ou municipal, desde que não tenha sido contado para efeito de aposentadoria por outro regime de previdência social;

► Inciso IV com a redação dada pela Lei nº 9.506, de 30-10-1997.

V – o tempo de contribuição efetuado por segurado depois de ter deixado de exercer atividade remunerada que o enquadrava no artigo 11 desta Lei;

VI – o tempo de contribuição efetuado com base nos artigos 8º e 9º da Lei nº 8.162, de 8 de janeiro de 1991, pelo segurado definido no artigo 11, inciso I, alínea *g*, desta Lei, sendo tais contribuições computadas para efeito de carência.

► Inciso VI acrescido pela Lei nº 8.647, de 13-4-1993.

§ 1º A averbação de tempo de serviço durante o qual o exercício da atividade não determinava filiação obrigatória ao anterior Regime de Previdência Social Urbana só será admitida mediante o recolhimento das contribuições correspondentes, conforme dispuser o Regulamento, observado o disposto no § 2º.

§ 2º O tempo de serviço do segurado trabalhador rural, anterior à data de início de vigência desta Lei, será computado independentemente do recolhimento das contribuições a ele correspondentes, exceto para efeito de carência, conforme dispuser o Regulamento.

§ 3º A comprovação do tempo de serviço para os fins desta Lei, inclusive mediante justificativa administrativa ou judicial, observado o disposto no art. 108 desta Lei, só produzirá efeito quando for baseada em início de prova material contemporânea dos fatos, não admitida a prova exclusivamente testemunhal, exceto na ocorrência de motivo de força maior ou caso fortuito, na forma prevista no regulamento.

► § 3º com a redação dada pela Lei nº 13.846, de 18-6-2019.

► Súmulas nºs 149 e 242 do STJ.

§ 4º Não será computado como tempo de contribuição, para efeito de concessão do benefício de que trata esta subseção, o período em que o segurado contribuinte individual ou facultativo tiver contribuído na forma do § 2º do art. 21 da Lei nº 8.212, de 24 de julho de 1991, salvo se tiver complementado as contribuições na forma do § 3º do mesmo artigo.

► § 4º acrescido pela LC nº 123, de 14-12-2006.

Art. 56. O professor, após 30 (trinta) anos, e a professora, após 25 (vinte e cinco) anos de efetivo exercício em funções de magistério poderão aposentar-se por tempo de serviço, com renda mensal correspondente a 100% (cem por cento) do salário de benefício, observado o disposto na Seção III deste Capítulo.

► Súm. nº 726 do STF.

Subseção IV
DA APOSENTADORIA ESPECIAL

► Súm. Vinc. nº 33 do STF.

Art. 57. A aposentadoria especial será devida, uma vez cumprida a carência exigida nesta Lei, ao segurado que tiver trabalhado sujeito a condições especiais que prejudiquem a saúde ou a integridade física, durante 15 (quinze), 20 (vinte) ou 25 (vinte e cinco) anos, conforme dispuser a lei.

► *Caput* com a redação dada pela Lei nº 9.032, de 28-4-1995.

§ 1º A aposentadoria especial, observado o disposto no artigo 33 desta Lei, consistirá numa renda mensal equivalente a 100% (cem por cento) do salário de benefício.

► § 1º com a redação dada pela Lei nº 9.032, de 28-4-1995.

§ 2º A data de início do benefício será fixada da mesma forma que a da aposentadoria por idade, conforme o disposto no artigo 49.

§ 3º A concessão da aposentadoria especial dependerá de comprovação pelo segurado, perante o Instituto Nacional do Seguro Social – INSS, do tempo de trabalho permanente, não ocasional nem intermitente, em condições especiais que prejudiquem a saúde ou a integridade física, durante o período mínimo fixado.

§ 4º O segurado deverá comprovar, além do tempo de trabalho, exposição aos agentes nocivos químicos, físicos, biológicos ou associação de agentes prejudiciais à saúde ou à integridade física, pelo período equivalente ao exigido para a concessão do benefício.

► §§ 3º e 4º com a redação dada pela Lei nº 9.032, de 28-4-1995.

§ 5º O tempo de trabalho exercido sob condições especiais que sejam ou venham a ser consideradas prejudiciais à saúde ou à integridade física será somado, após a respectiva conversão ao tempo de trabalho exercido em atividade comum, segundo critérios estabelecidos pelo Ministério da Previdência e Assistência Social, para efeito de concessão de qualquer benefício.

► § 5º acrescido pela Lei nº 9.032, de 28-4-1995.

► Art. 44 do Dec. nº 3.048, de 6-5-1999 (Regulamento da Previdência Social).

§ 6º O benefício previsto neste artigo será financiado com os recursos provenientes da contribuição de que trata o inciso II do artigo 22 da Lei nº 8.212, de 24 de julho de 1991, cujas alíquotas serão acrescidas de doze, nove ou seis pontos percentuais, conforme a atividade exercida pelo segurado a serviço da empresa permita a concessão de aposentadoria especial após quinze, vinte ou vinte e cinco anos de contribuição, respectivamente.

► § 6º com a redação dada pela Lei nº 9.732, de 11-12-1998.

§ 7º O acréscimo de que trata o parágrafo anterior incide exclusivamente sobre a remuneração do segurado sujeito às condições especiais referidas no *caput*.

§ 8º Aplica-se o disposto no artigo 46 ao segurado aposentado nos termos deste artigo que continuar no exercício de atividade ou operação que o sujeite aos agentes nocivos constantes da relação referida no artigo 58 desta Lei.

► §§ 7º e 8º acrescidos pela Lei nº 9.732, de 11-12-1998.

Art. 58. A relação dos agentes nocivos químicos, físicos e biológicos ou associação de agentes prejudiciais à saúde ou à integridade física considerados para fins de concessão da aposentadoria especial de que trata o artigo anterior será definida pelo Poder Executivo.

► *Caput* com a redação dada pela Lei nº 9.528, de 10-12-1997.

► Art. 201, § 1º, da CF.

► Art. 189 da CLT.

► Anexo IV do Dec. nº 3.048, de 6-5-1999 (Regulamento da Previdência Social).

§ 1º A comprovação da efetiva exposição do segurado aos agentes nocivos será feita mediante formulário, na forma estabelecida pelo Instituto Nacional do Seguro Social – INSS, emitido pela empresa ou seu preposto, com base em laudo técnico de condições ambientais do trabalho expedido por médico do trabalho ou engenheiro de segurança do trabalho nos termos da legislação trabalhista.

§ 2º Do laudo técnico referido no parágrafo anterior deverão constar informação sobre a existência de tecnologia de proteção coletiva ou individual que diminua a intensidade do agente agressivo a limites de tolerância e recomendação sobre a sua adoção pelo estabelecimento respectivo.

► §§ 1º e 2º com a redação dada pela Lei nº 9.732, de 11-12-1998.

§ 3º A empresa que não mantiver laudo técnico atualizado com referência aos agentes nocivos existentes no ambiente de trabalho de seus trabalhadores ou que emitir documento de comprovação de efetiva exposição em desacordo com o respectivo laudo estará sujeita à penalidade prevista no artigo 133 desta Lei.

§ 4º A empresa deverá elaborar e manter atualizado perfil profissiográfico abrangendo as atividades desenvolvidas pelo trabalhador e fornecer a este, quando da rescisão do contrato de trabalho, cópia autêntica desse documento.

► §§ 3º e 4º acrescidos pela Lei nº 9.528, de 10-12-1997.

Subseção V

DO AUXÍLIO-DOENÇA

Art. 59. O auxílio-doença será devido ao segurado que, havendo cumprido, quando for o caso, o período de carência exigido nesta Lei, ficar incapacitado para o seu trabalho ou para a sua atividade habitual por mais de 15 (quinze) dias consecutivos.

► Art. 71 do Dec. nº 3.048, de 6-5-1999 (Regulamento da Previdência Social).

§ 1º Não será devido o auxílio-doença ao segurado que se filiar ao Regime Geral de Previdência Social já portador da doença ou da lesão invocada como causa para o benefício, exceto quando a incapacidade sobrevier por motivo de progressão ou agravamento da doença ou da lesão.

► Parágrafo único transformado em § 1º pela Lei nº 13.846, de 18-6-2019.

§ 2º Não será devido o auxílio-doença para o segurado recluso em regime fechado.

§ 3º O segurado em gozo de auxílio-doença na data do recolhimento à prisão terá o benefício suspenso.

§ 4º A suspensão prevista no § 3º deste artigo será de até 60 (sessenta) dias, contados da data do recolhimento à prisão, cessado o benefício após o referido prazo.

§ 5º Na hipótese de o segurado ser colocado em liberdade antes do prazo previsto no § 4º deste artigo, o benefício será restabelecido a partir da data da soltura.

§ 6º Em caso de prisão declarada ilegal, o segurado terá direito à percepção do benefício por todo o período devido.

§ 7º O disposto nos §§ 2º, 3º, 4º, 5º e 6º deste artigo aplica-se somente aos benefícios dos segurados que forem recolhidos à prisão a partir da data de publicação desta Lei.

§ 8º O segurado recluso em cumprimento de pena em regime aberto ou semiaberto terá direito ao auxílio-doença.

► §§ 2º a 8º acrescidos pela Lei nº 13.846, de 18-6-2019.

Art. 60. O auxílio-doença será devido ao segurado empregado a contar do 16º (décimo sexto) dia do afastamento da atividade, e, no caso dos demais segurados, a contar da data do início da incapacidade e enquanto ele permanecer incapaz.

► *Caput* com a redação dada pela Lei nº 9.876, de 26-11-1999.

§ 1º Quando requerido por segurado afastado da atividade por mais de 30 (trinta) dias, o auxílio-doença será devido a contar da data da entrada do requerimento.

§ 2º *Revogado*. Lei nº 9.032, de 28-4-1995.

§ 3º Durante os primeiros quinze dias consecutivos ao do afastamento da atividade por motivo de doença, incumbirá à empresa pagar ao segurado empregado o seu salário integral.

► § 3º com a redação dada pela Lei nº 9.876, de 26-11-1999.

§ 4º A empresa que dispuser de serviço médico, próprio ou em convênio, terá a seu cargo o exame médico e o abono das faltas correpondentes ao período referido no § 3º, somente devendo encaminhar o segurado à perícia médica da Previdência Social quando a incapacidade ultrapassar 15 (quinze) dias.

► Art. 72 do Dec. nº 3.048, de 6-5-1999 (Regulamento da Previdência Social).

§ 5º *Revogado*. Lei nº 13.846, de 18-6-2019.

§ 6º O segurado que durante o gozo do auxílio-doença vier a exercer atividade que lhe garanta subsistência poderá ter o benefício cancelado a partir do retorno à atividade.

► §§ 5º e 6º com a redação dada pela Lei nº 13.135, de 17-6-2015.

§ 7º Na hipótese do § 6º, caso o segurado, durante o gozo do auxílio-doença, venha a exercer atividade diversa daquela que gerou o benefício, deverá ser verificada a incapacidade para cada uma das atividades exercidas.

► § 7º acrescido pela Lei nº 13.135, de 17-6-2015.

§ 8º Sempre que possível, o ato de concessão ou de reativação de auxílio-doença, judicial ou administrativo, deverá fixar o prazo estimado para a duração do benefício.

§ 9º Na ausência de fixação do prazo de que trata o § 8º deste artigo, o benefício cessará após o prazo de cento e vinte dias, contado da data de concessão ou de reativação do auxílio-doença, exceto se o segurado requerer a sua prorrogação perante o INSS, na forma do regulamento, observado o disposto no art. 62 desta Lei.

§ 10. O segurado em gozo de auxílio-doença, concedido judicial ou administrativamente, poderá ser convocado a qualquer momento para avaliação das condições que ensejaram sua concessão ou manutenção, observado o disposto no art. 101 desta Lei.

§ 11. O segurado que não concordar com o resultado da avaliação da qual dispõe o § 10 deste artigo poderá apresentar, no prazo máximo de trinta dias, recurso da decisão da administração perante o Conselho de Recursos do Seguro Social, cuja análise médica pericial, se necessária, será feita pelo assistente técnico médico da junta de recursos do seguro social, perito diverso daquele que indeferiu o benefício.

▸ §§ 8º a 11 acrescidos pela Lei nº 13.457, de 26-6-2017.

§ 11-A. O exame médico-pericial previsto nos §§ 4º e 10 deste artigo, a cargo da Previdência Social, poderá ser realizado com o uso de tecnologia de telemedicina ou por análise documental conforme situações e requisitos definidos em regulamento.

▸ § 11-A acrescido pela Lei nº 14.724, de 14-11-2023.

§ 14. Ato do Ministro de Estado do Trabalho e Previdência poderá estabelecer as condições de dispensa da emissão de parecer conclusivo da perícia médica federal quanto à incapacidade laboral, hipótese na qual a concessão do benefício de que trata este artigo será feita por meio de análise documental, incluídos atestados ou laudos médicos, realizada pelo INSS.

▸ § 14 acrescido pela Lei nº 14.441, de 2-9-2022.

▸ Mantivemos a numeração deste parágrafo conforme publicação oficial, porém, entendemos que o correto seria § 12.

Art. 61. O auxílio-doença, inclusive o decorrente de acidente do trabalho, consistirá numa renda mensal correspondente a 91% (noventa e um por cento) do salário de benefício, observado o disposto na Seção III, especialmente no artigo 33 desta Lei.

▸ Artigo com a redação dada pela Lei nº 9.032, de 28-4-1995.

Art. 62. O segurado em gozo de auxílio-doença, insuscetível de recuperação para sua atividade habitual, deverá submeter-se a processo de reabilitação profissional para o exercício de outra atividade.

▸ *Caput* com a redação dada Lei nº 13.457, de 26-6-2017.

§ 1º O benefício a que se refere o *caput* deste artigo será mantido até que o segurado seja considerado reabilitado para o desempenho de atividade que lhe garanta a subsistência ou, quando considerado não recuperável, seja aposentado por invalidez.

▸ Parágrafo único transformado em § 1º pela Lei nº 13.846, de 18-6-2019.

§ 2º A alteração das atribuições e responsabilidades do segurado compatíveis com a limitação que tenha sofrido em sua capacidade física ou mental não configura desvio de cargo ou função do segurado reabilitado ou que estiver em processo de reabilitação profissional a cargo do INSS.

▸ § 2º acrescido pela Lei nº 13.846, de 18-6-2019.

Art. 63. O segurado empregado, inclusive o doméstico, em gozo de auxílio-doença será considerado pela empresa e pelo empregador doméstico como licenciado.

▸ *Caput* com a redação dada pela LC nº 150, de 1º-6-2015.

Parágrafo único. A empresa que garantir ao segurado licença remunerada ficará obrigada a pagar-lhe durante o período de auxílio-doença a eventual diferença entre o valor deste e a importância garantida pela licença.

Art. 64. *Revogado.* Lei nº 9.032, de 28-4-1995.

Subseção VI

DO SALÁRIO-FAMÍLIA

▸ Art. 7º, XII, da CF.

Art. 65. O salário-família será devido, mensalmente, ao segurado empregado, inclusive o doméstico, e ao segurado trabalhador avulso, na proporção do respectivo número de filhos ou equiparados nos termos do § 2º do art. 16 desta Lei, observado o disposto no art. 66.

- *Caput* com a redação dada pela LC nº 150, de 1º-6-2015.
- Art. 81 do Dec. nº 3.048, de 6-5-1999 (Regulamento da Previdência Social).

Parágrafo único. O aposentado por invalidez ou por idade e os demais aposentados com 65 (sessenta e cinco) anos ou mais de idade, se do sexo masculino, ou 60 (sessenta) anos ou mais, se do feminino, terão direito ao salário-família, pago juntamente com a aposentadoria.

Art. 66. O valor da cota do salário-família por filho ou equiparado de qualquer condição, até 14 (quatorze) anos de idade ou inválido de qualquer idade é de:

I – CR$ 1.360,00 (um mil trezentos e sessenta cruzeiros) , para o segurado com remuneração mensal não superior a CR$ 51.000,00 (cinquenta e um mil cruzeiros);

- Art. 4º da Port. Interministerial do MTPrev e MF nº 26, de 10-1-2023 (*DOU* de 11-1-2023), que altera o valor da cota do salário-família.

II – CR$ 170,00 (cento e setenta cruzeiros), para o segurado com remuneração mensal superior a CR$ 51.000,00 (cinquenta e um mil cruzeiros).

- Art. 83 do Regulamento da Previdência Social, aprovado pelo Dec. nº 3.048, de 6-5-1999.
- Art. 4º da Port. Interministerial do MTPrev e MF nº 26, de 10-1-2023 (*DOU* de 11-1-2023), que altera o valor da cota do salário-família.

Art. 67. O pagamento do salário-família é condicionado à apresentação da certidão de nascimento do filho ou da documentação relativa ao equiparado ou ao inválido, e à apresentação anual de atestado de vacinação obrigatória e de comprovação de frequência à escola do filho ou equiparado, nos termos do regulamento.

- *Caput* com a redação dada pela Lei nº 9.876, de 26-11-1999.

Parágrafo único. O empregado doméstico deve apresentar apenas a certidão de nascimento referida no *caput*.

- Parágrafo único acrescido pela LC nº 150, de 1º-6-2015.
- Art. 84 do Dec. nº 3.048, de 6-5-1999 (Regulamento da Previdência Social).

Art. 68. As cotas do salário-família serão pagas pela empresa ou pelo empregador doméstico, mensalmente, junto com o salário, efetivando-se a compensação quando do recolhimento das contribuições, conforme dispuser o Regulamento.

- *Caput* com a redação dada pela LC nº 150, de 1º-6-2015.

§ 1º A empresa ou o empregador doméstico conservarão durante 10 (dez) anos os comprovantes de pagamento e as cópias das certidões correspondentes, para fiscalização da Previdência Social.

- § 1º com a redação dada pela LC nº 150, de 1º-6-2015.

§ 2º Quando o pagamento do salário não for mensal, o salário-família será pago juntamente com o último pagamento relativo ao mês.

Art. 69. O salário-família devido ao trabalhador avulso poderá ser recebido pelo sindicato de classe respectivo, que se incumbirá de elaborar as folhas correspondentes e de distribuí-lo.

Art. 70. A cota do salário-família não será incorporada, para qualquer efeito, ao salário ou ao benefício.

- Art. 92 do Dec. nº 3.048, de 6-5-1999 (Regulamento da Previdência Social).

Subseção VII

DO SALÁRIO-MATERNIDADE

Art. 71. O salário-maternidade é devido à segurada da Previdência Social, durante cento e vinte dias, com início no período entre 28 (vinte e oito) dias antes do parto e a data de ocorrência deste, observadas as situações e condições previstas na legislação no que concerne à proteção à maternidade.

- *Caput* com a redação dada pela Lei nº 10.710, de 5-8-2003.
- O STF, por unanimidade, conheceu a ADIN nº 6.327 como arguição de descumprimento de preceito fundamental e, ratificando a medida cautelar, julgou procedente o pedido formulado para conferir interpretação conforme à Constituição a este artigo, "de modo a se considerar como termo inicial da licença-maternidade e do respectivo salário-maternidade a alta hospitalar do recém-nascido e/ou de sua mãe, o que ocorrer por último, prorrogando-se em todo o período o benefício, quando o período de internação exceder as duas semanas previstas no art. 392, § 2º, da CLT, e no art. 93, § 3º, do Dec. nº 3.048/1999" (*DOU* de 26-10-2022).
- Lei nº 11.770, de 9-9-2008 (Lei do Programa Empresa Cidadã).
- Art. 18, § 3º da Lei nº 13.301, 27-6-2016, que estende o prazo da licença-maternidade previsto no art. 392 da CLT para 180 (cento e oitenta dias) no

caso das mães de crianças acometidas por sequelas neurológicas decorrentes de doenças transmitidas pelo *Aedes aegypti*, assegurado, nesse período, o recebimento do salário-maternidade previsto neste artigo.

- ▶ Art. 22, § 1º, da Lei nº 14.020, de 6-7-2020 (Programa Emergencial de Manutenção do Emprego e da Renda).
- ▶ Art. 93 do Dec. nº 3.048, de 6-5-1999 (Regulamento da Previdência Social).
- ▶ Art. 2º, § 2º, do Dec. nº 6.690, de 11-12-2008, que institui o Programa de Prorrogação da Licença à Gestante e à Adotante e estabelece os critérios de adesão ao Programa.
- ▶ Arts. 137 a 142 do Dec. nº 10.854, de 10-11-2021, que regulamenta disposições relativas à legislação trabalhista.

Parágrafo único. *Revogado.* Lei nº 9.528, de 10-12-1997.

Art. 71-A. Ao segurado ou segurada da Previdência Social que adotar ou obtiver guarda judicial para fins de adoção de criança é devido salário-maternidade pelo período de 120 (cento e vinte) dias.

- ▶ *Caput* com a redação dada pela Lei nº 12.873, de 24-10-2013.
- ▶ Lei nº 11.770, de 9-9-2008 (Lei do Programa Empresa Cidadã).
- ▶ Art. 2º, § 3º, I, do Dec. nº 6.690, de 11-12-2008, que institui o Programa de Prorrogação da Licença à Gestante e à Adotante e estabelece os critérios de adesão ao Programa.
- ▶ Arts. 137 a 142 do Dec. nº 10.854, de 10-11-2021, que regulamenta disposições relativas à legislação trabalhista.

§ 1º O salário-maternidade de que trata este artigo será pago diretamente pela Previdência Social.

- ▶ Parágrafo único transformado em § 1º pela Lei nº 12.873, de 24-10-2013.
- ▶ Art. 93-A do Dec. nº 3.048, de 6-5-1999 (Regulamento da Previdência Social).

§ 2º Ressalvado o pagamento do salário-maternidade à mãe biológica e o disposto no art. 71-B, não poderá ser concedido o benefício a mais de um segurado, decorrente do mesmo processo de adoção ou guarda, ainda que os cônjuges ou companheiros estejam submetidos a Regime Próprio de Previdência Social.

- ▶ § 2º acrescido pela Lei nº 12.873, de 24-10-2013.

Art. 71-B. No caso de falecimento da segurada ou segurado que fizer jus ao recebimento do salário-maternidade, o benefício será pago, por todo o período ou pelo tempo restante a que teria direito, ao cônjuge ou companheiro sobrevivente que tenha a qualidade de segurado, exceto no caso do falecimento do filho ou de seu abandono, observadas as normas aplicáveis ao salário-maternidade.

§ 1º O pagamento do benefício de que trata o *caput* deverá ser requerido até o último dia do prazo previsto para o término do salário-maternidade originário.

§ 2º O benefício de que trata o *caput* será pago diretamente pela Previdência Social durante o período entre a data do óbito e o último dia do término do salário-maternidade originário e será calculado sobre:

I – a remuneração integral, para o empregado e trabalhador avulso;

II – o último salário de contribuição, para o empregado doméstico;

III – 1/12 (um doze avos) da soma dos 12 (doze) últimos salários de contribuição, apurados em um período não superior a 15 (quinze) meses, para o contribuinte individual, facultativo e desempregado; e

IV – o valor do salário mínimo, para o segurado especial.

§ 3º Aplica-se o disposto neste artigo ao segurado que adotar ou obtiver guarda judicial para fins de adoção.

Art. 71-C. A percepção do salário-maternidade, inclusive o previsto no art. 71-B, está condicionada ao afastamento do segurado do trabalho ou da atividade desempenhada, sob pena de suspensão do benefício.

- ▶ Arts. 71-B e 71-C acrescidos pela Lei nº 12.873, de 24-10-2013.

Art. 72. O salário-maternidade para a segurada empregada ou trabalhadora avulsa consistirá numa renda mensal igual a sua remuneração integral.

- ▶ *Caput* com a redação dada pela Lei nº 9.876, de 26-11-1999.

§ 1º Cabe à empresa pagar o salário-maternidade devido à respectiva empregada gestante, efetivando-se a compensação, observado o disposto no art. 248 da Constituição Federal, quando do recolhimento das contribuições incidentes sobre a folha de salários e demais rendimentos pagos ou creditados, a qualquer título, à pessoa física que lhe preste serviço.

▶ § 1º com a redação dada pela Lei nº 10.710, de 5-8-2003.

§ 2º A empresa deverá conservar durante 10 (dez) anos os comprovantes dos pagamentos e os atestados correspondentes para exame pela fiscalização da Previdência Social.

▶ § 2º acrescido pela Lei nº 10.710, de 5-8-2003.

§ 3º O salário-maternidade devido à trabalhadora avulsa e à empregada do microempreendedor individual de que trata o art. 18-A da Lei Complementar nº 123, de 14 de dezembro de 2006, será pago diretamente pela Previdência Social.

▶ § 3º com a redação dada pela Lei nº 12.470, de 31-8-2011.

Art. 73. Assegurado o valor de um salário mínimo, o salário-maternidade para as demais seguradas, pago diretamente pela Previdência Social, consistirá:

▶ *Caput* com a redação dada pela Lei nº 10.710, de 5-8-2003.

I – em um valor correspondente ao do seu último salário de contribuição, para a segurada empregada doméstica;

II – em 1/12 (um doze avos) do valor sobre o qual incidiu sua última contribuição anual, para a segurada especial;

III – em 1/12 (um doze avos) da soma dos doze últimos salários de contribuição, apurados em um período não superior a 15 (quinze) meses, para as demais seguradas.

▶ Incisos I a III acrescidos pela Lei nº 9.876, de 26-11-1999.

Parágrafo único. Aplica-se à segurada desempregada, desde que mantida a qualidade de segurada, na forma prevista no art. 15 desta Lei, o disposto no inciso III do *caput* deste artigo.

▶ Parágrafo único acrescido pela Lei nº 13.846, de 18-6-2019.

Subseção VIII

DA PENSÃO POR MORTE

Art. 74. A pensão por morte será devida ao conjunto dos dependentes do segurado que falecer, aposentado ou não, a contar da data:

▶ *Caput* com a redação dada pela Lei nº 9.528, de 10-12-1997.

▶ Súmulas nºs 340 e 416 do STJ.

I – do óbito, quando requerida em até 180 (cento e oitenta) dias após o óbito, para os filhos menores de 16 (dezesseis) anos, ou em até 90 (noventa) dias após o óbito, para os demais dependentes;

▶ Inciso I com a redação dada pela Lei nº 13.846, de 18-6-2019.

II – do requerimento, quando requerida após o prazo previsto no inciso anterior;

III – da decisão judicial, no caso de morte presumida.

▶ Incisos II e III acrescidos pela Lei nº 9.528, de 10-12-1997.

▶ Art. 105 do Dec. nº 3.048, de 6-5-1999 (Regulamento da Previdência Social).

§ 1º Perde o direito à pensão por morte o condenado criminalmente por sentença com trânsito em julgado, como autor, coautor ou partícipe de homicídio doloso, ou de tentativa desse crime, cometido contra a pessoa do segurado, ressalvados os absolutamente incapazes e os inimputáveis.

▶ § 1º com a redação dada pela Lei nº 13.846, de 18-6-2019.

§ 2º Perde o direito à pensão por morte o cônjuge, o companheiro ou a companheira se comprovada, a qualquer tempo, simulação ou fraude no casamento ou na união estável, ou a formalização desses com o fim exclusivo de constituir benefício previdenciário, apuradas em processo judicial no qual será assegurado o direito ao contraditório e à ampla defesa.

▶ §§ 1º e 2º com a redação dada pela Lei nº 13.135, de 17-6-2015.

§ 3º Ajuizada a ação judicial para reconhecimento da condição de dependente, este poderá requerer a sua habilitação provisória ao benefício de pensão por morte, exclusivamente para fins de rateio dos valores com outros dependentes, vedado o pagamento da respectiva cota até o trânsito em julgado da respectiva ação, ressalvada a existência de decisão judicial em contrário.

§ 4º Nas ações em que o INSS for parte, este poderá proceder de ofício à habilitação excepcional da referida pensão, apenas para efeitos de rateio, descontando-se os valores referentes a esta habilitação das demais cotas, vedado o pagamento da respectiva cota até o trânsito em julgado da respectiva ação, ressalvada a existência de decisão judicial em contrário.

§ 5º Julgada improcedente a ação prevista no § 3º ou § 4º deste artigo, o valor retido será corrigido pelos índices legais de reajustamento e será pago de forma proporcional aos demais dependentes, de acordo com as suas cotas e o tempo de duração de seus benefícios.

§ 6º Em qualquer caso, fica assegurada ao INSS a cobrança dos valores indevidamente pagos em função de nova habilitação.

▶ §§ 3º a 6º acrescidos pela Lei nº 13.846, de 18-6-2019.

Art. 75. O valor mensal da pensão por morte será de 100% (cem por cento) do valor da aposentadoria que o segurado recebia ou daquela a que teria direito se estivesse aposentado por invalidez na data de seu falecimento, observado o disposto no artigo 33 desta lei.

▶ Artigo com a redação dada pela Lei nº 9.528, de 10-12-1997.

Art. 76. A concessão da pensão por morte não será protelada pela falta de habilitação de outro possível dependente, e qualquer inscrição ou habilitação posterior que importe em exclusão ou inclusão de dependente só produzirá efeito a contar da data da inscrição ou habilitação.

§ 1º O cônjuge ausente não exclui do direito à pensão por morte o companheiro ou a companheira, que somente fará jus ao benefício a partir da data de sua habilitação e mediante prova de dependência econômica.

§ 2º O cônjuge divorciado ou separado judicialmente ou de fato que recebia pensão de alimentos concorrerá em igualdade de condições com os dependentes referidos no inciso I do artigo 16 desta Lei.

▶ Súm. nº 336 do STJ.

§ 3º Na hipótese de o segurado falecido estar, na data de seu falecimento, obrigado por determinação judicial a pagar alimentos temporários a ex-cônjuge, ex-companheiro ou ex-companheira, a pensão por morte será devida pelo prazo remanescente na data do óbito, caso não incida outra hipótese de cancelamento anterior do benefício.

▶ § 3º acrescido pela Lei nº 13.846, de 18-6-2019.

Art. 77. A pensão por morte, havendo mais de um pensionista, será rateada entre todos em parte iguais.

▶ *Caput* com a redação dada pela Lei nº 9.032, de 28-4-1995.

▶ Art. 113 do Dec. nº 3.048, de 6-5-1999 (Regulamento da Previdência Social).

§ 1º Reverterá em favor dos demais a parte daquele cujo direito à pensão cessar.

▶ § 1º com a redação dada pela Lei nº 9.032, de 28-4-1995.

§ 2º O direito à percepção da cota individual cessará:

▶ *Caput* do § 2º com a redação dada pela Lei nº 13.846, de 18-6-2019.

I – pela morte do pensionista;

▶ Inciso I com a redação dada pela Lei nº 9.032, de 28-4-1995.

II – para o filho, a pessoa a ele equiparada ou o irmão, de ambos os sexos, ao completar vinte e um anos de idade, salvo se for inválido ou tiver deficiência intelectual ou mental ou deficiência grave;

▶ Inciso II com a redação dada pela Lei nº 13.183, de 4-11-2015.

III – para filho ou irmão inválido, pela cessação da invalidez;

IV – para filho ou irmão que tenha deficiência intelectual ou mental ou deficiência grave, pelo afastamento da deficiência, nos termos do regulamento;

▶ Incisos III e IV com a redação dada pela Lei nº 13.135, de 17-6-2015.

V – para cônjuge ou companheiro:

a) se inválido ou com deficiência, pela cessação da invalidez ou pelo afastamento da deficiência, respeitados os períodos mínimos decorrentes da aplicação das alíneas *b* e *c*;

b) em 4 (quatro) meses, se o óbito ocorrer sem que o segurado tenha vertido 18 (dezoito) contribuições mensais ou se o casamento ou a união estável tiverem sido iniciados em menos de 2 (dois) anos antes do óbito do segurado;

c) transcorridos os seguintes períodos, estabelecidos de acordo com a idade do beneficiário na data de óbito do segurado, se o óbito ocorrer depois de vertidas 18 (dezoito) contribuições mensais e pelo menos 2 (dois) anos após o início do casamento ou da união estável:

1) 3 (três) anos, com menos de 21 (vinte e um) anos de idade;

2) 6 (seis) anos, entre 21 (vinte e um) e 26 (vinte e seis) anos de idade;

3) 10 (dez) anos, entre 27 (vinte e sete) e 29 (vinte e nove) anos de idade;
4) 15 (quinze) anos, entre 30 (trinta) e 40 (quarenta) anos de idade;
5) 20 (vinte) anos, entre 41 (quarenta e um) e 43 (quarenta e três) anos de idade;
6) vitalícia, com 44 (quarenta e quatro) ou mais anos de idade.

▸ Inciso V acrescido pela Lei nº 13.135, de 17-6-2015.

▸ Art. 1º da Port. do ME nº 424, de 29-12-2020, que fixa novas idades de que trata esta alínea, quais sejam: "I – três anos, com menos de vinte e dois anos de idade; II – seis anos, entre vinte e dois e vinte e sete anos de idade; III – dez anos, entre vinte e oito e trinta anos de idade; IV – quinze anos, entre trinta e um e quarenta e um anos de idade; V – vinte anos, entre quarenta e dois e quarenta e quatro anos de idade; VI – vitalícia, com quarenta e cinco ou mais anos de idade", para vigorar a partir de 1º-1-2021.

VI – pela perda do direito, na forma do § 1º do art. 74 desta Lei.

▸ Inciso VI acrescido pela Lei nº 13.846, de 18-6-2019.

§ 2º-A. Serão aplicados, conforme o caso, a regra contida na alínea *a* ou os prazos previstos na alínea *c*, ambas do inciso V do § 2º, se o óbito do segurado decorrer de acidente de qualquer natureza ou de doença profissional ou do trabalho, independentemente do recolhimento de 18 (dezoito) contribuições mensais ou da comprovação de 2 (dois) anos de casamento ou de união estável.

§ 2º-B. Após o transcurso de pelo menos 3 (três) anos e desde que nesse período se verifique o incremento mínimo de um ano inteiro na média nacional única, para ambos os sexos, correspondente à expectativa de sobrevida da população brasileira ao nascer, poderão ser fixadas, em números inteiros, novas idades para os fins previstos na alínea *c* do inciso V do § 2º, em ato do Ministro de Estado da Previdência Social, limitado o acréscimo na comparação com as idades anteriores ao referido incremento.

▸ §§ 2º-A e 2º-B acrescidos pela Lei nº 13.135, de 17-6-2015.

§ 3º Com a extinção da parte do último pensionista a pensão extinguir-se-á.

▸ § 3º com a redação dada pela Lei nº 9.032, de 28-4-1995.

▸ Art. 114 do Dec. nº 3.048, de 6-5-1999 (Regulamento da Previdência Social).

§ 4º *Revogado*. Lei nº 13.135, de 17-6-2015.

§ 5º O tempo de contribuição a Regime Próprio de Previdência Social (RPPS) será considerado na contagem das 18 (dezoito) contribuições mensais de que tratam as alíneas *b* e *c* do inciso V do § 2º.

▸ § 5º com a redação dada pela Lei nº 13.135, de 17-6-2015.

§ 6º O exercício de atividade remunerada, inclusive na condição de microempreendedor individual, não impede a concessão ou manutenção da parte individual da pensão do dependente com deficiência intelectual ou mental ou com deficiência grave.

▸ § 6º acrescido pela Lei nº 13.183, de 4-11-2015.

§ 7º Se houver fundados indícios de autoria, coautoria ou participação de dependente, ressalvados os absolutamente incapazes e os inimputáveis, em homicídio, ou em tentativa desse crime, cometido contra a pessoa do segurado, será possível a suspensão provisória de sua parte no benefício de pensão por morte, mediante processo administrativo próprio, respeitados a ampla defesa e o contraditório, e serão devidas, em caso de absolvição, todas as parcelas corrigidas desde a data da suspensão, bem como a reativação imediata do benefício.

▸ § 7º acrescido pela Lei nº 13.846, de 18-6-2019.

Art. 78. Por morte presumida do segurado, declarada pela autoridade judicial competente, depois de 6 (seis) meses de ausência, será concedida pensão provisória, na forma desta Subseção.

§ 1º Mediante prova do desaparecimento do segurado em consequência de acidente, desastre ou catástrofe, seus dependentes farão jus à pensão provisória independentemente da declaração e do prazo deste artigo.

§ 2º Verificado o reaparecimento do segurado, o pagamento da pensão cessará imediatamente, desobrigados os dependentes da reposição dos valores recebidos, salvo má-fé.

Art. 79. *Revogado*. Lei nº 13.846, de 18-6-2019.

Subseção IX

Do Auxílio-Reclusão

Art. 80. O auxílio-reclusão, cumprida a carência prevista no inciso IV do *caput* do art. 25 desta Lei, será devido, nas condições da pensão por morte, aos dependentes do segurado de baixa renda recolhido à prisão em regime fechado que não receber remuneração da empresa nem estiver em gozo de auxílio-doença, de pensão por morte, de salário-maternidade, de aposentadoria ou de abono de permanência em serviço.

§ 1º O requerimento do auxílio-reclusão será instruído com certidão judicial que ateste o recolhimento efetivo à prisão, e será obrigatória a apresentação de prova de permanência na condição de presidiário para a manutenção do benefício.

§ 2º O INSS celebrará convênios com os órgãos públicos responsáveis pelo cadastro dos presos para obter informações sobre o recolhimento à prisão.

§ 3º Para fins do disposto nesta Lei, considera-se segurado de baixa renda aquele que, no mês de competência de recolhimento à prisão, tenha renda, apurada nos termos do disposto no § 4º deste artigo, de valor igual ou inferior àquela prevista no art. 13 da Emenda Constitucional nº 20, de 15 de dezembro de 1998, corrigido pelos índices de reajuste aplicados aos benefícios do RGPS.

§ 4º A aferição da renda mensal bruta para enquadramento do segurado como de baixa renda ocorrerá pela média dos salários de contribuição apurados no período de 12 (doze) meses anteriores ao mês do recolhimento à prisão.

§ 5º A certidão judicial e a prova de permanência na condição de presidiário poderão ser substituídas pelo acesso à base de dados, por meio eletrônico, a ser disponibilizada pelo Conselho Nacional de Justiça, com dados cadastrais que assegurem a identificação plena do segurado e da sua condição de presidiário.

§ 6º Se o segurado tiver recebido benefícios por incapacidade no período previsto no § 4º deste artigo, sua duração será contada considerando-se como salário de contribuição no período o salário de benefício que serviu de base para o cálculo da renda mensal, reajustado na mesma época e com a mesma base dos benefícios em geral, não podendo ser inferior ao valor de 1 (um) salário mínimo.

§ 7º O exercício de atividade remunerada do segurado recluso, em cumprimento de pena em regime fechado, não acarreta a perda do direito ao recebimento do auxílio-reclusão para seus dependentes.

§ 8º Em caso de morte de segurado recluso que tenha contribuído para a previdência social durante o período de reclusão, o valor da pensão por morte será calculado levando-se em consideração o tempo de contribuição adicional e os correspondentes salários de contribuição, facultada a opção pelo valor do auxílio-reclusão.

- ▸ Art. 80 com a redação dada pela Lei nº 13.846, de 18-6-2019.

Subseção X

DOS PECÚLIOS

Art. 81. *Revogado.* Lei nº 9.129, de 20-11-1995.

Arts. 82 e 83. *Revogados.* Lei nº 9.032, de 28-4-1995.

Art. 84. *Revogado.* Lei nº 8.870, de 15-4-1994.

Art. 85. *Revogado.* Lei nº 9.032, de 28-4-1995.

Subseção XI

DO AUXÍLIO-ACIDENTE

Art. 86. O auxílio-acidente será concedido, como indenização, ao segurado quando, após consolidação das lesões decorrentes de acidente de qualquer natureza, resultarem sequelas que impliquem redução da capacidade para o trabalho que habitualmente exercia.

- ▸ *Caput* com a redação dada pela Lei nº 9.528, de 10-12-1997.
- ▸ Art. 104 do Dec. nº 3.048, de 6-5-1999 (Regulamento da Previdência Social).

§ 1º O auxílio-acidente mensal corresponderá a cinquenta por cento do salário de benefício e será devido, observado o disposto no § 5º, até a véspera do início de qualquer aposentadoria ou até a data do óbito do segurado.

§ 2º O auxílio-acidente será devido a partir do dia seguinte ao da cessação do auxílio-doença, independentemente de qualquer remuneração ou rendimento auferido pelo acidentado, vedada sua acumulação com qualquer aposentadoria.

- ▸ Súm. nº 507 do STJ.

§ 3º O recebimento de salário ou concessão de outro benefício, exceto de aposentadoria, observado o disposto no § 5º, não prejudicará a continuidade do recebimento do auxílio-acidente.

- ▸ Súm. nº 507 do STJ.

§ 4º A perda da audição, em qualquer grau, somente proporcionará a concessão do auxílio-acidente, quando, além do reconhecimento de causalidade entre o trabalho e a doença, resultar, comprovadamente, na redução ou perda da capacidade para o trabalho que habitualmente exercia.

▸ §§ 1º a 4º com a redação dada pela Lei nº 9.528, de 10-12-1997.

§ 5º *Revogado.* Lei nº 9.032, de 28-4-1995.

Subseção XII

DO ABONO DE PERMANÊNCIA EM SERVIÇO

Art. 87. *Revogado.* Lei nº 8.870, de 15-4-1994.

Seção VI

DOS SERVIÇOS

Subseção I

DO SERVIÇO SOCIAL

Art. 88. Compete ao Serviço Social esclarecer junto aos beneficiários seus direitos sociais e os meios de exercê-los e estabelecer conjuntamente com eles o processo de solução dos problemas que emergirem da sua relação com a Previdência Social, tanto no âmbito interno da instituição como na dinâmica da sociedade.

§ 1º Será dada prioridade aos segurados em benefício por incapacidade temporária e atenção especial aos aposentados e pensionistas.

§ 2º Para assegurar o efetivo atendimento dos usuários serão utilizadas intervenção técnica, assistência de natureza jurídica, ajuda material, recursos sociais, intercâmbio com empresas e pesquisa social, inclusive mediante celebração de convênios, acordos ou contratos.

§ 3º O Serviço Social terá como diretriz a participação do beneficiário na implementação e no fortalecimento da política previdenciária, em articulação com as associações e entidades de classe.

§ 4º O Serviço Social, considerando a universalização da Previdência Social, prestará assessoramento técnico aos Estados e Municípios na elaboração e implantação de suas propostas de trabalho.

Subseção II

DA HABILITAÇÃO E DA REABILITAÇÃO PROFISSIONAL

▸ Arts. 136 a 141 do Dec. nº 3.048, de 6-5-1999 (Regulamento da Previdência Social).

Art. 89. A habilitação e a reabilitação profissional e social deverão proporcionar ao beneficiário incapacitado parcial ou totalmente para o trabalho, e às pessoas portadoras de deficiência, os meios para a (re)educação e de (re)adaptação profissional e social indicados para participar do mercado de trabalho e do contexto em que vive.

Parágrafo único. A reabilitação profissional compreende:

a) o fornecimento de aparelho de prótese, órtese e instrumentos de auxílio para locomoção quando a perda ou redução da capacidade funcional puder ser atenuada por seu uso e dos equipamentos necessários à habilitação e reabilitação social e profissional;

b) a reparação ou a substituição dos aparelhos mencionados no inciso anterior, desgastados pelo uso normal ou por ocorrência estranha à vontade do beneficiário;

c) o transporte do acidentado do trabalho, quando necessário.

Art. 90. A prestação de que trata o artigo anterior é devida em caráter obrigatório aos segurados, inclusive aposentados e, na medida das possibilidades do órgão da Previdência Social, aos seus dependentes.

Art. 91. Será concedido, no caso de habilitação e reabilitação profissional, auxílio para tratamento ou exame fora do domicílio do beneficiário, conforme dispuser o Regulamento.

Art. 92. Concluído o processo de habilitação ou reabilitação social e profissional, a Previdência Social emitirá certificado individual, indicando as atividades que poderão ser exercidas pelo beneficiário, nada impedindo que este exerça outra atividade para a qual se capacitar.

Art. 93. A empresa com cem ou mais empregados está obrigada a preencher de dois por cento a cinco por cento dos seus cargos com beneficiários reabilitados ou pessoas portadoras de deficiência, habilitadas, na seguinte proporção:

I – até 200 empregados 2%;
II – de 201 a 500 .... 3%;
III – de 501 a 1.000. .... 4%;
IV – de 1.001 em diante 5%.

§ 1º A dispensa de pessoa com deficiência ou de beneficiário reabilitado da Previdência Social ao final de contrato por prazo determinado de mais de 90 (noventa) dias e a dispensa imotivada em contrato por prazo indeterminado somente poderão ocorrer após a contratação de outro trabalhador com deficiência ou beneficiário reabilitado da Previdência Social.

§ 2º Ao Ministério do Trabalho e Emprego incumbe estabelecer a sistemática de fiscalização, bem como gerar dados e estatísticas sobre o total de empregados e as vagas preenchidas por pessoas com deficiência e por beneficiários reabilitados da Previdência Social, fornecendo-os, quando solicitados, aos sindicatos, às entidades representativas dos empregados ou aos cidadãos interessados.

► §§ 1º e 2º com a redação dada pela Lei nº 13.146, de 6-7-2015.

§ 3º Para a reserva de cargos será considerada somente a contratação direta de pessoa com deficiência, excluído o aprendiz com deficiência de que trata a Consolidação das Leis do Trabalho (CLT), aprovada pelo Decreto-Lei nº 5.452, de 1º de maio de 1943.

► § 3º acrescido pela Lei nº 13.146, de 6-7-2015.

§ 4º VETADO. Lei nº 13.146, de 6-7-2015.

Seção VII
DA CONTAGEM RECÍPROCA DE TEMPO DE SERVIÇO

Art. 94. Para efeito dos benefícios previstos no Regime Geral de Previdência Social ou no serviço público é assegurada a contagem recíproca do tempo de contribuição na atividade privada, rural e urbana, e do tempo de contribuição ou de serviço na administração pública, hipótese em que os diferentes sistemas de previdência social se compensarão financeiramente.

► Art. 125 do Dec. nº 3.048, de 6-5-1999 (Regulamento da Previdência Social).

§ 1º A compensação financeira será feita ao sistema a que o interessado estiver vinculado ao requerer o benefício pelos demais sistemas, em relação aos respectivos tempos de contribuição ou de serviço, conforme dispuser o Regulamento.

► Parágrafo único transformado em § 1º pela LC nº 123, de 14-12-2006.

► Lei nº 9.796, de 5-5-1999, dispõe sobre a compensação financeira entre os diversos regimes previdenciários, regulamentada pelo Dec. nº 10.188, de 20-12-2019.

§ 2º Não será computado como tempo de contribuição, para efeito dos benefícios previstos em regimes próprios de previdência social, o período em que o segurado contribuinte individual ou facultativo tiver contribuído na forma do § 2º do art. 21 da Lei nº 8.212, de 24 de julho de 1991, salvo se complementadas as contribuições na forma do § 3º do mesmo artigo.

► § 2º acrescido pela LC nº 123, de 14-12-2006.

Art. 95. *Revogado*. MP nº 2.187-13, de 24-8-2001.

Art. 96. O tempo de contribuição ou de serviço de que trata esta Seção será contado de acordo com a legislação pertinente, observadas as normas seguintes:

► Art. 127 do Dec. nº 3.048, de 6-5-1999 (Regulamento da Previdência Social).

I – não será admitida a contagem em dobro ou em outras condições especiais;

II – é vedada a contagem de tempo de serviço público com o de atividade privada, quando concomitantes;

III – não será contado por um sistema o tempo de serviço utilizado para concessão de aposentadoria pelo outro;

IV – o tempo de serviço anterior ou posterior à obrigatoriedade de filiação à Previdência Social só será contado mediante indenização da contribuição correspondente ao período respectivo, com acréscimo de juros moratórios de zero vírgula cinco por cento ao mês, capitalizados anualmente, e multa de dez por cento;

► Inciso IV com a redação dada pela MP nº 2.187-13, de 24-8-2001, que até o encerramento desta edição não havia sido convertida em Lei.

V – é vedada a emissão de Certidão de Tempo de Contribuição (CTC) com o registro exclusivo de tempo de serviço, sem a comprovação de contribuição efetiva, exceto para o segurado empregado, empregado doméstico, trabalhador avulso e, a partir de 1º de abril de 2003, para o contribuinte individual que presta serviço a empresa obrigada a arrecadar a contribuição a seu cargo, observado o disposto no § 5º do art. 4º da Lei nº 10.666, de 8 de maio de 2003;

VI – a CTC somente poderá ser emitida por regime próprio de previdência social para ex-servidor;

VII – é vedada a contagem recíproca de tempo de contribuição do RGPS por regime próprio de previdência social sem a emissão da CTC correspondente, ainda que o tempo de contribuição referente ao RGPS tenha sido prestado pelo servidor público ao próprio ente instituidor;

VIII – é vedada a desaverbação de tempo em regime próprio de previdência social quando o tempo averbado tiver gerado a concessão de vantagens remuneratórias ao servidor público em atividade; e

IX – para fins de elegibilidade às aposentadorias especiais referidas no § 4º do art. 40 e no § 1º do art. 201 da Constituição Federal, os períodos reconhecidos pelo regime previdenciário de origem como de tempo especial, sem conversão em tempo comum, deverão estar incluídos nos períodos de contribuição compreendidos na CTC e discriminados de data a data.

▸ Incisos V a IX acrescidos pela Lei nº 13.846, de 18-6-2019.

Parágrafo único. O disposto no inciso V do *caput* deste artigo não se aplica ao tempo de serviço anterior à edição da Emenda Constitucional nº 20, de 15 de dezembro de 1998, que tenha sido equiparado por lei a tempo de contribuição.

▸ Parágrafo único acrescido pela Lei nº 13.846, de 18-6-2019.

Art. 97. A aposentadoria por tempo de serviço, com contagem de tempo na forma desta Seção, será concedida ao segurado do sexo feminino a partir de vinte e cinco anos completos de serviço, e, ao segurado do sexo masculino, a partir de trinta anos completos de serviço, ressalvadas as hipóteses de redução previstas em lei.

Art. 98. Quando a soma dos tempos de serviço ultrapassar trinta anos, se do sexo feminino, e trinta e cinco anos, se do sexo masculino, o excesso não será considerado para qualquer efeito.

Art. 99. O benefício resultante de contagem de tempo de serviço na forma desta Seção será concedido e pago pelo sistema a que o interessado estiver vinculado ao requerê-lo, e calculado na forma da respectiva legislação.

Seção VIII

DAS DISPOSIÇÕES DIVERSAS RELATIVAS ÀS PRESTAÇÕES

Art. 100. VETADO.

Art. 101. O segurado em gozo de auxílio por incapacidade temporária, auxílio-acidente ou aposentadoria por incapacidade permanente e o pensionista inválido, cujos benefícios tenham sido concedidos judicial ou administrativamente, estão obrigados, sob pena de suspensão do benefício, a submeter-se a:

▸ *Caput* com a redação dada pela Lei nº 14.441, de 2-9-2022.

I – exame médico a cargo da Previdência Social para avaliação das condições que ensejaram sua concessão ou manutenção;

II – processo de reabilitação profissional prescrito e custeado pela Previdência Social; e

III – tratamento oferecido gratuitamente, exceto o cirúrgico e a transfusão de sangue, que são facultativos.

▸ Incisos I a III acrescidos pela Lei nº 14.441, de 2-9-2022.

§ 1º O aposentado por invalidez e o pensionista inválido que não tenham retornado à atividade estarão isentos do exame de que trata o *caput* deste artigo:

I – após completarem cinquenta e cinco anos ou mais de idade e quando decorridos quinze anos da data da concessão da aposentadoria por invalidez ou do auxílio-doença que a precedeu; ou

II – após completarem sessenta anos de idade.

▸ § 1º com a redação dada pela Lei nº 13.457, de 26-6-2017.

§ 2º A isenção de que trata o § 1º não se aplica quando o exame tem as seguintes finalidades:

I – verificar a necessidade de assistência permanente de outra pessoa para a concessão do acréscimo de 25% (vinte e cinco por cento) sobre o valor do benefício, conforme dispõe o art. 45;

II – verificar a recuperação da capacidade de trabalho, mediante solicitação do aposentado ou pensionista que se julgar apto;

III – subsidiar autoridade judiciária na concessão de curatela, conforme dispõe o art. 110.

▸ § 2º acrescido pela Lei nº 13.063, de 30-12-2014.

§ 3º VETADO.

§ 4º A perícia de que trata este artigo terá acesso aos prontuários médicos do periciado no Sistema Único de Saúde (SUS), desde que haja a prévia anuência do periciado e seja garantido o sigilo sobre os dados dele.

§ 5º É assegurado o atendimento domiciliar e hospitalar pela perícia médica e social do INSS ao segurado com dificuldades de locomoção, quando seu deslocamento, em razão de sua limitação funcional e de condições de acessibilidade, imponha-lhe ônus desproporcional e indevido, nos termos do regulamento.

▸ §§ 4º e 5º acrescidos pela Lei nº 13.457, de 26-6-2017.

§ 6º As avaliações e os exames médico-periciais de que trata o inciso I do caput, inclusive na hipótese de que trata o § 5º deste artigo, poderão ser realizados com o uso de tecnologia de telemedicina ou por análise documental conforme situações e requisitos definidos em regulamento, observado

o disposto nos §§ 11-A e 14 do art. 60 desta Lei e no § 12 do art. 30 da Lei nº 11.907, de 2 de fevereiro de 2009.

▸ § 6º com a redação dada pela Lei nº 14.724, de 14-11-2023.

§ 7º **Revogado.** ***Lei nº 14.724, de 14-11-2023.***

§ 8º Em caso de cancelamento de agendamento para perícia presencial, o horário vago poderá ser preenchido por perícia com o uso de tecnologia de telemedicina, antecipando atendimento previsto para data futura, obedecida a ordem da fila.

§ 9º No caso da antecipação de atendimento prevista no § 8º deste artigo, observar-se-á a disponibilidade do periciando para se submeter à perícia remota no horário tornado disponível.

▸ §§ 8º e 9º acrescidos pela Lei nº 14.724, de 14-11-2023.

Art. 102. A perda da qualidade de segurado importa em caducidade dos direitos inerentes a essa qualidade.

▸ *Caput* com a redação dada pela Lei nº 9.528, de 10-12-1997.

▸ Art. 3º da Lei nº 10.666, de 8-5-2003, que dispõe sobre a concessão da aposentadoria especial ao cooperado de Cooperativa de Trabalho ou de Produção.

§ 1º A perda da qualidade de segurado não prejudica o direito à aposentadoria para cuja concessão tenham sido preenchidos todos os requisitos, segundo a legislação em vigor à época em que estes requisitos foram atendidos.

§ 2º Não será concedida pensão por morte aos dependentes do segurado que falecer após a perda desta qualidade, nos termos do artigo 15 desta Lei, salvo se preenchidos os requisitos para obtenção da aposentadoria na forma do parágrafo anterior.

▸ §§ 1º e 2º acrescidos pela Lei nº 9.528, de 10-12-1997.

▸ Súm. nº 416 do STJ.

Art. 103. O prazo de decadência do direito ou da ação do segurado ou beneficiário para a revisão do ato de concessão, indeferimento, cancelamento ou cessação de benefício e do ato de deferimento, indeferimento ou não concessão de revisão de benefício é de 10 (dez) anos, contado:

▸ *Caput* com a redação dada pela Lei nº 13.846, de 18-6-2019.

▸ O STF, por maioria dos votos, julgou parcialmente procedente o pedido na ADIN nº 6.096, declarando a inconstitucionalidade do art. 24 da Lei nº 13.846/2019 no que deu nova redação a este artigo (*DOU* de 26-10-2020).

I – do dia primeiro do mês subsequente ao do recebimento da primeira prestação ou da data em que a prestação deveria ter sido paga com o valor revisto; ou

II – do dia em que o segurado tomar conhecimento da decisão de indeferimento, cancelamento ou cessação do seu pedido de benefício ou da decisão de deferimento ou indeferimento de revisão de benefício, no âmbito administrativo.

▸ Incisos I e II acrescidos pela Lei nº 13.846, de 18-6-2019.

Parágrafo único. Prescreve em cinco anos, a contar da data em que deveriam ter sido pagas, toda e qualquer ação para haver prestações vencidas ou quaisquer restituições ou diferenças devidas pela Previdência Social, salvo o direito dos menores, incapazes e ausentes, na forma do Código Civil.

▸ Parágrafo único acrescido pela Lei nº 9.528, de 10-12-1997.

▸ Súmulas nºs 291 e 427 do STJ.

Art. 103-A. O direito da Previdência Social de anular os atos administrativos de que decorram efeitos favoráveis para os seus beneficiários decai em dez anos, contados da data em que foram praticados, salvo comprovada má-fé.

▸ Art. 60 da Port. do MPS nº 323, de 27-8-2007, que dispõe sobre a revisão de ofício pelo Conselho de Recursos da Previdência Social das suas próprias decisões.

§ 1º No caso de efeitos patrimoniais contínuos, o prazo decadencial contar-se-á da percepção do primeiro pagamento.

§ 2º Considera-se exercício do direito de anular qualquer medida de autoridade administrativa que importe impugnação à validade do ato.

▸ Art. 103-A acrescido pela Lei nº 10.839, de 5-2-2004.

Art. 104. As ações referentes à prestação por acidente do trabalho prescrevem em cinco anos, observado o disposto no artigo 103 desta Lei, contados da data:

I – do acidente, quando dele resultar a morte ou a incapacidade temporária, verificada esta em perícia médica a cargo da Previdência Social; ou

II – em que for reconhecida pela Previdência Social, a incapacidade permanente ou o agravamento das sequelas do acidente.

Art. 105. A apresentação de documentação incompleta não constitui motivo para recusa do requerimento de benefício.

Art. 106. A comprovação do exercício de atividade rural será feita, complementarmente à autodeclaração de que trata o § 2º e ao cadastro de que trata o § 1º, ambos do art. 38-B desta Lei, por meio de, entre outros:

▸ *Caput* com a redação dada pela Lei nº 13.846, de 18-6-2019.

▸ Súm. nº 577 do STJ.

I – contrato individual de trabalho ou Carteira de Trabalho e Previdência Social;

II – contrato de arrendamento, parceria ou comodato rural;

▸ Incisos I e II com a redação dada pela Lei nº 11.718, de 20-6-2008.

III – *Revogado*. Lei nº 13.846, de 18-6-2019;

IV – Declaração de Aptidão ao Programa Nacional de Fortalecimento da Agricultura Familiar, de que trata o inciso II do *caput* do art. 2º da Lei nº 12.188, de 11 de janeiro de 2010, ou por documento que a substitua;

▸ Inciso IV com a redação dada Lei nº 13.846, de 18-6-2019.

V – bloco de notas do produtor rural;

▸ Inciso V com a redação dada pela Lei nº 11.718, de 20-6-2008.

VI – notas fiscais de entrada de mercadorias, de que trata o § 7º do art. 30 da Lei nº 8.212, de 24 de julho de 1991, emitidas pela empresa adquirente da produção, com indicação do nome do segurado como vendedor;

VII – documentos fiscais relativos a entrega de produção rural à cooperativa agrícola, entreposto de pescado ou outros, com indicação do segurado como vendedor ou consignante;

VIII – comprovantes de recolhimento de contribuição à Previdência Social decorrentes da comercialização da produção;

IX – cópia da declaração de imposto de renda, com indicação de renda proveniente da comercialização de produção rural; ou

X – licença de ocupação ou permissão outorgada pelo INCRA.

▸ Incisos VI a X acrescidos pela Lei nº 11.718, de 20-6-2008.

Art. 107. O tempo de serviço de que trata o artigo 55 desta Lei será considerado para cálculo do valor da renda mensal de qualquer benefício.

Art. 108. Mediante justificação processada perante a Previdência Social, observado o disposto no § 3º do artigo 55 e na forma estabelecida no Regulamento, poderá ser suprida a falta de documento ou provado ato do interesse de beneficiário ou empresa, salvo no que se refere a registro público.

Art. 109. O benefício será pago diretamente ao beneficiário, salvo em caso de ausência, moléstia contagiosa ou impossibilidade de locomoção, quando será pago a procurador, cujo mandato não terá prazo superior a doze meses, podendo ser renovado.

▸ *Caput* com a redação dada pela Lei nº 8.870, de 15-4-1994.

Parágrafo único. A impressão digital do beneficiário incapaz de assinar, aposta na presença de servidor da Previdência Social, vale como assinatura para quitação de pagamento de benefício.

Art. 110. O benefício devido ao segurado ou dependente civilmente incapaz será feito ao cônjuge, pai, mãe, tutor ou curador, admitindo-se, na sua falta e por período não superior a 6 (seis) meses, o pagamento a herdeiro necessário, mediante termo de compromisso firmado no ato do recebimento.

§ 1º Para efeito de curatela, no caso de interdição do beneficiário, a autoridade judiciária pode louvar-se no laudo médico-pericial da Previdência Social.

▸ Parágrafo único transformado em § 1º pela Lei nº 13.846, de 18-6-2019.

§ 2º O dependente excluído, na forma do § 7º do art. 16 desta Lei, ou que tenha a parte provisoriamente suspensa, na forma do § 7º do art. 77 desta Lei, não poderá representar outro dependente para fins de recebimento e percepção do benefício.

§ 3º O dependente que perde o direito à pensão por morte, na forma do § 1º do art. 74 desta Lei, não poderá representar outro dependente para fins de recebimento e percepção do benefício.

▸ §§ 2º e 3º acrescidos pela Lei nº 13.846, de 18-6-2019.

Art. 110-A. No ato de requerimento de benefícios operacionalizados pelo INSS, não será exigida apresentação de termo de curatela de titular ou de beneficiário com deficiência, observados os procedimentos a serem estabelecidos em regulamento.

▸ Artigo acrescido pela Lei nº 13.146, de 6-7-2015.

Art. 111. O segurado menor poderá, conforme dispuser o Regulamento, firmar recibo de benefício, independentemente da presença dos pais ou do tutor.

Art. 112. O valor não recebido em vida pelo segurado só será pago aos seus dependentes habilitados à pensão por morte ou, na falta deles, aos seus sucessores na forma da lei civil, independentemente de inventário ou arrolamento.

Art. 113. O benefício poderá ser pago mediante depósito em conta-corrente ou por autorização de pagamento, conforme se dispuser em regulamento.

Parágrafo único. *Revogado*. Lei nº 9.876, de 26-11-1999.

Art. 114. Salvo quanto a valor devido à Previdência Social e a desconto autorizado por esta Lei, ou derivado da obrigação de prestar alimentos reconhecida em sentença judicial, o benefício não pode ser objeto de penhora, arresto ou sequestro, sendo nula de pleno direito a sua venda ou cessão, ou a constituição de qualquer ônus sobre ele, bem como a outorga de poderes irrevogáveis ou em causa própria para o seu recebimento.

Art. 115. Podem ser descontados dos benefícios:

I – contribuições devidas pelo segurado à Previdência Social;

II – pagamento administrativo ou judicial de benefício previdenciário ou assistencial indevido, ou além do devido, inclusive na hipótese de cessação do benefício pela revogação de decisão judicial, em valor que não exceda 30% (trinta por cento) da sua importância, nos termos do regulamento;

▸ Inciso II com a redação dada pela Lei nº 13.846, de 18-6-2019.

III – Imposto de Renda retido na fonte;

IV – pensão de alimentos decretada em sentença judicial;

V – mensalidades de associações e demais entidades de aposentados legalmente reconhecidas, desde que autorizadas por seus filiados;

VI – pagamento de empréstimos, financiamentos e operações de arrendamento mercantil concedidos por instituições financeiras e sociedades de arrendamento mercantil, ou por entidades fechadas ou abertas de previdência complementar, públicas e privadas, quando expressamente autorizado pelo beneficiário, até o limite de 45% (quarenta e cinco por cento) do valor do benefício, sendo 35% (trinta e cinco por cento) destinados exclusivamente a empréstimos, financiamentos e arrendamentos mercantis, 5% (cinco por cento) destinados exclusivamente à amortização de despesas contraídas por meio de cartão de crédito consignado ou à utilização com a finalidade de saque por meio de cartão de crédito consignado e 5% (cinco por cento) destinados exclusivamente à amortização de despesas contraídas por meio de cartão consignado de benefício ou à utilização com a finalidade de saque por meio de cartão consignado de benefício.

▸ *Caput* com a redação dada pela Lei nº 14.431, de 3-8-2022.

a e *b*) *Revogadas*. Lei nº 14.431, de 3-8-2022.

§ 1º Na hipótese do inciso II, o desconto será feito em parcelas, conforme dispuser o regulamento, salvo má-fé.

▸ Parágrafo único transformado em § 1º pela Lei nº 10.820, de 17-12-2003.

§ 2º Na hipótese dos incisos II e VI, haverá prevalência do desconto do inciso II.

▸ § 2º acrescido pela Lei nº 10.820, de 17-12-2003.

§ 3º Serão inscritos em dívida ativa pela Procuradoria-Geral Federal os créditos constituídos pelo INSS em decorrência de benefício previdenciário ou assistencial pago indevidamente ou além do devido, inclusive na hipótese de cessação do benefício pela revogação de decisão judicial, nos termos da Lei nº 6.830, de 22 de setembro de 1980, para a execução judicial.

▸ § 3º com a redação dada pela Lei nº 13.846, de 18-6-2019.

§ 4º Será objeto de inscrição em dívida ativa, para os fins do disposto no § 3º deste artigo, em conjunto ou separadamente, o terceiro beneficiado que sabia ou deveria saber da origem do benefício pago indevidamente em razão de fraude, de dolo ou de coação, desde que devidamente identificado em procedimento administrativo de responsabilização.

§ 5º O procedimento de que trata o § 4º deste artigo será disciplinado em regulamento, nos termos da Lei nº 9.784, de 29 de janeiro de

1999, e no art. 27 do Decreto-Lei nº 4.657, de 4 de setembro de 1942.

▸ §§ 4º e 5º acrescidos pela Lei nº 13.846, de 18-6-2019.

§ 6º *Revogado*. Lei nº 14.438, de 24-8-2022.

Art. 116. Será fornecido ao beneficiário demonstrativo minucioso das importâncias pagas, discriminando-se o valor da mensalidade, as diferenças eventualmente pagas com o período a que se referem e os descontos efetuados.

Art. 117. Empresas, sindicatos e entidades fechadas de previdência complementar poderão, mediante celebração de acordo de cooperação técnica com o INSS, encarregar-se, relativamente a seus empregados, associados ou beneficiários, de requerer benefícios previdenciários por meio eletrônico, preparando-os e instruindo-os nos termos do acordo.

▸ *Caput* com a redação dada pela Lei nº 14.020, de 6-7-2020.

I a III – *Revogados*. Lei nº 14.020, de 6-7-2020.

Parágrafo único. *Revogado*. Lei nº 14.020, de 6-7-2020.

Art. 117-A. Empresas, sindicatos e entidades fechadas de previdência complementar poderão realizar o pagamento integral dos benefícios previdenciários devidos a seus beneficiários, mediante celebração de contrato com o INSS, dispensada a licitação.

§ 1º Os contratos referidos no *caput* deste artigo deverão prever as mesmas obrigações, condições e valores devidos pelas instituições financeiras responsáveis pelo pagamento dos benefícios pelo INSS.

§ 2º As obrigações, condições e valores referidos no § 1º deste artigo serão definidos em ato próprio do INSS.

▸ Art. 117-A acrescido pela Lei nº 14.020, de 6-7-2020.

Art. 118. O segurado que sofreu acidente do trabalho tem garantida, pelo prazo mínimo de doze meses, a manutenção do seu contrato de trabalho na empresa, após a cessação do auxílio-doença acidentário, independentemente de percepção de auxílio-acidente.

▸ Súm. nº 378 do TST.

Parágrafo único. *Revogado*. Lei nº 9.032, de 28-4-1995.

Art. 119. Por intermédio dos estabelecimentos de ensino, sindicatos, associações de classe, Fundação Jorge Duprat Figueiredo de Segurança e Medicina do Trabalho – FUNDACENTRO, órgãos públicos e outros meios, serão promovidas regularmente instrução e formação com vistas a incrementar costumes e atitudes prevencionistas em matéria de acidente, especialmente do trabalho.

Art. 120. A Previdência Social ajuizará ação regressiva contra os responsáveis nos casos de:

I – negligência quanto às normas padrão de segurança e higiene do trabalho indicadas para a proteção individual e coletiva;

II – violência doméstica e familiar contra a mulher, nos termos da Lei nº 11.340, de 7 de agosto de 2006.

Art. 121. O pagamento de prestações pela Previdência Social em decorrência dos casos previstos nos incisos I e II do *caput* do art. 120 desta Lei não exclui a responsabilidade civil da empresa, no caso do inciso I, ou do responsável pela violência doméstica e familiar, no caso do inciso II.

▸ Arts. 120 e 121 com a redação dada pela Lei nº 13.846, de 18-6-2019.

Art. 122. Se mais vantajoso, fica assegurado o direito à aposentadoria, nas condições legalmente previstas na data do cumprimento de todos os requisitos necessários à obtenção do benefício, ao segurado que, tendo completado 35 anos de serviço, se homem, ou trinta anos, se mulher, optou por permanecer em atividade.

▸ Artigo restabelecido, com a redação dada pela Lei nº 9.528, de 10-12-1997.

Art. 123. *Revogado*. Lei nº 9.032, de 28-4-1995.

Art. 124. Salvo no caso de direito adquirido, não é permitido o recebimento conjunto dos seguintes benefícios da Previdência Social:

▸ Súm. nº 36 da TNU-JEF.

I – aposentadoria e auxílio-doença;

II – mais de uma aposentadoria;

▸ Inciso II com a redação dada pela Lei nº 9.032, de 28-4-1995.

III – aposentadoria e abono de permanência em serviço;

IV – salário-maternidade e auxílio-doença;

V – mais de um auxílio-acidente;

VI – mais de uma pensão deixada por cônjuge ou companheiro, ressalvado o direito de opção pela mais vantajosa.

▸ Incisos IV a VI acrescidos pela Lei nº 9.032, de 28-4-1995.

Parágrafo único. É vedado o recebimento conjunto do seguro-desemprego com qualquer benefício de prestação continuada da Previdência Social, exceto pensão por morte ou auxílio-acidente.

▶ Parágrafo único acrescido pela Lei nº 9.032, de 28-4-1995.

Art. 124-A. O INSS implementará e manterá processo administrativo eletrônico para requerimento de benefícios e serviços e disponibilizará canais eletrônicos de atendimento.

▶ *Caput* acrescido pela Lei nº 13.846, de 18-6-2019.

§ 1º O INSS facilitará o atendimento, o requerimento, a concessão, a manutenção e a revisão de benefícios por meio eletrônico e implementará procedimentos automatizados, de atendimento e prestação de serviços por meio de atendimento telefônico ou de canais remotos.

§ 2º Poderão ser celebrados acordos de cooperação, na modalidade de adesão, com órgãos e entidades da União, dos Estados, do Distrito Federal e dos Municípios, para a recepção de documentos e o apoio administrativo às atividades do INSS que demandem serviços presenciais.

§ 3º A implementação de serviços eletrônicos preverá mecanismos de controle preventivos de fraude e de identificação segura do cidadão.

▶ §§ 1º a 3º acrescidos pela Lei nº 13.846, de 18-6-2019.

§ 4º As ligações telefônicas realizadas de telefone fixo ou móvel que visem à solicitação dos serviços referidos no § 1º deste artigo deverão ser gratuitas e serão consideradas de utilidade pública.

▶ § 4º acrescido pela Lei nº 14.199, de 2-9-2021.

Art. 124-B. O INSS, para o exercício de suas competências, observado o disposto nos incisos XI e XII do art. 5º da Constituição Federal e na Lei nº 13.709, de 14 de agosto de 2018, terá acesso aos dados necessários para a análise, a concessão, a revisão e a manutenção de benefícios por ele administrados, em especial aos dados:

▶ *Caput* acrescido pela Lei nº 13.846, de 18-6-2019.

I – VETADO. Lei nº 13.846, de 18-6-2019;

II – dos registros e dos prontuários eletrônicos do Sistema Único de Saúde (SUS), administrados pelo Ministério da Saúde;

III – dos documentos médicos mantidos por entidades públicas e privadas, sendo necessária, no caso destas últimas, a celebração de convênio para garantir o acesso; e

IV – de movimentação das contas do Fundo de Garantia por Tempo de Serviço (FGTS), instituído pela Lei nº 5.107, de 13 de setembro de 1966, mantidas pela Caixa Econômica Federal.

▶ Incisos I a IV acrescidos pela Lei nº 13.846, de 18-6-2019.

§ 1º Para fins do cumprimento do disposto no *caput* deste artigo, serão preservados a integridade e o sigilo dos dados acessados pelo INSS, eventualmente existentes, e o acesso aos dados dos prontuários eletrônicos do Sistema Único de Saúde (SUS) e dos documentos médicos mantidos por entidades públicas e privadas será exclusivamente franqueado aos peritos médicos federais designados pelo INSS.

§ 2º O Ministério da Economia terá acesso às bases de dados geridas ou administradas pelo INSS, incluída a folha de pagamento de benefícios com o detalhamento dos pagamentos.

§ 3º As bases de dados e as informações de que tratam o *caput* e o § 1º deste artigo poderão ser compartilhadas com os regimes próprios de previdência social, para estrita utilização em suas atribuições relacionadas à recepção, à análise, à concessão, à revisão e à manutenção de benefícios por eles administrados, preservados a integridade dos dados e o sigilo eventualmente existente, na forma disciplinada conjuntamente pela Secretaria Especial de Previdência e Trabalho do Ministério da Economia e pelo gestor dos dados.

§ 4º Fica dispensada a celebração de convênio, de acordo de cooperação técnica ou de instrumentos congêneres para a efetivação do acesso aos dados de que trata o *caput* deste artigo, quando se tratar de dados hospedados por órgãos da administração pública federal, e caberá ao INSS a responsabilidade de arcar com os custos envolvidos, quando houver, no acesso ou na extração dos dados, exceto quando estabelecido de forma diversa entre os órgãos envolvidos.

§ 5º As solicitações de acesso a dados hospedados por entidades privadas possuem característica de requisição, dispensados a celebração de convênio, acordo de cooperação técnica ou instrumentos congêneres para a efetivação do acesso aos dados de que trata o *caput* deste artigo e o ressarcimento de eventuais custos, vedado o compartilhamento dos dados com demais entidades de direito privado.

▶ §§ 1º a 5º acrescidos pela Lei nº 13.846, de 18-6-2019.

§ 6º Excetua-se da vedação de que trata o § 5º deste artigo a autorização para compartilhamento com as entidades de previdência complementar das informações sobre o óbito de beneficiários dos planos de previdência por elas administrados.

▶ § 6º acrescido pela Lei nº 14.131, de 30-3-2021.

Art. 124-C. O servidor responsável pela análise dos pedidos dos benefícios previstos nesta Lei motivará suas decisões ou opiniões técnicas e responderá pessoalmente apenas na hipótese de dolo ou erro grosseiro.

Art. 124-D. A administração pública federal desenvolverá ações de segurança da informação e comunicações, incluídas as de segurança cibernética, de segurança das infraestruturas, de qualidade dos dados e de segurança de interoperabilidade de bases governamentais, e efetuará a sua integração, inclusive com as bases de dados e informações dos Estados, dos Municípios e do Distrito Federal, com o objetivo de atenuar riscos e inconformidades em pagamentos de benefícios sociais.

▶ Arts. 124-C e 124-D acrescidos pela Lei nº 13.846, de 18-6-2019.

Arts. 124-E e 124-F. VETADOS. Lei nº 13.846, de 18-6-2019.

TÍTULO IV – DAS DISPOSIÇÕES FINAIS E TRANSITÓRIAS

Art. 125. Nenhum benefício ou serviço da Previdência Social poderá ser criado, majorado ou estendido, sem a correspondente fonte de custeio total.

▶ Art. 152 do Dec. nº 3.048, de 6-5-1999 (Regulamento da Previdência Social).

▶ Lei nº 9.796, de 5-5-1999, dispõe sobre a compensação financeira entre os diversos regimes previdenciários, regulamentada pelo Dec. nº 10.188, de 20-12-2019.

Art. 125-A. Compete ao Instituto Nacional do Seguro Social – INSS realizar, por meio dos seus próprios agentes, quando designados, todos os atos e procedimentos necessários à verificação do atendimento das obrigações não tributárias impostas pela legislação previdenciária e à imposição da multa por seu eventual descumprimento.

§ 1º A empresa disponibilizará a servidor designado por dirigente do INSS os documentos necessários à comprovação de vínculo empregatício, de prestação de serviços e de remuneração relativos a trabalhador previamente identificado.

§ 2º Aplica-se ao disposto neste artigo, no que couber, o art. 126 desta Lei.

§ 3º O disposto neste artigo não abrange as competências atribuídas em caráter privativo aos ocupantes do cargo de Auditor Fiscal da Receita Federal do Brasil previstas no inciso I do *caput* do art. 6º da Lei nº 10.593, de 6 de dezembro de 2002.

▶ Art. 125-A com a redação dada pela Lei nº 11.941, de 27-5-2009.

Art. 126. Compete ao Conselho de Recursos da Previdência Social julgar, entre outras demandas, na forma do regulamento:

▶ *Caput* com a redação dada pela Lei nº 13.876, de 20-9-2019.

▶ Súm. nº 373 do STJ.

I – recursos das decisões do INSS nos processos de interesse dos beneficiários;

II – contestações e recursos relativos à atribuição, pelo Ministério da Economia, do Fator Acidentário de Prevenção aos estabelecimentos das empresas;

III – recursos das decisões do INSS relacionados à comprovação de atividade rural de segurado especial de que tratam os arts. 38-A e 38-B, ou demais informações relacionadas ao CNIS de que trata o art. 29-A desta Lei.

▶ Incisos I a III acrescidos pela Lei nº 13.846, de 18-6-2019.

IV – recursos de processos relacionados à compensação financeira de que trata a Lei nº 9.796, de 5 de maio de 1999, e à supervisão e à fiscalização dos regimes próprios de previdência social de que trata a Lei nº 9.717, de 27 de novembro de 1998.

▶ Inciso IV acrescido pela Lei nº 13.876, de 20-9-2019.

§§ 1º e 2º *Revogados*. Lei nº 11.727, de 23-6-2008.

§ 3º A propositura de ação que tenha por objeto idêntico pedido sobre o qual versa o processo administrativo importa renúncia ao direito de recorrer na esfera administrativa e desistência do recurso interposto.

▶ § 3º com a redação dada pela Lei nº 13.846, de 18-6-2019.

§ 4º Os recursos de que tratam os incisos I e III do *caput* deste artigo poderão ser interpostos diretamente ao Conselho de Recursos da Previdência Social, que emitirá notificação eletrônica automática para o INSS reanalisar, no prazo máximo de 30 (trinta) dias, a decisão administrativa, na forma disciplinada por ato conjunto do Ministério do Trabalho e Previdência, do Conselho de Recursos da Previdência Social e do INSS.

► § 4º acrescido pela Lei nº 14.441, de 2-9-2022.

Art. 127. *Revogado.* Lei nº 9.711, de 20-11-1998.

Art. 128. As demandas judiciais que tiverem por objeto o reajuste ou a concessão de benefícios regulados nesta Lei cujos valores de execução não forem superiores a R$ 5.180,25 (cinco mil, cento e oitenta reais e vinte e cinco centavos) por autor poderão, por opção de cada um dos exequentes, ser quitadas no prazo de até sessenta dias após a intimação do trânsito em julgado da decisão, sem necessidade da expedição de precatório.

► *Caput* com a redação dada pela Lei nº 10.099, de 19-12-2000.

► Art. 17 da Lei nº 10.259, de 12-7-2001 (Lei dos Juizados Especiais Federais).

► Art. 8º, parágrafo único, da Port. Interministerial do MTPrev e MF nº 26, de 10-1-2023 (*DOU* de 11-1-2023), que limita o valor das demandas judiciais previstas neste artigo em R$ 78.120,00 (setenta e oito mil cento e vinte reais), a partir de 1º-1-2023.

§ 1º É vedado o fracionamento, repartição ou quebra do valor da execução, de modo que o pagamento se faça, em parte, na forma estabelecida no *caput* e, em parte, mediante expedição do precatório.

§ 2º É vedada a expedição de precatório complementar ou suplementar do valor pago na forma do *caput*.

§ 3º Se o valor da execução ultrapassar o estabelecido no *caput*, o pagamento far-se-á sempre por meio de precatório.

§ 4º É facultada à parte exequente a renúncia ao crédito, no que exceder ao valor estabelecido no *caput*, para que possa optar pelo pagamento do saldo sem o precatório, na forma ali prevista.

§ 5º A opção exercida pela parte para receber os seus créditos na forma prevista no *caput* implica a renúncia do restante dos créditos porventura existentes e que sejam oriundos do mesmo processo.

§ 6º O pagamento sem precatório, na forma prevista neste artigo, implica quitação total do pedido constante da petição inicial e determina a extinção do processo.

§ 7º O disposto neste artigo não obsta a interposição de embargos à execução por parte do INSS.

► §§ 1º a 7º acrescidos pela Lei nº 10.099, de 19-12-2000.

Art. 129. Os litígios e medidas cautelares relativos a acidentes do trabalho serão apreciados:

I – na esfera administrativa, pelos órgãos da Previdência Social, segundo as regras e prazos aplicáveis às demais prestações, com prioridade para conclusão; e

II – na via judicial, pela Justiça dos Estados e do Distrito Federal, segundo o rito sumaríssimo, inclusive durante as férias forenses, mediante petição instruída pela prova de efetiva notificação do evento à Previdência Social, através de Comunicação de Acidente do Trabalho – CAT.

► A expressão "procedimento sumaríssimo" foi substituída por "procedimento sumário" conforme art. 3º da Lei nº 9.245, de 26-12-1995.

Parágrafo único. O procedimento judicial de que trata o inciso II deste artigo é isento do pagamento de quaisquer custas e de verbas relativas à sucumbência.

Art. 129-A. Os litígios e as medidas cautelares relativos aos benefícios por incapacidade de que trata esta Lei, inclusive os relativos a acidentes do trabalho, observarão o seguinte:

I – quando o fundamento da ação for a discussão de ato praticado pela perícia médica federal, a petição inicial deverá conter, em complemento aos requisitos previstos no art. 319 da Lei nº 13.105, de 16 de março de 2015 (Código de Processo Civil):

a) descrição clara da doença e das limitações que ela impõe;

b) indicação da atividade para a qual o autor alega estar incapacitado;

c) possíveis inconsistências da avaliação médico-pericial discutida; e

d) declaração quanto à existência de ação judicial anterior com o objeto de que trata este artigo, esclarecendo os motivos pelos quais se entende não haver litispendência ou coisa julgada, quando for o caso;

II – para atendimento do disposto no art. 320 da Lei nº 13.105, de 16 de março de 2015 (Código de Processo Civil), a petição inicial, qualquer que seja o rito ou procedimento adotado, deverá ser instruída pelo autor com os seguintes documentos:

a) comprovante de indeferimento do benefício ou de sua não prorrogação, quando for o caso, pela administração pública;

b) comprovante da ocorrência do acidente de qualquer natureza ou do acidente do trabalho, sempre que houver um acidente apontado como causa da incapacidade;

c) documentação médica de que dispuser relativa à doença alegada como a causa da incapacidade discutida na via administrativa.

§ 1º Determinada pelo juízo a realização de exame médico-pericial por perito do juízo, este deverá, no caso de divergência com as conclusões do laudo administrativo, indicar em seu laudo de forma fundamentada as razões técnicas e científicas que amparam o dissenso, especialmente no que se refere à comprovação da incapacidade, sua data de início e a sua correlação com a atividade laboral do periciando.

§ 2º Quando a conclusão do exame médico pericial realizado por perito designado pelo juízo mantiver o resultado da decisão proferida pela perícia realizada na via administrativa, poderá o juízo, após a oitiva da parte autora, julgar improcedente o pedido.

§ 3º Se a controvérsia versar sobre outros pontos além do que exige exame médico-pericial, observado o disposto no § 1º deste artigo, o juízo dará seguimento ao processo, com a citação do réu.

▸ Art. 129-A acrescido pela Lei nº 14.331, de 4-5-2022.

Art. 130. Na execução contra o Instituto Nacional do Seguro Social-INSS, o prazo a que se refere o artigo 730 do Código de Processo Civil é de 30 (trinta) dias.

▸ *Caput* com a redação dada pela Lei nº 9.528, de 10-12-1997.

▸ Refere-se ao CPC/1973.

▸ Art. 910 do CPC/2015.

Parágrafo único. *Revogado*. Lei nº 9.528, de 10-12-1997.

Art. 131. O Ministro da Previdência e Assistência Social poderá autorizar o INSS a formalizar a desistência ou abster-se de propor ações e recursos em processos judiciais sempre que a ação versar matéria sobre a qual haja declaração de inconstitucionalidade proferida pelo Supremo Tribunal Federal – STF, súmula ou jurisprudência consolidada do STF ou dos tribunais superiores.

▸ *Caput* com a redação dada pela Lei nº 9.528, de 10-12-1997.

Parágrafo único. O Ministro da Previdência e Assistência Social disciplinará as hipóteses em que a administração previdenciária federal, relativamente aos créditos previdenciários baseados em dispositivo declarado inconstitucional por decisão definitiva do Supremo Tribunal Federal, possa:

▸ Parágrafo único acrescido pela Lei nº 9.528, de 10-12-1997.

a) abster-se de constituí-los;

b) retificar o seu valor ou declará-los extintos, de ofício, quando houverem sido constituídos anteriormente, ainda que inscritos em dívida ativa;

c) formular desistência de ações de execução fiscal já ajuizadas, bem como deixar de interpor recursos de decisões judiciais.

▸ Art. 131 com a redação dada pela Lei nº 9.528, de 10-12-1997.

Art. 132. A formalização de desistência ou transigência judiciais, por parte de procurador da Previdência Social, será sempre precedida da anuência, por escrito, do Procurador-Geral do Instituto Nacional do Seguro Social INSS, ou do presidente desse órgão, quando os valores em litígio ultrapassarem os limites definidos pelo Conselho Nacional de Previdência Social – CNPS.

§ 1º Os valores, a partir dos quais se exigirá a anuência do Procurador-Geral ou do presidente do INSS, serão definidos periodicamente pelo CNPS, através de resolução própria.

§ 2º Até que o CNPS defina os valores mencionados neste artigo, deverão ser submetidos à anuência prévia do Procurador-Geral ou do presidente do INSS a formalização de desistência ou transigência judiciais, quando os valores, referentes a cada segurado considerado separadamente, superarem, respectivamente, 10 (dez) ou 30 (trinta) vezes o teto do salário de benefício.

Art. 133. A infração a qualquer dispositivo desta Lei, para a qual não haja penalidade expressamente cominada, sujeita o responsável, conforme a gravidade da infração, à multa variável de CR$ 100.000,00 (cem mil cruzeiros) a CR$ 10.000.000,00 (dez milhões de cruzeiros).

▸ Art. 8º, III, da Port. Interministerial do MTPrev e MF nº 26, de 10-1-2023 (*DOU* de 11-1-2023), que altera o valor previsto neste artigo de multa variável para R$ 3.100,06 (três mil e cem reais e seis centavos) a R$ 310.004,70 (trezentos e dez mil quatro reais e setenta centavos).

Parágrafo único. *Revogado.* Lei nº 11.941, de 27-5-2009.

Art. 134. Os valores expressos em moeda corrente nesta Lei serão reajustados nas mesmas épocas e com os mesmos índices utilizados para o reajustamento dos valores dos benefícios.

▸ Artigo com a redação dada pela MP nº 2.187-13, de 24-8-2001, que até o encerramento desta edição não havia sido convertida em Lei.

Art. 135. Os salários de contribuição utilizados no cálculo do valor de benefício serão considerados respeitando-se os limites mínimo e máximo vigentes nos meses a que se referirem.

Art. 135-A. Para o segurado filiado à Previdência Social até julho de 1994, no cálculo do salário de benefício das aposentadorias, exceto a aposentadoria por incapacidade permanente, o divisor considerado no cálculo da média dos salários de contribuição não poderá ser inferior a 108 (cento e oito) meses.

▸ Art. 135-A acrescido pela Lei nº 14.331, de 4-5-2022.

Art. 136. Ficam eliminados o menor e o maior valor-teto para cálculo do salário de benefício.

Art. 137. Fica extinto o Programa de Previdência Social aos Estudantes, instituído pela Lei nº 7.004, de 24 de junho de 1982, mantendo-se o pagamento dos benefícios de prestação continuada com data de início até a entrada em vigor desta Lei.

Art. 138. Ficam extintos os regimes de Previdência Social instituídos pela Lei Complementar nº 11, de 25 de maio de 1971, e pela Lei nº 6.260, de 6 de novembro de 1975, sendo mantidos, com valor não inferior ao do salário mínimo, os benefícios concedidos até a vigência desta Lei.

Parágrafo único. Para os que vinham contribuindo regularmente para os regimes a que se refere este artigo, será contado o tempo de contribuição para fins do Regime Geral de Previdência Social, conforme disposto no Regulamento.

Arts. 139 a 141. *Revogados.* Lei nº 9.528, de 10-12-1997.

Art. 142. Para o segurado inscrito na Previdência Social Urbana até 24 de julho de 1991, bem como para o trabalhador e o empregador rural cobertos pela Previdência Social Rural, a carência das aposentadorias por idade, por tempo de serviço e especial obedecerá à seguinte tabela, levando-se em conta o ano em que o segurado implementou todas as condições necessárias à obtenção do benefício:

▸ Artigo e tabela com a redação dada pela Lei nº 9.032, de 28-4-1995.

Ano de implementação das condições	Meses de contribuição
1991	60 meses
1992	60 meses
1993	66 meses
1994	72 meses
1995	78 meses
1996	90 meses
1997	96 meses
1998	102 meses
1999	108 meses
2000	114 meses
2001	120 meses
2002	126 meses
2003	132 meses
2004	138 meses
2005	144 meses
2006	150 meses
2007	156 meses
2008	162 meses
2009	168 meses
2010	174 meses
2011	180 meses

Art. 143. O trabalhador rural ora enquadrado como segurado obrigatório no Regime Geral de Previdência Social, na forma da alínea *a* do inciso I, ou do inciso IV ou VII do artigo 11 desta Lei, pode requerer aposentadoria por idade, no valor de um salário mínimo, durante quinze anos, contados a partir da data de vigência desta Lei, desde que comprove o exercício de atividade rural, ainda que descontínua, no período imediatamente anterior ao requerimento do benefício, em número de meses idêntico à carência do referido benefício.

▸ Artigo com a redação dada pela Lei nº 9.063, de 14-6-1995.

▸ O art. 2º da Lei nº 11.718, de 20-6-2008, prorroga o prazo previsto neste artigo até 31-12-2010, para o trabalhador empregado rural.

Arts. 144 a 147. *Revogados.* MP nº 2.187-13, de 24-8-2001.

Art. 148. *Revogado.* Lei nº 9.528, de 10-12-1997.

Art. 149. As prestações, e o seu financiamento, referentes aos benefícios de ex-combatente e de ferroviário servidor público ou autárquico federal ou em regime especial que não optou pelo regime da Consolidação das Leis do Trabalho, na forma da Lei nº 6.184, de 11 de dezembro de 1974, bem como seus dependentes, serão objeto de legislação específica.

Art. 150. *Revogado.* Lei nº 10.559, de 13-11-2002.

Art. 151. Até que seja elaborada a lista de doenças mencionada no inciso II do art. 26, independe de carência a concessão de auxílio-doença e de aposentadoria por invalidez ao segurado que, após filiar-se ao RGPS, for acometido das seguintes doenças: tuberculose ativa, hanseníase, alienação mental, esclerose múltipla, hepatopatia grave, neoplasia maligna, cegueira, paralisia irreversível e incapacitante, cardiopatia grave, doença de Parkinson, espondiloartrose anquilosante, nefropatia grave, estado avançado da doença de Paget (osteíte deformante), síndrome da deficiência imunológica adquirida (AIDS) ou contaminação por radiação, com base em conclusão da medicina especializada.

▸ Artigo com a redação dada pela Lei nº 13.135, de 17-6-2015.

Art. 152. *Revogado.* Lei nº 9.528, de 10-12-1997.

Art. 153. O Regime Facultativo Complementar de Previdência Social será objeto de lei especial, a ser submetida à apreciação do Congresso Nacional dentro do prazo de 180 (cento e oitenta) dias.

Art. 154. O Poder Executivo regulamentará esta Lei no prazo de 60 (sessenta) dias a partir da data da sua publicação.

Art. 155. Esta Lei entra em vigor na data de sua publicação.

Art. 156. Revogam-se as disposições em contrário.

Brasília, 24 de julho de 1991;
170º da Independência
e 103º da República.

Fernando Collor

DECRETO Nº 3.048, DE 6 DE MAIO DE 1999

Aprova o Regulamento da Previdência Social e dá outras providências.

▸ Publicado no *DOU* de 7-5-1999, republicado no *DOU* de 12-5-1999, e retificado no *DOU* de 18-6-1999 e de 21-6-1999.

▸ LC nº 109, de 29-5-2001 (Lei do Regime de Previdência Complementar).

▸ Lei nº 8.212, de 24-7-1991 (Lei Orgânica da Seguridade Social).

▸ Lei nº 8.213, de 24-7-1991 (Lei dos Planos de Benefícios da Previdência Social).

▸ IN do Ministério da Previdência Social nº 11, de 20-9-2006, estabelece critérios a serem adotados pela área de benefícios.

Art. 1º O Regulamento da Previdência Social passa a vigorar na forma do texto apenso ao presente Decreto, com seus anexos.

Art. 2º Este Decreto entra em vigor na data de sua publicação.

Art. 3º Ficam revogados os Decretos nºs 33.335, de 20 de julho de 1953, 36.911, de 15 de fevereiro de 1955, 65.106, de 5 de setembro de 1969, 69.382, de 19 de outubro de 1971, 72.771, de 6 de setembro de 1973, 73.617, de 12 de fevereiro de 1974, 73.833, de 13 de março de 1974, 74.661, de 7 de outubro de 1974, 75.478, de 14 de março de 1975, 75.706, de 8 de maio de 1975, 75.884, de 19 de junho de 1975, 76.326, de 23 de setembro de 1975, 77.210, de 20 de fevereiro de 1976, 79.037, de 24 de dezembro de 1976, 79.575, de 26 de abril de 1977, 79.789, de 7 de junho de 1977, 83.080, de 24 de janeiro de 1979, 83.081, de 24 de janeiro de 1979, 85.745, de 23 de fevereiro de 1981, 85.850, de 30 de março 1981, 86.512, de 29 de outubro de 1981, 87.374, de 8 de julho de 1982, 87.430, de 28 de julho de 1982, 88.353, de 6 de junho de 1983, 88.367, de 7 de junho de 1983, 88.443, de 29 de junho de 1983, 89.167, de 9 de dezembro de 1983, 89.312, de 23 de janeiro de 1984, 90.038, de 9 de agosto de 1984, 90.195, de 12 de setembro de 1984, 90.817, de 17 de janeiro de 1985, 91.406, de 5 de julho de 1985, 92.588, de 25 de abril de 1986, 92.700, de 21 de maio de 1986, 92.702, de 21 de maio de 1986, 92.769, de 10 de junho de 1986, 92.770, de 10 de junho de 1986, 92.976, de 22 de julho de 1986, 94.512, de 24 de junho de 1987, 96.543, de 22 de agosto de 1988, 96.595, de 25 de agosto de 1988, 98.376, de 7 de novembro de 1989, 99.301, de 15 de junho de 1990, 99.351, de 27 de junho 1990, 1.197, de 14 de julho de 1994, 1.514, de 5 de junho de 1995, 1.826, de 29 de fevereiro de 1996, 1.843, de 25 de março de 1996, 2.172, de 5 de março de 1997, 2.173, de 5 de março de 1997, 2.342, de 9 de outubro de 1997, 2.664, de 10 de julho de 1998, 2.782, de 14 de setembro de 1998, 2.803, de 20 de outubro de 1998, 2.924, de 5 de janeiro de 1999, e 3.039, de 28 de abril de 1999.

Brasília, 6 de maio de 1999;
178º da Independência e
111º da República.

Fernando Henrique Cardoso

REGULAMENTO DA PREVIDÊNCIA SOCIAL

Livro I – Da Finalidade e dos Princípios Básicos

TÍTULO I – DA SEGURIDADE SOCIAL

Art. 1º A seguridade social compreende um conjunto integrado de ações de iniciativa dos poderes públicos e da sociedade, destinado a assegurar o direito relativo à saúde, à previdência e à assistência social.

Parágrafo único. A seguridade social obedecerá aos seguintes princípios e diretrizes:

I – universalidade da cobertura e do atendimento;

II – uniformidade e equivalência dos benefícios e serviços às populações urbanas e rurais;

III – seletividade e distributividade na prestação dos benefícios e serviços;

IV – irredutibilidade do valor dos benefícios, de forma a preservar-lhe o poder aquisitivo;

V – equidade na forma de participação no custeio;

VI – diversidade da base de financiamento; e

VII – caráter democrático e descentralizado da administração, mediante gestão quadripartite, com participação dos trabalhadores, dos empregadores, dos aposentados e do governo nos órgãos colegiados.

► Art. 1º da Lei nº 8.212, de 24-7-1991 (Lei Orgânica da Seguridade Social).

TÍTULO II – DA SAÚDE

Art. 2º A saúde é direito de todos e dever do Estado, garantido mediante políticas sociais e econômicas que visem à redução do risco de doença e de outros agravos e ao acesso universal e igualitário às ações e serviços para sua promoção, proteção e recuperação.

Parágrafo único. As atividades de saúde são de relevância pública, e sua organização obedecerá aos seguintes princípios e diretrizes:

I – acesso universal e igualitário;

II – provimento das ações e serviços mediante rede regionalizada e hierarquizada, integrados em sistema único;

III – descentralização, com direção única em cada esfera de governo;

IV – atendimento integral, com prioridade para as atividades preventivas;

V – participação da comunidade na gestão, fiscalização e acompanhamento das ações e serviços de saúde; e

VI – participação da iniciativa privada na assistência à saúde, em obediência aos preceitos constitucionais.

► Art. 2º da Lei nº 8.212, de 24-7-1991 (Lei Orgânica da Seguridade Social).

TÍTULO III – DA ASSISTÊNCIA SOCIAL

Art. 3º A assistência social é a política social que provê o atendimento das necessidades básicas, traduzidas em proteção à família, à maternidade, à infância, à adolescência, à velhice e à pessoa portadora de deficiência, independentemente de contribuição à seguridade social.

Parágrafo único. A organização da assistência social obedecerá às seguintes diretrizes:

I – descentralização político-administrativa; e

II – participação da população na formulação e controle das ações em todos os níveis.

► Art. 4º da Lei nº 8.212, de 24-7-1991 (Lei Orgânica da Seguridade Social).

TÍTULO IV – DA PREVIDÊNCIA SOCIAL

Art. 4º A previdência social rege-se pelos seguintes princípios e objetivos:

I – universalidade de participação nos planos previdenciários;

II – uniformidade e equivalência dos benefícios e serviços às populações urbanas e rurais;

III – seletividade e distributividade na prestação dos benefícios;

IV – cálculo dos benefícios considerando-se os salários de contribuição corrigidos monetariamente;

V – irredutibilidade do valor dos benefícios, de forma a preservar-lhe o poder aquisitivo;

VI – valor da renda mensal dos benefícios substitutos do salário de contribuição ou do rendimento do trabalho do segurado não inferior ao do salário mínimo; e

VII – caráter democrático e descentralizado da administração, mediante gestão quadripartite, com participação dos trabalhadores, dos empregadores, dos aposentados e do governo nos órgãos colegiados.

▸ Art. 3º da Lei nº 8.212, de 24-7-1991 (Lei Orgânica da Seguridade Social).

Art. 5º A previdência social será organizada sob a forma de regime geral, de caráter contributivo e de filiação obrigatória, observados critérios que preservem o equilíbrio financeiro e atuarial, e atenderá a:

I – cobertura de eventos de incapacidade temporária ou permanente para trabalho e idade avançada;

▸ Inciso I com a redação dada pelo Dec. nº 10.410, de 30-6-2020.

II – proteção à maternidade, especialmente à gestante;

III – proteção ao trabalhador em situação de desemprego involuntário;

IV – salário-família e auxílio-reclusão para os dependentes dos segurados de baixa renda; e

V – pensão por morte do segurado, homem ou mulher, ao cônjuge ou companheiro e dependentes.

Livro II – Dos Benefícios da Previdência Social

TÍTULO I – DOS REGIMES DA PREVIDÊNCIA SOCIAL

Art. 6º A previdência social compreende:

I – o Regime Geral de Previdência Social; e

II – os regimes próprios de previdência social dos servidores públicos e dos militares.

Parágrafo único. O Regime Geral de Previdência Social garante a cobertura de todas as situações expressas no art. 5º, exceto a de desemprego involuntário, observado o disposto no art. 199-A quanto ao direito à aposentadoria por tempo de contribuição.

▸ Parágrafo único com a redação dada pelo Dec. nº 6.042, de 12-2-2007.

▸ Art. 9º da Lei nº 8.213, de 24-7-1991 (Lei dos Planos de Benefícios da Previdência Social).

Art. 7º A administração do Regime Geral de Previdência Social é atribuída ao Ministério da Previdência e Assistência Social, sendo exercida pelos órgãos e entidades a ele vinculados.

TÍTULO II – DO REGIME GERAL DE PREVIDÊNCIA SOCIAL

Capítulo I

DOS BENEFICIÁRIOS

Art. 8º São beneficiários do Regime Geral de Previdência Social as pessoas físicas classificadas como segurados e dependentes, nos termos das Seções I e II deste Capítulo.

▸ Art. 10 da Lei nº 8.213, de 24-7-1991 (Lei dos Planos de Benefícios da Previdência Social).

Seção I

DOS SEGURADOS

Art. 9º São segurados obrigatórios da previdência social as seguintes pessoas físicas:

I – como empregado:

a) aquele que presta serviço de natureza urbana ou rural a empresa, em caráter não eventual, sob sua subordinação e mediante remuneração, inclusive como diretor empregado;

b) aquele que, contratado por empresa de trabalho temporário, na forma prevista em legislação específica, por prazo não superior a cento e oitenta dias, consecutivos ou não, prorrogável por até noventa dias, presta serviço para atender a necessidade transitória de substituição de pessoal regular e permanente ou a acréscimo extraordinário de serviço de outras empresas;

▸ Alínea *b* com a redação dada pelo Dec. nº 10.410, de 30-6-2020.

c) o brasileiro ou o estrangeiro domiciliado e contratado no Brasil para trabalhar como empregado no exterior, em sucursal ou agência de empresa constituída sob as leis brasileiras e que tenha sede e administração no País;

d) o brasileiro ou o estrangeiro domiciliado e contratado no Brasil para trabalhar como empregado em empresa domiciliada no exterior com maioria do capital votante pertencente a empresa constituída sob as leis brasileiras, que tenha sede e administração no País e cujo controle efetivo esteja em caráter permanente sob a titularidade direta ou indireta de pessoas físicas domiciliadas e residentes no País ou de entidade de direito público interno;

e) aquele que presta serviço no Brasil a missão diplomática ou a repartição consular de carreira estrangeira e a órgãos a elas subordinados, ou a membros dessas missões e repartições, excluídos o não brasileiro sem residência permanente no Brasil e o brasileiro amparado pela legislação previdenciária do país da respectiva missão diplomática ou repartição consular;

f) o brasileiro civil que trabalha para a União no exterior, em organismos oficiais internacionais dos quais o Brasil seja membro efetivo, ainda que lá domiciliado e contratado, salvo se amparado por regime próprio de previdência social;

g) o brasileiro civil que presta serviços à União no exterior, em repartições governamentais brasileiras, lá domiciliado e contratado, inclusive o auxiliar local de que tratam os arts. 56 e 57 da Lei nº 11.440, de 29 de dezembro de 2006, este desde que, em razão de proibição legal, não possa filiar-se ao sistema previdenciário local;

h) o bolsista e o estagiário que prestam serviços a empresa, em desacordo com a Lei nº 11.788, de 25 de setembro de 2008;

▸ Alíneas *g* e *h* com a redação dada pelo Dec. nº 6.722, de 30-12-2008.

i) o servidor da União, Estado, Distrito Federal ou Município, incluídas suas autarquias e fundações, ocupante, exclusivamente, de cargo em comissão declarado em lei de livre nomeação e exoneração;

j) o servidor do Estado, Distrito Federal ou Município, bem como o das respectivas autarquias e fundações, ocupante de cargo efetivo, desde que, nessa qualidade, não esteja amparado por regime próprio de previdência social;

l) o servidor contratado pela União, Estado, Distrito Federal ou Município, bem como pelas respectivas autarquias e fundações, por tempo determinado, para atender a necessidade temporária de excepcional interesse público, nos termos do inciso IX do artigo 37 da Constituição Federal;

m) o servidor da União, Estado, Distrito Federal ou Município, incluídas suas autarquias e fundações, ocupante de emprego público;

n) *Revogada*. Dec. nº 3.265, de 29-11-1999;

o) o escrevente e o auxiliar contratados por titular de serviços notariais e de registro a partir de 21 de novembro de 1994, bem como aquele que optou pelo Regime Geral de Previdência Social, em conformidade com a Lei nº 8.935, de 18 de novembro de 1994; e

p) aquele em exercício de mandato eletivo federal, estadual, distrital ou municipal, desde que não seja vinculado a regime próprio de previdência social;

▸ Alínea *p* com a redação dada pelo Dec. nº 10.410, de 30-6-2020.

q) o empregado de organismo oficial internacional ou estrangeiro em funcionamento no Brasil, salvo quando coberto por regime próprio de previdência social;

▸ Alínea *q* acrescida pelo Dec. nº 3.265, de 29-11-1999.

r) o trabalhador rural contratado por produtor rural pessoa física, na forma do art. 14-A da Lei nº 5.889, de 8 de junho de 1973, para o exercício de atividades de natureza temporária por prazo não superior a dois meses dentro do período de um ano;

▸ Alínea *r* acrescida pelo Dec. nº 6.722, de 30-12-2008.

s) aquele contratado como trabalhador intermitente para a prestação de serviços, com subordinação, de forma não contínua, com alternância de períodos de prestação de serviços e de inatividade, em conformidade com o disposto no § 3º do art. 443 da Consolidação das Leis do Trabalho, aprovada pelo Decreto-Lei nº 5.452, de 1º de maio de 1943;

▸ Alínea *s* acrescida pelo Dec. nº 10.410, de 30-6-2020.

II – como empregado doméstico – aquele que presta serviço de forma contínua, subordinada, onerosa e pessoal a pessoa ou família, no âmbito residencial desta, em atividade sem fins lucrativos, por mais de dois dias por semana;

▸ Inciso II com a redação dada pelo Dec. nº 10.410, de 30-6-2020.

III e IV – *Revogados*. Dec. nº 3.265, de 29-11-1999;

V – como contribuinte individual:

▸ *Caput* do inciso V com a redação dada pelo Dec. nº 3.265, de 29-11-1999.

a) a pessoa física, proprietária ou não, que explora atividade agropecuária, a qualquer título, em caráter permanente ou temporário, em área, contínua ou descontínua, superior a quatro módulos fiscais; ou, quando em área igual ou inferior a quatro módulos fiscais ou atividade pesqueira ou extrativista, com auxílio de empregados ou por intermédio de prepostos; ou ainda nas hipóteses dos §§ 8º e 23 deste artigo;

▶ Alínea *a* com a redação dada pelo Dec. nº 6.722, de 30-12-2008.

b) a pessoa física, proprietária ou não, que explora atividade de extração mineral – garimpo –, em caráter permanente ou temporário, diretamente ou por intermédio de prepostos, com ou sem o auxílio de empregados, utilizados a qualquer título, ainda que de forma não contínua;

▶ Alínea *b* com a redação dada pelo Dec. nº 3.265, de 29-11-1999.

c) o ministro de confissão religiosa e o membro de instituto de vida consagrada, de congregação ou de ordem religiosa;

▶ Alínea *c* com a redação dada pelo Dec. nº 4.079, de 9-1-2002.

d) o brasileiro civil que trabalha no exterior para organismo oficial internacional do qual o Brasil é membro efetivo, ainda que lá domiciliado e contratado, salvo quando coberto por regime próprio de previdência social;

▶ Alínea *d* com a redação dada pelo Dec. nº 3.265, de 29-11-1999.

e) desde que receba remuneração decorrente de trabalho na empresa:

1. o empresário individual e o titular de empresa individual de responsabilidade limitada, urbana ou rural;
2. o diretor não empregado e o membro de conselho de administração de sociedade anônima;
3. o sócio de sociedade em nome coletivo; e
4. o sócio solidário, o sócio gerente, o sócio cotista e o administrador, quanto a este último, quando não for empregado em sociedade limitada, urbana ou rural;

▶ Alínea *e* com a redação dada pelo Dec. nº 10.410, de 30-6-2020.

f) a *h*) *Revogadas*. Dec. nº 10.410, de 30-6-2020.

i) o associado eleito para cargo de direção em cooperativa, associação ou entidade de qualquer natureza ou finalidade, bem como o síndico ou administrador eleito para exercer atividade de direção condominial, desde que recebam remuneração;

j) quem presta serviço de natureza urbana ou rural, em caráter eventual, a uma ou mais empresas, sem relação de emprego;

l) a pessoa física que exerce, por conta própria, atividade econômica de natureza urbana, com fins lucrativos ou não;

m) o aposentado de qualquer regime previdenciário nomeado magistrado classista temporário da Justiça do Trabalho, na forma dos incisos II do § 1º do artigo 111 ou III do artigo 115 ou do parágrafo único do artigo 116 da Constituição Federal, ou nomeado magistrado da Justiça Eleitoral, na forma dos incisos II do artigo 119 ou III do § 1º do artigo 120 da Constituição Federal;

▶ Alíneas *i* a *m* acrescidas pelo Dec. nº 3.265, de 29-11-1999.

▶ EC nº 24, de 9-12-1999, extinguiu a representação pelos juízes classistas na Justiça do Trabalho e substituiu as Juntas de Conciliação e Julgamento por Varas do Trabalho.

n) o cooperado de cooperativa de produção que, nesta condição, presta serviço à sociedade cooperativa mediante remuneração ajustada ao trabalho executado; e

▶ Alínea *n* acrescida pelo Dec. nº 4.032, de 26-11-2001.

o) *Revogada*. Dec. nº 7.054, de 28-12-2009;

p) o Microempreendedor Individual – MEI de que tratam os arts. 18-A e 18-C da Lei Complementar nº 123, de 14 de dezembro de 2006, que opte pelo recolhimento dos impostos e contribuições abrangidos pelo Simples Nacional em valores fixos mensais;

▶ Alínea *p* acrescido pelo Dec. nº 6.722, de 30-12-2008.

q) o médico participante do Projeto Mais Médicos para o Brasil, instituído pela Lei nº 12.871, de 22 de outubro de 2013, exceto na hipótese de cobertura securitária específica estabelecida por organismo internacional ou filiação a regime de seguridade social em seu país de origem, com o qual a República Federativa do Brasil mantenha acordo de seguridade social;

r) o médico em curso de formação no âmbito do Programa Médicos pelo Brasil, instituído pela Lei nº 13.958, de 18 de dezembro de 2019;

▶ Alíneas *q* e *r* acrescidas pelo Dec. nº 10.410, de 30-6-2020.

VI – como trabalhador avulso – aquele que:

▶ *Caput* do inciso VI com a redação dada pelo Dec. nº 10.410, de 30-6-2020.

a) sindicalizado ou não, preste serviço de natureza urbana ou rural a diversas empresas, ou equiparados, sem vínculo empregatício, com intermediação obrigatória do órgão gestor de mão de obra, nos termos do disposto na Lei nº 12.815, de 5 de junho de 2013, ou do sindicato da categoria, assim considerados:

1. o trabalhador que exerça atividade portuária de capatazia, estiva, conferência e conserto de carga e vigilância de embarcação e bloco;
2. o trabalhador de estiva de mercadorias de qualquer natureza, inclusive carvão e minério;
3. o trabalhador em alvarenga (embarcação para carga e descarga de navios);
4. o amarrador de embarcação;
5. o ensacador de café, cacau, sal e similares;
6. o trabalhador na indústria de extração de sal;
7. o carregador de bagagem em porto;
8. o prático de barra em porto;
9. o guindasteiro; e
10. o classificador, o movimentador e o empacotador de mercadorias em portos; e

b) exerça atividade de movimentação de mercadorias em geral, nos termos do disposto na Lei nº 12.023, de 27 de agosto de 2009, em áreas urbanas ou rurais, sem vínculo empregatício, com intermediação obrigatória do sindicato da categoria, por meio de acordo ou convenção coletiva de trabalho, nas atividades de:

1. cargas e descargas de mercadorias a granel e ensacados, costura, pesagem, embalagem, enlonamento, ensaque, arrasto, posicionamento, acomodação, reordenamento, reparação de carga, amostragem, arrumação, remoção, classificação, empilhamento, transporte com empilhadeiras, paletização, ova e desova de vagões, carga e descarga em feiras livres e abastecimento de lenha em secadores e caldeiras;
2. operação de equipamentos de carga e descarga; e
3. pré-limpeza e limpeza em locais necessários às operações ou à sua continuidade;

▸ Alíneas *a* e *b* com a redação dada pelo Dec. nº 10.410, de 30-6-2020.

c) a *j*) *Revogadas*. Dec. nº 10.410, de 30-6-2020.

VII – como segurado especial: a pessoa física residente no imóvel rural ou em aglomerado urbano ou rural próximo que, individualmente ou em regime de economia familiar, ainda que com o auxílio eventual de terceiros, na condição de:

▸ *Caput* do inciso VII com a redação dada pelo Dec. nº 6.722, de 30-12-2008.

a) produtor, seja ele proprietário, usufrutuário, possuidor, assentado, parceiro ou meeiro outorgados, comodatário ou arrendatário rurais, que explore atividade:

1. agropecuária em área contínua ou não de até quatro módulos fiscais; ou
2. de seringueiro ou extrativista vegetal na coleta e extração, de modo sustentável, de recursos naturais renováveis, e faça dessas atividades o principal meio de vida;

b) pescador artesanal ou a este assemelhado, que faça da pesca profissão habitual ou principal meio de vida; e

▸ Alíneas *a* e *b* acrescidas pelo Dec. nº 6.722, de 30-12-2008.

c) cônjuge ou companheiro, bem como filho maior de dezesseis anos de idade ou a este equiparado, do segurado de que tratam as alíneas *a* e *b* deste inciso, que, comprovadamente, tenham participação ativa nas atividades rurais ou pesqueiras artesanais, respectivamente, do grupo familiar.

▸ Alínea *c* com a redação dada pelo Dec. nº 8.499, de 12-8-2015.

§ 1º O aposentado pelo Regime Geral de Previdência Social que voltar a exercer atividade abrangida por este regime é segurado obrigatório em relação a essa atividade, ficando sujeito às contribuições de que trata este Regulamento.

§ 2º Considera-se diretor empregado aquele que, participando ou não do risco econômico do empreendimento, seja contratado ou promovido para cargo de direção das sociedades anônimas, mantendo as características inerentes à relação de emprego.

§ 3º Considera-se diretor não empregado aquele que, participando ou não do risco econômico do empreendimento, seja eleito, por assembleia-geral dos acionistas, para cargo de direção das sociedades anônimas, não mantendo as características inerentes à relação de emprego.

§ 4º Entende-se por serviço prestado em caráter não eventual aquele relacionado direta ou indiretamente com as atividades normais da empresa.

§ 5º Entende-se como regime de economia familiar a atividade em que o trabalho dos membros da família é indispensável à própria subsistência e ao desenvolvimento socioeconômico do núcleo familiar e é exercido em condições de mútua dependência e colaboração, sem a utilização de empregados permanentes.

► § 5º com a redação dada pelo Dec. nº 6.722, de 30-12-2008.

§ 6º Entende-se como auxílio eventual de terceiros o que é exercido ocasionalmente, em condições de mútua colaboração, não existindo subordinação nem remuneração.

§ 7º Para efeito do disposto na alínea *a* do inciso VI do *caput*, entende-se por:

I – capatazia – a atividade de movimentação de mercadorias nas instalações dentro do porto, compreendidos o recebimento, a conferência, o transporte interno, a abertura de volumes para a conferência aduaneira, a manipulação, a arrumação e a entrega e o carregamento e a descarga de embarcações, quando efetuados por aparelhamento portuário;

► Inciso I com a redação dada pelo Dec. nº 10.410, de 30-6-2020.

II – estiva – a atividade de movimentação de mercadorias nos conveses ou nos porões das embarcações principais ou auxiliares, incluindo transbordo, arrumação, peação e despeação, bem como o carregamento e a descarga das mesmas, quando realizados com equipamentos de bordo;

III – conferência de carga – a contagem de volumes, anotação de suas características, procedência ou destino, verificação do estado das mercadorias, assistência à pesagem, conferência do manifesto e demais serviços correlatos, nas operações de carregamento e descarga de embarcações;

IV – conserto de carga – o reparo e a restauração das embalagens de mercadoria, nas operações de carregamento e descarga de embarcações, reembalagem, marcação, remarcação, carimbagem, etiquetagem, abertura de volumes para vistoria e posterior recomposição;

V – vigilância de embarcações – a atividade de fiscalização da entrada e saída de pessoas a bordo das embarcações atracadas ou fundeadas ao largo, bem como da movimentação de mercadorias nos portalós, rampas, porões, conveses, plataformas e em outros locais da embarcação; e

VI – bloco – a atividade de limpeza e conservação de embarcações mercantes e de seus tanques, incluindo batimento de ferrugem, pintura, reparo de pequena monta e serviços correlatos.

§ 8º Não é segurado especial o membro de grupo familiar que possuir outra fonte de rendimento, exceto se decorrente de:

► *Caput* do § 8º com a redação dada pelo Dec. nº 6.722, de 30-12-2008.

I – benefício de pensão por morte, auxílio-acidente ou auxílio-reclusão, cujo valor não supere o do menor benefício da previdência social;

► Inciso I com a redação dada pelo Dec. nº 10.410, de 30-6-2020.

I-A – benefício concedido ao segurado qualificado como segurado especial, independentemente do valor;

► Inciso I-A acrescido pelo Dec. nº 10.410, de 30-6-2020.

II – benefício previdenciário pela participação em plano de previdência complementar instituído nos termos do inciso III do § 18 deste artigo;

► Inciso II com a redação dada pelo Dec. nº 6.722, de 30-12-2008.

III – exercício de atividade remunerada em período não superior a cento e vinte dias, corridos ou intercalados, no ano civil, observado o disposto no § 22;

► Inciso III com a redação dada pelo Dec. nº 10.410, de 30-6-2020.

IV – exercício de mandato eletivo de dirigente sindical de organização da categoria de trabalhadores rurais;

V – exercício de mandato de vereador do município onde desenvolve a atividade rural, ou de dirigente de cooperativa rural constituída exclusivamente por segurados especiais, observado o disposto no § 22 deste artigo;

VI – parceria ou meação outorgada na forma e condições estabelecidas no inciso I do § 18 deste artigo;

VII – atividade artesanal desenvolvida com matéria-prima produzida pelo respectivo grupo familiar, podendo ser utilizada matéria-prima de outra origem, desde que, nesse caso, a renda mensal obtida na atividade não exceda ao menor benefício de prestação continuada da previdência social; e

VIII – atividade artística, desde que em valor mensal inferior ao menor benefício de prestação continuada da previdência social.

▸ Incisos IV a VIII acrescidos pelo Dec. nº 6.722, de 30-12-2008.

§ 9º Para os fins previstos nas alíneas *a* e *b* do inciso V do *caput*, entende-se que a pessoa física, proprietária ou não, explora atividade através de prepostos quando, na condição de parceiro outorgante, desenvolve atividade agropecuária, pesqueira ou de extração de minerais por intermédio de parceiros ou meeiros.

§ 10. O dirigente sindical mantém, durante o exercício do mandato, o mesmo enquadramento no Regime Geral de Previdência Social de antes da investidura no cargo.

§ 11. O magistrado da Justiça Eleitoral, nomeado na forma do inciso II do art. 119 ou III do § 1º do art. 120 da Constituição Federal, mantém o mesmo enquadramento no Regime Geral de Previdência Social de antes da investidura no cargo.

▸ § 11 com a redação dada pelo Dec. nº 4.729, de 9-6-2003.

§ 12. O exercício de atividade remunerada sujeita a filiação obrigatória ao Regime Geral de Previdência Social.

§ 13. Aquele que exerce concomitantemente mais de uma atividade remunerada sujeita ao RGPS é obrigatoriamente filiado no referido Regime em relação a cada uma dessas atividades, observado o disposto no inciso III do *caput* do art. 214.

▸ § 13 com a redação dada pelo Dec. nº 10.410, de 30-6-2020.

§ 14. Considera-se pescador artesanal aquele que, individualmente ou em regime de economia familiar, faz da pesca sua profissão habitual ou meio principal de vida, desde que:

▸ *Caput* do § 14 com a redação dada pelo Dec. nº 3.668, de 22-11-2000.

I – não utilize embarcação; ou

II – utilize embarcação de pequeno porte, nos termos da Lei nº 11.959, de 29 de junho de 2009.

▸ Incisos I e II com a redação dada pelo Dec. nº 8.424, de 31-3-2015.

III – *Revogado*. Dec. nº 8.424, de 31-3-2015.

§ 14-A. Considera-se assemelhado ao pescador artesanal aquele que realiza atividade de apoio à pesca artesanal, exercendo trabalhos de confecção e de reparos de artes e petrechos de pesca e de reparos em embarcações de pequeno porte ou atuando no processamento do produto da pesca artesanal.

▸ § 14-A acrescido pelo Dec. nº 8.499, de 12-8-2015.

§ 15. Enquadram-se nas situações previstas nas alíneas *j* e *l* do inciso V do *caput*, entre outros:

▸ *Caput* do § 15 com a redação dada pelo Dec. nº 3.265, de 29-11-1999.

I – aquele que trabalha como condutor autônomo de veículo rodoviário, inclusive como taxista ou motorista de transporte remunerado privado individual de passageiros, ou como operador de trator, máquina de terraplenagem, colheitadeira e assemelhados, sem vínculo empregatício;

▸ Inciso I com a redação dada pelo Dec. nº 10.410, de 30-6-2020.

II – aquele que exerce atividade de auxiliar de condutor autônomo de veículo rodoviário, em automóvel cedido em regime de colaboração, nos termos da Lei nº 6.094, de 30 de agosto de 1974;

III – aquele que, pessoalmente, por conta própria e a seu risco, exerce pequena atividade comercial em via pública ou de porta em porta, como comerciante ambulante, nos termos da Lei nº 6.586, de 6 de novembro de 1978;

IV – o trabalhador associado a cooperativa que, nessa qualidade, presta serviços a terceiros;

V – o membro de conselho fiscal de sociedade por ações;

VI – aquele que presta serviço de natureza não contínua, por conta própria, a pessoa ou família, no âmbito residencial desta, em atividade sem fins lucrativos, até dois dias por semana;

▸ Inciso VI com a redação dada pelo Dec. nº 10.410, de 30-6-2020.

VII – o notário ou tabelião e o oficial de registros ou registrador, titular de cartório, que detêm a delegação do exercício da atividade notarial e de registro, não remunerados pelos cofres públicos, admitidos a partir de 21 de novembro de 1994;

VIII – aquele que, na condição de pequeno feirante, compra para revenda produtos hortifrutigranjeiros ou assemelhados;

IX – a pessoa física que edifica obra de construção civil;

X – o médico residente de que trata a Lei nº 6.932, de 7 de julho de 1981;

▸ Inciso X com a redação dada pelo Dec. nº 4.729, de 9-6-2003.

XI – o pescador que trabalha em regime de parceria, meação ou arrendamento, em embarcação de médio ou grande porte, nos termos da Lei nº 11.959, de 2009;

▸ Inciso XI com a redação dada pelo Dec. nº 8.424, de 31-3-2015.

XII – o incorporador de que trata o artigo 29 da Lei nº 4.591, de 16 de dezembro de 1964;

XIII – o bolsista da Fundação Habitacional do Exército contratado em conformidade com a Lei nº 6.855, de 18 de novembro de 1980;

XIV – o árbitro e seus auxiliares que atuam em conformidade com a Lei nº 9.615, de 24 de março de 1998; e

▸ Incisos XIII e XIV acrescidos pelo Dec. nº 3.265, de 29-11-1999.

▸ Lei nº 9.615, de 24-3-1998, institui normas gerais sobre desporto, regulamentada pelo Dec. nº 7.984, de 8-4-2013.

XV – o membro de conselho tutelar de que trata o artigo 132 da Lei nº 8.069, de 13 de julho de 1990, quando remunerado; e

▸ Inciso XV acrescido pelo Dec. nº 4.032, de 26-11-2001.

XVI – o interventor, o liquidante, o administrador especial e o diretor fiscal de instituição financeira, empresa ou entidade referida no § 6º do art. 201;

▸ Inciso XVI com a redação dada pelo Dec. nº 10.410, de 30-6-2020.

XVII – o transportador autônomo de cargas e o transportador autônomo de cargas auxiliar, nos termos do disposto na Lei nº 11.442, de 5 de janeiro de 2007;

XVIII – o repentista de que trata a Lei nº 12.198, de 14 de janeiro de 2010, desde que não se enquadre na condição de empregado, prevista no inciso I do *caput*, em relação à referida atividade; e

XIX – o artesão de que trata a Lei nº 13.180, de 22 de outubro de 2015, desde que não se enquadre em outras categorias de segurado obrigatório do RGPS em relação à referida atividade.

▸ Incisos XVII a XIX acrescidos pelo Dec. nº 10.410, de 30-6-2020.

§ 16. Aplica-se o disposto na alínea *i* do inciso I do *caput* ao ocupante de cargo de Ministro de Estado, de Secretário Estadual, Distrital ou Municipal, sem vínculo efetivo com a União, Estados, Distrito Federal e Municípios, suas autarquias, ainda que em regime especial, e fundações.

▸ § 16 acrescido pelo Dec. nº 3.265, de 29-11-1999.

§ 17. *Revogado*. Dec. nº 8.424, de 31-3-2015.

§ 18. Não descaracteriza a condição de segurado especial:

▸ *Caput* do § 18 com a redação dada pelo Dec. nº 6.722, de 30-12-2008.

▸ Art. 11, § 8º, da Lei nº 8.213, de 24-7-1991 (Lei dos Planos de Benefícios da Previdência Social).

I – a outorga, por meio de contrato escrito de parceria, meação ou comodato, de até cinquenta por cento de imóvel rural cuja área total, contínua ou descontínua, não seja superior a quatro módulos fiscais, desde que outorgante e outorgado continuem a exercer a respectiva atividade, individualmente ou em regime de economia familiar;

II – a exploração da atividade turística da propriedade rural, inclusive com hospedagem, por não mais de cento e vinte dias ao ano;

III – a participação em plano de previdência complementar instituído por entidade classista a que seja associado, em razão da condição de trabalhador rural ou de produtor rural em regime de economia familiar;

IV – a participação como beneficiário ou integrante de grupo familiar que tem algum componente que seja beneficiário de programa assistencial oficial de governo;

V – a utilização pelo próprio grupo familiar de processo de beneficiamento ou industrialização artesanal, na exploração da atividade, de acordo com o disposto no § 25; e

▸ Incisos I a V acrescidos pelo Dec. nº 6.722, de 30-12-2008.

VI – a associação a cooperativa agropecuária ou de crédito rural;

▸ Inciso VI com a redação dada pelo Dec. nº 10.410, de 30-6-2020.

VII – a incidência do Imposto sobre Produtos Industrializados – IPI sobre o produto das atividades desenvolvidas nos termos do disposto no inciso VIII; e

VIII – a participação do segurado especial em sociedade empresária ou em sociedade simples ou a sua atuação como empresário individual ou como titular de empresa individual de responsabilidade limitada de objeto ou âmbito agrícola, agroindustrial ou agroturístico, considerada microempresa nos termos do disposto na Lei Complementar nº 123, de 2006, desde que, mantido o exercício da sua atividade rural na forma prevista no inciso VII do *caput* e no § 5º, a pessoa jurídica seja composta apenas por segurados especiais e sediada no mesmo Município ou em Município limítrofe àquele em que ao menos um deles desenvolva as suas atividades.

▶ Incisos VII e VIII acrescidos pelo Dec. nº 10.410, de 30-6-2020.

▶ Art. 11, § 12, da Lei nº 8.213, de 24-7-1991 (Lei dos Planos de Benefícios da Previdência Social).

§ 19. Os segurados de que trata o art. 199-A terão identificação específica nos registros da Previdência Social.

▶ § 19 acrescido pelo Dec. nº 6.042, de 12-2-2007.

§ 20. Para os fins deste artigo, considera-se que o segurado especial reside em aglomerado urbano ou rural próximo ao imóvel rural onde desenvolve a atividade quando resida no mesmo município de situação do imóvel onde desenvolve a atividade rural, ou em município contíguo ao em que desenvolve a atividade rural.

▶ § 20 acrescido pelo Dec. nº 6.722, de 30-12-2008.

§ 21. O grupo familiar poderá utilizar-se de empregado contratado por prazo determinado, inclusive daquele referido na alínea *r* do inciso I do *caput*, ou de trabalhador de que trata a alínea *j* do inciso V do *caput*, à razão de, no máximo, cento e vinte pessoas por dia no mesmo ano civil, em períodos corridos ou intercalados, ou, ainda, por tempo equivalente em horas de trabalho, à razão de oito horas por dia e quarenta e quatro horas por semana, hipóteses em que períodos de afastamento em decorrência de percepção de auxílio por incapacidade temporária não serão computados.

§ 22. O disposto nos incisos III e V do § 8º e no inciso VIII do § 18 não dispensará o recolhimento da contribuição devida em relação ao exercício das atividades de que tratam os referidos incisos.

▶ §§ 21 e 22 com a redação dada pelo Dec. nº 10.410, de 30-6-2020.

§ 23. O segurado especial fica excluído dessa categoria:

▶ *Caput* do § 23 acrescido pelo Dec. nº 6.722, de 30-12-2008.

I – a contar do primeiro dia do mês em que:

▶ *Caput* do inciso I acrescido pelo Dec. nº 6.722, de 30-12-2008.

a) deixar de satisfazer as condições estabelecidas no inciso VII do *caput* deste artigo, sem prejuízo do disposto no art. 13, ou exceder qualquer dos limites estabelecidos no inciso I do § 18 deste artigo;

▶ Alínea *a* acrescida pelo Dec. nº 6.722, de 30-12-2008.

b) se enquadrar em qualquer outra categoria de segurado obrigatório do Regulamento da Previdência Social, exceto nas hipóteses previstas nos incisos III, V, VII e VIII do § 8º e no inciso VIII do § 18, sem prejuízo do disposto no art. 13;

c) se tornar segurado obrigatório de outro regime previdenciário; ou

▶ Alíneas *b* e *c* com a redação dada pelo Dec. nº 10.410, de 30-6-2020.

d) na hipótese de descumprimento do disposto no inciso VIII do § 18:

1. participar de sociedade empresária ou de sociedade simples; ou
2. atuar como empresário individual ou como titular de empresa individual de responsabilidade limitada; ou

▶ Alínea *d* acrescida pelo Dec. nº 10.410, de 30-6-2020.

▶ Art. 11, § 10, I, da Lei nº 8.213, de 24-7-1991 (Lei dos Planos de Benefícios da Previdência Social).

II – a contar do primeiro dia do mês subsequente ao da ocorrência, quando o grupo familiar a que pertence exceder o limite de:

a) utilização de trabalhadores nos termos do § 21 deste artigo;

b) dias em atividade remunerada estabelecidos no inciso III do § 8º deste artigo; e

c) dias de hospedagem a que se refere o inciso II do § 18 deste artigo.

▶ Inciso II acrescido pelo Dec. nº 6.722, de 30-12-2008.

▶ Art. 11, § 10, II, da Lei nº 8.213, de 24-7-1991 (Lei dos Planos de Benefícios da Previdência Social).

§ 24. Aplica-se o disposto na alínea *a* do inciso V do *caput* deste artigo ao cônjuge ou companheiro do produtor que participe da atividade rural por este explorada.

§ 25. Considera-se processo de beneficiamento ou industrialização artesanal aquele realizado diretamente pelo próprio produtor rural pessoa física, observado o disposto no § 5º do art. 200, desde que não esteja sujeito à incidência do Imposto Sobre Produtos Industrializados – IPI.

► §§ 24 e 25 acrescidos pelo Dec. nº 6.722, de 30-12-2008.

§ 26. É considerado microempreendedor individual – MEI o empresário individual a que se refere o art. 966 da Lei nº 10.406, de 2002 – Código Civil, ou o empreendedor que exerça as atividades de industrialização, comercialização e prestação de serviços no âmbito rural, que tenha auferido receita bruta no ano-calendário imediatamente anterior até o limite estabelecido no art. 18-A da Lei Complementar nº 123, de 2006, que tenha optado pelo Simples Nacional e não esteja impedido de optar pela sistemática de recolhimento a que se refere a alínea *p* do inciso V do *caput*.

► § 26 com a redação dada pelo Dec. nº 10.410, de 30-6-2020.

§ 27. O vínculo empregatício mantido entre cônjuges ou companheiros não impede o reconhecimento da qualidade de segurado do empregado, excluído o doméstico, observado o disposto no art. 19-B.

► § 27 acrescido pelo Dec. nº 10.410, de 30-6-2020.

Art. 10. O servidor civil ocupante de cargo efetivo ou o militar da União, Estado, Distrito Federal ou Município, bem como o das respectivas autarquias e fundações, são excluídos do Regime Geral de Previdência Social consubstanciado neste Regulamento, desde que amparados por regime próprio de previdência social.

► *Caput* com a redação dada pelo Dec. nº 3.265, de 29-11-1999.

§ 1º Caso o servidor ou o militar, amparados por regime próprio de previdência social, sejam requisitados para outro órgão ou entidade cujo regime previdenciário não permita a filiação nessa condição, permanecerão vinculados ao regime de origem, obedecidas às regras que cada ente estabeleça acerca de sua contribuição.

§ 2º Caso o servidor ou o militar venham a exercer, concomitantemente, uma ou mais atividades abrangidas pelo Regime Geral de Previdência Social, tornar-se-ão segurados obrigatórios em relação a essas atividades.

► §§ 1º e 2º com a redação dada pelo Dec. nº 3.265, de 29-11-1999.

§ 3º Entende-se por regime próprio de previdência social o que assegura pelo menos as aposentadorias e pensão por morte previstas no artigo 40 da Constituição Federal.

► § 3º com a redação dada pelo Dec. nº 3.452, de 9-5-2000.

► Art. 12 da Lei nº 8.213, de 24-7-1991 (Lei dos Planos de Benefícios da Previdência Social).

Art. 11. É segurado facultativo o maior de 16 (dezesseis) anos de idade que se filiar ao Regime Geral de Previdência Social, mediante contribuição, na forma do artigo 199, desde que não esteja exercendo atividade remunerada que o enquadre como segurado obrigatório da previdência social.

► Art. 13 da Lei nº 8.213, de 24-7-1991 (Lei dos Planos de Benefícios da Previdência Social).

§ 1º Podem filiar-se facultativamente, entre outros:

I – aquele que se dedique exclusivamente ao trabalho doméstico no âmbito de sua residência;

► Inciso I com a redação dada pelo Dec. nº 10.410, de 30-6-2020.

II – o síndico de condomínio, quando não remunerado;

III – o estudante;

IV – o brasileiro que acompanha cônjuge que presta serviço no exterior;

V – aquele que deixou de ser segurado obrigatório da previdência social;

VI – o membro de conselho tutelar de que trata o artigo 132 da Lei nº 8.069, de 13 de julho de 1990, quando não esteja vinculado a qualquer regime de previdência social;

VII – o estagiário que preste serviços a empresa nos termos do disposto na Lei nº 11.788, de 2008;

► Inciso VII com a redação dada pelo Dec. nº 10.410, de 30-6-2020.

VIII – o bolsista que se dedique em tempo integral a pesquisa, curso de especialização, pós-graduação, mestrado ou doutorado, no Brasil ou no exterior, desde que não esteja vinculado a qualquer regime de previdência social;

IX – o presidiário que não exerce atividade remunerada nem esteja vinculado a qualquer regime de previdência social;

► Inciso IX com a redação dada pelo Dec. nº 7.054, de 28-12-2009.

X – o brasileiro residente ou domiciliado no exterior;

▸ Inciso X com a redação dada pelo Dec. nº 10.410, de 30-6-2020.

XI – o segurado recolhido à prisão sob regime fechado ou semiaberto, que, nesta condição, preste serviço, dentro ou fora da unidade penal, a uma ou mais empresas, com ou sem intermediação da organização carcerária ou entidade afim, ou que exerce atividade artesanal por conta própria;

▸ Inciso XI acrescido pelo Dec. nº 7.054, de 28-12-2009.

XII – o atleta beneficiário da Bolsa-Atleta não filiado a regime próprio de previdência social ou não enquadrado em uma das hipóteses previstas no art. 9º.

▸ Inciso XII acrescido pelo Dec. nº 10.410, de 30-6-2020.

§ 2º É vedada a filiação ao Regime Geral de Previdência Social, na qualidade de segurado facultativo, de pessoa participante de regime próprio de previdência social, salvo na hipótese de afastamento sem vencimento e desde que não permitida, nesta condição, contribuição ao respectivo regime próprio.

§ 3º A filiação na qualidade de segurado facultativo representa ato volitivo, gerando efeito somente a partir da inscrição e do primeiro recolhimento, não podendo retroagir e não permitindo o pagamento de contribuições relativas a competências anteriores à data da inscrição, ressalvado o § 3º do artigo 28.

§ 4º Após a inscrição, o segurado facultativo somente poderá recolher contribuições em atraso quando não tiver ocorrido perda da qualidade de segurado, conforme o disposto no inciso VI do artigo 13.

§ 5º O segurado poderá contribuir facultativamente durante os períodos de afastamento ou de inatividade, desde que não receba remuneração nesses períodos e não exerça outra atividade que o vincule ao RGPS ou a regime próprio de previdência social.

▸ § 5º acrescido pelo Dec. nº 10.410, de 30-6-2020.

Art. 12. Consideram-se:

I – empresa – a firma individual ou a sociedade que assume o risco de atividade econômica urbana ou rural, com fins lucrativos ou não, bem como os órgãos e as entidades da administração pública direta, indireta e fundacional; e

II – empregador doméstico – aquele que admite a seu serviço, mediante remuneração, sem finalidade lucrativa, empregado doméstico.

Parágrafo único. Equiparam-se a empresa, para os efeitos deste Regulamento:

▸ Parágrafo único com a redação dada pelo Dec. nº 3.265, de 29-11-1999.

I – o contribuinte individual, em relação a segurado que lhe presta serviço;

▸ Inciso I com a redação dada pelo Dec. nº 3.265, de 29-11-1999.

II – a cooperativa, a associação ou a entidade de qualquer natureza ou finalidade, inclusive a missão diplomática e a repartição consular de carreiras estrangeiras;

III – o operador portuário e o órgão gestor de mão de obra de que trata a Lei nº 12.815, de 2013; e

▸ Inciso III com a redação dada pelo Dec. nº 10.410, de 30-6-2020.

IV – o proprietário ou dono de obra de construção civil, quando pessoa física, em relação a segurado que lhe presta serviço.

▸ Art. 14 da Lei nº 8.213, de 24-7-1991 (Lei dos Planos de Benefícios da Previdência Social).

Subseção Única

DA MANUTENÇÃO E DA PERDA DA QUALIDADE DE SEGURADO

Art. 13. Mantém a qualidade de segurado, independentemente de contribuições:

▸ Art. 15 da Lei nº 8.213, de 24-7-1991 (Lei dos Planos de Benefícios da Previdência Social).

I – sem limite de prazo, o segurado que estiver em gozo de benefício, exceto na hipótese de auxílio-acidente;

▸ Inciso I com a redação dada pelo Dec. nº 10.410, de 30-6-2020.

II – até doze meses após a cessação de benefício por incapacidade ou das contribuições observado o disposto nos § 7º e § 8º e no art. 19-E;

▸ Inciso II com a redação dada pelo Dec. nº 10.491, de 23-9-2020.

III – até 12 (doze) meses após cessar a segregação, o segurado acometido de doença de segregação compulsória;

IV – até 12 (doze) meses após o livramento, o segurado detido ou recluso;

V – até 3 (três) meses após o licenciamento, o segurado incorporado às Forças Armadas para prestar serviço militar; e

VI – até 6 (seis) meses após a cessação das contribuições, o segurado facultativo.

§ 1º O prazo do inciso II será prorrogado para até 24 (vinte e quatro) meses, se o segurado já tiver pago mais de 120 (cento e vinte) contribuições mensais sem interrupção que acarrete a perda da qualidade de segurado.

§ 2º O prazo do inciso II ou do § 1º será acrescido de 12 (doze) meses para o segurado desempregado, desde que comprovada essa situação por registro no órgão próprio do Ministério do Trabalho e Emprego.

§ 3º Durante os prazos deste artigo, o segurado conserva todos os seus direitos perante a previdência social.

§ 4º Aplica-se o disposto no inciso II do *caput* e no § 1º ao segurado que se desvincular de regime próprio de previdência social.

► § 4º acrescido pelo Dec. nº 3.265, de 29-11-1999.

§ 5º A perda da qualidade de segurado não será considerada para a concessão das aposentadorias por tempo de contribuição e especial.

► § 5º acrescido pelo Dec. nº 4.729, de 9-6-2003.

§ 6º Aplica-se o disposto no § 5º à aposentadoria por idade, desde que o segurado conte com, no mínimo, o número de contribuições mensais exigido para efeito de carência na data do requerimento do benefício.

► §§ 5º e 6º acrescidos pelo Dec. nº 4.729, de 9-6-2003.

§ 7º Para o contribuinte individual, o período de manutenção da qualidade de segurado inicia-se no primeiro dia do mês subsequente ao da última contribuição com valor igual ou superior ao salário mínimo.

§ 8º O segurado que receber remuneração inferior ao limite mínimo mensal do salário de contribuição somente manterá a qualidade de segurado se efetuar os ajustes de complementação, utilização e agrupamento a que se referem o § 1º do art. 19-E e o § 27-A do art. 216.

► §§ 7º e 8º acrescidos pelo Dec. nº 10.410, de 30-6-2020.

► Art. 15 da Lei nº 8.213, de 24-7-1991 (Lei dos Planos de Benefícios da Previdência Social).

Art. 14. O reconhecimento da perda da qualidade de segurado no termo final dos prazos fixados no artigo 13 ocorrerá no dia seguinte ao do vencimento da contribuição do contribuinte individual relativa ao mês imediatamente posterior ao término daqueles prazos.

► Artigo com a redação dada pelo Dec. nº 4.032, de 26-11-2001.

Art. 15. *Revogado*. Dec. nº 4.032, de 26-11-2001.

Seção II
DOS DEPENDENTES

Art. 16. São beneficiários do Regime Geral de Previdência Social, na condição de dependentes do segurado:

► Art. 16 da Lei nº 8.213, de 24-7-1991 (Lei dos Planos de Benefícios da Previdência Social).

I – o cônjuge, a companheira, o companheiro e o filho não emancipado, de qualquer condição, menor de vinte e um anos de idade ou inválido ou que tenha deficiência intelectual, mental ou grave;

► Inciso I com a redação dada pelo Dec. nº 10.410, de 30-6-2020.

II – os pais; ou

III – o irmão não emancipado, de qualquer condição, menor de vinte e um anos de idade ou inválido ou que tenha deficiência intelectual, mental ou grave.

► Inciso III com a redação dada pelo Dec. nº 10.410, de 30-6-2020.

§ 1º Os dependentes de uma mesma classe concorrem em igualdade de condições.

§ 2º A existência de dependente de qualquer das classes deste artigo exclui do direito às prestações os das classes seguintes.

§ 3º Equiparam-se a filho, na condição de dependente de que trata o inciso I do *caput*, exclusivamente o enteado e o menor tutelado, desde que comprovada a dependência econômica na forma estabelecida no § 3º do art. 22.

► § 3º com a redação dada pelo Dec. nº 10.410, de 30-6-2020.

§ 4º O menor sob tutela somente poderá ser equiparado aos filhos do segurado mediante apresentação de termo de tutela.

§ 5º Considera-se companheira ou companheiro a pessoa que mantenha união estável com o segurado ou segurada.

§ 6º Considera-se união estável aquela configurada na convivência pública, contínua e duradoura entre pessoas, estabelecida com intenção de constituição de família, observado o disposto no § 1º do art. 1.723 da Lei nº 10.406, de 2002 – Código Civil, desde que comprovado o vínculo na forma estabelecida no § 3º do art. 22.

► § 6º com a redação dada pelo Dec. nº 10.410, de 30-6-2020.

§ 6º-A. As provas de união estável e de dependência econômica exigem início de prova material contemporânea dos fatos, produzido em período não superior aos vinte e quatro meses anteriores à data do óbito ou do recolhimento à prisão do de motivo de força maior ou caso fortuito, observado o disposto no § 2º do art. 143.

► § 6º-A acrescido pelo Dec. nº 10.410, de 30-6-2020.

§ 7º A dependência econômica das pessoas de que trata o inciso I é presumida e a das demais deve ser comprovada.

§ 8º Para fins do disposto na alínea *c* do inciso V do *caput* do art. 114, em observância ao requisito previsto no § 6º-A, deverá ser apresentado, ainda, início de prova material que comprove união estável pelo período mínimo de dois anos antes do óbito do segurado.

§ 9º Será excluído definitivamente da condição de dependente aquele que tiver sido condenado criminalmente por sentença transitada em julgado, como autor, coautor ou partícipe de homicídio doloso, ou de tentativa desse crime, cometido contra a pessoa do segurado, ressalvados os absolutamente incapazes e os inimputáveis.

► §§ 8º e 9º acrescidos pelo Dec. nº 10.410, de 30-6-2020.

Art. 17. A perda da qualidade de dependente ocorre:

I – para o cônjuge, pelo divórcio ou pela separação judicial ou de fato, enquanto não lhe for assegurada a prestação de alimentos, pela anulação do casamento, pelo óbito ou por sentença judicial transitada em julgado;

► Inciso I com a redação dada pelo Dec. nº 10.410, de 30-6-2020.

II – para a companheira ou companheiro, pela cessação da união estável com o segurado ou segurada, enquanto não lhe for garantida a prestação de alimentos;

III – ao completar vinte e um anos de idade, para o filho, o irmão, o enteado ou o menor tutelado, ou nas seguintes hipóteses, se ocorridas anteriormente a essa idade:

► *Caput* do inciso III com a redação dada pelo Dec. nº 10.410, de 30-6-2020.

a) casamento;

b) início do exercício de emprego público efetivo;

c) constituição de estabelecimento civil ou comercial ou pela existência de relação de emprego, desde que, em função deles, o menor com dezesseis anos completos tenha economia própria; ou

d) concessão de emancipação, pelos pais, ou por um deles na falta do outro, por meio de instrumento público, independentemente de homologação judicial, ou por sentença judicial, ouvido o tutor, se o menor tiver dezesseis anos completos; e

► Alíneas *a* a *d* com a redação dada pelo Dec. nº 10.410, de 30-6-2020.

e) *Revogada*. Dec. nº 10.410, de 30-6-2020.

IV – para os dependentes em geral:

a) pela cessação da invalidez ou da deficiência intelectual, mental ou grave; ou

► Alínea *a* com a redação dada pelo Dec. nº 10.410, de 30-6-2020.

b) pelo falecimento.

§ 1º O filho, o irmão, o enteado e o menor tutelado, desde que comprovada a dependência econômica dos três últimos, se inválidos ou se tiverem deficiência intelectual, mental ou grave, não perderão a qualidade de dependentes desde que a invalidez ou a deficiência intelectual, mental ou grave tenha ocorrido antes de uma das hipóteses previstas no inciso III do *caput*.

§ 2º Para fins do disposto no § 1º, a data de início da invalidez ou da deficiência intelectual, mental ou grave será estabelecida pela Perícia Médica Federal.

► §§ 1º e 2º acrescidos pelo Dec. nº 10.410, de 30-6-2020.

Seção III – DAS INSCRIÇÕES

Subseção I – DO SEGURADO

Art. 18. Considera-se inscrição de segurado para os efeitos da previdência social o ato pelo qual o segurado é cadastrado no RGPS, por meio da comprovação dos dados pessoais, da seguinte forma:

► *Caput* com a redação dada pelo Dec. nº 10.410, de 30-6-2020.

I – empregado – pelo empregador, por meio da formalização do contrato de trabalho e, a partir da obrigatoriedade do uso do Sistema de Escrituração Digital das Obrigações Fiscais, Previdenciárias e Trabalhistas – eSocial, instituído pelo Decreto nº 8.373, de 11 de dezembro de 2014, ou do sistema que venha a substituí-lo, por meio do registro contratual eletrônico realizado nesse Sistema;

II – trabalhador avulso – pelo cadastramento e pelo registro no órgão gestor de mão de obra, no caso de trabalhador portuário, ou no sindicato, no caso de trabalhador não portuário, e a partir da obrigatoriedade do uso do eSocial, ou do sistema que venha a substituí-lo, por meio do cadastramento e do registro eletrônico realizado nesse Sistema;

III – empregado doméstico – pelo empregador, por meio do registro contratual eletrônico realizado no eSocial;

IV – contribuinte individual:

a) por ato próprio, por meio do cadastramento de informações para identificação e reconhecimento da atividade, hipótese em que o Instituto Nacional do Seguro Social – INSS poderá solicitar a apresentação de documento que comprove o exercício da atividade declarada;

b) pela cooperativa de trabalho ou pela pessoa jurídica a quem preste serviço, no caso de cooperados ou contratados, respectivamente, se ainda não inscritos no RGPS; e

c) pelo MEI, por meio do sítio eletrônico do Portal do Empreendedor;

V – segurado especial – preferencialmente, pelo titular do grupo familiar que se enquadre em uma das condições previstas no inciso VII do *caput* do art. 9º, hipótese em que o INSS poderá solicitar a apresentação de documento que comprove o exercício da atividade declarada, observado o disposto no art. 19-D; e

► Incisos I a V com a redação dada pelo Dec. nº 10.410, de 30-6-2020.

VI – segurado facultativo – por ato próprio, por meio do cadastramento de informações pessoais que permitam a sua identificação, desde que não exerça atividade que o enquadre na categoria de segurado obrigatório.

► Inciso VI acrescido pelo Dec. nº 10.410, de 30-6-2020.

§ 1º *Revogado*. Dec. nº 10.410, de 30-6-2020.

§ 2º A inscrição do segurado em qualquer categoria mencionada neste artigo exige a idade mínima de 16 (dezesseis) anos.

§ 3º Todo aquele que exercer, concomitantemente, mais de uma atividade remunerada sujeita ao Regime Geral de Previdência Social será obrigatoriamente inscrito em relação a cada uma delas.

§ 4º *Revogado*. Dec. nº 6.722, de 30-12-2008.

§ 5º Presentes os pressupostos da filiação, admite-se a inscrição post mortem do segurado especial.

► § 5º acrescido pelo Dec. nº 3.265, de 29-11-1999.

§ 5º-A. Na hipótese prevista no § 5º, caso não seja comprovada a condição de segurado especial, poderá ser atribuído Número de Inscrição do Trabalhador – NIT especificamente para fins de requerimento do benefício previdenciário.

§ 5º-B. Não será admitida a inscrição *post mortem* de segurado contribuinte individual e nem de segurado facultativo.

► §§ 5º-A e 5º-B acrescidos pelo Dec. nº 10.410, de 30-6-2020.

§ 6º A comprovação dos dados pessoais e de outros elementos necessários e úteis à caracterização do segurado poderá ser exigida pelo INSS, a qualquer tempo, para fins de atualização cadastral, inclusive para a concessão de benefício.

§ 7º A inscrição do segurado especial será feita de forma a vinculá-lo ao seu grupo familiar e conterá, além das informações pessoais:

I – a identificação da propriedade em que é desenvolvida a atividade e a informação de a que título ela é ocupada;

II – a informação sobre a residência ou não do segurado na propriedade em que é desenvolvida a atividade, e, em caso negativo, sobre o Município onde reside; e

III – quando for o caso, a identificação e a inscrição da pessoa responsável pelo grupo familiar.

► §§ 6º e 7º com a redação dada pelo Dec. nº 10.410, de 30-6-2020.

§ 8º O segurado especial integrante de grupo familiar que não seja proprietário do imóvel rural ou da embarcação em que desenvolve sua atividade deve informar, no ato da inscrição, conforme o caso, o nome e o CPF do parceiro ou meeiro outorgante, arrendador, comodante ou assemelhado.

▸ § 8º acrescido pelo Dec. nº 6.722, de 30-12-2008.

§ 9º A identificação do trabalhador no Cadastro Nacional de Informações Sociais – CNIS poderá ser feita:

I – pelo NIT, único, pessoal e intransferível, independentemente de alterações de categoria profissional; ou

II – pelo Cadastro de Pessoas Físicas – CPF.

§ 10. Ao segurado cadastrado no Programa de Integração Social – PIS, no Programa de Formação do Patrimônio do Servidor Público – Pasep ou no Número de Identificação Social – NIS não caberá novo cadastramento.

▸ §§ 9º e 10 acrescidos pelo Dec. nº 10.410, de 30-6-2020.

Art. 19. Os dados constantes do Cadastro Nacional de Informações Sociais – CNIS relativos a vínculos, remunerações e contribuições valem como prova de filiação à previdência social, tempo de contribuição e salários de contribuição.

▸ *Caput* com a redação dada pelo Dec. nº 6.722, de 30-12-2008.

§ 1º O segurado poderá solicitar, a qualquer tempo, a inclusão, a exclusão, a ratificação ou a retificação de suas informações constantes do CNIS, com a apresentação de documentos comprobatórios dos dados divergentes, conforme critérios definidos pelo INSS, independentemente de requerimento de benefício, exceto na hipótese prevista no art. 142, observado o disposto nos art. 19-B e art. 19-C.

§ 2º Informações inseridas extemporaneamente no CNIS, independentemente de serem inéditas ou retificadoras de dados anteriormente informados, somente serão aceitas se corroboradas por documentos que comprovem a sua regularidade, na forma prevista no art. 19-B.

▸ §§ 1º e 2º com a redação dada pelo Dec. nº 10.410, de 30-6-2020.

§ 3º Respeitadas as definições vigentes sobre a procedência e origem das informações, considera-se extemporânea a inserção de dados:

▸ *Caput* do § 3º com a redação dada pelo Dec. nº 6.722, de 30-12-2008.

I – relativos à data de início de vínculo empregatício, após o último dia do quinto mês subsequente ao mês da data da admissão do segurado;

▸ Inciso I com a redação dada pelo Dec. nº 10.410, de 30-6-2020.

II – relativos à remuneração de trabalhador avulso ou contribuinte individual que preste serviços a empresa ou equiparado, após o último dia do quinto mês subsequente ao mês da data da prestação de serviço pelo segurado; ou

▸ *Caput* do inciso II com a redação dada pelo Dec. nº 10.410, de 30-6-2020.

a e *b*) *Revogadas*. Dec. nº 10.410, de 30-6-2020.

III – relativos à contribuição, sempre que o recolhimento tiver sido feito sem observância ao disposto em lei.

▸ Inciso III com a redação dada pelo Dec. nº 10.410, de 30-6-2020.

§ 4º A extemporaneidade de que trata o § 3º poderá ser desconsiderada depois de decorrido o prazo de um ano, contado da data de inserção das informações relativas a vínculos e remunerações, conforme critérios definidos pelo INSS.

▸ *Caput* do § 4º com a redação dada pelo Dec. nº 10.410, de 30-6-2020.

I – *Revogado*. Dec. nº 10.410, de 30-6-2020;

II – *Revogado*. Dec. nº 7.223, de 29-6-2010;

III – *Revogado*. Dec. nº 10.410, de 30-6-2020.

§ 5º Ato do Secretário Especial de Previdência e Trabalho do Ministério da Economia poderá reduzir ou ampliar os prazos previstos nos § 3º e § 4º.

§ 6º O INSS poderá definir critérios para a apuração das informações constantes da Guia de Recolhimento do Fundo de Garantia do Tempo de Serviço e Informações à Previdência Social – GFIP, ou do instrumento que venha a substituí-la, que ainda não tiver sido processada e para o recebimento de informações relativas a situações cuja regularidade dependa do cumprimento de critério estabelecido em lei.

▸ §§ 5º e 6º com a redação dada pelo Dec. nº 10.410, de 30-6-2020.

§ 7º Para os fins de que trata os §§ 2º a 6º, o INSS e a DATAPREV adotarão as providências necessárias para que as informações constantes do CNIS sujeitas à comprovação sejam identificadas e destacadas dos demais registros.

▸ § 7º acrescido pelo Dec. nº 6.722, de 30-12-2008.

§ 8º Para o exercício de suas competências, o INSS terá acesso às informações do segurado relativas aos períodos em que tenha sido registrada deficiência leve, moderada ou grave, identificada em decorrência de avaliação biopsicossocial realizada por equipe multiprofissional e interdisciplinar, para fins de reconhecimento e manutenção de direitos.

▸ § 8º com a redação dada pelo Dec. nº 10.410, de 30-6-2020.

§ 9º Constarão do CNIS as informações dos segurados e beneficiários dos regimes próprios de previdência social para fins de verificação das situações previstas neste Regulamento que impactem no reconhecimento de direitos e na concessão e no pagamento de benefícios pelo RGPS.

§ 10. O empregado com contrato de trabalho intermitente terá identificação específica em instrumento de prestação de informações à previdência social, de forma a permitir a identificação dos períodos de prestação serviços e dos períodos de inatividade.

§ 11. A partir da obrigatoriedade do uso do eSocial, ou do sistema que venha a substituí-lo, será observado, para o segurado:

I – empregado e empregado doméstico – os registros eletrônicos gerados pelo eSocial equivalerão às anotações relativas ao contrato de trabalho, definidas pela Consolidação das Leis do Trabalho, aprovada pelo Decreto-Lei nº 5.452, de 1943, que serão incorporados ao CNIS e à Carteira de Trabalho Digital;

II – trabalhador avulso – os registros eletrônicos gerados pelo eSocial substituirão as informações relativas ao registro e às remunerações do trabalhador avulso portuário previstas no inciso II do *caput* do art. 32 e no § 2º do art. 33 da Lei nº 12.815, de 2013, e aquelas relativas ao trabalhador avulso não portuário previstas no art. 4º da Lei nº 12.023, de 2009, que serão incorporados ao CNIS;

III – contribuinte individual que preste serviços conforme o disposto no § 20 do art. 216 – os registros eletrônicos gerados pelo eSocial substituirão as informações prestadas sobre os valores da remuneração na forma prevista no § 21 do art. 216, que serão incorporados ao CNIS; e

IV – contribuinte individual que preste serviços a empresa ou equiparado a partir de abril de 2003, conforme o disposto no art. 4º da Lei nº 10.666, de 8 de maio de 2003 – os registros eletrônicos gerados pelo eSocial substituirão as informações prestadas sobre os valores da remuneração e do desconto feito a título de contribuição previdenciária, conforme previsto no inciso XII do *caput* do art. 216, que serão incorporados ao CNIS.

§ 12. Os recolhimentos efetuados na época apropriada constantes do CNIS serão reconhecidos automaticamente, observados a contribuição mínima mensal e o disposto no art. 19-E, dispensada a comprovação do exercício da atividade.

▸ §§ 9º a 12 acrescidos pelo Dec. nº 10.410, de 30-6-2020.

Art. 19-A. Para fins de benefícios de que trata este Regulamento, os períodos de vínculos que corresponderem a serviços prestados na condição de servidor estatutário somente serão considerados mediante apresentação de Certidão de Tempo de Contribuição fornecida pelo órgão público competente, salvo se o órgão de vinculação do servidor não tiver instituído regime próprio de previdência social.

▸ Art. 19-A acrescido pelo Dec. nº 6.722, de 30-12-2008.

Art. 19-B. Na hipótese de não constarem do CNIS as informações sobre atividade, vínculo, remunerações ou contribuições, ou de haver dúvida sobre a regularidade das informações existentes, o período somente será confirmado por meio da apresentação de documentos contemporâneos dos fatos a serem comprovados, com menção às datas de início e de término e, quando se tratar de trabalhador avulso, à duração do trabalho e à condição em que tiver sido prestada a atividade.

§ 1º Além dos dados constantes do CNIS a que se refere o art. 19, observada a forma de filiação do trabalhador ao RGPS, os seguintes documentos serão considerados para fins de comprovação do tempo de contribuição de que trata o *caput*, desde que contemporâneos aos fatos a serem comprovados:

I – carteira profissional ou Carteira de Trabalho e Previdência Social;
II – contrato individual de trabalho;
III – contrato de trabalho por pequeno prazo, na forma prevista no § 3º do art. 14-A da Lei nº 5.889, de 1973;
IV – carteira de férias;
V – carteira sanitária;

VI – caderneta de matrícula;

VII – caderneta de contribuição dos extintos institutos de aposentadoria e pensões;

VIII – caderneta de inscrição pessoal visada:

a) pela Capitania dos Portos;

b) pela Superintendência do Desenvolvimento da Pesca; ou

c) pelo Departamento Nacional de Obras Contra as Secas;

IX – declaração da Secretaria Especial da Receita Federal do Brasil do Ministério da Economia;

X – certidão de inscrição em órgão de fiscalização profissional, acompanhada de documento que prove o exercício da atividade;

XI – contrato social, acompanhado de seu distrato, e, quando for o caso, ata de assembleia geral e registro de empresário;

XII – certificado de sindicato ou órgão gestor de mão de obra que agrupe trabalhadores avulsos;

XIII – extrato de recolhimento do FGTS; e

XIV – recibos de pagamento.

§ 2º Os documentos necessários à atualização do CNIS e à análise de requerimentos de benefícios e serviços poderão ser apresentados em cópias simples, em meio físico ou eletrônico, dispensada a sua autenticação, exceto nas hipóteses em que haja previsão legal expressa e de dúvida fundada quanto à autenticidade ou à integridade do documento, ressalvada a possibilidade de o INSS exigir, a qualquer tempo, os documentos originais para fins do disposto no art. 179, situação em que o responsável pela apresentação das cópias ficará sujeito às sanções administrativas, civis e penais aplicáveis.

§ 3º Caso os documentos apresentados não sejam suficientes para a comprovação de atividade, vínculo ou remunerações, estes poderão ser corroborados por pesquisa, na forma prevista no § 5º, ou justificação administrativa, conforme o caso.

§ 4º Na falta de documento contemporâneo, podem ser aceitos declaração do empregador ou de seu preposto, atestado de empresa ainda existente ou certificado ou certidão de entidade oficial dos quais constem os dados previstos no *caput*, desde que extraídos de registros existentes, que serão confirmados pelo INSS na forma prevista no § 5º, exceto se fornecidas por órgão público.

§ 5º A empresa disponibilizará a servidor designado por dirigente do INSS as informações e os registros de que dispuser, relativamente a segurado a seu serviço e previamente identificado, para fins de instrução ou revisão de processo de reconhecimento de direitos e outorga de benefícios do RGPS e para inclusão, exclusão, ratificação ou retificação das informações constantes do CNIS, conforme critérios definidos pelo INSS, independentemente de requerimento de benefício.

§ 6º Somente serão exigidos certidões ou documentos expedidos por órgãos públicos quando não for possível a sua obtenção diretamente do órgão ou da entidade responsável pela base de dados oficial.

§ 7º Serão realizados exclusivamente pela Secretaria Especial da Receita Federal do Brasil do Ministério da Economia os acertos de:

I – inclusão de recolhimento, alterações de valor autenticado ou data de pagamento da Guia da Previdência Social ou do documento que venha a substituí-la;

II – transferência de contribuição com identificador de pessoa jurídica ou equiparada para o CNIS; e

III – inclusão da contribuição liquidada por meio de parcelamento.

► Art. 19-B com a redação dada pelo Dec. nº 10.410, de 30-6-2020.

Art. 19-C. Considera-se tempo de contribuição o tempo correspondente aos períodos para os quais tenha havido contribuição obrigatória ou facultativa ao RGPS, dentre outros, o período:

I – de contribuição efetuada por segurado que tenha deixado de exercer atividade remunerada que o enquadrasse como segurado obrigatório da previdência social;

II – em que a segurada tenha recebido salário-maternidade;

III – de licença remunerada, desde que tenha havido desconto de contribuições;

IV – em que o segurado tenha sido colocado em disponibilidade remunerada pela empresa, desde que tenha havido desconto de contribuições;

V – de atividade patronal ou autônoma, exercida anteriormente à vigência da Lei nº 3.807, de 26 de agosto de 1960, desde que tenha sido indenizado conforme o disposto no art. 122;

VI – de atividade na condição de empregador rural, desde que tenha havido contribuição na forma prevista na Lei nº 6.260, de 6 de novembro de 1975, e indenização do período anterior, conforme o disposto no art. 122;

VII – de exercício de mandato eletivo federal, estadual, distrital ou municipal, desde que tenha havido contribuição na época apropriada e este não tenha sido contado para fins de aposentadoria por outro regime de previdência social;

VIII – de licença, afastamento ou inatividade sem remuneração do segurado empregado, inclusive o doméstico e o intermitente, desde que tenha havido contribuição na forma prevista no § 5º do art. 11; e

IX – em que o segurado contribuinte individual e o segurado facultativo tenham contribuído na forma prevista no art. 199-A, observado o disposto em seu § 2º.

§ 1º Será computado o tempo intercalado de recebimento de benefício por incapacidade, na forma do disposto no inciso II do *caput* do art. 55 da Lei nº 8.213, de 24 de julho de 1991, exceto para efeito de carência.

§ 2º As competências em que o salário de contribuição mensal tenha sido igual ou superior ao limite mínimo serão computadas integralmente como tempo de contribuição, independentemente da quantidade de dias trabalhados.

§ 3º Na hipótese de o débito ser objeto de parcelamento, o período correspondente ao parcelamento somente será computado para fins de concessão de benefício no RGPS e de emissão de certidão de tempo de contribuição para fins de contagem recíproca após a comprovação da quitação dos valores devidos.

Art. 19-D. O Ministério da Economia manterá sistema de cadastro dos segurados especiais no CNIS, observado o disposto nos § 7º e § 8º do art. 18, e poderá firmar acordo de cooperação com o Ministério da Agricultura, Pecuária e Abastecimento e com outros órgãos da administração pública federal, estadual, distrital e municipal para a manutenção e a gestão do sistema de cadastro.

§ 1º O sistema de que trata o *caput* preverá a manutenção e a atualização anual do cadastro e conterá as informações necessárias à caracterização da condição de segurado especial.

§ 2º A manutenção e a atualização de que trata o § 1º ocorrerão por meio da apresentação, pelo segurado especial, de declaração anual ou de documento equivalente, conforme definido em ato do Secretário Especial de Previdência e Trabalho do Ministério da Economia.

§ 3º A aplicação do disposto neste artigo não poderá acarretar ônus para o segurado, sem prejuízo do disposto no § 4º.

§ 4º O INSS, no ato de habilitação ou de concessão de benefício, verificará a condição de segurado especial e, se for o caso, o pagamento da contribuição previdenciária, nos termos do disposto na Lei nº 8.212, de 24 de julho de 1991, de modo a considerar, dentre outras informações, aquelas constantes do CNIS.

§ 5º A atualização anual de que trata o § 1º será feita pelo segurado especial até 30 de junho do ano subsequente.

§ 6º É vedada a atualização anual de que trata o § 1º decorrido o prazo de cinco anos, contado da data a que se refere o § 5º.

§ 7º Decorrido o prazo de cinco anos de que trata o § 6º, o segurado especial somente poderá computar o período de trabalho rural se efetuados na época apropriada a comercialização da produção e o recolhimento da contribuição prevista no art. 25 da Lei nº 8.212, de 1991.

§ 8º O INSS utilizará as informações constantes do cadastro de que trata o *caput* para fins de comprovação da condição e do exercício da atividade rural do segurado especial e do seu grupo familiar.

§ 9º A partir de 1º de janeiro de 2023, a comprovação da condição e do exercício da atividade rural do segurado especial ocorrerá, exclusivamente, por meio das informações constantes do cadastro a que se refere o *caput*, observado o disposto no § 18.

§ 10. Para o período anterior a 1º de janeiro de 2023, o segurado especial comprovará o exercício da atividade rural por meio de autodeclaração ratificada por entidades públicas credenciadas, nos termos do disposto no art. 13 da Lei nº 12.188, de 11 de janeiro de 2010, e por outros órgãos públicos, observado o seguinte:

I – a autodeclaração será feita por meio do preenchimento de formulários que serão disponibilizados pelo INSS;

II – a ratificação da autodeclaração será realizada por meio de informações obtidas das bases de dados da Secretaria de Agricultura Familiar e Cooperativismo do Ministério da Agricultura, Pecuária e Abastecimento e de outras bases de dados a que o INSS tiver acesso; e

III – as informações obtidas por meio de consultas às bases de dados governamentais que forem consideradas insuficientes para o reconhecimento do exercício da atividade rural alegada poderão ser complementadas por prova documental contemporânea ao período informado.

§ 11. Complementarmente à autodeclaração de que trata o § 10 e ao cadastro de que trata o *caput*, a comprovação do exercício de atividade do segurado especial será feita por meio dos seguintes documentos, dentre outros:

I – contrato de arrendamento, de parceria ou de comodato rural;

II – Declaração de Aptidão ao Programa Nacional de Fortalecimento da Agricultura Familiar de que trata o inciso II do *caput* do art. 2º da Lei nº 12.188, de 2010, ou pelo documento que venha a substituí-la;

III – bloco de notas do produtor rural;

IV – documentos fiscais de entrada de mercadorias de que trata o § 7º do art. 30 da Lei nº 8.212, de 1991, emitidos pela empresa adquirente da produção, com indicação do nome do segurado como vendedor;

V – documentos fiscais relativos a entrega de produção rural a cooperativa agrícola, entreposto de pescado ou outros, com indicação do segurado como vendedor ou consignante;

VI – comprovantes de recolhimento de contribuição à previdência social decorrentes da comercialização de produção rural;

VII – cópia da declaração de imposto sobre a renda, com indicação de renda proveniente da comercialização de produção rural; ou

VIII – licença de ocupação ou permissão outorgada pelo Instituto Nacional de Colonização e Reforma Agrária – INCRA.

§ 12. Sempre que o tipo de outorga informado na autodeclaração de que trata § 10 for de parceiro, meeiro, arrendatário, comodatário ou de outra modalidade de outorgado, o documento deverá identificar e qualificar o outorgante.

§ 13. A condição de segurado especial dos índios será comprovada por meio de certidão fornecida pela Fundação Nacional do Índio – FUNAI que:

I – conterá a identificação da entidade e de seu emitente, com a indicação do mandato, se for o caso;

II – será fornecida em duas vias, em papel timbrado, com numeração sequencial controlada e ininterrupta;

III – conterá a identificação, a qualificação pessoal do beneficiário e a categoria de produtor a que pertença;

IV – consignará os documentos e as informações que tenham servido de base para a sua emissão e, se for o caso, a origem dos dados extraídos de registros existentes na própria entidade declarante ou em outro órgão, entidade ou empresa, desde que idôneos e acessíveis à previdência social;

V – não conterá informação referente a período anterior ao início da atividade da entidade declarante, exceto se baseada em documento que constitua prova material do exercício dessa atividade; e

VI – consignará os dados relativos ao período e à forma de exercício da atividade rural nos termos estabelecidos pelo INSS.

§ 14. A homologação a que se refere o § 13 se restringirá às informações relativas à atividade rural e deverá atender aos seguintes critérios:

I – conterá a identificação do órgão e do emitente da declaração;

II – conterá a identificação, a qualificação pessoal do beneficiário e a categoria de produtor a que pertença;

III – consignará os documentos e as informações que tenham servido de base para a sua emissão e, se for o caso, a origem dos dados extraídos de registros existentes na própria entidade declarante ou em outro órgão, entidade ou empresa, desde que idôneos e acessíveis à previdência social; e

IV – consignará dados relativos ao período e à forma de exercício da atividade rural nos termos estabelecidos pelo INSS.

§ 15. Até 1º de janeiro de 2025, o cadastro de que trata o *caput* poderá ser efetuado, atualizado e corrigido sem prejuízo do prazo de que trata o § 9º e das regras permanentes estabelecidas nos § 5º e § 6º.

§ 16. Na hipótese de haver divergência de informações entre o cadastro de que trata o *caput* e as demais bases de dados, para fins de reconhecimento do direito ao benefício, o INSS poderá exigir a apresentação dos documentos referidos no § 11.

§ 17. As informações obtidas e acolhidas pelo INSS diretamente de bancos de dados disponibilizados por órgãos do Poder Público serão utilizadas para validar ou invalidar informação para o cadastramento do segurado especial e, quando for o caso, para deixar de reconhecer o segurado nessa condição.

§ 18. O prazo a que se refere o § 9º será prorrogado até que cinquenta por cento dos segurados especiais, apurados conforme quantitativo da Pesquisa Nacional por Amostra de Domicílios Contínua, estejam inseridos no sistema de cadastro dos segurados especiais de que trata o *caput*.

§ 19. O fim da prorrogação a que se refere o § 18 será definido em ato do Secretário Especial de Previdência e Trabalho do Ministério da Economia.

Art. 19-E. A partir de 13 de novembro de 2019, para fins de aquisição e manutenção da qualidade de segurado, de carência, de tempo de contribuição e de cálculo do salário de benefício exigidos para o reconhecimento do direito aos benefícios do RGPS e para fins de contagem recíproca, somente serão consideradas as competências cujo salário de contribuição seja igual ou superior ao limite mínimo mensal do salário de contribuição.

§ 1º Para fins do disposto no *caput*, ao segurado que, no somatório de remunerações auferidas no período de um mês, receber remuneração inferior ao limite mínimo mensal do salário de contribuição será assegurado:

I – complementar a contribuição das competências, de forma a alcançar o limite mínimo do salário de contribuição exigido;

II – utilizar o excedente do salário de contribuição superior ao limite mínimo de uma competência para completar o salário de contribuição de outra competência até atingir o limite mínimo; ou

III – agrupar os salários de contribuição inferiores ao limite mínimo de diferentes competências para aproveitamento em uma ou mais competências até que estas atinjam o limite mínimo.

§ 2º Os ajustes de complementação, utilização e agrupamento previstos no § 1º poderão ser efetivados, a qualquer tempo, por iniciativa do segurado, hipótese em que se tornarão irreversíveis e irrenunciáveis após processados.

§ 3º A complementação de que trata o inciso I do § 1º poderá ser recolhida até o dia quinze do mês subsequente ao da prestação do serviço e, a partir dessa data, com os acréscimos previstos no art. 35 da Lei nº 8.212, de 1991.

§ 4º Os ajustes de que tratam os incisos II e III do § 1º serão efetuados na forma indicada ou autorizada pelo segurado, desde que utilizadas as competências do mesmo ano civil definido no art. 181-E, em conformidade com o disposto nos § 27-A ao § 27-D do art. 216.

§ 5º A efetivação do ajuste previsto no inciso III do § 1º não impede o recolhimento da contribuição referente à competência que tenha o salário de contribuição transferido, em todo ou em parte, para agrupamento com outra competência a fim de atingir o limite mínimo mensal do salário de contribuição.

§ 6º Para complementação ou recolhimento da competência que tenha o salário de contribuição transferido, em todo ou em parte, na forma prevista no § 5º, será observado o disposto no § 3º.

§ 7º Na hipótese de falecimento do segurado, os ajustes previstos no § 1º poderão ser solicitados por seus dependentes para fins de reconhecimento de direito para benefício a eles devidos até o dia quinze do mês de janeiro subsequente ao do ano civil correspondente, observado o disposto no § 4º.

Art. 19-F. A obrigação do INSS de promover a instrução de requerimentos e a comprovação de requisitos legais para o reconhecimento de direitos não afasta a obrigação de o interessado ou o seu representante juntar ao requerimento toda a documentação útil à comprovação do direito, principalmente em relação aos fatos que não constem da base de dados da previdência social.

► Arts. 19-C a 19-F acrescidos pelo Dec. nº 10.410, de 30-6-2020.

Art. 20. Filiação é o vínculo que se estabelece entre pessoas que contribuem para a previdência social e esta, do qual decorrem direitos e obrigações.

§ 1º A filiação à previdência social decorre automaticamente do exercício de atividade remunerada para os segurados obrigatórios, observado o disposto no § 2º, e da inscrição formalizada com o pagamento da primeira contribuição para o segurado facultativo.

► Parágrafo único transformado em § 1º e com a redação dada pelo Dec. nº 6.722, de 30-12-2008.

§ 2º A filiação do trabalhador rural contratado por produtor rural pessoa física por prazo de até dois meses no período de um ano, para o exercício de atividades de natureza temporária, decorre automaticamente de sua inclusão em declaração prevista em ato do Secretário Especial da Receita Federal do Brasil do Ministério da Economia por meio de identificação específica.

► § 2º com a redação dada pelo Dec. nº 10.410, de 30-6-2020.

§ 3º O exercício de atividade prestada de forma gratuita e o serviço voluntário, nos termos do disposto na Lei nº 9.608, de 18 de fevereiro de 1998, não geram filiação obrigatória ao RGPS.

► § 3º acrescido pelo Dec. nº 10.410, de 30-6-2020.

Art. 21. *Revogado*. Dec. nº 10.410, de 30-6-2020.

Subseção II

DO DEPENDENTE

Art. 22. A inscrição do dependente do segurado será promovida quando do requerimento do benefício a que tiver direito, mediante a apresentação dos seguintes documentos:

► *Caput* com a redação dada pelo Dec. nº 4.079, de 9-1-2002.

I – para os dependentes preferenciais:

a) cônjuge e filhos – certidões de casamento e de nascimento;

b) companheira ou companheiro – documento de identidade e certidão de casamento com averbação da separação judicial ou divórcio, quando um dos companheiros ou ambos já tiverem sido casados, ou de óbito, se for o caso; e

c) equiparado a filho – certidão judicial de tutela e, em se tratando de enteado, certidão de casamento do segurado e de nascimento do dependente, observado o disposto no § 3º do artigo 16;

II – pais – certidão de nascimento do segurado e documentos de identidade dos mesmos; e

III – irmão – certidão de nascimento.

§§ 1º e 2º *Revogados*. Dec. nº 4.079, de 9-1-2002.

§ 3º Para comprovação do vínculo e da dependência econômica, conforme o caso, deverão ser apresentados, no mínimo, dois documentos, observado o disposto nos § 6º-A e § 8º do art. 16, e poderão ser aceitos, dentre outros:

► *Caput* do § 3º com a redação dada pelo Dec. nº 10.410, de 30-6-2020.

I – certidão de nascimento de filho havido em comum;

II – certidão de casamento religioso;

III – declaração do imposto de renda do segurado, em que conste o interessado como seu dependente;

IV – disposições testamentárias;

V – *Revogado*. Dec. nº 5.699, de 13-2-2006;

VI – declaração especial feita perante tabelião;

VII – prova de mesmo domicílio;

VIII – prova de encargos domésticos evidentes e existência de sociedade ou comunhão nos atos da vida civil;

IX – procuração ou fiança reciprocamente outorgada;

X – conta bancária conjunta;

XI – registro em associação de qualquer natureza, onde conste o interessado como dependente do segurado;

XII – anotação constante de ficha ou livro de registro de empregados;

XIII – apólice de seguro da qual conste o segurado como instituidor do seguro e a pessoa interessada como sua beneficiária;

XIV – ficha de tratamento em instituição de assistência médica, da qual conste o segurado como responsável;

XV – escritura de compra e venda de imóvel pelo segurado em nome de dependente;

XVI – declaração de não emancipação do dependente menor de 21 (vinte e um) anos; ou

XVII – quaisquer outros que possam levar à convicção do fato a comprovar.

§ 4º O fato superveniente que importe em exclusão ou inclusão de dependente deve ser comunicado ao Instituto Nacional do Seguro Social, com as provas cabíveis.

§ 5º *Revogado*. Dec. nº 4.079, de 9-1-2002.

§ 6º Somente será exigida a certidão judicial de adoção quando esta for anterior a 14 de outubro de 1990, data da vigência da Lei nº 8. 069, de 1990.

§§ 7º e 8º *Revogados*. Dec. nº 3.668, de 22-11-2000.

§ 9º No caso de dependente inválido ou com deficiência intelectual, mental ou grave, para fins de inscrição e concessão de benefício, a invalidez será comprovada por meio de exame médico-pericial a cargo da Perícia Médica Federal e a deficiência, por meio de avaliação biopsicossocial realizada por equipe multiprofissional e interdisciplinar.

§ 10. O dependente menor de vinte e um anos de idade apresentará declaração para atestar a não ocorrência das hipóteses previstas no inciso III do *caput* do art. 17.

▸ §§ 9º e 10 com a redação dada pelo Dec. nº 10.410, de 30-6-2020.

§ 11. *Revogado*. Dec. nº 4.079, de 9-1-2002.

§ 12. Os dependentes excluídos de tal condição em razão de lei têm suas inscrições tornadas nulas de pleno direito.

§ 13. No caso de equiparado a filho, a inscrição será feita mediante a comprovação da equiparação por documento escrito do segurado falecido manifestando essa intenção, da dependência econômica e da declaração de que não tenha sido emancipado.

▸ § 13 acrescido pelo Dec. nº 4.079, de 9-1-2002.

§ 14. Caso o dependente só possua um dos documentos a que se refere o § 3º produzido em período não superior a vinte e quatro meses anteriores à data do óbito ou do recolhimento à prisão, a comprovação de vínculo ou de dependência econômica para esse período poderá ser suprida por justificação administrativa, processada na forma prevista nos art. 142 ao art. 151.

▸ § 14 acrescido pelo Dec. nº 10.410, de 30-6-2020.

Art. 23. *Revogado*. Dec. nº 4.079, de 9-1-2002.

Art. 24. Os pais ou irmãos deverão, para fins de concessão de benefícios, comprovar a inexistência de dependentes preferenciais, mediante declaração firmada perante o Instituto Nacional do Seguro Social.

Capítulo II

DAS PRESTAÇÕES EM GERAL

Seção I

DAS ESPÉCIES DE PRESTAÇÃO

Art. 25. O Regime Geral de Previdência Social compreende as seguintes prestações, expressas em benefícios e serviços:

▸ Art. 18 da Lei nº 8.213, de 24-7-1991 (Lei dos Planos de Benefícios da Previdência Social).

I – quanto ao segurado:

a) aposentadoria por incapacidade permanente;

b) aposentadoria programada;

c) aposentadoria por idade do trabalhador rural;

▸ Alíneas *a* a *c* com a redação dada pelo Dec. nº 10.410, de 30-6-2020.

d) aposentadoria especial;

e) auxílio por incapacidade temporária;

▸ Alínea *e* com a redação dada pelo Dec. nº 10.410, de 30-6-2020.

f) salário-família;

g) salário-maternidade; e

h) auxílio-acidente;

▸ Arts. 19 a 23 da Lei nº 8.213, de 24-7-1991 (Lei dos Planos de Benefícios da Previdência Social).

II – quanto ao dependente:

a) pensão por morte; e

b) auxílio-reclusão; e

III – quanto ao segurado e dependente: reabilitação profissional.

Seção II

DA CARÊNCIA

Art. 26. Período de carência é o tempo correspondente ao número mínimo de contribuições mensais indispensáveis para que o beneficiário faça jus ao benefício, consideradas as competências cujo salário de contribuição seja igual ou superior ao seu limite mínimo mensal.

▸ *Caput* com a redação dada pelo Dec. nº 10.410, de 30-6-2020.

▸ Art. 24 da Lei nº 8.213, de 24-7-1991 (Lei dos Planos de Benefícios da Previdência Social).

§ 1º Para o segurado especial, considera-se período de carência, para fins de concessão dos benefícios de que trata o inciso I do § 2º do art. 39, o tempo mínimo de efetivo exercício de atividade rural, ainda que de forma descontínua, igual à quantidade de meses necessária à concessão do benefício requerido.

▸ § 1º com a redação dada pelo Dec. nº 10.410, de 30-6-2020.

§ 2º Será considerado, para efeito de carência, o tempo de contribuição para o Plano de Seguridade Social do Servidor Público anterior à Lei nº 8.647, de 13 de abril de 1993, efetuado pelo servidor público ocupante de cargo em comissão sem vínculo efetivo com a União, autarquias, ainda que em regime especial, e fundações públicas federais.

§ 3º Não é computado para efeito de carência o tempo de atividade do trabalhador rural anterior à competência novembro de 1991.

§ 4º Para efeito de carência, considera-se presumido o recolhimento das contribuições do segurado empregado, do trabalhador avulso e, relativamente ao contribuinte individual, a partir da competência abril de 2003, as contribuições dele descontadas pela empresa na forma do art. 216.

► § 4º com a redação dada pelo Dec. nº 4.729, de 9-6-2003.

§ 4º-A. Para fins de carência, no caso de segurado empregado doméstico, considera-se presumido o recolhimento das contribuições dele descontadas pelo empregador doméstico, a partir da competência junho de 2015, na forma prevista no art. 211.

§ 4º-B. Para o segurado empregado doméstico filiado ao RGPS nessa condição até 31 de maio de 2015, o período de carência será contado a partir da data do efetivo recolhimento da primeira contribuição sem atraso.

§ 4º-C. Para o período de filiação comprovado como empregado doméstico sem a comprovação do recolhimento ou sem a comprovação da primeira contribuição sem atraso, será reconhecido o direito ao benefício na forma prevista no § 2º do art. 36, independentemente da categoria do segurado na data do requerimento.

► §§ 4º-A a 4º C acrescidos pelo Dec. nº 10.410, de 30-6-2020.

§ 5º Observado o disposto no § 4º do artigo 13, as contribuições vertidas para regime próprio de previdência social serão consideradas para todos os efeitos, inclusive para os de carência.

► § 5º acrescido pelo Dec. nº 3.265, de 29-11-1999.

§ 6º Para fins de carência, as contribuições anteriores à data de publicação da Emenda à Constituição nº 103, de 12 de novembro de 2019, serão consideradas em conformidade com a legislação vigente à época.

► § 6º acrescido pelo Dec. nº 10.410, de 30-6-2020.

Art. 27. *Revogado*. Dec. nº 5.399, de 24-3-2005.

Art. 27-A. Na hipótese de perda da qualidade de segurado, para fins da concessão dos benefícios de auxílio por incapacidade temporária, de aposentadoria por incapacidade permanente, de salário-maternidade e de auxílio-reclusão, as contribuições anteriores à perda somente serão computadas para fins de carência depois que o segurado contar, a partir da nova filiação ao RGPS, com metade do número de contribuições exigidas para o cumprimento do período de carência definido no art. 29.

► *Caput* do art. 27-A com a redação dada pelo Dec. nº 10.410, de 30-6-2020.

Parágrafo único. Aplica-se o disposto no *caput* ao segurado oriundo de regime próprio de previdência social que se filiar ao Regime Geral de Previdência Social após os prazos a que se refere o inciso II do *caput* e o § 1º do art. 13.

► Parágrafo único acrescido pelo Dec nº 5.545, de 22-9-2005.

Art. 28. O período de carência é contado:

► Art. 27 da Lei nº 8.213, de 24-7-1991 (Lei dos Planos de Benefícios da Previdência Social).

I – para o segurado empregado, inclusive o doméstico, e o trabalhador avulso, a partir da data de sua filiação ao RGPS; e

II – para o segurado contribuinte individual, observado o disposto no § 4º do art. 26, e o segurado facultativo, inclusive o segurado especial que contribua na forma prevista no § 2º do art. 200, a partir da data do efetivo recolhimento da primeira contribuição sem atraso, e não serão consideradas, para esse fim, as contribuições recolhidas com atraso referentes a competências anteriores, observado, quanto ao segurado facultativo, o disposto nos § 3º e § 4º do art. 11.

► Incisos I e II com a redação dada pelo Dec. nº 10.410, de 30-6-2020.

§ 1º Para o segurado especial que não contribui na forma do § 2º do art. 200, o período de carência de que trata o § 1º do art. 26 é contado a partir do efetivo exercício da atividade rural, mediante comprovação, na forma do disposto no art. 62.

► § 1º com a redação dada pelo Dec. nº 6.042, de 12-2-2007.

§ 2º O período a que se refere o inciso XVIII do artigo 60 será computado para fins de carência.

§ 3º Para os segurados a que se refere o inciso II, optantes pelo recolhimento trimestral na forma prevista nos §§ 15 e 16 do artigo 216, o período de carência é contado a partir do mês de inscrição do segurado, desde que efetuado o recolhimento da primeira contribuição no prazo estipulado no referido § 15.

§ 4º Para os segurados a que se refere o inciso II do *caput*, na hipótese de perda da qualidade de segurado, somente serão consideradas, para fins de carência, as contribuições efetivadas após novo recolhimento sem atraso, observado o disposto no art. 19-E.

▸ § 4º acrescido pelo Dec. nº 10.410, de 30-6-2020.

Art. 29. A concessão das prestações pecuniárias do Regime Geral de Previdência Social, ressalvado o disposto no artigo 30, depende dos seguintes períodos de carência:

▸ Art. 25 da Lei nº 8.213, de 24-7-1991 (Lei dos Planos de Benefícios da Previdência Social).

I – doze contribuições mensais, nos casos de auxílio por incapacidade temporária e aposentadoria por incapacidade permanente; e

II – cento e oitenta contribuições mensais, nos casos de aposentadoria programada, por idade do trabalhador rural e especial;

▸ Incisos I e II com a redação dada pelo Dec. nº 10.410, de 30-6-2020.

III – 10 (dez) contribuições mensais, no caso de salário-maternidade, para as seguradas contribuinte individual, especial e facultativa, respeitado o disposto no § 2º do artigo 93 e no inciso II do artigo 101;

▸ Inciso III com a redação dada pelo Dec. nº 3.452, de 9-5-2000.

IV – vinte e quatro contribuições mensais, no caso de auxílio-reclusão.

▸ Inciso IV acrescido pelo Dec. nº 10.410, de 30-6-2020.

Parágrafo único. Em caso de parto antecipado, o período de carência a que se refere o inciso III será reduzido em número de contribuições equivalente ao número de meses em que o parto foi antecipado.

▸ Parágrafo único acrescido pelo Dec. nº 3.265, de 29-11-1999.

Art. 30. Independe de carência a concessão das seguintes prestações:

▸ Art. 26 da Lei nº 8.213, de 24-7-1991 (Lei dos Planos de Benefícios da Previdência Social).

I – pensão por morte, salário-família e auxílio-acidente de qualquer natureza, observado, quanto à pensão por morte, o disposto no inciso V do *caput* e nos § 3º e § 4º do art. 114;

▸ Inciso I com a redação dada pelo Dec. nº 10.410, de 30-6-2020.

II – salário-maternidade, para as seguradas empregada, empregada doméstica e trabalhadora avulsa;

▸ Inciso II com a redação dada pelo Dec. nº 3.265, de 29-11-1999.

III – auxílio por incapacidade temporária e aposentadoria por incapacidade permanente nos casos de acidente de qualquer natureza ou causa e de doença profissional ou do trabalho e nos casos de segurado que, após filiar-se ao RGPS, seja acometido de alguma das doenças ou afecções especificadas em lista elaborada pelos Ministérios da Saúde e da Economia, atualizada a cada três anos, de acordo com os critérios de estigma, deformação, mutilação, deficiência ou outro fator que lhe confira especificidade e gravidade que mereçam tratamento particularizado;

▸ Inciso III com a redação dada pelo Dec. nº 10.410, de 30-6-2020.

IV – aposentadoria por idade ou por invalidez, auxílio-doença, auxílio-reclusão ou pensão por morte aos segurados especiais, desde que comprovem o exercício de atividade rural no período imediatamente anterior ao requerimento do benefício, ainda que de forma descontínua, igual ao número de meses correspondente à carência do benefício requerido; e

V – reabilitação profissional.

§ 1º Entende-se como acidente de qualquer natureza ou causa aquele de origem traumática e por exposição a agentes exógenos, físicos, químicos ou biológicos, que acarrete lesão corporal ou perturbação funcional que cause a morte ou a perda ou a redução permanente ou temporária da capacidade laborativa.

▸ Parágrafo único transformado em § 1º e com a redação dada pelo Dec. nº 10.410, de 30-6-2020.

§ 2º Até que seja elaborada a lista de doenças ou afecções a que se refere o inciso III do *caput*, independerá de carência a concessão de auxílio por incapacidade temporária e de aposentadoria por incapacidade permanente ao segurado que, após filiar-se ao RGPS, seja acometido por alguma das seguintes doenças:

I – tuberculose ativa;

II – hanseníase;

III – alienação mental;

IV – esclerose múltipla;

V – hepatopatia grave;

VI – neoplasia maligna;

VII – cegueira;
VIII – paralisia irreversível e incapacitante;
IX – cardiopatia grave;
X – doença de Parkinson;
XI – espondiloartrose anquilosante;
XII – nefropatia grave;
XIII – estado avançado da doença de Paget (osteíte deformante);
XIV – síndrome da imunodeficiência adquirida (*Aids*); ou
XV – contaminação por radiação, com base em conclusão da medicina especializada.

► § 2º acrescido pelo Dec. nº 10.410, de 30-6-2020.

Seção III

DO SALÁRIO DE BENEFÍCIO

Art. 31. Salário de benefício é o valor básico utilizado para o cálculo da renda mensal dos benefícios de prestação continuada, inclusive aqueles regidos por normas especiais, exceto:

► *Caput* com a redação dada pelo Dec. nº 10.410, de 30-6-2020.

► Art. 28 da Lei nº 8.213, de 24-7-1991 (Lei dos Planos de Benefícios da Previdência Social).

I – o salário-família;
II – a pensão por morte;
III – o salário-maternidade;
IV – o auxílio-reclusão; e
V – os demais benefícios previstos em legislação especial.

► Incisos I a V acrescidos pelo Dec. nº 10.410, de 30-6-2020.

Parágrafo único. *Revogado*. Dec. nº 10.410, de 30-6-2020.

Art. 32. O salário de benefício a ser utilizado para o cálculo dos benefícios de que trata este Regulamento, inclusive aqueles previstos em acordo internacional, consiste no resultado da média aritmética simples dos salários de contribuição e das remunerações adotadas como base para contribuições a regime próprio de previdência social ou como base para contribuições decorrentes das atividades militares de que tratam os art. 42 e art. 142 da Constituição, considerados para a concessão do benefício, atualizados monetariamente, correspondentes a cem por cento do período contributivo desde a competência julho de 1994 ou desde o início da contribuição, se posterior a essa competência.

► *Caput* com a redação dada pelo Dec. nº 10.410, de 30-6-2020.

► Art. 29 da Lei nº 8.213, de 24-7-1991 (Lei dos Planos de Benefícios da Previdência Social).

I e II – *Revogados*. Dec. nº 10.410, de 30-6-2020;
III – *Revogado*. Dec. nº 5.545, de 22-9-2005.

§ 1º *Revogado*. Dec. nº 3.265, de 29-11-1999.

§ 2º *Revogado*. Dec. nº 5.399, de 24-3-2005.

§ 3º O valor do salário de benefício não será inferior ao de 1 (um) salário mínimo, nem superior ao limite máximo do salário de contribuição na data de início do benefício.

► Art. 2º da Port. Interministerial do MTPrev e MF nº 26, de 10-1-2023 (*DOU* de 11-1-2023), que estabelece que o salário de benefício e o salário de contribuição não poderão ser inferiores a R$ 1.302,00 (mil trezentos e dois reais) nem superiores a R$ 7.507,49 (sete mil quinhentos e sete reais e quarenta e nove centavos), a partir de 1º-1-2023.

§ 4º Serão considerados para o cálculo do salário de benefício os ganhos habituais do segurado empregado, a qualquer título, sob forma de moeda corrente ou de utilidades, sobre os quais tenha incidido contribuição previdenciária, exceto o décimo terceiro salário, observado o disposto no art. 19-E.

► § 4º com a redação dada pelo Dec. nº 10.410, de 30-6-2020.

§ 5º Não será considerado, no cálculo do salário de benefício, o aumento dos salários de contribuição que exceder o limite legal, inclusive o voluntariamente concedido nos 36 (trinta e seis) meses imediatamente anteriores ao início do benefício, salvo se homologado pela Justiça do Trabalho, resultante de promoção regulada por normas gerais da empresa, admitida pela legislação do trabalho, de sentença normativa ou de reajustamento salarial obtido pela categoria respectiva.

§ 6º Se, no período básico de cálculo, o segurado tiver recebido benefício por incapacidade, considerar-se-á como salário de contribuição, no período, o salário de benefício que serviu de base para o cálculo da renda mensal, reajustado nas mesmas épocas e nas mesmas bases dos benefícios em geral, não podendo ser inferior ao salário mínimo nem superior ao limite máximo do salário de contribuição.

§ 7º Exceto para o salário-família e o auxílio-acidente, será pago o valor mínimo de benefício para as prestações referidas no artigo 30, quando não houver salário de contribuição no período básico de cálculo.

§ 8º Para fins de apuração do salário de benefício de qualquer aposentadoria precedida de auxílio-acidente, o valor mensal deste será somado ao salário de contribuição antes da aplicação da correção a que se refere o artigo 33, não podendo o total apurado ser superior ao limite máximo do salário de contribuição.

§ 9º Quando inexistirem salários de contribuição a partir de julho de 1994, as aposentadorias concedidas nos termos do disposto nos § 5º e § 6º do art. 13 terão o valor correspondente ao do salário mínimo, observado, no caso de acordos internacionais, o disposto no § 1º do art. 35.

▸ § 9º com a redação dada pelo Dec. nº 10.410, de 30-6-2020.

§ 10. Para os segurados contribuinte individual e facultativo optantes pelo recolhimento trimestral na forma prevista no § 15 do artigo 216, que tenham solicitado qualquer benefício previdenciário, o salário de benefício consistirá na média aritmética simples de todos os salários de contribuição integrantes da contribuição trimestral, desde que efetivamente recolhidos.

▸ § 10 com a redação dada pelo Dec. nº 3.265, de 29-11-1999.

§§ 11 a 14. *Revogados*. Dec. nº 10.410, de 30-6-2020.

§ 15. No cálculo do salário de benefício serão considerados os salário de contribuição vertidos para regime próprio de previdência social de segurado oriundo desse regime, após a sua filiação ao Regime Geral de Previdência Social, de acordo com o disposto no artigo 214.

▸ § 15 acrescido pelo Dec. nº 3.265, de 29-11-1999.

§§ 16 e 17. *Revogados*. Dec. nº 10.410, de 30-6-2020.

§ 18. Para fins de cálculo da renda mensal inicial teórica dos benefícios por totalização, no âmbito dos acordos internacionais, serão considerados os tempos de contribuição para a previdência social brasileira e para a do país acordante, observado o disposto no § 9º.

▸ *Caput* do § 18 com a redação dada pelo Dec. nº 10.410, de 30-6-2020.

I a III – *Revogados*. Dec. nº 10.410, de 30-6-2020.

§ 19. *Revogado*. Dec. nº 10.410, de 30-6-2020.

§ 20. *Revogado*. Dec. nº 6.939, de 18-8-2009.

§ 21. O salário de benefício do segurado especial consiste no valor equivalente ao salário mínimo, ressalvado o disposto no inciso II do § 2º do art. 39 deste Regulamento.

▸ § 21 acrescido pelo Dec. nº 6.722, de 30-12-2008.

§ 22. Considera-se período contributivo:

▸ *Caput* do § 22 acrescido pelo Dec. nº 6.939, de 18-8-2009.

I – para o empregado, inclusive o doméstico, e o trabalhador avulso – o conjunto de competências em que houve ou deveria ter havido contribuição em razão do exercício de atividade remunerada sujeita à filiação obrigatória ao RGPS, observado o disposto no art. 19-E; ou

▸ Inciso I com a redação dada pelo Dec. nº 10.410, de 30-6-2020.

II – para os demais segurados, inclusive o facultativo: o conjunto de meses de efetiva contribuição ao regime de que trata este Regulamento.

▸ Inciso II acrescido pelo Dec. nº 6.939, de 18-8-2009.

§ 22-A. O período contributivo até 13 de novembro de 2019 será apurado em conformidade com o disposto no art. 188-G.

▸ § 22-A acrescido pelo Dec. nº 10.410, de 30-6-2020.

§ 23. O auxílio por incapacidade temporária não poderá exceder a média aritmética simples dos últimos doze salários de contribuição, inclusive no caso de remuneração variável, ou, se não houver doze salários de contribuição, a média aritmética simples dos salários de contribuição existentes, observado o disposto no art. 33.

§ 24. Para fins do cálculo das aposentadorias programadas para as quais seja exigido tempo mínimo de contribuição, poderão ser excluídas do cálculo da média dos salários de contribuição e das remunerações adotadas como base para contribuições a regime próprio de previdência social ou como base para contribuições decorrentes das atividades militares de que tratam os art. 42 e art. 142 da Constituição, utilizado para definição do salário de benefício, as contribuições que resultem em redução do valor do benefício, observado o disposto nos § 25 e § 26.

▸ §§ 23 e 24 com a redação dada pelo Dec. nº 10.410, de 30-6-2020.

§ 25. Para fins da exclusão a que se refere o § 24, consideram-se programadas as aposentadorias programada, especial e por idade do trabalhador rural e as aposentadorias transitórias por idade e por tempo de contribuição, para as quais se exige tempo mínimo de contribuição.

§ 26. A exclusão das contribuições de que trata o § 24 não altera o direito à aposentadoria previamente reconhecido, desde que mantida a quantidade de contribuições equivalentes ao período de carência e observado o tempo mínimo de contribuição necessário à elegibilidade da aposentadoria requerida.

§ 27. É vedada a utilização das contribuições excluídas na forma prevista no § 24 para qualquer finalidade, inclusive para:

I – o acréscimo do percentual da renda mensal;

II – o somatório de pontos das aposentadorias por tempo de contribuição e especial;

III – o cumprimento de período adicional exigido para as aposentadorias por tempo de contribuição;

IV – a averbação em outro regime previdenciário; ou

V – a obtenção dos proventos de inatividade de que tratam os art. 42 e art. 142 da Constituição.

▸ §§ 25 a 27 acrescidos pelo Dec. nº 10.410, de 30-6-2020.

Art. 33. Todos os salários de contribuição utilizados no cálculo do salário de benefício serão corrigidos, mês a mês, de acordo com a variação integral do Índice Nacional de Preço ao Consumidor – INPC, referente ao período decorrido a partir da primeira competência do salário de contribuição que compõe o período básico de cálculo até o mês anterior ao do início do benefício, de modo a preservar o seu valor real.

▸ Artigo com a redação dada pelo Dec. nº 5.545, de 22-9-2005.

Art. 34. O salário de benefício do segurado que contribuir em razão de atividades concomitantes será calculado com base na soma dos salários de contribuição das atividades exercidas na data do requerimento ou do óbito ou no período básico de cálculo, observado o disposto no art. 32.

▸ *Caput* com a redação dada pelo Dec. nº 10.410, de 30-6-2020.

▸ Art. 32 da Lei nº 8.213, de 24-7-1991 (Lei dos Planos de Benefícios da Previdência Social).

I a III – *Revogados*. Dec. nº 10.410, de 30-6-2020.

§ 1º O disposto neste artigo não se aplica ao segurado que, em obediência ao limite máximo do salário de contribuição, contribuiu apenas por uma das atividades concomitantes.

§§ 2º a 4º *Revogados*. Dec. nº 10.410, de 30-6-2020.

§ 5º Na hipótese prevista no § 3º do art. 73, o salário de benefício do auxílio por incapacidade temporária será calculado com base na soma dos salários de contribuição referentes às atividades para as quais o segurado seja considerado incapacitado.

▸ *Caput* do § 5º com a redação dada pelo Dec. nº 10.410, de 30-6-2020.

I e II – *Revogados*. Dec. nº 10.410, de 30-6-2020.

§ 6º *Revogado*. Dec. nº 10.410, de 30-6-2020.

Seção IV

DA RENDA MENSAL DO BENEFÍCIO

Art. 35. A renda mensal do benefício de prestação continuada que substituir o salário de contribuição ou o rendimento do trabalho do segurado não terá valor inferior ao do salário mínimo nem superior ao limite máximo do salário de contribuição, exceto no caso previsto no artigo 45.

▸ Art. 33 da Lei nº 8.213, de 24-7-1991 (Lei dos Planos de Benefícios da Previdência Social).

§ 1º A renda mensal inicial *pro rata* dos benefícios por totalização, concedidos com base em acordos internacionais, será proporcional ao tempo de contribuição para previdência social brasileira e poderá ter valor inferior ao do salário mínimo.

▸ § 1º com a redação dada pelo Dec. nº 10.410, de 30-6-2020.

§ 2º *Revogado*. Dec. nº 10.410, de 30-6-2020.

§ 3º Na hipótese de a média apurada na forma do artigo 32 resultar superior ao limite máximo do salário de contribuição vigente no mês de início do benefício, a diferença percentual entre esta média e o referido limite será incorporada ao valor do benefício juntamente com o primeiro reajuste do mesmo após a concessão, observado que nenhum benefício assim reajustado poderá superar o limite máximo do salário de contribuição vigente na competência em que ocorrer o reajuste.

▸ Art. 33 da Lei nº 8.213, de 24-7-1991 (Lei dos Planos de Benefícios da Previdência Social).

Art. 36. No cálculo do valor da renda mensal do benefício serão computados:

▸ Art. 34 da Lei nº 8.213, de 24-7-1991 (Lei dos Planos de Benefícios da Previdência Social).

I – para o segurado empregado, inclusive o doméstico, e o trabalhador avulso, os salários de contribuição referentes aos meses de contribuições devidas, ainda que não recolhidas pela empresa ou pelo empregador doméstico, observado o disposto no art. 19-E, sem prejuízo da respectiva cobrança e da aplicação das penalidades cabíveis; e

II – para o segurado empregado, inclusive o doméstico, o trabalhador avulso e o segurado especial, o valor do auxílio-acidente será considerado como salário de contribuição para fins de concessão de qualquer aposentadoria, nos termos do disposto no § 8º do art. 32.

► Incisos I e II com a redação dada pelo Dec. nº 10.410, de 30-6-2020.

§ 1º Para os demais segurados, somente serão computados os salários de contribuição referentes aos meses de contribuição efetivamente recolhida, observado o disposto no art. 19-E.

§ 2º No caso de segurado empregado, inclusive o doméstico, e de trabalhador avulso que tenham cumprido todas as condições para a concessão do benefício pleiteado, mas não possam comprovar o valor dos seus salários de contribuição no período básico de cálculo, será considerado, para o cálculo do benefício referente ao período sem comprovação do valor do salário de contribuição, o valor do salário mínimo e essa renda será recalculada quando da apresentação de prova dos salários de contribuição.

► Art. 35 da Lei nº 8.213, de 24-7-1991 (Lei dos Planos de Benefícios da Previdência Social).

§ 3º Na hipótese de jornada de trabalho parcial ou intermitente, a aplicação do disposto no § 2º fica condicionada à apresentação do contrato de trabalho do qual conste a remuneração contratada ou a demonstração das remunerações auferidas que possibilite a verificação do valor do salário de contribuição para fins de aplicação do disposto no art. 19-E.

§ 4º Na hipótese prevista no § 2º, após a concessão do benefício, o INSS notificará a Secretaria Especial da Receita Federal do Brasil do Ministério da Economia por meio eletrônico, para que esta adote as providências a que se referem os art. 238 ao art. 243, o art. 245 e o art. 246.

§ 5º Sem prejuízo do disposto no § 2º, cabe à previdência social manter cadastro dos segurados com os informes necessários para o cálculo de sua renda mensal.

► §§ 1º a 5º com a redação dada pelo Dec. nº 10.410, de 30-6-2020.

§ 6º Para o segurado especial que não contribui facultativamente, o disposto no inciso II será aplicado somando-se ao valor da aposentadoria a renda mensal do auxílio-acidente vigente na data de início da referida aposentadoria, não sendo, neste caso, aplicada a limitação contida no inciso I do § 2º do artigo 39 e do artigo 183.

§ 7º *Revogado*. Dec. nº 10.410, de 30-6-2020.

Art. 37. A renda mensal inicial, recalculada de acordo com o disposto nos §§ 2º e 3º do artigo 36, deve ser reajustada como a dos benefícios correspondentes com igual data de início e substituirá, a partir da data do requerimento de revisão do valor do benefício, a renda mensal que prevalecia até então.

Parágrafo único. Para fins da substituição de que trata o *caput*, o requerimento de revisão deve ser aceito pelo Instituto Nacional do Seguro Social a partir da concessão do benefício em valor provisório e processado quando da apresentação de prova dos salários de contribuição ou de recolhimento das contribuições.

► Art. 37 da Lei nº 8.213, de 24-7-1991 (Lei dos Planos de Benefícios da Previdência Social).

Art. 38. *Revogado*. Dec. nº 10.410, de 30-6-2020.

Art. 39. A renda mensal inicial do benefício será calculada a partir da aplicação dos percentuais definidos neste Regulamento, para cada espécie, sobre o salário de benefício.

► *Caput* com a redação dada pelo Dec. nº 10.410, de 30-6-2020.

I a VI – *Revogados*. Dec. nº 10.410, de 30-6-2020.

§ 1º Para fins da aplicação dos percentuais a que se refere o *caput*, presume-se como efetivado o recolhimento correspondente, quando se tratar de segurado empregado, inclusive o doméstico, e de trabalhador avulso, observado o disposto no art. 19-E.

► § 1º com a redação dada pelo Dec. nº 10.410, de 30-6-2020.

§ 2º Para os segurados especiais, inclusive os com deficiência, é garantida a concessão, alternativamente:

▸ *Caput* do § 2º com a redação dada pelo Dec. nº 8.145, de 3-12-2013.

▸ Art. 39 da Lei nº 8.213, de 24-7-1991 (Lei dos Planos de Benefícios da Previdência Social).

I – de aposentadoria por idade do trabalhador rural ou por incapacidade permanente, de auxílio por incapacidade temporária, de auxílio-reclusão ou de pensão por morte, no valor de um salário mínimo, observado o disposto no inciso III do *caput* do art. 30, e de auxílio-acidente, observado o disposto no art. 104; ou

▸ Inciso I com a redação dada pelo Dec. nº 10.410, de 30-6-2020.

II – dos benefícios especificados neste Regulamento, observados os critérios e a forma de cálculo estabelecidos, desde que contribuam, facultativamente, de acordo com o disposto no § 2º do artigo 200.

§ 3º O valor mensal da pensão por morte e do auxílio-reclusão será apurado em conformidade com o disposto, respectivamente, nos art. 106 e art. 117.

§ 4º Se, na data do óbito, o segurado estiver recebendo aposentadoria e auxílio-acidente, o valor mensal da pensão por morte será calculado conforme o disposto no art. 106, sem a incorporação do valor do auxílio-acidente.

§ 5º Após a cessação do auxílio por incapacidade temporária decorrente de acidente de qualquer natureza ou causa, independentemente de o segurado ter retornado ou não ao trabalho, se houver agravamento ou sequela que resulte na reabertura do benefício, a renda mensal será igual a noventa e um por cento do valor do salário de benefício do auxílio por incapacidade temporária cessado, observado o disposto no § 23 do art. 32, corrigido até o mês anterior ao da reabertura do benefício pelos mesmos índices de correção empregados no cálculo dos benefícios em geral.

▸ §§ 3º a 5º com a redação dada pelo Dec. nº 10.410, de 30-6-2020.

§ 6º A renda mensal inicial das aposentadorias dos segurados que tenham contribuído exclusivamente na forma prevista no § 2º do art. 21 da Lei nº 8.212, de 1991, corresponderá ao salário mínimo e, nas demais hipóteses, será aplicado o disposto no art. 32 ou no art. 188-E, conforme o caso.

▸ § 6º acrescido pelo Dec. nº 10.410, de 30-6-2020.

Seção V *Do Reajustamento do Valor do Benefício*

Art. 40. É assegurado o reajustamento dos benefícios para preservar-lhes, em caráter permanente, o valor real da data de sua concessão.

§ 1º Os valores dos benefícios em manutenção serão reajustados, anualmente, na mesma data do reajuste do salário mínimo, *pro rata*, de acordo com suas respectivas datas de início ou do último reajustamento, com base no Índice Nacional de Preços ao Consumidor – INPC, apurado pela Fundação Instituto Brasileiro de Geografia e Estatística – IBGE.

▸ § 1º com a redação dada pelo Dec. nº 6.042, de 12-2-2007

§ 2º Os benefícios com renda mensal superior a um salário mínimo serão pagos do primeiro ao quinto dia útil do mês subsequente ao de sua competência, observada a distribuição proporcional do número de beneficiários por dia de pagamento.

▸ § 2º com a redação dada pelo Dec. nº 6.722, de 30-12-2008.

§ 3º *Revogado*. Dec. nº 6.042, de 12-2-2007.

§ 4º Os benefícios com renda mensal no valor de até um salário mínimo serão pagos no período compreendido entre o quinto dia útil que anteceder o final do mês de sua competência e o quinto dia útil do mês subsequente, observada a distribuição proporcional dos beneficiários por dia de pagamento.

▸ § 4º com a redação dada pelo Dec. nº 6.722, de 30-12-2008.

§ 5º Para os efeitos dos §§ 2º e 4º, considera-se dia útil aquele de expediente bancário com horário normal de atendimento.

§ 6º Para os benefícios que tenham sido majorados devido à elevação do salário mínimo, o referido aumento deverá ser compensado no momento da aplicação do disposto no § 1º, de acordo com normas a serem baixadas pelo Ministério da Previdência Social.

▸ §§ 5º e 6º acrescidos pelo Dec. nº 6.722, de 30-12-2008.

Art. 41. O valor mensal do abono de permanência em serviço, do auxílio-suplementar e do auxílio-acidente será reajustado na forma do disposto no artigo 40 e não varia de acordo com o salário de contribuição do segurado.

Art. 42. Nenhum benefício reajustado poderá exceder o limite máximo do salário de benefício na data do reajustamento, respeitados os direitos adquiridos, nem inferior ao valor de um salário mínimo.

▸ *Caput* com a redação dada pelo Dec. nº 6.722, de 30-12-2008.

Parágrafo único. O auxílio-acidente, o abono de permanência em serviço, o auxílio-suplementar, o salário-família e a parcela a cargo do Regime Geral de Previdência Social dos benefícios por totalização, concedidos com base em acordos internacionais de previdência social, poderão ter valor inferior ao do salário mínimo.

Seção VI

DOS BENEFÍCIOS

Subseção I

DA APOSENTADORIA POR INCAPACIDADE PERMANENTE

▸ Subseção I com a denominação dada pelo Dec. nº 10.410, de 30-6-2020.

Art. 43. A aposentadoria por incapacidade permanente, uma vez cumprido o período de carência exigido, quando for o caso, será devida ao segurado que, em gozo ou não de auxílio por incapacidade temporária, for considerado incapaz para o trabalho e insuscetível de reabilitação para o exercício de atividade que lhe garanta a subsistência, que lhe será paga enquanto permanecer nessa condição.

§ 1º A concessão de aposentadoria por incapacidade permanente dependerá da verificação da condição de incapacidade por meio de exame médico-pericial a cargo da Perícia Médica Federal, de modo que o segurado possa, às suas expensas, ser acompanhado por médico de sua confiança.

§ 2º A doença ou lesão de que o segurado já era portador ao filiar-se ao RGPS não lhe conferirá direito à aposentadoria por incapacidade permanente, exceto quando a incapacidade sobrevier por motivo de progressão ou agravamento dessa doença ou lesão.

▸ Art. 43 com a redação dada pelo Dec. nº 10.410, de 30-6-2020.

▸ Art. 42 da Lei nº 8.213, de 24-7-1991 (Lei dos Planos de Benefícios da Previdência Social).

Art. 44. A aposentadoria por incapacidade permanente será devida a partir do dia imediato ao da cessação do auxílio por incapacidade temporária, ressalvado o disposto no § 1º, e consistirá em renda mensal decorrente da aplicação dos seguintes percentuais incidentes sobre o salário de benefício, definido na forma do disposto no art. 32:

▸ *Caput* com a redação dada pelo Dec. nº 10.410, de 30-6-2020.

▸ Súm. nº 576 do STJ.

I – sessenta por cento, com acréscimo de dois pontos percentuais para cada ano de contribuição que exceder o tempo de vinte anos de contribuição, para os homens, ou quinze anos de contribuição, para as mulheres; ou

II – cem por cento, quando a aposentadoria decorrer de:

a) acidente de trabalho;

b) doença profissional; ou

c) doença do trabalho.

▸ Incisos I e II acrescidos pelo Dec. nº 10.410, de 30-6-2020.

§ 1º Na hipótese de a perícia médica inicial concluir pela existência de incapacidade total e definitiva para o trabalho, a aposentadoria por incapacidade permanente será devida:

▸ *Caput* do § 1º com a redação dada pelo Dec. nº 10.410, de 30-6-2020.

I – ao segurado empregado a contar do décimo sexto dia do afastamento da atividade ou a partir da data da entrada do requerimento, se entre o afastamento e a entrada do requerimento decorrerem mais de 30 (trinta) dias; e

II – ao segurado empregado doméstico, contribuinte individual, trabalhador avulso, especial ou facultativo, a contar da data do início da incapacidade ou da data da entrada do requerimento, se entre essas datas decorrerem mais de 30 (trinta) dias.

▸ Incisos I e II com a redação dada pelo Dec. nº 3.265, de 29-11-1999.

§ 2º Durante os primeiros 15 (quinze) dias de afastamento consecutivos da atividade por motivo de invalidez, caberá à empresa pagar ao segurado empregado o salário.

▸ § 2º com a redação dada pelo Dec. nº 3.265, de 29-11-1999.

§ 3º A concessão de aposentadoria por incapacidade permanente, inclusive quando precedida de auxílio por incapacidade temporária concedido na forma prevista no art. 73, fica condicionada ao afastamento do segurado de todas as suas atividades.

► § 3º com a redação dada pelo Dec. nº 10.410, de 30-6-2020.

► Art. 43 da Lei nº 8.213, de 24-7-1991 (Lei dos Planos de Benefícios da Previdência Social).

Art. 45. O valor da aposentadoria por incapacidade permanente do segurado que necessitar da assistência permanente de outra pessoa será acrescido de vinte e cinco por cento, observada a relação constante do Anexo I, e:

► *Caput* com a redação dada pelo Dec. nº 10.410, de 30-6-2020.

I – devido ainda que o valor da aposentadoria atinja o limite máximo legal; e

II – recalculado quando o benefício que lhe deu origem for reajustado.

Parágrafo único. O acréscimo de que trata o *caput* cessará com a morte do aposentado, não sendo incorporado ao valor da pensão por morte.

► Art. 45 da Lei nº 8.213, de 24-7-1991 (Lei dos Planos de Benefícios da Previdência Social).

Art. 46. O segurado aposentado por incapacidade permanente poderá ser convocado a qualquer momento para avaliação das condições que ensejaram o afastamento ou a aposentadoria, concedida judicial ou administrativamente, sem prejuízo do disposto no § 1º e sob pena de suspensão do benefício.

§ 1º Observado o disposto no *caput*, o aposentado por incapacidade permanente fica obrigado, sob pena de suspensão do pagamento do benefício, a submeter-se a exame médico-pericial pela Perícia Médica Federal, a processo de reabilitação profissional a cargo do INSS e a tratamento dispensado gratuitamente, exceto o cirúrgico e a transfusão de sangue, que são facultativos.

§ 2º O aposentado por incapacidade permanente que não tenha retornado à atividade estará isento do exame médico-pericial de que trata este artigo:

I – após completar cinquenta e cinco anos de idade e quando decorridos quinze anos da data de concessão da aposentadoria por incapacidade permanente ou do auxílio por incapacidade temporária que a tenha precedido; ou

II – após completar sessenta anos de idade.

§ 3º A isenção de que trata o § 2º não se aplica quando o exame tem as seguintes finalidades:

I – verificação da necessidade de assistência permanente de outra pessoa para a concessão do acréscimo de vinte e cinco por cento sobre o valor do benefício, nos termos do disposto no art. 45;

II – verificação da recuperação da capacidade laborativa, por meio de solicitação do aposentado que se julgar apto; ou

III – subsídios à autoridade judiciária na concessão de curatela, observado o disposto no § 4º do art. 162.

§ 4º O aposentado por incapacidade permanente, ainda que tenha implementado as condições de que o trata o § 2º, será submetido ao exame médico-pericial de que trata este artigo quando necessário para apuração de fraude.

§ 5º O segurado com síndrome da imunodeficiência adquirida (*Aids*) fica dispensado da avaliação de que trata o *caput*, observado o disposto nos § 3º e § 4º.

§ 6º A Perícia Médica Federal terá acesso aos prontuários médicos do segurado registrados no Sistema Único de Saúde – SUS, desde que haja anuência prévia do periciado e seja garantido o sigilo sobre os seus dados.

§ 7º O atendimento domiciliar e hospitalar é assegurado pela Perícia Médica Federal e pelo serviço social ao segurado com dificuldade de locomoção, quando o seu deslocamento, em razão de sua limitação funcional e de condições de acessibilidade, lhe impuser ônus desproporcional e indevido.

Art. 47. O aposentado por incapacidade permanente que se julgar apto a retornar à atividade deverá solicitar ao INSS a realização de nova avaliação médico-pericial.

Parágrafo único. Na hipótese de a Perícia Médica Federal concluir pela recuperação da capacidade laborativa, a aposentadoria do segurado será cancelada, observado o disposto no art. 49.

Art. 48. O aposentado por incapacidade permanente que retornar voluntariamente à atividade terá a sua aposentadoria automaticamente cessada, a partir da data de seu retorno, observado o disposto no art. 179.

- Arts. 46 a 48 com a redação dada pelo Dec. nº 10.410, de 30-6-2020.
- Art. 46 da Lei nº 8.213, de 24-7-1991 (Lei dos Planos de Benefícios da Previdência Social).

Art. 49. Verificada a recuperação da capacidade laborativa do aposentado por incapacidade permanente, exceto na hipótese prevista no art. 48, serão observadas as seguintes normas:

- *Caput* com a redação dada pelo Dec. nº 10.410, de 30-6-2020.

I – quando a recuperação for total e ocorrer no prazo de cinco anos, contado da data de início da aposentadoria por incapacidade permanente ou do auxílio por incapacidade temporária que a antecedeu sem interrupção, o benefício cessará:

- *Caput* do inciso I com a redação dada pelo Dec. nº 10.410, de 30-6-2020.

a) de imediato, para o segurado empregado que tiver direito a retornar à função que desempenhava na empresa ao se aposentar, na forma da legislação trabalhista, valendo como documento, para tal fim, o certificado de capacidade fornecido pela previdência social; ou

b) após tantos meses quantos forem os anos de duração do auxílio por incapacidade temporária e da aposentadoria por incapacidade permanente, para os demais segurados; e

- Alínea *b* com a redação dada pelo Dec. nº 10.410, de 30-6-2020.

II – quando a recuperação for parcial ou ocorrer após o período previsto no inciso I, ou ainda quando o segurado for declarado apto para o exercício de trabalho diverso do qual habitualmente exercia, a aposentadoria será mantida, sem prejuízo da volta à atividade:

a) pelo seu valor integral, durante seis meses contados da data em que for verificada a recuperação da capacidade;

b) com redução de 50% (cinquenta por cento), no período seguinte de 6 (seis) meses; e

c) com redução de 75% (setenta e cinco por cento), também por igual período de 6 (seis) meses, ao término do qual cessará definitivamente.

- Art. 47 da Lei nº 8.213, de 24-7-1991 (Lei dos Planos de Benefícios da Previdência Social).

Art. 50. O segurado que retornar à atividade poderá requerer, a qualquer tempo, novo benefício, tendo este processamento normal.

§ 1º Observado o disposto no art. 167, caso haja requerimento de novo benefício durante os períodos a que se refere o art. 49, caberá ao segurado optar por um dos benefícios, assegurada a opção pelo benefício mais vantajoso.

- Parágrafo único transformado em § 1º e com a redação dada pelo Dec. nº 10.410, de 30-6-2020.

§ 2º Na hipótese de opção pelo recebimento de novo benefício nos termos do disposto no § 1º, cuja duração se encerre antes da cessação do benefício decorrente do disposto no art. 49, o pagamento deste poderá ser restabelecido pelo período remanescente, respeitadas as reduções correspondentes.

- § 2º acrescido pelo Dec. nº 10.410, de 30-6-2020.

Subseção II

DA APOSENTADORIA PROGRAMADA

- Subseção II com a denominação dada pelo Dec. nº 10.410, de 30-6-2020.

Art. 51. A aposentadoria programada, uma vez cumprido o período de carência exigido, será devida ao segurado que cumprir, cumulativamente, os seguintes requisitos:

- *Caput* com a redação dada pelo Dec. nº 10.410, de 30-6-2020.

I – sessenta e dois anos de idade, se mulher, e sessenta e cinco anos de idade, se homem; e

II – quinze anos de tempo de contribuição, se mulher, e vinte anos de tempo de contribuição, se homem.

- Incisos I e II acrescidos pelo Dec. nº 10.410, de 30-6-2020.

§ 1º Para fins de apuração do tempo de contribuição a que se refere o inciso II do *caput*, é vedada a inclusão de tempo fictício.

§ 2º O período pelo qual os segurados contribuinte individual e facultativo tiverem contribuído na forma prevista no art. 199-A será considerado como tempo de contribuição, observada a restrição estabelecida em seu § 2º.

- §§ 1º e 2º com a redação dada pelo Dec. nº 10.410, de 30-6-2020.

§§ 3º e 4º *Revogados*. Dec. nº 10.410, de 30-6-2020.

Art. 52. A aposentadoria programada será devida:

► *Caput* com a redação dada pelo Dec. nº 10.410, de 30-6-2020.

I – ao segurado empregado, inclusive o doméstico:

a) a partir da data do desligamento do emprego, quando requerida até noventa dias depois dela; ou

b) a partir da data do requerimento, quando não houver desligamento do emprego ou quando for requerida após o prazo da alínea *a*; e

II – para os demais segurados, a partir da data da entrada do requerimento.

► Art. 49 da Lei nº 8.213, de 24-7-1991 (Lei dos Planos de Benefícios da Previdência Social).

Art. 53. O valor da aposentadoria programada corresponderá a sessenta por cento do salário de benefício definido na forma prevista no art. 32, com acréscimo de dois pontos percentuais para cada ano de contribuição que exceder o tempo de vinte anos de contribuição, para os homens, ou de quinze anos de contribuição, para as mulheres.

► Artigo com a redação dada pelo Dec. nº 10.491, de 23-9-2020.

Subseção II-A DA APOSENTADORIA PROGRAMADA DO PROFESSOR

► Subseção II-A acrescida pelo Dec. nº 10.410, de 30-6-2020.

Art. 54. Para o professor que comprove, exclusivamente, tempo de efetivo exercício em função de magistério na educação infantil, no ensino fundamental ou no ensino médio, desde que cumprido o período de carência exigido, será concedida a aposentadoria de que trata esta Subseção quando cumprir, cumulativamente, os seguintes requisitos:

I – cinquenta e sete anos de idade, se mulher, e sessenta anos de idade, se homem; e

II – vinte e cinco anos de contribuição, para ambos os sexos, em efetivo exercício na função a que se refere o *caput*.

§ 1º O valor da aposentadoria de que trata este artigo será apurado na forma prevista no art. 53.

§ 2º Para fins de concessão da aposentadoria de que trata este artigo, considera-se função de magistério aquela exercida por professor em estabelecimento de ensino de educação básica em seus diversos níveis e modalidades, incluídas, além do exercício da docência, as funções de direção de unidade escolar e de coordenação e assessoramento pedagógicos.

§ 3º A comprovação da condição de professor será feita por meio da apresentação:

I – do diploma registrado nos órgãos competentes federais e estaduais ou de documento que comprove a habilitação para o exercício do magistério, na forma prevista em lei específica; e

II – dos registros em carteira profissional ou Carteira de Trabalho e Previdência Social complementados, quando for o caso, por declaração do estabelecimento de ensino no qual tenha sido exercida a atividade, sempre que essa informação for necessária para caracterização do efetivo exercício da função de magistério, nos termos do disposto no *caput*.

§ 4º É vedada a conversão de tempo de serviço de magistério, exercido em qualquer época, em tempo de serviço comum.

§ 5º A aposentadoria de que trata este artigo será devida na forma prevista no art. 52.

► Art. 54 com a redação dada pelo Dec. nº 10.410, de 30-6-2020.

Art. 55. *Revogado.* Dec. nº 6.722, de 30-12-2008.

Subseção III DA APOSENTADORIA POR IDADE DO TRABALHADOR RURAL

► Subseção III com a denominação dada pelo Dec. nº 10.410, de 30-6-2020.

Art. 56. A aposentadoria por idade do trabalhador rural, uma vez cumprido o período de carência exigido, será devida aos segurados a que se referem a alínea *a* do inciso I, a alínea *j* do inciso V e os incisos VI e VII do *caput* do art. 9º e aos segurados garimpeiros que trabalhem, comprovadamente, em regime de economia familiar, conforme definido no § 5º do art. 9º, quando completarem cinquenta e cinco anos de idade, se mulher, e sessenta anos de idade, se homem.

§ 1º Para fins do disposto no *caput*, o segurado a que se refere o inciso VII do *caput* do art. 9º comprovará o efetivo exercício de atividade rural, ainda que de forma descontínua, no período imediatamente anterior ao requerimento do benefício ou, conforme o caso, ao mês em que tiver cumprido o requisito etário, por tempo igual ao número de meses de contribuição correspondente à carência do benefício pretendido, computados os períodos pelos quais o segurado especial tenha recebido os rendimentos a que se referem os incisos III ao VIII do § 8º do art. 9º.

► Súm. nº 577 do STJ.

§ 2º O valor da renda mensal da aposentadoria de que trata este artigo para os trabalhadores rurais a que se referem a alínea *a* do inciso I, a alínea *j* do inciso V e o inciso VI do *caput* do art. 9º, para o garimpeiro e para o segurado especial que contribua facultativamente corresponderá a setenta por cento do salário de benefício definido na forma prevista no art. 32, com acréscimo de um ponto percentual para cada ano de contribuição.

§ 3º O valor da renda mensal do benefício de que trata este artigo para os trabalhadores rurais a que se refere o inciso VII do *caput* do art. 9º será de um salário mínimo.

§ 4º O segurado especial que contribui na forma prevista no § 2º do art. 200 somente fará jus à aposentadoria com valor apurado na forma prevista no § 2º deste artigo após o cumprimento do período de carência exigido, hipótese em que não será considerado como período de carência o tempo de atividade rural não contributivo.

§ 5º A aposentadoria de que trata este artigo será devida na forma prevista no art. 52.

Art. 57. Os trabalhadores rurais que não atendam ao disposto no art. 56 mas que satisfaçam essa condição, se considerados períodos de contribuição sob outras categorias de segurado, farão jus ao benefício ao atenderem os requisitos definidos nos incisos I e II do *caput* do art. 51.

§ 1º Para fins do disposto no *caput*, o valor da renda mensal da aposentadoria será apurado na forma do disposto no art. 53, considerando-se como salário de contribuição mensal do período como segurado especial o salário mínimo.

§ 2º O disposto neste artigo aplica-se ainda que, na oportunidade do requerimento da aposentadoria, o segurado não se enquadre como trabalhador rural.

► Arts. 56 e 57 com a redação dada pelo Dec. nº 10.410, de 30-6-2020.

Arts. 58 a 63. *Revogados*. Dec. nº 10.410, de 30-6-2020.

Subseção IV

DA APOSENTADORIA ESPECIAL

Art. 64. A aposentadoria especial, uma vez cumprido o período de carência exigido, será devida ao segurado empregado, trabalhador avulso e contribuinte individual, este último somente quando cooperado filiado a cooperativa de trabalho ou de produção, que comprove o exercício de atividades com efetiva exposição a agentes químicos, físicos e biológicos prejudiciais à saúde, ou a associação desses agentes, de forma permanente, não ocasional nem intermitente, vedada a caracterização por categoria profissional ou ocupação, durante, no mínimo, quinze, vinte ou vinte e cinco anos, e que cumprir os seguintes requisitos:

I – cinquenta e cinco anos de idade, quando se tratar de atividade especial de quinze anos de contribuição;

II – cinquenta e oito anos de idade, quando se tratar de atividade especial de vinte anos de contribuição; ou

III – sessenta anos de idade, quando se tratar de atividade especial de vinte e cinco anos de contribuição.

§ 1º A efetiva exposição a agente prejudicial à saúde configura-se quando, mesmo após a adoção das medidas de controle previstas na legislação trabalhista, a nocividade não seja eliminada ou neutralizada.

§ 1º-A. Para fins do disposto no § 1º, considera-se:

I – eliminação – a adoção de medidas de controle que efetivamente impossibilitem a exposição ao agente prejudicial à saúde no ambiente de trabalho; e

II – neutralização – a adoção de medidas de controle que reduzam a intensidade, a concentração ou a dose do agente prejudicial à saúde ao limite de tolerância previsto neste Regulamento ou, na sua ausência, na legislação trabalhista.

§ 2º Para fins do disposto no *caput*, a exposição aos agentes químicos, físicos e biológicos prejudiciais à saúde, ou a associação desses agentes, deverá superar os limites de tolerância estabelecidos segundo critérios quantitativos ou estar caracterizada de acordo com os critérios da avaliação qualitativa de que trata o § 2º do art. 68.

► Art. 64 com a redação dada pelo Dec. nº 10.410, de 30-6-2020.

Art. 65. Considera-se tempo de trabalho permanente aquele que é exercido de forma não ocasional nem intermitente, no qual a exposição do empregado, do trabalhador avulso ou do cooperado ao agente nocivo seja indissociável da produção do bem ou da prestação do serviço.

▸ *Caput* com a redação dada pelo Dec. nº 8.123, de 16-10-2013.

Parágrafo único. Aplica-se o disposto no *caput* aos períodos de descanso determinados pela legislação trabalhista, inclusive ao período de férias, e aos de percepção de salário-maternidade, desde que, à data do afastamento, o segurado estivesse exposto aos fatores de risco de que trata o art. 68.

▸ Parágrafo único com a redação dada pelo Dec. nº 10.410, de 30-6-2020.

Art. 66. Para o segurado que houver exercido duas ou mais atividades sujeitas a agentes químicos, físicos e biológicos prejudiciais à saúde, ou a associação desses agentes, sem completar em quaisquer delas o prazo mínimo exigido para a aposentadoria especial, os respectivos períodos de exercício serão somados após conversão, hipótese em que será considerada a atividade preponderante para efeito de enquadramento.

▸ *Caput* com a redação dada pelo Dec. nº 10.410, de 30-6-2020.

§ 1º Para fins do disposto no *caput*, não serão considerados os períodos em que a atividade exercida não estava sujeita a condições especiais, observado, nesse caso, o disposto no art. 70.

§ 2º A conversão de que trata o *caput* será feita segundo a tabela abaixo:

Tempo a Converter	Multiplicadores		
	Para 15	Para 20	Para 25
De 15 anos	–	1,33	1,67
De 20 anos	0,75	–	1,25
De 25 anos	0,60	0,80	–

▸ §§ 1º e 2º.com a redação dada pelo Dec. nº 8.123, de 16-10-2013.

§ 3º A atividade preponderante será aquela pela qual o segurado tenha contribuído por mais tempo, antes da conversão, e servirá como parâmetro para definir o tempo mínimo necessário para a aposentadoria especial e para a conversão.

▸ § 3º acrescido pelo Dec. nº 10.410, de 30-6-2020.

Art. 67. O valor da aposentadoria especial corresponderá a sessenta por cento do salário de benefício definido na forma prevista no art. 32, com acréscimo de dois pontos percentuais para cada ano de contribuição que exceder o tempo de vinte anos de contribuição exceto no caso da aposentadoria a que se refere o inciso I do *caput* do art. 64 e das mulheres, cujo acréscimo será aplicado para cada ano de contribuição que exceder quinze anos de contribuição.

▸ Artigo com a redação dada pelo Dec. nº 10.410, de 30-6-2020.

Art. 68. A relação dos agentes químicos, físicos, biológicos, e da associação desses agentes, considerados para fins de concessão de aposentadoria especial, é aquela constante do Anexo IV.

▸ *Caput* com a redação dada pelo Dec. nº 10.410, de 30-6-2020.

§ 1º A Secretaria Especial de Previdência e Trabalho do Ministério da Economia promoverá a elaboração de estudos com base em critérios técnicos e científicos para atualização periódica do disposto no Anexo IV.

▸ § 1º com a redação dada pelo Dec. nº 10.410, de 30-6-2020.

§ 2º A avaliação qualitativa de riscos e agentes prejudiciais à saúde será comprovada pela descrição:

▸ *Caput* do § 2º com a redação dada pelo Dec. nº 10.410, de 30-6-2020.

I – das circunstâncias de exposição ocupacional a determinado agente ou associação de agentes prejudiciais à saúde presentes no ambiente de trabalho durante toda a jornada de trabalho;

▸ Inciso I com a redação dada pelo Dec. nº 10.410, de 30-6-2020.

II – de todas as fontes e possibilidades de liberação dos agentes mencionados no inciso I; e

III – dos meios de contato ou exposição dos trabalhadores, as vias de absorção, a intensidade da exposição, a frequência e a duração do contato.

▸ Incisos II e III acrescidos pelo Dec. nº 8.123, de 16-10-2013.

§ 3º A comprovação da efetiva exposição do segurado a agentes prejudiciais à saúde será feita por meio de documento, em meio físico ou eletrônico, emitido pela empresa ou por seu preposto com base em laudo técnico de condições ambientais do trabalho expedido por médico do trabalho ou engenheiro de segurança do trabalho.

§ 4º Os agentes reconhecidamente cancerígenos para humanos, listados pela Secretaria Especial de Previdência e Trabalho do Ministério da Economia, serão avaliados em conformidade com o disposto nos § 2º e § 3º deste artigo e no *caput* do art. 64 e, caso sejam adotadas as medidas de controle previstas na legislação trabalhista que eliminem a nocividade, será descaracterizada a efetiva exposição.

§ 5º O laudo técnico a que se refere o § 3º conterá informações sobre a existência de tecnologia de proteção coletiva ou individual e sobre a sua eficácia e será elaborado com observância às normas editadas pela Secretaria Especial de Previdência e Trabalho do Ministério Economia e aos procedimentos adotados pelo INSS.

§ 6º A empresa que não mantiver laudo técnico atualizado com referência aos agentes existentes no ambiente de trabalho prejudiciais à saúde de seus trabalhadores ou que emitir documento de comprovação de efetiva exposição em desacordo com o referido laudo incorrerá na infração a que se refere a alínea *n* do inciso II do *caput* do art. 283.

► §§ 3º a 6º com a redação dada pelo Dec. nº 10.410, de 30-6-2020.

§ 7º O INSS estabelecerá os procedimentos para fins de concessão de aposentadoria especial, podendo, se necessário, confirmar as informações contidas nos documentos mencionados nos §§ 2º e 3º.

► § 7º com a redação dada pelo Dec. nº 8.123, de 16-10-2013.

§ 8º A empresa deverá elaborar e manter atualizado o perfil profissiográfico previdenciário, ou o documento eletrônico que venha a substituí-lo, no qual deverão ser contempladas as atividades desenvolvidas durante o período laboral, garantido ao trabalhador o acesso às informações nele contidas, sob pena de sujeição às sanções previstas na alínea *h* do inciso I do *caput* do art. 283.

§ 9º Para fins do disposto no § 8º, considera-se perfil profissiográfico previdenciário o documento que contenha o histórico laboral do trabalhador, elaborado de acordo com o modelo instituído pelo INSS.

§ 10. O trabalhador ou o seu preposto terá acesso às informações prestadas pela empresa sobre o seu perfil profissiográfico previdenciário e poderá, inclusive, solicitar a retificação de informações que estejam em desacordo com a realidade do ambiente de trabalho, conforme orientação estabelecida em ato do Ministro de Estado da Economia.

► §§ 8º a 10 com a redação dada pelo Dec. nº 10.410, de 30-6-2020.

§ 11. A cooperativa de trabalho e a empresa contratada para prestar serviços mediante cessão ou empreitada de mão de obra atenderão ao disposto nos §§ 3º, 4º e 5º com base nos laudos técnicos de condições ambientais de trabalho emitidos pela empresa contratante, quando o serviço for prestado em estabelecimento da contratante.

► § 11 com a redação dada pelo Dec. nº 8.123, de 16-10-2013.

§ 12. Nas avaliações ambientais deverão ser considerados, além do disposto no Anexo IV, a metodologia e os procedimentos de avaliação estabelecidos pela Fundação Jorge Duprat Figueiredo de Segurança e Medicina do Trabalho – FUNDACENTRO.

► § 12 acrescido pelo Dec. nº 8.123, de 16-10-2013.

§ 13. Na hipótese de não terem sido estabelecidos pela FUNDACENTRO a metodologia e os procedimentos de avaliação, caberá ao Ministério da Economia indicar outras instituições para estabelecê-los.

► § 13 com a redação dada pelo Dec. nº 10.410, de 30-6-2020.

Art. 69. A data de início da aposentadoria especial será fixada:

I – para o segurado empregado:

a) a partir da data do desligamento do emprego, quando requerida a aposentadoria especial, até noventa dias após essa data; ou

b) a partir da data do requerimento, quando não houver desligamento do emprego ou quando a aposentadoria for requerida após o prazo estabelecido na alínea *a*; e

II – para os demais segurados, a partir da data da entrada do requerimento.

Parágrafo único. O segurado que retornar ao exercício de atividade ou operação que o sujeite aos riscos e agentes nocivos constantes do Anexo IV, ou nele permanecer, na mesma ou em outra empresa, qualquer que seja a forma de prestação do serviço ou categoria de segurado, será imediatamente notificado da cessação do pagamento de sua aposentadoria especial, no prazo de sessenta dias contado da data de emissão da notificação, salvo comprovação, nesse prazo, de que o exercício dessa atividade ou operação foi encerrado.

► Art. 69 com a redação dada pelo Dec. nº 8.123, de 16-10-2013.

Art. 70. *Revogado*. Dec. nº 10.410, de 30-6-2020.

Subseção IV-A

DAS APOSENTADORIAS POR TEMPO DE CONTRIBUIÇÃO E POR IDADE DO SEGURADO COM DEFICIÊNCIA

► Subseção acrescida pelo Dec. nº 8.145, de 3-12-2013.

Art. 70-A. A concessão da aposentadoria por tempo de contribuição ou por idade ao segurado que tenha reconhecido, após ter sido submetido a avaliação biopsicossocial realizada por equipe multiprofissional e interdisciplinar, grau de deficiência leve, moderada ou grave está condicionada à comprovação da condição de pessoa com deficiência na data da entrada do requerimento ou na data da implementação dos requisitos para o benefício.

► Art. 70-A com a redação dada pelo Dec. nº 10.410, de 30-6-2020.

Art. 70-B. A aposentadoria por tempo de contribuição do segurado com deficiência, cumprida a carência, é devida ao segurado empregado, inclusive o doméstico, trabalhador avulso, contribuinte individual e facultativo, observado o disposto no art. 199-A e os seguintes requisitos:

I – aos vinte e cinco anos de tempo de contribuição na condição de pessoa com deficiência, se homem, e vinte anos, se mulher, no caso de segurado com deficiência grave;

II – aos vinte e nove anos de tempo de contribuição na condição de pessoa com deficiência, se homem, e vinte e quatro anos, se mulher, no caso de segurado com deficiência moderada; e

III – aos trinta e três anos de tempo de contribuição na condição de pessoa com deficiência, se homem, e vinte e oito anos, se mulher, no caso de segurado com deficiência leve.

Parágrafo único. A aposentadoria de que trata o *caput* é devida aos segurados especiais que contribuam facultativamente, de acordo com o disposto no art. 199 e no § 2º do art. 200.

Art. 70-C. A aposentadoria por idade da pessoa com deficiência, cumprida a carência, é devida ao segurado aos sessenta anos de idade, se homem, e cinquenta e cinco anos de idade, se mulher.

§ 1º Para efeitos de concessão da aposentadoria de que trata o *caput*, o segurado deve contar com no mínimo quinze anos de tempo de contribuição, cumpridos na condição de pessoa com deficiência, independentemente do grau, observado o disposto no art. 70-D.

§ 2º Aplica-se ao segurado especial com deficiência o disposto nos §§ 1º a 4º do art. 51, e na hipótese do § 2º será considerada a idade prevista no *caput* deste artigo, desde que o tempo exigido para a carência da aposentadoria por idade seja cumprido na condição de pessoa com deficiência.

► Arts. 70-B e 70-C acrescidos pelo Dec. nº 8.145, de 3-12-2013.

Art. 70-D. Para efeito de concessão da aposentadoria da pessoa com deficiência, a avaliação de que trata o art. 70-A deverá, entre outros aspectos:

► *Caput* do art. 70-D com a redação dada pelo Dec. nº 10.410, de 30-6-2020.

I – avaliar o segurado e fixar a data provável do início da deficiência e o seu grau; e

II – identificar a ocorrência de variação no grau de deficiência e indicar os respectivos períodos em cada grau.

► Incisos I e II acrescidos pelo Dec. nº 8.145, de 3-12-2013.

§ 1º A comprovação da deficiência anterior à data da vigência da Lei Complementar nº 142, de 8 de maio de 2013, será instruída por documentos que subsidiem a avaliação de que trata o art. 70-A, vedada a prova exclusivamente testemunhal.

► § 1º com a redação dada pelo Dec. nº 10.410, de 30-6-2020.

§ 2º A avaliação da pessoa com deficiência será realizada para fazer prova dessa condição exclusivamente para fins previdenciários.

§ 3º Considera-se pessoa com deficiência aquela que tem impedimentos de longo prazo de natureza física, mental, intelectual ou sensorial, os quais, em interação com diversas barreiras, podem obstruir sua participação plena e efetiva na sociedade em igualdade de condições com as demais pessoas.

▸ §§ 2º e 3º acrescidos pelo Dec. nº 8.145, de 3-12-2013.

§ 4º *Revogado*. Dec. nº 10.410, de 30-6-2020.

Art. 70-E. Para o segurado que, após a filiação ao RGPS, tornar-se pessoa com deficiência, ou tiver seu grau alterado, os parâmetros mencionados nos incisos I, II e III do *caput* do art. 70-B serão proporcionalmente ajustados e os respectivos períodos serão somados após conversão, conforme as tabelas abaixo, considerando o grau de deficiência preponderante, observado o disposto no art. 70-A:

MULHER				
TEMPO A CONVERTER	MULTIPLICADORES			
	Para 20	Para 24	Para 28	Para 30
De 20 anos	1,00	1,20	1,40	1,50
De 24 anos	0,83	1,00	1,17	1,25
De 28 anos	0,71	0,86	1,00	1,07
De 30 anos	0,67	0,80	0,93	1,00

HOMEM				
TEMPO A CONVERTER	MULTIPLICADORES			
	Para 25	Para 29	Para 33	Para 35
De 25 anos	1,00	1,16	1,32	1,40
De 29 anos	0,86	1,00	1,14	1,21
De 33 anos	0,76	0,88	1,00	1,06
De 35 anos	0,71	0,83	0,94	1,00

§ 1º O grau de deficiência preponderante será aquele em que o segurado cumpriu maior tempo de contribuição, antes da conversão, e servirá como parâmetro para definir o tempo mínimo necessário para a aposentadoria por tempo de contribuição da pessoa com deficiência e para a conversão.

§ 2º Quando o segurado contribuiu alternadamente na condição de pessoa sem deficiência e com deficiência, os respectivos períodos poderão ser somados, após aplicação da conversão de que trata o *caput*.

▸ Art. 70-E acrescido pelo Dec. nº 8.145, de 3-12-2013.

Art. 70-F. A redução do tempo de contribuição da pessoa com deficiência não poderá ser acumulada, no mesmo período contributivo, com a redução aplicada aos períodos de contribuição relativos a atividades exercidas sob condições especiais que prejudiquem a saúde ou a integridade física.

▸ *Caput* do art. 70-F acrescido pelo Dec. nº 8.145, de 3-12-2013.

§ 1º É garantida a conversão do tempo de contribuição cumprido em condições especiais que prejudiquem a saúde ou a integridade física do segurado, inclusive da pessoa com deficiência, para fins da aposentadoria de que trata o art. 70-B, se resultar mais favorável ao segurado, conforme tabela abaixo:

MULHER					
TEMPO A CONVERTER	MULTIPLICADORES				
	Para 15	Para 20	Para 24	Para 25	Para 28
De 15 anos	1,00	1,33	1,60	1,67	1,87
De 20 anos	0,75	1,00	1,20	1,25	1,40
De 24 anos	0,63	0,83	1,00	1,04	1,17
De 25 anos	0,60	0,80	0,96	1,00	1,12
De 28 anos	0,54	0,71	0,86	0,89	1,00

HOMEM					
TEMPO A CONVERTER	MULTIPLICADORES				
	Para 15	Para 20	Para 24	Para 25	Para 28
De 15 anos	1,00	1,33	1,67	1,93	2,20
De 20 anos	0,75	1,00	1,25	1,45	1,65
De 25 anos	0,60	0,80	1,00	1,16	1,32
De 29 anos	0,52	0,69	0,86	1,00	1,14
De 33 anos	0,45	0,61	0,76	0,88	1,00

§ 2º É vedada a conversão do tempo de contribuição da pessoa com deficiência para fins de concessão da aposentadoria especial de que trata a Subseção IV da Seção VI do Capítulo II.

▸ §§ 1º e 2º acrescidos pelo Dec. nº 8.145, de 3-12-2013.

§ 3º *Revogado*. Dec. nº 10.410, de 30-6-2020.

Art. 70-G. É facultado ao segurado com deficiência optar pela percepção de qualquer outra espécie de aposentadoria do RGPS que lhe seja mais vantajosa.

▸ Art. 70-G acrescido pelo Dec. nº 8.145, de 3-12-2013.

Art. 70-H. A critério do INSS, o segurado com deficiência deverá, a qualquer tempo, submeter-se à avaliação de que trata o art. 70-A.

▸ *Caput* do art. 70-H com a redação dada pelo Dec. nº 10.410, de 30-6-2020.

Parágrafo único. Após a concessão das aposentadorias na forma dos arts. 70-B e 70-C, será observado o disposto nos arts. 347 e 347-A.

▸ Parágrafo único acrescido pelo Dec. nº 8.145, de 3-12-2013.

Art. 70-I. Aplicam-se à pessoa com deficiência as demais normas relativas aos benefícios do RGPS.

▶ Art. 70-I acrescido pelo Dec. nº 8.145, de 3-12-2013.

Art. 70-J. A renda mensal da aposentadoria devida ao segurado com deficiência será calculada a partir da aplicação dos seguintes percentuais sobre o salário de benefício definido na forma prevista no art. 32:

I – cem por cento, na hipótese de aposentadoria por tempo de contribuição de que trata o art. 70-B; ou

II – setenta por cento, acrescido de um ponto percentual do salário de benefício por grupo de doze contribuições mensais até o máximo de trinta por cento, na hipótese de aposentadoria por idade de que trata o art. 70-C.

▶ Art. 70-J acrescido pelo Dec. nº 10.410, de 30-6-2020.

Subseção V

Do Auxílio por Incapacidade Temporária

▶ Subseção V com a denominação dada pelo Dec. nº 10.410, de 30-6-2020.

Art. 71. O auxílio por incapacidade temporária será devido ao segurado que, uma vez cumprido, quando for o caso, o período de carência exigido, ficar incapacitado para o seu trabalho ou para a sua atividade habitual por mais de quinze dias consecutivos, conforme definido em avaliação médico-pericial.

▶ Art. 59 da Lei nº 8.213, de 24-7-1991 (Lei dos Planos de Benefícios da Previdência Social).

§ 1º Não será devido auxílio por incapacidade temporária ao segurado que se filiar ao RGPS já portador de doença ou lesão invocada como causa para a concessão do benefício, exceto quando a incapacidade sobrevier por motivo de progressão ou agravamento dessa doença ou lesão.

§ 2º Será devido auxílio por incapacidade temporária, independentemente do cumprimento de período de carência, aos segurados obrigatório e facultativo quando sofrerem acidente de qualquer natureza.

§ 3º Não será devido o auxílio por incapacidade temporária ao segurado recluso em regime fechado.

§ 4º O segurado em gozo de auxílio por incapacidade temporária na data do recolhimento à prisão terá o seu benefício suspenso.

§ 5º A suspensão prevista no § 4º será pelo prazo de até sessenta dias, contado da data do recolhimento à prisão, hipótese em que o benefício será cessado após o referido prazo.

§ 6º Na hipótese de o segurado ser colocado em liberdade antes do prazo previsto no § 5º, o benefício será restabelecido a partir da data de sua soltura.

§ 7º Em caso de prisão declarada ilegal, o segurado terá direito à percepção do benefício por todo o período devido, efetuado o encontro de contas na hipótese de ter havido pagamento de auxílio-reclusão com valor inferior ao do auxílio por incapacidade temporária no mesmo período.

§ 8º O disposto nos § 3º ao § 7º aplica-se somente aos benefícios dos segurados que tiverem sido recolhidos à prisão a partir da data de publicação da Lei nº 13.846, de 18 de junho de 2019.

§ 9º O segurado recluso em cumprimento de pena em regime aberto ou semiaberto fará jus ao auxílio por incapacidade temporária.

▶ Art. 71 com a redação dada pelo Dec. nº 10.410, de 30-6-2020.

Art. 72. O auxílio por incapacidade temporária consiste em renda mensal correspondente a noventa e um por cento do salário de benefício definido na forma prevista no art. 32 e será devido:

▶ *Caput* com a redação dada pelo Dec. nº 10.410, de 30-6-2020.

▶ Art. 60 da Lei nº 8.213, de 24-7-1991 (Lei dos Planos de Benefícios da Previdência Social).

I – a contar do 16º (décimo sexto) dia do afastamento da atividade para o segurado empregado, exceto o doméstico;

▶ Inciso I com a redação dada pelo Dec. nº 3.265, de 29-11-1999.

II – a contar da data do início da incapacidade, para os demais segurados, desde que o afastamento seja superior a quinze dias;

▶ Inciso II com a redação dada pelo Dec. nº 10.410, de 30-6-2020.

III – a contar da data de entrada do requerimento, quando requerido após o trigésimo dia do afastamento da atividade, para todos os segurados.

§ 1º Quando o acidentado não se afastar do trabalho no dia do acidente, os quinze dias de responsabilidade da empresa pela sua remuneração integral são contados a partir da data do afastamento.

§ 2º *Revogado.* Dec. nº 3.668, de 22-11-2000.

§ 3º O auxílio por incapacidade temporária será devido durante o curso de reclamação trabalhista relacionada com a rescisão do contrato de trabalho, ou após a decisão final, desde que implementadas as condições mínimas para a concessão do benefício, observado o disposto nos § 2º e § 3º do art. 36.

▸ § 3º com a redação dada pelo Dec. nº 10.410, de 30-6-2020.

Art. 73. O auxílio por incapacidade temporária do segurado que exercer mais de uma atividade abrangida pela previdência social será devido mesmo no caso de incapacidade apenas para o exercício de uma delas, hipótese em que o segurado deverá informar a Perícia Médica Federal a respeito de todas as atividades que estiver exercendo.

▸ *Caput* com a redação dada pelo Dec. nº 10.410, de 30-6-2020.

§ 1º Na hipótese prevista neste artigo, o auxílio por incapacidade temporária será concedido em relação à atividade para a qual o segurado estiver incapacitado, consideradas para fins de carência somente as contribuições relativas a essa atividade.

▸ § 1º com a redação dada pelo Dec. nº 10.410, de 30-6-2020.

§ 2º Se nas várias atividades o segurado exercer a mesma profissão, será exigido de imediato o afastamento de todas.

§ 3º Constatada durante o recebimento do auxílio por incapacidade temporária concedido nos termos do disposto neste artigo a incapacidade do segurado para cada uma das demais atividades, o valor do benefício deverá ser revisto com base nos salários de contribuição de cada uma das atividades, observado o disposto nos incisos I ao III do *caput* do art. 72.

§ 4º Na hipótese prevista no § 1º, o valor do auxílio por incapacidade temporária poderá ser inferior ao salário mínimo, desde que, se somado às demais remunerações recebidas, resulte em valor superior ao salário mínimo.

▸ §§ 3º e 4º com a redação dada pelo Dec. nº 10.410, de 30-6-2020.

§ 5º O segurado que, durante o gozo do auxílio por incapacidade temporária, vier a exercer atividade remunerada que lhe garanta a subsistência poderá ter o benefício cancelado a partir do retorno à atividade, observado o disposto no art. 179.

§ 6º Na hipótese prevista no § 5º, caso a atividade remunerada exercida seja diversa daquela que gerou o benefício, deverá ser verificada a incapacidade para cada uma das atividades exercidas, observado o disposto no *caput* e nos § 1º, § 2º e § 3º.

▸ §§ 5º e 6º acrescidos pelo Dec. nº 10.410, de 30-6-2020.

Art. 74. Quando o segurado que exercer mais de uma atividade for considerado definitivamente incapacitado para uma delas, o auxílio por incapacidade temporária deverá ser mantido indefinidamente, hipótese em que não caberá a concessão de aposentadoria por incapacidade permanente enquanto a incapacidade não se estender às demais atividades.

▸ *Caput* com a redação dada pelo Dec. nº 10.410, de 30-6-2020.

Parágrafo único. Na situação prevista no *caput*, o segurado somente poderá transferir-se das demais atividades que exerce após o conhecimento da reavaliação médico-pericial.

Art. 75. Durante os primeiros quinze dias consecutivos de afastamento da atividade por motivo de incapacidade temporária, compete à empresa pagar o salário ao segurado empregado.

▸ *Caput* com a redação dada pelo Dec. nº 10.410, de 30-6-2020.

§ 1º Cabe à empresa que dispuser de serviço médico próprio ou em convênio o exame médico e o abono das faltas correspondentes aos primeiros quinze dias de afastamento.

§ 2º Quando a incapacidade ultrapassar o período de quinze dias consecutivos, o segurado será encaminhado ao INSS para avaliação médico-pericial.

§ 3º Se concedido novo benefício decorrente do mesmo motivo que gerou a incapacidade no prazo de sessenta dias, contado da data da cessação do benefício anterior, a empresa ficará desobrigada do pagamento relativo aos quinze primeiros dias de afastamento, prorrogando-se o benefício anterior e descontando-se os dias trabalhados, se for o caso.

§ 4º Se o segurado empregado, por motivo de incapacidade, afastar-se do trabalho durante o período de quinze dias, retornar à atividade no décimo sexto dia e voltar a se afastar no prazo de sessenta dias, contado da data de seu retorno, em decorrência do mesmo motivo que gerou a incapacidade, este fará jus ao auxílio por incapacidade temporária a partir da data do novo afastamento.

§ 5º Na hipótese prevista no § 4º, se o retorno à atividade tiver ocorrido antes do período de quinze dias do afastamento, o segurado fará jus ao auxílio por incapacidade temporária a partir do dia seguinte ao que completar aquele período.

§ 6º Na impossibilidade de realização do exame médico-pericial inicial antes do término do período de recuperação indicado pelo médico assistente em documentação, o empregado é autorizado a retornar ao trabalho no dia seguinte à data indicada pelo médico assistente, mantida a necessidade de comparecimento do segurado à perícia na data agendada.

▸ §§ 2º a 6º com a redação dada pelo Dec. nº 10.410, de 30-6-2020.

Arts. 75-A e 75-B. *Revogados*. Dec. nº 10.410, de 30-6-2020.

Art. 76. A previdência social processará, de ofício, o benefício quando tiver ciência da incapacidade do segurado sem que este tenha requerido auxílio por incapacidade temporária.

▸ Artigo com a redação dada pelo Dec. nº 10.410, de 30-6-2020.

Art. 76-A. É facultado à empresa protocolar requerimento de auxílio por incapacidade temporária ou documento dele originário de seu empregado ou de contribuinte individual a ela vinculado ou a seu serviço, na forma estabelecida pelo INSS.

▸ *Caput* do art. 76-A com a redação dada pelo Dec. nº 10.410, de 30-6-2020.

Parágrafo único. *Revogado*. Dec. nº 10.410, de 30-6-2020.

Art. 76-B. A empresa terá acesso às decisões administrativas de benefícios requeridos por seus empregados, resguardadas as informações consideradas sigilosas, na forma estabelecida em ato do INSS.

▸ Art. 76-B acrescido pelo Dec. nº 10.410, de 30-6-2020.

Art. 77. O segurado em gozo de auxílio por incapacidade temporária concedido judicial ou administrativamente está obrigado, independentemente de sua idade e sob pena de suspensão do benefício, a submeter-se a exame médico a cargo da Perícia Médica Federal, processo de reabilitação profissional a cargo do INSS e tratamento dispensado gratuitamente, exceto o cirúrgico e a transfusão de sangue, que são facultativos.

▸ Artigo com a redação dada pelo Dec. nº 10.410, de 30-6-2020.

Art. 77-A. O segurado em gozo de auxílio por incapacidade temporária concedido judicial ou administrativamente poderá ser convocado a qualquer tempo para avaliação das condições que ensejaram sua concessão ou manutenção.

▸ Art. 77-A acrescido pelo Dec. nº 10.410, de 30-6-2020.

Art. 78. O auxílio por incapacidade temporária cessa pela recuperação da capacidade para o trabalho, pela concessão de aposentadoria por incapacidade permanente ou, na hipótese de o evento causador da redução da capacidade laborativa ser o mesmo que gerou o auxílio por incapacidade temporária, pela concessão do auxílio acidente.

▸ *Caput* com a redação dada pelo Dec. nº 10.410, de 30-6-2020.

§ 1º Sempre que possível, o ato de concessão ou de reativação de auxílio por incapacidade temporária, judicial ou administrativo, deverá estabelecer o prazo estimado para a duração do benefício.

▸ § 1º com a redação dada pelo Dec. nº 10.410, de 30-6-2020.

§ 2º Caso o prazo concedido para a recuperação se revele insuficiente, o segurado poderá solicitar a sua prorrogação, na forma estabelecida pelo INSS.

▸ § 2º com a redação dada pelo Dec. nº 8.691, de 14-3-2016.

§ 3º A comunicação da concessão do auxílio por incapacidade temporária conterá as informações necessárias ao requerimento de sua prorrogação.

§ 4º Caso não seja estabelecido o prazo de que trata o § 1º, o benefício cessará após o prazo de cento e vinte dias, contado da data de concessão ou de reativação do auxílio por incapacidade temporária, exceto se o segurado requerer a sua prorrogação ao INSS, observado o disposto no art. 79.

▸ §§ 3º e 4º com a redação dada pelo Dec. nº 10.410, de 30-6-2020.

§ 5º O segurado que se considerar capaz antes do prazo estabelecido pela Perícia Médica Federal no ato da concessão ou da prorrogação do auxílio por incapacidade temporária somente retornará ao trabalho após nova avaliação médico-pericial.

§ 6º O segurado poderá desistir do requerimento de prorrogação antes da realização do exame médico-pericial, hipótese em que o benefício será mantido até a data da sua desistência, desde que posterior à data de cessação estabelecida pela Perícia Médica Federal.

§ 7º O segurado que não concordar com o resultado da avaliação a que se refere o § 1º poderá apresentar, no prazo de trinta dias, recurso da decisão proferida pela Perícia Médica Federal perante o Conselho de Recursos da Previdência Social – CRPS, cuja análise médico-pericial, se necessária, será feita por perito médico federal diverso daquele que tenha realizado o exame anterior.

▸ §§ 5º a 7º acrescidos pelo Dec. nº 10.410, de 30-6-2020.

Art. 79. O segurado em gozo de auxílio por incapacidade temporária insuscetível de recuperação para sua atividade habitual deverá submeter-se a processo de reabilitação profissional para o exercício de outra atividade.

§ 1º O benefício a que se refere o *caput* será mantido até que o segurado seja considerado reabilitado para o desempenho de atividade que lhe garanta a subsistência ou, quando considerado não recuperável, seja aposentado por incapacidade permanente.

§ 2º A alteração das atribuições e responsabilidades do segurado compatíveis com a limitação que tenha sofrido em sua capacidade física ou mental não configura desvio de cargo ou função do segurado reabilitado ou que estiver em processo de reabilitação profissional a cargo do INSS.

Art. 80. O segurado empregado, inclusive o doméstico, em gozo de auxílio por incapacidade temporária será considerado pela empresa e pelo empregador doméstico como licenciado.

Parágrafo único. A empresa que garantir ao segurado licença remunerada ficará obrigada a pagar-lhe, durante o período do auxílio por incapacidade temporária, a eventual diferença entre o valor do benefício recebido e a quantia garantida pela licença.

▸ Arts. 79 e 80 com a redação dada pelo Dec. nº 10.410, de 30-6-2020.

Subseção VI
DO SALÁRIO-FAMÍLIA

Art. 81. O salário-família é devido, mensalmente, ao segurado empregado, inclusive o doméstico, e ao trabalhador avulso com salário de contribuição inferior ou igual a R$ 1.425,56 (mil quatrocentos e vinte e cinco reais e cinquenta e seis centavos), na proporção do respectivo número de filhos ou de enteados e de menores tutelados, desde que comprovada a dependência econômica dos dois últimos nos termos do disposto no art. 16, observado o disposto no art. 83.

▸ Artigo com a redação dada pelo Dec. nº 10.410, de 30-6-2020.

▸ Art. 65 da Lei nº 8.213, de 24-7-1991 (Lei dos Planos de Benefícios da Previdência Social).

Art. 82. O salário-família será pago mensalmente:

I – ao empregado, inclusive o doméstico, pela empresa ou pelo empregador doméstico, juntamente com o salário, e ao trabalhador avulso, pelo sindicato ou órgão gestor de mão de obra, por meio de convênio;

II – ao empregado, inclusive o doméstico, e ao trabalhador avulso aposentados por incapacidade permanente ou em gozo de auxílio por incapacidade temporária, pelo INSS, juntamente com o benefício;

▸ Incisos I e II com a redação dada pelo Dec. nº 10.410, de 30-6-2020.

III – ao trabalhador rural aposentado por idade aos 60 (sessenta) anos, se do sexo masculino, ou 55 (cinquenta e cinco) anos, se do sexo feminino, pelo Instituto Nacional do Seguro Social, juntamente com a aposentadoria; e

IV – aos demais empregados, inclusive os domésticos, e aos trabalhadores avulsos aposentados aos sessenta e cinco anos de idade, se homem, ou aos sessenta anos, se mulher, pelo INSS, juntamente com a aposentadoria.

▸ Inciso IV com a redação dada pelo Dec. nº 10.410, de 30-6-2020.

§ 1º No caso do inciso I, quando o salário do empregado não for mensal, o salário-família será pago juntamente com o último pagamento relativo ao mês.

§ 2º O salário-família do trabalhador avulso independe do número de dias trabalhados no mês, devendo o seu pagamento corresponder ao valor integral da cota.

§ 3º Quando o pai e a mãe são segurados empregados, inclusive domésticos, ou trabalhadores avulsos, ambos têm direito ao salário-família.

§ 4º As cotas do salário-família pagas pela empresa ou pelo empregador doméstico serão deduzidas quando do recolhimento das contribuições.

- §§ 3º e 4º com a redação dada pelo Dec. nº 10.410, de 30-6-2020.

Art. 83. O valor da cota do salário-família por filho ou por enteado e por menor tutelado, desde que comprovada a dependência econômica dos dois últimos, até quatorze anos de idade ou inválido, é de R$ 48,62 (quarenta e oito reais e sessenta e dois centavos).

- *Caput* com a redação dada pelo Dec. nº 10.410, de 30-6-2020.
- Art. 66 da Lei nº 8.213, de 24-7-1991 (Lei dos Planos de Benefícios da Previdência Social).
- Art. 4º da Port. Interministerial do MTPrev e MF nº 26, de 10-1-2023 (*DOU* de 11-1-2023), que altera o valor da cota do salário-família.

I e II – *Revogados*. Dec. nº 10.410, de 30-6-2020.

Art. 84. O pagamento do salário-família será devido a partir da data de apresentação da certidão de nascimento do filho ou da documentação relativa ao enteado e ao menor tutelado, desde que comprovada a dependência econômica dos dois últimos, e fica condicionado à apresentação anual de atestado de vacinação obrigatória dos referidos dependentes, de até seis anos de idade, e de comprovação semestral de frequência à escola dos referidos dependentes, a partir de quatro anos de idade, observado, para o empregado doméstico, o disposto no § 5º.

- *Caput* com a redação dada pelo Dec. nº 10.410, de 30-6-2020.
- Art. 67 da Lei nº 8.213, de 24-7-1991 (Lei dos Planos de Benefícios da Previdência Social).

§ 1º A empresa e o empregador doméstico deverão conservar, durante o prazo decadencial de que trata o art. 348, os comprovantes dos pagamentos e as cópias das certidões correspondentes, para exame pela fiscalização.

§ 2º Na hipótese de o segurado empregado ou de o trabalhador avulso não apresentar o atestado de vacinação obrigatória e a comprovação de frequência escolar do filho, do enteado ou do menor tutelado, desde que comprovada a dependência econômica dos dois últimos , nas datas definidas pelo INSS, o benefício do salário-família será suspenso até que a documentação seja apresentada.

§ 3º Não é devido salário-família no período entre a suspensão do benefício motivada pela falta de comprovação da frequência escolar e o seu reativamento, exceto se provada a frequência escolar regular no período.

§ 4º A comprovação semestral de frequência escolar de que trata o *caput* será feita por meio da apresentação de documento emitido pela escola, na forma estabelecida na legislação específica, em nome do aluno, de qual conste o registro de frequência regular, ou de atestado do estabelecimento de ensino que comprove a regularidade da matrícula e a frequência escolar do aluno.

- §§ 1º a 4º com a redação dada pelo Dec. nº 10.410, de 30-6-2020.

§ 5º Para recebimento do salário-família, o empregado doméstico apresentará ao seu empregador apenas a certidão de nascimento do filho ou a documentação relativa ao enteado e ao menor tutelado, desde que comprovada a dependência econômica dos dois últimos.

- § 5º acrescido pelo Dec. nº 10.410, de 30-6-2020.

Art. 85. A invalidez do filho, do enteado ou do menor tutelado, desde que comprovada a dependência econômica dos dois últimos, maior de quatorze anos de idade será verificada em exame médico-pericial realizado pela Perícia Médica Federal.

Art. 86. O salário-família correspondente ao mês de afastamento do trabalho será pago integralmente pela empresa, pelo empregador doméstico ou pelo sindicato ou pelo órgão gestor de mão de obra, conforme o caso, e, ao mês da cessação de benefício, pelo INSS.

- Arts. 85 e 86 com a redação dada pelo Dec. nº 10.410, de 30-6-2020.

Art. 87. Tendo havido divórcio, separação judicial ou de fato dos pais, ou em caso de abandono legalmente caracterizado ou perda do pátrio poder, o salário-família passará a ser pago diretamente àquele a cujo cargo ficar o sustento do menor, ou a outra pessoa, se houver determinação judicial nesse sentido.

▸ A Lei nº 10.406, de 10-1-2002 (Código Civil) substituiu a expressão "pátrio poder" por "poder familiar".

Art. 88. O direito ao salário-família cessa automaticamente:

I – por morte do filho, do enteado ou do menor tutelado, a contar do mês seguinte ao do óbito;

II – quando o filho, o enteado ou o menor tutelado completar quatorze anos de idade, exceto se inválido, a contar do mês seguinte ao da data do aniversário;

III – pela recuperação da capacidade do filho, do enteado ou do menor tutelado inválido, a contar do mês seguinte ao da cessação da incapacidade; ou

▸ Incisos I a III com a redação dada pelo Dec. nº 10.410, de 30-6-2020.

IV – pelo desemprego do segurado.

Art. 89. Para efeito de concessão e manutenção do salário-família, o segurado firmará termo de responsabilidade, no qual se comprometerá a comunicar à empresa, ao empregador doméstico ou ao INSS, conforme o caso, qualquer fato ou circunstância que determine a perda do direito ao benefício e ficará sujeito, em caso de descumprimento, às sanções penais e trabalhistas.

Art. 90. A falta de comunicação oportuna de fato que implique cessação do salário-família e a prática, pelo segurado, de fraude de qualquer natureza para o seu recebimento autorizam a empresa, o empregador doméstico ou o INSS, conforme o caso, a descontar dos pagamentos de cotas devidas com relação a outros filhos, enteados ou menores tutelados ou, na falta delas, do próprio salário do segurado ou da renda mensal do seu benefício, o valor das cotas indevidamente recebidas, sem prejuízo das sanções penais cabíveis, observado o disposto no § 2º do art. 154.

Art. 91. O empregado, inclusive o doméstico, ou o trabalhador avulso deve dar quitação à empresa ou ao empregador doméstico de cada recebimento mensal do salário-família, na própria folha de pagamento ou por outra forma admitida, de modo que a quitação fique claramente caracterizada.

▸ Arts. 89 a 91 com a redação dada pelo Dec. nº 10.410, de 30-6-2020.

Art. 92. As cotas do salário-família não serão incorporadas, para qualquer efeito, ao salário ou ao benefício.

▸ Art. 70 da Lei nº 8.213, de 24-7-1991 (Lei dos Planos de Benefícios da Previdência Social).

SUBSEÇÃO VII

DO SALÁRIO-MATERNIDADE

Art. 93. O salário-maternidade é devido à segurada da previdência social, durante cento e vinte dias, com início vinte e oito dias antes e término noventa e um dias depois do parto, podendo ser prorrogado na forma prevista no § 3º.

▸ *Caput* com a redação dada pelo Dec. nº 4.862, de 21-10-2003.

▸ O STF, por unanimidade, conheceu a ADIN nº 6.327 como arguição de descumprimento de preceito fundamental e, ratificando a medida cautelar, julgou procedente o pedido formulado para conferir interpretação conforme a Constituição, por arrastamento, a este artigo, "de modo a se considerar como termo inicial da licença-maternidade e do respectivo salário-maternidade a alta hospitalar do recém-nascido e/ou de sua mãe, o que ocorrer por último, prorrogando-se em todo o período o benefício, quando o período de internação exceder as duas semanas previstas no art. 392, § 2º, da CLT, e no art. 93, § 3º, do Dec. nº 3.048/1999" (*DOU* de 26-10-2022).

▸ Lei nº 11.770, de 9-9-2008 (Lei do Programa Empresa Cidadã).

▸ Arts. 137 a 142 do Dec. nº 10.854, de 10-11-2021, que regulamenta disposições relativas à legislação trabalhista.

§ 1º Para a segurada empregada, inclusive a doméstica, observar-se-á, no que couber, as situações e condições previstas na legislação trabalhista relativas à proteção à maternidade.

§ 2º Será devido o salário-maternidade à segurada especial, desde que comprove o exercício de atividade rural nos últimos dez meses imediatamente anteriores à data do parto ou do requerimento do benefício, quando requerido antes do parto, mesmo que de forma descontínua, aplicando-se, quando for o caso, o disposto no parágrafo único do art. 29.

▸ § 2º com a redação dada pelo Dec. nº 5.545, de 22-9-2005.

§ 3º Em casos excepcionais, os períodos de repouso anterior e posterior ao parto podem ser aumentados de mais duas semanas, por meio de atestado médico específico submetido à avaliação médico-pericial.

▸ § 3º com a redação dada pelo Dec. nº 10.410, de 30-6-2020.

§ 4º Em caso de parto antecipado ou não, a segurada tem direito aos 120 (cento e vinte) dias previstos neste artigo.

§ 5º Em caso de aborto não criminoso, comprovado mediante atestado médico, a segurada terá direito ao salário-maternidade correspondente a duas semanas.

▸ § 5º com a redação dada pelo Dec. nº 3.668, de 22-11-2000.

▸ Art. 71 da Lei nº 8.213, de 24-7-1991 (Lei dos Planos de Benefícios da Previdência Social).

§ 6º *Revogado*. Dec. nº 4.032, de 26-11-2001.

Art. 93-A. O salário-maternidade é devido ao segurado ou à segurada da previdência social que adotar ou obtiver guarda judicial, para fins de adoção de criança de até doze anos de idade, pelo período de cento e vinte dias.

▸ *Caput* do art. 93-A com a redação dada pelo Dec. nº 10.410, de 30-6-2020.

▸ O STF, por unanimidade, conheceu a ADIN nº 6.327 como arguição de descumprimento de preceito fundamental e, ratificando a medida cautelar, julgou procedente o pedido formulado para conferir interpretação conforme a Constituição, por arrastamento, a este artigo, "de modo a se considerar como termo inicial da licença-maternidade e do respectivo salário-maternidade a alta hospitalar do recém-nascido e/ou de sua mãe, o que ocorrer por último, prorrogando-se em todo o período o benefício, quando o período de internação exceder as duas semanas previstas no art. 392, § 2º, da CLT, e no art. 93, § 3º, do Dec. nº 3.048/1999" (*DOU* de 26-10-2022).

▸ Art. 71-A da Lei nº 8.213, de 24-7-1991 (Lei dos Planos de Benefícios da Previdência Social).

▸ Lei nº 11.770, de 9-9-2008 (Lei do Programa Empresa Cidadã).

▸ Arts. 137 a 142 do Dec. nº 10.854, de 10-11-2021, que regulamenta disposições relativas à legislação trabalhista.

I a III – *Revogados*. Dec. nº 10.410, de 30-6-2020.

§ 1º O salário-maternidade é devido ao segurado ou à segurada independentemente de a mãe biológica ter recebido o mesmo benefício quando do nascimento da criança.

▸ § 1º com a redação dada pelo Dec. nº 10.410, de 30-6-2020.

§ 2º O salário-maternidade não é devido quando o termo de guarda não contiver a observação de que é para fins de adoção ou só contiver o nome do cônjuge ou companheiro.

▸ § 2º acrescido pelo Dec. nº 4.729, de 9-6-2003.

§ 3º Para a concessão do salário-maternidade é indispensável:

I – que conste da nova certidão de nascimento da criança o nome do segurado ou da segurada adotante; ou

II – no caso do termo de guarda para fins de adoção, que conste o nome do segurado ou da segurada guardião.

§ 4º Na hipótese de haver adoção ou guarda judicial para adoção de mais de uma criança, será devido somente um salário-maternidade, observado o disposto no art. 98.

▸ §§ 3º e 4º com a redação dada pelo Dec. nº 10.410, de 30-6-2020.

§ 5º A renda mensal do salário-maternidade é calculada na forma do disposto nos arts. 94, 100 ou 101, de acordo com a forma de contribuição da segurada à Previdência Social.

▸ § 5º acrescido pelo Dec. nº 4.729, de 9-6-2003.

§ 6º O salário-maternidade de que trata este artigo é pago diretamente pela Previdência Social.

▸ § 6º acrescido pelo Dec. nº 4.862, de 21-10-2003.

§ 7º Ressalvadas as hipóteses de pagamento de salário-maternidade à mãe biológica e de pagamento ao cônjuge ou companheiro sobrevivente, nos termos do disposto no art. 93-B, não poderá ser concedido salário-maternidade a mais de um segurado ou segurada em decorrência do mesmo processo de adoção ou guarda, ainda que o cônjuge ou companheiro esteja vinculado a regime próprio de previdência social.

▸ § 7º acrescido pelo Dec. nº 10.410, de 30-6-2020.

Art. 93-B. No caso de óbito do segurado ou da segurada que fazia jus ao recebimento do salário-maternidade, o benefício será pago, pelo tempo restante a que o segurado ou a segurada teria direito ou por todo o período, ao cônjuge ou companheiro sobrevivente que tenha a qualidade de segurado, exceto no caso de óbito do filho ou de seu abandono.

§ 1º O pagamento do benefício nos termos do disposto no *caput* deverá ser requerido até o último dia do prazo previsto para o término do salário-maternidade originário.

§ 2º Os requerimentos de salário-maternidade efetuados após a data prevista no § 1º serão indeferidos.

§ 3º O benefício de que trata o *caput* será pago diretamente pela previdência social durante o período entre a data do óbito e o último dia do término do salário-maternidade originário e corresponderá:

I – à remuneração integral, para o empregado e o trabalhador avulso, observado o disposto no art. 248 da Constituição e no art. 19-E;

II – ao último salário de contribuição, para o empregado doméstico, observado o disposto no art. 19-E;

III – a um doze avos da soma dos doze últimos salários de contribuição, apurados em período não superior a quinze meses, para o contribuinte individual, o facultativo ou o desempregado que mantenha a qualidade de segurado, nos termos do disposto no art. 13; e

IV – ao valor do salário mínimo, para o segurado especial que não contribua facultativamente.

§ 4º Aplica-se o disposto neste artigo ao segurado ou à segurada que adotar ou obtiver guarda judicial para fins de adoção.

Art. 93-C. A percepção do salário-maternidade, inclusive nos termos do disposto no art. 93-B, está condicionada ao afastamento do trabalho ou da atividade desempenhada pelo segurado ou pela segurada, sob pena de suspensão do benefício.

▸ Arts. 93-B e 93-C acrescidos pelo Dec. nº 10.410, de 30-6-2020.

Art. 94. O salário-maternidade para a segurada empregada consiste numa renda mensal igual à sua remuneração integral e será pago pela empresa, efetivando-se a compensação, observado o disposto no art. 248 da Constituição, quando do recolhimento das contribuições incidentes sobre a folha de salários e demais rendimentos pagos ou creditados, a qualquer título, à pessoa física que lhe preste serviço, devendo aplicar-se à renda mensal do benefício o disposto no art. 198.

▸ *Caput* com a redação dada pelo Dec. nº 4.862, de 21-10-2003.

§§ 1º e 2º *Revogados*. Dec. nº 3.265, de 29-11-1999.

§ 3º A empregada deve dar quitação à empresa dos recolhimentos mensais do salário-maternidade na própria folha de pagamento ou por outra forma admitida, de modo que a quitação fique plena e claramente caracterizada.

▸ § 3º acrescido pelo Dec. nº 4.862, de 21-10-2003.

§ 4º A empresa deve conservar, durante o prazo decadencial de que trata o art. 348, comprovantes dos pagamentos e atestados ou das certidões correspondentes para exame pela fiscalização.

▸ § 4º com a redação dada pelo Dec. nº 10.410, de 30-6-2020.

Art. 95. Compete à interessada instruir o requerimento do salário-maternidade com os atestados médicos necessários.

Parágrafo único. Quando o benefício for requerido após o parto, o documento comprobatório é a Certidão de Nascimento, podendo, no caso de dúvida, a segurada ser submetida à avaliação pericial junto ao Instituto Nacional do Seguro Social.

▸ Art. 95 com a redação dada pelo Dec. nº 3.668, de 22-11-2000.

Art. 96. O início do afastamento do trabalho da segurada empregada, inclusive da doméstica, será determinado com base em atestado médico ou certidão de nascimento do filho.

▸ *Caput* com a redação dada pelo Dec. nº 10.410, de 30-6-2020.

§§ 1º e 2º *Revogados*. Dec. nº 4.729, de 9-6-2003.

Art. 97. O salário-maternidade da segurada empregada será devido pela previdência social enquanto existir relação de emprego, observadas as regras quanto ao pagamento desse benefício pela empresa.

▸ *Caput* com a redação dada pelo Dec. nº 6.122, de 13-6-2007.

Parágrafo único. Durante o período de graça a que se refere o art. 13, a segurada desempregada fará jus ao recebimento do salário-maternidade, situação em que o benefício será pago diretamente pela previdência social.

▸ Parágrafo único com a redação dada pelo Dec. nº 10.410, de 30-6-2020.

Art. 98. A segurada que exerça atividades concomitantes fará jus ao salário-maternidade relativo a cada atividade para a qual tenha cumprido os requisitos exigidos, observadas as seguintes condições:

I – na hipótese de uma ou mais atividades ter remuneração ou salário de contribuição inferior ao salário mínimo mensal, o benefício somente será devido se o somatório dos valores auferidos em todas as atividades for igual ou superior a um salário mínimo mensal;

II – o salário-maternidade relativo a uma ou mais atividades poderá ser inferior ao salário mínimo mensal; e

III – o valor global do salário-maternidade, consideradas todas as atividades, não poderá ser inferior ao salário mínimo mensal.

Art. 99. Nos meses de início e término do salário-maternidade da segurada empregada, inclusive da doméstica, o salário-maternidade será proporcional aos dias de afastamento do trabalho.

Art. 100. O salário-maternidade da segurada trabalhadora avulsa, pago diretamente pela previdência social, consiste em renda mensal igual à sua remuneração integral, observado o disposto no art. 19-E, hipótese em que se aplica à renda mensal do benefício o disposto no art. 198.

▸ Arts. 98 a 100 com a redação dada pelo Dec. nº 10.410, de 30-6-2020.

Art. 100-A. O salário-maternidade devido à empregada do MEI, de que trata o § 26 do art. 9º, será pago diretamente pela previdência social, e o valor da contribuição previdenciária será deduzido da renda mensal do benefício, nos termos do disposto no art. 198.

Parágrafo único. Caberá ao MEI recolher a contribuição previdenciária a seu cargo durante a percepção do salário-maternidade pela segurada a seu serviço.

Art. 100-B. O salário-maternidade devido à empregada intermitente será pago diretamente pela previdência social, observado o disposto no art. 19-E, e o valor da contribuição previdenciária será deduzido da renda mensal do benefício, nos termos do disposto no art. 198, e não será aplicado o disposto no art. 94.

§ 1º O salário-maternidade de que trata este artigo consiste na média aritmética simples das remunerações apuradas no período referente aos doze meses que antecederem o parto, a adoção ou a obtenção da guarda para fins de adoção.

§ 2º Na hipótese de empregos intermitentes concomitantes, a média aritmética a que se refere o § 1º será calculada em relação a todos os empregos e será pago somente um salário-maternidade.

§ 3º A contribuição previdenciária a cargo da empresa terá como base de cálculo a soma das remunerações pagas no período de doze meses anteriores à data de início do salário-maternidade, dividida pelo número de meses em que houve remuneração.

Art. 100-C. O salário-maternidade devido à empregada com jornada parcial cujo salário de contribuição seja inferior ao seu limite mínimo mensal , observado o disposto no art. 19-E, será pago diretamente pela previdência social, e o valor da contribuição previdenciária deverá ser deduzido da renda mensal do benefício, nos termos do disposto no art. 198.

§ 1º Na hipótese de empregos parciais concomitantes, se o somatório dos rendimentos auferidos em todos os empregos for igual ou superior ao limite mínimo mensal do salário de contribuição, o salário-maternidade será pago pelas empresas, observado o disposto no inciso II do *caput* do art. 98.

§ 2º Para fins do disposto no § 1º, a empresa que pagar remuneração inferior ao limite mínimo mensal do salário de contribuição deverá exigir da empregada cópia dos comprovantes de pagamento efetuado pelas demais empresas.

§ 3º Cabe à empresa recolher a contribuição previdenciária a seu cargo durante a percepção do salário-maternidade pela segurada a seu serviço, mesmo na hipótese de o benefício ser pago pela previdência social.

§ 4º A contribuição a que se refere o § 3º terá como base de cálculo a remuneração integral que a empresa pagava à empregada antes da percepção do salário-maternidade.

§ 5º Na hipótese prevista no *caput*, o valor do salário-maternidade será de um salário mínimo.

§ 6º A empresa deverá conservar, durante o prazo decadencial de que trata o art. 348, os comprovantes de pagamento a que se refere o § 2º, para exame pela fiscalização.

▸ Arts. 100-A a 100-C acrescidos pelo Dec. nº 10.410, de 30-6-2020.

Art. 101. O salário-maternidade, observado o disposto nos art. 35, art. 198, art. 199, art. 199-A ou art. 200, pago diretamente pela previdência social, consistirá:

▶ *Caput* com a redação dada pelo Dec. nº 10.410, de 30-6-2020.

I – no valor correspondente ao do último salário de contribuição, para a segurada empregada doméstica, observado o disposto no art. 19-E;

▶ Inciso I com a redação dada pelo Dec. nº 10.410, de 30-6-2020.

II – em um salário mínimo, para a segurada especial;

▶ Inciso II com a redação dada pelo Dec. nº 3.265, de 29-11-1999.

III – em um doze avos da soma dos doze últimos salários de contribuição, observado o disposto no art. 19-E, apurados em período não superior a quinze meses, para as seguradas contribuinte individual e facultativa e para a desempregada que mantenha a qualidade de segurada na forma prevista no art. 13.

▶ Inciso III com a redação dada pelo Dec. nº 10.410, de 30-6-2020.

§§ 1º e 2º *Revogados.* Dec. nº 3.265, de 29-11-1999.

§ 3º O documento comprobatório para requerimento do salário-maternidade da segurada que mantenha esta qualidade é a certidão de nascimento do filho, exceto nos casos de aborto espontâneo, quando deverá ser apresentado atestado médico, e no de adoção ou guarda para fins de adoção, casos em que serão observadas as regras do art. 93-A, devendo o evento gerador do benefício ocorrer, em qualquer hipótese, dentro do período previsto no art. 13.

▶ § 3º acrescido pelo Dec. nº 6.122, de 13-6-2007.

Art. 102. O salário-maternidade não pode ser acumulado com benefício por incapacidade.

Parágrafo único. Quando ocorrer incapacidade em concomitância com o período de pagamento do salário-maternidade, o benefício por incapacidade, conforme o caso, deverá ser suspenso enquanto perdurar o referido pagamento, ou terá sua data de início adiada para o primeiro dia seguinte ao término do período de 120 (cento e vinte) dias.

Art. 103. A segurada aposentada que retornar à atividade fará jus ao pagamento do salário-maternidade, de acordo com o disposto no artigo 93.

Subseção VIII

DO AUXÍLIO-ACIDENTE

Art. 104. O auxílio-acidente será concedido, como indenização, ao segurado empregado, inclusive o doméstico, ao trabalhador avulso e ao segurado especial quando, após a consolidação das lesões decorrentes de acidente de qualquer natureza, resultar sequela definitiva que, a exemplo das situações discriminadas no Anexo III, implique redução da capacidade para o trabalho que habitualmente exercia.

▶ *Caput* com a redação dada pelo Dec. nº 10.410, de 30-6-2020.

▶ Art. 86 da Lei nº 8.213, de 24-7-1991 (Lei dos Planos de Benefícios da Previdência Social).

I a III – *Revogados.* Dec. nº 10.410, de 30-6-2020

§ 1º O auxílio-acidente mensal corresponderá a 50% (cinquenta por cento) do salário de benefício que deu origem ao auxílio-doença do segurado, corrigido até o mês anterior ao do início do auxílio-acidente e será devido até a véspera de início de qualquer aposentadoria ou até a data do óbito do segurado.

§ 2º O auxílio-acidente será devido a partir do dia seguinte ao da cessação do auxílio por incapacidade temporária, independentemente de qualquer remuneração ou rendimento auferido pelo acidentado, vedada a sua acumulação com qualquer aposentadoria.

▶ § 2º com a redação dada pelo Dec. nº 10.410, de 30-6-2020.

§ 3º O recebimento de salário ou concessão de outro benefício, exceto de aposentadoria, não prejudicará a continuidade do recebimento do auxílio-acidente.

§ 4º Não dará ensejo ao benefício a que se refere este artigo o caso:

I – que apresente danos funcionais ou redução da capacidade funcional sem repercussão na capacidade laborativa; e

II – de mudança de função, mediante readaptação profissional promovida pela empresa, como medida preventiva, em decorrência de inadequação do local de trabalho.

§ 5º A perda da audição, em qualquer grau, somente proporcionará a concessão do auxílio-acidente quando, além do reconhecimento do nexo entre o trabalho e o agravo, resultar, comprovadamente, na redução ou perda da capacidade para o trabalho que o segurado habitualmente exercia.

► § 5º com a redação dada pelo Dec. nº 6.939, de 18-8-2009.

§ 6º No caso de reabertura de auxílio por incapacidade temporária por acidente de qualquer natureza que tenha dado origem a auxílio-acidente, este será suspenso até a cessação do auxílio por incapacidade temporária reaberto, quando será reativado.

► § 6º com a redação dada pelo Dec. nº 10.410, de 30-6-2020.

§ 7º Cabe a concessão de auxílio-acidente oriundo de acidente de qualquer natureza ocorrido durante o período de manutenção da qualidade de segurado, desde que atendidas às condições inerentes à espécie.

► § 7º com a redação dada pelo Dec. nº 6.722, de 30-12-2008.

§ 8º Para fins do disposto no *caput* considerar-se-á a atividade exercida na data do acidente.

► § 8º acrescido pelo Dec. nº 4.729, de 9-6-2003.

► Art. 86 da Lei nº 8.213, de 24-7-1991 (Lei dos Planos de Benefícios da Previdência Social).

Subseção IX

Da Pensão por Morte

Art. 105. A pensão por morte será devida ao conjunto dos dependentes do segurado que falecer, aposentado ou não, a contar da data:

► Súm. nº 340 do STJ.

I – do óbito, quando requerida em até cento e oitenta dias após o óbito, para os filhos menores de dezesseis anos, ou quando requerida no prazo de noventa dias, para os demais dependentes;

► Inciso I com a redação dada pelo Dec. nº 10.410, de 30-6-2020.

II – do requerimento, quando requerida após o prazo previsto no inciso I; ou

III – da decisão judicial, no caso de morte presumida.

► Art. 74 da Lei nº 8.213, de 24-7-1991 (Lei dos Planos de Benefícios da Previdência Social).

§ 1º No caso do disposto no inciso II, a data de início do benefício será a data do óbito, aplicados os devidos reajustamentos até a data de início do pagamento, não sendo devida qualquer importância relativa ao período anterior à data de entrada do requerimento.

► § 1º com a redação dada pelo Dec. nº 5.545, de 22-9-2005.

§ 2º *Revogado*. Dec. nº 5.545, de 22-9-2005.

§ 3º O exercício de atividade remunerada, inclusive na condição de MEI, não impede a concessão ou a manutenção da parte individual da pensão do dependente com deficiência intelectual, mental ou grave.

§ 4º Perde o direito à pensão por morte o condenado criminalmente por sentença transitada em julgado, como autor, coautor ou partícipe de homicídio doloso, ou de tentativa desse crime, cometido contra a pessoa do segurado, ressalvados os absolutamente incapazes e os inimputáveis.

§ 5º Perde o direito à pensão por morte o cônjuge ou o companheiro ou a companheira se comprovada, a qualquer tempo, simulação ou fraude no casamento ou na união estável, ou a formalização desses com o fim exclusivo de constituir benefício previdenciário, apurada em processo judicial, assegurados os direitos ao contraditório e à ampla defesa.

§ 6º Ajuizada a ação judicial para reconhecimento da condição de dependente, este poderá requerer a sua habilitação provisória ao benefício de pensão por morte, exclusivamente para fins de rateio dos valores com outros dependentes, vedado o pagamento da cota respectiva até o trânsito em julgado da ação, ressalvada a existência de decisão judicial que disponha em sentido contrário.

§ 7º Nas ações judiciais em que o INSS for parte, este poderá proceder, de ofício, à habilitação excepcional da pensão objeto da ação apenas para efeitos de rateio, descontados os valores referentes à habilitação das demais cotas, vedado o pagamento da respectiva cota até o trânsito em julgado da ação, ressalvada a existência de decisão judicial que disponha em sentido contrário.

§ 8º Julgada improcedente a ação a que se referem os § 6º e § 7º, o valor retido para pagamento ao autor será corrigido pelos índices legais de reajustamento e será pago de forma proporcional aos demais dependentes, de acordo com as suas cotas e o tempo de duração de seus benefícios.

§ 9º Fica assegurada ao INSS a cobrança dos valores indevidamente pagos em decorrência da habilitação a que se referem os § 6º e § 7º.

► §§ 3º a 9º acrescidos pelo Dec. nº 10.410, de 30-6-2020.

Art. 106. A pensão por morte consiste em renda mensal equivalente a uma cota familiar de cinquenta por cento do valor da aposentadoria recebida pelo segurado ou daquela a que teria direito se fosse aposentado por incapacidade permanente na data do óbito, acrescida de cotas de dez pontos percentuais por dependente, até o máximo de cem por cento.

► *Caput* com a redação dada pelo Dec. nº 10.410, de 30-6-2020.

§ 1º O valor da pensão por morte, no caso de morte de segurado recluso que tenha contribuído para a previdência social durante o período de reclusão, será calculado de modo a considerar o tempo de contribuição adicional e os correspondentes salários de contribuição.

► Parágrafo único transformado em § 1º e com a redação dada pelo Dec. nº 10.410, de 30-6-2020.

§ 2º Na hipótese de haver dependente inválido ou com deficiência intelectual, mental ou grave, o valor da pensão por morte será equivalente a cem por cento do valor da aposentadoria recebida pelo segurado ou daquela a que teria direito se fosse aposentado por incapacidade permanente na data do óbito, até o limite máximo do salário de benefício do RGPS, observado o disposto no § 1º do art. 113.

§ 3º O valor da pensão será recalculado na forma do disposto no *caput*, quando:

I – a invalidez ou deficiência intelectual, mental ou grave sobrevier à data do óbito, enquanto estiver mantida a qualidade de dependente; ou

II – deixar de haver dependente inválido ou com deficiência intelectual, mental ou grave.

► §§ 2º e 3º acrescidos pelo Dec. nº 10.410, de 30-6-2020.

Art. 107. A concessão da pensão por morte não será protelada pela falta de habilitação de outro possível dependente, e qualquer habilitação posterior que importe em exclusão ou inclusão de dependente somente produzirá efeito a contar da data da habilitação.

Art. 108. A pensão por morte será devida ao filho, ao enteado, ao menor tutelado e ao irmão, desde que comprovada a dependência econômica dos três últimos, que sejam inválidos ou que tenham deficiência intelectual, mental ou grave, cuja invalidez ou deficiência tenha ocorrido antes da data do óbito, observado o disposto no § 1º do art. 17.

§ 1º A invalidez será reconhecida pela Perícia Médica Federal e a deficiência, por meio de avaliação biopsicossocial realizada por equipe multiprofissional e interdisciplinar.

§ 2º A condição do dependente inválido ou com deficiência intelectual, mental ou grave poderá ser reconhecida previamente ao óbito do segurado e, quando necessário, ser reavaliada quando da concessão do benefício.

Art. 109. O pensionista inválido fica obrigado, sob pena de suspensão do benefício, a submeter-se a exame médico a cargo da Perícia Médica Federal, processo de reabilitação profissional a cargo do INSS e tratamento dispensado gratuitamente, exceto o cirúrgico e a transfusão de sangue, que são facultativos.

§ 1º O pensionista inválido que não tenha retornado à atividade estará isento do exame de que trata o *caput* a partir dos sessenta anos de idade.

§ 2º A isenção de que trata o § 1º não se aplica quando o exame tiver a finalidade de:

I – verificar a recuperação da capacidade de trabalho, em razão de solicitação do pensionista que se julgar apto; e

II – subsidiar autoridade judiciária na concessão de curatela, nos termos do disposto no art. 162.

§ 3º O pensionista inválido, ainda que tenha implementado a condição de que trata o § 1º, será submetido ao exame médico-pericial de que trata este artigo quando necessário para apuração de fraude.

► Arts. 108 e 109 com a redação dada pelo Dec. nº 10.410, de 30-6-2020.

Art. 110. O cônjuge ausente somente fará jus ao benefício a partir da data de sua habilitação e mediante prova de dependência econômica, não excluindo do direito a companheira ou o companheiro.

Art. 111. O cônjuge divorciado ou separado judicialmente ou de fato, que recebia pensão de alimentos, receberá a pensão em igualdade de condições com os demais dependentes referidos no inciso I do artigo 16.

► Súm. nº 336 do STJ.

Parágrafo único. Na hipótese de o segurado estar, na data do seu óbito, obrigado por determinação judicial a pagar alimentos temporários a ex-cônjuge ou a ex-companheiro ou ex-companheira, a pensão por morte será devida pelo prazo remanescente na data do óbito, caso não incida outra hipótese de cancelamento anterior do benefício.

▸ Parágrafo único acrescido pelo Dec. nº 10.410, de 30-6-2020.

Art. 112. A pensão poderá ser concedida, em caráter provisório, por morte presumida:

I – mediante sentença declaratória de ausência, expedida por autoridade judiciária, a contar da data de sua emissão; ou

II – em caso de desaparecimento do segurado por motivo de catástrofe, acidente ou desastre, a contar da data da ocorrência, mediante prova hábil.

Parágrafo único. Verificado o reaparecimento do segurado, o pagamento da pensão cessa imediatamente, ficando os dependentes desobrigados da reposição dos valores recebidos, salvo má-fé.

Art. 113. A pensão por morte, havendo mais de um pensionista, será rateada entre todos, em partes iguais.

▸ Art. 77 da Lei nº 8.213, de 24-7-1991 (Lei dos Planos de Benefícios da Previdência Social).

§ 1º Na hipótese prevista no § 2º do art. 106, enquanto o dependente inválido ou com deficiência intelectual, mental ou grave mantiver essa condição, independentemente do número de dependentes habilitados ao benefício, o valor da pensão será rateado entre todos os dependentes em partes iguais.

▸ Parágrafo único transformado em § 1º e com a redação dada pelo Dec. nº 10.410, de 30-6-2020.

§ 2º Na hipótese de deixar de haver dependente inválido ou com deficiência intelectual, mental ou grave, o valor da pensão será recalculado na forma prevista no *caput* do art. 106 e rateado de acordo com o disposto no *caput*.

§ 3º As cotas por dependente cessarão com a perda dessa qualidade e não serão reversíveis aos demais dependentes, preservado o valor de cem por cento da pensão por morte quando o número de dependentes remanescentes for igual ou superior a cinco.

▸ §§ 2º e 3º acrescidos pelo Dec. nº 10.410, de 30-6-2020.

Art. 114. O pagamento da cota individual da pensão por morte cessa:

I – pela morte do pensionista;

II – para o filho, o enteado, o menor tutelado ou o irmão, de ambos os sexos, ao completar vinte e um anos de idade, exceto se o pensionista for inválido ou tiver deficiência intelectual, mental ou grave;

III – para o filho, o enteado, o menor tutelado ou o irmão inválido, pela cessação da invalidez;

▸ Incisos II e III com a redação dada pelo Dec. nº 10.410, de 30-6-2020.

III-A – para o filho, o enteado, o menor tutelado ou o irmão que tenha deficiência intelectual, mental ou grave, pelo afastamento da deficiência;

▸ Inciso III-A acrescido pelo Dec. nº 10.410, de 30-6-2020.

IV – pela adoção, para o filho adotado que receba pensão por morte dos pais biológicos;

▸ Inciso IV acrescido pelo Dec. nº 5.545, de 22-9-2005.

V – para o cônjuge ou o companheiro ou a companheira:

a) se inválido ou com deficiência, pela cessação da invalidez ou pelo afastamento da deficiência, respeitados os períodos mínimos decorrentes da aplicação do disposto nas alíneas *b* e *c*;

b) em quatro meses, se o óbito ocorrer sem que o segurado tenha vertido dezoito contribuições mensais ou se o casamento ou a união estável tiver sido iniciado a menos de dois anos antes do óbito do segurado; ou

c) transcorridos os seguintes períodos, estabelecidos de acordo com a idade do beneficiário na data de óbito do segurado, se o óbito ocorrer depois de vertidas dezoito contribuições mensais e de, no mínimo, dois anos de casamento ou união estável:

1. três anos, com menos de vinte e um anos de idade;
2. seis anos, entre vinte e um e vinte e seis anos de idade;
3. dez anos, entre vinte e sete e vinte e nove anos de idade;

4. quinze anos, entre trinta e quarenta anos de idade;
5. vinte anos, entre quarenta e um e quarenta e três anos de idade; ou
6. vitalícia, com quarenta e quatro ou mais anos de idade;

VI – pela perda do direito na forma do disposto nos § 4º e § 5º do art. 105; e

VII – pelo decurso do prazo remanescente na data do óbito estabelecido na determinação judicial para recebimento de pensão de alimentos temporários para o ex-cônjuge ou o ex-companheiro ou a ex-companheira, caso não incida outra hipótese de cancelamento anterior do benefício.

▸ Incisos V a VII acrescidos pelo Dec. nº 10.410, de 30-6-2020.

§ 1º Com a extinção da cota do último pensionista, a pensão por morte será encerrada.

▸ Parágrafo único transformado em § 1º pelo Dec. nº 5.545, de 22-9-2005.

§ 2º Não se aplica o disposto no inciso IV do *caput* quando o cônjuge ou companheiro adota o filho do outro.

▸ § 2º acrescido pelo Dec. nº 5.545, de 22-9-2005.

§ 3º Serão aplicados, conforme o caso, o disposto na alínea *a* ou na alínea *c* do inciso V do *caput* se o óbito do segurado decorrer de acidente de qualquer natureza ou de doença profissional ou do trabalho, independentemente do recolhimento de dezoito contribuições mensais ou da comprovação de dois anos de casamento ou de união estável.

§ 4º O tempo de contribuição para regime próprio de previdência social, utilizado na forma prevista no art. 125, será considerado na contagem das dezoito contribuições mensais de que tratam as alíneas *b* e *c* do inciso V do *caput*.

§ 5º Na hipótese de haver fundados indícios de autoria, coautoria ou participação de dependente, ressalvados os absolutamente incapazes e os inimputáveis, em homicídio, ou em tentativa desse crime, cometido contra a pessoa do segurado, será possível a suspensão provisória de sua parte no benefício de pensão por morte, por meio de processo administrativo próprio, respeitados os direitos à ampla defesa e ao contraditório, e, na hipótese de absolvição, serão devidas as parcelas corrigidas desde a data da suspensão e a reativação imediata do benefício.

§ 6º Para os fins do disposto na alínea "c" do inciso V do *caput*, após o transcurso de, no mínimo, três anos e desde que nesse período se verifique o incremento mínimo de um ano inteiro na média nacional única, para ambos os sexos, correspondente à expectativa de sobrevida da população brasileira ao nascer, poderão ser estabelecidos, em números inteiros, novas idades, em ato do Ministro de Estado da Economia, limitado o acréscimo à comparação com as idades anteriores ao referido incremento.

▸ §§ 3º a 6º acrescidos pelo Dec. nº 10.410, de 30-6-2020.

Art. 115. A cota do filho, do enteado, do menor tutelado ou do irmão dependente que se tornar inválido ou pessoa com deficiência intelectual, mental ou grave antes de completar vinte e um anos de idade não será extinta se confirmada a invalidez ou a deficiência nos termos do disposto no § 1º do art. 108.

▸ Artigo com a redação dada pelo Dec. nº 10.410, de 30-6-2020.

Subseção X

Do Auxílio-Reclusão

Art. 116. O auxílio-reclusão, cumprida a carência prevista no inciso IV do *caput* do art. 29, será devido, nas condições da pensão por morte, aos dependentes do segurado de baixa renda recolhido à prisão em regime fechado que não receber remuneração da empresa nem estiver em gozo de auxílio por incapacidade temporária, de pensão por morte, de salário-maternidade, de aposentadoria ou de abono de permanência em serviço.

▸ Art. 80 da Lei nº 8.213, de 24-7-1991 (Lei dos Planos de Benefícios da Previdência Social).

▸ Art. 5º da Port. Interministerial do MTPrev e MF nº 26, de 10-1-2023 (*DOU* de 11-1-2023), que dispõe sobre os parâmetros para o pagamento do auxílio-reclusão.

§ 1º Para fins de concessão do benefício de que trata este artigo, considera-se segurado de baixa renda aquele que tenha renda bruta mensal igual ou inferior a R$ 1.425,56 (um mil quatrocentos e vinte e cinco reais e cinquenta e seis centavos), corrigidos pelos mesmos índices de reajuste aplicados aos benefícios do RGPS, calculada com base na média aritmética simples dos salários de contribuição apurados no período dos doze meses anteriores ao mês do recolhimento à prisão.

§ 2º O requerimento do auxílio-reclusão será instruído com certidão judicial que ateste o recolhimento efetivo à prisão e será obrigatória a apresentação de prova de permanência na condição de presidiário para a manutenção do benefício.

§ 2º-A. O INSS celebrará convênios com os órgãos públicos responsáveis pelo cadastro dos presos para obter informações sobre o recolhimento à prisão.

§ 2º-B. A certidão judicial e a prova de permanência na condição de presidiário serão substituídas pelo acesso à base de dados, por meio eletrônico, a ser disponibilizada pelo Conselho Nacional de Justiça, com dados cadastrais que assegurem a identificação plena do segurado e da sua condição de presidiário.

§ 3º Aplicam-se ao auxílio-reclusão as normas referentes à pensão por morte e, no caso de qualificação de cônjuge ou companheiro ou companheira após a prisão do segurado, o benefício será devido a partir da data de habilitação, desde que comprovada a preexistência da dependência econômica.

§ 4º A data de início do benefício será:

I – a do efetivo recolhimento do segurado à prisão, se o benefício for requerido no prazo de cento e oitenta dias, para os filhos menores de dezesseis anos, ou de noventa dias, para os demais dependentes; ou

II – a do requerimento, se o benefício for requerido após os prazos a que se refere o inciso I.

§ 5º O auxílio-reclusão será devido somente durante o período em que o segurado estiver recolhido à prisão sob regime fechado.

§ 6º O exercício de atividade remunerada iniciado após a prisão do segurado recluso em cumprimento de pena em regime fechado não acarreta a perda do direito ao recebimento do auxílio-reclusão para os seus dependentes.

► Art. 116 com a redação dada pelo Dec. nº 10.410, de 30-6-2020.

Art. 117. O valor do auxílio-reclusão será apurado na forma estabelecida para o cálculo da pensão por morte, não poderá exceder o valor de um salário mínimo e será mantido enquanto o segurado permanecer em regime fechado.

► *Caput* com a redação dada pelo Dec. nº 10.410, de 30-6-2020.

§ 1º Até que o acesso à base de dados a que se refere o § 2º-B do art. 116 seja disponibilizado pelo Conselho Nacional de Justiça, o beneficiário apresentará trimestralmente atestado de que o segurado continua em regime fechado, que deverá ser firmado pela autoridade competente.

► § 1º com a redação dada pelo Dec. nº 10.410, de 30-6-2020.

§ 2º No caso de fuga, o benefício será suspenso e, se houver recaptura do segurado, será restabelecido a contar da data em que esta ocorrer, desde que esteja ainda mantida a qualidade de segurado.

§ 3º Se houver exercício de atividade dentro do período de fuga, o mesmo será considerado para a verificação da perda ou não da qualidade de segurado.

Art. 118. Na hipótese de óbito do segurado recluso, o auxílio-reclusão que estiver sendo pago será cessado e será concedida a pensão por morte em conformidade com o disposto nos art. 105 ao art. 115.

Parágrafo único. Não havendo concessão de auxílio-reclusão, em razão da não comprovação da baixa renda, será devida pensão por morte aos dependentes se o óbito do segurado tiver ocorrido no prazo previsto no inciso IV do *caput* do art. 13.

► Art. 118 com a redação dada pelo Dec. nº 10.410, de 30-6-2020.

Art. 119. É vedada a concessão do auxílio-reclusão após a soltura do segurado.

Subseção XI

DO ABONO ANUAL

Art. 120. Será devido abono anual ao segurado e ao dependente que, durante o ano, receberam auxílio por incapacidade temporária, auxílio-acidente, aposentadoria, salário-maternidade, pensão por morte ou auxílio-reclusão.

► *Caput* com a redação dada pelo Dec. nº 10.410, de 30-6-2020.

§ 1º O abono anual será calculado, no que couber, da mesma forma que a gratificação natalina dos trabalhadores e terá por base o valor da renda mensal do benefício do mês de dezembro de cada ano e o seu pagamento será efetuado em duas parcelas, da seguinte forma:

I – a primeira parcela corresponderá a até cinquenta por cento do valor do benefício devido no mês de agosto e será paga juntamente com os benefícios dessa competência; e

II – a segunda parcela corresponderá à diferença entre o valor total do abono anual e o valor da primeira parcela e será paga juntamente com os benefícios da competência de novembro.

► § 1º com a redação dada pelo Dec. nº 10.410, de 30-6-2020.

§ 2º O valor do abono anual correspondente ao período de duração do salário-maternidade será pago, em cada exercício, juntamente com a última parcela do benefício nele devida.

► § 2º acrescido pelo Dec. nº 4.032, de 26-11-2001.

Capítulo III

DO RECONHECIMENTO DA FILIAÇÃO

Seção única

DO RECONHECIMENTO DO TEMPO DE CONTRIBUIÇÃO

► Seção única com a denominação dada pelo Dec. nº 10.410, de 30-6-2020.

Art. 121. Reconhecimento do tempo de contribuição é o direito de o segurado ter reconhecido, em qualquer época, o tempo de exercício de atividade anteriormente abrangida pela previdência social, observado o disposto no art. 122.

► Artigo com a redação dada pelo Dec. nº 10.410, de 30-6-2020.

Subseção I

DA INDENIZAÇÃO

Art. 122. O reconhecimento do tempo de contribuição no período em que o exercício de atividade remunerada não exigia filiação obrigatória à previdência social somente será feito por meio de indenização das contribuições relativas ao respectivo período, conforme o disposto no § 7º e nos § 9º ao § 14 do art. 216 e nos § 8º e § 8º-A do art. 239.

► *Caput* com a redação dada pelo Dec. nº 10.410, de 30-6-2020.

§ 1º O valor a ser indenizado poderá ser objeto de parcelamento por solicitação do segurado à Secretaria Especial da Receita Federal do Brasil do Ministério da Economia, observado o disposto no § 1º do art. 128.

► § 1º com a redação dada pelo Dec. nº 10.410, de 30-6-2020.

§ 2º *Revogado*. Dec. nº 10.410, de 30-6-2020.

Art. 123. Para fins de contagem recíproca, o tempo de serviço prestado pelo trabalhador rural anteriormente à competência novembro de 1991 somente será reconhecido por meio da indenização de que trata o § 13 do art. 216, observado o disposto nos § 8º e § 8º-A do art. 239.

► *Caput* com a redação dada pelo Dec. nº 10.410, de 30-6-2020.

Parágrafo único. *Revogado*. Dec. nº 10.410, de 30-6-2020.

Subseção II

DA RETROAÇÃO DA DATA DO INÍCIO DAS CONTRIBUIÇÕES

Art. 124. Caso o segurado contribuinte individual manifeste interesse em recolher contribuições relativas a período anterior à sua inscrição, a retroação da data do início das contribuições será autorizada, desde que comprovado o exercício de atividade remunerada no respectivo período, observado o disposto no § 7º e nos § 9º ao § 14 do art. 216 e nos § 8º e § 8º-A do art. 239.

Parágrafo único. O valor do débito poderá ser objeto de parcelamento desde que solicitado pelo segurado à Secretaria Especial da Receita Federal do Brasil do Ministério da Economia.

► Artigo com a redação dada pelo Dec. nº 10.410, de 30-6-2020.

Capítulo IV

DA CONTAGEM RECÍPROCA DE TEMPO DE CONTRIBUIÇÃO

Art. 125. Para efeito de contagem recíproca, hipótese em que os diferentes sistemas de previdência social ou proteção social se compensarão financeiramente, fica assegurado:

► *Caput* com a redação dada pelo Dec. nº 10.410, de 30-6-2020.

► Art. 94 da Lei nº 8.213, de 24-7-1991 (Lei dos Planos de Benefícios da Previdência Social).

► Lei nº 9.796, de 5-5-1999, dispõe sobre a compensação financeira entre os diversos regimes previdenciários, regulamentada pelo Dec. nº 10.188, de 20-12-2019.

I – o cômputo do tempo de contribuição na administração pública e de serviço militar exercido nas atividades de que tratam os art. 42, art. 142 e art. 143 da Constituição, para fins de concessão de benefícios previstos no RGPS, inclusive de aposentadoria em decorrência de tratado, convenção ou acordo internacional; e

II – para fins de emissão de certidão de tempo de contribuição, pelo INSS, para utilização no serviço público ou para inativação militar, o cômputo do tempo de contribuição na atividade privada, rural e urbana, observado o disposto nos § 4º e § 4º-A deste artigo, no art. 123, no § 13 do art. 216 e nos § 8º e § 8º-A do art. 239.

► Incisos I e II com a redação dada pelo Dec. nº 10.410, de 30-6-2020.

§ 1º Para os fins deste artigo, é vedada:

► *Caput* do § 1º com a redação dada pelo Dec. nº 8.145, de 3-12-2013.

I – conversão do tempo de contribuição exercido em atividade sujeita à condições especiais, nos termos do disposto no art. 66;

► Inciso I com a redação dada pelo Dec. nº 10.410, de 30-6-2020.

II – conversão do tempo cumprido pelo segurado com deficiência, reconhecida na forma do art. 70-D, em tempo de contribuição comum; e

III – a contagem de qualquer tempo de serviço fictício.

► Incisos II e III acrescidos pelo Dec. nº 8.145, de 3-12-2013.

§ 2º Admite-se a aplicação da contagem recíproca de tempo de contribuição no âmbito dos tratados, convenções ou acordos internacionais de previdência social.

► § 2º com a redação dada pelo Dec. nº 6.042, de 12-2-2007.

§ 3º É permitida a emissão de certidão de tempo de contribuição para períodos de contribuição posteriores à data da aposentadoria no RGPS, observado o disposto no art. 19-E.

§ 4º Para efeito de contagem recíproca, o período em que os segurados contribuinte individual e facultativo tiverem contribuído na forma prevista no art. 199-A só será computado se forem complementadas as contribuições na forma prevista no § 2º do referido artigo.

► §§ 3º e 4º com a redação dada pelo Dec. nº 10.410, de 30-6-2020.

§ 4º-A. Para efeito de contagem recíproca, a partir de 14 de novembro de 2019, somente serão consideradas as competências cujos salários de contribuição tenham valor igual ou superior ao limite mínimo mensal do salário de contribuição para o RGPS, observado o disposto no art. 19-E.

► § 4º-A acrescido pelo Dec. nº 10.410, de 30-6-2020.

§ 5º A certidão referente ao tempo de contribuição com deficiência deverá identificar os períodos com deficiência e seus graus.

► § 5º acrescido pelo Dec. nº 8.145, de 3-12-2013.

Art. 126. O segurado terá direito de computar, para fins de concessão dos benefícios do Regime Geral de Previdência Social, o tempo de contribuição na administração pública federal direta, autárquica e fundacional.

► *Caput* com a redação dada pelo Dec. nº 3.112, de 6-7-1999.

Parágrafo único. Poderá ser contado o tempo de contribuição na administração pública direta, autárquica e fundacional dos Estados, do Distrito Federal e dos Municípios, desde que estes assegurem aos seus servidores, mediante legislação própria, a contagem de tempo de contribuição em atividade vinculada ao Regime Geral de Previdência Social.

Art. 127. O tempo de contribuição de que trata este Capítulo será contado de acordo com a legislação pertinente, observadas as seguintes normas:

► Art. 96 da Lei nº 8.213, de 24-7-1991 (Lei dos Planos de Benefícios da Previdência Social).

I – não será admitida a contagem em dobro ou em outras condições especiais;

II – é vedada a contagem de tempo de contribuição no serviço público com o de contribuição na atividade privada, quando concomitantes;

III – não será contado por um regime o tempo de contribuição utilizado para concessão de aposentadoria por outro regime;

IV – o tempo de contribuição anterior ou posterior à obrigatoriedade de filiação à previdência social só será contado por meio de indenização da contribuição correspondente ao período respectivo, com acréscimo de juros moratórios de cinco décimos por cento ao mês, capitalizados anualmente, e multa de dez por cento, observado o disposto nos § 8º e § 8º-A do art. 239;

V – é vedada a emissão de certidão de tempo de contribuição com o registro exclusivo de tempo de serviço sem a comprovação de contribuição efetiva, exceto para segurado empregado, empregado doméstico, trabalhador avulso e, a partir de 1º de abril de 2003, para o contribuinte individual que preste serviço a empresa obrigada a arrecadar a contribuição a seu cargo, observado o disposto no art. 5º da Lei nº 10.666, de 2003;

▸ Incisos IV e V com a redação dada pelo Dec. nº 10.410, de 30-6-2020.

VI – para ex-servidor público, a certidão de tempo de contribuição somente poderá ser emitida por regime próprio de previdência social;

VII – é vedada a contagem recíproca de tempo de contribuição do RGPS por regime próprio de previdência social sem a emissão da certidão de tempo de contribuição correspondente, ainda que o tempo de contribuição referente ao RGPS tenha sido prestado pelo servidor público ao próprio ente instituidor;

VIII – é vedada a desaverbação de tempo em regime próprio de previdência social quando o tempo averbado tiver gerado a concessão de vantagens remuneratórias ao servidor público em atividade; e

IX – para fins de elegibilidade às aposentadorias especiais referidas no § 4º do art. 40 e no § 1º do art. 201 da Constituição, os períodos reconhecidos pelo regime previdenciário de origem como de tempo especial sem conversão em tempo comum deverão estar incluídos nos períodos de contribuição compreendidos na certidão de tempo de contribuição e discriminados de data a data.

▸ Incisos VI a IX acrescidos pelo Dec. nº 10.410, de 30-6-2020.

Parágrafo único. O disposto no inciso V do *caput* não se aplica ao tempo de serviço anterior à edição da Emenda Constitucional nº 20, de 15 de dezembro de 1998, que tenha sido equiparado por lei a tempo de contribuição.

▸ Parágrafo único acrescido pelo Dec. nº 10.410, de 30-6-2020.

Art. 128. A certidão de tempo de contribuição anterior ou posterior à filiação obrigatória à previdência social somente será expedida mediante a observância do disposto nos artigos 122 e 124.

§ 1º A certidão de tempo de contribuição, para fins de averbação do tempo em outros regimes de previdência, somente será expedida pelo Instituto Nacional do Seguro Social após a comprovação da quitação de todos os valores devidos, inclusive de eventuais parcelamentos de débito.

§ 2º *Revogado*. Dec. nº 3.265, de 29-11-1999.

§ 3º A certidão de tempo de contribuição referente a período de atividade rural anterior à competência novembro de 1991 somente será emitida por meio da comprovação do recolhimento das contribuições correspondentes ou da indenização, na forma prevista nos § 13 e § 14 do art. 216, observado o disposto nos § 8º e § 8º-A do art. 239.

▸ § 3º com a redação dada pelo Dec. nº 10.410, de 30-6-2020.

Art. 129. O segurado em gozo de auxílio-acidente, auxílio-suplementar ou abono de permanência em serviço terá o benefício encerrado na data da emissão da certidão de tempo de contribuição.

▸ Artigo com a redação dada pelo Dec. nº 4.729, de 9-6-2003.

Art. 130. O tempo de contribuição para regime próprio de previdência social ou para Regime Geral de Previdência Social deve ser provado com certidão fornecida:

▸ *Caput* com a redação dada pelo Dec. nº 6.722, de 30-12-2008.

I – pela unidade gestora do regime próprio de previdência social ou pelo setor competente da administração federal, estadual, do Distrito Federal e municipal, suas autarquias e fundações, desde que devidamente homologada pela unidade gestora do regime próprio, relativamente ao tempo de contribuição para o respectivo regime próprio de previdência social; ou

▸ Inciso I com a redação dada pelo Dec. nº 6.722, de 30-12-2008.

II – pelo setor competente do Instituto Nacional do Seguro Social, relativamente ao tempo de contribuição para o Regime Geral de Previdência Social.

▸ Inciso II com a redação dada pelo Dec. nº 3.668, de 22-11-2000.

§ 1º O setor competente do INSS promoverá o levantamento do tempo de contribuição ao RGPS, com base na documentação apresentada, observado o disposto no art. 19.

▸ § 1º com a redação dada pelo Dec. nº 10.410, de 30-6-2020.

§ 2º O setor competente do órgão federal, estadual, do Distrito Federal ou municipal deverá promover o levantamento do tempo de contribuição para o respectivo regime próprio de previdência social à vista dos assentamentos funcionais.

§ 3º Após as providências de que tratam os §§ 1º e 2º, e observado, quando for o caso, o disposto no § 9º, os setores competentes deverão emitir certidão de tempo de contribuição, sem rasuras, constando, obrigatoriamente:

► *Caput* do § 3º com a redação dada pelo Dec. nº 3.668, de 22-11-2000.

I – órgão expedidor;

II – nome do servidor, seu número de matrícula, RG, CPF, sexo, data de nascimento, filiação, número do PIS ou PASEP, e, quando for o caso, cargo efetivo, lotação, data de admissão e data de exoneração ou demissão;

► Inciso II com a redação dada pelo Dec. nº 6.722, de 30-12-2008.

III – período de contribuição, de data a data, compreendido na certidão;

IV – fonte de informação;

V – discriminação da frequência durante o período abrangido pela certidão, indicadas as várias alterações, tais como faltas, licenças, suspensões e outras ocorrências;

VI – soma do tempo líquido;

VII – declaração expressa do servidor responsável pela certidão, indicando o tempo líquido de efetiva contribuição em dias, ou anos, meses e dias;

VIII – assinatura do responsável pela certidão e do dirigente do órgão expedidor e, no caso de ser emitida por outro órgão da administração do ente federativo, homologação da unidade gestora do regime próprio de previdência social;

► Inciso VIII com a redação dada pelo Dec. nº 6.722, de 30-12-2008.

IX – indicação da lei que assegure, aos servidores do Estado, do Distrito Federal ou do Município, aposentadorias por invalidez, idade, tempo de contribuição e compulsória, e pensão por morte, com aproveitamento de tempo de contribuição prestado em atividade vinculada ao Regime Geral de Previdência Social.

§ 4º A certidão de tempo de contribuição deverá ser expedida em duas vias, das quais a primeira será fornecida ao interessado, mediante recibo passado na segunda via, implicando sua concordância quanto ao tempo certificado.

§§ 5º e 6º *Revogados.* Dec. nº 6.722, de 30-12-2008.

§ 7º Quando solicitado pelo segurado que exerce cargos constitucionalmente acumuláveis, é permitida a emissão de certidão única com destinação do tempo de contribuição para, no máximo, 2 (dois) órgãos distintos.

§ 8º Na situação do parágrafo anterior, a certidão de tempo de contribuição deverá ser expedida em 3 (três) vias, das quais a primeira e a segunda serão fornecidas ao interessado, mediante recibo passado na terceira via, implicando sua concordância quanto ao tempo certificado.

§ 9º A certidão só poderá ser fornecida para os períodos de efetiva contribuição para o Regime Geral de Previdência Social, devendo ser excluídos aqueles para os quais não tenha havido contribuição, salvo se recolhida na forma dos §§ 7º a 14 do artigo 216.

§ 10. Poderá ser emitida, por solicitação do segurado, certidão de tempo de contribuição para período fracionado.

§ 11. Na hipótese do parágrafo anterior, a certidão conterá informação de todo o tempo de contribuição ao Regime Geral de Previdência Social e a indicação dos períodos a serem aproveitados no regime próprio de previdência social.

§ 12. É vedada a contagem de tempo de contribuição de atividade privada com a do serviço público ou de mais de uma atividade no serviço público, quando concomitantes, ressalvados os casos de acumulação de cargos ou empregos públicos admitidos pela Constituição.

► § 12 com a redação dada pelo Dec. nº 6.722, de 30-12-2008.

§ 13. Em hipótese alguma será expedida certidão de tempo de contribuição para período que já tiver sido utilizado para a concessão de aposentadoria, em qualquer regime de previdência social.

► §§ 9º a 13 acrescidos pelo Dec. nº 3.668, de 22-11-2000.

§ 14. A certidão de que trata o § 3º deverá vir acompanhada de relação dos valores das remunerações, por competência, que serão utilizados para fins de cálculo dos proventos da aposentadoria.

§ 15. O tempo de serviço considerado para efeito de aposentadoria e cumprido até 15 de dezembro de 1998 será contado como tempo de contribuição.

§ 16. Caberá revisão da certidão de tempo de contribuição, inclusive de ofício, quando constatado erro material, vedada à destinação da certidão a órgão diverso daquele a que se destinava originariamente.

▸ §§ 14 a 16 acrescidos pelo Dec. nº 6.722, de 30-12-2008.

Art. 131. Concedido o benefício, caberá:

I – ao Instituto Nacional do Seguro Social comunicar o fato ao órgão público emitente da certidão, para as anotações nos registros funcionais e/ou na segunda via da certidão de tempo de contribuição; e

II – ao órgão público comunicar o fato ao Instituto Nacional do Seguro Social, para efetuar os registros cabíveis.

Art. 132. O tempo de contribuição na administração pública federal, estadual, distrital ou municipal de que trata este Capítulo será considerado para efeito do percentual de acréscimo previsto no inciso I do *caput* do art. 44, no art. 53, no § 1º do art. 54, no art. 67, no inciso II do *caput* do art. 70-J, no § 3º do art. 188-H, no § 4º do art. 188-I, no § 3º do art. 188-J, no § 4º do art. 188-M, no § 3º do art. 188-N e no § 3º do art. 188-P.

▸ Artigo com a redação dada pelo Dec. nº 10.410, de 30-6-2020.

Art. 133. O tempo de contribuição certificado na forma deste Capítulo produz, no Instituto Nacional do Seguro Social e nos órgãos ou autarquias federais, estaduais, do Distrito Federal ou municipais, todos os efeitos previstos na respectiva legislação pertinente.

Art. 134. As aposentadorias e demais benefícios resultantes da contagem de tempo de contribuição na forma deste Capítulo serão concedidos e pagos pelo regime a que o interessado pertencer ao requerê-los e o seu valor será calculado na forma da legislação pertinente.

Art. 135. *Revogado*. Dec. nº 5.545, de 22-9-2005.

Capítulo V

DA HABILITAÇÃO E DA REABILITAÇÃO PROFISSIONAL

▸ Arts. 89 a 93 da Lei nº 8.213, de 24-7-1991 (Lei dos Planos de Benefícios da Previdência Social).

Art. 136. A assistência (re)educativa e de (re) adaptação profissional, instituída sob a denominação genérica de habilitação e reabilitação profissional, visa proporcionar aos beneficiários, incapacitados parcial ou totalmente para o trabalho, em caráter obrigatório, independentemente de carência, e às pessoas portadoras de deficiência, os meios indicados para proporcionar o reingresso no mercado de trabalho e no contexto em que vivem.

§ 1º Cabe ao Instituto Nacional do Seguro Social promover a prestação de que trata este artigo aos segurados, inclusive aposentados, e, de acordo com as possibilidades administrativas, técnicas, financeiras e as condições locais do órgão, aos seus dependentes, preferencialmente mediante a contratação de serviços especializados.

§ 2º As pessoas portadoras de deficiência serão atendidas mediante celebração de convênio de cooperação técnico-financeira.

▸ Art. 89 da Lei nº 8.213, de 24-7-1991 (Lei dos Planos de Benefícios da Previdência Social).

Art. 137. O processo de habilitação e de reabilitação profissional do beneficiário será desenvolvido por meio das funções básicas de:

I – avaliação do potencial laborativo;

▸ Inciso I com a redação dada pelo Dec. nº 3.668, de 22-11-2000.

II – orientação e acompanhamento da programação profissional;

III – articulação com a comunidade, inclusive mediante a celebração de convênio para reabilitação física restrita a segurados que cumpriram os pressupostos de elegibilidade ao programa de reabilitação profissional, com vistas ao reingresso no mercado de trabalho; e

▸ Inciso III com a redação dada pelo Dec. nº 4.729, de 9-6-2003.

IV – acompanhamento e pesquisa da fixação no mercado de trabalho.

§ 1º A execução das funções de que trata o *caput* será realizada, preferencialmente, por meio do trabalho de equipe multiprofissional especializada, sempre que possível, na localidade do domicílio do beneficiário, ressalvadas as situações excepcionais em que ele tenha direito à reabilitação profissional fora dela.

▸ § 1º com a redação dada pelo Dec. nº 10.410, de 30-6-2020.

§ 1º-A. A avaliação da elegibilidade do segurado para encaminhamento à reabilitação profissional, a reavaliação da incapacidade de segurados em programa de reabilitação profissional e a prescrição de órteses, próteses e meios auxiliares de locomoção e acessórios serão realizadas pela Perícia Médica Federal.

▸ § 1º-A acrescido pelo Dec. nº 10.410, de 30-6-2020.

§ 2º Quando indispensáveis ao desenvolvimento do processo de reabilitação profissional, o Instituto Nacional do Seguro Social fornecerá aos segurados, inclusive aposentados, em caráter obrigatório, prótese e órtese, seu reparo ou substituição, instrumentos de auxílio para locomoção, bem como equipamentos necessários à habilitação e à reabilitação profissional, transporte urbano e alimentação e, na medida das possibilidades do Instituto, aos seus dependentes.

§ 3º No caso das pessoas portadoras de deficiência, a concessão dos recursos materiais referidos no parágrafo anterior ficará condicionada à celebração de convênio de cooperação técnico-financeira.

§ 4º O Instituto Nacional do Seguro Social não reembolsará as despesas realizadas com a aquisição de órtese ou prótese e outros recursos materiais não prescritos ou não autorizados por suas unidades de reabilitação profissional.

Art. 138. Cabe à unidade de reabilitação profissional encaminhar para avaliação médico-pericial a ocorrência de que trata o § 2º do art. 337.

▸ Artigo com a redação dada pelo Dec. nº 10.410, de 30-6-2020.

Art. 139. A programação profissional será desenvolvida mediante cursos e/ou treinamentos, na comunidade, por meio de contratos, acordos e convênios com instituições e empresas públicas ou privadas, na forma do artigo 317.

§ 1º O treinamento do reabilitando, quando realizado em empresa, não estabelece qualquer vínculo empregatício ou funcional entre o reabilitando e a empresa, bem como entre estes e o Instituto Nacional do Seguro Social.

§ 2º Compete ao reabilitando, além de acatar e cumprir as normas estabelecidas nos contratos, acordos ou convênios, pautar-se no regulamento daquelas organizações.

Art. 140. Concluído o processo de reabilitação profissional, o Instituto Nacional do Seguro Social emitirá certificado individual indicando a função para a qual o reabilitando foi capacitado profissionalmente, sem prejuízo do exercício de outra para a qual se julgue capacitado.

§ 1º Não constitui obrigação da previdência social a manutenção do segurado no mesmo emprego ou a sua colocação em outro para o qual foi reabilitado, cessando o processo de reabilitação profissional com a emissão do certificado a que se refere o *caput*.

§ 2º Cabe à previdência social a articulação com a comunidade, com vistas ao levantamento da oferta do mercado de trabalho, ao direcionamento da programação profissional e à possibilidade de reingresso do reabilitando no mercado formal.

§ 3º O acompanhamento e a pesquisa de que trata o inciso IV do artigo 137 é obrigatório e tem como finalidade a comprovação da efetividade do processo de reabilitação profissional.

Art. 141. A empresa com 100 (cem) ou mais empregados está obrigada a preencher de 2% (dois por cento) a 5% (cinco por cento) de seus cargos com beneficiários reabilitados ou pessoas portadoras de deficiência, habilitadas, na seguinte proporção:

I – até 200 (duzentos) empregados, 2% (dois por cento);

II – de 201 (duzentos e um) a 500 (quinhentos) empregados, 3% (três por cento);

III – de 501 (quinhentos e um) a 1.000 (mil) empregados, 4% (quatro por cento); ou

IV – mais de 1.000 (mil) empregados, 5% (cinco por cento).

§ 1º A dispensa de pessoa com deficiência ou de beneficiário reabilitado pela previdência social ao final de contrato por prazo determinado de mais de noventa dias e a dispensa imotivada em contrato por prazo indeterminado somente poderão ocorrer após a contratação de outro trabalhador com deficiência ou beneficiário reabilitado pela previdência social.

▸ § 1º com a redação dada pelo Dec. nº 10.410, de 30-6-2020.

§ 2º *Revogado*. Dec. nº 3.298, de 20-12-1999.

§ 3º À Secretaria Especial de Previdência e Trabalho do Ministério da Economia compete estabelecer a sistemática de fiscalização e gerar dados e estatísticas sobre o total de empregados e as vagas preenchidas por pessoas com deficiência e por beneficiários reabilitados pela previdência social, além de fornecê-los, quando solicitados, aos sindicatos, às entidades representativas dos empregados ou aos cidadãos interessados.

§ 4º Para a reserva de cargos será considerada somente a contratação direta de pessoa com deficiência, excluído o aprendiz com deficiência de que trata a Consolidação das Leis do Trabalho, aprovada pelo Decreto-Lei nº 5.452, de 1943.

▸ §§ 3º e 4º acrescidos pelo Dec. nº 10.410, de 30-6-2020.

Capítulo VI

DA JUSTIFICAÇÃO ADMINISTRATIVA

Art. 142. A justificação administrativa constitui meio para suprir a falta ou a insuficiência de documento ou para produzir prova de fato ou circunstância de interesse dos beneficiários perante a previdência social.

▸ *Caput* com a redação dada pelo Dec. nº 10.410, de 30-6-2020.

§ 1º Não será admitida a justificação administrativa quando o fato a comprovar exigir registro público de casamento, de idade ou de óbito, ou de qualquer ato jurídico para o qual a lei prescreva forma especial.

§ 2º A justificação administrativa é parte do processo de atualização de dados do CNIS ou de reconhecimento de direitos, vedada a sua tramitação na condição de processo autônomo.

▸ § 2º com a redação dada pelo Dec. nº 10.410, de 30-6-2020.

§ 3º Quando a concessão do benefício depender de documento ou de prova de ato ao qual o segurado não tenha acesso, exceto quanto a registro público ou início de prova material, a justificação administrativa será oportunizada, observado o disposto no art. 151.

§ 4º A prova material somente terá validade para a pessoa referida no documento, vedada a sua utilização por outras pessoas.

▸ §§ 3º e 4º acrescidos pelo Dec. nº 10.410, de 30-6-2020.

Art. 143. A justificação administrativa ou judicial, para fins de comprovação de tempo de contribuição, dependência econômica, identidade e relação de parentesco, somente produzirá efeito quando for baseada em início de prova material contemporânea dos fatos e não serão admitidas as provas exclusivamente testemunhais.

▸ *Caput* com a redação dada pelo Dec. nº 10.410, de 30-6-2020.

§ 1º Será dispensado o início de prova material quando houver ocorrência de motivo de força maior ou de caso fortuito.

▸ § 1º com a redação dada pelo Dec. nº 10.410, de 30-6-2020.

§ 2º Caracteriza motivo de força maior ou caso fortuito a verificação de ocorrência notória, tais como incêndio, inundação ou desmoronamento, que tenha atingido a empresa na qual o segurado alegue ter trabalhado, devendo ser comprovada mediante registro da ocorrência policial feito em época própria ou apresentação de documentos contemporâneos dos fatos, e verificada a correlação entre a atividade da empresa e a profissão do segurado.

§ 3º Se a empresa não estiver mais em atividade, deverá o interessado juntar prova oficial de sua existência no período que pretende comprovar.

§ 4º No caso dos segurados empregado doméstico e contribuinte individual, após a homologação do processo, este deverá ser encaminhado ao setor competente de arrecadação para levantamento e cobrança do crédito.

▸ § 4º com a redação dada pelo Dec. nº 3.265, de 29-11-1999.

Art. 144. A homologação da justificação judicial processada com base em prova exclusivamente testemunhal dispensa a justificação administrativa, desde que complementada com início de prova material contemporânea dos fatos.

Parágrafo único. A inclusão, a exclusão, a ratificação e a retificação de vínculos, remunerações e contribuições, ainda que reconhecidos em ação trabalhista transitada em julgado, dependerão da existência de início de prova material contemporânea dos fatos.

Art. 145. Para o processamento de justificação administrativa, o interessado deverá apresentar requerimento no qual exponha, clara e minuciosamente, os pontos que pretende justificar, além de indicar testemunhas idôneas, em número não inferior a dois nem superior a seis, cujos depoimentos possam levar à convicção da veracidade do que se pretende comprovar.

Parágrafo único. As testemunhas, no dia e no horário marcados, serão inquiridas a respeito dos pontos que forem objeto da justificação de que trata o *caput*.

▸ Arts. 144 e 145 com a redação dada pelo Dec. nº 10.410, de 30-6-2020.

Art. 146. Não podem ser testemunhas:

I e II – *Revogados*. Dec. nº 10.410, de 30-6-2020;

III – os menores de 16 (dezesseis) anos; e

IV – o cônjuge, o companheiro ou a companheira, os ascendentes, os descendentes e os colaterais, até o terceiro grau, por consanguinidade ou afinidade.

▸ Inciso IV com a redação dada pelo Dec. nº 10.410, de 30-6-2020.

Parágrafo único. A pessoa com deficiência poderá testemunhar em igualdade de condições com as demais pessoas e lhe serão assegurados todos os recursos de tecnologia assistiva.

▸ Parágrafo único acrescido pelo Dec. nº 10.410, de 30-6-2020.

Art. 147. Não caberá recurso da decisão da autoridade competente do Instituto Nacional do Seguro Social que considerar eficaz ou ineficaz a justificação administrativa.

Art. 148. A justificação administrativa será avaliada globalmente quanto à forma e ao mérito, valendo perante o Instituto Nacional do Seguro Social para os fins especificamente visados, caso considerada eficaz.

Art. 149. A justificação administrativa será processada sem ônus para o interessado e nos termos das instruções do Instituto Nacional do Seguro Social.

Art. 150. Aos autores de declarações falsas, prestadas em justificações processadas perante a previdência social, serão aplicadas as penas previstas no artigo 299 do Código Penal.

Art. 151. Somente será admitido o processamento de justificação administrativa quando necessário para corroborar o início de prova material apto a demonstrar a plausibilidade do que se pretende comprovar.

▸ Artigo com a redação dada pelo Dec. nº 10.410, de 30-6-2020.

CAPÍTULO VII

DAS DISPOSIÇÕES DIVERSAS RELATIVAS ÀS PRESTAÇÕES DO REGIME GERAL DE PREVIDÊNCIA SOCIAL

Art. 152. Nenhum benefício ou serviço da previdência social poderá ser criado, majorado ou estendido, sem a correspondente fonte de custeio total.

▸ Art. 125 da Lei nº 8.213, de 24-7-1991 (Lei dos Planos de Benefícios da Previdência Social).

Art. 153. O benefício concedido a segurado ou dependente não pode ser objeto de penhora, arresto ou sequestro, sendo nula de pleno direito a sua venda ou cessão, ou a constituição de qualquer ônus sobre ele, bem como a outorga de poderes irrevogáveis ou em causa própria para seu recebimento, ressalvado o disposto no artigo 154.

Art. 153-A. A concessão de aposentadoria requerida a partir de 14 de novembro de 2019 com utilização de tempo de contribuição decorrente de cargo, emprego ou função pública acarretará o rompimento do vínculo que gerou o referido tempo de contribuição.

Parágrafo único. Para fins do disposto no *caput*, após a consolidação da aposentadoria, nos termos do disposto no art. 181-B, o INSS notificará a empresa responsável sobre a aposentadoria do segurado e constarão da notificação as datas de concessão e de início do benefício.

▸ Art. 153-A acrescido pelo Dec. nº 10.410, de 30-6-2020.

Art. 154. O Instituto Nacional do Seguro Social pode descontar da renda mensal do benefício:

I – contribuições devidas pelo segurado à previdência social;

II – pagamento administrativo ou judicial de benefício previdenciário ou assistencial indevido, ou além do devido, inclusive na hipótese de cessação do benefício pela revogação de decisão judicial, em valor que não exceda trinta por cento da importância da renda mensal do benefício, nos termos do disposto neste Regulamento;

▸ Inciso II com a redação dada pelo Dec. nº 10.410, de 30-6-2020.

III – imposto de renda na fonte;

IV – alimentos decorrentes de sentença judicial;

V – mensalidades de associações e de demais entidades de aposentados ou pensionistas legalmente reconhecidas, constituídas e em funcionamento, desde que autorizadas por seus filiados, observado o disposto nos § 1º ao § 1º-I; e

▸ Inciso V com a redação dada pelo Dec. nº 10.537, de 28-10-2020.

VI – pagamento de empréstimos, financiamentos, cartões de crédito e operações de arrendamento mercantil concedidos por instituições financeiras e sociedades de arrendamento mercantil ou por entidades fechadas ou abertas de previdência complementar, públicas e privadas, quando expressamente autorizado pelo bene-

Legislação Previdenciária

ficiário, até o limite de trinta e cinco por cento do valor do benefício, dos quais cinco por cento serão destinados exclusivamente para:

a) amortização de despesas contraídas por meio de cartão de crédito; ou

b) utilização com a finalidade de saque por meio do cartão de crédito.

▶ Inciso VI com a redação dada pelo Dec. nº 10.410, de 30-6-2020.

§ 1º O INSS estabelecerá requisitos adicionais para a efetivação dos descontos de que trata este artigo, observados critérios de conveniência administrativa, segurança das operações, interesse dos beneficiários e interesse público.

▶ § 1º com a redação dada pelo Dec. nº 10.410, de 30-6-2020.

§ 1º-A. Os benefícios previdenciários, uma vez concedidos, permanecerão bloqueados para os descontos previstos no inciso V do *caput* e somente serão desbloqueados por meio de autorização prévia, pessoal e específica por parte do beneficiário, conforme critérios e requisitos a serem definidos em ato do INSS.

§ 1º-B. A autorização do segurado prevista no § 1º-A deverá, sob pena de os descontos serem excluídos automaticamente, ser revalidada a cada três anos, a partir de 31 de dezembro de 2021, segundo critérios e requisitos a serem definidos em ato do INSS.

§ 1º-C. A autorização do segurado de que trata o inciso V do *caput* poderá ser revogada, a qualquer tempo, pelo próprio beneficiário.

▶ §§ 1º-A a 1º-C acrescidos pelo Dec. nº 10.410, de 30-6-2020.

§ 1º-D. Considera-se associação ou entidade de aposentados ou pensionistas aquela formada por:

I – aposentados ou pensionistas, com objetivos inerentes a essas categorias; ou

II – pessoas de categoria profissional específica, cujo estatuto as preveja como associados ativos e inativos, e que tenha dentre os seus objetivos a representação de aposentados ou pensionistas.

§ 1º-E. Considera-se mensalidade de associações e de demais entidades de aposentados ou pensionistas a contribuição associativa, devida exclusivamente em razão da condição de associado, em decorrência de previsão estatutária ou definição pelas assembleias-gerais, a qual não admite descontos de taxas extras, contribuições especiais, retribuição por serviços ou pacotes de serviços específicos, prêmios de seguros, empréstimos nem qualquer outro tipo de desconto, sujeita ao limite máximo de desconto estabelecido em ato do Presidente do INSS.

§ 1º-F. O INSS avaliará periodicamente a quantidade de reclamações de beneficiários, ações judiciais, processos de órgãos de controle e impacto em sua rede de atendimento, dentre outros elementos relacionados ao acordo de cooperação técnica celebrado, para fins do disposto no inciso V do *caput*, e poderá rescindir o referido acordo unilateralmente, a depender da quantidade de irregularidades identificadas.

▶ §§ 1º-D a 1º-F com a redação dada pelo Dec. nº 10.537, de 28-10-2020.

§ 1º-G. Para fins de repasse do desconto efetuado pelo INSS, as entidades referidas no inciso V do *caput* deverão estar em situação regular perante as Fazendas nacional, estadual, distrital e municipal, a previdência social, FGTS, o Sistema Integrado de Administração Financeira do Governo Federal – SIAFI, o Sistema de Cadastramento Unificado de Fornecedores – SICAF e o Cadastro Informativo de Créditos não Quitados do Setor Público Federal – CADIN.

▶ § 1º-G acrescido pelo Dec. nº 10.410, de 30-6-2020.

§ 1º-H. Na hipótese de entidade confederativa que representa instituições a ela vinculadas, as exigências de que tratam os § 1º-D e § 1º-G deverão ser atendidas pela instituição que celebrar o acordo de cooperação técnica.

§ 1º-I. O INSS deverá ser ressarcido das despesas realizadas em função da implementação e do controle do acordo de cooperação técnica de que trata o § 1º-F pela instituição que o celebrar.

▶ §§ 1º-H e 1º-I acrescidos pelo Dec. nº 10.537, de 28-10-2020.

§ 2º A restituição de importância recebida indevidamente por beneficiário da previdência social, nos casos comprovados de dolo, fraude ou má-fé, deverá ser atualizada nos moldes do art. 175, e feita de uma só vez ou mediante acordo de parcelamento na forma do art. 244, independentemente de outras penalidades legais.

▶ § 2º com a redação dada pelo Dec. nº 5.699, de 13-2-2006.

§ 3º Caso o débito seja originário de erro da previdência social, o segurado, usufruindo de benefício regularmente concedido, poderá devolver o valor de forma parcelada, atualizado nos moldes do artigo 175, devendo cada parcela corresponder, no máximo, a trinta por cento do valor do benefício em manutenção, e ser descontado em número de meses necessários à liquidação do débito.

§ 4º Se o débito for originário de erro da previdência social e o segurado não usufruir de benefício, o valor deverá ser devolvido, com a correção de que trata o parágrafo anterior, da seguinte forma:

I – no caso de empregado, com a observância do disposto no artigo 365; e

II – no caso dos demais beneficiários, será observado:

a) se superior a 5 (cinco) vezes o valor do benefício suspenso ou cessado, no prazo de 60 (sessenta) dias, contados da notificação para fazê-lo, sob pena de inscrição em Dívida Ativa; e

b) se inferior a 5 (cinco) vezes o valor do benefício suspenso ou cessado, no prazo de 30 (trinta) dias, contados da notificação para fazê-lo, sob pena de inscrição em Dívida Ativa.

§ 5º No caso de revisão de benefícios em que resultar valor superior ao que vinha sendo pago, em razão de erro da previdência social, o valor resultante da diferença verificada entre o pago e o devido será objeto de atualização nos mesmos moldes do artigo 175.

§ 6º O INSS disciplinará o desconto e a retenção de valores de benefícios com fundamento no disposto no inciso VI do *caput*, observadas as seguintes condições:

▸ *Caput* do § 6º com a redação dada pelo Dec. nº 10.410, de 30-6-2020.

I – a habilitação das instituições consignatárias deverá ser definida de maneira objetiva e transparente;

II – o desconto somente poderá incidir sobre os benefícios de aposentadoria, qualquer que seja sua espécie, ou de pensão por morte, recebidos pelos seus respectivos titulares;

III – a prestação de informações aos titulares de benefícios em manutenção e às instituições consignatárias necessária à realização do desconto deve constar de rotinas próprias;

IV – os prazos para o início dos descontos autorizados e para o repasse das prestações às instituições consignatárias devem ser definidos de forma justa e eficiente;

▸ Incisos I a IV acrescidos pelo Dec. nº 4.862, de 21-10-2003.

V – *Revogado*. Dec. nº 10.410, de 30-6-2020;

VI – o próprio titular do benefício deverá firmar autorização expressa para o desconto;

▸ Inciso VI acrescido pelo Dec. nº 4.862, de 21-10-2003.

VII – o valor do desconto não poderá exceder trinta e cinco por cento do valor disponível do benefício, assim entendido o valor do benefício após a dedução das consignações de que tratam os incisos I ao V do *caput*, correspondente à última competência paga, excluídas aquelas que contenham o décimo terceiro salário ou sua parcela, estabelecido no momento da contratação;

▸ Inciso VII com a redação dada pelo Dec. nº 10.410, de 30-6-2020.

VIII – o empréstimo poderá ser concedido por qualquer instituição consignatária, independentemente de ser ou não responsável pelo pagamento de benefício;

IX – os beneficiários somente poderão realizar as operações previstas no inciso VI do *caput* se receberem o benefício no Brasil;

▸ Incisos VIII e IX com a redação dada pelo Dec. nº 5.180, de 13-8-2004.

X – a retenção recairá somente sobre as parcelas mensais fixas integrais, vedada a administração de eventual saldo devedor;

XI – o titular de benefício poderá autorizar mais de um desconto em favor da mesma instituição consignatária, respeitados o limite consignável e a prevalência de retenção em favor dos contratos mais antigos;

XII – a eventual modificação no valor do benefício ou das consignações de que tratam os incisos I a V do *caput* que resulte margem consignável inferior ao valor da parcela pactuada, poderá ensejar a reprogramação da retenção, alterando-se o valor e o prazo do desconto, desde que solicitado pela instituição consignatária e sem acréscimo de custos operacionais; e

XIII – outras que se fizerem necessárias.

▸ Incisos X a XIII acrescidos pelo Dec. nº 4.862, de 21-10-2003.

§ 7º Na hipótese de coexistência de descontos relacionados nos incisos II e VI do *caput*, prevalecerá o desconto do inciso II.

▸ § 7º acrescido pelo Dec. nº 4.862, de 21-10-2003.

§ 7º-A. Os benefícios previdenciários, uma vez concedidos, permanecerão bloqueados para os descontos previstos no inciso VI do *caput* e somente serão desbloqueados por meio de autorização prévia, pessoal e específica por parte do beneficiário, conforme critérios e requisitos a serem definidos em ato do INSS.

§ 7º-B. A autorização do segurado de que trata o § 7º-A poderá ser revogada, a qualquer tempo, pelo próprio beneficiário.

▸ §§ 7º-A e 7º-B acrescidos pelo Dec. nº 10.410, de 30-6-2020.

§ 8º É facultado ao titular do benefício solicitar a substituição da instituição financeira pagadora do benefício por outra, para pagamento de benefício mediante crédito em conta-corrente, exceto se já tiver realizado operação com a instituição pagadora na forma do § 9º e enquanto houver saldo devedor em amortização.

▸ § 8º com a redação dada pelo Dec. nº 5.699, de 13-2-2006.

§ 9º O titular de benefício de aposentadoria, independentemente de sua espécie, ou de pensão por morte concedida pelo RGPS poderá autorizar, de forma irrevogável e irretratável, que a instituição financeira na qual receba o seu benefício retenha valores referentes ao pagamento mensal de empréstimos, financiamentos, cartões de crédito e operações de arrendamento mercantil por ela concedidos, quando previstos em contrato, para fins de amortização, observadas as normas editadas pelo INSS.

▸ § 9º com a redação dada pelo Dec. nº 10.410, de 30-6-2020.

§ 10. O INSS não responde, em nenhuma hipótese, pelos débitos contratados pelos segurados, restringindo-se sua responsabilidade:

I – à retenção dos valores autorizados pelo beneficiário e seu repasse à instituição consignatária, em relação às operações contratadas na forma do inciso VI do *caput*; e

II – à manutenção dos pagamentos na mesma instituição financeira enquanto houver saldo devedor, desde que seja por ela comunicado, na forma estabelecida pelo INSS, e enquanto não houver retenção superior ao limite de trinta por cento do valor do benefício, em relação às operações contratadas na forma do § 9º.

▸ § 10 acrescido pelo Dec. nº 5.699, de 13-2-2006.

§ 11. Serão inscritos em dívida ativa pela Procuradoria-Geral Federal os créditos constituídos pelo INSS em decorrência de benefício previdenciário ou assistencial pago indevidamente ou além do devido, inclusive na hipótese de cessação do benefício pela revogação de decisão judicial, nos termos do disposto na Lei nº 6.830, de 22 de setembro de 1980, para a execução judicial.

§ 12. Será objeto de inscrição em dívida ativa, para fins do disposto no § 11, em conjunto ou separadamente, o terceiro beneficiado que sabia ou deveria saber da origem do benefício pago indevidamente em razão de fraude, dolo ou coação, desde que devidamente identificado em procedimento administrativo de responsabilização.

§ 13. O procedimento administrativo de responsabilização de que trata o § 12 ocorrerá na forma prevista no art. 179 deste Regulamento e no art. 27 do Decreto-Lei nº 4.657, de 4 de setembro de 1942.

▸ §§ 11 a 13 acrescidos pelo Dec. nº 10.410, de 30-6-2020.

Art. 154-A. O INSS poderá arredondar, para a unidade de real imediatamente superior, os valores em centavos dos benefícios de prestação continuada pagos mensalmente a seus beneficiários.

Parágrafo único. Os valores recebidos a maior pelo beneficiário serão descontados no pagamento do abono anual ou do último valor do pagamento do benefício, na hipótese de sua cessação.

▸ Art. 154-A acrescido pelo Dec. nº 4.032, de 26-11-2001.

Art. 155. Será fornecido ao beneficiário demonstrativo minucioso das importâncias pagas, discriminando-se o valor da mensalidade, as diferenças eventualmente pagas, com o período a que se referem, e os descontos efetuados.

Art. 156. O benefício será pago diretamente ao beneficiário, salvo em caso de ausência, moléstia contagiosa ou impossibilidade de locomoção, quando será pago a procurador, cujo mandato não terá prazo superior a doze meses, podendo ser renovado ou revalidado pelos setores de benefícios do Instituto Nacional do Seguro Social.

Parágrafo único. O procurador do beneficiário deverá firmar, perante o Instituto Nacional do

Seguro Social, termo de responsabilidade mediante o qual se comprometa a comunicar ao Instituto qualquer evento que possa anular a procuração, principalmente o óbito do outorgante, sob pena de incorrer nas sanções criminais cabíveis.

Art. 157. O Instituto Nacional do Seguro Social apenas poderá negar-se a aceitar procuração quando se manifestar indício de inidoneidade do documento ou do mandatário, sem prejuízo, no entanto, das providências que se fizerem necessárias.

Art. 158. Na constituição de procuradores, observar-se-á subsidiariamente o disposto no Código Civil.

§ 1º O dependente excluído na forma prevista no § 9º do art. 16 ou que tenha a parte provisoriamente suspensa na forma prevista no § 5º do art. 114 não poderá representar outro dependente para fins de recebimento e percepção do benefício.

§ 2º O dependente que perder o direito à pensão por morte na forma prevista no § 5º do art. 105 não poderá representar outro dependente para fins de percepção do benefício.

► §§ 1º e 2º acrescidos pelo Dec. nº 10.410, de 30-6-2020.

Art. 159. Somente será aceita a constituição de procurador com mais de uma procuração, ou procurações coletivas, nos casos de representantes credenciados de leprosários, sanatórios, asilos e outros estabelecimentos congêneres, nos casos de parentes de primeiro grau, ou, em outros casos, a critério do Instituto Nacional do Seguro Social.

Art. 160. Não poderão ser procuradores:

I – os servidores públicos civis ativos e os militares ativos, salvo se parentes até o segundo grau; e

II – os incapazes para os atos da vida civil, ressalvado o disposto no art. 666 do Código Civil.

► Inciso II com a redação dada pelo Dec. nº 4.729, de 9-6-2003.

Parágrafo único. Podem outorgar procuração as pessoas maiores ou emancipadas, no gozo dos direitos civis.

Art. 161. O serviço social constitui atividade auxiliar do seguro social e visa prestar ao beneficiário orientação e apoio no que concerne à solução dos problemas pessoais e familiares e à melhoria da sua inter-relação com a previdência social, para a solução de questões referentes a benefícios, bem como, quando necessário, à obtenção de outros recursos sociais da comunidade.

§ 1º Será dada prioridade de atendimento a segurados em benefício por incapacidade temporária e atenção especial a aposentados e pensionistas.

§ 2º Para assegurar o efetivo atendimento aos beneficiários, poderão ser utilizados mecanismos de intervenção técnica, ajuda material, recursos sociais, intercâmbio com empresas, inclusive mediante celebração de convênios, acordos ou contratos, ou pesquisa social.

§ 3º O serviço social terá como diretriz a participação do beneficiário na implementação e fortalecimento da política previdenciária, em articulação com associações e entidades de classes.

§ 4º O serviço social prestará assessoramento técnico aos estados, Distrito Federal e municípios na elaboração de suas respectivas propostas de trabalho relacionadas com a previdência social.

§ 5º O Ministro de Estado da Previdência Social editará atos complementares para a aplicação do disposto neste artigo.

► § 1º a 5º acrescidos pelo Dec. nº 6.722, de 30-12-2008.

Art. 162. O benefício devido ao segurado ou dependente civilmente incapaz será pago ao cônjuge, pai, mãe, tutor ou curador, admitindo-se, na sua falta e por período não superior a 6 (seis) meses, o pagamento a herdeiro necessário, mediante termo de compromisso firmado no ato do recebimento.

§§ 1º e 2º *Revogados*. Dec. nº 5.699, de 13-2-2006.

Parágrafo único. *Revogado*. Dec. nº 10.410, de 30-6-2020.

§ 3º O período a que se refere o *caput* poderá ser prorrogado por iguais períodos, desde que comprovado o andamento regular do processo legal de tutela ou curatela.

§ 4º Na hipótese de interdição do beneficiário, para fins de curatela, a autoridade judiciária poderá utilizar-se de laudo médico-pericial da Perícia Médica Federal.

§ 5º No ato de requerimento de benefícios operacionalizados pelo INSS, não será exigida apresentação de termo de curatela de titular ou de beneficiário com deficiência, observados os procedimentos a serem estabelecidos em ato do INSS.

▸ §§ 3º a 5º acrescidos pelo Dec. nº 10.410, de 30-6-2020.

Art. 163. O segurado e o dependente, após dezesseis anos de idade, poderão firmar recibo de benefício, independentemente da presença dos pais ou do tutor.

▸ Artigo com a redação dada pelo Dec. nº 4.079, de 9-1-2002.

Art. 164. A impressão digital do beneficiário incapaz de assinar, aposta na presença de servidor da previdência social ou representante desta, vale como assinatura para quitação de pagamento de benefício.

Art. 165. O valor não recebido em vida pelo segurado somente será pago aos seus dependentes habilitados à pensão por morte ou, na falta deles, aos seus sucessores na forma da lei civil, independentemente de inventário ou arrolamento.

Art. 166. Os benefícios poderão ser pagos mediante depósito em conta-corrente bancária em nome do beneficiário.

▸ *Caput* com a redação dada pelo Dec. nº 4.729, de 9-6-2003.

§ 1º *Revogado*. Dec. nº 3.265, de 29-11-1999.

§ 2º *Revogado*. Dec. nº 4.729, de 9-6-2003.

§ 3º Na hipótese da falta de movimentação relativo a saque em conta-corrente cujos depósitos sejam decorrentes exclusivamente de pagamento de benefícios, por prazo superior a sessenta dias, os valores dos benefícios remanescentes serão estornados e creditados à Conta Única do Tesouro Nacional, com a identificação de sua origem.

▸ § 3º acrescido pelo Dec. nº 4.729, de 9-6-2003.

Art. 167. Exceto na hipótese de direito adquirido, não é permitido o recebimento conjunto dos seguintes benefícios do RGPS, inclusive quando decorrentes de acidente do trabalho:

▸ *Caput* com a redação dada pelo Dec. nº 10.410, de 30-6-2020.

I – aposentadoria com auxílio por incapacidade temporária;

▸ Inciso I com a redação dada pelo Dec. nº 10.410, de 30-6-2020.

II – mais de uma aposentadoria;

III – aposentadoria com abono de permanência em serviço;

IV – salário-maternidade com auxílio por incapacidade temporária;

▸ Inciso IV com a redação dada pelo Dec. nº 10.410, de 30-6-2020.

V – mais de um auxílio-acidente;

VI – mais de uma pensão deixada por cônjuge;

VII – mais de uma pensão deixada por companheiro ou companheira;

VIII – mais de uma pensão deixada por cônjuge e companheiro ou companheira; e

IX – auxílio-acidente com qualquer aposentadoria.

§ 1º Nas hipóteses de que tratam os incisos VI, VII e VIII do *caput*, fica facultado ao dependente optar pela pensão mais vantajosa, observado o disposto no art. 167-A.

▸ § 1º com a redação dada pelo Dec. nº 10.410, de 30-6-2020.

§ 2º É vedado o recebimento conjunto do seguro-desemprego com qualquer benefício de prestação continuada da previdência social, exceto pensão por morte, auxílio-reclusão, auxílio-acidente, auxílio-suplementar ou abono de permanência em serviço.

§ 3º É permitida a acumulação dos benefícios previstos neste Regulamento com o benefício de que trata a Lei nº 7.070, de 20 de dezembro de 1982, que não poderá ser reduzido em razão de eventual aquisição de capacidade laborativa ou de redução de incapacidade para o trabalho ocorrida após a sua concessão.

§ 4º O segurado recluso em regime fechado, durante a percepção, pelos dependentes, do benefício de auxílio-reclusão, não terá o direito aos benefícios de salário-maternidade e de aposentadoria reconhecido, exceto se manifestada a opção pelo benefício mais vantajoso também pelos dependentes.

▸ § 4º com a redação dada pelo Dec. nº 10.410, de 30-6-2020.

Art. 167-A. Será admitida a acumulação dos seguintes benefícios:

I – de pensão por morte deixada por cônjuge ou companheiro do RGPS com pensão por morte concedida por outro regime de previdência social ou com pensões decorrentes das atividades militares de que tratam o art. 42 e o art. 142 da Constituição;

II – de pensão por morte deixada por cônjuge ou companheiro do RGPS com aposentadoria do mesmo regime e de regime próprio de previdência social ou com proventos de inatividade decorrentes das atividades militares de que tratam o art. 42 e o art. 142 da Constituição; ou

III – de aposentadoria concedida no âmbito do RGPS com pensão deixada por cônjuge ou companheiro de regime próprio de previdência social ou com proventos de inatividade decorrentes das atividades militares de que tratam o art. 42 e o art. 142 da Constituição.

§ 1º Nas hipóteses de acumulação previstas no *caput*, fica assegurada a percepção do valor integral do benefício mais vantajoso e de uma parte de cada um dos demais benefícios, apurada cumulativamente de acordo com as seguintes faixas:

I – sessenta por cento do valor que exceder um salário mínimo, até o limite de dois salários mínimos;

II – quarenta por cento do valor que exceder dois salários mínimos, até o limite de três salários mínimos;

III – vinte por cento do valor que exceder três salários mínimos, até o limite de quatro salários mínimos; e

IV – dez por cento do valor que exceder quatro salários mínimos.

§ 2º A aplicação do disposto no § 1º poderá ser revista a qualquer tempo, a pedido do interessado, em razão de alteração de algum dos benefícios.

§ 3º Na hipótese de recebimento de pensão desdobrada, para fins de aplicação do disposto no § 1º, em relação a esse benefício, será considerado o valor correspondente ao somatório da cota individual e da parcela da cota familiar, devido ao pensionista, que será revisto em razão do fim do desdobramento ou da alteração do número de dependentes.

§ 4º As restrições previstas neste artigo não se aplicam caso o direito aos benefícios tenha sido adquirido até 13 de novembro de 2019.

§ 5º Para fins do disposto neste artigo, no ato de habilitação ou concessão de benefício sujeito a acumulação, o INSS deverá:

I – verificar a filiação do segurado ao RGPS ou a regime próprio de previdência social;

II – solicitar ao segurado que manifeste expressamente a sua opção pelo benefício que lhe seja mais vantajoso; e

III – quando for o caso, verificar a condição do segurado ou pensionista, de modo a considerar, dentre outras, as informações constantes do CNIS.

§ 6º O Ministério da Economia manterá sistema de cadastro dos segurados do RGPS e dos servidores vinculados a regimes próprios de previdência social, e poderá, para tanto, firmar acordo de cooperação com outros órgãos da administração pública federal, estadual, distrital ou municipal para a manutenção e a gestão do referido sistema de cadastro.

§ 7º Até que o sistema de que trata o § 6º seja implementado, a comprovação de que o aposentado ou o pensionista cônjuge ou companheira ou companheiro do RGPS não recebe aposentadoria ou pensão de outro regime próprio de previdência social será feita por meio de autodeclaração, a qual o sujeitará às sanções administrativas, civis e penais aplicáveis caso seja constatada a emissão de declaração falsa.

§ 8º Caberá ao aposentado ou pensionista do RGPS informar ao INSS a obtenção de aposentadoria ou pensão de cônjuge ou companheira ou companheiro de outro regime, sob pena de suspensão do benefício.

▸ Art. 167-A acrescido pelo Dec. nº 10.410, de 30-6-2020.

Art. 168. Exceto nas hipóteses de aposentadoria por incapacidade permanente ou especial, observado quanto a esta última o disposto no parágrafo único do art. 69, o retorno do aposentado à atividade não prejudicará o recebimento de sua aposentadoria.

▸ Artigo com a redação dada pelo Dec. nº 10.410, de 30-6-2020.

Art. 169. Os pagamentos dos benefícios de prestação continuada não poderão ser antecipados.

§ 1º Excepcionalmente, nas hipóteses de estado de calamidade pública, reconhecidas por ato do Poder Executivo federal, o INSS poderá, nos termos estabelecidos em ato do Secretário Especial de Previdência e Trabalho do Ministério da Economia, antecipar aos beneficiários domiciliados nos respectivos Municípios:

▸ *Caput* do § 1º com a redação dada pelo Dec. nº 9.700, de 8-2-2019.

I – o cronograma de pagamento dos benefícios de prestação continuada previdenciária e assistencial, enquanto perdurar o estado de calamidade; e

II – o valor correspondente a uma renda mensal do benefício devido, excetuados os temporários, mediante opção dos beneficiários.

► Incisos I e II acrescidos pelo Dec. nº 7.223, de 29-6-2010.

§ 2º O valor antecipado de que trata o inciso II do § 1º será ressarcido de forma parcelada, mediante desconto da renda do benefício, para esse fim equiparado ao crédito de que trata o inciso II do *caput* do art. 154, nos termos do ato a que se refere o § 1º.

► § 2º acrescido pelo Dec. nº 7.223, de 29-6-2010.

Art. 170. Compete exclusivamente aos servidores públicos ocupantes dos cargos de que trata o § 3º do art. 30 da Lei nº 11.907, de 2 de fevereiro de 2009, a realização das atividades médico-periciais relacionadas com o RGPS, sem prejuízo de outras disposições constantes no referido artigo.

Parágrafo único. Os servidores de que trata o *caput* poderão solicitar ao médico assistente do beneficiário que forneça informações sobre antecedentes médicos a ele relativas, na forma disciplinada pela Secretaria Especial de Previdência e Trabalho do Ministério da Economia, para fins do disposto no § 2º do art. 43 e no § 1º do art. 71 ou para subsidiar emissão de laudo médico-pericial conclusivo.

► Art. 170 com a redação dada pelo Dec. nº 10.410, de 30-6-2020.

Art. 170-A. Incumbem privativamente aos servidores públicos da Carreira do Seguro Social de que trata a Lei nº 10.855, de 1º de abril de 2004, as atribuições previstas no inciso I do *caput* do art. 5º-B da referida Lei, e compete à Secretaria Especial de Previdência e Trabalho do Ministério da Economia a edição de atos complementares para a especificação e a definição das atividades acessórias ou preparatórias ao exercício das atribuições privativas e para a atuação no exame de matérias e processos administrativos de benefícios sociais.

► Art. 170-A acrescido pelo Dec. nº 10.410, de 30-6-2020.

Art. 171. Quando o segurado ou dependente deslocar-se por determinação do Instituto Nacional do Seguro Social para submeter-se a exame médico-pericial ou a processo de reabilitação profissional em localidade diversa da de sua residência, deverá a instituição custear o seu transporte e pagar-lhe diária no valor de R$ 24,57 (vinte e quatro reais e cinquenta e sete centavos), ou promover sua hospedagem mediante contratação de serviços de hotéis, pensões ou similares.

§ 1º Caso o beneficiário, a critério do Instituto Nacional do Seguro Social, necessite de acompanhante, a viagem deste poderá ser autorizada, aplicando-se o disposto neste artigo.

§ 2º Quando o beneficiário ficar hospedado em hotéis, pensões ou similares contratados ou conveniados pelo Instituto Nacional do Seguro Social, não caberá pagamento de diária.

Art. 172. Fica o Instituto Nacional do Seguro Social obrigado a emitir e a enviar aos beneficiários aviso de concessão de benefício, além da memória de cálculo do valor dos benefícios concedidos.

Art. 173. O segurado em gozo de aposentadoria que voltar a exercer atividade abrangida pelo RGPS, observados o disposto no art. 168 e, nos casos de aposentadoria especial, o disposto no parágrafo único do art. 69, fará jus:

I – ao salário-família e à reabilitação profissional, quando empregado, inclusive o doméstico, ou trabalhador avulso; e

II – ao salário-maternidade.

► Art. 173 com a redação dada pelo Dec. nº 10.491, de 23-9-2020.

Art. 174. O primeiro pagamento do benefício será efetuado até quarenta e cinco dias após a data da apresentação, pelo segurado, da documentação necessária à sua concessão.

► *Caput* com a redação dada pelo Dec. nº 6.722, de 30-12-2008.

Parágrafo único. O prazo fixado no *caput* fica prejudicado nos casos de justificação administrativa ou outras providências a cargo do segurado, que demandem a sua dilatação, iniciando-se essa contagem a partir da data da conclusão das mesmas.

Art. 175. O pagamento de parcelas relativas a benefícios efetuado com atraso, independentemente de ocorrência de mora e de quem lhe deu causa, deve ser corrigido monetariamente desde o momento em que restou devido, pelo mesmo índice utilizado para os reajustamentos dos benefícios do RGPS, apurado no período compreendido entre o mês que deveria ter sido pago e o mês do efetivo pagamento.

▸ Artigo com a redação dada pelo Dec. nº 6.722, de 30-12-2008.

Art. 176. A apresentação de documentação incompleta não constitui, por si só, motivo para recusa do requerimento de benefício ou serviço, ainda que seja possível identificar previamente que o segurado não faça *jus* ao benefício ou serviço pretendido.

§ 1º Na hipótese de que trata o *caput*, o INSS deverá proferir decisão administrativa, com ou sem análise de mérito, em todos os pedidos administrativos formulados, e, quando for o caso, emitirá carta de exigência prévia ao requerente.

§ 2º Encerrado o prazo para cumprimento da exigência sem que os documentos solicitados tenham sido apresentados pelo requerente, o INSS:

I – decidirá pelo reconhecimento do direito, caso haja elementos suficientes para subsidiar a sua decisão; ou

II – decidirá pelo arquivamento do processo sem análise de mérito do requerimento, caso não haja elementos suficientes ao reconhecimento do direito nos termos do disposto no art. 40 da Lei nº 9.784, de 29 de janeiro de 1999.

§ 3º Não caberá recurso ao CRPS da decisão que determine o arquivamento do requerimento sem análise de mérito decorrente da não apresentação de documentação indispensável ao exame do requerimento.

§ 4º Caso haja manifestação formal do segurado no sentido de não dispor de outras informações ou documentos úteis, diversos daqueles apresentados ou disponíveis ao INSS, será proferida a decisão administrativa com análise de mérito do requerimento.

§ 5º O arquivamento do processo não inviabilizará a apresentação de novo requerimento pelo interessado, que terá efeitos a partir da data de apresentação da nova solicitação.

§ 6º O reconhecimento do direito ao benefício com base em documento apresentado após a decisão administrativa proferida pelo INSS considerará como data de entrada do requerimento a data de apresentação do referido documento.

§ 7º O disposto neste artigo aplica-se aos pedidos de revisão e recursos fundamentados em documentos não apresentados no momento do requerimento administrativo e, quanto aos seus efeitos financeiros, aplica-se o disposto no § 4º do art. 347.

▸ Art. 176 com a redação dada pelo Dec. nº 10.410, de 30-6-2020.

Art. 176-A. O requerimento de benefícios e de serviços administrados pelo INSS será formulado por meio de canais de atendimento eletrônico, observados os procedimentos previstos em ato do INSS.

§ 1º O requerimento formulado será processado em meio eletrônico em todas as fases do processo administrativo, ressalvados os atos que exijam a presença do requerente.

§ 2º Excepcionalmente, caso o requerente não disponha de meios adequados para apresentação da solicitação pelos canais de atendimento eletrônico, o requerimento e o agendamento de serviços poderão ser feitos presencialmente nas Agências da Previdência Social.

Art. 176-B. O INSS poderá firmar acordo de cooperação técnica com entes públicos e demais entidades para fins de geração e recebimento de requerimentos de benefícios.

Art. 176-C. O requerente poderá, enquanto não proferida a decisão do INSS e por meio de manifestação escrita, desistir do requerimento formulado, nos termos do disposto no art. 51 da Lei nº 9.784, de 1999.

§ 1º Havendo vários interessados, a desistência a que se refere o *caput* atinge somente quem a tenha formulado.

§ 2º A desistência do requerimento não impede o INSS de analisar a matéria objeto do requerimento para fins de uniformização de entendimento, de forma geral e abstrata, ou para efeito de apuração de irregularidade.

Art. 176-D. Se, na data de entrada do requerimento do benefício, o segurado não satisfizer os requisitos para o reconhecimento do direito, mas implementá-los em momento posterior, antes da decisão do INSS, o requerimento poderá ser reafirmado para a data em que satisfizer os requisitos, que será fixada como início do benefício, exigindo-se, para tanto, a concordância formal do interessado, admitida a sua manifestação de vontade por meio eletrônico.

Art. 176-E. Caberá ao INSS conceder o benefício mais vantajoso ao requerente ou benefício diverso do requerido, desde que os elementos constantes do processo administrativo assegurem o reconhecimento desse direito.

Parágrafo único. Na hipótese de direito à concessão de benefício diverso do requerido, caberá ao INSS notificar o segurado para que este manifeste expressamente a sua opção pelo benefício, observado o disposto no art. 176-D.

▸ Arts. 176-A a 176-E acrescidos pelo Dec. nº 10.410, de 30-6-2020.

Art. 177. *Revogado*. Dec. nº 3.668, de 22-11-2000.

Art. 178. O pagamento mensal de benefícios de valor superior a vinte vezes o limite máximo de salário de contribuição deverá ser autorizado expressamente pelo Gerente Executivo do Instituto Nacional do Seguro Social, observada a análise da Divisão ou Serviço de Benefícios.

Parágrafo único. Os benefícios de valor inferior ao limite estipulado no *caput*, quando do reconhecimento do direito da concessão, revisão e manutenção de benefícios, serão supervisionados pelas Agências da Previdência Social e Divisões ou Serviços de Benefícios, sob critérios preestabelecidos pela Direção Central.

▸ Art. 178 com a redação dada pelo Dec. nº 5.545, de 22-9-2005.

Art. 179. O INSS manterá programa permanente de revisão da concessão e da manutenção dos benefícios por ele administrados, a fim de apurar irregularidades ou erros materiais.

▸ *Caput* com a redação dada pelo Dec. nº 10.410, de 30-6-2020.

§ 1º Na hipótese de haver indícios de irregularidade ou erro material na concessão, na manutenção ou na revisão do benefício, o INSS notificará o beneficiário, o seu representante legal ou o seu procurador para apresentar defesa, provas ou os documentos dos quais dispuser, no prazo de:

I – trinta dias, no caso de trabalhador urbano; ou

II – sessenta dias, no caso de:

a) trabalhador rural individual;
b) trabalhador rural avulso;
c) agricultor familiar; ou
d) segurado especial.

§ 2º A notificação a que se refere o § 1º será feita, preferencialmente:

I – por rede bancária, conforme definido em ato do INSS;

II – por meio eletrônico, por meio de cadastramento prévio, na forma definida em ato do INSS, a ser realizado por procedimento em que seja assegurada a identificação adequada do interessado;

III – por via postal, por meio de carta simples destinada ao endereço constante do cadastro do segurado que requereu o benefício, hipótese em que o aviso de recebimento será considerado prova suficiente da sua notificação;

IV – pessoalmente, quando entregue ao interessado em mão; ou

V – por edital, na hipótese de o segurado não ter sido localizado por meio da comunicação a que se refere o inciso III.

§ 3º A defesa poderá ser apresentada pelo canal de atendimento eletrônico do INSS ou na Agência da Previdência Social do domicílio do beneficiário.

§ 4º O benefício será suspenso nas seguintes hipóteses:

I – de não apresentação da defesa no prazo estabelecido no § 1º; ou

II – de defesa considerada insuficiente ou improcedente pelo INSS.

§ 5º O INSS notificará o beneficiário quanto à suspensão do benefício de que trata o § 4º, que disporá do prazo de trinta dias, contado da data de notificação, para interposição de recurso.

§ 6º Decorrido o prazo a que se refere o § 5º sem que o beneficiário, o seu representante legal ou o seu procurador apresente recurso administrativo aos canais de atendimento do INSS ou a outros canais autorizados, o benefício será cessado.

▸ §§ 1º a 6º com a redação dada pelo Dec. nº 10.410, de 30-6-2020.

§ 7º Para fins do disposto no *caput*, o INSS poderá realizar recenseamento para atualização do cadastro dos beneficiários e verificação dos benefícios administrados pelo INSS, observado o disposto nos incisos III, IV e V do § 8º.

§ 8º Aqueles que receberem benefícios realizarão anualmente a comprovação de vida nas instituições financeiras, por meio de atendimento eletrônico com uso de biometria ou por outro meio definido pelo INSS que assegure a identificação do beneficiário, observadas as seguintes disposições:

I – a prova de vida e a renovação de senha serão efetuadas por aquele que receber o benefício, que deverá ser identificado por funcionário da instituição, quando realizadas nas instituições financeiras;

II – o representante legal ou o procurador do beneficiário, legalmente cadastrado no INSS, poderá realizar a prova de vida no INSS ou na instituição financeira responsável pelo pagamento;

III – a prova de vida de segurados com idade igual ou superior a sessenta anos será disciplinada em ato do INSS;

IV – o INSS disporá de meios, incluída a realização de pesquisa externa, que garantam a identificação e o processo de prova de vida para pessoas com dificuldade de locomoção e idosos acima de oitenta anos que recebam benefícios; e

V – o INSS poderá bloquear o pagamento do benefício encaminhado às instituições financeiras até que o beneficiário atenda à convocação para a realização de prova de vida, permitida a liberação do pagamento automaticamente pela instituição financeira.

§ 8º-A. A prova de vida para quem reside no exterior, a ser encaminhada obrigatoriamente ao INSS, deverá ser realizada nas embaixadas ou nos consulados brasileiros no exterior ou por meio de apostilamento de documento definido pelo INSS para esse fim.

§ 9º O recurso de que trata o § 5º não terá efeito suspensivo.

§ 10. Apurada irregularidade recorrente ou fragilidade nos procedimentos, reconhecida na forma prevista no *caput* ou pelos órgãos de controle, os procedimentos de análise e concessão de benefícios serão revistos, de modo a reduzir o risco de fraude e concessão irregular.

§ 11. Para fins do disposto no § 8º, preservados o sigilo e a integridade dos dados, o INSS:

I – terá acesso aos dados biométricos mantidos e administrados pelos órgãos públicos federais; e

II – poderá ter, por meio de convênio, acesso aos dados biométricos hospedados em sistemas:

a) da Justiça Eleitoral; e

b) de outros entes federativos.

► §§ 7º a 11 acrescidos pelo Dec. nº 10.410, de 30-6-2020.

Art. 179-A. O INSS implementará e manterá processo administrativo eletrônico para requerimento de benefícios e serviços e disponibilizará canais eletrônicos de atendimento.

§ 1º O INSS facilitará o requerimento, a concessão, a manutenção e a revisão de benefícios por meio eletrônico e implementará procedimentos automatizados de atendimento e prestação de serviços por meio telefônico ou por canais remotos.

§ 2º Poderão ser celebrados acordos de cooperação, na modalidade de adesão, com órgãos e entidades da União, dos Estados, do Distrito Federal e dos Municípios, para o recebimento de documentos e o apoio administrativo às atividades do INSS que demandem a prestação de serviços presenciais.

§ 3º A implementação de serviços eletrônicos pelo INSS preverá mecanismos de controle preventivos de fraude e de identificação segura do cidadão.

Art. 179-B. No exercício de suas competências, observado o disposto nos incisos XI e XII do *caput* do art. 5º da Constituição e na Lei nº 13.709, de 14 de agosto de 2018, o INSS terá acesso aos dados necessários para a análise, a concessão, a revisão e a manutenção de benefícios por ele administrados, em especial aos dados:

I – dos registros e dos prontuários eletrônicos do SUS, administrados pelo Ministério da Saúde;

II – dos documentos médicos mantidos por entidades públicas e privadas, e, no caso destas últimas, será necessária a celebração de convênio para que o acesso seja garantido; e

III – de movimentação das contas do FGTS, mantidas pela Caixa Econômica Federal.

§ 1º Para fins do cumprimento do disposto no *caput*, serão preservados o sigilo e a integridade dos dados acessados pelo INSS, eventualmente existentes, e, quanto aos dados dos prontuários eletrônicos do SUS e dos documentos médicos mantidos por entidades públicas e privadas, o acesso será franqueado exclusivamente aos peritos médicos federais designados pelo INSS.

§ 2º O Ministério da Economia terá acesso às bases de dados geridas ou administradas pelo INSS, incluída a folha de pagamento de benefícios detalhada.

§ 3º As bases de dados e as informações de que tratam o *caput* e o § 1º poderão ser compartilhadas com os regimes próprios de previdência social somente para fins de cumprimento de suas competências relacionadas à recepção, à análise, à concessão, à revisão e à manutenção de benefícios por eles administrados, preservados o sigilo e a integridade dos dados, na forma disciplinada em ato conjunto do Secretário Especial de Previdência e Trabalho do Ministério da Economia e do gestor dos dados.

§ 4º Fica dispensada a celebração de convênio, acordo de cooperação técnica ou instrumentos congêneres para a concessão do acesso aos dados de que trata o *caput* quando se tratar de dados hospedados por órgãos da administração pública federal e caberá ao INSS a responsabilidade de arcar com os custos envolvidos, quando houver, para o acesso ou a extração dos dados, exceto quando estabelecido de forma diversa entre os órgãos envolvidos.

§ 5º As solicitações de acesso a dados hospedados por entidades privadas têm característica de requisição, dispensados a celebração de convênio, acordo de cooperação técnica ou instrumentos congêneres para a concessão do acesso aos dados de que trata o *caput* e o ressarcimento de eventuais custos, vedado o compartilhamento dos referidos dados com outras entidades de direito privado.

Art. 179-C. O servidor responsável pela análise dos pedidos dos benefícios motivará suas decisões ou opiniões técnicas e responderá pessoalmente apenas nas hipóteses de dolo e de erro grosseiro.

Art. 179-D. A administração pública federal desenvolverá ações de segurança da informação e das comunicações, incluídas as de segurança cibernética, de segurança das infraestruturas, de qualidade dos dados e de segurança de interoperabilidade de bases governamentais, e efetuará a sua integração, inclusive com as bases de dados e informações dos Estados, do Distrito Federal e dos Municípios, com o objetivo de atenuar riscos e inconformidades em pagamentos de benefícios sociais.

Art. 179-E. Os benefícios administrados pelo INSS que forem objeto de apuração de irregularidade ou fraude pela Coordenação-Geral de Inteligência Previdenciária e Trabalhista da Secretaria Especial de Previdência e Trabalho do Ministério da Economia poderão ter o respectivo valor bloqueado cautelarmente pelo INSS, por meio de decisão fundamentada, quando houver risco iminente de prejuízo ao erário e restarem evidenciados elementos suficientes que indiquem a existência de irregularidade ou fraude na sua concessão ou manutenção, hipótese em que será facultado ao titular a apresentação de defesa, nos termos do disposto neste Regulamento.

§ 1º Para fins do disposto neste artigo, o bloqueio do valor do benefício consiste no comando bancário que impossibilita temporariamente a movimentação do valor referente ao benefício.

§ 2º Será dada prioridade à tramitação de processo no qual seja requerido o bloqueio do valor do benefício.

§ 3º Na hipótese prevista no § 2º, a tramitação do processo deverá ser concluída no prazo de trinta dias, contado da data de apresentação da defesa pelo titular do benefício.

§ 4º Encerrado o prazo de que trata o § 3º, independentemente de concluída a tramitação do processo, o benefício será desbloqueado automaticamente, ressalvada a hipótese prevista no § 5º.

§ 5º Na hipótese de o titular do benefício não apresentar defesa, o bloqueio será convertido automaticamente em suspensão do benefício.

§ 6º Ato conjunto da Secretaria Especial de Previdência e Trabalho do Ministério da Economia e do INSS disciplinará os procedimentos, os requisitos e a forma de encaminhamento das apurações de irregularidade ou fraude e de efetivação do bloqueio de que trata este artigo.

► Arts. 179-A a 179-E acrescidos pelo Dec. nº 10.410, de 30-6-2020.

Art. 180. Ressalvado o disposto nos §§ 5º e 6º do art. 13, a perda da qualidade de segurado importa em caducidade dos direitos inerentes a essa qualidade.

► *Caput* com a redação dada pelo Dec. nº 4.729, de 9-6-2003.

§ 1º A perda da qualidade de segurado não prejudica o direito à aposentadoria para cuja concessão tenham sido preenchidos todos os requisitos, segundo a legislação em vigor à época em que estes requisitos foram atendidos.

§ 2º Não será concedida pensão por morte aos dependentes do segurado que falecer após a perda desta qualidade, nos termos dos artigos 13 a 15, salvo se preenchidos os requisitos para obtenção de aposentadoria na forma do parágrafo anterior, observado o disposto no artigo 105.

§ 3º No cálculo da aposentadoria de que trata o § 1º, será observado o disposto no § 9º do artigo 32 e no artigo 52.

Art. 181. Todo e qualquer benefício concedido pelo Instituto Nacional do Seguro Social, ainda que à conta do Tesouro Nacional, submete-se ao limite a que se refere o § 5º do artigo 214.

Parágrafo único. Aos beneficiários de que trata o artigo 150 da Lei nº 8.213, de 1991, aplicam-se as disposições previstas neste Regulamento, vedada a adoção de critérios diferenciados para a concessão de benefícios.

Art. 181-A. *Revogado.* Dec. nº 10.410, de 30-6-2020.

Art. 181-B. As aposentadorias concedidas pela previdência social são irreversíveis e irrenunciáveis.

▸ *Caput* do art. 181-B com a redação dada pelo Dec. nº 10.410, de 30-6-2020.

§ 1º O disposto neste artigo não se aplica à concessão de aposentadoria por incapacidade permanente.

▸ Parágrafo único transformado em § 1º e com a redação dada pelo Dec. nº 10.410, de 30-6-2020.

§ 2º O segurado poderá desistir do seu pedido de aposentadoria desde que manifeste essa intenção e requeira o arquivamento definitivo do pedido antes da ocorrência de um dos seguintes atos:

I – recebimento do primeiro pagamento do benefício; ou

II – efetivação do saque do FGTS ou do PIS.

§ 3º O disposto no *caput* não impede a cessação dos benefícios não acumuláveis por força de disposição legal ou constitucional.

▸ §§ 2º e 3º acrescidos pelo Dec. nº 10.410, de 30-6-2020.

Art. 181-C. Na hipótese de o inventariante não tomar a iniciativa do pagamento das contribuições devidas pelo segurado falecido o Instituto Nacional do Seguro Social deverá requerer, no inventário ou arrolamento de bens por ele deixado, o pagamento da dívida.

Parágrafo único. Na hipótese de ter sido feita a partilha da herança sem a liquidação das contribuições devidas pelo segurado falecido, respondem os herdeiros, cada qual em proporção da parte que na herança lhe coube, aplicando-se, em relação aos herdeiros dependentes o disposto no art. 154, inciso I, combinado com o § 3º do mesmo artigo.

▸ Art. 181-C acrescido pelo Dec. nº 4.729, de 9-6-2003.

Art. 181-D. Se mais vantajoso, fica assegurado o direito à aposentadoria, nas condições legalmente previstas na data do cumprimento de todos os requisitos ao segurado que tiver optado por permanecer em atividade.

§ 1º Para fins do disposto no *caput*, o valor inicial da aposentadoria, apurado conforme as regras vigentes na data em que todos os requisitos tiverem sido cumpridos, será comparado com o valor da aposentadoria calculada na data de entrada do requerimento, hipótese em que será mantido o benefício mais vantajoso e será considerada como data de início do benefício a data de entrada do requerimento, observado o disposto no art. 52.

§ 2º A renda mensal inicial, apurada na forma prevista no § 1º, será reajustada pelos índices de reajustamento aplicados aos benefícios até a data de entrada do requerimento e não será devido qualquer pagamento relativamente a período anterior a essa data.

Art. 181-E. Para fins do disposto neste Regulamento, considera-se ano civil o período de doze meses contados de 1º de janeiro a 31 de dezembro do respectivo ano.

▸ Arts. 181-D e 181-E acrescidos pelo Dec. nº 10.410, de 30-6-2020.

Capítulo VIII

DAS DISPOSIÇÕES TRANSITÓRIAS RELATIVAS ÀS PRESTAÇÕES DO REGIME GERAL DE PREVIDÊNCIA SOCIAL

Art. 182. A carência das aposentadorias por idade, tempo de contribuição e especial de que tratam os art. 188-H ao art. 188-P para os segurados inscritos na previdência social urbana até 24 de julho de 1991 e para os trabalhadores e empregadores rurais amparados pela previdência social rural obedecerá à seguinte tabela, considerado o ano em que o segurado tiver implementado todas as condições necessárias à obtenção do benefício, ressalvada a aposentadoria por idade, para a qual será considerado o ano em que o segurado tiver implementado a idade exigida:

▸ *Caput* com a redação dada pelo Dec. nº 10.410, de 30-6-2020.

Ano de Implementação das Condições	Meses de Contribuição Exigidos
1998	102 meses
1999	108 meses
2000	114 meses
2001	120 meses

Ano de Implementação das Condições	Meses de Contribuição Exigidos
2002	126 meses
2003	132 meses
2004	138 meses
2005	144 meses
2006	150 meses
2007	156 meses
2008	162 meses
2009	168 meses
2010	174 meses
2011	180 meses

Parágrafo único. Não se aplica a tabela de que trata o *caput* para os benefícios de aposentadoria por tempo de contribuição e por idade garantida aos segurados com deficiência, de que tratam os arts. 70-B e 70-C.

► Parágrafo único acrescido pelo Dec. nº 8.145, de 3-12-2013.

Art. 183. O trabalhador rural enquadrado como segurado obrigatório do RGPS, na forma da alínea a do inciso I ou da alínea *j* do inciso V do *caput* do art. 9º, pode requerer a aposentadoria por idade, no valor de um salário mínimo, até 31 de dezembro de 2010, desde que comprove o exercício de atividade rural, ainda que de forma descontínua, no período imediatamente anterior ao requerimento do benefício ou, conforme o caso, ao mês em que cumpriu o requisito etário, em número de meses idêntico à carência do referido benefício.

► Artigo com a redação dada pelo Dec. nº 6.722, de 30-12-2008.

Art. 183-A. Na concessão de aposentadoria por idade do empregado rural, em valor equivalente ao salário mínimo, serão contados para efeito de carência:

► *Caput* do art. 183-A acrescido pelo Dec. nº 6.722, de 30-12-2008.

I – até 31 de dezembro de 2010, o período de atividade comprovado na forma do inciso II, letra a, do § 2º do art. 62, observado o disposto no art. 183;

II – de janeiro de 2011 a dezembro de 2015, cada mês comprovado de emprego, multiplicado por três, limitado a doze meses dentro do respectivo ano civil; e

III – de janeiro de 2016 a dezembro de 2020, cada mês comprovado de emprego, multiplicado por dois, limitado a doze meses dentro do respectivo ano civil.

► Incisos I a III acrescidos pelo Dec. nº 6.722, de 30-12-2008.

§ 1º O disposto no inciso I do *caput* aplica-se ao trabalhador rural que se enquadre na categoria de segurado contribuinte individual que comprovar a prestação de serviço de natureza rural, em caráter eventual, a uma ou mais empresas, sem relação de emprego.

► Parágrafo único transformado em § 1º e com a redação dada pelo Dec. nº 10.410, de 30-6-2020.

§ 2º Para fins do disposto no inciso I do *caput*, a comprovação do tempo de contribuição até 31 de dezembro de 2010 do empregado rural e do contribuinte individual rural ocorrerá por meio dos documentos de que trata o § 1º do art. 19-B ou por justificação administrativa.

► § 2º acrescido pelo Dec. nº 10.410, de 30-6-2020.

Art. 184. O segurado que recebe aposentadoria por idade, tempo de contribuição ou especial do Regime Geral de Previdência Social que permaneceu ou retornou à atividade e que vinha contribuindo até 14 de abril de 1994, véspera da vigência da Lei nº 8.870, de 15 de abril de 1994, receberá o pecúlio, em pagamento único, quando do desligamento da atividade que vinha exercendo.

§ 1º O pecúlio de que trata este artigo consistirá em pagamento único de valor correspondente à soma das importâncias relativas às contribuições do segurado, remuneradas de acordo com o índice de remuneração básica dos depósitos de poupança com data de aniversário no dia primeiro.

§ 2º O disposto no parágrafo anterior aplica-se a contar de 25 de julho de 1991, data da vigência da Lei nº 8.213, de 1991, observada, com relação às contribuições anteriores, a legislação vigente à época do seu recolhimento.

Art. 185. Serão mantidos, de acordo com a respectiva legislação específica, as prestações e o seu financiamento, referentes aos benefícios de ferroviário servidor público ou autárquico federal ou em regime especial que não optou pelo regime da Consolidação das Leis do Trabalho, na forma da Lei nº 6.184, de 11 de dezembro de 1974, bem como de seus dependentes.

Art. 186. *Revogado*. Dec. nº 4.079, de 9-1-2002.

Art. 187. É assegurada a concessão de aposentadoria, a qualquer tempo, nas condições previstas na legislação anterior à Emenda Constitucional nº 20, de 1998, ao segurado do Regime Geral de Previdência Social que, até 16 de dezembro de 1998, tenha cumprido os requisitos para obtê-la.

§ 1º Quando da concessão de aposentadoria nos termos previstos no *caput*, o tempo de serviço será considerado até 16 de dezembro de 1998 e a renda mensal inicial será calculada com base nos trinta e seis últimos salários de contribuição anteriores àquela data, reajustada pelos mesmos índices aplicados aos benefícios, até a data de entrada do requerimento, hipótese em que não será devido qualquer pagamento relativamente a período anterior, observado, quando couber, o disposto no § 9º do art. 32.

► Parágrafo único transformado em § 1º e com a redação dada pelo Dec. nº 10.410, de 30-6-2020.

§ 2º O segurado que, até 16 de dezembro de 1998, tenha cumprido os requisitos para obter a aposentadoria proporcional somente fará jus ao acréscimo de cinco por cento a que se refere o § 4º do art. 188 se cumprir o requisito previsto no inciso I do *caput* do art. 188.

► § 2º acrescido pelo Dec. nº 10.410, de 30-6-2020.

Art. 187-A. O professor que tenha exercido atividade de magistério, em qualquer nível, e que até 16 de dezembro de 1998 não tenha implementado as condições para aposentadoria por tempo de serviço de professor, poderá ter contado esse tempo até aquela data acrescido de dezessete por cento, se homem, e de vinte por cento, se mulher, se optar pela aposentadoria transitória por tempo de contribuição, desde que cumpridos trinta e cinco anos de contribuição, se homem, e trinta anos, se mulher, exclusivamente em funções de magistério.

► Art. 187-A acrescido pelo Dec. nº 10.410, de 30-6-2020.

Art. 188. Ao segurado filiado ao RGPS até 16 de dezembro de 1998, uma vez cumprido o período de carência exigido, será assegurada, a qualquer tempo, a aposentadoria com valores proporcionais ao tempo de contribuição, quando cumpridos, cumulativamente, até 13 de novembro de 2019, os seguintes requisitos:

► *Caput* com a redação dada pelo Dec. nº 10.410, de 30-6-2020.

I – contar 53 (cinquenta e três) anos ou mais de idade, se homem, e 48 (quarenta e oito) anos ou mais de idade, se mulher; e

II – contar tempo de contribuição igual, no mínimo, à soma de:

a) trinta anos, se homem, e vinte e cinco anos, se mulher; e

b) um período adicional de contribuição equivalente a, no mínimo, quarenta por cento do tempo que, em 16 de dezembro de 1998, faltava para atingir o limite de tempo constante da alínea *a*.

► Alíneas *a* e *b* com a redação dada pelo Dec. nº 4.729, de 9-6-2003.

§ 1º *Revogado*. Dec. nº 4.729, de 9-6-2003.

§ 2º Para o segurado que tenha cumprido os requisitos a que se refere o *caput* até 28 de novembro de 1999, a renda mensal inicial da aposentadoria será calculada com base nos trinta e seis últimos salários de contribuição anteriores àquela data, apurados no período de quarenta e oito meses, e reajustada pelos mesmos índices aplicados ao benefício a que o segurado fazia jus, até a data de entrada do requerimento.

§ 3º Para o segurado que tenha cumprido os requisitos a que se refere o *caput* no período entre 29 de novembro de 1999 e 13 de novembro de 2019 e que optar pela aposentadoria em conformidade com as regras vigentes à época, a renda mensal inicial será calculada na forma prevista no art. 188-E e reajustada pelos mesmos índices aplicados aos benefícios do RGPS, até a data de entrada do requerimento.

§ 4º O valor da renda mensal da aposentadoria proporcional será equivalente a setenta por cento da média apurada na forma prevista nos § 2º e § 3º, acrescida de cinco pontos percentuais por ano de contribuição que supere a soma a que se refere o inciso II do *caput*, até o limite de cem por cento.

► §§ 2º a 4º com a redação dada pelo Dec. nº 10.410, de 30-6-2020.

Art. 188-A. Será assegurada a concessão de aposentadoria, a qualquer tempo, ao segurado do RGPS, inclusive o oriundo de regime próprio de previdência social, que, até 13 de novembro de 2019, uma vez cumprido o período de carência exigido, tenha cumprido os seguintes requisitos:

► *Caput* do art. 188-A com a redação dada pelo Dec. nº 10.410, de 30-6-2020.

I – no caso de aposentadoria por idade – sessenta e cinco anos de idade, se homem, e sessenta anos de idade, se mulher;

II – no caso de aposentadoria por tempo de contribuição:

a) para os professores que comprovem tempo de efetivo exercício exclusivamente em função de magistério na educação infantil, no ensino fundamental ou no ensino médio:

1. trinta anos de contribuição, se homem; ou
2. vinte e cinco anos de contribuição, se mulher; e

b) para os demais segurados:

1. trinta e cinco anos de contribuição, se homem; e
2. trinta anos de contribuição, se mulher; ou

III – no caso de aposentadoria especial – quinze, vinte ou vinte e cinco anos de contribuição, conforme o caso, para os segurados sujeitos a condições especiais que prejudiquem a sua saúde ou a sua integridade física.

► Incisos I a III acrescidos pelo Dec. nº 10.410, de 30-6-2020.

§§ 1º e 2º *Revogados*. Dec. nº 10.410, de 30-6-2020.

§ 3º *Revogado*. Dec. nº 5.399, de 24-3-2005.

§ 4º *Revogado*. Dec. nº 10.410, de 30-6-2020.

§ 5º O valor da renda mensal da aposentadoria concedida na forma prevista neste artigo será apurado na data de 13 de novembro de 2019, em conformidade com o disposto nos art. 188-E e art. 188-F, e reajustado pelos mesmos índices aplicados ao benefício até a data do requerimento.

► § 5º acrescido pelo Dec. nº 10.410, de 30-6-2020.

Art. 188-B. *Revogado*. Dec. nº 10.410, de 30-6-2020.

Arts. 188-C e 188-D. *Revogados*. Dec. nº 4.729, de 9-6-2003.

Art. 188-E. O salário de benefício a ser utilizado para apuração do valor da renda mensal dos benefícios concedidos com base em direito adquirido até 13 de novembro de 2019 consistirá:

► *Caput* com a redação dada pelo Dec. nº 10.410, de 30-6-2020.

I – para as aposentadorias por idade e por tempo de contribuição, na média aritmética simples dos maiores salários de contribuição correspondentes a oitenta por cento de todo o período contributivo, multiplicada pelo fator previdenciário; e

II – para as aposentadorias por invalidez e especial, auxílio-doença e auxílio-acidente, na média aritmética simples dos maiores salários de contribuição correspondentes a oitenta por cento de todo o período contributivo.

► Incisos I e II com a redação dada pelo Dec. nº 10.410, de 30-6-2020.

§ 1º No caso das aposentadorias por idade, por tempo de contribuição e especial, o divisor considerado no cálculo da média a que se referem os incisos I e II do *caput* não poderá ser inferior a sessenta por cento do período decorrido da competência julho de 1994 até a data de início do benefício, limitado a cem por cento de todo o período contributivo.

§ 2º O fator previdenciário a que se refere o inciso I do *caput* será calculado com base na idade, na expectativa de sobrevida e no tempo de contribuição do segurado ao se aposentar, por meio da seguinte a fórmula:

$$f = \frac{Tc \times a}{Es} \times \left[1 + \frac{(Id + Tc \times a)}{100}\right]$$

Em que:

f = fator previdenciário;

Es = expectativa de sobrevida no momento da aposentadoria;

Tc = tempo de contribuição até o momento da aposentadoria;

Id = idade no momento da aposentadoria; e

a = alíquota de contribuição correspondente a 0,31.

§ 3º Para fins do disposto no § 2º, a expectativa de sobrevida do segurado na idade da aposentadoria será obtida a partir da tábua completa de mortalidade construída pelo IBGE para toda a população brasileira, considerada a média nacional única para ambos os sexos.

§ 4º Os benefícios previdenciários requeridos a partir da data de publicação da tábua de mortalidade considerarão a nova expectativa de sobrevida.

§ 5º Para efeito da aplicação do fator previdenciário, ao tempo de contribuição do segurado serão adicionados:

I – cinco anos, se mulher; ou

II – no caso de professores que comprovem tempo de efetivo exercício exclusivamente em função de magistério na educação infantil, no ensino fundamental ou no ensino médio:

a) cinco anos, se homem; e

b) dez anos, se mulher.

§ 6º Fica garantida a aplicação do fator previdenciário no cálculo das aposentadorias por tempo de contribuição e por idade devidas ao segurado com deficiência, se resultar em renda mensal de valor mais elevado, hipótese em que caberá ao INSS, quando da concessão do benefício, proceder ao cálculo da renda mensal inicial com e sem a aplicação do fator previdenciário.

§ 7º Fica garantido ao segurado com direito à aposentadoria por idade na forma do disposto no art. 188-H a opção pela não aplicação do fator previdenciário e caberá ao INSS, quando da concessão do benefício, proceder ao cálculo da renda mensal inicial com e sem o fator previdenciário.

► §§ 1º a 7º com a redação dada pelo Dec. nº 10.410, de 30-6-2020.

§ 8º O segurado que tiver cumprido os requisitos para a aposentadoria por tempo de contribuição poderá optar pela não incidência do fator previdenciário no cálculo de sua aposentadoria se o total resultante da soma de sua idade e de seu tempo de contribuição, incluídas as frações, tiver atingido o número de pontos:

► *Caput* do § 8º com a redação dada pelo Dec. nº 10.410, de 30-6-2020.

I – a partir de 18 de junho de 2015 até 30 de dezembro de 2018:

► *Caput* do inciso I com a redação dada pelo Dec. nº 10.491, de 23-9-2020.

a) igual ou superior a noventa e cinco pontos, se homem, observado o tempo mínimo de contribuição de trinta e cinco anos; ou

b) igual ou superior a oitenta e cinco pontos, se mulher, observado o tempo mínimo de contribuição de trinta anos; e

► Alíneas *a* e *b* com a redação dada pelo Dec. nº 10.410, de 30-6-2020.

II – de 31 de dezembro de 2018 até 13 de novembro de 2019:

► *Caput* com a redação dada pelo Dec. nº 10.491, de 23-9-2020.

a) igual ou superior a noventa e seis pontos, se homem, observado o tempo mínimo de contribuição de trinta e cinco anos; ou

b) igual ou superior a oitenta e seis pontos, se mulher, observado o tempo mínimo de contribuição de trinta anos.

► Alíneas *a* e *b* com a redação dada pelo Dec. nº 10.410, de 30-6-2020.

§ 9º Para fins de aplicação do disposto no *caput* e no § 8º, o tempo mínimo de contribuição dos professores que comprovarem tempo de efetivo exercício exclusivamente em função de magistério na educação infantil, no ensino fundamental ou no ensino médio será de trinta anos de contribuição, se homem, e vinte e cinco anos de contribuição, se mulher.

§ 10. Na hipótese prevista no § 9º, ao resultado da soma da idade do professor e de seu tempo de contribuição serão acrescidos cinco pontos.

► §§ 9º e 10 com a redação dada pelo Dec. nº 10.410, de 30-6-2020.

Art. 188-F. A renda mensal do benefício concedido ao segurado de que trata o art. 188-A será calculada sobre o salário de benefício, apurado na forma prevista no art. 188-E, ao qual serão aplicados os seguintes percentuais:

I – no caso de aposentadoria por idade – setenta por cento do salário de benefício, mais um ponto percentual por grupo de doze contribuições mensais, até o máximo de trinta por cento;

II – no caso de aposentadoria por tempo de contribuição:

a) cem por cento do salário de benefício aos trinta anos de contribuição, se mulher;

b) cem por cento do salário de benefício aos trinta e cinco anos de contribuição, se homem; e

c) no caso de professores que comprovem tempo de efetivo exercício exclusivamente em função de magistério na educação infantil, no ensino fundamental ou no ensino médio:

1. cem por cento do salário de benefício aos vinte e cinco anos de contribuição, se mulher; e
2. cem por cento do salário de benefício aos trinta anos de contribuição, se homem; e

III – no caso de aposentadoria especial – cem por cento do salário de benefício.

Parágrafo único. Para fins de cálculo do percentual de acréscimo de que trata o inciso I do *caput*, presume-se como efetivado o recolhimento correspondente quando se tratar de segurado empregado, empregado doméstico ou trabalhador avulso.

► Art. 188-F com a redação dada pelo Dec. nº 10.410, de 30-6-2020.

Art. 188-G. O tempo de contribuição até 13 de novembro de 2019 será contado de data a data, desde o início da atividade até a data do desligamento, considerados, além daqueles referidos no art. 19-C, os seguintes períodos:

I – o tempo de serviço militar, exceto se já contado para inatividade remunerada nas Forças Armadas ou auxiliares ou para aposentadoria no serviço público federal, estadual, distrital ou municipal, ainda que anterior à filiação ao RGPS, obrigatório, voluntário ou alternativo, assim considerado o tempo atribuído pelas Forças Armadas àqueles que, após o alistamento, alegaram imperativo de consciência, entendido como tal aquele decorrente de crença religiosa ou de convicção filosófica ou política, para se eximirem de atividades de caráter militar;

II – o tempo em que o anistiado político esteve compelido ao afastamento de suas atividades profissionais, em decorrência de punição ou de fundada ameaça de punição, por motivo exclusivamente político, situação que será comprovada nos termos do disposto na Lei nº 10.559, de 13 de novembro de 2002;

III – o tempo de serviço público federal, estadual, distrital ou municipal, inclusive aquele prestado a autarquia, sociedade de economia mista ou fundação instituída pelo Poder Público, regularmente certificado na forma prevista na Lei nº 3.841, de 15 de dezembro de 1960, desde que a certidão tenha sido requerida na entidade para a qual o serviço tenha sido prestado até 30 de setembro de 1975, data imediatamente anterior ao início da vigência da Lei nº 6.226, de 14 de junho de 1975;

IV – o tempo de serviço do segurado trabalhador rural anterior à competência novembro de 1991;

V – o tempo de exercício de mandato classista junto a órgão de deliberação coletiva em que, nessa qualidade, tenha havido contribuição para a previdência social;

VI – o tempo de serviço prestado à Justiça dos Estados, às serventias extrajudiciais e às escrivanias judiciais, desde que não tenha havido remuneração pelo erário e que a atividade não estivesse, à época, vinculada a regime próprio de previdência social;

VII – o tempo de atividade dos auxiliares locais de nacionalidade brasileira no exterior amparados pela Lei nº 8.745, de 9 de dezembro de 1993, anteriormente a 1º de janeiro de 1994, desde que a sua situação previdenciária esteja regularizada no INSS;

VIII – o tempo de contribuição efetuado pelo servidor público de que tratam as alíneas *i*, *j* e *l* do inciso I do *caput* do art. 9º e o § 2º do art. 26, com fundamento do disposto nos art. 8º e art. 9º da Lei nº 8.162, de 8 de janeiro de 1991, e no art. 2º da Lei nº 8.688, de 21 de julho de 1993; e

IX – o tempo exercido na condição de aluno-aprendiz referente ao período de aprendizado profissional realizado em escola técnica, desde que comprovados a remuneração pelo erário, mesmo que indireta, e o vínculo empregatício.

Parágrafo único. O tempo de contribuição de que trata este artigo será considerado para fins de cálculo do valor da renda mensal de qualquer benefício.

Art. 188-H. Ressalvado o direito de opção pelas aposentadorias de que tratam os art. 51, art. 188-I, art. 188-J, art. 188-K e art. 188-L, a aposentadoria por idade será devida, a qualquer tempo, ao segurado filiado ao RGPS até 13 de novembro de 2019 que cumprir, cumulativamente, os seguintes requisitos:

I – sessenta anos de idade, se mulher, e sessenta e cinco anos de idade, se homem;

II – quinze anos de contribuição, para ambos os sexos; e

III – carência de cento e oitenta contribuições mensais, para ambos os sexos.

§ 1º A partir de 1º de janeiro de 2020, serão acrescidos seis meses a cada ano à idade considerada mínima para a aposentadoria por idade para as mulheres até atingir sessenta e dois anos de idade.

§ 2º A data do início da aposentadoria de que trata este artigo será estabelecida em conformidade com o disposto no art. 52.

§ 3º O valor da aposentadoria de que trata este artigo corresponderá a sessenta por cento do salário de benefício definido na forma prevista no art. 32, com acréscimo de dois pontos percentuais para cada ano de contribuição que exceder o tempo de vinte anos de contribuição, para os homens, e de quinze anos de contribuição, para as mulheres.

Art. 188-I. Ressalvado o direito de opção pelas aposentadorias de que tratam os art. 51, art. 188-H, art. 188-J, art. 188-K e art. 188-L, observado o disposto no art. 199-A, a aposentadoria por tempo de contribuição será devida, a qualquer tempo, ao segurado filiado ao RGPS até 13 de novembro de 2019 que cumprir cumulativamente, os seguintes requisitos:

I – trinta anos de contribuição, se mulher, e trinta e cinco anos de contribuição, se homem;
II – somatório da idade e do tempo de contribuição, incluídas as frações, equivalente a oitenta e seis pontos, se mulher, e noventa e seis pontos, se homem; e
III – carência de cento e oitenta contribuições mensais, para ambos os sexos.

§ 1º A partir de 1º de janeiro de 2020, será acrescido um ponto a cada ano ao somatório considerado mínimo, a que se refere o inciso II do *caput*, até atingir o limite de cem pontos, se mulher, e de cento e cinco pontos, se homem.

§ 2º A idade e o tempo de contribuição serão apurados em dias para o cálculo do somatório de pontos a que se refere o inciso II do *caput*.

§ 3º A data do início da aposentadoria de que trata este artigo será estabelecida em conformidade com o disposto no art. 52.

§ 4º O valor da aposentadoria de que trata este artigo será apurado na forma prevista no § 3º do art. 188-H.

Art. 188-J. Ressalvado o direito de opção pelas aposentadorias de que tratam os art. 51, art. 188-H, art. 188-I, art. 188-K e art. 188-L, observado o disposto no art. 199-A, a aposentadoria por tempo de contribuição será devida, a qualquer tempo, ao segurado filiado ao RGPS até 13 de novembro de 2019 que cumprir, cumulativamente, os seguintes requisitos:

I – cinquenta e seis anos de idade, se mulher, e sessenta e um anos de idade, se homem;
II – trinta anos de contribuição, se mulher, e trinta e cinco anos de contribuição, se homem; e
III – carência de cento e oitenta contribuições mensais, para ambos os sexos.

§ 1º A partir de 1º de janeiro de 2020, serão acrescidos seis meses a cada ano à idade considerada mínima para aposentadoria por tempo de contribuição até atingir sessenta e dois anos, para as mulheres, e sessenta e cinco anos, para os homens.

§ 2º A data do início da aposentadoria de que trata este artigo será estabelecida em conformidade com o disposto no art. 52.

§ 3º O valor da aposentadoria concedida em conformidade com o disposto neste artigo será apurado na forma prevista no § 3º do art. 188-H.

Art. 188-K. Ressalvado o direito de opção pelas aposentadorias de que tratam os art. 51, art. 188-H, art. 188-I, art. 188-J e art. 188-L, observado o disposto no art. 199-A, a aposentadoria por tempo de contribuição será devida, a qualquer tempo, ao segurado filiado ao RGPS até 13 de novembro de 2019 que contar com mais de vinte e oito anos de contribuição, se mulher, e com mais de trinta e três anos de contribuição, se homem, que cumprir, cumulativamente, os seguintes requisitos:

I – trinta anos de contribuição, se mulher, e trinta e cinco anos de contribuição, se homem;
II – cumprimento de período adicional de contribuição correspondente a cinquenta por cento do tempo que, em 13 de novembro de 2019, faltaria para atingir trinta anos de contribuição, se mulher, e trinta e cinco anos de contribuição, se homem; e
III – carência de cento e oitenta contribuições mensais, para ambos os sexos.

§ 1º A data do início da aposentadoria de que trata este artigo será estabelecida em conformidade com o disposto no art. 52.

§ 2º O valor da aposentadoria de que trata este artigo corresponderá ao valor do salário de benefício definido na forma prevista no art. 32, multiplicado pelo fator previdenciário, calculado na forma prevista nos § 2º ao § 5º do art. 188-E.

§ 3º A aplicação do fator previdenciário no cálculo do valor da aposentadoria de que trata este artigo é obrigatória, observado o disposto no art. 32, hipótese em que não se aplica o disposto no art. 29-C da Lei nº 8.213, de 1991.

Art. 188-L. Ressalvado o direito de opção pelas aposentadorias de que tratam os art. 51, art. 188-H, art. 188-I, art. 188-J e art. 188-K, a aposentadoria por tempo de contribuição será devida, a qualquer tempo, ao segurado filiado ao RGPS até 13 de novembro de 2019 que cumprir, cumulativamente, os seguintes requisitos:

I – cinquenta e sete anos de idade, se mulher, e sessenta anos de idade, se homem;
II – trinta anos de contribuição, se mulher, e trinta e cinco anos de contribuição, se homem;

III – cumprimento de período adicional de contribuição correspondente ao tempo que, em 13 de novembro de 2019, faltaria para atingir trinta anos de contribuição, se mulher, e trinta e cinco anos de contribuição, se homem; e
IV – carência de cento e oitenta contribuições mensais, para ambos os sexos.

§ 1º A data do início da aposentadoria de que trata este artigo será estabelecida em conformidade com o disposto no art. 52.

§ 2º O valor da aposentadoria de que trata este artigo corresponderá a cem por cento do salário de benefício definido na forma prevista no art. 32.

Art. 188-M. Ressalvado o direito de opção pelas aposentadorias de que tratam os art. 51, art. 54, art. 188-H ao art. 188-L, art. 188-N e art. 188-O, observado o disposto nos § 2º e § 3º do art. 54, a aposentadoria por tempo de contribuição será devida, a qualquer tempo, ao professor filiado ao RGPS até 13 de novembro de 2019 que comprovar tempo de efetivo exercício exclusivamente em função de magistério na educação infantil, no ensino fundamental ou no ensino médio e que cumprir, cumulativamente, os seguintes requisitos:

I – vinte e cinco anos de contribuição, se mulher, e trinta anos de contribuição, se homem;
II – somatório da idade e do tempo de contribuição, incluídas as frações, equivalente a oitenta e um pontos, se mulher, e noventa e um pontos, se homem; e
III – carência de cento e oitenta contribuições mensais, para ambos os sexos.

§ 1º A partir de 1º de janeiro de 2020, será acrescido um ponto a cada ano ao somatório considerado mínimo, a que se refere o inciso II do *caput*, até atingir o limite de noventa e dois pontos, se mulher, e de cem pontos, se homem.

§ 2º A idade e o tempo de contribuição serão apurados em dias para o cálculo do somatório de pontos a que se refere o inciso II do *caput*.

§ 3º A data do início da aposentadoria de que trata este artigo será estabelecida em conformidade com o disposto no art. 52.

§ 4º O valor da aposentadoria de que trata este artigo será apurado na forma prevista no § 3º do art. 188-H.

Art. 188-N. Ressalvado o direito de opção pelas aposentadorias de que tratam os art. 51, art. 54, art. 188-H ao 188-M e art. 188-O, observado o disposto no art. 199-A, a aposentadoria por tempo de contribuição será devida, a qualquer tempo, ao professor filiado ao RGPS até 13 de novembro de 2019 que comprovar tempo de efetivo exercício exclusivamente em função de magistério na educação infantil, no ensino fundamental ou no ensino médio e cumprir, cumulativamente, os seguintes requisitos:

I – cinquenta e um anos de idade, se mulher, e cinquenta e seis anos de idade, se homem;
II – vinte e cinco anos de contribuição, se mulher, e trinta anos de contribuição, se homem; e
III – carência de cento e oitenta contribuições mensais, para ambos os sexos.

§ 1º A partir de 1º de janeiro de 2020, serão acrescidos seis meses a cada ano à idade considerada mínima para aposentadoria por idade até atingir cinquenta e sete anos, para as mulheres, e sessenta anos de idade, para os homens.

§ 2º A data do início da aposentadoria de que trata este artigo será estabelecida em conformidade com o disposto no art. 52.

§ 3º O valor da aposentadoria de que trata este artigo será apurado na forma prevista no § 3º do art. 188-H.

Art. 188-O. Ressalvado o direito de opção pelas aposentadorias de que tratam os art. 51, art. 54 e art. 188-H ao 188-N, observado o disposto nos § 2º e § 3º do art. 54, a aposentadoria por tempo de contribuição será devida, a qualquer tempo, ao professor filiado ao RGPS até 13 de novembro de 2019 que comprovar tempo de efetivo exercício exclusivamente em função de magistério na educação infantil, no ensino fundamental ou no ensino médio e que cumprir, cumulativamente, os seguintes requisitos:

I – cinquenta e dois anos de idade, se mulher, e cinquenta e cinco anos de idade, se homem;
II – vinte e cinco anos de contribuição, se mulher, e trinta anos de contribuição, se homem;
III – cumprimento de período adicional de contribuição correspondente ao tempo que, em 13 de novembro de 2019, faltaria para atingir vinte e cinco anos de contribuição, se mulher, e trinta anos de contribuição, se homem; e
IV – carência de cento e oitenta contribuições mensais, para ambos os sexos.

§ 1º A data do início da aposentadoria de que trata este artigo será estabelecida em conformidade com o disposto no art. 52.

§ 2º O valor da aposentadoria de que trata este artigo corresponderá a cem por cento do salário de benefício definido na forma prevista no art. 32.

Art. 188-P. Ressalvado o direito de opção pelas aposentadorias de que tratam os art. 51, art. 64 e art. 188-I ao 188-L, uma vez cumprido o período de carência exigido, a aposentadoria especial será devida ao segurado empregado, trabalhador avulso e contribuinte individual, este último somente quando cooperado filiado a cooperativa de trabalho ou de produção, filiados ao RGPS até 13 de novembro de 2019, quando o somatório da sua idade e do seu tempo de contribuição e o tempo de efetiva exposição forem, respectivamente, de:

I – sessenta e seis pontos e quinze anos de efetiva exposição;

II – setenta e seis pontos e vinte anos de efetiva exposição; ou

III – oitenta e seis pontos e vinte e cinco anos de efetiva exposição.

§ 1º A idade e o tempo de contribuição serão apurados em dias para o cálculo do somatório de pontos a que se refere o *caput*.

§ 2º A data do início da aposentadoria de que trata este artigo será estabelecida em conformidade com o disposto no art. 52.

§ 3º O valor da aposentadoria de que trata este artigo corresponderá a sessenta por cento do salário de benefício definido na forma prevista no art. 32, com acréscimo de dois pontos percentuais para cada ano de contribuição que exceder o tempo de vinte anos de contribuição, exceto na hipótese prevista no inciso I do *caput*, e das mulheres, cujo acréscimo será aplicado para cada ano que exceder quinze anos de tempo de contribuição.

§ 4º A concessão da aposentadoria especial prevista neste artigo dependerá da comprovação, durante os períodos mínimos exigidos:

I – do tempo de trabalho permanente, não ocasional nem intermitente; e

II – da efetiva exposição do segurado a agentes químicos, físicos e biológicos prejudiciais à saúde ou à integridade física, ou a associação desses agentes, comprovada na forma prevista nos art. 64 ao art. 68.

§ 5º A conversão de tempo de atividade sob condições especiais em tempo de atividade comum aplica-se somente ao trabalho prestado até 13 de novembro de 2019, em conformidade com o disposto na seguinte tabela:

Tempo a converter	Multiplicadores	
	Mulher (30 anos de contribuição)	Homem (35 anos de contribuição)
De 15 anos	2,00	2,33
De 20 anos	1,50	1,75
De 25 anos	1,20	1,40

§ 6º A caracterização e a comprovação do tempo de atividade sob condições especiais obedecerão ao disposto na legislação em vigor à época da prestação do serviço.

Art. 188-Q. Para a aposentadoria por idade concedida a pessoa com deficiência, será assegurada, exclusivamente para fins de cálculo do valor da renda mensal, a conversão do período de exercício de atividade sujeito a condições especiais que prejudiquem a sua saúde ou a sua integridade física, cumprido na condição de pessoa com deficiência até 13 de novembro de 2019, vedado o cômputo do tempo convertido para fins de carência.

▸ Arts. 188-G a 188-Q acrescidos pelo Dec. nº 10.410, de 30-6-2020.

Art. 189. Os benefícios de legislação especial pagos pela previdência social à conta do Tesouro Nacional e de ex-combatentes, iniciados até 16 de dezembro de 1998, serão reajustados com base nos mesmos índices aplicáveis aos benefícios de prestação continuada da previdência social.

Art. 190. A partir de 14 de outubro de 1996, não serão mais devidos os benefícios de legislação específica do jornalista profissional, do jogador profissional de futebol e do telefonista.

Parágrafo único. A aposentadoria especial do aeronauta nos moldes do Decreto-lei nº 158, de 10 de fevereiro de 1967, está extinta a partir de 16 de dezembro de 1998, passando a ser devida ao aeronauta os benefícios deste Regulamento.

Art. 191. É vedada a inclusão em regime próprio de previdência social do servidor de que tratam as alíneas *i*, *l* e *m* do inciso I do *caput* do artigo 9º, sendo automática sua filiação ao Regime Geral de Previdência Social a partir de 16 de dezembro de 1998.

Art. 192. Aos menores de 16 (dezesseis) anos filiados ao Regime Geral de Previdência Social até 16 de dezembro de 1998 são assegurados todos os direitos previdenciários.

Art. 193. O Instituto Nacional do Seguro Social deverá rever:

I – as aposentadorias concedidas no período de 29 de abril de 1995 até a data da publicação deste Regulamento, com conversão de tempo de atividade sob condições especiais em tempo de atividade comum, considerando-se a legislação vigente quando do cumprimento dos requisitos necessários à concessão das referidas aposentadorias; e

II – as aposentadorias por tempo de serviço e especial e as certidões de tempo de serviço com cômputo de tempo de serviço rural concedidas ou emitidas a partir de 24 de julho de 1991 até a data da publicação deste Regulamento.

Livro III – Do Custeio da Seguridade Social

TÍTULO I – DO FINANCIAMENTO DA SEGURIDADE SOCIAL

Capítulo I

INTRODUÇÃO

Art. 194. A seguridade social é financiada por toda a sociedade, de forma direta e indireta, mediante recursos provenientes dos orçamentos da União, dos Estados, do Distrito Federal, dos Municípios e de contribuições sociais.

▸ Art. 10 da Lei nº 8.212, de 24-7-1991 (Lei Orgânica da Seguridade Social).

Art. 195. No âmbito federal, o orçamento da seguridade social é composto de receitas provenientes:

I – da União;

II – das contribuições sociais; e

III – de outras fontes.

Parágrafo único. Constituem contribuições sociais:

I – as das empresas, incidentes sobre a remuneração paga, devida ou creditada aos segurados e demais pessoas físicas a seu serviço, mesmo sem vínculo empregatício;

II – as dos empregadores domésticos, incidentes sobre o salário de contribuição dos empregados domésticos a seu serviço;

III – as dos trabalhadores, incidentes sobre seu salário de contribuição;

IV – as das associações desportivas que mantêm equipe de futebol profissional, incidentes sobre a receita bruta decorrente dos espetáculos desportivos de que participem em todo território nacional em qualquer modalidade desportiva, inclusive jogos internacionais, e de qualquer forma de patrocínio, licenciamento de uso de marcas e símbolos, publicidade, propaganda e transmissão de espetáculos desportivos;

V – as incidentes sobre a receita bruta proveniente da comercialização da produção rural;

VI – as das empresas, incidentes sobre a receita ou o faturamento e o lucro; e

VII – as incidentes sobre a receita de concursos de prognósticos.

▸ Art. 11 da Lei nº 8.212, de 24-7-1991 (Lei Orgânica da Seguridade Social).

Capítulo II

DA CONTRIBUIÇÃO DA UNIÃO

Art. 196. A contribuição da União é constituída de recursos adicionais do Orçamento Fiscal, fixados obrigatoriamente na Lei Orçamentária anual.

Parágrafo único. A União é responsável pela cobertura de eventuais insuficiências financeiras da seguridade social, quando decorrentes do pagamento de benefícios de prestação continuada da previdência social, na forma da Lei Orçamentária anual.

▸ Art. 11 da Lei nº 8.212, de 24-7-1991 (Lei Orgânica da Seguridade Social).

Art. 197. Para pagamento dos encargos previdenciários da União poderão contribuir os recursos da seguridade social referidos no inciso VI do parágrafo único do artigo 195, na forma da Lei Orçamentária anual, assegurada a destinação de recursos para as ações de saúde e assistência social.

Capítulo III

DA CONTRIBUIÇÃO DO SEGURADO

Seção I

DA CONTRIBUIÇÃO DO SEGURADO EMPREGADO, EMPREGADO DOMÉSTICO E TRABALHADOR AVULSO

Art. 198. A contribuição do segurado empregado, inclusive o doméstico, e do trabalhador avulso é calculada por meio da aplicação da alíquota correspondente, de forma progressiva, sobre o seu salário de contribuição mensal, observado o disposto no art. 214, de acordo com a seguinte tabela, com vigência a partir de 1º de março de 2020:

▸ *Caput* com a redação dada pelo Dec. nº 10.410, de 30-6-2020.

Salário de Contribuição (R$)	Alíquota Progressiva para fins de Recolhimento ao INSS
até 1.302,00	*7,5%*
de 1.302,01 até 2.571,29	*9%*
de 2.571,30 até 3.856,94	*12%*
de 3.856,95 até 7.507,49	*14%*

- Valores atualizados pela Port. Interministerial do MTPrev e MF nº 26, de 10-1-2023 (*DOU* de 11-1-2023).

Parágrafo único. A contribuição do segurado trabalhador rural a que se refere à alínea *r* do inciso I do art. 9º é de oito por cento sobre o respectivo salário de contribuição definido no inciso I do art. 214.

- Parágrafo único acrescido pelo Dec. nº 6.722, de 30-12-2008.

SEÇÃO II

DA CONTRIBUIÇÃO DOS SEGURADOS CONTRIBUINTE INDIVIDUAL E FACULTATIVO

- Seção II com a denominação dada pelo Dec. nº 6.042, de 12-2-2007.

Art. 199. A alíquota de contribuição dos segurados contribuinte individual e facultativo é de vinte por cento aplicada sobre o respectivo salário de contribuição, observado os limites a que se referem os §§ 3º e 5º do artigo 214.

- Artigo com a redação dada pelo Dec. nº 3.265, de 29-11-1999.
- Art. 21 da Lei nº 8.212, de 24-7-1991 (Lei Orgânica da Seguridade Social).

Art. 199-A. A partir da competência em que o segurado fizer a opção pela exclusão do direito ao benefício de aposentadoria por tempo de contribuição, é de onze por cento, sobre o valor correspondente ao limite mínimo mensal do salário de contribuição, a alíquota de contribuição:

- *Caput* do art. 199-A acrescido pelo Dec. nº 6.042, de 12-2-2007.

I – do segurado contribuinte individual, que trabalhe por conta própria, sem relação de trabalho com empresa ou equiparado;

- Inciso I acrescido pelo Dec. nº 6.042, de 12-2-2007.

II – do segurado facultativo, observado o disposto no inciso II do § 1º; e

III – até a competência abril de 2011, do MEI, de que trata o § 26 do art. 9º, cuja contribuição deverá ser recolhida na forma regulamentada em ato do Comitê Gestor do Simples Nacional.

- Incisos II e III com a redação dada pelo Dec. nº 10.410, de 30-6-2020.

§ 1º A alíquota de contribuição de que trata o *caput* é de cinco por cento:

I – a partir da competência maio de 2011, para o MEI, de que trata o § 26 do art. 9º, cuja contribuição deverá ser recolhida na forma regulamentada em ato do Comitê Gestor do Simples Nacional; e

II – a partir da competência setembro de 2011, para o segurado facultativo sem renda própria que se dedique exclusivamente ao trabalho doméstico no âmbito de sua residência, desde que pertencente a família de baixa renda, observado o disposto no § 5º.

§ 2º O segurado, inclusive aquele com deficiência, que tenha contribuído na forma do *caput* e do § 1º e pretenda contar o tempo de contribuição correspondente para fins de obtenção de aposentadoria por tempo de contribuição ou de contagem recíproca do tempo de contribuição deverá complementar a contribuição mensal.

§ 3º A complementação de que trata o § 2º será feita por meio do recolhimento da diferença entre o percentual pago e o de vinte por cento sobre o valor correspondente ao limite mínimo mensal do salário de contribuição em vigor na competência a ser complementada, acrescido dos juros moratórios de que trata o § 3º do art. 5º da Lei nº 9.430, de 27 de dezembro de 1996.

- §§ 1º a 3º com a redação dada pelo Dec. nº 10.410, de 30-6-2020.

§ 4º A contribuição complementar referida nos § 2º e § 3º será exigida a qualquer tempo, sob pena do indeferimento ou do cancelamento da certidão emitida para fins de contagem recíproca ou da aposentadoria por tempo de contribuição, observado o disposto no art. 347-A.

§ 5º Para fins do disposto no inciso II do § 1º, considera-se de baixa renda a família inscrita no Cadastro Único para Programas Sociais do Governo Federal – CadÚnico cuja renda mensal seja de até dois salários mínimos.

§ 6º O segurado facultativo que auferir renda própria não poderá recolher contribuição na forma prevista no § 1º, exceto se a renda for proveniente, exclusivamente, de auxílios assistenciais de natureza eventual e temporária e de valores oriundos de programas sociais de transferência de renda, observado o disposto no § 5º.

▶ §§ 4º a 6º acrescidos pelo Dec. nº 10.410, de 30-6-2020.

Seção III

DA CONTRIBUIÇÃO DO PRODUTOR RURAL PESSOA FÍSICA E DO SEGURADO ESPECIAL

Art. 200. A contribuição do empregador rural pessoa física, em substituição à contribuição de que tratam o inciso I do artigo 201 e o artigo 202, e a do segurado especial, incidente sobre a receita bruta da comercialização da produção rural, é de:

▶ *Caput* com a redação dada pelo Dec. nº 4.032, de 26-11-2001.

I – 1,2 % (um inteiro e dois décimos por cento); e

▶ Inciso I com a redação dada pelo Dec. nº 10.410, de 30-6-2020.

II – 0,1% (zero vírgula um por cento) para o financiamento dos benefícios concedidos em razão do grau de incidência de incapacidade laborativa decorrente dos riscos ambientais do trabalho.

§ 1º *Revogado.* Dec. nº 4.032, de 26-11-2001.

§ 2º O segurado especial referido neste artigo, além da contribuição obrigatória de que tratam os incisos I e II do *caput*, poderá contribuir, facultativamente, na forma do art. 199.

▶ § 2º com a redação dada pelo Dec. nº 6.042, de 12-2-2007.

§ 3º O produtor rural pessoa física de que trata a alínea *a* do inciso V do *caput* do artigo 9º contribui, também, obrigatoriamente, na forma do artigo 199, observando ainda o disposto nas alíneas *a* e *b* do inciso I do artigo 216.

§ 4º Integra a receita bruta de que trata este artigo, além dos valores decorrentes da comercialização da produção relativa aos produtos a que se refere o § 5º, a receita proveniente:

I – da comercialização da produção obtida em razão de contrato de parceria ou meação de parte do imóvel rural;

II – da comercialização de artigos de artesanato de que trata o inciso VII do § 8º do art. 9º;

III – de serviços prestados, de equipamentos utilizados e de produtos comercializados no imóvel rural, desde que em atividades turística e de entretenimento desenvolvidas no próprio imóvel, inclusive hospedagem, alimentação, recepção, recreação e atividades pedagógicas, bem como taxa de visitação e serviços especiais;

IV – do valor de mercado da produção rural dada em pagamento ou que tiver sido trocada por outra, qualquer que seja o motivo ou finalidade; e

V – de atividade artística de que trata o inciso VIII do § 8º do art. 9º.

§ 5º Integram a produção, para os efeitos dos incisos I e II do *caput*, observado o disposto no § 25 do art. 9º, os produtos de origem animal ou vegetal, em estado natural ou submetidos a processos de beneficiamento ou industrialização rudimentar, assim compreendidos, entre outros, os processos de lavagem, limpeza, descaroçamento, pilagem, descascamento, lenhamento, pasteurização, resfriamento, secagem, socagem, fermentação, embalagem, cristalização, fundição, carvoejamento, cozimento, destilação, moagem e torrefação, bem como os subprodutos e os resíduos obtidos por meio desses processos.

▶ §§ 4º e 5º com a redação dada pelo Dec. nº 6.722, de 30-12-2008.

§ 6º *Revogado.* Dec. nº 6.722, de 30-12-2008.

§ 7º A contribuição de que trata este artigo será recolhida:

I – pela empresa adquirente, consumidora ou consignatária ou a cooperativa, que ficam sub-rogadas no cumprimento das obrigações do produtor rural pessoa física de que trata a alínea *a* do inciso V do *caput* do artigo 9º e do segurado especial, independentemente de as operações de venda ou consignação terem sido realizadas diretamente com estes ou com intermediário pessoa física, exceto nos casos do inciso III;

II – pela pessoa física não produtor rural, que fica sub-rogada no cumprimento das obrigações do produtor rural pessoa física de que trata a alínea *a* do inciso V do *caput* do artigo 9º e do segurado especial, quando adquire produção para venda, no varejo, a consumidor pessoa física; ou

III – pela pessoa física de que trata a alínea *a* do inciso V do *caput* do artigo 9º e pelo segurado especial, caso comercializem sua produção com adquirente domiciliado no exterior, diretamente, no varejo, a consumidor pessoa física, a outro produtor rural pessoa física ou a outro segurado especial.

§ 8º O produtor rural pessoa física continua obrigado a arrecadar e recolher ao Instituto Nacional do Seguro Social a contribuição do segurado empregado e do trabalhador avulso a seu serviço, descontando-a da respectiva remuneração, nos mesmos prazos e segundo as mesmas normas aplicadas às empresas em geral.

► Art. 25 da Lei nº 8.212, de 24-7-1991 (Lei Orgânica da Seguridade Social).

§ 9º Sem prejuízo do disposto no inciso III do § 7º, o produtor rural pessoa física e o segurado especial são obrigados a recolher, diretamente, a contribuição incidente sobre a receita bruta proveniente:

I – da comercialização de artigos de artesanato elaborados com matéria-prima produzida pelo respectivo grupo familiar;

II – de comercialização de artesanato ou do exercício de atividade artística, observado o disposto nos incisos VII e VIII do § 8º do art. 9º; e

III – de serviços prestados, de equipamentos utilizados e de produtos comercializados no imóvel rural, desde que em atividades turística e de entretenimento desenvolvidas no próprio imóvel, inclusive hospedagem, alimentação, recepção, recreação e atividades pedagógicas, bem como taxa de visitação e serviços especiais.

§ 10. O segurado especial é obrigado a arrecadar a contribuição de trabalhadores a seu serviço e a recolhê-la no prazo referido na alínea *b* do inciso I do art. 216.

► §§ 9º e 10 acrescidos pelo Dec. nº 6.722, de 30-12-2008.

§ 11. Não integram a base de cálculo da contribuição de que trata o *caput* a produção rural destinada ao plantio ou ao reflorestamento nem o produto animal destinado à reprodução ou à criação pecuária ou granjeira e à utilização como cobaia para fins de pesquisas científicas, quando vendido pelo próprio produtor a quem o utilize diretamente com essas finalidades e, no caso de produto vegetal, a pessoa ou entidade registrada no Ministério da Agricultura, Pecuária e Abastecimento que se dedique ao comércio de sementes e mudas no País.

§ 12. O produtor rural pessoa física poderá optar por contribuir na forma prevista no *caput* deste artigo ou na forma prevista no inciso I do *caput* do art. 201 e no art. 202, hipótese em que deverá manifestar a sua opção por meio do pagamento da contribuição incidente sobre a folha de salários relativa a janeiro de cada ano-calendário ou à primeira competência subsequente ao início da atividade rural.

§ 13. A opção de contribuição de que trata o § 12 será irretratável para todo o ano-calendário.

► §§ 11 a 13 acrescidos pelo Dec. nº 10.410, de 30-6-2020.

Art. 200-A. Equipara-se ao empregador rural pessoa física o consórcio simplificado de produtores rurais, formado pela união de produtores rurais pessoas físicas, que outorgar a um deles poderes para contratar, gerir e demitir trabalhadores rurais, na condição de empregados, para prestação de serviços, exclusivamente, aos seus integrantes, mediante documento registrado em cartório de títulos e documentos.

§ 1º O documento de que trata o *caput* deverá conter a identificação de cada produtor, seu endereço pessoal e o de sua propriedade rural, bem como o respectivo registro no Instituto Nacional de Colonização e Reforma Agrária ou informações relativas à parceria, arrendamento ou equivalente e à matrícula no INSS de cada um dos produtores rurais.

§ 2º O consórcio deverá ser matriculado no INSS, na forma por este estabelecida, em nome do empregador a quem hajam sido outorgados os mencionados poderes.

► Art. 25-A da Lei nº 8.212, de 24-7-1991 (Lei Orgânica da Seguridade Social).

Art. 200-B. As contribuições de que tratam o inciso I do artigo 201 e o artigo 202, bem como a devida ao Serviço Nacional Rural, são substituídas, em relação à remuneração paga, devida ou creditada ao trabalhador rural contratado pelo consórcio simplificado de produtores rurais de que trata o artigo 200-A, pela contribuição dos respectivos produtores rurais.

► Arts. 200-A e 200-B acrescidos pelo Dec. nº 4.032, de 26-11-2001.

Capítulo IV

DAS CONTRIBUIÇÕES DA EMPRESA E DO EMPREGADOR DOMÉSTICO

Seção I

DAS CONTRIBUIÇÕES DA EMPRESA

Art. 201. A contribuição a cargo da empresa, destinada à seguridade social, é de:

I – 20% (vinte por cento) sobre o total das remunerações pagas, devidas ou creditadas, a qualquer título, no decorrer do mês, aos segurados empregado e trabalhador avulso, além das contribuições previstas nos artigos 202 e 204;

II – 20% (vinte por cento) sobre o total das remunerações ou retribuições pagas ou creditadas no decorrer do mês ao segurado contribuinte individual;

► Incisos I e II com a redação dada pelo Dec. nº 3.265, de 29-11-1999.

III – *Revogado*. Dec. nº 10.410, de 30-6-2020;

IV – 1,7 % (um inteiro e sete décimos por cento) sobre o total da receita bruta proveniente da comercialização da produção rural, em substituição às contribuições previstas no inciso I do *caput* e no art. 202, quando se tratar de pessoa jurídica que tenha como fim apenas a atividade de produção rural.

► Inciso IV com a redação dada pelo Dec. nº 10.410, de 30-6-2020.

§ 1º São consideradas remuneração as importâncias auferidas em uma ou mais empresas, assim entendida a totalidade dos rendimentos pagos, devidos ou creditados a qualquer título, durante o mês, destinados a retribuir o trabalho, qualquer que seja a sua forma, inclusive os ganhos habituais sob a forma de utilidades, ressalvado o disposto no § 9º do artigo 214 e excetuado o lucro distribuído ao segurado empresário, observados os termos do inciso II do § 5º.

§ 2º Para fins do disposto no inciso II do *caput*, integra a remuneração a bolsa de estudos paga ou creditada ao médico-residente participante do programa de residência médica de que trata o art. 4º da Lei nº 6.932, de 1981.

► § 2º com a redação dada pelo Dec. nº 10.410, de 30-6-2020.

§ 3º Não havendo comprovação dos valores pagos ou creditados aos segurados de que tratam as alíneas *e* a *i* do inciso V do artigo 9º, em face de recusa ou sonegação de qualquer documento ou informação, ou sua apresentação deficiente, a contribuição da empresa referente a esses segurados será de vinte por cento sobre:

► § 3º com a redação dada pelo Dec. nº 3.452, de 9-5-2000.

I – o salário de contribuição do segurado nessa condição;

II – a maior remuneração paga a empregados da empresa; ou

III – o salário mínimo, caso não ocorra nenhuma das hipóteses anteriores.

► Incisos I a III acrescidos pelo Dec. nº 3.452, de 9-5-2000.

§ 4º Na contratação de serviços de transporte rodoviário de carga ou de passageiro ou de serviços prestados com a utilização de trator, máquina de terraplenagem, colheitadeira e assemelhados a base de cálculo da contribuição da empresa corresponde a vinte por cento do valor registrado na nota fiscal, na fatura ou no recibo, quando esses serviços forem prestados sem vínculo empregatício por condutor autônomo de veículo rodoviário, auxiliar de condutor autônomo de veículo rodoviário, inclusive por taxista e motorista de transporte remunerado privado individual de passageiros, e operador de máquinas.

► § 4º com a redação dada pelo Dec. nº 10.410, de 30-6-2020.

§ 5º No caso de sociedade civil de prestação de serviços profissionais relativos ao exercício de profissões legalmente regulamentadas, a contribuição da empresa referente aos segurados a que se referem as alíneas *g* a *i* do inciso V do artigo 9º, observado o disposto no artigo 225 e legislação específica, será de vinte por cento sobre:

► § 5º com a redação dada pelo Dec. nº 3.265, de 29-11-1999.

I – a remuneração paga ou creditada aos sócios em decorrência de seu trabalho, de acordo com a escrituração contábil da empresa; ou

► Inciso I com a redação dada pelo Dec. nº 3.265, de 29-11-1999.

II – os valores totais pagos ou creditados aos sócios, ainda que a título de antecipação de lucro da pessoa jurídica, quando não houver discriminação entre a remuneração decorrente do trabalho e a proveniente do capital social ou tratar-se de adiantamento de resultado ainda não apurado por meio de demonstração de resultado do exercício.

► Inciso II com a redação dada pelo Dec. nº 4.729, de 9-6-2003.

§ 6º No caso de banco comercial, banco de investimento, banco de desenvolvimento, caixa econômica, sociedade de crédito, financiamento e investimento, sociedade de crédito imobiliário, inclusive associação de poupança e empréstimo, sociedade corretora, distribuidora de títulos e valores mobiliários, inclusive bolsa de mercadorias e de valores, empresa de arrendamento mercantil, cooperativa de crédito, empresa de seguros privados e de capitalização, agente autônomo de seguros privados e de crédito e entidade de previdência privada, aberta e fechada, além das contribuições referidas nos incisos I e II do *caput* e nos artigos 202 e 204, é devida a contribuição adicional de dois vírgula cinco por cento sobre a base de cálculo definida nos incisos I e II do *caput*.

► § 6º com a redação dada pelo Dec. nº 3.265, de 29-11-1999.

§ 7º A pessoa jurídica enquadrada na condição de microempresa ou de empresa de pequeno porte, na forma do artigo 2º da Lei nº 9.317, de 5 de dezembro de 1996, que optar pela inscrição no Sistema Integrado de Pagamento de Impostos e Contribuições das Microempresas e Empresas de Pequeno Porte, contribuirá na forma estabelecida no artigo 23 da referida Lei, em substituição às contribuições de que tratam os incisos I a IV do *caput* e os artigos 201-A, 202 e 204.

► § 7º com a redação dada pelo Dec. nº 4.032, de 26-11-2001.

► A Lei nº 9.317, de 5-12-1996, foi revogada pela LC nº 123, de 14-12-2006.

§ 8º A contribuição será sempre calculada na forma do inciso II do *caput* quando a remuneração ou retribuição for paga ou creditada a pessoa física, quando ausentes os requisitos que caracterizem o segurado como empregado, mesmo que não esteja inscrita no Regime Geral de Previdência Social.

► § 8º com a redação dada pelo Dec. nº 3.265, de 29-11-1999.

§§ 9º a 14. *Revogados*. Dec. nº 3.265, de 29-11-1999.

§ 15. Para fins do disposto no inciso IV do *caput* e no § 8º do art. 202, considera-se receita bruta o valor recebido ou creditado pela comercialização da produção, assim entendida a operação de venda ou consignação, observadas as disposições constantes dos § 5º e § 11 do art. 200.

► § 15 com a redação dada pelo Dec. nº 10.410, de 30-6-2020.

§ 16. A partir de 14 de outubro de 1996, as contribuições de que tratam o inciso IV do *caput* e o § 8º do artigo 202 são de responsabilidade do produtor rural pessoa jurídica, não sendo admitida a sub-rogação ao adquirente, consignatário ou cooperativa.

§ 17. O produtor rural pessoa jurídica continua obrigado a arrecadar e recolher ao Instituto Nacional do Seguro Social a contribuição do segurado empregado e do trabalhador avulso a seu serviço, descontando-a da respectiva remuneração, nos mesmos prazos e segundo as mesmas normas aplicadas às empresas em geral.

§ 18. *Revogado*. Dec. nº 4.032, de 26-11-2001.

§ 19. A cooperativa de trabalho não está sujeita à contribuição de que trata o inciso II do *caput*, em relação às importâncias por ela pagas, distribuídas ou creditadas aos respectivos cooperados, a título de remuneração ou retribuição pelos serviços que, por seu intermédio, tenham prestado a empresas.

► § 19 com a redação dada pelo Dec. nº 3.452, de 9-5-2000.

§ 20. *Revogado*. Dec. nº 10.410, de 30-6-2020.

§ 21. O disposto no inciso IV do *caput* não se aplica às operações relativas à prestação de serviços a terceiros, cujas contribuições previdenciárias continuam sendo devidas na forma deste artigo e do artigo 202.

§ 22. A pessoa jurídica, exceto a agroindústria, que, além da atividade rural, explorar também outra atividade econômica autônoma, quer seja comercial, industrial ou de serviços, no mesmo ou em estabelecimento distinto, independentemente de qual seja a atividade preponderante, contribuirá de acordo com os incisos I, II e III do artigo 201 e artigo 202.

► §§ 21 e 22 acrescidos pelo Dec. nº 4.032, de 26-11-2001.

► Art. 22 da Lei nº 8.212, de 24-7-1991 (Lei Orgânica da Seguridade Social).

§ 23. Nos contratos de trabalho intermitente, a empresa recolherá as contribuições previdenciárias da empresa e do empregado e o valor devido ao FGTS, o qual será calculado com base nos valores pagos no período mensal, e fornecerá ao empregado o comprovante de cumprimento dessas obrigações.

§ 24. Não integram a base de cálculo da contribuição de que trata o inciso IV do *caput* a produção rural destinada ao plantio ou ao reflorestamento nem o produto animal destinado à reprodução ou à criação pecuária ou granjeira e à utilização como cobaia para fins de pesquisas científicas, quando vendido pelo próprio produtor a quem o utilize diretamente com essas finalidades e, no caso de produto vegetal, a pessoa ou entidade registrada no Ministério da Agricultura, Pecuária e Abastecimento que se dedique ao comércio de sementes e mudas no País.

§ 25. O empregador rural pessoa jurídica poderá optar por contribuir na forma prevista no inciso I do *caput* deste artigo e no *caput* do art. 202 ou na forma prevista no inciso IV do *caput* deste artigo e no § 8º do art. 202, hipótese em que deverá manifestar a sua opção por meio do pagamento da contribuição incidente sobre a folha de salários relativa a janeiro de cada ano-calendário ou à primeira competência subsequente ao início da atividade rural.

§ 26. A opção de contribuição de que trata o § 25 será irretratável para todo o ano-calendário.

§ 27. A empresa contratante de serviços de hidráulica, eletricidade, pintura, alvenaria, carpintaria e manutenção ou reparo de veículos, executados por intermédio de MEI, mantém, em relação a essa contratação, a obrigatoriedade de recolhimento da contribuição a que se referem o inciso II do *caput* e o § 6º.

▸ §§ 23 a 27 acrescidos pelo Dec. nº 10.410, de 30-6-2020.

Art. 201-A. A contribuição devida pela agroindústria, definida como sendo o produtor rural pessoa jurídica cuja atividade econômica seja a industrialização de produção própria ou de produção própria e adquirida de terceiros, incidente sobre o valor da receita bruta proveniente da comercialização da produção, em substituição às previstas no inciso I do artigo 201 e artigo 202, é de:

▸ Art. 201-A acrescido pelo Dec. nº 4.032, de 26-11-2001.

I – 2,5% (dois vírgula cinco por cento) destinados à Seguridade Social; e

II – 0,1% (zero vírgula um por cento) para o financiamento do benefício previsto nos artigos 64 a 70, e daqueles concedidos em razão do grau de incidência de incapacidade para o trabalho decorrente dos riscos ambientais da atividade.

§ 1º Para os fins deste artigo, entende-se por receita bruta o valor total da receita proveniente da comercialização da produção própria e da adquirida de terceiros, industrializada ou não.

§ 2º O disposto neste artigo não se aplica às operações relativas à prestação de serviços a terceiros, cujas contribuições previdenciárias continuam sendo devidas na forma do artigo 201 e 202, obrigando-se a empresa a elaborar folha de salários e registros contábeis distintos.

§ 3º Na hipótese do § 2º, a receita bruta correspondente aos serviços prestados a terceiros não integram a base de cálculo da contribuição de que trata o *caput*.

§ 4º O disposto neste artigo não se aplica:

I – às sociedades cooperativas e às agroindústrias de piscicultura, carcinicultura, suinocultura e avicultura; e

II – à pessoa jurídica que, relativamente à atividade rural, se dedique apenas ao florestamento e reflorestamento como fonte de matéria-prima para industrialização própria mediante a utilização de processo industrial que modifique a natureza química da madeira ou a transforme em pasta celulósica.

▸ § 4º com a redação dada pelo Dec. nº 4.862, de 21-10-2003.

§ 5º Aplica-se o disposto no inciso II do § 4º ainda que a pessoa jurídica comercialize resíduos vegetais ou sobras ou partes da produção, desde que a receita bruta decorrente dessa comercialização represente menos de um por cento de sua receita bruta proveniente da comercialização da produção.

▸ § 5º acrescido pelo Dec. nº 4.862, de 21-10-2003.

▸ Art. 22-A da Lei nº 8.212, de 24-7-1991 (Lei Orgânica da Seguridade Social).

Art. 201-B. Aplica-se o disposto no artigo anterior, ainda que a agroindústria explore, também, outra atividade econômica autônoma, no mesmo ou em estabelecimento distinto, hipótese em que a contribuição incidirá sobre o valor da receita bruta dela decorrente.

▸ Art. 201-B acrescido pelo Dec. nº 4.032, de 26-11-2001.

Art. 201-C. Quando a cooperativa de produção rural contratar empregados para realizarem, exclusivamente, a colheita da produção de seus cooperados, as contribuições de que tratam o artigo 201, I, e o artigo 202, relativas à folha de salário destes segurados, serão substituídas pela contribuição devida pelos cooperados, cujas colheitas sejam por eles realizadas, incidentes sobre a receita bruta da comercialização da produção rural, na forma prevista no artigo 200, se pessoa física, no inciso IV do *caput* do artigo 201 e no § 8º do artigo 202, se pessoa jurídica.

§ 1º A cooperativa deverá elaborar folha de salários distinta e apurar os encargos decorrentes da contratação de que trata o *caput* separadamente dos relativos aos seus empregados regulares, discriminadamente por cooperado, na forma definida pelo INSS.

§ 2º A cooperativa é diretamente responsável pela arrecadação e recolhimento da contribuição previdenciária dos segurados contratados na forma deste artigo.

§ 3º O disposto neste artigo aplica-se à contribuição devida ao Serviço Nacional Rural.

► Art. 201-C acrescido pelo Dec. nº 4.032, de 26-11-2001.

Art. 201-D. As alíquotas de que tratam os incisos I e II do art. 201, em relação às empresas que prestam serviços de tecnologia da informação – TI e de tecnologia da informação e comunicação – TIC, ficam reduzidas de acordo com a aplicação sucessiva das seguintes operações:

► Artigo acrescido pelo Dec. nº 6.945, de 21-8-2009.

I – subtrair do valor da receita bruta total de venda de bens e serviços relativa aos doze meses imediatamente anteriores ao trimestre-calendário o valor correspondente aos impostos e às contribuições incidentes sobre venda;

II – identificar, no valor da receita bruta total resultante da operação prevista no inciso I, a parte relativa aos serviços mencionados nos §§ 3º e 4º que foram exportados;

III – dividir a receita bruta de exportação resultante do inciso II pela receita bruta total resultante do inciso I;

IV – multiplicar a razão decorrente do inciso III por um décimo;

► Incisos I a IV acrescidos pelo Dec. nº 6.945, de 21-8-2009.

V – multiplicar o valor encontrado de acordo com a operação do inciso IV por cem, para que se chegue ao percentual de redução;

VI – subtrair de vinte por cento o percentual resultante do inciso V, de forma que se obtenha a nova alíquota percentual a ser aplicada sobre a base de cálculo da contribuição previdenciária.

§ 1º A alíquota apurada na forma do inciso VI do *caput* será aplicada uniformemente nos meses que compõem o trimestre-calendário.

§ 2º No caso de empresa em início de atividades ou sem receita de exportação até a data de publicação da Lei nº 11.774, de 17 de setembro de 2008, a apuração de que trata o *caput* poderá ser realizada com base em período inferior a doze meses, observado o mínimo de três meses anteriores.

§ 3º Para efeito do *caput*, consideram-se serviços de TI e TIC:

I – análise e desenvolvimento de sistemas;

II – programação;

III – processamento de dados e congêneres;

IV – elaboração de programas de computadores, inclusive de jogos eletrônicos;

V – licenciamento ou cessão de direito de uso de programas de computação;

VI – assessoria e consultoria em informática;

VII – suporte técnico em informática, inclusive instalação, configuração e manutenção de programas de computação e bancos de dados; e

VIII – planejamento, confecção, manutenção e atualização de páginas eletrônicas.

§ 4º O disposto neste artigo aplica-se também a empresas que prestam serviços de *call center*.

§ 5º No caso das empresas que prestam serviços referidos nos §§ 3º e 4º, os valores das contribuições devidas a terceiros, denominados outras entidades ou fundos, com exceção do Fundo Nacional de Desenvolvimento da Educação – FNDE, ficam reduzidos no percentual resultante das operações referidas no *caput* e de acordo com a aplicação sucessiva das seguintes operações:

I – calcular a contribuição devida no mês a cada entidade ou fundo, levando em consideração as regras aplicadas às empresas em geral;

II – aplicar o percentual de redução, resultante do inciso V do *caput*, sobre o valor resultante do inciso I;

III – subtrair, do valor apurado na forma do inciso I, o valor obtido no inciso II, o que resultará no valor a ser recolhido a cada entidade ou fundo no mês.

► §§ 1º a 5º acrescidos pelo Dec. nº 6.945, de 21-8-2009.

§ 6º As reduções de que tratam o *caput* e o § 5º pressupõem o atendimento ao seguinte:

► § 6º acrescido pelo Dec. nº 6.945, de 21-8-2009.

I – até 31 de dezembro de 2009, a empresa deverá implementar o Programa de Prevenção de Riscos Ambientais e de Doenças Ocupacionais previsto em lei, caracterizado pela plena execução do Programa de Prevenção de Riscos Ambientais – PPRA e do Programa de Controle Médico de Saúde Ocupacional – PCMSO, conforme disciplinado nas normas regulamentadoras do Ministério do Trabalho e Emprego, devendo ainda estabelecer metas de melhoria das condições e do ambiente de trabalho que reduzam a ocorrência de benefícios por incapacidade decorrentes de acidentes do trabalho ou doenças ocupacionais em pelo menos cinco por cento em relação ao ano anterior;

▸ *Caput* do inciso I com a redação dada pelo Dec. nº 7.331, de 19-10-2010.

a) a responsabilidade pela elaboração do programa de prevenção de riscos ambientais e de doenças ocupacionais será, exclusivamente, de engenheiro com especialização em Engenharia de Segurança do Trabalho, devidamente registrado no Conselho Regional de Engenharia e Arquitetura – CREA, que o assinará;

b) o programa de prevenção de riscos ambientais e de doenças ocupacionais elaborado deverá ser homologado pelas Superintendências Regionais do Trabalho, vinculadas ao Ministério do Trabalho e Emprego, e será colocado à disposição da fiscalização da Secretaria da Receita Federal do Brasil e do Ministério do Trabalho e Emprego sempre que exigido;

▸ Alíneas *a* e *b* acrescidas pelo Dec. nº 6.945, de 21-8-2009.

II – até 31 de dezembro de 2010, a empresa que comprovar estar executando o programa de prevenção de riscos ambientais e de doenças ocupacionais implantado nos prazo e forma estabelecidos no inciso I, terá presumido o atendimento à exigência fixada no inciso I do § 9º do art. 14 da Lei nº 11.774, de 2008;

III – a partir de 1º de janeiro de 2011, a empresa deverá comprovar a eficácia do respectivo programa de prevenção de riscos ambientais e de doenças ocupacionais, por meio de relatórios que atestem o atendimento da meta de redução de sinistralidade nele estabelecida;

▸ Incisos II e III acrescidos pelo Dec. nº 6.945, de 21-8-2009.

IV – *Revogado*. Dec. nº 7.331, de 19-10-2010.

§ 7º Sem prejuízo do disposto no § 6º, as empresas dos setores de TI e de TIC só farão jus às reduções de que tratam o *caput* e o § 5º se aplicarem montante igual ou superior a dez por cento do benefício auferido, alternativa ou cumulativamente em despesas:

I – para capacitação de pessoal, relacionada a aspectos técnicos associados aos serviços de TI e TIC, referidos no § 3º, bem como a serviços de *call centers*, aí incluída a capacitação em temas diretamente relacionados com qualidade de produtos, processos ou sistemas, bem como a proficiência em línguas estrangeiras;

II – relacionadas ao desenvolvimento de atividades de avaliação de conformidade, incluindo certificação de produtos, serviços e sistemas, realizadas com entidades ou especialistas do País ou do exterior;

III – realizadas com desenvolvimento tecnológico de produtos, processos e serviços, sendo consideradas atividades de pesquisa e desenvolvimento em TI aquelas dispostas nos arts. 24 e 25 do Decreto nº 5.906, de 26 de setembro de 2006; ou

IV – realizadas no apoio a projetos de desenvolvimento científico ou tecnológico, por instituições de pesquisa e desenvolvimento, conforme definidos nos arts. 27 e 28 do Decreto nº 5.906, de 2006, devidamente credenciadas pelo Comitê da Área de Tecnologia da Informação – CATI ou pelo Comitê das Atividades de Pesquisa e Desenvolvimento da Amazônia – CAPDA.

§ 8º O valor do benefício e a especificação das contrapartidas referidos no § 7º deverão ser declarados formalmente pelas empresas beneficiárias, a cada exercício, ao Ministério da Ciência e Tecnologia, na forma a ser definida em ato daquele Ministério.

§ 9º Para fins do § 8º, as empresas beneficiadas pela Lei nº 8.248, de 23 de outubro de 1991, poderão deduzir do montante previsto no § 7º as despesas efetivamente realizadas, no atendimento às exigências da referida Lei, observado o disposto no § 10.

§ 10. O disposto no § 9º aplica-se exclusivamente às despesas de mesma natureza das previstas no § 7º.

§ 11. A União compensará, mensalmente, o Fundo do Regime Geral de Previdência Social, de que trata o art. 68 da Lei Complementar nº 101, de 4 de maio de 2000, no valor correspondente à renúncia previdenciária decorrente da desoneração de que trata este artigo, de forma a não afetar a apuração do resultado financeiro do Regime Geral de Previdência Social.

§ 12. A renúncia de que trata o § 11 consistirá na diferença entre o valor da contribuição que seria devido, como se não houvesse incentivo, e o valor da contribuição efetivamente recolhido.

§ 13. O valor estimado da renúncia será incluído na Lei Orçamentária Anual, sem prejuízo do repasse enquanto não constar na mencionada Lei.

§ 14. O não cumprimento das exigências de que tratam os §§ 6º e 7º implica a perda do direito das reduções de que tratam o *caput* e o § 5º, ensejando o recolhimento da diferença de contribuições com os acréscimos legais cabíveis.

- §§ 7º a 14 acrescidos pelo Dec. nº 6.945, de 21-8-2009.
- Art. 2º do Dec. nº 6.945, de 21-8-2009, que trata sobre as reduções de alíquotas.

Art. 202. A contribuição da empresa, destinada ao financiamento da aposentadoria especial, nos termos dos artigos 64 a 70, e dos benefícios concedidos em razão do grau de incidência de incapacidade laborativa decorrente dos riscos ambientais do trabalho corresponde à aplicação dos seguintes percentuais, incidentes sobre o total da remuneração paga, devida ou creditada a qualquer título, no decorrer do mês, ao segurado empregado e trabalhador avulso:

- Súm. nº 351 do STJ.

I – 1% (um por cento) para a empresa em cuja atividade preponderante o risco de acidente do trabalho seja considerado leve;

II – 2% (dois por cento) para a empresa em cuja atividade preponderante o risco de acidente do trabalho seja considerado médio; ou

III – 3% (três por cento) para a empresa em cuja atividade preponderante o risco de acidente do trabalho seja considerado grave.

§ 1º As alíquotas constantes do *caput* serão acrescidas de 12 (doze), 9 (nove) ou 6 (seis) pontos percentuais, respectivamente, se a atividade exercida pelo segurado a serviço da empresa ensejar a concessão de aposentadoria especial após 15 (quinze), 20 (vinte) ou 25 (vinte e cinco) anos de contribuição.

§ 2º O acréscimo de que trata o parágrafo anterior incide exclusivamente sobre a remuneração do segurado sujeito às condições especiais que prejudiquem a saúde ou a integridade física.

§ 3º Considera-se preponderante a atividade que ocupa, em cada estabelecimento da empresa, o maior número de segurados empregados e de trabalhadores avulsos.

- § 3º com a redação dada pelo Dec. nº 10.410, de 30-6-2020.

§ 3º-A. Considera-se estabelecimento da empresa a dependência, matriz ou filial, que tenha número de Cadastro Nacional da Pessoa Jurídica – CNPJ próprio e a obra de construção civil executada sob sua responsabilidade.

- § 3º-A acrescido pelo Dec. nº 10.410, de 30-6-2020.

§ 4º A atividade econômica preponderante da empresa e os respectivos riscos de acidentes do trabalho compõem a Relação de Atividades Preponderantes e correspondentes Graus de Risco, prevista no Anexo V.

§ 5º É de responsabilidade da empresa realizar o enquadramento na atividade preponderante, cabendo à Secretaria da Receita Previdenciária do Ministério da Previdência Social revê-lo a qualquer tempo.

§ 6º Verificado erro no autoenquadramento, a Secretaria da Receita Previdenciária adotará as medidas necessárias à sua correção, orientará o responsável pela empresa em caso de recolhimento indevido e procederá à notificação dos valores devidos.

- §§ 5º e 6º com a redação dada pelo Dec. nº 6.042, de 12-2-2007.

§ 7º O disposto neste artigo não se aplica à pessoa física de que trata a alínea *a* do inciso V do *caput* do artigo 9º.

§ 8º Quando se tratar de produtor rural pessoa jurídica que se dedique à produção rural e contribua nos moldes do inciso IV do *caput* do artigo 201, a contribuição referida neste artigo corresponde a 0,1% (zero vírgula um por cento) incidente sobre a receita bruta proveniente da comercialização de sua produção.

§ 9º *Revogado.* Dec. nº 3.265, de 29-11-1999.

§ 10. Será devida contribuição adicional de doze, nove ou seis pontos percentuais, a cargo da cooperativa de produção, incidente sobre a remuneração paga, devida ou creditada ao cooperado filiado, na hipótese de exercício de atividade que autorize a concessão de aposentadoria especial após quinze, vinte ou vinte e cinco anos de contribuição, respectivamente.

- § 10 acrescido pelo Dec. nº 4.729, de 9-6-2003.

§§ 11 e 12. *Revogados*. Dec. nº 10.410, de 30-6-2020.

§ 13. A empresa informará mensalmente, por meio da Guia de Recolhimento do Fundo de Garantia do Tempo de Serviço e Informações à Previdência Social – GFIP, a alíquota correspondente ao seu grau de risco, a respectiva atividade preponderante e a atividade do estabelecimento, apuradas de acordo com o disposto nos §§ 3º e 5º.

▸ § 13 acrescido pelo Dec. nº 6.042, de 12-2-2007.

Art. 202-A. As alíquotas a que se refere o *caput* do art. 202 serão reduzidas em até cinquenta por cento ou aumentadas em até cem por cento em razão do desempenho da empresa, individualizada pelo seu CNPJ em relação à sua atividade econômica, aferido pelo Fator Acidentário de Prevenção – FAP.

▸ *Caput* do art. 202-A com a redação dada pelo Dec. nº 10.410, de 30-6-2020.

§ 1º O FAP consiste em multiplicador variável em um intervalo contínuo de cinco décimos a dois inteiros aplicado à respectiva alíquota, considerado o critério de truncamento na quarta casa decimal.

§ 2º Para fins da redução ou da majoração a que se refere o *caput*, o desempenho da empresa, individualizada pelo seu CNPJ será discriminado em relação à sua atividade econômica, a partir da criação de índice composto pelos índices de gravidade, de frequência e de custo que pondera os respectivos percentis.

▸ §§ 1º e 2º com a redação dada pelo Dec. nº 10.410, de 30-6-2020.

§ 3º *Revogado*. Dec. nº 6.957, de 9-9-2009.

§ 4º Os índices de frequência, gravidade e custo serão calculados segundo metodologia aprovada pelo Conselho Nacional de Previdência Social, levando-se em conta:

▸ *Caput* do § 4º com a redação dada pelo Dec. nº 6.042, de 12-2-2007.

I – para o índice de frequência, os registros de acidentes ou benefícios de natureza acidentária;

II – para o índice de gravidade, as hipóteses de auxílio por incapacidade temporária, auxílio-acidente, aposentadoria por incapacidade permanente, pensão por morte e morte de natureza acidentária, aos quais são atribuídos pesos diferentes em razão da gravidade da ocorrência, da seguinte forma:

a) pensão por morte e morte de natureza acidentária – peso de cinquenta por cento;

b) aposentadoria por incapacidade permanente – peso de trinta por cento; e

c) auxílio por incapacidade temporária e auxílio-acidente – peso de dez por cento para cada; e

▸ Incisos I e II com a redação dada pelo Dec. nº 10.410, de 30-6-2020.

III – para o índice de custo, os valores dos benefícios de natureza acidentária pagos ou devidos pela previdência social.

▸ *Caput* do inciso III com a redação dada pelo Dec. nº 10.410, de 30-6-2020.

a) e *b) Revogadas*. Dec. nº 10.410, de 30-6-2020.

§ 5º O Ministério da Economia publicará, anualmente, no *Diário Oficial da União*, portaria para disponibilizar consulta ao FAP e aos róis dos percentis de frequência, gravidade e custo por subclasse da Classificação Nacional de Atividades Econômicas.

▸ § 5º com a redação dada pelo Dec. nº 10.410, de 30-6-2020.

§ 6º O FAP produzirá efeitos tributários a partir do primeiro dia do quarto mês subsequente ao de sua divulgação.

▸ § 6º acrescido pelo Dec. nº 6.042, de 12-2-2007.

§ 7º Para o cálculo anual do FAP, serão utilizados os dados de janeiro a dezembro de cada ano, até completar o período de dois anos, a partir do qual os dados do ano inicial serão substituídos pelos novos dados anuais incorporados.

▸ § 7º com a redação dada pelo Dec. nº 6.957, de 9-9-2009.

§ 8º O FAP será calculado a partir de 1º de janeiro do ano seguinte àquele ano em que o estabelecimento completar dois anos de sua constituição.

▸ § 8º com a redação dada pelo Dec. nº 10.410, de 30-6-2020.

§ 9º *Revogado*. Dec. nº 10.410, de 30-6-2020.

§ 10. A metodologia aprovada pelo Conselho Nacional de Previdência indicará a sistemática de cálculo e a forma de aplicação de índices e critérios acessórios à composição do índice composto do FAP.

▸ § 10 com a redação dada pelo Dec. nº 10.410, de 30-6-2020.

Art. 202-B. *Revogado*. Dec. nº 10.410, de 30-6-2020.

Art. 203. A fim de estimular investimentos destinados a diminuir os riscos ambientais no trabalho, o Ministério da Previdência e Assistência Social poderá alterar o enquadramento de empresa que demonstre a melhoria das condições do trabalho, com redução dos agravos à saúde do trabalhador, obtida através de investimentos em prevenção e em sistemas gerenciais de risco.

§ 1º A alteração do enquadramento estará condicionada à inexistência de débitos em relação às contribuições devidas ao Instituto Nacional do Seguro Social e aos demais requisitos estabelecidos pelo Ministério da Previdência e Assistência Social.

§ 2º O Instituto Nacional do Seguro Social, com base principalmente na comunicação prevista no artigo 336, implementará sistema de controle e acompanhamento de acidentes do trabalho.

§ 3º Verificado o descumprimento por parte da empresa dos requisitos fixados pelo Ministério da Previdência e Assistência Social, para fins de enquadramento de que trata o artigo anterior, o Instituto Nacional do Seguro Social procederá à notificação dos valores devidos.

Art. 204. As contribuições a cargo da empresa, provenientes do faturamento e do lucro, destinadas à seguridade social, são arrecadadas, normatizadas, fiscalizadas e cobradas pela Secretaria da Receita Federal.

- ▶ *Caput* com a redação dada pelo Dec. nº 4.729, de 9-6-2003.
- ▶ A Secretaria da Receita Federal passou a ser denominada Secretaria da Receita Federal do Brasil pelo art. 1º da Lei nº 11.457, de 16-3-2007 (Lei da Super-Receita).

§§ 1º a 3º *Revogados*. Dec. nº 4.729, de 9-6-2003.

- ▶ Art. 23 da Lei nº 8.212, de 24-7-1991 (Lei Orgânica da Seguridade Social).

Art. 205. A contribuição empresarial da associação desportiva que mantém equipe de futebol profissional, destinada à seguridade social, em substituição às previstas no inciso I do *caput* do artigo 201 e no artigo 202, corresponde a 5% (cinco por cento) da receita bruta decorrente dos espetáculos desportivos de que participe em todo território nacional, em qualquer modalidade desportiva, inclusive jogos internacionais, e de qualquer forma de patrocínio, licenciamento de uso de marcas e símbolos, publicidade, propaganda e transmissão de espetáculos desportivos.

§ 1º Cabe à entidade promotora do espetáculo a responsabilidade de efetuar o desconto de 5% (cinco por cento) da receita bruta decorrente dos espetáculos desportivos e o respectivo recolhimento ao Instituto Nacional do Seguro Social, no prazo de até 2 (dois) dias úteis após a realização do evento.

§ 2º Cabe à associação desportiva que mantém equipe de futebol profissional informar à entidade promotora do espetáculo desportivo todas as receitas auferidas no evento, discriminando-as detalhadamente.

§ 3º Cabe à empresa ou entidade que repassar recursos a associação desportiva que mantém equipe de futebol profissional, a título de patrocínio, licenciamento de uso de marcas e símbolos, publicidade, propaganda e transmissão de espetáculos, a responsabilidade de reter e recolher, no prazo estabelecido na alínea *b* do inciso I do artigo 216, o percentual de 5% (cinco por cento) da receita bruta, inadmitida qualquer dedução.

§ 4º O Conselho Deliberativo do Instituto Nacional de Desenvolvimento do Desporto informará ao Instituto Nacional do Seguro Social, com a antecedência necessária, a realização de todo espetáculo esportivo de que a associação desportiva referida no *caput* participe no território nacional.

§ 5º O não recolhimento das contribuições a que se referem os §§ 1º e 3º nos prazos estabelecidos no § 1º deste artigo e na alínea *b* do inciso I do artigo 216, respectivamente, sujeitará os responsáveis ao pagamento de atualização monetária, quando couber, juros moratórios e multas, na forma do artigo 239.

§ 6º O não desconto ou a não retenção das contribuições a que se referem os §§ 1º e 3º sujeitará a entidade promotora do espetáculo, a empresa ou a entidade às penalidades previstas no artigo 283.

§ 7º O disposto neste artigo não se aplica às demais entidades desportivas, que continuam a contribuir na forma dos artigos 201, 202 e 204, a partir da competência novembro de 1991.

§ 8º O disposto no *caput* e §§ 1º a 6º aplica-se à associação desportiva que mantém equipe de futebol profissional e que se organize na forma da Lei nº 9.615, de 24 de março de 1998.

- Lei nº 9.615, de 24-3-1998, institui normas gerais sobre desporto, regulamentada pelo Dec. nº 7.984, de 8-4-2013.

Seção II
DA ISENÇÃO DE CONTRIBUIÇÕES

Arts. 206 a 210. *Revogados.* Dec. nº 7.237, de 20-7-2010.

Seção III
DA CONTRIBUIÇÃO DO EMPREGADOR DOMÉSTICO

Art. 211. A contribuição previdenciária do empregador doméstico sobre o salário de contribuição do empregado doméstico a seu serviço será de:

I – 8% (oito por cento) de contribuição patronal; e

II – 0,8% (oito décimos por cento) de contribuição social para financiamento do seguro contra acidentes do trabalho.

- Artigo com a redação dada pelo Dec. nº 10.410, de 30-6-2020.
- Art. 24 da Lei nº 8.212, de 24-7-1991 (Lei Orgânica da Seguridade Social).

Art. 211-A. O empregador doméstico não poderá contratar o MEI, de que trata o § 26 do art. 9º, quando existentes os elementos da relação de emprego doméstico, sob pena de ficar sujeito às obrigações dela decorrentes, inclusive trabalhistas, tributárias e previdenciárias.

Art. 211-B. O Simples Doméstico, instituído pela Lei Complementar nº 150, de 1º de junho de 2015, assegurará o recolhimento mensal por meio de documento único de arrecadação dos seguintes valores:

I – 7,5% a 14% (sete inteiros e cinco décimos por cento a quatorze por cento) de contribuição previdenciária, a cargo do segurado empregado doméstico, nos termos do disposto no art. 198;

II – 8% (oito por cento) de contribuição patronal previdenciária, a cargo do empregador doméstico, nos termos do disposto no art. 211;

III – 0,8% (oito décimos por cento) de contribuição social para financiamento do seguro contra acidentes do trabalho, nos termos do disposto no art. 211;

IV – 8% (oito por cento) de contribuição para o FGTS;

V – 3,2% (três inteiros e dois décimos) por cento de contribuição para fins de aplicação do disposto no art. 22 da Lei Complementar nº 150, de 2015; e

VI – quando couber, percentual referente ao imposto sobre a renda retido na fonte de que trata o inciso I do *caput* do art. 7º da Lei nº 7.713, de 22 de dezembro de 1988.

§ 1º As contribuições, os depósitos e o imposto de que tratam os incisos I ao VI do *caput* incidem sobre a remuneração paga ou devida no mês anterior a cada empregado doméstico, incluída na remuneração a gratificação de natal.

§ 2º A contribuição e o imposto de que tratam os incisos I e VI do *caput* serão descontados da remuneração do empregado doméstico pelo empregador doméstico, que é responsável por seu recolhimento.

§ 3º O produto da arrecadação das contribuições, dos depósitos e do imposto de que trata o *caput* será centralizado na Caixa Econômica Federal.

§ 4º A Caixa Econômica Federal, com base nos elementos identificadores do recolhimento, disponíveis no sistema do Simples Doméstico, transferirá para a Conta Única do Tesouro Nacional o valor arrecadado das contribuições e do imposto de que tratam os incisos I, II, III e VI do *caput*.

§ 5º O recolhimento de que trata o *caput* será efetuado em instituições financeiras integrantes da rede arrecadadora de receitas federais.

§ 6º O empregador doméstico fornecerá, mensalmente, ao empregado doméstico cópia do documento a que se refere o *caput*.

§ 7º O recolhimento mensal, por meio de documento único de arrecadação, e a exigência das contribuições, dos depósitos e do imposto, nos valores definidos nos incisos I ao VI do *caput*, somente serão devidos a partir da competência outubro de 2015.

Art. 211-C. O empregador doméstico fica obrigado a pagar a remuneração devida ao empregado doméstico e a arrecadar e a recolher as contribuições, os depósitos e o imposto a que se referem os incisos I ao VI do *caput* do art. 211-B até o dia 7 do mês seguinte ao da competência.

§ 1º Os valores a que se referem os incisos I, II, III e VI do *caput* do art. 211-B não recolhidos até a data de vencimento estarão sujeitos à incidência de encargos legais na forma prevista na legislação do imposto sobre a renda.

§ 2º Os valores a que se referem os incisos IV e V do *caput* referentes ao FGTS não recolhidos até a data de vencimento serão corrigidos e terão a incidência de multa, observado o disposto na Lei nº 8.036, de 11 de maio de 1990.

▸ Arts. 211-A a 211-C acrescidos pelo Dec. nº 10.410, de 30-6-2020.

Capítulo V

DA CONTRIBUIÇÃO SOBRE A RECEITA DE CONCURSOS DE PROGNÓSTICOS

Art. 212. Constitui receita da seguridade social a renda líquida dos concursos de prognósticos, excetuando-se os valores destinados ao Programa de Crédito Educativo.

§ 1º Consideram-se concurso de prognósticos todo e qualquer concurso de sorteio de números ou quaisquer outros símbolos, loterias e apostas de qualquer natureza no âmbito federal, estadual, do Distrito Federal ou municipal, promovidos por órgãos do Poder Público ou por sociedades comerciais ou civis.

§ 2º A contribuição de que trata este artigo constitui-se de:

I – renda líquida dos concursos de prognósticos realizados pelos órgãos do Poder Público destinada à seguridade social de sua esfera de governo;

II – 5% (cinco por cento) sobre o movimento global de apostas em prado de corridas; e

III – 5% (cinco por cento) sobre o movimento global de sorteio de números ou de quaisquer modalidades de símbolos.

§ 3º Para o efeito do disposto no parágrafo anterior, entende-se como:

I – renda líquida – o total da arrecadação, deduzidos os valores destinados ao pagamento de prêmios, de impostos e de despesas com administração;

II – movimento global das apostas – total das importâncias relativas às várias modalidades de jogos, inclusive o de acumulada, apregoadas para o público no prado de corrida, subsede ou outra dependência da entidade; e

III – movimento global de sorteio de números – o total da receita bruta, apurada com a venda de cartelas, cartões ou quaisquer outras modalidades, para sorteio realizado em qualquer condição.

▸ Art. 26 da Lei nº 8.212, de 24-7-1991 (Lei Orgânica da Seguridade Social).

Capítulo VI

DAS OUTRAS RECEITAS DA SEGURIDADE SOCIAL

Art. 213. Constituem outras receitas da seguridade social:

I – as multas, a atualização monetária e os juros moratórios;

II – a remuneração recebida pela prestação de serviços de arrecadação, fiscalização e cobrança prestados a terceiros;

III – as receitas provenientes de prestação de outros serviços e de fornecimento ou arrendamento de bens;

IV – as demais receitas patrimoniais, industriais e financeiras;

V – as doações, legados, subvenções e outras receitas eventuais;

VI – 50% (cinquenta por cento) da receita obtida na forma do parágrafo único do artigo 243 da Constituição Federal, repassados pelo Instituto Nacional do Seguro Social aos órgãos responsáveis pelas ações de proteção à saúde e a ser aplicada no tratamento e recuperação de viciados em entorpecentes e drogas afins;

VII – 40% (quarenta por cento) do resultado dos leilões dos bens apreendidos pela Secretaria da Receita Federal; e

▸ A Secretaria da Receita Federal passou a ser denominada Secretaria da Receita Federal do Brasil pelo art. 1º da Lei nº 11.457, de 16-3-2007 (Lei da Super-Receita).

VIII – outras receitas previstas em legislação específica.

Parágrafo único. As companhias seguradoras que mantém seguro obrigatório de danos pessoais causados por veículos automotores de vias terrestres, de que trata a Lei nº 6.194, de 19 de dezembro de 1974, deverão repassar à seguridade social 50% (cinquenta por cento) do valor total do prêmio recolhido, destinados ao Sistema Único de Saúde, para custeio da assistência médico-hospitalar dos segurados vitimados em acidentes de trânsito.

▸ Parágrafo único com a redação dada pelo Dec. nº 3.265, de 29-11-1999.

▸ Art. 27 da Lei nº 8.212, de 24-7-1991 (Lei Orgânica da Seguridade Social).

Capítulo VII

DO SALÁRIO DE CONTRIBUIÇÃO

Art. 214. Entende-se por salário de contribuição:

▶ Art. 28 da Lei nº 8.212, de 24-7-1991 (Lei Orgânica da Seguridade Social).

I – para o empregado e o trabalhador avulso: a remuneração auferida em uma ou mais empresas, assim entendida a totalidade dos rendimentos pagos, devidos ou creditados a qualquer título, durante o mês, destinados a retribuir o trabalho, qualquer que seja a sua forma, inclusive as gorjetas, os ganhos habituais sob a forma de utilidades e os adiantamentos decorrentes de reajuste salarial, quer pelos serviços efetivamente prestados, quer pelo tempo à disposição do empregador ou tomador de serviços, nos termos da lei ou do contrato ou, ainda, de convenção ou acordo coletivo de trabalho ou sentença normativa;

II – para o empregado doméstico: a remuneração registrada na Carteira Profissional e/ou na Carteira de Trabalho e Previdência Social, observados os limites mínimo e máximo previstos nos §§ 3º e 5º;

III – para o contribuinte individual: a remuneração auferida em uma ou mais empresas ou pelo exercício de sua atividade por conta própria, durante o mês, observados os limites a que se referem os §§ 3º e 5º;

▶ Inciso III com a redação dada pelo Dec. nº 3.265, de 29-11-1999.

IV – para o dirigente sindical na qualidade de empregado: a remuneração paga, devida ou creditada pela entidade sindical, pela empresa ou por ambas; e

V – para o dirigente sindical na qualidade de trabalhador avulso: a remuneração paga, devida ou creditada pela entidade sindical;

VI – para o segurado facultativo: o valor por ele declarado, observados os limites a que se referem os §§ 3º e 5º.

▶ Inciso VI acrescido pelo Decreto nº 3.265, de 29-11-1999.

§ 1º Quando a admissão, a dispensa, o afastamento ou a falta do empregado, inclusive o doméstico, ocorrer no curso do mês, o salário de contribuição será proporcional ao número de dias efetivamente trabalhados, observadas as normas estabelecidas pelo Instituto Nacional do Seguro Social.

§ 2º O salário-maternidade é considerado salário de contribuição.

§ 3º O limite mínimo do salário de contribuição corresponde:

▶ *Caput* do § 3º com a redação dada pelo Dec. nº 10.491, de 23-9-2020.

I – para os segurados contribuinte individual e facultativo, ao salário mínimo, tomado no seu valor mensal; e

▶ Inciso I com a redação dada pelo Dec. nº 10.491, de 23-9-2020.

II – para os segurados empregado, inclusive o doméstico, e trabalhador avulso, ao piso salarial legal ou normativo da categoria ou, inexistindo este, ao salário mínimo, tomado no seu valor mensal, diário ou horário, conforme o ajustado e o tempo de trabalho efetivo durante o mês.

▶ Inciso II acrescido pelo Dec. nº 3.265, de 29-11-1999.

§ 4º A remuneração adicional de férias de que trata o inciso XVII do artigo 7º da Constituição Federal integra o salário de contribuição.

§ 5º O valor do limite máximo do salário de contribuição será publicado mediante portaria do Ministério da Previdência e Assistência Social, sempre que ocorrer alteração do valor dos benefícios.

▶ Art. 2º da Port. Interministerial do MTPrev e MF nº 26, de 10-1-2023 (*DOU* de 11-1-2023), que estabelece que o salário de benefício e o salário de contribuição não poderão ser inferiores a R$ 1.302,00 (mil trezentos e dois reais) nem superiores a R$ 7.507,49 (sete mil quinhentos e sete reais e quarenta e nove centavos), a partir de 1º-1-2023.

§ 6º A gratificação natalina – décimo terceiro salário – integra o salário de contribuição, exceto para o cálculo do salário de benefício, sendo devida a contribuição quando do pagamento ou crédito da última parcela ou na rescisão do contrato de trabalho.

▶ Súm. nº 688 do STF.

§ 7º A contribuição de que trata o § 6º incidirá sobre o valor bruto da gratificação, sem compensação dos adiantamentos pagos, mediante aplicação, em separado, da tabela de que trata o artigo 198 e observadas as normas estabelecidas pelo Instituto Nacional do Seguro Social.

§ 8º *Revogado*. Dec. nº 10.410, de 30-6-2020.

§ 9º Não integram o salário de contribuição, exclusivamente:

I – os benefícios da previdência social, nos termos e limites legais, ressalvado o disposto no § 2º;

II – a ajuda de custo e o adicional mensal recebidos pelo aeronauta, nos termos da Lei nº 5.929, de 30 de outubro de 1973;

III – a parcela *in natura* recebida de acordo com programa de alimentação aprovado pelo Ministério do Trabalho e Emprego, nos termos da Lei nº 6.321, de 14 de abril de 1976;

IV – as importâncias recebidas a título de férias indenizadas e respectivo adicional constitucional, inclusive o valor correspondente à dobra da remuneração de férias de que trata o artigo 137 da Consolidação das Leis do Trabalho;

V – as importâncias recebidas a título de:

a) indenização compensatória de quarenta por cento do montante depositado no Fundo de Garantia do Tempo de Serviço, como proteção à relação de emprego contra despedida arbitrária ou sem justa causa, conforme disposto no inciso I do artigo 10 do Ato das Disposições Constitucionais Transitórias;

b) indenização por tempo de serviço, anterior a 5 de outubro de 1988, do empregado não optante pelo Fundo de Garantia do Tempo de Serviço;

c) indenização por despedida sem justa causa do empregado nos contratos por prazo determinado, conforme estabelecido no artigo 479 da Consolidação das Leis do Trabalho;

d) indenização do tempo de serviço do safrista, quando da expiração normal do contrato, conforme disposto no artigo 14 da Lei nº 5.889, de 8 de junho de 1973;

e) incentivo à demissão;

f) *Revogada*. Dec. nº 6.727, de 12-1-2009;

g) indenização por dispensa sem justa causa no período de30 (trinta) dias que antecede a correção salarial a que se refere o artigo 9º da Lei nº 7.238, de 29 de outubro de 1984;

h) indenizações previstas nos artigos 496 e 497 da Consolidação das Leis do Trabalho;

i) abono de férias na forma dos artigos 143 e 144 da Consolidação das Leis do Trabalho;

j) ganhos eventuais expressamente desvinculados do salário por força de lei;

▸ Alínea *j* com a redação dada pelo Dec. nº 10.410, de 30-6-2020.

k) licença-prêmio indenizada;

▸ Alínea *k* acrescida pelo Dec. nº 10.410, de 30-6-2020.

l) outras indenizações, desde que expressamente previstas em lei; e

m) importâncias, ainda que habituais, pagas a título de ajuda de custo, auxílio-alimentação, vedado o seu pagamento em dinheiro, e diárias para viagem; e

▸ Alíneas *l* e *m* com a redação dada pelo Dec. nº 10.410, de 30-6-2020.

n) prêmios e abonos;

▸ Alínea *n* acrescida pelo Dec. nº 10.410, de 30-6-2020.

VI – a parcela recebida a título de vale-transporte, ainda que paga em dinheiro, na forma da legislação própria;

▸ Inciso VI com a redação dada pelo Dec. nº 10.410, de 30-6-2020.

VII – a ajuda de custo, em parcela única, recebida exclusivamente em decorrência de mudança de local de trabalho do empregado, na forma do artigo 470 da Consolidação das Leis do Trabalho;

VIII – *Revogado*. Dec. nº 10.410, de 30-6-2020;

IX – a importância recebida a título de bolsa de complementação educacional de estagiário, quando paga nos termos do disposto na Lei nº 11.788, de 2008;

▸ Inciso IX com a redação dada pelo Dec. nº 10.410, de 30-6-2020.

X – a participação do empregado nos lucros ou resultados da empresa, quando paga ou creditada de acordo com lei específica;

XI – o abono do Programa de Integração Social/Programa de Assistência ao Servidor Público;

XII – os valores correspondentes a transporte, alimentação e habitação fornecidos pela empresa ao empregado contratado para trabalhar em localidade distante da de sua residência, em canteiro de obras ou local que, por força da atividade, exija deslocamento e estada, observadas as normas de proteção estabelecidas pelo Ministério do Trabalho e Emprego;

XIII – a importância paga ao empregado a título de complementação ao valor do auxílio-doença desde que este direito seja extensivo à totalidade dos empregados da empresa;

XIV – as parcelas destinadas à assistência ao trabalhador da agroindústria canavieira de que trata o artigo 36 da Lei nº 4.870, de 1º de dezembro de 1965;

XV – o valor das contribuições efetivamente pago pela pessoa jurídica relativo a programa de previdência complementar privada, aberta ou fechada, desde que disponível à totalidade de seus empregados e dirigentes, observados, no que couber, os artigos 9º e 468 da Consolidação das Leis do Trabalho;

XVI – o valor relativo à assistência prestada por serviço médico ou odontológico, próprio ou não, inclusive o reembolso de despesas com medicamentos, óculos, aparelhos ortopédicos, próteses, órteses, despesas médico-hospitalares e outras similares, mesmo quando concedido em diferentes modalidades de planos e coberturas;

▸ Inciso XVI com a redação dada pelo Dec. nº 10.410, de 30-6-2020.

XVII – o valor correspondente a vestuários, equipamentos e outros acessórios fornecidos ao empregado e utilizados no local do trabalho para prestação dos respectivos serviços;

XVIII – o ressarcimento de despesas pelo uso de veículo do empregado, quando devidamente comprovadas;

▸ Inciso XVIII com a redação dada pelo Dec. nº 3.265, de 29-11-1999.

XIX – o valor relativo a plano educacional ou bolsa de estudo que vise à educação básica de empregados e de seus dependentes e, desde que vinculada às atividades desenvolvidas pela empresa, à educação profissional e tecnológica de empregados, nos termos do disposto na Lei nº 9.394, de 20 de dezembro de 1996, observados os seguintes requisitos:

a) o valor não ser utilizado em substituição de parcela salarial; e

b) o valor mensal do plano educacional ou da bolsa de estudo, considerado individualmente, não ultrapassar cinco por cento do valor da remuneração do segurado a que se destina ou o valor correspondente a cento e cinquenta por cento do valor do limite mínimo mensal do salário de contribuição, o que for maior;

▸ Inciso XIX com a redação dada pelo Dec. nº 10.410, de 30-6-2020.

XX – *Revogado*. Dec. nº 3.265, de 29-11-1999;

XXI – os valores recebidos em decorrência da cessão de direitos autorais;

XXII – o valor da multa paga ao empregado em decorrência da mora no pagamento das parcelas constantes do instrumento de rescisão do contrato de trabalho, conforme previsto no § 8º do artigo 477 da Consolidação das Leis do Trabalho;

XXIII – o reembolso creche pago em conformidade com a legislação trabalhista, observado o limite máximo de seis anos de idade da criança, quando devidamente comprovadas as despesas;

▸ Súm. nº 310 do STJ.

XXIV – o reembolso babá, limitado ao menor salário de contribuição mensal e condicionado à comprovação do registro na Carteira de Trabalho e Previdência Social da empregada, do pagamento da remuneração e do recolhimento da contribuição previdenciária, pago em conformidade com a legislação trabalhista, observado o limite máximo de seis anos de idade da criança; e

XXV – o valor das contribuições efetivamente pago pela pessoa jurídica relativo a prêmio de seguro de vida em grupo, desde que previsto em acordo ou convenção coletiva de trabalho e disponível à totalidade de seus empregados e dirigentes, observados, no que couber, os artigos 9º e 468 da Consolidação das Leis do Trabalho;

▸ Incisos XXIII a XXV acrescidos pelo Decreto nº 3.265, de 29-11-1999.

XXVI – o valor correspondente ao vale-cultura.

▸ Inciso XXVI acrescido pelo Dec. nº 10.410, de 30-6-2020.

§ 10. As parcelas referidas no parágrafo anterior, quando pagas ou creditadas em desacordo com a legislação pertinente, integram o salário de contribuição para todos os fins e efeitos, sem prejuízo da aplicação das cominações legais cabíveis.

§ 11. Para a identificação dos ganhos habituais recebidos sob a forma de utilidades, deverão ser observados:

I – os valores reais das utilidades recebidas; ou

II – os valores resultantes da aplicação dos percentuais estabelecidos em lei em função do salário mínimo, aplicados sobre a remuneração paga caso não haja determinação dos valores de que trata o inciso I.

§ 12. O valor pago à empregada gestante, inclusive à doméstica, em função do disposto na alínea *b* do inciso II do artigo 10 do Ato das Disposições Constitucionais Transitórias da Constituição Federal, integra o salário de contribuição, excluídos os casos de conversão em indenização previstos nos artigos 496 e 497 da Consolidação das Leis do Trabalho.

§ 13. *Revogado*. Dec. nº 10.410, de 30-6-2020.

§ 14. A incidência da contribuição sobre a remuneração das férias ocorrerá no mês a que elas se referirem, mesmo quando pagas antecipadamente na forma da legislação trabalhista.

§ 15. O valor mensal do auxílio-acidente integra o salário de contribuição, para fins de cálculo do salário de benefício de qualquer aposentadoria, observado, no que couber, o disposto no artigo 32.

§ 16. Não se considera remuneração direta ou indireta os valores despendidos pelas entidades religiosas e instituições de ensino vocacional com ministro de confissão religiosa, membros de instituto de vida consagrada, de congregação ou de ordem religiosa em face do seu mister religioso ou para sua subsistência, desde que fornecidos em condições que independam da natureza e da quantidade do trabalho executado.

► § 16 acrescido pelo Dec. nº 4.032, de 26-11-2001.

§ 17. Para fins de aplicação do disposto no § 16:

I – os critérios informadores dos valores despendidos pelas entidades religiosas e instituições de ensino vocacional aos ministros de confissão religiosa, membros de vida consagrada, de congregação ou de ordem religiosa não são taxativos e, sim, exemplificativos; e

II – os valores despendidos, ainda que pagos de forma e em montante diferenciados, em pecúnia ou a título de ajuda de custo de moradia, transporte ou formação educacional, vinculados exclusivamente à atividade religiosa não configuram remuneração direta ou indireta.

§ 18. Para fins do disposto neste artigo, consideram-se prêmios as liberalidades concedidas pelo empregador em forma de bens, serviços ou valores em dinheiro a empregado ou a grupo de empregados, em razão de desempenho superior ao ordinariamente esperado no exercício de suas atividades.

► §§ 17 e 18 acrescidos pelo Dec. nº 10.410, de 30-6-2020.

§ 19. O salário de contribuição do condutor autônomo de veículo rodoviário, inclusive o taxista e o motorista de transporte remunerado privado individual de passageiros, do auxiliar de condutor autônomo e do operador de trator, máquina de terraplanagem, colheitadeira e assemelhados, sem vínculo empregatício, a que se referem os incisos I e II do § 15 do art. 9º, e do cooperado filiado a cooperativa de transportadores autônomos corresponde a vinte por cento do valor bruto auferido pelo frete, carreto ou transporte e não se admite a dedução de qualquer valor relativo aos dispêndios com combustível e manutenção do veículo.

► § 19 acrescido pelo Dec. nº 10.491, de 23-9-2020.

§ 20. *Revogado*. Dec. nº 10.491, de 23-9-2020.

Art. 215. *Revogado*. Dec. nº 3.265, de 29-11-1999.

Capítulo VIII

DA ARRECADAÇÃO E RECOLHIMENTO DAS CONTRIBUIÇÕES

Seção I

DAS NORMAS GERAIS DE ARRECADAÇÃO

Art. 216. A arrecadação e o recolhimento das contribuições e de outras importâncias devidas à seguridade social, observado o que a respeito dispuserem o Instituto Nacional do Seguro Social e a Secretaria da Receita Federal, obedecem às seguintes normas gerais:

► Art. 30 da Lei nº 8.212, de 24-7-1991 (Lei Orgânica da Seguridade Social).

► A Secretaria da Receita Federal passou a ser denominada Secretaria da Receita Federal do Brasil pelo art. 1º da Lei nº 11.457, de 16-3-2007 (Lei da Super-Receita).

I – a empresa é obrigada a:

a) arrecadar a contribuição do segurado empregado, do trabalhador avulso e do contribuinte individual a seu serviço, descontando-a da respectiva remuneração;

► Alínea *a* com a redação dada pelo Dec. nº 4.729, de 9-6-2003.

b) recolher o produto arrecadado na forma da alínea *a* e as contribuições a seu cargo incidentes sobre as remunerações pagas, devidas ou creditadas, a qualquer título, inclusive adiantamentos decorrentes de reajuste salarial, acordo ou convenção coletiva, aos segurados empregado, contribuinte individual e trabalhador avulso a seu serviço, e sobre o valor bruto da nota fiscal ou fatura de serviço, relativo a serviços que lhe tenham sido prestados por cooperados, por intermédio de cooperativas de trabalho, até o dia vinte do mês seguinte àquele a que se referirem as remunerações, bem como as importâncias retidas na forma do art. 219, até o dia vinte do mês seguinte àquele da emissão da nota fiscal ou fatura, antecipando-se o vencimento para o dia útil imediatamente anterior quando não houver expediente bancário no dia vinte;

▶ Alínea *b* com a redação dada pelo Dec. nº 6.722, de 30-12-2008.

c) recolher as contribuições de que trata o art. 204, na forma e prazos definidos pela legislação tributária federal;

▶ Alínea c com a redação dada pelo Dec. nº 4.729, de 9-6-2003.

II – os segurados contribuinte individual, quando exercer atividade econômica por conta própria ou prestar serviço a pessoa física ou a outro contribuinte individual, produtor rural pessoa física, missão diplomática ou repartição consular de carreira estrangeiras, ou quando tratar-se de brasileiro civil que trabalha no exterior para organismo oficial internacional do qual o Brasil seja membro efetivo, ou ainda, na hipótese do § 28, e o facultativo estão obrigados a recolher sua contribuição, por iniciativa própria, até o dia quinze do mês seguinte àquele a que as contribuições se referirem, prorrogando-se o vencimento para o dia útil subsequente quando não houver expediente bancário no dia quinze, facultada a opção prevista no § 15;

▶ Inciso II com a redação dada pelo Dec. nº 4.729, de 9-6-2003.

III – a empresa adquirente, consumidora ou consignatária ou a cooperativa são obrigadas a recolher a contribuição de que trata o artigo 200 no prazo referido na alínea *b* do inciso I, no mês subsequente ao da operação de venda ou consignação da produção rural, independentemente de estas operações terem sido realizadas diretamente com o produtor ou com o intermediário pessoa física;

IV – o produtor rural pessoa física e o segurado especial são obrigados a recolher a contribuição de que trata o artigo 200 no prazo referido na alínea *b* do inciso I, no mês subsequente ao da operação de venda, caso comercializem a sua produção com adquirente domiciliado no exterior, diretamente, no varejo, a consumidor pessoa física, a outro produtor rural pessoa física ou a outro segurado especial;

V – *Revogado*. Dec. nº 3.452, de 9-5-2000;

VI – a pessoa física não produtor rural que adquire produção para venda, no varejo, a consumidor pessoa física é obrigada a recolher a contribuição de que trata o artigo 200 no prazo referido na alínea *b* do inciso I, no mês subsequente ao da operação de venda;

VII – o produtor rural pessoa jurídica é obrigado a recolher a contribuição de que trata o inciso IV do *caput* do artigo 201 e o § 8º do artigo 202 no prazo referido na alínea *b* do inciso I, no mês subsequente ao da operação de venda;

▶ Inciso VII com a redação dada pelo Dec. nº 3.452, de 9-5-2000.

VIII – o empregador doméstico fica obrigado a arrecadar a contribuição do segurado empregado doméstico a seu serviço e recolhê-la, além dos demais valores de que trata o *caput* do art. 211-B, até o dia 7 do mês seguinte ao da competência;

▶ Inciso VIII com a redação dada pelo Dec. nº 10.410, de 30-6-2020.

VIII-A – durante o período da licença-maternidade da empregada doméstica, o empregador doméstico fica obrigado a recolher apenas os valores de que tratam os incisos II ao V do *caput* do art. 211-B;

▶ Inciso VIII-A acrescido pelo Dec. nº 10.410, de 30-6-2020.

IX – a empresa que remunera empregado licenciado para exercer mandato de dirigente sindical é obrigada a recolher a contribuição deste, bem como as parcelas a seu cargo, na forma deste artigo;

X – a entidade sindical que remunera dirigente que mantém a qualidade de segurado empregado, licenciado da empresa, ou trabalhador avulso é obrigada a recolher a contribuição destes, bem como as parcelas a seu cargo, na forma deste artigo;

XI – a entidade sindical que remunera dirigente que mantém a qualidade de segurado contribuinte individual é obrigada a recolher a contribuição prevista no inciso II do *caput* do art. 201 na forma deste artigo, observado o disposto no § 26;

XII – a empresa que remunera contribuinte individual é obrigada a fornecer a este comprovante do pagamento do serviço prestado consignando, além dos valores da remuneração e do desconto feito, o número da inscrição do segurado no Instituto Nacional do Seguro Social;

▶ Incisos XI e XII com a redação dada pelo Dec. nº 4.729, de 9-6-2003.

XIII – cabe ao empregador, durante o período de licença-maternidade da empregada, recolher apenas a parcela da contribuição a seu cargo.

▶ Inciso XIII acrescido pelo Dec. nº 3.452, de 9-5-2000.

§ 1º O desconto da contribuição do segurado incidente sobre o valor bruto da gratificação natalina – décimo terceiro salário – é devido quando do pagamento ou crédito da última parcela e deverá ser calculado em separado, observado o § 7º do art. 214, e recolhida, juntamente com a contribuição a cargo da empresa, até o dia vinte do mês de dezembro, antecipando-se o vencimento para o dia útil imediatamente anterior se não houver expediente bancário no dia vinte.

▶ § 1º com a redação dada pelo Dec. nº 4.729, de 9-6-2003.

§ 1º-A. O empregador doméstico pode recolher a contribuição do segurado empregado a seu serviço e a parcela a seu cargo relativas à competência novembro até o dia 20 de dezembro, juntamente com a contribuição referente à gratificação natalina – décimo terceiro salário – utilizando-se de um único documento de arrecadação.

▶ § 1º-A acrescido pelo Dec. nº 6.722, de 30-12-2008.

§ 2º Se for o caso, a contribuição de que trata o § 1º será atualizada monetariamente a partir da data prevista para o seu recolhimento, utilizando-se o mesmo indexador definido para as demais contribuições arrecadadas pelo Instituto Nacional do Seguro Social.

§ 3º No caso de rescisão de contrato de trabalho, as contribuições devidas serão recolhidas no mesmo prazo referido na alínea *b* do inciso I, do mês subsequente à rescisão, computando-se em separado a parcela referente à gratificação natalina – décimo terceiro salário.

§ 4º A pessoa jurídica de direito privado beneficiada pela isenção de que tratam os artigos 206 ou 207 é obrigada a arrecadar a contribuição do segurado empregado e do trabalhador avulso a seu serviço, descontando-a da respectiva remuneração, e recolhê-la no prazo referido na alínea *b* do inciso I.

§ 5º O desconto da contribuição e da consignação legalmente determinado sempre se presumirá feito, oportuna e regularmente, pela empresa, pelo empregador doméstico, pelo adquirente, consignatário e cooperativa a isso obrigados, não lhes sendo lícito alegarem qualquer omissão para se eximirem do recolhimento, ficando os mesmos diretamente responsáveis pelas importâncias que deixarem de descontar ou tiverem descontado em desacordo com este Regulamento.

§ 6º Sobre os valores das contribuições arrecadadas pelo Instituto Nacional do Seguro Social e não recolhidas até a data de seu vencimento serão aplicadas na data do pagamento as disposições dos artigos 238 e 239.

§ 7º Para apuração e constituição dos créditos a que se refere o § 1º do art. 348, a seguridade social utilizará como base de incidência o valor da média aritmética simples dos maiores salários de contribuição correspondentes a oitenta por cento de todo o período contributivo decorrido desde a competência julho de 1994, corrigidos mês a mês pelos mesmos índices utilizados para a obtenção do salário de benefício, observado o limite máximo a que se refere o § 5º do art. 214.

▶ § 7º com a redação dada pelo Dec. nº 10.410, de 30-6-2020.

§ 7º-A. O valor do salário de contribuição mensal, calculado na forma prevista no § 7º, sofrerá desindexação para apropriação no CNIS, conforme critérios definidos pelo INSS.

▶ § 7º-A acrescido pelo Dec. nº 10.410, de 30-6-2020.

§ 8º *Revogado*. Dec. nº 6.722, de 30-12-2008.

§ 9º No caso de o segurado manifestar interesse em indenizar contribuições relativas a período em que o exercício de atividade remunerada não exigia filiação obrigatória à previdência social, aplica-se, desde que a atividade tenha se tornado de filiação obrigatória, o disposto no § 7º.

§ 10. O disposto no § 7º não se aplica aos casos de contribuições em atraso de segurado contribuinte individual não alcançadas pela decadência do direito de a previdência social constituir o respectivo crédito, obedecendo-se, em relação a elas, às disposições do *caput* e §§ 2º a 6º do art. 239.

▶ §§ 9º e 10 com a redação dada pelo Dec. nº 6.722, de 30-12-2008.

§ 11. Para o segurado recolher contribuições relativas a período anterior à sua inscrição, aplica-se o disposto nos §§ 7º a 10.

§ 12. Somente será feito o reconhecimento da filiação nas situações referidas nos §§ 7º, 9º e 11 após o efetivo recolhimento das contribuições relativas ao período em que for comprovado o exercício da atividade remunerada.

§ 13. No caso de indenização relativa ao exercício de atividade remunerada para fins de contagem recíproca correspondente a período de filiação obrigatória ou não, na forma do inciso IV do artigo 127, a base de incidência será a remuneração da data do requerimento sobre a qual incidem as contribuições para o regime próprio de previdência social a que estiver filiado o interessado, observados os limites a que se referem os §§ 3º e 5º do artigo 214.

► §§ 12 e 13 com a redação dada pelo Dec. nº 3.265, de 29-11-1999.

§ 14. Sobre os salários de contribuição apurados na forma dos §§ 7º a 11 e 13 será aplicada a alíquota de 20% (vinte por cento), e o resultado multiplicado pelo número de meses do período a ser indenizado, observado o disposto no § 8º do artigo 239.

§ 15. É facultado aos segurados contribuinte individual e facultativo, cujos salários de contribuição sejam iguais ao valor de um salário mínimo, optarem pelo recolhimento trimestral das contribuições previdenciárias, com vencimento no dia 15 (quinze) do mês seguinte ao de cada trimestre civil, prorrogando-se o vencimento para o dia útil subsequente quando não houver expediente bancário no dia 15 (quinze).

► § 15 com a redação dada pelo Dec. nº 3.265, de 29-11-1999.

§ 16. *Revogado*. Dec. nº 10.410, de 30-6-2020.

§ 17. A inscrição do segurado no segundo ou terceiro mês do trimestre civil não altera a data de vencimento prevista no § 15, no caso de opção pelo recolhimento trimestral.

§ 18. *Revogado*. Dec. nº 10.410, de 30-6-2020.

§ 19. Fica autorizada, nos termos deste Regulamento, a compensação de contribuições devidas ao Instituto Nacional do Seguro Social, pelos hospitais contratados ou conveniados com o Sistema Único de Saúde com parcela dos créditos correspondentes a faturas emitidas para recebimento de internações hospitalares, cujo valor correspondente será retido pelo órgão pagador do Sistema Único de Saúde para amortização de parcela do débito, nos termos da Lei nº 8.870, de 1994.

§ 20. Na hipótese de o contribuinte individual prestar serviço a outro contribuinte individual equiparado a empresa ou a produtor rural pessoa física ou a missão diplomática e repartição consular de carreira estrangeiras, poderá deduzir, da sua contribuição mensal, quarenta e cinco por cento da contribuição patronal do contratante, efetivamente recolhida ou declarada, incidente sobre a remuneração que este lhe tenha pago ou creditado, no respectivo mês, limitada a nove por cento do respectivo salário de contribuição.

► § 20 com a redação dada pelo Dec. nº 4.729, de 9-6-2003.

§ 21. Para efeito de dedução, considera-se contribuição declarada a informação prestada na Guia de Recolhimento do Fundo de Garantia do Tempo de Serviço e Informações à Previdência Social ou declaração fornecida pela empresa ao segurado, onde conste, além de sua identificação completa, inclusive com o número no Cadastro Nacional de Pessoas Jurídicas, o nome e o número da inscrição do contribuinte individual, o valor da retribuição paga e o compromisso de que esse valor será incluído na citada Guia de Recolhimento do Fundo de Garantia do Tempo de Serviço e Informações à Previdência Social e efetuado o recolhimento da correspondente contribuição.

► § 21 acrescido pelo Dec. nº 3.265, de 29-11-1999.

§ 22. *Revogado*. Dec. nº 4.729, de 9-6-2003.

§ 23. O contribuinte individual que não comprovar a regularidade da dedução de que tratam os §§ 20 e 21 terá glosado o valor indevidamente deduzido, devendo complementar as contribuições com os acréscimos legais devidos.

► § 23 com a redação dada pelo Dec. nº 4.729, de 9-6-2003.

§ 24. *Revogado*. Dec. nº 6.722, de 30-12-2008.

§ 25. Relativamente aos que recebem salário variável, o recolhimento da contribuição decorrente de eventual diferença da gratificação natalina (13º salário) deverá ser efetuado juntamente com a competência dezembro do mesmo ano.

► §§ 24 e 25 acrescidos pelo Dec. nº 3.265, de 29-11-1999.

§ 26. A alíquota de contribuição a ser descontada pela empresa da remuneração paga, devida ou creditada ao contribuinte individual a seu serviço, observado o limite máximo do salário de contribuição, é de onze por cento no caso das empresas em geral e de vinte por cento quando se tratar de entidade beneficente de assistência social isenta das contribuições sociais patronais.

§ 27. O contribuinte individual contratado por pessoa jurídica obrigada a proceder à arrecadação e ao recolhimento da contribuição por ele devida, cuja remuneração recebida ou creditada no mês, por serviços prestados a ela, for inferior ao limite mínimo do salário de contribuição, é obrigado a complementar sua contribuição mensal, diretamente, mediante a aplicação da alíquota estabelecida no art. 199 sobre o valor resultante da subtração do valor das remunerações recebidas das pessoas jurídicas do valor mínimo do salário de contribuição mensal.

▶ §§ 26 e 27 acrescidos pelo Dec. nº 4.729, de 9-6-2003.

§ 27-A. O segurado que, no somatório de remunerações auferidas no período de um mês, receber remuneração inferior ao limite mínimo mensal do salário de contribuição poderá solicitar o ajuste das competências pertencentes ao mesmo ano civil, na forma por ele indicada, ou autorizar que os ajustes sejam feitos automaticamente, para que o limite mínimo mensal do salário de contribuição seja alcançado, por meio da opção por:

I – complementar a sua contribuição, observado que:

a) o recolhimento da complementação deverá ser efetuado pelo próprio segurado até o dia quinze do mês seguinte ao da competência de referência e, após essa data, com incidência dos acréscimos legais de que tratam os art. 238 e art. 239;

b) para o empregado, o empregado doméstico e o trabalhador avulso, a complementação será efetuada por meio da aplicação da alíquota de sete inteiros e cinco décimos por cento, inclusive para o mês em que exista contribuição concomitante na condição de contribuinte individual; e

c) para o contribuinte individual que preste serviço a empresa, de que trata o § 26, e que contribua exclusivamente nessa condição, a complementação será efetuada por meio da aplicação da alíquota de vinte por cento;

II – utilizar o valor da contribuição que exceder o limite mínimo de uma competência em outra, observado que:

a) para efeito de utilização da contribuição, serão considerados os salários de contribuição apurados por categoria, consolidados na competência de origem;

b) o salário de contribuição poderá ser utilizado para complementar uma ou mais competências com valor inferior ao limite mínimo, mesmo que em categoria distinta;

c) poderão ser utilizados valores excedentes ao limite mínimo do salário de contribuição de mais de uma competência para compor o salário de contribuição de apenas uma competência; e

d) utilizado o valor excedente, caso o salário de contribuição da competência favorecida ainda permaneça inferior ao limite mínimo, esse valor poderá ser complementado nos termos do disposto no inciso I; ou

III – agrupar contribuições inferiores ao limite mínimo de diferentes competências, para aproveitamento em contribuições mínimas mensais, observado que:

a) as competências que não atingirem o valor mínimo do salário de contribuição poderão ser agrupadas desde que o resultado do agrupamento não ultrapasse o valor mínimo do salário de contribuição;

b) na hipótese de o resultado do agrupamento ser inferior ao limite mínimo do salário de contribuição, o segurado poderá complementar na forma prevista no inciso I ou utilizar valores excedentes na forma prevista no inciso II; e

c) as competências em que tenha havido exercício de atividade e tenham sido zeradas em decorrência do agrupamento poderão ser objeto de recolhimento pelo segurado, respeitado o limite mínimo.

§ 27-B. Para fins do disposto no § 27-A, o valor da contribuição referente ao décimo terceiro salário não poderá ser utilizado em decorrência do disposto no § 6º do art. 214.

§ 27-C. É vedada a reversão da utilização e do agrupamento de que trata o § 27-A.

§ 27-D. Caso ocorram eventos posteriores que gerem inconsistências no cálculo da contribuição na competência favorecida por complementação, utilização ou agrupamento, essa competência ficará pendente de regularização.

▶ §§ 27-A a 27-D acrescidos pelo Dec. nº 10.410, de 30-6-2020.

§ 28. Cabe ao próprio contribuinte individual que prestar serviços, no mesmo mês, a mais de uma empresa, cuja soma das remunerações superar o limite mensal do salário de contribuição, comprovar às que sucederem à primeira o valor ou valores sobre os quais já tenha incidido o desconto da contribuição, de forma a se observar o limite máximo do salário de contribuição.

§ 29. Na hipótese do § 28, o Instituto Nacional do Seguro Social poderá facultar ao contribuinte individual que prestar, regularmente, serviços a uma ou mais empresas, cuja soma das remunerações seja igual ou superior ao limite mensal do salário de contribuição, indicar qual ou quais empresas e sobre qual valor deverá proceder o desconto da contribuição, de forma a respeitar o limite máximo, e dispensar as demais dessa providência, bem como atribuir ao próprio contribuinte individual a responsabilidade de complementar a respectiva contribuição até o limite máximo, na hipótese de, por qualquer razão, deixar de receber remuneração ou receber remuneração inferior às indicadas para o desconto.

§ 30. Aplica-se o disposto neste artigo, no que couber e observado o § 31, à cooperativa de trabalho em relação à contribuição devida pelo seu cooperado.

▸ §§ 28 a 30 acrescidos pelo Dec. nº 4.729, de 9-6-2003.

§ 31. A cooperativa de trabalho fica obrigada a descontar vinte por cento do valor da quota distribuída ao cooperado contribuinte individual por serviços por ele prestados por seu intermédio a empresas, a pessoas físicas e a entidades em gozo de isenção e recolher o produto dessa arrecadação até o dia vinte do mês subsequente ao da competência a que se referir ou até o dia útil imediatamente anterior, se não houver expediente bancário naquele dia.

§ 32. Ficam excluídos da obrigação de descontar a contribuição do contribuinte individual que lhe preste serviço:

I – o produtor rural pessoa física;

II – o contribuinte individual equiparado a empresa;

III – a missão diplomática e a repartição consular de carreiras estrangeiras; e

IV – o proprietário ou dono de obra de construção civil, quando pessoa física.

▸ §§ 31 e 32 com a redação dada pelo Dec. nº 10.410, de 30-6-2020.

▸ Art. 30 da Lei nº 8.212, de 24-7-1991 (Lei Orgânica da Seguridade Social).

§ 33. Na hipótese prevista no § 32, cabe ao contribuinte individual recolher a própria contribuição, sendo a alíquota, neste caso, de vinte por cento, observado o disposto nos §§ 20, 21 e 23.

▸ § 33 com a redação dada pelo Dec. nº 6.722, de 30-12-2008.

§ 34. O recolhimento da contribuição do produtor rural pessoa física ou produtor rural pessoa jurídica, quando houver, será efetuado pela Companhia Nacional de Abastecimento – CONAB, à conta do Programa de Aquisição de Alimentos, instituído pelo art. 19 da Lei nº 10.696, de 2 de julho de 2003, na aquisição de produtos agropecuários no âmbito do referido Programa.

▸ § 34 acrescido pelo Dec. nº 6.722, de 30-12-2008.

§ 35. Na hipótese prevista no § 5º do art. 11, o segurado contribuirá com a mesma alíquota com a qual vinha contribuindo anteriormente.

§ 36. A Secretaria Especial da Receita Federal do Brasil do Ministério da Economia disponibilizará ao INSS as informações e os registros das contribuições referentes ao desconto dos empregados, inclusive o doméstico, e dos trabalhadores avulsos e às complementações previstas no § 27-A para fins de aplicação do disposto no § 9º do art. 19 sobre a contagem de tempo de contribuição, inclusive para instrução e revisão de direitos e outorga de benefícios.

▸ §§ 35 e 36 acrescidos pelo Dec. nº 10.410, de 30-6-2020.

§ 37. *Revogado*. Dec. nº 10.491, de 23-9-2020.

Art. 216-A. Os órgãos da administração pública direta, indireta e fundações públicas da União, bem como as demais entidades integrantes do Sistema Integrado de Administração Financeira do Governo Federal ao contratarem pessoa física para prestação de serviços eventuais, sem vínculo empregatício, inclusive como integrante de grupo-tarefa, deverão obter dela a respectiva inscrição no Instituto Nacional do Seguro Social, como contribuinte individual, ou providenciá-la em nome dela, caso não seja inscrita, e proceder ao desconto e recolhimento da respectiva contribuição, na forma do art. 216.

▸ *Caput* com a redação dada pelo Dec. nº 4.729, de 9-6-2003.

§ 1º Aplica-se o disposto neste artigo mesmo que o contratado exerça concomitantemente uma ou mais atividades abrangidas pelo Regime Geral de Previdência Social ou por qualquer outro regime de previdência social ou seja aposentado por qualquer regime previdenciário.

▶ § 1º acrescido pelo Dec. nº 4.032, de 26-11-2001.

§ 2º O contratado que já estiver contribuindo para o Regime Geral de Previdência Social na condição de empregado ou trabalhador avulso sobre o limite máximo do salário de contribuição deverá comprovar esse fato e, se a sua contribuição nessa condição for inferior ao limite máximo, a contribuição como contribuinte individual deverá ser complementar, respeitando, no conjunto, aquele limite, procedendo-se, no caso, de conformidade com o disposto no § 28 do art. 216.

▶ § 2º com a redação dada pelo Dec. nº 4.729, de 9-6-2003.

§ 3º *Revogado*. Dec. nº 4.729, de 9-6-2003.

§ 4º Aplica-se o disposto neste artigo às contratações feitas por organismos internacionais, em programas de cooperação e operações de mútua conveniência entre estes e o governo brasileiro.

▶ § 4º acrescido pelo Dec. nº 4.032, de 26-11-2001.

Art. 217. Na requisição de mão de obra de trabalhador avulso efetuada em conformidade com o disposto na Lei nº 12.815, de 2013, e na Lei nº 9.719, de 27 de novembro de 1998, o responsável pelas obrigações previstas neste Regulamento, em relação aos segurados que lhe prestem serviços, é o operador portuário ou o tomador de mão de obra, inclusive o titular de instalação portuária de uso privativo, observadas as normas estabelecidas pelo INSS.

▶ *Caput* com a redação dada pelo Dec. nº 10.410, de 30-6-2020.

§ 1º O operador portuário ou titular de instalação de uso privativo repassará ao órgão gestor de mão de obra, até 24 (vinte e quatro) horas após a realização dos serviços:

I – o valor da remuneração devida aos trabalhadores portuários avulsos, inclusive a referente às férias e à gratificação natalina; e

II – o valor da contribuição patronal previdenciária correspondente e o valor daquela devida a terceiros conforme o artigo 274.

§ 2º O órgão gestor de mão de obra é responsável:

I – pelo pagamento da remuneração ao trabalhador portuário avulso;

II – pela elaboração da folha de pagamento;

III – pelo preenchimento e entrega da Guia de Recolhimento do Fundo de Garantia do Tempo de Serviço e Informações à Previdência Social; e

IV – pelo recolhimento das contribuições de que tratam o artigo 198, o inciso I do *caput* do artigo 201 e os artigos 202 e 274, incidentes sobre a remuneração paga, devida ou creditada aos trabalhadores portuários avulsos, inclusive sobre férias e gratificação natalina, no prazo previsto na alínea *b* do inciso I do artigo 216.

▶ §§ 1º e 2º com a redação dada pelo Dec. nº 4.032, de 26-11-2001.

§ 3º *Revogado*. Dec. nº 4.032, de 26-11-2001.

§ 4º O prazo previsto no § 1º pode ser alterado mediante convenção coletiva firmada entre entidades sindicais representativas dos trabalhadores e operadores portuários, observado o prazo legal para recolhimento dos encargos previdenciários.

§ 5º A contribuição do trabalhador avulso, relativamente à gratificação natalina, será calculada com base na alíquota correspondente ao seu salário de contribuição mensal.

▶ §§ 4º e 5º com a redação dada pelo Dec. nº 4.032, de 26-11-2001.

§ 6º O salário-família devido ao trabalhador portuário avulso será pago pelo órgão gestor de mão de obra, mediante convênio, que se incumbirá de demonstrá-lo na folha de pagamento correspondente.

Art. 218. A empresa tomadora ou requisitante dos serviços de trabalhador avulso, cuja contratação de pessoal não seja abrangida pelo disposto na Lei nº 12.815, de 2013, e na Lei nº 9.719, de 1998, é responsável pelo cumprimento de todas as obrigações previstas neste Regulamento, além do preenchimento e da entrega da GFIP em relação aos segurados que lhe prestem serviços, observadas as normas estabelecidas pelo INSS.

▶ *Caput* com a redação dada pelo Dec. nº 10.410, de 30-6-2020.

§ 1º O salário-família devido ao trabalhador avulso mencionado no *caput* será pago pelo sindicato de classe respectivo, mediante convênio, que se incumbirá de elaborar as folhas correspondentes.

§ 2º O tomador de serviços é responsável pelo recolhimento das contribuições de que tratam o artigo 198, o inciso I do *caput* do artigo 201 e os artigos 202 e 274, incidentes sobre a remuneração paga, devida ou creditada ao trabalhador avulso, inclusive sobre férias e gratificação natalina, no prazo previsto na alínea *b* do inciso I do artigo 216.

▶ § 2º com a redação dada pelo Dec. nº 4.032, de 26-11-2001.

Seção II

DA RETENÇÃO E DA RESPONSABILIDADE SOLIDÁRIA

Art. 219. A empresa contratante de serviços executados mediante cessão ou empreitada de mão de obra, inclusive em regime de trabalho temporário, deverá reter onze por cento do valor bruto da nota fiscal, fatura ou recibo de prestação de serviços e recolher a importância retida em nome da empresa contratada, observado o disposto no § 5º do art. 216.

▶ *Caput* com a redação dada pelo Dec. nº 4.729, de 9-6-2003.

§ 1º Exclusivamente para os fins deste Regulamento, entende-se como cessão de mão de obra a colocação à disposição do contratante, em suas dependências ou nas de terceiros, de segurados que realizem serviços contínuos, relacionados ou não com a atividade fim da empresa, independentemente da natureza e da forma de contratação, inclusive por meio de trabalho temporário na forma da Lei nº 6.019, de 3 de janeiro de 1974, entre outros.

§ 2º Enquadram-se na situação prevista no *caput* os seguintes serviços realizados mediante cessão de mão de obra:

I – limpeza, conservação e zeladoria;
II – vigilância e segurança;
III – construção civil;
IV – serviços rurais;
V – digitação e preparação de dados para processamento;
VI – acabamento, embalagem e acondicionamento de produtos;
VII – cobrança;
VIII – coleta e reciclagem de lixo e resíduos;
IX – copa e hotelaria;
X – corte e ligação de serviços públicos;
XI – distribuição;
XII – treinamento e ensino;
XIII – entrega de contas e documentos;
XIV – ligação e leitura de medidores;
XV – manutenção de instalações, de máquinas e de equipamentos;
XVI – montagem;
XVII – operação de máquinas, equipamentos e veículos;
XVIII – operação de pedágio e de terminais de transporte;
XIX – operação de transporte de passageiros, inclusive nos casos de concessão ou subconcessão;

▶ Inciso XIX com a redação dada pelo Dec. nº 4.729, de 9-6-2003.

XX – portaria, recepção e ascensorista;
XXI – recepção, triagem e movimentação de materiais;
XXII – promoção de vendas e eventos;
XXIII – secretaria e expediente;
XXIV – saúde; e
XXV – telefonia, inclusive *telemarketing*.

§ 3º Os serviços relacionados nos incisos I a V também estão sujeitos à retenção de que trata o *caput* quando contratados mediante empreitada de mão de obra.

§ 4º O valor retido de que trata este artigo deverá ser destacado na nota fiscal, fatura ou recibo de prestação de serviços, sendo compensado pelo respectivo estabelecimento da empresa contratada quando do recolhimento das contribuições destinadas à seguridade social devidas sobre a folha de pagamento dos segurados.

§ 5º O contratado deverá elaborar folha de pagamento e Guia de Recolhimento do Fundo de Garantia do Tempo de Serviço e Informações à Previdência Social distintas para cada estabelecimento ou obra de construção civil da empresa contratante do serviço.

§ 6º A empresa contratante do serviço deverá manter em boa guarda, em ordem cronológica e por contratada, as correspondentes notas fiscais, faturas ou recibos de prestação de serviços, Guias da Previdência Social e Guias de Recolhimento do Fundo de Garantia do Tempo de Serviço e Informações à Previdência Social com comprovante de entrega.

§ 7º Na contratação de serviços em que a contratada se obriga a fornecer material ou dispor de equipamentos, fica facultada ao contratado a discriminação, na nota fiscal, fatura ou recibo, do valor correspondente ao material ou equipamentos, que será excluído da retenção, desde que contratualmente previsto e devidamente comprovado.

§ 8º Cabe ao Instituto Nacional do Seguro Social normatizar a forma de apuração e o limite mínimo do valor do serviço contido no total da nota fiscal fatura ou recibo, quando, na hipótese do parágrafo anterior, não houver previsão contratual dos valores correspondentes a material ou a equipamentos.

§ 9º Na impossibilidade de haver compensação integral na própria competência, o saldo remanescente poderá ser compensado nas competências subsequentes, inclusive na relativa à gratificação natalina, ou ser objeto de restituição, não sujeitas ao disposto no § 3º do art. 247.

▸ § 9º com a redação dada pelo Dec. nº 4.729, de 9-6-2003.

§ 10. Para fins de recolhimento e de compensação da importância retida, será considerada como competência aquela a que corresponder à data da emissão da nota fiscal, fatura ou recibo.

§ 11. As importâncias retidas não podem ser compensadas com contribuições arrecadadas pelo Instituto Nacional do Seguro Social para outras entidades.

§ 12. O percentual previsto no *caput* será acrescido de quatro, três ou dois pontos percentuais, relativamente aos serviços prestados pelos segurados empregado, cuja atividade permita a concessão de aposentadoria especial, após quinze, vinte ou vinte e cinco anos de contribuição, respectivamente.

▸ § 12 acrescido pelo Dec. nº 4.729, de 9-6-2003.

▸ Art. 31 da Lei nº 8.212, de 24-7-1991 (Lei Orgânica da Seguridade Social).

Art. 220. O proprietário, o incorporador definido na Lei nº 4.591, de 1964, o dono da obra ou condômino da unidade imobiliária cuja contratação da construção, reforma ou acréscimo não envolva cessão de mão de obra, são solidários com o construtor, e este e aqueles com a subempreiteira, pelo cumprimento das obrigações para com a seguridade social, ressalvado o seu direito regressivo contra o executor ou contratante da obra e admitida a retenção de importância a este devida para garantia do cumprimento dessas obrigações, não se aplicando, em qualquer hipótese, o benefício de ordem.

§ 1º Não se considera cessão de mão de obra, para os fins deste artigo, a contratação de construção civil em que a empresa construtora assuma a responsabilidade direta e total pela obra ou repasse o contrato integralmente.

§ 2º O executor da obra deverá elaborar, distintamente para cada estabelecimento ou obra de construção civil da empresa contratante, folha de pagamento, Guia de Recolhimento do Fundo de Garantia do Tempo de Serviço e Informações à Previdência Social e Guia da Previdência Social, cujas cópias deverão ser exigidas pela empresa contratante quando da quitação da nota fiscal ou fatura, juntamente com o comprovante de entrega daquela Guia.

§ 3º A responsabilidade solidária de que trata o *caput* será elidida:

I – pela comprovação, na forma do parágrafo anterior, do recolhimento das contribuições incidentes sobre a remuneração dos segurados, incluída em nota fiscal ou fatura correspondente aos serviços executados, quando corroborada por escrituração contábil; e

II – pela comprovação do recolhimento das contribuições incidentes sobre a remuneração dos segurados, aferidas indiretamente nos termos, forma e percentuais previstos pelo Instituto Nacional do Seguro Social;

III – pela comprovação do recolhimento da retenção permitida no *caput* deste artigo, efetivada nos termos do artigo 219.

▸ Inciso III acrescido pelo Dec. nº 4.032, de 26-11-2001.

§ 4º Considera-se construtor, para os efeitos deste Regulamento, a pessoa física ou jurídica que executa obra sob sua responsabilidade, no todo ou em parte.

Art. 221. Exclui-se da responsabilidade solidária perante a seguridade social o adquirente de prédio ou unidade imobiliária que realize a operação com empresa de comercialização ou com incorporador de imóveis definido na Lei nº 4.591, de 1964, ficando estes solidariamente responsáveis com o construtor, na forma prevista no artigo 220.

Art. 221-A. O instituto da responsabilidade solidária não se aplica à administração pública direta, autárquica e fundacional, quando contratante de serviços, inclusive de obra de construção civil, reforma ou acréscimo, independentemente da forma de contratação.

Parágrafo único. A administração pública contratante de serviços, inclusive de construção civil executados por meio de cessão de mão de obra ou empreitada parcial, efetuará a retenção prevista no art. 219.

▸ Art. 221-A acrescido pelo Dec. nº 10.410, de 30-6-2020.

Art. 222. As empresas que integram grupo econômico de qualquer natureza, bem como os produtores rurais integrantes do consórcio simplificado de que trata o artigo 200-A, respondem entre si, solidariamente, pelas obrigações decorrentes do disposto neste Regulamento.

▸ Artigo com a redação dada pelo Dec. nº 4.032, de 26-11-2001.

Art. 222-A. As empresas integrantes de consórcio constituído nos termos do disposto nos art. 278 e art. 279 da Lei nº 6.404, de 15 de dezembro de 1976, respondem pelas contribuições devidas, em relação às operações praticadas pelo consórcio, na proporção de sua participação no empreendimento.

§ 1º O consórcio que realizar a contratação, em nome próprio, de pessoas jurídicas e físicas, com ou sem vínculo empregatício, poderá efetuar a retenção das contribuições e cumprir as respectivas obrigações acessórias, hipótese em que as empresas consorciadas serão solidariamente responsáveis.

§ 2º Na hipótese de a retenção das contribuições ou o cumprimento das obrigações acessórias relativas ao consórcio ser realizado por sua empresa líder, as empresas consorciadas também serão solidariamente responsáveis.

§ 3º O disposto neste artigo abrange as contribuições destinadas a outras entidades e fundos, além da multa por atraso no cumprimento das obrigações acessórias.

▸ Art. 222-A acrescido pelo Dec. nº 10.410, de 30-6-2020.

Art. 223. O operador portuário e o órgão gestor de mão de obra são solidariamente responsáveis pelo pagamento das contribuições previdenciárias e demais obrigações, inclusive acessórias, devidas à seguridade social, arrecadadas pelo Instituto Nacional do Seguro Social, relativamente à requisição de mão de obra de trabalhador avulso, vedada a invocação do benefício de ordem.

Art. 224. Os administradores de autarquias e fundações públicas, criadas ou mantidas pelo Poder Público, de empresas públicas e de sociedades de economia mista sujeitas ao controle da União, dos Estados, do Distrito Federal ou dos Municípios, que se encontrarem em mora por mais de 30 (trinta) dias, no recolhimento das contribuições previstas neste Regulamento, tornam-se solidariamente responsáveis pelo respectivo pagamento, ficando ainda sujeitos às proibições do artigo 1º e às sanções dos artigos 4º e 7º do Decreto-lei nº 368, de 19 de dezembro de 1968.

Art. 224-A. O disposto nesta Seção não se aplica à contratação de serviços por intermédio de cooperativa de trabalho.

▸ Art. 224-A acrescido pelo Dec. nº 3.265, de 29-11-1999.

Seção III

DAS OBRIGAÇÕES ACESSÓRIAS

Art. 225. A empresa é também obrigada a:

▸ Art. 32 da Lei nº 8.212, de 24-7-1991 (Lei Orgânica da Seguridade Social).

I – preparar folha de pagamento da remuneração paga, devida ou creditada a todos os segurados a seu serviço, devendo manter, em cada estabelecimento, uma via da respectiva folha e recibos de pagamentos;

II – lançar mensalmente em títulos próprios de sua contabilidade, de forma discriminada, os fatos geradores de todas as contribuições, o montante das quantias descontadas, as contribuições da empresa e os totais recolhidos;

III – prestar ao Instituto Nacional do Seguro Social e à Secretaria da Receita Federal todas as informações cadastrais, financeiras e contábeis de interesse dos mesmos, na forma por eles estabelecida, bem como os esclarecimentos necessários à fiscalização;

▸ A Secretaria da Receita Federal passou a ser denominada Secretaria da Receita Federal do Brasil pelo art. 1º da Lei nº 11.457, de 16-3-2007 (Lei da Super-Receita).

IV – informar mensalmente ao Instituto Nacional do Seguro Social, por intermédio da Guia de Recolhimento do Fundo de Garantia do Tempo de Serviço e Informações à Previdência Social, na forma por ele estabelecida, dados cadastrais, todos os fatos geradores de contribuição previdenciária e outras informações de interesse daquele Instituto;

V – *Revogado*. Dec. nº 10.410, de 30-6-2020;

VI – afixar cópia da Guia da Previdência Social, relativamente à competência anterior, durante o período de um mês, no quadro de horário de que trata o artigo 74 da Consolidação das Leis do Trabalho;

VII – informar, anualmente, à Secretaria da Receita Federal do Brasil, na forma por ela estabelecida, o nome, o número de inscrição na previdência social e o endereço completo dos segurados de que trata o inciso III do § 15 do art. 9º, por ela utilizados no período, a qualquer título, para distribuição ou comercialização de seus produtos, sejam eles de fabricação própria ou de terceiros, sempre que se tratar de empresa que realize vendas diretas;

- Inciso VII acrescido pelo Dec. nº 6.722, de 30-12-2008.

VIII – comunicar, mensalmente, os empregados a respeito dos valores descontados de sua contribuição previdenciária e, quando for o caso, dos valores da contribuição do empregador incidentes sobre a remuneração do mês de competência por meio de contracheque, recibo de pagamento ou documento equivalente.

- Inciso VIII acrescido pelo Dec. nº 10.410, de 30-6-2020.

§ 1º As informações prestadas na Guia de Recolhimento do Fundo de Garantia do Tempo de Serviço e Informações à Previdência Social servirão como base de cálculo das contribuições arrecadadas pelo Instituto Nacional do Seguro Social, comporão a base de dados para fins de cálculo e concessão dos benefícios previdenciários, bem como constituir-se-ão em termo de confissão de dívida, na hipótese do não recolhimento.

§ 2º A entrega da Guia de Recolhimento do Fundo de Garantia do Tempo de Serviço e Informações à Previdência Social deverá ser efetuada na rede bancária, conforme estabelecido pelo Ministério da Previdência e Assistência Social, até o dia sete do mês seguinte àquele a que se referirem as informações.

- § 2º com a redação dada pelo Dec. nº 3.265, de 29-11-1999.

§ 3º A Guia de Recolhimento do Fundo de Garantia do Tempo de Serviço e Informações à Previdência Social é exigida relativamente a fatos geradores ocorridos a partir de janeiro de 1999.

§ 4º O preenchimento, as informações prestadas e a entrega da Guia de Recolhimento do Fundo de Garantia do Tempo de Serviço e Informações à Previdência Social são de inteira responsabilidade da empresa.

§ 5º A empresa manterá arquivados os documentos comprobatórios do cumprimento das obrigações de que trata este artigo e os documentos comprobatórios do pagamento de benefícios previdenciários reembolsados até que ocorra a prescrição relativa aos créditos decorrentes das operações a que os documentos se refiram, observados o disposto no § 22 e nas normas estabelecidas pela Secretaria Especial da Receita Federal do Brasil do Ministério da Economia e pelo Conselho Curador do Fundo de Garantia do Tempo de Serviço.

- § 5º com a redação dada pelo Dec. nº 10.410, de 30-6-2020.

§ 6º O Instituto Nacional do Seguro Social e a Caixa Econômica Federal estabelecerão normas para disciplinar a entrega da Guia de Recolhimento do Fundo de Garantia do Tempo de Serviço e Informações à Previdência Social, nos casos de rescisão contratual.

§ 7º *Revogado*. Dec. nº 10.410, de 30-6-2020.

§ 8º O disposto neste artigo aplica-se, no que couber, aos demais contribuintes e ao adquirente, consigna-tário ou cooperativa, sub-rogados na forma deste Regulamento.

§ 9º A folha de pagamento de que trata o inciso I do *caput*, elaborada mensalmente, de forma coletiva por estabelecimento da empresa, por obra de construção civil e por tomador de serviços, com a correspondente totalização, deverá:

I – discriminar o nome dos segurados, indicando cargo, função ou serviço prestado;

II – agrupar os segurados por categoria, assim entendido: segurado empregado, trabalhador avulso, contribuinte individual;

- Inciso II com a redação dada pelo Dec. nº 3.265, de 29-11-1999.

III – destacar o nome das seguradas em gozo de salário-maternidade;

IV – destacar as parcelas integrantes e não integrantes da remuneração e os descontos legais; e

V – indicar o número de quotas de salário-família atribuídas a cada segurado empregado ou trabalhador avulso.

§ 10. No que se refere ao trabalhador portuário avulso, o órgão gestor de mão de obra elaborará a folha de pagamento por navio, mantendo-a disponível para uso da fiscalização do Instituto Nacional do Seguro Social, indicando o operador portuário e os trabalhadores que participaram da operação, detalhando, com relação aos últimos:

I – os correspondentes números de registro ou cadastro no órgão gestor de mão de obra;

II – o cargo, função ou serviço prestado;

III – os turnos em que trabalharam; e

IV – as remunerações pagas, devidas ou creditadas a cada um dos trabalhadores e a correspondente totalização.

§ 11. No que se refere ao parágrafo anterior, o órgão gestor de mão de obra consolidará as folhas de pagamento relativas às operações concluídas no mês anterior por operador portuário e por trabalhador portuário avulso, indicando, com relação a estes, os respectivos números de registro ou cadastro, as datas dos turnos trabalhados, as importâncias pagas e os valores das contribuições previdenciárias retidas.

§ 12. Para efeito de observância do limite máximo da contribuição do segurado trabalhador avulso, de que trata o artigo 198, o órgão gestor de mão de obra manterá resumo mensal e acumulado, por trabalhador portuário avulso, dos valores totais das férias, do décimo terceiro salário e das contribuições previdenciárias retidas.

§ 13. Os lançamentos de que trata o inciso II do *caput*, devidamente escriturados nos livros Diário e Razão, serão exigidos pela fiscalização após noventa dias contados da ocorrência dos fatos geradores das contribuições, devendo, obrigatoriamente:

I – atender ao princípio contábil do regime de competência; e

II – registrar, em contas individualizadas, todos os fatos geradores de contribuições previdenciárias de forma a identificar, clara e precisamente, as rubricas integrantes e não integrantes do salário de contribuição, bem como as contribuições descontadas do segurado, as da empresa e os totais recolhidos, por estabelecimento da empresa, por obra de construção civil e por tomador de serviços.

§ 14. A empresa deverá manter à disposição da fiscalização os códigos ou abreviaturas que identifiquem as respectivas rubricas utilizadas na elaboração da folha de pagamento, bem como os utilizados na escrituração contábil.

§ 15. A exigência prevista no inciso II do *caput* não desobriga a empresa do cumprimento das demais normas legais e regulamentares referentes à escrituração contábil.

§ 16. São desobrigadas de apresentação de escrituração contábil:

▸ § 16 com a redação dada pelo Dec. nº 3.265, de 29-11-1999.

I – o pequeno comerciante, nas condições estabelecidas pelo Decreto-lei nº 486, de 3 de março de 1969, e seu Regulamento;

II – a pessoa jurídica tributada com base no lucro presumido, de acordo com a legislação tributária federal, desde que mantenha a escrituração do Livro Caixa e Livro de Registro de Inventário; e

III – a pessoa jurídica que optar pela inscrição no Sistema Integrado de Pagamento de Impostos e Contribuições das Microempresas e Empresas de Pequeno Porte, desde que mantenha escrituração do Livro Caixa e Livro de Registro de Inventário.

§ 17. A empresa, agência ou sucursal estabelecida no exterior deverá apresentar os documentos comprobatórios do cumprimento das obrigações referidas neste artigo à sua congênere no Brasil, observada a solidariedade de que trata o artigo 222.

§ 18. Para o cumprimento do disposto no inciso V do *caput* serão observadas as seguintes situações:

I – caso a empresa possua mais de um estabelecimento localizado em base geográfica diversa, a cópia da Guia da Previdência Social será encaminhada ao sindicato representativo da categoria profissional mais numerosa entre os empregados de cada estabelecimento;

II – a empresa que recolher suas contribuições em mais de uma Guia da Previdência Social encaminhará cópia de todas as guias;

III – a remessa poderá ser efetuada por qualquer meio que garanta a reprodução integral do documento, cabendo à empresa manter, em seus arquivos, prova do recebimento pelo sindicato; e

IV – cabe à empresa a comprovação, perante a fiscalização do Instituto Nacional do Seguro Social, do cumprimento de sua obrigação frente ao sindicato.

§ 19. O órgão gestor de mão de obra deverá, quando exigido pela fiscalização do Instituto Nacional do Seguro Social, exibir as listas de escalação diária dos trabalhadores portuários avulsos, por operador portuário e por navio.

§ 20. Caberá exclusivamente ao órgão gestor de mão de obra a responsabilidade pela exatidão dos dados lançados nas listas diárias referidas no parágrafo anterior.

§ 21. Fica dispensado do cumprimento do disposto nos incisos V e VI do *caput* o contribuinte individual, em relação a segurado que lhe presta serviço.

► § 21 com a redação dada pelo Dec. nº 3.265, de 29-11-1999.

§ 22. A empresa que utiliza sistema de processamento eletrônico de dados para o registro de negócios e atividades econômicas, escrituração de livros ou produção de documentos de natureza contábil, fiscal, trabalhista e previdenciária fica obrigada a arquivar e conservar, devidamente certificados, os sistemas e os arquivos, em meio eletrônico ou assemelhado, durante o prazo decadencial de que trata o art. 348, os quais ficarão à disposição da fiscalização.

► § 22 com a redação dada pelo Dec. nº 10.410, de 30-6-2020.

§ 23. A cooperativa de trabalho e a pessoa jurídica são obrigadas a efetuar a inscrição no Instituto Nacional do Seguro Social dos seus cooperados e contratados, respectivamente, como contribuintes individuais, se ainda não inscritos.

► § 23 acrescido pelo Dec. nº 4.729, de 9-6-2003.

§ 24. A empresa ou cooperativa adquirente, consumidora ou consignatária da produção fica obrigada a fornecer ao segurado especial cópia do documento fiscal de entrada da mercadoria, onde conste, além do registro da operação realizada, o valor da respectiva contribuição previdenciária.

► § 24 acrescido pelo Dec. nº 6.722, de 30-12-2008.

§ 25. A contribuição do empregador de que trata o inciso VIII do *caput* compreende aquela destinada ao seguro de acidentes do trabalho e ao financiamento da aposentadoria especial, sem prejuízo de outras contribuições incidentes sobre a remuneração do empregado.

► § 25 acrescido pelo Dec. nº 10.410, de 30-6-2020.

Art. 226. O Município, por intermédio do órgão competente, fornecerá ao Instituto Nacional do Seguro Social, para fins de fiscalização, mensalmente, relação de todos os alvarás para construção civil e documentos de "habite-se" concedidos, de acordo com critérios estabelecidos pelo referido Instituto.

§ 1º A relação a que se refere o *caput* será encaminhada ao INSS até o dia dez do mês seguinte àquele a que se referirem os documentos.

► § 1º com a redação dada pelo Dec. nº 4.032, de 26-11-2001.

§ 2º O encaminhamento da relação fora do prazo ou a sua falta e a apresentação com incorreções ou omissões sujeitará o dirigente do órgão municipal à penalidade prevista na alínea *f* do inciso I do artigo 283.

Art. 227. *Revogado*. Dec. nº 8.302, de 4-9-2014.

Art. 228. O titular do Cartório de Registro Civil de Pessoas Naturais remeterá ao INSS, no prazo de um dia útil, pelo Sistema Nacional de Informações de Registro Civil, ou pelo sistema que venha a substituí-lo, a relação dos nascimentos, dos natimortos, dos casamentos, dos óbitos, das averbações, das anotações e das retificações registradas na serventia.

► *Caput* com a redação dada pelo Dec. nº 10.410, de 30-6-2020.

§ 1º Para os Municípios que não dispõem de provedor de conexão à internet ou de qualquer meio de acesso à *internet*, fica autorizada a remessa da relação no prazo de cinco dias úteis, conforme critérios definidos pelo INSS.

► Parágrafo único transformado em § 1º e com a redação dada pelo Dec. nº 10.410, de 30-6-2020.

§ 2º Os registros de nascimento e de natimorto conterão, obrigatoriamente, as seguintes informações do registrado e da filiação:

I – nome completo;
II – número de inscrição no CPF;
III – sexo; e
IV – data e local de nascimento.

§ 3º Os registros de casamento e de óbito conterão, obrigatoriamente, as seguintes informações do registrado:

I – nome completo;
II – número de inscrição no CPF;
III – sexo; e
IV – data e local de nascimento do registrado.

§ 4º Além das informações a que se refere o § 3º, constarão dos registros de casamento e de óbito, caso estejam disponíveis, os seguintes dados:

I – número de inscrição no PIS ou no PASEP;
II – NIT;
III – número de benefício previdenciário ou assistencial, se o falecido for titular de qualquer benefício pago pelo INSS;
IV – número de registro da carteira de identidade e órgão emissor;
V – número do título de eleitor; e

VI – número de registro e série da Carteira de Trabalho e Previdência Social.

§ 5º Na hipótese de não haver sido registrado nascimento, natimorto, casamento, óbito ou averbação, anotação e retificação no mês, o titular do Cartório de Registro Civil de Pessoas Naturais comunicará este fato ao INSS até o quinto dia útil do mês subsequente, na forma estabelecida pelo INSS.

§ 6º O descumprimento de obrigação imposta por este artigo e o fornecimento de informação inexata sujeitarão o titular do Cartório de Registro Civil de Pessoas Naturais, além de outras penalidades, à penalidade prevista na alínea e do inciso I do *caput* do art. 283 e a ação regressiva, na forma estabelecida pelo INSS.

▸ §§ 2º a 6º acrescidos pelo Dec. nº 10.410, de 30-6-2020.

Seção IV

DA COMPETÊNCIA PARA ARRECADAR, FISCALIZAR E COBRAR

Art. 229. O Instituto Nacional do Seguro Social é o órgão competente para:

I – arrecadar e fiscalizar o recolhimento das contribuições sociais previstas nos incisos I, II, III, IV e V do parágrafo único do artigo 195, bem como as contribuições incidentes a título de substituição;

▸ Inciso I com a redação dada pelo Dec. nº 4.032, de 26-11-2001.

II – constituir seus créditos por meio dos correspondentes lançamentos e promover a respectiva cobrança;
III – aplicar sanções; e
IV – normatizar procedimentos relativos à arrecadação, fiscalização e cobrança das contribuições referidas no inciso I.

§ 1º Os Auditores Fiscais da Previdência Social terão livre acesso a todas as dependências ou estabelecimentos da empresa, com vistas à verificação física dos segurados em serviço, para confronto com os registros e documentos da empresa, podendo requisitar e apreender livros, notas técnicas e demais documentos necessários ao perfeito desempenho de suas funções, caracterizando-se como embaraço à fiscalização qualquer dificuldade oposta à consecução do objetivo.

§ 2º Se o Auditor Fiscal da Previdência Social constatar que o segurado contratado como contribuinte individual, trabalhador avulso, ou sob qualquer outra denominação, preenche as condições referidas no inciso I do *caput* do artigo 9º, deverá desconsiderar o vínculo pactuado e efetuar o enquadramento como segurado empregado.

▸ §§ 1º e 2º com a redação dada pelo Dec. nº 3.265, de 29-11-1999.

§ 3º A fiscalização das entidades fechadas de previdência privada, estabelecida na Lei nº 6.435, de 15 de julho de 1977, será exercida pelos Fiscais de Contribuições Previdenciárias do Instituto Nacional do Seguro Social, devidamente credenciados pelo órgão próprio, sem prejuízo das atribuições e vantagens a que fazem jus, conforme disposto no Decreto nº 1.317, de 29 de novembro de 1994.

§ 4º A fiscalização dos regimes próprios de previdência social dos servidores públicos e dos militares da União, dos Estados, do Distrito Federal e dos Municípios, nos termos da Lei nº 9.717, de 27 de novembro de 1998, será exercida pelos Fiscais de Contribuições Previdenciárias do Instituto Nacional do Seguro Social, devidamente credenciados pelo órgão próprio, sem prejuízo das atribuições e vantagens a que fazem jus, conforme orientação expedida pelo Ministério da Previdência e Assistência Social.

§ 5º Aplica-se à fiscalização de que tratam os §§ 3º e 4º o disposto na Lei nº 8.212, de 1991, neste Regulamento e demais dispositivos da legislação previdenciária, no que couber e não colidir com os preceitos das Leis nºs 6.435, de 1977, e 9.717, de 1998.

▸ Art. 33 da Lei nº 8.212, de 24-7-1991 (Lei Orgânica da Seguridade Social).

Art. 230. A Secretaria da Receita Federal é o órgão competente para:

▸ A Secretaria da Receita Federal passou a ser denominada Secretaria da Receita Federal do Brasil pelo art. 1º da Lei nº 11.457, de 16-3-2007 (Lei da Super-Receita).

I – arrecadar e fiscalizar o recolhimento das contribuições sociais previstas nos incisos VI e VII do parágrafo único do artigo 195;
II – constituir seus créditos por meio dos correspondentes lançamentos e promover a respectiva cobrança;
III – aplicar sanções; e

IV – normatizar procedimentos relativos à arrecadação, fiscalização e cobrança das contribuições de que trata o inciso I.

Seção V

DO EXAME DA CONTABILIDADE

Art. 231. É prerrogativa do Ministério da Previdência e Assistência Social, do Instituto Nacional do Seguro Social e da Secretaria da Receita Federal o exame da contabilidade da empresa, não prevalecendo para esse efeito o disposto nos artigos 17 e 18 do Código Comercial, ficando obrigados a empresa e o segurado a prestarem todos os esclarecimentos e informações solicitados.

► A Secretaria da Receita Federal passou a ser denominada Secretaria da Receita Federal do Brasil pelo art. 1º da Lei nº 11.457, de 16-3-2007 (Lei da Super-Receita).

Art. 232. A empresa, o servidor de órgão público da administração direta e indireta, o segurado da previdência social, o serventuário da Justiça, o síndico ou seu representante legal, o comissário e o liquidante de empresa em liquidação judicial ou extrajudicial são obrigados a exibir todos os documentos e livros relacionados com as contribuições previstas neste Regulamento.

Art. 233. Ocorrendo recusa ou sonegação de qualquer documento ou informação, ou sua apresentação deficiente, o Instituto Nacional do Seguro Social e a Secretaria da Receita Federal podem, sem prejuízo da penalidade cabível nas esferas de sua competência, lançar de ofício importância que reputarem devida, cabendo à empresa, ao empregador doméstico ou ao segurado o ônus da prova em contrário.

► A Secretaria da Receita Federal passou a ser denominada Secretaria da Receita Federal do Brasil pelo art. 1º da Lei nº 11.457, de 16-3-2007 (Lei da Super-Receita).

Parágrafo único. Considera-se deficiente o documento ou informação apresentada que não preencha as formalidades legais, bem como aquele que contenha informação diversa da realidade, ou, ainda, que omita informação verdadeira.

Art. 234. Na falta de prova regular e formalizada, o montante dos salários pagos pela execução de obra de construção civil pode ser obtido mediante cálculo da mão de obra empregada, proporcional à área construída e ao padrão de execução da obra, de acordo com critérios estabelecidos pelo Instituto Nacional do Seguro Social, cabendo ao proprietário, dono da obra, incorporador, condômino da unidade imobiliária ou empresa corresponsável o ônus da prova em contrário.

Art. 235. Se, no exame da escrituração contábil e de qualquer outro documento da empresa, a fiscalização constatar que a contabilidade não registra o movimento real da remuneração dos segurados a seu serviço, da receita ou do faturamento e do lucro, esta será desconsiderada, sendo apuradas e lançadas de ofício as contribuições devidas, cabendo à empresa o ônus da prova em contrário.

Art. 236. Deverá ser dado tratamento especial ao exame da documentação que envolva operações ou assuntos de caráter sigiloso, ficando o fiscal responsável obrigado à guarda da informação e à sua utilização exclusivamente nos documentos elaborados em decorrência do exercício de suas atividades.

Art. 237. A autoridade policial prestará à fiscalização, mediante solicitação, o auxílio necessário ao regular desempenho dessa atividade.

Seção VI

DAS CONTRIBUIÇÕES E OUTRAS IMPORTÂNCIAS NÃO RECOLHIDAS ATÉ O VENCIMENTO

Art. 238. Os créditos de qualquer natureza da seguridade social, constituídos ou não, vencidos até 31 de dezembro de 1991 e não pagos até 2 de janeiro de 1992, serão atualizados monetariamente com base na legislação aplicável e convertidos, nessa data, em quantidade de Unidade Fiscal de Referência diária.

§ 1º Os juros de mora calculados até 2 de janeiro de 1992 serão, também, convertidos em Unidade Fiscal de Referência, na mesma data.

§ 2º Sobre a parcela correspondente à contribuição, convertida em quantidade de Unidade Fiscal de Referência, incidirão juros moratórios à razão de 1% (um por cento), ao mês-calendário ou fração, a partir de fevereiro de 1992, inclusive, além da multa variável pertinente.

§ 3º Os créditos calculados e expressos em quantidade de Unidade Fiscal de Referência conforme o disposto neste artigo serão reconvertidos para moeda corrente, com base no valor da Unidade Fiscal de Referência na data do pagamento.

Art. 239. As contribuições sociais e outras importâncias arrecadadas pela Secretaria Especial da Receita Federal do Brasil do Ministério da Economia, incluídas ou não em notificação fiscal de lançamento, pagas com atraso, objeto ou não de parcelamento, ficam sujeitas a:

▸ *Caput* com a redação dada pelo Dec. nº 10.410, de 30-6-2020.

I – atualização monetária, quando exigida pela legislação de regência;

II – juros de mora, de caráter irrelevável, incidentes sobre o valor atualizado, equivalentes a:

a) 1% (um por cento) no mês do vencimento;

b) taxa referencial do Sistema Especial de Liquidação e de Custódia nos meses intermediários; e

c) 1% (um por cento) no mês do pagamento; e

III – multa variável, de caráter irrelevável, nos seguintes percentuais, para fatos geradores ocorridos a partir de 28 de novembro de 1999:

a) para pagamento após o vencimento de obrigação não incluída em notificação fiscal de lançamento:

1. 8% (oito por cento), dentro do mês de vencimento da obrigação;
2. 14% (quatorze por cento), no mês seguinte; ou
3. 20% (vinte por cento), a partir do segundo mês seguinte ao do vencimento da obrigação;

b) para pagamento de obrigação incluída em notificação fiscal de lançamento:

1. 24% (vinte e quatro por cento), até 15 (quinze) dias do recebimento da notificação;
2. 30% (trinta por cento), após o 15º (décimo quinto) dia do recebimento da notificação;
3. 40% (quarenta por cento), após apresentação de recurso desde que antecedido de defesa, sendo ambos tempestivos, até 15 (quinze) dias da ciência da decisão do Conselho de Recursos da Previdência Social; ou
4. 50% (cinquenta por cento), após o 15º (décimo quinto) dia da ciência da decisão do Conselho de Recursos da Previdência Social, enquanto não inscrita em Dívida Ativa; e

c) para pagamento do crédito inscrito em Dívida Ativa:

1. 60% (sessenta por cento), quando não tenha sido objeto de parcelamento;
2. 70% (setenta por cento), se houve parcelamento;
3. 80% (oitenta por cento), após o ajuizamento da execução fiscal, mesmo que o devedor ainda não tenha sido citado, se o crédito não foi objeto de parcelamento; ou
4. 100% (cem por cento), após o ajuizamento da execução fiscal, mesmo que o devedor ainda não tenha sido citado, se o crédito foi objeto de parcelamento.

▸ Inciso III com a redação dada pelo Dec. nº 3.265, de 29-11-1999.

§ 1º *Revogado*. Dec. nº 6.224, de 4-10-2007.

§ 2º Nas hipóteses de parcelamento ou de reparcelamento, incidirá um acréscimo de 20% (vinte por cento) sobre a multa de mora a que se refere o inciso III.

§ 3º Se houver pagamento antecipado à vista, no todo ou em parte, do saldo devedor, o acréscimo previsto no parágrafo anterior não incidirá sobre a multa correspondente à parte do pagamento que se efetuar.

§ 4º O valor do pagamento parcial, antecipado, do saldo devedor de parcelamento ou do reparcelamento somente poderá ser utilizado para quitação de parcelas na ordem inversa do vencimento, sem prejuízo da que for devida no mês de competência em curso e sobre a qual incidirá sempre o acréscimo a que se refere o § 2º.

§ 5º É facultada a realização de depósito à disposição da seguridade social, sujeito ao mesmo percentual do item 1 da alínea *b* do inciso III, desde que dentro do prazo legal para apresentação de defesa.

§ 6º À correção monetária e aos acréscimos legais de que trata este artigo aplicar-se-á a legislação vigente em cada competência a que se referirem.

§ 7º Às contribuições de que trata o artigo 204, devidas e não recolhidas até as datas dos respectivos vencimentos, aplicam-se multas e juros moratórios na forma da legislação pertinente.

§ 8º Sobre as contribuições devidas e apuradas com fundamento no inciso IV do *caput* do art. 127 e no § 1º do art. 348 incidirão juros moratórios de cinco décimos por cento ao mês, capitalizados anualmente, limitados ao percentual máximo de cinquenta por cento, e multa de dez por cento.

▸ § 8º com a redação dada pelo Dec. nº 10.410, de 30-6-2020.

§ 8º-A. A incidência de juros moratórios e multa de que trata o § 8º será estabelecida para fatos geradores ocorridos a partir de 14 de outubro de 1996.

► § 8º-A acrescido pelo Dec. nº 10.410, de 30-6-2020.

§ 9º Não se aplicam as multas impostas e calculadas como percentual do crédito por motivo de recolhimento fora do prazo das contribuições, nem quaisquer outras penas pecuniárias, às massas falidas de que trata o art. 192 da Lei nº 11.101, de 9 de fevereiro de 2005, e às missões diplomáticas estrangeiras no Brasil e aos membros dessas missões quando assegurada a isenção em tratado, convenção ou outro acordo internacional de que o Estado estrangeiro ou organismo internacional e o Brasil sejam partes.

► § 9º com a redação dada pelo Dec. nº 6.042, de 12-2-2007.

§ 10. O disposto no § 8º não se aplica aos casos de contribuições em atraso a partir da competência abril de 1995, obedecendo-se, a partir de então, às disposições aplicadas às empresas em geral.

§ 11. Na hipótese de as contribuições terem sido declaradas no documento a que se refere o inciso IV do artigo 225, ou quando se tratar de empregador doméstico ou de empresa ou segurado dispensados de apresentar o citado documento, a multa de mora a que se refere o *caput* e seus incisos será reduzida em 50% (cinquenta por cento).

► §§ 10 e 11 com a redação dada pelo Dec. nº 3.265, de 29-11-1999.

Art. 240. Os créditos de qualquer natureza da seguridade social, constituídos ou não, que forem objeto de parcelamento serão consolidados na data da concessão e expressos em moeda corrente.

§ 1º Os valores referentes a competências anteriores a 1º de janeiro de 1995 e expressos em Unidade Fiscal de Referência serão reconvertidos para moeda corrente, com base no valor da Unidade Fiscal de Referência na data do pagamento.

§ 2º O valor do crédito consolidado será dividido pela quantidade de parcelas mensais concedidas na forma da legislação pertinente.

§ 3º O valor de cada parcela mensal, por ocasião do pagamento, será acrescido de juros na forma da legislação pertinente.

§ 4º A parcela mensal com valores relativos a competências anteriores a janeiro de 1995 será determinada de acordo com as disposições do § 1º, acrescida de juros conforme a legislação pertinente.

Art. 241. No caso de parcelamento concedido administrativamente até o dia 31 de dezembro de 1991, cujo saldo devedor foi expresso em quantidade de Unidade Fiscal de Referência diária a partir de 1º de janeiro de 1992, mediante a divisão do débito, atualizado monetariamente, pelo valor da Unidade Fiscal de Referência diária no dia 1º de janeiro de 1992, terá o valor do débito ou da parcela expresso em Unidade Fiscal de Referência reconvertido para moeda corrente, multiplicando-se a quantidade de Unidade Fiscal de Referência pelo valor desta na data do pagamento.

Art. 242. Os valores das contribuições incluídos em notificação fiscal de lançamento e os acréscimos legais, observada a legislação de regência, serão expressos em moeda corrente.

§ 1º Os valores das contribuições incluídos na Guia de Recolhimento do Fundo de Garantia do Tempo de Serviço e Informações à Previdência Social, não recolhidos ou não parcelados, serão inscritos na Dívida Ativa do Instituto Nacional do Seguro Social, dispensando-se o processo administrativo de natureza contenciosa.

§ 2º Os juros e a multa serão calculados com base no valor da contribuição.

Art. 243. Constatada a falta de recolhimento de qualquer contribuição ou outra importância devida nos termos deste Regulamento, a fiscalização lavrará, de imediato, notificação fiscal de lançamento com discriminação clara e precisa dos fatos geradores, das contribuições devidas e dos períodos a que se referem, de acordo com as normas estabelecidas pelos órgãos competentes.

§ 1º Aplica-se o disposto neste artigo em caso de falta de pagamento de benefício reembolsado ou em caso de pagamento desse benefício sem observância das normas pertinentes estabelecidas pelo Instituto Nacional do Seguro Social.

§ 2º Recebida a notificação, o empregador doméstico, a empresa ou o segurado terão o prazo de trinta dias para efetuar o pagamento ou apresentar impugnação.

► § 2º com a redação dada pelo Dec. nº 6.103, de 30-4-2007.

§ 3º Decorrido esse prazo, será automaticamente declarada a revelia, considerado, de plano, procedente o lançamento, permanecendo o processo no órgão jurisdicionante, pelo prazo de 30 (trinta) dias, para cobrança amigável.

§ 4º Após o prazo referido no parágrafo anterior, o crédito será inscrito em Dívida Ativa.

§ 5º Apresentada a defesa, o processo formado a partir da notificação fiscal de lançamento será submetido à autoridade competente, que decidirá sobre a procedência ou não do lançamento, cabendo recurso na forma da Subseção II da Seção II do Capítulo Único do Título I do Livro V.

§ 6º Ao lançamento considerado procedente aplicar-se-á o disposto no § 1º do artigo 245, salvo se houver recurso tempestivo na forma da Subseção II da Seção II do Capítulo Único do Título I do Livro V.

§ 7º A liquidação de crédito incluído em notificação deve ser feita em moeda corrente, mediante documento próprio emitido exclusivamente pelo Instituto Nacional do Seguro Social.

Art. 244. *Revogado*. Dec. nº 10.410, de 30-6-2020.

Art. 245. O crédito da seguridade social é constituído por meio de notificação fiscal de lançamento, auto de infração, confissão ou documento declaratório de valores devidos apresentado pelo contribuinte ou outro instrumento previsto em legislação própria.

§ 1º As contribuições, a atualização monetária, os juros de mora, as multas, bem como outras importâncias devidas e não recolhidas até o seu vencimento devem ser lançados em livro próprio destinado à inscrição em Dívida Ativa do Instituto Nacional do Seguro Social e da Fazenda Nacional, após a constituição do respectivo crédito.

§ 2º A certidão textual do livro de que trata este artigo serve de título para que o órgão competente, por intermédio de seu procurador ou representante legal, promova em juízo a cobrança da Dívida Ativa, segundo o mesmo processo e com as mesmas prerrogativas e privilégios da Fazenda Nacional, nos termos da Lei nº 6.830, de 22 de setembro de 1980.

§ 3º Os órgãos competentes podem, antes de ajuizar a cobrança da Dívida Ativa, promover o protesto de título dado em garantia de sua liquidação, ficando, entretanto, ressalvado que o título será sempre recebido *pro solvendo*.

§ 4º Considera-se Dívida Ativa o crédito proveniente de fato jurídico gerador das obrigações legais ou contratuais, desde que inscrito no livro próprio, de conformidade com os dispositivos da Lei nº 6.830, de 1980.

§ 5º As contribuições arrecadadas pelo Instituto Nacional do Seguro Social poderão, sem prejuízo da respectiva liquidez e certeza, ser inscritas em Dívida Ativa.

Art. 246. O crédito relativo a contribuições, atualização monetária, juros de mora, multas, bem como a outras importâncias, está sujeito, nos processos de falência, concordata ou concurso de credores, às disposições atinentes aos créditos da União, aos quais é equiparado.

Parágrafo único. O Instituto Nacional do Seguro Social reivindicará os valores descontados pela empresa do segurado empregado e trabalhador avulso, as decorrentes da sub-rogação de que tratam os incisos I e II do § 7º do artigo 200 e as importâncias retidas na forma do artigo 219 e não recolhidos, sendo que esses valores não estão sujeitos ao concurso de credores.

Seção VII

DA RESTITUIÇÃO E DA COMPENSAÇÃO DE CONTRIBUIÇÕES E OUTRAS IMPORTÂNCIAS

Art. 247. A restituição e a compensação de valores recolhidos indevidamente observarão os termos e as condições estabelecidos pela Secretaria Especial da Receita Federal do Brasil do Ministério da Economia.

▶ *Caput* com a redação dada pelo Dec. nº 10.410, de 30-6-2020.

▶ Art. 89 da Lei nº 8.212, de 24-7-1991 (Lei Orgânica da Seguridade Social).

§§ 1º a 3º *Revogados*. Dec. nº 10.410, de 30-6-2020.

Arts. 248 a 254. *Revogados*. Dec. nº 10.410, de 30-6-2020.

Seção VIII

DO REEMBOLSO DE PAGAMENTO

Art. 255. A dedução e o reembolso relativos a quotas do salário-família e do salário-maternidade e a compensação do adicional de insalubridade a que se refere o § 2º do art. 394-A da Consolidação das Leis do Trabalho, aprovada pelo Decreto-Lei nº 5.452, de 1943, observarão os termos e as condições estabelecidos pela Secretaria Especial da Receita Federal do Brasil do Ministério da Economia.

► *Caput* com a redação dada pelo Dec. nº 10.410, de 30-6-2020.

§ 1º *Revogado*. Dec. nº 10.410, de 30-6-2020.

§ 2º *Revogado*. Dec. nº 3.265, de 29-11-1999.

§ 3º *Revogado*. Dec. nº 10.410, de 30-6-2020.

Capítulo IX

DA MATRÍCULA DA EMPRESA, DO PRODUTOR RURAL PESSOA FÍSICA E DO SEGURADO ESPECIAL

► Denominação do capítulo com a redação dada pelo Dec. nº 6.722, de 30-12-2008.

Art. 256. A matrícula da empresa será feita:

I – simultaneamente com a inscrição no Cadastro Nacional da Pessoa Jurídica; ou

II – perante o Instituto Nacional do Seguro Social, no prazo de 30 (trinta) dias contados do início de suas atividades, quando não sujeita a inscrição no Cadastro Nacional da Pessoa Jurídica.

§ 1º Independentemente do disposto neste artigo, o Instituto Nacional do Seguro Social procederá à matrícula:

I – de ofício, quando ocorrer omissão; e

II – de obra de construção civil, mediante comunicação obrigatória do responsável por sua execução, no prazo do inciso II do *caput*.

§ 2º A unidade matriculada na forma do inciso II do *caput* e do § 1º receberá certificado de matrícula com número cadastral básico, de caráter permanente.

§ 3º O não cumprimento do disposto no inciso II do *caput* e no inciso II do § 1º sujeita o responsável à multa prevista no artigo 283.

§ 4º O Departamento Nacional de Registro do Comércio, por intermédio das juntas comerciais, bem como os cartórios de registro civil de pessoas jurídicas, prestarão obrigatoriamente ao Instituto Nacional do Seguro Social todas as informações referentes aos atos constitutivos e alterações posteriores relativos a empresas neles registradas, sem ônus para o Instituto.

§ 5º São válidos perante o Instituto Nacional do Seguro Social os atos de constituição, alteração e extinção de empresa registrados nas juntas comerciais.

§ 6º O Ministério da Previdência e Assistência Social estabelecerá as condições em que o Departamento Nacional de Registro do Comércio, por intermédio das juntas comerciais, e os cartórios de registro civil de pessoas jurídicas cumprirão o disposto no § 4º.

► Art. 49 da Lei nº 8.212, de 24-7-1991 (Lei Orgânica da Seguridade Social).

Art. 256-A. A matrícula atribuída pela Secretaria da Receita Federal do Brasil ao produtor rural pessoa física ou segurado especial é o documento de inscrição do contribuinte, em substituição à inscrição no Cadastro Nacional de Pessoa Jurídica – CNPJ, a ser apresentado em suas relações:

I – com o Poder Público, inclusive para licenciamento sanitário de produtos de origem animal ou vegetal submetidos a processos de beneficiamento ou industrialização artesanal;

II – com as instituições financeiras, para fins de contratação de operações de crédito; e

III – com os adquirentes de sua produção ou fornecedores de sementes, insumos, ferramentas e demais implementos agrícolas.

§ 1º Para fins de recolhimento das contribuições previdenciárias, a matrícula de que trata o *caput* será atribuída ao grupo familiar no ato de sua inscrição.

§ 2º O disposto no *caput* não se aplica ao licenciamento sanitário de produtos sujeitos à incidência do IPI ou ao contribuinte cuja inscrição no CNPJ seja obrigatória.

► Art. 256-A acrescido do capítulo dada pelo Dec. nº 6.722, de 30-12-2008.

Capítulo X

DA PROVA DE INEXISTÊNCIA DE DÉBITO

Arts. 257 a 259. *Revogados*. Dec. nº 8.302, de 4-9-2014.

Art. 260. Serão aceitas as seguintes modalidades de garantia:

I – depósito integral e atualizado do débito em moeda corrente;

II – hipoteca de bens imóveis com ou sem seus acessórios;

III – fiança bancária;

IV – vinculação de parcelas do preço de bens ou serviços a serem negociados a prazo pela empresa;

V – alienação fiduciária de bens móveis; ou

VI – penhora.

Parágrafo único. A garantia deve ter valor mínimo de 120% (cento e vinte por cento) do total da dívida, observado, em qualquer caso, o valor de mercado dos bens indicados, em conformidade com os critérios estabelecidos pelo Instituto Nacional do Seguro Social.

Art. 261. A autorização do órgão competente para outorga de instrumento em que se estipule o pagamento do débito da empresa no ato, ou apenas parte no ato e o restante em parcelas ou prestações do saldo do preço do bem a ser negociado pela empresa, com vinculação ao cumprimento das obrigações assumidas na confissão de dívida fiscal desta perante a seguridade social, na forma do inciso IV do artigo 260, será dada mediante interveniência no instrumento.

Parágrafo único. A autorização para lavratura de instrumento de interesse da empresa em que a garantia oferecida pelo devedor não tem relação com o bem transacionado será dada mediante alvará.

Arts. 262 e 263. *Revogados.* Dec. nº 8.302, de 4-9-2014.

Art. 264. A inexistência de débito em relação às contribuições devidas ao Instituto Nacional do Seguro Social é condição necessária para que os Estados, o Distrito Federal e os Municípios possam receber as transferências dos recursos do Fundo de Participação dos Estados e do Distrito Federal e do Fundo de Participação dos Municípios, celebrar acordo, contrato, convênio ou ajuste, bem como receber empréstimo, financiamento, aval ou subvenção em geral de órgão ou entidade da administração direta e indireta da União.

Parágrafo único. Para recebimento do Fundo de Participação dos Estados e do Distrito Federal e do Fundo de Participação dos Municípios e para a consecução dos demais instrumentos citados no *caput*, os Estados, o Distrito Federal e os Municípios deverão apresentar aos órgãos ou entidades responsáveis pela liberação dos fundos, celebração de acordos, contratos, convênios ou ajustes, concessão de empréstimos, financiamentos, avais ou subvenções em geral os comprovantes de recolhimento das suas contribuições ao Instituto Nacional do Seguro Social referentes aos três meses imediatamente anteriores ao mês previsto para a efetivação daqueles procedimentos.

Art. 265. Os Estados, o Distrito Federal e os Municípios serão, igualmente, obrigados a apresentar, para os fins do disposto no artigo 264, comprovação de pagamento da parcela mensal referente aos débitos com o Instituto Nacional do Seguro Social objeto do parcelamento.

TÍTULO II – DAS DISPOSIÇÕES DIVERSAS RELATIVAS AO CUSTEIO DA SEGURIDADE SOCIAL

Art. 266. Os sindicatos poderão apresentar denúncia contra a empresa, junto ao Instituto Nacional do Seguro Social, nas seguintes hipóteses:

I – falta de envio da Guia da Previdência Social para o sindicato, na forma do inciso V do *caput* do artigo 225;

II – não afixação da Guia da Previdência Social no quadro de horário, na forma do inciso VI do *caput* do artigo 225;

III – divergência entre os valores informados pela empresa e pelo Instituto Nacional do Seguro Social sobre as contribuições recolhidas na mesma competência; ou

IV – existência de evidentes indícios de recolhimento a menor das contribuições devidas, constatados pela comparação com dados disponíveis sobre quantidade de empregados e de rescisões de contrato de trabalho homologadas pelo sindicato.

§ 1º As denúncias formuladas pelos sindicatos deverão identificar com precisão a empresa infratora e serão encaminhadas por seu representante legal, especificando nome, número no Cadastro Nacional da Pessoa Jurídica e endereço da empresa denunciada, o item infringido e outros elementos indispensáveis à análise dos fatos.

§ 2º A constatação da improcedência da denúncia apresentada pelo sindicato implicará a cessação do seu direito ao acesso às informações fornecidas pelas empresas e pelo Instituto Nacional do Seguro Social, pelo prazo de:

I – 1 (um) ano, quando fundamentada nos incisos I, II e III do *caput*; e

II – 4 (quatro) meses, quando fundamentada no inciso IV do *caput*.

§ 3º Os prazos mencionados no parágrafo anterior serão duplicados a cada reincidência, considerando-se esta a ocorrência de nova denúncia improcedente, dentro do período de 5 (cinco) anos contados da data da denúncia não confirmada.

Art. 267. *Revogado.* Dec. nº 4.032, de 26-11-2001.

Art. 268. O titular da firma individual e os sócios das empresas por cotas de responsabilidade limitada respondem solidariamente, com seus bens pessoais, pelos débitos junto à seguridade social.

Parágrafo único. Os acionistas controladores, os administradores, os gerentes e os diretores respondem solidariamente e subsidiariamente, com seus bens pessoais, quanto ao inadimplemento das obrigações para com a seguridade social, por dolo ou culpa.

Art. 269. Os orçamentos das entidades da administração pública direta e indireta devem consignar as dotações ao pagamento das contribuições devidas à seguridade social, de modo a assegurar a sua regular liquidação dentro do exercício.

Parágrafo único. O pagamento das contribuições devidas ao Instituto Nacional do Seguro Social terá prioridade absoluta nos cronogramas financeiros de desembolso dos órgãos da administração pública direta, das entidades de administração indireta e suas subsidiárias e das demais entidades sob controle acionário direto ou indireto da União, dos Estados, do Distrito Federal e dos Municípios, bem como de suas autarquias, e fundações instituídas ou mantidas pelo Poder Público.

Art. 270. A existência de débitos junto ao Instituto Nacional do Seguro Social, não renegociados ou renegociados e não saldados, nas condições estabelecidas em lei, importará na indisponibilidade dos recursos existentes, ou que venham a ingressar nas contas dos órgãos ou entidades devedoras de que trata o artigo anterior, abertas em quaisquer instituições financeiras, até o valor equivalente ao débito apurado na data de expedição de solicitação do Instituto Nacional do Seguro Social ao Banco Central do Brasil, incluindo o principal, corrigido monetariamente nos períodos em que a legislação assim dispuser, as multas e os juros.

Parágrafo único. Os Ministros da Fazenda e da Previdência e Assistência Social expedirão as instruções para aplicação do disposto neste artigo.

Art. 271. As contribuições referentes ao período de que trata o § 2º do artigo 26, vertidas desde o início do vínculo do servidor com a administração pública ao Plano de Seguridade Social do Servidor Público, nos termos dos artigos 8º e 9º da Lei nº 8.162, de 1991, serão atualizadas monetariamente e repassadas de imediato ao Instituto Nacional do Seguro Social.

Art. 272. As alíquotas a que se referem o inciso II do artigo 200 e os incisos I, II, III e § 8º do artigo 202 são reduzidas em 50% (cinquenta por cento) de seu valor, a partir de 22 de janeiro de 1998, por 60 (sessenta) meses, nos contratos de trabalho por prazo determinado, nos termos da Lei nº 9.601, de 21 de janeiro de 1998.

▸ Artigo com a redação dada pelo Dec. nº 4.032, de 26-11-2001.

Art. 273. A empresa é obrigada a preparar folha de pagamento dos trabalhadores contratados com base na Lei nº 9.601, de 1998, na forma do artigo 225, agrupando-os separadamente.

Art. 274. O Instituto Nacional do Seguro Social poderá arrecadar e fiscalizar, mediante remuneração de 3,5% (três vírgula cinco por cento) sobre o montante arrecadado, contribuição por lei devida a terceiros, desde que provenha de empresa, segurado, aposentado ou pensionista a ele vinculado, aplicando-se a essa contribuição, no que couber, o disposto neste Regulamento.

§ 1º O disposto neste artigo aplica-se às contribuições que tenham a mesma base utilizada para o cálculo das contribuições incidentes sobre a remuneração paga, devida ou creditada a segurados, bem como sobre as contribuições incidentes sobre outras bases a título de substituição.

▸ § 1º com a redação dada pelo Dec. nº 4.032, de 26-11-2001.

§ 2º As contribuições previstas neste artigo ficam sujeitas aos mesmos prazos, condições, sanções e privilégios das contribuições da seguridade social, inclusive no que se refere à cobrança judicial.

Art. 275. O Instituto Nacional do Seguro Social divulgará, trimestralmente, lista atualizada dos devedores com débitos inscritos na Dívida Ativa relativos às contribuições previstas nos incisos I, II, III, IV e V do parágrafo único do artigo 195, acompanhada de relatório circunstanciado das medidas administrativas e judiciais adotadas para a cobrança e execução da dívida.

§ 1º O relatório a que se refere o *caput* será encaminhado aos órgãos da administração federal direta e indireta, às entidades controladas direta ou indiretamente pela União, aos registros públicos, cartórios de registro de títulos e documentos, cartórios de registro de imóveis e ao sistema financeiro oficial, para os fins do § 3º do artigo 195 da Constituição Federal e da Lei nº 7.711, de 22 de dezembro de 1988.

§ 2º O Ministério da Previdência e Assistência Social fica autorizado a firmar convênio com os governos estaduais, do Distrito Federal e municipais para extensão, àquelas esferas de governo, das hipóteses previstas no artigo 1º da Lei nº 7.711, de 1988.

Art. 276. Nas ações trabalhistas de que resultar o pagamento de direitos sujeitos à incidência de contribuição previdenciária, o recolhimento das importâncias devidas à seguridade social será feito no dia dois do mês seguinte ao da liquidação da sentença.

§ 1º No caso do pagamento parcelado, as contribuições devidas à seguridade social serão recolhidas na mesma data e proporcionalmente ao valor de cada parcela.

§ 2º Nos acordos homologados em que não figurarem, discriminadamente, as parcelas legais de incidência da contribuição previdenciária, esta incidirá sobre o valor total do acordo homologado.

§ 3º Não se considera como discriminação de parcelas legais de incidência de contribuição previdenciária a fixação de percentual de verbas remuneratórias e indenizatórias constantes dos acordos homologados, aplicando-se, nesta hipótese, o disposto no parágrafo anterior.

§ 4º A contribuição do empregado no caso de ações trabalhistas será calculada, mês a mês, aplicando-se as alíquotas previstas no artigo 198, observado o limite máximo do salário de contribuição.

§ 5º Na sentença ou acordo homologado, cujo valor da contribuição previdenciária devida for inferior ao limite mínimo permitido para recolhimento na Guia da Previdência Social, é autorizado o recolhimento dos valores devidos cumulativamente com as contribuições normais de mesma competência.

§ 6º O recolhimento das contribuições do empregado reclamante deverá ser feito na mesma inscrição em que são recolhidas as contribuições devidas pela empresa.

§ 7º Se da decisão resultar reconhecimento de vínculo empregatício, deverão ser exigidas as contribuições, tanto do empregador como do reclamante, para todo o período reconhecido, ainda que o pagamento das remunerações a ele correspondentes não tenham sido reclamadas na ação, tomando-se por base de incidência, na ordem, o valor da remuneração paga, quando conhecida, da remuneração paga a outro empregado de categoria ou função equivalente ou semelhante, do salário normativo da categoria ou do salário mínimo mensal, permitida a compensação das contribuições patronais eventualmente recolhidas.

§ 8º Havendo reconhecimento de vínculo empregatício para empregado doméstico, tanto as contribuições do segurado empregado como as do empregador deverão ser recolhidas na inscrição do trabalhador.

§ 9º É exigido o recolhimento da contribuição previdenciária de que trata o inciso II do artigo 201, incidente sobre o valor resultante da decisão que reconhecer a ocorrência de prestação de serviço à empresa, mas não o vínculo empregatício, sobre o valor total da condenação ou do acordo homologado, independentemente da natureza da parcela e forma de pagamento.

▸ §§ 5º a 9º acrescidos pelo Dec. nº 4.032, de 26-11-2001.

Art. 277. A autoridade judiciária deverá velar pelo fiel cumprimento do disposto no artigo anterior, executando, de ofício, quando for o caso, as contribuições devidas, fazendo expedir notificação ao Instituto Nacional do Seguro Social, para dar-lhe ciência dos termos da sentença, do acordo celebrado ou da execução.

Parágrafo único. O Instituto Nacional do Seguro Social fornecerá, quando solicitados, as orientações e dados necessários ao cumprimento do que dispõe este artigo.

Art. 278. Nenhuma contribuição é devida à seguridade social se a construção residencial for unifamiliar, com área total não superior a 70 (setenta) metros quadrados, destinada a uso próprio, do tipo econômico e tiver sido executada sem a utilização de mão de obra assalariada.

Parágrafo único. Comprovado o descumprimento de qualquer das disposições do *caput*, tornam-se devidas as contribuições previstas neste Regulamento, sem prejuízo das cominações legais cabíveis.

TÍTULO III – DAS DISPOSIÇÕES TRANSITÓRIAS RELATIVAS AO CUSTEIO DA SEGURIDADE SOCIAL

▸ Título III acrescido pelo Dec. nº 3.265, de 29-11-1999.

Art. 278-A. *Revogado*. Dec. nº 4.729, de 9-6-2003.

Livro IV – Das Penalidades em Geral

TÍTULO I – DAS RESTRIÇÕES

Art. 279. A empresa que transgredir as normas deste Regulamento, além de outras sanções previstas, sujeitar-se-á às seguintes restrições:

I – suspensão de empréstimos e financiamentos, por instituições financeiras oficiais;

II – revisão de incentivo fiscal de tratamento tributário especial;

III – inabilitação para licitar e contratar com qualquer órgão ou entidade da administração pública direta ou indireta federal, estadual, do Distrito Federal ou municipal;

IV – interdição para o exercício do comércio, se for sociedade mercantil ou comerciante individual;

V – desqualificação para impetrar concordata; e

VI – cassação de autorização para funcionar no País, quando for o caso.

Art. 280. A empresa em débito para com a seguridade social não pode:

I – distribuir bonificação ou dividendo a acionista; e

II – dar ou atribuir cota ou participação nos lucros a sócio cotista, diretor ou outro membro de órgão dirigente, fiscal ou consultivo, ainda que a título de adiantamento.

TÍTULO II – DAS INFRAÇÕES E DAS PENALIDADES

Capítulo I

DOS CRIMES

Art. 281. *Revogado*. Dec. nº 4.032, de 26-11-2001.

Capítulo II

DA APREENSÃO DE DOCUMENTOS

Art. 282. A seguridade social, por meio de seus órgãos competentes, promoverá a apreensão de comprovantes de arrecadação e de pagamento de benefícios, bem como de quaisquer documentos pertinentes, inclusive contábeis, mediante lavratura do competente termo, com a finalidade de apurar administrativamente a ocorrência dos crimes previstos em lei.

Parágrafo único. O Instituto Nacional do Seguro Social e a Secretaria da Receita Federal estabelecerão normas específicas para:

► A Secretaria da Receita Federal passou a ser denominada Secretaria da Receita Federal do Brasil pelo art. 1º da Lei nº 11.457, de 16-3-2007 (Lei da Super-Receita).

I – apreensão de comprovantes e demais documentos;

II – apuração administrativa da ocorrência de crimes;

III – devolução de comprovantes e demais documentos;

IV – instrução do processo administrativo de apuração;

V – encaminhamento do resultado da apuração referida no inciso IV à autoridade competente; e

VI – acompanhamento de processo judicial.

Capítulo III

DAS INFRAÇÕES

Art. 283. Por infração a qualquer dispositivo das Leis nºs 8.212 e 8.213, ambas de 1991, e 10.666, de 8 de maio de 2003, para a qual não haja penalidade expressamente cominada neste Regulamento, fica o responsável sujeito a multa variável de R$ 636,17 (seiscentos e trinta e seis reais e dezessete centavos) a R$ 63.617,35 (sessenta e três mil, seiscentos e dezessete reais e trinta e cinco centavos), conforme a gravidade da infração, aplicando-se-lhe o disposto nos arts. 290 a 292, e de acordo com os seguintes valores:

► *Caput* com a redação dada pelo Dec. nº 4.862, de 21-10-2003.

► Art. 8º, III, da Port. Interministerial do MTPrev e MF nº 26, de 10-1-2023 (*DOU* de 11-1-2023), que altera os valores previstos neste *caput* para R$ 3.100,06 (três mil e cem reais e seis centavos) a R$ 310.004,70 (trezentos e dez mil quatro reais e setenta centavos), a partir de 1º-1-2023.

I – a partir de R$ 636,17 (seiscentos e trinta e seis reais e dezessete centavos) nas seguintes infrações:

a) deixar a empresa de preparar folha de pagamento das remunerações pagas, devidas ou creditadas a todos os segurados a seu serviço, de acordo com este Regulamento e com os demais padrões e normas estabelecidos pelo Instituto Nacional do Seguro Social;

b) deixar a empresa de se matricular no Instituto Nacional do Seguro Social, dentro de trinta dias contados da data do início de suas atividades, quando não sujeita a inscrição no Cadastro Nacional da Pessoa Jurídica;

c) deixar a empresa de descontar da remuneração paga aos segurados a seu serviço importância proveniente de dívida ou responsabilidade por eles contraída junto à seguridade social, relativa a benefícios pagos indevidamente;

d) deixar a empresa de matricular no Instituto Nacional do Seguro Social obra de construção civil de sua propriedade ou executada sob sua responsabilidade no prazo de 30 (trinta) dias do início das respectivas atividades;

e) deixar o Titular de Cartório de Registro Civil de Pessoas Naturais de comunicar ao Instituto Nacional do Seguro Social, até o dia dez de cada mês, a ocorrência ou a não ocorrência de óbitos, no mês imediatamente anterior, bem como enviar informações inexatas, conforme o disposto no artigo 228;

f) deixar o dirigente dos órgãos municipais competentes de prestar ao Instituto Nacional do Seguro Social as informações concernentes aos alvarás, "habite-se" ou documento equivalente, relativos a construção civil, na forma do artigo 226; e

g) deixar a empresa de efetuar os descontos das contribuições devidas pelos segurados a seu serviço;

▸ Alínea *g* com a redação dada pelo Dec. nº 4.862, de 21-10-2003.

h) deixar a empresa de elaborar e manter atualizado perfil profissiográfico abrangendo as atividades desenvolvidas pelo trabalhador e de fornecer a este, quando da rescisão do contrato de trabalho, cópia autêntica deste documento; e

▸ Alínea *h* acrescida pelo Dec. nº 4.862, de 21-10-2003.

II – a partir de R$ 6.361,73 (seis mil trezentos e sessenta e um reais e setenta e três centavos) nas seguintes infrações:

▸ Art. 8º, IV, da Port. Interministerial do MTPrev e MF nº 26, de 10-1-2023 (*DOU* de 11-1-2023), que altera o valor previsto neste inciso para R$ 31.000,41 (trinta e um mil reais e quarenta e um centavos).

a) deixar a empresa de lançar mensalmente, em títulos próprios de sua contabilidade, de forma discriminada, os fatos geradores de todas as contribuições, o montante das quantias descontadas, as contribuições da empresa e os totais recolhidos;

b) deixar a empresa de apresentar ao Instituto Nacional do Seguro Social e à Secretaria da Receita Federal os documentos que contenham as informações cadastrais, financeiras e contábeis de interesse dos mesmos, na forma por eles estabelecida, ou os esclarecimentos necessários à fiscalização;

▸ A Secretaria da Receita Federal passou a ser denominada Secretaria da Receita Federal do Brasil pelo art. 1º da Lei nº 11.457, de 16-3-2007 (Lei da Super-Receita).

c) deixar o servidor, o serventuário da Justiça ou o titular de serventia extrajudicial de exigir documento comprobatório de inexistência de débito, quando da contratação com o poder público ou no recebimento de benefício ou de incentivo fiscal ou creditício;

d) deixar o servidor, o serventuário da Justiça ou o titular de serventia extrajudicial de exigir o documento comprobatório de inexistência de débito, quando da alienação ou oneração, a qualquer título, de bem imóvel ou direito a ele relativo;

e) deixar o servidor, o serventuário da Justiça ou o titular de serventia extrajudicial de exigir a apresentação do documento comprobatório de inexistência de débito na alienação ou oneração, a qualquer título, de bem móvel incorporado ao ativo permanente da empresa, de valor superior a R$ 15.904,18 (quinze mil novecentos e quatro reais e dezoito centavos);

▸ Art. 8º, V, da Port. Interministerial do MTPrev e MF nº 26, de 10-1-2023 (*DOU* de 11-1-2023), que altera o valor previsto nesta alínea para R$ 77.500,38 (setenta e sete mil quinhentos reais e trinta e oito centavos), a partir de 1º-1-2023.

f) deixar o servidor, o serventuário da Justiça ou o titular de serventia extrajudicial de exigir documento comprobatório de inexistência de débito no registro ou arquivamento, no órgão próprio, de ato relativo a baixa ou redução de capital de firma individual, redução de capital social, cisão total ou parcial, transformação ou extinção de entidade ou sociedade comercial ou civil e transferência de controle de cotas de sociedades de responsabilidade limitada;

g) deixar o servidor, o serventuário da Justiça ou o titular de serventia extrajudicial de exigir documento comprobatório de inexistência de débito do proprietário, pessoa física ou jurídica, de obra de construção civil, quando da averbação de obra no Registro de Imóveis;

h) deixar o servidor, o serventuário da Justiça ou o titular de serventia extrajudicial de exigir documento comprobatório de inexistência de débito do incorporador, quando da averbação de obra no Registro de Imóveis, independentemente do documento apresentado por ocasião da inscrição do memorial de incorporação;

i) deixar o dirigente da entidade da administração pública direta ou indireta de consignar as dotações necessárias ao pagamento das contribuições devidas à seguridade social, de modo a assegurar a sua regular liquidação dentro do exercício;

j) deixar a empresa, o servidor de órgão público da administração direta e indireta, o segurado da previdência social, o serventuário da Justiça ou o titular de serventia extrajudicial, o síndico ou seu representante, o comissário ou o liquidante de empresa em liquidação judicial ou extrajudicial, de exibir os documentos e livros relacionados com as contribuições previstas neste Regulamento ou apresentá-los sem atender às formalidades legais exigidas ou contendo informação diversa da realidade ou, ainda, com omissão de informação verdadeira;

l) deixar a entidade promotora do espetáculo desportivo de efetuar o desconto da contribuição prevista no § 1º do artigo 205;

m) deixar a empresa ou entidade de reter e recolher a contribuição prevista no § 3º do artigo 205;

n) deixar a empresa de manter laudo técnico atualizado com referência aos agentes nocivos existentes no ambiente de trabalho de seus trabalhadores ou emitir documento de comprovação de efetiva exposição em desacordo com o respectivo laudo; e

► Alínea *n* com a redação dada pelo Dec. nº 6.722, de 30-12-2008.

o) *Revogada*. Dec. nº 4.882, de 18-11-2003.

§ 1º Considera-se dirigente, para os fins do disposto neste Capítulo, aquele que tem a competência funcional para decidir a prática ou não do ato que constitua infração à legislação da seguridade social.

§ 2º A falta de inscrição do segurado sujeita o responsável à multa de R$ 1.254,89 (mil, duzentos e cinquenta e quatro reais e oitenta e nove centavos), por segurado não inscrito.

► § 2º com a redação dada pelo Dec. nº 6.722, de 30-12-2008.

§ 3º As demais infrações a dispositivos da legislação, para as quais não haja penalidade expressamente cominada, sujeitam o infrator à multa de R$ 636,17 (seiscentos e trinta e seis reais e dezessete centavos).

Art. 284. A infração ao disposto no inciso IV do *caput* do artigo 225 sujeitará o responsável às seguintes penalidades administrativas:

I – valor equivalente a um multiplicador sobre o valor mínimo previsto no *caput* do artigo 283, em função do número de segurados, pela não apresentação da Guia de Recolhimento do Fundo de Garantia do Tempo de Serviço e Informações à Previdência Social, independentemente do recolhimento da contribuição, conforme quadro abaixo:

0 a 5 segurados	1/2 valor mínimo
6 a 15 segurados	1 x o valor mínimo
16 a 50 segurados	2 x o valor mínimo
51 a 100 segurados	5 x o valor mínimo
101 a 500 segurados	10 x o valor mínimo
501 a 1000 segurados	20 x o valor mínimo
1001 a 5000 segurados	35 x o valor mínimo
acima de 5000 segurados	50 x o valor mínimo

II – cem por cento do valor devido relativo à contribuição não declarada, limitada aos valores previstos no inciso I, pela apresentação da Guia de Recolhimento do Fundo de Garantia do Tempo de Serviço e Informações à Previdência Social com dados não correspondentes aos fatos geradores, seja em relação às bases de cálculo, seja em relação às informações que alterem o valor das contribuições, ou do valor que seria devido se não houvesse isenção ou substituição, quando se tratar de infração cometida por pessoa jurídica de direito privado beneficente de assistência social em gozo de isenção das contribuições previdenciárias ou por empresa cujas contribuições incidentes sobre os respectivos fatos geradores tenham sido substituídas por outras; e

► Inciso II com a redação dada pelo Dec. nº 4.729, de 9-6-2003.

III – 5% (cinco por cento) do valor mínimo previsto no *caput* do artigo 283, por campo com informações inexatas, incompletas ou omissas, limitada aos valores previstos no inciso I, pela apresentação da Guia de Recolhimento do Fundo de Garantia do Tempo de Serviço e Informações à Previdência Social com erro de preenchimento nos dados não relacionados aos fatos geradores.

§ 1º A multa de que trata o inciso I, a partir do mês seguinte àquele em que o documento deveria ter sido entregue, sofrerá acréscimo de 5% (cinco por cento) por mês-calendário ou fração.

§ 2º O valor mínimo a que se refere o inciso I será o vigente na data da lavratura do auto de infração.

Art. 285. A infração ao disposto no artigo 280 sujeita o responsável à multa de cinquenta por cento das quantias que tiverem sido pagas ou creditadas, a partir da data do evento.

Art. 286. A infração ao disposto no artigo 336 sujeita o responsável à multa variável entre os limites mínimo e máximo do salário de contribuição, por acidente que tenha deixado de comunicar nesse prazo.

§ 1º Em caso de morte, a comunicação a que se refere este artigo deverá ser efetuada de imediato à autoridade competente.

§ 2º A multa será elevada em 2 (duas) vezes o seu valor a cada reincidência.

§ 3º A multa será aplicada no seu grau mínimo na ocorrência da primeira comunicação feita fora do prazo estabelecido neste artigo, ou não comunicada, observado o disposto nos artigos 290 a 292.

Art. 287. Pelo descumprimento das obrigações contidas nos incisos V e VI do *caput* do artigo 225, e verificado o disposto no inciso III do *caput* do artigo 266, será aplicada multa de R$ 99,74 (noventa e nove reais e setenta e quatro centavos) a R$ 9.974,34 (nove mil, novecentos e setenta e quatro reais e trinta e quatro centavos), para cada competência em que tenha havido a irregularidade.

- ▸ *Caput* com a redação dada pelo Dec. nº 4.032, de 26-11-2001.
- ▸ Art. 8º, II, *a*, da Port. Interministerial do MTPrev e MF nº 26, de 10-1-2023 (*DOU* de 11-1-2023), que altera os valores previstos neste *caput* para R$ 407,84 (quatrocentos e sete reais e oitenta e quatro centavos) a R$ 40.787,11 (quarenta mil setecentos e oitenta e sete reais e onze centavos), a partir de 1º-1-2023.

Parágrafo único. O descumprimento das disposições constantes do artigo 227 e dos incisos V e VI do *caput* do artigo 257, sujeitará a instituição financeira à multa de:

I – R$ 22.165,20 (vinte e dois mil, cento e sessenta e cinco reais e vinte centavos), no caso do artigo 227; e

- ▸ Art. 8º, II, *b*, da Port. Interministerial do MTPrev e MF nº 26, de 10-1-2023 (*DOU* de 11-1-2023), que altera o valor previsto neste inciso para R$ 90.637,95 (noventa mil seiscentos e trinta e sete reais e noventa e cinco centavos), a partir de 1º-1-2023.

II – R$ 110.826,01 (cento e dez mil, oitocentos e vinte e seis reais e um centavo), no caso dos incisos V e VI do *caput* do artigo 257.

- ▸ Incisos I e II com a redação dada pelo Dec. nº 4.032, de 26-11-2001.
- ▸ Art. 8º, II, *c*, da Port. Interministerial do MTPrev e MF nº 26, de 10-1-2023 (*DOU* de 11-1-2023), que altera o valor previsto neste inciso para R$ 453.189,77 (quatrocentos e cinquenta e três mil cento e oitenta e nove reais e setenta e sete centavos), a partir de 1º-1-2023.

Art. 288. O descumprimento do disposto nos §§ 19 e 20 do artigo 225 sujeitará o infrator à multa de:

I – R$ 173,00 (cento e setenta e três reais) a R$ 1.730,00 (um mil setecentos e trinta reais), no caso do § 19; e

II – R$ 345,00 (trezentos e quarenta e cinco reais) a R$ 3.450,00 (três mil quatrocentos e cinquenta reais), no caso do § 20.

Art. 289. O dirigente de órgão ou entidade da administração federal, estadual, do Distrito Federal ou municipal responde pessoalmente pela multa aplicada por infração a dispositivos deste Regulamento, sendo obrigatório o respectivo desconto em folha de pagamento, mediante requisição dos órgãos competentes e a partir do primeiro pagamento que se seguir à requisição.

Parágrafo único. Ao disposto neste artigo não se aplica a multa de que trata o inciso III do artigo 239.

Capítulo IV

DAS CIRCUNSTÂNCIAS AGRAVANTES DA PENALIDADE

Art. 290. Constituem circunstâncias agravantes da infração, das quais dependerá a gradação da multa, ter o infrator:

I – tentado subornar servidor dos órgãos competentes;

II – agido com dolo, fraude ou má-fé;

III – desacatado, no ato da ação fiscal, o agente da fiscalização;

IV – obstado a ação da fiscalização; ou

V – incorrido em reincidência.

Parágrafo único. Caracteriza reincidência a prática de nova infração a dispositivo da legislação por uma mesma pessoa ou por seu sucessor, dentro de cinco anos da data em que se tornar irrecorrível administrativamente a decisão condenatória, da data do pagamento ou da data em que se configurou a revelia, referentes à autuação anterior.

► Parágrafo único com a redação dada pelo Dec. nº 6.032, de 1º-2-2007.

Capítulo V

DAS CIRCUNSTÂNCIAS ATENUANTES DA PENALIDADE

Art. 291. *Revogado.* Dec. nº 6.727, de 12-1-2009.

Capítulo VI

DA GRADAÇÃO DAS MULTAS

Art. 292. As multas serão aplicadas da seguinte forma:

I – na ausência de agravantes, serão aplicadas nos valores mínimos estabelecidos nos incisos I e II e no § 3º do artigo 283 e nos artigos 286 e 288, conforme o caso;

II – as agravantes dos incisos I e II do artigo 290 elevam a multa em 3 (três) vezes;

III – as agravantes dos incisos III e IV do artigo 290 elevam a multa em 2 (duas) vezes;

IV – a agravante do inciso V do artigo 290 eleva a multa em 3 (três) vezes a cada reincidência no mesmo tipo de infração, e em duas vezes em caso de reincidência em infrações diferentes, observados os valores máximos estabelecidos no *caput* dos artigos 283 e 286, conforme o caso; e

V – *Revogado.* Dec. nº 6.727, de 12-1-2009.

Parágrafo único. Na aplicação da multa a que se refere o artigo 288, aplicar-se-á apenas as agravantes referidas nos incisos III a V do artigo 290, as quais elevam a multa em 2 (duas) vezes.

Art. 293. Constatada a ocorrência de infração a dispositivo deste Regulamento, será lavrado auto de infração com discriminação clara e precisa da infração e das circunstâncias em que foi praticada, contendo o dispositivo legal infringido, a penalidade aplicada e os critérios de gradação, e indicando local, dia e hora de sua lavratura, observadas as normas fixadas pelos órgãos competentes.

► *Caput* com a redação dada pelo Dec. nº 6.103, de 30-4-2007.

§ 1º Recebido o auto de infração, o autuado terá o prazo de trinta dias, a contar da ciência, para efetuar o pagamento da multa de ofício com redução de cinquenta por cento ou impugnar a autuação.

§ 2º Impugnada a autuação, o autuado, após a ciência da decisão de primeira instância, poderá efetuar o pagamento da multa de ofício com redução de vinte e cinco por cento, até a data limite para interposição de recurso.

► §§ 1º e 2º com a redação dada pelo Dec. nº 6.103, de 30-4-2007.

§ 3º O recolhimento do valor da multa, com redução, implica renúncia ao direito de impugnar ou de recorrer.

► § 3º com a redação dada pelo Dec. nº 4.032, de 26-11-2001.

§ 4º Apresentada impugnação, o processo será submetido à autoridade competente, que decidirá sobre a autuação, cabendo recurso na forma da Subseção II da Seção II do Capítulo Único do Título I do Livro V deste Regulamento.

► § 4º com a redação dada pelo Dec. nº 6.032, de 1º-2-2007.

§§ 5º e 6º *Revogados.* Dec. nº 6.032, de 1º-2-2007.

Livro V – Da Organização da Seguridade Social

TÍTULO I – DO SISTEMA NACIONAL DE SEGURIDADE SOCIAL

Art. 294. As ações nas áreas de saúde, previdência social e assistência social, conforme o disposto no Capítulo II do Título VIII da Constituição Federal, serão organizadas em Sistema Nacional de Seguridade Social.

Parágrafo único. As áreas de que trata este artigo organizar-se-ão em conselhos setoriais, com representantes da União, dos Estados, do Distrito Federal, dos Municípios e da sociedade civil.

Capítulo Único

DOS ÓRGÃOS COLEGIADOS

Seção I

DO CONSELHO NACIONAL DE PREVIDÊNCIA SOCIAL

Art. 295. O Conselho Nacional de Previdência Social, órgão superior de deliberação colegiada, terá como membros:

▸ Art. 3º da Lei nº 8.213, de 24-7-1991 (Lei dos Planos de Benefícios da Previdência Social).

I – 6 (seis) representantes do Governo Federal; e

II – 9 (nove) representantes da sociedade civil, sendo:

a) 3 (três) representantes dos aposentados e pensionistas;

b) 3 (três) representantes dos trabalhadores em atividade; e

c) 3 (três) representantes dos empregadores.

§ 1º Os membros do Conselho Nacional de Previdência Social e seus respectivos suplentes serão nomeados pelo Presidente da República, tendo os representantes titulares da sociedade civil mandato de 2 (dois) anos, podendo ser reconduzidos, de imediato, uma única vez.

§ 2º Os representantes dos trabalhadores em atividade, dos aposentados, dos empregadores e seus respectivos suplentes serão indicados pelas centrais sindicais e confederações nacionais.

§ 3º O Conselho Nacional de Previdência Social reunir-se-á, ordinariamente, uma vez por mês, por convocação de seu Presidente, não podendo ser adiada a reunião por mais de 15 (quinze) dias se houver requerimento nesse sentido da maioria dos conselheiros.

§ 4º Poderá ser convocada reunião extraordinária por seu Presidente ou a requerimento de um terço de seus membros, conforme dispuser o regimento interno do Conselho Nacional de Previdência Social.

▸ Art. 85 da Lei nº 8.212, de 24-7-1991 (Lei Orgânica da Seguridade Social).

Art. 296. Compete ao Conselho Nacional de Previdência Social:

▸ Art. 4º da Lei nº 8.213, de 24-7-1991 (Lei dos Planos de Benefícios da Previdência Social).

I – estabelecer diretrizes gerais e apreciar as decisões de políticas aplicáveis à previdência social;

II – participar, acompanhar e avaliar, sistematicamente, a gestão previdenciária;

III – apreciar e aprovar os planos e programas da previdência social;

IV – apreciar e aprovar as propostas orçamentárias da previdência social, antes de sua consolidação na proposta orçamentária da seguridade social;

V – acompanhar e apreciar, mediante relatórios gerenciais por ele definidos, a execução dos planos, programas e orçamentos no âmbito da previdência social;

VI – acompanhar a aplicação da legislação pertinente à previdência social;

VII – apreciar a prestação de contas anual a ser remetida ao Tribunal de Contas da União, podendo, se for necessário, contratar auditoria externa;

VIII – estabelecer os valores mínimos em litígio, acima dos quais será exigida a anuência prévia do Procurador-Geral ou do Presidente do Instituto Nacional do Seguro Social para formalização de desistência ou transigência judiciais, conforme o disposto no artigo 353;

IX – elaborar e aprovar seu regimento interno;

X – aprovar os critérios de arrecadação e de pagamento dos benefícios por intermédio da rede bancária ou por outras formas; e

XI – acompanhar e avaliar os trabalhos de implantação e manutenção do Cadastro Nacional de Informações Sociais.

Art. 296-A. Ficam instituídos, como unidades descentralizadas do Conselho Nacional de Previdência Social – CNPS, Conselhos de Previdência Social – CPS, que funcionarão junto às Gerências-Executivas do INSS.

▸ *Caput* com a redação dada pelo Dec. nº 5.699, de 13-2-2006.

§ 1º Os CPS serão compostos por dez conselheiros e respectivos suplentes, designados pelo titular da Gerência Executiva na qual for instalado, assim distribuídos:

▸ § 1º com a redação dada pelo Dec. nº 5.699, de 13-2-2006.

I – quatro representantes do Governo Federal; e

II – seis representantes da sociedade, sendo:

a) dois dos empregadores;

b) dois dos empregados; e

c) dois dos aposentados e pensionistas.

▸ Incisos I e II acrescidos pelo Dec. nº 4.874, de 11-11-2003.

§ 2º O Governo Federal será representado:

▸ § 2º acrescido pelo Dec. nº 4.874, de 11-11-2003.

I – nas cidades onde houver mais de uma Gerência Executiva:

a) pelo Gerente Executivo da Gerência Executiva a que se refere o § 1º; e

b) outros Gerentes-Executivos; ou

c) servidores da Divisão ou do Serviço Benefícios ou de Atendimento ou da Procuradoria Federal Especializada junto ao INSS de Gerência Executiva sediadas na cidade, ou de representante da Secretaria da Receita Federal do Brasil, ou de representante da DATAPREV;

► Alíneas *a* a *c* com a redação dada pelo Dec. nº 6.722, de 30-12-2008.

d) *Revogada*. Dec. nº 6.722, de 30-12-2008.

II – nas cidades onde houver apenas uma Gerência Executiva:

a) pelo Gerente Executivo;

b) servidores da Divisão ou do Serviço de Benefícios ou de Atendimento ou da Procuradoria Federal Especializada junto ao INSS da Gerência Executiva, ou de representante da Secretaria da Receita Federal do Brasil, ou de representante da DATAPREV.

► Alínea *b* com a redação dada pelo Dec. nº 6.722, de 30-12-2008.

c e *d*) *Revogadas*. Dec. nº 6.722, de 30-12-2008.

III – *Revogado*. Dec. nº 5.699, de 13-2-2006.

§ 3º As reuniões serão mensais ou bimensais, a critério do respectivo CPS, e abertas ao público, cabendo a sua organização e funcionamento ao titular da Gerência Executiva na qual for instalado o colegiado.

► § 3º com a redação dada pelo Dec. nº 5.699, de 13-2-2006.

§ 4º Os representantes dos trabalhadores, dos aposentados e dos empregadores serão indicados pelas respectivas entidades sindicais ou associações representativas.

► § 4º com a redação dada pelo Dec. nº 6.722, de 30-12-2008.

§ 5º Os CPS terão caráter consultivo e de assessoramento, competindo ao CNPS disciplinar os procedimentos para o seu funcionamento, suas competências, os critérios de seleção dos representantes da sociedade e o prazo de duração dos respectivos mandatos, além de estipular por resolução o regimento dos CPS.

§ 6º As funções dos conselheiros dos CPS não serão remuneradas e seu exercício será considerado serviço público relevante.

§ 7º A Previdência Social não se responsabilizará por eventuais despesas com deslocamento ou estada dos conselheiros representantes da sociedade.

► §§ 5º a 7º acrescidos pelo Dec. nº 4.874, de 11-11-2003.

§ 8º Nas cidades onde houver mais de uma Gerência Executiva, o Conselho será instalado naquela indicada pelo Gerente Regional do INSS cujas atribuições abranjam a referida cidade.

► § 8º com a redação dada pelo Dec. nº 6.722, de 30-12-2008.

§ 9º Cabe ao Gerente Executivo a designação dos conselheiros.

§ 10. É facultado ao Gerente Regional do INSS participar das reuniões do CPS localizados em região de suas atribuições e presidi-las.

► §§ 9º e 10 acrescidos pelo Dec. nº 6.722, de 30-12-2008.

Art. 297. Compete aos órgãos governamentais:

I – prestar toda e qualquer informação necessária ao adequado cumprimento das competências do Conselho Nacional de Previdência Social, fornecendo inclusive estudos técnicos; e

II – encaminhar ao Conselho Nacional de Previdência Social, com antecedência mínima de dois meses do seu envio ao Congresso Nacional, a proposta orçamentária da previdência social, devidamente detalhada.

Art. 298. As resoluções tomadas pelo Conselho Nacional de Previdência Social deverão ser publicadas no *Diário Oficial da União*.

Art. 299. As reuniões do Conselho Nacional de Previdência Social serão iniciadas com a presença da maioria absoluta de seus membros, sendo exigida para deliberação a maioria simples de votos.

Art. 300. As ausências ao trabalho dos representantes dos trabalhadores em atividade, decorrentes das atividades do Conselho Nacional de Previdência Social, serão abonadas, computando-se como jornada efetivamente trabalhada para todos os fins e efeitos legais.

Art. 301. Aos membros do Conselho Nacional de Previdência Social, enquanto representantes dos trabalhadores em atividade, titulares e suplentes, é assegurada a estabilidade no emprego, da nomeação até um ano após o término do mandato de representação, somente podendo ser demitidos por motivo de falta grave, regularmente comprovada mediante processo judicial.

Art. 302. Compete ao Ministério da Previdência e Assistência Social proporcionar ao Conselho Nacional de Previdência Social os meios necessários ao exercício de suas competências, para o que contará com uma Secretaria Executiva do Conselho Nacional de Previdência Social.

Seção II

DO CONSELHO DE RECURSOS DA PREVIDÊNCIA SOCIAL

Subseção I

DA COMPOSIÇÃO

▸ Port. do MPS nº 323, de 27-8-2007, aprova o regimento interno do Conselho de Recursos da Previdência Social – CRPS.

Art. 303. O Conselho de Recursos da Previdência Social – CRPS é órgão colegiado de julgamento, integrante da estrutura do Ministério da Economia.

▸ *Caput* com a redação dada pelo Dec. nº 10.410, de 30-6-2020.

§ 1º O Conselho de Recursos da Previdência Social compreende os seguintes órgãos:

I – Juntas de Recursos, com a competência para julgar:

▸ Inciso I com a redação dada pelo Dec. nº 10.491, de 24-9-2020.

a) os recursos das decisões proferidas pelo INSS nos processos de interesse de seus beneficiários;

b) os recursos das decisões proferidas pelo INSS relacionados à comprovação de atividade rural de segurado especial de que trata o art. art. 38-B da Lei nº 8.213, de 1991, ou às demais informações relacionadas ao CNIS de que trata o art. 29-A da referida Lei;

c) os recursos de decisões relacionadas à compensação financeira de que trata a Lei nº 9.796, de 5 de maio de 1999;

d) as contestações relativas à atribuição do FAP aos estabelecimentos da empresa; e

e) os recursos relacionados aos processos sobre irregularidades verificadas em procedimento de supervisão e de fiscalização nos regimes próprios de previdência social e aos processos sobre apuração de responsabilidade por infração às disposições da Lei nº 9.717, de 1998;

▸ Alíneas *a* a *e* com a redação dada pelo Dec. nº 10.410, de 30-6-2020.

II – Câmaras de Julgamento, com sede em Brasília, Distrito Federal, com a competência para julgar os recursos interpostos contra as decisões proferidas pelas Juntas de Recursos;

▸ Inciso II com a redação dada pelo Dec. nº 10.491, de 24-9-2020.

III – *Revogado*. Dec. nº 3.668, de 22-11-2000;

IV – Conselho Pleno, com a competência para uniformizar a jurisprudência previdenciária mediante enunciados, podendo ter outras competências definidas no Regimento Interno do Conselho de Recursos da Previdência Social.

▸ Inciso IV com a redação dada pelo Dec. nº 6.857, de 25-5-2009.

§ 1º-A. A quantidade de Juntas de Recursos e de Câmaras de Julgamento do CRPS será estabelecida no decreto que aprovar a estrutura regimental do Ministério da Economia.

▸ § 1º-A acrescido pelo Dec. nº 10.491, de 23-9-2020.

§ 2º O CRPS é presidido por representante do Governo, com notório conhecimento da legislação previdenciária, nomeado pelo Ministro de Estado da Previdência Social, cabendo-lhe dirigir os serviços administrativos do órgão.

▸ § 2º com a redação dada pelo Dec. nº 6.722, de 30-12-2008.

§ 3º *Revogado*. Dec. nº 3.668, de 22-11-2000.

§ 4º As Juntas de Recursos e as Câmaras de Julgamento, presididas por representante do Governo federal, são integradas por quatro conselheiros em cada turma, nomeados pelo Ministro de Estado da Economia, com a seguinte composição:

I – para os órgãos com competência para processar e julgar as contestações ou os recursos de que tratam os incisos I, II e III do *caput* do art. 305:

a) dois representantes do Governo federal;

b) um representante das empresas; e

c) um representante dos trabalhadores; e

II – para os órgãos com competência para processar e julgar os recursos de que tratam os incisos IV e V do *caput* do art. 305:

a) dois representantes do Governo federal;

b) um representante dos entes federativos; e

c) um representante dos servidores públicos.

§ 5º O mandato dos conselheiros do CRPS é de três anos, permitida a recondução, cumpridos os seguintes requisitos:

I – os representantes do Governo federal serão escolhidos entre servidores federais, preferencialmente do Ministério da Economia ou do INSS, ou de outro órgão da administração pública federal, estadual, municipal ou distrital, com graduação em Direito, os quais prestarão serviços exclusivos ao CRPS, sem prejuízo dos direitos e das vantagens percebidos no cargo de origem;

II – os representantes das empresas e dos trabalhadores serão escolhidos entre os indicados em lista tríplice pelas entidades de classe ou sindicais das respectivas jurisdições, com graduação em Direito, e serão enquadrados como segurados obrigatórios do RGPS na condição de contribuintes individuais;

► Art. 3º do Dec. 10.410, de 30-6-2020, que prevê que o regimento interno do CRPS estabelecerá o período de transição para que o requisito de graduação em Direito, previsto neste inciso, passe a ser exigido de todos os conselheiros.

III – os representantes dos entes federativos e dos servidores públicos serão escolhidos entre os indicados em lista tríplice pelo Conselho Nacional dos Regimes Próprios de Previdência Social, observadas as respectivas representações, com graduação em Direito, e manterão a qualidade de segurados do regime próprio a que estejam vinculados; e

IV – os representantes não poderão incidir em situações que caracterizem conflito de interesses, nos termos do disposto no art. 10 da Lei nº 12.813, de 16 de maio de 2013.

► §§ 4º e 5º com a redação dada pelo Dec. nº 10.410, de 30-6-2020.

§ 6º A gratificação dos membros de Câmara de Julgamento e Junta de Recursos será definida em ato do Ministro de Estado da Economia.

► *Caput* do § 6º com a redação dada pelo Dec. nº 10.410, de 30-6-2020.

► Art. 2º do Dec. nº 10.410, de 30-6-2020, que estabelece que até a edição do ato de que trata este parágrafo, ficam mantidas as gratificações devidas aos membros do Conselho de Recursos da Previdência Social – CRPS.

I a III – *Revogados*. Dec. nº 10.410, de 30-6-2020.

§ 7º Os servidores do Instituto Nacional do Seguro Social, mediante ato do Ministro de Estado da Previdência Social, poderão ser cedidos para terem exercício no Conselho de Recursos da Previdência Social, sem prejuízo dos direitos e das vantagens do respectivo cargo de origem, inclusive os previstos no art. 61 da Lei nº 8.112, de 11 de dezembro de 1990.

► § 7º com a redação dada pelo Dec. nº 4.729, de 9-6-2003.

§ 8º *Revogado*. Dec. nº 3.452, de 9-5-2000.

§ 9º O conselheiro afastado por qualquer das razões elencadas no Regimento Interno do Conselho de Recursos da Previdência Social, exceto quando decorrente de renúncia voluntária, não poderá ser novamente designado para o exercício desta função antes do transcurso de cinco anos, contados do efetivo afastamento.

► § 9º com a redação dada pelo Dec. nº 5.699, de 13-2-2006.

§ 10. O limite máximo de composições por Câmara de Julgamento ou Junta de Recursos, do Conselho de Recursos da Previdência Social, será definido em ato do Ministro de Estado da Previdência Social, por proposta fundamentada do presidente do referido Conselho, em função da quantidade de processos em tramitação em cada órgão julgador.

► § 10 com a redação dada pelo Dec. nº 6.496, de 30-6-2008.

§ 11. *Revogado*. Dec. nº 6.857, de 25-5-2009.

§ 12. O afastamento do representante dos trabalhadores da empresa empregadora ou dos servidores do ente federativo não constitui motivo para alteração ou rescisão de seu vínculo contratual ou funcional.

► § 12 acrescido pelo Dec. nº 10.410, de 30-6-2020.

Art. 304. Compete ao Ministro de Estado da Previdência Social aprovar o Regimento Interno do CRPS.

► Artigo com a redação dada pelo Dec. nº 6.722, de 30-12-2008.

► Port. do MPS nº 323, de 27-8-2007, aprova o regimento interno do Conselho de Recursos da Previdência Social – CRPS.

Subseção II

DAS CONTESTAÇÕES E DOS RECURSOS

► Subseção II com a denominação dada pelo Dec. nº 10.410, de 30-6-2020.

Art. 305. Compete ao CRPS processar e julgar:

▸ *Caput* com a redação dada pelo Dec. nº 10.410, de 30-6-2020.

I – os recursos das decisões proferidas pelo INSS nos processos de interesse de seus beneficiários;
II – as contestações e os recursos relativos à atribuição, pelo Ministério da Economia, do FAP aos estabelecimentos das empresas;
III – os recursos das decisões proferidas pelo INSS relacionados à comprovação de atividade rural de segurado especial de que trata o art. 19-D ou às demais informações relacionadas ao CNIS de que trata o art. 19;
IV – os recursos das decisões relacionadas à compensação financeira de que trata a Lei nº 9.796, de 1999; e
V – os recursos relacionados aos processos sobre irregularidades verificadas em procedimento de supervisão e de fiscalização nos regimes próprios de previdência social e aos processos sobre apuração de responsabilidade por infração às disposições da Lei nº 9.717, de 1998.

▸ Incisos I a V acrescidos pelo Dec. nº 10.410, de 30-6-2020.

§ 1º O prazo para interposição de contestações e recursos ou para oferecimento de contrarrazões será de trinta dias, contado:

I – no caso das contestações, da publicação no *Diário Oficial da União* das informações sobre a forma de consulta ao FAP;
II – no caso dos recursos, da ciência da decisão; e
III – no caso das contrarrazões, da interposição do recurso.

▸ § 1º com a redação dada pelo Dec. nº 10.410, de 30-6-2020.

§ 2º *Revogado.* Dec. nº 3.265, de 29-11-1999.

§ 3º O INSS, a Secretaria Especial de Previdência e Trabalho do Ministério da Economia e, quando for o caso, na hipótese prevista no inciso IV do *caput*, os entes federativos poderão reformar suas decisões e deixar de encaminhar, no caso de reforma favorável ao interessado, a contestação ou o recurso à instância competente ou de rever o ato para o não prosseguimento da contestação ou do recurso.

▸ § 3º com a redação dada pelo Dec. nº 10.410, de 30-6-2020.

§ 4º Se o reconhecimento do direito do interessado ocorrer na fase de instrução do recurso por ele interposto contra decisão de Junta de Recursos, ainda que de alçada, ou de Câmara de Julgamento, o processo, acompanhado das razões do novo entendimento, será encaminhado:

I – à Junta de Recursos, no caso de decisão dela emanada, para fins de reexame da questão; ou
II – à Câmara de Julgamento, se por ela proferida a decisão, para revisão do acórdão, na forma que dispuser o seu Regimento Interno.

§ 5º *Revogado.* Dec. nº 6.722, de 30-12-2008.

§ 6º As contestações e os recursos a que se refere o inciso II do *caput* deverão dispor, exclusivamente, sobre razões relativas a divergências quanto aos elementos que compõem o cálculo do FAP.

§ 7º Exceto se houver disposição em contrário disciplinada em ato do INSS, as razões do indeferimento e os demais elementos que compõem o processo administrativo previdenciário substituirão as contrarrazões apresentadas pelo INSS, hipótese em que o processo poderá ser remetido ao CRPS imediatamente após a interposição do recurso pelo interessado, preferencialmente por meio eletrônico.

§ 8º Ato conjunto do INSS e do CRPS estabelecerá os procedimentos operacionais relativos à tramitação dos recursos das decisões proferidas pelo INSS.

▸ §§ 6º a 8º acrescidos pelo Dec. nº 10.410, de 30-6-2020.

Art. 306. *Revogado.* Dec. nº 6.722, de 30-12-2008.

Art. 307. A propositura pelo interessado de ação judicial que tenha por objeto idêntico pedido sobre o qual verse o processo administrativo importará renúncia ao direito de contestar e recorrer na esfera administrativa, com a consequente desistência da contestação ou do recurso interposto.

▸ Artigo com a redação dada pelo Dec. nº 10.410, de 30-6-2020.

Art. 308. Os recursos interpostos tempestivamente contra decisões proferidas pelas Juntas de Recursos e pelas Câmaras de Julgamento do CRPS têm efeito suspensivo e devolutivo.

▸ *Caput* com a redação dada pelo Dec. nº 10.410, de 30-6-2020.

§ 1º Para fins do disposto neste artigo, não se considera recurso o pedido de revisão de acórdão endereçado às Juntas de Recursos e Câmaras de Julgamento.

► § 1º acrescido pelo Dec. nº 5.699, de 13-2-2006.

§ 2º É vedado ao INSS escusar-se de cumprir as diligências solicitadas pelo CRPS, bem como deixar de dar cumprimento às decisões definitivas daquele colegiado, reduzir ou ampliar o seu alcance ou executá-las de modo que contrarie ou prejudique seu evidente sentido.

► § 2º com a redação dada pelo Dec. nº 6.722, de 30-12-2008.

Art. 309. Na hipótese de haver controvérsia em matéria previdenciária, na aplicação de lei ou de ato normativo, entre órgãos do Ministério da Economia, entidades a ele vinculadas e, na hipótese prevista no inciso IV do *caput* do art. 305, entes federativos, ou ocorrência de questão previdenciária de relevante interesse público ou social, o órgão ministerial ou a entidade interessada poderá, por intermédio de seu dirigente, solicitar ao Ministro de Estado da Economia solução para a controvérsia ou questão.

► *Caput* com a redação dada pelo Dec. nº 10.410, de 30-6-2020.

§ 1º A controvérsia na aplicação de lei ou ato normativo será relatada *in abstracto* e encaminhada com manifestações fundamentadas dos órgãos interessados, podendo ser instruída com cópias dos documentos que demonstrem sua ocorrência.

§ 2º A Procuradoria-Geral Federal Especializada/INSS deverá pronunciar-se em todos os casos previstos neste artigo.

► §§ 1º e 2º acrescidos pelo Dec. nº 4.729, de 9-6-2003.

Art. 310. *Revogado.* Dec. nº 6.722, de 30-12-2008.

TÍTULO II – DOS CONVÊNIOS, CONTRATOS, CREDENCIAMENTOS E ACORDOS

Art. 311. A empresa, o sindicato ou entidade de aposentados devidamente legalizada poderá, mediante convênio, encarregar-se, relativamente a seu empregado ou associado e respectivos dependentes, de processar requerimento de benefício, preparando-o e instruindo-o de maneira a ser despachado pela previdência social.

► *Caput* com a redação dada pelo Dec. nº 6.722, de 30-12-2008.

Parágrafo único. Somente poderá optar pelo encargo de pagamento, as convenentes que fazem a complementação de benefícios, observada a conveniência administrativa do INSS.

► Parágrafo único com a redação dada pelo Dec. nº 6.939, de 18-8-2009.

Art. 312. A concessão e manutenção de prestação devida a beneficiário residente no exterior devem ser efetuadas nos termos do acordo entre o Brasil e o país de residência do beneficiário ou, na sua falta, nos termos de instruções expedidas pelo Ministério da Previdência e Assistência Social.

Art. 313. Os convênios, credenciamentos e acordos da linha do seguro social deverão ser feitos pelos setores de acordos e convênios do Instituto Nacional do Seguro Social.

Parágrafo único. O Instituto Nacional do Seguro Social poderá ainda colaborar para a complementação das instalações e equipamentos de entidades de habilitação e reabilitação profissional, com as quais mantenha convênio, ou fornecer outros recursos materiais para a melhoria do padrão de atendimento aos beneficiários.

Art. 314. A prestação de serviços da entidade que mantém convênio, contrato, credenciamento ou acordo com o Instituto Nacional do Seguro Social não cria qualquer vínculo empregatício entre este e o prestador de serviço.

Art. 315. Os órgãos da administração pública direta, autárquica e fundacional dos Estados, do Distrito Federal e dos Municípios poderão, mediante convênio com a previdência social, encarregar-se, relativamente aos seus funcionários, de formalizar processo de pedido de certidão de tempo de contribuição para fins de contagem recíproca, preparando-o e instruindo-o de forma a ser despachado pelo Instituto Nacional do Seguro Social.

Art. 316. O Instituto Nacional do Seguro Social, de acordo com as possibilidades administrativas e técnicas das unidades executivas de reabilitação profissional, poderá estabelecer convênios e/ou acordos de cooperação técnico-financeira, para viabilizar o atendimento às pessoas portadoras de deficiência.

Art. 317. Nos casos de impossibilidade de instalação de órgão ou setor próprio competente do Instituto Nacional do Seguro Social, assim como de efetiva incapacidade física ou técnica de implementação das atividades e atendimento adequado à clientela da previdência social, as unidades executivas de reabilitação profissional poderão solicitar a celebração de convênios, contratos ou acordos com entidades públicas ou privadas de comprovada idoneidade financeira e técnica, ou seu credenciamento, para prestação de serviço, por delegação ou simples cooperação técnica, sob coordenação e supervisão dos órgãos competentes do Instituto Nacional do Seguro Social.

TÍTULO III – DA DIVULGAÇÃO DOS ATOS E DECISÕES DA PREVIDÊNCIA SOCIAL

Art. 318. A divulgação dos atos e decisões dos órgãos e autoridades da previdência social, sobre benefícios, tem como objetivo:

I – dar inequívoco conhecimento deles aos interessados, inclusive para efeito de recurso;

II – possibilitar seu conhecimento público; e

III – produzir efeitos legais quanto aos direitos e obrigações deles derivados.

Art. 319. O INSS notificará o interessado de sua decisão, preferencialmente por meio eletrônico, por meio de cadastramento prévio, na forma definida pelo INSS, realizado por procedimento em que seja assegurada a identificação adequada do interessado ou:

► *Caput* com a redação dada pelo Dec. nº 10.410, de 30-6-2020.

I – por rede bancária, conforme definido em ato do INSS;

II – por via postal, por meio de carta simples destinada ao endereço constante do cadastro do segurado no INSS, hipótese em que o aviso de recebimento será considerado prova suficiente da notificação; ou

III – pessoalmente, quando entregue ao interessado em mão.

► Incisos I a III acrescidos pelo Dec. nº 10.410, de 30-6-2020.

Parágrafo único. *Revogado.* Dec. nº 10.410, de 30-6-2020.

Art. 320. O conhecimento das decisões e demais atos dos órgãos do Ministério da Previdência e Assistência Social deve ser dado mediante publicação no *Diário Oficial da União*, boletim de serviço ou outro órgão de divulgação oficialmente reconhecido, ou na forma do artigo 319.

Art. 321. O contrato, o convênio, o credenciamento e o acordo celebrados que impliquem pagamento de benefícios deverão ser publicados, em síntese, em boletim de serviço.

► Artigo com a redação dada pelo Dec. nº 10.410, de 30-6-2020.

Art. 322. O órgão do Instituto Nacional do Seguro Social, especialmente o pagador, só pode cumprir ato ou decisão de publicação obrigatória em boletim de serviço depois de atendida essa formalidade.

Parágrafo único. O administrador que determina e o servidor que realiza pagamento sem observar o disposto neste artigo são civilmente responsáveis por ele, ficando sujeitos também às penalidades administrativas cabíveis.

Art. 323. Os atos de que trata este Título serão publicados também no *Diário Oficial da União*, quando houver obrigação legal nesse sentido.

Art. 324. Os atos normativos ministeriais obrigam a todos os órgãos e entidades integrantes do Ministério da Previdência e Assistência Social, inclusive da administração indireta a ele vinculados.

Art. 325. Os atos e decisões normativas sobre benefícios dos órgãos e entidades da previdência social devem ser publicados na íntegra em boletim de serviço da entidade interessada, só tendo validade depois dessa publicação.

Parágrafo único. Os pareceres somente serão publicados quando aprovados pelas autoridades competentes e por determinação destas.

TÍTULO IV – DAS DISPOSIÇÕES DIVERSAS RELATIVAS À ORGANIZAÇÃO DA SEGURIDADE SOCIAL

Art. 326. O Instituto Nacional do Seguro Social, na forma da legislação específica, fica autorizado a contratar auditoria externa, periodicamente, para analisar e emitir parecer sobre demonstrativos econômico-financeiros e contábeis, arrecadação, cobrança e fiscalização de contribuições, bem como pagamento de benefícios, submetendo os resultados obtidos à apreciação do Conselho Nacional de Previdência Social.

Art. 327. A Auditoria e a Procuradoria do Instituto Nacional do Seguro Social deverão, a cada trimestre, elaborar relação das auditorias realizadas e dos trabalhos executados, bem como dos resultados obtidos, enviando-a à apreciação do Conselho Nacional de Previdência Social.

Art. 328. O Instituto Nacional do Seguro Social deverá implantar programa de qualificação e treinamento sistemático de pessoal, bem como promover reciclagem e redistribuição de funcionários conforme demandas dos órgãos regionais e locais, visando à melhoria da qualidade do atendimento, ao controle e à eficiência dos sistemas de arrecadação e fiscalização de contribuições, bem como de pagamento de benefícios.

Art. 329. O Cadastro Nacional de Informações Sociais é destinado a registrar informações de interesse da Administração Pública Federal e dos beneficiários da Previdência Social.

Parágrafo único. As contribuições aportadas pelos segurados e empresas terão o registro contábil individualizado, conforme dispuser o Ministério da Previdência e Assistência Social.

Arts. 329-A a 330. *Revogados*. Dec. nº 10.410, de 30-6-2020.

Art. 331. O Instituto Nacional do Seguro Social fica autorizado a efetuar permuta de informações, em caráter geral ou específico, com qualquer órgão ou entidade da administração direta ou indireta da União, Estados, Distrito Federal ou Municípios, com a prestação, quando for o caso, de assistência mútua na fiscalização dos respectivos tributos.

§ 1º A permuta de informações sobre a situação econômica ou financeira dos sujeitos passivos ou de terceiros e sobre a natureza e o estado dos seus negócios ou atividades somente poderá ser efetivada com a Secretaria da Receita Federal ou com a Fazenda Pública dos Estados, do Distrito Federal ou dos Municípios.

▸ A Secretaria da Receita Federal passou a ser denominada Secretaria da Receita Federal do Brasil pelo art. 1º da Lei nº 11.457, de 16-3-2007 (Lei da Super-Receita).

§ 2º Até que seja totalmente implantado o Cadastro Nacional de Informações Sociais, as instituições e órgãos federais, estaduais, do Distrito Federal e municipais, detentores de cadastros de empresas e de contribuintes em geral, deverão colocar à disposição do Instituto Nacional do Seguro Social, mediante convênio, todos os dados necessários à permanente atualização dos seus cadastros.

§ 3º O convênio de que trata o parágrafo anterior estabelecerá, entre outras condições, a forma e a periodicidade de acesso ao cadastro e às alterações posteriores.

Art. 332. O INSS estabelecerá indicadores qualitativos e quantitativos para acompanhamento e avaliação das concessões de benefícios realizadas.

Art. 333. O INSS adotará como prática o cruzamento das informações declaradas pelos segurados com as informações constantes das bases de dados de que dispuser quando da análise dos requerimentos dos benefícios.

▸ Arts. 332 e 333 com a redação dada pelo Dec. nº 10.410, de 30-6-2020.

Art. 334. Haverá, no âmbito da previdência social, uma Ouvidoria-Geral, cujas atribuições serão definidas em regulamento específico.

Art. 335. Deverão ser enviadas ao Congresso Nacional, anualmente, acompanhando a proposta orçamentária da seguridade social, projeções atuariais relativas à seguridade social, abrangendo um horizonte temporal de, no mínimo, 20 (vinte) anos, considerando hipóteses alternativas quanto às variações demográficas, econômicas e institucionais relevantes.

Livro VI – Das Disposições Gerais

Art. 336. Para fins estatísticos e epidemiológicos, a empresa deverá comunicar à previdência social o acidente de que tratam os artigos 19, 20, 21 e 23 da Lei nº 8.213, de 1991, ocorrido com o segurado empregado, exceto o doméstico, e o trabalhador avulso, até o primeiro dia útil seguinte ao da ocorrência e, em caso de morte, de imediato, à autoridade competente, sob pena da multa aplicada e cobrada na forma do artigo 286.

▸ *Caput* com a redação dada pelo Decreto nº 4.032, de 26-11-2001.

§ 1º Da comunicação a que se refere este artigo receberão cópia fiel o acidentado ou seus dependentes, bem como o sindicato a que corresponda a sua categoria.

§ 2º Na falta do cumprimento do disposto no *caput*, caberá ao setor de benefícios do Instituto Nacional do Seguro Social comunicar a ocorrência ao setor de fiscalização, para a aplicação e cobrança da multa devida.

§ 3º Na falta de comunicação por parte da empresa, ou quando se tratar de segurado especial, podem formalizá-la o próprio acidentado, seus dependentes, a entidade sindical competente, o médico que o assistiu ou qualquer autoridade pública, não prevalecendo nestes casos o prazo previsto neste artigo.

▸ § 3º com a redação dada pelo Dec. nº 4.032, de 26-11-2001.

§ 4º A comunicação a que se refere o § 3º não exime a empresa de responsabilidade pela falta do cumprimento do disposto neste artigo.

§ 5º *Revogado*. Dec. nº 3.265, de 29-11-1999.

§ 6º Os sindicatos e entidades representativas de classe poderão acompanhar a cobrança, pela previdência social, das multas previstas neste artigo.

Art. 337. O acidente do trabalho será caracterizado tecnicamente pela Perícia Médica Federal, por meio da identificação do nexo entre o trabalho e o agravo.

▸ *Caput* com a redação dada pelo Dec. nº 10.491, de 23-9-2020.

I a III – *Revogados*. Dec. nº 10.410, de 30-6-2020.

§ 1º O setor de benefícios do Instituto Nacional do Seguro Social reconhecerá o direito do segurado à habilitação do benefício acidentário.

§ 2º Será considerado agravamento do acidente aquele sofrido pelo acidentado quanto estiver sob a responsabilidade da reabilitação profissional.

§ 3º Considera-se estabelecido o nexo entre o trabalho e o agravo quando se verificar nexo técnico epidemiológico entre a atividade da empresa e a entidade mórbida motivadora da incapacidade, elencada na Classificação Internacional de Doenças – CID em conformidade com o disposto na Lista C do Anexo II deste Regulamento.

▸ § 3º com a redação dada pelo Dec. nº 6.957, de 9-9-2009.

§ 4º Para os fins deste artigo, considera-se agravo a lesão, doença, transtorno de saúde, distúrbio, disfunção ou síndrome de evolução aguda, subaguda ou crônica, de natureza clínica ou subclínica, inclusive morte, independentemente do tempo de latência.

▸ § 4º acrescido pelo Dec. nº 6.042, de 12-7-2007.

§ 5º Reconhecidos pela Perícia Médica Federal a incapacidade para o trabalho e o nexo entre o trabalho e o agravo, na forma prevista no § 3º, serão devidas as prestações acidentárias a que o beneficiário tiver direito.

§ 6º A Perícia Médica Federal deixará de aplicar o disposto no § 3º quando demonstrada a inexistência de nexo entre o trabalho e o agravo, sem prejuízo do disposto no § 7º e no § 12.

▸ §§ 5º e 6º com a redação dada pelo Dec. nº 10.491, de 23-9-2020.

§ 7º A empresa poderá requerer ao INSS a não aplicação do nexo técnico epidemiológico ao caso concreto mediante a demonstração de inexistência de correspondente nexo entre o trabalho e o agravo.

▸ § 7º com a redação dada pelo Dec. nº 6.939, de 18-8-2009.

§ 8º O requerimento de que trata o § 7º poderá ser apresentado no prazo de quinze dias da data para a entrega, na forma do inciso IV do art. 225, da GFIP que registre a movimentação do trabalhador, sob pena de não conhecimento da alegação em instância administrativa.

▸ § 8º acrescido pelo Dec. nº 6.042, de 12-7-2007.

§ 9º Caracterizada a impossibilidade de atendimento ao disposto no § 8º, motivada pelo não conhecimento tempestivo do diagnóstico do agravo, o requerimento de que trata o § 7º poderá ser apresentado no prazo de quinze dias, contado da data em que a empresa tomar ciência da decisão a que se refere o § 5º.

▸ § 9º com a redação dada pelo Dec. nº 10.410, de 30-6-2020.

§ 10. Juntamente com o requerimento de que tratam os §§ 8º e 9º, a empresa formulará as alegações que entender necessárias e apresentará as provas que possuir demonstrando a inexistência de nexo entre o trabalho e o agravo.

▸ § 10 com a redação dada pelo Dec. nº 6.939, de 18-8-2009.

§ 11. A documentação probatória poderá trazer, entre outros meios de prova, evidências técnicas circunstanciadas e tempestivas à exposição do segurado, podendo ser produzidas no âmbito de programas de gestão de risco, a cargo da empresa, que possuam responsável técnico legalmente habilitado.

▸ § 11 acrescido pelo Dec. nº 6.042, de 12-2-2007.

§ 12. O INSS informará ao segurado sobre a contestação da empresa para que este, querendo, possa impugná-la, obedecendo, quanto à produção de provas, ao disposto no § 10, sempre que a instrução do pedido evidenciar a possibilidade de reconhecimento de inexistência do nexo entre o trabalho e o agravo.

- § 12 com a redação dada pelo Dec. nº 6.939, de 18-8-2009.

§ 13. Da decisão do requerimento de que trata o § 7º cabe recurso, com efeito suspensivo, por parte da empresa ou, conforme o caso, do segurado ao Conselho de Recursos da Previdência Social, nos termos dos arts. 305 a 310.

- § 13 acrescido pelo Dec. nº 6.042, de 12-2-2007.
- Port. do MPS nº 323, de 27-8-2007, aprova o regimento interno do Conselho de Recursos da Previdência Social – CRPS.

Art. 338. A empresa é responsável pela adoção e uso de medidas coletivas e individuais de proteção à segurança e saúde do trabalhador sujeito aos riscos ocupacionais por ela gerados.

- *Caput* com a redação dada pelo Dec. nº 4.032, de 26-11-2001.

§ 1º É dever da empresa prestar informações pormenorizadas sobre os riscos da operação a executar e do produto a manipular.

- Parágrafo único transformado em § 1º pelo Dec. nº 4.032, de 26-11-2001.

§ 2º A Perícia Médica Federal terá acesso aos ambientes de trabalho e a outros locais onde se encontrem os documentos referentes ao controle médico de saúde ocupacional e aqueles que digam respeito ao programa de prevenção de riscos ocupacionais para verificar a eficácia das medidas adotadas pela empresa para a prevenção e o controle das doenças ocupacionais.

- § 2º com a redação dada pelo Dec. nº 10.410, de 30-6-2020.

§ 3º O INSS auditará a regularidade e a conformidade das demonstrações ambientais, incluindo-se as de monitoramento biológico, e dos controles internos da empresa relativos ao gerenciamento dos riscos ocupacionais, de modo a assegurar a veracidade das informações prestadas pela empresa e constantes do CNIS, bem como o cumprimento das obrigações relativas ao acidente de trabalho.

- § 3º com a redação dada pelo Dec. nº 4.882, de 18-11-2003.

§ 4º Sempre que a Perícia Médica Federal constatar o descumprimento do disposto neste artigo, esta comunicará formalmente aos demais órgãos interessados, inclusive para fins de aplicação e cobrança da multa devida.

- § 4º com a redação dada pelo Dec. nº 10.410, de 30-6-2020.

Art. 339. O Ministério do Trabalho e Emprego fiscalizará e os sindicatos e entidades representativas de classe acompanharão o fiel cumprimento do disposto nos artigos 338 e 343.

Art. 340. Por intermédio dos estabelecimentos de ensino, sindicatos, associações de classe, Fundação Jorge Duprat Figueiredo de Segurança e Medicina do Trabalho, órgãos públicos e outros meios, serão promovidas regularmente instrução e formação com vistas a incrementar costumes e atitudes prevencionistas em matéria de acidentes, especialmente daquele referido no artigo 336.

Art. 341. O INSS ajuizará ação regressiva contra os responsáveis nas hipóteses de:

- *Caput* com a redação dada pelo Dec. nº 10.410, de 30-6-2020.

I – negligência quanto às normas-padrão de segurança e higiene do trabalho indicadas para proteção individual e coletiva; e

II – violência doméstica e familiar contra a mulher, nos termos do disposto na Lei nº 11.340, de 7 de agosto de 2006.

- Incisos I e II acrescidos pelo Dec. nº 10.410, de 30-6-2020.

§ 1º Os órgãos de fiscalização das relações de trabalho encaminharão à Procuradoria-Geral Federal os relatórios de análise de acidentes do trabalho com indícios de negligência quanto às normas-padrão de segurança e higiene do trabalho indicadas para proteção individual e coletiva.

- Parágrafo único transformado em § 1º e com a redação dada pelo Dec. nº 10.410, de 30-6-2020.

§ 2º O pagamento de prestações pela previdência social em decorrência das hipóteses previstas nos incisos I e II do *caput* não exclui a responsabilidade civil da empresa, na hipótese de que trata o inciso I do *caput*, ou do responsável pela violência doméstica e familiar, na hipótese de que trata o inciso II do *caput*.

- § 2º acrescido pelo Dec. nº 10.410, de 30-6-2020.

Art. 342. O pagamento pela previdência social das prestações decorrentes do acidente a que se refere o art. 336 não exclui a responsabilidade civil da empresa, do empregador doméstico ou de terceiros.

▸ Artigo com a redação dada pelo Dec. nº 10.410, de 30-6-2020.

Art. 343. Constitui contravenção penal, punível com multa, deixar a empresa de cumprir as normas de segurança e saúde do trabalho.

Art. 344. Os litígios e medidas cautelares relativos aos acidentes de que trata o artigo 336 serão apreciados:

I – na esfera administrativa, pelos órgãos da previdência social, segundo as regras e prazos aplicáveis às demais prestações, com prioridade para conclusão; e

II – na via judicial, pela Justiça dos Estados e do Distrito Federal, segundo o rito sumaríssimo, inclusive durante as férias forenses, mediante petição instruída pela prova de efetiva notificação do evento à previdência social, através da Comunicação de Acidente do Trabalho.

Parágrafo único. O procedimento judicial de que trata o inciso II é isento do pagamento de quaisquer custas e de verbas relativas à sucumbência.

Art. 345. As ações referentes às prestações decorrentes do acidente de que trata o artigo 336 prescrevem em cinco anos, observado o disposto no artigo 347, contados da data:

I – do acidente, quando dele resultar a morte ou a incapacidade temporária verificada em perícia médica a cargo da Perícia Médica Federal; ou

II – em que for reconhecido pela Perícia Médica Federal a incapacidade permanente ou o agravamento das sequelas do acidente.

▸ Incisos I e II com a redação dada pelo Dec. nº 10.410, de 30-6-2020.

Art. 346. O segurado que houver sofrido o acidente a que se refere o art. 336 terá garantida, pelo prazo mínimo de doze meses, a manutenção de seu contrato de trabalho na empresa, após a cessação do auxílio por incapacidade temporária decorrente de acidente, independentemente da percepção de auxílio-acidente.

▸ Artigo com a redação dada pelo Dec. nº 10.410, de 30-6-2020.

Art. 347. É de dez anos o prazo de decadência de todo e qualquer direito ou ação do segurado ou beneficiário para a revisão dos atos de concessão, indeferimento, cancelamento ou cessação de benefício e dos atos de deferimento, indeferimento ou não concessão de revisão de benefício, contado:

▸ *Caput* com a redação dada pelo Dec. nº 10.410, de 30-6-2020.

I – do primeiro dia do mês subsequente ao do recebimento da primeira prestação ou da data em que a prestação deveria ter sido paga com o valor revisto; ou

II – do dia em que o segurado tiver ciência da decisão de indeferimento, cancelamento ou cessação do seu pedido de benefício ou da decisão de deferimento ou indeferimento de revisão de benefício no âmbito administrativo.

▸ Incisos I e II acrescidos pelo Dec. nº 10.410, de 30-6-2020.

§ 1º Prescreve em cinco anos, a contar da data em que deveriam ter sido pagas, toda e qualquer ação para haver prestações vencidas ou quaisquer restituições ou diferenças devidas pela Previdência Social, salvo o direito dos menores, incapazes e ausentes, na forma do Código Civil.

▸ Parágrafo único transformado em § 1º pelo Dec. nº 4.729, de 9-6-2003.

§ 2º Não é considerado pedido de revisão de decisão indeferitória definitiva, mas de novo pedido de benefício, o que vier acompanhado de outros documentos além dos já existentes no processo.

§ 3º Não terá sequência eventual pedido de revisão de decisão indeferitória definitiva de benefício confirmada pela última instância do Conselho de Recursos da Previdência Social, aplicando-se, no caso de apresentação de outros documentos, além dos já existentes no processo, o disposto no § 2º.

▸ §§ 2º e 3º acrescidos pelo Dec. nº 4.729, de 9-6-2003.

§ 4º Nas hipóteses de requerimento de revisão de benefício em manutenção ou de recurso de decisão do INSS com apresentação de novos elementos extemporaneamente ao ato concessório, os efeitos financeiros serão fixados na data do pedido de revisão ou do recurso.

▸ § 4º com a redação dada pelo Dec. nº 10.410, de 30-6-2020.

Art. 347-A. O direito da Previdência Social de anular os atos administrativos de que decorram efeitos favoráveis para os seus beneficiários decai em dez anos, contados da data em que foram praticados, salvo comprovada má-fé.

§ 1º No caso de efeitos patrimoniais contínuos, o prazo decadencial contar-se-á da percepção do primeiro pagamento.

§ 2º Considera-se exercício do direito de anular qualquer medida de autoridade administrativa que importe impugnação à validade do ato.

► Art. 347-A acrescido pelo Dec. nº 5.545, de 22-9-2005.

Art. 348. O direito da seguridade social de apurar e constituir seus créditos extingue-se no prazo de cinco anos, contado:

► *Caput* com a redação dada pelo Dec. nº 10.410, de 30-6-2020.

► Súm. Vinc. nº 8 do STF, declara a inconstitucionalidade dos art. 45 e 46 da Lei nº 8.212, de 24-7-1991, que tratam de prescrição e decadência de crédito tributário.

I – do primeiro dia do exercício seguinte àquele em que o crédito poderia ter sido constituído; ou

II – da data em que se tornar definitiva a decisão que houver anulado, por vício formal, a constituição de crédito anteriormente efetuado.

§ 1º Para comprovar o exercício de atividade remunerada, com vistas à concessão de benefícios, será exigido do contribuinte individual, a qualquer tempo, o recolhimento das correspondentes contribuições, observado o disposto nos §§ 7º a 14 do artigo 216.

► § 1º com a redação dada pelo Dec. nº 3.265, de 29-11-1999.

§ 2º Na hipótese de ocorrência de dolo, fraude ou simulação, a seguridade social pode, a qualquer tempo, apurar e constituir seus créditos.

§ 3º O direito de pleitear judicialmente a desconstituição de exigência fiscal fixada pelo Instituto Nacional do Seguro Social no julgamento de litígio em processo administrativo fiscal extingue-se com o decurso do prazo de 180 (cento e oitenta) dias, contado da intimação da referida decisão.

Art. 349. O direito da seguridade social de cobrar seus créditos, constituídos na forma prevista no art. 348, prescreverá no prazo de cinco anos, contado da data de sua constituição definitiva, observado o disposto nos art. 151 e art. 174 da Lei nº 5.172, de 25 de outubro de 1966 – Código Tributário Nacional.

► Artigo com a redação dada pelo Dec. nº 10.410, de 30-6-2020.

► Súm. Vinc. nº 8 do STF, declara a inconstitucionalidade dos art. 45 e 46 da Lei nº 8.212, de 24-7-1991, que tratam de prescrição e decadência de crédito tributário.

Art. 350. Será de responsabilidade da Procuradoria-Geral do Instituto Nacional do Seguro Social manter entendimentos com o Ministério Público, objetivando a agilização das causas judiciais necessárias à concessão e manutenção de benefícios.

Art. 351. O pagamento de benefícios decorrente de sentença judicial far-se-á com a observância da prioridade garantida aos créditos alimentícios.

Art. 352. Para fins de reconhecimento inicial de benefícios previdenciários, desde que este não acarrete revisão de ato administrativo anterior, o Presidente do INSS poderá editar súmulas administrativas, que terão caráter vinculante perante o INSS nas seguintes hipóteses:

► *Caput* com a redação dada pelo Dec. nº 10.410, de 30-6-2020.

I – sobre tema a respeito do qual exista súmula ou parecer emitido pelo Advogado-Geral da União; e

II – sobre tema decidido pelo Supremo Tribunal Federal, em matéria constitucional, ou pelo Superior Tribunal de Justiça, no âmbito de suas competências, quando definido em sede de repercussão geral ou recurso repetitivo e não houver viabilidade de reversão da tese firmada em sentido desfavorável ao INSS, conforme disciplinado pelo Advogado-Geral da União, nos termos do disposto no § 2º do art. 19-D da Lei nº 10.522, de 19 de julho de 2002.

► Incisos I e II acrescidos pelo Dec. nº 10.410, de 30-6-2020.

§ 1º A edição da súmula administrativa de que trata este artigo será precedida de avaliação de impacto orçamentário e financeiro pela Secretaria Especial de Previdência e Trabalho do Ministério da Economia.

► Parágrafo único transformado em § 1º e com a redação dada pelo Dec. nº 10.410, de 30-6-2020.

§ 2º As súmulas administrativas serão numeradas em ordem cronológica e terão validade até que lei, decreto ou outra súmula discipline a matéria de forma diversa, e competirá ao INSS mantê-las atualizadas em seus sítios eletrônicos.

§ 3º Para fins do disposto neste artigo, a Procuradoria Federal Especializada junto ao INSS emitirá parecer conclusivo para propor a edição, a alteração ou o cancelamento de súmula administrativa, da qual deverá constar o fundamento para a sua edição.

▸ §§ 2º e 3º acrescidos pelo Dec. nº 10.410, de 30-6-2020.

Art. 353. A formalização de desistência ou transigência judiciais, por parte de procurador da previdência social, será sempre precedida da anuência, por escrito, do Procurador-Geral do Instituto Nacional do Seguro Social ou do Presidente deste órgão, quando os valores em litígio ultrapassarem os limites definidos pelo Conselho Nacional de Previdência Social.

Parágrafo único. Os valores, a partir dos quais se exigirá a anuência do Procurador-Geral ou do Presidente do Instituto Nacional do Seguro Social, serão definidos periodicamente pelo Conselho Nacional de Previdência Social, mediante resolução própria.

Art. 354. O Instituto Nacional do Seguro Social, nas causas em que seja interessado na condição de autor, réu, assistente ou oponente, gozará das mesmas prerrogativas e privilégios assegurados à Fazenda Pública, inclusive quanto à inalienabilidade e impenhorabilidade de seus bens.

§ 1º O Instituto Nacional do Seguro Social é isento do pagamento de custas, traslados, preparos, certidões, registros, averbações e quaisquer outros emolumentos, nas causas em que seja interessado na condição de autor, réu, assistente ou oponente, inclusive nas ações de natureza trabalhista, acidentária e de benefício.

§ 2º O Instituto Nacional do Seguro Social antecipará os honorários periciais nas ações de acidentes do trabalho.

Art. 355. O Instituto Nacional do Seguro Social poderá requisitar a qualquer órgão ou entidade da administração direta ou indireta da União, dos Estados, do Distrito Federal e dos Municípios, bem como das demais entidades sob seu controle, elementos de fato e de direito relativos às alegações e ao pedido do autor de ação proposta contra a previdência social, bem assim promover diligências para localização de devedores e apuração de bens penhoráveis, que serão atendidas prioritariamente e sob regime de urgência.

Art. 356. Nos casos de indenização na forma do artigo 122 e da retroação da data do início das contribuições, conforme o disposto no artigo 124, após a homologação do processo pelo setor de benefícios do Instituto Nacional do Seguro Social, este deverá ser encaminhado ao setor de arrecadação e fiscalização, para levantamento e cobrança do débito.

Art. 357. A Secretaria Especial de Previdência e Trabalho do Ministério da Economia e o INSS ficam autorizados a editar normas que disponham sobre os critérios e a forma de realização de pesquisas externas.

▸ *Caput* com a redação dada pelo Dec. nº 10.410, de 30-6-2020.

Parágrafo único. Para efeito do disposto no *caput*, os servidores designados receberão, a título de indenização, o valor correspondente a 1/11 (um onze avos) do valor mínimo do salário de contribuição do contribuinte individual, por deslocamento com pesquisa concluída.

▸ Parágrafo único com a redação dada pelo Dec. nº 3.265, de 29-11-1999.

Art. 358. Na execução judicial da Dívida Ativa da União, suas autarquias e fundações públicas, será facultado ao exequente indicar bens à penhora, a qual será efetivada concomitantemente com a citação inicial do devedor.

§ 1º Os bens penhorados nos termos deste artigo ficam desde logo indisponíveis.

§ 2º Efetuado o pagamento integral da dívida executada, com seus acréscimos legais, no prazo de dois dias úteis contados da citação, independentemente da juntada aos autos do respectivo mandado, poderá ser liberada a penhora, desde que não haja outra execução pendente.

§ 3º O disposto neste artigo aplica-se também às execuções já processadas.

§ 4º Não sendo opostos embargos, no prazo legal, ou sendo eles julgados improcedentes, os autos serão conclusos ao juiz do feito, para determinar o prosseguimento da execução.

Art. 359. O Instituto Nacional do Seguro Social poderá contratar leiloeiros oficiais para promover a venda administrativa dos bens, adjudicados judicialmente ou que receber em dação de pagamento.

Parágrafo único. O Instituto Nacional do Seguro Social, no prazo de 60 (sessenta) dias, providenciará alienação do bem por intermédio do leiloeiro oficial.

Art. 360. Nas execuções fiscais da Dívida Ativa do Instituto Nacional do Seguro Social, o leilão judicial dos bens penhorados realizar-se-á por leiloeiro oficial, indicado pelo credor, que procederá à hasta pública:

I – no primeiro leilão, pelo valor do maior lance, que não poderá ser inferior ao da avaliação; ou

II – no segundo leilão, por qualquer valor, excetuado o vil.

§ 1º Poderá o juiz, a requerimento do credor, autorizar seja parcelado o pagamento do valor da arrematação, na forma prevista para os parcelamentos administrativos de débitos previdenciários.

§ 2º Todas as condições do parcelamento deverão constar do edital de leilão.

§ 3º O débito do executado será quitado na proporção do valor de arrematação.

§ 4º O arrematante deverá depositar, no ato, o valor da primeira parcela.

§ 5º Realizado o depósito, será expedida carta de arrematação, contendo as seguintes disposições:

I – valor da arrematação, valor e número de parcelas mensais em que será pago;

II – constituição de hipoteca do bem adquirido, ou de penhor, em favor do credor, servindo a carta de título hábil para registro da garantia;

III – indicação do arrematante como fiel depositário do bem móvel, quando constituído penhor; e

IV – especificação dos critérios de reajustamento do saldo e das parcelas, que será sempre o mesmo vigente para os parcelamentos de créditos previdenciários.

§ 6º Se o arrematante não pagar no vencimento qualquer das parcelas mensais, o saldo devedor remanescente vencerá antecipadamente e será acrescido em 50% (cinquenta por cento) de seu valor a título de multa, devendo, de imediato, ser inscrito em Dívida Ativa e executado.

§ 7º Se no primeiro ou no segundo leilões a que se refere o *caput* não houver licitante, o Instituto Nacional do Seguro Social poderá adjudicar o bem por 50% (cinquenta por cento) do valor da avaliação.

§ 8º Se o bem adjudicado não puder ser utilizado pelo Instituto Nacional do Seguro Social e for de difícil venda, poderá ser negociado ou doado a outro órgão ou entidade pública que demonstre interesse na sua utilização.

§ 9º Não havendo interesse na adjudicação, poderá o juiz do feito, de ofício ou a requerimento do credor, determinar sucessivas repetições da hasta pública.

§ 10. O leiloeiro oficial, a pedido do credor, poderá ficar como fiel depositário dos bens penhorados e realizar a respectiva remoção.

Art. 361. O Instituto Nacional do Seguro Social poderá concordar com valores divergentes, para pagamento da dívida objeto de execução fiscal, quando a diferença entre os cálculos de atualização da dívida por ele elaborados ou levados a efeito pela contadoria do Juízo e os cálculos apresentados pelo executado for igual ou inferior a 5% (cinco por cento).

§ 1º O disposto neste artigo aplica-se somente a dívidas cuja petição inicial da execução tenha sido protocolada em Juízo até 31 de março de 1997.

§ 2º A extinção de processos de execução, em decorrência da aplicação do disposto neste artigo, não implicará condenação em honorários, custas e quaisquer outros ônus de sucumbência contra o exequente, oferecidos ou não embargos à execução, e acarretará a desistência de eventual recurso que tenha por razão a divergência de valores de atualização nos limites do percentual referido.

Art. 362. O Instituto Nacional do Seguro Social e a Secretaria da Receita Federal estabelecerão critérios para a dispensa de constituição ou exigência de crédito de valor inferior ao custo dessas medidas.

- ▶ A Secretaria da Receita Federal passou a ser denominada Secretaria da Receita Federal do Brasil pelo art. 1º da Lei nº 11.457, de 16-3-2007 (Lei da Super-Receita).

Art. 363. A arrecadação das receitas prevista nos incisos I, II, III, IV e V do parágrafo único do artigo 195, bem como as contribuições incidentes a título de substituição, e o pagamento dos benefícios da seguridade social serão realizados pela rede bancária ou por outras formas, nos termos e condições aprovados pelo Conselho Nacional de Previdência Social.

- ▶ Artigo com a redação dada pelo Dec. nº 4.032, de 26-11-2001.

Art. 364. As receitas provenientes da cobrança de débitos dos Estados, do Distrito Federal e dos Municípios e da alienação, arrendamento ou locação de bens móveis ou imóveis pertencentes ao patrimônio do Instituto Nacional do Seguro Social deverão constituir reserva técnica, de longo prazo, que garantirá o seguro social instituído no Plano de Benefícios da Previdência Social.

Parágrafo único. É vedada a utilização dos recursos de que trata este artigo para cobrir despesas de custeio em geral, inclusive as decorrentes de criação, majoração ou extensão dos benefícios ou serviços da previdência social, admitindo-se sua utilização, excepcionalmente, em despesas de capital, conforme definido na lei orçamentária.

Art. 365. Mediante requisição do Instituto Nacional do Seguro Social, a empresa é obrigada a descontar, da remuneração paga aos segurados a seu serviço, a importância proveniente de dívida ou responsabilidade por eles contraída junto à seguridade social, relativa a benefícios pagos indevidamente, observado o disposto no artigo 154.

Art. 366. O Presidente de Turma de Julgamento da Delegacia da Receita Federal do Brasil recorrerá de ofício sempre que a decisão:

▸ *Caput* com a redação dada pelo Dec. nº 6.224, de 4-10-2007.

I – declarar indevida contribuição ou outra importância apurada pela fiscalização; e

II – relevar ou atenuar multa aplicada por infração a dispositivos deste Regulamento.

▸ Incisos I e II com a redação dada pelo Dec. nº 6.224, de 4-10-2007.

§ 1º *Revogado*. Dec. nº 6.224, de 4-10-2007.

§ 2º O recurso de que trata o *caput* será interposto ao Segundo Conselho de Contribuintes do Ministério da Fazenda.

▸ § 2º com a redação dada pelo Dec. nº 6.224, de 4-10-2007.

§ 3º O Ministro de Estado da Fazenda poderá estabelecer limite abaixo do qual será dispensada a interposição do recurso de ofício previsto neste artigo.

▸ § 3º acrescido pelo Dec. nº 6.224, de 4-10-2007.

Art. 367. O Instituto Nacional do Seguro Social e a Empresa de Processamento de Dados da Previdência Social confrontarão a relação dos óbitos com os cadastros da previdência social, determinando o cancelamento dos pagamentos, a partir da data do falecimento dos beneficiários identificados na comunicação a que se refere o artigo 228.

Art. 368. Fica o Instituto Nacional do Seguro Social obrigado a:

I – enviar às empresas e aos contribuintes individuais, quando por eles solicitado, extrato de recolhimento das suas contribuições;

II – emitir automaticamente e enviar às empresas avisos de cobrança de débitos;

III – emitir e enviar aos beneficiários carta de concessão de benefícios, além da memória de cálculo do valor dos benefícios concedidos;

IV – reeditar versão atualizada da Carta dos Direitos dos Segurados;

V – divulgar, com a devida antecedência, pelos meios de comunicação, alterações das contribuições das empresas e dos segurados em geral;

VI – descentralizar, progressivamente, o processamento eletrônico das informações, mediante extensão dos programas de informatização aos Postos de Atendimento e às Gerências Regionais de Arrecadação e Fiscalização;

VII – garantir a integração dos sistemas de processamento eletrônico de informações e sua compatibilidade com o Cadastro Nacional de Informações Sociais; e

VIII – tornar disponível ao público, inclusive por meio de rede pública de transmissão de dados, informações atualizadas sobre as despesas do Regime Geral de Previdência Social, bem como os critérios e parâmetros adotados para garantir o seu equilíbrio financeiro e atuarial.

▸ Inciso VIII acrescido pelo Dec. nº 5.545, de 22-9-2005.

Parágrafo único. O fornecimento das informações a que se referem os incisos I e III do *caput* poderá ocorrer por meio da sua disponibilização pelos canais de atendimento do INSS previstos na Carta de Serviços ao Usuário do INSS.

▸ Parágrafo único acrescido pelo Dec. nº 10.410, de 30-6-2020.

Art. 369. Os depósitos judiciais e extrajudiciais referentes a contribuições sociais e outras importâncias arrecadadas pelo Instituto Nacional do Seguro Social serão efetuados na Caixa Econômica Federal mediante guia de recolhimento específica para essa finalidade, conforme modelo a ser aprovado pelo Instituto Nacional do Seguro Social e confeccionado e distribuído pela Caixa Econômica Federal.

§ 1º Quando houver mais de um interessado na ação, o depósito será efetuado, à ordem e disposição do Juízo, em nome de cada contribuinte, individualizadamente.

§ 2º A guia de recolhimento conterá, além de outros elementos fixados em ato normativo da autoridade competente, os dados necessários à identificação do órgão judicial em que tramita a ação.

§ 3º No caso de recebimento de depósito judicial, a Caixa Econômica Federal remeterá uma via da guia de recolhimento ao órgão judicial em que tramita a ação.

§ 4º A Caixa Econômica Federal tornará disponível para o Instituto Nacional do Seguro Social, por meio magnético, os dados referentes aos depósitos.

Art. 370. O valor dos depósitos recebidos será creditado pela Caixa Econômica Federal à Subconta da Previdência Social da Conta Única do Tesouro Nacional junto ao Banco Central do Brasil, no mesmo prazo fixado para recolhimento das contribuições arrecadadas pelo Instituto Nacional do Seguro Social.

Art. 371. Mediante ordem da autoridade judicial ou, no caso de depósito extrajudicial, da autoridade administrativa competente, o valor do depósito, após o encerramento da lide ou do processo litigioso, será:

I – devolvido ao depositante pela Caixa Econômica Federal, no prazo máximo de 24 (vinte e quatro) horas, quando a sentença ou decisão lhe for favorável ou na proporção em que o for, acrescido de juros equivalentes à taxa referencial do Sistema Especial de Liquidação e de Custódia, para títulos federais, acumulada mensalmente, calculados a partir do mês subsequente ao da efetivação do depósito até o mês anterior ao de seu levantamento, e de juros de 1 (um por cento) relativamente ao mês em que estiver sendo efetivada a devolução; ou

II – transformado em pagamento definitivo, proporcionalmente à exigência do correspondente crédito, quando se tratar de sentença ou decisão favorável ao Instituto Nacional do Seguro Social.

§ 1º O documento contendo os dados relativos aos depósitos devolvidos ou transformados em pagamento definitivo, a ser confeccionado e preenchido pela Caixa Econômica Federal, deverá ser aprovado pelo Instituto Nacional do Seguro Social.

§ 2º O valor dos depósitos devolvidos pela Caixa Econômica Federal será debitado à Subconta da Previdência Social da Conta Única do Tesouro Nacional junto ao Banco Central do Brasil, a título de restituição, no mesmo dia em que ocorrer a devolução.

§ 3º O Banco Central do Brasil creditará, na conta de reserva bancária da Caixa Econômica Federal, no mesmo dia, os valores devolvidos.

§ 4º Os valores das devoluções, inclusive dos juros acrescidos, serão contabilizados como estorno da respectiva espécie de receita em que tiver sido contabilizado o depósito.

§ 5º No caso de transformação do depósito em pagamento definitivo, a Caixa Econômica Federal efetuará a baixa em seus controles e comunicará a ocorrência ao Instituto Nacional do Seguro Social.

§ 6º A Caixa Econômica Federal manterá controle dos valores depositados, devolvidos e transformados em pagamento definitivo, por contribuinte e por processo, devendo, relativamente aos valores depositados e respectivos acréscimos de juros, tornar disponível o acesso aos registros, emitir extratos mensais e remetê-los ao Instituto Nacional do Seguro Social.

§ 7º Os extratos referidos neste artigo conterão dados que permitam identificar o depositante, o processo administrativo ou judicial, a movimentação dos depósitos durante o mês, além de outros elementos considerados indispensáveis.

Art. 372. Pelo recebimento dos depósitos e pela prestação dos demais serviços previstos nos artigos 369 a 371, a Caixa Econômica Federal será remunerada pela tarifa fixada pelo Ministro de Estado da Fazenda, na forma do disposto no Decreto nº 2.850, de 27 de novembro de 1998.

► Dec. nº 2.850, de 27-11-1998, foi revogado pelo Dec. nº 6.179, de 2-8-2007.

Art. 373. Os valores expressos em moeda corrente referidos neste Regulamento, exceto aqueles referidos no artigo 288, são reajustados nas mesmas épocas e com os mesmos índices utilizados para o reajustamento dos benefícios de prestação continuada da previdência social.

Art. 374. Serão aceitos os números de inscrição no Cadastro Geral de Contribuintes, até que seja concluída, pela Secretaria da Receita Federal, a implantação do Cadastro Nacional da Pessoa Jurídica.

► A Secretaria da Receita Federal passou a ser denominada Secretaria da Receita Federal do Brasil pelo art. 1º da Lei nº 11.457, de 16-3-2007 (Lei da Super-Receita).

Art. 375. Ficam anistiados, por força do artigo 3º da Lei nº 9.476, de 23 de julho de 1997, os agentes políticos e os dirigentes de órgãos públicos estaduais, do Distrito Federal ou municipais, a quem foram impostas penalidades pecuniárias pessoais até 24 de julho de 1997, em decorrência do disposto no artigo 289.

Art. 376. A multa de que trata a alínea e do inciso I do artigo 283 retroagirá a 16 de abril de 1994, na que for mais favorável.

Art. 377. Os recursos a que se refere o Decreto nº 2.536, de 6 de abril de 1998, não têm efeito suspensivo.

► O Dec. nº 2.536, de 6-4-1998, foi revogado pelo Dec. nº 7.237, de 20-7-2010.

Art. 378. *Revogado.* Dec. nº 4.729, de 9-6-2003.

Art. 379. A pessoa jurídica de direito privado já beneficiária da isenção ou que já a tenha requerido e que atenda ao disposto nos artigos 206 ou 207 está dispensada do requerimento previsto no artigo 208, devendo, até 30 de maio de 1999:

I – comunicar ao Instituto Nacional do Seguro Social que está enquadrada nos artigos 206 ou 207; e

II – apresentar ao Instituto Nacional do Seguro Social o plano de ação de atividades a serem desenvolvidas durante o ano em curso.

Parágrafo único. O Conselho Nacional de Assistência Social, mediante resolução que observe a natureza dos serviços assistenciais, poderá, por proposição da Secretaria de Estado de Assistência Social, considerar atendido o requisito de gratuidade, à vista de doações ou contribuições voluntárias feitas por terceiros, pelos responsáveis ou pelos próprios beneficiários dos serviços, desde que garantido o livre acesso a esses serviços, independentemente dessas doações e contribuições, não se lhes aplicando o disposto nos §§ 2º e 3º do artigo 206.

Art. 380. Fica cancelada, a partir de 1º de abril de 1999, toda e qualquer isenção de contribuição para a seguridade social concedida, em caráter geral ou especial, em desacordo com os artigos 206 ou 207.

Art. 381. As normas deste Regulamento de natureza procedimental aplicam-se imediatamente a todos os processos pendentes no Ministério da Previdência e Assistência Social e no Instituto Nacional do Seguro Social.

Art. 382. Os tratados, convenções e outros acordos internacionais de que Estado estrangeiro ou organismo internacional e o Brasil sejam partes, e que versem sobre matéria previdenciária, serão interpretados como lei especial.

► Artigo acrescido pelo Dec. nº 3.265, de 29-11-1999.

REGULAMENTO DA PREVIDÊNCIA SOCIAL

ANEXO I

RELAÇÃO DAS SITUAÇÕES EM QUE O APOSENTADO POR INVALIDEZ TERÁ DIREITO À MAJORAÇÃO DE VINTE E CINCO POR CENTO PREVISTA NO ARTIGO 45 DESTE REGULAMENTO

1–Cegueira total.
2–Perda de nove dedos das mãos ou superior a esta.
3–Paralisia dos dois membros superiores ou inferiores.
4–Perda dos membros inferiores, acima dos pés, quando a prótese for impossível.
5–Perda de uma das mãos e de dois pés, ainda que a prótese seja possível.
6–Perda de um membro superior e outro inferior, quando a prótese for impossível.
7–Alteração das faculdades mentais com grave perturbação da vida orgânica e social.
8–Doença que exija permanência contínua no leito.
9–Incapacidade permanente para as atividades da vida diária.

ANEXO II

AGENTES PATOGÊNICOS CAUSADORES DE DOENÇAS PROFISSIONAIS OU DO TRABALHO, CONFORME PREVISTO NO ART. 20 DA LEI Nº 8.213, DE 1991

AGENTES PATOGÊNICOS	TRABALHOS QUE CONTÊM O RISCO
QUÍMICOS	
I – ARSÊNIO E SEUS COMPOSTOS ARSENICAIS	1. metalurgia de minérios arsenicais e indústria eletrônica; 2. extração do arsênio e preparação de seus compostos; 3. fabricação, preparação e emprego de tintas, lacas (gás arsina), inseticidas, parasiticidas e raticidas; 4. processos industriais em que haja desprendimento de hidrogênio arseniado;
	5. preparação e conservação de peles e plumas (empalhamento de animais) e conservação da madeira; 6. agentes na produção de vidro, ligas de chumbo, medicamentos e semi-condutores.
II – ASBESTO OU AMIANTO	1. extração de rochas amiantíferas, furação, corte, desmonte, trituração, peneiramento e manipulação; 2. despejos do material proveniente da extração, trituração; 3. mistura, cardagem, fiação e tecelagam de amianto; 4. fabricação de guarnições para freios, materiais isolantes e produtos de fibrocimento; 5. qualquer colocação ou demolição de produtos de amianto que produza partículas atmosféricas de amianto.
III – BENZENO OU SEUS HOMÓLOGOS TÓXICOS	Fabricação e emprego do benzeno, seus homólogos ou seus derivados aminados e nitrosos: 1. instalações petroquímicas onde se produzir benzeno; 2. indústria química ou de laboratório; 3. produção de cola sintética; 4. usuários de cola sintética na fabricação de calçados, artigos de couro ou borracha e móveis; 5. produção de tintas; 6. impressores (especialmente na fotogravura); 7. pintura a pistola; 8. soldagem.
IV – BERÍLIO E SEUS COMPOSTOS TÓXICOS	1. extração, trituração e tratamento de berílio; 2. fabricação e fundição de ligas e compostos; 3. utilização na indústria aeroespacial e manufatura de instrumentos de precisão e ordenadores; ferramentas cortantes que não produzam faíscas para a indústria petrolífera; 4. fabricação de tubos fluorescentes, de ampolas de raios X, de eletrodos de aspiradores, catodos de queimadores e moderadores de reatores nucleares;

AGENTES PATOGÊNICOS	TRABALHOS QUE CONTÊM O RISCO
	5. fabricação de cadinhos, vidros especiais e de porcelana para isolantes térmicos.
V – BROMO	Fabricação e emprego do bromo e do ácido brômico.
VI – CÁDMIO OU SEUS COMPOSTOS	1. extração, tratamento, preparação e fundição de ligas metálicas; 2. fabricação de compostos de cádmio para soldagem; 3. soldagem; 4. utilização em revestimentos metálicos (galvanização), como pigmentos e estabilizadores em plásticos, nos acumuladores de níquel-cádmio e soldagem de prata.
VII – CARBONETOS METÁLICOS DE TUNGSTÊNIO SINTERIZADOS	Produção de carbonetos sinterizados (mistura, pulverização, modelado, aquecimento em forno, ajuste, pulverização de precisão), na fabricação de ferramentas e de componentes para máquinas e no afiamento das ferramentas. Trabalhadores situados nas proximidades e dentro da mesma oficina.
VIII – CHUMBO OU SEUS COMPOSTOS TÓXICOS	1. extração de minérios, metalurgia e refinação do chumbo; 2. fabricação de acumuladores e baterias (placas); 3. fabricação e emprego de chumbo-tetraetila e chumbo-tetrametila; 4. fabricação e aplicação de tintas, esmaltes e vernizes à base de compostos de chumbo; 5. fundição e laminação de chumbo, de bronze, etc; 6. fabricação ou manipulação de ligas e compostos de chumbo; 7. fabricação de objetos e artefatos de chumbo, inclusive munições; 8. vulcanização da borracha pelo litargírio ou outros compostos de chumbo; 9. soldagem; 10. indústria de impressão; 11. fabricação de vidro, cristal e esmalte vitrificado; 12. sucata, ferro-velho; 13. fabricação de pérolas artificiais; 14. olaria; 15. fabricação de fósforos.
IX – CLORO	Fabricação e emprego de cloro e ácido clorídrico.
X – CROMO OU SEUS COMPOSTOS TÓXICOS	1. fabricação de ácido crômico, de cromatos e bicromatos e ligas de ferrocromo; 2. cromagem eletrolítica de metais (galvanoplastia); 3. curtição e outros trabalhos com o couro; 4. pintura a pistola com pigmentos de compostos de cromo, polimento de móveis; 5. manipulação de ácido crômico, de cromatos e bicromatos; 6. soldagem de aço inoxidável; 7. fabricação de cimento e trabalhos da construção civil; 8. impressão e técnica fotográfica.
XI – FLÚOR OU SEUS COMPOSTOS TÓXICOS	1. fabricação e emprego de flúor e de ácido fluorídrico; 2. siderurgia (como fundentes); 3. fabricação de ladrilhos, telhas, cerâmica, cimento, vidro, esmalte, fibra de vidro, fertilizantes fosfatados; 4. produção de gasolina (como catalisador alquilante); 5. soldagem elétrica; 6. galvanoplastia; 7. calefação de superfícies; 8. sistema de combustível para foguetes.
XII – FÓSFORO OU SEUS COMPOSTOS TÓXICOS	1. extração e preparação do fósforo branco e de seus compostos; 2. fabricação e aplicação de produtos fosforados e organofosforados (sínteses orgânicas, fertilizantes, praguicidas); 3. fabricação de projéteis incendiários, explosivos e gases asfixiantes à base de fósforo branco; 4. fabricação de ligas de bronze; 5. borrifadores, trabalhadores agrícolas e responsáveis pelo armazenamento, transporte e distribuição dos praguicidas organofosforados.

AGENTES PATOGÊNICOS	TRABALHOS QUE CONTÊM O RISCO
XIII – HIDROCARBONETOS ALIFÁTICOS OU AROMÁTICOS (seus derivados halogenados tóxicos)	
– Cloreto de metila	Síntese química (metilação), refrigerante, agente especial para extrações.
– Cloreto de metileno	Solvente (azeites, graxas, ceras, acetato de celulose), desengordurante, removedor de pinturas.
– Clorofórmio	Solvente (lacas), agente de extração.
– Tetracloreto de carbono	Síntese química, extintores de incêndio.
– Cloreto de etila	Síntese química, anestésico local (refrigeração).
1.1 – Dicloroetano	Síntese química, solvente (resinas, borracha, asfalto, pinturas), desengraxante.
1.1.1 – Tricloroetano	Agente desengraxante para limpeza de metais e limpeza a seco.
1.1.2 – Tricloroetano	Solvente.
– Tetracloroetano	Solvente.
– Tricloroetileno	Desengraxante, agente de limpeza a seco e de extração, sínteses químicas.
– Tetracloroetileno	Desengraxante, agente de limpeza a seco e de extração, sínteses químicas.
– Cloreto de vinila	Intermediário na fabricação de cloreto de polivinila.
– Brometo de metila	Inseticida em fumigação (cereais), sínteses químicas.
– Brometo de etila	Sínteses químicas, agente especial de extração.
1.2 – Dibromoetano	Inseticida em fumigação (solos), extintor de incêndios, solvente (celuloide, graxas, azeite, ceras).
– Clorobenzeno	Sínteses químicas, solvente.
– Diclorobenzeno	Sínteses químicas, solvente.
XIV – IODO	Fabricação e emprego do iodo.
XV – MANGANÊS E SEUS COMPOSTOS TÓXICOS	1. extração, tratamento e trituração de pirolusita (dióxido de manganês); 2. fabricação de ligas e compostos do manganês; 3. siderurgia; 4. fabricação de pilhas secas e acumuladores; 5. preparação de permanganato de potássio e fabricação de corantes; 6. fabricação de vidros especiais e cerâmica; 7. soldagem com eletrodos contendo manganês; 8. fabricação de tintas e fertilizantes; 9. curtimento de couro.
XVI – MERCÚRIO E SEUS COMPOSTOS TÓXICOS	1. extração e fabricação do mineral de mercúrio e de seus compostos; 2. fabricação de espoletas com fulminato de mercúrio; 3. fabricação de tintas; 4. fabricação de solda; 5. fabricação de aparelhos: barômetros, manômetros, termômetros, interruptores, lâmpadas, válvulas eletrônicas, ampolas de raio X, retificadores; 6. amalgamação de zinco para fabricação de eletrodos, pilhas e acumuladores; 7. douração e estanhagem de espelhos; 8. empalhamento de animais com sais de mercúrio; 9. recuperação de mercúrio por destilação de resíduos industriais; 10. tratamento a quente de amálgamas de ouro e prata para recuperação desses metais; 11. secretagem de pêlos, crinas e plumas, e feltragem à base de compostos de mercúrio; 12. fungicida no tratamento de sementes e brilhos vegetais e na proteção da madeira.
XVII – SUBSTÂNCIAS ASFIXIANTES	
1. Monóxido de carbono	Produção e distribuição de gás obtido de combustíveis sólidos (gaseificação do carvão); mecânica de motores, principalmente movidos a gasolina, em recintos semifechados; soldagem acetilênica e a arco; caldeiras, indústria química; siderurgia, fundição, mineração de subsolo; uso de explosivos; controle de incêndios; controle de tráfego; construção de túneis; cervejarias.

AGENTES PATOGÊNICOS	TRABALHOS QUE CONTÊM O RISCO
2. Cianeto de hidrogênio ou seus derivados tóxicos	Operações de fumigação de inseticidas, síntese de produtos químicos orgânicos; eletrogalvanoplastia; extração de ouro e prata; produção de aço e de plásticos (especialmente o acrilonitrilo-estireno); siderurgia (fornos de coque).
3. Sulfeto de hidrogênio (Ácido sulfídrico)	Estações de tratamento de águas residuais; mineração; metalurgia; trabalhos em silos; processamento de açúcar da beterraba; curtumes e matadouros; produção de viscose e celofane; indústria química (produção de ácido sulfúrico, sais de bário); construção de túneis; perfuração de poços petrolíferos e gás; carbonização do carvão a baixa temperatura; litografia e fotogravura.
XVIII – SÍLICA LIVRE (Óxido de silício – S_iO_2)	1. extração de minérios (trabalhos no subsolo e a céu aberto); 2. decapagem, limpeza de metais, foscamento de vidros com jatos de areia, e outras atividades em que se usa areia como abrasivo; 3. fabricação de material refratário para fornos, chaminés e cadinhos, recuperação de resíduos; 4. fabricação de mós, rebolos, saponáceos, pós e pastas para polimento de metais; 5. moagem e manipulação de sílica na indústria de vidros e porcelanas; 6. trabalho em pedreiras; 7. trabalho em construção de túneis; 8. desbastes e polimento de pedras.
XIX – SULFETO DE CARBONO OU DISSULFETO DE CARBONO	1. fabricação de sulfeto de carbono; 2. indústria da viscose, raiom (seda artificial); 3. fabricação e emprego de solventes, inseticidas, parasiticidas e herbicidas; 4. fabricação de vernizes, resinas, sais de amoníaco, tetracloreto de carbono, têxteis, tubos eletrônicos a vácuo, gorduras; 5. limpeza a seco; galvanização; fumigação de grãos; 6. processamento de azeite, enxofre, bromo, cera, graxas e iodo.
XX – ALCATRÃO, BREU, BETUME, HULHA MINERAL, PARAFINA E PRODUTOS OU RESÍDUOS DESSAS SUBSTÂNCIAS, CAUSADORES DE EPITELIOMAS PRIMITIVOS DA PELE	Processos e operações industriais ou não, em que sejam utilizados alcatrão, breu, betume, hulha mineral, parafina e produtos ou resíduos dessas substâncias.
FÍSICOS	
XXI – RUÍDO E AFECÇÃO AUDITIVA	Mineração, construção de túneis, exploração de pedreiras (detonação, perfuração); engenharia pesada (fundição de ferro, prensa de forja); trabalho com máquinas que funcionam com potentes motores a combustão; utilização de máquinas têxteis; testes de reatores de aviões.
XXII – VIBRAÇÕES (Afecções dos músculos, tendões, ossos, articulações, vasos sanguíneos periféricos ou dos nervos periféricos)	Indústria metalúrgica, construção naval e automobilística; mineração; agricultura (motosserras); instrumentos pneumáticos; ferramentas vibratórias, elétricas e manuais; condução de caminhões e ônibus.
XXIII – AR COMPRIMIDO	1. trabalhos em caixões ou câmaras pneumáticas e em tubulões pneumáticos; 2. operações com uso de escafandro; 3. operações de mergulho; 4. trabalho com ar comprimido em túneis pressurizados.
XXIV – RADIAÇÕES IONIZANTES	1. extração de minerais radioativos (tratamento, purificação, isolamento e preparo para distribuição), como o urânio; 2. operação com reatores nucleares ou com fontes de nêutrons ou de outras radiações corpusculares; 3. trabalhos executados com exposições a raios X, rádio e substâncias radioativas para fins industriais, terapêuticos e diagnósticos; 4. fabricação e manipulação de produtos químicos e farmacêuticos radioativos (urânio, radônio, mesotório, tório X, césio 137 e outros); 5. fabricação e aplicação de produtos luminescentes radíferos; 6. pesquisas e estudos dos raios X e substâncias radioativas em laboratórios.

AGENTES PATOGÊNICOS	TRABALHOS QUE CONTÊM O RISCO
BIOLÓGICOS	
XXV – MICRO-ORGANISMOS E PARASITAS INFECCIOSOS VIVOS E SEUS PRODUTOS TÓXICOS	
1. Mycobacterium; vírus hospedados por artrópodes; cocciclioides; fungos; histoplasma; leptospira; ricketsia; bacilo (carbúnculo, tétano); ancilóstomo; tripanossoma; pasteurella.	Agricultura; pecuária; silvicultura; caça (inclusive a caça com armadilhas); veterinária; curtume.
2. Ancilóstomo; histoplasma; cocciclioides; leptospira; bacilo; sepse.	Construção; escavação de terra; esgoto; canal de irrigação; mineração.
3. Mycobacterium; brucellas; estreptococo (erisipela); fungo; ricketsia; pasteurella.	Manipulação e embalagem de carne e pescado.
4. Fungos; bactérias; mixovírus (doença de Newcastle).	Manipulação de aves confinadas e pássaros.
5. Bacilo (carbúnculo) e pasteurella.	Trabalho com pêlo, pele ou lã.
6. Bactérias; mycobacteria; brucella; fungos; leptospira; vírus; mixovírus; ricketsia; pasteurella.	Veterinária.
7. Mycobacteria, vírus; outros organismos responsáveis por doenças transmissíveis.	Hospital; laboratórios e outros ambientes envolvidos no tratamento de doenças transmissíveis.
8. Fungos (micose cutânea).	Trabalhos em condições de temperatura elevada e umidade (cozinhas; ginásios; piscinas; etc.).
POEIRAS ORGÂNICAS	
XXVI – ALGODÃO, LINHO, CÂNHAMO, SISAL	Trabalhadores nas diversas operações com poeiras provenientes desses produtos.
XXVII – AGENTES FÍSICOS, QUÍMICOS OU BIOLÓGICOS, QUE AFETAM A PELE, NÃO CONSIDERADOS EM OUTRAS RUBRICAS.	Trabalhadores mais expostos: agrícolas; da construção civil em geral; da indústria química; de eletrogalvanoplastia; de tinturaria; da indústria de plásticos reforçados com fibra de vidro; da pintura; dos serviços de engenharia (óleo de corte ou lubrificante); dos serviços de saúde (medicamentos, anestésicos locais, desinfetantes); do tratamento de gado; dos açougues.

LISTA A

AGENTES OU FATORES DE RISCO DE NATUREZA OCUPACIONAL RELACIONADOS COM A ETIOLOGIA DE DOENÇAS PROFISSIONAIS E DE OUTRAS DOENÇAS RELACIONADAS COM O TRABALHO

Agentes etiológicos ou fatores de risco de natureza ocupacional	Doenças causalmente relacionadas com os respectivos agentes ou fatores de risco (denominadas e codificadas segundo a CID-10)
I – Arsênio e seus compostos arsenicais	1. Angiossarcoma do fígado (C22.3) 2. Neoplasia maligna dos brônquios e do pulmão (C34.-) 3. Outras neoplasias malignas da pele (C44.-) 4. Polineuropatia devida a outras agentes tóxicos (G52.2) 5. Encefalopatia Tóxica Aguda (G92.1) 6. Blefarite (H01.0)

Agentes etiológicos ou fatores de risco de natureza ocupacional	Doenças causalmente relacionadas com os respectivos agentes ou fatores de risco (denominadas e codificadas segundo a CID-10)
	7. Conjuntivite (H10) 8. Queratite e Queratoconjuntivite (H16) 9. Arritmias cardíacas (I49.-) 10. Rinite Crônica (J31.0) 11. Ulceração ou Necrose do Septo Nasal (J34.0) 12. Bronquiolite Obliterante Crônica, Enfisema Crônico Difuso ou Fibrose Pulmonar Crônica (J68.4) 13. Estomatite Ulcerativa Crônica (K12.1) 14. Gastroenterite e Colites tóxicas (K52.-) 15. Hipertensão Portal (K76.6) 16. Dermatite de Contato por Irritantes (L24.-) 17. Outras formas de hiperpigmentação pela melanina: "Melanodermia" (L81.4) 18. Leucodermia, não classificada em outra parte (Inclui "Vitiligo Ocupacional") (L81.5) 19. Ceratose Palmar e Plantar Adquirida (L85.1) 20. Efeitos Tóxicos Agudos (T57.0)
II – Asbesto ou Amianto	1. Neoplasia maligna do estômago (C16.-) 2. Neoplasia maligna da laringe (C32.-) 3. Neoplasia maligna dos brônquios e do pulmão (C34.-) 4. Mesotelioma da pleura (C45.0) 5. Mesotelioma do peritônio (C45.1) 6. Mesotelioma do pericárdio (C45.2) 7. Placas epicárdicas ou pericárdicas (I34.8) 8. Asbestose (J60.-) 9. Derrame Pleural (J90.-) 10. Placas Pleurais (J92.-)
III – Benzeno e seus homólogos tóxicos	1. Leucemias (C91-C95.-) 2. Síndromes Mielodisplásicas (D46.-) 3. Anemia Aplástica devida a outros agentes externos (D61.2) 4. Hipoplasia Medular (D61.9) 5. Púrpura e outras manifestações hemorrágicas (D69.-) 6. Agranulocitose (Neutropenia tóxica) (D70) 7. Outros transtornos especificados dos glóbulos brancos: Leucocitose, Reação Leucemoide (D72.8) 8. Outros transtornos mentais decorrentes de lesão e disfunção cerebrais e de doença física (F06.-) (Tolueno e outros solventes aromáticos neurotóxicos) 9. Transtornos de personalidade e de comportamento decorrentes de doença, lesão e de disfunção de personalidade (F07.-) (Tolueno e outros solventes aromáticos neurotóxicos) 10. Transtorno Mental Orgânico ou Sintomático não especificado (F09.-) (Tolueno e outros solventes aromáticos neurotóxicos) 11. Episódios depressivos (F32.-) (Tolueno e outros solventes aromáticos neurotóxicos) 12. Neurastenia (Inclui "Síndrome de Fadiga") (F48.0) (Tolueno e outros solventes aromáticos neurotóxicos) 13. Encefalopatia Tóxica Crônica (G92.2) 14. Hipoacusia Ototóxica (H91.0) (Tolueno e Xileno) 15. Dermatite de Contato por Irritantes (L24.-) 16. Efeitos Tóxicos Agudos (T52.1 e T52.2)
IV – Berílio e seus compostos tóxicos	1. Neoplasia maligna dos brônquios e do pulmão (C34.-) 2. Conjuntivite (H10) 3. Beriliose (J63.2)

Agentes etiológicos ou fatores de risco de natureza ocupacional	Doenças causalmente relacionadas com os respectivos agentes ou fatores de risco (denominadas e codificadas segundo a CID-10)
	4. Bronquite e Pneumonite devida a produtos químicos, gases, fumaças e vapores ("Bronquite Química Aguda") (J68.0) 5. Edema Pulmonar Agudo devido a produtos químicos, gases, fumaças e vapores ("Edema Pulmonar Químico") (J68.1) 6. Bronquiolite Obliterante Crônica, Enfisema Crônico Difuso ou Fibrose Pulmonar Crônica (J68.4) 7. Dermatite de Contato por Irritantes (L24.-) 8. Efeitos Tóxicos Agudos (T56.7)
V – Bromo	1. Faringite Aguda ("Angina Aguda", "Dor de Garganta") (J02.9) 2. Laringotraqueíte Aguda (J04.2) 3. Faringite Crônica (J31.2) 4. Sinusite Crônica (J32.-) 5. Laringotraqueíte Crônica (J37.1) 6. Bronquite e Pneumonite devida a produtos químicos, gases, fumaças e vapores ("Bronquite Química Aguda") (J68.0) 7. Edema Pulmonar Agudo devido a produtos químicos, gases, fumaças e vapores ("Edema Pulmonar Químico") (J68.1) 8. Síndrome de Disfunção Reativa das Vias Aéreas (SDVA/RADS) (J68.3) 9. Bronquiolite Obliterante Crônica, Enfisema Crônico Difuso ou Fibrose Pulmonar Crônica (J68.4) 10. Estomatite Ulcerativa Crônica (K12.1) 11. Dermatite de Contato por Irritantes (L24.-) 12. Efeitos Tóxicos Agudos (T57.8.)
VI – Cádmio ou seus compostos	1. Neoplasia maligna dos brônquios e do pulmão (C34.-) 2. Transtornos do nervo olfatório (Inclui "Anosmia") (G52.0) 3. Bronquite e Pneumonite devida a produtos químicos, gases, fumaças e vapores ("Bronquite Química Aguda") (J68.0) 4. Edema Pulmonar Agudo devido a produtos químicos, gases, fumaças e vapores ("Edema Pulmonar Químico") (J68.1) 5. Síndrome de Disfunção Reativa das Vias Aéreas (SDVA/RADS) (J68.3) 6. Bronquiolite Obliterante Crônica, Enfisema Crônico Difuso ou Fibrose Pulmonar Crônica (J68.4) 7. Enfisema intersticial (J98.2) 8. Alterações pós-eruptivas da cor dos tecidos duros dos dentes (K03.7) 9. Gastroenterite e Colites tóxicas (K52.-) 10. Osteomalácia do Adulto Induzida por Drogas (M83.5) 11. Nefropatia Túbulo-Intersticial induzida por metais pesados (N14.3) 12. Efeitos Tóxicos Agudos (T56.3)
VII – Carbonetos metálicos de Tungstênio sinterizados	1. Outras Rinites Alérgicas (J30.3) 2. Asma (J45.-) 3. Pneumoconiose devida a outras poeiras inorgânicas especificadas (J63.8)
VIII – Chumbo ou seus compostos tóxicos	1. Outras anemias devidas a transtornos enzimáticos (D55.8) 2. Anemia Sideroblástica secundária a toxinas (D64.2) 3. Hipotireoidismo devido a substâncias exógenas (E03.-) 4. Outros transtornos mentais decorrentes de lesão e disfunção cerebrais e de doença física (F06.-) 5. Polineuropatia devida a outras agentes tóxicos (G52.2) 6. Encefalopatia Tóxica Aguda (G92.1) 7. Encefalopatia Tóxica Crônica (G92.2) 8. Hipertensão Arterial (I10.-) 9. Arritmias Cardíacas (I49.-) 10. "Cólica do Chumbo" (K59.8)

Agentes etiológicos ou fatores de risco de natureza ocupacional	Doenças causalmente relacionadas com os respectivos agentes ou fatores de risco (denominadas e codificadas segundo a CID-10)
	11. Gota Induzida pelo Chumbo (M10.1) 12. Nefropatia Túbulo-Intersticial induzida por metais pesados (N14.3) 13. Insuficiência Renal Crônica (N17) 14. Infertilidade Masculina (N46) 15. Efeitos Tóxicos Agudos (T56.0)
IX – Cloro	1. Rinite Crônica (J31.0) 2. Outras Doenças Pulmonares Obstrutivas Crônicas (Inclui "Asma Obstrutiva", "Bronquite Crônica", "Bronquite Obstrutiva Crônica") (J44.-) 3. Bronquite e Pneumonite devida a produtos químicos, gases, fumaças e vapores ("Bronquite Química Aguda") (J68.0) 4. Edema Pulmonar Agudo devido a produtos químicos, gases, fumaças e vapores ("Edema Pulmonar Químico") (J68.1) 5. Síndrome de Disfunção Reativa das Vias Aéreas (SDVA/RADS) (J68.3) 6. Bronquiolite Obliterante Crônica, Enfisema Crônico Difuso ou Fibrose Pulmonar Crônica (J68.4) 7. Efeitos Tóxicos Agudos (T59.4)
X – Cromo ou seus compostos tóxicos	1. Neoplasia maligna dos brônquios e do pulmão (C34.-) 2. Outras Rinites Alérgicas (J30.3) 3. Rinite Crônica (J31.0) 4. Ulceração ou Necrose do Septo Nasal (J34.0) 5. Asma (J45.-) 6. "Dermatoses Pápulo-Pustulosas e suas complicações infecciosas" (L08.9) 7. Dermatite Alérgica de Contato (L23.-) 8. Dermatite de Contato por Irritantes (L24.-) 9. Úlcera Crônica da Pele, não classificada em outra parte (L98.4) 10. Efeitos Tóxicos Agudos (T56.2)
XI – Flúor ou seus compostos tóxicos	1. Conjuntivite (H10) 2. Rinite Crônica (J31.0) 3. Bronquite e Pneumonite devida a produtos químicos, gases, fumaças e vapores ("Bronquite Química Aguda") (J68.0) 4. Edema Pulmonar Agudo devido a produtos químicos, gases, fumaças e vapores ("Edema Pulmonar Químico") (J68.1) 5. Bronquiolite Obliterante Crônica, Enfisema Crônico Difuso ou Fibrose Pulmonar Crônica (J68.4) 6. Erosão Dentária (K03.2) 7. Dermatite de Contato por Irritantes (L24.-) 8. Fluorose do Esqueleto (M85.1) 9. Intoxicação Aguda (T59.5)
XII – Fósforo ou seus compostos tóxicos	1. Polineuropatia devida a outras agentes tóxicos (G52.2) 2. Arritmias cardíacas (I49.-) (Agrotóxicos organofosforados e carbamatos) 3. Dermatite Alérgica de Contato (L23.-) 4. Dermatite de Contato por Irritantes (L24.-) 5. Osteomalácia do Adulto Induzida por Drogas (M83.5) 6. Osteonecrose (M87.-): Osteonecrose Devida a Drogas (M87.1); Outras Osteonecroses Secundárias (M87.3) 7. Intoxicação Aguda (T57.1) (Intoxicação Aguda por Agrotóxicos Organofosforados: T60.0)
XIII – Hidrocarbonetos alifáticos ou aromáticos (seus derivados halogenados tóxicos)	1. Angiossarcoma do fígado (C22.3) 2. Neoplasia maligna do pâncreas (C25.-) 3. Neoplasia maligna dos brônquios e do pulmão (C34.-) 4. Púrpura e outras manifestações hemorrágicas (D69.-) 5. Hipotireoidismo devido a substâncias exógenas (E03.-)

Agentes etiológicos ou fatores de risco de natureza ocupacional	Doenças causalmente relacionadas com os respectivos agentes ou fatores de risco (denominadas e codificadas segundo a CID-10)
	6. Outras porfirias (E80.2) 7. *Delirium*, não sobreposto à demência, como descrita (F05.0) (Brometo de Metila) 8. Outros transtornos mentais decorrentes de lesão e disfunção cerebrais e de doença física (F06.-) 9. Transtornos de personalidade e de comportamento decorrentes de doença, lesão e de disfunção de personalidade (F07.-) 10. Transtorno Mental Orgânico ou Sintomático não especificado (F09.-) 11. Episódios Depressivos (F32.-) 12. Neurastenia (Inclui "Síndrome de Fadiga") (F48.0) 13. Outras formas especificadas de tremor (G25.2) 14. Transtorno extrapiramidal do movimento não especificado (G25.9) 15. Transtornos do nervo trigêmio (G50.-) 16. Polineuropatia devida a outros agentes tóxicos (G52.2) (n-Hexano) 17. Encefalopatia Tóxica Aguda (G92.1) 18. Encefalopatia Tóxica Crônica (G92.2) 19. Conjuntivite (H10) 20. Neurite Óptica (H46) 21. Distúrbios visuais subjetivos (H53.-) 22. Outras vertigens periféricas (H81.3) 23. Labirintite (H83.0) 24. Hipoacusia ototóxica (H91.0) 25. Parada Cardíaca (I46.-) 26. Arritmias cardíacas (I49.-) 27. Síndrome de Raynaud (I73.0) (Cloreto de Vinila) 28. Acrocianose e Acroparestesia (I73.8) (Cloreto de Vinila) 29. Bronquite e Pneumonite devida a produtos químicos, gases, fumaças e vapores ("Bronquite Química Aguda") (J68.0) 30. Edema Pulmonar Agudo devido a produtos químicos, gases, fumaças e vapores ("Edema Pulmonar Químico") (J68.1) 31. Síndrome de Disfunção Reativa das Vias Aéreas (SDVA/RADS) (J68.3) 32. Bronquiolite Obliterante Crônica, Enfisema Crônico Difuso ou Fibrose Pulmonar Crônica (J68.4) 33. Doença Tóxica do Fígado (K71.-): Doença Tóxica do Fígado, com Necrose Hepática (K71.1); Doença Tóxica do Fígado, com Hepatite Aguda (K71.2); Doença Tóxica do Fígado com Hepatite Crônica Persistente (K71.3); Doença Tóxica do Fígado com Outros Transtornos Hepáticos (K71.8) 34. Hipertensão Portal (K76.6) (Cloreto de Vinila) 35. "Dermatoses Pápulo-Pustulosas e suas complicações infecciosas" (L08.9) 36. Dermatite de Contato por Irritantes (L24.-) 37. "Cloracne" (L70.8) 38. Outras formas de hiperpigmentação pela melanina: "Melanodermia" (L81.4) 39. Outros transtornos especificados de pigmentação: "Profiria Cutânea Tardia" (L81.8) 40. Geladura (Frostbite) Superficial: Eritema Pérnio (T33) (Anestésicos clorados locais) 41. Geladura (Frostbite) com Necrose de Tecidos (T34) (Anestésicos clorados locais) 42. Osteólise (M89.5) (de falanges distais de quirodáctilos) (Cloreto de Vinila) 43. Síndrome Nefrítica Aguda (N00.-) 44. Insuficiência Renal Aguda (N17) 45. Efeitos Tóxicos Agudos (T53.-)
XIV – Iodo	1. Conjuntivite (H10) 2. Faringite Aguda ("Angina Aguda", "Dor de Garganta") (J02.9)

Agentes etiológicos ou fatores de risco de natureza ocupacional	Doenças causalmente relacionadas com os respectivos agentes ou fatores de risco (denominadas e codificadas segundo a CID-10)
	3. Laringotraqueíte Aguda (J04.2) 4. Sinusite Crônica (J32.-) 5. Bronquite e Pneumonite devida a produtos químicos, gases, fumaças e vapores ("Bronquite Química Aguda") 6. Edema Pulmonar Agudo devido a produtos químicos, gases, fumaças e vapores ("Edema Pulmonar Químico") (J68.1) 7. Síndrome de Disfunção Reativa das Vias Aéreas (SDVA/RADS) (J68.3) 8. Bronquiolite Obliterante Crônica, Enfisema Crônico Difuso ou Fibrose Pulmonar Crônica (J68.4) 9. Dermatite Alérgica de Contato (L23.-) 10. Efeitos Tóxicos Agudos (T57.8)
XV – Manganês e seus compostos tóxicos	1. Demência em outras doenças específicas classificadas em outros locais (F02.8) 2. Outros transtornos mentais decorrentes de lesão e disfunção cerebrais e de doença física (F06.-) 3. Transtornos de personalidade e de comportamento decorrentes de doença, lesão e de disfunção de personalidade (F07.-) 4. Transtorno Mental Orgânico ou Sintomático não especificado (F09.-) 5. Episódios Depressivos (F32.-) 6. Neurastenia (Inclui "Síndrome de Fadiga") (F48.0) 7. Parkisonismo Secundário (G21.2) 8. Inflamação Coriorretiniana (H30) 9. Bronquite e Pneumonite devida a produtos químicos, gases, fumaças e vapores ("Bronquite Química Aguda") (J68.0) 10. Bronquiolite Obliterante Crônica, Enfisema Crônico Difuso ou Fibrose Pulmonar Crônica (J68.4) 11. Efeitos Tóxicos Agudos (T57.2)
XVI – Mercúrio e seus compostos tóxicos	1. Outros transtornos mentais decorrentes de lesão e disfunção cerebrais e de doença física (F06.-) 2. Transtornos de personalidade e de comportamento decorrentes de doença, lesão e de disfunção de personalidade (F07.-) 3. Transtorno Mental Orgânico ou Sintomático não especificado (F09.-) 4. Episódios Depressivos (F32.-) 5. Neurastenia (Inclui "Síndrome de Fadiga") (F48.0) 6. Ataxia Cerebelosa (G11.1) 7. Outras formas especificadas de tremor (G25.2) 8. Transtorno extrapiramidal do movimento não especificado (G25.9) 9. Encefalopatia Tóxica Aguda (G92.1) 10. Encefalopatia Tóxica Crônica (G92.2) 11. Arritmias cardíacas (I49.-) 12. Gengivite Crônica (K05.1) 13. Estomatite Ulcerativa Crônica (K12.1) 14. Dermatite Alérgica de Contato (L23.-) 15. Doença Glomerular Crônica (N03.) 16. Nefropatia Túbulo-Intersticial induzida por metais pesados (N14.3) 17. Efeitos Tóxicos Agudos (T57.1)
XVII – Substâncias asfixiantes: Monóxido de Carbono, Cianeto de Hidrogênio ou seus derivados tóxicos, Sulfeto de Hidrogênio (Ácido Sulfídrico)	1. Demência em outras doenças específicas classificadas em outros locais (F02.8) 2. Transtornos do nervo olfatório (Inclui "Anosmia") (G52.0) (H2S) 3. Encefalopatia Tóxica Crônica (G92.2) (Sequela) 4. Conjuntivite (H10) (H2S) 5. Queratite e Queratoconjuntivite (H16) 6. Angina Pectoris (I20.-) (CO)

Agentes etiológicos ou fatores de risco de natureza ocupacional	Doenças causalmente relacionadas com os respectivos agentes ou fatores de risco (denominadas e codificadas segundo a CID-10)
	7. Infarto Agudo do Miocárdio (I21.-) (CO) 8. Parada Cardíaca (I46.-) (CO) 9. Arritmias cardíacas (I49.-) (CO) 10. Bronquite e Pneumonite devida a produtos químicos, gases, fumaças e vapores ("Bronquite Química Aguda") (HCN) 11. Edema Pulmonar Agudo devido a produtos químicos, gases, fumaças e vapores ("Edema Pulmonar Químico") (J68.1) (HCN) 12. Síndrome de Disfunção Reativa das Vias Aéreas (SDVA/RADS) (J68.3) (HCN) 13. Bronquiolite Obliterante Crônica, Enfisema Crônico Difuso ou Fibrose Pulmonar Crônica (J68.4) (HCN; H2S) 14. Efeitos Tóxicos Agudos (T57.3; T58; T59.6)
XVIII – Sílica Livre	1. Neoplasia maligna dos brônquios e do pulmão (C34.-) 2. Cor Pulmonale (I27.9) 3. Outras Doenças Pulmonares Obstrutivas Crônicas (Inclui "Asma Obstrutiva", "Bronquite Crônica", "Bronquite Obstrutiva Crônica") (J44.-) 4. Silicose (J62.8) 5. Pneumoconiose associada com Tuberculose ("Sílico-Tuberculose") (J63.8) 6. Síndrome de Caplan (J99.1; M05.3)
XIX – Sulfeto de Carbono ou Dissulfeto de Carbono	1. Demência em outras doenças específicas classificadas em outros locais (F02.8) 2. Outros transtornos mentais decorrentes de lesão e disfunção cerebrais e de doença física (F06.-) 3. Transtornos de personalidade e de comportamento decorrentes de doença, lesão e de disfunção de personalidade (F07.-) 4. Transtorno Mental Orgânico ou Sintomático não especificado (F09.-) 5. Episódios Depressivos (F32.-) 6. Neurastenia (Inclui "Síndrome de Fadiga") (F48.0) 7. Polineuropatia devida a outros agentes tóxicos (G52.2) 8. Encefalopatia Tóxica Crônica (G92.2) 9. Neurite Óptica (H46) 10. Angina Pectoris (I20.-) 11. Infarto Agudo do Miocárdio (I21.-) 12. Ateroesclerose (I70.-) e Doença Ateroesclerótica do Coração (I25.1) 13. Efeitos Tóxicos Agudos (T52.8)
XX – Alcatrão, Breu, Betume, Hulha Mineral, Parafina e produtos ou resíduos dessas substâncias, causadores de epiteliomas primitivos da pele	1. Neoplasia maligna dos brônquios e do pulmão (C34.-) 2. Outras neoplasias malignas da pele (C44.-) 3. Neoplasia maligna da bexiga (C67.-) 4. Dermatite Alérgica de Contato (L23.-) 5. Outras formas de hiperpigmentação pela melanina: "Melanodermia" (L81.4)
XXI – Ruído e afecção auditiva	1. Perda da Audição Provocada pelo Ruído (H83.3) 2. Outras percepções auditivas anormais: Alteração Temporária do Limiar Auditivo, Comprometimento da Discriminação Auditiva e Hiperacusia (H93.2) 3. Hipertensão Arterial (I10.-) 4. Ruptura Traumática do Tímpano (pelo ruído) (S09.2)

Agentes etiológicos ou fatores de risco de natureza ocupacional	Doenças causalmente relacionadas com os respectivos agentes ou fatores de risco (denominadas e codificadas segundo a CID-10)
XXII – Vibrações (afecções dos músculos, tendões, ossos, articulações, vasos sanguíneos periféricos ou dos nervos periféricos)	1. Síndrome de Raynaud (I73.0) 2. Acrocianose e Acroparestesia (I73.8) 3. Outros transtornos articulares não classificados em outra parte: Dor Articular (M25.5) 4. Síndrome Cervicobraquial (M53.1) 5. Fibromatose da Fascia Palmar: "Contratura ou Moléstia de Dupuytren" (M72.0) 6. Lesões do Ombro (M75.-): Capsulite Adesiva do Ombro (Ombro Congelado, Periartrite do Ombro) (M75.0); Síndrome do Manguito Rotatório ou Síndrome do Supraespinhoso (M75.1); Tendinite Bicipital (M75.2); Tendinite Calcificante do Ombro (M75.3); Bursite do Ombro (M75.5); Outras Lesões do Ombro (M75.8); Lesões do Ombro, não especificadas (M75.9) 7. Outras entesopatias (M77.-): Epicondilite Medial (M77.0); Epicondilite lateral ("Cotovelo de Tenista"); Mialgia (M79.1) 8. Outros transtornos especificados dos tecidos moles (M79.8) 9. Osteonecrose (M87.-): Osteonecrose Devida a Drogas (M87.1); Outras Osteonecroses Secundárias (M87.3) 10. Doença de Kienböck do Adulto (Osteocondrose do Adulto do Semilunar do Carpo) (M93.1) e outras Osteocondro-patias especificadas (M93.8)
XXIII – Ar Comprimido	1. Otite Média não supurativa (H65.9) 2. Perfuração da Membrama do Tímpano (H72 ou S09.2) 3. Labirintite (H83.0) 4. Otalgia e Secreção Auditiva (H92.-) 5. Outros transtornos especificados do ouvido (H93.8) 6. Osteonecrose no "Mal dos Caixões" (M90.3) 7. Otite Barotraumática (T70.0) 8. Sinusite Barotraumática (T70.1) 9. "Mal dos Caixões" (Doença da Descompressão) (T70.4) 10. Síndrome devida ao deslocamento de ar de uma explosão (T70.8)
XXIV – Radiações Ionizantes	1. Neoplasia maligna da cavidade nasal e dos seios paranasais (C30-C31.-) 2. Neoplasia maligna dos brônquios e do pulmão (C34.-) 3. Neoplasia maligna dos ossos e cartilagens articulares dos membros (Inclui "Sarcoma Ósseo") 4. Outras neoplasias malignas da pele (C44.-) 5. Leucemias (C91-C95.-) 6. Síndromes Mielodisplásicas (D46.-) 7. Anemia Aplástica devida a outros agentes externos (D61.2) 8. Hipoplasia Medular (D61.9) 9. Púrpura e outras manifestações hemorrágicas (D69.-) 10. Agranulocitose (Neutropenia tóxica) (D70) 11. Outros transtornos especificados dos glóbulos brancos: Leucocitose, Reação Leucemoide (D72.8) 12. Polineuropatia induzida pela radiação (G62.8) 13. Blefarite (H01.0) 14. Conjuntivite (H10) 15. Queratite e Queratoconjuntivite (H16) 16. Catarata (H28) 17. Pneumonite por radiação (J70.0 e J70.1) 18. Gastroenterite e Colites tóxicas (K52.-) 19. Radiodermatite (L58.-): Radiodermatite Aguda (L58.0); Radiodermatite Crônica (L58.1); Radiodermatite, não especificada (L58.9); Afecções da pele e do tecido conjuntivo relacionadas com a radiação, não especificadas (L59.9)

Agentes etiológicos ou fatores de risco de natureza ocupacional	Doenças causalmente relacionadas com os respectivos agentes ou fatores de risco (denominadas e codificadas segundo a CID-10)
	20. Osteonecrose (M87.-): Osteonecrose Devida a Drogas (M87.1); Outras Osteonecroses Secundárias (M87.3) 21. Infertilidade Masculina (N46) 22. Efeitos Agudos (não especificados) da Radiação (T66)
XXV – Micro-organismos e parasitas infecciosos vivos e seus produtos tóxicos (Exposição ocupacional ao agente e/ou transmissor da doença, em profissões e/ou condições de trabalho especificadas)	1. Tuberculose (A15-A19.-) 2. Carbúnculo (A22.-) 3. Brucelose (A23.-) 4. Leptospirose (A27.-) 5. Tétano (A35.-) 6. Psitacose, Ornitose, Doença dos Tratadores de Aves (A70.-) 7. Dengue (A90.-) 8. Febre Amarela (A95.-) 9. Hepatites Virais (B15-B19.-) 10. Doença pelo Vírus da Imunodeficiência Humana (HIV) (B20-B24.-) 11. Dermatofitose (B35.-) e Outras Micoses Superficiais (B36.-) 12. Paracoccidiomicose (Blastomicose Sul Americana, Blastomicose Brasileira, Doença de Lutz) (B41.-) 13. Malária (B50-B54.-) 14. Leishmaniose Cutânea (B55.1) ou Leishmaniose Cutâneo-Mucosa (B55.2) 15. Pneumonite por Hipersensibilidade a Poeira Orgânica (J67.-): Pulmão do Granjeiro (ou Pulmão do Fazendeiro) (J67.0); Bagaçose (J67.1); Pulmão dos Criadores de Pássaros (J67.2); Suberose (J67.3); Pulmão dos Trabalhadores de Malte (J67.4); Pulmão dos que Trabalham com Cogumelos (J67.5); Doença Pulmonar Devida a Sistemas de Ar Condicionado e de Umidificação do Ar (J67.7); Pneumonites de Hipersensibilidade Devidas a Outras Poeiras Orgânicas (J67.8); Pneumonite de Hipersensibilidade Devida a Poeira Orgânica não especificada (Alveolite Alérgica Extrínseca SOE; Pneumonite de Hipersensibilidade SOE (J67.0) 16. "Dermatoses Pápulo-Pustulosas e suas complicações infecciosas" (L08.9)
XXVI – Algodão, Linho, Cânhamo, Sisal	1. Outras Rinites Alérgicas (J30.3) 2. Outras Doenças Pulmonares Obstrutivas Crônicas (Inclui "Asma Obstrutiva", "Bronquite Crônica", "Bronquite Obstrutiva Crônica") (J44.-) 3. Asma (J45.-) 4. Bissinose (J66.0)
XXVII – Agentes físicos, químicos ou biológicos, que afetam a pele, não considerados em outras rubricas	1. "Dermatoses Pápulo-Pustulosas e suas complicações infecciosas" (L08.9) 2. Dermatite Alérgica de Contato (L23.-) 3. Dermatite de Contato por Irritantes (L24.-) 4. Urticária Alérgica (L50.0) 5. "Urticária Física" (devida ao calor e ao frio) (L50.2) 6. Urticária de Contato (L50.6) 7. Queimadura Solar (L55) 8. Outras Alterações Agudas da Pele devidas a Radiação Ultravioleta (L56.-): Dermatite por Fotocontato (Dermatite de Berloque) (L56.2); Urticária Solar (L56.3); Outras Alterações Agudas Especificadas da Pele devidas a Radiação Ultravioleta (L56.8); Outras Alterações Agudas da Pele devidas a Radiação Ultravioleta, sem outra especificação (L56.9) 9. Alterações da Pele devidas a Exposição Crônica a Radiação Não Ionizante (L57.-): Ceratose Actínica (L57.0); Outras Alterações: Dermatite Solar, "Pele de Fazendeiro", "Pele de Marinheiro" (L57.8) 10. "Cloracne" (L70.8) 11. "Elaioconiose" ou "Dermatite Folicular" (L72.8) 12. Outras formas de hiperpigmentação pela melanina: "Melanodermia" (L81.4) 13. Leucodermia, não classificada em outra parte (Inclui "Vitiligo Ocupacional") (L81.5) 14. Úlcera Crônica da Pele, não classificada em outra parte (L98.4)

Agentes etiológicos ou fatores de risco de natureza ocupacional	Doenças causalmente relacionadas com os respectivos agentes ou fatores de risco (denominadas e codificadas segundo a CID-10)
	15. Geladura (Frostbite) Superficial: Eritema Pérnio (T33) (Frio) 16. Geladura (Frostbite) com Necrose de Tecidos (T34) (Frio)

LISTA B

▸ Lista B do anexo II com a redação dada pelo Dec. nº 6.957, de 9-9-2009.

Nota:

1. As doenças e respectivos agentes etiológicos ou fatores de risco de natureza ocupacional listados são exemplificativos e complementares.

DOENÇAS INFECCIOSAS E PARASITÁRIAS RELACIONADAS COM O TRABALHO (GRUPO I DA CID-10)

DOENÇAS	AGENTES ETIOLÓGICOS OU FATORES DE RISCO DE NATUREZA OCUPACIONAL
I – Tuberculose (A15-A19.-)	Exposição ocupacional ao Mycobacterium tuberculosis (Bacilo de Koch) ou Mycobacterium bovis, em atividades em laboratórios de biologia, e atividades realizadas por pessoal de saúde, que propiciam contato direto com produtos contaminados ou com doentes cujos exames bacteriológicos são positivos (Z57.8) (Quadro XXV) Hipersuscetibilidade do trabalhador exposto a poeiras de sílica (Sílico-tuberculose) (J65.-)
II – Carbúnculo (A22.-)	Zoonose causada pela exposição ocupacional ao Bacillus anthracis, em atividades suscetíveis de colocar os trabalhadores em contato direto com animais infectados ou com cadáveres desses animais; trabalhos artesanais ou industriais com pelos, pele, couro ou lã. (Z57.8)(Quadro XXV)
III – Brucelose (A23.-)	Zoonose causada pela exposição ocupacional a Brucella melitensis, B. abortus, B. suis, B. canis, etc., em atividades em abatedouros, frigoríficos, manipulação de produtos de carne; ordenha e fabricação de laticínios e atividades assemelhadas. (Z57.8) (Quadro XXV)
IV – Leptospirose (A27.-)	Exposição ocupacional a Leptospira icterohaemorrhagiae (e outras espécies), em trabalhos expondo ao contato direto com águas sujas, ou efetuado em locais suscetíveis de serem sujos por dejetos de animais portadores de germes; trabalhos efetuados dentro de minas, túneis, galerias, esgotos em locais subterrâneos; trabalhos em cursos d'água; trabalhos de drenagem; contato com roedores; trabalhos com animais domésticos, e com gado; preparação de alimentos de origem animal, de peixes, de laticínios etc. (Z57.8) (Quadro XXV)
V – Tétano (A35.-)	Exposição ao Clostridium tetani, em circunstâncias de acidentes do trabalho na agricultura, na construção civil, na indústria, ou em acidentes de trajeto. (Z57.8) (Quadro XXV)
VI – Psitacose, Ornitose, Doença dos Tratadores de Aves (A70.-)	Zoonoses causadas pela exposição ocupacional a Chlamydia psittaci ou Chlamydia pneumoniae, em trabalhos em criadouros de aves ou pássaros, atividades de Veterinária, em zoológicos, e em laboratórios biológicos etc. (Z57.8) (Quadro XXV)
VII – Dengue [Dengue Clássico] (A90.-)	Exposição ocupacional ao mosquito (Aedes aegypti), transmissor do arbovírus da Dengue, principalmente em atividades em zonas endêmicas, em trabalhos de saúde pública, e em trabalhos de laboratórios de pesquisa, entre outros. (Z57.8) (Quadro XXV)
VIII – Febre Amarela (A95.-)	Exposição ocupacional ao mosquito (Aedes aegypti), transmissor do arbovírus da Febre Amarela, principalmente em atividades em zonas endêmicas, em trabalhos de saúde pública, e em trabalhos de laboratórios de pesquisa, entre outros. (Z57.8) (Quadro XXV)
IX – Hepatites Virais (B15-B19.-)	Exposição ocupacional ao Vírus da Hepatite A (HAV); Vírus da Hepatite B (HBV); Vírus da Hepatite C (HCV); Vírus da Hepatite D (HDV); Vírus da Hepatite E (HEV), em trabalhos envolvendo manipulação, acondicionamento ou emprego de sangue humano ou de seus derivados; trabalho com "águas usadas" e esgotos; trabalhos em contato com materiais provenientes de doentes ou objetos contaminados por eles. (Z57.8) (Quadro XXV)
X – Doença pelo Vírus da Imunodeficiência Humana (HIV) (B20-B24.-)	Exposição ocupacional ao Vírus da Imuno-deficiência Humana (HIV), principalmente em trabalhadores da saúde, em decorrência de acidentes perfurocortantes com agulhas ou material cirúrgico contaminado, e na manipulação, acondicionamento ou emprego de sangue ou de seus derivados, e contato com materiais provenientes de pacientes infectados. (Z57.8) (Quadro XXV)
XI – Dermatofitose (B35.-) e Outras Micoses Superficiais (B36.-)	Exposição ocupacional a fungos do gênero Epidermophyton, Microsporum e Trichophyton, em trabalhos em condições de temperatura elevada e umidade (cozinhas, ginásios, piscinas) e outras situações específicas de exposição ocupacional. (Z57.8) (Quadro XXV)

DOENÇAS	AGENTES ETIOLÓGICOS OU FATORES DE RISCO DE NATUREZA OCUPACIONAL
XII – Candidíase (B37.-)	Exposição ocupacional a Candida albicans, Candida glabrata etc., em trabalhos que requerem longas imersões das mãos em água e irritação mecânica das mãos, tais como trabalhadores de limpeza, lavadeiras, cozinheiras, entre outros. (Z57.8) (Quadro XXV)
XIII – Paracoccidioidomicose (Blastomicose Sul-Americana, Blastomicose Brasileira, Doença de Lutz) (B41.-)	Exposição ocupacional ao Paracoccidioides brasiliensis, principalmente em trabalhos agrícolas ou florestais e em zonas endêmicas. (Z57.8) (Quadro XXV)
XIV – Malária (B50 – B54.-)	Exposição ocupacional ao Plasmodium malariae; Plasmodium vivax; Plasmodium falciparum ou outros protozoários, principalmente em atividades de mineração, construção de barragens ou rodovias, em extração de petróleo e outras atividades que obrigam a entrada dos trabalhadores em zonas endêmicas (Z57.8) (Quadro XXV)
XV – Leishmaniose Cutânea (B55.1) ou Leishmaniose Cutâneo-Mucosa (B55.2)	Exposição ocupacional à Leishmania braziliensis, principalmente em trabalhos agrícolas ou florestais e em zonas endêmicas, e outras situações específicas de exposição ocupacional. (Z57.8) (Quadro XXV)

NEOPLASIAS (TUMORES) RELACIONADOS COM O TRABALHO (GRUPO II DA CID-10)

DOENÇAS	AGENTES ETIOLÓGICOS OU FATORES DE RISCO DE NATUREZA OCUPACIONAL
I – Neoplasia maligna do estômago (C16.-)	Asbesto ou Amianto (X49.-; Z57.2)(Quadro II)
II – Angiossarcoma do fígado (C22.3)	1. Arsênio e seus compostos arsenicais (X48.-; X49.-; Z57.5) (Quadro I) 2. Cloreto de Vinila (X46.-; Z57.5) (Quadro XIII)
III – Neoplasia maligna do pâncreas (C25.-)	1. Cloreto de Vinila (X46.-; Z57.5) (Quadro XIII) 2. Epicloridrina (X49.-; Z57.5) 3. Hidrocarbonetos alifáfitos e aromáticos na Indústria do Petróleo (X46.-; Z57.5)
IV – Neoplasia maligna da cavidade nasal e dos seios paranasais (C30-C31.-)	1. Radiações ionizantes (W88.-; Z57.1)(Quadro XXIV) 2. Níquel e seus compostos (X49.-; Z57.5) 3. Poeiras de madeira e outras poeiras orgânicas da indústria do mobiliário (X49.-; Z57.2) 4. Poeiras da indústria do couro (X49.-; Z57.2) 5. Poeiras orgânicas (na indústria têxtil e em padarias) (X49.-; Z57.2) 6. Indústria do petróleo (X46.-; Z57.5)
V – Neoplasia maligna da laringe (C32.-)	Asbesto ou Amianto (Z57.2) (Quadro II)
VI – Neoplasia maligna dos brônquios e do pulmão (C34.-)	1. Arsênio e seus compostos arsenicais (X48.-; X49.-; Z57.4 e Z57.5) (Quadro I) 2. Asbesto ou Amianto (X49.-; Z57.2) (Quadro II) 3. Berílio (X49.-; Z57.5) (Quadro IV) 4. Cádmio ou seus compostos (X49.-; Z57.5) (Quadro VI) 5. Cromo e seus compostos tóxicos (X49.-; Z57.5) (Quadro X) 6. Cloreto de Vinila (X46.-; Z57.5) (Quadro XIII) 7. Clorometil éteres (X49.-; Z57.5) (Quadro XIII) 8. Sílica livre (Z57.2) (Quadro XVIII) 9. Alcatrão, breu, betume, hulha mineral, parafina e produtos de resíduos dessas substâncias (X49.-; Z57.5) (Quadro XX) 10. Radiações ionizantes (W88.-; Z57.1) (Quadro XXIV) 11. Emissões de fornos de coque (X49.-; Z57.5) 12. Níquel e seus compostos (X49.-; Z57.5) 13. Acrilonitrila (X49.-; Z57.5) 14. Indústria do alumínio (fundições) (X49.-; Z57.5) 15. Neblinas de óleos minerais (óleo de corte) (X49.-; Z57.5) 16. Fundições de metais (X49.-; Z57.5)
VII – Neoplasia maligna dos ossos e cartilagens articulares dos membros (Inclui "Sarcoma Ósseo") (C40.-)	Radiações ionizantes (W88.-; Z57.1) (Quadro XXIV)

DOENÇAS	AGENTES ETIOLÓGICOS OU FATORES DE RISCO DE NATUREZA OCUPACIONAL
VIII – Outras neoplasias malignas da pele (C44.-)	1. Arsênio e seus compostos arsenicais (X49.-; Z57.4 e Z57.5) (Quadro I) 2. Alcatrão, breu, betume, hulha mineral, parafina e produtos de resíduos dessas substâncias causadores de epiteliomas da pele (X49.-; Z57.5) (Quadro XX) 3. Radiações ionizantes (W88.-; Z57.1) (Quadro XXIV) 4. Radiações ultravioletas (W89; Z57.1)
IX – Mesotelioma (C45.-): Mesotelioma da pleura (C45.0), Mesotelioma do peritônio (C45.1) e Mesotelioma do pericárdio (C45.2)	Asbesto ou Amianto (X49.-; Z57.2) (Quadro II)
X – Neoplasia maligna da bexiga (C67.-)	1. Alcatrão, breu, betume, hulha mineral, parafina e produtos de resíduos dessas substâncias (X49.-; Z57.5 (Quadro XX) 2. Aminas aromáticas e seus derivados (Beta-naftilamina, 2-cloroanilina, benzidina, o-toluidina, 4-cloro-orto-toluidina (X49.-; Z57.5) 3. Emissões de fornos de coque (X49.-; Z57.5)
XI – Leucemias (C91-C95.-)	1. Benzeno (X46.-; Z57.5) (Quadro III) 2. Radiações ionizantes (W88.-; Z57.1) (Quadro XXIV) 3. Óxido de etileno (X49.-; Z57.5) 4. Agentes antineoplásicos (X49.-; Z57.5) 5. Campos eletromagnéticos (W90.-; Z57.5) 6. Agrotóxicos clorados (Clordane e Heptaclor) (X48.-; Z57.4)

DOENÇAS DO SANGUE E DOS ÓRGÃOS HEMATOPOÉTICOS RELACIONADAS COM O TRABALHO (GRUPO III DA CID-10)

DOENÇAS	AGENTES ETIOLÓGICOS OU FATORES DE RISCO DE NATUREZA OCUPACIONAL
I – Síndromes Mielodisplásicas (D46.-)	1. Benzeno (X46.-; Z57.5) (Quadro III) 2. Radiações ionizantes (W88.-; Z57.1) (Quadro XXIV)
II – Outras anemias devidas a transtornos enzimáticos (D55.8)	Chumbo ou seus compostos tóxicos (X49.-; Z57.5) (Quadro VIII)
III – Anemia Hemolítica adquirida (D59.2)	Derivados nitrados e aminados do Benzeno (X46.-; Z57.5)
IV – Aplástica devida a outros agentes externos (D61.2)	1. Benzeno (X46.-; Z57.5) (Quadro III) 2. Radiações ionizantes (W88.-) (Quadro XXIV)
V – Anemia Aplástica não especificada, Anemia hipoplástica SOE, Hipoplasia medular (D61.9)	1. Benzeno (X46.-; Z57.5) (Quadro III) 2. Radiações ionizantes (W88.-; Z57.1) (Quadro XXIV)
VI – Anemia Sideroblástica secundária a toxinas (Inclui "Anemia Hipocrômica, Microcítica, com Reticulocitose") (D64.2)	Chumbo ou seus compostos tóxicos (X46.-; Z57.5) (Quadro VIII)
VII – Púrpura e outras manifestações hemorrágicas (D69.-)	1. Benzeno (X46.-; Z57.5) (Quadro III) 2. Cloreto de Vinila (X46.-) (Quadro XIII) 3. Radiações ionizantes (W88.-; Z57.1) (Quadro XXIV)
VIII – Agranulocitose (Neutropenia tóxica) (D70)	1. Benzeno (X46.-; Z57.5) (Quadro III) 2. Radiações ionizantes (W88.-; Z57.1) (Quadro XXIV) 3. Derivados do Fenol, Pentaclorofenol, Hidroxibenzonitrilo (X49.-; XZ57.5)
IX – Outros transtornos especificados dos glóbulos brancos: leucocitose, reação leucemóide (D72.8)	1. Benzeno (X46.-; Z57.5) (Quadro III) 2. Radiações ionizantes (W88.-; Z57.1) (Quadro XXIV)

DOENÇAS	AGENTES ETIOLÓGICOS OU FATORES DE RISCO DE NATUREZA OCUPACIONAL
X – Metahemoglobinemia (D74.-)	Aminas aromáticas e seus derivados (X49.-; Z57.5)

DOENÇAS ENDÓCRINAS, NUTRICIONAIS E METABÓLICAS RELACIONADAS COM O TRABALHO (GRUPO IV DA CID-10)

DOENÇAS	AGENTES ETIOLÓGICOS OU FATORES DE RISCO DE NATUREZA OCUPACIONAL
I – Hipotireoidismo devido a substâncias exógenas (E03.-)	1. Chumbo ou seus compostos tóxicos (X49.-; Z57.5) (Quadro VIII) 2. Hidrocarbonetos halogenados (Clorobenzeno e seus derivados) (X46.-; Z57.5) (Quadro XIII) 3. Tiuracil (X49.-; Z57.5) 4. Tiocinatos (X49.-; Z57.5) 5. Tiureia (X49.-; Z57.5)
II – Outras Porfirias (E.80.2)	Clorobenzeno e seus derivados (X46.-; Z57.4 e Z57.5) (Quadro XIII)

TRANSTORNOS MENTAIS E DO COMPORTAMENTO RELACIONADOS COM O TRABALHO (GRUPO V DA CID-10)

DOENÇAS	AGENTES ETIOLÓGICOS OU FATORES DE RISCO DE NATUREZA OCUPACIONAL
I – Demência em outras doenças específicas classificadas em outros locais (F02.8)	1. Manganês X49.-; Z57.5) (Quadro XV) 2. Substâncias asfixiantes: CO, H_2S etc. (sequela) (X47.-; Z57.5) (Quadro XVII) 3. Sulfeto de Carbono (X49.-; Z57.5) (Quadro XIX)
II – *Delirium*, não sobreposto a demência, como descrita (F05.0)	1. Brometo de Metila (X46.-; Z57.4 e Z57.5) (Quadro XIII) 2. Sulfeto de Carbono (X49.-; Z57.5) (Quadro XIX)
III – Outros transtornos mentais decorrentes de lesão e disfunção cerebrais e de doença física (F06.-): Transtorno Cognitivo Leve (F06.7)	1. Tolueno e outros solventes aromáticos neurotóxicos (X46.-; Z57.5) (Quadro III) 2. Chumbo ou seus compostos tóxicos (X49.-; Z57.5) (Quadro VIII) 3. Tricloroetileno, Tetracloroetileno, Tricloroetano e outros solventes orgânicos halogenados neurotóxicos (X46.-; Z57.5) (Quadro XIII) 4. Brometo de Metila (X46.-; Z57.4 e Z57.5) (Quadro XIII) 5. Manganês e seus compostos tóxicos (X49.-; Z57.5) (Quadro XV) 6. Mercúrio e seus compostos tóxicos (X49.-; Z57.4 e Z57.5) (Quadro XVI) 7. Sulfeto de Carbono (X49.-; Z57.5) (Quadro XIX) 8. Outros solventes orgânicos neurotóxicos (X46.-; X49.-; Z57.5)
IV – Transtornos de personalidade e de comportamento decorrentes de doença, lesão e de disfunção de personalidade (F07.-): Transtorno Orgânico de Personalidade (F07.0); Outros transtornos de personalidade e de comportamento decorrentes de doença, lesão ou disfunção cerebral (F07.8)	1. Tolueno e outros solventes aromáticos neurotóxicos (X46.-; Z57.5) (Quadro III) 2. Tricloroetileno, Tetracloroetileno, Tricloroetano e outros solventes orgânicos halogenados neurotóxicos (X46.-; Z57.5) (Quadro XIII) 3. Brometo de Metila (X46.-; Z57.4 e Z57.5) (Quadro XIII) 4. Manganês e seus compostos tóxicos (X49.-; Z57.5) (Quadro XV) 5. Mercúrio e seus compostos tóxicos (X49.-; Z57.4 e Z57.5) (Quadro XVI) 6. Sulfeto de Carbono (X49.-; Z57.5) (Quadro XIX) 7. Outros solventes orgânicos neurotóxicos (X46.-; X49.-; Z57.5)
V – Transtorno Mental Orgânico ou Sintomático não especificado (F09.-)	1. Tolueno e outros solventes aromáticos neurotóxicos (X46.-; Z57.5) (Quadro III) 2. Tricloroetileno, Tetracloroetileno, Tricloroetano e outros solventes orgânicos halogenados neurotóxicos (X46.-; Z57.5) (Quadro XIII) 3. Brometo de Metila (X46.-; Z57.5) (Quadro XIII) 4. Manganês e seus compostos tóxicos (X49.-; Z57.5) (Quadro XV) 5. Mercúrio e seus compostos tóxicos (X49.-; Z57.4 e Z57.5) (Quadro XVI) 6. Sulfeto de Carbono (X49.-; Z57.5) (Quadro XIX) 7. Outros solventes orgânicos neurotóxicos (X46.-; X49.-; Z57.5)
VI – Transtornos mentais e comportamentais devidos ao uso do álcool: Alcoolismo Crônico (Relacionado com o Trabalho) (F10.2)	1. Problemas relacionados com o emprego e com o desemprego: Condições difíceis de trabalho (Z56.5) 2. Circunstância relativa às condições de trabalho (Y96)

DOENÇAS	AGENTES ETIOLÓGICOS OU FATORES DE RISCO DE NATUREZA OCUPACIONAL
VII – Episódios Depressivos (F32.-)	1. Tolueno e outros solventes aromáticos neurotóxicos (X46.-; Z57.5) (Quadro III) 2. Tricloroetileno, Tetracloroetileno, Tricloroetano e outros solventes orgânicos halogenados neurotóxicos (X46.-; Z57.5) (Quadro XIII) 3. Brometo de Metila (X46.-; Z57.4 e Z57.5) (Quadro XIII) 4. Manganês e seus compostos tóxicos (X49.-; Z57.5) (Quadro XV) 5. Mercúrio e seus compostos tóxicos (X49.-; Z57.4 e Z57.5) (Quadro XVI) 6. Sulfeto de Carbono (X49.-; Z57.5) (Quadro XIX) 7. Outros solventes orgânicos neurotóxicos (X46.-; X49.-; Z57.5)
VIII – Reações ao *Stress* Grave e Transtornos de Adaptação (F43.-): Estado de *Stress* Pós-Traumático (F43.1)	1. Outras dificuldades físicas e mentais relacionadas com o trabalho: reação após acidente do trabalho grave ou catastrófico, ou após assalto no trabalho (Z56.6) 2. Circunstância relativa às condições de trabalho (Y96)
IX – Neurastenia (Inclui "Síndrome de Fadiga") (F48.0)	1. Tolueno e outros solventes aromáticos neurotóxicos (X46.-; Z57.5) (Quadro III) 2. Tricloroetileno, Tetracloroetileno, Tricloroetano e outros solventes orgânicos halogenados (X46.-; Z57.5) (Quadro XIII) 3. Brometo de Metila (X46.-; Z57.4 e Z57.5) (Quadro XIII) 4. Manganês e seus compostos tóxicos (X49.-; Z57.5) (Quadro XV) 5. Mercúrio e seus compostos tóxicos (X49.-; Z57.4 e Z57.5) (Quadro XVI) 6. Sulfeto de Carbono (X49.-; Z57.5) (Quadro XIX) 7. Outros solventes orgânicos neurotóxicos (X46.-; X49.-; Z57.5)
X – Outros transtornos neuróticos especificados (Inclui "Neurose Profissional") (F48.8)	Problemas relacionados com o emprego e com o desemprego (Z56.-): Desemprego (Z56.0); Mudança de emprego (Z56.1); Ameaça de perda de emprego (Z56.2); Ritmo de trabalho penoso (Z56.3); Desacordo com patrão e colegas de trabalho (Condições difíceis de trabalho) (Z56.5); Outras dificuldades físicas e mentais relacionadas com o trabalho (Z56.6)
XI – Transtorno do Ciclo Vigília-Sono Devido a Fatores Não Orgânicos (F51.2)	1. Problemas relacionados com o emprego e com o desemprego: Má adaptação à organização do horário de trabalho (Trabalho em Turnos ou Trabalho Noturno) (Z56.6) 2. Circunstância relativa às condições de trabalho (Y96)
XII – Sensação de Estar Acabado ("Síndrome de Burn-Out", "Síndrome do Esgotamento Profissional") (Z73.0)	1. Ritmo de trabalho penoso (Z56.3) 2. Outras dificuldades físicas e mentais relacionadas com o trabalho (Z56.6)

DOENÇAS DO SISTEMA NERVOSO RELACIONADAS COM O TRABALHO (GRUPO VI DA CID-10)

DOENÇAS	AGENTES ETIOLÓGICOS OU FATORES DE RISCO DE NATUREZA OCUPACIONAL
I – Ataxia Cerebelosa (G11.1)	Mercúrio e seus compostos tóxicos (X49.-; Z57.4 e Z57.5) (Quadro XVI)
II – Parkisonismo secundário devido a outros agentes externos (G21.2)	Manganês e seus compostos tóxicos (X49.-; Z57.5) (Quadro XV)
III – Outras formas especificadas de tremor (G25.2)	1. Brometo de metila (X46.-; Z57.4 e Z57.5) (Quadro XIII) 2. Tetracloroetano (X46.-; Z57.5) (Quadro XIII) 3. Mercúrio e seus compostos tóxicos (X49.-; Z57.4 e Z57.5) (Quadro XVI) 4. Outros solventes orgânicos neurotóxicos (X46.-; X49.-; Z57.5)
IV – Transtorno extrapiramidal do movimento não especificado (G25.9)	1. Mercúrio e seus compostos tóxicos (X49.-; Z57.4 e Z57.5) (Quadro XVI) 2. Cloreto de metileno (Diclorometano) e outros solventes halogenados neurotóxicos (X46.-; Z57.5) (Quadro XIII)
V – Distúrbios do Ciclo Vigília-Sono (G47.2)	Problemas relacionados com o emprego e com o desemprego: má adaptação à organização do horário de trabalho (trabalho em turnos ou trabalho noturno) (Z56.6)
VI – Transtornos do nervo trigêmio (G50.-)	Tricloroetileno e outros solventes halogenados neurotóxicos (X46.-; Z57.5) (Quadro XIII)

DOENÇAS	AGENTES ETIOLÓGICOS OU FATORES DE RISCO DE NATUREZA OCUPACIONAL
VII – Transtornos do nervo olfatório (G52.0) (Inclui "Anosmia")	1. Cádmio ou seus compostos (X49.-; Z57.5) (Quadro VI) 2. Sulfeto de hidrogênio (X49.-; Z57.5) (Quadro XVII)
VIII –Transtornos do plexo braquial (Síndrome da Saída do Tórax, Síndrome do Desfiladeiro Torácico) (G54.0)	Posições forçadas e gestos repetitivos (Z57.8)
IX – Mononeuropatias dos Membros Superiores (G56.-): Síndrome do Túnel do Carpo (G56.0); Outras Lesões do Nervo Mediano: Síndrome do Pronador Redondo (G56.1); Síndrome do Canal de Guyon (G56.2); Lesão do Nervo Cubital (ulnar): Síndrome do Túnel Cubital (G56.2); Lesão do Nervo Radial (G56.3); Outras Mononeuropatias dos Membros Superiores: Compressão do Nervo Supraescapular (G56.8)	Posições forçadas e gestos repetitivos (Z57.8)
X – Mononeuropatias do membro inferior (G57.-): Lesão do Nervo Poplíteo Lateral (G57.3)	Posições forçadas e gestos repetitivos (Z57.8)
XI – Polineuropatia devida a outros agentes tóxicos (G62.2)	1. Arsênio e seus compostos arsenicais (X49.-; Z57.4 e Z57.5) (Quadro I) 2. Chumbo e seus compostos tóxicos (X49.-; Z57.5) (Quadro VIII) 3. Fósforo (X48.-; X49.-; Z57.4 e Z57.5) (Quadro XII) 4. Sulfeto de Carbono (X49.-; Z57.5) (Quadro XIX) 5. n Hexano (X46.-; Z57.5) (Quadro XIII) 6. Metil-n-Butil Cetona (MBK) (X46.-; Z57.5)
XII – Polineuropatia induzida pela radiação (G62.8)	Radiações ionizantes (X88.-; Z57.1) (Quadro XXIV)
XIII – Encefalopatia Tóxica Aguda (G92.1)	1. Arsênio e seus compostos arsenicais (X49.-; Z57.4 e Z57.5) (Quadro I) 2. Chumbo e seus compostos tóxicos (X49.-; Z57.5) (Quadro VIII) 3. Hidrocarbonetos alifáticos ou aromáticos (seus derivados halogenados neurotóxicos) (X46.-; Z57.5) (Quadro XIII) 4. Mercúrio e seus derivados tóxicos (X49.-; Z57.4 e Z57.5) (Quadro XVI)
XIV – Encefalopatia Tóxica Crônica (G92.2)	1. Tolueno e Xileno (X46.-; Z57.5) (Quadro III) 2. Chumbo e seus compostos tóxicos (X49.-; Z57.5) (Quadro VIII) 3. Solventes orgânicos halogenados neurotóxicos (X46.-; Z57.5) (Quadro XIII) 4. Mercúrio e seus compostos tóxicos (X49.-; Z57.5) (Quadro XVI) 5. Substâncias asfixiantes: CO, H_2S etc. (sequela) (X47.-; Z57.5) (Quadro XVII) 6. Sulfeto de Carbono (X49.-; Z57.5) (Quadro XIX)

DOENÇAS DO OLHO E ANEXOS RELACIONADAS COM O TRABALHO (GRUPO VII DA CID-10)

DOENÇAS	AGENTES ETIOLÓGICOS OU FATORES DE RISCO DE NATUREZA OCUPACIONAL
I – Blefarite (H01.0)	1. Arsênio e seus compostos arsenicais (X49.-; Z57.4 e Z57.5) (Quadro I) 2. Radiações Ionizantes (W88.-; Z57.1) (Quadro XXIV) 3. Cimento (X49.-; Z57.2)

DOENÇAS	AGENTES ETIOLÓGICOS OU FATORES DE RISCO DE NATUREZA OCUPACIONAL
II – Conjuntivite (H10)	1. Arsênio e seus compostos arsenicais (X49.-; Z57.4 e Z57.5) (Quadro I) 2. Berílio e seus compostos tóxicos (X49.-; Z57.5) (Quadro IV) 3. Flúor e seus compostos tóxicos (X49.-) (Quadro XI) 4. Iodo (X49.-; Z57.5) (Quadro XIV) 5. Cloreto de etila (X46.-; Z57.5) (Quadro XIII) 6. Tetracloreto de carbono (X46.-; Z57.5) (Quadro XIII) 7. Outros solventes halogenados tóxicos (X46.-; Z57.4 e Z57.5) (Quadro XIII) 8. Ácido sulfídrico (Sulfeto de hidrogênio) (X49.-; Z57.5) (Quadro XVII) 9. Radiações ionizantes (W88.-; Z57.1) (Quadro XXIV) 10. Radiações Ultravioletas (W89; Z57.1 11. Acrilatos (X49.-; Z57.5) 12. Cimento (X49.-; Z57.2) 13. Enzimas de origem animal, vegetal ou bacteriana (X44.-; Z57.2) 14. Furfural e Álcool Furfurílico (X45.-; Z57.5) 15. Isocianatos orgânicos (X49.-; Z57.5) 16. Selênio e seus compostos (X49.-; Z57.5)
III – Queratite e Queratoconjuntivite (H16)	1. Arsênio e seus compostos arsenicais (X49.-; Z57.4 e Z57.5) (Quadro I) 2. Ácido sulfídrico (Sulfeto de hidrogênio) (X49.-; Z57.5) (Quadro XVII) 3. Radiações ionizantes (W88.-; Z57.1) (Quadro XXIV) 4. Radiações Infravermelhas (W90.-; Z57.1) 5. Radiações Ultravioletas (W89.-; Z57.1)
IV – Catarata (H28)	1. Radiações ionizantes (W88.-; Z57.1) (Quadro XXIV) 2. Radiações Infravermelhas (W90.-; Z57.1)
V – Inflamação Coriorretiniana (H30)	Manganês e seus compostos tóxicos (X49.-; Z57.5) (Quadro XV)
VI – Neurite Óptica (H46)	1. Brometo de metila (X46.-; Z57.4 e Z57.5) (Quadro XIII) 2. Cloreto de metileno (Diclorometano) e outros solventes clorados neurotóxicos (X46.-; Z57.5) (Quadro XIII) 3. Tetracloreto de carbono (X46.-; Z57.5) (Quadro XIII) 4. Sulfeto de Carbono (X49.-; Z57.5) (Quadro XIX) 5. Metanol (X45.-; Z57.5)
VII – Distúrbios visuais subjetivos (H53.-)	1. Brometo de metila (X46.-; Z57.4 e Z57.5) (Quadro XIII) 2. Cloreto de metileno e outros solventes clorados neurotóxicos (X46.-; Z57.5) (Quadro XIII)

DOENÇAS DO OUVIDO RELACIONADAS COM O TRABALHO (GRUPO VIII DA CID-10)

DOENÇAS	AGENTES ETIOLÓGICOS OU FATORES DE RISCO DE NATUREZA OCUPACIONAL
I – Otite Média não supurativa (H65.9)	1. "Ar Comprimido" (W94.-; Z57.8) (Quadro XXIII) 2. Pressão atmosférica inferior à pressão padrão (W94.-; Z57.8)
II – Perfuração da Membrana do Tímpano (H72 ou S09.2)	1. "Ar Comprimido" (W94.-; Z57.8) (Quadro XXIII) 2. Pressão atmosférica inferior à pressão padrão (W94.-; Z57.8)
III – Outras vertigens periféricas (H81.3)	Cloreto de metileno e outros solventes halogenados tóxicos (X46.-; Z57.5) (Quadro XIII)
IV – Labirintite (H83.0)	1. Brometo de metila (X46.-; Z57.4 e Z57.5) (Quadro XIII) 2. "Ar Comprimido" (W94.-; Z57.8) (Quadro XXIII)
V – Efeitos do ruído sobre o ouvido interno/perda da audição provocada pelo ruído e trauma acústico (H83.3)	Exposição ocupacional ao ruído (Z57.0; W42.-) (Quadro XXI)
VI – Hipoacusia Ototóxica (H91.0)	1. Homólogos do Benzeno otoneurotóxicos (Tolueno e Xileno) (X46.-; Z57.5) (Quadro III) 2. Solventes orgânicos otoneurotóxicos (X46.-; Z57.8) (Quadro XIII)
VII – Otalgia e Secreção Auditiva (H92.-): Otalgia (H92.0), Otorreia (H92.1) ou Otorragia (H92.2)	"Ar Comprimido" (W94.-; Z57.8) (Quadro XXIII)

DOENÇAS	AGENTES ETIOLÓGICOS OU FATORES DE RISCO DE NATUREZA OCUPACIONAL
VIII – Outras percepções auditivas anormais: alteração temporária do limiar auditivo, comprometimento da discriminação auditiva e hiperacusia (H93.2)	Exposição ocupacional ao ruído (Z57.0; X42.-) (Quadro XXI)
IX – Outros transtornos especificados do ouvido (H93.8)	1. Brometo de metila (X46.-; Z57.4 e Z57.5) (Quadro XIII) 2. "Ar Comprimido" (W94.-; Z57.8) (Quadro XXIII)
X – Otite Barotraumática (T70.0)	1. "Ar Comprimido" (W94.-; Z57.8) (Quadro XXIII) 2. Alterações na pressão atmosférica ou na pressão da água no ambiente (W94.-; Z57.8)
XI – Sinusite Barotraumática (T70.1)	1. "Ar Comprimido" (W94.-; Z57.8) (Quadro XXIII) 2. Alterações na pressão atmosférica ou na pressão da água no ambiente (W94.-)
XII – "Mal dos Caixões" (Doença de Descompressão) (T70.4)	1. "Ar Comprimido" (W94.-; Z57.8)(Quadro XXIII) 2. Alterações na pressão atmosférica ou na pressão da água no ambiente (W94.-; Z57.8)
XIII – Síndrome devida ao deslocamento de ar de uma explosão (T70.8)	1. "Ar Comprimido" (W94.-; Z57.8) (Quadro XXIII) 2. Alterações na pressão atmosférica ou na pressão da água no ambiente (W94.-; Z57.8)

DOENÇAS DO SISTEMA CIRCULATÓRIO RELACIONADAS COM O TRABALHO (GRUPO IX DA CID-10)

DOENÇAS	AGENTES ETIOLÓGICOS OU FATORES DE RISCO DE NATUREZA OCUPACIONAL
I – Hipertensão Arterial (I10.-)	1. Chumbo ou seus compostos tóxicos (X49.-; Z57.5) (Quadro VIII) 2. Exposição ocupacional ao ruído (Z57.0; X42.-) (Quadro XXI) 3. Problemas relacionados com o emprego e com o desemprego (Z56.-)
II – Angina Pectoris (I20.-)	1. Monóxido de Carbono (X47.-; Z57.5) (Quadro XVII) 2. Sulfeto de Carbono (X49.-; Z57.5) (Quadro XIX) 3. Nitroglicerina e outros ésteres do ácido nítrico (X49.-; Z57.5) 4. Problemas relacionados com o emprego e com o desemprego (Z56.-)
III – Infarto Agudo do Miocárdio (I21.-)	1. Monóxido de Carbono (X47.-; Z57.5) (Quadro XVII) 2. Sulfeto de Carbono (X49.-; Z57.5) (Quadro XIX) 3. Nitroglicerina e outros ésteres do ácido nítrico (X49.-; Z57.5) 4. Problemas relacionados com o emprego e com o desemprego (Z56.-)
IV – Cor Pulmonale SOE ou Doença Cardiopulmonar Crônica (I27.9)	Complicação evolutiva das pneumoconioses graves, principalmente silicose (Z57.2) (Quadro XVIII)
V – Placas epicárdicas ou pericárdicas (I34.8)	Asbesto ou Amianto (W83.-; Z57.2) (Quadro II)
VI – Parada Cardíaca (I46.-)	1. Derivados halogenados dos hidrocarbonetos alifáticos (X46.-) (Quadro XIII) 2. Monóxido de Carbono (X47.-; Z57.5) (Quadro XVII) 3. Outros agentes potencialmente causadores de arritmia cardíaca (Z57.5)
VII – Arritmias cardíacas (I49.-)	1. Arsênio e seus compostos arsenicais (X49.-; Z57.5) (Quadro I) 2. Chumbo ou seus compostos tóxicos (X49.-; Z57.5) (Quadro VIII) 3. Derivados halogenados dos hidrocarbonetos alifáticos (X46.-; Z57.5) (Quadro XIII) 4. Mercúrio e seus compostos tóxicos (X49.-; Z57.5) (Quadro XVI) 5. Monóxido de Carbono (X47.-; Z57.5) (Quadro XVII) 6. Agrotóxicos organofosforados e carbamatos (X48; Z57.4) (Quadros XII e XXVII) 7. Exposição ocupacional a Cobalto (X49.-; Z57.5) 8. Nitroglicerina e outros ésteres do ácido nítrico (X49.-; Z57.5) 9. Problemas relacionados com o emprego e com o desemprego (Z56.-)
VIII – Ateroesclerose (I70.-) e Doença Ateroesclerótica do Coração (I25.1)	Sulfeto de carbono (X49.-; Z57.5) (Quadro XIX)

DOENÇAS	AGENTES ETIOLÓGICOS OU FATORES DE RISCO DE NATUREZA OCUPACIONAL
IX – Síndrome de Raynaud (I73.0)	1. Cloreto de vinila (X46.-; Z57.5) (Quadro XIII) 2. Vibrações localizadas (W43.-; Z57.7) (Quadro XXII) 3. Trabalho em baixas temperaturas (frio) (W93.-; Z57.6)
X – Acrocianose e Acroparestesia (I73.8)	1. Cloreto de vinila (X46.-; Z57.5) (Quadro XIII) 2. Vibrações localizadas (W43.-; Z57.7) (Quadro XXII) 3. Trabalho em baixas temperaturas (frio) (W93.-; Z57.6)

DOENÇAS DO SISTEMA RESPIRATÓRIO RELACIONADAS COM O TRABALHO (GRUPO X DA CID-10)

DOENÇAS	AGENTES ETIOLÓGICOS OU FATORES DE RISCO DE NATUREZA OCUPACIONAL
I – Faringite Aguda, não especificada ("Angina Aguda", "Dor de Garganta") (J02.9)	1. Bromo (X49.-; Z57.5) (Quadro V) 2. Iodo (X49.-; Z57.5) (Quadro XIV)
II – Laringotraqueíte Aguda (J04.2)	1. Bromo (X49.-; Z57.5) (Quadro V) 2. Iodo (X49.-; Z57.5) (Quadro XIV)
III – Outras Rinites Alérgicas (J30.3)	1. Carbonetos metálicos de tungstênio sinterizados (X49.-; Z57.2 e Z57.5) (Quadro VII) 2. Cromo e seus compostos tóxicos (X49.-; Z57.5) (Quadro X) 3. Poeiras de algodão, linho, cânhamo ou sisal (Z57.2) (Quadro XXVI) 4. Acrilatos (X49.-; Z57.5) 5. Aldeído fórmico e seus polímeros (X49.-; Z57.5) 6. Aminas aromáticas e seus derivados (X49.-; Z57.5) 7. Anidrido ftálico (X49.-; Z57.5) 8. Azodicarbonamida (X49.-; Z57.5) 9. Carbetos de metais duros: cobalto e titânio (Z57.2) 10. Enzimas de origem animal, vegetal ou bacteriano (X44.-; Z57.3) 11. Furfural e Álcool Furfurílico (X45.-; Z57.5) 12. Isocianatos orgânicos (X49.-; Z57.5) 13. Níquel e seus compostos (X49.-; Z57.5) 14. Pentóxido de vanádio (X49.-; Z57.5) 15. Produtos da pirólise de plásticos, cloreto de vinila, teflon (X49.-; Z57.5) 16. Sulfitos, bissulfitos e persulfatos (X49.-; Z57.5)
	17. Medicamentos: macrólidos; ranetidina ; penicilina e seus sais; cefalosporinas (X44.-; Z57.3) 18. Proteínas animais em aerossóis (Z57.3) 19. Outras substâncias de origem vegetal (cereais, farinhas, serragem etc.) (Z57.2) 20. Outras substâncias químicas sensibilizantes da pele e das vias respiratórias (X49.-; Z57.2) (Quadro XXVII)
IV – Rinite Crônica (J31.0)	1. Arsênico e seus compostos arsenicais (X49.-; Z57.4 e Z57.5) (Quadro I) 2. Cloro gasoso (X47.-; Z57.5) (Quadro IX) 3. Cromo e seus compostos tóxicos (X49.-) (Quadro X) 4. Gás de flúor e Fluoreto de Hidrogênio (X47.-; Z57.5) (Quadro XI) 5. Amônia (X47.-; Z57.5) 6. Anidrido sulfuroso (X49.-; Z57.5) 7. Cimento (Z57.2) 8. Fenol e homólogos (X46.-; Z57.5) 9. Névoas de ácidos minerais (X47.-; Z57.5) 10. Níquel e seus compostos (X49.-; Z57.5) 11. Selênio e seus compostos (X49.-; Z57.5)
V – Faringite Crônica (J31.2)	Bromo (X49.-; Z57.5) (Quadro V)
VI – Sinusite Crônica (J32.-)	1. Bromo (X49.-; Z57.5) (Quadro V) 2. Iodo (X49.-; Z57.5) (Quadro XIV)
VII – Ulceração ou Necrose do Septonasal (J34.0)	1. Arsênio e seus compostos arsenicais (X49.-; Z57.4 e Z57.5) (Quadro I) 2. Cádmio ou seus compostos (X49.-; Z57.5) (Quadro VI) 3. Cromo e seus compostos tóxicos (X49.-; Z57.5) (Quadro X) 4. Soluções e aeoressóis de Ácido Cianídrico e seus derivados (X47.-; Z57.5) (Quadro XVII)

DOENÇAS	AGENTES ETIOLÓGICOS OU FATORES DE RISCO DE NATUREZA OCUPACIONAL
VIII – Perfuração do Septonasal (J34.8)	1. Arsênio e seus compostos arsenicais (X49.-; Z57.4 e Z57.5) (Quadro I) 2. Cromo e seus compostos tóxicos (X49.-; Z57.5) (Quadro X)
IX – Laringotraqueíte Crônica (J37.1)	Bromo (X49.-; Z57.5) (Quadro V)
X – Outras Doenças Pulmonares Obstrutivas Crônicas (Inclui: "Asma Obstrutiva", "Bronquite Crônica", "Bronquite Asmática", "Bronquite Obstrutiva Crônica") (J44.-)	1. Cloro gasoso (X47.-; Z57.5) (Quadro IX) 2. Exposição ocupacional à poeira de sílica livre (Z57.2-) (Quadro XVIII) 3. Exposição ocupacional a poeiras de algodão, linho, cânhamo ou sisal (Z57.2) (Quadro XXVI) 4. Amônia (X49.-; Z57.5) 5. Anidrido sulfuroso (X49.-; Z57.5) 6. Névoas e aerossóis de ácidos minerais (X47.-; Z57.5) 7. Exposição ocupacional a poeiras de carvão mineral (Z57.2)
XI – Asma (J45.-)	Mesma lista das substâncias sensibilizantes produtoras de rinite alérgica (X49.-; Z57.2, Z57.4 e Z57.5)
XII – Pneumoconiose dos Trabalhadores do Carvão (J60.-)	1. Exposição ocupacional a poeiras de carvão mineral (Z57.2) 2. Exposição ocupacional a poeiras de sílica livre (Z57.2) (Quadro XVIII)
XIII – Pneumoconiose devida ao Asbesto (Asbestose) e a outras fibras minerais (J61.-)	Exposição ocupacional a poeiras de asbesto ou amianto (Z57.2) (Quadro II)
XIV – Pneumoconiose devida à poeira de Sílica (Silicose) (J62.8)	Exposição ocupacional a poeiras de sílica-livre (Z57.2) (Quadro XVIII)
XV – Beriliose (J63.2)	Exposição ocupacional a poeiras de berílio e seus compostos tóxicos (Z57.2) (Quadro IV)
XVI – Siderose (J63.4)	Exposição ocupacional a poeiras de ferro (Z57.2)
XVII – Estanhose (J63.5)	Exposição ocupacional a poeiras de estanho (Z57.2)
XVIII – Pneumoconiose devida a outras poeiras inorgânicas especificadas (J63.8)	1. Exposição ocupacional a poeiras de carboneto de tungstênio (Z57.2) (Quadro VII) 2. Exposição ocupacional a poeiras de carbetos de metais duros (Cobalto, Titânio etc.) (Z57.2) 3. Exposição ocupacional a rocha fosfática (Z57.2) 4. Exposição ocupacional a poeiras de alumina (Al2O3) ("Doença de Shaver") (Z57.2)
XIX – Pneumoconiose associada com Tuberculose ("Sílico-Tuberculose") (J65.-)	Exposição ocupacional a poeiras de sílica livre (Z57.2) (Quadro XVIII)
XX – Doenças das vias aéreas devidas a poeiras orgânicas (J66.-): Bissinose (J66.0), devidas a outras poeiras orgânicas especificadas (J66.8)	Exposição ocupacional a poeiras de algodão, linho, cânhamo, sisal (Z57.2) (Quadro XXVI)

Legislação Previdenciária

DOENÇAS	AGENTES ETIOLÓGICOS OU FATORES DE RISCO DE NATUREZA OCUPACIONAL
XXI – Pneumonite por Hipersensibilidade a Poeira Orgânica (J67.-): Pulmão do Granjeiro (ou Pulmão do Fazendeiro) (J67.0); Bagaçose (J67.1); Pulmão dos Criadores de Pássaros (J67.2); Suberose (J67.3); Pulmão dos Trabalhadores de Malte (J67.4); Pulmão dos que Trabalham com Cogumelos (J67.5); Doença Pulmonar Devida a Sistemas de Ar-Condicionado e de Umidificação do Ar (J67.7); Pneumonites de Hipersensibilidade Devidas a Outras Poeiras Orgânicas (J67.8); Pneumonite de Hipersensibilidade Devida a Poeira Orgânica não especificada (Alveolite Alérgica Extrínseca SOE; Pneumonite de Hipersensibilidade SOE (J67.0)	1. Exposição ocupacional a poeiras contendo micro-organismos e parasitas infecciosos vivos e seus produtos tóxicos (Z57.2) (Quadro XXV) 2. Exposição ocupacional a outras poeiras orgânicas (Z57.2)
XXII – Bronquite e Pneumonite devida a produtos químicos, gases, fumaças e vapores ("Bronquite Química Aguda") (J68.0)	1. Berílio e seus compostos tóxicos (X49.-; Z57.5) (Quadro IV) 2. Bromo (X49.-; Z57.5) (Quadro V) 3. Cádmio ou seus compostos (X49.-; Z57.5) (Quadro VI) 4. Gás Cloro (X47.-; Z57.5) (Quadro IX) 5. Flúor ou seus compostos tóxicos (X47.-; Z57.5) (Quadro XI) 6. Solventes halogenados irritantes respiratórios (X46.-; Z57.5) (Quadro XIII) 7. Iodo (X49.-; Z57.5) (Quadro XIV) 8. Manganês e seus compostos tóxicos (X49.-; Z57.5) (Quadro XV) 9. Cianeto de hidrogênio (X47.-; Z57.5) (Quadro XVII)
XXIII – Edema Pulmonar Agudo devido a produtos químicos, gases, fumaças e vapores (Edema Pulmonar Químico) (J68.1)	1. Berílio e seus compostos tóxicos (X49.-; Z57.5) (Quadro IV) 2. Bromo (X49.-; Z57.5) (Quadro V) 3. Cádmio ou seus compostos (X49.-; Z57.5) (Quadro VI) 4. Gás Cloro (X47.-; Z57.5) (Quadro IX) 5. Flúor e seus compostos (X47.-; Z57.5) (Quadro XI) 6. Solventes halogenados irritantes respiratórios (X46.-; Z57.5) (Quadro XIII) 7. Iodo (X49.-; Z57.5) (Quadro XIV) 8. Cianeto de hidrogênio (X47.-; Z57.5) (Quadro XVII)
XXIV – Síndrome de Disfunção Reativa das Vias Aéreas (SDVA/RADS) (J68.3)	1. Bromo (X49.-; Z57.5) (Quadro V) 2. Cádmio ou seus compostos (X49.-; Z57.5) (Quadro VI) 3. Gás Cloro (X47.-; Z57.5) (Quadro IX) 4. Solventes halogenados irritantes respiratórios (X46.-; Z57.5) (Quadro XIII) 5. Iodo (X49.-; Z57.5) (Quadro XIV) 6. Cianeto de hidrogênio (X47.-; Z57.5) (Quadro XVII) 7. Amônia (X49.-; Z57.5)

DOENÇAS	AGENTES ETIOLÓGICOS OU FATORES DE RISCO DE NATUREZA OCUPACIONAL
XXV – Afecções respiratórias crônicas devidas à inalação de gases, fumos, vapores e substâncias químicas: Bronquiolite Obliterante Crônica, Enfisema Crônico Difuso, Fibrose Pulmonar Crônica (J68.4)	1. Arsênico e seus compostos arsenicais (X49.-; Z57.4 e Z57.5) (Quadro I) 2. Berílio e seus compostos (X49.-; Z57.5) (Quadro IV) 3. Bromo (X49.-; Z57.5) (Quadro V) 4. Cádmio ou seus compostos (X49.-; Z57.5) (Quadro VI) 5. Gás Cloro (X47.-; Z57.5) (Quadro IX) 6. Flúor e seus compostos (X47.-; Z57.5) (Quadro XI) 7. Solventes halogenados irritantes respiratórios (X46.-; Z57.5) (Quadro XIII) 8. Iodo (X49.-; Z57.5) (Quadro XIV) 9. Manganês e seus compostos tóxicos (X49.-; Z57.5) (Quadro XV) 10. Cianeto de hidrogênio (X47.-; Z57.5) (Quadro XVII) 11. Ácido Sulfídrico (Sulfeto de hidrogênio) (X47.-; Z57.5) (Quadro XVII) 12. Carbetos de metais duros (X49.-; Z57.5) 13. Amônia (X49.-; Z57.5) 14. Anidrido sulfuroso (X49.-; Z57.5) 15. Névoas e aerossóis de ácidos minerais (X47.-; Z57.5) 16. Acrilatos (X49.-; Z57.5) 17. Selênio e seus compostos (X49.-; Z57.5)
XXVI – Pneumonite por Radiação (manifestação aguda) (J70.0) e Fibrose Pulmonar Consequente a Radiação (manifestação crônica) (J70.1)	Radiações ionizantes (W88.-; Z57.1) (Quadro XXIV)
XXVII – Derrame pleural (J90.-)	Exposição ocupacional a poeiras de Asbesto ou Amianto (Z57.2) (Quadro II)
XXVIII – Placas pleurais (J92.-)	Exposição ocupacional a poeiras de Asbesto ou Amianto (Z57.2) (Quadro II)
XXIX – Enfisema intersticial (J98.2)	Cádmio ou seus compostos (X49.-; Z57.5) (Quadro VI)
XXX – Transtornos respiratórios em outras doenças sistêmicas do tecido conjuntivo classificadas em outra parte (M05.3): "Síndrome de Caplan" (J99.1)	1. Exposição ocupacional a poeiras de Carvão Mineral (Z57.2) 2. Exposição ocupacional a poeiras de Sílica livre (Z57.2) (Quadro XVIII)

DOENÇAS DO SISTEMA DIGESTIVO RELACIONADAS COM O TRABALHO (GRUPO XI DA CID-10)

DOENÇAS	AGENTES ETIOLÓGICOS OU FATORES DE RISCO DE NATUREZA OCUPACIONAL
I – Erosão Dentária (K03.2)	1. Névoas de fluoretos ou seus compostos tóxicos (X47.-; Z57.5) (Quadro XI) 2. Exposição ocupacional a outras névoas ácidas (X47.-; Z57.5)
II – Alterações pós-eruptivas da cor dos tecidos duros dos dentes (K03.7)	1. Névoas de Cádmio ou seus compostos (X47.-; Z57.5) (Quadro VI) 2. Exposição ocupacional a metais: Cobre, Níquel, Prata (X47.-; Z57.5)
III – Gengivite Crônica (K05.1)	Mercúrio e seus compostos tóxicos (X49.-; Z57.5) (Quadro XVI)
IV – Estomatite Ulcerativa Crônica (K12.1)	1. Arsênio e seus compostos arsenicais (X49.-; Z57.5) (Quadro I) 2. Bromo (X49.-; Z57.5) (Quadro XII) 3. Mercúrio e seus compostos tóxicos (X49.-; Z57.5) (Quadro XVI)
V – Gastroenterite e Colite tóxicas (K52.-)	1. Arsênio e seus compostos arsenicais (X49.-; Z57.5) (Quadro I) 2. Cádmio ou seus compostos (X49.-; Z57.5) (Quadro VI) 3. Radiações ionizantes (W88.-; Z57.1) (Quadro XXIV)

DOENÇAS	AGENTES ETIOLÓGICOS OU FATORES DE RISCO DE NATUREZA OCUPACIONAL
VI – Outros transtornos funcionais do intestino ("Síndrome dolorosa abdominal paroxística apirética, com estado suboclusivo ("cólica do chumbo") (K59.8)	Chumbo ou seus compostos tóxicos (X49.-; Z57.5) (Quadro VIII)
VII – Doença Tóxica do Fígado (K71.-): Doença Tóxica do Fígado, com Necrose Hepática (K71.1); Doença Tóxica do Fígado, com Hepatite Aguda (K71.2); Doença Tóxica do Fígado com Hepatite Crônica Persistente (K71.3); Doença Tóxica do Fígado com Outros Transtornos Hepáticos (K71.8)	1. Cloreto de Vinila, Clorobenzeno, Tetracloreto de Carbono, Clorofórmio, e outros solventes halogenados hepatotóxicos (X46.- e X48.-; Z57.4 e Z57.5) (Quadro XIII) 2. Hexaclorobenzeno (HCB) (X48.-; Z57.4 e Z57.5) 3. Bifenilas policloradas (PCBs) (X49.-; Z57.4 e Z57.5) 4. Tetraclorodibenzodioxina (TCDD) (X49.-)
VIII – Hipertensão Portal (K76.6)	1. Arsênio e seus compostos arsenicais (X49.-; Z57.4 e Z57.5) (Quadro I) 2. Cloreto de Vinila (X46.-; Z57.5) (Quadro XIII) 3. Tório (X49.-; Z57.5)

DOENÇAS DA PELE E DO TECIDO SUBCUTÂNEO RELACIONADAS COM O TRABALHO (GRUPO XII DA CID-10)

DOENÇAS	AGENTES ETIOLÓGICOS OU FATORES DE RISCO DE NATUREZA OCUPACIONAL
I – Outras Infecções Locais da Pele e do Tecido Subcutâneo: "Dermatoses Pápulo-Pustulosas e suas complicações infecciosas" (L08.9)	1. Cromo e seus compostos tóxicos (Z57.5) (Quadro X) 2. Hidrocarbonetos alifáticos ou aromáticos (seus derivados tóxicos) (Z57.5) (Quadro XIII) 3. Micro-organismos e parasitas infecciosos vivos e seus produtos tóxicos (Z57.5) (Quadro XXV) 4. Outros agentes químicos ou biológicos que afetem a pele, não considerados em outras rubricas (Z57.5) (Quadro XXVII)
II – Dermatite Alérgica de Contato devida a Metais (L23.0)	1. Cromo e seus compostos tóxicos (Z57.5) (Quadro X) 2. Mercúrio e seus compostos tóxicos (Z57.5) (Quadro XVI)
III – Dermatite Alérgica de Contato devida a Adesivos (L23.1)	Adesivos, em exposição ocupacional (Z57.5) (Quadro XXVII)
IV – Dermatite Alérgica de Contato devida a Cosméticos (fabricação/manipulação) (L23.2)	Fabricação/manipulação de cosméticos (Z57.5) (Quadro XXVII)
V – Dermatite Alérgica de Contato devida a Drogas em contato com a pele (L23.3)	Drogas, em exposição ocupacional (Z57.5) (Quadro XXVII)
VI – Dermatite Alérgica de Contato devida a Corantes (L23.4)	Corantes, em exposição ocupacional (Z57.5) (Quadro XXVII)
VII – Dermatite Alérgica de Contato devida a outros produtos químicos (L23.5)	1. Cromo e seus compostos tóxicos (Z57.5) (Quadro X) 2. Fósforo ou seus produtos tóxicos (Z57.5) (Quadro XII) 3. Iodo (Z57.5) (Quadro XIV) 4. Alcatrão, Breu, Betume, Hulha Mineral, Parafina ou resíduos dessas substâncias (Z57.8) (Quadro XX) 5. Borracha (Z57.8) (Quadro XXVII) 6. Inseticidas (Z57.5) (Quadro XXVII) 7. Plásticos (Z57.8) (Quadro XXVII)

DOENÇAS	AGENTES ETIOLÓGICOS OU FATORES DE RISCO DE NATUREZA OCUPACIONAL
VIII – Dermatite Alérgica de Contato devida a Alimentos em contato com a pele (fabricação/ manipulação) (L23.6)	Fabricação/manipulação de Alimentos (Z57.5) (Quadro XXVII)
IX – Dermatite Alérgica de Contato devida a Plantas (Não inclui plantas usadas como alimentos) (L23.7)	Manipulação de Plantas, em exposição ocupacional (Z57.8) (Quadro XXVII)
X – Dermatite Alérgica de Contato devida a outros agentes (Causa Externa especificada) (L23.8)	Agentes químicos, não especificados anteriormente, em exposição ocupacional (Z57.5) (Quadro XXVII)
XI – Dermatite de Contato por Irritantes devida a Detergentes (L24.0)	Detergentes, em exposição ocupacional (Z57.5) (Quadro XXVII)
XII – Dermatite de Contato por Irritantes devida a Óleos e Gorduras (L24.1)	Óleos e Gorduras, em exposição ocupacional (Z57.5) (Quadro XXVII)
XIII – Dermatite de Contato por Irritantes devida a Solventes: Cetonas, Ciclohexano, Compostos do Cloro, Ésteres, Glicol, Hidrocarbonetos (L24.2)	1. Benzeno (X46.-; Z57.5) (Quadro III) 2. Hidrocarbonetos aromáticos ou alifáticos ou seus derivados halogenados tóxicos (Z57.5) (Quadro XIII)
XIV – Dermatite de Contato por Irritantes devida a Cosméticos (L24.3)	Cosméticos, em exposição ocupacional (Z57.5) (Quadro XXVII)
XV – Dermatite de Contato por Irritantes devida a Drogas em contato com a pele (L24.4)	Drogas, em exposição ocupacional (Z57.5) (Quadro XXVII)
XVI – Dermatite de Contato por Irritantes devida a outros produtos químicos: Arsênio, Berílio, Bromo, Cromo, Cimento, Flúor, Fósforo, Inseticidas (L24.5)	1. Arsênio e seus compostos arsenicais (Z57.5) (Quadro I) 2. Berílio e seus compostos tóxicos (Z57.5) (Quadro IV) 3. Bromo (Z57.5) (Quadro V) 4. Cromo e seus compostos tóxicos (Z57.5) (Quadro X) 5. Flúor ou seus compostos tóxicos (Z57.5) (Quadro XI) 6. Fósforo (Z57.5) (Quadro XII)
XVII – Dermatite de Contato por Irritantes devida a Alimentos em contato com a pele (L24.6)	Alimentos, em exposição ocupacional (Z57.8) (Quadro XXVII)
XVIII – Dermatite de Contato por Irritantes devida a Plantas, exceto alimentos (L24.7)	Plantas, em exposição ocupacional (Z57.8) (Quadro XXVII)
XIX – Dermatite de Contato por Irritantes devida a outros agentes: Corantes (L24.8)	Agentes químicos, não especificados anteriormente, em exposição ocupacional (Z57.5) (Quadro XXVII)
XX – Urticária Alérgica (L50.0)	Agrotóxicos e outros produtos químicos (X48.-; Z57.4 e Z57.5) (Quadro XXVII)
XXI – Urticária devida ao Calor e ao Frio (L50.2)	Exposição ocupacional a calor e frio (W92,-; W93.-; Z57.6) (Quadro XXVII)
XXII – Urticária de Contato (L50.6)	Exposição ocupacional a agentes químicos, físicos e biológicos que afetam a pele (X49.-; Z57.4 e Z57.5) (Quadro XXVII)

DOENÇAS	AGENTES ETIOLÓGICOS OU FATORES DE RISCO DE NATUREZA OCUPACIONAL
XXIII – Queimadura Solar (L55)	Exposição ocupacional a radiações actínicas (X32.-; Z57.1) (Quadro XXVII)
XXIV – Outras Alterações Agudas da Pele devidas a Radiação Ultravioleta (L56.-): Dermatite por Fotocontato (Dermatite de Berloque) (L56.2); Urticária Solar (L56.3); Outras Alterações Agudas Especificadas da Pele devidas a Radiação Ultravioleta (L56.8); Outras Alterações Agudas da Pele devidas a Radiação Ultravioleta, sem outra especificação (L56.9);	Radiação Ultravioleta (W89.-; Z57.1) (Quadro XXVII)
XXV – Alterações da Pele devidas a Exposição Crônica a Radiação Não Ionizante (L57.-): Ceratose Actínica (L57.0); Outras Alterações: Dermatite Solar, "Pele de Fazendeiro", "Pele de Marinheiro" (L57.8)	Radiações não ionizantes (W89.-; X32.-; Z57.1) (Quadro XXVII)
XXVI – Radiodermatite (L58.-): Radiodermatite Aguda (L58.0); Radiodermatite Crônica (L58.1); Radiodermatite, não especificada (L58.9); Afecções da pele e do tecido conjuntivo relacionadas com a radiação, não especificadas (L59.9)	Radiações ionizantes (W88.-; Z57.1) (Quadro XXIV)
XXVII – Outras formas de Acne: "Cloracne" (L70.8)	1. Derivados halogenados dos hidrocarbonetos aromáticos, Monoclorobenzeno, Monobromobenzeno, Hexaclorobenzeno (X46.; Z57.5) (Quadro XIII) 2. Derivados do fenol, pentaclorofenol e do hidrobenzonitrilo (X49.-; Z57.4 e Z57.5) (Quadro XXVII) 3. Policloretos de Bifenila (PCBs) (X49.-; Z57.4 e Z57.5) (Quadro XXVII)
XXVIII – Outras formas de Cistos Foliculares da Pele e do Tecido Subcutâneo: "Elaioconiose" ou "Dermatite Folicular" (L72.8)	Óleos e gorduras de origem mineral ou sintéticos (X49.-; Z57.5) (Quadro XXVII)

DOENÇAS	AGENTES ETIOLÓGICOS OU FATORES DE RISCO DE NATUREZA OCUPACIONAL
XXIX – Outras formas de hiperpigmentação pela melanina: "Melanodermia" (L81.4)	1. Arsênio e seus compostos arsenicais (X49.-; Z57.4 e Z57.5) (Quadro I) 2. Clorobenzeno e Diclorobenzeno (X46.-; Z57.4 e Z57.5) (Quadro XIII) 3. Alcatrão, Breu, Betume, Hulha Mineral, Parafina, Creosoto, Piche, Coaltar ou resíduos dessas substâncias (Z57.8) (Quadro XX) 4. Antraceno e Dibenzoantraceno (Z57.5) (Quadro XX) 5. Bismuto (X44.-; Z57.5) (Quadro XXVII) 6. Citostáticos (X44.-; Z57.5) (Quadro XXVII) 7. Compostos nitrogenados: Ácido nítrico, Dinitrofenol (X49.-; Z57.5) (Quadro XXVII) 8. Naftóis adicionados a corantes (X49,-; Z57.5) (Quadro XXVII) 9. Óleos de corte (Z57.5) (Quadro XXVII) 10. Parafenilenodiamina e seus derivados (X49.-; Z57.5) (Quadro XXVII) 11. Poeira de determinadas madeiras (Z57.3) (Quadro XXVII) 12. Quinino e seus derivados (Z57.5) (Quadro XXVII) 13. Sais de ouro (X44.-; Z57.5) (Quadro XXVII) 14. Sais de prata (Sequelas de Dermatite Crônica de Contato) (X44.-; Z57.5) (Quadro XXVII)
XXX – Leucodermia, não classificada em outra parte (Inclui "Vitiligo Ocupacional") (L81.5)	1. Arsênio e seus compostos (X49.-; Z57.4 e Z57.5) (Quadro I) 2. Hidroquinona e ésteres derivados (X49.-; Z57.5) (Quadro XXVII) 3. Monometil éter de hidroquinona (MBEH) (X49.-; Z57.5) (Quadro XXVII) 4. para-Aminofenol (X49.-; Z57.5) (Quadro XXVII) 5. parabutilfenol (X49.-; Z57.5) (Quadro XXVII) 6. paracresol (X49.-; Z57.5) (Quadro XXVII) 7. Catecol e Pirocatecol (X49.-; Z57.5) (Quadro XXVII) 8. Clorofenol (X46.-; Z57.4 e Z57.5)(Quadro XXVII)
XXXI – Outros transtornos especificados da pigmentação: "Porfiria Cutânea Tardia" (L81.8)	Derivados halogenados dos hidrocarbonetos aromáticos: minocloro-benzeno, monobromo-benzeno, hexaclorobenzeno (X46.-; Z57.4 e Z57.5) (Quadro XIII)
XXXII – Ceratose Palmar e Plantar Adquirida (L85.1)	Arsênio e seus compostos arsenicais (X49.-; Z57.4 e Z57.5) (Quadro I)
XXXIII – Úlcera Crônica da Pele, não classificada em outra parte (L98.4)	1. Cromo e seus compostos tóxicos (Z57.5) (Quadro X) 2. Enzimas de origem animal, vegetal ou bacteriana (Z57.8) (Quadro XXVII)
XXXIV – Geladura (Frostbite) Superficial (T33): Eritema Pérnio	1. Cloreto de etila (anestésico local) (W93.-; Z57.6) (Quadro XIII) 2. Frio (X31.-; W93.-; Z57.6) (Quadro XXVII)
XXXV – Geladura (Frostbite) com Necrose de Tecidos (T34)	1. Cloreto de etila (anestésico local) (W93.-; Z57.6) (Quadro XIII) 2. Frio (X31.-; W93.-; Z57.6) (Quadro XXVII)

DOENÇAS DO SISTEMA OSTEOMUSCULAR E DO TECIDO CONJUNTIVO, RELACIONADAS COM O TRABALHO (GRUPO XIII DA CID-10)

DOENÇAS	AGENTES ETIOLÓGICOS OU FATORES DE RISCO DE NATUREZA OCUPACIONAL
I – Artrite Reumatoide associada a Pneumoconiose dos Trabalhadores do Carvão (J60.-): "Síndrome de Caplan" (M05.3)	1. Exposição ocupacional a poeiras de carvão mineral (Z57.2) 2. Exposição ocupacional a poeiras de sílica livre (Z57.2) (Quadro XVIII)
II – Gota induzida pelo chumbo (M10.1)	Chumbo ou seus compostos tóxicos (X49.-; Z57.5) (Quadro VIII)
III – Outras Artroses (M19.-)	Posições forçadas e gestos repetitivos (Z57.8)
IV – Outros transtornos articulares não classificados em outra parte: Dor Articular (M25.5)	1. Posições forçadas e gestos repetitivos (Z57.8) 2. Vibrações localizadas (W43.-; Z57.7) (Quadro XXII)
V – Síndrome Cervicobraquial (M53.1)	1. Posições forçadas e gestos repetitivos (Z57.8) 2. Vibrações localizadas (W43.-; Z57.7) (Quadro XXII)

DOENÇAS	AGENTES ETIOLÓGICOS OU FATORES DE RISCO DE NATUREZA OCUPACIONAL
VI – Dorsalgia (M54.-): Cervicalgia (M54.2); Ciática (M54.3); Lumbago com Ciática (M54.4)	1. Posições forçadas e gestos repetitivos (Z57.8) 2. Ritmo de trabalho penoso (Z56.3) 3. Condições difíceis de trabalho (Z56.5)
VII – Sinovites e Tenossinovites (M65.-): Dedo em Gatilho (M65.3); Tenossinovite do Estilóide Radial (De Quervain) (M65.4); Outras Sinovites e Tenossinovites (M65.8); Sinovites e Tenossinovites, não especificadas (M65.9)	1. Posições forçadas e gestos repetitivos (Z57.8) 2. Ritmo de trabalho penoso (Z56.3) 3. Condições difíceis de trabalho (Z56.5)
VIII – Transtornos dos tecidos moles relacionados com o uso, o uso excessivo e a pressão, de origem ocupacional (M70.-): Sinovite Crepitante Crônica da mão e do punho (M70.0); Bursite da Mão (M70.1); Bursite do Olécrano (M70.2); Outras Bursites do Cotovelo (M70.3); Outras Bursites Pré-rotulianas (M70.4); Outras Bursites do Joelho (M70.5); Outros transtornos dos tecidos moles relacionados com o uso, o uso excessivo e a pressão (M70.8); Transtorno não especificado dos tecidos moles, relacionados com o uso, o uso excessivo e a pressão (M70.9).	1. Posições forçadas e gestos repetitivos (Z57.8) 2. Ritmo de trabalho penoso (Z56.3) 3. Condições difíceis de trabalho (Z56.5)
IX – Fibromatose da Fascia Palmar: "Contratura ou Moléstia de Dupuytren" (M72.0)	1. Posições forçadas e gestos repetitivos (Z57.8) 2. Vibrações localizadas (W43.-; Z57.7) (Quadro XXII)
X – Lesões do Ombro (M75.-): Capsulite Adesiva do Ombro (Ombro Congelado, Periartrite do Ombro) (M75.0); Síndrome do Manguito Rotatório ou Síndrome do Supraespinhoso (M75.1); Tendinite Bicipital (M75.2); Tendinite Calcificante do Ombro (M75.3); Bursite do Ombro (M75.5); Outras Lesões do Ombro (M75.8); Lesões do Ombro, não especificadas (M75.9)	1. Posições forçadas e gestos repetitivos (Z57.8) 2. Ritmo de trabalho penoso (Z56) 3. Vibrações localizadas (W43.-; Z57.7) (Quadro XXII)
XI – Outras entesopatias (M77.-): Epicondilite Medial (M77.0); Epicondilite lateral ("Cotovelo de Tenista"); Mialgia (M79.1)	1. Posições forçadas e gestos repetitivos (Z57.8) 2. Vibrações localizadas (W43.-; Z57.7) (Quadro XXII)

DOENÇAS	AGENTES ETIOLÓGICOS OU FATORES DE RISCO DE NATUREZA OCUPACIONAL
XII – Outros transtornos especificados dos tecidos moles (M79.8)	1. Posições forçadas e gestos repetitivos (Z57.8) 2. Vibrações localizadas (W43.-; Z57.7) (Quadro XXII)
XIII – Osteomalácia do Adulto induzida por drogas (M83.5)	1. Cádmio ou seus compostos (X49.-) (Quadro VI) 2. Fósforo e seus compostos (Sesquissulfeto de Fósforo) (X49.-; Z57.5) (Quadro XII)
XIV – Fluorose do Esqueleto (M85.1)	Flúor e seus compostos tóxicos (X49.-; Z57.5) (Quadro XI)
XV – Osteonecrose (M87.-): Osteonecrose devida a drogas (M87.1); Outras Osteonecroses secundárias (M87.3)	1. Fósforo e seus compostos (Sesquissulfeto de Fósforo) (X49.-; Z57.5) (Quadro XII) 2. Vibrações localizadas (W43.-; Z57.7) (Quadro XXII) 3. Radiações ionizantes (Z57.1) (Quadro XXIV)
XVI – Osteólise (M89.5) (de falanges distais de quirodáctilos)	Cloreto de Vinila (X49.-; Z57.5) (Quadro XIII)
XVII – Osteonecrose no "Mal dos Caixões" (M90.3)	"Ar Comprimido" (W94.-; Z57.8) (Quadro XXIII)
XVIII – Doença de Kienböck do Adulto (Osteocondrose do Adulto do Semilunar do Carpo) (M93.1) e outras Osteocondropatias especificadas (M93.8)	Vibrações localizadas (W43.-; Z57.7) (Quadro XXII)

DOENÇAS DO SISTEMA GENITURINÁRIO RELACIONADAS COM O TRABALHO (GRUPO XIV DA CID-10)

DOENÇAS	AGENTES ETIOLÓGICOS OU FATORES DE RISCO DE NATUREZA OCUPACIONAL
I – Síndrome Nefrítica Aguda (N00.-)	Hidrocarbonetos alifáticos halogenados nefrotóxicos (X46.-; Z57.5) (Quadro XIII)
II – Doença Glomerular Crônica (N03.-)	Mercúrio e seus compostos tóxicos (X49.-; Z57.5) (Quadro XVI)
III – Nefropatia túbulo-intersticial induzida por metais pesados (N14.3)	1. Cádmio ou seus compostos (X49.-; Z57.5) (Quadro VI) 2. Chumbo ou seus compostos tóxicos (X49.-; Z57.5) (Quadro VIII) 3. Mercúrio e seus compostos tóxicos (X49.-; Z57.4 e Z57.5) (Quadro XVI)
IV – Insuficiência Renal Aguda (N17)	Hidrocarbonetos alifáticos halogenados nefrotóxicos (X46.-; Z57.5) (Quadro XIII)
V – Insuficiência Renal Crônica (N18)	Chumbo ou seus compostos (X49.-; Z57.5) (Quadro VIII)
VI – Cistite Aguda (N30.0)	Aminas aromáticas e seus derivados (X49.-; Z57.5)
VII – Infertilidade Masculina (N46)	1. Chumbo ou seus compostos tóxicos (X49.-; Z57.5) (Quadro VIII) 2. Radiações ionizantes (W88.-: Z57.1) (Quadro XXIV) 3. Chlordecone (X48.-; Z57.4) 4. Dibromocloropropano (DBCP) (X48.-; Z57.4 e Z57.5) 5. Calor (trabalho em temperaturas elevadas) (Z57.6)

TRAUMATISMOS, ENVENENAMENTOS E ALGUMAS OUTRAS CONSEQUÊNCIAS DE CAUSAS EXTERNAS, RELACIONADOS COM O TRABALHO (GRUPO XIX DA CID-10)

DOENÇAS	AGENTES ETIOLÓGICOS OU FATORES DE RISCO DE NATUREZA OCUPACIONAL
I – Efeitos tóxicos de Solventes Orgânicos (T52.-): Álcoois (T51.8) e Cetonas (T52.4); Benzeno, Tolueno e Xileno (T52.1 e T52.2); Derivados halogenados dos Hidrocarbonetos Alifáticos e Aromáticos (T53): Tetracloreto de Carbono (T53.0); Clorofórmio (T53.1); Tricloroetileno (T53.2); Tetracloroetileno (T53.3); Dicloroetano (T53.4); Clorofluor-carbonos (T53.5); Outros derivados halogenados de hidrocarbonetos alifáticos (T53.6); Outros derivados halogenados de hidrocarbonetos aromáticos (T53.7); Derivados halogenados de hidrocarbonetos alifáticos e aromáticos, não especificados (T53.9); Sulfeto de Carbono (T65.4)	Exposição ocupacional a agentes tóxicos em outras indústrias (Z57.5)
II – Efeito tóxico de Substâncias Corrosivas (T54): Fenol e homólogos do fenol (T54.0); Flúor e seus compostos (T65.8); Selênio e seus compostos (T56.8); Outros compostos orgânicos corrosivos (T54.1); Ácidos corrosivos e substâncias ácidas similares (T54.2); Álcalis cáusticos e substâncias alcalinas similares (T54.3); Efeito tóxico de substância corrosiva, não especificada (T54.9).	Exposição ocupacional a agentes tóxicos em outras indústrias (Z57.5)
III – Efeito tóxico de Metais (T56): Arsênico e seus compostos (T57.0); Cádmio e seus compostos (T56.3); Chumbo e seus compostos (T56.0); Cromo e seus compostos (T56.2); Manganês e seus compostos (T57.2); Mercúrio e seus compostos (T56.1); Outros metais (T56.8); Metal, não especificado (T56.9).	Exposição ocupacional a agentes tóxicos em outras indústrias (Z57.5)

DOENÇAS	AGENTES ETIOLÓGICOS OU FATORES DE RISCO DE NATUREZA OCUPACIONAL
IV – Asfixiantes Químicos (T57-59): Monóxido de Carbono (T58); Ácido cianídrico e cianetos (T57.3); Sulfeto de hidrogênio (T59.6); Aminas aromáticas e seus derivados (T65.3)	Exposição ocupacional a agentes tóxicos em outras indústrias (Z57.5)
V – Praguicidas (Pesticidas, "Agrotóxicos") (T60): Organofosforados e Carbamatos (T60.0); Halogenados (T60.1); Outros praguicidas (T60.2)	Exposição ocupacional a agentes tóxicos na Agricultura (Z57.4)
VI – Efeitos da Pressão do Ar e da Pressão da Água (T70): Barotrauma Otítico (T70.0); Barotrauma Sinusal (T70.1); Doença Descompressiva ("Mal dos Caixões") (T70.3); Outros efeitos da pressão do ar e da água (T70.8).	Exposição ocupacional a pressões atmosféricas anormais (W94.-; Z57.8)

LISTA C

► Lista C do anexo II acrescida pelo Dec. nº 6.957, de 9-9-2009.

INTERVALO CID-10	CNAE
A15-A19	0810 1091 1411 1412 1533 1540 2330 3011 3701 3702 3811 3812 3821 3822 3839 3900 4120 4211 4213 4222 4223 4291 4299 4312 4321 4391 4399 4687 4711 4713 4721 4741 4742 4743 4744 4789 4921 4923 4924 4929 5611 7810 7820 7830 8121 8122 8129 8610 9420 9601

INTERVALO CID-10	CNAE
E10-E14	1091 3600 3701 3702 3811 3812 3821 3822 3839 3900 4120 4211 4213 4222 4223 4291 4292 4299 4313 4319 4329 4399 4721 4921 4922 4923 4924 4929 4930 5030 5231 5239 8011 8012 8020 8030 8121 8122 8129 8411 9420

INTERVALO CID-10	CNAE
F10-F19	0710 0990 1011 1012 1013 1220 1532 1622 1732 1733 2211 2330 2342 2451 2511 2512 2531 2539 2542 2543 2593 2814 2822 2840 2861 2866 2869 2920 2930 3101 3102 3329 3600 3701 3702 3811 3812 3821 3822 3839 3900 4120 4211 4213 4221 4292 4299 4313 4319 4321 4329 4399 4520 4912 4921 5030 5212 5221 5222 5223 5229 5231 5232 5239 5250 5310 6423 7810 7820 7830 8121 8122 8129 8411 8423 8424 9420
F20-F29	0710 0990 1011 1012 1013 1031 1071 1321 1411 1412 2330 2342 2511 2543 2592 2861 2866 2869 2942 3701 3702 3811 3812 3821 3822 3839 3900 4120 4211 4213 4222 4223 4291 4292 4299 4312 4391 4399 4921 4922 4923 4924 4929 5212 5310 6423 7732 7810 7820 7830 8011 8012 8020 8030 8121 8122 8129 8423 9420
F30-F39	0710 0892 0990 1011 1012 1013 1031 1220 1311 1313 1314 1321 1330 1340 1351 1359 1411 1412 1413 1422 1531 1532 1540 2091 2123 2511 2710 2751 2861 2930 2945 3299 3600 4636 4711 4753 4756 4759 4762 4911 4912 4921 4922 4923 4924 4929 5111 5120 5221 5222 5223 5229 5310 5620 6110 6120 6130 6141 6142 6143 6190 6311 6422 6423 6431 6550 8121 8122 8129 8411 8413 8423 8424 8610 8711 8720 8730 8800
F40-F48	0710 0990 1311 1321 1351 1411 1412 1421 1532 2945 3600 4711 4753 4756 4759 4762 4911 4912 4921 4922 4923 4924 4929 5111 5120 5221 5222 5223 5229 5310 6110 6120 6130 6141 6142 6143 6190 6311 6422 6423 8011 8012 8020 8030 8121 8122 8129 8411 8423 8424 8610

INTERVALO CID-10	CNAE
G40-G47	0113 0210 0220 0810 1011 1012 1013 1321 1411 1412 1610 1621 1732 1733 1931 2330 2342 2511 2539 2861 3701 3702 3811 3812 3821 3822 3839 3900 4120 4211 4213 4222 4223 4291 4292 4299 4313 4319 4399 4921 4922 4923 4924 4929 4930 5212 8011 8012 8020 8030 8121 8122 8129
G50-G59	0155 1011 1012 1013 1062 1093 1095 1313 1351 1411 1412 1421 1529 1531 1532 1533 1539 1540 2063 2123 2211 2222 2223 2229 2349 2542 2593 2640 2710 2759 2944 2945 3240 3250 4711 5611 5612 5620 6110 6120 6130 6141 6142 6143 6190 6422 6423 8121 8122 8129 8610

INTERVALO CID-10	CNAE
H53-H54	0210 0220 0810 1071 1220 1610 1622 2330 2342 3701 3702 3811 3812 3821 3822 3839 3900 4120 4211 4212 4213 4222 4223 4291 4299 4312 4313 4319 4321 4329 4391 4399 4741 4742 4743 4744 4789 4921 4922 4923 4924 4929 4930 8011 8012 8020 8030 8121 8122 8129

INTERVALO CID-10	CNAE
I05-I09	4921
I10-I15	0111 1411 1412 4921 4922 4923 4924 4929 5111 5120
I20-I25	1621 4120 4211 4213 4221 4222 4223 4291 4299 4329 4399 4921 4922 4930 6110 6120 6130 6141 6142 6143 6190
I30-I52	0113 0210 0220 0810 1011 1012 1013 1061 1071 1411 1412 1610 1931 2029 2330 2342 3600 3701 3702 3811 3812 3821 3822 3839 3900 4120 4211 4213 4222 4223 4291 4292 4299 4312 4313 4319 4391 4399 4621 4622 4623 4921 4922 4923 4924 4929 4930 8121 8122 8129 8411 9420
I60-I69	0810 1071 2330 2342 3600 3701 3702 3811 3812 3821 3822 3839 3900 4120 4211 4213 4222 4223 4291 4299 4312 4313 4319 4321 4391 4399 4921 4922 4923 4924 4929 4930 8112 8121 8122 8129 8411 8591 9200 9311 9312 9313 9319 9420
I80-I89	1011 1012 1013 1020 1031 1033 1091 1092 1220 1311 1321 1351 1411 1412 1413 1422 1510 1531 1532 1540 1621 1622 2123 2342 2542 2710 2813 2832 2833 2920 2930 2944 2945 3101 3102 3329 3701 3702 3811 3812 3821 3822 3839 3900 4621 4622 4623 4721 4722 4921 4922 5611 5612 5620 8011 8012 8020 8030 8121 8122 8129 8411 8610 9420 9491 9601

INTERVALO CID-10	CNAE
J40-J47	0810 1031 1220 1311 1321 1351 1411 1412 1610 1622 1629 2330 2342 2539 3101 3102 3329 4120 4211 4213 4292 4299 4313 4319 4399 4921 8121 8122 8129 8411

INTERVALO CID-10	CNAE
K35-K38	0810 1011 1012 1013 1071 1411 1412 1531 1540 1610 1621 1732 1733 2451 2511 2512 2832 2833 2930 3101 3329 4621 4622 4623 4921 4922 8610
K40-K46	0113 0210 0220 0230 0810 1011 1012 1013 1020 1031 1033 1041 1051 1061 1066 1071 1091 1122 1321 1354 1510 1610 1621 1622 1629 1722 1732 1733 1931 2211 2212 2219 2330 2341 2342 2349 2443 2449 2451 2511 2512 2521 2539 2541 2542 2543 2592 2593 2710 2815 2822 2832 2833 2861 2866 2869 2930 2943 2944 2945 3011 3101 3102 3329 3701 3702 3811 3812 3821 3822 3839 3900 4120 4211 4212 4213 4221 4222 4223 4291 4292 4299 4312 4313 4319 4321 4329 4391 4399 4621 4622 4623 4632 4634 4687 4721 4722 4741 4742 4743 4744 4789 4921 4922 4930 5212 8121 8122 8129 9420

INTERVALO CID-10	CNAE
L60-L75	8610
L80-L99	0113 1011 1012 1013 1071 1411 1412 1610 1621 1931 2451 5611 5620 8121 8122 8129 8610

INTERVALO CID-10	CNAE
M00-M25	0113 0131 0133 0210 0220 0810 0892 0910 1011 1012 1013 1020 1031 1033 1041 1051 1052 1061 1064 1071 1072 1091 1122 1220 1311 1321 1351 1354 1411 1412 1413 1532 1621 1732 1733 1931 2012 2019 2312 2330 2341 2342 2349 2431 2443 2449 2511 2522 2539 2543 2550 2710 2813 2815 2822 2852 2853 2854 2861 2862 2865 2866 2869 2920 2930 2944 2945 2950 3011 3102 3600 3701 3702 3811 3812 3821 3822 3839 3900 4120 4211 4212 4213 4221 4222 4223 4291 4292 4299 4312 4313 4319 4321 4329 4391 4399 4621 4622 4623 4636 4661 4711 4721 4921 4922 4923 4924 4929 4930 5012 5021 5212 5310 5611 5620 7719 8121 8122 8129 8411 8424 8430 8591 8610 9200 9311 9312 9313 9319 9420 9491 9601
M30-M36	1412 8121 8122 8129 8610
M40-M54	0113 0131 0133 0210 0220 0230 0500 0710 0810 0892 0910 0990 1011 1012 1013 1020 1031 1033 1041 1051 1052 1061 1062 1064 1071 1072 1092 1122 1311 1312 1321 1323 1340 1351 1354 1411 1412 1413 1421 1422 1510 1532 1610 1621 1622 1623 1629 1710 1721 1722 1732 1733 1931 2012 2019 2029 2040 2091 2093 2123 2211 2212 2219 2221 2222 2312 2320 2330 2341 2342 2349 2391 2431 2439 2441 2443 2449 2451 2511 2513 2521 2522 2539 2542 2543 2550 2592 2593 2710 2722 2733 2813 2815 2822 2832 2833 2852 2853 2854 2861 2862 2864 2866 2869 2920 2930 2942 2943 2944 2945 2950 3011 3101 3102 3240 3321 3329 3600 3701 3702 3811 3812 3821 3822 3839 3900 4120 4211 4212 4213 4222 4223 4291 4292 4299 4311 4312 4313 4319 4321 4329 4391 4399 4621 4622 4623 4632 4636 4661 4681 4682 4685 4686 4687 4689 4921 4922 4923 4924 4929 4930 5012 5021 5211 5212 5221 5222 5223 5229 5310 5612 5620 6431 7719 7732 8121 8122 8129 8424 8430 8610 9420
M60-M79	0113 0155 0210 0220 1011 1012 1013 1020 1031 1033 1051 1052 1062 1064 1092 1093 1094 1095 1096 1099 1122 1311 1314 1321 1323 1340 1351 1352 1354 1359 1411 1412 1413 1414 1421 1510 1521 1529 1531 1532 1533 1540 1623 1732 1733 1742 1749 2040 2063 2091 2110 2121 2123 2211 2219 2221 2222 2223 2229 2312 2319 2342 2349 2439 2443 2449 2451 2531 2539 2541 2542 2543 2550 2591 2592 2593 2610 2631 2632 2640 2651 2710 2721 2722 2732 2733 2740 2751 2759 2813 2814 2815 2822 2823 2824 2840 2853 2854 2861 2864 2866 2869 2920 2930 2941 2942 2943 2944 2945 2949 3092 3101 3102 3104 3230 3240 3250 3291 3299 3316 3329 3701 3702 3811 3812 3821 3822 3839 3900 4221 4632 4634 4711 4713 4912 5111 5120 5212 5221 5222 5223 5229 5310 5320 5612 5620 6021 6022 6110 6120 6130 6141 6142 6143 6190 6209 6311 6399 6422 6423 6431 6550 7410 7490 7719 7733 8121 8122 8129 8211 8219 8220 8230 8291 8292 8299 8610 9420 9601

INTERVALO CID-10	CNAE
S00-S09	0210 0220 0230 0810 1011 1012 1013 1033 1041 1061 1071 1122 1321 1510 1532 1610 1621 1622 1732 1733 1931 2212 2330 2342 2391 2511 2512 2539 2542 2543 2593 2832 2833 2866 2869 2930 3011 3101 3102 3329 3701 3702 3811 3812 3821 3822 3839 3900 4120 4211 4213 4221 4222 4223 4291 4292 4299 4312 4313 4319 4321 4329 4391 4399 4520 4530 4541 4542 4621 4622 4623 4635 4671 4672 4673 4674 4679 4687 4731 4732 4741 4742 4743 4744 4789 4921 4922 4930 5212 5320 7810 7820 7830 8011 8012 8020 8030 8121 8122 8129 9420
S20-S29	0113 0131 0133 0210 0220 0230 0810 1011 1012 1013 1071 1321 1510 1610 1621 1622 1629 1732 1733 1931 2330 2342 2512 2539 2543 2832 2833 2866 2869 3600 3701 3702 3811 3812 3821 3822 3839 3900 4120 4211 4213 4221 4222 4223 4291 4292 4299 4321 4399 4621 4622 4623 4632 4687 4741 4742 4743 4744 4789 4921 4922 4930 5212 5310 8121 8122 8129 9420
S30-S39	0131 0133 0210 0220 1011 1012 1013 1061 1071 1610 1621 2330 2342 2511 2512 3101 3329 3701 3702 3811 3812 3821 3822 3839 3900 4120 4211 4213 4221 4222 4223 4291 4299 4312 4313 4319 4321 4329 4391 4399 4621 4622 4623 4687 4722 4741 4742 4743 4744 4789 4921 4930 5212 5221 5222 5223 5229 7810 7820 7830 8121 8122 8129 9420

INTERVALO CID-10	CNAE
S40-S49	0131 0133 0210 0220 0500 0810 1011 1012 1013 1031 1033 1041 1051 1061 1064 1071 1091 1122 1321 1351 1354 1411 1412 1510 1531 1532 1533 1540 1610 1621 1622 1623 1629 1722 1732 1733 1931 2212 2221 2222 2223 2229 2330 2342 2349 2391 2451 2511 2512 2539 2542 2543 2592 2593 2710 2813 2815 2822 2823 2832 2833 2861 2866 2869 2930 2944 2945 2950 3101 3102 3329 3701 3702 3811 3812 3821 3822 3839 3900 4120 4211 4213 4221 4222 4223 4291 4292 4299 4312 4313 4319 4321 4329 4391 4399 4520 4530 4541 4542 4618 4621 4622 4623 4635 4661 4671 4672 4673 4674 4679 4687 4721 4722 4731 4732 4741 4742 4743 4744 4784 4789 4921 4922 4930 5212 5221 5222 5223 5229 5310 5320 7719 7810 7820 7830 8011 8012 8020 8030 8121 8122 8129 9420
S50-S59	0210 0220 0810 1011 1012 1013 1031 1033 1041 1051 1061 1064 1071 1091 1092 1093 1096 1099 1122 1311 1321 1354 1411 1412 1510 1531 1532 1533 1540 1610 1621 1622 1623 1629 1722 1732 1733 2211 2221 2222 2223 2229 2330 2341 2342 2391 2511 2512 2539 2542 2543 2592 2593 2710 2759 2813 2822 2823 2832 2833 2861 2866 2869 2930 2944 2945 2950 3011 3101 3102 3329 3701 3702 3811 3812 3821 3822 3839 3900 4120 4211 4213 4221 4222 4223 4291 4292 4299 4312 4313 4319 4321 4322 4329 4391 4399 4520 4621 4622 4623 4635 4661 4685 4686 4687 4689 4711 4721 4722 4741 4742 4743 4744 4784 4789 4921 4923 4924 4929 4930 5212 5221 5222 5223 5229 5310 5320 7719 7732 7810 7820 7830 8011 8012 8020 8030 8121 8122 8129 9420
S60-S69	0113 0210 0220 0500 0810 1011 1012 1013 1031 1033 1041 1042 1051 1052 1061 1062 1063 1064 1071 1072 1091 1092 1093 1094 1096 1099 1122 1311 1312 1321 1323 1340 1351 1353 1354 1359 1411 1412 1510 1529 1531 1532 1533 1540 1610 1621 1622 1623 1629 1710 1721 1722 1731 1732 1733 1741 1742 1749 1813 1931 2012 2019 2029 2061 2063 2091 2092 2123 2211 2212 2219 2221 2222 2223 2229 2311 2312 2319 2330 2341 2342 2349 2391 2392 2399 2431 2439 2441 2443 2449 2451 2452 2511 2512 2513 2521 2522 2531 2532 2539 2541 2542 2543 2550 2591 2592 2593 2599 2632 2651 2710 2721 2722 2732 2733 2740 2751 2759 2790 2811 2812 2813 2814 2815 2821 2822 2823 2824 2825 2829 2831 2832 2833 2840 2852 2853 2854 2861 2862 2864 2865 2866 2869 2920 2930 2941 2942 2943 2944 2945 2949 2950 3011 3012 3032 3091 3092 3099 3101 3102 3103 3104 3220 3230 3240 3250 3291 3299 3319 3329 3701 3702 3811 3812 3821 3822 3832 3839 3900 4120 4211 4213 4221 4222 4223 4291 4292 4299 4312 4313 4319 4321 4322 4329 4391 4399 4520 4621 4622 4623 4632 4634 4661 4671 4672 4673 4674 4679 4681 4682 4685 4686 4687 4689 4711 4721 4722 4741 4742 4743 4744 4789 4930 5211 5212 5320 5819 5829 7719 7732 7810 7820 7830 8121 8122 8129 8423 9420 9529
S70-S79	0210 0220 1011 1012 1013 1033 1122 1610 1621 1622 2330 2391 2511 2512 2539 3101 3329 3701 3702 3811 3812 3821 3822 3839 3900 4120 4211 4213 4221 4222 4223 4291 4299 4312 4321 4391 4399 4520 4530 4541 4542 4618 4687 4731 4732 4741 4742 4743 4744 4784 4789 4921 4930 5212 5221 5222 5223 5229 5232 5250 5320 7810 7820 7830 8011 8012 8020 8030 8121 8122 8129 9420
S80-S89	0210 0220 0230 0500 0710 0810 0990 1011 1012 1013 1031 1033 1041 1051 1061 1062 1064 1071 1072 1092 1096 1099 1122 1321 1351 1354 1411 1412 1510 1531 1532 1540 1610 1621 1622 1623 1629 1710 1721 1722 1732 1733 1931 2012 2019 2029 2073 2091 2211 2219 2222 2312 2320 2330 2341 2342 2391 2439 2443 2449 2451 2511 2512 2521 2522 2539 2542 2543 2550 2592 2593 2651 2710 2812 2813 2815 2821 2822 2823 2831 2832 2833 2840 2852 2854 2861 2862 2864 2865 2866 2869 2930 2943 2944 2945 2950 3011 3101 3102 3329 3600 3701 3702 3811 3812 3821 3822 3839 3900 4120 4211 4213 4221 4222 4223 4291 4292 4299 4312 4313 4319 4321 4322 4329 4391 4399 4520 4530 4541 4542 4618 4621 4622 4623 4632 4635 4636 4637 4639 4661 4671 4672 4673 4674 4679 4681 4682 4685 4686 4687 4689 4711 4722 4723 4731 4732 4741 4742 4743 4744 4784 4789 4912 4921 4922 4923 4924 4929 4930 5211 5212 5221 5222 5223 5229 5232 5250 5310 5320 7719 7732 7810 7820 7830 8011 8012 8020 8030 8121 8122 8129 8423 8424 9420

INTERVALO CID-10	CNAE
S90-S99	0210 0220 0500 0810 1011 1012 1013 1031 1033 1041 1051 1061 1062 1064 1071 1072 1092 1093 1122 1311 1321 1351 1354 1411 1412 1510 1532 1610 1621 1622 1623 1629 1710 1721 1722 1732 1733 1931 2029 2091 2219 2221 2222 2312 2330 2341 2342 2391 2431 2439 2441 2443 2449 2451 2511 2512 2513 2521 2522 2531 2539 2542 2543 2592 2593 2710 2722 2815 2822 2831 2832 2833 2840 2852 2853 2854 2861 2862 2865 2866 2869 2920 2930 2943 2944 2945 2950 3011 3101 3102 3329 3600 3701 3702 3811 3812 3821 3822 3839 3900 4120 4211 4213 4221 4222 4223 4291 4292 4299 4312 4313 4319 4321 4322 4329 4391 4399 4621 4622 4623 4661 4681 4682 4685 4686 4687 4689 4711 4784 4912 4921 4922 4930 5111 5120 5212 5221 5222 5223 5229 5232 5250 5310 5320 6423 6431 6550 7719 7732 7810 7820 7830 8011 8012 8020 8030 8121 8122 8129 8423 8424 8610 9420
T90-T98	0210 0220 0710 0810 0892 0910 1011 1013 1020 1031 1033 1041 1042 1061 1062 1071 1072 1091 1092 1093 1122 1220 1311 1312 1321 1351 1352 1353 1411 1412 1510 1531 1532 1533 1540 1610 1621 1622 1629 1733 1932 2014 2019 2029 2032 2091 2211 2221 2223 2229 2312 2320 2330 2341 2342 2391 2451 2511 2512 2521 2522 2539 2542 2592 2593 2640 2740 2751 2790 2813 2814 2822 2862 2864 2866 2869 2920 2930 2944 2945 2950 3091 3092 3101 3102 3600 3701 3702 3811 3812 3821 3822 3839 3900 4120 4211 4213 4221 4291 4292 4299 4312 4313 4319 4321 4322 4391 4399 4635 4661 4681 4682 4687 4721 4741 4743 4744 4784 4922 4923 4924 4929 4930 5012 5021 5030 5212 5221 5222 5223 5229 5231 5232 5239 5250 5310 5320 7719 7732 8011 8012 8020 8030 8121 8122 9420

Nota:

1 – São indicados intervalos de CID-10 em que se reconhece Nexo Técnico Epidemiológico, na forma do § 3º do art. 337, entre a entidade mórbida e as classes de CNAE indicadas, nelas incluídas todas as subclasses cujos quatro dígitos iniciais sejam comuns.

REGULAMENTO DA PREVIDÊNCIA SOCIAL
ANEXO III

RELAÇÃO DAS SITUAÇÕES QUE DÃO DIREITO AO AUXÍLIO-ACIDENTE

QUADRO Nº 1

Aparelho visual

Situações:

a) acuidade visual, após correção, igual ou inferior a 0,2 no olho acidentado;
b) acuidade visual, após correção, igual ou inferior a 0,5 em ambos os olhos, quando ambos tiverem sido acidentados;
c) acuidade visual, após correção, igual ou inferior a 0,5 no olho acidentado, quando a do outro olho for igual a 0,5 ou menos, após correção;
d) lesão da musculatura extrínseca do olho, acarretando paresia ou paralisia;
e) lesão bilateral das vias lacrimais, com ou sem fístulas, ou unilateral com fístula.

NOTA 1 – A acuidade visual restante é avaliada pela escala de Wecker, em décimos, e após a correção por lentes.

NOTA 2 – A nubécula e o leucoma são analisados em função da redução da acuidade ou do prejuízo estético que acarretam, de acordo com os quadros respectivos.

QUADRO Nº 2

Aparelho auditivo

TRAUMA ACÚSTICO

a) perda da audição no ouvido acidentado;
b) redução da audição em grau médio ou superior em ambos os ouvidos, quando os dois tiverem sido acidentados;
c) redução da audição, em grau médio ou superior, no ouvido acidentado, quando a audição do outro estiver também reduzida em grau médio ou superior.

NOTA 1 – A capacidade auditiva em cada ouvido é avaliada mediante audiometria apenas aérea, nas frequências de 500, 1.000, 2.000 e 3.000 Hertz.

NOTA 2 – A redução da audição, em cada ouvido, é avaliada pela média aritmética dos valores, em decibéis, encontrados nas frequências de 500, 1.000, 2.000 e 3.000 Hertz, segundo adaptação da classsificação de Davis & Silvermann, 1970. Audição normal – até vinte e cinco decibéis. Redução em grau mínimo – vinte e seis a quarenta decibéis; Redução em grau médio – quarenta e um a setenta decibéis; Redução em grau máximo – setenta e um a noventa decibéis; Perda de audição – mais de noventa decibéis.

QUADRO Nº 3

Aparelho da fonação

Situação:

Perturbação da palavra em grau médio ou máximo, desde que comprovada por métodos clínicos objetivos.

QUADRO Nº 4

Prejuízo estético

Situações:

Prejuízo estético, em grau médio ou máximo, quando atingidos crânios, e/ou face, e/ou pescoço ou perda de dentes quando há também deformação da arcada dentária que impede o uso de prótese.

NOTA 1 – Só é considerada como prejuízo estético a lesão que determina apreciável modificação estética do segmento corpóreo atingido, acarretando aspecto desagradável, tendo-se em conta sexo, idade e profissão do acidentado.

NOTA 2 – A perda anatômica de membro, a redução de movimentos articulares ou a alteração da capacidade funcional de membro não são considerados como prejuízo estético, podendo, porém, ser enquadradas, se for o caso, nos quadros respectivos.

QUADRO Nº 5

Perdas de segmentos de membros

Situações:

a) perda de segmento ao nível ou acima do carpo;
b) perda de segmento do primeiro quirodáctilo, desde que atingida a falange proximal;
c) perda de segmentos de dois quirodáctilos, desde que atingida a falange proximal em pelo menos um deles;
d) perda de segmento do segundo quirodáctilo, desde que atingida a falange proximal;

► Itens *b*, *c* e *d* com a redação dada pelo Dec. nº 4.032, de 26-11-2001.

e) perda de segmento de três ou mais falanges, de três ou mais quirodáctilos;
f) perda de segmento ao nível ou acima do tarso;
g) perda de segmento do primeiro pododáctilo, desde que atingida a falange proximal;
h) perda de segmento de dois pododáctilos, desde que atingida a falange proximal em ambos;

► Itens *g*, e *h* com a redação dada pelo Dec. nº 4.032, de 26-11-2001.

i) perda de segmento de três ou mais falanges, de três ou mais pododáctilos.

NOTA: Para efeito de enquadramento, a perda parcial de parte óssea de um segmento equivale à perda do segmento. A perda parcial de partes moles sem perda de parte óssea do segmento não é considerada para efeito de enquadramento.

QUADRO Nº 6

Alterações articulares

Situações:

a) redução em grau médio ou superior dos movimentos da mandíbula;
b) redução em grau máximo dos movimentos do segmento cervical da coluna vertebral;
c) redução em grau máximo dos movimentos do segmento lombo-sacro da coluna vertebral;
d) redução em grau médio ou superior dos movimentos das articulações do ombro ou do cotovelo;
e) redução em grau médio ou superior dos movimentos de pronação e/ou de supinação do antebraço;
f) redução em grau máximo dos movimentos do primeiro e/ou do segundo quirodáctilo, desde que atingidas as articulações metacarpo-falangeana e falange-falangeana;
g) redução em grau médio ou superior dos movimentos das articulações coxo-femural e/ou joelho, e/ou tíbio-társica.

NOTA 1 – Os graus de redução de movimentos articulares referidos neste quadro são avaliados de acordo com os seguintes critérios:

Grau máximo: redução acima de dois terços da amplitude normal do movimento da articulação;

Grau médio: redução de mais de um terço e até dois terços da amplitude normal do movimento da articulação;

Grau mínimo: redução de até um terço da amplitude normal do movimento da articulação.

NOTA 2 – A redução de movimentos do cotovelo, de pronação e supinação do antebraço, punho, joelho e tíbio-társica, secundária a uma fratura de osso longo do membro, consolidada em posição viciosa e com desvio de eixo, também é enquadrada dentro dos limites estabelecidos.

QUADRO Nº 7

Encurtamento de membro inferior

Situação:

Encurtamento de mais de 4 cm (quatro centímetros).

NOTA: A preexistência de lesão de bacia deve ser considerada quando da avaliação do encurtamento.

QUADRO Nº 8

Redução da força e/ou da capacidade funcional dos membros

Situações:

a) redução da força e/ou da capacidade funcional da mão, do punho, do antebraço ou de todo o membro superior em grau sofrível ou inferior da classificação de desempenho muscular;
b) redução da força e/ou da capacidade funcional do primeiro quirodáctilo em grau sofrível ou inferior;
c) redução da força e/ou da capacidade funcional do pé, da perna ou de todo o membro inferior em grau sofrível ou inferior.

NOTA 1 – Esta classificação se aplica a situações decorrentes de comprometimento muscular ou neurológico. Não se aplica a alterações decorrentes de lesões articulares ou de perdas anatômicas constantes dos quadros próprios.

NOTA 2 – Na avaliação de redução da força ou da capacidade funcional é utilizada a classificação da carta de desempenho muscular da The National Foundation for Infantile Paralysis, adotada pelas Sociedades Internacionais de Ortopedia e Traumatologia, e a seguir transcrita:

Desempenho muscular

Grau 5 – Normal – cem por cento – Amplitude completa de movimento contra a gravidade e contra grande resistência.

Grau 4 – Bom – setenta e cinco por cento – Amplitude completa de movimento contra a gravidade e contra alguma resistência.

Grau 3 – Sofrível – cinquenta por cento – Amplitude completa de movimento contra a gravidade sem opor resistência.

Grau 2 – Pobre – vinte e cinco por cento – Amplitude completa de movimento quando eliminada a gravidade.

Grau 1 – Traços –dez por cento – Evidência de leve contração. Nenhum movimento articular.

Grau 0 (zero) – zero por cento – Nenhuma evidência de contração.

Grau E ou EG – zero por cento – Espasmo ou espasmo grave.

Grau C ou CG – Contratura ou contratura grave.

NOTA – O enquadramento dos casos de grau sofrível ou inferior abrange, na prática, os casos de redução em que há impossibilidade de movimento contra alguma força de resistência além da força de gravidade.

QUADRO Nº 9

Outros aparelhos e sistemas

Situações:

a) segmentectomia pulmonar que acarrete redução em grau médio ou superior da capacidade funcional respiratória; devidamente correlacionada à sua atividade laborativa.
b) perda do segmento do aparelho digestivo cuja localização ou extensão traz repercussões sobre a nutrição e o estado geral.

DOENÇAS PROFISSIONAIS E AS DO TRABALHO

As doenças profissionais e as do trabalho, que após consolidações das lesões resultem sequelas permanentes com redução da capacidade de trabalho, deverão ser enquadradas conforme o art. 104 deste Regulamento.

REGULAMENTO DA PREVIDÊNCIA SOCIAL

ANEXO IV

CLASSIFICAÇÃO DOS AGENTES NOCIVOS

CÓDIGO	AGENTE NOCIVO	TEMPO DE EXPOSIÇÃO
1.0.0	AGENTES QUÍMICOS O que determina o direito ao benefício é a exposição do trabalhador ao agente nocivo presente no ambiente de trabalho e no processo produtivo, em nível de concentração superior aos limites de tolerância estabelecidos. ► Redação dada pelo Dec. nº 3.265, de 29-11-1999. O rol de agentes nocivos é exaustivo, enquanto que as atividades listadas, nas quais pode haver a exposição, é exemplificativa. ► Redação dada pelo Dec. nº 3.265, de 29-11-1999.	
1.0.1	ARSÊNIO E SEUS COMPOSTOS a) extração de arsênio e seus compostos tóxicos; b) metalurgia de minérios arsenicais; c) utilização de hidrogênio arseniado (arsina) em sínteses orgânicas e no processamento de componentes eletrônicos; d) fabricação e preparação de tintas e lacas; e) fabricação, preparação e aplicação de inseticidas, herbicidas, parasiticidas e raticidas com a utilização de compostos de arsênio;	25 ANOS

CÓDIGO	AGENTE NOCIVO	TEMPO DE EXPOSIÇÃO
	f) produção de vidros, ligas de chumbo e medicamentos com a utilização de compostos de arsênio; g) conservação e curtume de peles, tratamento e preservação da madeira com a utilização de compostos de arsênio.	
1.0.2	ASBESTOS a) extração, processamento e manipulação de rochas amiantíferas; b) fabricação de guarnições para freios, embreagens e materiais isolantes contendo asbestos; c) fabricação de produtos de fibrocimento; d) mistura, cardagem, fiação e tecelagem de fibras de asbestos.	20 ANOS
1.0.3	BENZENO E SEUS COMPOSTOS TÓXICOS a) produção e processamento de benzeno; b) utilização de benzeno como matéria-prima em sínteses orgânicas e na produção de derivados; c) utilização de benzeno como insumo na extração de óleos vegetais e álcoois; d) utilização de produtos que contenham benzeno, como colas, tintas, vernizes, produtos gráficos e solventes; e) produção e utilização de clorobenzenos e derivados; f) fabricação e vulcanização de artefatos de borracha; g) fabricação e recauchutagem de pneumáticos.	25 ANOS
1.0.4	BERÍLIO E SEUS COMPOSTOS TÓXICOS a) extração, trituração e tratamento de berílio; b) fabricação de compostos e ligas de berílio; c) fabricação de tubos fluorescentes e de ampolas de raio X; d) fabricação de queimadores e moderadores de reatores nucleares; e) fabricação de vidros e porcelanas para isolantes térmicos; f) utilização do berílio na indústria aeroespacial.	25 ANOS
1.0.5	BROMO E SEUS COMPOSTOS TÓXICOS a) fabricação e emprego do bromo e do ácido brômico.	25 ANOS
1.0.6	CÁDMIO E SEUS COMPOSTOS TÓXICOS a) extração, tratamento e preparação de ligas de cádmio; b) fabricação de compostos de cádmio; c) utilização de eletrodos de cádmio em soldas; d) utilização de cádmio no revestimento eletrolítico de metais; e) utilização de cádmio como pigmento e estabilizador na indústria do plástico; f) fabricação de eletrodos de baterias alcalinas de níquel-cádmio.	25 ANOS
1.0.7	CARVÃO MINERAL E SEUS DERIVADOS a) extração, fabricação, beneficiamento e utilização de carvão mineral, piche, alcatrão, betume e breu; b) extração, produção e utilização de óleos minerais e parafinas; c) extração e utilização de antraceno e negro-de-fumo; d) produção de coque.	25 ANOS
1.0.8	CHUMBO E SEUS COMPOSTOS TÓXICOS a) extração e processamento de minério de chumbo; b) metalurgia e fabricação de ligas e compostos de chumbo; c) fabricação e reformas de acumuladores elétricos; d) fabricação e emprego de chumbo-tetraetila e chumbo-tetrametila; e) fabricação de tintas, esmaltes e vernizes à base de compostos de chumbo; f) pintura com pistola empregando tintas com pigmentos de chumbo; g) fabricação de objetos e artefatos de chumbo e suas ligas; h) vulcanização da borracha pelo litargírio ou outros compostos de chumbo; i) utilização de chumbo em processos de soldagem; j) fabricação de vidro, cristal e esmalte vitrificado; l) fabricação de pérolas artificiais;	25 ANOS

CÓDIGO	AGENTE NOCIVO	TEMPO DE EXPOSIÇÃO
	m) fabricação e utilização de aditivos à base de chumbo para a indústria de plásticos.	
1.0.9	CLORO E SEUS COMPOSTOS TÓXICOS a) fabricação e emprego de defensivos organoclorados; b) fabricação e emprego de cloroetilaminas (mostardas nitrogenadas); c) fabricação e manuseio de bifenis policlorados (PCB); d) fabricação e emprego de cloreto de vinil como monômero na fabricação de policloreto de vinil (PVC) e outras resinas e como intermediário em produções químicas ou como solvente orgânico; e) fabricação de policloroprene; f) fabricação e emprego de clorofórmio (triclorometano) e de tetracloreto de carbono.	25 ANOS
1.0.10	CROMO E SEUS COMPOSTOS TÓXICOS a) fabricação, emprego industrial, manipulação de cromo, ácido crômico, cromatos e bicromatos; b) fabricação de ligas de ferro-cromo; c) revestimento eletrolítico de metais e polimento de superfícies cromadas; d) pintura com pistola utilizando tintas com pigmentos de cromo; e) soldagem de aço inoxidável.	25 ANOS
1.0.11	DISSULFETO DE CARBONO a) fabricação e utilização de dissulfeto de carbono; b) fabricação de viscose e seda artificial (raiom); c) fabricação e emprego de solventes, inseticidas e herbicidas contendo dissulfeto de carbono; d) fabricação de vernizes, resinas, sais de amoníaco, de tetracloreto de carbono, de vidros óticos e produtos têxteis com uso de dissulfeto de carbono.	25 ANOS
1.0.12	FÓSFORO E SEUS COMPOSTOS TÓXICOS a) extração e preparação de fósforo branco e seus compostos; b) fabricação e aplicação de produtos fosforados e organofosforados (sínteses orgânicas, fertilizantes e praguicidas); c) fabricação de munições e armamentos explosivos.	25 ANOS
1.0.13	IODO a) fabricação e emprego industrial do iodo.	25 ANOS
1.0.14	MANGANÊS E SEUS COMPOSTOS a) extração e beneficiamento de minérios de manganês; b) fabricação de ligas e compostos de manganês; c) fabricação de pilhas secas e acumuladores; d) preparação de permanganato de potássio e de corantes; e) fabricação de vidros especiais e cerâmicas; f) utilização de eletrodos contendo manganês; g) fabricação de tintas e fertilizantes.	25 ANOS
1.0.15	MERCÚRIO E SEUS COMPOSTOS a) extração e utilização de mercúrio e fabricação de seus compostos; b) fabricação de espoletas com fulminato de mercúrio; c) fabricação de tintas com pigmento contendo mercúrio; d) fabricação e manutenção de aparelhos de medição e de laboratório; e) fabricação de lâmpadas, válvulas eletrônicas e ampolas de raio X; f) fabricação de minuterias, acumuladores e retificadores de corrente; g) utilização como agente catalítico e de eletrólise; h) douração, prateamento, bronzeamento e estanhagem de espelhos e metais; i) curtimento e feltragem do couro e conservação da madeira; j) recuperação do mercúrio; l) amalgamação do zinco; m) tratamento a quente de amálgamas de metais; n) fabricação e aplicação de fungicidas.	25 ANOS

CÓDIGO	AGENTE NOCIVO	TEMPO DE EXPOSIÇÃO
1.0.16	NÍQUEL E SEUS COMPOSTOS TÓXICOS a) extração e beneficiamento do níquel; b) niquelagem de metais; c) fabricação de acumuladores de níquel-cádmio.	25 ANOS
1.0.17	PETRÓLEO, XISTO BETUMINOSO, GÁS NATURAL E SEUS DERIVADOS a) extração, processamento, beneficiamento e atividades de manutenção realizadas em unidades de extração, plantas petrolíferas e petroquímicas; b) beneficiamento e aplicação de misturas asfálticas contendo hidrocarbonetos policíclicos.	25 ANOS
1.0.18	SÍLICA LIVRE a) extração de minérios a céu aberto; b) beneficiamento e tratamento de produtos minerais geradores de poeiras contendo sílica livre cristalizada; c) tratamento, decapagem e limpeza de metais e fosqueamento de vidros com jatos de areia; d) fabricação, processamento, aplicação e recuperação de materiais refratários; e) fabricação de mós, rebolos e de pós e pastas para polimento; f) fabricação de vidros e cerâmicas; g) construção de túneis; h) desbaste e corte a seco de materiais contendo sílica.	25 ANOS
1.0.19	OUTRAS SUBSTÂNCIAS QUÍMICAS GRUPO I – ESTIRENO; BUTADIENO-ESTIRENO; ACRILONITRILA; 1-3 BUTADIENO; CLOROPRENO; MERCAPTANOS, n-HEXANO, DIISOCIANATO DE TOLUENO (TDI); AMINAS AROMÁTICAS a) fabricação e vulcanização de artefatos de borracha; b) fabricação e recauchutagem de pneus. GRUPO II – AMINAS AROMÁTICAS, AMINOBIFENILA, AURAMINA, AZATIOPRINA, BIS (CLORO METIL) ÉTER, 1-4 BUTANODIOL, DIMETANOSULFONATO (MILERAN), CICLOFOSFAMIDA, CLOROAMBUCIL, DIETILESTIL-BESTROL, ACRONITRILA, NITRONAFTILAMINA 4-DIMETIL-AMINOAZOBENZENO, BENZOPIRENO, BETA-PROPIOLACTONA, BISCLOROETILETER, BISCLOROMETIL, CLOROMETILETER, DIANIZIDINA, DICLOROBENZIDINA, DIETILSULFATO, DIMETILSULFATO, ETILENOAMINA, ETILENOTIUREIA, FENACETINA, IODETO DE METILA, ETILNITROSUREIAS, METILENO-ORTOCLOROANILINA (MOCA), NITROSAMINA, ORTOTOLUIDINA, OXIMETALONA, PROCARBAZINA, PROPANOSULTONA, 1-3-BUTADIENO, ÓXIDO DE ETILENO, ESTILBENZENO, DIISOCIANATO DE TOLUENO (TDI), CREOSOTO, 4-AMINODIFENIL, BENZIDINA, BETANAFTILAMINA, ESTIRENO, 1-CLORO-2, 4 – NITRODIFENIL, 3-POXIPROPANO a) manufatura de magenta (anilina e ortotoluidina); b) fabricação de fibras sintéticas; c) sínteses químicas; d) fabricação da borracha e espumas; e) fabricação de plásticos; f) produção de medicamentos; g) operações de preservação da madeira com creosoto; h) esterilização de materiais cirúrgicos.	25 ANOS
2.0.0	AGENTES FÍSICOS Exposição acima dos limites de tolerância especificados ou às atividades descritas.	
2.0.1	RUÍDO a) exposição a Níveis de Exposição Normalizados (NEN) superiores a 85 dB(A). ▶ Alínea *a* com a redação dada pelo Dec. nº 4.882, de 18-11-2003.	25 ANOS
2.0.2	VIBRAÇÕES a) trabalhos com perfuratrizes e marteletes pneumáticos.	25 ANOS
2.0.3	RADIAÇÕES IONIZANTES a) extração e beneficiamento de minerais radioativos; b) atividades em minerações com exposição ao radônio; c) realização de manutenção e supervisão em unidades de extração, tratamento e beneficiamento de minerais radioativos com exposição às radiações ionizantes;	25 ANOS

CÓDIGO	AGENTE NOCIVO	TEMPO DE EXPOSIÇÃO
	d) operações com reatores nucleares ou com fontes radioativas; e) trabalhos realizados com exposição aos raios Alfa, Beta, Gama e X, aos nêutrons e às substâncias radioativas para fins industriais, terapêuticos e diagnósticos; f) fabricação e manipulação de produtos radioativos; g) pesquisas e estudos com radiações ionizantes em laboratórios.	
2.0.4	TEMPERATURAS ANORMAIS a) trabalhos com exposição ao calor acima dos limites de tolerância estabelecidos na NR-15, da Portaria nº 3.214/78.	25 ANOS
2.0.5	PRESSÃO ATMOSFÉRICA ANORMAL a) trabalhos em caixões ou câmaras hiperbáricas; b) trabalhos em tubulões ou túneis sob ar comprimido; c) operações de mergulho com o uso de escafandros ou outros equipamentos.	25 ANOS
3.0.0	BIOLÓGICOS Exposição aos agentes citados unicamente nas atividades relacionadas.	
3.0.1	MICRO-ORGANISMOS E PARASITAS INFECTO-CONTAGIOSOS VIVOS E SUAS TOXINAS ► Item 3.0.1 com a redação dada pelo Dec. nº 4.882, de 18-11-2003. a) trabalhos em estabelecimentos de saúde em contato com pacientes portadores de doenças infecto-contagiosas ou com manuseio de materiais contaminados; b) trabalhos com animais infectados para tratamento ou para o preparo de soro, vacinas e outros produtos; c) trabalhos em laboratórios de autópsia, de anatomia e anátomo-histologia; d) trabalho de exumação de corpos e manipulação de resíduos de animais deteriorados; e) trabalhos em galerias, fossas e tanques de esgoto; f) esvaziamento de biodigestores; g) coleta e industrialização do lixo.	25 ANOS
4.0.0	ASSOCIAÇÃO DE AGENTES Nas associações de agentes que estejam acima do nível de tolerância, será considerado o enquadramento relativo ao que exigir menor tempo de exposição. ► Item 4.0.0 com a redação dada pelo Dec. nº 4.882, de 18-11-2003.	
4.0.1	FÍSICOS, QUÍMICOS E BIOLÓGICOS a) mineração subterrânea cujas atividades sejam exercidas afastadas das frentes de produção.	20 ANOS
4.0.2	FÍSICOS, QUÍMICOS E BIOLÓGICOS a) trabalhos em atividades permanentes no subsolo de minerações subterrâneas em frente de produção.	15 ANOS

ANEXO V

► Anexo V com a redação dada pelo Dec. nº 6.957, de 9-9-2009, produzindo efeitos a partir do primeiro dia do mês de janeiro de 2010.

RELAÇÃO DE ATIVIDADES PREPONDERANTES E CORRESPONDENTES GRAUS DE RISCO
(CONFORME A CLASSIFICAÇÃO NACIONAL DE ATIVIDADES ECONÔMICAS)

CNAE 2.0	DESCRIÇÃO	ALÍQUOTA
0111-3/01	Cultivo de arroz	3
0111-3/02	Cultivo de milho	3
0111-3/03	Cultivo de trigo	2
0111-3/99	Cultivo de outros cereais não especificados anteriormente	3
0112-1/01	Cultivo de algodão herbáceo	3
0112-1/02	Cultivo de juta	3
0112-1/99	Cultivo de outras fibras de lavoura temporária não especificadas anteriormente	3
0113-0/00	Cultivo de cana-de-açúcar	3
0114-8/00	Cultivo de fumo	3

CNAE 2.0	DESCRIÇÃO	ALÍQUOTA
0115-6/00	Cultivo de soja	3
0116-4/01	Cultivo de amendoim	2
0116-4/02	Cultivo de girassol	2
0116-4/03	Cultivo de mamona	3
0116-4/99	Cultivo de outras oleaginosas de lavoura temporária não especificadas anteriormente	3
0119-9/01	Cultivo de abacaxi	2
0119-9/02	Cultivo de alho	2
0119-9/03	Cultivo de batata-inglesa	3
0119-9/04	Cultivo de cebola	2
0119-9/05	Cultivo de feijão	3
0119-9/06	Cultivo de mandioca	3
0119-9/07	Cultivo de melão	3
0119-9/08	Cultivo de melancia	2
0119-9/09	Cultivo de tomate rasteiro	2
0119-9/99	Cultivo de outras plantas de lavoura temporária não especificadas anteriormente	2
0121-1/01	Horticultura, exceto morango	3
0121-1/02	Cultivo de morango	3
0122-9/00	Cultivo de flores e plantas ornamentais	3
0131-8/00	Cultivo de laranja	3
0132-6/00	Cultivo de uva	3
0133-4/01	Cultivo de açaí	1
0133-4/02	Cultivo de banana	3
0133-4/03	Cultivo de caju	2
0133-4/04	Cultivo de cítricos, exceto laranja	3
0133-4/05	Cultivo de coco-da-baía	3
0133-4/06	Cultivo de guaraná	3
0133-4/07	Cultivo de maçã	3
0133-4/08	Cultivo de mamão	2
0133-4/09	Cultivo de maracujá	3
0133-4/10	Cultivo de manga	3
0133-4/11	Cultivo de pêssego	3
0133-4/99	Cultivo de frutas de lavoura permanente não especificadas anteriormente	3
0134-2/00	Cultivo de café	3
0135-1/00	Cultivo de cacau	3
0139-3/01	Cultivo de chá-da-índia	3
0139-3/02	Cultivo de erva-mate	3
0139-3/03	Cultivo de pimenta-do-reino	3
0139-3/04	Cultivo de plantas para condimento, exceto pimenta-do-reino	3
0139-3/05	Cultivo de dendê	3
0139-3/06	Cultivo de seringueira	3
0139-3/99	Cultivo de outras plantas de lavoura permanente não especificadas anteriormente	3
0141-5/01	Produção de sementes certificadas, exceto de forrageiras para pasto	3
0141-5/02	Produção de sementes certificadas de forrageiras para formação de pasto	3
0142-3/00	Produção de mudas e outras formas de propagação vegetal, certificadas	2
0151-2/01	Criação de bovinos para corte	3
0151-2/02	Criação de bovinos para leite	3
0151-2/03	Criação de bovinos, exceto para corte e leite	3
0152-1/01	Criação de bufalinos	3
0152-1/02	Criação de equinos	2

CNAE 2.0	DESCRIÇÃO	ALÍQUOTA
0152-1/03	Criação de asininos e muares	3
0153-9/01	Criação de caprinos	3
0153-9/02	Criação de ovinos, inclusive para produção de lã	3
0154-7/00	Criação de suínos	3
0155-5/01	Criação de frangos para corte	3
0155-5/02	Produção de pintos de um dia	3
0155-5/03	Criação de outros galináceos, exceto para corte	2
0155-5/04	Criação de aves, exceto galináceos	2
0155-5/05	Produção de ovos	3
0159-8/01	Apicultura	2
0159-8/02	Criação de animais de estimação	3
0159-8/03	Criação de escargô	1
0159-8/04	Criação de bicho-da-seda	1
0159-8/99	Criação de outros animais não especificados anteriormente	2
0161-0/01	Serviço de pulverização e controle de pragas agrícolas	3
0161-0/02	Serviço de poda de árvores para lavouras	3
0161-0/03	Serviço de preparação de terreno, cultivo e colheita	3
0161-0/99	Atividades de apoio à agricultura não especificadas anteriormente	3
0162-8/01	Serviço de inseminação artificial em animais	2
0162-8/02	Serviço de tosquiamento de ovinos	3
0162-8/03	Serviço de manejo de animais	3
0162-8/99	Atividades de apoio à pecuária não especificadas anteriormente	3
0163-6/00	Atividades de pós-colheita	3
0170-9/00	Caça e serviços relacionados	1
0210-1/01	Cultivo de eucalipto	3
0210-1/02	Cultivo de acácia-negra	3
0210-1/03	Cultivo de pinus	3
0210-1/04	Cultivo de teca	3
0210-1/05	Cultivo de espécies madeireiras, exceto eucalipto, acácia-negra, pinus e teca	2
0210-1/06	Cultivo de mudas em viveiros florestais	3
0210-1/07	Extração de madeira em florestas plantadas	3
0210-1/08	Produção de carvão vegetal – florestas plantadas	3
0210-1/09	Produção de casca de acácia-negra – florestas plantadas	2
0210-1/99	Produção de produtos não madeireiros não especificados anteriormente em florestas plantadas	3
0220-9/01	Extração de madeira em florestas nativas	3
0220-9/02	Produção de carvão vegetal – florestas nativas	2
0220-9/03	Coleta de castanha-do-pará em florestas nativas	3
0220-9/04	Coleta de látex em florestas nativas	1
0220-9/05	Coleta de palmito em florestas nativas	3
0220-9/06	Conservação de florestas nativas	3
0220-9/99	Coleta de produtos não madeireiros não especificados anteriormente em florestas nativas	3
0230-6/00	Atividades de apoio à produção florestal	3
0311-6/01	Pesca de peixes em água salgada	3
0311-6/02	Pesca de crustáceos e moluscos em água salgada	3
0311-6/03	Coleta de outros produtos marinhos	3
0311-6/04	Atividades de apoio à pesca em água salgada	2
0312-4/01	Pesca de peixes em água doce	2
0312-4/02	Pesca de crustáceos e moluscos em água doce	1
0312-4/03	Coleta de outros produtos aquáticos de água doce	1

CNAE 2.0	DESCRIÇÃO	ALÍQUOTA
0312-4/04	Atividades de apoio à pesca em água doce	2
0321-3/01	Criação de peixes em água salgada e salobra	2
0321-3/02	Criação de camarões em água salgada e salobra	2
0321-3/03	Criação de ostras e mexilhões em água salgada e salobra	3
0321-3/04	Criação de peixes ornamentais em água salgada e salobra	2
0321-3/05	Atividades de apoio à aquicultura em água salgada e salobra	2
0321-3/99	Cultivos e semicultivos da aquicultura em água salgada e salobra não especificados anteriormente	2
0322-1/01	Criação de peixes em água doce	3
0322-1/02	Criação de camarões em água doce	2
0322-1/03	Criação de ostras e mexilhões em água doce	2
0322-1/04	Criação de peixes ornamentais em água doce	2
0322-1/05	Ranicultura	3
0322-1/06	Criação de jacaré	3
0322-1/07	Atividades de apoio à aquicultura em água doce	2
0322-1/99	Cultivos e semicultivos da aquicultura em água doce não especificados anteriormente	3
0500-3/01	Extração de carvão mineral	3
0500-3/02	Beneficiamento de carvão mineral	3
0600-0/01	Extração de petróleo e gás natural	3
0600-0/02	Extração e beneficiamento de xisto	3
0600-0/03	Extração e beneficiamento de areias betuminosas	3
0710-3/01	Extração de minério de ferro	3
0710-3/02	Pelotização, sinterização e outros beneficiamentos de minério de ferro	3
0721-9/01	Extração de minério de alumínio	3
0721-9/02	Beneficiamento de minério de alumínio	3
0722-7/01	Extração de minério de estanho	3
0722-7/02	Beneficiamento de minério de estanho	3
0723-5/01	Extração de minério de manganês	3
0723-5/02	Beneficiamento de minério de manganês	3
0724-3/01	Extração de minério de metais preciosos	3
0724-3/02	Beneficiamento de minério de metais preciosos	3
0725-1/00	Extração de minerais radioativos	3
0729-4/01	Extração de minérios de nióbio e titânio	3
0729-4/02	Extração de minério de tungstênio	3
0729-4/03	Extração de minério de níquel	3
0729-4/04	Extração de minérios de cobre, chumbo, zinco e outros minerais metálicos não ferrosos não especificados anteriormente	3
0729-4/05	Beneficiamento de minérios de cobre, chumbo, zinco e outros minerais metálicos não ferrosos não especificados anteriormente	2
0810-0/01	Extração de ardósia e beneficiamento associado	3
0810-0/02	Extração de granito e beneficiamento associado	3
0810-0/03	Extração de mármore e beneficiamento associado	2
0810-0/04	Extração de calcário e dolomita e beneficiamento associado	3
0810-0/05	Extração de gesso e caulim	2
0810-0/06	Extração de areia, cascalho ou pedregulho e beneficiamento associado	3
0810-0/07	Extração de argila e beneficiamento associado	3
0810-0/08	Extração de saibro e beneficiamento associado	3
0810-0/09	Extração de basalto e beneficiamento associado	3
0810-0/10	Beneficiamento de gesso e caulim associado à extração	1
0810-0/99	Extração e britamento de pedras e outros materiais para construção e beneficiamento associado	3
0891-6/00	Extração de minerais para fabricação de adubos, fertilizantes e outros produtos químicos	3

CNAE 2.0	DESCRIÇÃO	ALÍQUOTA
0892-4/01	Extração de sal marinho	3
0892-4/02	Extração de sal-gema	3
0892-4/03	Refino e outros tratamentos do sal	3
0893-2/00	Extração de gemas (pedras preciosas e semipreciosas)	3
0899-1/01	Extração de grafita	3
0899-1/02	Extração de quartzo	3
0899-1/03	Extração de amianto	3
0899-1/99	Extração de outros minerais não metálicos não especificados anteriormente	3
0910-6/00	Atividades de apoio à extração de petróleo e gás natural	3
0990-4/01	Atividades de apoio à extração de minério de ferro	3
0990-4/02	Atividades de apoio à extração de minerais metálicos não ferrosos	3
0990-4/03	Atividades de apoio à extração de minerais não metálicos	3
1011-2/01	Frigorífico – abate de bovinos	3
1011-2/02	Frigorífico – abate de equinos	3
1011-2/03	Frigorífico – abate de ovinos e caprinos	3
1011-2/04	Frigorífico – abate de bufalinos	3
1011-2/05	Matadouro – abate de reses sob contrato – exceto abate de suínos	3
1012-1/01	Abate de aves	3
1012-1/02	Abate de pequenos animais	3
1012-1/03	Frigorífico – abate de suínos	3
1012-1/04	Matadouro – abate de suínos sob contrato	3
1013-9/01	Fabricação de produtos de carne	3
1013-9/02	Preparação de subprodutos do abate	3
1020-1/01	Preservação de peixes, crustáceos e moluscos	3
1020-1/02	Fabricação de conservas de peixes, crustáceos e moluscos	3
1031-7/00	Fabricação de conservas de frutas	3
1032-5/01	Fabricação de conservas de palmito	2
1032-5/99	Fabricação de conservas de legumes e outros vegetais, exceto palmito	3
1033-3/01	Fabricação de sucos concentrados de frutas, hortaliças e legumes	3
1033-3/02	Fabricação de sucos de frutas, hortaliças e legumes, exceto concentrados	3
1041-4/00	Fabricação de óleos vegetais em bruto, exceto óleo de milho	3
1042-2/00	Fabricação de óleos vegetais refinados, exceto óleo de milho	3
1043-1/00	Fabricação de margarina e outras gorduras vegetais e de óleos não comestíveis de animais	2
1051-1/00	Preparação do leite	3
1052-0/00	Fabricação de laticínios	3
1053-8/00	Fabricação de sorvetes e outros gelados comestíveis	2
1061-9/01	Beneficiamento de arroz	3
1061-9/02	Fabricação de produtos do arroz	3
1062-7/00	Moagem de trigo e fabricação de derivados	3
1063-5/00	Fabricação de farinha de mandioca e derivados	3
1064-3/00	Fabricação de farinha de milho e derivados, exceto óleos de milho	3
1065-1/01	Fabricação de amidos e féculas de vegetais	3
1065-1/02	Fabricação de óleo de milho em bruto	3
1065-1/03	Fabricação de óleo de milho refinado	3
1066-0/00	Fabricação de alimentos para animais	3
1069-4/00	Moagem e fabricação de produtos de origem vegetal não especificados anteriormente	3
1071-6/00	Fabricação de açúcar em bruto	3
1072-4/01	Fabricação de açúcar de cana refinado	3
1072-4/02	Fabricação de açúcar de cereais (dextrose) e de beterraba	3

CNAE 2.0	DESCRIÇÃO	ALÍQUOTA
1081-3/01	Beneficiamento de café	3
1081-3/02	Torrefação e moagem de café	3
1082-1/00	Fabricação de produtos à base de café	2
1091-1/00	Fabricação de produtos de panificação	3
1092-9/00	Fabricação de biscoitos e bolachas	3
1093-7/01	Fabricação de produtos derivados do cacau e de chocolates	3
1093-7/02	Fabricação de frutas cristalizadas, balas e semelhantes	3
1094-5/00	Fabricação de massas alimentícias	3
1095-3/00	Fabricação de especiarias, molhos, temperos e condimentos	3
1096-1/00	Fabricação de alimentos e pratos prontos	3
1099-6/01	Fabricação de vinagres	3
1099-6/02	Fabricação de pós-alimentícios	2
1099-6/03	Fabricação de fermentos e leveduras	1
1099-6/04	Fabricação de gelo comum	3
1099-6/05	Fabricação de produtos para infusão (chá, mate etc.)	3
1099-6/06	Fabricação de adoçantes naturais e artificiais	3
1099-6/99	Fabricação de outros produtos alimentícios não especificados anteriormente	3
1111-9/01	Fabricação de aguardente de cana-de-açúcar	3
1111-9/02	Fabricação de outras aguardentes e bebidas destiladas	3
1112-7/00	Fabricação de vinho	3
1113-5/01	Fabricação de malte, inclusive malte uísque	3
1113-5/02	Fabricação de cervejas e chopes	3
1121-6/00	Fabricação de águas envasadas	3
1122-4/01	Fabricação de refrigerantes	3
1122-4/02	Fabricação de chá-mate e outros chás prontos para consumo	3
1122-4/03	Fabricação de refrescos, xaropes e pós para refrescos, exceto refrescos de frutas	3
1122-4/99	Fabricação de outras bebidas não alcoólicas não especificadas anteriormente	3
1210-7/00	Processamento industrial do fumo	3
1220-4/01	Fabricação de cigarros	2
1220-4/02	Fabricação de cigarrilhas e charutos	3
1220-4/03	Fabricação de filtros para cigarros	3
1220-4/99	Fabricação de outros produtos do fumo, exceto cigarros, cigarrilhas e charutos	3
1311-1/00	Preparação e fiação de fibras de algodão	3
1312-0/00	Preparação e fiação de fibras têxteis naturais, exceto algodão	3
1313-8/00	Fiação de fibras artificiais e sintéticas	3
1314-6/00	Fabricação de linhas para costurar e bordar	3
1321-9/00	Tecelagem de fios de algodão	3
1322-7/00	Tecelagem de fios de fibras têxteis naturais, exceto algodão	3
1323-5/00	Tecelagem de fios de fibras artificiais e sintéticas	3
1330-8/00	Fabricação de tecidos de malha	3
1340-5/01	Estamparia e texturização em fios, tecidos, artefatos têxteis e peças do vestuário	3
1340-5/02	Alvejamento, tingimento e torção em fios, tecidos, artefatos têxteis e peças do vestuário	3
1340-5/99	Outros serviços de acabamento em fios, tecidos, artefatos têxteis e peças do vestuário	3
1351-1/00	Fabricação de artefatos têxteis para uso doméstico	3
1352-9/00	Fabricação de artefatos de tapeçaria	3
1353-7/00	Fabricação de artefatos de cordoaria	3
1354-5/00	Fabricação de tecidos especiais, inclusive artefatos	3
1359-6/00	Fabricação de outros produtos têxteis não especificados anteriormente	3
1411-8/01	Confecção de roupas íntimas	3

CNAE 2.0	DESCRIÇÃO	ALÍQUOTA
1411-8/02	Facção de roupas íntimas	1
1412-6/01	Confecção de peças de vestuário, exceto roupas íntimas e as confeccionadas sob medida	3
1412-6/02	Confecção, sob medida, de peças do vestuário, exceto roupas íntimas	2
1412-6/03	Facção de peças do vestuário, exceto roupas íntimas	3
1413-4/01	Confecção de roupas profissionais, exceto sob medida	2
1413-4/02	Confecção, sob medida, de roupas profissionais	2
1413-4/03	Facção de roupas profissionais	2
1414-2/00	Fabricação de acessórios do vestuário, exceto para segurança e proteção	3
1421-5/00	Fabricação de meias	3
1422-3/00	Fabricação de artigos do vestuário, produzidos em malharias e tricotagens, exceto meias	3
1510-6/00	Curtimento e outras preparações de couro	3
1521-1/00	Fabricação de artigos para viagem, bolsas e semelhantes de qualquer material	2
1529-7/00	Fabricação de artefatos de couro não especificados anteriormente	3
1531-9/01	Fabricação de calçados de couro	2
1531-9/02	Acabamento de calçados de couro sob contrato	3
1532-7/00	Fabricação de tênis de qualquer material	2
1533-5/00	Fabricação de calçados de material sintético	2
1539-4/00	Fabricação de calçados de materiais não especificados anteriormente	3
1540-8/00	Fabricação de partes para calçados, de qualquer material	3
1610-2/01	Serrarias com desdobramento de madeira	3
1610-2/02	Serrarias sem desdobramento de madeira	3
1621-8/00	Fabricação de madeira laminada e de chapas de madeira compensada, prensada e aglomerada	3
1622-6/01	Fabricação de casas de madeira pré-fabricadas	3
1622-6/02	Fabricação de esquadrias de madeira e de peças de madeira para instalações industriais e comerciais	3
1622-6/99	Fabricação de outros artigos de carpintaria para construção	3
1623-4/00	Fabricação de artefatos de tanoaria e de embalagens de madeira	3
1629-3/01	Fabricação de artefatos diversos de madeira, exceto móveis	3
1629-3/02	Fabricação de artefatos diversos de cortiça, bambu, palha, vime e outros materiais trançados, exceto móveis	1
1710-9/00	Fabricação de celulose e outras pastas para a fabricação de papel	3
1721-4/00	Fabricação de papel	3
1722-2/00	Fabricação de cartolina e papel-cartão	3
1731-1/00	Fabricação de embalagens de papel	3
1732-0/00	Fabricação de embalagens de cartolina e papel-cartão	3
1733-8/00	Fabricação de chapas e de embalagens de papelão ondulado	3
1741-9/01	Fabricação de formulários contínuos	2
1741-9/02	Fabricação de produtos de papel, cartolina, papel-cartão e papelão ondulado para uso comercial e de escritório	3
1742-7/01	Fabricação de fraldas descartáveis	3
1742-7/02	Fabricação de absorventes higiênicos	3
1742-7/99	Fabricação de produtos de papel para uso doméstico e higiênico-sanitário não especificados anteriormente	3
1749-4/00	Fabricação de produtos de pastas celulósicas, papel, cartolina, papel-cartão e papelão ondulado não especificados anteriormente	3
1811-3/01	Impressão de jornais	3
1811-3/02	Impressão de livros, revistas e outras publicações periódicas	3
1812-1/00	Impressão de material de segurança	2
1813-0/01	Impressão de material para uso publicitário	3
1813-0/99	Impressão de material para outros usos	2
1821-1/00	Serviços de pré-impressão	3
1822-9/00	Serviços de acabamentos gráficos	2
1830-0/01	Reprodução de som em qualquer suporte	2

CNAE 2.0	DESCRIÇÃO	ALÍQUOTA
1830-0/02	Reprodução de vídeo em qualquer suporte	2
1830-0/03	Reprodução de software em qualquer suporte	1
1910-1/00	Coquerias	3
1921-7/00	Fabricação de produtos do refino de petróleo	3
1922-5/01	Formulação de combustíveis	3
1922-5/02	Rerrefino de óleos lubrificantes	3
1922-5/99	Fabricação de outros produtos derivados do petróleo, exceto produtos do refino	3
1931-4/00	Fabricação de álcool	3
1932-2/00	Fabricação de biocombustíveis, exceto álcool	3
2011-8/00	Fabricação de cloro e álcalis	2
2012-6/00	Fabricação de intermediários para fertilizantes	3
2013-4/00	Fabricação de adubos e fertilizantes	2
2014-2/00	Fabricação de gases industriais	2
2019-3/01	Elaboração de combustíveis nucleares	3
2019-3/99	Fabricação de outros produtos químicos inorgânicos não especificados anteriormente	2
2021-5/00	Fabricação de produtos petroquímicos básicos	3
2022-3/00	Fabricação de intermediários para plastificantes, resinas e fibras	3
2029-1/00	Fabricação de produtos químicos orgânicos não especificados anteriormente	2
2031-2/00	Fabricação de resinas termoplásticas	3
2032-1/00	Fabricação de resinas termofixas	2
2033-9/00	Fabricação de elastômeros	3
2040-1/00	Fabricação de fibras artificiais e sintéticas	3
2051-7/00	Fabricação de defensivos agrícolas	3
2052-5/00	Fabricação de desinfetantes domissanitários	2
2061-4/00	Fabricação de sabões e detergentes sintéticos	3
2062-2/00	Fabricação de produtos de limpeza e polimento	3
2063-1/00	Fabricação de cosméticos, produtos de perfumaria e de higiene pessoal	3
2071-1/00	Fabricação de tintas, vernizes, esmaltes e lacas	3
2072-0/00	Fabricação de tintas de impressão	3
2073-8/00	Fabricação de impermeabilizantes, solventes e produtos afins	3
2091-6/00	Fabricação de adesivos e selantes	3
2092-4/01	Fabricação de pólvoras, explosivos e detonantes	3
2092-4/02	Fabricação de artigos pirotécnicos	2
2092-4/03	Fabricação de fósforos de segurança	3
2093-2/00	Fabricação de aditivos de uso industrial	3
2094-1/00	Fabricação de catalisadores	1
2099-1/01	Fabricação de chapas, filmes, papéis e outros materiais e produtos químicos para fotografia	2
2099-1/99	Fabricação de outros produtos químicos não especificados anteriormente	3
2110-6/00	Fabricação de produtos farmoquímicos	3
2121-1/01	Fabricação de medicamentos alopáticos para uso humano	3
2121-1/02	Fabricação de medicamentos homeopáticos para uso humano	2
2121-1/03	Fabricação de medicamentos fitoterápicos para uso humano	2
2122-0/00	Fabricação de medicamentos para uso veterinário	3
2123-8/00	Fabricação de preparações farmacêuticas	1
2211-1/00	Fabricação de pneumáticos e de câmaras de ar	3
2212-9/00	Reforma de pneumáticos usados	3
2219-6/00	Fabricação de artefatos de borracha não especificados anteriormente	3
2221-8/00	Fabricação de laminados planos e tubulares de material plástico	3
2222-6/00	Fabricação de embalagens de material plástico	3

CNAE 2.0	DESCRIÇÃO	ALÍQUOTA
2223-4/00	Fabricação de tubos e acessórios de material plástico para uso na construção	3
2229-3/01	Fabricação de artefatos de material plástico para uso pessoal e doméstico	3
2229-3/02	Fabricação de artefatos de material plástico para usos industriais	3
2229-3/03	Fabricação de artefatos de material plástico para uso na construção, exceto tubos e acessórios	3
2229-3/99	Fabricação de artefatos de material plástico para outros usos não especificados anteriormente	3
2311-7/00	Fabricação de vidro plano e de segurança	3
2312-5/00	Fabricação de embalagens de vidro	3
2319-2/00	Fabricação de artigos de vidro	3
2320-6/00	Fabricação de cimento	3
2330-3/01	Fabricação de estruturas pré-moldadas de concreto armado, em série e sob encomenda	3
2330-3/02	Fabricação de artefatos de cimento para uso na construção	3
2330-3/03	Fabricação de artefatos de fibrocimento para uso na construção	2
2330-3/04	Fabricação de casas pré-moldadas de concreto	3
2330-3/05	Preparação de massa de concreto e argamassa para construção	3
2330-3/99	Fabricação de outros artefatos e produtos de concreto, cimento, fibrocimento, gesso e materiais semelhantes	3
2341-9/00	Fabricação de produtos cerâmicos refratários	3
2342-7/01	Fabricação de azulejos e pisos	3
2342-7/02	Fabricação de artefatos de cerâmica e barro cozido para uso na construção, exceto azulejos e pisos	3
2349-4/01	Fabricação de material sanitário de cerâmica	3
2349-4/99	Fabricação de produtos cerâmicos não refratários não especificados anteriormente	3
2391-5/01	Britamento de pedras, exceto associado à extração	3
2391-5/02	Aparelhamento de pedras para construção, exceto associado à extração	3
2391-5/03	Aparelhamento de placas e execução de trabalhos em mármore, granito, ardósia e outras pedras	3
2392-3/00	Fabricação de cal e gesso	3
2399-1/01	Decoração, lapidação, gravação, vitrificação e outros trabalhos em cerâmica, louça, vidro e cristal	3
2399-1/99	Fabricação de outros produtos de minerais não metálicos não especificados anteriormente	3
2411-3/00	Produção de ferro-gusa	3
2412-1/00	Produção de ferroligas	3
2421-1/00	Produção de semiacabados de aço	1
2422-9/01	Produção de laminados planos de aço ao carbono, revestidos ou não	3
2422-9/02	Produção de laminados planos de aços especiais	2
2423-7/01	Produção de tubos de aço sem costura	3
2423-7/02	Produção de laminados longos de aço, exceto tubos	2
2424-5/01	Produção de arames de aço	2
2424-5/02	Produção de relaminados, trefilados e perfilados de aço, exceto arames	3
2431-8/00	Produção de tubos de aço com costura	3
2439-3/00	Produção de outros tubos de ferro e aço	3
2441-5/01	Produção de alumínio e suas ligas em formas primárias	2
2441-5/02	Produção de laminados de alumínio	3
2442-3/00	Metalurgia dos metais preciosos	2
2443-1/00	Metalurgia do cobre	2
2449-1/01	Produção de zinco em formas primárias	3
2449-1/02	Produção de laminados de zinco	3
2449-1/03	Produção de soldas e ânodos para galvanoplastia	3
2449-1/99	Metalurgia de outros metais não ferrosos e suas ligas não especificados anteriormente	3
2451-2/00	Fundição de ferro e aço	3
2452-1/00	Fundição de metais não ferrosos e suas ligas	3
2511-0/00	Fabricação de estruturas metálicas	3

CNAE 2.0	DESCRIÇÃO	ALÍQUOTA
2512-8/00	Fabricação de esquadrias de metal	3
2513-6/00	Fabricação de obras de caldeiraria pesada	3
2521-7/00	Fabricação de tanques, reservatórios metálicos e caldeiras para aquecimento central	3
2522-5/00	Fabricação de caldeiras geradoras de vapor, exceto para aquecimento central e para veículos	3
2531-4/01	Produção de forjados de aço	3
2531-4/02	Produção de forjados de metais não ferrosos e suas ligas	3
2532-2/01	Produção de artefatos estampados de metal	3
2532-2/02	Metalurgia do pó	3
2539-0/00	Serviços de usinagem, solda, tratamento e revestimento em metais	3
2541-1/00	Fabricação de artigos de cutelaria	3
2542-0/00	Fabricação de artigos de serralheria, exceto esquadrias	3
2543-8/00	Fabricação de ferramentas	3
2550-1/01	Fabricação de equipamento bélico pesado, exceto veículos militares de combate	3
2550-1/02	Fabricação de armas de fogo e munições	3
2591-8/00	Fabricação de embalagens metálicas	3
2592-6/01	Fabricação de produtos de trefilados de metal padronizados	3
2592-6/02	Fabricação de produtos de trefilados de metal, exceto padronizados	3
2593-4/00	Fabricação de artigos de metal para uso doméstico e pessoal	3
2599-3/01	Serviços de confecção de armações metálicas para a construção	2
2599-3/99	Fabricação de outros produtos de metal não especificados anteriormente	3
2610-8/00	Fabricação de componentes eletrônicos	3
2621-3/00	Fabricação de equipamentos de informática	2
2622-1/00	Fabricação de periféricos para equipamentos de informática	2
2631-1/00	Fabricação de equipamentos transmissores de comunicação, peças e acessórios	3
2632-9/00	Fabricação de aparelhos telefônicos e de outros equipamentos de comunicação, peças e acessórios	3
2640-0/00	Fabricação de aparelhos de recepção, reprodução, gravação e amplificação de áudio e vídeo	3
2651-5/00	Fabricação de aparelhos e equipamentos de medida, teste e controle	2
2652-3/00	Fabricação de cronômetros e relógios	2
2660-4/00	Fabricação de aparelhos eletromédicos e eletroterapêuticos e equipamentos de irradiação	2
2670-1/01	Fabricação de equipamentos e instrumentos ópticos, peças e acessórios	2
2670-1/02	Fabricação de aparelhos fotográficos e cinematográficos, peças e acessórios	3
2680-9/00	Fabricação de mídias virgens, magnéticas e ópticas	3
2710-4/01	Fabricação de geradores de corrente contínua e alternada, peças e acessórios	3
2710-4/02	Fabricação de transformadores, indutores, conversores, sincronizadores e semelhantes, peças e acessórios	3
2710-4/03	Fabricação de motores elétricos, peças e acessórios	3
2721-0/00	Fabricação de pilhas, baterias e acumuladores elétricos, exceto para veículos automotores	3
2722-8/01	Fabricação de baterias e acumuladores para veículos automotores	3
2722-8/02	Recondicionamento de baterias e acumuladores para veículos automotores	3
2731-7/00	Fabricação de aparelhos e equipamentos para distribuição e controle de energia elétrica	3
2732-5/00	Fabricação de material elétrico para instalações em circuito de consumo	3
2733-3/00	Fabricação de fios, cabos e condutores elétricos isolados	3
2740-6/01	Fabricação de lâmpadas	3
2740-6/02	Fabricação de luminárias e outros equipamentos de iluminação	3
2751-1/00	Fabricação de fogões, refrigeradores e máquinas de lavar e secar para uso doméstico, peças e acessórios	3
2759-7/01	Fabricação de aparelhos elétricos de uso pessoal, peças e acessórios	3
2759-7/99	Fabricação de outros aparelhos eletrodomésticos não especificados anteriormente, peças e acessórios	3
2790-2/01	Fabricação de eletrodos, contatos e outros artigos de carvão e grafita para uso elétrico, eletroímãs e isoladores	3
2790-2/02	Fabricação de equipamentos para sinalização e alarme	3

CNAE 2.0	DESCRIÇÃO	ALÍQUOTA
2790-2/99	Fabricação de outros equipamentos e aparelhos elétricos não especificados anteriormente	2
2811-9/00	Fabricação de motores e turbinas, peças e acessórios, exceto para aviões e veículos rodoviários	2
2812-7/00	Fabricação de equipamentos hidráulicos e pneumáticos, peças e acessórios, exceto válvulas	3
2813-5/00	Fabricação de válvulas, registros e dispositivos semelhantes, peças e acessórios	3
2814-3/01	Fabricação de compressores para uso industrial, peças e acessórios	3
2814-3/02	Fabricação de compressores para uso não industrial, peças e acessórios	3
2815-1/01	Fabricação de rolamentos para fins industriais	2
2815-1/02	Fabricação de equipamentos de transmissão para fins industriais, exceto rolamentos	3
2821-6/01	Fabricação de fornos industriais, aparelhos e equipamentos não elétricos para instalações térmicas, peças e acessórios	3
2821-6/02	Fabricação de estufas e fornos elétricos para fins industriais, peças e acessórios	3
2822-4/01	Fabricação de máquinas, equipamentos e aparelhos para transporte e elevação de pessoas, peças e acessórios	3
2822-4/02	Fabricação de máquinas, equipamentos e aparelhos para transporte e elevação de cargas, peças e acessórios	3
2823-2/00	Fabricação de máquinas e aparelhos de refrigeração e ventilação para uso industrial e comercial, peças e acessórios	3
2824-1/01	Fabricação de aparelhos e equipamentos de ar-condicionado para uso industrial	2
2824-1/02	Fabricação de aparelhos e equipamentos de ar-condicionado para uso não industrial	2
2825-9/00	Fabricação de máquinas e equipamentos para saneamento básico e ambiental, peças e acessórios	2
2829-1/01	Fabricação de máquinas de escrever, calcular e outros equipamentos não eletrônicos para escritório, peças e acessórios	2
2829-1/99	Fabricação de outras máquinas e equipamentos de uso geral não especificados anteriormente, peças e acessórios	3
2831-3/00	Fabricação de tratores agrícolas, peças e acessórios	3
2832-1/00	Fabricação de equipamentos para irrigação agrícola, peças e acessórios	3
2833-0/00	Fabricação de máquinas e equipamentos para a agricultura e pecuária, peças e acessórios, exceto para irrigação	3
2840-2/00	Fabricação de máquinas-ferramenta, peças e acessórios	3
2851-8/00	Fabricação de máquinas e equipamentos para a prospecção e extração de petróleo, peças e acessórios	3
2852-6/00	Fabricação de outras máquinas e equipamentos para uso na extração mineral, peças e acessórios, exceto na extração de petróleo	3
2853-4/00	Fabricação de tratores, peças e acessórios, exceto agrícolas	3
2854-2/00	Fabricação de máquinas e equipamentos para terraplenagem, pavimentação e construção, peças e acessórios, exceto tratores	3
2861-5/00	Fabricação de máquinas para a indústria metalúrgica, peças e acessórios, exceto máquinas-ferramenta	3
2862-3/00	Fabricação de máquinas e equipamentos para as indústrias de alimentos, bebidas e fumo, peças e acessórios	3
2863-1/00	Fabricação de máquinas e equipamentos para a indústria têxtil, peças e acessórios	3
2864-0/00	Fabricação de máquinas e equipamentos para as indústrias do vestuário, do couro e de calçados, peças e acessórios	3
2865-8/00	Fabricação de máquinas e equipamentos para as indústrias de celulose, papel e papelão e artefatos, peças e acessórios	3
2866-6/00	Fabricação de máquinas e equipamentos para a indústria do plástico, peças e acessórios	3
2869-1/00	Fabricação de máquinas e equipamentos para uso industrial específico não especificados anteriormente, peças e acessórios	3
2910-7/01	Fabricação de automóveis, camionetas e utilitários	3
2910-7/02	Fabricação de chassis com motor para automóveis, camionetas e utilitários	3
2910-7/03	Fabricação de motores para automóveis, camionetas e utilitários	3
2920-4/01	Fabricação de caminhões e ônibus	3
2920-4/02	Fabricação de motores para caminhões e ônibus	2
2930-1/01	Fabricação de cabines, carrocerias e reboques para caminhões	3
2930-1/02	Fabricação de carrocerias para ônibus	3

CNAE 2.0	DESCRIÇÃO	ALÍQUOTA
2930-1/03	Fabricação de cabines, carrocerias e reboques para outros veículos automotores, exceto caminhões e ônibus	3
2941-7/00	Fabricação de peças e acessórios para o sistema motor de veículos automotores	3
2942-5/00	Fabricação de peças e acessórios para os sistemas de marcha e transmissão de veículos automotores	3
2943-3/00	Fabricação de peças e acessórios para o sistema de freios de veículos automotores	3
2944-1/00	Fabricação de peças e acessórios para o sistema de direção e suspensão de veículos automotores	3
2945-0/00	Fabricação de material elétrico e eletrônico para veículos automotores, exceto baterias	3
2949-2/01	Fabricação de bancos e estofados para veículos automotores	3
2949-2/99	Fabricação de outras peças e acessórios para veículos automotores não especificadas anteriormente	3
2950-6/00	Recondicionamento e recuperação de motores para veículos automotores	3
3011-3/01	Construção de embarcações de grande porte	3
3011-3/02	Construção de embarcações para uso comercial e para usos especiais, exceto de grande porte	3
3012-1/00	Construção de embarcações para esporte e lazer	3
3031-8/00	Fabricação de locomotivas, vagões e outros materiais rodantes	3
3032-6/00	Fabricação de peças e acessórios para veículos ferroviários	3
3041-5/00	Fabricação de aeronaves	2
3042-3/00	Fabricação de turbinas, motores e outros componentes e peças para aeronaves	2
3050-4/00	Fabricação de veículos militares de combate	2
3091-1/00	Fabricação de motocicletas, peças e acessórios	3
3092-0/00	Fabricação de bicicletas e triciclos não motorizados, peças e acessórios	3
3099-7/00	Fabricação de equipamentos de transporte não especificados anteriormente	3
3101-2/00	Fabricação de móveis com predominância de madeira	3
3102-1/00	Fabricação de móveis com predominância de metal	3
3103-9/00	Fabricação de móveis de outros materiais, exceto madeira e metal	3
3104-7/00	Fabricação de colchões	3
3211-6/01	Lapidação de gemas	2
3211-6/02	Fabricação de artefatos de joalheria e ourivesaria	2
3211-6/03	Cunhagem de moedas e medalhas	2
3212-4/00	Fabricação de bijuterias e artefatos semelhantes	3
3220-5/00	Fabricação de instrumentos musicais, peças e acessórios	3
3230-2/00	Fabricação de artefatos para pesca e esporte	3
3240-0/01	Fabricação de jogos eletrônicos	2
3240-0/02	Fabricação de mesas de bilhar, de sinuca e acessórios não associada à locação	2
3240-0/03	Fabricação de mesas de bilhar, de sinuca e acessórios associada à locação	2
3240-0/99	Fabricação de outros brinquedos e jogos recreativos não especificados anteriormente	3
3250-7/01	Fabricação de instrumentos não eletrônicos e utensílios para uso médico, cirúrgico, odontológico e de laboratório	2
3250-7/02	Fabricação de mobiliário para uso médico, cirúrgico, odontológico e de laboratório	3
3250-7/03	Fabricação de aparelhos e utensílios para correção de defeitos físicos e aparelhos ortopédicos em geral sob encomenda	2
3250-7/04	Fabricação de aparelhos e utensílios para correção de defeitos físicos e aparelhos ortopédicos em geral, exceto sob encomenda	2
3250-7/05	Fabricação de materiais para medicina e odontologia	3
3250-7/06	Serviços de prótese dentária	2
3250-7/07	Fabricação de artigos ópticos	3
3250-7/08	Fabricação de artefatos de tecido não tecido para uso odonto-médico-hospitalar	2
3291-4/00	Fabricação de escovas, pincéis e vassouras	3
3292-2/01	Fabricação de roupas de proteção e segurança e resistentes a fogo	3
3292-2/02	Fabricação de equipamentos e acessórios para segurança pessoal e profissional	3
3299-0/01	Fabricação de guarda-chuvas e similares	2
3299-0/02	Fabricação de canetas, lápis e outros artigos para escritório	2

CNAE 2.0	DESCRIÇÃO	ALÍQUOTA
3299-0/03	Fabricação de letras, letreiros e placas de qualquer material, exceto luminosos	2
3299-0/04	Fabricação de painéis e letreiros luminosos	3
3299-0/05	Fabricação de aviamentos para costura	3
3299-0/99	Fabricação de produtos diversos não especificados anteriormente	3
3311-2/00	Manutenção e reparação de tanques, reservatórios metálicos e caldeiras, exceto para veículos	3
3312-1/01	Manutenção e reparação de equipamentos transmissores de comunicação	2
3312-1/02	Manutenção e reparação de aparelhos e instrumentos de medida, teste e controle	2
3312-1/03	Manutenção e reparação de aparelhos eletromédicos e eletroterapêuticos e equipamentos de irradiação	1
3312-1/04	Manutenção e reparação de equipamentos e instrumentos ópticos	3
3313-9/01	Manutenção e reparação de geradores, transformadores e motores elétricos	3
3313-9/02	Manutenção e reparação de baterias e acumuladores elétricos, exceto para veículos	2
3313-9/99	Manutenção e reparação de máquinas, aparelhos e materiais elétricos não especificados anteriormente	3
3314-7/01	Manutenção e reparação de máquinas motrizes não elétricas	1
3314-7/02	Manutenção e reparação de equipamentos hidráulicos e pneumáticos, exceto válvulas	3
3314-7/03	Manutenção e reparação de válvulas industriais	2
3314-7/04	Manutenção e reparação de compressores	3
3314-7/05	Manutenção e reparação de equipamentos de transmissão para fins industriais	2
3314-7/06	Manutenção e reparação de máquinas, aparelhos e equipamentos para instalações térmicas	3
3314-7/07	Manutenção e reparação de máquinas e aparelhos de refrigeração e ventilação para uso industrial e comercial	3
3314-7/08	Manutenção e reparação de máquinas, equipamentos e aparelhos para transporte e elevação de cargas	3
3314-7/09	Manutenção e reparação de máquinas de escrever, calcular e de outros equipamentos não eletrônicos para escritório	3
3314-7/10	Manutenção e reparação de máquinas e equipamentos para uso geral não especificados anteriormente	3
3314-7/11	Manutenção e reparação de máquinas e equipamentos para agricultura e pecuária	3
3314-7/12	Manutenção e reparação de tratores agrícolas	3
3314-7/13	Manutenção e reparação de máquinas-ferramenta	3
3314-7/14	Manutenção e reparação de máquinas e equipamentos para a prospecção e extração de petróleo	3
3314-7/15	Manutenção e reparação de máquinas e equipamentos para uso na extração mineral, exceto na extração de petróleo	2
3314-7/16	Manutenção e reparação de tratores, exceto agrícolas	3
3314-7/17	Manutenção e reparação de máquinas e equipamentos de terraplenagem, pavimentação e construção, exceto tratores	3
3314-7/18	Manutenção e reparação de máquinas para a indústria metalúrgica, exceto máquinas-ferramenta	3
3314-7/19	Manutenção e reparação de máquinas e equipamentos para as indústrias de alimentos, bebidas e fumo	3
3314-7/20	Manutenção e reparação de máquinas e equipamentos para a indústria têxtil, do vestuário, do couro e calçados	2
3314-7/21	Manutenção e reparação de máquinas e aparelhos para a indústria de celulose, papel e papelão e artefatos	3
3314-7/22	Manutenção e reparação de máquinas e aparelhos para a indústria do plástico	3
3314-7/99	Manutenção e reparação de outras máquinas e equipamentos para usos industriais não especificados anteriormente	3
3315-5/00	Manutenção e reparação de veículos ferroviários	3
3316-3/01	Manutenção e reparação de aeronaves, exceto a manutenção na pista	2
3316-3/02	Manutenção de aeronaves na pista	1
3317-1/01	Manutenção e reparação de embarcações e estruturas flutuantes	3
3317-1/02	Manutenção e reparação de embarcações para esporte e lazer	2
3319-8/00	Manutenção e reparação de equipamentos e produtos não especificados anteriormente	3
3321-0/00	Instalação de máquinas e equipamentos industriais	3
3329-5/01	Serviços de montagem de móveis de qualquer material	3
3329-5/99	Instalação de outros equipamentos não especificados anteriormente	3

CNAE 2.0	DESCRIÇÃO	ALÍQUOTA
3511-5/00	Geração de energia elétrica	3
3512-3/00	Transmissão de energia elétrica	3
3513-1/00	Comércio atacadista de energia elétrica	1
3514-0/00	Distribuição de energia elétrica	3
3520-4/01	Produção de gás; processamento de gás natural	2
3520-4/02	Distribuição de combustíveis gasosos por redes urbanas	2
3530-1/00	Produção e distribuição de vapor, água quente e ar-condicionado	2
3600-6/01	Captação, tratamento e distribuição de água	3
3600-6/02	Distribuição de água por caminhões	2
3701-1/00	Gestão de redes de esgoto	3
3702-9/00	Atividades relacionadas a esgoto, exceto a gestão de redes	3
3811-4/00	Coleta de resíduos não perigosos	3
3812-2/00	Coleta de resíduos perigosos	2
3821-1/00	Tratamento e disposição de resíduos não perigosos	3
3822-0/00	Tratamento e disposição de resíduos perigosos	3
3831-9/01	Recuperação de sucatas de alumínio	3
3831-9/99	Recuperação de materiais metálicos, exceto alumínio	3
3832-7/00	Recuperação de materiais plásticos	3
3839-4/01	Usinas de compostagem	3
3839-4/99	Recuperação de materiais não especificados anteriormente	3
3900-5/00	Descontaminação e outros serviços de gestão de resíduos	2
4110-7/00	Incorporação de empreendimentos imobiliários	3
4120-4/00	Construção de edifícios	3
4211-1/01	Construção de rodovias e ferrovias	3
4211-1/02	Pintura para sinalização em pistas rodoviárias e aeroportos	3
4212-0/00	Construção de obras de arte especiais	3
4213-8/00	Obras de urbanização – ruas, praças e calçadas	3
4221-9/01	Construção de barragens e represas para geração de energia elétrica	3
4221-9/02	Construção de estações e redes de distribuição de energia elétrica	3
4221-9/03	Manutenção de redes de distribuição de energia elétrica	3
4221-9/04	Construção de estações e redes de telecomunicações	3
4221-9/05	Manutenção de estações e redes de telecomunicações	3
4222-7/01	Construção de redes de abastecimento de água, coleta de esgoto e construções correlatas, exceto obras de irrigação	3
4222-7/02	Obras de irrigação	3
4223-5/00	Construção de redes de transportes por dutos, exceto para água e esgoto	3
4291-0/00	Obras portuárias, marítimas e fluviais	3
4292-8/01	Montagem de estruturas metálicas	3
4292-8/02	Obras de montagem industrial	3
4299-5/01	Construção de instalações esportivas e recreativas	3
4299-5/99	Outras obras de engenharia civil não especificadas anteriormente	3
4311-8/01	Demolição de edifícios e outras estruturas	3
4311-8/02	Preparação de canteiro e limpeza de terreno	3
4312-6/00	Perfurações e sondagens	3
4313-4/00	Obras de terraplenagem	3
4319-3/00	Serviços de preparação do terreno não especificados anteriormente	2
4321-5/00	Instalação e manutenção elétrica	3
4322-3/01	Instalações hidráulicas, sanitárias e de gás	3
4322-3/02	Instalação e manutenção de sistemas centrais de ar-condicionado, de ventilação e refrigeração	3

CNAE 2.0	DESCRIÇÃO	ALÍQUOTA
4322-3/03	Instalações de sistema de prevenção contra incêndio	3
4329-1/01	Instalação de painéis publicitários	2
4329-1/02	Instalação de equipamentos para orientação à navegação marítima fluvial e lacustre	2
4329-1/03	Instalação, manutenção e reparação de elevadores, escadas e esteiras rolantes, exceto de fabricação própria	2
4329-1/04	Montagem e instalação de sistemas e equipamentos de iluminação e sinalização em vias públicas, portos e aeroportos	3
4329-1/05	Tratamentos térmicos, acústicos ou de vibração	3
4329-1/99	Outras obras de instalações em construções não especificadas anteriormente	3
4330-4/01	Impermeabilização em obras de engenharia civil	3
4330-4/02	Instalação de portas, janelas, tetos, divisórias e armários embutidos de qualquer material	3
4330-4/03	Obras de acabamento em gesso e estuque	3
4330-4/04	Serviços de pintura de edifícios em geral	3
4330-4/05	Aplicação de revestimentos e de resinas em interiores e exteriores	3
4330-4/99	Outras obras de acabamento da construção	3
4391-6/00	Obras de fundações	3
4399-1/01	Administração de obras	3
4399-1/02	Montagem e desmontagem de andaimes e outras estruturas temporárias	3
4399-1/03	Obras de alvenaria	3
4399-1/04	Serviços de operação e fornecimento de equipamentos para transporte e elevação de cargas e pessoas para uso em obras	3
4399-1/05	Perfuração e construção de poços de água	3
4399-1/99	Serviços especializados para construção não especificados anteriormente	3
4511-1/01	Comércio a varejo de automóveis, camionetas e utilitários novos	2
4511-1/02	Comércio a varejo de automóveis, camionetas e utilitários usados	3
4511-1/03	Comércio por atacado de automóveis, camionetas e utilitários novos e usados	2
4511-1/04	Comércio por atacado de caminhões novos e usados	2
4511-1/05	Comércio por atacado de reboques e semirreboques novos e usados	3
4511 1/06	Comércio por atacado de ônibus e micro-ônibus novos e usados	1
4512-9/01	Representantes comerciais e agentes do comércio de veículos automotores	2
4512-9/02	Comércio sob consignação de veículos automotores	3
4520-0/01	Serviços de manutenção e reparação mecânica de veículos automotores	3
4520-0/02	Serviços de lanternagem ou funilaria e pintura de veículos automotores	3
4520-0/03	Serviços de manutenção e reparação elétrica de veículos automotores	3
4520-0/04	Serviços de alinhamento e balanceamento de veículos automotores	2
4520-0/05	Serviços de lavagem, lubrificação e polimento de veículos automotores	3
4520-0/06	Serviços de borracharia para veículos automotores	3
4520-0/07	Serviços de instalação, manutenção e reparação de acessórios para veículos automotores	3
4530-7/01	Comércio por atacado de peças e acessórios novos para veículos automotores	2
4530-7/02	Comércio por atacado de pneumáticos e câmaras de ar	2
4530-7/03	Comércio a varejo de peças e acessórios novos para veículos automotores	2
4530-7/04	Comércio a varejo de peças e acessórios usados para veículos automotores	2
4530-7/05	Comércio a varejo de pneumáticos e câmaras de ar	2
4530-7/06	Representantes comerciais e agentes do comércio de peças e acessórios novos e usados para veículos automotores	2
4541-2/01	Comércio por atacado de motocicletas e motonetas	2
4541-2/02	Comércio por atacado de peças e acessórios para motocicletas e motonetas	3
4541-2/03	Comércio a varejo de motocicletas e motonetas novas	3
4541-2/04	Comércio a varejo de motocicletas e motonetas usadas	3
4541-2/05	Comércio a varejo de peças e acessórios para motocicletas e motonetas	3
4542-1/01	Representantes comerciais e agentes do comércio de motocicletas e motonetas, peças e acessórios	1

CNAE 2.0	DESCRIÇÃO	ALÍQUOTA
4542-1/02	Comércio sob consignação de motocicletas e motonetas	2
4543-9/00	Manutenção e reparação de motocicletas e motonetas	2
4611-7/00	Representantes comerciais e agentes do comércio de matérias-primas agrícolas e animais vivos	3
4612-5/00	Representantes comerciais e agentes do comércio de combustíveis, minerais, produtos siderúrgicos e químicos	2
4613-3/00	Representantes comerciais e agentes do comércio de madeira, material de construção e ferragens	3
4614-1/00	Representantes comerciais e agentes do comércio de máquinas, equipamentos, embarcações e aeronaves	2
4615-0/00	Representantes comerciais e agentes do comércio de eletrodomésticos, móveis e artigos de uso doméstico	2
4616-8/00	Representantes comerciais e agentes do comércio de têxteis, vestuário, calçados e artigos de viagem	1
4617-6/00	Representantes comerciais e agentes do comércio de produtos alimentícios, bebidas e fumo	3
4618-4/01	Representantes comerciais e agentes do comércio de medicamentos, cosméticos e produtos de perfumaria	2
4618-4/02	Representantes comerciais e agentes do comércio de instrumentos e materiais odonto-médico-hospitalares	2
4618-4/03	Representantes comerciais e agentes do comércio de jornais, revistas e outras publicações	3
4618-4/99	Outros representantes comerciais e agentes do comércio especializado em produtos não especificados anteriormente	2
4619-2/00	Representantes comerciais e agentes do comércio de mercadorias em geral não especializado	2
4621-4/00	Comércio atacadista de café em grão	3
4622-2/00	Comércio atacadista de soja	3
4623-1/01	Comércio atacadista de animais vivos	3
4623-1/02	Comércio atacadista de couros, lãs, peles e outros subprodutos não comestíveis de origem animal	3
4623-1/03	Comércio atacadista de algodão	2
4623-1/04	Comércio atacadista de fumo em folha não beneficiado	3
4623-1/05	Comércio atacadista de cacau	2
4623-1/06	Comércio atacadista de sementes, flores, plantas e gramas	3
4623-1/07	Comércio atacadista de sisal	2
4623-1/08	Comércio atacadista de matérias-primas agrícolas com atividade de fracionamento e acondicionamento associada	3
4623-1/09	Comércio atacadista de alimentos para animais	3
4623-1/99	Comércio atacadista de matérias-primas agrícolas não especificadas anteriormente	3
4631-1/00	Comércio atacadista de leite e laticínios	3
4632-0/01	Comércio atacadista de cereais e leguminosas beneficiados	3
4632-0/02	Comércio atacadista de farinhas, amidos e féculas	3
4632-0/03	Comércio atacadista de cereais e leguminosas beneficiados, farinhas, amidos e féculas, com atividade de fracionamento e acondicionamento associada	3
4633-8/01	Comércio atacadista de frutas, verduras, raízes, tubérculos, hortaliças e legumes frescos	3
4633-8/02	Comércio atacadista de aves vivas e ovos	2
4633-8/03	Comércio atacadista de coelhos e outros pequenos animais vivos para alimentação	2
4634-6/01	Comércio atacadista de carnes bovinas e suínas e derivados	3
4634-6/02	Comércio atacadista de aves abatidas e derivados	3
4634-6/03	Comércio atacadista de pescados e frutos do mar	3
4634-6/99	Comércio atacadista de carnes e derivados de outros animais	2
4635-4/01	Comércio atacadista de água mineral	3
4635-4/02	Comércio atacadista de cerveja, chope e refrigerante	3
4635-4/03	Comércio atacadista de bebidas com atividade de fracionamento e acondicionamento associada	3
4635-4/99	Comércio atacadista de bebidas não especificadas anteriormente	3
4636-2/01	Comércio atacadista de fumo beneficiado	3
4636-2/02	Comércio atacadista de cigarros, cigarrilhas e charutos	2
4637-1/01	Comércio atacadista de café torrado, moído e solúvel	3
4637-1/02	Comércio atacadista de açúcar	2
4637-1/03	Comércio atacadista de óleos e gorduras	2

CNAE 2.0	DESCRIÇÃO	ALÍQUOTA
4637-1/04	Comércio atacadista de pães, bolos, biscoitos e similares	2
4637-1/05	Comércio atacadista de massas alimentícias	3
4637-1/06	Comércio atacadista de sorvetes	2
4637-1/07	Comércio atacadista de chocolates, confeitos, balas, bombons e semelhantes	3
4637-1/99	Comércio atacadista especializado em outros produtos alimentícios não especificados anteriormente	3
4639-7/01	Comércio atacadista de produtos alimentícios em geral	3
4639-7/02	Comércio atacadista de produtos alimentícios em geral, com atividade de fracionamento e acondicionamento associada	3
4641-9/01	Comércio atacadista de tecidos	2
4641-9/02	Comércio atacadista de artigos de cama, mesa e banho	3
4641-9/03	Comércio atacadista de artigos de armarinho	3
4642-7/01	Comércio atacadista de artigos do vestuário e acessórios, exceto profissionais e de segurança	1
4642-7/02	Comércio atacadista de roupas e acessórios para uso profissional e de segurança do trabalho	2
4643-5/01	Comércio atacadista de calçados	2
4643-5/02	Comércio atacadista de bolsas, malas e artigos de viagem	1
4644-3/01	Comércio atacadista de medicamentos e drogas de uso humano	2
4644-3/02	Comércio atacadista de medicamentos e drogas de uso veterinário	2
4645-1/01	Comércio atacadista de instrumentos e materiais para uso médico, cirúrgico, hospitalar e de laboratórios	1
4645-1/02	Comércio atacadista de próteses e artigos de ortopedia	2
4645-1/03	Comércio atacadista de produtos odontológicos	2
4646-0/01	Comércio atacadista de cosméticos e produtos de perfumaria	2
4646-0/02	Comércio atacadista de produtos de higiene pessoal	2
4647-8/01	Comércio atacadista de artigos de escritório e de papelaria	2
4647-8/02	Comércio atacadista de livros, jornais e outras publicações	3
4649-4/01	Comércio atacadista de equipamentos elétricos de uso pessoal e doméstico	2
4649-4/02	Comércio atacadista de aparelhos eletrônicos de uso pessoal e doméstico	3
4649-4/03	Comércio atacadista de bicicletas, triciclos e outros veículos recreativos	3
4649-4/04	Comércio atacadista de móveis e artigos de colchoaria	3
4649-4/05	Comércio atacadista de artigos de tapeçaria; persianas e cortinas	2
4649-4/06	Comércio atacadista de lustres, luminárias e abajures	2
4649-4/07	Comércio atacadista de filmes, CDs, DVDs, fitas e discos	1
4649-4/08	Comércio atacadista de produtos de higiene, limpeza e conservação domiciliar	3
4649-4/09	Comércio atacadista de produtos de higiene, limpeza e conservação domiciliar, com atividade de fracionamento e acondicionamento associada	2
4649-4/10	Comércio atacadista de joias, relógios e bijuterias, inclusive pedras preciosas e semipreciosas lapidadas	1
4649-4/99	Comércio atacadista de outros equipamentos e artigos de uso pessoal e doméstico não especificados anteriormente	2
4651-6/01	Comércio atacadista de equipamentos de informática	1
4651-6/02	Comércio atacadista de suprimentos para informática	1
4652-4/00	Comércio atacadista de componentes eletrônicos e equipamentos de telefonia e comunicação	1
4661-3/00	Comércio atacadista de máquinas, aparelhos e equipamentos para uso agropecuário; partes e peças	2
4662-1/00	Comércio atacadista de máquinas, equipamentos para terraplenagem, mineração e construção; partes e peças	3
4663-0/00	Comércio atacadista de máquinas e equipamentos para uso industrial; partes e peças	2
4664-8/00	Comércio atacadista de máquinas, aparelhos e equipamentos para uso odonto-médico-hospitalar; partes e peças	2
4665-6/00	Comércio atacadista de máquinas e equipamentos para uso comercial; partes e peças	2
4669-9/01	Comércio atacadista de bombas e compressores; partes e peças	2
4669-9/99	Comércio atacadista de outras máquinas e equipamentos não especificados anteriormente; partes e peças	2
4671-1/00	Comércio atacadista de madeira e produtos derivados	3

CNAE 2.0	DESCRIÇÃO	ALÍQUOTA
4672-9/00	Comércio atacadista de ferragens e ferramentas	3
4673-7/00	Comércio atacadista de material elétrico	2
4674-5/00	Comércio atacadista de cimento	2
4679-6/01	Comércio atacadista de tintas, vernizes e similares	2
4679-6/02	Comércio atacadista de mármores e granitos	3
4679-6/03	Comércio atacadista de vidros, espelhos e vitrais	3
4679-6/04	Comércio atacadista especializado de materiais de construção não especificados anteriormente	2
4679-6/99	Comércio atacadista de materiais de construção em geral	3
4681-8/01	Comércio atacadista de álcool carburante, biodiesel, gasolina e demais derivados de petróleo, exceto lubrificantes, não realizado por transportador retalhista (TRR)	3
4681-8/02	Comércio atacadista de combustíveis realizado por transportador retalhista (TRR)	3
4681-8/03	Comércio atacadista de combustíveis de origem vegetal, exceto álcool carburante	3
4681-8/04	Comércio atacadista de combustíveis de origem mineral em bruto	2
4681-8/05	Comércio atacadista de lubrificantes	2
4682-6/00	Comércio atacadista de gás liquefeito de petróleo (GLP)	3
4683-4/00	Comércio atacadista de defensivos agrícolas, adubos, fertilizantes e corretivos do solo	2
4684-2/01	Comércio atacadista de resinas e elastômeros	2
4684-2/02	Comércio atacadista de solventes	3
4684-2/99	Comércio atacadista de outros produtos químicos e petroquímicos não especificados anteriormente	3
4685-1/00	Comércio atacadista de produtos siderúrgicos e metalúrgicos, exceto para construção	3
4686-9/01	Comércio atacadista de papel e papelão em bruto	2
4686-9/02	Comércio atacadista de embalagens	3
4687-7/01	Comércio atacadista de resíduos de papel e papelão	3
4687-7/02	Comércio atacadista de resíduos e sucatas não metálicos, exceto de papel e papelão	3
4687-7/03	Comércio atacadista de resíduos e sucatas metálicos	3
4689-3/01	Comércio atacadista de produtos da extração mineral, exceto combustíveis	2
4689-3/02	Comércio atacadista de fios e fibras beneficiados	2
4689-3/99	Comércio atacadista especializado em outros produtos intermediários não especificados anteriormente	2
4691-5/00	Comércio atacadista de mercadorias em geral, com predominância de produtos alimentícios	2
4692-3/00	Comércio atacadista de mercadorias em geral, com predominância de insumos agropecuários	2
4693-1/00	Comércio atacadista de mercadorias em geral, sem predominância de alimentos ou de insumos agropecuários	2
4711-3/01	Comércio varejista de mercadorias em geral, com predominância de produtos alimentícios – hipermercados	3
4711-3/02	Comércio varejista de mercadorias em geral, com predominância de produtos alimentícios – supermercados	3
4712-1/00	Comércio varejista de mercadorias em geral, com predominância de produtos alimentícios – minimercados, mercearias e armazéns	2
4713-0/01	Lojas de departamentos ou magazines	3
4713-0/02	Lojas de variedades, exceto lojas de departamentos ou magazines	2
4713-0/03	Lojas *duty free* de aeroportos internacionais	2
4721-1/01	Padaria e confeitaria com predominância de produção própria	3
4721-1/02	Padaria e confeitaria com predominância de revenda	2
4721-1/03	Comércio varejista de laticínios e frios	2
4721-1/04	Comércio varejista de doces, balas, bombons e semelhantes	3
4722-9/01	Comércio varejista de carnes – açougues	3
4722-9/02	Peixaria	2
4723-7/00	Comércio varejista de bebidas	3
4724-5/00	Comércio varejista de hortifrutigranjeiros	3
4729-6/01	Tabacaria	1
4729-6/99	Comércio varejista de produtos alimentícios em geral ou especializado em produtos alimentícios não especificados anteriormente	2

CNAE 2.0	DESCRIÇÃO	ALÍQUOTA
4731-8/00	Comércio varejista de combustíveis para veículos automotores	3
4732-6/00	Comércio varejista de lubrificantes	2
4741-5/00	Comércio varejista de tintas e materiais para pintura	2
4742-3/00	Comércio varejista de material elétrico	3
4743-1/00	Comércio varejista de vidros	3
4744-0/01	Comércio varejista de ferragens e ferramentas	3
4744-0/02	Comércio varejista de madeira e artefatos	3
4744-0/03	Comércio varejista de materiais hidráulicos	2
4744-0/04	Comércio varejista de cal, areia, pedra britada, tijolos e telhas	3
4744-0/05	Comércio varejista de materiais de construção não especificados anteriormente	3
4744-0/99	Comércio varejista de materiais de construção em geral	3
4751-2/00	Comércio varejista especializado de equipamentos e suprimentos de informática	2
4752-1/00	Comércio varejista especializado de equipamentos de telefonia e comunicação	2
4753-9/00	Comércio varejista especializado de eletrodomésticos e equipamentos de áudio e vídeo	2
4754-7/01	Comércio varejista de móveis	2
4754-7/02	Comércio varejista de artigos de colchoaria	2
4754-7/03	Comércio varejista de artigos de iluminação	2
4755-5/01	Comércio varejista de tecidos	2
4755-5/02	Comercio varejista de artigos de armarinho	2
4755-5/03	Comercio varejista de artigos de cama, mesa e banho	3
4756-3/00	Comércio varejista especializado de instrumentos musicais e acessórios	2
4757-1/00	Comércio varejista especializado de peças e acessórios para aparelhos eletroeletrônicos para uso doméstico, exceto informática e comunicação	2
4759-8/01	Comércio varejista de artigos de tapeçaria, cortinas e persianas	2
4759-8/99	Comércio varejista de outros artigos de uso pessoal e doméstico não especificados anteriormente	2
4761-0/01	Comércio varejista de livros	1
4761-0/02	Comércio varejista de jornais e revistas	1
4761-0/03	Comércio varejista de artigos de papelaria	2
4762-8/00	Comércio varejista de discos, CDs, DVDs e fitas	1
4763-6/01	Comércio varejista de brinquedos e artigos recreativos	2
4763-6/02	Comércio varejista de artigos esportivos	1
4763-6/03	Comércio varejista de bicicletas e triciclos; peças e acessórios	1
4763-6/04	Comércio varejista de artigos de caça, pesca e *camping*	1
4763-6/05	Comércio varejista de embarcações e outros veículos recreativos; peças e acessórios	2
4771-7/01	Comércio varejista de produtos farmacêuticos, sem manipulação de fórmulas	2
4771-7/02	Comércio varejista de produtos farmacêuticos, com manipulação de fórmulas	2
4771-7/03	Comércio varejista de produtos farmacêuticos homeopáticos	1
4771-7/04	Comércio varejista de medicamentos veterinários	3
4772-5/00	Comércio varejista de cosméticos, produtos de perfumaria e de higiene pessoal	2
4773-3/00	Comércio varejista de artigos médicos e ortopédicos	1
4774-1/00	Comércio varejista de artigos de óptica	2
4781-4/00	Comércio varejista de artigos do vestuário e acessórios	2
4782-2/01	Comércio varejista de calçados	2
4782-2/02	Comércio varejista de artigos de viagem	1
4783-1/01	Comércio varejista de artigos de joalheria	1
4783-1/02	Comércio varejista de artigos de relojoaria	2
4784-9/00	Comércio varejista de gás liquefeito de petróleo (GLP)	3
4785-7/01	Comércio varejista de antiguidades	2
4785-7/99	Comércio varejista de outros artigos usados	3

CNAE 2.0	DESCRIÇÃO	ALÍQUOTA
4789-0/01	Comércio varejista de suvenires, bijuterias e artesanatos	2
4789-0/02	Comércio varejista de plantas e flores naturais	3
4789-0/03	Comércio varejista de objetos de arte	1
4789-0/04	Comércio varejista de animais vivos e de artigos e alimentos para animais de estimação	3
4789-0/05	Comércio varejista de produtos saneantes domissanitários	3
4789-0/06	Comércio varejista de fogos de artifício e artigos pirotécnicos	2
4789-0/07	Comércio varejista de equipamentos para escritório	2
4789-0/08	Comércio varejista de artigos fotográficos e para filmagem	1
4789-0/09	Comércio varejista de armas e munições	2
4789-0/99	Comércio varejista de outros produtos não especificados anteriormente	2
4911-6/00	Transporte ferroviário de carga	3
4912-4/01	Transporte ferroviário de passageiros intermunicipal e interestadual	3
4912-4/02	Transporte ferroviário de passageiros municipal e em região metropolitana	3
4912-4/03	Transporte metroviário	3
4921-3/01	Transporte rodoviário coletivo de passageiros, com itinerário fixo, municipal	3
4921-3/02	Transporte rodoviário coletivo de passageiros, com itinerário fixo, intermunicipal em região metropolitana	3
4922-1/01	Transporte rodoviário coletivo de passageiros, com itinerário fixo, intermunicipal, exceto em região metropolitana	3
4922-1/02	Transporte rodoviário coletivo de passageiros, com itinerário fixo, interestadual	3
4922-1/03	Transporte rodoviário coletivo de passageiros, com itinerário fixo, internacional	3
4923-0/01	Serviço de táxi	3
4923-0/02	Serviço de transporte de passageiros – locação de automóveis com motorista	3
4924-8/00	Transporte escolar	3
4929-9/01	Transporte rodoviário coletivo de passageiros, sob regime de fretamento, municipal	3
4929-9/02	Transporte rodoviário coletivo de passageiros, sob regime de fretamento, intermunicipal, interestadual e internacional	3
4929-9/03	Organização de excursões em veículos rodoviários próprios, municipal	3
4929-9/04	Organização de excursões em veículos rodoviários próprios, intermunicipal, interestadual e internacional	3
4929-9/99	Outros transportes rodoviários de passageiros não especificados anteriormente	2
4930-2/01	Transporte rodoviário de carga, exceto produtos perigosos e mudanças, municipal	3
4930-2/02	Transporte rodoviário de carga, exceto produtos perigosos e mudanças, intermunicipal, interestadual e internacional	3
4930-2/03	Transporte rodoviário de produtos perigosos	3
4930-2/04	Transporte rodoviário de mudanças	3
4940-0/00	Transporte dutoviário	1
4950-7/00	Trens turísticos, teleféricos e similares	3
5011-4/01	Transporte marítimo de cabotagem – Carga	3
5011-4/02	Transporte marítimo de cabotagem – passageiros	2
5012-2/01	Transporte marítimo de longo curso – Carga	3
5012-2/02	Transporte marítimo de longo curso – Passageiros	2
5021-1/01	Transporte por navegação interior de carga, municipal, exceto travessia	3
5021-1/02	Transporte por navegação interior de carga, intermunicipal, interestadual e internacional, exceto travessia	3
5022-0/01	Transporte por navegação interior de passageiros em linhas regulares, municipal, exceto travessia	2
5022-0/02	Transporte por navegação interior de passageiros em linhas regulares, intermunicipal, interestadual e internacional, exceto travessia	2
5030-1/01	Navegação de apoio marítimo	3
5030-1/02	Navegação de apoio portuário	1
5091-2/01	Transporte por navegação de travessia, municipal	3
5091-2/02	Transporte por navegação de travessia, intermunicipal	3
5099-8/01	Transporte aquaviário para passeios turísticos	1

CNAE 2.0	DESCRIÇÃO	ALÍQUOTA
5099-8/99	Outros transportes aquaviários não especificados anteriormente	1
5111-1/00	Transporte aéreo de passageiros regular	3
5112-9/01	Serviço de táxi aéreo e locação de aeronaves com tripulação	3
5112-9/99	Outros serviços de transporte aéreo de passageiros não regular	3
5120-0/00	Transporte aéreo de carga	2
5130-7/00	Transporte espacial	1
5211-7/01	Armazéns gerais – emissão de *warrant*	3
5211-7/02	Guarda-móveis	2
5211-7/99	Depósitos de mercadorias para terceiros, exceto armazéns gerais e guarda-móveis	3
5212-5/00	Carga e descarga	3
5221-4/00	Concessionárias de rodovias, pontes, túneis e serviços relacionados	3
5222-2/00	Terminais rodoviários e ferroviários	3
5223-1/00	Estacionamento de veículos	3
5229-0/01	Serviços de apoio ao transporte por táxi, inclusive centrais de chamada	1
5229-0/02	Serviços de reboque de veículos	3
5229-0/99	Outras atividades auxiliares dos transportes terrestres não especificadas anteriormente	3
5231-1/01	Administração da infraestrutura portuária	2
5231-1/02	Operações de terminais	3
5232-0/00	Atividades de agenciamento marítimo	2
5239-7/00	Atividades auxiliares dos transportes aquaviários não especificadas anteriormente	3
5240-1/01	Operação dos aeroportos e campos de aterrissagem	2
5240-1/99	Atividades auxiliares dos transportes aéreos, exceto operação dos aeroportos e campos de aterrissagem	3
5250-8/01	Comissaria de despachos	1
5250-8/02	Atividades de despachantes aduaneiros	3
5250-8/03	Agenciamento de cargas, exceto para o transporte marítimo	3
5250-8/04	Organização logística do transporte de carga	3
5250-8/05	Operador de transporte multimodal – OTM	3
5310-5/01	Atividades do Correio Nacional	3
5310-5/02	Atividades de franqueadas e permissionárias do Correio Nacional	2
5320-2/01	Serviços de malote não realizados pelo Correio Nacional	3
5320-2/02	Serviços de entrega rápida	3
5510-8/01	Hotéis	2
5510-8/02	Apart-hotéis	2
5510-8/03	Motéis	2
5590-6/01	Albergues, exceto assistenciais	3
5590-6/02	Campings	1
5590-6/03	Pensões (alojamento)	2
5590-6/99	Outros alojamentos não especificados anteriormente	2
5611-2/01	Restaurantes e similares	2
5611-2/02	Bares e outros estabelecimentos especializados em servir bebidas	3
5611-2/03	Lanchonetes, casas de chá, de sucos e similares	3
5612-1/00	Serviços ambulantes de alimentação	3
5620-1/01	Fornecimento de alimentos preparados preponderantemente para empresas	3
5620-1/02	Serviços de alimentação para eventos e recepções – bufê	2
5620-1/03	Cantinas – serviços de alimentação privativos	3
5620-1/04	Fornecimento de alimentos preparados preponderantemente para consumo domiciliar	3
5811-5/00	Edição de livros	2
5812-3/00	Edição de jornais	2
5812-3/01	Edição de jornais diários	2

CNAE 2.0	DESCRIÇÃO	ALÍQUOTA
5812-3/02	Edição de jornais não diários	2
5813-1/00	Edição de revistas	3
5819-1/00	Edição de cadastros, listas e de outros produtos gráficos	2
5821-2/00	Edição integrada à impressão de livros	2
5822-1/00	Edição integrada à impressão de jornais	2
5823-9/00	Edição integrada à impressão de revistas	2
5829-8/00	Edição integrada à impressão de cadastros, listas e de outros produtos gráficos	2
5911-1/01	Estúdios cinematográficos	1
5911-1/02	Produção de filmes para publicidade	3
5911-1/99	Atividades de produção cinematográfica, de vídeos e de programas de televisão não especificadas anteriormente	1
5912-0/01	Serviços de dublagem	2
5912-0/02	Serviços de mixagem sonora em produção audiovisual	2
5912-0/99	Atividades de pós-produção cinematográfica, de vídeos e de programas de televisão não especificadas anteriormente	1
5913-8/00	Distribuição cinematográfica, de vídeo e de programas de televisão	1
5914-6/00	Atividades de exibição cinematográfica	3
5920-1/00	Atividades de gravação de som e de edição de música	2
6010-1/00	Atividades de rádio	1
6021-7/00	Atividades de televisão aberta	3
6022-5/01	Programadoras	3
6022-5/02	Atividades relacionadas à televisão por assinatura, exceto programadoras	3
6110-8/01	Serviços de telefonia fixa comutada – STFC	2
6110-8/02	Serviços de redes de transportes de telecomunicações – SRTT	2
6110-8/03	Serviços de comunicação multimídia – SCM	2
6110-8/99	Serviços de telecomunicações por fio não especificados anteriormente	3
6120-5/01	Telefonia móvel celular	2
6120-5/02	Serviço móvel especializado – SME	3
6120-5/99	Serviços de telecomunicações sem fio não especificados anteriormente	1
6130-2/00	Telecomunicações por satélite	1
6141-8/00	Operadoras de televisão por assinatura por cabo	3
6142-6/00	Operadoras de televisão por assinatura por micro-ondas	2
6143-4/00	Operadoras de televisão por assinatura por satélite	3
6190-6/01	Provedores de acesso às redes de comunicações	3
6190-6/02	Provedores de voz sobre protocolo internet – VOIP	2
6190-6/99	Outras atividades de telecomunicações não especificadas anteriormente	2
6201-5/00	Desenvolvimento de programas de computador sob encomenda	1
6202-3/00	Desenvolvimento e licenciamento de programas de computador customizáveis	2
6203-1/00	Desenvolvimento e licenciamento de programas de computador não customizáveis	1
6204-0/00	Consultoria em tecnologia da informação	2
6209-1/00	Suporte técnico, manutenção e outros serviços em tecnologia da informação	2
6311-9/00	Tratamento de dados, provedores de serviços de aplicação e serviços de hospedagem na internet	2
6319-4/00	Portais, provedores de conteúdo e outros serviços de informação na internet	1
6391-7/00	Agências de notícias	2
6399-2/00	Outras atividades de prestação de serviços de informação não especificadas anteriormente	3
6410-7/00	Banco Central	1
6421-2/00	Bancos comerciais	2
6422-1/00	Bancos múltiplos, com carteira comercial	3
6423-9/00	Caixas econômicas	2
6424-7/01	Bancos cooperativos	1

CNAE 2.0	DESCRIÇÃO	ALÍQUOTA
6424-7/02	Cooperativas centrais de crédito	1
6424-7/03	Cooperativas de crédito mútuo	2
6424-7/04	Cooperativas de crédito rural	1
6431-0/00	Bancos múltiplos, sem carteira comercial	1
6432-8/00	Bancos de investimento	1
6433-6/00	Bancos de desenvolvimento	2
6434-4/00	Agências de fomento	1
6435-2/01	Sociedades de crédito imobiliário	1
6435-2/02	Associações de poupança e empréstimo	1
6435-2/03	Companhias hipotecárias	1
6436-1/00	Sociedades de crédito, financiamento e investimento – financeiras	1
6437-9/00	Sociedades de crédito ao microempreendedor	1
6440-9/00	Arrendamento mercantil	1
6450-6/00	Sociedades de capitalização	3
6461-1/00	*Holdings* de instituições financeiras	2
6462-0/00	*Holdings* de instituições não financeiras	3
6463-8/00	Outras sociedades de participação, exceto *holdings*	2
6470-1/01	Fundos de investimento, exceto previdenciários e imobiliários	1
6470-1/02	Fundos de investimento previdenciários	1
6470-1/03	Fundos de investimento imobiliários	1
6491-3/00	Sociedades de fomento mercantil – *factoring*	1
6492-1/00	Securitização de créditos	3
6493-0/00	Administração de consórcios para aquisição de bens e direitos	2
6499-9/01	Clubes de investimento	1
6499-9/02	Sociedades de investimento	1
6499-9/03	Fundo garantidor de crédito	1
6499-9/04	Caixas de financiamento de corporações	1
6499-9/05	Concessão de crédito pelas OSCIP	1
6499-9/99	Outras atividades de serviços financeiros não especificadas anteriormente	1
6511-1/01	Seguros de vida	1
6511-1/02	Planos de auxílio-funeral	2
6512-0/00	Seguros não vida	2
6520-1/00	Seguros-saúde	1
6530-8/00	Resseguros	2
6541-3/00	Previdência complementar fechada	1
6542-1/00	Previdência complementar aberta	1
6550-2/00	Planos de saúde	2
6611-8/01	Bolsa de valores	1
6611-8/02	Bolsa de mercadorias	1
6611-8/03	Bolsa de mercadorias e futuros	1
6611-8/04	Administração de mercados de balcão organizados	2
6612-6/01	Corretoras de títulos e valores mobiliários	1
6612-6/02	Distribuidoras de títulos e valores mobiliários	1
6612-6/03	Corretoras de câmbio	1
6612-6/04	Corretoras de contratos de mercadorias	1
6612-6/05	Agentes de investimentos em aplicações financeiras	2
6613-4/00	Administração de cartões de crédito	2
6619-3/01	Serviços de liquidação e custódia	1
6619-3/02	Correspondentes de instituições financeiras	2

CNAE 2.0	DESCRIÇÃO	ALÍQUOTA
6619-3/03	Representações de bancos estrangeiros	1
6619-3/04	Caixas eletrônicos	1
6619-3/05	Operadoras de cartões de débito	1
6619-3/99	Outras atividades auxiliares dos serviços financeiros não especificadas anteriormente	2
6621-5/01	Peritos e avaliadores de seguros	1
6621-5/02	Auditoria e consultoria atuarial	1
6622-3/00	Corretores e agentes de seguros, de planos de previdência complementar e de saúde	1
6629-1/00	Atividades auxiliares dos seguros, da previdência complementar e dos planos de saúde não especificadas anteriormente	2
6630-4/00	Atividades de administração de fundos por contrato ou comissão	2
6810-2/01	Compra e venda de imóveis próprios	3
6810-2/02	Aluguel de imóveis próprios	2
6821-8/01	Corretagem na compra e venda e avaliação de imóveis	2
6821-8/02	Corretagem no aluguel de imóveis	2
6822-6/00	Gestão e administração da propriedade imobiliária	2
6911-7/01	Serviços advocatícios	1
6911-7/02	Atividades auxiliares da justiça	1
6911-7/03	Agente de propriedade industrial	1
6912-5/00	Cartórios	1
6920-6/01	Atividades de contabilidade	1
6920-6/02	Atividades de consultoria e auditoria contábil e tributária	2
7020-4/00	Atividades de consultoria em gestão empresarial, exceto consultoria técnica específica	2
7111-1/00	Serviços de arquitetura	3
7112-0/00	Serviços de engenharia	3
7119-7/01	Serviços de cartografia, topografia e geodésia	2
7119-7/02	Atividades de estudos geológicos	3
7119-7/03	Serviços de desenho técnico relacionados à arquitetura e engenharia	2
7119-7/04	Serviços de perícia técnica relacionados à segurança do trabalho	1
7119-7/99	Atividades técnicas relacionadas à engenharia e arquitetura não especificadas anteriormente	2
7120-1/00	Testes e análises técnicas	1
7210-0/00	Pesquisa e desenvolvimento experimental em ciências físicas e naturais	2
7220-7/00	Pesquisa e desenvolvimento experimental em ciências sociais e humanas	1
7311-4/00	Agências de publicidade	1
7312-2/00	Agenciamento de espaços para publicidade, exceto em veículos de comunicação	3
7319-0/01	Criação de estandes para feiras e exposições	2
7319-0/02	Promoção de vendas	3
7319-0/03	Marketing direto	3
7319-0/04	Consultoria em publicidade	2
7319-0/99	Outras atividades de publicidade não especificadas anteriormente	2
7320-3/00	Pesquisas de mercado e de opinião pública	3
7410-2/01	Design	3
7410-2/02	Decoração de interiores	3
7420-0/01	Atividades de produção de fotografias, exceto aérea e submarina	2
7420-0/02	Atividades de produção de fotografias aéreas e submarinas	2
7420-0/03	Laboratórios fotográficos	2
7420-0/04	Filmagem de festas e eventos	2
7420-0/05	Serviços de microfilmagem	3
7490-1/01	Serviços de tradução, interpretação e similares	3
7490-1/02	Escafandria e mergulho	3

CNAE 2.0	DESCRIÇÃO	ALÍQUOTA
7490-1/03	Serviços de agronomia e de consultoria às atividades agrícolas e pecuárias	3
7490-1/04	Atividades de intermediação e agenciamento de serviços e negócios em geral, exceto imobiliários	2
7490-1/05	Agenciamento de profissionais para atividades esportivas, culturais e artísticas	3
7490-1/99	Outras atividades profissionais, científicas e técnicas não especificadas anteriormente	2
7500-1/00	Atividades veterinárias	2
7711-0/00	Locação de automóveis sem condutor	2
7719-5/01	Locação de embarcações sem tripulação, exceto para fins recreativos	2
7719-5/02	Locação de aeronaves sem tripulação	3
7719-5/99	Locação de outros meios de transporte não especificados anteriormente, sem condutor	3
7721-7/00	Aluguel de equipamentos recreativos e esportivos	2
7722-5/00	Aluguel de fitas de vídeo, DVDs e similares	3
7723-3/00	Aluguel de objetos do vestuário, joias e acessórios	2
7729-2/01	Aluguel de aparelhos de jogos eletrônicos	3
7729-2/02	Aluguel de móveis, utensílios e aparelhos de uso doméstico e pessoal; instrumentos musicais	3
7729-2/03	Aluguel de material médico	1
7729-2/99	Aluguel de outros objetos pessoais e domésticos não especificados anteriormente	3
7731-4/00	Aluguel de máquinas e equipamentos agrícolas sem operador	3
7732-2/01	Aluguel de máquinas e equipamentos para construção sem operador, exceto andaimes	3
7732-2/02	Aluguel de andaimes	3
7733-1/00	Aluguel de máquinas e equipamentos para escritórios	1
7739-0/01	Aluguel de máquinas e equipamentos para extração de minérios e petróleo, sem operador	1
7739-0/02	Aluguel de equipamentos científicos, médicos e hospitalares, sem operador	3
7739-0/03	Aluguel de palcos, coberturas e outras estruturas de uso temporário, exceto andaimes	3
7739-0/99	Aluguel de outras máquinas e equipamentos comerciais e industriais não especificados anteriormente, sem operador	3
7740-3/00	Gestão de ativos intangíveis não financeiros	1
7810-8/00	Seleção e agenciamento de mão de obra	3
7820-5/00	Locação de mão de obra temporária	3
7830-2/00	Fornecimento e gestão de recursos humanos para terceiros	2
7911-2/00	Agências de viagens	1
7912-1/00	Operadores turísticos	1
7990-2/00	Serviços de reservas e outros serviços de turismo não especificados anteriormente	1
8011-1/01	Atividades de vigilância e segurança privada	3
8011-1/02	Serviços de adestramento de cães de guarda	2
8012-9/00	Atividades de transporte de valores	3
8020-0/00	Atividades de monitoramento de sistemas de segurança	3
8030-7/00	Atividades de investigação particular	2
8111-7/00	Serviços combinados para apoio a edifícios, exceto condomínios prediais	3
8112-5/00	Condomínios prediais	2
8121-4/00	Limpeza em prédios e em domicílios	3
8122-2/00	Imunização e controle de pragas urbanas	3
8129-0/00	Atividades de limpeza não especificadas anteriormente	3
8130-3/00	Atividades paisagísticas	3
8211-3/00	Serviços combinados de escritório e apoio administrativo	2
8219-9/01	Fotocópias	1
8219-9/99	Preparação de documentos e serviços especializados de apoio administrativo não especificados anteriormente	3
8220-2/00	Atividades de teleatendimento	3
8230-0/01	Serviços de organização de feiras, congressos, exposições e festas	3
8230-0/02	Casas de festas e eventos	1

CNAE 2.0	DESCRIÇÃO	ALÍQUOTA
8291-1/00	Atividades de cobranças e informações cadastrais	2
8292-0/00	Envasamento e empacotamento sob contrato	3
8299-7/01	Medição de consumo de energia elétrica, gás e água	3
8299-7/02	Emissão de vales-alimentação, vales-transporte e similares	1
8299-7/03	Serviços de gravação de carimbos, exceto confecção	2
8299-7/04	Leiloeiros independentes	2
8299-7/05	Serviços de levantamento de fundos sob contrato	2
8299-7/06	Casas lotéricas	2
8299-7/07	Salas de acesso à internet	2
8299-7/99	Outras atividades de serviços prestados principalmente às empresas não especificadas anteriormente	2
8411-6/00	Administração pública em geral	2
8412-4/00	Regulação das atividades de saúde, educação, serviços culturais e outros serviços sociais	1
8413-2/00	Regulação das atividades econômicas	2
8421-3/00	Relações exteriores	1
8422-1/00	Defesa	1
8423-0/00	Justiça	1
8424-8/00	Segurança e ordem pública	2
8425-6/00	Defesa Civil	1
8430-2/00	Seguridade social obrigatória	1
8511-2/00	Educação infantil – creche	2
8512-1/00	Educação infantil – pré-escola	1
8513-9/00	Ensino fundamental	1
8520-1/00	Ensino médio	1
8531-7/00	Educação superior – graduação	1
8532-5/00	Educação superior – graduação e pós-graduação	1
8533-3/00	Educação superior – pós-graduação e extensão	1
8541-4/00	Educação profissional de nível técnico	1
8542-2/00	Educação profissional de nível tecnológico	2
8550-3/01	Administração de caixas escolares	1
8550-3/02	Atividades de apoio à educação, exceto caixas escolares	2
8591-1/00	Ensino de esportes	2
8592-9/01	Ensino de dança	1
8592-9/02	Ensino de artes cênicas, exceto dança	1
8592-9/03	Ensino de música	1
8592-9/99	Ensino de arte e cultura não especificado anteriormente	1
8593-7/00	Ensino de idiomas	1
8599-6/01	Formação de condutores	1
8599-6/02	Cursos de pilotagem	3
8599-6/03	Treinamento em informática	1
8599-6/04	Treinamento em desenvolvimento profissional e gerencial	1
8599-6/05	Cursos preparatórios para concursos	1
8599-6/99	Outras atividades de ensino não especificadas anteriormente	2
8610-1/01	Atividades de atendimento hospitalar, exceto pronto-socorro e unidades para atendimento a urgências	2
8610-1/02	Atividades de atendimento em pronto-socorro e unidades hospitalares para atendimento a urgências	2
8621-6/01	UTI móvel	2
8621-6/02	Serviços móveis de atendimento a urgências, exceto por UTI móvel	2
8622-4/00	Serviços de remoção de pacientes, exceto os serviços móveis de atendimento a urgências	2
8630-5/01	Atividade médica ambulatorial com recursos para realização de procedimentos cirúrgicos	1
8630-5/02	Atividade médica ambulatorial com recursos para realização de exames complementares	2

CNAE 2.0	DESCRIÇÃO	ALÍQUOTA
8630-5/03	Atividade médica ambulatorial restrita a consultas	1
8630-5/04	Atividade odontológica com recursos para realização de procedimentos cirúrgicos	1
8630-5/05	Atividade odontológica sem recursos para realização de procedimentos cirúrgicos	1
8630-5/06	Serviços de vacinação e imunização humana	1
8630-5/07	Atividades de reprodução humana assistida	2
8630-5/99	Atividades de atenção ambulatorial não especificadas anteriormente	2
8640-2/01	Laboratórios de anatomia patológica e citológica	2
8640-2/02	Laboratórios clínicos	2
8640-2/03	Serviços de diálise e nefrologia	2
8640-2/04	Serviços de tomografia	1
8640-2/05	Serviços de diagnóstico por imagem com uso de radiação ionizante, exceto tomografia	2
8640-2/06	Serviços de ressonância magnética	2
8640-2/07	Serviços de diagnóstico por imagem sem uso de radiação ionizante, exceto ressonância magnética	1
8640-2/08	Serviços de diagnóstico por registro gráfico – ECG, EEG e outros exames análogos	3
8640-2/09	Serviços de diagnóstico por métodos ópticos – endoscopia e outros exames análogos	2
8640-2/10	Serviços de quimioterapia	2
8640-2/11	Serviços de radioterapia	2
8640-2/12	Serviços de hemoterapia	1
8640-2/13	Serviços de litotripsia	1
8640-2/14	Serviços de bancos de células e tecidos humanos	1
8640-2/99	Atividades de serviços de complementação diagnóstica e terapêutica não especificadas anteriormente	2
8650-0/01	Atividades de enfermagem	1
8650-0/02	Atividades de profissionais da nutrição	3
8650-0/03	Atividades de psicologia e psicanálise	1
8650-0/04	Atividades de fisioterapia	1
8650-0/05	Atividades de terapia ocupacional	2
8650-0/06	Atividades de fonoaudiologia	1
8650-0/07	Atividades de terapia de nutrição enteral e parenteral	1
8650-0/99	Atividades de profissionais da área de saúde não especificadas anteriormente	2
8660-7/00	Atividades de apoio à gestão de saúde	2
8690-9/01	Atividades de práticas integrativas e complementares em saúde humana	2
8690-9/02	Atividades de banco de leite humano	1
8690-9/99	Outras atividades de atenção à saúde humana não especificadas anteriormente	2
8711-5/01	Clínicas e residências geriátricas	2
8711-5/02	Instituições de longa permanência para idosos	2
8711-5/03	Atividades de assistência a deficientes físicos, imunodeprimidos e convalescentes	1
8711-5/04	Centros de apoio a pacientes com câncer e com AIDS	3
8711-5/05	Condomínios residenciais para idosos e deficientes físicos	2
8712-3/00	Atividades de fornecimento de infraestrutura de apoio e assistência a paciente no domicílio	2
8720-4/01	Atividades de centros de assistência psicossocial	1
8720-4/99	Atividades de assistência psicossocial e à saúde a portadores de distúrbios psíquicos, deficiência mental e dependência química não especificadas anteriormente	2
8730-1/01	Orfanatos	2
8730-1/02	Albergues assistenciais	2
8730-1/99	Atividades de assistência social prestadas em residências coletivas e particulares não especificadas anteriormente	2
8800-6/00	Serviços de assistência social sem alojamento	2
9001-9/01	Produção teatral	1
9001-9/02	Produção musical	2
9001-9/03	Produção de espetáculos de dança	2

CNAE 2.0	DESCRIÇÃO	ALÍQUOTA
9001-9/04	Produção de espetáculos circenses, de marionetes e similares	1
9001-9/05	Produção de espetáculos de rodeios, vaquejadas e similares	3
9001-9/06	Atividades de sonorização e de iluminação	1
9001-9/99	Artes cênicas, espetáculos e atividades complementares não especificadas anteriormente	3
9002-7/01	Atividades de artistas plásticos, jornalistas independentes e escritores	1
9002-7/02	Restauração de obras de arte	1
9003-5/00	Gestão de espaços para artes cênicas, espetáculos e outras atividades artísticas	3
9101-5/00	Atividades de bibliotecas e arquivos	2
9102-3/01	Atividades de museus e de exploração de lugares e prédios históricos e atrações similares	1
9102-3/02	Restauração e conservação de lugares e prédios históricos	1
9103-1/00	Atividades de jardins botânicos, zoológicos, parques nacionais, reservas ecológicas e áreas de proteção ambiental	2
9200-3/01	Casas de bingo	1
9200-3/02	Exploração de apostas em corridas de cavalos	2
9200-3/99	Exploração de jogos de azar e apostas não especificados anteriormente	1
9311-5/00	Gestão de instalações de esportes	2
9312-3/00	Clubes sociais, esportivos e similares	2
9313-1/00	Atividades de condicionamento físico	1
9319-1/01	Produção e promoção de eventos esportivos	2
9319-1/99	Outras atividades esportivas não especificadas anteriormente	2
9321-2/00	Parques de diversão e parques temáticos	2
9329-8/01	Discotecas, danceterias, salões de dança e similares	1
9329-8/02	Exploração de boliches	3
9329-8/03	Exploração de jogos de sinuca, bilhar e similares	1
9329-8/04	Exploração de jogos eletrônicos recreativos	3
9329-8/99	Outras atividades de recreação e lazer não especificadas anteriormente	2
9411-1/00	Atividades de organizações associativas patronais e empresariais	3
9412-0/00	Atividades de organizações associativas profissionais	3
9420-1/00	Atividades de organizações sindicais	2
9430-8/00	Atividades de associações de defesa de direitos sociais	2
9491-0/00	Atividades de organizações religiosas	2
9492-8/00	Atividades de organizações políticas	1
9493-6/00	Atividades de organizações associativas ligadas à cultura e à arte	2
9499-5/00	Atividades associativas não especificadas anteriormente	2
9511-8/00	Reparação e manutenção de computadores e de equipamentos periféricos	3
9512-6/00	Reparação e manutenção de equipamentos de comunicação	2
9521-5/00	Reparação e manutenção de equipamentos eletroeletrônicos de uso pessoal e doméstico	3
9529-1/01	Reparação de calçados, bolsas e artigos de viagem	1
9529-1/02	Chaveiros	3
9529-1/03	Reparação de relógios	1
9529-1/04	Reparação de bicicletas, triciclos e outros veículos não motorizados	3
9529-1/05	Reparação de artigos do mobiliário	2
9529-1/06	Reparação de joias	2
9529-1/99	Reparação e manutenção de outros objetos e equipamentos pessoais e domésticos não especificados anteriormente	3
9601-7/01	Lavanderias	3
9601-7/02	Tinturarias	3
9601-7/03	Toalheiros	3
9602-5/01	Cabeleireiros	2
9602-5/02	Outras atividades de tratamento de beleza	2

CNAE 2.0	DESCRIÇÃO	ALÍQUOTA
9603-3/01	Gestão e manutenção de cemitérios	3
9603-3/02	Serviços de cremação	2
9603-3/03	Serviços de sepultamento	2
9603-3/04	Serviços de funerárias	2
9603-3/05	Serviços de somatoconservação	3
9603-3/99	Atividades funerárias e serviços relacionados não especificados anteriormente	3
9609-2/01	Clínicas de estética e similares	1
9609-2/02	Agências matrimoniais	3
9609-2/03	Alojamento, higiene e embelezamento de animais	2
9609-2/04	Exploração de máquinas de serviços pessoais acionadas por moeda	1
9609-2/99	Outras atividades de serviços pessoais não especificadas anteriormente	2
9700-5/00	Serviços domésticos	2
9900-8/00	Organismos internacionais e outras instituições extraterritoriais	1

Lei de Introdução às normas do Direito Brasileiro

LEI DE INTRODUÇÃO ÀS NORMAS DO DIREITO BRASILEIRO

DECRETO-LEI Nº 4.657, DE 4 DE SETEMBRO DE 1942

Lei de Introdução às normas do Direito Brasileiro.

- ▶ Antiga Lei de Introdução ao Código Civil (LICC), cuja ementa foi alterada pela Lei nº 12.376, de 30-12-2010.
- ▶ Publicado no *DOU* de 9-9-1942, retificado no *DOU* de 8-10-1942 e no *DOU* de 17-6-1943.

O Presidente da República, usando da atribuição que lhe confere o artigo 180 da Constituição, decreta:

Art. 1º Salvo disposição contrária, a lei começa a vigorar em todo o País quarenta e cinco dias depois de oficialmente publicada.

- ▶ Art. 8º da LC nº 95, de 26-2-1998, que dispõe sobre a elaboração, a redação, a alteração e a consolidação das leis.

§ 1º Nos Estados estrangeiros, a obrigatoriedade da lei brasileira, quando admitida, se inicia três meses depois de oficialmente publicada.

§ 2º *Revogado*. Lei nº 12.036, de 1º-10-2009.

§ 3º Se, antes de entrar a lei em vigor, ocorrer nova publicação de seu texto, destinada a correção, o prazo deste artigo e dos parágrafos anteriores começará a correr da nova publicação.

§ 4º As correções a texto de lei já em vigor consideram-se lei nova.

Art. 2º Não se destinando à vigência temporária, a lei terá vigor até que outra a modifique ou revogue.

§ 1º A lei posterior revoga a anterior quando expressamente o declare, quando seja com ela incompatível ou quando regule inteiramente a matéria de que tratava a lei anterior.

§ 2º A lei nova, que estabeleça disposições gerais ou especiais a par das já existentes, não revoga nem modifica a lei anterior.

§ 3º Salvo disposição em contrário, a lei revogada não se restaura por ter a lei revogadora perdido a vigência.

Art. 3º Ninguém se escusa de cumprir a lei, alegando que não a conhece.

Art. 4º Quando a lei for omissa, o juiz decidirá o caso de acordo com a analogia, os costumes e os princípios gerais de direito.

- ▶ Arts. 140 e 375 do CPC.

Art. 5º Na aplicação da lei, o juiz atenderá aos fins sociais a que ela se dirige e às exigências do bem comum.

Art. 6º A Lei em vigor terá efeito imediato e geral, respeitados o ato jurídico perfeito, o direito adquirido e a coisa julgada.

- ▶ Art. 5º, XXXVI, da CF.
- ▶ Súm. Vinc. nº 1 do STF.

§ 1º Reputa-se ato jurídico perfeito o já consumado segundo a lei vigente ao tempo em que se efetuou.

§ 2º Consideram-se adquiridos assim os direitos que o seu titular, ou alguém por ele, possa exercer, como aqueles cujo começo do exercício tenha termo prefixo, ou condição preestabelecida inalterável, a arbítrio de outrem.

- ▶ Arts. 131 e 135 do CC.

§ 3º Chama-se coisa julgada ou caso julgado a decisão judicial de que já não caiba recurso.

- ▶ Art. 6º com a redação dada pela Lei nº 3.238, de 1º-8-1957.
- ▶ Art. 502 do CPC.

Art. 7º A lei do país em que for domiciliada a pessoa determina as regras sobre o começo e o fim da personalidade, o nome, a capacidade e os direitos de família.

- ▶ Arts. 2º, 6º e 8º do CC.
- ▶ Lei nº 13.445, de 24-5-2017 (Lei de Migração).
- ▶ Dec. nº 66.605, de 20-5-1970, promulgou a Convenção sobre Consentimento para Casamento.

§ 1º Realizando-se o casamento no Brasil, será aplicada a lei brasileira quanto aos impedimentos dirimentes e às formalidades da celebração.

- ▶ Art. 1.511 e segs. do CC.

§ 2º O casamento de estrangeiros poderá celebrar-se perante autoridades diplomáticas ou consulares do país de ambos os nubentes.

- ▶ § 2º com a redação dada pela Lei nº 3.238, de 1º-8-1957.

§ 3º Tendo os nubentes domicílio diverso, regerá os casos de invalidade do matrimônio a lei do primeiro domicílio conjugal.

§ 4º O regime de bens, legal ou convencional, obedece à lei do país em que tiverem os nubentes domicílio, e, se este for diverso, à do primeiro domicílio conjugal.

▸ Arts. 1.658 a 1.666 do CC.

§ 5º O estrangeiro casado, que se naturalizar brasileiro, pode, mediante expressa anuência de seu cônjuge, requerer ao juiz, no ato de entrega do decreto de naturalização, se apostile ao mesmo a adoção do regime de comunhão parcial de bens, respeitados os direitos de terceiros e dada esta adoção ao competente registro.

▸ § 5º com a redação dada pela Lei nº 6.515, de 26-12-1977 (Lei do Divórcio).

▸ Arts. 1.658 a 1.666 do CC.

§ 6º O divórcio realizado no estrangeiro, se um ou ambos os cônjuges forem brasileiros, só será reconhecido no Brasil depois de 1 (um) ano da data da sentença, salvo se houver sido antecedida de separação judicial por igual prazo, caso em que a homologação produzirá efeito imediato, obedecidas as condições estabelecidas para a eficácia das sentenças estrangeiras no país. O Superior Tribunal de Justiça, na forma de seu regimento interno, poderá reexaminar, a requerimento do interessado, decisões já proferidas em pedidos de homologação de sentenças estrangeiras de divórcio de brasileiros, a fim de que passem a produzir todos os efeitos legais.

▸ § 6º com a redação dada pela Lei nº 12.036, de 1º-10-2009.

▸ Art. 226, § 6º, da CF.

§ 7º Salvo o caso de abandono, o domicílio do chefe da família estende-se ao outro cônjuge e aos filhos não emancipados, e o do tutor ou curador aos incapazes sob sua guarda.

§ 8º Quando a pessoa não tiver domicílio, considerar-se-á domiciliada no lugar de sua residência ou naquele em que se encontre.

Art. 8º Para qualificar os bens e regular as relações a eles concernentes, aplicar-se-á a lei do país em que estiverem situados.

§ 1º Aplicar-se-á a lei do país em que for domiciliado o proprietário, quanto aos bens móveis que ele trouxer ou se destinarem a transporte para outros lugares.

§ 2º O penhor regula-se pela lei do domicílio que tiver a pessoa, em cuja posse se encontre a coisa apenhada.

Art. 9º Para qualificar e reger as obrigações, aplicar-se-á a lei do país em que se constituírem.

§ 1º Destinando-se a obrigação a ser executada no Brasil e dependendo de forma essencial, será esta observada, admitidas as peculiaridades da lei estrangeira quanto aos requisitos extrínsecos do ato.

§ 2º A obrigação resultante do contrato reputa-se constituída no lugar em que residir o proponente.

Art. 10. A sucessão por morte ou por ausência obedece à lei do país em que era domiciliado o defunto ou o desaparecido, qualquer que seja a natureza e a situação dos bens.

▸ Arts. 26 a 39, 1.784 e segs. do CC.

§ 1º A sucessão de bens de estrangeiros, situados no País, será regulada pela lei brasileira em benefício do cônjuge ou dos filhos brasileiros, ou de quem os represente, sempre que não lhes seja mais favorável a lei pessoal do *de cujus*.

▸ § 1º com a redação dada pela Lei nº 9.047, de 18-5-1995.

▸ Art. 5º, XXXI, da CF.

§ 2º A lei do domicílio do herdeiro ou legatário regula a capacidade para suceder.

▸ Arts. 1.798 a 1.803 do CC.

▸ Arts. 23, II, 48 e 610 do CPC.

Art. 11. As organizações destinadas a fins de interesse coletivo, como as sociedades e as fundações, obedecem à lei do Estado em que se constituírem.

▸ Arts. 40 a 69, 981 e segs. do CC.

▸ Art. 75, § 3º, do CPC.

§ 1º Não poderão, entretanto, ter no Brasil filiais, agências ou estabelecimentos antes de serem os atos constitutivos aprovados pelo Governo brasileiro, ficando sujeitas à lei brasileira.

▸ Art. 21, parágrafo único, do CPC.

§ 2º Os Governos estrangeiros, bem como as organizações de qualquer natureza, que eles tenham constituído, dirijam ou hajam investido de funções públicas, não poderão adquirir no Brasil bens imóveis ou suscetíveis de desapropriação.

§ 3º Os Governos estrangeiros podem adquirir a propriedade dos prédios necessários à sede dos representantes diplomáticos ou dos agentes consulares.

Art. 12. É competente a autoridade judiciária brasileira, quando for o réu domiciliado no Brasil ou aqui tiver de ser cumprida a obrigação.

▸ Arts. 21, 23 e 24 do CPC.

§ 1º Só à autoridade judiciária brasileira compete conhecer das ações relativas a imóveis situados no Brasil.

§ 2º A autoridade judiciária brasileira cumprirá, concedido o *exequatur* e segundo a forma estabelecida pela lei brasileira, as diligências deprecadas por autoridade estrangeira competente, observando a lei desta, quanto ao objeto das diligências.

► A concessão de *exequatur* às cartas rogatórias passou a ser da competência do STJ, conforme art. 105, I, *i*, da CF, com a redação dada pela EC nº 45, de 8-12-2004.

► Arts. 961 a 965 do CPC.

Art. 13. A prova dos fatos ocorridos em país estrangeiro rege-se pela lei que nele vigorar, quanto ao ônus e aos meios de produzir-se, não admitindo os tribunais brasileiros provas que a lei brasileira desconheça.

► Arts. 373 e 374 do CPC.

Art. 14. Não conhecendo a lei estrangeira, poderá o juiz exigir de quem a invoca prova do texto e da vigência.

► Art. 376 do CPC.

Art. 15. Será executada no Brasil a sentença proferida no estrangeiro, que reúna os seguintes requisitos:

► Arts. 960 a 965 do CPC.

a) haver sido proferida por juiz competente;
b) terem sido as partes citadas ou haver-se legalmente verificado à revelia;
c) ter passado em julgado e estar revestida das formalidades necessárias para a execução no lugar em que foi proferida;
d) estar traduzida por intérprete autorizado;
e) ter sido homologada pelo Supremo Tribunal Federal.

► A concessão de *exequatur* às cartas rogatórias passou a ser da competência do STJ, conforme art. 105, I, *i*, da CF, com a redação dada pela EC nº 45, de 8-12-2004.

Parágrafo único. *Revogado.* Lei nº 12.036, de 1º-10-2009.

Art. 16. Quando, nos termos dos artigos precedentes, se houver de aplicar a lei estrangeira, ter-se-á em vista a disposição desta, sem considerar-se qualquer remissão por ela feita a outra lei.

Art. 17. As leis, atos e sentenças de outro país, bem como quaisquer declarações de vontade, não terão eficácia no Brasil, quando ofenderem a soberania nacional, a ordem pública e os bons costumes.

Art. 18. Tratando-se de brasileiros, são competentes as autoridades consulares brasileiras para lhes celebrar o casamento e os mais atos de registro civil e de tabelionato, inclusive o registro de nascimento e de óbito dos filhos de brasileiro ou brasileira nascidos no país da sede do consulado.

► *Caput* com a redação dada pela Lei nº 3.238, de 1º-8-1957.

§ 1º As autoridades consulares brasileiras também poderão celebrar a separação consensual e o divórcio consensual de brasileiros, não havendo filhos menores ou incapazes do casal e observados os requisitos legais quanto aos prazos, devendo constar da respectiva escritura pública as disposições relativas à descrição e à partilha dos bens comuns e à pensão alimentícia e, ainda, ao acordo quanto à retomada pelo cônjuge de seu nome de solteiro ou à manutenção do nome adotado quando se deu o casamento.

§ 2º É indispensável a assistência de advogado, devidamente constituído, que se dará mediante a subscrição de petição, juntamente com ambas as partes, ou com apenas uma delas, caso a outra constitua advogado próprio, não se fazendo necessário que a assinatura do advogado conste da escritura pública.

► §§ 1º e 2º acrescidos pela Lei nº 12.874, de 29-10-2013.

Art. 19. Reputam-se válidos todos os atos indicados no artigo anterior e celebrados pelos cônsules brasileiros na vigência do Decreto-Lei nº 4.657, de 4 de setembro de 1942, desde que satisfaçam todos os requisitos legais.

Parágrafo único. No caso em que a celebração desses atos tiver sido recusada pelas autoridades consulares, com fundamento no artigo 18 do mesmo Decreto-Lei, ao interessado é facultado renovar o pedido dentro de noventa dias contados da data da publicação desta Lei.

► Art. 19 acrescido pela Lei nº 3.238, de 1º-8-1957.

Art. 20. Nas esferas administrativa, controladora e judicial, não se decidirá com base em valores jurídicos abstratos sem que sejam consideradas as consequências práticas da decisão.

► Dec. nº 9.830, de 10-6-2019, regulamenta este artigo.

Parágrafo único. A motivação demonstrará a necessidade e a adequação da medida imposta ou da invalidação de ato, contrato, ajuste, processo ou norma administrativa, inclusive em face das possíveis alternativas.

Art. 21. A decisão que, nas esferas administrativa, controladora ou judicial, decretar a invalidação de ato, contrato, ajuste, processo ou norma administrativa deverá indicar de modo expresso suas consequências jurídicas e administrativas.

► Dec. nº 9.830, de 10-6-2019, regulamenta este artigo.

Parágrafo único. A decisão a que se refere o *caput* deste artigo deverá, quando for o caso, indicar as condições para que a regularização ocorra de modo proporcional e equânime e sem prejuízo aos interesses gerais, não se podendo impor aos sujeitos atingidos ônus ou perdas que, em função das peculiaridades do caso, sejam anormais ou excessivos.

Art. 22. Na interpretação de normas sobre gestão pública, serão considerados os obstáculos e as dificuldades reais do gestor e as exigências das políticas públicas a seu cargo, sem prejuízo dos direitos dos administrados.

► Dec. nº 9.830, de 10-6-2019, regulamenta este artigo.

§ 1º Em decisão sobre regularidade de conduta ou validade de ato, contrato, ajuste, processo ou norma administrativa, serão consideradas as circunstâncias práticas que houverem imposto, limitado ou condicionado a ação do agente.

§ 2º Na aplicação de sanções, serão consideradas a natureza e a gravidade da infração cometida, os danos que dela provierem para a administração pública, as circunstâncias agravantes ou atenuantes e os antecedentes do agente.

§ 3º As sanções aplicadas ao agente serão levadas em conta na dosimetria das demais sanções de mesma natureza e relativas ao mesmo fato.

► Arts. 20 a 22 acrescidos pela Lei nº 13.655, de 25-4-2018.

Art. 23. A decisão administrativa, controladora ou judicial que estabelecer interpretação ou orientação nova sobre norma de conteúdo indeterminado, impondo novo dever ou novo condicionamento de direito, deverá prever regime de transição quando indispensável para que o novo dever ou condicionamento de direito seja cumprido de modo proporcional, equânime e eficiente e sem prejuízo aos interesses gerais.

► *Caput* acrescido pela Lei nº 13.655, de 25-4-2018.

► Dec. nº 9.830, de 10-6-2019, regulamenta este artigo.

Parágrafo único. VETADO. Lei nº 13.655, de 25-4-2018.

Art. 24. A revisão, nas esferas administrativa, controladora ou judicial, quanto à validade de ato, contrato, ajuste, processo ou norma administrativa cuja produção já se houver completado levará em conta as orientações gerais da época, sendo vedado que, com base em mudança posterior de orientação geral, se declarem inválidas situações plenamente constituídas.

► Dec. nº 9.830, de 10-6-2019, regulamenta este artigo.

Parágrafo único. Consideram-se orientações gerais as interpretações e especificações contidas em atos públicos de caráter geral ou em jurisprudência judicial ou administrativa majoritária, e ainda as adotadas por prática administrativa reiterada e de amplo conhecimento público.

► Art. 24 acrescido pela Lei nº 13.655, de 25-4-2018.

Art. 25. VETADO. Lei nº 13.655, de 25-4-2018.

Art. 26. Para eliminar irregularidade, incerteza jurídica ou situação contenciosa na aplicação do direito público, inclusive no caso de expedição de licença, a autoridade administrativa poderá, após oitiva do órgão jurídico e, quando for o caso, após realização de consulta pública, e presentes razões de relevante interesse geral, celebrar compromisso com os interessados, observada a legislação aplicável, o qual só produzirá efeitos a partir de sua publicação oficial.

► *Caput* acrescido pela Lei nº 13.655, de 25-4-2018.

► Dec. nº 9.830, de 10-6-2019, regulamenta este artigo.

§ 1º O compromisso referido no *caput* deste artigo:

I – buscará solução jurídica proporcional, equânime, eficiente e compatível com os interesses gerais;

II – VETADO. Lei nº 13.655, de 25-4-2018;

III – não poderá conferir desoneração permanente de dever ou condicionamento de direito reconhecidos por orientação geral;

IV – deverá prever com clareza as obrigações das partes, o prazo para seu cumprimento e as sanções aplicáveis em caso de descumprimento.

► § 1º acrescido pela Lei nº 13.655, de 25-4-2018.

§ 2º VETADO. Lei nº 13.655, de 25-4-2018.

Art. 27. A decisão do processo, nas esferas administrativa, controladora ou judicial, poderá impor compensação por benefícios indevidos ou prejuízos anormais ou injustos resultantes do processo ou da conduta dos envolvidos.

▸ Dec. nº 9.830, de 10-6-2019, regulamenta este artigo.

§ 1º A decisão sobre a compensação será motivada, ouvidas previamente as partes sobre seu cabimento, sua forma e, se for o caso, seu valor.

§ 2º Para prevenir ou regular a compensação, poderá ser celebrado compromisso processual entre os envolvidos.

▸ Art. 27 acrescido pela Lei nº 13.655, de 25-4-2018.

Art. 28. O agente público responderá pessoalmente por suas decisões ou opiniões técnicas em caso de dolo ou erro grosseiro.

▸ *Caput* acrescido pela Lei nº 13.655, de 25-4-2018.

▸ Dec. nº 9.830, de 10-6-2019, regulamenta este artigo.

§§ 1º a 3º VETADOS. Lei nº 13.655, de 25-4-2018.

Art. 29. Em qualquer órgão ou Poder, a edição de atos normativos por autoridade administrativa, salvo os de mera organização interna, poderá ser precedida de consulta pública para manifestação de interessados, preferencialmente por meio eletrônico, a qual será considerada na decisão.

▸ *Caput* acrescido pela Lei nº 13.655, de 25-4-2018.

▸ Dec. nº 9.830, de 10-6-2019, regulamenta este artigo.

§ 1º A convocação conterá a minuta do ato normativo e fixará o prazo e demais condições da consulta pública, observadas as normas legais e regulamentares específicas, se houver.

▸ § 1º acrescido pela Lei nº 13.655, de 25-4-2018.

§ 2º VETADO. Lei nº 13.655, de 25-4-2018.

Art. 30. As autoridades públicas devem atuar para aumentar a segurança jurídica na aplicação das normas, inclusive por meio de regulamentos, súmulas administrativas e respostas a consultas.

▸ Dec. nº 9.830, de 10-6-2019, regulamenta este artigo.

Parágrafo único. Os instrumentos previstos no *caput* deste artigo terão caráter vinculante em relação ao órgão ou entidade a que se destinam, até ulterior revisão.

▸ Art. 30 acrescido pela Lei nº 13.655, de 25-4-2018.

Rio de Janeiro, 4 de setembro de 1942;
121º da Independência e
54º da República.

Getúlio Vargas

Legislação Complementar

LEI Nº 7.998, DE 11 DE JANEIRO DE 1990

Regula o Programa do Seguro-Desemprego, o Abono Salarial, institui o Fundo de Amparo ao Trabalhador – FAT, e dá outras providências.

▸ Publicada no *DOU* de 12-1-1990.

Art. 1º Esta Lei regula o Programa do Seguro-Desemprego e o abono de que tratam o inciso II do artigo 7º, o inciso IV do artigo 201 e o artigo 239, da Constituição Federal, bem como institui o Fundo de Amparo ao Trabalhador – FAT.

DO PROGRAMA DE SEGURO-DESEMPREGO

Art. 2º O Programa do Seguro-Desemprego tem por finalidade:

▸ *Caput* com a redação dada pela Lei nº 8.900, de 30-6-1994.

I – prover assistência financeira temporária ao trabalhador desempregado em virtude de dispensa sem justa causa, inclusive a indireta, e ao trabalhador comprovadamente resgatado de regime de trabalho forçado ou da condição análoga à de escravo;

▸ Inciso I com a redação dada pela Lei nº 10.608, de 20-12-2002.

II – auxiliar os trabalhadores na busca ou preservação do emprego, promovendo, para tanto, ações integradas de orientação, recolocação e qualificação profissional.

▸ Inciso II com a redação dada pela MP nº 2.164-41, de 24-8-2001, que até o encerramento desta edição não havia sido convertida em Lei.

Art. 2º-A. Para efeito do disposto no inciso II do artigo 2º, fica instituída a bolsa de qualificação profissional, a ser custeada pelo Fundo de Amparo ao Trabalhador – FAT, à qual fará jus o trabalhador que estiver com o contrato de trabalho suspenso em virtude de participação em curso ou programa de qualificação profissional oferecido pelo empregador, em conformidade com o disposto em convenção ou acordo coletivo celebrado para esse fim.

▸ Art. 2º-A acrescido pela MP nº 2.164-41, de 24-8-2001, que até o encerramento desta edição não havia sido convertida em Lei.

Art. 2º-B *Revogado.* Lei nº 13.134, de 16-6-2015.

Art. 2º-C. O trabalhador que vier a ser identificado como submetido a regime de trabalho forçado ou reduzido a condição análoga à de escravo, em decorrência de ação de fiscalização do Ministério do Trabalho e Emprego, será dessa situação resgatado e terá direito à percepção de três parcelas de seguro-desemprego no valor de um salário mínimo cada, conforme o disposto no § 2º deste artigo.

§ 1º O trabalhador resgatado nos termos do *caput* deste artigo será encaminhado, pelo Ministério do Trabalho e Emprego, para qualificação profissional e recolocação no mercado de trabalho, por meio do Sistema Nacional de Emprego – SINE, na forma estabelecida pelo Conselho Deliberativo do Fundo de Amparo ao Trabalhador – CODEFAT.

§ 2º Caberá ao CODEFAT, por proposta do Ministro de Estado do Trabalho e Emprego, estabelecer os procedimentos necessários ao recebimento do benefício previsto no *caput* deste artigo, observados os respectivos limites de comprometimento dos recursos do FAT, ficando vedado ao mesmo trabalhador o recebimento do benefício, em circunstâncias similares, nos doze meses seguintes à percepção da última parcela.

▸ Art. 2º-C acrescido pela Lei nº 10.608, de 20-12-2002.

Art. 3º Terá direito a percepção do seguro-desemprego o trabalhador dispensado sem justa causa que comprove:

I – ter recebido salários de pessoa jurídica ou de pessoa física a ela equiparada, relativos a:

a) pelo menos 12 (doze) meses nos últimos 18 (dezoito) meses imediatamente anteriores à data de dispensa, quando da primeira solicitação;

b) pelo menos 9 (nove) meses nos últimos 12 (doze) meses imediatamente anteriores à data de dispensa, quando da segunda solicitação; e

c) cada um dos 6 (seis) meses imediatamente anteriores à data de dispensa, quando das demais solicitações;

▸ Inciso I com a redação dada pela Lei nº 13.134, de 16-6-2015.

II – *Revogado*. Lei nº 13.134, de 16-6-2015.

III – não estar em gozo de qualquer benefício previdenciário de prestação continuada, previsto no Regulamento dos Benefícios da Previdência Social, excetuado o auxílio-acidente e o auxílio suplementar previstos na Lei nº 6.367, de 19 de outubro de 1976, bem como o abono de permanência em serviço previsto na Lei nº 5.890, de 8 de junho de 1973;

IV – não estar em gozo do auxílio-desemprego; e

V – não possuir renda própria de qualquer natureza suficiente à sua manutenção e de sua família;

VI – matrícula e frequência, quando aplicável, nos termos do regulamento, em curso de formação inicial e continuada ou de qualificação profissional habilitado pelo Ministério da Educação, nos termos do art. 18 da Lei nº 12.513, de 26 de outubro de 2011, ofertado por meio da Bolsa-Formação Trabalhador concedida no âmbito do Programa Nacional de Acesso ao Ensino Técnico e Emprego (PRONATEC), instituído pela Lei nº 12.513, de 26 de outubro de 2011, ou de vagas gratuitas na rede de educação profissional e tecnológica.

▸ Inciso VI acrescido pela Lei nº 13.134, de 16-6-2015.

§ 1º A União poderá condicionar o recebimento da assistência financeira do Programa de Seguro-Desemprego à comprovação da matrícula e da frequência do trabalhador segurado em curso de formação inicial e continuada ou qualificação profissional, com carga horária mínima de 160 (cento e sessenta) horas.

§ 2º O Poder Executivo regulamentará os critérios e requisitos para a concessão da assistência financeira do Programa de Seguro-Desemprego nos casos previstos no § 1º, considerando a disponibilidade de bolsas-formação no âmbito do Pronatec ou de vagas gratuitas na rede de educação profissional e tecnológica para o cumprimento da condicionalidade pelos respectivos beneficiários.

§ 3º A oferta de bolsa para formação dos trabalhadores de que trata este artigo considerará, entre outros critérios, a capacidade de oferta, a reincidência no recebimento do benefício, o nível de escolaridade e a faixa etária do trabalhador.

▸ §§ 1º a 3º acrescidos pela Lei nº 12.513, de 26-10-2011.

§ 4º O registro como Microempreendedor Individual – MEI, de que trata o art. 18-A da Lei Complementar nº 123, de 14 de dezembro de 2006, não comprovará renda própria suficiente à manutenção da família, exceto se demonstrado na declaração anual simplificada da microempresa individual.

▸ § 4º acrescido pela LC nº 155, de 27-10-2016.

Art. 3º-A. A periodicidade, os valores, o cálculo do número de parcelas e os demais procedimentos operacionais de pagamento da bolsa de qualificação profissional, nos termos do artigo 2º-A desta Lei, bem como os pré-requisitos para habilitação serão os mesmos adotados em relação ao benefício do Seguro-Desemprego, exceto quanto à dispensa sem justa causa.

▸ Art. 3º-A acrescido pela MP nº 2.164-41, de 24-8-2001, que até o encerramento desta edição não havia sido convertida em Lei.

Art. 4º O benefício do seguro-desemprego será concedido ao trabalhador desempregado, por período máximo variável de 3 (três) a 5 (cinco) meses, de forma contínua ou alternada, a cada período aquisitivo, contados da data de dispensa que deu origem à última habilitação, cuja duração será definida pelo Conselho Deliberativo do Fundo de Amparo ao Trabalhador (CODEFAT).

§ 1º O benefício do seguro-desemprego poderá ser retomado a cada novo período aquisitivo, satisfeitas as condições arroladas nos incisos I, III, IV e V do *caput* do art. 3º.

§ 2º A determinação do período máximo mencionado no *caput* observará a seguinte relação entre o número de parcelas mensais do benefício do seguro-desemprego e o tempo de serviço do trabalhador nos 36 (trinta e seis) meses que antecederem a data de dispensa que originou o requerimento do seguro-desemprego, vedado o cômputo de vínculos empregatícios utilizados em períodos aquisitivos anteriores:

I – para a primeira solicitação:

a) 4 (quatro) parcelas, se o trabalhador comprovar vínculo empregatício com pessoa jurídica ou pessoa física a ela equiparada de, no mínimo, 12 (doze) meses e, no máximo, 23 (vinte e três) meses, no período de referência; ou

b) 5 (cinco) parcelas, se o trabalhador comprovar vínculo empregatício com pessoa jurídica ou pessoa física a ela equiparada de, no mínimo, 24 (vinte e quatro) meses, no período de referência;

II – para a segunda solicitação:

a) 3 (três) parcelas, se o trabalhador comprovar vínculo empregatício com pessoa jurídica ou pessoa física a ela equiparada de, no mínimo, 9 (nove) meses e, no máximo, 11 (onze) meses, no período de referência;

b) 4 (quatro) parcelas, se o trabalhador comprovar vínculo empregatício com pessoa jurídica ou pessoa física a ela equiparada de, no mínimo, 12 (doze) meses e, no máximo, 23 (vinte e três) meses, no período de referência; ou

c) 5 (cinco) parcelas, se o trabalhador comprovar vínculo empregatício com pessoa jurídica ou pessoa física a ela equiparada de, no mínimo, 24 (vinte e quatro) meses, no período de referência;

III – a partir da terceira solicitação:

a) 3 (três) parcelas, se o trabalhador comprovar vínculo empregatício com pessoa jurídica ou pessoa física a ela equiparada de, no mínimo, 6 (seis) meses e, no máximo, 11 (onze) meses, no período de referência;

b) 4 (quatro) parcelas, se o trabalhador comprovar vínculo empregatício com pessoa jurídica ou pessoa física a ela equiparada de, no mínimo, 12 (doze) meses e, no máximo, 23 (vinte e três) meses, no período de referência; ou

c) 5 (cinco) parcelas, se o trabalhador comprovar vínculo empregatício com pessoa jurídica ou pessoa física a ela equiparada de, no mínimo, 24 (vinte e quatro) meses, no período de referência.

§ 3º A fração igual ou superior a 15 (quinze) dias de trabalho será havida como mês integral para os efeitos do § 2º.

§ 4º Nos casos em que o cálculo da parcela do seguro-desemprego resultar em valores decimais, o valor a ser pago deverá ser arredondado para a unidade inteira imediatamente superior.

§ 5º O período máximo de que trata o *caput* poderá ser excepcionalmente prolongado por até 2 (dois) meses, para grupos específicos de segurados, a critério do CODEFAT, desde que o gasto adicional representado por esse prolongamento não ultrapasse, em cada semestre, 10% (dez por cento) do montante da reserva mínima de liquidez de que trata o § 2º do art. 9º da Lei nº 8.019, de 11 de abril de 1990.

§ 6º Na hipótese de prolongamento do período máximo de percepção do benefício do seguro desemprego, o CODEFAT observará, entre outras variáveis, a evolução geográfica e setorial das taxas de desemprego no País e o tempo médio de desemprego de grupos específicos de trabalhadores.

§ 7º O CODEFAT observará as estatísticas do mercado de trabalho, inclusive o tempo médio de permanência no emprego, por setor, e recomendará ao Ministro de Estado do Trabalho e Emprego a adoção de políticas públicas que julgar adequadas à mitigação da alta rotatividade no emprego.

▶ Art. 4º com a redação dada pela Lei nº 13.134, de 16-6-2015.

Art. 4º-A. VETADO. Lei nº 13.134, de 16-6-2015.

Art. 5º O valor do benefício será fixado em Bônus do Tesouro Nacional – BTN, devendo ser calculado segundo três faixas salariais, observados os seguintes critérios:

▶ Art. 6º da Lei nº 14.020, de 6-7-2020 (Programa Emergencial de Manutenção do Emprego e da Renda).

I – até trezentos BTN, multiplicar-se-á o salário médio dos últimos três meses pelo fator oito décimos;

II – de trezentos a quinhentos BTN aplicar-se-á, até o limite do inciso anterior, a regra nele contida e, no que exceder o fator cinco décimos;

III – acima de quinhentos BTN, o valor do benefício será igual a trezentos e quarenta BTN.

§ 1º Para fins de apuração do benefício, será considerada a média dos salários dos últimos três meses anteriores à dispensa, devidamente convertidos em BTN pelo valor vigente nos respectivos meses trabalhados.

§ 2º O valor do benefício não poderá ser inferior ao valor do salário mínimo.

§ 3º No pagamento dos benefícios, considerar-se-á:

I – o valor do BTN ou do salário mínimo do mês imediatamente anterior, para benefícios colocados à disposição do beneficiário até o dia dez do mês;

II – o valor do BTN ou do salário mínimo do próprio mês, para benefícios colocados à disposição do beneficiário após o dia dez do mês.

Art. 6º O seguro-desemprego é direito pessoal e intransferível do trabalhador, podendo ser requerido a partir do sétimo dia subsequente à rescisão do contrato de trabalho.

Art. 7º O pagamento do benefício do Seguro-Desemprego será suspenso nas seguintes situações:

I – admissão do trabalhador em novo emprego;

II – início de percepção de benefício de prestação continuada da Previdência Social, exceto o auxílio-acidente, o auxílio suplementar e o abono de permanência em serviço;

III – início de percepção de auxílio-desemprego;

IV – recusa injustificada por parte do trabalhador desempregado em participar de ações de recolocação de emprego, conforme regulamentação do CODEFAT.

► Inciso IV acrescido pela Lei nº 13.134, de 16-6-2015.

Art. 7º-A. O pagamento da bolsa de qualificação profissional será suspenso se ocorrer a rescisão do contrato de trabalho.

► Art. 7º-A acrescido pela MP nº 2.164-41, de 24-8-2001, que até o encerramento desta edição não havia sido convertida em Lei.

Art. 8º O benefício do seguro-desemprego será cancelado:

► *Caput* com a redação dada pela Lei nº 12.513, de 26-10-2011.

I – pela recusa por parte do trabalhador desempregado de outro emprego condizente com sua qualificação registrada ou declarada e com sua remuneração anterior;

II – por comprovação de falsidade na prestação das informações necessárias à habilitação;

III – por comprovação de fraude visando à percepção indevida do benefício do seguro-desemprego; ou

IV – por morte do segurado.

► Incisos I a IV com a redação dada pela Lei nº 12.513, de 26-10-2011.

§ 1º Nos casos previstos nos incisos I a III deste artigo, será suspenso por um período de 2 (dois) anos, ressalvado o prazo de carência, o direito do trabalhador à percepção do seguro-desemprego, dobrando-se este período em caso de reincidência.

► Antigo parágrafo único transformado em § 1º pela Lei nº 12.513, de 26-10-2011.

§ 2º O benefício poderá ser cancelado na hipótese de o beneficiário deixar de cumprir a condicionalidade de que trata o § 1º do art. 3º desta Lei, na forma do regulamento.

► § 2º acrescido pela Lei nº 12.513, de 26-10-2011.

Art. 8º-A. O benefício da bolsa de qualificação profissional será cancelado nas seguintes situações:

I – fim da suspensão contratual e retorno ao trabalho;

II – por comprovação de falsidade na prestação das informações necessárias à habilitação;

III – por comprovação de fraude visando à percepção indevida da bolsa de qualificação profissional;

IV – por morte do beneficiário.

Art. 8º-B. Na hipótese prevista no § 5º do artigo 476-A da Consolidação das Leis do Trabalho – CLT, as parcelas da bolsa de qualificação profissional que o empregado tiver recebido serão descontadas das parcelas do benefício do Seguro-Desemprego a que fizer jus, sendo-lhe garantido, no mínimo, o recebimento de uma parcela do Seguro-Desemprego.

Art. 8º-C. Para efeito de habilitação ao Seguro-Desemprego, desconsiderar-se-á o período de suspensão contratual de que trata o artigo 476-A da CLT, para o cálculo dos períodos de que tratam os incisos I e II do artigo 3º desta Lei.

► Arts. 8º-A a 8º-C acrescidos pela MP nº 2.164-41, de 24-8-2001, que até o encerramento desta edição não havia sido convertida em Lei.

DO ABONO SALARIAL

Art. 9º É assegurado o recebimento de abono salarial anual, no valor máximo de 1 (um) salário mínimo vigente na data do respectivo pagamento, aos empregados que:

► *Caput* com a redação dada pela Lei nº 13.134, de 16-6-2015 (*DOU* de 17-6-2015), produzindo efeitos financeiros a partir do exercício de 2016.

I – tenham percebido, de empregadores que contribuem para o Programa de Integração Social – PIS ou para o Programa de Formação do Patrimônio do Servidor Público – PASEP, até dois salários mínimos médios de remuneração mensal no período trabalhado e que tenham exercido atividade remunerada pelo menos durante trinta dias no ano-base;

II – estejam cadastrados há pelo menos cinco anos no Fundo de Participação PIS-PASEP ou no Cadastro Nacional do Trabalhador.

§ 1º No caso de beneficiários integrantes do Fundo de Participação PIS-PASEP, serão computados no valor do abono salarial os rendimentos proporcionados pelas respectivas contas individuais.

► Parágrafo único renumerado para § 1º pela Lei nº 13.134, de 16-6-2015.

§ 2º O valor do abono salarial anual de que trata o *caput* será calculado na proporção de 1/12 (um doze avos) do valor do salário mínimo vigente na data do respectivo pagamento, multiplicado pelo número de meses trabalhados no ano correspondente.

► § 2º com a redação dada pela Lei nº 13.134, de 16-6-2015 (*DOU* de 17-6-2015), produzindo efeitos financeiros a partir do exercício de 2016.

§ 3º A fração igual ou superior a 15 (quinze) dias de trabalho será contada como mês integral para os efeitos do § 2º deste artigo.

§ 4º O valor do abono salarial será emitido em unidades inteiras de moeda corrente, com a suplementação das partes decimais até a unidade inteira imediatamente superior.

► §§ 3º e 4º acrescidos pela Lei nº 13.134, de 16-6-2015 (*DOU* de 17-6-2015), produzindo efeitos financeiros a partir do exercício de 2016.

Art. 9º-A. O abono será pago pelo Banco do Brasil S.A. e pela Caixa Econômica Federal mediante:

I – depósito em nome do trabalhador;
II – saque em espécie; ou
III – folha de salários.

§ 1º Ao Banco do Brasil S.A. caberá o pagamento aos servidores e empregados dos contribuintes mencionados no art. 14 do Decreto-Lei nº 2.052, de 3 de agosto de 1983, e à Caixa Econômica Federal, aos empregados dos contribuintes a que se refere o art. 15 desse Decreto-Lei.

§ 2º As instituições financeiras pagadoras manterão em seu poder, à disposição das autoridades fazendárias, por processo que possibilite sua imediata recuperação, os comprovantes de pagamentos efetuados.

► Art. 9º-A com a redação dada pela Lei nº 13.134, de 16-6-2015.

DO FUNDO DE AMPARO AO TRABALHADOR

Art. 10. É instituído o Fundo de Amparo ao Trabalhador (FAT), vinculado ao Ministério do Trabalho e Emprego, destinado ao custeio do Programa de Seguro-Desemprego, ao pagamento do abono salarial e ao financiamento de programas de educação profissional e tecnológica e de desenvolvimento econômico.

► *Caput* com a redação dada pela Lei nº 12.513, de 26-10-2011.

Parágrafo único. O FAT é um fundo contábil, de natureza financeira, subordinando-se, no que couber, à legislação vigente.

Art. 11. Constituem recursos do FAT:

I – o produto da arrecadação das contribuições devidas ao PIS e ao PASEP;
II – o produto dos encargos devidos pelos contribuintes, em decorrência da inobservância de suas obrigações;
III – a correção monetária e os juros devidos pelo agente aplicador dos recursos do Fundo, bem como pelos agentes pagadores, incidentes sobre o saldo dos repasses recebidos;
IV – o produto da arrecadação da contribuição adicional pelo índice de rotatividade, de que trata o § 4º do artigo 239 da Constituição Federal;
V – outros recursos que lhes sejam destinados.

Arts. 12 a 14. VETADOS.

Art. 15. Compete aos Bancos Oficiais Federais o pagamento das despesas relativas ao Programa do Seguro-Desemprego e ao abono salarial conforme normas a serem definidas pelos gestores do FAT.

Parágrafo único. Sobre o saldo de recursos não desembolsados, os agentes pagadores remunerarão o FAT, no mínimo com correção monetária.

Arts. 16 e 17. *Revogados.* Lei nº 8.019, de 11-4-1990.

GESTÃO

Art. 18. É instituído o Conselho Deliberativo do Fundo de Amparo ao Trabalhador – CODEFAT, composto por representação de trabalhadores, empregadores e órgãos e entidades governamentais, na forma estabelecida pelo Poder Executivo.

► *Caput* com a redação dada pela MP nº 2.216-37, de 31-8-2001, que até o encerramento desta edição não havia sido convertida em Lei.

§§ 1º e 2º *Revogados.* MP nº 2.216-37, de 31-8-2001, que até o encerramento desta edição não havia sido convertida em Lei.

§ 3º Os representantes dos trabalhadores serão indicados pelas centrais sindicais e confederações de trabalhadores; e os representantes dos empregadores, pelas respectivas confederações.

§ 4º Compete ao Ministério do Trabalho a nomeação dos membros do CODEFAT.

§ 5º *Revogado.* MP nº 2.216-37, de 31-8-2001, que até o encerramento desta edição não havia sido convertida em Lei.

§ 6º Pela atividade exercida no CODEFAT seus membros não serão remunerados.

Art. 19. Compete ao CODEFAT gerir o FAT e deliberar sobre as seguintes matérias:

▸ Art. 63 da LC nº 123, de 14-12-2006 (Estatuto Nacional da Microempresa e da Empresa de Pequeno Porte).

I – VETADO;

II – aprovar e acompanhar a execução do Plano de Trabalho Anual do Programa do Seguro-Desemprego e do Abono Salarial e os respectivos orçamentos;

III – deliberar sobre a prestação de contas e os relatórios de execução orçamentária e financeira do FAT;

IV – elaborar a proposta orçamentária do FAT, bem como suas alterações;

V – propor o aperfeiçoamento da legislação relativa ao seguro-desemprego e ao Abono Salarial e regulamentar os dispositivos desta Lei no âmbito de sua competência;

VI – decidir sobre sua própria organização, elaborando seu regimento interno;

VII – analisar relatórios do agente aplicador quanto à forma, prazo e natureza dos investimentos realizados;

VIII – fiscalizar a administração do Fundo, podendo solicitar informações sobre contratos celebrados ou em vias de celebração e quaisquer outros atos;

IX – definir indexadores sucedâneos no caso de extinção ou alteração daqueles referidos nesta Lei;

X – baixar instruções necessárias à devolução de parcelas do benefício do seguro-desemprego, indevidamente recebidas;

XI – propor alteração das alíquotas referentes às contribuições a que alude o artigo 239 da Constituição Federal, com vistas a assegurar a viabilidade econômico-financeira do FAT;

XII e XIII – VETADOS;

XIV – fixar prazos para processamento e envio ao trabalhador da requisição do benefício do seguro-desemprego, em função das possibilidades técnicas existentes, estabelecendo-se como objetivo o prazo de trinta dias;

XV e XVI – VETADOS;

XVII – deliberar sobre outros assuntos de interesse do FAT.

Art. 19-A. O CODEFAT poderá priorizar projetos das entidades integrantes do Sistema Nacional de Atendimento Socioeducativo (SINASE) desde que:

I – o ente federado de vinculação da entidade que solicita o recurso possua o respectivo Plano de Atendimento Socioeducativo aprovado;

II – as entidades governamentais e não governamentais integrantes do SINASE que solicitem recursos tenham se submetido à avaliação nacional do atendimento socioeducativo.

▸ Art. 19-A acrescido pela Lei nº 12.594, de 18-1-2012.

Art. 20. A Secretaria-Executiva do Conselho Deliberativo será exercida pelo Ministério do Trabalho, e a ela caberão as tarefas técnico-administrativas relativas ao seguro-desemprego e ao abono salarial.

Art. 21. As despesas com a implantação, administração e operação do Programa do Seguro-Desemprego e de Abono Salarial, exceto as de pessoal, correrão por conta do FAT.

Art. 22. Os recursos do FAT integrarão o orçamento da seguridade social na forma da legislação pertinente.

DA FISCALIZAÇÃO E PENALIDADES

Art. 23. Compete ao Ministério do Trabalho e Previdência a fiscalização do cumprimento do Programa de Seguro-Desemprego e do abono salarial, bem como do pagamento, pelas empresas, da bolsa de qualificação profissional de que trata o art. 2º-A desta Lei, ou de benefícios de programas instituídos para promover a manutenção de empregos ou a qualificação de trabalhadores, custeados com recursos do FAT.

Art. 24. Os trabalhadores, os empregadores e os serviços nacionais de aprendizagem ou entidades qualificadas em formação técnico-profissional, bem como os trabalhadores de programas instituídos para promover a manutenção de empregos ou a qualificação de trabalhadores, prestarão as informações necessárias, bem como atenderão às exigências para a concessão do seguro-desemprego e o pagamento do abono salarial e da bolsa de qualificação profissional de que trata o art. 2º-A desta Lei, ou de benefícios de programas instituídos para promover a manutenção de empregos ou a qualificação de trabalhadores, nos termos e nos prazos fixados pelo Ministério do Trabalho e Previdência.

▸ Arts. 23 e 24 com a redação dada pela Lei nº 14.261, de 16-12-2021.

Art. 25. O empregador que infringir os dispositivos desta Lei estará sujeito a multas de 400 (quatrocentos) a 40.000 (quarenta mil) BTN, segundo a natureza da infração, sua extensão e intenção do infrator, a serem aplicadas em dobro, no caso de reincidência, oposição à fiscalização ou desacato à autoridade.

▶ Art. 14 da Lei nº 14.020, de 6-7-2020 (Programa Emergencial de Manutenção do Emprego e da Renda).

§ 1º Serão competentes para impor as penalidades as Delegacias Regionais do Trabalho, nos termos do Título VII da Consolidação das Leis do Trabalho – CLT.

§ 2º Além das penalidades administrativas já referidas, os responsáveis por meios fraudulentos na habilitação ou na percepção do seguro-desemprego serão punidos civil e criminalmente, nos termos desta Lei.

§ 1º Serão competentes para impor as penalidades as Delegacias Regionais do Trabalho, nos termos do Título VII da Consolidação das Leis do Trabalho – CLT.

§ 2º Além das penalidades administrativas já referidas, os responsáveis por meios fraudulentos na habilitação ou na percepção do seguro-desemprego serão punidos civil e criminalmente, nos termos desta Lei.

Art. 25-A. O trabalhador que infringir o disposto nesta Lei e houver percebido indevidamente parcela de seguro-desemprego sujeitar-se-á à compensação automática do débito com o novo benefício, na forma e no percentual definidos por resolução do CODEFAT.

§ 1º O ato administrativo de compensação automática poderá ser objeto de impugnação, no prazo de 10 (dez) dias, pelo trabalhador, por meio de requerimento de revisão simples, o qual seguirá o rito prescrito pela Lei nº 9.784, de 29 de janeiro de 1999.

§ 2º A restituição de valor devido pelo trabalhador de que trata o *caput* deste artigo será realizada mediante compensação do saldo de valores nas datas de liberação de cada parcela ou pagamento com Guia de Recolhimento da União (GRU), conforme regulamentação do CODEFAT.

▶ Art. 25-A acrescido pela Lei nº 13.134, de 16-6-2015.

DAS DISPOSIÇÕES FINAIS E TRANSITÓRIAS

Art. 26. VETADO.

Art. 27. A primeira investidura do CODEFAT dar-se-á no prazo de trinta dias da publicação desta Lei.

Art. 28. No prazo de trinta dias, as contribuições ao PIS e ao PASEP, arrecadadas a partir de 5 de outubro de 1988 e não utilizadas nas finalidades previstas no artigo 239 da Constituição Federal serão recolhidas como receitas do FAT.

▶ *Caput* com a redação dada pela Lei nº 8.019, de 11-4-1990.

Parágrafo único. VETADO.

Art. 29. *Revogado*. Lei nº 8.019, de 11-4-1990.

Art. 30. O Poder Executivo regulamentará esta Lei no prazo de noventa dias e apresentará projeto de lei regulamentando a contribuição adicional pelo índice de rotatividade, de que trata o § 4º do artigo 239 da Constituição Federal, no prazo de cento e oitenta dias.

Art. 31. Esta Lei entra em vigor na data de sua publicação.

Art. 32. Revogam-se as disposições em contrário.

Brasília, 11 de janeiro de 1990;
169º da Independência e
102º da República.

José Sarney

LEI Nº 8.080, DE 19 DE SETEMBRO DE 1990

Dispõe sobre as condições para a promoção, proteção e recuperação da saúde, a organização e o funcionamento dos serviços correspondentes e dá outras providências.

▶ Publicada no *DOU* de 20-9-1990.

▶ LC nº 141, de 13-1-2012, regulamenta o § 3º do art. 198 da CF para dispor sobre os valores mínimos a serem aplicados anualmente pela União, Estados, Distrito Federal e Municípios em ações e serviços públicos de saúde.

▶ Dec. nº 7.508, de 28-6-2011, regulamenta esta lei, para dispor sobre a organização do Sistema Único de Saúde – SUS, o planejamento da saúde, a assistência à saúde e a articulação interfederativa.

DISPOSIÇÃO PRELIMINAR

Art. 1º Esta lei regula, em todo o território nacional, as ações e serviços de saúde, executados isolada ou conjuntamente, em caráter permanente ou eventual, por pessoas naturais ou jurídicas de direito Público ou privado.

TÍTULO I – DAS DISPOSIÇÕES GERAIS

Art. 2º A saúde é um direito fundamental do ser humano, devendo o Estado prover as condições indispensáveis ao seu pleno exercício.

§ 1º O dever do Estado de garantir a saúde consiste na formulação e execução de políticas econômicas e sociais que visem à redução de riscos de doenças e de outros agravos e no estabelecimento de condições que assegurem acesso universal e igualitário às ações e aos serviços para a sua promoção, proteção e recuperação.

§ 2º O dever do Estado não exclui o das pessoas, da família, das empresas e da sociedade.

Art. 3º Os níveis de saúde expressam a organização social e econômica do País, tendo a saúde como determinantes e condicionantes, entre outros, a alimentação, a moradia, o saneamento básico, o meio ambiente, o trabalho, a renda, a educação, a atividade física, o transporte, o lazer e o acesso aos bens e serviços essenciais.

▸ *Caput* com a redação dada pela Lei nº 12.864, de 24-9-2013.

Parágrafo único. Dizem respeito também à saúde as ações que, por força do disposto no artigo anterior, se destinam a garantir às pessoas e à coletividade condições de bem-estar físico, mental e social.

TÍTULO II – DO SISTEMA ÚNICO DE SAÚDE DISPOSIÇÃO PRELIMINAR

Art. 4º O conjunto de ações e serviços de saúde, prestados por órgãos e instituições públicas federais, estaduais e municipais, da Administração direta e indireta e das fundações mantidas pelo Poder Público, constitui o Sistema Único de Saúde (SUS).

§ 1º Estão incluídas no disposto neste artigo as instituições públicas federais, estaduais e municipais de controle de qualidade, pesquisa e produção de insumos, medicamentos, inclusive de sangue e hemoderivados, e de equipamentos para saúde.

§ 2º A iniciativa privada poderá participar do Sistema Único de Saúde (SUS), em caráter complementar.

CAPÍTULO I

DOS OBJETIVOS E ATRIBUIÇÕES

Art. 5º São objetivos do Sistema Único de Saúde (SUS):

I – a identificação e divulgação dos fatores condicionantes e determinantes da saúde;

II – a formulação de política de saúde destinada a promover, nos campos econômico e social, a observância do disposto no § 1º do artigo 2º desta lei;

III – a assistência às pessoas por intermédio de ações de promoção, proteção e recuperação da saúde, com a realização integrada das ações assistenciais e das atividades preventivas.

Art. 6º Estão incluídas ainda no campo de atuação do Sistema Único de Saúde (SUS):

I – a execução de ações:

a) de vigilância sanitária;

b) de vigilância epidemiológica;

c) de saúde do trabalhador;

d) de assistência terapêutica integral, inclusive farmacêutica;

e*) *de saúde bucal;

▸ Alínea e acrescida pela Lei nº 14.572, de 8-5-2023.

II – a participação na formulação da política e na execução de ações de saneamento básico;

III – a ordenação da formação de recursos humanos na área de saúde;

IV – a vigilância nutricional e a orientação alimentar;

V – a colaboração na proteção do meio ambiente, nele compreendido o do trabalho;

VI – a formulação da política de medicamentos, equipamentos, imunobiológicos e outros insumos de interesse para a saúde e a participação na sua produção;

VII – o controle e a fiscalização de serviços, produtos e substâncias de interesse para a saúde;

VIII – a fiscalização e a inspeção de alimentos, água e bebidas para consumo humano;

IX – a participação no controle e na fiscalização da produção, transporte, guarda e utilização de substâncias e produtos psicoativos, tóxicos e radioativos;

X – o incremento, em sua área de atuação, do desenvolvimento científico e tecnológico;

XI – a formulação e execução da política de sangue e seus derivados;

XII – a formulação e a execução da política de informação e assistência toxicológica e de logística de antídotos e medicamentos utilizados em intoxicações.

▸ Inciso XII acrescido pela Lei nº 14.715, de 30-10-2023.

§ 1º Entende-se por vigilância sanitária um conjunto de ações capaz de eliminar, diminuir ou prevenir riscos à saúde e de intervir nos problemas sanitários decorrentes do meio ambiente, da produção e circulação de bens e da prestação de serviços de interesse da saúde, abrangendo:

I – o controle de bens de consumo que, direta ou indiretamente, se relacionem com a saúde, compreendidas todas as etapas e processos, da produção ao consumo; e

II – o controle da prestação de serviços que se relacionam direta ou indiretamente com a saúde.

§ 2º Entende-se por vigilância epidemiológica um conjunto de ações que proporcionam o conhecimento, a detecção ou prevenção de qualquer mudança nos fatores determinantes e condicionantes de saúde individual ou coletiva, com a finalidade de recomendar e adotar as medidas de prevenção e controle das doenças ou agravos.

§ 3º Entende-se por saúde do trabalhador, para fins desta lei, um conjunto de atividades que se destina, através das ações de vigilância epidemiológica e vigilância sanitária, à promoção e proteção da saúde dos trabalhadores, assim como visa à recuperação e reabilitação da saúde dos trabalhadores submetidos aos riscos e agravos advindos das condições de trabalho, abrangendo:

I – assistência ao trabalhador vítima de acidentes de trabalho ou portador de doença profissional e do trabalho;

II – participação, no âmbito de competência do Sistema Único de Saúde (SUS), em estudos, pesquisas, avaliação e controle dos riscos e agravos potenciais à saúde existentes no processo de trabalho;

III – participação, no âmbito de competência do Sistema Único de Saúde (SUS), da normatização, fiscalização e controle das condições de produção, extração, armazenamento, transporte, distribuição e manuseio de substâncias, de produtos, de máquinas e de equipamentos que apresentam riscos à saúde do trabalhador;

IV – avaliação do impacto que as tecnologias provocam à saúde;

V – informação ao trabalhador e à sua respectiva entidade sindical e às empresas sobre os riscos de acidentes de trabalho, doença profissional e do trabalho, bem como os resultados de fiscalizações, avaliações ambientais e exames de saúde, de admissão, periódicos e de demissão, respeitados os preceitos da ética profissional;

VI – participação na normatização, fiscalização e controle dos serviços de saúde do trabalhador nas instituições e empresas públicas e privadas;

VII – revisão periódica da listagem oficial de doenças originadas no processo de trabalho, tendo na sua elaboração a colaboração das entidades sindicais; e

VIII – a garantia ao sindicato dos trabalhadores de requerer ao órgão competente a interdição de máquina, de setor de serviço ou de todo ambiente de trabalho, quando houver exposição a risco iminente para a vida ou saúde dos trabalhadores.

§ 4º Entende-se por saúde bucal o conjunto articulado de ações, em todos os níveis de complexidade, que visem a garantir promoção, prevenção, recuperação e reabilitação odontológica, individual e coletiva, inseridas no contexto da integralidade da atenção à saúde.

- ▶ § 4º acrescido pela Lei nº 14.572, de 8-5-2023.

§ 5º Entende-se por assistência toxicológica, a que se refere o inciso XII do caput deste artigo, o conjunto de ações e serviços de prevenção, diagnóstico e tratamento das intoxicações agudas e crônicas decorrentes da exposição a substâncias químicas, medicamentos e toxinas de animais peçonhentos e de plantas tóxicas.

- ▶ § 5º acrescido pela Lei nº 14.715, de 30-10-2023.

Art. 6º-A. As diferentes instâncias gestoras do Sistema Único de Saúde (SUS) ficam obrigadas a disponibilizar nas respectivas páginas eletrônicas na internet os estoques de medicamentos das farmácias públicas que estiverem sob sua gestão, com atualização quinzenal, de forma acessível ao cidadão comum.

- ▶ Art. 6º-A acrescido pela Lei nº 14.654, de 23-8-2023, para vigorar após 180 dias de sua publicação.

CAPÍTULO II

DOS PRINCÍPIOS E DIRETRIZES

Art. 7º As ações e serviços públicos de saúde e os serviços privados contratados ou conveniados que integram o Sistema Único de Saúde (SUS), são desenvolvidos de acordo com as diretrizes previstas no artigo 198 da Constituição Federal, obedecendo ainda aos seguintes princípios:

I – universalidade de acesso aos serviços de saúde em todos os níveis de assistência;

II – integralidade de assistência, entendida como conjunto articulado e contínuo das ações e serviços preventivos e curativos, individuais e coletivos, exigidos para cada caso em todos os níveis de complexidade do sistema;

▸ Lei nº 11.664, de 29-4-2008, dispõe sobre a efetivação de ações de saúde que assegurem a prevenção, a detecção, o tratamento e o seguimento dos cânceres do colo uterino e de mama, no âmbito do Sistema Único de Saúde – SUS.

III – preservação da autonomia das pessoas na defesa de sua integridade física e moral;
IV – igualdade da assistência à saúde, sem preconceitos ou privilégios de qualquer espécie;
V – direito à informação, às pessoas assistidas, sobre sua saúde;
VI – divulgação de informações quanto ao potencial dos serviços de saúde e a sua utilização pelo usuário;
VII – utilização da epidemiologia para o estabelecimento de prioridades, a alocação de recursos e a orientação programática;
VIII – participação da comunidade;
IX – descentralização político-administrativa, com direção única em cada esfera de governo:
a) ênfase na descentralização dos serviços para os municípios;
b) regionalização e hierarquização da rede de serviços de saúde;
X – integração em nível executivo das ações de saúde, meio ambiente e saneamento básico;
XI – conjugação dos recursos financeiros, tecnológicos, materiais e humanos da União, dos Estados, do Distrito Federal e dos Municípios na prestação de serviços de assistência à saúde da população;
XII – capacidade de resolução dos serviços em todos os níveis de assistência; e
XIII – organização dos serviços públicos de modo a evitar duplicidade de meios para fins idênticos;
XIV – organização de atendimento público específico e especializado para mulheres e vítimas de violência doméstica em geral, que garanta, entre outros, atendimento, acompanhamento psicológico e cirurgias plásticas reparadoras, em conformidade com a Lei nº 12.845, de 1º de agosto de 2013;

▸ Inciso XIV acrescido pela 13.427, de 30-3-2017.

XV – proteção integral dos direitos humanos de todos os usuários e especial atenção à identificação de maus-tratos, de negligência e de violência sexual praticados contra crianças e adolescentes.

▸ Inciso XV acrescido pela Lei nº 14.679, de 18-9-2023.

Capítulo III

DA ORGANIZAÇÃO, DA DIREÇÃO E DA GESTÃO

Art. 8º As ações e serviços de saúde, executados pelo Sistema Único de Saúde (SUS), seja diretamente ou mediante participação complementar da iniciativa privada, serão organizados de forma regionalizada e hierarquizada em níveis de complexidade crescente.

Art. 9º A direção do Sistema Único de Saúde (SUS) é única, de acordo com o inciso I do artigo 198 da Constituição Federal, sendo exercida em cada esfera de governo pelos seguintes órgãos:
I – no âmbito da União, pelo Ministério da Saúde;
II – no âmbito dos Estados e do Distrito Federal, pela respectiva Secretaria de Saúde ou órgão equivalente; e
III – no âmbito dos Municípios, pela respectiva Secretaria de Saúde ou órgão equivalente.

Art. 10. Os municípios poderão constituir consórcios para desenvolver em conjunto as ações e os serviços de saúde que lhes correspondam.

§ 1º Aplica-se aos consórcios administrativos intermunicipais o princípio da direção única, e os respectivos atos constitutivos disporão sobre sua observância.

§ 2º No nível municipal, o Sistema Único de Saúde (SUS), poderá organizar-se em distritos de forma a integrar e articular recursos, técnicas e práticas voltadas para a cobertura total das ações de saúde.

Art. 11. VETADO.

Art. 12. Serão criadas comissões inter-setoriais de âmbito nacional, subordinadas ao Conselho Nacional de Saúde, integradas pelos Ministérios e órgãos competentes e por entidades representativas da sociedade civil.

Parágrafo único. As comissões intersetoriais terão a finalidade de articular políticas e programas de interesse para a saúde, cuja execução envolva áreas não compreendidas no âmbito do Sistema Único de Saúde (SUS).

Art. 13. A articulação das políticas e programas, a cargo das comissões inter-setoriais, abrangerá, em especial, as seguintes atividades:
I – alimentação e nutrição;

II – saneamento e meio ambiente;

III – vigilância sanitária e farmacoepidemiologia;

IV – recursos humanos;

V – ciência e tecnologia; e

VI – saúde do trabalhador.

Art. 14. Deverão ser criadas Comissões Permanentes de integração entre os serviços de saúde e as instituições de ensino profissional e superior.

Parágrafo único. Cada uma dessas comissões terá por finalidade propor prioridades, métodos e estratégias para a formação e educação continuada dos recursos humanos do Sistema Único de Saúde (SUS), na esfera correspondente, assim como em relação à pesquisa e à cooperação técnica entre essas instituições.

Art. 14-A. As Comissões Intergestores Bipartite e Tripartite são reconhecidas como foros de negociação e pactuação entre gestores, quanto aos aspectos operacionais do Sistema Único de Saúde (SUS).

Parágrafo único. A atuação das Comissões Intergestores Bipartite e Tripartite terá por objetivo:

I – decidir sobre os aspectos operacionais, financeiros e administrativos da gestão compartilhada do SUS, em conformidade com a definição da política consubstanciada em planos de saúde, aprovados pelos conselhos de saúde;

II – definir diretrizes, de âmbito nacional, regional e intermunicipal, a respeito da organização das redes de ações e serviços de saúde, principalmente no tocante à sua governança institucional e à integração das ações e serviços dos entes federados;

III – fixar diretrizes sobre as regiões de saúde, distrito sanitário, integração de territórios, referência e contrarreferência e demais aspectos vinculados à integração das ações e serviços de saúde entre os entes federados.

Art. 14-B. O Conselho Nacional de Secretários de Saúde (CONASS) e o Conselho Nacional de Secretarias Municipais de Saúde (CONASEMS) são reconhecidos como entidades representativas dos entes estaduais e municipais para tratar de matérias referentes à saúde e declarados de utilidade pública e de relevante função social, na forma do regulamento.

§ 1º O CONASS e o CONASEMS receberão recursos do orçamento geral da União por meio do Fundo Nacional de Saúde, para auxiliar no custeio de suas despesas institucionais, podendo ainda celebrar convênios com a União.

§ 2º Os Conselhos de Secretarias Municipais de Saúde (COSEMS) são reconhecidos como entidades que representam os entes municipais, no âmbito estadual, para tratar de matérias referentes à saúde, desde que vinculados institucionalmente ao CONASEMS, na forma que dispuserem seus estatutos.

▸ Arts. 14-A e 14-B acrescidos pela Lei nº 12.466, de 24-8-2011.

Capítulo IV

DA COMPETÊNCIA E DAS ATRIBUIÇÕES

Seção I

DAS ATRIBUIÇÕES COMUNS

Art. 15. A União, os Estados, o Distrito Federal e os Municípios exercerão, em seu âmbito administrativo, as seguintes atribuições:

I – definição das instâncias e mecanismos de controle, avaliação e de fiscalização das ações e serviços de saúde;

II – administração dos recursos orçamentários e financeiros destinados, em cada ano, à saúde;

III – acompanhamento, avaliação e divulgação do nível de saúde da população e das condições ambientais;

IV – organização e coordenação do sistema de informação de saúde;

V – elaboração de normas técnicas e estabelecimento de padrões de qualidade e parâmetros de custos que caracterizam a assistência à saúde;

VI – elaboração de normas técnicas e estabelecimento de padrões de qualidade para promoção da saúde do trabalhador;

VII – participação de formulação da política e da execução das ações de saneamento básico e colaboração na proteção e recuperação do meio ambiente;

VIII – elaboração e atualização periódica do plano de saúde;

IX – participação na formulação e na execução da política de formação e desenvolvimento de recursos humanos para a saúde;

X – elaboração da proposta orçamentária do Sistema Único de Saúde (SUS), de conformidade com o plano de saúde;

XI – elaboração de normas para regular as atividades de serviços privados de saúde, tendo em vista a sua relevância pública;

XII – realização de operações externas de natureza financeira de interesse da saúde, autorizadas pelo Senado Federal;

XIII – para atendimento de necessidades coletivas, urgentes e transitórias, decorrentes de situações de perigo iminente, de calamidade pública ou de irrupção de epidemias, a autoridade competente da esfera administrativa correspondente poderá requisitar bens e serviços, tanto de pessoas naturais como de jurídicas, sendo-lhes assegurada justa indenização;

XIV – implementar o Sistema Nacional de Sangue, Componentes e Derivados;

XV – propor a celebração de convênios, acordos e protocolos internacionais relativos à saúde, saneamento e meio ambiente;

XVI – elaborar normas técnico-científicas de promoção, proteção e recuperação da saúde;

XVII – promover articulação com os órgãos de fiscalização do exercício profissional e outras entidades representativas da sociedade civil para a definição e controle dos padrões éticos para pesquisa, ações e serviços de saúde;

XVIII – promover a articulação da política e dos planos de saúde;

XIX – realizar pesquisas e estudos na área de saúde;

XX – definir as instâncias e mecanismos de controle e fiscalização inerentes ao poder de polícia sanitária;

XXI – fomentar, coordenar e executar programas e projetos estratégicos e de atendimento emergencial.

Seção II

DA COMPETÊNCIA

Art. 16. A direção nacional do Sistema Único da Saúde (SUS) compete:

I – formular, avaliar e apoiar políticas de alimentação e nutrição;

II – participar na formulação e na implementação das políticas:

a) de controle das agressões ao meio ambiente;

b) de saneamento básico; e

c) relativas às condições e aos ambientes de trabalho;

III – definir e coordenar os sistemas:

a) de redes integradas de assistência de alta complexidade;

b) de rede de laboratórios de saúde pública;

c) de vigilância epidemiológica; e

d) vigilância sanitária;

IV – participar da definição de normas e mecanismos de controle, com órgão afins, de agravo sobre o meio ambiente ou dele decorrentes, que tenham repercussão na saúde humana;

V – participar da definição de normas, critérios e padrões para o controle das condições e dos ambientes de trabalho e coordenar a política de saúde do trabalhador;

VI – coordenar e participar na execução das ações de vigilância epidemiológica;

VII – estabelecer normas e executar a vigilância sanitária de portos, aeroportos e fronteiras, podendo a execução ser complementada pelos Estados, Distrito Federal e Municípios;

VIII – estabelecer critérios, parâmetros e métodos para o controle da qualidade sanitária de produtos, substâncias e serviços de consumo e uso humano;

IX – promover articulação com os órgãos educacionais e de fiscalização do exercício profissional, bem como com entidades representativas de formação de recursos humanos na área de saúde;

X – formular, avaliar, elaborar normas e participar na execução da política nacional e produção de insumos e equipamentos para a saúde, em articulação com os demais órgãos governamentais;

XI – identificar os serviços estaduais e municipais de referência nacional para o estabelecimento de padrões técnicos de assistência à saúde;

XII – controlar e fiscalizar procedimentos, produtos e substâncias de interesse para a saúde;

XIII – prestar cooperação técnica e financeira aos Estados, ao Distrito Federal e aos Municípios para o aperfeiçoamento da sua atuação institucional;

XIV – elaborar normas para regular as relações entre o Sistema Único de Saúde (SUS) e os serviços privados contratados de assistência à saúde;

XV – promover a descentralização para as Unidades Federadas e para os Municípios, dos serviços e ações de saúde, respectivamente, de abrangência estadual e municipal;

XVI – normatizar e coordenar nacionalmente o Sistema Nacional de Sangue, Componentes e Derivados;

XVII – acompanhar, controlar e avaliar as ações e os serviços de saúde, respeitadas as competências estaduais e municipais;

XVIII – elaborar o Planejamento Estratégico Nacional no âmbito do SUS, em cooperação técnica com os Estados, Municípios e Distrito Federal;

XIX – estabelecer o Sistema Nacional de Auditoria e coordenar a avaliação técnica e financeira do SUS em todo o Território Nacional em cooperação técnica com os Estados, Municípios e Distrito Federal;

▸ Dec. nº 1.651, de 28-9-1995, regulamenta o Sistema Nacional de Auditoria no âmbito do Sistema Único de Saúde – SUS.

XX – definir as diretrizes e as normas para a estruturação física e organizacional dos serviços de saúde bucal.

▸ Inciso XX acrescido pela Lei nº 14.572, de 8-5-2023.

§ 1º A União poderá executar ações de vigilância epidemiológica e sanitária em circunstâncias especiais, como na ocorrência de agravos inusitados à saúde, que possam escapar do controle da direção estadual do Sistema Único de Saúde (SUS) ou que representem risco de disseminação nacional.

▸ Parágrafo único transformado em § 1º pela Lei nº 14.141, de 19-4-2021.

§ 2º Em situações epidemiológicas que caracterizem emergência em saúde pública, poderá ser adotado procedimento simplificado para a remessa de patrimônio genético ao exterior, na forma do regulamento.

§ 3º Os benefícios resultantes da exploração econômica de produto acabado ou material reprodutivo oriundo de acesso ao patrimônio genético de que trata o § 2º deste artigo serão repartidos nos termos da Lei nº 13.123, de 20 de maio de 2015.

▸ §§ 2º e 3º acrescidos pela Lei nº 14.141, de 19-4-2021.

Art. 17. À direção estadual do Sistema Único de Saúde (SUS) compete:

I – promover a descentralização para os Municípios dos serviços e das ações de saúde;
II – acompanhar, controlar e avaliar as redes hierarquizadas do Sistema Único de Saúde (SUS);
III – prestar apoio técnico e financeiro aos Municípios e executar supletivamente ações e serviços de saúde;
IV – coordenar e, em caráter complementar, executar ações e serviços:

a) de vigilância epidemiológica;
b) de vigilância sanitária;
c) de alimentação e nutrição;
d) de saúde do trabalhador;

e) *de saúde bucal.*

▸ Alínea e acrescida pela Lei nº 14.572, de 8-5-2023.

V – participar, junto com os órgãos afins, do controle dos agravos do meio ambiente que tenham repercussão na saúde humana;
VI – participar da formulação da política e da execução de ações de saneamento básico;
VII – participar das ações de controle e avaliação das condições e dos ambientes de trabalho;
VIII – em caráter suplementar, formular, executar, acompanhar e avaliar a política de insumos e equipamentos para a saúde;
IX – identificar estabelecimentos hospitalares de referência e gerir sistemas públicos de alta complexidade, de referência estadual e regional;
X – coordenar a rede estadual de laboratórios de saúde pública e hemocentros, e gerir as unidades que permaneçam em sua organização administrativa;
XI – estabelecer normas, em caráter suplementar, para o controle e avaliação das ações e serviços de saúde;
XII – formular normas e estabelecer padrões, em caráter suplementar, de procedimentos de controle de qualidade para produtos e substâncias de consumo humano;
XIII – colaborar com a União na execução da vigilância sanitária de portos, aeroportos e fronteiras;
XIV – o acompanhamento, a avaliação e divulgação dos indicadores de morbidade e mortalidade no âmbito da unidade federada.

Art. 18. À direção municipal do Sistema de Saúde (SUS) compete:

I – planejar, organizar, controlar e avaliar as ações e os serviços de saúde e gerir e executar os serviços públicos de saúde;
II – participar do planejamento, programação e organização da rede regionalizada e hierarquizada do Sistema Único de Saúde (SUS), em articulação com sua direção estadual;
III – participar da execução, controle e avaliação das ações referentes às condições e aos ambientes de trabalho;
IV – executar serviços:

a) de vigilância epidemiológica;
b) vigilância sanitária;
c) de alimentação e nutrição;
d) de saneamento básico;
e) de saúde do trabalhador;

f) *de saúde bucal;*

▸ Alínea *f* acrescida pela Lei nº 14.572, de 8-5-2023.

V – dar execução, no âmbito municipal, à política de insumos e equipamentos para a saúde;

VI – colaborar na fiscalização das agressões ao meio ambiente que tenham repercussão sobre a saúde humana e atuar, junto aos órgãos municipais, estaduais e federais competentes, para controlá-las;

VII – formar consórcios administrativos intermunicipais;

VIII – gerir laboratórios públicos de saúde e hemocentros;

IX – colaborar com a União e os Estados na execução da vigilância sanitária de portos, aeroportos e fronteiras;

X – observado o disposto no artigo 26 desta Lei, celebrar contratos e convênios com entidades prestadoras de serviços privados de saúde, bem como controlar e avaliar sua execução;

XI – controlar e fiscalizar os procedimentos dos serviços privados de saúde;

XII – normatizar complementarmente as ações e serviços públicos de saúde no seu âmbito de atuação.

Art. 19. Ao Distrito Federal competem as atribuições reservadas aos Estados e aos Municípios.

Capítulo V

DO SUBSISTEMA DE ATENÇÃO À SAÚDE INDÍGENA

▶ Capítulo V acrescido pela Lei nº 9.836, de 23-9-1999.

Art. 19-A. As ações e serviços de saúde voltados para o atendimento das populações indígenas, em todo o território nacional, coletiva ou individualmente, obedecerão ao disposto nesta Lei.

Art. 19-B. É instituído um Subsistema de Atenção à Saúde Indígena, componente do Sistema Único de Saúde – SUS, criado e definido por esta Lei, e pela Lei nº 8.142, de 28 de dezembro de 1990, com o qual funcionará em perfeita integração.

Art. 19-C. Caberá à União, com seus recursos próprios, financiar o Subsistema de Atenção à Saúde Indígena.

Art. 19-D. O SUS promoverá a articulação do Subsistema instituído por esta Lei com os órgãos responsáveis pela Política Indígena do País.

▶ Arts. 19-A a 19-D acrescidos pela Lei nº 9.836, de 23-9-1999.

Art. 19-E. Os Estados, Municípios, outras instituições governamentais e não governamentais poderão atuar complementarmente no custeio e execução das ações.

▶ *Caput* acrescido pela Lei nº 9.836, de 23-9-1999.

§ 1º A União instituirá mecanismo de financiamento específico para os Estados, o Distrito Federal e os Municípios, sempre que houver necessidade de atenção secundária e terciária fora dos territórios indígenas.

§ 2º Em situações emergenciais e de calamidade pública:

I – a União deverá assegurar aporte adicional de recursos não previstos nos planos de saúde dos Distritos Sanitários Especiais Indígenas (DSEIS) ao Subsistema de Atenção à Saúde Indígena;

II – deverá ser garantida a inclusão dos povos indígenas nos planos emergenciais para atendimento dos pacientes graves das Secretarias Municipais e Estaduais de Saúde, explicitados os fluxos e as referências para o atendimento em tempo oportuno.

▶ §§ 1º e 2º acrescidos pela Lei nº 14.021, de 7-7-2020, promulgados nos termos do art. 66, § 5º, da CF (*DOU* de 27-8-2020, edição extra).

Art. 19-F. Dever-se-á obrigatoriamente levar em consideração a realidade local e as especificidades da cultura dos povos indígenas e o modelo a ser adotado para a atenção à saúde indígena, que se deve pautar por uma abordagem diferenciada e global, contemplando os aspectos de assistência à saúde, saneamento básico, nutrição, habitação, meio ambiente, demarcação de terras, educação sanitária e integração institucional.

▶ Art. 19-F acrescido pela Lei nº 9.836, de 23-9-1999.

Art. 19-G. O Subsistema de Atenção à Saúde Indígena deverá ser, como o SUS, descentralizado, hierarquizado e regionalizado.

▶ *Caput* acrescido pela Lei nº 9.836, de 23-9-1999.

§ 1º O Subsistema de que trata o *caput* deste artigo terá como base os Distritos Sanitários Especiais Indígenas.

▶ § 1º acrescido pela Lei nº 9.836, de 23-9-1999.

§ 1º-A. A rede do SUS deverá obrigatoriamente fazer o registro e a notificação da declaração de raça ou cor, garantindo a identificação de todos os indígenas atendidos nos sistemas públicos de saúde.

§ 1º-B. A União deverá integrar os sistemas de informação da rede do SUS com os dados do Subsistema de Atenção à Saúde Indígena.

▶ §§ 1º-A e 1º-B acrescidos pela Lei nº 14.021, de 7-7-2020, promulgados nos termos do art. 66, § 5º, da CF (*DOU* de 27-8-2020, edição extra).

§ 2º O SUS servirá de retaguarda e referência ao Subsistema de Atenção à Saúde Indígena, devendo, para isso, ocorrer adaptações na estrutura e organização do SUS nas regiões onde residem as populações indígenas, para propiciar essa integração e o atendimento necessário em todos os níveis, sem discriminações.

§ 3º As populações indígenas devem ter acesso garantido ao SUS, em âmbito local, regional e de centros especializados, de acordo com suas necessidades, compreendendo a atenção primária, secundária e terciária à saúde.

▸ §§ 2º e 3º acrescidos pela Lei nº 9.836, de 23-9-1999.

Art. 19-H. As populações indígenas terão direito a participar dos organismos colegiados de formulação, acompanhamento e avaliação das políticas de saúde, tais como o Conselho Nacional de Saúde e os Conselhos Estaduais e Municipais de Saúde, quando for o caso.

▸ Art. 19-H acrescido pela Lei nº 9.836, de 23-9-1999.

Capítulo VI

DO SUBSISTEMA DE ATENDIMENTO E INTERNAÇÃO DOMICILIAR

▸ Capítulo VI acrescido pela Lei nº 10.424, de 15-4-2002.

Art. 19-I. São estabelecidos, no âmbito do Sistema Único de Saúde, o atendimento domiciliar e a internação domiciliar.

§ 1º Na modalidade de assistência de atendimento e internação domiciliares incluem-se, principalmente, os procedimentos médicos, de enfermagem, fisioterapêuticos, psicológicos e de assistência social, entre outros necessários ao cuidado integral dos pacientes em seu domicílio.

§ 2º O atendimento e a internação domiciliares serão realizados por equipes multidisciplinares que atuarão nos níveis da medicina preventiva, terapêutica e reabilitadora.

§ 3º O atendimento e a internação domiciliares só poderão ser realizados por indicação médica, com expressa concordância do paciente e de sua família.

▸ Art. 19-I acrescido pela Lei nº 10.424, de 15-4-2002.

Capítulo VII

DO SUBSISTEMA DE ACOMPANHAMENTO À MULHER NOS SERVIÇOS DE SAÚDE

▸ Capítulo VII com a redação dada pela Lei nº 14.737, de 27-11-2023.

Art. 19-J. Em consultas, exames e procedimentos realizados em unidades de saúde públicas ou privadas, toda mulher tem o direito de fazer-se acompanhar por pessoa maior de idade, durante todo o período do atendimento, independentemente de notificação prévia.

▸ *Caput* com a redação dada pela Lei nº 14.737, de 27-11-2023.

§ 1º O acompanhante de que trata o caput deste artigo será de livre indicação da paciente ou, nos casos em que ela esteja impossibilitada de manifestar sua vontade, de seu representante legal, e estará obrigado a preservar o sigilo das informações de saúde de que tiver conhecimento em razão do acompanhamento.

§ 2º No caso de atendimento que envolva qualquer tipo de sedação ou rebaixamento do nível de consciência, caso a paciente não indique acompanhante, a unidade de saúde responsável pelo atendimento indicará pessoa para acompanhá-la, preferencialmente profissional de saúde do sexo feminino, sem custo adicional para a paciente, que poderá recusar o nome indicado e solicitar a indicação de outro, independentemente de justificativa, registrando-se o nome escolhido no documento gerado durante o atendimento.

▸ §§ 1º e 2º com a redação dada pela Lei nº 14.737, de 27-11-2023.

§ 2º-A. Em caso de atendimento com sedação, a eventual renúncia da paciente ao direito previsto neste artigo deverá ser feita por escrito, após o esclarecimento dos seus direitos, com no mínimo 24 (vinte e quatro) horas de antecedência, assinada por ela e arquivada em seu prontuário.

▸ § 2º-A acrescido pela Lei nº 14.737, de 27-11-2023.

§ 3º As unidades de saúde de todo o País ficam obrigadas a manter, em local visível

de suas dependências, aviso que informe sobre o direito estabelecido neste artigo.

▸ § 3º com a redação dada pela Lei nº 14.737, de 27-11-2023.

§ 4º No caso de atendimento realizado em centro cirúrgico ou unidade de terapia intensiva com restrições relacionadas à segurança ou à saúde dos pacientes, devidamente justificadas pelo corpo clínico, somente será admitido acompanhante que seja profissional de saúde.

§ 5º Em casos de urgência e emergência, os profissionais de saúde ficam autorizados a agir na proteção e defesa da saúde e da vida da paciente, ainda que na ausência do acompanhante requerido.

▸ §§ 4º e 5º acrescidos pela Lei nº 14.737, de 27-11-2023.

Art. 19-L. VETADO. Lei nº 11.108, de 7-4-2005.

Capítulo VIII

DA ASSISTÊNCIA TERAPÊUTICA E DA INCORPORAÇÃO DE TECNOLOGIA EM SAÚDE

▸ Capítulo VIII acrescido pela Lei nº 12.401, de 28-4-2011.

Art. 19-M. A assistência terapêutica integral a que se refere a alínea *d* do inciso I do art. 6º consiste em:

I – dispensação de medicamentos e produtos de interesse para a saúde, cuja prescrição esteja em conformidade com as diretrizes terapêuticas definidas em protocolo clínico para a doença ou o agravo à saúde a ser tratado ou, na falta do protocolo, em conformidade com o disposto no art. 19-P;

II – oferta de procedimentos terapêuticos, em regime domiciliar, ambulatorial e hospitalar, constantes de tabelas elaboradas pelo gestor federal do Sistema Único de Saúde – SUS, realizados no território nacional por serviço próprio, conveniado ou contratado.

Art. 19-N. Para os efeitos do disposto no art. 19-M, são adotadas as seguintes definições:

I – produtos de interesse para a saúde: órteses, próteses, bolsas coletoras e equipamentos médicos;

II – protocolo clínico e diretriz terapêutica: documento que estabelece critérios para o diagnóstico da doença ou do agravo à saúde; o tratamento preconizado, com os medicamentos e demais produtos apropriados, quando couber; as posologias recomendadas; os mecanismos de controle clínico; e o acompanhamento e a verificação dos resultados terapêuticos, a serem seguidos pelos gestores do SUS.

Art. 19-O. Os protocolos clínicos e as diretrizes terapêuticas deverão estabelecer os medicamentos ou produtos necessários nas diferentes fases evolutivas da doença ou do agravo à saúde de que tratam, bem como aqueles indicados em casos de perda de eficácia e de surgimento de intolerância ou reação adversa relevante, provocadas pelo medicamento, produto ou procedimento de primeira escolha.

Parágrafo único. Em qualquer caso, os medicamentos ou produtos de que trata o *caput* deste artigo serão aqueles avaliados quanto à sua eficácia, segurança, efetividade e custo-efetividade para as diferentes fases evolutivas da doença ou do agravo à saúde de que trata o protocolo.

Art. 19-P. Na falta de protocolo clínico ou de diretriz terapêutica, a dispensação será realizada:

I – com base nas relações de medicamentos instituídas pelo gestor federal do SUS, observadas as competências estabelecidas nesta Lei, e a responsabilidade pelo fornecimento será pactuada na Comissão Intergestores Tripartite;

II – no âmbito de cada Estado e do Distrito Federal, de forma suplementar, com base nas relações de medicamentos instituídas pelos gestores estaduais do SUS, e a responsabilidade pelo fornecimento será pactuada na Comissão Intergestores Bipartite;

III – no âmbito de cada Município, de forma suplementar, com base nas relações de medicamentos instituídas pelos gestores municipais do SUS, e a responsabilidade pelo fornecimento será pactuada no Conselho Municipal de Saúde.

▸ Arts. 19-M a 19-P acrescidos pela Lei nº 12.401, de 28-4-2011.

Art. 19-Q. A incorporação, a exclusão ou a alteração pelo SUS de novos medicamentos, produtos e procedimentos, bem como a constituição ou a alteração de protocolo clínico ou de diretriz terapêutica, são atribuições do Ministério da Saúde, assessorado pela Comissão Nacional de Incorporação de Tecnologias no SUS.

▸ *Caput* do art. 19-Q acrescido pela Lei nº 12.401, de 28-4-2011.

§ 1º A Comissão Nacional de Incorporação de Tecnologias no SUS, cuja composição e

regimento são definidos em regulamento, contará com a participação de 1 (um) representante indicado pelo Conselho Nacional de Saúde, de 1 (um) representante, especialista na área, indicado pelo Conselho Federal de Medicina e de 1 (um) representante, especialista na área, indicado pela Associação Médica Brasileira.

▸ § 1º com a redação dada pela Lei nº 14.655, de 23-8-2023.

§ 2º O relatório da Comissão Nacional de Incorporação de Tecnologias no SUS levará em consideração, necessariamente:

I – as evidências científicas sobre a eficácia, a acurácia, a efetividade e a segurança do medicamento, produto ou procedimento objeto do processo, acatadas pelo órgão competente para o registro ou a autorização de uso;
II – a avaliação econômica comparativa dos benefícios e dos custos em relação às tecnologias já incorporadas, inclusive no que se refere aos atendimentos domiciliar, ambulatorial ou hospitalar, quando cabível.

▸ § 2º acrescido pela Lei nº 12.401, de 28-4-2011.

§ 3º As metodologias empregadas na avaliação econômica a que se refere o inciso II do § 2º deste artigo serão dispostas em regulamento e amplamente divulgadas, inclusive em relação aos indicadores e parâmetros de custo-efetividade utilizados em combinação com outros critérios.

▸ § 3º acrescido pela Lei nº 14.313, de 21-3-2022.

Art. 19-R. A incorporação, a exclusão e a alteração a que se refere o art. 19-Q serão efetuadas mediante a instauração de processo administrativo, a ser concluído em prazo não superior a 180 (cento e oitenta) dias, contado da data em que foi protocolado o pedido, admitida a sua prorrogação por 90 (noventa) dias corridos, quando as circunstâncias exigirem.

▸ *Caput* do art. 19-R acrescido pela Lei nº 12.401, de 28-4-2011.

§ 1º O processo de que trata o *caput* deste artigo observará, no que couber, o disposto na Lei nº 9.784, de 29 de janeiro de 1999, e as seguintes determinações especiais:

▸ § 1º acrescido pela Lei nº 12.401, de 28-4-2011.

I – apresentação pelo interessado dos documentos e, se cabível, das amostras de produtos, na forma do regulamento, com informações necessárias para o atendimento do disposto no § 2º do art. 19-Q;

▸ Inciso I acrescido pela Lei nº 12.401, de 28-4-2011.

II – VETADO. Lei nº 12.401, de 28-4-2011;
III – realização de consulta pública que inclua a divulgação do parecer emitido pela Comissão Nacional de Incorporação de Tecnologias no SUS;
IV – realização de audiência pública, antes da tomada de decisão, se a relevância da matéria justificar o evento.

▸ Incisos III e IV acrescidos pela Lei nº 12.401, de 28-4-2011.

V – distribuição aleatória, respeitadas a especialização e a competência técnica requeridas para a análise da matéria;
VI – publicidade dos atos processuais.

▸ Incisos V e VI acrescidos pela Lei nº 14.313, de 21-3-2022.

§ 2º VETADO. Lei nº 12.401, de 28-4-2011.

§ 3º O procedimento referido no caput deste artigo tramitará em regime prioritário quando se tratar de análise de medicamento, de produto ou de procedimento relacionado à assistência da pessoa com câncer.

▸ § 3º acrescido pela Lei nº 14.758, de 19-12-2023, para vigorar após 180 dias de sua publicação.

Art. 19-S. VETADO. Lei nº 12.401, de 28-4-2011.

Art. 19-T. São vedados, em todas as esferas de gestão do SUS:

▸ *Caput* do art. 19-T acrescido pela Lei nº 12.401, de 28-4-2011.

I – o pagamento, o ressarcimento ou o reembolso de medicamento, produto e procedimento clínico ou cirúrgico experimental, ou de uso não autorizado pela Agência Nacional de Vigilância Sanitária – ANVISA;
II – a dispensação, o pagamento, o ressarcimento ou o reembolso de medicamento e produto, nacional ou importado, sem registro na ANVISA.

▸ Incisos I e II acrescidos pela Lei nº 12.401, de 28-4-2011.

Parágrafo único. Excetuam-se do disposto neste artigo:

I – medicamento e produto em que a indicação de uso seja distinta daquela aprovada no registro na ANVISA, desde que seu uso tenha sido recomendado pela Comissão Nacional de Incorporação de Tecnologias no Sistema Único de Saúde

(CONITEC), demonstradas as evidências científicas sobre a eficácia, a acurácia, a efetividade e a segurança, e esteja padronizado em protocolo estabelecido pelo Ministério da Saúde;

II – medicamento e produto recomendados pela CONITEC e adquiridos por intermédio de organismos multilaterais internacionais, para uso em programas de saúde pública do Ministério da Saúde e suas entidades vinculadas, nos termos do § 5º do art. 8º da Lei nº 9.782, de 26 de janeiro de 1999.

▸ Parágrafo único acrescido pela Lei nº 14.313, de 21-3-2022.

Art. 19-U. A responsabilidade financeira pelo fornecimento de medicamentos, produtos de interesse para a saúde ou procedimentos de que trata este Capítulo será pactuada na Comissão Intergestores Tripartite.

▸ Art. 19-U acrescido pela Lei nº 12.401, de 28-4-2011.

TÍTULO III – DOS SERVIÇOS PRIVADOS DE ASSISTÊNCIA À SAÚDE

CAPÍTULO I

DO FUNCIONAMENTO

Art. 20. Os serviços privados de assistência à saúde caracterizam-se pela atuação, por iniciativa própria, de profissionais liberais, legalmente habilitados, e de pessoas jurídicas de direito privado na promoção, proteção e recuperação da saúde.

Art. 21. A assistência à saúde é livre à iniciativa privada.

Art. 22. Na prestação de serviços privados de assistência à saúde, serão observados os princípios éticos e as normas expedidas pelo órgão de direção do Sistema Único de Saúde (SUS) quanto às condições para seu funcionamento.

Art. 23. É vedada a participação direta ou indireta de empresas ou de capitais estrangeiros na assistência à saúde, salvo através de doações de organismos internacionais vinculados à Organização das Nações Unidas, de entidades de cooperação técnica e de financiamento e empréstimos.

§ 1º Em qualquer caso é obrigatória a autorização do órgão de direção nacional do Sistema Único de Saúde (SUS), submetendo-se a seu controle as atividades que forem desenvolvidas e os instrumentos que forem firmados.

§ 2º Excetuam-se do disposto neste artigo os serviços de saúde mantidos, em finalidade lucrativa, por empresas, para atendimento de seus empregados e dependentes, sem qualquer ônus para a seguridade social.

CAPÍTULO II

DA PARTICIPAÇÃO COMPLEMENTAR

Art. 24. Quando as suas disponibilidades forem insuficientes para garantir a cobertura assistencial à população de uma determinada área, o Sistema Único de Saúde (SUS) poderá recorrer aos serviços ofertados pela iniciativa privada.

Parágrafo único. A participação complementar dos serviços privados será formalizada mediante contrato ou convênio, observadas, a respeito, as normas de direito público.

Art. 25. Na hipótese do artigo anterior, as entidades filantrópicas e as sem fins lucrativos terão preferência para participar do Sistema Único de Saúde (SUS).

Art. 26. Os critérios e valores para a remuneração de serviços e os parâmetros de cobertura assistencial serão estabelecidos pela direção nacional do Sistema Único de Saúde (SUS), aprovados no Conselho Nacional de Saúde.

§ 1º Na fixação dos critérios, valores, formas de reajuste e de pagamento da remuneração aludida neste artigo, a direção nacional do Sistema Único de Saúde (SUS) deverá fundamentar seu ato em demonstrativo econômico-financeiro que garanta a efetiva qualidade de execução dos serviços contratados.

§ 2º Os serviços contratados submeter-se-ão às normas técnicas e administrativas e aos princípios e diretrizes do Sistema Único de Saúde (SUS), mantido o equilíbrio econômico e financeiro do contrato.

§ 3º VETADO.

§ 4º Aos proprietários, administradores e dirigentes de entidades ou serviços contratados é vedado exercer cargo de chefia ou função de confiança no Sistema Único de Saúde (SUS).

TÍTULO III-A – DA TELESSAÚDE

▸ Título III-A acrescido pela Lei nº 14.510, de 27-12-2022.

Art. 26-A. A telessaúde abrange a prestação remota de serviços relacionados a todas as profissões da área da saúde regulamentadas pelos órgãos competentes do Poder Executivo federal e obedecerá aos seguintes princípios:

I – autonomia do profissional de saúde;

II – consentimento livre e informado do paciente;

III – direito de recusa ao atendimento na modalidade telessaúde, com a garantia do atendimento presencial sempre que solicitado;

IV – dignidade e valorização do profissional de saúde;

V – assistência segura e com qualidade ao paciente;

VI – confidencialidade dos dados;

VII – promoção da universalização do acesso dos brasileiros às ações e aos serviços de saúde;

VIII – estrita observância das atribuições legais de cada profissão;

IX – responsabilidade digital.

Art. 26-B. Para fins desta Lei, considera-se telessaúde a modalidade de prestação de serviços de saúde a distância, por meio da utilização das tecnologias da informação e da comunicação, que envolve, entre outros, a transmissão segura de dados e informações de saúde, por meio de textos, de sons, de imagens ou outras formas adequadas.

Parágrafo único. Os atos do profissional de saúde, quando praticados na modalidade telessaúde, terão validade em todo o território nacional.

Art. 26-C. Ao profissional de saúde são asseguradas a liberdade e a completa independência de decidir sobre a utilização ou não da telessaúde, inclusive com relação à primeira consulta, atendimento ou procedimento, e poderá indicar a utilização de atendimento presencial ou optar por ele, sempre que entender necessário.

Art. 26-D. Compete aos conselhos federais de fiscalização do exercício professional a normatização ética relativa à prestação dos serviços previstos neste Título, aplicando-se os padrões normativos adotados para as modalidades de atendimento presencial, no que não colidirem com os preceitos desta Lei.

Art. 26-E. Na prestação de serviços por telessaúde, serão observadas as normas expedidas pelo órgão de direção do Sistema Único de Saúde (SUS) quanto às condições para seu funcionamento, observada a competência dos demais órgãos reguladores.

Art. 26-F. O ato normativo que pretenda restringir a prestação de serviço de telessaúde deverá demonstrar a imprescindibilidade da medida para que sejam evitados danos à saúde dos pacientes.

Art. 26-G. A prática da telessaúde deve seguir as seguintes determinações:

I – ser realizada por consentimento livre e esclarecido do paciente, ou de seu representante legal, e sob responsabilidade do profissional de saúde;

II – prestar obediência aos ditames das Leis nºs 12.965, de 23 de abril de 2014 (Marco Civil da Internet), 12.842, de 10 de julho de 2013 (Lei do Ato Médico), 13.709, de 14 de agosto de 2018 (Lei Geral de Proteção de Dados), 8.078, de 11 de setembro de 1990 (Código de Defesa do Consumidor) e, nas hipóteses cabíveis, aos ditames da Lei nº 13.787, de 27 de dezembro de 2018 (Lei do Prontuário Eletrônico).

Art. 26-H. É dispensada a inscrição secundária ou complementar do profissional de saúde que exercer a profissão em outra jurisdição exclusivamente por meio da modalidade telessaúde.

▸ Arts. 26-A a 26-H acrescidos pela Lei nº 14.510, de 27-12-2022.

TÍTULO IV – DOS RECURSOS HUMANOS

Art. 27. A política de recursos humanos na área da saúde será formalizada e executada, articuladamente, pelas diferentes esferas de governo, em cumprimento dos seguintes objetivos:

I – organização de um sistema de formação de recursos humanos em todos os níveis de ensino, inclusive de pós-graduação, além da elaboração de programas de permanente aperfeiçoamento de pessoal;

II e III – VETADOS;

IV – valorização da dedicação exclusiva aos serviços do Sistema Único de Saúde (SUS).

Parágrafo único. Os serviços públicos que integram o Sistema Único de Saúde (SUS) constituem campo de prática para ensino e pesquisa, mediante normas específicas, elaboradas conjuntamente com o sistema educacional.

Art. 28. Os cargos e funções de chefia, direção e assessoramento, no âmbito do Sistema Único de Saúde (SUS), só poderão ser exercidas em regime de tempo integral.

§ 1º Os servidores que legalmente acumulam dois cargos ou empregos poderão exercer suas atividades em mais de um estabelecimento do Sistema Único de Saúde (SUS).

§ 2º O disposto no parágrafo anterior aplica-se também aos servidores em regime de tempo integral, com exceção dos ocupantes de cargos ou função de chefia, direção ou assessoramento.

Art. 29. VETADO.

Art. 30. As especializações na forma de treinamento em serviço sob supervisão serão regulamentadas por Comissão Nacional, instituída de acordo com o artigo 12 desta Lei, garantida a participação das entidades profissionais correspondentes.

TÍTULO V – DO FINANCIAMENTO

Capítulo I

DOS RECURSOS

Art. 31. O orçamento da seguridade social destinará ao Sistema Único de Saúde (SUS) de acordo com a receita estimada, os recursos necessários à realização de suas finalidades, previstos em proposta elaborada pela sua direção nacional, com a participação dos órgãos da Previdência Social e da Assistência Social, tendo em vista as metas e prioridades estabelecidas na Lei de Diretrizes Orçamentárias.

Art. 32. São considerados de outras fontes os recursos provenientes de:

I – VETADO;

II – serviços que possam ser prestados sem prejuízo da assistência à saúde;

III – ajuda, contribuições, doações e donativos;

IV – alienações patrimoniais e rendimentos de capital;

V – taxas, multas, emolumentos e preços públicos arrecadados no âmbito do Sistema Único de Saúde (SUS); e

VI – rendas eventuais, inclusive comerciais e industriais.

§ 1º Ao Sistema Único de Saúde (SUS) caberá metade da receita de que trata o inciso I deste artigo, apurada mensalmente, a qual será destinada à recuperação de viciados.

§ 2º As receitas geradas no âmbito do Sistema Único de Saúde (SUS) serão creditadas diretamente em contas especiais, movimentadas pela sua direção, na esfera de poder onde forem arrecadadas.

§ 3º As ações de saneamento que venham a ser executadas supletivamente pelo Sistema Único de Saúde (SUS), serão financiadas por recursos tarifários específicos e outros da União, Estados, Distrito Federal, Municípios e, em particular, do Sistema Financeiro da Habitação (SFH).

§ 4º VETADO.

§ 5º As atividades de pesquisa e desenvolvimento científico e tecnológico em saúde serão co-financiadas pelo Sistema Único de Saúde (SUS), pelas universidades e pelo orçamento fiscal, além de recursos de instituições de fomento e financiamento ou de origem externa e receita própria das instituições executoras.

§ 6º VETADO.

Capítulo II

DA GESTÃO FINANCEIRA

Art. 33. Os recursos financeiros do Sistema Único de Saúde (SUS) serão depositados em conta especial, em cada esfera de sua atuação, e movimentados sob fiscalização dos respectivos Conselhos de Saúde.

§ 1º Na esfera federal, os recursos financeiros, originários do Orçamento da Seguridade Social, de outros Orçamentos da União, além de outras fontes, serão administrados pelo Ministério da Saúde, através do Fundo Nacional de Saúde.

§§ 2º e 3º VETADOS.

§ 4º O Ministério da Saúde acompanhará, através de seu sistema de auditoria, a conformidade à programação aprovada da aplicação dos recursos repassados a Estados e Municípios. Constatada a malversação, desvio ou não aplicação dos recursos, caberá ao Ministério da Saúde aplicar as medidas previstas em lei.

Art. 34. As autoridades responsáveis pela distribuição da receita efetivamente arrecadada transferirão automaticamente ao Fundo Nacional de Saúde (FNS), observado o critério do parágrafo único deste artigo, os recursos financeiros correspondentes às dotações consignadas no Orçamento da Seguridade Social, a projetos e atividades a serem executados no âmbito do Sistema Único de Saúde (SUS).

Parágrafo único. Na distribuição dos recursos financeiros da Seguridade Social será observada a mesma proporção da despesa prevista de cada área, no Orçamento da Seguridade Social.

Art. 35. Para o estabelecimento de valores a serem transferidos a Estados, Distrito Federal e Municípios, será utilizada a combinação dos seguintes critérios, segundo análise técnica de programas e projetos:

I – perfil demográfico da região;

II – perfil epidemiológico da população a ser coberta;

III – características quantitativas e qualitativas da rede de saúde na área;

IV – desempenho técnico, econômico e financeiro no período anterior;

V – níveis de participação do setor saúde nos orçamentos estaduais e municipais;

VI – previsão do plano quinquenal de investimentos da rede;

VII – ressarcimento do atendimento a serviços prestados para outras esferas de governo.

§ 1º *Revogado*. LC nº 141, de 13-1-2012.

§ 2º Nos casos de Estados e Municípios sujeitos a notório processo de migração, os critérios demográficos mencionados nesta lei serão ponderados por outros indicadores de crescimento populacional, em especial o número de eleitores registrados.

§§ 3º a 5º VETADOS.

§ 6º O disposto no parágrafo anterior não prejudica a atuação dos órgãos de controle interno e externo e nem a aplicação de penalidades previstas em lei, em caso de irregularidades verificadas na gestão dos recursos transferidos.

CAPÍTULO III

DO PLANEJAMENTO E DO ORÇAMENTO

Art. 36. O processo de planejamento e orçamento do Sistema Único de Saúde (SUS) será ascendente, do nível local até o federal, ouvidos seus órgãos deliberativos, compatibilizando-se as necessidades da política de saúde com a disponibilidade de recursos em planos de saúde dos Municípios, dos Estados, do Distrito Federal e da União.

§ 1º Os planos de saúde serão a base das atividades e programações de cada nível de direção do Sistema Único de Saúde (SUS), e seu financiamento será previsto na respectiva proposta orçamentária.

§ 2º É vedada a transferência de recursos para o financiamento de ações não previstas nos planos de saúde, exceto em situações emergenciais ou de calamidade pública, na área de saúde.

Art. 37. O Conselho Nacional de Saúde estabelecerá as diretrizes a serem observadas na elaboração dos planos de saúde, em função das características epidemiológicas e da organização dos serviços em cada jurisdição administrativa.

Art. 38. Não será permitida a destinação de subvenções e auxílios a instituições prestadoras de serviços de saúde com finalidade lucrativa.

DAS DISPOSIÇÕES FINAIS E TRANSITÓRIAS

Art. 39. VETADO.

§§ 1º a 4º VETADOS.

§ 5º A cessão de uso dos imóveis de propriedade do INAMPS para órgãos integrantes do Sistema Único de Saúde (SUS) será feita de modo a preservá-los como patrimônio da Seguridade Social.

§ 6º Os imóveis de que trata o parágrafo anterior serão inventariados com todos os seus acessórios, equipamentos e outros bens móveis e ficarão disponíveis para utilização pelo órgão de direção municipal do Sistema Único de Saúde – SUS ou, eventualmente, pelo estadual, em cuja circunscrição administrativa se encotrem, mediante simples termo de recebimento.

§ 7º VETADO.

§ 8º O acesso aos serviços de informática e bases de dados, mantidos pelo Ministério da Saúde e pelo Ministério do Trabalho e da Previdência Social, será assegurado às Secretarias Estaduais e Municipais de Saúde ou órgãos congêneres, como suporte ao processo de gestão, de forma a permitir a gerencia informatizada das contas e a disseminação de estatísticas sanitárias e epidemiológicas médico-hospitalares.

Art. 40. VETADO.

Art. 41. As ações desenvolvidas pela Fundação das Pioneiras Sociais e pelo Instituto Nacional do Câncer, supervisionadas pela direção nacional do Sistema Único de Saúde (SUS), permanecerão como referencial de prestação de serviços, formação de recursos humanos e para transferência de tecnologia.

Art. 42. VETADO.

Art. 43. A gratuidade das ações e serviços de saúde fica preservada nos serviços públicos contratados, ressalvando-se as cláusulas dos contratos ou convênios estabelecidos com as entidades privadas.

Art. 44. VETADO.

Art. 45. Os serviços de saúde dos hospitais universitários e de ensino integram-se ao Sistema Único de Saúde (SUS), mediante convênio, preservada a sua autonomia administrativa, em relação ao patrimônio, aos recursos humanos e financeiros, ensino, pesquisa e extensão nos limites conferidos pelas instituições a que estejam vinculados.

§ 1º Os serviços de saúde de sistemas estaduais e municipais de previdência social deverão integrar-se à direção correspondente do Sistema Único de Saúde (SUS), conforme seu âmbito de atuação, bem como quaisquer outros órgãos e serviços de saúde.

§ 2º Em tempo de paz e havendo interesse recíproco, os serviços de saúde das Forças Armadas poderão integrar-se ao Sistema Único de Saúde (SUS), conforme se dispuser em convênio que, para esse fim, for firmado.

Art. 46. O Sistema Único de Saúde (SUS), estabelecerá mecanismos de incentivos à participação do setor privado no investimento em ciência e tecnologia e estimulará a transferência de tecnologia das universidades e institutos de pesquisa aos serviços de saúde nos Estados, Distrito Federal e Municípios, e às empresas nacionais.

Art. 47. O Ministério da Saúde, em articulação com os níveis estaduais e municipais do Sistema Único de Saúde (SUS), organizará, no prazo de dois anos, um sistema nacional de informações em saúde, integrado em todo o território nacional, abrangendo questões epidemiológicas e de prestação de serviços.

Arts. 48 e 49. VETADOS.

Art. 50. Os convênios entre a União, os Estados e os Municípios, celebrados para implantação dos Sistemas Unificados e Descentralizados de Saúde, ficarão rescindidos à proporção que seu objeto for sendo absorvido pelo Sistema Único de Saúde (SUS).

Art. 51. VETADO.

Art. 52. Sem prejuízo de outras sanções cabíveis, constitui crime de emprego irregular de verbas ou rendas públicas (Código Penal, artigo 315) a utilização de recursos financeiros do Sistema Único de Saúde (SUS) em finalidades diversas das previstas nesta lei.

Art. 53. VETADO.

Art. 54. Esta lei entra em vigor na data de sua publicação.

Art. 55. São revogadas a Lei nº 2.312, de 3 de setembro de 1954, a Lei nº 6.229, de 17 de julho de 1975, e demais disposições em contrário.

Brasília, 19 de setembro de 1990;
169º da Independência e
102º da República.

Fernando Collor

LEI Nº 8.315, DE 23 DE DEZEMBRO DE 1991

Dispõe sobre a criação do Serviço Nacional de Aprendizagem Rural – SENAR, nos termos do artigo 62 do Ato das Disposições Constitucionais Transitórias.

- Publicada no *DOU* de 24-12-1991.
- Dec. nº 566, de 10-6-1992, regulamenta esta Lei.

Art. 1º É criado o Serviço Nacional de Aprendizagem Rural (Senar), com o objetivo de organizar, administrar e executar em todo o território nacional o ensino da formação profissional rural e a promoção social do trabalhador rural, em centros instalados e mantidos pela instituição ou sob forma de cooperação, dirigida aos trabalhadores rurais.

§ 1º Os programas de formação profissional rural do SENAR poderão ofertar vagas aos usuários do Sistema Nacional de Atendimento Socioeducativo (SINASE) nas condições a serem dispostas em instrumentos de cooperação celebrados entre os operadores do SENAR e os gestores dos Sistemas de Atendimento Socioeducativo locais.

- Parágrafo único transformado em § 1º pela Lei nº 13.840, de 5-6-2019.

§ 2º Os programas de formação profissional rural do SENAR poderão ofertar vagas aos usuários do Sistema Nacional de Políticas Públicas sobre Drogas – SISNAD nas condições a serem dispostas em instrumentos de cooperação celebrados entre os operadores do SENAR e os gestores responsáveis pela prevenção do uso indevido, atenção e reinserção social de usuários e dependentes de drogas.

- § 2º acrescido pela Lei nº 13.840, de 5-6-2019.

Art. 2º O Senar será organizado e administrado pela Confederação Nacional da Agricultura (CNA) e dirigido por um colegiado com a seguinte composição:

I – um representante do Ministério do Trabalho e da Previdência Social;
II – um representante do Ministério da Educação;

III – um representante do Ministério da Agricultura e Reforma Agrária;

IV – um representante da Organização das Cooperativas Brasileiras (OCB);

V – um representante das agroindústrias;

VI – cinco representantes da Confederação Nacional da Agricultura (CNA); e

VII – cinco representantes da Confederação Nacional dos Trabalhadores na Agricultura (Contag).

Parágrafo único. O colegiado de que trata o *caput* deste artigo será presidido pelo Presidente da Confederação Nacional da Agricultura (CNA).

Art. 3º Constituem rendas do Senar:

I – contribuição mensal compulsória, a ser recolhida à Previdência Social, de dois e meio por cento sobre o montante da remuneração paga a todos os empregados pelas pessoas jurídicas de direito privado, ou a elas equiparadas, que exerçam atividades:

a) agroindustriais;

b) agropecuárias;

c) extrativistas vegetais e animais;

d) cooperativistas rurais;

e) sindicais patronais rurais;

II – doações e legados;

III – subvenções da União, Estados e Municípios;

IV – multas arrecadadas por infração de dispositivos, regulamentos e regimentos oriundos desta lei;

V – rendas oriundas de prestação de serviços e da alienação ou locação de seus bens;

VI – receitas operacionais;

VII – contribuição prevista no artigo 1º do Decreto-Lei nº 1.989, de 28 de dezembro de 1982, combinado com o artigo 5º do Decreto-Lei nº 1.146, de 31 de dezembro de 1970, que continuará sendo recolhida pelo Instituto Nacional de Colonização e Reforma Agrária (INCRA);

VIII – rendas eventuais.

§ 1º A incidência da contribuição a que se refere o inciso I deste artigo não será cumulativa com as contribuições destinadas ao Serviço Nacional de Aprendizagem Industrial (Senai) e ao Serviço Nacional de Aprendizagem Comercial (Senac), prevalecendo em favor daquele ao qual os seus empregados são beneficiários diretos.

§ 2º As pessoas jurídicas ou a elas equiparadas, que exerçam concomitantemente outras atividades não relacionadas no inciso I deste artigo, permanecerão contribuindo para as outras entidades de formação profissional nas atividades que lhes correspondam especificamente.

§ 3º A arrecadação da contribuição será feita juntamente com a Previdência Social e o seu produto será posto, de imediato, à disposição do Senar, para aplicação proporcional nas diferentes Unidades da Federação, de acordo com a correspondente arrecadação, deduzida a cota necessária às despesas de caráter geral.

§ 4º A contribuição definida na alínea *a* do inciso I deste artigo incidirá sobre o montante da remuneração paga aos empregados da agroindústria que atuem exclusivamente na produção primária de origem animal e vegetal.

Art. 4º A organização do Senar constará do seu regulamento, que será aprovado por decreto do Presidente da República, mediante proposta do colegiado referido no artigo 2º desta lei.

Art. 5º Esta lei entra em vigor na data de sua publicação.

Art. 6º Revogam-se as disposições em contrário.

Brasília, 23 de dezembro de 1991;
170º da Independência e
103º da República.

Fernando Collor

DECRETO Nº 566, DE 10 DE JUNHO DE 1992

Aprova o Regulamento do Serviço Nacional de Aprendizagem Rural – SENAR.

▶ Publicado no *DOU* de 11-6-1992.

▶ Lei nº 8.315, de 23-12-1991, dispõe sobre a criação do Serviço Nacional de Aprendizagem Rural – SENAR, nos termos do art. 62 do ADCT.

Art. 1º Fica aprovado o Regulamento do Serviço Nacional de Aprendizagem Rural – SENAR, constante do anexo.

Art. 2º Este Decreto entra em vigor na data de sua publicação.

Rio de Janeiro, 10 de junho de 1992;
171º da Independência e
104º da República.

Fernando Collor

REGULAMENTO DO SERVIÇO NACIONAL DE APRENDIZAGEM RURAL

CAPÍTULO I

DA DENOMINAÇÃO, SEDE, DURAÇÃO E FINALIDADE

Art. 1º O Serviço Nacional de Aprendizagem Rural – SENAR, criado pela Lei nº 8.315, de 23 de dezembro de 1991, com personalidade jurídica de direito privado, tem sede e foro em Brasília. Distrito Federal.

Art. 2º O objetivo do Senar é organizar, administrar e executar, no território nacional, o ensino da formação profissional rural, a promoção social e a assistência técnica e gerencial do trabalhador rural, em centros instalados e mantidos pelo Senar, ou sob a forma de cooperação, dirigida aos trabalhadores rurais.

▸ Artigo com a redação dada pelo Dec. nº 9.274, de 1º-2-2018.

CAPÍTULO II

DA ORGANIZAÇÃO E ADMINISTRAÇÃO

Art. 3º O Senar é administrado pela Confederação da Agricultura e Pecuária do Brasil – CNA e tem, como órgãos de direção, de execução e de fiscalização:

▸ *Caput* com a redação dada pelo Dec. nº 9.274, de 1º-2-2018.

I – Conselho Deliberativo;
II – Secretaria Executiva;
III – Conselho Fiscal.

Art. 4º O Conselho Deliberativo terá mandato de quatro anos, que coincidirá com o mandato da Diretoria da Confederação da Agricultura e Pecuária do Brasil, com a seguinte composição:

▸ *Caput* com a redação dada pelo Dec. nº 9.274, de 1º-2-2018.

I – o Presidente da Confederação da Agricultura e Pecuária do Brasil, que o presidirá;
II – um representante do Ministério da Agricultura, Pecuária e Abastecimento;
III – um representante do Ministério da Educação;
IV – um representante do Ministério do Trabalho;

▸ Incisos I a IV com a redação dada pelo Dec. nº 9.274, de 1º-2-2018.

V – um representante da Organização das Cooperativas Brasileiras – OCB;
VI – um representante das agroindústrias, indicado pela Confederação Nacional da Indústria – CNI;
VII – cinco representantes da Confederação da Agricultura e Pecuária do Brasil – CNA;

▸ Inciso VII com a redação dada pelo Dec. nº 9.274, de 1º-2-2018.

VIII – cinco representantes da Confederação Nacional dos Trabalhadores na Agricultura – CONTAG.

§ 1º Os membros titulares do Conselho Deliberativo serão indicados juntamente com seus respectivos suplentes, vedada a substituição dos membros por procuradores, prepostos ou mandatários.

§ 2º Cada Conselheiro terá direito a um voto em plenário, cabendo ao Presidente além do seu, o voto de qualidade.

Art. 5º Ao Conselho Deliberativo compete exercer a direção superior e a normatização das atividades do SENAR, notadamente no que se refere ao planejamento, estabelecimento de diretrizes, organização, coordenação, controle e avaliação e, especialmente:

I – definir a política de atuação da entidade e estabelecer as normas operacionais que regerão suas atividades, bem como as diretrizes gerais a serem adotadas pelas entidades integrantes do sistema;
II – aprovar o Regimento Interno do SENAR, no qual deverão constar o detalhamento deste Regulamento, a estrutura organizacional e as funções dos órgãos que a compõem;
III – aprovar os planos anuais e plurianuais de trabalho e os respectivos orçamentos;
IV – aprovar o balanço geral, as demais demonstrações financeiras, o parecer do Conselho Fiscal e o relatório anual das atividades e encaminhá-los ao Tribunal de Contas da União;
V – aprovar o plano de cargos, salários e benefícios, o quadro de pessoal e a tabela de remuneração correspondente;
VI – autorizar a aquisição, alienação, cessão ou gravame de bens imóveis;
VII – aprovar o regulamento de licitações para aquisição ou venda de bens e serviços;
VIII – autorizar a assinatura de convênios, contratos e ajustes ou outros instrumentos jurídicos;
IX – estabelecer outras atribuições do Presidente do Conselho Deliberativo, além das estabelecidas no artigo 6º;

X – estabelecer outras atribuições do Secretário Executivo, além das estabelecidas no artigo 8º;

XI – aprovar as normas para a realização de concurso, para contratação de pessoal do quadro de provimento efetivo;

XII – estipular o valor das diárias e da ajuda de custo para os membros do Conselho Fiscal;

XIII – estipular a verba de representação do Presidente do Conselho Deliberativo e o valor da ajuda de custo e das diárias de seus membros;

XIV – estabelecer o limite máximo de remuneração do Secretário Executivo;

XV – estabelecer para o próprio Conselho Deliberativo outras atribuições de acordo com a legislação vigente;

XVI – solucionar os casos omissos no presente Regulamento e no Regimento Interno.

Art. 6º Compete ao Presidente do Conselho Deliberativo:

I – representar o SENAR em juízo ou fora dele;

II – assinar, convênios, contratos, ajustes e outros instrumentos jurídicos;

III – assinar, em conjunto com o Secretário Executivo, os cheques e os documentos de abertura e movimentação de contas bancárias, ou com servidor especialmente designado, na forma do disposto no Regimento Interno;

IV – escolher e nomear o Secretário Executivo e estabelecer a sua remuneração;

V – dar posse aos membros do Conselho Deliberativo e do Conselho Fiscal;

VI – desempenhar outras atribuições que lhe forem confiadas pelo Conselho Deliberativo.

Parágrafo único. O Presidente do Conselho Deliberativo poderá constituir procuradores ou delegar os poderes que lhe forem atribuídos, de acordo com o estabelecido no Regimento Interno.

Art. 7º A Secretaria Executiva, organizada segundo o disposto no Regimento Interno, será o órgão de execução da administração do SENAR.

Art. 8º Ao Diretor-Geral compete:

▸ *Caput* com a redação dada pelo Dec. nº 9.274, de 1º-2-2018.

I – praticar os atos normais de gestão, coordenação e controle administrativo;

II – assinar, juntamente com o Presidente do Conselho Deliberativo ou com servidor especialmente designado na forma do disposto no Regimento Interno, os cheques e documentos de abertura e movimentação de contas bancárias;

III – encaminhar ao Conselho Deliberativo as propostas dos orçamentos anuais e plurianuais, o balanço geral, demais demonstrações financeiras, o parecer do Conselho Fiscal e o relatório anual de atividades;

IV – secretariar as reuniões do Conselho Deliberativo;

V – executar outras atividades que lhe forem atribuídas pelo Conselho Deliberativo, conforme estabelecido no Regimento Interno.

Art. 9º O Conselho Fiscal será composto por cinco membros, titulares e igual número de suplentes, indicados pelos seguintes órgãos:

▸ *Caput* com a redação dada pelo Dec. nº 9.274, de 1º-2-2018.

I – Ministério da Agricultura, Pecuária e Abastecimento;

II – Ministério do Trabalho;

III – Confederação da Agricultura e Pecuária do Brasil;

IV – Confederação Nacional dos Trabalhadores na Agricultura; e

V – Organização das Cooperativas Brasileiras.

▸ Incisos I a V acrescido pelo Dec. nº 9.274, de 1º-2-2018.

Parágrafo único. O mandato dos membros de que trata o *caput* será de quatro anos, e coincidirá com o mandato do Conselho Deliberativo, vedada a recondução para o período imediatamente subsequente.

▸ Parágrafo único acrescido pelo Dec. nº 9.274, de 1º-2-2018.

Art. 10. Compete ao Conselho Fiscal:

I – acompanhar e fiscalizar a execução financeira e orçamentária;

II – examinar e emitir pareceres sobre as propostas de orçamentos anuais e plurianuais; o balanço geral e demais demonstrações financeiras;

III – elaborar seu Regimento Interno e submetê-lo à homologação do Conselho Deliberativo.

Capítulo III

DOS RECURSOS

Art. 11. Constituem rendas do SENAR:

I – contribuição mensal compulsória, a ser recolhida à Previdência Social, de 2,5% (dois e meio por cento) sobre o montante da remuneração paga a todos os empregados pelas pessoas jurídicas de direito privado, ou a elas equiparadas, que exerçam atividades:

a) agroindustriais;
b) agropecuárias;
c) extrativistas vegetais e animais;
d) cooperativistas rurais;
e) sindicais patronais rurais;

II – contribuição compulsória, a ser recolhida à Previdência Social, de 0,1 (um décimo por cento) incidente sobre a receita bruta proveniente da comercialização da produção da pessoa física, proprietária ou não, que explora atividade agropecuária ou pesqueira, em caráter permanente ou temporário, diretamente ou por intermédio de prepostos e com auxílio de empregados, utilizados a qualquer título, ainda que de forma não contínua;

III – doações e legados;

IV – subvenções da União, Estados e Municípios;

V – multas arrecadadas por infração de dispositivos, regulamentos e regimentos oriundos da Lei nº 8.315, de 23 de dezembro de 1991, com as alterações da Lei nº 8.540, de 22 de dezembro de 1992;

VI – rendas oriundas da prestação de serviços e da alienação ou locação de seus bens;

VII – receitas operacionais;

VIII – contribuição prevista no artigo 1º do Decreto-Lei nº 1.989, de 28 de dezembro de 1982, combinado com artigo 5º do Decreto-Lei nº 1.146, de 31 de dezembro de 1970;

IX – rendas eventuais.

§ 1º As disposições contidas no inciso I não se aplicam às pessoas físicas aludidas no inciso II deste artigo.

§ 2º Para os efeitos do inciso II deste artigo, considera-se receita bruta o valor recebido ou creditado pela comercialização da produção, assim entendida a operação de venda ou consignação.

§ 3º Integram a produção, para os efeitos do inciso II deste artigo, os produtos de origem animal ou vegetal, em estado natural ou submetidos a processo de beneficiamento ou industrialização rudimentar, assim compreendidos, entre outros, os processos de lavagem, limpeza, descaroçamento, pilagem, descascamento, lenhamento, pasteurização, resfriamento, secagem, fermentação, embalagem, cristalização, fundição, carvoejamento, cozimento, destilação, moagem, torrefação, bem como os subprodutos e os resíduos obtidos através desses processos.

§ 4º Não integram a base de cálculo da contribuição aludida no inciso II deste artigo:

a) o produto vegetal destinado ao plantio e reflorestamento e o produto animal destinado à reprodução ou criação pecuária ou granjeira, quando vendidos entre si pela pessoa física referida no inciso II deste artigo ou pelo segurado especial de que trata o inciso VII do artigo 1º do Regulamento da Organização e do Custeio da Seguridade Social, aprovado pelo Decreto nº 612, de 21 de julho de 1992, com as alterações subsequentes, que os utilize diretamente com essas finalidades;

b) o produto animal utilizado como cobaia para fins de pesquisas científicas no país;

c) o produto vegetal vendido por pessoa ou entidade que, registrada no Ministério da Agricultura, do Abastecimento e da Reforma Agrária, se dedique ao comércio de sementes e mudas no país, quando na revenda o comprador for a pessoa física de que trata o inciso II deste artigo ou o segurado especial aludido na alínea *a* deste parágrafo.

§ 5º A contribuição que trata este artigo será recolhida:

a) pelo adquirente, consignatário ou cooperativa que ficam sub-rogados, para esse fim, nas obrigações do produtor;

b) pelo produtor, quando ele próprio vender os seus produtos no varejo, diretamente ao consumidor, ou a adquirente domiciliado no exterior.

§ 6º Aplicam-se às contribuições aludidas no inciso II deste artigo o disposto nos §§ 8º e 9º do artigo 24 do Regulamento da Organização e do Custeio da Seguridade Social, aprovado pelo Decreto nº 612, de 21 de julho de 1992, e alterações posteriores.

▸ Art. 11 com a redação dada pelo Dec. nº 790, de 31-3-1993.

Art. 12. A distribuição e a forma de utilização dos recursos de que trata este Capítulo serão definidas no regimento interno do Senar, observada a proporcionalidade em relação à arrecadação, na forma estabelecida no § 3º do art. 3º da Lei nº 8.315, de 23 de dezembro de 1991, reservada a cota de:

▸ *Caput* com a redação dada pelo Dec. nº 9.274, de 1º-2-2018.

I – até cinco por cento sobre a arrecadação para a administração superior a cargo da Confederação da Agricultura e Pecuária do Brasil; e

II – até cinco por cento sobre a arrecadação regional para a administração superior a cargo da Federação da Agricultura e Pecuária.

► Incisos I e II acrescidos pelo Dec. nº 9.274, de 1º-2-2018.

Capítulo IV

DO PESSOAL

Art. 13. O regime jurídico do pessoal do SENAR será o da Consolidação das Leis do Trabalho e respectiva legislação complementar.

Parágrafo único. A admissão de pessoal em cargo de provimento efetivo ocorrerá por meio de processo seletivo, observadas as normas específicas editadas pelo Conselho Deliberativo.

► Parágrafo único com a redação dada pelo Dec. nº 9.274, de 1º-2-2018.

Capítulo V

DAS DISPOSIÇÕES GERAIS E TRANSITÓRIAS

Art. 14. A arrecadação das contribuições devidas ao Senar, na forma estabelecida nos incisos I e II do *caput* do art. 11, será feita pela Secretaria da Receita Federal do Brasil do Ministério da Fazenda e, no inciso VIII do *caput* do art. 11, será feita pelo Instituto Nacional de Colonização e Reforma Agrária – Incra, ou por órgão ou entidade designado pelo Poder Executivo, em conjunto com o recolhimento das contribuições para a Seguridade Social e do Imposto sobre a Propriedade Territorial Rural e, nas mesmas condições, prazos e sanções, foro e privilégio que lhes são aplicáveis, inclusive no que se refere à cobrança judicial mediante processo de execução fiscal, na forma estabelecida na Lei nº 6.830, de 22 de setembro de 1980.

► *Caput* com a redação dada pelo Dec. nº 9.274, de 1º-2-2018.

Parágrafo único. As ações relativas aos recursos previstos nos incisos I, II, V e VIII do artigo 11 deste Regulamento, nas quais o SENAR figurar como autor, réu ou interveniente, serão propostas no juízo privativo da Fazenda Pública.

► Parágrafo único coma redação dada pelo Dec. nº 790, de 31-3-1993.

Art. 15. O primeiro mandato dos membros do Conselho Deliberativo e do Conselho Fiscal será inferior aos quatro anos fixados no art. 4º e no art. 9º, de forma a se ajustar à vigência do mandato da atual direção da Confederação da Agricultura e Pecuária do Brasil.

► Artigo com a redação dada pelo Dec. nº 9.274, de 1º-2-2018.

Art. 16. O Regimento Interno do SENAR deverá ser votado pelo Conselho Deliberativo dentro do prazo de noventa dias da publicação deste Regulamento.

LEI Nº 8.620, DE 5 DE JANEIRO DE 1993

Altera as Leis nºs 8.212 e 8.213, de 24 de julho de 1991, e dá outras providências.

(EXCERTOS)

► Publicada no *DOU* de 6-1-1993 e retificada no *DOU* de 12-7-1993 e de 2-8-1993.

....

Art. 5º Os débitos dos hospitais contratados ou conveniados com o Instituto Nacional da Assistência Médica da Previdência Social (INAMPS), relativos a contribuições arrecadadas pelo Instituto Nacional do Seguro Social, ajuizados ou não, referentes a competências existente até 30 de outubro de 1992, poderão ser objeto de parcelamento nos termos desta lei, mediante o desconto de até 20% (vinte por cento) a ser efetuado sobre a importância das faturas referentes aos serviços médico-hospitalares prestados por conta da Seguridade Social, cujo valor correspondente será pelo órgão pagador, para ressarcimento de parcela do débito, na forma a ser estabelecida em regulamento.

Parágrafo único. Quando o valor descontado do faturamento for insuficiente para cobrir o valor da prestação pactuada, serão estabelecidas, conforme dispuser o regulamento, garantias ou formas de pagamentos complementares.

Art. 6º A eficácia de qualquer acordo de parcelamento ficará na dependência da comprovação do recolhimento regular, nas épocas próprias, das parcelas e das contribuições correntes, a partir da competência do mês em que o acordo for assinado.

Art. 7º O recolhimento da contribuição correspondente ao décimo-terceiro salário deve ser efetuado até o dia 20 de dezembro ou no dia imediatamente anterior em que haja expediente bancário.

§ 1º Nos casos da rescisão do contrato de trabalho o recolhimento deve ser efetuado na forma da alínea *b* do inciso I do artigo 30 da Lei nº 8.212, de 24 de julho de 1991, com a redação desta lei.

§ 2º A contribuição de que trata este artigo incide sobre o valor bruto do décimo-terceiro salário, mediante aplicação, em separado, das alíquotas estabelecidas nos artigos 20 e 22 da Lei nº 8.212, de 24 de julho de 1991.

§ 3º A atualização monetária, será devida a contar da data prevista no *caput* deste artigo, utilizando-se o mesmo indexador definido para as demais contribuições arrecadadas pelo Instituto Nacional do Seguro Social.

Art. 8º O Instituto Nacional do Seguro Social (INSS), nas causas em que seja interessado na condição de autor, réu, assistente ou opoente, gozará das mesmas prerrogativas e privilégios assegurados à Fazenda Pública, inclusive quando à inalienabilidade e impenhorabilidade de seus bens.

§ 1º O INSS é isento do pagamento de custas, traslados, preparos, certidões, registros, averbações e quaisquer outros emolumentos, nas causas em que seja interessado nas condições de autor, réu, assistente ou opoente, inclusive nas ações de natureza trabalhista, acidentária e de benefícios.

► Súm. nº 483 do STJ.

§ 2º *Revogado*. Lei nº 14.331, de 4-5-2022.

Art. 9º Excepcionalmente, nos meses de fevereiro a julho de 1993, os débitos junto à Seguridade Social, relativos a competências anteriores a 1º de dezembro de 1992, incluídos ou não em notificação, poderão ser objeto de acordo para pagamento parcelado nas seguintes condições:

I – até noventa e seis meses, no caso de solicitação apresentada no mês de fevereiro;

II – até noventa meses, no caso de solicitação apresentada no mês de março;

III – até oitenta e quatro meses, no caso de solicitação apresentada no mês de abril;

IV – até setenta e oito meses, no caso de solicitação apresentada no mês de maio;

V – até setenta e dois meses, no caso de solicitação apresentada no mês de junho;

VI – até sessenta e seis meses, no caso de solicitação apresentada no mês de julho.

Parágrafo único. As empresas adimplentes com a Seguridade Social que possuem acordo de parcelamento em sessenta meses poderão optar pelas condições de parcelamento previstas neste artigo, não prevalecendo, neste caso, o disposto no § 5º dos artigos 38 da Lei nº 8.212, de 24 de julho de 1991.

Art. 10. Excepcionalmente, nos meses de fevereiro a julho de 1993, os débitos junto à Seguridade Social, de responsabilidade de empresas públicas ou sociedades de economia mista controladas, direta ou indiretamente, pela União, pelos Estados, pelo Distrito Federal ou pelos Municípios, referentes a competência anteriores a 1º de dezembro de 1992, incluídos ou não em notificação, poderão ser objeto de acordo para pagamento parcelado na forma do disposto neste artigo, desde que atendidas as seguintes condições:

I – garantia ou aval da União, no caso das empresas públicas ou sociedades de economia mista por esta controladas; ou

II – interveniência do Estado, do Distrito Federal ou do Município pelo oferecimento das respectivas parcelas junto ao Fundo de Participação dos Estados e do Distrito Federal (FPE) ou do Fundo de Participação dos Municípios (FPM), respectivamente, nos demais casos.

§ 1º Os débitos de que trata este artigo poderão ser parcelados em:

a) até duzentos e quarenta meses, no caso de solicitação apresentada no mês de fevereiro;

b) até duzentos e dez meses, no caso de solicitação apresentada no mês de março;

c) até cento e oitenta meses, no caso de solicitação apresentada no mês de abril;

d) até cento e cinquenta meses, no caso de solicitação apresentada no mês de maio;

e) até cento e vinte meses, no caso de solicitação apresentada no mês de junho;

f) até noventa meses, no caso de solicitação apresentada no mês de julho.

§ 2º Em hipótese alguma serão aceitos pagamentos garantias sob a forma de prestação de serviços.

§ 3º O pedido de parcelamento das entidades referidas no inciso II deste artigo far-se-á a interveniência direta do respectivo Estado ou Município, ou do Distrito Federal, que responderá solidariamente pelo acordo, e em caso de inadimplência, o valor da parcela será automaticamente bloqueado no respectivo Fundo de Participação e repassado ao INSS.

Art. 11. Aplicam-se aos parcelamentos concedidos nos termos dos artigos 9º e 10 desta lei as condições estabelecidas nos §§ 3º e 4º do artigo 38 da Lei nº 8.212, de 24 de julho de 1991.

§ 1º Da aplicação do disposto nos artigos 9º e 10 da presente lei, não poderá resultar parcela inferior a cento e vinte UFIR.

§ 2º O parcelamento de débito ajustado nos termos dos artigos 9º e 10 desta lei será automaticamente cancelado em caso de inadimplência de qualquer parcela, ficando o Instituto Nacional do Seguro Social (INSS), autorizado a proceder à execução imediata das garantias oferecidas.

§ 3º No ato do parcelamento previsto nos artigos 9º e 10 desta lei, as importâncias devidas a título de multa, quando referentes a competências anteriores a 1º de dezembro de 1992, serão reduzidas em 50% (cinquenta por cento).

Art. 12. Excepcionalmente, no ato dos parcelamentos previstos nos artigos 9º e 10 desta lei poder-se-á parcelar as contribuições descontadas dos segurados empregados e trabalhadores avulsos e não recolhidas ao Instituto Nacional do Seguro Social, quando referentes a competências anteriores a 1º de dezembro de 1992, devendo-se obedecer às seguintes regras:

a) em até seis meses, no caso de solicitação apresentada no mês de fevereiro;

b) em até cinco meses, no caso de solicitação apresentada no mês de março;

c) em até quatro meses, no caso de solicitação apresentada no mês de abril;

d) em até três meses, no caso de solicitação apresentada no mês de maio;

e) em até dois meses, no caso de solicitação apresentada nos meses de junho e julho.

Art. 13. *Revogado*. Lei nº 11.941, de 27-5-2009.

Art. 14. O Instituto Nacional do Seguro Social (INSS) poderá requisitar a qualquer órgão ou entidade da administração direta ou indireta da União, dos Estados, do Distrito Federal e dos Municípios, bem como das demais entidades sob seu controle, elementos de fato e de direito relativo às alegações e ao pedido do autor de ação proposta contra a Previdência Social, bem como promover diligências para localização de devedores e apuração de bens penhoráveis, que serão atendidas prioritariamente e sob regime de urgência.

Art. 15. O pagamento das contribuições devidas ao Instituto Nacional do Seguro Social terá prioridades absoluta nos programas financeiros de desembolso dos órgãos da administração pública direta, das entidades de administração pública direta, das entidades de administração indireta e suas subsidiárias e das demais entidades sob controle acionário direto ou indireto da União, dos Estados, do Distrito Federal e dos Municípios ou de suas autarquias, bem como das fundações instituídas ou mantidas pelo Poder Público.

Art. 16. A existência de débitos junto ao Instituto Nacional do Seguro Social, não renegociados ou renegociados e não saldados, nas condições estabelecidas em lei, importará na indisponibilidade dos recursos existentes, ou que venham a ingressar nas contas dos órgãos ou entidades devedoras de que trata o artigo anterior, abertas em quaisquer instituições financeiras, até o valor equivalente ao débito apurado na data da expedição de solicitação do Instituto Nacional do Seguro Social ao Banco Central do Brasil, incluindo o principal, corrigido monetariamente as multas e os juros.

§ 1º Caberá aos Ministros da Fazenda e da Previdência Social expedir as instruções para aplicação do disposto neste artigo.

§ 2º Caberá ao Instituto Nacional do Seguro Social notificar o órgão ou entidade devedora para, no prazo de trinta dias, efetuar a liquidação de seus débitos para com o referido Instituto.

§ 3º Caberá ao Banco Central do Brasil:

a) expedir, por solicitação do Instituto Nacional do Seguro Social, às instituições financeiras as ordens necessárias à execução do disposto neste artigo;

b) promover, no prazo de dez dias, a transferência ao Instituto Nacional do Seguro Social dos recursos tornados indisponíveis, até o montante para a liquidação do débito, caso a empresa notificada não efetue o pagamento no prazo estipulado no § 2º deste artigo.

Art. 17. Fica autorizado o Instituto Nacional do Seguro Social (INSS) a efetuar contratação de pessoal por tempo determinado, mediante contrato de locação de serviços, para atender as seguintes situações:

I – programa de Revisão da Concessão e da Manutenção dos Benefícios da Previdência Social, de que trata os artigos 69 e 71 da Lei nº 8.212, de 24 de julho de 1991;

II – elaborar os cálculos para execução das sentenças transitadas em julgado nas ações acidentárias e previdenciárias, cujos processos se encontrem paralisados junto à Procuradorias Estaduais do INSS;

III – promover diligência para localizar os devedores inscritos em dívida ativa e levantar os bens a serem oferecidos ao respectivo juízo para garantir o cumprimento do disposto no artigo 7º da Lei nº 6.830, de 22 de setembro de 1980;

IV – atender as demais necessidades temporárias, de excepcional interesse público, das Procuradorias do INSS.

§ 1º As contratações de que trata este artigo terão dotação específica e obedecerão aos seguintes quantitativos prazos:

a) na hipótese do inciso I, até mil prestadores de serviço, pelo prazo de dezoito meses;

b) na hipótese do inciso II; até cento e cinquenta contadores regularmente inscritos no respectivo conselho, pelo prazo de doze meses;

c) na hipótese do inciso III, até cem prestadores de serviço, pelo prazo de doze meses;

d) na hipótese do inciso IV, até quinhentos prestadores de serviço, pelo prazo de doze meses.

§ 2º Os prazos de que trata o parágrafo anterior são improrrogáveis.

§ 3º O recrutamento será feito mediante processo seletivo simplificado, pelo qual se verificará a qualificação necessária para o desempenho da atividade.

§ 4º Nas contratações de que trata este artigo serão observados os padrões de vencimento dos planos de carreira do INSS.

Art. 18. O Poder Executivo regulamentará o disposto nesta lei no prazo de trinta dias a contar de sua publicação.

Art. 19. Esta lei entra em vigor na data de sua publicação.

Art. 20. Revogam-se as disposições em contrário.

Brasília, 5 de janeiro de 1993;
172º da Independência e
105º da República.

Itamar Franco

LEI Nº 8.742, DE 7 DE DEZEMBRO DE 1993

Dispõe sobre a organização da Assistência Social e dá outras providências.

▸ Publicada no *DOU* de 8-12-1993.

▸ LC nº 187, de 16-12-2021, dispõe sobre a certificação das entidades beneficentes.

▸ Dec. nº 6.214, de 26-9-2007, regulamenta o benefício de prestação continuada da assistência social devido à pessoa com deficiência e ao idoso que trata esta Lei e a Lei nº 10.741, de 1º-10-2003.

LEI ORGÂNICA DA ASSISTÊNCIA SOCIAL

CAPÍTULO I

DAS DEFINIÇÕES E DOS OBJETIVOS

Art. 1º A assistência social, direito do cidadão e dever do Estado, é Política de Seguridade Social não contributiva, que provê os mínimos sociais, realizada através de um conjunto integrado de ações de iniciativa pública e da sociedade, para garantir o atendimento às necessidades básicas.

▸ Dec. nº 6.214, de 26-9-2007, regulamenta o benefício de prestação continuada devido à pessoa portadora de deficiência e ao idoso de que trata esta lei.

Art. 2º A assistência social tem por objetivos:

▸ *Caput* com a redação dada pela Lei nº 12.435, de 6-7-2011.

I – a proteção social, que visa à garantia da vida, à redução de danos e à prevenção da incidência de riscos, especialmente:

▸ *Caput* do inciso I com a redação dada pela Lei nº 12.435, de 6-7-2011.

a) a proteção à família, à maternidade, à infância, à adolescência e à velhice;

b) o amparo às crianças e aos adolescentes carentes;

c) a promoção da integração ao mercado de trabalho;

▸ Alíneas *a* a *c* acrescidas pela Lei nº 12.435, de 6-7-2011.

d) a habilitação e reabilitação das pessoas com deficiência e a promoção de sua integração à vida comunitária; e

▸ Antigo inciso IV transformado em alínea *d* pela Lei nº 12.435, de 6-7-2011.

e) a garantia de 1 (um) salário mínimo de benefício mensal à pessoa com deficiência e ao idoso que comprovem não possuir meios de prover a própria manutenção ou de tê-la provida por sua família;

▶ Antigo inciso V transformado em alínea e e com a redação dada pela Lei nº 12.435, de 6-7-2011.

▶ Dec. nº 6.214, de 26-9-2007, regulamenta o benefício de prestação continuada devido à pessoa portadora de deficiência e ao idoso de que trata esta lei.

II – a vigilância socioassistencial, que visa a analisar territorialmente a capacidade protetiva das famílias e nela a ocorrência de vulnerabilidades, de ameaças, de vitimizações e danos;

III – a defesa de direitos, que visa a garantir o pleno acesso aos direitos no conjunto das provisões socioassistenciais.

▶ Incisos II e III com a redação dada pela Lei nº 12.435, de 6-7-2011.

Parágrafo único. Para o enfrentamento da pobreza, a assistência social realiza-se de forma integrada às políticas setoriais, garantindo mínimos sociais e provimento de condições para atender contingências sociais e promovendo a universalização dos direitos sociais.

▶ Parágrafo único com a redação dada pela Lei nº 12.435, de 6-7-2011.

Art. 3º Consideram-se entidades e organizações de assistência social aquelas sem fins lucrativos que, isolada ou cumulativamente, prestam atendimento e assessoramento aos beneficiários abrangidos por esta Lei, bem como as que atuam na defesa e garantia de direitos.

▶ *Caput* com a redação dada pela Lei nº 12.435, de 6-7-2011.

▶ Dec. nº 6.308, de 14-12-2007, dispõe sobre as entidades e organizações de assistência social de que trata este artigo.

§ 1º São de atendimento aquelas entidades que, de forma continuada, permanente e planejada, prestam serviços, executam programas ou projetos e concedem benefícios de prestação social básica ou especial, dirigidos às famílias e indivíduos em situações de vulnerabilidade ou risco social e pessoal, nos termos desta Lei, e respeitadas as deliberações do Conselho Nacional de Assistência Social (CNAS), de que tratam os incisos I e II do art. 18.

§ 2º São de assessoramento aquelas que, de forma continuada, permanente e planejada, prestam serviços e executam programas ou projetos voltados prioritariamente para o fortalecimento dos movimentos sociais e das organizações de usuários, formação e capacitação de lideranças, dirigidos ao público da política de assistência social, nos termos desta Lei, e respeitadas as deliberações do CNAS, de que tratam os incisos I e II do art. 18.

§ 3º São de defesa e garantia de direitos aquelas que, de forma continuada, permanente e planejada, prestam serviços e executam programas e projetos voltados prioritariamente para a defesa e efetivação dos direitos socioassistenciais, construção de novos direitos, promoção da cidadania, enfrentamento das desigualdades sociais, articulação com órgãos públicos de defesa de direitos, dirigidos ao público da política de assistência social, nos termos desta Lei, e respeitadas as deliberações do CNAS, de que tratam os incisos I e II do art. 18.

▶ §§ 1º a 3º acrescidos pela Lei nº 12.435, de 6-7-2011.

CAPÍTULO II

DOS PRINCÍPIOS E DAS DIRETRIZES

SEÇÃO I

DOS PRINCÍPIOS

Art. 4º A assistência social rege-se pelos seguintes princípios:

I – supremacia do atendimento às necessidades sociais sobre as exigências de rentabilidade econômica;

II – universalização dos direitos sociais, a fim de tornar o destinatário da ação assistencial alcançável pelas demais políticas públicas;

III – respeito à dignidade do cidadão, à sua autonomia e ao seu direito a benefícios e serviços de qualidade, bem como à convivência familiar e comunitária, vedando-se qualquer comprovação vexatória de necessidade;

IV – igualdade de direitos no acesso ao atendimento, sem discriminação de qualquer natureza, garantindo-se equivalência às populações urbanas e rurais;

V – divulgação ampla dos benefícios, serviços, programas e projetos assistenciais, bem como dos recursos oferecidos pelo Poder Público e dos critérios para sua concessão.

SEÇÃO II

DAS DIRETRIZES

Art. 5º A organização da assistência social tem como base as seguintes diretrizes:

I – descentralização político-administrativa para os Estados, o Distrito Federal e os Municípios, e comando único das ações em cada esfera de governo;

II – participação da população, por meio de organizações representativas, na formulação das políticas e no controle das ações em todos os níveis;

III – primazia da responsabilidade do Estado na condução da política de assistência social em cada esfera de governo.

Capítulo III

DA ORGANIZAÇÃO E DA GESTÃO

Art. 6º A gestão das ações na área de assistência social fica organizada sob a forma de sistema descentralizado e participativo, denominado Sistema Único de Assistência Social (SUAS), com os seguintes objetivos:

► *Caput* com a redação dada pela Lei nº 12.435, de 6-7-2011.

I – consolidar a gestão compartilhada, o cofinanciamento e a cooperação técnica entre os entes federativos que, de modo articulado, operam a proteção social não contributiva;

II – integrar a rede pública e privada de serviços, programas, projetos e benefícios de assistência social, na forma do art. 6º-C;

III – estabelecer as responsabilidades dos entes federativos na organização, regulação, manutenção e expansão das ações de assistência social;

IV – definir os níveis de gestão, respeitadas as diversidades regionais e municipais;

V – implementar a gestão do trabalho e a educação permanente na assistência social;

VI – estabelecer a gestão integrada de serviços e benefícios; e

VII – afiançar a vigilância socioassistencial e a garantia de direitos.

► Incisos I a VII acrescidos pela Lei nº 12.435, de 6-7-2011.

§ 1º As ações ofertadas no âmbito do SUAS têm por objetivo a proteção à família, à maternidade, à infância, à adolescência e à velhice e, como base de organização, o território.

§ 2º O SUAS é integrado pelos entes federativos, pelos respectivos conselhos de assistência social e pelas entidades e organizações de assistência social abrangidas por esta Lei.

► §§ 1º e 2º acrescidos pela Lei nº 12.435, de 6-7-2011.

§ 3º A instância coordenadora da Política Nacional de Assistência Social é o Ministério do Desenvolvimento Social e Combate à Fome.

► Antigo parágrafo único transformado em § 3º e com a redação dada pela Lei nº 12.435, de 6-7-2011.

§ 4º Cabe à instância coordenadora da Política Nacional de Assistência Social normatizar e padronizar o emprego e a divulgação da identidade visual do SUAS.

§ 5º A identidade visual do SUAS deverá prevalecer na identificação de unidades públicas estatais, entidades e organizações de assistência social, serviços, programas, projetos e benefícios vinculados ao SUAS.

► §§ 4º e 5º acrescidos pela Lei nº 13.714, de 24-8-2018.

Art. 6º-A. A assistência social organiza-se pelos seguintes tipos de proteção:

I – proteção social básica: conjunto de serviços, programas, projetos e benefícios da assistência social que visa a prevenir situações de vulnerabilidade e risco social por meio do desenvolvimento de potencialidades e aquisições e do fortalecimento de vínculos familiares e comunitários;

II – proteção social especial: conjunto de serviços, programas e projetos que tem por objetivo contribuir para a reconstrução de vínculos familiares e comunitários, a defesa de direito, o fortalecimento das potencialidades e aquisições e a proteção de famílias e indivíduos para o enfrentamento das situações de violação de direitos.

Parágrafo único. A vigilância socioassistencial é um dos instrumentos das proteções da assistência social que identifica e previne as situações de risco e vulnerabilidade social e seus agravos no território.

Art. 6º-B. As proteções sociais básica e especial serão ofertadas pela rede socioassistencial, de forma integrada, diretamente pelos entes públicos e/ou pelas entidades e organizações de assistência social vinculadas ao SUAS, respeitadas as especificidades de cada ação.

§ 1º A vinculação ao SUAS é o reconhecimento pelo Ministério do Desenvolvimento Social e Combate à Fome de que a entidade de assistência social integra a rede socioassistencial.

§ 2º Para o reconhecimento referido no § 1º, a entidade deverá cumprir os seguintes requisitos:

I – constituir-se em conformidade com o disposto no art. 3º;

II – inscrever-se em Conselho Municipal ou do Distrito Federal, na forma do art. 9º;

III – integrar o sistema de cadastro de entidades de que trata o inciso XI do art. 19.

§ 3º As entidades e organizações de assistência social vinculadas ao SUAS celebrarão convênios, contratos, acordos ou ajustes com o poder público para a execução, garantido financiamento integral, pelo Estado, de serviços, programas, projetos e ações de assistência social, nos limites da capacidade instalada, aos beneficiários abrangidos por esta Lei, observando-se as disponibilidades orçamentárias.

§ 4º O cumprimento do disposto no § 3º será informado ao Ministério do Desenvolvimento Social e Combate à Fome pelo órgão gestor local da assistência social.

Art. 6º-C. As proteções sociais, básica e especial, serão ofertadas precipuamente no Centro de Referência de Assistência Social (CRAS) e no Centro de Referência Especializado de Assistência Social (CREAS), respectivamente, e pelas entidades sem fins lucrativos de assistência social de que trata o art. 3º desta Lei.

§ 1º O CRAS é a unidade pública municipal, de base territorial, localizada em áreas com maiores índices de vulnerabilidade e risco social, destinada à articulação dos serviços socioassistenciais no seu território de abrangência e à prestação de serviços, programas e projetos socioassistenciais de proteção social básica às famílias.

§ 2º O CREAS é a unidade pública de abrangência e gestão municipal, estadual ou regional, destinada à prestação de serviços a indivíduos e famílias que se encontram em situação de risco pessoal ou social, por violação de direitos ou contingência, que demandam intervenções especializadas da proteção social especial.

§ 3º Os CRAS e os CREAS são unidades públicas estatais instituídas no âmbito do SUAS, que possuem interface com as demais políticas públicas e articulam, coordenam e ofertam os serviços, programas, projetos e benefícios da assistência social.

Art. 6º-D. As instalações dos CRAS e dos CREAS devem ser compatíveis com os serviços neles ofertados, com espaços para trabalhos em grupo e ambientes específicos para recepção e atendimento reservado das famílias e indivíduos, assegurada a acessibilidade às pessoas idosas e com deficiência.

Art. 6º-E. Os recursos do cofinanciamento do SUAS, destinados à execução das ações continuadas de assistência social, poderão ser aplicados no pagamento dos profissionais que integrarem as equipes de referência, responsáveis pela organização e oferta daquelas ações, conforme percentual apresentado pelo Ministério do Desenvolvimento Social e Combate à Fome e aprovado pelo CNAS.

Parágrafo único. A formação das equipes de referência deverá considerar o número de famílias e indivíduos referenciados, os tipos e modalidades de atendimento e as aquisições que devem ser garantidas aos usuários, conforme deliberações do CNAS.

► Arts. 6º-A a 6º-E acrescidos pela Lei nº 12.435, de 6-7-2011.

Art. 6º-F. Fica instituído o Cadastro Único para Programas Sociais do Governo Federal (CADÚNICO), registro público eletrônico com a finalidade de coletar, processar, sistematizar e disseminar informações para a identificação e a caracterização socioeconômica das famílias de baixa renda, nos termos do regulamento.

► *Caput* com a redação dada pela Lei nº 14.601, de 19-6-2023.

§ 1º As famílias de baixa renda poderão inscrever-se no CadÚnico nas unidades públicas de que tratam os §§ 1º e 2º do art. 6º-C desta Lei ou, nos termos do regulamento, por meio eletrônico.

► § 1º acrescido pela Lei nº 14.284, de 29-12-2021.

§ 2º A inscrição no CADÚNICO poderá ser obrigatória para acesso a programas sociais do governo federal, na forma estabelecida em regulamento.

► § 2º com a redação dada pela Lei nº 14.601, de 19-6-2023.

§ 3º Para fins de cumprimento do disposto no art. 12 da Emenda Constitucional nº 103, de 12 de novembro de 2019, e de ampliação da fidedignidade das informações cadastrais, será garantida a interoperabilidade de dados do CADÚNICO com os dados constantes do Cadastro Nacional de Informações Sociais (CNIS), de que trata a Lei nº 8.213, de 24 de julho de 1991.

§ 4º Os dados do CNIS incluídos no CADÚNICO poderão ser acessados pelos órgãos

gestores do CADÚNICO, nas 3 (três) esferas da Federação, conforme termo de adesão do ente federativo ao CADÚNICO, do qual constará cláusula de compromisso com o sigilo de dados.

§ 5º A sociedade civil poderá cooperar com a identificação de pessoas que precisem ser inscritas no CADÚNICO, nos termos do regulamento.

§ 6º O CADÚNICO coletará informações que caracterizem a condição socioeconômica e territorial das famílias, de forma a reduzir sua invisibilidade social e com vistas a identificar suas demandas por políticas públicas, na forma do regulamento.

▸ §§ 3º a 6º acrescidos pela Lei nº 14.601, de 19-6-2023.

▸ Dec. nº 11.016, de 29-3-2022, regulamenta o Cadastro Único para Programas Sociais do Governo Federal, instituído neste artigo.

Art. 7º As ações de assistência social, no âmbito das entidades e organizações de assistência social, observarão as normas expedidas pelo Conselho Nacional de Assistência Social (CNAS), de que trata o artigo 17 desta lei.

Art. 8º A União, os Estados, o Distrito Federal e os Municípios, observados os princípios e diretrizes estabelecidos nesta lei, fixarão suas respectivas Políticas de Assistência Social.

Art. 9º O funcionamento das entidades e organizações de assistência social depende de prévia inscrição no respectivo Conselho Municipal de Assistência Social, ou no Conselho de Assistência Social do Distrito Federal, conforme o caso.

§ 1º A regulamentação desta lei definirá os critérios de inscrição e funcionamento das entidades com atuação em mais de um município no mesmo Estado, ou em mais de um Estado ou Distrito Federal.

§ 2º Cabe ao Conselho Municipal de Assistência Social e ao Conselho de Assistência Social do Distrito Federal a fiscalização das entidades referidas no *caput* na forma prevista em lei ou regulamento.

§ 3º *Revogado*. Lei nº 12.101, de 27-11-2009.

§ 4º As entidades e organizações de assistência social podem, para defesa de seus direitos referentes à inscrição e ao funcionamento, recorrer aos Conselhos Nacional, Estaduais, Municipais e do Distrito Federal.

Art. 10. A União, os Estados, os Municípios e o Distrito Federal podem celebrar convênios com entidades e organizações de assistência social, em conformidade com os Planos aprovados pelos respectivos Conselhos.

Art. 11. As ações das três esferas de governo na área de assistência social realizam-se de forma articulada, cabendo a coordenação e as normas gerais à esfera federal e a coordenação e execução dos programas, em suas respectivas esferas, aos Estados, ao Distrito Federal e aos Municípios.

Art. 12. Compete à União:

I – responder pela concessão e manutenção dos benefícios de prestação continuada definidos no artigo 203 da Constituição Federal;

II – cofinanciar, por meio de transferência automática, o aprimoramento da gestão, os serviços, os programas e os projetos de assistência social em âmbito nacional;

▸ Inciso II com a redação dada pela Lei nº 12.435, de 6-7-2011.

III – atender, em conjunto com os Estados, o Distrito Federal e os Municípios, às ações assistenciais de caráter de emergência;

IV – realizar o monitoramento e a avaliação da política de assistência social e assessorar Estados, Distrito Federal e Municípios para seu desenvolvimento.

▸ Inciso IV acrescido pela Lei nº 12.435, de 6-7-2011.

Art. 12-A. A União apoiará financeiramente o aprimoramento à gestão descentralizada dos serviços, programas, projetos e benefícios de assistência social, por meio do Índice de Gestão Descentralizada (IGD) do Sistema Único de Assistência Social (SUAS), para a utilização no âmbito dos Estados, dos Municípios e do Distrito Federal, destinado, sem prejuízo de outras ações a serem definidas em regulamento, a:

I – medir os resultados da gestão descentralizada do SUAS, com base na atuação do gestor estadual, municipal e do Distrito Federal na implementação, execução e monitoramento dos serviços, programas, projetos e benefícios de assistência social, bem como na articulação intersetorial;

II – incentivar a obtenção de resultados qualitativos na gestão estadual, municipal e do Distrito Federal do SUAS; e

III – calcular o montante de recursos a serem repassados aos entes federados a título de apoio financeiro à gestão do SUAS.

§ 1º Os resultados alcançados pelo ente federado na gestão do SUAS, aferidos na forma de regulamento, serão considerados como prestação de contas dos recursos a serem transferidos a título de apoio financeiro.

§ 2º As transferências para apoio à gestão descentralizada do SUAS adotarão a sistemática do Índice de Gestão Descentralizada do Programa Bolsa Família, previsto no art. 8º da Lei nº 10.836, de 9 de janeiro de 2004, e serão efetivadas por meio de procedimento integrado àquele índice.

§ 3º VETADO. Lei nº 12.435, de 6-7-2011.

§ 4º Para fins de fortalecimento dos Conselhos de Assistência Social dos Estados, Municípios e Distrito Federal, percentual dos recursos transferidos deverá ser gasto com atividades de apoio técnico e operacional àqueles colegiados, na forma fixada pelo Ministério do Desenvolvimento Social e Combate à Fome, sendo vedada a utilização dos recursos para pagamento de pessoal efetivo e de gratificações de qualquer natureza a servidor público estadual, municipal ou do Distrito Federal.

► Art. 12-A acrescido pela Lei nº 12.435, de 6-7-2011.

Art. 13. Compete aos Estados:

I – destinar recursos financeiros aos Municípios, a título de participação no custeio do pagamento dos benefícios eventuais de que trata o art. 22, mediante critérios estabelecidos pelos Conselhos Estaduais de Assistência Social;

II – cofinanciar, por meio de transferência automática, o aprimoramento da gestão, os serviços, os programas e os projetos de assistência social em âmbito regional ou local;

► Incisos I e II com a redação dada pela Lei nº 12.435, de 6-7-2011.

III – atender, em conjunto com os Municípios, às ações assistenciais de caráter de emergência;

IV – estimular e apoiar técnica e financeiramente as associações e consórcios municipais na prestação de serviços de assistência social;

V – prestar os serviços assistenciais cujos custos ou ausência de demanda municipal justifiquem uma rede regional de serviços, desconcentrada, no âmbito do respectivo Estado;

VI – realizar o monitoramento e a avaliação da política de assistência social e assessorar os Municípios para seu desenvolvimento.

► Inciso VI acrescido pela Lei nº 12.435, de 6-7-2011.

Art. 14. Compete ao Distrito Federal:

I – destinar recursos financeiros para custeio do pagamento dos benefícios eventuais de que trata o art. 22, mediante critérios estabelecidos pelos Conselhos de Assistência Social do Distrito Federal;

► Inciso I com a redação dada pela Lei nº 12.435, de 6-7-2011.

II – efetuar o pagamento dos auxílios natalidade e funeral;

III – executar os projetos de enfrentamento da pobreza, incluindo a parceria com organizações da sociedade civil;

IV – atender às ações assistenciais de caráter de emergência;

V – prestar os serviços assistenciais de que trata o artigo 23 desta lei;

VI – cofinanciar o aprimoramento da gestão, os serviços, os programas e os projetos de assistência social em âmbito local;

VII – realizar o monitoramento e a avaliação da política de assistência social em seu âmbito.

► Incisos VI e VII acrescidos pela Lei nº 12.435, de 6-7-2011.

Art. 15. Compete aos Municípios:

I – destinar recursos financeiros para custeio do pagamento dos benefícios eventuais de que trata o art. 22, mediante critérios estabelecidos pelos Conselhos Municipais de Assistência Social;

► Inciso I com a redação dada pela Lei nº 12.435, de 6-7-2011.

II – efetuar o pagamento dos auxílios natalidade e funeral;

III – executar os projetos de enfrentamento da pobreza, incluindo a parceria com organizações da sociedade civil;

IV – atender às ações assistenciais de caráter de emergência;

V – prestar os serviços assistenciais de que trata o artigo 23 desta lei;

VI – cofinanciar o aprimoramento da gestão, os serviços, os programas e os projetos de assistência social em âmbito local;

VII – realizar o monitoramento e a avaliação da política de assistência social em seu âmbito.

► Incisos VI e VII acrescidos pela Lei nº 12.435, de 6-7-2011.

Art. 16. As instâncias deliberativas do SUAS, de caráter permanente e composição paritária entre governo e sociedade civil, são:

► *Caput* com a redação dada pela Lei nº 12.435, de 6-7-2011.

I – o Conselho Nacional de Assistência Social;

II – os Conselhos Estaduais de Assistência Social;

III – o Conselho de Assistência Social do Distrito Federal;

IV – os Conselhos Municipais de Assistência Social.

Parágrafo único. Os Conselhos de Assistência Social estão vinculados ao órgão gestor de assistência social, que deve prover a infraestrutura necessária ao seu funcionamento, garantindo recursos materiais, humanos e financeiros, inclusive com despesas referentes a passagens e diárias de conselheiros representantes do governo ou da sociedade civil, quando estiverem no exercício de suas atribuições.

► Parágrafo único acrescido pela Lei nº 12.435, de 6-7-2011.

Art. 17. Fica instituído o Conselho Nacional de Assistência Social (CNAS), órgão superior de deliberação colegiada, vinculado à estrutura do órgão da Administração Pública Federal responsável pela coordenação da Política Nacional de Assistência Social, cujos membros, nomeados pelo Presidente da República, têm mandato de dois anos, permitida uma única recondução por igual período.

§ 1º O Conselho Nacional de Assistência Social (CNAS) é composto por dezoito membros e respectivos suplentes, cujos nomes são indicados ao órgão da Administração Pública Federal responsável pela coordenação da Política Nacional de Assistência Social, de acordo com os critérios seguintes:

I – nove representantes governamentais, incluindo um representante dos Estados e um dos Municípios;

II – nove representantes da sociedade civil, dentre representantes dos usuários ou de organizações de usuários, das entidades e organizações de assistência social e dos trabalhadores do setor, escolhidos em foro próprio sob fiscalização do Ministério Público Federal.

► Dec. nº 5.003, de 4-3-2004, dispõe sobre o processo de escolha dos representantes da sociedade civil no Conselho Nacional de Assistência Social – CNAS.

§ 2º O Conselho Nacional de Assistência Social (CNAS) é presidido por um de seus integrantes, eleito dentre seus membros, para mandato de um ano, permitida uma única recondução por igual período.

§ 3º O Conselho Nacional de Assistência Social (CNAS) contará com uma Secretaria Executiva, a qual terá sua estrutura disciplinada em ato do Poder Executivo.

§ 4º Os Conselhos de que tratam os incisos II, III e IV do art. 16, com competência para acompanhar a execução da política de assistência social, apreciar e aprovar a proposta orçamentária, em consonância com as diretrizes das conferências nacionais, estaduais, distrital e municipais, de acordo com seu âmbito de atuação, deverão ser instituídos, respectivamente, pelos Estados, pelo Distrito Federal e pelos Municípios, mediante lei específica.

► § 4º com a redação dada pela Lei nº 12.435, de 6-7-2011.

Art. 18. Compete ao Conselho Nacional de Assistência Social:

I – aprovar a Política Nacional de Assistência Social;

II – normatizar as ações e regular a prestação de serviços de natureza pública e privada no campo da assistência social;

III – acompanhar e fiscalizar o processo de certificação das entidades e organizações de assistência social no Ministério do Desenvolvimento Social e Combate à Fome;

IV – apreciar relatório anual que conterá a relação de entidades e organizações de assistência social certificadas como beneficentes e encaminhá-lo para conhecimento dos Conselhos de Assistência Social dos Estados, Municípios e do Distrito Federal;

► Incisos III e IV com a redação dada pela Lei nº 12.101, de 27-11-2009.

V – zelar pela efetivação do sistema descentralizado e participativo de assistência social;

VI – a partir da realização da II Conferência Nacional de Assistência Social em 1997, convocar ordinariamente a cada quatro anos a Conferência Nacional de Assistência Social, que terá a atribuição de avaliar a situação da assistência social e propor diretrizes para o aperfeiçoamento do sistema;

► Inciso VI com a redação dada pela Lei nº 9.720, de 26-4-1998.

VII – VETADO;

VIII – apreciar e aprovar a proposta orçamentária da Assistência Social a ser encaminhada pelo órgão da Administração Pública Federal responsável pela coordenação da Política Nacional de Assistência Social;

IX – aprovar critérios de transferência de recursos para os Estados, Municípios e Distrito Federal, considerando, para tanto, indicadores que informem sua regionalização mais equitativa, tais como: população, renda per capita, mortalidade infantil e concentração de renda, além de disciplinar os procedimentos de repasse de recursos para as entidades e organizações de assistência social, sem prejuízo das disposições da Lei de Diretrizes Orçamentárias;

X – acompanhar e avaliar a gestão dos recursos, bem como os ganhos sociais e o desempenho dos programas e projetos aprovados;

XI – estabelecer diretrizes, apreciar e aprovar os programas anuais e plurianuais do Fundo Nacional de Assistência Social (FNAS);

XII – indicar o representante do Conselho Nacional de Assistência Social (CNAS) junto ao Conselho Nacional da Seguridade Social;

XIII – elaborar e aprovar seu regimento interno;

XIV – divulgar, no *Diário Oficial da União*, todas as suas decisões, bem como as contas do Fundo Nacional de Assistência Social (FNAS) e os respectivos pareceres emitidos.

Parágrafo único. *Revogado*. Lei nº 12.101, de 27-11-2009.

Art. 19. Compete ao órgão da Administração Pública Federal responsável pela coordenação da Política Nacional de Assistência Social:

I – coordenar e articular as ações no campo da assistência social;

II – propor ao Conselho Nacional de Assistência Social (CNAS) a Política Nacional de Assistência Social, suas normas gerais, bem como os critérios de prioridade e de elegibilidade, além de padrões de qualidade na prestação de benefícios, serviços, programas e projetos;

III – prover recursos para o pagamento dos benefícios de prestação continuada definidos nesta lei;

IV – elaborar e encaminhar a proposta orçamentária da assistência social, em conjunto com as demais da Seguridade Social;

V – propor os critérios de transferência dos recursos de que trata esta lei;

VI – proceder à transferência dos recursos destinados à assistência social, na forma prevista nesta lei;

VII – encaminhar à apreciação do Conselho Nacional de Assistência Social (CNAS) relatórios trimestrais e anuais de atividades e de realização financeira dos recursos;

VIII – prestar assessoramento técnico aos Estados, ao Distrito Federal, aos Municípios e às entidades e organizações de assistência social;

IX – formular política para a qualificação sistemática e continuada de recursos humanos no campo da assistência social;

X – desenvolver estudos e pesquisas para fundamentar as análises de necessidades e formulação de proposições para a área;

XI – coordenar e manter atualizado o sistema de cadastro de entidades e organizações de assistência social, em articulação com os Estados, os Municípios e o Distrito Federal;

► Art. 31, III, da LC nº 187, de 16-12-2021, que dispõe sobre a certificação das entidades beneficentes.

XII – articular-se com os órgãos responsáveis pelas políticas de saúde e previdência social, bem como com os demais responsáveis pelas políticas socioeconômicas setoriais, visando à elevação do patamar mínimo de atendimento às necessidades básicas;

XIII – expedir os atos normativos necessários à gestão do Fundo Nacional de Assistência Social (FNAS), de acordo com as diretrizes estabelecidas pelo Conselho Nacional de Assistência Social (CNAS);

XIV – elaborar e submeter ao Conselho Nacional de Assistência Social (CNAS) os programas anuais e plurianuais de aplicação dos recursos do Fundo Nacional de Assistência Social (FNAS).

Parágrafo único. A atenção integral à saúde, inclusive a dispensação de medicamentos e produtos de interesse para a saúde, às famílias e indivíduos em situações de vulnerabilidade ou risco social e pessoal, nos termos desta Lei, dar-se-á independentemente da apresentação de documentos que comprovem domicílio ou inscrição no cadastro no Sistema Único de Saúde (SUS), em consonância com a diretriz de articulação das ações de assistência social e de saúde a que se refere o inciso XII deste artigo.

► Parágrafo único acrescido pela Lei nº 13.714, de 24-8-2018.

Capítulo IV

DOS BENEFÍCIOS, DOS SERVIÇOS, DOS PROGRAMAS E DOS PROJETOS DE ASSISTÊNCIA SOCIAL

Seção I

DO BENEFÍCIO DE PRESTAÇÃO CONTINUADA

Art. 20. O benefício de prestação continuada é a garantia de um salário mínimo mensal à pessoa com deficiência e ao idoso com 65 (sessenta e cinco) anos ou mais que comprovem não possuir meios de prover a própria manutenção nem de tê-la provida por sua família.

► *Caput* com a redação dada pela Lei nº 12.435, de 6-7-2011.

► Art. 34 da Lei nº 10.741, de 1º-10-2003 (Estatuto da Pessoa Idosa), altera para 65 anos a idade para concessão do benefício de prestação continuada ao idoso.

► Art. 18, *caput,* da Lei nº 13.301, 27-6-2016, que estabelece que fará jus ao benefício de prestação continuada temporário, previsto neste artigo, pelo prazo máximo de três anos, na condição de pessoa com deficiência, a criança vítima de microcefalia em decorrência de sequelas neurológicas decorrentes de doenças transmitidas pelo *Aedes aegypti*.

► Dec. nº 6.214, de 26-9-2007, regulamenta o benefício de prestação continuada da assistência social devido à pessoa com deficiência e ao idoso de que trata esta Lei, e a Lei nº 10.741, de 1º-10-2003 (Estatuto da Pessoa Idosa).

§ 1º Para os efeitos do disposto no *caput*, a família é composta pelo requerente, o cônjuge ou companheiro, os pais e, na ausência de um deles, a madrasta ou o padrasto, os irmãos solteiros, os filhos e enteados solteiros e os menores tutelados, desde que vivam sob o mesmo teto.

► § 1º com a redação dada pela Lei nº 12.435, de 6-7-2011.

§ 2º Para efeito de concessão do benefício de prestação continuada, considera-se pessoa com deficiência aquela que tem impedimento de longo prazo de natureza física, mental, intelectual ou sensorial, o qual, em interação com uma ou mais barreiras, pode obstruir sua participação plena e efetiva na sociedade em igualdade de condições com as demais pessoas.

► § 2º com a redação dada pela Lei nº 13.146, de 6-7-2015.

► A Lei nº 12.470, de 31-8-2011, ao modificar este parágrafo suprimiu os incisos I e II.

§ 3º Observados os demais critérios de elegibilidade definidos nesta Lei, terão direito ao benefício financeiro de que trata o *caput* deste artigo a pessoa com deficiência ou a pessoa idosa com renda familiar mensal *per capita* igual ou inferior a 1/4 (um quarto) do salário mínimo.

► *Caput* do § 3º com a redação dada pela Lei nº 14.176, de 22-6-2021.

I – *Revogado*. Lei nº 14.176, de 22-6-2021;
II – VETADO. Lei nº 13.982, de 2-4-2020.

§ 4º O benefício de que trata este artigo não pode ser acumulado pelo beneficiário com qualquer outro no âmbito da seguridade social ou de outro regime, salvo os da assistência médica e da pensão especial de natureza indenizatória, bem como as transferências de renda de que tratam o parágrafo único do art. 6º e o inciso VI do caput do art. 203 da Constituição Federal e o caput e o § 1º do art. 1º da Lei nº 10.835, de 8 de janeiro de 2004.

► § 4º com a redação dada pela Lei nº 14.601, de 19-6-2023.

§ 5º A condição de acolhimento em instituições de longa permanência não prejudica o direito do idoso ou da pessoa com deficiência ao benefício de prestação continuada.

► § 5º com a redação dada pela Lei nº 12.435, de 6-7-2011.

§ 6º A concessão do benefício ficará sujeita à avaliação da deficiência e do grau de impedimento de que trata o § 2º, composta por avaliação médica e avaliação social realizadas por médicos peritos e por assistentes sociais do Instituto Nacional de Seguro Social – INSS.

► § 6º com a redação dada pela Lei nº 12.470, de 31-8-2011.

§ 6º-A. O INSS poderá celebrar parcerias para a realização da avaliação social, sob a supervisão do serviço social da autarquia.

► § 6º-A acrescido pela Lei nº 14.441, de 2-9-2022.

§ 7º Na hipótese de não existirem serviços no município de residência do beneficiário, fica assegurado, na forma prevista em regulamento, o seu encaminhamento ao município mais próximo que contar com tal estrutura.

► § 7º com a redação dada pela Lei nº 9.720, de 30-11-1998.

§ 8º A renda familiar mensal a que se refere o § 3º deverá ser declarada pelo requerente ou seu representante legal, sujeitando-se aos demais procedimentos previstos no regulamento para o deferimento do pedido.

► § 8º acrescido pela Lei nº 9.720, de 30-11-1998.

§ 9º Os valores recebidos a título de auxílio financeiro temporário ou de indenização por danos sofridos em decorrência de rompimento e colapso de barragens, bem como os rendimentos decorrentes de estágio supervisionado e de aprendizagem, não serão computados para fins de cálculo da renda familiar* per capita *a que se refere o § 3º deste artigo.

► § 9º com a redação dada pela Lei nº 14.809, de 12-1-2024.

§ 10. Considera-se impedimento de longo prazo, para os fins do § 2º deste artigo, aquele que produza efeitos pelo prazo mínimo de 2 (dois) anos.

► § 10 acrescido pela Lei nº 12.470, de 31-8-2011.

§ 11. Para concessão do benefício de que trata o *caput* deste artigo, poderão ser utilizados outros elementos probatórios da condição de miserabilidade do grupo familiar e da situação de vulnerabilidade, conforme regulamento.

► § 11 acrescido pela Lei nº 13.146, de 6-7-2015.

§ 11-A. O regulamento de que trata o § 11 deste artigo poderá ampliar o limite de renda mensal familiar *per capita* previsto no § 3º deste artigo para até 1/2 (meio) salário mínimo, observado o disposto no art. 20-B desta Lei.

► § 11-A acrescido pela Lei nº 14.176, de 22-6-2021.

§ 12. São requisitos para a concessão, a manutenção e a revisão do benefício as inscrições no Cadastro de Pessoas Físicas (CPF) e no Cadastro Único para Programas Sociais do Governo Federal – Cadastro Único, conforme previsto em regulamento.

► § 12 acrescido pela Lei nº 13.846, de 18-6-2019.

§ 14. O benefício de prestação continuada ou o benefício previdenciário no valor de até 1 (um) salário mínimo concedido a idoso acima de 65 (sessenta e cinco) anos de idade ou pessoa com deficiência não será computado, para fins de concessão do benefício de prestação continuada a outro idoso ou pessoa com deficiência da mesma família, no cálculo da renda a que se refere o § 3º deste artigo.

§ 15. O benefício de prestação continuada será devido a mais de um membro da mesma família enquanto atendidos os requisitos exigidos nesta Lei.

► §§ 14 e 15 acrescidos pela Lei nº 13.982, de 2-4-2020.

► Mantivemos §§ 14 e 15 conforme consta na publicação oficial. Todavia, entendemos que o correto seria §§ 13 e 14.

Art. 20-A. *Revogado.* Lei nº 14.176, de 22-6-2021.

Art. 20-B. Na avaliação de outros elementos probatórios da condição de miserabilidade e da situação de vulnerabilidade de que trata o § 11 do art. 20 desta Lei, serão considerados os seguintes aspectos para ampliação do critério de aferição da renda familiar mensal *per capita* de que trata o § 11-A do referido artigo:

I – o grau da deficiência;

II – a dependência de terceiros para o desempenho de atividades básicas da vida diária; e

III – o comprometimento do orçamento do núcleo familiar de que trata o § 3º do art. 20 desta Lei exclusivamente com gastos médicos, com tratamentos de saúde, com fraldas, com alimentos especiais e com medicamentos do idoso ou da pessoa com deficiência não disponibilizados gratuitamente pelo SUS, ou com serviços não prestados pelo SUAS, desde que comprovadamente necessários à preservação da saúde e da vida.

§ 1º A ampliação de que trata o *caput* deste artigo ocorrerá na forma de escalas graduais, definidas em regulamento.

§ 2º Aplicam-se à pessoa com deficiência os elementos constantes dos incisos I e III do *caput* deste artigo, e à pessoa idosa os constantes dos incisos II e III do *caput* deste artigo.

§ 3º O grau da deficiência de que trata o inciso I do *caput* deste artigo será aferido por meio de instrumento de avaliação biopsicossocial, observados os termos dos §§ 1º e 2º do art. 2º da Lei nº 13.146, de 6 de julho de 2015 (Estatuto da Pessoa com Deficiência), e do § 6º do art. 20 e do art. 40-B desta Lei.

§ 4º O valor referente ao comprometimento do orçamento do núcleo familiar com gastos de que trata o inciso III do *caput* deste artigo será definido em ato conjunto do Ministério da Cidadania, da Secretaria Especial de Previdência e Trabalho do Ministério da Economia e do INSS, a partir de valores médios dos gastos realizados pelas famílias exclusivamente com essas finalidades, facultada ao interessado a possibilidade de comprovação, conforme critérios definidos em regulamento, de que os gastos efetivos ultrapassam os valores médios.

▸ Art. 20-B acrescido pela Lei nº 14.176, de 22-6-2021.

Art. 21. O benefício de prestação continuada deve ser revisto a cada dois anos para avaliação da continuidade das condições que lhe deram origem.

§ 1º O pagamento do benefício cessa no momento em que forem superadas as condições referidas no *caput*, ou em caso de morte do beneficiário.

§ 2º O benefício será cancelado quando se constatar irregularidade na sua concessão ou utilização.

§ 3º O desenvolvimento das capacidades cognitivas, motoras ou educacionais e a realização de atividades não remuneradas de habilitação e reabilitação, entre outras, não constituem motivo de suspensão ou cessação do benefício da pessoa com deficiência.

▸ § 3º acrescido pela Lei nº 12.435, de 6-7-2011.

§ 4º A cessação do benefício de prestação continuada concedido à pessoa com deficiência não impede nova concessão do benefício, desde que atendidos os requisitos definidos em regulamento.

▸ § 4º com a redação dada pela Lei nº 12.470, de 31-8-2011.

§ 5º O beneficiário em gozo de benefício de prestação continuada concedido judicial ou administrativamente poderá ser convocado para avaliação das condições que ensejaram sua concessão ou manutenção, sendo-lhe exigida a presença dos requisitos previstos nesta Lei e no regulamento.

▸ § 5º acrescido pela Lei nº 14.176, de 22-6-2021.

Art. 21-A. O benefício de prestação continuada será suspenso pelo órgão concedente quando a pessoa com deficiência exercer atividade remunerada, inclusive na condição de microempreendedor individual.

§ 1º Extinta a relação trabalhista ou a atividade empreendedora de que trata o *caput* deste artigo e, quando for o caso, encerrado o prazo de pagamento do seguro-desemprego e não tendo o beneficiário adquirido direito a qualquer benefício previdenciário, poderá ser requerida a continuidade do pagamento do benefício suspenso, sem necessidade de realização de perícia médica ou reavaliação da deficiência e do grau de incapacidade para esse fim, respeitado o período de revisão previsto no *caput* do art. 21.

§ 2º A contratação de pessoa com deficiência como aprendiz não acarreta a suspensão do benefício de prestação continuada, limitado a 2 (dois) anos o recebimento concomitante da remuneração e do benefício.

▸ Art. 21-A acrescido pela Lei nº 12.470, de 31-8-2011.

Seção II

DOS BENEFÍCIOS EVENTUAIS

▸ Dec. nº 6.307, de 14-12-2007, dispõe sobre os benefícios eventuais de que trata este artigo.

Art. 22. Entendem-se por benefícios eventuais as provisões suplementares e provisórias que integram organicamente as garantias do SUAS e são prestadas aos cidadãos e às famílias em virtude de nascimento, morte, situações de vulnerabilidade temporária e de calamidade pública.

§ 1º A concessão e o valor dos benefícios de que trata este artigo serão definidos pelos Estados, Distrito Federal e Municípios e previstos nas respectivas leis orçamentárias anuais, com base em critérios e prazos definidos pelos respectivos Conselhos de Assistência Social.

§ 2º O CNAS, ouvidas as respectivas representações de Estados e Municípios dele participantes, poderá propor, na medida das disponibilidades orçamentárias das 3 (três) esferas de governo, a instituição de benefícios subsidiários no valor de até 25% (vinte e cinco por cento) do salário mínimo para cada criança de até 6 (seis) anos de idade.

§ 3º Os benefícios eventuais subsidiários não poderão ser cumulados com aqueles instituídos pelas Leis nº 10.954, de 29 de setembro de 2004, e nº 10.458, de 14 de maio de 2002.

▸ Art. 22 com a redação dada pela Lei nº 12.435, de 6-7-2011.

Seção III

DOS SERVIÇOS

Art. 23. Entendem-se por serviços socioassistenciais as atividades continuadas que visem à melhoria de vida da população e cujas ações, voltadas para as necessidades básicas, observem os objetivos, princípios e diretrizes estabelecidos nesta Lei.

► *Caput* com a redação dada pela Lei nº 12.435, de 6-7-2011.

§ 1º O regulamento instituirá os serviços socioassistenciais.

► § 1º acrescido pela Lei nº 12.435, de 6-7-2011.

§ 2º Na organização dos serviços da assistência social serão criados programas de amparo, entre outros:

► Antigo parágrafo único transformado em § 2º e com a redação dada pela Lei nº 12.435, de 6-7-2011.

I – às crianças e adolescentes em situação de risco pessoal e social, em cumprimento ao disposto no art. 227 da Constituição Federal e na Lei nº 8.069, de 13 de julho de 1990 (Estatuto da Criança e do Adolescente);

II – às pessoas que vivem em situação de rua.

► Incisos I e II com a redação dada pela Lei nº 12.435, de 6-7-2011.

► Dec. nº 7.053, de 23-12-2009, institui a Política Nacional para a População em Situação de Rua e o Comitê Intersetorial de Acompanhamento e Monitoramento.

SEÇÃO IV

DOS PROGRAMAS DE ASSISTÊNCIA SOCIAL

Art. 24. Os programas de assistência social compreendem ações integradas e complementares com objetivos, tempo e área de abrangência definidos para qualificar, incentivar e melhorar os benefícios e os serviços assistenciais.

§ 1º Os programas de que trata este artigo serão definidos pelos respectivos Conselhos de Assistência Social, obedecidos os objetivos e princípios que regem esta lei, com prioridade para a inserção profissional e social.

§ 2º Os programas voltados para o idoso e a integração da pessoa com deficiência serão devidamente articulados com o benefício de prestação continuada estabelecido no art. 20 desta Lei.

► § 2º com a redação dada pela Lei nº 12.435, de 6-7-2011.

Art. 24-A. Fica instituído o Serviço de Proteção e Atendimento Integral à Família (PAIF), que integra a proteção social básica e consiste na oferta de ações e serviços socioassistenciais de prestação continuada, nos CRAS, por meio do trabalho social com famílias em situação de vulnerabilidade social, com o objetivo de prevenir o rompimento dos vínculos familiares e a violência no âmbito de suas relações, garantindo o direito à convivência familiar e comunitária.

Parágrafo único. Regulamento definirá as diretrizes e os procedimentos do PAIF.

Art. 24-B. Fica instituído o Serviço de Proteção e Atendimento Especializado a Famílias e Indivíduos (PAEFI), que integra a proteção social especial e consiste no apoio, orientação e acompanhamento a famílias e indivíduos em situação de ameaça ou violação de direitos, articulando os serviços socioassistenciais com as diversas políticas públicas e com órgãos do sistema de garantia de direitos.

Parágrafo único. Regulamento definirá as diretrizes e os procedimentos do PAEFI.

Art. 24-C. Fica instituído o Programa de Erradicação do Trabalho Infantil (PETI), de caráter intersetorial, integrante da Política Nacional de Assistência Social, que, no âmbito do SUAS, compreende transferências de renda, trabalho social com famílias e oferta de serviços socioeducativos para crianças e adolescentes que se encontrem em situação de trabalho.

§ 1º O PETI tem abrangência nacional e será desenvolvido de forma articulada pelos entes federados, com a participação da sociedade civil, e tem como objetivo contribuir para a retirada de crianças e adolescentes com idade inferior a 16 (dezesseis) anos em situação de trabalho, ressalvada a condição de aprendiz, a partir de 14 (quatorze) anos.

§ 2º As crianças e os adolescentes em situação de trabalho deverão ser identificados e ter os seus dados inseridos no Cadastro Único para Programas Sociais do Governo Federal (CadÚnico), com a devida identificação das situações de trabalho infantil.

► Arts. 24-A a 24-C acrescidos pela Lei nº 12.435, de 6-7-2011.

SEÇÃO V

DOS PROJETOS DE ENFRENTAMENTO DA POBREZA

Art. 25. Os projetos de enfrentamento da pobreza compreendem a instituição de investimento econômico-social nos grupos populares, buscando subsidiar, financeira e tecnicamente, iniciativas que lhes garantam meios, capacidade produtiva e de gestão para melhoria das condições gerais de subsistência, elevação do padrão da qualidade de vida, a preservação do meio ambiente e sua organização social.

Art. 26. O incentivo a projetos de enfrentamento da pobreza assentar-se-á em mecanismos de articulação e de participação de diferentes áreas governamentais e em sistema de cooperação entre organismos governamentais, não governamentais e da sociedade civil.

Seção VI

DO AUXÍLIO-INCLUSÃO

▸ Seção VI acrescida pela Lei nº 14.176, de 22-6-2021.

Art. 26-A. Terá direito à concessão do auxílio-inclusão de que trata o art. 94 da Lei nº 13.146, de 6 de julho de 2015 (Estatuto da Pessoa com Deficiência), a pessoa com deficiência moderada ou grave que, cumulativamente:

I – receba o benefício de prestação continuada, de que trata o art. 20 desta Lei, e passe a exercer atividade:

a) que tenha remuneração limitada a 2 (dois) salários mínimos; e

b) que enquadre o beneficiário como segurado obrigatório do Regime Geral de Previdência Social ou como filiado a regime próprio de previdência social da União, dos Estados, do Distrito Federal ou dos Municípios;

II – tenha inscrição atualizada no CadÚnico no momento do requerimento do auxílio-inclusão;

III – tenha inscrição regular no CPF; e

IV – atenda aos critérios de manutenção do benefício de prestação continuada, incluídos os critérios relativos à renda familiar mensal *per capita* exigida para o acesso ao benefício, observado o disposto no § 4º deste artigo.

§ 1º O auxílio-inclusão poderá ainda ser concedido, nos termos do inciso I do *caput* deste artigo, mediante requerimento e sem retroatividade no pagamento, ao beneficiário:

I – que tenha recebido o benefício de prestação continuada nos 5 (cinco) anos imediatamente anteriores ao exercício da atividade remunerada; e

II – que tenha tido o benefício suspenso nos termos do art. 21-A desta Lei.

§ 2º O valor do auxílio-inclusão percebido por um membro da família não será considerado no cálculo da renda familiar mensal *per capita* de que trata o inciso IV do *caput* deste artigo, para fins de concessão e de manutenção de outro auxílio-inclusão no âmbito do mesmo grupo familiar.

§ 3º O valor do auxílio-inclusão e o da remuneração do beneficiário do auxílio-inclusão de que trata a alínea *a* do inciso I do *caput* deste artigo percebidos por um membro da família não serão considerados no cálculo da renda familiar mensal *per capita* de que tratam os §§ 3º e 11-A do art. 20 desta Lei para fins de manutenção de benefício de prestação continuada concedido anteriormente a outra pessoa do mesmo grupo familiar.

§ 4º Para fins de cálculo da renda familiar *per capita* de que trata o inciso IV do *caput* deste artigo, serão desconsideradas:

I – as remunerações obtidas pelo requerente em decorrência de exercício de atividade laboral, desde que o total recebido no mês seja igual ou inferior a 2 (dois) salários mínimos; e

II – as rendas oriundas dos rendimentos decorrentes de estágio supervisionado e de aprendizagem.

▸ Art. 26-A acrescido pela Lei nº 14.176, de 22-6-2021.

Art. 26-B. O auxílio-inclusão será devido a partir da data do requerimento, e o seu valor corresponderá a 50% (cinquenta por cento) do valor do benefício de prestação continuada em vigor.

▸ *Caput* do art. 26-A acrescido pela Lei nº 14.176, de 22-6-2021.

§ 1º Ao requerer o auxílio-inclusão, o beneficiário autorizará a suspensão do benefício de prestação continuada, nos termos do art. 21-A desta Lei.

▸ Parágrafo único renumerado para § 1º pela Lei nº 14.441, de 2-9-2022.

§ 2º O auxílio-inclusão será concedido automaticamente pelo INSS, observado o preenchimento dos demais requisitos, mediante constatação, pela própria autarquia ou pelo Ministério da Cidadania, de acumulação do benefício de prestação continuada com o exercício de atividade remunerada.

§ 3º Na hipótese do § 2º deste artigo, o auxílio-inclusão será devido a partir do primeiro dia da competência em que se identificou a ocorrência de acumulação do benefício de prestação continuada com o exercício de atividade remunerada, e o titular deverá ser notificado quanto à alteração do benefício e suas consequências administrativas.

► §§ 2º e 3º acrescidos pela Lei nº 14.441, de 2-9-2022.

Art. 26-C. O pagamento do auxílio-inclusão não será acumulado com o pagamento de:

I – benefício de prestação continuada de que trata o art. 20 desta Lei;

II – prestações a título de aposentadoria, de pensões ou de benefícios por incapacidade pagos por qualquer regime de previdência social; ou

III – seguro-desemprego.

Art. 26-D. O pagamento do auxílio-inclusão cessará na hipótese de o beneficiário:

I – deixar de atender aos critérios de manutenção do benefício de prestação continuada; ou

II – deixar de atender aos critérios de concessão do auxílio-inclusão.

Parágrafo único. Ato do Poder Executivo federal disporá sobre o procedimento de verificação dos critérios de manutenção e de revisão do auxílio-inclusão.

Art. 26-E. O auxílio-inclusão não está sujeito a desconto de qualquer contribuição e não gera direito a pagamento de abono anual.

Art. 26-F. Compete ao Ministério da Cidadania a gestão do auxílio-inclusão, e ao INSS a sua operacionalização e pagamento.

Art. 26-G. As despesas decorrentes do pagamento do auxílio-inclusão correrão à conta do orçamento do Ministério da Cidadania.

§ 1º O Poder Executivo federal compatibilizará o quantitativo de benefícios financeiros do auxílio-inclusão de que trata o art. 26-A desta Lei com as dotações orçamentárias existentes.

§ 2º O regulamento indicará o órgão do Poder Executivo responsável por avaliar os impactos da concessão do auxílio-inclusão na participação no mercado de trabalho, na redução de desigualdades e no exercício dos direitos e liberdades fundamentais das pessoas com deficiência, nos termos do § 16 do art. 37 da Constituição Federal.

Art. 26-H. No prazo de 10 (dez) anos, contado da data de publicação desta Seção, será promovida a revisão do auxílio-inclusão, observado o disposto no § 2º do art. 26-G desta Lei, com vistas a seu aprimoramento e ampliação.

► Arts. 26-C a 26-H acrescidos pela Lei nº 14.176, de 22-6-2021.

Capítulo V

DO FINANCIAMENTO DA ASSISTÊNCIA SOCIAL

Art. 27. Fica o Fundo Nacional de Ação Comunitária (FUNAC), instituído pelo Decreto nº 91.970, de 22 de novembro de 1985, ratificado pelo Decreto Legislativo nº 66, de 18 de dezembro de 1990, transformado no Fundo Nacional de Assistência Social (FNAS).

► O referido Dec. nº 91.970, de 22-11-1995, foi revogado pelo Dec. nº 9.757, de 11-4-2019.

Art. 28. O financiamento dos benefícios, serviços, programas e projetos estabelecidos nesta lei far-se-á com os recursos da União, dos Estados, do Distrito Federal e dos Municípios, das demais contribuições sociais previstas no artigo 195 da Constituição Federal, além daqueles que compõem o Fundo Nacional de Assistência Social (FNAS).

§ 1º Cabe ao órgão da Administração Pública responsável pela coordenação da Política de Assistência Social nas 3 (três) esferas de governo gerir o Fundo de Assistência Social, sob orientação e controle dos respectivos Conselhos de Assistência Social.

► § 1º com a redação dada pela Lei nº 12.435, de 6-7-2011.

§ 2º O Poder Executivo disporá, no prazo de cento e oitenta dias a contar da data de publicação desta lei, sobre o regulamento e funcionamento do Fundo Nacional de Assistência Social (FNAS).

§ 3º O financiamento da assistência social no SUAS deve ser efetuado mediante cofinanciamento dos 3 (três) entes federados, devendo os recursos alocados nos fundos de assistência social ser voltados à operacionalização, prestação, aprimoramento e viabilização dos serviços, programas, projetos e benefícios desta política.

► § 3º acrescido pela Lei nº 12.435, de 6-7-2011.

Art. 28-A. *Revogado*. Lei nº 13.813, de 9-4-2019.

Art. 29. Os recursos de responsabilidade da União destinados à assistência social serão automaticamente repassados ao Fundo Nacional de Assistência Social (FNAS), à medida que se forem realizando as receitas.

Parágrafo único. Os recursos de responsabilidade da União destinados ao financiamento dos benefícios de prestação continuada, previstos no artigo 20, poderão ser repassados pelo Ministério da Previdência e Assistência Social diretamente ao INSS, órgão responsável pela sua execução e manutenção.

▸ Parágrafo único acrescido pela Lei nº 9.720, de 30-11-1998.

Art. 30. É condição para os repasses, aos Municípios, aos Estados e ao Distrito Federal, dos recursos de que trata esta lei, a efetiva instituição e funcionamento de:

I – Conselho de Assistência Social, de composição paritária entre governo e sociedade civil;

II – Fundo de Assistência Social, com orientação e controle dos respectivos Conselhos de Assistência Social;

III – Plano de Assistência Social.

Parágrafo único. É, ainda, condição para transferência de recursos do FNAS aos Estados, ao Distrito Federal e aos Municípios a comprovação orçamentária dos recursos próprios destinados à Assistência Social, alocados em seus respectivos Fundos de Assistência Social, a partir do exercício de 1999.

▸ Parágrafo único acrescido pela Lei nº 9.720, de 30-11-1998.

Art. 30-A. O cofinanciamento dos serviços, programas, projetos e benefícios eventuais, no que couber, e o aprimoramento da gestão da política de assistência social no SUAS se efetuam por meio de transferências automáticas entre os fundos de assistência social e mediante alocação de recursos próprios nesses fundos nas 3 (três) esferas de governo.

Parágrafo único. As transferências automáticas de recursos entre os fundos de assistência social efetuadas à conta do orçamento da seguridade social, conforme o art. 204 da Constituição Federal, caracterizam-se como despesa pública com a seguridade social, na forma do art. 24 da Lei Complementar nº 101, de 4 de maio de 2000.

Art. 30-B. Caberá ao ente federado responsável pela utilização dos recursos do respectivo Fundo de Assistência Social o controle e o acompanhamento dos serviços, programas, projetos e benefícios, por meio dos respectivos órgãos de controle, independentemente de ações do órgão repassador dos recursos.

Art. 30-C. A utilização dos recursos federais descentralizados para os fundos de assistência social dos Estados, dos Municípios e do Distrito Federal será declarada pelos entes recebedores ao ente transferidor, anualmente, mediante relatório de gestão submetido à apreciação do respectivo Conselho de Assistência Social, que comprove a execução das ações na forma de regulamento.

Parágrafo único. Os entes transferidores poderão requisitar informações referentes à aplicação dos recursos oriundos do seu fundo de assistência social, para fins de análise e acompanhamento de sua boa e regular utilização.

▸ Arts. 30-A a 30-C acrescidos pela Lei nº 12.435, de 6-7-2011.

CAPÍTULO VI

DAS DISPOSIÇÕES GERAIS E TRANSITÓRIAS

Art. 31. Cabe ao Ministério Público zelar pelo efetivo respeito aos direitos estabelecidos nesta lei.

Art. 32. O Poder Executivo terá o prazo de sessenta dias, a partir da publicação desta lei, obedecidas as normas por ela instituídas, para elaborar e encaminhar projeto de lei dispondo sobre a extinção e reordenamento dos órgãos de assistência social do Ministério do Bem-Estar Social.

§ 1º O projeto de que trata este artigo definirá formas de transferências de benefícios, serviços, programas, projetos, pessoal, bens móveis e imóveis para a esfera municipal.

§ 2º O Ministro de Estado do Bem-Estar Social indicará Comissão encarregada de elaborar o projeto de lei de que trata este artigo, que contará com a participação das organizações dos usuários, de trabalhadores do setor e de entidades e organizações de assistência social.

Art. 33. Decorrido o prazo de cento e vinte dias da promulgação desta lei, fica extinto o Conselho Nacional de Serviço Social (CNSS), revogando-se, em consequência, os Decretos-lei nºs 525, de 1º de julho de 1938, e 657, de 22 de julho de 1943.

§ 1º O Poder Executivo tomará as providências necessárias para a instalação do Conselho Nacional de Assistência Social (CNAS) e a transferência das atividades que passarão à sua competência dentro do prazo estabelecido no *caput*, de forma a assegurar não haja solução de continuidade.

§ 2º O acervo do órgão de que trata o *caput* será transferido, no prazo de sessenta dias, para o Conselho Nacional de Assistência Social (CNAS), que promoverá, mediante critérios e prazos a serem fixados, a revisão dos processos de registro e certificado de entidade de fins filantrópicos das entidades e organização de assistência social, observado o disposto no artigo 3º desta lei.

Art. 34. A União continuará exercendo papel supletivo nas ações de assistência social, por ela atualmente executadas diretamente no âmbito dos Estados, dos Municípios e do Distrito Federal, visando à implementação do disposto nesta lei, por prazo máximo de doze meses, contados a partir da data da publicação desta lei.

Art. 35. Cabe ao órgão da Administração Pública Federal responsável pela coordenação da Política Nacional de Assistência Social operar os benefícios de prestação continuada de que trata esta lei, podendo, para tanto, contar com o concurso de outros órgãos do Governo Federal, na forma a ser estabelecida em regulamento.

Parágrafo único. O regulamento de que trata o *caput* definirá as formas de comprovação do direito ao benefício, as condições de sua suspensão, os procedimentos em casos de curatela e tutela e o órgão de credenciamento, de pagamento e de fiscalização, dentre outros aspectos.

Art. 36. As entidades e organizações de assistência social que incorrerem em irregularidades na aplicação dos recursos que lhes foram repassados pelos poderes públicos terão a sua vinculação ao SUAS cancelada, sem prejuízo de responsabilidade civil e penal.

► Artigo com a redação dada pela Lei nº 12.435, de 6-7-2011.

Art. 37. O benefício de prestação continuada será devido após o cumprimento, pelo requerente, de todos os requisitos legais e regulamentares exigidos para a sua concessão, inclusive apresentação da documentação necessária, devendo o seu pagamento ser efetuado em até quarenta e cinco dias após cumpridas as exigências de que trata este artigo.

Parágrafo único. No caso de o primeiro pagamento ser feito após o prazo previsto no *caput*, aplicar-se-á na sua atualização o mesmo critério adotado pelo INSS na atualização do primeiro pagamento de benefício previdenciário em atraso.

► Art. 37 com a redação dada pela Lei nº 9.720, de 30-11-1998.

Art. 38. *Revogado*. Lei nº 12.435, de 6-7-2011.

Art. 39. O Conselho Nacional de Assistência Social (CNAS), por decisão da maioria absoluta de seus membros, respeitados o orçamento da seguridade social e a disponibilidade do Fundo Nacional de Assistência Social (FNAS), poderá propor ao Poder Executivo a alteração dos limites de renda mensal per capita definidos no § 3º do artigo 20 e *caput* do artigo 22.

Art. 40. Com a implantação dos benefícios previstos nos artigos 20 e 22 desta lei, extinguem-se a renda mensal vitalícia, o auxílio-natalidade e o auxílio-funeral existentes no âmbito da Previdência Social, conforme o disposto na Lei nº 8.213, de 24 de julho de 1991.

§ 1º A transferência dos beneficiários do sistema previdenciário para a assistência social deve ser estabelecida de forma que o atendimento à população não sofra solução de continuidade.

► Parágrafo único transformado em § 1º pela Lei nº 9.711, de 20-11-1998.

§ 2º É assegurado ao maior de setenta anos e ao inválido o direito de requerer a renda mensal vitalícia junto ao INSS até 31 de dezembro de 1995, desde que atenda, alternativamente, aos requisitos estabelecidos nos incisos I, II ou III do § 1º do art. 139 da Lei nº 8.213, de 24 de julho de 1991.

► § 2º acrescido pela Lei nº 9.711, de 20-11-1998.

Art. 40-A. Os benefícios monetários decorrentes do disposto nos arts. 22, 24-C e 25 desta Lei serão pagos preferencialmente à mulher responsável pela unidade familiar, quando cabível.

► Artigo acrescido pela Lei nº 13.014, de 21-7-2014.

Art. 40-B. Enquanto não estiver regulamentado o instrumento de avaliação de que tratam os §§ 1º e 2º do art. 2º da Lei nº 13.146, de 6 de julho de 2015 (Estatuto da Pessoa com Deficiência), a concessão do benefício de prestação continuada à pessoa com deficiência ficará sujeita à avaliação do grau da deficiência e do impedimento de que trata o § 2º do art. 20 desta Lei, composta por avaliação médica e avaliação social realizadas, respectivamente, pela Perícia Médica Federal e pelo serviço social do INSS, com a utilização de instrumentos desenvolvidos especificamente para esse fim.

► *Caput* do art. 40-B acrescido pela Lei nº 14.176, de 22-6-2021.

§ 1º O INSS poderá celebrar parcerias para a realização da avaliação social, sob a supervisão do serviço social da autarquia.

▸ Parágrafo único transformado em § 1º pela Lei nº 14.724, de 14-11-2023.

§ 2º A avaliação médica prevista no caput deste artigo poderá ser realizada como uso de tecnologia de telemedicina ou por análise documental conforme situações e requisitos definidos em regulamento.

▸ § 2º acrescido pela Lei nº 14.724, de 14-11-2023.

Art. 40-C. Os eventuais débitos do beneficiário decorrentes de recebimento irregular do benefício de prestação continuada ou do auxílio-inclusão poderão ser consignados no valor mensal desses benefícios, nos termos do regulamento.

▸ Art. 40-C acrescido pela Lei nº 14.176, de 22-6-2021.

Art. 41. Esta lei entra em vigor na data da sua publicação.

Art. 42. Revogam-se as disposições em contrário.

Brasília, 7 de dezembro de 1993;
172º da Independência e
105º da República.

Itamar Franco

LEI Nº 8.870, DE 15 DE ABRIL DE 1994

Altera dispositivos das Leis nºs 8.212 e 8.213, de 24 de julho de 1991, e dá outras providências.

(EXCERTOS)

▸ Publicada no *DOU* de 16-4-1994, Edição Extra e retificada no *DOU* de 12-5-1994.

....

Art. 3º As empresas ficam obrigadas a fornecer ao sindicato representativo da categoria profissional mais numerosa entre seus empregados, cópia da Guia de Recolhimento das contribuições devidas à seguridade social arrecadadas pelo INSS.

§ 1º Para os fins desta lei, considera-se empresa a firma individual ou sociedade que assume o risco de atividade econômica urbana ou rural, com fins lucrativos ou não, os órgãos e entidades da Administração Pública direta, indireta e fundacional, a cooperativa, a associação ou entidade de qualquer natureza ou finalidade, a missão diplomática e a repartição consular de carreira estrangeira.

§ 2º Na hipótese de a empresa possuir mais de uma unidade, os sindicatos de que trata o *caput* deste artigo terão acesso apenas às guias referentes às unidades situadas em sua base territorial.

Art. 4º Ficam as empresas obrigadas, igualmente, a afixar cópia da guia de recolhimento no quadro de horário, de que trata o artigo 74 do Decreto-lei nº 5.452, de 1º de maio de 1943.

Art. 5º O INSS informará aos sindicatos os valores efetivamente recolhidos pelas empresas localizadas na base territorial destes.

Art. 6º É facultada aos sindicatos a apresentação de denúncia contra a empresa junto ao INSS, nas seguintes hipóteses:

I – descumprimento do disposto nos artigos 3º e 4º;

II – divergência entre os valores informados pela empresa e pelo INSS sobre as contribuições recolhidas na mesma competência; ou

III – existência de evidentes indícios de recolhimento a menor das contribuições devidas.

Parágrafo único. Recebida a denúncia nos termos deste artigo, o INSS incluirá a empresa denunciada no seu Plano de Fiscalização.

Art. 7º Comprovada pela fiscalização a ocorrência das situações previstas nos incisos I e II do artigo anterior, será aplicada à empresa multa no valor de 99.000 (noventa e nove mil) Unidade Fiscal de Referência (UFIR) ou outra unidade de referência oficial que venha a substituí-la, para cada competência em que tenha havido a irregularidade.

Art. 8º A constatação da improcedência da denúncia apresentada nos termos do artigo 6º desta lei implicará a suspensão do direito do sindicato ao fornecimento das informações mencionadas nos artigos 3º e 5º pelo prazo de:

I – um ano, quando fundamentada nos incisos I e II;

II – quatro meses, quando fundamentada no inciso III.

Parágrafo único. Os prazos fixados nos incisos I e II deste artigo serão duplicados a cada reincidência por parte do sindicato.

Art. 9º O Poder Executivo, no prazo de noventa dias, disciplinará:

I – os procedimentos a serem seguidos pelos sindicatos no requerimento das informações referidas nos artigos 3º e 5º, a periodicidade e os prazos de fornecimento das informações;

II – a forma de comprovação do recebimento das guias de que trata o artigo 3º por parte do sindicato;

III – a forma de aplicação da multa instituída no artigo 7º;

IV – a forma de divulgação da relação de entidades punidas conforme o artigo 8º.

Art. 10. Sem prejuízo do disposto no artigo 47 da Lei nº 8.212, de 1991, é obrigatória a apresentação de Certidão Negativa de Débito (CND) pelas pessoas jurídicas e a elas equiparadas, na contratação de operações de crédito junto a instituições financeiras, que envolvam:

- ▸ Art. 4º, V, da Lei nº 13.999, de 18-5-2020, que Institui o Programa Nacional de Apoio às Microempresas e Empresas de Pequeno Porte (PRONAMPE), para o desenvolvimento e o fortalecimento dos pequenos negócios.

I – recursos públicos, inclusive provenientes de fundos constitucionais e de incentivo ao desenvolvimento regional (FNO, FNE, FCO, Finam e Finor);

II – recursos do Fundo de Garantia do Tempo de Serviço (FGTS), do Fundo de Amparo do Trabalhador (FAT) e do Fundo Nacional de Desenvolvimento da Educação (FNDE); e

III – *Revogado*. Lei nº 14.179, de 30-6-2021.

§ 1º A exigência instituída no *caput* aplica-se, igualmente, à liberação de eventuais parcelas previstas no contrato.

§ 2º Consideram-se instituições financeiras, para os efeitos desta lei, as pessoas jurídicas públicas ou privadas que tenham como atividade principal ou acessória a intermediação ou aplicação de recursos financeiros próprios ou de terceiros, em moeda nacional ou estrangeira, autorizadas pelo Banco Central do Brasil ou por Decreto do Poder Executivo a funcionar no Território Nacional.

Art. 11. A CND é o documento comprobatório de inexistência de débito para com o INSS e será por este concedida às empresas.

Art. 12. As instituições financeiras obrigam-se a fornecer, mensalmente, ao INSS, relação das empresas contratadas conforme especificação técnica da autarquia.

Art. 13. O descumprimento do disposto nos artigos 10 e 12 desta lei sujeitará os infratores à multa de:

I – 100.000 (cem mil) UFIR por operação contratada, no caso do artigo 10;

II – 20.000 (vinte mil) UFIR no caso do artigo 12.

Art. 14. Fica autorizada, nos termos desta lei, a compensação de contribuições devidas pelos hospitais contratados ou conveniados com o Sistema Único de Saúde (SUS) ao INSS, com parcela dos créditos correspondentes a faturas emitidas para recebimento de internações hospitalares, cujo valor correspondente será retido pelo órgão pagador do SUS para amortização de parcela do débito, na forma estabelecida em regulamento.

Art. 15. Até 30 de junho de 1994, os débitos dos hospitais contratados ou conveniados com o Sistema Único de Saúde (SUS), relativos a contribuições devidas ao INSS, referentes a competências anteriores a 1º de agosto de 1993, ajuizados ou não, inclusive os não notificados, poderão ser objeto de acordo para pagamento parcelado na forma do disposto nos parágrafos deste artigo.

§ 1º Para habilitar-se ao acordo, os hospitais devem garantir que sejam colocados à disposição do SUS percentuais de sua capacidade total instalada em internações hospitalares.

§ 2º A garantia a que se refere o parágrafo anterior será comprovada anualmente pelos Conselhos Municipais ou Estaduais de Saúde, conforme disposto em regulamento.

§ 3º Os débitos de que trata este artigo poderão ser amortizados da seguinte forma:

a) mediante dedução mensal, pelo órgão pagador, de cinco por cento das faturas relativas a internações hospitalares para repasse ao INSS, visando à amortização da dívida do respectivo emitente para com a Previdência Social, no caso de hospitais que comprovem estejam colocando à disposição do SUS no mínimo 60% (sessenta por cento) de sua capacidade total instalada para internações hospitalares;

b) mediante dedução mensal de 12,5% (doze e meio por cento) das faturas relativas a internações hospitalares para repasse ao INSS, visando à amortização da dívida do respectivo emitente para com a Previdência Social, no caso dos hospitais que comprovem estejam colocando à disposição do SUS no mínimo entre trinta e 60% (sessenta por cento) de sua capacidade total instalada para internações hospitalares.

§ 4º Para a efetivação da dedução referida no parágrafo anterior, os acordos conterão:

a) cláusula em que os hospitais e Santas Casas autorizem o órgão pagador do SUS a assim proceder por ocasião dos pagamentos respectivos;

b) cláusula determinando sua rescisão, na hipótese de inadimplência das contribuições vincendas, ou em caso de denúncia, com o imediato prosseguimento da cobrança de todo o saldo devedor.

§ 5º O valor da dedução prevista no § 3º será convertido em UFIR por ocasião do efetivo repasse ao INSS e deduzido do montante total da dívida levantada.

§ 6º O repasse ao INSS previsto nas alíneas *a* e *b* do § 3º deste artigo será feito pelo órgão pagador do SUS, obrigatoriamente até o terceiro dia útil subsequente ao pagamento das respectivas faturas.

§ 7º No ato da celebração do acordo de parcelamento previsto no *caput* deste artigo, as importâncias devidas a título de multa, quando referentes a competências anteriores a 1º de agosto de 1993, serão reduzidas em cinquenta por cento, para efeito de aplicação da compensação autorizada nesta lei.

§ 8º A redução de que trata o parágrafo anterior não será cumulativa com a concedida nos termos do parágrafo 3º do artigo 11 da Lei nº 8.620, de 5 de janeiro de 1993.

Art. 16. Excepcionalmente, na celebração dos acordos previstos no artigo anterior, será permitido parcelar as contribuições descontadas dos segurados empregados e trabalhadores avulsos e não recolhidas ao INSS, de acordo com as seguintes regras:

I – em até vinte e quatro meses, no caso de acordo celebrado no mês de abril de 1994, referente a competências posteriores a 1º de julho de 1991 e anteriores a 1º de agosto de 1993;

II – em até dezesseis meses, no caso de acordo celebrado no mês de maio de 1994, referente a competências posteriores a 1º de julho de 1991 e anteriores a 1º de agosto de 1993;

III – em até oito meses, no caso de acordo celebrado no mês de junho de 1994, referente a competências posteriores a 1º de julho de 1991 e anteriores a 1º de agosto de 1993.

Art. 17. Aplica-se aos parcelamentos previstos nos artigos 15 e 16 desta lei o disposto nos parágrafos 3º e 5º do artigo 38 da Lei nº 8.212, de 24 de julho de 1991.

Parágrafo único. Da aplicação do disposto no artigo 18 desta lei, não poderá resultar parcela inferior a cento e vinte Unidade Fiscal de Referência (UFIR), ou outra unidade de referência oficial que venha a substituí-la.

Art. 18. Nas ações que tenham por objeto o pagamento de benefícios previdenciários, os valores expressos em moeda corrente constantes da condenação serão convertidos, à data do cálculo, em quantidade de Unidade Fiscal de Referência (UFIR), ou outra unidade de referência oficial que venha a substituí-la, manifestando-se as partes em cinco dias.

Art. 19. As ações judiciais, inclusive cautelares, que tenham por objeto a discussão de débito para com o INSS serão, obrigatoriamente, precedidas do depósito preparatório do valor do mesmo, monetariamente corrigido até a data de efetivação, acrescido dos juros, multa de mora e demais encargos.

- O STF, por unanimidade de votos, julgou procedente a ADIN nº 1.074-3, para declarar a inconstitucionalidade do *caput* deste artigo (*DJU* de 10-4-2007).
- Súm. Vinc. nº 28 do STF.

Parágrafo único. A propositura das ações previstas neste artigo importa em renúncia ao direito de recorrer na esfera administrativa e desistência do recurso interposto.

Art. 20. Fica prorrogado até a data da publicação desta lei o prazo previsto no artigo 99 da Lei nº 8.212, de 24 de julho de 1991.

Art. 21. As cooperativas que celebraram convênios com base no Programa de Assistência do Trabalhador Rural, extinto pelo artigo 138 da Lei nº 8.213, de 24 de julho de 1991, deverão apresentar, no prazo de sessenta dias, perante o INSS a prestação de contas dos atos praticados até 31 de outubro de 1993, para a liquidação de suas obrigações.

Parágrafo único. O descumprimento do prazo acima referido implica a imediata execução de débitos verificados.

Art. 22. Fica autorizado o INSS a contratar cinquenta colaboradores, pelo prazo improrrogável de doze meses, mediante contrato de locação de serviços, para promoverem diligências de localização dos devedores com débitos inscritos em dívida ativa e levantar bens a serem oferecidos ao respectivo juízo para garantir o cumprimento do disposto no artigo 7º da Lei nº 6.830, de 22 de setembro de 1980.

Art. 23. Os depósitos recursais instituídos por esta lei serão efetuados à ordem do INSS ou do juízo, quando for o caso, em estabelecimentos oficiais de crédito, assegurada atualização monetária, conforme o disposto no inciso I do artigo 9º da Lei nº 6.830, de 22 de setembro de 1980.

Art. 24. O aposentado por idade ou por tempo de serviço pelo Regime Geral da Previdência Social que estiver exercendo ou que voltar a exercer atividade abrangida pelo mesmo, fica isento da contribuição a que se refere o artigo 20 da Lei nº 8.212, de 24 de julho de 1991.

Parágrafo único. O segurado de que trata o *caput* deste artigo que vinha contribuindo até a data da vigência desta lei receberá, em pagamento único, o valor correspondente à soma das importâncias relativas às suas contribuições, remuneradas de acordo com o Índice de Remuneração Básica dos Depósitos de Poupança com data de aniversário do primeiro dia, quando do afastamento da atividade que atualmente exerce.

Art. 25. A contribuição devida à seguridade social pelo empregador, pessoa jurídica, que se dedique à produção rural, em substituição à prevista nos incisos I e II do artigo 22 da Lei nº 8.212, de 24 de julho de 1991, passa a ser a seguinte:

- *Caput* com a redação dada pela Lei nº 10.256, de 9-7-2001.

I – 1,7% (um inteiro e sete décimos por cento) da receita bruta proveniente da comercialização da sua produção;

- Inciso I com a redação dada pela Lei nº 13.606, de 9-1-2018, promulgado nos termos do art. 66, § 5º, da CF (*DOU* de 18-4-2018).

II – 0,1% (um décimo por cento) da receita bruta proveniente da comercialização de sua produção, para o financiamento da complementação das prestações por acidente de trabalho.

§ 1º O disposto no inciso I do artigo 3º da Lei nº 8.315, de 23 de dezembro de 1991, não se aplica ao empregador de que trata este artigo, que contribuirá com o adicional de 0,25% (zero vírgula vinte e cinco por cento) da receita bruta proveniente da venda de mercadorias de produção própria, destinado ao Serviço Nacional de Aprendizagem Rural (SENAR).

- § 1º com a redação dada pela Lei nº 10.256, de 9-7-2001.

§ 2º *Revogado*. Lei nº 10.256, de 9-7-2001.

§ 3º Para os efeitos deste artigo, será observado o disposto no § 3º do art. 25 da Lei nº 8.212, de 24 de julho de 1991, com a redação dada pela Lei nº 8.540, de 22 de dezembro de 1992.

- A alteração que seria inserida neste parágrafo pela Lei nº 10.256, de 9-7-2001, foi vetada, razão pela qual mantivemos a sua redação.

§ 4º *Revogado*. Lei nº 9.528, de 10-12-1997.

§ 5º O disposto neste artigo não se aplica às operações relativas à prestação de serviços a terceiros, cujas contribuições previdenciárias continuam sendo devidas na forma do artigo 22 da Lei nº 8.212, de 24 de julho de 1991.

- § 5º acrescido pela Lei nº 10.256, de 9-7-2001.

§ 6º Não integra a base de cálculo da contribuição de que trata o *caput* deste artigo a produção rural destinada ao plantio ou reflorestamento, nem o produto animal destinado à reprodução ou criação pecuária ou granjeira e à utilização como cobaia para fins de pesquisas científicas, quando vendido pelo próprio produtor e por quem a utilize diretamente com essas finalidades e, no caso de produto vegetal, por pessoa ou entidade registrada no Ministério da Agricultura, Pecuária e Abastecimento que se dedique ao comércio de sementes e mudas no País.

- § 6º acrescido pela Lei nº 13.606, de 9-1-2018, promulgado nos termos do art. 66, § 5º da CF (*DOU* de 18-4-2018).

§ 7º O empregador pessoa jurídica poderá optar por contribuir na forma prevista no *caput* deste artigo ou na forma dos incisos I e II do *caput* do art. 22 da Lei nº 8.212, de 24 de julho de 1991, manifestando sua opção mediante o pagamento da contribuição incidente sobre a folha de salários relativa a janeiro de cada ano, ou à primeira competência subsequente ao início da atividade rural, e será irretratável para todo o ano-calendário.

- § 7º acrescido pela Lei nº 13.606, de 9-1-2018.

Art. 25-A. As contribuições de que tratam os incisos I e II do artigo 22 da Lei nº 8.212, de 24 de julho de 1991, serão devidas pelos cooperados, na forma do artigo 25 desta Lei, se pessoa jurídica, e do artigo 25 da Lei nº 8.212, de 24 de julho de 1991, se pessoa física, quando a cooperativa de produção rural contratar pessoal, exclusivamente, para colheita de produção de seus cooperados.

§ 1º Os encargos decorrentes da contratação de que trata o *caput* serão apurados separadamente dos relativos aos empregados regulares da cooperativa, discriminadamente por cooperados, na forma do regulamento.

§ 2º A cooperativa de que trata o *caput* é diretamente responsável pelo recolhimento da contribuição previdenciária de que trata o artigo 20 da Lei nº 8.212, de 24 de julho de 1991.

§ 3º Não se aplica o disposto no § 9º do artigo 25 da Lei nº 8.212, de 24 de julho de 1991, à contratação realizada na forma deste artigo.

▸ Art. 25-A acrescido pela Lei nº 10.256, de 9-7-2001.

Art. 26. Os benefícios concedidos nos termos da Lei nº 8.213, de 24 de julho de 1991, com data de início entre 5 de abril de 991 e 31 de dezembro de 1993, cuja renda mensal inicial tenha sido calculada sobre salário de benefício inferior à média dos trinta e seis últimos salários de contribuição, em decorrência do disposto no § 2º do artigo 29 da referida lei, serão revistos a partir da competência abril de 1994, mediante a aplicação do percentual correspondente à diferença entre a média mencionada neste artigo e o salário de benefício considerado para a concessão.

Parágrafo único. Os benefícios revistos nos termos do *caput* deste artigo não poderão resultar superiores ao teto do salário de contribuição vigente na competência de abril de 1994.

▸ Lei nº 10.999, de 15-12-2004, autoriza a revisão dos benefícios previdenciários concedidos, com data-base posterior a fevereiro de 1994, e o pagamento dos valores atrasados nas condições que especifica.

Art. 27. O Poder Executivo regulamentará esta lei no prazo de noventa dias a partir da data de sua publicação.

Art. 28. Esta lei entra em vigor na data de sua publicação.

Art. 29. Revogam-se as disposições em contrário, especialmente o § 4º do artigo 12, com a redação dada pela Lei nº 8.861, de 25 de março de 1994, e o § 9º do artigo 29, ambos da Lei nº 8.212, de 24 de julho de 1991; a alínea *i*, do inciso I do artigo 18; o inciso II do artigo 81; o artigo 84; o artigo 87 e parágrafo único, todos da Lei nº 8.213, de 24 de julho de 1991.

Brasília, 15 de abril de 1994;
173º da Independência e
106º da República.

Itamar Franco

LEI Nº 9.424, DE 24 DE DEZEMBRO DE 1996

Dispõe sobre o Fundo de Manutenção e Desenvolvimento do Ensino Fundamental e de Valorização do Magistério, na forma prevista no art. 60, § 7º, do Ato das Disposições Constitucionais Transitórias, e dá outras providências.

(EXCERTOS)

▸ Publicada no *DOU* de 26-12-1996.

▸ Dec. nº 6.003, de 28-12-2006, regulamenta a arrecadação, a fiscalização e a cobrança da contribuição social do salário-educação.

....

Art. 15. O Salário-Educação, previsto no artigo 212, § 5º, da Constituição Federal e devido pelas empresas, na forma em que vier a ser disposto em regulamento, é calculado com base na alíquota de 2,5% (dois e meio por cento) sobre o total de remunerações pagas ou creditadas, a qualquer título, aos segurados empregados, assim definidos no artigo 12, inciso I, da Lei nº 8.212, de 24 de julho de 1991.

§ 1º O montante da arrecadação do Salário-Educação, após a dedução de 1% (um por cento) em favor do Instituto Nacional do Seguro Social – INSS, calculado sobre o valor por ele arrecadado, será distribuído pelo Fundo Nacional de Desenvolvimento da Educação – FNDE, observada, em 90% (noventa por cento) de seu valor, a arrecadação realizada em cada Estado e no Distrito Federal, em quotas, da seguinte forma:

▸ § 1º com a redação dada pela Lei nº 10.832, de 29-12-2003.

▸ O STF, por maioria dos votos, julgou procedente a ADPF nº 188, para dar a este § 1º interpretação conforme a Constituição Federal (*DOU* de 3-10-2022).

I – Quota Federal, correspondente a 1/3 (um terço) do montante de recursos, que será destinada ao FNDE e aplicada no financiamento de programas e projetos voltados para a universalização do ensino fundamental, de forma a propiciar a redução dos desníveis sócio-educacionais existentes entre Municípios, Estados, Distrito Federal e regiões brasileiras;

II – Quota Estadual e Municipal, correspondente a 2/3 (dois terços) do montante de recursos, que será creditada mensal e automaticamente em favor das Secretarias de Educação dos Estados, do Distrito Federal e dos Municípios para financiamento de programas, projetos e ações do ensino fundamental.

► Inciso II com a redação dada pela Lei nº 10.832, de 29-12-2003.

§ 2º VETADO.

§ 3º Os alunos regularmente atendidos, na data da edição desta Lei, como beneficiários da aplicação realizada pelas empresas contribuintes, no ensino fundamental dos seus empregados e dependentes, à conta de deduções da contribuição social do Salário-Educação, na forma da legislação em vigor, terão, a partir de 1º de janeiro de 1997, o benefício assegurado, respeitadas as condições em que foi concedido, e vedados novos ingressos nos termos do artigo 212, § 5º, da Constituição Federal.

Art. 16. Esta Lei entra em vigor em 1º de janeiro de 1997.

Art. 17. Revogam-se as disposições em contrário.

Brasília, 24 de dezembro de 1996;
175º da Independência e
108º da República.

Fernando Henrique Cardoso

LEI Nº 9.477, DE 24 DE JULHO DE 1997

Institui o Fundo de Aposentadoria Programada Individual – FAPI e o Plano de Incentivo à Aposentadoria Programada Individual, e dá outras providências.

► Publicada no *DOU* de 25-7-1997.

Art. 1º É autorizada a instituição de Fundos de Aposentadoria Programada Individual – FAPI, com recursos do trabalhador ou de empregador detentor de Plano de Incentivo à Aposentadoria Programada Individual, destinado a seus empregados e administradores.

§ 1º Os Fundos de Aposentadoria Programada Individual – FAPI, constituídos sob a forma de condomínio aberto, terão seus recursos aplicados de acordo com o que vier a ser determinado pelo Conselho Monetário Nacional.

§ 2º O trabalhador pode adquirir quotas dos Fundos de Aposentadoria Programada Individual – FAPI, e o empregador pode, ao estabelecer Plano de Incentivo à Aposentadoria Programada Individual, adquirir quotas em nome de seus empregados e administradores, observado o disposto nesta Lei.

§ 3º Considera-se trabalhador, para os efeitos desta Lei, a pessoa que, residente ou domiciliada no País, aufira rendimento do trabalho, com ou sem vínculo empregatício.

§ 4º Entende-se por empregador o empresário ou a pessoa jurídica de natureza empresarial que, assumindo os riscos da atividade econômica, admite e remunera trabalhadores, inclusive seus administradores.

Art. 2º As aquisições de quotas do Fundo a que se refere o artigo anterior serão realizadas em moeda corrente nacional.

Art. 3º Os Fundos a que se refere o artigo 1º podem ser instituídos e administrados por instituições financeiras ou por sociedades seguradoras autorizadas a funcionar pela Superintendência de Seguros Privados – SUSEP.

§ 1º Compete ao Conselho Monetário Nacional aprovar o regulamento que disciplina a constituição dos Fundos de Aposentadoria Programada Individual – FAPI.

§ 2º O regulamento deverá dispor, pelo menos, sobre:

I – constituição e suas características;

II – administração;

III – taxa de administração;

IV – composição e diversificação da carteira, objetivando a prudência e a diversificação de riscos;

V – patrimônio líquido;

VI – emissão, colocação e resgate de quotas;

VII – regras para os planos de contribuição, obedecido o intervalo máximo de um ano entre as aquisições de quotas por parte dos participantes;

VIII – portabilidade, objetivando garantir a possibilidade de transferência de patrimônio individual (quota-parte) de um fundo para outro, decorrido período de no mínimo seis meses;

IX – custódia e liquidação dos títulos e valores mobiliários dos Fundos;

X – assembleia-geral;

XI – demonstrações financeiras;

XII – prestação de informações ao Banco Central do Brasil, à Comissão de Valores Mobiliários e à Superintendência de Seguros Privados;
XIII – publicidade e remessa de documentos;
XIV – aplicação de penalidades;
XV – normas gerais.

§ 3º Para os efeitos do inciso IV do parágrafo anterior, pode o Conselho Monetário Nacional limitar a participação, na Carteira de Aplicação dos Fundos de Aposentadoria Programada Individual – FAPI, de títulos e obrigações de responsabilidade do instituidor do Plano de Incentivo e de seu administrador, controladas, coligadas e interligadas.

Art. 4º Compete ao Banco Central do Brasil e à Superintendência de Seguros Privados, no âmbito das respectivas atribuições:

I – autorizar a constituição dos Fundos de Aposentadoria Programada Individual – FAPI e a transferência de sua administração;
II – exercer a fiscalização dos administradores dos Fundos e aplicar as penalidades previstas.

Parágrafo único. O disposto neste artigo não exclui a competência da Comissão de Valores Mobiliários com relação aos valores mobiliários integrantes da carteira dos Fundos de que trata o artigo 1º desta Lei.

Art. 5º O administrador do Fundo, observadas as limitações legais, deve praticar os atos necessários à administração da carteira do Fundo e exercer todos os direitos inerentes aos ativos que a integram, podendo contratar os serviços de terceiros, legalmente habilitados.

§ 1º As instituições contratadas para a execução dos serviços de que trata este artigo respondem solidariamente com o administrador do Fundo pelos prejuízos que causarem ao Fundo.

§ 2º As ordens de compra e venda de quotas, títulos e valores mobiliários são sempre expedidas com identificação precisa do Fundo.

Art. 6º Os ativos dos Fundos de Aposentadoria Programada Individual – FAPI são impenhoráveis e sobre eles não incidem encaixes obrigatórios ou depósitos compulsórios.

Art. 7º O empregador que instituir Plano de Incentivo à Aposentadoria Programada Individual, na forma estabelecida pelo Conselho Monetário Nacional, pode deduzir como despesas operacionais o valor das quotas do Fundo de Aposentadoria Programada Individual – FAPI adquiridas, observado o disposto no artigo 10 desta Lei, desde que o Plano atinja, no mínimo, 50% (cinquenta por cento) dos seus empregados.

Art. 8º Os recursos utilizados pelo empregador para aquisição de quotas em nome de seus empregados ou administradores, dentro do Plano de Incentivo à Aposentadoria Programada Individual, de que trata esta Lei, não são considerados integrantes da remuneração dos beneficiários para efeitos da legislação do trabalho e da previdência e não integram a base de cálculo para as contribuições para o Fundo de Garantia do Tempo de Serviço, de Assistência Social e Sindical.

Parágrafo único. O participante de Plano de Incentivo à Aposentadoria Programada Individual que perder o vínculo com a empresa continua com direito às quotas do Fundo adquiridas em seu nome, com recursos do empregador, podendo movimentá-las somente após o prazo de capitalização, observados os casos especiais a que se refere o inciso I do artigo 9º e regulamentação pertinentes.

Art. 9º O resgate parcial ou total do Fundo de Aposentadoria Programada Individual – FAPI pode realizar-se:

I – com isenção do Imposto sobre Operações de Crédito, Câmbio e Seguro ou relativas a Títulos e Valores Mobiliários após o prazo de dez anos, contado a partir da contribuição inicial para a formação do patrimônio e nos casos de invalidez permanente, de aposentadoria, ou de morte do participante, hipótese esta em que o resgate se dará na forma da legislação civil;
II – com incidência do Imposto sobre Operações de Crédito, Câmbio e Seguro, ou relativas a Títulos e Valores Mobiliários, calculado à alíquota de 25% (vinte e cinco por cento) sobre o valor resgatado antes do prazo de dez anos, contado a partir da contribuição inicial.

§ 1º Não se aplica o disposto no inciso II nos casos de invalidez permanente, de aposentadoria ou de morte do participante, hipótese esta em que o resgate dar-se-á na forma da legislação civil.

§ 2º Transcorrido o prazo de capitalização a que se refere o inciso I, o participante tem direito a resgatar parcial ou totalmente as quotas, podendo adquirir renda junto a sociedades seguradoras ou a entidades de previdência privada, na forma da lei.

Art. 10. *Revogado.* Lei nº 9.532, de 10-12-1997.

Art. 11. Os bens e direitos integrantes do patrimônio do Fundo de Aposentadoria Programada Individual não se comunicam com o patrimônio da instituição administradora, assim como, em caso de falência ou liquidação extrajudicial da instituição administradora, o patrimônio do FAPI não integra a massa falida ou liquidante da instituição.

Art. 12. Os resgates na carteira dos Fundos para mudança das aplicações (artigo 3º, § 2º, inciso VIII) entre Fundos instituídos por esta Lei ou para a aquisição de renda junto às instituições privadas de previdência e seguradoras que operam com esse produto, estão isentos do Imposto sobre Operações de Crédito, Câmbio e Seguro, ou relativas a Títulos e Valores Mobiliários e do Imposto de Renda.

Parágrafo único. É vedada a utilização da dedução de que trata o artigo 10, nas hipóteses referidas neste artigo.

Art. 13. As infrações do disposto nesta Lei sujeitam as instituições administradoras dos Fundos às penalidades previstas no artigo 44 da Lei nº 4.595, de 31 de dezembro de 1964, e no artigo 108 do Decreto-lei nº 73, de 21 de novembro de 1966, sem prejuízo de outras estabelecidas na legislação vigente.

Art. 14. Esta Lei entra em vigor na data de sua publicação.

Brasília, 24 de julho de 1997;
176º da Independência e
109º da República.

Fernando Henrique Cardoso

LEI Nº 9.676, DE 30 DE JUNHO DE 1998

Dispõe sobre a periodicidade de recolhimento das contribuições previdenciárias arrecadadas pelo Instituto Nacional do Seguro Social – INSS.

▸ Publicada no *DOU* de 1º-7-1998.

Art. 1º Poderá ser aumentada, de modo diferenciado, em conjunto ou separadamente, para até três meses, a periodicidade de recolhimento das contribuições previdenciárias arrecadadas pelo Instituto Nacional do Seguro Social – INSS, devidas por:

I – segurados empresário, trabalhador autônomo ou a este equiparado e facultativo enquadrados até a classe II da escala de salários-base de que trata o artigo 29 da Lei nº 8.212, de 24 de julho de 1991, com a redação dada pela Lei nº 9.528, de 10 de dezembro de 1997;

II – empregador doméstico, relativamente a salários de contribuição em valores até o limite estabelecido no inciso anterior.

Art. 2º Esta Lei entra em vigor na data de sua publicação.

Brasília, 30 de junho de 1998;
177º da Independência e
110º da República.

Fernando Henrique Cardoso

LEI Nº 9.717, DE 27 DE NOVEMBRO DE 1998

Dispõe sobre regras gerais para a organização e o funcionamento dos regimes próprios de previdência social dos servidores públicos da União, dos Estados, do Distrito Federal e dos Municípios, dos militares dos Estados e do Distrito Federal e dá outras providências.

▸ Publicada no *DOU* de 28-11-1998.

▸ Port. do MPS nº 402, de 10-12-2008, disciplina os parâmetros e as diretrizes gerais para organização e funcionamento dos regimes próprios de previdência social dos servidores públicos ocupantes de cargos efetivos da União, dos Estados, do Distrito Federal e dos Municípios.

Art. 1º Os regimes próprios de previdência social dos servidores públicos da União, dos Estados, do Distrito Federal e dos Municípios, dos militares dos Estados e do Distrito Federal deverão ser organizados, baseados em normas gerais de contabilidade e atuária, de modo a garantir o seu equilíbrio financeiro e atuarial, observados os seguintes critérios:

I – realização de avaliação atuarial inicial e em cada balanço utilizando-se parâmetros gerais, para a organização e revisão do plano de custeio e benefícios;

▸ Inciso I com a redação dada pela MP nº 2.187-13, de 24-8-2001, que até o encerramento desta edição não havia sido convertida em Lei.

II – financiamento mediante recursos provenientes da União, dos Estados, do Distrito Federal e dos Municípios e das contribuições do pessoal civil e militar, ativo, inativo e dos pensionistas, para os seus respectivos regimes;

III – as contribuições e os recursos vinculados ao Fundo Previdenciário da União, dos Estados, do Distrito Federal e dos Municípios e as contribuições do pessoal civil e militar, ativo, inativo, e dos pensionistas, somente poderão ser utilizadas para pagamento de benefícios previdenciários dos respectivos regimes, ressalvadas as despesas administrativas estabelecidas no artigo 6º, inciso VIII, desta Lei, observados os limites de gastos estabelecidos em parâmetros gerais;

▸ Inciso III com a redação dada pela MP nº 2.187-13, de 24-8-2001, que até o encerramento desta edição não havia sido convertida em Lei.

IV – cobertura de um número mínimo de segurados, de modo que os regimes possam garantir diretamente a totalidade dos riscos cobertos no plano de benefícios, preservando o equilíbrio atuarial sem necessidade de resseguro, conforme parâmetros gerais;

V – cobertura exclusiva a servidores públicos titulares de cargos efetivos e a militares, e a seus respectivos dependentes, de cada ente estatal, vedado o pagamento de benefícios, mediante convênios ou consórcios entre Estados, entre Estados e Municípios e entre Municípios;

VI – pleno acesso dos segurados às informações relativas à gestão do regime e participação de representantes dos servidores públicos e dos militares, ativos e inativos, nos colegiados e instâncias de decisão em que os seus interesses sejam objeto de discussão e deliberação;

VII – registro contábil individualizado das contribuições de cada servidor e dos entes estatais, conforme diretrizes gerais;

VIII – identificação e consolidação em demonstrativos financeiros e orçamentários de todas as despesas fixas e variáveis com pessoal inativo civil, militar e pensionistas, bem como dos encargos incidentes sobre os proventos e pensões pagos;

IX – sujeição às inspeções e auditorias de natureza atuarial, contábil, financeira, orçamentária e patrimonial dos órgãos de controle interno e externo;

X – vedação de inclusão nos benefícios, para efeito de percepção destes, de parcelas remuneratórias pagas em decorrência de local de trabalho, de função de confiança ou de cargo em comissão, exceto quando tais parcelas integrarem a remuneração de contribuição do servidor que se aposentar com fundamento no art. 40 da Constituição Federal, respeitado, em qualquer hipótese, o limite previsto no § 2º do citado artigo;

XI – vedação de inclusão nos benefícios, para efeito de percepção destes, do abono de permanência de que tratam o § 19 do art. 40 da Constituição Federal, o § 5º do art. 2º e o § 1º do art. 3º da Emenda Constitucional nº 41, de 19 de dezembro de 2003.

▸ Incisos X e XI com a redação dada pela Lei nº 10.887, de 18-6-2004.

§ 1º Aplicam-se adicionalmente aos regimes próprios de previdência social as disposições estabelecidas no art. 6º desta Lei relativas aos fundos com finalidade previdenciária por eles instituídos.

▸ Parágrafo único transformado em § 1º pela Lei nº 13.846, de 18-6-2019.

§ 2º Os regimes próprios de previdência social da União, dos Estados, do Distrito Federal e dos Municípios operacionalizarão a compensação financeira a que se referem o § 9º do art. 201 da Constituição Federal e a Lei nº 9.796, de 5 de maio de 1999, entre si e com o regime geral de previdência social, sob pena de incidirem nas sanções de que trata o art. 7º desta Lei.

▸ § 2º acrescido pela Lei nº 13.846, de 18-6-2019.

Art. 1º-A. O servidor público titular de cargo efetivo da União, dos Estados, do Distrito Federal e dos Municípios ou o militar dos Estados e do Distrito Federal filiado a regime próprio de previdência social, quando cedido a órgão ou entidade de outro ente da federação, com ou sem ônus para o cessionário, permanecerá vinculado ao regime de origem.

▸ Art. 1º-A acrescido pela MP nº 2.187-13, de 24-8-2001, que até o encerramento desta edição não havia sido convertida em Lei.

Art. 2º A contribuição da União, dos Estados, do Distrito Federal e dos Municípios, incluídas suas autarquias e fundações, aos regimes próprios de previdência social a que estejam vinculados seus servidores não poderá ser inferior ao valor da contribuição do servidor ativo, nem superior ao dobro desta contribuição.

▸ *Caput* com a redação dada pela Lei nº 10.887, de 18-6-2004.

§ 1º A União, os Estados, o Distrito Federal e os Municípios são responsáveis pela cobertura de eventuais insuficiências financeiras do respectivo regime próprio, decorrentes do pagamento de benefícios previdenciários.

§ 2º A União, os Estados, o Distrito Federal e os Municípios publicarão, até trinta dias após o encerramento de cada bimestre, demonstrativo financeiro e orçamentário da receita e despesa previdenciárias acumuladas no exercício financeiro em curso.

► §§ 1º e 2º com a redação dada pela Lei nº 10.887, de 18-6-2004.

§§ 3º a 7º *Revogados*. Lei nº 10.887, de 18-6-2004.

Art. 2º-A. *Revogado*. Lei nº 10.887, de 18-6-2004.

Art. 3º As alíquotas de contribuição dos servidores ativos dos Estados, do Distrito Federal e dos Municípios para os respectivos regimes próprios de previdência social não serão inferiores às dos servidores titulares de cargos efetivos da União, devendo ainda ser observadas, no caso das contribuições sobre os proventos dos inativos e sobre as pensões, as mesmas alíquotas aplicadas às remunerações dos servidores em atividade do respectivo ente estatal.

► Artigo com a redação dada pela Lei nº 10.887, de 18-6-2004.

Art. 4º *Revogado*. Lei nº 10.887, de 18-6-2004.

Art. 5º Os regimes próprios de previdência social dos servidores públicos da União, dos Estados, do Distrito Federal e dos Municípios, dos militares dos Estados e do Distrito Federal não poderão conceder benefícios distintos dos previstos no Regime Geral de Previdência Social, de que trata a Lei nº 8.213, de 24 de julho de 1991, salvo disposição em contrário da Constituição Federal.

Parágrafo único. Fica vedada a concessão de aposentadoria especial, nos termos do § 4º do artigo 40 da Constituição Federal, até que lei complementar federal discipline a matéria.

► Parágrafo único acrescido pela MP nº 2.187-13, de 24-8-2001, que até o encerramento desta edição não havia sido convertida em Lei.

Art. 6º Fica facultada à União, aos Estados, ao Distrito Federal e aos Municípios, a constituição de fundos integrados de bens, direitos e ativos, com finalidade previdenciária, desde que observados os critérios de que trata o artigo 1º e, adicionalmente, os seguintes preceitos:

I – *Revogado*. MP nº 2.187-13, de 24-8-2001, que até o encerramento desta edição não havia sido convertida em Lei;

II – existência de conta do fundo distinta da conta do Tesouro da unidade federativa;

III – *Revogado*. MP nº 2.187-13, de 24-8-2001, que até o encerramento desta edição não havia sido convertida em Lei;

IV – aplicação de recursos, conforme estabelecido pelo Conselho Monetário Nacional;

V – vedação de utilização de recursos do fundo de bens, direitos e ativos para empréstimos de qualquer natureza, inclusive à União, aos Estados, ao Distrito Federal e aos Municípios, a entidades da administração indireta e aos respectivos segurados;

VI – vedação à aplicação de recursos em títulos públicos, com exceção de títulos do Governo Federal;

VII – avaliação de bens, direitos e ativos de qualquer natureza integrados ao fundo, em conformidade com a Lei nº 4.320, de 17 de março de 1964 e alterações subsequentes;

VIII – estabelecimento de limites para a taxa de administração, conforme parâmetros gerais;

IX – constituição e extinção do fundo mediante lei.

Parágrafo único. No estabelecimento das condições e dos limites para aplicação dos recursos dos regimes próprios de previdência social, na forma do inciso IV do *caput* deste artigo, o Conselho Monetário Nacional deverá considerar, entre outros requisitos:

I – a natureza pública das unidades gestoras desses regimes e dos recursos aplicados, exigindo a observância dos princípios de segurança, proteção e prudência financeira;

II – a necessidade de exigência, em relação às instituições públicas ou privadas que administram, direta ou indiretamente por meio de fundos de investimento, os recursos desses regimes, da observância de critérios relacionados a boa qualidade de gestão, ambiente de controle interno, histórico e experiência de atuação, solidez patrimonial, volume de recursos sob administração e outros destinados à mitigação de riscos.

► Parágrafo único acrescido pela Lei nº 13.846, de 18-6-2019.

Art. 7º O descumprimento do disposto nesta Lei pelos Estados, Distrito Federal e Municípios e pelos respectivos fundos, implicará, a partir de 1º de julho de 1999:

I – suspensão das transferências voluntárias de recursos pela União;

II – impedimento para celebrar acordos, contratos, convênios ou ajustes, bem como receber empréstimos, financiamentos, avais e subvenções em geral de órgãos ou entidades da Administração direta e indireta da União;

III – suspensão de empréstimos e financiamentos por instituições financeiras federais;

IV – *Revogado.* Lei nº 13.846, de 18-6-2019.

Art. 8º Os responsáveis pelos poderes, órgãos ou entidades do ente estatal, os dirigentes da unidade gestora do respectivo regime próprio de previdência social e os membros dos seus conselhos e comitês respondem diretamente por infração ao disposto nesta Lei, sujeitando-se, no que couber, ao regime disciplinar estabelecido na Lei Complementar nº 109, de 29 de maio de 2001, e seu regulamento, e conforme diretrizes gerais.

§ 1º As infrações serão apuradas mediante processo administrativo que tenha por base o auto, a representação ou a denúncia positiva dos fatos irregulares, assegurados ao acusado o contraditório e a ampla defesa, em conformidade com diretrizes gerais.

§ 2º São também responsáveis quaisquer profissionais que prestem serviços técnicos ao ente estatal e respectivo regime próprio de previdência social, diretamente ou por intermédio de pessoa jurídica contratada.

▶ Art. 8º com a redação dada pela Lei nº 13.846, de 18-6-2019.

Art. 8º-A. Os dirigentes do ente federativo instituidor do regime próprio de previdência social e da unidade gestora do regime e os demais responsáveis pelas ações de investimento e aplicação dos recursos previdenciários, inclusive os consultores, os distribuidores, a instituição financeira administradora da carteira, o fundo de investimentos que tenha recebido os recursos e seus gestores e administradores serão solidariamente responsáveis, na medida de sua participação, pelo ressarcimento dos prejuízos decorrentes de aplicação em desacordo com a legislação vigente a que tiverem dado causa.

Art. 8º-B. Os dirigentes da unidade gestora do regime próprio de previdência social deverão atender aos seguintes requisitos mínimos:

I – não ter sofrido condenação criminal ou incidido em alguma das demais situações de inelegilidade previstas no inciso I do *caput* do art. 1º da Lei Complementar nº 64, de 18 de maio de 1990, observados os critérios e prazos previstos na referida Lei Complementar;

II – possuir certificação e habilitação comprovadas, nos termos definidos em parâmetros gerais;

III – possuir comprovada experiência no exercício de atividade nas áreas financeira, administrativa, contábil, jurídica, de fiscalização, atuarial ou de auditoria;

IV – ter formação superior.

Parágrafo único. Os requisitos a que se referem os incisos I e II do *caput* deste artigo aplicam-se aos membros dos conselhos deliberativo e fiscal e do comitê de investimentos da unidade gestora do regime próprio de previdência social.

▶ Arts 8º-A e 8º-B acrescidos pela Lei nº 13.846, de 18-6-2019.

Art. 9º Compete à União, por intermédio da Secretaria Especial de Previdência e Trabalho do Ministério da Economia, em relação aos regimes próprios de previdência social e aos seus fundos previdenciários:

I – a orientação, a supervisão, a fiscalização e o acompanhamento;

II – o estabelecimento e a publicação de parâmetros, diretrizes e critérios de responsabilidade previdenciária na sua instituição, organização e funcionamento, relativos a custeio, benefícios, atuária, contabilidade, aplicação e utilização de recursos e constituição e manutenção dos fundos previdenciários, para preservação do caráter contributivo e solidário e do equilíbrio financeiro e atuarial;

III – a apuração de infrações, por servidor credenciado, e a aplicação de penalidades, por órgão próprio, nos casos previstos no art. 8º desta Lei;

IV – a emissão do Certificado de Regularidade Previdenciária (CRP), que atestará, para os fins do disposto no art. 7º desta Lei, o cumprimento, pelos Estados, Distrito Federal e Municípios, dos critérios e exigências aplicáveis aos regimes próprios de previdência social e aos seus fundos previdenciários.

Parágrafo único. A União, os Estados, o Distrito Federal e os Municípios encaminharão à Secretaria Especial de Previdência e Trabalho do Ministério da Economia, na forma, na periodicidade e nos critérios por ela definidos, dados e informações sobre o regime próprio de previdência social e seus segurados.

▶ Art. 9º com a redação dada pela Lei nº 13.846, de 18-6-2019.

Art. 10. No caso de extinção de regime próprio de previdência social, a União, o Estado, o Distrito Federal e os Municípios assumirão integralmente a responsabilidade pelo pagamento dos benefícios concedidos durante a sua vigência, bem como daqueles benefícios cujos requisitos necessários a sua concessão foram implementados anteriormente à extinção do regime próprio de previdência social.

Art. 11. Esta Lei entra em vigor na data de sua publicação.

Brasília, 27 de novembro de 1998;
177º da Independência e
110º da República.

Fernando Henrique Cardoso

LEI Nº 9.720, DE 30 DE NOVEMBRO DE 1998

Dá nova redação a dispositivos da Lei nº 8.742, de 7 de dezembro de 1993, que dispõe sobre a organização da Assistência Social, e dá outras providências.

▸ Publicada no *DOU* de 1-12-1998.

Art. 1º Os dispositivos abaixo indicados da Lei nº 8.742, de 7 de dezembro de 1993, passam a vigorar com a seguinte redação:

▸ Alterações inseridas no texto da referida lei.

Art. 2º Os órgãos envolvidos nas ações mencionadas no § 6º do artigo 20 e no artigo 37 da Lei nº 8.742, de 1993, deverão, até 31 de dezembro de 1995, adaptar-se e organizar-se para atender ao que consta daqueles dispositivos.

Art. 3º O requerimento de benefício de prestação continuada, de que trata o artigo 37 da Lei nº 8.742, de 1993, será proto-colizado a partir de 1º de janeiro de 1996.

Art. 4º A revisão do benefício de prestação continuada prevista no artigo 21 da Lei nº 8.742, de 1993, terá início em 1º de setembro de 1997.

Art. 5º Ficam convalidados os atos praticados com base na Medida Provisória nº 1.599-50, de 22 de outubro de 1998.

Art. 6º Esta Lei entra em vigor na data de sua publicação.

Congresso Nacional, em 30 de novembro de 1998;
177º da Independência e
110º da República.

Fernando Henrique Cardoso

LEI Nº 9.732, DE 11 DE DEZEMBRO DE 1998

Altera dispositivos das Leis nºs 8.212 e 8.213, ambas de 24 de julho de 1991, da Lei nº 9.317, de 5 de dezembro de 1996, e dá outras providências.

▸ Publicada no *DOU* de 14-12-1998.

Art. 1º Os artigos 22 e 55 da Lei nº 8.212, de 24 de julho de 1991, passam a vigorar com as seguintes alterações:

▸ O STF, por unanimidade de votos, julgou procedente as ADINs nºs 2.028 e 2.036, para declarar a inconstitucionalidade deste artigo, na parte em que alterou a redação do art. 55, inciso III, da Lei nº 8.212/1991 e acrescentou-lhe os §§ 3º a 5º (*DOU* de 10-3-2017).

▸ Alterações inseridas no texto da referida Lei.

Art. 2º Os artigos 57 e 58 da Lei nº 8.213, de 24 de julho de 1991, passam a vigorar com as seguintes alterações:

▸ Alterações inseridas no texto da referida lei.

Art. 3º Os dispositivos a seguir indicados da Lei nº 9.317, de 5 de dezembro de 1996, passam a vigorar com as seguintes alterações:

▸ A Lei nº 9.317, de 5-12-1996, foi revogada pela LC nº 123, de 14-12-2006 (Estatuto Nacional da Microempresa e da Empresa de Pequeno Porte).

Art. 4º As entidades sem fins lucrativos educacionais e as que atendam ao Sistema Único de Saúde, mas não pratiquem de forma exclusiva e gratuita atendimento a pessoas carentes, gozarão da isenção das contribuições de que tratam os artigos 22 e 23 da Lei nº 8.212, de 1991, na proporção do valor das vagas cedidas, integral e gratuitamente, a carentes e do valor do atendimento à saúde de caráter assistencial, desde que satisfaçam os requisitos referidos nos incisos I, II, IV e V do artigo 55 da citada Lei, na forma do regulamento.

▸ O STF, por unanimidade de votos, julgou procedente as ADINs nºs 2.028 e 2.036, para declarar a inconstitucionalidade deste artigo.

▸ O referido art. 55 foi revogado pela Lei nº 12.101, de 27-11-2009.

Art. 5º O disposto no artigo 55 da Lei nº 8.212, de 1991, na sua nova redação, e no artigo 4º desta Lei terá aplicação a partir da competência abril de 1999.

- O STF, por unanimidade de votos, julgou procedente as ADINs nºs 2.028 e 2.036, para declarar a inconstitucionalidade deste artigo.
- O referido art. 55 foi revogado pela Lei nº 12.101, de 27-11-2009.

Art. 6º O acréscimo a que se refere o § 6º do artigo 57 da Lei nº 8.213, de 1991, será exigido de forma progressiva a partir das seguintes datas:

I – 1º de abril de 1999: quatro, três ou 2% (dois por cento);

II – 1º de setembro de 1999: oito, seis ou 4% (quatro por cento);

III – 1º de março de 2000: doze, nove ou 6% (seis por cento).

Art. 7º Fica cancelada, a partir de 1º de abril de 1999, toda e qualquer isenção concedida, em caráter geral ou especial, de contribuição para a Seguridade Social em desconformidade com o artigo 55 da Lei nº 8.212, de 1991, na sua nova redação, ou com o artigo 4º desta Lei.

- O STF, por unanimidade de votos, julgou procedente as ADINs nºs 2.028 e 2.036, para declarar a inconstitucionalidade deste artigo.
- O referido art. 55 foi revogado pela Lei nº 12.101, de 27-11-2009.

Art. 8º Esta Lei entra em vigor na data de sua publicação.

Brasília, 11 de dezembro de 1998;
177º da Independência e
110º da República.

Fernando Henrique Cardoso

LEI Nº 9.766, DE 18 DE DEZEMBRO DE 1998

Altera a legislação que rege o Salário-Educação, e dá outras providências.

- Publicada no *DOU* de 19-12-1998, Edição Extra.
- Dec. nº 6.003, de 28-12-2006, regulamenta a arrecadação, a fiscalização e a cobrança da contribuição social do salário-educação.

Art. 1º A contribuição social do Salário-Educação, a que se refere o artigo 15 da Lei nº 9.424, de 24 de dezembro de 1996, obedecerá aos mesmos prazos e condições, e sujeitar-se-á às mesmas sanções administrativas ou penais e outras normas relativas às contribuições sociais e demais importâncias devidas à Seguridade Social, ressalvada a competência do Fundo Nacional de Desenvolvimento da Educação – FNDE, sobre a matéria.

§ 1º Estão isentas do recolhimento da contribuição social do Salário-Educação:

I – a União, os Estados, o Distrito Federal e os Municípios, bem como suas respectivas autarquias e fundações;

II – as instituições públicas de ensino de qualquer grau;

III – as escolas comunitárias, confessionais ou filantrópicas, devidamente registradas e reconhecidas pelo competente órgão de educação, e que atendam ao disposto no inciso II do artigo 55 da Lei nº 8.212, de 24 de julho de 1991;

- O referido art. 55 foi revogado pela Lei nº 12.101, de 27-11-2009.

IV – as organizações de fins culturais que, para este fim, vierem a ser definidas em regulamento;

V – as organizações hospitalares e de assistência social, desde que atendam, cumulativamente, aos requisitos estabelecidos nos incisos I a V do artigo 55 da Lei nº 8.212, de 1991.

- O referido art. 55 foi revogado pela Lei nº 12.101, de 27-11-2009.

§ 2º Integram a receita do Salário-Educação os acréscimos legais a que estão sujeitos os contribuintes em atraso.

§ 3º Entende-se por empresa, para fins de incidência da contribuição social do Salário-Educação, qualquer firma individual ou sociedade que assume o risco de atividade econômica, urbana ou rural, com fins lucrativos ou não, bem como as empresas e demais entidades públicas ou privadas, vinculadas à Seguridade Social.

Art. 2º A Quota Estadual e Municipal do Salário-Educação, de que trata o § 1º e seu inciso II do art. 15 da Lei nº 9.424, de 24 de dezembro de 1996, será integralmente redistribuída entre o Estado e seus Municípios de forma proporcional ao número de alunos matriculados no ensino fundamental nas respectivas redes de ensino, conforme apurado pelo censo educacional realizado pelo Ministério da Educação.

- *Caput* com a redação dada pela Lei nº 10.832, de 29-12-2003.
- O STF, por maioria dos votos, julgou procedente a ADPF nº 188, para dar a este artigo interpretação conforme a Constituição Federal (*DOU* de 3-10-2022).

Parágrafo único. As contas específicas dos Estados, do Distrito Federal e dos Municípios destinadas à movimentação das Quotas do Salário-Educação serão abertas pelo FNDE e mantidas, a critério do respectivo ente federado, em instituição financeira oficial.

► Parágrafo único acrescido pela Lei nº 13.530, de 7-12-2017.

Art. 3º O Salário-Educação não tem caráter remuneratório na relação de emprego e não se vincula, para nenhum efeito, ao salário ou à remuneração percebida pelos empregados das empresas contribuintes.

Art. 4º A contribuição do Salário-Educação será recolhida ao Instituto Nacional do Seguro Social – INSS ou ao FNDE.

Parágrafo único. O INSS reterá, do montante por ele arrecadado, a importância equivalente a 1% (um por cento), a título de taxa de administração, creditando o restante no Banco do Brasil S.A., em favor do FNDE, para os fins previstos no artigo 15, § 1º, da Lei nº 9.424, de 1996.

Art. 5º A fiscalização da arrecadação do Salário-Educação será realizada pelo INSS, ressalvada a competência do FNDE sobre a matéria.

Parágrafo único. Para efeito da fiscalização prevista neste artigo, seja por parte do INSS, seja por parte do FNDE, não se aplicam as disposições legais excludentes ou limitativas do direito de examinar livros, arquivos, documentos, papéis e efeitos comerciais ou fiscais, dos comerciantes, empresários, industriais ou produtores, ou da obrigação destes de exibi-los.

Art. 6º As disponibilidades financeiras dos recursos gerenciados pelo FNDE, inclusive os arrecadados à conta do Salário-Educação, poderão ser aplicadas por intermédio de instituição financeira pública federal, na forma que vier a ser estabelecida pelo seu Conselho Deliberativo.

Art. 7º O Ministério da Educação e do Desporto fiscalizará, por intermédio do FNDE, a aplicação dos recursos provenientes do Salário-Educação, na forma do regulamento e das instruções que para este fim forem baixadas por aquela Autarquia, vedada sua destinação ao pagamento de pessoal.

Art. 8º Os recursos do Salário-Educação podem ser aplicados na educação especial, desde que vinculada ao ensino fundamental público.

Art. 9º O Poder Executivo regulamentará esta Lei, no prazo de sessenta dias da data de sua publicação.

Art. 10. Ficam convalidados os atos praticados com base na Medida Provisória nº 1.607-24, de 19 de novembro de 1998.

Art. 11. Esta Lei entra em vigor na data de sua publicação.

Art. 12. Revoga-se a Lei nº 8.150, de 28 de dezembro de 1990.

Brasília, de 18 de dezembro 1998;
177º da Independência e
110º da República.

Fernando Henrique Cardoso

LEI Nº 9.796, DE 5 DE MAIO DE 1999

Dispõe sobre a compensação financeira entre o Regime Geral de Previdência Social e os regimes de previdência dos servidores da União, dos Estados, do Distrito Federal e dos Municípios, nos casos de contagem recíproca de tempo de contribuição para efeito de aposentadoria, e dá outras providências.

► Publicada no *DOU* de 6-5-1999.

► Decretos nºs 6.003, de 29-12-2006 e 10.188, de 20-12-2019 regulamentam esta Lei.

► IN do INSS nº 50, de 4-1-2011, disciplina a Compensação Previdenciária entre o Regime Geral de Previdência Social e os Regimes Próprios de Previdência Social dos servidores públicos da União, dos Estados, do Distrito Federal e dos Municípios, no âmbito do INSS.

Art. 1º A compensação financeira entre o Regime Geral de Previdência Social e os regimes próprios de previdência social dos servidores da União, dos Estados, do Distrito Federal e dos Municípios, na hipótese de contagem recíproca de tempos de contribuição, obedecerá às disposições desta Lei.

► Arts. 94 a 99 da Lei nº 8.213, de 24-7-1991 (Lei dos Planos de Benefícios da Previdência Social).

Art. 2º Para os efeitos desta Lei, considera-se:

I – regime de origem: o regime previdenciário ao qual o segurado ou servidor público esteve vinculado sem que dele receba aposentadoria ou tenha gerado pensão para seus dependentes;

II – regime instituidor: o regime previdenciário responsável pela concessão e pagamento de benefício de aposentadoria ou pensão dela decorrente a segurado ou servidor público ou a seus dependentes com cômputo de tempo de contribuição no âmbito do regime de origem.

§ 1º Os regimes próprios de previdência de servidores da União, dos Estados, do Distrito Federal e dos Municípios só serão considerados regimes de origem quando o Regime Geral de Previdência Social for o regime instituidor.

§ 2º Na hipótese de o regime próprio de previdência de servidor público não possuir personalidade jurídica própria, atribuem-se ao respectivo ente federado as obrigações e direitos previstos nesta Lei.

Art. 3º O Regime Geral de Previdência Social, como regime instituidor, tem direito de receber de cada regime de origem compensação financeira, observado o disposto neste artigo.

§ 1º O Regime Geral de Previdência Social deve apresentar a cada regime de origem os seguintes dados referentes a cada benefício concedido com cômputo de tempo de contribuição no âmbito daquele regime de origem:

I – identificação do segurado e, se for o caso, de seu dependente;

II – a renda mensal inicial e a data de início do benefício;

III – o percentual do tempo de serviço total do segurado correspondente ao tempo de contribuição no âmbito daquele regime de origem.

§ 2º Cada regime de origem deve pagar ao Regime Geral de Previdência Social, para cada mês de competência do benefício, o valor resultante da multiplicação da renda mensal do benefício pelo percentual obtido na forma do inciso III do parágrafo anterior.

§ 3º A compensação financeira referente a cada benefício não poderá exceder o resultado da multiplicação do percentual obtido na forma do inciso III do § 1º deste artigo pela renda mensal do maior benefício da mesma espécie pago diretamente pelo regime de origem.

§ 4º Para fins do disposto no parágrafo anterior, o regime de origem deve informar ao Regime Geral de Previdência Social, na forma do regulamento, a maior renda mensal de cada espécie de benefício por ele pago diretamente.

§ 5º O valor de que trata o § 2º deste artigo será reajustado nas mesmas datas e pelos mesmos índices de reajustamento do benefício pela Previdência Social, devendo o Regime Geral de Previdência Social comunicar a cada regime de origem o total por ele devido em cada mês como compensação financeira.

§ 6º Aplica-se o disposto neste artigo aos períodos de contribuição utilizados para fins de concessão de aposentadoria pelo INSS em decorrência de acordos internacionais.

► § 6º acrescido pela Lei nº 11.340, de 26-12-2006.

Art. 4º Cada regime próprio de previdência de servidor público tem direito, como regime instituidor, de receber do Regime Geral de Previdência Social, enquanto regime de origem, compensação financeira, observado o disposto neste artigo.

§ 1º O regime instituidor deve apresentar ao Regime Geral de Previdência Social, além das normas que o regem, os seguintes dados referentes a cada benefício concedido com cômputo de tempo de contribuição no âmbito do Regime Geral de Previdência Social:

I – identificação do servidor público e, se for o caso, de seu dependente;

II – o valor dos proventos da aposentadoria ou pensão dela decorrente e a data de início do benefício;

III – o tempo de serviço total do servidor e o correspondente ao tempo de contribuição ao Regime Geral de Previdência Social.

§ 2º Com base nas informações referidas no parágrafo anterior, o Regime Geral de Previdência Social calculará qual seria a renda mensal inicial daquele benefício segundo as normas do Regime Geral de Previdência Social.

§ 3º A compensação financeira devida pelo Regime Geral de Previdência Social, relativa ao primeiro mês de competência do benefício, será calculada com base no valor do benefício pago pelo regime instituidor ou na renda mensal do benefício calculada na forma do parágrafo anterior, o que for menor.

§ 4º O valor da compensação financeira mencionada no parágrafo anterior corresponde à multiplicação do montante ali especificado pelo percentual correspondente ao tempo de contribuição ao Regime Geral de Previdência Social no tempo de serviço total do servidor público.

§ 5º O valor da compensação financeira devida pelo Regime Geral de Previdência Social será reajustado nas mesmas datas e pelos mesmos índices de reajustamento dos benefícios da Previdência Social, mesmo que tenha prevalecido, no primeiro mês, o valor do benefício pago pelo regime instituidor.

Art. 5º Os regimes instituidores apresentarão aos regimes de origem, no prazo máximo de trinta e seis meses a contar da data da entrada em vigor desta Lei, os dados relativos aos benefícios em manutenção nessa data, concedidos a partir da promulgação da Constituição Federal.

► *Caput* com a redação dada pela MP nº 2.187-13, de 24-8-2001, que até o encerramento desta edição não havia sido convertida em Lei.

Parágrafo único. A compensação financeira em atraso relativa aos benefícios de que trata este artigo será calculada multiplicando-se a renda mensal obtida para o último mês, de acordo com o procedimento determinado nos artigos 3º e 4º, pelo número de meses em que o benefício foi pago até então.

Art. 6º O Instituto Nacional do Seguro Social – INSS manterá cadastro atualizado de todos os benefícios objeto de compensação financeira, totalizando o quanto deve para cada regime próprio de previdência dos servidores da União, dos Estados, do Distrito Federal e dos Municípios, bem como o montante devido por cada um deles para o Regime Geral de Previdência Social, como compensação financeira e pelo não recolhimento de contribuições previdenciárias no prazo legal.

§ 1º Os desembolsos pelos regimes de origem só serão feitos para os regimes instituidores que se mostrem credores no cômputo da compensação financeira devida de lado a lado e dos débitos pelo não recolhimento de contribuições previdenciárias no prazo legal.

§ 2º O Instituto Nacional do Seguro Social – INSS comunicará o total a ser desembolsado por cada regime de origem até o dia trinta de cada mês, devendo os desembolsos ser feitos até o quinto dia útil do mês subsequente.

§ 3º Os valores não desembolsados em virtude do disposto no § 1º deste artigo serão contabilizados como pagamentos efetivos, devendo o Instituto Nacional do Seguro Social – INSS registrar mensalmente essas operações e informar a cada regime próprio de previdência de servidor público os valores a ele referentes.

§ 4º Sendo inviável financeiramente para um regime de origem desembolsar de imediato os valores relativos à compensação financeira, em função dos valores em atraso a que se refere o parágrafo único do artigo anterior, podem os regimes de origem e instituidor firmar termo de parcelamento dos desembolsos atualizando-se os valores devidos nas mesmas datas e pelos mesmos índices de reajustamento dos benefícios de prestação continuada da Previdência Social.

§ 5º O pagamento para os regimes próprios de previdência social credores da compensação financeira, relativa ao período de 5 de outubro de 1988 a 5 de maio de 1999, cujos entes instituidores não sejam devedores de contribuições previdenciárias ao Regime Geral de Previdência Social (RGPS), será efetivado conforme os seguintes parâmetros:

I – até o exercício de 2017, para os Municípios:

a) em parcela única, se o crédito não superar R$ 500.000,00 (quinhentos mil reais);

b) em tantas parcelas mensais quantas forem necessárias até o limite de R$ 500.000,00 (quinhentos mil reais), se o crédito superar esse montante;

II – a partir do exercício de 2018, para os Municípios, os Estados e o Distrito Federal:

a) em parcela única, se o crédito não superar R$ 1.500.000,00 (um milhão e quinhentos mil reais);

b) em tantas parcelas mensais de até R$ 1.500.000,00 (um milhão e quinhentos mil reais), se o crédito superar esse montante, no prazo de até cento e oitenta meses, condicionada à existência de recursos financeiros para cumprimento da meta de resultado primário estabelecido na lei de diretrizes orçamentárias;

c) caso o limite de cento e oitenta meses não seja suficiente para a quitação dos créditos, o valor da parcela disposto na alínea *b* deste inciso será ajustado de forma a garantir a quitação no prazo de cento e oitenta meses;

III – por meio de dação em pagamento de imóveis integrantes do Fundo do Regime Geral de Previdência Social (FRGPS).

§ 6º O pagamento da compensação financeira do Fundo do Regime Geral de Previdência Social depende da desistência de eventuais ações judiciais que tenham por objeto a dívida compensada, e é causa da extinção dos pagamentos previstos no § 5º deste artigo a manutenção do litígio ou o ajuizamento de novas ações.

► §§ 5º e 6º acrescidos pela Lei nº 13.485, de 2-10-2017.

Art. 7º Os regimes instituidores devem comunicar de imediato aos regimes de origem qualquer revisão no valor do benefício objeto de compensação financeira ou sua extinção total ou parcial, cabendo ao Instituto Nacional do Seguro Social – INSS registrar as alterações no cadastro a que se refere o artigo anterior.

Parágrafo único. Constatado o não cumprimento do disposto neste artigo, as parcelas pagas indevidamente pelo regime de origem serão registradas em dobro, no mês seguinte ao da constatação, como débito daquele regime.

Art. 8º Na hipótese de descumprimento do prazo de desembolso estipulado no § 2º do art. 6º desta Lei ou de descumprimento do prazo de análise dos requerimentos estipulado em regulamento, serão aplicadas as mesmas normas em vigor para atualização dos valores dos recolhimentos em atraso de contribuições previdenciárias arrecadadas pelo Instituto Nacional do Seguro Social (INSS).

▸ *Caput* com a redação dada pela Lei nº 13.846, de 18-6-2019.

Parágrafo único. Na hipótese de o regime previdenciário próprio dos servidores da União, dos Estados, do Distrito Federal e dos Municípios possuir personalidade jurídica própria, os respectivos entes federados respondem solidariamente pelas obrigações previstas nesta Lei.

Art. 8º-A. A compensação financeira entre os regimes próprios de previdência social da União, dos Estados, do Distrito Federal e dos Municípios, na hipótese de contagem recíproca de tempos de contribuição, obedecerá, no que couber, às disposições desta Lei.

▸ Art. 8º-A acrescido pela MP nº 2.187-13, de 24-8-2001, que até o encerramento desta edição não havia sido convertida em Lei.

§ 1º O regulamento estabelecerá as disposições específicas a serem observadas na compensação financeira entre os regimes próprios de previdência social, inclusive no que se refere ao período de estoque e às condições para seu pagamento, admitido o parcelamento.

§ 2º O ente federativo que não aderir à compensação financeira com os demais regimes próprios de previdência social ou inadimplir suas obrigações terá suspenso o recebimento dos valores devidos pela compensação com o regime geral de previdência social, na forma estabelecida no regulamento.

▸ §§ 1º e 2º acrescidos pela Lei nº 13.846, de 18-6-2019.

Art. 9º O Poder Executivo regulamentará esta Lei no prazo de sessenta dias contado da data de sua publicação.

Art. 10. Esta Lei entra em vigor na data de sua publicação.

Brasília, 5 de maio de 1999;
178º da Independência e
111º da República.

Fernando Henrique Cardoso

LEI Nº 9.876, DE 26 DE NOVEMBRO DE 1999

Dispõe sobre a contribuição previdenciária do contribuinte individual, o cálculo do benefício, altera dispositivos das Leis nºs 8.212 e 8.213, ambas de 24 de julho de 1991, e dá outras providências.

▸ Publicada no *DOU* de 29-11-1999, e retificada no *DOU* de 6-12-1999.

Art. 1º A Lei nº 8.212, de 24 de julho de 1991, passa a vigorar com as seguintes alterações:

▸ Alterações inseridas no texto da referida lei.

Art. 2º A Lei nº 8.213, de 24 de julho de 1991, passa a vigorar com as seguintes alterações:

▸ Alterações inseridas no texto da referida lei.

Art. 3º Para o segurado filiado à Previdência Social até o dia anterior à data de publicação desta Lei, que vier a cumprir as condições exigidas para a concessão dos benefícios do Regime Geral de Previdência Social, no cálculo do salário de benefício será considerada a média aritmética simples dos maiores salários de contribuição, correspondentes a, no mínimo, oitenta por cento de todo o período contributivo decorrido desde a competência julho de 1994, observado o disposto nos incisos I e II do *caput* do artigo 29 da Lei nº 8.213, de 1991, com a redação dada por esta Lei.

§ 1º Quando se tratar de segurado especial, no cálculo do salário de benefício serão considerados 1/13 (um treze avos) da média aritmética simples dos maiores valores sobre os quais incidiu a sua contribuição anual, correspondentes a, no mínimo, 80% (oitenta por cento) de todo o período contributivo decorrido desde a competência julho de 1994, observado o disposto nos incisos I e II do § 6º do artigo 29 da Lei nº 8.213, de 1991, com a redação dada por esta Lei.

§ 2º No caso das aposentadorias de que tratam as alíneas *b*, *c* e *d* do inciso I do artigo 18, o divisor considerado no cálculo da média a que se refere o *caput* e o § 1º não poderá ser inferior a 60% (sessenta por cento) do período decorrido da competência julho de 1994 até a data de início do benefício, limitado a 100% (cem por cento) de todo o período contributivo.

Art. 4º Considera-se salário de contribuição, para os segurados contribuinte individual e facultativo filiados ao Regime Geral de Previdência Social até o dia anterior à data de publicação desta Lei, o salário-base, determinado conforme o artigo 29 da Lei nº 8.212, de 1991, com a redação vigente naquela data.

§ 1º O número mínimo de meses de permanência em cada classe da escala de salários-base de que trata o artigo 29 da Lei nº 8.212, de 1991, com a redação anterior à data de publicação desta Lei, será reduzido, gradativamente, em doze meses a cada ano, até a extinção da referida escala.

§ 2º Havendo a extinção de uma determinada classe em face do disposto no § 1º, a classe subsequente será considerada como classe inicial, cujo salário-base variará entre o valor correspondente ao da classe extinta e o da nova classe inicial.

§ 3º Após a extinção da escala de salários-base de que trata o § 1º, entender-se-á por salário de contribuição, para os segurados contribuinte individual e facultativo, o disposto nos incisos III e IV do artigo 28 da Lei nº 8.212, de 1991, com a redação dada por esta Lei.

Art. 5º Para a obtenção do salário de benefício, o fator previdenciário de que trata o artigo 29 da Lei nº 8.213, de 1991, com redação desta Lei, será aplicado de forma progressiva, incidindo sobre 1/60 (um sessenta avos) da média aritmética de que trata o artigo 3º desta Lei, por mês que se seguir a sua publicação, cumulativa e sucessivamente, até completar 60/60 (sessenta sessenta avos) da referida média.

- ▶ Retificado pelo Senado Federal, Mensagem nº 329-A, de 30-11-1999.

Art. 6º É garantido ao segurado que até o dia anterior à data de publicação desta Lei tenha cumprido os requisitos para a concessão de benefício o cálculo segundo as regras até então vigentes.

Art. 7º É garantido ao segurado com direito a aposentadoria por idade a opção pela não aplicação do fator previdenciário a que se refere o artigo 29 da Lei nº 8.213, de 1991, com a redação dada por esta Lei.

Art. 8º Esta Lei entra em vigor na data de sua publicação, produzindo efeitos, quanto à majoração de contribuição e ao disposto no § 4º do artigo 30 da Lei nº 8.212, de 1991, com a redação dada por esta Lei, a partir do dia primeiro do mês seguinte ao nonagésimo dia daquela publicação, sendo mantida, até essa data, a obrigatoriedade dos recolhimentos praticados na forma da legislação anterior.

Art. 9º Revogam-se a Lei Complementar nº 84, de 18 de janeiro de 1996, os incisos III e IV do artigo 12 e o artigo 29 da Lei nº 8.212, de 24 de julho de 1991, os incisos III e IV do artigo 11, o § 1º do artigo 29 e o parágrafo único do artigo 113 da Lei nº 8.213, de 24 de julho de 1991.

Brasília, 26 de novembro de 1999;
178º da Independência e
111º da República.

Fernando Henrique Cardoso

ANEXO

CÁLCULO DO FATOR PREVIDENCIÁRIO

$$f = \frac{Tc \times a}{Es} \times \left[1 + \frac{(Id + Tc \times a)}{100}\right]$$

....

Onde:

f = fator previdenciário;
Es = expectativa de sobrevida no momento da aposentadoria;
Tc = tempo de contribuição até o momento da aposentadoria;
Id = idade no momento da aposentadoria;
a = alíquota de contribuição correspondente a 0,31.

DECRETO Nº 3.265, DE 29 DE NOVEMBRO DE 1999

Altera o Regulamento da Previdência Social, aprovado pelo Decreto nº 3.048, de 6 de maio de 1999, e dá outras providências.

- ▶ Publicado no *DOU* de 30-11-1999.

Art. 1º O Regulamento da Previdência Social, aprovado pelo Decreto nº 3.048, de 6 de maio de 1999, passa a vigorar com as seguintes alterações:

▸ Alterações inseridas no texto do referido Decreto.

Art. 2º Os Anexos II e IV do Regulamento da Previdência Social, aprovado pelo Decreto nº 3.048, de 1999, passam a vigorar na forma do Anexo a este Decreto.

Art. 3º Este Decreto entra em vigor na data de sua publicação, produzindo efeitos, quanto à majoração de contribuição e ao disposto no § 20 do artigo 216, a partir da competência março de 2000.

Art. 4º Revogam-se a alínea *n* do inciso I, os incisos III e IV do *caput* do artigo 9º, o § 1º do artigo 32, o § 2º do artigo 60, os §§ 1º e 2º do artigo 94, os §§ 1º e 2º do artigo 101, o § 2º do artigo 128, o § 1º do artigo 166, os §§ 9º a 14 do artigo 201, o § 9º do artigo 202, o inciso XX do § 9º do artigo 214, o artigo 215, o § 2º do artigo 255, o § 2º do artigo 305 e o § 5º do artigo 336 do Regulamento da Previdência Social, aprovado pelo Decreto nº 3.048, de 6 de maio de 1999.

Brasília, 29 de novembro de 1999;
178º da Independência e
111º da República.

Fernando Henrique Cardoso

LEI Nº 9.983, DE 14 DE JULHO DE 2000

Altera o Decreto-Lei nº 2.848, de 7 de dezembro de 1940 – Código Penal e dá outras providências.

▸ Publicada no *DOU* de 17-7-2000.

Art. 1º São acrescidos à Parte Especial do Decreto-Lei nº 2.848, de 7 de dezembro de 1940 – Código Penal, os seguintes dispositivos:

"Apropriação indébita previdenciária"

"Art. 168-A. Deixar de repassar à previdência social as contribuições recolhidas dos contribuintes, no prazo e forma legal ou convencional:

Pena – reclusão, de dois a cinco anos, e multa.

§ 1º Nas mesmas penas incorre quem deixar de:

I – recolher, no prazo legal, contribuição ou outra importância destinada à previdência social que tenha sido descontada de pagamento efetuado a segurados, a terceiros ou arrecadada do público;

II – recolher contribuições devidas à previdência social que tenham integrado despesas contábeis ou custos relativos à venda de produtos ou à prestação de serviços;

III – pagar benefício devido a segurado, quando as respectivas cotas ou valores já tiverem sido reembolsados à empresa pela previdência social.

§ 2º É extinta a punibilidade se o agente, espontaneamente, declara, confessa e efetua o pagamento das contribuições, importâncias ou valores e presta as informações devidas à previdência social, na forma definida em lei ou regulamento, antes do início da ação fiscal.

§ 3º É facultado ao juiz deixar de aplicar a pena ou aplicar somente a de multa se o agente for primário e de bons antecedentes, desde que:

I – tenha promovido, após o início da ação fiscal e antes de oferecida a denúncia, o pagamento da contribuição social previdenciária, inclusive acessórios; ou

II – o valor das contribuições devidas, inclusive acessórios, seja igual ou inferior àquele estabelecido pela previdência social, administrativamente, como sendo o mínimo para o ajuizamento de suas execuções fiscais.

"Inserção de dados falsos em sistema de informações"

"Art. 313-A. Inserir ou facilitar, o funcionário autorizado, a inserção de dados falsos, alterar ou excluir indevidamente dados corretos nos sistemas informatizados ou bancos de dados da Administração Pública com o fim de obter vantagem indevida para si ou para outrem ou para causar dano:

Pena – reclusão, de dois a doze anos, e multa."

"Modificação ou alteração não autorizada de sistema de informações"

"Art. 313-B. Modificar ou alterar, o funcionário, sistema de informações ou programa de informática sem autorização ou solicitação de autoridade competente:

Pena – detenção, de três meses a dois anos, e multa.

Parágrafo único. As penas são aumentadas de um terço até a metade se da modificação ou alteração resulta dano para a Administração Pública ou para o administrado."

"Sonegação de contribuição previdenciária"

"Art. 337-A. Suprimir ou reduzir contribuição social previdenciária e qualquer acessório, mediante as seguintes condutas:

I – omitir de folha de pagamento da empresa ou de documento de informações previsto pela legislação previdenciária segurados empregado, empresário, trabalhador avulso ou trabalhador autônomo ou a este equiparado que lhe prestem serviços;

II – deixar de lançar mensalmente nos títulos próprios da contabilidade da empresa as quantias descontadas dos segurados ou as devidas pelo empregador ou pelo tomador de serviços;

III – omitir, total ou parcialmente, receitas ou lucros auferidos, remunerações pagas ou creditadas e demais fatos geradores de contribuições sociais previdenciárias:

Pena – reclusão, de dois a cinco anos, e multa.

§ 1º É extinta a punibilidade se o agente, espontaneamente, declara e confessa as contribuições, importâncias ou valores e presta as informações devidas à previdência social, na forma definida em lei ou regulamento, antes do início da ação fiscal.

§ 2º É facultado ao juiz deixar de aplicar a pena ou aplicar somente a de multa se o agente for primário e de bons antecedentes, desde que:

I – VETADO;

II – o valor das contribuições devidas, inclusive acessórios, seja igual ou inferior àquele estabelecido pela previdência social, administrativamente, como sendo o mínimo para o ajuizamento de suas execuções fiscais.

§ 3º Se o empregador não é pessoa jurídica e sua folha de pagamento mensal não ultrapassa R$ 1.510,00 (um mil, quinhentos e dez reais), o juiz poderá reduzir a pena de um terço até a metade ou aplicar apenas a de multa.

▶ Art. 8º, VII, da Port. Intermin. MPS/MF nº 15, de 10-1-2013, que altera o valor previsto neste parágrafo para R$ 3.671,73.

§ 4º O valor a que se refere o parágrafo anterior será reajustado nas mesmas datas e nos mesmos índices do reajuste dos benefícios da previdência social."

Art. 2º Os arts. 153, 296, 297, 325 e 327 do Decreto-Lei nº 2.848, de 1940, passam a vigorar com as seguintes alterações:

"Art. 153. ....

§ 1º-A. Divulgar, sem justa causa, informações sigilosas ou reservadas, assim definidas em lei, contidas ou não nos sistemas de informações ou banco de dados da Administração Pública:

Pena – detenção, de um a quatro anos, e multa.

§ 1º ....

§ 2º Quando resultar prejuízo para a Administração Pública, a ação penal será incondicionada."

"Art. 296. ....

§ 1º ....

....

III – quem altera, falsifica ou faz uso indevido de marcas, logotipos, siglas ou quaisquer outros símbolos utilizados ou identificadores de órgãos ou entidades da Administração Pública."

....

"Art. 297. ....

....

§ 3º Nas mesmas penas incorre quem insere ou faz inserir:

I – na folha de pagamento ou em documento de informações que seja destinado a fazer prova perante a previdência social, pessoa que não possua a qualidade de segurado obrigatório;

II – na Carteira de Trabalho e Previdência Social do empregado ou em documento que deva produzir efeito perante a previdência social, declaração falsa ou diversa da que deveria ter sido escrita;

III – em documento contábil ou em qualquer outro documento relacionado com as obrigações da empresa perante a previdência social, declaração falsa ou diversa da que deveria ter constado.

§ 4º Nas mesmas penas incorre quem omite, nos documentos mencionados no § 3º, nome do segurado e seus dados pessoais, a remuneração, a vigência do contrato de trabalho ou de prestação de serviços."

"Art. 325. ....

§ 1º Nas mesmas penas deste artigo incorre quem:

I – permite ou facilita, mediante atribuição, fornecimento e empréstimo de senha ou qualquer outra forma, o acesso de pessoas não autorizadas a sistemas de informações ou banco de dados da Administração Pública;

II – se utiliza, indevidamente, do acesso restrito.

§ 2º Se da ação ou omissão resulta dano à Administração Pública ou a outrem:

Pena – reclusão, de dois a seis anos, e multa."

"Art. 327. ....

§ 1º Equipara-se a funcionário público quem exerce cargo, emprego ou função em entidade paraestatal, e quem trabalha para empresa prestadora de serviço contratada ou conveniada para a execução de atividade típica da Administração Pública.

...."

Art. 3º O art. 95 da Lei nº 8.212, de 24 de julho de 1991, passa a vigorar com a seguinte redação:

▶ Alterações inseridas no texto da referida Lei.

Art. 4º Esta Lei entra em vigor noventa dias após a data de sua publicação.

Brasília, 14 de julho de 2000;
179º da Independência e
112º da República.

Fernando Henrique Cardoso

LEI Nº 10.099, DE 19 DE DEZEMBRO DE 2000

Altera a Lei nº 8.213, de 24 de julho de 1991, regulamentando o disposto no § 3º do art. 100 da Constituição Federal, definindo obrigações de pequeno valor para a Previdência Social.

► Publicada no *DOU* de 20-12-2000.

Art. 1º O artigo 128 da Lei nº 8.213, de 24 de julho de 1991, alterado pela Lei nº 9.032, de 28 de abril de 1995, passa a vigorar com a seguinte redação:

► Alteração no texto da referida Lei.

Art. 2º O disposto no artigo 128 da Lei nº 8.213, de 1991, aplica-se aos benefícios de prestação continuada de que trata a Lei nº 8.742, de 7 de dezembro de 1993.

Art. 3º Os precatórios inscritos no Orçamento para o exercício de 2000 que se enquadrem nas demandas judiciais de que trata o artigo 128 da Lei nº 8.213, de 1991, ou no artigo 2º desta Lei, poderão ser liquidados em até noventa dias da data de sua publicação, fora da ordem cronológica de apresentação.

Art. 4º Esta Lei entra em vigor na data de sua publicação.

Brasília, 19 de dezembro de 2000;
179º da Independência e
112º da República.

Fernando Henrique Cardoso

LEI Nº 10.208, DE 23 DE MARÇO DE 2001

Acresce dispositivos à Lei nº 5.859, de 11 de dezembro de 1972, que dispõe sobre a profissão de empregado doméstico, para facultar o acesso ao Fundo de Garantia do Tempo de Serviço – FGTS e ao seguro-desemprego.

► Publicada no *DOU* de 24-3-2001, Edição Extra.

Art. 1º A Lei nº 5.859, de 11 de dezembro de 1972, fica acrescida dos seguintes artigos:

"Art. 3º-A. É facultada a inclusão do empregado doméstico no Fundo de Garantia do Tempo de Serviço – FGTS, de que trata a Lei nº 8.036, de 11 de maio de 1990, mediante requerimento do empregador, na forma do regulamento.

Art. 6º-A. O empregado doméstico que for dispensado sem justa causa fará jus ao benefício do seguro-desemprego, de que trata a Lei nº 7.998, de 11 de janeiro de 1990, no valor de um salário mínimo, por um período máximo de três meses, de forma contínua ou alternada.

§ 1º O benefício será concedido ao empregado inscrito no FGTS que tiver trabalhado como doméstico por um período mínimo de quinze meses nos últimos vinte e quatro meses contados da dispensa sem justa causa.

§ 2º Considera-se justa causa para os efeitos desta Lei as hipóteses previstas no art. 482, com exceção das alíneas c e g e do seu parágrafo único, da Consolidação das Leis do Trabalho.

Art. 6º-B. Para se habilitar ao benefício, o trabalhador deverá apresentar ao órgão competente do Ministério do Trabalho e Emprego:

I – Carteira de Trabalho e Previdência Social, na qual deverão constar a anotação do contrato de trabalho doméstico e a data da dispensa, de modo a comprovar o vínculo empregatício, como empregado doméstico, durante pelo menos quinze meses nos últimos vinte e quatro meses;

II – termo de rescisão do contrato de trabalho atestando a dispensa sem justa causa;

III – comprovantes do recolhimento da contribuição previdenciária e do FGTS, durante o período referido no inciso I, na condição de empregado doméstico;

IV – declaração de que não está em gozo de nenhum benefício de prestação continuada da Previdência Social, exceto auxílio-acidente e pensão por morte; e

V – declaração de que não possui renda própria de qualquer natureza suficiente à sua manutenção e de sua família.

Art. 6º-C. O seguro-desemprego deverá ser requerido de sete a noventa dias contados da data da dispensa.

Art. 6º-D. Novo seguro-desemprego só poderá ser requerido a cada período de dezesseis meses decorridos da dispensa que originou o benefício anterior."

Art. 2º As despesas decorrentes do pagamento do seguro-desemprego previsto nesta Lei serão atendidas à conta dos recursos do Fundo de Amparo ao Trabalhador – FAT.

Art. 3º O Poder Executivo regulamentará o disposto nesta Lei até 14 de fevereiro de 2000.

Art. 4º Ficam convalidados os atos praticados com base na Medida Provisória nº 2.104-15, de 26 de janeiro de 2001.

Art. 5º Esta Lei entra em vigor na data de sua publicação.

Congresso Nacional, 23 de março de 2001;
180º da Independência e
113º da República.

Senador Jader Barbalho
Presidente do Congresso Nacional

LEI COMPLEMENTAR Nº 108, DE 29 DE MAIO DE 2001

Dispõe sobre a relação entre a União, os Estados, o Distrito Federal e os Municípios, suas autarquias, fundações, sociedades de economia mista e outras entidades públicas e suas respectivas entidades fechadas de previdência complementar, e dá outras providências.

- ▶ Publicada no *DOU* de 30-5-2001.
- ▶ Lei nº 12.154, de 23-12-2009, cria a Superintendência Nacional de Previdência Complementar – PREVIC, autarquia de fiscalização e de supervisão das atividades das entidades fechadas de previdência complementar.
- ▶ Lei nº 12.618, de 30-4-2012, institui o regime de previdência complementar para os servidores públicos federais titulares de cargo efetivo.
- ▶ Dec. nº 7.123, de 3-3-2010, dispõe sobre o Conselho Nacional de Previdência Complementar – CNPC e sobre a Câmara de Recursos de Previdência Complementar – CRPC.

CAPÍTULO I

INTRODUÇÃO

Art. 1º A relação entre a União, os Estados, o Distrito Federal e os Municípios, inclusive suas autarquias, fundações, sociedades de economia mista e empresas controladas direta ou indiretamente, enquanto patrocinadores de entidades fechadas de previdência complementar, e suas respectivas entidades fechadas, a que se referem os §§ 3º, 4º, 5º e 6º do artigo 202 da Constituição Federal, será disciplinada pelo disposto nesta Lei Complementar.

Art. 2º As regras e os princípios gerais estabelecidos na Lei Complementar que regula o *caput* do artigo 202 da Constituição Federal aplicam-se às entidades reguladas por esta Lei Complementar, ressalvadas as disposições específicas.

CAPÍTULO II

DOS PLANOS DE BENEFÍCIOS

SEÇÃO I

DISPOSIÇÕES ESPECIAIS

Art. 3º Observado o disposto no artigo anterior, os planos de benefícios das entidades de que trata esta Lei Complementar atenderão às seguintes regras:

I – carência mínima de sessenta contribuições mensais a plano de benefícios e cessação do vínculo com o patrocinador, para se tornar elegível a um benefício de prestação que seja programada e continuada; e

II – concessão de benefício pelo regime de previdência ao qual o participante esteja filiado por intermédio de seu patrocinador, quando se tratar de plano na modalidade benefício definido, instituído depois da publicação desta Lei Complementar.

Parágrafo único. Os reajustes dos benefícios em manutenção serão efetuados de acordo com critérios estabelecidos nos regulamentos dos planos de benefícios, vedado o repasse de ganhos de produtividade, abono e vantagens de qualquer natureza para tais benefícios.

Art. 4º Nas sociedades de economia mista e empresas controladas direta ou indiretamente pela União, pelos Estados, pelo Distrito Federal e pelos Municípios, a proposta de instituição de plano de benefícios ou adesão a plano de benefícios em execução será submetida ao órgão fiscalizador, acompanhada de manifestação favorável do órgão responsável pela supervisão, pela coordenação e pelo controle do patrocinador.

Parágrafo único. As alterações no plano de benefícios que implique elevação da contribuição de patrocinadores serão objeto de prévia manifestação do órgão responsável pela supervisão, pela coordenação e pelo controle referido no *caput*.

Art. 5º É vedado à União, aos Estados, ao Distrito Federal e aos Municípios, suas autarquias, fundações, empresas públicas, sociedades de economia mista e outras entidades públicas o aporte de recursos a entidades de previdência privada de caráter complementar, salvo na condição de patrocinador.

SEÇÃO II

DO CUSTEIO

Art. 6º O custeio dos planos de benefícios será responsabilidade do patrocinador e dos participantes, inclusive assistidos.

§ 1º A contribuição normal do patrocinador para plano de benefícios, em hipótese alguma, excederá a do participante, observado o disposto no artigo 5º da Emenda Constitucional nº 20, de 15 de dezembro de 1998, e as regras específicas emanadas do órgão regulador e fiscalizador.

§ 2º Além das contribuições normais, os planos poderão prever o aporte de recursos pelos participantes, a título de contribuição facultativa, sem contrapartida do patrocinador.

§ 3º É vedado ao patrocinador assumir encargos adicionais para o financiamento dos planos de benefícios, além daqueles previstos nos respectivos planos de custeio.

Art. 7º A despesa administrativa da entidade de previdência complementar será custeada pelo patrocinador e pelos participantes e assistidos, atendendo a limites e critérios estabelecidos pelo órgão regulador e fiscalizador.

Parágrafo único. É facultada aos patrocinadores a cessão de pessoal às entidades de previdência complementar que patrocinam, desde que ressarcidos os custos correspondentes.

Capítulo III

DAS ENTIDADES DE PREVIDÊNCIA COMPLEMENTAR PATROCINADAS PELO PODER PÚBLICO E SUAS EMPRESAS

Seção I

DA ESTRUTURA ORGANIZACIONAL

Art. 8º A administração e execução dos planos de benefícios compete às entidades fechadas de previdência complementar mencionadas no artigo 1º desta Lei Complementar.

Parágrafo único. As entidades de que trata o *caput* organizar-se-ão sob a forma de fundação ou sociedade civil, sem fins lucrativos.

Art. 9º A estrutura organizacional das entidades de previdência complementar a que se refere esta Lei Complementar é constituída de conselho deliberativo, conselho fiscal e diretoria-executiva.

Seção II

DO CONSELHO DELIBERATIVO E DO CONSELHO FISCAL

Art. 10. O conselho deliberativo, órgão máximo da estrutura organizacional, é responsável pela definição da política geral de administração da entidade e de seus planos de benefícios.

Art. 11. A composição do conselho deliberativo, integrado por no máximo seis membros, será paritária entre representantes dos participantes e assistidos e dos patrocinadores, cabendo a estes a indicação do conselheiro presidente, que terá, além do seu, o voto de qualidade.

§ 1º A escolha dos representantes dos participantes e assistidos dar-se-á por meio de eleição direta entre seus pares.

§ 2º Caso o estatuto da entidade fechada, respeitado o número máximo de conselheiros de que trata o *caput* e a participação paritária entre representantes dos participantes e assistidos e dos patrocinadores, preveja outra composição, que tenha sido aprovada na forma prevista no seu estatuto, esta poderá ser aplicada, mediante autorização do órgão regulador e fiscalizador.

Art. 12. O mandato dos membros do conselho deliberativo será de quatro anos, com garantia de estabilidade, permitida uma recondução.

§ 1º O membro do conselho deliberativo somente perderá o mandato em virtude de renúncia, de condenação judicial transitada em julgado ou processo administrativo disciplinar.

§ 2º A instauração de processo administrativo disciplinar, para apuração de irregularidades no âmbito de atuação do conselho deliberativo da entidade fechada, poderá determinar o afastamento do conselheiro até sua conclusão.

§ 3º O afastamento de que trata o parágrafo anterior não implica prorrogação ou permanência no cargo além da data inicialmente prevista para o término do mandato.

§ 4º O estatuto da entidade deverá regulamentar os procedimentos de que tratam os parágrafos anteriores deste artigo.

Art. 13. Ao conselho deliberativo compete a definição das seguintes matérias:

I – política geral de administração da entidade e de seus planos de benefícios;

II – alteração de estatuto e regulamentos dos planos de benefícios, bem como a implantação e a extinção deles e a retirada de patrocinador;

III – gestão de investimentos e plano de aplicação de recursos;

IV – autorizar investimentos que envolvam valores iguais ou superiores a 5% (cinco por cento) dos recursos garantidores;

V – contratação de auditor independente atuário e avaliador de gestão, observadas as disposições regulamentares aplicáveis;

VI – nomeação e exoneração dos membros da diretoria-executiva; e

VII – exame, em grau de recurso, das decisões da diretoria-executiva.

Parágrafo único. A definição das matérias previstas no inciso II deverá ser aprovada pelo patrocinador.

Art. 14. O conselho fiscal é órgão de controle interno da entidade.

Art. 15. A composição do conselho fiscal, integrado por no máximo quatro membros, será paritária entre representantes de patrocinadores e de participantes e assistidos, cabendo a estes a indicação do conselheiro presidente, que terá, além do seu, o voto de qualidade.

Parágrafo único. Caso o estatuto da entidade fechada, respeitado o número máximo de conselheiros de que trata o *caput* e a participação paritária entre representantes dos participantes e assistidos e dos patrocinadores, preveja outra composição, que tenha sido aprovada na forma prevista no seu estatuto, esta poderá ser aplicada, mediante autorização do órgão regulador e fiscalizador.

Art. 16. O mandato dos membros do conselho fiscal será de quatro anos, vedada a recondução.

Art. 17. A renovação dos mandatos dos conselheiros deverá obedecer ao critério de proporcionalidade, de forma que se processe parcialmente a cada dois anos.

§ 1º Na primeira investidura dos conselhos, após a publicação desta Lei Complementar, os seus membros terão mandato com prazo diferenciado.

§ 2º O conselho deliberativo deverá renovar três de seus membros a cada dois anos e o conselho fiscal dois membros com a mesma periodicidade, observada a regra de transição estabelecida no parágrafo anterior.

Art. 18. Aplicam-se aos membros dos conselhos deliberativo e fiscal os mesmos requisitos previstos nos incisos I a III do artigo 20 desta Lei Complementar.

Seção III

DA DIRETORIA-EXECUTIVA

Art. 19. A diretoria-executiva é o órgão responsável pela administração da entidade, em conformidade com a política de administração traçada pelo conselho deliberativo.

§ 1º A diretoria-executiva será composta, no máximo, por seis membros, definidos em função do patrimônio da entidade e do seu número de participantes, inclusive assistidos.

§ 2º O estatuto da entidade fechada, respeitado o número máximo de diretores de que trata o parágrafo anterior, deverá prever a forma de composição e o mandato da diretoria-executiva, aprovado na forma prevista no seu estatuto, observadas as demais disposições desta Lei Complementar.

Art. 20. Os membros da diretoria-executiva deverão atender aos seguintes requisitos mínimos:

I – comprovada experiência no exercício de atividade na área financeira, administrativa, contábil, jurídica, de fiscalização, atuarial ou de auditoria;

II – não ter sofrido condenação criminal transitada em julgado;

III – não ter sofrido penalidade administrativa por infração da legislação da seguridade social, inclusive da previdência complementar ou como servidor público; e

IV – ter formação de nível superior.

Art. 21. Aos membros da diretoria-executiva é vedado:

I – exercer simultaneamente atividade no patrocinador;

II – integrar concomitantemente o conselho deliberativo ou fiscal da entidade e, mesmo depois do término do seu mandato na diretoria-executiva, enquanto não tiver suas contas aprovadas; e

III – ao longo do exercício do mandato prestar serviços a instituições integrantes do sistema financeiro.

Art. 22. A entidade de previdência complementar informará ao órgão regulador e fiscalizador o responsável pelas aplicações dos recursos da entidade, escolhido entre os membros da diretoria-executiva.

Parágrafo único. Os demais membros da diretoria-executiva responderão solidariamente com o dirigente indicado na forma do *caput* pelos danos e prejuízos causados à entidade para os quais tenham concorrido.

Art. 23. Nos doze meses seguintes ao término do exercício do cargo, o ex-diretor estará impedido de prestar, direta ou indiretamente, independentemente da forma ou natureza do contrato, qualquer tipo de serviço às empresas do sistema financeiro que impliquem a utilização das informações a que teve acesso em decorrência do cargo exercido, sob pena de responsabilidade civil e penal.

§ 1º Durante o impedimento, ao ex-diretor que não tiver sido destituído ou que pedir afastamento será assegurada a possibilidade de prestar serviço à entidade, mediante remuneração equivalente à do cargo de direção que exerceu ou em qualquer outro órgão da Administração Pública.

§ 2º Incorre na prática de advocacia administrativa, sujeitando-se às penas da lei, o ex-diretor que violar o impedimento previsto neste artigo, exceto se retornar ao exercício de cargo ou emprego que ocupava junto ao patrocinador, anteriormente à indicação para a respectiva diretoria-executiva, ou se for nomeado para exercício em qualquer órgão da Administração Pública.

Capítulo IV

DA FISCALIZAÇÃO

Art. 24. A fiscalização e controle dos planos de benefícios e das entidades fechadas de previdência complementar de que trata esta Lei Complementar competem ao órgão regulador e fiscalizador das entidades fechadas de previdência complementar.

Art. 25. As ações exercidas pelo órgão referido no artigo anterior não eximem os patrocinadores da responsabilidade pela supervisão e fiscalização sistemática das atividades das suas respectivas entidades de previdência complementar.

Parágrafo único. Os resultados da fiscalização e do controle exercidos pelos patrocinadores serão encaminhados ao órgão mencionado no artigo anterior.

Capítulo V

DISPOSIÇÕES GERAIS

Art. 26. As entidades fechadas de previdência complementar patrocinadas por empresas privadas permissionárias ou concessionárias de prestação de serviços públicos subordinam-se, no que couber, às disposições desta Lei Complementar, na forma estabelecida pelo órgão regulador e fiscalizador.

Art. 27. As entidades de previdência complementar patrocinadas por entidades públicas, inclusive empresas públicas e sociedades de economia mista, deverão rever, no prazo de dois anos, a contar de 16 de dezembro de 1998, seus planos de benefícios e serviços, de modo a ajustá-los atuarialmente a seus ativos, sob pena de intervenção, sendo seus dirigentes e seus respectivos patrocinadores responsáveis civil e criminalmente pelo descumprimento do disposto neste artigo.

Art. 28. A infração de qualquer disposição desta Lei Complementar ou de seu regulamento, para a qual não haja penalidade expressamente cominada, sujeita a pessoa física ou jurídica responsável, conforme o caso e a gravidade da infração, às penalidades administrativas previstas na Lei Complementar que disciplina o *caput* do artigo 202 da Constituição Federal.

Art. 29. As entidades de previdência privada patrocinadas por empresas controladas, direta ou indiretamente, pela União, Estados, Distrito Federal e Municípios, que possuam planos de benefícios definidos com responsabilidade da patrocinadora, não poderão exercer o controle ou participar de acordo de acionistas que tenha por objeto formação de grupo de controle de sociedade anônima, sem prévia e expressa autorização da patrocinadora e do seu respectivo ente controlador.

Parágrafo único. O disposto no *caput* não se aplica às participações acionárias detidas na data de publicação desta Lei Complementar.

Art. 30. As entidades de previdência complementar terão o prazo de um ano para adaptar sua organização estatutária ao disposto nesta Lei Complementar, contados a partir da data de sua publicação.

Art. 31. Esta Lei Complementar entra em vigor na data de sua publicação.

Art. 32. Revoga-se a Lei nº 8.020, de 12 de abril de 1990.

Brasília, 29 de maio de 2001;
180º da Independência e
113º da República.

Fernando Henrique Cardoso

LEI COMPLEMENTAR Nº 109, DE 29 DE MAIO DE 2001

Dispõe sobre o Regime de Previdência Complementar e dá outras providências.

- Publicada no *DOU* de 30-5-2001.
- Lei nº 12.618, de 30-4-2012, institui o regime de previdência complementar para os servidores públicos federais titulares de cargo efetivo.
- Dec. nº 7.123, de 3-3-2010, dispõe sobre o Conselho Nacional de Previdência Complementar – CNPC e sobre a Câmara de Recursos de Previdência Complementar – CRPC.

Capítulo I

INTRODUÇÃO

Art. 1º O regime de previdência privada, de caráter complementar e organizado de forma autônoma em relação ao regime geral de previdência social, é facultativo, baseado na constituição de reservas que garantam o benefício, nos termos do *caput* do artigo 202 da Constituição Federal, observado o disposto nesta Lei Complementar.

Art. 2º O regime de previdência complementar é operado por entidades de previdência complementar que têm por objetivo principal instituir e executar planos de benefícios de caráter previdenciário, na forma desta Lei Complementar.

Art. 3º A ação do Estado será exercida com o objetivo de:

I – formular a política de previdência complementar;

II – disciplinar, coordenar e supervisionar as atividades reguladas por esta Lei Complementar, compatibilizando-as com as políticas previdenciária e de desenvolvimento social e econômico-financeiro;

III – determinar padrões mínimos de segurança econômico-financeira e atuarial, com fins específicos de preservar a liquidez, a solvência e o equilíbrio dos planos de benefícios, isoladamente, e de cada entidade de previdência complementar, no conjunto de suas atividades;

IV – assegurar aos participantes e assistidos o pleno acesso às informações relativas à gestão de seus respectivos planos de benefícios;

V – fiscalizar as entidades de previdência complementar, suas operações e aplicar penalidades; e

VI – proteger os interesses dos participantes e assistidos dos planos de benefícios.

Art. 4º As entidades de previdência complementar são classificadas em fechadas e abertas, conforme definido nesta Lei Complementar.

Art. 5º A normatização, coordenação, supervisão, fiscalização e controle das atividades das entidades de previdência complementar serão realizados por órgão ou órgãos regulador e fiscalizador, conforme disposto em lei, observado o disposto no inciso VI do artigo 84 da Constituição Federal.

- Dec. nº 7.123, de 3-3-2010, dispõe sobre o Conselho Nacional de Previdência Complementar – CNPC e sobre a Câmara de Recursos de Previdência Complementar – CRPC.

Capítulo II

DOS PLANOS DE BENEFÍCIOS

Seção I

DISPOSIÇÕES COMUNS

Art. 6º As entidades de previdência complementar somente poderão instituir e operar planos de benefícios para os quais tenham autorização específica, segundo as normas aprovadas pelo órgão regulador e fiscalizador, conforme disposto nesta Lei Complementar.

Art. 7º Os planos de benefícios atenderão a padrões mínimos fixados pelo órgão regulador e fiscalizador, com o objetivo de assegurar transparência, solvência, liquidez e equilíbrio econômico-financeiro e atuarial.

Parágrafo único. O órgão regulador e fiscalizador normatizará planos de benefícios nas modalidades de benefício definido, contribuição definida e contribuição variável, bem como outras formas de planos de benefícios que reflitam a evolução técnica e possibilitem flexibilidade ao regime de previdência complementar.

Art. 8º Para efeito desta Lei Complementar, considera-se:

I – participante, a pessoa física que aderir aos planos de benefícios; e

II – assistido, o participante ou seu beneficiário em gozo de benefício de prestação continuada.

Art. 9º As entidades de previdência complementar constituirão reservas técnicas, provisões e fundos, de conformidade com os critérios e normas fixados pelo órgão regulador e fiscalizador.

§ 1º A aplicação dos recursos correspondentes às reservas, às provisões e aos fundos de que trata o *caput* será feita conforme diretrizes estabelecidas pelo Conselho Monetário Nacional.

§ 2º É vedado o estabelecimento de aplicações compulsórias ou limites mínimos de aplicação.

Art. 10. Deverão constar dos regulamentos dos planos de benefícios, das propostas de inscrição e dos certificados de participantes condições mínimas a serem fixadas pelo órgão regulador e fiscalizador.

§ 1º A todo pretendente será disponibilizado e a todo participante entregue, quando de sua inscrição no plano de benefícios:

I – certificado onde estarão indicados os requisitos que regulam a admissão e a manutenção da qualidade de participante, bem como os requisitos de elegibilidade e forma de cálculo dos benefícios;

II – cópia do regulamento atualizado do plano de benefícios e material explicativo que descreva, em linguagem simples e precisa, as características do plano;

III – cópia do contrato, no caso de plano coletivo de que trata o inciso II do artigo 26 desta Lei Complementar; e

IV – outros documentos que vierem a ser especificados pelo órgão regulador e fiscalizador.

§ 2º Na divulgação dos planos de benefícios, não poderão ser incluídas informações diferentes das que figurem nos documentos referidos neste artigo.

Art. 11. Para assegurar compromissos assumidos junto aos participantes e assistidos de planos de benefícios, as entidades de previdência complementar poderão contratar operações de resseguro, por iniciativa própria ou por determinação do órgão regulador e fiscalizador, observados o regulamento do respectivo plano e demais disposições legais e regulamentares.

Parágrafo único. Fica facultada às entidades fechadas a garantia referida no *caput* por meio de fundo de solvência, a ser instituído na forma da lei.

SEÇÃO II

DOS PLANOS DE BENEFÍCIOS DE ENTIDADES FECHADAS

▸ Lei nº 12.154, de 23-12-2009, cria a Superintendência Nacional de Previdência Complementar – PREVIC, autarquia de fiscalização e de supervisão das atividades das entidades fechadas de previdência complementar.

Art. 12. Os planos de benefícios de entidades fechadas poderão ser instituídos por patrocinadores e instituidores, observado o disposto no artigo 31 desta Lei Complementar.

Art. 13. A formalização da condição de patrocinador ou instituidor de um plano de benefício dar-se-á mediante convênio de adesão a ser celebrado entre o patrocinador ou instituidor e a entidade fechada, em relação a cada plano de benefícios por esta administrado e executado, mediante prévia autorização do órgão regulador e fiscalizador, conforme regulamentação do Poder Executivo.

§ 1º Admitir-se-á solidariedade entre patrocinadores ou entre instituidores, com relação aos respectivos planos, desde que expressamente prevista no convênio de adesão.

§ 2º O órgão regulador e fiscalizador, dentre outros requisitos, estabelecerá o número mínimo de participantes admitido para cada modalidade de plano de benefício.

Art. 14. Os planos de benefícios deverão prever os seguintes institutos, observadas as normas estabelecidas pelo órgão regulador e fiscalizador:

I – benefício proporcional diferido, em razão da cessação do vínculo empregatício com o patrocinador ou associativo com o instituidor antes da aquisição do direito ao benefício pleno, a ser concedido quando cumpridos os requisitos de elegibilidade;

II – portabilidade do direito acumulado pelo participante para outro plano;

III – resgate da totalidade das contribuições vertidas ao plano pelo participante, descontadas as parcelas do custeio administrativo, na forma regulamentada; e

IV – faculdade de o participante manter o valor de sua contribuição e a do patrocinador, no caso de perda parcial ou total da remuneração recebida, para assegurar a percepção dos benefícios nos níveis correspondentes àquela remuneração ou em outros definidos em normas regulamentares.

§ 1º Não será admitida a portabilidade na inexistência de cessação do vínculo empregatício do participante com o patrocinador.

§ 2º O órgão regulador e fiscalizador estabelecerá período de carência para o instituto de que trata o inciso II deste artigo.

§ 3º Na regulamentação do instituto previsto no inciso II do *caput* deste artigo, o órgão regulador e fiscalizador observará, entre outros requisitos específicos, os seguintes:

I – se o plano de benefícios foi instituído antes ou depois da publicação desta Lei Complementar;

II – a modalidade do plano de benefícios.

§ 4º O instituto de que trata o inciso II deste artigo, quando efetuado para entidade aberta, somente será admitido quando a integralidade dos recursos financeiros correspondentes ao direito acumulado do participante for utilizada para a contratação de renda mensal vitalícia ou por prazo determinado, cujo prazo mínimo não poderá ser inferior ao período em que a respectiva reserva foi constituída, limitado ao mínimo de quinze anos, observadas as normas estabelecidas pelo órgão regulador e fiscalizador.

Art. 15. Para efeito do disposto no inciso II do *caput* do artigo anterior, fica estabelecido que:

I – a portabilidade não caracteriza resgate; e

II – é vedado que os recursos financeiros correspondentes transitem pelos participantes dos planos de benefícios, sob qualquer forma.

Parágrafo único. O direito acumulado corresponde às reservas constituídas pelo participante ou à reserva matemática, o que lhe for mais favorável.

Art. 16. Os planos de benefícios devem ser, obrigatoriamente, oferecidos a todos os empregados dos patrocinadores ou associados dos instituidores.

§ 1º Para os efeitos desta Lei Complementar, são equiparáveis aos empregados e associados a que se refere o *caput* os gerentes, diretores, conselheiros ocupantes de cargo eletivo e outros dirigentes de patrocinadores e instituidores.

§ 2º É facultativa a adesão aos planos a que se refere o *caput* deste artigo.

§ 3º O disposto no *caput* deste artigo não se aplica aos planos em extinção, assim considerados aqueles aos quais o acesso de novos participantes esteja vedado.

Art. 17. As alterações processadas nos regulamentos dos planos aplicam-se a todos os participantes das entidades fechadas, a partir de sua aprovação pelo órgão regulador e fiscalizador, observado o direito acumulado de cada participante.

Parágrafo único. Ao participante que tenha cumprido os requisitos para obtenção dos benefícios previstos no plano é assegurada a aplicação das disposições regulamentares vigentes na data em que se tornou elegível a um benefício de aposentadoria.

Art. 18. O plano de custeio, com periodicidade mínima anual, estabelecerá o nível de contribuição necessário à constituição das reservas garantidoras de benefícios, fundos, provisões e à cobertura das demais despesas, em conformidade com os critérios fixados pelo órgão regulador e fiscalizador.

§ 1º O regime financeiro de capitalização é obrigatório para os benefícios de pagamento em prestações que sejam programadas e continuadas.

§ 2º Observados critérios que preservem o equilíbrio financeiro e atuarial, o cálculo das reservas técnicas atenderá às peculiaridades de cada plano de benefícios e deverá estar expresso em nota técnica atuarial, de apresentação obrigatória, incluindo as hipóteses utilizadas, que deverão guardar relação com as características da massa e da atividade desenvolvida pelo patrocinador ou instituidor.

§ 3º As reservas técnicas, provisões e fundos de cada plano de benefícios e os exigíveis a qualquer título deverão atender permanentemente à cobertura integral dos compromissos assumidos pelo plano de benefícios, ressalvadas excepcionalidades definidas pelo órgão regulador e fiscalizador.

Art. 19. As contribuições destinadas à constituição de reservas terão como finalidade prover o pagamento de benefícios de caráter previdenciário, observadas as especificidades previstas nesta Lei Complementar.

Parágrafo único. As contribuições referidas no *caput* classificam-se em:

I – normais, aquelas destinadas ao custeio dos benefícios previstos no respectivo plano; e

II – extraordinárias, aquelas destinadas ao custeio de déficits, serviço passado e outras finalidades não incluídas na contribuição normal.

Art. 20. O resultado superavitário dos planos de benefícios das entidades fechadas, ao final do exercício, satisfeitas as exigências regulamentares relativas aos mencionados planos, será destinado à constituição de reserva de contingência, para garantia de benefícios, até o limite de 25% (vinte e cinco por cento) do valor das reservas matemáticas.

§ 1º Constituída a reserva de contingência, com os valores excedentes será constituída reserva especial para revisão do plano de benefícios.

§ 2º A não utilização da reserva especial por três exercícios consecutivos determinará a revisão obrigatória do plano de benefícios da entidade.

§ 3º Se a revisão do plano de benefícios implicar redução de contribuições, deverá ser levada em consideração a proporção existente entre as contribuições dos patrocinadores e dos participantes, inclusive dos assistidos.

Art. 21. O resultado deficitário nos planos ou nas entidades fechadas será equacionado por patrocinadores, participantes e assistidos, na proporção existente entre as suas contribuições, sem prejuízo de ação regressiva contra dirigentes ou terceiros que deram causa a dano ou prejuízo à entidade de previdência complementar.

§ 1º O equacionamento referido no *caput* poderá ser feito, dentre outras formas, por meio do aumento do valor das contribuições, instituição de contribuição adicional ou redução do valor dos benefícios a conceder, observadas as normas estabelecidas pelo órgão regulador e fiscalizador.

§ 2º A redução dos valores dos benefícios não se aplica aos assistidos, sendo cabível, nesse caso, a instituição de contribuição adicional para cobertura do acréscimo ocorrido em razão da revisão do plano.

§ 3º Na hipótese de retorno à entidade dos recursos equivalentes ao déficit previsto no *caput* deste artigo, em consequência de apuração de responsabilidade mediante ação judicial ou administrativa, os respectivos valores deverão ser aplicados necessariamente na redução proporcional das contribuições devidas ao plano ou em melhoria dos benefícios.

Art. 22. Ao final de cada exercício, coincidente com o ano civil, as entidades fechadas deverão levantar as demonstrações contábeis e as avaliações atuariais de cada plano de benefícios, por pessoa jurídica ou profissional legalmente habilitado, devendo os resultados ser encaminhados ao órgão regulador e fiscalizador e divulgados aos participantes e aos assistidos.

Art. 23. As entidades fechadas deverão manter atualizada sua contabilidade, de acordo com as instruções do órgão regulador e fiscalizador, consolidando a posição dos planos de benefícios que administram e executam, bem como submetendo suas contas a auditores independentes.

Parágrafo único. Ao final de cada exercício serão elaboradas as demonstrações contábeis e atuariais consolidadas, sem prejuízo dos controles por plano de benefícios.

Art. 24. A divulgação aos participantes, inclusive aos assistidos, das informações pertinentes aos planos de benefícios dar-se-á ao menos uma vez ao ano, na forma, nos prazos e pelos meios estabelecidos pelo órgão regulador e fiscalizador.

Parágrafo único. As informações requeridas formalmente pelo participante ou assistido, para defesa de direitos e esclarecimento de situações de interesse pessoal específico deverão ser atendidas pela entidade no prazo estabelecido pelo órgão regulador e fiscalizador.

Art. 25. O órgão regulador e fiscalizador poderá autorizar a extinção de plano de benefícios ou a retirada de patrocínio, ficando os patrocinadores e instituidores obrigados ao cumprimento da totalidade dos compromissos assumidos com a entidade relativamente aos direitos dos participantes, assistidos e obrigações legais, até a data da retirada ou extinção do plano.

Parágrafo único. Para atendimento do disposto no *caput* deste artigo, a situação de solvência econômico-financeira e atuarial da entidade deverá ser atestada por profissional devidamente habilitado, cujos relatórios serão encaminhados ao órgão regulador e fiscalizador.

Seção III

DOS PLANOS DE BENEFÍCIOS DE ENTIDADES ABERTAS

Art. 26. Os planos de benefícios instituídos por entidades abertas poderão ser:

I – individuais, quando acessíveis a quaisquer pessoas físicas; ou

II – coletivos, quando tenham por objetivo garantir benefícios previdenciários a pessoas físicas vinculadas, direta ou indiretamente, a uma pessoa jurídica contratante.

§ 1º O plano coletivo poderá ser contratado por uma ou várias pessoas jurídicas.

§ 2º O vínculo indireto de que trata o inciso II deste artigo refere-se aos casos em que uma entidade representativa de pessoas jurídicas contrate plano previdenciário coletivo para grupos de pessoas físicas vinculadas a suas filiadas.

§ 3º Os grupos de pessoas de que trata o parágrafo anterior poderão ser constituídos por uma ou mais categorias específicas de empregados de um mesmo empregador, podendo abranger empresas coligadas, controladas ou subsidiárias, e por membros de associações legalmente constituídas, de caráter profissional ou classista, e seus cônjuges ou companheiros e dependentes econômicos.

§ 4º Para efeito do disposto no parágrafo anterior, são equiparáveis aos empregados e associados os diretores, conselheiros ocupantes de cargos eletivos e outros dirigentes ou gerentes da pessoa jurídica contratante.

§ 5º A implantação de um plano coletivo será celebrada mediante contrato, na forma, nos critérios, nas condições e nos requisitos mínimos a serem estabelecidos pelo órgão regulador.

§ 6º É vedada à entidade aberta a contratação de plano coletivo com pessoa jurídica cujo objetivo principal seja estipular, em nome de terceiros, planos de benefícios coletivos.

Art. 27. Observados os conceitos, a forma, as condições e os critérios fixados pelo órgão regulador, é assegurado aos participantes o direito à portabilidade, inclusive para plano de benefício de entidade fechada, e ao resgate de recursos das reservas técnicas, provisões e fundos, total ou parcialmente.

§ 1º A portabilidade não caracteriza resgate.

§ 2º É vedado, no caso de portabilidade:

I – que os recursos financeiros transitem pelos participantes, sob qualquer forma; e

II – a transferência de recursos entre participantes.

Art. 28. Os ativos garantidores das reservas técnicas, das provisões e dos fundos serão vinculados à ordem do órgão fiscalizador, na forma a ser regulamentada, e poderão ter sua livre movimentação suspensa pelo referido órgão, a partir da qual não poderão ser alienados ou prometidos alienar sem sua prévia e expressa autorização, sendo nulas, de pleno direito, quaisquer operações realizadas com violação daquela suspensão.

§ 1º Sendo imóvel, o vínculo será averbado à margem do respectivo registro no Cartório de Registro Geral de Imóveis competente, mediante comunicação do órgão fiscalizador.

§ 2º Os ativos garantidores a que se refere o *caput,* bem como os direitos deles decorrentes, não poderão ser gravados, sob qualquer forma, sem prévia e expressa autorização do órgão fiscalizador, sendo nulos os gravames constituídos com infringência do disposto neste parágrafo.

Art. 29. Compete ao órgão regulador, entre outras atribuições que lhe forem conferidas por lei:

I – fixar padrões adequados de segurança atuarial e econômico-financeira, para preservação da liquidez e solvência dos planos de benefícios, isoladamente, e de cada entidade aberta, no conjunto de suas atividades;

II – estabelecer as condições em que o órgão fiscalizador pode determinar a suspensão da comercialização ou a transferência, entre entidades abertas, de planos de benefícios; e

III – fixar condições que assegurem transparência, acesso a informações e fornecimento de dados relativos aos planos de benefícios, inclusive quanto à gestão dos respectivos recursos.

Art. 30. É facultativa a utilização de corretores na venda dos planos de benefícios das entidades abertas.

Parágrafo único. Aos corretores de planos de benefícios aplicam-se a legislação e a regulamentação da profissão de corretor de seguros.

Capítulo III

DAS ENTIDADES FECHADAS DE PREVIDÊNCIA COMPLEMENTAR

▸ Lei nº 12.154, de 23-12-2009, cria a Superintendência Nacional de Previdência Complementar – PREVIC, autarquia de fiscalização e de supervisão das atividades das entidades fechadas de previdência complementar.

Art. 31. As entidades fechadas são aquelas acessíveis, na forma regulamentada pelo órgão regulador e fiscalizador, exclusivamente:

I – aos empregados de uma empresa ou grupo de empresas e aos servidores da União, dos Estados, do Distrito Federal e dos Municípios, entes denominados patrocinadores; e

II – aos associados ou membros de pessoas jurídicas de caráter profissional, classista ou setorial, denominadas instituidores.

§ 1º As entidades fechadas organizar-se-ão sob a forma de fundação ou sociedade civil, sem fins lucrativos.

§ 2º As entidades fechadas constituídas por instituidores referidos no inciso II do *caput* deste artigo deverão, cumulativamente:

I – terceirizar a gestão dos recursos garantidores das reservas técnicas e provisões mediante a contratação de instituição especializada autorizada a funcionar pelo Banco Central do Brasil ou outro órgão competente;

II – ofertar exclusivamente planos de benefícios na modalidade contribuição definida, na forma do parágrafo único do artigo 7º desta Lei Complementar.

§ 3º Os responsáveis pela gestão dos recursos de que trata o inciso I do parágrafo anterior deverão manter segregados e totalmente isolados o seu patrimônio dos patrimônios do instituidor e da entidade fechada.

§ 4º Na regulamentação de que trata o *caput,* o órgão regulador e fiscalizador estabelecerá o tempo mínimo de existência do instituidor e o seu número mínimo de associados.

Art. 32. As entidades fechadas têm como objeto a administração e execução de planos de benefícios de natureza previdenciária.

Parágrafo único. É vedada às entidades fechadas a prestação de quaisquer serviços que não estejam no âmbito de seu objeto, observado o disposto no artigo 76.

Art. 33. Dependerão de prévia e expressa autorização do órgão regulador e fiscalizador:

I – a constituição e o funcionamento da entidade fechada, bem como a aplicação dos respectivos estatutos, dos regulamentos dos planos de benefícios e suas alterações;
II – as operações de fusão, cisão, incorporação ou qualquer outra forma de reorganização societária, relativas às entidades fechadas;
III – as retiradas de patrocinadores; e
IV – as transferências de patrocínio, de grupo de participantes, de planos e de reservas entre entidades fechadas.

§ 1º Excetuado o disposto no inciso III deste artigo, é vedada a transferência para terceiros de participantes, de assistidos e de reservas constituídas para garantia de benefícios de risco atuarial programado, de acordo com normas estabelecidas pelo órgão regulador e fiscalizador.

§ 2º Para os assistidos de planos de benefícios na modalidade contribuição definida que mantiveram esta característica durante a fase de percepção de renda programada, o órgão regulador e fiscalizador poderá, em caráter excepcional, autorizar a transferência dos recursos garantidores dos benefícios para entidade de previdência complementar ou companhia seguradora autorizada a operar planos de previdência complementar, com o objetivo específico de contratar plano de renda vitalícia, observadas as normas aplicáveis.

Art. 34. As entidades fechadas podem ser qualificadas da seguinte forma, além de outras que possam ser definidas pelo órgão regulador e fiscalizador:

I – de acordo com os planos que administram:

a) de plano comum, quando administram plano ou conjunto de planos acessíveis ao universo de participantes; e

b) com multiplano, quando administram plano ou conjunto de planos de benefícios para diversos grupos de participantes, com independência patrimonial;

II – de acordo com seus patrocinadores ou instituidores:

a) singulares, quando estiverem vinculadas a apenas um patrocinador ou instituidor; e

b) multipatrocinadas, quando congregarem mais de um patrocinador ou instituidor.

Art. 35. As entidades fechadas deverão manter estrutura mínima composta por conselho deliberativo, conselho fiscal e diretoria-executiva.

§ 1º O estatuto deverá prever representação dos participantes e assistidos nos conselhos deliberativo e fiscal, assegurado a eles no mínimo 1/3 (um terço) das vagas.

§ 2º Na composição dos conselhos deliberativo e fiscal das entidades qualificadas como multipatrocinadas, deverá ser considerado o número de participantes vinculados a cada patrocinador ou instituidor, bem como o montante dos respectivos patrimônios.

§ 3º Os membros do conselho deliberativo ou do conselho fiscal deverão atender aos seguintes requisitos mínimos:

I – comprovada experiência no exercício de atividades nas áreas financeira, administrativa, contábil, jurídica, de fiscalização ou de auditoria;
II – não ter sofrido condenação criminal transitada em julgado; e
III – não ter sofrido penalidade administrativa por infração da legislação da seguridade social ou como servidor público.

§ 4º Os membros da diretoria-executiva deverão ter formação de nível superior e atender aos requisitos do parágrafo anterior.

§ 5º Será informado ao órgão regulador e fiscalizador o responsável pelas aplicações dos recursos da entidade, escolhido entre os membros da diretoria-executiva.

§ 6º Os demais membros da diretoria-executiva responderão solidariamente com o dirigente indicado na forma do parágrafo anterior pelos danos e prejuízos causados à entidade para os quais tenham concorrido.

§ 7º Sem prejuízo do disposto no § 1º do artigo 31 desta Lei Complementar, os membros da diretoria-executiva e dos conselhos deliberativo e fiscal poderão ser remunerados pelas entidades fechadas, de acordo com a legislação aplicável.

§ 8º Em caráter excepcional, poderão ser ocupados até 30% (trinta por cento) dos cargos da diretoria-executiva por membros sem formação de nível superior, sendo assegurada a possibilidade de participação neste órgão de pelo menos um membro, quando da aplicação do referido percentual resultar número inferior à unidade.

Capítulo IV

DAS ENTIDADES ABERTAS DE PREVIDÊNCIA COMPLEMENTAR

Art. 36. As entidades abertas são constituídas unicamente sob a forma de sociedades anônimas e têm por objetivo instituir e operar planos de benefícios de caráter previdenciário concedidos em forma de renda continuada ou pagamento único, acessíveis a quaisquer pessoas físicas.

Parágrafo único. As sociedades seguradoras autorizadas a operar exclusivamente no ramo vida poderão ser autorizadas a operar os planos de benefícios a que se refere o *caput*, a elas se aplicando as disposições desta Lei Complementar.

Art. 37. Compete ao órgão regulador, entre outras atribuições que lhe forem conferidas por lei, estabelecer:

I – os critérios para a investidura e posse em cargos e funções de órgãos estatutários de entidades abertas, observado que o pretendente não poderá ter sofrido condenação criminal transitada em julgado, penalidade administrativa por infração da legislação da seguridade social ou como servidor público;

II – as normas gerais de contabilidade, auditoria, atuária e estatística a serem observadas pelas entidades abertas, inclusive quanto à padronização dos planos de contas, balanços gerais, balancetes e outras demonstrações financeiras, critérios sobre sua periodicidade, sobre a publicação desses documentos e sua remessa ao órgão fiscalizador;

III – os índices de solvência e liquidez, bem como as relações patrimoniais a serem atendidas pelas entidades abertas, observado que seu patrimônio líquido não poderá ser inferior ao respectivo passivo não operacional; e

IV – as condições que assegurem acesso a informações e fornecimento de dados relativos a quaisquer aspectos das atividades das entidades abertas.

Art. 38. Dependerão de prévia e expressa aprovação do órgão fiscalizador:

I – a constituição e o funcionamento das entidades abertas, bem como as disposições de seus estatutos e as respectivas alterações;

II – a comercialização dos planos de benefícios;

III – os atos relativos à eleição e consequente posse de administradores e membros de conselhos estatutários; e

IV – as operações relativas à transferência do controle acionário, fusão, cisão, incorporação ou qualquer outra forma de reorganização societária.

Parágrafo único. O órgão regulador disciplinará o tratamento administrativo a ser emprestado ao exame dos assuntos constantes deste artigo.

Art. 39. As entidades abertas deverão comunicar ao órgão fiscalizador, no prazo e na forma estabelecidos:

I – os atos relativos às alterações estatutárias e à eleição de administradores e membros de conselhos estatutários; e

II – o responsável pela aplicação dos recursos das reservas técnicas, provisões e fundos, escolhido dentre os membros da diretoria-executiva.

Parágrafo único. Os demais membros da diretoria-executiva responderão solidariamente com o dirigente indicado na forma do inciso II deste artigo pelos danos e prejuízos causados à entidade para os quais tenham concorrido.

Art. 40. As entidades abertas deverão levantar no último dia útil de cada mês e semestre, respectivamente, balancetes mensais e balanços gerais, com observância das regras e dos critérios estabelecidos pelo órgão regulador.

Parágrafo único. As sociedades seguradoras autorizadas a operar planos de benefícios deverão apresentar nas demonstrações financeiras, de forma discriminada, as atividades previdenciárias e as de seguros, de acordo com critérios fixados pelo órgão regulador.

Capítulo V

DA FISCALIZAÇÃO

Art. 41. No desempenho das atividades de fiscalização das entidades de previdência complementar, os servidores do órgão regulador e fiscalizador terão livre acesso às respectivas entidades, delas podendo requisitar e apreender livros, notas técnicas e quaisquer documentos, caracterizando-se embaraço à fiscalização, sujeito às penalidades previstas em lei, qualquer dificuldade oposta à consecução desse objetivo.

§ 1º O órgão regulador e fiscalizador das entidades fechadas poderá solicitar dos patrocinadores e instituidores informações relativas aos aspectos específicos que digam respeito aos compromissos assumidos frente aos respectivos planos de benefícios.

§ 2º A fiscalização a cargo do Estado não exime os patrocinadores e os instituidores da responsabilidade pela supervisão sistemática das atividades das suas respectivas entidades fechadas.

§ 3º As pessoas físicas ou jurídicas submetidas ao regime desta Lei Complementar ficam obrigadas a prestar quaisquer informações ou esclarecimentos solicitados pelo órgão regulador e fiscalizador.

§ 4º O disposto neste artigo aplica-se, sem prejuízo da competência das autoridades fiscais, relativamente ao pleno exercício das atividades de fiscalização tributária.

Art. 42. O órgão regulador e fiscalizador poderá, em relação às entidades fechadas, nomear administrador especial, a expensas da entidade, com poderes próprios de intervenção e de liquidação extrajudicial, com o objetivo de sanear plano de benefícios específico, caso seja constatada na sua administração e execução alguma das hipóteses previstas nos artigos 44 e 48 desta Lei Complementar.

Parágrafo único. O ato de nomeação de que trata o *caput* estabelecerá as condições, os limites e as atribuições do administrador especial.

Art. 43. O órgão fiscalizador poderá, em relação às entidades abertas, desde que se verifique uma das condições previstas no artigo 44 desta Lei Complementar, nomear, por prazo determinado, prorrogável a seu critério, e a expensas da respectiva entidade, um diretor-fiscal.

§ 1º O diretor-fiscal, sem poderes de gestão, terá suas atribuições estabelecidas pelo órgão regulador, cabendo ao órgão fiscalizador fixar sua remuneração.

§ 2º Se reconhecer a inviabilidade de recuperação da entidade aberta ou a ausência de qualquer condição para o seu funcionamento, o diretor-fiscal proporá ao órgão fiscalizador a decretação da intervenção ou da liquidação extrajudicial.

§ 3º O diretor-fiscal não está sujeito à indisponibilidade de bens, nem aos demais efeitos decorrentes da decretação da intervenção ou da liquidação extra-judicial da entidade aberta.

Capítulo VI

DA INTERVENÇÃO E DA LIQUIDAÇÃO EXTRAJUDICIAL

Seção I

DA INTERVENÇÃO

Art. 44. Para resguardar os direitos dos participantes e assistidos poderá ser decretada a intervenção na entidade de previdência complementar, desde que se verifique, isolada ou cumulativamente:

I – irregularidade ou insuficiência na constituição das reservas técnicas, provisões e fundos, ou na sua cobertura por ativos garantidores;

II – aplicação dos recursos das reservas técnicas, provisões e fundos de forma inadequada ou em desacordo com as normas expedidas pelos órgãos competentes;

III – descumprimento de disposições estatutárias ou de obrigações previstas nos regulamentos dos planos de benefícios, convênios de adesão ou contratos dos planos coletivos de que trata o inciso II do artigo 26 desta Lei Complementar;

IV – situação econômico-financeira insuficiente à preservação da liquidez e solvência de cada um dos planos de benefícios e da entidade no conjunto de suas atividades;

V – situação atuarial desequilibrada;

VI – outras anormalidades definidas em regulamento.

Art. 45. A intervenção será decretada pelo prazo necessário ao exame da situação da entidade e encaminhamento de plano destinado à sua recuperação.

Parágrafo único. Dependerão de prévia e expressa autorização do órgão competente os atos do interventor que impliquem oneração ou disposição do patrimônio.

Art. 46. A intervenção cessará quando aprovado o plano de recuperação da entidade pelo órgão competente ou se decretada a sua liquidação extrajudicial.

Seção II

DA LIQUIDAÇÃO EXTRAJUDICIAL

Art. 47. As entidades fechadas não poderão solicitar concordata e não estão sujeitas a falência, mas somente a liquidação extrajudicial.

Art. 48. A liquidação extrajudicial será decretada quando reconhecida a inviabilidade de recuperação da entidade de previdência complementar ou pela ausência de condição para seu funcionamento.

Parágrafo único. Para os efeitos desta Lei Complementar, entende-se por ausência de condição para funcionamento de entidade de previdência complementar:

I e II – VETADOS;

III – o não atendimento às condições mínimas estabelecidas pelo órgão regulador e fiscalizador.

Art. 49. A decretação da liquidação extrajudicial produzirá, de imediato, os seguintes efeitos:

I – suspensão das ações e execuções iniciadas sobre direitos e interesses relativos ao acervo da entidade liquidanda;

II – vencimento antecipado das obrigações da liquidanda;

III – não incidência de penalidades contratuais contra a entidade por obrigações vencidas em decorrência da decretação da liquidação extrajudicial;

IV – não fluência de juros contra a liquidanda enquanto não integralmente pago o passivo;

V – interrupção da prescrição em relação às obrigações da entidade em liquidação;

VI – suspensão de multa e juros em relação às dívidas da entidade;

VII – inexigibilidade de penas pecuniárias por infrações de natureza administrativa;

VIII – interrupção do pagamento à liquidanda das contribuições dos participantes e dos patrocinadores, relativas aos planos de benefícios.

§ 1º As faculdades previstas nos incisos deste artigo aplicam-se, no caso das entidades abertas de previdência complementar, exclusivamente, em relação às suas atividades de natureza previdenciária.

§ 2º O disposto neste artigo não se aplica às ações e aos débitos de natureza tributária.

Art. 50. O liquidante organizará o quadro geral de credores, realizará o ativo e liquidará o passivo.

§ 1º Os participantes, inclusive os assistidos, dos planos de benefícios ficam dispensados de se habilitarem a seus respectivos créditos, estejam estes sendo recebidos ou não.

§ 2º Os participantes, inclusive os assistidos, dos planos de benefícios terão privilégio especial sobre os ativos garantidores das reservas técnicas e, caso estes não sejam suficientes para a cobertura dos direitos respectivos, privilégio geral sobre as demais partes não vinculadas ao ativo.

§ 3º Os participantes que já estiverem recebendo benefícios, ou que já tiverem adquirido este direito antes de decretada a liquidação extrajudicial, terão preferência sobre os demais participantes.

§ 4º Os créditos referidos nos parágrafos anteriores deste artigo não têm preferência sobre os créditos de natureza trabalhista ou tributária.

Art. 51. Serão obrigatoriamente levantados, na data da decretação da liquidação extrajudicial de entidade de previdência complementar, o balanço geral de liquidação e as demonstrações contábeis e atuariais necessárias à determinação do valor das reservas individuais.

Art. 52. A liquidação extrajudicial poderá, a qualquer tempo, ser levantada, desde que constatados fatos supervenientes que viabilizem a recuperação da entidade de previdência complementar.

Art. 53. A liquidação extrajudicial das entidades fechadas encerrar-se-á com a aprovação, pelo órgão regulador e fiscalizador, das contas finais do liquidante e com a baixa nos devidos registros.

Parágrafo único. Comprovada pelo liquidante a inexistência de ativos para satisfazer a possíveis créditos reclamados contra a entidade, deverá tal situação ser comunicada ao juízo competente e efetivados os devidos registros, para o encerramento do processo de liquidação.

Seção III

Disposições Especiais

Art. 54. O interventor terá amplos poderes de administração e representação e o liquidante plenos poderes de administração, representação e liquidação.

Art. 55. Compete ao órgão fiscalizador decretar, aprovar e rever os atos de que tratam os artigos 45, 46 e 48 desta Lei Complementar, bem como nomear, por intermédio do seu dirigente máximo, o interventor ou o liquidante.

Art. 56. A intervenção e a liquidação extrajudicial determinam a perda do mandato dos administradores e membros dos conselhos estatutários das entidades, sejam titulares ou suplentes.

Art. 57. Os créditos das entidades de previdência complementar, em caso de liquidação ou falência de patrocinadores, terão privilégio especial sobre a massa, respeitado o privilégio dos créditos trabalhistas e tributários.

Parágrafo único. Os administradores dos respectivos patrocinadores serão responsabilizados pelos danos ou prejuízos causados às entidades de previdência complementar, especialmente pela falta de aporte das contribuições a que estavam obrigados, observado o disposto no parágrafo único do artigo 63 desta Lei Complementar.

Art. 58. No caso de liquidação extra-judicial de entidade fechada motivada pela falta de aporte de contribuições de patrocinadores ou pelo não recolhimento de contribuições de participantes, os administradores daqueles também serão responsabilizados pelos danos ou prejuízos causados.

Art. 59. Os administradores, controladores e membros de conselhos estatutários das entidades de previdência complementar sob intervenção ou em liquidação extrajudicial ficarão com todos os seus bens indisponíveis, não podendo, por qualquer forma, direta ou indireta, aliená-los ou onerá-los, até a apuração e liquidação final de suas responsabilidades.

§ 1º A indisponibilidade prevista neste artigo decorre do ato que decretar a intervenção ou liquidação extrajudicial e atinge todos aqueles que tenham estado no exercício das funções nos doze meses anteriores.

§ 2º A indisponibilidade poderá ser estendida aos bens de pessoas que, nos últimos doze meses, os tenham adquirido, a qualquer título, das pessoas referidas no *caput* e no parágrafo anterior, desde que haja seguros elementos de convicção de que se trata de simulada transferência com o fim de evitar os efeitos desta Lei Complementar.

§ 3º Não se incluem nas disposições deste artigo os bens considerados inalienáveis ou impenhoráveis pela legislação em vigor.

§ 4º Não são também atingidos pela indisponibilidade os bens objeto de contrato de alienação, de promessas de compra e venda e de cessão de direitos, desde que os respectivos instrumentos tenham sido levados ao competente registro público até doze meses antes da data de decretação da intervenção ou liquidação extrajudicial.

§ 5º Não se aplica a indisponibilidade de bens das pessoas referidas no *caput* deste artigo no caso de liquidação extrajudicial de entidades fechadas que deixarem de ter condições para funcionar por motivos totalmente desvinculados do exercício das suas atribuições, situação esta que poderá ser revista a qualquer momento, pelo órgão regulador e fiscalizador, desde que constatada a existência de irregularidades ou indícios de crimes por elas praticados.

Art. 60. O interventor ou o liquidante comunicará a indisponibilidade de bens aos órgãos competentes para os devidos registros e publicará edital para conhecimento de terceiros.

Parágrafo único. A autoridade que receber a comunicação ficará, relativamente a esses bens, impedida de:

I – fazer transcrições, inscrições ou averbações de documentos públicos ou particulares;

II – arquivar atos ou contratos que importem em transferência de cotas sociais, ações ou partes beneficiárias;

III – realizar ou registrar operações e títulos de qualquer natureza; e

IV – processar a transferência de propriedade de veículos automotores, aeronaves e embarcações.

Art. 61. A apuração de responsabilidades específicas referida no *caput* do artigo 59 desta Lei Complementar será feita mediante inquérito a ser instaurado pelo órgão regulador e fiscalizador, sem prejuízo do disposto nos artigos 63 a 65 desta Lei Complementar.

§ 1º Se o inquérito concluir pela inexistência de prejuízo, será arquivado no órgão fiscalizador.

§ 2º Concluindo o inquérito pela existência de prejuízo, será ele, com o respectivo relatório, remetido pelo órgão regulador e fiscalizador ao Ministério Público, observados os seguintes procedimentos:

I – o interventor ou o liquidante, de ofício ou a requerimento de qualquer interessado que não tenha sido indiciado no inquérito, após aprovação do respectivo relatório pelo órgão fiscalizador, determinará o levantamento da indisponibilidade de que trata o artigo 59 desta Lei Complementar;

II – será mantida a indisponibilidade com relação às pessoas indiciadas no inquérito, após aprovação do respectivo relatório pelo órgão fiscalizador.

Art. 62. Aplicam-se à intervenção e à liquidação das entidades de previdência complementar, no que couber, os dispositivos da legislação sobre a intervenção e liquidação extrajudicial das instituições financeiras, cabendo ao órgão regulador e fiscalizador as funções atribuídas ao Banco Central do Brasil.

Capítulo VII

DO REGIME DISCIPLINAR

Art. 63. Os administradores de entidade, os procuradores com poderes de gestão, os membros de conselhos estatutários, o interventor e o liquidante responderão civilmente pelos danos ou prejuízos que causarem, por ação ou omissão, às entidades de previdência complementar.

Parágrafo único. São também responsáveis, na forma do *caput,* os administradores dos patrocinadores ou instituidores, os atuários, os auditores independentes, os avaliadores de gestão e outros profissionais que prestem serviços técnicos à entidade, diretamente ou por intermédio de pessoa jurídica contratada.

Art. 64. O órgão fiscalizador competente, o Banco Central do Brasil, a Comissão de Valores Mobiliários ou a Secretaria da Receita Federal, constatando a existência de práticas irregulares ou indícios de crimes em entidades de previdência complementar, noticiará ao Ministério Público, enviando-lhe os documentos comprobatórios.

► A Secretaria da Receita Federal passou a ser denominada Secretaria da Receita Federal do Brasil pelo art. 1º da Lei nº 11.457, de 16-3-2007 (Lei da Super-Receita).

Parágrafo único. O sigilo de operações não poderá ser invocado como óbice à troca de informações entre os órgãos mencionados no *caput,* nem ao fornecimento de informações requisitadas pelo Ministério Público.

Art. 65. A infração de qualquer disposição desta Lei Complementar ou de seu regulamento, para a qual não haja penalidade expressamente cominada, sujeita a pessoa física ou jurídica responsável, conforme o caso e a gravidade da infração, às seguintes penalidades administrativas, observado o disposto em regulamento:

I – advertência;

II – suspensão do exercício de atividades em entidades de previdência complementar pelo prazo de até cento e oitenta dias;

III – inabilitação, pelo prazo de dois a dez anos, para o exercício de cargo ou função em entidades de previdência complementar, sociedades seguradoras, instituições financeiras e no serviço público; e

IV – multa de R$ 2.000,00 (dois mil reais) a R$ 1.000.000,00 (um milhão de reais), devendo esses valores, a partir da publicação desta Lei Complementar, ser reajustados de forma a preservar, em caráter permanente, seus valores reais.

§ 1º A penalidade prevista no inciso IV será imputada ao agente responsável, respondendo solidariamente a entidade de previdência complementar, assegurado o direito de regresso, e poderá ser aplicada cumulativamente com as constantes dos incisos I, II ou III deste artigo.

§ 2º Das decisões do órgão fiscalizador caberá recurso, no prazo de quinze dias, com efeito suspensivo, ao órgão competente.

► Dec. nº 7.123, de 3-3-2010, dispõe sobre o Conselho Nacional de Previdência Complementar – CNPC e sobre a Câmara de Recursos de Previdência Complementar – CRPC.

§ 3º O recurso a que se refere o parágrafo anterior, na hipótese do inciso IV deste artigo, somente será conhecido se for comprovado pelo requerente o pagamento antecipado, em favor do órgão fiscalizador, de 30% (trinta por cento) do valor da multa aplicada.

§ 4º Em caso de reincidência, a multa será aplicada em dobro.

Art. 66. As infrações serão apuradas mediante processo administrativo, na forma do regulamento, aplicando-se, no que couber, o disposto na Lei nº 9.784, de 29 de janeiro de 1999.

► Dec. nº 4.942, de 30-12-2003, regulamenta o processo administrativo de que trata este artigo.

Art. 67. O exercício de atividade de previdência complementar por qualquer pessoa, física ou jurídica, sem a autorização devida do órgão competente, inclusive a comercialização de planos de benefícios, bem como a captação ou a administração de recursos de terceiros com o objetivo de, direta ou indiretamente, adquirir ou conceder benefícios previdenciários sob qualquer forma, submete o responsável à penalidade de inabilitação pelo prazo de dois a dez anos para o exercício de cargo ou função em entidade de previdência complementar, sociedades seguradoras, instituições financeiras e no serviço público, além de multa aplicável de acordo com o disposto no inciso IV do artigo 65 desta Lei Complementar, bem como noticiar ao Ministério Público.

Capítulo VIII

DISPOSIÇÕES GERAIS

Art. 68. As contribuições do empregador, os benefícios e as condições contratuais previstos nos estatutos, regulamentos e planos de benefícios das entidades de previdência complementar não integram o contrato de trabalho dos participantes, assim como, à exceção dos benefícios concedidos, não integram a remuneração dos participantes.

§ 1º Os benefícios serão considerados direito adquirido do participante quando implementadas todas as condições estabelecidas para elegibilidade consignadas no regulamento do respectivo plano.

§ 2º A concessão de benefício pela previdência complementar não depende da concessão de benefício pelo regime geral de previdência social.

Art. 69. As contribuições vertidas para as entidades de previdência complementar, destinadas ao custeio dos planos de benefícios de natureza previdenciária, são dedutíveis para fins de incidência de imposto sobre a renda, nos limites e nas condições fixadas em lei.

§ 1º Sobre as contribuições de que trata o *caput* não incidem tributação e contribuições de qualquer natureza.

▸ Art. 3º do Dec. nº 6.140, de 3-7-2007, regulamenta a Contribuição Provisória sobre Movimentação ou Transmissão de Valores e de Créditos e Direitos de Natureza Financeira – CPMF.

§ 2º Sobre a portabilidade de recursos de reservas técnicas, fundos e provisões entre planos de benefícios de entidades de previdência complementar, titulados pelo mesmo participante, não incidem tributação e contribuições de qualquer natureza.

Art. 70. VETADO.

Art. 71. É vedado às entidades de previdência complementar realizar quaisquer operações comerciais e financeiras:

I – com seus administradores, membros dos conselhos estatutários e respectivos cônjuges ou companheiros, e com seus parentes até o segundo grau;

II – com empresa de que participem as pessoas a que se refere o inciso anterior, exceto no caso de participação de até 5% (cinco por cento) como acionista de empresa de capital aberto; e

III – tendo como contraparte, mesmo que indiretamente, pessoas físicas e jurídicas a elas ligadas, na forma definida pelo órgão regulador.

Parágrafo único. A vedação deste artigo não se aplica ao patrocinador, aos participantes e aos assistidos, que, nessa condição, realizarem operações com a entidade de previdência complementar.

Art. 72. Compete privativamente ao órgão regulador e fiscalizador das entidades fechadas zelar pelas sociedades civis e fundações, como definido no artigo 31 desta Lei Complementar, não se aplicando a estas o disposto nos artigos 26 e 30 do Código Civil e 1.200 a 1.204 do Código de Processo Civil e demais disposições em contrário.

Art. 73. As entidades abertas serão reguladas também, no que couber, pela legislação aplicável às sociedades seguradoras.

Art. 74. Até que seja publicada a lei de que trata o artigo 5º desta Lei Complementar, as funções do órgão regulador e do órgão fiscalizador serão exercidas pelo Ministério da Previdência e Assistência Social, por intermédio, respectivamente, do Conselho de Gestão da Previdência Complementar (CGPC) e da Secretaria de Previdência Complementar (SPC), relativamente às entidades fechadas, e pelo Ministério da Fazenda, por intermédio do Conselho Nacional de Seguros Privados (CNSP) e da Superintendência de Seguros Privados (SUSEP), em relação, respectivamente, à regulação e fiscalização das entidades abertas.

Art. 75. Sem prejuízo do benefício, prescreve em cinco anos o direito às prestações não pagas nem reclamadas na época própria, resguardados os direitos dos menores dependentes, dos incapazes ou dos ausentes, na forma do Código Civil.

▸ Súmulas nºs 291 e 427 do STJ.

Art. 76. As entidades fechadas que, na data da publicação desta Lei Complementar, prestarem a seus participantes e assistidos serviços assistenciais à saúde poderão continuar a fazê-lo, desde que seja estabelecido um custeio específico para os planos assistenciais e que a sua contabilização e o seu patrimônio sejam mantidos em separado em relação ao plano previdenciário.

§ 1º Os programas assistenciais de natureza financeira deverão ser extintos a partir da data de publicação desta Lei Complementar, permacendo em vigência, até o seu termo, apenas os compromissos já firmados.

§ 2º Consideram-se programas assistenciais de natureza financeira, para os efeitos desta Lei Complementar, aqueles em que o rendimento situa-se abaixo da taxa mínima atuarial do respectivo plano de benefícios.

Art. 77. As entidades abertas sem fins lucrativos e as sociedades seguradoras autorizadas a funcionar em conformidade com a Lei nº 6.435, de 15 de julho de 1977, terão o prazo de dois anos para se adaptar ao disposto nesta Lei Complementar.

► Art. 2º, § 3º, da Lei nº 11.908, de 3-3-2009, que dispõe sobre a vedação da participação ou a aquisição de controle acionário das instituições referidas neste artigo.

§ 1º No caso das entidades abertas sem fins lucrativos já autorizadas a funcionar, é permitida a manutenção de sua organização jurídica como sociedade civil, sendo-lhes vedado participar, direta ou indiretamente, de pessoas jurídicas, exceto quando tiverem participação acionária:

I – minoritária, em sociedades anônimas de capital aberto, na forma regulamentada pelo Conselho Monetário Nacional, para aplicação de recursos de reservas técnicas, fundos e provisões;

II – em sociedade seguradora e/ou de capitalização.

§ 2º É vedado à sociedade seguradora e/ou de capitalização referida no inciso II do parágrafo anterior participar majoritariamente de pessoas jurídicas, ressalvadas as empresas de suporte ao seu funcionamento e as sociedades anônimas de capital aberto, nas condições previstas no inciso I do parágrafo anterior.

§ 3º A entidade aberta sem fins lucrativos e a sociedade seguradora e/ou de capitalização por ela controlada devem adaptar-se às condições estabelecidas nos §§ 1º e 2º, no mesmo prazo previsto no *caput* deste artigo.

§ 4º As reservas técnicas de planos já operados por entidades abertas de previdência privada sem fins lucrativos, anteriormente à data de publicação da Lei nº 6.435, de 15 de julho de 1977, poderão permanecer garantidas por ativos de propriedade da entidade, existentes à época, dentro de programa gradual de ajuste às normas estabelecidas pelo órgão regulador sobre a matéria, a ser submetido pela entidade ao órgão fiscalizador no prazo máximo de doze meses a contar da data de publicação desta Lei Complementar.

§ 5º O prazo máximo para o término para o programa gradual de ajuste a que se refere o parágrafo anterior não poderá superar cento e vinte meses, contados da data de aprovação do respectivo programa pelo órgão fiscalizador.

§ 6º As entidades abertas sem fins lucrativos que, na data de publicação desta Lei Complementar, já vinham mantendo programas de assistência filantrópica, prévia e expressamente autorizados, poderão, para efeito de cobrança, adicionar às contribuições de seus planos de benefícios valor destinado àqueles programas, observadas as normas estabelecidas pelo órgão regulador.

§ 7º A aplicabilidade do disposto no parágrafo anterior fica sujeita, sob pena de cancelamento da autorização previamente concedida, à prestação anual de contas dos programas filantrópicos e à aprovação pelo órgão competente.

§ 8º O descumprimento de qualquer das obrigações contidas neste artigo sujeita os administradores das entidades abertas sem fins lucrativos e das sociedades seguradora e/ou de capitalização por elas controladas ao Regime Disciplinar previsto nesta Lei Complementar, sem prejuízo da responsabilidade civil por danos ou prejuízos causados, por ação ou omissão, à entidade.

Art. 78. Esta Lei Complementar entra em vigor na data de sua publicação.

Art. 79. Revogam-se as Leis nº 6.435, de 15 de julho de 1977, e nº 6.462, de 9 de novembro de 1977.

Brasília, 29 de maio de 2001;
180º da Independência e
113º da República.

Fernando Henrique Cardoso

LEI Nº 10.666, DE 8 DE MAIO DE 2003

Dispõe sobre a concessão da aposentadoria especial ao cooperado de cooperativa de trabalho ou de produção e dá outras providências.

► Publicada no *DOU* de 9-5-2003.

Art. 1º As disposições legais sobre aposentadoria especial do segurado filiado ao Regime Geral de Previdência Social aplicam-se, também, ao cooperado filiado à cooperativa de trabalho e de produção que trabalha sujeito a condições especiais que prejudiquem a sua saúde ou a sua integridade física.

► Art. 22, II, da Lei nº 8.212, de 24-7-1991 (Lei Orgânica da Seguridade Social).

► Arts. 57 e 58 da Lei nº 8.213, de 24-7-1991 (Lei dos Planos de Benefícios da Previdência Social).

§ 1º Será devida contribuição adicional de nove, sete ou cinco pontos percentuais, a cargo da empresa tomadora de serviços de cooperado filiado a cooperativa de trabalho, incidente sobre o valor bruto da nota fiscal ou fatura de prestação de serviços, conforme a atividade exercida pelo cooperado permita a concessão de aposentadoria especial após quinze, vinte ou vinte e cinco anos de contribuição, respectivamente.

§ 2º Será devida contribuição adicional de doze, nove ou seis pontos percentuais, a cargo da cooperativa de produção, incidente sobre a remuneração paga, devida ou creditada ao cooperado filiado, na hipótese de exercício de atividade que autorize a concessão de aposentadoria especial após quinze, vinte ou vinte e cinco anos de contribuição, respectivamente.

§ 3º Considera-se cooperativa de produção aquela em que seus associados contribuem com serviços laborativos ou profissionais para a produção em comum de bens, quando a cooperativa detenha por qualquer forma os meios de produção.

Art. 2º *Revogado*. Lei nº 13.846, de 18-6-2019.

Art. 3º A perda da qualidade de segurado não será considerada para a concessão das aposentadorias por tempo de contribuição e especial.

► Art. 102 da Lei nº 8.213, de 24-7-1991 (Lei dos Planos de Benefícios da Previdência Social).

► Súm. nº 416 do STJ.

§ 1º Na hipótese de aposentadoria por idade, a perda da qualidade de segurado não será considerada para a concessão desse benefício, desde que o segurado conte com, no mínimo, o tempo de contribuição correspondente ao exigido para efeito de carência na data do requerimento do benefício.

§ 2º A concessão do benefício de aposentadoria por idade, nos termos do § 1º, observará, para os fins de cálculo do valor do benefício, o disposto no art. 3º, *caput* e § 2º, da Lei nº 9.876, de 26 de novembro de 1999, ou, não havendo salários de contribuição recolhidos no período a partir da competência julho de 1994, o disposto no art. 35 da Lei nº 8.213, de 24 de julho de 1991.

Art. 4º Fica a empresa obrigada a arrecadar a contribuição do segurado contribuinte individual a seu serviço, descontando-a da respectiva remuneração, e a recolher o valor arrecadado juntamente com a contribuição a seu cargo até o dia 20 (vinte) do mês seguinte ao da competência, ou até o dia útil imediatamente anterior se não houver expediente bancário naquele dia.

► *Caput* com a redação dada pela Lei nº 11.933, de 28-4-2009.

§ 1º As cooperativas de trabalho arrecadarão a contribuição social dos seus associados como contribuinte individual e recolherão o valor arrecadado até o dia 20 (vinte) do mês subsequente ao de competência a que se referir, ou até o dia útil imediatamente anterior se não houver expediente bancário naquele dia.

► § 1º com a redação dada pela Lei nº 11.933, de 28-4-2009.

§ 2º A cooperativa de trabalho e a pessoa jurídica são obrigadas a efetuar a inscrição no Instituto Nacional do Seguro Social – INSS dos seus cooperados e contratados, respectivamente, como contribuintes individuais, se ainda não inscritos.

§ 3º O disposto neste artigo não se aplica ao contribuinte individual, quando contratado por outro contribuinte individual equiparado a empresa ou por produtor rural pessoa física ou por missão diplomática e repartição consular de carreira estrangeiras, e nem ao brasileiro civil que trabalha no exterior para organismo oficial internacional do qual o Brasil é membro efetivo.

Art. 5º O contribuinte individual a que se refere o art. 4º é obrigado a complementar, diretamente, a contribuição até o valor mínimo mensal do salário de contribuição, quando as remunerações recebidas no mês, por serviços prestados a pessoas jurídicas, forem inferiores a este.

Art. 6º O percentual de retenção do valor bruto da nota fiscal ou fatura de prestação de serviços relativa a serviços prestados mediante cessão de mão de obra, inclusive em regime de trabalho temporário, a cargo da empresa contratante, é acrescido de quatro, três ou dois pontos percentuais, relativamente aos serviços prestados pelo segurado empregado cuja atividade permita a concessão de aposentadoria especial após quinze, vinte ou vinte e cinco anos de contribuição, respectivamente.

▸ Art. 31 da Lei nº 8.212, de 24-7-1991 (Lei Orgânica da Seguridade Social).

Art. 7º Não poderão ser objeto de parcelamento as contribuições descontadas dos empregados, inclusive dos domésticos, dos trabalhadores avulsos, dos contribuintes individuais, as decorrentes da sub-rogação e as demais importâncias descontadas na forma da legislação previdenciária.

Art. 8º A empresa que utiliza sistema de processamento eletrônico de dados para o registro de negócios e atividades econômicas, escrituração de livros ou produção de documentos de natureza contábil, fiscal, trabalhista e previdenciária é obrigada a arquivar e conservar, devidamente certificados, os respectivos sistemas e arquivos, em meio digital ou assemelhado, durante dez anos, à disposição da fiscalização.

Art. 9º Fica extinta a escala transitória de salário-base, utilizada para fins de enquadramento e fixação do salário de contribuição dos contribuintes individual e facultativo filiados ao Regime Geral de Previdência Social, estabelecida pela Lei nº 9.876, de 26 de novembro de 1999.

Art. 10. A alíquota de contribuição de um, dois ou três por cento, destinada ao financiamento do benefício de aposentadoria especial ou daqueles concedidos em razão do grau de incidência de incapacidade laborativa decorrente dos riscos ambientais do trabalho, poderá ser reduzida, em até cinquenta por cento, ou aumentada, em até cem por cento, conforme dispuser o regulamento, em razão do desempenho da empresa em relação à respectiva atividade econômica, apurado em conformidade com os resultados obtidos a partir dos índices de frequência, gravidade e custo, calculados segundo metodologia aprovada pelo Conselho Nacional de Previdência Social.

Art. 11. O Ministério da Previdência Social e o INSS manterão programa permanente de revisão da concessão e da manutenção dos benefícios da Previdência Social, a fim de apurar irregularidades e falhas existentes.

§ 1º Havendo indício de irregularidade na concessão ou na manutenção de benefício, a Previdência Social notificará o beneficiário para apresentar defesa, provas ou documentos de que dispuser, no prazo de dez dias.

§ 2º A notificação a que se refere o § 1º far-se-á por via postal com aviso de recebimento e, não comparecendo o beneficiário nem apresentando defesa, será suspenso o benefício, com notificação ao beneficiário.

§ 3º Decorrido o prazo concedido pela notificação postal, sem que tenha havido resposta, ou caso seja considerada pela Previdência Social como insuficiente ou improcedente a defesa apresentada, o benefício será cancelado, dando-se conhecimento da decisão ao beneficiário.

Art. 12. Para fins de compensação financeira entre o Regime Geral de Previdência Social (RGPS) e o Regime Próprio de Previdência Social (RPPS) da União, dos Estados, do Distrito Federal e dos Municípios, os regimes instituidores apresentarão aos regimes de origem os dados relativos aos benefícios em manutenção em 5 de maio de 1999 concedidos a partir de 5 de outubro de 1988.

▸ Artigo com a redação dada pela Lei nº 13.135, de 17-6-2015.

Art. 13. Aplicam-se ao disposto nesta Lei, no que couber, as disposições legais pertinentes ao Regime Geral de Previdência Social.

Art. 14. O Poder Executivo regulamentará o art. 10 desta Lei no prazo de trezentos e sessenta dias.

Art. 15. Esta Lei entra em vigor na data de sua publicação, produzindo efeitos, quanto aos §§ 1º e 2º do art. 1º e aos arts. 4º a 6º e 9º, a partir de 1º de abril de 2003.

Brasília, 8 de maio de 2003;
182º da Independência e
115º da República.

Luiz Inácio Lula da Silva

LEI Nº 10.684, DE 30 DE MAIO DE 2003

Altera a legislação tributária, dispõe sobre parcelamento de débitos junto à Secretaria da Receita Federal, à Procuradoria-Geral da Fazenda Nacional e ao Instituto Nacional do Seguro Social e dá outras providências.

▸ Publicada no *DOU* de 31-5-2003, Edição Extra, e retificada no *DOU* de 6-6-2003 e no *DOU* de 9-6-2003.

▸ Art. 12 da Lei nº 9.964, de 10-4-2000, que Institui o Programa de Recuperação Fiscal – REFIS.

► Art. 10 da Lei nº 10.522, de 19-7-2002, que dispõe sobre o Cadastro Informativo dos créditos não quitados de órgãos e entidades federais.

► Lei nº 11.941, de 27-5-2009, altera a legislação tributária federal relativa ao parcelamento ordinário de débitos tributários.

Art. 1º Os débitos junto à Secretaria da Receita Federal ou à Procuradoria-Geral da Fazenda Nacional, com vencimento até 28 de fevereiro de 2003, poderão ser parcelados em até cento e oitenta prestações mensais e sucessivas.

§ 1º O disposto neste artigo aplica-se aos débitos constituídos ou não, inscritos ou não como Dívida Ativa, mesmo em fase de execução fiscal já ajuizada, ou que tenham sido objeto de parcelamento anterior, não integralmente quitado, ainda que cancelado por falta de pagamento.

§ 2º Os débitos ainda não constituídos deverão ser confessados, de forma irretratável e irrevogável.

§ 3º O débito objeto do parcelamento será consolidado no mês do pedido e será dividido pelo número de prestações, sendo que o montante de cada parcela mensal não poderá ser inferior a:

I – um inteiro e cinco décimos por cento da receita bruta auferida, pela pessoa jurídica, no mês imediatamente anterior ao do vencimento da parcela, exceto em relação às optantes pelo Sistema Simplificado de Pagamento de Impostos e Contribuições das Microempresas e das Empresas de Pequeno Porte – SIMPLES, instituído pela Lei nº 9.317, de 5 de dezembro de 1996, e às microempresas e empresas de pequeno porte enquadradas no disposto no art. 2º da Lei nº 9.841, de 5 de outubro de 1999, observado o disposto no art. 8º desta Lei, salvo na hipótese do inciso II deste parágrafo, o prazo mínimo de cento e vinte meses;

► As Leis nºs 9.317, de 5-12-1996 e 9.841, de 5-10-1999, foram revogadas pela LCnº 123, de 14-12-2006 (Estatuto Nacional da Microempresa e da Empresa de Pequeno Porte).

II – dois mil reais, considerado cumulativamente com o limite estabelecido no inciso I, no caso das pessoas jurídicas ali referidas;

III – cinquenta reais, no caso de pessoas físicas.

§ 4º Relativamente às pessoas jurídicas optantes pelo SIMPLES e às microempresas e empresas de pequeno porte, enquadradas no disposto no art. 2º da Lei nº 9.841, de 5 de outubro de 1999, o valor da parcela mínima mensal corresponderá a um cento e oitenta avos do total do débito ou a três décimos por cento da receita bruta auferida no mês imediatamente anterior ao do vencimento da parcela, o que for menor, não podendo ser inferior a:

► A Lei nº 9.841, de 5-10-1999, foi revogada pela LC nº 123, de 14-12-2006.

I – cem reais, se enquadrada na condição de microempresa;

II – duzentos reais, se enquadrada na condição de empresa de pequeno porte.

§ 5º Aplica-se o disposto no § 4º às pessoas jurídicas que foram excluídas ou impedidas de ingressar no SIMPLES exclusivamente em decorrência do disposto no inciso XV do art. 9º da Lei nº 9.317, de 5 de dezembro de 1996, desde que a pessoa jurídica exerça a opção pelo SIMPLES até o último dia útil de 2003, com efeitos a partir de 1º de janeiro de 2004, nos termos e condições definidos pela Secretaria da Receita Federal.

► A Lei nº 9.317, de 5-12-1996, foi revogada pela LC nº 123, de 14-12-2006.

§ 6º O valor de cada uma das parcelas, determinado na forma dos §§ 3º e 4º, será acrescido de juros correspondentes à variação mensal da Taxa de Juros de Longo Prazo – TJLP, a partir do mês subsequente ao da consolidação, até o mês do pagamento.

§ 7º Para os fins da consolidação referida no § 3º, os valores correspondentes à multa, de mora ou de ofício, serão reduzidos em cinquenta por cento.

§ 8º A redução prevista no § 7º não será cumulativa com qualquer outra redução admitida em lei, ressalvado o disposto no § 11.

§ 9º Na hipótese de anterior concessão de redução de multa em percentual diverso de cinquenta por cento, prevalecerá o percentual referido no § 7º, determinado sobre o valor original da multa.

§ 10. A opção pelo parcelamento de que trata este artigo exclui a concessão de qualquer outro, extinguindo os parcelamentos anteriormente concedidos, admitida a transferência de seus saldos para a modalidade desta Lei.

§ 11. O sujeito passivo fará jus a redução adicional da multa, após a redução referida no § 7º, à razão de vinte e cinco centésimos por cento sobre o valor remanescente para cada ponto percentual do saldo do débito que for liquidado até a data prevista para o requerimento do parcelamento referido neste artigo, após deduzida a primeira parcela determinada nos termos do § 3º ou 4º.

- Lei nº 11.033, de 21-12-2004, altera a tributação do mercado financeiro e de capitais, institui o Regime Tributário para Incentivo à Modernização e Ampliação da Estrutura Portuária – REPORTO.

Art. 2º Os débitos incluídos no Programa de Recuperação Fiscal – REFIS, de que trata a Lei nº 9.964, de 10 de abril de 2000, ou no parcelamento a ele alternativo, poderão, a critério da pessoa jurídica, ser parcelados nas condições previstas no art. 1º, nos termos a serem estabelecidos pelo Comitê Gestor do mencionado Programa.

- Súm. nº 437 do STJ.

Parágrafo único. Na hipótese deste artigo:

I – a opção pelo parcelamento na forma deste artigo implica desistência compulsória e definitiva do REFIS ou do parcelamento a ele alternativo;

II – as contribuições arrecadadas pelo Instituto Nacional do Seguro Social – INSS retornarão à administração daquele órgão, sujeitando-se à legislação específica a elas aplicável;

III – será objeto do parcelamento nos termos do art. 1º o saldo devedor dos débitos relativos aos tributos administrados pela Secretaria da Receita Federal.

Art. 3º Ressalvado o disposto no art. 2º, não será concedido o parcelamento de que trata o art. 1º na hipótese de existência de parcelamentos concedidos sob outras modalidades, admitida a transferência dos saldos remanescentes para a modalidade prevista nesta Lei, mediante requerimento do sujeito passivo.

Art. 4º O parcelamento a que se refere o art. 1º:

I – deverá ser requerido, inclusive na hipótese de transferência de que tratam os arts. 2º e 3º, até o último dia útil do segundo mês subsequente ao da publicação desta Lei, perante a unidade da Secretaria da Receita Federal ou da Procuradoria-Geral da Fazenda Nacional, responsável pela cobrança do respectivo débito;

- O prazo a que se refere o inciso I foi prorrogado até 31-8-2003, pelo art. 13 da Lei nº 10.743, de 9-10-2003.

II – somente alcançará débitos que se encontrarem com exigibilidade suspensa por força dos incisos III a V do art. 151 da Lei nº 5.172, de 25 de outubro de 1966, no caso de o sujeito passivo desistir expressamente e de forma irrevogável da impugnação ou do recurso interposto, ou da ação judicial proposta, e renunciar a quaisquer alegações de direito sobre as quais se fundam os referidos processos administrativos e ações judiciais, relativamente à matéria cujo respectivo débito queira parcelar;

III – reger-se-á pelas disposições da Lei nº 10.522, de 19 de julho de 2002, ressalvado o disposto no seu art. 14;

IV – aplica-se, inclusive, à totalidade dos débitos apurados segundo o SIMPLES;

V – independerá de apresentação de garantia ou de arrolamento de bens, mantidas aquelas decorrentes de débitos transferidos de outras modalidades de parcelamento ou de execução fiscal.

Parágrafo único. Na hipótese do inciso II, o valor da verba de sucumbência será de um por cento do valor do débito consolidado decorrente da desistência da respectiva ação judicial.

Art. 5º Os débitos junto ao Instituto Nacional do Seguro Social – INSS, oriundos de contribuições patronais, com vencimento até 28 de fevereiro de 2003, serão objeto de acordo para pagamento parcelado em até cento e oitenta prestações mensais, observadas as condições fixadas neste artigo, desde que requerido até o último dia útil do segundo mês subsequente ao da publicação desta Lei.

- O prazo a que se refere este artigo foi prorrogado até 31-8-2003, pelo art. 13 da Lei nº 10.743, de 9-10-2003.

§ 1º Aplica-se ao parcelamento de que trata este artigo o disposto nos §§ 1º a 11 do art. 1º, observado o disposto no art. 8º.

§ 2º VETADO.

§ 3º A concessão do parcelamento independerá de apresentação de garantias ou de arrolamento de bens, mantidas aquelas decorrentes de débitos transferidos de outras modalidades de parcelamento ou de execução fiscal.

- Lei nº 11.033, de 21-12-2004, altera a tributação do mercado financeiro e de capitais, institui o Regime Tributário para Incentivo à Modernização e Ampliação da Estrutura Portuária – REPORTO.

Art. 6º Os depósitos existentes, vinculados aos débitos a serem parcelados nos termos dos arts. 1º e 5º, serão automaticamente convertidos em renda da União ou da Seguridade Social ou do Instituto Nacional do Seguro Social – INSS, conforme o caso, concedendo-se o parcelamento sobre o saldo remanescente.

Art. 7º O sujeito passivo será excluído dos parcelamentos a que se refere esta Lei na hipótese de inadimplência, por três meses consecutivos ou seis meses alternados, o que primeiro ocorrer, relativamente a qualquer dos tributos e das contribuições referidos nos arts. 1º e 5º, inclusive os com vencimento após 28 de fevereiro de 2003.

Art. 8º Na hipótese de a pessoa jurídica manter parcelamentos de débitos com base no art. 1º e no art. 5º, simultaneamente, o percentual a que se refere o inciso I do § 3º do art. 1º será reduzido para setenta e cinco centésimos por cento.

§ 1º Caberá à pessoa jurídica requerer a redução referida no *caput* até o prazo fixado no inciso I do art. 4º e no *caput* do art. 5º.

§ 2º Ocorrendo liquidação, rescisão ou extinção de um dos parcelamentos, inclusive por exclusão do sujeito passivo, nos termos do art. 7º, aplica-se o percentual fixado no inciso I do § 3º do art. 1º ao parcelamento remanescente, a partir do mês subsequente ao da ocorrência da liquidação, extinção ou rescisão do parcelamento obtido junto ao outro órgão.

§ 3º A pessoa jurídica deverá informar a liquidação, rescisão ou extinção do parcelamento ao órgão responsável pelo parcelamento remanescente, até o último dia útil do mês subsequente ao da ocorrência do evento, bem como efetuar o recolhimento da parcela referente àquele mês observando o percentual fixado no inciso I do § 3º do art. 1º.

§ 4º O desatendimento do disposto nos parágrafos anteriores implicará a exclusão do sujeito passivo do parcelamento remanescente e a aplicação do disposto no art. 11.

Art. 9º É suspensa a pretensão punitiva do Estado, referente aos crimes previstos nos arts. 1º e 2º da Lei nº 8.137, de 27 de dezembro de 1990, e nos arts. 168-A e 337-A do Decreto-Lei nº 2.848, de 7 de dezembro de 1940 – Código Penal, durante o período em que a pessoa jurídica relacionada com o agente dos aludidos crimes estiver incluída no regime de parcelamento.

§ 1º A prescrição criminal não corre durante o período de suspensão da pretensão punitiva.

- ▶ O STF, por unanimidade, no julgamento da ADIN nº 4.273, declarou a constitucionalidade deste parágrafo (*DOU* de 13-9-2023).

§ 2º Extingue-se a punibilidade dos crimes referidos neste artigo quando a pessoa jurídica relacionada com o agente efetuar o pagamento integral dos débitos oriundos de tributos e contribuições sociais, inclusive acessórios.

- ▶ O STF, por unanimidade, no julgamento da ADIN nº 4.273, declarou a constitucionalidade deste parágrafo (*DOU* de 13-9-2023).
- ▶ Arts. 67 a 69 da Lei nº 11.941, de 27-5-2009, que altera a legislação tributária federal relativa ao parcelamento ordinário de débitos tributários.
- ▶ Súm. Vinc. nº 24 do STF.

Art. 10. A Secretaria da Receita Federal, a Procuradoria-Geral da Fazenda Nacional e o Instituto Nacional do Seguro Social – INSS expedirão, no âmbito de suas respectivas competências, os atos necessários à execução desta Lei.

Parágrafo único. Serão consolidados, por sujeito passivo, os débitos perante a Secretaria da Receita Federal e a Procuradoria-Geral da Fazenda Nacional.

Art. 11. Ao sujeito passivo que, optando por parcelamento a que se referem os arts. 1º e 5º, dele for excluído, será vedada a concessão de qualquer outra modalidade de parcelamento até 31 de dezembro de 2006.

Art. 12. A exclusão do sujeito passivo do parcelamento a que se refere esta Lei, inclusive a prevista no § 4º do art. 8º, independerá de notificação prévia e implicará exigibilidade imediata da totalidade do crédito confessado e ainda não pago e automática execução da garantia prestada, quando existente, restabelecendo-se, em relação ao montante não pago, os acréscimos legais na forma da legislação aplicável à época da ocorrência dos respectivos fatos geradores.

Art. 13. Os débitos relativos à contribuição para o Programa de Formação do Patrimônio do Servidor Público (PASEP) dos Estados, do Distrito Federal e dos Municípios, bem como de suas autarquias e fundações públicas, com vencimento até 31 de dezembro de 2002, poderão ser pagos mediante regime especial de parcelamento, por opção da pessoa jurídica de direito público interno devedora.

Parágrafo único. A opção referida no *caput* deverá ser formalizada até o último dia útil do segundo mês subsequente ao da publicação desta Lei, nos termos e condições estabelecidos pela Secretaria da Receita Federal.

Art. 14. O regime especial de parcelamento referido no art. 13 implica a consolidação dos débitos na data da opção e abrangerá a totalidade dos débitos existentes em nome do optante, constituídos ou não, inclusive os juros de mora incidentes até a data de opção.

Parágrafo único. O débito consolidado na forma deste artigo:

I – sujeitar-se-á, a partir da data da consolidação, a juros equivalentes à taxa referencial do Sistema Especial de Liquidação e de Custódia – SELIC para títulos federais, acumulada mensalmente, calculados a partir da data de deferimento do pedido até o mês anterior ao do pagamento, e adicionados de um por cento relativamente ao mês em que o pagamento estiver sendo feito;

II – será pago mensalmente, até o último dia útil da primeira quinzena de cada mês, no valor equivalente a, no mínimo, um cento e vinte avos do total do débito consolidado;

III – o valor de cada parcela não poderá ser inferior a dois mil reais.

Art. 15. A opção pelo regime especial de parcelamento referido no art. 13 sujeita a pessoa jurídica optante:

I – à confissão irrevogável e irretratável dos débitos referidos no art. 14;

II – ao pagamento regular das parcelas do débito consolidado, bem como dos valores devidos relativos ao PASEP com vencimento após dezembro de 2002.

Parágrafo único. A opção pelo regime especial exclui qualquer outra forma de parcelamento de débitos relativos ao PASEP.

Art. 16. A pessoa jurídica optante pelo regime especial de parcelamento referido no art. 13 será dele excluída nas seguintes hipóteses:

I – inobservância da exigência estabelecida no art. 15;

II – inadimplência, por dois meses consecutivos ou seis alternados, relativamente ao PASEP, inclusive aqueles com vencimento após dezembro de 2002.

§ 1º A exclusão da pessoa jurídica do regime especial implicará exigibilidade imediata da totalidade do crédito confessado e ainda não pago.

§ 2º A exclusão será formalizada por meio de ato da Secretaria da Receita Federal e produzirá efeitos a partir do mês subsequente àquele em que a pessoa jurídica optante for cientificada.

Art. 17. Sem prejuízo do disposto no art. 15 da Medida Provisória nº 2.158-35, de 24 de agosto de 2001, e no art. 1º da Medida Provisória nº 101, de 30 de dezembro de 2002, as sociedades cooperativas de produção agropecuária e de eletrificação rural poderão excluir da base de cálculo da contribuição para o Programa de Integração Social e de Formação do Patrimônio do Servidor Público – PIS/PASEP e da Contribuição Social para o Financiamento da Seguridade Social – COFINS os custos agregados ao produto agropecuário dos associados, quando da sua comercialização e os valores dos serviços prestados pelas cooperativas de eletrificação rural a seus associados.

Parágrafo único. O disposto neste artigo alcança os fatos geradores ocorridos a partir da vigência da Medida Provisória nº 1.858-10, de 26 de outubro de 1999.

Art. 18. Fica elevada para quatro por cento a alíquota da Contribuição para o Financiamento da Seguridade Social – COFINS devida pelas pessoas jurídicas referidas nos §§ 6º e 8º do art. 3º da Lei nº 9.718, de 27 de novembro de 1998.

Art. 19. O art. 22-A da Lei nº 8.212, de 24 de julho de 1991, introduzido pela Lei nº 10.256, de 9 de julho de 2001, passa a vigorar com a seguinte redação:

► Alteração inserida no texto da referida Lei.

Art. 20. O § 1º do art. 126 da Lei nº 8.213, de 24 de julho de 1991, passa a vigorar com a seguinte redação:

► Alteração inserida no texto da referida Lei.

Art. 21. *Revogado.* Lei nº 12.101, de 27-11-2009.

Art. 22. O art. 20 da Lei nº 9.249, de 26 de dezembro de 1995, passa a vigorar com a seguinte redação:

> "Art. 20. A base de cálculo da contribuição social sobre o lucro líquido, devida pelas pessoas jurídicas que efetuarem o pagamento mensal a que se referem os arts. 27 e 29 a 34 da Lei nº 8.981, de 20 de janeiro de 1995, e pelas pessoas jurídicas desobrigadas de escrituração contábil, corresponderá a doze por cento da receita bruta, na forma definida na legislação vigente, auferida em cada mês do ano-calendário, exceto para as pessoas jurídicas que exerçam as atividades a que se refere o inciso III do § 1º do art. 15, cujo percentual corresponderá a trinta e dois por cento.
>
> Parágrafo único. A pessoa jurídica submetida ao lucro presumido poderá, excepcionalmente, em relação ao quarto trimestre-calendário de 2003, optar pelo lucro

real, sendo definitiva a tributação pelo lucro presumido relativa aos três primeiros trimestres".

Art. 23. O art. 9º da Lei nº 9.317, de 5 de dezembro de 1996, passa a vigorar acrescido do seguinte parágrafo:

► A Lei nº 9.317, de 5-12-1996, foi revogada pela LC nº 123, de 14-12-2006.

Art. 24. Os arts. 1º e 2º da Lei nº 10.034, de 24 de outubro de 2000, passam a vigorar com a seguinte redação:

► Súm. nº 448 do STJ.

"Art. 1º Ficam excetuadas da restrição de que trata o inciso XIII do art. 9º da Lei nº 9.317, de 5 de dezembro de 1996, as pessoas jurídicas que se dediquem exclusivamente às seguintes atividades:

I – creches e pré-escolas;

II – estabelecimentos de ensino fundamental;

III – centros de formação de condutores de veículos automotores de transporte terrestre de passageiros e de carga;

IV – agências lotéricas;

V – agências terceirizadas de correios;

VI – VETADO;

VII – VETADO".

"Art. 2º Ficam acrescidos de cinquenta por cento os percentuais referidos no art. 5º da Lei nº 9.317, de 5 de dezembro de 1996, alterado pela Lei nº 9.732, de 11 de dezembro de 1998, em relação às atividades relacionadas nos incisos II a V do art. 1º desta Lei e às pessoas jurídicas que aufiram receita bruta decorrente da prestação de serviços em montante igual ou superior a trinta por cento da receita bruta total."

► A Lei nº 9.317, de 5-12-1996, foi revogada pela LC nº 123, de 14-12-2006.

Art. 25. A Lei nº 10.637, de 30 de dezembro de 2002, passa a vigorar acrescida do art. 5º-A e com as seguintes alterações dos arts. 1º, 3º, 8º, 11 e 29:

"Art. 1º ....

....

§ 3º ....

VI – não operacionais, decorrentes da venda de ativo imobilizado."

"Art. 3º ....

II – bens e serviços utilizados como insumo na fabricação de produtos destinados à venda ou na prestação de serviços, inclusive combustíveis e lubrificantes;

V – despesas financeiras decorrentes de empréstimos, financiamentos e contraprestações de operações de arrendamento mercantil de pessoas jurídicas, exceto de optante pelo Sistema Integrado de Pagamento de Impostos e Contribuições das Microempresas e das Empresas de Pequeno Porte – SIMPLES;

IX – energia elétrica consumida nos estabelecimentos da pessoa jurídica.

§ 1º ....

II – dos itens mencionados nos incisos IV, V e IX do *caput*, incorridos no mês;

§ 10. Sem prejuízo do aproveitamento dos créditos apurados na forma deste artigo, as pessoas jurídicas que produzam mercadorias de origem animal ou vegetal, classificadas nos capítulos 2 a 4, 8 a 12 e 23, e nos códigos 01.03, 01.05, 0504.00, 0701.90.00, 0702.00.00, 0706.10.00, 07.08, 0709.90, 07.10, 07.12 a 07.14, 15.07 a 15.14, 1515.2, 1516.20.00, 15.17, 1701.11.00, 1701.99.00, 1702.90.00, 18.03, 1804.00.00, 1805.00.00, 20.09, 2101.11.10 e 2209.00.00, todos da Nomenclatura Comum do Mercosul, destinados à alimentação humana ou animal poderão deduzir da contribuição para o PIS/PASEP, devida em cada período de apuração, crédito presumido, calculado sobre o valor dos bens e serviços referidos no inciso II do *caput* deste artigo, adquiridos, no mesmo período, de pessoas físicas residentes no País.

§ 11. Relativamente ao crédito presumido referido no § 10:

I – seu montante será determinado mediante aplicação, sobre o valor das mencionadas aquisições, de alíquota correspondente a setenta por cento daquela constante do art. 2º;

II – o valor das aquisições não poderá ser superior ao que vier a ser fixado, por espécie de bem ou serviço, pela Secretaria da Receita Federal."

"Art. 5º-A. Ficam isentas da contribuição para o PIS/PASEP e da COFINS as receitas decorrentes da comercialização de matérias-primas, produtos intermediários e materiais de embalagem, produzidos na Zona Franca de Manaus para emprego em processo de industrialização por estabelecimentos industriais ali instalados e consoante projetos aprovados pelo Conselho de Administração da Superintendência da Zona Franca de Manaus – SUFRAMA."

"Art. 8º ....

....

X – as sociedades cooperativas;

XI – as receitas decorrentes de prestação de serviços das empresas jornalísticas e de radiodifusão sonora e de sons e imagens."

"Art. 11 ....

....

§ 4º O disposto no *caput* aplica-se também aos estoques de produtos acabados e em elaboração."

"Art. 29. As matérias-primas, os produtos intermediários e os materiais de embalagem, destinados a estabelecimento que se dedique, preponderantemente, à elaboração de produtos classificados nos Capítulos 2, 3, 4, 7, 8, 9, 10, 11, 12, 15, 16, 17, 18, 19, 20, 23 (exceto códigos 2309.10.00 e 2309.90.30 e Ex-01 no código 2309.90.90), 28, 29, 30, 31 e 64, no código 2209.00.00 e 2501.00.00, e nas posições 21.01 a 21.05.00, da Tabela de Incidência do Imposto sobre Produtos Industrializados – TIPI, inclusive aqueles a que corresponde a notação NT (não tributados), sairão do estabelecimento industrial com suspensão do referido imposto.

...."

Art. 26. O art. 1º da Lei nº 9.074, de 7 de julho de 1995, passa a vigorar acrescido dos seguintes parágrafos, renumerando-se o parágrafo único para § 1º:

"Art. 1º ....

....

§ 2º O prazo das concessões e permissões de que trata o inciso VI deste artigo será de vinte e cinco anos, podendo ser prorrogado por dez anos.

§ 3º Ao término do prazo, as atuais concessões e permissões, mencionadas no § 2º, incluídas as anteriores à Lei nº 8.987, de 13 de fevereiro de 1995, serão prorrogadas pelo prazo previsto no § 2º."

Art. 27. VETADO.

Art. 28. Fica o Poder Executivo autorizado a emitir títulos da dívida pública atualizados de acordo com as disposições do inciso I do § 4º do art. 2º da Lei nº 9.964, de 10 de abril de 2000, com prazo de vencimento determinado em função do prazo médio estimado da carteira de recebíveis do Programa de Recuperação Fiscal – REFIS, instituído pela referida Lei, os quais terão poder liberatório perante a Secretaria da Receita Federal e o Instituto Nacional do Seguro Social quanto as dívidas inscritas no referido programa, diferindo-se os efeitos tributários de sua utilização, em função do prazo médio da dívida do contribuinte.

Art. 29. Esta Lei entra em vigor na data de sua publicação, produzindo efeitos:

I – em relação ao art. 17, a partir de 1º de janeiro de 2003;

II – em relação ao art. 25, a partir de 1º de fevereiro de 2003;

III – em relação aos arts. 18, 19, 20 e 22, a partir do mês subsequente ao do termo final do prazo nonagesimal, a que refere o § 6º do art. 195 da Constituição Federal.

Brasília, 30 de maio de 2003;
182º da Independência e
115º da República.

Luiz Inácio Lula da Silva

LEI Nº 10.741, DE 1º DE OUTUBRO DE 2003

Dispõe sobre o Estatuto da Pessoa Idosa e dá outras providências.

▸ Publicada no *DOU* de 3-10-2003.

▸ Ementa com a redação dada pela Lei nº 14.423, de 22-7-2022.

▸ Arts. 229 e 230 da CF.

▸ Lei nº 8.842, de 4-1-1994, dispõe sobre a política nacional do idoso e cria o Conselho Nacional do Idoso.

TÍTULO I – DISPOSIÇÕES PRELIMINARES

Art. 1º É instituído o Estatuto da Pessoa Idosa, destinado a regular os direitos assegurados às pessoas com idade igual ou superior a 60 (sessenta) anos.

Art. 2º A pessoa idosa goza de todos os direitos fundamentais inerentes à pessoa humana, sem prejuízo da proteção integral de que trata esta Lei, assegurando-se-lhe, por lei ou por outros meios, todas as oportunidades e facilidades, para preservação de sua saúde física e mental e seu aperfeiçoamento moral, intelectual, espiritual e social, em condições de liberdade e dignidade.

▸ Arts. 1º e 2º com a redação dada pela Lei nº 14.423, de 22-7-2022.

Art. 3º É obrigação da família, da comunidade, da sociedade e do poder público assegurar à pessoa idosa, com absoluta prioridade, a efetivação do direito à vida, à saúde, à alimentação, à educação, à cultura, ao esporte, ao lazer, ao trabalho, à cidadania, à liberdade, à dignidade, ao respeito e à convivência familiar e comunitária.

▸ *Caput* com a redação dada pela Lei nº 14.423, de 22-7-2022.

▸ Art. 6º da CF.

§ 1º A garantia de prioridade compreende:

▸ Parágrafo único renumerado para § 1º pela Lei nº 13.466, de 12-7-2017.

I – atendimento preferencial imediato e individualizado junto aos órgãos públicos e privados prestadores de serviços à população;

▸ Art. 1º da Lei nº 10.048, de 8-11-2000, que confere atendimento prioritário aos idosos com idade igual ou superior a sessenta anos.

II – preferência na formulação e na execução de políticas sociais públicas específicas;

III – destinação privilegiada de recursos públicos nas áreas relacionadas com a proteção à pessoa idosa;

IV – viabilização de formas alternativas de participação, ocupação e convívio da pessoa idosa com as demais gerações;

V – priorização do atendimento da pessoa idosa por sua própria família, em detrimento do atendimento asilar, exceto dos que não a possuam ou careçam de condições de manutenção da própria sobrevivência;

VI – capacitação e reciclagem dos recursos humanos nas áreas de geriatria e gerontologia e na prestação de serviços às pessoas idosas;

▸ Incisos III a VI com a redação dada pela Lei nº 14.423, de 22-7-2022.

VII – estabelecimento de mecanismos que favoreçam a divulgação de informações de caráter educativo sobre os aspectos biopsicossociais de envelhecimento;

VIII – garantia de acesso à rede de serviços de saúde e de assistência social locais;

IX – prioridade no recebimento da restituição do Imposto de Renda.

▸ Inciso IX acrescido pela Lei nº 11.765, de 5-8-2008.

§ 2º Entre as pessoas idosas, é assegurada prioridade especial aos maiores de 80 (oitenta) anos, atendendo-se suas necessidades sempre preferencialmente em relação às demais pessoas idosas.

▸ § 2º com a redação dada pela Lei nº 14.423, de 22-7-2022.

Art. 4º Nenhuma pessoa idosa será objeto de qualquer tipo de negligência, discriminação, violência, crueldade ou opressão, e todo atentado aos seus direitos, por ação ou omissão, será punido na forma da lei.

▸ *Caput* com a redação dada pela Lei nº 14.423, de 22-7-2022.

§ 1º É dever de todos prevenir a ameaça ou violação aos direitos da pessoa idosa.

▸ § 1º com a redação dada pela Lei nº 14.423, de 22-7-2022.

§ 2º As obrigações previstas nesta Lei não excluem da prevenção outras decorrentes dos princípios por ela adotados.

Art. 5º A inobservância das normas de prevenção importará em responsabilidade à pessoa física ou jurídica nos termos da lei.

Art. 6º Todo cidadão tem o dever de comunicar à autoridade competente qualquer forma de violação a esta Lei que tenha testemunhado ou de que tenha conhecimento.

Art. 7º Os Conselhos Nacional, Estaduais, do Distrito Federal e Municipais da Pessoa Idosa, previstos na Lei nº 8.842, de 4 de janeiro de 1994, zelarão pelo cumprimento dos direitos da pessoa idosa, definidos nesta Lei.

▸ Artigo com a redação dada pela Lei nº 14.423, de 22-7-2022.

▸ Lei nº 8.842, de 4-1-1994, dispõe sobre a política nacional do idoso e cria o Conselho Nacional do Idoso.

TÍTULO II – DOS DIREITOS FUNDAMENTAIS

CAPÍTULO I

DO DIREITO À VIDA

Art. 8º O envelhecimento é um direito personalíssimo e a sua proteção um direito social, nos termos desta Lei e da legislação vigente.

Art. 9º É obrigação do Estado, garantir à pessoa idosa a proteção à vida e à saúde, mediante efetivação de políticas sociais públicas que permitam um envelhecimento saudável e em condições de dignidade.

CAPÍTULO II

DO DIREITO À LIBERDADE, AO RESPEITO E À DIGNIDADE

Art. 10. É obrigação do Estado e da sociedade assegurar à pessoa idosa a liberdade, o respeito e a dignidade, como pessoa humana e sujeito de direitos civis, políticos, individuais e sociais, garantidos na Constituição e nas leis.

▸ *Caput* com a redação dada pela Lei nº 14.423, de 22-7-2022.

§ 1º O direito à liberdade compreende, entre outros, os seguintes aspectos:

I – faculdade de ir, vir e estar nos logradouros públicos e espaços comunitários, ressalvadas as restrições legais;
II – opinião e expressão;
III – crença e culto religioso;
IV – prática de esportes e de diversões;
V – participação na vida familiar e comunitária;
VI – participação na vida política, na forma da lei;
VII – faculdade de buscar refúgio, auxílio e orientação.

§ 2º O direito ao respeito consiste na inviolabilidade da integridade física, psíquica e moral, abrangendo a preservação da imagem, da identidade, da autonomia, de valores, ideias e crenças, dos espaços e dos objetos pessoais.

§ 3º É dever de todos zelar pela dignidade da pessoa idosa, colocando-a a salvo de qualquer tratamento desumano, violento, aterrorizante, vexatório ou constrangedor.

▸ § 3º com a redação dada pela Lei nº 14.423, de 22-7-2022.

Capítulo III

DOS ALIMENTOS

Art. 11. Os alimentos serão prestados à pessoa idosa na forma da lei civil.

▸ Arts. 1.694 a 1.710 do CC.

Art. 12. A obrigação alimentar é solidária, podendo a pessoa idosa optar entre os prestadores.

▸ Arts. 11 e 12 com a redação dada pela Lei nº 14.423, de 22-7-2022.

Art. 13. As transações relativas a alimentos poderão ser celebradas perante o Promotor de Justiça ou Defensor Público, que as referendará, e passarão a ter efeito de título executivo extrajudicial nos termos da lei processual civil.

▸ Artigo com a redação dada pela Lei nº 11.737, de 14-7-2008.

Art. 14. Se a pessoa idosa ou seus familiares não possuírem condições econômicas de prover o seu sustento, impõe-se ao poder público esse provimento, no âmbito da assistência social.

▸ Artigo com a redação dada pela Lei nº 14.423, de 22-7-2022.

▸ Art. 20 da Lei nº 8.742, de 7-12-1993 (Lei Orgânica da Assistência Social).

Capítulo IV

DO DIREITO À SAÚDE

Art. 15. É assegurada a atenção integral à saúde da pessoa idosa, por intermédio do Sistema Único de Saúde (SUS), garantindo-lhe o acesso universal e igualitário, em conjunto articulado e contínuo das ações e serviços, para a prevenção, promoção, proteção e recuperação da saúde, incluindo a atenção especial às doenças que afetam preferencialmente as pessoas idosas.

▸ *Caput* com a redação dada pela Lei nº 14.423, de 22-7-2022.

§ 1º A prevenção e a manutenção da saúde da pessoa idosa serão efetivadas por meio de:

▸ *Caput* do § 1º com a redação dada pela Lei nº 14.423, de 22-7-2022.

I – cadastramento da população idosa em base territorial;
II – atendimento geriátrico e gerontológico em ambulatórios;
III – unidades geriátricas de referência, com pessoal especializado nas áreas de geriatria e gerontologia social;
IV – atendimento domiciliar, incluindo a internação, para a população que dele necessitar e esteja impossibilitada de se locomover, inclusive para as pessoas idosas abrigadas e acolhidas por instituições públicas, filantrópicas ou sem fins lucrativos e eventualmente conveniadas com o poder público, nos meios urbano e rural;

▸ Inciso IV com a redação dada pela Lei nº 14.423, de 22-7-2022.

V – reabilitação orientada pela geriatria e gerontologia, para redução das sequelas decorrentes do agravo da saúde.

§ 2º Incumbe ao poder público fornecer às pessoas idosas, gratuitamente, medicamentos, especialmente os de uso continuado, assim como próteses, órteses e outros recursos relativos ao tratamento, habilitação ou reabilitação.

§ 3º É vedada a discriminação da pessoa idosa nos planos de saúde pela cobrança de valores diferenciados em razão da idade.

▸ Art. 15 da Lei nº 9.656, de 3-6-1998 (Lei dos Planos e Seguros Privados de Saúde).

§ 4º As pessoas idosas com deficiência ou com limitação incapacitante terão atendimento especializado, nos termos da lei.

§ 5º É vedado exigir o comparecimento da pessoa idosa enferma perante os órgãos públicos, hipótese na qual será admitido o seguinte procedimento:

I – quando de interesse do poder público, o agente promoverá o contato necessário com a pessoa idosa em sua residência; ou

II – quando de interesse da própria pessoa idosa, esta se fará representar por procurador legalmente constituído.

§ 6º É assegurado à pessoa idosa enferma o atendimento domiciliar pela perícia médica do Instituto Nacional do Seguro Social (INSS), pelo serviço público de saúde ou pelo serviço privado de saúde, contratado ou conveniado, que integre o SUS, para expedição do laudo de saúde necessário ao exercício de seus direitos sociais e de isenção tributária.

§ 7º Em todo atendimento de saúde, os maiores de 80 (oitenta) anos terão preferência especial sobre as demais pessoas idosas, exceto em caso de emergência.

▸ §§ 2º a 7º com a redação dada pela Lei nº 14.423, de 22-7-2022.

Art. 16. À pessoa idosa internada ou em observação é assegurado o direito a acompanhante, devendo o órgão de saúde proporcionar as condições adequadas para a sua permanência em tempo integral, segundo o critério médico.

Parágrafo único. Caberá ao profissional de saúde responsável pelo tratamento conceder autorização para o acompanhamento da pessoa idosa ou, no caso de impossibilidade, justificá-la por escrito.

▸ Art. 16 com a redação dada pela Lei nº 14.423, de 22-7-2022.

Art. 17. À pessoa idosa que esteja no domínio de suas faculdades mentais é assegurado o direito de optar pelo tratamento de saúde que lhe for reputado mais favorável.

▸ *Caput* com a redação dada pela Lei nº 14.423, de 22-7-2022.

Parágrafo único. Não estando a pessoa idosa em condições de proceder à opção, esta será feita:

▸ *Caput* com a redação dada pela Lei nº 14.423, de 22-7-2022.

I – pelo curador, quando a pessoa idosa for interditada;

II – pelos familiares, quando a pessoa idosa não tiver curador ou este não puder ser contactado em tempo hábil;

▸ Incisos I e II com a redação dada pela Lei nº 14.423, de 22-7-2022.

III – pelo médico, quando ocorrer iminente risco de vida e não houver tempo hábil para consulta a curador ou familiar;

IV – pelo próprio médico, quando não houver curador ou familiar conhecido, caso em que deverá comunicar o fato ao Ministério Público.

Art. 18. As instituições de saúde devem atender aos critérios mínimos para o atendimento às necessidades da pessoa idosa, promovendo o treinamento e a capacitação dos profissionais, assim como orientação a cuidadores familiares e grupos de autoajuda.

▸ Artigo com a redação dada pela Lei nº 14.423, de 22-7-2022.

Art. 19. Os casos de suspeita ou confirmação de violência praticada contra pessoas idosas serão objeto de notificação compulsória pelos serviços de saúde públicos e privados à autoridade sanitária, bem como serão obrigatoriamente comunicados por eles a quaisquer dos seguintes órgãos:

▸ *Caput* com a redação dada pela Lei nº 14.423, de 22-7-2022.

I – autoridade policial;

II – Ministério Público;

III – Conselho Municipal da Pessoa Idosa;

IV – Conselho Estadual da Pessoa Idosa;

▸ Lei nº 8.842, de 4-1-1994, dispõe sobre a política nacional do idoso e cria o Conselho Nacional do Idoso.

V – Conselho Nacional da Pessoa Idosa.

▸ Incisos III a V com a redação dada pela Lei nº 14.423, de 22-7-2022.

§ 1º Para os efeitos desta Lei, considera-se violência contra a pessoa idosa qualquer ação ou omissão praticada em local público ou privado que lhe cause morte, dano ou sofrimento físico ou psicológico.

▸ § 1º com a redação dada pela Lei nº 14.423, de 22-7-2022.

§ 2º Aplica-se, no que couber, à notificação compulsória prevista no *caput* deste artigo, o disposto na Lei nº 6.259, de 30 de outubro de 1975.

▸ § 2º acrescido pela Lei nº 12.461, de 26-7-2011.

▸ Lei nº 6.259, de 30-10-1975, dispõe sobre a organização das ações de vigilância epidemiológica, sobre o Programa Nacional de Imunizações e estabelece normas relativas à notificação compulsória de doenças.

CAPÍTULO V

DA EDUCAÇÃO, CULTURA, ESPORTE E LAZER

Art. 20. A pessoa idosa tem direito a educação, cultura, esporte, lazer, diversões, espetáculos, produtos e serviços que respeitem sua peculiar condição de idade.

Art. 21. O poder público criará oportunidades de acesso da pessoa idosa à educação, adequando currículos, metodologias e material didático aos programas educacionais a ela destinados.

§ 1º Os cursos especiais para pessoas idosas incluirão conteúdo relativo às técnicas de comunicação, computação e demais avanços tecnológicos, para sua integração à vida moderna.

§ 2º As pessoas idosas participarão das comemorações de caráter cívico ou cultural, para transmissão de conhecimentos e vivências às demais gerações, no sentido da preservação da memória e da identidade culturais.

Art. 22. Nos currículos mínimos dos diversos níveis de ensino formal serão inseridos conteúdos voltados ao processo de envelhecimento, ao respeito e à valorização da pessoa idosa, de forma a eliminar o preconceito e a produzir conhecimentos sobre a matéria.

Art. 23. A participação das pessoas idosas em atividades culturais e de lazer será proporcionada mediante descontos de pelo menos 50% (cinquenta por cento) nos ingressos para eventos artísticos, culturais, esportivos e de lazer, bem como o acesso preferencial aos respectivos locais.

Art. 24. Os meios de comunicação manterão espaços ou horários especiais voltados às pessoas idosas, com finalidade informativa, educativa, artística e cultural, e ao público sobre o processo de envelhecimento.

▸ Arts. 20 a 24 com a redação dada pela Lei nº 14.423, de 22-7-2022.

Art. 25. As instituições de educação superior ofertarão às pessoas idosas, na perspectiva da educação ao longo da vida, cursos e programas de extensão, presenciais ou a distância, constituídos por atividades formais e não formais.

▸ *Caput* com a redação dada pela Lei nº 13.535, de 15-12-2017.

Parágrafo único. O poder público apoiará a criação de universidade aberta para as pessoas idosas e incentivará a publicação de livros e periódicos, de conteúdo e padrão editorial adequados à pessoa idosa, que facilitem a leitura, considerada a natural redução da capacidade visual.

▸ Parágrafo único com a redação dada pela Lei nº 14.423, de 22-7-2022.

CAPÍTULO VI

DA PROFISSIONALIZAÇÃO E DO TRABALHO

Art. 26. A pessoa idosa tem direito ao exercício de atividade profissional, respeitadas suas condições físicas, intelectuais e psíquicas.

▸ Artigo com a redação dada pela Lei nº 14.423, de 22-7-2022.

Art. 27. Na admissão da pessoa idosa em qualquer trabalho ou emprego, são vedadas a discriminação e a fixação de limite máximo de idade, inclusive para concursos, ressalvados os casos em que a natureza do cargo o exigir.

▸ *Caput* com a redação dada pela Lei nº 14.423, de 22-7-2022.

Parágrafo único. O primeiro critério de desempate em concurso público será a idade, dando-se preferência ao de idade mais elevada.

Art. 28. O Poder Público criará e estimulará programas de:

I – profissionalização especializada para as pessoas idosas, aproveitando seus potenciais e habilidades para atividades regulares e remuneradas;

▸ Inciso I com a redação dada pela Lei nº 14.423, de 22-7-2022.

II – preparação dos trabalhadores para a aposentadoria, com antecedência mínima de 1 (um) ano, por meio de estímulo a novos projetos sociais, conforme seus interesses, e de esclarecimento sobre os direitos sociais e de cidadania;

III – estímulo às empresas privadas para admissão de pessoas idosas ao trabalho.

▸ Inciso III com a redação dada pela Lei nº 14.423, de 22-7-2022.

CAPÍTULO VII

DA PREVIDÊNCIA SOCIAL

Art. 29. Os benefícios de aposentadoria e pensão do Regime Geral da Previdência Social observarão, na sua concessão, critérios de cálculo que preservem o valor real dos salários sobre os quais incidiram contribuição, nos termos da legislação vigente.

Parágrafo único. Os valores dos benefícios em manutenção serão reajustados na mesma data de reajuste do salário mínimo, *pro rata*, de acordo com suas respectivas datas de início ou do seu último reajustamento, com base em percentual definido em regulamento, observados os critérios estabelecidos pela Lei nº 8.213, de 24 de julho de 1991.

- Lei nº 8.213, de 24-7-1991 (Lei dos Planos de Benefícios da Previdência Social).

Art. 30. A perda da condição de segurado não será considerada para a concessão da aposentadoria por idade, desde que a pessoa conte com, no mínimo, o tempo de contribuição correspondente ao exigido para efeito de carência na data de requerimento do benefício.

- Art. 3º da Lei nº 10.666, de 8-5-2003, que dispõe sobre a concessão da aposentadoria especial ao cooperado de Cooperativa de Trabalho ou de Produção.

Parágrafo único. O cálculo do valor do benefício previsto no *caput* observará o disposto no *caput* e § 2º do art. 3º da Lei nº 9.876, de 26 de novembro de 1999, ou, não havendo salários de contribuição recolhidos a partir da competência de julho de 1994, o disposto no art. 35 da Lei nº 8.213, de 1991.

Art. 31. O pagamento de parcelas relativas a benefícios, efetuado com atraso por responsabilidade da Previdência Social, será atualizado pelo mesmo índice utilizado para os reajustamentos dos benefícios do Regime Geral de Previdência Social, verificado no período compreendido entre o mês que deveria ter sido pago e o mês do efetivo pagamento.

Art. 32. O Dia Mundial do Trabalho, 1º de Maio, é a data base dos aposentados e pensionistas.

Capítulo VIII

DA ASSISTÊNCIA SOCIAL

Art. 33. A assistência social às pessoas idosas será prestada, de forma articulada, conforme os princípios e diretrizes previstos na Lei Orgânica da Assistência Social (LOAS), na Política Nacional da Pessoa Idosa, no SUS e nas demais normas pertinentes.

- Artigo com a redação dada pela Lei nº 14.423, de 22-7-2022.
- Lei nº 8.080, de 19-9-1990 (Sistema Único de Saúde).
- Lei nº 8.742, de 7-12-1993 (Lei Orgânica da Assistência Social).
- Lei nº 8.842, de 4-1-1994, dispõe sobre a política nacional do idoso e cria o Conselho Nacional do Idoso.

Art. 34. Às pessoas idosas, a partir de 65 (sessenta e cinco) anos, que não possuam meios para prover sua subsistência, nem de tê-la provida por sua família, é assegurado o benefício mensal de 1 (um) salário mínimo, nos termos da LOAS.

- *Caput* com a redação dada pela Lei nº 14.423, de 22-7-2022.
- Lei nº 8.742, de 7-12-1993 (Lei Orgânica da Assistência Social).
- Dec. nº 6.214, de 26-9-2007, regulamenta o benefício de prestação continuada da assistência social devido à pessoa com deficiência e ao idoso de que trata esta Lei.

Parágrafo único. O benefício já concedido a qualquer membro da família nos termos do *caput* não será computado para os fins do cálculo da renda familiar *per capita* a que se refere a LOAS.

Art. 35. Todas as entidades de longa permanência, ou casa lar, são obrigadas a firmar contrato de prestação de serviços com a pessoa idosa abrigada.

- Art. 29 da LC nº 187, de 16-12-2021, que dispõe sobre a certificação das entidades beneficentes.

§ 1º No caso de entidade filantrópica, ou casa-lar, é facultada a cobrança de participação da pessoa idosa no custeio da entidade.

§ 2º O Conselho Municipal da Pessoa Idosa ou o Conselho Municipal da Assistência Social estabelecerá a forma de participação prevista no § 1º deste artigo, que não poderá exceder a 70% (setenta por cento) de qualquer benefício previdenciário ou de assistência social percebido pela pessoa idosa.

- §§ 1º e 2º com a redação dada pela Lei nº 14.423, de 22-7-2022.

§ 3º Se a pessoa idosa for incapaz, caberá a seu representante legal firmar o contrato a que se refere o *caput* deste artigo.

Art. 36. O acolhimento de pessoas idosas em situação de risco social, por adulto ou núcleo familiar, caracteriza a dependência econômica, para os efeitos legais.

- Artigo com a redação dada pela Lei nº 14.423, de 22-7-2022.

Capítulo IX

DA HABITAÇÃO

Art. 37. A pessoa idosa tem direito a moradia digna, no seio da família natural ou substituta, ou desacompanhada de seus familiares, quando assim o desejar, ou, ainda, em instituição pública ou privada.

▶ *Caput* com a redação dada pela Lei nº 14.423, de 22-7-2022.

§ 1º A assistência integral na modalidade de entidade de longa permanência será prestada quando verificada inexistência de grupo familiar, casa lar, abandono ou carência de recursos financeiros próprios ou da família.

§ 2º Toda instituição dedicada ao atendimento à pessoa idosa fica obrigada a manter identificação externa visível, sob pena de interdição, além de atender toda a legislação pertinente.

§ 3º As instituições que abrigarem pessoas idosas são obrigadas a manter padrões de habitação compatíveis com as necessidades delas, bem como provê-las com alimentação regular e higiene indispensáveis às normas sanitárias e com estas condizentes, sob as penas da lei.

▶ §§ 2º e 3º com a redação dada pela Lei nº 14.423, de 22-7-2022.

Art. 38. Nos programas habitacionais, públicos ou subsidiados com recursos públicos, a pessoa idosa goza de prioridade na aquisição de imóvel para moradia própria, observado o seguinte:

▶ *Caput* com a redação dada pela Lei nº 14.423, de 22-7-2022.

I – reserva de pelo menos 3% (três por cento) das unidades habitacionais residenciais para atendimento às pessoas idosas;

II – implantação de equipamentos urbanos comunitários voltados à pessoa idosa;

III – eliminação de barreiras arquitetônicas e urbanísticas, para garantia de acessibilidade à pessoa idosa;

▶ Incisos I a III com a redação dada pela Lei nº 14.423, de 22-7-2022.

IV – critérios de financiamento compatíveis com os rendimentos de aposentadoria e pensão.

Parágrafo único. As unidades residenciais reservadas para atendimento a pessoas idosas devem situar-se, preferencialmente, no pavimento térreo.

▶ Parágrafo único com a redação dada pela Lei nº 14.423, de 22-7-2022.

Capítulo X

DO TRANSPORTE

Art. 39. Aos maiores de 65 (sessenta e cinco) anos fica assegurada a gratuidade dos transportes coletivos públicos urbanos e semiurbanos, exceto nos serviços seletivos e especiais, quando prestados paralelamente aos serviços regulares.

§ 1º Para ter acesso à gratuidade, basta que a pessoa idosa apresente qualquer documento pessoal que faça prova de sua idade.

§ 2º Nos veículos de transporte coletivo de que trata este artigo, serão reservados 10% (dez por cento) dos assentos para as pessoas idosas, devidamente identificados com a placa de reservado preferencialmente para pessoas idosas.

▶ §§ 1º e 2º com a redação dada pela Lei nº 14.423, de 22-7-2022.

§ 3º No caso das pessoas compreendidas na faixa etária entre 60 (sessenta) e 65 (sessenta e cinco) anos, ficará a critério da legislação local dispor sobre as condições para exercício da gratuidade nos meios de transporte previstos no *caput* deste artigo.

Art. 40. No sistema de transporte coletivo interestadual observar-se-á, nos termos da legislação específica:

I – a reserva de 2 (duas) vagas gratuitas por veículo para pessoas idosas com renda igual ou inferior a 2 (dois) salários mínimos;

II – desconto de 50% (cinquenta por cento), no mínimo, no valor das passagens, para as pessoas idosas que excederem as vagas gratuitas, com renda igual ou inferior a 2 (dois) salários mínimos.

▶ Incisos I e II com a redação dada pela Lei nº 14.423, de 22-7-2022.

Parágrafo único. Caberá aos órgãos competentes definir os mecanismos e os critérios para o exercício dos direitos previstos nos incisos I e II.

▶ Arts. 34 a 46 do Dec. nº 9.921, de 18-7-2019, que consolida atos normativos editados pelo Poder Executivo federal que dispõem sobre a temática da pessoa idosa.

Art. 41. É assegurada a reserva para as pessoas idosas, nos termos da lei local, de 5% (cinco por cento) das vagas nos estacionamentos públicos e privados, as quais deverão ser posicionadas de forma a garantir a melhor comodidade à pessoa idosa.

Art. 42. São asseguradas a prioridade e a segurança da pessoa idosa nos procedimentos de embarque e desembarque nos veículos do sistema de transporte coletivo.

▸ Arts. 41 e 42 com a redação dada pela Lei nº 14.423, de 22-7-2022.

TÍTULO III – DAS MEDIDAS DE PROTEÇÃO

Capítulo I

DAS DISPOSIÇÕES GERAIS

Art. 43. As medidas de proteção à pessoa idosa são aplicáveis sempre que os direitos reconhecidos nesta Lei forem ameaçados ou violados:

▸ *Caput* com a redação dada pela Lei nº 14.423, de 22-7-2022.

I – por ação ou omissão da sociedade ou do Estado;
II – por falta, omissão ou abuso da família, curador ou entidade de atendimento;
III – em razão de sua condição pessoal.

Capítulo II

DAS MEDIDAS ESPECÍFICAS DE PROTEÇÃO

Art. 44. As medidas de proteção à pessoa idosa previstas nesta Lei poderão ser aplicadas, isolada ou cumulativamente, e levarão em conta os fins sociais a que se destinam e o fortalecimento dos vínculos familiares e comunitários.

▸ Artigo com a redação dada pela Lei nº 14.423, de 22-7-2022.

Art. 45. Verificada qualquer das hipóteses previstas no art. 43, o Ministério Público ou o Poder Judiciário, a requerimento daquele, poderá determinar, dentre outras, as seguintes medidas:

I – encaminhamento à família ou curador, mediante termo de responsabilidade;
II – orientação, apoio e acompanhamento temporários;
III – requisição para tratamento de sua saúde, em regime ambulatorial, hospitalar ou domiciliar;
IV – inclusão em programa oficial ou comunitário de auxílio, orientação e tratamento a usuários dependentes de drogas lícitas ou ilícitas, à própria pessoa idosa ou à pessoa de sua convivência que lhe cause perturbação;

▸ Inciso IV com a redação dada pela Lei nº 14.423, de 22-7-2022.

V – abrigo em entidade;
VI – abrigo temporário.

TÍTULO IV – DA POLÍTICA DE ATENDIMENTO À PESSOA IDOSA

▸ Título IV com a redação dada pela Lei nº 14.423, de 22-7-2022.

Capítulo I

DISPOSIÇÕES GERAIS

Art. 46. A política de atendimento à pessoa idosa far-se-á por meio do conjunto articulado de ações governamentais e não governamentais da União, dos Estados, do Distrito Federal e dos Municípios.

▸ Artigo com a redação dada pela Lei nº 14.423, de 22-7-2022.

Art. 47. São linhas de ação da política de atendimento:

I – políticas sociais básicas, previstas na Lei nº 8.842, de 4 de janeiro de 1994;

▸ Lei nº 8.842, de 4-1-1994, dispõe sobre a política nacional do idoso e cria o Conselho Nacional do Idoso.

II – políticas e programas de assistência social, em caráter supletivo, para aqueles que necessitarem;
III – serviços especiais de prevenção e atendimento às vítimas de negligência, maus-tratos, exploração, abuso, crueldade e opressão;
IV – serviço de identificação e localização de parentes ou responsáveis por pessoas idosas abandonados em hospitais e instituições de longa permanência;
V – proteção jurídico-social por entidades de defesa dos direitos das pessoas idosas;
VI – mobilização da opinião pública no sentido da participação dos diversos segmentos da sociedade no atendimento da pessoa idosa.

▸ Incisos IV a VI com a redação dada pela Lei nº 14.423, de 22-7-2022.

Capítulo II

DAS ENTIDADES DE ATENDIMENTO À PESSOA IDOSA

▸ Capítulo II com a redação dada pela Lei nº 14.423, de 22-7-2022.

Art. 48. As entidades de atendimento são responsáveis pela manutenção das próprias unidades, observadas as normas de planejamento e execução emanadas do órgão competente da Política Nacional da Pessoa Idosa, conforme a Lei nº 8.842, de 4 de janeiro de 1994.

► *Caput* do art. 48 com a redação dada pela Lei nº 14.423, de 22-7-2022.

► Lei nº 8.842, de 4-1-1994, dispõe sobre a política nacional do idoso e cria o Conselho Nacional do Idoso.

Parágrafo único. As entidades governamentais e não governamentais de assistência à pessoa idosa ficam sujeitas à inscrição de seus programas perante o órgão competente da Vigilância Sanitária e o Conselho Municipal da Pessoa Idosa e, em sua falta, perante o Conselho Estadual ou Nacional da Pessoa Idosa, especificando os regimes de atendimento, observados os seguintes requisitos:

► *Caput* do parágrafo único com a redação dada pela Lei nº 14.423, de 22-7-2022.

I – oferecer instalações físicas em condições adequadas de habitabilidade, higiene, salubridade e segurança;

II – apresentar objetivos estatutários e plano de trabalho compatíveis com os princípios desta Lei;

III – estar regularmente constituída;

IV – demonstrar a idoneidade de seus dirigentes.

Art. 49. As entidades que desenvolvam programas de institucionalização de longa permanência adotarão os seguintes princípios:

I – preservação dos vínculos familiares;

II – atendimento personalizado e em pequenos grupos;

III – manutenção da pessoa idosa na mesma instituição, salvo em caso de força maior;

IV – participação da pessoa idosa nas atividades comunitárias, de caráter interno e externo;

V – observância dos direitos e garantias das pessoas idosas;

VI – preservação da identidade da pessoa idosa e oferecimento de ambiente de respeito e dignidade.

► Incisos III a VI com a redação dada pela Lei nº 14.423, de 22-7-2022.

Parágrafo único. O dirigente de instituição prestadora de atendimento à pessoa idosa responderá civil e criminalmente pelos atos que praticar em detrimento da pessoa idosa, sem prejuízo das sanções administrativas.

► Parágrafo único com a redação dada pela Lei nº 14.423, de 22-7-2022.

Art. 50. Constituem obrigações das entidades de atendimento:

I – celebrar contrato escrito de prestação de serviço com a pessoa idosa, especificando o tipo de atendimento, as obrigações da entidade e prestações decorrentes do contrato, com os respectivos preços, se for o caso;

II – observar os direitos e as garantias de que são titulares as pessoas idosas;

► Incisos I e II com a redação dada pela Lei nº 14.423, de 22-7-2022.

III – fornecer vestuário adequado, se for pública, e alimentação suficiente;

IV – oferecer instalações físicas em condições adequadas de habitabilidade;

V – oferecer atendimento personalizado;

VI – diligenciar no sentido da preservação dos vínculos familiares;

VII – oferecer acomodações apropriadas para recebimento de visitas;

VIII – proporcionar cuidados à saúde, conforme a necessidade da pessoa idosa;

► Inciso VIII com a redação dada pela Lei nº 14.423, de 22-7-2022.

IX – promover atividades educacionais, esportivas, culturais e de lazer;

X – propiciar assistência religiosa àqueles que desejarem, de acordo com suas crenças;

XI – proceder a estudo social e pessoal de cada caso;

XII – comunicar à autoridade competente de saúde toda ocorrência de pessoa idosa com doenças infectocontagiosas;

► Inciso XII com a redação dada pela Lei nº 14.423, de 22-7-2022.

XIII – providenciar ou solicitar que o Ministério Público requisite os documentos necessários ao exercício da cidadania àqueles que não os tiverem, na forma da lei;

XIV – fornecer comprovante de depósito dos bens móveis que receberem das pessoas idosas;

XV – manter arquivo de anotações no qual constem data e circunstâncias do atendimento, nome da pessoa idosa, responsável, parentes, endereços, cidade, relação de seus pertences, bem como o valor de contribuições, e suas alterações, se houver, e demais dados que possibilitem sua identificação e a individualização do atendimento;

▸ Incisos XIV e XV com a redação dada pela Lei nº 14.423, de 22-7-2022.

XVI – comunicar ao Ministério Público, para as providências cabíveis, a situação de abandono moral ou material por parte dos familiares;

XVII – manter no quadro de pessoal profissionais com formação específica.

Art. 51. As instituições filantrópicas ou sem fins lucrativos prestadoras de serviço às pessoas idosas terão direito à assistência judiciária gratuita.

▸ Artigo com a redação dada pela Lei nº 14.423, de 22-7-2022.

CAPÍTULO III

DA FISCALIZAÇÃO DAS ENTIDADES DE ATENDIMENTO

Art. 52. As entidades governamentais e não governamentais de atendimento à pessoa idosa serão fiscalizadas pelos Conselhos da Pessoa Idosa, Ministério Público, Vigilância Sanitária e outros previstos em lei.

▸ Artigo com a redação dada pela Lei nº 14.423, de 22-7-2022.

Art. 53. O art. 7º da Lei nº 8.842, de 1994, passa a vigorar com a seguinte redação:

"Art. 7º Compete aos Conselhos de que trata o art. 6º desta Lei a supervisão, o acompanhamento, a fiscalização e a avaliação da política nacional do idoso, no âmbito das respectivas instâncias político-administrativas."

Art. 54. Será dada publicidade das prestações de contas dos recursos públicos e privados recebidos pelas entidades de atendimento.

Art. 55. As entidades de atendimento que descumprirem as determinações desta Lei ficarão sujeitas, sem prejuízo da responsabilidade civil e criminal de seus dirigentes ou prepostos, às seguintes penalidades, observado o devido processo legal:

I – as entidades governamentais:

a) advertência;
b) afastamento provisório de seus dirigentes;
c) afastamento definitivo de seus dirigentes;
d) fechamento de unidade ou interdição de programa;

II – as entidades não governamentais:

a) advertência;
b) multa;
c) suspensão parcial ou total do repasse de verbas públicas;
d) interdição de unidade ou suspensão de programa;
e) proibição de atendimento a pessoas idosas a bem do interesse público.

▸ Alínea e com a redação dada pela Lei nº 14.423, de 22-7-2022.

§ 1º Havendo danos às pessoas idosas abrigadas ou qualquer tipo de fraude em relação ao programa, caberá o afastamento provisório dos dirigentes ou a interdição da unidade e a suspensão do programa.

▸ § 1º com a redação dada pela Lei nº 14.423, de 22-7-2022.

§ 2º A suspensão parcial ou total do repasse de verbas públicas ocorrerá quando verificada a má aplicação ou desvio de finalidade dos recursos.

§ 3º Na ocorrência de infração por entidade de atendimento que coloque em risco os direitos assegurados nesta Lei, será o fato comunicado ao Ministério Público, para as providências cabíveis, inclusive para promover a suspensão das atividades ou dissolução da entidade, com a proibição de atendimento a pessoas idosas a bem do interesse público, sem prejuízo das providências a serem tomadas pela Vigilância Sanitária.

§ 4º Na aplicação das penalidades, serão consideradas a natureza e a gravidade da infração cometida, os danos que dela provierem para a pessoa idosa, as circunstâncias agravantes ou atenuantes e os antecedentes da entidade.

▸ §§ 3º e 4º com a redação dada pela Lei nº 14.423, de 22-7-2022.

CAPÍTULO IV

DAS INFRAÇÕES ADMINISTRATIVAS

Art. 56. Deixar a entidade de atendimento de cumprir as determinações do art. 50 desta Lei:

Pena – multa de R$ 500,00 (quinhentos reais) a R$ 3.000,00 (três mil reais), se o fato não for caracterizado como crime, podendo haver a interdição do estabelecimento até que sejam cumpridas as exigências legais.

Parágrafo único. No caso de interdição do estabelecimento de longa permanência, as pessoas idosas abrigadas serão transferidas para outra instituição, a expensas do estabelecimento interditado, enquanto durar a interdição.

► Parágrafo único com a redação dada pela Lei nº 14.423, de 22-7-2022.

Art. 57. Deixar o profissional de saúde ou o responsável por estabelecimento de saúde ou instituição de longa permanência de comunicar à autoridade competente os casos de crimes contra pessoa idosa de que tiver conhecimento:

► *Caput* com a redação dada pela Lei nº 14.423, de 22-7-2022.

Pena – multa de R$ 500,00 (quinhentos reais) a R$ 3.000,00 (três mil reais), aplicada em dobro no caso de reincidência.

Art. 58. Deixar de cumprir as determinações desta Lei sobre a prioridade no atendimento à pessoa idosa:

Pena – multa de R$ 500,00 (quinhentos reais) a R$ 1.000,00 (mil reais) e multa civil a ser estipulada pelo juiz, conforme o dano sofrido pela pessoa idosa.

► Artigo com a redação dada pela Lei nº 14.423, de 22-7-2022.

Capítulo V

DA APURAÇÃO ADMINISTRATIVA DE INFRAÇÃO ÀS NORMAS DE PROTEÇÃO À PESSOA IDOSA

► Capítulo V com a redação dada pela Lei nº 14.423, de 22-7-2022.

Art. 59. Os valores monetários expressos no Capítulo IV serão atualizados anualmente, na forma da lei.

Art. 60. O procedimento para a imposição de penalidade administrativa por infração às normas de proteção à pessoa idosa terá início com requisição do Ministério Público ou auto de infração elaborado por servidor efetivo e assinado, se possível, por 2 (duas) testemunhas.

► *Caput* com a redação dada pela Lei nº 14.423, de 22-7-2022.

§ 1º No procedimento iniciado com o auto de infração poderão ser usadas fórmulas impressas, especificando-se a natureza e as circunstâncias da infração.

§ 2º Sempre que possível, à verificação da infração seguir-se-á a lavratura do auto, ou este será lavrado dentro de 24 (vinte e quatro) horas, por motivo justificado.

Art. 61. O autuado terá prazo de 10 (dez) dias para a apresentação da defesa, contado da data da intimação, que será feita:

I – pelo autuante, no instrumento de autuação, quando for lavrado na presença do infrator;

II – por via postal, com aviso de recebimento.

Art. 62. Havendo risco para a vida ou à saúde da pessoa idosa, a autoridade competente aplicará à entidade de atendimento as sanções regulamentares, sem prejuízo da iniciativa e das providências que vierem a ser adotadas pelo Ministério Público ou pelas demais instituições legitimadas para a fiscalização.

► Artigo com a redação dada pela Lei nº 14.423, de 22-7-2022.

Art. 63. Nos casos em que não houver risco para a vida ou a saúde da pessoa idosa abrigada, a autoridade competente aplicará à entidade de atendimento as sanções regulamentares, sem prejuízo da iniciativa e das providências que vierem a ser adotadas pelo Ministério Público ou pelas demais instituições legitimadas para a fiscalização.

Capítulo VI

DA APURAÇÃO JUDICIAL DE IRREGULARIDADES EM ENTIDADE DE ATENDIMENTO

Art. 64. Aplicam-se, subsidiariamente, ao procedimento administrativo de que trata este Capítulo as disposições das Leis nºs 6.437, de 20 de agosto de 1977, e 9.784, de 29 de janeiro de 1999.

Art. 65. O procedimento de apuração de irregularidade em entidade governamental e não governamental de atendimento à pessoa idosa terá início mediante petição fundamentada de pessoa interessada ou iniciativa do Ministério Público.

Art. 66. Havendo motivo grave, poderá a autoridade judiciária, ouvido o Ministério Público, decretar liminarmente o afastamento provisório do dirigente da entidade ou outras medidas que julgar adequadas, para evitar lesão aos direitos da pessoa idosa, mediante decisão fundamentada.

► Arts. 65 e 66 com a redação dada pela Lei nº 14.423, de 22-7-2022.

Art. 67. O dirigente da entidade será citado para, no prazo de 10 (dez) dias, oferecer resposta escrita, podendo juntar documentos e indicar as provas a produzir.

Art. 68. Apresentada a defesa, o juiz procederá na conformidade do art. 69 ou, se necessário, designará audiência de instrução e julgamento, deliberando sobre a necessidade de produção de outras provas.

§ 1º Salvo manifestação em audiência, as partes e o Ministério Público terão 5 (cinco) dias para oferecer alegações finais, decidindo a autoridade judiciária em igual prazo.

§ 2º Em se tratando de afastamento provisório ou definitivo de dirigente de entidade governamental, a autoridade judiciária oficiará a autoridade administrativa imediatamente superior ao afastado, fixando-lhe prazo de 24 (vinte e quatro) horas para proceder à substituição.

§ 3º Antes de aplicar qualquer das medidas, a autoridade judiciária poderá fixar prazo para a remoção das irregularidades verificadas. Satisfeitas as exigências, o processo será extinto, sem julgamento do mérito.

§ 4º A multa e a advertência serão impostas ao dirigente da entidade ou ao responsável pelo programa de atendimento.

TÍTULO V – DO ACESSO À JUSTIÇA

Capítulo I

DISPOSIÇÕES GERAIS

Art. 69. Aplica-se, subsidiariamente, às disposições deste Capítulo, o procedimento sumário previsto no Código de Processo Civil, naquilo que não contrarie os prazos previstos nesta Lei.

Art. 70. O poder público poderá criar varas especializadas e exclusivas da pessoa idosa.

- ▸ Artigo com a redação dada pela Lei nº 14.423, de 22-7-2022.

Art. 71. É assegurada prioridade na tramitação dos processos e procedimentos e na execução dos atos e diligências judiciais em que figure como parte ou interveniente pessoa com idade igual ou superior a 60 (sessenta) anos, em qualquer instância.

- ▸ Art. 1.048 do CPC/2015.

§ 1º O interessado na obtenção da prioridade a que alude este artigo, fazendo prova de sua idade, requererá o benefício à autoridade judiciária competente para decidir o feito, que determinará as providências a serem cumpridas, anotando-se essa circunstância em local visível nos autos do processo.

§ 2º A prioridade não cessará com a morte do beneficiado, estendendo-se em favor do cônjuge supérstite, companheiro ou companheira, com união estável, maior de 60 (sessenta) anos.

§ 3º A prioridade se estende aos processos e procedimentos na Administração Pública, empresas prestadoras de serviços públicos e instituições financeiras, ao atendimento preferencial junto à Defensoria Publica da União, dos Estados e do Distrito Federal em relação aos Serviços de Assistência Judiciária.

§ 4º Para o atendimento prioritário, será garantido à pessoa idosa o fácil acesso aos assentos e caixas, identificados com a destinação a pessoas idosas em local visível e caracteres legíveis.

§ 5º Dentre os processos de pessoas idosas, dar-se-á prioridade especial aos das maiores de 80 (oitenta) anos.

- ▸ §§ 4º e 5º com a redação dada pela Lei nº 14.423, de 22-7-2022.

Capítulo II

DO MINISTÉRIO PÚBLICO

Art. 72. VETADO.

Art. 73. As funções do Ministério Público, previstas nesta Lei, serão exercidas nos termos da respectiva Lei Orgânica.

- ▸ Arts. 127 a 129 da CF.
- ▸ LC nº 75, de 20-5-1993 (Lei Orgânica do Ministério Público da União).
- ▸ Lei nº 8.625, de 12-2-1993 (Lei Orgânica Nacional do Ministério Público).

Art. 74. Compete ao Ministério Público:

I – instaurar o inquérito civil e a ação civil pública para a proteção dos direitos e interesses difusos ou coletivos, individuais indisponíveis e individuais homogêneos da pessoa idosa;

II – promover e acompanhar as ações de alimentos, de interdição total ou parcial, de designação de curador especial, em circunstâncias que justifiquem a medida e oficiar em todos os feitos em que se discutam os direitos das pessoas idosas em condições de risco;

III – atuar como substituto processual da pessoa idosa em situação de risco, conforme o disposto no art. 43 desta Lei;

IV – promover a revogação de instrumento procuratório da pessoa idosa, nas hipóteses previstas no art. 43 desta Lei, quando necessário ou o interesse público justificar;

- Incisos I a IV com a redação dada pela Lei nº 14.423, de 22-7-2022.

V – instaurar procedimento administrativo e, para instruí-lo:

a) expedir notificações, colher depoimentos ou esclarecimentos e, em caso de não comparecimento injustificado da pessoa notificada, requisitar condução coercitiva, inclusive pela Polícia Civil ou Militar;

b) requisitar informações, exames, perícias e documentos de autoridades municipais, estaduais e federais, da administração direta e indireta, bem como promover inspeções e diligências investigatórias;

c) requisitar informações e documentos particulares de instituições privadas;

VI – instaurar sindicâncias, requisitar diligências investigatórias e a instauração de inquérito policial, para a apuração de ilícitos ou infrações às normas de proteção à pessoa idosa;

VII – zelar pelo efetivo respeito aos direitos e garantias legais assegurados à pessoa idosa, promovendo as medidas judiciais e extrajudiciais cabíveis;

- Incisos VI e VII com a redação dada pela Lei nº 14.423, de 22-7-2022.

VIII – inspecionar as entidades públicas e particulares de atendimento e os programas de que trata esta Lei, adotando de pronto as medidas administrativas ou judiciais necessárias à remoção de irregularidades porventura verificadas;

IX – requisitar força policial, bem como a colaboração dos serviços de saúde, educacionais e de assistência social, públicos, para o desempenho de suas atribuições;

X – referendar transações envolvendo interesses e direitos das pessoas idosas previstos nesta Lei.

- Inciso X com a redação dada pela Lei nº 14.423, de 22-7-2022.

§ 1º A legitimação do Ministério Público para as ações cíveis previstas neste artigo não impede a de terceiros, nas mesmas hipóteses, segundo dispuser a lei.

§ 2º As atribuições constantes deste artigo não excluem outras, desde que compatíveis com a finalidade e atribuições do Ministério Público.

§ 3º O representante do Ministério Público, no exercício de suas funções, terá livre acesso a toda entidade de atendimento à pessoa idosa.

- § 3º com a redação dada pela Lei nº 14.423, de 22-7-2022.

Art. 75. Nos processos e procedimentos em que não for parte, atuará obrigatoriamente o Ministério Público na defesa dos direitos e interesses de que cuida esta Lei, hipóteses em que terá vista dos autos depois das partes, podendo juntar documentos, requerer diligências e produção de outras provas, usando os recursos cabíveis.

Art. 76. A intimação do Ministério Público, em qualquer caso, será feita pessoalmente.

Art. 77. A falta de intervenção do Ministério Público acarreta a nulidade do feito, que será declarada de ofício pelo juiz ou a requerimento de qualquer interessado.

CAPÍTULO III

DA PROTEÇÃO JUDICIAL DOS INTERESSES DIFUSOS, COLETIVOS E INDIVIDUAIS INDISPONÍVEIS OU HOMOGÊNEOS

Art. 78. As manifestações processuais do representante do Ministério Público deverão ser fundamentadas.

Art. 79. Regem-se pelas disposições desta Lei as ações de responsabilidade por ofensa aos direitos assegurados à pessoa idosa, referentes à omissão ou ao oferecimento insatisfatório de:

- *Caput* com a redação dada pela Lei nº 14.423, de 22-7-2022.

I – acesso às ações e serviços de saúde;

II – atendimento especializado à pessoa idosa com deficiência ou com limitação incapacitante;

III – atendimento especializado à pessoa idosa com doença infectocontagiosa;

IV – serviço de assistência social visando ao amparo da pessoa idosa.

- Incisos II a IV com a redação dada pela Lei nº 14.423, de 22-7-2022.

Parágrafo único. As hipóteses previstas neste artigo não excluem da proteção judicial outros interesses difusos, coletivos, individuais indisponíveis ou homogêneos, próprios da pessoa idosa, protegidos em lei.

- Parágrafo único com a redação dada pela Lei nº 14.423, de 22-7-2022.

Art. 80. As ações previstas neste Capítulo serão propostas no foro do domicílio da pessoa idosa, cujo juízo terá competência absoluta para processar a causa, ressalvadas as competências da Justiça Federal e a competência originária dos Tribunais Superiores.

▸ Artigo com a redação dada pela Lei nº 14.423, de 22-7-2022.

Art. 81. Para as ações cíveis fundadas em interesses difusos, coletivos, individuais indisponíveis ou homogêneos, consideram-se legitimados, concorrentemente:

I – o Ministério Público;

II – a União, os Estados, o Distrito Federal e os Municípios;

III – a Ordem dos Advogados do Brasil;

IV – as associações legalmente constituídas há pelo menos 1 (um) ano e que incluam entre os fins institucionais a defesa dos interesses e direitos da pessoa idosa, dispensada a autorização da assembleia, se houver prévia autorização estatutária.

§ 1º Admitir-se-á litisconsórcio facultativo entre os Ministérios Públicos da União e dos Estados na defesa dos interesses e direitos de que cuida esta Lei.

§ 2º Em caso de desistência ou abandono da ação por associação legitimada, o Ministério Público ou outro legitimado deverá assumir a titularidade ativa.

Art. 82. Para defesa dos interesses e direitos protegidos por esta Lei, são admissíveis todas as espécies de ação pertinentes.

Parágrafo único. Contra atos ilegais ou abusivos de autoridade pública ou agente de pessoa jurídica no exercício de atribuições de Poder Público, que lesem direito líquido e certo previsto nesta Lei, caberá ação mandamental, que se regerá pelas normas da lei do mandado de segurança.

Art. 83. Na ação que tenha por objeto o cumprimento de obrigação de fazer ou não fazer, o juiz concederá a tutela específica da obrigação ou determinará providências que assegurem o resultado prático equivalente ao adimplemento.

§ 1º Sendo relevante o fundamento da demanda e havendo justificado receio de ineficácia do provimento final, é lícito ao juiz conceder a tutela liminarmente ou após justificação prévia, na forma do art. 273 do Código de Processo Civil.

▸ Refere-se ao CPC/1973.

▸ Art. 300 do CPC/2015.

§ 2º O juiz poderá, na hipótese do § 1º ou na sentença, impor multa diária ao réu, independentemente do pedido do autor, se for suficiente ou compatível com a obrigação, fixando prazo razoável para o cumprimento do preceito.

§ 3º A multa só será exigível do réu após o trânsito em julgado da sentença favorável ao autor, mas será devida desde o dia em que se houver configurado.

Art. 84. Os valores das multas previstas nesta Lei reverterão ao Fundo da Pessoa Idosa, onde houver, ou na falta deste, ao Fundo Municipal de Assistência Social, ficando vinculados ao atendimento à pessoa idosa.

▸ *Caput* com a redação dada pela Lei nº 14.423, de 22-7-2022.

Parágrafo único. As multas não recolhidas até 30 (trinta) dias após o trânsito em julgado da decisão serão exigidas por meio de execução promovida pelo Ministério Público, nos mesmos autos, facultada igual iniciativa aos demais legitimados em caso de inércia daquele.

Art. 85. O juiz poderá conferir efeito suspensivo aos recursos, para evitar dano irreparável à parte.

Art. 86. Transitada em julgado a sentença que impuser condenação ao Poder Público, o juiz determinará a remessa de peças à autoridade competente, para apuração da responsabilidade civil e administrativa do agente a que se atribua a ação ou omissão.

Art. 87. Decorridos 60 (sessenta) dias do trânsito em julgado da sentença condenatória favorável à pessoa idosa sem que o autor lhe promova a execução, deverá fazê-lo o Ministério Público, facultada igual iniciativa aos demais legitimados, como assistentes ou assumindo o polo ativo, em caso de inércia desse órgão.

▸ Artigo com a redação dada pela Lei nº 14.423, de 22-7-2022.

Art. 88. Nas ações de que trata este Capítulo, não haverá adiantamento de custas, emolumentos, honorários periciais e quaisquer outras despesas.

Parágrafo único. Não se imporá sucumbência ao Ministério Público.

Art. 89. Qualquer pessoa poderá, e o servidor deverá, provocar a iniciativa do Ministério Público, prestando-lhe informações sobre os fatos que constituam objeto de ação civil e indicando-lhe os elementos de convicção.

Art. 90. Os agentes públicos em geral, os juízes e tribunais, no exercício de suas funções, quando tiverem conhecimento de fatos que possam configurar crime de ação pública contra a pessoa idosa ou ensejar a propositura de ação para sua defesa, devem encaminhar as peças pertinentes ao Ministério Público, para as providências cabíveis.

- Artigo com a redação dada pela Lei nº 14.423, de 22-7-2022.

Art. 91. Para instruir a petição inicial, o interessado poderá requerer às autoridades competentes as certidões e informações que julgar necessárias, que serão fornecidas no prazo de 10 (dez) dias.

Art. 92. O Ministério Público poderá instaurar sob sua presidência, inquérito civil, ou requisitar, de qualquer pessoa, organismo público ou particular, certidões, informações, exames ou perícias, no prazo que assinalar, o qual não poderá ser inferior a 10 (dez) dias.

§ 1º Se o órgão do Ministério Público, esgotadas todas as diligências, se convencer da inexistência de fundamento para a propositura da ação civil ou de peças informativas, determinará o seu arquivamento, fazendo-o fundamentadamente.

§ 2º Os autos do inquérito civil ou as peças de informação arquivados serão remetidos, sob pena de se incorrer em falta grave, no prazo de 3 (três) dias, ao Conselho Superior do Ministério Público ou à Câmara de Coordenação e Revisão do Ministério Público.

§ 3º Até que seja homologado ou rejeitado o arquivamento, pelo Conselho Superior do Ministério Público ou por Câmara de Coordenação e Revisão do Ministério Público, as associações legitimadas poderão apresentar razões escritas ou documentos, que serão juntados ou anexados às peças de informação.

§ 4º Deixando o Conselho Superior ou a Câmara de Coordenação e Revisão do Ministério Público de homologar a promoção de arquivamento, será designado outro membro do Ministério Público para o ajuizamento da ação.

TÍTULO VI – DOS CRIMES

CAPÍTULO I

DISPOSIÇÕES GERAIS

- Art. 313, III, do CPP.

Art. 93. Aplicam-se subsidiariamente, no que couber, as disposições da Lei nº 7.347, de 24 de julho de 1985.

- Lei nº 7.347, de 24-7-1985 (Lei da Ação Civil Pública).

Art. 94. Aos crimes previstos nesta Lei, cuja pena máxima privativa de liberdade não ultrapasse 4 (quatro) anos, aplica-se o procedimento previsto na Lei nº 9.099, de 26 de setembro de 1995, e, subsidiariamente, no que couber, as disposições do Código Penal e do Código de Processo Penal.

- O STF, por maioria de votos, julgou parcialmente procedente a ADIN nº 3.096-5, para dar interpretação conforme a CF a este artigo, com redução de texto, para suprimir a expressão "Código Penal e", no sentido de aplicar-se apenas o procedimento sumaríssimo previsto na Lei nº 9.099/1995, e não outros benefícios ali previstos (*DJE* de 3-9-2010).
- Lei nº 9.099, de 26-9-1995 (Lei dos Juizados Especiais).

CAPÍTULO II

DOS CRIMES EM ESPÉCIE

Art. 95. Os crimes definidos nesta Lei são de ação penal pública incondicionada, não se lhes aplicando os arts. 181 e 182 do Código Penal.

- Art. 129, I, da CF.
- Art. 100 do CP.

Art. 96. Discriminar pessoa idosa, impedindo ou dificultando seu acesso a operações bancárias, aos meios de transporte, ao direito de contratar ou por qualquer outro meio ou instrumento necessário ao exercício da cidadania, por motivo de idade:

Pena – reclusão de 6 (seis) meses a 1 (um) ano e multa.

§ 1º Na mesma pena incorre quem desdenhar, humilhar, menosprezar ou discriminar pessoa idosa, por qualquer motivo.

§ 2º A pena será aumentada de 1/3 (um terço) se a vítima se encontrar sob os cuidados ou responsabilidade do agente.

§ 3º Não constitui crime a negativa de crédito motivada por superendividamento da pessoa idosa.

► § 3º com a redação dada pela Lei nº 14.423, de 22-7-2022.

Art. 97. Deixar de prestar assistência à pessoa idosa, quando possível fazê-lo sem risco pessoal, em situação de iminente perigo, ou recusar, retardar ou dificultar sua assistência à saúde, sem justa causa, ou não pedir, nesses casos, o socorro de autoridade pública:

► *Caput* com a redação dada pela Lei nº 14.423, de 22-7-2022.

Pena – detenção de 6 (seis) meses a 1 (um) ano e multa.

Parágrafo único. A pena é aumentada de metade, se da omissão resulta lesão corporal de natureza grave, e triplicada, se resulta a morte.

Art. 98. Abandonar a pessoa idosa em hospitais, casas de saúde, entidades de longa permanência, ou congêneres, ou não prover suas necessidades básicas, quando obrigado por lei ou mandado:

► *Caput* com a redação dada pela Lei nº 14.423, de 22-7-2022.

Pena – detenção de 6 (seis) meses a 3 (três) anos e multa.

Art. 99. Expor a perigo a integridade e a saúde, física ou psíquica, da pessoa idosa, submetendo-a a condições desumanas ou degradantes ou privando-a de alimentos e cuidados indispensáveis, quando obrigado a fazê-lo, ou sujeitando-a a trabalho excessivo ou inadequado:

► *Caput* com a redação dada pela Lei nº 14.423, de 22-7-2022.

Pena – detenção de 2 (dois) meses a 1 (um) ano e multa.

§ 1º Se do fato resulta lesão corporal de natureza grave:

Pena – reclusão de 1 (um) a 4 (quatro) anos.

§ 2º Se resulta a morte:

Pena – reclusão de 4 (quatro) a 12 (doze) anos.

Art. 100. Constitui crime punível com reclusão de 6 (seis) meses a 1 (um) ano e multa:

I – obstar o acesso de alguém a qualquer cargo público por motivo de idade;

II – negar a alguém, por motivo de idade, emprego ou trabalho;

III – recusar, retardar ou dificultar atendimento ou deixar de prestar assistência à saúde, sem justa causa, a pessoa idosa;

IV – deixar de cumprir, retardar ou frustrar, sem justo motivo, a execução de ordem judicial expedida na ação civil a que alude esta Lei;

V – recusar, retardar ou omitir dados técnicos indispensáveis à propositura da ação civil objeto desta Lei, quando requisitados pelo Ministério Público.

Art. 101. Deixar de cumprir, retardar ou frustrar, sem justo motivo, a execução de ordem judicial expedida nas ações em que for parte ou interveniente a pessoa idosa:

► *Caput* com a redação dada pela Lei nº 14.423, de 22-7-2022.

Pena – detenção de 6 (seis) meses a 1 (um) ano e multa.

Art. 102. Apropriar-se de ou desviar bens, proventos, pensão ou qualquer outro rendimento da pessoa idosa, dando-lhes aplicação diversa da de sua finalidade:

► *Caput* com a redação dada pela Lei nº 14.423, de 22-7-2022.

Pena – reclusão de 1 (um) a 4 (quatro) anos e multa.

Art. 103. Negar o acolhimento ou a permanência da pessoa idosa, como abrigada, por recusa desta em outorgar procuração à entidade de atendimento:

► *Caput* com a redação dada pela Lei nº 14.423, de 22-7-2022.

Pena – detenção de 6 (seis) meses a 1 (um) ano e multa.

Art. 104. Reter o cartão magnético de conta bancária relativa a benefícios, proventos ou pensão da pessoa idosa, bem como qualquer outro documento com objetivo de assegurar recebimento ou ressarcimento de dívida:

► *Caput* com a redação dada pela Lei nº 14.423, de 22-7-2022.

Pena – detenção de 6 (seis) meses a 2 (dois) anos e multa.

Art. 105. Exibir ou veicular, por qualquer meio de comunicação, informações ou imagens depreciativas ou injuriosas à pessoa idosa:

► *Caput* com a redação dada pela Lei nº 14.423, de 22-7-2022.

Pena – detenção de 1 (um) a 3 (três) anos e multa.

Art. 106. Induzir pessoa idosa sem discernimento de seus atos a outorgar procuração para fins de administração de bens ou deles dispor livremente:

Pena – reclusão de 2 (dois) a 4 (quatro) anos.

Art. 107. Coagir, de qualquer modo, a pessoa idosa a doar, contratar, testar ou outorgar procuração:

▸ *Caput* com a redação dada pela Lei nº 14.423, de 22-7-2022.

Pena – reclusão de 2 (dois) a 5 (cinco) anos.

Art. 108. Lavrar ato notarial que envolva pessoa idosa sem discernimento de seus atos, sem a devida representação legal:

Pena – reclusão de 2 (dois) a 4 (quatro) anos.

Art. 109. Impedir ou embaraçar ato do representante do Ministério Público ou de qualquer outro agente fiscalizador:

Pena – reclusão de 6 (seis) meses a 1 (um) ano e multa.

Art. 110. O Decreto-Lei nº 2.848, de 7 de dezembro de 1940, Código Penal, passa a vigorar com as seguintes alterações:

"Art. 61. ....

....

II – ....

....

h) contra criança, maior de sessenta anos, enfermo ou mulher grávida;

.... "

"Art. 121. ....

....

§ 4º No homicídio culposo, a pena é aumentada de um terço, se o crime resulta de inobservância de regra técnica de profissão, arte ou ofício, ou se o agente deixa de prestar imediato socorro à vítima, não procura diminuir as consequências do seu ato, ou foge para evitar prisão em flagrante. Sendo doloso o homicídio, a pena é aumentada de um terço se o crime é praticado contra pessoa menor de quatorze ou maior de sessenta anos.

.... "

"Art. 133. ....

....

§ 3º ....

....

III – se a vítima é maior de sessenta anos."

"Art. 140. ....

....

§ 3º Se a injúria consiste na utilização de elementos referentes a raça, cor, etnia, religião, origem ou a condição de pessoa idosa ou portadora de deficiência:

.... "

"Art. 141. ....

....

IV – contra pessoa maior de sessenta anos ou portadora de deficiência, exceto no caso de injúria.

.... "

"Art. 148. ....

....

§ 1º ....

I – se a vítima é ascendente, descendente, cônjuge do agente ou maior de sessenta anos.

.... "

"Art. 159. ....

....

§ 1º Se o sequestro dura mais de vinte e quatro horas, se o sequestrado é menor de dezoito ou maior de sessenta anos, ou se o crime é cometido por bando ou quadrilha.

.... "

"Art. 183. ....

....

III – se o crime é praticado contra pessoa com idade igual ou superior a sessenta anos."

"Art. 244. Deixar, sem justa causa, de prover a subsistência do cônjuge, ou de filho menor de dezoito anos ou inapto para o trabalho, ou de ascendente inválido ou maior de sessenta anos, não lhes proporcionando os recursos necessários ou faltando ao pagamento de pensão alimentícia judicialmente acordada, fixada ou majorada; deixar, sem justa causa, de socorrer descendente ou ascendente, gravemente enfermo:

.... "

Art. 111. O art. 21 do Decreto-Lei nº 3.688, de 3 de outubro de 1941, Lei das Contravenções Penais, passa a vigorar acrescido do seguinte parágrafo único:

"Art. 21 ....

....

Parágrafo único. Aumenta-se a pena de um terço até a metade se a vítima é maior de sessenta anos."

Art. 112. O inciso II do § 4º do art. 1º da Lei nº 9.455, de 7 de abril de 1997, passa a vigorar com a seguinte redação:

"Art. 1º ....

....

§ 4º ....

II – se o crime é cometido contra criança, gestante, portador de deficiência, adolescente ou maior de sessenta anos;

.... "

Art. 113. O inciso III do art. 18 da Lei nº 6.368, de 21 de outubro de 1976, passa a vigorar com a seguinte redação:

- A Lei nº 6.368, de 21-10-1976, foi revogada pela Lei nº 11.343, de 23-10-2006.

"Art. 18...

....

III – se qualquer deles decorrer de associação ou visar a menores de vinte e um anos ou a pessoa com idade igual ou superior a sessenta anos ou a quem tenha, por qualquer causa, diminuída ou suprimida a capacidade de discernimento ou de autodeterminação:

.... "

Art. 114. O art. 1º da Lei nº 10.048, de 8 de novembro de 2000, passa a vigorar com a seguinte redação:

- Alteração inserida no texto da referida Lei.

Art. 115. O Orçamento da Seguridade Social destinará ao Fundo Nacional de Assistência Social, até que o Fundo Nacional da Pessoa Idosa seja criado, os recursos necessários, em cada exercício financeiro, para aplicação em programas e ações relativos à pessoa idosa.

- Artigo com a redação dada pela Lei nº 14.423, de 22-7-2022.
- Lei nº 12.213, de 20-1-2010, institui o Fundo Nacional do Idoso e autoriza a deduzir do imposto de renda devido pelas pessoas físicas e jurídicas as doações efetuadas aos Fundos Municipais, Estaduais e Nacional do Idoso.

Art. 116. Serão incluídos nos censos demográficos dados relativos à população idosa do País.

Art. 117. O Poder Executivo encaminhará ao Congresso Nacional projeto de lei revendo os critérios de concessão do Benefício de Prestação Continuada previsto na Lei Orgânica da Assistência Social, de forma a garantir que o acesso ao direito seja condizente com o estágio de desenvolvimento socioeconômico alcançado pelo País.

Art. 118. Esta Lei entra em vigor decorridos 90 (noventa) dias da sua publicação, ressalvado o disposto no *caput* do art. 36, que vigorará a partir de 1º de janeiro de 2004.

Brasília, 1º de outubro de 2003;
182º da Independência e
115º da República.

Luiz Inácio Lula da Silva

LEI Nº 10.779, DE 25 DE NOVEMBRO DE 2003

Dispõe sobre a concessão do benefício de seguro-desemprego, durante o período de defeso, ao pescador profissional que exerce a atividade pesqueira de forma artesanal.

- Publicada no *DOU* de 26-11-2003.
- Art. 12, III, *a*, da Lei nº 8.212, de 24-7-1991 (Lei Orgânica da Seguridade Social).
- Art. 11, III, *a*, da Lei nº 8.213, de 24-7-1991 (Lei dos Planos de Benefícios da Previdência Social).

Art. 1º O pescador artesanal de que tratam a alínea *b* do inciso VII do art. 12 da Lei nº 8.212, de 24 de julho de 1991, e a alínea *b* do inciso VII do art. 11 da Lei nº 8.213, de 24 de julho de 1991, desde que exerça sua atividade profissional ininterruptamente, de forma artesanal e individualmente ou em regime de economia familiar, fará jus ao benefício do seguro-desemprego, no valor de 1 (um) salário mínimo mensal, durante o período de defeso de atividade pesqueira para a preservação da espécie.

- *Caput* com a redação dada pela Lei nº 13.134, de 16-6-2015.

§ 1º Considera-se profissão habitual ou principal meio de vida a atividade exercida durante o período compreendido entre o defeso anterior e o em curso, ou nos 12 (doze) meses imediatamente anteriores ao do defeso em curso, o que for menor.

- § 1º com a redação dada pela Lei nº 13.134, de 16-6-2015.

§ 2º O período de defeso de atividade pesqueira é o fixado pelo Instituto Brasileiro do Meio Ambiente e dos Recursos Naturais Renováveis – IBAMA, em relação à espécie marinha, fluvial ou lacustre a cuja captura o pescador se dedique.

§ 3º Considera-se ininterrupta a atividade exercida durante o período compreendido entre o defeso anterior e o em curso, ou nos 12 (doze) meses imediatamente anteriores ao do defeso em curso, o que for menor.

§ 4º Somente terá direito ao seguro-desemprego o segurado especial pescador artesanal que não disponha de outra fonte de renda diversa da decorrente da atividade pesqueira.

§ 5º O pescador profissional artesanal não fará jus, no mesmo ano, a mais de um benefício de seguro-desemprego decorrente de defesos relativos a espécies distintas.

§ 6º A concessão do benefício não será extensível às atividades de apoio à pesca nem aos familiares do pescador profissional que não satisfaçam os requisitos e as condições estabelecidos nesta Lei.

§ 7º O benefício do seguro-desemprego é pessoal e intransferível.

▸ §§ 3º a 7º com a redação dada pela Lei nº 13.134, de 16-6-2015.

§ 8º O período de recebimento do benefício não poderá exceder o limite máximo variável de que trata o *caput* do art. 4º da Lei nº 7.998, de 11 de janeiro de 1990, ressalvado o disposto nos §§ 4º e 5º do referido artigo.

▸ § 8º acrescido pela Lei nº 13.134, de 16-6-2015.

Art. 2º Cabe ao Instituto Nacional do Seguro Social (INSS) receber e processar os requerimentos e habilitar os beneficiários, nos termos do regulamento.

▸ *Caput* com a redação dada pela Lei nº 13.134, de 16-6-2015.

I a IV – *Revogados*. Lei nº 13.134, de 16-6-2015.

§ 1º Para fazer jus ao benefício, o pescador não poderá estar em gozo de nenhum benefício decorrente de benefício previdenciário ou assistencial de natureza continuada, exceto pensão por morte, auxílio-acidente e transferências de renda de que tratam o parágrafo único do art. 6º e o inciso VI do caput do art. 203 da Constituição Federal e o caput e o § 1º do art. 1º da Lei nº 10.835, de 8 de janeiro de 2004.

▸ § 1º com a redação dada pela Lei nº 14.601, de 19-6-2023.

§ 2º Para se habilitar ao benefício, o pescador deverá apresentar ao INSS os seguintes documentos:

I – registro como pescador profissional, categoria artesanal, devidamente atualizado no Registro Geral da Atividade Pesqueira (RGP), emitido pelo Ministério da Pesca e Aquicultura com antecedência mínima de 1 (um) ano, contado da data de requerimento do benefício;

II – cópia do documento fiscal de venda do pescado a empresa adquirente, consumidora ou consignatária da produção, em que conste, além do registro da operação realizada, o valor da respectiva contribuição previdenciária de que trata o § 7º do art. 30 da Lei nº 8.212, de 24 de julho de 1991, ou comprovante de recolhimento da contribuição previdenciária, caso tenha comercializado sua produção a pessoa física; e

III – outros estabelecidos em ato do Ministério da Previdência Social que comprovem:

a) o exercício da profissão, na forma do art. 1º desta Lei;

b) que se dedicou à pesca durante o período definido no § 3º do art. 1º desta Lei;

c) que não dispõe de outra fonte de renda diversa da decorrente da atividade pesqueira.

§ 3º O INSS, no ato de habilitação ao benefício, deverá verificar a condição de segurado pescador artesanal e o pagamento da contribuição previdenciária, nos termos da Lei nº 8.212, de 24 de julho de 1991, nos últimos 12 (doze) meses imediatamente anteriores ao requerimento do benefício ou desde o último período de defeso até o requerimento do benefício, o que for menor, observado, quando for o caso, o disposto no inciso II do § 2º.

§ 4º O Ministério da Previdência Social e o Ministério da Pesca e Aquicultura desenvolverão atividades que garantam ao INSS acesso às informações cadastrais disponíveis no RGP, de que trata o art. 24 da Lei nº 11.959, de 29 de junho de 2009, necessárias para a concessão do seguro-desemprego.

▸ §§ 1º a 4º com a redação dada pela Lei nº 13.134, de 16-6-2015.

§ 5º Da aplicação do disposto no § 4º deste artigo não poderá resultar nenhum ônus para os segurados.

▸ § 5º acrescido pela Lei nº 13.134, de 16-6-2015.

§ 6º O Ministério da Previdência Social poderá, quando julgar necessário, exigir outros documentos para a habilitação do benefício.

▸ Parágrafo único renumerado para § 6º e com a redação dada pela Lei nº 13.134, de 16-6-2015.

§ 7º O INSS deverá divulgar mensalmente lista com todos os beneficiários que estão em gozo do seguro-desemprego no período de defeso, detalhados por localidade, nome, endereço e número e data de inscrição no RGP.

► § 7º acrescido pela Lei nº 13.134, de 16-6-2015.

§ 8º Desde que atendidos os demais requisitos previstos neste artigo, o benefício de seguro-desemprego será concedido ao pescador profissional artesanal cuja família seja beneficiária do programa de transferência de renda com condicionalidades de que trata a Lei nº 14.284, de 29 de dezembro de 2021, e caberá ao órgão ou à entidade da administração pública federal responsável pela manutenção do programa a suspensão do pagamento dos benefícios financeiros previstos nos incisos I, II, III e IV do *caput* do art. 4º da Lei nº 14.284, de 29 de dezembro de 2021, pelo mesmo período da percepção do benefício do seguro-desemprego.

► § 8º com a redação dada pela Lei nº 14.342, de 18-5-2022.

§ 9º Para fins do disposto no § 8º, o INSS disponibilizará aos órgãos ou às entidades da administração pública federal responsáveis pela manutenção de programas de transferência de renda com condicionalidades as informações necessárias para identificação dos beneficiários e dos benefícios de seguro-desemprego concedidos, inclusive as relativas à duração, à suspensão ou à cessação do benefício.

► § 9º acrescido pela Lei nº 13.134, de 16-6-2015.

§ 10. Caso a suspensão prevista no § 8º deste artigo não possa ser iniciada em até 6 (seis) meses após o início do pagamento do seguro-defeso, por motivos excepcionais, o órgão ou a entidade da administração pública federal responsável pela manutenção do programa de transferência de renda com condicionalidades fica autorizado a efetuar o desconto de até 30% (trinta por cento) do valor pago mensalmente à família, até que seja integralmente ressarcido o valor pago indevidamente.

► § 10 acrescido pela Lei nº 14.342, de 18-5-2022.

Art. 3º Sem prejuízo das sanções civis e penais cabíveis, todo aquele que fornecer ou beneficiar-se de atestado falso para o fim de obtenção do benefício de que trata esta Lei estará sujeito:

I – a demissão do cargo que ocupa, se servidor público;

II – a suspensão de sua atividade, com cancelamento do seu registro, por dois anos, se pescador profissional.

Art. 4º O benefício de que trata esta Lei será cancelado nas seguintes hipóteses:

I – início de atividade remunerada;

II – início de percepção de outra renda;

III – morte do beneficiário;

IV – desrespeito ao período de defeso; ou

V – comprovação de falsidade nas informações prestadas para a obtenção do benefício.

Art. 5º O benefício do seguro-desemprego a que se refere esta Lei será pago à conta do Fundo de Amparo ao Trabalhador – FAT, instituído pela Lei nº 7.998, de 11 de janeiro de 1990.

Art. 6º Esta Lei entra em vigor na data de sua publicação.

Art. 7º Fica revogada a Lei nº 8.287, de 20 de dezembro de 1991.

Brasília, 25 de novembro de 2003;
182º da Independência e
115º da República.

Luiz Inácio Lula da Silva

DECRETO Nº 5.085, DE 19 DE MAIO DE 2004

Define as ações continuadas de assistência social.

► Publicado no *DOU* de 20-5-2004.

Art. 1º São consideradas ações continuadas de assistência social aquelas financiadas pelo Fundo Nacional de Assistência Social que visem ao atendimento periódico e sucessivo à família, à criança, ao adolescente, à pessoa idosa e à portadora de deficiência, bem como as relacionadas com os programas de Erradicação do Trabalho Infantil, da Juventude e de Combate à Violência contra Crianças e Adolescentes.

Art. 2º Fica revogado o Decreto nº 3.409, de 10 de abril de 2000.

Art. 3º Este Decreto entra em vigor na data de sua publicação.

Brasília, 19 de maio de 2004;
183º da Independência e
116º da República.

Luiz Inácio Lula da Silva

LEI Nº 10.887, DE 18 DE JUNHO DE 2004

Dispõe sobre a aplicação de disposições da Emenda Constitucional nº 41, de 19 de dezembro de 2003, altera dispositivos das

Leis nºs 9.717, de 27 de novembro de 1998, 8.213, de 24 de julho de 1991, 9.532, de 10 de dezembro de 1997, e dá outras providências.

- Publicada no *DOU* de 21-6-2004.
- IN da SRFB nº 1.332, de 14-2-2013, estabelece normas relativas à Contribuição para o Plano de Seguridade Social do Servidor (CPSS), de que trata esta Lei.

Art. 1º No cálculo dos proventos de aposentadoria dos servidores titulares de cargo efetivo de qualquer dos Poderes da União, dos Estados, do Distrito Federal e dos Municípios, incluídas suas autarquias e fundações, previsto no § 3º do art. 40 da Constituição Federal e no art. 2º da Emenda Constitucional nº 41, de 19 de dezembro de 2003, será considerada a média aritmética simples das maiores remunerações, utilizadas como base para as contribuições do servidor aos regimes de previdência a que esteve vinculado, correspondentes a 80% (oitenta por cento) de todo o período contributivo desde a competência julho de 1994 ou desde a do início da contribuição, se posterior àquela competência.

- Port. do MPS nº 402, de 10-12-2008, disciplina os parâmetros e as diretrizes gerais para organização e funcionamento dos regimes próprios de previdência social dos servidores públicos ocupantes de cargos efetivos da União, dos Estados, do Distrito Federal e dos Municípios.

§ 1º As remunerações consideradas no cálculo do valor inicial dos proventos terão os seus valores atualizados mês a mês de acordo com a variação integral do índice fixado para a atualização dos salários de contribuição considerados no cálculo dos benefícios do regime geral de previdência social.

§ 2º A base de cálculo dos proventos será a remuneração do servidor no cargo efetivo nas competências a partir de julho de 1994 em que não tenha havido contribuição para regime próprio.

§ 3º Os valores das remunerações a serem utilizadas no cálculo de que trata este artigo serão comprovados mediante documento fornecido pelos órgãos e entidades gestoras dos regimes de previdência aos quais o servidor esteve vinculado ou por outro documento público, na forma do regulamento.

§ 4º Para os fins deste artigo, as remunerações consideradas no cálculo da aposentadoria, atualizadas na forma do § 1º deste artigo, não poderão ser:

I – inferiores ao valor do salário mínimo;

II – superiores ao limite máximo do salário de contribuição, quanto aos meses em que o servidor esteve vinculado ao regime geral de previdência social.

§ 5º Os proventos, calculados de acordo com o *caput* deste artigo, por ocasião de sua concessão, não poderão ser inferiores ao valor do salário mínimo nem exceder a remuneração do respectivo servidor no cargo efetivo em que se deu a aposentadoria.

Art. 2º Aos dependentes dos servidores titulares de cargo efetivo e dos aposentados de qualquer dos Poderes da União, dos Estados, do Distrito Federal e dos Municípios, incluídas suas autarquias e fundações, falecidos a partir da data de publicação desta Lei, será concedido o benefício de pensão por morte, que será igual:

- Port. do MPS nº 402, de 10-12-2008, disciplina os parâmetros e as diretrizes gerais para organização e funcionamento dos regimes próprios de previdência social dos servidores públicos ocupantes de cargos efetivos da União, dos Estados, do Distrito Federal e dos Municípios.

I – à totalidade dos proventos percebidos pelo aposentado na data anterior à do óbito, até o limite máximo estabelecido para os benefícios do regime geral de previdência social, acrescida de 70% (setenta por cento) da parcela excedente a este limite; ou

II – à totalidade da remuneração do servidor no cargo efetivo na data anterior à do óbito, até o limite máximo estabelecido para os benefícios do regime geral de previdência social, acrescida de 70% (setenta por cento) da parcela excedente a este limite, se o falecimento ocorrer quando o servidor ainda estiver em atividade.

Parágrafo único. Aplica-se ao valor das pensões o limite previsto no art. 40, § 2º, da Constituição Federal.

Art. 3º Para os fins do disposto no inciso XI do art. 37 da Constituição Federal, a União, os Estados, o Distrito Federal e os Municípios instituirão sistema integrado de dados relativos às remunerações, proventos e pensões pagos aos respectivos servidores e militares, ativos e inativos, e pensionistas, na forma do regulamento.

Art. 4º A contribuição social do servidor público ativo de qualquer dos Poderes da União, incluídas suas autarquias e fundações, para a manutenção do respectivo regime próprio de previdência social, será de 11% (onze por cento), incidentes sobre:

▶ *Caput* com a redação dada pela Lei nº 12.618, de 30-4-2012.

I – a totalidade da base de contribuição, em se tratando de servidor que tiver ingressado no serviço público até a data da publicação do ato de instituição do regime de previdência complementar para os servidores públicos federais titulares de cargo efetivo e não tiver optado por aderir a ele;

II – a parcela da base de contribuição que não exceder ao limite máximo estabelecido para os benefícios do regime geral de previdência social, em se tratando de servidor:

a) que tiver ingressado no serviço público até a data a que se refere o inciso I e tenha optado por aderir ao regime de previdência complementar ali referido; ou

b) que tiver ingressado no serviço público a partir da data a que se refere o inciso I, independentemente de adesão ao regime de previdência complementar ali referido.

▶ Incisos I e II acrescidos pela Lei nº 12.618, de 30-4-2012.

§ 1º Entende-se como base de contribuição o vencimento do cargo efetivo, acrescido das vantagens pecuniárias permanentes estabelecidas em lei, os adicionais de caráter individual ou quaisquer outras vantagens, excluídas:

I – as diárias para viagens;

II – a ajuda de custo em razão de mudança de sede;

III – a indenização de transporte;

IV – o salário-família;

V – o auxílio-alimentação;

VI – o auxílio-creche;

VII – as parcelas remuneratórias pagas em decorrência de local de trabalho;

VIII – a parcela percebida em decorrência do exercício de cargo em comissão ou de função comissionada ou gratificada;

IX – o abono de permanência de que tratam o § 19 do art. 40 da Constituição Federal, o § 5º do art. 2º e o § 1º do art. 3º da Emenda Constitucional nº 41, de 19 de dezembro de 2003;

▶ Incisos VIII e IX com a redação dada pela Lei nº 12.688, de 18-7-2012.

X – o adicional de férias;

XI – o adicional noturno;

XII – o adicional por serviço extraordinário;

XIII – a parcela paga a título de assistência à saúde suplementar;

XIV – a parcela paga a título de assistência pré-escolar;

XV – a parcela paga a servidor público indicado para integrar conselho ou órgão deliberativo, na condição de representante do governo, de órgão ou de entidade da administração pública do qual é servidor;

XVI – o auxílio-moradia;

XVII – a Gratificação por Encargo de Curso ou Concurso, de que trata o art. 76-A da Lei nº 8.112, de 11 de dezembro de 1990;

XVIII – a Gratificação Temporária das Unidades dos Sistemas Estruturadores da Administração Pública Federal (GSISTE), instituída pela Lei nº 11.356, de 19 de outubro de 2006;

▶ Incisos X a XVIII acrescidos pela Lei nº 12.688, de 18-7-2012.

XIX – a Gratificação Temporária do Sistema de Administração dos Recursos de Informação e Informática (GSISP), instituída pela Lei nº 11.907, de 2 de fevereiro de 2009;

▶ Inciso XIX com a redação dada pela Lei nº 13.328, de 29-7-2016.

XX – a Gratificação Temporária de Atividade em Escola de Governo (GAEG), instituída pela Lei nº 11.907, de 2 de fevereiro de 2009;

XXI – a Gratificação Específica de Produção de Radioisótopos e Radiofármacos (GEPR), instituída pela Lei nº 11.907, de 2 de fevereiro de 2009;

▶ Incisos XX e XXI acrescidos pela Lei nº 13.328, de 29-7-2016.

XXII – a Gratificação de Raio X;

▶ Inciso XXII com a redação dada pela Lei nº 13.464, de 10-7-2017.

XXIII – a parcela relativa ao Bônus de Eficiência e Produtividade na Atividade Tributária e Aduaneira, recebida pelos servidores da carreira Tributária e Aduaneira da Receita Federal do Brasil;

XXIV – a parcela relativa ao Bônus de Eficiência e Produtividade na Atividade de Auditoria-Fiscal do Trabalho, recebida pelos servidores da carreira de Auditoria-Fiscal do Trabalho;

▶ Incisos XXIII e XXIV acrescidos pela Lei nº 13.464, de 10-7-2017.

XXVI – o Bônus de Desempenho Institucional por Perícia Médica em Benefícios por Incapacidade (BPMBI); e

XXVII – o Bônus de Desempenho Institucional por Análise de Benefícios com Indícios de Irregularidade do Monitoramento Operacional de Benefícios (BMOB).

► Incisos XXVI e XXVII acrescidos pela Lei nº 13.846, de 18-6-2019.

► Mantivemos incisos XXVI e XXVII conforme consta na publicação oficial. Todavia, entendemos que o correto seria XXV e XXVI.

§ 2º O servidor ocupante de cargo efetivo poderá optar pela inclusão, na base de cálculo da contribuição, de parcelas remuneratórias percebidas em decorrência de local de trabalho e do exercício de cargo em comissão ou de função comissionada ou gratificada, da Gratificação Temporária das Unidades dos Sistemas Estruturadores da Administração Pública Federal (GSISTE), da Gratificação Temporária do Sistema de Administração dos Recursos de Informação e Informática (GSISP), da Gratificação Temporária de Atividade em Escola de Governo (GAEG), da Gratificação Específica de Produção de Radioisótopos e Radiofármacos (GEPR), da Gratificação de Raio X e daquelas recebidas a título de adicional noturno ou de adicional por serviço extraordinário, para efeito de cálculo do benefício a ser concedido com fundamento no art. 40 da Constituição Federal e no art. 2º da Emenda Constitucional nº 41, de 19 de dezembro de 2003, respeitada, em qualquer hipótese, a limitação estabelecida no § 2º do art. 40 da Constituição Federal.

► § 2º com a redação dada pela Lei nº 13.328, de 29-7-2016.

Art. 5º Os aposentados e os pensionistas de qualquer dos Poderes da União, incluídas suas autarquias e fundações, contribuirão com 11% (onze por cento), incidentes sobre o valor da parcela dos proventos de aposentadorias e pensões concedidas de acordo com os critérios estabelecidos no art. 40 da Constituição Federal e nos arts. 2º e 6º da Emenda Constitucional nº 41, de 19 de dezembro de 2003, que supere o limite máximo estabelecido para os benefícios do regime geral de previdência social.

Art. 6º Os aposentados e os pensionistas de qualquer dos Poderes da União, incluídas suas autarquias e fundações, em gozo desses benefícios na data de publicação da Emenda Constitucional nº 41, de 19 de dezembro de 2003, contribuirão com 11% (onze por cento), incidentes sobre a parcela dos proventos de aposentadorias e pensões que supere 60% (sessenta por cento) do limite máximo estabelecido para os benefícios do regime geral de previdência social.

Parágrafo único. A contribuição de que trata o *caput* deste artigo incidirá sobre os proventos de aposentadorias e pensões concedidas aos servidores e seus dependentes que tenham cumprido todos os requisitos para obtenção desses benefícios com base nos critérios da legislação vigente até 31 de dezembro de 2003.

Art. 7º O servidor ocupante de cargo efetivo que tenha completado as exigências para aposentadoria voluntária estabelecidas na alínea *a* do inciso III do § 1º do art. 40 da Constituição Federal, no § 5º do art. 2º ou no § 1º do art. 3º da Emenda Constitucional nº 41, de 19 de dezembro de 2003, e que opte por permanecer em atividade fará jus a abono de permanência equivalente ao valor da sua contribuição previdenciária até completar as exigências para aposentadoria compulsória contidas no inciso II do § 1º do art. 40 da Constituição Federal.

Art. 8º A contribuição da União, de suas autarquias e fundações para o custeio do regime de previdência, de que trata o art. 40 da Constituição Federal, será o dobro da contribuição do servidor ativo, devendo o produto de sua arrecadação ser contabilizado em conta específica.

Parágrafo único. A União é responsável pela cobertura de eventuais insuficiências financeiras do regime decorrentes do pagamento de benefícios previdenciários.

Art. 8º-A. A responsabilidade pela retenção e recolhimento das contribuições de que tratam os arts. 4º a 6º e 8º será do dirigente e do ordenador de despesa do órgão ou entidade que efetuar o pagamento da remuneração ou do benefício.

► *Caput* com a redação dada pela Lei nº 12.350, de 20-12-2010.

► Art. 16-A desta Lei.

§ 1º O recolhimento das contribuições de que trata este artigo deve ser efetuado:

I – até o dia 15, no caso de pagamentos de remunerações ou benefícios efetuados no primeiro decêndio do mês;

II – até o dia 25, no caso de pagamentos de remunerações ou benefícios efetuados no segundo decêndio do mês; ou

III – até o dia 5 do mês posterior, no caso de pagamentos de remunerações ou benefícios efetuados no último decêndio do mês.

§ 2º O não recolhimento das contribuições nos prazos previstos no § 1º:

I – enseja a aplicação dos acréscimos de mora previstos para os tributos federais; e

II – sujeita o responsável às sanções penais e administrativas cabíveis

▸ §§ 1º e 2º com a redação dada pela Lei nº 12.350, de 20-12-2010.

§ 3º A não retenção das contribuições pelo órgão pagador sujeita o responsável às sanções penais e administrativas, cabendo a esse órgão apurar os valores não retidos e proceder ao desconto na folha de pagamento do servidor ativo, do aposentado e do pensionista, em rubrica e classificação contábil específicas, podendo essas contribuições ser parceladas na forma do art. 46 da Lei nº 8.112, de 11 de dezembro de 1990, observado o disposto no art. 56 da Lei nº 9.784, de 29 de janeiro de 1999.

§ 4º Caso o órgão público não observe o disposto no § 3º, a Secretaria da Receita Federal do Brasil formalizará representações aos órgãos de controle e constituirá o crédito tributário relativo à parcela devida pelo servidor ativo, aposentado ou pensionista.

▸ §§ 3º e 4º acrescidos pela Lei nº 12.688, de 18-7-2012.

Art. 9º A unidade gestora do regime próprio de previdência dos servidores, prevista no art. 40, § 20, da Constituição Federal:

I – contará com colegiado, com participação paritária de representantes e de servidores dos Poderes da União, cabendo-lhes acompanhar e fiscalizar sua administração, na forma do regulamento;

II – procederá, no mínimo a cada cinco anos, a recenseamento previdenciário, abrangendo todos os aposentados e pensionistas do respectivo regime;

III – disponibilizará ao público, inclusive por meio de rede pública de transmissão de dados, informações atualizadas sobre as receitas e despesas do respectivo regime, bem como os critérios e parâmetros adotados para garantir o seu equilíbrio financeiro e atuarial.

Art. 10. A Lei nº 9.717, de 27 de novembro de 1998, com a redação dada pela Medida Provisória nº 2.187-13, de 24 de agosto de 2001, passa a vigorar com as seguintes alterações:

▸ Alterações inseridas no texto da referida lei.

Art. 11. A Lei nº 8.212, de 24 de julho de 1991, passa a vigorar com as seguintes alterações:

▸ Alterações inseridas no texto da referida lei.

Art. 12. A Lei nº 8.213, de 24 de julho de 1991, passa a vigorar com as seguintes alterações:

▸ Alterações inseridas no texto da referida lei.

Art. 13. O art. 11 da Lei nº 9.532, de 10 de dezembro de 1997, passa a vigorar com a seguinte redação:

"Art. 11. As deduções relativas às contribuições para entidades de previdência privada, a que se refere a alínea e do inciso II do art. 8º da Lei nº 9.250, de 26 de dezembro de 1995, e às contribuições para o Fundo de Aposentadoria Programada Individual – Fapi, a que se refere a Lei nº 9.477, de 24 de julho de 1997, cujo ônus seja da própria pessoa física, ficam condicionadas ao recolhimento, também, de contribuições para o regime geral de previdência social ou, quando for o caso, para regime próprio de previdência social dos servidores titulares de cargo efetivo da União, dos Estados, do Distrito Federal ou dos Municípios, observada a contribuição mínima, e limitadas a 12% (doze por cento) do total dos rendimentos computados na determinação da base de cálculo do imposto devido na declaração de rendimentos.

§ 1º Aos resgates efetuados pelos quotistas de Fundo de Aposentadoria Programada Individual – Fapi aplicam-se, também, as normas de incidência do imposto de renda de que trata o art. 33 da Lei nº 9.250, de 26 de dezembro de 1995.

§ 2º Na determinação do lucro real e da base de cálculo da contribuição social sobre o lucro líquido, o valor das despesas com contribuições para a previdência privada, a que se refere o inciso V do art. 13 da Lei nº 9.249, de 26 de dezembro de 1995, e para os Fundos de Aposentadoria Programada Individual – Fapi, a que se refere a Lei nº 9.477, de 24 de julho de 1997, cujo ônus seja da pessoa jurídica, não poderá exceder, em cada período de apuração, a 20% (vinte por cento) do total dos salários dos empregados e da remuneração dos dirigentes da empresa, vinculados ao referido plano.

§ 3º O somatório das contribuições que exceder o valor a que se refere o § 2º deste artigo deverá ser adicionado ao lucro líquido para efeito de determinação do lucro real e da base de cálculo da contribuição social sobre o lucro líquido.

§ 4º O disposto neste artigo não elide a observância das normas do art. 7º da Lei nº 9.477, de 24 de julho de 1997.

§ 5º Excetuam-se da condição de que trata o *caput* deste artigo os beneficiários de aposentadoria ou pensão concedidas por regime próprio de previdência ou pelo regime geral de previdência social."

Art. 14. O art. 12 da Lei nº 10.666, de 8 de maio de 2003, passa a vigorar com a seguinte redação:

▶ Alteração inserida no texto da referida lei.

Art. 15. Os proventos de aposentadoria e as pensões de que tratam os arts. 1º e 2º desta Lei serão reajustados, a partir de janeiro de 2008, na mesma data e índice em que se der o reajuste dos benefícios do regime geral de previdência social, ressalvados os beneficiados pela garantia de paridade de revisão de proventos de aposentadoria e pensões de acordo com a legislação vigente.

▶ Artigo com a redação dada pela Lei nº 11.784, de 23-9-2008.

▶ O STF, por unanimidade, julgou procedente a ADIN nº 4.582 para fins de conferir interpretação conforme à Constituição a este artigo, de modo a restringir-lhe a aplicabilidade apenas aos servidores ativos e inativos e aos pensionistas da União (*DOU* de 2-12-2022).

▶ Port. do MPS nº 402, de 10-12-2008, disciplina os parâmetros e as diretrizes gerais para organização e funcionamento dos regimes próprios de previdência social dos servidores públicos ocupantes de cargos efetivos da União, dos Estados, do Distrito Federal e dos Municípios.

Art. 16. As contribuições a que se referem os arts. 4º, 5º e 6º desta Lei serão exigíveis a partir de 20 de maio de 2004.

§ 1º Decorrido o prazo estabelecido no *caput* deste artigo, os servidores abrangidos pela isenção de contribuição referida no § 1º do art. 3º e no § 5º do art. 8º da Emenda Constitucional nº 20, de 15 de dezembro de 1998, passarão a recolher contribuição previdenciária correspondente, fazendo jus ao abono a que se refere o art. 7º desta Lei.

§ 2º A contribuição de que trata o art. 1º da Lei nº 9.783, de 28 de janeiro de 1999, fica mantida até o início do recolhimento da contribuição a que se refere o *caput* deste artigo, para os servidores ativos.

Art. 16-A. A contribuição do Plano de Seguridade do Servidor Público (PSS), decorrente de valores pagos em cumprimento de decisão judicial, ainda que derivada de homologação de acordo, será retida na fonte, no momento do pagamento ao beneficiário ou seu representante legal, pela instituição financeira responsável pelo pagamento, por intermédio da quitação da guia de recolhimento remetida pelo setor de precatórios do Tribunal respectivo, no caso de pagamento de precatório ou requisição de pequeno valor, ou pela fonte pagadora, no caso de implantação de rubrica específica em folha, mediante a aplicação da alíquota de 11% (onze por cento) sobre o valor pago.

▶ *Caput* com a redação dada pela Lei nº 12.350, de 20-12-2010.

Parágrafo único. O recolhimento da contribuição deverá ser efetuado nos mesmos prazos previstos no § 1º do art. 8º-A, de acordo com a data do pagamento.

▶ Parágrafo único com a redação dada pela Lei nº 12.688, de 18-7-2012.

Art. 17. Esta Lei entra em vigor na data de sua publicação.

Art. 18. Ficam revogados os §§ 3º, 4º, 5º, 6º e 7º do art. 2º, o art. 2º-A e o art. 4º da Lei nº 9.717, de 27 de novembro de 1998, o art. 8º da Medida Provisória nº 2.187-13, de 24 de agosto de 2001, na parte em que dá nova redação ao inciso X do art. 1º, ao art. 2º e ao art. 2º-A da Lei nº 9.717, de 27 de novembro de 1998, e a Lei nº 9.783, de 28 de janeiro de 1999.

Brasília, 18 de junho de 2004;
183º da Independência e
116º da República.

Luiz Inácio Lula da Silva

LEI Nº 10.999, DE 15 DE DEZEMBRO DE 2004

Autoriza a revisão dos benefícios previdenciários concedidos com data de início posterior a fevereiro de 1994 e o pagamento dos valores atrasados nas condições que especifica.

▶ Publicada no *DOU* de 16-12-2004.

Art. 1º Fica autorizada, nos termos desta Lei, a revisão dos benefícios previdenciários concedidos com data de início posterior a fevereiro de 1994, recalculando-se o salário de benefício original, mediante a inclusão, no fator de correção dos salários de contribuição anteriores a março de 1994, do percentual de 39,67% (trinta e nove inteiros e sessenta e sete centésimos por cento), referente ao Índice de Reajuste do Salário Mínimo – IRSM do mês de fevereiro de 1994.

Art. 2º Terão direito à revisão os segurados ou seus dependentes, beneficiários do Regime Geral de Previdência Social – RGPS, que se enquadrem no disposto no art. 1º desta Lei e venham a firmar, até 31 de outubro de 2005, o Termo de Acordo, na forma do Anexo I desta Lei, ou, caso tenham ajuizado ação até 26 de julho de 2004 cujo objeto seja a revisão referida no art. 1º desta Lei, o Termo de Transação Judicial, na forma do Anexo II desta Lei.

§ 1º Não serão objeto da revisão prevista no *caput* deste artigo os benefícios do Regime Geral de Previdência Social que:

I – não tenham utilizado salários de contribuição anteriores a março de 1994 no cálculo do salário de benefício; ou

II – tenham sido decorrentes de outros benefícios cujas datas de início sejam anteriores a fevereiro de 1994, inclusive.

§ 2º Aos benefícios revistos nos termos do *caput* deste artigo aplicam-se o § 2º do art. 29 da Lei nº 8.213, de 24 de julho de 1991, o art. 26 da Lei nº 8.870, de 15 de abril de 1994, e o § 3º do art. 21 da Lei nº 8.880, de 27 de maio de 1994.

§ 3º Os benefícios referidos neste artigo deverão ser revistos nos termos do art. 1º desta Lei, observando-se as regras de cálculo do salário de benefício, da renda mensal inicial e de reajustes previstas na legislação previdenciária em vigor em cada período.

Art. 3º Fica a Procuradoria Federal Especializada junto ao INSS autorizada a propor transação, a ser homologada judicialmente, nos processos em tramitação nos Juizados Especiais Federais ou na Justiça Comum, Federal ou Estadual, em qualquer instância, relativos à matéria delimitada nos arts. 1º e 2º desta Lei.

§ 1º A transação deverá versar, exclusivamente, sobre a revisão futura do benefício e sobre as parcelas vencidas, inclusive as natalinas, nos últimos cinco anos anteriores a agosto de 2004, observado o disposto no art. 6º, inciso I e § 1º, desta Lei.

§ 2º O montante das parcelas referidas no § 1º deste artigo terá como limite máximo de pagamento o valor de fixação da competência dos Juizados Especiais Federais, no caso das ações de sua competência, devendo constar expressamente do Termo de Transação Judicial a renúncia irretratável aos valores eventualmente excedentes.

§ 3º O disposto no § 2º deste artigo não se aplica às transações efetivadas nas ações judiciais que tramitam na Justiça Comum, Federal ou Estadual.

§ 4º A proposta de transação judicial a ser homologada pelo juiz da causa não poderá incluir honorários advocatícios e juros de mora.

Art. 4º O pagamento mensal dos benefícios com o valor revisto nos termos do art. 1º desta Lei será feito pelo INSS, a partir da competência de agosto de 2004, para o segurado ou dependente que tenha firmado o Termo de Acordo referido no art. 2º desta Lei, observado como prazo máximo de implementação da revisão o 2º (segundo) pagamento subsequente à data de entrega do mencionado Termo de Acordo ao INSS e a seguinte programação:

I – no mês de setembro de 2004, os benefícios com número final um e seis;

II – no mês de outubro de 2004, os benefícios com número final dois, cinco e sete;

III – no mês de novembro de 2004, os benefícios com número final três, oito e zero;

IV – no mês de dezembro de 2004, os benefícios com número final quatro e nove.

§ 1º A diferença apurada a partir da competência de agosto de 2004 até a data da implementação da revisão será paga em parcelas mensais e sucessivas, atualizadas monetariamente, mês a mês, com base na variação do INPC-IBGE, em número equivalente ao de meses decorridos entre o mês de agosto de 2004 e a data da implementação da revisão.

§ 2º Caso o beneficiário exerça o direito de opção em data posterior à fixada para implementação da revisão nos prazos referidos no *caput* deste artigo, o 1º (primeiro) pagamento mensal dos benefícios com o valor revisto nos termos do art. 1º desta Lei será feito até o 2º (segundo) pagamento subsequente à data de entrega do Termo de Acordo ao INSS, observado o disposto no § 1º deste artigo.

Art. 5º O 1º (primeiro) pagamento mensal dos benefícios com o valor revisto nos termos do art. 1º desta Lei, para os segurados ou dependentes que tenham firmado o Termo de Transação Judicial, será feito pelo INSS até o 2º (segundo) pagamento subsequente à data da intimação da homologação judicial.

Parágrafo único. A diferença apurada a partir da competência de agosto de 2004 até a data de implementação da revisão, observado o disposto no *caput* deste artigo, será paga em parcelas mensais e sucessivas, corrigidas monetariamente, mês a mês, com base na variação do INPC-IBGE, em número equivalente ao de meses decorridos entre agosto de 2004 e a data de implementação da revisão.

Art. 6º O pagamento dos valores referentes aos últimos cinco anos vencidos, anteriores a agosto de 2004, incluindo as parcelas natalinas, será feito aos segurados ou dependentes que, até 31 de outubro de 2005, firmarem o Termo de Acordo ou o Termo de Transação Judicial a que se refere o art. 2º desta Lei, mediante a aplicação dos seguintes critérios:

I – para o segurado ou dependente que tenha ajuizado ação até 26 de julho de 2004, observado o disposto nos §§ 2º e 3º do art. 3º desta Lei, conforme o caso, o montante apurado será pago em parcelas mensais, na seguinte forma:

a) até R$ 2.000,00 (dois mil reais):

1. com idade igual ou superior a setenta anos, em doze parcelas;
2. com idade igual ou superior a sessenta e cinco anos e inferior a setenta anos, em vinte e quatro parcelas;
3. com idade igual ou superior a sessenta anos e inferior a sessenta e cinco anos, em trinta e seis parcelas; e
4. com idade inferior a sessenta anos, em quarenta e oito parcelas;

b) entre R$ 2.000,01 (dois mil reais e um centavo) e R$ 5.000,00 (cinco mil reais):

1. com idade igual ou superior a setenta anos, em vinte e quatro parcelas;
2. com idade igual ou superior a sessenta e cinco anos e inferior a setenta anos, em trinta e seis parcelas;
3. com idade igual ou superior a sessenta anos e inferior a sessenta e cinco anos, em quarenta e oito parcelas; e
4. com idade inferior a sessenta anos, em sessenta parcelas;

c) entre R$ 5.000,01 (cinco mil reais e um centavo) e R$ 7.200,00 (sete mil e duzentos reais):

1. com idade igual ou superior a setenta anos, em vinte e quatro parcelas;
2. com idade igual ou superior a sessenta e cinco anos e inferior a setenta anos, em quarenta e oito parcelas;
3. com idade igual ou superior a sessenta anos e inferior a sessenta e cinco anos, em sessenta parcelas; e
4. com idade inferior a sessenta anos, em setenta e duas parcelas;

d) a partir de R$ 7.200,01 (sete mil e duzentos reais e um centavo):

1. com idade igual ou superior a setenta anos, em trinta e seis parcelas;
2. com idade igual ou superior a sessenta e cinco anos e inferior a setenta anos, em sessenta parcelas;
3. com idade inferior a sessenta e cinco anos, em setenta e duas parcelas;

II – para o segurado ou dependente que não tenha ajuizado ação até 26 de julho de 2004, o montante apurado será pago em parcelas mensais, na seguinte forma:

a) até R$ 2.000,00 (dois mil reais):

1. com idade igual ou superior a setenta anos, em vinte e quatro parcelas;
2. com idade igual ou superior a sessenta e cinco anos e inferior a setenta anos, em trinta e seis parcelas;
3. com idade igual ou superior a sessenta anos e inferior a sessenta e cinco anos, em quarenta e oito parcelas; e
4. com idade inferior a sessenta anos, em sessenta parcelas;

b) entre R$ 2.000,01 (dois mil reais e um centavo) e R$ 5.000,00 (cinco mil reais):

1. com idade igual ou superior a setenta anos, em trinta e seis parcelas;
2. com idade igual ou superior a sessenta e cinco anos e inferior a setenta anos, em quarenta e oito parcelas;
3. com idade igual ou superior a sessenta anos e inferior a sessenta e cinco anos, em sessenta parcelas; e
4. com idade inferior a sessenta anos, em sessenta parcelas;

c) entre R$ 5.000,01 (cinco mil reais e um centavo) e R$ 7.200,00 (sete mil e duzentos reais):

1. com idade igual ou superior a setenta anos, em trinta e seis parcelas;

2. com idade igual ou superior a sessenta e cinco anos e inferior a setenta anos, em sessenta parcelas;
3. com idade igual ou superior a sessenta anos e inferior a sessenta e cinco anos, em setenta e duas parcelas; e
4. com idade inferior a sessenta anos, em oitenta e quatro parcelas;

d) a partir de R$ 7.200,01 (sete mil e duzentos reais e um centavo):

1. com idade igual ou superior a setenta anos, em trinta e seis parcelas;
2. com idade igual ou superior a sessenta e cinco anos e inferior a setenta anos, em setenta e duas parcelas;
3. com idade igual ou superior a sessenta anos e inferior a sessenta e cinco anos, em oitenta e quatro parcelas; e
4. com idade inferior a sessenta anos, em noventa e seis parcelas.

§ 1º Os montantes a que se referem os incisos I e II do *caput* deste artigo serão apurados e atualizados monetariamente entre cada mês de competência e o mês de julho de 2004, inclusive, de acordo com os índices utilizados para a atualização das parcelas pagas em atraso pela Previdência Social.

§ 2º O valor de cada parcela mensal a que se referem os incisos I e II do *caput* deste artigo será apurado, observados os seguintes critérios:

I – as parcelas relativas à 1ª (primeira) metade do período total de parcelamento corresponderão a 1/3 (um terço) do montante total apurado, dividido pelo número de meses referente à metade do número total de parcelas; e

II – as parcelas relativas à 2ª (segunda) metade do período total de parcelamento corresponderão a 2/3 (dois terços) do montante total apurado, dividido pelo número de meses referente à metade do número total de parcelas.

§ 3º Definidos os montantes a que se refere o § 1º deste artigo, sobre cada parcela apurada nos termos deste artigo incidirá atualização monetária pela variação acumulada do INPC-IBGE entre o mês de agosto de 2004, inclusive, e o mês imediatamente anterior ao do efetivo pagamento, utilizando-se como estimativa para o último mês da série a média geométrica dos quatro meses imediatamente anteriores.

§ 4º Os valores a que se refere o *caput* deste artigo começarão a ser pagos em janeiro de 2005 ou até o 2º (segundo) pagamento do benefício do segurado ou do dependente subsequente:

I – ao protocolo do Termo de Acordo no INSS, na hipótese do inciso II do *caput* deste artigo, quando este ocorrer a partir de dezembro de 2004;

II – à intimação da homologação judicial do Termo de Transação Judicial, na hipótese do inciso I do *caput* deste artigo, quando esta ocorrer a partir de dezembro de 2004.

§ 5º A idade do segurado ou dependente a ser considerada para fins de aplicação do disposto nos incisos I e II do *caput* deste artigo será aquela apurada em 26 de julho de 2004.

§ 6º Observada a disponibilidade orçamentária, fica o Poder Executivo autorizado a antecipar o pagamento previsto no *caput* deste artigo:

I – das parcelas devidas a partir do exercício de 2006, assegurada a preferência, em qualquer caso, aos mais idosos, conforme a escala de idades constante dos incisos I e II do *caput* deste artigo;

II – aos dependentes ou sucessores de benefícios cessados que não tenham gerado novos benefícios; e

III – aos beneficiários de parcelas cujos valores sejam economicamente incompatíveis com os custos operacionais de seu pagamento mensal.

§ 7º Na ocorrência de óbito do segurado ou do dependente de benefício com direito à revisão durante o período de pagamento das parcelas a que se refere o *caput* deste artigo, todos os seus dependentes ou sucessores previstos na lei civil, indicados em alvará judicial, expedido a requerimento dos interessados, independentemente de inventário ou arrolamento, deverão se habilitar no INSS para receber os valores proporcionais a sua cota-parte.

§ 8º O pagamento dos atrasados será feito em parcela única nas seguintes condições:

I – na hipótese de o titular ou qualquer de seus dependentes ser acometido de neoplasia maligna, nos termos do inciso XI do art. 20 da Lei nº 8.036, de 11 de maio de 1990;

II – quando o titular ou qualquer de seus dependentes for portador do vírus HIV;

III – quando o titular ou qualquer de seus dependentes for acometido de doença terminal; e

IV – em qualquer hipótese, quando o valor do saldo decorrente da revisão do benefício for de até R$ 260,00 (duzentos e sessenta reais).

§ 9º Ressalvado o direito de opção, para o segurado ou dependente que conte, em 26 de julho de 2004, com oitenta ou mais anos de idade, o pagamento dos atrasados será feito em até doze parcelas mensais, sendo a 1ª (primeira) de valor equivalente a 50% (cinquenta por cento) do total devido.

§ 10. O valor da parcela mínima a ser paga aos segurados ou aos seus dependentes será de, no mínimo, R$ 30,00 (trinta reais).

Art. 7º A assinatura do Termo de Acordo ou de Transação Judicial importará:

I – a expressa concordância do segurado ou do dependente com a forma, prazos, montantes e limites de valores definidos nesta Lei;

II – a desistência de processo judicial em curso, em qualquer instância, e sua consequente extinção, assim como de seus eventuais recursos, nos termos do art. 269, inciso V da Lei nº 5.869, de 11 de janeiro de 1973 – Código de Processo Civil, quando o segurado ou seu dependente tiver ajuizado ação depois de 26 de julho de 2004;

III – a expressa concordância do segurado ou do dependente com o Termo de Transação Judicial e a consequente extinção da ação judicial, nos termos do art. 269, inciso III, da Lei nº 5.869, de 11 de janeiro de 1973 – Código de Processo Civil, quando o segurado ou o dependente tiver ajuizado ação até 26 de julho de 2004;

IV – a renúncia ao direito de pleitear na via administrativa ou judicial quaisquer valores ou vantagens decorrentes da mesma revisão prevista nesta Lei, salvo em caso de comprovado erro material;

V – a renúncia aos honorários advocatícios e aos juros de mora quando devidos, bem como aos valores excedentes referidos no § 2º do art. 3º desta Lei.

§ 1º O segurado ou o dependente que tenha ajuizado ação depois de 26 de julho de 2004 deverá requerer ao juiz da causa a desistência da referida ação, renunciando ao direito sobre o qual se funda a ação, nos termos do art. 269, inciso V, da Lei nº 5.869, de 11 de janeiro de 1973 – Código de Processo Civil, juntando cópia da petição protocolada ao Termo de Acordo a que se refere o art. 2º desta Lei.

§ 2º Na ocorrência de óbito do segurado ou do dependente de benefício com direito à revisão, o Termo de Acordo ou de Transação Judicial será firmado por todos os seus dependentes ou sucessores previstos na lei civil, indicados em alvará judicial, expedido a requerimento dos interessados, independentemente de inventário ou arrolamento.

Art. 8º Ocorrendo pagamento concomitante ou em duplicidade de valores referentes à revisão prevista nesta Lei, fica o INSS autorizado a reaver administrativamente, por meio de desconto direto em benefício mantido pelo Regime Geral de Previdência Social – RGPS, os valores pagos indevidamente.

Art. 9º Os arts. 191 e 202 da Lei nº 10.406, de 10 de janeiro de 2002, não se aplicam à matéria de que trata esta Lei, não importando esta em renúncia ou interrupção da prescrição referente às parcelas que antecedam os últimos cinco anos anteriores a agosto de 2004, quando derivadas da revisão autorizada no art. 1º desta Lei.

Art. 10. As despesas decorrentes do disposto nesta Lei serão consignadas na lei orçamentária anual, no âmbito do Ministério da Previdência Social.

Art. 11. Fica prorrogado até 31 de julho de 2005 o prazo de que trata o art. 89 da Lei nº 10.833, de 29 de dezembro de 2003.

Art. 12. O INSS adotará as providências necessárias ao cumprimento do disposto nesta Lei, podendo para tanto firmar convênio ou contrato com a Empresa Brasileira de Correios e Telégrafos, a Caixa Econômica Federal e o Banco do Brasil S.A., para fins de entrega e recebimento dos Termos de Acordo e de entrega aos segurados dos Termos de Transação Judicial referidos no art. 2º desta Lei.

§ 1º O INSS poderá, ainda, firmar convênios ou contratos com entidades associativas ou sindicatos de aposentados e pensionistas para colaborarem com a sua rede de Gerências e Agências de Benefícios na entrega dos Termos de Acordo e dos Termos de Transação Judicial referidos no *caput* deste artigo, bem como no esclarecimento aos beneficiários sobre as condições dos mencionados Termos, assegurada a retribuição às citadas entidades e sindicatos pelos serviços prestados.

§ 2º Da aplicação do disposto neste artigo não poderá resultar nenhum ônus para os segurados e dependentes, sejam eles filiados ou não às entidades referidas no § 1º deste artigo.

§ 3º Os Termos de Transação Judicial referidos neste artigo serão juntados aos autos judiciais mediante requerimento do representante judicial da Procuradoria Federal Especializada junto ao INSS, ou do segurado ou de seus dependentes, ou das entidades mencionadas no § 1º deste artigo.

Art. 13. Aplicam-se aos Termos de Acordo e de Transação Judicial firmados até a data de publicação desta Lei as condições mais benéficas para os segurados e dependentes nela previstas.

Art. 14. Esta Lei entra em vigor na data de sua publicação.

Art. 15. Fica revogado o art. 43 da Lei nº 10.865, de 30 de abril de 2004.

Brasília, 15 de dezembro de 2004;
183º da Independência e
116º da República.

Luiz Inácio Lula da Silva

ANEXO I
TERMO DE ACORDO

(SEGURADO OU DEPENDENTE SEM AJUIZAMENTO DE AÇÃO SOBRE O IRSM DE FEVEREIRO DE 1994 – 39,67% (TRINTA E NOVE INTEIROS E SESSENTA E SETE CENTÉSIMOS POR CENTO) OU QUE TENHA AJUIZADO AÇÃO DEPOIS DE 26 DE JULHO DE 2004)

(nome – assinale sua condição: segurado ou dependentes ou herdeiros)

__________________, ___________,

(nacionalidade) (estado civil)

documento de identidade nº ________, data de nascimento:______________, nome da mãe: __________________, CIC/CPF nº__________________, NIT/PIS nº_____________, residente e domiciliado ________________, (rua ou avenida ou quadra, nº, complemento, bairro, cidade, Estado e CEP: preencher com dados atuais), *e-mail*: ____________, telefone _________, e o Instituto Nacional do Seguro Social – INSS, por seu representante legal, vêm, com fulcro no art. 840 do Código Civil e no art. 2º desta Lei, firmam o presente acordo extrajudicial para revisão, por parte do INSS, do benefício nº ______, agência da Previdência Social ________, cujo endereço localiza-se à ______________________, e pagamento ao segurado ou dependente das sessenta parcelas vencidas, inclusive as natalinas, nos últimos 5 (cinco) anos anteriores a agosto de 2004, nos seguintes termos:

I – conforme determinado nesta Lei, deverá ser efetivada a revisão dos benefícios previdenciários concedidos, com data de início posterior a fevereiro de 1994, recalculando-se o salário de benefício original, mediante a inclusão, no fator de correção dos salários de contribuição anteriores a março de 1994, do percentual de 39,67% (trinta e nove inteiros e sessenta e sete centésimos por cento), referente ao Índice de Reajuste do Salário Mínimo – IRSM do mês de fevereiro de 1994;

II – terão direito à revisão dos benefícios previdenciários os segurados ou seus dependentes beneficiários do Regime Geral de Previdência Social que firmem, até 31 de outubro de 2005, o presente Termo de Acordo;

III – não serão objeto de revisão, nos termos desta Lei, os benefícios do Regime Geral de Previdência Social que no cálculo do salário de benefício não tenham utilizado salários de contribuição anteriores a março de 1994, ou tenham sido decorrentes de outros benefícios cujas datas de início sejam anteriores a fevereiro de 1994, inclusive;

IV – aos benefícios revistos nos termos desta Lei aplicam-se o § 2º do art. 29 da Lei nº 8.213, de 24 de julho de 1991, o art. 26 da Lei nº 8.870, de 15 de abril de 1994, e o § 3º do art. 21 da Lei nº 8.880, de 27 de maio de 1994, bem como deverão ser revistos nos termos do art. 1º desta Lei, em referência, observando-se as regras de cálculo do salário de benefício, da renda mensal inicial e de reajustes, previstas na legislação previdenciária em vigor em cada período;

V – o acordo deverá versar, exclusivamente, sobre a revisão futura do benefício previdenciário e sobre as parcelas vencidas, inclusive as natalinas, nos últimos cinco anos anteriores a agosto de 2004, observado o parcelamento previsto no art. 6º, inciso II, desta Lei;

VI – o 1º (primeiro) pagamento mensal dos benefícios com o valor revisto nos termos do item I deste Anexo, para os segurados ou dependentes que tenham firmado o Termo de Acordo, será feito pelo INSS até o 2º (segundo) pagamento do benefício subsequente à data de entrega do mencionado Termo de Acordo no INSS e conforme a programação constante do art. 4º desta Lei;

VII – o montante referente às parcelas vencidas, inclusive as natalinas, nos últimos cinco anos anteriores a agosto de 2004, será pago em parcelas mensais, conforme os critérios adotados no art. 6º, inciso II, desta Lei, ao segurado ou dependente que não tenha ajuizado ação judicial ou que a tenha ajuizado depois de 26 de julho de 2004;

VIII – o montante relativo às parcelas vencidas, inclusive as natalinas, nos últimos cinco anos anteriores a agosto de 2004, será apurado e atualizado monetariamente entre cada mês de competência e o mês de julho de 2004, inclusive, de acordo com os índices utilizados para a atualização das parcelas pagas em atraso pela Previdência Social;

IX – definido o montante a que se refere o item VIII deste Anexo, sobre cada parcela apurada nos termos do art. 6º desta Lei incidirá atualização monetária pela variação acumulada do INPC-IBGE entre o mês de agosto de 2004, inclusive, e o mês imediatamente anterior ao do efetivo pagamento, utilizando-se como estimativa para o último mês da série a média geométrica dos quatro meses imediatamente anteriores;

X – a idade do segurado ou dependente a ser considerada para fins de aplicação do disposto no inciso II do art. 6º desta Lei será aquela apurada em 26 de julho de 2004;

XI – verificado nos registros do INSS que o segurado ou dependente faz jus à revisão prevista nesta Lei, com base nas normas legais ora explicitadas, as partes acordaram entre si, transigindo conforme as cláusulas abaixo:

Cláusula 1ª – O 1º (primeiro) pagamento mensal dos benefícios com o valor revisto nos termos do item I deste Anexo será feito pelo INSS, retroativo à competência de agosto de 2004, até o 2º (segundo) pagamento subsequente à data de entrega do Termo de Acordo no INSS e conforme a programação prevista no art. 4º desta Lei.

Cláusula 2ª – Caso o segurado ou dependente entregue o Termo de Acordo em data posterior à fixada para implementação da revisão nos prazos referidos no art. 4º desta Lei, o 1º (primeiro) pagamento mensal dos benefícios com o valor revisto nos termos do item I deste Anexo será feito até o 2º (segundo) pagamento do benefício subsequente à data de entrega do Termo de Acordo ao INSS.

Cláusula 3ª – Em qualquer situação, a diferença apurada a partir da competência de agosto de 2004 até a data de implementação da revisão será paga em parcelas mensais e sucessivas, corrigidas monetariamente, mês a mês, com base na variação do INPC-IBGE, em número equivalente ao de meses decorridos entre agosto de 2004 e a data de implementação da revisão.

Cláusula 4ª – O pagamento do montante relativo às parcelas vencidas, inclusive as natalinas, nos últimos cinco anos anteriores a agosto de 2004, será realizado em parcelas mensais, na forma prevista no art. 6º, inciso II, desta Lei, conforme o montante a receber e a faixa de idade em que se enquadrar o segurado ou dependente.

Cláusula 5ª – O montante a que se refere a cláusula 4ª será apurado e atualizado monetariamente entre cada mês de competência e o mês de julho de 2004, inclusive, de acordo com os índices utilizados para a atualização das parcelas pagas em atraso pela Previdência Social.

Cláusula 6ª – As parcelas mensais a que se refere a cláusula 4ª, relativas à 1ª (primeira) metade do período total de parcelamento, corresponderão a 1/3 (um terço) do montante total apurado na forme das cláusulas 4ª e 5ª, dividido pelo número de meses referente à metade do número total de parcelas.

Cláusula 7ª – As parcelas mensais a que se refere a cláusula 4ª, relativas à 2ª (segunda) metade do período total de parcelamento, corresponderão a 2/3 (dois terços) do montante total apurado na forma das cláusulas 4ª e 5ª, dividido pelo número de meses referente à metade do número total de parcelas.

Cláusula 8ª – Definido o montante a que se refere a cláusula 5ª, sobre cada parcela apurada nos termos das cláusulas 4ª, 6ª e 7ª incidirá atualização monetária pela variação acumulada do INPC-IBGE entre o mês de agosto de 2004, inclusive, e o mês imediatamente anterior ao do efetivo pagamento, utilizando-se como estimativa para o último mês da série a média geométrica dos quatro meses imediatamente anteriores.

Cláusula 9ª – O pagamento referido na cláusula 4ª terá início no mês de janeiro de 2005 ou, ocorrendo a entrega no INSS deste Termo de Acordo a partir de dezembro de 2004, seu início se dará até o 2º (segundo) pagamento do benefício subsequente ao protocolo do Termo no INSS.

Cláusula 10ª – O segurado ou dependente declara, sob as penas da lei, que não se encontra em litígio judicial contra o INSS, bem como se compromete a não ingressar em juízo tendo como objetivo a revisão e o passivo relativos aos 39,67% (trinta e nove inteiros e sessenta e sete centésimos por cento), referentes ao IRSM de fevereiro de 1994.

Cláusula 11ª – O segurado ou dependente também compromete-se a não pleitear na via administrativa quaisquer valores ou vantagens decorrentes da mesma revisão ajustada neste Termo de Acordo, salvo em caso de comprovado erro material.

Cláusula 12ª – O segurado ou dependente obriga-se a preencher todos os dados de qualificação acima exigidos, sujeitando-se à suspensão imediata dos efeitos deste Termo de Acordo e às sanções civis e penais previstas em lei, na hipótese de preenchê-los em desacordo com a verdade.

Cláusula 13ª – O segurado ou dependente declara que concorda e que se dá por satisfeito com a forma, prazos, montantes e limites de valores previstos neste Termo de Acordo e nesta Lei.

Por estarem de pleno acordo, as partes assinam o presente Termo de Acordo, para que surta seus efeitos jurídicos.

Nestes termos, pedem deferimento.

Localidade, (data).

____

SEGURADO/DEPENDENTE

____

REPRESENTANTE LEGAL DO INSS

ANEXO II
TERMO DE TRANSAÇÃO JUDICIAL
(PARA QUEM TEM AÇÃO CONTRA O INSS, AJUIZADA ATÉ 26 DE JULHO DE 2004, TENDO POR OBJETO OS 39,67% (TRINTA E NOVE INTEIROS E SESSENTA E SETE CENTÉSIMOS POR CENTO) RELATIVOS AO IRSM DE FEVEREIRO DE 1994)

Exmo. Sr. Dr. Juiz (endereçamento ao juiz)

_______________________________,

(nome do autor da ação – assinale sua condição: segurado ou dependentes ou herdeiros)

_______________, _______________,

(nacionalidade) (estado civil)

documento de identidade nº________, data de nascimento:_____________________________, nome da mãe: _________________________, CIC/CPF nº ___________________, NIT/PIS nº _______________, residente e domiciliado______________, (rua ou avenida ou quadra, nº, complemento, bairro, cidade, Estado e CEP: preencher com dados atuais), *e-mail*: ____________, telefone

__________, e o Instituto Nacional do Seguro Social – INSS, por seu representante legal, vêm nos autos do Processo nº____________, em trâmite nesse ínclito juízo, com fulcro no art. 269, inciso III, do Código de Processo Civil, e nos arts. 2º e 3º desta Lei, requerer a homologação da transação ora proposta, nos termos que se seguem:

I – conforme determinado nesta Lei, deverá ser efetivada a revisão dos benefícios previdenciários concedidos, com data de início posterior a fevereiro de 1994, recalculando-se o salário de benefício original, mediante a inclusão, no fator de correção dos salários de contribuição anteriores a março de 1994, do percentual de 39,67% (trinta e nove inteiros e sessenta e sete centésimos por cento), referente ao Índice de Reajuste do Salário Mínimo – IRSM do mês de fevereiro de 1994;

II – terão direito à revisão dos benefícios previdenciários os segurados ou seus dependentes beneficiários do Regime Geral de Previdência Social que firmem, até 31 de outubro de 2005, o presente Termo de Transação Judicial;

III – não serão objeto de revisão, nos termos desta Lei, os benefícios do Regime Geral de Previdência Social que no cálculo do salário de benefício não tenham utilizado salários de contribuição anteriores a março de 1994, ou tenham sido decorrentes de outros benefícios cujas datas de início sejam anteriores a fevereiro de 1994, inclusive;

IV – aos benefícios revistos nos termos desta Lei aplicam-se o § 2º do art. 29 da Lei nº 8.213, de 24 de julho de 1991, o art. 26 da Lei nº 8.870, de 15 de abril de 1994, e o § 3º do art. 21 da Lei nº 8.880, de 27 de maio de 1994, bem como deverão ser revistos nos termos do art. 1º desta Lei, observando-se as regras de cálculo do salário de benefício, da renda mensal inicial e de reajustes, previstas na legislação previdenciária em vigor em cada período;

V – a transação judicial deverá versar, exclusivamente, sobre a revisão futura do benefício previdenciário e sobre as parcelas vencidas, inclusive as natalinas, nos últimos cinco anos anteriores a agosto de 2004, observado o parcelamento previsto no art. 6º, inciso I, desta Lei, e não poderá incluir honorários advocatícios e juros de mora;

VI – o 1º (primeiro) pagamento mensal dos benefícios com o valor revisto nos termos do item I deste Anexo, para os segurados ou dependentes que tenham firmado o Termo de Transação Judicial, será feito pelo INSS até o 2º (segundo) pagamento subsequente à data da intimação de sua homologação judicial;

VII – o montante referente às parcelas vencidas, inclusive as natalinas, nos últimos cinco anos anteriores a agosto de 2004, será pago em parcelas mensais aos segurados ou dependentes que tenham ajuizado ações até 26 de julho de 2004 conforme os critérios adotados no art. 6º, inciso I, desta Lei;

VIII – o montante relativo às parcelas vencidas, inclusive as natalinas, nos últimos cinco anos anteriores a agosto de 2004, será apurado e atualizado monetariamente entre cada mês de competência e o mês de julho de 2004, inclusive, de acordo com os índices utilizados para a atualização das parcelas pagas em atraso pela Previdência Social;

IX – definido o montante a que se refere o item VIII deste Anexo, sobre cada parcela apurada nos termos do art. 6º desta Lei incidirá atualização monetária pela variação acumulada do INPC-IBGE entre o mês de agosto de 2004, inclusive, e o mês imediatamente anterior ao do efetivo pagamento, utilizando-se como estimativa para o último mês da série a média geométrica dos quatro meses imediatamente anteriores;

X – a idade do segurado ou dependente a ser considerada para fins de aplicação do disposto nos incisos I e II do art. 6º desta Lei será aquela apurada em 26 de julho de 2004;

XI – verificado nos registros do INSS e nos autos do processo que o autor faz jus à aplicação do índice expresso nesta Lei, com base nas normas legais ora explicitadas, as partes acordaram entre si, transigindo conforme as cláusulas abaixo:

Cláusula 1ª – O 1º (primeiro) pagamento mensal dos benefícios com o valor revisto nos termos do item I deste Anexo será feito pelo INSS, retroativo à competência de agosto de 2004, até o 2º (segundo) pagamento subsequente à intimação da homologação judicial deste Termo de Transação Judicial.

Cláusula 2ª – Efetivada a intimação a que se refere a cláusula 1ª, a diferença apurada a partir da competência de agosto de 2004 até a data de implementação da revisão será paga em parcelas mensais e sucessivas, corrigidas monetariamente, mês a mês, com base na variação do INPC-IBGE, em número equivalente ao de meses decorridos entre agosto de 2004 e a data de implementação da revisão.

Cláusula 3ª – O pagamento do montante relativo às parcelas vencidas, inclusive as natalinas, nos últimos cinco anos anteriores a agosto de 2004, será realizado em parcelas mensais, na forma prevista no art. 6º, inciso I, desta Lei, conforme o montante a receber e a faixa de idade em que se enquadrar o segurado ou dependente.

Cláusula 4ª – O montante a que se refere a cláusula 3ª será apurado e atualizado monetariamente entre cada mês de competência e o mês de julho de 2004, inclusive, de acordo com os índices utilizados para a atualização das parcelas pagas em atraso pela Previdência Social.

Cláusula 5ª – As parcelas mensais a que se refere a cláusula 3ª, relativas à 1ª (primeira) metade do período total de parcelamento, corresponderão a 1/3 (um terço) do montante total apurado na forma das cláusulas 3ª e 4ª, dividido pelo número de meses referente à metade do número total de parcelas.

Cláusula 6ª – As parcelas mensais a que se refere a cláusula 3ª, relativas à 2ª (segunda) metade do período total de parcelamento, corresponderão a 2/3 (dois terços) do montante total apurado na forme das cláusulas 3ª e 4ª, dividido pelo número de meses referente à metade do número total de parcelas.

Cláusula 7ª – Definido o montante a que se refere a cláusula 4ª, sobre cada parcela apurada nos termos das cláusulas 3ª, 5ª e 6ª incidirá atualização monetária pela variação acumulada do INPC-IBGE entre o mês de agosto de 2004, inclusive, e o mês imediatamente anterior ao do efetivo pagamento, utilizando-se como estimativa para o último mês da série a média geométrica dos quatro meses imediatamente anteriores.

Cláusula 8ª – O pagamento referido na cláusula 3ª terá início no mês de janeiro de 2005 ou, ocorrendo a intimação da homologação deste Termo de Transação Judicial a partir de dezembro de 2004, seu início se dará até o 2º (segundo) pagamento do benefício subsequente à intimação da homologação judicial.

Cláusula 9ª – O montante a receber na forma das cláusulas 3ª e 4ª terá como limite máximo o valor de fixação da competência dos Juizados Especiais Federais, para os processos que tramitam nestes Juizados, ressalvando-se os processos que tramitam na Justiça Comum, Federal ou Estadual, que não estão submetidos à limitação de valor.

Cláusula 10ª – O autor segurado ou dependente renuncia, expressamente, aos honorários advocatícios e aos juros de mora, caso sejam devidos, bem como aos valores que extrapolem os limites da competência dos Juizados Especiais Federais, quando seu processo tramitar no âmbito desse Juizado.

Cláusula 11ª – O autor segurado ou dependente também renuncia ao direito de pleitear na via administrativa ou judicial quaisquer valores ou vantagens decorrentes da mesma revisão acordada neste Termo de Transação Judicial, salvo em caso de comprovado erro material.

Cláusula 12ª – O autor segurado ou dependente obriga-se a preencher todos os dados de qualificação acima exigidos, sujeitando-se à suspensão imediata dos efeitos deste Termo de Transação Judicial e às sanções civis e penais previstas em lei, na hipótese de preenchê-los em desacordo com a verdade.

Cláusula 13ª – O autor declara que concorda e que se dá por satisfeito com a forma, prazos, montantes e limites de valores previstos neste Termo de Transação Judicial e nesta Lei.

XII – por fim, requerem a homologação deste Termo de Transação Judicial, nos termos das cláusulas acima, e consequente extinção do processo e eventuais recursos, com julgamento de mérito, nos termos do art. 269, inciso III, do Código de Processo Civil.

Por estarem de pleno acordo, as partes assinam o presente, para que surta seus efeitos jurídicos.

Nestes termos, pedem deferimento.

Localidade, (data).

____

AUTOR/REPRESENTANTE JURÍDICO

____

LEI Nº 11.053, DE 29 DE DEZEMBRO DE 2004

Dispõe sobre a tributação dos planos de benefícios de caráter previdenciário e dá outras providências.

- ▶ Publicada no *DOU* de 30-12-2004.
- ▶ Arts. 91 a 95 da Lei nº 11.196, de 21-11-2005, que dispõe sobre a tributação de planos de benefícios, seguros e fundos de investimento de caráter previdenciário.

Art. 1º É facultada aos participantes que ingressarem a partir de 1º de janeiro de 2005 em planos de benefícios de caráter previdenciário, estruturados nas modalidades de contribuição definida ou contribuição variável, das entidades de previdência complementar e das sociedades seguradoras, a opção por regime de tributação no qual os valores pagos aos próprios participantes ou aos assistidos, a título de benefícios ou resgates de valores acumulados, sujeitam-se à incidência de imposto de renda na fonte às seguintes alíquotas:

- ▶ Art. 95 da Lei nº 11.196, de 21-11-2005, que dispõe sobre a tributação de planos de benefícios, seguros e fundos de investimento de caráter previdenciário.

I – 35% (trinta e cinco por cento), para recursos com prazo de acumulação inferior ou igual a dois anos;

II – 30% (trinta por cento), para recursos com prazo de acumulação superior a dois anos e inferior ou igual a quatro anos;

III – 25% (vinte e cinco por cento), para recursos com prazo de acumulação superior a quatro anos e inferior ou igual a seis anos;

IV – 20% (vinte por cento), para recursos com prazo de acumulação superior a seis anos e inferior ou igual a oito anos;

V – 15% (quinze por cento), para recursos com prazo de acumulação superior a oito anos e inferior ou igual a dez anos; e

VI – 10% (dez por cento), para recursos com prazo de acumulação superior a dez anos.

§ 1º O disposto neste artigo aplica-se:

I – aos quotistas que ingressarem em Fundo de Aposentadoria Programada Individual – FAPI a partir de 1º de janeiro de 2005;

- ▶ Lei nº 9.477, de 24-7-1997, institui o Fundo de Aposentadoria Programada Individual – FAPI e o Plano de Incentivo à Aposentadoria Programada Individual.

II – aos segurados que ingressarem a partir de 1º de janeiro de 2005 em planos de seguro de vida com cláusula de cobertura por sobrevivência em relação aos rendimentos recebidos a qualquer título pelo beneficiário.

§ 2º O imposto de renda retido na fonte de que trata o *caput* deste artigo será definitivo.

§ 3º Para fins do disposto neste artigo, prazo de acumulação é o tempo decorrido entre o aporte de recursos no plano de benefícios mantido por entidade de previdência complementar, por sociedade seguradora ou em FAPI e o pagamento relativo ao resgate ou ao benefício, calculado na forma a ser disciplinada em ato conjunto da Secretaria da Receita Federal e do respectivo órgão fiscalizador das entidades de previdência complementar, sociedades seguradoras e FAPI, considerando-se o tempo de permanência, a forma e o prazo de recebimento e os valores aportados.

§ 4º Nos casos de portabilidade de recursos e de transferência de participantes e respectivas reservas entre planos de benefícios de que trata o *caput* deste artigo, o prazo de acumulação do participante que, no plano originário, tenha optado pelo regime de tributação previsto neste artigo será computado no plano receptor.

§ 5º As opções de que tratam o *caput* e o § 1º deste artigo serão exercidas pelos participantes e comunicadas pelas entidades de previdência complementar, sociedades seguradoras e pelos administradores de FAPI à Secretaria da Receita Federal na forma por ela disciplinada.

§ 6º A opção de que trata o caput deste artigo poderá ser exercida até o momento da obtenção do benefício ou da requisição do primeiro resgate referente aos valores acumulados em planos de benefícios operados por entidade de previdência complementar ou por sociedade seguradora ou em FAPI e será irretratável.

▸ § 6º com a redação dada pela Lei nº 14.803, de 10-1-2024.

***§ 7º** **Revogado.** Lei nº 14.803, de 10-1-2024.*

§ 8º Caso os participantes não tenham exercido a opção pelo novo regime tributário de que trata este artigo, poderão os assistidos, os beneficiários ou seus representantes legais fazê-lo, desde que atendidos os requisitos necessários para a obtenção do benefício ou do resgate.

▸ § 8º acrescido pela Lei nº 14.803, de 10-1-2024.

Art. 2º É facultada aos participantes que ingressarem até 1º de janeiro de 2005 em planos de benefícios de caráter previdenciário estruturados nas modalidades de contribuição definida ou contribuição variável, a opção pelo regime de tributação de que trata o art. 1º desta Lei.

§ 1º O disposto neste artigo aplica-se:

I – aos quotistas de Fundo de Aposentadoria Programada Individual – FAPI que ingressarem até 1º de janeiro de 2005; e

II – aos segurados que ingressarem até 1º de janeiro de 2005 em planos de seguro de vida com cláusula de cobertura por sobrevivência em relação aos rendimentos recebidos a qualquer título pelo beneficiário.

***§ 2º** **Revogado.** Lei nº 14.803, de 10-1-2024.*

§ 3º Os prazos de acumulação mencionados nos incisos I a VI do art. 1º desta Lei serão contados a partir:

I – de 1º de janeiro de 2005, no caso de aportes de recursos realizados até 31 de dezembro de 2004; e

II – da data do aporte, no caso de aportes de recursos realizados a partir de 1º de janeiro de 2005.

§ 4º Aplica-se às opções realizadas na forma deste artigo o disposto nos §§ 2º a 6º do art. 1º desta Lei.

§ 5º Os valores pagos aos próprios participantes ou aos assistidos, a título de benefícios ou resgates de valores acumulados, antes da formalização da opção referida no § 2º deste artigo, sujeitam-se à incidência de imposto de renda com base na legislação vigente antes da edição desta Lei.

Art. 3º A partir de 1º de janeiro de 2005, os resgates, parciais ou totais, de recursos acumulados relativos a participantes dos planos mencionados no art. 1º desta Lei que não tenham efetuado a opção nele mencionada sujeitam-se à incidência de imposto de renda na fonte à alíquota de 15% (quinze por cento), como antecipação do devido na declaração de ajuste da pessoa física, calculado sobre:

I – os valores de resgate, no caso de planos de previdência, inclusive FAPI;

II – os rendimentos, no caso de seguro de vida com cláusula de cobertura por sobrevivência.

Parágrafo único. O disposto neste artigo não se aplica na hipótese de opção pelo regime de tributação previsto nos arts. 1º e 2º desta Lei.

Art. 4º A partir de 1º de janeiro de 2005, a dedução das contribuições da pessoa jurídica para seguro de vida com cláusula de cobertura por sobrevivência fica condicionada, cumulativamente:

I – ao limite de que trata o § 2º do art. 11 da Lei nº 9.532, de 10 de dezembro de 1997, com a redação dada pela Lei nº 10.887, de 18 de junho de 2004; e

II – a que o seguro seja oferecido indistintamente aos empregados e dirigentes.

Art. 5º A partir de 1º de janeiro de 2005, ficam dispensados a retenção na fonte e o pagamento em separado do imposto de renda sobre os rendimentos e ganhos auferidos nas aplicações de recursos das provisões, reservas técnicas e fundos de planos de benefícios de entidade de previdência complementar, sociedade seguradora e FAPI, bem como de seguro de vida com cláusula de cobertura por sobrevivência.

Parágrafo único. Aplica-se o disposto no *caput* deste artigo aos fundos administrativos constituídos pelas entidades fechadas de previdência complementar e às provisões, reservas técnicas e fundos dos planos assistenciais de que trata o art. 76 da Lei Complementar nº 109, de 29 de maio de 2001.

▶ Parágrafo único acrescido pela Lei nº 11.196, de 21-11-2005.

Art. 6º Os fundos de investimento cuja carteira de títulos tenha prazo médio igual ou inferior a trezentos e sessenta e cinco dias sujeitam-se à incidência do imposto de renda na fonte, por ocasião do resgate, na forma do disposto neste artigo.

§ 1º A carteira de títulos a que se refere o *caput* deste artigo é composta por títulos privados ou públicos federais, prefixados ou indexados à taxa de juros, a índices de preço ou à variação cambial, ou por operações compromissadas lastreadas nos referidos títulos públicos federais e por outros títulos e operações com características assemelhadas, nos termos a serem regulamentados pelo Ministro de Estado da Fazenda.

§ 2º Os rendimentos referidos no art. 1º da Medida Provisória nº 206, de 6 de agosto de 2004, quando auferidos em aplicações nos fundos de investimento referidos no *caput* deste artigo, sujeitam-se ao imposto sobre a renda na fonte, por ocasião do resgate, às seguintes alíquotas:

I – 22,5% (vinte e dois inteiros e cinco décimos por cento), em aplicações com prazo de até seis meses;

II – 20% (vinte por cento), em aplicações com prazo acima de seis meses.

§ 3º Em relação aos fundos de que trata o *caput* deste artigo, sobre os rendimentos tributados semestralmente com base no art. 3º da Lei nº 10.892, de 13 de julho de 2004, incidirá a alíquota de 20% (vinte por cento) e no resgate das quotas será aplicada alíquota complementar àquela prevista no inciso I do § 2º deste artigo, se o resgate ocorrer no prazo de até seis meses.

§ 4º No caso de aplicações existentes em 31 de dezembro de 2004, em relação aos rendimentos produzidos em 2005, os prazos a que se referem os incisos I e II do § 2º deste artigo serão contados a partir:

I – de 1º de julho de 2004, no caso de aplicação efetuada até a data da publicação desta Lei; e

II – da data da aplicação, no caso de aplicação efetuada após a data da publicação desta Lei.

§ 5º É sujeito à tributação na forma deste artigo o fundo de investimento a que se refere o art. 1º da Medida Provisória nº 206, de 2004, se ele tiver sua carteira constituída por títulos com prazo médio igual ou inferior a trezentos e sessenta e cinco dias.

§ 6º Não se aplica o disposto no § 5º deste artigo se, a cada ano-calendário, a carteira do fundo de investimento for constituída por títulos com prazo médio igual ou inferior a trezentos e sessenta e cinco dias por até três períodos e o total dos dias dos períodos for igual ou inferior a quarenta e cinco dias.

§ 7º Na hipótese mencionada no § 5º deste artigo, o quotista terá seus rendimentos tributados na forma prevista no art. 1º da Medida Provisória nº 206, de 2004, até o dia imediatamente anterior ao da alteração de condição, sujeitando-se os rendimentos auferidos a partir de então à tributação prevista no § 2º deste artigo.

§ 8º O disposto neste artigo não se aplica aos fundos e clubes de investimento em ação, aos quais se aplicam as disposições específicas da Medida Provisória nº 206, de 2004.

§ 9º A Secretaria da Receita Federal regulamentará a periodicidade e a metodologia de cálculo do prazo médio a que se refere este artigo.

Art. 7º São mantidas todas as demais regras que disciplinam a incidência do imposto de renda nas hipóteses dos fatos geradores previstos nesta Lei, inclusive as relativas aos limites e às condições para as deduções da base de cálculo do imposto, das contribuições feitas por pessoa física ou jurídica, bem como a isenção a que se refere o *caput* do art. 6º do Decreto-Lei nº 2.065, de 26 de outubro de 1983.

Art. 8º Esta Lei entra em vigor na data de sua publicação, produzindo efeitos a partir de 1º de janeiro de 2005.

Art. 9º São revogados, a partir de 1º de janeiro de 2005, a Medida Provisória nº 2.222, de 4 de setembro de 2001, o art. 4º da Lei nº 10.426, de 24 de abril de 2002, e a Lei nº 10.431, de 24 de abril de 2002.

Brasília, 29 de dezembro de 2004;
183º da Independência e
116º da República.

Luiz Inácio Lula da Silva

LEI COMPLEMENTAR Nº 123, DE 14 DE DEZEMBRO DE 2006

Institui o Estatuto Nacional da Microempresa e da Empresa de Pequeno Porte; altera dispositivos das Leis nºs 8.212 e 8.213, ambas de 24 de julho de 1991, da Consolidação das Leis do Trabalho – CLT, aprovada pelo Decreto-Lei nº 5.452, de 1º de maio de 1943, da Lei nº 10.189, de 14 de fevereiro de 2001, da Lei Complementar nº 63, de 11 de janeiro de 1990; e revoga as Leis nºs 9.317, de 5 de dezembro de 1996, e 9.841, de 5 de outubro de 1999.

- Publicada no *DOU* de 15-12-2006 e republicada no *DOU* de 31-1-2009, Edição Extra. Houve nova republicação no *DOU* de 6-3-2012, em atendimento ao disposto no art. 5º da LC nº 139, de 10-11-2011.
- Arts. 146, parágrafo único, e 179 da CF.
- Arts. 47, I, e 94 do ADCT.
- Lei nº 11.488, de 15-6-2007, cria o Regime Especial de Incentivos para o Desenvolvimento da Infraestrutura – REIDI; reduz para 24 (vinte e quatro) meses o prazo mínimo para utilização dos créditos da Contribuição para o PIS/PASEP e da Contribuição para o Financiamento da Seguridade Social – COFINS decorrentes da aquisição de edificações; e amplia o prazo para pagamento de impostos e contribuições.
- Dec. nº 6.038, de 7-2-2007, institui o Comitê Gestor do Simples Nacional – CGSN.

Capítulo I

DISPOSIÇÕES PRELIMINARES

Art. 1º Esta Lei Complementar estabelece normas gerais relativas ao tratamento diferenciado e favorecido a ser dispensado às microempresas e empresas de pequeno porte no âmbito dos Poderes da União, dos Estados, do Distrito Federal e dos Municípios, especialmente no que se refere:

I – à apuração e recolhimento dos impostos e contribuições da União, dos Estados, do Distrito Federal e dos Municípios, mediante regime único de arrecadação, inclusive obrigações acessórias;

II – ao cumprimento de obrigações trabalhistas e previdenciárias, inclusive obrigações acessórias;

III – ao acesso a crédito e ao mercado, inclusive quanto à preferência nas aquisições de bens e serviços pelos Poderes Públicos, à tecnologia, ao associativismo e às regras de inclusão;

IV – ao cadastro nacional único de contribuintes a que se refere o inciso IV do parágrafo único do art. 146, *in fine*, da Constituição Federal.

- Inciso IV acrescido pela LC nº 147, de 7-8-2014.

§ 1º Cabe ao Comitê Gestor do SIMPLES Nacional (CGSN) apreciar a necessidade de revisão, a partir de 1º de janeiro de 2015, dos valores expressos em moeda nesta Lei Complementar.

- § 1º com a redação dada pela LC nº 139, de 10-11-2011.

§ 2º VETADO.

§ 3º Ressalvado o disposto no Capítulo IV, toda nova obrigação que atinja as microempresas e empresas de pequeno porte deverá apresentar, no instrumento que a instituiu, especificação do tratamento diferenciado, simplificado e favorecido para cumprimento.

§ 4º Na especificação do tratamento diferenciado, simplificado e favorecido de que trata o § 3º, deverá constar prazo máximo, quando forem necessários procedimentos adicionais, para que os órgãos fiscalizadores cumpram as medidas necessárias à emissão de documentos, realização de vistorias e atendimento das demandas realizadas pelas microempresas e empresas de pequeno porte com o objetivo de cumprir a nova obrigação.

§ 5º Caso o órgão fiscalizador descumpra os prazos estabelecidos na especificação do tratamento diferenciado e favorecido, conforme o disposto no § 4º, a nova obrigação será inexigível até que seja realizada visita para fiscalização orientadora e seja reiniciado o prazo para regularização.

§ 6º A ausência de especificação do tratamento diferenciado, simplificado e favorecido ou da determinação de prazos máximos, de acordo com os §§ 3º e 4º, tornará a nova obrigação inexigível para as microempresas e empresas de pequeno porte.

§ 7º A inobservância do disposto nos §§ 3º a 6º resultará em atentado aos direitos e garantias legais assegurados ao exercício profissional da atividade empresarial.

► §§ 3º a 7º acrescidos pela LC nº 147, de 7-8-2014.

Art. 2º O tratamento diferenciado e favorecido a ser dispensado às microempresas e empresas de pequeno porte de que trata o art. 1º desta Lei Complementar será gerido pelas instâncias a seguir especificadas:

I – Comitê Gestor do SIMPLES Nacional, vinculado ao Ministério da Economia, composto de 4 (quatro) representantes da União, 2 (dois) dos Estados e do Distrito Federal, 2 (dois) dos Municípios, 1 (um) do Serviço Brasileiro de Apoio às Micro e Pequenas Empresas (SEBRAE) e 1 (um) das confederações nacionais de representação do segmento de microempresas e empresas de pequeno porte referidas no art. 11 da Lei Complementar nº 147, de 7 de agosto de 2014, para tratar dos aspectos tributários;

► Inciso I com a redação dada pela LC nº 188, de 31-12-2021.

II – Fórum Permanente das Microempresas e Empresas de Pequeno Porte, com a participação dos órgãos federais competentes e das entidades vinculadas ao setor, para tratar dos demais aspectos, ressalvado o disposto no inciso III do *caput* deste artigo;

► Inciso II com a redação dada pela LC nº 128, de 19-12-2008.

III – Comitê para Gestão da Rede Nacional para Simplificação do Registro e da Legalização de Empresas e Negócios – CGSIM, vinculado à Secretaria da Micro e Pequena Empresa da Presidência da República, composto por representantes da União, dos Estados e do Distrito Federal, dos Municípios e demais órgãos de apoio e de registro empresarial, na forma definida pelo Poder Executivo, para tratar do processo de registro e de legalização de empresários e de pessoas jurídicas.

► Inciso III com a redação dada pela LC nº 147, de 7-8-2014.

§ 1º Os Comitês de que tratam os incisos I e III do *caput* deste artigo serão presididos e coordenados por representantes da União.

§ 2º Os representantes dos Estados e do Distrito Federal nos Comitês referidos nos incisos I e III do *caput* deste artigo serão indicados pelo Conselho Nacional de Política Fazendária – CONFAZ e os dos Municípios serão indicados, um pela entidade representativa das Secretarias de Finanças das Capitais e outro pelas entidades de representação nacional dos Municípios brasileiros.

§ 3º As entidades de representação referidas no inciso III do *caput* e no § 2º deste artigo serão aquelas regularmente constituídas há pelo menos 1 (um) ano antes da publicação desta Lei Complementar.

► §§ 1º a 3º com a redação dada pela LC nº 128, de 19-12-2008.

§ 4º Os comitês de que tratam os incisos I e III do *caput* deste artigo elaborarão seus regimentos internos mediante resolução, observado, quanto ao CGSN, o disposto nos §§ 4º-A e 4º-B deste artigo.

► § 4º com a redação dada pela LC nº 188, de 31-12-2021.

§ 4º-A. O quórum mínimo para a realização das reuniões do CGSN será de 3/4 (três quartos) dos componentes, dos quais um deles será necessariamente o Presidente.

§ 4º-B. As deliberações do CGSN serão tomadas por 3/4 (três quartos) dos componentes presentes às reuniões, presenciais ou virtuais, ressalvadas as decisões que determinem a exclusão de ocupações autorizadas a atuar na qualidade de

Microempreendedor Individual (MEI), quando a deliberação deverá ser unânime.

▸ §§ 4º-A e 4º-B acrescidos pela LC nº 188, de 31-12-2021.

§ 5º O Fórum referido no inciso II do *caput* deste artigo tem por finalidade orientar e assessorar a formulação e coordenação da política nacional de desenvolvimento das microempresas e empresas de pequeno porte, bem como acompanhar e avaliar a sua implantação, sendo presidido e coordenado pela Secretaria da Micro e Pequena Empresa da Presidência da República.

▸ § 5º com a redação dada pela Lei nº 12.792, de 28-3-2013.

§ 6º Ao Comitê de que trata o inciso I do *caput* deste artigo compete regulamentar a opção, exclusão, tributação, fiscalização, arrecadação, cobrança, dívida ativa, recolhimento e demais itens relativos ao regime de que trata o art. 12 desta Lei Complementar, observadas as demais disposições desta Lei Complementar.

§ 7º Ao Comitê de que trata o inciso III do *caput* deste artigo compete, na forma da lei, regulamentar a inscrição, cadastro, abertura, alvará, arquivamento, licenças, permissão, autorização, registros e demais itens relativos à abertura, legalização e funcionamento de empresários e de pessoas jurídicas de qualquer porte, atividade econômica ou composição societária.

§ 8º Os membros dos Comitês de que tratam os incisos I e III do *caput* deste artigo serão designados, respectivamente, pelos Ministros de Estado da Fazenda e da Secretaria da Micro e Pequena Empresa da Presidência da República, mediante indicação dos órgãos e entidades vinculados.

▸ § 8º com a redação dada pela LC nº 147, de 7-8-2014.

§ 8º Os membros dos comitês de que tratam os incisos I e III do *caput* deste artigo serão designados pelo Ministro de Estado da Economia, mediante indicação dos órgãos e entidades vinculados.

▸ § 8º com a redação dada pela LC nº 188, de 31-12-2021.

§ 8º-A. Dos membros da União que compõem o comitê de que trata o inciso I do *caput* deste artigo, 3 (três) serão representantes da Secretaria Especial da Receita Federal do Brasil e 1 (um) da Subsecretaria de Desenvolvimento das Micro e Pequenas Empresas, Empreendedorismo e Artesanato da Secretaria Especial de Produtividade e Competitividade ou do órgão que vier a substituí-la.

§ 8º-B. A vaga das confederações nacionais de representação do segmento de microempresas e empresas de pequeno porte no comitê de que trata o inciso I do *caput* deste artigo será ocupada em regime de rodízio anual entre as confederações.

▸ §§ 8º-A e 8º-B acrescidos pela LC nº 188, de 31-12-2021.

§ 9º O CGSN poderá determinar, com relação à microempresa e à empresa de pequeno porte optante pelo Simples Nacional, a forma, a periodicidade e o prazo:

I – de entrega à Secretaria da Receita Federal do Brasil – RFB de uma única declaração com dados relacionados a fatos geradores, base de cálculo e valores da contribuição para a Seguridade Social devida sobre a remuneração do trabalho, inclusive a descontada dos trabalhadores a serviço da empresa, do Fundo de Garantia do Tempo de Serviço – FGTS e outras informações de interesse do Ministério do Trabalho e Emprego – MTE, do Instituto Nacional do Seguro Social – INSS e do Conselho Curador do FGTS, observado o disposto no § 7º deste artigo; e

II – do recolhimento das contribuições descritas no inciso I e do FGTS.

§ 10. O recolhimento de que trata o inciso II do § 9º deste artigo poderá se dar de forma unificada relativamente aos tributos apurados na forma do Simples Nacional.

§ 11. A entrega da declaração de que trata o inciso I do § 9º substituirá, na forma regulamentada pelo CGSN, a obrigatoriedade de entrega de todas as informações, formulários e declarações a que estão sujeitas as demais empresas ou equiparados que contratam trabalhadores, inclusive relativamente ao recolhimento do FGTS, à Relação Anual de Informações Sociais e ao Cadastro Geral de Empregados e Desempregados.

§ 12. Na hipótese de recolhimento do FGTS na forma do inciso II do § 9º deste artigo, deve-se assegurar a transferência dos recursos e dos elementos identificadores do recolhimento ao gestor desse fundo para crédito na conta vinculada do trabalhador.

§ 13. O documento de que trata o inciso I do § 9º tem caráter declaratório, constituindo instrumento hábil e suficiente para a exigência dos tributos, contribuições e dos débitos fundiários que não tenham sido recolhidos resultantes das informações nele prestadas.

▸ §§ 9º a 13 acrescidos pela LC nº 147, de 7-8-2014.

Capítulo II

DA DEFINIÇÃO DE MICROEMPRESA E DE EMPRESA DE PEQUENO PORTE

Art. 3º Para os efeitos desta Lei Complementar, consideram-se microempresas ou empresas de pequeno porte a sociedade empresária, a sociedade simples, a empresa individual de responsabilidade limitada e o empresário a que se refere o art. 966 da Lei nº 10.406, de 10 de janeiro de 2002 (Código Civil), devidamente registrados no Registro de Empresas Mercantis ou no Registro Civil de Pessoas Jurídicas, conforme o caso, desde que:

▸ *Caput* com a redação dada pela LC nº 139, de 10-11-2011.

▸ Art. 6º da Lei nº 13.988, de 14-4-2020 (Lei da Transação Tributária).

I – no caso da microempresa, aufira, em cada ano-calendário, receita bruta igual ou inferior a R$ 360.000,00 (trezentos e sessenta mil reais); e

▸ Inciso I com a redação dada pela LC nº 139, de 10-11-2011.

II – no caso de empresa de pequeno porte, aufira, em cada ano-calendário, receita bruta superior a R$ 360.000,00 (trezentos e sessenta mil reais) e igual ou inferior a R$ 4.800.000,00 (quatro milhões e oitocentos mil reais).

▸ Inciso II com a redação dada pela LC nº 155, de 27-10-2016.

▸ Art. 16, § 1º, desta Lei Complementar.

§ 1º Considera-se receita bruta, para fins do disposto no *caput* deste artigo, o produto da venda de bens e serviços nas operações de conta própria, o preço dos serviços prestados e o resultado nas operações em conta alheia, não incluídas as vendas canceladas e os descontos incondicionais concedidos.

§ 2º No caso de início de atividade no próprio ano-calendário, o limite a que se refere o *caput* deste artigo será proporcional ao número de meses em que a microempresa ou a empresa de pequeno porte houver exercido atividade, inclusive as frações de meses.

§ 3º O enquadramento do empresário ou da sociedade simples ou empresária como microempresa ou empresa de pequeno porte bem como o seu desenquadramento não implicarão alteração, denúncia ou qualquer restrição em relação a contratos por elas anteriormente firmados.

§ 4º Não poderá se beneficiar do tratamento jurídico diferenciado previsto nesta Lei Complementar, incluído o regime de que trata o art. 12 desta Lei Complementar, para nenhum efeito legal, a pessoa jurídica:

▸ *Caput* do § 4º com a redação dada pela LC nº 128, de 19-12-2008.

I – de cujo capital participe outra pessoa jurídica;

II – que seja filial, sucursal, agência ou representação, no País, de pessoa jurídica com sede no exterior;

III – de cujo capital participe pessoa física que seja inscrita como empresário ou seja sócia de outra empresa que receba tratamento jurídico diferenciado nos termos desta Lei Complementar, desde que a receita bruta global ultrapasse o limite de que trata o inciso II do *caput* deste artigo;

IV – cujo titular ou sócio participe com mais de 10% (dez por cento) do capital de outra empresa não beneficiada por esta Lei Complementar, desde que a receita bruta global ultrapasse o limite de que trata o inciso II do *caput* deste artigo;

V – cujo sócio ou titular seja administrador ou equiparado de outra pessoa jurídica com fins lucrativos, desde que a receita bruta global ultrapasse o limite de que trata o inciso II do *caput* deste artigo;

VI – constituída sob a forma de cooperativas, salvo as de consumo;

VII – que participe do capital de outra pessoa jurídica;

VIII – que exerça atividade de banco comercial, de investimentos e de desenvolvimento, de caixa econômica, de sociedade de crédito, financiamento e investimento ou de crédito imobiliário, de corretora ou de distribuidora de títulos, valores mobiliários e câmbio, de empresa de arrendamento mercantil, de seguros privados e de capitalização ou de previdência complementar;

IX – resultante ou remanescente de cisão ou qualquer outra forma de desmembramento de pessoa jurídica que tenha ocorrido em um dos 5 (cinco) anos-calendário anteriores;

X – constituída sob a forma de sociedade por ações;

XI – cujos titulares ou sócios guardem, cumulativamente, com o contratante do serviço, relação de pessoalidade, subordinação e habitualidade.

▶ Inciso XI acrescido pela LC nº 147, de 7-8-2014.

▶ Art. 3º da CLT.

§ 5º O disposto nos incisos IV e VII do § 4º deste artigo não se aplica à participação no capital de cooperativas de crédito, bem como em centrais de compras, bolsas de subcontratação, no consórcio referido no art. 50 desta Lei Complementar e na sociedade de propósito específico prevista no art. 56 desta Lei Complementar, e em associações assemelhadas, sociedades de interesse econômico, sociedades de garantia solidária e outros tipos de sociedade, que tenham como objetivo social a defesa exclusiva dos interesses econômicos das microempresas e empresas de pequeno porte.

▶ § 5º com a redação dada pela LC nº 128, de 19-12-2008.

§ 6º Na hipótese de a microempresa ou empresa de pequeno porte incorrer em alguma das situações previstas nos incisos do § 4º, será excluída do tratamento jurídico diferenciado previsto nesta Lei Complementar, bem como do regime de que trata o art. 12, com efeitos a partir do mês seguinte ao que incorrida a situação impeditiva.

▶ § 6º com a redação dada pela LC nº 139, de 10-11-2011.

§ 7º Observado o disposto no § 2º deste artigo, no caso de início de atividades, a microempresa que, no ano-calendário, exceder o limite de receita bruta anual previsto no inciso I do *caput* deste artigo passa, no ano-calendário seguinte, à condição de empresa de pequeno porte.

§ 8º Observado o disposto no § 2º deste artigo, no caso de início de atividades, a empresa de pequeno porte que, no ano-calendário, não ultrapassar o limite de receita bruta anual previsto no inciso I do *caput* deste artigo passa, no ano-calendário seguinte, à condição de microempresa.

§ 9º A empresa de pequeno porte que, no ano-calendário, exceder o limite de receita bruta anual previsto no inciso II do *caput* fica excluída, no mês subsequente à ocorrência do excesso, do tratamento jurídico diferenciado previsto nesta Lei Complementar, incluído o regime de que trata o art. 12, para todos os efeitos legais, ressalvado o disposto nos §§ 9º-A, 10 e 12.

▶ § 9º com a redação dada pela LC nº 139, de 10-11-2011.

§ 9º-A. Os efeitos da exclusão prevista no § 9º dar-se-ão no ano-calendário subsequente se o excesso verificado em relação à receita bruta não for superior a 20% (vinte por cento) do limite referido no inciso II do *caput*.

▶ § 9º-A acrescido pela LC nº 139, de 10-11-2011.

§ 10. A empresa de pequeno porte que no decurso do ano-calendário de início de atividade ultrapassar o limite proporcional de receita bruta de que trata o § 2º estará excluída do tratamento jurídico diferenciado previsto nesta Lei Complementar, bem como do regime de que trata o art. 12 desta Lei Complementar, com efeitos retroativos ao início de suas atividades.

▶ Art. 31, III, *b*, desta Lei Complementar.

§ 11. Na hipótese de o Distrito Federal, os Estados e os respectivos Municípios adotarem um dos limites previstos nos incisos I e II do *caput* do art. 19 e no art. 20, caso a receita bruta auferida pela empresa durante o ano-calendário de início de atividade ultrapasse 1/12 (um doze avos) do limite estabelecido multiplicado pelo número de meses de funcionamento nesse período, a empresa não poderá recolher o ICMS e o ISS na forma do SIMPLES Nacional, relativos ao estabelecimento localizado na unidade da federação que os houver adotado, com efeitos retroativos ao início de suas atividades.

§ 12. A exclusão de que trata o § 10 não retroagirá ao início das atividades se o excesso verificado em relação à receita bruta não for superior a 20% (vinte por cento) do respectivo limite referido naquele parágrafo, hipótese em que os efeitos da exclusão dar-se-ão no ano-calendário subsequente.

▶ §§ 10 a 12 com a redação dada pela LC nº 139, de 10-11-2011.

§ 13. O impedimento de que trata o § 11 não retroagirá ao início das atividades se o excesso verificado em relação à receita bruta não for superior a 20% (vinte por cento) dos respectivos limites referidos naquele parágrafo, hipótese em que os efeitos do impedimento ocorrerão no ano-calendário subsequente.

▶ § 13 acrescido pela LC nº 139, de 10-11-2011.

§ 14. Para fins de enquadramento como microempresa ou empresa de pequeno porte, poderão ser auferidas receitas no mercado interno até o limite previsto no inciso II do *caput* ou no § 2º, conforme o caso, e, adicionalmente, receitas decorrentes da exportação de mercadorias ou serviços, inclusive quando realizada por meio de comercial exportadora ou da sociedade de propósito específico prevista no art. 56 desta Lei Complementar, desde que as receitas de exportação também não excedam os referidos limites de receita bruta anual.

► § 14 com a redação dada pela LC nº 147, de 7-8-2014.

§ 15. Na hipótese do § 14, para fins de determinação da alíquota de que trata o § 1º do art. 18, da base de cálculo prevista em seu § 3º e das majorações de alíquotas previstas em seus §§ 16, 16-A, 17 e 17-A, serão consideradas separadamente as receitas brutas auferidas no mercado interno e aquelas decorrentes da exportação.

► § 15 com a redação dada pela LC nº 147, de 7-8-2014.

§ 16. O disposto neste artigo será regulamentado por resolução do CGSN.

► § 16 acrescido pela LC nº 147, de 7-8-2014.

§§ 17 e 18. VETADOS. LC nº 155, de 27-10-2016.

Art. 3º-A. Aplica-se ao produtor rural pessoa física e ao agricultor familiar conceituado na Lei nº 11.326, de 24 de julho de 2006, com situação regular na Previdência Social e no Município que tenham auferido receita bruta anual até o limite de que trata o inciso II do *caput* do art. 3º o disposto nos arts. 6º e 7º, nos Capítulos V a X, na Seção IV do Capítulo XI e no Capítulo XII desta Lei Complementar, ressalvadas as disposições da Lei nº 11.718, de 20 de junho de 2008.

Parágrafo único. A equiparação de que trata o *caput* não se aplica às disposições do Capítulo IV desta Lei Complementar.

Art. 3º-B. Os dispositivos desta Lei Complementar, com exceção dos dispostos no Capítulo IV, são aplicáveis a todas as microempresas e empresas de pequeno porte, assim definidas pelos incisos I e II do *caput* e § 4º do art. 3º, ainda que não enquadradas no regime tributário do Simples Nacional, por vedação ou por opção.

► Arts. 3º-A e 3º-B acrescidos pela LC nº 147, de 7-8-2014.

Capítulo III

DA INSCRIÇÃO E DA BAIXA

Art. 4º Na elaboração de normas de sua competência, os órgãos e entidades envolvidos na abertura e fechamento de empresas, dos 3 (três) âmbitos de governo, deverão considerar a unicidade do processo de registro e de legalização de empresários e de pessoas jurídicas, para tanto devendo articular as competências próprias com aquelas dos demais membros, e buscar, em conjunto, compatibilizar e integrar procedimentos, de modo a evitar a duplicidade de exigências e garantir a linearidade do processo, da perspectiva do usuário.

§ 1º O processo de abertura, registro, alteração e baixa da microempresa e empresa de pequeno porte, bem como qualquer exigência para o início de seu funcionamento, deverão ter trâmite especial e simplificado, preferencialmente eletrônico, opcional para o empreendedor, observado o seguinte:

► *Caput* do § 1º com a redação dada pela LC nº 147, de 7-8-2014.

I – poderão ser dispensados o uso da firma, com a respectiva assinatura autógrafa, o capital, requerimentos, demais assinaturas, informações relativas ao estado civil e regime de bens, bem como remessa de documentos, na forma estabelecida pelo CGSIM; e

► Inciso I acrescido pela LC nº 139 de 10-11-2011.

II – *Revogado*. LC nº 147, de 7-8-2014.

§ 2º *Revogado*. LC nº 139, de 10-11-2011.

§ 3º Ressalvado o disposto nesta Lei Complementar, ficam reduzidos a 0 (zero) todos os custos, inclusive prévios, relativos à abertura, à inscrição, ao registro, ao funcionamento, ao alvará, à licença, ao cadastro, às alterações e procedimentos de baixa e encerramento e aos demais itens relativos ao Microempreendedor Individual, incluindo os valores referentes a taxas, a emolumentos e a demais contribuições relativas aos órgãos de registro, de licenciamento, sindicais, de regulamentação, de anotação de responsabilidade técnica, de vistoria e de fiscalização do exercício de profissões regulamentadas.

► § 3º com a redação dada pela LC nº 147, de 7-8-2014.

§ 3º-A. O agricultor familiar, definido conforme a Lei nº 11.326, de 24 de julho de 2006, e identificado pela Declaração de Aptidão ao PRONAF – DAP física ou jurídica, bem como o

MEI e o empreendedor de economia solidária ficam isentos de taxas e outros valores relativos à fiscalização da vigilância sanitária.

§ 4º No caso do MEI, de que trata o art. 18-A desta Lei Complementar, a cobrança associativa ou oferta de serviços privados relativos aos atos de que trata o § 3º deste artigo somente poderá ser efetuada a partir de demanda prévia do próprio MEI, firmado por meio de contrato com assinatura autógrafa, observando-se que:

I – para a emissão de boletos de cobrança, os bancos públicos e privados deverão exigir das instituições sindicais e associativas autorização prévia específica a ser emitida pelo CGSIM;

II – o desrespeito ao disposto neste parágrafo configurará vantagem ilícita pelo induzimento ao erro em prejuízo do MEI, aplicando-se as sanções previstas em lei.

▸ §§ 3º-A a 4º acrescidos pela LC nº 147, de 7-8-2014.

§ 5º VETADO. LC nº 147, de 7-8-2014.

§ 6º Na ocorrência de fraude no registro do Microempreendedor Individual – MEI feito por terceiros, o pedido de baixa deve ser feito por meio exclusivamente eletrônico, com efeitos retroativos à data de registro, na forma a ser regulamentada pelo CGSIM, não sendo aplicáveis os efeitos do § 1º do art. 29 desta Lei Complementar.

▸ § 6º acrescido pela LC nº 155, de 27-10-2016.

Art. 5º Os órgãos e entidades envolvidos na abertura e fechamento de empresas, dos 3 (três) âmbitos de governo, no âmbito de suas atribuições, deverão manter à disposição dos usuários, de forma presencial e pela rede mundial de computadores, informações, orientações e instrumentos, de forma integrada e consolidada, que permitam pesquisas prévias às etapas de registro ou inscrição, alteração e baixa de empresários e pessoas jurídicas, de modo a prover ao usuário certeza quanto à documentação exigível e quanto à viabilidade do registro ou inscrição.

Parágrafo único. As pesquisas prévias à elaboração de ato constitutivo ou de sua alteração deverão bastar a que o usuário seja informado pelos órgãos e entidades competentes:

I – da descrição oficial do endereço de seu interesse e da possibilidade de exercício da atividade desejada no local escolhido;

II – de todos os requisitos a serem cumpridos para obtenção de licenças de autorização de funcionamento, segundo a atividade pretendida, o porte, o grau de risco e a localização; e

III – da possibilidade de uso do nome empresarial de seu interesse.

Art. 6º Os requisitos de segurança sanitária, metrologia, controle ambiental e prevenção contra incêndios, para os fins de registro e legalização de empresários e pessoas jurídicas, deverão ser simplificados, racionalizados e uniformizados pelos órgãos envolvidos na abertura e fechamento de empresas, no âmbito de suas competências.

§ 1º Os órgãos e entidades envolvidos na abertura e fechamento de empresas que sejam responsáveis pela emissão de licenças e autorizações de funcionamento somente realizarão vistorias após o início de operação do estabelecimento, quando a atividade, por sua natureza, comportar grau de risco compatível com esse procedimento.

§ 2º Os órgãos e entidades competentes definirão, em 6 (seis) meses, contados da publicação desta Lei Complementar, as atividades cujo grau de risco seja considerado alto e que exigirão vistoria prévia.

§ 3º Na falta de legislação estadual, distrital ou municipal específica relativa à definição do grau de risco da atividade aplicar-se-á resolução do CGSIM.

§ 4º A classificação de baixo grau de risco permite ao empresário ou à pessoa jurídica a obtenção do licenciamento de atividade mediante o simples fornecimento de dados e a substituição da comprovação prévia do cumprimento de exigências e restrições por declarações do titular ou responsável.

§ 5º O disposto neste artigo não é impeditivo da inscrição fiscal.

▸ §§ 3º a 5º acrescidos pela LC nº 147, de 7-8-2014.

Art. 7º Exceto nos casos em que o grau de risco da atividade seja considerado alto, os Municípios emitirão Alvará de Funcionamento Provisório, que permitirá o início de operação do estabelecimento imediatamente após o ato de registro.

Parágrafo único. Nos casos referidos no *caput* deste artigo, poderá o Município conceder Alvará de Funcionamento Provisório para o microempreendedor individual, para microempresas e para empresas de pequeno porte:

▸ *Caput* do parágrafo único acrescido pela LC nº 128, de 19-12-2008.

I – instaladas em área ou edificação desprovidas de regulação fundiária e imobiliária, inclusive habite-se; ou

▸ Inciso I com a redação dada pela LC nº 147, de 7-8-2014.

II – em residência do microempreendedor individual ou do titular ou sócio da microempresa ou empresa de pequeno porte, na hipótese em que a atividade não gere grande circulação de pessoas.

▸ Inciso II acrescido pela LC nº 128, de 19-12-2008.

Art. 8º Será assegurado aos empresários e pessoas jurídicas:

I – entrada única de dados e documentos;

II – processo de registro e legalização integrado entre os órgãos e entes envolvidos, por meio de sistema informatizado que garanta:

a) sequenciamento das seguintes etapas: consulta prévia de nome empresarial e de viabilidade de localização, registro empresarial, inscrições fiscais e licenciamento de atividade;

b) criação da base nacional cadastral única de empresas;

III – identificação nacional cadastral única que corresponderá ao número de inscrição no Cadastro Nacional de Pessoas Jurídicas – CNPJ.

§ 1º O sistema de que trata o inciso II do *caput* deve garantir aos órgãos e entidades integrados:

I – compartilhamento irrestrito dos dados da base nacional única de empresas;

II – autonomia na definição das regras para comprovação do cumprimento de exigências nas respectivas etapas do processo.

§ 2º A identificação nacional cadastral única substituirá para todos os efeitos as demais inscrições, sejam elas federais, estaduais ou municipais, após a implantação do sistema a que se refere o inciso II do *caput*, no prazo e na forma estabelecidos pelo CGSIM.

§ 3º É vedado aos órgãos e entidades integrados ao sistema informatizado de que trata o inciso II do *caput* o estabelecimento de exigências não previstas em lei.

§ 4º A coordenação do desenvolvimento e da implantação do sistema de que trata o inciso II do *caput* ficará a cargo do CGSIM.

▸ Art. 8º com a redação dada pela LC nº 147, de 7-8-2014.

Art. 9º O registro dos atos constitutivos, de suas alterações e extinções (baixas), referentes a empresários e pessoas jurídicas em qualquer órgão dos 3 (três) âmbitos de governo ocorrerá independentemente da regularidade de obrigações tributárias, previdenciárias ou trabalhistas, principais ou acessórias, do empresário, da sociedade, dos sócios, dos administradores ou de empresas de que participem, sem prejuízo das responsabilidades do empresário, dos titulares, dos sócios ou dos administradores por tais obrigações, apuradas antes ou após o ato de extinção.

▸ *Caput* com a redação dada pela LC nº 147, de 7-8-2014.

§ 1º O arquivamento, nos órgãos de registro, dos atos constitutivos de empresários, de sociedades empresárias e de demais equiparados que se enquadrarem como microempresa ou empresa de pequeno porte bem como o arquivamento de suas alterações são dispensados das seguintes exigências:

I – certidão de inexistência de condenação criminal, que será substituída por declaração do titular ou administrador, firmada sob as penas da lei, de não estar impedido de exercer atividade mercantil ou a administração de sociedade, em virtude de condenação criminal;

II – prova de quitação, regularidade ou inexistência de débito referente a tributo ou contribuição de qualquer natureza.

§ 2º Não se aplica às microempresas e às empresas de pequeno porte o disposto no § 2º do art. 1º da Lei nº 8.906, de 4 de julho de 1994.

§ 3º *Revogado*. LC nº 147, de 7-8-2014.

§ 4º A baixa do empresário ou da pessoa jurídica não impede que, posteriormente, sejam lançados ou cobrados tributos, contribuições e respectivas penalidades, decorrentes da falta do cumprimento de obrigações ou da prática comprovada e apurada em processo administrativo ou judicial de outras irregularidades praticadas pelos empresários, pelas pessoas jurídicas ou por seus titulares, sócios ou administradores.

§ 5º A solicitação de baixa do empresário ou da pessoa jurídica importa responsabilidade solidária dos empresários, dos titulares, dos sócios e dos administradores no período da ocorrência dos respectivos fatos geradores.

► §§ 4º e 5º com a redação dada pela LC nº 147, de 7-8-2014.

§ 6º Os órgãos referidos no *caput* deste artigo terão o prazo de 60 (sessenta) dias para efetivar a baixa nos respectivos cadastros.

§ 7º Ultrapassado o prazo previsto no § 6º deste artigo sem manifestação do órgão competente, presumir-se-á a baixa dos registros das microempresas e a das empresas de pequeno porte.

§§ 8º a 12. *Revogados.* LC nº 147, de 7-8-2014.

Art. 10. Não poderão ser exigidos pelos órgãos e entidades envolvidos na abertura e fechamento de empresas, dos 3 (três) âmbitos de governo:

I – excetuados os casos de autorização prévia, quaisquer documentos adicionais aos requeridos pelos órgãos executores do Registro Público de Empresas Mercantis e Atividades Afins e do Registro Civil de Pessoas Jurídicas;

II – documento de propriedade ou contrato de locação do imóvel onde será instalada a sede, filial ou outro estabelecimento, salvo para comprovação do endereço indicado;

III – comprovação de regularidade de prepostos dos empresários ou pessoas jurídicas com seus órgãos de classe, sob qualquer forma, como requisito para deferimento de ato de inscrição, alteração ou baixa de empresa, bem como para autenticação de instrumento de escrituração.

Art. 11. Fica vedada a instituição de qualquer tipo de exigência de natureza documental ou formal, restritiva ou condicionante, pelos órgãos envolvidos na abertura e fechamento de empresas, dos 3 (três) âmbitos de governo, que exceda o estrito limite dos requisitos pertinentes à essência do ato de registro, alteração ou baixa da empresa.

CAPÍTULO IV

DOS TRIBUTOS E CONTRIBUIÇÕES

SEÇÃO I

DA INSTITUIÇÃO E ABRANGÊNCIA

Art. 12. Fica instituído o Regime Especial Unificado de Arrecadação de Tributos e Contribuições devidos pelas Microempresas e Empresas de Pequeno Porte – SIMPLES Nacional.

► Arts. 1º, 2º e 7º da Lei nº 11.898, de 8-1-2009, que institui o Regime de Tributação Unificada – RTU na importação, por via terrestre, de mercadorias procedentes do Paraguai; e altera as Leis nºs 10.637, de 30 de dezembro de 2002, e 10.833, de 29 de dezembro de 2003.

Parágrafo único. VETADO. LC nº 155, de 27-10-2016.

Art. 13. O SIMPLES Nacional implica o recolhimento mensal, mediante documento único de arrecadação, dos seguintes impostos e contribuições:

I – Imposto sobre a Renda da Pessoa Jurídica – IRPJ;

II – Imposto sobre Produtos Industrializados – IPI, observado o disposto no inciso XII do § 1º deste artigo;

III – Contribuição Social sobre o Lucro Líquido – CSLL;

IV – Contribuição para o Financiamento da Seguridade Social – COFINS, observado o disposto no inciso XII do § 1º deste artigo;

V – Contribuição para o PIS/PASEP, observado o disposto no inciso XII do § 1º deste artigo;

VI – Contribuição Patronal Previdenciária – CPP para a Seguridade Social, a cargo da pessoa jurídica, de que trata o art. 22 da Lei nº 8.212, de 24 de julho de 1991, exceto no caso da microempresa e da empresa de pequeno porte que se dedique às atividades de prestação de serviços referidas no § 5º-C do art. 18 desta Lei Complementar;

► Inciso VI com a redação dada pela LC nº 128, de 19-12-2008.

► Arts. 18, § 5º-C, desta Lei Complementar.

► Súm. nº 425 do STJ.

VII – Imposto sobre Operações Relativas à Circulação de Mercadorias e Sobre Prestações de Serviços de Transporte Interestadual e Intermunicipal e de Comunicação – ICMS;

VIII – Imposto sobre Serviços de Qualquer Natureza – ISS.

§ 1º O recolhimento na forma deste artigo não exclui a incidência dos seguintes impostos ou contribuições, devidos na qualidade de contribuinte ou responsável, em relação aos quais será observada a legislação aplicável às demais pessoas jurídicas:

I – Imposto sobre Operações de Crédito, Câmbio e Seguro, ou Relativas a Títulos ou Valores Mobiliários – IOF;

II – Imposto sobre a Importação de Produtos Estrangeiros – II;

III – Imposto sobre a Exportação, para o Exterior, de Produtos Nacionais ou Nacionalizados – IE;

IV – Imposto sobre a Propriedade Territorial Rural – ITR;

▶ Inciso IV com a redação dada pela LC nº 128, de 19-12-2008.

V – Imposto de Renda, relativo aos rendimentos ou ganhos líquidos auferidos em aplicações de renda fixa ou variável;

VI – Imposto de Renda relativo aos ganhos de capital auferidos na alienação de bens do ativo permanente;

VII – Contribuição Provisória sobre Movimentação ou Transmissão de Valores e de Créditos e Direitos de Natureza Financeira – CPMF;

VIII – Contribuição para o Fundo de Garantia do Tempo de Serviço – FGTS;

IX – Contribuição para manutenção da Seguridade Social, relativa ao trabalhador;

X – Contribuição para a Seguridade Social, relativa à pessoa do empresário, na qualidade de contribuinte individual;

XI – Imposto de Renda relativo aos pagamentos ou créditos efetuados pela pessoa jurídica a pessoas físicas;

XII – Contribuição para o PIS/PASEP, COFINS e IPI incidentes na importação de bens e serviços;

XIII – ICMS devido:

a) nas operações sujeitas ao regime de substituição tributária, tributação concentrada em uma única etapa (monofásica) e sujeitas ao regime de antecipação do recolhimento do imposto com encerramento de tributação, envolvendo combustíveis e lubrificantes; energia elétrica; cigarros e outros produtos derivados do fumo; bebidas; óleos e azeites vegetais comestíveis; farinha de trigo e misturas de farinha de trigo; massas alimentícias; açúcares; produtos lácteos; carnes e suas preparações; preparações à base de cereais; chocolates; produtos de padaria e da indústria de bolachas e biscoitos; sorvetes e preparados para fabricação de sorvetes em máquinas; cafés e mates, seus extratos, essências e concentrados; preparações para molhos e molhos preparados; preparações de produtos vegetais; rações para animais domésticos; veículos automotivos e automotores, suas peças, componentes e acessórios; pneumáticos; câmaras de ar e protetores de borracha; medicamentos e outros produtos farmacêuticos para uso humano ou veterinário; cosméticos; produtos de perfumaria e de higiene pessoal; papéis; plásticos; canetas e malas; cimentos; cal e argamassas; produtos cerâmicos; vidros; obras de metal e plástico para construção; telhas e caixas d'água; tintas e vernizes; produtos eletrônicos, eletroeletrônicos e eletrodomésticos; fios; cabos e outros condutores; transformadores elétricos e reatores; disjuntores; interruptores e tomadas; isoladores; para-raios e lâmpadas; máquinas e aparelhos de ar-condicionado; centrifugadores de uso doméstico; aparelhos e instrumentos de pesagem de uso doméstico; extintores; aparelhos ou máquinas de barbear; máquinas de cortar o cabelo ou de tosquiar; aparelhos de depilar, com motor elétrico incorporado; aquecedores elétricos de água para uso doméstico e termômetros; ferramentas; álcool etílico; sabões em pó e líquidos para roupas; detergentes; alvejantes; esponjas; palhas de aço e amaciantes de roupas; venda de mercadorias pelo sistema porta a porta; nas operações sujeitas ao regime de substituição tributária pelas operações anteriores; e nas prestações de serviços sujeitas aos regimes de substituição tributária e de antecipação de recolhimento do imposto com encerramento de tributação;

▶ Alínea *a* com a redação dada LC nº 147, de 7-8-2014.

b) por terceiro, a que o contribuinte se ache obrigado, por força da legislação estadual ou distrital vigente;

c) na entrada, no território do Estado ou do Distrito Federal, de petróleo, inclusive lubrificantes e combustíveis líquidos e gasosos dele derivados, bem como energia elétrica, quando não destinados à comercialização ou industrialização;

d) por ocasião do desembaraço aduaneiro;

e) na aquisição ou manutenção em estoque de mercadoria desacobertada de documento fiscal;

f) na operação ou prestação desacobertada de documento fiscal;

g) nas operações com bens ou mercadorias sujeitas ao regime de antecipação do recolhimento do imposto, nas aquisições em outros Estados e Distrito Federal:

▶ *Caput* da alínea *g* com a redação dada pela LC nº 128, de 19-12-2008.

1. com encerramento da tributação, observado o disposto no inciso IV do § 4º do art. 18 desta Lei Complementar;
2. sem encerramento da tributação, hipótese em que será cobrada a diferença entre a alíquota interna e a interestadual, sendo vedada a agregação de qualquer valor;

▶ Itens 1 e 2 acrescidos pela LC nº 128, de 19-12-2008.

h) nas aquisições em outros Estados e no Distrito Federal de bens ou mercadorias, não sujeitas ao regime de antecipação do recolhimento do imposto, relativo à diferença entre a alíquota interna e a interestadual;

▶ Alínea *h* acrescida pela LC nº 128, de 19-12-2008.

XIV – ISS devido:

a) em relação aos serviços sujeitos à substituição tributária ou retenção na fonte;

b) na importação de serviços;

XV – demais tributos de competência da União, dos Estados, do Distrito Federal ou dos Municípios, não relacionados nos incisos anteriores.

§ 1º-A. Os valores repassados aos profissionais de que trata a Lei nº 12.592, de 18 de janeiro de 2012, contratados por meio de parceria, nos termos da legislação civil, não integrarão a receita bruta da empresa contratante para fins de tributação, cabendo ao contratante a retenção e o recolhimento dos tributos devidos pelo contratado.

▶ § 1º-A acrescido pela LC nº 155, de 27-10-2016.

§ 2º Observada a legislação aplicável, a incidência do imposto de renda na fonte, na hipótese do inciso V do § 1º deste artigo, será definitiva.

§ 3º As microempresas e empresas de pequeno porte optantes pelo SIMPLES Nacional ficam dispensadas do pagamento das demais contribuições instituídas pela União, inclusive as contribuições para as entidades privadas de serviço social e de formação profissional vinculadas ao sistema sindical, de que trata o art. 240 da Constituição Federal, e demais entidades de serviço social autônomo.

§ 4º VETADO.

§ 5º A diferença entre a alíquota interna e a interestadual de que tratam as alíneas *g* e *h* do inciso XIII do § 1º deste artigo será calculada tomando-se por base as alíquotas aplicáveis às pessoas jurídicas não optantes pelo SIMPLES Nacional.

§ 6º O Comitê Gestor do SIMPLES Nacional:

I – disciplinará a forma e as condições em que será atribuída à microempresa ou empresa de pequeno porte optante pelo Simples Nacional a qualidade de substituta tributária; e

II – poderá disciplinar a forma e as condições em que será estabelecido o regime de antecipação do ICMS previsto na alínea *g* do inciso XIII do § 1º deste artigo.

▶ §§ 5º e 6º acrescidos pela LC nº 128, de 19-12-2008.

§ 7º O disposto na alínea *a* do inciso XIII do § 1º será disciplinado por convênio celebrado pelos Estados e pelo Distrito Federal, ouvidos o CGSN e os representantes dos segmentos econômicos envolvidos.

§ 8º Em relação às bebidas não alcóolicas, massas alimentícias, produtos lácteos, carnes e suas preparações, preparações à base de cereais, chocolates, produtos de padaria e da indústria de bolachas e biscoitos, preparações para molhos e molhos preparados, preparações de produtos vegetais, telhas e outros produtos cerâmicos para construção e detergentes, aplica-se o disposto na alínea *a* do inciso XIII do § 1º aos fabricados em escala industrial relevante em cada segmento, observado o disposto no § 7º.

▶ §§ 7º e 8º acrescidos pela LC nº 147, de 7-8-2014.

Art. 13-A. Para efeito de recolhimento do ICMS e do ISS no Simples Nacional, o limite máximo de que trata o inciso II do *caput* do art. 3º será de R$ 3.600.000,00 (três milhões e seiscentos mil reais), observado o disposto nos §§ 11, 13, 14 e 15 do mesmo artigo, nos §§ 17 e 17-A do art. 18 e no § 4º do art. 19.

▶ Artigo acrescido pela LC nº 155, de 27-10-2016.

Art. 14. Consideram-se isentos do imposto de renda, na fonte e na declaração de ajuste do beneficiário, os valores efetivamente pagos ou distribuídos ao titular ou sócio da microempresa ou empresa de pequeno porte optante pelo SIMPLES Nacional, salvo os que corresponderem a pró-labore, aluguéis ou serviços prestados.

§ 1º A isenção de que trata o *caput* deste artigo fica limitada ao valor resultante da aplicação dos percentuais de que trata o art. 15 da Lei nº 9.249, de 26 de dezembro de 1995, sobre a receita bruta mensal, no caso de antecipação de fonte, ou da receita bruta total anual, tratando-se de declaração de ajuste, subtraído do valor devido na forma do SIMPLES Nacional no período.

► Lei nº 9.249, de 26-12-1995, altera a legislação do Imposto de Renda das pessoas jurídicas, bem como da Contribuição Social sobre o Lucro Líquido.

§ 2º O disposto no § 1º deste artigo não se aplica na hipótese de a pessoa jurídica manter escrituração contábil e evidenciar lucro superior àquele limite.

Art. 15. VETADO.

Art. 16. A opção pelo SIMPLES Nacional da pessoa jurídica enquadrada na condição de microempresa e empresa de pequeno porte dar-se-á na forma a ser estabelecida em ato do Comitê Gestor, sendo irretratável para todo o ano-calendário.

§ 1º Para efeito de enquadramento no SIMPLES Nacional, considerar-se-á microempresa ou empresa de pequeno porte aquela cuja receita bruta no ano-calendário anterior ao da opção esteja compreendida dentro dos limites previstos no art. 3º desta Lei Complementar.

§ 1º-A. A opção pelo SIMPLES Nacional implica aceitação de sistema de comunicação eletrônica, destinado, dentre outras finalidades, a:

I – cientificar o sujeito passivo de quaisquer tipos de atos administrativos, incluídos os relativos ao indeferimento de opção, à exclusão do regime e a ações fiscais;

II – encaminhar notificações e intimações; e

III – expedir avisos em geral.

§ 1º-B. O sistema de comunicação eletrônica de que trata o § 1º-A será regulamentado pelo CGSN, observando-se o seguinte:

I – as comunicações serão feitas, por meio eletrônico, em portal próprio, dispensando-se a sua publicação no *Diário Oficial* e o envio por via postal;

II – a comunicação feita na forma prevista no *caput* será considerada pessoal para todos os efeitos legais;

III – a ciência por meio do sistema de que trata o § 1º-A com utilização de certificação digital ou de código de acesso possuirá os requisitos de validade;

IV – considerar-se-á realizada a comunicação no dia em que o sujeito passivo efetivar a consulta eletrônica ao teor da comunicação; e

V – na hipótese do inciso IV, nos casos em que a consulta se dê em dia não útil, a comunicação será considerada como realizada no primeiro dia útil seguinte.

§ 1º-C. A consulta referida nos incisos IV e V do § 1º-B deverá ser feita em até 45 (quarenta e cinco) dias contados da data da disponibilização da comunicação no portal a que se refere o inciso I do § 1º-B, ou em prazo superior estipulado pelo CGSN, sob pena de ser considerada automaticamente realizada na data do término desse prazo.

§ 1º-D. Enquanto não editada a regulamentação de que trata o § 1º-B, os entes federativos poderão utilizar sistemas de comunicação eletrônica, com regras próprias, para as finalidades previstas no § 1º-A, podendo a referida regulamentação prever a adoção desses sistemas como meios complementares de comunicação.

► §§ 1º-A a 1º-D acrescidos pela LC nº 139, de 10-11-2011.

§ 2º A opção de que trata o *caput* deste artigo deverá ser realizada no mês de janeiro, até o seu último dia útil, produzindo efeitos a partir do primeiro dia do ano-calendário da opção, ressalvado o disposto no § 3º deste artigo.

§ 3º A opção produzirá efeitos a partir da data do início de atividade, desde que exercida nos termos, prazo e condições a serem estabelecidos no ato do Comitê Gestor a que se refere o *caput* deste artigo.

§ 4º Serão consideradas inscritas no Simples Nacional, em 1º de julho de 2007, as microempresas e empresas de pequeno porte regularmente optantes pelo regime tributário de que trata a Lei nº 9.317, de 5 de dezembro de 1996, salvo as que estiverem impedidas de optar por alguma vedação imposta por esta Lei Complementar.

► § 4º com redação dada pela LC nº 127, de 14-8-2007.

► A Lei nº 9.317, de 5-12-1996, foi revogada pelo art. 89 desta Lei Complementar.

§ 5º O Comitê Gestor regulamentará a opção automática prevista no § 4º deste artigo.

§ 6º O indeferimento da opção pelo SIMPLES Nacional será formalizado mediante ato da Administração Tributária segundo regulamentação do Comitê Gestor.

► Art. 3º, IV, do Dec. nº 6.038, de 7-2-2007, que institui o Comitê Gestor do Simples Nacional – CGSN.

Seção II

DAS VEDAÇÕES AO INGRESSO NO SIMPLES NACIONAL

Art. 17. Não poderão recolher os impostos e contribuições na forma do SIMPLES Nacional a microempresa ou empresa de pequeno porte:

► *Caput* com a redação dada pela LC nº 167, de 24-4-2019.

I – que explore atividade de prestação cumulativa e contínua de serviços de assessoria creditícia, gestão de crédito, seleção e riscos, administração de contas a pagar e a receber, gerenciamento de ativos (*asset management*) ou compra de direitos creditórios resultantes de vendas mercantis a prazo ou de prestação de serviços (*factoring*) ou que execute operações de empréstimo, de financiamento e de desconto de títulos de crédito, exclusivamente com recursos próprios, tendo como contrapartes microempreendedores individuais, microempresas e empresas de pequeno porte, inclusive sob a forma de empresa simples de crédito;

► Inciso I com a redação dada pela LC nº 167, de 24-4-2019.

II – que tenha sócio domiciliado no exterior;

III – de cujo capital participe entidade da administração pública, direta ou indireta, federal, estadual ou municipal;

IV – *Revogado*. LC nº 128, de 19-12-2008;

V – que possua débito com o Instituto Nacional do Seguro Social – INSS, ou com as Fazendas Públicas Federal, Estadual ou Municipal, cuja exigibilidade não esteja suspensa;

► Art. 31, IV, e § 2º, desta Lei Complementar.

VI – que preste serviço de transporte intermunicipal e interestadual de passageiros, exceto quando na modalidade fluvial ou quando possuir características de transporte urbano ou metropolitano ou realizar-se sob fretamento contínuo em área metropolitana para o transporte de estudantes ou trabalhadores;

► Inciso VI com a redação dada LC nº 147, de 7-8-2014.

VII – que seja geradora, transmissora, distribuidora ou comercializadora de energia elétrica;

VIII – que exerça atividade de importação ou fabricação de automóveis e motocicletas;

IX – que exerça atividade de importação de combustíveis;

X – que exerça atividade de produção ou venda no atacado de:

► *Caput* com a redação dada pela LC nº 128, de 19-12-2008.

a) cigarros, cigarrilhas, charutos, filtros para cigarros, armas de fogo, munições e pólvoras, explosivos e detonantes;

► Alínea *a* com a redação dada pela LC nº 128, de 19-12-2008.

b) bebidas não alcoólicas a seguir descritas:

► *Caput* da alínea *b* com a redação dada pela LC nº 155, de 27-10-2016.

1. *Revogado*. LC nº 155, de 27-10-2016.

2 e 3. *Revogados*. LC nº 147, de 7-8-2014;

4. cervejas sem álcool;

► Item 4 com a redação dada pela LC nº 128, de 19-12-2008.

c) bebidas alcoólicas, exceto aquelas produzidas ou vendidas no atacado por:

1. micro e pequenas cervejarias;
2. micro e pequenas vinícolas;
3. produtores de licores;
4. micro e pequenas destilarias;

► Alínea *c* acrescida pela LC nº 155, de 27-10-2016.

XI – *Revogado*. LC nº 147, de 7-8-2014;

XII – que realize cessão ou locação de mão de obra;

XIII – *Revogado*. LC nº 147, de 7-8-2014;

XIV – que se dedique ao loteamento e à incorporação de imóveis;

XV – que realize atividade de locação de imóveis próprios, exceto quando se referir a prestação de serviços tributados pelo ISS;

► Inciso XV com a redação dada pela LC nº 139, de 10-11-2011.

XVI – com ausência de inscrição ou com irregularidade em cadastro fiscal federal, municipal ou estadual, quando exigível.

► Inciso XVI acrescido pela LC nº 139, de 10-11-2011.

§ 1º As vedações relativas a exercício de atividades previstas no *caput* deste artigo não se aplicam às pessoas jurídicas que se dediquem exclusivamente às atividades referidas nos §§ 5º-B a 5º-E do art. 18 desta Lei Complementar, ou as exerçam em conjunto com outras atividades que não tenham sido objeto de vedação no *caput* deste artigo.

► *Caput* do § 1º com a redação dada pela LC nº 128, de 19-12-2008.

I a XXI – *Revogados*. LC nº 128, de 19-12-2008;
XXII – VETADO;
XXIII a XXVII – *Revogados*. LC nº 128, de 19-12-2008;
XXVIII – VETADO.

§ 2º Também poderá optar pelo SIMPLES Nacional a microempresa ou empresa de pequeno porte que se dedique à prestação de outros serviços que não tenham sido objeto de vedação expressa neste artigo, desde que não incorra em nenhuma das hipóteses de vedação previstas nesta Lei Complementar.

► § 2º com a redação dada pela LC nº 127, de 14-8-2007.

► Arts. 13, VI, e 18, § 5º, V, desta Lei Complementar.

§ 3º VETADO.

§ 4º Na hipótese do inciso XVI do *caput*, deverá ser observado, para o MEI, o disposto no art. 4º desta Lei Complementar.

► § 4º acrescido pela LC nº 139, de 10-11-2011.

§ 5º As empresas que exerçam as atividades previstas nos itens da alínea c do inciso X do *caput* deste artigo deverão obrigatoriamente ser registradas no Ministério da Agricultura, Pecuária e Abastecimento e obedecerão também à regulamentação da Agência Nacional de Vigilância Sanitária e da Secretaria da Receita Federal do Brasil quanto à produção e à comercialização de bebidas alcoólicas.

► § 5º acrescido pela LC nº 155, de 27-10-2016.

Seção III

DAS ALÍQUOTAS E BASE DE CÁLCULO

Art. 18. O valor devido mensalmente pela microempresa ou empresa de pequeno porte optante pelo Simples Nacional será determinado mediante aplicação das alíquotas efetivas, calculadas a partir das alíquotas nominais constantes das tabelas dos Anexos I a V desta Lei Complementar, sobre a base de cálculo de que trata o § 3º deste artigo, observado o disposto no § 15 do art. 3º.

► *Caput* com a redação dada pela LC nº 155, de 27-10-2016.

► Arts. 19 e 21 desta Lei Complementar.

§ 1º Para efeito de determinação da alíquota nominal, o sujeito passivo utilizará a receita bruta acumulada nos doze meses anteriores ao do período de apuração.

► § 1º com a redação dada pela LC nº 155, de 27-10-2016.

§ 1º-A. A alíquota efetiva é o resultado de:

$$\frac{RBT12 \times Aliq - PD}{RBT12}$$

, em que:

I – RBT12: receita bruta acumulada nos doze meses anteriores ao período de apuração;

II – Aliq: alíquota nominal constante dos Anexos I a V desta Lei Complementar;

III – PD: parcela a deduzir constante dos Anexos I a V desta Lei Complementar.

§ 1º-B. Os percentuais efetivos de cada tributo serão calculados a partir da alíquota efetiva, multiplicada pelo percentual de repartição constante dos Anexos I a V desta Lei Complementar, observando-se que:

I – o percentual efetivo máximo destinado ao ISS será de 5% (cinco por cento), transferindo-se eventual diferença, de forma proporcional, aos tributos federais da mesma faixa de receita bruta anual;

II – eventual diferença centesimal entre o total dos percentuais e a alíquota efetiva será transferida para o tributo com maior percentual de repartição na respectiva faixa de receita bruta.

§ 1º-C. Na hipótese de transformação, extinção, fusão ou sucessão dos tributos referidos nos incisos IV e V do art. 13, serão mantidas as alíquotas nominais e efetivas previstas neste artigo e nos Anexos I a V desta Lei Complementar, e lei ordinária disporá sobre a repartição dos valores arrecadados para os tributos federais, sem alteração no total dos percentuais de repartição a eles devidos, e mantidos os percentuais de repartição destinados ao ICMS e ao ISS.

► §§ 1º-A a 1º-C acrescidos pela LC nº 155, de 27-10-2016.

§ 2º Em caso de início de atividade, os valores de receita bruta acumulada constantes dos Anexos I a V desta Lei Complementar devem ser proporcionalizados ao número de meses de atividade no período.

§ 3º Sobre a receita bruta auferida no mês incidirá a alíquota efetiva determinada na forma do *caput* e dos §§ 1º, 1º-A e 2º deste artigo, podendo tal incidência se dar, à opção do contribuinte, na forma regulamentada pelo Comitê Gestor, sobre a receita recebida no mês, sendo essa opção irretratável para todo o ano-calendário.

► §§ 2º e 3º com a redação dada pela LC nº 155, de 27-10-2016.

► Art. 3º, III, do Dec. nº 6.038, de 7-2-2007, que institui o Comitê Gestor do Simples Nacional – CGSN.

§ 4º O contribuinte deverá considerar, destacadamente, para fim de pagamento, as receitas decorrentes da:

I – revenda de mercadorias, que serão tributadas na forma do Anexo I desta Lei Complementar;

II – venda de mercadorias industrializadas pelo contribuinte, que serão tributadas na forma do Anexo II desta Lei Complementar;

III – prestação de serviços de que trata o § 5º-B deste artigo e dos serviços vinculados à locação de bens imóveis e corretagem de imóveis desde que observado o disposto no inciso XV do art. 17, que serão tributados na forma do Anexo III desta Lei Complementar;

IV – prestação de serviços de que tratam os §§ 5º-C a 5º-F e 5º-I deste artigo, que serão tributadas na forma prevista naqueles parágrafos;

V – locação de bens móveis, que serão tributadas na forma do Anexo III desta Lei Complementar, deduzida a parcela correspondente ao ISS;

VI – atividade com incidência simultânea de IPI e de ISS, que serão tributadas na forma do Anexo II desta Lei Complementar, deduzida a parcela correspondente ao ICMS e acrescida a parcela correspondente ao ISS prevista no Anexo III desta Lei Complementar;

VII – comercialização de medicamentos e produtos magistrais produzidos por manipulação de fórmulas:

a) sob encomenda para entrega posterior ao adquirente, em caráter pessoal, mediante prescrições de profissionais habilitados ou indicação pelo farmacêutico, produzidos no próprio estabelecimento após o atendimento inicial, que serão tributadas na forma do Anexo III desta Lei Complementar;

b) nos demais casos, quando serão tributadas na forma do Anexo I desta Lei Complementar.

► § 4º com a redação dada pela LC nº 147, de 7-8-2014.

§ 4º-A. O contribuinte deverá segregar, também, as receitas:

I – decorrentes de operações ou prestações sujeitas à tributação concentrada em uma única etapa (monofásica), bem como, em relação ao ICMS, que o imposto já tenha sido recolhido por substituto tributário ou por antecipação tributária com encerramento de tributação;

II – sobre as quais houve retenção de ISS na forma do § 6º deste artigo e § 4º do art. 21 desta Lei Complementar, ou, na hipótese do § 22-A deste artigo, seja devido em valor fixo ao respectivo Município;

III – sujeitas à tributação em valor fixo ou que tenham sido objeto de isenção ou redução de ISS ou de ICMS na forma prevista nesta Lei Complementar;

IV – decorrentes da exportação para o exterior, inclusive as vendas realizadas por meio de comercial exportadora ou da sociedade de propósito específico prevista no art. 56 desta Lei Complementar;

V – sobre as quais o ISS seja devido a Município diverso do estabelecimento prestador, quando será recolhido no Simples Nacional.

► § 4º-A acrescido pela LC nº 147, de 7-8-2014.

§ 5º As atividades industriais serão tributadas na forma do Anexo II desta Lei Complementar.

► § 5º com a redação dada pela LC nº 128, de 19-12-2008.

I a VII – *Revogados*. LC nº 128, de 19-12-2008.

§ 5º-A. *Revogado*. LC nº 147, de 7-8-2014.

§ 5º-B. Sem prejuízo do disposto no § 1º do art. 17 desta Lei Complementar, serão tributadas na forma do Anexo III desta Lei Complementar as seguintes atividades de prestação de serviços:

► *Caput* do § 5º-B com a redação dada pela LC nº 128, de 19-12-2008.

I – creche, pré-escola e estabelecimento de ensino fundamental, escolas técnicas, profissionais e de ensino médio, de línguas estrangeiras, de artes, cursos técnicos de pilotagem, preparatórios para concursos, gerenciais e escolas livres, exceto as previstas nos incisos II e III do § 5º-D deste artigo;

► Inciso I com a redação dada pela LC nº 128, de 19-12-2008.

► Súm. nº 448 do STJ.

II – agência terceirizada de correios;

III – agência de viagem e turismo;

IV – centro de formação de condutores de veículos automotores de transporte terrestre de passageiros e de carga;

V – agência lotérica;

► Incisos II a V acrescidos pela LC nº 128, de 19-12-2008.

VI a VIII – *Revogados*. LC nº 128, de 19-12-2008;

IX – serviços de instalação, de reparos e de manutenção em geral, bem como de usinagem, solda, tratamento e revestimento em metais;

► Inciso IX com a redação dada pela LC nº 128, de 19-12-2008.

X a XII – *Revogados*. LC nº 128, de 19-12-2008;

XIII – transporte municipal de passageiros; e

► Inciso XIII com a redação dada pela LC nº 128, de 19-12-2008.

XIV – escritórios de serviços contábeis, observado o disposto nos §§ 22-B e 22-C deste artigo;

► Inciso XIV acrescido pela LC nº 128, de 19-12-2008.

XV – produções cinematográficas, audiovisuais, artísticas e culturais, sua exibição ou apresentação, inclusive no caso de música, literatura, artes cênicas, artes visuais, cinematográficas e audiovisuais;

► Inciso XV acrescido pela LC nº 133, de 28-12-2009.

XVI – fisioterapia;

XVII – corretagem de seguros;

► Incisos XVI e XVII acrescidos pela LC nº 147, de 7-8-2014.

XVIII – arquitetura e urbanismo;

XIX – medicina, inclusive laboratorial, e enfermagem;

XX – odontologia e prótese dentária;

XXI – psicologia, psicanálise, terapia ocupacional, acupuntura, podologia, fonoaudiologia, clínicas de nutrição e de vacinação e bancos de leite.

► Incisos XVIII a XXI acrescidos pela LC nº 155, de 27-10-2016.

§ 5º-C. Sem prejuízo do disposto no § 1º do art. 17 desta Lei Complementar, as atividades de prestação de serviços seguintes serão tributadas na forma do anexo IV desta Lei Complementar, hipótese em que não estará incluída no SIMPLES Nacional a contribuição prevista no inciso VI do *caput* do art. 13 desta Lei Complementar, devendo ela ser recolhida segundo a legislação prevista para os demais contribuintes ou responsáveis:

► *Caput* do § 5º-C com a redação dada pela LC nº 128, de 19-12-2008.

I – construção de imóveis e obras de engenharia em geral, inclusive sob a forma de subempreitada, execução de projetos e serviços de paisagismo, bem como decoração de interiores;

► Inciso I com a redação dada pela LC nº 128, de 19-12-2008.

II a V – *Revogados*. LC nº 128, de 19-12-2008;

VI – serviço de vigilância, limpeza ou conservação;

► Inciso VI com a redação dada pela LC nº 128, de 19-12-2008.

VII – serviços advocatícios.

► Inciso VII acrescido pela LC nº 147, de 7-8-2014.

§ 5º-D. Sem prejuízo do disposto no § 1º do art. 17 desta Lei Complementar, as seguintes atividades de prestação de serviços serão tributadas na forma do Anexo III desta Lei Complementar:

► *Caput* do § 5º-D com a redação dada pela LC nº 155, de 27-10-2016.

I – administração e locação de imóveis de terceiros;

► Inciso I com a redação dada LC nº 147, de 7-8-2014.

II – academias de dança, de capoeira, de ioga e de artes marciais;

III – academias de atividades físicas, desportivas, de natação e escolas de esportes;

IV – elaboração de programas de computadores, inclusive jogos eletrônicos, desde que desenvolvidos em estabelecimento do optante;

V – licenciamento ou cessão de direito de uso de programas de computação;

VI – planejamento, confecção, manutenção e atualização de páginas eletrônicas, desde que realizados em estabelecimento do optante;

► Incisos II a VI acrescidos pela LC nº 128, de 19-12-2008.

VII e VIII – *Revogados*. LC nº 128, de 19-12-2008;

IX – empresas montadoras de estandes para feiras;

► Inciso IX acrescido pela LC nº 128, de 19-12-2008.

X e XI – *Revogados*. LC nº 133, de 28-12-2009;

XII – laboratórios de análises clínicas ou de patologia clínica;

XIII – serviços de tomografia, diagnósticos médicos por imagem, registros gráficos e métodos óticos, bem como ressonância magnética;

XIV – serviços de prótese em geral.

► Incisos XII a XIV acrescidos pela LC nº 128, de 19-12-2008.

§ 5º-E. Sem prejuízo do disposto no § 1º do art. 17 desta Lei Complementar, as atividades de prestação de serviços de comunicação e de transportes interestadual e intermunicipal de cargas, e de transportes autorizados no inciso VI do *caput* do art. 17, inclusive na modalidade fluvial, serão tributadas na forma do Anexo III, deduzida a parcela correspondente ao ISS e acrescida a parcela correspondente ao ICMS prevista no Anexo I.

▶ § 5º-E com a redação dada pela LC nº 147, de 7-8-2014.

§ 5º-F. As atividades de prestação de serviços referidas no § 2º do art. 17 desta Lei Complementar serão tributadas na forma do Anexo III desta Lei Complementar, salvo se, para alguma dessas atividades, houver previsão expressa de tributação na forma dos Anexos IV ou V desta Lei Complementar.

▶ § 5º-F com a redação dada pela LC nº 155, de 27-10-2016.

§ 5º-G. *Revogado*. LC nº 147, de 7-8-2014.

§ 5º-H. A vedação de que trata o inciso XII do *caput* do art. 17 desta Lei Complementar não se aplica às atividades referidas no § 5º-C deste artigo.

▶ § 5º-H acrescido pela LC nº 128, de 19-12-2008.

§ 5º-I. Sem prejuízo do disposto no § 1º do art. 17 desta Lei Complementar, as seguintes atividades de prestação de serviços serão tributadas na forma do Anexo V desta Lei Complementar:

▶ *Caput* do § 5º-I com a redação dada pela LC nº 155, de 27-10-2016.

I – *Revogado*. LC nº 155, de 27-10-2016;
II – medicina veterinária;

▶ Inciso II acrescido pela LC nº 147, de 7-8-2014.

III e IV – *Revogados*. LC nº 155, de 27-10-2016;
V – serviços de comissaria, de despachantes, de tradução e de interpretação;

▶ Inciso V acrescido pela LC nº 147, de 7-8-2014.

VI – engenharia, medição, cartografia, topografia, geologia, geodésia, testes, suporte e análises técnicas e tecnológicas, pesquisa, *design*, desenho e agronomia;

▶ Inciso VI com a redação dada pela LC nº 155, de 27-10-2016.

VII – representação comercial e demais atividades de intermediação de negócios e serviços de terceiros;
VIII – perícia, leilão e avaliação;
IX – auditoria, economia, consultoria, gestão, organização, controle e administração;
X – jornalismo e publicidade;
XI – agenciamento, exceto de mão de obra;

▶ Incisos VII a XI acrescidos pela LC nº 147, de 7-8-2014.

XII – outras atividades do setor de serviços que tenham por finalidade a prestação de serviços decorrentes do exercício de atividade intelectual, de natureza técnica, científica, desportiva, artística ou cultural, que constitua profissão regulamentada ou não, desde que não sujeitas à tributação na forma dos Anexos III ou IV desta Lei Complementar.

▶ Inciso XII com a redação dada pela LC nº 155, de 27-10-2016.

§ 5º-J. As atividades de prestação de serviços a que se refere o § 5º-I serão tributadas na forma do Anexo III desta Lei Complementar caso a razão entre a folha de salários e a receita bruta da pessoa jurídica seja igual ou superior a 28% (vinte e oito por cento).

§ 5º-K. Para o cálculo da razão a que se referem os §§ 5º-J e 5º-M, serão considerados, respectivamente, os montantes pagos e auferidos nos doze meses anteriores ao período de apuração para fins de enquadramento no regime tributário do SIMPLES Nacional.

▶ §§ 5º-J e 5º-K acrescidos pela LC nº 155, de 27-10-2016.

§ 5º-L. VETADO. LC nº 155, de 27-10-2016.

§ 5º-M. Quando a relação entre a folha de salários e a receita bruta da microempresa ou da empresa de pequeno porte for inferior a 28% (vinte e oito por cento), serão tributadas na forma do Anexo V desta Lei Complementar as atividades previstas:

I – nos incisos XVI, XVIII, XIX, XX e XXI do § 5º-B deste artigo;
II – no § 5º-D deste artigo.

▶ § 5º-M acrescido pela LC nº 155, de 27-10-2016.

§ 6º No caso dos serviços previstos no § 2º do art. 6º da Lei Complementar nº 116, de 31 de julho de 2003, prestados pelas microempresas e pelas empresas de pequeno porte, o tomador do serviço deverá reter o montante correspondente na forma da legislação do município onde estiver localizado, observado o disposto no § 4º do art. 21 desta Lei Complementar.

▶ § 6º com a redação dada LC nº 128, de 19-12-2008.

§ 7º A sociedade de propósito específico de que trata o art. 56 desta Lei Complementar que houver adquirido mercadorias de microempresa ou empresa de pequeno porte que seja sua sócia, bem como a empresa comercial exportadora que houver adquirido mercadorias ou serviços de empresa optante pelo SIMPLES Nacional, com o fim específico de exportação para o exterior, que, no prazo de 180 (cento e oitenta) dias, contado da data da emissão da nota fiscal pela vendedora, não comprovar o seu embarque para o exterior ficará sujeita ao pagamento de todos os impostos e contribuições que deixaram de ser pagos pela empresa vendedora, acrescidos de juros de mora e multa, de mora ou de ofício, calculados na forma da legislação relativa à cobrança do tributo não pago, aplicável à sociedade de propósito específico ou à própria comercial exportadora.

▸ § 7º com a redação dada pela LC nº 147, de 7-8-2014.

§ 8º Para efeito do disposto no § 7º deste artigo, considera-se vencido o prazo para o pagamento na data em que a empresa vendedora deveria fazê-lo, caso a venda houvesse sido efetuada para o mercado interno.

§ 9º Relativamente à contribuição patronal previdenciária, devida pela vendedora, a sociedade de propósito específico de que trata o art. 56 desta Lei Complementar ou a comercial exportadora deverão recolher, no prazo previsto no § 8º deste artigo, o valor correspondente a 11% (onze por cento) do valor das mercadorias não exportadas nos termos do § 7º deste artigo.

§ 10. Na hipótese do § 7º deste artigo, a sociedade de propósito específico de que trata o art. 56 desta Lei Complementar ou a empresa comercial exportadora não poderão deduzir do montante devido qualquer valor a título de crédito de Imposto sobre Produtos Industrializados – IPI da Contribuição para o PIS/PASEP ou da COFINS, decorrente da aquisição das mercadorias e serviços objeto da incidência.

§ 11. Na hipótese do § 7º deste artigo, a sociedade de propósito específico ou a empresa comercial exportadora deverão pagar, também, os impostos e contribuições devidos nas vendas para o mercado interno, caso, por qualquer forma, tenham alienado ou utilizado as mercadorias.

▸ §§ 9º a 11 com a redação dada pela LC nº 128, de 19-12-2008.

§ 12. Na apuração do montante devido no mês relativo a cada tributo, para o contribuinte que apure receitas mencionadas nos incisos I a III e V do § 4º-A deste artigo, serão consideradas as reduções relativas aos tributos já recolhidos, ou sobre os quais tenha havido tributação monofásica, isenção, redução ou, no caso do ISS, que o valor tenha sido objeto de retenção ou seja devido diretamente ao Município.

▸ § 12 com a redação dada pela LC nº 147, de 7-8-2014.

§ 13. Para efeito de determinação da redução de que trata o § 12 deste artigo, as receitas serão discriminadas em comerciais, industriais ou de prestação de serviços, na forma dos Anexos I, II, III, IV e V desta Lei Complementar.

▸ § 13 com a redação dada pela LC nº 155, de 27-10-2016.

§ 14. A redução no montante a ser recolhido no Simples Nacional relativo aos valores das receitas decorrentes da exportação de que trata o inciso IV do § 4º-A deste artigo corresponderá tão somente às alíquotas efetivas relativas à Cofins, à Contribuição para o PIS/Pasep, ao IPI, ao ICMS e ao ISS, apuradas com base nos Anexos I a V desta Lei Complementar.

▸ § 14 com a redação dada pela LC nº 155, de 27-10-2016.

I e II – *Revogados*. LC nº 147, de 7-8-2014.

§ 15. Será disponibilizado sistema eletrônico para realização do cálculo simplificado do valor mensal devido referente ao SIMPLES Nacional.

§ 15-A. As informações prestadas no sistema eletrônico de cálculo de que trata o § 15:

I – têm caráter declaratório, constituindo confissão de dívida e instrumento hábil e suficiente para a exigência dos tributos e contribuições que não tenham sido recolhidos resultantes das informações nele prestadas; e

II – deverão ser fornecidas à Secretaria da Receita Federal do Brasil até o vencimento do prazo para pagamento dos tributos devidos no SIMPLES Nacional em cada mês, relativamente aos fatos geradores ocorridos no mês anterior.

▸ § 15-A acrescido pela LC nº 139, de 10-11-2011.

§ 16. Na hipótese do § 12 do art. 3º, a parcela de receita bruta que exceder o montante determinado no § 10 daquele artigo estará sujeita às alíquotas máximas previstas nos Anexos I a

V desta Lei Complementar, proporcionalmente, conforme o caso.

► § 16 com a redação dada pela LC nº 155, de 27-10-2016.

§ 16-A. O disposto no § 16 aplica-se, ainda, às hipóteses de que trata o § 9º do art. 3º, a partir do mês em que ocorrer o excesso do limite da receita bruta anual e até o mês anterior aos efeitos da exclusão.

► § 16-A acrescido pela LC nº 139, de 10-11-2011.

§ 17. Na hipótese do § 13 do art. 3º, a parcela de receita bruta que exceder os montantes determinados no § 11 daquele artigo estará sujeita, em relação aos percentuais aplicáveis ao ICMS e ao ISS, às alíquotas máximas correspondentes a essas faixas previstas nos Anexos I a V desta Lei Complementar, proporcionalmente, conforme o caso.

► § 17 com a redação dada pela LC nº 155, de 27-10-2016.

§ 17-A. O disposto no § 17 aplica-se, ainda, à hipótese de que trata o § 1º do art. 20, a partir do mês em que ocorrer o excesso do limite da receita bruta anual e até o mês anterior aos efeitos do impedimento.

► § 17-A acrescido pela LC nº 139, de 10-11-2011.

§ 18. Os Estados, o Distrito Federal e os Municípios, no âmbito das respectivas competências, poderão estabelecer, na forma definida pelo Comitê Gestor, independentemente da receita bruta recebida no mês pelo contribuinte, valores fixos mensais para o recolhimento do ICMS e do ISS devido por microempresa que aufira receita bruta, no ano-calendário anterior, de até o limite máximo previsto na segunda faixa de receitas brutas anuais constantes dos Anexos I a VI, ficando a microempresa sujeita a esses valores durante todo o ano-calendário, ressalvado o disposto no § 18-A.

► § 18 com a redação dada pela LC nº 147, de 7-8-2014.

§ 18-A. A microempresa que, no ano-calendário, exceder o limite de receita bruta previsto no § 18 fica impedida de recolher o ICMS ou o ISS pela sistemática de valor fixo, a partir do mês subsequente à ocorrência do excesso, sujeitando-se à apuração desses tributos na forma das demais empresas optantes pelo Simples Nacional.

► § 18-A acrescido pela LC nº 147, de 7-8-2014.

§ 19. Os valores estabelecidos no § 18 deste artigo não poderão exceder a 50% (cinquenta por cento) do maior recolhimento possível do tributo para a faixa de enquadramento prevista na tabela do *caput* deste artigo, respeitados os acréscimos decorrentes do tipo de atividade da empresa estabelecidos no § 5º deste artigo.

§ 20. Na hipótese em que o Estado, o Município ou o Distrito Federal concedam isenção ou redução do ICMS ou do ISS devido por microempresa ou empresa de pequeno porte, ou ainda determine recolhimento de valor fixo para esses tributos, na forma do § 18 deste artigo, será realizada redução proporcional ou ajuste do valor a ser recolhido, na forma definida em resolução do Comitê Gestor.

§ 20-A. A concessão dos benefícios de que trata o § 20 deste artigo poderá ser realizada:

I – mediante deliberação exclusiva e unilateral do Estado, do Distrito Federal ou do Município concedente;

II – de modo diferenciado para cada ramo de atividade.

► § 20-A acrescido pela LC nº 128, de 19-12-2008.

§ 20-B. A União, os Estados e o Distrito Federal poderão, em lei específica destinada à ME ou EPP optante pelo SIMPLES Nacional, estabelecer isenção ou redução de COFINS, Contribuição para o PIS/PASEP e ICMS para produtos da cesta básica, discriminando a abrangência da sua concessão.

► § 20-B acrescido pela LC nº 147, de 7-8-2014.

§ 21. O valor a ser recolhido na forma do disposto no § 20 deste artigo, exclusivamente na hipótese de isenção, não integrará o montante a ser partilhado com o respectivo Município, Estado ou Distrito Federal.

§ 22. *Revogado*. LC nº 128, de 19-12-2008.

§ 22-A. A atividade constante do inciso XIV do § 5º-B deste artigo recolherá o ISS em valor fixo, na forma da legislação municipal.

§ 22-B. Os escritórios de serviços contábeis, individualmente ou por meio de suas entidades representativas de classe, deverão:

I – promover atendimento gratuito relativo à inscrição, à opção de que trata o art. 18-A desta Lei Complementar e à primeira declaração anual simplificada da microempresa individual, podendo, para tanto, por meio de suas entidades representativas de classe, firmar convênios e

acordos com a União, os Estados, o Distrito Federal e os Municípios, por intermédio dos seus órgãos vinculados;
II – fornecer, na forma estabelecida pelo Comitê Gestor, resultados de pesquisas quantitativas e qualitativas relativas às microempresas e empresas de pequeno porte optantes pelo SIMPLES Nacional por eles atendidas;
III – promover eventos de orientação fiscal, contábil e tributária para as microempresas e empresas de pequeno porte optantes pelo SIMPLES Nacional por eles atendidas.

§ 22-C. Na hipótese de descumprimento das obrigações de que trata o § 22-B deste artigo, o escritório será excluído do SIMPLES Nacional, com efeitos a partir do mês subsequente ao do descumprimento, na forma regulamentada pelo Comitê Gestor.

▸ §§ 22-A a 22-C acrescidos pela LC nº 128, de 19-12-2008.

§ 23. Da base de cálculo do ISS será abatido o material fornecido pelo prestador dos serviços previstos nos itens 7.02 e 7.05 da lista de serviços anexa à Lei Complementar nº 116, de 31 de julho de 2003.

▸ LC nº 116, de 31-7-2003 (Lei do ISS).

§ 24. Para efeito de aplicação do § 5º-K, considera-se folha de salários, incluídos encargos, o montante pago, nos doze meses anteriores ao período de apuração, a título de remunerações a pessoas físicas decorrentes do trabalho, acrescido do montante efetivamente recolhido a título de contribuição patronal previdenciária e FGTS, incluídas as retiradas de pró-labore.

▸ § 24 com a redação dada pela LC nº 155, de 27-10-2016.

§ 25. Para efeito do disposto no § 24 deste artigo, deverão ser consideradas tão somente as remunerações informadas na forma prevista no inciso IV do *caput* do art. 32 da Lei nº 8.212, de 24 de julho de 1991.

▸ § 25 com a redação dada pela LC nº 139, de 10-11-2011.

§ 26. Não são considerados, para efeito do disposto no § 24, valores pagos a título de aluguéis e de distribuição de lucros, observado o disposto no § 1º do art. 14.

▸ § 26 acrescido pela LC nº 139, de 10-11-2011.

§ 27. VETADO. LC nº 155, de 27-10-2016.

Art. 18-A. O Microempreendedor Individual – MEI poderá optar pelo recolhimento dos impostos e contribuições abrangidos pelo SIMPLES Nacional em valores fixos mensais, independentemente da receita bruta por ele auferida no mês, na forma prevista neste artigo.

▸ *Caput* do art. 18-A acrescido pela LC nº 128, de 19-12-2008.

§ 1º Para os efeitos desta Lei Complementar, considera-se MEI quem tenha auferido receita bruta, no ano-calendário anterior, de até R$ 81.000,00 (oitenta e um mil reais), que seja optante pelo SIMPLES Nacional e que não esteja impedido de optar pela sistemática prevista neste artigo, e seja empresário individual que se enquadre na definição do art. 966 da Lei nº 10.406, de 10 de janeiro de 2002 (Código Civil), ou o empreendedor que exerça:

▸ *Caput* do § 1º com a redação dada pela LC nº 188, de 31-12-2021.

I – as atividades de que trata o § 4º-A deste artigo;
II – as atividades de que trata o § 4º-B deste artigo estabelecidas pelo CGSN; e
III – as atividades de industrialização, comercialização e prestação de serviços no âmbito rural.

▸ Incisos I a III acrescidos pela LC nº 188, de 31-12-2021.

§ 2º No caso de início de atividades, o limite de que trata o § 1º será de R$ 6.750,00 (seis mil, setecentos e cinquenta reais) multiplicados pelo número de meses compreendido entre o início da atividade e o final do respectivo ano-calendário, consideradas as frações de meses como um mês inteiro.

▸ § 2º com a redação dada pela LC nº 155, de 27-10-2016.

§ 3º Na vigência da opção pela sistemática de recolhimento prevista no *caput* deste artigo:

▸ § 3º acrescido pela LC nº 128, de 19-12-2008.

I – não se aplica o disposto no § 18 do art. 18 desta Lei Complementar;
II – não se aplica a redução prevista no § 20 do art. 18 desta Lei Complementar ou qualquer dedução na base de cálculo;

▸ Incisos I e II acrescidos pela LC nº 128, de 19-12-2008.

III – não se aplicam as isenções específicas para as microempresas e empresas de pequeno porte concedidas pelo Estado, Município ou Distrito Federal a partir de 1º de julho de 2007 que abranjam integralmente a faixa de receita bruta anual até o limite previsto no § 1º;

► Inciso III com a redação dada pela LC nº 139, de 10-11-2011.

IV – a opção pelo enquadramento como Microempreendedor Individual importa opção pelo recolhimento da contribuição referida no inciso X do § 1º do art. 13 desta Lei Complementar na forma prevista no § 2º do art. 21 da Lei nº 8.212, de 24 de julho de 1991;

V – o MEI, com receita bruta anual igual ou inferior a R$ 81.000,00 (oitenta e um mil reais), recolherá, na forma regulamentada pelo Comitê Gestor, valor fixo mensal correspondente à soma das seguintes parcelas:

► *Caput* do inciso V com a redação dada pela LC nº 155, de 27-10-2016.

a) R$ 45,65 (quarenta e cinco reais e sessenta e cinco centavos), a título da contribuição prevista no inciso IV deste parágrafo;

b) R$ 1,00 (um real), a título do imposto referido no inciso VII do *caput* do art. 13 desta Lei Complementar, caso seja contribuinte do ICMS; e

c) R$ 5,00 (cinco reais), a título do imposto referido no inciso VIII do *caput* do art. 13 desta Lei Complementar, caso seja contribuinte do ISS;

► Incisos IV e V acrescidos pela LC nº 128, de 19-12-2008.

VI – sem prejuízo do disposto nos §§ 1º a 3º do art. 13, o MEI terá isenção dos tributos referidos nos incisos I a VI do *caput* daquele artigo, ressalvado o disposto no art. 18-C.

► Inciso VI com a redação dada pela LC nº 139, de 10-11-2011.

§ 4º Não poderá optar pela sistemática de recolhimento prevista no *caput* deste artigo o MEI:

► *Caput* acrescido pela LC nº 128, de 19-12-2008.

I – cuja atividade seja tributada na forma dos Anexos V ou VI desta Lei Complementar, salvo autorização relativa a exercício de atividade isolada na forma regulamentada pelo CGSN;

► Inciso I com a redação dada pela LC nº 147, de 7-8-2014.

II – que possua mais de um estabelecimento;

III – que participe de outra empresa como titular, sócio ou administrador; ou

► Incisos II e III acrescidos pela LC nº 128, de 19-12-2008.

IV – *Revogado*. LC nº 155, de 27-10-2016;

V – constituído na forma de *startup*.

► Inciso V acrescido pela LC nº 167, de 24-4-2019.

§ 4º-A. Observadas as demais condições deste artigo, poderá optar pela sistemática de recolhimento prevista no *caput* o empresário individual que exerça atividade de comercialização e processamento de produtos de natureza extrativista.

§ 4º-B. O CGSN determinará as atividades autorizadas a optar pela sistemática de recolhimento de que trata este artigo, de forma a evitar a fragilização das relações de trabalho, bem como sobre a incidência do ICMS e do ISS.

► §§ 4º-A e 4º-B acrescidos pela LC nº 139, de 10-11-2011.

§ 5º A opção de que trata o *caput* deste artigo dar-se-á na forma a ser estabelecida em ato do Comitê Gestor, observando-se que:

I – será irretratável para todo o ano-calendário;

II – deverá ser realizada no início do ano-calendário, na forma disciplinada pelo Comitê Gestor, produzindo efeitos a partir do primeiro dia do ano-calendário da opção, ressalvado o disposto no inciso III;

III – produzirá efeitos a partir da data do início de atividade desde que exercida nos termos, prazo e condições a serem estabelecidos em ato do Comitê Gestor a que se refere o *caput* deste parágrafo.

§ 6º O desenquadramento da sistemática de que trata o *caput* deste artigo será realizado de ofício ou mediante comunicação do MEI.

§ 7º O desenquadramento mediante comunicação do MEI à Secretaria da Receita Federal do Brasil – RFB dar-se-á:

I – por opção, que deverá ser efetuada no início do ano-calendário, na forma disciplinada pelo Comitê Gestor, produzindo efeitos a partir de 1º de janeiro do ano-calendário da comunicação;

II – obrigatoriamente, quando o MEI incorrer em alguma das situações previstas no § 4º deste artigo, devendo a comunicação ser efetuada até o último dia útil do mês subsequente àquele em que ocorrida a situação de vedação, produzindo efeitos a partir do mês subsequente ao da ocorrência da situação impeditiva;

III – obrigatoriamente, quando o MEI exceder, no ano-calendário, o limite de receita bruta previsto no § 1º deste artigo, devendo a comunicação ser efetuada até o último dia útil do mês subsequente àquele em que ocorrido o excesso, produzindo efeitos:

a) a partir de 1º de janeiro do ano-calendário subsequente ao da ocorrência do excesso, na hipótese de não ter ultrapassado o referido limite em mais de 20% (vinte por cento);

b) retroativamente a 1º de janeiro do ano-calendário da ocorrência do excesso, na hipótese de ter ultrapassado o referido limite em mais de 20% (vinte por cento);

IV – obrigatoriamente, quando o MEI exceder o limite de receita bruta previsto no § 2º deste artigo, devendo a comunicação ser efetuada até o último dia útil do mês subsequente àquele em que ocorrido o excesso, produzindo efeitos:

a) a partir de 1º de janeiro do ano-calendário subsequente ao da ocorrência do excesso, na hipótese de não ter ultrapassado o referido limite em mais de 20% (vinte por cento);

b) retroativamente ao início de atividade, na hipótese de ter ultrapassado o referido limite em mais de 20% (vinte por cento).

§ 8º O desenquadramento de ofício dar-se-á quando verificada a falta de comunicação de que trata o § 7º deste artigo.

§ 9º O Empresário Individual desenquadrado da sistemática de recolhimento prevista no *caput* deste artigo passará a recolher os tributos devidos pela regra geral do SIMPLES Nacional a partir da data de início dos efeitos do desenquadramento, ressalvado o disposto no § 10 deste artigo.

§ 10. Nas hipóteses previstas nas alíneas *a* dos incisos III e IV do § 7º deste artigo, o MEI deverá recolher a diferença, sem acréscimos, em parcela única, juntamente com a da apuração do mês de janeiro do ano-calendário subsequente ao do excesso, na forma a ser estabelecida em ato do Comitê Gestor.

§ 11. O valor referido na alínea *a* do inciso V do § 3º deste artigo será reajustado, na forma prevista em lei ordinária, na mesma data de reajustamento dos benefícios de que trata a Lei nº 8.213, de 24 de julho de 1991, de forma a manter equivalência com a contribuição de que trata o § 2º do art. 21 da Lei nº 8.212, de 24 de julho de 1991.

§ 12. Aplica-se ao MEI que tenha optado pela contribuição na forma do § 1º deste artigo o disposto no § 4º do art. 55 e no § 2º do art. 94, ambos da Lei nº 8.213, de 24 de julho de 1991, exceto se optar pela complementação da contribuição previdenciária a que se refere o § 3º do art. 21 da Lei nº 8.212, de 24 de julho de 1991.

▶ §§ 5º a 12 acrescidos pela LC nº 128, de 19-12-2008.

§ 13. O MEI está dispensado, ressalvado o disposto no art. 18-C desta Lei Complementar, de:

▶ *Caput* do § 13 com a redação dada pela LC nº 139, de 10-11-2011.

I – atender o disposto no inciso IV do *caput* do art. 32 da Lei nº 8.212, de 24 de julho de 1991;

II – apresentar a Relação Anual de Informações Sociais (RAIS); e

III – declarar ausência de fato gerador para a Caixa Econômica Federal para emissão da Certidão de Regularidade Fiscal perante o FGTS.

▶ Incisos I a III acrescidos pela LC nº 139, de 10-11-2011.

§ 14. O Comitê Gestor disciplinará o disposto neste artigo.

▶ § 14 acrescido pela LC nº 128, de 19-12-2008.

§ 15. A inadimplência do recolhimento do valor previsto na alínea *a* do inciso V do § 3º tem como consequência a não contagem da competência em atraso para fins de carência para obtenção dos benefícios previdenciários respectivos.

▶ § 15 acrescido pela LC nº 139, de 10-11-2011.

§ 15-A. Ficam autorizados os Estados, o Distrito Federal e os Municípios a promover a remissão dos débitos decorrentes dos valores previstos nas alíneas *b* e *c* do inciso V do § 3º, inadimplidos isolada ou simultaneamente.

§ 15-B. O MEI poderá ter sua inscrição automaticamente cancelada após período de 12 (doze) meses consecutivos sem recolhimento ou declarações, independentemente de qualquer notificação, devendo a informação ser publicada no Portal do Empreendedor, na forma regulamentada pelo CGSIM.

▶ §§ 15-A e 15-B acrescidos pela LC nº 147, de 7-8-2014.

§ 16. O CGSN estabelecerá, para o MEI, critérios, procedimentos, prazos e efeitos diferenciados para desenquadramento da sistemática de que trata este artigo, cobrança, inscrição em dívida ativa e exclusão do SIMPLES Nacional.

▶ § 16 acrescido pela LC nº 139, de 10-11-2011.

§ 16-A. A baixa do MEI via portal eletrônico dispensa a comunicação aos órgãos da administração pública.

▶ § 16-A acrescido pela LC nº 155, de 27-10-2016.

§ 17. A alteração de dados no CNPJ informada pelo empresário à Secretaria da Receita Federal do Brasil equivalerá à comunicação obrigatória de desenquadramento da sistemática de recolhimento de que trata este artigo, nas seguintes hipóteses:

I – alteração para natureza jurídica distinta de empresário individual a que se refere o art. 966 da Lei nº 10.406, de 10 de janeiro de 2002 (Código Civil);

II – inclusão de atividade econômica não autorizada pelo CGSN;

III – abertura de filial.

► § 17 acrescido pela LC nº 139, de 10-11-2011.

§ 18. Os Municípios somente poderão realizar o cancelamento da inscrição do MEI caso tenham regulamentação própria de classificação de risco e o respectivo processo simplificado de inscrição e legalização, em conformidade com esta Lei Complementar e com as resoluções do CGSIM.

§ 19. Fica vedada aos conselhos representativos de categorias econômicas a exigência de obrigações diversas das estipuladas nesta Lei Complementar para inscrição do MEI em seus quadros, sob pena de responsabilidade.

► §§ 18 e 19 acrescidos pela LC nº 147, de 7-8-2014.

§ 19-A. O MEI inscrito no conselho profissional de sua categoria na qualidade de pessoa física é dispensado de realizar nova inscrição no mesmo conselho na qualidade de empresário individual.

§ 19-B. São vedadas aos conselhos profissionais, sob pena de responsabilidade, a exigência de inscrição e a execução de qualquer tipo de ação fiscalizadora quando a ocupação do MEI não exigir registro profissional da pessoa física.

► §§ 19-A e 19-B acrescidos pela LC nº 155, de 27-10-2016.

§ 20. Os documentos fiscais das microempresas e empresas de pequeno porte poderão ser emitidos diretamente por sistema nacional informatizado e pela internet, sem custos para o empreendedor, na forma regulamentada pelo Comitê Gestor do SIMPLES Nacional.

§ 21. Assegurar-se-á o registro nos cadastros oficiais ao guia de turismo inscrito como MEI.

§ 22. Fica vedado às concessionárias de serviço público o aumento das tarifas pagas pelo MEI por conta da modificação da sua condição de pessoa física para pessoa jurídica.

► §§ 20 a 22 acrescidos pela LC nº 147, de 7-8-2014.

§ 23. VETADO. LC nº 147, de 7-8-2014.

§ 24. Aplica-se ao MEI o disposto no inciso XI do § 4º do art. 3º.

► § 24 acrescido pela LC nº 147, de 7-8-2014.

§ 25. O MEI poderá utilizar sua residência como sede do estabelecimento, quando não for indispensável a existência de local próprio para o exercício da atividade.

► § 25 acrescido pela LC nº 154, de 18-4-2016.

Art. 18-B. A empresa contratante de serviços executados por intermédio do MEI mantém, em relação a esta contratação, a obrigatoriedade de recolhimento da contribuição a que se refere o inciso III do *caput* e o § 1º do art. 22 da Lei nº 8.212, de 24 de julho de 1991, e o cumprimento das obrigações acessórias relativas à contratação de contribuinte individual.

► *Caput* acrescido pela LC nº 128, de 19-12-2008.

§ 1º Aplica-se o disposto neste artigo exclusivamente em relação ao MEI que for contratado para prestar serviços de hidráulica, eletricidade, pintura, alvenaria, carpintaria e de manutenção ou reparo de veículos.

► § 1º com a redação dada pela LC nº 147, de 7-8-2014.

§ 2º O disposto no *caput* e no § 1º não se aplica quando presentes os elementos da relação de emprego, ficando a contratante sujeita a todas as obrigações dela decorrentes, inclusive trabalhistas, tributárias e previdenciárias.

► § 2º acrescido pela LC nº 139, de 10-11-2011.

Art. 18-C. Observado o disposto no *caput* e nos §§ 1º a 25 do art. 18-A desta Lei Complementar, poderá enquadrar-se como MEI o empresário individual ou o empreendedor que exerça as atividades de industrialização, comercialização e prestação de serviços no âmbito rural que possua um único empregado que receba exclusivamente um salário mínimo ou o piso salarial da categoria profissional.

► *Caput* com a redação dada pela LC nº 155, de 27-10-2016.

§ 1º Na hipótese referida no *caput*, o MEI:

► Antigo parágrafo único transformado em § 1º e com a redação dada pela LC nº 139, de 10-11-2011.

I – deverá reter e recolher a contribuição previdenciária relativa ao segurado a seu serviço na forma da lei, observados prazo e condições estabelecidos pelo CGSN;

II – é obrigado a prestar informações relativas ao segurado a seu serviço, na forma estabelecida pelo CGSN; e

III – está sujeito ao recolhimento da contribuição de que trata o inciso VI do *caput* do art. 13, calculada à alíquota de 3% (três por cento) sobre o salário de contribuição previsto no *caput*, na forma e prazos estabelecidos pelo CGSN.

▶ Incisos I a III com a redação dada pela LC nº 139, de 10-11-2011.

§ 2º Para os casos de afastamento legal do único empregado do MEI, será permitida a contratação de outro empregado, inclusive por prazo determinado, até que cessem as condições do afastamento, na forma estabelecida pelo Ministério do Trabalho e Emprego.

§ 3º O CGSN poderá determinar, com relação ao MEI, a forma, a periodicidade e o prazo:

I – de entrega à Secretaria da Receita Federal do Brasil de uma única declaração com dados relacionados a fatos geradores, base de cálculo e valores dos tributos previstos nos arts. 18-A e 18-C, da contribuição para a Seguridade Social descontada do empregado e do Fundo de Garantia do Tempo de Serviço (FGTS), e outras informações de interesse do Ministério do Trabalho e Emprego, do Instituto Nacional do Seguro Social (INSS) e do Conselho Curador do FGTS, observado o disposto no § 7º do art. 26;

II – do recolhimento dos tributos previstos nos arts. 18-A e 18-C, bem como do FGTS e da contribuição para a Seguridade Social descontada do empregado.

§ 4º A entrega da declaração única de que trata o inciso I do § 3º substituirá, na forma regulamentada pelo CGSN, a obrigatoriedade de entrega de todas as informações, formulários e declarações a que estão sujeitas as demais empresas ou equiparados que contratam empregados, inclusive as relativas ao recolhimento do FGTS, à Relação Anual de Informações Sociais (RAIS) e ao Cadastro Geral de Empregados e Desempregados (CAGED).

§ 5º Na hipótese de recolhimento do FGTS na forma do inciso II do § 3º, deve-se assegurar a transferência dos recursos e dos elementos identificadores do recolhimento ao gestor desse fundo para crédito na conta vinculada do trabalhador.

▶ §§ 2º a 5º acrescidos pela LC nº 139, de 10-11-2011.

§ 6º O documento de que trata o inciso I do § 3º deste artigo tem caráter declaratório, constituindo instrumento hábil e suficiente para a exigência dos tributos e dos débitos fundiários que não tenham sido recolhidos resultantes das informações nele prestadas.

▶ § 6º acrescido pela LC nº 147, de 7-8-2014.

Art. 18-D. A tributação municipal do imposto sobre imóveis prediais urbanos deverá assegurar tratamento mais favorecido ao MEI para realização de sua atividade no mesmo local em que residir, mediante aplicação da menor alíquota vigente para aquela localidade, seja residencial ou comercial, nos termos da lei, sem prejuízo de eventual isenção ou imunidade existente.

▶ Art. 18-D acrescido pela LC nº 147, de 7-8-2014.

Art. 18-E. O instituto do MEI é uma política pública que tem por objetivo a formalização de pequenos empreendimentos e a inclusão social e previdenciária.

▶ *Caput* do art. 18-E acrescido pela LC nº 147, de 7-8-2014.

§ 1º A formalização de MEI não tem caráter eminentemente econômico ou fiscal.

§ 2º Todo benefício previsto nesta Lei Complementar aplicável à microempresa estende-se ao MEI sempre que lhe for mais favorável.

§ 3º O MEI é modalidade de microempresa.

▶ §§ 1º a 3º acrescidos pela LC nº 147, de 7-8-2014.

§ 4º É vedado impor restrições ao MEI relativamente ao exercício de profissão ou participação em licitações, em função da sua natureza jurídica, inclusive por ocasião da contratação dos serviços previstos no § 1º do art. 18-B desta Lei Complementar.

▶ § 4º com a redação dada pela LC nº 155, de 27-10-2016.

§ 5º O empreendedor que exerça as atividades de industrialização, comercialização e prestação de serviços no âmbito rural que efetuar seu registro como MEI não perderá a condição de segurado especial da Previdência Social.

§ 6º O disposto no § 5º e o licenciamento simplificado de atividades para o empreendedor que exerça as atividades de industrialização, comercialização e prestação de serviços no âmbito rural serão regulamentados pelo CGSIM em até cento e oitenta dias.

§ 7º O empreendedor que exerça as atividades de industrialização, comercialização e prestação de serviços no âmbito rural manterá todas as suas obrigações relativas à condição de produtor rural ou de agricultor familiar.

▸ §§ 5º a 7º acrescidos pela LC nº 155, de 27-10-2016.

Art. 18-F. Para o transportador autônomo de cargas inscrito como MEI, nos termos do art. 18-A desta Lei Complementar:

I – o limite da receita bruta de que trata o § 1º e o inciso V do § 3º do art. 18-A desta Lei Complementar será de R$ 251.600,00 (duzentos e cinquenta e um mil e seiscentos reais);

II – o limite será de R$ 20.966,67 (vinte mil novecentos e sessenta e seis reais e sessenta e sete centavos) multiplicados pelo número de meses compreendidos entre o início da atividade e o final do respectivo ano-calendário, consideradas as frações de meses como um mês inteiro, no caso de início de atividades de que trata o § 2º do art. 18-A desta Lei Complementar;

III – o valor mensal da contribuição de que trata o inciso X do § 1º do art. 13 desta Lei Complementar corresponderá ao valor resultante da aplicação da alíquota de 12% (doze por cento) sobre o salário mínimo mensal.

▸ Art. 18-F acrescido pela LC nº 188, de 31-12-2021.

Art. 19. Sem prejuízo da possibilidade de adoção de todas as faixas de receita previstas nos Anexos I a V desta Lei Complementar, os Estados cuja participação no Produto Interno Bruto brasileiro seja de até 1% (um por cento) poderão optar pela aplicação de sublimite para efeito de recolhimento do ICMS na forma do Simples Nacional nos respectivos territórios, para empresas com receita bruta anual de até R$ 1.800.000,00 (um milhão e oitocentos mil reais).

▸ *Caput* com a redação dada pela LC nº 155, de 27-10-2016.

▸ Arts. 20, *caput* e § 3º, e 21 desta Lei Complementar.

▸ Art. 3º, III, do Dec. nº 6.038, de 7-2-2007, que institui o Comitê Gestor do Simples Nacional – CGSN.

I a III – *Revogados*. pela LC nº 155, de 27-10-2016.

§ 1º A participação no Produto Interno Bruto brasileiro será apurada levando em conta o último resultado divulgado pelo Instituto Brasileiro de Geografia e Estatística ou outro órgão que o substitua.

§ 2º A opção prevista no *caput* produzirá efeitos somente para o ano-calendário subsequente, salvo deliberação do CGSN.

▸ § 2º com a redação dada pela LC nº 155, de 27-10-2016.

§ 3º O disposto neste artigo aplica-se ao Distrito Federal.

▸ Art. 20, § 4º, desta Lei Complementar.

§ 4º Para os Estados que não tenham adotado sublimite na forma do *caput* e para aqueles cuja participação no Produto Interno Bruto brasileiro seja superior a 1% (um por cento), para efeito de recolhimento do ICMS e do ISS, observar-se-á obrigatoriamente o sublimite no valor de R$ 3.600.000,00 (três milhões e seiscentos mil reais).

▸ § 4º acrescido pela LC nº 155, de 27-10-2016.

Art. 20. A opção feita na forma do art. 19 desta Lei Complementar pelos Estados importará adoção do mesmo limite de receita bruta anual para efeito de recolhimento na forma do ISS dos Municípios nele localizados, bem como para o do ISS devido no Distrito Federal.

▸ Arts. 3º, § 11, 18, § 17, 21 e 30, III, desta Lei Complementar.

▸ Art. 3º, III, do Dec. nº 6.038, de 7-2-2007, que institui o Comitê Gestor do Simples Nacional – CGSN.

§ 1º A empresa de pequeno porte que ultrapassar os limites a que se referem o *caput* e o § 4º do art. 19 estará automaticamente impedida de recolher o ICMS e o ISS na forma do Simples Nacional, a partir do mês subsequente àquele em que tiver ocorrido o excesso, relativamente aos seus estabelecimentos localizados na unidade da Federação que os houver adotado, ressalvado o disposto nos §§ 11 e 13 do art. 3º.

▸ § 1º com a redação dada pela LC nº 155, de 27-10-2016.

§ 1º-A. Os efeitos do impedimento previsto no § 1º ocorrerão no ano-calendário subsequente se o excesso verificado não for superior a 20% (vinte por cento) dos limites referidos.

▸ § 1º-A acrescido pela LC nº 139, de 10-11-2011.

§ 2º O disposto no § 1º deste artigo não se aplica na hipótese de o Estado ou de o Distrito Federal adotarem, compulsoriamente ou por opção, a aplicação de faixa de receita bruta superior à que vinha sendo utilizada no ano-calendário em que ocorreu o excesso da receita bruta.

§ 3º Na hipótese em que o recolhimento do ICMS ou do ISS não esteja sendo efetuado por meio do Simples Nacional por força do disposto neste artigo e no art. 19 desta Lei Complementar, as faixas de receita do Simples Nacional superiores àquela que tenha sido objeto de opção pelos Estados ou pelo Distrito Federal sofrerão, para efeito de recolhimento do Simples Nacional, redução da alíquota efetiva desses impostos, apurada de acordo com os Anexos I a V desta Lei Complementar, conforme o caso.

► § 3º com a redação dada pela LC nº 155, de 27-10-2016.

§ 4º O Comitê Gestor regulamentará o disposto neste artigo e no art. 19 desta Lei Complementar.

Seção IV

DO RECOLHIMENTO DOS TRIBUTOS DEVIDOS

Art. 21. Os tributos devidos, apurados na forma dos arts. 18 a 20 desta Lei Complementar, deverão ser pagos:

I – por meio de documento único de arrecadação, instituído pelo Comitê Gestor;

II – *Revogado*. LC nº 127, de 14-8-2007;

III – enquanto não regulamentado pelo Comitê Gestor, até o último dia útil da primeira quinzena do mês subsequente àquele a que se referir;

IV – em banco integrante da rede arrecadadora do SIMPLES Nacional, na forma regulamentada pelo Comitê Gestor.

► Inciso IV com a redação dada pela LC nº 127, de 14-8-2007.

§ 1º Na hipótese de a microempresa ou a empresa de pequeno porte possuir filiais, o recolhimento dos tributos do SIMPLES Nacional dar-se-á por intermédio da matriz.

§ 2º Poderá ser adotado sistema simplificado de arrecadação do SIMPLES Nacional, inclusive sem utilização da rede bancária, mediante requerimento do Estado, Distrito Federal ou Município ao Comitê Gestor.

§ 3º O valor não pago até a data do vencimento sujeitar-se-á à incidência de encargos legais na forma prevista na legislação do imposto sobre a renda.

§ 4º A retenção na fonte de ISS das microempresas ou das empresas de pequeno porte optantes pelo SIMPLES Nacional somente será permitida se observado o disposto no art. 3º da Lei Complementar nº 116, de 31 de julho de 2003, e deverá observar as seguintes normas:

► *Caput* do § 4º com a redação dada pela LC nº 128, de 19-12-2008.

► Art. 18, § 6º, desta Lei Complementar.

I – a alíquota aplicável na retenção na fonte deverá ser informada no documento fiscal e corresponderá à alíquota efetiva de ISS a que a microempresa ou a empresa de pequeno porte estiver sujeita no mês anterior ao da prestação;

II – na hipótese de o serviço sujeito à retenção ser prestado no mês de início de atividades da microempresa ou da empresa de pequeno porte, deverá ser aplicada pelo tomador a alíquota efetiva de 2% (dois por cento);

► Incisos I e II com a redação dada pela LC nº 155, de 27-10-2016.

III – na hipótese do inciso II deste parágrafo, constatando-se que houve diferença entre a alíquota utilizada e a efetivamente apurada, caberá à microempresa ou empresa de pequeno porte prestadora dos serviços efetuar o recolhimento dessa diferença no mês subsequente ao do início de atividade em guia própria do Município;

IV – na hipótese de a microempresa ou empresa de pequeno porte estar sujeita à tributação do ISS no SIMPLES Nacional por valores fixos mensais, não caberá a retenção a que se refere o *caput* deste parágrafo;

► Incisos III e IV acrescidos pela LC nº 128, de 19-12-2008.

V – na hipótese de a microempresa ou a empresa de pequeno porte não informar a alíquota de que tratam os incisos I e II deste parágrafo no documento fiscal, aplicar-se-á a alíquota efetiva de 5% (cinco por cento);

► Inciso V com a redação dada pela LC nº 155, de 27-10-2016.

VI – não será eximida a responsabilidade do prestador de serviços quando a alíquota do ISS informada no documento fiscal for inferior à devida, hipótese em que o recolhimento dessa diferença será realizado em guia própria do Município;

VII – o valor retido, devidamente recolhido, será definitivo, não sendo objeto de partilha com os municípios, e sobre a receita de prestação de serviços que sofreu a retenção não haverá incidência de ISS a ser recolhido no SIMPLES Nacional.

▶ Incisos VI e VII acrescidos pela LC nº 128, de 19-12-2008.

§ 4º-A. Na hipótese de que tratam os incisos I e II do § 4º, a falsidade na prestação dessas informações sujeitará o responsável, o titular, os sócios ou os administradores da microempresa e da empresa de pequeno porte, juntamente com as demais pessoas que para ela concorrerem, às penalidades previstas na legislação criminal e tributária.

▶ § 4º-A acrescido pela LC nº 128, de 19-12-2008.

§ 5º O CGSN regulará a compensação e a restituição dos valores do SIMPLES Nacional recolhidos indevidamente ou em montante superior ao devido.

▶ § 5º com a redação dada pela LC nº 139, de 10-11-2011.

§ 6º O valor a ser restituído ou compensado será acrescido de juros obtidos pela aplicação da taxa referencial do Sistema Especial de Liquidação e de Custódia (SELIC) para títulos federais, acumulada mensalmente, a partir do mês subsequente ao do pagamento indevido ou a maior que o devido até o mês anterior ao da compensação ou restituição, e de 1% (um por cento) relativamente ao mês em que estiver sendo efetuada.

§ 7º Os valores compensados indevidamente serão exigidos com os acréscimos moratórios de que trata o art. 35.

§ 8º Na hipótese de compensação indevida, quando se comprove falsidade de declaração apresentada pelo sujeito passivo, o contribuinte estará sujeito à multa isolada aplicada no percentual previsto no inciso I do *caput* do art. 44 da Lei nº 9.430, de 27 de dezembro de 1996, aplicado em dobro, e terá como base de cálculo o valor total do débito indevidamente compensado.

§ 9º É vedado o aproveitamento de créditos não apurados no SIMPLES Nacional, inclusive de natureza não tributária, para extinção de débitos do SIMPLES Nacional.

§ 10. Os créditos apurados no SIMPLES Nacional não poderão ser utilizados para extinção de outros débitos para com as Fazendas Públicas, salvo por ocasião da compensação de ofício oriunda de deferimento em processo de restituição ou após a exclusão da empresa do SIMPLES Nacional.

§ 11. No SIMPLES Nacional, é permitida a compensação tão somente de créditos para extinção de débitos para com o mesmo ente federado e relativos ao mesmo tributo.

§ 12. Na restituição e compensação no SIMPLES Nacional serão observados os prazos de decadência e prescrição previstos na Lei nº 5.172, de 25 de outubro de 1966 (Código Tributário Nacional).

§ 13. É vedada a cessão de créditos para extinção de débitos no SIMPLES Nacional.

§ 14. Aplica-se aos processos de restituição e de compensação o rito estabelecido pelo CGSN.

§ 15. Compete ao CGSN fixar critérios, condições para rescisão, prazos, valores mínimos de amortização e demais procedimentos para parcelamento dos recolhimentos em atraso dos débitos tributários apurados no SIMPLES Nacional, observado o disposto no § 3º deste artigo e no art. 35 e ressalvado o disposto no § 19 deste artigo.

▶ Art. 1º, *caput*, e § 6º, da LC nº 162, de 6-4-2018, que Institui o Programa Especial de Regularização Tributária das Microempresas e Empresas de Pequeno Porte optantes pelo Simples Nacional (PERT-SN).

§ 16. Os débitos de que trata o § 15 poderão ser parcelados em até 60 (sessenta) parcelas mensais, na forma e condições previstas pelo CGSN.

▶ Art. 1º, § 6º, da LC nº 162, de 6-4-2018, que Institui o Programa Especial de Regularização Tributária das Microempresas e Empresas de Pequeno Porte optantes pelo Simples Nacional (PERT-SN).

§ 17. O valor de cada prestação mensal, por ocasião do pagamento, será acrescido de juros equivalentes à taxa referencial do Sistema Especial de Liquidação e de Custódia (SELIC) para títulos federais, acumulada mensalmente, calculados a partir do mês subsequente ao da consolidação até o mês anterior ao do pagamento, e de 1% (um por cento) relativamente ao mês em que o pagamento estiver sendo efetuado, na forma regulamentada pelo CGSN.

▶ Art. 1º, § 6º, da LC nº 162, de 6-4-2018, que Institui o Programa Especial de Regularização Tributária das Microempresas e Empresas de Pequeno Porte optantes pelo Simples Nacional (PERT-SN).

§ 18. Será admitido reparcelamento de débitos constantes de parcelamento em curso ou que tenha sido rescindido, podendo ser incluídos novos débitos, na forma regulamentada pelo CGSN.

► Art. 1º, § 6º, da LC nº 162, de 6-4-2018, que Institui o Programa Especial de Regularização Tributária das Microempresas e Empresas de Pequeno Porte optantes pelo Simples Nacional (PERT-SN).

§ 19. Os débitos constituídos de forma isolada por parte de Estado, do Distrito Federal ou de Município, em face de ausência de aplicativo para lançamento unificado, relativo a tributo de sua competência, que não estiverem inscritos em Dívida Ativa da União, poderão ser parcelados pelo ente responsável pelo lançamento de acordo com a respectiva legislação, na forma regulamentada pelo CGSN.

► Art. 1º, § 6º, da LC nº 162, de 6-4-2018, que Institui o Programa Especial de Regularização Tributária das Microempresas e Empresas de Pequeno Porte optantes pelo Simples Nacional (PERT-SN).

§ 20. O pedido de parcelamento deferido importa confissão irretratável do débito e configura confissão extrajudicial.

► Art. 1º, § 6º, da LC nº 162, de 6-4-2018, que Institui o Programa Especial de Regularização Tributária das Microempresas e Empresas de Pequeno Porte optantes pelo Simples Nacional (PERT-SN).

§ 21. Serão aplicadas na consolidação as reduções das multas de lançamento de ofício previstas na legislação federal, conforme regulamentação do CGSN.

► Art. 1º, § 6º, da LC nº 162, de 6-4-2018, que Institui o Programa Especial de Regularização Tributária das Microempresas e Empresas de Pequeno Porte optantes pelo Simples Nacional (PERT-SN).

§ 22. O repasse para os entes federados dos valores pagos e da amortização dos débitos parcelados será efetuado proporcionalmente ao valor de cada tributo na composição da dívida consolidada.

► Art. 1º, § 6º, da LC nº 162, de 6-4-2018, que Institui o Programa Especial de Regularização Tributária das Microempresas e Empresas de Pequeno Porte optantes pelo Simples Nacional (PERT-SN).

§ 23. No caso de parcelamento de débito inscrito em dívida ativa, o devedor pagará custas, emolumentos e demais encargos legais.

► Art. 1º, § 6º, da LC nº 162, de 6-4-2018, que Institui o Programa Especial de Regularização Tributária das Microempresas e Empresas de Pequeno Porte optantes pelo Simples Nacional (PERT-SN).

§ 24. Implicará imediata rescisão do parcelamento e remessa do débito para inscrição em dívida ativa ou prosseguimento da execução, conforme o caso, até deliberação do CGSN, a falta de pagamento:

► Art. 1º, § 6º, da LC nº 162, de 6-4-2018, que Institui o Programa Especial de Regularização Tributária das Microempresas e Empresas de Pequeno Porte optantes pelo Simples Nacional (PERT-SN).

I – de 3 (três) parcelas, consecutivas ou não; ou

II – de 1 (uma) parcela, estando pagas todas as demais.

► §§ 6º a 24 acrescidos pela LC nº 139, de 10-11-2011.

§ 25. O documento previsto no inciso I do *caput* deste artigo deverá conter a partilha discriminada de cada um dos tributos abrangidos pelo Simples Nacional, bem como os valores destinados a cada ente federado.

► § 25 acrescido pela LC nº 155, de 27-10-2016.

Art. 21-A. A inscrição de microempresa ou empresa de pequeno porte no Cadastro Informativo dos créditos não quitados do setor público federal – CADIN, somente ocorrerá mediante notificação prévia com prazo para contestação.

► Artigo acrescido pela LC nº 147, de 7-8-2014.

Art. 21-B. Os Estados e o Distrito Federal deverão observar, em relação ao ICMS, o prazo mínimo de 60 (sessenta) dias, contado a partir do primeiro dia do mês do fato gerador da obrigação tributária, para estabelecer a data de vencimento do imposto devido por substituição tributária, tributação concentrada em uma única etapa (monofásica) e por antecipação tributária com ou sem encerramento de tributação, nas hipóteses em que a responsabilidade recair sobre operações ou prestações subsequentes, na forma regulamentada pelo Comitê Gestor.

► Artigo acrescido pela LC nº 147, de 7-8-2014.

Seção V
DO REPASSE DO PRODUTO DA ARRECADAÇÃO

Art. 22. O Comitê Gestor definirá o sistema de repasses do total arrecadado, inclusive encargos legais, para o:

I – Município ou Distrito Federal, do valor correspondente ao ISS;

II – Estado ou Distrito Federal, do valor correspondente ao ICMS;

III – Instituto Nacional do Seguro Social, do valor correspondente à Contribuição para manutenção da Seguridade Social.

Parágrafo único. Enquanto o Comitê Gestor não regulamentar o prazo para o repasse previsto no inciso II do *caput* deste artigo, esse será efetuado nos prazos estabelecidos nos convênios celebrados no âmbito do colegiado a que se refere a alínea *g* do inciso XII do § 2º do art. 155 da Constituição Federal.

Seção VI

DOS CRÉDITOS

Art. 23. As microempresas e as empresas de pequeno porte optantes pelo SIMPLES Nacional não farão jus à apropriação nem transferirão créditos relativos a impostos ou contribuições abrangidos pelo SIMPLES Nacional.

§ 1º As pessoas jurídicas e aquelas a elas equiparadas pela legislação tributária não optantes pelo SIMPLES Nacional terão direito a crédito correspondente ao ICMS incidente sobre as suas aquisições de mercadorias de microempresa ou empresa de pequeno porte optante pelo SIMPLES Nacional, desde que destinadas à comercialização ou industrialização e observado, como limite, o ICMS efetivamente devido pelas optantes pelo SIMPLES Nacional em relação a essas aquisições.

§ 2º A alíquota aplicável ao cálculo do crédito de que trata o § 1º deste artigo deverá ser informada no documento fiscal e corresponderá ao percentual de ICMS previsto nos Anexos I ou II desta Lei Complementar para a faixa de receita bruta a que a microempresa ou a empresa de pequeno porte estiver sujeita no mês anterior ao da operação.

§ 3º Na hipótese de a operação ocorrer no mês de início de atividades da microempresa ou empresa de pequeno porte optante pelo SIMPLES Nacional, a alíquota aplicável ao cálculo do crédito de que trata o § 1º deste artigo corresponderá ao percentual de ICMS referente à menor alíquota prevista nos Anexos I ou II desta Lei Complementar.

§ 4º Não se aplica o disposto nos §§ 1º a 3º deste artigo quando:

I – a microempresa ou empresa de pequeno porte estiver sujeita à tributação do ICMS no SIMPLES Nacional por valores fixos mensais;

II – a microempresa ou a empresa de pequeno porte não informar a alíquota de que trata o § 2º deste artigo no documento fiscal;

III – houver isenção estabelecida pelo Estado ou Distrito Federal que abranja a faixa de receita bruta a que a microempresa ou a empresa de pequeno porte estiver sujeita no mês da operação;

IV – o remetente da operação ou prestação considerar, por opção, que a alíquota determinada na forma do *caput* e dos §§ 1º e 2º do art. 18 desta Lei Complementar deverá incidir sobre a receita recebida no mês.

§ 5º Mediante deliberação exclusiva e unilateral dos Estados e do Distrito Federal, poderá ser concedido às pessoas jurídicas e àquelas a elas equiparadas pela legislação tributária não optantes pelo SIMPLES Nacional crédito correspondente ao ICMS incidente sobre os insumos utilizados nas mercadorias adquiridas de indústria optante pelo SIMPLES Nacional, sendo vedado o estabelecimento de diferenciação no valor do crédito em razão da procedência dessas mercadorias.

§ 6º O Comitê Gestor do SIMPLES Nacional disciplinará o disposto neste artigo.

▶ §§ 1º a 6º acrescidos pela LC nº 128, de 19-12-2008.

Art. 24. As microempresas e as empresas de pequeno porte optantes pelo SIMPLES Nacional não poderão utilizar ou destinar qualquer valor a título de incentivo fiscal.

§ 1º Não serão consideradas quaisquer alterações em bases de cálculo, alíquotas e percentuais ou outros fatores que alterem o valor de imposto ou contribuição apurado na forma do SIMPLES Nacional, estabelecidas pela União, Estado, Distrito Federal ou Município, exceto as previstas ou autorizadas nesta Lei Complementar.

▶ Parágrafo único transformado em § 1º pela LC nº 155, de 27-10-2016.

§ 2º VETADO. LC nº 155, de 27-10-2016.

Seção VII

DAS OBRIGAÇÕES FISCAIS ACESSÓRIAS

Art. 25. A microempresa ou empresa de pequeno porte optante pelo SIMPLES Nacional deverá apresentar anualmente à Secretaria da Receita Federal do Brasil declaração única e simplificada de informações socioeconômicas e fiscais, que deverá ser disponibilizada aos órgãos de fiscalização tributária e previdenciária, observados prazo e modelo aprovados pelo CGSN e observado o disposto no § 15-A do art. 18.

- *Caput* com a redação dada pela LC nº 139, de 10-11-2011.
- Art. 38 desta Lei Complementar.

§ 1º A declaração de que trata o *caput* deste artigo constitui confissão de dívida e instrumento hábil e suficiente para a exigência dos tributos e contribuições que não tenham sido recolhidos resultantes das informações nela prestadas.

- Antigo parágrafo único transformado em § 1º pela LC nº 128, de 19-12-2008.

§ 2º A situação de inatividade deverá ser informada na declaração de que trata o *caput* deste artigo, na forma regulamentada pelo Comitê Gestor.

§ 3º Para efeito do disposto no § 2º deste artigo, considera-se em situação de inatividade a microempresa ou a empresa de pequeno porte que não apresente mutação patrimonial e atividade operacional durante todo o ano-calendário.

- §§ 2º e 3º acrescidos pela LC nº 128, de 19-12-2008.

§ 4º A declaração de que trata o *caput* deste artigo, relativa ao MEI definido no art. 18-A desta Lei Complementar, conterá, para efeito do disposto no art. 3º da Lei Complementar nº 63, de 11 de janeiro de 1990, tão somente as informações relativas à receita bruta total sujeita ao ICMS, sendo vedada a instituição de declarações adicionais em decorrência da referida Lei Complementar.

- § 4º acrescido pela LC nº 128, de 19-12-2008.

§ 5º A declaração de que trata o *caput*, a partir das informações relativas ao ano-calendário de 2012, poderá ser prestada por meio da declaração de que trata o § 15-A do art. 18 desta Lei Complementar, na periodicidade e prazos definidos pelo CGSN.

- § 5º acrescido pela LC nº 147, de 7-8-2014.

Art. 26. As microempresas e empresas de pequeno porte optantes pelo SIMPLES Nacional ficam obrigadas a:

I – emitir documento fiscal de venda ou prestação de serviço, de acordo com instruções expedidas pelo Comitê Gestor;

II – manter em boa ordem e guarda os documentos que fundamentaram a apuração dos impostos e contribuições devidos e o cumprimento das obrigações acessórias a que se refere o art. 25 desta Lei Complementar enquanto não decorrido o prazo decadencial e não prescritas eventuais ações que lhes sejam pertinentes.

§ 1º O MEI fará a comprovação da receita bruta mediante apresentação do registro de vendas ou de prestação de serviços na forma estabelecida pelo CGSN, ficando dispensado da emissão do documento fiscal previsto no inciso I do *caput*, ressalvadas as hipóteses de emissão obrigatória previstas pelo referido Comitê.

- *Caput* do § 1º com a redação dada pela LC nº 139, de 10-11-2011.

I a III – *Revogados*. LC nº 128, de 19-12-2008.

§ 2º As demais microempresas e as empresas de pequeno porte, além do disposto nos incisos I e II do *caput* deste artigo, deverão, ainda, manter o livro-caixa em que será escriturada sua movimentação financeira e bancária.

§ 3º A exigência de declaração única a que se refere o *caput* do art. 25 desta Lei Complementar não desobriga a prestação de informações relativas a terceiros.

§ 4º É vedada a exigência de obrigações tributárias acessórias relativas aos tributos apurados na forma do SIMPLES Nacional além daquelas estipuladas pelo CGSN e atendidas por meio do Portal do SIMPLES Nacional, bem como, o estabelecimento de exigências adicionais e unilaterais pelos entes federativos, exceto os programas de cidadania fiscal.

- § 4º com a redação dada pela LC nº 147, de 7-8-2014.

§ 4º-A. A escrituração fiscal digital ou obrigação equivalente não poderá ser exigida da microempresa ou empresa de pequeno porte optante pelo SIMPLES Nacional, salvo se, cumulativamente, houver:

I – autorização específica do CGSN, que estabelecerá as condições para a obrigatoriedade;

II – disponibilização por parte da administração tributária estipulante de aplicativo gratuito para uso da empresa optante.

§ 4º-B. A exigência de apresentação de livros fiscais em meio eletrônico aplicar-se-á somente na hipótese de substituição da entrega em meio convencional, cuja obrigatoriedade tenha sido prévia e especificamente estabelecida pelo CGSN.

§ 4º-C. Até a implantação de sistema nacional uniforme estabelecido pelo CGSN com compartilhamento de informações com os entes federados, permanece válida norma publicada por ente federado até o primeiro trimestre de 2014 que tenha veiculado exigência vigente de a microempresa ou empresa de pequeno porte apresentar escrituração fiscal digital ou obrigação equivalente.

▸ §§ 4º-A a 4º-C acrescidos pela LC nº 147, de 7-8-2014.

§ 5º As microempresas e empresas de pequeno porte ficam sujeitas à entrega de declaração eletrônica que deva conter os dados referentes aos serviços prestados ou tomados de terceiros, na conformidade do que dispuser o Comitê Gestor.

§ 6º Na hipótese do § 1º deste artigo:

▸ § 6º acrescido pela LC nº 128, de 19-12-2008.

I – deverão ser anexados ao registro de vendas ou de prestação de serviços, na forma regulamentada pelo Comitê Gestor, os documentos fiscais comprobatórios das entradas de mercadorias e serviços tomados referentes ao período, bem como os documentos fiscais relativos às operações ou prestações realizadas eventualmente emitidos;

▸ Inciso I acrescido pela LC nº 128, de 19-12-2008.

II – será obrigatória a emissão de documento fiscal nas vendas e nas prestações de serviços realizadas pelo MEI para destinatário cadastrado no Cadastro Nacional da Pessoa Jurídica (CNPJ), ficando dispensado desta emissão para o consumidor final.

▸ Inciso II com a redação dada pela LC nº 139, de 10-11-2011.

§ 7º Cabe ao CGSN dispor sobre a exigência da certificação digital para o cumprimento de obrigações principais e acessórias por parte da microempresa, inclusive o MEI, ou empresa de pequeno porte optante pelo SIMPLES Nacional, inclusive para o recolhimento do FGTS.

▸ § 7º acrescido pela LC nº 139, de 10-11-2011.

§ 8º O CGSN poderá disciplinar sobre a disponibilização, no portal do SIMPLES Nacional, de documento fiscal eletrônico de venda ou de prestação de serviço para o MEI, microempresa ou empresa de pequeno porte optante pelo SIMPLES Nacional.

§ 9º O desenvolvimento e a manutenção das soluções de tecnologia, capacitação e orientação aos usuários relativas ao disposto no § 8º, bem como as demais relativas ao SIMPLES Nacional, poderão ser apoiadas pelo Serviço Brasileiro de Apoio às Micro e Pequenas Empresas – SEBRAE.

§ 10. O ato de emissão ou de recepção de documento fiscal por meio eletrônico estabelecido pelas administrações tributárias, em qualquer modalidade, de entrada, de saída ou de prestação, na forma estabelecida pelo CGSN, representa sua própria escrituração fiscal e elemento suficiente para a fundamentação e a constituição do crédito tributário.

§ 11. Os dados dos documentos fiscais de qualquer espécie podem ser compartilhados entre as administrações tributárias da União, Estados, Distrito Federal e Municípios e, quando emitidos por meio eletrônico, na forma estabelecida pelo CGSN, a microempresa ou empresa de pequeno porte optante pelo SIMPLES Nacional fica desobrigada de transmitir seus dados às administrações tributárias.

§ 12. As informações a serem prestadas relativas ao ICMS devido na forma prevista nas alíneas *a*, *g* e *h* do inciso XIII do § 1º do art. 13 serão fornecidas por meio de aplicativo único.

§ 13. Fica estabelecida a obrigatoriedade de utilização de documentos fiscais eletrônicos estabelecidos pelo Confaz nas operações e prestações relativas ao ICMS efetuadas por microempresas e empresas de pequeno porte nas hipóteses previstas nas alíneas *a*, *g* e *h* do inciso XIII do § 1º do art. 13.

§ 14. Os aplicativos necessários ao cumprimento do disposto nos §§ 12 e 13 deste artigo serão disponibilizados, de forma gratuita, no portal do SIMPLES Nacional.

§ 15. O CGSN regulamentará o disposto neste artigo.

▸ §§ 8º a 15 acrescidos pela LC nº 147, de 7-8-2014.

Art. 27. As microempresas e empresas de pequeno porte optantes pelo SIMPLES Nacional poderão, opcionalmente, adotar contabilidade simplificada para os registros e controles das operações realizadas, conforme regulamentação do Comitê Gestor.

Seção VIII

DA EXCLUSÃO DO SIMPLES NACIONAL

Art. 28. A exclusão do SIMPLES Nacional será feita de ofício ou mediante comunicação das empresas optantes.

Parágrafo único. As regras previstas nesta seção e o modo de sua implementação serão regulamentados pelo Comitê Gestor.

Art. 29. A exclusão de ofício das empresas optantes pelo SIMPLES Nacional dar-se-á quando:

► Art. 33 desta Lei Complementar.

I – verificada a falta de comunicação de exclusão obrigatória;
II – for oferecido embaraço à fiscalização, caracterizado pela negativa não justificada de exibição de livros e documentos a que estiverem obrigadas, bem como pelo não fornecimento de informações sobre bens, movimentação financeira, negócio ou atividade que estiverem intimadas a apresentar, e nas demais hipóteses que autorizam a requisição de auxílio da força pública;
III – for oferecida resistência à fiscalização, caracterizada pela negativa de acesso ao estabelecimento, ao domicílio fiscal ou a qualquer outro local onde desenvolvam suas atividades ou se encontrem bens de sua propriedade;
IV – a sua constituição ocorrer por interpostas pessoas;
V – tiver sido constatada prática reiterada de infração ao disposto nesta Lei Complementar;
VI – a empresa for declarada inapta, na forma dos arts. 81 e 82 da Lei nº 9.430, de 27 de dezembro de 1996, e alterações posteriores;

► Lei nº 9.430, de 27-12-1996, dispõe sobre a legislação tributária federal, as contribuições para a seguridade social e o processo administrativo de consulta.

VII – comercializar mercadorias objeto de contrabando ou descaminho;
VIII – houver falta de escrituração do livro-caixa ou não permitir a identificação da movimentação financeira, inclusive bancária;
IX – for constatado que durante o ano-calendário o valor das despesas pagas supera em 20% (vinte por cento) o valor de ingressos de recursos no mesmo período, excluído o ano de início de atividade;
X – for constatado que durante o ano-calendário o valor das aquisições de mercadorias para comercialização ou industrialização, ressalvadas hipóteses justificadas de aumento de estoque, for superior a 80% (oitenta por cento) dos ingressos de recursos no mesmo período, excluído o ano de início de atividade;
XI – houver descumprimento reiterado da obrigação contida no inciso I do *caput* do art. 26;
XII – omitir de forma reiterada da folha de pagamento da empresa ou de documento de informações previsto pela legislação previdenciária, trabalhista ou tributária, segurado empregado, trabalhador avulso ou contribuinte individual que lhe preste serviço.

► Incisos XI e XII com a redação dada pela LC nº 139, de 10-11-2011.

§ 1º Nas hipóteses previstas nos incisos II a XII do *caput* deste artigo, a exclusão produzirá efeitos a partir do próprio mês em que incorridas, impedindo a opção pelo regime diferenciado e favorecido desta Lei Complementar pelos próximos 3 (três) anos-calendário seguintes.

► § 1º com a redação dada pela LC nº 127, de 14-8-2007.

§ 2º O prazo de que trata o § 1º deste artigo será elevado para 10 (dez) anos caso seja constatada a utilização de artifício, ardil ou qualquer outro meio fraudulento que induza ou mantenha a fiscalização em erro, com o fim de suprimir ou reduzir o pagamento de tributo apurável segundo o regime especial previsto nesta Lei Complementar.

§ 3º A exclusão de ofício será realizada na forma regulamentada pelo Comitê Gestor, cabendo o lançamento dos tributos e contribuições apurados aos respectivos entes tributantes.

§ 4º *Revogado*. LC nº 128, de 19-12-2008.

§ 5º A competência para exclusão de ofício do SIMPLES Nacional obedece ao disposto no art. 33, e o julgamento administrativo, ao disposto no art. 39, ambos desta Lei Complementar.

§ 6º Nas hipóteses de exclusão previstas no *caput*, a notificação:

► *Caput* do § 6º com a redação dada pela LC nº 139, de 10-11-2011.

I – será efetuada pelo ente federativo que promoveu a exclusão; e
II – poderá ser feita por meio eletrônico, observada a regulamentação do CGSN.

► Incisos I e II acrescidos pela LC nº 139, de 10-11-2011.

§ 7º *Revogado*. LC nº 139, de 10-10-2011.

§ 8º A notificação de que trata o § 6º aplica-se ao indeferimento da opção pelo SIMPLES Nacional.

► § 8º com a redação dada pela LC nº 139, de 10-11-2011.

§ 9º Considera-se prática reiterada, para fins do disposto nos incisos V, XI e XII do *caput*:

I – a ocorrência, em 2 (dois) ou mais períodos de apuração, consecutivos ou alternados, de idênticas infrações, inclusive de natureza acessória, verificada em relação aos últimos 5 (cinco) anos-calendário, formalizadas por intermédio de auto de infração ou notificação de lançamento; ou

II – a segunda ocorrência de idênticas infrações, caso seja constatada a utilização de artifício, ardil ou qualquer outro meio fraudulento que induza ou mantenha a fiscalização em erro, com o fim de suprimir ou reduzir o pagamento de tributo.

▶ § 9º acrescido pela LC nº 139, de 10-11-2011.

Art. 30. A exclusão do SIMPLES Nacional, mediante comunicação das microempresas ou das empresas de pequeno porte, dar-se-á:

I – por opção;

II – obrigatoriamente, quando elas incorrerem em qualquer das situações de vedação previstas nesta Lei Complementar; ou

III – obrigatoriamente, quando ultrapassado, no ano-calendário de início de atividade, o limite proporcional de receita bruta de que trata o § 2º do art. 3º;

▶ Inciso III com a redação dada pela LC nº 139, de 10-11-2011.

IV – obrigatoriamente, quando ultrapassado, no ano-calendário, o limite de receita bruta previsto no inciso II do *caput* do art. 3º, quando não estiver no ano-calendário de início de atividade.

▶ Inciso IV acrescido pela LC nº 139, de 10-11-2011.

§ 1º A exclusão deverá ser comunicada à Secretaria da Receita Federal:

I – na hipótese do inciso I do *caput* deste artigo, até o último dia útil do mês de janeiro;

II – na hipótese do inciso II do *caput* deste artigo, até o último dia útil do mês subsequente àquele em que ocorrida a situação de vedação;

III – na hipótese do inciso III do *caput*:

▶ *Caput* do inciso III com a redação dada pela LC nº 139, de 10-11-2011.

a) até o último dia útil do mês seguinte àquele em que tiver ultrapassado em mais de 20% (vinte por cento) o limite proporcional de que trata o § 10 do art. 3º; ou

b) até o último dia útil do mês de janeiro do ano-calendário subsequente ao de início de atividades, caso o excesso seja inferior a 20% (vinte por cento) do respectivo limite;

▶ Alíneas *a* e *b* acrescidas pela LC nº 139, de 10-11-2011.

▶ Art. 36 desta Lei Complementar.

IV – na hipótese do inciso IV do *caput*:

a) até o último dia útil do mês subsequente à ultrapassagem em mais de 20% (vinte por cento) do limite de receita bruta previsto no inciso II do *caput* do art. 3º; ou

b) até o último dia útil do mês de janeiro do ano-calendário subsequente, na hipótese de não ter ultrapassado em mais de 20% (vinte por cento) o limite de receita bruta previsto no inciso II do *caput* do art. 3º.

▶ Inciso IV acrescido pela LC nº 139, de 10-11-2011.

§ 2º A comunicação de que trata o *caput* deste artigo dar-se-á na forma a ser estabelecida pelo Comitê Gestor.

§ 3º A alteração de dados no CNPJ, informada pela ME ou EPP à Secretaria da Receita Federal do Brasil, equivalerá à comunicação obrigatória de exclusão do SIMPLES Nacional nas seguintes hipóteses:

I – alteração de natureza jurídica para Sociedade Anônima, Sociedade Empresária em Comandita por Ações, Sociedade em Conta de Participação ou Estabelecimento, no Brasil, de Sociedade Estrangeira;

II – inclusão de atividade econômica vedada à opção pelo SIMPLES Nacional;

III – inclusão de sócio pessoa jurídica;

IV – inclusão de sócio domiciliado no exterior;

V – cisão parcial; ou

VI – extinção da empresa.

▶ § 3º acrescido pela LC nº 139, de 10-11-2011.

Art. 31. A exclusão das microempresas ou das empresas de pequeno porte do SIMPLES Nacional produzirá efeitos:

I – na hipótese do inciso I do *caput* do art. 30 desta Lei Complementar, a partir de 1º de janeiro do ano-calendário subsequente, ressalvado o disposto no § 4º deste artigo;

II – na hipótese do inciso II do *caput* do art. 30 desta Lei Complementar, a partir do mês seguinte da ocorrência da situação impeditiva;

III – na hipótese do inciso III do *caput* do art. 30 desta Lei Complementar:

a) desde o início das atividades;

b) a partir de 1º de janeiro do ano-calendário subsequente, na hipótese de não ter ultrapassado em mais de 20% (vinte por cento) o limite proporcional de que trata o § 10 do art. 3º;

▶ Alínea *b* com a redação dada pela LC nº 139, de 10-11-2011.

IV – na hipótese do inciso V do *caput* do art. 17 desta Lei Complementar, a partir do ano-calendário subsequente ao da ciência da comunicação da exclusão;

V – na hipótese do inciso IV do *caput* do art. 30:

a) a partir do mês subsequente à ultrapassagem em mais de 20% (vinte por cento) do limite de receita bruta previsto no inciso II do art. 3º;

b) a partir de 1º de janeiro do ano-calendário subsequente, na hipótese de não ter ultrapassado em mais de 20% (vinte por cento) o limite de receita bruta previsto no inciso II do art. 3º.

► Inciso V acrescido pela LC nº 139, de 10-11-2011.

§ 1º Na hipótese prevista no inciso III do *caput* do art. 30 desta Lei Complementar, a microempresa ou empresa de pequeno porte não poderá optar, no ano-calendário subsequente ao do início de atividades, pelo SIMPLES Nacional.

§ 2º Na hipótese dos incisos V e XVI do *caput* do art. 17, será permitida a permanência da pessoa jurídica como optante pelo SIMPLES Nacional mediante a comprovação da regularização do débito ou do cadastro fiscal no prazo de até 30 (trinta) dias contados a partir da ciência da comunicação da exclusão.

§ 3º O CGSN regulamentará os procedimentos relativos ao impedimento de recolher o ICMS e o ISS na forma do SIMPLES Nacional, em face da ultrapassagem dos limites estabelecidos na forma dos incisos I ou II do art. 19 e do art. 20.

► §§ 2º e 3º com a redação dada pela LC nº 139, de 10-11-2011.

§ 4º No caso de a microempresa ou a empresa de pequeno porte ser excluída do SIMPLES Nacional no mês de janeiro, na hipótese do inciso I do *caput* do art. 30 desta Lei Complementar, os efeitos da exclusão dar-se-ão nesse mesmo ano.

§ 5º Na hipótese do inciso II do *caput* deste artigo, uma vez que o motivo da exclusão deixe de existir, havendo a exclusão retroativa de ofício no caso do inciso I do *caput* do art. 29 desta Lei Complementar, o efeito desta dar-se-á a partir do mês seguinte ao da ocorrência da situação impeditiva, limitado, porém, ao último dia do ano-calendário em que a referida situação deixou de existir.

► § 5º acrescido pela LC nº 128, de 19-12-2008.

Art. 32. As microempresas ou as empresas de pequeno porte excluídas do SIMPLES Nacional sujeitar-se-ão, a partir do período em que se processarem os efeitos da exclusão, às normas de tributação aplicáveis às demais pessoas jurídicas.

§ 1º Para efeitos do disposto no *caput* deste artigo, na hipótese da alínea *a* do inciso III do *caput* do art. 31 desta Lei Complementar, a microempresa ou a empresa de pequeno porte desenquadrada ficará sujeita ao pagamento da totalidade ou diferença dos respectivos impostos e contribuições, devidos de conformidade com as normas gerais de incidência, acrescidos, tão somente, de juros de mora, quando efetuado antes do início de procedimento de ofício.

§ 2º Para efeito do disposto no *caput* deste artigo, o sujeito passivo poderá optar pelo recolhimento do imposto de renda e da Contribuição Social sobre o Lucro Líquido na forma do lucro presumido, lucro real trimestral ou anual.

§ 3º Aplica-se o disposto no *caput* e no § 1º em relação ao ICMS e ao ISS à empresa impedida de recolher esses impostos na forma do SIMPLES Nacional, em face da ultrapassagem dos limites a que se referem os incisos I e II do *caput* do art. 19, relativamente ao estabelecimento localizado na unidade da Federação que os houver adotado.

► § 3º acrescido pela LC nº 139, de 10-11-2011.

SEÇÃO IX

DA FISCALIZAÇÃO

Art. 33. A competência para fiscalizar o cumprimento das obrigações principais e acessórias relativas ao SIMPLES Nacional e para verificar a ocorrência das hipóteses previstas no art. 29 desta Lei Complementar é da Secretaria da Receita Federal e das Secretarias de Fazenda ou de Finanças do Estado ou do Distrito Federal, segundo a localização do estabelecimento, e, tratando-se de prestação de serviços incluídos na competência tributária municipal, a competência será também do respectivo Município.

► Art. 29, § 5º, desta Lei Complementar.

§ 1º As Secretarias de Fazenda ou Finanças dos Estados poderão celebrar convênio com os Municípios de sua jurisdição para atribuir a estes a fiscalização a que se refere o *caput* deste artigo.

§ 1º-A. Dispensa-se o convênio de que trata o § 1º na hipótese de ocorrência de prestação de serviços sujeita ao ISS por estabelecimento localizado no Município.

§ 1º-B. A fiscalização de que trata o *caput*, após iniciada, poderá abranger todos os demais estabelecimentos da microempresa ou da empresa de pequeno porte, independentemente da atividade por eles exercida ou de sua localização, na forma e condições estabelecidas pelo CGSN.

§ 1º-C. As autoridades fiscais de que trata o *caput* têm competência para efetuar o lançamento de todos os tributos previstos nos incisos I a VIII do art. 13, apurados na forma do SIMPLES Nacional, relativamente a todos os estabelecimentos da empresa, independentemente do ente federado instituidor.

§ 1º-D. A competência para autuação por descumprimento de obrigação acessória é privativa da administração tributária perante a qual a obrigação deveria ter sido cumprida.

▸ §§ 1º-A a 1º-D acrescidos pela LC nº 139, de 10-11-2011.

§ 2º Na hipótese de a microempresa ou empresa de pequeno porte exercer alguma das atividades de prestação de serviços previstas no § 5º-C do art. 18 desta Lei Complementar, caberá à Secretaria da Receita Federal do Brasil a fiscalização da Contribuição para a Seguridade Social, a cargo da empresa, de que trata o art. 22 da Lei nº 8.212, de 24 de julho de 1991.

▸ § 2º com a redação dada pela LC nº 128, de 19-12-2008.

▸ Lei nº 8.212, de 24-7-1991 (Lei Orgânica da Seguridade Social).

§ 3º O valor não pago, apurado em procedimento de fiscalização, será exigido em lançamento de ofício pela autoridade competente que realizou a fiscalização.

§ 4º O Comitê Gestor disciplinará o disposto neste artigo.

Seção X

DA OMISSÃO DE RECEITA

Art. 34. Aplicam-se à microempresa e à empresa de pequeno porte optantes pelo SIMPLES Nacional todas as presunções de omissão de receita existentes nas legislações de regência dos impostos e contribuições incluídos no SIMPLES Nacional.

▸ A alteração que seria introduzida neste artigo pela LC nº 139, de 10-11-2011, foi vetada, razão pela qual mantivemos a sua redação.

§ 1º É permitida a prestação de assistência mútua e a permuta de informações entre a Fazenda Pública da União e as dos Estados, do Distrito Federal e dos Municípios, relativas às microempresas e às empresas de pequeno porte, para fins de planejamento ou de execução de procedimentos fiscais ou preparatórios.

▸ § 1º acrescido pela LC nº 155, de 27-10-2016.

§ 2º VETADO. LC nº 155, de 27-10-2016;

§ 3º Sem prejuízo de ação fiscal individual, as administrações tributárias poderão utilizar procedimento de notificação prévia visando à autorregularização, na forma e nos prazos a serem regulamentados pelo CGSN, que não constituirá início de procedimento fiscal.

▸ § 3º acrescido pela LC nº 155, de 27-10-2016.

§ 4º VETADO. LC nº 155, de 27-10-2016.

Seção XI

DOS ACRÉSCIMOS LEGAIS

Art. 35. Aplicam-se aos impostos e contribuições devidos pela microempresa e pela empresa de pequeno porte, inscritas no SIMPLES Nacional, as normas relativas aos juros e multa de mora e de ofício previstas para o imposto de renda, inclusive, quando for o caso, em relação ao ICMS e ao ISS.

Art. 36. A falta de comunicação, quando obrigatória, da exclusão da pessoa jurídica do SIMPLES Nacional, nos prazos determinados no § 1º do art. 30 desta Lei Complementar, sujeitará a pessoa jurídica a multa correspondente a 10% (dez por cento) do total dos impostos e contribuições devidos de conformidade com o SIMPLES Nacional no mês que anteceder o início dos efeitos da exclusão, não inferior a R$ 200,00 (duzentos reais), insusceptível de redução.

▸ Artigo com a redação dada pela LC nº 128, de 19-12-2008.

Art. 36-A. A falta de comunicação, quando obrigatória, do desenquadramento do microempreendedor individual da sistemática de recolhimento prevista no art. 18-A desta Lei Complementar nos prazos determinados em seu § 7º sujeitará o microempreendedor individual a multa no valor de R$ 50,00 (cinquenta reais), insusceptível de redução.

▸ Artigo acrescido pela LC nº 128, de 19-12-2008.

Art. 37. A imposição das multas de que trata esta Lei Complementar não exclui a aplicação das sanções previstas na legislação penal, inclusive em relação a declaração falsa, adulteração de documentos e emissão de nota fiscal em desacordo com a operação efetivamente praticada, a que estão sujeitos o titular ou sócio da pessoa jurídica.

Art. 38. O sujeito passivo que deixar de apresentar a Declaração Simplificada da Pessoa Jurídica a que se refere o art. 25 desta Lei Complementar, no prazo fixado, ou que a apresentar com incorreções ou omissões, será intimado a apresentar declaração original, no caso de não apresentação, ou a prestar esclarecimentos, nos demais casos, no prazo estipulado pela autoridade fiscal, na forma definida pelo Comitê Gestor, e sujeitar-se-á às seguintes multas:

I – de 2% (dois por cento) ao mês-calendário ou fração, incidentes sobre o montante dos tributos e contribuições informados na Declaração Simplificada da Pessoa Jurídica, ainda que integralmente pago, no caso de falta de entrega da declaração ou entrega após o prazo, limitada a 20% (vinte por cento), observado o disposto no § 3º deste artigo;

II – de R$ 100,00 (cem reais) para cada grupo de 10 (dez) informações incorretas ou omitidas.

§ 1º Para efeito de aplicação da multa prevista no inciso I do *caput* deste artigo, será considerado como termo inicial o dia seguinte ao término do prazo originalmente fixado para a entrega da declaração e como termo final a data da efetiva entrega ou, no caso de não apresentação, da lavratura do auto de infração.

§ 2º Observado o disposto no § 3º deste artigo, as multas serão reduzidas:

I – à metade, quando a declaração for apresentada após o prazo, mas antes de qualquer procedimento de ofício;

II – a 75% (setenta e cinco por cento), se houver a apresentação da declaração no prazo fixado em intimação.

§ 3º A multa mínima a ser aplicada será de R$ 200,00 (duzentos reais).

► § 3º com a redação dada pela LC nº 128, de 19-12-2008.

§ 4º Considerar-se-á não entregue a declaração que não atender às especificações técnicas estabelecidas pelo Comitê Gestor.

§ 5º Na hipótese do § 4º deste artigo, o sujeito passivo será intimado a apresentar nova declaração, no prazo de 10 (dez) dias, contados da ciência da intimação, e sujeitar-se-á à multa prevista no inciso I do *caput* deste artigo, observado o disposto nos §§ 1º a 3º deste artigo.

§ 6º A multa mínima de que trata o § 3º deste artigo a ser aplicada ao Microempreendedor Individual na vigência da opção de que trata o art. 18-A desta Lei Complementar será de R$ 50,00 (cinquenta reais).

► § 6º acrescido pela LC nº 128, de 19-12-2008.

Art. 38-A. O sujeito passivo que deixar de prestar as informações no sistema eletrônico de cálculo de que trata o § 15 do art. 18, no prazo previsto no § 15-A do mesmo artigo, ou que as prestar com incorreções ou omissões, será intimado a fazê-lo, no caso de não apresentação, ou a prestar esclarecimentos, nos demais casos, no prazo estipulado pela autoridade fiscal, na forma definida pelo CGSN, e sujeitar-se-á às seguintes multas, para cada mês de referência:

I – de 2% (dois por cento) ao mês-calendário ou fração, a partir do primeiro dia do quarto mês do ano subsequente à ocorrência dos fatos geradores, incidentes sobre o montante dos impostos e contribuições decorrentes das informações prestadas no sistema eletrônico de cálculo de que trata o § 15 do art. 18, ainda que integralmente pago, no caso de ausência de prestação de informações ou sua efetuação após o prazo, limitada a 20% (vinte por cento), observado o disposto no § 2º deste artigo; e

II – de R$ 20,00 (vinte reais) para cada grupo de 10 (dez) informações incorretas ou omitidas.

§ 1º Para efeito de aplicação da multa prevista no inciso I do *caput*, será considerado como termo inicial o primeiro dia do quarto mês do ano subsequente à ocorrência dos fatos geradores e como termo final a data da efetiva prestação ou, no caso de não prestação, da lavratura do auto de infração.

§ 2º A multa mínima a ser aplicada será de R$ 50,00 (cinquenta reais) para cada mês de referência.

§ 3º Aplica-se ao disposto neste artigo o disposto nos §§ 2º, 4º e 5º do art. 38.

§ 4º O CGSN poderá estabelecer data posterior à prevista no inciso I do *caput* e no § 1º.

► Art. 38-A acrescido pela LC nº 139, de 10-11-2011.

Art. 38-B. As multas relativas à falta de prestação ou à incorreção no cumprimento de obrigações acessórias para com os órgãos e entidades federais, estaduais, distritais e municipais, quando em valor fixo ou mínimo, e na ausência de previsão legal de valores específicos e mais favoráveis para MEI, microempresa ou empresa de pequeno porte, terão redução de:

I – 90% (noventa por cento) para os MEI;

II – 50% (cinquenta por cento) para as microempresas ou empresas de pequeno porte optantes pelo Simples Nacional.

Parágrafo único. As reduções de que tratam os incisos I e II do *caput* não se aplicam na:

I – hipótese de fraude, resistência ou embaraço à fiscalização;

II – ausência de pagamento da multa no prazo de 30 (trinta) dias após a notificação.

▶ Art. 38-B acrescido pela LC nº 147, de 7-8-2014.

Seção XII

DO PROCESSO ADMINISTRATIVO FISCAL

▶ Dec. nº 70.235, de 6-3-1972 (Lei do Processo Administrativo Fiscal).

Art. 39. O contencioso administrativo relativo ao SIMPLES Nacional será de competência do órgão julgador integrante da estrutura administrativa do ente federativo que efetuar o lançamento, o indeferimento da opção ou a exclusão de ofício, observados os dispositivos legais atinentes aos processos administrativos fiscais desse ente.

▶ *Caput* com a redação dada pela LC nº 139, de 10-11-2011.

▶ Arts. 29, § 5º, e 55, § 4º, desta Lei Complementar.

§ 1º O Município poderá, mediante convênio, transferir a atribuição de julgamento exclusivamente ao respectivo Estado em que se localiza.

§ 2º No caso em que o contribuinte do SIMPLES Nacional exerça atividades incluídas no campo de incidência do ICMS e do ISS e seja apurada omissão de receita de que não se consiga identificar a origem, a autuação será feita utilizando a maior alíquota prevista nesta Lei Complementar, e a parcela autuada que não seja correspondente aos tributos e contribuições federais será rateada entre Estados e Municípios ou Distrito Federal.

§ 3º Na hipótese referida no § 2º deste artigo, o julgamento caberá ao Estado ou ao Distrito Federal.

§ 4º A intimação eletrônica dos atos do contencioso administrativo observará o disposto nos §§ 1º-A a 1º-D do art. 16.

▶ § 4º com a redação dada pela LC nº 139, de 10-11-2011.

§ 5º A impugnação relativa ao indeferimento da opção ou à exclusão poderá ser decidida em órgão diverso do previsto no *caput*, na forma estabelecida pela respectiva administração tributária.

§ 6º Na hipótese prevista no § 5º, o CGSN poderá disciplinar procedimentos e prazos, bem como, no processo de exclusão, prever efeito suspensivo na hipótese de apresentação de impugnação, defesa ou recurso.

▶ §§ 5º e 6º acrescidos pela LC nº 139, de 10-11-2011.

Art. 40. As consultas relativas ao SIMPLES Nacional serão solucionadas pela Secretaria da Receita Federal, salvo quando se referirem a tributos e contribuições de competência estadual ou municipal, que serão solucionadas conforme a respectiva competência tributária, na forma disciplinada pelo Comitê Gestor.

▶ Art. 55, § 4º, desta Lei Complementar.

Seção XIII

DO PROCESSO JUDICIAL

Art. 41. Os processos relativos a impostos e contribuições abrangidos pelo SIMPLES Nacional serão ajuizados em face da União, que será representada em juízo pela Procuradoria-Geral da Fazenda Nacional, observado o disposto no § 5º deste artigo.

▶ *Caput* com a redação dada pela LC nº 128, de 19-12-2008.

§ 1º Os Estados, Distrito Federal e Municípios prestarão auxílio à Procuradoria-Geral da Fazenda Nacional, em relação aos tributos de sua competência, na forma a ser disciplinada por ato do Comitê Gestor.

§ 2º Os créditos tributários oriundos da aplicação desta Lei Complementar serão apurados, inscritos em Dívida Ativa da União e cobrados judicialmente pela Procuradoria-Geral da Fazenda Nacional, observado o disposto no inciso V do § 5º deste artigo.

▶ § 2º com a redação dada pela LC nº 139, de 10-11-2011.

§ 3º Mediante convênio, a Procuradoria-Geral da Fazenda Nacional poderá delegar aos Estados e Municípios a inscrição em dívida ativa estadual e municipal e a cobrança judicial dos tributos estaduais e municipais a que se refere esta Lei Complementar.

§ 4º Aplica-se o disposto neste artigo aos impostos e contribuições que não tenham sido recolhidos resultantes das informações prestadas:

▸ *Caput* do § 4º com a redação dada pela LC nº 139, de 10-11-2011.

I – no sistema eletrônico de cálculo dos valores devidos no SIMPLES Nacional de que trata o § 15 do art. 18;

II – na declaração a que se refere o art. 25.

▸ Incisos I e II acrescidos pela LC nº 139, de 10-11-2011.

§ 5º Excetuam-se do disposto no *caput* deste artigo:

▸ § 5º acrescido pela LC nº 128, de 19-12-2008.

I – os mandados de segurança nos quais se impugnem atos de autoridade coatora pertencente a Estado, Distrito Federal ou Município;

II – as ações que tratem exclusivamente de tributos de competência dos Estados, do Distrito Federal ou dos Municípios, as quais serão propostas em face desses entes federativos, representados em juízo por suas respectivas procuradorias;

III – as ações promovidas na hipótese de celebração do convênio de que trata o § 3º deste artigo;

▸ Incisos I a III acrescidos pela LC nº 128, de 19-12-2008.

IV – o crédito tributário decorrente de auto de infração lavrado exclusivamente em face de descumprimento de obrigação acessória, observado o disposto no § 1º-D do art. 33;

▸ Inciso IV acrescido pela LC nº 139, de 10-11-2011.

V – o crédito tributário relativo ao ICMS e ao ISS de que tratam as alíneas *b* e *c* do inciso V do § 3º do art. 18-A desta Lei Complementar.

▸ Inciso V com a redação dada pela LC nº 147, de 7-8-2014.

CAPÍTULO V

DO ACESSO AOS MERCADOS

SEÇÃO I

DAS AQUISIÇÕES PÚBLICAS

▸ Seção Única renumerada para Seção I pela LC nº 147, de 7-8-2014.

Art. 42. Nas licitações públicas, a comprovação de regularidade fiscal e trabalhista das microempresas e das empresas de pequeno porte somente será exigida para efeito de assinatura do contrato.

▸ Artigo com a redação dada pela LC nº 155, de 27-10-2016.

▸ Lei nº 14.133, de 1º-4-2021 (Nova Lei de Licitações e Contratos Administrativos).

▸ Dec. nº 8.538, de 6-10-2015, regulamenta o tratamento favorecido, diferenciado e simplificado para microempresas, empresas de pequeno porte, agricultores familiares, produtores rurais pessoa física, microempreendedores individuais e sociedades cooperativas nas contratações públicas de bens, serviços e obras no âmbito da administração pública federal.

Art. 43. As microempresas e as empresas de pequeno porte, por ocasião da participação em certames licitatórios, deverão apresentar toda a documentação exigida para efeito de comprovação de regularidade fiscal e trabalhista, mesmo que esta apresente alguma restrição.

▸ *Caput* com a redação dada pela LC nº 155, de 27-10-2016.

§ 1º Havendo alguma restrição na comprovação da regularidade fiscal e trabalhista, será assegurado o prazo de cinco dias úteis, cujo termo inicial corresponderá ao momento em que o proponente for declarado vencedor do certame, prorrogável por igual período, a critério da administração pública, para regularização da documentação, para pagamento ou parcelamento do débito e para emissão de eventuais certidões negativas ou positivas com efeito de certidão negativa.

▸ § 1º com a redação dada pela LC nº 155, de 27-10-2016.

§ 2º A não regularização da documentação, no prazo previsto no § 1º deste artigo, implicará decadência do direito à contratação, sem prejuízo das sanções previstas no art. 81 da Lei nº 8.666, de 21 de junho de 1993, sendo facultado à Administração convocar os licitantes remanescentes, na ordem de classificação, para a assinatura do contrato, ou revogar a licitação.

▸ A Lei nº 8.666, de 21-6-1993, foi revogada pela Lei nº 14.133, de 1º-4-2021.

▸ Art. 89, § 5º, da Lei nº 14.133, de 1º-4-2021 (Nova Lei de Licitações e Contratos Administrativos).

Art. 44. Nas licitações será assegurada, como critério de desempate, preferência de contratação para as microempresas e empresas de pequeno porte.

§ 1º Entende-se por empate aquelas situações em que as propostas apresentadas pelas microempresas e empresas de pequeno porte sejam iguais ou até 10% (dez por cento) superiores à proposta mais bem classificada.

§ 2º Na modalidade de pregão, o intervalo percentual estabelecido no § 1º deste artigo será de até 5% (cinco por cento) superior ao melhor preço.

▸ Art. 60 da Lei nº 14.133, de 1º-4-2021 (Nova Lei de Licitações e Contratos Administrativos).

Art. 45. Para efeito do disposto no art. 44 desta Lei Complementar, ocorrendo o empate, proceder-se-á da seguinte forma:

I – a microempresa ou empresa de pequeno porte mais bem classificada poderá apresentar proposta de preço inferior àquela considerada vencedora do certame, situação em que será adjudicado em seu favor o objeto licitado;

II – não ocorrendo a contratação da microempresa ou empresa de pequeno porte, na forma do inciso I do *caput* deste artigo, serão convocadas as remanescentes que porventura se enquadrem na hipótese dos §§ 1º e 2º do art. 44 desta Lei Complementar, na ordem classificatória, para o exercício do mesmo direito;

III – no caso de equivalência dos valores apresentados pelas microempresas e empresas de pequeno porte que se encontrem nos intervalos estabelecidos nos §§ 1º e 2º do art. 44 desta Lei Complementar, será realizado sorteio entre elas para que se identifique aquela que primeiro poderá apresentar melhor oferta.

§ 1º Na hipótese da não contratação nos termos previstos no *caput* deste artigo, o objeto licitado será adjudicado em favor da proposta originalmente vencedora do certame.

§ 2º O disposto neste artigo somente se aplicará quando a melhor oferta inicial não tiver sido apresentada por microempresa ou empresa de pequeno porte.

§ 3º No caso de pregão, a microempresa ou empresa de pequeno porte mais bem classificada será convocada para apresentar nova proposta no prazo máximo de 5 (cinco) minutos após o encerramento dos lances, sob pena de preclusão.

Art. 46. A microempresa e a empresa de pequeno porte titular de direitos creditórios decorrentes de empenhos liquidados por órgãos e entidades da União, Estados, Distrito Federal e Município não pagos em até 30 (trinta) dias contados da data de liquidação poderão emitir cédula de crédito microempresarial.

Parágrafo único. *Revogado.* LC nº 147, de 7-8-2014.

Art. 47. Nas contratações públicas da administração direta e indireta, autárquica e fundacional, federal, estadual e municipal, deverá ser concedido tratamento diferenciado e simplificado para as microempresas e empresas de pequeno porte objetivando a promoção do desenvolvimento econômico e social no âmbito municipal e regional, a ampliação da eficiência das políticas públicas e o incentivo à inovação tecnológica.

Parágrafo único. No que diz respeito às compras públicas, enquanto não sobrevier legislação estadual, municipal ou regulamento específico de cada órgão mais favorável à microempresa e empresa de pequeno porte, aplica-se a legislação federal.

▸ Art. 47 com a redação dada pela LC nº 147, de 7-8-2014.

▸ Arts. 48 e 49 desta Lei Complementar.

Art. 48. Para o cumprimento do disposto no art. 47 desta Lei Complementar, a administração pública:

▸ *Caput* com a redação dada pela LC nº 147, de 7-8-2014.

I – deverá realizar processo licitatório destinado exclusivamente à participação de microempresas e empresas de pequeno porte nos itens de contratação cujo valor seja de até R$ 80.000,00 (oitenta mil reais);

II – poderá, em relação aos processos licitatórios destinados à aquisição de obras e serviços, exigir dos licitantes a subcontratação de microempresa ou empresa de pequeno porte;

III – deverá estabelecer, em certames para aquisição de bens de natureza divisível, cota de até 25% (vinte e cinco por cento) do objeto para a contratação de microempresas e empresas de pequeno porte.

▸ Incisos I a III com a redação dada pela LC nº 147, de 7-8-2014.

§ 1º *Revogado.* LC nº 147, de 7-8-2014.

§ 2º Na hipótese do inciso II do *caput* deste artigo, os empenhos e pagamentos do órgão ou entidade da administração pública poderão ser destinados diretamente às microempresas e empresas de pequeno porte subcontratadas.

§ 3º Os benefícios referidos no *caput* deste artigo poderão, justificadamente, estabelecer a prioridade de contratação para as microempresas e empresas de pequeno porte sediadas local ou regionalmente, até o limite de 10% (dez por cento) do melhor preço válido.

▸ § 3º acrescido pela LC nº 147, de 7-8-2014.

Art. 49. Não se aplica o disposto nos arts. 47 e 48 desta Lei Complementar quando:

I – *Revogado*. LC nº 147, de 7-8-2014;

II – não houver um mínimo de 3 (três) fornecedores competitivos enquadrados como microempresas ou empresas de pequeno porte sediados local ou regionalmente e capazes de cumprir as exigências estabelecidas no instrumento convocatório;

III – o tratamento diferenciado e simplificado para as microempresas e empresas de pequeno porte não for vantajoso para a administração pública ou representar prejuízo ao conjunto ou complexo do objeto a ser contratado;

IV – a licitação for dispensável ou inexigível, nos termos dos arts. 24 e 25 da Lei nº 8.666, de 21 de junho de 1993, excetuando-se as dispensas tratadas pelos incisos I e II do art. 24 da mesma Lei, nas quais a compra deverá ser feita preferencialmente de microempresas e empresas de pequeno porte, aplicando-se o disposto no inciso I do art. 48.

▸ Inciso IV com a redação dada pela LC nº 147, de 7-8-2014.

▸ A Lei nº 8.666, de 21-6-1993, foi revogada pela Lei nº 14.133, de 1º-4-2021.

▸ Arts. 74 e 75 da Lei nº 14.133, de 1º-4-2021 (Nova Lei de Licitações e Contratos Administrativos).

Seção II

ACESSO AO MERCADO EXTERNO

▸ Seção II acrescida pela LC nº 147, de 7-8-2014.

Art. 49-A. A microempresa e a empresa de pequeno porte beneficiárias do SIMPLES usufruirão de regime de exportação que contemplará procedimentos simplificados de habilitação, licenciamento, despacho aduaneiro e câmbio, na forma do regulamento.

▸ *Caput* acrescido pela LC nº 147, de 7-8-2014.

▸ Dec. nº 8.870, de 5-10-2016, dispõe sobre a aplicação de procedimentos simplificados nas operações de exportação realizadas por microempresas e empresas de pequeno porte optantes pelo Simples Nacional.

Parágrafo único. As pessoas jurídicas prestadoras de serviço de logística internacional, quando contratadas pelas empresas descritas nesta Lei Complementar, estão autorizadas a realizar atividades relativas a licenciamento administrativo, despacho aduaneiro, consolidação e desconsolidação de carga e a contratar seguro, câmbio, transporte e armazenagem de mercadorias, objeto da prestação do serviço, de forma simplificada e por meio eletrônico, na forma de regulamento.

▸ Parágrafo único com a redação dada pela LC nº 155, de 27-10-2016.

Art. 49-B. VETADO. LC nº 155, de 27-10-2016.

Capítulo VI

DA SIMPLIFICAÇÃO DAS RELAÇÕES DE TRABALHO

Seção I

DA SEGURANÇA E DA MEDICINA DO TRABALHO

Art. 50. As microempresas e as empresas de pequeno porte serão estimuladas pelo poder público e pelos Serviços Sociais Autônomos a formar consórcios para acesso a serviços especializados em segurança e medicina do trabalho.

▸ Artigo com a redação dada pela LC nº 127, de 14-8-2007.

Seção II

DAS OBRIGAÇÕES TRABALHISTAS

Art. 51. As microempresas e as empresas de pequeno porte são dispensadas:

▸ Arts. 52 e 53 desta Lei Complementar.

I – da afixação de Quadro de Trabalho em suas dependências;

II – da anotação das férias dos empregados nos respectivos livros ou fichas de registro;

III – de empregar e matricular seus aprendizes nos cursos dos Serviços Nacionais de Aprendizagem;

IV – da posse do livro intitulado "Inspeção do Trabalho"; e

V – de comunicar ao Ministério do Trabalho e Emprego a concessão de férias coletivas.

Art. 52. O disposto no art. 51 desta Lei Complementar não dispensa as microempresas e as empresas de pequeno porte dos seguintes procedimentos:

I – anotações na Carteira de Trabalho e Previdência Social – CTPS;

II – arquivamento dos documentos comprobatórios de cumprimento das obrigações trabalhistas e previdenciárias, enquanto não prescreverem essas obrigações;

III – apresentação da Guia de Recolhimento do Fundo de Garantia do Tempo de Serviço e Informações à Previdência Social – GFIP;

IV – apresentação das Relações Anuais de Empregados e da Relação Anual de Informações Sociais – RAIS e do Cadastro Geral de Empregados e Desempregados – CAGED.

Parágrafo único. (VETADO).

Art. 53. *Revogado*. LC nº 127, de 14-8-2007.

Seção III

DO ACESSO À JUSTIÇA DO TRABALHO

Art. 54. É facultado ao empregador de microempresa ou de empresa de pequeno porte fazer-se substituir ou representar perante a Justiça do Trabalho por terceiros que conheçam dos fatos, ainda que não possuam vínculo trabalhista ou societário.

► Art. 843, § 1º, da CLT.

Capítulo VII

DA FISCALIZAÇÃO ORIENTADORA

Art. 55. A fiscalização, no que se refere aos aspectos trabalhista, metrológico, sanitário, ambiental, de segurança, de relações de consumo e de uso e ocupação do solo das microempresas e das empresas de pequeno porte, deverá ser prioritariamente orientadora quando a atividade ou situação, por sua natureza, comportar grau de risco compatível com esse procedimento.

► *Caput* com a redação dada pela LC nº 155, de 27-10-2016.

► Art. 8º do Dec. nº 9.405, de 11-6-2018, que dispõe sobre o tratamento diferenciado, simplificado e favorecido às microempresas e às empresas de pequeno porte, previsto no art. 122 do Estatuto da Pessoa com Deficiência.

§ 1º Será observado o critério de dupla visita para lavratura de autos de infração, salvo quando for constatada infração por falta de registro de empregado ou anotação da Carteira de Trabalho e Previdência Social – CTPS, ou, ainda, na ocorrência de reincidência, fraude, resistência ou embaraço à fiscalização.

► IN da SIT nº 84, de 13-7-2010, dispõe sobre a fiscalização do Fundo de Garantia do Tempo de Serviço – FGTS e das Contribuições Sociais instituídas pela LC nº 110, de 29-6-2001.

§ 2º VETADO.

§ 3º Os órgãos e entidades competentes definirão, em 12 (doze) meses, as atividades e situações cujo grau de risco seja considerado alto, as quais não se sujeitarão ao disposto neste artigo.

§ 4º O disposto neste artigo não se aplica ao processo administrativo fiscal relativo a tributos, que se dará na forma dos arts. 39 e 40 desta Lei Complementar.

§ 5º O disposto no § 1º aplica-se à lavratura de multa pelo descumprimento de obrigações acessórias relativas às matérias do *caput*, inclusive quando previsto seu cumprimento de forma unificada com matéria de outra natureza, exceto a trabalhista.

§ 6º A inobservância do critério de dupla visita implica nulidade do auto de infração lavrado sem cumprimento ao disposto neste artigo, independentemente da natureza principal ou acessória da obrigação.

§ 7º Os órgãos e entidades da administração pública federal, estadual, distrital e municipal deverão observar o princípio do tratamento diferenciado, simplificado e favorecido por ocasião da fixação de valores decorrentes de multas e demais sanções administrativas.

§ 8º A inobservância do disposto no *caput* deste artigo implica atentado aos direitos e garantias legais assegurados ao exercício profissional da atividade empresarial.

§ 9º O disposto no *caput* deste artigo não se aplica a infrações relativas à ocupação irregular da reserva de faixa não edificável, de área destinada a equipamentos urbanos, de áreas de preservação permanente e nas faixas de domínio público das rodovias, ferrovias e dutovias ou de vias e logradouros públicos.

► §§ 5º a 9º acrescidos pela LC nº 147, de 7-8-2014.

Capítulo VIII

DO ASSOCIATIVISMO

Seção Única

DA SOCIEDADE DE PROPÓSITO ESPECÍFICO FORMADA POR MICROEMPRESAS E EMPRESAS DE PEQUENO PORTE OPTANTES PELO SIMPLES NACIONAL

► Denominação da Seção dada pela LC nº 128, de 19-12-2008.

Art. 56. As microempresas ou as empresas de pequeno porte poderão realizar negócios de compra e venda de bens e serviços para os mercados nacional e internacional, por meio de sociedade de propósito específico, nos termos e condições estabelecidos pelo Poder Executivo federal.

► *Caput* com a redação dada pela LC nº 147, de 7-8-2014.

► Lei nº 11.079, de 30-12-2004 (Lei de Parceria Público-Privada).

§ 1º Não poderão integrar a sociedade de que trata o *caput* deste artigo pessoas jurídicas não optantes pelo SIMPLES Nacional.

► § 1º com a redação dada pela LC nº 128, de 19-12-2008.

§ 2º A sociedade de propósito específico de que trata este artigo:

► *Caput* do § 2º com a redação dada pela LC nº 128, de 19-12-2008.

I – terá seus atos arquivados no Registro Público de Empresas Mercantis;

II – terá por finalidade realizar:

a) operações de compras para revenda às microempresas ou empresas de pequeno porte que sejam suas sócias;

b) operações de venda de bens adquiridos das microempresas e empresas de pequeno porte que sejam suas sócias para pessoas jurídicas que não sejam suas sócias;

III – poderá exercer atividades de promoção dos bens referidos na alínea *b* do inciso II deste parágrafo;

IV – apurará o imposto de renda das pessoas jurídicas com base no lucro real, devendo manter a escrituração dos livros Diário e Razão;

V – apurará a COFINS e a Contribuição para o PIS/PASEP de modo não cumulativo;

VI – exportará, exclusivamente, bens a ela destinados pelas microempresas e empresas de pequeno porte que dela façam parte;

VII – será constituída como sociedade limitada;

VIII – deverá, nas revendas às microempresas ou empresas de pequeno porte que sejam suas sócias, observar preço no mínimo igual ao das aquisições realizadas para revenda; e

IX – deverá, nas revendas de bens adquiridos de microempresas ou empresas de pequeno porte que sejam suas sócias, observar preço no mínimo igual ao das aquisições desses bens.

► Incisos I a IX acrescidos pela LC nº 128, de 19-12-2008.

§ 3º A aquisição de bens destinados à exportação pela sociedade de propósito específico não gera direito a créditos relativos a impostos ou contribuições abrangidos pelo SIMPLES Nacional.

§ 4º A microempresa ou a empresa de pequeno porte não poderá participar simultaneamente de mais de uma sociedade de propósito específico de que trata este artigo.

§ 5º A sociedade de propósito específico de que trata este artigo não poderá:

I – ser filial, sucursal, agência ou representação, no País, de pessoa jurídica com sede no exterior;

II – ser constituída sob a forma de cooperativas, inclusive de consumo;

III – participar do capital de outra pessoa jurídica;

IV – exercer atividade de banco comercial, de investimentos e de desenvolvimento, de caixa econômica, de sociedade de crédito, financiamento e investimento ou de crédito imobiliário, de corretora ou de distribuidora de títulos, valores mobiliários e câmbio, de empresa de arrendamento mercantil, de seguros privados e de capitalização ou de previdência complementar;

V – ser resultante ou remanescente de cisão ou qualquer outra forma de desmembramento de pessoa jurídica que tenha ocorrido em um dos 5 (cinco) anos-calendário anteriores;

VI – exercer a atividade vedada às microempresas e empresas de pequeno porte optantes pelo SIMPLES Nacional.

§ 6º A inobservância do disposto no § 4º deste artigo acarretará a responsabilidade solidária das microempresas ou empresas de pequeno porte sócias da sociedade de propósito específico de que trata este artigo na hipótese em que seus titulares, sócios ou administradores conhecessem ou devessem conhecer tal inobservância.

§ 7º O Poder Executivo regulamentará o disposto neste artigo até 31 de dezembro de 2008.

► §§ 3º a 7º acrescidos pela LC nº 128, de 19-12-2008.

§ 8º VETADO . LC nº 155, de 27-10-2016.

Capítulo IX

DO ESTÍMULO AO CRÉDITO E À CAPITALIZAÇÃO

Seção I — *DISPOSIÇÕES GERAIS*

Art. 57. O Poder Executivo federal proporá, sempre que necessário, medidas no sentido de melhorar o acesso das microempresas e empresas de pequeno porte aos mercados de crédito e de capitais, objetivando a redução do custo de transação, a elevação da eficiência alocativa, o incentivo ao ambiente concorrencial e a qualidade do conjunto informacional, em especial o acesso e portabilidade das informações cadastrais relativas ao crédito.

Art. 58. Os bancos comerciais públicos e os bancos múltiplos públicos com carteira comercial, a Caixa Econômica Federal e o Banco Nacional do Desenvolvimento Econômico e Social – BNDES manterão linhas de crédito específicas para as microempresas e para as empresas de pequeno porte, vinculadas à reciprocidade social, devendo o montante disponível e suas condições de acesso ser expressos nos respectivos orçamentos e amplamente divulgados.

► *Caput* com a redação dada pela LC nº 155, de 27-10-2016.

§ 1º As instituições mencionadas no *caput* deste artigo deverão publicar, juntamente com os respectivos balanços, relatório circunstanciado dos recursos alocados às linhas de crédito referidas no *caput* e daqueles efetivamente utilizados, consignando, obrigatoriamente, as justificativas do desempenho alcançado.

► Parágrafo único transformado em § 1º e com a redação dada pela LC nº 155, de 27-10-2016.

§ 2º O acesso às linhas de crédito específicas previstas no *caput* deste artigo deverá ter tratamento simplificado e ágil, com divulgação ampla das respectivas condições e exigências.

► § 2º acrescido pela LC nº 147, de 7-8-2014.

§ 3º VETADO. LC nº 155, de 27-10-2016.

§ 4º O Conselho Monetário Nacional – CMN regulamentará o percentual mínimo de direcionamento dos recursos de que trata o *caput*, inclusive no tocante aos recursos de que trata a alínea b do inciso III do art. 10 da Lei nº 4.595, de 31 de dezembro de 1964.

► § 4º acrescido pela LC nº 155, de 27-10-2016.

Art. 58-A. Os bancos públicos e privados não poderão contabilizar, para cumprimento de metas, empréstimos realizados a pessoas físicas, ainda que sócios de empresas, como disponibilização de crédito para microempresas e empresas de pequeno porte.

► Artigo acrescido pela LC nº 147, de 7-8-2014.

Art. 59. As instituições referidas no *caput* do art. 58 desta Lei Complementar devem se articular com as respectivas entidades de apoio e representação das microempresas e empresas de pequeno porte, no sentido de proporcionar e desenvolver programas de treinamento, desenvolvimento gerencial e capacitação tecnológica.

Art. 60. VETADO.

Art. 60-A. Poderá ser instituído Sistema Nacional de Garantias de Crédito pelo Poder Executivo, com o objetivo de facilitar o acesso das microempresas e empresas de pequeno porte a crédito e demais serviços das instituições financeiras, o qual, na forma de regulamento, proporcionará a elas tratamento diferenciado, favorecido e simplificado, sem prejuízo de atendimento a outros públicos-alvo.

► Dec. nº 10.780, de 25-8-2021, institui o Sistema Nacional de Garantias de Crédito, nos termos do disposto neste artigo.

Parágrafo único. O Sistema Nacional de Garantias de Crédito integrará o Sistema Financeiro Nacional.

► Art. 60-A acrescido pela LC nº 127, de 14-8-2007.

Art. 60-B. Os fundos garantidores de risco de crédito empresarial que possuam participação da União na composição do seu capital atenderão, sempre que possível, as operações de crédito que envolvam microempresas e empresas de pequeno porte, definidas na forma do art. 3º desta Lei.

► Artigo acrescido pela LC nº 147, de 7-8-2014.

Art. 60-C. VETADO. LC nº 147, de 7-8-2014.

Art. 61. Para fins de apoio creditício às operações de comércio exterior das microempresas e das empresas de pequeno porte, serão utilizados os parâmetros de enquadramento ou outros instrumentos de alta significância para as microempresas, empresas de pequeno porte exportadoras segundo o porte de empresas, aprovados pelo Mercado Comum do Sul – MERCOSUL.

Art. 61-A. Para incentivar as atividades de inovação e os investimentos produtivos, a sociedade enquadrada como microempresa ou empresa de pequeno porte, nos termos desta Lei Complementar, poderá admitir o aporte de capital, que não integrará o capital social da empresa.

▸ *Caput* acrescido pela LC nº 155, de 27-10-2016.

§ 1º As finalidades de fomento a inovação e investimentos produtivos deverão constar do contrato de participação, com vigência não superior a sete anos.

▸ § 1º acrescido pela LC nº 155, de 27-10-2016.

§ 2º O aporte de capital poderá ser realizado por pessoa física, por pessoa jurídica ou por fundos de investimento, conforme regulamento da Comissão de Valores Mobiliários, que serão denominados investidoresanjos.

▸ § 2º com a redação dada pela LC nº 182, de 1º-6-2021.

§ 3º A atividade constitutiva do objeto social é exercida unicamente por sócios regulares, em seu nome individual e sob sua exclusiva responsabilidade.

▸ § 3º acrescido pela LC nº 155, de 27-10-2016.

§ 4º O investidor-anjo:

▸ *Caput* do § 4º acrescido pela LC nº 155, de 27-10-2016.

I – não será considerado sócio nem terá qualquer direito a gerência ou a voto na administração da empresa, resguardada a possibilidade de participação nas deliberações em caráter estritamente consultivo, conforme pactuação contratual;

▸ Inciso I com a redação dada pela LC nº 182, de 1º-6-2021.

II – não responderá por qualquer dívida da empresa, inclusive em recuperação judicial, não se aplicando a ele o art. 50 da Lei nº 10.406, de 10 de janeiro de 2002 – Código Civil;

▸ Inciso II acrescido pela LC nº 155, de 27-10-2016.

III – será remunerado por seus aportes, nos termos do contrato de participação, pelo prazo máximo de 7 (sete) anos;

▸ Inciso III com a redação dada pela LC nº 182, de 1º-6-2021.

IV – poderá exigir dos administradores as contas justificadas de sua administração e, anualmente, o inventário, o balanço patrimonial e o balanço de resultado econômico; e

V – poderá examinar, a qualquer momento, os livros, os documentos e o estado do caixa e da carteira da sociedade, exceto se houver pactuação contratual que determine época própria para isso.

▸ Incisos IV e V acrescidos pela LC nº 182, de 1º-6-2021.

§ 5º Para fins de enquadramento da sociedade como microempresa ou empresa de pequeno porte, os valores de capital aportado não são considerados receitas da sociedade.

▸ § 5º acrescido pela LC nº 155, de 27-10-2016.

§ 6º As partes contratantes poderão:

I – estipular remuneração periódica, ao final de cada período, ao investidor-anjo, conforme contrato de participação; ou

II – prever a possibilidade de conversão do aporte de capital em participação societária.

§ 7º O investidor-anjo somente poderá exercer o direito de resgate depois de decorridos, no mínimo, 2 (dois) anos do aporte de capital, ou prazo superior estabelecido no contrato de participação, e seus haveres serão pagos na forma prevista no art. 1.031 da Lei nº 10.406, de 10 de janeiro de 2002 (Código Civil), não permitido ultrapassar o valor investido devidamente corrigido por índice previsto em contrato.

▸ §§ 6º e 7º com a redação dada pela LC nº 182, de 1º-6-2021.

§ 8º O disposto no § 7º deste artigo não impede a transferência da titularidade do aporte para terceiros.

§ 9º A transferência da titularidade do aporte para terceiro alheio à sociedade dependerá do consentimento dos sócios, salvo estipulação contratual expressa em contrário.

§ 10. O Ministério da Fazenda poderá regulamentar a tributação sobre retirada do capital investido.

▸ §§ 8º a 10 acrescidos pela LC nº 155, de 27-10-2016.

Art. 61-B. A emissão e a titularidade de aportes especiais não impedem a fruição do Simples Nacional.

Art. 61-C. Caso os sócios decidam pela venda da empresa, o investidor-anjo terá direito de preferência na aquisição, bem como direito de venda conjunta da titularidade do aporte de capital, nos mesmos termos e condições que forem ofertados aos sócios regulares.

▸ Arts. 61-B e 61-C acrescidos pela LC nº 155, de 27-10-2016.

Art. 61-D. Os fundos de investimento poderão aportar capital como investidores-anjos em microempresas e em empresas de pequeno porte, conforme regulamentação da Comissão de Valores Mobiliários.

▸ Art. 61-D com a redação dada pela LC nº 182, de 1º-6-2021.

Seção I-A

DA SOCIEDADE DE GARANTIA SOLIDÁRIA E DA SOCIEDADE DE CONTRAGARANTIA

▸ Seção I-A acrescida pela LC nº 169, de 2-12-2019.

Art. 61-E. É autorizada a constituição de sociedade de garantia solidária (SGS), sob a forma de sociedade por ações, para a concessão de garantia a seus sócios participantes.

§ 1º VETADO.

§ 2º VETADO.

§ 3º Os atos da sociedade de garantia solidária serão arquivados no Registro Público de Empresas Mercantis e Atividades Afins.

§ 4º É livre a negociação, entre sócios participantes, de suas ações na respectiva sociedade de garantia solidária, respeitada a participação máxima que cada sócio pode atingir.

§ 5º Podem ser admitidos como sócios participantes os pequenos empresários, microempresários e microempreendedores e as pessoas jurídicas constituídas por esses associados.

§ 6º VETADO.

§ 7º Sem prejuízo do disposto nesta Lei Complementar, aplicam-se à sociedade de garantia solidária as disposições da lei que rege as sociedades por ações.

Art. 61-F. O contrato de garantia solidária tem por finalidade regular a concessão da garantia pela sociedade ao sócio participante, mediante o recebimento de taxa de remuneração pelo serviço prestado, devendo fixar as cláusulas necessárias ao cumprimento das obrigações do sócio beneficiário perante a sociedade.

Parágrafo único. Para a concessão da garantia, a sociedade de garantia solidária poderá exigir contragarantia por parte do sócio participante beneficiário, respeitados os princípios que orientam a existência daquele tipo de sociedade.

Art. 61-G. A sociedade de garantia solidária pode conceder garantia sobre o montante de recebíveis de seus sócios participantes que sejam objeto de securitização.

Art. 61-H. É autorizada a constituição de sociedade de contragarantia, que tem como finalidade o oferecimento de contragarantias à sociedade de garantia solidária, nos termos a serem definidos por regulamento.

Art. 61-I. A sociedade de garantia solidária e a sociedade de contragarantia integrarão o Sistema Financeiro Nacional e terão sua constituição, organização e funcionamento disciplinados pelo Conselho Monetário Nacional, observado o disposto nesta Lei Complementar.

▸ Arts. 61-E a 61-I acrescidos pela LC nº 169, de 2-12-2019.

Seção II

DAS RESPONSABILIDADES DO BANCO CENTRAL DO BRASIL

Art. 62. O Banco Central do Brasil disponibilizará dados e informações das instituições financeiras integrantes do Sistema Financeiro Nacional, inclusive por meio do Sistema de Informações de Crédito – SCR, de modo a ampliar o acesso ao crédito para microempresas e empresas de pequeno porte e fomentar a competição bancária.

▸ *Caput* com a redação dada pela LC nº 147, de 7-8-2014.

§ 1º O disposto no *caput* deste artigo alcança a disponibilização de dados e informações específicas relativas ao histórico de relacionamento bancário e creditício das microempresas e das empresas de pequeno porte, apenas aos próprios titulares.

§ 2º O Banco Central do Brasil poderá garantir o acesso simplificado, favorecido e diferenciado dos dados e informações constantes no § 1º deste artigo aos seus respectivos interessados, podendo a instituição optar por realizá-lo por meio das instituições financeiras, com as quais o próprio cliente tenha relacionamento.

Seção III

DAS CONDIÇÕES DE ACESSO AOS DEPÓSITOS ESPECIAIS DO FUNDO DE AMPARO AO TRABALHADOR – FAT

Art. 63. O CODEFAT poderá disponibilizar recursos financeiros por meio da criação de programa específico para as cooperativas de crédito de cujos quadros de cooperados participem microempreendedores, empreendedores de microempresa e empresa de pequeno porte bem como suas empresas.

Parágrafo único. Os recursos referidos no *caput* deste artigo deverão ser destinados exclusivamente às microempresas e empresas de pequeno porte.

► Lei nº 7.998, de 11-1-1990 (Lei do Seguro-Desemprego).

Seção IV. VETADA. LC nº 155, de 27-10-2016.

Capítulo X

DO ESTÍMULO À INOVAÇÃO

Seção I

DISPOSIÇÕES GERAIS

Art. 64. Para os efeitos desta Lei Complementar considera-se:

I – inovação: a concepção de um novo produto ou processo de fabricação, bem como a agregação de novas funcionalidades ou características ao produto ou processo que implique melhorias incrementais e efetivo ganho de qualidade ou produtividade, resultando em maior competitividade no mercado;

II – agência de fomento: órgão ou instituição de natureza pública ou privada que tenha entre os seus objetivos o financiamento de ações que visem a estimular e promover o desenvolvimento da ciência, da tecnologia e da inovação;

III – Instituição Científica e Tecnológica – ICT: órgão ou entidade da administração pública que tenha por missão institucional, dentre outras, executar atividades de pesquisa básica ou aplicada de caráter científico ou tecnológico;

IV – núcleo de inovação tecnológica: núcleo ou órgão constituído por uma ou mais ICT com a finalidade de gerir sua política de inovação;

V – instituição de apoio: instituições criadas sob o amparo da Lei nº 8.958, de 20 de dezembro de 1994, com a finalidade de dar apoio a projetos de pesquisa, ensino e extensão e de desenvolvimento institucional, científico e tecnológico;

► Lei nº 8.958, de 20-12-1994, dispõe sobre as relações entre as instituições federais de ensino superior e de pesquisa científica e tecnológica e as fundações de apoio.

VI – instrumentos de apoio tecnológico para a inovação: qualquer serviço disponibilizado presencialmente ou na internet que possibilite acesso a informações, orientações, bancos de dados de soluções de informações, respostas técnicas, pesquisas e atividades de apoio complementar desenvolvidas pelas instituições previstas nos incisos II a V deste artigo.

► Inciso VI acrescido pela LC nº 147, de 7-8-2014.

Seção II

DO APOIO À INOVAÇÃO E DO INOVA SIMPLES DA EMPRESA SIMPLES DE INOVAÇÃO

► Seção II com a denominação dada pela LC nº 167, de 24-4-2019.

Art. 65. A União, os Estados, o Distrito Federal e os Municípios, e as respectivas agências de fomento, as ICT, os núcleos de inovação tecnológica e as instituições de apoio manterão programas específicos para as microempresas e para as empresas de pequeno porte, inclusive quando estas revestirem a forma de incubadoras, observando-se o seguinte:

I – as condições de acesso serão diferenciadas, favorecidas e simplificadas;

II – o montante disponível e suas condições de acesso deverão ser expressos nos respectivos orçamentos e amplamente divulgados.

§ 1º As instituições deverão publicar, juntamente com as respectivas prestações de contas, relatório circunstanciado das estratégias para maximização da participação do segmento, assim como dos recursos alocados às ações referidas no *caput* deste artigo e aqueles efetivamente utilizados, consignando, obrigatoriamente, as justificativas do desempenho alcançado no período.

§ 2º As pessoas jurídicas referidas no *caput* deste artigo terão por meta a aplicação de, no mínimo, 20% (vinte por cento) dos recursos destinados à inovação para o desenvolvimento de tal atividade nas microempresas ou nas empresas de pequeno porte.

§ 3º Os órgãos e entidades integrantes da administração pública federal, estadual e municipal atuantes em pesquisa, desenvolvimento ou capacitação tecnológica terão por meta efetivar suas aplicações, no percentual mínimo fixado neste artigo, em programas e projetos de apoio às microempresas ou às empresas de pequeno porte, transmitindo ao Ministério da Ciência, Tecnologia e Inovação, no primeiro trimestre de cada ano, informação relativa aos valores alocados e a respectiva relação percentual em relação ao total dos recursos destinados para esse fim.

► § 3º com a redação dada pela LC nº 147, de 7-8-2014.

§ 4º Ficam autorizados a reduzir a 0 (zero) as alíquotas dos impostos e contribuições a seguir indicados, incidentes na aquisição, ou importação, de equipamentos, máquinas, aparelhos, instrumentos, acessórios, sobressalentes e ferramentas que os acompanhem, na forma definida em regulamento, quando adquiridos, ou importados, diretamente por microempresas ou empresas de pequeno porte para incorporação ao seu ativo imobilizado:

► *Caput* do § 4º com a redação dada pela LC nº 128, de 19-12-2008.

I – a União, em relação ao IPI, à COFINS, à Contribuição para o PIS/PASEP, à COFINS-Importação e à Contribuição para o PIS/PASEP-Importação; e

II – os Estados e o Distrito Federal, em relação ao ICMS.

► Incisos I e II acrescidos pela LC nº 128, de 19-12-2008.

§ 5º A microempresa ou empresa de pequeno porte, adquirente de bens com o benefício previsto no § 4º deste artigo, fica obrigada, nas hipóteses previstas em regulamento, a recolher os impostos e contribuições que deixaram de ser pagos, acrescidos de juros e multa, de mora ou de ofício, contados a partir da data da aquisição, no mercado interno, ou do registro da declaração de importação – DI, calculados na forma da legislação que rege a cobrança do tributo não pago.

► § 5º acrescido pela LC nº 128, de 19-12-2008.

§ 6º Para efeito da execução do orçamento previsto neste artigo, os órgãos e instituições poderão alocar os recursos destinados à criação e ao custeio de ambientes de inovação, incluindo incubadoras, parques e centros vocacionais tecnológicos, laboratórios metrológicos, de ensaio, de pesquisa ou apoio ao treinamento, bem como custeio de bolsas de extensão e remuneração de professores, pesquisadores e agentes envolvidos nas atividades de apoio tecnológico complementar.

► § 6º acrescido pela LC nº 147, de 7-8-2014.

Art. 65-A. Fica criado o Inova SIMPLES, regime especial simplificado que concede às iniciativas empresariais de caráter incremental ou disruptivo que se autodeclarem como empresas de inovação tratamento diferenciado com vistas a estimular sua criação, formalização, desenvolvimento e consolidação como agentes indutores de avanços tecnológicos e da geração de emprego e renda.

► *Caput* do art. 65-A com a redação dada pela LC nº 182, de 1º-6-2021.

§§ 1º e 2º *Revogados*. LC nº 182, de 1º-6-2021.

§ 3º O tratamento diferenciado a que se refere o *caput* deste artigo consiste na fixação de rito sumário para abertura e fechamento de empresas sob o regime do Inova SIMPLES, que se dará de forma simplificada e automática, no mesmo ambiente digital do portal da Rede Nacional para a Simplificação do Registro e da Legalização de Empresas e Negócios (REDESIM), em sítio eletrônico oficial do governo federal, por meio da utilização de formulário digital próprio, disponível em janela ou ícone intitulado Inova SIMPLES.

► § 3º acrescido pela LC nº 167, de 24-4-2019.

§ 4º Os titulares de empresa submetida ao regime do Inova SIMPLES preencherão cadastro básico com as seguintes informações:

► *Caput* do § 4º acrescido pela LC nº 167, de 24-4-2019.

I – qualificação civil, domicílio e CPF;

► Inciso I acrescido pela LC nº 167, de 24-4-2019.

II – descrição do escopo da intenção empresarial inovadora, que utilize modelos de negócios inovadores para a geração de produtos ou serviços, e definição do nome empresarial, que conterá a expressão "Inova SIMPLES (IS)";

► Inciso II com a redação dada pela LC nº 182, de 1º-6-2021.

III – autodeclaração, sob as penas da lei, de que o funcionamento da empresa submetida ao regime do Inova SIMPLES não produzirá poluição, barulho e aglomeração de tráfego de veículos, para fins de caracterizar baixo grau de risco, nos termos do § 4º do art. 6º desta Lei Complementar;

IV – definição do local da sede, que poderá ser comercial, residencial ou de uso misto, sempre que não proibido pela legislação municipal ou distrital, admitindo-se a possibilidade de sua instalação em locais onde funcionam parques tecnológicos, instituições de ensino, empresas juniores, incubadoras, aceleradoras e espaços compartilhados de trabalho na forma de *coworking*; e

V – em caráter facultativo, a existência de apoio ou validação de instituto técnico, científico ou acadêmico, público ou privado, bem como de incubadoras, aceleradoras e instituições de ensino, nos parques tecnológicos e afins.

▶ Incisos III a V acrescidos pela LC nº 167, de 24-4-2019.

§ 5º Realizado o correto preenchimento das informações, será gerado automaticamente número de CNPJ específico, em nome da denominação da empresa Inova SIMPLES, em código próprio Inova SIMPLES.

§ 6º A empresa submetida ao regime do Inova SIMPLES constituída na forma deste artigo deverá abrir, imediatamente, conta bancária de pessoa jurídica, para fins de captação e integralização de capital, proveniente de aporte próprio de seus titulares ou de investidor domiciliado no exterior, de linha de crédito público ou privado e de outras fontes previstas em lei.

▶ §§ 5º e 6º acrescidos pela LC nº 167, de 24-4-2019.

§ 7º No portal da REDESIM, no espaço destinado ao preenchimento de dados do Inova SIMPLES, será disponibilizado ícone que direcionará a ambiente virtual do Instituto Nacional da Propriedade Industrial (INPI), do qual constarão orientações para o depósito de pedido de patente ou de registro de marca.

§ 8º O exame dos pedidos de patente ou de registro de marca, nos termos deste artigo, que tenham sido depositados por empresas participantes do Inova SIMPLES será realizado em caráter prioritário.

▶ §§ 7º e 8º com a redação dada pela LC nº 182, de 1º-6-2021.

§ 9º *Revogado*. LC nº 182, de 1º-6-2021.

§ 10. É permitida a comercialização experimental do serviço ou produto até o limite fixado para o MEI nesta Lei Complementar.

§ 11. Na eventualidade de não lograr êxito no desenvolvimento do escopo pretendido, a baixa do CNPJ será automática, mediante procedimento de autodeclaração no portal da REDESIM.

§ 12. VETADO. LC nº 167, de 24-4-2019.

§ 13. O disposto neste artigo será regulamentado pelo Comitê Gestor do SIMPLES Nacional.

▶ §§ 10 a 13 acrescidos pela LC nº 167, de 24-4-2019.

Art. 66. No primeiro trimestre do ano subsequente, os órgãos e entidades a que alude o art. 67 desta Lei Complementar transmitirão ao Ministério da Ciência e Tecnologia relatório circunstanciado dos projetos realizados, compreendendo a análise do desempenho alcançado.

Art. 67. Os órgãos congêneres ao Ministério da Ciência e Tecnologia estaduais e municipais deverão elaborar e divulgar relatório anual indicando o valor dos recursos recebidos, inclusive por transferência de terceiros, que foram aplicados diretamente ou por organizações vinculadas, por Fundos Setoriais e outros, no segmento das microempresas e empresas de pequeno porte, retratando e avaliando os resultados obtidos e indicando as previsões de ações e metas para ampliação de sua participação no exercício seguinte.

Seção III

DO APOIO À CERTIFICAÇÃO

▸ Seção III acrescida pela LC nº 155, de 27-10-2016.

Art. 67-A. O órgão competente do Poder Executivo disponibilizará na internet informações sobre certificação de qualidade de produtos e processos para microempresas e empresas de pequeno porte.

Parágrafo único. Os órgãos da administração direta e indireta e as entidades certificadoras privadas, responsáveis pela criação, regulação e gestão de processos de certificação de qualidade de produtos e processos, deverão, sempre que solicitados, disponibilizar ao órgão competente do Poder Executivo informações referentes a procedimentos e normas aplicáveis aos processos de certificação em seu escopo de atuação.

▶ Art. 67-A acrescido pela LC nº 155, de 27-10-2016.

Capítulo XI

DAS REGRAS CIVIS E EMPRESARIAIS

Seção I

DAS REGRAS CIVIS

Subseção I

DO PEQUENO EMPRESÁRIO

Art. 68. Considera-se pequeno empresário, para efeito de aplicação do disposto nos arts. 970 e 1.179 da Lei nº 10.406, de 10 de janeiro de 2002 (Código Civil), o empresário individual caracterizado como microempresa na forma desta Lei Complementar que aufira receita bruta anual até o limite previsto no § 1º do art. 18-A.

▶ Artigo com a redação dada pela LC nº 139, de 10-11-2011.

Subseção II

VETADO.

Art. 69. VETADO.

Seção II

DAS DELIBERAÇÕES SOCIAIS E DA ESTRUTURA ORGANIZACIONAL

Art. 70. As microempresas e as empresas de pequeno porte são desobrigadas da realização de reuniões e assembleias em qualquer das situações previstas na legislação civil, as quais serão substituídas por deliberação representativa do primeiro número inteiro superior à metade do capital social.

§ 1º O disposto no *caput* deste artigo não se aplica caso haja disposição contratual em contrário, caso ocorra hipótese de justa causa que enseje a exclusão de sócio ou caso um ou mais sócios ponham em risco a continuidade da empresa em virtude de atos de inegável gravidade.

§ 2º Nos casos referidos no § 1º deste artigo, realizar-se-á reunião ou assembleia de acordo com a legislação civil.

Art. 71. Os empresários e as sociedades de que trata esta Lei Complementar, nos termos da legislação civil, ficam dispensados da publicação de qualquer ato societário.

Seção III

DO NOME EMPRESARIAL

▸ Arts. 1.155 a 1.168 do CC.

Art. 72. *Revogado.* LC nº 155, de 27-10-2016.

Seção IV

DO PROTESTO DE TÍTULOS

▸ Lei nº 9.492, de 10-9-1997 (Lei do Protesto de Títulos).

Art. 73. O protesto de título, quando o devedor for microempresário ou empresa de pequeno porte, é sujeito às seguintes condições:

I – sobre os emolumentos do tabelião não incidirão quaisquer acréscimos a título de taxas, custas e contribuições para o Estado ou Distrito Federal, carteira de previdência, fundo de custeio de atos gratuitos, fundos especiais do Tribunal de Justiça, bem como de associação de classe, criados ou que venham a ser criados sob qualquer título ou denominação, ressalvada a cobrança do devedor das despesas de correio, condução e publicação de edital para realização da intimação;

II – para o pagamento do título em cartório, não poderá ser exigido cheque de emissão de estabelecimento bancário, mas, feito o pagamento por meio de cheque, de emissão de estabelecimento bancário ou não, a quitação dada pelo tabelionato de protesto será condicionada à efetiva liquidação do cheque;

III – o cancelamento do registro de protesto, fundado no pagamento do título, será feito independentemente de declaração de anuência do credor, salvo no caso de impossibilidade de apresentação do original protestado;

IV – para os fins do disposto no *caput* e nos incisos I, II e III do *caput* deste artigo, o devedor deverá provar sua qualidade de microempresa ou de empresa de pequeno porte perante o tabelionato de protestos de títulos, mediante documento expedido pela Junta Comercial ou pelo Registro Civil das Pessoas Jurídicas, conforme o caso;

V – quando o pagamento do título ocorrer com cheque sem a devida provisão de fundos, serão automaticamente suspensos pelos cartórios de protesto, pelo prazo de 1 (um) ano, todos os benefícios previstos para o devedor neste artigo, independentemente da lavratura e registro do respectivo protesto.

Art. 73-A. São vedadas cláusulas contratuais relativas à limitação da emissão ou circulação de títulos de crédito ou direitos creditórios originados de operações de compra e venda de produtos e serviços por microempresas e empresas de pequeno porte.

▸ Artigo acrescido pela LC nº 147, de 7-8-2014.

Capítulo XII

DO ACESSO À JUSTIÇA

Seção I

DO ACESSO AOS JUIZADOS ESPECIAIS

Art. 74. Aplica-se às microempresas e às empresas de pequeno porte de que trata esta Lei Complementar o disposto no § 1º do art. 8º da Lei nº 9.099, de 26 de setembro de 1995, e no inciso I do *caput* do art. 6º da Lei nº 10.259, de 12 de julho de 2001, as quais, assim como as pessoas físicas capazes, passam a ser admitidas como proponentes de ação perante o Juizado

Especial, excluídos os cessionários de direito de pessoas jurídicas.

► Lei nº 9.099, de 26-9-1995 (Lei dos Juizados Especiais).

► Lei nº 10.259, de 12-7-2001 (Lei dos Juizados Especiais Federais).

Art. 74-A. O Poder Judiciário, especialmente por meio do Conselho Nacional de Justiça – CNJ, e o Ministério da Justiça implementarão medidas para disseminar o tratamento diferenciado e favorecido às microempresas e empresas de pequeno porte em suas respectivas áreas de competência.

► Artigo acrescido pela LC nº 147, de 7-8-2014.

Seção II

DA CONCILIAÇÃO PRÉVIA, MEDIAÇÃO E ARBITRAGEM

► Lei nº 9.307, de 23-9-1996 (Lei da Arbitragem).

Art. 75. As microempresas e empresas de pequeno porte deverão ser estimuladas a utilizar os institutos de conciliação prévia, mediação e arbitragem para solução dos seus conflitos.

§ 1º Serão reconhecidos de pleno direito os acordos celebrados no âmbito das comissões de conciliação prévia.

► Arts. 625-A a 625-H da CLT.

§ 2º O estímulo a que se refere o *caput* deste artigo compreenderá campanhas de divulgação, serviços de esclarecimento e tratamento diferenciado, simplificado e favorecido no tocante aos custos administrativos e honorários cobrados.

Seção III

DAS PARCERIAS

► Seção acrescida pela LC nº 128, de 19-12-2008.

Art. 75-A. Para fazer face às demandas originárias do estímulo previsto nos arts. 74 e 75 desta Lei Complementar, entidades privadas, públicas, inclusive o Poder Judiciário, poderão firmar parcerias entre si, objetivando a instalação ou utilização de ambientes propícios para a realização dos procedimentos inerentes a busca da solução de conflitos.

► Artigo acrescido pela LC nº 128, de 19-12-2008.

Art. 75-B. VETADO. LC nº 155, de 27-10-2016.

Capítulo XIII

DO APOIO E DA REPRESENTAÇÃO

Art. 76. Para o cumprimento do disposto nesta Lei Complementar, bem como para desenvolver e acompanhar políticas públicas voltadas às microempresas e empresas de pequeno porte, o poder público, em consonância com o Fórum Permanente das Microempresas e Empresas de Pequeno Porte, sob a coordenação da Secretaria da Micro e Pequena Empresa da Presidência da República, deverá incentivar e apoiar a criação de fóruns com participação dos órgãos públicos competentes e das entidades vinculadas ao setor.

► Art. 2º, II, desta Lei Complementar.

Parágrafo único. A Secretaria da Micro e Pequena Empresa da Presidência da República coordenará com as entidades representativas das microempresas e empresas de pequeno porte a implementação dos fóruns regionais nas unidades da federação.

► Art. 76 com a redação dada pela Lei nº 12.792, de 28-3-2013.

Art. 76-A. As instituições de representação e apoio empresarial deverão promover programas de sensibilização, de informação, de orientação e apoio, de educação fiscal, de regularidade dos contratos de trabalho e de adoção de sistemas informatizados e eletrônicos, como forma de estímulo à formalização de empreendimentos, de negócios e empregos, à ampliação da competitividade e à disseminação do associativismo entre as microempresas, os microempreendedores individuais, as empresas de pequeno porte e equiparados.

► Artigo acrescido pela LC nº 147, de 7-8-2014.

Capítulo XIV

DISPOSIÇÕES FINAIS E TRANSITÓRIAS

Art. 77. Promulgada esta Lei Complementar, o Comitê Gestor expedirá, em 30 (trinta) meses, as instruções que se fizerem necessárias à sua execução.

► *Caput* com a redação dada pela LC nº 128, de 19-12-2008.

§ 1º O Ministério do Trabalho e Emprego, a Secretaria da Receita Federal, a Secretaria da Receita Previdenciária, os Estados, o Distrito Federal e os Municípios deverão editar, em 1 (um) ano, as leis e demais atos necessários para assegurar o pronto e imediato tratamento jurídico diferenciado, simplificado e favorecido às microempresas e às empresas de pequeno porte.

§ 2º A administração direta e indireta federal, estadual e municipal e as entidades paraestatais acordarão, no prazo previsto no § 1º deste artigo, as providências necessárias à adaptação dos respectivos atos normativos ao disposto nesta Lei Complementar.

- § 2º com a redação dada pela LC nº 128, de 19-12-2008.

§ 3º VETADO.

§ 4º O Comitê Gestor regulamentará o disposto no inciso I do § 6º do art. 13 desta Lei Complementar até 31 de dezembro de 2008.

§ 5º A partir de 1º de janeiro de 2009, perderão eficácia as substituições tributárias que não atenderem à disciplina estabelecida na forma do § 4º deste artigo.

§ 6º O Comitê de que trata o inciso III do *caput* do art. 2º desta Lei Complementar expedirá, até 31 de dezembro de 2009, as instruções que se fizerem necessárias relativas a sua competência.

- §§ 4º a 6º acrescidos pela LC nº 128, de 19-12-2008.

Art. 78. *Revogado*. LC nº 128, de 19-12-2008.

Art. 79. Será concedido, para ingresso no SIMPLES Nacional, parcelamento, em até 100 (cem) parcelas mensais e sucessivas, dos débitos com o Instituto Nacional do Seguro Social – INSS, ou com as Fazendas Públicas federal, estadual ou municipal, de responsabilidade da microempresa ou empresa de pequeno porte e de seu titular ou sócio, com vencimento até 30 de junho de 2008.

- *Caput* com a redação dada pela LC nº 128, de 19-12-2008.
- Art. 3º, III, do Dec. nº 6.038, de 7-2-2007, que institui o Comitê Gestor do Simples Nacional – CGSN.

§ 1º O valor mínimo da parcela mensal será de R$ 100,00 (cem reais), considerados isoladamente os débitos para com a Fazenda Nacional, para com a Seguridade Social, para com a Fazenda dos Estados, dos Municípios ou do Distrito Federal.

§ 2º Esse parcelamento alcança inclusive débitos inscritos em dívida ativa.

§ 3º O parcelamento será requerido à respectiva Fazenda para com a qual o sujeito passivo esteja em débito.

§ 3º-A. O parcelamento deverá ser requerido no prazo estabelecido em regulamentação do Comitê Gestor.

- § 3º-A acrescido pela LC nº 128, de 19-12-2008.

§ 4º Aplicam-se ao disposto neste artigo as demais regras vigentes para parcelamento de tributos e contribuições federais, na forma regulamentada pelo Comitê Gestor.

§§ 5º a 8º VETADOS. LC nº 127, de 14-8-2007.

§ 9º O parcelamento de que trata o *caput* deste artigo não se aplica na hipótese de reingresso de microempresa ou empresa de pequeno porte no SIMPLES Nacional.

- § 9º acrescido pela LC nº 128, de 19-12-2008.

Art. 79-A. VETADO. LC nº 127, de 14-8-2007.

Art. 79-B. Excepcionalmente para os fatos geradores ocorridos em julho de 2007, os tributos apurados na forma dos arts. 18 a 20 desta Lei Complementar deverão ser pagos até o último dia útil de agosto de 2007.

- Artigo acrescido pela LC nº 127, de 14-8-2007.

Art. 79-C. A microempresa e a empresa de pequeno porte que, em 30 de junho de 2007, se enquadravam no regime previsto na Lei nº 9.317, de 5 de dezembro de 1996, e que não ingressaram no regime previsto no art. 12 desta Lei Complementar sujeitar-se-ão, a partir de 1º de julho de 2007, às normas de tributação aplicáveis às demais pessoas jurídicas.

§ 1º Para efeito do disposto no *caput* deste artigo, o sujeito passivo poderá optar pelo recolhimento do Imposto sobre a Renda da Pessoa Jurídica – IRPJ e da Contribuição Social sobre o Lucro Líquido – CSLL na forma do lucro real, trimestral ou anual, ou do lucro presumido.

§ 2º A opção pela tributação com base no lucro presumido dar-se-á pelo pagamento, no vencimento, do IRPJ e da CSLL devidos, correspondente ao 3º (terceiro) trimestre de 2007 e, no caso do lucro real anual, com o pagamento do IRPJ e da CSLL relativos ao mês de julho de 2007 com base na estimativa mensal.

- Art. 79-C acrescido pela LC nº 127, de 14-8-2007.

Art. 79-D. Excepcionalmente, para os fatos geradores ocorridos entre 1º de julho de 2007 e

31 de dezembro de 2008, as pessoas jurídicas que exerçam atividade sujeita simultaneamente à incidência do IPI e do ISS deverão recolher o ISS diretamente ao Município em que este imposto é devido até o último dia útil de fevereiro de 2009, aplicando-se, até esta data, o disposto no parágrafo único do art. 100 da Lei nº 5.172, de 25 de outubro de 1966 – Código Tributário Nacional – CTN.

► Artigo acrescido pela LC nº 128, de 19-12-2008.

Art. 79-E. A empresa de pequeno porte optante pelo Simples Nacional em 31 de dezembro de 2017 que durante o ano-calendário de 2017 auferir receita bruta total anual entre R$ 3.600.000,01 (três milhões, seiscentos mil reais e um centavo) e R$ 4.800.000,00 (quatro milhões e oitocentos mil reais) continuará automaticamente incluída no Simples Nacional com efeitos a partir de 1º de janeiro de 2018, ressalvado o direito de exclusão por comunicação da optante.

► Art. 79-E com a redação dada pela LC nº 155, de 27-10-2016.

Art. 80. O art. 21 da Lei nº 8.212, de 24 de julho de 1991, fica acrescido dos seguintes §§ 2º e 3º, passando o parágrafo único a vigorar como § 1º:

"Art. 21. ....

....

§ 2º É de 11% (onze por cento) sobre o valor correspondente ao limite mínimo mensal do salário de contribuição a alíquota de contribuição do segurado contribuinte individual que trabalhe por conta própria, sem relação de trabalho com empresa ou equiparado, e do segurado facultativo que optarem pela exclusão do direito ao benefício de aposentadoria por tempo de contribuição.

§ 3º O segurado que tenha contribuído na forma do § 2º deste artigo e pretenda contar o tempo de contribuição correspondente para fins de obtenção da aposentadoria por tempo de contribuição ou da contagem recíproca do tempo de contribuição a que se refere o art. 94 da Lei nº 8.213, de 24 de julho de 1991, deverá complementar a contribuição mensal mediante o recolhimento de mais 9% (nove por cento), acrescido dos juros moratórios de que trata o disposto no art. 34 desta Lei."

► Lei nº 12.470, de 31-8-2011, deu nova redação aos §§ 2º e 3º do art. 21 da Lei nº 8.212, de 24-7-1991.

Art. 81. O art. 45 da Lei nº 8.212, de 24 de julho de 1991, passa a vigorar com as seguintes alterações:

► O art. 45 foi revogado pela LC nº 128, de 19-12-2008.

Art. 82. A Lei nº 8.213, de 24 de julho de 1991, passa a vigorar com as seguintes alterações:

"Art. 9º ....

§ 1º O Regime Geral de Previdência Social – RGPS garante a cobertura de todas as situações expressas no art. 1º desta Lei, exceto as de desemprego involuntário, objeto de lei específica, e de aposentadoria por tempo de contribuição para o trabalhador de que trata o § 2º do art. 21 da Lei nº 8.212, de 24 de julho de 1991.

...."

"Art. 18..

I – ....

....

c) aposentadoria por tempo de contribuição;

....

§ 3º O segurado contribuinte individual, que trabalhe por conta própria, sem relação de trabalho com empresa ou equiparado, e o segurado facultativo que contribuam na forma do § 2º do art. 21 da Lei nº 8.212, de 24 de julho de 1991, não farão jus à aposentadoria por tempo de contribuição."

"Art. 55. ....

....

§ 4º Não será computado como tempo de contribuição, para efeito de concessão do benefício de que trata esta subseção, o período em que o segurado contribuinte individual ou facultativo tiver contribuído na forma do § 2º do art. 21 da Lei nº 8.212, de 24 de julho de 1991, salvo se tiver complementado as contribuições na forma do § 3º do mesmo artigo."

Art. 83. O art. 94 da Lei nº 8.213, de 24 de julho de 1991, fica acrescido do seguinte § 2º, passando o parágrafo único a vigorar como § 1º:

"Art. 94. ....

....

§ 2º Não será computado como tempo de contribuição, para efeito dos benefícios previstos em regimes próprios de previdência social, o período em que o segurado contribuinte individual ou facultativo tiver contribuído na forma do § 2º do art. 21 da Lei nº 8.212, de 24 de julho de 1991, salvo se complementadas as contribuições na forma do § 3º do mesmo artigo."

Art. 84. O art. 58 da Consolidação das Leis do Trabalho – CLT, aprovada pelo Decreto-Lei nº 5.452, de 1º de maio de 1943, passa a vigorar acrescido do seguinte § 3º:

"Art. 58. ....

....

§ 3º Poderão ser fixados, para as microempresas e empresas de pequeno porte, por meio de acordo ou convenção coletiva, em caso de transporte fornecido pelo empregador, em local de difícil acesso ou não servido por transporte público, o tempo médio despendido pelo empregado, bem como a forma e a natureza da remuneração."

Art. 85. VETADO.

Art. 85-A. Caberá ao Poder Público Municipal designar Agente de Desenvolvimento para a efetivação do disposto nesta Lei Complementar, observadas as especificidades locais.

▸ *Caput* acrescido pela LC nº 128, de 19-12-2008.

§ 1º A função de Agente de Desenvolvimento caracteriza-se pelo exercício de articulação das ações públicas para a promoção do desenvolvimento local e territorial, mediante ações locais ou comunitárias, individuais ou coletivas, que visem ao cumprimento das disposições e diretrizes contidas nesta Lei Complementar, sob supervisão do órgão gestor local responsável pelas políticas de desenvolvimento.

▸ § 1º acrescido pela LC nº 128, de 19-12-2008.

§ 2º O Agente de Desenvolvimento deverá preencher os seguintes requisitos:

▸ *Caput* do § 2º acrescido pela LC nº 128, de 19-12-2008.

I – residir na área da comunidade em que atuar;

II – haver concluído, com aproveitamento, curso de qualificação básica para a formação de Agente de Desenvolvimento; e

▸ Incisos I e II acrescidos pela LC nº 128, de 19-12-2008.

III – possuir formação ou experiência compatível com a função a ser exercida;

▸ Inciso III com a redação dada pela LC nº 147, de 7-8-2014.

IV – ser preferencialmente servidor efetivo do Município.

▸ Inciso IV acrescido pela LC nº 147, de 7-8-2014.

§ 3º A Secretaria da Micro e Pequena Empresa da Presidência da República juntamente com as entidades municipalistas e de apoio e representação empresarial prestarão suporte aos referidos agentes na forma de capacitação, estudos e pesquisas, publicações, promoção de intercâmbio de informações e experiências.

▸ § 3º com a redação dada pela Lei nº 12.792, de 28-3-2013.

Art. 86. As matérias tratadas nesta Lei Complementar que não sejam reservadas constitucionalmente a lei complementar poderão ser objeto de alteração por lei ordinária.

Art. 87. O § 1º do art. 3º da Lei Complementar nº 63, de 11 de janeiro de 1990, passa a vigorar com a seguinte redação:

"Art. 3º ....

§ 1º O valor adicionado corresponderá, para cada Município:

I – ao valor das mercadorias saídas, acrescido do valor das prestações de serviços, no seu território, deduzido o valor das mercadorias entradas, em cada ano civil;

II – nas hipóteses de tributação simplificada a que se refere o parágrafo único do art. 146 da Constituição Federal, e, em outras situações, em que se dispensem os controles de entrada, considerar-se-á como valor adicionado o percentual de 32% (trinta e dois por cento) da receita bruta.

...."

Art. 87-A. Os Poderes Executivos da União, Estados, Distrito Federal e Municípios expedirão, anualmente, até o dia 30 de novembro, cada um, em seus respectivos âmbitos de competência, decretos de consolidação da regulamentação aplicável relativamente às microempresas e empresas de pequeno porte.

▸ Artigo acrescido pela LC nº 147, de 7-8-2014.

Art. 88. Esta Lei Complementar entra em vigor na data de sua publicação, ressalvado o regime de tributação das microempresas e empresas de pequeno porte, que entra em vigor em 1º de julho de 2007.

Art. 89. Ficam revogadas, a partir de 1º de julho de 2007, a Lei nº 9.317, de 5 de dezembro de 1996, e a Lei nº 9.841, de 5 de outubro de 1999.

Brasília, 14 de dezembro de 2006;
185º da Independência e
118º da República.

Luiz Inácio Lula da Silva

ANEXO I

ALÍQUOTAS E PARTILHA DO SIMPLES NACIONAL – COMÉRCIO

► Anexo I com a redação dada pela LC nº 155, de 27-10-2016.

Receita Bruta em 12 Meses (em R$)		Alíquota	Valor a Deduzir (em R$)
1ª Faixa	Até 180.000,00	4,00%	–
2ª Faixa	De 180.000,01 a 360.000,00	7,30%	5.940,00
3ª Faixa	De 360.000,01 a 720.000,00	9,50%	13.860,00
4ª Faixa	De 720.000,01 a 1.800.000,00	10,70%	22.500,00
5ª Faixa	De 1.800.000,01 a 3.600.000,00	14,30%	87.300,00
6ª Faixa	De 3.600.000,01 a 4.800.000,00	19,00%	378.000,00

Faixas	Percentual de Repartição dos Tributos					
	IRPJ	CSLL	Cofins	PIS/Pasep	CPP	ICMS
1ª Faixa	5,50%	3,50%	12,74%	2,76%	41,50%	34,00%
2ª Faixa	5,50%	3,50%	12,74%	2,76%	41,50%	34,00%
3ª Faixa	5,50%	3,50%	12,74%	2,76%	42,00%	33,50%
4ª Faixa	5,50%	3,50%	12,74%	2,76%	42,00%	33,50%
5ª Faixa	5,50%	3,50%	12,74%	2,76%	42,00%	33,50%
6ª Faixa	13,50%	10,00%	28,27%	6,13%	42,10%	–

ANEXO II

ALÍQUOTAS E PARTILHA DO SIMPLES NACIONAL – INDÚSTRIA

► Anexo II com a redação dada pela LC nº 155, de 27-10-2016.

Receita Bruta em 12 Meses (em R$)		Alíquota	Valor a Deduzir (em R$)
1ª Faixa	Até 180.000,00	4,50%	–
2ª Faixa	De 180.000,01 a 360.000,00	7,80%	5.940,00
3ª Faixa	De 360.000,01 a 720.000,00	10,00%	13.860,00
4ª Faixa	De 720.000,01 a 1.800.000,00	11,20%	22.500,00
5ª Faixa	De 1.800.000,01 a 3.600.000,00	14,70%	85.500,00
6ª Faixa	De 3.600.000,01 a 4.800.000,00	30,00%	720.000,00

Faixas	Percentual de Repartição dos Tributos						
	IRPJ	CSLL	Cofins	PIS/Pasep	CPP	IPI	ICMS
1ª Faixa	5,50%	3,50%	11,51%	2,49%	37,50%	7,50%	32,00%
2ª Faixa	5,50%	3,50%	11,51%	2,49%	37,50%	7,50%	32,00%
3ª Faixa	5,50%	3,50%	11,51%	2,49%	37,50%	7,50%	32,00%
4ª Faixa	5,50%	3,50%	11,51%	2,49%	37,50%	7,50%	32,00%
5ª Faixa	5,50%	3,50%	11,51%	2,49%	37,50%	7,50%	32,00%
6ª Faixa	8,50%	7,50%	20,96%	4,54%	23,50%	35,00%	–

ANEXO III

ALÍQUOTAS E PARTILHA DO SIMPLES NACIONAL – RECEITAS DE LOCAÇÃO DE BENS MÓVEIS E DE PRESTAÇÃO DE SERVIÇOS NÃO RELACIONADOS NO § 5º-C DO ART. 18 DESTA LEI COMPLEMENTAR

► Anexo III com a redação dada pela LC nº 155, de 27-10-2016.

Receita Bruta em 12 Meses (em R$)		Alíquota	Valor a Deduzir (em R$)
1ª Faixa	Até 180.000,00	6,00%	–
2ª Faixa	De 180.000,01 a 360.000,00	11,20%	9.360,00
3ª Faixa	De 360.000,01 a 720.000,00	13,50%	17.640,00

Receita Bruta em 12 Meses (em R$)		Alíquota	Valor a Deduzir (em R$)
4ª Faixa	De 720.000,01 a 1.800.000,00	16,00%	35.640,00
5ª Faixa	De 1.800.000,01 a 3.600.000,00	21,00%	125.640,00
6ª Faixa	De 3.600.000,01 a 4.800.000,00	33,00%	648.000,00

Faixas	Percentual de Repartição dos Tributos					
	IRPJ	CSLL	Cofins	PIS/Pasep	CPP	ISS (*)
1ª Faixa	4,00%	3,50%	12,82%	2,78%	43,40%	33,50%
2ª Faixa	4,00%	3,50%	14,05%	3,05%	43,40%	32,00%
3ª Faixa	4,00%	3,50%	13,64%	2,96%	43,40%	32,50%
4ª Faixa	4,00%	3,50%	13,64%	2,96%	43,40%	32,50%
5ª Faixa	4,00%	3,50%	12,82%	2,78%	43,40%	33,50% (*)
6ª Faixa	35,00%	15,00%	16,03%	3,47%	30,50%	–
(*) O percentual efetivo máximo devido ao ISS será de 5%, transferindo-se a diferença, de forma proporcional, aos tributos federais da mesma faixa de receita bruta anual. Sendo assim, na 5ª faixa, quando a alíquota efetiva for superior a 14,92537%, a repartição será:						
	IRPJ	CSLL	Cofins	PIS/Pasep	CPP	ISS
5ª Faixa, com alíquota efetiva superior a 14,92537%	(Alíquota efetiva –5%) x 6,02%	(Alíquota efetiva –5%) x 5,26%	(Alíquota efetiva – 5%) x 19,28%	(Alíquota efetiva – 5%) x 4,18%	(Alíquota efetiva – 5%) x 65,26%	Percentual de ISS fixo em 5%

ANEXO IV

ALÍQUOTAS E PARTILHA DO SIMPLES NACIONAL – RECEITAS DECORRENTES DA PRESTAÇÃO DE SERVIÇOS RELACIONADOS NO § 5º-C DO ART. 18 DESTA LEI COMPLEMENTAR

► Anexo IV com a redação dada pela LC nº 155, de 27-10-2016.

Receita Bruta em 12 Meses (em R$)		Alíquota	Valor a Deduzir (em R$)
1ª Faixa	Até 180.000,00	4,50%	–
2ª Faixa	De 180.000,01 a 360.000,00	9,00%	8.100,00
3ª Faixa	De 360.000,01 a 720.000,00	10,20%	12.420,00
4ª Faixa	De 720.000,01 a 1.800.000,00	14,00%	39.780,00
5ª Faixa	De 1.800.000,01 a 3.600.000,00	22,00%	183.780,00
6ª Faixa	De 3.600.000,01 a 4.800.000,00	33,00%	828.000,00

Faixas	Percentual de Repartição dos Tributos				
	IRPJ	CSLL	Cofins	PIS/Pasep	ISS (*)
1ª Faixa	18,80%	15,20%	17,67%	3,83%	44,50%
2ª Faixa	19,80%	15,20%	20,55%	4,45%	40,00%
3ª Faixa	20,80%	15,20%	19,73%	4,27%	40,00%
4ª Faixa	17,80%	19,20%	18,90%	4,10%	40,00%
5ª Faixa	18,80%	19,20%	18,08%	3,92%	40,00% (*)
6ª Faixa	53,50%	21,50%	20,55%	4,45%	–
(*) O percentual efetivo máximo devido ao ISS será de 5%, transferindo-se a diferença, de forma proporcional, aos tributos federais da mesma faixa de receita bruta anual. Sendo assim, na 5ª faixa, quando a alíquota efetiva for superior a 12,5%, a repartição será:					
Faixa	IRPJ	CSLL	Cofins	PIS/Pasep	ISS
5ª Faixa, com alíquota efetiva superior a 12,5%	Alíquota efetiva – 5%) x 31,33%	(Alíquota efetiva – 5%) x 32,00%	(Alíquota efetiva – 5%) x 30,13%	Alíquota efetiva – 5%) x 6,54%	Percentual de ISS fixo em 5%

ANEXO V

ALÍQUOTAS E PARTILHA DO SIMPLES NACIONAL – RECEITAS DECORRENTES DA PRESTAÇÃO DE SERVIÇOS RELACIONADOS NO § 5º-I DO ART. 18 DESTA LEI COMPLEMENTAR

► Anexo V com a redação dada pela LC nº 155, de 27-10-2016.

Receita Bruta em 12 Meses (em R$)		Alíquota	Valor a Deduzir (em R$)
1ª Faixa	Até 180.000,00	15,50%	–
2ª Faixa	De 180.000,01 a 360.000,00	18,00%	4.500,00
3ª Faixa	De 360.000,01 a 720.000,00	19,50%	9.900,00
4ª Faixa	De 720.000,01 a 1.800.000,00	20,50%	17.100,00
5ª Faixa	De 1.800.000,01 a 3.600.000,00	23,00%	62.100,00
6ª Faixa	De 3.600.000,01 a 4.800.000,00	30,50%	540.000,00

Faixas	Percentual de Repartição dos Tributos					
	IRPJ	CSLL	Cofins	PIS/Pasep	CPP	ISS
1ª Faixa	25,00%	15,00%	14,10%	3,05%	28,85%	14,00%
2ª Faixa	23,00%	15,00%	14,10%	3,05%	27,85%	17,00%
3ª Faixa	24,00%	15,00%	14,92%	3,23%	23,85%	19,00%
4ª Faixa	21,00%	15,00%	15,74%	3,41%	23,85%	21,00%
5ª Faixa	23,00%	12,50%	14,10%	3,05%	23,85%	23,50%
6ª Faixa	35,00%	15,50%	16,44%	3,56%	29,50%	–

ANEXO VI

Revogado. LC nº 155, de 27-10-2016.

LEI Nº 11.457, DE 16 DE MARÇO DE 2007

Dispõe sobre a Administração Tributária Federal; altera as Leis nºs 10.593, de 6 de dezembro de 2002, 10.683, de 28 de maio de 2003, 8.212, de 24 de julho de 1991, 10.910, de 15 de julho de 2004, o Decreto-Lei nº 5.452, de 1º de maio de 1943, e o Decreto nº 70.235, de 6 de março de 1972; revoga dispositivos das Leis nºs 8.212, de 24 de julho de 1991, 10.593, de 6 de dezembro de 2002, 10.910, de 15 de julho de 2004, 11.098, de 13 de janeiro de 2005, e 9.317, de 5 de dezembro de 1996; e dá outras providências.

► Publicada no *DOU* de 19-3-2007.

CAPÍTULO I

DA SECRETARIA DA RECEITA FEDERAL DO BRASIL

Art. 1º A Secretaria da Receita Federal passa a denominar-se Secretaria da Receita Federal do Brasil, órgão essencial ao funcionamento do Estado, de caráter permanente, estruturado de forma hierárquica e diretamente subordinado ao Ministro de Estado da Fazenda e que tem por finalidade a administração tributária e aduaneira da União.

Parágrafo único. São essenciais e indelegáveis as atividades da administração tributária e aduaneira da União exercidas pelos servidores dos quadros funcionais da Secretaria da Receita Federal do Brasil.

► Art. 1º com a redação dada pela Lei nº 13.464, de 10-7-2017.

Art. 2º Além das competências atribuídas pela legislação vigente à Secretaria da Receita Federal, cabe à Secretaria da Receita Federal do Brasil planejar, executar, acompanhar e avaliar as atividades relativas a tributação, fiscalização, arrecadação, cobrança e recolhimento das contribuições sociais previstas nas alíneas *a*, *b* e *c* do parágrafo único do art. 11 da Lei nº 8.212, de 24 de julho de 1991, e das contribuições instituídas a título de substituição.

► Dec. nº 6.103, de 30-4-2007, antecipa para 2-5-2007 a aplicação do Dec. nº 70.235, de 6-3-1972, relativamente aos prazos processuais e à competência para julgamento em primeira instância, de processos administrativos-fiscais relativos às contribuições de que tratam os arts. 2º e 3º desta lei.

§ 1º O produto da arrecadação das contribuições especificadas no *caput* deste artigo e acréscimos legais incidentes serão destinados, em caráter exclusivo, ao pagamento de benefícios do Regime Geral de Previdência Social e creditados diretamente ao Fundo do Regime Geral de Previdência Social, de que trata o art. 68 da Lei Complementar nº 101, de 4 de maio de 2000.

§ 2º Nos termos do art. 58 da Lei Complementar nº 101, de 4 de maio de 2000, a Secretaria da Receita Federal do Brasil prestará contas anualmente ao Conselho Nacional de Previdência Social dos resultados da arrecadação das contribuições sociais destinadas ao financiamento do Regime Geral de Previdência Social e das compensações a elas referentes.

§ 3º As obrigações previstas na Lei nº 8.212, de 24 de julho de 1991, relativas às contribuições sociais de que trata o *caput* deste artigo serão cumpridas perante a Secretaria da Receita Federal do Brasil.

§ 4º Fica extinta a Secretaria da Receita Previdenciária do Ministério da Previdência Social.

Art. 3º As atribuições de que trata o art. 2º desta Lei se estendem às contribuições devidas a terceiros, assim entendidas outras entidades e fundos, na forma da legislação em vigor, aplicando-se em relação a essas contribuições, no que couber, as disposições desta Lei.

► Dec. nº 6.103, de 30-4-2007, antecipa para 2-5-2007 a aplicação do Dec. nº 70.235, de 6-3-1972, relativamente aos prazos processuais e à competência para julgamento em primeira instância, de processos administrativos-fiscais relativos às contribuições de que tratam os arts. 2º e 3º desta lei.

§ 1º A retribuição pelos serviços referidos no *caput* deste artigo será de 3,5% (três inteiros e cinco décimos por cento) do montante arrecadado, salvo percentual diverso estabelecido em lei específica.

§ 2º O disposto no *caput* deste artigo abrangerá exclusivamente contribuições cuja base de cálculo seja a mesma das que incidem sobre a remuneração paga, devida ou creditada a segurados do Regime Geral de Previdência Social ou instituídas sobre outras bases a título de substituição.

§ 3º As contribuições de que trata o *caput* deste artigo sujeitam-se aos mesmos prazos, condições, sanções e privilégios daquelas referidas no art. 2º desta Lei, inclusive no que diz respeito à cobrança judicial.

§ 4º A remuneração de que trata o § 1º deste artigo será creditada ao Fundo Especial de Desenvolvimento e Aperfeiçoamento das Atividades de Fiscalização – FUNDAF, instituído pelo Decreto-Lei nº 1.437, de 17 de dezembro de 1975.

§ 5º Durante a vigência da isenção pelo atendimento cumulativo aos requisitos constantes dos incisos I a V do *caput* do art. 55 da Lei nº 8.212, de 24 de julho de 1991, deferida pelo Instituto Nacional do Seguro Social – INSS, pela Secretaria da Receita Previdenciária ou pela Secretaria da Receita Federal do Brasil, não são devidas pela entidade beneficente de assistência social as contribuições sociais previstas em lei a outras entidades ou fundos.

► O referido art. 55 foi revogado pela Lei nº 12.101, de 27-11-2009.

§ 6º Equiparam-se a contribuições de terceiros, para fins desta Lei, as destinadas ao Fundo Aeroviário – FA, à Diretoria de Portos e Costas do Comando da Marinha – DPC e ao Instituto Nacional de Colonização e Reforma Agrária – INCRA e a do salário-educação.

Art. 4º São transferidos para a Secretaria da Receita Federal do Brasil os processos administrativo-fiscais, inclusive os relativos aos créditos já constituídos ou em fase de constituição, e as guias e declarações apresentadas ao Ministério da Previdência Social ou ao Instituto Nacional do Seguro Social – INSS, referentes às contribuições de que tratam os arts. 2º e 3º desta Lei.

Art. 5º Além das demais competências estabelecidas na legislação que lhe é aplicável, cabe ao INSS:

I – emitir certidão relativa a tempo de contribuição;

II – gerir o Fundo do Regime Geral de Previdência Social;

III – calcular o montante das contribuições referidas no art. 2º desta Lei e emitir o correspondente documento de arrecadação, com vistas no atendimento conclusivo para concessão ou revisão de benefício requerido.

Art. 6º Ato conjunto da Secretaria da Receita Federal do Brasil e do INSS definirá a forma de transferência recíproca de informações relacionadas com as contribuições sociais a que se referem os arts. 2º e 3º desta Lei.

Parágrafo único. Com relação às informações de que trata o *caput* deste artigo, a Secretaria da Receita Federal do Brasil e o INSS são responsáveis pela preservação do sigilo fiscal previsto no art. 198 da Lei nº 5.172, de 25 de outubro de 1966.

Art. 7º Fica criado o cargo de Natureza Especial de Secretário da Receita Federal do Brasil, com a remuneração prevista no parágrafo único do art. 39 da Lei nº 10.683, de 28 de maio de 2003.

Parágrafo único. O Secretário da Receita Federal do Brasil será escolhido entre brasileiros de reputação ilibada e ampla experiência na área tributária, sendo nomeado pelo Presidente da República.

Art. 7º-A. As atribuições e competências anteriormente conferidas ao Secretário da Receita Federal ou ao Secretário da Receita Previdenciária, relativas ao exercício dos respectivos cargos, transferem-se para o Secretário da Receita Federal do Brasil.

▸ Artigo acrescido pela Lei nº 11.490, de 20-6-2007.

Art. 8º Ficam redistribuídos, na forma do § 1º do art. 37 da Lei nº 8.112, de 11 de dezembro de 1990, dos Quadros de Pessoal do Ministério da Previdência Social e do INSS para a Secretaria da Receita Federal do Brasil os cargos ocupados e vagos da Carreira Auditoria-Fiscal da Previdência Social, de que trata o art. 7º da Lei nº 10.593, de 6 de dezembro de 2002.

Art. 9º A Lei nº 10.593, de 6 de dezembro de 2002, passa a vigorar com a seguinte redação:

"Art. 3º O ingresso nos cargos das Carreiras disciplinadas nesta Lei far-se-á no primeiro padrão da classe inicial da respectiva tabela de vencimentos, mediante concurso público de provas ou de provas e títulos, exigindo-se curso superior em nível de graduação concluído ou habilitação legal equivalente.

....

§ 3º Sem prejuízo dos requisitos estabelecidos neste artigo, o ingresso nos cargos de que trata o *caput* deste artigo depende da inexistência de:

I – registro de antecedentes criminais decorrentes de decisão condenatória transitada em julgado de crime cuja descrição envolva a prática de ato de improbidade administrativa ou incompatível com a idoneidade exigida para o exercício do cargo;

II – punição em processo disciplinar por ato de improbidade administrativa mediante decisão de que não caiba recurso hierárquico."

"Art. 4º ....

....

§ 3º O servidor em estágio probatório será objeto de avaliação específica, sem prejuízo da progressão funcional durante o período, observados o interstício mínimo de 12 (doze) e máximo de 18 (dezoito) meses em cada padrão e o resultado de avaliação de desempenho efetuada para esta finalidade, na forma do regulamento."

"Carreira de Auditoria da Receita Federal do Brasil

Art. 5º Fica criada a Carreira de Auditoria da Receita Federal do Brasil, composta pelos cargos de nível superior de Auditor- Fiscal da Receita Federal do Brasil e de Analista-Tributário da Receita Federal do Brasil.

Parágrafo único. *Revogado.*"

"Art. 6º São atribuições dos ocupantes do cargo de Auditor Fiscal da Receita Federal do Brasil:

I – no exercício da competência da Secretaria da Receita Federal do Brasil e em caráter privativo:

a) constituir, mediante lançamento, o crédito tributário e de contribuições;

b) elaborar e proferir decisões ou delas participar em processo administrativo-fiscal, bem como em processos de consulta, restituição ou compensação de tributos e contribuições e de reconhecimento de benefícios fiscais;

c) executar procedimentos de fiscalização, praticando os atos definidos na legislação específica, inclusive os relacionados com o controle aduaneiro, apreensão de mercadorias, livros, documentos, materiais, equipamentos e assemelhados;

d) examinar a contabilidade de sociedades empresariais, empresários, órgãos, entidades, fundos e demais contribuintes, não se lhes aplicando as restrições previstas nos arts. 1.190 a 1.192 do Código Civil e observado o disposto no art. 1.193 do mesmo diploma legal;

e) proceder à orientação do sujeito passivo no tocante à interpretação da legislação tributária;

f) supervisionar as demais atividades de orientação ao contribuinte;

II – em caráter geral, exercer as demais atividades inerentes à competência da Secretaria da Receita Federal do Brasil.

§ 1º O Poder Executivo poderá cometer o exercício de atividades abrangidas pelo inciso II do *caput* deste artigo em caráter privativo ao Auditor Fiscal da Receita Federal do Brasil.

§ 2º Incumbe ao Analista-Tributário da Receita Federal do Brasil, resguardadas as atribuições privativas referidas no inciso I do *caput* e no § 1º deste artigo:

I – exercer atividades de natureza técnica, acessórias ou preparatórias ao exercício das atribuições privativas dos Auditores Fiscais da Receita Federal do Brasil;

II – atuar no exame de matérias e processos administrativos, ressalvado o disposto na alínea *b* do inciso I do *caput* deste artigo;

III – exercer, em caráter geral e concorrente, as demais atividades inerentes às competências da Secretaria da Receita Federal do Brasil.

§ 3º – Observado o disposto neste artigo, o Poder Executivo regulamentará as atribuições dos cargos de Auditor Fiscal da Receita Federal do Brasil e Analista-Tributário da Receita Federal do Brasil.

§ 4º VETADO."

"Art. 20-A. O Poder Executivo regulamentará a forma de transferência de informações entre a Secretaria da Receita Federal do Brasil e a Secretaria de Inspeção do Trabalho para o desenvolvimento coordenado das atribuições a que se referem os arts. 6º e 11 desta Lei."

Art. 10. Ficam transformados:

I – em cargos de Auditor Fiscal da Receita Federal do Brasil, de que trata o art. 5º da Lei nº 10.593, de 6 de dezembro de 2002, com a redação conferida pelo art. 9º desta Lei, os cargos efetivos, ocupados e vagos de Auditor Fiscal da Receita Federal da Carreira Auditoria da Receita Federal prevista na redação original do art. 5º da Lei nº 10.593, de 6 de dezembro de 2002, e de Auditor Fiscal da Previdência Social da Carreira Auditoria-Fiscal da Previdência Social, de que trata o art. 7º da Lei nº 10.593, de 6 de dezembro de 2002;

► O art. 7º da Lei nº 10.593, de 6-12-2002, foi revogado pela Lei nº 11.890, de 24-12-2008, que dispõe sobre a reestruturação da composição remuneratória das Carreiras de Auditoria da Receita Federal do Brasil e Auditoria-Fiscal do Trabalho.

II – em cargos de Analista-Tributário da Receita Federal do Brasil, de que trata o art. 5º da Lei nº 10.593, de 6 de dezembro de 2002, com a redação conferida pelo art. 9º desta Lei, os cargos efetivos, ocupados e vagos, de Técnico da Receita Federal da Carreira Auditoria da Receita Federal prevista na redação original do art. 5º da Lei nº 10.593, de 6 de dezembro de 2002, e os cargos efetivos, ocupados e vagos, dos servidores de que trata o art. 12 desta Lei redistribuídos para a Secretaria da Receita Federal do Brasil até a data da publicação da Medida Provisória nº 440, de 29 de agosto de 2008.

► Inciso II com a redação dada pela Lei nº 11.907, de 2-2-2009, promulgado nos termos do art. 66, § 5º, da CF (*DOU* de 30-4-2021).

► O STF, por unanimidade, no julgamento das Ações Diretas de Inconstitucionalidade nºs 4.151, 4.616 e 6.966, conferiu interpretação conforme à Constituição a este inciso (*DOU* de 7-12-2023).

§ 1º Aos servidores titulares dos cargos transformados nos termos deste artigo fica assegurado o posicionamento na classe e padrão de vencimento em que estiverem enquadrados, sem prejuízo da remuneração e das demais vantagens a que façam jus na data de início da vigência desta Lei, observando-se, para todos os fins, o tempo no cargo anterior, inclusive o prestado a partir da publicação desta Lei.

§ 2º O disposto neste artigo aplica-se aos servidores aposentados, bem como aos pensionistas.

§ 3º A nomeação dos aprovados em concursos públicos para os cargos transformados na forma do *caput* deste artigo cujo edital tenha sido publicado antes do início da vigência desta Lei far-se-á nos cargos vagos alcançados pela respectiva transformação.

§ 4º Ficam transportados para a folha de pessoal inativo do Ministério da Fazenda os proventos e as pensões decorrentes do exercício dos cargos de Auditor Fiscal da Previdência Social transformados nos termos deste artigo.

§ 5º Os atuais ocupantes dos cargos a que se refere o § 4º deste artigo e os servidores inativos que se aposentaram em seu exercício, bem como os respectivos pensionistas, poderão optar por permanecer filiados ao plano de saúde a que se vinculavam na origem, hipótese em que a contribuição será custeada pelo servidor e pelo Ministério da Fazenda.

§ 6º Ficam extintas a Carreira Auditoria da Receita Federal, mencionada na redação original do art. 5º da Lei nº 10.593, de 6 de dezembro de 2002, e a Carreira Auditoria-Fiscal da Previdência Social, de que trata o art. 7º daquela Lei.

Art. 11. Os Auditores Fiscais da Receita Federal do Brasil cedidos a outros órgãos que não satisfaçam as condições previstas nos incisos I e II do § 8º do art. 4º da Lei nº 10.910, de 15 de julho de 2004, deverão entrar em exercício na Secretaria da Receita Federal do Brasil no prazo de 180 (cento e oitenta) dias da vigência desta Lei.

§ 1º Excluem-se do disposto no *caput* deste artigo cessões para o exercício dos cargos de Secretário de Estado, do Distrito Federal, de prefeitura de capital ou de dirigente máximo de autarquia no mesmo âmbito.

§ 2º O Poder Executivo poderá fixar o exercício de até 385 (trezentos e oitenta e cinco) Auditores Fiscais da Receita Federal do Brasil no Ministério da Previdência Social ou na Superintendência Nacional de Previdência Complementar – PREVIC, garantidos os direitos e vantagens inerentes ao cargo, lotação de origem, remuneração e gratificações, ainda que na condição de ocupante de cargo em comissão ou função de confiança.

► § 2º com a redação dada pela Lei nº 12.154, de 23-12-2009.

► Dec. nº 6.131, de 21-6-2007, regulamenta este parágrafo.

§ 3º Os Auditores Fiscais da Receita Federal do Brasil a que se refere o § 2º executarão, em caráter privativo, os procedimentos de fiscalização das atividades e operações das entidades fechadas de previdência complementar, de competência da PREVIC, assim como das entidades e fundos dos regimes próprios de previdência social.

► § 3º com a redação dada pela Lei nº 12.154, de 23-12-2009.

§ 4º No exercício da competência prevista no § 3º deste artigo, os Auditores Fiscais da Receita Federal do Brasil poderão, relativamente ao objeto da fiscalização:

I – praticar os atos definidos na legislação específica, inclusive os relacionados com a apreensão e guarda de livros, documentos, materiais, equipamentos e assemelhados;

II – examinar registros contábeis, não se lhes aplicando as restrições previstas nos arts. 1.190 a 1.192 do Código Civil e observado o disposto no art. 1.193 do mesmo diploma legal;

III – lavrar ou propor a lavratura de auto de infração;

IV – aplicar ou propor a aplicação de penalidade administrativa ao responsável por infração objeto de processo administrativo decorrente de ação fiscal, representação, denúncia ou outras situações previstas em lei.

► Incisos III e IV acrescidos pela Lei nº 12.154, de 23-12-2009.

§ 5º Na execução dos procedimentos de fiscalização referidos no § 3º, ao Auditor Fiscal da Receita Federal do Brasil é assegurado o livre acesso às dependências e às informações dos entes objeto da ação fiscal, de acordo com as respectivas áreas de competência, caracterizando-se embaraço à fiscalização, punível nos termos da lei, qualquer dificuldade oposta à consecução desse objetivo.

§ 6º É facultado ao Auditor Fiscal da Receita Federal do Brasil a que se refere o § 2º exercer, em caráter geral e concorrente, outras atividades inerentes às competências do Ministério da Previdência Social e da PREVIC.

§ 7º Caberá aos Auditores Fiscais da Receita Federal do Brasil em exercício na PREVIC constituir em nome desta, mediante lançamento, os créditos pelo não recolhimento da Taxa de Fiscalização e Controle da Previdência Complementar – TAFIC e promover a sua cobrança administrativa.

► §§ 5º a 7º acrescidos pela Lei nº 12.154, de 23-12-2009.

Art. 12. Sem prejuízo do disposto no art. 49 desta Lei, são redistribuídos, na forma do disposto no art. 37 da Lei nº 8.112, de 11 de dezembro de 1990, para a Secretaria da Receita Federal do Brasil, os cargos dos servidores que, na data da publicação desta Lei, se encontravam em efetivo exercício na Secretaria de Receita Previdenciária ou nas unidades técnicas e administrativas a ela vinculadas e sejam titulares de cargos integrantes:

I – do Plano de Classificação de cargos , instituído pela Lei nº 5.645, de 10 de dezembro de 1970, ou do Plano Geral de cargos do Poder Executivo de que trata a Lei nº 11.357, de 19 de outubro de 2006;

II – das Carreiras:

a) Previdenciária, instituída pela Lei nº 10.355, de 26 de dezembro de 2001;

b) da Seguridade Social e do Trabalho, instituída pela Lei nº 10.483, de 3 de julho de 2002;

c) do Seguro Social, instituída pela Lei nº 10.855, de 1º de abril de 2004;

d) da Previdência, da Saúde e do Trabalho, instituída pela Lei nº 11.355, de 19 de outubro de 2006.

§§ 1º a 3º VETADOS.

§ 4º Os servidores referidos neste artigo poderão, no prazo de 180 (cento e oitenta) dias contado da data referida no inciso II do *caput* do art. 51 desta Lei, optar por sua permanência no órgão de origem.

§ 5º Os servidores a que se refere este artigo perceberão seus respectivos vencimentos e vantagens como se em exercício estivessem no órgão de origem, até a vigência da Lei que disporá sobre suas carreiras, cargos, remuneração, lotação e exercício.

▶ §§ 4º e 5º acrescidos pela Lei nº 11.501, de 11-7-2007.

§§ 6º a 8º VETADOS. Lei nº 11.501, de 11-7-2007.

Art. 13. Ficam transferidos os cargos em comissão e funções gratificadas da estrutura da extinta Secretaria da Receita Previdenciária do Ministério da Previdência Social para a Secretaria da Receita Federal do Brasil.

Art. 14. Fica o Poder Executivo federal autorizado a proceder à transformação, sem aumento de despesa, dos cargos em comissão e das funções de confiança existentes na Secretaria Especial da Receita Federal do Brasil do Ministério da Economia.

▶ *Caput* com a redação dada pela Lei nº 13.844, de 18-6-2019.

Parágrafo único. Sem prejuízo das situações em curso, os cargos em comissão e as funções de confiança a que se refere o *caput* deste artigo, com exceção daqueles destinados ao assessoramento direto e ao gabinete do Secretário Especial da Receita Federal do Brasil, são privativos de servidores:

▶ *Caput* do parágrafo único com a redação dada pela Lei nº 13.844, de 18-6-2019.

I – ocupantes de cargos efetivos da Secretaria Especial da Receita Federal do Brasil do Ministério da Economia ou de servidores que tenham obtido aposentadoria nessa condição, hipótese esta restrita à ocupação de cargo em comissão; e

▶ Inciso I com a redação dada pela Lei nº 13.844, de 18-6-2019.

II – alcançados pelo disposto no art. 12 desta Lei.

Art. 15. Os incisos XII e XVIII do *caput* do art. 29 da Lei nº 10.683, de 28 de maio de 2003, passam a vigorar com a seguinte redação:

"Art. 29. ....

....

XII – do Ministério da Fazenda o Conselho Monetário Nacional, o Conselho Nacional de Política Fazendária, o Conselho de Recursos do Sistema Financeiro Nacional, o Conselho Nacional de Seguros Privados, o Conselho de Recursos do Sistema Nacional de Seguros Privados, de Previdência Privada Aberta e de Capitalização, o Conselho de Controle de Atividades Financeiras, a Câmara Superior de Recursos Fiscais, os 1º, 2º e 3º Conselhos de Contribuintes, o Conselho Diretor do Fundo de Garantia à Exportação – CFGE, o Comitê Brasileiro de Nomenclatura, o Comitê de Avaliação de Créditos ao Exterior, a Secretaria da Receita Federal do Brasil, a Procuradoria-Geral da Fazenda Nacional, a Escola de Administração Fazendária e até 5 (cinco) Secretarias;

....

XVIII – do Ministério da Previdência Social o Conselho Nacional de Previdência Social, o Conselho de Recursos da Previdência Social, o Conselho de Gestão da Previdência Complementar e até 2 (duas) Secretarias;

...."

Capítulo II

DA PROCURADORIA-GERAL DA FAZENDA NACIONAL

Art. 16. A partir do 1º (primeiro) dia do 2º (segundo) mês subsequente ao da publicação desta Lei, o débito original e seus acréscimos legais, além de outras multas previstas em lei, relativos às contribuições de que tratam os arts. 2º e 3º desta Lei, constituem dívida ativa da União.

§ 1º A partir do 1º (primeiro) dia do 13º (décimo terceiro) mês subsequente ao da publicação desta Lei, o disposto no *caput* deste artigo se estende à dívida ativa do Instituto Nacional do Seguro Social – INSS e do Fundo Nacional de Desenvolvimento da Educação – FNDE decorrente das contribuições a que se referem os arts. 2º e 3º desta Lei.

§ 2º Aplica-se à arrecadação da dívida ativa decorrente das contribuições de que trata o art. 2º desta Lei o disposto no § 1º daquele artigo.

§ 3º Compete à Procuradoria-Geral Federal representar judicial e extrajudicialmente:

I – o INSS e o FNDE, em processos que tenham por objeto a cobrança de contribuições previdenciárias, inclusive nos que pretendam a contestação do crédito tributário, até a data prevista no § 1º deste artigo;

II – a União, nos processos da Justiça do Trabalho relacionados com a cobrança de contribuições previdenciárias, de imposto de renda retido na fonte e de multas impostas aos empregadores pelos órgãos de fiscalização das relações do trabalho, mediante delegação da Procuradoria-Geral da Fazenda Nacional.

§ 4º A delegação referida no inciso II do § 3º deste artigo será comunicada aos órgãos judiciários e não alcançará a competência prevista no inciso II do art. 12 da Lei Complementar nº 73, de 10 de fevereiro de 1993.

§ 5º Recebida a comunicação aludida no § 4º deste artigo, serão destinadas à Procuradoria-Geral Federal as citações, intimações e notificações efetuadas em processos abrangidos pelo objeto da delegação.

§ 6º Antes de efetivar a transferência de atribuições decorrente do disposto no § 1º deste artigo, a Procuradoria-Geral Federal concluirá os atos que se encontrarem pendentes.

§ 7º A inscrição na dívida ativa da União das contribuições de que trata o art. 3º desta Lei, na forma do *caput* e do § 1º deste artigo, não altera a destinação final do produto da respectiva arrecadação.

Art. 17. O art. 39 da Lei nº 8.212, de 24 de julho de 1991, passa a vigorar com a seguinte redação:

> "Art. 39. O débito original e seus acréscimos legais, bem como outras multas previstas em lei, constituem dívida ativa da União, promovendo-se a inscrição em livro próprio daquela resultante das contribuições de que tratam as alíneas *a*, *b* e *c* do parágrafo único do art. 11 desta Lei.
>
> ....
>
> § 2º É facultado aos órgãos competentes, antes de ajuizar a cobrança da dívida ativa de que trata o *caput* deste artigo, promover o protesto de título dado em garantia, que será recebido pro solvendo.
>
> § 3º Serão inscritas como dívida ativa da União as contribuições que não tenham sido recolhidas ou parceladas resultantes das informações prestadas no documento a que se refere o inciso IV do art. 32 desta Lei".

Art. 18. Ficam criados na Carreira de Procurador da Fazenda Nacional 1.200 (mil e duzentos) cargos efetivos de Procurador da Fazenda Nacional.

Parágrafo único. Os cargos referidos no *caput* deste artigo serão providos na medida das necessidades do serviço e das disponibilidades de recursos orçamentários, nos termos do § 1º do art. 169 da Constituição Federal.

Art. 18-A. Compete ao Advogado-Geral da União e ao Ministro de Estado da Fazenda, mediante ato conjunto, distribuir os cargos de Procurador da Fazenda Nacional pelas 3 (três) categorias da Carreira.

▸ Artigo acrescido pela Lei nº 11.518, de 5-9-2007.

Art. 19. Ficam criadas, na Procuradoria-Geral da Fazenda Nacional, 120 (cento e vinte) Procuradorias Seccionais da Fazenda Nacional, a serem instaladas por ato do Ministro de Estado da Fazenda em cidades-sede de Varas da Justiça Federal ou do Trabalho.

Parágrafo único. Para estruturação das Procuradorias Seccionais a que se refere o *caput* deste artigo, ficam criados 60 (sessenta) cargos em comissão do Grupo-Direção e Assessoramento Superiores DAS-2 e 60 (sessenta) DAS-1, a serem providos na medida das necessidades do serviço e das disponibilidades de recursos orçamentários, nos termos do § 1º do art. 169 da Constituição Federal.

Art. 20. VETADO.

Art. 21. Sem prejuízo do disposto no art. 49 desta Lei e da percepção da remuneração do respectivo cargo, será fixado o exercício na Procuradoria-Geral da Fazenda Nacional, a partir da data fixada no § 1º do art. 16 desta Lei, dos servidores que se encontrarem em efetivo exercício nas unidades vinculadas ao contencioso fiscal e à cobrança da dívida ativa na Coordenação Geral de Matéria Tributária da Procuradoria-Geral Federal, na Procuradoria Federal Especializada junto ao INSS, nos respectivos órgãos descentralizados ou nas unidades locais, e forem titulares de cargos integrantes:

I – do Plano de Classificação de Cargos instituído pela Lei nº 5.645, de 10 dezembro de 1970, ou do Plano Geral de Cargos do Poder Executivo de que trata a Lei nº 11.357, de 19 de outubro de 2006;

▸ Inciso I com a redação dada pela Lei nº 11.501, de 11-7-2007.

II – das Carreiras:

a) Previdenciária, instituída pela Lei nº 10.355, de 26 de dezembro de 2001;

b) da Seguridade Social e do Trabalho, instituída pela Lei nº 10.483, de 3 de julho de 2002;

c) do Seguro Social, instituída pela Lei nº 10.855, de 1º de abril de 2004;

d) da Previdência, da Saúde e do Trabalho, instituída pela Lei nº 11.355, de 19 de outubro de 2006.

Parágrafo único. Fica o Poder Executivo autorizado, de acordo com as necessidades do serviço, a fixar o exercício dos servidores a que se refere o *caput* deste artigo no órgão ou entidade ao qual estiverem vinculados.

Art. 22. As autarquias e fundações públicas federais darão apoio técnico, logístico e financeiro, pelo prazo de 24 (vinte e quatro) meses a partir da publicação desta Lei, para que a Procuradoria-Geral Federal assuma, de forma centralizada, nos termos dos §§ 11 e 12 do art. 10 da Lei nº 10.480, de 2 de julho de 2002, a execução de sua dívida ativa.

Art. 23. Compete à Procuradoria-Geral da Fazenda Nacional a representação judicial na cobrança de créditos de qualquer natureza inscritos em Dívida Ativa da União.

Art. 24. É obrigatório que seja proferida decisão administrativa no prazo máximo de 360 (trezentos e sessenta) dias a contar do protocolo de petições, defesas ou recursos administrativos do contribuinte.

§§ 1º e 2º VETADOS.

▸ Art. 43 da Lei nº 14.596, de 14-6-2023, que dispõe sobre regras de preços de transferência relativas ao Imposto sobre a Renda das Pessoas Jurídicas (IRPJ) e à Contribuição Social sobre o Lucro Líquido (CSLL).

Capítulo III

DO PROCESSO ADMINISTRATIVO FISCAL

Art. 25. Passam a ser regidos pelo Decreto nº 70.235, de 6 de março de 1972:

I – a partir da data fixada no § 1º do art. 16 desta Lei, os procedimentos fiscais e os processos administrativo-fiscais de determinação e exigência de créditos tributários referentes às contribuições de que tratam os arts. 2º e 3º desta Lei;

II – a partir da data fixada no *caput* do art. 16 desta Lei, os processos administrativos de consulta relativos às contribuições sociais mencionadas no art. 2º desta Lei.

§ 1º O Poder Executivo poderá antecipar ou postergar a data a que se refere o inciso I do *caput* deste artigo, relativamente a:

I – procedimentos fiscais, instrumentos de formalização do crédito tributário e prazos processuais;

II – competência para julgamento em 1ª (primeira) instância pelos órgãos de deliberação interna e natureza colegiada.

§ 2º *Revogado.* Lei nº 13.670, de 30-5-2018.

§ 3º Aplicam-se, ainda, aos processos a que se refere o inciso II do *caput* deste artigo os arts. 48 e 49 da Lei nº 9.430, de 27 de dezembro de 1996.

Art. 26. O valor correspondente à compensação de débitos relativos às contribuições de que trata o art. 2º desta Lei será repassado ao Fundo do Regime Geral de Previdência Social no prazo máximo de 30 (trinta) dias úteis, contado da data em que ela for promovida de ofício ou em que for apresentada a declaração de compensação.

▸ *Caput* com a redação dada pela Lei nº 13.670, de 30-5-2018.

Parágrafo único. *Revogado.* Lei nº 13.670, de 30-5-2018.

Art. 26-A. O disposto no art. 74 da Lei nº 9.430, de 27 de dezembro de 1996:

I – aplica-se à compensação das contribuições a que se referem os arts. 2º e 3º desta Lei efetuada pelo sujeito passivo que utilizar o Sistema de Escrituração Digital das Obrigações Fiscais, Previdenciárias e Trabalhistas (eSocial), para apuração das referidas contribuições, observado o disposto no § 1º deste artigo;

II – não se aplica à compensação das contribuições a que se referem os arts. 2º e 3º desta Lei efetuada pelos demais sujeitos passivos; e

III – não se aplica ao regime unificado de pagamento de tributos, de contribuições e dos demais encargos do empregador doméstico (Simples Doméstico).

§ 1º Não poderão ser objeto da compensação de que trata o inciso I do *caput* deste artigo:

I – o débito das contribuições a que se referem os arts. 2º e 3º desta Lei:

a) relativo a período de apuração anterior à utilização do eSocial para a apuração das referidas contribuições; e

b) relativo a período de apuração posterior à utilização do eSocial com crédito dos demais tributos administrados pela Secretaria da Receita Federal do Brasil concernente a período de apuração anterior à utilização do eSocial para apuração das referidas contribuições; e

II – o débito dos demais tributos administrados pela Secretaria da Receita Federal do Brasil:

a) relativo a período de apuração anterior à utilização do eSocial para apuração de tributos com crédito concernente às contribuições a que se referem os arts. 2º e 3º desta Lei; e

b) com crédito das contribuições a que se referem os arts. 2º e 3º desta Lei relativo a período de apuração anterior à utilização do eSocial para apuração das referidas contribuições.

§ 2º A Secretaria da Receita Federal do Brasil disciplinará o disposto neste artigo.

▸ Art. 26-A acrescido pela Lei nº 13.670, de 30-5-2018.

Art. 27. Observado o disposto no art. 25 desta Lei, os procedimentos fiscais e os processos administrativo-fiscais referentes às contribuições sociais de que tratam os arts. 2º e 3º desta Lei permanecem regidos pela legislação precedente.

Art. 28. Ficam criadas, na Secretaria da Receita Federal do Brasil, 5 (cinco) Delegacias de Julgamento e 60 (sessenta) Turmas de Julgamento com competência para julgar, em 1ª (primeira) instância, os processos de exigência de tributos e contribuições arrecadados pela Secretaria da Receita Federal do Brasil, a serem instaladas mediante ato do Ministro de Estado da Fazenda.

Parágrafo único. Para estruturação dos órgãos de que trata o *caput* deste artigo, ficam criados 5 (cinco) cargos em comissão do Grupo-Direção e Assessoramento Superiores DAS-3 e 55 (cinquenta e cinco) DAS-2, a serem providos na medida das necessidades do serviço e das disponibilidades de recursos orçamentários, nos termos do § 1º do art. 169 da Constituição Federal.

Art. 29. Fica transferida do Conselho de Recursos da Previdência Social para o 2º Conselho de Contribuintes do Ministério da Fazenda a competência para julgamento de recursos referentes às contribuições de que tratam os arts. 2º e 3º desta Lei.

§ 1º Para o exercício da competência a que se refere o *caput* deste artigo, serão instaladas no 2º Conselho de Contribuintes, na forma da regulamentação pertinente, Câmaras especializadas, observada a composição prevista na parte final do inciso VII do *caput* do art. 194 da Constituição Federal.

§ 2º Fica autorizado o funcionamento das Câmaras dos Conselhos de Contribuintes nas sedes das Regiões Fiscais da Secretaria da Receita Federal do Brasil.

Art. 30. No prazo de 30 (trinta) dias da publicação do ato de instalação das Câmaras previstas no § 1º do art. 29 desta Lei, os processos administrativo-fiscais referentes às contribuições de que tratam os arts. 2º e 3º desta Lei que se encontrarem no Conselho de Recursos da Previdência Social serão encaminhados para o 2º Conselho de Contribuintes.

Parágrafo único. Fica prorrogada a competência do Conselho de Recursos da Previdência Social durante o prazo a que se refere o *caput* deste artigo.

Art. 31. São transferidos, na data da publicação do ato a que se refere o *caput* do art. 30 desta Lei, 2 (dois) cargos em comissão do Grupo-Direção e Assessoramento Superiores DAS-101.2 e 2 (dois) DAS-101.1 do Conselho de Recursos da Previdência Social para o 2º Conselho de Contribuintes.

Capítulo IV

DO PARCELAMENTO DOS DÉBITOS PREVIDENCIÁRIOS DOS ESTADOS E DO DISTRITO FEDERAL

Art. 32. Os débitos de responsabilidade dos Estados e do Distrito Federal, de suas autarquias e fundações, relativos às contribuições sociais de que tratam as alíneas a e c do parágrafo único do art. 11 da Lei nº 8.212, de 24 de julho de 1991, com vencimento até o mês anterior ao da entrada em vigor desta Lei, poderão ser parcelados em até 240 (duzentas e quarenta) prestações mensais e consecutivas.

§ 1º Os débitos referidos no *caput* deste artigo são aqueles originários de contribuições sociais e obrigações acessórias, constituídos ou não, inscritos ou não em dívida ativa, incluídos os que estiverem em fase de execução fiscal ajuizada, e os que tenham sido objeto de parcelamento anterior não integralmente quitado ou cancelado por falta de pagamento.

§ 2º Os débitos ainda não constituídos deverão ser confessados de forma irretratável e irrevogável.

§ 3º Poderão ser parcelados em até 60 (sessenta) prestações mensais e consecutivas os débitos de que tratam o *caput* e os §§ 1º e 2º deste artigo com vencimento até o mês anterior ao da entrada em vigor desta Lei, relativos a contribuições não recolhidas:

I – descontadas dos segurados empregado, trabalhador avulso e contribuinte individual;
II – retidas na forma do art. 31 da Lei nº 8.212, de 24 de julho de 1991;
III – decorrentes de sub-rogação.

§ 4º Caso a prestação mensal não seja paga na data do vencimento, serão retidos e repassados à Secretaria da Receita Federal do Brasil recursos do Fundo de Participação dos Estados e do Distrito Federal suficientes para sua quitação, acrescidos de juros equivalentes à taxa referencial do Sistema Especial de Liquidação e de Custódia – Selic para títulos federais, acumulada mensalmente a partir do primeiro dia do mês subsequente ao da consolidação do débito até o mês anterior ao do pagamento, acrescido de 1% (um por cento) no mês do pagamento da prestação.

Art. 33. Até 90 (noventa) dias após a entrada em vigor desta Lei, a opção pelo parcelamento será formalizada na Secretaria da Receita Federal do Brasil, que se responsabilizará pela cobrança das prestações e controle dos créditos originários dos parcelamentos concedidos.

▶ Art. 3º da Lei nº 11.531, de 24-10-2007, que prorroga, até o dia 31-12-2007, o prazo deste artigo.

Art. 34. A concessão do parcelamento objeto deste Capítulo está condicionada:

I – à apresentação pelo Estado ou Distrito Federal, na data da formalização do pedido, do demonstrativo referente à apuração da Receita Corrente Líquida Estadual, na forma do disposto na Lei Complementar nº 101, de 4 de maio de 2000, referente ao ano-calendário imediatamente anterior ao da entrada em vigor desta Lei;

II – ao adimplemento das obrigações vencidas a partir do primeiro dia do mês da entrada em vigor desta Lei.

Art. 35. Os débitos serão consolidados por Estado e Distrito Federal na data do pedido do parcelamento, reduzindo-se os valores referentes a juros de mora em 50% (cinquenta por cento).

Art. 36. Os débitos de que trata este Capítulo serão parcelados em prestações mensais equivalentes a, no mínimo, 1,5% (um inteiro e cinco décimos por cento) da média da Receita Corrente Líquida do Estado e do Distrito Federal prevista na Lei Complementar nº 101, de 4 de maio de 2000.

§ 1º A média de que trata o *caput* deste artigo corresponderá a 1/12 (um doze avos) da Receita Corrente Líquida do ano anterior ao do vencimento da prestação.

§ 2º Para fins deste artigo, os Estados e o Distrito Federal se obrigam a encaminhar à Secretaria da Receita Federal do Brasil o demonstrativo de apuração da Receita Corrente Líquida de que trata o inciso I do art. 53 da Lei Complementar nº 101, de 4 de maio de 2000, até o último dia útil do mês de fevereiro de cada ano.

§ 3º A falta de apresentação das informações a que se refere o § 2º deste artigo implicará, para fins de apuração e cobrança da prestação mensal, a aplicação da variação do Índice Geral de Preços, Disponibilidade Interna – IGP-DI, acrescida de juros de 0,5% (cinco décimos por cento) ao mês, sobre a última Receita Corrente Líquida publicada nos termos da legislação.

§ 4º Às prestações vencíveis em janeiro, fevereiro e março aplicar-se-á o valor mínimo do ano anterior.

Art. 37. As prestações serão exigíveis no último dia útil de cada mês, a contar do mês subsequente ao da formalização do pedido de parcelamento.

§ 1º No período compreendido entre a formalização do pedido e o mês da consolidação, o ente beneficiário do parcelamento deverá recolher mensalmente prestações correspondentes a 1,5% (um inteiro e cinco décimos por cento) da média da Receita Corrente Líquida do Estado e do Distrito Federal prevista na Lei Complementar nº 101, de 4 de maio de 2000, sob pena de indeferimento do pleito, que só se confirma com o pagamento da prestação inicial.

§ 2º A partir do mês seguinte à consolidação, o valor da prestação será obtido mediante a divisão do montante do débito parcelado, deduzidos os valores das prestações recolhidas nos termos do § 1º deste artigo, pelo número de prestações restantes, observado o valor mínimo de 1,5% (um inteiro e cinco décimos por cento) da média da Receita Corrente Líquida do Estado e do Distrito Federal prevista na Lei Complementar nº 101, de 4 de maio de 2000.

Art. 38. O parcelamento será rescindido na hipótese do inadimplemento:

I – de 3 (três) meses consecutivos ou 6 (seis) meses alternados, prevalecendo o que primeiro ocorrer;

II – das obrigações correntes referentes às contribuições sociais de que trata este Capítulo;

III – da parcela da prestação que exceder à retenção dos recursos do Fundo de Participação dos Estados e do Distrito Federal promovida na forma deste Capítulo.

Art. 39. O Poder Executivo disciplinará, em regulamento, os atos necessários à execução do disposto neste Capítulo.

Parágrafo único. Os débitos referidos no *caput* deste artigo serão consolidados no âmbito da Secretaria da Receita Federal do Brasil.

Capítulo V

DISPOSIÇÕES GERAIS

Art. 40. Sem prejuízo do disposto nas Leis nºs 4.516, de 1º de dezembro de 1964, e 5.615, de 13 de outubro de 1970, a Empresa de Tecnologia e Informações da Previdência Social – DATAPREV fica autorizada a prestar serviços de tecnologia da informação ao Ministério da Fazenda, necessários ao desempenho das atribuições abrangidas por esta Lei, observado o disposto no inciso VIII do art. 24 da Lei nº 8.666, de 21 de junho de 1993, nas condições estabelecidas em ato do Poder Executivo.

- ▸ A Lei nº 8.666, de 21-6-1993, foi revogada pela Lei nº 14.133, de 1º-4-2021.
- ▸ Art. 75 da Lei nº 14.133, de 1º-4-2021 (Nova Lei de Licitações e Contratos Administrativos).

Art. 41. Fica autorizada a transferência para o patrimônio da União dos imóveis que compõem o Fundo do Regime Geral de Previdência Social identificados pelo Poder Executivo como necessários ao funcionamento da Secretaria da Receita Federal do Brasil e da Procuradoria-Geral da Fazenda Nacional.

Parágrafo único. No prazo de 3 (três) anos, de acordo com o resultado de avaliação realizada nos termos da legislação aplicável, a União compensará financeiramente o Fundo do Regime Geral de Previdência Social pelos imóveis transferidos na forma do *caput* deste artigo.

Art. 42. A Consolidação das Leis do Trabalho – CLT, aprovada pelo Decreto-Lei nº 5.452, de 1º de maio de 1943, passa a vigorar com a seguinte redação:

"Art. 832. ....

....

§ 4º A União será intimada das decisões homologatórias de acordos que contenham parcela indenizatória, na forma do art. 20 da Lei nº 11.033, de 21 de dezembro de 2004, facultada a interposição de recurso relativo aos tributos que lhe forem devidos.

§ 5º Intimada da sentença, a União poderá interpor recurso relativo à discriminação de que trata o § 3º deste artigo.

§ 6º O acordo celebrado após o trânsito em julgado da sentença ou após a elaboração dos cálculos de liquidação de sentença não prejudicará os créditos da União.

§ 7º O Ministro de Estado da Fazenda poderá, mediante ato fundamentado, dispensar a manifestação da União nas decisões homologatórias de acordos em que o montante da parcela indenizatória envolvida ocasionar perda de escala decorrente da atuação do órgão jurídico."

"Art. 876. ....

Parágrafo único. Serão executadas *ex-officio* as contribuições sociais devidas em decorrência de decisão proferida pelos Juízes e Tribunais do Trabalho, resultantes de condenação ou homologação de acordo, inclusive sobre os salários pagos durante o período contratual reconhecido."

"Art. 879. ....

....

§ 3º Elaborada a conta pela parte ou pelos órgãos auxiliares da Justiça do Trabalho, o juiz procederá à intimação da União para manifestação, no prazo de 10 (dez) dias, sob pena de preclusão.

....

§ 5º O Ministro de Estado da Fazenda poderá, mediante ato fundamentado, dispensar a manifestação da União quando o valor total das verbas que integram o salário de contribuição, na forma do art. 28 da Lei nº 8.212, de 24 de julho de 1991, ocasionar perda de escala decorrente da atuação do órgão jurídico."

"Art. 880. Requerida a execução, o juiz ou presidente do tribunal mandará expedir mandado de citação do executado, a fim de que cumpra a decisão ou o acordo no prazo, pelo modo e sob as cominações estabelecidas ou, quando se tratar de pagamento em dinheiro, inclusive de contribuições sociais devidas à União, para que o faça em 48 (quarenta e oito) horas ou garanta a execução, sob pena de penhora.

...."

"Art. 889-A. ....

§ 1º Concedido parcelamento pela Secretaria da Receita Federal do Brasil, o devedor juntará aos autos a comprovação do ajuste, ficando a execução da contribuição social correspondente suspensa até a quitação de todas as parcelas.

§ 2º As Varas do Trabalho encaminharão mensalmente à Secretaria da Receita Federal do Brasil informações sobre os recolhimentos efetivados nos autos, salvo se outro prazo for estabelecido em regulamento".

Art. 43. A Lei nº 10.910, de 15 de julho de 2004, passa a vigorar com a redação seguinte, dando-se aos seus Anexos a forma dos Anexos I e II desta Lei:

"Art. 1º As Carreiras de Auditoria da Receita Federal do Brasil e Auditoria-Fiscal do Trabalho compõem-se de cargos efetivos agrupados nas classes A, B e Especial, compreendendo a 1a (primeira) 5 (cinco) padrões, e as 2 (duas) últimas, 4 (quatro) padrões, na forma do Anexo I desta Lei."

"Art. 3º A Gratificação de Desempenho de Atividade Tributária – GDAT de que trata o art. 15 da Lei nº 10.593, de 6 de dezembro de 2002, devida aos integrantes das Carreiras de Auditoria da Receita Federal do Brasil e Auditoria-Fiscal do Trabalho, é transformada em Gratificação de Atividade Tributária – GAT, em valor equivalente a 75% (setenta e cinco por cento) do vencimento básico do servidor.

I – revogado pela Lei nº 11.356, de 2006;

II – revogado pela Lei nº 11.356, de 2006.

....

"Art. 4º Fica criada a Gratificação de Incremento da Fiscalização e da Arrecadação – GIFA, devida aos ocupantes dos cargos efetivos das Carreiras de Auditoria da Receita Federal do Brasil e Auditoria-Fiscal do Trabalho, de que trata a Lei nº 10.593, de 6 de dezembro de 2002, no percentual de até 95% (noventa e cinco por cento), incidente sobre o maior vencimento básico de cada cargo das Carreiras.

§ 1º A GIFA será paga aos Auditores Fiscais da Receita Federal do Brasil e aos Analistas-Tributários da Receita Federal do Brasil de acordo com os seguintes parâmetros:

....

II – 2/3 (dois terços), no mínimo, em decorrência da avaliação do resultado institucional do conjunto de unidades da Secretaria da Receita Federal do Brasil no cumprimento de metas de arrecadação, computadas em âmbito nacional e de forma individualizada para cada órgão.

....

§ 8º ....

....

II – ocupantes dos cargos efetivos da Carreira de Auditoria da Receita Federal do Brasil, em exercício nos seguintes órgãos do Ministério da Fazenda:

....

III – ocupantes dos cargos de Auditor Fiscal da Receita Federal do Brasil da Carreira de Auditoria da Receita Federal do Brasil, em exercício no Ministério da Previdência Social e órgãos vinculados;

IV – ocupantes dos cargos efetivos da Carreira Auditoria-Fiscal do Trabalho, em exercício no Ministério do Trabalho e Emprego, exclusivamente nas unidades não integrantes do Sistema Federal de Inspeção do Trabalho definidas em regulamento."

"Art. 6º VETADO."

Art. 44. O art. 23 do Decreto nº 70.235, de 6 de março de 1972, passa a vigorar acrescido dos §§ 7º, 8º e 9º, com a seguinte redação:

"Art. 23. ....

....

§ 7º Os Procuradores da Fazenda Nacional serão intimados pessoalmente das decisões do Conselho de Contribuintes e da Câmara Superior de Recursos Fiscais, do Ministério da Fazenda na sessão das respectivas câmaras subsequente à formalização do acórdão.

§ 8º Se os Procuradores da Fazenda Nacional não tiverem sido intimados pessoalmente em até 40 (quarenta) dias contados da formalização do acórdão do Conselho de Contribuintes ou da Câmara Superior de Recursos Fiscais, do Ministério da Fazenda, os respectivos autos serão remetidos e entregues, mediante protocolo, à Procuradoria da Fazenda Nacional, para fins de intimação.

§ 9º Os Procuradores da Fazenda Nacional serão considerados intimados pessoalmente das decisões do Conselho de Contribuintes e da Câmara Superior de Recursos Fiscais, do Ministério da Fazenda, com o término do prazo de 30 (trinta) dias contados da data em que os respectivos autos forem entregues à Procuradoria na forma do § 8º deste artigo".

Art. 45. As repartições da Secretaria da Receita Federal do Brasil deverão, durante seu horário regular de funcionamento, dar vista dos autos de processo administrativo, permitindo a obtenção de cópias reprográficas, assim como receber requerimentos e petições.

Parágrafo único. A Secretaria da Receita Federal do Brasil adotará medidas para disponibilizar o atendimento a que se refere o *caput* deste artigo por intermédio da rede mundial de computadores e o recebimento de petições e requerimentos digitalizados.

CAPÍTULO VI

DISPOSIÇÕES TRANSITÓRIAS E FINAIS

Art. 46. A Fazenda Nacional poderá celebrar convênios com entidades públicas e privadas para a divulgação de informações previstas nos incisos II e III do § 3º do art. 198 da Lei nº 5.172, de 25 de outubro de 1966 – Código Tributário Nacional – CTN.

Art. 47. Fica o Poder Executivo autorizado a:

I – transferir, depois de realizado inventário, do INSS, do Ministério da Previdência Social e da Procuradoria-Geral Federal para a Secretaria da Receita Federal do Brasil e para a Procuradoria-Geral da Fazenda Nacional acervos técnicos e patrimoniais, inclusive bens imóveis, obrigações, direitos, contratos, convênios, processos administrativos e demais instrumentos relacionados com as atividades transferidas em decorrência desta Lei;

II – remanejar e transferir para a Secretaria da Receita Federal do Brasil dotações em favor do Ministério da Previdência Social e do INSS aprovadas na Lei Orçamentária em vigor, mantida a classificação funcional-programática, subprojetos, subatividades e grupos de despesas.

§ 1º Até que sejam implementados os ajustes necessários, o Ministério da Previdência Social e o INSS continuarão a executar as despesas de pessoal e de manutenção relativas às atividades transferidas, inclusive as decorrentes do disposto no § 5º do art. 10 desta Lei.

§ 2º Enquanto não ocorrerem as transferências previstas no *caput* deste artigo, o Ministério da Previdência Social, o INSS e a Procuradoria-Geral Federal prestarão à Secretaria da Receita Federal do Brasil e à Procuradoria-Geral da Fazenda Nacional o necessário apoio técnico, financeiro e administrativo.

§ 3º Inclui-se no apoio de que trata o § 2º deste artigo a manutenção dos espaços físicos atualmente ocupados.

Art. 48. Fica mantida, enquanto não modificados pela Secretaria da Receita Federal do Brasil, a vigência dos convênios celebrados e dos atos normativos e administrativos editados:

I – pela Secretaria da Receita Previdenciária;
II – pelo Ministério da Previdência Social e pelo INSS relativos à administração das contribuições a que se referem os arts. 2º e 3º desta Lei;
III – pelo Ministério da Fazenda relativos à administração dos tributos e contribuições de competência da Secretaria da Receita Federal do Brasil;
IV – pela Secretaria da Receita Federal.

Art. 49. VETADO.

Art. 50. No prazo de 1 (um) ano da data de publicação desta Lei, o Poder Executivo encaminhará ao Congresso Nacional projeto de lei orgânica das Auditorias Federais, dispondo sobre direitos, deveres, garantias e prerrogativas dos servidores integrantes das Carreiras de que trata a Lei nº 10.593, de 6 de dezembro de 2002.

Art. 51. Esta Lei entra em vigor:

I – na data de sua publicação, para o disposto nos arts. 40, 41, 47, 48, 49 e 50 desta Lei;
II – no primeiro dia útil do segundo mês subsequente à data de sua publicação, em relação aos demais dispositivos desta Lei.

Art. 52. Ficam revogados:

I – VETADO;
II – a partir da data da publicação desta Lei, o parágrafo único do art. 5º da Lei nº 10.593, de 6 dezembro de 2002.

Brasília, 16 de março de 2007;
186º da Independência e
119º da República.

Luiz Inácio Lula da Silva

ANEXO I

(ANEXO I da Lei nº 10.910, de 15 de julho de 2004)

ANEXO I

ESTRUTURA DE CARGOS

CARGOS	CLASSE	PADRÃO
Auditor Fiscal da Receita Federal do Brasil	ESPECIAL	IV
		III
		II
		I
Analista Tributário da Receita Federal do Brasil	B	IV
		III
		II
		I
Auditor Fiscal do Trabalho	A	V
		IV
		III
		II
		I

ANEXO II

(Anexo II da Lei nº 10.910, de 15 de julho de 2004)

ANEXO II

TABELAS DE VENCIMENTO BÁSICO

a) cargos de Auditor Fiscal da Receita Federal do Brasil e Auditor Fiscal do Trabalho:

CATEGORIA	PADRÃO	VENCIMENTO BÁSICO
ESPECIAL	IV	4.934,22
	III	4.790,50
	II	4.650,97
	I	4.515,52

CATEGORIA	PADRÃO	VENCIMENTO BÁSICO
B	IV	4.142,67
	III	4.022,00
	II	3.904,86
	I	3.791,13
A	V	3.478,10
	IV	3.376,79
	III	3.278,45
	II	3.182,95
	I	3.090,25

b) cargo de Analista Tributário da Receita Federal do Brasil:

CATEGORIA	PADRÃO	VENCIMENTO BÁSICO
ESPECIAL	IV	2.561,11
	III	2.486,51
	II	2.414,09
	I	2.343,78
B	IV	2.150,25
	III	2.087,61
	II	2.026,83
	I	1.967,78
A	V	1.805,31
	IV	1.752,74
	III	1.701,68
	II	1.652,11
	I	1.603,99

DECRETO Nº 6.214, DE 26 DE SETEMBRO DE 2007

Regulamenta o benefício de prestação continuada da assistência social devido à pessoa com deficiência e ao idoso de que trata a Lei nº 8.742, de 7 de dezembro de 1993, e a Lei nº 10.741, de 1º de outubro de 2003, acresce parágrafo ao art. 162 do Decreto nº 3.048, de 6 de maio de 1999, e dá outras providências.

▸ Publicado no *DOU* de 26-9-2007.

Art. 1º Fica aprovado, na forma do Anexo deste Decreto, o Regulamento do Benefício de Prestação Continuada instituído pelo art. 20 da Lei nº 8.742, de 7 de dezembro de 1993.

Art. 2º *Revogado*. Dec. nº 10.554, de 26-11-2020

Art. 3º Este Decreto entra em vigor na data de sua publicação.

Art. 4º Ficam revogados os Decretos nºs 1.744, de 8 de dezembro de 1995, e 4.712, de 29 de maio de 2003.

Brasília, 26 de setembro de 2007;
186º da Independência e
119º da República.

Luiz Inácio Lula da Silva

ANEXO

REGULAMENTO DO BENEFÍCIO DE PRESTAÇÃO CONTINUADA

CAPÍTULO I

DO BENEFÍCIO DE PRESTAÇÃO CONTINUADA E DO BENEFICIÁRIO

Art. 1º O Benefício de Prestação Continuada previsto no art. 20 da Lei nº 8.742, de 7 de dezembro de 1993, é a garantia de um salário mínimo mensal à pessoa com deficiência e ao idoso, com idade de sessenta e cinco anos ou mais, que comprovem não possuir meios para prover a própria manutenção e nem de tê-la provida por sua família.

§ 1º O Benefício de Prestação Continuada integra a proteção social básica no âmbito do Sistema Único de Assistência Social – SUAS, instituído pelo Ministério do Desenvolvimento Social e Agrário, em consonância com o estabelecido pela Política Nacional de Assistência Social – PNAS.

▸ § 1º com a redação dada pelo Dec. nº 8.805, de 7-7-2016.

§ 2º O Benefício de Prestação Continuada é constitutivo da PNAS e integrado às demais políticas setoriais, e visa ao enfrentamento da pobreza, à garantia da proteção social, ao provimento de condições para atender contingências sociais e à universalização dos direitos sociais, nos moldes definidos no parágrafo único do art. 2º da Lei nº 8.742, de 1993.

§ 3º A plena atenção à pessoa com deficiência e ao idoso beneficiário do Benefício de Prestação Continuada exige que os gestores da assistência social mantenham ação integrada às demais ações das políticas setoriais nacional, estaduais, municipais e do Distrito Federal, principalmente no campo da saúde, segurança alimentar, habitação e educação.

Art. 2º Compete ao Ministério do Desenvolvimento Social e Agrário a implementação, a coordenação-geral, a regulação, o financiamento, o monitoramento e a avaliação da prestação do beneficio, sem prejuízo das iniciativas compartilhadas com Estados, Distrito Federal e Municípios, em consonância com as diretrizes do SUAS e da descentralização político-administrativa, prevista no inciso I do *caput* do art. 204 da Constituição e no inciso I do *caput* do art. 5º da Lei nº 8.742, de 1993.

► Artigo com a redação dada pelo Dec. nº 8.805, de 7-7-2016.

Art. 3º O Instituto Nacional do Seguro Social – INSS é o responsável pela operacionalização do Benefício de Prestação Continuada, nos termos deste Regulamento.

Art. 4º Para os fins do reconhecimento do direito ao benefício, considera-se:

I – idoso: aquele com idade de sessenta e cinco anos ou mais;

II – pessoa com deficiência: aquela que tem impedimentos de longo prazo de natureza física, mental, intelectual ou sensorial, os quais, em interação com diversas barreiras, podem obstruir sua participação plena e efetiva na sociedade em igualdade de condições com as demais pessoas;

► Inciso II com a redação dada pelo Dec. nº 7.617, de 17-11-2011.

III – incapacidade: fenômeno multidimensional que abrange limitação do desempenho de atividade e restrição da participação, com redução efetiva e acentuada da capacidade de inclusão social, em correspondência à interação entre a pessoa com deficiência e seu ambiente físico e social;

IV – família incapaz de prover a manutenção da pessoa com deficiência ou do idoso: aquela cuja renda mensal bruta familiar dividida pelo número de seus integrantes seja inferior a um quarto do salário mínimo;

V – família para cálculo da renda *per capita*: conjunto de pessoas composto pelo requerente, o cônjuge, o companheiro, a companheira, os pais e, na ausência de um deles, a madrasta ou o padrasto, os irmãos solteiros, os filhos e enteados solteiros e os menores tutelados, desde que vivam sob o mesmo teto; e

VI – renda mensal bruta familiar: a soma dos rendimentos brutos auferidos mensalmente pelos membros da família composta por salários, proventos, pensões, pensões alimentícias, benefícios de previdência pública ou privada, seguro-desemprego, comissões, *pro labore*, outros rendimentos do trabalho não assalariado, rendimentos do mercado informal ou autônomo, rendimentos auferidos do patrimônio, Renda Mensal Vitalícia e Benefício de Prestação Continuada, ressalvado o disposto no parágrafo único do art. 19.

► Incisos V e VI com a redação dada pelo Dec. nº 7.617, de 17-11-2011.

§ 1º Para fins de reconhecimento do direito ao Benefício de Prestação Continuada às crianças e adolescentes menores de dezesseis anos de idade, deve ser avaliada a existência da deficiência e o seu impacto na limitação do desempenho de atividade e restrição da participação social, compatível com a idade.

► § 1º com a redação dada pelo Dec. nº 7.617, de 17-11-2011.

§ 2º Para fins do disposto no inciso VI do *caput*, não serão computados como renda mensal bruta familiar:

► *Caput* do § 2º com a redação dada pelo Dec. nº 7.617, de 17-11-2011.

I – benefícios e auxílios assistenciais de natureza eventual e temporária;

II – valores oriundos de programas sociais de transferência de renda;

► Inciso I e II acrescidos pelo Dec. nº 7.617, de 17-11-2011.

III – bolsas de estágio supervisionado;

► Inciso III com a redação dada pelo Dec. nº 8.805, de 7-7-2016.

IV – pensão especial de natureza indenizatória e benefícios de assistência médica, conforme disposto no art. 5º;

V – rendas de natureza eventual ou sazonal, a serem regulamentadas em ato conjunto do Ministério do Desenvolvimento Social e Combate à Fome e do INSS; e

► Incisos IV e V acrescidos pelo Dec. nº 7.617, de 17-11-2011.

VI – rendimentos decorrentes de contrato de aprendizagem.

► Inciso VI com a redação dada pelo Dec. nº 8.805, de 7-7-2016.

§ 3º Considera-se impedimento de longo prazo aquele que produza efeitos pelo prazo mínimo de dois anos.

▸ § 3º com a redação dada pelo Dec. nº 7.617, de 17-11-2011.

Art. 5º O beneficiário não pode acumular o Benefício de Prestação Continuada com outro benefício no âmbito da Seguridade Social ou de outro regime, inclusive o seguro-desemprego, ressalvados o de assistência médica e a pensão especial de natureza indenizatória.

Parágrafo único. A acumulação do benefício com a remuneração advinda do contrato de aprendizagem pela pessoa com deficiência é limitada ao prazo máximo de dois anos.

▸ Art. 5º com a redação dada pelo Dec. nº 8.805, de 7-7-2016.

Art. 6º A condição de acolhimento em instituições de longa permanência, como abrigo, hospital ou instituição congênere não prejudica o direito do idoso ou da pessoa com deficiência ao Benefício de Prestação Continuada.

▸ Art. 6º com a redação dada pelo Dec. nº 7.617, de 17-11-2011.

Art. 7º O Benefício de Prestação Continuada é devido ao brasileiro, nato ou naturalizado, e às pessoas de nacionalidade portuguesa, em consonância com o disposto no Decreto nº 7.999, de 8 de maio de 2013, desde que comprovem, em qualquer dos casos, residência no Brasil e atendam a todos os demais critérios estabelecidos neste Regulamento.

▸ Artigo com a redação dada pelo Dec. nº 8.805, de 7-7-2016.

Capítulo II

DA HABILITAÇÃO, DA CONCESSÃO, DA MANUTENÇÃO, DA REPRESENTAÇÃO E DO INDEFERIMENTO

Seção I

DA HABILITAÇÃO E DA CONCESSÃO

Art. 8º Para fazer jus ao Benefício de Prestação Continuada, o idoso deverá comprovar:

I – contar com sessenta e cinco anos de idade ou mais;

II – renda mensal bruta familiar, dividida pelo número de seus integrantes, inferior a um quarto do salário mínimo; e

III – não possuir outro benefício no âmbito da Seguridade Social ou de outro regime, inclusive o seguro-desemprego, salvo o de assistência médica e a pensão especial de natureza indenizatória, observado o disposto no inciso VI do *caput* e no § 2º do art. 4º.

▸ Inciso III com a redação dada pelo Dec. nº 7.617, de 17-11-2011.

Parágrafo único. A comprovação da condição prevista no inciso III poderá ser feita mediante declaração do idoso ou, no caso de sua incapacidade para os atos da vida civil, do seu curador.

Art. 9º Para fazer jus ao Benefício de Prestação Continuada, a pessoa com deficiência deverá comprovar:

I – a existência de impedimentos de longo prazo de natureza física, mental, intelectual ou sensorial, os quais, em interação com diversas barreiras, obstruam sua participação plena e efetiva na sociedade em igualdade de condições com as demais pessoas, na forma prevista neste Regulamento;

▸ Inciso I com a redação dada pelo Dec. nº 7.617, de 17-11-2011.

II – renda mensal bruta familiar do requerente, dividida pelo número de seus integrantes, inferior a um quarto do salário mínimo; e

III – por meio de declaração, que não recebe outro benefício no âmbito da Seguridade Social ou de outro regime, inclusive o seguro-desemprego, exceto o de assistência médica e a pensão especial de natureza indenizatória.

▸ Inciso III com a redação dada pelo Dec. nº 8.805, de 7-7-2016.

Parágrafo único. A comprovação da condição prevista no inciso III poderá ser feita mediante declaração da pessoa com deficiência ou, no caso de sua incapacidade para os atos da vida civil, do seu curador ou tutor.

Art. 10. A pessoa com deficiência e o idoso deverão informar o número de inscrição no Cadastro de Pessoas Físicas – CPF e apresentar documento com foto reconhecido por lei como prova de identidade do requerente.

▸ *Caput* com a redação dada pelo Dec. nº 9.462, de 8-8-2018.

I a V – *Revogados*. Dec. nº 9.462, de 8-8-2018.

Parágrafo único. As crianças e os adolescentes menores de dezesseis anos poderão apresentar apenas a certidão de nascimento para fins da identificação de que trata o *caput*.

► Parágrafo único acrescido pelo Dec. nº 9.462, de 8-8-2018.

Art. 11. Para fins de identificação da pessoa com deficiência e do idoso e de comprovação da idade do idoso, no caso de brasileiro naturalizado, deverão ser apresentados os seguintes documentos:

I – título declaratório de nacionalidade brasileira; e

II – carteira de identidade ou carteira de trabalho e previdência social.

Art. 12. São requisitos para a concessão, a manutenção e a revisão do benefício as inscrições no Cadastro de Pessoas Físicas – CPF e no Cadastro Único para Programas Sociais do Governo Federal – CadÚnico.

► *Caput* com a redação dada pelo Dec. nº 8.805, de 7-7-2016.

§ 1º O beneficiário que não realizar a inscrição ou atualização no CadÚnico terá seu benefício suspenso após encerrado o prazo estabelecido na legislação.

§ 2º O benefício será concedido ou mantido apenas quando o CadÚnico estiver atualizado e válido, de acordo com o disposto no Decreto nº 6.135, de 26 de junho de 2007.

► §§ 1º e 2º com a redação dada pelo Dec. nº 9.462, de 8-8-2018.

Art. 13. As informações para o cálculo da renda familiar mensal per capita serão declaradas no momento da inscrição da família do requerente no CadÚnico, ficando o declarante sujeito às penas previstas em lei no caso de omissão de informação ou de declaração falsa.

► *Caput* com a redação dada pelo Dec. nº 8.805, de 7-7-2016.

§ 1º As informações de que trata o *caput* serão declaradas em conformidade com o disposto no Decreto nº 6.135, de 26 de junho de 2007.

§ 2º Por ocasião do requerimento do benefício, conforme disposto no § 1º do art. 15, o requerente ratificará as informações declaradas no CadÚnico, ficando sujeito às penas previstas em lei no caso de omissão de informação ou de declaração falsa.

§ 3º Na análise do requerimento do benefício, o INSS confrontará as informações do CadÚnico, referentes à renda, com outros cadastros ou bases de dados de órgãos da administração pública disponíveis, prevalecendo as informações que indiquem maior renda se comparadas àquelas declaradas no CadÚnico.

§ 4º Compete ao INSS e aos órgãos autorizados pelo Ministério do Desenvolvimento Social e Agrário, quando necessário, verificar junto a outras instituições, inclusive de previdência, a existência de benefício ou de renda em nome do requerente ou beneficiário e dos integrantes da família.

§ 5º Na hipótese de as informações do CadÚnico serem insuficientes para a análise conclusiva do benefício, o INSS:

I – comunicará o interessado, o qual deverá atualizar seu cadastro junto ao órgão local responsável pelo CadÚnico no prazo de trinta dias;

II – concluirá a análise após decorrido o prazo de que trata o inciso I; e

III – no caso de o cadastro não ser atualizado no prazo de que trata o inciso I, indeferirá a solicitação para receber o benefício.

► §§ 1º a 5º com a redação dada pelo Dec. nº 8.805, de 7-7-2016.

§ 6º Quando o requerente for pessoa em situação de rua deve ser adotado, como referência, o endereço do serviço da rede sócioassistencial pelo qual esteja sendo acompanhado, ou, na falta deste, de pessoas com as quais mantém relação de proximidade.

§ 7º Será considerado família do requerente em situação de rua as pessoas elencadas no inciso V do art. 4º, desde que convivam com o requerente na mesma situação, devendo, neste caso, ser relacionadas na Declaração da Composição e Renda Familiar.

§ 8º Entende-se por relação de proximidade, para fins do disposto no § 6º, aquela que se estabelece entre o requerente em situação de rua e as pessoas indicadas pelo próprio requerente como pertencentes ao seu ciclo de convívio que podem facilmente localizá-lo.

► § 8º acrescido pelo Dec. nº 6.564, de 12-9-2008.

Art. 14. O Benefício de Prestação Continuada poderá ser requerido por meio dos canais de atendimento do INSS ou nos órgãos autorizados para este fim.

► *Caput* com a redação dada pelo Dec. nº 9.462, de 8-8-2018.

§ 1º Os formulários utilizados para o requerimento do benefício serão disponibilizados, por meio dos sítios eletrônicos:

I – do Ministério do Desenvolvimento Social e Agrário;

II – do INSS; ou

III – dos órgãos autorizados pelo Ministério do Desenvolvimento Social e Agrário ou pelo INSS.

▸ Parágrafo único transformado em § 1º e com a redação dada pelo Dec. nº 8.805, de 7-7-2016.

§ 2º Os formulários a que se refere o § 1º deverão ser disponibilizados de forma acessível, nos termos estabelecidos pelo Decreto nº 5.296, de 2 de dezembro de 2004.

▸ § 2º acrescido pelo Dec. nº 8.805, de 7-7-2016.

Art. 15. A concessão do benefício dependerá da prévia inscrição do interessado no CPF e no CadÚnico, este último atualizado e válido, de acordo com os prazos estabelecidos no Decreto nº 6.135, de 2007.

▸ *Caput* com a redação dada pelo Dec. nº 9.462, de 8-8-2018.

§ 1º O requerimento do benefício deverá ser realizado por meio dos canais de atendimento da Previdência Social ou de outros canais definidos em ato do Ministro de Estado do Desenvolvimento Social.

▸ § 1º com a redação dada pelo Dec. nº 9.462, de 8-8-2018.

§ 2º Na hipótese de não ser o requerente alfabetizado ou de estar impossibilitado para assinar o pedido, será admitida a aposição da impressão digital na presença de funcionário do órgão recebedor do requerimento.

§ 3º A existência de formulário próprio não impedirá que seja aceito qualquer requerimento pleiteando o beneficio, desde que nele constem os dados imprescindíveis ao seu processamento.

§ 4º A apresentação de documentação incompleta não constitui motivo de recusa liminar do requerimento do benefício.

§ 5º Na hipótese de ser verificado que a renda familiar mensal per capita não atende aos requisitos de concessão do benefício, o pedido deverá ser indeferido pelo INSS, sendo desnecessária a avaliação da deficiência.

▸ § 5º acrescido pelo Dec. nº 8.805, de 7-7-2016.

Art. 16. A concessão do benefício à pessoa com deficiência ficará sujeita à avaliação da deficiência e do grau de impedimento, com base nos princípios da Classificação Internacional de Funcionalidades, Incapacidade e Saúde – CIF, estabelecida pela Resolução da Organização Mundial da Saúde nº 54.21, aprovada pela 54ª Assembleia Mundial da Saúde, em 22 de maio de 2001.

▸ *Caput* com a redação dada pelo Dec. nº 7.617, de 17-11-2011.

§ 1º A avaliação da deficiência e do grau de impedimento será realizada por meio de avaliação social e avaliação médica.

§ 2º A avaliação social considerará os fatores ambientais, sociais e pessoais, a avaliação médica considerará as deficiências nas funções e nas estruturas do corpo, e ambas considerarão a limitação do desempenho de atividades e a restrição da participação social, segundo suas especificidades.

▸ §§ 1º e 2º com a redação dada pelo Dec. nº 7.617, de 17-11-2011.

§ 3º As avaliações de que trata o § 1º serão realizadas, respectivamente, pelo serviço social e pela perícia médica do INSS, por meio de instrumentos desenvolvidos especificamente para este fim, instituídos por ato conjunto do Ministro de Estado do Desenvolvimento Social e Agrário e do Presidente do INSS.

§ 4º O Ministério do Desenvolvimento Social e Agrário e o INSS garantirão as condições necessárias para a realização da avaliação social e da avaliação médica necessárias ao Benefício de Prestação Continuada.

▸ §§ 3º e 4º com a redação dada pelo Dec. nº 8.805, de 7-7-2016.

§ 5º A avaliação da deficiência e do grau de impedimento tem por objetivo:

I – comprovar a existência de impedimentos de longo prazo de natureza física, mental, intelectual ou sensorial; e

II – aferir o grau de restrição para a participação plena e efetiva da pessoa com deficiência na sociedade, decorrente da interação dos impedimentos a que se refere o inciso I com barreiras diversas.

▸ § 5º acrescido pelo Dec. nº 7.617, de 17-11-2011.

§ 6º Na hipótese de não ser possível prever a duração dos impedimentos a que se refere o inciso I do § 5º, mas existir a possibilidade de que se estendam por longo prazo, o benefício poderá ser concedido, conforme o disposto em ato do Ministro de Estado do Desenvolvimento Social.

§ 7º Na hipótese do benefício concedido nos termos do disposto no § 6º, os beneficiários deverão ser prioritariamente submetidos a novas avaliações da deficiência, observado o intervalo máximo de dois anos.

▸ §§ 6º e 7º com a redação dada pelo Dec. nº 9.462, de 8-8-2018.

§ 8º A avaliação da deficiência e do grau de impedimento observará os instrumentos de que trata o § 2º do art. 2º da Lei nº 13.146, de 6 de julho de 2015, a partir de sua criação, permitindo inclusive que outras políticas para pessoas com deficiência se beneficiem das informações.

§ 9º Sem prejuízo do compartilhamento das informações de que trata o § 8º, o acesso à avaliação da deficiência e do grau de impedimento, com a finalidade de permitir que outras políticas para pessoas com deficiência dela se beneficiem, dependerá de prévio consentimento do titular da informação.

§ 10. O consentimento de acesso à avaliação poderá ser manifestado no momento da prestação das referidas informações ou quando do requerimento de acesso à política pública.

▸ §§ 8º a 10 acrescidos pelo Dec. nº 8.805, de 7-7-2016.

§ 11. Ato do Ministro de Estado do Desenvolvimento Social estabelecerá diretrizes para o escalonamento, a priorização e os casos que serão dispensados das reavaliações em razão da deficiência constatada.

▸ § 11 acrescido pelo Dec. nº 9.462, de 8-8-2018.

Art. 17. Na hipótese de não existirem serviços pertinentes para avaliação da deficiência e do grau de impedimento no município de residência do requerente ou beneficiário, fica assegurado o seu encaminhamento ao município mais próximo que contar com tal estrutura, devendo o INSS realizar o pagamento das despesas de transporte e diárias com recursos oriundos do Fundo Nacional de Assistência Social.

▸ *Caput* com a redação dada pelo Dec. nº 7.617, de 17-11-2011.

§ 1º Caso o requerente ou beneficiário necessite de acompanhante, a viagem deste deverá ser autorizada pelo INSS, aplicando-se o disposto no *caput*.

§ 2º O valor da diária paga ao requerente ou beneficiário e seu acompanhante será igual ao valor da diária concedida aos beneficiários do Regime Geral de Previdência Social.

§ 3º Caso o requerente ou beneficiário esteja impossibilitado de se apresentar no local de realização da avaliação da deficiência e do grau de impedimento a que se refere o *caput*, os profissionais deverão deslocar-se até o interessado.

▸ § 3º com a redação dada pelo Dec. nº 7.617, de 17-11-2011.

Art. 18. A concessão do Benefício de Prestação Continuada independe da interdição judicial do idoso ou da pessoa com deficiência.

Art. 19. O Benefício de Prestação Continuada será devido a mais de um membro da mesma família enquanto atendidos os requisitos exigidos neste Regulamento.

Parágrafo único. O valor do Benefício de Prestação Continuada concedido a idoso não será computado no cálculo da renda mensal bruta familiar a que se refere o inciso VI do art. 4º, para fins de concessão do Benefício de Prestação Continuada a outro idoso da mesma família.

Art. 20. O Benefício de Prestação Continuada será devido com o cumprimento de todos os requisitos legais e regulamentares exigidos para a sua concessão, devendo o seu pagamento ser efetuado em até quarenta e cinco dias após cumpridas as exigências.

Parágrafo único. Para fins de atualização dos valores pagos em atraso, serão aplicados os mesmos critérios adotados pela legislação previdenciária.

▸ Parágrafo único com a redação dada pelo Dec. nº 7.617, de 17-11-2011.

Art. 21. Fica o INSS obrigado a emitir e enviar ao requerente o aviso de concessão ou de indeferimento do benefício, e, neste caso, com indicação do motivo.

Seção II
DA MANUTENÇÃO E DA REPRESENTAÇÃO

Art. 22. O Benefício de Prestação Continuada não está sujeito a desconto de qualquer contribuição e não gera direito ao pagamento de abono anual.

Art. 23. O Benefício de Prestação Continuada é intransferível, não gerando direito à pensão por morte aos herdeiros ou sucessores.

Parágrafo único. O valor do resíduo não recebido em vida pelo beneficiário será pago aos seus herdeiros ou sucessores, na forma da lei civil.

Art. 24. O desenvolvimento das capacidades cognitivas, motoras ou educacionais e a realização de atividades não remuneradas de habilitação e reabilitação, dentre outras, não constituem motivo de suspensão ou cessação do benefício da pessoa com deficiência.

Art. 25. A cessação do Benefício de Prestação Continuada concedido à pessoa com deficiência, inclusive em razão do seu ingresso no mercado de trabalho, não impede nova concessão do benefício desde que atendidos os requisitos exigidos neste Decreto.

Art. 26. O benefício será pago pela rede bancária autorizada e, nas localidades onde não houver estabelecimento bancário, o pagamento será efetuado por órgãos autorizados pelo INSS.

Art. 27. O pagamento do Benefício de Prestação Continuada poderá ser antecipado excepcionalmente, na hipótese prevista no § 1º do art. 169 do Decreto nº 3.048, de 6 de maio de 1999.

▸ Artigo com a redação dada pelo Dec. nº 7.617, de 17-11-2011.

Art. 28. O benefício será pago diretamente ao beneficiário ou ao procurador, tutor ou curador.

§ 1º O instrumento de procuração poderá ser outorgado em formulário próprio do INSS, mediante comprovação do motivo da ausência do beneficiário, e sua validade deverá ser renovada a cada doze meses.

§ 2º O procurador, o tutor ou o curador do beneficiário deverá firmar, perante o INSS ou outros órgãos autorizados pelo Ministério do Desenvolvimento Social e Agrário, termo de responsabilidade mediante o qual se comprometa a comunicar qualquer evento que possa anular a procuração, a tutela ou a curatela, principalmente o óbito do outorgante, sob pena de incorrer nas sanções criminais e civis cabíveis.

▸ § 2º com a redação dada pelo Dec. nº 8.805, de 7-7-2016.

Art. 29. Na hipótese de haver indícios de inidoneidade acerca do instrumento de procuração apresentado para o recebimento do Benefício de Prestação Continuada ou do procurador, tanto o INSS quanto qualquer um dos órgãos autorizados pelo Ministério do Desenvolvimento Social e Agrário poderão recusá-los, sem prejuízo das providências que se fizerem necessárias para a apuração da responsabilidade e para a aplicação das sanções criminais e civis cabíveis.

▸ Artigo com a redação dada pelo Dec. nº 8.805, de 7-7-2016.

Art. 30. Para fins de recebimento do Benefício de Prestação Continuada, é aceita a constituição de procurador com mais de um instrumento de procuração, nos casos de beneficiários representados por parentes de primeiro grau e nos casos de beneficiários representados por dirigentes de instituições nas quais se encontrem acolhidos, sendo admitido também, neste último caso, o instrumento de procuração coletiva.

▸ Artigo com a redação dada pelo Dec. nº 7.617, de 17-11-2011.

Art. 31. Não poderão ser procuradores:

I – o servidor público civil e o militar em atividade, salvo se parentes do beneficiário até o segundo grau; e

II – o incapaz para os atos da vida civil, ressalvado o disposto no art. 666 do Código Civil.

Parágrafo único. Nas demais disposições relativas à procuração observar-se-á, subsidiariamente, o Código Civil.

Art. 32. No caso de transferência do beneficiário de uma localidade para outra, o procurador fica obrigado a apresentar novo instrumento de mandato na localidade de destino.

Art. 33. A procuração perderá a validade ou eficácia nos seguintes casos:

I – quando o outorgante passar a receber pessoalmente o benefício, declarando, por escrito que cancela a procuração existente;

II – quando for constituído novo procurador;

III – pela expiração do prazo fixado ou pelo cumprimento ou extinção da finalidade outorgada;

IV – por morte do outorgante ou do procurador;

V – por interdição de uma das partes; ou

VI – por renúncia do procurador, desde que por escrito.

Art. 34. Não podem outorgar procuração o menor de dezoito anos, exceto se assistido ou emancipado após os dezesseis anos, e o incapaz para os atos da vida civil que deverá ser representado por seu representante legal, tutor ou curador.

Art. 35. O benefício devido ao beneficiário incapaz será pago ao cônjuge, pai, mãe, tutor ou curador, admitindo-se, na sua falta, e por período não superior a seis meses, o pagamento a herdeiro necessário, mediante termo de compromisso firmado no ato do recebimento.

§ 1º O período a que se refere o *caput* poderá ser prorrogado por iguais períodos, desde que comprovado o andamento do processo legal de tutela ou curatela.

§ 2º O tutor ou curador poderá outorgar procuração a terceiro com poderes para receber o benefício e, nesta hipótese, obrigatoriamente, a procuração será outorgada mediante instrumento público.

§ 3º A procuração não isenta o tutor ou curador da condição original de mandatário titular da tutela ou curatela.

Art. 35-A. O beneficiário, ou seu representante legal, deve informar ao INSS alterações dos dados cadastrais correspondentes à mudança de nome, endereço e estado civil, a fruição de qualquer benefício no âmbito da Seguridade Social ou de outro regime, a sua admissão em emprego ou a percepção de renda de qualquer natureza elencada no inciso VI do *caput* do art. 4º.

▸ *Caput* acrescido pelo Dec. nº 7.617, de 17-11-2011.

Parágrafo único. O INSS deverá ser informado pelo representante legal ou pelo procurador sobre a propositura de ação judicial relativa à ausência ou à morte presumida do beneficiário.

▸ Parágrafo único acrescido pelo Dec. nº 9.462, de 8-8-2018.

Seção III

DO INDEFERIMENTO

Art. 36. O não atendimento das exigências contidas neste Regulamento pelo requerente ensejará o indeferimento do benefício.

§ 1º Do indeferimento do benefício caberá recurso à Junta de Recursos do Conselho de Recursos da Previdência Social, no prazo de trinta dias, a contar do recebimento da comunicação.

§ 2º A situação prevista no art. 24 também não constitui motivo para o indeferimento do benefício.

Capítulo III

DA GESTÃO

Art. 37. Constituem garantias do SUAS o acompanhamento do beneficiário e de sua família, e a inserção destes à rede de serviços socioassistenciais e de outras políticas setoriais.

§ 1º O acompanhamento do beneficiário e de sua família visa a favorecer-lhes a obtenção de aquisições materiais, sociais, socieducativas, socioculturais para suprir as necessidades de subsistência, desenvolver capacidades e talentos para a convivência familiar e comunitária, o protagonismo e a autonomia.

§ 2º Para fins de cumprimento do disposto no *caput*, o acompanhamento deverá abranger as pessoas que vivem sob o mesmo teto com o beneficiário e que com este mantém vínculo parental, conjugal, genético ou de afinidade.

§ 3º Para o cumprimento do disposto no *caput* e para subsidiar os processos de concessão e de revisão bienal do benefício, os beneficiários e suas famílias deverão ser cadastrados no CadÚnico, observada a legislação aplicável.

▸ § 3º com a redação dada pelo Dec. nº 8.805, de 7-7-2016.

Art. 38. Compete ao Ministério do Desenvolvimento Social e Agrário, sem prejuízo do previsto no art. 2º:

▸ *Caput* com a redação dada pelo Dec. nº 8.805, de 7-7-2016.

I – acompanhar os beneficiários do Benefício de Prestação Continuada no âmbito do SUAS, em articulação com o Distrito Federal, Municípios e, no que couber, com os Estados, visando a inseri-los nos programas e serviços da assistência social e demais políticas, em conformidade com o art. 11 da Lei nº 8.742, de 1993;

II – considerar a participação dos órgãos gestores de assistência social nas ações de monitoramento e avaliação do Benefício de Prestação Continuada, bem como de acompanhamento de seus beneficiários, como critério de habilitação dos municípios e Distrito Federal a um nível de gestão mais elevado no âmbito do SUAS;

III – manter e coordenar o Programa Nacional de Monitoramento e Avaliação do Benefício de Prestação Continuada, instituído na forma do art. 41, com produção de dados e análise de resultados do impacto do Benefício de Prestação Continuada na vida dos beneficiários, em conformidade com o disposto no art. 24 da Lei nº 8.742, de 1993;

IV – destinar recursos do Fundo Nacional de Assistência Social para pagamento, operacionalização, gestão, informatização, pesquisa, monitoramento e avaliação do Benefício de Prestação Continuada;

V – descentralizar recursos do orçamento do Fundo Nacional de Assistência Social ao INSS para as despesas de pagamento, operacionalização, sistemas de informação, monitoramento e avaliação do Benefício de Prestação Continuada;

VI – fornecer subsídios para a formação de profissionais envolvidos nos processos de concessão, manutenção e revisão dos benefícios, e no acompanhamento de seus beneficiários, visando à facilidade de acesso e bem-estar dos usuários desses serviços;

VII – articular políticas intersetoriais, intergovernamentais e interinstitucionais que afiancem a completude de atenção às pessoas com deficiência e aos idosos, atendendo ao disposto no § 2º do art. 24 da Lei nº 8.742, de 1993;

VIII – atuar junto a outros órgãos, nas três esferas de governo, com vistas ao aperfeiçoamento da gestão do Benefício de Prestação Continuada; e

▸ Incisos VII e VIII com a redação dada pelo Dec. nº 8.805, de 7-7-2016.

IX – garantir as condições necessárias para inclusão e atualização dos dados do requerente e do beneficiário no CadÚnico.

▸ Inciso IX acrescido pelo Dec. nº 8.805, de 7-7-2016.

Art. 39. Compete ao INSS, na operacionalização do Benefício de Prestação Continuada:

I – receber os requerimentos, conceder, manter, revisar, suspender ou fazer cessar o benefício, atuar nas contestações, desenvolver ações necessárias ao ressarcimento do benefício e participar de seu monitoramento e avaliação;

II – realizar, periodicamente, cruzamentos de informações, utilizando o registro de informações do CadÚnico e de outros cadastros, de benefícios previdenciários e de emprego e renda em nome do requerente ou beneficiário e dos integrantes do grupo familiar;

▸ Inciso II com a redação dada pelo Dec. nº 9.462, de 8-8-2018.

III – realizar a avaliação médica e social da pessoa com deficiência, de acordo com as normas a serem disciplinadas em atos específicos;

IV – realizar o pagamento de transporte e diária do requerente ou beneficiários e seu acompanhante, com recursos oriundos do FNAS, nos casos previstos no art. 17;

V – enviar comunicações aos beneficiários, aos seus representantes legais ou aos seus procuradores;

▸ Inciso V com a redação dada pelo Dec. nº 9.462, de 8-8-2018.

VI – analisar defesas, receber recursos pelo indeferimento e suspensão do benefício, instruir e encaminhar os processos à Junta de Recursos;

VII – efetuar o repasse de recursos para pagamento do benefício junto à rede bancária autorizada ou entidade conveniada;

VIII – participar, em conjunto com o Ministério do Desenvolvimento Social e Agrário, da instituição de sistema de informação e de alimentação de bancos de dados sobre a concessão, o indeferimento, a manutenção, a suspensão, a cessação, o ressarcimento e a revisão do Benefício de Prestação Continuada, além de gerar relatórios gerenciais e subsidiar a atuação dos demais órgãos no acompanhamento do beneficiário e na defesa de seus direitos;

IX – submeter à apreciação prévia do Ministério do Desenvolvimento Social e Agrário atos que disponham sobre matéria de regulação e de procedimentos técnicos e administrativos que repercutam no reconhecimento do direito ao acesso, à manutenção e ao pagamento do Benefício de Prestação Continuada;

X – instituir, em conjunto com o Ministério do Desenvolvimento Social e Agrário, formulários e documentos necessários à operacionalização do Benefício de Prestação Continuada; e

XI – apresentar ao Ministério do Desenvolvimento Social e Agrário relatórios periódicos das atividades desenvolvidas na operacionalização do Benefício de Prestação Continuada e na execução orçamentária e financeira dos recursos descentralizados.

▸ Inciso VIII e XI com a redação dada pelo Dec. nº 8.805, de 7-7-2016.

Parágrafo único. A análise das defesas a que se refere o inciso VI do *caput* deve observar o disposto no Capítulo XI da Lei nº 9.784, de 29 de janeiro de 1999.

▸ Parágrafo único acrescido pelo Dec. nº 9.462, de 8-8-2018.

Art. 40. Compete aos órgãos gestores da assistência social dos Estados, do Distrito Federal e dos Municípios, de acordo com o disposto no

§ 2º do art. 24 da Lei nº 8.742, de 1993, promover ações que assegurem a articulação do Benefício de Prestação Continuada com os programas voltados ao idoso e à inclusão da pessoa com deficiência.

Capítulo IV

DO MONITORAMENTO E DA AVALIAÇÃO

Art. 41. Fica instituído o Programa Nacional de Monitoramento e Avaliação do Benefício de Prestação Continuada da Assistência Social, que será mantido e coordenado pelo Ministério do Desenvolvimento Social e Agrário, em parceria com o INSS, os Estados, o Distrito Federal e os Municípios, como parte da dinâmica do SUAS.

▶ *Caput* com a redação dada pelo Dec. nº 8.805, de 7-7-2016.

§ 1º O Programa Nacional de Monitoramento e Avaliação do Benefício de Prestação Continuada, baseado em um conjunto de indicadores e de seus respectivos índices, compreende:

I – o monitoramento da incidência dos beneficiários e dos requerentes por município brasileiro e no Distrito Federal;

II – o tratamento do conjunto dos beneficiários como uma população com graus de risco e vulnerabilidade social variados, estratificada a partir das características do ciclo de vida do requerente, sua família e da região onde vive;

III – o desenvolvimento de estudos intersetoriais que caracterizem comportamentos da população beneficiária por análises geo-demográficas, índices de mortalidade, morbidade, entre outros, nos quais se inclui a tipologia das famílias dos beneficiários e das instituições em que eventualmente viva ou conviva;

IV – a instituição e manutenção de banco de dados sobre os processos desenvolvidos pelos gestores dos estados, do Distrito Federal e dos municípios para inclusão do beneficiário ao SUAS e demais políticas setoriais;

V – a promoção de estudos e pesquisas sobre os critérios de acesso, implementação do Benefício de Prestação Continuada e impacto do benefício na redução da pobreza e das desigualdades sociais;

VI – a organização e manutenção de um sistema de informações sobre o Benefício de Prestação Continuada, com vistas ao planejamento, desenvolvimento e avaliação das ações; e

VII – a realização de estudos longitudinais dos beneficiários do Benefício de Prestação Continuada.

§ 2º As despesas decorrentes da implementação do Programa a que se refere o *caput* correrão com as dotações orçamentárias consignadas ao Ministério do Desenvolvimento Social e Agrário.

▶ § 2º com a redação dada pelo Dec. nº 8.805, de 7-7-2016.

§ 3º O Ministério do Desenvolvimento Social e Agrário e o INSS deverão integrar suas bases de dados quanto às informações que compõem a base de dados do CadÚnico e compartilhá-las com o Cadastro-Inclusão, instituído pelo art. 92 da Lei nº 13.146, de 6 de julho de 2015, quando se tratar de informação referente a pessoa com deficiência.

§ 4º Até que esteja concluída a integração das bases de dados de que trata o § 3º, o Ministério do Desenvolvimento Social e Agrário deverá fornecer ao INSS, mensalmente, as informações do CadÚnico necessárias à concessão e à manutenção do Benefício de Prestação Continuada, em especial aquelas relativas à composição do grupo familiar, à renda de todos os integrantes.

▶ §§ 3º e 4º acrescidos pelo Dec. nº 8.805, de 7-7-2016.

Art. 42. O Benefício de Prestação Continuada deverá ser revisto a cada dois anos, para avaliação da continuidade das condições que lhe deram origem, conforme dispõe o art. 21 da Lei nº 8.742, de 1993, passando o processo de reavaliação a integrar o Programa Nacional de Monitoramento e Avaliação do Benefício de Prestação Continuada.

§ 1º A revisão de que trata o *caput* será realizada pelo INSS por meio da utilização de cruzamento de informações do beneficiário e de seus familiares existentes em registros e bases de dados oficiais, na forma estabelecida em ato do Ministro de Estado do Desenvolvimento Social, e observará:

▶ *Caput* do § 1º com a redação dada pelo Dec. nº 9.462, de 8-8-2018.

I – o cadastramento ou a atualização cadastral no CadÚnico, conforme o disposto no Decreto nº 6.135, de 2007;.

II – a confrontação de informações de cadastros de benefícios, emprego e renda ou outras bases de dados de órgãos da administração pública disponíveis, referentes à renda do titular e de sua família;

▸ Incisos I e II com a redação dada pelo Dec. nº 9.462, de 8-8-2018.

III – o cruzamento de dados para fins de verificação de acúmulo do benefício com outra renda no âmbito da Seguridade Social ou de outro regime, conforme vedação a que se refere o § 4º do art. 20 da Lei nº 8.742, de 1993; e

▸ Inciso III acrescido pelo Dec. nº 8.805, de 7-7-2016.

IV – as reavaliações da deficiência constatada anteriormente, quando o beneficiário não tenha superado os requisitos de renda familiar mensal *per capita*.

▸ Inciso IV com a redação dada pelo Dec. nº 9.462, de 8-8-2018.

§ 2º Identificada a superação de condição para manutenção do benefício, após a atualização das informações junto ao CadÚnico, o INSS deverá suspender ou cessar o benefício, conforme o caso, observado o disposto no art. 47.

▸ § 2º acrescido pelo Dec. nº 8.805, de 7-7-2016.

§ 3º A revisão de que trata o *caput* poderá ser realizada para os benefícios concedidos ou reativados judicialmente, observados os critérios definidos na decisão judicial.

▸ § 3º com a redação dada pelo Dec. nº 9.462, de 8-8-2018.

§ 4º O Ministério do Desenvolvimento Social e o Ministério do Planejamento, Desenvolvimento e Gestão compartilharão as bases de dados nos termos do Decreto nº 8.789, de 29 de junho de 2016.

§ 5º Os benefícios concedidos administrativamente que utilizem critérios definidos em ações civis públicas poderão ser revisados de acordo com os mesmos critérios de sua concessão.

§ 6º A reavaliação médica e social da deficiência fica condicionada à conclusão da análise relativa à renda, decorrente do procedimento disposto no inciso II do § 1º.

§ 7º A reavaliação médica e social da deficiência poderá ser priorizada ou dispensada por ato do Ministro de Estado do Desenvolvimento Social, considerados o tipo e a gravidade do impedimento, a idade do beneficiário e a duração do benefício.

§ 8º O Ministro de Estado do Desenvolvimento Social editará ato complementar ao disposto neste artigo.

▸ §§ 4º a 8º acrescidos pelo Dec. nº 9.462, de 8-8-2018.

Capítulo V

DA DEFESA DOS DIREITOS E DO CONTROLE SOCIAL

Art. 43. O Ministério do Desenvolvimento Social e Agrário deverá articular-se com os Conselhos de Assistência Social, do Idoso, da Pessoa com Deficiência, da Criança e do Adolescente e da Saúde para desenvolver ações de controle e defesa dos direitos dos beneficiários do Benefício de Prestação Continuada.

Art. 44. Qualquer pessoa física ou jurídica de direito público ou privado, especialmente os Conselhos de Direitos, os Conselhos de Assistência Social e as organizações representativas de pessoas com deficiência e de idosos, é parte legítima para provocar a iniciativa das autoridades do Ministério do Desenvolvimento Social e Agrário, do INSS, do Ministério Público e dos órgãos de controle social, e para lhes fornecer informações sobre irregularidades na aplicação deste Regulamento, quando for o caso.

▸ Arts. 43 e 44 com a redação dada pelo Dec. nº 8.805, de 7-7-2016.

Art. 45. Qualquer cidadão que observar irregularidade ou falha na prestação de serviço referente ao Benefício de Prestação Continuada poderá comunicá-la às Ouvidorias do Ministério do Desenvolvimento Social e Agrário, observadas as atribuições de cada órgão e em conformidade com as disposições específicas de cada Pasta.

▸ *Caput* com a redação dada pelo Dec. nº 8.805, de 7-7-2016.

Parágrafo único. Eventual restrição ao usufruto do Benefício de Prestação Continuada mediante retenção de cartão magnético ou qualquer outra medida congênere praticada por terceiro será objeto das medidas cabíveis.

Art. 45-A. As informações referentes às despesas com Benefício de Prestação Continuado deverão ser incluídas, de forma individualizada, no Portal da Transparência do Poder Executivo Federal, de que trata o Decreto nº 5.482, de 30 de junho de 2005, observado o disposto no art. 31 da Lei nº 12.527, de 18 de novembro de 2011.

▸ Artigo acrescido pelo Dec. nº 8.805, de 7-7-2016.

Art. 46. Constatada a prática de infração penal decorrente da concessão ou da manutenção do Benefício de Prestação Continuada, o INSS aplicará os procedimentos cabíveis, independentemente de outras penalidades legais.

Capítulo VI

DA SUSPENSÃO E DA CESSAÇÃO

Art. 47. O Benefício de Prestação Continuada será suspenso nas seguintes hipóteses:

► *Caput* com a redação dada pelo Dec. nº 9.462, de 8-8-2018.

I – superação das condições que deram origem ao benefício, previstas nos art. 8º e art. 9º;

II – identificação de irregularidade na concessão ou manutenção do benefício;

III – não inscrição no CadÚnico após o fim do prazo estabelecido em ato do Ministro de Estado do Desenvolvimento Social;

IV – não agendamento da reavaliação da deficiência até a data limite estabelecida em convocação;

V – identificação de inconsistências ou insuficiências cadastrais que afetem a avaliação da elegibilidade do beneficiário para fins de manutenção do benefício, conforme o disposto em ato do Ministro de Estado do Desenvolvimento Social; ou

VI – identificação de outras irregularidades.

► Incisos I a VI acrescidos pelo Dec. nº 9.462, de 8-8-2018.

§ 1º A suspensão do benefício deve ser precedida de notificação do beneficiário, de seu representante legal ou de seu procurador, preferencialmente pela rede bancária, sobre a irregularidade identificada e da concessão do prazo de dez dias para a apresentação de defesa.

§ 2º Se não for possível realizar a notificação de que trata o § 1º pela rede bancária ou pelo correio, o valor do benefício será bloqueado.

§ 3º O bloqueio do valor do benefício consiste no comando bancário que impossibilita temporariamente a movimentação do valor referente ao benefício, observadas as seguintes regras:

I – o bloqueio terá duração máxima de um mês;

II – o valor do benefício será desbloqueado após contato do beneficiário, do seu representante legal ou do seu procurador, por meio dos canais de atendimento do INSS, presenciais ou remotos, ou de outros canais definidos para esse fim; e

III – no momento da solicitação do desbloqueio, o INSS ou outros canais definidos para esse fim deverão notificar o beneficiário, o seu representante legal ou o seu procurador sobre a situação de irregularidade e sobre a concessão do prazo para apresentação de defesa, devendo o interessado confirmar ciência.

§ 4º Após a notificação e o desbloqueio, o beneficiário, o seu representante legal ou o seu procurador terá o prazo de dez dias para apresentar a defesa junto aos canais de atendimento do INSS ou a outros canais autorizados para esse fim.

§ 5º O INSS terá o prazo de trinta dias, prorrogável por igual período, para analisar a defesa interposta.

► §§ 1º a 5º com a redação dada pelo Dec. nº 9.462, de 8-8-2018.

§ 6º O benefício será mantido caso a defesa apresentada seja acatada.

§ 7º A suspensão do pagamento do benefício consiste na interrupção do envio do pagamento à rede bancária e observará as seguintes regras:

I – o benefício será suspenso:

a) quando o beneficiário, o seu representante legal ou o procurador for notificado e não apresentar defesa no prazo de dez dias;

b) quando os elementos apresentados na defesa forem insuficientes;

c) quando o beneficiário não entrar em contato com os canais de atendimento do INSS ou outros canais autorizados para esse fim no prazo de trinta dias, contado do bloqueio de que trata o § 3º; ou

d) quando informada a ausência do beneficiário pelo representante legal ou pelo procurador, na forma da lei;

II – o beneficiário, o seu representante legal ou o seu procurador deverá ser comunicado sobre os motivos da suspensão do benefício e sobre o prazo de trinta dias para a interposição de recurso junto aos canais de atendimento do INSS ou a outros canais autorizados para esse fim; e

III – o recurso interposto será analisado pelo Conselho de Recursos do Seguro Social – CRSS.

§ 8º A interposição de recurso não gera efeito suspensivo.

§ 9º O benefício será restabelecido caso o recurso interposto ao CRSS seja provido, sendo devidos os valores desde a suspensão do benefício, respeitado o teor da decisão.

► §§ 6º a 9º acrescidos pelo Dec. nº 9.462, de 8-8-2018.

Art. 47-A. O Benefício de Prestação Continuada será suspenso em caráter especial quando a pessoa com deficiência exercer atividade remunerada, inclusive na condição de microempreendedor individual, mediante comprovação da relação trabalhista ou da atividade empreendedora.

§ 1º O pagamento do benefício suspenso na forma do *caput* será restabelecido mediante requerimento do interessado que comprove a extinção da relação trabalhista ou da atividade empreendedora, e, quando for o caso, o encerramento do prazo de pagamento do seguro-desemprego, sem que tenha o beneficiário adquirido direito a qualquer benefício no âmbito da Previdência Social.

§ 2º O benefício será restabelecido:

I – a partir do dia imediatamente posterior, conforme o caso, da cessação do contrato de trabalho, do encerramento da atividade empresarial, da última competência de contribuição previdenciária recolhida como contribuinte individual ou do encerramento do prazo de pagamento do seguro desemprego; ou

► Inciso I com a redação dada pelo Dec. nº 9.462, de 8-8-2018.

II – a partir da data do protocolo do requerimento, quando requerido após noventa dias, conforme o caso, da cessação do contrato de trabalho, da última competência de contribuição previdenciária recolhida como contribuinte individual ou do encerramento do prazo de pagamento do seguro-desemprego.

§ 3º Na hipótese prevista no *caput*, o prazo para a reavaliação bienal do benefício prevista no art. 42 será suspenso, voltando a correr, se for o caso, a partir do restabelecimento do pagamento do benefício.

§ 4º O restabelecimento do pagamento do benefício prescinde de nova avaliação da deficiência e do grau de impedimento, respeitado o prazo para a reavaliação bienal.

§ 5º A pessoa com deficiência contratada na condição de aprendiz terá seu benefício suspenso somente após o período de dois anos de recebimento concomitante da remuneração e do benefício, nos termos do § 2º do art. 21-A da Lei nº 8.742, de 7 de dezembro de 1993.

► Art. 47-A acrescido pelo Dec. nº 7.617, de 17-11-2011.

Art. 48. O benefício será cessado:

► *Caput* com a redação dada pelo Dec. nº 9.462, de 8-8-2018.

I – nas hipóteses de óbito, de morte presumida ou de ausência do beneficiário, na forma da lei;

II – quando o beneficiário, o seu representante legal ou o seu procurador não interpuser recurso ao CRSS no prazo de trinta dias, contado da suspensão do benefício; ou

III – quando o recurso ao CRSS não for provido.

► Incisos I a III com a redação dada pelo Dec. nº 9.462, de 8-8-2018.

IV – em caso de constatação de irregularidade na sua concessão ou manutenção.

► Inciso IV acrescido pelo Dec. nº 7.617, de 17-11-2011.

§ 1º O representante legal ou o procurador são obrigados a informar ao INSS a ocorrência das situações a que se refere o inciso I do *caput*.

► Parágrafo único transformado em § 1º e com a redação dada pelo Dec. nº 9.462, de 8-8-2018.

§ 2º O INSS comunicará o beneficiário, seu representante legal ou o seu procurador, por meio dos canais de atendimento do INSS ou de outros canais autorizados para esse fim, sobre os motivos que levaram à cessação do benefício.

► § 2º acrescido pelo Dec. nº 9.462, de 8-8-2018.

Art. 48-A. Ato conjunto do Ministério do Desenvolvimento Social e Combate à Fome e do INSS disporá sobre a operacionalização da suspensão e cessação do Benefício de Prestação Continuada.

► Artigo acrescido pelo Dec. nº 7.617, de 17-11-2011.

Art. 48-B. Fica vedada a reativação de benefício cessado quando esgotadas todas as instâncias administrativas de recurso.

► Artigo acrescido pelo Dec. nº 9.462, de 8-8-2018.

Art. 49. Cabe ao INSS, sem prejuízo da aplicação de outras medidas legais, adotar as providências necessárias à restituição do valor do benefício pago indevidamente, ressalvados os casos de recebimento de boa-fé.

► *Caput* com a redação dada pelo Dec. nº 9.462, de 8-8-2018.

§ 1º O montante indevidamente pago será corrigido pelo mesmo índice utilizado para a atualização mensal dos salários de contribuição utilizados para apuração dos benefícios do Regime Geral de Previdência Social, e deverá ser restituído, sob pena de inscrição em Dívida Ativa e cobrança judicial.

▸ § 1º com a redação dada pelo Dec. nº 7.617, de 17-11-2011.

§ 2º Na hipótese de o beneficiário permanecer com direito ao recebimento do Benefício de Prestação Continuada ou estar em usufruto de outro benefício previdenciário regularmente concedido pelo INSS, poderá devolver o valor indevido de forma parcelada, atualizado nos moldes do § 1º, em tantas parcelas quantas forem necessárias à liquidação do débito de valor equivalente a trinta por cento do valor do benefício em manutenção.

§ 3º A restituição do valor devido deverá ser feita em única parcela, no prazo de sessenta dias contados da data da notificação, ou mediante acordo de parcelamento, em até sessenta meses, na forma do art. 244 do Regulamento da Previdência Social, aprovado pelo Decreto nº 3.048, de 1999, ressalvado o pagamento em consignação previsto no § 2º.

▸ § 3º com a redação dada pelo Dec. nº 7.617, de 17-11-2011.

§ 4º *Revogado*. Dec. nº 9.462, de 8-8-2018.

§ 5º O valor ressarcido será repassado pelo INSS ao Fundo Nacional de Assistência Social.

§ 6º Em nenhuma hipótese serão consignados débitos originários de benefícios previdenciários em Benefícios de Prestação Continuada.

▸ § 6º acrescido pelo Dec. nº 7.617, de 17-11-2011.

Capítulo VII

DAS DISPOSIÇÕES GERAIS E TRANSITÓRIAS

Art. 50. O Ministério do Desenvolvimento Social e Combate à Fome e o INSS terão prazo até 31 de maio de 2009 para implementar a avaliação da deficiência e do grau de incapacidade prevista no art. 16.

Parágrafo único. A avaliação da deficiência e da incapacidade, até que se cumpra o disposto no § 4º do art. 16, ficará restrita ao exame médico pericial e laudo realizados pelos serviços de perícia médica do INSS.

▸ Art. 50 com a redação dada pelo Dec. nº 6.564, de 12-9-2008.

Parágrafo único. A avaliação da deficiência e da incapacidade, até que se cumpra o disposto no § 4º do art. 16, ficará restrita à avaliação médica.

LEI Nº 11.634, DE 27 DE DEZEMBRO DE 2007

Dispõe sobre o direito da gestante ao conhecimento e a vinculação à maternidade onde receberá assistência no âmbito do Sistema Único de Saúde.

▸ Publicada no *DOU* de 28-12-2007.

Art. 1º Toda gestante assistida pelo Sistema Único de Saúde – SUS tem direito ao conhecimento e à vinculação prévia à:

I – maternidade na qual será realizado seu parto;

II – maternidade na qual ela será atendida nos casos de intercorrência pré-natal.

§ 1º A vinculação da gestante à maternidade em que se realizará o parto e na qual será atendida nos casos de intercorrência é de responsabilidade do Sistema Único de Saúde e dar-se-á no ato de sua inscrição no programa de assistência pré-natal.

§ 2º A maternidade à qual se vinculará a gestante deverá ser comprovadamente apta a prestar a assistência necessária conforme a situação de risco gestacional, inclusive em situação de puerpério.

Art. 2º O Sistema Único de Saúde analisará os requerimentos de transferência da gestante em caso de comprovada falta de aptidão técnica e pessoal da maternidade e cuidará da transferência segura da gestante.

Art. 3º A execução desta Lei correrá por conta de recursos do orçamento da Seguridade Social, da União, dos Estados, do Distrito Federal e dos Municípios, além de outras fontes suplementares.

Art. 4º Esta Lei entra em vigor na data de sua publicação.

Brasília, 27 de dezembro de 2007;
186º da Independência e
119º da República.

Luiz Inácio Lula da Silva

LEI Nº 11.770, DE 9 DE SETEMBRO DE 2008

Cria o Programa Empresa Cidadã, destinado à prorrogação da licença-maternidade mediante concessão de incentivo fiscal, e altera a Lei nº 8.212, de 24 de julho de 1991.

- ▸ Publicada no *DOU* de 10-9-2008.
- ▸ Art. 7º, XVIII, da CF.
- ▸ Arts. 392 e 392-A da CLT.
- ▸ Dec. nº 6.690, de 11-12-2008, institui o Programa de Prorrogação da Licença à Gestante e à Adotante no âmbito da Administração Pública Federal.
- ▸ Arts. 137 a 142 do Dec. nº 10.854, de 10-11-2021, que regulamenta disposições relativas à legislação trabalhista

Art. 1º É instituído o Programa Empresa Cidadã, destinado a prorrogar:

- ▸ *Caput* do art. 1º com a redação dada pela Lei nº 13.257, de 8-3-2016, produzindo efeitos a partir do primeiro dia do exercício subsequente àquele em que for implementado o disposto no art. 39 da referida lei.

I – por 60 (sessenta) dias a duração da licença-maternidade prevista no inciso XVIII do *caput* do art. 7º da Constituição Federal;

II – por 15 (quinze) dias a duração da licença-paternidade, nos termos desta Lei, além dos 5 (cinco) dias estabelecidos no § 1º do art. 10 do Ato das Disposições Constitucionais Transitórias.

- ▸ Incisos I e II com a redação dada pela Lei nº 13.257, de 8-3-2016, produzindo efeitos a partir do primeiro dia do exercício subsequente àquele em que for implementado o disposto no art. 39 da referida lei.

§ 1º A prorrogação de que trata este artigo:

I – será garantida à empregada da pessoa jurídica que aderir ao Programa, desde que a empregada a requeira até o final do primeiro mês após o parto, e será concedida imediatamente após a fruição da licença-maternidade de que trata o inciso XVIII do *caput* do art. 7º da Constituição Federal;

II – será garantida ao empregado da pessoa jurídica que aderir ao Programa, desde que o empregado a requeira no prazo de 2 (dois) dias úteis após o parto e comprove participação em programa ou atividade de orientação sobre paternidade responsável.

§ 2º A prorrogação será garantida, na mesma proporção, à empregada e ao empregado que adotar ou obtiver guarda judicial para fins de adoção de criança.

- ▸ §§ 1º e 2º com a redação dada pela Lei nº 13.257, de 8-3-2016, produzindo efeitos a partir do primeiro dia do exercício subsequente àquele em que for implementado o disposto no art. 39 da referida lei.

§ 3º A prorrogação de que trata o inciso I do *caput* deste artigo poderá ser compartilhada entre a empregada e o empregado requerente, desde que ambos sejam empregados de pessoa jurídica aderente ao Programa e que a decisão seja adotada conjuntamente, na forma estabelecida em regulamento.

§ 4º Na hipótese prevista no § 3º deste artigo, a prorrogação poderá ser usufruída pelo empregado da pessoa jurídica que aderir ao Programa somente após o término da licença-maternidade, desde que seja requerida com 30 (trinta) dias de antecedência.

- ▸ §§ 3º e 4º acrescidos pela Lei nº 14.457, de 21-9-2022.

Art. 1º-A. Fica a empresa participante do Programa Empresa Cidadã autorizada a substituir o período de prorrogação da licença-maternidade de que trata o inciso I do *caput* do art. 1º desta Lei pela redução de jornada de trabalho em 50% (cinquenta por cento) pelo período de 120 (cento e vinte) dias.

§ 1º São requisitos para efetuar a substituição de que trata o *caput* deste artigo:

I – pagamento integral do salário à empregada ou ao empregado pelo período de 120 (cento e vinte) dias; e

II – acordo individual firmado entre o empregador e a empregada ou o empregado interessados em adotar a medida.

§ 2º A substituição de que trata o *caput* deste artigo poderá ser concedida na forma prevista no § 3º do art. 1º desta Lei.

- ▸ Art. 1º-A acrescido pela Lei nº 14.457, de 21-9-2022.

Art. 2º É a administração pública, direta, indireta e fundacional, autorizada a instituir programa que garanta prorrogação da licença-maternidade para suas servidoras, nos termos do que prevê o art. 1º desta Lei.

Art. 3º Durante o período de prorrogação da licença-maternidade e da licença-paternidade:

I – a empregada terá direito à remuneração integral, nos mesmos moldes devidos no período de percepção do salário-maternidade pago pelo Regime Geral de Previdência Social (RGPS);

II – o empregado terá direito à remuneração integral.

Art. 4º No período de prorrogação da licença-maternidade e da licença-paternidade de que trata esta Lei, a empregada e o empregado não poderão exercer nenhuma atividade remunerada, e a criança deverá ser mantida sob seus cuidados.

Parágrafo único. Em caso de descumprimento do disposto no *caput* deste artigo, a empregada e o empregado perderão o direito à prorrogação.

Art. 5º A pessoa jurídica tributada com base no lucro real poderá deduzir do imposto devido, em cada período de apuração, o total da remuneração integral da empregada e do empregado pago nos dias de prorrogação de sua licença-maternidade e de sua licença-paternidade, vedada a dedução como despesa operacional.

▸ Arts. 3º a 5º com a redação dada pela Lei nº 13.257, de 8-3-2016, produzindo efeitos a partir do primeiro dia do exercício subsequente àquele em que for implementado o disposto no art. 39 da referida lei.

Art. 6º VETADO.

Art. 7º O Poder Executivo, com vistas no cumprimento do disposto no inciso II do *caput* do art. 5º e nos arts. 12 e 14 da Lei Complementar nº 101, de 4 de maio de 2000, estimará o montante da renúncia fiscal decorrente do disposto nesta Lei e o incluirá no demonstrativo a que se refere o § 6º do art. 165 da Constituição Federal, que acompanhará o projeto de lei orçamentária cuja apresentação se der após decorridos 60 (sessenta) dias da publicação desta Lei.

Art. 8º Esta Lei entra em vigor na data de sua publicação, produzindo efeitos a partir do primeiro dia do exercício subsequente àquele em que for implementado o disposto no seu art. 7º.

Brasília, 9 de setembro de 2008;
187º da Independência e
120º da República.

Luiz Inácio Lula da Silva

DECRETO Nº 6.949, DE 25 DE AGOSTO DE 2009

Promulga a Convenção Internacional sobre os Direitos das Pessoas com Deficiência e seu Protocolo Facultativo, assinados em Nova York, em 30 de março de 2007.

▸ Publicado no *DOU* de 26-8-2009.

▸ Lei nº 13.146, de 6-7-2015 (Estatuto da Pessoa com Deficiência).

Art. 1º A Convenção sobre os Direitos das Pessoas com Deficiência e seu Protocolo Facultativo, apensos por cópia ao presente Decreto, serão executados e cumpridos tão inteiramente como neles se contém.

Art. 2º São sujeitos à aprovação do Congresso Nacional quaisquer atos que possam resultar em revisão dos referidos diplomas internacionais ou que acarretem encargos ou compromissos gravosos ao patrimônio nacional, nos termos do art. 49, inciso I, da Constituição.

Art. 3º Este Decreto entra em vigor na data de sua publicação.

Brasília, 25 de agosto de 2009;
188º da Independência e
121º da República.

Luiz Inácio Lula da Silva

CONVENÇÃO SOBRE OS DIREITOS DAS PESSOAS COM DEFICIÊNCIA

▸ No Brasil, foi aprovada pelo Dec. Legislativo nº 186, de 9-7-2008, e promulgada pelo Dec. nº 6.949, de 25-8-2009.

▸ Arts. 24, XIV, 37, VIII, 203, IV, 208, III, 227, § 1º, II, e 244 da CF.

PREÂMBULO

Os Estados Partes da presente Convenção,

a) Relembrando os princípios consagrados na Carta das Nações Unidas, que reconhecem a dignidade e o valor inerentes e os direitos iguais e inalienáveis de todos os membros da família humana como o fundamento da liberdade, da justiça e da paz no mundo,

b) Reconhecendo que as Nações Unidas, na Declaração Universal dos Direitos Humanos e nos Pactos Internacionais sobre Direitos Humanos, proclamaram e concordaram que toda pessoa faz jus a todos os direitos e liberdades ali estabelecidos, sem distinção de qualquer espécie,

c) Reafirmando a universalidade, a indivisibilidade, a interdependência e a inter-relação de todos os direitos humanos e liberdades fundamentais, bem como a necessidade de garantir que todas as pessoas com deficiência os exerçam plenamente, sem discriminação,

d) Relembrando o Pacto Internacional dos Direitos Econômicos, Sociais e Culturais, o Pacto Internacional dos Direitos Civis e Políticos, a

Convenção Internacional sobre a Eliminação de Todas as Formas de Discriminação Racial, a Convenção sobre a Eliminação de todas as Formas de Discriminação contra a Mulher, a Convenção contra a Tortura e Outros Tratamentos ou Penas Cruéis, Desumanos ou Degradantes, a Convenção sobre os Direitos da Criança e a Convenção Internacional sobre a Proteção dos Direitos de Todos os Trabalhadores Migrantes e Membros de suas Famílias,

e) Reconhecendo que a deficiência é um conceito em evolução e que a deficiência resulta da interação entre pessoas com deficiência e as barreiras devidas às atitudes e ao ambiente que impedem a plena e efetiva participação dessas pessoas na sociedade em igualdade de oportunidades com as demais pessoas,

f) Reconhecendo a importância dos princípios e das diretrizes de política, contidos no Programa de Ação Mundial para as Pessoas Deficientes e nas Normas sobre a Equiparação de Oportunidades para Pessoas com Deficiência, para influenciar a promoção, a formulação e a avaliação de políticas, planos, programas e ações em níveis nacional, regional e internacional para possibilitar maior igualdade de oportunidades para pessoas com deficiência,

g) Ressaltando a importância de trazer questões relativas à deficiência ao centro das preocupações da sociedade como parte integrante das estratégias relevantes de desenvolvimento sustentável,

h) Reconhecendo também que a discriminação contra qualquer pessoa, por motivo de deficiência, configura violação da dignidade e do valor inerentes ao ser humano,

i) Reconhecendo ainda a diversidade das pessoas com deficiência,

j) Reconhecendo a necessidade de promover e proteger os direitos humanos de todas as pessoas com deficiência, inclusive daquelas que requerem maior apoio,

k) Preocupados com o fato de que, não obstante esses diversos instrumentos e compromissos, as pessoas com deficiência continuam a enfrentar barreiras contra sua participação como membros iguais da sociedade e violações de seus direitos humanos em todas as partes do mundo,

l) Reconhecendo a importância da cooperação internacional para melhorar as condições de vida das pessoas com deficiência em todos os países, particularmente naqueles em desenvolvimento,

m) Reconhecendo as valiosas contribuições existentes e potenciais das pessoas com deficiência ao bem-estar comum e à diversidade de suas comunidades, e que a promoção do pleno exercício, pelas pessoas com deficiência, de seus direitos humanos e liberdades fundamentais e de sua plena participação na sociedade resultará no fortalecimento de seu senso de pertencimento à sociedade e no significativo avanço do desenvolvimento humano, social e econômico da sociedade, bem como na erradicação da pobreza,

n) Reconhecendo a importância, para as pessoas com deficiência, de sua autonomia e independência individuais, inclusive da liberdade para fazer as próprias escolhas,

o) Considerando que as pessoas com deficiência devem ter a oportunidade de participar ativamente das decisões relativas a programas e políticas, inclusive aos que lhes dizem respeito diretamente,

p) Preocupados com as difíceis situações enfrentadas por pessoas com deficiência que estão sujeitas a formas múltiplas ou agravadas de discriminação por causa de raça, cor, sexo, idioma, religião, opiniões políticas ou de outra natureza, origem nacional, étnica, nativa ou social, propriedade, nascimento, idade ou outra condição,

q) Reconhecendo que mulheres e meninas com deficiência estão frequentemente expostas a maiores riscos, tanto no lar como fora dele, de sofrer violência, lesões ou abuso, descaso ou tratamento negligente, maus-tratos ou exploração,

r) Reconhecendo que as crianças com deficiência devem gozar plenamente de todos os direitos humanos e liberdades fundamentais em igualdade de oportunidades com as outras crianças e relembrando as obrigações assumidas com esse fim pelos Estados Partes na Convenção sobre os Direitos da Criança,

s) Ressaltando a necessidade de incorporar a perspectiva de gênero aos esforços para promover o pleno exercício dos direitos humanos e liberdades fundamentais por parte das pessoas com deficiência,

t) Salientando o fato de que a maioria das pessoas com deficiência vive em condições de pobreza e, nesse sentido, reconhecendo a necessidade crítica de lidar com o impacto negativo da pobreza sobre pessoas com deficiência,

u) Tendo em mente que as condições de paz e segurança baseadas no pleno respeito aos propósitos e princípios consagrados na Carta das Nações Unidas e a observância dos instrumentos de direitos humanos são indispensáveis para a total proteção das pessoas com deficiência, particularmente durante conflitos armados e ocupação estrangeira,

v) Reconhecendo a importância da acessibilidade aos meios físico, social, econômico e cultural, à saúde, à educação e à informação e comunicação, para possibilitar às pessoas com deficiência o pleno gozo de todos os direitos humanos e liberdades fundamentais,

w) Conscientes de que a pessoa tem deveres para com outras pessoas e para com a comunidade a que pertence e que, portanto, tem a responsabilidade de esforçar-se para a promoção e a observância dos direitos reconhecidos na Carta Internacional dos Direitos Humanos,

x) Convencidos de que a família é o núcleo natural e fundamental da sociedade e tem o direito de receber a proteção da sociedade e do Estado e de que as pessoas com deficiência e seus familiares devem receber a proteção e a assistência necessárias para tornar as famílias capazes de contribuir para o exercício pleno e equitativo dos direitos das pessoas com deficiência,

y) Convencidos de que uma convenção internacional geral e integral para promover e proteger os direitos e a dignidade das pessoas com deficiência prestará significativa contribuição para corrigir as profundas desvantagens sociais das pessoas com deficiência e para promover sua participação na vida econômica, social e cultural, em igualdade de oportunidades, tanto nos países em desenvolvimento como nos desenvolvidos,

Acordaram o seguinte:

Artigo 1º
Propósito

O propósito da presente Convenção é promover, proteger e assegurar o exercício pleno e equitativo de todos os direitos humanos e liberdades fundamentais por todas as pessoas com deficiência e promover o respeito pela sua dignidade inerente.

Pessoas com deficiência são aquelas que têm impedimentos de longo prazo de natureza física, mental, intelectual ou sensorial, os quais, em interação com diversas barreiras, podem obstruir sua participação plena e efetiva na sociedade em igualdades de condições com as demais pessoas.

Artigo 2º
Definições

Para os propósitos da presente Convenção:

"Comunicação" abrange as línguas, a visualização de textos, o *braille*, a comunicação tátil, os caracteres ampliados, os dispositivos de multimídia acessível, assim como a linguagem simples, escrita e oral, os sistemas auditivos e os meios de voz digitalizada e os modos, meios e formatos aumentativos e alternativos de comunicação, inclusive a tecnologia da informação e comunicação acessíveis;

"Língua" abrange as línguas faladas e de sinais e outras formas de comunicação não falada;

"Discriminação por motivo de deficiência" significa qualquer diferenciação, exclusão ou restrição baseada em deficiência, com o propósito ou efeito de impedir ou impossibilitar o reconhecimento, o desfrute ou o exercício, em igualdade de oportunidades com as demais pessoas, de todos os direitos humanos e liberdades fundamentais nos âmbitos político, econômico, social, cultural, civil ou qualquer outro. Abrange todas as formas de discriminação, inclusive a recusa de adaptação razoável;

"Adaptação razoável" significa as modificações e os ajustes necessários e adequados que não acarretem ônus desproporcional ou indevido, quando requeridos em cada caso, a fim de assegurar que as pessoas com deficiência possam gozar ou exercer, em igualdade de oportunidades com as demais pessoas, todos os direitos humanos e liberdades fundamentais;

"Desenho universal" significa a concepção de produtos, ambientes, programas e serviços a serem usados, na maior medida possível, por todas as pessoas, sem necessidade de adaptação ou projeto específico. O "desenho universal" não excluirá as ajudas técnicas para grupos específicos de pessoas com deficiência, quando necessárias.

Artigo 3º
Princípios gerais

Os princípios da presente Convenção são:

a) O respeito pela dignidade inerente, a autonomia individual, inclusive a liberdade de fazer as próprias escolhas, e a independência das pessoas;

b) A não discriminação;

c) A plena e efetiva participação e inclusão na sociedade;

d) O respeito pela diferença e pela aceitação das pessoas com deficiência como parte da diversidade humana e da humanidade;

e) A igualdade de oportunidades;

f) A acessibilidade;

g) A igualdade entre o homem e a mulher;

h) O respeito pelo desenvolvimento das capacidades das crianças com deficiência e pelo direito das crianças com deficiência de preservar sua identidade.

Artigo 4º
Obrigações gerais

1. Os Estados Partes se comprometem a assegurar e promover o pleno exercício de todos os direitos humanos e liberdades fundamentais por todas as pessoas com deficiência, sem qualquer tipo de discriminação por causa de sua deficiência. Para tanto, os Estados Partes se comprometem a:

a) Adotar todas as medidas legislativas, administrativas e de qualquer outra natureza, necessárias para a realização dos direitos reconhecidos na presente Convenção;

b) Adotar todas as medidas necessárias, inclusive legislativas, para modificar ou revogar leis, regulamentos, costumes e práticas vigentes, que constituírem discriminação contra pessoas com deficiência;

c) Levar em conta, em todos os programas e políticas, a proteção e a promoção dos direitos humanos das pessoas com deficiência;

d) Abster-se de participar em qualquer ato ou prática incompatível com a presente Convenção e assegurar que as autoridades públicas e instituições atuem em conformidade com a presente Convenção;

e) Tomar todas as medidas apropriadas para eliminar a discriminação baseada em deficiência, por parte de qualquer pessoa, organização ou empresa privada;

f) Realizar ou promover a pesquisa e o desenvolvimento de produtos, serviços, equipamentos e instalações com desenho universal, conforme definidos no artigo 2 da presente Convenção, que exijam o mínimo possível de adaptação e cujo custo seja o mínimo possível, destinados a atender às necessidades específicas de pessoas com deficiência, a promover sua disponibilidade e seu uso e a promover o desenho universal quando da elaboração de normas e diretrizes;

g) Realizar ou promover a pesquisa e o desenvolvimento, bem como a disponibilidade e o emprego de novas tecnologias, inclusive as tecnologias da informação e comunicação, ajudas técnicas para locomoção, dispositivos e tecnologias assistivas, adequados a pessoas com deficiência, dando prioridade a tecnologias de custo acessível;

h) Propiciar informação acessível para as pessoas com deficiência a respeito de ajudas técnicas para locomoção, dispositivos e tecnologias assistivas, incluindo novas tecnologias bem como outras formas de assistência, serviços de apoio e instalações;

i) Promover a capacitação em relação aos direitos reconhecidos pela presente Convenção dos profissionais e equipes que trabalham com pessoas com deficiência, de forma a melhorar a prestação de assistência e serviços garantidos por esses direitos.

2. Em relação aos direitos econômicos, sociais e culturais, cada Estado Parte se compromete a tomar medidas, tanto quanto permitirem os recursos disponíveis e, quando necessário, no âmbito da cooperação internacional, a fim de assegurar progressivamente o pleno exercício desses direitos, sem prejuízo das obrigações contidas na presente Convenção que forem imediatamente aplicáveis de acordo com o direito internacional.

3. Na elaboração e implementação de legislação e políticas para aplicar a presente Convenção e em outros processos de tomada de decisão relativos às pessoas com deficiência, os Estados Partes realizarão consultas estreitas e envolverão ativamente pessoas com deficiência, inclusive crianças com deficiência, por intermédio de suas organizações representativas.

4. Nenhum dispositivo da presente Convenção afetará quaisquer disposições mais propícias à realização dos direitos das pessoas com deficiência, as quais possam estar contidas na legislação do Estado Parte ou no direito internacional em vigor para esse Estado.

Não haverá nenhuma restrição ou derrogação de qualquer dos direitos humanos e liberdades fundamentais reconhecidos ou vigentes em qualquer Estado Parte da presente Convenção, em conformidade com leis, convenções, regulamentos ou costumes, sob a alegação de que a presente Convenção não reconhece tais direitos e liberdades ou que os reconhece em menor grau.

5. As disposições da presente Convenção se aplicam, sem limitação ou exceção, a todas as unidades constitutivas dos Estados federativos.

Artigo 5º
Igualdade e não discriminação

1. Os Estados Partes reconhecem que todas as pessoas são iguais perante e sob a lei e que fazem jus, sem qualquer discriminação, a igual proteção e igual benefício da lei.

2. Os Estados Partes proibirão qualquer discriminação baseada na deficiência e garantirão às pessoas com deficiência igual e efetiva proteção legal contra a discriminação por qualquer motivo.

3. A fim de promover a igualdade e eliminar a discriminação, os Estados Partes adotarão todas as medidas apropriadas para garantir que a adaptação razoável seja oferecida.

4. Nos termos da presente Convenção, as medidas específicas que forem necessárias para acelerar ou alcançar a efetiva igualdade das pessoas com deficiência não serão consideradas discriminatórias.

Artigo 6º
Mulheres com deficiência

1. Os Estados Partes reconhecem que as mulheres e meninas com deficiência estão sujeitas a múltiplas formas de discriminação e, portanto, tomarão medidas para assegurar às mulheres e meninas com deficiência o pleno e igual exercício de todos os direitos humanos e liberdades fundamentais.

2. Os Estados Partes tomarão todas as medidas apropriadas para assegurar o pleno desenvolvimento, o avanço e o empoderamento das mulheres, a fim de garantir-lhes o exercício e o gozo dos direitos humanos e liberdades fundamentais estabelecidos na presente Convenção.

Artigo 7º
Crianças com deficiência

1. Os Estados Partes tomarão todas as medidas necessárias para assegurar às crianças com deficiência o pleno exercício de todos os direitos humanos e liberdades fundamentais, em igualdade de oportunidades com as demais crianças.

2. Em todas as ações relativas às crianças com deficiência, o superior interesse da criança receberá consideração primordial.

3. Os Estados Partes assegurarão que as crianças com deficiência tenham o direito de expressar livremente sua opinião sobre todos os assuntos que lhes disserem respeito, tenham a sua opinião devidamente valorizada de acordo com sua idade e maturidade, em igualdade de oportunidades com as demais crianças, e recebam atendimento adequado à sua deficiência e idade, para que possam exercer tal direito.

Artigo 8º
Conscientização

1. Os Estados Partes se comprometem a adotar medidas imediatas, efetivas e apropriadas para:

a) Conscientizar toda a sociedade, inclusive as famílias, sobre as condições das pessoas com deficiência e fomentar o respeito pelos direitos e pela dignidade das pessoas com deficiência;

b) Combater estereótipos, preconceitos e práticas nocivas em relação a pessoas com deficiência, inclusive aqueles relacionados a sexo e idade, em todas as áreas da vida;

c) Promover a conscientização sobre as capacidades e contribuições das pessoas com deficiência.

2. As medidas para esse fim incluem:

a) Lançar e dar continuidade a efetivas campanhas de conscientização públicas, destinadas a:

i) Favorecer atitude receptiva em relação aos direitos das pessoas com deficiência;

ii) Promover percepção positiva e maior consciência social em relação às pessoas com deficiência;

iii) Promover o reconhecimento das habilidades, dos méritos e das capacidades das pessoas com deficiência e de sua contribuição ao local de trabalho e ao mercado laboral;

b) Fomentar em todos os níveis do sistema educacional, incluindo neles todas as crianças desde tenra idade, uma atitude de respeito para com os direitos das pessoas com deficiência;

c) Incentivar todos os órgãos da mídia a retratar as pessoas com deficiência de maneira compatível com o propósito da presente Convenção;

d) Promover programas de formação sobre sensibilização a respeito das pessoas com deficiência e sobre os direitos das pessoas com deficiência.

Artigo 9º
Acessibilidade

1. A fim de possibilitar às pessoas com deficiência viver de forma independente e participar plenamente de todos os aspectos da vida, os Estados Partes tomarão as medidas apropriadas para assegurar às pessoas com deficiência o acesso, em igualdade de oportunidades com as demais pessoas, ao meio físico, ao transporte, à informação e comunicação, inclusive aos sistemas e tecnologias da informação e comunicação, bem como a outros serviços e instalações abertos ao público ou de uso público, tanto na zona urbana como na rural. Essas medidas, que incluirão a identificação e a eliminação de obstáculos e barreiras à acessibilidade, serão aplicadas, entre outros, a:

a) Edifícios, rodovias, meios de transporte e outras instalações internas e externas, inclusive escolas, residências, instalações médicas e local de trabalho;

b) Informações, comunicações e outros serviços, inclusive serviços eletrônicos e serviços de emergência.

2. Os Estados Partes também tomarão medidas apropriadas para:

a) Desenvolver, promulgar e monitorar a implementação de normas e diretrizes mínimas para a acessibilidade das instalações e dos serviços abertos ao público ou de uso público;

b) Assegurar que as entidades privadas que oferecem instalações e serviços abertos ao público ou de uso público levem em consideração todos os aspectos relativos à acessibilidade para pessoas com deficiência;

c) Proporcionar, a todos os atores envolvidos, formação em relação às questões de acessibilidade com as quais as pessoas com deficiência se confrontam;

d) Dotar os edifícios e outras instalações abertas ao público ou de uso público de sinalização em *braille* e em formatos de fácil leitura e compreensão;

e) Oferecer formas de assistência humana ou animal e serviços de mediadores, incluindo guias, ledores e intérpretes profissionais da língua de sinais, para facilitar o acesso aos edifícios e outras instalações abertas ao público ou de uso público;

f) Promover outras formas apropriadas de assistência e apoio a pessoas com deficiência, a fim de assegurar a essas pessoas o acesso a informações;

g) Promover o acesso de pessoas com deficiência a novos sistemas e tecnologias da informação e comunicação, inclusive à Internet;

h) Promover, desde a fase inicial, a concepção, o desenvolvimento, a produção e a disseminação de sistemas e tecnologias de informação e comunicação, a fim de que esses sistemas e tecnologias se tornem acessíveis a custo mínimo.

Artigo 10
Direito à vida

Os Estados Partes reafirmam que todo ser humano tem o inerente direito à vida e tomarão todas as medidas necessárias para assegurar o efetivo exercício desse direito pelas pessoas com deficiência, em igualdade de oportunidades com as demais pessoas.

Artigo 11
Situações de risco e emergências humanitárias

Em conformidade com suas obrigações decorrentes do direito internacional, inclusive do direito humanitário internacional e do direito internacional dos direitos humanos, os Estados Partes tomarão todas as medidas necessárias para assegurar a proteção e a segurança das pessoas com deficiência que se encontrarem em situações de risco, inclusive situações de conflito armado, emergências humanitárias e ocorrência de desastres naturais.

Artigo 12
Reconhecimento igual perante a lei

1. Os Estados Partes reafirmam que as pessoas com deficiência têm o direito de ser reconhecidas em qualquer lugar como pessoas perante a lei.

2. Os Estados Partes reconhecerão que as pessoas com deficiência gozam de capacidade legal em igualdade de condições com as demais pessoas em todos os aspectos da vida.

3. Os Estados Partes tomarão medidas apropriadas para prover o acesso de pessoas com defi-

ciência ao apoio que necessitarem no exercício de sua capacidade legal.

4. Os Estados Partes assegurarão que todas as medidas relativas ao exercício da capacidade legal incluam salvaguardas apropriadas e efetivas para prevenir abusos, em conformidade com o direito internacional dos direitos humanos. Essas salvaguardas assegurarão que as medidas relativas ao exercício da capacidade legal respeitem os direitos, a vontade e as preferências da pessoa, sejam isentas de conflito de interesses e de influência indevida, sejam proporcionais e apropriadas às circunstâncias da pessoa, se apliquem pelo período mais curto possível e sejam submetidas à revisão regular por uma autoridade ou órgão judiciário competente, independente e imparcial. As salvaguardas serão proporcionais ao grau em que tais medidas afetarem os direitos e interesses da pessoa.

5. Os Estados Partes, sujeitos ao disposto neste artigo, tomarão todas as medidas apropriadas e efetivas para assegurar às pessoas com deficiência o igual direito de possuir ou herdar bens, de controlar as próprias finanças e de ter igual acesso a empréstimos bancários, hipotecas e outras formas de crédito financeiro, e assegurarão que as pessoas com deficiência não sejam arbitrariamente destituídas de seus bens.

Artigo 13
Acesso à justiça

1. Os Estados Partes assegurarão o efetivo acesso das pessoas com deficiência à justiça, em igualdade de condições com as demais pessoas, inclusive mediante a provisão de adaptações processuais adequadas à idade, a fim de facilitar o efetivo papel das pessoas com deficiência como participantes diretos ou indiretos, inclusive como testemunhas, em todos os procedimentos jurídicos, tais como investigações e outras etapas preliminares.

2. A fim de assegurar às pessoas com deficiência o efetivo acesso à justiça, os Estados Partes promoverão a capacitação apropriada daqueles que trabalham na área de administração da justiça, inclusive a polícia e os funcionários do sistema penitenciário.

Artigo 14
Liberdade e segurança da pessoa

1. Os Estados Partes assegurarão que as pessoas com deficiência, em igualdade de oportunidades com as demais pessoas:

a) Gozem do direito à liberdade e à segurança da pessoa; e

b) Não sejam privadas ilegal ou arbitrariamente de sua liberdade e que toda privação de liberdade esteja em conformidade com a lei, e que a existência de deficiência não justifique a privação de liberdade.

2. Os Estados Partes assegurarão que, se pessoas com deficiência forem privadas de liberdade mediante algum processo, elas, em igualdade de oportunidades com as demais pessoas, façam jus a garantias de acordo com o direito internacional dos direitos humanos e sejam tratadas em conformidade com os objetivos e princípios da presente Convenção, inclusive mediante a provisão de adaptação razoável.

Artigo 15
Prevenção contra tortura ou tratamentos ou penas cruéis, desumanos ou degradantes

1. Nenhuma pessoa será submetida à tortura ou a tratamentos ou penas cruéis, desumanos ou degradantes. Em especial, nenhuma pessoa deverá ser sujeita a experimentos médicos ou científicos sem seu livre consentimento.

2. Os Estados Partes tomarão todas as medidas efetivas de natureza legislativa, administrativa, judicial ou outra para evitar que pessoas com deficiência, do mesmo modo que as demais pessoas, sejam submetidas à tortura ou a tratamentos ou penas cruéis, desumanos ou degradantes.

Artigo 16
Prevenção contra a exploração, a violência e o abuso

1. Os Estados Partes tomarão todas as medidas apropriadas de natureza legislativa, administrativa, social, educacional e outras para proteger as pessoas com deficiência, tanto dentro como fora do lar, contra todas as formas de exploração, violência e abuso, incluindo aspectos relacionados a gênero.

2. Os Estados Partes também tomarão todas as medidas apropriadas para prevenir todas as formas de exploração, violência e abuso, assegurando, entre outras coisas, formas apropriadas de atendimento e apoio que levem em conta o gênero e a idade das pessoas com deficiência e de seus familiares e atendentes, inclusive mediante a provisão de informação e educação sobre a maneira de evitar, reconhecer e denun-

ciar casos de exploração, violência e abuso. Os Estados Partes assegurarão que os serviços de proteção levem em conta a idade, o gênero e a deficiência das pessoas.

3. A fim de prevenir a ocorrência de quaisquer formas de exploração, violência e abuso, os Estados Partes assegurarão que todos os programas e instalações destinados a atender pessoas com deficiência sejam efetivamente monitorados por autoridades independentes.

4. Os Estados Partes tomarão todas as medidas apropriadas para promover a recuperação física, cognitiva e psicológica, inclusive mediante a provisão de serviços de proteção, a reabilitação e a reinserção social de pessoas com deficiência que forem vítimas de qualquer forma de exploração, violência ou abuso. Tais recuperação e reinserção ocorrerão em ambientes que promovam a saúde, o bem-estar, o autorrespeito, a dignidade e a autonomia da pessoa e levem em consideração as necessidades de gênero e idade.

5. Os Estados Partes adotarão leis e políticas efetivas, inclusive legislação e políticas voltadas para mulheres e crianças, a fim de assegurar que os casos de exploração, violência e abuso contra pessoas com deficiência sejam identificados, investigados e, caso necessário, julgados.

Artigo 17
Proteção da integridade da pessoa

Toda pessoa com deficiência tem o direito a que sua integridade física e mental seja respeitada, em igualdade de condições com as demais pessoas.

Artigo 18
Liberdade de movimentação e nacionalidade

1. Os Estados Partes reconhecerão os direitos das pessoas com deficiência à liberdade de movimentação, à liberdade de escolher sua residência e à nacionalidade, em igualdade de oportunidades com as demais pessoas, inclusive assegurando que as pessoas com deficiência:

a) Tenham o direito de adquirir nacionalidade e mudar de nacionalidade e não sejam privadas arbitrariamente de sua nacionalidade em razão de sua deficiência.

b) Não sejam privadas, por causa de sua deficiência, da competência de obter, possuir e utilizar documento comprovante de sua nacionalidade ou outro documento de identidade, ou de recorrer a processos relevantes, tais como procedimentos relativos à imigração, que forem necessários para facilitar o exercício de seu direito à liberdade de movimentação.

c) Tenham liberdade de sair de qualquer país, inclusive do seu; e

d) Não sejam privadas, arbitrariamente ou por causa de sua deficiência, do direito de entrar no próprio país.

2. As crianças com deficiência serão registradas imediatamente após o nascimento e terão, desde o nascimento, o direito a um nome, o direito de adquirir nacionalidade e, tanto quanto possível, o direito de conhecer seus pais e de ser cuidadas por eles.

Artigo 19
Vida independente e inclusão na comunidade

Os Estados Partes desta Convenção reconhecem o igual direito de todas as pessoas com deficiência de viver na comunidade, com a mesma liberdade de escolha que as demais pessoas, e tomarão medidas efetivas e apropriadas para facilitar às pessoas com deficiência o pleno gozo desse direito e sua plena inclusão e participação na comunidade, inclusive assegurando que:

a) As pessoas com deficiência possam escolher seu local de residência e onde e com quem morar, em igualdade de oportunidades com as demais pessoas, e que não sejam obrigadas a viver em determinado tipo de moradia;

b) As pessoas com deficiência tenham acesso a uma variedade de serviços de apoio em domicílio ou em instituições residenciais ou a outros serviços comunitários de apoio, inclusive os serviços de atendentes pessoais que forem necessários como apoio para que as pessoas com deficiência vivam e sejam incluídas na comunidade e para evitar que fiquem isoladas ou segregadas da comunidade;

c) Os serviços e instalações da comunidade para a população em geral estejam disponíveis às pessoas com deficiência, em igualdade de oportunidades, e atendam às suas necessidades.

Artigo 20
Mobilidade pessoal

Os Estados Partes tomarão medidas efetivas para assegurar às pessoas com deficiência sua mobilidade pessoal com a máxima independência possível:

a) Facilitando a mobilidade pessoal das pessoas com deficiência, na forma e no momento em que elas quiserem, e a custo acessível;

b) Facilitando às pessoas com deficiência o acesso a tecnologias assistivas, dispositivos e ajudas técnicas de qualidade, e formas de assistência humana ou animal e de mediadores, inclusive tornando-os disponíveis a custo acessível;

c) Propiciando às pessoas com deficiência e ao pessoal especializado uma capacitação em técnicas de mobilidade;

d) Incentivando entidades que produzem ajudas técnicas de mobilidade, dispositivos e tecnologias assistivas a levarem em conta todos os aspectos relativos à mobilidade de pessoas com deficiência.

Artigo 21
Liberdade de expressão e de opinião e acesso à informação

Os Estados Partes tomarão todas as medidas apropriadas para assegurar que as pessoas com deficiência possam exercer seu direito à liberdade de expressão e opinião, inclusive à liberdade de buscar, receber e compartilhar informações e ideias, em igualdade de oportunidades com as demais pessoas e por intermédio de todas as formas de comunicação de sua escolha, conforme o disposto no artigo 2º da presente Convenção, entre as quais:

a) Fornecer, prontamente e sem custo adicional, às pessoas com deficiência, todas as informações destinadas ao público em geral, em formatos acessíveis e tecnologias apropriadas aos diferentes tipos de deficiência;

b) Aceitar e facilitar, em trâmites oficiais, o uso de línguas de sinais, *braille*, comunicação aumentativa e alternativa, e de todos os demais meios, modos e formatos acessíveis de comunicação, à escolha das pessoas com deficiência;

c) Urgir as entidades privadas que oferecem serviços ao público em geral, inclusive por meio da Internet, a fornecer informações e serviços em formatos acessíveis, que possam ser usados por pessoas com deficiência;

d) Incentivar a mídia, inclusive os provedores de informação pela Internet, a tornar seus serviços acessíveis a pessoas com deficiência;

e) Reconhecer e promover o uso de línguas de sinais.

Artigo 22
Respeito à privacidade

1. Nenhuma pessoa com deficiência, qualquer que seja seu local de residência ou tipo de moradia, estará sujeita a interferência arbitrária ou ilegal em sua privacidade, família, lar, correspondência ou outros tipos de comunicação, nem a ataques ilícitos à sua honra e reputação. As pessoas com deficiência têm o direito à proteção da lei contra tais interferências ou ataques.

2. Os Estados Partes protegerão a privacidade dos dados pessoais e dados relativos à saúde e à reabilitação de pessoas com deficiência, em igualdade de condições com as demais pessoas.

Artigo 23
Respeito pelo lar e pela família

1. Os Estados Partes tomarão medidas efetivas e apropriadas para eliminar a discriminação contra pessoas com deficiência, em todos os aspectos relativos a casamento, família, paternidade e relacionamentos, em igualdade de condições com as demais pessoas, de modo a assegurar que:

a) Seja reconhecido o direito das pessoas com deficiência, em idade de contrair matrimônio, de casar-se e estabelecer família, com base no livre e pleno consentimento dos pretendentes;

b) Sejam reconhecidos os direitos das pessoas com deficiência de decidir livre e responsavelmente sobre o número de filhos e o espaçamento entre esses filhos e de ter acesso a informações adequadas à idade e à educação em matéria de reprodução e de planejamento familiar, bem como os meios necessários para exercer esses direitos.

c) As pessoas com deficiência, inclusive crianças, conservem sua fertilidade, em igualdade de condições com as demais pessoas.

2. Os Estados Partes assegurarão os direitos e responsabilidades das pessoas com deficiência, relativos à guarda, custódia, curatela e adoção de crianças ou instituições semelhantes, caso esses conceitos constem na legislação nacional. Em todos os casos, prevalecerá o superior interesse da criança. Os Estados Partes prestarão a devida assistência às pessoas com deficiência

para que essas pessoas possam exercer suas responsabilidades na criação dos filhos.

3. Os Estados Partes assegurarão que as crianças com deficiência terão iguais direitos em relação à vida familiar. Para a realização desses direitos e para evitar ocultação, abandono, negligência e segregação de crianças com deficiência, os Estados Partes fornecerão prontamente informações abrangentes sobre serviços e apoios a crianças com deficiência e suas famílias.

4. Os Estados Partes assegurarão que uma criança não será separada de seus pais contra a vontade destes, exceto quando autoridades competentes, sujeitas a controle jurisdicional, determinarem, em conformidade com as leis e procedimentos aplicáveis, que a separação é necessária, no superior interesse da criança. Em nenhum caso, uma criança será separada dos pais sob alegação de deficiência da criança ou de um ou ambos os pais.

5. Os Estados Partes, no caso em que a família imediata de uma criança com deficiência não tenha condições de cuidar da criança, farão todo esforço para que cuidados alternativos sejam oferecidos por outros parentes e, se isso não for possível, dentro de ambiente familiar, na comunidade.

Artigo 24
Educação

1. Os Estados Partes reconhecem o direito das pessoas com deficiência à educação. Para efetivar esse direito sem discriminação e com base na igualdade de oportunidades, os Estados Partes assegurarão sistema educacional inclusivo em todos os níveis, bem como o aprendizado ao longo de toda a vida, com os seguintes objetivos:

a) O pleno desenvolvimento do potencial humano e do senso de dignidade e autoestima, além do fortalecimento do respeito pelos direitos humanos, pelas liberdades fundamentais e pela diversidade humana;

b) O máximo desenvolvimento possível da personalidade e dos talentos e da criatividade das pessoas com deficiência, assim como de suas habilidades físicas e intelectuais;

c) A participação efetiva das pessoas com deficiência em uma sociedade livre.

2. Para a realização desse direito, os Estados Partes assegurarão que:

a) As pessoas com deficiência não sejam excluídas do sistema educacional geral sob alegação de deficiência e que as crianças com deficiência não sejam excluídas do ensino primário gratuito e compulsório ou do ensino secundário, sob alegação de deficiência;

b) As pessoas com deficiência possam ter acesso ao ensino primário inclusivo, de qualidade e gratuito, e ao ensino secundário, em igualdade de condições com as demais pessoas na comunidade em que vivem;

c) Adaptações razoáveis de acordo com as necessidades individuais sejam providenciadas;

d) As pessoas com deficiência recebam o apoio necessário, no âmbito do sistema educacional geral, com vistas a facilitar sua efetiva educação;

e) Medidas de apoio individualizadas e efetivas sejam adotadas em ambientes que maximizem o desenvolvimento acadêmico e social, de acordo com a meta de inclusão plena.

3. Os Estados Partes assegurarão às pessoas com deficiência a possibilidade de adquirir as competências práticas e sociais necessárias de modo a facilitar às pessoas com deficiência sua plena e igual participação no sistema de ensino e na vida em comunidade. Para tanto, os Estados Partes tomarão medidas apropriadas, incluindo:

a) Facilitação do aprendizado do *braille*, escrita alternativa, modos, meios e formatos de comunicação aumentativa e alternativa, e habilidades de orientação e mobilidade, além de facilitação do apoio e aconselhamento de pares;

b) Facilitação do aprendizado da língua de sinais e promoção da identidade linguística da comunidade surda;

c) Garantia de que a educação de pessoas, em particular crianças cegas, surdo-cegas e surdas, seja ministrada nas línguas e nos modos e meios de comunicação mais adequados ao indivíduo e em ambientes que favoreçam ao máximo seu desenvolvimento acadêmico e social.

4. A fim de contribuir para o exercício desse direito, os Estados Partes tomarão medidas apropriadas para empregar professores, inclusive professores com deficiência, habilitados para o ensino da língua de sinais e/ou do *braille*, e para capacitar profissionais e equipes atuantes em todos os níveis de ensino. Essa capacitação

incorporará a conscientização da deficiência e a utilização de modos, meios e formatos apropriados de comunicação aumentativa e alternativa, e técnicas e materiais pedagógicos, como apoios para pessoas com deficiência.

5. Os Estados Partes assegurarão que as pessoas com deficiência possam ter acesso ao ensino superior em geral, treinamento profissional de acordo com sua vocação, educação para adultos e formação continuada, sem discriminação e em igualdade de condições.

Para tanto, os Estados Partes assegurarão a provisão de adaptações razoáveis para pessoas com deficiência.

Artigo 25
Saúde

Os Estados Partes reconhecem que as pessoas com deficiência têm o direito de gozar do estado de saúde mais elevado possível, sem discriminação baseada na deficiência. Os Estados Partes tomarão todas as medidas apropriadas para assegurar às pessoas com deficiência o acesso a serviços de saúde, incluindo os serviços de reabilitação, que levarão em conta as especificidades de gênero. Em especial, os Estados Partes:

a) Oferecerão às pessoas com deficiência programas e atenção à saúde gratuitos ou a custos acessíveis da mesma variedade, qualidade e padrão que são oferecidos às demais pessoas, inclusive na área de saúde sexual e reprodutiva e de programas de saúde pública destinados à população em geral;

b) Propiciarão serviços de saúde que as pessoas com deficiência necessitam especificamente por causa de sua deficiência, inclusive diagnóstico e intervenção precoces, bem como serviços projetados para reduzir ao máximo e prevenir deficiências adicionais, inclusive entre crianças e idosos;

c) Propiciarão esses serviços de saúde às pessoas com deficiência, o mais próximo possível de suas comunidades, inclusive na zona rural;

d) Exigirão dos profissionais de saúde que dispensem às pessoas com deficiência a mesma qualidade de serviços dispensada às demais pessoas e, principalmente, que obtenham o consentimento livre e esclarecido das pessoas com deficiência concernentes. Para esse fim, os Estados Partes realizarão atividades de formação e definirão regras éticas para os setores de saúde público e privado, de modo a conscientizar os profissionais de saúde acerca dos direitos humanos, da dignidade, autonomia e das necessidades das pessoas com deficiência;

e) Proibirão a discriminação contra pessoas com deficiência na provisão de seguro de saúde e seguro de vida, caso tais seguros sejam permitidos pela legislação nacional, os quais deverão ser providos de maneira razoável e justa;

f) Prevenirão que se neguem, de maneira discriminatória, os serviços de saúde ou de atenção à saúde ou a administração de alimentos sólidos ou líquidos por motivo de deficiência.

Artigo 26
Habilitação e reabilitação

1. Os Estados Partes tomarão medidas efetivas e apropriadas, inclusive mediante apoio dos pares, para possibilitar que as pessoas com deficiência conquistem e conservem o máximo de autonomia e plena capacidade física, mental, social e profissional, bem como plena inclusão e participação em todos os aspectos da vida. Para tanto, os Estados Partes organizarão, fortalecerão e ampliarão serviços e programas completos de habilitação e reabilitação, particularmente nas áreas de saúde, emprego, educação e serviços sociais, de modo que esses serviços e programas:

a) Comecem no estágio mais precoce possível e sejam baseados em avaliação multidisciplinar das necessidades e pontos fortes de cada pessoa;

b) Apoiem a participação e a inclusão na comunidade e em todos os aspectos da vida social, sejam oferecidos voluntariamente e estejam disponíveis às pessoas com deficiência o mais próximo possível de suas comunidades, inclusive na zona rural.

2. Os Estados Partes promoverão o desenvolvimento da capacitação inicial e continuada de profissionais e de equipes que atuam nos serviços de habilitação e reabilitação.

3. Os Estados Partes promoverão a disponibilidade, o conhecimento e o uso de dispositivos e tecnologias assistivas, projetados para pessoas com deficiência e relacionados com a habilitação e a reabilitação.

Artigo 27
Trabalho e emprego

1. Os Estados Partes reconhecem o direito das pessoas com deficiência ao trabalho, em igualdade de oportunidades com as demais pessoas. Esse direito abrange o direito à oportunidade de se manter com um trabalho de sua livre escolha ou aceitação no mercado laboral, em ambiente de trabalho que seja aberto, inclusivo e acessível a pessoas com deficiência. Os Estados Partes salvaguardarão e promoverão a realização do direito ao trabalho, inclusive daqueles que tiverem adquirido uma deficiência no emprego, adotando medidas apropriadas, incluídas na legislação, com o fim de, entre outros:

a) Proibir a discriminação baseada na deficiência com respeito a todas as questões relacionadas com as formas de emprego, inclusive condições de recrutamento, contratação e admissão, permanência no emprego, ascensão profissional e condições seguras e salubres de trabalho;

b) Proteger os direitos das pessoas com deficiência, em condições de igualdade com as demais pessoas, às condições justas e favoráveis de trabalho, incluindo iguais oportunidades e igual remuneração por trabalho de igual valor, condições seguras e salubres de trabalho, além de reparação de injustiças e proteção contra o assédio no trabalho;

c) Assegurar que as pessoas com deficiência possam exercer seus direitos trabalhistas e sindicais, em condições de igualdade com as demais pessoas;

d) Possibilitar às pessoas com deficiência o acesso efetivo a programas de orientação técnica e profissional e a serviços de colocação no trabalho e de treinamento profissional e continuado;

e) Promover oportunidades de emprego e ascensão profissional para pessoas com deficiência no mercado de trabalho, bem como assistência na procura, obtenção e manutenção do emprego e no retorno ao emprego;

f) Promover oportunidades de trabalho autônomo, empreendedorismo, desenvolvimento de cooperativas e estabelecimento de negócio próprio;

g) Empregar pessoas com deficiência no setor público;

h) Promover o emprego de pessoas com deficiência no setor privado, mediante políticas e medidas apropriadas, que poderão incluir programas de ação afirmativa, incentivos e outras medidas;

i) Assegurar que adaptações razoáveis sejam feitas para pessoas com deficiência no local de trabalho;

j) Promover a aquisição de experiência de trabalho por pessoas com deficiência no mercado aberto de trabalho;

k) Promover reabilitação profissional, manutenção do emprego e programas de retorno ao trabalho para pessoas com deficiência.

2. Os Estados Partes assegurarão que as pessoas com deficiência não serão mantidas em escravidão ou servidão e que serão protegidas, em igualdade de condições com as demais pessoas, contra o trabalho forçado ou compulsório.

Artigo 28
Padrão de vida e proteção social adequados

1. Os Estados Partes reconhecem o direito das pessoas com deficiência a um padrão adequado de vida para si e para suas famílias, inclusive alimentação, vestuário e moradia adequados, bem como à melhoria contínua de suas condições de vida, e tomarão as providências necessárias para salvaguardar e promover a realização desse direito sem discriminação baseada na deficiência.

2. Os Estados Partes reconhecem o direito das pessoas com deficiência à proteção social e ao exercício desse direito sem discriminação baseada na deficiência, e tomarão as medidas apropriadas para salvaguardar e promover a realização desse direito, tais como:

a) Assegurar igual acesso de pessoas com deficiência a serviços de saneamento básico e assegurar o acesso aos serviços, dispositivos e outros atendimentos apropriados para as necessidades relacionadas com a deficiência;

b) Assegurar o acesso de pessoas com deficiência, particularmente mulheres, crianças e idosos com deficiência, a programas de proteção social e de redução da pobreza;

c) Assegurar o acesso de pessoas com deficiência e suas famílias em situação de pobreza à assistência do Estado em relação a seus gastos ocasionados pela deficiência, inclusive treinamento adequado, aconselhamento, ajuda financeira e cuidados de repouso;

d) Assegurar o acesso de pessoas com deficiência a programas habitacionais públicos;

e) Assegurar igual acesso de pessoas com deficiência a programas e benefícios de aposentadoria.

Artigo 29
Participação na vida política e pública

Os Estados Partes garantirão às pessoas com deficiência direitos políticos e oportunidade de exercê-los em condições de igualdade com as demais pessoas, e deverão:

a) Assegurar que as pessoas com deficiência possam participar efetiva e plenamente na vida política e pública, em igualdade de oportunidades com as demais pessoas, diretamente ou por meio de representantes livremente escolhidos, incluindo o direito e a oportunidade de votarem e serem votadas, mediante, entre outros:

i) Garantia de que os procedimentos, instalações e materiais e equipamentos para votação serão apropriados, acessíveis e de fácil compreensão e uso;

ii) Proteção do direito das pessoas com deficiência ao voto secreto em eleições e plebiscitos, sem intimidação, e a candidatar-se nas eleições, efetivamente ocupar cargos eletivos e desempenhar quaisquer funções públicas em todos os níveis de governo, usando novas tecnologias assistivas, quando apropriado;

iii) Garantia da livre expressão de vontade das pessoas com deficiência como eleitores e, para tanto, sempre que necessário e a seu pedido, permissão para que elas sejam auxiliadas na votação por uma pessoa de sua escolha;

b) Promover ativamente um ambiente em que as pessoas com deficiência possam participar efetiva e plenamente na condução das questões públicas, sem discriminação e em igualdade de oportunidades com as demais pessoas, e encorajar sua participação nas questões públicas, mediante:

i) Participação em organizações não governamentais relacionadas com a vida pública e política do país, bem como em atividades e administração de partidos políticos;

ii) Formação de organizações para representar pessoas com deficiência em níveis internacional, regional, nacional e local, bem como a filiação de pessoas com deficiência a tais organizações.

Artigo 30
Participação na vida cultural e em recreação, lazer e esporte

1. Os Estados Partes reconhecem o direito das pessoas com deficiência de participar na vida cultural, em igualdade de oportunidades com as demais pessoas, e tomarão todas as medidas apropriadas para que as pessoas com deficiência possam:

a) Ter acesso a bens culturais em formatos acessíveis;

b) Ter acesso a programas de televisão, cinema, teatro e outras atividades culturais, em formatos acessíveis; e

c) Ter acesso a locais que ofereçam serviços ou eventos culturais, tais como teatros, museus, cinemas, bibliotecas e serviços turísticos, bem como, tanto quanto possível, ter acesso a monumentos e locais de importância cultural nacional.

2. Os Estados Partes tomarão medidas apropriadas para que as pessoas com deficiência tenham a oportunidade de desenvolver e utilizar seu potencial criativo, artístico e intelectual, não somente em benefício próprio, mas também para o enriquecimento da sociedade.

3. Os Estados Partes deverão tomar todas as providências, em conformidade com o direito internacional, para assegurar que a legislação de proteção dos direitos de propriedade intelectual não constitua barreira excessiva ou discriminatória ao acesso de pessoas com deficiência a bens culturais.

4. As pessoas com deficiência farão jus, em igualdade de oportunidades com as demais pessoas, a que sua identidade cultural e linguística específica seja reconhecida e apoiada, incluindo as línguas de sinais e a cultura surda.

5. Para que as pessoas com deficiência participem, em igualdade de oportunidades com as demais pessoas, de atividades recreativas, esportivas e de lazer, os Estados Partes tomarão medidas apropriadas para:

a) Incentivar e promover a maior participação possível das pessoas com deficiência nas atividades esportivas comuns em todos os níveis;

b) Assegurar que as pessoas com deficiência tenham a oportunidade de organizar, desenvolver e participar em atividades esportivas e recreativas específicas às deficiências e, para tanto, incentivar a provisão de instrução, treinamento e recursos adequados, em igualdade de oportunidades com as demais pessoas;

c) Assegurar que as pessoas com deficiência tenham acesso a locais de eventos esportivos, recreativos e turísticos;

d) Assegurar que as crianças com deficiência possam, em igualdade de condições com as demais crianças, participar de jogos e atividades recreativas, esportivas e de lazer, inclusive no sistema escolar;

e) Assegurar que as pessoas com deficiência tenham acesso aos serviços prestados por pessoas ou entidades envolvidas na organização de atividades recreativas, turísticas, esportivas e de lazer.

Artigo 31

Estatísticas e coleta de dados

1. Os Estados Partes coletarão dados apropriados, inclusive estatísticos e de pesquisas, para que possam formular e implementar políticas destinadas a pôr em prática a presente Convenção. O processo de coleta e manutenção de tais dados deverá:

a) Observar as salvaguardas estabelecidas por lei, inclusive pelas leis relativas à proteção de dados, a fim de assegurar a confidencialidade e o respeito pela privacidade das pessoas com deficiência;

b) Observar as normas internacionalmente aceitas para proteger os direitos humanos, as liberdades fundamentais e os princípios éticos na coleta de dados e utilização de estatísticas.

2. As informações coletadas de acordo com o disposto neste artigo serão desagregadas, de maneira apropriada, e utilizadas para avaliar o cumprimento, por parte dos Estados Partes, de suas obrigações na presente Convenção e para identificar e enfrentar as barreiras com as quais as pessoas com deficiência se deparam no exercício de seus direitos.

3. Os Estados Partes assumirão responsabilidade pela disseminação das referidas estatísticas e assegurarão que elas sejam acessíveis às pessoas com deficiência e a outros.

Artigo 32

Cooperação internacional

1. Os Estados Partes reconhecem a importância da cooperação internacional e de sua promoção, em apoio aos esforços nacionais para a consecução do propósito e dos objetivos da presente Convenção e, sob este aspecto, adotarão medidas apropriadas e efetivas entre os Estados e, de maneira adequada, em parceria com organizações internacionais e regionais relevantes e com a sociedade civil e, em particular, com organizações de pessoas com deficiência. Estas medidas poderão incluir, entre outras:

a) Assegurar que a cooperação internacional, incluindo os programas internacionais de desenvolvimento, sejam inclusivos e acessíveis para pessoas com deficiência;

b) Facilitar e apoiar a capacitação, inclusive por meio do intercâmbio e compartilhamento de informações, experiências, programas de treinamento e melhores práticas;

c) Facilitar a cooperação em pesquisa e o acesso a conhecimentos científicos e técnicos;

d) Propiciar, de maneira apropriada, assistência técnica e financeira, inclusive mediante facilitação do acesso a tecnologias assistivas e acessíveis e seu compartilhamento, bem como por meio de transferência de tecnologias.

2. O disposto neste artigo se aplica sem prejuízo das obrigações que cabem a cada Estado Parte em decorrência da presente Convenção.

Artigo 33

Implementação e monitoramento nacionais

1. Os Estados Partes, de acordo com seu sistema organizacional, designarão um ou mais de um ponto focal no âmbito do Governo para assuntos relacionados com a implementação da presente Convenção e darão a devida consideração ao estabelecimento ou designação de um mecanismo de coordenação no âmbito do Governo, a fim de facilitar ações correlatas nos diferentes setores e níveis.

2. Os Estados Partes, em conformidade com seus sistemas jurídico e administrativo, manterão, fortalecerão, designarão ou estabelecerão estrutura, incluindo um ou mais de um mecanismo independente, de maneira apropriada, para promover, proteger e monitorar a implementação da presente Convenção. Ao designar ou estabelecer tal mecanismo, os Estados Partes levarão em conta os princípios relativos ao *status* e funcionamento das instituições nacionais de proteção e promoção dos direitos humanos.

3. A sociedade civil e, particularmente, as pessoas com deficiência e suas organizações repre-

sentativas serão envolvidas e participarão plenamente no processo de monitoramento.

Artigo 34
Comitê sobre os Direitos das Pessoas com Deficiência

1. Um Comitê sobre os Direitos das Pessoas com Deficiência (doravante denominado "Comitê") será estabelecido, para desempenhar as funções aqui definidas.

2. O Comitê será constituído, quando da entrada em vigor da presente Convenção, de doze peritos. Quando a presente Convenção alcançar sessenta ratificações ou adesões, o Comitê será acrescido em seis membros, perfazendo o total de 18 membros.

3. Os membros do Comitê atuarão a título pessoal e apresentarão elevada postura moral, competência e experiência reconhecidas no campo abrangido pela presente Convenção. Ao designar seus candidatos, os Estados Partes são instados a dar a devida consideração ao disposto no artigo 4.3 da presente Convenção.

4. Os membros do Comitê serão eleitos pelos Estados Partes, observando-se uma distribuição geográfica equitativa, representação de diferentes formas de civilização e dos principais sistemas jurídicos, representação equilibrada de gênero e participação de peritos com deficiência.

5. Os membros do Comitê serão eleitos por votação secreta em sessões da Conferência dos Estados Partes, a partir de uma lista de pessoas designadas pelos Estados Partes entre seus nacionais. Nessas sessões, cujo *quorum* será de dois terços dos Estados Partes, os candidatos eleitos para o Comitê serão aqueles que obtiverem o maior número de votos e a maioria absoluta dos votos dos representantes dos Estados Partes presentes e votantes.

6. A primeira eleição será realizada, o mais tardar, até seis meses após a data de entrada em vigor da presente Convenção. Pelo menos quatro meses antes de cada eleição, o Secretário-Geral das Nações Unidas dirigirá carta aos Estados Partes, convidando-os a submeter os nomes de seus candidatos no prazo de dois meses. O Secretário-Geral, subsequentemente, preparará lista em ordem alfabética de todos os candidatos apresentados, indicando que foram designados pelos Estados Partes, e submeterá essa lista aos Estados Partes da presente Convenção.

7. Os membros do Comitê serão eleitos para mandato de quatro anos, podendo ser candidatos à reeleição uma única vez. Contudo, o mandato de seis dos membros eleitos na primeira eleição expirará ao fim de dois anos; imediatamente após a primeira eleição, os nomes desses seis membros serão selecionados por sorteio pelo presidente da sessão a que se refere o parágrafo 5 deste artigo.

8. A eleição dos seis membros adicionais do Comitê será realizada por ocasião das eleições regulares, de acordo com as disposições pertinentes deste artigo.

9. Em caso de morte, demissão ou declaração de um membro de que, por algum motivo, não poderá continuar a exercer suas funções, o Estado Parte que o tiver indicado designará um outro perito que tenha as qualificações e satisfaça aos requisitos estabelecidos pelos dispositivos pertinentes deste artigo, para concluir o mandato em questão.

10. O Comitê estabelecerá suas próprias normas de procedimento.

11. O Secretário-Geral das Nações Unidas proverá o pessoal e as instalações necessários para o efetivo desempenho das funções do Comitê segundo a presente Convenção e convocará sua primeira reunião.

12. Com a aprovação da Assembleia-Geral, os membros do Comitê estabelecido sob a presente Convenção receberão emolumentos dos recursos das Nações Unidas, sob termos e condições que a Assembleia possa decidir, tendo em vista a importância das responsabilidades do Comitê.

13. Os membros do Comitê terão direito aos privilégios, facilidades e imunidades dos peritos em missões das Nações Unidas, em conformidade com as disposições pertinentes da Convenção sobre Privilégios e Imunidades das Nações Unidas.

Artigo 35
Relatórios dos Estados Partes

1. Cada Estado Parte, por intermédio do Secretário-Geral das Nações Unidas, submeterá relatório abrangente sobre as medidas adotadas em cumprimento de suas obrigações estabelecidas pela presente Convenção e sobre o progresso alcançado nesse aspecto, dentro do período de dois anos após a entrada em vigor da presente Convenção para o Estado Parte concernente.

2. Depois disso, os Estados Partes submeterão relatórios subsequentes, ao menos a cada quatro anos, ou quando o Comitê o solicitar.

3. O Comitê determinará as diretrizes aplicáveis ao teor dos relatórios.

4. Um Estado Parte que tiver submetido ao Comitê um relatório inicial abrangente não precisará, em relatórios subsequentes, repetir informações já apresentadas. Ao elaborar os relatórios ao Comitê, os Estados Partes são instados a fazê-lo de maneira franca e transparente e a levar em consideração o disposto no artigo 4.3 da presente Convenção.

5. Os relatórios poderão apontar os fatores e as dificuldades que tiverem afetado o cumprimento das obrigações decorrentes da presente Convenção.

Artigo 36
Consideração dos relatórios

1. Os relatórios serão considerados pelo Comitê, que fará as sugestões e recomendações gerais que julgar pertinentes e as transmitirá aos respectivos Estados Partes. O Estado Parte poderá responder ao Comitê com as informações que julgar pertinentes. O Comitê poderá pedir informações adicionais ao Estados Partes, referentes à implementação da presente Convenção.

2. Se um Estado Parte atrasar consideravelmente a entrega de seu relatório, o Comitê poderá notificar esse Estado de que examinará a aplicação da presente Convenção com base em informações confiáveis de que disponha, a menos que o relatório devido seja apresentado pelo Estado dentro do período de três meses após a notificação.

O Comitê convidará o Estado Parte interessado a participar desse exame. Se o Estado Parte responder entregando seu relatório, aplicar-se-á o disposto no parágrafo 1 do presente artigo.

3. O Secretário-Geral das Nações Unidas colocará os relatórios à disposição de todos os Estados Partes.

4. Os Estados Partes tornarão seus relatórios amplamente disponíveis ao público em seus países e facilitarão o acesso à possibilidade de sugestões e de recomendações gerais a respeito desses relatórios.

5. O Comitê transmitirá às agências, fundos e programas especializados das Nações Unidas e a outras organizações competentes, da maneira que julgar apropriada, os relatórios dos Estados Partes que contenham demandas ou indicações de necessidade de consultoria ou de assistência técnica, acompanhados de eventuais observações e sugestões do Comitê em relação às referidas demandas ou indicações, a fim de que possam ser consideradas.

Artigo 37
Cooperação entre os Estados Partes e o Comitê

1. Cada Estado Parte cooperará com o Comitê e auxiliará seus membros no desempenho de seu mandato.

2. Em suas relações com os Estados Partes, o Comitê dará a devida consideração aos meios e modos de aprimorar a capacidade de cada Estado Parte para a implementação da presente Convenção, inclusive mediante cooperação internacional.

Artigo 38
Relações do Comitê com outros órgãos

A fim de promover a efetiva implementação da presente Convenção e de incentivar a cooperação internacional na esfera abrangida pela presente Convenção:

a) As agências especializadas e outros órgãos das Nações Unidas terão o direito de se fazer representar quando da consideração da implementação de disposições da presente Convenção que disserem respeito aos seus respectivos mandatos. O Comitê poderá convidar as agências especializadas e outros órgãos competentes, segundo julgar apropriado, a oferecer consultoria de peritos sobre a implementação da Convenção em áreas pertinentes a seus respectivos mandatos. O Comitê poderá convidar agências especializadas e outros órgãos das Nações Unidas a apresentar relatórios sobre a implementação da Convenção em áreas pertinentes às suas respectivas atividades;

b) No desempenho de seu mandato, o Comitê consultará, de maneira apropriada, outros órgãos pertinentes instituídos ao amparo de tratados internacionais de direitos humanos, a fim de assegurar a consistência de suas respectivas diretrizes para a elaboração de relatórios, sugestões e recomendações gerais e de evitar duplicação e superposição no desempenho de suas funções.

Artigo 39
Relatório do Comitê

A cada dois anos, o Comitê submeterá à Assembleia-Geral e ao Conselho Econômico e Social um relatório de suas atividades e poderá fazer sugestões e recomendações gerais baseadas no exame dos relatórios e nas informações recebidas dos Estados Partes. Estas sugestões e recomendações gerais serão incluídas no relatório do Comitê, acompanhadas, se houver, de comentários dos Estados Partes.

Artigo 40
Conferência dos Estados Partes

1. Os Estados Partes reunir-se-ão regularmente em Conferência dos Estados Partes a fim de considerar matérias relativas à implementação da presente Convenção.

2. O Secretário-Geral das Nações Unidas convocará, dentro do período de seis meses após a entrada em vigor da presente Convenção, a Conferência dos Estados Partes. As reuniões subsequentes serão convocadas pelo Secretário-Geral das Nações Unidas a cada dois anos ou conforme a decisão da Conferência dos Estados Partes.

Artigo 41
Depositário

O Secretário-Geral das Nações Unidas será o depositário da presente Convenção.

Artigo 42
Assinatura

A presente Convenção será aberta à assinatura de todos os Estados e organizações de integração regional na sede das Nações Unidas em Nova York, a partir de 30 de março de 2007.

Artigo 43
Consentimento em comprometer-se

A presente Convenção será submetida à ratificação pelos Estados signatários e à confirmação formal por organizações de integração regional signatárias. Ela estará aberta à adesão de qualquer Estado ou organização de integração regional que não a houver assinado.

Artigo 44
Organizações de integração regional

1. "Organização de integração regional" será entendida como organização constituída por Estados soberanos de determinada região, à qual seus Estados membros tenham delegado competência sobre matéria abrangida pela presente Convenção. Essas organizações declararão, em seus documentos de confirmação formal ou adesão, o alcance de sua competência em relação à matéria abrangida pela presente Convenção. Subsequentemente, as organizações informarão ao depositário qualquer alteração substancial no âmbito de sua competência.

2. As referências a "Estados Partes" na presente Convenção serão aplicáveis a essas organizações, nos limites da competência destas.

3. Para os fins do parágrafo 1 do artigo 45 e dos parágrafos 2 e 3 do artigo 47, nenhum instrumento depositado por organização de integração regional será computado.

4. As organizações de integração regional, em matérias de sua competência, poderão exercer o direito de voto na Conferência dos Estados Partes, tendo direito ao mesmo número de votos quanto for o número de seus Estados membros que forem Partes da presente Convenção.

Essas organizações não exercerão seu direito de voto, se qualquer de seus Estados membros exercer seu direito de voto, e vice-versa.

Artigo 45
Entrada em vigor

1. A presente Convenção entrará em vigor no trigésimo dia após o depósito do vigésimo instrumento de ratificação ou adesão.

2. Para cada Estado ou organização de integração regional que ratificar ou formalmente confirmar a presente Convenção ou a ela aderir após o depósito do referido vigésimo instrumento, a Convenção entrará em vigor no trigésimo dia a partir da data em que esse Estado ou organização tenha depositado seu instrumento de ratificação, confirmação formal ou adesão.

Artigo 46
Reservas

1. Não serão permitidas reservas incompatíveis com o objeto e o propósito da presente Convenção.

2. As reservas poderão ser retiradas a qualquer momento.

Artigo 47
Emendas

1. Qualquer Estado Parte poderá propor emendas à presente Convenção e submetê-las ao Secretário-Geral das Nações Unidas. O Secretário-Geral comunicará aos Estados Partes quais-

quer emendas propostas, solicitando-lhes que o notifiquem se são favoráveis a uma Conferência dos Estados Partes para considerar as propostas e tomar decisão a respeito delas. Se, até quatro meses após a data da referida comunicação, pelo menos um terço dos Estados Partes se manifestar favorável a essa Conferência, o Secretário-Geral das Nações Unidas convocará a Conferência, sob os auspícios das Nações Unidas. Qualquer emenda adotada por maioria de dois terços dos Estados Partes presentes e votantes será submetida pelo Secretário-Geral à aprovação da Assembleia-Geral das Nações Unidas e, posteriormente, à aceitação de todos os Estados Partes.

2. Qualquer emenda adotada e aprovada conforme o disposto no parágrafo 1 do presente artigo entrará em vigor no trigésimo dia após a data na qual o número de instrumentos de aceitação tenha atingido dois terços do número de Estados Partes na data de adoção da emenda. Posteriormente, a emenda entrará em vigor para todo Estado Parte no trigésimo dia após o depósito por esse Estado do seu instrumento de aceitação. A emenda será vinculante somente para os Estados Partes que a tiverem aceitado.

3. Se a Conferência dos Estados Partes assim o decidir por consenso, qualquer emenda adotada e aprovada em conformidade com o disposto no parágrafo 1 deste artigo, relacionada exclusivamente com os artigos 34, 38, 39 e 40, entrará em vigor para todos os Estados Partes no trigésimo dia a partir da data em que o número de instrumentos de aceitação depositados tiver atingido dois terços do número de Estados Partes na data de adoção da emenda.

Artigo 48
Denúncia

Qualquer Estado Parte poderá denunciar a presente Convenção mediante notificação por escrito ao Secretário-Geral das Nações Unidas. A denúncia tornar-se-á efetiva um ano após a data de recebimento da notificação pelo Secretário-Geral.

Artigo 49
Formatos acessíveis

O texto da presente Convenção será colocado à disposição em formatos acessíveis.

Artigo 50
Textos autênticos

Os textos em árabe, chinês, espanhol, francês, inglês e russo da presente Convenção serão igualmente autênticos.

Em fé do que os plenipotenciários abaixo assinados, devidamente autorizados para tanto por seus respectivos Governos, firmaram a presente Convenção.

PROTOCOLO FACULTATIVO À CONVENÇÃO SOBRE OS DIREITOS DAS PESSOAS COM DEFICIÊNCIA

Os Estados Partes do presente Protocolo acordaram o seguinte:

Artigo 1

1. Qualquer Estado Parte do presente Protocolo ("Estado Parte") reconhece a competência do Comitê sobre os Direitos das Pessoas com Deficiência ("Comitê") para receber e considerar comunicações submetidas por pessoas ou grupos de pessoas, ou em nome deles, sujeitos à sua jurisdição, alegando serem vítimas de violação das disposições da Convenção pelo referido Estado Parte.

2. O Comitê não receberá comunicação referente a qualquer Estado Parte que não seja signatário do presente Protocolo.

Artigo 2

O Comitê considerará inadmissível a comunicação quando:

a) A comunicação for anônima;

b) A comunicação constituir abuso do direito de submeter tais comunicações ou for incompatível com as disposições da Convenção;

c) A mesma matéria já tenha sido examinada pelo Comitê ou tenha sido ou estiver sendo examinada sob outro procedimento de investigação ou resolução internacional;

d) Não tenham sido esgotados todos os recursos internos disponíveis, salvo no caso em que a tramitação desses recursos se prolongue injustificadamente, ou seja improvável que se obtenha com eles solução efetiva;

e) A comunicação estiver precariamente fundamentada ou não for suficientemente substanciada; ou

f) Os fatos que motivaram a comunicação tenham ocorrido antes da entrada em vigor do presente Protocolo para o Estado Parte em apreço, salvo se os fatos continuaram ocorrendo após aquela data.

Artigo 3

Sujeito ao disposto no artigo 2 do presente Protocolo, o Comitê levará confidencialmente ao conhecimento do Estado Parte concernente qualquer comunicação submetida ao Comitê. Dentro do período de seis meses, o Estado concernente submeterá ao Comitê explicações ou declarações por escrito, esclarecendo a matéria e a eventual solução adotada pelo referido Estado.

Artigo 4

1. A qualquer momento após receber uma comunicação e antes de decidir o mérito dessa comunicação, o Comitê poderá transmitir ao Estado Parte concernente, para sua urgente consideração, um pedido para que o Estado Parte tome as medidas de natureza cautelar que forem necessárias para evitar possíveis danos irreparáveis à vítima ou às vítimas da violação alegada.

2. O exercício pelo Comitê de suas faculdades discricionárias em virtude do parágrafo 1 do presente artigo não implicará prejuízo algum sobre a admissibilidade ou sobre o mérito da comunicação.

Artigo 5

O Comitê realizará sessões fechadas para examinar comunicações a ele submetidas em conformidade com o presente Protocolo.

Depois de examinar uma comunicação, o Comitê enviará suas sugestões e recomendações, se houver, ao Estado Parte concernente e ao requerente.

Artigo 6

1. Se receber informação confiável indicando que um Estado Parte está cometendo violação grave ou sistemática de direitos estabelecidos na Convenção, o Comitê convidará o referido Estado Parte a colaborar com a verificação da informação e, para tanto, a submeter suas observações a respeito da informação em pauta.

2. Levando em conta quaisquer observações que tenham sido submetidas pelo Estado Parte concernente, bem como quaisquer outras informações confiáveis em poder do Comitê, este poderá designar um ou mais de seus membros para realizar investigação e apresentar, em caráter de urgência, relatório ao Comitê. Caso se justifique e o Estado Parte o consinta, a investigação poderá incluir uma visita ao território desse Estado.

3. Após examinar os resultados da investigação, o Comitê os comunicará ao Estado Parte concernente, acompanhados de eventuais comentários e recomendações.

4. Dentro do período de seis meses após o recebimento dos resultados, comentários e recomendações transmitidos pelo Comitê, o Estado Parte concernente submeterá suas observações ao Comitê.

5. A referida investigação será realizada confidencialmente e a cooperação do Estado Parte será solicitada em todas as fases do processo.

Artigo 7

1. O Comitê poderá convidar o Estado Parte concernente a incluir em seu relatório, submetido em conformidade com o disposto no artigo 35 da Convenção, pormenores a respeito das medidas tomadas em consequência da investigação realizada em conformidade com o artigo 6 do presente Protocolo.

2. Caso necessário, o Comitê poderá, encerrado o período de seis meses a que se refere o parágrafo 4 do artigo 6, convidar o Estado Parte concernente a informar o Comitê a respeito das medidas tomadas em consequência da referida investigação.

Artigo 8

Qualquer Estado Parte poderá, quando da assinatura ou ratificação do presente Protocolo ou de sua adesão a ele, declarar que não reconhece a competência do Comitê, a que se referem os artigos 6 e 7.

Artigo 9

O Secretário-Geral das Nações Unidas será o depositário do presente Protocolo.

Artigo 10

O presente Protocolo será aberto à assinatura dos Estados e organizações de integração regional signatários da Convenção, na sede das Nações Unidas em Nova York, a partir de 30 de março de 2007.

Artigo 11

O presente Protocolo estará sujeito à ratificação pelos Estados signatários do presente Protocolo que tiverem ratificado a Convenção ou aderido a ela. Ele estará sujeito à confirmação formal por organizações de integração regional signatárias do presente Protocolo que tiverem formalmente confirmado a Convenção ou a ela aderido.

O Protocolo ficará aberto à adesão de qualquer Estado ou organização de integração regional que tiver ratificado ou formalmente confirmado a Convenção ou a ela aderido e que não tiver assinado o Protocolo.

Artigo 12

1. "Organização de integração regional" será entendida como organização constituída por Estados soberanos de determinada região, à qual seus Estados membros tenham delegado competência sobre matéria abrangida pela Convenção e pelo presente Protocolo. Essas organizações declararão, em seus documentos de confirmação formal ou adesão, o alcance de sua competência em relação à matéria abrangida pela Convenção e pelo presente Protocolo. Subsequentemente, as organizações informarão ao depositário qualquer alteração substancial no alcance de sua competência.

2. As referências a "Estados Partes" no presente Protocolo serão aplicáveis a essas organizações, nos limites da competência de tais organizações.

3. Para os fins do parágrafo 1 do artigo 13 e do parágrafo 2 do artigo 15, nenhum instrumento depositado por organização de integração regional será computado.

4. As organizações de integração regional, em matérias de sua competência, poderão exercer o direito de voto na Conferência dos Estados Partes, tendo direito ao mesmo número de votos que seus Estados membros que forem Partes do presente Protocolo. Essas organizações não exercerão seu direito de voto se qualquer de seus Estados membros exercer seu direito de voto, e vice-versa.

Artigo 13

1. Sujeito à entrada em vigor da Convenção, o presente Protocolo entrará em vigor no trigésimo dia após o depósito do décimo instrumento de ratificação ou adesão.

2. Para cada Estado ou organização de integração regional que ratificar ou formalmente confirmar o presente Protocolo ou a ele aderir depois do depósito do décimo instrumento dessa natureza, o Protocolo entrará em vigor no trigésimo dia a partir da data em que esse Estado ou organização tenha depositado seu instrumento de ratificação, confirmação formal ou adesão.

Artigo 14

1. Não serão permitidas reservas incompatíveis com o objeto e o propósito do presente Protocolo.

2. As reservas poderão ser retiradas a qualquer momento.

Artigo 15

1. Qualquer Estado Parte poderá propor emendas ao presente Protocolo e submetê-las ao Secretário-Geral das Nações Unidas. O Secretário-Geral comunicará aos Estados Partes quaisquer emendas propostas, solicitando-lhes que o notifiquem se são favoráveis a uma Conferência dos Estados Partes para considerar as propostas e tomar decisão a respeito delas. Se, até quatro meses após a data da referida comunicação, pelo menos um terço dos Estados Partes se manifestar favorável a essa Conferência, o Secretário-Geral das Nações Unidas convocará a Conferência, sob os auspícios das Nações Unidas. Qualquer emenda adotada por maioria de dois terços dos Estados Partes presentes e votantes será submetida pelo Secretário-Geral à aprovação da Assembleia-Geral das Nações Unidas e, posteriormente, à aceitação de todos os Estados Partes.

2. Qualquer emenda adotada e aprovada conforme o disposto no parágrafo 1 do presente artigo entrará em vigor no trigésimo dia após a data na qual o número de instrumentos de aceitação tenha atingido dois terços do número de Estados Partes na data de adoção da emenda. Posteriormente, a emenda entrará em vigor para todo Estado Parte no trigésimo dia após o depósito por esse Estado do seu instrumento de aceitação. A emenda será vinculante somente para os Estados Partes que a tiverem aceitado.

Artigo 16

Qualquer Estado Parte poderá denunciar o presente Protocolo mediante notificação por escrito ao Secretário-Geral das Nações Unidas.

A denúncia tornar-se-á efetiva um ano após a data de recebimento da notificação pelo Secretário-Geral.

Artigo 17

O texto do presente Protocolo será colocado à disposição em formatos acessíveis.

Artigo 18

Os textos em árabe, chinês, espanhol, francês, inglês e russo e do presente Protocolo serão igualmente autênticos.

Em fé do que os plenipotenciários abaixo assinados, devidamente autorizados para tanto por seus respectivos governos, firmaram o presente Protocolo.

LEI Nº 12.154, DE 23 DE DEZEMBRO DE 2009

Cria a Superintendência Nacional de Previdência Complementar – PREVIC e dispõe sobre o seu pessoal; inclui a Câmara de Recursos da Previdência Complementar na estrutura básica do Ministério da Previdência Social; altera disposições referentes a auditores fiscais da Receita Federal do Brasil; altera as Leis nºs 11.457, de 16 de março de 2007, e 10.683, de 28 de maio de 2003; e dá outras providências.

- Publicada no *DOU* de 23-12-2009, Edição Extra.
- Art. 202, §§ 4º a 6º, da CF.
- LC nº 108, de 29-5-2001, dispõe sobre a relação entre a União, os Estados, o Distrito Federal e os Municípios, suas autarquias, fundações, sociedades de economia mista e outras entidades públicas e suas respectivas entidades fechadas de previdência complementar.
- Arts. 12 a 25 e 31 a 35 da LC nº 109, de 29-5-2001 (Lei do Regime de Previdência Complementar).
- Dec. nº 7.123, de 3-3-2010, dispõe sobre o Conselho Nacional de Previdência Complementar – CNPC e sobre a Câmara de Recursos de Previdência Complementar – CRPC.

Capítulo I

DA CRIAÇÃO DA AUTARQUIA

Art. 1º Fica criada a Superintendência Nacional de Previdência Complementar – PREVIC, autarquia de natureza especial, dotada de autonomia administrativa e financeira e patrimônio próprio, vinculada ao Ministério da Previdência Social, com sede e foro no Distrito Federal e atuação em todo o território nacional.

Parágrafo único. A PREVIC atuará como entidade de fiscalização e de supervisão das atividades das entidades fechadas de previdência complementar e de execução das políticas para o regime de previdência complementar operado pelas entidades fechadas de previdência complementar, observadas as disposições constitucionais e legais aplicáveis.

Capítulo II

DAS COMPETÊNCIAS

Art. 2º Compete à PREVIC:

I – proceder à fiscalização das atividades das entidades fechadas de previdência complementar e de suas operações;

II – apurar e julgar infrações e aplicar as penalidades cabíveis;

III – expedir instruções e estabelecer procedimentos para a aplicação das normas relativas à sua área de competência, de acordo com as diretrizes do Conselho Nacional de Previdência Complementar, a que se refere o inciso XVIII do art. 29 da Lei nº 10.683, de 28 de maio de 2003;

IV – autorizar:

a) a constituição e o funcionamento das entidades fechadas de previdência complementar, bem como a aplicação dos respectivos estatutos e regulamentos de planos de benefícios;

b) as operações de fusão, de cisão, de incorporação ou de qualquer outra forma de reorganização societária, relativas às entidades fechadas de previdência complementar;

c) a celebração de convênios e termos de adesão por patrocinadores e instituidores, bem como as retiradas de patrocinadores e instituidores; e

d) as transferências de patrocínio, grupos de participantes e assistidos, planos de benefícios e reservas entre entidades fechadas de previdência complementar.

V – harmonizar as atividades das entidades fechadas de previdência complementar com as normas e políticas estabelecidas para o segmento;

VI – decretar intervenção e liquidação extrajudicial das entidades fechadas de previdência complementar, bem como nomear interventor ou liquidante, nos termos da lei;

VII – nomear administrador especial de plano de benefícios específico, podendo atribuir-lhe poderes de intervenção e liquidação extrajudicial, na forma da lei;

VIII – promover a mediação e a conciliação entre entidades fechadas de previdência complementar e entre estas e seus participantes, assistidos, patrocinadores ou instituidores, bem como dirimir os litígios que lhe forem submetidos na forma da Lei nº 9.307, de 23 de setembro de 1996;

- Lei nº 9.307, de 23-9-1996 (Lei da Arbitragem).

IX – enviar relatório anual de suas atividades ao Ministério da Previdência Social e, por seu intermédio, ao Presidente da República e ao Congresso Nacional; e

X – adotar as demais providências necessárias ao cumprimento de seus objetivos.

§ 1º O Banco Central do Brasil, a Comissão de Valores Mobiliários e os órgãos de fiscalização da previdência complementar manterão permanente intercâmbio de informações e disponibilidade de base de dados, de forma a garantir a supervisão contínua das operações realizadas no âmbito da competência de cada órgão.

§ 2º O sigilo de operações não poderá ser invocado como óbice ao fornecimento de informações, inclusive de forma contínua e sistematizada, pelos entes integrantes do sistema de registro e liquidação financeira de ativos autorizados pelo Banco Central do Brasil ou pela Comissão de Valores Mobiliários, sobre ativos mantidos em conta de depósito em instituição ou entidade autorizada à prestação desse serviço.

§ 3º No exercício de suas competências administrativas, cabe ainda à PREVIC:

I – deliberar e adotar os procedimentos necessários, nos termos da lei, quanto à:

a) celebração, alteração ou extinção de seus contratos; e

b) nomeação e exoneração de servidores.

II – contratar obras ou serviços, de acordo com a legislação aplicável;

III – adquirir, administrar e alienar seus bens;

IV – submeter ao Ministro de Estado da Previdência Social a sua proposta de orçamento;

V – criar unidades regionais, nos termos do regulamento; e

VI – exercer outras atribuições decorrentes de lei ou de regulamento.

Capítulo III

DA ESTRUTURA BÁSICA

Art. 3º A PREVIC terá a seguinte estrutura básica:

I – Diretoria;

II – Procuradoria Federal;

III – Coordenações-Gerais;

IV – Ouvidoria; e

V – Corregedoria.

Capítulo IV

DA DIRETORIA COLEGIADA

Art. 4º A PREVIC será administrada por uma Diretoria Colegiada composta por 1 (um) Diretor Superintendente e 4 (quatro) Diretores, escolhidos dentre pessoas de ilibada reputação e de notória competência, a serem indicados pelo Ministro de Estado da Previdência Social e nomeados pelo Presidente da República.

Art. 5º Ao Diretor Superintendente e aos Diretores é vedado o exercício de qualquer outra atividade profissional sindical ou de direção político-partidária, salvo a de magistério, desde que em horário compatível, observadas as demais restrições aplicáveis aos servidores públicos federais em geral.

Art. 6º O ex-membro da Diretoria fica impedido, por um período de 4 (quatro) meses, contados da data de sua exoneração, de prestar serviço ou de exercer qualquer atividade no setor sujeito à atuação da PREVIC.

Parágrafo único. Durante o período de impedimento, é facultado ao ex-membro da Diretoria optar:

I – pelo recebimento da remuneração integral do cargo de Diretor, caso comprove não possuir outra fonte de renda decorrente de atividade remunerada fora das hipóteses previstas no *caput*; ou

II – pela diferença entre a remuneração integral e a renda da outra fonte, às quais se refere o inciso I, caso esta renda seja inferior àquela remuneração.

Art. 7º Sem prejuízo de outras atribuições previstas em regimento interno, compete à Diretoria Colegiada da PREVIC:

I – apresentar propostas e oferecer informações ao Ministério da Previdência Social para a formulação das políticas e a regulação do regime de previdência complementar operado por entidades fechadas de previdência complementar;

II – aprovar os critérios e as diretrizes do programa anual de fiscalização no âmbito do regime operado por entidades fechadas de previdência complementar;

III – decidir sobre a conclusão dos relatórios finais dos processos administrativos, iniciados por lavratura de auto de infração ou instauração de inquérito, com a finalidade de apurar responsabilidade de pessoa física ou jurídica, e sobre a aplicação das penalidades cabíveis;

IV – apreciar e julgar, em primeiro grau, as impugnações referentes aos lançamentos tributários da Taxa de Fiscalização e Controle da Previdência Complementar – TAFIC, a que se refere o art. 12;

V – elaborar e divulgar relatórios periódicos de suas atividades; e

VI – revisar e encaminhar os demonstrativos contábeis e as prestações de contas da PREVIC aos órgãos competentes.

§ 1º As deliberações da Diretoria Colegiada serão tomadas por maioria simples, presente a maioria de seus membros, cabendo ao Diretor Superintendente, além do seu voto, o de qualidade.

§ 2º Considerando a gravidade da infração, o valor da multa aplicada ou o montante do crédito cobrado, conforme dispuser o regulamento, a Diretoria Colegiada poderá delegar as competências relativas aos incisos III e IV.

Capítulo V

DAS METAS DE GESTÃO

Art. 8º O Ministério da Previdência Social estabelecerá metas de gestão e de desempenho para a PREVIC, mediante acordo celebrado entre o Ministro de Estado da Previdência Social e a Diretoria Colegiada da autarquia.

§ 1º As metas de gestão e de desempenho constituir-se-ão no instrumento de acompanhamento da atuação administrativa da PREVIC e de avaliação de seu desempenho.

§ 2º As metas deverão referenciar-se ao período mínimo de 1 (um) ano, sendo periodicamente avaliadas e, quando necessário, revisadas.

Art. 9º As metas de gestão e de desempenho serão acompanhadas e avaliadas por comissão integrada por representantes indicados pela Casa Civil da Presidência da República, pelo Ministério da Previdência Social e pelo Ministério do Planejamento, Orçamento e Gestão, designados pelo Ministro de Estado da Previdência Social.

Capítulo VI

DOS BENS E DAS RECEITAS

Art. 10. Constituem acervo patrimonial da PREVIC os bens e direitos de sua propriedade, os que lhe forem conferidos ou os que venha a adquirir ou incorporar.

Art. 11. Constituem receitas da PREVIC:

I – dotações consignadas no orçamento geral da União, créditos adicionais, transferências e repasses que lhe forem conferidos;

II – recursos provenientes de convênios, acordos e contratos celebrados com entidades, organismos e empresas, públicas ou privadas, nacionais ou internacionais;

III – receitas provenientes do recolhimento da taxa a que se refere o art. 12;

IV – produto da arrecadação de multas resultantes da aplicação de penalidades decorrentes de fiscalização ou de execução judicial;

V – doações, legados, subvenções e outros recursos que lhe forem destinados;

VI – valores apurados na venda ou locação de bens, bem como os decorrentes de publicações, dados e informações técnicas; e

VII – outras rendas eventuais.

Capítulo VII

DA TAXA DE FISCALIZAÇÃO E CONTROLE

Art. 12. Fica instituída a Taxa de Fiscalização e Controle da Previdência Complementar – TAFIC, cujo fato gerador é o exercício do poder de polícia legalmente atribuído à PREVIC para a fiscalização e a supervisão das atividades descritas no art. 2º.

§ 1º São contribuintes da TAFIC as entidades fechadas de previdência complementar constituídas na forma da legislação.

§ 2º A TAFIC será paga quadrimestralmente, em valores expressos em reais, conforme tabela constante do Anexo V, e seu recolhimento será feito até o dia 10 (dez) dos meses de janeiro, maio e setembro de cada ano.

§ 3º Os valores relativos à TAFIC não pagos na forma e prazo determinados sofrerão acréscimos de acordo com a legislação aplicável aos débitos em atraso relativos a tributos e contribuições federais.

§ 4º Em caso de pagamento com atraso da TAFIC, incidirá multa de mora de 20% (vinte por cento) sobre o montante devido, que será reduzida a 10% (dez por cento) se o pagamento for efetuado até o último dia útil do mês subsequente ao do vencimento.

§ 5º A TAFIC será recolhida ao Tesouro Nacional, em conta vinculada à PREVIC, por intermédio de estabelecimento bancário integrante da rede credenciada.

Capítulo VIII

DOS ÓRGÃOS COLEGIADOS

- ▶ Art. 58 desta Lei.
- ▶ Dec. nº 7.123, de 3-3-2010, dispõe sobre o Conselho Nacional de Previdência Complementar – CNPC e sobre a Câmara de Recursos de Previdência Complementar – CRPC.

Art. 13. O Conselho de Gestão da Previdência Complementar, órgão da estrutura básica do Ministério da Previdência Social, passa a denominar-se Conselho Nacional de Previdência Complementar, que exercerá a função de órgão regulador do regime de previdência complementar operado pelas entidades fechadas de previdência complementar.

Art. 14. O Conselho Nacional de Previdência Complementar contará com 8 (oito) integrantes, com direito a voto e mandato de 2 (dois) anos, permitida uma recondução, sendo:

I – 5 (cinco) representantes do poder público; e

II – 3 (três) indicados, respectivamente:

a) pelas entidades fechadas de previdência complementar;

b) pelos patrocinadores e instituidores; e

c) pelos participantes e assistidos.

Art. 15. Fica criada, no âmbito do Ministério da Previdência Social, a Câmara de Recursos da Previdência Complementar, instância recursal e de julgamento das decisões de que tratam os incisos III e IV do art. 7º, cujo pronunciamento encerra a instância administrativa, devendo ser tal decisão e votos publicados no *Diário Oficial da União*, com segredo da identidade dos autuados ou investigados, quando necessário.

§ 1º A Câmara de Recursos da Previdência Complementar será composta por 7 (sete) integrantes, com direito a voto e mandato de 2 (dois) anos, permitida uma recondução, sendo:

I – 4 (quatro) escolhidos entre servidores federais ocupantes de cargo efetivo, em exercício no Ministério da Previdência Social ou entidades a ele vinculadas; e

II – 3 (três) indicados, respectivamente:

a) pelas entidades fechadas de previdência complementar;

b) pelos patrocinadores e instituidores; e

c) pelos participantes e assistidos.

§ 2º Os membros da Câmara de Recursos da Previdência Complementar e respectivos suplentes serão designados pelo Ministro de Estado da Previdência Social.

Art. 16. As regras de organização e funcionamento do Conselho Nacional de Previdência Complementar e da Câmara de Recursos da Previdência Complementar serão definidas em regulamento.

§ 1º O Conselho Nacional será presidido pelo Ministro de Estado da Previdência Social, e a Câmara de Recursos, por um dos servidores referidos no inciso I do § 1º do art. 15, por designação daquela autoridade, cabendo-lhes exercer, além do voto ordinário, também o voto de qualidade.

§ 2º Os membros da Câmara de Recursos deverão ter formação superior completa e experiência comprovada em matéria jurídica, gerencial, financeira, contábil, atuarial, de fiscalização ou de auditoria, que mantenha estreita relação com o segmento de previdência complementar de que trata esta Lei.

Capítulo IX

DO QUADRO DE PESSOAL E DOS SERVIDORES

Art. 17. Fica criado o Plano de Carreiras e Cargos da PREVIC no seu Quadro de Pessoal, composto por cargos de provimento efetivo regidos pela Lei nº 8.112, de 11 de dezembro de 1990.

▶ Lei nº 8.112, de 11-12-1990 (Estatuto dos Servidores Públicos Civis da União, Autarquias e Fundações Públicas Federais).

Art. 18. O Plano de Carreiras e Cargos da PREVIC – PCCPREVIC é composto pelas seguintes Carreiras e cargos:

▶ Art. 41, § 2º, desta Lei.

I – Carreira de Especialista em Previdência Complementar, composta do cargo de Especialista em Previdência Complementar, de nível superior, com atribuições de alto nível de complexidade voltadas para as atividades especializadas de análise, avaliação e supervisão para fins de autorização, a que se refere o art. 33 da Lei Complementar nº 109, de 29 de maio de 2001, de compatibilização, de controle e supervisão do regime de previdência complementar, operado por entidades fechadas de previdência complementar, bem como para a implementação de políticas e para a realização de estudos e pesquisas respectivos a essas atividades;

II – Carreira de Analista Administrativo, composta do cargo de Analista Administrativo, de nível superior, com atribuições voltadas para o exercício de atividades administrativas e logísticas de nível superior relativas ao exercício das competências constitucionais e legais a cargo da PREVIC, fazendo uso dos equipamentos e recursos disponíveis para a consecução dessas atividades;

III – Carreira de Técnico Administrativo, composta do cargo de Técnico Administrativo, de nível intermediário, com atribuições voltadas para o exercício de atividades administrativas e logísticas relativas ao exercício das competências constitucionais e legais a cargo da PREVIC, fazendo uso dos equipamentos e recursos disponíveis para a consecução dessas atividades; e

IV – demais cargos de provimento efetivo de nível superior, intermediário e auxiliar, cujos titulares se encontravam em exercício na Secretaria de Previdência Complementar do Ministério da Previdência Social em 31 de março de 2008.

§ 1º Os cargos efetivos de que trata este artigo estão estruturados em Classes e Padrões, na forma do Anexo I.

§ 2º As atribuições específicas dos cargos de que trata este artigo serão estabelecidas em decreto.

Art. 19. O ingresso nos cargos de provimento efetivo de que tratam os incisos I a III do art. 18 dar-se-á por meio de concurso público de provas ou de provas e títulos, observados os seguintes critérios de escolaridade:

I – para os cargos de nível superior, será exigido diploma de nível superior, em nível de graduação e habilitação específica; e

II – para os cargos de nível intermediário, será exigido certificado de conclusão de ensino médio, ou equivalente, e habilitação específica, quando for o caso, conforme as atribuições do cargo.

§ 1º O concurso público referido no *caput* poderá ser realizado por área de especialização, organizado em uma ou mais fases, incluindo, se for o caso, curso de formação, conforme dispuser o edital de abertura do certame, observada a legislação específica.

§ 2º O concurso público será realizado para provimento efetivo de pessoal no padrão inicial da classe inicial de cada cargo.

§ 3º O edital disporá sobre as características de cada etapa do concurso público, a experiência profissional exigida e os critérios eliminatórios e classificatórios.

Art. 20. O desenvolvimento do servidor nos cargos de provimento efetivo do PCCPREVIC ocorrerá mediante progressão funcional e promoção.

§ 1º Para os fins desta Lei, progressão funcional é a passagem do servidor de um padrão para outro imediatamente superior, dentro de uma mesma classe, e promoção, a passagem do servidor do último padrão de uma classe para o padrão inicial da classe imediatamente superior, observando-se os seguintes requisitos:

I – para fins de progressão funcional:

a) cumprimento do interstício mínimo de 18 (dezoito) meses de efetivo exercício em cada padrão; e

b) resultado médio superior a 80% (oitenta por cento) do limite máximo da pontuação em avaliações de desempenho individual, de que trata o art. 27, no interstício considerado para a progressão; e

II – para fins de promoção:

a) cumprimento do interstício mínimo de 18 (dezoito) meses de efetivo exercício no último padrão de cada classe;

b) resultado médio superior a 90% (noventa por cento) do limite máximo da pontuação nas avaliações de desempenho individual, de que trata o art. 27, no interstício considerado para a promoção;

c) participação em eventos de capacitação com carga horária mínima estabelecida em regulamento; e

d) existência de vaga.

§ 2º Os interstícios estipulados nos incisos I e II do § 1º serão:

I – computados em dias, descontados os afastamentos remunerados que não forem legalmente considerados de efetivo exercício; e

II – suspensos, nos casos em que o servidor se afastar sem remuneração, e retomados a partir do retorno à atividade.

§ 3º Na contagem do interstício necessário ao desenvolvimento do servidor nos cargos de que trata o inciso IV do art. 18, será aproveitado o tempo computado da data da última progressão ou promoção até a data da regulamentação a que se refere o art. 21.

§ 4º Para os fins do disposto no § 3º, não será considerado como progressão ou promoção o enquadramento decorrente da aplicação desta Lei.

§ 5º O quantitativo máximo de cargos por classe, referidos nos incisos I a III do art. 18, é de:

I – até 30% (trinta por cento) do total de cargos da Carreira na classe A;

II – até 27% (vinte e sete por cento) do total de cada cargo da Carreira na classe B;

III – até 23% (vinte e três por cento) do total de cada cargo da Carreira na classe C; e

IV – até 20% (vinte por cento) do total de cada cargo da Carreira na classe Especial.

§ 6º Para fins do cálculo do total de vagas disponíveis por classe para promoção, o quantitativo de cargos cujos titulares estejam posicionados na classe há mais de 10 (dez) anos será somado às vagas existentes, observado o limite de cada classe conforme estabelecido nos incisos I a IV do § 5º.

§ 7º O titular de cargo integrante das Carreiras de que tratam os incisos I a III do art. 18 que permanecer por mais de 15 (quinze) anos posicionado em uma mesma classe, desde que tenha obtido, durante pelo menos 2/3 (dois terços) do período de permanência na classe, percentual na avaliação de desempenho individual suficiente para progressão com 18 (dezoito) meses de efetivo exercício, será automaticamente promovido à classe subsequente.

§ 8º O disposto no § 7º não se aplica à promoção para a classe Especial.

§ 9º Os limites estabelecidos no § 5º poderão ser redistribuídos por ato do Ministro de Estado da Previdência Social, para os primeiros 10 (dez) anos contados da data de publicação desta Lei, para permitir maior alocação de vagas nas classes iniciais e o ajuste gradual do quadro de distribuição de cargos por classe.

Art. 21. Os critérios de concessão de progressão funcional e promoção de que trata o art. 20 serão regulamentados por decreto.

Art. 22. Até que seja editado o decreto a que se refere o art. 21, as progressões funcionais e as promoções cujas condições tenham sido implementadas serão concedidas observando-se, no que couber, as normas aplicáveis aos servidores do Plano de Classificação de Cargos, instituído pela Lei nº 5.645, de 10 de dezembro de 1970.

Art. 23. Ficam instituídas a Gratificação de Desempenho de Atividade na Superintendência de Previdência Complementar – GDAPREVIC, devida aos servidores ocupantes dos cargos de que tratam os incisos I a III do art. 18, e a Gratificação de Desempenho dos Cargos do PCCPREVIC – GDCPREVIC, devida aos servidores ocupantes dos cargos de que trata o inciso IV daquele artigo.

► Arts. 38, II e III, e 39 desta Lei.

Parágrafo único. As gratificações criadas no *caput* somente serão devidas quando o servidor estiver em exercício de atividades inerentes às atribuições do respectivo cargo nas unidades da PREVIC.

Art. 24. A GDAPREVIC e a GDCPREVIC serão pagas observando-se os seguintes limites:

► Art. 38, II e III, desta Lei.

I – máximo de 100 (cem) pontos por servidor; e

II – mínimo de 30 (trinta) pontos por servidor.

Art. 25. A pontuação a que se referem as gratificações será assim distribuída:

I – até 80 (oitenta) pontos em decorrência do resultado da avaliação de desempenho institucional; e

II – até 20 (vinte) pontos em decorrência dos resultados da avaliação de desempenho individual.

Parágrafo único. Os valores a serem pagos a título de GDAPREVIC e GDCPREVIC serão calculados multiplicando-se o somatório dos pontos auferidos nas avaliações de desempenho individual e institucional pelo valor do ponto constante do Anexo II, fixado para cada cargo, nível, classe e padrão.

Art. 26. A avaliação de desempenho institucional visa a aferir o desempenho do órgão no alcance dos objetivos organizacionais, podendo considerar projetos e atividades prioritárias e características específicas compatíveis com as suas atividades.

Art. 27. A avaliação de desempenho individual visa a aferir o desempenho do servidor no exercício das atribuições do cargo, com foco na contribuição individual para o alcance dos objetivos organizacionais.

► Art. 20 desta Lei.

Art. 28. A avaliação individual terá efeito financeiro apenas se o servidor tiver permanecido em exercício de atividades inerentes ao respectivo cargo por, no mínimo, 2/3 (dois terços) de um período completo de avaliação.

§ 1º A média das avaliações de desempenho individual do conjunto de servidores do PCCPREVIC não poderá ser superior ao resultado da avaliação de desempenho institucional.

§ 2º O servidor ativo beneficiário da GDAPREVIC ou GDCPREVIC que obtiver avaliação de desempenho individual igual ou inferior a 10 (dez) pontos não fará jus à parcela referente à avaliação de desempenho institucional do período de avaliação.

§ 3º O servidor ativo beneficiário da GDAPREVIC ou GDCPREVIC que obtiver na avaliação de desempenho individual pontuação inferior a 50% (cinquenta por cento) do valor máximo desta parcela será imediatamente submetido a processo de capacitação ou de análise da adequação funcional, conforme o caso, sob responsabilidade da PREVIC.

§ 4º A análise de adequação funcional visa a identificar as causas dos resultados obtidos na avaliação do desempenho e servir de subsídio para a adoção de medidas que possam propiciar a melhoria do desempenho do servidor.

Art. 29. Ato do Poder Executivo disporá sobre os critérios gerais a serem observados para a realização das avaliações de desempenho individual e institucional da GDAPREVIC e da GDCPREVIC.

Parágrafo único. Os critérios e os procedimentos específicos de avaliação institucional e individual e de concessão da GDAPREVIC e da GDCPREVIC serão estabelecidos em ato do Ministro de Estado da Previdência Social, observada a legislação pertinente.

Art. 30. As metas de desempenho institucional serão fixadas em ato da diretoria colegiada da Previc.

▶ *Caput* com a redação dada pela Lei nº 13.328, de 29-7-2016.

§ 1º As metas referidas no *caput* devem ser objetivamente mensuráveis e diretamente relacionadas às atividades da PREVIC, levando-se em conta, no momento de sua fixação, os índices alcançados nos exercícios anteriores, quando houver histórico.

§ 2º As metas de desempenho institucional e os resultados apurados a cada período serão amplamente divulgados pela PREVIC, inclusive no seu sítio eletrônico.

§ 3º As metas poderão ser revistas na hipótese de superveniência de fatores que tenham influência significativa e direta na sua consecução, desde que a própria entidade não tenha dado causa a tais fatores.

§ 4º O ato a que se refere o art. 29 definirá o percentual mínimo de alcance das metas abaixo do qual as parcelas da GDAPREVIC e da GDCPREVIC correspondente à avaliação institucional serão iguais a zero, sendo os percentuais de gratificação distribuídos proporcionalmente no intervalo entre esse limite e o índice máximo de alcance das metas.

Art. 31. As avaliações referentes aos desempenhos individual e institucional serão apuradas anualmente e produzirão efeitos financeiros mensais por igual período.

§ 1º O primeiro ciclo de avaliações de desempenho individual e institucional implementado a partir da publicação desta Lei poderá ter sua duração reduzida em função das peculiaridades da PREVIC, mediante ato da sua Diretoria Colegiada.

§ 2º *Revogado*. Lei nº 13.328, de 29-7-2016.

§ 3º O período avaliativo e os efeitos financeiros dele decorrentes poderão ter duração diferente da prevista no *caput*, nos termos de regulamento, para fins de unificação dos ciclos de avaliação e de pagamento de diferentes gratificações de desempenho.

▶ § 3º acrescido pela Lei nº 13.328, de 29-7-2016.

Art. 32. Até que sejam regulamentados os critérios e procedimentos de aferição das avaliações de desempenho e processados os resultados do primeiro período de avaliação de desempenho, para fins de atribuição da GDAPREVIC e da GDCPREVIC, o valor devido de pagamento mensal por servidor ativo será correspondente a 80 (oitenta) pontos, observados os respectivos cargos, níveis, classes e padrões.

§ 1º O resultado da primeira avaliação de desempenho gerará efeitos financeiros a partir do início do primeiro ciclo de avaliação, devendo ser compensadas eventuais diferenças pagas a maior ou a menor.

§ 2º Em caso de afastamentos e licenças considerados como de efetivo exercício, sem prejuízo da remuneração e com direito à percepção de gratificação de desempenho, o servidor continuará percebendo a GDAPREVIC ou GDCPREVIC em valor correspondente ao da última pontuação obtida, até que seja processada a sua primeira avaliação após o retorno.

§ 3º O disposto no § 2º não se aplica aos casos de cessão.

§ 4º O disposto neste artigo aplica-se ao ocupante de cargo de Natureza Especial e de cargos em comissão.

Art. 33. Até que seja processada a sua primeira avaliação de desempenho individual que venha a surtir efeito financeiro, o servidor nomeado para cargo efetivo e aquele que tenha retornado de licença sem vencimento ou cessão sem direito à percepção da GDAPREVIC ou da GDCPREVIC no decurso do ciclo de avaliação receberá a gratificação no valor correspondente a 80 (oitenta) pontos.

Art. 34. O titular de cargo efetivo do PCCPREVIC em efetivo exercício na PREVIC, quando investido em cargo em comissão de Natureza Especial ou do Grupo Direção e Assessoramento Superiores – DAS, níveis 6, 5, 4 ou equivalentes, fará jus à GDAPREVIC ou à GDCPREVIC calculada com base no valor máximo da parcela individual, somado ao resultado da avaliação institucional do período.

Parágrafo único. Ocorrendo exoneração do cargo em comissão, com manutenção do cargo efetivo, o servidor que faça jus à GDAPREVIC ou à GDCPREVIC continuará a perceber a respectiva gratificação de desempenho em valor correspondente ao da última pontuação atribuída, até que seja processada a sua primeira avaliação após a exoneração.

Art. 35. O ocupante de cargo efetivo do PCCPREVIC que não se encontre desenvolvendo atividades na PREVIC somente fará jus à GDAPREVIC ou GDCPREVIC:

I – quando cedido para a Presidência, Vice-Presidência da República, Ministério da Previdência Social ou requisitado para órgão da Justiça Eleitoral, situação na qual perceberá a respectiva gratificação de desempenho calculada com base nas regras aplicáveis como se estivesse em efetivo exercício na PREVIC;

II – quando cedido para órgãos ou entidades do Governo Federal distintos dos indicados no inciso I, o servidor investido em cargo em comissão de Natureza Especial, DAS-6, DAS-5, DAS-4 ou equivalentes, perceberá a respectiva gratificação de desempenho calculada com base no resultado da avaliação institucional do período; e

III – quando cedido para outro órgão, em cumprimento ao disposto em legislação específica, na forma do inciso I.

§ 1º A avaliação institucional considerada para o servidor alcançado pelos incisos I, II e III do *caput* será:

I – a do órgão ou entidade onde o servidor permaneceu em exercício por mais tempo;

II – a do órgão ou entidade onde o servidor se encontrar em exercício ao término do ciclo, caso ele tenha permanecido o mesmo número de dias em diferentes órgãos ou entidades; ou

III – a do órgão de origem, quando requisitado ou cedido para órgão diverso da administração pública federal direta, autárquica ou fundacional.

▸ Parágrafo único transformado em § 1º e com a redação dada pela Lei nº 13.328, de 29-7-2016.

§ 2º A avaliação individual do servidor alcançado pelos incisos I e III do *caput* será realizada somente pela chefia imediata quando a regulamentação da sistemática para avaliação de desempenho a que se refere o *caput* do art. 29 não for igual à aplicável ao órgão ou entidade de exercício do servidor.

▸ § 2º acrescido pela Lei nº 13.328, de 29-7-2016.

Art. 36. A GDAPREVIC e a GDCPREVIC não poderão ser pagas cumulativamente com quaisquer outras gratificações ou vantagens que tenham como fundamento o desempenho profissional, individual, coletivo ou institucional ou a produção ou superação de metas, independentemente da sua denominação ou base de cálculo.

Art. 37. Para fins de incorporação da GDAPREVIC ou da GDCPREVIC aos proventos de aposentadoria ou às pensões, serão adotados os seguintes critérios:

I – para as aposentadorias concedidas e pensões instituídas até 19 de fevereiro de 2004, a gratificação será correspondente a 50% (cinquenta por cento) do valor máximo do respectivo nível, classe e padrão; e

II – para as aposentadorias concedidas e pensões instituídas após 19 de fevereiro de 2004:

a) quando ao servidor que deu origem à aposentadoria ou à pensão se aplicar o disposto nos arts. 3º e 6º da Emenda Constitucional nº 41, de 19 de dezembro de 2003, e no art. 3º da Emenda Constitucional nº 47, de 5 de julho de 2005, aplicar-se-á o percentual constante no inciso I; e

b) aos demais aplicar-se-á, para fins de cálculo das aposentadorias e pensões, o disposto na Lei nº 10.887, de 18 de junho de 2004.

Art. 38. A estrutura remuneratória das Carreiras e cargos integrantes do PCCPREVIC compõe-se de:

I – Vencimento Básico;

II – Gratificação de Desempenho de Atividade Previdenciária Complementar – GDAPREVIC, nos termos do art. 24; e

III – Gratificação de Desempenho dos Cargos do PCCPREVIC – GDCPREVIC, nos termos do art. 24.

Art. 39. Os servidores integrantes do PCCPREVIC não fazem jus à percepção das seguintes gratificações:

I – Gratificação de Atividade – GAE de que trata a Lei Delegada nº 13, de 27 de agosto de 1992;

II – Gratificação de Desempenho de Atividade Técnico-Administrativa – GDATA de que trata a Lei nº 10.404, de 9 de janeiro de 2002; e

III – Vantagem Pecuniária Individual – VPI de que trata a Lei nº 10.698, de 2 de julho de 2003.

Art. 40. Os padrões de vencimento básico das Carreiras e cargos do PCCPREVIC são os constantes do Anexo III.

Art. 41. Ficam, automaticamente, enquadrados no PCCPREVIC, nos termos desta Lei, os servidores titulares dos cargos de provimento efetivo de nível superior, intermediário e auxiliar do Plano de Classificação de Cargos, instituído pela Lei nº 5.645, de 10 de dezembro de 1970, do Plano Geral de Cargos do Poder Executivo, instituído pela Lei nº 11.357, de 19 de outubro de 2006, e dos Planos correlatos das autarquias e fundações públicas, não integrantes de Carreiras estruturadas, Planos de Carreiras ou Planos Especiais de Cargos, regidos pela Lei nº 8.112, de 11 de dezembro de 1990, pertencentes ao Quadro de Pessoal do Ministério da Previdência Social, que estavam em exercício na Secretaria da Previdência Complementar daquele Ministério em 31 de março de 2008, mantidas as denominações e as atribuições do cargo, bem como os requisitos de formação profissional e a posição relativa na tabela de correlação, de acordo com o Anexo IV.

§ 1º É vedada a mudança do nível do cargo ocupado pelo servidor em decorrência do disposto nesta Lei.

§ 2º Os cargos de nível superior e intermediário do Quadro de Pessoal do Ministério da Previdência Social à disposição da Secretaria de Previdência Complementar em 31 de dezembro de 2007, quando estiverem vagos, serão transformados em cargos das Carreiras referidas nos incisos I a III do art. 18, respeitado o respectivo nível.

Art. 42. O enquadramento dos cargos no PCCPREVIC não representa, para qualquer efeito legal, inclusive para efeito de aposentadoria, descontinuidade em relação aos cargos e às atribuições atuais desenvolvidas pelos servidores ocupantes de cargos efetivos objeto de enquadramento.

Art. 43. É vedada a redistribuição de cargos do PCCPREVIC para outros órgãos e entidades da administração pública federal, bem como a redistribuição de outros cargos para o Quadro de Pessoal da PREVIC.

Art. 44. É de 40 (quarenta) horas semanais a carga horária de trabalho dos integrantes do PCCPREVIC, ressalvados os casos amparados por legislação específica.

Art. 45. É vedada a acumulação das vantagens pecuniárias devidas aos ocupantes dos cargos do PCCPREVIC com outras vantagens de qualquer natureza a que o servidor faça jus em virtude de outros Planos de Carreiras ou de Classificação de Cargos.

Art. 46. Aplica-se o disposto nesta Lei aos aposentados e pensionistas, mantida a respectiva situação na tabela remuneratória no momento da aposentadoria ou da instituição da pensão, respeitadas as alterações relativas a posicionamento decorrentes de legislação específica.

Art. 47. A aplicação do disposto nesta Lei aos servidores ativos, aos inativos e aos pensionistas não poderá implicar redução de remuneração, proventos e pensões.

§ 1º Na hipótese de redução de remuneração, provento ou pensão decorrente da aplicação desta Lei, a diferença será paga a título de Vantagem Pessoal Nominalmente Identificada – VPNI, a ser absorvida por ocasião do desenvolvimento no cargo, da reorganização ou reestruturação das Carreiras, da reestruturação de tabela remuneratória, concessão de reajustes, adicionais, gratificações ou vantagem de qualquer natureza, conforme o caso.

§ 2º A VPNI estará sujeita exclusivamente à atualização decorrente de revisão geral da remuneração dos servidores públicos federais.

Art. 48. Além dos princípios, deveres e vedações previstos na Lei nº 8.112, de 11 de dezembro de 1990, aplicam-se aos servidores em exercício na PREVIC:

► Lei nº 8.112, de 11-12-1990 (Estatuto dos Servidores Públicos Civis da União, Autarquias e Fundações Públicas Federais).

I – o dever de manter sigilo quanto às operações da entidade fechada de previdência complementar e às informações pessoais de participantes e assistidos, de que tiverem conhecimento em razão do cargo ou função, sem prejuízo do disposto no art. 64 da Lei Complementar nº 109, de 29 de maio de 2001, e na legislação correlata; e

II – a vedação de:

a) prestar serviços, ainda que eventuais, a entidade fechada de previdência complementar, exceto em caso de designação específica para exercício de atividade de competência da PREVIC;

b) firmar ou manter contrato com entidade fechada de previdência complementar, exceto na qualidade de participante ou assistido de plano de benefícios; e

c) exercer suas atribuições em processo administrativo em que seja parte ou interessado, em que haja atuado como representante de qualquer das partes ou no qual seja interessado parente consanguíneo ou afim, em linha reta ou colateral, até o segundo grau, cônjuge ou companheiro, bem como nas demais hipóteses da legislação, inclusive processual.

§ 1º A inobservância do dever previsto no inciso I é considerada falta grave, sujeitando o infrator à pena de demissão ou de cassação de aposentadoria ou disponibilidade, de que tratam os arts. 132 e 134 da Lei nº 8.112, de 11 de dezembro de 1990.

§ 2º As infrações das vedações estabelecidas no inciso II são punidas com a pena de advertência, suspensão, demissão ou cassação de aposentadoria, de acordo com a gravidade, conforme o disposto nos arts. 129, 130 e seu § 2º, 132 e 134 da Lei nº 8.112, de 11 de dezembro de 1990.

§ 3º As disposições deste artigo aplicam-se aos Procuradores Federais responsáveis pela representação judicial e extrajudicial da PREVIC, pelas suas atividades de consultoria e assessoramento jurídicos, bem como pela apuração da liquidez e certeza de seus créditos.

§ 4º O disposto no inciso I não se aplica ao servidor por dar conhecimento a qualquer autoridade hierarquicamente superior de informação concernente a prática de crime, descumprimento de disposição legal ou ato de improbidade.

Art. 49. O Procurador-Geral Federal definirá a distribuição de cargos de Procurador Federal na Procuradoria Federal de que trata o inciso II do art. 3º.

Art. 50. Ficam criados, na Carreira de Procurador Federal de que trata o art. 35 da Medida Provisória nº 2.229-43, de 6 de setembro de 2001, regidos pelas leis e normas próprias a ela aplicáveis, 40 (quarenta) cargos de Procurador Federal.

Art. 51. Ficam criados no Quadro de Pessoal da PREVIC:

I – na Carreira de Especialista em Previdência Complementar, 100 (cem) cargos de Especialista em Previdência Complementar;

II – na Carreira de Analista Administrativo, 50 (cinquenta) cargos de Analista Administrativo; e

III – na Carreira de Técnico Administrativo, 50 (cinquenta) cargos de Técnico Administrativo.

Art. 52. Ficam criados, no âmbito do Poder Executivo, destinados à estruturação da PREVIC, os seguintes cargos em comissão do Grupo-Direção e Assessoramento Superiores – DAS: 1 (um) DAS-6, 1 (um) DAS-5, 14 (quatorze) DAS-4, 38 (trinta e oito) DAS-3, 29 (vinte e nove) DAS-2 e 13 (treze) DAS-1.

§§ 1º e 2º VETADOS.

CAPÍTULO X

DISPOSIÇÕES GERAIS

Art. 53. Fica o Poder Executivo autorizado a remanejar, transferir ou utilizar os saldos orçamentários do Ministério da Previdência Social, uma vez atendidas as necessidades de reestruturação deste, para fazer frente às despesas de estruturação e manutenção da PREVIC, utilizando-se das dotações orçamentárias destinadas às atividades finalísticas e administrativas, observadas as mesmas ações orçamentárias e grupos de despesas previstos na lei orçamentária.

§ 1º Serão transferidos para a PREVIC os acervos técnico e patrimonial, bem como as obrigações e direitos do Ministério da Previdência Social correspondentes às atividades a ela atribuídas.

§ 2º Os processos administrativos em tramitação no Conselho de Gestão da Previdência Complementar e na Secretaria de Previdência Complementar do Ministério da Previdência Social, respeitadas as competências mantidas no âmbito das unidades do referido Ministério, serão transferidos para a Câmara de Recursos da Previdência Complementar e para a PREVIC, respectivamente.

Art. 54. Ficam redistribuídos para a PREVIC os cargos efetivos do Quadro de Pessoal do Ministério da Previdência Social existentes na Secretaria de Previdência Complementar em 31 de março de 2008.

Art. 55. As competências atribuídas à Secretaria de Previdência Complementar do Ministério da Previdência Social, por meio de ato do Conselho de Gestão da Previdência Complementar, do Conselho Monetário Nacional e de decretos, ficam automaticamente transferidas para a PREVIC, ressalvadas as disposições em contrário desta Lei.

Art. 56. A Advocacia-Geral da União e o Ministério da Previdência Social promoverão, no prazo de 180 (cento e oitenta) dias, a contar da data de publicação desta Lei, levantamento dos processos judiciais em curso envolvendo matéria de competência da PREVIC, que, decorrido esse prazo, sucederá a União em tais ações.

§ 1º Após o decurso do prazo de que trata o *caput*, a Advocacia-Geral da União peticionará perante o juízo ou tribunal em que tramitarem os processos, informando da sucessão de partes.

§ 2º Durante o prazo previsto no *caput*, a União continuará parte legítima e a Advocacia-Geral da União acompanhará os feitos e praticará os atos processuais necessários.

Art. 57. Incluem-se entre as entidades fechadas de previdência complementar tratadas nesta Lei aquelas de natureza pública referidas no art. 40 da Constituição Federal.

Art. 58. Até que sejam publicados os regulamentos referentes à entidade e aos órgãos colegiados de que tratam os arts. 1º, 14 e 15, a Secretaria de Previdência Complementar e o Conselho de Gestão da Previdência Complementar continuarão desempenhando suas atribuições em conformidade com a legislação vigente na data anterior à da publicação desta Lei.

Art. 59. A implementação dos efeitos financeiros decorrentes do disposto nesta Lei nos exercícios de 2009 e 2010 fica condicionada à existência de disponibilidade orçamentária e financeira para a realização da despesa em montante igual ou superior à estimativa feita, nos termos do art. 17 da Lei Complementar nº 101, de 4 de maio de 2000, por ocasião da publicação desta Lei.

§ 1º A demonstração da existência de disponibilidade orçamentária e financeira de que trata o *caput* caberá aos Ministros de Estado do Planejamento, Orçamento e Gestão e da Fazenda, a ser apresentada até 60 (sessenta) dias anteriores ao início dos efeitos financeiros referidos no *caput*.

§ 2º O comportamento da receita corrente líquida e as medidas adotadas para o cumprimento das metas de resultados fiscais no período considerado poderão ensejar a antecipação ou a postergação dos efeitos financeiros referidos no *caput*, em cada exercício financeiro, condicionadas à edição de lei específica.

CAPÍTULO XI

DA ADEQUAÇÃO DE NORMAS CORRELATAS

Art. 60. O art. 11 da Lei nº 11.457, de 16 de março de 2007, passa vigorar com as seguintes alterações:

▸ Alterações inseridas no texto da referida Lei.

Art. 61. O inciso XVIII do art. 29 da Lei nº 10.683, de 2003, passa a vigorar com a seguinte redação:

"Art. 29. ....

....

XVIII – do Ministério da Previdência Social o Conselho Nacional de Previdência Social, o Conselho de Recursos da Previdência Social, o Conselho Nacional de Previdência Complementar, a Câmara de Recursos da Previdência Complementar e até 2 (duas) Secretarias;

.... "

Art. 62. Esta Lei entra em vigor na data de sua publicação.

Brasília, 23 de dezembro de 2009;
188º da Independência e
121º da República.

Luiz Inácio Lula da Silva

▸ Optamos por não publicar os anexos I a IV nesta edição.

ANEXO V

TAXA DE FISCALIZAÇÃO E CONTROLE DA PREVIDÊNCIA COMPLEMENTAR – TAFIC

Taxa quadrimestral de acordo com os recursos garantidores por plano de benefícios administrado pelas entidades fechadas de previdência complementar

Valor em reais dos Recursos Garantidores por plano de benefícios				Taxa quadrimestral (R$)
		até	5.000.000,00	15,00
De	5.000.000,01	até	9.000.000,00	125,00
De	9.000.000,01	até	16.000.000,00	325,00
De	16.000.000,01	até	40.000.000,00	625,00
De	40.000.000,01	até	90.000.000,00	1.625,00
De	90.000.000,01	até	200.000.000,00	3.500,00
De	200.000.000,01	até	300.000.000,00	8.000,00
De	300.000.000,01	até	500.000.000,00	12.000,00
De	500.000.000,01	até	1.000.000.000,00	20.000,00
De	1.000.000.000,01	até	2.000.000.000,00	40.000,00
De	2.000.000.000,01	até	5.000.000.000,00	80.000,00
De	5.000.000.000,01	até	11.000.000.000,00	200.000,00
De	11.000.000.000,01	até	19.000.000.000,00	425.000,00
De	19.000.000.000,01	até	26.000.000.000,00	750.000,00
De	26.000.000.000,01	até	35.000.000.000,00	1.025.000,00
De	35.000.000.000,01	até	45.000.000.000,00	1.375.000,00
De	45.000.000.000,01	até	60.000.000.000,00	1.750.000,00
Mais de	60.000.000.000,01			2.225.000,00

LEI Nº 12.618, DE 30 DE ABRIL DE 2012

Institui o regime de previdência complementar para os servidores públicos federais titulares de cargo efetivo, inclusive os membros dos órgãos que menciona; fixa o limite máximo para a concessão de aposentadorias e pensões pelo regime de previdência de que trata o art. 40 da Constituição Federal; autoriza a criação de 3 (três) entidades fechadas de previdência complementar, denominadas Fundação de Previdência Complementar do Servidor Público Federal do Poder Executivo (FUNPRESP-EXE), Fundação de Previdência Complementar do Servidor Público Federal do Poder Legislativo (FUNPRESP-LEG) e Fundação de Previdência Complementar do Servidor Público Federal do Poder Judiciário (FUNPRESP-JUD); altera dispositivos da Lei nº 10.887, de 18 de junho de 2004; e dá outras providências.

▸ Publicada no *DOU* de 2-5-2012.

▸ Arts. 4º, VII, e 8º, II, *i*, da Lei nº 9.250, de 26-12-1995, que altera a legislação do imposto de renda das pessoas físicas.

CAPÍTULO I

DO REGIME DE PREVIDÊNCIA COMPLEMENTAR

Art. 1º É instituído, nos termos desta Lei, o regime de previdência complementar a que se referem os §§ 14, 15 e 16 do art. 40 da Constituição Federal para os servidores públicos titulares de cargo efetivo da União, suas autarquias e fundações, inclusive para os membros do Poder Judiciário, do Ministério Público da União e do Tribunal de Contas da União.

§ 1º Os servidores e os membros referidos no *caput* deste artigo que tenham ingressado no serviço público até a data anterior ao início da vigência do regime de previdência complementar poderão, mediante prévia e expressa opção, aderir ao regime de que trata este artigo, observado o disposto no art. 3º desta Lei.

▸ Parágrafo único renumerado para § 1º pela Lei nº 13.183, de 4-11-2015.

§ 2º Os servidores e os membros referidos no *caput* deste artigo com remuneração superior ao limite máximo estabelecido para os benefícios do Regime Geral de Previdência Social, que venham a ingressar no serviço público a partir do início da vigência do regime de previdência complementar de que trata esta Lei, serão automaticamente inscritos no respectivo plano de previdência complementar desde a data de entrada em exercício.

§ 3º Fica assegurado ao participante o direito de requerer, a qualquer tempo, o cancelamento de sua inscrição, nos termos do regulamento do plano de benefícios.

§ 4º Na hipótese do cancelamento ser requerido no prazo de até noventa dias da data da inscrição, fica assegurado o direito à restituição integral das contribuições vertidas, a ser paga em até sessenta dias do pedido de cancelamento, corrigidas monetariamente.

§ 5º O cancelamento da inscrição previsto no § 4º não constitui resgate.

§ 6º A contribuição aportada pelo patrocinador será devolvida à respectiva fonte pagadora no mesmo prazo da devolução da contribuição aportada pelo participante.

▸ §§ 2º a 6º acrescidos pela Lei nº 13.183, de 4-11-2015.

Art. 2º Para os efeitos desta Lei, entende-se por:

I – patrocinador: a União, suas autarquias e fundações, em decorrência da aplicação desta Lei;

II – participante: o servidor público titular de cargo efetivo da União, inclusive o membro do Poder Judiciário, do Ministério Público e do Tribunal de Contas da União, que aderir aos planos de benefícios administrados pelas entidades a que se refere o art. 4º desta Lei;

III – assistido: o participante ou o seu beneficiário em gozo de benefício de prestação continuada.

Art. 3º Aplica-se o limite máximo estabelecido para os benefícios do regime geral de previdência social às aposentadorias e pensões a serem concedidas pelo regime de previdência da União de que trata o art. 40 da Constituição Federal, observado o disposto na Lei nº 10.887, de 18 de junho de 2004, aos servidores e membros referidos no *caput* do art. 1º desta Lei que tiverem ingressado no serviço público:

I – a partir do início da vigência do regime de previdência complementar de que trata o art. 1º desta Lei, independentemente de sua adesão ao plano de benefícios; e

II – até a data anterior ao início da vigência do regime de previdência complementar de que trata o art. 1º desta Lei, e nele tenham permanecido sem perda do vínculo efetivo, e que exerçam a opção prevista no § 16 do art. 40 da Constituição Federal.

§ 1º É assegurado aos servidores e membros referidos no inciso II do *caput* deste artigo o direito a um benefício especial calculado com base nas contribuições recolhidas ao regime de previdência da União, dos Estados, do Distrito Federal ou dos Municípios de que trata o art. 40 da Constituição Federal, observada a sistemática estabelecida nos §§ 2º a 3º deste artigo e o direito à compensação financeira de que trata o § 9º do art. 201 da Constituição Federal, nos termos da lei.

§ 2º O benefício especial terá como referência as remunerações anteriores à data de mudança do regime, utilizadas como base para as contribuições do servidor ao regime próprio de previdência da União, e, na hipótese de opção do servidor por averbação para fins de contagem recíproca, as contribuições decorrentes de regimes próprios de previdência dos Estados, do Distrito Federal e dos Municípios, atualizadas pelo Índice Nacional de Preços ao Consumidor Amplo (IPCA), divulgado pela Fundação Instituto Brasileiro de Geografia e Estatística (IBGE), ou pelo índice que vier a substituí-lo, e será equivalente a:

I – para os termos de opção firmados até 30 de novembro de 2022, inclusive na vigência da Medida Provisória nº 1.119, de 25 de maio de 2022: a diferença entre a média aritmética simples das maiores remunerações referidas neste parágrafo correspondentes a 80% (oitenta por cento) de todo o período contributivo desde a competência de julho de 1994 ou desde a do início da contribuição, se posterior àquela competência, e o limite máximo a que se refere o *caput* deste artigo, multiplicada pelo fator de conversão; ou

II – para os termos de opção firmados a partir de 1º de dezembro de 2022, em novas aberturas de prazo de migração, se houver: a diferença entre a média aritmética simples das remunerações referidas neste parágrafo correspondentes a 100% (cem por cento) de todo o período contributivo desde a competência de julho de 1994 ou desde a do início da contribuição, se posterior àquela competência, e o limite máximo a que se refere o *caput*, multiplicada pelo fator de conversão.

§ 3º O fator de conversão a que se refere o § 2º deste artigo, cujo resultado é limitado ao máximo de 1 (um), será calculado pela fórmula FC = Tc/Tt, na qual:

I – FC: fator de conversão;

II – Tc: quantidade de contribuições mensais efetuadas para o regime próprio de previdência social da União, dos Estados, do Distrito Federal e dos Municípios de que trata o art. 40 da Constituição Federal, efetivamente pagas pelo servidor titular de cargo efetivo da União ou por membro do Poder Judiciário da União, do Tribunal de Contas da União, do Ministério Público da União ou da Defensoria Pública da União até a data da opção; e

III – Tt:

a) para os termos de opção firmados até 30 de novembro de 2022, inclusive na vigência da Medida Provisória nº 1.119, de 25 de maio de 2022:

1. igual a 455 (quatrocentos e cinquenta e cinco), quando se tratar de servidor titular de cargo efetivo da União ou membro do Poder Judiciário da União, do Tribunal de Contas da União, do Ministério Público da União ou da Defensoria Pública da União, se homem;
2. igual a 390 (trezentos e noventa), quando se tratar de servidor titular de cargo efetivo da União ou membro do Poder Judiciário da União, do Tribunal de Contas da União, do Ministério Público da União ou da Defensoria Pública da União, se mulher, ou servidor da União titular de cargo efetivo de professor da educação infantil ou do ensino fundamental; ou
3. igual a 325 (trezentos e vinte e cinco), quando se tratar de servidor titular de cargo efetivo da União de professor da educação infantil ou do ensino fundamental, se mulher; e

b) para os termos de opção firmados a partir de 1º de dezembro de 2022, em novas aberturas de prazo de migração, se houver: igual a 520 (quinhentos e vinte).

§ 4º Para os termos de opção firmados até 30 de novembro de 2022, inclusive na vigência da Medida Provisória nº 1.119, de 25 de maio de 2022, o fator de conversão será ajustado pelo órgão competente para a concessão do benefício quando, na forma prevista nas respectivas leis complementares, o tempo de contribuição exigido para concessão da aposentadoria de servidor com deficiência, ou que exerça atividade de risco, ou cujas atividades sejam exercidas sob condições especiais que prejudiquem a saúde ou a integridade física, for inferior ao Tt de que trata a alínea *a* do inciso III do § 3º deste artigo.

▶ §§ 2º a 4º com a redação dada pela Lei nº 14.463, de 26-10-2022.

§ 5º O benefício especial será pago pelo órgão competente da União, por ocasião da concessão de aposentadoria, inclusive por invalidez, ou pensão por morte pelo regime próprio de previdência da União, de que trata o art. 40 da Constituição Federal, enquanto perdurar o benefício pago por esse regime, inclusive junto com a gratificação natalina.

§ 6º O benefício especial:

I – é opção que importa ato jurídico perfeito;

II – será calculado de acordo com as regras vigentes no momento do exercício da opção de que trata o § 16 do art. 40 da Constituição Federal;

III – será atualizado pelo mesmo índice aplicável ao benefício de aposentadoria ou pensão mantido pelo Regime Geral de Previdência Social;

IV – não está sujeito à incidência de contribuição previdenciária; e

V – está sujeito à incidência de imposto sobre a renda.

▶ § 6º com a redação dada pela Lei nº 14.463, de 26-10-2022.

§ 7º O prazo para a opção de que trata o inciso II do *caput* deste artigo será de 24 (vinte e quatro) meses, contados a partir do início da vigência do regime de previdência complementar instituído no *caput* do art. 1º desta Lei.

▶ Art. 92 da Lei nº 13.328, de 29-7-2016 (*DOU* de 29-7-2016 – ed. extra), que reabre o prazo para opção pelo regime de previdência complementar previsto neste parágrafo por 24 (vinte e quatro) meses, contados a partir da data de entrada em vigor daquela lei.

▶ A Lei nº 13.809, de 21-2-2019, reabre o prazo para opção pelo regime de previdência complementar de que trata este parágrafo.

§ 8º O exercício da opção a que se refere o inciso II do *caput* é irrevogável e irretratável, não sendo devida pela União e suas autarquias e fundações públicas qualquer contrapartida referente ao valor dos descontos já efetuados sobre a base de contribuição acima do limite previsto no *caput* deste artigo.

Capítulo II

DAS ENTIDADES FECHADAS DE PREVIDÊNCIA COMPLEMENTAR

Seção I

DA CRIAÇÃO DAS ENTIDADES

Art. 4º É a União autorizada a criar, observado o disposto no art. 26 e no art. 31, as seguintes entidades fechadas de previdência complementar, com a finalidade de administrar e executar planos de benefícios de caráter previdenciário nos termos das Leis Complementares nºs 108 e 109, de 29 de maio de 2001:

I – a Fundação de Previdência Complementar do Servidor Público Federal do Poder Executivo (FUNPRESP-EXE), para os servidores públicos titulares de cargo efetivo do Poder Executivo, por meio de ato do Presidente da República;

II – a Fundação de Previdência Complementar do Servidor Público Federal do Poder Legislativo (FUNPRESP-LEG), para os servidores públicos titulares de cargo efetivo do Poder Legislativo e do Tribunal de Contas da União e para os membros deste Tribunal, por meio de ato conjunto dos Presidentes da Câmara dos Deputados e do Senado Federal; e

III – a Fundação de Previdência Complementar do Servidor Público Federal do Poder Judiciário (FUNPRESP-JUD), para os servidores públicos titulares de cargo efetivo e para os membros do Poder Judiciário, por meio de ato do Presidente do Supremo Tribunal Federal.

§ 1º A FUNPRESP-EXE, a FUNPRESP-LEG e a FUNPRESP-JUD:

I – serão estruturadas na forma de fundação, com personalidade jurídica de direito privado;

II – gozarão de autonomia administrativa, financeira e gerencial; e

III – terão sede e foro no Distrito Federal.

- § 1º com a redação dada pela Lei nº 14.463, de 26-10-2022.

§ 2º Por ato conjunto das autoridades competentes para a criação das fundações previstas nos incisos I a III, poderá ser criada fundação que contemple os servidores públicos de 2 (dois) ou dos 3 (três) Poderes.

§ 3º Consideram-se membros do Tribunal de Contas da União, para os efeitos desta Lei, os Ministros, os Auditores de que trata o § 4º do art. 73 da Constituição Federal e os Subprocuradores-Gerais e Procuradores do Ministério Público junto ao Tribunal de Contas da União.

Seção II

DA ORGANIZAÇÃO DAS ENTIDADES

Art. 5º A estrutura organizacional das entidades de que trata esta Lei será constituída de conselho deliberativo, conselho fiscal e diretoria executiva, observadas as disposições da Lei Complementar nº 108, de 29 de maio de 2001.

§ 1º Os Conselhos Deliberativos terão composição paritária e cada um será integrado por 6 (seis) membros.

§ 2º Os Conselhos Fiscais terão composição paritária e cada um deles será integrado por 4 (quatro) membros.

§ 3º Os membros dos conselhos deliberativos e dos conselhos fiscais das entidades fechadas serão designados pelos Presidentes da República e do Supremo Tribunal Federal e por ato conjunto dos Presidentes da Câmara dos Deputados e do Senado Federal, respectivamente.

§ 4º A presidência dos conselhos deliberativos será exercida pelos membros indicados pelos patrocinadores, na forma prevista no estatuto das entidades fechadas de previdência complementar.

§ 5º A presidência dos conselhos fiscais será exercida pelos membros indicados pelos participantes e assistidos, na forma prevista no estatuto das entidades fechadas de previdência complementar.

§ 6º As diretorias executivas serão compostas, no máximo, por 4 (quatro) membros, nomeados pelos conselhos deliberativos das entidades fechadas de previdência complementar.

§ 7º VETADO.

§ 8º A remuneração e as vantagens de qualquer natureza dos membros das diretorias executivas das entidades fechadas de previdência complementar serão estabelecidas pelos seus conselhos deliberativos, em valores compatíveis com os níveis prevalecentes no mercado de trabalho para profissionais de graus equivalentes de formação profissional e de especialização.

- § 8º com a redação dada pela Lei nº 14.463, de 26-10-2022.

§ 9º A remuneração dos membros dos conselhos deliberativo e fiscal é limitada a 10% (dez por cento) do valor da remuneração dos membros da diretoria executiva.

§ 10. Os requisitos previstos nos incisos I a IV do art. 20 da Lei Complementar nº 108, de 29 de maio de 2001, estendem-se aos membros dos conselhos deliberativos e fiscais das entidades fechadas de previdência complementar.

§ 11. As entidades fechadas de previdência complementar poderão criar, observado o disposto no estatuto e regimento interno, comitês de assessoramento técnico, de caráter consultivo, para cada plano de benefícios por elas administrado, com representação paritária entre os patrocinadores e os participantes e assistidos, sendo estes eleitos pelos seus pares, com as atribuições de apresentar propostas e sugestões quanto à gestão da entidade e sua política de investimentos e à situação financeira e atuarial dos respectivos planos de benefícios e de formular recomendações prudenciais a elas relacionadas.

§ 12. VETADO.

SEÇÃO III

DISPOSIÇÕES GERAIS

Art. 6º É exigida a instituição de código de ética e de conduta, inclusive com regras para prevenir conflito de interesses e proibir operações dos dirigentes com partes relacionadas, que terá ampla divulgação, especialmente entre os participantes e assistidos e as partes relacionadas, cabendo aos conselhos fiscais das entidades fechadas de previdência complementar assegurar o seu cumprimento.

Parágrafo único. Compete ao órgão fiscalizador das entidades fechadas de previdência complementar definir o universo das partes relacionadas a que se refere o *caput* deste artigo.

Art. 7º O regime jurídico de pessoal das entidades fechadas de previdência complementar referidas no art. 4º desta Lei será o previsto na legislação trabalhista.

Art. 8º As entidades fechadas de que trata o art. 4º desta Lei, observado o disposto nesta Lei e nas Leis Complementares nºs 108, de 29 de maio de 2001, e 109, de 29 de maio de 2001, submetem-se às demais normas de direito público exclusivamente no que se refere à:

► *Caput* com a redação dada pela Lei nº 14.463, de 26-10-2022.

I – submissão à legislação federal sobre licitação e contratos administrativos aplicável às empresas públicas e às sociedades de economia mista;

► Inciso I com a redação dada pela Lei nº 14.463, de 26-10-2022.

II – realização de concurso público para a contratação de pessoal, no caso de empregos permanentes, ou de processo seletivo, em se tratando de contrato temporário, conforme a Lei nº 8.745, de 9 de dezembro de 1993;

III – publicação anual, na imprensa oficial ou em sítio oficial da administração pública certificado digitalmente por autoridade para esse fim credenciada no âmbito da Infraestrutura de Chaves Públicas Brasileira (ICP-Brasil), de seus demonstrativos contábeis, atuariais, financeiros e de benefícios, sem prejuízo do fornecimento de informações aos participantes e assistidos dos planos de benefícios e ao órgão fiscalizador das entidades fechadas de previdência complementar, na forma das Leis Complementares nºs 108 e 109, de 29 de maio de 2001.

Art. 9º A administração das entidades fechadas de previdência complementar referidas no art. 4º desta Lei observará os princípios que regem a administração pública, especialmente os da eficiência e da economicidade, devendo adotar mecanismos de gestão operacional que maximizem a utilização de recursos, de forma a otimizar o atendimento aos participantes e assistidos e diminuir as despesas administrativas.

§ 1º As despesas administrativas referidas no *caput* deste artigo serão custeadas na forma dos regulamentos dos planos de benefícios, observado o disposto no *caput* do art. 7º da Lei Complementar nº 108, de 29 de maio de 2001, e ficarão limitadas aos valores estritamente necessários à sustentabilidade do funcionamento das entidades fechadas de previdência complementar.

§ 2º O montante de recursos destinados à cobertura das despesas administrativas será revisto ao final de cada ano, com vistas ao atendimento do disposto neste artigo.

Art. 10. As entidades fechadas de previdência complementar referidas no art. 4º desta Lei serão mantidas integralmente por suas receitas, oriundas das contribuições de patrocinadores, participantes e assistidos, dos resultados financeiros de suas aplicações e de doações e legados de qualquer natureza, observado o disposto no § 3º do art. 202 da Constituição Federal.

Art. 11. A União, suas autarquias e fundações são responsáveis, na qualidade de patrocinadores, pelo aporte de contribuições e pelas transferências às entidades fechadas de previdência complementar das contribuições descontadas dos seus servidores, observado o disposto nesta Lei e nos estatutos respectivos das entidades.

§ 1º As contribuições devidas pelos patrocinadores deverão ser pagas de forma centralizada pelos respectivos Poderes da União, pelo Ministério Público da União e pelo Tribunal de Contas da União.

§ 2º O pagamento ou a transferência das contribuições após o dia 10 (dez) do mês seguinte ao da competência:

I – enseja a aplicação dos acréscimos de mora previstos para os tributos federais; e

II – sujeita o responsável às sanções penais e administrativas cabíveis.

§ 3º As transferências referidas no *caput* deste artigo incluirão:

I – as contratadas pelo servidor para cobertura de riscos de invalidez ou morte; e

II – as referidas no § 4º do art. 16 desta Lei.

► § 3º acrescido dada pela Lei nº 14.463, de 26-10-2022.

Capítulo III

DOS PLANOS DE BENEFÍCIOS

Seção I

DAS LINHAS GERAIS DOS PLANOS DE BENEFÍCIOS

Art. 12. Os planos de benefícios da FUNPRESP-EXE, da FUNPRESP-LEG e da FUNPRESP-JUD serão estruturados na modalidade de contribuição definida, nos termos da regulamentação estabelecida pelo órgão regulador das entidades fechadas de previdência complementar, e financiados de acordo com os planos de custeio definidos nos termos do art. 18 da Lei Complementar nº 109, de 29 de maio de 2001, observadas as demais disposições da Lei Complementar nº 108, de 29 de maio de 2001.

§ 1º A distribuição das contribuições nos planos de benefícios e nos planos de custeio será revista sempre que necessário, para manter o equilíbrio permanente dos planos de benefícios.

§ 2º Sem prejuízo do disposto no § 3º do art. 18 da Lei Complementar nº 109, de 29 de maio de 2001, o valor do benefício programado será calculado de acordo com o montante do saldo da conta acumulado pelo participante, devendo o valor do benefício estar permanentemente ajustado ao referido saldo.

§ 3º Os benefícios não programados serão definidos nos regulamentos dos planos, observado o seguinte:

I – devem ser assegurados, pelo menos, os benefícios decorrentes dos eventos invalidez e morte e, se for o caso, a cobertura de outros riscos atuariais; e

II – terão custeio específico para sua cobertura.

§ 4º Na gestão dos benefícios de que trata o § 3º deste artigo, as entidades fechadas de previdência complementar referidas no art. 4º desta Lei poderão contratá-los externamente ou administrá-los em seus próprios planos de benefícios.

§ 5º A concessão dos benefícios de que trata o § 3º aos participantes ou assistidos pela entidade fechada de previdência social é condicionada à concessão do benefício pelo regime próprio de previdência social.

Art. 13. Os requisitos para aquisição, manutenção e perda da qualidade de participante, assim como os requisitos de elegibilidade e a forma de concessão, cálculo e pagamento dos benefícios, deverão constar dos regulamentos dos planos de benefícios, observadas as disposições das Leis Complementares nºs 108 e 109, de 29 de maio de 2001, e a regulamentação do órgão regulador das entidades fechadas de previdência complementar.

Parágrafo único. O servidor com remuneração inferior ao limite máximo estabelecido para os benefícios do regime geral de previdência social poderá aderir aos planos de benefícios administrados pelas entidades fechadas de previdência complementar de que trata esta Lei, sem contrapartida do patrocinador, cuja base de cálculo será definida nos regulamentos.

Art. 14. Poderá permanecer filiado aos respectivos planos de benefícios o participante:

I – cedido a outro órgão ou entidade da administração pública direta ou indireta da União, Estados, Distrito Federal e Municípios, inclusive suas empresas públicas e sociedades de economia mista;

II – afastado ou licenciado do cargo efetivo temporariamente, com ou sem recebimento de remuneração;

III – que optar pelo benefício proporcional diferido ou autopatrocínio, na forma do regulamento do plano de benefícios.

§ 1º Os regulamentos dos planos de benefícios disciplinarão as regras para a manutenção do custeio do plano de benefícios, observada a legislação aplicável.

§ 2º Os patrocinadores arcarão com as suas contribuições somente quando a cessão, o afastamento ou a licença do cargo efetivo implicar ônus para a União, suas autarquias e fundações.

§ 3º Havendo cessão com ônus para o cessionário, este deverá recolher às entidades fechadas de previdência complementar referidas no art. 4º desta Lei a contribuição aos planos de benefícios, nos mesmos níveis e condições que seria devida pelos patrocinadores, na forma definida nos regulamentos dos planos.

Seção II

DOS RECURSOS GARANTIDORES

Art. 15. A aplicação dos recursos garantidores correspondentes às reservas, às provisões e aos fundos dos planos de benefícios da FUNPRESP-EXE, da FUNPRESP-LEG e da FUNPRESP-JUD obedecerá às diretrizes e aos limites prudenciais estabelecidos pelo Conselho Monetário Nacional (CMN).

§ 1º A gestão dos recursos garantidores dos planos de benefícios administrados pelas entidades referidas no *caput* poderá ser realizada por meio de carteira própria, carteira administrada ou fundos de investimento.

§ 2º As entidades referidas no *caput* contratarão, para a gestão dos recursos garantidores prevista neste artigo, somente instituições, administradores de carteiras ou fundos de investimento que estejam autorizados e registrados na Comissão de Valores Mobiliários (CVM).

§ 3º A contratação das instituições a que se refere o § 2º deste artigo será feita mediante licitação, cujos contratos terão prazo total máximo de execução de 5 (cinco) anos.

§ 4º O edital da licitação prevista no § 3º estabelecerá, entre outras, disposições relativas aos limites de taxa de administração e de custos que poderão ser imputados aos fundos, bem como, no que concerne aos administradores, a solidez, o porte e a experiência em gestão de recursos.

§ 5º Cada instituição contratada na forma deste artigo poderá administrar, no máximo, 20% (vinte por cento) dos recursos garantidores correspondentes às reservas técnicas, aos fundos e às provisões.

§ 6º As instituições referidas no § 5º deste artigo não poderão ter qualquer ligação societária com outra instituição que esteja concorrendo na mesma licitação ou que já administre reservas, provisões e fundos da mesma entidade fechada de previdência complementar.

Seção III

DAS CONTRIBUIÇÕES

Art. 16. As contribuições do patrocinador e do participante incidirão sobre a parcela da base de contribuição que exceder o limite máximo a que se refere o art. 3º desta Lei, observado o disposto no inciso XI do art. 37 da Constituição Federal.

§ 1º Para efeitos desta Lei, considera-se base de contribuição aquela definida pelo § 1º do art. 4º da Lei nº 10.887, de 18 de junho de 2004, podendo o participante optar pela inclusão de parcelas remuneratórias percebidas em decorrência do local de trabalho e do exercício de cargo em comissão ou função de confiança.

§ 2º A alíquota da contribuição do participante será por ele definida anualmente, observado o disposto no regulamento do plano de benefícios.

§ 3º A alíquota da contribuição do patrocinador será igual à do participante, observado o disposto no regulamento do plano de benefícios, e não poderá exceder o percentual de 8,5% (oito inteiros e cinco décimos por cento).

§ 4º Além da contribuição normal, o participante poderá contribuir facultativamente, sem contrapartida do patrocinador, na forma do regulamento do plano.

§ 5º A remuneração do servidor, quando devida durante afastamentos considerados por lei como de efetivo exercício, será integralmente coberta pelo ente público, continuando a incidir a contribuição para o regime instituído por esta Lei.

Seção IV

DISPOSIÇÕES ESPECIAIS

Art. 17. O plano de custeio previsto no art. 18 da Lei Complementar nº 109, de 29 de maio de 2001, discriminará o percentual da contribuição do participante e do patrocinador, conforme o caso, para cada um dos benefícios previstos no plano de benefícios, observado o disposto no art. 6º da Lei Complementar nº 108, de 29 de maio de 2001.

§ 1º O plano de custeio referido no *caput* deverá prever parcela da contribuição do participante e do patrocinador com o objetivo de compor o Fundo de Cobertura de Benefícios Extraordinários (FCBE), do qual serão vertidos montantes, a título de contribuições extraordinárias, à conta mantida em favor do participante, nas hipóteses e na forma prevista nesta Lei.

§ 2º As contribuições extraordinárias a que se refere o § 1º serão vertidas nas seguintes hipóteses:

I – morte do participante;

II – invalidez do participante;

III – aposentadoria nas hipóteses dos §§ 4º e 5º do art. 40 da Constituição Federal;

IV – aposentadoria das mulheres, na hipótese da alínea *a* do inciso III do § 1º do art. 40 da Constituição Federal; e

V – sobrevivência do assistido.

§ 3º O montante do aporte extraordinário de que tratam os incisos III e IV do § 2º será equivalente à diferença entre a reserva acumulada pelo participante e o produto desta mesma reserva multiplicado pela razão entre 35 (trinta e cinco) e o número de anos de contribuição exigido para a concessão do benefício pelo regime próprio de previdência social de que trata o art. 40 da Constituição Federal.

Art. 18. As entidades fechadas de previdência complementar referidas no art. 4º desta Lei manterão controles das reservas constituídas em nome do participante, registrando contabilmente as contribuições deste e as dos patrocinadores.

Capítulo IV

DO CONTROLE E DA FISCALIZAÇÃO

Art. 19. A constituição, o funcionamento e a extinção da FUNPRESP-EXE, da FUNPRESP-LEG e da FUNPRESP-JUD, a aplicação de seus estatutos, regulamentos dos planos de benefícios, convênios de adesão e suas respectivas alterações, assim como as retiradas de patrocínios, dependerão de prévia e expressa autorização do órgão fiscalizador das entidades fechadas de previdência complementar.

§ 1º Serão submetidas ao órgão fiscalizador das entidades fechadas de previdência complementar:

I – as propostas de aprovação do estatuto e de instituição de planos de benefícios da entidade fechada de previdência complementar, bem como suas alterações; e

II – a proposta de adesão de novos patrocinadores a planos de benefícios em operação na entidade fechada de previdência complementar.

§ 2º No caso da FUNPRESP-EXE, as propostas de aprovação do estatuto, de adesão de novos patrocinadores e de instituição de planos devem estar acompanhadas de manifestação favorável do Ministério do Planejamento, Orçamento e Gestão e do Ministério da Fazenda.

§ 3º No caso da FUNPRESP-LEG, as propostas de aprovação do estatuto, de adesão de novos patrocinadores e de instituição de planos devem estar acompanhadas de manifestação favorável das Mesas Diretoras da Câmara dos Deputados e do Senado Federal.

§ 4º No caso da FUNPRESP-JUD, as propostas de aprovação do estatuto, de adesão de novos patrocinadores e de instituição de planos devem estar acompanhadas de manifestação favorável:

I – do Supremo Tribunal Federal;

II – VETADO.

Art. 20. A supervisão e a fiscalização da FUNPRESP-EXE, da FUNPRESP-LEG e da FUNPRESP-JUD e dos seus planos de benefícios competem ao órgão fiscalizador das entidades fechadas de previdência complementar.

§ 1º A competência exercida pelo órgão referido no *caput* deste artigo não exime os patrocinadores da responsabilidade pela supervisão e fiscalização sistemática das atividades das entidades fechadas de previdência complementar.

§ 2º Os resultados da supervisão e da fiscalização exercidas pelos patrocinadores serão encaminhados ao órgão mencionado no *caput* deste artigo.

Art. 21. Aplica-se, no âmbito da FUNPRESP-EXE, da FUNPRESP-LEG e da FUNPRESP-JUD, o regime disciplinar previsto no Capítulo VII da Lei Complementar nº 109, de 29 de maio de 2001.

Capítulo V

DISPOSIÇÕES FINAIS E TRANSITÓRIAS

Art. 22. Aplica-se o benefício especial de que tratam os §§ 1º a 8º do art. 3º ao servidor público titular de cargo efetivo da União, inclusive ao membro do Poder Judiciário, do Ministério Público e do Tribunal de Contas da União, oriundo, sem quebra de continuidade, de cargo público estatutário de outro ente da federação que não tenha instituído o respectivo regime de previdência complementar e que ingresse em cargo público efetivo federal a partir da instituição do regime de previdência complementar de que trata esta Lei, considerando-se, para esse fim, o tempo de contribuição estadual, distrital ou municipal, assegurada a compensação financeira de que trata o § 9º do art. 201 da Constituição Federal.

Art. 23. Após a autorização de funcionamento da FUNPRESP-EXE, da FUNPRESP-JUD e da FUNPRESP-LEG, nos termos desta Lei, os servidores que deverão compor provisoriamente os conselhos deliberativos e os conselhos fiscais, dispensados da exigência da condição de participante ou assistido dos planos de benefícios das entidades fechadas de previdência complementar, serão nomeados, respectivamente, pelo Presidente da República, pelo Presidente do Supremo Tribunal Federal e por ato conjunto dos Presidentes da Câmara dos Deputados e do Senado Federal.

Parágrafo único. O mandato dos conselheiros de que trata o *caput* deste artigo será de 2 (dois) anos, durante os quais será realizada eleição direta para que os participantes e assistidos escolham os seus representantes, e os patrocinadores indicarão os seus representantes.

Art. 24. Para fins de implantação, ficam a FUNPRESP-EXE, a FUNPRESP-LEG e a FUNPRESP-JUD equiparadas às pessoas jurídicas a que se refere o art. 1º da Lei nº 8.745, de 9 de dezembro de 1993, com vistas à contratação de pessoal técnico e administrativo por tempo determinado.

§ 1º Considera-se como necessidade temporária de excepcional interesse público, para os efeitos da Lei nº 8.745, de 9 de dezembro de 1993, a contratação de pessoal técnico e administrativo, por tempo determinado, imprescindível ao funcionamento inicial da FUNPRESP-EXE, da FUNPRESP-LEG e da FUNPRESP-JUD.

§ 2º As contratações observarão o disposto no *caput* do art. 3º, no art. 6º, no inciso II do art. 7º e nos arts. 9º e 12 da Lei nº 8.745, de 9 de dezembro de 1993, e não poderão exceder o prazo de 24 (vinte e quatro) meses.

Art. 25. É a União autorizada, em caráter excepcional, no ato de criação das entidades fechadas de previdência complementar referidas no art. 4º, a promover aporte a título de adiantamento de contribuições futuras, necessário ao regular funcionamento inicial, no valor de:

I – FUNPRESP-EXE: até R$ 50.000.000,00 (cinquenta milhões de reais);

II – FUNPRESP-LEG: até R$ 25.000.000,00 (vinte e cinco milhões de reais); e

III – FUNPRESP-JUD: até R$ 25.000.000,00 (vinte e cinco milhões de reais).

Art. 26. A FUNPRESP-EXE, a FUNPRESP-LEG e a FUNPRESP-JUD deverão entrar em funcionamento em até 240 (duzentos e quarenta) dias após a publicação da autorização de funcionamento concedida pelo órgão fiscalizador das entidades fechadas de previdência complementar.

Art. 27. Aplicam-se ao regime de previdência complementar a que se referem os §§ 14, 15 e 16 do art. 40 da Constituição Federal as disposições das Leis Complementares nºs 108 e 109, de 29 de maio de 2001.

Art. 28. Até que seja promovida a contratação na forma prevista no § 3º do art. 15 desta Lei, a totalidade dos recursos garantidores correspondentes às reservas técnicas, aos fundos e às provisões dos planos de benefícios da FUNPRESP-EXE, da FUNPRESP-LEG e da FUNPRESP-JUD será administrada por instituição financeira federal, mediante taxa de administração praticada a preço de mercado, vedada a cobrança de taxas de performance.

Art. 29. O *caput* do art. 4º da Lei nº 10.887, de 18 de junho de 2004, passa a vigorar com a seguinte redação:

▸ Alterações inseridas no texto da referida Lei.

Art. 30. Para os fins do exercício do direito de opção de que trata o parágrafo único do art. 1º, considera-se instituído o regime de previdência complementar de que trata esta Lei a partir da data da publicação pelo órgão fiscalizador da autorização de aplicação dos regulamentos dos planos de benefícios de qualquer das entidades de que trata o art. 4º desta Lei.

Art. 31. A FUNPRESP-EXE, a FUNPRESP-LEG e a FUNPRESP-JUD deverão ser criadas pela União no prazo de 180 (cento e oitenta) dias, contado da publicação desta Lei, e iniciar o seu funcionamento nos termos do art. 26.

§ 1º Ultrapassados os prazos de que trata o *caput*, considera-se vigente, para todos os fins, o regime de previdência complementar de que trata esta Lei.

§ 2º Ultrapassados os prazos de que trata o *caput* sem o início do funcionamento de alguma das entidades referidas no art. 4º, os servidores e membros do respectivo Poder poderão aderir ao plano de benefícios da entidade que primeiro entrou em funcionamento até a regularização da situação.

Art. 32. Considera-se ato de improbidade, nos termos do art. 10 da Lei nº 8.429, de 2 de junho de 1992, o descumprimento injustificado dos prazos de que trata o art. 31.

Art. 33. Esta Lei entra em vigor:

I – quanto ao disposto no Capítulo I, na data em que forem criadas quaisquer das entidades de que trata o art. 4º, observado o disposto no art. 31; e

II – quanto aos demais dispositivos, na data de sua publicação.

Brasília, 30 de abril de 2012;
191º da Independência e
124º da República.

Dilma Rousseff

LEI COMPLEMENTAR Nº 142, DE 8 DE MAIO DE 2013

Regulamenta o § 1º do art. 201 da Constituição Federal, no tocante à aposentadoria da pessoa com deficiência segurada do Regime Geral de Previdência Social – RGPS.

- Publicada no *DOU* de 9-5-2013.
- Lei nº 8.212, de 24-7-1991 (Lei Orgânica da Seguridade Social).
- Lei nº 8.213, de 24-7-1991 (Lei dos Planos de Benefícios da Previdência Social).
- Art. 2º do Dec. nº 8.145, de 3-12-2013, que dispõe sobre a aposentadoria por tempo de contribuição e por idade da pessoa com deficiência.

Art. 1º Esta Lei Complementar regulamenta a concessão de aposentadoria da pessoa com deficiência segurada do Regime Geral de Previdência Social – RGPS de que trata o § 1º do art. 201 da Constituição Federal.

Art. 2º Para o reconhecimento do direito à aposentadoria de que trata esta Lei Complementar, considera-se pessoa com deficiência aquela que tem impedimentos de longo prazo de natureza física, mental, intelectual ou sensorial, os quais, em interação com diversas barreiras, podem obstruir sua participação plena e efetiva na sociedade em igualdade de condições com as demais pessoas.

Art. 3º É assegurada a concessão de aposentadoria pelo RGPS ao segurado com deficiência, observadas as seguintes condições:

I – aos 25 (vinte e cinco) anos de tempo de contribuição, se homem, e 20 (vinte) anos, se mulher, no caso de segurado com deficiência grave;

II – aos 29 (vinte e nove) anos de tempo de contribuição, se homem, e 24 (vinte e quatro) anos, se mulher, no caso de segurado com deficiência moderada;

III – aos 33 (trinta e três) anos de tempo de contribuição, se homem, e 28 (vinte e oito) anos, se mulher, no caso de segurado com deficiência leve; ou

IV – aos 60 (sessenta) anos de idade, se homem, e 55 (cinquenta e cinco) anos de idade, se mulher, independentemente do grau de deficiência, desde que cumprido tempo mínimo de contribuição de 15 (quinze) anos e comprovada a existência de deficiência durante igual período.

Parágrafo único. Regulamento do Poder Executivo definirá as deficiências grave, moderada e leve para os fins desta Lei Complementar.

Art. 4º A avaliação da deficiência será médica e funcional, nos termos do Regulamento.

Art. 5º O grau de deficiência será atestado por perícia própria do Instituto Nacional do Seguro Social – INSS, por meio de instrumentos desenvolvidos para esse fim.

Art. 6º A contagem de tempo de contribuição na condição de segurado com deficiência será objeto de comprovação, exclusivamente, na forma desta Lei Complementar.

§ 1º A existência de deficiência anterior à data da vigência desta Lei Complementar deverá ser certificada, inclusive quanto ao seu grau, por ocasião da primeira avaliação, sendo obrigatória a fixação da data provável do início da deficiência.

§ 2º A comprovação de tempo de contribuição na condição de segurado com deficiência em período anterior à entrada em vigor desta Lei Complementar não será admitida por meio de prova exclusivamente testemunhal.

Art. 7º Se o segurado, após a filiação ao RGPS, tornar-se pessoa com deficiência, ou tiver seu grau de deficiência alterado, os parâmetros mencionados no art. 3º serão proporcionalmente ajustados, considerando-se o número de anos em que o segurado exerceu atividade laboral sem deficiência e com deficiência, observado o grau de deficiência correspondente, nos termos do regulamento a que se refere o parágrafo único do art. 3º desta Lei Complementar.

Art. 8º A renda mensal da aposentadoria devida ao segurado com deficiência será calculada aplicando-se sobre o salário de benefício, apurado em conformidade com o disposto no art. 29 da Lei nº 8.213, de 24 de julho de 1991, os seguintes percentuais:

I – 100% (cem por cento), no caso da aposentadoria de que tratam os incisos I, II e III do art. 3º; ou

II – 70% (setenta por cento) mais 1% (um por cento) do salário de benefício por grupo de 12 (doze) contribuições mensais até o máximo de 30% (trinta por cento), no caso de aposentadoria por idade.

Art. 9º Aplicam-se à pessoa com deficiência de que trata esta Lei Complementar:

I – o fator previdenciário nas aposentadorias, se resultar em renda mensal de valor mais elevado;

II – a contagem recíproca do tempo de contribuição na condição de segurado com deficiência relativo à filiação ao RGPS, ao regime próprio de previdência do servidor público ou a regime de previdência militar, devendo os regimes compensar-se financeiramente;

III – as regras de pagamento e de recolhimento das contribuições previdenciárias contidas na Lei nº 8.212, de 24 de julho de 1991;

IV – as demais normas relativas aos benefícios do RGPS;

V – a percepção de qualquer outra espécie de aposentadoria estabelecida na Lei nº 8.213, de 24 de julho de 1991, que lhe seja mais vantajosa do que as opções apresentadas nesta Lei Complementar.

Art. 10. A redução do tempo de contribuição prevista nesta Lei Complementar não poderá ser acumulada, no tocante ao mesmo período contributivo, com a redução assegurada aos casos de atividades exercidas sob condições especiais que prejudiquem a saúde ou a integridade física.

Art. 11. Esta Lei Complementar entra em vigor após decorridos 6 (seis) meses de sua publicação oficial.

Brasília, 8 de maio de 2013;
192º da Independência e
125º da República.

Dilma Rousseff

DECRETO Nº 8.145, DE 3 DE DEZEMBRO DE 2013

Altera o Regulamento da Previdência Social – RPS, aprovado pelo Decreto nº 3.048, de 6 de maio de 1999, para dispor sobre a aposentadoria por tempo de contribuição e por idade da pessoa com deficiência.

▸ Publicado no *DOU* de 3-12-2013, edição extra.

Art. 1º O Regulamento da Previdência Social – RPS, aprovado pelo Decreto nº 3.048, de 6 de maio de 1999, passa a vigorar com as seguintes alterações:

▸ Alterações inseridas no texto do referido Decreto.

Art. 2º A pessoa com deficiência poderá, a partir da entrada em vigor deste Decreto, solicitar o agendamento de avaliação médica e funcional, a ser realizada por perícia própria do INSS, para o reconhecimento do direito às aposentadorias por tempo de contribuição ou por idade nos termos da Lei Complementar nº 142, de 8 de maio de 2013.

§ 1º Até dois anos após a entrada em vigor deste Decreto será realizada a avaliação de que trata o *caput* para o segurado que requerer o benefício de aposentadoria e contar com os seguintes requisitos:

I – no mínimo vinte anos de contribuição, se mulher, e vinte e cinco, se homem; ou

II – no mínimo quinze anos de contribuição e cinquenta e cinco anos de idade, se mulher, e sessenta, se homem.

§ 2º Observada a capacidade da perícia própria do INSS, de acordo com a demanda local, poderá ser realizada a avaliação do segurado que não preencha os requisitos mencionados no § 1º.

Art. 3º O ato conjunto a que se refere o *caput* e o § 4º do art. 70-D do Regulamento da Previdência Social, aprovado pelo Decreto nº 3.048, de 1999, será editado em até 45 dias, contados da data de entrada em vigor deste Decreto.

Art. 4º Este Decreto entra em vigor na data de sua publicação.

Brasília, 3 de dezembro de 2013;
192º da Independência e
125º da República.

Dilma Rousseff

LEI COMPLEMENTAR Nº 150, DE 1º DE JUNHO DE 2015

Dispõe sobre o contrato de trabalho doméstico; altera as Leis nº 8.212, de 24 de julho de 1991, nº 8.213, de 24 de julho de 1991, e nº 11.196, de 21 de novembro de 2005; revoga o inciso I do art. 3º da Lei nº 8.009, de 29 de março de 1990, o art. 36 da Lei nº 8.213, de 24 de julho de 1991, a Lei nº 5.859, de 11 de dezembro de 1972, e o inciso VII do art. 12 da Lei nº 9.250, de 26 de dezembro 1995; e dá outras providências.

▶ Publicada no *DOU* de 2-6-2015.

Capítulo I

DO CONTRATO DE TRABALHO DOMÉSTICO

Art. 1º Ao empregado doméstico, assim considerado aquele que presta serviços de forma contínua, subordinada, onerosa e pessoal e de finalidade não lucrativa à pessoa ou à família, no âmbito residencial destas, por mais de 2 (dois) dias por semana, aplica-se o disposto nesta Lei.

Parágrafo único. É vedada a contratação de menor de 18 (dezoito) anos para desempenho de trabalho doméstico, de acordo com a Convenção nº 182, de 1999, da Organização Internacional do Trabalho (OIT) e com o Decreto nº 6.481, de 12 de junho de 2008.

Art. 2º A duração normal do trabalho doméstico não excederá 8 (oito) horas diárias e 44 (quarenta e quatro) semanais, observado o disposto nesta Lei.

§ 1º A remuneração da hora extraordinária será, no mínimo, 50% (cinquenta por cento) superior ao valor da hora normal.

§ 2º O salário-hora normal, em caso de empregado mensalista, será obtido dividindo-se o salário mensal por 220 (duzentas e vinte) horas, salvo se o contrato estipular jornada mensal inferior que resulte em divisor diverso.

§ 3º O salário-dia normal, em caso de empregado mensalista, será obtido dividindo-se o salário mensal por 30 (trinta) e servirá de base para pagamento do repouso remunerado e dos feriados trabalhados.

§ 4º Poderá ser dispensado o acréscimo de salário e instituído regime de compensação de horas, mediante acordo escrito entre empregador e empregado, se o excesso de horas de um dia for compensado em outro dia.

§ 5º No regime de compensação previsto no § 4º:

I – será devido o pagamento, como horas extraordinárias, na forma do § 1º, das primeiras 40 (quarenta) horas mensais excedentes ao horário normal de trabalho;

II – das 40 (quarenta) horas referidas no inciso I, poderão ser deduzidas, sem o correspondente pagamento, as horas não trabalhadas, em função de redução do horário normal de trabalho ou de dia útil não trabalhado, durante o mês;

III – o saldo de horas que excederem as 40 (quarenta) primeiras horas mensais de que trata o inciso I, com a dedução prevista no inciso II, quando for o caso, será compensado no período máximo de 1 (um) ano.

§ 6º Na hipótese de rescisão do contrato de trabalho sem que tenha havido a compensação integral da jornada extraordinária, na forma do § 5º, o empregado fará jus ao pagamento das horas extras não compensadas, calculadas sobre o valor da remuneração na data de rescisão.

§ 7º Os intervalos previstos nesta Lei, o tempo de repouso, as horas não trabalhadas, os feriados e os domingos livres em que o empregado que mora no local de trabalho nele permaneça não serão computados como horário de trabalho.

§ 8º O trabalho não compensado prestado em domingos e feriados deve ser pago em dobro, sem prejuízo da remuneração relativa ao repouso semanal.

Art. 3º Considera-se trabalho em regime de tempo parcial aquele cuja duração não exceda 25 (vinte e cinco) horas semanais.

§ 1º O salário a ser pago ao empregado sob regime de tempo parcial será proporcional a sua jornada, em relação ao empregado que cumpre, nas mesmas funções, tempo integral.

§ 2º A duração normal do trabalho do empregado em regime de tempo parcial poderá ser acrescida de horas suplementares, em número não excedente a 1 (uma) hora diária, mediante acordo escrito entre empregador e empregado, aplicando-se-lhe, ainda, o disposto nos §§ 2º e

3º do art. 2º, com o limite máximo de 6 (seis) horas diárias.

§ 3º Na modalidade do regime de tempo parcial, após cada período de 12 (doze) meses de vigência do contrato de trabalho, o empregado terá direito a férias, na seguinte proporção:

I – 18 (dezoito) dias, para a duração do trabalho semanal superior a 22 (vinte e duas) horas, até 25 (vinte e cinco) horas;

II – 16 (dezesseis) dias, para a duração do trabalho semanal superior a 20 (vinte) horas, até 22 (vinte e duas) horas;

III – 14 (quatorze) dias, para a duração do trabalho semanal superior a 15 (quinze) horas, até 20 (vinte) horas;

IV – 12 (doze) dias, para a duração do trabalho semanal superior a 10 (dez) horas, até 15 (quinze) horas;

V – 10 (dez) dias, para a duração do trabalho semanal superior a 5 (cinco) horas, até 10 (dez) horas;

VI – 8 (oito) dias, para a duração do trabalho semanal igual ou inferior a 5 (cinco) horas.

Art. 4º É facultada a contratação, por prazo determinado, do empregado doméstico:

I – mediante contrato de experiência;

II – para atender necessidades familiares de natureza transitória e para substituição temporária de empregado doméstico com contrato de trabalho interrompido ou suspenso.

Parágrafo único. No caso do inciso II deste artigo, a duração do contrato de trabalho é limitada ao término do evento que motivou a contratação, obedecido o limite máximo de 2 (dois) anos.

Art. 5º O contrato de experiência não poderá exceder 90 (noventa) dias.

§ 1º O contrato de experiência poderá ser prorrogado 1 (uma) vez, desde que a soma dos 2 (dois) períodos não ultrapasse 90 (noventa) dias.

§ 2º O contrato de experiência que, havendo continuidade do serviço, não for prorrogado após o decurso de seu prazo previamente estabelecido ou que ultrapassar o período de 90 (noventa) dias passará a vigorar como contrato de trabalho por prazo indeterminado.

Art. 6º Durante a vigência dos contratos previstos nos incisos I e II do art. 4º, o empregador que, sem justa causa, despedir o empregado é obrigado a pagar-lhe, a título de indenização, metade da remuneração a que teria direito até o termo do contrato.

Art. 7º Durante a vigência dos contratos previstos nos incisos I e II do art. 4º, o empregado não poderá se desligar do contrato sem justa causa, sob pena de ser obrigado a indenizar o empregador dos prejuízos que desse fato lhe resultarem.

Parágrafo único. A indenização não poderá exceder aquela a que teria direito o empregado em idênticas condições.

Art. 8º Durante a vigência dos contratos previstos nos incisos I e II do art. 4º, não será exigido aviso prévio.

Art. 9º A Carteira de Trabalho e Previdência Social será obrigatoriamente apresentada, contra recibo, pelo empregado ao empregador que o admitir, o qual terá o prazo de 48 (quarenta e oito) horas para nela anotar, especificamente, a data de admissão, a remuneração e, quando for o caso, os contratos previstos nos incisos I e II do art. 4º.

Art. 10. É facultado às partes, mediante acordo escrito entre essas, estabelecer horário de trabalho de 12 (doze) horas seguidas por 36 (trinta e seis) horas ininterruptas de descanso, observados ou indenizados os intervalos para repouso e alimentação.

§ 1º A remuneração mensal pactuada pelo horário previsto no *caput* deste artigo abrange os pagamentos devidos pelo descanso semanal remunerado e pelo descanso em feriados, e serão considerados compensados os feriados e as prorrogações de trabalho noturno, quando houver, de que tratam o art. 70 e o § 5º do art. 73 da Consolidação das Leis do Trabalho (CLT), aprovada pelo Decreto-lei nº 5.452, de 1º de maio de 1943, e o art. 9º da Lei nº 605, de 5 de janeiro de 1949.

§ 2º VETADO.

Art. 11. Em relação ao empregado responsável por acompanhar o empregador prestando serviços em viagem, serão consideradas apenas as horas efetivamente trabalhadas no período, podendo ser compensadas as horas extraordinárias em outro dia, observado o art. 2º.

§ 1º O acompanhamento do empregador pelo empregado em viagem será condicionado à prévia existência de acordo escrito entre as partes.

§ 2º A remuneração-hora do serviço em viagem será, no mínimo, 25% (vinte e cinco por cento) superior ao valor do salário hora normal.

§ 3º O disposto no § 2º deste artigo poderá ser, mediante acordo, convertido em acréscimo no banco de horas, a ser utilizado a critério do empregado.

Art. 12. É obrigatório o registro do horário de trabalho do empregado doméstico por qualquer meio manual, mecânico ou eletrônico, desde que idôneo.

Art. 13. É obrigatória a concessão de intervalo para repouso ou alimentação pelo período de, no mínimo, 1 (uma) hora e, no máximo, 2 (duas) horas, admitindo-se, mediante prévio acordo escrito entre empregador e empregado, sua redução a 30 (trinta) minutos.

§ 1º Caso o empregado resida no local de trabalho, o período de intervalo poderá ser desmembrado em 2 (dois) períodos, desde que cada um deles tenha, no mínimo, 1 (uma) hora, até o limite de 4 (quatro) horas ao dia.

§ 2º Em caso de modificação do intervalo, na forma do § 1º, é obrigatória a sua anotação no registro diário de horário, vedada sua prenotação.

Art. 14. Considera-se noturno, para os efeitos desta Lei, o trabalho executado entre as 22 horas de um dia e as 5 horas do dia seguinte.

§ 1º A hora de trabalho noturno terá duração de 52 (cinquenta e dois) minutos e 30 (trinta) segundos.

§ 2º A remuneração do trabalho noturno deve ter acréscimo de, no mínimo, 20% (vinte por cento) sobre o valor da hora diurna.

§ 3º Em caso de contratação, pelo empregador, de empregado exclusivamente para desempenhar trabalho noturno, o acréscimo será calculado sobre o salário anotado na Carteira de Trabalho e Previdência Social.

§ 4º Nos horários mistos, assim entendidos os que abrangem períodos diurnos e noturnos, aplica-se às horas de trabalho noturno o disposto neste artigo e seus parágrafos.

Art. 15. Entre 2 (duas) jornadas de trabalho deve haver período mínimo de 11 (onze) horas consecutivas para descanso.

Art. 16. É devido ao empregado doméstico descanso semanal remunerado de, no mínimo, 24 (vinte e quatro) horas consecutivas, preferencialmente aos domingos, além de descanso remunerado em feriados.

Art. 17. O empregado doméstico terá direito a férias anuais remuneradas de 30 (trinta) dias, salvo o disposto no § 3º do art. 3º, com acréscimo de, pelo menos, um terço do salário normal, após cada período de 12 (doze) meses de trabalho prestado à mesma pessoa ou família.

§ 1º Na cessação do contrato de trabalho, o empregado, desde que não tenha sido demitido por justa causa, terá direito à remuneração relativa ao período incompleto de férias, na proporção de um doze avos por mês de serviço ou fração superior a 14 (quatorze) dias.

§ 2º O período de férias poderá, a critério do empregador, ser fracionado em até 2 (dois) períodos, sendo 1 (um) deles de, no mínimo, 14 (quatorze) dias corridos.

§ 3º É facultado ao empregado doméstico converter um terço do período de férias a que tiver direito em abono pecuniário, no valor da remuneração que lhe seria devida nos dias correspondentes.

§ 4º O abono de férias deverá ser requerido até 30 (trinta) dias antes do término do período aquisitivo.

§ 5º É lícito ao empregado que reside no local de trabalho nele permanecer durante as férias.

§ 6º As férias serão concedidas pelo empregador nos 12 (doze) meses subsequentes à data em que o empregado tiver adquirido o direito.

Art. 18. É vedado ao empregador doméstico efetuar descontos no salário do empregado por fornecimento de alimentação, vestuário, higiene ou moradia, bem como por despesas com transporte, hospedagem e alimentação em caso de acompanhamento em viagem.

§ 1º É facultado ao empregador efetuar descontos no salário do empregado em caso de adiantamento salarial e, mediante acordo escrito entre as partes, para a inclusão do empregado em planos de assistência médico-hospitalar e odontológica, de seguro e de previdência privada, não podendo a dedução ultrapassar 20% (vinte por cento) do salário.

§ 2º Poderão ser descontadas as despesas com moradia de que trata o *caput* deste artigo quando essa se referir a local diverso da residência em que ocorrer a prestação de serviço, desde que essa possibilidade tenha sido expressamente acordada entre as partes.

§ 3º As despesas referidas no *caput* deste artigo não têm natureza salarial nem se incorporam à remuneração para quaisquer efeitos.

§ 4º O fornecimento de moradia ao empregado doméstico na própria residência ou em morada anexa, de qualquer natureza, não gera ao empregado qualquer direito de posse ou de propriedade sobre a referida moradia.

Art. 19. Observadas as peculiaridades do trabalho doméstico, a ele também se aplicam as Leis nº 605, de 5 de janeiro de 1949, nº 4.090, de 13 de julho de 1962, nº 4.749, de 12 de agosto de 1965, e nº 7.418, de 16 de dezembro de 1985, e, subsidiariamente, a Consolidação das Leis do Trabalho (CLT), aprovada pelo Decreto-lei nº 5.452, de 1º de maio de 1943.

Parágrafo único. A obrigação prevista no art. 4º da Lei nº 7.418, de 16 de dezembro de 1985, poderá ser substituída, a critério do empregador, pela concessão, mediante recibo, dos valores para a aquisição das passagens necessárias ao custeio das despesas decorrentes do deslocamento residência-trabalho e vice-versa.

Art. 20. O empregado doméstico é segurado obrigatório da Previdência Social, sendo-lhe devidas, na forma da Lei nº 8.213, de 24 de julho de 1991, as prestações nela arroladas, atendido o disposto nesta Lei e observadas as características especiais do trabalho doméstico.

Art. 21. É devida a inclusão do empregado doméstico no Fundo de Garantia do Tempo de Serviço (FGTS), na forma do regulamento a ser editado pelo Conselho Curador e pelo agente operador do FGTS, no âmbito de suas competências, conforme disposto nos arts. 5º e 7º da Lei nº 8.036, de 11 de maio de 1990, inclusive no que tange aos aspectos técnicos de depósitos, saques, devolução de valores e emissão de extratos, entre outros determinados na forma da lei.

Parágrafo único. O empregador doméstico somente passará a ter obrigação de promover a inscrição e de efetuar os recolhimentos referentes a seu empregado após a entrada em vigor do regulamento referido no *caput*.

Art. 22. O empregador doméstico depositará a importância de 3,2% (três inteiros e dois décimos por cento) sobre a remuneração devida, no mês anterior, a cada empregado, destinada ao pagamento da indenização compensatória da perda do emprego, sem justa causa ou por culpa do empregador, não se aplicando ao empregado doméstico o disposto nos §§ 1º a 3º do art. 18 da Lei nº 8.036, de 11 de maio de 1990.

§ 1º Nas hipóteses de dispensa por justa causa ou a pedido, de término do contrato de trabalho por prazo determinado, de aposentadoria e de falecimento do empregado doméstico, os valores previstos no *caput* serão movimentados pelo empregador.

§ 2º Na hipótese de culpa recíproca, metade dos valores previstos no *caput* será movimentada pelo empregado, enquanto a outra metade será movimentada pelo empregador.

§ 3º Os valores previstos no *caput* serão depositados na conta vinculada do empregado, em variação distinta daquela em que se encontrarem os valores oriundos dos depósitos de que trata o inciso IV do art. 34 desta Lei, e somente poderão ser movimentados por ocasião da rescisão contratual.

§ 4º À importância monetária de que trata o *caput*, aplicam-se as disposições da Lei nº 8.036, de 11 de maio de 1990, e da Lei nº 8.844, de 20 de janeiro de 1994, inclusive quanto a sujeição passiva e equiparações, prazo de recolhimento, administração, fiscalização, lançamento, consulta, cobrança, garantias, processo administrativo de determinação e exigência de créditos tributários federais.

Art. 23. Não havendo prazo estipulado no contrato, a parte que, sem justo motivo, quiser rescindi-lo deverá avisar a outra de sua intenção.

§ 1º O aviso prévio será concedido na proporção de 30 (trinta) dias ao empregado que conte com até 1 (um) ano de serviço para o mesmo empregador.

§ 2º Ao aviso prévio previsto neste artigo, devido ao empregado, serão acrescidos 3 (três) dias por ano de serviço prestado para o mesmo empregador, até o máximo de 60 (sessenta) dias, perfazendo um total de até 90 (noventa) dias.

§ 3º A falta de aviso prévio por parte do empregador dá ao empregado o direito aos salários correspondentes ao prazo do aviso, garantida sempre a integração desse período ao seu tempo de serviço.

§ 4º A falta de aviso prévio por parte do empregado dá ao empregador o direito de descontar os salários correspondentes ao prazo respectivo.

§ 5º O valor das horas extraordinárias habituais integra o aviso prévio indenizado.

Art. 24. O horário normal de trabalho do empregado durante o aviso prévio, quando a rescisão tiver sido promovida pelo empregador, será reduzido de 2 (duas) horas diárias, sem prejuízo do salário integral.

Parágrafo único. É facultado ao empregado trabalhar sem a redução das 2 (duas) horas diárias previstas no *caput* deste artigo, caso em que poderá faltar ao serviço, sem prejuízo do salário integral, por 7 (sete) dias corridos, na hipótese dos §§ 1º e 2º do art. 23.

Art. 25. A empregada doméstica gestante tem direito a licença-maternidade de 120 (cento e vinte) dias, sem prejuízo do emprego e do salário, nos termos da Seção V do Capítulo III do Título III da Consolidação das Leis do Trabalho (CLT), aprovada pelo Decreto-lei nº 5.452, de 1º de maio de 1943.

Parágrafo único. A confirmação do estado de gravidez durante o curso do contrato de trabalho, ainda que durante o prazo do aviso prévio trabalhado ou indenizado, garante à empregada gestante a estabilidade provisória prevista na alínea *b* do inciso II do art. 10 do Ato das Disposições Constitucionais Transitórias.

Art. 26. O empregado doméstico que for dispensado sem justa causa fará jus ao benefício do seguro-desemprego, na forma da Lei nº 7.998, de 11 de janeiro de 1990, no valor de 1 (um) salário mínimo, por período máximo de 3 (três) meses, de forma contínua ou alternada.

§ 1º O benefício de que trata o *caput* será concedido ao empregado nos termos do regulamento do Conselho Deliberativo do Fundo de Amparo ao Trabalhador (CODEFAT).

§ 2º O benefício do seguro-desemprego será cancelado, sem prejuízo das demais sanções cíveis e penais cabíveis:

I – pela recusa, por parte do trabalhador desempregado, de outro emprego condizente com sua qualificação registrada ou declarada e com sua remuneração anterior;
II – por comprovação de falsidade na prestação das informações necessárias à habilitação;
III – por comprovação de fraude visando à percepção indevida do benefício do seguro-desemprego; ou
IV – por morte do segurado.

Art. 27. Considera-se justa causa para os efeitos desta Lei:

I – submissão a maus tratos de idoso, de enfermo, de pessoa com deficiência ou de criança sob cuidado direto ou indireto do empregado;
II – prática de ato de improbidade;
III – incontinência de conduta ou mau procedimento;
IV – condenação criminal do empregado transitada em julgado, caso não tenha havido suspensão da execução da pena;
V – desídia no desempenho das respectivas funções;
VI – embriaguez habitual ou em serviço;
VII – VETADO;
VIII – ato de indisciplina ou de insubordinação;
IX – abandono de emprego, assim considerada a ausência injustificada ao serviço por, pelo menos, 30 (trinta) dias corridos;
X – ato lesivo à honra ou à boa fama ou ofensas físicas praticadas em serviço contra qualquer pessoa, salvo em caso de legítima defesa, própria ou de outrem;
XI – ato lesivo à honra ou à boa fama ou ofensas físicas praticadas contra o empregador doméstico ou sua família, salvo em caso de legítima defesa, própria ou de outrem;
XII – prática constante de jogos de azar.

Parágrafo único. O contrato de trabalho poderá ser rescindido por culpa do empregador quando:

I – o empregador exigir serviços superiores às forças do empregado doméstico, defesos por lei, contrários aos bons costumes ou alheios ao contrato;
II – o empregado doméstico for tratado pelo empregador ou por sua família com rigor excessivo ou de forma degradante;
III – o empregado doméstico correr perigo manifesto de mal considerável;
IV – o empregador não cumprir as obrigações do contrato;
V – o empregador ou sua família praticar, contra o empregado doméstico ou pessoas de sua família, ato lesivo à honra e à boa fama;
VI – o empregador ou sua família ofender o empregado doméstico ou sua família fisicamente, salvo em caso de legítima defesa, própria ou de outrem;
VII – o empregador praticar qualquer das formas de violência doméstica ou familiar contra mulheres de que trata o art. 5º da Lei nº 11.340, de 7 de agosto de 2006.

Art. 28. Para se habilitar ao benefício do seguro-desemprego, o trabalhador doméstico deverá apresentar ao órgão competente do Ministério do Trabalho e Emprego:

I – Carteira de Trabalho e Previdência Social, na qual deverão constar a anotação do contrato de trabalho doméstico e a data de dispensa, de modo a comprovar o vínculo empregatício, como empregado doméstico, durante pelo menos 15 (quinze) meses nos últimos 24 (vinte e quatro) meses;

II – termo de rescisão do contrato de trabalho;

III – declaração de que não está em gozo de benefício de prestação continuada da Previdência Social, exceto auxílio-acidente e pensão por morte; e

IV – declaração de que não possui renda própria de qualquer natureza suficiente à sua manutenção e de sua família.

Art. 29. O seguro-desemprego deverá ser requerido de 7 (sete) a 90 (noventa) dias contados da data de dispensa.

Art. 30. Novo seguro-desemprego só poderá ser requerido após o cumprimento de novo período aquisitivo, cuja duração será definida pelo CODEFAT.

CAPÍTULO II

DO SIMPLES DOMÉSTICO

Art. 31. É instituído o regime unificado de pagamento de tributos, de contribuições e dos demais encargos do empregador doméstico (Simples Doméstico), que deverá ser regulamentado no prazo de 120 (cento e vinte) dias a contar da data de entrada em vigor desta Lei.

Art. 32. A inscrição do empregador e a entrada única de dados cadastrais e de informações trabalhistas, previdenciárias e fiscais no âmbito do Simples Doméstico dar-se-ão mediante registro em sistema eletrônico a ser disponibilizado em portal na internet, conforme regulamento.

Parágrafo único. A impossibilidade de utilização do sistema eletrônico será objeto de regulamento, a ser editado pelo Ministério da Fazenda e pelo agente operador do FGTS.

Art. 33. O Simples Doméstico será disciplinado por ato conjunto dos Ministros de Estado da Fazenda, da Previdência Social e do Trabalho e Emprego que disporá sobre a apuração, o recolhimento e a distribuição dos recursos recolhidos por meio do Simples Doméstico, observadas as disposições do art. 21 desta Lei.

§ 1º O ato conjunto a que se refere o *caput* deverá dispor também sobre o sistema eletrônico de registro das obrigações trabalhistas, previdenciárias e fiscais e sobre o cálculo e o recolhimento dos tributos e encargos trabalhistas vinculados ao Simples Doméstico.

§ 2º As informações prestadas no sistema eletrônico de que trata o § 1º:

I – têm caráter declaratório, constituindo instrumento hábil e suficiente para a exigência dos tributos e encargos trabalhistas delas resultantes e que não tenham sido recolhidos no prazo consignado para pagamento; e

II – deverão ser fornecidas até o vencimento do prazo para pagamento dos tributos e encargos trabalhistas devidos no Simples Doméstico em cada mês, relativamente aos fatos geradores ocorridos no mês anterior.

§ 3º O sistema eletrônico de que trata o § 1º deste artigo e o sistema de que trata o *caput* do art. 32 substituirão, na forma regulamentada pelo ato conjunto previsto no *caput*, a obrigatoriedade de entrega de todas as informações, formulários e declarações a que estão sujeitos os empregadores domésticos, inclusive os relativos ao recolhimento do FGTS.

Art. 34. O Simples Doméstico assegurará o recolhimento mensal, mediante documento único de arrecadação, dos seguintes valores:

I – 8% (oito por cento) a 11% (onze por cento) de contribuição previdenciária, a cargo do segurado empregado doméstico, nos termos do art. 20 da Lei nº 8.212, de 24 de julho de 1991;

II – 8% (oito por cento) de contribuição patronal previdenciária para a seguridade social, a cargo do empregador doméstico, nos termos do art. 24 da Lei nº 8.212, de 24 de julho de 1991;

III – 0,8% (oito décimos por cento) de contribuição social para financiamento do seguro contra acidentes do trabalho;

IV – 8% (oito por cento) de recolhimento para o FGTS;

V – 3,2% (três inteiros e dois décimos por cento), na forma do art. 22 desta Lei; e

VI – imposto sobre a renda retido na fonte de que trata o inciso I do art. 7º da Lei nº 7.713, de 22 de dezembro de 1988, se incidente.

§ 1º As contribuições, os depósitos e o imposto arrolados nos incisos I a VI incidem sobre a remuneração paga ou devida no mês anterior, a cada empregado, incluída na remuneração a gratificação de Natal a que se refere a Lei nº 4.090, de 13 de julho de 1962, e a Lei nº 4.749, de 12 de agosto de 1965.

§ 2º A contribuição e o imposto previstos nos incisos I e VI do *caput* deste artigo serão descontados da remuneração do empregado pelo empregador, que é responsável por seu recolhimento.

§ 3º O produto da arrecadação das contribuições, dos depósitos e do imposto de que trata o *caput* será centralizado na Caixa Econômica Federal.

§ 4º A Caixa Econômica Federal, com base nos elementos identificadores do recolhimento, disponíveis no sistema de que trata o § 1º do art. 33, transferirá para a Conta Única do Tesouro Nacional o valor arrecadado das contribuições e do imposto previstos nos incisos I, II, III e VI do *caput*.

§ 5º O recolhimento de que trata o *caput* será efetuado em instituições financeiras integrantes da rede arrecadadora de receitas federais.

§ 6º O empregador fornecerá, mensalmente, ao empregado doméstico cópia do documento previsto no *caput*.

§ 7º O recolhimento mensal, mediante documento único de arrecadação, e a exigência das contribuições, dos depósitos e do imposto, nos valores definidos nos incisos I a VI do *caput*, somente serão devidos após 120 (cento e vinte) dias da data de publicação desta Lei.

Art. 35. O empregador doméstico é obrigado a pagar a remuneração devida ao empregado doméstico e a arrecadar e a recolher a contribuição prevista no inciso I do art. 34, assim como a arrecadar e a recolher as contribuições, os depósitos e o imposto a seu cargo discriminados nos incisos II, III, IV, V e VI do *caput* do art. 34, até o dia 7 do mês seguinte ao da competência.

§ 1º Os valores previstos nos incisos I, II, III e VI do *caput* do art. 34 não recolhidos até a data de vencimento sujeitar-se-ão à incidência de encargos legais na forma prevista na legislação do imposto sobre a renda.

§ 2º Os valores previstos nos incisos IV e V, referentes ao FGTS, não recolhidos até a data de vencimento serão corrigidos e terão a incidência da respectiva multa, conforme a Lei nº 8.036, de 11 de maio de 1990.

Capítulo III

DA LEGISLAÇÃO PREVIDENCIÁRIA E TRIBUTÁRIA

Art. 36. O inciso V do art. 30 da Lei nº 8.212, de 24 de julho de 1991, passa a vigorar com a seguinte redação:

"Art. 30. ....

....

V – o empregador doméstico é obrigado a arrecadar e a recolher a contribuição do segurado empregado a seu serviço, assim como a parcela a seu cargo, até o dia 7 do mês seguinte ao da competência;

...."

Art. 37. A Lei nº 8.213, de 24 de julho de 1991, passa a vigorar com as seguintes alterações:

"Art. 18. ....

....

§ 1º Somente poderão beneficiar-se do auxílio-acidente os segurados incluídos nos incisos I, II, VI e VII do art. 11 desta Lei.

...."

"Art. 19. Acidente do trabalho é o que ocorre pelo exercício do trabalho a serviço de empresa ou de empregador doméstico ou pelo exercício do trabalho dos segurados referidos no inciso VII do art. 11 desta Lei, provocando lesão corporal ou perturbação funcional que cause a morte ou a perda ou redução, permanente ou temporária, da capacidade para o trabalho.

...."

"Art. 21-A. A perícia médica do Instituto Nacional do Seguro Social (INSS) considerará caracterizada a natureza acidentária da incapacidade quando constatar ocorrência de nexo técnico epidemiológico entre o trabalho e o agravo, decorrente da relação entre a atividade da empresa ou do empregado doméstico e a entidade mórbida motivadora da incapacidade elencada na Classificação Internacional de Doenças (CID), em conformidade com o que dispuser o regulamento.

....

§ 2º A empresa ou o empregador doméstico poderão requerer a não aplicação do nexo técnico epidemiológico, de cuja decisão caberá recurso, com efeito suspensivo, da empresa, do empregador doméstico ou do segurado ao Conselho de Recursos da Previdência Social."

"Art. 22. A empresa ou o empregador doméstico deverão comunicar o acidente do trabalho à Previdência Social até o primeiro dia útil seguinte ao da ocorrência e, em caso de morte, de imediato, à autoridade competente, sob pena de multa variável entre o limite mínimo e o limite máximo do salário de contribuição, sucessivamente aumentada nas reincidências, aplicada e cobrada pela Previdência Social.

...."

"Art. 27. Para cômputo do período de carência, serão consideradas as contribuições:

I – referentes ao período a partir da data de filiação ao Regime Geral de Previdência Social (RGPS), no caso dos segurados empregados, inclusive os domésticos, e dos trabalhadores avulsos;

II – realizadas a contar da data de efetivo pagamento da primeira contribuição sem atraso, não sendo consideradas para este fim as contribuições recolhidas com atraso referentes a competências anteriores, no caso dos segurados contribuinte individual, especial e facultativo, referidos, respectivamente, nos incisos V e VII do art. 11 e no art. 13."

"Art. 34. No cálculo do valor da renda mensal do benefício, inclusive o decorrente de acidente do trabalho, serão computados:

I – para o segurado empregado, inclusive o doméstico, e o trabalhador avulso, os salários de contribuição referentes aos meses de contribuições devidas, ainda que não recolhidas pela empresa ou pelo empregador doméstico, sem prejuízo da respectiva cobrança e da aplicação das penalidades cabíveis, observado o disposto no § 5º do art. 29-A;

II – para o segurado empregado, inclusive o doméstico, o trabalhador avulso e o segurado especial, o valor mensal do auxílio-acidente, considerado como salário de contribuição para fins de concessão de qualquer aposentadoria, nos termos do art. 31;

...."

"Art. 35. Ao segurado empregado, inclusive o doméstico, e ao trabalhador avulso que tenham cumprido todas as condições para a concessão do benefício pleiteado, mas não possam comprovar o valor de seus salários de contribuição no período básico de cálculo, será concedido o benefício de valor mínimo, devendo esta renda ser recalculada quando da apresentação de prova dos salários de contribuição."

"Art. 37. A renda mensal inicial, recalculada de acordo com o disposto no art. 35, deve ser reajustada como a dos benefícios correspondentes com igual data de início e substituirá, a partir da data do requerimento de revisão do valor do benefício, a renda mensal que prevalecia até então."

"Art. 38. Sem prejuízo do disposto no art. 35, cabe à Previdência Social manter cadastro dos segurados com todos os informes necessários para o cálculo da renda mensal dos benefícios."

"Art. 63. O segurado empregado, inclusive o doméstico, em gozo de auxílio-doença será considerado pela empresa e pelo empregador doméstico como licenciado.

...."

"Art. 65. O salário-família será devido, mensalmente, ao segurado empregado, inclusive o doméstico, e ao segurado trabalhador avulso, na proporção do respectivo número de filhos ou equiparados nos termos do § 2º do art. 16 desta Lei, observado o disposto no art. 66.

...."

"Art. 67. ....

Parágrafo único. O empregado doméstico deve apresentar apenas a certidão de nascimento referida no *caput*."

"Art. 68. As cotas do salário-família serão pagas pela empresa ou pelo empregador doméstico, mensalmente, junto com o salário, efetivando-se a compensação quando do recolhimento das contribuições, conforme dispuser o Regulamento.

§ 1º A empresa ou o empregador doméstico conservarão durante 10 (dez) anos os comprovantes de pagamento e as cópias das certidões correspondentes, para fiscalização da Previdência Social.

...."

Art. 38. O art. 70 da Lei nº 11.196, de 21 de novembro de 2005, passa a vigorar com a seguinte redação:

"Art. 70..

I – ....

....

d) até o dia 7 do mês subsequente ao mês de ocorrência dos fatos geradores, no caso de pagamento de rendimentos provenientes do trabalho assalariado a empregado doméstico; e

e) até o último dia útil do segundo decêndio do mês subsequente ao mês de ocorrência dos fatos geradores, nos demais casos;

...."

Capítulo IV

DO PROGRAMA DE RECUPERAÇÃO PREVIDENCIÁRIA DOS EMPREGADORES DOMÉSTICOS (REDOM)

Art. 39. É instituído o Programa de Recuperação Previdenciária dos Empregadores Domésticos (REDOM), nos termos desta Lei.

Art. 40. Será concedido ao empregador doméstico o parcelamento dos débitos com o Instituto Nacional do Seguro Social (INSS) relativos à contribuição de que tratam os arts. 20 e 24 da Lei nº 8.212, de 24 de julho de 1991, com vencimento até 30 de abril de 2013.

§ 1º O parcelamento abrangerá todos os débitos existentes em nome do empregado e do empregador, na condição de contribuinte, inclusive débitos inscritos em dívida ativa, que poderão ser:

I – pagos com redução de 100% (cem por cento) das multas aplicáveis, de 60% (sessenta por cento) dos juros de mora e de 100% (cem por cento) sobre os valores dos encargos legais e advocatícios;

II – parcelados em até 120 (cento e vinte) vezes, com prestação mínima no valor de R$ 100,00 (cem reais).

§ 2º O parcelamento deverá ser requerido no prazo de 120 (cento e vinte) dias após a entrada em vigor desta Lei.

§ 3º A manutenção injustificada em aberto de 3 (três) parcelas implicará, após comunicação ao sujeito passivo, a imediata rescisão do parcelamento e, conforme o caso, o prosseguimento da cobrança.

§ 4º Na hipótese de rescisão do parcelamento com o cancelamento dos benefícios concedidos:

I – será efetuada a apuração do valor original do débito, com a incidência dos acréscimos legais, até a data de rescisão;

II – serão deduzidas do valor referido no inciso I deste parágrafo as parcelas pagas, com a incidência dos acréscimos legais, até a data de rescisão.

Art. 41. A opção pelo REDOM sujeita o contribuinte a:

I – confissão irrevogável e irretratável dos débitos referidos no art. 40;

II – aceitação plena e irretratável de todas as condições estabelecidas;

III – pagamento regular das parcelas do débito consolidado, assim como das contribuições com vencimento posterior a 30 de abril de 2013.

Capítulo V

Disposições Gerais

Art. 42. É de responsabilidade do empregador o arquivamento de documentos comprobatórios do cumprimento das obrigações fiscais, trabalhistas e previdenciárias, enquanto essas não prescreverem.

Art. 43. O direito de ação quanto a créditos resultantes das relações de trabalho prescreve em 5 (cinco) anos até o limite de 2 (dois) anos após a extinção do contrato de trabalho.

Art. 44. A Lei nº 10.593, de 6 de dezembro de 2002, passa a vigorar acrescida do seguinte art. 11-A:

"Art. 11-A. A verificação, pelo Auditor-Fiscal do Trabalho, do cumprimento das normas que regem o trabalho do empregado doméstico, no âmbito do domicílio do empregador, dependerá de agendamento e de entendimento prévios entre a fiscalização e o empregador.

§ 1º A fiscalização deverá ter natureza prioritariamente orientadora.

§ 2º Será observado o critério de dupla visita para lavratura de auto de infração, salvo quando for constatada infração por falta de anotação na Carteira de Trabalho e Previdência Social ou, ainda, na ocorrência de reincidência, fraude, resistência ou embaraço à fiscalização.

§ 3º Durante a inspeção do trabalho referida no *caput*, o Auditor-Fiscal do Trabalho far-se-á acompanhar pelo empregador ou por alguém de sua família por este designado."

Art. 45. As matérias tratadas nesta Lei Complementar que não sejam reservadas constitucionalmente a lei complementar poderão ser objeto de alteração por lei ordinária.

Art. 46. Revogam-se o inciso I do art. 3º da Lei nº 8.009, de 29 de março de 1990, e a Lei nº 5.859, de 11 de dezembro de 1972.

Art. 47. Esta Lei entra em vigor na data de sua publicação.

Brasília, 1º de junho de 2015;
194º da Independência e
127º da República.

Dilma Rousseff

RESOLUÇÃO DO INSS Nº 485, DE 8 DE JULHO DE 2015

Dispõe sobre procedimentos a serem adotados pela Perícia Médica na inspeção no ambiente de trabalho dos segurados.

▸ Publicada no *DOU* de 10-7-2015.

A Presidenta do Instituto Nacional do Seguro Social – INSS, no uso das atribuições que lhe confere o art. 26 do Anexo I do Decreto nº 7.556, de 24 de agosto de 2011, e considerando:

a) o disposto no art. 21-A da Lei nº 8.213, de 24 de julho de 2001, segundo o qual a Perícia Médica do INSS considerará caracterizada a natureza acidentária da incapacidade quando constatar ocorrência de nexo técnico epidemiológico entre o trabalho e o agravo, decorrente da relação entre a atividade da empresa ou do empregado doméstico e a entidade mórbida motivadora da incapacidade elencada na Classificação Internacional de Doenças – CID, em conformidade com o que dispuser o regulamento;

b) o disposto no art. 337 do Decreto nº 3.048, de 1999, que atribui à Perícia Médica do INSS a competência de reconhecer tecnicamente o nexo entre o trabalho e o agravo;

c) o § 7º do art. 68 do Decreto nº 3.048, de 1999, que dispõe sobre a inspeção, se necessário, no local de trabalho do segurado visando a confirmar as informações contidas no Perfil Profissiográfico Previdenciário – PPP e Laudo Técnico de Condições Ambientais do Trabalho – LTCAT, para fins de Aposentadoria Especial;

d) o disposto no § 1º do art. 137 do Decreto nº 3.048, de 1999, que atribui a execução das funções de reabilitação profissional a equipe multiprofissional, dentre ela o Perito Médico; e

e) a Resolução nº 160/PRES/INSS, de 17 de outubro de 2011, que aprovou o Manual Técnico de Procedimentos da Área de Reabilitação Profissional, que atribui à Perícia Médica possibilidade de realizar inspeção no ambiente de trabalho do reabilitando, levando-se em conta o seu potencial laborativo, resolve:

Art. 1º Ficam estabelecidas rotinas e procedimentos a serem adotados pela Perícia Médica para inspeção no ambiente de trabalho.

Art. 2º Para inspeção no ambiente de trabalho, deverão ser observados os elementos inerentes à história clínica e ocupacional, descritos nos seguintes documentos:

I – Prontuário Médico;

II – PPP e demais dados da Análise de Função;

III – Laudo Técnico das Condições de Ambiente de Trabalho – LTCAT;

IV – Programa de Prevenção de Riscos Ambientais – PPRA;

V – Programa de Controle Médico de Saúde Ocupacional – PCMSO;

VI – Carteira de Trabalho, para análise dos vínculos empregatícios anteriores; e

VII – Comunicação de Acidente do Trabalho – CAT (se houver).

Parágrafo único. Para que a Perícia Médica disponha dos documentos relacionados neste artigo, que sejam de responsabilidade da empresa, deverá solicitá-los por meio do Formulário de Solicitação de Documentos Médicos (Anexo I).

Art. 3º A inspeção no ambiente de trabalho será precedida de envio de Carta de Comunicação de Inspeção à empresa (Anexo II).

Art. 4º A inspeção no ambiente de trabalho terá por finalidade:

I – reconhecer tecnicamente o nexo entre o trabalho e o agravo;

II – verificar se existe, por parte da empresa, cumprimento quanto às normas de segurança e higiene do trabalho;

III – verificar a adoção e o uso das medidas coletivas e individuais de proteção e segurança da saúde do trabalhador;

IV – constatar se a doença ou lesão invocada como causa do benefício junto ao INSS é pré-existente ou não ao ingresso no Regime Geral de Previdência Social, excetuando-se os casos de progressão ou agravamento;

V – verificar se as informações contidas no PPP estão em concordância com o LTCAT utilizado como base para sua fundamentação, com fins à aposentadoria especial;

VI – confirmar se as informações contidas LTCAT estão em concordância com o ambiente de trabalho inspecionado, com fins à aposentadoria especial; e

VII – avaliar a compatibilidade da capacidade laborativa do reabilitando frente ao posto de trabalho de origem e frente ao posto de trabalho proposto pelo empregador.

Art. 5º A Perícia Médica dará ciência ao segurado, por meio da Carta de Comunicação ao Segurado de Inspeção no Ambiente de Trabalho (Anexo IV), da data e hora de realização da inspeção, informando-lhe da possibilidade da participação do representante do sindicato da categoria e/ou do seu médico assistente.

§ 1º Um representante da empresa poderá fazer parte da inspeção, sendo, preferencialmente, um técnico e/ou o representante da Comissão Interna de Prevenção de Acidentes – CIPA.

§ 2º No momento da inspeção, os executores deverão estar munidos de documento de Identificação Funcional e de Carta de Apresentação (Anexo III).

Art. 6º Sem que haja prejuízo nas determinações contidas na Norma Regulamentadora nº 28, aprovada pela Portaria MTB nº 3.214, de 8 de junho de 1978, quando na realização da inspeção no ambiente de trabalho ficar constatada alguma das irregularidades descritas nas normativas previdenciárias, o executor da inspeção deverá emitir Representação Administrativa – RA e encaminhar suas respectivas cópias, conforme o caso, aos órgãos competentes (Anexos VIII, IX, X, XI, XII, XIV e/ou XV).

Art. 7º O Formulário de Inspeção no Ambiente de Trabalho (Anexo V) deverá conter, obrigatoriamente:

I – identificação da empresa, dos acompanhantes, do segurado e dos documentos solicitados para análise;

II – descrição da atividade (registrar as atividades desenvolvidas pelo segurado em cada função e setor, incluindo a atual e as pregressas);

III – riscos ambientais (agentes físicos, químicos, biológicos), fatores ergonômicos, psicofísicos e riscos de acidentes;

IV – comentários complementares (elementos eventualmente existentes e não apontados anteriormente, mas necessários ao esclarecimento da matéria em questão);

V – conclusão final que deverá conter, conforme o caso:

a) o reconhecimento ou não do nexo entre o trabalho e o agravo;

b) o enquadramento de condições especiais (relatar a existência de efetiva exposição ao agente nocivo, habitualidade e permanência da exposição);

c) a capacidade laborativa do reabilitando frente ao posto de trabalho de origem e ao posto de trabalho proposto pelo empregador; e

d) encaminhamentos adicionais que venham a ser realizados, tais como Representações Administrativas – RA a outros órgãos.

Art. 8º Na realização da inspeção, o responsável valer-se-á de entrevistas de técnicos da área e chefias no sentido de avaliar as exigências cognitivas do trabalho, a existência ou não de pausas, a existência de orientações sobre prevenção de doenças ocupacionais e se as atividades são variadas ou monótonas.

Art. 9º O responsável pela inspeção no ambiente de trabalho emitirá cópia do relatório para o Serviço/Seção de Saúde do Trabalhador com a finalidade de arquivamento e formação de banco de laudos, bem como para a Agência da Previdência Social – APS, onde o segurado tenha solicitado o benefício, que deverá ser anexado aos antecedentes médico-periciais ou peça concessória da aposentadoria especial, ou em casos de avaliação em Reabilitação Profissional ao prontuário, conforme o caso.

Art. 10. Após realizada a inspeção no local de trabalho, a perícia médica do INSS reconhecerá ou não o nexo entre o trabalho e o agravo, devendo a APS mantenedora do beneficio, em ambos os casos, emitir junto à perícia médica uma Carta de Notificação (Anexo VI, caso reconhecido o nexo ou Anexo VII, caso não reconhecido o nexo), em três vias, sendo uma para ser juntada ao processo concessório e as outras duas para serem enviadas à empresa e ao segurado.

Art. 11. O (s) servidor (es) responsável (eis) pela realização da inspeção no ambiente de trabalho fará (ão) jus ao recebimento, a título de indenização, do valor estabelecido no parágrafo único do art. 357 do Regulamento da Previdência Social, aprovado pelo Decreto nº 3.048, de 6 de maio de 1999.

Art. 12. Os Anexos a esta Resolução serão publicados em Boletim de Serviço, e suas atualizações e posteriores alterações poderão ser objeto de Despacho Decisório expedido pela Diretoria de Saúde do Trabalhador.

Art. 13. Esta Resolução entra em vigor na data da sua publicação, e revoga a Orientação Interna INSS/DIRBEN nº 89, de 14 de janeiro de 2004, publicada em Boletim de Serviço no dia 16 de janeiro de 2004.

Elisete Berchiol da Silva Iwai

LEI Nº 13.146, DE 6 DE JULHO DE 2015

Institui a Lei Brasileira de Inclusão da Pessoa com Deficiência (Estatuto da Pessoa com Deficiência).

(EXCERTOS)

▸ Publicada no *DOU* de 7-7-2015.

▸ Art. 127 desta Lei.

Livro I – Parte geral

TÍTULO I – DISPOSIÇÕES PRELIMINARES

Capítulo I

DISPOSIÇÕES GERAIS

Art. 1º É instituída a Lei Brasileira de Inclusão da Pessoa com Deficiência (Estatuto da Pessoa com Deficiência), destinada a assegurar e a promover, em condições de igualdade, o exercício dos direitos e das liberdades fundamentais por pessoa com deficiência, visando à sua inclusão social e cidadania.

Parágrafo único. Esta Lei tem como base a Convenção sobre os Direitos das Pessoas com Deficiência e seu Protocolo Facultativo, ratificados pelo Congresso Nacional por meio do Decreto Legislativo nº 186, de 9 de julho de 2008, em conformidade com o procedimento previsto no § 3º do art. 5º da Constituição da República Federativa do Brasil, em vigor para o Brasil, no plano jurídico externo, desde 31 de agosto de 2008, e promulgados pelo Decreto nº 6.949, de 25 de agosto de 2009, data de início de sua vigência no plano interno.

....

Capítulo II

DA IGUALDADE E DA NÃO DISCRIMINAÇÃO

....

Seção Única

DO ATENDIMENTO PRIORITÁRIO

Art. 9º A pessoa com deficiência tem direito a receber atendimento prioritário, sobretudo com a finalidade de:

I – proteção e socorro em quaisquer circunstâncias;

II – atendimento em todas as instituições e serviços de atendimento ao público;

III – disponibilização de recursos, tanto humanos quanto tecnológicos, que garantam atendimento em igualdade de condições com as demais pessoas;

IV – disponibilização de pontos de parada, estações e terminais acessíveis de transporte coletivo de passageiros e garantia de segurança no embarque e no desembarque;

V – acesso a informações e disponibilização de recursos de comunicação acessíveis;

VI – recebimento de restituição de imposto de renda;

VII – tramitação processual e procedimentos judiciais e administrativos em que for parte ou interessada, em todos os atos e diligências.

§ 1º Os direitos previstos neste artigo são extensivos ao acompanhante da pessoa com deficiência ou ao seu atendente pessoal, exceto quanto ao disposto nos incisos VI e VII deste artigo.

§ 2º Nos serviços de emergência públicos e privados, a prioridade conferida por esta Lei é condicionada aos protocolos de atendimento médico.

TÍTULO II – DOS DIREITOS FUNDAMENTAIS

....

Capítulo VI

DO DIREITO AO TRABALHO

Seção I

DISPOSIÇÕES GERAIS

Art. 34. A pessoa com deficiência tem direito ao trabalho de sua livre escolha e aceitação, em ambiente acessível e inclusivo, em igualdade de oportunidades com as demais pessoas.

§ 1º As pessoas jurídicas de direito público, privado ou de qualquer natureza são obrigadas a garantir ambientes de trabalho acessíveis e inclusivos.

§ 2º A pessoa com deficiência tem direito, em igualdade de oportunidades com as demais pessoas, a condições justas e favoráveis de trabalho, incluindo igual remuneração por trabalho de igual valor.

§ 3º É vedada restrição ao trabalho da pessoa com deficiência e qualquer discriminação em razão de sua condição, inclusive nas etapas de recrutamento, seleção, contratação, admissão, exames admissional e periódico, permanência no emprego, ascensão profissional e reabilitação profissional, bem como exigência de aptidão plena.

§ 4º A pessoa com deficiência tem direito à participação e ao acesso a cursos, treinamentos, educação continuada, planos de carreira, promoções, bonificações e incentivos profissionais oferecidos pelo empregador, em igualdade de oportunidades com os demais empregados.

§ 5º É garantida aos trabalhadores com deficiência acessibilidade em cursos de formação e de capacitação.

Art. 35. É finalidade primordial das políticas públicas de trabalho e emprego promover e garantir condições de acesso e de permanência da pessoa com deficiência no campo de trabalho.

Parágrafo único. Os programas de estímulo ao empreendedorismo e ao trabalho autônomo, incluídos o cooperativismo e o associativismo, devem prever a participação da pessoa com deficiência e a disponibilização de linhas de crédito, quando necessárias.

Seção II

DA HABILITAÇÃO PROFISSIONAL E REABILITAÇÃO PROFISSIONAL

Art. 36. O poder público deve implementar serviços e programas completos de habilitação profissional e de reabilitação profissional para que a pessoa com deficiência possa ingressar, continuar ou retornar ao campo do trabalho, respeitados sua livre escolha, sua vocação e seu interesse.

§ 1º Equipe multidisciplinar indicará, com base em critérios previstos no § 1º do art. 2º desta Lei, programa de habilitação ou de reabilitação que possibilite à pessoa com deficiência restaurar sua capacidade e habilidade profissional ou adquirir novas capacidades e habilidades de trabalho.

§ 2º A habilitação profissional corresponde ao processo destinado a propiciar à pessoa com deficiência aquisição de conhecimentos, habilidades e aptidões para exercício de profissão ou de ocupação, permitindo nível suficiente de desenvolvimento profissional para ingresso no campo de trabalho.

§ 3º Os serviços de habilitação profissional, de reabilitação profissional e de educação profissional devem ser dotados de recursos necessários para atender a toda pessoa com deficiência, independentemente de sua característica específica, a fim de que ela possa ser capacitada para trabalho que lhe seja adequado e ter perspectivas de obtê-lo, de conservá-lo e de nele progredir.

§ 4º Os serviços de habilitação profissional, de reabilitação profissional e de educação profissional deverão ser oferecidos em ambientes acessíveis e inclusivos.

§ 5º A habilitação profissional e a reabilitação profissional devem ocorrer articuladas com as redes públicas e privadas, especialmente de saúde, de ensino e de assistência social, em todos os níveis e modalidades, em entidades de formação profissional ou diretamente com o empregador.

§ 6º A habilitação profissional pode ocorrer em empresas por meio de prévia formalização do contrato de emprego da pessoa com deficiência, que será considerada para o cumprimento da reserva de vagas prevista em lei, desde que por tempo determinado e concomitante com a inclusão profissional na empresa, observado o disposto em regulamento.

§ 7º A habilitação profissional e a reabilitação profissional atenderão à pessoa com deficiência.

Seção III

DA INCLUSÃO DA PESSOA COM DEFICIÊNCIA NO TRABALHO

Art. 37. Constitui modo de inclusão da pessoa com deficiência no trabalho a colocação competitiva, em igualdade de oportunidades com as demais pessoas, nos termos da legislação trabalhista e previdenciária, na qual devem ser atendidas as regras de acessibilidade, o fornecimento de recursos de tecnologia assistiva e a adaptação razoável no ambiente de trabalho.

Parágrafo único. A colocação competitiva da pessoa com deficiência pode ocorrer por meio de trabalho com apoio, observadas as seguintes diretrizes:

I – prioridade no atendimento à pessoa com deficiência com maior dificuldade de inserção no campo de trabalho;

II – provisão de suportes individualizados que atendam a necessidades específicas da pessoa com deficiência, inclusive a disponibilização de recursos de tecnologia assistiva, de agente facilitador e de apoio no ambiente de trabalho;

III – respeito ao perfil vocacional e ao interesse da pessoa com deficiência apoiada;

IV – oferta de aconselhamento e de apoio aos empregadores, com vistas à definição de estratégias de inclusão e de superação de barreiras, inclusive atitudinais;

V – realização de avaliações periódicas;

VI – articulação intersetorial das políticas públicas;

VII – possibilidade de participação de organizações da sociedade civil.

Art. 38. A entidade contratada para a realização de processo seletivo público ou privado para cargo, função ou emprego está obrigada à observância do disposto nesta Lei e em outras normas de acessibilidade vigentes.

Capítulo VII

DO DIREITO À ASSISTÊNCIA SOCIAL

Art. 39. Os serviços, os programas, os projetos e os benefícios no âmbito da política pública de assistência social à pessoa com deficiência e sua família têm como objetivo a garantia da segurança de renda, da acolhida, da habilitação e da reabilitação, do desenvolvimento da autonomia e da convivência familiar e comunitária, para a promoção do acesso a direitos e da plena participação social.

§ 1º A assistência social à pessoa com deficiência, nos termos do *caput* deste artigo, deve envolver conjunto articulado de serviços do âmbito da Proteção Social Básica e da Proteção Social Especial, ofertados pelo SUAS, para a garantia de seguranças fundamentais no enfrentamento de situações de vulnerabilidade e de risco, por fragilização de vínculos e ameaça ou violação de direitos.

§ 2º Os serviços socioassistenciais destinados à pessoa com deficiência em situação de dependência deverão contar com cuidadores sociais para prestar-lhe cuidados básicos e instrumentais.

Art. 40. É assegurado à pessoa com deficiência que não possua meios para prover sua subsistência nem de tê-la provida por sua família o benefício mensal de 1 (um) salário mínimo, nos termos da Lei nº 8.742, de 7 de dezembro de 1993.

Capítulo VIII

DO DIREITO À PREVIDÊNCIA SOCIAL

Art. 41. A pessoa com deficiência segurada do Regime Geral de Previdência Social (RGPS) tem direito à aposentadoria nos termos da Lei Complementar nº 142, de 8 de maio de 2013.

....

Livro II – PARTE ESPECIAL

TÍTULO I – DO ACESSO À JUSTIÇA

Capítulo I

DISPOSIÇÕES GERAIS

Art. 79. O poder público deve assegurar o acesso da pessoa com deficiência à justiça, em igualdade de oportunidades com as demais pessoas, garantindo, sempre que requeridos, adaptações e recursos de tecnologia assistiva.

§ 1º A fim de garantir a atuação da pessoa com deficiência em todo o processo judicial, o poder público deve capacitar os membros e os servidores que atuam no Poder Judiciário, no Ministério Público, na Defensoria Pública, nos órgãos de segurança pública e no sistema penitenciário quanto aos direitos da pessoa com deficiência.

§ 2º Devem ser assegurados à pessoa com deficiência submetida a medida restritiva de liberdade todos os direitos e garantias a que fazem jus os apenados sem deficiência, garantida a acessibilidade.

§ 3º A Defensoria Pública e o Ministério Público tomarão as medidas necessárias à garantia dos direitos previstos nesta Lei.

Art. 80. Devem ser oferecidos todos os recursos de tecnologia assistiva disponíveis para que a pessoa com deficiência tenha garantido o acesso à justiça, sempre que figure em um dos polos da ação ou atue como testemunha, partícipe da lide posta em juízo, advogado, defensor público, magistrado ou membro do Ministério Público.

Parágrafo único. A pessoa com deficiência tem garantido o acesso ao conteúdo de todos os atos processuais de seu interesse, inclusive no exercício da advocacia.

Art. 81. Os direitos da pessoa com deficiência serão garantidos por ocasião da aplicação de sanções penais.

Art. 82. VETADO.

Art. 83. Os serviços notariais e de registro não podem negar ou criar óbices ou condições diferenciadas à prestação de seus serviços em razão de deficiência do solicitante, devendo reconhecer sua capacidade legal plena, garantida a acessibilidade.

Parágrafo único. O descumprimento do disposto no *caput* deste artigo constitui discriminação em razão de deficiência.

....

TÍTULO III – DISPOSIÇÕES FINAIS E TRANSITÓRIAS

....

Art. 127. Esta Lei entra em vigor após decorridos 180 (cento e oitenta) dias de sua publicação oficial.

Brasília, 6 de julho de 2015;
194º da Independência e
127º da República.

Dilma Rousseff

LEI COMPLEMENTAR Nº 152, DE 3 DE DEZEMBRO DE 2015

Dispõe sobre a aposentadoria compulsória por idade, com proventos proporcionais, nos termos do inciso II do § 1º do art. 40 da Constituição Federal.

▸ Publicada no *DOU* de 4-12-2015.

▸ O STF, por unanimidade, julgou improcedente a ADIN nº 5.430 para declarar a constitucionalidade desta lei (*DOU* de 30-5-2023).

Art. 1º Esta Lei Complementar dispõe sobre a aposentadoria compulsória por idade, com proventos proporcionais, no âmbito da União, dos Estados, do Distrito Federal e dos Municípios, dos agentes públicos aos quais se aplica o inciso II do § 1º do art. 40 da Constituição Federal.

Art. 2º Serão aposentados compulsoriamente, com proventos proporcionais ao tempo de contribuição, aos 75 (setenta e cinco) anos de idade:

I – os servidores titulares de cargos efetivos da União, dos Estados, do Distrito Federal e dos Municípios, incluídas suas autarquias e fundações;

II – os membros do Poder Judiciário;

III – os membros do Ministério Público;

IV – os membros das Defensorias Públicas;

V – os membros dos Tribunais e dos Conselhos de Contas.

Parágrafo único. Aos servidores do Serviço Exterior Brasileiro, regidos pela Lei nº 11.440, de 29 de dezembro de 2006, o disposto neste artigo será aplicado progressivamente à razão de 1 (um) ano adicional de limite para aposentadoria compulsória ao fim de cada 2 (dois) anos, a partir da vigência desta Lei Complementar, até o limite de 75 (setenta e cinco) anos previsto no *caput*.

Art. 3º Revoga-se o inciso I do art. 1º da Lei Complementar nº 51, de 20 de dezembro de 1985.

Art. 4º Esta Lei Complementar entra em vigor na data de sua publicação.

Brasília, 3 de dezembro de 2015;
194º da Independência e
127º da República.

Dilma Rousseff

LEI Nº 13.300, DE 23 DE JUNHO DE 2016

Disciplina o processo e o julgamento dos mandados de injunção individual e coletivo e dá outras providências.

▸ Publicada no *DOU* de 24-6-2016.

Art. 1º Esta Lei disciplina o processo e o julgamento dos mandados de injunção individual e coletivo, nos termos do inciso LXXI do art. 5º da Constituição Federal.

Art. 2º Conceder-se-á mandado de injunção sempre que a falta total ou parcial de norma regulamentadora torne inviável o exercício dos direitos e liberdades constitucionais e das prerrogativas inerentes à nacionalidade, à soberania e à cidadania.

Parágrafo único. Considera-se parcial a regulamentação quando forem insuficientes as normas editadas pelo órgão legislador competente.

Art. 3º São legitimados para o mandado de injunção, como impetrantes, as pessoas naturais ou jurídicas que se afirmam titulares dos direitos, das liberdades ou das prerrogativas referidos no art. 2º e, como impetrado, o Poder, o órgão ou a autoridade com atribuição para editar a norma regulamentadora.

Art. 4º A petição inicial deverá preencher os requisitos estabelecidos pela lei processual e indicará, além do órgão impetrado, a pessoa jurídica que ele integra ou aquela a que está vinculado.

§ 1º Quando não for transmitida por meio eletrônico, a petição inicial e os documentos que a instruem serão acompanhados de tantas vias quantos forem os impetrados.

§ 2º Quando o documento necessário à prova do alegado encontrar-se em repartição ou estabelecimento público, em poder de autoridade ou de terceiro, havendo recusa em fornecê-lo por certidão, no original, ou em cópia autêntica, será ordenada, a pedido do impetrante, a exibição do documento no prazo de 10 (dez) dias, devendo, nesse caso, ser juntada cópia à segunda via da petição.

§ 3º Se a recusa em fornecer o documento for do impetrado, a ordem será feita no próprio instrumento da notificação.

Art. 5º Recebida a petição inicial, será ordenada:

I – a notificação do impetrado sobre o conteúdo da petição inicial, devendo-lhe ser enviada a segunda via apresentada com as cópias dos documentos, a fim de que, no prazo de 10 (dez) dias, preste informações;

II – a ciência do ajuizamento da ação ao órgão de representação judicial da pessoa jurídica interessada, devendo-lhe ser enviada cópia da petição inicial, para que, querendo, ingresse no feito.

Art. 6º A petição inicial será desde logo indeferida quando a impetração for manifestamente incabível ou manifestamente improcedente.

Parágrafo único. Da decisão de relator que indeferir a petição inicial, caberá agravo, em 5 (cinco) dias, para o órgão colegiado competente para o julgamento da impetração.

Art. 7º Findo o prazo para apresentação das informações, será ouvido o Ministério Público, que opinará em 10 (dez) dias, após o que, com ou sem parecer, os autos serão conclusos para decisão.

Art. 8º Reconhecido o estado de mora legislativa, será deferida a injunção para:

I – determinar prazo razoável para que o impetrado promova a edição da norma regulamentadora;

II – estabelecer as condições em que se dará o exercício dos direitos, das liberdades ou das prerrogativas reclamados ou, se for o caso, as condições em que poderá o interessado promover ação própria visando a exercê-los, caso não seja suprida a mora legislativa no prazo determinado.

Parágrafo único. Será dispensada a determinação a que se refere o inciso I do *caput* quando comprovado que o impetrado deixou de atender, em mandado de injunção anterior, ao prazo estabelecido para a edição da norma.

Art. 9º A decisão terá eficácia subjetiva limitada às partes e produzirá efeitos até o advento da norma regulamentadora.

§ 1º Poderá ser conferida eficácia *ultra partes* ou *erga omnes* à decisão, quando isso for inerente ou indispensável ao exercício do direito, da liberdade ou da prerrogativa objeto da impetração.

§ 2º Transitada em julgado a decisão, seus efeitos poderão ser estendidos aos casos análogos por decisão monocrática do relator.

§ 3º O indeferimento do pedido por insuficiência de prova não impede a renovação da impetração fundada em outros elementos probatórios.

Art. 10. Sem prejuízo dos efeitos já produzidos, a decisão poderá ser revista, a pedido de qualquer interessado, quando sobrevierem relevantes modificações das circunstâncias de fato ou de direito.

Parágrafo único. A ação de revisão observará, no que couber, o procedimento estabelecido nesta Lei.

Art. 11. A norma regulamentadora superveniente produzirá efeitos *ex nunc* em relação aos beneficiados por decisão transitada em julgado, salvo se a aplicação da norma editada lhes for mais favorável.

Parágrafo único. Estará prejudicada a impetração se a norma regulamentadora for editada antes da decisão, caso em que o processo será extinto sem resolução de mérito.

Art. 12. O mandado de injunção coletivo pode ser promovido:

I – pelo Ministério Público, quando a tutela requerida for especialmente relevante para a defesa da ordem jurídica, do regime democrático ou dos interesses sociais ou individuais indisponíveis;

II – por partido político com representação no Congresso Nacional, para assegurar o exercício de direitos, liberdades e prerrogativas de seus integrantes ou relacionados com a finalidade partidária;

III – por organização sindical, entidade de classe ou associação legalmente constituída e em funcionamento há pelo menos 1 (um) ano, para assegurar o exercício de direitos, liberdades e prerrogativas em favor da totalidade ou de parte de seus membros ou associados, na forma de seus estatutos e desde que pertinentes a suas finalidades, dispensada, para tanto, autorização especial;

IV – pela Defensoria Pública, quando a tutela requerida for especialmente relevante para a promoção dos direitos humanos e a defesa dos direitos individuais e coletivos dos necessitados, na forma do inciso LXXIV do art. 5º da Constituição Federal.

Parágrafo único. Os direitos, as liberdades e as prerrogativas protegidos por mandado de injunção coletivo são os pertencentes, indistintamente, a uma coletividade indeterminada de pessoas ou determinada por grupo, classe ou categoria.

Art. 13. No mandado de injunção coletivo, a sentença fará coisa julgada limitadamente às pessoas integrantes da coletividade, do grupo, da classe ou da categoria substituídos pelo impetrante, sem prejuízo do disposto nos §§ 1º e 2º do art. 9º.

Parágrafo único. O mandado de injunção coletivo não induz litispendência em relação aos individuais, mas os efeitos da coisa julgada não beneficiarão o impetrante que não requerer a desistência da demanda individual no prazo de 30 (trinta) dias a contar da ciência comprovada da impetração coletiva.

Art. 14. Aplicam-se subsidiariamente ao mandado de injunção as normas do mandado de segurança, disciplinado pela Lei nº 12.016, de 7 de agosto de 2009, e do Código de Processo Civil, instituído pela Lei nº 5.869, de 11 de janeiro de 1973, e pela Lei nº 13.105, de 16 de março de 2015, observado o disposto em seus arts. 1.045 e 1.046.

Art. 15. Esta Lei entra em vigor na data de sua publicação.

Brasília, 23 de junho de 2016;
195º da Independência e
128º da República.

Michel Temer

LEI Nº 13.485, DE 2 DE OUTUBRO DE 2017

Dispõe sobre o parcelamento de débitos com a Fazenda Nacional relativos às contribuições previdenciárias de responsabilidade dos Estados, do Distrito Federal e dos Municípios, e sobre a revisão da dívida previdenciária dos Municípios pelo Poder Executivo federal; altera a Lei nº 9.796, de 5 de maio de 1999; e dá outras providências.

▶ Publicada no *DOU* de 3-10-2017.

O PRESIDENTE DA REPÚBLICA Faço saber que o Congresso Nacional decreta e eu sanciono a seguinte Lei:

Art. 1º Os débitos com a Secretaria da Receita Federal do Brasil e a Procuradoria-Geral da Fazenda Nacional de responsabilidade dos Estados, do Distrito Federal e dos Municípios, e de suas autarquias e fundações públicas, relativos às contribuições sociais de que tratam as alíneas *a* e *c* do parágrafo único do art. 11 da Lei nº 8.212, de 24 de julho de 1991, inclusive os decorrentes do descumprimento de obrigações acessórias, vencidos até 30 de abril de 2017, e os de contribuições incidentes sobre o décimo terceiro salário, constituídos ou não, inscritos ou não em dívida ativa da União, ainda que em fase de execução fiscal já ajuizada, ou que tenham sido objeto de parcelamento anterior não integralmente quitado, poderão ser pagos em até duzentas parcelas, conforme o disposto nesta Lei.

Art. 2º Os débitos a que se refere o art. 1º desta Lei poderão ser quitados, no âmbito de cada órgão, mediante:

I – o pagamento à vista e em espécie de 2,4% (dois inteiros e quatro décimos por cento) do valor total da dívida consolidada, sem reduções, em até seis parcelas iguais e sucessivas, vencíveis entre julho e dezembro de 2017; e

II – o pagamento do restante da dívida consolidada em até cento e noventa e quatro parcelas, vencíveis a partir de janeiro de 2018, com reduções de:

a) 40% (quarenta por cento) das multas de mora, de ofício e isoladas e dos encargos legais e de 25% (vinte e cinco por cento) dos honorários advocatícios; e

b) 80% (oitenta por cento) dos juros de mora.

§ 1º As parcelas a que se refere o inciso II do *caput* deste artigo serão:

I – equivalentes ao saldo da dívida fracionado em até cento e noventa e quatro parcelas ou a 1% (um por cento) da média mensal da receita corrente líquida do Estado, do Distrito Federal ou do Município, o que resultar na menor prestação; e

II – retidas no Fundo de Participação dos Estados e do Distrito Federal (FPE) ou no Fundo de Participação dos Municípios (FPM) e repassadas à União.

§ 2º Encerrado o prazo dos parcelamentos, eventual resíduo da dívida não quitada na forma prevista no *caput* deste artigo poderá ser pago à vista ou ser parcelado em até sessenta prestações, na forma prevista na Lei nº 10.522, de 19 de julho de 2002.

§ 3º Para fins do disposto nesta Lei, considera-se receita corrente líquida aquela assim definida no inciso IV do *caput* do art. 2º da Lei Complementar nº 101, de 4 de maio de 2000 (Lei de Responsabilidade Fiscal).

§ 4º O percentual de 1% (um por cento) a que se refere o inciso I do § 1º deste artigo será aplicado sobre a média mensal da receita corrente líquida referente ao ano anterior ao do vencimento da parcela, publicada de acordo com o previsto nos arts. 52, 53 e 63 da Lei Complementar nº 101, de 4 de maio de 2000 (Lei de Responsabilidade Fiscal), e será de 0,5% (cinco décimos por cento) para cada órgão, na hipótese de concessão e manutenção de parcelamentos ativos de que trata o art. 1º desta Lei, perante a Secretaria da Receita Federal do Brasil e a Procuradoria-Geral da Fazenda Nacional.

§ 5º Para fins de cálculo das parcelas mensais, os Estados, o Distrito Federal e os Municípios ficam obrigados a encaminhar à Secretaria da Receita Federal do Brasil e à Procuradoria-Geral da Fazenda Nacional, até o último dia útil do mês de fevereiro de cada ano, o demonstrativo de apuração da receita corrente líquida de que trata o inciso I do *caput* do art. 53 da Lei Complementar nº 101, de 4 de maio de 2000 (Lei de Responsabilidade Fiscal).

§ 6º Às parcelas com vencimento em janeiro, fevereiro e março de cada ano serão aplicados os limites utilizados no ano anterior, nos termos do § 4º deste artigo.

§ 7º As informações prestadas em atendimento ao disposto no § 5º deste artigo pelo ente federativo poderão ser revistas de ofício.

§ 8º Os entes que tenham renegociado suas dívidas ao amparo da Medida Provisória nº 778, de 16 de maio de 2017, terão o saldo devedor e o valor das parcelas de que trata o inciso II do *caput* deste artigo ajustados ao disposto na alínea *a* do mesmo inciso.

Art. 3º A adesão aos parcelamentos de que trata o art. 1º desta Lei implica a autorização, pelo Estado, pelo Distrito Federal ou pelo Município, para a retenção, no FPE ou no FPM, e o repasse à União do valor correspondente às obrigações tributárias correntes dos meses anteriores ao do recebimento do respectivo Fundo de Participação, no caso de não pagamento no vencimento.

§ 1º A retenção e o repasse serão efetuados a partir do mês seguinte ao do vencimento da obrigação tributária não paga, com a incidência dos acréscimos legais devidos até a data da retenção.

§ 2º Na hipótese de não apresentação, no prazo legal, da Guia de Recolhimento do Fundo de Garantia do Tempo de Serviço e Informações à Previdência Social (GFIP), da Declaração de Débitos e Créditos Tributários Federais (DCTF) ou de obrigações acessórias que venham a substituí-las, o valor a ser retido nos termos do *caput* deste artigo corresponderá à média das últimas doze competências recolhidas ou devidas, sem prejuízo da cobrança, da restituição ou da compensação de eventuais diferenças.

§ 3º A retenção de valores no FPE ou no FPM e seu repasse à Secretaria da Receita Federal do Brasil e à Procuradoria-Geral da Fazenda Nacional serão efetuados obedecendo-se à seguinte ordem de preferência:

I – as obrigações correntes não pagas no vencimento;

II – as prestações do parcelamento dos débitos de que trata o art. 1º desta Lei administrados pela Secretaria da Receita Federal do Brasil;

III – as prestações do parcelamento dos débitos de que trata o art. 1º desta Lei administrados pela Procuradoria-Geral da Fazenda Nacional;

IV – as prestações dos demais parcelamentos administrados pela Secretaria da Receita Federal do Brasil cujos atos instituidores autorizem o pagamento mediante retenção no FPE ou no FPM; e

V – as prestações dos demais parcelamentos administrados pela Procuradoria-Geral da Fazenda Nacional cujos atos instituidores autorizem o pagamento mediante retenção no FPE ou no FPM.

§ 4º Na hipótese de o FPE ou o FPM não conter saldo suficiente para retenção dos valores a que se refere o § 3º deste artigo ou na hipótese de impossibilidade de retenção do valor devido, o valor da diferença não retida deverá ser recolhido por meio de Guia da Previdência Social (GPS) ou de Documento de Arrecadação de Receitas Federais (Darf), conforme o tipo de documento de arrecadação utilizado para cobrança pelo órgão competente.

Art. 4º O deferimento do pedido de parcelamento de que trata o art. 1º desta Lei fica condicionado à apresentação, pelo Estado, pelo Distrito Federal ou pelo Município, na data da formalização do pedido, do demonstrativo referente à apuração da receita corrente líquida do ano-calendário anterior ao da publicação desta Lei.

Art. 5º Os parcelamentos de que trata o art. 1º desta Lei serão rescindidos nas seguintes hipóteses:

I – falta de recolhimento de diferença não retida no FPE ou no FPM por três meses, consecutivos ou alternados;

II – falta de apresentação das informações relativas ao demonstrativo de apuração da receita corrente líquida referido no § 5º do art. 2º desta Lei; e

III – não quitação integral do pagamento à vista e em espécie de que trata o art. 2º desta Lei.

Parágrafo único. A rescisão do parcelamento implicará o restabelecimento do montante das multas, dos juros e dos encargos legais, inclusive dos honorários advocatícios, proporcionalmente aos valores dos débitos não pagos.

Art. 6º Os pedidos de parcelamento de que trata o art. 1º desta Lei deverão ser formalizados até 31 de outubro de 2017, e ficará vedada, a partir da adesão, qualquer retenção referente a débitos de parcelamentos anteriores incluídos nos parcelamentos de que trata esta Lei.

§ 1º A existência de outras modalidades de parcelamento em curso não impede a concessão dos parcelamentos de que trata o art. 1º desta Lei.

§ 2º Ao ser protocolado pelo ente federativo o pedido de parcelamento, fica suspensa, a partir do deferimento do pedido, a exigibilidade dos débitos incluídos nos parcelamentos perante a Fazenda Nacional.

§ 3º Até que seja consolidado o débito e calculado o valor das parcelas a serem pagas na forma prevista no § 1º do art. 2º desta Lei, serão retidos, pela Secretaria da Receita Federal do Brasil e pela Procuradoria-Geral da Fazenda Nacional, e repassados à União, como antecipação dos pagamentos, valores correspondentes a 0,5% (cinco décimos por cento) da média mensal da receita corrente líquida do ano anterior no FPE ou no FPM.

§ 4º O percentual de 0,5% (cinco décimos por cento) a que se refere o § 3º deste artigo será de 0,25% (vinte e cinco centésimos por cento) para cada órgão, na hipótese de concessão e manutenção de parcelamentos ativos de que trata o art. 1º desta Lei, perante a Secretaria da Receita Federal do Brasil e a Procuradoria-Geral da Fazenda Nacional.

§ 5º Caso o pedido de parcelamento tenha ocorrido após 31 de julho de 2017, o pagamento à vista e em espécie do montante correspondente ao percentual de que trata o inciso I do *caput* do art. 2º desta Lei deverá ser efetuado em tantas parcelas quantas forem necessárias para quitação até 31 de dezembro de 2017.

Art. 7º Aos parcelamentos de que trata o art. 1º desta Lei aplica-se, no que couber, o disposto nos arts. 12, 13 e 14-B da Lei nº 10.522, de 19 de julho de 2002.

Art. 8º A Secretaria da Receita Federal do Brasil e a Procuradoria-Geral da Fazenda Nacional, no âmbito de suas competências, editarão, no prazo de até trinta dias, contado da data de entrada em vigor da Medida Provisória nº 778, de 16 de maio de 2017, os atos necessários à execução dos parcelamentos de que trata o art. 1º desta Lei.

Art. 9º O Poder Executivo federal, com vistas ao cumprimento do disposto no inciso II do *caput* do art. 5º e no art. 14 da Lei Complementar nº 101, de 4 de maio de 2000 (Lei de Responsabilidade Fiscal), estimará o montante da renúncia fiscal decorrente do disposto no art. 2º desta Lei, incluí-lo-á no demonstrativo a que se refere o § 6º do art. 165 da Constituição Federal que acompanhar o projeto de lei orçamentária anual e fará constar das propostas orçamentárias subsequentes os valores relativos à aludida renúncia.

Parágrafo único. Os benefícios fiscais constantes do art. 2º desta Lei somente serão concedidos se for atendido o disposto no *caput* deste artigo, inclusive com a demonstração pelo Poder Executivo federal de que a renúncia foi considerada na estimativa de receita da lei orçamentária anual, na forma do art. 12 da Lei Complementar nº 101, de 4 de maio de 2000 (Lei de Responsabilidade Fiscal), e de que não afetará as metas de resultados fiscais previstas no anexo próprio da lei de diretrizes orçamentárias.

Art. 10. O art. 6º da Lei nº 9.796, de 5 de maio de 1999, passa a vigorar acrescido dos seguintes § 5º e 6º:

"Art. 6º ....

....

§ 5º O pagamento para os regimes próprios de previdência social credores da compensação financeira, relativa ao período de 5 de outubro de 1988 a 5 de maio de 1999, cujos entes instituidores não sejam devedores de contribuições previdenciárias ao Regime Geral de Previdência Social (RGPS), será efetivado conforme os seguintes parâmetros:

I – até o exercício de 2017, para os Municípios:

a) em parcela única, se o crédito não superar R$ 500.000,00 (quinhentos mil reais);

b) em tantas parcelas mensais quantas forem necessárias até o limite de R$ 500.000,00 (quinhentos mil reais), se o crédito superar esse montante;

II – a partir do exercício de 2018, para os Municípios, os Estados e o Distrito Federal:

a) em parcela única, se o crédito não superar R$ 1.500.000,00 (um milhão e quinhentos mil reais);

b) em tantas parcelas mensais de até R$ 1.500.000,00 (um milhão e quinhentos mil reais), se o crédito superar esse montante, no prazo de até cento e oitenta meses, condicionada à existência de recursos financeiros para cumprimento da meta de resultado primário estabelecido na lei de diretrizes orçamentárias;

c) caso o limite de cento e oitenta meses não seja suficiente para a quitação dos créditos, o valor da parcela disposto na alínea *b* deste inciso será ajustado de forma a garantir a quitação no prazo de cento e oitenta meses;

III – por meio de dação em pagamento de imóveis integrantes do Fundo do Regime Geral de Previdência Social (FRGPS).

§ 6º O pagamento da compensação financeira do Fundo do Regime Geral de Previdência Social depende da desistência de eventuais ações judiciais que tenham por objeto a dívida compensada, e é causa da extinção dos pagamentos previstos no § 5º deste artigo a manutenção do litígio ou o ajuizamento de novas ações."

Art. 11. O Poder Executivo federal fará a revisão da dívida previdenciária dos Municípios, com a implementação do efetivo encontro de contas entre débitos e créditos previdenciários dos Municípios e do Regime Geral de Previdência Social decorrentes, entre outros, de:

I – valores referentes à compensação financeira entre regimes de previdência de que trata a Lei nº 9.796, de 5 de maio de 1999;

II – valores pagos indevidamente a título de contribuição previdenciária dos agentes eletivos federais, estaduais ou municipais prevista na alínea *h* do inciso I do art. 12 da Lei nº 8.212, de 24 de julho de 1991, declarada inconstitucional pelo Supremo Tribunal Federal;

III – valores prescritos, assim considerados em razão da Súmula Vinculante nº 8 do Supremo Tribunal Federal, que declara inconstitucionais os arts. 45 e 46 da Lei nº 8.212, de 24 de julho de 1991;

IV – valores referentes às verbas de natureza indenizatória, indevidamente incluídas na base de cálculo para incidência das contribuições previdenciárias, tais como:

a) terço constitucional de férias;

b) horário extraordinário;

c) horário extraordinário incorporado;

d) primeiros quinze dias do auxílio-doença;

e) auxílio-acidente e aviso prévio indenizado;

V – valores pagos incidentes sobre as parcelas indenizatórias na base de cálculo da contribuição para o Fundo de Garantia do Tempo de Serviço (FGTS);

VI – valores devidos e não pagos pelo Instituto Nacional do Seguro Social (INSS) referentes ao estoque previdenciário nos termos da Lei nº 9.796, de 5 de maio de 1999, relacionados ao período de outubro de 1988 a junho de 1999;

VII – valores pagos a título de contribuição previdenciária pelos Municípios sobre a remuneração de servidores em comissão que possuem vinculação com o Regime Próprio de Previdência Social (RPPS) no cargo ou emprego de origem;

VIII – valores pagos a título de contribuição previdenciária pelos Municípios sobre a remuneração de agentes políticos que antes da publicação da Lei nº 10.887, de 18 de junho de 2004, possuíam vínculo funcional com o RPPS na origem;

IX – valores pagos a título de contribuição previdenciária pelos Municípios sobre a remuneração de servidores vinculados ao RPPS.

§ 1º O encontro de contas de que trata o *caput* deste artigo poderá dispor sobre multas de mora e de ofício, juros de mora, encargo de sucumbência e demais encargos de natureza pecuniária, bem como sobre valores oferecidos em garantia ou sobre situações em que a interpretação da legislação relativa a obrigações tributárias seja conflituosa ou litigiosa.

§ 2º O encontro de contas compreenderá matérias objeto de ações de repetição de indébito.

§ 3º O encontro de contas deverá ser conclusivo e final quanto à interpretação de conceitos indeterminados do direito ou à identificação e relevância do fato.

§ 4º O prazo para a conclusão do processo de encontro de contas será de noventa dias, contados do ingresso do requerimento por parte do Município.

§ 5º Não obstará a adesão ao parcelamento previsto nesta Lei a eventual discordância entre as partes, que deverá ser efetuado pelo valor ao final apurado no encontro de contas.

§ 6º O valor controvertido poderá ser objeto de revisão pelo Comitê de Revisão da Dívida Previdenciária Municipal por meio de requerimento efetuado pelo Município interessado em até trinta dias contados da conclusão do encontro de contas.

§ 7º A diferença apurada ao final da revisão deverá ser deduzida ou incorporada ao parcelamento, atualizada na mesma forma dos índices constantes do art. 99 da Lei nº 11.196, de 21 de novembro de 2005.

§ 8º Fica instituído o Comitê de Revisão da Dívida Previdenciária Municipal, vinculado à Secretaria de Governo da Presidência da República e à Secretaria da Receita Federal do Brasil, que contará com representantes indicados pela União, pelos Municípios e pelo Ministério Público, em composição a ser definida por meio de decreto do Poder Executivo em até cento e oitenta dias contados da promulgação desta Lei.

Art. 12. O Poder Executivo disciplinará em regulamento os atos necessários à execução do disposto no art. 11 desta Lei.

► Arts.11 e 12 promulgados nos termos do art. 66, § 5º da CF (*DOU* de 28-11-2017).

Art. 13. Esta Lei entra em vigor na data de sua publicação.

Brasília, 2 de outubro de 2017;
196º da Independência e
129º da República.

Michel Temer

DECRETO Nº 9.830, DE 10 DE JUNHO DE 2019

Regulamenta o disposto nos art. 20 ao art. 30 do Decreto-Lei nº 4.657, de 4 de setembro de 1942, que institui a Lei de Introdução às normas do Direito brasileiro.

► Publicado no *DOU* de 11-6-2019.

Capítulo I

DISPOSIÇÕES PRELIMINARES

Objeto

Art. 1º Este Decreto regulamenta o disposto nos art. 20 ao art. 30 do Decreto-Lei nº 4.657, de 4 de setembro de 1942, que institui a Lei de Introdução às normas do Direito brasileiro.

Capítulo II

DA DECISÃO

Motivação e decisão

Art. 2º A decisão será motivada com a contextualização dos fatos, quando cabível, e com a indicação dos fundamentos de mérito e jurídicos.

§ 1º A motivação da decisão conterá os seus fundamentos e apresentará a congruência entre as normas e os fatos que a embasaram, de forma argumentativa.

§ 2º A motivação indicará as normas, a interpretação jurídica, a jurisprudência ou a doutrina que a embasaram.

§ 3º A motivação poderá ser constituída por declaração de concordância com o conteúdo de notas técnicas, pareceres, informações, decisões ou propostas que precederam a decisão.

Motivação e decisão baseadas em valores jurídicos abstratos

Art. 3º A decisão que se basear exclusivamente em valores jurídicos abstratos observará o disposto no art. 2º e as consequências práticas da decisão.

§ 1º Para fins do disposto neste Decreto, consideram-se valores jurídicos abstratos aqueles previstos em normas jurídicas com alto grau de indeterminação e abstração.

§ 2º Na indicação das consequências práticas da decisão, o decisor apresentará apenas aquelas consequências práticas que, no exercício diligente de sua atuação, consiga vislumbrar diante dos fatos e fundamentos de mérito e jurídicos.

§ 3º A motivação demonstrará a necessidade e a adequação da medida imposta, inclusive consideradas as possíveis alternativas e observados os critérios de adequação, proporcionalidade e de razoabilidade.

Motivação e decisão na invalidação

Art. 4º A decisão que decretar invalidação de atos, contratos, ajustes, processos ou normas administrativos observará o disposto no art. 2º e indicará, de modo expresso, as suas consequências jurídicas e administrativas.

§ 1º A consideração das consequências jurídicas e administrativas é limitada aos fatos e fundamentos de mérito e jurídicos que se espera do decisor no exercício diligente de sua atuação.

§ 2º A motivação demonstrará a necessidade e a adequação da medida imposta, consideradas as possíveis alternativas e observados os critérios de proporcionalidade e de razoabilidade.

§ 3º Quando cabível, a decisão a que se refere o *caput* indicará, na modulação de seus efeitos, as condições para que a regularização ocorra de forma proporcional e equânime e sem prejuízo aos interesses gerais.

§ 4º Na declaração de invalidade de atos, contratos, ajustes, processos ou normas administrativos, o decisor poderá, consideradas as consequências jurídicas e administrativas da decisão para a administração pública e para o administrado:

I – restringir os efeitos da declaração; ou

II – decidir que sua eficácia se iniciará em momento posteriormente definido.

§ 5º A modulação dos efeitos da decisão buscará a mitigação dos ônus ou das perdas dos administrados ou da administração pública que sejam anormais ou excessivos em função das peculiaridades do caso.

Revisão quanto à validade por mudança de orientação geral

Art. 5º A decisão que determinar a revisão quanto à validade de atos, contratos, ajustes, processos ou normas administrativos cuja produção de efeitos esteja em curso ou que tenha sido concluída levará em consideração as orientações gerais da época.

§ 1º É vedado declarar inválida situação plenamente constituída devido à mudança posterior de orientação geral.

§ 2º O disposto no § 1º não exclui a possibilidade de suspensão de efeitos futuros de relação em curso.

§ 3º Para fins do disposto neste artigo, consideram-se orientações gerais as interpretações e as especificações contidas em atos públicos de caráter geral ou em jurisprudência judicial ou administrativa majoritária e as adotadas por prática administrativa reiterada e de amplo conhecimento público.

§ 4º A decisão a que se refere o *caput* será motivada na forma do disposto nos art. 2º, art. 3º ou art. 4º.

Motivação e decisão na nova interpretação de norma de conteúdo indeterminado

Art. 6º A decisão administrativa que estabelecer interpretação ou orientação nova sobre norma de conteúdo indeterminado e impuser novo dever ou novo condicionamento de direito, preverá regime de transição, quando indispensável para que o novo dever ou o novo condicionamento de direito seja cumprido de modo proporcional, equânime e eficiente e sem prejuízo aos interesses gerais.

§ 1º A instituição do regime de transição será motivada na forma do disposto nos art. 2º, art. 3º ou art. 4º.

§ 2º A motivação considerará as condições e o tempo necessário para o cumprimento proporcional, equânime e eficiente do novo dever ou do novo condicionamento de direito e os eventuais prejuízos aos interesses gerais.

§ 3º Considera-se nova interpretação ou nova orientação aquela que altera o entendimento anterior consolidado.

Regime de transição

Art. 7º Quando cabível, o regime de transição preverá:

I – os órgãos e as entidades da administração pública e os terceiros destinatários;

II – as medidas administrativas a serem adotadas para adequação à interpretação ou à nova orientação sobre norma de conteúdo indeterminado; e

III – o prazo e o modo para que o novo dever ou novo condicionamento de direito seja cumprido.

Interpretação de normas sobre gestão pública

Art. 8º Na interpretação de normas sobre gestão pública, serão considerados os obstáculos, as dificuldades reais do agente público e as exigências das políticas públicas a seu cargo, sem prejuízo dos direitos dos administrados.

§ 1º Na decisão sobre a regularidade de conduta ou a validade de atos, contratos, ajustes, processos ou normas administrativos, serão consideradas as circunstâncias práticas que impuseram, limitaram ou condicionaram a ação do agente público.

§ 2º A decisão a que se refere o § 1º observará o disposto nos art. 2º, art. 3º ou art. 4º.

Compensação

Art. 9º A decisão do processo administrativo poderá impor diretamente à pessoa obrigada compensação por benefícios indevidos ou prejuízos anormais ou injustos resultantes do processo ou da conduta dos envolvidos, com a finalidade de evitar procedimentos contenciosos de ressarcimento de danos.

§ 1º A decisão do processo administrativo é de competência da autoridade pública, que poderá exigir compensação por benefícios indevidamente fruídos pelo particular ou por prejuízos resultantes do processo ou da conduta do particular.

§ 2º A compensação prevista no *caput* será motivada na forma do disposto nos art. 2º, art. 3º ou art. 4º e será precedida de manifestação das partes obrigadas sobre seu cabimento, sua forma e, se for o caso, seu valor.

§ 3º A compensação poderá ser efetivada por meio do compromisso com os interessados a que se refere o art. 10.

Capítulo III

DOS INSTRUMENTOS

Compromisso

Art. 10. Na hipótese de a autoridade entender conveniente para eliminar irregularidade, incerteza jurídica ou situações contenciosas na aplicação do direito público, poderá celebrar compromisso com os interessados, observada a legislação aplicável e as seguintes condições:

I – após oitiva do órgão jurídico;
II – após realização de consulta pública, caso seja cabível; e
III – presença de razões de relevante interesse geral.

§ 1º A decisão de celebrar o compromisso a que se refere o *caput* será motivada na forma do disposto no art. 2º.

§ 2º O compromisso:

I – buscará solução proporcional, equânime, eficiente e compatível com os interesses gerais;
II – não poderá conferir desoneração permanente de dever ou condicionamento de direito reconhecido por orientação geral; e
III – preverá:

a) as obrigações das partes;
b) o prazo e o modo para seu cumprimento;
c) a forma de fiscalização quanto a sua observância;
d) os fundamentos de fato e de direito;
e) a sua eficácia de título executivo extrajudicial; e
f) as sanções aplicáveis em caso de descumprimento.

§ 3º O compromisso firmado somente produzirá efeitos a partir de sua publicação.

§ 4º O processo que subsidiar a decisão de celebrar o compromisso será instruído com:

I – o parecer técnico conclusivo do órgão competente sobre a viabilidade técnica, operacional e, quando for o caso, sobre as obrigações orçamentário-financeiras a serem assumidas;
II – o parecer conclusivo do órgão jurídico sobre a viabilidade jurídica do compromisso, que conterá a análise da minuta proposta;
III – a minuta do compromisso, que conterá as alterações decorrentes das análises técnica e jurídica previstas nos incisos I e II; e
IV – a cópia de outros documentos que possam auxiliar na decisão de celebrar o compromisso.

§ 5º Na hipótese de o compromisso depender de autorização do Advogado-Geral da União e de Ministro de Estado, nos termos do disposto no § 4º do art. 1º ou no art. 4º-A da Lei nº 9.469, de 10 de julho de 1997, ou ser firmado pela Advocacia-Geral da União, o processo de que trata o § 3º será acompanhado de manifestação de interesse da autoridade máxima do órgão ou da entidade da administração pública na celebração do compromisso.

§ 6º Na hipótese de que trata o § 5º, a decisão final quanto à celebração do compromisso será do Advogado-Geral da União, nos termos do disposto no parágrafo único do art. 4º-A da Lei nº 9.469, de 1997.

Termo de ajustamento de gestão

Art. 11. Poderá ser celebrado termo de ajustamento de gestão entre os agentes públicos e os órgãos de controle interno da administração pública com a finalidade de corrigir falhas apontadas em ações de controle, aprimorar procedimentos, assegurar a continuidade da execução do objeto, sempre que possível, e garantir o atendimento do interesse geral.

§ 1º A decisão de celebrar o termo de ajustamento de gestão será motivada na forma do disposto no art. 2º.

§ 2º Não será celebrado termo de ajustamento de gestão na hipótese de ocorrência de dano ao erário praticado por agentes públicos que agirem com dolo ou erro grosseiro.

§ 3º A assinatura de termo de ajustamento de gestão será comunicada ao órgão central do sistema de controle interno.

Capítulo IV

DA RESPONSABILIZAÇÃO DO AGENTE PÚBLICO

Responsabilização na hipótese de dolo ou erro grosseiro

Art. 12. O agente público somente poderá ser responsabilizado por suas decisões ou opiniões técnicas se agir ou se omitir com dolo, direto ou eventual, ou cometer erro grosseiro, no desempenho de suas funções.

§ 1º Considera-se erro grosseiro aquele manifesto, evidente e inescusável praticado com culpa grave, caracterizado por ação ou omissão com elevado grau de negligência, imprudência ou imperícia.

§ 2º Não será configurado dolo ou erro grosseiro do agente público se não restar comprovada, nos autos do processo de responsabilização, situação ou circunstância fática capaz de caracterizar o dolo ou o erro grosseiro.

§ 3º O mero nexo de causalidade entre a conduta e o resultado danoso não implica responsabilização, exceto se comprovado o dolo ou o erro grosseiro do agente público.

§ 4º A complexidade da matéria e das atribuições exercidas pelo agente público serão consideradas em eventual responsabilização do agente público.

§ 5º O montante do dano ao erário, ainda que expressivo, não poderá, por si só, ser elemento para caracterizar o erro grosseiro ou o dolo.

§ 6º A responsabilização pela opinião técnica não se estende de forma automática ao decisor que a adotou como fundamento de decidir e somente se configurará se estiverem presentes elementos suficientes para o decisor aferir o dolo ou o erro grosseiro da opinião técnica ou se houver conluio entre os agentes.

§ 7º No exercício do poder hierárquico, só responderá por culpa in vigilando aquele cuja omissão caracterizar erro grosseiro ou dolo.

§ 8º O disposto neste artigo não exime o agente público de atuar de forma diligente e eficiente no cumprimento dos seus deveres constitucionais e legais.

Análise de regularidade da decisão

Art. 13. A análise da regularidade da decisão não poderá substituir a atribuição do agente público, dos órgãos ou das entidades da administração pública no exercício de suas atribuições e competências, inclusive quanto à definição de políticas públicas.

§ 1º A atuação de órgãos de controle privilegiará ações de prevenção antes de processos sancionadores.

▸ Mantivemos "atução" conforme publicação oficial, no entanto, entendemos que o correto seria "atuação".

§ 2º A eventual estimativa de prejuízo causado ao erário não poderá ser considerada isolada e exclusivamente como motivação para se concluir pela irregularidade de atos, contratos, ajustes, processos ou normas administrativos.

Direito de regresso, defesa judicial e extrajudicial

Art. 14. No âmbito do Poder Executivo federal, o direito de regresso previsto no § 6º do art. 37 da Constituição somente será exercido na hipótese de o agente público ter agido com dolo ou erro grosseiro em suas decisões ou opiniões técnicas, nos termos do disposto no art. 28 do Decreto-Lei nº 4.657, de 1942, e com observância aos princípios constitucionais da proporcionalidade e da razoabilidade.

Art. 15. O agente público federal que tiver que se defender, judicial ou extrajudicialmente, por ato ou conduta praticada no exercício regular de suas atribuições institucionais, poderá solicitar à Advocacia-Geral da União que avalie a verossimilhança de suas alegações e a consequente possibilidade de realizar sua defesa, nos termos do disposto no art. 22 da Lei nº 9.028, de 12 de abril de 1995, e nas demais normas de regência.

Decisão que impuser sanção ao agente público

Art. 16. A decisão que impuser sanção ao agente público considerará:

I – a natureza e a gravidade da infração cometida;

II – os danos que dela provierem para a administração pública;

III – as circunstâncias agravantes ou atenuantes;

IV – os antecedentes do agente;

V – o nexo de causalidade; e

VI – a culpabilidade do agente.

§ 1º A motivação da decisão a que se refere o *caput* observará o disposto neste Decreto.

§ 2º As sanções aplicadas ao agente público serão levadas em conta na dosimetria das demais sanções da mesma natureza e relativas ao mesmo fato.

Art. 17. O disposto no art. 12 não afasta a possibilidade de aplicação de sanções previstas em normas disciplinares, inclusive nos casos de ação ou de omissão culposas de natureza leve.

Capítulo V

DA SEGURANÇA JURÍDICA NA APLICAÇÃO DAS NORMAS

Consulta pública para edição de atos normativos

Art. 18. A edição de atos normativos por autoridade administrativa poderá ser precedida de consulta pública para manifestação de interessados, preferencialmente por meio eletrônico.

§ 1º A decisão pela convocação de consulta pública será motivada na forma do disposto no art. 3º.

§ 2º A convocação de consulta pública conterá a minuta do ato normativo, disponibilizará a motivação do ato e fixará o prazo e as demais condições.

§ 3º A autoridade decisora não será obrigada a comentar ou considerar individualmente as manifestações apresentadas e poderá agrupar manifestações por conexão e eliminar aquelas repetitivas ou de conteúdo não conexo ou irrelevante para a matéria em apreciação.

§ 4º As propostas de consulta pública que envolverem atos normativos sujeitos a despacho presidencial serão formuladas nos termos do disposto no Decreto nº 9.191, de 1º de novembro de 2017.

Segurança jurídica na aplicação das normas

Art. 19. As autoridades públicas atuarão com vistas a aumentar a segurança jurídica na aplicação das normas, inclusive por meio de normas complementares, orientações normativas, súmulas, enunciados e respostas a consultas.

Parágrafo único. Os instrumentos previstos no *caput* terão caráter vinculante em relação ao órgão ou à entidade da administração pública a que se destinarem, até ulterior revisão.

Parecer do Advogado-Geral da União e de consultorias jurídicas e súmulas da Advocacia-Geral da União

Art. 20. O parecer do Advogado-Geral da União de que tratam os art. 40 e art. 41 da Lei Complementar nº 73, 10 de fevereiro de 1993, aprovado pelo Presidente da República e publicado no *Diário Oficial da União* juntamente com o despacho presidencial, vincula os órgãos e as entidades da administração pública federal, que ficam obrigados a lhe dar fiel cumprimento.

§ 1º O parecer do Advogado-Geral da União aprovado pelo Presidente da República, mas não publicado, obriga apenas as repartições interessadas, a partir do momento em que dele tenham ciência.

§ 2º Os pareceres de que tratam o *caput* e o § 1º têm prevalência sobre outros mecanismos de uniformização de entendimento.

Art. 21. Os pareceres das consultorias jurídicas e dos órgãos de assessoramento jurídico, de que trata o art. 42 da Lei Complementar nº 73, de 1993, aprovados pelo respectivo Ministro de Estado, vinculam o órgão e as respectivas entidades vinculadas.

Orientações normativas

Art. 22. A autoridade que representa órgão central de sistema poderá editar orientações normativas ou enunciados que vincularão os órgãos setoriais e seccionais.

§ 1º As controvérsias jurídicas sobre a interpretação de norma, instrução ou orientação de órgão central de sistema poderão ser submetidas à Advocacia-Geral da União.

§ 2º A submissão à Advocacia-Geral da União de que trata o § 1º será instruída com a posição do órgão jurídico do órgão central de sistema, do órgão jurídico que divergiu e dos outros órgãos que se pronunciaram sobre o caso.

Enunciados

Art. 23. A autoridade máxima de órgão ou da entidade da administração pública poderá editar enunciados que vinculem o próprio órgão ou a entidade e os seus órgãos subordinados.

Transparência

Art. 24. Compete aos órgãos e às entidades da administração pública manter atualizados, em seus sítios eletrônicos, as normas complementares, as orientações normativas, as súmulas e os enunciados a que se referem os art. 19 ao art. 23.

Vigência

Art. 25. Este Decreto entra em vigor na data de sua publicação.

Brasília, 10 de junho de 2019;
198º da Independência e
131º da República.

Jair Messias Bolsonaro

DECRETO Nº 9.921, DE 18 DE JULHO DE 2019

Consolida atos normativos editados pelo Poder Executivo federal que dispõem sobre a temática da pessoa idosa.

▸ Publicado no *DOU* de 19-7-2019.

TÍTULO I – DISPOSIÇÕES PRELIMINARES

Art. 1º Este Decreto consolida os atos normativos editados pelo Poder Executivo federal, que dispõem sobre a temática da pessoa idosa, em observância ao disposto na Lei Complementar nº 95, de 26 de fevereiro de 1998, e no Decreto nº 9.191, de 1º de novembro de 2017.

§ 1º Para fins do disposto neste Decreto, considera-se consolidação a reunião de atos normativos pertinentes a determinada matéria em um único diploma legal, com a revogação formal daqueles atos normativos incorporados à consolidação e sem a modificação do alcance nem da interrupção da força normativa dos dispositivos consolidados, nos termos do disposto no art. 13, § 1º, da Lei Complementar nº 95, de 1998, e no art. 45 do Decreto nº 9.191, de 2017.

§ 2º A consolidação de atos normativos tem por objetivo eliminar do ordenamento jurídico brasileiro normas de conteúdo idêntico ou divergente, observado o disposto no art. 46 do Decreto nº 9.191, de 2017.

Art. 2º Para fins do disposto neste Decreto, considera-se pessoa idosa aquela com idade igual ou superior a sessenta anos, em observância ao disposto na Lei nº 10.741, de 1º de outubro de 2003 – Estatuto do Idoso.

TÍTULO II – DOS DIREITOS FUNDAMENTAIS DA PESSOA IDOSA

CAPÍTULO I

DA POLÍTICA NACIONAL DO IDOSO

▸ Capítulo I renomeado pelo Dec. nº 10.604, de 20-1-2021.

Art. 3º As competências dos órgãos e das entidades da administração pública federal, na implementação da Política Nacional do Idoso, são as estabelecidas neste Capítulo.

▸ Artigo com a redação dada pelo Dec. nº 10.604, de 20-1-2021.

SEÇÃO I

DAS COMPETÊNCIAS E DA IMPLEMENTAÇÃO DA POLÍTICA NACIONAL DO IDOSO

▸ Seção I renomeada pelo Dec. nº 10.604, de 20-1-2021.

Art. 4º Compete ao Ministério da Mulher, da Família e dos Direitos Humanos:

I – coordenar a Política Nacional do Idoso;

▸ Inciso I com a redação dada pelo Dec. nº 10.604, de 20-1-2021.

II – articular e apoiar a estruturação de rede nacional de proteção e defesa dos direitos da pessoa idosa;

III – apoiar a capacitação de recursos humanos para atendimento da pessoa idosa junto aos órgãos e às entidades da administração pública;

IV – participar, em conjunto com os demais órgãos e entidades da administração pública referidos neste Decreto, da formulação, do acompanhamento e da avaliação da Política Nacional do Idoso;

▸ Inciso IV com a redação dada pelo Dec. nº 10.604, de 20-1-2021.

V – promover eventos específicos para a discussão de questões relativas ao envelhecimento e à velhice;

VI – coordenar, financiar e apoiar estudos, levantamentos, pesquisas e publicações sobre a situação da pessoa idosa, de forma direta ou em parceria com outros órgãos ou entidades da administração pública;

VII – encaminhar as denúncias relacionadas com a violação dos direitos da pessoa idosa aos órgãos públicos competentes; e

VIII – zelar, em conjunto com o Conselho Nacional dos Direitos da Pessoa Idosa, pela aplicação das normas que dispõem sobre a proteção da pessoa idosa.

Art. 5º Compete ao Instituto Nacional do Seguro Social – INSS:

I – prestar atendimento preferencial à pessoa idosa:

a) nas áreas do seguro social, com vistas a garantir a habilitação e a manutenção dos benefícios; e

b) nas áreas de exame médico pericial, de inscrição de beneficiários, de serviço social e nos setores de informações;

II – prestar atendimento, preferencialmente, nas áreas da arrecadação e fiscalização, com vistas à prestação de informações e ao cálculo de contribuições individuais; e

III – estabelecer critérios para viabilizar o atendimento preferencial à pessoa idosa.

Art. 6º Compete ao INSS esclarecer a pessoa idosa sobre os seus direitos previdenciários e os meios de exercê-los.

§ 1º Nos postos do seguro social, o atendimento às pessoas idosas beneficiárias, que estejam em via de aposentadoria, será prioritário.

§ 2º O serviço social, em parceria com os órgãos governamentais e não governamentais, estimulará a criação e a manutenção de programas de preparação para aposentadorias, por meio do assessoramento às entidades de classes, às instituições de natureza social, às empresas e aos órgãos e às entidades da administração pública, por meio de suas unidades de gestão de pessoas.

Art. 7º A pessoa idosa aposentada, exceto por invalidez, que retornar ao trabalho nas atividades abrangidas pelo Regime Geral de Previdência Social, quando acidentada no trabalho, será encaminhada ao programa de reabilitação do INSS e não fará jus a outras prestações de serviço, exceto aquelas decorrentes de sua condição de aposentada.

Art. 8º Compete ao Ministério do Desenvolvimento Regional, por meio da Secretaria Nacional de Desenvolvimento Regional e Urbano:

I – observar, nos programas habitacionais com recursos da União ou por ela geridos, os seguintes critérios:

a) identificação da população idosa e das suas necessidades habitacionais, dentro da população-alvo dos programas;

b) alternativas habitacionais adequadas para a população idosa identificada;

c) previsão de equipamentos urbanos de uso público que atendam às necessidades da população idosa; e

d) estabelecimento de diretrizes para que os projetos eliminem barreiras arquitetônicas e urbanas, que não utilizam tipologias habitacionais adequadas para a população idosa identificada;

II – promover a viabilização da concessão de linhas de crédito com vistas ao acesso à moradia para a pessoa idosa, junto:

a) às entidades de crédito habitacional;

b) aos governos dos Estados e do Distrito Federal; e

c) a entidades, públicas ou privadas, relacionadas com os investimentos habitacionais;

III – incentivar e promover, em articulação com os Ministérios da Educação, da Saúde, da Ciência, Tecnologia e Inovações e da Cidadania e, ainda, junto às instituições de ensino e de pesquisa, a elaboração de estudos para aprimorar as condições de habitabilidade para as pessoas idosas, além de sua divulgação e de sua aplicação aos padrões habitacionais vigentes; e

▶ Inciso III com a redação dada pelo Dec. nº 10.604, de 20-1-2021.

IV – estimular a inclusão no ordenamento jurídico brasileiro de:

a) mecanismos que induzam a eliminação de barreiras arquitetônicas para a pessoa idosa em equipamentos urbanos de uso público; e

b) adaptação, em programas habitacionais, dos critérios estabelecidos no inciso I do *caput*.

Art. 9º Compete ao Ministério da Saúde, por meio da Secretaria de Atenção Primária à Saúde, em articulação com as secretarias de saúde dos Estados, do Distrito Federal e dos Municípios:

I – garantir à pessoa idosa a assistência integral à saúde, entendida como o conjunto articulado e contínuo das ações e dos serviços preventivos e curativos, nos diversos níveis de atendimento do Sistema Único de Saúde – SUS;

II – hierarquizar o atendimento à pessoa idosa a partir das unidades básicas e da implantação da unidade de referência, com equipe multiprofissional e interdisciplinar, de acordo com as normas específicas do Ministério da Saúde;

III – estruturar centros de referência de acordo com as normas específicas do Ministério da Saúde, com características de assistência à saúde, de pesquisa, de avaliação e de treinamento;

IV – garantir à pessoa idosa o acesso à assistência hospitalar;

V – fornecer medicamentos, órteses e próteses necessários à recuperação e à reabilitação da saúde da pessoa idosa;

VI – estimular a participação da pessoa idosa nas instâncias de controle social do SUS;

VII – desenvolver política de prevenção para que a população envelheça de forma a manter bom estado de saúde;

VIII – desenvolver e apoiar programas de prevenção, de educação e de promoção à saúde da pessoa idosa, de forma a:

a) estimular a permanência da pessoa idosa na comunidade, junto à família, e o desempenho de papel social ativo, com a autonomia e a independência que lhe for própria;

b) estimular o autocuidado e o cuidado informal;

c) envolver a população nas ações de promoção da saúde da pessoa idosa;

d) estimular a formação de grupos de autoajuda e de grupos de convivência, em integração com instituições que atuam no campo social; e

e) produzir e difundir material educativo sobre a saúde da pessoa idosa;

IX – adotar e aplicar normas de funcionamento às instituições geriátricas e similares, com fiscalização pelos gestores do SUS;

X – elaborar normas de serviços geriátricos hospitalares e acompanhar a sua implementação;

XI – desenvolver formas de cooperação entre as secretarias de saúde dos Estados, do Distrito Federal, dos Municípios, as organizações não governamentais e entre os centros de referência em geriatria e gerontologia, para treinamento dos profissionais de saúde;

XII – incluir a geriatria como especialidade clínica, para efeito de concursos públicos federais;

XIII – elaborar e apoiar estudos e pesquisas de caráter epidemiológico com vistas à ampliação do conhecimento sobre a pessoa idosa e subsidiar as ações de prevenção, de tratamento e de reabilitação; e

XIV – estimular a criação, na rede de serviços do SUS, de centros de cuidados diurno, a saber hospital-dia e centro-dia, de unidades de atendimento domiciliar e de outros serviços alternativos para a pessoa idosa.

Art. 10. Compete ao Ministério da Educação, em articulação com órgãos e entidades da administração pública federal, estadual, distrital e municipal de educação:

▸ *Caput* com a redação dada pelo Dec. nº 10.604, de 20-1-2021.

I – viabilizar a implementação de programa educacional destinado à pessoa idosa, de modo a atender ao disposto no inciso III do *caput* do art. 10 da Lei nº 8.842, de 4 de janeiro de 1994;

II – incentivar a inclusão da pessoa idosa nos programas educacionais de conteúdos sobre o processo de envelhecimento;

III – estimular e apoiar a admissão da pessoa idosa na universidade, de forma a propiciar a integração intergeracional;

IV – incentivar o desenvolvimento de programas educativos destinados à comunidade, à pessoa idosa e à sua família, por meio dos meios de comunicação de massa; e

V – incentivar a inclusão de disciplinas de Gerontologia e Geriatria nos currículos dos cursos superiores.

Art. 11. Compete ao Ministério da Economia, por meio dos seus órgãos e de suas entidades vinculadas, garantir a implementação de mecanismos que impeçam a discriminação da pessoa idosa quanto à sua participação no mercado de trabalho.

Art. 12. Compete ao Ministério do Turismo, por meio dos seus órgãos e de suas entidades vinculadas, criar programa de âmbito nacional, com vistas a:

▸ *Caput* com a redação dada pelo Dec. nº 10.604, de 20-1-2021.

I – garantir à pessoa idosa a participação no processo de produção, de reelaboração e de fruição dos bens culturais;

II – garantir à pessoa idosa o acesso aos locais e aos eventos culturais, com preços reduzidos;

III – valorizar o registro da memória e a transmissão de informações e habilidades da pessoa idosa aos mais jovens, como meio de garantir a continuidade e a identidade cultural; e

IV – incentivar os movimentos sociais que promovem os direitos das pessoas idosas a desenvolver atividades culturais.

Parágrafo único. Compete às entidades vinculadas ao Ministério do Turismo, no âmbito de suas competências, a implementação de atividades específicas, conjugadas à Política Nacional do Idoso.

▸ Parágrafo único com a redação dada pelo Dec. nº 10.604, de 20-1-2021.

Art. 13. Os Ministérios que atuam nas áreas de habitação e urbanismo, de saúde, de educação e desporto, de trabalho, de previdência e assistência social, de cultura e de justiça elaborarão proposta orçamentária, no âmbito de suas competências, que contemple o financiamento de programas compatíveis com a Política Nacional do Idoso.

► Artigo com a redação dada pelo Dec. nº 10.604, de 20-1-2021.

Art. 14. Compete aos Ministérios envolvidos na Política Nacional do Idoso, no âmbito de suas competências, promover a capacitação de recursos humanos destinados ao atendimento da pessoa idosa.

► *Caput* com a redação dada pelo Dec. nº 10.604, de 20-1-2021.

Parágrafo único. Para viabilizar a capacitação de recursos humanos a que se refere o *caput*, os Ministérios poderão firmar convênios com instituições governamentais e não governamentais, nacionais, estrangeiras ou internacionais.

Art. 15. Compete aos conselhos setoriais, no âmbito da seguridade social, a formulação, a coordenação, a supervisão e a avaliação da Política Nacional do Idoso, respeitadas as suas esferas de atribuições administrativas.

► Artigo com a redação dada pelo Dec. nº 10.604, de 20-1-2021.

Seção II

DAS MODALIDADES DE ATENDIMENTO

Art. 16. Para fins do disposto neste Capítulo, entende-se por modalidade asilar o atendimento, em regime de internato, à pessoa idosa sem vínculo familiar ou sem condições de prover a própria subsistência, de modo a satisfazer as suas necessidades de moradia, de alimentação, de saúde e de convivência social.

Parágrafo único. A assistência na modalidade asilar de atendimento ocorre na hipótese de inexistência de grupo familiar, de abandono, ou de carência de recursos financeiros próprios ou da própria família.

Art. 17. Para fins do disposto neste Capítulo, entende-se por modalidade não asilar de atendimento:

I – centro de convivência – local destinado à permanência diurna da pessoa idosa, onde são desenvolvidas atividades físicas, laborativas, recreativas, culturais, associativas e de educação para a cidadania;

II – centro de cuidados diurno: hospital-dia e centro-dia – local destinado à permanência diurna da pessoa idosa dependente ou que possua deficiência temporária e necessite de assistência médica ou de assistência multiprofissional;

III – casa-lar – residência, em sistema participativo, cedida por órgãos ou entidades da administração pública, ou por entidades privadas, destinada às pessoas idosas detentoras de renda insuficiente para a sua manutenção e sem família;

IV – oficina abrigada de trabalho – local destinado ao desenvolvimento, pela pessoa idosa, de atividades produtivas, que lhe proporcione a oportunidade de elevar sua renda, regido por normas específicas;

V – atendimento domiciliar – serviço prestado no lar da pessoa idosa dependente e que vive sozinha, por profissionais da área da saúde ou pessoas da própria comunidade, com a finalidade de suprir as suas necessidades da vida diária; e

VI – outras formas de atendimento – iniciativas desenvolvidas na própria comunidade, com vistas à promoção e à integração da pessoa idosa na família e na sociedade.

Seção III

DO ATENDIMENTO PREFERENCIAL E DA ASSISTÊNCIA ASILAR

Art. 18. A pessoa idosa terá atendimento preferencial nos órgãos e nas entidades da administração pública e nas instituições privadas prestadores de serviços à população.

Parágrafo único. A pessoa idosa que não tenha meios de prover a sua própria subsistência, que não tenha família ou cuja família não tenha condições de prover a sua manutenção, terá assegurada a assistência asilar, pela União, pelos Estados, pelo Distrito Federal e pelos Municípios, na forma prevista em lei.

Art. 19. Fica proibida a permanência em instituições asilares, de caráter social, de pessoas idosas que tenham doenças que exijam assistência médica permanente ou assistência de enfermagem intensiva, cuja falta possa agravar ou pôr em risco a sua vida ou a vida de terceiros.

Parágrafo único. A permanência ou não da pessoa idosa doente em instituições asilares, de caráter social, dependerá de avaliação médica prestada pelo serviço de saúde local.

Art. 20. Para implementar as condições estabelecidas no art. 19, as instituições asilares poderão firmar contratos ou convênios com o sistema de saúde local.

Capítulo II

DO DIREITO AO ENVELHECIMENTO ATIVO E SAUDÁVEL

Seção I

DA ESTRATÉGIA BRASIL AMIGO DA PESSOA IDOSA

Art. 21. Este Capítulo regulamenta a Estratégia Brasil Amigo da Pessoa Idosa para incentivar as comunidades e as cidades a promoverem ações destinadas ao envelhecimento ativo, saudável, sustentável e cidadão da população, principalmente das pessoas mais vulneráveis.

Parágrafo único. O Ministério da Mulher, da Família e dos Direitos Humanos, por meio da Secretaria Nacional de Promoção e Defesa dos Direitos da Pessoa Idosa, operacionalizará a Estratégia Brasil Amigo da Pessoa Idosa.

▸ Parágrafo único acrescido pelo Dec. nº 10.604, de 20-1-2021.

Art. 22. A Estratégia Brasil Amigo da Pessoa Idosa tem como diretrizes:

I – o protagonismo da pessoa idosa;

II – *Revogado*. Dec. nº 10.604, de 20-1-2021;

III – a orientação por políticas públicas destinadas ao envelhecimento populacional e à efetivação da Política Nacional do Idoso, de que trata a Lei nº 8.842, de 1994, e do Estatuto do Idoso, instituído pela Lei nº 10.741, de 2003;

▸ Inciso III com a redação dada pelo Dec. nº 10.604, de 20-1-2021.

IV – o fortalecimento dos serviços públicos destinados à pessoa idosa, no âmbito das políticas de assistência social, de saúde, de desenvolvimento urbano, de direitos humanos, de educação e de comunicação; e

V – a intersetorialidade e a interinstitucionalidade, por meio da atuação conjunta de órgãos e entidades públicas e privadas, conselhos nacional, estaduais, distrital e municipais de direitos da pessoa idosa e organismos internacionais na abordagem do envelhecimento e da pessoa idosa.

Art. 23. Para fins do disposto neste Capítulo, considera-se:

I – envelhecimento ativo – o processo de melhoria das condições de saúde, da participação e da segurança, de modo a melhorar a qualidade de vida durante o envelhecimento;

II – envelhecimento saudável – o processo de desenvolvimento e manutenção da capacidade funcional que permita o bem-estar da pessoa idosa;

III – envelhecimento cidadão – aquele em que há o exercício de direitos civis, políticos e sociais;

IV – envelhecimento sustentável – aquele que garante o bem-estar da pessoa idosa em relação a direitos, renda, saúde, atividades, respeito, e em relação à sociedade, nos aspectos de produção, de convivência intergeracional e de harmonia, com o amplo conceito de desenvolvimento econômico; e

V – comunidade e cidade amiga das pessoas idosas – aquela que estimula o envelhecimento ativo ao propiciar oportunidades para a melhoria da saúde, da participação e da segurança, de forma a melhorar a qualidade de vida da pessoa idosa durante o processo de envelhecimento.

Seção II

DOS OBJETIVOS DA ESTRATÉGIA BRASIL AMIGO DA PESSOA IDOSA

Art. 24. São objetivos da Estratégia Brasil Amigo da Pessoa Idosa:

I – fomentar programas, ações, serviços e benefícios que promovam o envelhecimento ativo, saudável, cidadão e sustentável por meio de comunidades e de cidades amigas das pessoas idosas;

II – contribuir para a efetivação de políticas públicas, programas, ações, benefícios e serviços destinados à população idosa, principalmente a mais vulnerável;

III – fortalecer os conselhos de direitos das pessoas idosas e a rede nacional de proteção e defesa dos direitos da pessoa idosa;

IV – promover a articulação governamental com vistas à integração das políticas setoriais;

V – planejar e implementar estudos, pesquisas e publicações sobre a situação social das pessoas idosas; e

VI – fortalecer o ordenamento jurídico para o favorecimento da qualidade de vida da pessoa idosa.

Art. 25. A Estratégia Brasil Amigo da Pessoa Idosa tem como principais atividades:

I – o apoio técnico aos entes federativos que aderirem à Estratégia, com vistas à promoção das comunidades e das cidades amigas das pessoas idosas;

II – a realização de diagnóstico que contemple o protagonismo e a participação da população idosa, além de informações sobre a gestão das ações, dos programas, dos benefícios e dos serviços ofertados à população idosa;

III – a elaboração de plano que contemple as ações a serem executadas pelos Municípios para a população idosa;

IV – *Revogado*. Dec. nº 10.604, de 20-1-2021;

V – o reconhecimento pelo Governo federal de políticas públicas, programas, ações, serviços ou benefícios, implementados pelos Municípios, que promovam o envelhecimento ativo, saudável, cidadão e sustentável da população idosa.

Parágrafo único. O reconhecimento de que trata o inciso V do *caput* ocorrerá por meio da concessão de certificados, selos ou instrumentos congêneres.

Art. 26. A participação dos entes federativos na Estratégia Brasil Amigo da Pessoa Idosa ocorrerá por meio da assinatura de termo de adesão, hipótese em que caberá:

I – aos Estados:

a) indicar o órgão responsável pela Estratégia;

b) indicar os servidores que participarão das capacitações, presenciais ou a distância, oferecidas;

c) auxiliar o Governo federal na sensibilização, na mobilização e na capacitação dos Municípios para a adesão e a implementação da Estratégia;

d) fornecer apoio logístico para a realização de capacitações presenciais de servidores e de lideranças comunitárias nos Municípios;

e) apoiar tecnicamente os Municípios na elaboração do diagnóstico e do plano de que tratam os incisos II e III do *caput* do art. 25 e na execução das suas ações, em conjunto com o Comitê Gestor da Estratégia Brasil Amigo da Pessoa Idosa e os demais parceiros;

f) monitorar, em sistema próprio da Estratégia, a sua implementação, inclusive a partir da verificação das políticas públicas, dos programas, das ações, dos serviços ou dos benefícios implementados pelos Municípios; e

g) identificar os Municípios que atendam aos critérios estabelecidos pelo Comitê Gestor da Estratégia Brasil Amigo da Pessoa Idosa, com vistas a habilitá-los ao reconhecimento de que trata o inciso V do *caput* do art. 25; e

II – aos Municípios:

a) indicar o órgão responsável pela Estratégia;

b) indicar os servidores que participarão das capacitações, presenciais ou a distância, oferecidas;

c) divulgar as capacitações oferecidas, presenciais ou a distância, para as lideranças comunitárias;

d) instituir o Conselho Municipal de Direitos da Pessoa Idosa, como condição imprescindível para a adesão à Estratégia ou, quando já instituído, mantê-lo ativo, de forma a garantir as condições para o exercício de suas competências legais;

e) apoiar tecnicamente os Municípios na elaboração do diagnóstico e do plano de que tratam os incisos II e III do *caput* do art. 25 e na execução das suas ações, em conjunto com os demais parceiros;

▸ Alínea e com a redação dada pelo Dec. nº 10.604, de 20-1-2021.

f) executar as ações do plano de que trata o inciso III do *caput* do art. 25; e

g) identificar os Municípios que atendam aos critérios estabelecidos pelo Ministério da Mulher, da Família e dos Direitos Humanos, com vistas a habilitá-los ao reconhecimento de que trata o inciso V do *caput* do art. 25; e

▸ Alínea *g* com a redação dada pelo Dec. nº 10.604, de 20-1-2021.

Parágrafo único. Ao Distrito Federal caberá exercer, no que couber, as atribuições de que tratam os incisos I e II do *caput*.

Art. 27. Poderão ser firmadas parcerias com órgãos e entidades da administração pública ou privadas para a implementação da Estratégia Brasil Amigo da Pessoa Idosa.

Art. 28. As ações da Estratégia Brasil Amigo da Pessoa Idosa serão executadas de forma descentralizada e integrada, por meio da conjugação de esforços entre a União, os Estados, o Distrito Federal e os Municípios, observados a intersetorialidade, as especificidades das políticas públicas setoriais, a participação da sociedade civil e o controle social.

Parágrafo único. A Estratégia Brasil Amigo da Pessoa Idosa será implementada a partir da articulação entre as políticas de assistência social, de saúde, de direitos humanos, de educação, de trabalho, de cultura e de esporte, entre outras.

Seção III

DO COMITÊ GESTOR DA ESTRATÉGIA BRASIL AMIGO DA PESSOA IDOSA

Art. 29. *Revogado*. Dec. nº 10.604, de 20-1-2021.

SEÇÃO IV

DAS COMPETÊNCIAS DO COMITÊ GESTOR DA ESTRATÉGIA BRASIL AMIGO DA PESSOA IDOSA

Arts. 30 a 33. *Revogados.* Dec. nº 10.604, de 20-1-2021.

CAPÍTULO III

DO ACESSO PREFERENCIAL AO TRANSPORTE COLETIVO PELA PESSOA IDOSA

Art. 34. Este Capítulo dispõe sobre o acesso preferencial ao transporte coletivo pela pessoa idosa, no sistema de transporte coletivo interestadual nos modais rodoviário, ferroviário e aquaviário.

Parágrafo único. Para fins do disposto neste Capítulo, compete à Agência Nacional de Transportes Terrestres e à Agência Nacional de Transportes Aquaviários, no âmbito de suas competências, editar as normas complementares para dispor sobre o detalhamento das medidas necessárias para conceder o acesso preferencial ao transporte coletivo pela pessoa idosa.

Art. 35. No sistema de transporte coletivo interestadual serão observados, em conformidade com o disposto neste Capítulo e no art. 40 da Lei nº 10.741, de 2003 – Estatuto do Idoso:

I – a reserva de duas vagas gratuitas por veículo para pessoa idosa com renda igual ou inferior a dois salários mínimos; e
II – o desconto de cinquenta por cento, no mínimo, no valor das passagens, para a pessoa idosa que exceder as vagas gratuitas, com renda igual ou inferior a dois salários mínimos.

Parágrafo único. Caberá aos órgãos competentes definir os mecanismos e os critérios para o exercício dos direitos previstos nos incisos I e II do *caput*.

Art. 36. Observado o disposto na legislação local, deverá ser assegurada a reserva de cinco por cento das vagas nos estacionamentos públicos e privados para a pessoa idosa, as quais deverão ser posicionadas de forma a garantir a sua comodidade.

Art. 37. Serão asseguradas a prioridade e a segurança da pessoa idosa nos procedimentos de embarque e de desembarque nos veículos do sistema de transporte coletivo.

Art. 38. Para fins do disposto neste Capítulo, considera-se:

I – serviço de transporte interestadual de passageiros – serviço que transpõe o limite do Estado, do Distrito Federal ou do Território;
II – linha – serviço de transporte coletivo de passageiros executado em uma ligação de dois pontos terminais, nela incluídos os seccionamentos e as alterações operacionais efetivadas, aberto ao público em geral, de natureza regular e permanente, com itinerário definido no ato de sua delegação ou outorga;
III – seção – serviço realizado em trecho do itinerário de linha do serviço de transporte, com fracionamento do preço de passagem; e
IV – bilhete de viagem da pessoa idosa – documento que comprove a concessão do transporte gratuito da pessoa idosa, fornecido pela empresa prestadora do serviço de transporte, para possibilitar o ingresso da pessoa idosa no veículo.

Art. 39. Serão reservadas duas vagas gratuitas em cada veículo, comboio ferroviário ou embarcação do serviço convencional de transporte interestadual de passageiros, à pessoa idosa com renda igual ou inferior a dois salários mínimos, observado o disposto no inciso I do *caput* do art. 35.

§ 1º Para fins do disposto no *caput*, estão incluídos na condição de serviço convencional:

I – os serviços de transporte rodoviário interestadual convencional de passageiros, prestado com veículo de características básicas, com ou sem sanitários, em linhas regulares;
II – os serviços de transporte ferroviário interestadual de passageiros, em linhas regulares; e
III – os serviços de transporte aquaviário interestadual, abertos ao público, realizados em rios, lagos, lagoas e baías, que operam linhas regulares, inclusive travessias.

§ 2º A pessoa idosa, para fazer uso da reserva de que trata o *caput*:

I – solicitará um único Bilhete de Viagem da Pessoa Idosa, nos pontos de venda próprios da transportadora, com antecedência de, no mínimo, três horas em relação ao horário de partida do ponto inicial da linha do serviço de transporte; e
II – poderá solicitar a emissão do bilhete de viagem de retorno, respeitados os procedimentos da venda de bilhete de passagem.

§ 3º Na existência de seções, nos pontos de seção devidamente autorizados para embarque de passageiros, a reserva de assentos também estará disponível até o horário definido para o ponto inicial da linha, observado o disposto no § 2º.

§ 4º Transcorrido o prazo a que se refere o § 2º, na hipótese de os bilhetes das vagas reservadas de que trata o *caput* não terem sido concedidos à pessoa idosa com renda igual ou inferior a dois salários mínimos, as empresas prestadoras dos serviços de transporte poderão comercializá-los.

§ 5º Na hipótese prevista no § 4º, as vagas reservadas de que trata o *caput* continuarão disponíveis para a concessão da gratuidade à pessoa idosa com renda igual ou inferior a dois salários mínimos enquanto os seus bilhetes não forem vendidos.

§ 6º Na data da viagem, a pessoa idosa comparecerá ao terminal de embarque com, no mínimo, trinta minutos de antecedência em relação ao horário previsto para o início da viagem, sob pena da perda do benefício.

§ 7º O Bilhete de Viagem da Pessoa Idosa e o bilhete com desconto do valor da passagem são intransferíveis.

Art. 40. Observado o disposto no inciso II do *caput* do art. 35, além das vagas previstas no art. 39, a pessoa idosa com renda igual ou inferior a dois salários mínimos terá direito ao desconto mínimo de cinquenta por cento do valor da passagem para os demais assentos do veículo, do comboio ferroviário ou da embarcação do serviço convencional de transporte interestadual de passageiros.

Parágrafo único. Para ter direito ao desconto previsto no *caput*, a pessoa idosa deverá adquirir o bilhete de passagem, de maneira a obedecer os seguintes prazos:

I – para viagens com distância de até quinhentos quilômetros, adquiri-lo com, no máximo, seis horas de antecedência; e

II – para viagens com distância acima de quinhentos quilômetros, adquiri-lo com, no máximo, doze horas de antecedência.

Art. 41. O Bilhete de Viagem da Pessoa Idosa será emitido pela empresa prestadora do serviço, em, no mínimo, duas vias.

§ 1º Uma via do bilhete de viagem da pessoa idosa será destinada ao passageiro e não poderá ser recolhida pela empresa prestadora do serviço de transporte.

§ 2º A segunda via do Bilhete de Viagem da Pessoa Idosa será arquivada e mantida pela empresa prestadora do serviço de transporte, pelo prazo de um ano, contado da data do término da viagem.

§ 3º As empresas prestadoras dos serviços de transporte informarão à ANTT e à ANTAQ, na periodicidade definida em seus regulamentos, a movimentação de usuários titulares do benefício, por seção e por situação.

Art. 42. No ato de solicitação do bilhete de viagem de pessoa idosa ou do desconto no valor da passagem, o interessado apresentará documento pessoal que comprove a sua idade e a renda igual ou inferior a dois salários mínimos.

§ 1º A comprovação de idade da pessoa idosa será feita por meio da apresentação de documento pessoal de identidade original, com fé pública, que contenha foto.

§ 2º A comprovação de renda igual ou inferior a dois salários mínimos será feita por meio da apresentação de um dos seguintes documentos:

I – Carteira de Trabalho e Previdência Social com anotações atualizadas;

II – contracheque de pagamento ou documento expedido pelo empregador;

III – carnê de contribuição para o INSS;

IV – extrato de pagamento de benefício ou declaração fornecida pelo INSS ou por outro regime de previdência social público ou privado; e

V – documento ou carteira emitida pelas secretarias estaduais, distrital ou municipais de assistência social ou congêneres.

Art. 43. A pessoa idosa ficará sujeita aos procedimentos de identificação de passageiros ao se apresentar para o embarque, de acordo com as normas estabelecidas pela ANTT e pela ANTAQ, no âmbito de suas competências.

Art. 44. O benefício concedido à pessoa idosa assegura os mesmos direitos garantidos aos demais passageiros.

Parágrafo único. As tarifas de pedágio e de utilização dos terminais e as despesas com alimentação não estão incluídas no benefício tarifário.

Art. 45. A ANTT, a ANTAQ e a concessionária ou a permissionária, quando disponibilizado o benefício tarifário, adotarão as providências necessárias ao atendimento ao disposto no *caput* do art. 35 da Lei nº 9.074, de 7 de julho de 1995.

Parágrafo único. A concessionária ou a permissionária apresentará a documentação necessária para a comprovação do impacto do benefício no equilíbrio econômico-financeiro do contrato, observados os termos estabelecidos na legislação aplicável.

Art. 46. Aos infratores ao disposto neste Capítulo serão aplicadas as sanções previstas no art. 78-A e a 78-K da Lei nº 10.233, de 5 de junho de 2001.

TÍTULO III – D ISPOSIÇÕES FINAIS

Art. 47. Ficam revogados:

I – o Decreto nº 1.948, de 3 de julho de 1996;

II – o Decreto nº 5.934, de 18 de outubro de 2006;

III – o Decreto nº 6.800, de 18 de março de 2009;

IV – o Decreto nº 8.114, de 30 de setembro de 2013; e

V – o Decreto nº 9.328, de 3 de abril de 2018.

Art. 48. Este Decreto entra em vigor cento e vinte dias após a data de sua publicação.

Brasília, 18 de julho de 2019;
198º da Independência e
131º da República.

Jair Messias Bolsonaro

DECRETO Nº 10.188, DE 20 DE DEZEMBRO DE 2019

Regulamenta a Lei nº 9.796, de 5 de maio de 1999, para dispor sobre a compensação financeira entre o Regime Geral de Previdência Social e os regimes próprios de previdência social dos servidores públicos da União, dos Estados, do Distrito Federal e dos Municípios, e entre os regimes próprios, na hipótese de contagem recíproca de tempo de contribuição para efeito de aposentadoria, e dá outras providências.

▸ Publicado no *DOU* de 23-12-2019.

CAPÍTULO I

DISPOSIÇÕES PRELIMINARES

Art. 1º Este Decreto regulamenta a Lei nº 9.796, de 5 de maio de 1999, para dispor sobre a compensação financeira entre o Regime Geral de Previdência Social e os regimes próprios de previdência social dos servidores públicos da União, dos Estados, do Distrito Federal e dos Municípios, e entre os regimes próprios, na hipótese de contagem recíproca de tempo de contribuição para efeito de aposentadoria.

CAPÍTULO II

DA COMPENSAÇÃO ENTRE OS REGIMES

Art. 2º Aplica-se o disposto neste Decreto aos benefícios de aposentadoria concedidos a partir de 5 de outubro de 1988, desde que em manutenção em 6 de maio de 1999 ou concedidos após essa data, com contagem recíproca de tempo de contribuição, e às pensões por morte que deles decorrerem, excluída a aposentadoria por invalidez decorrente de acidente em serviço, moléstia profissional ou doença grave, contagiosa ou incurável, especificada em lei, e a pensão dela decorrente.

Art. 3º A compensação financeira será realizada exclusivamente na contagem recíproca de tempo de contribuição não concomitante utilizado na concessão da aposentadoria.

§ 1º O tempo de atividade rural reconhecido pelo Instituto Nacional de Seguridade Social – INSS por meio de Certidão de Tempo de Serviço expedida até 13 de outubro de 1996 será objeto de compensação financeira, desde que tenha sido utilizado pelo regime instituidor em aposentadoria concedida até essa data.

§ 2º O tempo de atividade rural reconhecido pelo INSS por meio de Certidão de Tempo de Serviço emitida a partir de 14 de outubro de 1996 somente será considerado para fins de compensação financeira caso esse período seja indenizado ao RGPS pelo servidor.

§ 3º Não será devida pelo RGPS a compensação financeira em relação aos servidores civis e militares dos Estados, do Distrito Federal e dos Municípios quanto aos períodos em que tinham garantida apenas aposentadoria pelo ente federativo e que foram inscritos em regime especial de contribuição para fazer jus aos benefícios de família, na forma prevista no parágrafo único do art. 3º da Lei nº 3.807, de 26 de agosto de 1960, e na legislação posterior.

§ 4º Nos períodos em que tenha sido assegurado o pagamento de benefícios de aposentadoria ou pensão mediante convênios ou consórcios entre entes federativos, a compensação financeira é devida pelo ente ao qual, nos termos do convênio ou consórcio, recairia a concessão do benefício de aposentadoria.

Art. 4º Para fins da compensação financeira de que trata este Decreto, considera-se:

I – Regime Geral de Previdência Social – RGPS – o regime previsto no art. 201 da Constituição;

II – regime próprio de previdência social – RPPS – o regime de previdência social estabelecido no âmbito de cada ente federativo que assegure, por lei, aos servidores que ocupam cargo efetivo, no mínimo, os benefícios de aposentadoria e pensão por morte previstos no art. 40 da Constituição;
III – regime de origem – o regime previdenciário ao qual o segurado ou servidor público esteve vinculado e não tenha ensejado o recebimento de aposentadoria ou de pensão aos seus dependentes;
IV – regime instituidor – o regime previdenciário responsável pela concessão e pelo pagamento de benefício de aposentadoria ou pensão por morte dela decorrente a segurado ou servidor público ou a seus dependentes com cômputo de tempo de contribuição no âmbito do regime de origem;
V – estoque RGPS – os valores da compensação financeira em atraso relativos ao período compreendido entre 5 de outubro de 1988 e 5 de maio de 1999 dos benefícios concedidos nesse período com contagem recíproca do tempo de contribuição do RGPS ou do RPPS, na hipótese de o RGPS ser o regime instituidor, desde que em manutenção em 5 de maio de 1999;
VI – estoque RPPS – os valores da compensação financeira em atraso relativos ao período compreendido entre 5 de outubro de 1988 e 5 de maio de 1999 dos benefícios concedidos nesse período com contagem recíproca de outro RPPS, desde que em manutenção em 5 de maio de 1999 ou no período de 6 de maio de 1999 até a data de entrada em vigor deste Decreto;
VII – fluxo acumulado – os valores da compensação financeira dos benefícios concedidos após o período de estoque RGPS ou de estoque RPPS relativos ao período entre a data de concessão e o deferimento do requerimento de compensação, observado o prazo prescricional; e
VIII – fluxo mensal – os valores da compensação financeira pagos mensalmente pelo regime de origem ao regime instituidor, a partir da competência de concessão da compensação, enquanto os pagamentos dos benefícios objeto da compensação financeira estiverem em manutenção.

Art. 5º O regime instituidor apresentará ao regime de origem os seguintes dados e documentos referentes a cada benefício concedido com cômputo de tempo de contribuição no âmbito daquele regime de origem:
I – dados pessoais e outros documentos necessários e úteis à identificação do segurado ou do servidor e, se for o caso, dos seus dependentes;
II – o valor inicial da aposentadoria ou da pensão por morte dela decorrente e a data de início do benefício;
III – o tempo de contribuição no âmbito do regime de origem utilizado na concessão do benefício na forma da contagem recíproca e o tempo de contribuição total do segurado ou do servidor no regime instituidor;
IV – cópia da Certidão de Tempo de Serviço ou da Certidão de Tempo de Contribuição fornecida pelo regime de origem e utilizada para cômputo do tempo de contribuição no âmbito do regime instituidor;
V – cópia do laudo médico que reconheceu a invalidez nos casos de aposentadoria por invalidez;
VI – cópia do ato expedido pela autoridade competente que concedeu a aposentadoria ou a pensão por morte dela decorrente; e
VII – cópia do registro do ato concessório da aposentadoria ou da pensão por morte pelo Tribunal de Contas competente, quando couber.

§ 1º A Certidão de Tempo de Contribuição emitida pelos RPPS, prevista no inciso IV do *caput*, observará as regras estabelecidas pela Portaria nº 154, de 15 de maio de 2008, do extinto Ministério da Previdência Social, quando emitida a partir de 16 de maio de 2008.

§ 2º Será dispensado o envio de cópia dos documentos previstos neste artigo quando:
I – o tempo de contribuição for averbado eletronicamente por meio de sistema disponibilizado pela Secretaria de Previdência da Secretaria Especial de Previdência e Trabalho do Ministério da Economia;
II – os dados do registro do ato que tenha concedido a aposentadoria ou a pensão forem encaminhados eletronicamente pelo Tribunal de Contas; ou
III – as demais informações exigidas puderem ser obtidas eletronicamente pelo órgão ou pela entidade responsável por prestar a informação.

§ 3º A não apresentação das informações e dos documentos a que se refere este artigo vedará a realização da compensação financeira entre os regimes.

Art. 6º O valor da compensação financeira será o resultado da multiplicação do percentual apurado com base nas informações a que se refere o inciso III do *caput* do art. 5º pelo:

I – valor da renda mensal inicial quando o regime instituidor for o RGPS; ou

II – valor do benefício pago pelo regime instituidor ou pelo valor da renda mensal inicial, o que for menor, quando o regime instituidor for o RPPS.

§ 1º A renda mensal inicial de que trata o *caput* será calculada de acordo com as normas aplicáveis aos benefícios concedidos pelo regime de origem, na data da desvinculação desse regime.

§ 2º A Secretaria Especial de Previdência e Trabalho do Ministério da Economia, ouvido o Conselho Nacional dos Regimes Próprios de Previdência Social, de que trata o art. 18, disciplinará a metodologia de apuração da renda mensal inicial nas hipóteses em que o regime de origem não possua informações funcionais ou contributivas individualizadas à época da desvinculação.

§ 3º A renda mensal inicial apurada será reajustada na forma prevista no art. 7º da data da desvinculação do regime de origem até a data da concessão do benefício pelo regime instituidor e o seu valor corrigido não poderá ser inferior ao valor do salário mínimo e nem superior ao:

I – valor da remuneração do cargo efetivo que o servidor teria no ente de origem na data imediatamente anterior à da concessão da aposentadoria pelo regime instituidor ou que teria servido de referência para a concessão da pensão pelo regime de origem; ou

II – limite máximo dos benefícios pagos pelo RGPS, quando este for o regime de origem.

§ 4º Ao valor do benefício pago pelo regime instituidor será acrescido o benefício especial de que trata o § 1º do art. 3º da Lei nº 12.618, de 30 de abril de 2012, no caso da União, ou o benefício que tenha essa mesma natureza, se previsto na legislação dos Estados, do Distrito Federal ou dos Municípios, observado o disposto no § 3º.

§ 5º O fluxo acumulado será pago em parcela única.

Art. 7º O valor da compensação financeira de que trata o art. 6º será reajustado nas mesmas datas e pelos mesmos índices de reajuste dos benefícios concedidos pelo RGPS.

Art. 8º Os regimes instituidores deverão apresentar aos regimes de origem os dados relativos aos benefícios concedidos no período do estoque RGPS e no período do estoque RPPS, na forma prevista no art. 5º.

Parágrafo único. A compensação financeira em atraso relativa aos benefícios de que trata o *caput* será calculada pela multiplicação da parcela da renda mensal devida pelo regime de origem, obtida de acordo com os procedimentos estabelecidos no art. 5º e no art. 6º, pelo número de meses em que o benefício tenha sido pago até a data de deferimento do requerimento de compensação.

Art. 9º Se for inviável financeiramente ao regime de origem desembolsar de imediato os valores apurados nos termos do art. 8º, os regimes poderão firmar termo de parcelamento em até cento e oitenta meses, hipótese em que os valores devidos serão atualizados nas mesmas datas e pelos mesmos índices de reajustamento dos benefícios do RGPS.

§ 1º A parcela mínima dos parcelamentos formalizados entre os RPPS não poderá ser inferior ao limite máximo aplicável aos benefícios do Regime Geral de Previdência Social.

§ 2º Comprovada a inexistência de débitos, na forma prevista no § 5º do art. 6º e no § 3º do art. 11 da Lei nº 9.796, de 1999, o pagamento dos valores de estoque RGPS será quitado:

I – em parcela única, se o crédito não for superior a R$ 1.500.000,00 (um milhão e quinhentos mil reais);

II – em parcelas mensais de até R$ 1.500.000,00 (um milhão e quinhentos mil reais), se o crédito superar esse montante no prazo de até cento e oitenta meses, condicionada à existência de recursos financeiros para cumprimento da meta de resultado primário estabelecido na Lei de Diretrizes Orçamentárias; ou

III – por meio de dação em pagamento de imóveis integrantes do Fundo do Regime Geral de Previdência Social – FRGPS, observados os demais procedimentos administrativos, orçamentários, contábeis e legais necessários para sua concretização.

§ 3º Caso o prazo de cento e oitenta meses não seja suficiente para a quitação dos créditos de estoque RGPS, o valor da parcela disposto no inciso II do § 2º será ajustado para garantir a quitação no referido prazo.

§ 4º O pagamento da compensação financeira do RGPS dependerá da desistência de eventuais ações judiciais que tenham por objeto a dívida compensada e a manutenção do litígio ou o ajuizamento de novas ações será causa da extinção dos pagamentos previstos nos incisos I e II do § 2º.

§ 5º A Secretaria Especial de Previdência e Trabalho do Ministério da Economia, ouvido o Conselho Nacional dos Regimes Próprios de Previdência Social, estabelecerá as diretrizes gerais e os procedimentos para a formalização e a revisão dos parcelamentos a que se referem o *caput* e o § 1º.

Capítulo III

DA OPERACIONALIZAÇÃO DA COMPENSAÇÃO FINANCEIRA

Art. 10. A Secretaria de Previdência da Secretaria Especial de Previdência e Trabalho do Ministério da Economia disponibilizará para adesão do INSS, órgão gestor do RGPS, e dos RPPS da União, dos Estados, do Distrito Federal e dos Municípios, sistema de compensação previdenciária destinado a manter atualizado o cadastro de todos os benefícios objeto de compensação financeira e a apurar o montante devido pelos regimes.

§ 1º Para o processamento do requerimento de compensação financeira pelo sistema, o INSS e os RPPS celebrarão termo de adesão com a Secretaria Especial de Previdência e Trabalho do Ministério da Economia e contrato com a empresa de tecnologia desenvolvedora do sistema de compensação previdenciária.

§ 2º O Conselho Nacional dos Regimes Próprios de Previdência Social estabelecerá as diretrizes para as relações negociais do INSS e dos RPPS com a empresa de tecnologia responsável pelo desenvolvimento do sistema de compensação previdenciária.

Art. 11. O sistema de compensação previdenciária disponibilizado pela Secretaria de Previdência da Secretaria Especial de Previdência e Trabalho do Ministério da Economia, na forma prevista no art. 10, conterá o cadastro atualizado de todos os benefícios objeto de compensação financeira entre o RGPS e os RPPS, e destes entre si, incluído o total que cada regime deve aos demais como compensação financeira.

§ 1º Até o dia trinta de cada mês, será disponibilizado ao regime de origem o total a ser por ele desembolsado a cada regime instituidor referente a competência do mês anterior, que corresponderá ao somatório do fluxo mensal, do fluxo acumulado e do estoque RGPS ou estoque RPPS, cujo desembolso deverá ser feito até o quinto dia útil do mês subsequente.

§ 2º Os desembolsos pelo regime de origem só serão feitos para o regime instituidor que comprovar ser credor no cômputo da compensação financeira devida entre ambos os regimes.

§ 3º Observado o disposto no § 2º, o pagamento da compensação financeira pelo RGPS exige a comprovação da inexistência de débitos do ente federativo do regime instituidor pelo não recolhimento de contribuições previdenciárias devidas ao RGPS e pelo disposto no art. 8º da Lei nº 9.702, de 17 de novembro de 1998.

§ 4º A Secretaria Especial de Previdência e Trabalho do Ministério da Economia, ouvido o Conselho Nacional dos Regimes Próprios de Previdência Social, poderá estabelecer a parcela mínima mensal de desembolso ao regime instituidor, cujo valor inferior ao piso será acumulado até alcançar o valor estipulado.

§ 5º Na hipótese de descumprimento do prazo de desembolso estipulado no § 1º, serão aplicadas as mesmas normas em vigor para atualização dos valores dos recolhimentos em atraso de contribuições previdenciárias arrecadadas pelo RGPS.

§ 6º O não pagamento no prazo estabelecido no § 1º a qualquer regime resultará na suspensão do pagamento da compensação financeira devida pelo RGPS e poderá ensejar a inscrição do ente federativo do regime de origem em dívida ativa federal, estadual, distrital ou municipal.

§ 7º Os pagamentos suspensos na forma prevista no § 6º serão reajustados na forma prevista no art. 7º e esta suspensão não será considerada atraso de pagamento para aplicação de mora.

§ 8º A Secretaria Especial de Previdência e Trabalho do Ministério da Economia, ouvido o Conselho Nacional dos Regimes Próprios de Previdência Social, estabelecerá prazo para que o regime de origem analise os requerimentos apresentados pelos regimes instituidores, observada a ordem cronológica dos requerimentos, sobre o qual incidirá a mesma atualização dos valores dos recolhimentos em atraso de contribuições previdenciárias arrecadadas pelo RGPS aos requerimentos que ultrapassarem o prazo determinado.

Art. 12. Aplica-se a prescrição quinquenal, nos termos do disposto no Decreto nº 20.910, de 6 de janeiro de 1932, aos valores não pagos nem reclamados em época própria do surgimento da pretensão, que ocorrerá:

I – no primeiro dia subsequente ao registro do ato concessório de aposentadoria ou a pensão pelo Tribunal de Contas competente, quando o regime instituidor for o RPPS; ou

II – no primeiro dia subsequente ao recebimento da primeira prestação, quando o regime instituidor for o RGPS.

Parágrafo único. O prazo prescricional da compensação financeira relativo ao período do estoque do RPPS será contado a partir da entrada em vigor deste Decreto.

Art. 13. Os regimes instituidores deverão registrar imediatamente no sistema de compensação previdenciária qualquer revisão do benefício objeto de compensação financeira ou sua extinção total ou parcial.

§ 1º Caso a revisão do benefício modifique o seu valor inicial, serão utilizados os mesmos parâmetros para a concessão da compensação financeira, recalculados os valores de compensação devidos ao regime instituidor desde a data de início de pagamento do benefício, observada a prescrição quinquenal.

§ 2º Na hipótese de revisão do benefício pela apresentação de novos elementos que resultem em decisão administrativa ou em decisão judicial que não possuam efeitos retroativos, os valores da compensação financeira serão recalculados a partir do pagamento do valor do benefício revisado, observada a prescrição quinquenal.

§ 3º As diferenças de valores decorrentes da revisão ou do pagamento de compensação financeira em relação a benefício cessado serão compensadas no mês seguinte ao da constatação.

§ 4º O direito de anular os atos de concessão, revisão ou indeferimento da compensação financeira decairá no prazo de cinco anos, contado da data em que tenham sido praticados, exceto se comprovada má-fé, nos termos do disposto no art. 54 da Lei nº 9.784, de 29 de janeiro de 1999.

Capítulo IV

DISPOSIÇÕES SOBRE A COMPENSAÇÃO FINANCEIRA

Art. 14. Caso a unidade gestora do RPPS possua personalidade jurídica própria, o ente federativo responderá solidariamente pelas obrigações previstas neste Decreto.

Art. 15. Os recursos financeiros recebidos pelo RPPS a título de compensação financeira somente poderão ser utilizados no pagamento de benefícios previdenciários do respectivo regime.

Art. 16. O tempo de serviço equivalente ao período das contribuições apuradas e parceladas nos termos do disposto no art. 154 do Regulamento da Organização e do Custeio da Seguridade Social, aprovado pelo Decreto nº 2.173, de 5 de março de 1997, devidas por Estados, Distrito Federal e Municípios ao INSS em razão da extinção de RPPS com o retorno dos respectivos servidores ao RGPS, desde que não tenha sido compensado com contribuições previdenciárias devidas ao RGPS, será computado como tempo de contribuição ao RGPS, inclusive para efeito de contagem recíproca de tempo de contribuição e apuração do valor da compensação financeira de que trata este Decreto.

Parágrafo único. Compete ao INSS a emissão de Certidão de Tempo de Contribuição referente ao tempo de contribuição de que trata o *caput*.

Art. 17. Caberá recurso administrativo da análise dos requerimentos da compensação financeira entre o RGPS e os RPPS e entre estes regimes e do pagamento dos valores relativos à compensação financeira, que será julgado pelo Conselho de Recursos da Previdência Social, na forma definida em seu regimento interno.

Capítulo V

DO CONSELHO NACIONAL DOS REGIMES PRÓPRIOS DE PREVIDÊNCIA SOCIAL

Art. 18. Fica instituído o Conselho Nacional dos Regimes Próprios de Previdência Social, com as seguintes competências:

I – participar da definição das políticas e das diretrizes gerais relativas aos RPPS;

II – propor a elaboração e a revisão de normas e procedimentos relativos aos RPPS e à compensação financeira entre o RGPS e os RPPS e destes entre si;

III – examinar proposições de normas e procedimentos relativos aos RPPS e à compensação financeira entre os regimes;

IV – deliberar sobre os parâmetros, as diretrizes e os critérios de responsabilidade previdenciária na instituição, na organização e no funcionamento dos RPPS, relativos a custeio, benefícios, atuária, contabilidade, aplicação e utilização de recursos e constituição e manutenção dos fundos previdenciários, a serem estabelecidos pela Secretaria Especial de Previdência e Trabalho do Ministério da Economia;

V – propor metas e ações que contribuam para o aprimoramento dos RPPS e da compensação financeira;

VI – participar da definição e acompanhar o desenvolvimento de sistemas relativos aos RPPS e à compensação previdenciária;

VII – participar da definição de ações de educação previdenciária, de intercâmbio de informações e de articulação entre órgãos e entidades, públicas ou privadas, nacionais ou internacionais que atuem com previdência;

VIII – acompanhar e avaliar a implementação de políticas, diretrizes gerais, metas, ações e a aplicação das normas e dos procedimentos relativos aos RPPS e à compensação financeira pelos entes federativos;

IX – deliberar sobre o Programa de Certificação Institucional e Modernização da Gestão dos Regimes Próprios de Previdência Social da União, dos Estados, do Distrito Federal e dos Municípios – Pró-Gestão RPPS; e

X – elaborar e aprovar o seu regimento interno.

Art. 19. O Conselho Nacional dos Regimes Próprios de Previdência Social será composto por representantes dos seguintes órgãos e entidades:

I – do Ministério da Economia:

a) dois da Secretaria de Previdência da Secretaria Especial de Previdência; e

b) um da Secretaria de Gestão e Desempenho de Pessoal da Secretaria Especial de Desburocratização, Gestão e Governo Digital;

II – um do INSS;

III – um dos Tribunais de Contas dos Estados, do Distrito Federal ou dos Municípios;

IV – sete dos Estados, do Distrito Federal ou dos Municípios, dentre os quais:

a) dois de RPPS dos Estados ou do Distrito Federal;

b) dois de RPPS dos Municípios;

c) um de entidade de âmbito nacional representativa de unidades gestoras de RPPS;

d) um de entidade de âmbito nacional representativa dos Estados e do Distrito Federal; e

e) um de entidade de âmbito nacional representativa dos Municípios; e

V – três de segurados e beneficiários de RPPS, dentre os quais:

a) um da União;

b) um dos Estados ou do Distrito Federal; e

c) um dos Municípios.

§ 1º Cada membro do Conselho Nacional dos Regimes Próprios de Previdência Social terá um suplente, que o substituirá em suas ausências e impedimentos.

§ 2º Os membros do Conselho Nacional dos Regimes Próprios de Previdência Social de que tratam os incisos I e II do *caput* e respectivos suplentes serão indicados pelos órgãos que representam.

§ 3º Os membros do Conselho Nacional dos Regimes Próprios de Previdência Social de que tratam os incisos III e V do *caput* e respectivos suplentes serão escolhidos conforme os critérios estabelecidos em ato da Secretaria Especial de Previdência e Trabalho do Ministério da Economia.

§ 4º Os membros do Conselho Nacional dos Regimes Próprios de Previdência Social de que trata o inciso IV do *caput* e respectivos suplentes serão indicados pelo Conselho Nacional dos Dirigentes de Regimes Próprios de Previdência Social.

§ 5º Os membros do Conselho Nacional dos Regimes Próprios de Previdência Social e respectivos suplentes terão mandato de dois anos, admitida a recondução.

§ 6º A autoridade responsável pela indicação para membro do Conselho Nacional dos Regimes Próprios de Previdência Social poderá requerer, a qualquer tempo e a seu critério, a substituição do indicado por novo representante, que cumprirá o mandato pelo prazo remanescente.

§ 7º Os membros do Conselho Nacional dos Regimes Próprios de Previdência Social serão designados pelo Secretário de Previdência da Secretaria Especial de Previdência e Trabalho do Ministério da Economia.

§ 8º A Secretaria de Previdência da Secretaria Especial de Previdência e Trabalho do Ministério da Economia indicará, dentre os representantes de que trata a alínea *a* do inciso I do *caput*, o Presidente do Conselho Nacional dos Regimes Próprios de Previdência Social, que designará um Secretário-Executivo para auxiliá-lo na gestão das atividades do Conselho.

Art. 20. O Conselho Nacional dos Regimes Próprios de Previdência Social se reunirá, em caráter ordinário, quadrimestralmente, por convocação do seu Presidente.

§ 1º O Presidente do Conselho Nacional dos Regimes Próprios de Previdência Social poderá convocar reunião extraordinária, por iniciativa própria ou por requerimento de, no mínimo cinco, de seus membros, para tratar de tema específico.

§ 2º O quórum de reunião do Conselho Nacional dos Regimes Próprios de Previdência Social é de maioria absoluta dos membros e o quórum de aprovação é de maioria simples.

§ 3º Além do voto ordinário, o Presidente do Conselho Nacional dos Regimes Próprios de Previdência Social terá o voto de qualidade em caso de empate.

§ 4º As reuniões do Conselho Nacional dos Regimes Próprios de Previdência Social serão realizadas preferencialmente por meio de videoconferência.

§ 5º O deslocamento dos membros do Conselho Nacional dos Regimes Próprios de Previdência Social para as reuniões presenciais será custeado pelo órgão ou pela entidade responsável pela indicação do representante.

Art. 21. A Secretaria-Executiva do Conselho Nacional dos Regimes Próprios de Previdência Social será exercida pela Secretaria Especial de Previdência e Trabalho do Ministério da Economia.

Art. 22. A participação no Conselho Nacional dos Regimes Próprios de Previdência Social será considerada prestação de serviço público relevante, não remunerada.

Art. 23. O Conselho Nacional dos Regimes Próprios de Previdência Social poderá instituir grupos de trabalho para auxiliá-lo no desenvolvimento de suas atividades.

Parágrafo único. A criação de grupos de trabalho no âmbito do Conselho Nacional dos Regimes Próprios de Previdência Social observará o disposto no inciso VI do *caput* do art. 6º do Decreto nº 9.759, de 11 de abril de 2019.

Art. 24. As atas das reuniões do Conselho Nacional dos Regimes Próprios de Previdência Social serão publicadas no sítio eletrônico da Previdência Social.

Capítulo IV

DISPOSIÇÕES FINAIS

Art. 25. Os Estados, o Distrito Federal e os Municípios deverão aderir à compensação financeira de que trata este Decreto até 31 de dezembro de 2021, sob pena de incidirem as sanções de que trata o art. 7º da Lei nº 9.717, de 27 de novembro de 1998, e a suspensão do pagamento da compensação financeira devida pelo RGPS.

Art. 26. A União adotará as providências necessárias para que a compensação financeira entre o RPPS da União e o RGPS seja operacionalizada a partir de 2021.

Art. 27. Fica revogado o Decreto nº 3.112, de 6 de julho de 1999.

Art. 28. Este Decreto entra em vigor:

I – em 1º de janeiro de 2020, quanto ao art. 27 e aos demais dispositivos aplicáveis à compensação financeira entre o RGPS e os RPPS;

II – em 1º de janeiro de 2021, quanto aos dispositivos aplicáveis à compensação financeira entre os RPPS; e

III – na data de sua publicação, quanto aos art. 18 ao art. 24.

Brasília, 20 de dezembro de 2019;
198º da Independência e
131º da República.

Jair Messias Bolsonaro

LEI Nº 13.979, DE 6 DE FEVEREIRO DE 2020

Dispõe sobre as medidas para enfrentamento da emergência de saúde pública de importância internacional decorrente do coronavírus responsável pelo surto de 2019.

▶ Publicada no *DOU* de 7-2-2020.

Art. 1º Esta Lei dispõe sobre as medidas que poderão ser adotadas para enfrentamento da emergência de saúde pública de importância internacional decorrente do coronavírus responsável pelo surto de 2019.

§ 1º As medidas estabelecidas nesta Lei objetivam a proteção da coletividade.

§ 2º Ato do Ministro de Estado da Saúde disporá sobre a duração da situação de emergência de saúde pública de que trata esta Lei.

§ 3º O prazo de que trata o § 2º deste artigo não poderá ser superior ao declarado pela Organização Mundial de Saúde.

Art. 2º Para fins do disposto nesta Lei, considera-se:

I – isolamento: separação de pessoas doentes ou contaminadas, ou de bagagens, meios de transporte, mercadorias ou encomendas postais afetadas, de outros, de maneira a evitar a contaminação ou a propagação do coronavírus; e

II – quarentena: restrição de atividades ou separação de pessoas suspeitas de contaminação das pessoas que não estejam doentes, ou de bagagens, contêineres, animais, meios de transporte ou mercadorias suspeitos de contaminação, de maneira a evitar a possível contaminação ou a propagação do coronavírus.

Parágrafo único. As definições estabelecidas pelo art. 1º do Regulamento Sanitário Internacional, constante do Anexo ao Decreto nº 10.212, de 30 de janeiro de 2020, aplicam-se ao disposto nesta Lei, no que couber.

Art. 3º Para enfrentamento da emergência de saúde pública de importância internacional de que trata esta Lei, as autoridades poderão adotar, no âmbito de suas competências, entre outras, as seguintes medidas:

▸ *Caput* com a redação dada pela Lei nº 14.035, de 11-8-2020.

I – isolamento;

II – quarentena;

III – determinação de realização compulsória de:

a) exames médicos;

b) testes laboratoriais;

c) coleta de amostras clínicas;

d) vacinação e outras medidas profiláticas; ou

e) tratamentos médicos específicos;

III-A – uso obrigatório de máscaras de proteção individual;

▸ Inciso III-A acrescido pela Lei nº 14.019, de 2-7-2020.

IV – estudo ou investigação epidemiológica;

V – exumação, necropsia, cremação e manejo de cadáver;

VI – restrição excepcional e temporária, por rodovias, portos ou aeroportos, de:

a) entrada e saída do País; e

b) locomoção interestadual e intermunicipal;

▸ Inciso VI com a redação dada pela Lei nº 14.035, de 11-8-2020.

VII – requisição de bens e serviços de pessoas naturais e jurídicas, hipótese em que será garantido o pagamento posterior de indenização justa; e

VIII – autorização excepcional e temporária para a importação e distribuição de quaisquer materiais, medicamentos, equipamentos e insumos da área de saúde sujeitos à vigilância sanitária sem registro na ANVISA considerados essenciais para auxiliar no combate à pandemia do coronavírus, desde que:

▸ *Caput* do inciso VIII com a redação dada pela Lei nº 14.006, de 28-5-2020.

a) registrados por pelo menos 1 (uma) das seguintes autoridades sanitárias estrangeiras e autorizados à distribuição comercial em seus respectivos países:

1. Food and Drug Administration (FDA);
2. European Medicines Agency (EMA);
3. Pharmaceuticals and Medical Devices Agency (PMDA);
4. National Medical Products Administration (NMPA).

▸ Alínea *a* com a redação dada pela Lei nº 14.006, de 28-5-2020.

b) *Revogada*. Lei nº 14.006, de 28-5-2020.

§ 1º As medidas previstas neste artigo somente poderão ser determinadas com base em evidências científicas e em análises sobre as informações estratégicas em saúde e deverão ser limitadas no tempo e no espaço ao mínimo indispensável à promoção e à preservação da saúde pública.

§ 2º Ficam assegurados às pessoas afetadas pelas medidas previstas neste artigo:

I – o direito de serem informadas permanentemente sobre o seu estado de saúde e a assistência à família conforme regulamento;

II – o direito de receberem tratamento gratuito;

III – o pleno respeito à dignidade, aos direitos humanos e às liberdades fundamentais das pessoas, conforme preconiza o art. 3º do Regulamento Sanitário Internacional, constante do Anexo ao Decreto nº 10.212, de 30 de janeiro de 2020.

§ 3º Será considerado falta justificada ao serviço público ou à atividade laboral privada o período de ausência decorrente das medidas previstas neste artigo.

§ 4º As pessoas deverão sujeitar-se ao cumprimento das medidas previstas neste artigo, e o descumprimento delas acarretará responsabilização, nos termos previstos em lei.

§ 5º Ato do Ministro de Estado da Saúde:

I – disporá sobre as condições e os prazos aplicáveis às medidas previstas nos incisos I e II do *caput* deste artigo; e

II – *Revogado*. Lei nº 14.006, de 28-5-2020.

§ 6º Ato conjunto dos Ministros de Estado da Saúde, da Justiça e Segurança Pública e da Infraestrutura disporá sobre as medidas previstas no inciso VI do *caput* deste artigo, observado o disposto no inciso I do § 6º-B deste artigo.

▶ § 6º com a redação dada pela Lei nº 14.035, de 11-8-2020.

§ 6º-B. As medidas previstas no inciso VI do *caput* deste artigo deverão ser precedidas de recomendação técnica e fundamentada:

I – da Agência Nacional de Vigilância Sanitária (ANVISA), em relação à entrada e saída do País e à locomoção interestadual; ou

II – do respectivo órgão estadual de vigilância sanitária, em relação à locomoção intermunicipal.

▶ § 6º-B acrescido pela Lei nº 14.035, de 11-8-2020.

▶ Mantivemos § 6º-B conforme publicação oficial, porém entendemos que o correto seria § 6º-A.

§§ 6º-C e 6º-D. VETADOS. Lei nº 14.035, de 11-8-2020.

§ 7º As medidas previstas neste artigo poderão ser adotadas:

I – pelo Ministério da Saúde, exceto a constante do inciso VIII do *caput* deste artigo;

▶ Inciso I com a redação dada pela Lei nº 14.006, de 28-5-2020.

II – pelos gestores locais de saúde, desde que autorizados pelo Ministério da Saúde, nas hipóteses dos incisos I, II, III-A, V e VI do *caput* deste artigo;

▶ Inciso II com a redação dada pela Lei nº 14.035, de 11-8-2020.

III – pelos gestores locais de saúde, nas hipóteses dos incisos III, IV e VII do *caput* deste artigo;

IV – pela ANVISA, na hipótese do inciso VIII do *caput* deste artigo.

▶ Inciso IV acrescido pela Lei nº 14.006, de 28-5-2020.

§ 7º-A. A autorização de que trata o inciso VIII do *caput* deste artigo deverá ser concedida pela ANVISA em até 72 (setenta e duas) horas após a submissão do pedido à Agência, dispensada a autorização de qualquer outro órgão da administração pública direta ou indireta para os produtos que especifica, sendo concedida automaticamente caso esgotado o prazo sem manifestação.

▶ § 7º-A acrescido pela Lei nº 14.006, de 28-5-2020, promulgado nos termos do art. 66, § 5º, da CF (*DOU* de 27-8-2020, edição extra).

§ 7º-B. O médico que prescrever ou ministrar medicamento cuja importação ou distribuição tenha sido autorizada na forma do inciso VIII do *caput* deste artigo deverá informar ao paciente ou ao seu representante legal que o produto ainda não tem registro na ANVISA e foi liberado por ter sido registrado por autoridade sanitária estrangeira.

▶ § 7º-B acrescido pela Lei nº 14.006, de 28-5-2020.

§ 7º-C. Os serviços públicos e atividades essenciais, cujo funcionamento deverá ser resguardado quando adotadas as medidas previstas neste artigo, incluem os relacionados ao atendimento a mulheres em situação de violência doméstica e familiar, nos termos da Lei nº 11.340, de 7 de agosto de 2006, a crianças, a adolescentes, a pessoas idosas e a pessoas com deficiência vítimas de crimes tipificados na Lei nº 8.069, de 13 de julho de 1990 (Estatuto da Criança e do Adolescente), na Lei nº 10.741, de 1º de outubro de 2003 (Estatuto do Idoso), na Lei nº 13.146, de 6 de julho de 2015 (Estatuto da Pessoa com Deficiência), e no Decreto-Lei nº 2.848, de 7 de dezembro de 1940 (Código Penal).

▶ § 7º-C acrescido pela Lei nº 14.022, de 7-7-2020.

§ 8º Na ausência da adoção de medidas de que trata o inciso II do § 7º deste artigo, ou até sua superveniência, prevalecerão as determinações:

I – do Ministério da Saúde em relação aos incisos I, II, III, IV, V e VII do *caput* deste artigo; e

II – do ato conjunto de que trata o § 6º em relação às medidas previstas no inciso VI do *caput* deste artigo.

§ 9º A adoção das medidas previstas neste artigo deverá resguardar o abastecimento de produtos e o exercício e o funcionamento de serviços públicos e de atividades essenciais, assim definidos em decreto da respectiva autoridade federativa.

§ 10. As medidas a que se referem os incisos I, II e VI do *caput*, observado o disposto nos incisos

I e II do § 6º-B deste artigo, quando afetarem a execução de serviços públicos e de atividades essenciais, inclusive os regulados, concedidos ou autorizados, somente poderão ser adotadas em ato específico e desde que haja articulação prévia com o órgão regulador ou o poder concedente ou autorizador.

§ 11. É vedada a restrição à ação de trabalhadores que possa afetar o funcionamento de serviços públicos e de atividades essenciais, definidos conforme previsto no § 9º deste artigo, e as cargas de qualquer espécie que possam acarretar desabastecimento de gêneros necessários à população.

▸ §§ 8º a 11 acrescidos pela Lei nº 14.035, de 11-8-2020.

Art. 3º-A. É obrigatório manter boca e nariz cobertos por máscara de proteção individual, conforme a legislação sanitária e na forma de regulamentação estabelecida pelo Poder Executivo federal, para circulação em espaços públicos e privados acessíveis ao público, em vias públicas e em transportes públicos coletivos, bem como em:

▸ *Caput* do art. 3º-A acrescido pela Lei nº 14.019, de 2-7-2020.

I – veículos de transporte remunerado privado individual de passageiros por aplicativo ou por meio de táxis;

II – ônibus, aeronaves ou embarcações de uso coletivo fretados;

▸ Incisos I e II acrescidos pela Lei nº 14.019, de 2-7-2020.

III – estabelecimentos comerciais e industriais, templos religiosos, estabelecimentos de ensino e demais locais fechados em que haja reunião de pessoas.

▸ Inciso III acrescido pela Lei nº 14.019, de 2-7-2020, promulgado nos termos do art. 66, § 7º, da CF (*DOU* de 8-9-2020 – edição extra).

§ 1º O descumprimento da obrigação prevista no *caput* deste artigo acarretará a imposição de multa definida e regulamentada pelo ente federado competente, devendo ser consideradas como circunstâncias agravantes na gradação da penalidade:

I – ser o infrator reincidente;

II – ter a infração ocorrido em ambiente fechado.

§ 2º A definição e a regulamentação referidas no § 1º deste artigo serão efetuadas por decreto ou por ato administrativo do respectivo Poder Executivo, que estabelecerá as autoridades responsáveis pela fiscalização da obrigação prevista no *caput* e pelo recolhimento da multa prevista no § 1º deste artigo.

▸ §§ 1º e 2º acrescidos pela Lei nº 14.019, de 2-7-2020, promulgados nos termos do art. 66, § 7º, da CF (*DOU* de 8-9-2020 – edição extra).

§§ 3º a 5º VETADOS.

§ 6º Em nenhuma hipótese será exigível a cobrança da multa pelo descumprimento da obrigação prevista no *caput* deste artigo às populações vulneráveis economicamente.

▸ § 6º acrescido pela Lei nº 14.019, de 2-7-2020, promulgado nos termos do art. 66, § 7º, da CF (*DOU* de 8-9-2020 – edição extra).

§ 7º A obrigação prevista no *caput* deste artigo será dispensada no caso de pessoas com transtorno do espectro autista, com deficiência intelectual, com deficiências sensoriais ou com quaisquer outras deficiências que as impeçam de fazer o uso adequado de máscara de proteção facial, conforme declaração médica, que poderá ser obtida por meio digital, bem como no caso de crianças com menos de 3 (três) anos de idade.

§ 8º As máscaras a que se refere o *caput* deste artigo podem ser artesanais ou industriais.

▸ §§ 7º e 8º acrescidos pela Lei nº 14.019, de 2-7-2020.

Art. 3º-B. Os estabelecimentos em funcionamento durante a pandemia da Covid-19 são obrigados a fornecer gratuitamente a seus funcionários e colaboradores máscaras de proteção individual, ainda que de fabricação artesanal, sem prejuízo de outros equipamentos de proteção individual estabelecidos pelas normas de segurança e saúde do trabalho.

▸ *Caput* do art. 3º-B acrescido pela Lei nº 14.019, de 2-7-2020, promulgado nos termos do art. 66, § 7º, da CF (*DOU* de 8-9-2020 – edição extra).

§ 1º O descumprimento da obrigação prevista no *caput* deste artigo acarretará a imposição de multa definida e regulamentada pelos entes federados, observadas na gradação da penalidade:

I – a reincidência do infrator;

II – a ocorrência da infração em ambiente fechado, hipótese que será considerada como circunstância agravante;

III – a capacidade econômica do infrator.

§ 2º O disposto no § 1º deste artigo será regulamentado por decreto ou por ato administrativo do respectivo Poder Executivo, que estabelecerá as autoridades responsáveis pela fiscalização da obrigação prevista no *caput* e pelo recolhimento da multa prevista no § 1º deste artigo.

▸ §§ 1º e 2º acrescidos pela Lei nº 14.019, de 2-7-2020, promulgados nos termos do art. 66, § 7º, da CF (*DOU* de 8-9-2020 – edição extra).

§§ 3º e 4º VETADOS.

§ 5º Os órgãos, entidades e estabelecimentos a que se refere este artigo deverão afixar cartazes informativos sobre a forma de uso correto de máscaras e o número máximo de pessoas permitidas ao mesmo tempo dentro do estabelecimento, nos termos de regulamento.

▸ § 5º acrescido pela Lei nº 14.019, de 2-7-2020, conforme Ações de Descumprimento de Preceitos Fundamentais nºs 714 e 715 (*DOU* de 9-3-2021), que suspenderam o veto deste parágrafo, a fim de estabelecer sua plena vigência normativa.

§ 6º VETADO.

Art. 3º-C. As multas previstas no § 1º do art. 3º-A e no § 1º do art. 3º-B desta Lei somente serão aplicadas na ausência de normas estaduais ou municipais que estabeleçam multa com hipótese de incidência igual ou semelhante.

Art. 3º-D. Os valores recolhidos das multas previstas no § 1º do art. 3º-A e no § 1º do art. 3º-B desta Lei deverão ser utilizados obrigatoriamente em ações e serviços de saúde.

Parágrafo único. Os valores recolhidos deverão ser informados em portais de transparência ou, na falta destes, em outro meio de publicidade, para fins de prestação de contas.

▸ Arts. 3º-C e 3º-D acrescidos pela Lei nº 14.019, de 2-7-2020, promulgados nos termos do art. 66, § 7º, da CF (*DOU* de 8-9-2020 – edição extra).

Art. 3º-E. É garantido o atendimento preferencial em estabelecimentos de saúde aos profissionais de saúde e aos profissionais da segurança pública, integrantes dos órgãos previstos no art. 144 da Constituição Federal, diagnosticados com a Covid-19, respeitados os protocolos nacionais de atendimento médico.

▸ Art. 3º-E acrescido pela Lei nº 14.019, de 2-7-2020.

Art. 3º-F. É obrigatório o uso de máscaras de proteção individual nos estabelecimentos prisionais e nos estabelecimentos de cumprimento de medidas socioeducativas, observado o disposto no *caput* do art. 3º-B desta Lei.

▸ Art. 3º-F acrescido pela Lei nº 14.019, de 2-7-2020, conforme Ações de Descumprimento de Preceitos Fundamentais nºs 714 e 715 (*DOU* de 9-3-2021), que suspenderam o veto deste artigo, a fim de estabelecer sua plena vigência normativa.

Art. 3º-G. As concessionárias e empresas de transporte público deverão atuar em colaboração com o poder público na fiscalização do cumprimento das normas de utilização obrigatória de máscaras de proteção individual, podendo inclusive vedar, nos terminais e meios de transporte por elas operados, a entrada de passageiros em desacordo com as normas estabelecidas pelo respectivo poder concedente.

Parágrafo único. O poder público concedente regulamentará o disposto neste artigo, inclusive em relação ao estabelecimento de multas pelo seu descumprimento.

▸ Art. 3º-G acrescido pela Lei nº 14.019, de 2-7-2020.

Art. 3º-H. Os órgãos e entidades públicos, por si, por suas empresas, concessionárias ou permissionárias ou por qualquer outra forma de empreendimento, bem como o setor privado de bens e serviços, deverão adotar medidas de prevenção à proliferação de doenças, como a assepsia de locais de circulação de pessoas e do interior de veículos de toda natureza usados em serviço e a disponibilização aos usuários de produtos higienizantes e saneantes.

▸ *Caput* do art. 3º-H acrescido pela Lei nº 14.019, de 2-7-2020.

Parágrafo único. Incorrerá em multa, a ser definida e regulamentada pelo Poder Executivo do ente federado competente, o estabelecimento autorizado a funcionar durante a pandemia da Covid-19 que deixar de disponibilizar álcool em gel a 70% (setenta por cento) em locais próximos a suas entradas, elevadores e escadas rolantes.

▸ Parágrafo único acrescido pela Lei nº 14.019, de 2-7-2020, promulgado nos termos do art. 66, § 7º, da CF (*DOU* de 8-9-2020 – edição extra).

Art. 3º-I. VETADO.

Art. 3º-J. Durante a emergência de saúde pública decorrente do coronavírus responsável pelo surto de 2019, o poder público e os empregadores ou contratantes adotarão, imediatamente, medidas para preservar a saúde e a vida de todos os profissionais considerados essenciais ao controle de doenças e à manutenção da ordem pública.

§ 1º Para efeitos do disposto no *caput* deste artigo, são considerados profissionais essenciais ao controle de doenças e à manutenção da ordem pública:

I – médicos;
II – enfermeiros;
III – fisioterapeutas, terapeutas ocupacionais, fonoaudiólogos e profissionais envolvidos nos processos de habilitação e reabilitação;
IV – psicólogos;
V – assistentes sociais;
VI – policiais federais, civis, militares, penais, rodoviários e ferroviários e membros das Forças Armadas;
VII – agentes socioeducativos, agentes de segurança de trânsito e agentes de segurança privada;
VIII – brigadistas e bombeiros civis e militares;
IX – vigilantes que trabalham em unidades públicas e privadas de saúde;
X – assistentes administrativos que atuam no cadastro de pacientes em unidades de saúde;
XI – agentes de fiscalização;
XII – agentes comunitários de saúde;
XIII – agentes de combate às endemias;
XIV – técnicos e auxiliares de enfermagem;
XV – técnicos, tecnólogos e auxiliares em radiologia e operadores de aparelhos de tomografia computadorizada e de ressonância nuclear magnética;
XVI – maqueiros, maqueiros de ambulância e padioleiros;
XVII – cuidadores e atendentes de pessoas com deficiência, de pessoas idosas ou de pessoas com doenças raras;
XVIII – biólogos, biomédicos e técnicos em análises clínicas;
XIX – médicos-veterinários;
XX – coveiros, atendentes funerários, motoristas funerários, auxiliares funerários e demais trabalhadores de serviços funerários e de autópsias;
XXI – profissionais de limpeza;
XXII – profissionais que trabalham na cadeia de produção de alimentos e bebidas, incluídos os insumos;
XXIII – farmacêuticos, bioquímicos e técnicos em farmácia;
XXIV – cirurgiões-dentistas, técnicos em saúde bucal e auxiliares em saúde bucal;
XXV – aeronautas, aeroviários e controladores de voo;
XXVI – motoristas de ambulância;
XXVII – guardas municipais;
XXVIII – profissionais dos Centros de Referência de Assistência Social (CRAS) e dos Centros de Referência Especializados de Assistência Social (CREAS);
XXIX – servidores públicos que trabalham na área da saúde, inclusive em funções administrativas;
XXX – outros profissionais que trabalhem ou sejam convocados a trabalhar nas unidades de saúde durante o período de isolamento social ou que tenham contato com pessoas ou com materiais que ofereçam risco de contaminação pelo novo coronavírus.

§ 2º O poder público e os empregadores ou contratantes fornecerão, gratuitamente, os equipamentos de proteção individual (EPIs) recomendados pela ANVISA aos profissionais relacionados no § 1º deste artigo que estiverem em atividade e em contato direto com portadores ou possíveis portadores do novo coronavírus, considerados os protocolos indicados para cada situação.

§ 3º Os profissionais essenciais ao controle de doenças e à manutenção da ordem pública que estiverem em contato direto com portadores ou possíveis portadores do novo coronavírus terão prioridade para fazer testes de diagnóstico da Covid-19 e serão tempestivamente tratados e orientados sobre sua condição de saúde e sobre sua aptidão para retornar ao trabalho.

▸ Art. 3º-J acrescido pela Lei nº 14.023, de 8-7-2020.

Art. 4º É dispensável a licitação para aquisição ou contratação de bens, serviços, inclusive de engenharia, e insumos destinados ao enfrentamento da emergência de saúde pública de importância internacional de que trata esta Lei.

▸ *Caput* com a redação dada pela Lei nº 14.035, de 11-8-2020.

§ 1º A dispensa de licitação a que se refere o *caput* deste artigo é temporária e aplica-se apenas enquanto perdurar a emergência de saúde pública de importância internacional decorrente do coronavírus.

§ 2º Todas as aquisições ou contratações realizadas com base nesta Lei serão disponibilizadas, no prazo máximo de 5 (cinco) dias úteis, contado da realização do ato, em *site* oficial específico na internet, observados, no que couber, os requisitos previstos no § 3º do art. 8º da Lei nº 12.527, de 18 de novembro de 2011, com o nome do contratado, o número de sua inscrição na Secretaria da Receita Federal do Brasil, o prazo contratual, o valor e o respectivo processo de aquisição ou contratação, além das seguintes informações:

► *Caput* do § 2º com a redação dada pela Lei nº 14.035, de 11-8-2020.

I – o ato que autoriza a contratação direta ou o extrato decorrente do contrato;
II – a discriminação do bem adquirido ou do serviço contratado e o local de entrega ou de prestação;
III – o valor global do contrato, as parcelas do objeto, os montantes pagos e o saldo disponível ou bloqueado, caso exista;
IV – as informações sobre eventuais aditivos contratuais;
V – a quantidade entregue em cada unidade da Federação durante a execução do contrato, nas contratações de bens e serviços;

► Incisos I a V com a redação dada pela Lei nº 14.035, de 11-8-2020.

VI – as atas de registros de preços das quais a contratação se origine.

► Inciso VI acrescido pela Lei nº 14.065, de 30-9-2020.

§ 3º Na situação excepcional de, comprovadamente, haver uma única fornecedora do bem ou prestadora do serviço, será possível a sua contratação, independentemente da existência de sanção de impedimento ou de suspensão de contratar com o poder público.

§ 3º-A. No caso de que trata o § 3º deste artigo, é obrigatória a prestação de garantia nas modalidades previstas no art. 56 da Lei nº 8.666, de 21 de junho de 1993, que não poderá exceder a 10% (dez por cento) do valor do contrato.

► §§ 3º e 3º-A acrescidos pela Lei nº 14.035, de 11-8-2020.

► A Lei nº 8.666, de 21-6-1993, foi revogada pela Lei nº 14.133, de 1º-4-2021.

► Art. 96 da Lei nº 14.133, de 1º-4-2021 (Nova Lei de Licitações e Contratos Administrativos).

§ 4º Na hipótese de dispensa de licitação a que se refere o *caput* deste artigo, quando se tratar de compra ou de contratação por mais de um órgão ou entidade, poderá ser utilizado o sistema de registro de preços, previsto no inciso II do *caput* do art. 15 da Lei nº 8.666, de 21 de junho de 1993.

► A Lei nº 8.666, de 21-6-1993, foi revogada pela Lei nº 14.133, de 1º-4-2021.

► Art. 40, II, da Lei nº 14.133, de 1º-4-2021 (Nova Lei de Licitações e Contratos Administrativos).

§ 5º Nas situações abrangidas pelo § 4º deste artigo, o ente federativo poderá aplicar o regulamento federal sobre registro de preços se não houver regulamento que lhe seja especificamente aplicável.

§ 6º O órgão ou entidade gerenciador da compra estabelecerá prazo entre 2 (dois) e 8 (oito) dias úteis, contado da data de divulgação da intenção de registro de preço, para que outros órgãos e entidades manifestem interesse em participar do sistema de registro de preços realizado nos termos dos §§ 4º e 5º deste artigo.

§ 7º O disposto nos §§ 2º e 3º do art. 4º-E desta Lei não se aplica a sistema de registro de preços fundamentado nesta Lei.

§ 8º Nas contratações celebradas após 30 (trinta) dias da assinatura da ata de registro de preços, a estimativa de preços será refeita, com o intuito de verificar se os preços registrados permanecem compatíveis com os praticados no âmbito dos órgãos e entidades da administração pública, nos termos do inciso VI do § 1º do art. 4º-E desta Lei.

► §§ 4º a 8º acrescidos pela Lei nº 14.065, de 30-9-2020.

Art. 4º-A. A aquisição ou contratação de bens e serviços, inclusive de engenharia, a que se refere o *caput* do art. 4º desta Lei, não se restringe a equipamentos novos, desde que o fornecedor se responsabilize pelas plenas condições de uso e de funcionamento do objeto contratado.

Art. 4º-B. Nas dispensas de licitação decorrentes do disposto nesta Lei, presumem-se comprovadas as condições de:

I – ocorrência de situação de emergência;
II – necessidade de pronto atendimento da situação de emergência;

III – existência de risco à segurança de pessoas, de obras, de prestação de serviços, de equipamentos e de outros bens, públicos ou particulares; e

IV – limitação da contratação à parcela necessária ao atendimento da situação de emergência.

Art. 4º-C. Para a aquisição ou contratação de bens, serviços, inclusive de engenharia, e insumos necessários ao enfrentamento da emergência de saúde pública de que trata esta Lei, não será exigida a elaboração de estudos preliminares quando se tratar de bens e de serviços comuns.

Art. 4º-D. O gerenciamento de riscos da contratação somente será exigível durante a gestão do contrato.

Art. 4º-E. Nas aquisições ou contratações de bens, serviços e insumos necessários ao enfrentamento da emergência de saúde pública de importância internacional de que trata esta Lei, será admitida a apresentação de termo de referência simplificado ou de projeto básico simplificado.

§ 1º O termo de referência simplificado ou o projeto básico simplificado referidos no *caput* deste artigo conterá:

I – declaração do objeto;

II – fundamentação simplificada da contratação;

III – descrição resumida da solução apresentada;

IV – requisitos da contratação;

V – critérios de medição e de pagamento;

VI – estimativa de preços obtida por meio de, no mínimo, 1 (um) dos seguintes parâmetros:

a) Portal de Compras do Governo Federal;

b) pesquisa publicada em mídia especializada;

c) *sites* especializados ou de domínio amplo;

d) contratações similares de outros entes públicos; ou

e) pesquisa realizada com os potenciais fornecedores;

VII – adequação orçamentária.

§ 2º Excepcionalmente, mediante justificativa da autoridade competente, será dispensada a estimativa de preços de que trata o inciso VI do § 1º deste artigo.

§ 3º Os preços obtidos a partir da estimativa de que trata o inciso VI do § 1º deste artigo não impedem a contratação pelo poder público por valores superiores decorrentes de oscilações ocasionadas pela variação de preços, desde que observadas as seguintes condições:

I – negociação prévia com os demais fornecedores, segundo a ordem de classificação, para obtenção de condições mais vantajosas; e

II – efetiva fundamentação, nos autos da contratação correspondente, da variação de preços praticados no mercado por motivo superveniente.

Art. 4º-F. Na hipótese de haver restrição de fornecedores ou de prestadores de serviço, a autoridade competente, excepcionalmente e mediante justificativa, poderá dispensar a apresentação de documentação relativa à regularidade fiscal ou, ainda, o cumprimento de um ou mais requisitos de habilitação, ressalvados a exigência de apresentação de prova de regularidade trabalhista e o cumprimento do disposto no inciso XXXIII do *caput* do art. 7º da Constituição Federal.

▸ Arts. 4º-A a 4º-F acrescidos pela Lei nº 14.035, de 11-8-2020.

Art. 4º-G. Nos casos de licitação na modalidade pregão, eletrônico ou presencial, cujo objeto seja a aquisição ou contratação de bens, serviços e insumos necessários ao enfrentamento da emergência de saúde pública de importância internacional de que trata esta Lei, os prazos dos procedimentos licitatórios serão reduzidos pela metade.

▸ *Caput* acrescido pela Lei nº 14.035, de 11-8-2020.

§ 1º Quando o prazo original de que trata o *caput* deste artigo for número ímpar, este será arredondado para o número inteiro antecedente.

§ 2º Os recursos dos procedimentos licitatórios somente terão efeito devolutivo.

§ 3º Fica dispensada a realização de audiência pública a que se refere o art. 39 da Lei nº 8.666, de 21 de junho de 1993, para as licitações de que trata o *caput* deste artigo.

▸ §§ 1º a 3º acrescidos pela Lei nº 14.035, de 11-8-2020.

▸ A Lei nº 8.666, de 21-6-1993, foi revogada pela Lei nº 14.133, de 1º-4-2021.

§ 4º As licitações de que trata o *caput* deste artigo realizadas por meio de sistema de registro de preços serão consideradas compras nacionais e observarão o disposto em regulamento editado pelo Poder Executivo federal, observado o prazo estabelecido no § 6º do art. 4º desta Lei.

▸ § 4º acrescido pela Lei nº 14.065, de 30-9-2020.

Art. 4º-H. Os contratos regidos por esta Lei terão prazo de duração de até 6 (seis) meses e poderão ser prorrogados por períodos sucessivos, enquanto vigorar o Decreto Legislativo nº 6, de 20 de março de 2020, respeitados os prazos pactuados.

Art. 4º-I. Para os contratos decorrentes dos procedimentos previstos nesta Lei, a administração pública poderá prever que os contratados fiquem obrigados a aceitar, nas mesmas condições contratuais, acréscimos ou supressões ao objeto contratado de até 50% (cinquenta por cento) do valor inicial atualizado do contrato.

▸ Arts. 4º-H e 4º-I acrescidos pela Lei nº 14.035, de 11-8-2020.

Art. 4º-J. Os órgãos e entidades da administração pública federal poderão aderir a ata de registro de preços gerenciada por órgão ou entidade estadual, distrital ou municipal em procedimentos realizados nos termos desta Lei, até o limite, por órgão ou entidade, de 50% (cinquenta por cento) dos quantitativos dos itens do instrumento convocatório e registrados na ata de registro de preços para o órgão gerenciador e para os órgãos participantes.

Parágrafo único. As contratações decorrentes das adesões à ata de registro de preços de que trata o *caput* deste artigo não poderão exceder, na totalidade, ao dobro do quantitativo de cada item registrado na ata de registro de preços para o órgão gerenciador e para os órgãos participantes, independentemente do número de órgãos não participantes que aderirem.

Art. 4º-K. Os órgãos de controle interno e externo priorizarão a análise e a manifestação quanto à legalidade, à legitimidade e à economicidade das despesas decorrentes dos contratos ou das aquisições realizadas com fundamento nesta Lei.

Parágrafo único. Os tribunais de contas devem atuar para aumentar a segurança jurídica na aplicação das normas desta Lei, inclusive por meio de respostas a consultas.

▸ Arts. 4º-J e 4º-K acrescidos pela Lei nº 14.065, de 30-9-2020.

Art. 5º Toda pessoa colaborará com as autoridades sanitárias na comunicação imediata de:

I – possíveis contatos com agentes infecciosos do coronavírus;

II – circulação em áreas consideradas como regiões de contaminação pelo coronavírus.

Art. 5º-A. Enquanto perdurar o estado de emergência de saúde internacional decorrente do coronavírus responsável pelo surto de 2019:

I – os prazos processuais, a apreciação de matérias, o atendimento às partes e a concessão de medidas protetivas que tenham relação com atos de violência doméstica e familiar cometidos contra mulheres, crianças, adolescentes, pessoas idosas e pessoas com deficiência serão mantidos, sem suspensão;

II – o registro da ocorrência de violência doméstica e familiar contra a mulher e de crimes cometidos contra criança, adolescente, pessoa idosa ou pessoa com deficiência poderá ser realizado por meio eletrônico ou por meio de número de telefone de emergência designado para tal fim pelos órgãos de segurança pública;

Parágrafo único. Os processos de que trata o inciso I do *caput* deste artigo serão considerados de natureza urgente.

▸ Art. 5º-A acrescido pela Lei nº 14.022, de 7-7-2020.

Art. 5º-B. O receituário médico ou odontológico de medicamentos sujeitos a prescrição e de uso contínuo será válido pelo menos enquanto perdurarem as medidas de isolamento para contenção do surto da Covid-19.

§ 1º O disposto no *caput* não se aplica ao receituário de medicamentos sujeitos ao controle sanitário especial, que seguirá a regulamentação da ANVISA.

§ 2º VETADO.

▸ Art. 5º-B acrescido dada pela Lei nº 14.028, de 27-7-2020.

Art. 6º É obrigatório o compartilhamento entre órgãos e entidades da administração pública federal, estadual, distrital e municipal de dados essenciais à identificação de pessoas infectadas ou com suspeita de infecção pelo coronavírus, com a finalidade exclusiva de evitar a sua propagação.

§ 1º A obrigação a que se refere o *caput* deste artigo estende-se às pessoas jurídicas de direito privado quando os dados forem solicitados por autoridade sanitária.

§ 2º O Ministério da Saúde manterá dados públicos e atualizados sobre os casos confirmados, suspeitos e em investigação, relativos à situação de emergência pública sanitária, resguardando o direito ao sigilo das informações pessoais.

Art. 6º-A. Para a concessão de suprimento de fundos e por item de despesa, e para as aquisições e as contratações a que se refere o *caput* do art. 4º desta Lei, quando a movimentação for realizada por meio de Cartão de Pagamento do Governo, ficam estabelecidos os seguintes limites:

I – na execução de serviços de engenharia, o valor estabelecido na alínea *a* do inciso I do *caput* do art. 23 da Lei nº 8.666, de 21 de junho de 1993; e

▸ A Lei nº 8.666, de 21-6-1993, foi revogada pela Lei nº 14.133, de 1º-4-2021.

II – nas compras em geral e em outros serviços, o valor estabelecido na alínea *a* do inciso II do *caput* do art. 23 da Lei nº 8.666, de 21 de junho de 1993.

▸ Art. 6º-A acrescido pela Lei nº 14.035, de 11-8-2020.
▸ A Lei nº 8.666, de 21-6-1993, foi revogada pela Lei nº 14.133, de 1º-4-2021.

Art. 7º O Ministério da Saúde editará os atos necessários à regulamentação e operacionalização do disposto nesta Lei.

Art. 8º Esta Lei vigorará enquanto estiver vigente o Decreto Legislativo nº 6, de 20 de março de 2020, observado o disposto no art. 4º-H desta Lei.

▸ Artigo com a redação dada pela Lei nº 14.035, de 11-8-2020.
▸ O STF, por maioria dos votos, referendou a concessão parcial da medida cautelar pleiteada na ADIN nº 6.625, para conferir interpretação conforme à Constituição a este artigo, a fim de excluir de seu âmbito de aplicação as medidas extraordinárias previstas nos arts. 3º, 3º-A, 3º-B, 3º-C, 3º-D, 3º-E, 3º-F, 3º-G, 3º-H e 3º-J, inclusive dos respectivos parágrafos, incisos e alíneas, desta lei.

Art. 9º Esta Lei entra em vigor na data de sua publicação.

Brasília, 6 de fevereiro de 2020;
199º da Independência e
132º da República.

Jair Messias Bolsonaro

LEI Nº 13.982, DE 2 DE ABRIL DE 2020

Altera a Lei nº 8.742, de 7 de dezembro de 1993, para dispor sobre parâmetros adicionais de caracterização da situação de vulnerabilidade social para fins de elegibilidade ao benefício de prestação continuada (BPC), e estabelece medidas excepcionais de proteção social a serem adotadas durante o período de enfrentamento da emergência de saúde pública de importância internacional decorrente do coronavírus (Covid-19) responsável pelo surto de 2019, a que se refere a Lei nº 13.979, de 6 de fevereiro de 2020.

▸ Publicada no *DOU* de 2-4-2020, edição extra – A.
▸ Dec. nº 10.316, de 7-4-2020, regulamenta esta Lei.

Art. 1º A Lei nº 8.742, de 7 de dezembro de 1993, passa a vigorar com as seguintes alterações:

▸ Alterações inseridas no texto da referida lei.
▸ A alteração que seria inserida neste artigo pela Lei nº 13.998, de 14-5-2020, foi vetada, razão pela qual mantivemos a redação.

Art. 2º Durante o período de 3 (três) meses, a contar da publicação desta Lei, será concedido auxílio emergencial no valor de R$ 600,00 (seiscentos reais) mensais ao trabalhador que cumpra cumulativamente os seguintes requisitos:

I – seja maior de 18 (dezoito) anos de idade, salvo no caso de mães adolescentes;

▸ Inciso I com a redação dada pela Lei nº 13.998, de 14-5-2020.

II – não tenha emprego formal ativo;

III – não seja titular de benefício previdenciário ou assistencial ou beneficiário do seguro-desemprego ou de programa de transferência de renda federal, ressalvado, nos termos dos §§ 1º e 2º, o Bolsa-Família;

IV – cuja renda familiar mensal *per capita* seja de até 1/2 (meio) salário mínimo ou a renda familiar mensal total seja de até 3 (três) salários mínimos;

V – que, no ano de 2018, não tenha recebido rendimentos tributáveis acima de R$ 28.559,70 (vinte e oito mil, quinhentos e cinquenta e nove reais e setenta centavos); e

▸ A alteração que seria inserida neste inciso pela Lei nº 13.998, de 14-5-2020, foi vetada, razão pela qual mantivemos a redação.

VI – que exerça atividade na condição de:

a) microempreendedor individual (MEI);

b) contribuinte individual do Regime Geral de Previdência Social que contribua na forma do *caput* ou do inciso I do § 2º do art. 21 da Lei nº 8.212, de 24 de julho de 1991; ou

c) trabalhador informal, seja empregado, autônomo ou desempregado, de qualquer natureza, inclusive o intermitente inativo, inscrito no Cadastro Único para Programas Sociais do Governo Federal (CadÚnico) até 20 de março de 2020, ou que, nos termos de autodeclaração, cumpra o requisito do inciso IV.

§ 1º O recebimento do auxílio emergencial está limitado a 2 (dois) membros da mesma família.

▸ A alteração que seria inserida neste inciso pela Lei nº 13.998, de 14-5-2020, foi vetada, razão pela qual mantivemos a redação.

§§ 1º-A e 1º-B. VETADOS. Lei nº 13.998, de 14-5-2020.

§ 2º Nas situações em que for mais vantajoso, o auxílio emergencial substituirá, temporariamente e de ofício, o benefício do Programa Bolsa-Família, ainda que haja um único beneficiário no grupo familiar.

▸ § 2º com a redação dada pela Lei nº 13.998, de 14-5-2020.

§ 2º-A. VETADO. Lei nº 13.998, de 14-5-2020.

§ 2º-B. O beneficiário do auxílio emergencial que receba, no ano-calendário de 2020, outros rendimentos tributáveis em valor superior ao valor da primeira faixa da tabela progressiva anual do Imposto de Renda Pessoa Física fica obrigado a apresentar a Declaração de Ajuste Anual relativa ao exercício de 2021 e deverá acrescentar ao imposto devido o valor do referido auxílio recebido por ele ou por seus dependentes.

▸ § 2º-B acrescido pela Lei nº 13.998, de 14-5-2020.

§ 3º A pessoa provedora de família monoparental receberá 2 (duas) cotas do auxílio emergencial, independentemente do sexo, observado o disposto nos §§ 3º-A, 3º-B e 3º-C deste artigo.

▸ § 3º com a redação dada pela Lei nº 14.171, de 10-6-2021.

§ 3º-A. Quando o genitor e a genitora não formarem uma única família e houver duplicidade na indicação de dependente nos cadastros do genitor e da genitora realizados em autodeclaração na plataforma digital de que trata o § 4º deste artigo, será considerado o cadastro de dependente feito pela mulher, ainda que posterior àquele efetuado pelo homem.

§ 3º-B. No caso de cadastro superveniente feito pela mulher na forma prevista no § 3º-A deste artigo, o homem que detiver a guarda unilateral dos filhos menores ou que, de fato, for responsável por sua criação poderá manifestar discordância por meio da plataforma digital de que trata o § 4º deste artigo, devendo ser advertido das penas legais em caso de falsidade na prestação de informações sobre a composição do seu núcleo familiar.

§ 3º-C. Na hipótese de manifestação de que trata o § 3º-B deste artigo, o trabalhador terá a renda familiar mensal *per capita* de que trata o inciso IV do *caput* deste artigo calculada provisoriamente, considerados os dependentes cadastrados para aferir o direito a uma cota mensal do auxílio emergencial de que trata o *caput* deste artigo, e receberá essa cota mensal, desde que cumpridos os demais requisitos previstos neste artigo, até que a situação seja devidamente elucidada pelo órgão competente.

▸ §§ 3º-A a 3º-C acrescidos pela Lei nº 14.171, de 10-6-2021.

§ 4º As condições de renda familiar mensal *per capita* e total de que trata o *caput* serão verificadas por meio do CadÚnico, para os trabalhadores inscritos, e por meio de autodeclaração, para os não inscritos, por meio de plataforma digital.

§ 5º São considerados empregados formais, para efeitos deste artigo, os empregados com contrato de trabalho formalizado nos termos da Consolidação das Leis do Trabalho (CLT) e todos os agentes públicos, independentemente da relação jurídica, inclusive os ocupantes de cargo ou função temporários ou de cargo em comissão de livre nomeação e exoneração e os titulares de mandato eletivo.

§ 5º-A. VETADO. Lei nº 13.998, de 14-5-2020.

§ 6º A renda familiar é a soma dos rendimentos brutos auferidos por todos os membros da unidade nuclear composta por um ou mais indivíduos, eventualmente ampliada por outros indivíduos que contribuam para o rendimento ou que tenham suas despesas atendidas por aquela unidade familiar, todos moradores em um mesmo domicílio.

§ 7º Não serão incluídos no cálculo da renda familiar mensal, para efeitos deste artigo, os rendimentos percebidos de programas de transferência de renda federal previstos na Lei nº 10.836, de 9 de janeiro de 2004, e em seu regulamento.

§ 8º A renda familiar *per capita* é a razão entre a renda familiar mensal e o total de indivíduos na família.

§ 9º O auxílio emergencial será operacionalizado e pago, em 3 (três) prestações mensais, por instituições financeiras públicas federais, que ficam autorizadas a realizar o seu pagamento por meio de conta do tipo poupança social digital, de abertura automática em nome dos beneficiários, a qual possuirá as seguintes características:

I – dispensa da apresentação de documentos;
II – isenção de cobrança de tarifas de manutenção, observada a regulamentação específica estabelecida pelo Conselho Monetário Nacional;
III – ao menos, 3 (três) transferências eletrônicas de valores ao mês, sem custos, para conta mantida em instituição autorizada a operar pelo Banco Central do Brasil;

▸ Inciso III com a redação dada pela Lei nº 14.075, de 22-10-2020.

IV – VETADO; e
V – não passível de emissão de cheques ou de ordens de pagamento para a sua movimentação.

▸ Inciso V com a redação dada pela Lei nº 14.075, de 22-10-2020.

§ 9º-A. VETADO. Lei nº 13.998, de 14-5-2020.

§ 10. VETADO.

§ 11. Os órgãos federais disponibilizarão as informações necessárias à verificação dos requisitos para concessão do auxílio emergencial, constantes das bases de dados de que sejam detentores.

§ 12. O Poder Executivo regulamentará o auxílio emergencial de que trata este artigo.

§ 13. Fica vedado às instituições financeiras efetuar descontos ou compensações que impliquem a redução do valor do auxílio emergencial, a pretexto de recompor saldos negativos ou de saldar dívidas preexistentes do beneficiário, sendo válido o mesmo critério para qualquer tipo de conta bancária em que houver opção de transferência pelo beneficiário.

▸ § 13 acrescido pela Lei nº 13.998, de 14-5-2020.

Art. 3º Fica o INSS autorizado a antecipar o valor mencionado no art. 2º desta Lei para os requerentes do benefício de prestação continuada para as pessoas de que trata o art. 20 da Lei nº 8.742, de 7 de dezembro de 1993, durante o período de 3 (três) meses, a contar da publicação desta Lei, ou até a aplicação pelo INSS do instrumento de avaliação da pessoa com deficiência, o que ocorrer primeiro.

Parágrafo único. Reconhecido o direito da pessoa com deficiência ou idoso ao benefício de prestação continuada, seu valor será devido a partir da data do requerimento, deduzindo-se os pagamentos efetuados na forma do *caput*.

Art. 4º Fica o INSS autorizado a antecipar 1 (um) salário mínimo mensal para os requerentes do benefício de auxílio-doença de que trata o art. 59 da Lei nº 8.213, de 24 de julho de 1991, durante o período de 3 (três) meses, a contar da publicação desta Lei, ou até a realização de perícia pela Perícia Médica Federal, o que ocorrer primeiro.

Parágrafo único. A antecipação de que trata o *caput* estará condicionada:

I – ao cumprimento da carência exigida para a concessão do benefício de auxílio-doença;
II – à apresentação de atestado médico, cujos requisitos e forma de análise serão estabelecidos em ato conjunto da Secretaria Especial de Previdência e Trabalho do Ministério da Economia e do INSS.

Art. 5º A empresa poderá deduzir do repasse das contribuições à previdência social, observado o limite máximo do salário de contribuição ao RGPS, o valor devido, nos termos do § 3º do art. 60 da Lei nº 8.213, de 24 de julho de 1991, ao segurado empregado cuja incapacidade temporária para o trabalho seja comprovadamente decorrente de sua contaminação pelo coronavírus (*Covid-19*).

Art. 6º O período de 3 (três) meses de que trata o *caput* dos arts. 2º, 3º, 4º e 5º poderá ser prorrogado por ato do Poder Executivo durante o período de enfrentamento da emergência de saúde pública de importância internacional da *Covid-19*, definida pela Lei nº 13.979, de 6 de fevereiro de 2020.

Art. 7º Esta Lei entra em vigor na data de sua publicação.

Brasília, 2 de abril de 2020;
199º da Independência e
132º da República.

Jair Messias Bolsonaro

DECRETO Nº 10.316, DE 7 DE ABRIL DE 2020

Regulamenta a Lei nº 13.982, de 2 de abril de 2020, que estabelece medidas excepcionais de proteção social a serem adotadas durante o período de enfrentamento da emergência de saúde pública de importância internacional decorrente do coronavírus (Covid-19).

▶ Publicado no *DOU* de 7-4-2020, edição extra – B.

Disposições gerais

Art. 1º Este Decreto regulamenta o auxílio emergencial de que trata o art. 2º da Lei nº 13.982, de 2 de abril de 2020.

Art. 2º Para fins do disposto neste Decreto, considera-se:

I – trabalhador formal ativo – o empregado com contrato de trabalho formalizado nos termos do disposto na CLT, aprovada pelo Dec.-lei nº 5.452, de 1º de maio de 1943, e o agente público, independentemente da relação jurídica, inclusive o ocupante de cargo temporário ou função temporária ou de cargo em comissão de livre nomeação e exoneração e o titular de mandato eletivo;

II – trabalhador informal – pessoa com idade igual ou superior a dezoito anos que não seja beneficiário do seguro desemprego e que:

a) preste serviços na condição de empregado, nos termos do disposto no art. 3º da CLT, aprovada pelo Dec.-lei nº 5.452, de 1943, sem a formalização do contrato de trabalho;

b) preste serviços na condição de empregado intermitente, nos termos do disposto no § 3º do art. 443 da CLT, aprovada pelo Dec.-Lei nº 5.452, de 1943, sem a formalização do contrato de trabalho;

c) exerça atividade profissional na condição de trabalhador autônomo; ou

d) esteja desempregado;

III – trabalhador intermitente ativo – empregado com contrato de trabalho intermitente formalizado até a data de publicação da MP nº 936, de 2020, ainda que não perceba remuneração;

IV – família monoparental com mulher provedora – grupo familiar chefiado por mulher sem cônjuge ou companheiro, com pelo menos uma pessoa menor de dezoito anos de idade;

V – benefício temporário – assistência financeira temporária concedida a trabalhador desempregado, nos termos do disposto na Lei nº 7.998, de 11 de janeiro de 1990, inclusive o benefício concedido durante o período de defeso, nos termos do disposto na Lei nº 10.779, de 25 de novembro de 2003; e

▶ Incisos IV e V com a redação dada pelo Dec. nº 10.398, de 16-6-2020.

VI – mãe adolescente – mulher com idade de 12 a 17 anos que tenha, no mínimo, um filho.

▶ Inciso VI acrescido pelo Dec. nº 10.398, de 16-6-2020.

Art. 3º O auxílio emergencial, no valor de R$ 600,00 (seiscentos reais), será concedido pelo período de três meses, contado da data de publicação da Lei nº 13.982, de 2020, ao trabalhador que, cumulativamente:

I – tenha mais de dezoito anos de idade, salvo no caso de mães adolescentes;

▶ Inciso I com a redação dada pelo Dec. nº 10.398, de 16-6-2020.

II – não tenha emprego formal ativo;

III – não seja titular de benefício previdenciário ou assistencial, beneficiário do seguro-desemprego ou de programa de transferência de renda federal, ressalvado o Programa Bolsa Família;

IV – tenha renda familiar mensal *per capita* de até meio salário mínimo ou renda familiar mensal total de até três salários mínimos;

V – no ano de 2018, não tenha recebido rendimentos tributáveis acima de R$ 28.559,70 (vinte e oito mil quinhentos e cinquenta e nove reais e setenta centavos); e

VI – exerça atividade na condição de:

a) Microempreendedor Individual – MEI, na forma do disposto no art. 18-A da LC nº 123, de 14 de dezembro de 2006; ou

b) contribuinte individual do Regime Geral de Previdência Social e que contribua na forma do disposto no *caput* ou do inciso I do § 2º do art. 21 da Lei nº 8.212, de 24 de julho de 1991; ou

c) trabalhador informal, seja empregado, autônomo ou desempregado, de qualquer natureza, inclusive o intermitente inativo, inscrito no Cadastro Único para Programas Sociais do Governo Federal – Cadastro Único ou que cumpra o requisito a que se refere o inciso IV do *caput*.

§ 1º Serão pagas ao trabalhador três parcelas do auxílio emergencial, independentemente da data de sua concessão.

§ 2º A mulher provedora de família monoparental fará *jus* a duas cotas do auxílio, mesmo que haja outro trabalhador elegível na família.

§ 3º O trabalhador intermitente:

I – com contrato de trabalho formalizado até a data de publicação da MP nº 936, de 1º de abril de 2020, identificado no Cadastro Nacional de Informações Sociais – CNIS, ainda que sem remuneração, fará *jus* ao benefício emergencial mensal de que trata o art. 18 da referida Medida Provisória e não poderá acumulá-lo com o auxílio emergencial de que trata este Decreto; e

II – de que trata a alínea *b* do inciso II do *caput* do art. 2º fará *jus* ao auxílio emergencial, desde que não enquadrado no inciso I deste parágrafo e observados os requisitos previstos neste Decreto.

Competências

Art. 4º Para a execução do disposto neste Decreto, compete:

I – ao Ministério da Cidadania:

a) gerir o auxílio emergencial para todos os beneficiários;

b) ordenar as despesas para a implementação do auxílio emergencial;

c) compartilhar a base de dados de famílias beneficiárias do Programa Bolsa Família, de que trata a Lei nº 10.836, de 9 de janeiro de 2004, a partir de abril de 2020, com a empresa pública federal de processamento de dados;

d) compartilhar a base de dados do Cadastro Único com a empresa pública federal de processamento de dados; e

e) suspender, com fundamento no critério estabelecido no § 2º do art. 2º da Lei nº 13.982, de 2020, os benefícios financeiros do Programa Bolsa Família, com fundamento nas informações obtidas do banco de dados recebido da empresa pública federal de processamento de dados; e

II – ao Ministério da Economia:

a) atuar, de forma conjunta com o Ministério da Cidadania, na definição dos critérios para a identificação dos beneficiários do auxílio emergencial; e

b) autorizar empresa pública federal de processamento de dados a utilizar as bases de dados previstas neste Decreto necessárias para a verificação dos critérios de elegibilidade dos beneficiários, e a repassar o resultado dos cruzamentos realizados à instituição financeira pública federal responsável.

Acesso do trabalhador ao auxílio emergencial

Art. 5º Para ter acesso ao auxílio emergencial, o trabalhador deverá:

I – estar inscrito no Cadastro Único até 20 de março de 2020; ou

II – preencher o formulário disponibilizado na plataforma digital, com autodeclaração que contenha as informações necessárias.

§ 1º A plataforma digital poderá ser utilizada para o acompanhamento da elegibilidade ao auxílio emergencial por todos os trabalhadores.

§ 2º A inscrição no Cadastro Único ou preenchimento da autodeclaração não garante ao trabalhador o direito ao auxílio emergencial até que sejam verificados os critérios estabelecidos na Lei nº 13.982, de 2020.

§ 3º Não será possível para os trabalhadores integrantes de famílias beneficiárias do Programa Bolsa Família e de famílias já inscritas no Cadastro Único se inscreverem na plataforma digital para requerer o auxílio emergencial.

Processamento do requerimento

Art. 6º Os dados extraídos pelo Ministério da Cidadania do Cadastro Único e os dados inseridos na plataforma digital, nos termos do disposto no inciso II do *caput* do art. 5º, poderão ser submetidos a cruzamentos com as bases de dados do Governo federal, incluídas as bases de dados referentes à renda auferida pelos integrantes do grupo familiar, e, após a verificação do cumprimento dos critérios estabelecidos na Lei nº 13.982, de 2020, os beneficiários serão incluídos na folha de pagamento do auxílio emergencial.

▸ *Caput* com a redação dada pelo Dec. nº 10.412, de 30-6-2020.

§ 1º As informações relativas à verificação de que trata o *caput* serão disponibilizadas pelos órgãos detentores das respectivas bases de dados com respostas binárias, quando se tratar de informação protegida por sigilo.

▸ § 1º com a redação dada pelo Dec. nº 10.398, de 16-6-2020.

§ 2º Na hipótese de não atendimento aos critérios estabelecidos na Lei nº 13.982, de 2020, o trabalhador será considerado inelegível ao auxílio emergencial.

Critérios de elegibilidade

Art. 7º Para verificar a elegibilidade ao recebimento do auxílio emergencial ao trabalhador de qualquer natureza, será avaliado o atendimento aos requisitos previstos no art. 3º.

§ 1º É elegível para o recebimento do auxílio emergencial o trabalhador:

I – maior de dezoito anos;

II – inscrito no Cadastro Único, independentemente da atualização do cadastro;

III – que não tenha renda individual identificada no CNIS, nem seja beneficiário do seguro desemprego ou de programa de transferência de renda, com exceção do Programa Bolsa Família;

IV – cadastrado como Microempreendedor Individual – MEI, na forma do disposto no art. 18-A da LC nº 123, de 14 de dezembro de 2006;

V – que seja contribuinte individual do Regime Geral de Previdência Social e contribua na forma do disposto no *caput* ou no inciso I do § 2º do art. 21 da Lei nº 8.212, de 24 de julho de 1991; e

VI – que não esteja na condição de agente público, a ser verificada por meio da autodeclaração, na forma do disposto no inciso II do *caput* do art. 5º, sem prejuízo da verificação em bases oficiais eventualmente disponibilizadas para a empresa pública federal de processamento de dados responsável.

§ 2º A ausência de titularidade de benefícios previdenciários ou assistenciais ou, ainda, a não percepção de benefícios do seguro desemprego ou de programa de transferência de renda, com exceção do Programa Bolsa Família, serão verificadas por meio do cruzamento de dados com as bases de dados dos órgãos responsáveis pelos benefícios.

§ 3º Para fins de verificação do critério de idade dos trabalhadores inscritos no Cadastro Único, prevalecerá a data de nascimento registrada nessa base de dados.

§ 4º Para o recebimento do auxílio emergencial, a inscrição do trabalhador no Cadastro de Pessoas Físicas – CPF é obrigatória e a situação do CPF deverá estar regular junto à Secretaria Especial da Receita Federal do Brasil do Ministério da Economia, exceto no caso de trabalhadores incluídos em famílias beneficiárias do Programa Bolsa Família.

§ 5º É ainda obrigatória a inscrição no CPF dos membros da família dos demais trabalhadores não inscritos no Cadastro Único e não beneficiários do Programa Bolsa Família.

§ 6º Serão considerados inelegíveis os trabalhadores com indicativo de óbito no Sistema de Controle de Óbitos e no Sistema Nacional de Informações de Registro Civil.

§ 7º Para fins de verificação da composição familiar para análise da elegibilidade ao recebimento do auxílio emergencial, será utilizada a base do Cadastro Único em 2 de abril de 2020.

§ 8º Eventuais atualizações de dados governamentais que impliquem a melhoria do processo de elegibilidade serão disciplinadas em ato do Ministro de Estado da Cidadania.

▸ §§ 7º e 8º acrescidos pelo Dec. nº 10.398, de 16-6-2020.

Preferência de pagamento

Art. 8º Para a verificação da limitação de pagamento do auxílio emergencial a até dois membros da mesma família, terão preferência os trabalhadores:

I – do sexo feminino;

II – com data de nascimento mais antiga;

III – com menor renda individual; e

IV – pela ordem alfabética do primeiro nome, se necessário, para fins de desempate.

Pagamento do auxílio emergencial

Art. 9º Serão pagas ao trabalhador três parcelas do auxílio emergencial, independentemente da data de sua concessão, exceto em caso de verificação posterior, por meio de bases de dados oficiais, do não cumprimento dos critérios previstos na Lei nº 13.982, de 2020, à época da concessão.

§ 1º Nos casos em que o recebimento do auxílio emergencial for mais vantajoso do que o do benefício financeiro do Programa Bolsa Família, este será suspenso pelo período de recebimento do auxílio emergencial e restabelecido, ao final deste período, pelo Ministério da Cidadania.

§ 2º Para fins de pagamento das três parcelas do auxílio emergencial para pessoas incluídas no Cadastro Único, será utilizada a base de dados do Cadastro Único em 2 de abril de 2020, inclusive para as famílias beneficiárias do Programa Bolsa Família, desconsideradas eventuais atualizações cadastrais realizadas após esta data.

§ 3º Os recebedores de benefícios temporários não poderão acumular o pagamento do auxílio emergencial com o benefício temporário.

▸ Art. 9º com a redação dada pelo Dec. nº 10.398, de 16-6-2020.

Art. 9º-A Fica prorrogado o auxílio emergencial, previsto no art. 2º da Lei nº 13.982, de 2020, pelo período complementar de dois meses, na hipótese de requerimento realizado até 2 de julho de 2020, desde que o requerente seja considerado elegível nos termos do disposto na referida Lei.

▸ Art. 9º-A acrescido pelo Dec. nº 10.412, de 30-6-2020.

Art. 10. Para o pagamento do auxílio emergencial devido aos beneficiários do Programa Bolsa Família, serão observadas as seguintes regras:

▸ *Caput* com a redação dada pelo Dec. nº 10.398, de 16-6-2020.

I – a concessão do auxílio emergencial será feita por meio do CPF ou Número de Identificação Social – NIS, alternativamente;

II – o pagamento será feito em favor do responsável pela unidade familiar, conforme a inscrição no Cadastro Único, inclusive na hipótese de o benefício gerado ser proveniente da situação de outro integrante da família;

III – o saque do auxílio emergencial poderá ser feito por meio das modalidades conta contábil, prevista no inciso III do § 12 do art. 2º da Lei nº 10.836, de 2004 (plataforma social), ou por meio de conta de depósito nas modalidades autorizadas pelo Ministério da Cidadania;

IV – o período de validade da parcela do auxílio emergencial será de duzentos e setenta dias, contado da data da disponibilidade da parcela do auxílio, de acordo com o calendário de pagamentos;

▸ Inciso IV com a redação dada pelo Dec. nº 10.398, de 16-6-2020.

V – serão mantidas as ações de transferência direta de renda pelos Governos estaduais, municipais ou do Distrito Federal, integradas ao Programa Bolsa Família, para as famílias beneficiárias pactuadas; e

VI – o calendário de pagamentos do auxílio emergencial será idêntico ao calendário de pagamentos vigente, para as famílias beneficiárias do Programa Bolsa Família.

§ 1º Para fins de pagamento do auxílio emergencial de que trata o *caput*, será utilizada a base de dados do Cadastro Único:

▸ *Caput* do § 1º acrescido pelo Dec. nº 10.398, de 16-6-2020.

I – em 2 de abril de 2020, como referência para o processamento da primeira folha de pagamento do auxílio emergencial devida às famílias beneficiárias do Programa Bolsa Família; e

▸ Inciso I acrescido pelo Dec. nº 10.398, de 16-6-2020.

II – em 11 de abril de 2020, para verificação do responsável familiar das famílias que tiveram membros elegíveis como referência para as demais folhas de pagamento do auxílio emergencial até o mês de agosto de 2020; e

▸ Inciso II com a redação dada pelo Dec. nº 10.488, de 16-9-2020.

III – em 15 de agosto de 2020, para verificação do responsável familiar das famílias que tiveram membros elegíveis como referência para as folhas de pagamento do auxílio emergencial a partir do mês de setembro de 2020.

▸ Inciso III acrescido pelo Dec. nº 10.488, de 16-9-2020.

§ 2º O prazo de que trata o inciso IV do *caput* poderá ser alterado em ato do Ministro de Estado da Cidadania.

▸ § 2º acrescido pelo Dec. nº 10.398, de 16-6-2020.

Art. 11. O pagamento aos trabalhadores elegíveis ao auxílio emergencial, com exceção dos beneficiários do Programa Bolsa Família, será feito da seguinte forma:

I – preferencialmente por meio de conta depósito ou poupança de titularidade do trabalhador; ou

II – por meio de conta poupança social digital, aberta automaticamente pela instituição financeira pública federal responsável, de titularidade do trabalhador.

§ 1º A conta do tipo poupança social digital a que se refere o inciso II do *caput* terá as seguintes características:

I – dispensa da apresentação de documentos;

II – isenção de cobrança de tarifas de manutenção, observada a regulamentação específica estabelecida pelo Conselho Monetário Nacional; e

III – no mínimo uma transferência eletrônica de valores ao mês sem custos para conta bancária mantida em qualquer instituição financeira habilitada a operar pelo Banco Central do Brasil.

§ 2º A conta do tipo poupança social digital a que se refere o inciso II do *caput* não poderá ser movimentada por meio de cartão eletrônicos, cheque ou ordem de pagamento.

§ 3º A instituição financeira pública federal responsável abrirá somente uma conta por CPF para pagamento do auxílio emergencial, quando necessário.

§ 4º Fica a instituição financeira pública federal responsável autorizada a enviar o número da conta bancária, o CPF e o NIS para outros órgãos e entidades federais, da administração direta e indireta, desde que necessários para viabilizar os procedimentos de operação e o pagamento do auxílio emergencial, vedado tal envio para outros fins.

§ 5º Na hipótese de o trabalhador indicar conta existente na plataforma digital e a conta não ser validada pela instituição financeira pública federal responsável, esta fica autorizada a abrir automaticamente conta do tipo poupança social digital.

§ 6º Os recursos não sacados das poupanças sociais digitais abertas e não movimentadas no prazo de noventa dias retornarão para a União, conforme regulamentação do Ministério da Cidadania.

Contestação da inelegibilidade ao recebimento do auxílio emergencial

▸ Epígrafe acrescida pelo Dec. nº 10.398, de 16-6-2020.

Art. 11-A. Eventuais contestações decorrentes de inelegibilidade ao auxílio emergencial poderão ser efetuadas na forma a ser estabelecida em ato do Ministro de Estado da Cidadania.

▸ Art. 11-A acrescido pelo Dec. nº 10.398, de 16-6-2020.

Art. 11-B. As decisões judiciais referentes a pagamento de despesas relativas ao auxílio emergencial serão encaminhadas diretamente ao Ministério da Cidadania pelos órgãos de contencioso da Advocacia-Geral da União, acompanhadas de manifestação jurídica ou de parecer de força executória para cumprimento.

Parágrafo único. Na hipótese de pedido dos órgãos de contencioso da Advocacia-Geral da União ou de questionamento jurídico do Ministério da Cidadania, a Consultoria Jurídica deverá se manifestar acerca do cumprimento da decisão de que trata o *caput*.

▸ Art. 11-B acrescido pelo Dec. nº 10.412, de 30-6-2020.

Disposições finais

Art. 12. O Ministério da Cidadania poderá editar atos complementares necessários à implementação do auxílio emergencial de que trata este Decreto.

Art. 13. Este Decreto entra em vigor na data de sua publicação.

Brasília, 7 de abril de 2020;
199º da Independência e
132º da República.

Jair Messias Bolsonaro

PORTARIA DA SPREV Nº 14.762, DE 19 DE JUNHO DE 2020

Estabelece a composição, metodologia de aferição e periodicidade do Indicador de Situação Previdenciária (ISP-RPPS) e autoriza sua publicação.

▸ Publicada no *DOU* de 22-6-2020.

Art. 1º Esta Portaria dispõe sobre os conceitos, critérios de composição, metodologia de aferição e periodicidade de publicação do Indicador de Situação Previdenciária dos Regimes Próprios de Previdência Social – ISP-RPPS de que tratam o inciso V e parágrafo único do art. 30 da Portaria MPS nº 402, de 2008.

§ 1º O ISP-RPPS será divulgado anualmente pela Secretaria de Previdência da Secretaria Especial de Previdência e Trabalho do Ministério da Economia e servirá de base para a definição do perfil de risco atuarial dos RPPS, nos termos do art. 77 da Portaria MF nº 464, de 2018, e do parágrafo único do art. 2º da Instrução Normativa SPREV nº 1, de 2019.

§ 2º Para os fins desta Portaria, considera-se:

I – ano do ISP-RPPS, o ano em que se der a sua publicação;

II – data limite para recebimento dos dados para aferição do ISP-RPPS, o dia 31 de julho do ano de sua publicação;

III – período de posição dos dados do ISP-RPPS, o período entre 1º de janeiro e 31 de dezembro do ano anterior ao de sua publicação; e

IV – prazo limite para publicação do ISP-RPPS, o dia 30 de setembro do ano de sua publicação.

§ 3º Não será calculado e divulgado o ISP-RPPS para os entes federativos cujos RPPS foram classificados como "em extinção", nos termos dos arts. 7º e 8º da Portaria MPS nº 204, de 10 de julho de 2008, ou "extintos", nos termos do art. 9º da referida Portaria.

Art. 2º Serão considerados os seguintes dados e informações para a apuração do ISP-RPPS, nos termos do parágrafo único do art. 30 da Portaria MPS nº 402, de 2008:

I – demonstrativos encaminhados pelos entes federativos, por meio do Sistema de Informações dos Regimes Públicos de Previdência Social – CADPREV e do Sistema de Informações Contábeis e Fiscais do Setor Público Brasileiro – SICONFI, até 31 de julho do ano de publicação do ISP-RPPS:

a) Demonstrativo de Resultado da Avaliação Atuarial – DRAA, relativo ao ano de publicação do ISP-RPPS, com posição da avaliação em 31 de dezembro do ano anterior;

b) Demonstrativo da Política de Investimentos – DPIN, relativo ao ano de publicação do ISP-RPPS;

c) Demonstrativos de Informações Previdenciárias e Repasses – DIPR, relativos aos bimestres do ano anterior ao ano de publicação do ISP-RPPS;

d) Demonstrativos de Aplicações e Investimentos dos Recursos – DAIR, relativos aos meses do ano anterior ao ano de publicação do ISP-RPPS;

e) Demonstrativo das Receitas e Despesas Previdenciárias do Regime Próprio de Previdência Social do Relatório Resumido da Execução Orçamentária – RREO, relativo ao 6º bimestre do ano anterior ao ano de publicação do ISP-RPPS;

II – Certificados de Regularidade Previdenciária – CRP emitidos pela Secretaria de Previdência, nos termos do inciso IV do art. 9º da Lei nº 9.717, de 1998, por meio do CADPREV, durante o ano anterior ao ano de publicação do ISP-RPPS;

III – registros dos critérios no Extrato Previdenciário emitido pelo CADPREV em 31 de dezembro do ano anterior ao ano de publicação do ISP-RPPS;

IV – certificações obtidas, até 31 de julho do ano de publicação do ISP-RPPS, no Programa de Certificação Institucional e Modernização da Gestão dos Regimes Próprios de Previdência Social da União, dos Estados, do Distrito Federal e dos Municípios – Pró-Gestão RPPS, de que trata a Portaria MPS nº 185, de 14 de maio de 2015.

§ 1º A Secretaria de Previdência poderá, a seu critério, atualizar o ISP-RPPS de forma eletrônica, com os dados encaminhados após a data limite do período de recebimento, para fins de monitoramento do indicador, mantidos o período de posição dos dados e a classificação inicialmente obtida para comparabilidade entre os indicadores anuais, sendo a atualização indicada de forma sequencial a do indicador anual.

§ 2º No caso de o Estado, Distrito Federal ou Município não atenderem às orientações relativas ao preenchimento dos demonstrativos de que trata o inciso I do *caput*, a Secretaria de Previdência adotará, para fins de aplicação da metodologia de cálculo do ISP-RPPS, os procedimentos necessários à adequação de valores, que serão divulgados no relatório anual de que trata o art. 12.

§ 3º Não serão consideradas as informações relativas aos Sistemas de Proteção Social dos Policiais Militares dos Estados e Distrito Federal para apuração do ISP-RPPS.

Art. 3º Os regimes próprios serão agregados, conforme seu porte, em quatro grupos para apuração do ISP-RPPS, os quais serão definidos da seguinte forma:

I – RPPS de Estados e do Distrito Federal: Porte Especial;

II – RPPS dos Municípios, segmentados conforme as quantidades de segurados ativos, aposentados e pensionistas vinculados ao regime, em:

a) Grande Porte, os RPPS cuja quantidade de segurados ativos, aposentados e pensionistas esteja entre os regimes que representem 5% (cinco por cento) das maiores quantidades;

b) Médio Porte, os RPPS cuja quantidade de segurados ativos, aposentados e pensionistas esteja entre os regimes que apresentem quantidades inferiores aos do grupo de que trata a alínea *a* desse inciso e acima da mediana, assim considerada como o valor que separa a metade superior e a inferior dos dados;

c) Pequeno Porte, os RPPS não classificados nos grupos de que tratam as alíneas *a* e *b* deste inciso;

d) Porte Não Classificado, em caso de omissão no envio das informações relativas à quantidade de segurados ativos, na forma do § 2º deste artigo.

§ 1º Os RPPS de cada grupo de porte previsto nas alíneas *a*, *b* e *c* do inciso II do *caput* serão divididos em subgrupos, de acordo com a estrutura da sua massa de beneficiários, obtida por meio da divisão da quantidade de segurados ativos pela quantidade de aposentados e pensionistas, com o objetivo de captar o seu grau de maturidade, da seguinte forma:

I – subgrupo de RPPS com estrutura de maturidade da massa de beneficiários mais favorável: quando a divisão da quantidade de segurados ativos pela quantidade de aposentados e pensionistas for superior à mediana do grupo;

II – subgrupo de RPPS com estrutura de maturidade da massa de beneficiários menos favorável, quando a divisão da quantidade de segurados ativos pela quantidade de aposentados e pensionistas for igual ou inferior à mediana do grupo.

§ 2º A apuração das quantidades de segurados ativos, aposentados e pensionistas terá por base os mesmos dados utilizados para produção do Suplemento do Servidor Público do Anuário Estatístico da Previdência Social – AEPS, divulgado no endereço eletrônico da SPREV na rede mundial de computadores – Internet, que utiliza as informações do DRAA como fonte primária, e dos DIPR como fonte secundária.

§ 3º O encaminhamento extemporâneo dos dados, após o prazo referido no inciso I do *caput* do art. 2º, exclui a possibilidade de alteração do grupo no qual o RPPS foi classificado no indicador do respectivo exercício.

Art. 4º A classificação do ISP-RPPS será determinada com base na análise dos indicadores abaixo, relacionados aos seguintes aspectos:

I – gestão e transparência:

a) Indicador de Regularidade;

b) Indicador de Envio de Informações;

c) Indicador de Modernização da Gestão;

II – situação financeira:

a) Indicador de Suficiência Financeira;

b) Indicador de Acumulação de Recursos;

III – situação atuarial: Indicador de Cobertura dos Compromissos Previdenciários.

§ 1º A cada indicador será atribuída uma classificação A, B ou C.

§ 2º Para os indicadores a que se referem os incisos II e III do *caput*, será atribuída a classificação C caso os demonstrativos utilizados em seu cálculo não tenham sido enviados no prazo previsto no inciso I do *caput* do art. 2º.

Art. 5º O Indicador de Regularidade visa verificar a conformidade dos entes federativos quanto ao cumprimento dos critérios exigidos para a emissão do CRP e será apurado da seguinte forma:

I – quantidade de critérios do extrato previdenciário do RPPS do ente federativo cujo registro, em 31 de dezembro do ano anterior ao da publicação do ISP, indicava situação "regular" dividida pela quantidade total de critérios exigidos para emissão do CRP naquela data;

II – número de dias no ano anterior ao da publicação do ISP-RPPS em que o ente federativo contou com CRP vigente, dividido pelo número total de dias do ano;

III – quantidade de critérios do extrato previdenciário do RPPS do ente federativo cujo registro, na data a que se refere o inciso I do *caput*, indicava situação "irregular" afastada por força de decisão judicial, dividida pela quantidade total de critérios exigidos para o CRP que constam do extrato previdenciário naquela data; e

IV – multiplicação do produto dos quocientes apurados na forma dos incisos I e II do *caput* pelo fator obtido pelo resultado de uma unidade subtraída do quociente apurado na forma do inciso III.

§ 1º Para a atribuição das classificações A, B ou C ao Indicador de Regularidade, serão adotados os seguintes procedimentos:

I – os indicadores calculados para cada RPPS serão divididos, por grupos de porte de que tratam os incisos I e II do *caput* do art. 3º e subgrupos, previstos nos incisos I e II do § 1º daquele artigo, por ordem crescente, em três partes constituídas com a mesma quantidade de dados; e

II – os RPPS que obtiverem indicadores até a primeira parte ou tercil, obterão a classificação C, os que ficarem compreendidos na segunda parte, serão classificados como B e os que ficarem na terceira parte, correspondente aos maiores indicadores do grupo e subgrupo, obterão a classificação A.

§ 2º Para fins do inciso I do *caput*, considera-se como regular o critério que, em 31 de dezembro do ano anterior ao da publicação do ISP-RPPS, esteja na situação "em análise" por parte da Secretaria de Previdência e o critério que, mesmo tendo sua exigibilidade afastada por força de decisão judicial, estiver gravado como situação "regular" naquela data.

Art. 6º O Indicador de Envio de Informações visa verificar o grau de transparência dos entes federativos em relação ao envio das informações de que trata o inciso I do *caput* do art. 2º, exigidas com base no parágrafo único do art. 9º da Lei nº 9.717, de 1998, e será apurado da seguinte forma:

I – pontuação de uma unidade em caso de envio do DRAA relativo ao ano de publicação do ISP-RPPS;

II – pontuação de uma unidade em caso de envio do DPIN relativo ao ano de publicação do ISP-RPPS;

III – pontuação de 1/12 (um doze avos) para cada mês do ano anterior ao ano de publicação do ISP-RPPS com informações do DAIR;

IV – pontuação de 2/12 (dois doze avos) para cada bimestre do ano anterior ao ano de publicação do ISP-RPPS com informações do DIPR;

V – obtenção do valor do Indicador de Envio de Informações pelo somatório das pontuações obtidas na forma dos incisos I a IV e sua divisão por (4) quatro; e

VI – atribuição das classificações A, B ou C, conforme a posição do valor do Indicador de Envio das Informações apurado para o RPPS na distribuição dos indicadores do respectivo grupo de porte ou subgrupo, na forma prevista no § 1º do art. 5º.

Parágrafo único. A forma de apuração a que se refere o *caput* poderá ser reformulada pela Secretaria de Previdência para que seja considerado, no cálculo, o envio mensal da Matriz de Saldos Contábeis – MSC, cuja obrigatoriedade de encaminhamento à Secretaria do Tesouro Nacional está prevista no art. 48 da Lei Complementar nº 101, de 4 de maio de 2000, e, de apresentação à Secretaria Especial de Previdência e Trabalho, no art. 9º da Lei nº 9.717, de 1998, e na alínea *f* do inciso XVI do art. 5º da Portaria MPS nº 204, de 2018.

Art. 7º O Indicador de Modernização da Gestão visa identificar os RPPS que adotaram melhores práticas de gestão previdenciária com base nas informações relativas à obtenção de certificação institucional no âmbito do Pró-Gestão RPPS, conforme o inciso IV do art. 2º, e as classificações serão atribuídas da seguinte forma:

I – A, em caso de RPPS certificado com níveis de aderência III e IV;

II – B, em caso de RRPS certificado com níveis de aderência I e II;

III – C, em caso de RPPS que não obtiveram certificação em níveis de aderência do Pró-Gestão RPPS.

Parágrafo único. As informações relativas às certificações obtidas no Pró-Gestão RPPS corresponderão às divulgadas pela Comissão de Credenciamento e Avaliação do Pró-Gestão RPPS no endereço eletrônico da SPREV na rede mundial de computadores – Internet até 31 de julho do ano de publicação do ISP-RPPS.

Art. 8º O Indicador de Suficiência Financeira visa avaliar o grau de cobertura das despesas do RPPS pelas receitas do regime e corresponderá à razão do valor anual de receitas pelo valor anual de despesas previdenciárias.

§ 1º Para atribuição das classificações A, B ou C, deverá ser observada a posição do valor do Indicador de Suficiência Financeira apurado para o RPPS na distribuição dos indicadores do respectivo grupo de porte ou subgrupo, na forma prevista no § 1º do art. 5º.

§ 2º Os valores das receitas e despesas corresponderão aos informados no Demonstrativo das Receitas e Despesas Previdenciárias ou nos DIPR, de que tratam, respectivamente, as alíneas e e c do inciso I do art. 2º, relativos ao ano anterior ao da publicação do ISP-RPPS.

§ 3º As receitas e despesas previdenciárias deste artigo contemplam os fundos em capitalização (plano previdenciário) e em repartição (plano financeiro), conforme definido nos itens 32 e 33 do Anexo da Portaria MF nº 464, de 2018, observado o disposto no § 3º do art. 2º desta Portaria.

§ 4º Serão excluídos das receitas previdenciárias, para fins do Indicador de Suficiência Financeira, os valores relativos a receitas eventuais recebidas pelo RPPS bem como as transferências e aportes destinados à cobertura de insuficiências financeiras do regime, conforme divulgado no relatório de que trata o art. 12.

Art. 9º O Indicador de Acumulação de Recursos visa avaliar a capacidade do RPPS de acumular recursos para o pagamento dos benefícios previdenciários e corresponderá à razão do acréscimo ou decréscimo anual das aplicações de recursos pelo total de despesas previdenciárias do exercício.

§ 1º Para atribuição das classificações A, B ou C deverá ser observada a posição do valor do Indicador de Acumulação de Recursos apurado para o RPPS na distribuição dos indicadores do respectivo grupo de porte ou subgrupo, na forma prevista no § 1º do art. 5º.

§ 2º Os valores dos acréscimos ou decréscimos das aplicações dos recursos do RPPS corresponderão aos saldos daquelas previstas nos arts. 7º, 8º e 9º-A da Resolução CMN nº 3.922, de 25 de novembro de 2010, informados no DAIR do último mês do ano anterior ao da publicação do ISP-RPPS, acrescidos das disponibilidades financeiras e subtraídos dos valores informados para esses segmentos no DAIR do último mês do ano anterior àquele.

§ 3º Os valores das despesas corresponderão aos informados no Demonstrativo das Receitas e Despesas Previdenciárias de que trata a alínea e do inciso I do art. 2º ou nos DIPR, relativos ao ano anterior ao de publicação do ISP-RPPS.

§ 4º As informações dos saldos das aplicações financeiras e das despesas previdenciárias de que trata este artigo contemplam o fundo em capitalização (plano previdenciário) e o fundo em repartição (plano financeiro), conforme definido nos itens 32 e 33 do Anexo da Portaria MF nº 464, de 2018.

Art. 10. O Indicador de Cobertura dos Compromissos Previdenciários visa avaliar a solvência do plano de benefícios e corresponderá à razão entre os valores das provisões matemáticas previdenciárias e o total das aplicações financeiras e disponibilidades do RPPS, observado o disposto no § 3º do art. 2º desta Portaria e considerando-se:

I – provisões matemáticas previdenciárias, o somatório dos valores, informados no DRAA do ano de publicação do ISP-RPPS, das provisões dos benefícios a conceder e concedidos, conforme definido nos itens 49 e 50 do Anexo da Portaria MF nº 464, de 2018, dos fundos em capitalização (plano previdenciário), em repartição (plano financeiro) e dos benefícios mantidos pelo Tesouro;

II – aplicações financeiras, os valores das aplicações previstas nos arts. 7º, 8º e 9º-A da Resolução CMN nº 3.922, de 2010, acrescidos do montante das disponibilidades financeiras informados no DAIR do último mês do ano anterior ao de publicação do ISP-RPPS, relativos aos fundos em capitalização (plano previdenciário) e em repartição (plano financeiro).

Parágrafo único. Para atribuição das classificações A, B ou C deverá ser observada a posição do valor do Indicador de Cobertura dos Compromissos Previdenciários apurado para o RPPS na distribuição dos indicadores do respectivo grupo de porte ou subgrupo, na forma prevista no § 1º do art. 5º.

Art. 11. Para apuração da classificação final do ISP-RPPS, serão adotados os seguintes procedimentos:

I – será obtida a classificação parcial com base nas seguintes combinações das classificações por indicador:

a) relativos à gestão e transparência:

Indicador de Regularidade Previdenciária	Indicador de Envio de Informações	Indicador de Modernização da Gestão	Classificação parcial dos indicadores relativos à Gestão e Transparência
A	A	A	A
A	A	B	A
A	B	A	A
B	A	A	A
A	A	C	B
A	B	B	B
A	B	C	B
A	C	A	B
A	C	B	B
B	A	B	B
B	A	C	B
B	B	A	B
B	B	B	B
B	C	A	B
C	A	A	B
C	A	B	B
C	B	A	B
A	C	C	C

Indicador de Regularidade Previdenciária	Indicador de Envio de Informações	Indicador de Modernização da Gestão	Classificação parcial dos indicadores relativos à Gestão e Transparência
B	B	C	C
B	C	B	C
B	C	C	C
C	A	C	C
C	B	B	C
C	B	C	C
C	C	A	C
C	C	B	C
C	C	C	C

b) relativos à situação financeira:

Indicador de Suficiência Financeira	Indicador de Acumulação de Recursos	Classificação parcial dos indicadores relativos à Situação Financeira
A	A	A
A	B	A
B	A	A
A	C	B
B	B	B
B	C	B
C	A	B
C	B	B
C	C	C

c) relativos à situação atuarial:

Indicador de Cobertura dos Compromissos Previdenciários	Classificação parcial dos indicadores relativos à Situação Atuarial
A	A
B	B
C	C

II – será atribuída a classificação final do ISP-RPPS a partir da combinação das seguintes classificações parciais:

Classificação parcial nos indicadores relativos à Gestão e Transparência	Classificação parcial nos indicadores relativos Situação Financeira	Classificação parcial no indicador relativo à Situação Atuarial	Classificação final do ISP
A	A	A	A
A	A	B	B
A	A	C	B
A	B	A	B
A	B	B	B
A	C	A	B
B	A	A	B
B	A	B	B
B	B	A	B
C	A	A	B
A	B	C	C
A	C	B	C
A	C	C	C
B	A	C	C
B	B	B	C
B	B	C	C
B	C	A	C
B	C	B	C
C	A	B	C
C	A	C	C
C	B	A	C
C	B	B	C
C	C	A	C
B	C	C	D
C	B	C	D
C	C	B	D
C	C	C	D

Art. 12. As informações detalhadas sobre a composição e metodologia de aferição do ISP-RPPS serão divulgadas no endereço eletrônico da Secretaria de Previdência na rede mundial de computadores (Internet) por meio de relatório anual, com a correspondente memória de cálculo do indicador.

§ 1º O relatório anual de que trata o *caput* disporá sobre as situações não contempladas nesta Portaria, inclusive sobre o tratamento dos dados na situação prevista no § 2º do art. 2º e a apuração dos indicadores em caso de ausência de dados que a prejudique.

§ 2º Após ser publicado o relatório anual de que trata o *caput*, os interessados terão o prazo de 30 (trinta) dias para apresentar à Secretaria de Previdência, por meio do Sistema de Gestão de Consultas e Normas – GESCON-RPPS, impugnação aos resultados apresentados, cuja apreciação e decisão serão informadas, nesse sistema, aos respectivos interessados em até 30 (trinta) dias contados do encerramento do prazo para apresentação da impugnação, procedendo-se, então, se for o caso, à alteração daquele relatório.

§ 3º Após o decurso do prazo mencionado na parte final do § 1º, o resultado do ISP-RPPS será considerado válido até a próxima divulgação anual do indicador, sem prejuízo de sua atualização eletrônica prevista no § 1º do art. 2º, para fins de análise da evolução dos dados.

Art. 13. Em caso de alteração de composição ou de metodologia de aferição do ISP-RPPS, a revisão do indicador e a publicação do resultado deverá ser autorizada em ato da Secretaria de Previdência.

Parágrafo único. Se a revisão de que trata o *caput* ocorrer antes do prazo de 3 (três) anos da última alteração, os resultados com a antiga metodologia deverão continuar sendo divulgados, por meio dos relatórios anuais previstos no art. 12, até o término desse período, para atender ao previsto no art. 3º da Instrução Normativa SPREV nº 1, de 2019.

Art. 14. Para fins do disposto na Instrução Normativa SPREV nº 1, de 2019, serão atribuídos aos RPPS os seguintes perfis atuariais, relacionados às classificações obtidas no ISP-RPPS:

I – Perfil Atuarial I: os RPPS com classificação D no ISP-RPPS;
II – Perfil Atuarial II: os RPPS com classificação C no ISP-RPPS;
III – Perfil Atuarial III: os RPPS com classificação B no ISP-RPPS;
IV – Perfil Atuarial IV: os RPPS com classificação A no ISP-RPPS.

Art. 15. Fica autorizada a publicação extemporânea do ISP-RPPS relativo ao ano de 2019.

Parágrafo único. Excepcionalmente, para o ISP-RPPS de 2019:

I – será considerado, para fins de aplicação dos conceitos contidos nesta Portaria, o exercício de 2019 como ano de publicação do ISP-RPPS;
II – em caso de segregação da massa e para fins de apuração do Indicador de Cobertura dos Compromissos Previdenciários, as provisões matemáticas dos planos financeiros serão ajustadas para fins de comparabilidade com as dos planos previdenciários, conforme divulgado no relatório anual de que trata o art. 12;
III – serão consideradas, na apuração do Indicador de Modernização da Gestão, as certificações obtidas no Pró-Gestão RPPS até 31 de maio de 2020.

Art. 16. Excepcionalmente, o ISP-RPPS de 2020:

I – poderá utilizar os dados do DRAA relativo ao exercício de 2019 em caso de não envio do documento referente ao exercício de 2020, considerando-se os efeitos da Portaria SEPRT nº 9.348, de 6 de abril de 2020;
II – considerará, na apuração do Indicador de Regularidade, os registros, no CADPREV, dos critérios do extrato previdenciário do RPPS em 31 de julho de 2020.

Art. 17. Esta Portaria entra em vigor na data de sua publicação.

Narlon Gutierre Nogueira

PORTARIA DA SEPRT Nº 15.829, DE 2 DE JULHO DE 2020

Dispõe sobre a operacionalização da compensação financeira entre o Regime Geral de Previdência Social e os regimes próprios de previdência social da União, dos Estados, do Distrito Federal e dos Municípios e destes entre si, de que tratam a Lei nº 9.796, de 5 de maio de 1999, e o Decreto nº 10.188, de 20 de dezembro de 2019. (Processo nº 10133.100215/2020-20).

▶ Publicada no *DOU* de 3-7-2020.

Art. 1º A compensação financeira entre o Regime Geral de Previdência Social – RGPS e os Regimes Próprios de Previdência Social – RPPS da União, dos Estados, do Distrito Federal e dos Municípios e destes entre si, de que tratam a Lei nº 9.796, de 1999, e o Decreto nº 10.188, de 2019, será efetuada por meio do Sistema de Compensação Previdenciária – COMPREV.

§ 1º O COMPREV será mantido pelo Instituto Nacional do Seguro Social – INSS, nos termos do art. 18 da Portaria MPAS nº 6.209, de 16 de dezembro de 1999, até que sejam implementados os procedimentos previstos no art. 10 do Decreto 10.188, de 2019, observado o previsto no art. 5º desta Portaria.

§ 2º A gestão de acesso dos entes federativos ao sistema COMPREV, mantido pelo INSS, poderá ser realizada pela Subsecretaria dos Regimes Próprios de Previdência Social da Secretaria de Previdência da Secretaria Especial de Previdência e Trabalho.

Art. 2º Para utilização do sistema de que trata o art. 1º, continuam em vigor os acordos de cooperação técnica celebrados entre a Secretaria Especial de Previdência e Trabalho, com a interveniência do Instituto Nacional do Seguro Social – INSS e os entes federativos, nos termos do art. 23 da Portaria MPAS nº 6.209, de 1999.

Parágrafo único. Enquanto não disponibilizado o termo de adesão a que se refere o § 1º do art. 10 do Decreto nº 10.188, de 2019, continuarão a ser firmados os acordos de cooperação técnica de que trata o *caput*.

Art. 3º Continuam aplicáveis as normas da Portaria MPAS nº 6.209, de 1999, que não conflitarem com o Decreto nº 10.188, de 2019, até que seja disponibilizada a nova versão do COMPREV, em especial quanto:

I – à aplicação da proporcionalidade prevista no art. 19-B da Portaria MPAS nº 6.209, de 2019; e

II – à utilização do valor médio da renda mensal do total dos benefícios pagos pelo INSS, na competência em que se deu o início do benefício no regime instituidor, na hipótese do art. 25 da Portaria MPAS nº 6.209, de 1999.

Art. 4º Nos termos do § 8º do art. 11 do Decreto nº 10.188, de 2019, a partir de 1º de janeiro de 2022, os requerimentos de compensação financeira apresentados pelos regimes instituidores deverão ser analisados pelos regimes de origem em até 1.080 (mil e oitenta) dias, sob pena de incidir a mesma atualização dos valores dos recolhimentos em atraso de contribuições previdenciárias arrecadadas pelo RGPS aos requerimentos que ultrapassarem esse prazo.

§ 1º O prazo para análise dos requerimentos previsto no *caput* será reduzido para:

I – 540 (quinhentos e quarenta) dias, em 2023;
II – 360 (trezentos e sessenta) dias, em 2024;
III – 180 (cento e oitenta) dias, em 2025; e
IV – 90 (noventa) dias, a partir de 2026.

§ 2º A Secretaria Especial de Previdência e Trabalho poderá estabelecer, observado o disposto no § 8º do art. 11 do Decreto nº 10.188, de 2019, prazos inferiores aos previstos no *caput* e no § 1º, para análise dos requerimentos relativos aos benefícios concedidos a partir de 2022.

§ 3º Para efeitos do *caput*, serão aplicados:

I – a taxa referencial do Sistema Especial de Liquidação e Custódia – SELIC para títulos federais, acumulada mensalmente, calculada a partir do primeiro dia do mês subsequente ao vencimento do prazo até o mês anterior ao do pagamento; e

II – a taxa de um por cento no mês do pagamento.

§ 4º O previsto neste artigo se aplica à compensação financeira entre o RGPS e os RPPS e dos RPPS entre si.

Art. 5º Nos termos do Decreto nº 10.188, de 2019, para o processamento dos requerimentos de compensação financeira e a utilização do sistema COMPREV, o INSS, a União, os Estados, o Distrito Federal e os Municípios deverão, até 31 de dezembro de 2021, celebrar termo de adesão com a Secretaria Especial de Previdência e Trabalho e contrato com a Empresa de Tecnologia e Informações da Previdência – DATAPREV.

§ 1º As diretrizes das relações negociais para a utilização do COMPREV serão estabelecidas pelo Conselho Nacional dos Regimes Próprios de Previdência Social, de que trata o art. 18 do Decreto 10.188, de 2019, observando-se que:

I – na compensação entre o RGPS e os RPPS, o custeio do sistema será de responsabilidade do INSS até 31 de dezembro de 2021 e de cada regime instituidor a partir de 1º de janeiro de 2022;

II – na compensação entre os RPPS, o custeio do sistema será de responsabilidade de cada regime instituidor, a partir de 1º de janeiro de 2021.

§ 2º Os requerimentos da compensação financeira entre os RPPS serão apresentados a partir de 1º de janeiro de 2021, por meio do COMPREV, somente pelos entes federativos que celebrarem o termo de adesão e o contrato de que trata o *caput*.

§ 3º O não atendimento ao previsto no *caput* constituirá causa impeditiva à emissão do Certificado de Regularidade Previdenciária, de que trata o inciso IV do art. 9º da Lei nº 9.717, de 27 de novembro de 1998, aplicando-se as sanções de que trata o art. 7º da referida Lei e a suspensão do pagamento da compensação financeira devida pelo RGPS.

§ 4º O termo de adesão de que trata *caput* será definido pela Secretaria de Previdência.

Art. 6º Nas hipóteses em que o regime de origem não possua informações funcionais ou contributivas individualizadas à época da desvinculação para fins de apuração da renda mensal inicial, nos termos do § 2º do art. 6º do Decreto nº 10.188, de 2019, será considerado o valor médio da renda mensal do total dos benefícios pagos pelo INSS na competência em que se deu o início do benefício no regime instituidor.

Art. 7º Ficam convalidados os atos praticados a partir de 1º de janeiro de 2020, que atendam ao disposto nesta Portaria, e que não conflitem com as disposições do Decreto nº 10.188, de 2019.

Art. 8º Esta Portaria entra em vigor na data de sua publicação.

Bruno Bianco Leal

LEI Nº 14.020, DE 6 DE JULHO DE 2020

Institui o Programa Emergencial de Manutenção do Emprego e da Renda; dispõe sobre medidas complementares para enfrentamento do estado de calamidade pública reconhecido pelo Decreto Legislativo nº 6, de 20 de março de 2020, e da emergência de saúde pública de importância internacional decorrente do coronavírus, de que trata a Lei nº 13.979, de 6 de fevereiro de 2020; altera as Leis nºs 8.213, de 24 de julho de 1991, 10.101, de 19 de dezembro de 2000, 12.546, de 14 de dezembro de 2011, 10.865, de 30 de abril de 2004, e 8.177, de 1º de março de 1991; e dá outras providências.

▸ Publicada no *DOU* de 7-7-2020.

Capítulo I

DISPOSIÇÕES PRELIMINARES

Art. 1º Esta Lei institui o Programa Emergencial de Manutenção do Emprego e da Renda e dispõe sobre medidas complementares para enfrentamento do estado de calamidade pública reconhecido pelo Decreto Legislativo nº 6, de 20 de março de 2020, e da emergência de saúde pública de importância internacional decorrente do coronavírus, de que trata a Lei nº 13.979, de 6 de fevereiro de 2020.

Capítulo II

DO PROGRAMA EMERGENCIAL DE MANUTENÇÃO DO EMPREGO E DA RENDA

Seção I

DA INSTITUIÇÃO, DOS OBJETIVOS E DAS MEDIDAS DO PROGRAMA EMERGENCIAL DE MANUTENÇÃO DO EMPREGO E DA RENDA

Art. 2º Fica instituído o Programa Emergencial de Manutenção do Emprego e da Renda, com aplicação durante o estado de calamidade pública a que se refere o art. 1º desta Lei e com os seguintes objetivos:

I – preservar o emprego e a renda;

II – garantir a continuidade das atividades laborais e empresariais; e

III – reduzir o impacto social decorrente das consequências do estado de calamidade pública e da emergência de saúde pública.

Art. 3º São medidas do Programa Emergencial de Manutenção do Emprego e da Renda:

I – o pagamento do Benefício Emergencial de Preservação do Emprego e da Renda;

II – a redução proporcional de jornada de trabalho e de salário; e

III – a suspensão temporária do contrato de trabalho.

Parágrafo único. O disposto no *caput* deste artigo não se aplica, no âmbito da União, dos Estados, do Distrito Federal e dos Municípios, aos órgãos da administração pública direta e indireta, às empresas públicas e às sociedades de economia mista, inclusive às suas subsidiárias, e aos organismos internacionais.

Art. 4º Compete ao Ministério da Economia coordenar, executar, monitorar e avaliar o Programa Emergencial de Manutenção do Emprego e da Renda e editar normas complementares necessárias à sua execução.

Parágrafo único. O Ministério da Economia divulgará semanalmente, por meio eletrônico, as informações detalhadas sobre os acordos firmados, com o número de empregados e empregadores beneficiados, bem como divulgará o quantitativo de demissões e admissões mensais realizados no País.

Seção II

DO BENEFÍCIO EMERGENCIAL DE PRESERVAÇÃO DO EMPREGO E DA RENDA

Art. 5º Fica criado o Benefício Emergencial de Preservação do Emprego e da Renda, a ser pago nas seguintes hipóteses:

I – redução proporcional de jornada de trabalho e de salário; e

II – suspensão temporária do contrato de trabalho.

§ 1º O Benefício Emergencial de Preservação do Emprego e da Renda será custeado com recursos da União.

§ 2º O Benefício Emergencial de Preservação do Emprego e da Renda será de prestação mensal e devido a partir da data do início da redução da jornada de trabalho e do salário ou da suspensão temporária do contrato de trabalho, observadas as seguintes disposições:

I – o empregador informará ao Ministério da Economia a redução da jornada de trabalho e do salário ou a suspensão temporária do contrato de trabalho, no prazo de 10 (dez) dias, contado da data da celebração do acordo;

II – a primeira parcela será paga no prazo de 30 (trinta) dias, contado da data da celebração do acordo, desde que a celebração do acordo seja informada no prazo a que se refere o inciso I deste parágrafo; e

III – o Benefício Emergencial de Preservação do Emprego e da Renda será pago exclusivamente enquanto durar a redução da jornada de trabalho e do salário ou a suspensão temporária do contrato de trabalho.

§ 3º Caso a informação de que trata o inciso I do § 2º deste artigo não seja prestada no prazo previsto no referido dispositivo:

I – o empregador ficará responsável pelo pagamento da remuneração no valor anterior à redução da jornada de trabalho e do salário ou à suspensão temporária do contrato de trabalho do empregado, inclusive dos respectivos encargos sociais e trabalhistas, até que a informação seja prestada;

II – a data de início do Benefício Emergencial de Preservação do Emprego e da Renda será fixada na data em que a informação tenha sido efetivamente prestada, e o benefício será devido pelo restante do período pactuado; e

III – a primeira parcela, observado o disposto no inciso II deste parágrafo, será paga no prazo de 30 (trinta) dias, contado da data em que a informação tiver sido efetivamente prestada.

§ 4º Ato do Ministério da Economia disciplinará a forma de:

I – transmissão das informações e das comunicações pelo empregador; e

II – concessão e pagamento do Benefício Emergencial de Preservação do Emprego e da Renda.

§ 5º O recebimento do Benefício Emergencial de Preservação do Emprego e da Renda não impedirá a concessão e não alterará o valor do seguro-desemprego a que o empregado vier a ter direito, desde que cumpridos os requisitos previstos na Lei nº 7.998, de 11 de janeiro de 1990, no momento de eventual dispensa.

§ 6º O Benefício Emergencial de Preservação do Emprego e da Renda será operacionalizado e pago pelo Ministério da Economia.

§ 7º Serão inscritos em dívida ativa da União os créditos constituídos em decorrência de Benefício Emergencial de Preservação do Emprego e da Renda pago indevidamente ou além do devido, hipótese em que se aplicará o disposto na Lei nº 6.830, de 22 de setembro de 1980, para a execução judicial.

Art. 6º O valor do Benefício Emergencial de Preservação do Emprego e da Renda terá como base de cálculo o valor mensal do seguro-desemprego a que o empregado teria direito, nos termos do art. 5º da Lei nº 7.998, de 11 de janeiro de 1990, observadas as seguintes disposições:

I – na hipótese de redução de jornada de trabalho e de salário, será calculado aplicando-se sobre a base de cálculo o percentual da redução; e

II – na hipótese de suspensão temporária do contrato de trabalho, terá valor mensal:

a) equivalente a 100% (cem por cento) do valor do seguro-desemprego a que o empregado teria direito, na hipótese prevista no *caput* do art. 8º desta Lei; ou

b) equivalente a 70% (setenta por cento) do valor do seguro-desemprego a que o empregado teria direito, na hipótese prevista no § 5º do art. 8º desta Lei.

§ 1º O Benefício Emergencial de Preservação do Emprego e da Renda será pago ao empregado independentemente do:

I – cumprimento de qualquer período aquisitivo;

II – tempo de vínculo empregatício; e

III – número de salários recebidos.

§ 2º O Benefício Emergencial de Preservação do Emprego e da Renda não será devido ao empregado que esteja:

I – ocupando cargo ou emprego público ou cargo em comissão de livre nomeação e exoneração ou seja titular de mandato eletivo; ou

II – em gozo:

a) de benefício de prestação continuada do Regime Geral de Previdência Social ou dos regimes próprios de previdência social, ressalvado o disposto no parágrafo único do art. 124 da Lei nº 8.213, de 24 de julho de 1991;

b) do seguro-desemprego, em qualquer de suas modalidades; e

c) da bolsa de qualificação profissional de que trata o art. 2º-A da Lei nº 7.998, de 11 de janeiro de 1990.

§ 3º O empregado com mais de um vínculo formal de emprego poderá receber cumulativamente um Benefício Emergencial de Preservação do Emprego e da Renda para cada vínculo com redução proporcional de jornada de trabalho e de salário ou com suspensão temporária do contrato de trabalho, observado o valor previsto no *caput* do art. 18 e o disposto no § 3º do art. 18, se houver vínculo na modalidade de contrato intermitente, nos termos do § 3º do art. 443 da CLT, aprovada pelo Decreto-Lei nº 5.452, de 1º de maio de 1943.

§ 4º Nos casos em que o cálculo do benefício emergencial resultar em valores decimais, o valor a ser pago deverá ser arredondado para a unidade inteira imediatamente superior.

Seção III

DA REDUÇÃO PROPORCIONAL DE JORNADA DE TRABALHO E DE SALÁRIO

Art. 7º Durante o estado de calamidade pública a que se refere o art. 1º desta Lei, o empregador poderá acordar a redução proporcional de jornada de trabalho e de salário de seus empregados, de forma setorial, departamental, parcial ou na totalidade dos postos de trabalho, por até 90 (noventa) dias, prorrogáveis por prazo determinado em ato do Poder Executivo, observados os seguintes requisitos:

I – preservação do valor do salário-hora de trabalho;

II – pactuação, conforme o disposto nos arts. 11 e 12 desta Lei, por convenção coletiva de trabalho, acordo coletivo de trabalho ou acordo individual escrito entre empregador e empregado; e

III – na hipótese de pactuação por acordo individual escrito, encaminhamento da proposta de acordo ao empregado com antecedência de, no mínimo, 2 (dois) dias corridos, e redução da jornada de trabalho e do salário exclusivamente nos seguintes percentuais:

a) 25% (vinte e cinco por cento);

b) 50% (cinquenta por cento);

c) 70% (setenta por cento).

§ 1º A jornada de trabalho e o salário pago anteriormente serão restabelecidos no prazo de 2 (dois) dias corridos, contado da:

I – cessação do estado de calamidade pública;

II – data estabelecida como termo de encerramento do período de redução pactuado; ou

III – data de comunicação do empregador que informe ao empregado sua decisão de antecipar o fim do período de redução pactuado.

§ 2º Durante o período de redução proporcional de jornada de trabalho e de salário, a contribuição de que tratam o art. 20 da Lei nº 8.212, de 24 de julho de 1991, e o art. 28 da Emenda Constitucional nº 103, de 12 de novembro de 2019, poderá ser complementada na forma do art. 20 desta Lei.

§ 3º Respeitado o limite temporal do estado de calamidade pública a que se refere o art. 1º desta Lei, o Poder Executivo poderá prorrogar o prazo máximo de redução proporcional de jornada de trabalho e de salário previsto no *caput* deste artigo, na forma do regulamento.

Seção IV

DA SUSPENSÃO TEMPORÁRIA DO CONTRATO DE TRABALHO

Art. 8º Durante o estado de calamidade pública a que se refere o art. 1º desta Lei, o empregador poderá acordar a suspensão temporária do contrato de trabalho de seus empregados, de forma setorial, departamental, parcial ou na totalidade dos postos de trabalho, pelo prazo máximo de 60 (sessenta) dias, fracionável em 2 (dois) períodos de até 30 (trinta) dias, podendo ser prorrogado por prazo determinado em ato do Poder Executivo.

§ 1º A suspensão temporária do contrato de trabalho será pactuada, conforme o disposto nos arts. 11 e 12 desta Lei, por convenção coletiva de trabalho, acordo coletivo de trabalho ou acordo individual escrito entre empregador e empregado, devendo a proposta de acordo, nesta última hipótese, ser encaminhada ao empregado com antecedência de, no mínimo, 2 (dois) dias corridos.

§ 2º Durante o período de suspensão temporária do contrato de trabalho, o empregado:

I – fará jus a todos os benefícios concedidos pelo empregador aos seus empregados; e

II – ficará autorizado a contribuir para o Regime Geral de Previdência Social na qualidade de segurado facultativo, na forma do art. 20 desta Lei.

§ 3º O contrato de trabalho será restabelecido no prazo de 2 (dois) dias corridos, contado da:

I – cessação do estado de calamidade pública;
II – data estabelecida como termo de encerramento do período de suspensão pactuado; ou
III – data de comunicação do empregador que informe ao empregado sua decisão de antecipar o fim do período de suspensão pactuado.

§ 4º Se, durante o período de suspensão temporária do contrato de trabalho, o empregado mantiver as atividades de trabalho, ainda que parcialmente, por meio de teletrabalho, trabalho remoto ou trabalho a distância, ficará descaracterizada a suspensão temporária do contrato de trabalho, e o empregador estará sujeito:

I – ao pagamento imediato da remuneração e dos encargos sociais e trabalhistas referentes a todo o período;
II – às penalidades previstas na legislação em vigor; e
III – às sanções previstas em convenção coletiva ou acordo coletivo de trabalho.

§ 5º A empresa que tiver auferido, no ano-calendário de 2019, receita bruta superior a R$ 4.800.000,00 (quatro milhões e oitocentos mil reais) somente poderá suspender o contrato de trabalho de seus empregados mediante o pagamento de ajuda compensatória mensal no valor de 30% (trinta por cento) do valor do salário do empregado, durante o período de suspensão temporária do contrato de trabalho pactuado, observado o disposto neste artigo e no art. 9º desta Lei.

§ 6º Respeitado o limite temporal do estado de calamidade pública a que se refere o art. 1º desta Lei, o Poder Executivo poderá prorrogar o prazo máximo de suspensão temporária do contrato de trabalho previsto no *caput* deste artigo, na forma do regulamento.

Seção V

DAS DISPOSIÇÕES COMUNS ÀS MEDIDAS DO PROGRAMA EMERGENCIAL DE MANUTENÇÃO DO EMPREGO E DA RENDA

Art. 9º O Benefício Emergencial de Preservação do Emprego e da Renda poderá ser acumulado com o pagamento, pelo empregador, de ajuda compensatória mensal, em decorrência da redução proporcional de jornada de trabalho e de salário ou da suspensão temporária de contrato de trabalho de que trata esta Lei.

§ 1º A ajuda compensatória mensal de que trata o *caput* deste artigo:

I – deverá ter o valor definido em negociação coletiva ou no acordo individual escrito pactuado;
II – terá natureza indenizatória;
III – não integrará a base de cálculo do imposto sobre a renda retido na fonte ou da declaração de ajuste anual do imposto sobre a renda da pessoa física do empregado;
IV – não integrará a base de cálculo da contribuição previdenciária e dos demais tributos incidentes sobre a folha de salários;
V – não integrará a base de cálculo do valor dos depósitos no Fundo de Garantia do Tempo de Serviço (FGTS), instituído pela Lei nº 8.036, de 11 de maio de 1990, e pela Lei Complementar nº 150, de 1º de junho de 2015; e
VI – poderá ser:

a) considerada despesa operacional dedutível na determinação do lucro real e da base de cálculo da Contribuição Social sobre o Lucro Líquido (CSLL) das pessoas jurídicas tributadas pelo lucro real;
b) VETADO;
c) VETADO;
d) VETADO.

§ 2º Na hipótese de redução proporcional de jornada de trabalho e de salário, a ajuda compensatória prevista no *caput* deste artigo não integrará o salário devido pelo empregador e observará o disposto no § 1º deste artigo.

§ 3º O disposto no inciso VI do § 1º deste artigo aplica-se às ajudas compensatórias mensais pagas a partir do mês de abril de 2020.

Art. 10. Fica reconhecida a garantia provisória no emprego ao empregado que receber o Benefício Emergencial de Preservação do Emprego e da Renda, previsto no art. 5º desta Lei, em decorrência da redução da jornada de trabalho e do salário ou da suspensão temporária do contrato de trabalho de que trata esta Lei, nos seguintes termos:

I – durante o período acordado de redução da jornada de trabalho e do salário ou de suspensão temporária do contrato de trabalho;
II – após o restabelecimento da jornada de trabalho e do salário ou do encerramento da suspensão temporária do contrato de trabalho, por

período equivalente ao acordado para a redução ou a suspensão; e

III – no caso da empregada gestante, por período equivalente ao acordado para a redução da jornada de trabalho e do salário ou para a suspensão temporária do contrato de trabalho, contado a partir do término do período da garantia estabelecida na alínea *b* do inciso II do *caput* do art. 10 do Ato das Disposições Constitucionais Transitórias.

§ 1º A dispensa sem justa causa que ocorrer durante o período de garantia provisória no emprego previsto no *caput* deste artigo sujeitará o empregador ao pagamento, além das parcelas rescisórias previstas na legislação em vigor, de indenização no valor de:

I – 50% (cinquenta por cento) do salário a que o empregado teria direito no período de garantia provisória no emprego, na hipótese de redução de jornada de trabalho e de salário igual ou superior a 25% (vinte e cinco por cento) e inferior a 50% (cinquenta por cento);

II – 75% (setenta e cinco por cento) do salário a que o empregado teria direito no período de garantia provisória no emprego, na hipótese de redução de jornada de trabalho e de salário igual ou superior a 50% (cinquenta por cento) e inferior a 70% (setenta por cento); ou

III – 100% (cem por cento) do salário a que o empregado teria direito no período de garantia provisória no emprego, nas hipóteses de redução de jornada de trabalho e de salário em percentual igual ou superior a 70% (setenta por cento) ou de suspensão temporária do contrato de trabalho.

§ 2º O disposto neste artigo não se aplica às hipóteses de pedido de demissão ou dispensa por justa causa do empregado.

Art. 11. As medidas de redução proporcional de jornada de trabalho e de salário ou de suspensão temporária do contrato de trabalho de que trata esta Lei poderão ser celebradas por meio de negociação coletiva, observado o disposto nos arts. 7º e 8º desta Lei e no § 1º deste artigo.

§ 1º A convenção coletiva ou o acordo coletivo de trabalho poderão estabelecer redução de jornada de trabalho e de salário em percentuais diversos dos previstos no inciso III do *caput* do art. 7º desta Lei.

§ 2º Na hipótese prevista no § 1º deste artigo, o Benefício Emergencial de Preservação do Emprego e da Renda, de que tratam os arts. 5º e 6º desta Lei, será devido nos seguintes termos:

I – sem percepção do Benefício Emergencial de Preservação do Emprego e da Renda para a redução de jornada e de salário inferior a 25% (vinte e cinco por cento);

II – no valor de 25% (vinte e cinco por cento) sobre a base de cálculo prevista no art. 6º desta Lei para a redução de jornada e de salário igual ou superior a 25% (vinte e cinco por cento) e inferior a 50% (cinquenta por cento);

III – no valor de 50% (cinquenta por cento) sobre a base de cálculo prevista no art. 6º desta Lei para a redução de jornada e de salário igual ou superior a 50% (cinquenta por cento) e inferior a 70% (setenta por cento); e

IV – no valor de 70% (setenta por cento) sobre a base de cálculo prevista no art. 6º desta Lei para a redução de jornada e de salário igual ou superior a 70% (setenta por cento).

§ 3º As convenções coletivas ou os acordos coletivos de trabalho celebrados anteriormente poderão ser renegociados para adequação de seus termos, no prazo de 10 (dez) dias corridos, contado da data de publicação desta Lei.

Art. 12. As medidas de que trata o art. 3º desta Lei serão implementadas por meio de acordo individual escrito ou de negociação coletiva aos empregados:

I – com salário igual ou inferior a R$ 2.090,00 (dois mil e noventa reais), na hipótese de o empregador ter auferido, no ano-calendário de 2019, receita bruta superior a R$ 4.800.000,00 (quatro milhões e oitocentos mil reais);

II – com salário igual ou inferior a R$ 3.135,00 (três mil, cento e trinta e cinco reais), na hipótese de o empregador ter auferido, no ano-calendário de 2019, receita bruta igual ou inferior a R$ 4.800.000,00 (quatro milhões e oitocentos mil reais); ou

III – portadores de diploma de nível superior e que percebam salário mensal igual ou superior a 2 (duas) vezes o limite máximo dos benefícios do Regime Geral de Previdência Social.

§ 1º Para os empregados não enquadrados no *caput* deste artigo, as medidas de que trata o art. 3º desta Lei somente poderão ser estabelecidas por convenção coletiva ou acordo coletivo de trabalho, salvo nas seguintes hipóteses, nas quais se admite a pactuação por acordo individual escrito:

I – redução proporcional de jornada de trabalho e de salário de 25% (vinte e cinco por cento), prevista na alínea *a* do inciso III do *caput* do art. 7º desta Lei;

II – redução proporcional de jornada de trabalho e de salário ou suspensão temporária do contrato de trabalho quando do acordo não resultar diminuição do valor total recebido mensalmente pelo empregado, incluídos neste valor o Benefício Emergencial de Preservação do Emprego e da Renda, a ajuda compensatória mensal e, em caso de redução da jornada, o salário pago pelo empregador em razão das horas de trabalho.

§ 2º Para os empregados que se encontrem em gozo do benefício de aposentadoria, a implementação das medidas de redução proporcional de jornada de trabalho e de salário ou suspensão temporária do contrato de trabalho por acordo individual escrito somente será admitida quando, além do enquadramento em alguma das hipóteses de autorização do acordo individual de trabalho previstas no *caput* ou no § 1º deste artigo, houver o pagamento, pelo empregador, de ajuda compensatória mensal, observado o disposto no art. 9º desta Lei e as seguintes condições:

I – o valor da ajuda compensatória mensal a que se refere este parágrafo deverá ser, no mínimo, equivalente ao do benefício que o empregado receberia se não houvesse a vedação prevista na alínea *a* do inciso II do § 2º do art. 6º desta Lei;

II – na hipótese de empresa que se enquadre no § 5º do art. 8º desta Lei, o total pago a título de ajuda compensatória mensal deverá ser, no mínimo, igual à soma do valor previsto naquele dispositivo com o valor mínimo previsto no inciso I deste parágrafo.

§ 3º Os atos necessários à pactuação dos acordos individuais escritos de que trata este artigo poderão ser realizados por quaisquer meios físicos ou eletrônicos eficazes.

§ 4º Os acordos individuais de redução de jornada de trabalho e de salário ou de suspensão temporária do contrato de trabalho, pactuados nos termos desta Lei, deverão ser comunicados pelos empregadores ao respectivo sindicato da categoria profissional, no prazo de até 10 (dez) dias corridos, contado da data de sua celebração.

§ 5º Se, após a pactuação de acordo individual na forma deste artigo, houver a celebração de convenção coletiva ou acordo coletivo de trabalho com cláusulas conflitantes com as do acordo individual, deverão ser observadas as seguintes regras:

I – a aplicação das condições estabelecidas no acordo individual em relação ao período anterior ao da negociação coletiva;

II – a partir da entrada em vigor da convenção coletiva ou do acordo coletivo de trabalho, a prevalência das condições estipuladas na negociação coletiva, naquilo em que conflitarem com as condições estipuladas no acordo individual.

§ 6º Quando as condições do acordo individual forem mais favoráveis ao trabalhador, prevalecerão sobre a negociação coletiva.

Art. 13. A redução proporcional de jornada de trabalho e de salário ou a suspensão temporária do contrato de trabalho, quando adotadas, deverão resguardar o exercício e o funcionamento dos serviços públicos e das atividades essenciais de que tratam a Lei nº 7.783, de 28 de junho de 1989, e a Lei nº 13.979, de 6 de fevereiro de 2020.

Art. 14. As irregularidades constatadas pela Auditoria-Fiscal do Trabalho quanto aos acordos de redução proporcional de jornada de trabalho e de salário ou de suspensão temporária do contrato de trabalho de que trata esta Lei sujeitam os infratores à multa prevista no art. 25 da Lei nº 7.998, de 11 de janeiro de 1990.

Parágrafo único. O processo de fiscalização, de notificação, de autuação e de imposição de multas decorrente desta Lei observará o disposto no Título VII da CLT, aprovada pelo Decreto-Lei nº 5.452, de 1º de maio de 1943, não se aplicando o critério da dupla visita.

Art. 15. O disposto nesta Lei aplica-se aos contratos de trabalho de aprendizagem e aos de jornada parcial.

Art. 16. O tempo máximo de redução proporcional de jornada e de salário e de suspensão temporária do contrato de trabalho, ainda que sucessivos, não poderá ser superior a 90 (noventa) dias, respeitado o prazo máximo de que trata o art. 8º desta Lei, salvo se, por ato do Poder Executivo, for estabelecida prorrogação do tempo máximo dessas medidas ou dos prazos determinados para cada uma delas.

Parágrafo único. Respeitado o limite temporal do estado de calamidade pública de que trata o art. 1º desta Lei, o Poder Executivo poderá prorrogar o prazo máximo das medidas previstas no *caput* deste artigo, na forma do regulamento.

Capítulo III

DISPOSIÇÕES FINAIS

Art. 17. Durante o estado de calamidade pública de que trata o art. 1º desta Lei:

I – o curso ou o programa de qualificação profissional de que trata o art. 476-A da CLT, aprovada pelo Decreto-Lei nº 5.452, de 1º de maio de 1943, poderá ser oferecido pelo empregador exclusivamente na modalidade não presencial, e terá duração não inferior a 1 (um) mês e não superior a 3 (três) meses;

II – poderão ser utilizados meios eletrônicos para atendimento aos requisitos formais previstos no Título VI da CLT, aprovada pelo Decreto-Lei nº 5.452, de 1º de maio de 1943, inclusive para convocação, deliberação, decisão, formalização e publicidade de convenção coletiva ou acordo coletivo de trabalho;

III – os prazos previstos no Título VI da CLT, aprovada pelo Decreto-Lei nº 5.452, de 1º de maio de 1943, ficarão reduzidos pela metade;

IV – VETADO; e

V – a dispensa sem justa causa do empregado pessoa com deficiência será vedada.

Art. 18. O empregado com contrato de trabalho intermitente, nos termos do § 3º do art. 443 da CLT, aprovada pelo Decreto-Lei nº 5.452, de 1º de maio de 1943, formalizado até a data de publicação da Medida Provisória nº 936, de 1º de abril de 2020, faz jus ao benefício emergencial mensal no valor de R$ 600,00 (seiscentos reais), pelo período de 3 (três) meses.

§ 1º O benefício emergencial mensal de que trata este artigo é devido a partir da data de publicação da Medida Provisória nº 936, de 1º de abril de 2020, e deve ser pago em até 30 (trinta) dias a contar da referida data.

§ 2º Aplica-se ao benefício emergencial mensal previsto neste artigo o disposto nos §§ 1º, 6º e 7º do art. 5º e nos §§ 1º e 2º do art. 6º desta Lei.

§ 3º A existência de mais de um contrato de trabalho intermitente, nos termos do § 3º do art. 443 da CLT, aprovada pelo Decreto-Lei nº 5.452, de 1º de maio de 1943, não gera direito à concessão de mais de um benefício emergencial mensal.

§ 4º Ato do Ministério da Economia disciplinará a concessão e o pagamento do benefício emergencial mensal de que trata este artigo, e o Poder Executivo fica autorizado a prorrogar o período de concessão desse benefício, na forma do regulamento, respeitado o limite temporal do estado de calamidade pública a que se refere o art. 1º desta Lei.

§ 5º O benefício emergencial mensal de que trata este artigo não pode ser acumulado com o pagamento de outro auxílio emergencial, devendo ser garantido o direito ao melhor benefício.

§ 6º Durante o período de recebimento do benefício emergencial mensal de que trata este artigo, o empregado com contrato de trabalho intermitente fica autorizado a contribuir facultativamente para o Regime Geral de Previdência Social, na forma do art. 20 desta Lei.

Art. 19. O disposto no Capítulo VII da Medida Provisória nº 927, de 22 de março de 2020, não autoriza o descumprimento das normas regulamentadoras de segurança e saúde no trabalho pelo empregador, aplicadas as ressalvas ali previstas apenas nas hipóteses excepcionadas.

Art. 20. Ressalvado o disposto na alínea *b* do inciso II do § 2º do art. 21 da Lei nº 8.212, de 24 de julho de 1991, as alíquotas das contribuições facultativas de que tratam o § 2º do art. 7º, o inciso II do § 2º do art. 8º e o § 6º do art. 18 desta Lei, serão de:

I – 7,5% (sete inteiros e cinco décimos por cento), para valores de até 1 (um) salário mínimo;

II – 9% (nove por cento), para valores acima de 1 (um) salário mínimo até R$ 2.089,60 (dois mil e oitenta e nove reais e sessenta centavos);

III – 12% (doze por cento), para valores de R$ 2.089,61 (dois mil e oitenta e nove reais e sessenta e um centavos) até R$ 3.134,40 (três mil, cento e trinta e quatro reais e quarenta centavos); e

IV – 14% (quatorze por cento), para valores de R$ 3.134,41 (três mil, cento e trinta e quatro reais e quarenta e um centavos) até o limite de R$ 6.101,06 (seis mil, cento e um reais e seis centavos).

§ 1º As contribuições de que trata o *caput* deste artigo devem ser recolhidas por iniciativa própria do segurado até o dia 15 do mês seguinte ao da competência.

§ 2º Na hipótese de suspensão temporária do contrato de trabalho, as alíquotas previstas nos incisos I, II, III e IV do *caput* deste artigo serão aplicadas de forma progressiva sobre o valor declarado pelo segurado, observados os limites mínimo e máximo a que se referem os §§ 3º e 5º do art. 28 da Lei nº 8.212, de 24 de julho de 1991, incidindo cada alíquota sobre a faixa de valores compreendida nos respectivos limites.

§ 3º Na hipótese de redução proporcional de jornada de trabalho e de salário e na hipótese de que trata o art. 18 desta Lei, as alíquotas previstas nos incisos I, II, III e IV do *caput* deste artigo serão aplicadas de forma progressiva sobre a faixa de valores compreendida nos respectivos limites, incidindo sobre o somatório da remuneração declarada na forma do inciso IV do *caput* do art. 32 da Lei nº 8.212, de 24 de julho de 1991, e do valor declarado pelo segurado, observados:

I – os limites previstos nos §§ 3º e 5º do art. 28 da Lei nº 8.212, de 24 de julho de 1991;
II – a incidência das alíquotas dos incisos I, II, III e IV do *caput* deste artigo primeiramente sobre a remuneração e, em seguida, sobre o valor declarado;
III – o recolhimento apenas das alíquotas incidentes sobre o valor declarado pelo segurado, sem prejuízo da contribuição de que tratam o art. 20 da Lei nº 8.212, de 24 de julho de 1991, e o art. 28 da Emenda Constitucional nº 103, de 12 de novembro de 2019.

§ 4º Não recebida a informação de que trata o inciso IV do *caput* do art. 32 da Lei nº 8.212, de 24 de julho de 1991, a tempo de ser calculada e paga a contribuição no prazo de que trata o § 1º deste artigo, será considerado provisoriamente como remuneração, para fins do disposto no § 3º deste artigo, o valor da remuneração anterior à redução proporcional de jornada de trabalho menos o valor da redução remuneratória pactuada ou, no caso do empregado com contrato de trabalho intermitente, será considerado que não houve remuneração.

§ 5º Recebida a informação de remuneração de que trata o inciso IV do *caput* do art. 32 da Lei nº 8.212, de 24 de julho de 1991, após recolhimento de contribuição facultativa na forma do § 4º deste artigo, a contribuição incidente sobre o valor declarado será recalculada, considerados o critério disposto no § 3º deste artigo e os limites de que tratam os §§ 3º e 5º do art. 28 da Lei nº 8.212, de 24 de julho de 1991, e eventual excedente deverá ser devolvido ao segurado atualizado pela variação do Índice Nacional de Preços ao Consumidor (INPC) ou, em caso de insuficiência do valor recolhido para o salário de contribuição reconhecido, o segurado deve ser notificado para complementação facultativa, na forma do regulamento.

§ 6º Os valores previstos nos incisos I, II, III e IV do *caput* deste artigo serão reajustados, a partir da data de entrada em vigor desta Lei, na mesma data e com o mesmo índice em que se der o reajuste dos benefícios do Regime Geral de Previdência Social, ressalvados aqueles vinculados ao salário mínimo, aos quais se aplica a legislação específica.

§ 7º Será devolvido ao segurado, no prazo de até 60 (sessenta) dias contado da data de publicação desta Lei, o valor correspondente à diferença entre as contribuições eventualmente recolhidas com fundamento no inciso II do § 2º do art. 8º da Medida Provisória nº 936, de 1º de abril de 2020, e no *caput* ou inciso I do § 2º do art. 21 da Lei nº 8.212, de 24 de julho de 1991, e as contribuições devidas com fundamento neste artigo, atualizado pela variação do INPC.

Art. 21. Considera-se salário de contribuição, além das parcelas de que tratam os incisos I, II e IV do *caput* do art. 28 da Lei nº 8.212, de 24 de julho de 1991, o valor declarado e objeto de recolhimento pelo segurado na forma do art. 20 desta Lei, observado o limite máximo a que se refere o § 5º do art. 28 da Lei nº 8.212, de 24 de julho de 1991.

Art. 22. A empregada gestante, inclusive a doméstica, poderá participar do Programa Emergencial de Manutenção do Emprego e da Renda, observadas as condições estabelecidas nesta Lei.

§ 1º Ocorrido o evento caracterizador do início do benefício de salário-maternidade, nos termos do art. 71 da Lei nº 8.213, de 24 de julho de 1991:

I – o empregador deverá efetuar a imediata comunicação ao Ministério da Economia, nos termos estabelecidos no ato de que trata o § 4º do art. 5º desta Lei;
II – a aplicação das medidas de que trata o art. 3º desta Lei será interrompida; e
III – o salário-maternidade será pago à empregada nos termos do art. 72 da Lei nº 8.213, de

24 de julho de 1991, e à empregada doméstica nos termos do inciso I do *caput* do art. 73 da referida Lei, considerando-se como remuneração integral ou último salário de contribuição os valores a que teriam direito sem a aplicação das medidas previstas nos incisos II e III do *caput* do art. 3º desta Lei.

§ 2º Aplica-se o disposto neste artigo ao segurado ou segurada da Previdência Social que adotar ou obtiver guarda judicial para fins de adoção, observado o art. 71-A da Lei nº 8.213, de 24 de julho de 1991, devendo o salário-maternidade ser pago diretamente pela Previdência Social.

Art. 23. Empregador e empregado podem, em comum acordo, optar pelo cancelamento de aviso prévio em curso.

Parágrafo único. Em caso de cancelamento do aviso prévio nos termos deste artigo, as partes podem, na forma desta Lei, adotar as medidas do Programa Emergencial de Manutenção do Emprego e da Renda.

Art. 24. Os acordos de redução proporcional de jornada de trabalho e de salário e de suspensão temporária do contrato de trabalho celebrados entre empregadores e empregados, em negociação coletiva ou individual, com base na Medida Provisória nº 936, de 1º de abril de 2020, regem-se pelas disposições da referida Medida Provisória.

Parágrafo único. A norma interpretativa expressa no § 5º do art. 12 desta Lei aplica-se, inclusive, aos acordos firmados na vigência da Medida Provisória nº 936, de 1º de abril de 2020.

Art. 25. Durante a vigência do estado de calamidade pública a que se refere o art. 1º desta Lei, será garantida a opção pela repactuação das operações de empréstimos, de financiamentos, de cartões de crédito e de arrendamento mercantil concedidas por instituições financeiras e sociedades de arrendamento mercantil e contraídas com o desconto em folha de pagamento ou na remuneração disponível de que trata a Lei nº 10.820, de 17 de dezembro de 2003, nos termos e condições deste artigo, aos seguintes mutuários:

I – o empregado que sofrer redução proporcional de jornada de trabalho e de salário;

II – o empregado que tiver a suspensão temporária do contrato de trabalho;

III – o empregado que, por meio de laudo médico acompanhado de exame de testagem, comprovar a contaminação pelo novo coronavírus.

§ 1º Na hipótese de repactuação, será garantido o direito à redução das prestações referidas no art. 1º da Lei nº 10.820, de 17 de dezembro de 2003, na mesma proporção de sua redução salarial, para os mutuários de que trata o inciso I do *caput* deste artigo.

§ 2º Será garantido prazo de carência de até 90 (noventa) dias, à escolha do mutuário.

§ 3º As condições financeiras de juros, encargos remuneratórios e garantias serão mantidas, salvo no caso em que a instituição consignatária entenda pertinente a diminuição de tais juros e demais encargos remuneratórios.

Art. 26. Os empregados que forem dispensados até 31 de dezembro de 2020 e que tenham contratado operações de empréstimos, de financiamentos, de cartões de crédito e de arrendamento mercantil concedidas por instituições financeiras e sociedades de arrendamento mercantil e contraídas com o desconto em folha de pagamento ou na remuneração disponível de que trata a Lei nº 10.820, de 17 de dezembro de 2003, terão direito à novação dessas operações para um contrato de empréstimo pessoal, com o mesmo saldo devedor anterior e as mesmas condições de taxa de juros, encargos remuneratórios e garantias originalmente pactuadas, acrescida de carência de até 120 (cento e vinte) dias.

Arts. 27 e 28. VETADOS.

Art. 28. VETADO.

Art. 29. Não se aplica o disposto no art. 486 da CLT, aprovada pelo Decreto-Lei nº 5.452, de 1º de maio de 1943, na hipótese de paralisação ou suspensão de atividades empresariais determinada por ato de autoridade municipal, estadual ou federal para o enfrentamento do estado de calamidade pública reconhecido pelo Decreto Legislativo nº 6, de 20 de março de 2020, e da emergência de saúde pública de importância internacional decorrente do coronavírus, de que trata a Lei nº 13.979, de 6 de fevereiro de 2020.

Art. 30. VETADO.

Art. 31. A Lei nº 8.213, de 24 de julho de 1991, passa a vigorar com as seguintes alterações:

► Alterações inseridas no texto da referida lei.

Art. 32. O art. 2º da Lei nº 10.101, de 19 de dezembro de 2000, passa a vigorar com a seguinte redação:

"Art. 2º ....

....

§ 3º-A. A não equiparação de que trata o inciso II do § 3º deste artigo não é aplicável às hipóteses em que tenham sido utilizados índices de produtividade ou qualidade ou programas de metas, resultados e prazos.

....

§ 5º As partes podem:

I – adotar os procedimentos de negociação estabelecidos nos incisos I e II do *caput* deste artigo, simultaneamente; e

II – estabelecer múltiplos programas de participação nos lucros ou nos resultados, observada a periodicidade estabelecida pelo § 2º do art. 3º desta Lei.

§ 6º Na fixação dos direitos substantivos e das regras adjetivas, inclusive no que se refere à fixação dos valores e à utilização exclusiva de metas individuais, a autonomia da vontade das partes contratantes será respeitada e prevalecerá em face do interesse de terceiros.

§ 7º Consideram-se previamente estabelecidas as regras fixadas em instrumento assinado:

I – anteriormente ao pagamento da antecipação, quando prevista; e

II – com antecedência de, no mínimo, 90 (noventa) dias da data do pagamento da parcela única ou da parcela final, caso haja pagamento de antecipação.

§ 8º A inobservância à periodicidade estabelecida no § 2º do art. 3º desta Lei invalida exclusivamente os pagamentos feitos em desacordo com a norma, assim entendidos:

I – os pagamentos excedentes ao segundo, feitos a um mesmo empregado, no mesmo ano civil; e

II – os pagamentos efetuados a um mesmo empregado, em periodicidade inferior a 1 (um) trimestre civil do pagamento anterior.

§ 9º Na hipótese do inciso II do § 8º deste artigo, mantém-se a validade dos demais pagamentos.

§ 10. Uma vez composta, a comissão paritária de que trata o inciso I do *caput* deste artigo dará ciência por escrito ao ente sindical para que indique seu representante no prazo máximo de 10 (dez) dias corridos, findo o qual a comissão poderá iniciar e concluir suas tratativas."

Art. 33. A Lei nº 12.546, de 14 de dezembro de 2011, passa a vigorar com as seguintes alterações:

"Art. 7º Até 31 de dezembro de 2021, poderão contribuir sobre o valor da receita bruta, excluídos as vendas canceladas e os descontos incondicionais concedidos, em substituição às contribuições previstas nos incisos I e III do *caput* do art. 22 da Lei nº 8.212, de 24 de julho de 1991:

...."

"Art. 8º Até 31 de dezembro de 2021, poderão contribuir sobre o valor da receita bruta, excluídos as vendas canceladas e os descontos incondicionais concedidos, em substituição às contribuições previstas nos incisos I e III do *caput* do art. 22 da Lei nº 8.212, de 24 de julho de 1991:

...."

► Arts. 32 e 33 promulgados nos termos do art. 66, § 5º, da CF (*DOU* de 6-11-2020, edição extra – B).

Arts. 34 a 37. VETADOS.

Art. 38. Revogam-se os incisos I, II e III do *caput* e o parágrafo único do art. 117 da Lei nº 8.213, de 24 de julho de 1991.

Art. 39. Esta Lei entra em vigor na data de sua publicação.

Brasília, 6 de julho de 2020;
199º da Independência e
132º da República.

Jair Messias Bolsonaro

LEI Nº 14.043, DE 19 DE AGOSTO DE 2020

Institui o Programa Emergencial de Suporte a Empregos; altera as Leis nºs 9.430, de 27 de dezembro de 1996, e 13.999, de 18 de maio de 2020; e dá outras providências.

► Publicada no *DOU* de 20-8-2020.

CAPÍTULO I

DISPOSIÇÕES PRELIMINARES

Art. 1º Fica instituído o Programa Emergencial de Suporte a Empregos, destinado à realização de operações de crédito com os seguintes agentes econômicos, com a finalidade de pagamento de folha salarial de seus empregados ou de verbas trabalhistas, na forma desta Lei:

I – empresários;

II – sociedades simples;

III – sociedades empresárias e sociedades cooperativas, exceto as sociedades de crédito;

IV – organizações da sociedade civil, definidas no inciso I do *caput* do art. 2º da Lei nº 13.019, de 31 de julho de 2014, e no inciso IV do *caput* do art. 44 da Lei nº 10.406, de 10 de janeiro de 2002 (Código Civil); e

V – empregadores rurais, definidos no art. 3º da Lei nº 5.889, de 8 de junho de 1973.

Capítulo II

DO PROGRAMA EMERGENCIAL DE SUPORTE A EMPREGOS

Art. 2º O Programa Emergencial de Suporte a Empregos é destinado aos agentes econômicos a que se refere o art. 1º desta Lei com receita bruta anual superior a R$ 360.000,00 (trezentos e sessenta mil reais) e igual ou inferior a R$ 50.000.000,00 (cinquenta milhões de reais), calculada com base no exercício de 2019.

§ 1º As linhas de crédito concedidas no âmbito do Programa:

I – abrangerão até 100% (cem por cento) da folha de pagamento do contratante, pelo período de 4 (quatro) meses, limitadas ao valor equivalente a até 2 (duas) vezes o salário mínimo por empregado; e

II – serão destinadas exclusivamente às finalidades previstas no art. 1º desta Lei.

§ 2º Poderão participar do Programa todas as instituições financeiras sujeitas à supervisão do Banco Central do Brasil.

§ 3º As pessoas a que se refere o art. 1º desta Lei que contratarem as linhas de crédito no âmbito do Programa assumirão contratualmente as seguintes obrigações:

I – fornecer informações verídicas;

II – não utilizar os recursos para finalidade distinta do pagamento de seus empregados;

III – efetuar o pagamento de seus empregados com os recursos do Programa, por meio de transferência para a conta de depósito, para a conta-salário ou para a conta de pagamento pré-paga de titularidade de cada um deles, mantida em instituição autorizada a funcionar pelo Banco Central do Brasil; e

IV – não rescindir sem justa causa o contrato de trabalho de seus empregados, no período compreendido entre a data da contratação da linha de crédito e o sexagésimo dia após a liberação dos valores referentes à última parcela da linha de crédito pela instituição financeira.

§ 4º Caso a folha de pagamento seja processada por instituição financeira participante do Programa, o pagamento de que trata o inciso III do § 3º deste artigo dar-se-á mediante depósito direto feito pela instituição financeira nas contas dos empregados.

§ 5º A vedação a que se refere o inciso IV do § 3º deste artigo incidirá na mesma proporção do total da folha de pagamento que, por opção do contratante, tiver sido paga com recursos do Programa.

§ 6º O não atendimento a qualquer das obrigações de que tratam os §§ 3º, 4º e 5º deste artigo implica o vencimento antecipado da dívida.

Art. 3º O Programa Emergencial de Suporte a Empregos poderá ser utilizado para financiar a quitação das seguintes verbas trabalhistas devidas pelos contratantes:

I e II – VETADOS; e

III – verbas rescisórias pagas ou pendentes de adimplemento decorrentes de demissões sem justa causa ocorridas entre a data de publicação da Lei nº 13.979, de 6 de fevereiro de 2020, e a data de publicação desta Lei, incluídos os eventuais débitos relativos ao Fundo de Garantia do Tempo de Serviço (FGTS) correspondentes, para fins de recontratação do empregado demitido.

§ 1º Os contratantes que optarem pela modalidade de financiamento de que trata este artigo não poderão estar com suas atividades encerradas, com falência decretada ou em estado de insolvência civil.

§ 2º Não estão sujeitas ao financiamento de que trata este artigo as verbas trabalhistas de natureza exclusivamente indenizatória ou que tenham como fato gerador o trabalho escravo ou infantil.

§§ 3º a 6º VETADOS.

§ 7º A contratação das linhas de crédito previstas neste artigo, observado o disposto no § 6º deste artigo, constitui confissão de dívida irrevogável e irretratável e implica a renúncia tácita a qualquer impugnação ou recurso em relação ao montante principal devido, às verbas sucumbenciais e às respectivas contribuições previdenciárias decorrentes da condenação ou do acordo homologado.

§§ 8º e 9º VETADOS.

§ 10. Os agentes econômicos a que se refere o art. 1º desta Lei que contratarem o financiamento para os fins de que trata este artigo assumirão contratualmente as seguintes obrigações:

I – fornecer informações atualizadas e verídicas;
II – não utilizar os recursos para finalidade distinta da quitação dos débitos referidos no *caput* deste artigo; e
III – manter, na hipótese prevista no inciso III do *caput* deste artigo, o vínculo empregatício do trabalhador readmitido pelo período de, no mínimo, 60 (sessenta) dias.

§ 11. O não atendimento a qualquer das obrigações de que trata o § 10 deste artigo implica o vencimento antecipado da dívida.

Art. 4º As instituições financeiras participantes do Programa Emergencial de Suporte a Empregos deverão assegurar que os recursos sejam utilizados exclusivamente para os fins previstos nos arts. 2º e 3º desta Lei.

Parágrafo único. A obrigação de que trata o *caput* deste artigo será cumprida pelas instituições financeiras participantes do Programa por meio da inclusão das obrigações de que tratam o § 3º do art. 2º e o § 10 do art. 3º desta Lei no instrumento que formalizar a contratação da operação de crédito.

Art. 5º Nas operações de crédito contratadas no âmbito do Programa Emergencial de Suporte a Empregos:

I – 15% (quinze por cento) do valor de cada financiamento serão custeados com recursos próprios das instituições financeiras participantes; e
II – 85% (oitenta e cinco por cento) do valor de cada financiamento serão custeados com recursos da União alocados ao Programa.

Parágrafo único. O risco de inadimplemento das operações de crédito e as eventuais perdas financeiras decorrentes serão suportados na mesma proporção da participação estabelecida no *caput* deste artigo.

Art. 6º As instituições financeiras participantes do Programa Emergencial de Suporte a Empregos poderão formalizar operações de crédito no âmbito do Programa até 31 de outubro de 2020, observados os seguintes requisitos:

I – taxa de juros de 3,75% (três inteiros e setenta e cinco centésimos por cento) ao ano sobre o valor concedido;
II – carência de 6 (seis) meses para início do pagamento, com capitalização de juros durante esse período; e
III – prazo de 36 (trinta e seis) meses para o pagamento, já incluído o prazo de carência de que trata o inciso II do *caput* deste artigo.

Parágrafo único. É vedada às instituições financeiras participantes do Programa a cobrança de tarifas por saques, totais ou parciais, ou pela transferência a outras contas dos valores creditados nas contas dos empregados com recursos do Programa.

Art. 7º Para fins de concessão de crédito no âmbito do Programa Emergencial de Suporte a Empregos, as instituições financeiras dele participantes observarão políticas próprias de crédito e poderão considerar eventuais restrições em sistemas de proteção ao crédito na data da contratação e registros de inadimplência no sistema de informações de crédito mantido pelo Banco Central do Brasil nos 6 (seis) meses anteriores à contratação, sem prejuízo do disposto na legislação vigente.

§ 1º Para fins de contratação das operações de crédito no âmbito do Programa, as instituições financeiras privadas e públicas estaduais dele participantes ficam dispensadas de observar as seguintes disposições:

I – § 1º do art. 362 da CLT, aprovada pelo Decreto-Lei nº 5.452, de 1º de maio de 1943;
II – inciso IV do § 1º do art. 7º da Lei nº 4.737, de 15 de julho de 1965;
III – alíneas *b* e *c* do *caput* do art. 27 da Lei nº 8.036, de 11 de maio de 1990;
IV – alínea *a* do inciso I do *caput* do art. 47 da Lei nº 8.212, de 24 de julho de 1991;
V – art. 10 da Lei nº 8.870, de 15 de abril de 1994;
VI – art. 1º da Lei nº 9.012, de 30 de março de 1995;
VII – art. 20 da Lei nº 9.393, de 19 de dezembro de 1996; e
VIII – art. 6º da Lei nº 10.522, de 19 de julho de 2002.

§ 2º Aplica-se às instituições financeiras públicas federais a dispensa prevista no § 1º deste artigo, observado o disposto na Lei nº 13.898, de 11 de novembro de 2019.

Art. 8º Na hipótese de inadimplemento do contratante, as instituições financeiras participantes do Programa Emergencial de Suporte a Empregos farão a cobrança da dívida em nome próprio, em conformidade com as suas políticas de crédito, e recolherão os valores recuperados ao Banco Nacional de Desenvolvimento Econômico e Social (BNDES), que os restituirá à União, observados os mesmos critérios de atualização previstos no § 1º do art. 9º desta Lei.

§ 1º Na cobrança do crédito inadimplido, lastreado em recursos públicos, não se admitirá, por parte das instituições financeiras participantes do Programa, a adoção de procedimento para recuperação de crédito menos rigoroso do que aqueles usualmente empregados nas próprias operações de crédito.

§ 2º As instituições financeiras participantes do Programa arcarão com todas as despesas necessárias para a recuperação dos créditos inadimplidos.

§ 3º As instituições financeiras participantes do Programa, em conformidade com as suas políticas de crédito, deverão empregar os melhores esforços e adotar os procedimentos necessários à recuperação dos créditos no âmbito do Programa e não poderão interromper ou negligenciar o acompanhamento.

§ 4º As instituições financeiras participantes do Programa serão responsáveis pela veracidade das informações fornecidas e pela exatidão dos valores a serem reembolsados à União, por intermédio do BNDES.

§ 5º A repartição dos recursos recuperados observará a proporção de participação estabelecida no art. 5º desta Lei.

§ 6º As instituições financeiras participantes do Programa deverão leiloar, após o período de amortização da última parcela passível de vencimento no âmbito do Programa, observados os limites, as condições e os prazos estabelecidos no ato de que trata o § 8º deste artigo, todos os créditos eventualmente remanescentes a título de recuperação e recolher o saldo final à União por intermédio do BNDES.

§ 7º Após a realização do último leilão de que trata o § 6º deste artigo pelas instituições financeiras participantes do Programa, a parcela do crédito lastreado em recursos públicos eventualmente não alienada será considerada extinta de pleno direito.

§ 8º Ato do Conselho Monetário Nacional estabelecerá mecanismos de controle e de aferição de resultados quanto ao cumprimento do disposto nos §§ 4º, 5º, 6º e 7º deste artigo e os limites, as condições e os prazos para a realização de leilão dos créditos de que tratam os §§ 6º e 7º deste artigo.

Capítulo III

DA TRANSFERÊNCIA DE RECURSOS DA UNIÃO PARA O BANCO NACIONAL DE DESENVOLVIMENTO ECONÔMICO E SOCIAL (BNDES) E DA ATUAÇÃO DO BNDES COMO AGENTE FINANCEIRO DA UNIÃO

Art. 9º Fica o Poder Executivo autorizado a transferir até R$ 17.000.000.000,00 (dezessete bilhões de reais) da União para o BNDES, destinados à execução do Programa Emergencial de Suporte a Empregos.

§ 1º Os recursos transferidos ao BNDES são de titularidade da União e serão remunerados, *pro rata die*, pela:

I – taxa média referencial do Sistema Especial de Liquidação e de Custódia (SELIC), enquanto mantidos nas disponibilidades do BNDES; e

II – taxa de juros de 3,75% (três inteiros e setenta e cinco centésimos por cento) ao ano, enquanto aplicados nas operações de crédito contratadas no âmbito do Programa.

§ 2º O aporte de que trata o *caput* deste artigo não transferirá a propriedade dos recursos ao BNDES, que permanecerão de titularidade da União, de acordo com instrumento firmado entre as partes.

Art. 10. O BNDES atuará como agente financeiro da União no Programa Emergencial de Suporte a Empregos.

§ 1º A atuação do BNDES será a título gratuito.

§ 2º Caberá ao BNDES, na condição de agente financeiro da União:

I – realizar os repasses dos recursos da União às instituições financeiras que protocolarem no BNDES operações de crédito a serem contratadas no âmbito do Programa;

II – receber os reembolsos de recursos das instituições financeiras participantes do Programa decorrentes dos repasses;

III – repassar à União, no prazo de 30 (trinta) dias, contado da data do recebimento, os reembolsos de recursos recebidos; e

IV – prestar as informações solicitadas pela Secretaria do Tesouro Nacional da Secretaria Especial de Fazenda do Ministério da Economia e pelo Banco Central do Brasil.

§ 3º Ato do BNDES regulamentará os aspectos operacionais referentes ao protocolo das operações de crédito.

§ 4º Os eventuais recursos aportados ao BNDES pela União e não repassados às instituições financeiras participantes para o Programa até o término do prazo para formalização dos contratos serão devolvidos à União no prazo de 30 (trinta) dias, observado o disposto no inciso I do § 1º do art. 9º desta Lei.

§ 5º A partir de 30 de setembro de 2020, a União poderá demandar a devolução de até 50% (cinquenta por cento) dos recursos não repassados às instituições financeiras, os quais deverão ser devolvidos em até 30 (trinta) dias após a solicitação.

Art. 11. Na hipótese de a operação de crédito protocolada no BNDES atender aos requisitos formais do Programa Emergencial de Suporte a Empregos, não haverá cláusula *del credere* nem remuneração às instituições financeiras participantes do Programa, e o risco de crédito da parcela das operações de crédito lastreadas em recursos públicos ficará a cargo da União.

Art. 12. O BNDES não se responsabilizará pela solvabilidade das instituições financeiras participantes do Programa Emergencial de Suporte a Empregos nem pela sua atuação na realização das operações de crédito, especialmente quanto ao cumprimento da finalidade dessas operações, dos requisitos exigidos para a sua realização e das condições de recuperação dos créditos lastreados em recursos públicos.

Art. 13. Nas hipóteses de falência, de liquidação extrajudicial ou de intervenção em instituição financeira participante do Programa Emergencial de Suporte a Empregos, a União ficará sub-rogada automaticamente, de pleno direito, na proporção estabelecida no inciso II do *caput* do art. 5º desta Lei, nos créditos e garantias constituídos em favor da instituição financeira, decorrentes das respectivas operações de crédito lastreadas em recursos públicos realizadas no âmbito do Programa.

Parágrafo único. Caberá ao BNDES informar à União os dados relativos às operações de crédito lastreadas em recursos públicos realizadas no âmbito do Programa, com vistas ao seu encaminhamento ao liquidante, ao interventor ou ao juízo responsável ou, ainda, à cobrança judicial dos valores envolvidos.

Art. 14. As receitas provenientes do retorno dos empréstimos à União, nos termos desta Lei, serão integralmente utilizadas para pagamento da dívida pública de responsabilidade do Tesouro Nacional.

CAPÍTULO IV

DA REGULAÇÃO E DA SUPERVISÃO DAS OPERAÇÕES DE CRÉDITO REALIZADAS NO ÂMBITO DO PROGRAMA EMERGENCIAL DE SUPORTE A EMPREGOS

Art. 15. Compete ao Banco Central do Brasil fiscalizar o cumprimento, pelas instituições financeiras participantes do Programa Emergencial de Suporte a Empregos, das condições estabelecidas para as operações de crédito realizadas no âmbito do Programa.

Art. 16. O Conselho Monetário Nacional e o Banco Central do Brasil, no âmbito de suas competências, poderão regulamentar os aspectos necessários para operacionalizar e para fiscalizar as instituições financeiras participantes do Programa Emergencial de Suporte a Empregos quanto ao disposto nesta Lei, observado o disposto na Lei nº 13.506, de 13 de novembro de 2017.

Parágrafo único. A regulamentação prevista no *caput* deste artigo deverá prover um sistema de garantia mínima e suficiente para as operações, de forma simplificada e sem entraves burocráticos, de modo a facilitar o acesso ao crédito.

CAPÍTULO V

DISPOSIÇÕES FINAIS

Art. 17. VETADO.

Art. 18. A Lei nº 9.430, de 27 de dezembro de 1996, passa a vigorar acrescida do seguinte art. 9º-A:

> "Art. 9º-A. Na hipótese de inadimplência do débito, as exigências de judicialização de que tratam a alínea c do inciso II e a alínea b do inciso III do § 7º do art. 9º e o art. 11 desta Lei poderão ser substituídas pelo instrumento de que trata a Lei nº 9.492, de 10 de setembro de 1997, e os credores deverão arcar, nesse caso, com o pagamento antecipado de taxas, de emolumentos, de acréscimos legais e de demais despesas por ocasião da protocolização e dos demais atos."

Art. 19. O art. 2º da Lei nº 13.999, de 18 de maio de 2020, passa a vigorar acrescido do seguinte § 11:

> "Art. 2º ....

....

§ 11. As instituições financeiras que utilizem recursos do Fundo Geral de Turismo (FUNGETUR), de que trata o art. 11 do Decreto-Lei nº 1.191, de 27 de outubro de 1971, poderão aderir ao PRONAMPE e requerer garantia do FGO para essas operações, as quais, para fins do disposto nos §§ 4º e 4º-A do art. 6º desta Lei, deverão ser agrupadas como carteira específica no âmbito de cada instituição."

Art. 20. A União poderá aumentar sua participação no Fundo Garantidor de Operações (FGO), adicionalmente aos recursos previstos no art. 6º da Lei nº 13.999, de 18 de maio de 2020, em R$ 12.000.000.000,00 (doze bilhões de reais), para a concessão de garantias no âmbito do Programa Nacional de Apoio às Microempresas e Empresas de Pequeno Porte (PRONAMPE).

Art. 21. Esta Lei entra em vigor na data de sua publicação.

Brasília, 19 de agosto de 2020;
199º da Independência e
132º da República.

Jair Messias Bolsonaro

LEI Nº 14.075, DE 22 DE OUTUBRO DE 2020

Dispõe sobre a conta do tipo poupança social digital; e altera as Leis nºs 13.982, de 2 de abril de 2020, e 14.058, de 17 de setembro de 2020.

▸ Publicada no *DOU* de 23-10-2020.

Art. 1º Esta Lei dispõe sobre a conta do tipo poupança social digital.

Art. 2º A conta do tipo poupança social digital possuirá as seguintes características:

I – observância das disposições legais e regulamentares aplicáveis às contas de depósitos de poupança, no que couber;

II – dispensa de apresentação de documentos dos titulares que tenham sido previamente cadastrados pela instituição financeira, pelo agente operador ou pelo órgão público responsável;

III – admissão de assinatura digital de contratos e de declarações, observada a sua regulamentação;

IV – movimentação preferencialmente pelos canais digitais, com a possibilidade de, a critério da instituição financeira, ser emitido cartão físico para sua movimentação;

V – possibilidade de recebimento de outros créditos além dos depósitos decorrentes de pagamento de benefícios sociais de responsabilidade da União, dos Estados, do Distrito Federal e dos Municípios;

VI – limite total de ingressos mensais no valor de até R$ 5.000,00 (cinco mil reais), com a possibilidade de o beneficiário, a qualquer tempo, realizar a complementação dos dados cadastrais e requerer a ampliação dos serviços e dos limites;

VII – isenção de cobrança de tarifas de manutenção, observada a regulamentação específica editada pelo Conselho Monetário Nacional;

VIII – disponibilidade de, no mínimo, 3 (três) transferências eletrônicas de valores ao mês, sem custos, para conta mantida em qualquer instituição autorizada a operar pelo Banco Central do Brasil;

IX – possibilidade de ser usada para o pagamento de boletos bancários e de contas de instituições conveniadas e para outras modalidades de movimentação, na forma prevista em regulamentação do Banco Central do Brasil;

X – possibilidade de, a qualquer tempo e sem custo, ser:

a) convertida em conta de depósito à vista ou de poupança em nome do titular; e

b) encerrada pelo beneficiário de forma simplificada, pelos mesmos canais de atendimento remoto disponíveis para a sua movimentação.

§ 1º O Conselho Monetário Nacional poderá aumentar o valor previsto no inciso VI do *caput* deste artigo.

§ 2º A instituição financeira que efetuar a abertura automática da conta de que trata este artigo não poderá utilizar os dados pessoais, bancários ou fiscais fornecidos por órgãos da administração pública ou por outras instituições do sistema financeiro para outros fins, nem os ceder a terceiros, exceto mediante autorização expressa do interessado.

§ 3º A instituição financeira que efetuar a abertura automática de conta do tipo poupança social digital deverá disponibilizar ferramenta de consulta informatizada, por meio de sítio eletrônico e de aplicativo, que permita ao cidadão verificar a existência de conta do tipo poupança social digital aberta em seu nome, a partir de seu registro no Cadastro de Pessoas Físicas (CPF) da Secretaria Especial da Receita Federal do Brasil do Ministério da Economia e de seus dados pessoais.

§ 4º É vedado às instituições financeiras efetuar descontos ou qualquer espécie de compensação que impliquem a redução do valor do benefício a pretexto de recompor saldo negativo ou de saldar dívidas preexistentes.

Art. 3º A conta do tipo poupança social digital poderá ser aberta de forma automática para o pagamento:

I – do auxílio emergencial previsto no § 9º do art. 2º da Lei nº 13.982, de 2 de abril de 2020;

II – dos benefícios previstos nos arts. 5º e 18 da Lei nº 14.020, de 6 de julho de 2020;

III – do abono de que trata o § 3º do art. 239 da Constituição Federal;

IV – do saque pelos trabalhadores titulares de contas vinculadas no Fundo de Garantia do Tempo de Serviço (FGTS) decorrentes das situações:

a) previstas no *caput* do art. 6º da Medida Provisória nº 946, de 7 de abril de 2020, observado o disposto nos §§ 3º, 4º e 5º do referido artigo;

b) tratadas nos incisos XVI e XX do *caput* do art. 20 da Lei nº 8.036, de 11 de maio de 1990; e

c) *estabelecidas no caput do art. 20 da Lei nº 8.036, de 11 de maio de 1990, a critério do Conselho Curador do FGTS, ou em lei específica, quando o saque for realizado por grande quantidade de trabalhadores;*

▸ Alínea *c* com a redação dada pela Lei nº 14.544, de 4-4-2023.

V – de depósitos decorrentes de pagamento de benefícios sociais de responsabilidade da União, dos Estados, do Distrito Federal e dos Municípios, excluídos os benefícios previdenciários; e

▸ Inciso V com a redação dada pela Lei nº 14.544, de 4-4-2023.

VI – das indenizações de que trata a Lei nº 6.194, de 19 de dezembro de 1974, relacionadas aos sinistros ocorridos entre 1º de janeiro e 31 de dezembro de 2023.

▸ Inciso VI acrescido pela Lei nº 14.544, de 4-4-2023.

§ 1º Na hipótese de que trata a alínea *a* do inciso IV do *caput* deste artigo, os valores provenientes do FGTS permanecerão disponíveis para movimentação pelo trabalhador até 30 de novembro de 2020 e, caso não sejam sacados, retornarão à conta vinculada no FGTS de titularidade do trabalhador, situação em que a rentabilidade aplicável à conta vinculada no período será garantida pela Caixa Econômica Federal.

§ 2º Os valores retornados à conta vinculada de titularidade do trabalhador no FGTS, nos termos do § 1º deste artigo, poderão ser sacados na forma estabelecida no art. 6º da Medida Provisória nº 946, de 7 de abril de 2020, mediante solicitação expressa do trabalhador ao agente operador do FGTS.

§ 3º Nas hipóteses de que tratam as alíneas *b* e *c* do inciso IV do *caput* deste artigo, os valores provenientes do FGTS permanecerão disponíveis para movimentação pelo trabalhador pelo prazo de 90 (noventa) dias, conforme cronograma estabelecido pela Caixa Econômica Federal, e, caso não sejam sacados, retornarão à conta vinculada no FGTS de titularidade do trabalhador.

§ 4º Em caso de retorno dos valores à conta vinculada no FGTS, nos termos do § 1º deste artigo, a Caixa Econômica Federal garantirá a rentabilidade aplicável aos valores retornados no período.

§ 5º Para o pagamento de benefícios previdenciários por meio da conta do tipo poupança social digital, o beneficiário deverá autorizar expressamente a abertura de conta ou a utilização de conta já aberta em seu nome.

Art. 4º O interstício entre movimentações e as demais disposições regulamentares relativas ao inciso XVI do *caput* do art. 20 da Lei nº 8.036, de 11 de maio de 1990, não serão aplicados ao saque de recursos das contas vinculadas no FGTS previsto no art. 6º da Medida Provisória nº 946, de 7 de abril de 2020.

Art. 5º A atribuição da Caixa Econômica Federal estabelecida no § 3º do art. 6º da Medida Provisória nº 946, de 7 de abril de 2020, estende-se às contas do tipo poupança social digital que receberem recursos oriundos das contas vinculadas no FGTS.

Art. 6º O art. 2º da Lei nº 13.982, de 2 de abril de 2020, passa a vigorar com as seguintes alterações:

▸ Alterações inseridas no texto da referida Lei.

Art. 7º O art. 2º da Lei nº 14.058, de 17 de setembro de 2020, passa a vigorar com as seguintes alterações:

"Art. 2º ....

....

§ 2º ....

....

III – direito a, no mínimo, 3 (três) transferências eletrônicas de valores e a 1 (um) saque ao mês, sem custos, para conta mantida em instituição autorizada a operar pelo Banco Central do Brasil; e

IV – vedação de emissão de cheque.

...."

Art. 8º Esta Lei entra em vigor na data de sua publicação.

Brasília, 22 de outubro de 2020;
199º da Independência e
132º da República.

Jair Messias Bolsonaro

LEI COMPLEMENTAR Nº 187, DE 16 DE DEZEMBRO DE 2021

Dispõe sobre a certificação das entidades beneficentes e regula os procedimentos referentes à imunidade de contribuições à seguridade social de que trata o § 7º do art. 195 da Constituição Federal; altera as Leis nºs 5.172, de 25 de outubro de 1966 (Código Tributário Nacional), e 9.532, de 10 de dezembro de 1997; revoga a Lei nº 12.101, de 27 de novembro de 2009, e dispositivos das Leis nºs 11.096, de 13 de janeiro de 2005, e 12.249, de 11 de junho de 2010; e dá outras providências.

- Publicada no *DOU* de 17-12-2021 e retificada no *DOU* de 17-12-2021 – edição extra A.
- Dec. nº 11.791, de 21-11-2023, regulamenta esta lei.

CAPÍTULO I

DISPOSIÇÕES PRELIMINARES

Art. 1º Esta Lei Complementar regula, com fundamento no inciso II do *caput* do art. 146 e no § 7º do art. 195 da Constituição Federal, as condições para limitação ao poder de tributar da União em relação às entidades beneficentes, no tocante às contribuições para a seguridade social.

Art. 2º Entidade beneficente, para os fins de cumprimento desta Lei Complementar, é a pessoa jurídica de direito privado, sem fins lucrativos, que presta serviço nas áreas de assistência social, de saúde e de educação, assim certificada na forma desta Lei Complementar.

Art. 3º Farão jus à imunidade de que trata o § 7º do art. 195 da Constituição Federal as entidades beneficentes que atuem nas áreas da saúde, da educação e da assistência social, certificadas nos termos desta Lei Complementar, e que atendam, cumulativamente, aos seguintes requisitos:

I – não percebam seus dirigentes estatutários, conselheiros, associados, instituidores ou benfeitores remuneração, vantagens ou benefícios, direta ou indiretamente, por qualquer forma ou título, em razão das competências, das funções ou das atividades que lhes sejam atribuídas pelos respectivos atos constitutivos;

II – apliquem suas rendas, seus recursos e eventual superávit integralmente no território nacional, na manutenção e no desenvolvimento de seus objetivos institucionais;

III – apresentem certidão negativa ou certidão positiva com efeito de negativa de débitos relativos aos tributos administrados pela Secretaria Especial da Receita Federal do Brasil e pela Procuradoria-Geral da Fazenda Nacional, bem como comprovação de regularidade do Fundo de Garantia do Tempo de Serviço (FGTS);

IV – mantenham escrituração contábil regular que registre as receitas e as despesas, bem como o registro em gratuidade, de forma segregada, em consonância com as normas do Conselho Federal de Contabilidade e com a legislação fiscal em vigor;

V – não distribuam a seus conselheiros, associados, instituidores ou benfeitores seus resultados, dividendos, bonificações, participações ou parcelas do seu patrimônio, sob qualquer forma ou pretexto, e, na hipótese de prestação de serviços a terceiros, públicos ou privados, com ou sem cessão de mão de obra, não transfiram a esses terceiros os benefícios relativos à imunidade prevista no § 7º do art. 195 da Constituição Federal;

VI – conservem, pelo prazo de 10 (dez) anos, contado da data de emissão, os documentos que comprovem a origem e o registro de seus recursos e os relativos a atos ou a operações realizadas que impliquem modificação da situação patrimonial;

VII – apresentem as demonstrações contábeis e financeiras devidamente auditadas por auditor independente legalmente habilitado nos Conselhos Regionais de Contabilidade, quando a receita bruta anual auferida for superior ao limite fixado pelo inciso II do *caput* do art. 3º da Lei Complementar nº 123, de 14 de dezembro de 2006; e

VIII – prevejam, em seus atos constitutivos, em caso de dissolução ou extinção, a destinação do eventual patrimônio remanescente a entidades beneficentes certificadas ou a entidades públicas.

§ 1º A exigência a que se refere o inciso I do *caput* deste artigo não impede:

I – a remuneração aos dirigentes não estatutários; e

II – a remuneração aos dirigentes estatutários, desde que recebam remuneração inferior, em seu valor bruto, a 70% (setenta por cento) do limite estabelecido para a remuneração de servidores do Poder Executivo federal, obedecidas as seguintes condições:

a) nenhum dirigente remunerado poderá ser cônjuge ou parente até o terceiro grau, inclusive afim, de instituidores, de associados, de dirigentes, de conselheiros, de benfeitores ou equivalentes da entidade de que trata o *caput* deste artigo; e

b) o total pago a título de remuneração para dirigentes pelo exercício das atribuições estatutárias deverá ser inferior a 5 (cinco) vezes o valor correspondente ao limite individual estabelecido para a remuneração dos servidores do Poder Executivo federal.

§ 2º O valor das remunerações de que trata o § 1º deste artigo deverá respeitar como limite máximo os valores praticados pelo mercado na região correspondente à sua área de atuação e deverá ser fixado pelo órgão de deliberação superior da entidade, registrado em ata, com comunicação ao Ministério Público, no caso das fundações.

§ 3º Os dirigentes, estatutários ou não, não respondem, direta ou subsidiariamente, pelas obrigações fiscais da entidade, salvo se comprovada a ocorrência de dolo, fraude ou simulação.

Art. 4º A imunidade de que trata esta Lei Complementar abrange as contribuições sociais previstas nos incisos I, III e IV do *caput* do art. 195 e no art. 239 da Constituição Federal, relativas a entidade beneficente, a todas as suas atividades e aos empregados e demais segurados da previdência social, mas não se estende a outra pessoa jurídica, ainda que constituída e mantida pela entidade à qual a certificação foi concedida.

Art. 5º As entidades beneficentes deverão obedecer ao princípio da universalidade do atendimento, vedado dirigir suas atividades exclusivamente a seus associados ou categoria profissional.

Capítulo II

DOS REQUISITOS PARA A CERTIFICAÇÃO DA ENTIDADE BENEFICENTE

Seção I

DISPOSIÇÕES PRELIMINARES

Art. 6º A certificação será concedida à entidade beneficente que demonstre, no exercício fiscal anterior ao do requerimento a que se refere o art. 34 desta Lei Complementar, observado o período mínimo de 12 (doze) meses de constituição da entidade, o cumprimento do disposto nas Seções II, III e IV deste Capítulo, de acordo com as respectivas áreas de atuação, sem prejuízo do disposto no art. 3º desta Lei.

§ 1º A entidade que atue em mais de uma das áreas a que se refere o art. 2º desta Lei Complementar deverá manter escrituração contábil segregada por área, de modo a evidenciar as receitas, os custos e as despesas de cada atividade desempenhada.

§ 2º Nos processos de certificação, o período mínimo de cumprimento dos requisitos de que trata este artigo poderá ser reduzido se a entidade for prestadora de serviços por meio de contrato, de convênio ou de instrumento congênere com o Sistema Único de Saúde (SUS), com o Sistema Único de Assistência Social (SUAS) ou com o Sistema Nacional de Políticas Públicas sobre Drogas (SISNAD), em caso de necessidade local atestada pelo gestor do respectivo sistema.

Seção II

DA SAÚDE

Subseção I

DOS REQUISITOS RELATIVOS ÀS ENTIDADES DE SAÚDE

Art. 7º Para fazer jus à certificação, a entidade de saúde deverá, alternativamente:

I – prestar serviços ao SUS;

II – prestar serviços gratuitos;

III – atuar na promoção à saúde;
IV – ser de reconhecida excelência e realizar projetos de apoio ao desenvolvimento institucional do SUS; ou
V – VETADO.

§ 1º A entidade de saúde também deverá manter o Cadastro Nacional de Estabelecimentos de Saúde (CNES) atualizado, informando as alterações referentes aos seus registros, na forma e no prazo determinados em regulamento.

§ 2º As entidades poderão desenvolver atividades que gerem recursos, inclusive por meio de suas filiais, com ou sem cessão de mão de obra, independentemente do quantitativo de profissionais e dos recursos auferidos, de modo a contribuir com a realização das atividades previstas no art. 2º desta Lei Complementar, registradas segregadamente em sua contabilidade e destacadas em suas Notas Explicativas.

Art. 8º Para fins do disposto nesta Seção, será considerada instrumento congênere a declaração do gestor local do SUS que ateste a existência de relação de prestação de serviços de saúde, nos termos de regulamento.

Subseção II

DA PRESTAÇÃO DE SERVIÇOS AO SISTEMA ÚNICO DE SAÚDE (SUS)

Art. 9º Para ser certificada pela prestação de serviços ao SUS, a entidade de saúde deverá, nos termos de regulamento:

I – celebrar contrato, convênio ou instrumento congênere com o gestor do SUS; e
II – comprovar, anualmente, a prestação de seus serviços ao SUS no percentual mínimo de 60% (sessenta por cento), com base nas internações e nos atendimentos ambulatoriais realizados.

§ 1º A prestação de serviços ao SUS de que trata o inciso II do *caput* deste artigo será apurada por cálculo percentual simples, com base no total de internações hospitalares, medidas por paciente por dia, incluídos usuários do SUS e não usuários do SUS, e no total de atendimentos ambulatoriais, medidos por número de atendimentos e procedimentos, de usuários do SUS e de não usuários do SUS, com a possibilidade da incorporação do componente ambulatorial do SUS, nos termos de regulamento.

§ 2º O atendimento do percentual mínimo de que trata o inciso II do *caput* deste artigo poderá ser individualizado por estabelecimento ou pelo conjunto de estabelecimentos de saúde da pessoa jurídica, desde que não abranja outra entidade com personalidade jurídica própria que seja por ela mantida.

§ 3º Para fins do disposto no § 2º deste artigo, no conjunto de estabelecimentos de saúde da pessoa jurídica, poderá ser incorporado estabelecimento vinculado em decorrência de contrato de gestão, no limite de 10% (dez por cento) dos seus serviços.

§ 4º Para fins do disposto no inciso II do *caput* deste artigo, a entidade de saúde que aderir a programas e a estratégias prioritárias definidas pela autoridade executiva federal competente fará jus a índice percentual que será adicionado ao total de prestação de seus serviços ofertados ao SUS, observado o limite máximo de 10% (dez por cento).

§ 5º A entidade de saúde que presta serviços exclusivamente na área ambulatorial deverá observar o disposto nos incisos I e II do *caput* deste artigo e comprovar, anualmente, a prestação dos serviços ao SUS no percentual mínimo de 60% (sessenta por cento).

Art. 10. A entidade de saúde deverá informar obrigatoriamente, na forma estabelecida em regulamento:

I – a totalidade das internações e dos atendimentos ambulatoriais realizados para os pacientes não usuários do SUS; e
II – a totalidade das internações e dos atendimentos ambulatoriais realizados para os pacientes usuários do SUS.

Art. 11. Para os requerimentos de renovação da certificação, caso a entidade de saúde não cumpra o disposto no inciso II do *caput* do art. 9º desta Lei Complementar, no exercício fiscal anterior ao exercício do requerimento, será avaliado o cumprimento do requisito com base na média da prestação de serviços ao SUS de que trata o referido dispositivo, atendido pela entidade, durante todo o período de certificação em curso, que deverá ser de, no mínimo, 60% (sessenta por cento).

Parágrafo único. Para fins do disposto no *caput* deste artigo, apenas será admitida a avaliação caso a entidade tenha cumprido, no mínimo, 50% (cinquenta por cento) da prestação de serviços ao SUS de que trata o inciso II do *caput* do art. 9º desta Lei Complementar em cada um dos anos do período de certificação.

Subseção III

DA PRESTAÇÃO DE SERVIÇOS GRATUITOS NA ÁREA DA SAÚDE

Art. 12. Para ser certificada pela aplicação de percentual de sua receita em gratuidade na área da saúde, a entidade deverá comprovar essa aplicação da seguinte forma:

I – 20% (vinte por cento), quando não houver interesse de contratação pelo gestor local do SUS ou se o percentual de prestação de serviços ao SUS for inferior a 30% (trinta por cento);

II – 10% (dez por cento), se o percentual de prestação de serviços ao SUS for igual ou superior a 30% (trinta por cento) e inferior a 50% (cinquenta por cento); ou

III – 5% (cinco por cento), se o percentual de prestação de serviços ao SUS for igual ou superior a 50% (cinquenta por cento).

§ 1º A receita prevista no *caput* deste artigo será a efetivamente recebida pela prestação de serviços de saúde.

§ 2º Para as entidades que não possuam receita de prestação de serviços de saúde, a receita prevista no *caput* deste artigo será a proveniente de qualquer fonte cujo montante do dispêndio com gratuidade não seja inferior à imunidade de contribuições sociais usufruída.

§ 3º A prestação de serviços prevista no *caput* deste artigo será pactuada com o gestor local do SUS por meio de contrato, de convênio ou de instrumento congênere.

Subseção IV

DAS AÇÕES E DOS SERVIÇOS DE PROMOÇÃO DE SAÚDE

Art. 13. Será admitida a certificação de entidades que atuem exclusivamente na promoção da saúde sem exigência de contraprestação do usuário pelas ações e pelos serviços de saúde realizados e pactuados com o gestor do SUS, na forma prevista em regulamento.

§ 1º A execução de ações e de serviços de promoção da saúde será previamente pactuada por meio de contrato, de convênio ou de instrumento congênere com o gestor local do SUS.

§ 2º Para efeito do disposto no *caput* deste artigo, são consideradas ações e serviços de promoção da saúde as atividades direcionadas para a redução de risco à saúde, desenvolvidas em áreas como:

I – nutrição e alimentação saudável;

II – prática corporal ou atividade física;

III – prevenção e controle do tabagismo;

IV – prevenção ao câncer;

V – prevenção ao vírus da imunodeficiência humana (HIV) e às hepatites virais;

VI – prevenção e controle da dengue;

VII – prevenção à malária;

VIII – ações de promoção à saúde relacionadas à tuberculose e à hanseníase;

IX – redução da morbimortalidade em decorrência do uso abusivo de álcool e de outras drogas;

X – redução da morbimortalidade por acidentes de trânsito;

XI – redução da morbimortalidade nos diversos ciclos de vida;

XII – prevenção da violência;

XIII – VETADO.

Subseção V

DO DESENVOLVIMENTO DE PROJETOS NO ÂMBITO DO PROGRAMA DE APOIO AO DESENVOLVIMENTO INSTITUCIONAL DO SISTEMA ÚNICO DE SAÚDE (PROADI-SUS)

Art. 14. A entidade de saúde com reconhecida excelência poderá ser certificada como entidade beneficente pelo desenvolvimento de projetos no âmbito do Programa de Apoio ao Desenvolvimento Institucional do Sistema Único de Saúde (PROADI-SUS), nas seguintes áreas de atuação:

I – estudos de avaliação e incorporação de tecnologias;

II – capacitação de recursos humanos;

III – pesquisas de interesse público em saúde; ou

IV – desenvolvimento de técnicas e operação de gestão em serviços de saúde.

§ 1º O recurso despendido pela entidade de saúde com projeto de apoio e desenvolvimento institucional do SUS não poderá ser inferior ao valor da imunidade das contribuições sociais usufruída.

§ 2º Regulamento definirá os requisitos técnicos para reconhecimento de excelência das entidades de saúde.

§ 3º A participação das entidades de saúde ou de educação em projetos de apoio previstos neste artigo não poderá ocorrer em prejuízo das atividades beneficentes prestadas ao SUS.

Art. 15. As entidades de saúde de reconhecida excelência que desenvolvam projetos no âmbito do PROADI-SUS poderão, após autorização da autoridade executiva federal competente, firmar pacto com o gestor local do SUS para a prestação de serviços ambulatoriais e hospitalares ao SUS não remunerados, observadas as seguintes condições:

I – o gasto com a prestação de serviços ambulatoriais e hospitalares ao SUS não remunerados não poderá ultrapassar 30% (trinta por cento) do valor usufruído com imunidade das contribuições sociais;

II – a entidade de saúde deverá apresentar a relação de serviços ambulatoriais e hospitalares a serem ofertados, com o respectivo demonstrativo da projeção das despesas e do referencial utilizado, os quais não poderão exceder o valor por ela efetivamente despendido;

III – a comprovação dos custos a que se refere o inciso II deste *caput* poderá ser exigida a qualquer tempo, mediante apresentação dos documentos necessários;

IV – a entidade de saúde deverá informar a produção na forma estabelecida em regulamento, com observação de não geração de créditos.

Art. 16. O valor dos recursos despendidos e o conteúdo das atividades desenvolvidas no âmbito dos projetos de apoio ao desenvolvimento institucional do SUS ou da prestação de serviços previstos no art. 15 desta Lei Complementar deverão ser objeto de relatórios anuais encaminhados à autoridade executiva federal competente para acompanhamento e fiscalização, sem prejuízo das atribuições dos órgãos de fiscalização tributária.

§ 1º Os relatórios previstos no *caput* deste artigo deverão ser acompanhados de demonstrações contábeis e financeiras submetidas a parecer conclusivo de auditoria independente, realizada por instituição credenciada perante o Conselho Regional de Contabilidade.

§ 2º O cálculo do valor da imunidade prevista no § 1º do art. 14 desta Lei Complementar será realizado anualmente com base no exercício fiscal anterior.

§ 3º Em caso de requerimento de concessão da certificação, o recurso despendido pela entidade de saúde no projeto de apoio não poderá ser inferior ao valor das contribuições para a seguridade social referente ao exercício fiscal anterior ao do requerimento.

§ 4º Caso os recursos despendidos nos projetos de apoio institucional não alcancem o valor da imunidade usufruída, na forma do § 2º deste artigo, a entidade deverá complementar a diferença até o término do prazo de validade de sua certificação.

§ 5º O disposto no § 4º deste artigo alcança somente as entidades que tenham aplicado, no mínimo, 70% (setenta por cento) do valor usufruído anualmente com a imunidade nos projetos de apoio ao desenvolvimento institucional do SUS.

Subseção VI

DA PRESTAÇÃO DE SERVIÇOS DE SAÚDE NÃO REMUNERADOS PELO SUS A TRABALHADORES

Art. 17. As entidades da área de saúde certificadas até o dia imediatamente anterior ao da publicação da Lei nº 12.101, de 27 de novembro de 2009, que prestem serviços assistenciais de saúde não remunerados pelo SUS a trabalhadores ativos e inativos e aos respectivos dependentes econômicos, decorrentes do estabelecido em lei ou Norma Coletiva de Trabalho, e desde que, simultaneamente, destinem no mínimo 20% (vinte por cento) do valor total das imunidades de suas contribuições sociais em serviços, com universalidade de atendimento, a beneficiários do SUS, mediante pacto do gestor do local, terão concedida ou renovada a certificação, na forma de regulamento.

Seção III

DA EDUCAÇÃO

Art. 18. Para fazer jus à imunidade, a entidade com atuação na área da educação cujas atividades sejam de oferta de educação básica, de educação superior ou de ambas, deve atender ao disposto nesta Seção e na legislação aplicável.

§ 1º As instituições de ensino deverão:

I – obter autorização de funcionamento expedida pela autoridade executiva competente;

II – informar anualmente os dados referentes à instituição ao Instituto Nacional de Estudos e Pesquisas Educacionais Anísio Teixeira (INEP); e

III – atender a padrões mínimos de qualidade aferidos pelos processos de avaliação conduzidos pela autoridade executiva federal competente.

§ 2º Para os fins desta Lei Complementar, o atendimento ao princípio da universalidade na área da educação pressupõe a seleção de bolsistas segundo o perfil socioeconômico, sem qualquer forma de discriminação, segregação ou diferenciação, vedada a utilização de critérios étnicos, religiosos, corporativos, políticos ou quaisquer outros que afrontem esse perfil, ressalvados os estabelecidos na legislação vigente, em especial na Lei nº 12.711, de 29 de agosto de 2012.

§ 3º As instituições que prestam serviços totalmente gratuitos e as que prestam serviços mediante convênio com órgãos ou entidades dos poderes públicos devem assegurar que os alunos a serem contabilizados no atendimento da proporcionalidade de bolsas sejam selecionados segundo o perfil socioeconômico definido nesta Lei Complementar.

§ 4º O certificado será expedido em favor da entidade mantenedora das instituições de ensino.

► § 4º promulgado nos termos do art. 66, § 5º, da CF (*DOU* de 8-7-2022 – ed. extra B).

§ 5º A cada 2 (dois) anos, será publicado levantamento dos resultados apresentados pelas instituições de ensino que oferecem educação básica certificadas na forma desta Lei Complementar, quanto às condições de oferta e de desempenho dos estudantes, com base no Censo Escolar da Educação Básica e no Sistema de Avaliação da Educação Básica (SAEB).

§ 6º A cada 3 (três) anos, será publicado levantamento dos resultados apresentados pelas instituições de ensino superior certificadas na forma desta Lei Complementar, em termos de avaliação das instituições, dos cursos e do desempenho dos estudantes da educação superior, a partir dos dados do Sistema Nacional de Avaliação da Educação Superior (SINAES).

Art. 19. As entidades que atuam na área da educação devem comprovar a oferta de gratuidade na forma de bolsas de estudo e de benefícios.

§ 1º As entidades devem conceder bolsas de estudo nos seguintes termos:

I – bolsa de estudo integral a aluno cuja renda familiar bruta mensal *per capita* não exceda o valor de 1,5 (um inteiro e cinco décimos) salário mínimo;

II – bolsa de estudo parcial com 50% (cinquenta por cento) de gratuidade a aluno cuja renda familiar bruta mensal *per capita* não exceda o valor de 3 (três) salários mínimos.

§ 2º Para fins de concessão da bolsa de estudo integral, admite-se a majoração em até 20% (vinte por cento) do teto estabelecido, ao se considerar aspectos de natureza social do beneficiário, de sua família ou de ambos, quando consubstanciados em relatório comprobatório devidamente assinado por assistente social com registro no respectivo órgão de classe.

§ 3º Para os fins desta Lei Complementar, consideram-se benefícios aqueles providos pela entidade a beneficiários cuja renda familiar bruta mensal *per capita* esteja enquadrada nos limites dos incisos I e II do § 1º deste artigo, que tenham por objetivo promover ao estudante o acesso, a permanência, a aprendizagem e a conclusão do curso na instituição de ensino e estejam explicitamente orientados para o alcance das metas e estratégias do Plano Nacional de Educação (PNE).

§ 4º Os benefícios de que trata o § 3º deste artigo são tipificados em:

I – tipo 1: benefícios destinados exclusivamente ao aluno bolsista, tais como transporte escolar, uniforme, material didático, moradia e alimentação;

II – tipo 2: ações e serviços destinados a alunos e a seu grupo familiar, com vistas a favorecer ao estudante o acesso, a permanência, a aprendizagem e a conclusão do curso na instituição de ensino; e

III – tipo 3: projetos e atividades de educação em tempo integral destinados à ampliação da jornada escolar dos alunos da educação básica matriculados em escolas públicas que apresentem índice de nível socioeconômico baixo estabelecido nos termos da legislação.

§ 5º As entidades que optarem pela substituição de bolsas de estudo por benefícios de tipos 1 e 2, no limite de até 25% (vinte e cinco por cento) das bolsas de estudo, deverão firmar Termo de Concessão de Benefícios Complementares com cada um dos beneficiários.

§ 6º As entidades que optarem pela substituição de bolsas de estudo por projetos e atividades de educação em tempo integral destinados à ampliação da jornada escolar dos alunos da educação básica matriculados em escolas públicas deverão firmar termo de parceria ou instrumento congênere com instituições públicas de ensino.

§ 7º Os projetos e atividades de educação em tempo integral deverão:

I – estar integrados ao projeto pedagógico da escola pública parceira;

II – assegurar a complementação da carga horária da escola pública parceira em, no mínimo, 10 (dez) horas semanais; e

III – estar relacionados aos componentes da grade curricular da escola pública parceira.

§ 8º Considera-se educação básica em tempo integral a jornada escolar com duração igual ou superior a 7 (sete) horas diárias, durante todo o período letivo, que compreende o tempo em que o aluno permanece na escola e aquele em que exerce, nos termos de regulamento, atividades escolares em outros espaços educacionais.

§ 9º As regras de conversão dos valores de benefícios em bolsas de estudo serão definidas conforme o valor médio do encargo educacional mensal ao longo do período letivo, a ser estabelecido com base em planilha que deverá ser enviada, anualmente, por cada instituição de ensino à autoridade executiva federal competente.

§ 10. O encargo educacional de que trata o § 9º deste artigo considerará todos os descontos aplicados pela instituição, regulares ou temporários, de caráter coletivo ou decorrentes de convênios com instituições públicas ou privadas, incluídos os descontos concedidos devido ao seu pagamento pontual, respeitada a proporcionalidade da carga horária.

Art. 20. A entidade que atua na educação básica deverá conceder, anualmente, bolsas de estudo na proporção de 1 (uma) bolsa de estudo integral para cada 5 (cinco) alunos pagantes.

§ 1º Para o cumprimento da proporção estabelecida no *caput* deste artigo, a entidade poderá oferecer, em substituição, bolsas de estudo parciais, observadas as seguintes condições:

I – no mínimo, 1 (uma) bolsa de estudo integral para cada 9 (nove) alunos pagantes; e

II – bolsas de estudo parciais com 50% (cinquenta por cento) de gratuidade, para o alcance do número mínimo exigido, mantida a equivalência de 2 (duas) bolsas de estudo parciais para cada 1 (uma) bolsa de estudo integral.

§ 2º Será facultado à entidade substituir até 25% (vinte e cinco por cento) da quantidade das bolsas de estudo definidas no *caput* e no § 1º deste artigo por benefícios concedidos nos termos do art. 19 desta Lei Complementar.

§ 3º Para fins de cumprimento das proporções de que tratam o *caput* e o § 1º deste artigo:

I – cada bolsa de estudo integral concedida a aluno com deficiência, assim declarado ao Censo Escolar da Educação Básica, equivalerá a 1,2 (um inteiro e dois décimos) do valor da bolsa de estudo integral;

II – cada bolsa de estudo integral concedida a aluno matriculado na educação básica em tempo integral equivalerá a 1,4 (um inteiro e quatro décimos) do valor da bolsa de estudo integral.

§ 4º As equivalências previstas nos incisos I e II do § 3º deste artigo não poderão ser cumulativas.

§ 5º A entidade de educação que presta serviços integralmente gratuitos deverá garantir a proporção de, no mínimo, 1 (um) aluno cuja renda familiar bruta mensal *per capita* não exceda o valor de 1,5 (um inteiro e cinco décimos) salário mínimo para cada 5 (cinco) alunos matriculados.

§ 6º Atendidas as condições socioeconômicas referidas nos incisos I e II do § 1º do art. 19 desta Lei Complementar, as instituições poderão considerar como bolsistas os trabalhadores da própria instituição e os dependentes destes em decorrência de convenção coletiva ou de acordo coletivo de trabalho, até o limite de 20% (vinte por cento) da proporção definida no *caput* e nos incisos I e II do § 1º deste artigo.

§ 7º Os entes federativos que mantenham vagas públicas para a educação básica por meio de entidade com atuação na área da educação deverão respeitar, para as vagas ofertadas por meio de convênios ou congêneres com essas entidades, o disposto neste artigo.

§ 8º Em caso de descumprimento pelos entes federativos da obrigação de que trata o § 7º deste artigo, não poderão ser penalizadas as entidades conveniadas com atuação na área da educação.

Art. 21. As entidades que atuam na educação superior e que aderiram ao Programa Universidade para Todos (PROUNI), na forma do *caput* do art. 11-A da Lei nº 11.096, de 13 de janeiro de 2005, deverão atender às condições previstas no *caput* e nos §§ 1º, 2º e 5º do art. 20 desta Lei Complementar.

► *Caput* com a redação dada pela Lei nº 14.350, de 25-5-2022.

§ 1º As entidades que atuam concomitantemente na educação básica e na educação superior com adesão ao PROUNI deverão cumprir os requisitos exigidos para cada nível de educação, inclusive quanto à complementação eventual da gratuidade por meio da concessão de bolsas de estudo parciais de 50% (cinquenta por cento) e de benefícios.

§ 2º Somente serão aceitas no âmbito da educação superior bolsas de estudo vinculadas ao PROUNI, salvo as bolsas integrais ou parciais de 50% (cinquenta por cento) para pós-graduação *stricto sensu* e as estabelecidas nos termos do § 6º do art. 20 desta Lei Complementar.

§ 3º Excepcionalmente, serão aceitas como gratuidade, no âmbito da educação superior, as bolsas de estudo integrais ou parciais de 50% (cinquenta por cento) oferecidas sem vínculo com o PROUNI aos alunos enquadrados nos limites de renda familiar bruta mensal *per capita* de que tratam os incisos I e II do § 1º do art. 19 desta Lei Complementar, desde que a entidade tenha cumprido a proporção de 1 (uma) bolsa de estudo integral para cada 9 (nove) alunos pagantes no PROUNI e tenha ofertado bolsas no âmbito do PROUNI que não tenham sido preenchidas.

Art. 22. As entidades que atuam na educação superior e que não tenham aderido ao PROUNI na forma do art. 10-A da Lei nº 11.096, de 13 de janeiro de 2005, deverão conceder anualmente bolsas de estudo na proporção de 1 (uma) bolsa de estudo integral para cada 4 (quatro) alunos pagantes.

▸ *Caput* com a redação dada pela Lei nº 14.350, de 25-5-2022.

§ 1º Para o cumprimento da proporção descrita no *caput* deste artigo, a entidade poderá oferecer bolsas de estudo parciais, desde que conceda:

I – no mínimo, 1 (uma) bolsa de estudo integral para cada 9 (nove) alunos pagantes; e

II – bolsas de estudo parciais de 50% (cinquenta por cento), quando necessário para o alcance do número mínimo exigido, mantida a equivalência de 2 (duas) bolsas de estudo parciais para cada 1 (uma) bolsa de estudo integral.

§ 2º Será facultado à entidade substituir até 25% (vinte e cinco por cento) da quantidade das bolsas de estudo definida no *caput* e no § 1º deste artigo por benefícios concedidos nos termos do art. 19 desta Lei Complementar.

§ 3º Sem prejuízo do cumprimento das proporções estabelecidas no inciso II do § 1º deste artigo, a entidade de educação deverá ofertar, em cada uma de suas instituições de ensino superior, no mínimo, 1 (uma) bolsa integral para cada 25 (vinte e cinco) alunos pagantes.

§ 4º A entidade deverá ofertar bolsa integral em todos os cursos de todas as instituições de ensino superior por ela mantidos e poderá, nos termos do § 6º do art. 20 desta Lei Complementar, considerar como bolsistas os trabalhadores da própria instituição e os dependentes destes em decorrência de convenção coletiva ou de acordo coletivo de trabalho, até o limite de 20% (vinte por cento) da proporção definida no *caput* e nos incisos I e II do § 1º deste artigo.

§ 5º As entidades que atuam concomitantemente na educação básica e na educação superior sem ter aderido ao PROUNI deverão cumprir os requisitos exigidos de maneira segregada, por nível de educação, inclusive quanto à eventual complementação da gratuidade por meio da concessão de bolsas de estudo parciais de 50% (cinquenta por cento) e de benefícios.

§ 6º Para os fins do disposto neste artigo, somente serão computadas as bolsas de estudo concedidas em cursos regulares de graduação ou sequenciais de formação específica.

Art. 23. A entidade que atua na oferta da educação profissional em consonância com as Leis nºs 9.394, de 20 de dezembro de 1996, e 12.513, de 26 de outubro de 2011, deverá atender às proporções previstas no *caput* e nos §§ 1º, 2º e 5º do art. 20 desta Lei Complementar na educação profissional.

Parágrafo único. É permitido ao estudante acumular bolsas de estudo na educação profissional técnica de nível médio e ser contabilizado em ambas para fins de apuração das proporções exigidas nesta Seção.

Art. 24. Considera-se alunos pagantes, para fins de aplicação das proporções previstas nos arts. 20, 21, 22 e 23 desta Lei Complementar, o total de alunos matriculados, excluídos os beneficiados com bolsas de estudo integrais nos termos do inciso I do § 1º do art. 20 e com outras bolsas integrais concedidas pela entidade.

§ 1º Na aplicação das proporções previstas nos arts. 21 e 22 desta Lei Complementar, serão considerados os alunos pagantes, incluídos os beneficiários de bolsas de estudo de que trata esta Lei Complementar, matriculados em cursos regulares de graduação ou sequenciais de formação específica.

§ 2º Não se consideram alunos pagantes os inadimplentes por período superior a 90 (noventa) dias cujas matrículas tenham sido recusadas no período letivo imediatamente subsequente ao inadimplemento.

Art. 25. Para os efeitos desta Lei Complementar, a bolsa de estudo refere-se às semestralidades ou às anuidades escolares fixadas na forma da lei, considerados todos os descontos aplicados pela instituição, regulares ou temporários, de caráter coletivo ou decorrentes de convênios com instituições públicas ou privadas, incluídos os descontos concedidos devido ao seu pagamento pontual, respeitada a proporcionalidade da carga horária, vedados a cobrança de taxas de qualquer natureza e o cômputo de custeio de material didático eventualmente oferecido em caráter gratuito ao aluno beneficiado exclusivamente com bolsa de estudo integral.

§ 1º As entidades que atuam na área de educação devem registrar e divulgar em sua contabilidade, atendidas as normas brasileiras de contabilidade, de modo segregado, as bolsas de estudo e os benefícios concedidos, bem como evidenciar em suas Notas Explicativas o atendimento às proporções referidas nesta Seção.

§ 2º Para fins de aferição dos requisitos desta Seção, será considerado o número total de alunos matriculados no último mês de cada período letivo.

§ 3º VETADO.

Art. 26. Os alunos beneficiários das bolsas de estudo de que trata esta Lei Complementar, ou seus pais ou responsáveis, quando for o caso, respondem legalmente pela veracidade e pela autenticidade das informações por eles prestadas, e as informações prestadas pelas instituições de ensino superior (IES) acerca dos beneficiários em qualquer âmbito devem respeitar os limites estabelecidos pela Lei nº 13.709, de 14 de agosto de 2018.

§ 1º Compete à entidade que atua na área de educação confirmar o atendimento, pelo candidato, do perfil socioeconômico de que trata esta Lei Complementar.

§ 2º As bolsas de estudo poderão ser canceladas a qualquer tempo em caso de constatação de falsidade da informação prestada pelo bolsista ou por seus pais ou seu responsável, ou de inidoneidade de documento apresentado, sem prejuízo das demais sanções cíveis e penais cabíveis, sem que o ato do cancelamento resulte em prejuízo à entidade beneficente concedente, inclusive na apuração das proporções exigidas nesta Seção, salvo se comprovada negligência ou má-fé da entidade beneficente.

§ 3º Os estudantes a serem beneficiados pelas bolsas de estudo para os cursos superiores poderão ser pré-selecionados pelos resultados do Exame Nacional do Ensino Médio (ENEM).

§ 4º É vedado ao estudante acumular bolsas de estudo concedidas por entidades em gozo da imunidade na forma desta Lei Complementar, salvo no que se refere ao disposto no parágrafo único do art. 23 desta Lei Complementar.

§ 5º As bolsas de estudo integrais e parciais com 50% (cinquenta por cento) de gratuidade concedidas pelas entidades antes da vigência desta Lei Complementar, nos casos em que a renda familiar bruta mensal *per capita* do bolsista não exceda os parâmetros de que trata o § 1º do art. 19 desta Lei Complementar, poderão ser mantidas e consideradas até a conclusão do ensino médio, para a educação básica, e até a conclusão do curso superior, para a educação superior.

Art. 27. É vedada qualquer discriminação ou diferença de tratamento entre alunos bolsistas e pagantes.

Art. 28. No ato de aferição periódica do cumprimento dos requisitos desta Seção, as entidades de educação que não tenham concedido o número mínimo de bolsas previsto nos arts. 20, 21, 22 e 23 desta Lei Complementar poderão compensar o número de bolsas devido no exercício subsequente, mediante a assinatura de Termo de Ajuste de Gratuidade ou de instrumento congênere, nas condições estabelecidas em regulamento.

§ 1º Após a publicação da decisão relativa à aferição do cumprimento dos requisitos desta Seção, as entidades que atuam na área da educação a que se refere o *caput* deste artigo terão prazo de 30 (trinta) dias para requerer a assinatura do Termo de Ajuste de Gratuidade.

§ 2º Na hipótese de descumprimento do Termo de Ajuste de Gratuidade ou congênere, a certificação da entidade será cancelada.

§ 3º O Termo de Ajuste de Gratuidade poderá ser celebrado somente uma vez com a mesma entidade a cada período de aferição, estabelecido nos termos de regulamento.

§ 4º As bolsas de pós-graduação *stricto sensu* poderão integrar a compensação, desde que se refiram a áreas de formação definidas em regulamento.

► Art. 28 promulgado nos termos do art. 66, § 5º, da CF (*DOU* de 8-7-2022 – ed. extra B).

SEÇÃO IV

DA ASSISTÊNCIA SOCIAL

SUBSEÇÃO I

DAS ENTIDADES DE ASSISTÊNCIA SOCIAL EM GERAL

Art. 29. A certificação ou sua renovação será concedida às entidades beneficentes com atuação na área de assistência social abrangidas pela Lei nº 8.742, de 7 de dezembro de 1993, que executem:

I – serviços, programas ou projetos socioassistenciais de atendimento ou de assessoramento ou que atuem na defesa e na garantia dos direitos dos beneficiários da Lei nº 8.742, de 7 de dezembro de 1993;

II – serviços, programas ou projetos socioassistenciais com o objetivo de habilitação e de reabilitação da pessoa com deficiência e de promoção da sua inclusão à vida comunitária, no enfrentamento dos limites existentes para as pessoas com deficiência, de forma articulada ou não com ações educacionais ou de saúde;

III – programas de aprendizagem de adolescentes, de jovens ou de pessoas com deficiência, prestados com a finalidade de promover a sua integração ao mundo do trabalho nos termos da Lei nº 8.742, de 7 de dezembro de 1993, e do inciso II do *caput* do art. 430 da Consolidação das Leis do Trabalho (CLT), aprovada pelo Decreto-Lei nº 5.452, de 1º de maio de 1943, ou da legislação que lhe for superveniente, observadas as ações protetivas previstas na Lei nº 8.069, de 13 de julho de 1990 (Estatuto da Criança e do Adolescente);

IV – serviço de acolhimento institucional provisório de pessoas e de seus acompanhantes que estejam em trânsito e sem condições de autossustento durante o tratamento de doenças graves fora da localidade de residência.

Parágrafo único. Desde que observado o disposto no *caput* deste artigo e no art. 35 da Lei nº 10.741, de 1º de outubro de 2003 (Estatuto do Idoso), as entidades beneficentes poderão ser certificadas, com a condição de que eventual cobrança de participação do idoso no custeio da entidade ocorra nos termos e nos limites do § 2º do art. 35 da referida Lei.

Art. 30. As entidades beneficentes de assistência social poderão desenvolver atividades que gerem recursos, inclusive por meio de filiais, com ou sem cessão de mão de obra, de modo a contribuir com as finalidades previstas no art. 2º desta Lei Complementar, registradas segregadamente em sua contabilidade e destacadas em suas Notas Explicativas.

Art. 31. Constituem requisitos para a certificação de entidade de assistência social:

I – ser constituída como pessoa jurídica de natureza privada e ter objetivos e públicos-alvo compatíveis com a Lei nº 8.742, de 7 de dezembro de 1993;

II – comprovar inscrição no conselho municipal ou distrital de assistência social, nos termos do art. 9º da Lei nº 8.742, de 7 de dezembro de 1993;

III – prestar e manter atualizado o cadastro de entidades e organizações de assistência social de que trata o inciso XI do *caput* do art. 19 da Lei nº 8.742, de 7 de dezembro de 1993;

IV – manter escrituração contábil regular que registre os custos e as despesas em atendimento às Normas Brasileiras de Contabilidade;

V – comprovar, cumulativamente, que, no ano anterior ao requerimento:

a) destinou a maior parte de seus custos e despesas a serviços, a programas ou a projetos no âmbito da assistência social e a atividades certificáveis nas áreas de educação, de saúde ou em ambas, caso a entidade também atue nessas áreas;

b) remunerou seus dirigentes de modo compatível com o seu resultado financeiro do exercício, na forma a ser definida em regulamento, observados os limites referidos nos §§ 1º e 2º do art. 3º desta Lei Complementar.

§ 1º Para fins de certificação, a entidade de assistência social de atendimento que atuar em mais de um Município ou Estado, inclusive o Distrito Federal, deverá apresentar o comprovante de inscrição, ou de solicitação desta, de suas atividades nos conselhos de assistência social de, no mínimo, 90% (noventa por cento) dos Municípios de atuação, com comprovação de que a preponderância dos custos e das despesas esteja nesses Municípios, conforme definido em regulamento.

§ 2º Para fins de certificação, a entidade de assistência social de assessoramento ou defesa e garantia de direitos que atuar em mais de um Município ou Estado, inclusive o Distrito Federal, deverá apresentar o comprovante de inscrição da entidade, ou de solicitação desta, no conselho municipal de assistência social de sua sede, ou do Distrito Federal, caso nele situada a sua sede, nos termos do art. 9º da Lei nº 8.742, de 7 de dezembro de 1993.

§ 3º Os requisitos constantes dos incisos II e III do *caput* deste artigo deverão ser cumpridos:

I – no ano do protocolo ou no anterior, quando se tratar de concessão da certificação; ou
II – no ano anterior ao do protocolo, quando se tratar de renovação.

§ 4º As entidades que atuem exclusivamente na área certificável de assistência social, ainda que desempenhem eventual atividade de que trata o art. 30 desta Lei Complementar, caso obtenham faturamento anual que ultrapasse o valor fixado em regulamento, deverão apresentar as demonstrações contábeis auditadas, nos termos definidos em regulamento.

§ 5º As entidades de atendimento ao idoso de longa permanência, ou casas-lares, poderão gozar da imunidade de que trata esta Lei Complementar, desde que seja firmado contrato de prestação de serviços com a pessoa idosa abrigada e de que eventual cobrança de participação do idoso no custeio da entidade seja realizada no limite de 70% (setenta por cento) de qualquer benefício previdenciário ou de assistência social percebido pelo idoso.

▸ § 5º retificado no *DOU* de 17-12-2021 – edição extra A.

§ 6º O limite estabelecido no § 5º deste artigo poderá ser excedido, desde que observados os seguintes termos:

I – tenham termo de curatela do idoso;
II – o usuário seja encaminhado pelo Poder Judiciário, pelo Ministério Público ou pelo gestor local do SUAS; e
III – a pessoa idosa ou seu responsável efetue a doação, de forma livre e voluntária.

▸ § 6º promulgado nos termos do art. 66, § 5º, da CF (*DOU* de 8-7-2022 – ed. extra B).

§ 7º Não se equiparam a entidades de atendimento ao idoso de longa permanência, ou casas-lares, aquelas unidades destinadas somente à hospedagem de idoso e remuneradas com fins de geração de recursos para as finalidades beneficentes de mantenedora, conforme o art. 30 desta Lei Complementar.

▸ § 7º publicado no *DOU* de 17-12-2021 – edição extra A.

Subseção II

DAS ENTIDADES ATUANTES NA REDUÇÃO DE DEMANDAS DE DROGAS

Art. 32. A certificação de entidade beneficente será concedida ou renovada às instituições que atuem na redução da demanda de drogas, nos termos desta Subseção.

§ 1º Consideram-se entidades que atuam na redução da demanda de drogas:

I – as comunidades terapêuticas;
II – as entidades de cuidado, de prevenção, de apoio, de mútua ajuda, de atendimento psicossocial e de ressocialização de dependentes do álcool e de outras drogas e seus familiares.

§ 2º Considera-se comunidade terapêutica o modelo terapêutico de atenção em regime residencial e transitório, mediante adesão e permanência voluntárias, a pessoas com problemas associados ao uso, ao abuso ou à dependência do álcool e de outras drogas acolhidas em ambiente protegido e técnica e eticamente orientado, que tem como objetivo promover o desenvolvimento pessoal e social, por meio da promoção da abstinência, bem como a reinserção social, buscando a melhora geral na qualidade de vida do indivíduo.

§ 3º Considera-se entidade de cuidado, de prevenção, de apoio, de mútua ajuda, de atendimento psicossocial e de ressocialização de dependentes do álcool e de outras drogas e seus familiares a entidade que presta serviços intersetoriais, interdisciplinares, transversais e complementares da área do uso e da dependência do álcool e de outras drogas.

§ 4º As entidades referidas nos §§ 2º e 3º deste artigo, constituídas como pessoas jurídicas sem fins lucrativos, na forma dos incisos I, III ou IV do *caput* do art. 44 da Lei nº 10.406, de 10 de janeiro de 2002 (Código Civil), deverão ser cadastradas pela autoridade executiva federal competente e atender ao disposto na alínea *a* do inciso I do *caput* do art. 2º da Lei nº 13.019, de 31 de julho de 2014.

§ 5º A certificação das entidades de que trata o *caput* deste artigo será realizada pela unidade responsável pela política sobre drogas da autoridade executiva federal responsável pela área da assistência social.

§ 6º As entidades beneficentes de assistência social poderão desenvolver atividades que gerem recursos, inclusive por meio de filiais, com ou sem cessão de mão de obra, de modo a contribuir com as finalidades previstas no art. 2º desta Lei Complementar, registradas segregadamente em sua contabilidade e destacadas em suas Notas Explicativas.

Art. 33. Para serem consideradas beneficentes e fazerem jus à certificação, as entidades a que se refere o art. 32 desta Lei Complementar deverão:

I – apresentar declaração emitida por autoridade federal, estadual, distrital ou municipal competente que ateste atuação na área de controle do uso de drogas ou atividade similar;
II – manter cadastro atualizado na unidade a que se refere o § 5º do art. 32 desta Lei Complementar;
III – comprovar, anualmente, nos termos do regulamento, a prestação dos serviços referidos no art. 32 desta Lei Complementar;
IV – cadastrar todos os acolhidos em sistema de informação específico desenvolvido, nos termos do regulamento, no caso das comunidades terapêuticas;
V – comprovar o registro de, no mínimo, 20% (vinte por cento) de sua capacidade em atendimentos gratuitos.

Capítulo III

DO PROCESSO DE CERTIFICAÇÃO

Art. 34. A entidade interessada na concessão ou na renovação da certificação deverá apresentar requerimento com os documentos necessários à comprovação dos requisitos de que trata esta Lei Complementar, na forma estabelecida em regulamento.

§ 1º A tramitação e a apreciação do requerimento de que trata o *caput* deste artigo deverão obedecer à ordem cronológica de sua apresentação, salvo em caso de diligência pendente, devidamente justificada.

§ 2º Poderão ser solicitados esclarecimentos e informações aos órgãos públicos e à entidade interessada, sem prejuízo da realização de diligências, desde que relevantes para a tomada de decisão sobre o requerimento de que trata o *caput* deste artigo.

§ 3º Na hipótese de que trata o § 2º deste artigo, superado o prazo de 30 (trinta) dias da solicitação, prorrogável por igual período, a análise do requerimento de que trata o *caput* deste artigo prosseguirá, nos termos do § 1º deste artigo.

Art. 35. Os requerimentos de certificação serão apreciados:

I – pela autoridade executiva federal responsável pela área da saúde, para as entidades atuantes na área da saúde;
II – pela autoridade executiva federal responsável pela área da educação, para as entidades atuantes na área da educação;
III – pela autoridade executiva federal responsável pela área da assistência social, para:
a) as entidades atuantes na área da assistência social;
b) as comunidades terapêuticas e entidades de prevenção, de apoio, de mútua ajuda, de atendimento psicossocial e de ressocialização de dependentes do álcool e de outras drogas e seus familiares.

§ 1º Consideram-se áreas de atuação preponderantes aquelas em que a entidade registre a maior parte de seus custos e despesas nas ações previstas em seus objetivos institucionais, conforme as normas brasileiras de contabilidade.

§ 2º A certificação dependerá da manifestação de todas as autoridades competentes, em suas respectivas áreas de atuação.

§ 3º No caso em que a entidade atue em mais de uma das áreas a que se refere o art. 2º desta Lei Complementar, será dispensada a comprovação dos requisitos específicos exigidos para cada área não preponderante, desde que o valor total dos custos e das despesas nas áreas não preponderantes, cumulativamente:

I – não supere 30% (trinta por cento) dos custos e das despesas totais da entidade;

II – não ultrapasse o valor anual fixado, nos termos do regulamento, para as áreas não preponderantes.

§ 4º As entidades de que trata o inciso II do *caput* do art. 29 desta Lei Complementar serão certificadas exclusivamente pela autoridade executiva federal responsável pela área da assistência social, ainda que exerçam suas atividades em articulação com ações educacionais ou de saúde, dispensadas as manifestações das autoridades executivas responsáveis pelas áreas da educação e da saúde, cabendo àquela verificar, além dos requisitos constantes do art. 31 desta Lei Complementar, o atendimento ao disposto:

I – no § 1º do art. 7º desta Lei Complementar, pelas entidades que exerçam suas atividades em articulação com ações de saúde;

II – no § 1º do art. 18 desta Lei Complementar, pelas entidades que exerçam suas atividades em articulação com ações educacionais.

Art. 36. O prazo de validade da concessão da certificação será de 3 (três) anos, contado da data da publicação da decisão de deferimento no *Diário Oficial da União*, e seus efeitos retroagirão à data de protocolo do requerimento para fins tributários.

Art. 37. Na hipótese de renovação de certificação, o efeito da decisão de deferimento será contado do término da validade da certificação anterior, com validade de 3 (três) ou 5 (cinco) anos, na forma de regulamento.

§ 1º Será considerado tempestivo o requerimento de renovação da certificação protocolado no decorrer dos 360 (trezentos e sessenta) dias que antecedem a data final de validade da certificação.

§ 2º A certificação da entidade permanece válida até a data da decisão administrativa definitiva sobre o requerimento de renovação tempestivamente apresentado.

§ 3º Os requerimentos de renovação protocolados antes de 360 (trezentos e sessenta) dias da data final de validade da certificação não serão conhecidos.

§ 4º Os requerimentos de renovação protocolados após o prazo da data final de validade da certificação serão considerados como requerimentos para concessão da certificação.

Art. 38. A validade da certificação como entidade beneficente condiciona-se à manutenção do cumprimento das condições que a ensejaram, inclusive as previstas no art. 3º desta Lei Complementar, cabendo às autoridades executivas certificadoras supervisionar esse atendimento, as quais poderão, a qualquer tempo, determinar a apresentação de documentos, a realização de auditorias ou o cumprimento de diligências.

§ 1º Verificada a prática de irregularidade pela entidade em gozo da imunidade, são competentes para representar, motivadamente, sem prejuízo das atribuições do Ministério Público:

I – o gestor municipal ou estadual do SUS, do SUAS e do SISNAD, de acordo com sua condição de gestão, bem como o gestor federal, estadual, distrital ou municipal da educação;

II – a Secretaria Especial da Receita Federal do Brasil;

III – os conselhos de acompanhamento e controle social previstos na Lei nº 14.113, de 25 de dezembro de 2020, e os Conselhos de Assistência Social e de Saúde;

IV – o Tribunal de Contas da União;

V – o Ministério Público.

§ 2º Verificado pela Secretaria Especial da Receita Federal do Brasil o descumprimento de qualquer dos requisitos previstos nesta Lei Complementar, será lavrado o respectivo auto de infração, o qual será encaminhado à autoridade executiva certificadora e servirá de representação nos termos do inciso II do § 1º deste artigo, e ficarão suspensos a exigibilidade do crédito tributário e o trâmite do respectivo processo administrativo fiscal até a decisão definitiva no processo administrativo a que se refere o § 4º deste artigo, devendo o lançamento ser cancelado de ofício caso a certificação seja mantida.

§ 3º A representação será dirigida à autoridade executiva federal responsável pela área de atuação da entidade e deverá conter a qualificação do representante, a descrição dos fatos a serem apurados, a documentação pertinente e as demais informações relevantes para o esclarecimento do seu objeto.

§ 4º Recebida representação motivada que indique a prática de irregularidade pela entidade em gozo da imunidade, ou constatada de ofício pela administração pública, será iniciado processo administrativo, observado o disposto em regulamento.

§ 5º A certificação da entidade permanece válida até a data da decisão administrativa definitiva sobre o cancelamento da certificação da entidade beneficente.

§ 6º Finalizado o processo administrativo de que trata o § 4º deste artigo e cancelada a certificação, a Secretaria Especial da Receita Federal do Brasil será comunicada para que lavre o respectivo auto de infração ou dê continuidade ao processo administrativo fiscal a que se refere o § 2º deste artigo, e os efeitos do cancelamento da imunidade tributária retroagirão à data em que houver sido praticada a irregularidade pela entidade.

Art. 39. O prazo para as manifestações da entidade nos processos administrativos relativos a esta Lei Complementar será de 30 (trinta) dias, inclusive para a interposição de recursos.

§ 1º O recurso interposto contra a decisão que indeferir a concessão ou a renovação da certificação, ou cancelá-la, será dirigido à autoridade julgadora que, se não reconsiderar a decisão, fará seu encaminhamento ao Ministro de Estado da área responsável.

§ 2º Após o recebimento do recurso pelo Ministro de Estado, abrir-se-á prazo de 30 (trinta) dias para que a entidade interessada possa apresentar novas considerações e fazer juntada de documentos com vistas a sanar impropriedades identificadas pela autoridade julgadora nas razões do indeferimento do requerimento.

Capítulo IV

DISPOSIÇÕES GERAIS E TRANSITÓRIAS

Art. 40. Aplica-se o disposto nesta Lei Complementar aos requerimentos de concessão ou de renovação de certificação apresentados a partir da data de sua publicação.

§ 1º A validade dos certificados vigentes cujo requerimento de renovação não tenha sido apresentado até a data de publicação desta Lei Complementar fica prorrogada até 31 de dezembro do ano subsequente ao do fim de seu prazo de validade.

§ 2º Aos requerimentos de concessão ou de renovação de certificação pendentes de decisão na data de publicação desta Lei Complementar aplicam-se as regras e as condições vigentes à época de seu protocolo.

► § 2º promulgado nos termos do art. 66, § 5º, da CF (*DOU* de 8-7-2022 – ed. extra B).

§ 3º A entidade que apresentar requerimento de renovação de certificação com base nos requisitos de que trata o Capítulo II desta Lei Complementar, e desde que tenha usufruído de forma ininterrupta da imunidade de que trata o § 7º do art. 195 da Constituição Federal, por força do disposto no § 2º do art. 24 da Lei nº 12.101, de 27 de novembro de 2009, poderá solicitar sua análise prioritária em relação a seus outros requerimentos de renovação pendentes na data de publicação desta Lei Complementar.

§ 4º VETADO.

Art. 41. A partir da entrada em vigor desta Lei Complementar, ficam extintos os créditos decorrentes de contribuições sociais lançados contra instituições sem fins lucrativos que atuam nas áreas de saúde, de educação ou de assistência social, expressamente motivados por decisões derivadas de processos administrativos ou judiciais com base em dispositivos da legislação ordinária declarados inconstitucionais, em razão dos efeitos da inconstitucionalidade declarada pelo Supremo Tribunal Federal no julgamento das Ações Diretas de Inconstitucionalidade nºs 2028 e 4480 e correlatas.

Parágrafo único. VETADO.

Capítulo V

DISPOSIÇÕES FINAIS

Art. 42. VETADO.

Art. 43. As entidades beneficentes e em gozo da imunidade na forma desta Lei Complementar deverão manter, em local visível ao público, placa indicativa com informações sobre a sua condição de beneficente e sobre sua área ou áreas de atuação.

Art. 44. Será mantida nos sítios eletrônicos oficiais lista atualizada com os dados relativos às entidades beneficentes, as certificações emitidas e os respectivos prazos de validade.

Art. 45. O art. 198 da Lei nº 5.172, de 25 de outubro de 1966 (Código Tributário Nacional), passa a vigorar com as seguintes alterações:

"Art. 198. ....

....

§ 3º ....

....

III – parcelamento ou moratória; e

IV – incentivo, renúncia, benefício ou imunidade de natureza tributária cujo beneficiário seja pessoa jurídica."

Art. 46. O art. 64 da Lei nº 9.532, de 10 de dezembro de 1997, passa a vigorar acrescido do seguinte § 13:

"Art. 64. ....

....

§ 13. No caso de fundações que prevejam em seu estatuto social que a alienação de imóveis depende de autorização do Ministério Público, serão contabilizados no limite de que trata o *caput* deste artigo apenas os créditos tributários inscritos em dívida ativa."

Art. 47. Ficam revogados:

I – o art. 11 da Lei nº 11.096, de 13 de janeiro de 2005;

II – a Lei nº 12.101, de 27 de novembro de 2009; e

III – o art. 110 da Lei nº 12.249, de 11 de junho de 2010.

Art. 48. Esta Lei Complementar entra em vigor na data de sua publicação.

Brasília, 16 de dezembro de 2021;
200º da Independência e
133º da República.

Jair Messias Bolsonaro

NOVA

LEI Nº 14.717, DE 31 DE OUTUBRO DE 2023

Institui pensão especial aos filhos e dependentes crianças ou adolescentes, órfãos em razão do crime de feminicídio tipificado no inciso VI do § 2º do art. 121 do Decreto-Lei nº 2.848, de 7 de dezembro de 1940 (Código Penal), cuja renda familiar mensal per capita *seja igual ou inferior a 1/4 (um quarto) do salário mínimo.*

▸ Publicada no *DOU* de 1º-11-2023.

Art. 1º É instituída pensão especial aos filhos e dependentes menores de 18 (dezoito) anos de idade, órfãos em razão do crime de feminicídio tipificado no inciso VI do § 2º do art. 121 do Decreto-Lei nº 2.848, de 7 de dezembro de 1940 (Código Penal), cuja renda familiar mensal *per capita* seja igual ou inferior a 1/4 (um quarto) do salário mínimo.

§ 1º O benefício de que trata o *caput* deste artigo, no valor de 1 (um) salário mínimo, será pago ao conjunto dos filhos e dependentes menores de 18 (dezoito) anos de idade na data do óbito de mulher vítima de feminicídio.

§ 2º O benefício de que trata o *caput* deste artigo será concedido, ainda que provisoriamente, mediante requerimento, sempre que houver fundados indícios de materialidade do feminicídio, na forma definida em regulamento, vedado ao autor, coautor ou partícipe do crime representar as crianças ou adolescentes para fins de recebimento e administração da pensão especial.

§ 3º Verificado em processo judicial com trânsito em julgado que não houve o crime de feminicídio, o pagamento do benefício de que trata o *caput* deste artigo cessará imediatamente, desobrigados os beneficiários do dever de ressarcir os valores recebidos, salvo má-fé.

§ 4º O benefício de que trata o *caput* deste artigo, ressalvado o direito de opção, não é acumulável com benefícios previdenciários recebidos do Regime Geral de Previdência Social (RGPS) ou dos regimes próprios de previdência social, nem com pensões ou benefícios do sistema de proteção social dos militares.

§ 5º Será excluído definitivamente do recebimento do benefício de que trata o *caput* deste artigo a criança ou o adolescente que tiver sido condenado, mediante sentença com trânsito em julgado, pela prática de ato infracional análogo a crime como autor, coautor ou partícipe de feminicídio doloso, ou de tentativa desse ato, cometido contra a mulher vítima da violência, ressalvados os absolutamente incapazes e os inimputáveis.

§ 6º O benefício de que trata o *caput* deste artigo cessará quando o beneficiário completar 18 (dezoito) anos de idade, ou em razão de seu falecimento, e a respectiva cota será reversível aos demais beneficiários.

§ 7º O benefício de que trata o *caput* deste artigo não prejudicará os direitos de quem o receber, relativos ao dever de o agressor ou o autor do ato delitivo indenizar a família da vítima.

Art. 2º O benefício de que trata o art. 1º desta Lei será concedido às crianças e aos adolescentes elegíveis à prestação mensal na data de publicação desta Lei, inclusive nos casos de feminicídios ocorridos anteriormente, sem efeitos retroativos.

Art. 3º As despesas decorrentes do disposto nesta Lei serão classificadas na função orçamentária Assistência Social e estarão sujeitas a previsão nas respectivas leis orçamentárias anuais.

Art. 4º Esta Lei entra em vigor na data de sua publicação.

Brasília, 31 de outubro de 2023;
202º da Independência e
135º da República.

Luiz Inácio Lula da Silva

Súmulas

SÚMULAS VINCULANTES DO SUPREMO TRIBUNAL FEDERAL

1. Ofende a garantia constitucional do ato jurídico perfeito a decisão que, sem ponderar as circunstâncias do caso concreto, desconsidera a validez e a eficácia de acordo constante de termo de adesão instituído pela Lei Complementar nº 110/2001.

- Publicada no *DOU* de 6-6-2007.
- Art. 5º, XXXVI, da CF.
- LC nº 110, de 29-6-2001, institui contribuições sociais, autoriza créditos de complementos de atualização monetária em contas vinculadas do FGTS.

2. É inconstitucional a lei ou ato normativo estadual ou distrital que disponha sobre sistemas de consórcios e sorteios, inclusive bingos e loterias.

- Publicada no *DOU* de 6-6-2007.
- Art. 22, XX, da CF.

3. Nos processos perante o Tribunal de Contas da União asseguram-se o contraditório e a ampla defesa quando da decisão puder resultar anulação ou revogação de ato administrativo que beneficie o interessado, excetuada a apreciação da legalidade do ato de concessão inicial de aposentadoria, reforma e pensão.

- Publicada no *DOU* de 6-6-2007.
- Arts. 5º, LIV, LV, e 71, III, da CF.
- Art. 2º da Lei nº 9.784, de 29-1-1999 (Lei do Processo Administrativo Federal).

4. Salvo nos casos previstos na Constituição, o salário mínimo não pode ser usado como indexador de base de cálculo de vantagem de servidor público ou de empregado, nem ser substituído por decisão judicial.

- Publicada no *DOU* de 9-5-2008.
- Arts. 7º, XXIII, 39, *caput*, § 1º, 42, § 1º, e 142, X, da CF.

5. A falta de defesa técnica por advogado no processo administrativo disciplinar não ofende a Constituição.

- Publicada no *DOU* de 16-5-2008.
- Art. 5º, LV, da CF.

6. Não viola a Constituição o estabelecimento de remuneração inferior ao salário mínimo para as praças prestadoras de serviço militar inicial.

- Publicada no *DOU* de 16-5-2008.
- Arts. 1º, III, 7º, IV, e 142, § 3º, VIII, da CF.

7. A norma do § 3º do artigo 192 da Constituição, revogada pela Emenda Constitucional nº 40/2003, que limitava a taxa de juros reais a 12% ao ano, tinha sua aplicação condicionada à edição de lei complementar.

- Publicada no *DOU* de 20-6-2008.
- Art. 591 do CC.
- MP nº 2.172-32, de 23-8-2001, que até o encerramento desta edição não havia sido convertida em lei, estabelece a nulidade das disposições contratuais que menciona e inverte, nas hipóteses que prevê, o ônus da prova nas ações intentadas para sua declaração.

8. São inconstitucionais o parágrafo único do artigo 5º do Decreto-Lei nº 1.569/1977 e os artigos 45 e 46 da Lei nº 8.212/1991, que tratam de prescrição e decadência de crédito tributário.

- Publicada no *DOU* de 20-6-2008.
- Art. 146, III, *b*, da CF.
- Arts. 173 e 174 do CTN.
- Art. 2º, § 3º, da Lei nº 6.830, de 22-9-1980 (Lei das Execuções Fiscais).
- Art. 348 do Dec. nº 3.048, de 6-5-1999 (Regulamento da Previdência Social).

9. O disposto no artigo 127 da Lei nº 7.210/1984 (Lei de Execução Penal) foi recebido pela ordem constitucional vigente, e não se lhe aplica o limite temporal previsto no *caput* do artigo 58.

- Publicada no *DOU* de 20-6-2008 e republicada no *DOU* de 27-6-2008.
- Art. 5º, XXXVI, da CF.

10. Viola a cláusula de reserva de plenário (CF, artigo 97) a decisão de órgão fracionário de Tribunal que, embora não declare expressamente a inconstitucionalidade de lei ou ato normativo do poder público, afasta sua incidência, no todo ou em parte.

- Publicada no *DOU* de 27-6-2008.
- Art. 97 da CF.

11. Só é lícito o uso de algemas em casos de resistência e de fundado receio de fuga ou de perigo à integridade física própria ou alheia, por parte do preso ou de terceiros, justificada a excepcionalidade por escrito, sob pena de responsabilidade disciplinar, civil e penal do agente ou da autoridade e de nulidade da prisão ou do ato processual a que se refere, sem prejuízo da responsabilidade civil do Estado.

- Publicada no *DOU* de 22-8-2008.
- Art. 5º, XLIX, da CF.
- Arts. 23, III, 329 a 331 e 352 do CP.
- Arts. 284 e 292 do CPP.
- Arts. 42, 177, 180, 298 a 301 do CPM.
- Arts. 234 e 242 do CPPM.

▸ Lei nº 13.869, de 5-9-2019 (Lei do Abuso de Autoridade).

▸ Art. 40 da LEP.

12. A cobrança de taxa de matrícula nas universidades públicas viola o disposto no art. 206, IV, da Constituição Federal.

▸ Publicada no *DOU* de 22-8-2008.

13. A nomeação de cônjuge, companheiro ou parente em linha reta, colateral ou por afinidade, até o terceiro grau, inclusive, da autoridade nomeante ou de servidor da mesma pessoa jurídica investido em cargo de direção, chefia ou assessoramento, para o exercício de cargo em comissão ou de confiança ou, ainda, de função gratificada na administração pública direta e indireta em qualquer dos Poderes da União, dos Estados, do Distrito Federal e dos Municípios, compreendido o ajuste mediante designações recíprocas, viola a Constituição Federal.

▸ Publicada no *DOU* de 29-8-2008.

▸ Art. 37, *caput*, da CF.

▸ Dec. nº 7.203, de 4-6-2010, dispõe sobre a vedação do nepotismo no âmbito da administração pública federal.

14. É direito do defensor, no interesse do representado, ter acesso amplo aos elementos de prova que, já documentados em procedimento investigatório realizado por órgão com competência de polícia judiciária, digam respeito ao exercício do direito de defesa.

▸ Publicada no *DOU* de 9-2-2009.

▸ Art. 5º, XXXIII, LIV e LV, da CF.

▸ Art. 9º do CPP.

▸ Arts. 6º, parágrafo único, e 7º, XIII e XIV, da Lei nº 8.906, de 4-7-1994 (Estatuto da Advocacia e da OAB).

15. O cálculo de gratificações e outras vantagens do servidor público não incide sobre o abono utilizado para se atingir o salário mínimo.

▸ Publicada no *DOU* de 1º-7-2009.

▸ Art. 7º, IV, da CF.

16. Os artigos 7º, IV, e 39, § 3º (redação da EC nº 19/1998), da Constituição, referem-se ao total da remuneração percebida pelo servidor público.

▸ Publicada no *DOU* de 1º-7-2009.

17. Durante o período previsto no § 1º do artigo 100 da Constituição, não incidem juros de mora sobre os precatórios que nele sejam pagos.

▸ Publicada no *DOU* de 10-11-2009.

▸ Refere-se ao art. 100, § 5º, com a redação dada pela EC nº 62, de 9-12-2009.

18. A dissolução da sociedade ou do vínculo conjugal, no curso do mandato, não afasta a inelegibilidade prevista no § 7º do artigo 14 da Constituição Federal.

▸ Publicada no *DOU* de 10-11-2009.

19. A taxa cobrada exclusivamente em razão dos serviços públicos de coleta, remoção e tratamento ou destinação de lixo ou resíduos provenientes de imóveis, não viola o artigo 145, II, da Constituição Federal.

▸ Publicada no *DOU* de 10-11-2009.

20. A Gratificação de Desempenho de Atividade Técnico-Administrativa – GDATA, instituída pela Lei nº 10.404/2002, deve ser deferida aos inativos nos valores correspondentes a 37,5 (trinta e sete vírgula cinco) pontos no período de fevereiro a maio de 2002 e, nos termos do artigo 5º, parágrafo único, da Lei nº 10.404/2002, no período de junho de 2002 até a conclusão dos efeitos do último ciclo de avaliação a que se refere o artigo 1º da Medida Provisória nº 198/2004, a partir da qual passa a ser de 60 (sessenta) pontos.

▸ Publicada no *DOU* de 10-11-2009.

▸ Art. 40, § 8º, da CF.

21. É inconstitucional a exigência de depósito ou arrolamento prévios de dinheiro ou bens para admissibilidade de recurso administrativo.

▸ Publicada no *DOU* de 10-11-2009.

▸ Art. 5º, XXXIV, *a*, e LV, da CF.

▸ Art. 33, § 2º, do Dec. nº 70.235, de 6-3-1972 (Lei do Processo Administrativo Fiscal).

22. A Justiça do Trabalho é competente para processar e julgar as ações de indenização por danos morais e patrimoniais decorrentes de acidente de trabalho propostas por empregado contra empregador, inclusive aquelas que ainda não possuíam sentença de mérito em primeiro grau quando da promulgação da Emenda Constitucional nº 45/2004.

▸ Publicada no *DOU* de 11-12-2009.

▸ Arts. 7º, XXVIII, 109, I, e 114 da CF.

▸ Súm. nº 235 do STF.

23. A Justiça do Trabalho é competente para processar e julgar ação possessória ajuizada em decorrência do exercício do direito de greve pelos trabalhadores da iniciativa privada.

- Publicada no *DOU* de 11-12-2009.
- Art. 114, II, da CF.

24. Não se tipifica crime material contra a ordem tributária, previsto no art. 1º, incisos I a IV, da Lei nº 8.137/1990, antes do lançamento definitivo do tributo.

- Publicada no *DOU* de 11-12-2009.
- Art. 5º, LV, da CF.
- Art. 142, *caput*, do CTN.
- Lei nº 8.137, de 27-12-1990 (Lei dos Crimes Contra a Ordem Tributária, Econômica e Contra as Relações de Consumo).
- Art. 83 da Lei nº 9.430, de 27-12-1996, que dispõe sobre a legislação tributária federal, as contribuições para a seguridade social e o processo administrativo de consulta.
- Art. 9º, § 2º, da Lei nº 10.684, de 30-5-2003, que dispõe sobre parcelamento de débitos junto à Secretaria da Receita Federal, à Procuradoria-Geral da Fazenda Nacional e ao Instituto Nacional do Seguro Social.

25. É ilícita a prisão civil de depositário infiel, qualquer que seja a modalidade do depósito.

- Publicada no *DOU* de 23-12-2009.
- Art. 5º, § 2º, da CF.
- Art. 7º, 7, do Pacto de São José da Costa Rica.
- Súmulas nºs 304, 305 e 419 do STJ.

26. Para efeito de progressão de regime no cumprimento de pena por crime hediondo, ou equiparado, o juízo da execução observará a inconstitucionalidade do art. 2º da Lei nº 8.072, de 25 de julho de 1990, sem prejuízo de avaliar se o condenado preenche, ou não, os requisitos objetivos e subjetivos do benefício, podendo determinar, para tal fim, de modo fundamentado, a realização de exame criminológico.

- Publicada no *DOU* de 23-12-2009.
- Art. 5º, XLVI e XLVII, da CF.
- Arts. 33, § 3º, e 59 do CP.
- Art. 66, III, *b*, da LEP.
- Lei nº 8.072, de 25-7-1990 (Lei dos Crimes Hediondos).
- Súmulas nºs 439 e 471 do STJ.

27. Compete à Justiça estadual julgar causas entre consumidor e concessionária de serviço público de telefonia, quando a ANATEL não seja litisconsorte passiva necessária, assistente, nem opoente.

- Publicada no *DOU* de 23-12-2009.
- Arts. 98, I, e 109, I, da CF.

28. É inconstitucional a exigência de depósito prévio como requisito de admissibilidade de ação judicial na qual se pretenda discutir a exigibilidade de crédito tributário.

- Publicada no *DOU* de 17-2-2010.
- Art. 5º, XXXV, da CF.
- Súm. nº 112 do STJ.

29. É constitucional a adoção, no cálculo do valor de taxa, de um ou mais elementos da base de cálculo própria de determinado imposto, desde que não haja integral identidade entre uma base e outra.

- Publicada no *DOU* de 17-2-2010.
- Art. 145, § 2º, da CF.

30. ....

- O STF decidiu suspender a publicação da Súmula Vinculante nº 30, em razão de questão de ordem levantada pelo Ministro José Antonio Dias Toffoli, em 4-2-2010.

31. É inconstitucional a incidência do Imposto sobre Serviços de Qualquer Natureza – ISS sobre operações de locação de bens móveis.

- Publicada no *DOU* de 17-2-2010.
- Art. 156, III, da CF.
- LC nº 116, de 31-4-2003 (Lei do ISS).

32. O ICMS não incide sobre alienação de salvados de sinistro pelas seguradoras.

- Publicada no *DOU* de 24-2-2011.
- Art. 153, V, da CF.
- Art. 3º, IX, da LC nº 87, de 13-9-1996 (Lei Kandir – ICMS).
- Art. 73 do Dec.-lei nº 73, de 21-11-1966, que dispõe sobre o Sistema Nacional de Seguros Privados, e regula as operações de seguros e resseguros.

33. Aplicam-se ao servidor público, no que couber, as regras do regime geral da previdência social sobre aposentadoria especial de que trata o artigo 40, § 4º, inciso III da Constituição Federal, até a edição de lei complementar específica.

- Publicada no *DOU* de 24-4-2014.
- Arts. 57 e 58 da Lei nº 8.213, de 24-7-1991 (Lei dos Planos de Benefícios da Previdência Social).

34. A Gratificação de Desempenho de Atividade de Seguridade Social e do Trabalho – GDASST, instituída pela Lei nº 10.483/2002, deve ser estendida aos inativos no valor correspondente a 60 (sessenta) pontos, desde o advento da Medida Provisória nº 198/2004, convertida na Lei nº 10.971/2004, quando tais inativos façam jus à paridade constitucional.

- Publicada no *DOU* de 24-10-2014.
- Arts. 5º, *caput*, e 40, § 8º, da CF.

35. A homologação da transação penal prevista no artigo 76 da Lei nº 9.099/1995 não faz coisa julgada material e, descumpridas suas cláusulas, retoma-se a situação anterior, possibilitando-se ao Ministério Público a continuidade da persecução penal mediante oferecimento de denúncia ou requisição de inquérito policial.

- Publicada no *DOU* de 24-10-2014.
- Arts. 5º, XXXVI, LIV, e 98, I, da CF.

36. Compete à Justiça Federal comum processar e julgar civil denunciado pelos crimes de falsificação e de uso de documento falso quando se tratar de falsificação da Caderneta de Inscrição e Registro (CIR) ou de Carteira de Habilitação de Amador (CHA), ainda que expedidas pela Marinha do Brasil.

- Publicada no *DOU* de 24-10-2014.
- Arts. 21, XXII, 109, IV, e 144, § 1º, III, da CF.
- Arts. 311 e 315 do CPM.

37. Não cabe ao Poder Judiciário, que não tem função legislativa, aumentar vencimentos de servidores públicos sob o fundamento de isonomia.

- Publicada no *DOU* de 24-10-2014.
- Arts. 2º, 5º, *caput*, II, e 37, X, da CF.
- Súm. nº 339 do STF.

38. É competente o Município para fixar o horário de funcionamento de estabelecimento comercial.

- Publicada no *DOU* de 20-3-2015.
- Art. 30, I, da CF.
- Súm. nº 645 do STF.

39. Compete privativamente à União legislar sobre vencimentos dos membros das polícias civil e militar e do corpo de bombeiros militar do Distrito Federal.

- Publicada no *DOU* de 20-3-2015.
- Art. 21, XIV, da CF.
- Súm. nº 647 do STF.

40. A contribuição confederativa de que trata o art. 8º, IV, da Constituição Federal, só é exigível dos filiados ao sindicato respectivo.

- Publicada no *DOU* de 20-3-2015.
- Art. 8º, IV, da CF.
- Súm. nº 666 do STF.

41. O serviço de iluminação pública não pode ser remunerado mediante taxa.

- Publicada no *DOU* de 20-3-2015.
- Art. 145, II, da CF.
- Súm. nº 670 do STF.

42. É inconstitucional a vinculação do reajuste de vencimentos de servidores estaduais ou municipais a índices federais de correção monetária.

- Publicada no *DOU* de 20-3-2015.
- Art. 37, XIII, da CF.
- Súm. nº 681 do STF.

43. É inconstitucional toda modalidade de provimento que propicie ao servidor investir-se, sem prévia aprovação em concurso público destinado ao seu provimento, em cargo que não integra a carreira na qual anteriormente investido.

- Publicada no *DOU* de 17-4-2015.
- Art. 37, II, da CF
- Súm. nº 685 do STF.

44. Só por lei se pode sujeitar a exame psicotécnico a habilitação de candidato a cargo público.

- Publicada no *DOU* de 17-4-2015.
- Art. 37, I, da CF
- Súm. nº 686 do STF.

45. A competência constitucional do Tribunal do Júri prevalece sobre o foro por prerrogativa de função estabelecido exclusivamente pela constituição estadual.

- Publicada no *DOU* de 17-4-2015.
- Arts. 5º, XVIII, *d*, e 125, § 1º, da CF.
- Art. 74, § 1º, do CPP.
- Súm. nº 721 do STF.

46. A definição dos crimes de responsabilidade e o estabelecimento das respectivas normas de processo e julgamento são da competência legislativa privativa da União.

- Publicada no *DOU* de 17-4-2015.
- Art. 22, I, da CF.
- Art. 513 do CPP.
- Art. 690 do CPPM.
- Súm. nº 722 do STF.

47. Os honorários advocatícios incluídos na condenação ou destacados do montante principal devido ao credor consubstanciam verba de natureza alimentar cuja satisfação ocorrerá com a expedição de precatório ou requisição de pequeno valor, observada ordem especial restrita aos créditos dessa natureza.

► Publicada no *DOU* de 2-6-2015.

► Art. 100, § 1º, da CF.

► Arts. 22, § 3º, e 23 da Lei nº 8.906, de 4-7-1994 (EOAB).

48. Na entrada de mercadoria importada do exterior, é legítima a cobrança do ICMS por ocasião do desembaraço aduaneiro.

► Publicada no *DOU* de 2-6-2015.

► Art. 155, § 2º, IX, *a*, da CF.

49. Ofende o princípio da livre concorrência lei municipal que impede a instalação de estabelecimentos comerciais do mesmo ramo em determinada área.

► Publicada no *DOU* de 23-6-2015.

► Arts. 170, IV, V, parágrafo único e 173, § 4º, da CF.

50. Norma legal que altera o prazo de recolhimento de obrigação tributária não se sujeita ao princípio da anterioridade.

► Publicada no *DOU* de 23-6-2015.

► Art. 195, § 6º, da CF.

51. O reajuste de 28,86%, concedido aos servidores militares pelas Leis nº 8.622/1993 e 8.627/1993, estende-se aos servidores civis do poder executivo, observadas as eventuais compensações decorrentes dos reajustes diferenciados concedidos pelos mesmos diplomas legais.

► Publicada no *DOU* de 23-6-2015.

52. Ainda quando alugado a terceiros, permanece imune ao IPTU o imóvel pertencente a qualquer das entidades referidas pelo art. 150, VI, c, da Constituição Federal, desde que o valor dos aluguéis seja aplicado nas atividades para as quais tais entidades foram constituídas.

► Publicada no *DOU* de 23-6-2015.

53. A competência da Justiça do Trabalho prevista no art. 114, VIII, da Constituição Federal alcança a execução de ofício das contribuições previdenciárias relativas ao objeto da condenação constante das sentenças que proferir e acordos por ela homologados.

► Publicada no *DOU* de 23-6-2015.

54. A medida provisória não apreciada pelo congresso nacional podia, até a Emenda Constitucional nº 32/2001, ser reeditada dentro do seu prazo de eficácia de trinta dias, mantidos os efeitos de lei desde a primeira edição.

► Publicada no *DJe* de 22-3-2016.

55. O direito ao auxílio-alimentação não se estende aos servidores inativos.

► Publicada no *DJe* de 22-3-2016.

56. A falta de estabelecimento penal adequado não autoriza a manutenção do condenado em regime prisional mais gravoso, devendo-se observar, nessa hipótese, os parâmetros fixados no RE nº 641.320/RS.

► Publicada no *DOU* de 8-8-2016.

57. A imunidade tributária constante do art. 150, VI, *d*, da CF aplica-se à importação e comercialização, no mercado interno, do livro eletrônico (*e-book*) e dos suportes exclusivamente utilizados para fixá-lo, como os leitores de livros eletrônicos (*e-readers*), ainda que possuam funcionalidades acessórias.

► Publicada no *DOU* de 24-4-2020.

58. Inexiste direito a crédito presumido de IPI relativamente à entrada de insumos isentos, sujeitos à alíquota zero ou não tributáveis, o que não contraria o princípio da não cumulatividade.

► Publicada no *DOU* de 8-5-2020.

59. É impositiva a fixação do regime aberto e a substituição da pena privativa de liberdade por restritiva de direitos quando reconhecida a figura do tráfico privilegiado (art. 33, § 4º, da Lei nº 11.343/2006) e ausentes vetores negativos na primeira fase da dosimetria (art. 59 do CP), observados os requisitos do art. 33, § 2º, alínea c, e do art. 44, ambos do Código Penal.

► Publicada no *DOU* de 27-10-2023.

SÚMULAS DO SUPREMO TRIBUNAL FEDERAL

36. Servidor vitalício está sujeito à aposentadoria compulsória, em razão da idade.

37. Não tem direito de se aposentar pelo tesouro nacional o servidor que não satisfazer as condições estabelecidas na legislação do serviço público federal, ainda que aposentado pela respectiva instituição previdenciária, com direito em tese, a duas aposentadorias.

38. Reclassificação posterior à aposentadoria não aproveita ao servidor aposentado.

229. A indenização acidentária não exclui a do direito comum, em caso de dolo ou culpa grave do empregador.

230. A prescrição da ação de acidente do trabalho conta-se do exame pericial que comprovar a enfermidade ou verificar a natureza da incapacidade.

232. Em caso de acidente do trabalho, são devidas diárias até doze meses, as quais não se confundem com a indenização acidentária, nem com o auxílio-enfermidade.

234. São devidos honorários de advogado em ação de acidente do trabalho julgada procedente.

235. É competente para a ação de acidente do trabalho a justiça cível comum, inclusive em segunda instância, ainda que seja parte autarquia seguradora.

- *Súmula prejudicada*. CComp. nº 7.201-4/MG (*DJU* de 9-12-2005).
- Art. 114, VI, da CF, que trata de competência da Justiça do Trabalho.

236. Em ação de acidente do trabalho, a autarquia seguradora não tem isenção de custas.

238. Em caso de acidente do trabalho, a multa pelo retardamento da liquidação é exigível do segurador sub-rogado, ainda que autarquia.

243. Em caso de dupla aposentadoria os proventos a cargo do IAPFESP não são equiparáveis aos pagos pelo Tesouro Nacional, mas calculados a base da media salarial nos últimos doze meses de serviço.

467. A base do cálculo das contribuições previdenciárias, anteriormente à vigência da Lei Orgânica da Previdência Social, é o salário mínimo mensal, observados os limites da Lei nº 2.755, de 1956.

612. Ao trabalhador rural não se aplicam, por analogia, os benefícios previstos na Lei nº 6.367, de 19-10-1976.

613. Os dependentes de trabalhador rural não têm direito a pensão previdenciária, se o óbito ocorreu anteriormente à vigência da Lei Complementar nº 11/1971.

688. É legítima a incidência da contribuição previdenciária sobre o 13º salário.

689. O segurado pode ajuizar ação contra a instituição previdenciária perante o juízo federal do seu domicílio ou das varas federais da Capital do Estado-Membro.

726. Para efeito de aposentadoria especial de professores, não se computa o tempo de serviço prestado fora da sala de aula.

- Art. 40, § 5º, da CF.

729. A decisão na ADC-4 não se aplica à antecipação de tutela em causa de natureza previdenciária.

730. A imunidade tributária conferida a instituições de assistência social sem fins lucrativos pelo art. 150, VI, *c*, da Constituição, somente alcança as entidades fechadas de previdência social privada se não houver contribuição dos beneficiários.

732. É constitucional a cobrança da contribuição do salário-educação, seja sob a Carta de 1969, seja sob a Constituição Federal de 1988, e no regime da Lei nº 9.424/1996.

736. Compete à Justiça do Trabalho julgar as ações que tenham como causa de pedir o descumprimento de normas trabalhistas relativas à segurança, higiene e saúde dos trabalhadores.

- Art. 114 da CF.
- Art. 643 da CLT.

SÚMULAS DO SUPERIOR TRIBUNAL DE JUSTIÇA

15. Compete à Justiça Estadual processar e julgar os litígios decorrentes de acidente do trabalho.

44. A definição, em ato regulamentar, de grau mínimo de disacusia, não exclui, por si só, a concessão do benefício previdenciário.

62. Compete à Justiça Estadual processar e julgar o crime de falsa anotação na Carteira de Trabalho e Previdência Social, atribuído à empresa privada.

65. O cancelamento, previsto no artigo 29 do Decreto-Lei nº 2.303, de 21 de novembro de 1986, não alcança os débitos previdenciários.

77. A Caixa Econômica Federal é parte ilegítima para figurar no polo passivo das ações relativas às contribuições para o fundo PIS/PASEP.

89. A ação acidentária prescinde de exaurimento da via administrativa.

110. A isenção do pagamento de honorários advocatícios, nas ações acidentárias, é restrita ao segurado.

▸ Art. 129, parágrafo único, da Lei nº 8.213, de 24-7-1991 (Lei dos Planos de Benefícios da Previdência Social).

111. Os honorários advocatícios, nas ações previdenciárias, não incidem sobre as prestações vencidas após a sentença.

▸ Súmula com redação alterada. *DJU* de 4-10-2006.

146. O segurado, vítima de novo infortúnio, faz jus a um único benefício, somado ao salário de contribuição vigente no dia do acidente.

148. Os débitos relativos a benefício previdenciário, vencidos e cobrados em juízo após a vigência da Lei nº 6.899/1981, devem ser corrigidos monetariamente na forma prevista nesse diploma legal.

149. A prova exclusivamente testemunhal não basta à comprovação da atividade rurícola, para efeito da obtenção de benefício previdenciário.

159. O beneficio acidentário, no caso de contribuinte que perceba remuneração variável, deve ser calculado com base na média aritmética dos últimos doze meses de contribuição.

175. Descabe o depósito prévio nas ações rescisórias propostas pelo INSS.

178. O INSS não goza de isenção do pagamento de custas e emolumentos, nas ações acidentárias e de benefícios propostas na Justiça Estadual.

▸ Art. 24, IV, da CF.

204. Os juros de mora nas ações relativas a benefícios previdenciários incidem a partir da citação válida.

226. O Ministério Público tem legitimidade para recorrer na ação de acidente do trabalho, ainda que o segurado esteja assistido por advogado.

▸ Art. 178, I e III, do CPC/2015.

242. Cabe ação declaratória para reconhecimento de tempo de serviço para fins previdenciários.

▸ Art. 19, I, do CPC/2015.

272. O trabalhador rural, na condição de segurado especial, sujeito à contribuição obrigatória sobre a produção rural comercializada, somente faz jus à aposentadoria por tempo de serviço, se recolher contribuições facultativas.

▸ Art. 195, § 8º, da CF.

▸ Arts. 11, VII, 39 e 52 da Lei nº 8.213, de 24-7-1991 (Lei dos Planos de Benefícios da Previdência Social).

289. A restituição das parcelas pagas a plano de previdência privada deve ser objeto de correção plena, por índice que recomponha a efetiva desvalorização da moeda.

290. Nos planos de previdência privada, não cabe ao beneficiário a devolução da contribuição efetuada pelo patrocinador.

291. A ação de cobrança de parcelas de complementação de aposentadoria pela previdência privada prescreve em cinco anos.

▸ Súm. nº 427 do STJ.

310. O auxílio-creche não integra o salário de contribuição.

▸ Art. 28 da Lei nº 8.212, de 24-7-1991 (Lei Orgânica da Seguridade Social).

336. A mulher que renunciou aos alimentos na separação judicial tem direito à pensão previdenciária por morte do ex-marido, comprovada a necessidade econômica superveniente.

▸ Arts. 201, V, e 226, § 3º, da CF.

▸ Art. 76, §§ 1º e 2º, da Lei nº 8.213, de 24-7-1991 (Lei dos Planos de Benefícios da Previdência Social).

339. É cabível ação monitória contra a Fazenda Pública.

340. A lei aplicável à concessão de pensão previdenciária por morte é aquela vigente na data do óbito do segurado.

▸ Súm. nº 416 do STJ.

344. A liquidação por forma diversa estabelecida na sentença não ofende a coisa julgada.

345. São devidos honorários advocatícios pela Fazenda Pública nas execuções individuais de sentença proferida em ações coletivas, ainda que não embargadas.

▸ Art. 85, § 8º, do CPC/2015.

349. Compete à Justiça Federal ou aos juízes com competência delegada o julgamento das execuções fiscais de contribuições devidas pelo empregador ao FGTS.

351. A alíquota de contribuição para o Seguro de Acidente do Trabalho (SAT) é aferida pelo grau de risco desenvolvido em cada empresa, individualizada pelo seu CNPJ, ou pelo grau de risco da atividade preponderante quando houver apenas um registro.

352. A obtenção ou a renovação do Certificado de Entidade Beneficente de Assistência Social

(CEBAS) não exime a entidade do cumprimento dos requisitos legais supervenientes.

▸ Art. 195, § 7º, da CF.

▸ LC nº 187, de 16-12-2021, dispõe sobre a certificação das entidades beneficentes.

353. As disposições do Código Tributário Nacional não se aplicam às contribuições para o FGTS.

362. A correção monetária do valor da indenização do dano moral incide desde a data do arbitramento.

363. Compete à Justiça estadual processar e julgar a ação de cobrança ajuizada por profissional liberal contra cliente.

364. O conceito de impenhorabilidade de bem de família abrange também o imóvel pertencente a pessoas solteiras, separadas e viúvas.

▸ Art. 1º da Lei nº 8.009, de 29-3-1990 (Lei da Impenhorabilidade do Bem de Família).

366. Compete à Justiça estadual processar e julgar ação indenizatória proposta por viúva e filhos de empregado falecido em acidente de trabalho.

373. É ilegítima a exigência de depósito prévio para admissibilidade de recurso administrativo.

▸ Art. 5º, XXXIV, *a*, e LV, da CF.

▸ Art. 151, III, do CTN.

378. Reconhecido o desvio de função, o servidor faz jus às diferenças salariais decorrentes.

401. O prazo decadencial da ação rescisória só se inicia quando não for cabível qualquer recurso do último pronunciamento judicial.

▸ Art. 975 do CPC/2015.

414. A citação por edital na execução fiscal é cabível quando frustradas as demais modalidades.

▸ Art. 8º, IV, da Lei nº 6.830, de 22-9-1980 (Lei das Execuções Fiscais).

416. É devida a pensão por morte aos dependentes do segurado que, apesar de ter perdido essa qualidade, preencheu os requisitos legais para a obtenção de aposentadoria até a data do seu óbito.

▸ Arts. 15, 26, I, 74 e 102, § 2º, da Lei nº 8.213, de 24-7-1991 (Lei dos Planos de Benefícios da Previdência Social).

▸ Súm. nº 340 do STJ.

425. A retenção da contribuição para a seguridade social pelo tomador do serviço não se aplica às empresas optantes pelo SIMPLES.

▸ LC nº 123, de 14-12-2006 (Estatuto Nacional da Microempresa e da Empresa de Pequeno Porte).

▸ Art. 31, § 1º, da Lei nº 8.212, de 24-7-1991 (Lei Orgânica da Seguridade Social).

427. A ação de cobrança de diferenças de valores de complementação de aposentadoria prescreve em cinco anos contados da data do pagamento.

▸ Art. 75 da LC nº 109, de 29-5-2001 (Lei do Regime de Previdência Complementar).

▸ Art. 103, parágrafo único, da Lei nº 8.213, de 24-7-1991 (Lei dos Planos de Benefícios da Previdência Social).

▸ Súm. nº 291 do STJ.

428. Compete ao Tribunal Regional Federal decidir os conflitos de competência entre juizado especial federal e juízo federal da mesma seção judiciária.

▸ Art. 109, I, *e*, da CF.

▸ Lei nº 10.259, de 12-7-2001 (Lei dos Juizados Especiais Federais).

456. É incabível a correção monetária dos salários de contribuição considerados no cálculo do salário de benefício de auxílio-doença, aposentadoria por invalidez, pensão ou auxílio-reclusão concedidos antes da vigência da CF/1988.

▸ Art. 201, § 3º, da CF.

458. A contribuição previdenciária incide sobre a comissão paga ao corretor de seguros.

▸ Art. 11, parágrafo único, *a*, da Lei nº 8.212, de 24-7-1991 (Lei Orgânica da Seguridade Social).

461. O contribuinte pode optar por receber, por meio de precatório ou por compensação, o indébito tributário certificado por sentença declaratória transitada em julgado.

▸ Art. 100 da CF.

▸ Arts. 156, II, 165 e 170 do CTN.

▸ Art. 66, § 2º, da Lei nº 8.383, de 30-12-1991, que institui a Unidade Fiscal de Referência e altera a legislação do Imposto de Renda.

466. O titular da conta vinculada ao FGTS tem o direito de sacar o saldo respectivo quando declarado nulo seu contrato de trabalho por ausência de prévia aprovação em concurso público.

▸ Art. 37, § 2º, da CF.

▸ Art. 19-A da Lei nº 8.036, de 11-5-1990 (Lei do FGTS).

468. A base de cálculo do PIS, até a edição da MP nº 1.212/1995, era o faturamento ocorrido no sexto mês anterior ao do fato gerador.

- Art. 6º, parágrafo único, da LC nº 7, de 7-9-1970, que institui o Programa de Integração Social.
- Lei nº 9.715, de 25-11-1998, dispõe sobre as contribuições para os Programas de Integração Social e de Formação do Patrimônio do Servidor Público – PIS/PASEP.
- Lei nº 9.718, de 27-11-1998, altera a Legislação Tributária Federal.
- Dec. nº 9.978, de 20-8-2019, dispõe sobre o Fundo PIS-PASEP e institui o Conselho Diretor do Fundo PIS-PASEP.

481. Faz jus ao benefício da justiça gratuita a pessoa jurídica com ou sem fins lucrativos que demonstrar sua impossibilidade de arcar com os encargos processuais.

- Lei nº 1.060, de 5-2-1950 (Lei de Assistência Judiciária).

482. A falta de ajuizamento da ação principal no prazo do art. 806 do CPC acarreta a perda da eficácia da liminar deferida e a extinção do processo cautelar.

- Arts. 308, *caput*, e 309 do CPC/2015.

483. O INSS não está obrigado a efetuar depósito prévio do preparo por gozar das prerrogativas e privilégios da Fazenda Pública.

- Art. 91 do CPC/2015.
- Art. 8º da Lei nº 8.620, de 5-1-1993.
- Súm. nº 178 do STJ.

484. Admite-se que o preparo seja efetuado no primeiro dia útil subsequente, quando a interposição do recurso ocorrer após o encerramento do expediente bancário.

- Art. 1.007 do CPC/2015.

486. É impenhorável o único imóvel residencial do devedor que esteja locado a terceiros, desde que a renda obtida com a locação seja revertida para a subsistência ou a moradia da sua família.

- Arts. 1.711 a 1.722 do CC.
- Arts. 832 e 833 do CPC/2015.
- Arts. 1º e 5º da Lei nº 8.009, de 29-3-1990 (Lei da Impenhorabilidade do Bem de Família).

487. O parágrafo único do art. 741 do CPC não se aplica às sentenças transitadas em julgado em data anterior à da sua vigência.

- Art. 5º, XXXVI, da CF.
- Lei nº 11.232, de 22-12-2005.

488. O § 2º do art. 6º da Lei nº 9.469/1997, que obriga à repartição dos honorários advocatícios, é inaplicável a acordos ou transações celebrados em data anterior à sua vigência.

- O referido art. 6º, § 2º, foi revogado pela Lei nº 13.140, de 26-6-2015.

489. Reconhecida a continência, devem ser reunidas na Justiça Federal as ações civis públicas propostas nesta e na Justiça estadual.

- Art. 109, I, da CF.
- Arts. 57 e 66 do CPC/2015.
- Lei nº 7.347, de 24-7-1985 (Lei da Ação Civil Pública).

490. A dispensa de reexame necessário, quando o valor da condenação ou do direito controvertido for inferior a sessenta salários mínimos, não se aplica a sentenças ilíquidas.

- Art. 496, § 3º, do CPC/2015.

496. Os registros de propriedade particular de imóveis situados em terrenos de marinha não são oponíveis à União.

- Art. 20, VII, da CF.
- Arts. 99 e 1.231 do CC.
- Arts. 1º, *a*, 2º, 3º e 198 do Dec.-lei nº 9.760, de 5-9-1946 (Lei dos Bens Imóveis da União).

498. Não incide imposto de renda sobre a indenização por danos morais.

- Art. 43 do CTN.

499. As empresas prestadoras de serviços estão sujeitas às contribuições ao Sesc e Senac, salvo se integradas noutro serviço social.

- Art. 240 da CF.
- Art. 966 do CC.
- Arts. 570 e 577 da CLT.

505. A competência para processar e julgar as demandas que têm por objeto obrigações decorrentes dos contratos de planos de previdência privada firmados com a Fundação Rede Ferroviária de Seguridade Social – REFER é da Justiça estadual.

507. A acumulação de auxílio-acidente com aposentadoria pressupõe que a lesão incapacitante e a aposentadoria sejam anteriores a 11-11-1997, observado o critério do art. 23 da Lei nº 8.213/1991 para definição do momento da lesão nos casos de doença profissional ou do trabalho.

516. A contribuição de intervenção no domínio econômico para o INCRA (Decreto-Lei nº 1.110/1970), devida por empregadores rurais e urbanos, não foi extinta pelas Leis nºs 7.787/1989, 8.212/1991 e 8.213/1991, não podendo ser compensada com a contribuição ao INSS.

524. No tocante à base de cálculo, o ISSQN incide apenas sobre a taxa de agenciamento quando o serviço prestado por sociedade empresária de trabalho temporário for de intermediação, devendo, entretanto, englobar também os valores dos salários e encargos sociais dos trabalhadores por ela contratados nas hipóteses de fornecimento de mão de obra.

- ▶ Item 10 da Lista de Serviços Anexa à LC nº 116, de 37-7-2003 (Dispõe sobre o Imposto Sobre Serviços de Qualquer Natureza – ISSQN).
- ▶ Art. 9º do Dec.-lei nº 406, de 31-12-1968.

556. É indevida a incidência de imposto de renda sobre o valor da complementação de aposentadoria pago por entidade de previdência privada e em relação ao resgate de contribuições recolhidas para referidas entidades patrocinadoras no período de 1º-1-1989 a 31-12-1995, em razão da isenção concedida pelo art. 6º, VII, *b*, da Lei nº 7.713/1988, na redação anterior à que lhe foi dada pela Lei nº 9.250/1995.

- ▶ Art. 33 da Lei nº 9.250, de 26-12-1995, altera a legislação do imposto de renda.

557. A renda mensal inicial (RMI) alusiva ao benefício de aposentadoria por invalidez precedido de auxílio-doença será apurada na forma do art. 36, § 7º, do Decreto nº 3.048/1999, observando-se, porém, os critérios previstos no art. 29, § 5º, da Lei nº 8.213/1991, quando intercalados períodos de afastamento e de atividade laboral.

563. O Código de Defesa do Consumidor é aplicável às entidades abertas de previdência complementar, não incidindo nos contratos previdenciários celebrados com entidades fechadas.

568. O relator, monocraticamente e no Superior Tribunal de Justiça, poderá dar ou negar provimento ao recurso quando houver entendimento dominante acerca do tema.

571. A taxa progressiva de juros não se aplica às contas vinculadas ao FGTS de trabalhadores qualificados como avulsos. (Súmula 571, PRIMEIRA SEÇÃO, julgado em 27-4-2016, DJe 2-5-2016)

576. Ausente requerimento administrativo no INSS, o termo inicial para a implantação da aposentadoria por invalidez concedida judicialmente será a data da citação válida.

- ▶ Art. 43 da Lei nº 8.213, de 24-7-1991 (Lei dos Planos de Benefícios da Previdência Social).
- ▶ Art. 44 do Dec. nº 3.048, de 6-5-1999 (Regulamento da Previdência Social).

577. É possível reconhecer o tempo de serviço rural anterior ao documento mais antigo apresentado, desde que amparado em convincente prova testemunhal colhida sob o contraditório.

- ▶ Art. 106 da Lei nº 8.213, de 24-7-1991 (Lei dos Planos de Benefícios da Previdência Social).
- ▶ Art. 56, § 1º, do Dec. nº 3.048, de 6-5-1999 (Regulamento da Previdência Social).

578. Os empregados que laboram no cultivo da cana-de-açúcar para empresa agroindustrial ligada ao setor sucroalcooleiro detêm a qualidade de rurícola, ensejando a isenção do FGTS desde a edição da Lei Complementar nº 11/1971 até a promulgação da Constituição Federal de 1988.

579. Não é necessário ratificar o recurso especial interposto na pendência do julgamento dos embargos de declaração, quando inalterado o resultado anterior.

584. As sociedades corretoras de seguros, que não se confundem com as sociedades de valores mobiliários ou com os agentes autônomos de seguro privado, estão fora do rol de entidades constantes do art. 22, § 1º, da Lei nº 8.212/1991, não se sujeitando à majoração da alíquota da COFINS prevista no art. 18 da Lei nº 10.684/2003.

590. Constitui acréscimo patrimonial a atrair a incidência do imposto de renda, em caso de liquidação de entidade de previdência privada, a quantia que couber a cada participante, por rateio do patrimônio, superior ao valor das respectivas contribuições à entidade em liquidação, devidamente atualizadas e corrigidas.

601. O Ministério Público tem legitimidade ativa para atuar na defesa de direitos difusos, coletivos e individuais homogêneos dos consumidores, ainda que decorrentes da prestação de serviço público.

604. O mandado de segurança não se presta para atribuir efeito suspensivo a recurso criminal interposto pelo Ministério Público.

609. A recusa de cobertura securitária, sob a alegação de doença preexistente, é ilícita se não houve a exigência de exames médicos prévios à contratação ou a demonstração de má-fé do segurado.

610. O suicídio não é coberto nos dois primeiros anos de vigência do contrato de seguro de vida, ressalvado o direito do beneficiário à devolução do montante da reserva técnica formada.

612. O certificado de entidade beneficente de assistência social (CEBAS), no prazo de sua validade, possui natureza declaratória para fins tributários, retroagindo seus efeitos à data em que demonstrado o cumprimento dos requisitos estabelecidos por lei complementar para a fruição da imunidade.

616. A indenização securitária é devida quando ausente a comunicação prévia do segurado acerca do atraso no pagamento do prêmio, por constituir requisito essencial para a suspensão ou resolução do contrato de seguro.

620. A embriaguez do segurado não exime a seguradora do pagamento da indenização prevista em contrato de seguro de vida.

621. Os efeitos da sentença que reduz, majora ou exonera o alimentante do pagamento retroagem à data da citação, vedadas a compensação e a repetibilidade.

622. A notificação do auto de infração faz cessar a contagem da decadência para a constituição do crédito tributário; exaurida a instância administrativa com o decurso do prazo para a impugnação ou com a notificação de seu julgamento definitivo e esgotado o prazo concedido pela Administração para o pagamento voluntário, inicia-se o prazo prescricional para a cobrança judicial.

625. O pedido administrativo de compensação ou de restituição não interrompe o prazo prescricional para a ação de repetição de indébito tributário de que trata o art. 168 do CTN nem o da execução de título judicial contra a Fazenda Pública.

627. O contribuinte faz jus à concessão ou à manutenção da isenção do imposto de renda, não se lhe exigindo a demonstração da contemporaneidade dos sintomas da doença nem da recidiva da enfermidade.

628. A teoria da encampação é aplicada no mandado de segurança quando presentes, cumulativamente, os seguintes requisitos: a) existência de vínculo hierárquico entre a autoridade que prestou informações e a que ordenou a prática do ato impugnado; b) manifestação a respeito do mérito nas informações prestadas; e c) ausência de modificação de competência estabelecida na Constituição Federal.

646. É irrelevante a natureza da verba trabalhista para fins de incidência da contribuição ao FGTS, visto que apenas as verbas elencadas em lei (art. 28, § 9º, da Lei nº 8.212/1991), em rol taxativo, estão excluídas da sua base de cálculo, por força do disposto no art. 15, § 6º, da Lei nº 8.036/1990.

650. A autoridade administrativa não dispõe de discricionariedade para aplicar ao servidor pena diversa de demissão quando caraterizadas as hipóteses previstas no art. 132 da Lei nº 8.112/1990.

651. Compete à autoridade administrativa aplicar a servidor público a pena de demissão em razão da prática de improbidade administrativa, independentemente de prévia condenação, por autoridade judiciária, à perda da função pública.

663. A pensão por morte de servidor público federal pode ser concedida ao filho inválido de qualquer idade, desde que a invalidez seja anterior ao óbito.

SÚMULAS DA TURMA NACIONAL DE UNIFORMIZAÇÃO DE JURISPRUDÊNCIA DOS JUIZADOS ESPECIAIS FEDERAIS

1. A conversão dos benefícios previdenciários em URV, em março/94, obedece às disposições do art. 20, incisos I e II da Lei nº 8.880/1994 (MP nº 434/94).

2. Os benefícios previdenciários, em maio de 1996, deverão ser reajustados na forma da Medida Provisória nº 1.415, de 29 de abril de 1996, convertida na Lei nº 9.711, de 20 de novembro de 1998.

3. *Cancelada*. Sessão de 30-9-2003.

4. Não há direito adquirido, na condição de dependente, pessoa designada, quando o falecimento do segurado deu-se após o advento da Lei nº 9.032/1995.

5. A prestação de serviço rural por menor de 12 a 14 anos, até o advento da Lei nº 8.213, de 24 de julho de 1991, devidamente comprovada, pode ser reconhecida para fins previdenciários.

6. A certidão de casamento ou outro documento idôneo que evidencie a condição de trabalhador rural do cônjuge constitui início razoável de prova material da atividade rurícola.

7. Descabe incidente de uniformização versando sobre honorários advocatícios por se tratar de questão de direito processual.

8. Os benefícios de prestação continuada, no regime geral da Previdência Social, não serão reajustados com base no IGP-DI nos anos de 1997, 1999, 2000 e 2001.

9. O uso de Equipamento de Proteção Individual (EPI), ainda que elimine a insalubridade, no caso de exposição a ruído, não descaracteriza o tempo de serviço especial prestado.

10. O tempo de serviço rural anterior à vigência da Lei nº 8.213/1991 pode ser utilizado para fins de contagem recíproca, assim entendida aquela que soma tempo de atividade privada, rural ou urbana, ao de serviço público estatutário, desde que sejam recolhidas as respectivas contribuições previdenciárias.

11. *Cancelada*. *DJU* de 12-5-2006.

12. Os Juros Moratórios são devidos pelo gestor do FGTS e incidem a partir da citação nas ações em que se reclamam diferenças de correção monetária, tenha ou não havido levantamento do saldo, parcial ou integralmente.

13. O reajuste concedido pelas Leis nºs 8.622/1993 e 8.627/1993 (28,86%) constituiu revisão geral dos vencimentos e, por isso, é devido também aos militares que não o receberam em sua integralidade, compensado o índice então concedido, sendo limite temporal desse reajuste o advento da MP nº 2.131 de 28-12-2000.

14. Para a concessão de aposentadoria rural por idade, não se exige que o início de prova material, corresponda a todo o período equivalente à carência do benefício.

15. *Cancelada*. Sessão de 26-3-2007.

16. *Cancelada*. Sessão de 27-3-2009.

17. Não há renúncia tácita no Juizado Especial Federal, para fins de competência.

18. Para fins previdenciários, o cômputo do tempo de serviço prestado como aluno-aprendiz exige a comprovação de que, durante o período de aprendizado, houve simultaneamente: (i) retribuição consubstanciada em prestação pecuniária ou em auxílios materiais; (ii) à conta do Orçamento; (iii) a título de contraprestação por labor; (iv) na execução de bens e serviços destinados a terceiros.

▸ Redação alterada na Sessão de 14-2-2020.

19. Para o cálculo da renda mensal inicial do benefício previdenciário, deve ser considerada, na atualização dos salários de contribuição anteriores a março de 1994, a variação integral do IRSM de fevereiro de 1994, na ordem de 39,67% (art. 21, § 1º, da Lei nº 8.880/1994).

20. A Lei nº 8.112, de 11 de dezembro de 1990, não modificou a situação do servidor celetista anteriormente aposentado pela Previdência Social Urbana.

21. Não há direito adquirido a reajuste de benefícios previdenciários com base na variação do IPC (Índice de Preço ao Consumidor), de janeiro de 1989 (42,72%) e abril de 1990 (44,80%).

22. Se a prova pericial realizada em juízo dá conta de que a incapacidade já existia na data do requerimento administrativo, esta é o termo inicial do benefício assistencial.

23. As substituições de cargos ou funções de direção ou chefia ou de cargo de natureza especial ocorridas a partir da vigência da Medida Provisória nº 1.522, de 11-10-1996, e até o advento da Lei nº 9.527, de 10-12-1997, quando iguais ou inferiores a trinta dias, não geram direito à remuneração correspondente ao cargo ou função substituída.

24. O tempo de serviço do segurado trabalhador rural anterior ao advento da Lei nº 8.213/1991, sem o recolhimento de contribuições previdenciárias, pode ser considerado para a concessão de benefício previdenciário do Regime Geral de Previdência Social (RGPS), exceto para efeito de carência, conforme a regra do art. 55, § 2º, da Lei nº 8.213/1991.

25. A revisão dos valores dos benefícios previdenciários, prevista no art. 58 do ADCT, deve ser feita com base no número de salários mínimos apurado na data da concessão, e não no mês de recolhimento da última contribuição.

26. A atividade de vigilante enquadra-se como especial, equiparando-se à de guarda, elencada no item 2.5.7. do Anexo III do Decreto nº 53.831/1964.

27. A ausência de registro em órgão do Ministério do Trabalho não impede a comprovação do desemprego por outros meios admitidos em Direito.

28. Encontra-se prescrita a pretensão de ressarcimento de perdas sofridas na atualização monetária da conta do Plano de Integração Social – PIS, em virtude de expurgos ocorridos por ocasião dos Planos Econômicos Verão e Collor I.

29. Para os efeitos do art. 20, § 2º, da Lei nº 8.742, de 1993, incapacidade para a vida independente não é só aquela que impede as atividades mais elementares da pessoa, mas também a impossibilita de prover ao próprio sustento.

30. Tratando-se de demanda previdenciária, o fato de o imóvel ser superior ao módulo rural não afasta, por si só, a qualificação de seu proprietário como segurado especial, desde que comprovada, nos autos, a sua exploração em regime de economia familiar.

31. A anotação na CTPS decorrente de sentença trabalhista homologatória constitui início de prova material para fins previdenciários.

32. *Cancelada. DOU* de 11-10-2013.

33. Quando o segurado houver preenchido os requisitos legais para concessão da aposentadoria por tempo de serviço na data do requerimento administrativo, esta data será o termo inicial da concessão do benefício.

34. Para fins de comprovação do tempo de labor rural, o início de prova material deve ser contemporâneo à época dos fatos a provar.

35. A Taxa SELIC, composta por juros de mora e correção monetária, incide nas repetições de indébito tributário.

36. Não há vedação legal à cumulação da pensão por morte de trabalhador rural com o benefício da aposentadoria por invalidez, por apresentarem pressupostos fáticos e fatos geradores distintos.

▸ Art. 124 da Lei nº 8.213, de 24-7-1991 (Lei dos Planos de Benefícios da Previdência Social).

37. A pensão por morte, devida ao filho até os 21 anos de idade, não se prorroga pela pendência do curso universitário.

38. Aplica-se subsidiariamente a Tabela de Cálculos de Santa Catarina aos pedidos de revisão de RMI – OTN/ORTN, na atualização dos salários de contribuição.

39. Nas ações contra a Fazenda Pública, que versem sobre pagamento de diferenças decorrentes de reajuste nos vencimentos de servidores públicos, ajuizadas após 24-8-2001, os juros de mora devem ser fixados em 6% (seis por cento) ao ano (art. 1º-F da Lei nº 9.494/1997).

40. Nenhuma diferença é devida a título de correção monetária dos depósitos do FGTS, relativos ao mês de fevereiro de 1989.

41. A circunstância de um dos integrantes do núcleo familiar desempenhar atividade urbana não implica, por si só, a descaracterização do trabalhador rural como segurado especial, condição que deve ser analisada no caso concreto.

▸ Art. 11, VII, da Lei nº 8.213, de 24-7-1991 (Lei dos Planos de Benefícios da Previdência Social).

42. Não se conhece de incidente de uniformização que implique reexame de matéria de fato.

43. Não cabe incidente de uniformização que verse sobre matéria processual.

▸ Questão de Ordem nº 29 dispõe que, nos casos de incidência das Súmulas nºs 42 e 43, o Presidente ou o Relator determinará a devolução imediata dos autos à Turma Recursal de origem.

44. Para efeito de aposentadoria urbana por idade, a tabela progressiva de carência prevista no art. 142 da Lei nº 8.213/1991 deve ser aplicada em função do ano em que o segurado completa a idade mínima para concessão do benefício, ainda que o período de carência só seja preenchido posteriormente.

45. Incide correção monetária sobre o salário-maternidade desde a época do parto, independentemente da data do requerimento administrativo.

46. O exercício de atividade urbana intercalada não impede a concessão de benefício previdenciário de trabalhador rural, condição que deve ser analisada no caso concreto.

47. Uma vez reconhecida a incapacidade parcial para o trabalho, o juiz deve analisar as condições pessoais e sociais do segurado para a concessão de aposentadoria por invalidez.

48. Para fins de concessão do benefício assistencial de prestação continuada, o conceito de pessoa com deficiência, que não se confunde necessariamente com situação de incapacidade laborativa, exige a configuração de impedimento de longo prazo com duração mínima de 2 (dois) anos, a ser aferido no caso concreto, desde o início do impedimento até a data prevista para a sua cessação.

▸ Redação alterada na Sessão de 25-4-2019 (*DJe* de 29-4-2019).

49. Para reconhecimento de condição especial de trabalho antes de 29-4-1995, a exposição a agentes nocivos à saúde ou à integridade física não precisa ocorrer de forma permanente.

50. É possível a conversão do tempo de serviço especial em comum do trabalho prestado em qualquer período.

51. *Cancelada*. *DJe* de 20-9-2017.

52. Para fins de concessão de pensão por morte, é incabível a regularização do recolhimento de contribuições de segurado contribuinte individual posteriormente a seu óbito, exceto quando as contribuições devam ser arrecadadas por empresa tomadora de serviços.

53. Não há direito a auxílio-doença ou a aposentadoria por invalidez quando a incapacidade para o trabalho é preexistente ao reingresso do segurado no Regime Geral de Previdência Social.

54. Para a concessão de aposentadoria por idade de trabalhador rural, o tempo de exercício de atividade equivalente à carência deve ser aferido no período imediatamente anterior ao requerimento administrativo ou à data do implemento da idade mínima.

55. A conversão do tempo de atividade especial em comum deve ocorrer com aplicação do fator multiplicativo em vigor na data da concessão da aposentadoria.

56. O prazo de trinta anos para prescrição da pretensão à cobrança de juros progressivos sobre saldo de conta vinculada ao FGTS tem início na data em que deixou de ser feito o crédito e incide sobre cada prestação mensal.

57. O auxílio-doença e a aposentadoria por invalidez não precedida de auxílio-doença, quando concedidos na vigência da Lei nº 9.876/1999, devem ter o salário de benefício apurado com base na média aritmética simples dos maiores salários de contribuição correspondentes a 80% do período contributivo, independentemente da data de filiação do segurado ou do número de contribuições mensais no período contributivo.

► Redação retificada no *DOU* de 4-7-2012.

58. Não é devido o reajuste na indenização de campo por força da alteração trazida pelo Decreto nº 5.554/2005.

► Redação retificada no *DOU* de 4-7-2012.

59. A ausência de declaração do objeto postado não impede a condenação da ECT a indenizar danos decorrentes do extravio, desde que o conteúdo da postagem seja demonstrado por outros meios de prova admitidos em direito.

► Redação retificada no *DOU* de 4-7-2012.

60. *Cancelada*. Sessão de 16-3-2016 (*DOU* de 21-3-2016).

61. *Cancelada*. *DOU* de 11-10-2013.

62. O segurado contribuinte individual pode obter reconhecimento de atividade especial para fins previdenciários, desde que consiga comprovar exposição a agentes nocivos à saúde ou à integridade física.

63. A comprovação de união estável para efeito de concessão de pensão por morte prescinde de início de prova material.

64. *Cancelada*. Sessão de 18-6-2015.

65. Os benefícios de auxílio-doença, auxílio-acidente e aposentadoria por invalidez concedidos no período de 28-3-2005 a 20-7-2005 devem ser calculados nos termos da Lei nº 8.213/1991, em sua redação anterior à vigência da Medida Provisória nº 242/2005.

66. O servidor público ex-celetista que trabalhava sob condições especiais antes de migrar para o regime estatutário tem direito adquirido à conversão do tempo de atividade especial em tempo comum com o devido acréscimo legal, para efeito de contagem recíproca no regime previdenciário próprio dos servidores públicos.

67. O auxílio-alimentação recebido em pecúnia por segurado filiado ao Regime Geral da Previdência Social integra o salário de contribuição e sujeita-se à incidência de contribuição previdenciária.

68. O laudo pericial não contemporâneo ao período trabalhado é apto à comprovação da atividade especial do segurado.

69. O tempo de serviço prestado em empresa pública ou em sociedade de economia mista por servidor público federal somente pode ser contado para efeitos de aposentadoria e disponibilidade.

70. A atividade de tratorista pode ser equiparada à de motorista de caminhão para fins de reconhecimento de atividade especial mediante enquadramento por categoria profissional.

71. O mero contato do pedreiro com o cimento não caracteriza condição especial de trabalho para fins previdenciários.

72. É possível o recebimento de benefício por incapacidade durante período em que houve exercício de atividade remunerada quando comprovado que o segurado estava incapaz para as atividades habituais na época em que trabalhou.

73. O tempo de gozo de auxílio-doença ou de aposentadoria por invalidez não decorrentes de acidente de trabalho só pode ser computado como tempo de contribuição ou para fins de carência quando intercalado entre períodos nos quais houve recolhimento de contribuições para a previdência social.

74. O prazo de prescrição fica suspenso pela formulação de requerimento administrativo e volta a correr pelo saldo remanescente após a ciência da decisão administrativa final.

75. A Carteira de Trabalho e Previdência Social (CTPS) em relação à qual não se aponta defeito formal que lhe comprometa a fidedignidade goza de presunção relativa de veracidade, formando prova suficiente de tempo de serviço para fins previdenciários, ainda que a anotação de vínculo de emprego não conste no Cadastro Nacional de Informações Sociais (CNIS).

76. A averbação de tempo de serviço rural não contributivo não permite majorar o coeficiente de cálculo da renda mensal inicial de aposentadoria por idade previsto no art. 50 da Lei nº 8.213/1991.

77. O julgador não é obrigado a analisar as condições pessoais e sociais quando não reconhecer a incapacidade do requerente para a sua atividade habitual.

78. Comprovado que o requerente de benefício é portador do vírus HIV, cabe ao julgador verificar as condições pessoais, sociais, econômicas e culturais, de forma a analisar a incapacidade em sentido amplo, em face da elevada estigmatização social da doença.

79. Nas ações em que se postula benefício assistencial, é necessária a comprovação das condições socioeconômicas do autor por laudo de assistente social, por auto de constatação lavrado por oficial de justiça ou, sendo inviabilizados os referidos meios, por prova testemunhal.

80. Nos pedidos de benefício de prestação continuada (LOAS), tendo em vista o advento da Lei nº 12.470/2011, para adequada valoração dos fatores ambientais, sociais, econômicos e pessoais que impactam na participação da pessoa com deficiência na sociedade, é necessária a realização de avaliação social por assistente social ou outras providências aptas a revelar a efetiva condição vivida no meio social pelo requerente.

81. A impugnação de ato de indeferimento, cessação ou cancelamento de benefício previdenciário não se submete a qualquer prazo extintivo, seja em relação à revisão desses atos, seja em relação ao fundo de direito.

► Redação alterada em 9-12-2020 (*DJe* de 11-12-2020).

82. O código 1.3.2 do quadro anexo ao Decreto nº 53.831/1964, além dos profissionais da área da saúde, contempla os trabalhadores que exercem atividades de serviços gerais em limpeza e higienização de ambientes hospitalares.

83. A partir da entrada em vigor da Lei nº 8.870/1994, o décimo terceiro salário não integra o salário de contribuição para fins de cálculo do salário de benefício.

► Publicada no *DOU* de 21-3-2016.

84. Comprovada a situação de desemprego por mais de 3 anos, o trabalhador tem direito ao saque dos valores depositados em sua conta individual do PIS.

► Publicada no *DOU* de 14-6-2017.

85. É possível a conversão de tempo comum em especial de período(s) anterior(es) ao advento da Lei nº 9.032/1995 (que alterou a redação do § 3º do art. 57 da Lei nº 8.213/1991), desde que todas as condições legais para a concessão do benefício pleiteado tenham sido atendidas antes da publicação da referida lei, independentemente da data de entrada do requerimento (DER).

► Publicada no *DOU* de 29-8-2018.

86. *Cancelada*. *DOU* de 1º-9-2021.

87. A eficácia do EPI não obsta o reconhecimento de atividade especial exercida antes de 3-12-1998, data de início da vigência da MP 1.729/1998, convertida na Lei nº 9.732/1998.

► Publicada no *DOU* de 26-2-2019 e de 7-3-2019 e no *DJe* de 14-3-2019.

Índice por Assuntos

Índice por Assuntos da Legislação Previdenciária e Súmulas